LA BIBLIA
para la FAMILIA
de HOY

V E R S I Ó N   P O P U L A R

LA BIBLIA
para la FAMILIA
de HOY

VERSIÓN POPULAR

AMERICAN BIBLE SOCIETY
NEW YORK, NY— PLANTATION, FL

LA BIBLIA para la FAMILIA de HOY

VERSIÓN POPULAR

Texto: Tercera Edición © 1995, Sociedades Bíblicas Unidas
Mapas: © 1976, Sociedades Bíblicas Unidas

ISBN 1-58516-537-9
Impreso en los Estados Unidos de América
Span. Bible VP053P-111470
ABS-4/02-9,600—BA1

LA BIBLIA

Introducción general

La palabra *biblia* significa, en griego, "libros". La Biblia es, en realidad, una colección de libros o escritos, de extensión, origen y contenido diversos. Tanto para el pueblo de Israel como para los cristianos, sin embargo, todos estos escritos tienen un valor religioso especial, lo que les da una unidad propia. Los dos aspectos, la diversidad y la unidad, no se contraponen sino que se complementan.

Diversos nombres

Desde tiempos antiguos, la Biblia ha recibido diferentes nombres. La manera más común entre los judíos para referirse a los libros que son para ellos la Biblia (lo que constituye para los cristianos el Antiguo Testamento) es la designación de las tres grandes secciones que la forman: la Ley, los Profetas y los Escritos. Esta designación se refleja en Lc 24.44 ("la Ley de Moisés, los libros de los profetas y los Salmos"). En esta terminología, la *Ley* incluye los cinco primeros libros de la Biblia (también llamados Pentateuco); los *Profetas* se dividen en dos secciones: los *Profetas anteriores*, que comprenden *Josué, Jueces, 1–2 Samuel* y *1–2 Reyes*, y los *Profetas posteriores*, que incluyen los libros de *Isaías, Jeremías* y *Ezequiel*, más los doce profetas menores; finalmente, la tercera sección, llamada "los *Escritos* ", comprende los demás libros (incluido el de *Daniel*).

Esta designación a veces se reducía a "la Ley y los Profetas", como se encuentra en Mt 5.17, y aún más simplemente a "la Ley" (cf. Jn 10.34).

Partiendo del uso del NT, ha sido común entre los cristianos referirse a toda la Biblia con el nombre de "las Sagradas Escrituras", "la Sagrada Escritura", o simplemente "las Escrituras" o "la Escritura" (cf. Mt 21.42; Jn 5.39; Ro 1.2). Con frecuencia, el término "la Escritura" se refiere a un pasaje concreto (cf. Mc 12.10; Jn 19.24).

Los términos *Antiguo* y *Nuevo Testamento*, como nombres de estos escritos, solo empezaron a usarse entre los cristianos a fines del siglo II d.C., aunque tiene su base en textos como 1 Co 3.14. La palabra "testamento" designa, en este caso, la alianza o pacto entre Dios y su pueblo, y hace referencia a la primera alianza hecha por Dios con el pueblo de Israel (cf. Ex 24.8; Sal 106.45) y a la nueva alianza anunciada por los profetas y sellada con la sangre de Jesucristo (cf. Jer 31.31–34; Mt 26.28; Heb 10.29).

Orden de los libros en la presente edición

El orden en que están colocados los libros de la Biblia no ha sido siempre el mismo, y aun actualmente varía según las diversas tradiciones.

En la presente edición se encuentran en primer lugar los libros de la Biblia hebrea, luego vienen los llamados Deuterocanónicos del Antiguo Testamento, y después los libros cristianos o del Nuevo Testamento.

Los libros del Antiguo Testamento se distribuyen en tres grupos, así:

Los libros narrativos:

Génesis, Éxodo, Levítico, Números, Deuteronomio, Josué, Jueces, Rut, 1–2 Samuel, 1–2 Reyes, 1–2 Crónicas, Esdras, Nehemías, Ester.

Los libros poéticos y sapienciales:

Job, Salmos, Proverbios, Eclesiastés, Cantares.

Libros proféticos:

Isaías, Jeremías, Lamentaciones, Ezequiel, Daniel, Oseas, Joel, Amós, Abdías, Jonás, Miqueas, Nahúm, Habacuc, Sofonías, Hageo, Zacarías, Malaquías.

En la sección de los Deuterocanónicos se sigue un orden semejante: libros narrativos (*Tobit, Judit, Ester, 1–2 Macabeos*), libros sapienciales (*Eclesiástico* y *Sabiduría*), y escritos relacionados con los profetas (*Baruc* y adiciones a *Daniel*).

En el Nuevo Testamento se pueden distinguir dos grupos, a saber:

Libros narrativos:

Los Evangelios (Mateo, Marcos, Lucas, Juan), los Hechos de los Apóstoles.

Cartas:

Romanos, 1–2 Corintios, Gálatas, Efesios, Filipenses, Colosenses, 1–2 Tesalonicenses, 1–2 Timoteo, Tito, Filemón, Hebreos, Santiago, 1–2 Pedro, 1–3 Juan, Judas, Apocalipsis.

Formación de la Biblia

Para entender la formación de esta colección de libros que llamamos Biblia, hay que tener en cuenta que en los escritos del Antiguo Testamento se pone por escrito la experiencia religiosa del pueblo de Israel antes de Jesucristo. Allí se refleja la fe en el único Dios, creador del universo, quien se reveló de manera especial en la historia de su pueblo: lo fue guiando con sus alianzas, su ley y sus promesas, lo fue convirtiendo en un pueblo unificado por la fe en el verdadero Dios, lo sostuvo en los momentos de abatimiento y desgracia, purificó su fe y le presentó continuamente sus exigencias de santidad, de justicia y de fraternidad. Allí aparecen consignadas la historia de Israel vista a la luz de su fe, las enseñanzas de los profetas y los sabios, las oraciones individuales y comunitarias y las reflexiones de los poetas inspirados.

El Nuevo Testamento es la consignación escrita de la fe de la iglesia apostólica en Jesucristo, nacido en tiempo de Herodes, quien pasó haciendo el bien, pero murió en la cruz por orden de Poncio Pilato, gobernador de Judea; después de su muerte se manifestó vivo de nuevo a aquellos que él había escogido como testigos para anunciar un mensaje de salvación universal. Estos escritos reflejan igualmente la fe, las esperanzas, las luchas y el crecimiento de aquellas comunidades que fueron naciendo de esa experiencia de Jesús muerto y resucitado y del Espíritu enviado a los creyentes de toda lengua, raza y nación.

La formación de la Biblia tardó muchos siglos. En muchos casos no estamos en capacidad de decir en qué momento se escribieron los libros que hoy la forman. En una buena parte de los casos, antes de escribirse, los relatos y enseñanzas se trasmitieron de manera oral, por varias y aun muchas generaciones. A veces intervinieron varias personas en la redacción del libro tal como hoy lo tenemos. En algunas ocasiones, los redactores utilizaron otros escritos que no son parte de la Biblia (cf. Nm 21.14; Jos 10.13; Jud 14–15). En las introducciones a cada libro se darán detalles más precisos sobre su origen.

Valor religioso de la Biblia

Aunque la Biblia es indudablemente una de las colecciones literarias más preciosas de la humanidad, no está principalmente en esto su valor. Tanto para el pueblo de Israel como para la iglesia cristiana, la Biblia tiene, ante todo, un valor religioso especial. Es el libro sagrado por excelencia.

La ley se presenta como una ordenación divina (cf. Ex 20; Sal 119); los profetas tienen la conciencia de estar comunicando mensajes de parte de Dios (cf. Is 6; Jer 1.2; Ez 2—3); y la misma sabiduría tiene su origen en Dios (cf. Pr 8.22–31).

Este valor aparece claramente expresado no solo en el nombre de "Sagradas Escrituras" mencionado antes, sino en la manera como Jesús y los autores del NT se refieren a estos escritos. Se dice que Dios habla por medio de los profetas o de los otros libros (cf. Mt 1.22; 2.15; Ro 1.2; 1 Co 9.9); los profetas aparecen como aquellos por medio de los cuales "se dice" o "se anuncia" algo, una manera hebrea de decir que es Dios quien lo dice o anuncia (cf. Mt 2.17; 3.3; 4.14); la autoridad de las Escrituras aparece indiscutida (cf. Mt 5.17–18; Jn 10.35; Hch 23.5); las Escrituras se relacionan especialmente con la acción del Espíritu Santo (Hch 1.16; 28.25).

Como expresión de la convicción cristiana común acerca del origen y valor de las Escrituras, se puede citar 2 Ti 3.15–17: "Recuerda que desde niño conoces las sagradas Escrituras, que pueden instruirte y llevarte a la salvación por medio de la fe en Cristo Jesús. Toda Escritura está inspirada por Dios y es útil para enseñar y reprender, para corregir y educar en una vida de rectitud, para que el hombre de Dios esté capacitado y completamente preparado para hacer toda clase de bien." Véase igualmente 2 P 1.19–21.

La iglesia cristiana reconoció en el mensaje del evangelio el mismo valor de la Palabra de Dios y de enseñanza autoritativa (cf. Mc 16.15–16; Lc 1.1–4; Jn 20.31; 1 Ts 2.13). Así no es de extrañar que en 2 P 3.16 las cartas de Pablo se mencionen a la par de "las demás Escrituras". En el curso del siglo II d.C., los cristianos fueron reconociendo como libros sagrados, con valor religioso y autoridad definitiva, todos los libros que hoy forman el NT.

Es patrimonio común de todos los cristianos reconocer esta autoridad especial de la Biblia, aceptarla como Palabra de Dios, como conjunto de libros escritos por inspiración del Espíritu Santo, y considerarla como fuente inagotable de luz, orientación, ánimo, esperanza y estímulo para la vida de cada persona y de las comunidades.

Al reconocer que los libros de la Biblia tienen origen religioso y autoridad especial, no se niega que tengan también autores humanos, que deban considerarse como verdaderos autores de sus escritos, tal como lo expresan ellos mismos en diversos lugares (cf. Ec 1.13; Lc 1.1–4; 1 Co 15.21; Gl 6.11). Por esta razón se encuentra en la Biblia tanta variedad de lenguas, de estilos, de géneros literarios, de concepciones culturales y de puntos de vista teológicos.

La presente traducción

La presente traducción está hecha sobre los textos hebreos, arameos y griegos. Para los textos hebreos y arameos se ha tomado como base el llamado "texto masorético". Ocasionalmente, cuando a juicio de los expertos el texto masorético no se puede entender con claridad, se ha recurrido a la ayuda de otros manuscritos o de traducciones antiguas, o se ha intentado reconstruirlo de otra manera. Estos casos se indican en las notas. Para los textos griegos se han tomado como base las mejores ediciones críticas disponibles actualmente.

Esta traducción se diferencia de otras porque ha sido preparada especialmente para los lectores de habla castellana de las Américas, usando un lenguaje sencillo y fácilmente comprensible. No se preocupa tanto por reproducir la forma del texto original cuanto su contenido y función comunicativa. Trata de comunicar al lector de hoy, en forma clara y natural, lo que el texto original quiso comunicar en las circunstancias en que fue escrito.

En la transcripción de los nombres propios de personas y de lugares, se han seguido los siguientes criterios. Cuando existe una forma ya consagrada por el uso general, esta se ha conservado. En los otros casos, se ha adoptado una grafía que, por una parte, refleje la forma original y, por otra, se acomode a la fonética castellana.

CÓMO ENCONTRAR REGOCIJO EN LA FAMILIA DE DIOS

Cuando nos referimos a una Biblia de Familia, la mayoría de la gente se imagina un libro negro y pesado que nadie lee, pero donde se inscriben todos los matrimonios, nacimientos, bautizos y fallecimientos que ocurren en cada generación de la familia. En la realidad, cada Biblia es una Biblia de familia, porque la Biblia relata la historia de la familia de Dios. Dios es un padre cariñoso que creó al hombre a su imagen y semejanza (Génesis 1.27), le provee lo necesario para sobrevivir (Salmo 23) y le invita a tener una relación personal con él (Isaías 55.6,7). En el Antiguo Testamento, Dios estableció una relación especial con el pueblo de Israel (Éxodo 19.5; 31.13). En el Nuevo Testamento, todo el que cree es parte de la familia de Dios mediante su fe en el Hijo de Dios, Jesucristo.

> *Ustedes no han recibido un espíritu de esclavitud que los lleve otra vez a tener miedo, sino el Espíritu que los hace hijos de Dios. Por este Espíritu nos dirigimos a Dios, diciendo: "¡Abbá! ¡Padre!" Y este mismo Espíritu se une a nuestro espíritu para dar testimonio de que ya somos hijos de Dios.*
>
> Romanos 8.15,16

CÓMO HALLAR UNA REFERENCIA BÍBLICA

La Biblia está dividida en dos secciones principales – El Antiguo Testamento y el Nuevo Testamento. El Antiguo Testamento relata la historia del pueblo de Israel y su relación con Dios. El Nuevo Testamento cuenta las Buenas Nuevas de Jesucristo y cómo se transmitió a través del mundo entonces conocido, pronto después de la muerte y resurrección de Jesús. Ambos Testamentos están compuestos de libros independientes el uno del otro y escritos por diferentes autores. Cada libro expresa una perspectiva diferente del Dios benevolente que invita a todos a tener una relación personal con él. En el Índice hallará la lista completa de estos libros.

Cada libro está convenientemente dividido en capítulos, marcados al comienzo con grandes números negros. Cada capítulo se divide a su vez en versículos. Juntando estos elementos se forma una cita bíblica. Así el leer una cita bíblica, sigue un simple proceso de 1-2-3: (1) Identifica el Libro, (2) Localiza el Capítulo, y (3) Busca el Versículo.

Trata de hallar la referencia bíblica: Nombre del Libro ⟶ **San Juan 3.16** ⟵ Número del Versículo

                                              ↑

                           Número del Capítulo

HOY DÍA, ¿QUIÉNES CONSTITUYEN LA FAMILIA?

El concepto tradicional de familia ha cambiado dramáticamente en las tres últimas décadas. Factores tales como la emigración, empleos, muertes, divorcios, segundos matrimonios, adopciones, encarcelamientos y otros eventos sociales han forzado una nueva definición del término "familia." El término "familia" ya no se usa sólo para señalar a personas que están relacionadas entre sí mediante el matrimonio o por lazos sanguíneos, en lo llamado tradicionalmente "núcleo familiar".

A medida que la estructura de la familia cambia, también cambian sus necesidades, compromisos y responsabilidades. Estos cambios o trasformaciones presentan retos que sólo pueden ser enfrentados por un sistema que reconoce las diferencias y celebra la inclusión.

En los tiempos en que Jesús predicaba, el concepto de familia era muy importante. Jesús estaba muy consciente de lo importante que era que el concepto de familia en el evangelio comprendiera a todos, incluyendo aquellos entre los que no existían lazos de sangre.

> *La gente que estaba sentada alrededor de Jesús le dijo:*
> *—Tu madre, tus hermanos y tus hermanas están afuera, y te buscan.*
> *Él les contestó:*
> *—¿Quiénes son mi madre y mis hermanos?*
> *Luego, mirando a los que estaban sentados a su alrededor, añadió:*
> *—Estos son mi madre y mis hermanos. Pues cualquiera que hace la voluntad de Dios, ese es mi hermano, mi hermana y mi madre.*
>
> San Marcos 3.32-35

Así Jesús amplía el círculo familiar para incluir a todo los "hermanos" espirituales que podrían estar padeciendo toda clase de necesidades.

TÚ ERES PARTE DE LA FAMILIA DE DIOS

Todos tenemos la necesidad de pertenecer a algo, de experimentar un sentido de conexión y comunidad con otros. Las relaciones en el seno de las familias exigen el compartir las responsabilidades, los valores e ideales.

Nosotros hemos sido hechos parte de la familia de Dios. Cada uno de nosotros es especial para Dios y está guardado en alta estima. Dios mismo lo confirma cuando dice:

> *Yo te he amado con amor eterno;*
> *por eso te sigo tratando con bondad.*
> Jeremías 31.3b

Como miembros de la familia de Dios, todos tenemos la responsabilidad de perpetuar este espíritu de amor que Dios nos ha dado.

Queridos hermanos, debemos amarnos unos a otros, porque el amor viene de Dios. Todo el que ama es hijo de Dios y conoce a Dios.

* * *

Jesucristo nos ha dado este mandamiento: que el que ama a Dios, ame también a su hermano.

1 Juan 4.7, 21

DIOS TE AMA.
¡TÚ ERES UN MIEMBRO DE LA
FAMILIA DE DIOS!

UNA ORACIÓN POR LAS FAMILIAS

Como miembro de la familia de Dios, nosotros podemos hablar con Dios acerca de cualquier cosa y en cualquier momento, no importa dónde nos encontremos. El apóstol San Pablo escribió,

"No se aflijan por nada, sino presénteselo todo a Dios en oración; pídanle, y denle gracias también."
Filipenses 4.6

El mismo Jesús nos anima a comunicarnos con Dios por medio de la oración. Jesús nos dio un ejemplo de cómo debemos hablar con Dios:

Ustedes deben orar así:

"Padre nuestro que estás en el cielo, santificado sea tu nombre.
Venga tu reino.
Hágase tu voluntad en la tierra, así como se hace en el cielo.
Danos hoy el pan que necesitamos.
Perdónanos el mal que hemos hecho, así como nosotros hemos perdonado a los que nos han hecho mal.
No nos expongas a la tentación, sino líbranos del maligno."
San Mateo 6.9-13

LA PROVISIÓN DE DIOS PARA LAS FAMILIAS

Dios, que habita en su santo templo,
es padre de los huérfanos
y defensor de las viudas;
Dios da a los solitarios un hogar donde vivir,
libera a los prisioneros y les da prosperidad.

Salmo 68.5,6a

Dios nos conoce y conoce también nuestras necesidades

Como individuos todos tenemos necesidades físicas y espirituales. Cuando entramos a formar parte de la familia de Dios, todos compartimos las recompensas y bendiciones que Dios nos provee.

"No se preocupen, preguntándose: 'Qué vamos a comer?'
o '¿Qué vamos a beber?' o '¿Con qué vamos a vestirnos?' Todas
estas cosas son las que preocupan a los paganos, pero ustedes
tienen un Padre celestial que ya sabe que las necesitan."

San Mateo 6.31, 32b

Dios nos proporciona no sólo lo necesario para el sustento, la ropa para cubrirnos y el lugar para refugiarnos de los elementos, sino que también nos recuerda constantemente que somos "una familia escogida"..."un pueblo adquirido por Dios" (1 Pedro 2.9).

"Dios ha preparado para los que lo aman
cosas que nadie ha visto ni oído,
y ni siquiera pensado."

1 Corintios 2.9

LA CONDUCTA DE LA FAMILIA

La Biblia ofrece muchas pautas que ayudan a la familia a vivir en armonía. Amor, respeto mutuo, honestidad, cariño genuino y compasión son entre otras las cualidades que debemos tener en nuestra relación con los nuestros.

La educación del niño empieza a temprana edad, en el hogar, y la Biblia nos dice que quienes cuidan de los niños deben enseñarles a distinguir entre lo bueno y lo malo para que cuando crezcan actúen debidamente *(Proverbios 22.6)*. A los niños se les debe enseñar:

> *Atiende a tu padre, que te engendró;*
> *no desprecies a tu madre cuando sea anciana.*
> *Compra la verdad y la sabiduría,*
> *la instrucción y el entendimiento, ¡y no los vendas!*
> Proverbios 23.22,23

La Biblia ofrece sabios consejos a todos los miembros de la familia. Los anima a concentrar su atención en las cosas que son verdaderas, puras, santas y apropiadas. Sin embargo, el mensaje central en todas las relaciones es el amor. En una ocasión Jesús le preguntó a un maestro de la ley cuál era el mensaje que él recibía de las Escrituras. El maestro le contestó:

—*"Ama al Señor tu Dios con todo tu corazón, con toda tu alma, con todas tus fuerzas y con toda tu mente"; y "ama a tu prójimo como a ti mismo."*

San Lucas 10.27

Busca estos versículos para que conozcas cuáles otros consejos te ofrece la Biblia acerca de cómo establecer el amor, la paz y la armonía en tus relaciones familiares:

Salmo 34.11-14;
San Mateo 19.13-15;
San Lucas 6.45;
Efesios 4.2,3; 5.15-33.

DEVOCIÓN FAMILIAR

Reúne a tu familia en una habitación o área donde haya poca distracción. Desconecta los teléfonos y apaga el televisor y el radio. Invita a cada uno a leer su pasaje favorito de la Biblia. Que cada uno hable por unos minutos acerca de lo que les hace a ustedes una familia y cuáles son las cualidades que realmente admiran en los otros miembros de la familia.

Reflexionen por unos momentos en lo especial de la familia. Tu familia podría estar formada por solo dos personas, o quizás por varios miembros. Pueden estar unidos por lazos de sangre o matrimonio; o un profundo amor y cariño; o lazos sociales o espirituales. Sea cual sea la relación, ustedes son parte de una familia.

Lee 1 Corintios 12.4-11. Dios nos ha dado a cada uno un regalo. Piensa en los dones y talentos que aportas a la familia... ¿Es uno de alegría o amor? ¿Sabiduría o educación? ¿Hospitalidad o el talento para criar niños? ¿Música o arte? ¿Paciencia o buena disposición para servir? ¿Actitud piadosa o un oído dispuesto a escuchar? ¿De qué manera puedes usar tus dones o talentos dentro y fuera de la familia?

Lee 1 Corintios 12.24b-30. Dedica algunos minutos a la oración y meditación. Revisa los dones y talentos de los miembros de tu familia. Dale gracias a Dios por la familia que tienes y por los dones de cada uno. Dale gracias también por los dones que tú has recibido y por tu familia.

Lee estos pasajes y otros para que descubras lo que dice la Biblia acerca de la importancia de dar prioridad a las cosas de Dios y acerca del don de animar a los miembros de tu familia. Celebra el hecho de que formas parte de la familia de Dios. El Dios que rescató al pueblo de Israel de la esclavitud en Egipto se acerca a ti y a tu familia. Descubre el gozo y la paz que Dios le ofrece a todos al abrir la Biblia y estudiar su Palabra.

Otras lecturas:
Deuteronomio 6.4-9
Salmo 127.1,2; 133.1-3
1 Tesalonicenses 5.14-16.

Í N D I C E

ANTIGUO TESTAMENTO

ANTIGUO TESTAMENTO

INTRODUCCIÓN

El medio ambiente: la tierra

(1) El territorio donde se desarrollaron los principales acontecimientos de la historia del pueblo de Israel, después que tomó posesión de la tierra que Dios había prometido a Abraham y sus descendientes, y de la historia de Jesús y de la primera comunidad cristiana, corresponde, en grandes líneas, al actual estado de Israel, en la costa oriental del mar Mediterráneo.

(2) Durante la mayor parte del periodo monárquico (931–587 a.C.), el país estuvo políticamente dividido en dos regiones: *el reino de Judá* en el sur, con Jerusalén como su capital, y *el reino de Israel* o del Norte, con Samaria como capital. Con la conquista de este último reino por Asiria (721 a.C.), se acentuó la diferencia religiosa y política entre las dos regiones.

(3) En tiempos del NT, este territorio aparece compuesto por cuatro grandes regiones: *Judea*, al sur, *Perea*, al oriente del río Jordán, *Samaria*, al norte de Judea, y *Galilea*, aún más al norte. Este territorio tiene una extensión cercana a los 25 000 km. cuadrados.

(4) Desde el punto de vista físico, se pueden distinguir en este territorio tres grandes zonas paralelas, que se extienden de sur a norte.

(5) A lo largo del mar Mediterráneo hay una *llanura baja*, en cuya parte sur estaban establecidos antiguamente los filisteos, con Gaza, Ascalón y Asdod como ciudades principales; fuera ya del territorio filisteo se encuentran ciudades como Jope (actualmente un suburbio de Tel Aviv), Cesarea (construida en tiempos romanos) y, más al norte, Haifa (de origen más reciente). Esta llanura es interrumpida por el monte Carmelo, al norte de Cesarea, y se hace más estrecha en la parte de Galilea.

(6) Más al oriente se encuentra la *zona montañosa*, que se prolonga por el sur hasta el desierto del Négueb y por el norte hasta las montañas del Líbano. Esta cadena montañosa se ve interrumpida por la llanura de Jezreel (o Esdrelón), que separa a Samaria de Galilea. El punto más alto en la parte de Judea corresponde a una montaña cerca de Hebrón (1 020 m.), al sur de Jerusalén. En Galilea la altura máxima (1 208 m.) corresponde al monte Meirón. En esta zona se encuentran las principales ciudades de Judea y Samaria y algunas de Galilea. Jerusalén está a unos 800 m. de altura sobre el nivel del mar.

(7) Más al oriente todavía se encuentra una *cuenca* o *depresión*, donde está el río Jordán, que nace al norte de Galilea, en el monte Hermón, y corre hacia el sur formando en su camino el Lago de Galilea (cuyo nivel está 212 m. más bajo que el Mediterráneo), y después de recorrer un valle de 100 km. de longitud, desemboca en el Mar Muerto. El nivel del Mar Muerto es 392 m. más bajo que el del Mediterráneo.

(8) Al oriente de esta depresión el terreno vuelve a elevarse y alcanza alturas mayores, sobre todo en la parte norte, con el monte Hermón, el más alto de toda esta región (2 758 m.), ya fuera de Palestina.

(9) Las llanuras de la costa y del norte son en general terreno fértil, apto para la agricultura. En las zonas montañosas abunda la piedra y solo son parcialmente cultivables. Al oriente y al sur predominan las zonas desérticas. En general, el agua no es abundante en esta región, y se utilizan cisternas para conservar el agua de lluvia. Los textos bíblicos distinguen básicamente dos estaciones: invierno y verano (cf. Gn 8.22; Mt 24.20,32), que se caracterizan tanto por las temperaturas más bajas o más altas como por la abundancia o falta de lluvias.

El ambiente histórico y cultural del AT

(10) En la historia del pueblo de Israel antes de Cristo, tal como la presenta la Biblia misma, pueden distinguirse los siguientes periodos principales:

I. Los patriarcas y Moisés: c. 1850–1220 a.C.

(11) Estos acontecimientos están consignados en los seis primeros libros de la Biblia (*Génesis 11—50, Éxodo, Levítico, Números, Deuteronomio y Josué*).

II. Periodo de los Caudillos (Jueces): 1220–1030 a.C.

(12) Sobre estos sucesos hablan los libros de los *Jueces* y de *Rut*.

III. La monarquía. Reino unido: c. 1030–931 a.C.

(13) Los acontecimientos de este periodo están consignados en los libros de *1 y 2 Samuel* y *1 Reyes 1–11* y de nuevo en *1 Crónicas* y *2 Crónicas 1–9*.

IV. Judá e Israel. El reino dividido: 931–587 a.C.

(14) Los sucesos de este periodo se hallan narrados en los libros de *1 Reyes 12—22* y *2 Reyes*, y además en *2 Crónicas 10—36*.

(15) En este periodo ejercieron su actividad varios profetas, entre los que hay que mencionar a *Elías* y *Eliseo*, y entre los profetas escritores a *Amós, Oseas, Isaías, Miqueas, Sofonías, Jeremías, Nahúm, Habacuc* y en parte *Ezequiel*. Parte de los *Salmos* se escribieron y se usaron en el culto del templo en este periodo.

V. Exilio y restauración. Época persa. 587–332 a.C.

(16) En este periodo se sitúa la acción de los profetas *Ezequiel, Daniel, Hageo, Zacarías, Abdías, Malaquías* y *Joel*. Del regreso y reconstrucción hablan los libros de *Esdras* y *Nehemías*. En la época persa se sitúa también la acción del libro de *Ester*.

VI. Época helenística: 332–63 a.C.

(17) En este periodo se tradujo la Biblia al griego en Alejandría (Egipto) y empezó la producción de una importante literatura judía en lengua griega.

GÉNESIS

El *Génesis* (=Gn) nombre derivado del griego que significa "origen", se divide en dos grandes partes estrechamente relacionadas: La historia primitiva (1—11) y la historia patriarcal (12—50).

La historia primitiva

Lo primero que enseña el libro del *Génesis* es que Dios es el único creador de todo cuanto existe. Quiso, además, que la especie humana se distinguiera entre los demás vivientes por su dignidad particular, como seres creados a imagen de Dios con la misión de ejercer responsablemente el dominio sobre el mundo (1.27–28).

Esta primera pareja humana, llamada desde el principio a vivir en estrecha amistad con Dios, debía cultivar su relación con el Creador mediante una libre aceptación. Por eso, Dios dispuso que ellos observaran un precepto (2.16–17), en virtud del cual se afirmaba tanto la soberanía absoluta del Creador como la libertad y responsabilidad humanas.

Pero el hombre y la mujer desobedecieron el precepto divino (3.1–6), y a causa de su pecado entraron en el mundo el sufrimiento y la muerte. A partir de allí, se inició una serie ininterrumpida de pecados, que atrajeron sobre la humanidad el juicio de Dios.

La historia patriarcal

Sin embargo, Dios no dejó que la confusión y dispersión de los seres humanos tuvieran un carácter definitivo. Por eso, la segunda parte del *Génesis* empieza a relatar lo que hizo Dios para liberar a los hombres de la situación que ellos mismos habían creado a causa del pecado.

En el comienzo de esta nueva etapa de la historia, está la palabra del Señor a Abraham. Abraham debió abandonar su país natal, y Dios, a su vez, le prometió una tierra y una descendencia numerosa (12.1–3). Para confirmar su promesa, Dios estableció con Abraham una alianza, y la selló con un juramento (15.18; 17.2). Además, dejó establecido que su promesa no se refería exclusivamente a la descendencia física de Abraham, sino a la humanidad entera.

La promesa de Dios se fue transmitiendo de generación en generación. Sus herederos inmediatos fueron Isaac y Jacob, que también vivieron como inmigrantes en una tierra extranjera, sin otro punto de apoyo que la promesa de Dios.

Sin embargo, Abraham compró en el país de Canaán una parcela de terreno para enterrar a su esposa Sara (23.16–20), como anticipo del acontecimiento que más tarde llegaría a su plena realización: la toma de posesión, por parte de los israelitas, de la tierra donde Abraham y los patriarcas habían vivido como extranjeros. De este modo, la trayectoria de los patriarcas aparece como una historia orientada hacia el futuro.

También es significativo que el *Génesis* concluya con la llegada de Jacob y de su familia a Egipto. Así el relato queda abierto para narrar el acontecimiento que quedó ligado para siempre al nombre del Dios de Israel: el éxodo de Egipto.

El siguiente esquema presenta en forma resumida el contenido del *Génesis*:

1. Los orígenes del mundo y de la historia humana (1—11)
2. La historia de los patriarcas hebreos (12—50)
   a. La historia de Abraham (12—25)
   b. El patriarca Isaac (26)
   c. La historia de Jacob (27—36)
   d. La historia de José (37—50)

La Creación[a]

1 ¹ En el comienzo de todo, Dios creó el cielo y la tierra. ² La tierra no tenía entonces ninguna forma; todo era un mar profundo cubierto de oscuridad, y el espíritu de Dios se movía sobre el agua.

³ Entonces Dios dijo: "¡Que haya luz!"

Y hubo luz. ⁴ Al ver Dios que la luz era buena, la separó de la oscuridad ⁵ y la llamó "día", y a la oscuridad la llamó "noche". De este modo se completó el primer día.

⁶ Después Dios dijo: "Que haya una bóveda que separe las aguas, para que estas queden separadas."

Y así fue.[b] ⁷ Dios hizo una bóveda que separó las aguas: una parte de ellas quedó debajo de la bóveda, y otra parte quedó arriba. ⁸ A la bóveda la llamó "cielo". De este modo se completó el segundo día.

⁹ Entonces Dios dijo: "Que el agua que está debajo del cielo se junte en un solo lugar, para que aparezca lo seco."

Y así fue. ¹⁰ A la parte seca Dios la llamó "tierra", y al agua que se había juntado la llamó "mar".

Al ver Dios que todo estaba bien, ¹¹ dijo: "Que produzca la tierra toda clase de plantas: hierbas que den semilla y árboles que den fruto."

Y así fue. ¹² La tierra produjo toda clase de plantas: hierbas que dan semilla y árboles que dan fruto. Y Dios vio que todo estaba bien. ¹³ De este modo se completó el tercer día.

¹⁴⁻¹⁵ Entonces Dios dijo: "Que haya luces en la bóveda celeste, que alumbren la tierra y separen el día de la noche, y que sirvan también para señalar los días, los años y las fechas especiales."

Y así fue. ¹⁶ Dios hizo las dos luces: la grande para alumbrar de día y la pequeña para alumbrar de noche. También hizo las estrellas. ¹⁷ Dios puso las luces en la bóveda celeste para alumbrar la tierra ¹⁸ de día y de noche, y para separar la luz de la oscuridad, y vio que todo estaba bien. ¹⁹ De este modo se completó el cuarto día.

²⁰ Luego Dios dijo: "Que produzca el agua toda clase de animales, y que haya también aves que vuelen sobre la tierra."

Y así fue.[c] ²¹ Dios creó los grandes monstruos del mar, y todos los animales que el agua produce y que viven en ella, y todas las aves.

Al ver Dios que así estaba bien, ²² bendijo con estas palabras a los animales que había hecho: "Que tengan muchas crías y llenen los mares, y que haya muchas aves en el mundo."

²³ De este modo se completó el quinto día.

²⁴ Entonces Dios dijo: "Que produzca la tierra toda clase de animales: domésticos y salvajes, y los que se arrastran por el suelo."

Y así fue. ²⁵ Dios hizo estos animales y vio que todo estaba bien.

²⁶ Entonces dijo: "Ahora hagamos al hombre a nuestra imagen. Él tendrá poder sobre los peces, las aves, los animales domésticos y los salvajes, y sobre los que se arrastran por el suelo."

> ²⁷ Cuando Dios creó al hombre,[d]
> lo creó a su imagen;
> varón y mujer los creó,
> ²⁸ y les dio su bendición:
> "Tengan muchos, muchos hijos;
> llenen el mundo y gobiérnenlo;
> dominen a los peces y a las aves,
> y a todos los animales que se arrastran."[e]

²⁹ Después les dijo: "Miren, a ustedes les doy todas las plantas de la tierra que producen semilla, y todos los árboles que dan fruto. Todo eso les servirá de alimento. ³⁰ Pero a los animales salvajes, a los que se arrastran por el suelo y a las aves, les doy la hierba como alimento."

Así fue, ³¹ y Dios vio que todo lo que había hecho estaba muy bien. De este modo se completó el sexto día.

2 ¹ El cielo y la tierra, y todo lo que hay en ellos, quedaron terminados. ² El séptimo día terminó Dios lo que había hecho, y

---

[a] **1.1** Este primer relato presenta, en el marco de una semana, el origen del universo, culminando con la creación del género humano: todo procede de Dios y todo es bueno. [b] **1.6** *Y así fue:* según la versión griega (LXX) y la estructura literaria del relato (cf. Gn 1.9,11, etc.). En el texto hebreo la frase aparece al final del v. 7. [c] **1.20** *Y así fue:* según la versión griega (LXX). En el texto hebreo no aparece esta frase. [d] **1.27** *Hombre:* heb. *adam,* designa aquí a todo el género humano; en otros pasajes, este mismo término tiene el valor de un nombre propio (Adán). Cf. Gn 4.25. [e] **1.28** *Que se arrastran:* otra posible traducción: *que se mueven,* en referencia a todos los seres terrestres.

descansó.[a] **3**Entonces bendijo el séptimo día y lo declaró día sagrado, porque en ese día descansó de todo su trabajo de creación. **4**Esta es la historia de la creación del cielo y de la tierra.

El hombre en el jardín de Edén [b]

Cuando Dios el Señor[c] hizo el cielo y la tierra, **5**aún no había plantas ni había brotado la hierba, porque Dios el Señor todavía no había hecho llover sobre la tierra, ni había nadie que la trabajara. **6**Sin embargo, de la tierra salía agua que regaba todo el terreno. **7**Entonces Dios el Señor formó al hombre de la tierra misma,[d] y sopló en su nariz y le dio vida. Así el hombre se convirtió en un ser viviente.

8Después Dios el Señor plantó un jardín en la región de Edén,[e] en el oriente, y puso allí al hombre que había formado. **9**Hizo crecer también toda clase de árboles hermosos que daban fruto bueno para comer. En medio del jardín puso también el árbol de la vida[f] y el árbol del conocimiento del bien y del mal.[g]

10En Edén nacía un río que regaba el jardín, y que de allí se dividía en cuatro. **11**El primero se llamaba Pisón, que es el que da vuelta por toda la región de Havilá, donde hay oro. **12**El oro de esa región es fino, y también hay resina fina y piedra de ónice. **13**El segundo río se llamaba Guihón, y es el que da vuelta por toda la región de Cus. **14**El tercero era el río Tigris, que es el que pasa al oriente de Asiria. Y el cuarto era el río Éufrates.

15Cuando Dios el Señor puso al hombre en el jardín de Edén para que lo cultivara y lo cuidara, **16**le dio esta orden: "Puedes comer del fruto de todos los árboles del jardín, **17**menos del árbol del bien y del mal. No comas del fruto de ese árbol, porque si lo comes, ciertamente morirás."

18Luego, Dios el Señor dijo: "No es bueno que el hombre esté solo. Le voy a hacer alguien que sea una ayuda adecuada para él." **19-20**Y Dios el Señor formó de la tierra todos los animales y todas las aves, y se los llevó al hombre para que les pusiera nombre. El hombre les puso nombre a todos los animales domésticos, a todas las aves y a todos los animales salvajes, y ese nombre se les quedó. Sin embargo, ninguno de ellos resultó ser la ayuda adecuada para él. **21**Entonces Dios el Señor hizo caer al hombre en un sueño profundo y, mientras dormía, le sacó una de las costillas y le cerró otra vez la carne. **22**De esa costilla Dios el Señor hizo una mujer, y se la presentó al hombre, **23**el cual, al verla, dijo:

"¡Esta sí que es de mi propia carne y de mis propios huesos! Se va a llamar 'mujer', porque Dios la sacó del hombre."

24Por eso el hombre deja a su padre y a su madre para unirse a su esposa, y los dos llegan a ser como una sola persona.[h]

25Tanto el hombre como su mujer estaban desnudos, pero ninguno de los dos sentía vergüenza de estar así.

Adán y Eva desobedecen a Dios

3 **1**La serpiente[a] era más astuta que todos los animales salvajes que Dios el Señor había creado, y le preguntó a la mujer:

—¿Así que Dios les ha dicho que no coman del fruto de ningún árbol del jardín?

2Y la mujer le contestó:

—Podemos comer del fruto de cualquier árbol, **3**menos del árbol que está en medio del jardín. Dios nos ha dicho que no debemos comer ni tocar el fruto de ese árbol, porque si lo hacemos, moriremos.

4Pero la serpiente le dijo a la mujer:

—No es cierto. No morirán. **5**Dios sabe muy bien que cuando ustedes coman del fruto de ese árbol podrán saber lo que es bueno y lo que es malo, y que entonces serán como Dios.

---

[a] **2.2** *Descansó:* El verbo hebreo, que significa lit. *cesar* o *terminar*, se relaciona con el nombre *shabat* (= *sábado, día de reposo*). Cf. Ex 20.11. [b] **2.4** El segundo relato se centra en la pareja humana, en su destino y descendencia y en su relación con Dios. [c] **2.4** *El Señor:* traducción de *Yahvé*, el nombre propio del Dios de Israel. [d] **2.7** El texto hebreo hace un juego de palabras entre los vocablos *adam*, que significa *hombre*, y *adamá*, que significa *suelo* o *tierra cultivable* (véase el mismo procedimiento en Gn 3.19). Así se destaca la estrecha vinculación que existe entre el hombre y la tierra. [e] **2.8** *Edén* es una palabra hebrea que significa *delicia* (cf. Is 51.3; Ez 31.8–9). [f] **2.9** *El árbol de la vida:* es decir, cuyos frutos dan la vida. Cf. Gn 3.22. [g] **2.9** *El árbol del conocimiento del bien y del mal:* es decir, tener plena autonomía en el campo moral. Cf. Gn 3.22. [h] **2.24** Mt 19.5; Mc 10.7–8; 1 Co 6.16; Ef 5.31. Este v. pone de relieve la dignidad y el sentido profundo de la unión matrimonial. [a] **3.1** La tradición posterior vio en *la serpiente* un símbolo del diablo: Cf. Sab 2.24; Jn 8.44; Ap 12.9.

6 La mujer vio que el fruto del árbol era hermoso, y le dieron ganas de comerlo y de llegar a tener entendimiento. Así que cortó uno de los frutos y se lo comió. Luego le dio a su esposo, y él también comió. 7 En ese momento se les abrieron los ojos, y los dos se dieron cuenta de que estaban desnudos. Entonces cosieron hojas de higuera y se cubrieron con ellas.

8 El hombre y su mujer escucharon que Dios el Señor andaba por el jardín a la hora en que sopla el viento de la tarde, y corrieron a esconderse de él entre los árboles del jardín. 9 Pero Dios el Señor llamó al hombre y le preguntó:

—¿Dónde estás?

10 El hombre contestó:

—Escuché que andabas por el jardín y tuve miedo, porque estoy desnudo; por eso me escondí.

11 Entonces Dios le preguntó:

—¿Y quién te ha dicho que estás desnudo? ¿Acaso has comido del fruto del árbol del que te dije que no comieras?

12 El hombre contestó:

—La mujer que me diste por compañera me dio de ese fruto, y yo lo comí.

13 Entonces Dios el Señor le preguntó a la mujer:

—¿Por qué lo hiciste?

Y ella respondió:

—La serpiente me engañó, y por eso comí del fruto.

14 Entonces Dios el Señor dijo a la serpiente:

—Por esto que has hecho, maldita serás entre todos los demás animales. De hoy en adelante caminarás arrastrándote y comerás tierra. 15 Haré que tú y la mujer sean enemigas, lo mismo que tu descendencia y su descendencia. Su descendencia te aplastará la cabeza, y tú le morderás el talón.

16 A la mujer le dijo:

—Aumentaré tus dolores cuando tengas hijos, y con dolor los darás a luz. Pero tu deseo te llevará a tu marido, y él tendrá autoridad sobre ti.

17 Al hombre le dijo:

—Como le hiciste caso a tu mujer y comiste del fruto del árbol del que te dije que no comieras, ahora la tierra va a estar bajo maldición por tu culpa; con duro trabajo la harás producir tu alimento durante toda tu vida. 18 La tierra te dará espinos y cardos, y tendrás que comer plantas silvestres. 19 Te ganarás el pan con el sudor de tu frente, hasta que vuelvas a la misma tierra de la cual fuiste formado, pues tierra eres y en tierra te convertirás.

20 El hombre llamó Eva[b] a su mujer, pues ella fue la madre de todos los que viven. 21 Dios el Señor hizo ropa de pieles de animales para que el hombre y su mujer se vistieran, 22 y dijo: "Ahora el hombre se ha vuelto como uno de nosotros, pues sabe lo que es bueno y lo que es malo. No vaya a tomar también del fruto del árbol de la vida, y lo coma y viva para siempre."

23 Por eso Dios el Señor sacó al hombre del jardín de Edén, y lo puso a trabajar la tierra de la cual había sido formado. 24 Después de haber sacado al hombre, puso al oriente del jardín unos seres alados[c] y una espada ardiendo que daba vueltas hacia todos lados, para evitar que nadie llegara al árbol de la vida.

Caín y Abel

4 1 El hombre se unió con su esposa Eva. Ella quedó embarazada y dio a luz a su hijo Caín, y dijo: "Ya tengo un hijo varón. El Señor me lo ha dado."[a] 2 Después dio a luz a Abel, hermano de Caín. Abel se dedicó a criar ovejas, y Caín se dedicó a cultivar la tierra.

3 Pasó el tiempo, y un día Caín llevó al Señor una ofrenda del producto de su cosecha. 4 También Abel llevó al Señor las primeras y mejores crías de sus ovejas. El Señor miró con agrado a Abel y a su ofrenda, 5 pero no miró así a Caín ni a su ofrenda, por lo que Caín se enojó muchísimo y puso muy mala cara. 6 Entonces el Señor le dijo: "¿Por qué te enojas y pones tan mala cara? 7 Si hicieras lo bueno, podrías levantar la cara;[b] pero como no lo haces, el pecado está esperando el momento de dominarte. Sin embargo, tú puedes dominarlo a él."

8 Un día, Caín invitó a su hermano Abel a dar un paseo,[c] y cuando los dos estaban ya en el

---

b **3.20** En hebreo, el nombre *Eva* y la palabra que significa *vida* o *viviente* tienen un sonido semejante.
c **3.24** Estos *seres alados*, lit. *querubines*, eran considerados en el antiguo Oriente como guardianes de los templos y de los lugares sagrados. Véase Ex 25.18 n. *a* **4.1** El nombre *Caín* y el verbo hebreo que significa *llegar a tener* suenan muy parecidos. *b* **4.7** *Podrías levantar la cara*: otra posible traducción: *serías aceptado*. *c* **4.8** *A dar un paseo*: según versiones antiguas. La frase no se encuentra en el texto hebreo.

campo, Caín atacó a su hermano Abel y lo mató. 9Entonces el Señor le preguntó a Caín:

—¿Dónde está tu hermano Abel?

Y Caín contestó:

—No lo sé. ¿Acaso es mi obligación cuidar de él?

10El Señor le dijo:

—¿Por qué has hecho esto? La sangre de tu hermano, que has derramado en la tierra, me pide a gritos que yo haga justicia. 11Por eso, quedarás maldito y expulsado de la tierra que se ha bebido la sangre de tu hermano, a quien tú mataste. 12Aunque trabajes la tierra, no volverá a darte sus frutos. Andarás vagando por el mundo, sin poder descansar jamás.

13Entonces Caín respondió al Señor:

—Yo no puedo soportar un castigo tan grande. 14Hoy me has echado fuera de esta tierra, y tendré que vagar por el mundo lejos de tu presencia, sin poder descansar jamás. Y así, cualquiera que me encuentre me matará.

15Pero el Señor le contestó:

—Pues si alguien te mata, será castigado siete veces.

Entonces el Señor le puso una señal a Caín, para que el que lo encontrara no lo matara. 16Caín se fue del lugar donde había estado hablando con el Señor, y se quedó a vivir en la región de Nod,*d* que está al oriente de Edén.

Los descendientes de Caín

17Caín se unió con su mujer, y ella quedó embarazada y dio a luz a Henoc. Luego Caín fundó una ciudad, a la que le puso por nombre Henoc, como a su hijo. 18Henoc fue el padre de Irad, Irad fue el padre de Mehujael, Mehujael fue el padre de Metusael, y Metusael fue el padre de Lámec. 19Lámec tuvo dos esposas: una de ellas se llamaba Adá, y la otra se llamaba Silá. 20Adá dio a luz a Jabal, de quien descienden los que viven en tiendas de campaña y crían ganado. 21Jabal tuvo un hermano llamado Jubal, de quien descienden todos los que tocan el arpa y la flauta. 22Por su parte, Silá dio a luz a Tubal–caín, que fue herrero y hacía objetos de bronce y de hierro. Tubal–caín tuvo una hermana que se llamaba Naamá.

23Un día, Lámec les dijo a sus esposas Adá y Silá:

"Escuchen bien lo que les digo:
he matado a un hombre por herirme,
a un muchacho por golpearme.
24 Si a Caín lo vengarán siete veces,
a mí tendrán que vengarme
setenta y siete veces."

El tercer hijo de Adán y Eva

25Adán*e* volvió a unirse con su esposa, y ella tuvo un hijo al que llamó Set, pues dijo: "Dios me ha dado otro hijo en lugar de Abel, al que Caín mató."*f*

26También Set tuvo un hijo, al que llamó Enós.*g* Desde entonces se comenzó a invocar el nombre del Señor.

Los descendientes de Adán
(1 Cr 1.1–4)

5 1Esta es la lista de los descendientes de Adán. Cuando Dios creó al hombre, lo hizo semejante a él; 2los creó varón y mujer,*a* y les dio su bendición. El día en que fueron creados, Dios dijo: "Se llamarán hombres."

3Adán tenía ciento treinta años cuando nació su hijo, al que llamó Set,*b* y que era semejante a él en todo.*c* 4Después de esto, Adán vivió ochocientos años más, y tuvo otros hijos e hijas; 5así que vivió novecientos treinta años en total. A esa edad murió.

6Set tenía ciento cinco años cuando nació su hijo Enós. 7Después de esto, Set vivió ochocientos siete años más, y tuvo otros hijos e hijas; 8así que vivió novecientos doce años en total. A esa edad murió.

9Enós tenía noventa años cuando nació su hijo Cainán. 10Después de esto, Enós vivió ochocientos quince años más, y tuvo otros hijos e hijas; 11así que vivió novecientos cinco años en total. A esa edad murió.

12Cainán tenía setenta años cuando nació su hijo Mahalalel. 13Después de esto, Cainán vivió ochocientos cuarenta años más, y tuvo otros hijos e hijas; 14así que vivió novecientos diez años en total. A esa edad murió.

---

d **4.16** *Nod:* región no identificada; quizá se trata de un nombre simbólico, que alude a la vida errante de Caín (*nad,* en hebreo, significa *vagabundo;* cf. vv. 12,14). *e* **4.25** *Adán:* Véase 2.7 n. *f* **4.25** El nombre *Set* tiene un sonido semejante al del verbo hebreo que significa *ha dado.* *g* **4.26** *Enós,* en hebreo, quiere decir *hombre, varón,* aunque en algunos contextos significa lo mismo que *Adán.* *a* **5.2** Mt 19.4; Mc 10.6. *b* **5.3** *Set:* Gn 4.25. *c* **5.3** *Semejante a él en todo:* lit. *según su semejanza, a su imagen.* Cf. Gn 1.27.

15 Mahalalel tenía sesenta y cinco años cuando nació su hijo Jéred. 16 Después de esto, Mahalalel vivió ochocientos treinta años más, y tuvo otros hijos e hijas; 17 así que vivió ochocientos noventa y cinco años en total. A esa edad murió.

18 Jéred tenía ciento sesenta y dos años cuando nació su hijo Henoc. 19 Después de esto, Jéred vivió ochocientos años más, y tuvo otros hijos e hijas; 20 así que vivió novecientos sesenta y dos años en total. A esa edad murió.

21 Henoc tenía sesenta y cinco años de edad cuando nació su hijo Matusalén. 22 Henoc vivió de acuerdo con la voluntad de Dios. Después que Matusalén nació, Henoc vivió trescientos años más, y tuvo otros hijos e hijas; 23 así que vivió trescientos sesenta y cinco años en total. 24 Como Henoc vivió de acuerdo con la voluntad de Dios, un día desapareció porque Dios se lo llevó.

25 Matusalén tenía ciento ochenta y siete años cuando nació su hijo Lámec. 26 Después de esto, Matusalén vivió setecientos ochenta y dos años más, y tuvo otros hijos e hijas; 27 así que vivió novecientos sesenta y nueve años en total. A esa edad murió.

28 Lámec tenía ciento ochenta y dos años cuando nació un hijo suyo, 29 al que llamó Noé, porque dijo: "El Señor maldijo la tierra, y tenemos que trabajar muy duro para cultivarla; pero este niño nos hará descansar."*d* 30 Después que Noé nació, Lámec vivió quinientos noventa y cinco años más, y tuvo otros hijos e hijas; 31 así que vivió setecientos setenta y siete años en total. A esa edad murió.*e*

32 Noé tenía ya quinientos años cuando nacieron sus hijos Sem, Cam y Jafet.

La maldad de los hombres

6 1 Cuando los hombres comenzaron a poblar la tierra y tuvieron hijas, 2 los hijos de Dios*a* vieron que estas mujeres eran hermosas. Entonces escogieron entre todas ellas, y se casaron con las que quisieron. 3 Pero el Señor dijo: "No voy a dejar que el hombre viva para siempre, porque él no es más que carne. Así que vivirá solamente ciento veinte años."

4 Los gigantes aparecieron en la tierra cuando los hijos de Dios se unieron con las hijas de los hombres para tener hijos con ellas, y también después. Ellos fueron los famosos héroes de los tiempos antiguos.

5 El Señor vio que era demasiada la maldad del hombre en la tierra y que este siempre estaba pensando en hacer lo malo, 6 y le pesó haber hecho al hombre. Con mucho dolor 7 dijo: "Voy a borrar de la tierra al hombre que he creado, y también a todos los animales domésticos, y a los que se arrastran, y a las aves. ¡Me pesa haberlos hecho!"

8 Sin embargo, el Señor miraba a Noé con buenos ojos.

El arca de Noé

9 Esta es la historia de Noé.

Noé era un hombre muy bueno, que siempre obedecía a Dios. Entre los hombres de su tiempo, solo él vivía de acuerdo con la voluntad de Dios. 10 Noé tuvo tres hijos, que fueron Sem, Cam y Jafet.

11 Para Dios, la tierra estaba llena de maldad y violencia, 12 pues toda la gente se había pervertido. Al ver Dios que había tanta maldad en la tierra, 13 le dijo a Noé: "He decidido terminar con toda la gente. Por su culpa hay mucha violencia en el mundo, así que voy a destruirlos a ellos y al mundo entero. 14 Construye un arca de madera resinosa, haz cuartos en ella, y tapa con brea todas las rendijas del arca por dentro y por fuera, para que no le entre agua. 15 Haz el arca de estas medidas: ciento treinta y cinco metros de largo, veintidós metros y medio de ancho, y trece metros y medio de alto. 16 Hazla de tres pisos, con una ventana como a medio metro del techo, y con una puerta en uno de los lados. 17 Yo voy a mandar un diluvio que inundará la tierra y destruirá todo lo que tiene vida en todas partes del mundo. Todo lo que hay en la tierra morirá. 18 Pero contigo estableceré mi alianza, y en el arca entrarán tus hijos, tu esposa, tus nueras y tú. 19 También llevarás al arca un macho y una hembra de todos los animales que hay en el mundo, para que queden con vida igual que tú. 20 Contigo entrarán en el arca dos animales de cada clase: tanto de

---

d **5.29** El nombre de *Noé* tiene una cierta semejanza con el verbo hebreo que significa *nos hará descansar.*

e **5.31** Los *777* años que duró la vida de *Lámec* parecen estar relacionados con el *siete* y el *77* de Gn 4.24.

a **6.2** *Los hijos de Dios:* 1 P 3.20; Jud 6.

las aves y animales domésticos, como de los que se arrastran por el suelo, para que puedan seguir viviendo. 21 Junta además toda clase de alimentos y guárdalos, para que tú y los animales tengan qué comer."

22 Y Noé hizo todo tal como Dios se lo había ordenado.

El diluvio

7 1 Después el Señor le dijo a Noé: "Entre toda la gente de este tiempo, solo tú vives de acuerdo con mi voluntad. Por lo tanto, entra en el arca junto con tu familia. 2 Toma siete machos y siete hembras de todo animal puro, pero solo un macho y una hembra de los impuros. 3 Toma también siete parejas de cada clase de aves, para que se conserve su especie en el mundo, 4 porque dentro de siete días haré que llueva durante cuarenta días y cuarenta noches. ¡Voy a borrar de la tierra todo lo que vive, y que yo he creado!" 5 Y Noé hizo todo tal como el Señor se lo había ordenado.

6 Cuando el diluvio inundó la tierra, Noé tenía seiscientos años. 7 Y entró Noé en el arca junto con sus hijos, su esposa y sus nueras, para protegerse del diluvio. 8 Los animales puros e impuros, los que vuelan y los que se arrastran, 9 entraron con Noé en el arca, de dos en dos, macho y hembra, como Dios se lo había ordenado.

10 A los siete días, el diluvio comenzó a inundar la tierra. 11 Era el día diecisiete del mes segundo. Noé tenía entonces seiscientos años. Precisamente en ese día, se reventaron las fuentes del gran mar abajo, y se abrieron las compuertas del cielo arriba. 12 Cuarenta días y cuarenta noches estuvo lloviendo sobre la tierra. 13 En aquel mismo día entró Noé en el arca con sus hijos Sem, Cam y Jafet, y con su esposa y sus tres nueras. 14 Con ellos entraron toda clase de animales salvajes y domésticos, y toda clase de animales que se arrastran y de aves. 15 Todos los animales entraron con Noé en el arca, de dos en dos. 16 Entraron un macho y una hembra de cada clase, tal como Dios se lo había ordenado a Noé, y después el Señor cerró la puerta del arca.

17 El diluvio duró cuarenta días. Al subir el agua, el arca se levantó del suelo y comenzó a flotar. 18 El agua seguía subiendo más y más, pero el arca seguía flotando. 19 Tanto subió el agua, que llegó a cubrir las montañas más altas

de la tierra; 20 y después de haber cubierto las montañas, subió todavía como siete metros más. 21 Así murió toda la gente que vivía en la tierra, lo mismo que las aves, los animales domésticos y salvajes, y los que se arrastran por el suelo. 22 Todo lo que había en tierra firme, y que tenía vida y podía respirar, murió. 23 Solamente Noé y los que estaban en el arca quedaron vivos; los demás fueron destruidos: el hombre, los animales domésticos, las aves del cielo y los animales que se arrastran; 24 pues la tierra quedó inundada durante ciento cincuenta días.

Fin del diluvio

8 1 Entonces Dios se acordó[a] de Noé y de todos los animales que estaban con él en el arca. Hizo que el viento soplara sobre la tierra, y el agua comenzó a bajar; 2 se cerraron las fuentes del mar profundo y también las compuertas del cielo. Dejó de llover, 3 y el agua comenzó a bajar poco a poco. Al cabo de ciento cincuenta días, el agua ya iba bajando, 4 y el día diecisiete del mes séptimo el arca se detuvo sobre las montañas de Ararat. 5 El agua siguió bajando, y el primer día del mes décimo ya se podían ver las partes más altas de los montes.

6 Después de cuarenta días, Noé abrió la ventana del arca que había hecho 7 y soltó un cuervo; pero el cuervo volaba de un lado para otro, esperando que la tierra se secara. 8 Después del cuervo, Noé soltó una paloma para ver si la tierra ya estaba seca; 9 pero la paloma regresó al arca porque no encontró ningún lugar donde descansar, pues la tierra todavía estaba cubierta de agua. Así que Noé sacó la mano, tomó la paloma y la hizo entrar en el arca.

10 Noé esperó otros siete días, y volvió a soltar la paloma. 11 Ya empezaba a anochecer cuando la paloma regresó, trayendo una ramita de olivo en el pico. Así Noé se dio cuenta de que la tierra se iba secando. 12 Esperó siete días más, y volvió a enviar la paloma; pero la paloma ya no regresó.

13 Cuando Noé tenía seiscientos un años, la tierra quedó seca. El primer día del mes primero, Noé quitó el techo del arca y vio que la tierra estaba seca. 14 Para el día veintisiete del mes segundo, la tierra estaba ya bien seca. 15 Entonces Dios le dijo a Noé: 16 "Sal del arca, junto tu esposa, tus hijos y tus nueras. 17 Saca también

---

[a] **8.1** La expresión *Dios se acordó* sugiere la idea de solicitud y cuidado muy especiales. Cf. Ex 6.5; Sal 74.2.

a todos los animales que están contigo: las aves, los animales domésticos y los que se arrastran por el suelo, para que se vayan por toda la tierra y tengan muchas crías y llenen el mundo."

18 Entonces Noé y su esposa, y sus hijos y nueras, salieron del arca. 19 También salieron todos los animales domésticos y salvajes, los que se arrastran y los que vuelan. 20 Luego Noé construyó un altar en honor del Señor, tomó animales y aves puros,[b] uno de cada clase, y los ofreció en holocausto al Señor. 21 Cuando al Señor le llegó este olor tan agradable, dijo: "Nunca más volveré a maldecir la tierra por culpa del hombre, porque desde joven el hombre sólo piensa en hacer lo malo. Tampoco volveré a destruir a todos los animales, como lo hice esta vez.

22 "Mientras el mundo exista,
habrá siembra y cosecha;
hará calor y frío,
habrá invierno y verano
y días con sus noches."

La alianza de Dios con Noé

9 1 Dios bendijo a Noé y a sus hijos, con estas palabras: "Tengan muchos hijos y llenen la tierra. 2 Todos los animales del mundo temblarán de miedo delante de ustedes. Todos los animales en el aire, en la tierra y en el mar, están bajo su poder. 3 Pueden comer todos los animales y verduras que quieran. Yo se los doy. 4 Pero hay una cosa que no deben comer: carne con sangre, porque en la sangre está la vida.[a] 5 Yo pediré cuentas a cada hombre y a cada animal de la sangre de cada uno de ustedes. A cada hombre le pediré cuentas de la vida de su prójimo.

6 "Si alguien mata a un hombre,
otro hombre lo matará a él,
pues el hombre ha sido creado
a imagen de Dios.[b]

7 Pero ustedes, ¡tengan muchos hijos
y llenen el mundo con ellos!"[c]

8 Dios también les dijo a Noé y a sus hijos: 9 "Miren, yo voy a establecer mi alianza con ustedes y con sus descendientes, 10 y con todos los animales que están con ustedes y que salieron

del arca: aves y animales domésticos y salvajes, y con todos los animales del mundo. 11 Mi alianza con ustedes no cambiará: no volveré a destruir a los hombres y animales con un diluvio. Ya no volverá a haber otro diluvio que destruya la tierra. 12 Esta es la señal de la alianza que para siempre hago con ustedes y con todos los animales: 13 he puesto mi arco iris en las nubes, y servirá como señal de la alianza que hago con la tierra. 14 Cuando yo haga venir nubes sobre la tierra, mi arco iris aparecerá entre ellas. 15 Entonces me acordaré de la alianza que he hecho con ustedes y con todos los animales, y ya no volverá a haber ningún diluvio que los destruya. 16 Cuando el arco iris esté entre las nubes, yo lo veré y me acordaré de la alianza que he hecho para siempre con todo hombre y todo animal que hay en el mundo. 17 Esta es la señal de la alianza que yo he establecido con todo hombre y animal aquí en la tierra." Así habló Dios con Noé.

Noé y sus hijos

18 Los hijos de Noé que salieron del arca fueron Sem, Cam, padre de Canaán, y Jafet. 19 Estos fueron los tres hijos de Noé, y con sus descendientes se volvió a poblar la tierra.

20 Noé comenzó a cultivar la tierra, y plantó una viña. 21 Un día Noé bebió vino y se emborrachó, y se quedó tirado y desnudo en medio de su tienda de campaña. 22 Cuando Cam, o sea el padre de Canaán, vio a su padre desnudo, salió a contárselo a sus dos hermanos. 23 Entonces Sem y Jafet tomaron una capa, se la pusieron sobre sus propios hombros, y con ella cubrieron a su padre. Para no verlo desnudo, se fueron caminando hacia atrás y mirando a otro lado.

24 Cuando Noé despertó de su borrachera y supo lo que su hijo menor había hecho con él, 25 dijo:

"¡Maldito sea Canaán!
¡Será el esclavo más bajo
de sus dos hermanos!"

26 Luego añadió:

"Bendito sea el Señor, Dios de Sem,
y que Canaán sea su esclavo.

27 Dios permita que Jafet pueda extenderse;
que viva en los campamentos de Sem,
y que Canaán sea su esclavo."

---

b **8.20** Lv 11; Dt 14.3–21. *a* **9.4** Lv 7.26–27; 17.10–14; 19.26; Dt 12.16,23; 15.23. *b* **9.6** Gn 1.27. *c* **9.7** Gn 1.28.

28 Después del diluvio, Noé vivió todavía trescientos cincuenta años; **29** así que murió cuando tenía novecientos cincuenta años.

Los descendientes de Noé
(1 Cr 1.5–23)

10 **1** Estos son los descendientes de Sem, Cam y Jafet, los hijos de Noé, que después del diluvio tuvieron sus propios hijos.

2 Los hijos de Jafet fueron Gómer, Magog, Madai, Javán, Tubal, Mésec y Tirás. **3** Los hijos de Gómer fueron Asquenaz, Rifat y Togarmá. **4** Los hijos de Javán fueron Elisá, Tarsis, Quitim y Rodanim.ᵃ **5** Estos fueron los descendientes de Jafetᵇ que poblaron las costas, cada nación y clan en su propia tierra y con su propio idioma.

6 Los hijos de Cam fueron Cus, Misraim, Fut y Canaán. **7** Los hijos de Cus fueron Sebá, Havilá, Sabtá, Raamá y Sabtecá. Los hijos de Raamá fueron Sebá y Dedán. **8** Cus fue el padre de Nimrod, el primer hombre poderoso de la tierra. **9** Nimrod, por la voluntad del Señor, fue un gran cazador. De ahí viene el dicho: "Igual a Nimrod, que por la voluntad del Señor fue un gran cazador." **10** Las principales ciudades de su reino fueron Babel, Érec, Acad y Calné,ᶜ en la región de Sinar. **11** De esta región salió Asur, que construyó las ciudades de Nínive, Rehobot–ir, Quélah **12** y la gran ciudad de Resen, que está entre Nínive y Quélah.

13 De Misraim descienden los ludeos, los anameos, los lehabitas, los naftuhítas, **14** los patruseos, los casluhítas y los caftoritas, de quienes descienden los filisteos.

15 Canaán fue padre de Sidón, su primer hijo, y de Het. **16** De Canaán descienden los jebuseos, amorreos, gergeseos, **17** heveos, araceos, sineos, **18** arvadeos, semareos y hamateos. Después, todos los clanes cananeos se dispersaron. **19** El territorio de los cananeos llegó a extenderse en dirección a la región de Guerar, desde la ciudad de Sidón hasta el pueblo de Gaza, y en dirección de las ciudades de Sodoma, Gomorra, Admá y Seboím, hasta el pueblo de Lesa. **20** Estos fueron los descendientes de Cam, cada nación y clan en su propia tierra y con su propio idioma.

21 Sem, que fue el hermano mayor de Jafet, también tuvo hijos. Todos los hijos de Éber fueron descendientes de Sem. **22** Los hijos de Sem fueron Elam, Asur, Arfaxad, Lud y Aram. **23** Los hijos de Aram fueron Us, Hul, Guéter y Mas. **24** Arfaxad fue el padre de Sélah, y Sélah fue el padre de Éber. **25** Después Éber tuvo dos hijos: uno de ellos se llamaba Péleg, porque en su tiempo la gente de la tierra se dividió; y el hermano de Péleg se llamaba Joctán.ᵈ **26** Joctán fue el padre de Almodad, Sélef, Hasar–mávet, Jérah, **27** Hadoram, Uzal, Diclá, **28** Obal, Abimael, Sebá, **29** Ofir, Havilá y Jobab. Todos estos fueron hijos de Joctán, **30** y vivieron en las tierras que se extienden desde la región de Mesá hasta la de Sefar, que es la región montañosa del oriente. **31** Estos fueron los descendientes de Sem, cada nación y clan en su propia tierra y con su propio idioma.

32 Estos son los clanes de los hijos de Noé, según sus diferentes líneas de descendientes y sus territorios. Después del diluvio, se esparcieron por todas partes y formaron las naciones del mundo.

La torre de Babel

11 **1** En aquel tiempo todo el mundo hablaba el mismo idioma. **2** Cuando salieron de la región oriental, encontraron una llanura en la región de Sinarᵃ y allí se quedaron a vivir. **3** Un día se dijeron unos a otros: "Vamos a hacer ladrillos y a cocerlos en el fuego." Así, usaron ladrillos en lugar de piedras y asfalto natural en lugar de mezcla. **4** Después dijeron: "Vengan, vamos a construir una ciudad y una torre que llegue hasta el cielo. De este modo nos haremos famosos y no tendremos que dispersarnos por toda la tierra."

ᵃ **10.4** *Rodanim:* según varios mss. y 1 Cr 1.7. Heb. *Dodanim.* El nombre *Rodanim* designa a los habitantes de la isla de Rodas, en el Mar Egeo. ᵇ **10.5** *Estos fueron los descendientes de Jafet:* Esta frase no aparece en el texto hebreo, pero cf. vv. 20,31. ᶜ **10.10** *Calné:* lugar no identificado. El texto hebreo también podría traducirse *y Acad, todas ellas en la región de Sinar.* ᵈ **10.25** Como *Péleg* significa, en hebreo, *división,* aquí hay un juego de palabras con el verbo *dividir.* Probablemente se establece una división entre los semitas del norte (*Péleg*) y los del sur (*Joctán*). ᵃ **11.2** *Sinar* es el nombre bíblico de la vasta *llanura* comprendida entre los ríos Éufrates y Tigris, designada con el nombre de Mesopotamia. El v. 9 localiza este episodio en Babilonia, la ciudad más renombrada de aquella región. Cf. Gn 10.10; 14.1.

5 Pero el Señor bajó a ver la ciudad y la torre que los hombres estaban construyendo, 6 y pensó: "Ellos son un solo pueblo y hablan un solo idioma; por eso han comenzado este trabajo, y ahora por nada del mundo van a dejar de hacerlo. 7 Es mejor que bajemos a confundir su idioma, para que no se entiendan entre ellos."

8 Así fue como el Señor los dispersó por toda la tierra, y ellos dejaron de construir la ciudad. 9 En ese lugar el Señor confundió el idioma de todos los habitantes de la tierra, y de allí los dispersó por todo el mundo. Por eso la ciudad se llamó Babel.*b*

Los descendientes de Sem
(1 Cr 1.24–27)

10 Estos fueron los descendientes de Sem. Dos años después del diluvio, cuando Sem tenía cien años, nació su hijo Arfaxad. 11 Después de esto, Sem vivió quinientos años más, y tuvo otros hijos e hijas.

12 Arfaxad tenía treinta y cinco años cuando nació su hijo Sélah. 13 Después de esto, Arfaxad vivió cuatrocientos tres años más, y tuvo otros hijos e hijas.

14 Sélah tenía treinta años cuando nació su hijo Éber. 15 Después de esto, Sélah vivió cuatrocientos tres años más, y tuvo otros hijos e hijas.

16 Éber tenía treinta y cuatro años cuando nació su hijo Péleg. 17 Después de esto, Éber vivió cuatrocientos treinta años más, y tuvo otros hijos e hijas.

18 Péleg tenía treinta años cuando nació su hijo Reú. 19 Después de esto, Péleg vivió doscientos nueve años más, y tuvo otros hijos e hijas.

20 Reú tenía treinta y dos años cuando nació su hijo Serug. 21 Después de esto, Reú vivió doscientos siete años más, y tuvo otros hijos e hijas.

22 Serug tenía treinta años cuando nació su hijo Nahor. 23 Después de esto, Serug vivió doscientos años más, y tuvo otros hijos e hijas.

24 Nahor tenía veintinueve años cuando nació su hijo Térah. 25 Después de esto, Nahor vivió ciento diecinueve años más, y tuvo otros hijos e hijas.

26 Térah tenía ya setenta años cuando nacieron sus hijos Abram, Nahor y Harán.

Los descendientes de Térah

27 Estos son los descendientes de Térah, que fue el padre de Abram, Nahor y Harán. Harán, el padre de Lot, 28 murió en Ur de Caldea, antes que su padre Térah. Murió en el mismo lugar donde había nacido.

29 Abram se casó con Sarai, y Nahor se casó con Milcá, que era hija de Harán y hermana de Iscá. 30 Sarai no podía tener hijos porque era estéril.

31 Térah salió de Ur de los caldeos para ir a la tierra de Canaán, y se llevó con él a su hijo Abram, a su nieto Lot y a su nuera Sarai. Sin embargo, cuando llegaron a la ciudad de Harán, se quedaron a vivir allí. 32 Y Térah murió en Harán a la edad de doscientos cinco años.

Dios llama a Abram

12 1 Un día el Señor le dijo a Abram: "Deja tu tierra, tus parientes y la casa de tu padre, para ir a la tierra que yo te voy a mostrar. 2 Con tus descendientes voy a formar una gran nación; voy a bendecirte y hacerte famoso, y serás una bendición para otros. 3 Bendeciré a los que te bendigan y maldeciré a los que te maldigan; por medio de ti bendeciré a todas las familias del mundo."*a*

4 Abram salió de Harán tal como el Señor se lo había ordenado. Tenía setenta y cinco años cuando salió de allá para ir a la tierra de Canaán. 5 Con él se llevó a su esposa Sarai y a su sobrino Lot, y también todas las cosas que tenían y la gente que habían adquirido en Harán. Cuando llegaron a Canaán, 6 Abram atravesó toda esa región hasta llegar a Siquem, donde está la encina sagrada de Moré. Los cananeos vivían entonces en aquella región. 7 Allí el Señor se le apareció y le dijo: "Esta tierra se la voy a dar a tu descendencia."

Entonces Abram construyó un altar en honor del Señor, porque allí se le había aparecido.

---

b **11.9** *Babel:* es decir, Babilonia. La tradición babilónica atribuía al nombre de esta ciudad el significado de *Puerta de Dios* o *puerta de los dioses.* El relato bíblico, no sin ironía, lo asocia, en cambio, con el verbo hebreo *balal,* que significa *confundir.* Cf. Hch 2.8–11. *a* **12.3** *Por medio de ti . . . mundo:* otra posible interpretación: *todas las familias del mundo me pedirán una bendición como la que te he dado a ti.* Igualmente en Gn 18.18; 22.18; 26.4; 28.14.

8 Luego se fue a la región montañosa que está al este de la ciudad de Betel, y allí puso su campamento. Betel quedaba al oeste de donde él había acampado, y la ciudad de Ai al este. En ese lugar Abram construyó otro altar e invocó el nombre del Señor. 9 Después siguió su camino, poco a poco, hacia la región del Négueb.

Abram en Egipto

10 Por aquel entonces hubo una gran escasez de alimentos en toda aquella región, y Abram se fue a vivir a Egipto durante algún tiempo, pues no había nada de comer en el lugar donde vivía. 11 Cuando ya estaba llegando a Egipto, Abram le dijo a su esposa Sarai: "Mira, yo sé bien que tú eres una mujer hermosa, 12 y que cuando los egipcios te vean, van a decir: 'Esta mujer es la esposa de ese hombre.' Entonces a mí me matarán, y a ti te dejarán con vida para quedarse contigo. 13 Por eso, para que me vaya bien y no me maten por causa tuya, diles por favor que eres mi hermana."

14 Cuando Abram llegó a Egipto, los egipcios vieron que Sarai era muy hermosa. 15 También la vieron los funcionarios del faraón, rey de Egipto, y le fueron a decir que aquella mujer era muy hermosa. Entonces la llevaron al palacio del faraón.

16 Por causa de Sarai, el faraón trató muy bien a Abram. Le regaló ovejas, vacas, esclavos, esclavas, asnos y camellos. 17 Pero también por causa de Sarai, el Señor castigó al faraón y a su familia con grandes plagas. 18 Por eso el faraón mandó llamar a Abram, y le dijo: "¿Por qué me has hecho esto? ¿Por qué no me dijiste que esta mujer es tu esposa? 19 Tú dijiste que era tu hermana, y yo pude haberla tomado por esposa. Anda, aquí la tienes. ¡Tómala y vete!" 20 Entonces el faraón ordenó a sus hombres que hicieran salir de Egipto a Abram, junto con su esposa y con todo lo que tenía.

Abram y Lot se separan

13 1 Cuando Abram salió de Egipto, con su esposa y con todo lo que tenía, regresó a la región del Négueb. Su sobrino Lot se fue con ellos. 2 Abram era muy rico, pues tenía oro, plata y muchos animales. 3 Del Négueb regresó poco a poco, hasta llegar al pueblo de Betel, y de ahí se fue al lugar donde había acampado primero, entre Betel y Ai. 4 Ese era el lugar donde antes había construido un altar, y allí invocó el nombre del Señor.

5 Lot también era muy rico, pues, al igual que su tío Abram, tenía muchas ovejas y vacas, y gente que acampaba con él; 6 pero el lugar donde estaban no bastaba para alimentar a tantos animales. Ya no podían vivir juntos, 7 pues los que cuidaban el ganado de Abram se peleaban con los que cuidaban el ganado de Lot. Además, en aquel tiempo, los cananeos y ferezeos todavía vivían allí. 8 Así que un día Abram le dijo a Lot: "Tú y yo somos parientes, así que no está bien que haya pleitos entre nosotros, ni entre tus pastores y los míos. 9 Ahí está toda la tierra, para que escojas. Por favor, sepárate de mí. Si tú te vas al norte, yo me voy al sur, y si tú te vas al sur, yo me voy al norte."

10 Lot miró por todo el valle del río Jordán y vio que, hasta el pueblecito de Sóar, el valle tenía bastante agua y era como un gran jardín. Se parecía a Egipto. (Esto era así antes de que el Señor destruyera las ciudades de Sodoma y Gomorra.) 11 Entonces Lot escogió todo el valle del Jordán, y se fue al oriente del lugar donde estaban. De esta manera, Abram y Lot se separaron. 12 Abram se quedó en Canaán, y Lot se fue a vivir a las ciudades del valle, cerca de la ciudad de Sodoma, 13 donde toda la gente era muy mala y cometía horribles pecados contra el Señor.

14 Después que Lot se fue, el Señor le dijo a Abram: "Desde el lugar donde estás, mira bien al norte y al sur, al este y al oeste; 15 yo te daré toda la tierra que ves, y para siempre será tuya y de tus descendientes. 16 Yo haré que ellos sean tantos como el polvo de la tierra. Así como no es posible contar los granitos de polvo, tampoco será posible contar tus descendientes. 17 ¡Levántate, recorre esta tierra a lo largo y a lo ancho, porque yo te la voy a dar!"

18 Así pues, Abram levantó su campamento y se fue a vivir al bosque de encinas de un hombre llamado Mamré, cerca de la ciudad de Hebrón. Allí construyó un altar en honor del Señor.

Abram libera a Lot

14 1 En aquel tiempo Amrafel era rey de Sinar, Arioc era rey de Elasar, Quedorlaómer era rey de Elam, y Tidal era rey de Goím. 2 Estos estuvieron en guerra contra Bera, rey de Sodoma, contra Birsá, rey de Gomorra, contra Sinab, rey de Admá, contra Seméber, rey de Seboím, y contra el rey de

Bela, pueblo que también se llama Sóar. **3** Estos cinco últimos juntaron sus ejércitos en el valle de Sidim, donde está el Mar Muerto. **4** El rey Quedorlaómer los había dominado durante doce años, pero a los trece años los cinco reyes decidieron luchar contra él. **5** Al año siguiente, Quedorlaómer y los reyes que estaban de su parte fueron a la región de Astarot Carnaim, y allí derrotaron a los refaítas; luego derrotaron a los zuzitas en Ham, a los emitas los derrotaron en Savé–quiriataim, **6** y a los horeos los derrotaron en los montes de Seír y los persiguieron hasta El–parán, que está junto al desierto. **7** Al regresar Quedorlaómer y los que estaban con él, llegaron a En–mispat, que también se llama Cadés. Y destruyeron todo lo que encontraron a su paso en la región de los amalecitas, y también hicieron lo mismo con los amorreos, que vivían en la región de Hasesón–tamar.

8-9 Entonces los reyes de Sodoma, Gomorra, Admá, Seboím y Bela fueron al valle de Sidim. Allí estos cinco reyes pelearon contra Quedorlaómer, Tidal, Amrafel y Arioc, que eran los cuatro reyes de Elam, Goím, Sinar y Elasar. **10** En todo el valle de Sidim había muchos pozos de asfalto natural, y cuando los reyes de Sodoma y Gomorra quisieron escapar de la batalla, fueron a caer en los pozos. Los otros reyes escaparon a los montes.

11 Los vencedores se llevaron entonces todos los alimentos y cosas de valor que había en Sodoma y Gomorra, y se fueron de allí. **12** Como en Sodoma vivía Lot, el sobrino de Abram, también se lo llevaron prisionero junto con todo lo que tenía. **13** Pero un hombre que había escapado con vida vino a contarle todo esto a Abram el hebreo, que vivía en el bosque de encinas de Mamré el amorreo. Mamré era hermano de Escol y de Aner, y ellos estaban de parte de Abram.

14 Cuando Abram supo que su sobrino estaba prisionero, juntó a los criados de confianza que habían nacido en su casa, que eran trescientos dieciocho hombres en total, y salió con ellos a perseguir a los reyes hasta el pueblo de Dan. **15** Por la noche, Abram y su gente atacaron por sorpresa a los reyes y los persiguieron hasta Hobá, que está al norte de la ciudad de Damasco, **16** y les quitaron todo lo que se habían llevado. Así Abram libertó a su sobrino Lot, y recobró todo lo que era de su sobrino. También libertó a las mujeres y demás gente.

Melquisedec bendice a Abram

17 Cuando Abram regresó, después de haber derrotado a Quedorlaómer y a los reyes que estaban de su parte, el rey de Sodoma salió a recibirlo al valle de Savé, que es el Valle del Rey. **18** También Melquisedec, que era rey de Salem y sacerdote del Dios altísimo, sacó pan y vino **19** y bendijo a Abram con estas palabras:

"Que te bendiga el Dios altísimo,
    creador del cielo y de la tierra;
20 y alabado sea el Dios altísimo
    que te hizo vencer a tus enemigos."

Entonces Abram le dio a Melquisedec la décima parte de lo que había recobrado. **21** Luego el rey de Sodoma le dijo a Abram:

—Dame las personas y quédate con las cosas.

22 Pero Abram le contestó:

—Le he jurado al Señor, al Dios altísimo que hizo el cielo y la tierra, **23** que no voy a tomar nada de lo que es tuyo, ni siquiera un hilo o una correa para mis sandalias, para que nunca digas que tú fuiste el que me hizo rico. **24** Yo no quiero nada para mí, excepto lo que ya comieron los criados. En cuanto a los hombres que me acompañaron, es decir, Aner, Escol y Mamré, ellos tomarán su parte.

Dios hace una alianza con Abram

15 **1** Después de esto, el Señor le habló a Abram en una visión y le dijo:

—No tengas miedo, Abram, porque yo soy tu protector. Tu recompensa va a ser muy grande.

2-3 Pero Abram le contestó:

—Señor y Dios, ¿de qué me sirve que me des recompensa, si tú bien sabes que no tengo hijos? Como no me has dado ningún hijo, el heredero de todo lo que tengo va a ser Eliézer de Damasco, uno de mis criados.

4 El Señor le contestó:

—Tu heredero va a ser tu propio hijo, y no un extraño.

5 Entonces el Señor llevó a Abram afuera, y le dijo:

—Mira bien el cielo, y cuenta las estrellas, si es que puedes contarlas. Pues bien, así será el número de tus descendientes.

6 Abram creyó al Señor, y por eso el Señor lo aceptó como justo **7** y le dijo:

—Yo soy el Señor; yo te saqué de Ur de los caldeos para darte esta tierra como herencia.

8 —Pero, Señor y Dios, ¿cómo podré estar seguro de que voy a heredar esta tierra? —contestó Abram.

9 Y Dios le dijo:

—Tráeme una ternera, una cabra y un carnero, de tres años cada uno, y también una tórtola y un pichón de paloma.

10 Abram trajo todos estos animales a Dios, los partió por la mitad y puso una mitad frente a otra; pero no partió las aves. 11 Y los buitres bajaban sobre los cuerpos de los animales muertos, pero Abram los espantaba. 12 Cuando empezaba a anochecer, Abram se quedó profundamente dormido. De pronto lo rodeó una gran oscuridad y sintió mucho miedo. 13 Entonces el Señor le dijo:

—Debes saber que tus descendientes vivirán en un país extranjero, y que allí serán esclavos, y que serán maltratados durante cuatrocientos años.[a] 14 Pero yo también castigaré a la nación que va a hacerlos esclavos, y después tus descendientes saldrán libres y dueños de grandes riquezas. 15 Por lo que a ti toca, morirás en paz cuando ya seas muy anciano, y así te reunirás con tus antepasados. 16 Después de cuatro generaciones, tus descendientes regresarán a este lugar, porque todavía no ha llegado al colmo la maldad de los amorreos.

17 Cuando ya era de noche y todo estaba oscuro, apareció un horno que echaba humo y una antorcha encendida que pasaba por en medio de los animales partidos. 18 Aquel mismo día el Señor hizo una alianza con Abram y le dijo:

—Esta tierra se la daré a tus descendientes, desde el río de Egipto hasta el río grande, el Éufrates. 19 Es decir, la tierra de los quenitas, los quenizitas, los cadmoneos, 20 los hititas, los ferezeos, los refaítas, 21 los amorreos, los cananeos, los gergeseos y los jebuseos.

Agar y su hijo Ismael

16 1 Sarai no podía darle hijos a su esposo Abram, pero tenía una esclava egipcia que se llamaba Agar. 2 Entonces le dijo a Abram:

—Mira, el Señor no me ha permitido tener hijos, pero te ruego que te unas a mi esclava Agar, pues tal vez tendré hijos por medio de ella.

Abram aceptó lo que Sarai le dijo, 3 y entonces ella tomó a Agar la egipcia y se la dio como mujer a Abram, cuando ya hacía diez años que estaban viviendo en Canaán. 4 Abram se unió a Agar, la cual quedó embarazada; pero cuando se dio cuenta de su estado comenzó a mirar a su señora con desprecio. 5 Entonces Sarai le dijo a Abram:

—¡Tú tienes la culpa de que Agar me desprecie! Yo misma te la di por mujer, y ahora que va a tener un hijo se cree más que yo. Que el Señor diga quién tiene la culpa, si tú o yo.

6 Y Abram le contestó:

—Mira, tu esclava está en tus manos; haz con ella lo que mejor te parezca.

Entonces Sarai comenzó a maltratarla tanto, que Agar huyó. 7 Pero un ángel del Señor[a] la encontró en el desierto, junto al manantial que está en el camino de Sur, 8 y le preguntó:

—Agar, esclava de Sarai, ¿de dónde vienes, y a dónde vas?

—Estoy huyendo de mi señora Sarai —contestó ella.

9 Entonces el ángel del Señor le dijo:

—Regresa al lado de tu señora, y obedécela en todo.

10 Además el ángel del Señor le dijo:

"Aumentaré tanto tus descendientes,
que nadie los podrá contar.
11 Estás encinta y tendrás un hijo,
y le pondrás por nombre Ismael,
porque el Señor escuchó tu aflicción.
12 Será arisco como un potro salvaje;
luchará contra todos, y todos contra él;
pero él afirmará su casa
aunque sus hermanos se opongan."

13 Como Agar había hablado con el Señor, le llamó "el Dios que ve", pues se decía: "Dios me ha visto y todavía estoy viva." 14 También por eso el pozo se llama: "Pozo del que vive y me ve". Este pozo está entre Cadés y Béred.

15 Y Agar le dio un hijo a Abram, y él lo llamó Ismael. 16 Abram tenía ochenta y seis años cuando Ismael nació.

---

[a] 15.13 Ex 1.1–14; 12.40–41; Hch 7.6. [a] 16.7 El v. 13 muestra claramente que, en este contexto, el *ángel* (o *mensajero*) del *Señor* no es un ser distinto de Dios, sino el mismo Señor que se manifiesta y hace sentir su presencia de manera sensible.

La circuncisión como señal de la alianza

17 1 Cuando Abram tenía noventa y nueve años, el Señor se le apareció y le dijo:

—Yo soy el Dios todopoderoso; vive una vida sin tacha delante de mí, 2 y yo haré una alianza contigo: haré que tengas muchísimos descendientes.

3 Entonces Abram se inclinó hasta tocar el suelo con la frente, mientras Dios seguía diciéndole:

4 —Esta es la alianza que hago contigo: Tú serás el padre de muchas naciones, 5 y ya no vas a llamarte Abram. Desde ahora te llamarás Abraham, porque te voy a hacer padre de muchas naciones. 6 Haré que tus descendientes sean muy numerosos; de ti saldrán reyes y naciones. 7 La alianza que hago contigo, y que haré con todos tus descendientes en el futuro, es que yo seré siempre tu Dios y el Dios de ellos. 8 A ti y a ellos les daré toda la tierra de Canaán, donde ahora vives, como su herencia para siempre; y yo seré su Dios.

9 Además, Dios le dijo a Abraham:

—Pero tú, cumple con mi alianza tú y todos tus descendientes. 10 Esta es la alianza que hago con ustedes y que deberán cumplir también todos tus descendientes: todos los hombres entre ustedes deberán ser circuncidados. 11 Deberán cortarse ustedes la carne de su prepucio, y eso servirá como señal de la alianza que hay entre ustedes y yo. 12 De hoy en adelante, todo varón entre ustedes deberá ser circuncidado a los ocho días de nacido, lo mismo el niño que nazca en casa que el esclavo comprado por dinero a cualquier extranjero. 13 Tanto el uno como el otro deberá ser circuncidado sin falta. Así mi alianza quedará señalada en la carne de ustedes como una alianza para toda la vida. 14 Pero el que no sea circuncidado deberá ser eliminado de entre ustedes, por no haber respetado mi alianza.

15 También Dios le dijo a Abraham:

—Tu esposa Sarai ya no se va a llamar así. De ahora en adelante se llamará Sara. 16 La voy a bendecir, y te daré un hijo por medio de ella. Sí, voy a bendecirla. Ella será la madre de muchas naciones, y sus descendientes serán reyes de pueblos.

17 Abraham se inclinó hasta tocar el suelo con la frente, y se rió, mientras pensaba: "¿Acaso un hombre de cien años puede ser padre? ¿Y acaso Sara va a tener un hijo a los noventa años?" 18 Entonces le dijo a Dios:

—¡Ojalá Ismael pueda vivir con tu bendición!

19 Y Dios le contestó:

—Lo que yo he dicho es que tu esposa Sara te dará un hijo, y tú le pondrás por nombre Isaac. Con él confirmaré mi alianza, la cual mantendré para siempre con sus descendientes. 20 En cuanto a Ismael, también te he oído, y voy a bendecirlo; haré que tenga muchos hijos y que aumente su descendencia. Ismael será el padre de doce jefes importantes, y haré de él una nación muy grande. 21 Pero mi alianza la mantendré con Isaac, el hijo que Sara te va a dar dentro de un año, por estos días.

22 Cuando Dios terminó de hablar con Abraham, se fue de allí. 23 Ese mismo día Abraham circuncidó a su hijo Ismael, y circuncidó también a todos los siervos nacidos en su casa y a los que había comprado con su dinero. Todos los hombres que vivían en su casa y le servían, fueron circuncidados, tal como Dios se lo había ordenado. 24-25 Abraham tenía noventa y nueve años, y su hijo Ismael trece, cuando se les circuncidó la carne del prepucio. 26 Abraham y su hijo Ismael recibieron el rito de la circuncisión aquel mismo día, 27 junto con todos los hombres de su casa, lo mismo los siervos nacidos en su casa que los que habían sido comprados por dinero a los extranjeros.

Dios promete un hijo a Abraham

18 1 El Señor se le apareció a Abraham en el bosque de encinas de Mamré, mientras Abraham estaba sentado a la entrada de su tienda de campaña, como a mediodía. 2 Abraham levantó la vista y vio que tres hombres estaban de pie frente a él. Al verlos, se levantó rápidamente a recibirlos, se inclinó hasta tocar el suelo con la frente, 3 y dijo:

—Mi señor, por favor le suplico que no se vaya en seguida. 4 Si usted le parece bien, voy a pedir un poco de agua para que se laven los pies y luego descansen un rato bajo la sombra del árbol. 5 Ya que han pasado por donde vive este servidor suyo, les voy a traer algo de comer para que repongan sus fuerzas antes de seguir su camino.

—Bueno, está bien —contestaron ellos.

6 Abraham entró en su tienda de campaña y le dijo a Sara:

—¡Rápido! Toma unos veinte kilos de la mejor harina y haz unos panes.

7 Luego Abraham corrió a donde estaba el ganado, escogió el mejor de los becerros, y se lo dio a uno de sus sirvientes, quien lo preparó inmediatamente para la comida. 8 Además del becerro, Abraham les ofreció cuajada y leche, y estuvo atento a servirles mientras ellos comían debajo del árbol.

9 Al terminar de comer, los visitantes le preguntaron a Abraham:

—¿Dónde está tu esposa Sara?

—Allí, en la tienda de campaña —respondió él.

10 Entonces uno de ellos dijo:

—El año próximo volveré a visitarte, y para entonces tu esposa Sara tendrá un hijo.

Mientras tanto, Sara estaba escuchando toda la conversación a espaldas de Abraham, a la entrada de la tienda. 11 Abraham y Sara ya eran muy ancianos, y Sara había dejado de tener sus periodos de menstruación. 12 Por eso Sara no pudo aguantar la risa, y pensó: "¿Cómo voy a tener este gusto, ahora que mi esposo y yo estamos tan viejos?" 13 Pero el Señor le dijo a Abraham:

—¿Por qué se ríe Sara? ¿No cree que puede tener un hijo a pesar de su edad? 14 ¿Hay acaso algo tan difícil que el Señor no pueda hacerlo? El año próximo volveré a visitarte, y para entonces Sara tendrá un hijo.

15 Al escuchar esto, Sara tuvo miedo y quiso negar. Por eso dijo:

—Yo no me estaba riendo.

Pero el Señor le contestó:

—Yo sé que te reíste.

Abraham pide a Dios por Sodoma

16 Después los visitantes se pusieron de pie y empezaron a caminar hacia la ciudad de Sodoma. Abraham los acompañó para despedirse de ellos. 17 Entonces el Señor pensó: "Debo decirle a Abraham lo que voy a hacer, 18 ya que él va a ser el padre de una nación grande y fuerte. Le he prometido bendecir por medio de él a todas las naciones del mundo. 19 Yo lo he escogido para que mande a sus hijos y descendientes que obedezcan mis enseñanzas y hagan todo lo que es bueno y correcto, para que yo cumpla todo lo que le he prometido." 20 Así que el Señor le dijo:

—La gente de Sodoma y Gomorra tiene tan mala fama, y su pecado es tan grave, 21 que ahora voy allá, para ver si en verdad su maldad es tan grande como se me ha dicho. Así lo sabré.

22 Dos de los visitantes se fueron de allí a Sodoma, pero Abraham se quedó todavía ante el Señor. 23 Se acercó un poco más a él, y le preguntó:

—¿Vas a destruir a los inocentes junto con los culpables? 24 Tal vez haya cincuenta personas inocentes en la ciudad. A pesar de eso, ¿destruirás la ciudad y no la perdonarás por esos cincuenta? 25 ¡No es posible que hagas eso de matar al inocente junto con el culpable, como si los dos hubieran cometido los mismos pecados! ¡No hagas eso! Tú, que eres el Juez supremo de todo el mundo, ¿no harás justicia?

26 Entonces el Señor le contestó:

—Si encuentro cincuenta inocentes en la ciudad de Sodoma, por ellos perdonaré a todos los que viven allí.

27 Pero Abraham volvió a decirle:

—Perdona que sea yo tan atrevido al hablarte así, pues tú eres Dios y yo no soy más que un simple hombre; 28 pero tal vez falten cinco inocentes para completar los cincuenta. ¿Solo por faltar esos cinco vas a destruir toda la ciudad?

Y el Señor contestó:

—Si encuentro cuarenta y cinco inocentes, no la destruiré.

29 —Tal vez haya solo cuarenta inocentes . . . —insistió Abraham.

—Por esos cuarenta, no destruiré la ciudad —dijo el Señor.

30 Pero Abraham volvió a suplicar:

—Te ruego que no te enojes conmigo por insistir tanto en lo mismo, pero tal vez encuentres solamente treinta . . .

Y el Señor volvió a decirle:

—Hasta por esos treinta, perdonaré a la ciudad.

31 Abraham siguió insistiendo:

—Mi Señor, he sido muy atrevido al hablarte así, pero, ¿qué pasará si encuentras solamente veinte inocentes?

Y el Señor respondió:

—Por esos veinte, no destruiré la ciudad.

32 Todavía insistió Abraham:

—Por favor, mi Señor, no te enojes conmigo, pero voy a hablar tan solo esta vez y no volveré a molestarte: ¿qué harás, en caso de encontrar únicamente diez?

Y el Señor le dijo:

—Hasta por esos diez, no destruiré la ciudad.

33 Cuando el Señor terminó de hablar con Abraham, se fue de allí; y Abraham regresó a su tienda de campaña.

Dios destruye Sodoma y Gomorra

19 **1** Empezaba a anochecer cuando los dos ángeles llegaron a Sodoma. Lot estaba sentado a la entrada de la ciudad, que era el lugar donde se reunía la gente. Cuando los vio, se levantó a recibirlos, se inclinó hasta tocar el suelo con la frente **2** y les dijo:

—Señores, por favor les ruego que acepten pasar la noche en la casa de su servidor. Allí podrán lavarse los pies, y mañana temprano seguirán su camino.

Pero ellos dijeron:

No, gracias. Pasaremos la noche en la calle.

3 Sin embargo, Lot insistió mucho y, al fin, ellos aceptaron ir con él a su casa. Cuando llegaron, Lot les preparó una buena cena, hizo panes sin levadura, y los visitantes comieron.

4 Todavía no se habían acostado, cuando todos los hombres de la ciudad de Sodoma rodearon la casa y, desde el más joven hasta el más viejo, **5** empezaron a gritarle a Lot:

—¿Dónde están los hombres que vinieron a tu casa esta noche? ¡Sácalos! ¡Queremos acostarnos con ellos![a]

6 Entonces Lot salió a hablarles y, cerrando bien la puerta detrás de él, **7** les dijo:

—Por favor, amigos míos, no vayan a hacer una cosa tan perversa. **8** Yo tengo dos hijas que todavía no han estado con ningún hombre; voy a sacarlas para que ustedes hagan con ellas lo que quieran, pero no les hagan nada a estos hombres, porque son mis invitados.

9 Pero ellos le contestaron:

—¡Hazte a un lado! Solo faltaba que un extranjero como tú nos quisiera mandar. ¡Pues ahora te vamos a tratar peor que a ellos!

En seguida comenzaron a maltratar a Lot y se acercaron a la puerta para echarla abajo, **10** pero los visitantes de Lot alargaron la mano y lo metieron dentro de la casa; luego cerraron la puerta, **11** e hicieron quedar ciegos a los hombres que estaban afuera. Todos, desde el más joven hasta el más viejo, quedaron ciegos. Y se cansaron de andar buscando la puerta.

12 Entonces los visitantes le dijeron a Lot:

—¿Tienes más familiares aquí? Toma a tus hijos, hijas y yernos, y todo lo que tengas en esta ciudad; sácalos y llévatelos lejos de aquí, **13** porque vamos a destruir este lugar. Ya son muchas las quejas que el Señor ha tenido contra la gente de esta ciudad, y por eso nos ha enviado a destruirla.

14 Entonces Lot fue a ver a sus yernos, o sea, a los prometidos de sus hijas, y les dijo:

—¡Levántense y váyanse de aquí, porque el Señor va a destruir esta ciudad!

Pero sus yernos no tomaron en serio lo que Lot les decía. **15** Como ya estaba amaneciendo, los ángeles le dijeron a Lot:

—¡De prisa! Levántate y llévate de aquí a tu esposa y a tus dos hijas, si no quieres morir cuando castiguemos a la ciudad.

16 Pero como Lot se tardaba, los ángeles lo tomaron de la mano, porque el Señor tuvo compasión de él. También tomaron a su esposa y a sus hijas, y los sacaron de la ciudad para ponerlos a salvo. **17** Cuando ya estaban fuera de la ciudad, uno de los ángeles dijo:

—¡Corre, ponte a salvo! No mires hacia atrás, ni te detengas para nada en el valle. Vete a las montañas, si quieres salvar tu vida.

18 Pero Lot les dijo:

—¡No, señores míos, por favor! **19** Ustedes me han hecho ya muchos favores, y han sido muy buenos conmigo al salvarme la vida, pero yo no puedo ir a las montañas porque la destrucción me puede alcanzar en el camino, y entonces moriré. **20** Cerca de aquí hay una ciudad pequeña, a la que puedo huir. ¡Déjenme ir allá para salvar mi vida, pues realmente es una ciudad muy pequeña!

21 Entonces uno de ellos dijo:

—Te he escuchado y voy a hacer lo que me has pedido. No voy a destruir la ciudad de que me has hablado, **22** pero ¡anda!, vete allá de una vez, porque no puedo hacer nada mientras no llegues a ese lugar.

Por eso aquella ciudad fue llamada Sóar.[b]

23 Cuando ya había amanecido y Lot había llegado a Sóar, **24** el Señor hizo llover fuego y azufre sobre Sodoma y Gomorra; **25** las destruyó junto con todos los que vivían en ellas, y acabó con todo lo que crecía en aquel valle. **26** Pero la mujer de Lot, que venía siguiéndole, miró hacia atrás y allí mismo quedó convertida en una estatua de sal.

27 Al día siguiente por la mañana, Abraham fue al lugar donde había estado hablando con

---

[a] *19.5 Acostarnos con ellos:* Lv 18.22; 20.13; Dt 23.17–18; Ro 1.26–27. [b] **19.22** El nombre *Sóar* y la palabra hebrea que significa *pequeña* tienen un sonido semejante.

el Señor; **28**miró hacia Sodoma y Gomorra, y por todo el valle, y vio que de toda la región subía humo, como si fuera un horno. **29**Así fue como Dios destruyó las ciudades del valle donde Lot vivía, pero se acordó de Abraham y sacó a Lot del lugar de la destrucción.

Origen de los moabitas y amonitas

30Después Lot tuvo miedo de quedarse en Sóar y se fue con sus dos hijas a la región montañosa, donde los tres se quedaron a vivir en una cueva. **31**Un día, la hija mayor le dijo a la menor:

—Nuestro padre ya está viejo, y no hay en toda esta región ningún hombre que se case con nosotras, tal como se acostumbra; **32**así que vamos a emborracharlo y a acostarnos con él para tener hijos suyos.

33Esa misma noche le dieron vino a su padre, y la mayor se acostó con él; pero su padre no se dio cuenta cuando ella se acostó ni cuando se levantó. **34**Al día siguiente, la mayor le dijo a la menor:

—Mira, anoche me acosté con nuestro padre, así que esta noche también lo emborracharemos para que te acuestes con él; así las dos tendremos hijos suyos.

35Esa noche volvieron a darle vino a su padre, y la menor se acostó con él; pero Lot tampoco se dio cuenta cuando ella se acostó ni cuando se levantó. **36**Así las dos hijas de Lot quedaron embarazadas por parte de su padre. **37**La mayor tuvo un hijo, al que llamó Moab,^c que fue el padre de los actuales moabitas. **38**También la menor tuvo un hijo, al que llamó Ben–amí,^d que fue el padre de los actuales amonitas.

Abraham y Abimélec

20¹Abraham salió del lugar donde estaba y se fue a la región del Néguev, y se quedó a vivir en la ciudad de Guerar, entre Cadés y Sur. **2**Estando allí, decía que Sara, su esposa, era su hermana. Entonces Abimélec, el rey de Guerar, mandó traer a Sara para hacerla su mujer; **3**pero aquella noche Abimélec tuvo un sueño, en el que Dios le dijo: "Vas a morir, porque la mujer que has tomado es casada."

4Sin embargo, como él no la había tocado, le contestó: "Mi Señor, ¿acaso piensas matar a quien no ha hecho nada malo? **5**Abraham mismo me dijo que la mujer es su hermana, y ella también afirmó que él es su hermano, así que yo hice todo esto de buena fe. No he hecho nada malo."

6Y Dios le contestó en el sueño: "Yo sé muy bien que lo hiciste de buena fe. Por eso no te dejé tocarla, para que no pecaras contra mí. **7**Pero ahora, devuélvele su esposa a ese hombre, porque él es profeta y rogará por ti para que vivas; pero si no se la devuelves, tú y los tuyos ciertamente morirán."

8Al día siguiente por la mañana, Abimélec se levantó y llamó a sus siervos, y les contó todo lo que había soñado. Al oírlo, ellos tuvieron mucho miedo. **9**Después Abimélec llamó a Abraham y le dijo:

—¡Mira lo que nos has hecho! ¿En qué te he ofendido, para que hayas traído un pecado tan grande sobre mí y sobre mi gente? Esas cosas no se hacen. **10**¿Qué estabas pensando cuando hiciste todo esto?

Así le habló Abimélec a Abraham, **11**y Abraham contestó:

—Yo pensé que en este lugar no tenían ningún respeto a Dios, y que me matarían por causa de mi esposa. **12**Pero es cierto que ella es mi hermana: es hija de mi padre, aunque no de mi madre; por eso pude casarme con ella. **13**Cuando Dios me dio la orden de salir de la casa de mi padre, le pedí a ella que, en cada lugar a donde llegáramos, dijera que yo era su hermano.

14Entonces Abimélec le devolvió a Abraham su esposa Sara. Además le regaló ovejas, vacas, esclavos y esclavas, **15**y le dijo:

—Mira, ahí tienes mi país; escoge el lugar que más te guste para vivir.

16A Sara le dijo:

—Lo que le he dado a tu hermano vale mil monedas de plata, y eso va a servir para defender tu buena fama delante de todos los que están contigo. Nadie podrá hablar mal de ti.

17Entonces Abraham oró a Dios, y Dios les devolvió la salud a Abimélec y a su esposa.

---

^c **19.37** El nombre *Moab* y la expresión hebrea que significa *por parte del padre* tienen un sonido semejante.
^d **19.38** *Ben–amí* significa en hebreo *hijo de mi pueblo;* esta expresión tiene un sonido parecido a *bené–Amón,* que en hebreo significa *hijos de Amón,* es decir, amonitas.

También sanó a sus siervas, para que pudieran tener hijos, 18pues por causa de Sara, el Señor había hecho que ninguna mujer de la casa de Abimélec pudiera tener hijos.

El nacimiento de Isaac

21 1De acuerdo con su promesa, el Señor prestó atención a Sara y cumplió lo que le había dicho, 2así que ella quedó embarazada y le dio un hijo a Abraham cuando él ya era muy anciano. El niño nació en el tiempo que Dios le había dicho. 3El nombre que Abraham le puso al hijo que Sara le dio, fue Isaac; 4y lo circuncidó a los ocho días de nacido,ª tal como Dios se lo había ordenado. 5Abraham tenía cien años cuando Isaac nació. 6Entonces Sara pensó: "Dios me ha hecho reir, y todos los que sepan que he tenido un hijo, se reirán conmigo. 7¿Quién le hubiera dicho a Abraham que yo llegaría a darle hijos? Sin embargo, le he dado un hijo a pesar de que él ya está viejo."

Agar e Ismael son echados de la casa de Abraham

8El niño Isaac creció y lo destetaron. El día en que fue destetado, Abraham hizo una gran fiesta. 9Pero Sara vio que el hijo que Agar la egipcia le había dado a Abraham, se burlaba de Isaac.ᵇ 10Entonces fue a decirle a Abraham: "¡Que se vayan esa esclava y su hijo! Mi hijo Isaac no tiene por qué compartir su herencia con el hijo de esa esclava."

11Esto le dolió mucho a Abraham, porque se trataba de un hijo suyo. 12Pero Dios le dijo: "No te preocupes por el muchacho ni por tu esclava. Haz todo lo que Sara te pida, porque tu descendencia vendrá por medio de Isaac. 13En cuanto al hijo de la esclava, yo haré que también de él salga una gran nación, porque es hijo tuyo."

14Al día siguiente, muy temprano, Abraham le dio a Agar pan y un cuero con agua; se lo puso todo sobre la espalda, le entregó al niño Ismael y la despidió. Ella se fue, y estuvo caminando sin rumbo por el desierto de Beerseba. 15Cuando se acabó el agua que había en el cuero, dejó al niño debajo de un arbusto 16y

fue a sentarse a cierta distancia de allí, pues no quería verlo morir. Cuando ella se sentó, el niñoᶜ comenzó a llorar.

17Dios oyó que el muchacho lloraba; y desde el cielo el ángel de Dios llamó a Agar y le dijo: "¿Qué te pasa, Agar? No tengas miedo, porque Dios ha oído el llanto del muchacho ahí donde está.ᵈ 18Anda, ve a buscar al niño, y no lo sueltes de la mano, pues yo haré que de él salga una gran nación."

19Entonces Dios hizo que Agar viera un pozo de agua. Ella fue y llenó de agua el cuero, y dio de beber a Ismael. 20-21Dios ayudó al muchacho, el cual creció y vivió en el desierto de Parán, y llegó a ser un buen tirador de arco. Más tarde su madre lo casó con una mujer egipcia.

Abraham y Abimélec hacen un pacto

22Más o menos por ese tiempo, Abimélec fue a hablar con Abraham. Lo acompañaba Ficol, el jefe de su ejército. Y Abimélec dijo a Abraham:

—Vemos que Dios te ayuda en todo lo que haces. 23Por lo tanto, júrame por Dios, en este mismo lugar, que no nos harás mal ni a mí ni a mis hijos ni a mis descendientes. Júrame que me tratarás con la misma bondad con que yo te he tratado, y que harás lo mismo con la gente de este país donde ahora vives.

24—Te lo juro —contestó Abraham.

25Pero Abraham le llamó la atención a Abimélec acerca de un pozo de agua que los siervos de este le habían quitado. 26Y Abimélec le contestó:

—Hasta hoy no he sabido nada de este asunto, pues tú no me lo habías dicho. Yo no sé quién ha podido hacer eso.

27Entonces Abraham tomó ovejas y vacas, y se las dio a Abimélec; y aquel mismo día los dos hicieron un trato. 28Pero Abraham apartó siete ovejas de su rebaño, 29por lo que Abimélec le preguntó:

—¿Para qué has apartado estas siete ovejas?

30Y Abraham contestó:

—Para que estas siete ovejas que yo te entrego sirvan como prueba de que yo hice este pozo.

ª **21.4** Gn 17.12. ᵇ **21.9** *Se burlaba de:* otra posible traducción: *jugaba con. De Isaac:* (o *con Isaac*): según la versión griega (LXX); en hebreo no se menciona este nombre. ᶜ **21.16** *El niño:* según la versión griega (LXX). Heb. *ella.* ᵈ **21.17** *Oyó . . . ha oído:* Nótese el juego de palabras entre el verbo *oír* y el nombre de *Ismael.*

31 Por esta razón ese lugar se llamó Beerseba, pues allí los dos hicieron un juramento.*e*

32 Una vez hecho el trato en Beerseba, Abimélec y Ficol regresaron al país de los filisteos. **33** Allí, en Beerseba, Abraham plantó un árbol, un tamarisco, e invocó el nombre del Señor, el Dios eterno. **34** Durante mucho tiempo, Abraham vivió en el país de los filisteos.*f*

Dios pone a prueba la fe de Abraham

22 **1** Después de algún tiempo, Dios puso a prueba la fe de Abraham. Lo llamó por su nombre, y él contestó:

—Aquí estoy.

2 Y Dios le dijo:

—Toma a Isaac, tu único hijo, al que tanto amas, y vete a la tierra de Moria. Una vez allá, ofrécelo en holocausto sobre el cerro que yo te señalaré.

3 Al día siguiente, muy temprano, Abraham se levantó y ensilló su asno; cortó leña para el holocausto y se fue al lugar que Dios le había dicho, junto con su hijo Isaac y dos de sus siervos. **4** Al tercer día, Abraham alcanzó a ver el lugar desde lejos. **5** Entonces les dijo a sus siervos:

—Quédense aquí con el asno. El muchacho y yo seguiremos adelante, adoraremos a Dios, y luego regresaremos.

6 Abraham tomó la leña para el holocausto y la puso sobre los hombros de Isaac; luego tomó el cuchillo y el fuego, y se fueron los dos juntos. **7** Poco después Isaac le dijo a Abraham:

—¡Padre!

—¿Qué quieres, hijo? —le contestó Abraham.

—Mira —dijo Isaac—, tenemos la leña y el fuego, pero ¿dónde está el cordero para el holocausto?

8 —Dios se encargará de que haya un cordero para el holocausto, hijito —respondió su padre.

Y siguieron caminando juntos. **9** Cuando llegaron al lugar que Dios le había dicho, Abraham construyó un altar y preparó la leña; luego ató a su hijo Isaac y lo puso en el altar, sobre la leña; **10** pero en el momento de tomar el cuchillo para sacrificar a su hijo, **11** el ángel del Señor*a* lo llamó desde el cielo:

—¡Abraham! ¡Abraham!

—Aquí estoy —contestó él.

12 El ángel le dijo:

—No le hagas ningún daño al muchacho, porque ya sé que tienes temor de Dios, pues no te negaste a darme tu único hijo.

13 Abraham se fijó, y vio un carnero que estaba enredado por los cuernos entre las ramas de un arbusto; entonces fue, tomó el carnero y lo ofreció en holocausto, en lugar de su hijo. **14** Después Abraham le puso este nombre a aquel lugar: "El Señor da lo necesario." Por eso todavía se dice: "En el cerro, el Señor da lo necesario."

15 El ángel del Señor llamó a Abraham desde el cielo por segunda vez, **16** y le dijo:

—El Señor ha dicho: 'Puesto que has hecho esto y no me has negado a tu único hijo, juro por mí mismo **17** que te bendeciré mucho. Haré que tu descendencia sea tan numerosa como las estrellas del cielo y como la arena que hay a la orilla del mar. Además, ellos siempre vencerán a sus enemigos, **18** y todas las naciones del mundo serán bendecidas por medio de ellos, porque me has obedecido.'

19 Abraham regresó al lugar donde se habían quedado sus siervos. Después todos juntos se fueron a Beerseba, donde Abraham se quedó a vivir.

Los hijos de Nahor

20 Al cabo de algún tiempo, Abraham recibió la noticia de que Milcá también le había dado hijos a su hermano Nahor. **21** El primero que nació fue Us; luego nació su hermano Buz, y luego Quemuel, que fue el padre de Aram. **22** Luego nacieron Quésed, Hazó, Pildás, Idlaf y Betuel. **23** Este Betuel fue el padre de Rebeca. Estos son los ocho hijos que Milcá le dio a Nahor, el hermano de Abraham.

24 Además, Nahor tuvo hijos con Reumá, su concubina. Ellos fueron Teba, Gáham, Tahas y Maacá.

Muerte y sepultura de Sara

23 **1** Sara vivió ciento veintisiete años, **2** y murió en Quiriat-arbá, o sea la ciudad de Hebrón, en la tierra de Canaán.

---

e **21.30-31** *Beerseba,* en hebreo, puede significar *pozo del juramento* o *pozo de los siete.* Cf. Gn 26.31-33. *f* **21.32-34** Los *filisteos* invadieron el sur de Palestina en el siglo XII a.C., es decir, varios siglos después de la llegada de Abraham. Aquí se habla del *país de los filisteos,* porque así era designada aquella región en la época en que se escribió este relato. *a* **22.11** *El ángel del Señor:* Véase 16.7 n.

Abraham lloró por la muerte de Sara y le guardó luto. 3 Luego salió de donde estaba el cadáver de Sara y fue a decirles a los hititas de aquel lugar:

4 —Aunque soy un extranjero entre ustedes, véndanme un sepulcro para enterrar a mi esposa.

5 Y los hititas le contestaron:

6 —¡Por favor, señor, escúchenos! Usted es entre nosotros un escogido de Dios. Entierre a su esposa en el mejor de nuestros sepulcros, pues ninguno de nosotros le negará su sepulcro para eso.

7 Entonces Abraham se puso de pie, hizo una reverencia ante los hititas, 8 y les dijo:

—Si de veras quieren que yo entierre aquí a mi esposa, por favor pídanle de mi parte a Efrón, el hijo de Sóhar, 9 que me venda la cueva de Macpelá, que está en la orilla de sus terrenos. Yo le pagaré el precio total de la cueva, y así seré dueño de un sepulcro en este lugar.

10 Como Efrón el hitita estaba allí entre ellos, le contestó a Abraham de manera que pudieran escucharlo sus paisanos y también todos los que pasaban por la entrada de la ciudad:

11 —¡No, señor mío, por favor! Yo le regalo el terreno, y la cueva que está en el terreno. Mis paisanos son testigos de que yo se lo regalo. Entierre usted a su esposa.

12 Pero Abraham volvió a hacer una reverencia a los habitantes del lugar 13 y le contestó a Efrón delante de todos:

—¡Por favor, escúcheme usted! Le ruego que acepte el dinero por el terreno, y después enterraré allí a mi esposa.

14 Entonces Efrón le contestó:

15 —Escúcheme, señor mío: el terreno vale cuatrocientas monedas de plata. Por esa cantidad no vamos a discutir, así que entierre usted a su esposa.

16 Abraham aceptó pagar la cantidad que Efrón había mencionado en presencia de los hititas, y le pagó en plata contante y sonante. 17 De esta manera el terreno de Efrón que estaba en Macpelá, al oriente de Mamré, es decir, el terreno con la cueva y todos los árboles que estaban dentro del terreno, 18 pasaron a ser propiedad de Abraham. De ello fueron testigos los hititas y todos los que pasaban por la entrada de la ciudad.

19 Después de esto Abraham enterró a Sara en la cueva que estaba en el terreno de Macpelá, al oriente de Mamré, lugar que también es conocido con el nombre de Hebrón, y que está en Canaán. 20 Así quedó en posesión del terreno y de la cueva que allí había, la cual los hititas le vendieron para sepultura.

Abraham busca esposa para Isaac

24 1 Abraham era ya muy viejo, y el Señor lo había bendecido en todo. 2 Un día llamó al más viejo de sus siervos, el que estaba a cargo de todo lo suyo, y le dijo:

—Pon tu mano debajo de mi muslo, 3 y júrame por el Señor, el Dios del cielo y de la tierra, que no dejarás que mi hijo Isaac se case con una mujer de esta tierra de Canaán, donde yo vivo, 4 sino que irás a mi tierra y escogerás una esposa para él entre las mujeres de mi familia.

5 El siervo le contestó:

—Pero si la mujer no quiere venir conmigo, ¿qué hago? ¿Debo entonces llevar a su hijo a la tierra de donde usted salió?

6 Abraham le dijo:

—¡No, no lleves allá a mi hijo! 7 El Señor, el Dios del cielo, que me sacó de la casa de mi padre y de la tierra de mis parientes y me prometió dar esta tierra a mis descendientes, también enviará su ángel delante de ti para que traigas de allá una esposa para mi hijo. 8 Si la mujer no quiere venir contigo, quedarás libre de este compromiso, pero ¡de ninguna manera lleves allá a mi hijo!

9 Entonces el siervo puso la mano bajo el muslo de su amo Abraham, y le juró que haría lo que le había pedido. 10 Después escogió regalos entre lo mejor que su amo tenía, tomó diez de sus camellos y se fue a la ciudad de Nahor, en Mesopotamia. 11 Cuando el siervo llegó a las afueras de la ciudad, ya empezaba a oscurecer. A esa hora las mujeres van a sacar agua. El siervo hizo descansar a los camellos junto a un pozo de agua, 12 y comenzó a orar: "Señor y Dios de mi amo Abraham, haz que hoy me vaya bien, y muéstrate bondadoso con mi amo. 13 Voy a quedarme aquí, junto al pozo, mientras las muchachas de este lugar vienen a sacar agua. 14 Permite que la muchacha a la que yo le diga: 'Por favor, baje usted su cántaro para que yo beba', y que me conteste: 'Beba usted, y también les daré agua a sus camellos', que sea ella la que tú has escogido para tu siervo Isaac. Así podré estar seguro de que has sido bondadoso con mi amo."

15 Todavía no había terminado de orar, cuando vio que una muchacha venía con su cántaro al hombro. Era Rebeca, la hija de Betuel. Betuel era hijo de Milcá y de Nahor, el hermano de Abraham. 16 Rebeca era muy hermosa, y además virgen; ningún hombre la había tocado. Bajó al pozo, llenó su cántaro, y ya regresaba 17 cuando el siervo corrió a alcanzarla y le dijo:

—Por favor, déjeme usted beber un poco de agua de su cántaro.

18 —Beba usted, señor —contestó ella.

Y en seguida bajó su cántaro, lo sostuvo entre las manos y le dio de beber. 19 Cuando el siervo terminó de beber, Rebeca le dijo:

—También voy a sacar agua para sus camellos, para que beban toda la que quieran.

20 Rápidamente vació su cántaro en el bebedero y corrió varias veces al pozo, hasta que sacó agua para todos los camellos. 21 Mientras tanto el siervo la miraba sin decir nada, pues quería estar seguro de que el Señor había hecho que le fuera bien en su viaje. 22 Cuando los camellos terminaron de beber, el hombre tomó un anillo de oro que pesaba como seis gramos, y se lo puso a ella en la nariz.ᵃ También le dio dos brazaletes de oro que pesaban más de cien gramos, 23 y le dijo:

—Dígame por favor de quién es usted hija, y si hay lugar en la casa de su padre donde mis hombres y yo podamos pasar la noche.

24 Y ella contestó:

—Soy hija de Betuel, el hijo de Milcá y de Nahor. 25 En nuestra casa hay lugar para que usted pase la noche, y también suficiente paja y comida para los camellos.

26 Entonces el siervo se arrodilló y adoró al Señor, 27 diciendo: "¡Bendito sea el Señor, el Dios de mi amo Abraham, pues ha sido fiel y bondadoso con mi amo, y me ha dirigido en el camino a la casa de sus parientes!"

28 Rebeca fue corriendo a la casa de su madre, a contar todo lo que le había pasado. 29 Tenía ella un hermano llamado Labán, el cual corrió al pozo a buscar al hombre, 30 pues había visto el anillo y los brazaletes que su hermana llevaba en los brazos, y le había oído contar lo que el hombre le había dicho. Labán se acercó al siervo de Abraham, que todavía estaba con los camellos junto al pozo, 31 y le dijo:

—Venga usted, bendito del Señor. ¡Cómo va usted a quedarse aquí afuera, si ya he preparado la casa y un lugar para los camellos!

32 Entonces el siervo fue a la casa. Allí Labán descargó los camellos y les dio de comer, y luego trajo agua para que el siervo y sus compañeros se lavaran los pies.

33 Cuando le sirvieron de comer, el siervo de Abraham dijo:

—Yo no podría comer antes de haber dicho lo que tengo que decir.

—Hable usted —dijo Labán.

34 El siervo dijo:

—Yo soy siervo de Abraham. 35 El Señor ha bendecido mucho a mi amo y lo ha hecho rico: le ha dado ovejas, vacas, oro y plata, siervos, siervas, camellos y asnos. 36 Además, Sara, su esposa, le dio un hijo cuando ya era muy anciana, y mi amo le ha dejado a su hijo todo lo que tiene. 37 Mi amo me hizo jurar, y me dijo: 'No dejes que mi hijo se case con una mujer de esta tierra de Canaán, donde yo vivo. 38 Antes bien, ve a la familia de mi padre, y busca entre las mujeres de mi clan una esposa para él.' 39 Y yo le dije: 'Mi señor, ¿y si la mujer no quiere venir conmigo?' 40 Entonces él me contestó: 'Yo he andado en el camino del Señor, y él enviará su ángel contigo, para que te vaya bien en tu viaje y tomes una esposa para mi hijo de entre las mujeres de mi familia, es decir, de la familia de mi padre. 41 Solo en caso de que mis parientes no quieran darte la muchacha, quedarás libre del juramento que me has hecho.'

42 "Así fue como hoy llegué al pozo, y en oración le dije al Señor, el Dios de mi amo Abraham: 'Si de veras vas a hacer que me vaya bien en este viaje, 43 te ruego que ahora que estoy junto al pozo, pase esto: que la muchacha que venga por agua y a la que yo le diga: Por favor, déjeme usted beber un poco de agua de su cántaro, 44 y que me conteste: Beba usted, y también sacaré agua para sus camellos, que sea esta la mujer que tú, Señor, has escogido para el hijo de mi amo.' 45 Todavía no terminaba yo de hacer esta oración, cuando vi que Rebeca venía con su cántaro al hombro. Bajó al pozo a sacar agua, y le dije: 'Deme usted agua, por favor.' 46 Ella bajó en seguida su cántaro, y me

---

ᵃ **24.22** *Y se lo puso a ella en la nariz:* según el texto samaritano del Pentateuco. En el texto hebreo no aparece esta frase, pero cf. v. 47.

dijo: 'Beba usted, y también les daré de beber a sus camellos.' Y ella me dio agua, y también a mis camellos. **47** Luego le pregunté: '¿De quién es usted hija?' y ella me contestó: 'Soy hija de Betuel, el hijo de Nahor y de Milcá.' Entonces le puse un anillo en la nariz y dos brazaletes en los brazos, **48** y me arrodillé y adoré al Señor; alabé al Señor, el Dios de mi amo Abraham, por haberme traído por el camino correcto para tomar la hija del pariente de mi amo para su hijo. **49** Ahora pues, díganme si van a ser buenos y sinceros con mi amo, y si no, díganmelo también, para que yo sepa lo que debo hacer."

50 Entonces Labán y Betuel le contestaron:

—Todo esto viene del Señor, y nosotros no podemos decirle a usted que sí o que no. **51** Mire usted, aquí está Rebeca; tómala y váyase. Que sea la esposa del hijo de su amo, tal como el Señor lo ha dispuesto.

52 Cuando el siervo de Abraham oyó esas palabras, se arrodilló delante del Señor hasta tocar el suelo con la frente. **53** Luego sacó varios objetos de oro y plata, y vestidos, y se los dio a Rebeca. También a su hermano y a su madre les hizo regalos. **54** Después él y sus compañeros comieron y bebieron, y pasaron allí la noche. Al día siguiente, cuando se levantaron, el siervo dijo:

—Déjenme regresar a la casa de mi amo.

55 Pero el hermano y la madre de Rebeca le dijeron:

—Que se quede la muchacha con nosotros todavía unos diez días, y después podrá irse con usted.

56 Pero el siervo les dijo:

—No me detengan más. Dios ha hecho que mi viaje haya salido bien, así que déjenme regresar a la casa de mi amo.

57 Entonces ellos contestaron:

—Vamos a llamar a la muchacha, a ver qué dice ella.

58 Llamaron a Rebeca y le preguntaron:

—¿Quieres irte con este hombre?

—Sí —contestó ella.

59 Entonces dejaron ir a Rebeca y a la mujer que la había cuidado siempre, y también al siervo de Abraham y a sus compañeros. **60** Y bendijeron a Rebeca de esta manera:

"Oh, hermana nuestra,
¡que seas madre de muchos millones!
¡que tus descendientes
conquisten las ciudades
de sus enemigos!"

61 Entonces Rebeca y sus siervas montaron en los camellos y siguieron al siervo de Abraham. Fue así como el siervo tomó a Rebeca y se fue de allí.

62 Isaac había vuelto del pozo llamado "El que vive y me ve", pues vivía en la región del Négueb. **63** Había salido a dar un paseo al anochecer. En esto vio que unos camellos se acercaban. **64** Por su parte, Rebeca también miró y, al ver a Isaac, se bajó del camello **65** y le preguntó al siervo:

—¿Quién es ese hombre que viene por el campo hacia nosotros?

—Es mi amo —contestó el siervo.

Entonces ella tomó su velo y se cubrió la cara.

66 El siervo le contó a Isaac todo lo que había hecho. **67** Luego Isaac llevó a Rebeca a la tienda de campaña de su madre Sara, y se casó con ella. Isaac amó mucho a Rebeca, y así se consoló de la muerte de su madre.

Los descendientes de Abraham y Queturá
(1 Cr 1.32–33)

25 **1** Abraham tuvo otra esposa, que se llamaba Queturá. **2** Sus hijos con ella fueron Zimrán, Jocsán, Medán, Madián, Isbac y Súah. **3** Jocsán fue el padre de Sebá y Dedán. Los descendientes de Dedán fueron los asureos, los letuseos y los leumeos. **4** Los hijos de Madián fueron Efá, Éfer, Hanoc, Abidá y Eldaá. Todos estos fueron descendientes de Queturá. **5** Isaac heredó todo lo que Abraham tenía. **6** A los hijos de sus otras mujeres, Abraham solamente les hizo regalos, y cuando todavía vivía los separó de su hijo Isaac, enviándolos a la región del oriente.

Muerte y sepultura de Abraham

7 Abraham vivió ciento setenta y cinco años en total, **8** y murió de muerte natural, cuando ya era muy anciano. Y fue a reunirse con sus antepasados.[a] **9** Sus hijos Isaac e Ismael lo sepultaron en la cueva de Macpelá, que está al

---

[a] **25.8** *Fue a reunirse con sus antepasados:* Este modismo hebreo, frecuente en el AT, alude probablemente a la costumbre de enterrar a los muertos en el sepulcro familiar, junto con los otros miembros de la familia ya fallecidos.

oriente de Mamré, en el terreno de Efrón, el hijo de Sóhar el hitita. 10 Este terreno era el que Abraham había comprado a los hititas. Allí fue sepultado Abraham, junto a su esposa Sara. 11 Después que Abraham murió, Dios bendijo a Isaac, que se había quedado a vivir junto al pozo "El que vive y me ve".

Los descendientes de Ismael
(1 Cr 1.28–31)

12 Estos son los hijos de Ismael, el hijo de Abraham y de Agar, la esclava egipcia de Sara, 13 en el orden en que nacieron: Nebaiot, que fue su hijo mayor; luego Quedar, Adbeel, Mibsam, 14 Mismá, Dumá, Masá, 15 Hadar, Temá, Jetur, Nafís y Quedmá. 16 Estos son los nombres de los doce hijos de Ismael, y con esos mismos nombres se conocieron sus propios territorios y campamentos. Cada uno era jefe de su propia gente.

17 Ismael tenía ciento treinta y siete años cuando murió, y fue a reunirse con sus antepasados. 18 Sus descendientes se establecieron en la región que está entre Havilá y Sur, frente a Egipto, en la ruta a Asiria. Allí se establecieron, a pesar de la oposición de sus hermanos.[b]

Nacimiento de Jacob y Esaú

19 Esta es la historia de Isaac, el hijo de Abraham. 20 Isaac tenía cuarenta años cuando se casó con Rebeca, que era hija de Betuel y hermana de Labán, los arameos que vivían en Padán–aram. 21 Rebeca no podía tener hijos, así que Isaac le rogó al Señor por ella. Y el Señor oyó su oración y Rebeca quedó embarazada. 22 Pero como los mellizos se peleaban dentro de su vientre,[c] ella pensó: "Si esto va a ser así, ¿para qué seguir viviendo?" Entonces fue a consultar el caso con el Señor, 23 y él le contestó:

"En tu vientre hay dos naciones,
dos pueblos que están en lucha
desde antes de nacer.

Uno será más fuerte que el otro,
y el mayor estará sujeto al menor."

24 Llegó al fin el día en que Rebeca tenía que dar a luz, y tuvo mellizos. 25 El primero que nació era pelirrojo, todo cubierto de vello, y lo llamaron Esaú.[d] 26 Luego nació su hermano, agarrado al talón de Esaú con una mano, y por eso lo llamaron Jacob.[e] Isaac tenía sesenta años cuando Rebeca los dio a luz.

Esaú vende sus derechos de hijo mayor

27 Los niños crecieron. Esaú llegó a ser un hombre del campo y muy buen cazador; Jacob, por el contrario, era un hombre tranquilo, y le agradaba quedarse en el campamento. 28 Isaac quería más a Esaú, porque le gustaba comer de lo que él cazaba, pero Rebeca prefería a Jacob.

29 Un día en que Jacob estaba cocinando, Esaú regresó muy cansado del campo 30 y le dijo:

—Por favor, dame un poco de ese guiso rojo que tienes ahí, porque me muero de hambre.

(Por eso a Esaú también se le conoce como Edom.)[f]

31 —Primero dame a cambio tus derechos de hijo mayor —contestó Jacob.[g]

32 Entonces Esaú dijo:

—Como puedes ver, me estoy muriendo de hambre, de manera que los derechos de hijo mayor no me sirven de nada.

33 —Júramelo ahora mismo —insistió Jacob.

Esaú se lo juró, y así le cedió a Jacob sus derechos de hijo mayor. 34 Entonces Jacob le dio a Esaú pan y guiso de lentejas. Cuando Esaú terminó de comer y beber, se levantó y se fue, sin dar ninguna importancia a sus derechos de hijo mayor.

Isaac se va a Guerar

26 1 En ese tiempo hubo una gran escasez de alimentos en toda aquella región, además de la que hubo cuando

---

[b] **25.18** Gn 16.12. *A pesar de la oposición de:* otras posibles traducciones: *aparte de,* o *al oriente de.*
[c] **25.22** La lucha de los hermanos en el seno materno preanuncia la rivalidad y los numerosos conflictos entre Jacob y Esaú (cf. Gn 27.41–45). [d] **25.25** La palabra hebrea que significa *vello* tiene sonido semejante a *Seír,* que es otro nombre de *Esaú.* Cf. Gn 36.8. [e] **25.26** El nombre se asocia con la palabra hebrea traducida por *talón,* que tiene un sonido semejante. Cf. Gn 27.36, donde, por la semejanza de sonido, también se lo relaciona con el verbo que significa *hacer trampa* o *suplantar.* [f] **25.30** El texto hebreo hace un juego de palabras con el nombre de *Edom* y el adjetivo *admoní,* que significa *rojo* (cf. v. 25). [g] **25.31** *Tus derechos de hijo mayor:* El primogénito o *hijo mayor* tenía una serie de privilegios que lo ponían por encima de los demás hermanos. En particular, a él le correspondía el primer puesto después del padre y una doble parte de la herencia familiar (cf. Dt 21.17).

Abraham aún vivía. Por eso Isaac se fue a Guerar, donde vivía Abimélec, rey de los filisteos. 2 Allí el Señor se le apareció y le dijo: "No vayas a Egipto. Quédate donde yo te diga, 3 y por ahora sigue viviendo en este país. Yo estaré contigo y te bendeciré, porque a ti y a tus descendientes les voy a dar todas estas tierras. Así cumpliré la promesa que le hice a tu padre Abraham. 4 Haré que tus descendientes sean tantos como las estrellas del cielo, y les daré todas estas tierras. Además, todas las naciones de la tierra serán bendecidas por medio de tus descendientes, 5 porque Abraham me obedeció y cumplió mis órdenes, mis mandamientos, mis leyes y mis enseñanzas."

6 Entonces Isaac se quedó en Guerar, 7 y cuando los que vivían en ese lugar le preguntaron en cuanto a Rebeca, Isaac tuvo miedo de decir que era su esposa y les dijo que era su hermana. Era tan hermosa Rebeca, que Isaac pensó que los hombres del lugar lo matarían por causa de ella.

8 Pasó el tiempo y él se quedó allá. Pero un día en que Abimélec estaba mirando por la ventana, vio que Isaac acariciaba a su esposa Rebeca. 9 Entonces lo mandó llamar y le dijo:

—Así que ella es tu esposa, ¿verdad? Entonces, ¿por qué dijiste que era tu hermana?

—Yo pensé que tal vez me matarían por causa de ella —contestó Isaac.

10 Pero Abimélec le dijo:

—¿Por qué nos has hecho esto? Un poco más y alguno del pueblo se habría acostado con tu esposa, y tú nos habrías hecho pecar.

11 Entonces Abimélec ordenó a todo su pueblo:

—Si alguien molesta a este hombre o a su esposa, será condenado a muerte.

12 Ese año Isaac sembró en aquel lugar y recogió muy buena cosecha, pues el Señor lo bendijo. 13 Se hizo muy rico y llegó a tener muchas posesiones. 14 Eran tantas sus ovejas y vacas, y tantos sus siervos, que los filisteos le tenían envidia. 15 Cuando su padre Abraham aún vivía, los siervos de Abraham habían abierto pozos; pero después los filisteos los habían tapado y llenado de tierra. 16 Por fin, Abimélec le dijo a Isaac:

—Vete de aquí, porque has llegado a ser más rico que nosotros.

17 Isaac se fue y acampó en el valle de Guerar, y allí se quedó a vivir. 18 Volvió a abrir los pozos de agua que habían sido abiertos en vida de su padre, y que los filisteos habían tapado después de su muerte, y les puso los mismos nombres que su padre les había dado. 19 Un día, los siervos de Isaac estaban haciendo un pozo en el valle, y encontraron un manantial. 20 Pero los pastores que cuidaban las ovejas en el valle de Guerar se pelearon con los pastores que cuidaban las ovejas de Isaac, porque decían que esa agua era de ellos. Por eso Isaac llamó a ese pozo "Pelea", pues se habían peleado por él. 21 Después sus siervos abrieron otro pozo, por el que volvieron a pelear, y a ese pozo Isaac lo llamó "Enemistad".

22 Isaac se fue lejos de allí, y abrió otro pozo. Como ya no pelearon por él, lo llamó "Libertad", pues dijo: "Ahora el Señor nos ha dejado en libertad de progresar en este lugar."

23 De allí Isaac se fue a Beerseba. 24 Esa noche el Señor se le apareció y le dijo:

"Yo soy el Dios de tu padre Abraham.
No tengas miedo; yo estoy contigo.
Por causa de mi siervo Abraham
te bendeciré y aumentaré mucho
tu descendencia."

25 Entonces Isaac construyó un altar allí, e invocó el nombre del Señor. Acampó en aquel lugar, y sus siervos abrieron un pozo.

Isaac y Abimélec hacen un pacto

26 Un día, Abimélec vino desde Guerar para hablar con Isaac. Lo acompañaban su amigo Ahuzat, y Ficol, que era el capitán de su ejército. 27 Isaac les dijo:

—Si ustedes no me quieren, y hasta me echaron de su tierra, ¿para qué vienen a verme?

28 Ellos le contestaron:

—Hemos visto que el Señor está contigo, y hemos pensado proponerte que hagamos un pacto. El pacto será este: 29 que tú no nos harás ningún mal, pues nosotros no te hemos molestado. Al contrario, siempre te hemos tratado bien y te despedimos en forma amistosa, y ahora el Señor te está bendiciendo.

30 Entonces Isaac les hizo una gran fiesta, y ellos comieron y bebieron. 31 Al día siguiente por la mañana, se levantaron y se hicieron juramentos entre sí. Luego Isaac les dijo adiós, y ellos se despidieron de él como amigos.

32 Aquel mismo día, los siervos de Isaac vinieron a darle la noticia de que habían encontrado agua en el pozo que estaban abriendo. 33 Isaac

le puso a aquel pozo el nombre de Sebá.ᵃ Por eso aquella ciudad todavía se llama Beerseba.

34 Cuando Esaú tenía cuarenta años, se casó con Judit, que era hija de Beerí el hitita. También se casó con Basemat, que era hija de otro hitita llamado Elón. 35 Estas dos mujeres les amargaron la vida a Isaac y Rebeca.

Isaac bendice a Jacob y Esaú

27 ¹ Isaac estaba ya muy viejo, y se había quedado ciego. Un día llamó a Esaú, su hijo mayor, y le dijo:

—¡Hijo mío!

—Dime, padre —contestó Esaú.

2 —Ya ves que estoy muy viejo —dijo Isaac—, y un día de estos me puedo morir. 3 Por eso quiero que vayas al monte con tu arco y tus flechas para cazar algún animal. 4 Prepara luego un guisado sabroso, como a mí me gusta, y tráelo para que yo lo coma. Entonces te daré mi bendición antes de morir.

5 Pero Rebeca estaba oyendo lo que Isaac le decía a Esaú. Por eso, en cuanto este se fue al monte a cazar algo para su padre, 6 ella dijo a Jacob, su hijo menor:

—Mira, oí que tu padre estaba hablando con tu hermano Esaú, y que le decía: 7 'Caza algún animal, prepara un guisado sabroso para que yo lo coma, y te daré mi bendición delante del Señor antes de morir.' 8 Así que, hijo mío, escucha bien lo que te voy a decir: 9 Ve a donde está el rebaño, y tráeme dos de los mejores cabritos; voy a prepararle a tu padre un guisado sabroso, como a él le gusta. 10 Tú se lo vas a llevar para que lo coma, y así te dará a ti su bendición antes de morir.

11 Pero Jacob le dijo a su madre:

—Mi hermano tiene mucho pelo en el cuerpo, y yo no. 12 Si mi padre llega a tocarme y me reconoce, va a pensar que me estoy burlando de él; entonces haré que me maldiga en lugar de que me bendiga.

13 Pero su madre le contestó:

—Hijo mío, que esa maldición recaiga sobre mí. Tú haz lo que te digo y tráeme esos cabritos.

14 Jacob fue por los cabritos y se los trajo a su madre. Ella preparó entonces un guisado sabroso, como a Isaac le gustaba, 15 sacó la mejor ropa de Esaú, su hijo mayor, que estaba guardada en la casa, y se la puso a Jacob, su hijo menor.

16 Luego, con la piel de los cabritos, le cubrió a Jacob los brazos y la parte del cuello donde no tenía pelo, 17 y le dio el guisado y el pan que había preparado.

18 Entonces Jacob entró donde estaba su padre, y le dijo:

—¡Padre!

—Aquí estoy. ¿Cuál de mis hijos eres tú? —preguntó Isaac.

19 —Soy Esaú, tu hijo mayor —contestó Jacob—. Ya hice lo que me dijiste. Levántate, por favor; siéntate y come del animal que he cazado, y dame tu bendición.

20 Entonces Isaac le preguntó:

—¿Cómo pudiste encontrarlo tan pronto, hijo mío?

—El Señor tu Dios me ayudó a encontrarlo —respondió Jacob.

21 Pero Isaac le dijo:

—Acércate y déjame tocarte, a ver si de veras eres mi hijo Esaú.

22 Jacob se acercó para que su padre lo tocara. Entonces Isaac dijo: "La voz es la de Jacob, pero los brazos son los de Esaú." 23 Así que no lo reconoció, porque sus brazos tenían mucho pelo, como los de su hermano Esaú. Pero cuando iba a darle su bendición, 24 volvió a preguntarle:

—¿De veras eres mi hijo Esaú?

—Sí, yo soy Esaú —respondió Jacob.

25 Entonces su padre le dijo:

—Sírveme, hijo mío, para que coma yo de lo que cazaste, y entonces te daré mi bendición.

Jacob le sirvió de comer a su padre, y también le trajo vino. Isaac comió y bebió, 26 y luego le dijo:

—Acércate, hijo, y dame un beso.

27 Cuando Jacob se acercó para besarlo, Isaac le olió la ropa. Entonces lo bendijo con estas palabras:

"Sí, este olor es de mi hijo.
Es como el olor de un campo
bendecido por el Señor.
28 Que Dios te dé la lluvia del cielo,
las mejores cosechas de la tierra,
mucho trigo y mucho vino.
29 Que mucha gente te sirva;
que las naciones se arrodillen
delante de ti.

ᵃ **26.33** *Sebá:* Este nombre se parece a las palabras hebreas que significan *abundancia* y *juramento*.

Gobierna a tus propios hermanos;
¡que se arrodillen delante de ti!
Los que te maldigan serán malditos,
y los que te bendigan serán benditos."

30 Había terminado Isaac de bendecir a Jacob, y apenas salía Jacob de donde estaba su padre, cuando Esaú regresó de cazar. 31 También él preparó un guisado sabroso, se lo llevó a su padre, y le dijo:

—Levántate, padre; come del animal que tu hijo ha cazado, y dame tu bendición.

32 Entonces Isaac le preguntó:

—¿Quién eres tú?

—Soy Esaú, tu hijo mayor —contestó.

33 Isaac se quedó muy sorprendido, y con voz temblorosa dijo:

—Entonces, ¿quién es el que fue a cazar y me trajo el guisado? Yo me lo comí todo antes de que tú llegaras, y le di mi bendición, y ahora él ha quedado bendecido.

34 Cuando Esaú oyó lo que su padre decía, se puso a llorar amargamente, y gritó:

—¡Dame también a mí tu bendición, padre mío!

35 Pero Isaac le contestó:

—Ya vino tu hermano, y me engañó, y se llevó la bendición que era para ti.

36 —¡Con razón le pusieron por nombre Jacob! —dijo Esaú—. ¡Ya van dos veces que me hace trampa!^{a} Primero me quitó mis derechos de hijo mayor, y ahora me ha quitado la bendición que me tocaba. ¿No has guardado ninguna otra bendición para mí?^{b}

37 Entonces Isaac le contestó:

—Mira, yo le he dado a Jacob autoridad sobre ti; le he dado por siervos a todos sus parientes, y le he deseado que tenga mucho trigo y mucho vino. ¿Qué puedo hacer ahora por ti, hijo mío?

38 Esaú insistió:

—¿No puedes dar más que una sola bendición, padre mío? ¡Bendíceme también a mí!

Y volvió a llorar a gritos.

39 Entonces Isaac le dijo:

"Vivirás lejos de las tierras fértiles
y de la lluvia que cae del cielo.
40 Tendrás que defenderte con tu espada

y serás siervo de tu hermano;
pero cuando te hagas fuerte,
te librarás de él."

Jacob huye de Esaú

41 Desde entonces Esaú odió a Jacob por la bendición que le había dado su padre, y pensaba: "Ya pronto vamos a estar de luto por la muerte de mi padre; después de eso, mataré a mi hermano Jacob."

42 Cuando Rebeca supo lo que Esaú estaba planeando, mandó llamar a Jacob y le dijo:

—Mira, tu hermano Esaú quiere matarte para vengarse de ti. 43 Por eso, hijo, escúchame; huye en seguida a Harán, a casa de mi hermano Labán. 44 Quédate con él por algún tiempo, hasta que se le pase el enojo a tu hermano 45 y olvide lo que le has hecho. Entonces te mandaré a avisar para que vuelvas. ¡No quiero perder a mis dos hijos en un solo día!

46 Luego Rebeca le dijo a Isaac:

—Estoy cansada de la vida por culpa de estas hititas con las que Esaú se casó. Si Jacob se casa con una hitita como estas, de las que viven aquí en Canaán, vale más que me muera.

28 1 Entonces Isaac llamó a Jacob, lo bendijo y le dio esta orden: "No te cases con ninguna mujer de esta tierra de Canaán. 2 Vete a Padán–aram, a la casa de tu abuelo Betuel, y cásate allá con una de las hijas de tu tío Labán. 3 Que el Dios todopoderoso te bendiga y te dé muchos descendientes, para que de ti salgan muchas naciones. 4 Que te dé a ti, y también a tus descendientes, la bendición que le prometió a Abraham,^{a} para que sean dueños de esta tierra donde ahora vivimos como extranjeros, pues él se la prometió a Abraham."

5 Así fue como Isaac envió a Jacob a Padán–aram. Jacob llegó a casa de Labán, que era hijo de Betuel el arameo y hermano de Rebeca, la madre de Jacob y Esaú.

Esaú se casa

6 Esaú había visto cuando Isaac le dio su bendición a Jacob y lo envió a Padán–aram para casarse allá. También se fijó en que su padre, al bendecirlo, le encargó que no se casara con

---

^{a} 27.36 Respecto de la relación entre el nombre *Jacob* y el vocablo *trampa*, véase 25.26 n. ^{b} 27.36 Gn 25.29–34. En hebreo, las palabras que significan *mis derechos de hijo mayor* (o *mi primogenitura*) y *mi bendición* tienen un sonido semejante. ^{a} 28.4 Gn 17.4–8.

ninguna mujer de Canaán, **7**y que Jacob se fue a Padán–aram como su padre y su madre le habían dicho. **8**De esa manera Esaú se dio cuenta de que a su padre no le agradaban las mujeres de Canaán; **9**por eso fue a ver a Ismael, hijo de Abraham, y tomó por esposa a su hija Mahalat, que era hermana de Nebaiot, además de las esposas cananeas que ya tenía. *b*

Dios se aparece a Jacob en Betel

10Jacob salió de Beerseba y tomó el camino de Harán. **11**Llegó a cierto lugar y allí se quedó a pasar la noche, porque el sol ya se había puesto. Tomó como almohada una de las piedras que había en el lugar, y se acostó a dormir. **12**Allí tuvo un sueño, en el que veía una escalera que estaba apoyada en la tierra y llegaba hasta el cielo, y por la cual los ángeles de Dios subían y bajaban. **13**También veía que el Señor estaba de pie junto a él, y que le decía: "Yo soy el Señor, el Dios de tu abuelo Abraham y de tu padre Isaac. A ti y a tus descendientes les daré la tierra en donde estás acostado. **14**Ellos llegarán a ser tantos como el polvo de la tierra, y se extenderán al norte y al sur, al este y al oeste, y todas las familias del mundo serán bendecidas por medio de ti y de tus descendientes. *c* **15**Yo estoy contigo; voy a cuidarte por dondequiera que vayas, y te haré volver a esta tierra. No voy a abandonarte sin cumplir lo que te he prometido."

16Cuando Jacob despertó de su sueño, pensó: "En verdad el Señor está en este lugar, y yo no lo sabía." **17**Tuvo mucho miedo, y pensó: "Este lugar es muy sagrado. Aquí está la casa de Dios; ¡es la puerta del cielo!"

18Al día siguiente Jacob se levantó muy temprano, tomó la piedra que había usado como almohada, la puso de pie como un pilar, y la consagró derramando aceite sobre ella. **19**En ese lugar había antes una ciudad que se llamaba Luz, pero Jacob le cambió el nombre y le puso Betel. *d*

20Allí Jacob hizo esta promesa: "Si Dios me acompaña y me cuida en este viaje que estoy haciendo, si me da qué comer y con qué vestirme, **21**y si regreso sano y salvo a la casa de mi padre, entonces el Señor será mi Dios. **22**Esta piedra que he puesto como pilar, será casa de Dios; y siempre te daré, oh Dios, la décima parte de todo lo que tú me des."*e*

Jacob en Harán

29

1Jacob siguió su camino y se fue a la tierra de los del oriente. **2**En el campo vio un pozo, cerca del cual estaban descansando tres rebaños de ovejas, porque los animales bebían agua de él. Sobre la boca del pozo había una piedra muy grande, **3**y cuando todos los rebaños se juntaban allí, los pastores quitaban la piedra para darles agua a las ovejas, y luego volvían a tapar el pozo. **4**Jacob preguntó a los pastores:

—¿De dónde son ustedes, amigos míos?

—Somos de Harán —contestaron ellos.

5—¿Conocen ustedes a Labán, el hijo de Nahor? —volvió a preguntar.

—Sí, lo conocemos —respondieron.

6—¿Está bien de salud? —insistió Jacob.

—Sí, Labán está bien —dijeron los pastores—. Mire usted, aquí viene su hija Raquel con sus ovejas.

7Entonces Jacob dijo:

—Todavía es de día, y es muy temprano para encerrar las ovejas. ¿Por qué no les dan agua y las llevan a pastar?

8Pero ellos le contestaron:

—No podemos hacerlo. Tenemos que esperar a que se junten todos los rebaños y los pastores quiten la piedra de la boca del pozo, para poder darles agua a las ovejas. *a*

9Mientras Jacob estaba hablando con ellos, Raquel llegó con las ovejas de su padre, pues ella era quien las cuidaba. **10**Tan pronto como Jacob la vio con las ovejas de su tío Labán, fue y quitó la piedra de la boca del pozo, y les dio agua a las ovejas; **11**luego la saludó con un beso, y comenzó a llorar. **12**Cuando Jacob le contó que él era hijo de Rebeca y sobrino de Labán, Raquel fue corriendo a contárselo a su padre.

---

b **28.8–9** Gn 26.34–35. *c* **28.13–14** *Serán bendecidas:* Véase 12.3 n. La promesa hecha a Abraham (Gn 12.1–3; 13.14–15; 15.18–21; 22.16–18) y a Isaac (Gn 26.3–5) es ahora renovada a Jacob (cf. Gn 46.3). *d* **28.19** En hebreo, *Betel* significa *casa de Dios.* *e* **28.22** *La décima parte de todo lo que tú me des:* El pago del diezmo como ofrenda a la divinidad ya se practicaba en Canaán antes de la llegada de los israelitas (cf. Gn 14.20). *a* **29.8** Según parece, esta era una práctica establecida para evitar que algunos pastores sacaran ventaja en el uso del agua de los pozos, a la que todos tenían igual derecho.

13 Labán, al oir hablar de Jacob, el hijo de su hermana, salió corriendo a recibirlo, lo abrazó, lo saludó con un beso y lo llevó a su casa. Luego Jacob le contó todo lo que había pasado. 14 Y Labán le dijo: "Verdaderamente tú eres uno de mi propia sangre."

Jacob trabaja por Raquel y Lía

Jacob se quedó con Labán durante un mes. 15 Después de ese tiempo, Labán le dijo:

—No vas a trabajar para mí sin ganar nada, solo porque eres mi pariente. Dime cuánto quieres que te pague.

16 Labán tenía dos hijas: la mayor se llamaba Lía, y la menor, Raquel. 17 Lía tenía unos ojos muy tiernos,*b* pero Raquel era hermosa de pies a cabeza. 18 Como Jacob se había enamorado de Raquel, contestó:

—Por Raquel, tu hija menor, trabajaré siete años para ti.

19 Entonces Labán contestó:

—Es mejor dártela a ti que dársela a un extraño. Quédate conmigo.

20 Y así Jacob trabajó por Raquel durante siete años, aunque a él le pareció muy poco tiempo porque la amaba mucho. 21 Cuando pasaron los siete años, Jacob le dijo a Labán:

—Dame mi mujer, para que me case con ella, porque ya terminó el tiempo que prometí trabajar por ella.

22 Entonces Labán invitó a todos sus vecinos a la fiesta de bodas que hizo. 23 Pero por la noche Labán tomó a Lía y se la llevó a Jacob, y Jacob durmió con ella.*c* 24 Además, Labán le regaló a Lía una de sus esclavas, llamada Zilpá, para que la atendiera. 25 A la mañana siguiente Jacob se dio cuenta de que había dormido con Lía, y le reclamó a Labán:

—¿Qué cosa me has hecho? ¿No trabajé contigo por Raquel? Entonces, ¿por qué me has engañado?

26 Y Labán le contestó:

—Aquí no acostumbramos que la hija menor se case antes que la mayor. 27 Cumple con la semana de bodas de Lía y entonces te daremos también a Raquel, si es que te comprometes a trabajar conmigo otros siete años.

28 Jacob aceptó, y cuando terminó la semana de bodas de Lía, Labán le dio a Raquel por esposa. 29 Labán también le dio a Raquel una de sus esclavas, llamada Bilhá, para que la atendiera. 30 Jacob se unió también a Raquel, y la amó mucho más que a Lía, aunque tuvo que trabajar con Labán durante siete años más.

Los hijos de Jacob

31 Cuando el Señor vio que Jacob despreciaba a Lía, hizo que esta tuviera hijos, pero a Raquel la mantuvo estéril. 32 Lía quedó embarazada y tuvo un hijo, al que llamó Rubén, porque dijo: "El Señor me vio triste. Por eso ahora mi esposo me amará."

33 Después Lía tuvo otro hijo, al que llamó Simeón, y entonces dijo: "El Señor oyó que me despreciaban, y por eso me dio un hijo más."

34 Y otra vez tuvo un hijo, al cual llamó Leví, porque dijo: "Ahora mi esposo se unirá más a mí, porque ya le he dado tres hijos."

35 Lía tuvo aún otro hijo, al cual llamó Judá, porque dijo: "Esta vez alabaré al Señor." Después de esto, dejó de tener hijos.*d*

30 1 Cuando Raquel vio que ella no podía darle hijos a Jacob, sintió envidia de su hermana Lía, y le dijo a su esposo:

—Dame hijos, porque si no, me voy a morir.

2 Pero Jacob se enojó con ella y le dijo:

—¿Acaso soy Dios? Él es quien no te deja tener hijos.

3 Entonces ella le dijo:

—Mira, toma a mi esclava Bilhá y únete con ella; y cuando ella tenga hijos, será como si yo misma los tuviera.*a* Así podré tener hijos.

4 De esta manera Raquel le dio a Jacob su esclava Bilhá, para que fuera su concubina. Jacob se unió con Bilhá, 5 y ella le dio un hijo a Jacob. 6 Entonces Raquel dijo: "Este niño se va a llamar Dan, porque Dios oyó mi oración y me hizo justicia al darme un hijo."

b 29.17 *Muy tiernos:* otra posible traducción: *apagados* o *sin lustre.* *c* 29.23 Este engaño fue posible porque la novia, durante la fiesta de bodas, permanecía cubierta con un velo. *d* 29.32–35 Los nombres de los hijos de Jacob se relacionan con palabras hebreas que tienen sonido similar. Así, el nombre de *Rubén* se asemeja en el sonido a las palabras hebreas que significan *miren, un hijo* y *él vio mi tristeza;* el de *Simeón,* al verbo que significa *oir;* el de *Leví,* al verbo que significa *unir;* y el de *Judá,* al verbo que significa *alabar.* *a* 30.3 *Y cuando ella tenga . . . tuviera:* lit. *y que ella dé a luz sobre mis rodillas.* Este modismo hebreo se refiere al acto por medio del cual la esposa estéril adoptaba como propios a los hijos que su marido había tenido con una esclava de ella.

7Después Bilhá le dio otro hijo a Jacob, 8y Raquel dijo: "Este niño se va a llamar Neftalí, porque he luchado mucho*b* contra mi hermana y la he vencido."

9Cuando Lía vio que ya no podía tener hijos, tomó a su esclava Zilpá y se la dio a Jacob para que fuera su concubina. 10Y cuando Zilpá le dio un hijo a Jacob, 11Lía dijo: "¡Qué suerte! Por eso el niño se va a llamar Gad."

12Después Zilpá le dio otro hijo a Jacob, 13y entonces Lía dijo: "¡Qué felicidad! Ahora las mujeres dirán que soy feliz. Por eso el niño se va a llamar Aser."*c*

14Un día fue Rubén al campo, durante la cosecha de trigo, y allí encontró unas frutas llamadas mandrágoras, las cuales llevó a su madre Lía. Cuando Raquel vio las frutas, le dijo a Lía:

—Por favor, dame algunas de esas mandrágoras que tu hijo te trajo.

15Pero Lía le contestó:

—¿Te parece poco haberme quitado el marido? ¡Y ahora quieres también quitarme las mandrágoras de mi hijo!

—Pues a cambio de las mandrágoras de tu hijo, esta noche Jacob dormirá contigo —propuso Raquel.

16Por la noche, cuando Jacob regresó del campo, Lía salió a su encuentro y le dijo:

—Hoy vas a dormir conmigo, porque te he alquilado a cambio de las mandrágoras de mi hijo.

Esa noche Jacob durmió con Lía, 17y ella le dio a Jacob su quinto hijo, porque Dios oyó su oración. 18Entonces Lía dijo: "Este niño se va a llamar Isacar, pues Dios me ha premiado porque le di mi esclava a mi marido."

19Después Lía le dio a Jacob su sexto hijo, 20y dijo: "Dios me ha dado un buen regalo. Ahora mi marido me estimará más, porque ya le he dado seis hijos. Por eso este niño se va a llamar Zabulón."

21Por último, Lía tuvo una hija, a la cual llamó Dina. 22Pero Dios se acordó de Raquel; oyó su oración y le permitió tener hijos. 23Cuando tuvo el primero, dijo: "Dios me ha quitado la vergüenza de no tener hijos. 24Ojalá me permita tener otro." Por eso lo llamó José.*d*

Trampas entre Jacob y Labán

25Después que Raquel dio a luz a José, Jacob dijo a Labán:

—Déjame regresar a mi propia tierra. 26Dame mis hijos y mis mujeres, pues por ellas he trabajado contigo, y déjame ir. Tú bien sabes cómo he trabajado para ti.

27Pero Labán le contestó:

—Por favor, quédate conmigo. He sabido por adivinación que el Señor me ha bendecido por medio de ti. 28Dime cuánto quieres ganar, y te lo pagaré.

29Entonces Jacob le dijo:

—Tú bien sabes cómo he trabajado para ti y cómo he cuidado tus animales; 30lo poco que tenías antes que yo viniera, ha aumentado enormemente, pues desde que llegué, el Señor te ha bendecido; pero, ¿cuándo voy a comenzar a trabajar para mi propia familia?

31 —¿Cuánto quieres que te pague? —insistió Labán.

—No me pagues nada —respondió Jacob—. Volveré a cuidar tus ovejas, si aceptas lo que te voy a proponer: 32déjame pasar hoy por entre tu rebaño, para apartar todos los corderitos negros y todos los cabritos manchados y moteados.*e* Ellos serán mi salario. 33Así, cuando más adelante vengas a ver lo que he ganado, tendrás la prueba de mi honradez: pues si en mi rebaño hay cabras que no sean manchadas o moteadas, o corderos que no sean negros, será que te los he robado.

34 —Está bien, acepto lo que propones —dijo Labán.

35Pero ese mismo día Labán apartó todos los chivos rayados y moteados, y todas las cabras manchadas y moteadas o que tenían algo blanco, y todos los corderos negros, y se los dio a

---

b **30.8** *He luchado mucho:* lit. *con luchas de Dios.* El complemento *de Dios* tiene aquí valor de superlativo y sugiere la idea de una lucha sobrehumana. *c* **30.6–13** Véase 29.32–35 n. Los nombres de *Dan, Neftalí, Gad* y *Aser* tienen sonido semejante al de las palabras hebreas que significan, respectivamente, *hacer justicia, luchar, suerte* y *ser feliz.* *d* **30.18–24** En hebreo, el nombre de *Isacar* tiene sonido semejante a los verbos que significan *premiar* y *alquilar;* el de *Zabulón,* a los que significan *regalar* y *estimar;* y el de *José* a los que significan *quitar* y *dar más.* Este último también podría ser la forma abreviada de un nombre hebreo que significa *Que el Señor añada* o *dé más.* *e* **30.32** *Todos los corderitos . . . y moteados:* según la versión griega (LXX). Heb. *todos los corderitos manchados y moteados, y todo corderito negro entre los corderos.*

sus hijos para que los cuidaran. **36**Luego se fue con este rebaño del lugar donde estaba Jacob, a una distancia de tres días de camino.

Jacob, por su parte, siguió cuidando las otras ovejas de Labán. **37**Cortó ramas verdes de álamo, almendro y castaño, y las peló para que se pudieran ver rayas blancas; **38-39**luego puso las varas, ya peladas, frente a los rebaños, en el lugar donde tomaban agua. Allí era donde los machos se unían con las hembras, y como lo hacían delante de las varas, sus crías nacían rayadas, manchadas y moteadas. **40**Entonces Jacob las apartaba y las ponía frente a los animales rayados y negros del rebaño de Labán. Así Jacob fue formando su propio rebaño, separándolo del rebaño de Labán. **41**Cada vez que los animales más gordos se unían para tener crías, Jacob ponía las varas en el lugar donde tomaban agua, de manera que pudieran ver las varas en el momento de unirse; **42**pero cuando venían los animales más flacos, no ponía las varas. Por eso los animales más flacos eran para Labán, y los más gordos eran para Jacob. **43**De esa manera Jacob se hizo muy rico y llegó a tener muchas ovejas, esclavos, esclavas, camellos y asnos.

Jacob planea huir de Labán

31 **1**Pero Jacob supo que los hijos de Labán andaban diciendo: "Jacob ha tomado todo lo que era de nuestro padre, y con eso se ha hecho rico." **2**También Jacob se fijó en que Labán ya no lo miraba con buenos ojos, como antes. **3**Entonces el Señor le dijo a Jacob: "Regresa a la tierra de tus padres, donde están tus parientes, y yo te acompañaré."

4Jacob mandó llamar a Raquel y a Lía, para que vinieran al campo donde estaba él con sus ovejas, **5**y les dijo:

—Me he dado cuenta de que el padre de ustedes ya no me trata igual que antes; pero el Dios de mi padre siempre me ha acompañado. **6**Ustedes saben muy bien que yo he trabajado para su padre lo mejor que he podido, **7**y que él me ha engañado y continuamente me ha

cambiado el salario.[a] Sin embargo, Dios no le ha dejado hacerme ningún mal; **8**al contrario, cuando él decía: 'Te voy a pagar con los animales manchados', todas las hembras tenían crías manchadas; y cuando decía: 'Te voy a pagar con los rayados', entonces todas tenían crías rayadas. **9**Así fue como Dios le quitó sus animales para dármelos a mí.

10"Un día, cuando los animales estaban en celo, tuve un sueño en el que veía que los machos cabríos que cubrían a las hembras eran rayados, manchados y moteados. **11**En ese sueño el ángel de Dios me llamó por mi nombre, y yo le contesté: 'Aquí estoy.' **12**Entonces el ángel me dijo: 'Fíjate bien, y vas a ver que todos los machos que cubren a las hembras son rayados, manchados y moteados, porque me he dado cuenta de todo lo que Labán te ha hecho. **13**Yo soy el Dios que se te apareció en Betel,[b] allí donde tú consagraste la piedra y me hiciste una promesa. ¡Vamos! Levántate y vete de este lugar; regresa a la tierra donde naciste.' "

14Entonces Raquel y Lía le contestaron:

—Nosotras ya no tenemos ninguna herencia en la casa de nuestro padre. **15**Al contrario, nos trata como si fuéramos extrañas. ¡Hasta nos vendió, y se aprovechó de lo que le pagaste por casarte con nosotras! **16**En realidad, toda la riqueza que Dios le ha quitado a nuestro padre, es nuestra y de nuestros hijos. Así que haz todo lo que Dios te ha dicho.

Jacob se va de Padán–aram

17-18 Jacob se preparó para regresar a Canaán, donde vivía su padre Isaac. Hizo montar a sus hijos y a sus mujeres en los camellos, tomó todo lo que tenía, y se puso en camino con todos los animales que había recibido por su trabajo en Padán–aram. **19**Mientras Labán fue a otra parte a trasquilar sus ovejas, Raquel le robó sus ídolos familiares.[c] **20**Así fue como Jacob engañó a Labán el arameo, no diciéndole que se iba. **21**Escapó con todo lo que tenía. Muy pronto cruzó el río Éufrates, y siguió adelante hacia los montes de Galaad.

---

[a] **31.7** *Continuamente*: lit. *diez veces*, o sea, muchísimas veces. [b] **31.13** Gn 28.18–22. *El Dios que se te apareció en Betel*: según versiones antiguas. Heb. *el Dios de Betel.* [c] **31.19** Los *ídolos familiares* (heb. *terafim*), además de tener valor religioso, eran una especie de certificado de propiedad de los bienes pertenecientes a la familia. Al robar esos ídolos, Raquel quería asegurar, para Jacob, este título de propiedad. De ahí el empeño de Labán por recuperarlos (cf. vv. 22–30).

Labán persigue a Jacob

22 Tres días después, Labán supo que Jacob se había escapado. **23** Entonces, acompañado de sus parientes, salió a perseguirlo, y siete días después lo alcanzó en los montes de Galaad. **24** Pero aquella noche Dios se le apareció a Labán el arameo en un sueño, y le dijo: "Escucha, no le hables a Jacob en forma brusca."*d*

25 Labán alcanzó a Jacob en los montes de Galaad, que era donde Jacob había acampado. Allí mismo acampó Labán con sus parientes, **26** y le reclamó a Jacob:

—¿Qué has hecho? ¿Por qué me engañaste? ¡Has traído a mis hijas como si fueran prisioneras de guerra? **27** ¿Por qué me engañaste y escapaste a escondidas, sin decirme nada? De haberlo sabido, yo te habría despedido con alegría y con música de tambores y de arpa. **28** Ni siquiera me dejaste besar a mis hijas y a mis nietos. ¡Has actuado como un necio! **29** Yo bien podría hacerles daño a todos ustedes, pero anoche me habló el Dios de tu padre y me dijo: 'Escucha, no le hables a Jacob en forma brusca.' **30** Pero, si tanto querías regresar a la casa de tu padre, y por eso te fuiste, ¿por qué me robaste mis dioses?

31 Entonces Jacob le contestó a Labán:

—Es que tuve miedo. Yo pensé que tal vez me ibas a quitar tus hijas por la fuerza. **32** Pero si alguno de los que aquí están tiene tus dioses, ¡que muera! Nuestros parientes son testigos: dime si yo tengo algo tuyo, y llévatelo.

Pero Jacob no sabía que Raquel había robado los ídolos.

33 Labán entró en la tienda de campaña de Jacob, luego en la de Lía y también en la de las dos esclavas, pero no encontró los ídolos. Cuando salió de la tienda de campaña de Lía y entró en la de Raquel, **34** ella tomó los ídolos, los puso dentro de la montura del camello, y se sentó sobre ellos. Labán estuvo buscando por toda la tienda, pero no los encontró. **35** Entonces Raquel le dijo:

—Padre, no te enojes si no me levanto delante de ti, pero es que hoy tengo mi periodo de menstruación.

Como Labán anduvo buscando los ídolos y no los encontró, **36** Jacob se enojó y le reclamó a Labán con estas palabras:

—¿Qué falta cometí? ¿Cuál es mi pecado, que con tantas ansias me has perseguido? **37** Has registrado todas mis cosas, ¿y qué has encontrado de las cosas de tu casa? ¡Ponlo aquí, delante de tus parientes y de los míos, para que ellos digan quién de los dos tiene la razón! **38** Durante estos veinte años que trabajé contigo, nunca abortaron tus ovejas ni tus cabras; nunca me comí un solo carnero de tus rebaños; **39** nunca te traje los animales que las fieras mataban, sino que yo pagaba esa pérdida; si de día o de noche robaban ganado, tú me lo cobrabas. **40** De día me moría de calor; de noche me moría de frío, ¡y hasta el sueño se me iba! **41** Veinte años he estado en tu casa, y esto es lo que me tocó: por tus dos hijas trabajé catorce años a tu servicio; por tus animales trabajé seis años; y continuamente me cambiabas mi salario. **42** De no haber estado conmigo el Dios de Abraham, el Dios que adoraba mi padre Isaac, estoy seguro que me habrías mandado con las manos vacías. Pero Dios vio mi tristeza y el resultado de mi trabajo, y anoche te reprendió.

Jacob y Labán hacen un pacto

43 Entonces Labán le contestó a Jacob:

—Las hijas son mis hijas; los nietos son mis nietos; las ovejas son mis ovejas; ¡todo lo que aquí ves es mío! Sin embargo, ¿qué les puedo hacer ahora a mis hijas, o a los hijos que ellas han tenido? **44** Por eso, ven; tú y yo vamos a hacer un pacto, que va a servir como testimonio entre nosotros dos.

45 Entonces Jacob tomó una piedra, la puso de pie como un pilar, **46** y les dijo a sus parientes:

—¡Junten piedras!

Todos juntaron piedras para hacer un montón, y allí comieron, junto al montón de piedras. **47** Labán llamó a ese lugar en su idioma "Jegar Sahadutá", y Jacob lo llamó en el suyo "Galaad".*e*

48 Entonces Labán dijo:

—Hoy, este montón de piedras es testigo entre nosotros dos.

Por eso se llamó Galaad ese lugar, **49** y también se llamó Mispá,*f* porque Labán dijo:

---

d **31.24** *En forma brusca:* lit. *ni bien ni mal.* Otra posible traducción: *absolutamente nada.* *e* **31.47** *Jegar Sahadutá . . . Galaad:* Estos dos nombres significan, en arameo y en hebreo respectivamente, *montón del testimonio* o *que sirve de testigo.* *f* **31.49** *Mispá* significa, en hebreo, *torre de vigilancia.*

—Que el Señor vigile entre nosotros dos, cuando ya no podamos vernos el uno al otro. 50 Si maltratas a mis hijas, o si te casas con otras mujeres además de ellas, aunque no haya nadie como testigo entre nosotros, Dios mismo sea testigo.

51 Y Labán siguió diciéndole a Jacob:

—Mira, aquí están el montón de piedras y el pilar que he puesto entre nosotros dos. 52 Ambos serán testigos de que ni tú ni yo cruzaremos esta línea para perjudicarnos. 53 Que decida entre nosotros el Dios de tu abuelo Abraham y el de mi abuelo Nahor.

Entonces Jacob juró por el Dios que su padre Isaac adoraba. 54 Luego hizo Jacob sacrificios en el cerro, y llamó a sus parientes a comer. Todos ellos comieron, y pasaron la noche en el cerro.

55 Al día siguiente por la mañana, Labán se levantó y les dio un beso a sus nietos y a sus hijas; después los bendijo, y regresó a su tierra.

Jacob y Esaú se encuentran

32 1 Jacob siguió su camino, y unos ángeles de Dios le salieron al encuentro. 2 Cuando Jacob los vio, dijo: "Este es un ejército de Dios." Por eso llamó Mahanaim a aquel lugar.[a]

3 Jacob envió unos mensajeros a la tierra de Seír, que es la región de Edom, para anunciarle su llegada a su hermano Esaú, 4 y les dio este mensaje: "Díganle a mi hermano Esaú: 'Su hermano Jacob se pone a sus órdenes, y le manda a decir: He vivido con Labán todo este tiempo, 5 y tengo vacas, asnos, ovejas, esclavos y esclavas. Envío este mensaje a mi señor, esperando ganarme su buena voluntad.' "

6 Cuando los mensajeros regresaron, le dijeron a Jacob:

—Fuimos a ver a su hermano Esaú, y ya viene él mismo para recibirlo a usted, acompañado de cuatrocientos hombres.

7 Al oir esto, Jacob tuvo mucho miedo y se quedó muy preocupado. Dividió entonces en dos grupos la gente que estaba con él, y también las ovejas, vacas y camellos, 8 pues pensó: "Si Esaú viene contra un grupo y lo ataca, el otro grupo podrá escapar." 9 Luego comenzó a orar: "Señor, Dios de mi abuelo Abraham y de mi

padre Isaac, que me dijiste que regresara a mi tierra y a mis parientes, y que harías que me fuera bien: 10 no merezco la bondad y fidelidad con que me has tratado. Yo crucé este río Jordán sin llevar nada más que mi bastón, y ahora he llegado a tener dos campamentos. 11 ¡Por favor, sálvame de las manos de mi hermano Esaú! Tengo miedo de que venga a atacarme y mate a las mujeres y a los niños. 12 Tú has dicho claramente que harás que me vaya bien, y que mis descendientes serán tan numerosos como los granitos de arena del mar, que no se pueden contar."[b]

13 Aquella noche Jacob durmió allí, y de lo que tenía a la mano escogió regalos para su hermano Esaú: 14 doscientas cabras, veinte chivos, doscientas ovejas, veinte carneros, 15 treinta camellas recién paridas, con sus crías, cuarenta vacas, diez novillos, veinte asnas y diez asnos. 16 Luego les entregó a sus siervos cada manada por separado, y les dijo:

—Adelántense, y guarden alguna distancia entre manada y manada.

17 Al primero que envió, le ordenó:

—Cuando te encuentre mi hermano Esaú, y te pregunte quién es tu amo, a dónde vas y de quién son los animales que llevas, 18 contéstale: 'Es un regalo para usted, mi señor Esaú, de parte de Jacob, su servidor. Por cierto que él mismo viene detrás de nosotros.'

19 También al segundo que envió, y al tercero, y a todos los que llevaban las manadas, les dijo:

—Cuando encuentren a Esaú, díganle lo mismo, 20 y díganle también: 'Jacob, su servidor, viene detrás de nosotros.'

Y es que Jacob pensaba: "Voy a calmar su enojo con los regalos que le envío por delante, y luego lo veré personalmente. Tal vez así me recibirá bien." 21 Así, pues, los regalos se fueron antes, y él se quedó a pasar la noche en su campamento.

Jacob lucha con un ángel

22 Aquella misma noche Jacob se levantó, tomó a sus dos esposas, sus dos esclavas y sus once hijos, y los hizo cruzar el vado del río Jaboc, 23 junto con todo lo que tenía. 24 Cuando Jacob se quedó solo, un hombre luchó con él

---

a **32.2** *Mahanaim* significa, en hebreo, *dos campamentos* o *dos ejércitos*. Cf. v. 7 y las palabras de Jacob en el v. 10.
b **32.12** Gn 22.17.

hasta que amaneció; **25** pero como el hombre vio que no podía vencer a Jacob, lo golpeó en la coyuntura de la cadera, y esa parte se le zafó a Jacob mientras luchaba con él. **26** Entonces el hombre le dijo:

—Suéltame, porque ya está amaneciendo.

—Si no me bendices, no te soltaré —contestó Jacob.

27 —¿Cómo te llamas? —preguntó aquel hombre.

—Me llamo Jacob —respondió él.

28 Entonces el hombre le dijo:

—Ya no te llamarás Jacob. Tu nombre será Israel, porque has luchado con Dios y con los hombres, y has vencido.

29 —Ahora dime cómo te llamas tú —preguntó Jacob.

Pero el hombre contestó:

—¿Para qué me preguntas mi nombre?*c*

Luego el hombre lo bendijo allí mismo. **30** Y Jacob llamó a aquel lugar Penuel,*d* porque dijo: "He visto a Dios cara a cara, y sin embargo todavía estoy vivo."

31 Ya Jacob estaba pasando de Penuel cuando el sol salió; pero debido a su cadera, iba cojeando. **32** Por eso hasta el día de hoy los descendientes de Israel no comen el tendón que está en la coyuntura de la cadera, porque Jacob fue golpeado en esa parte.

Jacob y Esaú se reconcilian

33 **1** Cuando Jacob vio que Esaú venía acompañado de cuatrocientos hombres, repartió a los niños entre Lía, Raquel y las dos esclavas. **2** Colocó primero a las esclavas con sus hijos, luego a Lía con sus hijos, y por último a Raquel y José. **3** Luego se adelantó a ellos, y se inclinó hasta tocar el suelo con la frente siete veces,*a* hasta que estuvo cerca de su hermano. **4** Pero Esaú corrió a su encuentro, y echándole los brazos al cuello, lo abrazó y lo besó. Los dos lloraron. **5** Después Esaú se fijó en las mujeres y en los niños, y preguntó:

—Y estos, ¿quiénes son?

—Son los hijos que Dios le ha dado a tu servidor —dijo Jacob.

6 Entonces las esclavas y sus hijos se acercaron y se inclinaron hasta tocar el suelo con la frente; **7** luego se acercaron Lía y sus hijos, y se inclinaron de la misma manera, y por último se acercaron José y Raquel, y también se inclinaron. **8** De pronto Esaú preguntó:

—¿Qué piensas hacer con todas esas manadas que he venido encontrando?

—Ganarme tu buena voluntad —respondió Jacob.

9 —No, hermano mío; yo tengo suficiente. Quédate con lo que es tuyo —dijo Esaú.

10 Pero Jacob insistió:

—No, por favor. Si me he ganado tu buena voluntad, acepta este regalo, pues verte en persona es como ver a Dios mismo, ya que tú me has recibido muy bien. **11** Te ruego que aceptes el regalo que te he traído, pues Dios me ha hecho rico, y nada me falta.

Tanto insistió Jacob, que al fin Esaú aceptó el regalo; **12** pero dijo:

—Bueno, vámonos de aquí. Yo iré delante de ti.

13 Y Jacob respondió:

—Querido hermano, tú sabes que los niños son débiles, y que debo pensar en las ovejas y en las vacas con cría; si se les cansa, en un solo día pueden morir todas las ovejas. **14** Es mejor que tú te adelantes a este servidor tuyo; yo iré poco a poco, al paso de los animales que van delante de mí, y al paso de los niños, hasta reunirme contigo en Seír.

15 —Bueno —dijo Esaú—, permíteme dejarte algunos hombres de los que vienen conmigo.

Pero Jacob contestó:

—¡No, por favor! ¿Para qué te molestas?

16 Ese mismo día, Esaú regresó a Seír. **17** Jacob, en cambio, se fue a Sucot, y allí hizo una casa para él y unas enramadas para sus animales. Por eso, a aquel lugar lo llamó Sucot.*b*

18 Cuando Jacob vino de Padán–aram, llegó sano y salvo a Canaán y acampó frente a la ciudad de Siquem. **19** Por cien monedas compró un terreno a los hijos de Hamor, el padre de Siquem, y allí puso su campamento. **20** Después construyó un altar, y lo llamó El–elohé–israel.

---

c **32.29** *¿Para qué me preguntas mi nombre?:* Véase Sal 8.1 n. El *nombre* se consideraba como un equivalente de la persona, de manera que conocer el nombre de alguien equivalía a tener cierto dominio sobre él. *d* **32.30** *Penuel* significa, en hebreo, *cara* o *rostro de Dios.* *a* **33.3** *Se inclinó . . . siete veces:* en señal no solo de respeto sino de total sumisión. *b* **33.17** *Sucot* significa, en hebreo, *enramadas* o *cabañas* hechas con ramas.

La deshonra de Dina vengada

34 1 Dina, la hija que Lía le dio a Jacob, fue a visitar a las muchachas del lugar; 2 pero la vio Siquem, que era hijo de Hamor el heveo, el jefe de ese lugar, y por la fuerza se acostó con ella y la deshonró. 3 Sin embargo, tanto se enamoró de ella que trató de ganarse su cariño. 4 Entonces habló con su padre Hamor, y le dijo:

—Ve a pedir la mano de esta muchacha. Quiero casarme con ella.

5 Jacob supo que Siquem había deshonrado a su hija Dina, pero como sus hijos estaban en el campo con sus animales, no dijo nada hasta que ellos regresaron. 6 Mientras tanto, Hamor, el padre de Siquem, fue a ver a Jacob para hablar con él.

7 Cuando los hijos de Jacob regresaron del campo y supieron lo que había pasado, se enfurecieron, porque era una ofensa muy grande para Israel que Siquem se hubiera acostado con la hija de Jacob. ¡Era algo que nunca debía haber hecho! 8 Pero Hamor habló con ellos, y les dijo:

—Mi hijo Siquem está muy enamorado de la hermana de ustedes. Por favor, déjenla que se case con él 9 y háganse nuestros parientes; así nosotros nos casaremos con las hijas de ustedes, y ustedes se casarán con las nuestras. 10 Quédense a vivir con nosotros. El país está a su disposición; vivan en él, hagan negocios, compren terrenos.

11 Por su parte, Siquem les dijo al padre y a los hermanos de Dina:

—Yo les ruego que acepten. Les daré lo que me pidan. 12 No importa que sea una compensación más alta de lo acostumbrado y muchos regalos, yo se los daré; pero dejen que la muchacha se case conmigo.

13 Sin embargo, como Siquem había deshonrado a Dina, los hijos de Jacob les contestaron a él y a su padre Hamor con engaños, 14 y les dijeron:

—No podemos darle nuestra hermana a un hombre que no está circuncidado, porque eso sería una vergüenza para nosotros. 15 Solo podemos aceptar con esta condición: que ustedes sean como nosotros; es decir, que se circunciden todos los varones entre ustedes. 16 Entonces sí, ustedes se casarán con nuestras hijas y nosotros nos casaremos con las de ustedes; viviremos entre ustedes y seremos un solo pueblo. 17 Pero si no aceptan nuestra condición de circuncidarse, nos iremos de aquí y nos llevaremos a nuestra hermana.

18 Hamor y su hijo Siquem estuvieron de acuerdo con lo que ellos propusieron. 19 Sin perder más tiempo, el joven se circuncidó, porque la hija de Jacob le había gustado. Como Siquem era el más respetado en la familia de su padre, 20 fueron él y su padre Hamor a la entrada de la ciudad, donde se trataban los negocios, y allí dijeron a los habitantes:

21 —Estos hombres son nuestros amigos, y van a vivir y hacer negocios en este lugar, pues hay suficiente terreno para ellos; nosotros podremos casarnos con sus hijas, y ellos podrán casarse con las nuestras. 22 Pero, para que seamos un solo pueblo, ellos aceptan vivir con nosotros solo con esta condición: que todos nuestros varones se circunciden, tal como ellos lo acostumbran. 23 Todas sus pertenencias y todos sus animales serán nuestros. Solo tenemos que decir que sí, y ellos se quedarán a vivir con nosotros.

24 Todos los hombres de la ciudad que estaban en edad militar estuvieron de acuerdo con Hamor y con su hijo Siquem, y fueron circuncidados. 25 Pero Simeón y Leví, hijos de Jacob y hermanos de Dina, fueron a la ciudad al tercer día, cuando los hombres todavía tenían los dolores de la circuncisión, y espada en mano los mataron a todos, pues no encontraron resistencia. 26 A filo de espada mataron a Hamor y a su hijo Siquem; luego sacaron a Dina de la casa de Siquem y se fueron. 27 Llegaron también los otros hijos de Jacob, y pasando sobre los muertos saquearon el pueblo para vengar la deshonra de su hermana. 28 Se llevaron ovejas, vacas, asnos y todo lo que había en la ciudad y en el campo; 29 robaron todo lo que había en las casas, y se llevaron prisioneros a todos los niños y mujeres. 30 Entonces Jacob les dijo a Simeón y Leví:

—Ustedes me han puesto en aprietos. Ahora los habitantes de este lugar, los cananeos y ferezeos, me van a odiar. Se juntarán contra mí y me atacarán, y como tengo muy pocos hombres, nos matarán a mí y a mi familia.

31 Pero ellos contestaron:

—¿Acaso tenía él que tratar a nuestra hermana como a una prostituta?

Dios bendice a Jacob en Betel

35 1 Dios le dijo a Jacob: "Levántate y vete a vivir a Betel. En ese lugar harás un altar al Dios que se te apareció cuando huías de tu hermano Esaú."[a] 2Entonces Jacob dijo a su familia y a todos los que lo acompañaban:

—Saquen todos los dioses extraños que hay entre ustedes, báñense y cámbiense de ropa. 3Vámonos pronto a Betel, pues allá voy a construir un altar en honor del Dios que me ayudó cuando yo estaba afligido, y que me ha acompañado por dondequiera que he andado.

4Ellos le entregaron a Jacob todos los dioses extraños que tenían y los aretes que llevaban en las orejas, y Jacob los enterró debajo de una encina que estaba cerca de Siquem. 5Cuando ellos salieron, Dios hizo que todos los pueblos vecinos tuvieran mucho miedo, y por eso no persiguieron a los hijos de Jacob.

6Jacob y toda la gente que iba con él llegaron a Luz, ciudad que también se llama Betel y que está en Canaán. 7Y construyó un altar, y llamó al lugar El-betel,[b] porque cuando huía de su hermano, Dios se le había aparecido allí. 8También allí murió Débora, la mujer que había cuidado a Rebeca, y la enterraron debajo de una encina, cerca de Betel. Jacob llamó a este lugar "La encina del llanto".

9Cuando Jacob regresaba de Padán-aram, Dios se le apareció otra vez y lo bendijo 10de esta manera:

"Tú te llamas Jacob,
  pero ya no te llamarás así;
  desde hoy tu nombre será Israel."

Después que Dios le cambió el nombre, 11le dijo:

"Yo soy el Dios todopoderoso;
  ten muchos hijos y descendientes.
  De ti saldrá una nación
    y muchos pueblos,
  y entre tus descendientes habrá reyes.
12 La tierra que les di a Abraham y a Isaac,
    también te la doy a ti,

y después de ti se la daré
  a tus descendientes."[c]

13Cuando Dios se fue del lugar en donde había hablado con Jacob, 14este tomó una piedra y la puso de pie, como un pilar, en el lugar donde Dios le había hablado; luego la consagró derramando aceite y vino sobre ella, 15y llamó Betel a aquel lugar.[d]

Muerte de Raquel

16Después se fueron de Betel; pero todavía estaban un poco lejos de Efrata cuando Raquel dio a luz, y tuvo un parto muy difícil. 17En el momento más difícil, la partera le dijo: "No tengas miedo, que has dado a luz otro varón." 18Pero ella estaba a punto de morir, y en sus últimos suspiros llamó Ben-oní[e] al niño, aunque su padre lo llamó Benjamín.[f]

19Así fue como Raquel murió, y la enterraron en el camino de Efrata, que ahora es Belén. 20Jacob levantó un monumento sobre su sepulcro, y este es el monumento que todavía señala el sepulcro de Raquel.

21Israel siguió su camino, y acampó más allá de la torre de Éder. 22Estando ya establecido Israel en ese lugar, Rubén fue y se acostó con Bilhá, que era concubina de su padre. Y cuando este lo supo, se enojó muchísimo.[g]

Los hijos de Jacob
(1 Cr 2.1-2)

Los hijos de Jacob fueron doce. 23Los que tuvo con Lía fueron Rubén, su hijo mayor; Simeón, Leví, Judá, Isacar y Zabulón. 24Los que tuvo con Raquel fueron José y Benjamín. 25Los que tuvo con Bilhá, la esclava de Raquel, fueron Dan y Neftalí; 26y los que tuvo con Zilpá, la esclava de Lía, fueron Gad y Aser. Estos fueron los hijos de Jacob, que nacieron en Padán-aram.

Muerte de Isaac

27Jacob fue a ver a su padre Isaac en Mamré, la ciudad que también se llama Arbá o Hebrón.

---

[a] 35.1 Gn 28.11-17. [b] 35.7 *El-betel* significa, en hebreo, *Dios de Betel*. [c] 35.11-12 Gn 17.4-8.
[d] 35.14-15 Gn 28.18-19. [e] 35.18 El nombre *Ben-oní* tiene sonido semejante al de las palabras hebreas que significan *hijo de mi tristeza* o *hijo de mi aflicción*. [f] 35.18 En hebreo, *Benjamín* suena de modo parecido a la frase que significa *hijo de mi derecha*, en el sentido de *hijo preferido* o *hijo (heredero) de mi fuerza*. Teniendo en cuenta la costumbre de orientarse mirando hacia el este y no hacia el norte, este nombre puede significar también *hijo del sur,* lo cual coincide con la ubicación de la tribu de Benjamín, al sur del territorio de Efraín. [g] 35.22 *Se enojó muchísimo:* según la versión griega (LXX). En el texto hebreo no aparece esta frase.

Allí habían vivido Abraham e Isaac. 28 Isaac tenía ciento ochenta años cuando murió. 29 Fue a reunirse con sus antepasados cuando ya era muy anciano, y sus hijos Esaú y Jacob lo sepultaron.

Los descendientes de Esaú
(1 Cr 1.34–54)

36 1 Estos son los descendientes de Esaú, o sea Edom. 2 Esaú se casó con mujeres de Canaán: con Adá, hija de Elón el hitita; con Oholibamá, hija de Aná y nieta de Sibón el heveo; 3 y con Basemat, hija de Ismael y hermana de Nebaiot. 4 El hijo que Adá le dio a Esaú fue Elifaz; Basemat dio a luz a Reuel; 5 y Oholibamá dio a luz a Jeús, Jaalam y Coré. Estos fueron los hijos de Esaú, que nacieron cuando él vivía en la tierra de Canaán.

6 Esaú tomó a sus esposas, hijos e hijas, y a todos los que vivían con él, y se fue a otro lugar para alejarse de su hermano Jacob. Se llevó todos los animales y todo lo que había llegado a tener en Canaán, 7 pues era tanto lo que tenían los dos que ya no podían vivir juntos; además, la tierra donde vivían no bastaba para alimentar a sus animales. 8 Por eso Esaú, o sea Edom, se fue a vivir a la región montañosa de Seír.

9 Estos son los descendientes de Esaú, antepasado de los edomitas, que vivieron en la región montañosa de Seír. 10 Estos son los nombres de los hijos de Esaú: Elifaz, hijo de Adá y de Esaú; y Reuel, hijo de Basemat y de Esaú. 11 Los hijos de Elifaz fueron Temán, Omar, Sefó, Gatam y Quenaz. 12 Elifaz tuvo una concubina que se llamaba Timná; ella le dio un hijo que se llamó Amalec. Estos fueron los descendientes de Adá, una de las esposas de Esaú. 13 Los hijos de Reuel fueron Náhat, Zérah, Samá y Mizá; estos fueron los descendientes de Basemat, otra de las esposas de Esaú. 14 Oholibamá fue otra esposa de Esaú, y los hijos que ella le dio fueron Jeús, Jaalam y Coré. Ella era hija de Aná y nieta de Sibón.

15 Los jefes[a] de los descendientes de Esaú fueron estos: De los descendientes de Elifaz, hijo mayor de Esaú, los jefes fueron Temán, Omar, Sefó, Quenaz, 16 Coré, Gatam y Amalec.

Estos fueron los jefes de la línea de Elifaz en la tierra de Edom, y todos ellos fueron descendientes de Adá. 17 De los hijos de Reuel, hijo de Esaú, los jefes fueron Náhat, Zérah, Samá y Mizá. Estos fueron los jefes de la línea de Reuel en la tierra de Edom, y fueron descendientes de Basemat, esposa de Esaú. 18 De los hijos de Oholibamá, hija de Aná y esposa de Esaú, los jefes fueron Jeús, Jaalam y Coré. 19 Todos ellos fueron descendientes de Esaú, o sea Edom, y jefes de sus tribus.

20 Los hijos de Seír el horeo, que vivían en aquella región, fueron Lotán, Sobal, Sibón, Aná, 21 Disón, Éser y Disán. Estos fueron los jefes de los horeos, que fueron descendientes de Seír, en la tierra de Edom. 22 Los hijos de Lotán fueron Horí y Hemam. Timná era hermana de Lotán. 23 Los hijos de Sobal fueron Alván, Manáhat, Ebal, Sefó y Onam. 24 Los hijos de Sibón fueron Aiá y Aná. Aná fue el que encontró manantiales en el desierto, mientras estaba cuidando los asnos de su padre Sibón. 25 Aná tuvo un hijo llamado Disón, y una hija llamada Oholibamá. 26 Los hijos de Disón fueron Hemdán, Esbán, Itrán y Querán. 27 Los hijos de Éser fueron Bilhán, Zaaván y Acán. 28 Los hijos de Disán fueron Us y Arán.

29 Los jefes de los horeos fueron Lotán, Sobal, Sibón, Aná, 30 Disón, Éser y Disán. Estos fueron los jefes de los horeos, familia por familia, en la región de Seír.

31 Estos fueron los reyes que gobernaron en Edom antes que los israelitas tuvieran rey: 32 Bela, que era hijo de Beor, fue rey de Edom, y su ciudad se llamaba Dinhaba. 33 Cuando Bela murió, gobernó en su lugar Jobab, el hijo de Zérah, que era del pueblo de Bosrá. 34 Cuando Jobab murió, gobernó en su lugar Husam, que era de la región de Temán. 35 Cuando Husam murió, gobernó en su lugar Hadad, el hijo de Bedad, que derrotó a Madián en el campo de Moab; y su ciudad se llamaba Avit. 36 Cuando murió Hadad, gobernó en su lugar Samlá, que era del pueblo de Masrecá. 37 Cuando Samlá murió, gobernó en su lugar Saúl, que era de Rehobot, el pueblo que está junto al río. 38 Cuando Saúl murió, gobernó en su lugar Baal-hanán, que era hijo de Acbor. 39 Y cuando

---

[a] **36.15** *Los jefes:* otra posible traducción: *los clanes.* La palabra hebrea *elef,* traducida en otros contextos por *mil,* también podría significar *muchedumbre* o *clan,* es decir, subdivisión de una tribu que solía llevar el nombre de su jefe o progenitor.

murió Baal–hanán, gobernó en su lugar Hadad; y su ciudad se llamaba Pau. La esposa de Hadad se llamaba Mehetabel, y era hija de Matred y nieta de Mezaab.

40 Estos son los nombres de los clanes de Esaú, por orden de familias, lugares y nombres: Timná, Alvá, Jetet, **41** Oholibamá, Elá, Pinón, **42** Quenaz, Temán, Mibsar, **43** Magdiel e Iram. Esaú también se llamaba Edom, y estos fueron los jefes de Edom, de acuerdo con los lugares donde vivían y que eran suyos.

37

1 Jacob se quedó a vivir en Canaán, donde su padre había vivido por algún tiempo. **2** Esta es la historia de la familia de Jacob.

José y sus hermanos

Cuando José era un muchacho de diecisiete años, cuidaba las ovejas junto con sus hermanos, los hijos de Bilhá y de Zilpá, que eran las concubinas de su padre. Y José llevaba a su padre quejas de la mala conducta de sus hermanos.

3 Israel quería a José más que a sus otros hijos, porque había nacido cuando él ya era viejo. Por eso le hizo una túnica muy elegante.*a* **4** Pero al darse cuenta sus hermanos de que su padre lo quería más que a todos ellos, llegaron a odiarlo y ni siquiera lo saludaban.

5 Una vez José tuvo un sueño, y se lo contó a sus hermanos; pero ellos lo odiaron más todavía, **6** porque les dijo:

—Escuchen, voy a contarles el sueño que tuve. **7** Soñé que todos nosotros estábamos en el campo, haciendo manojos de trigo; de pronto, mi manojo se levantó y quedó derecho, pero los manojos de ustedes se pusieron alrededor del mío y le hicieron reverencias.

8 Entonces sus hermanos contestaron:

—¿Quieres decir que tú vas a ser nuestro rey, y que nos vas a dominar?

Y lo odiaron todavía más por sus sueños y por la forma en que los contaba.

9 Después José tuvo otro sueño, que también les contó a sus hermanos. Les dijo:

—¿Saben que tuve otro sueño, en el que veía que el sol, la luna y once estrellas me hacían reverencias?

10 Cuando José contó este sueño a su padre y a sus hermanos, su padre le reprendió y le dijo:

—¿Qué quieres decir con este sueño que tuviste? ¿Acaso tu madre, tus hermanos y yo tendremos que hacerte reverencias?

11 Y sus hermanos le tenían envidia, pero su padre pensaba mucho en este asunto.

José es vendido por sus hermanos

12 Un día los hermanos de José fueron a Siquem, buscando pastos para las ovejas de su padre. **13** Entonces Israel le dijo a José:

—Mira, tus hermanos están en Siquem cuidando las ovejas. Quiero que vayas a verlos.

—Iré con mucho gusto —contestó José.

14 —Bueno —dijo Israel—, ve y fíjate cómo están tus hermanos y las ovejas, y regresa luego a traerme la noticia.

Israel mandó a José desde el valle de Hebrón, y cuando José llegó a Siquem, **15** se perdió por el campo. Entonces un hombre lo encontró y le preguntó:

—¿Qué andas buscando?

16 —Ando buscando a mis hermanos —respondió José—. ¿Podría usted decirme dónde están cuidando las ovejas?

17 —Ya se fueron de aquí —dijo el hombre—. Les oí decir que se iban a Dotán.

José fue en busca de sus hermanos y los encontró en Dotán. **18** Ellos lo vieron venir a lo lejos, y antes de que se acercara hicieron planes para matarlo. **19** Se dijeron unos a otros:

—¡Miren, ahí viene el de los sueños! **20** Vengan, vamos a matarlo; luego lo echaremos a un pozo y diremos que un animal salvaje se lo comió. ¡Y vamos a ver qué pasa con sus sueños!

21 Cuando Rubén oyó esto, quiso librarlo de sus hermanos, y dijo:

—No lo matemos. **22** No derramen sangre. Échenlo a este pozo que está en el desierto, pero no le pongan la mano encima.

Rubén dijo esto porque quería poner a salvo a José y devolvérselo a su padre; **23** pero cuando José llegó a donde estaban sus hermanos, ellos le quitaron la túnica que llevaba puesta, **24** lo agarraron y lo echaron al pozo, que estaba vacío y seco. **25** Después se sentaron a comer.

En esto, vieron venir una caravana de ismaelitas que venían de Galaad y que traían en sus camellos perfumes, bálsamo y mirra, para llevarlos a Egipto. **26** Entonces Judá les dijo a sus hermanos:

---

a **37.3** *Muy elegante:* traducción aproximada de una palabra hebrea de significado dudoso. Otras posibles traducciones: *larga y con mangas,* o bien *de varios lienzos de colores.*

—¿Qué ganamos con matar a nuestro hermano, y después tratar de ocultar su muerte? **27**Es mejor que lo vendamos a los ismaelitas y no que lo matemos, porque después de todo es nuestro hermano.

Sus hermanos estuvieron de acuerdo con él, **28**y cuando los comerciantes madianitas pasaron por allí, los hermanos de José lo sacaron del pozo y lo vendieron a los ismaelitas por veinte monedas de plata. Así se llevaron a José a Egipto.

29Cuando Rubén regresó al pozo y no encontró a José allí adentro, rasgó su ropa en señal de dolor. **30**Luego volvió a donde estaban sus hermanos, y les dijo:

—¡El muchacho ya no está! ¿Ahora qué voy a hacer?

31Entonces ellos tomaron la túnica de José y la mancharon con la sangre de un cabrito que mataron; **32**luego se la mandaron a su padre, con este mensaje: "Encontramos esto. Fíjate bien si es o no la túnica de tu hijo."

33En cuanto Jacob la reconoció, dijo: "¡Sí, es la túnica de mi hijo! Algún animal salvaje lo hizo pedazos y se lo comió." **34**Entonces Jacob rasgó su ropa y se vistió de luto, y por mucho tiempo lloró la muerte de su hijo. **35**Todos sus hijos y sus hijas trataban de consolarlo, pero él no quería que lo consolaran; al contrario, lloraba por su hijo y decía: "Guardaré luto por mi hijo, hasta que vaya a reunirme con él entre los muertos."

36En Egipto, los madianitas vendieron a José a un hombre llamado Potifar, que era funcionario del faraón, el rey de Egipto, y capitán de su guardia.

Judá y Tamar

38 **1**En aquel tiempo, Judá se apartó de sus hermanos y se fue a vivir a la casa de un hombre llamado Hirá, que era del pueblo de Adulam. **2**Allí conoció a la hija de un cananeo llamado Súa, y se casó con ella. Cuando se unieron, **3**ella quedó embarazada y tuvo un hijo, al cual llamó Er. **4**Volvió a quedar embarazada y tuvo otro hijo, al cual llamó Onán. **5**Todavía volvió a tener otro hijo, al cual llamó Selá, que nació cuando Judá[a] estaba en Quezib.

6Judá casó a Er, su hijo mayor, con una mujer llamada Tamar. **7**Pero al Señor no le agradaba la mala conducta de Er, y le quitó la vida. **8**Entonces Judá le dijo a Onán:

—Únete a la viuda de tu hermano y cumple así con tu deber de cuñado,[b] para que tu hermano pueda tener descendientes por medio de ti.

9Pero Onán sabía que los hijos que nacieran no serían considerados suyos. Por eso, cada vez que se unía con la viuda de su hermano, procuraba que ella no quedara embarazada, para que su hermano no tuviera descendientes por medio de él. **10**El Señor se disgustó mucho por lo que Onán hacía, y también a él le quitó la vida. **11**Entonces Judá le dijo a su nuera Tamar:

—Quédate viuda en la casa de tu padre, hasta que mi hijo Selá sea mayor de edad.

En realidad, Judá pensaba que también Selá podría morir como sus hermanos. Así Tamar se fue a vivir a la casa de su padre.

12Pasó el tiempo y murió la esposa de Judá, la hija de Súa. Cuando Judá dejó de guardar luto, fue al pueblo de Timnat, donde estaban los que trasquilaban sus ovejas, y su amigo Hirá el adulamita lo acompañó. **13**Cuando Tamar supo que su suegro había ido a Timnat a trasquilar sus ovejas, **14**se quitó el vestido de viuda, se cubrió con un velo para que nadie la reconociera, y se sentó a la entrada del pueblo de Enaim, que está en el camino a Timnat. Hizo esto porque se dio cuenta de que Selá ya era mayor de edad, y sin embargo no la habían casado con él.

15Cuando Judá la vio, pensó que era una prostituta, pues ella se había cubierto la cara. **16**Entonces se apartó del camino para acercarse a ella y, sin saber que era su nuera, le dijo:

—¿Me dejas acostarme contigo?

—¿Qué me vas a dar por acostarte conmigo? —le preguntó ella.

17—Voy a mandarte uno de los cabritos de mi rebaño —contestó Judá.

—Está bien —dijo ella—, pero déjame algo tuyo como prenda hasta que me lo mandes.

18—¿Qué quieres que te deje? —preguntó Judá.

—Dame tu sello con el cordón, y el bastón que tienes en la mano —respondió ella.

---

[a] **38.5** La versión griega (LXX) y otras traducciones antiguas dicen *ella* en lugar de *Judá*. [b] **38.8** Dt 25.5–10; Rt 4.5; Mc 12.19–22.

Judá se los dio y se acostó con ella, y la dejó embarazada. **19** Después Tamar fue y se quitó el velo que tenía puesto, y volvió a ponerse su vestido de viuda.

20 Más tarde Judá mandó el cabrito por medio de su amigo adulamita, para que la mujer le devolviera las prendas, pero su amigo ya no la encontró. **21** Entonces les preguntó a los hombres de ese lugar:

—¿Dónde está esa prostituta de Enaim, la que estaba junto al camino?

—Aquí no ha estado ninguna prostituta —le contestaron.

22 Entonces él regresó a donde estaba Judá, y le dijo:

—No encontré a la mujer, y además los hombres del lugar me dijeron que allí no había estado ninguna prostituta.

23 Y Judá contestó:

—Pues que se quede con las cosas, para que nadie se burle de nosotros; pero que conste que yo mandé el cabrito y tú no la encontraste.

24 Como tres meses después, vinieron a decirle a Judá:

—Tamar, la nuera de usted, se ha acostado con otros hombres, y como resultado de ello ha quedado embarazada.

—¡Sáquenla y quémenla! —gritó Judá.

25 Pero cuando la estaban sacando, ella le mandó decir a su suegro: "El dueño de estas cosas es el que me dejó embarazada. Fíjese usted a ver de quién son este sello con el cordón y este bastón." **26** Cuando Judá reconoció las cosas, dijo: "Ella ha hecho bien, y yo mal, porque no la casé con mi hijo Selá." Y nunca más volvió a acostarse con ella.

27 El día que Tamar dio a luz, tuvo mellizos. **28** Al momento de nacer, uno de ellos sacó la mano. Entonces la partera le ató un hilo rojo en la mano, y dijo: "Este salió primero." **29** Pero en ese momento el niño metió la mano, y fue su hermano el que nació primero. Por eso la partera lo llamó Fares, pues dijo: "¡Cómo te abriste paso!"*c* **30** Luego nació el otro niño, el que tenía el hilo rojo en la mano, y lo llamó Zérah.*d*

José y la esposa de Potifar

39 **1** Cuando José fue llevado a Egipto, un egipcio llamado Potifar lo compró a los ismaelitas que lo habían llevado allá. Potifar era funcionario del faraón y capitán de su guardia. **2** Pero el Señor estaba con José, y le fue muy bien mientras vivía en la casa de su amo egipcio. **3** Su amo se dio cuenta de que el Señor estaba con José, y que por eso a José le iba bien en todo. **4** Esto hizo que José se ganara la simpatía de su amo, que lo nombró su ayudante personal y mayordomo de su casa, y dejó a su cargo todo lo que tenía. **5** Desde el día en que Potifar dejó a José a cargo de su casa y de todo lo suyo, el Señor bendijo a Potifar, tanto en su casa como en el campo. **6** Con José al cuidado de todo lo que tenía, Potifar ya no se preocupaba mas que de comer.

José era muy bien parecido y causaba buena impresión, **7** así que después de algún tiempo la esposa de su amo se fijó en él, y un día le dijo:

—Acuéstate conmigo.

8 Pero José no quiso, y le contestó:

—Mire usted, mi amo ha dejado a mi cargo todo lo que tiene, y estando yo aquí, no tiene de qué preocuparse. **9** En esta casa nadie es más que yo; mi amo no me ha negado nada, sino solo a usted, pues es su esposa; así que, ¿cómo podría yo hacer algo tan malo, y pecar contra Dios?

10 Y aunque ella insistía con José todos los días para que se acostara con ella y estuviera a su lado, él no le hacía caso. **11** Pero un día José entró en la casa para hacer su trabajo y, como no había nadie allí, **12** ella lo agarró de la ropa y le dijo:

—Acuéstate conmigo.

Pero él salió corriendo y dejó su ropa en las manos de ella. **13** Cuando ella vio que al salir le había dejado la ropa en sus manos, **14** llamó a los siervos de la casa y les dijo:

—Miren, mi esposo nos trajo un hebreo que ahora se burla de nosotros. Entró a verme y quería acostarse conmigo, pero yo grité muy fuerte; **15** y cuando me oyó gritar con todas mis fuerzas, salió corriendo y hasta dejó aquí su ropa.

---

c **38.29** *Fares* es la transcripción de un nombre hebreo que significa *abertura* o *brecha*. Sin indicar expresamente que Fares fue uno de los antepasados del rey David (cf. Rt 4.18–22), el texto hace ver cómo la audaz decisión de Tamar aseguró la supervivencia del que sería más tarde el linaje davídico. *d* **38.30** *Zérah* significa, en hebreo, *brillo, luz* o *resplandor*. El término se refiere aquí al color *rojo* del hilo que la partera ató en la mano del primer niño. Cf. Nm 26.19–22.

16 Luego, ella guardó la ropa de José hasta que su amo llegó a la casa. 17 Entonces le contó lo mismo, y dijo:

—El esclavo hebreo que nos trajiste entró en mi cuarto y quiso deshonrarme, 18 pero cuando grité con todas mis fuerzas, salió corriendo y dejó su ropa aquí. 19 Así me trató tu esclavo.

El amo de José se enojó mucho al oír lo que su esposa le estaba contando, 20 así que agarró a José y ordenó que lo metieran en la cárcel, donde estaban los presos del rey. Pero aun en la cárcel 21 el Señor siguió estando con José y mostrándole su bondad, pues hizo que se ganara la simpatía del jefe de la cárcel, 22 el cual dejó todos los presos a su cargo. José era el que daba las órdenes para todo lo que allí se hacía, 23 y el jefe de la cárcel no tenía que revisar nada de lo que estaba a cargo de José, porque el Señor estaba con él y hacía que todo le saliera bien.

José interpreta dos sueños

40 ¹ Después de esto, el copero, o sea el encargado de servirle vino al rey, y también el panadero, ofendieron a su amo, el rey de Egipto. ² El faraón, o sea el rey, se enojó contra estos dos funcionarios, el jefe de los coperos y el jefe de los panaderos, ³ y los mandó presos a la casa del capitán de la guardia, donde estaba la cárcel. Era el mismo lugar donde José estaba preso. ⁴ El capitán de la guardia encargó a José que atendiera a estos funcionarios, y ellos pasaron mucho tiempo en la cárcel.

5 Una noche los dos presos, el copero y el panadero, tuvieron cada uno un sueño, y cada sueño tenía su propio significado. 6 Por la mañana, cuando José vino a verlos, los encontró muy preocupados; 7 así que les preguntó:

—¿Por qué tienen hoy tan mala cara?

8 —Tuvimos un sueño y no hay quien nos explique lo que quiere decir —contestaron ellos.

—¿Y acaso no es Dios quien da las interpretaciones? —preguntó José—. Vamos, cuéntenme lo que soñaron.

9 Entonces el jefe de los coperos le contó su sueño a José con estas palabras:

—En mi sueño veía una vid, 10 que tenía tres ramas. Y la vid retoñaba y echaba flores, y las flores se convertían en racimos de uvas maduras. 11 Yo tenía la copa del faraón en la mano, y tomaba las uvas y las exprimía en la copa. Luego, yo mismo ponía la copa en manos del faraón.

12 Y José le dijo:

—El sueño de usted quiere decir esto: las tres ramas son tres días, 13 y dentro de tres días el faraón revisará el caso de usted y lo pondrá de nuevo en su trabajo, y usted volverá a darle la copa al faraón, tal como antes lo hacía. 14 Cuando esto suceda, acuérdese usted de mí, y por favor háblele de mí al faraón para que me saque de este lugar. ¡Compadézcase de mí! 15 A mí me robaron de la tierra de los hebreos, y no merezco estar en la cárcel porque no he hecho nada malo.

16 Cuando el jefe de los panaderos vio que José había dado una interpretación favorable, le dijo:

—Por mi parte, yo soñé que tenía tres canastillos de pan blanco sobre mi cabeza. 17 El canastillo de arriba tenía un gran surtido de pasteles para el faraón, pero las aves venían a comer del canastillo que estaba sobre mi cabeza.

18 Entonces José le contestó:

—El sueño de usted quiere decir esto: los tres canastillos son tres días, 19 y dentro de tres días el faraón revisará el caso de usted y hará que lo cuelguen de un árbol, y las aves se comerán su carne.

20 Al tercer día era el cumpleaños del faraón, y él hizo una gran fiesta para todos sus funcionarios. Delante de sus invitados, el faraón mandó sacar de la cárcel al jefe de los coperos y al jefe de los panaderos. 21 Al copero lo puso de nuevo en su trabajo, y él volvió a darle la copa al faraón, como antes; 22 pero al panadero lo mandó ahorcar, tal como José lo había interpretado. 23 Sin embargo, el copero no volvió a acordarse de José.

José interpreta los sueños del faraón

41 ¹ Pasaron dos años. Un día, el faraón soñó que estaba de pie a la orilla del río Nilo, ² y que del río salían siete vacas*ᵃ* hermosas y gordas, que comían hierba entre los juncos. ³ Detrás de ellas, siete vacas

---

ᵃ 41.1–2 En el antiguo Egipto había *vacas* sagradas, que simbolizaban la fertilidad producida por las crecientes periódicas del Nilo.

feas y flacas salieron del río y se pusieron en la orilla, cerca de las otras. 4Luego, estas vacas feas y flacas se comieron a las siete vacas hermosas y gordas.

El faraón se despertó, 5pero se volvió a dormir y tuvo otro sueño: veía que siete espigas de trigo llenas y hermosas crecían en un solo tallo. 6Detrás de ellas salieron otras siete espigas, secas y quemadas por el viento del este,*b* 7y estas espigas secas se comieron a las siete espigas gruesas y llenas.

El faraón se despertó, y se dio cuenta de que era un sueño. 8Pero al día siguiente por la mañana estaba muy preocupado, y ordenó que vinieran todos los adivinos y sabios de Egipto. El faraón les contó sus sueños, pero ninguno de ellos pudo decirle lo que significaban. 9Entonces el jefe de los coperos le dijo al faraón:

—Ahora me acuerdo de lo mal que me he portado. 10Cuando Su Majestad se enojó con el jefe de los panaderos y con este servidor suyo, nos mandó a los dos a la cárcel del capitán de la guardia. 11Una noche, el jefe de los panaderos tuvo un sueño y yo tuve otro, y cada sueño tenía su propio significado. 12En ese lugar estaba con nosotros un joven hebreo, que era esclavo del capitán de la guardia. Le contamos nuestros sueños y él los interpretó, y nos dijo su significado. 13¡Y todo pasó tal como él nos lo había dicho! Yo volví de nuevo a mi trabajo, y el otro fue ahorcado.

14Entonces el faraón mandó llamar a José, y lo sacaron inmediatamente de la cárcel. José se cortó el pelo, se cambió de ropa y se presentó delante del faraón. 15Y el faraón le dijo:

—He tenido un sueño y no hay quien pueda interpretarlo, pero he sabido que cuando tú oyes un sueño lo puedes interpretar.

16—Eso no depende de mí —contestó José—; pero Dios le dará a Su Majestad una contestación para su bien.

17El faraón le dijo a José:

—En mi sueño, yo estaba de pie a la orilla del río Nilo, 18y del río salieron siete vacas gordas y hermosas, que comían hierba entre los juncos. 19Detrás de ellas salieron otras siete vacas, muy feas y flacas. ¡Jamás había visto yo vacas tan feas en todo Egipto! 20Estas vacas flacas y feas se comieron a las primeras siete

vacas gordas; 21pero aunque ya se las habían comido, nadie podría haberse dado cuenta, porque seguían tan flacas como antes.

"Me desperté, 22pero después tuve otro sueño en el que siete espigas de trigo, llenas y hermosas, crecían en un mismo tallo. 23Detrás de ellas crecían otras siete espigas, secas, delgadas y quemadas por el viento del este. 24Estas espigas secas se comieron a las siete espigas hermosas. Yo les conté esto a los adivinos, pero ninguno de ellos pudo decirme su significado."

25Entonces José le contestó al faraón:

—Los dos sueños que tuvo Su Majestad, son uno solo. Dios le ha anunciado a usted lo que él va a hacer. 26Las siete vacas hermosas son siete años, lo mismo que las siete espigas hermosas. Es el mismo sueño. 27Las siete vacas flacas y feas que salieron detrás de las otras, también son siete años; lo mismo que las siete espigas secas y quemadas por el viento del este. Estos serán siete años de escasez. 28Es tal como se lo he dicho: Dios le ha anunciado a Su Majestad lo que él va a hacer. 29Van a venir siete años de mucha abundancia en todo Egipto, 30y después vendrán siete años de gran escasez. Nadie se acordará de la abundancia que hubo en Egipto, porque la escasez arruinará al país. 31Será tan grande la escasez, que no quedarán señales de la abundancia que antes hubo. 32Su Majestad tuvo el mismo sueño dos veces, porque Dios está decidido a hacer esto, y lo va a hacer muy pronto.

33"Por lo tanto, sería bueno que Su Majestad buscara un hombre inteligente y sabio, para que se haga cargo del país. 34Haga Su Majestad lo siguiente: nombre Su Majestad gobernadores que vayan por todo el país y recojan la quinta parte de todas las cosechas de Egipto, durante los siete años de abundancia. 35Que junten todo el trigo de los buenos años que vienen; que lo pongan en un lugar bajo el control de Su Majestad, y que lo guarden en las ciudades para alimentar a la gente. 36Así el trigo quedará guardado para el país, para que la gente no muera de hambre durante los siete años de escasez que habrá en Egipto.

José gobernador de Egipto

37El plan les pareció bien al faraón y a sus funcionarios, 38así que el faraón les dijo:

---

b **41.6** El *viento del este,* hoy llamado *siroco,* es el viento abrasador que viene del desierto.

—¿Podremos encontrar otro hombre como este, que tenga el espíritu de Dios? **39** Y a José le dijo:

—No hay nadie más inteligente y sabio que tú, pues Dios te ha hecho saber todo esto. **40** Tú te harás cargo de mi palacio, y todo mi pueblo obedecerá tus órdenes. Solo yo seré más que tú, porque soy el rey. **41** Mira, yo te nombro gobernador de todo el país de Egipto.

Al decir esto, **42** el faraón se quitó de la mano el anillo que tenía su sello oficial y se lo puso a José. Luego ordenó que lo vistieran con ropas de lino muy fino y que le pusieran un collar de oro en el cuello. **43** Después lo hizo subir en el carro que siempre iba después del suyo, y ordenó que gritaran delante de él: "¡Abran paso!"*c* Así fue como José quedó al frente de todo el país de Egipto.

44 Luego el faraón le dijo:

—Aunque yo soy el faraón, nadie en todo Egipto moverá un dedo sin tu permiso.

45 El faraón le puso a José el nombre egipcio de Safenat–panéah,*d* y lo casó con Asenat, la hija de Potifera, sacerdote de la ciudad de On.*e* Así quedó José al frente de Egipto. **46** José tenía treinta años cuando lo llevaron ante el faraón, el rey de Egipto.

José se despidió del faraón y comenzó a viajar por todo Egipto. **47** La tierra produjo muchísimo durante los siete años de abundancia, **48** y José recogió todo el trigo que hubo en el país durante esos siete años; lo guardó en las ciudades, dejando en cada ciudad el trigo recogido en los campos vecinos. **49** José recogió trigo como si fuera arena del mar. Era tanto el trigo, que dejó de medirlo, pues no se podía llevar la cuenta.

50 Antes de que empezaran los años de escasez, José tuvo dos hijos con su esposa Asenat. **51** Al primero lo llamó Manasés, porque dijo: "Dios me ha hecho olvidar todos mis sufrimientos y a todos mis parientes." **52** Al segundo lo llamó Efraín, porque dijo: "Dios me ha hecho tener hijos en el país donde he sufrido."*f*

53 Pasaron los siete años de abundancia que hubo en Egipto, **54** y comenzaron los siete años de escasez, tal como José lo había dicho. Hubo hambre en todos los países, menos en Egipto, pues allí había qué comer; **55** y cuando los habitantes de Egipto comenzaron a tener hambre, fueron a pedirle trigo al faraón. Entonces el faraón les dijo a todos los egipcios: "Vayan a ver a José, y hagan lo que él les diga."

56 Cuando el hambre se extendió por todo el país, José abrió todos los graneros donde había trigo, para venderlo a los egipcios; pues el hambre era cada vez peor. **57** Y venían de todos los países a Egipto, a comprarle trigo a José, pues en ningún país había qué comer.

Los hermanos de José van a Egipto

42 **1** Cuando Jacob supo que en Egipto había trigo, les dijo a sus hijos: "¿Qué hacen ahí, mirándose unos a otros? **2** Me han dicho que en Egipto hay trigo. Vayan allá y compren trigo para nosotros, para que podamos seguir viviendo."

3 Entonces diez de los hermanos de José fueron a Egipto a comprar trigo; **4** pero Jacob no dejó ir a Benjamín, el hermano de José, porque pensó que podría pasarle algo malo. **5** Los hijos de Israel fueron entre otros que también iban a comprar, porque en toda la tierra de Canaán había hambre.

6 José era el gobernador del país, y el que vendía trigo a la gente que llegaba de todas partes. Cuando sus hermanos se presentaron ante él, se inclinaron hasta tocar el suelo con la frente. **7** José reconoció a sus hermanos en cuanto los vio; pero hizo como que no los conocía, y les preguntó en forma brusca:

—¡Ustedes!, ¿de dónde vienen?

—Venimos de Canaán, a comprar trigo —contestaron ellos.

8 Aunque José reconoció a sus hermanos, ellos no lo reconocieron a él. **9** Entonces José se acordó de los sueños que había tenido acerca de ellos, y les dijo:

—Ustedes son espías. Solo vienen a ver cuáles son los puntos débiles del país.

---

c **41.43** *¡Abran paso!:* traducción probable, sugerida por el contexto. La expresión original parece referirse al grito de los heraldos que invitaban a rendir homenaje al nuevo visir. *d* **41.45** En consonancia con su nuevo cargo, José recibe el nombre egipcio *Safenat–panéah,* que significa, probablemente, *Dios habla y él vive. e* **41.45** *On:* ciudad egipcia, famosa por su templo a Ra, el dios sol. Más tarde, los griegos la llamaron *Heliópolis,* es decir, *Ciudad del Sol. f* **41.51–52** Los nombres *Manasés* y *Efraín* tienen, en hebreo, un sonido semejante al de los verbos que significan, respectivamente, *olvidar* y *ser fecundo* o *dar frutos.*

10 —¡No, señor! —contestaron ellos—. Nosotros sus servidores hemos venido a comprar trigo. 11 Todos nosotros somos hijos del mismo padre. Somos gente honrada. Nunca hemos sido espías.

12 —No es cierto —insistió José—. Ustedes vienen a ver cuáles son los puntos débiles del país.

13 Pero ellos contestaron:

—Los servidores de usted somos doce hermanos, hijos del mismo padre, y vivimos en Canaán. Nuestro hermano menor se ha quedado con nuestro padre, y el otro ya no está con nosotros.

14 Sin embargo, José volvió a decirles:

—¡Tal como dije! Ustedes son espías, 15 y con esto vamos a probarlo: les juro por el faraón que no saldrán de aquí hasta que venga su hermano menor. 16 Que vaya uno de ustedes a traerlo. Los demás se quedarán presos. Vamos a ver si es cierto lo que han dicho, y si no es cierto, es que son espías. ¡Lo juro por el faraón!

17 José los tuvo presos a todos ellos durante tres días, 18 pero al tercer día les dijo:

—Yo tengo temor de Dios.[a] Hagan esto y se les perdonará la vida: 19 si son de veras honrados, dejen en la cárcel a uno de sus hermanos, y los demás vayan y lleven trigo para que coman sus familias. 20 Tráiganme luego a su hermano menor, y veremos si han dicho la verdad. Si no, morirán.

Ellos aceptaron, 21 pero se decían el uno al otro:

—Verdaderamente nos portamos muy mal con nuestro hermano, pues no le hicimos caso cuando nos rogaba que le tuviéramos compasión, aunque veíamos que estaba afligido. Por eso ahora nos ha venido esta aflicción.

22 Y Rubén les contestó:

—Yo les dije que no le hicieran daño al muchacho;[b] pero no me hicieron caso, y ahora tenemos que responder por su muerte.

23 Ellos no sabían que José les entendía, porque él había estado hablándoles por medio de un intérprete. 24 José se apartó de ellos y se puso a llorar. Cuando regresó a donde ellos estaban y pudo hablarles, apartó a Simeón y, a la vista de ellos, hizo que lo ataran. 25 Después ordenó que les llenaran de trigo sus costales, que le devolvieran a cada uno su dinero, poniéndolo dentro de cada costal, y que les dieran comida para el camino. Así se hizo. 26 Entonces ellos cargaron el trigo en sus asnos, y se fueron de allí.

27 Cuando llegaron al lugar donde iban a pasar la noche, uno de ellos abrió su costal para darle de comer a su asno, y vio que su dinero estaba allí, en la boca del costal. 28 Entonces les dijo a sus hermanos:

—¡Miren, me devolvieron mi dinero! ¡Aquí está, en mi costal!

Todos ellos se asustaron mucho, y temblando de miedo se decían el uno al otro:

—¿Qué es lo que Dios nos ha hecho?

29 Cuando llegaron a Canaán, le contaron a su padre Jacob todo lo que les había pasado, y le dijeron:

30 —El hombre que gobierna en aquel país nos habló en forma muy brusca, y nos acusó de haber ido a su país como espías. 31 Pero nosotros le dijimos que éramos gente honrada y que nunca habíamos sido espías; 32 que éramos doce hermanos, hijos del mismo padre; que uno ya no estaba con nosotros, y que el menor se había quedado contigo en Canaán. 33 Entonces él nos dijo: 'Con esto voy a ver si ustedes son de veras honrados. Dejen aquí conmigo a uno de sus hermanos y vayan a llevar un poco de trigo para sus familias, 34 pero tráiganme a su hermano menor. Así podré estar seguro de que ustedes son gente honrada y no espías; entonces dejaré libre a su otro hermano y ustedes podrán andar libremente por este país.'

35 En el momento de vaciar sus costales, los hermanos de José vieron que en cada costal había una bolsita con el dinero de cada uno de ellos. Al ver las bolsitas con el dinero, tanto ellos como su padre se asustaron. 36 Entonces Jacob les dijo:

—Ustedes me están dejando sin hijos. José ya no está con nosotros, Simeón tampoco, ¡y ahora me van a quitar a Benjamín! ¡Y siempre el perjudicado soy yo!

37 Entonces Rubén le dijo a su padre:

—Deja a Benjamín a mi cuidado, y yo te lo devolveré. Si no te lo devuelvo, puedes matar a mis dos hijos.

38 Pero Jacob contestó:

---

[a] **42.18** *Temor de Dios* en sentido bíblico, no es miedo, sino una actitud de profundo respeto, que incluye la adoración, el amor, el servicio del Señor y la obediencia a sus mandamientos. [b] **42.22** Gn 37.21–22.

—Mi hijo no irá con ustedes. Su hermano José ha muerto y solo queda él.[c] Si le pasa algo malo en el viaje que van a hacer, ustedes tendrán la culpa de que este viejo se muera de tristeza.

Benjamín es llevado a Egipto

43 1 El hambre aumentaba en el país, 2 así que cuando Jacob y sus hijos se comieron lo que les quedaba del trigo que habían llevado de Egipto, Jacob les dijo:

—Vayan otra vez y compren un poco de trigo para nosotros.

3 Pero Judá le contestó:

—Aquel hombre nos dijo bien claro: 'Si no traen aquí a su hermano menor, no vengan a verme.' 4 Así pues, si lo dejas ir con nosotros, iremos a comprarte trigo; 5 pero si no lo dejas ir, no iremos. Aquel hombre nos dijo: 'Si no traen aquí a su hermano menor, no vengan a verme.'

6 Entonces dijo Israel:

—¿Por qué me han hecho tanto mal? ¿Por qué le dijeron a ese hombre que tenían otro hermano?

7 Y ellos contestaron:

—Es que él nos preguntaba mucho acerca de nosotros y de nuestra familia. Nos dijo: '¿Vive todavía su padre? ¿Tienen otro hermano?' Y nosotros no hicimos más que contestar a sus preguntas. ¿Cómo íbamos a saber que nos diría: 'Traigan a su hermano'?

8 Judá le dijo a su padre Israel:

—Si queremos vivir, deja que vaya el muchacho bajo mi cuidado, y nos iremos en seguida. Así no moriremos ni tú, ni nosotros, ni nuestros hijos. 9 Yo te respondo por él; a mí me pedirás cuentas de lo que le pase. Si no te lo devuelvo en este mismo lugar, seré el culpable delante de ti para toda la vida. 10 Si no nos hubiéramos demorado tanto aquí, ¡ya hubiéramos ido y venido dos veces!

11 Entonces su padre les contestó:

—Puesto que no hay otro remedio, hagan esto: lleven en sus costales un regalo para ese hombre. Llévenle de lo mejor que el país produce: un poco de bálsamo, un poco de miel, perfumes, mirra, nueces y almendras. 12 Lleven también el doble del dinero, y entreguen personalmente el dinero que les devolvieron; tal vez fue un error. 13 ¡Vamos!, tomen a su hermano y vayan otra vez a ver a ese hombre. 14 Que el Dios todopoderoso le haga tener compasión de ustedes, para que deje libre a su otro hermano y a Benjamín. En cuanto a mí, si he de quedarme sin hijos, pues ¡me quedaré sin hijos!

15 Los hijos de Jacob tomaron los regalos, el doble del dinero, y a Benjamín, y se fueron a Egipto. Cuando llegaron ante José, 16 y José vio que Benjamín estaba con ellos, le dijo al mayordomo de su casa:

—Lleva a estos hombres a mi casa, y mata una vaca y prepárala, porque ellos comerán conmigo hoy al mediodía.

17 El mayordomo hizo tal como José le ordenó, y los llevó personalmente, 18 pero ellos se asustaron porque los llevaban a la casa de José, y se dijeron:

—¡Esto es un pretexto! Nos han traído aquí por el dinero que nos devolvieron la vez pasada. Van a atacarnos y hacernos trabajar como esclavos, junto con nuestros animales.

19 Así que al llegar a la puerta de la casa, se acercaron al mayordomo para hablar con él, 20 y le dijeron:

—¡Ay, señor! La otra vez vinimos de veras a comprar trigo, 21 pero cuando llegamos al lugar donde íbamos a pasar la noche, abrimos nuestros costales, y ahí, en la boca de cada costal, estaba el dinero de cada uno de nosotros. El dinero estaba completo. Ahora lo hemos traído para devolverlo, 22 y también trajimos más dinero para comprar trigo. Pero no sabemos quién puso nuestro primer dinero en los costales.

23 El mayordomo contestó:

—Cálmense, no tengan miedo. El Dios de ustedes y de su padre debe de haber puesto ese dinero en sus costales, pues yo recibí el dinero que ustedes pagaron.

El mayordomo sacó a Simeón y lo llevó a donde estaban ellos; 24 luego llevó a todos a la casa de José, les dio agua para que se lavaran los pies, y también dio de comer a sus asnos. 25 Ellos prepararon los regalos y esperaron a que José llegara al mediodía, pues habían sabido que allí iban a comer.

26 Cuando José llegó a la casa, ellos le dieron los regalos que habían traído, y se inclinaron

---

c **42.38** *Solo queda él,* de los dos hijos de Raquel, su esposa preferida.

hasta tocar el suelo con la frente. 27José les preguntó cómo estaban, y también preguntó:

—¿Cómo está su padre, el anciano del cual me hablaron? ¿Vive todavía?

28Ellos hicieron una reverencia y dijeron:

—Nuestro padre, su servidor, está bien. Todavía vive.

29José miró a su alrededor y vio a Benjamín, su hermano de padre y madre, y dijo:

—¿Es este su hermano menor, del cual me hablaron? ¡Que Dios te bendiga, hijo mío!

Al decir esto, 30José se sintió tan emocionado de ver a su hermano, que le dieron ganas de llorar. Rápidamente entró en su cuarto, y allí se puso a llorar. 31Cuando pudo contener el llanto, se lavó la cara y salió, y dijo: "¡Sirvan ya la comida!"

32A José le sirvieron en una mesa, a los hijos de Jacob en otra, y en otra distinta a los egipcios que comían con José; porque los egipcios tenían prohibido comer junto con los hebreos. 33Los hermanos de José se sentaron cuando José así lo indicó, por orden de edad, del mayor al menor; y estaban muy sorprendidos y mirándose unos a otros. 34José les dio de comer de lo que él tenía en su propia mesa, y a Benjamín le dio mucho más que a los otros. José y sus hermanos bebieron juntos y se pusieron muy alegres.

La copa de José

44

1Después de esto José le ordenó a su mayordomo:

—Llena los costales de estos hombres con todo el trigo que puedan llevar, y pon el dinero de cada uno de ellos en la boca de su costal. 2Pon también mi copa de plata en la boca del costal del hermano menor, junto con el dinero que pagó por su trigo.

El mayordomo hizo lo que José le ordenó. 3Con los primeros rayos del sol, José permitió que sus hermanos se fueran con sus asnos. 4Todavía no estaban muy lejos de la ciudad, cuando José le dijo a su mayordomo:

—Ve a perseguir a esos hombres, y diles cuando los alcances: '¿Por qué han pagado bien con mal? ¿Por qué han robado la copa de plata 5que mi amo usa para beber y para adivinar?[a] ¡Han hecho muy mal!'

6Cuando el mayordomo los alcanzó, les repitió las mismas palabras, 7y ellos le contestaron:

—¿Por qué nos habla usted de ese modo? ¡Jamás haríamos semejante cosa! 8Si regresamos desde Canaán a devolver el dinero que encontramos en la boca de nuestros costales, ¿cómo íbamos a robar plata ni oro de la casa de su amo? 9¡Que muera cualquiera de estos servidores suyos al que se le encuentre la copa, y hasta nosotros seremos sus esclavos!

10Entonces el mayordomo dijo:

—Se hará como ustedes dicen, pero solo el que tenga la copa será mi esclavo; los demás quedarán libres de culpa.

11Cada uno de ellos bajó rápidamente su costal hasta el suelo, y lo abrió. 12El mayordomo buscó en cada costal, comenzando por el del hermano mayor hasta el del hermano menor, y encontró la copa en el costal de Benjamín. 13Entonces ellos rasgaron su ropa en señal de dolor. Después cada uno echó la carga sobre su asno, y regresaron a la ciudad. 14Cuando Judá y sus hermanos llegaron a la casa de José, todavía estaba él allí. Entonces se inclinaron delante de él hasta tocar el suelo con la frente, 15mientras José les decía:

—¿Qué es lo que han hecho? ¿No saben que un hombre como yo sabe adivinar?

16Judá contestó:

—¿Qué podemos responderle a usted? ¿Cómo podemos probar nuestra inocencia? Dios nos ha encontrado en pecado. Aquí nos tiene usted; somos sus esclavos, junto con el que tenía la copa.

17Pero José dijo:

—De ninguna manera. Solo aquel que tenía la copa será mi esclavo. Los otros pueden regresar tranquilos a la casa de su padre. Nadie los molestará.

Judá ruega por Benjamín

18Entonces Judá se acercó a José y le dijo:

—Yo le ruego a usted, señor, que me permita decirle algo en secreto. Por favor, no se enoje conmigo, pues usted es como si fuera el mismo faraón. 19Usted nos preguntó si teníamos padre o algún otro hermano, 20y nosotros le contestamos que teníamos un padre anciano y un hermano todavía muy joven, que nació cuando nuestro padre ya era anciano. También le dijimos

---

[a] **44.4–5** *¿Por qué han robado la copa . . . adivinar?*: La adivinación por medio de copas llenas de agua era una práctica bastante corriente en Mesopotamia y Egipto.

46

que nuestro padre lo quiere mucho, pues es el único hijo que le queda de la misma madre, porque su otro hermano murió. 21 Entonces usted nos pidió que lo trajéramos, porque quería conocerlo.ᵇ 22 Nosotros le dijimos que el muchacho no podía dejar a su padre, porque si lo dejaba, su padre moriría. 23 Pero usted nos dijo que si él no venía con nosotros, no volvería a recibirnos.

24 "Cuando regresamos junto a mi padre, le contamos todo lo que usted nos dijo. 25 Entonces nuestro padre nos ordenó: 'Regresen a comprar un poco de trigo'; 26 pero nosotros le dijimos: 'No podemos ir, a menos que nuestro hermano menor vaya con nosotros; porque si él no nos acompaña, no podremos ver a ese señor.' 27 Y mi padre nos dijo: 'Ustedes saben que mi esposa me dio dos hijos; 28 uno de ellos se fue de mi lado, y desde entonces no lo he visto. Estoy seguro de que un animal salvaje lo despedazó. 29 Si se llevan también a mi otro hijo de mi lado, y le pasa algo malo, ustedes tendrán la culpa de que este viejo se muera de tristeza.'

30 "Así que la vida de mi padre está tan unida a la vida del muchacho que, si el muchacho no va con nosotros cuando yo regrese, 31 nuestro padre morirá al no verlo. Así nosotros tendremos la culpa de que nuestro anciano padre se muera de tristeza. 32 Yo le dije a mi padre que me haría responsable del muchacho, y también le dije: 'Si no te lo devuelvo, seré el culpable delante de ti para toda la vida.' 33 Por eso yo le ruego a usted que me permita quedarme como su esclavo, en lugar del muchacho. Deje usted que él se vaya con sus hermanos. 34 Porque, ¿cómo voy a regresar junto a mi padre, si el muchacho no va conmigo? No quiero ver el mal que sufriría mi padre."

José se da a conocer a sus hermanos

45 1 José ya no pudo contenerse delante de todos los que estaban a su servicio, y gritó: "¡Salgan todos de aquí!" Así que ninguno de sus siervos estaba allí con José cuando él se dio a conocer a sus hermanos. 2 Entonces se puso a llorar tan fuerte que todos los egipcios lo supieron, y la noticia llegó hasta el palacio del faraón. 3 José les dijo a sus hermanos:

—Yo soy José. ¿Vive mi padre todavía?

Ellos estaban tan asustados de estar delante de él, que no podían contestarle. 4 Pero José les dijo:

—Por favor, acérquense a mí.

Cuando ellos se acercaron, él les dijo:

—Yo soy su hermano José, el que ustedes vendieron a Egipto; 5 pero, por favor, no se aflijan ni se enojen con ustedes mismos por haberme vendido, pues Dios me mandó antes que a ustedes para salvar vidas. 6 Ya van dos años de hambre en el país, y todavía durante cinco años más no se cosechará nada, aunque se siembre. 7 Pero Dios me envió antes que a ustedes para hacer que les queden descendientes sobre la tierra, y para salvarles la vida de una manera extraordinaria. 8 Así que fue Dios quien me mandó a este lugar, y no ustedes; él me ha puesto como consejero del faraón y amo de toda su casa, y como gobernador de todo Egipto. 9 Vayan pronto a donde está mi padre, y díganle: 'Así dice tu hijo José: Dios me ha puesto como señor de todo Egipto. Ven a verme. No tardes. 10 Vivirás en la región de Gosen,ᵃ junto con tus hijos y nietos, y con todos tus animales y todo lo que tienes. Así estarás cerca de mí. 11 Aquí les daré alimentos a ti y a tu familia, y a todos los que están contigo, para que no les falte nada; pues todavía habrá hambre durante cinco años más.' 12 Mi hermano Benjamín y ustedes son testigos de que yo mismo he dicho esto. 13 Cuéntenle a mi padre acerca de toda mi autoridad en Egipto, y de todo lo que han visto aquí. ¡Pronto, vayan a traer a mi padre!

14 José abrazó a su hermano Benjamín, y comenzó a llorar. También Benjamín lloró abrazado a José. 15 Luego José besó a todos sus hermanos, y lloró al abrazarlos. Después de esto, sus hermanos se atrevieron a hablarle.

16 Por el palacio del faraón corrió la noticia de que los hermanos de José habían llegado, y el faraón se alegró junto con sus funcionarios. 17 Y le dijo el faraón a José:

—Di a tus hermanos que carguen sus animales y regresen a Canaán, 18 y que me traigan a su padre y a sus familias. Yo les daré lo mejor de la tierra de Egipto, y comerán de lo mejor que el país produce. 19 Ordénales que de aquí,

---

ᵇ **44.21** *Quería conocerlo:* otra posible traducción: *quería mostrarle su bondad* (lit. *quería poner los ojos en él*).
ᵃ **45.10** La región de *Gosen,* al oriente del delta del Nilo, era una de las regiones más fértiles de Egipto.

de Egipto, lleven carretas para traer a sus mujeres y niños, y también al padre de ustedes. Que vengan 20y que no se preocupen por lo que tienen ahora, porque lo mejor de todo Egipto será de ellos.

21 Los hijos de Israel lo hicieron así. José les dio las carretas que el faraón había ordenado, y alimentos para el camino; 22también les dio ropa nueva para cambiarse, pero a Benjamín le dio trescientas monedas de plata y cinco mudas de ropa. 23A su padre le mandó diez asnos cargados con lo mejor que había en Egipto, otros diez asnos cargados de trigo, y pan y comida para que su padre comiera en el camino. 24Cuando José se despidió de sus hermanos, les dijo:

—No vayan peleando por el camino.

Ellos se fueron. 25Salieron de Egipto y llegaron a Canaán, donde vivía su padre Jacob. 26Cuando le contaron a Jacob que José vivía todavía, y que él era el que gobernaba en todo Egipto, no supo qué hacer o qué decir, pues no podía creer lo que le estaban diciendo. 27Pero cuando ellos le contaron todo lo que José les había dicho, y cuando vio las carretas que José había mandado para llevarlo, se entusiasmó muchísimo. 28Entonces dijo: "¡Me basta saber que mi hijo José vive todavía! Iré a verlo antes de morir."

Jacob en Egipto

46 1 Israel[a] se puso en camino con todo lo que tenía. Cuando llegó a Beerseba, ofreció sacrificios al Dios de su padre Isaac. 2Esa noche Dios habló con Israel en una visión, llamándolo por su nombre, Jacob. Y él contestó:

—Aquí estoy.

3Entonces Dios dijo:

—Yo soy Dios, el Dios de tu padre. No tengas miedo de ir a Egipto, porque allí haré de tus descendientes una gran nación. 4Iré contigo a Egipto, y yo mismo sacaré de allí a tus descendientes. Además, cuando mueras, José estará a tu lado.

5Después Jacob se fue de Beerseba. Los hijos de Israel pusieron a su padre, y a los hijos y mujeres de ellos, en las carretas que el faraón había enviado para llevarlos. 6Jacob y todos los

suyos se fueron a Egipto, y se llevaron sus vacas y ovejas y todo lo que habían llegado a tener en Canaán. 7Todos sus hijos, hijas, nietos y nietas, se fueron con él.

8Estos son los nombres de los israelitas que fueron a Egipto; es decir, Jacob y sus descendientes:

Rubén, el hijo mayor de Jacob. 9Los hijos de Rubén: Hanoc, Falú, Hesrón y Carmí.

10Los hijos de Simeón: Jemuel, Jamín, Óhad, Jaquín, Sóhar y Saúl, que era hijo de una mujer cananea.

11Los hijos de Leví: Guersón, Quehat y Merarí.

12Los hijos de Judá: Er, Onán, Selá, Fares y Zérah. (Er y Onán habían muerto en Canaán.) Los hijos de Fares fueron Hesrón y Hamul.

13Los hijos de Isacar: Tolá, Puvá, Job[b] y Simrón.

14Los hijos de Zabulón: Séred, Elón y Jahleel.

15Estos fueron los hijos que Lía le dio a Jacob cuando estaban en Padán–aram, además de su hija Dina. Todos sus descendientes fueron treinta y tres personas, contando hombres y mujeres.

16Los hijos de Gad: Sefón, Haguí, Esbón, Suní, Erí, Arodí y Arelí. 17Los hijos de Aser: Imná, Isvá, Isví, Beriá y la hermana de ellos, que se llamaba Sérah. Los hijos de Beriá fueron Héber y Malquiel. 18Estos fueron los hijos que Zilpá le dio a Jacob. Ella era la esclava que Labán le regaló a su hija Lía, y sus descendientes fueron dieciséis personas en total.

19Los hijos de Raquel, la esposa de Jacob: José y Benjamín. 20Los hijos que José tuvo con Asenat fueron Manasés y Efraín, que nacieron en Egipto. Asenat era hija de Potifera, sacerdote de On.[c] 21Los hijos de Benjamín fueron Bela, Béquer, Asbel, Guerá, Naamán, Ehi, Ros, Mupim, Hupim y Ard. 22Estos fueron los descendientes de Raquel y Jacob, catorce personas en total.

23El hijo de Dan: Husim. 24Los hijos de Neftalí: Jahseel, Guní, Jezer y Silem. 25Estos fueron los hijos que Bilhá le dio a Jacob. Ella era la esclava que Labán le regaló a su hija Raquel, y sus descendientes fueron siete personas en total.

26Todas las personas que llegaron con Jacob a Egipto, y que eran de su misma sangre, fueron sesenta y seis, sin contar las esposas de sus hijos.

---

[a] **46.1** *Israel* era el otro nombre de Jacob. [b] **46.13** Un ms. antiguo, la versión griega (LXX) y Nm 26.24; 1 Cr 7.1 dicen *Jasub* en vez de *Job*. [c] **46.20** Gn 41.45,50–52.

27 Los hijos de José fueron dos, que nacieron en Egipto. Así que a Egipto llegaron setenta personas de la familia de Jacob.[d]

28 Jacob envió antes a Judá a ver a José, para que viniera a recibirlo a la región de Gosen.[e] Cuando llegaron a Gosen, 29 José ordenó que prepararan su carro para ir a recibir a su padre. Cuando se presentó delante de su padre, lo abrazó y estuvo llorando largo rato sobre su hombro. 30 Entonces Israel le dijo a José:

—Después de verte personalmente y encontrarte vivo todavía, ¡ya puedo morirme!

31 José les dijo a sus hermanos y a la familia de su padre:

—Voy a ver al faraón, para darle la noticia. Le diré que mis hermanos y los parientes de mi padre, que vivían en Canaán, han venido a quedarse conmigo; 32 y que han traído sus ovejas y vacas y todo lo que tenían, porque su trabajo es cuidar ovejas y criar ganado. 33 Entonces, cuando el faraón los llame y les pregunte en qué trabajan, 34 ustedes díganle que siempre se han dedicado a criar ovejas, igual que sus antepasados. Así podrán quedarse a vivir en la región de Gosen, porque los egipcios tienen prohibido convivir con los pastores de ovejas.

47 1 José fue a darle la noticia al faraón. Le dijo que su padre y sus hermanos habían llegado de Canaán, y que ya estaban en la región de Gosen con sus ovejas y vacas y todo lo que tenían. 2 Escogió a cinco de sus hermanos y se los presentó al faraón, para que los conociera. 3 Entonces el faraón preguntó a los hermanos de José:

—¿A qué se dedican ustedes?

Y ellos le contestaron:

—Los servidores de Su Majestad somos pastores de ovejas, igual que nuestros antepasados. 4 Hemos venido para quedarnos en este país, porque hay mucha hambre en Canaán y no hay pasto para nuestras ovejas. Por favor, permita Su Majestad que nos quedemos a vivir en la región de Gosen.

5 Entonces el faraón le dijo a José:

—Tu padre y tus hermanos han venido a reunirse contigo. 6 La tierra de Egipto está a su disposición. Dales la región de Gosen, que es lo mejor del país, para que se queden a vivir

allí. Y si sabes que entre ellos hay hombres capaces, ponlos a cargo de mi ganado.

7 José llevó también a su padre Jacob para presentárselo al faraón. Jacob saludó con mucho respeto al faraón, 8 y el faraón le preguntó:

—¿Cuántos años tienes ya?

9 Y Jacob le contestó:

—Ya tengo ciento treinta años de ir de un lado a otro. Han sido pocos y malos años, pues todavía no he alcanzado a vivir lo que vivieron mis antepasados.

10 Después Jacob se despidió del faraón y salió de allí. 11 Y José les dio terrenos en la mejor región de Egipto, para que vivieran allí, tal como el faraón había ordenado. Así su padre y sus hermanos llegaron a tener terrenos en la región de Ramsés. 12 Además, José les daba alimentos a todos sus familiares, según las necesidades de cada familia.

Política agraria de José

13 En ninguna parte del país había trigo, y el hambre aumentaba más y más. Tanto en Egipto como en Canaán la gente se moría de hambre. 14 José recogió todo el dinero que los de Egipto y los de Canaán le habían pagado por el trigo comprado, y lo guardó en el palacio del faraón. 15 Cuando ya no había dinero ni en Egipto ni en Canaán, los egipcios fueron a decirle a José:

—¡Denos usted de comer! No es justo que nos deje morir de hambre, solo porque ya no tenemos dinero.

16 Y José les contestó:

—Si ya no tienen dinero, traigan sus animales y se los cambiaré por trigo.

17 Los egipcios llevaron sus caballos, ovejas, vacas y asnos a José, y a cambio de ellos les dio trigo durante todo ese año. 18 Pero pasó el año, y al año siguiente fueron a decirle a José:

—No podemos negarle a usted que ya no tenemos dinero; además, nuestros animales ya son suyos. Ya no tenemos otra cosa que darle, a no ser nuestras tierras y nuestros propios cuerpos. 19 Cómprenos usted a nosotros y a nuestras tierras, a cambio de trigo. Seremos esclavos del faraón y trabajaremos nuestras tierras para él, con tal de que usted nos dé semilla para que podamos vivir y para que la

---

[d] **46.27** Ex 1.5; Dt 10.22. [e] **46.28** *Para que viniera . . . Gosen:* según un ms. hebreo y una antigua versión. Otra posible traducción: *para avisarle que estaba en camino a Gosen.*

tierra no se eche a perder. ¿Por qué tiene usted que dejarnos morir, junto con nuestras tierras? **20**Entonces José compró todas las tierras de Egipto para el faraón, pues los egipcios vendieron sus terrenos, obligados por el hambre. Así la tierra pasó a poder del faraón, **21**y los egipcios fueron hechos esclavos[a] en todo el país de Egipto. **22**Los únicos terrenos que José no compró fueron los de los sacerdotes, porque el faraón les daba cierta cantidad de trigo; así que no tuvieron que vender sus terrenos, porque comían de lo que el faraón les daba.

23Luego José dijo a la gente:

—Ahora ustedes y sus terrenos son del faraón, pues yo los he comprado para él. Aquí tienen semilla para sembrar la tierra, **24**pero deberán darle al faraón la quinta parte de las cosechas; las otras cuatro partes serán para que siembren la tierra y para que coman ustedes, sus hijos y todos los que viven con ustedes.

25Y ellos contestaron:

—Usted es muy bondadoso con nosotros, pues nos ha salvado la vida. ¡Seremos esclavos del faraón!

26Así José puso por ley que en toda la tierra de Egipto se diera al faraón la quinta parte de las cosechas. Esta ley todavía existe; pero los sacerdotes no tienen que pagar nada, porque sus tierras nunca llegaron a ser del faraón.

La última voluntad de Jacob

27Los israelitas se quedaron a vivir en Egipto. Tomaron posesión de la región de Gosen, y allí llegaron a ser muy numerosos. **28**Jacob vivió diecisiete años en Egipto, y llegó a la edad de ciento cuarenta y siete años.

29Un día Israel sintió que ya pronto iba a morir. Entonces mandó llamar a su hijo José para decirle:

—Si de veras quieres hacerme un favor, pon tu mano debajo de mi muslo y júrame que harás lo que te voy a pedir. ¡Por favor, no me entierres en Egipto! **30**Cuando yo vaya a descansar junto con mis antepasados, sácame de Egipto y entiérrame en el sepulcro de ellos.[b]

—Así lo haré —contestó José.

31—¡Júramelo! —insistió su padre.

José se lo juró, y entonces Israel se inclinó sobre la cabecera de su cama.

Jacob bendice a Efraín y a Manasés

48 **1**Poco tiempo después le dijeron a José que su padre estaba enfermo. Entonces José fue a verlo, y llevó a sus dos hijos, Manasés y Efraín. **2**Cuando dieron aviso a Jacob de que su hijo José había llegado a verlo, hizo un esfuerzo y se sentó en la cama. **3**Y le dijo a José:

—El Dios todopoderoso se me apareció en la ciudad de Luz, en la tierra de Canaán, y me bendijo **4**con estas palabras: 'Mira, yo haré que tengas muchos hijos, y que tus descendientes lleguen a formar un conjunto de naciones. Además, a tu descendencia le daré esta tierra.[a] Será de ellos para siempre.' **5**Ahora bien, tus hijos Efraín y Manasés, que te nacieron aquí en Egipto antes de que yo viniera a reunirme contigo en este país, me pertenecen a mí. Ellos son tan míos como lo son Rubén y Simeón. **6**Los hijos que tengas después de ellos te pertenecerán a ti y, por ser hermanos de Efraín y Manasés, tendrán parte en su herencia. **7**Cuando yo regresaba de Padán-aram, se me murió tu madre Raquel en Canaán, poco antes de llegar a Efrata; y la enterré allí, en el camino de Efrata, que ahora es Belén.

8De pronto Israel se fijó en los hijos de José, y preguntó:

—Y estos, ¿quiénes son?

9—Son los hijos que Dios me ha dado aquí en Egipto —contestó José.

Entonces su padre le dijo:

—Por favor, acércalos más a mí, para que les dé mi bendición.

10Israel era ya muy viejo y le fallaba la vista. No podía ver muy bien, así que José acercó los niños a su padre, y él los besó y abrazó. **11**Luego le dijo a José:

—Ya no esperaba volver a verte y, sin embargo, Dios me ha dejado ver también a tus hijos.

12José quitó a los niños de las rodillas de su padre,[b] y se inclinó hasta tocar el suelo con la frente. **13**Luego tomó a los dos, a Efraín con la mano derecha y a Manasés con la izquierda, y los acercó a su padre. Así Efraín quedó a la izquierda de Israel y Manasés a su derecha. **14**Pero al extender Israel sus manos, las cruzó y puso la mano derecha sobre la cabeza de

---

[a] **47.21** *Fueron hechos esclavos:* según varias versiones antiguas. Otra posible traducción: *fueron trasladados a las ciudades.* [b] **47.29–30** Gn 49.29–32; 50.6. [a] **48.3–4** Gn 28.10–22. [b] **48.12** El hecho de sentar a un niño sobre las *rodillas* formaba parte de la ceremonia de adopción legal.

Efraín, que era el menor, y la mano izquierda sobre la cabeza de Manasés, aunque él era el mayor.[c] 15 Entonces bendijo a José de esta manera:

"Que el Dios a quien obedecieron
Abraham e Isaac, mis padres,
el Dios que me ha cuidado
desde el día en que nací,
16 el ángel[d] que me libra de todo mal,
bendiga a estos muchachos.
Que por medio de ellos se recuerde
mi nombre
y el nombre de mis padres, Abraham e Isaac.
Que lleguen a tener muchos hijos
y sean grandes multitudes en el mundo."

17 Pero a José le pareció mal que su padre pusiera la mano derecha sobre la cabeza de Efraín, así que tomó la mano de su padre para quitarla de la cabeza de Efraín y ponerla sobre la de Manasés, 18 mientras le decía:

—¡No, padre, así no! Este es el mayor. Pon tu mano derecha sobre su cabeza.

19 Pero su padre no quiso hacerlo, y contestó:

—¡Ya lo sé, hijo, ya lo sé! También él llegará a ser una nación muy importante. Sin embargo, su hermano menor será más importante que él, y sus descendientes llegarán a formar muchas naciones.

20 Ese mismo día Jacob los bendijo con estas palabras:

—El pueblo de Israel usará el nombre de ustedes para las bendiciones, y dirán: 'Que Dios haga contigo como hizo con Efraín y Manasés.'

Así puso Israel a Efraín antes de Manasés. 21 Luego le dijo a José:

—Mira, yo voy a morir; pero Dios estará con ustedes y los hará regresar a la tierra de sus antepasados. 22 A ti te he dado más que a tus hermanos: te doy Siquem,[e] que les quité a los amorreos luchando contra ellos.

Últimas palabras de Jacob

49 1 Jacob llamó a sus hijos y les dijo: "Acérquense y les diré lo que les va a pasar en el futuro:

2 "Acérquense para oir, hijos de Jacob,
escuchen a su padre Israel.

3 "Tú, Rubén, eres mi hijo mayor,
mi fuerza y primer fruto de mi vigor,
el primero en honor y en poder.
4 Pero ya no serás el primero,[a]
porque eres como un torrente incontenible:
pues deshonraste mi cama
al acostarte con mi concubina.

5 "Simeón y Leví[b] son hermanos;
sus armas son instrumentos de violencia.
6 ¡Jamás quiero estar presente
en el lugar de sus reuniones!
Pues cuando estaban enojados
mataron gentes,
y por puro capricho
les rompieron las patas a los toros.[c]
7 ¡Maldito, sí, maldito sea
su enojo tan salvaje!
¡Yo los dispersaré por completo
en todo el pueblo de Israel!

8 "Judá, tus hermanos te alabarán.
Tomarás por el cuello a tus enemigos,
y tus propios hermanos te harán reverencias.
9 ¡Tú, Judá, hijo mío!
Eres como un cachorro de león
cuando deja de devorar a su víctima:
se agacha, se echa en el suelo,
como si fuera un león grande.
¿Y quién se atreverá a molestarlo?
10 Nadie le quitará el poder a Judá
ni el cetro que tiene en las manos,
hasta que venga el dueño del cetro,[d]
a quien los pueblos obedecerán.

---

[c] **48.13-14** La *mano derecha* simbolizaba la preferencia. [d] **48.16** El contexto indica claramente que este *ángel*, como en otros pasajes el *ángel del Señor*, equivale a Dios mismo. [e] **48.22** El texto hebreo encierra probablemente un juego de palabras con el nombre de *Siquem*, que significa literalmente *hombro* o *ladera* (de una montaña), pero que también puede referirse a la *espaldilla* de una res, considerada como su *parte mejor* o más suculenta.

[a] **49.3-4** Gn 35.22; Dt 33.6. [b] **49.5** Antes de llegar a ser la tribu sacerdotal de Israel (cf. Nm 3.6-10), la tribu de *Leví* era una tribu como las demás, con su territorio cercano al de *Simeón* (cf. Gn 34.25). [c] **49.6** Gn 34.24-30.

[d] **49.10** *Hasta que venga el dueño del cetro:* traducción poco segura de un texto muy oscuro. Con una ligera modificación en la ortografía del texto hebreo, y con el apoyo de varias versiones antiguas, algunos traducen: *hasta que a él le llegue el tributo.*

11 El que amarra su burrito a las viñas,
el que lava toda su ropa con vino,
¡con el jugo de las uvas!
12 Sus ojos son más oscuros que el vino;
sus dientes, más blancos que la leche.*e*

13 "Zabulón vivirá a la orilla del mar,
en donde habrá puertos para barcos.
Sus fronteras llegarán hasta Sidón.*f*

14 "Isacar es un animal de carga
que descansa en sus establos.*g*
15 Cuando vio que el país era bueno
y agradable para descansar,
dobló su espalda para llevar carga,
y sin protestar se hizo esclavo.

16 "Dan gobernará*h* a su propia gente
como una de las tribus de Israel.
17 Dan será igual a una víbora
que está junto al camino,
que muerde los talones del caballo
y hace caer al jinete.

18 "¡Oh, Señor, espero que me salves!

19 "A Gad lo atacará un ejército,
pero después él lo perseguirá.

20 "Aser tendrá abundancia de pan;*i*
dará comidas dignas de reyes.

21 "Neftalí es como una gacela
que anda libre
y que tiene hermosas crías.

22 "José es como una planta junto al agua,
que produce mucho fruto
y sus ramas trepan sobre el muro.
23 Los arqueros lo odian, le tiran flechas
y siempre lo están molestando;
24 pero José tiene brazos fuertes
y mantiene firme su arco;
¡gracias al Dios poderoso de Jacob!,

¡gracias al nombre del Pastor,
el protector de Israel!,
25 ¡gracias al Dios de tu padre,
que te ayudará;
al Dios todopoderoso, que te bendecirá!
¡Con bendiciones del alto cielo!
¡Con las bendiciones del mar profundo!
¡Con bendiciones de los pechos
y del vientre!
26 Tu padre te bendijo más
de lo que mis padres me bendijeron.
Hasta el fin de los montes eternos,
estas bendiciones estarán
sobre la cabeza de José,
que fue escogido entre sus hermanos.

27 "Benjamín es un lobo feroz,
que en la mañana se come a su víctima
y en la tarde reparte las sobras."

28 Estas son las doce tribus de Israel, y esto es
lo que su padre dijo a sus hijos al darle a cada
uno su bendición.

Muerte de Jacob

29 Un día, Jacob dio esta orden a sus hijos:
"Ya me falta poco para morir. Entiérrenme
junto a mis antepasados en la cueva que está en
el terreno de Efrón el hitita, 30 allá en la tierra
de Canaán; es decir, la cueva que está en
Macpelá, frente a Mamré, la que Abraham
compró junto con el mismo terreno de Efrón,
para que fuera el sepulcro de la familia.*j* 31 Allí
enterraron a Abraham y a su esposa Sara, a
Isaac*k* y a su esposa Rebeca, y allí también
enterré a Lía. 32 El terreno y la cueva que allí
está fueron comprados a los hititas."

33 Cuando Jacob terminó de dar estas instrucciones a sus hijos, volvió a acostarse y murió.

50 1 Entonces José se abrazó al cuerpo
de su padre, y llorando lo besó. 2 Después ordenó a los médicos que estaban a su servicio que embalsamaran el cuerpo
de su padre Israel, y así lo hicieron. 3 Tardaron

---

e **49.12** *Sus ojos . . . que la leche:* otra posible traducción: *Sus ojos relucen a causa del vino; sus dientes están
blancos a causa de la leche.* *f* **49.13** Dt 33.18–19; Jos 19.10–16. *g* **49.14** *Que descansa en sus establos:* otra
posible traducción: *que está echado entre su par de alforjas* (sin que pueda levantarse). *h* **49.16** *Gobernará:* Aquí
hay un juego de palabras con el nombre de *Dan* (véase 30.6–13 n.) y el término hebreo *yadín,* que significa *él
gobernará* o *él hará justicia.* *i* **49.20** *Abundancia de pan:* otra posible traducción: *alimentos sustanciosos.* Evidente
alusión a los terrenos fértiles de *Aser,* en las laderas del monte Carmelo. *j* **49.30** Gn 23.1–20. *k* **49.31** Gn 25.9–10;
35.27–29.

cuarenta días en embalsamarlo, porque ese es el tiempo que se necesita para hacerlo.

Los egipcios guardaron luto por Israel durante setenta días, 4y después de los días de luto, José habló con los del palacio del faraón y les dijo:

—Si me he ganado el aprecio de ustedes, háganme el favor de decirle al faraón 5que cuando mi padre estaba por morir, me hizo jurarle que yo lo enterraría en el sepulcro que él mismo se preparó, y que está en la tierra de Canaán.*a* Así que yo le ruego me permita ir a enterrar a mi padre; una vez que lo haya enterrado, regresaré.

6Y el faraón contestó:

—Ve a enterrar a tu padre, tal como él te lo pidió.

7José fue a enterrar a su padre, y lo acompañaron todos los funcionarios que tenían autoridad en el palacio del faraón y en Egipto, 8la propia familia de Jacob, la de José, y sus hermanos. En la tierra de Gosen dejaron solamente a los niños y los animales. 9También gente con carretas y de a caballo acompañó a José, así que era muchísima gente. 10Cuando llegaron a Goren–ha–atad, que está al oriente del río Jordán, tuvieron una solemne ceremonia luctuosa. Allí José guardó luto por su padre durante siete días.

11Cuando los cananeos que vivían en esa región vieron la ceremonia, dijeron: "Los egipcios tienen un entierro muy solemne." Por eso llamaron Abel–misraim*b* a aquel lugar que está al oriente del Jordán.

12Los hijos de Jacob hicieron con su padre todo lo que él les había pedido, 13pues lo llevaron a Canaán y lo enterraron en la cueva del terreno de Macpelá, que Abraham le había comprado a Efrón el hitita para que fuera el sepulcro de la familia. Este terreno y la cueva están al oriente de Mamré. 14Después de haber sepultado a su padre, José regresó a Egipto junto con sus hermanos y con todos los que lo habían acompañado.

Últimos días de José

15Como Jacob había muerto, los hermanos de José pensaron: "Tal vez José nos odia, y se va a vengar de todo el mal que le hicimos." 16Entonces le mandaron a decir: "Antes de que tu padre muriera, nos ordenó 17que te dijéramos: 'Por favor, te pido que perdones la maldad y pecado de tus hermanos, que tan mal te trataron.' Por eso te rogamos que perdones nuestra maldad, pues somos siervos del Dios de tu padre."

Mientras los mensajeros le daban este mensaje, José lloraba. 18Entonces llegaron sus propios hermanos, se inclinaron delante de él hasta tocar el suelo con la frente, y le dijeron:

—Aquí nos tienes. Somos tus esclavos.*c*

19Pero José les contestó:

—No tengan miedo. Yo no puedo ponerme en lugar de Dios. 20Ustedes pensaron hacerme mal, pero Dios cambió ese mal en bien para hacer lo que hoy vemos: para salvar la vida de mucha gente. 21Así que no tengan miedo. Yo les daré de comer a ustedes y a sus hijos.

Así José los tranquilizó, pues les habló con mucho cariño.

Muerte de José

22José y la familia de su padre siguieron viviendo en Egipto. José vivió ciento diez años, 23y llegó a ver a los bisnietos de Efraín. También alcanzó a recibir como miembros de la familia a los hijos de su nieto Maquir, que era hijo de Manasés.

24Un día José les dijo a sus hermanos: "Me falta poco para morir, pero Dios vendrá a ayudarlos, y los sacará de este país para llevarlos a la tierra que les prometió a Abraham, Isaac y Jacob." 25Entonces hizo que los hijos de Israel le juraran, y les dijo: "En verdad, Dios vendrá a ayudarlos. Cuando eso suceda, ustedes deben llevarse de aquí mis restos."*d*

26José murió en Egipto a la edad de ciento diez años, y su cuerpo fue embalsamado y puesto en un ataúd.

---

a **50.5** Gn 47.29–31. *b* **50.11** *Abel–misraim:* sitio no identificado, cuyo nombre significa *pradera de los egipcios.* Este nombre tiene un sonido semejante al de las palabras hebreas que significan *luto de los egipcios.* *c* **50.18** Una vez más, los hermanos hacen lo que habían preanunciado los sueños de José (Gn 37.5–11; 42.6). *d* **50.25** Ex 13.19; Jos 24.32.

ÉXODO

El libro del *Éxodo* (= Ex) presupone y continúa los relatos del *Génesis*, pero introduce al mismo tiempo un cambio importante. Aquí se da una perspectiva más colectiva que la expresada en el *Génesis*. Aunque Moisés aparece como figura clave, *el pueblo* es el verdadero protagonista (1.5,7).

La primera parte de la narración tiene como tema central el gran acontecimiento a que hace referencia el título del libro: el *éxodo* o la *salida* de Egipto (caps. 1—15). Con la ascensión al trono de un rey que no sentía ningún aprecio por la memoria de José (1.8), los israelitas ya no gozaron de la hospitalidad de los egipcios (cf. Gn 47.5-10), sino que fueron reducidos a la condición de esclavos (Ex 1.13). En medio de la opresión, el pueblo hizo oir su clamor, y esa súplica llegó a los oídos del Señor (3.16). Por eso él se manifestó a Moisés *en el monte de Dios* (3.1), le reveló su nombre de *Yahvé* (3.14 n.) y le confió la misión de liberar a sus hermanos de la esclavitud (3.15—4.17). Esta sección culmina con la celebración de la primera Pascua (cap. 12) y con el canto de acción de gracias que entonaron Moisés y los israelitas después de cruzar el mar como si fuera tierra seca (15.1-21).

La segunda sección (15.22—18.27) narra algunos episodios relacionados con la marcha de los israelitas a través del desierto. El hambre y la sed provocaron murmuraciones y protestas contra Moisés (15.24; 16.2; 17.2) e incluso contra el Señor (17.7). En estas situaciones críticas, Moisés hizo valer su intercesión ante Dios (17.4); y el Señor alimentó a su pueblo con el maná (cap. 16), sació su sed con el agua brotada de la roca (17.1-7) y los defendió de sus enemigos externos (17.8-16).

El destino final de la marcha por el desierto era la Tierra prometida (cf. 3.8). Pero antes de recibir como herencia el país de Canaán, el pueblo fue conducido hasta el monte Sinaí, donde el Señor estableció con él su alianza. En virtud de esta alianza, Israel pasó a ser la propiedad personal del Señor y un pueblo "santo", es decir, elegido y consagrado a Dios de entre las demás naciones, para el cumplimiento de una misión (19.4-6). Por otra parte, el compromiso asumido en el Sinaí obligaba a Israel a vivir una vida santa, correspondiendo de ese modo a la gracia que el Señor de la alianza le había concedido gratuita e inmerecidamente.

La proclamación de la ley comienza con el Decálogo, o los diez mandamientos. Todo el resto de la legislación, con su evidente preocupación por defender el derecho de los más débiles y desprotegidos (cf. 22.21-27), tenía como finalidad fundamental sentar las bases de una comunidad cimentada en la solidaridad y la justicia (cf. 23.1) y consagrada al culto del verdadero Dios (cf. 25—31; 35—40).

El siguiente esquema presenta en forma sucinta las distintas secciones que integran el libro de *Éxodo*:

1. La liberación de la esclavitud en Egipto (1.1—15.21)
2. La marcha de los israelitas hacia el Sinaí (15.22—18.27)
3. La alianza del Sinaí (19—24)
4. Prescripciones para la construcción del santuario (25.1—31.17)
5. Ruptura y renovación de la alianza (31.18—34.35)
6. Ejecución de las prescripciones relativas al santuario (35—40)

Sufrimientos de los israelitas en Egipto

1 1 Estos son los nombres de los israelitas que llegaron con Jacob a Egipto, cada uno con su familia: 2 Rubén, Simeón, Leví, Judá, 3 Isacar, Zabulón, Benjamín, 4 Dan, Neftalí, Gad y Aser. 5 Los descendientes de Jacob sumaban en total setenta personas. José ya estaba en Egipto.

6 José y sus hermanos, y todos los de esa generación, murieron; 7 pero como los israelitas tenían muchos hijos, se multiplicaron de tal manera que llegaron a ser muy poderosos.[a] El país estaba lleno de ellos.

8 Más tarde hubo un nuevo rey en Egipto, que no había conocido a José, y que le dijo a su pueblo: 9 "Miren, el pueblo israelita es más numeroso y más poderoso que nosotros; 10 así que debemos tramar algo para impedir que sigan aumentando, porque puede ser que, en caso de guerra, se pongan de parte de nuestros enemigos para pelear contra nosotros y se vayan de este país."

11 Por eso los egipcios pusieron capataces encargados de someter a los israelitas a trabajos muy duros. Les hicieron construir las ciudades de Pitón y Ramsés, que el faraón, rey de Egipto, usaba para almacenar provisiones. 12 Pero mientras más los maltrataban, más aumentaban. Así que los egipcios les tenían mucho miedo. 13 Los egipcios esclavizaron cruelmente a los israelitas. 14 Les amargaron la vida sometiéndolos al rudo trabajo de preparar lodo y hacer adobes, y de atender a todos los trabajos del campo. En todo esto los israelitas eran tratados con crueldad. 15 Además, el rey de Egipto habló con Sifrá y Puá, que eran parteras de las hebreas, y les dijo:

16 —Cuando atiendan a las hebreas en sus partos, fíjense en el sexo del recién nacido. Si es niña, déjenla vivir, pero si es niño, ¡mátenlo!

17 Sin embargo, las parteras tuvieron temor de Dios y no hicieron lo que el rey de Egipto les había ordenado, sino que dejaron vivir a los niños. 18 Entonces el rey de Egipto las mandó llamar y les dijo:

—¿Por qué han dejado vivir a los niños?

19 —Porque las mujeres hebreas no son como las egipcias —contestaron ellas—. Al contrario, son muy robustas y dan a luz antes de que nosotras lleguemos a atenderlas.

20-21 De esta manera el pueblo israelita seguía creciendo en número, y cada vez se hacía más poderoso. Además, como las parteras tuvieron temor de Dios, él las favoreció y les concedió una familia numerosa. 22 El faraón, por su parte, ordenó a todo su pueblo: "Echen al río a todos los niños hebreos que nazcan, pero a las niñas déjenlas vivir."

Nacimiento de Moisés

2 1 Un hombre de la tribu de Leví se casó con una mujer de la misma tribu, 2 la cual quedó embarazada y tuvo un hijo. Al ver ella que el niño era hermoso, lo escondió durante tres meses; 3 pero, no pudiendo tenerlo escondido por más tiempo, tomó un canastillo de junco, le tapó todas las rendijas con asfalto natural y brea, para que no le entrara agua, y luego puso al niño dentro del canastillo y lo dejó entre los juncos a la orilla del río Nilo; 4 además le dijo a una hermana del niño[a] que se quedara a cierta distancia, y que estuviera al tanto de lo que pasara con él.

5 Más tarde, la hija del faraón bajó a bañarse al río y, mientras sus sirvientas se paseaban por la orilla, vio el canastillo entre los juncos. Entonces mandó a una de sus esclavas que se lo trajera. 6 Al abrir el canastillo y ver que allí dentro había un niño llorando, la hija del faraón sintió compasión de él y dijo:

—Este es un niño hebreo.

7 Entonces la hermana del niño propuso a la hija del faraón:

—¿Le parece a usted bien que llame a una nodriza hebrea, para que le dé el pecho a este niño?

8 —Ve por ella —contestó la hija del faraón.

Entonces la muchacha fue por la madre del niño, 9 y la hija del faraón le dijo:

—Toma a este niño y críamelo, y yo te pagaré por tu trabajo.

La madre del niño se lo llevó y lo crió, 10 y ya grande se lo entregó a la hija del faraón, la cual lo adoptó como hijo suyo y lo llamó Moisés, pues dijo:

—Yo lo saqué del agua.[b]

---

[a] **1.7** La multiplicación de los israelitas realiza la promesa de una numerosa descendencia hecha a Abraham (Gn 12.2; 13.15–16; 15.5; 17.5–6), Isaac (Gn 26.4,24) y Jacob (Gn 28.3,13–14; 35.11). [a] **2.4** En Ex 15.20, la *hermana* de Moisés es llamada *la profetisa María* (heb. *Miriam*). [b] **2.10** *Moisés* es probablemente un nombre de origen egipcio, que significa *hijo* o *nacido de* y aparece en nombres compuestos como *Tutmosis* y *Ahmosis*. Aquí se da una explicación popular de ese nombre, asociándolo a un verbo hebreo que tiene un sonido semejante y significa *sacar*.

Moisés huye de Egipto

11 Cuando Moisés era ya hombre, salió un día a visitar a sus hermanos de raza y se dio cuenta de que sus trabajos eran muy duros. De pronto vio que un egipcio estaba golpeando a uno de sus hermanos hebreos. 12 Entonces miró bien a todos lados y, al no ver a nadie por allí, mató al egipcio y lo enterró en la arena. 13 Al día siguiente volvió a salir, y vio que dos hebreos se estaban peleando. Entonces preguntó al que maltrataba al otro:

—¿Por qué golpeas a uno de tu propia raza?

14 Y aquel hebreo le contestó:

—¿Y quién te ha puesto a ti como jefe y juez entre nosotros? ¿Acaso piensas matarme, como mataste al egipcio?

Al oír esto, Moisés tuvo miedo, pues se dio cuenta de que ya se había descubierto la muerte del egipcio. 15 En efecto, en cuanto el faraón supo que Moisés había dado muerte a un egipcio, lo mandó buscar para matarlo; pero Moisés huyó y se fue a vivir a la región de Madián. Allí se sentó cerca de un pozo.

16 Reuel,[c] sacerdote de Madián, tenía siete hijas. Aquel día, ellas habían ido al pozo a sacar agua para llenar los bebederos y dar de beber a las ovejas de su padre, 17 pero unos pastores vinieron y las echaron de allí. Entonces Moisés se levantó a defenderlas, y dio de beber a las ovejas. 18 Cuando ellas volvieron a donde estaba su padre, él les preguntó:

—¿Cómo es que hoy regresaron tan pronto?

19 Y ellas contestaron:

—Un egipcio nos defendió de los pastores, luego sacó el agua por nosotras, y les dio de beber a las ovejas.

20 Entonces Reuel les dijo:

—¿Y dónde está ese hombre? ¿Por qué lo dejaron solo? ¡Vayan a llamarlo para que venga a comer!

21 Y así Moisés aceptó quedarse a vivir en la casa de Reuel. Después Reuel le dio a su hija Séfora como esposa, 22 y ella tuvo un hijo al que Moisés llamó Guersón, porque dijo: "Soy un extranjero en tierra extraña."[d]

23 Con el correr del tiempo, el rey de Egipto murió. Los israelitas, sin embargo, seguían quejándose y lamentando su esclavitud. Entonces Dios escuchó sus lamentos 24 y atendió sus quejas, acordándose de la alianza que había hecho con Abraham, Isaac y Jacob.[e] 25 Los vio Dios, y se dio cuenta de su condición.

Dios llama a Moisés

3 1 Moisés cuidaba las ovejas de su suegro Jetró, que era sacerdote de Madián, y un día las llevó a través del desierto y llegó hasta el monte de Dios, que se llama Horeb.[a] 2 Allí el ángel del Señor[b] se le apareció en una llama de fuego, en medio de una zarza. Moisés se fijó bien y se dio cuenta de que la zarza ardía con el fuego, pero no se consumía. 3 Entonces pensó: "¡Qué cosa tan extraña! Voy a ver por qué no se consume la zarza."

4 Cuando el Señor vio que Moisés se acercaba a mirar, lo llamó desde la zarza:

—¡Moisés! ¡Moisés!

—Aquí estoy —contestó Moisés.

5 Entonces Dios le dijo:

—No te acerques. Y descálzate, porque el lugar donde estás es sagrado.

6 Y añadió:

—Yo soy el Dios de tus antepasados. Soy el Dios de Abraham, de Isaac y de Jacob.

Moisés se cubrió la cara, pues tuvo miedo de mirar a Dios, 7 pero el Señor siguió diciendo:

—Claramente he visto cómo sufre mi pueblo que está en Egipto. Los he oído quejarse por culpa de sus capataces, y sé muy bien lo que sufren. 8 Por eso he bajado, para salvarlos del poder de los egipcios; voy a sacarlos de ese país y a llevarlos a una tierra grande y buena, donde la leche y la miel corren como el agua. Es el país donde viven los cananeos, los hititas, los amorreos, los ferezeos, los heveos y los jebuseos. 9 Mira, he escuchado las quejas de los israelitas, y he visto también que los egipcios los maltratan mucho. 10 Por lo tanto, ponte en camino, que te voy a enviar ante el faraón para que saques de Egipto a mi pueblo, a los israelitas.

---

[c] **2.16** *Reuel,* que luego fue suegro de Moisés (cf. v. 21), también se llama Jetró (Ex 3.1; 18.1) y Hobab (Jue 4.11).
[d] **2.22** Explicación popular del nombre *Guersón,* ya que tiene un sonido semejante a las palabras hebreas que significan *extranjero allí.* [e] **2.24** Gn 12.1–3; 15.13–14. [a] **3.1** *Horeb:* monte más conocido con el nombre de *Sinaí* e identificado tradicionalmente con la montaña que los árabes llaman *Yébel Musa,* al sur de la península del Sinaí.
[b] **3.2** *El ángel* (lit. *el mensajero* o *enviado*) *del Señor* no es aquí un ser distinto de Dios (cf. v. 4), sino el mismo Señor en cuanto que se hace presente para comunicar un mensaje.

11 Entonces Moisés le dijo a Dios:

—¿Y quién soy yo para presentarme ante el faraón y sacar de Egipto a los israelitas?

12 Y Dios le contestó:

—Yo estaré contigo, y esta es la señal de que yo mismo te envío: cuando hayas sacado de Egipto a mi pueblo, todos ustedes me adorarán en este monte.

13 Pero Moisés le respondió:

—El problema es que si yo voy y les digo a los israelitas: 'El Dios de sus antepasados me ha enviado a ustedes,' ellos me van a preguntar: '¿Cómo se llama?'[c] Y entonces, ¿qué les voy a decir?

14 Y Dios le contestó:

—YO SOY EL QUE SOY.[d] Y dirás a los israelitas: 'YO SOY me ha enviado a ustedes.'

15 Además, Dios le dijo a Moisés:

—Di también a los israelitas: 'El Señor,[e] el Dios de los antepasados de ustedes, el Dios de Abraham, de Isaac y de Jacob, me ha enviado a ustedes.' Este es mi nombre eterno; este es mi nombre por todos los siglos. 16 Anda, reúne a los ancianos de Israel y diles: 'El Señor, el Dios de sus antepasados, el Dios de Abraham, de Isaac y de Jacob, se me apareció y me dijo que ha puesto su atención en ustedes, y que ha visto el trato que les dan en Egipto. 17 También me dijo que los va a librar de los sufrimientos en Egipto, y que los va a llevar al país de los cananeos, hititas, amorreos, ferezeos, heveos y jebuseos; a una tierra donde la leche y la miel corren como el agua.' 18 Los ancianos te harán caso; entonces tú irás con ellos a ver al rey de Egipto, y le dirás: 'El Señor, el Dios de los hebreos, ha salido a nuestro encuentro. Por lo tanto, déjanos ir al desierto, a una distancia de tres días de camino, a ofrecer sacrificios al Señor nuestro Dios.' 19 Sin embargo, yo sé muy bien que el rey de Egipto no los dejará salir, si no es por la fuerza. 20 Por lo tanto, yo mostraré mi poder y heriré de muerte a los egipcios con todas las cosas asombrosas que haré en su país;

después de eso el faraón los dejará salir. 21 Además, yo haré que los israelitas se ganen la buena voluntad de los egipcios, de modo que cuando salgan no se vayan con las manos vacías. 22 Cada mujer pedirá a su vecina, o a cualquier otra mujer que viva con ella, que le dé objetos de plata y de oro, y vestidos, con los que ustedes vestirán a sus hijos e hijas, despojando así a los egipcios de todo lo que tengan.[f]

4 1 —Ellos no me creerán, ni tampoco me harán caso —contestó Moisés—. Al contrario, me dirán: 'El Señor no se te ha aparecido.'

2 —¿Qué es lo que tienes en la mano? —preguntó el Señor.

—Un bastón —contestó Moisés.

3 —Arrójalo al suelo —ordenó el Señor.

Moisés lo arrojó al suelo y, en ese mismo instante, el bastón se convirtió en una serpiente. Moisés echó a correr para alejarse de ella, 4 pero el Señor le dijo:

—Extiende la mano y agárrala de la cola.

Moisés extendió la mano y, al agarrarla, la serpiente se convirtió otra vez en bastón.

5 —Esto es para que crean que se te ha aparecido el Señor, Dios de tus antepasados, Dios de Abraham, de Isaac y de Jacob 6 —dijo el Señor—. Y ahora, mete tu mano en el pecho.

Moisés metió su mano en el pecho y, al sacarla, vio que estaba enferma de lepra y blanca como la nieve. 7 Entonces Dios le dijo:

—Vuelve a meter tu mano en el pecho.

Moisés lo hizo así y, al sacar la mano de nuevo, ya estaba tan sana como todo su cuerpo. 8 Luego el Señor le dijo:

—Si con la primera señal no te creen ni te hacen caso, entonces te creerán con la segunda; 9 pero si no te creen ni te hacen caso con ninguna de estas dos señales, saca agua del río y derrámala sobre el suelo. En cuanto el agua que saques del río caiga al suelo, se convertirá en sangre.

---

[c] **3.13** *¿Cómo se llama?:* Hablar o actuar en nombre de una persona es asumir su representación y participar de su autoridad (cf. 1 S 17.45; 1 R 21.8; Est 3.12; 8.8). [d] **3.14** *YO SOY EL QUE SOY:* Esta frase explica el nombre personal del Dios de Israel, *Yahvé* (véase 3.15 n.) asociándolo al verbo hebreo *hayah,* que significa *ser, existir* y, a veces, también *acontecer.* [e] **3.15** *El Señor:* versión tradicional del nombre propio del Dios de Israel, que en hebreo se escribe con las cuatro consonantes *YHWH* (de aquí, añadiendo las vocales correspondientes, resulta la forma *Yahweh,* transcrita habitualmente como *Yahvé*). Hacia el siglo IV a.C., los judíos dejaron de pronunciar este nombre divino y decían en su lugar *Adonai* (*el Señor*). Esto hizo que la versión griega (LXX) utilizara la palabra *Kyrios* (*el Señor*) en lugar de *Yahvé.* El texto hebreo pone las vocales de *Adonai* allí donde se encuentra el nombre YHWH, y esta combinación ha dado origen a la forma *Jehová.* [f] **3.21–22** Ex 12.35–36.

10—¡Ay, Señor! —respondió Moisés—. Yo no tengo facilidad de palabra, y esto no es solo de ayer ni de ahora que estás hablando con este siervo tuyo, sino de tiempo atrás. Siempre que hablo, se me traba la lengua.

11 Pero el Señor le contestó:

—¿Y quién le ha dado la boca al hombre? ¿Quién si no yo lo hace mudo, sordo, ciego, o que pueda ver? 12 Así que, anda, que yo estaré contigo cuando hables, y te enseñaré lo que debes decir.

13 Moisés insistió:

—¡Ay, Señor, por favor, envía a alguna otra persona!

14 Entonces el Señor se enojó con Moisés, y le dijo:

—¡Pues ahí está tu hermano Aarón, el levita![a] Yo sé que él habla muy bien. Además él viene a tu encuentro, y se va a alegrar mucho de verte. 15 Habla con él, y explícale todo lo que tiene que decir; yo, por mi parte, estaré con él y contigo cuando hablen, y les daré instrucciones de lo que deben hacer. 16 Tú le hablarás a Aarón como si fuera yo mismo, y Aarón a su vez le comunicará al pueblo lo que le digas tú. 17 Llévate este bastón, porque con él harás cosas asombrosas.

Moisés regresa a Egipto

18 Moisés volvió a casa de su suegro Jetró, y le dijo:

—Tengo que regresar a Egipto, donde están mis hermanos de raza. Quiero ver si todavía viven.

—Anda, que te vaya bien —contestó Jetró.

19 Cuando Moisés estaba aún en la región de Madián, el Señor le dijo:

—Regresa a Egipto, porque ya han muerto todos los que querían matarte.

20 Moisés tomó entonces a su esposa y a su hijo,[b] los montó en un asno y regresó a Egipto. En la mano llevaba el bastón de Dios. 21 Después el Señor le dijo a Moisés:

—Cuando llegues a Egipto, pon toda tu atención en hacer ante el faraón las maravillas que te he dado el poder de realizar. Yo, por mi parte, voy a hacer que él se ponga terco y que no deje salir a los israelitas. 22 Entonces le dirás al faraón: 'Así dice el Señor: Israel es mi hijo mayor.[c] 23 Ya te he dicho que dejes salir a mi hijo, para que vaya a adorarme; pero como no has querido dejarlo salir, yo voy a matar a tu hijo mayor.'

24 Durante el camino, en el lugar donde Moisés y su familia iban a pasar la noche, el Señor salió al encuentro de Moisés y quiso matarlo. 25 Entonces Séfora tomó un cuchillo de piedra y le cortó el prepucio a su hijo; luego, tocando con el prepucio del niño los pies de Moisés, le dijo: "En verdad, tú eres para mí un esposo de sangre."[d] 26 Entonces el Señor dejó ir a Moisés. Y Séfora dijo que Moisés era un esposo de sangre debido a la circuncisión.

27 Mientras tanto, el Señor le había dicho a Aarón: "Ve al desierto a encontrarte con Moisés." Y Aarón fue y encontró a Moisés en el monte de Dios.[e] Allí lo saludó con un beso. 28 Entonces Moisés le contó a Aarón todas las cosas que el Señor le había ordenado decir, y también las grandes maravillas que le mandaba hacer. 29 Luego fueron los dos a reunir a los ancianos de Israel, 30 y Aarón les contó todo lo que el Señor había dicho a Moisés, haciendo además ante la gente las maravillas que Dios le había ordenado hacer.

31 La gente quedó convencida. Y al saber que el Señor había puesto su atención en ellos y que había visto cómo sufrían, se inclinaron en actitud de adoración.

Moisés y Aarón hablan con el faraón

5 1 Después de esto, Moisés y Aarón fueron a decirle al faraón:

—Así ha dicho el Señor, el Dios de Israel: 'Deja ir a mi pueblo[a] al desierto, para que haga allí una fiesta en mi honor.'

---

[a] **4.14** *Aarón* es llamado *el levita* para indicar su condición de sacerdote levítico. Una de las funciones del sacerdote era enseñar (Lv 10.11; Dt 33.10) y esto supone la aptitud para hablar. [b] **4.20** *Su hijo:* texto probable. Heb. *sus hijos.* [c] **4.22–23** En la sociedad israelita, el *hijo mayor* o *primogénito* tenía privilegios y derechos especiales en cuanto a la herencia; al propio tiempo, este hijo primero pertenecía al Señor (Ex 13.2; 19.5–6; cf. 12.19). [d] **4.24–25** Según parece, el relato quiere destacar la importancia de la circuncisión. Hay, probablemente, una alusión anticipada a la salvación de los primogénitos israelitas gracias al signo de la sangre (Ex 12.13). [e] **4.27** El monte Sinaí, también llamado Horeb. [a] **5.1** *Deja ir a mi pueblo:* Este es el tema predominante en los relatos siguientes. Cf. Ex 6.11; 7.2,16; 8.1; 8.20; 9.1,13; 10.3.

2 Pero el faraón contestó:

—¿Y quién es 'el Señor', para que yo le obedezca y deje ir a los israelitas? Ni conozco al Señor, ni tampoco voy a dejar ir a los israelitas.

3 Entonces ellos dijeron:

—El Dios de los hebreos ha venido a nuestro encuentro; así que vamos a ir al desierto, a una distancia de tres días de camino, para ofrecer sacrificios al Señor nuestro Dios, no sea que nos haga morir por una peste o a filo de espada.

4 Pero el rey de Egipto les dijo:

—Moisés y Aarón, ¿por qué distraen a la gente de su trabajo? ¡Vayan a seguir trabajando!

5 También les dijo el faraón:

—Ahora que hay tantos israelitas en el país, ¿van ustedes a hacer que dejen de trabajar?

6 Ese mismo día el faraón ordenó a los capataces y jefes de grupo:

7 —Ya no les den paja a los israelitas para que hagan adobes, como se ha estado haciendo; ¡que vayan ellos mismos a recoger la paja! **8** Pero exíjanles la misma cantidad de adobes que han hecho hasta ahora. ¡Ni un solo adobe menos! Son unos holgazanes, y por eso gritan: '¡Vayamos a ofrecer sacrificios a nuestro Dios!' **9** Hagan trabajar más duro a esa gente; manténganlos ocupados, para que no hagan caso de mentiras.

10 Los capataces y jefes de grupo salieron y fueron a decir a la gente:

—El faraón ha dado órdenes de que ya no se les dé paja. **11** Ahora ustedes mismos tendrán que ir a recogerla en donde la encuentren. Pero no por eso se les va a rebajar la cantidad de adobes que tienen fijada.

12 Los israelitas se dispersaron por todo Egipto, en busca de rastrojo, para usarlo como paja. **13-14** Todos los días los capataces del faraón les exigían la misma cantidad de adobes que hacían cuando se les daba paja, y además golpeaban a los jefes de grupo israelitas, y les decían:

—¿Cómo es que ni ayer ni hoy completaron ustedes la misma cantidad de adobes que antes hacían?

15 Los jefes de grupo israelitas fueron a quejarse ante el faraón, y le dijeron:

—¿Por qué trata así Su Majestad a estos siervos suyos? **16** Ya no se nos da paja y, sin embargo, se nos exige que hagamos adobes, y además se nos golpea. ¡La culpa es de la gente de Su Majestad!

17 Pero el faraón contestó:

—¡Ustedes no son otra cosa que unos holgazanes! Por eso andan diciendo: 'Vayamos a ofrecer sacrificios al Señor.' **18** ¡Váyanse a trabajar! Y aunque no se les dará ya paja, aun así tendrán que entregar la misma cantidad de adobes.

19 Los jefes de grupo israelitas se vieron en aprietos cuando se les dijo que no debían reducir la producción diaria de adobes. **20** Al salir de su entrevista con el faraón, se encontraron con Moisés y Aarón, que los estaban esperando, **21** y les dijeron:

—Que el Señor mire lo que ustedes han hecho y los castigue. Porque ustedes tienen la culpa de que el faraón y sus funcionarios nos miren mal. Ustedes mismos les han puesto la espada en la mano para que nos maten.

La oración de Moisés

22 Entonces Moisés dijo al Señor en oración:

—Señor, ¿por qué tratas mal a este pueblo? ¿Para qué me enviaste? **23** Desde que vine a hablar con el faraón en tu nombre, él ha maltratado aún más a tu pueblo, y tú no has hecho nada para salvarlo.

6 **1** Y el Señor le contestó:

—Ahora verás lo que voy a hacer con el faraón, porque solo por la fuerza los dejará salir de su país; es más, él mismo les dirá que se vayan.

Dios vuelve a llamar a Moisés

2 Dios se dirigió a Moisés y le dijo:

—Yo soy EL SEÑOR. **3** Me manifesté a Abraham, Isaac y Jacob con el nombre de Dios todopoderoso, pero no me di a conocer a ellos con mi verdadero nombre: EL SEÑOR. *a* **4** Hice además una alianza con ellos, y me comprometí a darles la tierra de Canaán, *b* o sea la región en la que vivieron como extranjeros por algún tiempo. **5** Y ahora que he sabido que los israelitas sufren, y que los egipcios los obligan a trabajar, me he acordado de mi alianza. **6** Por lo tanto, ve a decir a los israelitas que yo, el

---

a **6.3** Según Gn 4.26, el nombre divino *Yahvé* (traducido aquí por *el Señor*) era ya conocido antes de Moisés. Este pasaje se refiere entonces al momento en que Dios lo estableció como el nombre con el cual él mantendría su especial relación con Israel. Véase 3.15 n. *b* **6.4** Gn 17.1–8.

Señor, voy a librarlos de su esclavitud y de los duros trabajos a que han sido sometidos por los egipcios. Desplegaré mi poder y los salvaré con grandes actos de justicia; 7los tomaré a ustedes como pueblo mío, y yo seré su Dios. Así sabrán que yo soy el Señor su Dios, que los libró de los duros trabajos a que habían sido sometidos por los egipcios. 8Los llevaré al país que prometí dar a Abraham, Isaac y Jacob, y que les daré a ustedes en propiedad. Yo soy el Señor.

9Moisés les repitió esto a los israelitas, pero ellos no le hicieron caso, pues estaban muy desanimados por lo duro de su esclavitud. 10Entonces el Señor le dijo a Moisés:

11—Ve a decirle al faraón que deje salir de Egipto a los israelitas.

12Pero Moisés le contestó al Señor:

—Ni siquiera los israelitas me hacen caso; ¿y cómo me va a hacer caso el faraón, si yo soy tan torpe para hablar?

13Entonces el Señor mandó a Moisés y Aarón que dijeran a los israelitas y al faraón, que tenían órdenes precisas de sacar de Egipto a los israelitas.

Lista de antepasados de Aarón y de Moisés

14Estos son los jefes de familia, por parte de sus padres.

Los hijos de Rubén, el hijo mayor de Israel, fueron: Hanoc, Falú, Hesrón y Carmí. Estos son los clanes de Rubén.

15Los hijos de Simeón fueron: Jemuel, Jamín, Óhad, Jaquín, Sóhar y Saúl, que fue hijo de una cananea. Estos son los clanes de Simeón.

16Leví vivió ciento treinta y siete años. Estos son los nombres de sus hijos, de mayor a menor: Guersón, Quehat y Merarí. 17Los hijos de Guersón, en orden de clanes, fueron: Libní y Simí.

18Quehat vivió ciento treinta y tres años, y sus hijos fueron: Amram, Ishar, Hebrón y Uziel. 19Los hijos de Merarí fueron: Mahli y Musí. Estos son los clanes de Leví, de mayor a menor.

20Amram se casó con su tía Jocabed, que dio a luz a Aarón y a Moisés. Amram vivió ciento treinta y siete años.

21Los hijos de Ishar fueron: Coré, Néfeg y Zicrí.

22Los hijos de Uziel fueron: Misael, Elsafán y Sitrí.

23Aarón se casó con Eliseba, que era hija de Aminadab y hermana de Nahasón, y que dio a luz a Nadab, Abihú, Eleazar e Itamar.

24Los hijos de Coré fueron Asir, Elcaná y Abiasaf. Estos son los clanes de los coreítas.

25Eleazar, uno de los hijos de Aarón, se casó con una de las hijas de Futiel, la cual dio a luz a Finees. Estos son los jefes de familia de los levitas, en orden de clanes.

26Estos son los mismos Aarón y Moisés a los que el Señor les dijo que sacaran de Egipto a los israelitas, formados como un ejército. 27Son los mismos Moisés y Aarón que hablaron con el faraón, rey de Egipto, para sacar de ese país a los israelitas.

Dios llama a Moisés y Aarón

28El día que el Señor habló con Moisés en Egipto, 29le dijo:

—Yo soy el Señor. Dile al faraón, rey de Egipto, todo lo que voy a decirte.

30Pero Moisés le contestó:

—Señor, yo soy muy torpe para hablar, así que, ¿cómo va a hacerme caso el faraón?

7 1Entonces el Señor le dijo a Moisés:

—Mira, voy a permitir que actúes en mi lugar ante el faraón, y que tu hermano Aarón hable por ti. 2Tú le dirás a Aarón todo lo que yo te ordene; luego él hablará con el faraón para que deje salir de su país a los israelitas. 3Pero yo voy a hacer que el faraón se ponga terco,ª y haré muchas señales y cosas asombrosas en Egipto. 4El faraón no les va a hacer caso a ustedes, pero yo descargaré mi poder sobre Egipto, y con grandes actos de justicia sacaré de allí a mis ejércitos, es decir, a mi pueblo, los israelitas. 5Y cuando haya mostrado mi poder sobre Egipto, y haya sacado de allí a los israelitas, los egipcios sabrán que yo soy el Señor.

6Moisés y Aarón lo hicieron todo tal como el Señor se lo había ordenado. 7Moisés tenía ochenta años, y Aarón ochenta y tres, cuando hablaron con el faraón.

El bastón de Aarón

8El Señor les dijo a Moisés y Aarón:

9—Si el faraón les pide que hagan un milagro, le dirás a Aarón que tome su bastón y que

---

ª **7.3** *Terco:* Se alude a la terquedad del faraón al final de cada encuentro con él y de cada plaga (vv. 13,22; Ex 8.15,19,32; 9.7,12,35; 10.20,27; 11.10; 14.4,8).

lo arroje al suelo ante el faraón, para que se convierta en una serpiente.

10 Moisés y Aarón fueron a ver al faraón, e hicieron lo que el Señor había ordenado: Aarón arrojó su bastón al suelo delante del faraón y de sus funcionarios, y el bastón se convirtió en una serpiente. 11 El faraón, por su parte, mandó llamar a sus sabios y magos, los cuales con sus artes mágicas hicieron también lo mismo: 12 cada uno de ellos arrojó su bastón al suelo, y cada bastón se convirtió en una serpiente. Pero el bastón de Aarón se comió los bastones de los sabios y magos. 13 A pesar de eso, el faraón se puso terco y no les hizo caso, tal como el Señor lo había dicho.

La plaga de sangre[b]

14 Después el Señor le dijo a Moisés:

—El faraón se ha puesto terco y no quiere dejar salir a los israelitas. 15 Pero mañana temprano irás a verlo, cuando él baje al río. Espéralo en la orilla, y lleva contigo el bastón que se convirtió en serpiente. 16 Allí le dirás: 'El Señor, el Dios de los hebreos, me ha enviado a decirte: Deja ir a mi pueblo, para que me adore en el desierto. Pero hasta ahora no has hecho caso. 17 Por lo tanto, el Señor ha dicho: Ahora vas a saber que yo soy el Señor. Cuando yo golpee el agua del río con este bastón que tengo en la mano, el agua se convertirá en sangre. 18 Los peces morirán, y el río apestará tanto que los egipcios tendrán asco de beber de esa agua.'

19 Además, el Señor le dijo a Moisés:

—Dile a Aarón que tome su bastón y que extienda su brazo sobre los ríos, arroyos, lagunas y depósitos de agua de Egipto; sobre todo lo que tenga agua, para que se convierta en sangre. ¡Así habrá sangre hasta en los recipientes de madera y de piedra!

20 Moisés y Aarón hicieron lo que el Señor les había ordenado. Aarón levantó su bastón y golpeó el agua del río a la vista del faraón y de sus funcionarios, y toda el agua se convirtió en sangre. 21 Los peces murieron, y el río mismo apestaba tanto que los egipcios no podían beber agua de él. ¡Había sangre por todo Egipto!

22 Pero los magos egipcios hicieron lo mismo por medio de sus artes mágicas, así que el faraón se puso terco y no les hizo caso a Moisés y Aarón, tal como el Señor lo había dicho. 23 El faraón regresó a su palacio sin darle importancia a este asunto, 24 y todos los egipcios tuvieron que hacer pozos en las orillas del río para sacar agua limpia, pues el agua del río no se podía beber.

La plaga de ranas

25 Siete días después de que el Señor golpeara el agua del río, 1 el Señor le dijo a Moisés:

—Ve a ver al faraón, y dile: 'Así dice el Señor: Deja ir a mi pueblo, para que me adore. 2 Porque si tú no lo dejas ir, yo castigaré con ranas a todo tu país. 3 El río hervirá de ranas, las cuales saldrán y se meterán en tu palacio, en el lugar donde duermes, sobre tu cama, en las casas de tus funcionarios y de tu gente, en tus hornos y en donde amasas tu pan. 4 Las ranas saltarán sobre ti, sobre tus funcionarios y sobre toda tu gente.'

5 El Señor le dijo a Moisés:

—Dile a Aarón que extienda su bastón sobre los ríos, arroyos y lagunas, para que de allí salgan ranas y llenen el país de Egipto.

6 Aarón lo extendió sobre las aguas de Egipto, y todo el país se llenó de las ranas que salieron de allí. 7 Sin embargo, los magos hicieron lo mismo por medio de sus artes mágicas, y también trajeron ranas sobre el territorio egipcio. 8 Entonces el faraón mandó llamar a Moisés y Aarón, y les dijo:

—Pídanle al Señor que nos quite las ranas a mí y a mi gente, y dejaré que tu gente vaya a ofrecer sacrificios al Señor.

9 Moisés le contestó al faraón:

—Dime cuándo quieres que yo le pida por ti, por tus funcionarios y por tu gente, para que las ranas se alejen de ti y de tu palacio, y se queden solo en el río.

10 —Mañana mismo —dijo el faraón.

Y Moisés contestó:

—Así se hará, para que sepas que no hay nadie como el Señor nuestro Dios. 11 Las ranas se irán de tu palacio y se quedarán solamente en el río. Ya no te molestarán ni a ti, ni a tus funcionarios, ni a tu gente.

12 Moisés y Aarón salieron del palacio del faraón. Después Moisés pidió al Señor que

---

[b] 7.14—11.10 Los caps. siguientes contienen el relato de las nueve primeras plagas de Egipto (Ex 7.14—10.29) y el anuncio de la décima (11.1—10). El uso ha consagrado la expresión "plagas de Egipto", pero los textos bíblicos hablan más bien de *señales* (7.3; cf. 4.7—8), *maravillas* (10.1; 11.9—10) y *cosas asombrosas* (3.20).

alejara las ranas que había enviado sobre el faraón. 13 El Señor hizo lo que Moisés le pedía, y murieron las ranas que había en casas, patios y campos. 14 La gente recogía las ranas muertas y las amontonaba, y por todas partes olía mal. 15 Sin embargo, en cuanto el faraón se vio libre de su problema, se puso terco y no les hizo caso a Moisés y Aarón, tal como el Señor lo había dicho.

La plaga de mosquitos

16 El Señor le dijo a Moisés:

—Dile a Aarón que extienda su bastón y que golpee con él el polvo de la tierra, para que se convierta en mosquitos en todo Egipto.

17 Así lo hicieron. Aarón extendió su bastón y golpeó el polvo del suelo, y todo el polvo de Egipto se convirtió en mosquitos que atacaban a hombres y animales. 18 Los magos trataron también de producir mosquitos por medio de sus artes mágicas, pero no pudieron. Mientras tanto, los mosquitos atacaban a hombres y animales. 19 Entonces los magos le dijeron al faraón:

—¡Aquí está la mano de Dios!

Pero el faraón se puso terco y no les hizo caso, tal como el Señor lo había dicho.

La plaga de tábanos

20 El Señor le dijo a Moisés:

—El faraón va a ir mañana temprano al río, así que levántate de madrugada y ve a decirle: 'Así ha dicho el Señor: Deja ir a mi pueblo, para que me adore. 21 Porque si tú no lo dejas ir, yo enviaré tábanos sobre ti, sobre tus funcionarios y tu gente, y sobre tus casas. Se llenarán de tábanos las casas de los egipcios, y hasta el suelo mismo. 22 Pero cuando eso suceda, haré una excepción con la región de Gosen, donde vive mi pueblo. Allí no habrá un solo tábano. Así sabrás que yo, el Señor, estoy en este país. 23 Haré distinción[a] entre mi pueblo y el tuyo. Esto tendrá lugar mañana.'

24 Así lo hizo el Señor, y una espesa nube de tábanos invadió el palacio del faraón, las casas de sus funcionarios y todo el territorio egipcio. Los tábanos dejaron el país completamente arruinado.

25 Entonces el faraón mandó llamar a Moisés y Aarón, y les dijo:

—Vayan a ofrecer sacrificios a su Dios, pero sin salir del país.

26 Y Moisés contestó:

—No estaría bien hacerlo así, porque los animales que ofrecemos al Señor nuestro Dios son sagrados para los egipcios. Si los egipcios nos vieran sacrificar los animales que ellos adoran, estoy seguro de que nos matarían a pedradas. 27 Debemos ir al desierto, a tres días de camino, y ofrecer allí sacrificios al Señor nuestro Dios, tal como él nos lo ordene.

28 Entonces el faraón dijo:

—Los dejaré ir al desierto para que ofrezcan sacrificios al Señor su Dios, con la condición de que no se vayan demasiado lejos. Y pídanle también por mí.

29 Y Moisés contestó:

—En cuanto yo salga de aquí, le pediré al Señor que mañana se alejen los tábanos de ti, de tus funcionarios y de tu pueblo, siempre y cuando no sigas engañándonos ni impidiendo que los israelitas vayan a ofrecer sacrificios al Señor.

30 En cuanto Moisés salió del palacio del faraón, oró al Señor, 31 y el Señor hizo lo que Moisés le pidió: los tábanos se alejaron del faraón, de sus funcionarios y de su gente. 32 Pero el faraón volvió a ponerse terco, y no dejó ir a los israelitas.

La plaga en el ganado

9 1 Entonces el Señor le dijo a Moisés:

—Ve a ver al faraón, y dile: 'Así dice el Señor, el Dios de los hebreos: Deja ir a mi pueblo, para que me adore. 2 Si no los dejas ir, sino que los sigues deteniendo, 3 el Señor descargará su poder sobre tus ganados que están en el campo, y habrá una peste muy grave. Morirán los caballos, los asnos, los camellos, las vacas y las ovejas. 4 Pero el Señor hará distinción entre los ganados de Israel y los de Egipto, para que no muera ningún animal de los israelitas.'

5 Además el Señor puso un plazo, y dijo:

—Yo haré esto mañana.

6 Al día siguiente, el Señor lo hizo. Todo el ganado egipcio murió, pero del ganado israelita no murió ni un solo animal. 7 El faraón mandó a ver el ganado de Israel, y resultó que ningún animal había muerto. Sin embargo, se puso terco y no dejó ir a los israelitas.

---

[a] **8.23** *Haré distinción:* según la versión griega (LXX); heb. *realizaré una liberación.*

La plaga de llagas

8 Entonces el Señor les dijo a Moisés y Aarón:

—Tomen puñados de ceniza de un horno, y que arroje Moisés la ceniza hacia arriba, en presencia del faraón. 9 La ceniza se convertirá en polvo y se extenderá por todo el país, produciendo llagas en todos los hombres y animales de Egipto.

10 Moisés y Aarón tomaron ceniza de un horno y fueron a ver al faraón. Allí Moisés arrojó la ceniza hacia arriba, y tanto hombres como animales quedaron cubiertos de llagas. 11 Los magos no pudieron hacerle frente a Moisés, porque ellos, lo mismo que todos los egipcios, estaban cubiertos de llagas. 12 Pero el Señor hizo que el faraón se pusiera terco y que no les hiciera caso a Moisés y Aarón, tal como el Señor le había dicho a Moisés.

La plaga de granizo

13 Entonces el Señor le dijo a Moisés:

—Levántate mañana temprano, y ve a decirle al faraón: 'Así ha dicho el Señor, el Dios de los hebreos: Deja ir a mi pueblo, para que me adore; 14 porque esta vez voy a enviar todas mis plagas contra ti, y contra tus funcionarios y tu gente, para que sepas que no hay otro como yo en toda la tierra. 15 Yo podría haberte mostrado mi poder castigándote a ti y a tu pueblo con una plaga, y ya habrías desaparecido de la tierra; 16 pero te he dejado vivir para que veas mi poder, y para darme a conocer en toda la tierra. 17 A pesar de eso, tú sigues oponiéndote a mi pueblo y no lo dejas ir. 18 ¡Pues bien! Mañana a esta hora haré que caiga una fuerte granizada, como no ha caído otra igual en toda la historia de Egipto. 19 Así que manda poner en lugar seguro tu ganado y todo lo que tienes en el campo, porque el granizo, al caer, matará a todos los hombres y animales que estén al aire libre y no bajo techo.'

20 Algunos funcionarios del faraón tuvieron miedo de la advertencia del Señor, y pusieron a sus esclavos y animales bajo techo; 21 pero hubo otros que no la tomaron en serio, y los dejaron al aire libre. 22 Entonces el Señor le dijo a Moisés:

—Levanta tu brazo hacia el cielo, para que en todo Egipto caiga granizo sobre hombres y animales, y sobre las plantas de los campos egipcios.

23 Moisés levantó su brazo[a] hacia el cielo, y el Señor envió truenos, rayos y granizo sobre la tierra. Hizo que granizara en todo Egipto, 24 y el granizo y los rayos caían sin parar. En toda la historia de Egipto jamás había caído una granizada tan fuerte. 25 El granizo destrozó todo lo que había en el territorio egipcio: destruyó hombres y animales, y todas las plantas del campo, y desgajó además todos los árboles del país. 26 A pesar de eso, en la tierra de Gosen, donde vivían los israelitas, no cayó un solo granizo.

27 Entonces el faraón mandó llamar a Moisés y Aarón, y les dijo:

—Reconozco que he pecado. La culpa es mía y de mi pueblo, y no del Señor. 28 Demasiados truenos y granizo hemos tenido ya, así que no voy a detenerlos más. Pídan ustedes al Señor por nosotros, y yo los dejaré ir.

29 Y Moisés le contestó:

—Tan pronto como yo salga de la ciudad, levantaré mis manos en oración al Señor. Entonces dejará de granizar y no habrá más truenos, para que sepas que la tierra es del Señor. 30 Pero yo sé bien que ni tú ni tus funcionarios tienen todavía temor de Dios el Señor.

31 Los sembrados de lino y de cebada quedaron destrozados, pues la cebada estaba ya en espiga y el lino estaba en flor. 32 Pero al trigo y al centeno no les pasó nada porque brotan más tarde.

33 Cuando Moisés salió de la ciudad, después de haber estado con el faraón, levantó sus manos al Señor en oración. Inmediatamente dejó de granizar y de llover, y no hubo más truenos. 34 Pero en cuanto el faraón vio que ya no llovía, ni granizaba, ni había truenos, volvió a pecar. Y no solo él se puso terco, sino también sus funcionarios. 35 El faraón se puso terco y no dejó ir a los israelitas, tal como el Señor lo había dicho antes por medio de Moisés.

La plaga de langostas

10 1 El Señor le dijo a Moisés:

—Ve a ver al faraón, pues yo he hecho que él y sus funcionarios se pongan tercos para mostrarles las grandes maravillas que yo puedo hacer, 2 y para que tú les cuentes a tus hijos y nietos la forma en que me burlé de los egipcios, y las grandes maravillas que hice

---

a **9.23** *Su brazo:* según la versión griega (LXX); heb. *su bastón.*

entre ellos. Así sabrán ustedes que yo soy el Señor.

3 Moisés y Aarón fueron a ver al faraón, y le dijeron:

—Así dice el Señor, el Dios de los hebreos: '¿Hasta cuándo te negarás a humillarte delante de mí? Deja ir a mi pueblo, para que me adore; 4 porque si te sigues oponiendo a dejarlo ir, mañana haré que vengan langostas sobre tu país, 5 las cuales cubrirán la tierra en tal cantidad que no se podrá ver el suelo. Se comerán lo poco que haya quedado después del granizo, y se comerán también todos los árboles del campo. 6 Llenarán tus palacios, y las casas de tus funcionarios, y las casas de todos los egipcios. ¡Será algo como nunca vieron tus padres ni tus abuelos desde sus días hasta los nuestros!'

Al terminar de hablar, Moisés dio media vuelta y salió del palacio del faraón. 7 Entonces los funcionarios del faraón dijeron:

—¿Hasta cuándo nos va a causar problemas este hombre? Deje Su Majestad que esa gente vaya a adorar a su Dios, el Señor. ¿Todavía no se da cuenta Su Majestad de que Egipto está arruinado?

8 El faraón mandó llamar otra vez a Moisés y Aarón, y les dijo:

—Vayan a adorar al Señor su Dios. Pero antes díganme quiénes van a ir.

9 Moisés contestó:

—Tenemos que ir con nuestros niños y ancianos, hijos e hijas, y con nuestras ovejas y vacas, pues para nosotros es una gran fiesta del Señor.

10 Pero el faraón les dijo:

—¡Claramente se ven sus malas intenciones! ¿Y ustedes creen que el Señor los va a acompañar, y que voy a dejar que ustedes y sus niños se vayan? 11 Pues no va a ser así. Vayan ustedes, los hombres adultos, a adorar al Señor, ya que eso es lo que quieren.

Y el faraón ordenó que los echaran de su presencia. 12 Pero el Señor le dijo a Moisés:

—Extiende tu brazo sobre Egipto, para que vengan las langostas y acaben con todas las plantas del país y con todo lo que quedó después del granizo.

13 Moisés extendió su brazo sobre Egipto, y el Señor hizo venir un viento del este que sopló sobre el país todo el día y toda la noche. Al día siguiente, el viento del este había traído las langostas, 14 las cuales invadieron todo el país. Nunca antes hubo, ni habrá después, tantas langostas como en aquel día, 15 pues cubrieron la tierra en tal cantidad que no se podía ver el suelo, y se comieron todas las plantas y toda la fruta que había quedado en los árboles después del granizo. No quedó nada verde en ningún lugar de Egipto: ni en el campo ni en los árboles.

16 El faraón mandó llamar inmediatamente a Moisés y Aarón, y les dijo:

—He pecado contra el Señor su Dios, y contra ustedes, 17 pero les ruego que tan solo esta vez perdonen mi pecado, y que oren por mí al Señor su Dios, para que por lo menos aleje de mí esta plaga mortal.

18 En cuanto Moisés salió del palacio del faraón, oró al Señor. 19 Entonces el Señor cambió el rumbo del viento, y lo convirtió en un fuerte viento del oeste que se llevó las langostas y las echó en el Mar Rojo. No quedó en todo Egipto una sola langosta. 20 Pero el Señor hizo que el faraón se pusiera terco y que no dejara ir a los israelitas.

La plaga de la oscuridad

21 Entonces el Señor le dijo a Moisés:

—Extiende tu brazo hacia el cielo, para que en todo Egipto haya una oscuridad tan espesa que hasta se pueda tocar.

22 Moisés levantó su brazo hacia el cielo y hubo una oscuridad tan grande en todo Egipto 23 que, durante tres días, nadie podía ver a su vecino ni moverse de su lugar. En cambio, en todas las casas de los israelitas había luz.

24 Entonces el faraón mandó llamar a Moisés, y le dijo:

—Vayan a adorar al Señor, y llévense también a sus hijos; pero dejen aquí sus ovejas y sus vacas.

25 Pero Moisés contestó:

—Al contrario, tú mismo nos vas a dar los animales que vamos a sacrificar y quemar en honor del Señor nuestro Dios. 26 Además, nuestros ganados irán con nosotros. Ni un solo animal debe quedarse, porque tenemos que escoger algunos de ellos para rendir culto al Señor. Mientras no lleguemos allá, no sabremos qué vamos a necesitar para adorar al Señor.

27 Pero el Señor hizo que el faraón se pusiera terco y que no los dejara ir. 28 Además el faraón le dijo a Moisés:

—Vete de aquí, y cuídate bien de no venir a verme otra vez, porque el día que vuelvas a presentarte ante mí, morirás.

29 Y Moisés contestó:

—Bien dicho. No volveré a verte.

Anuncio de la muerte de los hijos mayores

11 1 El Señor le dijo a Moisés:

—Todavía voy a traer otra plaga sobre el faraón y los egipcios. Después de esto, el faraón no solo va a dejar que ustedes salgan, sino que él mismo los va a echar de aquí. 2 Pero ahora diles a los israelitas, hombres y mujeres, que pidan a sus vecinos y vecinas objetos de oro y plata.

3 El Señor hizo que los egipcios fueran muy amables con los israelitas. Además, los funcionarios del faraón consideraban a Moisés como un hombre extraordinario, y lo mismo pensaban todos en Egipto.

4 Moisés dijo al faraón:

—Así ha dicho el Señor: 'A la medianoche pasaré por todo Egipto, 5 y morirá el hijo mayor de cada familia egipcia, desde el hijo mayor del faraón que ocupa el trono, hasta el hijo mayor de la esclava que trabaja en el molino. También morirán todas las primeras crías de los animales. 6 En todo Egipto habrá gritos de dolor, como nunca los ha habido ni los volverá a haber.' 7 Y para que sepan ustedes que el Señor hace diferencia entre egipcios e israelitas, ni siquiera le ladrarán los perros a ningún hombre o animal de los israelitas. 8 Entonces vendrán a verme todos estos funcionarios tuyos, y de rodillas me pedirán: 'Váyanse, tú y toda la gente que te sigue.' Antes de eso, no me iré.

Y muy enojado, Moisés salió de la presencia del faraón. 9 Después, el Señor le dijo a Moisés:

—El faraón no les va a hacer caso a ustedes, y así serán más las maravillas que yo haré en Egipto.

10 Moisés y Aarón hicieron todas estas maravillas delante del faraón, pero como el Señor lo había hecho ponerse terco, el faraón no dejó salir de Egipto a los israelitas.

La Pascua

12 1 El Señor habló en Egipto con Moisés y Aarón, y les dijo:

2 "Este mes será para ustedes el principal, el primer mes*a* del año. 3 Díganle a toda la comunidad israelita lo siguiente: 'El día diez de este mes, cada uno de ustedes tomará un cordero o un cabrito por familia, uno por cada casa. 4 Y si la familia es demasiado pequeña para comerse todo el animal, entonces el dueño de la casa y su vecino más cercano lo comerán juntos, repartiéndoselo según el número de personas que haya y la cantidad que cada uno pueda comer. 5 El animal deberá ser de un año, macho y sin defecto, y podrá ser un cordero o un cabrito. 6 Lo guardarán hasta el catorce de este mes, y ese día todos y cada uno en Israel lo matarán al atardecer. 7 Tomarán luego la sangre del animal y la untarán por todo el marco de la puerta de la casa donde coman el animal. 8 Esa noche comerán la carne asada al fuego, con hierbas amargas y pan sin levadura. 9 No coman ni un solo pedazo crudo o hervido. Todo el animal, lo mismo la cabeza que las patas y las entrañas, tiene que ser asado al fuego, 10 y no deben dejar nada para el día siguiente. Si algo se queda, deberán quemarlo. 11 Ya vestidos y calzados, y con el bastón en la mano, coman de prisa el animal, porque es la Pascua del Señor.*b* 12 Esa noche yo pasaré por todo Egipto, y heriré de muerte al hijo mayor de cada familia egipcia y a las primeras crías de sus animales, y dictaré sentencia contra todos los dioses de Egipto. Yo, el Señor, lo he dicho.

13 'La sangre les servirá para que ustedes señalen las casas donde se encuentren. Y así, cuando yo hiera de muerte a los egipcios, ninguno de ustedes morirá, pues veré la sangre y pasaré de largo.*c* 14 Este es un día que ustedes deberán recordar y celebrar con una gran fiesta en honor del Señor. Lo celebrarán como una ley permanente que pasará de padres a hijos. 15 Comerán pan sin levadura durante siete días;*d* por lo tanto, desde el primer día no deberá haber levadura en sus casas. Cualquiera que coma pan con levadura durante estos siete días, será eliminado del pueblo de Israel. 16 Tanto el primer día como el séptimo deberán dedicarlos a una reunión santa. Esos días no se

---

a **12.2** *El primer mes:* el de Abib (marzo–abril; cf. Ex 13.4), llamado también de Nisán (cf. Neh 2.1; Est 3.7).

b **12.11** *Es la Pascua del Señor:* La fiesta de Pascua, por estar relacionada con la liberación de los israelitas de su esclavitud en Egipto, es la conmemoración anual más importante para el pueblo hebreo (Lv 23.5; Nm 9.1–5; 28.16; Dt 16.1–2). En el NT adquiere un significado especial para los cristianos, ya que se interpreta como figura de la obra redentora de Cristo, *el Cordero de Dios, que quita el pecado del mundo* (Jn 1.29). *c* **12.13** *Pasaré de largo:* La palabra Pascua (heb. *pésaj*) se asocia con el verbo *pasaj,* que significa *saltar, pasar por alto* o *pasar de largo.* Cf. v. 27.

d **12.15** *La fiesta de los panes sin levadura* (v. 17), que duraba *siete días* y seguía inmediatamente a la Pascua, llegó a considerarse como parte de esta (Dt 16.1–8). Cf. también Lv 23.6–8; Nm 28.17–25.

trabajará, a no ser para preparar la comida de cada persona. 17 La fiesta de los panes sin levadura es un día que ustedes deberán celebrar, porque en ese mismo día los saqué de Egipto a todos ustedes. Lo celebrarán como una ley permanente que pasará de padres a hijos. 18 Comerán pan sin levadura desde la tarde del día catorce del primer mes hasta la tarde del día veintiuno del mismo mes. 19 No deberá haber levadura en sus casas durante siete días, porque cualquiera que coma pan con levadura será eliminado de la comunidad israelita, tanto si es extranjero como si es del país. 20 Por lo tanto, no coman nada que tenga levadura. Dondequiera que ustedes vivan, deberán comer pan sin levadura.' "

21 Moisés mandó llamar a todos los ancianos israelitas y les dijo: "Vayan y tomen un cordero o un cabrito para sus familias, y mátenlo para celebrar la Pascua. 22 La sangre debe quedar en una palangana; tomen después un manojo de ramas de hisopo, mójenlo en la sangre, y unten la sangre por todo el marco de la puerta de la casa. Ninguno de ustedes debe salir de su casa antes del amanecer. 23 Cuando el Señor pase para herir de muerte a los egipcios, verá la sangre por todo el marco de la puerta, y pasará de largo por esa casa. Así el Señor no dejará que el destructor[e] entre en las casas de ustedes. 24 Esta orden la respetarán ustedes y sus descendientes, como una ley eterna. 25 Cuando ustedes hayan entrado ya en la tierra que el Señor les va a dar, tal como lo ha prometido, deberán seguir celebrando esta ceremonia. 26 Y cuando sus hijos les pregunten: '¿Qué significa esta ceremonia?', 27 ustedes deberán contestar: 'Este animal se sacrifica en la Pascua, en honor del Señor. Cuando él hirió de muerte a los egipcios, pasó de largo por las casas de los israelitas que vivían en Egipto, y así salvó a nuestras familias.' "

Entonces los israelitas se inclinaron en actitud de adoración, 28 y luego fueron e hicieron todo tal como el Señor se lo había ordenado a Moisés y Aarón.

La muerte de los hijos mayores

29 A medianoche el Señor hirió de muerte al hijo mayor de cada familia egipcia,[f] lo mismo al hijo mayor del faraón que ocupaba el trono, que al hijo mayor del que estaba preso en la cárcel, y también a las primeras crías de los animales. 30 El faraón, sus funcionarios, y todos los egipcios, se levantaron esa noche, y hubo grandes gritos de dolor en todo Egipto. No había una sola casa donde no hubiera algún muerto. 31 Esa misma noche el faraón mandó llamar a Moisés y Aarón, y les dijo:

—Váyanse, apártense de mi gente, ustedes y los israelitas. Vayan a adorar al Señor, tal como dijeron. 32 Llévense también sus ovejas y vacas, como querían, y váyanse. Y rueguen a Dios por mí.

33 Los egipcios apuraron a los israelitas para que se fueran pronto de su país, pues pensaban que todos iban a morir. 34 Los israelitas sacaron la masa, todavía sin levadura, y con artesa y todo la envolvieron en sus ropas y se la echaron al hombro. 35 Además, siguiendo las órdenes de Moisés, les pidieron a los egipcios objetos de oro y plata, y vestidos. 36 El Señor hizo que los egipcios dieran de buena gana todo lo que los israelitas pedían, y así los israelitas despojaron a los egipcios.

Los israelitas salen de Egipto

37 Los israelitas salieron de Ramsés a Sucot. Sin contar mujeres y niños, eran como seiscientos mil hombres de a pie, en edad militar. 38 Con ellos se fue muchísima gente de toda clase, además de muchas ovejas y vacas. 39 Como no habían tenido tiempo de preparar comida, pues los egipcios los habían echado de su país, hicieron tortas sin levadura con la masa que habían sacado de Egipto, la cual estaba sin fermentar.

40 Los israelitas habían vivido en Egipto cuatrocientos treinta años, 41 y el mismo día en que se cumplieron los cuatrocientos treinta años,[g] todos los ejércitos del Señor salieron de aquel país. 42 Esa noche el Señor estuvo vigilante para sacarlos de Egipto. Esa es la noche del Señor, la noche en que, en su honor, los israelitas también deberán estar vigilantes, generación tras generación.

Leyes acerca de la Pascua

43 El Señor les dijo a Moisés y Aarón:

"Esta es la ley para la Pascua: Ningún extranjero podrá comer del animal sacrificado, 44 pero el esclavo comprado por dinero sí podrá comer de él, si ha sido circuncidado antes. 45 Ningún

e 12.23 El destructor: Probablemente se trata de un ángel como el de 2 S 24.16–17. f 12.29 Ex 4.22–23.
g 12.40–41 Gn 15.13–16.

extranjero, ya sea que esté de paso o que viva como asalariado, podrá comer del animal, 46el cual deberá comerse en una sola casa. No se sacará de la casa ni un solo pedazo de carne del animal sacrificado, ni se le quebrarán los huesos. 47Esto lo hará toda la comunidad israelita. 48Sin embargo, si un extranjero vive entre ustedes y quiere celebrar la Pascua en honor del Señor, primero ha de hacer que se circunciden todos los hombres de su familia, y después podrá celebrarla, pues entonces será como los nacidos en el país. Pero no podrá comer del animal nadie que no esté circuncidado. 49La misma ley se aplicará a los nacidos en el país y a los extranjeros que vivan entre ustedes."

50Los israelitas lo hicieron todo tal como el Señor se lo había ordenado a Moisés y Aarón. 51Aquel mismo día, el Señor sacó de Egipto a los ejércitos israelitas.

13 1El Señor se dirigió a Moisés y le dijo: 2"Conságrame los hijos mayores, porque todo primer hijo de los israelitas me pertenece, lo mismo que toda primera cría de sus animales."[a]

3Entonces Moisés le dijo al pueblo: "Acuérdense de este día, en que con gran poder el Señor los sacó de Egipto, donde vivían como esclavos. No deberán comer pan con levadura. 4Ustedes salen este día, en el mes de Abib,[b] 5y en este mismo mes deberán celebrar la fiesta, una vez que el Señor los haya llevado a la tierra donde la leche y la miel corren como el agua, es decir, al país de los cananeos, hititas, amorreos, heveos y jebuseos, que ya había prometido a sus antepasados que se lo daría a ustedes. 6Comerán pan sin levadura durante siete días, y en el séptimo día harán fiesta en honor del Señor. 7Durante los siete días se comerá pan sin levadura, y en ninguna parte de su territorio deberá haber levadura o pan con levadura. 8En ese día les dirán a sus hijos: 'Esto se hace por lo que el Señor hizo con nosotros cuando salimos de Egipto. 9Y, como si tuvieran ustedes una marca en el brazo o en la frente,[c] esto les hará recordar que siempre deben hablar de la ley del Señor, pues él los sacó de Egipto con gran poder. 10Por eso deben celebrar esta ceremonia año tras año, en la fecha señalada.'

11"Cuando el Señor los haya llevado al país de los cananeos, es decir, cuando les entregue el país, según la promesa que les hizo a ustedes y a sus antepasados, 12tendrán que dedicarle todos sus primeros hijos varones y todos los primeros machos que les nazcan a sus animales, porque pertenecen al Señor. 13En el caso de la primera cría de una asna, deberán dar un cordero o un cabrito como rescate por el asno, pero si no dan el cordero, entonces le romperán el cuello al asno. También deberán dar una ofrenda como rescate por cada hijo mayor, 14y cuando el día de mañana sus hijos les pregunten: '¿Qué quiere decir esto?', les responderán: 'El Señor nos sacó con gran poder de Egipto, donde vivíamos como esclavos. 15Cuando el faraón se puso terco en no dejarnos salir, el Señor hirió de muerte al hijo mayor de cada familia egipcia y a todas las primeras crías de sus animales; por eso le ofrecemos al Señor todos los machos que nacen primero, y damos una ofrenda como rescate por nuestro hijo mayor. 16Por lo tanto, como si tuvieran una marca en el brazo o en la frente, esta ceremonia les hará recordar a ustedes que el Señor nos sacó de Egipto con gran poder.' "

La columna de nube y de fuego

17Cuando el faraón dejó salir al pueblo israelita, Dios no los llevó por el camino que va al país de los filisteos, que era el más directo, pues pensó que los israelitas no querrían pelear cuando tuvieran que hacerlo, y que preferirían regresar a Egipto. 18Por eso les hizo dar un rodeo por el camino del desierto que lleva al Mar Rojo.

Los israelitas salieron de Egipto formados como un ejército. 19Moisés se llevó consigo los restos de José, pues José había hecho que los hijos de Israel le prometieran hacerlo así. Les había dicho: "En verdad, Dios vendrá a ayudarlos; y cuando eso suceda, ustedes deben llevarse mis restos de aquí."[d]

20Los israelitas salieron de Sucot y acamparon en Etam, donde comienza el desierto. 21De día, el Señor los acompañaba en una columna de nube, para señalarles el camino; y de noche, en una columna de fuego, para alumbrarlos. Así pudieron viajar día y noche. 22La columna de nube siempre iba delante de ellos durante el día, y la columna de fuego durante la noche.

---

a **13.1–2** Cf. Ex 22.29–30; 34.19–20; Nm 3.13. b **13.4** *Abib:* El primer mes en el calendario hebreo. Corresponde, parcialmente, a los meses de marzo–abril de nuestro calendario. c **13.9** Dt 6.6–9; 11.18–20. d **13.19** Cf. Gn 50.25; Jos 24.32.

Los israelitas cruzan el Mar Rojo

14 ¹ El Señor se dirigió a Moisés y le dijo: ² "Di a los israelitas que regresen y acampen frente a Pi–hahirot, entre Migdol y el mar, frente a Baal–sefón. Que pongan sus campamentos enfrente de este lugar, junto al mar. ³ Así el faraón pensará: 'Los israelitas no saben a dónde ir. Andan perdidos en el desierto.'ᵃ ⁴ Pero yo voy a hacer que el faraón se ponga terco y los persiga; entonces mostraré mi poder en él y en todo su ejército, y los egipcios sabrán que yo soy el Señor."

Los israelitas lo hicieron así. ⁵ Mientras tanto, el rey de Egipto recibió aviso de que los israelitas se habían escapado. Entonces el rey y sus funcionarios cambiaron de parecer en cuanto a ellos, y se dijeron: "¿Pero cómo pudimos permitir que los israelitas se fueran y dejaran de trabajar para nosotros?"

⁶ En seguida el faraón ordenó que prepararan su carro de combate, y se llevó a su ejército. ⁷ Tomó seiscientos de los mejores carros, además de todos los carros de Egipto, que llevaban cada uno un oficial. ⁸ El Señor hizo que el faraón se pusiera terco y persiguiera a los israelitas, aun cuando ellos habían salido ya con gran poder.

⁹ Los egipcios con todo su ejército, con carros y caballería, salieron a perseguir a los israelitas, y los alcanzaron a la orilla del mar, junto a Pi–hahirot y frente a Baal–sefón, donde estaban acampados. ¹⁰ Cuando los israelitas se dieron cuenta de que el faraón y los egipcios se acercaban, tuvieron mucho miedo y pidieron ayuda al Señor. ¹¹ Y a Moisés le dijeron:

—¿Acaso no había sepulcros en Egipto, que nos sacaste de allá para hacernos morir en el desierto? ¿Por qué nos has hecho esto? ¿Por qué nos sacaste de Egipto? ¹² Esto es precisamente lo que te decíamos en Egipto: 'Déjanos trabajar para los egipcios. ¡Más nos vale ser esclavos de ellos que morir en el desierto!'ᵇ

¹³ Pero Moisés les contestó:

—No tengan miedo. Manténganse firmes y fíjense en lo que el Señor va a hacer hoy para salvarlos, porque nunca más volverán a ver a los egipcios que hoy ven. ¹⁴ Ustedes no se preocupen, que el Señor va a pelear por ustedes.

¹⁵ Entonces el Señor le dijo a Moisés:

—¿Por qué me pides ayuda? ¡Ordena a los israelitas que sigan adelante! ¹⁶ Y tú, levanta tu bastón, extiende tu brazo y parte el mar en dos, para que los israelitas lo crucen en seco. ¹⁷ Yo voy a hacer que los egipcios se pongan tercos y los persigan; entonces mostraré mi poder en el faraón y en todo su ejército, y en sus carros y caballería. ¹⁸ Cuando haya mostrado mi poder en el faraón, y en sus carros y caballería, los egipcios sabrán que yo soy el Señor.

¹⁹ En ese momento el ángel de Dios y la columna de nube, que marchaban al frente de los israelitas, cambiaron de lugar y se pusieron detrás de ellos. ²⁰ Así la columna de nube quedó entre el ejército egipcio y los israelitas; para los egipcios era una nube oscura, pero a los israelitas los alumbraba. Por eso los egipcios no pudieron alcanzar a los israelitas en toda la noche.

²¹ Moisés extendió su brazo sobre el mar, y el Señor envió un fuerte viento del este que sopló durante toda la noche y partió el mar en dos. Así el Señor convirtió el mar en tierra seca, ²² y por tierra seca lo cruzaron los israelitas, entre dos murallas de agua, una a la derecha y otra a la izquierda.

²³ Toda la caballería y los carros del faraón entraron detrás de ellos, y los persiguieron hasta la mitad del mar; ²⁴ pero a la madrugada el Señor miró de tal manera al ejército de los egipcios, desde la columna de fuego y de nube, que provocó un gran desorden entre ellos; ²⁵ descompuso además las ruedas de sus carros, de modo que apenas podían avanzar. Entonces los egipcios dijeron:

—Huyamos de los israelitas, pues el Señor pelea a favor de ellos y contra nosotros.

²⁶ Pero el Señor le dijo a Moisés:

—Extiende tu brazo sobre el mar, para que el agua regrese y caiga sobre los egipcios, y sobre sus carros y caballería.

²⁷ Moisés extendió su brazo sobre el mar y, al amanecer, el agua volvió a su cauce normal. Cuando los egipcios trataron de huir, se toparon con el mar, y así el Señor los hundió en él. ²⁸ Al volver el agua a su cauce normal, cubrió los carros y la caballería, y todo el ejército que

---

ᵃ **14.3** *Andan perdidos en el desierto:* Otra posible traducción: *El desierto les cierra el paso.* ᵇ **14.11–12** Las protestas de los israelitas son un tema característico de las tradiciones acerca de la marcha por el desierto. Cf. Ex 15.24; 17.2–3; 32.1; Nm 11.1–6; 14.1–4; 16.12–14; 20.2–5; 21.4–5.

había entrado en el mar para perseguir a los israelitas. Ni un solo soldado del faraón quedó vivo. **29** Sin embargo, los israelitas cruzaron el mar por tierra seca, entre dos murallas de agua, una a la derecha y otra a la izquierda.

30 En aquel día el Señor salvó a los israelitas del poder de los egipcios, y los israelitas vieron los cadáveres de los egipcios a la orilla del mar. **31** Al ver los israelitas el gran poder que el Señor había desplegado contra Egipto, mostraron reverencia ante el Señor y tuvieron confianza en él y en su siervo Moisés.*c*

El canto de Moisés

15 **1** Entonces Moisés y los israelitas entonaron este canto en honor del Señor:

"Cantaré en honor del Señor,
que tuvo un triunfo maravilloso
al hundir en el mar caballos y jinetes.
2 Mi canto es al Señor,*a*
quien es mi fuerza y salvación.
Él es mi Dios, y he de alabarlo;
es el Dios de mi padre,
y he de enaltecerlo.
3 El Señor es un gran guerrero.
El Señor, ¡ese es su nombre!

4 El Señor hundió en el mar
los carros y el ejército del faraón;
¡sus mejores oficiales
se ahogaron en el Mar Rojo!
5 Cayeron hasta el fondo, como piedras,
y el mar profundo los cubrió.

6 Oh, Señor, fue tu mano derecha,
fuerte y poderosa,
la que destrozó al enemigo.
7 Con tu gran poder aplastaste
a los que se enfrentaron contigo;
se encendió tu enojo,
y ellos ardieron como paja.
8 Soplaste con furia,
y el agua se amontonó;
las olas se levantaron como un muro;
¡el centro del mar profundo se quedó
inmóvil!

9 El enemigo había pensado:
'Los voy a perseguir hasta alcanzarlos,
y voy a repartir lo que les quite
hasta quedar satisfecho.
Sacaré la espada,
y mi brazo los destruirá.'
10 Pero soplaste, y el mar se los tragó;
se hundieron como plomo
en el agua tempestuosa.

11 Oh, Señor,
¡ningún dios puede compararse a ti!
¡Nadie es santo ni grande como tú!
¡Haces cosas maravillosas y terribles!
¡Eres digno de alabanza!
12 ¡Desplegaste tu poder
y se los tragó la tierra!
13 Con tu amor vas dirigiendo
a este pueblo que salvaste;
con tu poder lo llevas a tu santa casa.
14 Las naciones temblarán cuando lo sepan,
los filisteos se retorcerán de dolor,
15 los capitanes de Edom se quedarán
sin aliento,
los jefes de Moab temblarán de miedo,
y perderán el valor todos los cananeos.*b*

16 Oh, Señor,
¡que se asusten!, ¡que tengan miedo!
¡que se queden como piedras
por la fuerza de tu brazo,
hasta que haya pasado tu pueblo,
el pueblo que has hecho tuyo!
17 Oh, Señor,
llévanos a vivir a tu santo monte,
al lugar que escogiste para vivir,
al santuario que afirmaste con tus manos.

18 ¡El Señor reina por toda la eternidad!"

El canto de María

19 Cuando los carros y la caballería del faraón entraron en el mar, el Señor hizo que el agua del mar les cayera encima; pero los israelitas cruzaron el mar como por tierra seca. **20** Entonces la profetisa María, hermana de Aarón, tomó una pandereta, y todas las mujeres la siguieron,

---

c **14.30-31** El milagro del mar ha dejado una huella indeleble en la memoria de Israel y ha alimentado su fe a lo largo de toda su historia (cf. Dt 6.21-23; 26.8; Jos 24.6-7; 1 S 12.6). El libro de *Isaías* habla de la liberación de los cautivos en Babilonia como de un nuevo éxodo (Is 43.16-21). *a* **15.2** *Señor:* heb. *Yah,* otra forma del nombre *Yahvé,* el nombre sagrado del Dios de Israel (véase Ex 3.15 n.). *b* **15.15** Cf. Nm 20.14-21; 21.13-15.

bailando y tocando panderetas, **21**mientras ella les cantaba:

"Canten en honor al Señor,
que tuvo un triunfo maravilloso
al hundir en el mar caballos y jinetes."

El agua amarga

22Moisés hizo que los israelitas se alejaran del Mar Rojo. Entonces ellos se fueron al desierto de Sur, y durante tres días caminaron por él, sin encontrar agua. **23**Cuando llegaron a Mará, no pudieron beber el agua que allí había, porque era amarga. Por eso llamaron Mará*c* a ese lugar.

24La gente empezó a hablar mal de Moisés, y preguntaban: "¿Qué vamos a beber?" **25**Entonces Moisés pidió ayuda al Señor, y él le mostró un arbusto. Moisés echó el arbusto al agua, y el agua se volvió dulce.

Allí el Señor los puso a prueba, y les dio una ley y una norma de conducta. **26**Les dijo: "Si ponen ustedes toda su atención en lo que yo, el Señor su Dios, les digo, y si hacen lo que a mí me agrada, obedeciendo mis mandamientos y cumpliendo mis leyes, no les enviaré ninguna de las plagas que envié sobre los egipcios, pues yo soy el Señor, el que los sana a ustedes."

27Después llegaron a Elim, donde había doce manantiales de agua y setenta palmeras, y allí acamparon junto al agua.

Dios da el maná

16 **1**Toda la comunidad israelita salió de Elim y llegó al desierto de Sin, que está entre Elim y Sinaí. Era el día quince del mes segundo después de su salida de Egipto. **2**Allí, en el desierto, todos ellos comenzaron a murmurar contra Moisés y Aarón. **3**Y les decían:

—¡Ojalá el Señor nos hubiera hecho morir en Egipto! Allá nos sentábamos junto a las ollas de carne y comíamos hasta llenarnos, pero ustedes nos han traído al desierto para matarnos de hambre a todos.

4Entonces el Señor le dijo a Moisés:

—Voy a hacer que les llueva comida del cielo.*a* La gente deberá salir cada día, y recogerá solo lo necesario para ese día. Quiero ver quién obedece mis instrucciones y quién no. **5**El sexto día, cuando preparen lo que van a llevar a casa, deberán recoger el doble de lo que recogen cada día.

6Moisés y Aarón dijeron entonces a los israelitas:

—Por la tarde sabrán ustedes que el Señor fue quien los sacó de Egipto, **7**y por la mañana verán la gloria del Señor; pues ha oído que ustedes murmuraron contra él. Porque, ¿quiénes somos nosotros para que ustedes nos critiquen?

8Y Moisés añadió:

—Por la tarde el Señor les va a dar carne para comer, y por la mañana les va a dar pan en abundancia, pues ha oído que ustedes murmuraron contra él. Porque, ¿quiénes somos nosotros? Ustedes no han murmurado contra nosotros, sino contra el Señor.

9Luego Moisés le dijo a Aarón:

—Di a todos los israelitas que se acerquen a la presencia del Señor, pues él ha escuchado sus murmuraciones.

10En el momento en que Aarón estaba hablando con los israelitas, todos ellos miraron hacia el desierto, y la gloria del Señor se apareció en una nube. **11**Y el Señor se dirigió a Moisés y le dijo:

12—He oído murmurar a los israelitas. Habla con ellos y diles: 'Al atardecer, ustedes comerán carne, y por la mañana comerán pan hasta quedar satisfechos. Así sabrán que yo soy el Señor su Dios.'

13Aquella misma tarde vinieron codornices, las cuales llenaron el campamento, y por la mañana había una capa de rocío alrededor del campamento. **14**Después que el rocío se hubo evaporado, algo muy fino, parecido a la escarcha, quedó sobre la superficie del desierto. **15**Como los israelitas no sabían lo que era, al verlo se decían unos a otros: "¿Y esto qué es?"*b* Y Moisés les dijo:

—Este es el pan que el Señor les da como alimento. **16**Y esta es la orden que ha dado el

---

c **15.23** En hebreo, *Mará* significa *amarga.* *a* **16.4** Más adelante (v. 31), esta comida recibe el nombre de *maná.*
b **16.15** *¿Qué es?:* heb. *man–hu,* expresión que tiene sonido semejante al heb. *man* (*maná*) y que se da como explicación del nombre del alimento recogido (vv. 31,33). En Nm 11.7–9 se encuentra una descripción más detallada del *maná.*

Señor: Recoja cada uno de ustedes lo que necesite para comer y, según el número de personas que haya en su casa, tome más o menos dos litros por persona.

17 Los israelitas lo hicieron así. Unos recogieron más, otros menos, **18** según la medida acordada; y ni le sobró al que había recogido mucho, ni le faltó al que había recogido poco. Cada uno había recogido la cantidad que necesitaba para comer.

19 Luego Moisés les dijo:

—Nadie debe dejar nada para el día siguiente.

20 Sin embargo, algunos de ellos no hicieron caso a Moisés y dejaron algo para el otro día; pero lo que guardaron se llenó de gusanos y apestaba. Entonces Moisés se enojó con ellos.

21 Cada uno recogía por las mañanas lo que necesitaba para comer, pues el calor del sol lo derretía. **22** Pero el sexto día recogieron doble porción de comida, es decir, unos cuatro litros por persona; entonces los jefes de la comunidad fueron a contárselo a Moisés, **23** y Moisés les dijo:

—Eso es lo que el Señor ha ordenado. Mañana es sábado,[c] un reposo consagrado al Señor. Cocinen hoy lo que tengan que cocinar y hiervan lo que tengan que hervir, y guarden para mañana todo lo que les sobre.

24 De acuerdo con la orden de Moisés, ellos guardaron para el día siguiente lo que les había sobrado, y no apestaba ni se llenó de gusanos.

25 Entonces Moisés dijo:

—Cómanlo hoy, que es el sábado consagrado al Señor, pues en este día no encontrarán ustedes nada en el campo. **26** Podrán recogerlo durante seis días, pero el séptimo día, que es sábado, no habrá nada.

27 Algunos de ellos salieron el séptimo día a recoger algo, pero no encontraron nada. **28** Entonces el Señor le dijo a Moisés:

—¿Hasta cuándo van ustedes a seguir desobedeciendo mis mandamientos y mis enseñanzas? **29** Tomen en cuenta que yo, el Señor, les he dado un día de reposo; por eso el sexto día les doy comida para dos días. Así que el séptimo día cada uno debe quedarse en su casa y no salir de ella.

30 Entonces la gente reposó el día séptimo.

31 Los israelitas llamaron maná a lo que recogían. Era blanco, como semilla de cilantro, y dulce como hojuelas con miel.

32 Después Moisés dijo:

—Esta es la orden que ha dado el Señor: 'Llenen de maná una medida de dos litros, y guárdenla para sus descendientes, para que vean la comida que yo les di a ustedes en el desierto, cuando los saqué de Egipto.'

33 A Aarón le dijo:

—Toma una canasta, y pon en ella unos dos litros de maná. Ponla después en la presencia del Señor, y que se guarde para los descendientes de ustedes.

34 De acuerdo con la orden que el Señor le dio a Moisés, Aarón puso la canasta ante el arca de la alianza,[d] para que fuera guardada.

35 Los israelitas comieron maná durante cuarenta años, hasta que llegaron a tierras habitadas; es decir, lo comieron hasta que llegaron a las fronteras de la tierra de Canaán.[e]

36 (El *gomer* era la décima parte de un *efa*.)

Agua de la roca
(Nm 20.1–13)

17 **1** Toda la comunidad israelita salió del desierto de Sin, siguiendo su camino poco a poco, de acuerdo con las órdenes del Señor. Después acamparon en Refidim, pero no había agua para que el pueblo bebiera, **2** así que le reclamaron a Moisés, diciéndole:

—¡Danos agua para beber!

—¿Por qué me hacen reclamaciones a mí? ¿Por qué ponen a prueba a Dios? —contestó Moisés.

3 Pero el pueblo tenía sed, y hablaron en contra de Moisés. Decían:

—¿Para qué nos hiciste salir de Egipto? ¿Para matarnos de sed, junto con nuestros hijos y nuestros animales?

4 Moisés clamó entonces al Señor, y le dijo:

—¿Qué voy a hacer con esta gente? ¡Un poco más y me matan a pedradas!

5 Y el Señor le contestó:

—Pasa delante del pueblo, y hazte acompañar de algunos ancianos de Israel. Llévate también el bastón con que golpeaste el río, y ponte en marcha. **6** Yo estaré esperándote allá en el monte Horeb,[a] sobre la roca. Cuando golpees la roca, saldrá agua de ella para que beba la gente.

---

c **16.23** Ex 20.8–11; 31.12–17; 35.1–3. d **16.34** Ex 25.10–22; 37.1–9. e **16.35** Jos 5.12. a **17.6** *Horeb:* Llamado también monte Sinaí.

Moisés lo hizo así, a la vista de los ancianos de Israel,[b] 7y llamó a aquel lugar Meribá[c] porque los israelitas le habían hecho reclamaciones, y también lo llamó Masá[d] porque habían puesto a prueba a Dios, al decir: "¿Está o no está el Señor con nosotros?"

Guerra contra los amalecitas

8Los amalecitas se dirigieron a Refidim para pelear contra los israelitas. 9Entonces Moisés le dijo a Josué:

—Escoge algunos hombres y sal a pelear contra los amalecitas. Yo estaré mañana en lo alto del monte, con el bastón de Dios en la mano.

10Josué hizo lo que Moisés le ordenó, y salió a pelear contra los amalecitas. Mientras tanto, Moisés, Aarón y Hur subieron a lo alto del monte. 11Cuando Moisés levantaba su brazo, los israelitas dominaban en la batalla; pero cuando lo bajaba, dominaban los amalecitas. 12Pero como a Moisés se le cansaban los brazos, tomaron una piedra y se la pusieron debajo, para que se sentara en ella. Luego Aarón y Hur le sostuvieron los brazos, uno de un lado y el otro del otro. De esta manera los brazos de Moisés se mantuvieron firmes hasta que el sol se puso, 13y Josué derrotó al ejército amalecita a filo de espada.

14Entonces el Señor le dijo a Moisés:

—Escribe esto en un libro, para que sea recordado; y dile a Josué que voy a borrar por completo el recuerdo de los amalecitas.[e]

15Moisés hizo un altar, al que puso por nombre "El Señor es mi bandera", 16y dijo:

"¡La bandera del Señor en la mano!
¡El Señor está en guerra con Amalec
de una generación a otra!"

Jetró visita a Moisés

18 1Jetró, el sacerdote de Madián y suegro de Moisés,[a] supo todo lo que Dios había hecho por Moisés y por su pueblo Israel, y supo también que el Señor los había sacado de Egipto. 2Moisés había despedido a su esposa Séfora, y Jetró la había recibido a ella 3y a sus dos hijos. Uno de estos se llamaba Guersón, porque Moisés había dicho: "He sido un extranjero en tierra extraña",[b] 4y el otro se llamaba Eliézer,[c] porque había dicho: "El Dios de mi padre vino en mi ayuda, y me salvó de la espada del faraón."

5Moisés había acampado en el desierto, junto al monte de Dios, y allá fue Jetró, acompañado por la esposa y los hijos de Moisés. 6Y le dijo a Moisés:

—Yo, tu suegro Jetró, he venido a verte, junto con tu esposa y sus dos hijos.

7Moisés salió a recibir a su suegro. Se inclinó delante de él y lo besó; y después de saludarse entraron en la tienda de campaña. 8Allí Moisés le contó a su suegro todo lo que el Señor les había hecho al faraón y a los egipcios en favor de Israel, todas las dificultades que habían tenido en el camino, y la forma en que el Señor los había salvado.

9Jetró se alegró por la mucha bondad que Dios había mostrado a los israelitas al salvarlos del poder de los egipcios, 10y dijo:

—Bendito sea el Señor, que los ha librado a ustedes, pueblo de Israel, del poder del faraón y de los egipcios; que los ha librado del poder opresor 11y de la insolencia con que ellos los trataron. Ahora estoy convencido de que el Señor es más grande que todos los dioses.

12Jetró tomó un animal para quemarlo en honor de Dios, y también otras ofrendas. Luego Aarón y todos los ancianos de Israel fueron a comer con el suegro de Moisés, en presencia de Dios.

Moisés nombra otros jueces
(Dt 1.9–18)

13Al día siguiente Moisés se sentó para resolver los pleitos de los israelitas, los cuales acudían a él desde la mañana hasta la tarde. 14Al ver el trabajo que Moisés se tomaba, su suegro le dijo:

—¿Por qué te tomas todo ese trabajo? La gente acude a ti desde la mañana hasta la tarde. ¿Por qué te dedicas a atenderlos tú solo?

15Y Moisés le contestó:

—Es que el pueblo viene a verme para consultar a Dios. 16Cuando tienen dificultades

---

[b] **17.6** Nm 20.8. [c] **17.7** *Meribá* significa, en hebreo, *querella* o *pleito*. [d] **17.7** *Masá* significa, en hebreo, *prueba o proceso*. Ambos nombres, *Masá* y *Meribá*, se convirtieron en símbolos de la falta de fe de los israelitas (Dt 6.16; 9.22; 33.8; Sal 95.8–9; Heb 3.7). [e] **17.14** Cf. Dt 25.17–19; 1 S 15.2–9. [a] **18.1** *Jetró:* Véase 2.16 n.
[b] **18.3** *Guersón . . . extraña:* Véase 2.22 n. [c] **18.4** El nombre *Eliézer* significa, en hebreo, *mi Dios (es mi) ayuda*.

entre ellos, vienen a verme para que yo decida quién es el que tiene la razón; entonces yo les hago saber las leyes y enseñanzas de Dios.

17 Pero su suegro Jetró le advirtió:

—No está bien lo que haces, 18 pues te cansas tú y se cansa la gente que está contigo. La tarea sobrepasa tus fuerzas, y tú solo no vas a poder realizarla. 19 Escucha bien el consejo que te voy a dar, y que Dios te ayude. Tú debes presentarte ante Dios en lugar del pueblo, y presentarle esos problemas. 20 A ellos, instrúyelos en las leyes y enseñanzas, y hazles saber cómo deben vivir y qué deben hacer. 21 Por lo que a ti toca, escoge entre el pueblo hombres capaces, que tengan temor de Dios y que sean sinceros, hombres que no busquen ganancias mal habidas, y a unos dales autoridad sobre grupos de mil personas, a otros sobre grupos de cien, a otros sobre grupos de cincuenta y a otros sobre grupos de diez. 22 Ellos dictarán sentencia entre el pueblo en todo momento; los problemas grandes te los traerán a ti, y los problemas pequeños los atenderán ellos. Así te quitarás ese peso de encima, y ellos te ayudarán a llevarlo. 23 Si pones esto en práctica, y si Dios así te lo ordena, podrás resistir; la gente, por su parte, se irá feliz a su casa.

24 Moisés le hizo caso a su suegro y puso en práctica todo lo que le había dicho: 25 escogió a los hombres más capaces de Israel, y les dio autoridad sobre grupos de mil personas, de cien, de cincuenta y de diez. 26 Ellos dictaban sentencia entre el pueblo en todo momento; los problemas difíciles se los llevaban a Moisés, pero todos los problemas de menor importancia los resolvían ellos mismos. 27 Después Moisés y su suegro se despidieron, y su suegro regresó a su país.

Los israelitas llegan al Sinaí

19 1 Los israelitas llegaron al desierto del Sinaí al tercer mes de haber salido de Egipto. 2 Después de salir de Refidim, llegaron al desierto del Sinaí y acamparon allí mismo, frente al monte. 3 Allí Moisés subió a encontrarse con Dios, pues el Señor lo llamó desde el monte y le dijo:

—Anúnciales estas mismas palabras a los descendientes de Jacob, a los israelitas: 4 'Ustedes han visto lo que yo hice con los egipcios, y cómo los he traído a ustedes a donde yo estoy, como si vinieran sobre las alas de un águila. 5 Así que, si ustedes me obedecen en todo y cumplen mi alianza, serán mi pueblo preferido[a] entre todos los pueblos, pues toda la tierra me pertenece. 6 Ustedes me serán un reino de sacerdotes, un pueblo consagrado a mí.'[b] Diles todo esto a los israelitas.

7 Moisés fue y llamó a los ancianos del pueblo, y les expuso todo lo que el Señor le había ordenado. 8 Entonces los israelitas contestaron a una voz:

—Haremos todo lo que el Señor ha ordenado.

Moisés llevó entonces al Señor la respuesta del pueblo, 9 y el Señor le dijo:

—Mira, voy a presentarme ante ti en medio de una nube espesa, para que la gente me oiga hablar contigo y así tengan siempre confianza en ti.

Moisés le repitió al Señor la respuesta del pueblo, 10 y el Señor le dijo:

—Ve y prepara al pueblo hoy y mañana para que me rinda culto. Deben lavarse la ropa 11 y prepararse para pasado mañana, porque pasado mañana bajaré yo, el Señor, al monte Sinaí, a la vista de todo el pueblo. 12 Pon límites alrededor del monte para que la gente no pase, y diles que respeten el monte y que no suban a él ni se acerquen a sus alrededores, porque todo el que se acerque será condenado a muerte. 13 Pero nadie debe ponerle la mano encima, sino que tendrán que matarlo a pedradas o a flechazos. No importa si es un hombre o un animal, no se le deberá dejar con vida. La gente podrá subir al monte solo cuando se oiga el toque del cuerno de carnero.

14 Moisés bajó del monte a preparar al pueblo para que rindiera culto a Dios. La gente se lavó la ropa, 15 y Moisés les dijo:

—Prepárense para pasado mañana, y mientras tanto no tengan relaciones sexuales.

16 Al amanecer del tercer día hubo relámpagos y truenos, y una espesa nube se posó sobre el monte. Un fuerte sonido de trompetas hizo que todos en el campamento temblaran de miedo. 17 Entonces Moisés llevó al pueblo fuera del campamento para encontrarse con Dios, y se detuvieron al pie del monte. 18 Todo el monte Sinaí echaba humo debido a que el

---

a **19.5** Dt 7.6; 14.2; 26.18; Sal 135.4. *b* **19.6** 1 P 2.9; Ap 1.6.

Señor había bajado a él en medio de fuego. El humo subía como de un horno, y todo el monte temblaba violentamente. 19 El sonido de trompetas fue haciéndose cada vez más fuerte; Moisés hablaba, y Dios le contestaba con voz de trueno.

20 El Señor bajó a la parte más alta del monte Sinaí, y le pidió a Moisés que subiera a ese mismo lugar. Moisés subió, 21 y el Señor le dijo:

—Baja y adviértele a la gente que no pase del límite ni trate de verme, no sea que muchos de ellos caigan muertos. 22 Aun los sacerdotes, que pueden acercarse a mí, deberán purificarse, no sea que yo haga destrozos entre ellos.

23 Moisés le contestó al Señor:

—El pueblo no se atreverá a subir a este monte Sinaí, pues tú nos ordenaste ponerle un límite y declararlo sagrado.

24 Pero el Señor le dijo:

—Anda, baja; después subirás con Aarón. Pero los sacerdotes y el pueblo no deben pasar del límite para subir a donde yo estoy, no sea que yo haga destrozos entre ellos.

25 Moisés bajó y repitió esto a los israelitas.

Los diez mandamientos[a]
(Dt 5.1–21)

20 1 Dios habló, y dijo todas estas palabras:

2 "Yo soy el Señor tu Dios, que te sacó de Egipto, donde eras esclavo.

3 "No tengas otros dioses aparte de mí.[b]

4 "No te hagas ningún ídolo ni figura de lo que hay arriba en el cielo, ni de lo que hay abajo en la tierra, ni de lo que hay en el mar debajo de la tierra. 5 No te inclines delante de ellos ni les rindas culto, porque yo soy el Señor tu Dios, Dios celoso que castiga la maldad de los padres que me odian, en sus hijos, nietos y bisnietos; 6 pero que trato con amor por mil generaciones a los que me aman y cumplen mis mandamientos.

7 "No hagas mal uso del nombre del Señor tu Dios, pues él no dejará sin castigo al que use mal su nombre.

8 "Acuérdate del sábado, para consagrarlo al Señor. 9 Trabaja seis días y haz en ellos todo lo que tengas que hacer, 10 pero el séptimo día es de reposo consagrado al Señor tu Dios. No hagas ningún trabajo en ese día, ni tampoco tu hijo, ni tu hija, ni tu esclavo, ni tu esclava, ni tus animales, ni el extranjero que viva contigo. 11 Porque el Señor hizo en seis días el cielo, la tierra, el mar y todo lo que hay en ellos, y descansó el día séptimo. Por eso el Señor bendijo el sábado y lo declaró día sagrado.[c]

12 "Honra a tu padre y a tu madre, para que vivas una larga vida en la tierra que te da el Señor tu Dios.

13 "No mates.

14 "No cometas adulterio.

15 "No robes.

16 "No digas mentiras en perjuicio de tu prójimo.

17 "No codicies la casa de tu prójimo: no codicies su mujer, ni su esclavo, ni su esclava, ni su buey, ni su asno, ni nada que le pertenezca."

Los israelitas sienten temor de Dios
(Dt 5.22–33)

18 Todos los israelitas fueron testigos de los truenos y relámpagos, del sonido de trompetas y del monte envuelto en humo; pero tenían miedo y se mantenían alejados. 19 Así que le dijeron a Moisés:

—Háblanos tú, y obedeceremos; pero que no nos hable Dios, no sea que muramos.

20 Y Moisés les contestó:

—No tengan miedo. Dios ha venido para ponerlos a prueba y para que siempre sientan temor de él, a fin de que no pequen.

21 Y mientras el pueblo se mantenía alejado, Moisés se acercó a la nube oscura en la que estaba Dios.

La ley para el altar

22 El Señor le dijo a Moisés:

"Di lo siguiente a los israelitas: 'Ya ustedes han visto que he hablado desde el cielo con ustedes. 23 No hagan ídolos de oro o plata para adorarlos como a mí. 24 Háganme un altar de tierra, y ofrézcanme en él los animales de sus rebaños y ganados como holocaustos y sacrificios de reconciliación. Yo vendré y los bendeciré en cada lugar en el que yo quiera que se recuerde mi nombre. 25 Y si me hacen un altar

---

[a] **20.1–17** Los diez mandamientos se llaman, en el original hebreo de Ex 34.28; Dt 4.13 y 10.4, *las diez palabras,* expresión de la que proviene, a través del griego, el término *decálogo.* El texto del Decálogo, con algunas variantes, se encuentra dos veces en el AT: aquí y en Dt 5.6–21. [b] **20.3** *Aparte de mí:* o bien, *delante de mí, frente a mí, en mi presencia.* [c] **20.11** Gn 2.1–3.

de piedras, que no sea de piedras labradas, porque al labrar la piedra con herramientas se la hace indigna de un altar. 26 Y mi altar no debe tener escalones, para que al subir ustedes no muestren la parte desnuda del cuerpo.'

Leyes acerca de los esclavos
(Dt 15.12–18)

21 1 "Estas son las leyes que les darás: 2 "Si compras un esclavo hebreo, trabajará durante seis años, pero al séptimo año quedará libre, sin que tenga que pagar nada por su libertad. 3 Si llegó solo, se irá solo; si tenía mujer, su mujer se irá con él; 4 si su amo le da una mujer, y ella le da hijos o hijas, la mujer y los hijos serán de su amo y el esclavo se irá solo. 5 Pero si el esclavo no acepta su libertad porque ama a su mujer, a sus hijos y a su amo, 6 entonces el amo lo llevará ante Dios, lo arrimará a la puerta o al marco de la puerta, y con un punzón le atravesará la oreja. Así será esclavo suyo para siempre.

7 "Si alguien vende a su hija como esclava, ella no saldrá libre como los esclavos varones. 8 Si el amo decide no tomarla por esposa, porque la muchacha no le gusta, deberá permitir que paguen su rescate; pero aunque la rechace, no podrá venderla a ningún extranjero.ª 9 Si la da por esposa a su hijo, deberá tratarla como a una hija. 10 Si toma otra esposa, no deberá reducirle a la primera ni la comida, ni la ropa, ni sus derechos de esposa. 11 Pero si no le da ninguna de estas tres cosas, ella quedará libre, sin tener que pagar nada por su libertad.

Leyes contra acciones violentas

12 "El que hiera a alguien, y lo mate, será condenado a muerte. 13 Pero si no lo hizo a propósito, sino que de Dios estaba que muriera, yo te diré después a qué lugar podrá ir a refugiarse.ᵇ 14 Pero al que se enoje con su prójimo y lo mate a sangre fría, lo buscarás aunque se refugie en mi altar, y lo condenarás a muerte.

15 "El que hiera a su padre o a su madre, será condenado a muerte.

16 "El que secuestre a una persona, ya sea que la haya vendido o que aún la tenga en su poder, será condenado a muerte.

17 "El que insulte a su padre o a su madre, será condenado a muerte.

18 "En casos de peleas, si un hombre hiere a otro de una pedrada o de un puñetazo, y lo hace caer en cama, pero no lo mata, 19 el que hirió será declarado inocente solo si el herido se levanta y puede salir a la calle con ayuda de un bastón, pero tendrá que pagarle las curaciones y el tiempo perdido.

20 "Si alguien golpea con un palo a su esclavo o esclava, y lo mata, deberá hacérsele pagar su crimen. 21 Pero si vive un día o más, ya no se le castigará, pues el esclavo es de su propiedad.

22 "Si dos hombres se pelean y llegan a lastimar a una mujer embarazada, haciéndola abortar, pero sin poner en peligro su vida, el culpable deberá pagar de multa lo que el marido de la mujer exija, según la decisión de los jueces. 23 Pero si la vida de la mujer es puesta en peligro, se exigirá vida por vida, 24 ojo por ojo, diente por diente, mano por mano, pie por pie, 25 quemadura por quemadura, herida por herida, golpe por golpe.ᶜ

26 "Si alguien golpea en el ojo a su esclavo o esclava, y lo deja tuerto, tendrá que darle la libertad a cambio de su ojo. 27 Si le tumba un diente, también tendrá que darle la libertad a cambio de su diente.

Leyes en caso de accidentes

28 "Si un buey embiste a un hombre o a una mujer, y lo mata, se matará al buey a pedradas y no se comerá su carne, pero no se castigará al dueño del buey. 29 Pero si el buey tenía ya la costumbre de embestir, y llega a matar a alguien, se le matará a pedradas, lo mismo que al dueño, si es que el dueño lo sabía pero no hacía caso. 30 Si en vez de la pena de muerte le imponen una multa, tendrá que pagar la multa que le impongan a cambio de su vida. 31 Esta misma ley vale en caso de que el embestido sea un muchacho o una muchacha. 32 Y si el buey

---

ª **21.8** *Aunque la rechace . . . extranjero:* otra posible traducción: *no podrá venderla a ningún extranjero, porque eso es cometer con ella un fraude.* ᵇ **21.13** Nm 35.10–29; Dt 19.1–13; Jos 20.1–9. ᶜ **21.23–25** Esta ley, que solo aparece aquí y en dos textos más del AT, Lv 24.19–20 y Dt 19.21, fue llamada posteriormente "ley del talión". La intención de la ley es evitar que el culpable sufra una pena más allá de la que se merece. Si alguna persona causó la pérdida del ojo a otra, el castigo debe ser proporcional a la falta; el culpable deberá pagar con su propio ojo, pero nada más. Es decir, nadie es digno de muerte si su culpa no la merece. Cf. Mt 5.38.

embiste a un esclavo o a una esclava, se matará al buey a pedradas, y al amo del esclavo o de la esclava se le darán como pago treinta monedas de plata.

33 "Si alguien deja abierto un pozo, o hace un pozo y no lo tapa, y en él se cae un buey o un asno, 34 el dueño del pozo tendrá que compensar al dueño del animal por esa pérdida, pero podrá quedarse con el animal muerto.

35 "Si el buey de alguien embiste y mata al buey de otro hombre, venderán el buey vivo y se repartirán por mitad el dinero y la carne del buey muerto. 36 Pero si se sabe que el buey ha tenido la costumbre de embestir y su dueño no hacía caso, tendrá que compensar al otro dueño con un buey vivo a cambio del muerto, y el buey muerto será para él.

Leyes para reparar daños

22 1 "En caso de que alguien robe un buey o una oveja, y lo mate o lo venda, tendrá que pagar cinco reses por el buey y cuatro ovejas por la oveja.

2 "Si un ladrón es sorprendido en el momento del robo, y se le hiere y muere, su muerte no se considerará un asesinato. 3 Pero si ya es de día, su muerte sí se considerará un asesinato.

"El que robe tendrá que pagar el precio de lo que haya robado, pero si no tiene dinero, él mismo será vendido para pagar lo robado.

4 "Si se le encuentra el animal robado en su poder y con vida, tendrá que pagar el doble, ya sea un buey, un asno, o una oveja.

5 "Si alguien suelta a sus animales para que pasten en un campo o viñedo, y sus animales pastan en el campo de otro, tendrá que pagar el daño con lo mejor de su propio campo o de su propio viñedo.

6 "Si alguien hace fuego, y el fuego se extiende a las zarzas y quema el trigo amontonado, o el que está por cosecharse, o toda la siembra, esa persona tendrá que pagar los daños causados por el fuego.

7 "Si alguien le confía a otra persona dinero o cosas de valor, y a esa persona se los roban de su propia casa, el ladrón tendrá que pagar el doble, si es que lo encuentran; 8 pero si no lo encuentran, entonces el dueño de la casa será llevado ante Dios para ver si no ha echado mano de lo que el otro le confió.

9 "Si alguien se apropia de un buey, un asno o una oveja, o de algún vestido o cualquier otra cosa que se haya perdido y que alguno reclame como suyos, el caso de esas dos personas se llevará ante Dios, y el que resulte culpable pagará el doble al otro.

10 "Si alguien le confía a otra persona un asno, un buey o una oveja, o cualquier otro animal, y ese animal muere, o es lastimado, o es robado sin que nadie lo vea, 11 esa persona hará un juramento al dueño, en el nombre del Señor, de que no echó mano de lo que el otro le confió. El dueño aceptará su palabra, y el otro no pagará nada. 12 Pero si le robaron el animal ante sus propios ojos, tendrá que pagárselo al dueño. 13 Si el animal fue despedazado por un animal salvaje, para no pagar nada se deberán presentar como prueba los restos del animal muerto.

14 "Si alguien pide a otro que le preste un animal, y el animal muere o resulta lastimado sin estar presente el dueño, el que lo pidió prestado tendrá que pagar el daño; 15 pero si el dueño está presente, no tendrá que pagar nada. Si el animal había sido alquilado, el costo del alquiler será el único pago.

Leyes morales y religiosas

16 "En caso de que alguien seduzca a una mujer virgen que no esté comprometida, y la deshonre, tendrá que pagar la compensación acostumbrada y casarse con ella. 17 Aun si el padre de la joven no quiere dársela como esposa, tendrá que pagar la dote que se acostumbra dar por una mujer virgen.

18 "No dejes con vida a ninguna hechicera.

19 "El que se entregue a actos sexuales con un animal, será condenado a muerte.

20 "El que ofrezca sacrificios a otros dioses, en vez de ofrecérselos solamente al Señor, será condenado a muerte.[a]

21 "No maltrates ni oprimas al extranjero, porque ustedes también fueron extranjeros en Egipto.

22 "No maltrates a las viudas ni a los huérfanos, 23 porque si los maltratas y ellos me piden ayuda, yo iré en su ayuda, 24 y con gran furia, a golpe de espada, les quitaré a ustedes la vida. Entonces quienes se quedarán viudas y huérfanos serán las mujeres y los hijos de ustedes.

---

[a] **22.20** *Condenado a muerte:* la expresión se refiere a la costumbre de consagrar algo a Dios destruyéndolo por completo. Algunas versiones traducen *será anatema,* empleando una palabra griega que tiene el mismo sentido.

25 "Si le prestas dinero a alguna persona pobre de mi pueblo que viva contigo, no te portes con ella como un prestamista, ni le cobres intereses. 26 Si esa persona te da su ropa como garantía del préstamo, devuélvesela al ponerse el sol, 27 porque esa ropa es lo único que tiene para protegerse del frío. Si no, ¿sobre qué va a acostarse? Y si él me pide ayuda, en su ayuda iré, porque yo sé tener compasión.

28 "Nunca ofendas a Dios,*b* ni maldigas al que gobierna a tu pueblo.

29 "No tardes en traerme ofrendas de todas tus cosechas y de todo tu vino.*c*

"Tu primer hijo me lo darás, 30 lo mismo que la primera cría de tus vacas y de tus ovejas. Pueden quedarse siete días con su madre, pero a los ocho días de nacidos me los darás.

31 "Ustedes deben ser hombres consagrados a mí.

"No coman la carne de animales despedazados por las fieras en el campo;*d* échensela a los perros.

Leyes para hacer justicia

23 1 "No des informes falsos, ni te hagas cómplice del malvado para ser testigo en favor de una injusticia.

2 "No sigas a la mayoría en su maldad.

"Cuando hagas declaraciones en un caso legal, no te dejes llevar por la mayoría, inclinándote por lo que no es justo; 3 pero tampoco favorezcas indebidamente las demandas del pobre.

4 "Si encuentras el buey o el asno que tu enemigo había perdido, devuélveselo. 5 No dejes de ayudar a aquel que te odia; si ves que su asno cae bajo el peso de la carga, ayúdale a quitar la carga de encima.

6 "No le desconozcas al pobre sus derechos en un asunto legal.

7 "Apártate de las acusaciones falsas y no condenes a muerte al hombre inocente y sin culpa, porque yo no declararé inocente al culpable.

8 "No aceptes soborno, porque el soborno vuelve ciegos a los hombres y hace que los inocentes pierdan el caso.

9 "No oprimas al extranjero, pues ustedes fueron extranjeros en Egipto y ya saben lo que es vivir en otro país.

Descanso obligatorio

10 "Cultiva la tierra y recoge las cosechas durante seis años, 11 pero el séptimo año no la cultives: déjala descansar para que la gente pobre de tu país coma de ella, y para que los animales salvajes se coman lo que sobre. Haz lo mismo con tus viñedos y tus olivos.

12 "Haz durante seis días todo lo que tengas que hacer, pero descansa el día séptimo, para que descansen también tu buey y tu asno, y recobren sus fuerzas tu esclavo y el extranjero.

13 "Cumplan con todo lo que les he dicho, y que jamás se escuche en labios de ustedes el nombre de otros dioses.

Las tres grandes fiestas
(Ex 34.18–26; Dt 16.1–17)

14 "Haz fiesta en mi honor tres veces al año. 15 Celebra la fiesta del pan sin levadura*a* y, de acuerdo con lo que te he ordenado, come en ella pan sin levadura durante siete días. La fecha señalada es el mes de Abib, porque en ese mes saliste de Egipto. Y nadie podrá venir a verme, si no trae algo.

16 "Celebra también la fiesta de la cosecha, de los primeros frutos de lo que sembraste en el campo,*b* lo mismo que la fiesta de la cosecha de fin de año, cuando coseches todo lo que hayas sembrado.*c*

17 "Todos los hombres deben presentarse ante el Señor tres veces al año.

18 "Cuando me hagas sacrificios de animales, no ofrezcas juntos su sangre y el pan con levadura, ni guardes su grasa para el día siguiente.

19 "Los mejores primeros frutos de tu tierra debes llevarlos al templo del Señor tu Dios.

"No cocines cabritos en la leche de su madre.

---

b **22.28** La blasfemia se castigaba con la pena capital (Lv 24.15–16). *c* **22.29** Lv 23.9–14; Dt 26.1–11.
d **22.31** Esta *carne* era considerada impura porque no había sido debidamente desangrada. Cf. Hch 15.29.
a **23.15** Ex 12.14–20; Lv 23.6–8; Nm 28.17–25. *Fiesta del pan sin levadura,* o *de los panes ácimos,* celebrada a continuación de la Pascua. *b* **23.16** Esta primera *fiesta de la cosecha,* o *fiesta de las semanas,* se realizaba en el mes de junio para celebrar la cosecha del trigo (Lv 23.15–21; Nm 28.26–31). Más tarde se la llamó fiesta de Pentecostés (Hch 2.1). *c* **23.16** La *fiesta de la cosecha de fin de año* también se llamaba fiesta de las Enramadas. Cf. Lv 23.33–43.

El ángel del Señor

20 "Mira, yo enviaré mi ángel delante de ti, para que te cuide en el camino y te lleve al lugar que te he preparado. 21 No te alejes de él; obedécelo y no le seas rebelde, porque él actúa en mi nombre y no perdonará los pecados de ustedes. 22 Pero si de veras le obedeces y haces todo lo que yo he ordenado, seré enemigo de tus enemigos y me opondré a quienes se te opongan. 23 Mi ángel irá delante de ti, y te llevará al país de los amorreos, hititas, ferezeos, cananeos, heveos y jebuseos, a quienes yo arrancaré de raíz. 24 No sigas el mal ejemplo de esos pueblos. No te arrodilles ante sus dioses, ni los adores; al contrario, destruye por completo sus ídolos y piedras sagradas. 25 Adora al Señor tu Dios, y él bendecirá tu pan y tu agua.

"Yo alejaré de ti la enfermedad, 26 y haré que no mueras antes de tiempo. No habrá en tu país ninguna mujer que aborte o que sea estéril.

27 "Yo haré que se extienda el miedo y los gritos de angustia delante de ti, en cualquier nación por donde pases, y haré que tus enemigos huyan ante ti. 28 Haré que el pánico se extienda a tu paso, y así huirán de tu presencia los heveos, los hititas y los cananeos. 29 No los arrojaré de tu presencia en un año, para que la tierra no se eche a perder ni aumenten los animales salvajes y te hagan daño. 30 Los arrojaré de tu presencia poco a poco, hasta que tengas muchos hijos y tomes posesión de la tierra. 31 Tus fronteras las he marcado así: desde el Mar Rojo hasta el mar de los filisteos, y desde el desierto hasta el río Éufrates. Yo he puesto en tus manos a los habitantes de ese país, y tú los arrojarás de tu presencia.

32 "No entres en tratos con ellos ni con sus dioses, 33 ni los dejes quedarse en tu país, para que no te hagan pecar contra mí. Pues llegarías a adorar a sus dioses, y eso sería tu perdición."

Confirmación de la alianza

24 1 El Señor le dijo a Moisés:

—Sube con Aarón, Nadab y Abihú, y con setenta de los ancianos de Israel, al lugar donde yo estoy; pero quédense a cierta distancia, y arrodíllense allí. 2 Solo tú podrás acercarte a mí; los demás no deberán acercarse, ni la gente subirá contigo.

3 Moisés fue y le contó al pueblo todo lo que el Señor había dicho y ordenado, y todos a una voz contestaron:

—¡Haremos todo lo que el Señor ha ordenado!

4 Entonces Moisés escribió todo lo que el Señor había dicho, y al día siguiente, muy temprano, se levantó y construyó un altar al pie del monte, y colocó doce piedras sagradas, una por cada tribu de Israel. 5 Luego mandó a unos jóvenes israelitas que mataran toros y los ofrecieran al Señor como holocaustos y sacrificios de reconciliación. 6 Moisés tomó la mitad de la sangre y la echó en unos tazones, y la otra mitad la roció sobre el altar. 7 Después tomó el libro de la alianza y se lo leyó al pueblo, y ellos dijeron:

—Pondremos toda nuestra atención en hacer lo que el Señor ha ordenado.

8 Entonces Moisés tomó la sangre y, rociándola sobre la gente, dijo:

—Esta es la sangre que confirma la alianza que el Señor ha hecho con ustedes, sobre la base de todas estas palabras.

9 Moisés subió al monte con Aarón, Nadab, Abihú y setenta ancianos de Israel. 10 Allí vieron al Dios de Israel: bajo sus pies había algo brillante como un piso de zafiro y claro como el mismo cielo.

11 Dios no les hizo daño a estos hombres notables de Israel, los cuales vieron a Dios, y comieron y bebieron.

Moisés en el monte Sinaí

12 El Señor le dijo a Moisés:

—Sube al monte, donde yo estoy, y espérame allí, pues voy a darte unas tablas de piedra en las que he escrito la ley y los mandamientos para instruir a los israelitas.

13 Moisés se levantó y subió al monte de Dios, junto con su ayudante Josué. 14 A los ancianos les dijo:

—Espérennos en este lugar, hasta que regresemos. Aquí se quedan Aarón y Hur con ustedes, y si alguien tiene algún problema, que se lo presente a ellos.

15 Dicho esto, Moisés subió al monte, el cual quedó cubierto por una nube. 16 La gloria del Señor vino a posarse sobre el monte Sinaí, y durante seis días la nube lo cubrió. Al séptimo día el Señor llamó a Moisés desde la nube. 17 La gloria del Señor se presentó a los ojos de los israelitas como un fuego devorador, sobre la parte más alta del monte. 18 Moisés entró en la nube, subió al monte, y allí se quedó cuarenta días y cuarenta noches.

Ofrendas para el santuario
(Ex 35.4–9)

25 1 El Señor se dirigió a Moisés y le dijo: 2 "Di a los israelitas que recojan una ofrenda para mí. Deben recogerla entre todos los que quieran darla voluntariamente y de corazón; 3 y lo que deben recoger es lo siguiente: oro, plata, cobre, 4 tela morada, tela de púrpura, tela roja, lino fino, pelo de cabra, 5 pieles de carnero teñidas de rojo, pieles finas,[a] madera de acacia, 6 aceite para lámparas, perfumes para el aceite de consagrar y para el incienso aromático, 7 y piedras de cornalina y otras piedras finas para montarlas en el efod y el pectoral[b] del sumo sacerdote. 8 Y háganme un santuario para que yo habite entre ellos. 9 Pero ese lugar donde yo he de habitar, y todos sus muebles, tienes que hacerlos exactamente iguales a los que te voy a mostrar.

El arca de la alianza
(Ex 37.1–9)

10 "Haz un arca de madera de acacia, que mida un metro y diez centímetros de largo, sesenta y cinco centímetros de ancho, y sesenta y cinco centímetros de alto. 11 Recúbrela de oro puro por dentro y por fuera, y ponle un ribete de oro alrededor. 12 Hazle también cuatro argollas de oro, y pónselas en las cuatro patas, dos de un lado y dos del otro. 13 Haz también travesaños de madera de acacia, recúbrelos de oro, 14 y pásalos a través de las argollas que están a los costados del arca, para que pueda ser levantada con ellos, 15 y ya no vuelvas a quitarlos; déjalos ahí, en las argollas del arca, 16 y coloca en el arca la ley que te voy a dar.[c]

17 "Haz una tapa de oro puro, que mida un metro y diez centímetros de largo por sesenta y cinco centímetros de ancho, 18 con dos seres alados[d] de oro labrado a martillo en los dos extremos. 19 La tapa y los seres alados deben ser de una sola pieza; uno de ellos estará en un extremo de la tapa y el otro en el otro extremo, 20 el uno frente al otro, pero con la cara hacia la tapa, y sus alas deben quedar extendidas por encima de la tapa cubriéndola con ellas. 21 Coloca después la tapa sobre el arca, y pon dentro del arca la ley que te voy a dar. 22 Allí me encontraré contigo y, desde lo alto de la tapa, de entre los dos seres alados que están sobre el arca de la alianza, te haré saber todas mis órdenes para los israelitas.

La mesa para el pan de la presencia
(Ex 37.10–16)

23 "Haz una mesa de madera de acacia, que mida noventa centímetros de largo, cuarenta y cinco centímetros de ancho, y sesenta y cinco centímetros de alto. 24 Recúbrela de oro puro, y ponle un ribete de oro alrededor. 25 Hazla con un entrepaño de siete centímetros de ancho, y ponle al entrepaño un ribete de oro; 26 haz también cuatro argollas de oro, y pónselas en las cuatro esquinas que corresponden a las cuatro patas, 27 de tal manera que queden junto al entrepaño, para que se pasen los travesaños por ellos y se pueda llevar la mesa. 28 Haz de madera de acacia los travesaños con los que se ha de llevar la mesa, y recúbrelos de oro, 29 y haz de oro puro sus platos, cucharones, jarras y copas para las ofrendas de líquidos. 30 Pon siempre en la mesa, en presencia mía, el pan que se me consagra.

El candelabro de oro
(Ex 37.17–24)

31 "Haz también un candelabro de oro puro labrado a martillo. Su base, tronco, copas, cálices y pétalos formarán una sola pieza, 32 y de los costados le saldrán seis brazos, tres de un lado y tres del otro. 33 Cada uno de los seis brazos que salen del tronco del candelabro deberá tener tres copas en forma de flor de almendro, con su cáliz y sus pétalos, 34 y el tronco mismo tendrá cuatro copas, también en forma de flor de almendro, con su cáliz y sus

---

[a] **25.5** *Pieles finas:* traducción probable (aquí y en Ex 26.14; 35.7,23; 36.19; Nm 4.6, etc.). Algunos traducen *pieles de delfín* o de *vaca marina;* el primero de estos mamíferos se encuentra en el Mediterráneo y el segundo abunda en el Mar Rojo y en el Golfo de Aqaba. [b] **25.7** Para una descripción detallada del *efod* y del *pectoral,* léase Ex 28.6–8,15–30. [c] **25.16** *La ley que te voy a dar:* Se refiere a las tablas donde estaban inscritos los diez mandamientos. [d] **25.18** *Seres alados:* heb. *kerubim,* palabra traducida usualmente por *querubines.* La descripción que hace el profeta Ezequiel (1.5–14) los muestra con cara humana y cuerpo de animal, generalmente de león o de toro. El AT atribuye distintas funciones a estos *seres alados:* guardianes del jardín de Edén (Gn 3.24), soportes del trono del Señor (1 S 4.4) y portadores del vehículo donde se manifiesta su gloria (Ez 1.22–28).

pétalos. 35Cada uno de los tres pares de brazos que salen del candelabro tendrá un cáliz en su parte inferior. 36Los cálices y los brazos deberán formar una sola pieza con el candelabro, el cual ha de ser de oro puro labrado a martillo. 37Hazle también siete lámparas, y colócalas de tal modo que alumbren hacia el frente, 38y que sus tenazas y platillos sean también de oro puro. 39Usa treinta y tres kilos de oro puro para hacer el candelabro y todos sus utensilios, 40y pon tu atención en hacerlos iguales a los modelos que se te mostraron en el monte.

El santuario[a]
(Ex 36.8–38)

26 1"Haz el santuario con diez cortinas de lino torcido, tela morada, tela de púrpura y tela roja; borda en ellas artísticamente dos seres alados. 2Todas estas cortinas deben tener la misma medida: doce metros y medio de largo por dos de ancho. 3Cose cinco cortinas juntas, una sobre la otra, lo mismo que las otras cinco, 4y pon unos ojales de cordón morado en el borde de la primera cortina de un grupo, y también en el borde de la última cortina del otro grupo. 5Tanto a la cortina del primer grupo como a la del segundo, debes hacerles cincuenta ojales, de manera que queden uno frente al otro. 6Haz también cincuenta ganchos de oro para enganchar un grupo de cortinas al otro, de modo que el santuario forme un todo.

7"Haz también once cortinas de pelo de cabra para formar una tienda de campaña que cubra el santuario. 8Todas estas cortinas deben tener la misma medida: trece metros y medio de largo por dos de ancho. 9Cose cinco cortinas juntas por una parte, y seis por otra, y dobla la sexta cortina por la parte delantera de la tienda de campaña. 10Haz luego cincuenta ojales en el borde de la cortina que cierra el primer grupo, y otros cincuenta ojales en el borde de la cortina del segundo grupo. 11Haz también cincuenta ganchos de bronce y engánchalos en los ojales, de modo que la tienda de campaña forme un todo. 12Y como las cortinas de la tienda son más largas, la mitad de la parte sobrante quedará colgando a espaldas del santuario. 13Así el santuario quedará cubierto por el largo sobrante, que colgará de los dos lados:

cuarenta y cinco centímetros de un lado y cuarenta y cinco centímetros del otro.

14"Haz para la tienda de campaña una cubierta de pieles de carnero teñidas de rojo, y una cubierta de pieles finas para la parte superior.

15"Haz unas tablas de madera de acacia, para el santuario, y ponlas bien derechas. 16Cada tabla debe medir cuatro metros y medio de largo por sesenta y cinco centímetros de ancho, 17y tener dos espigas para que cada tabla quede ensamblada con la otra. Haz así todas las tablas para el santuario. 18Cuando las hagas, haz veinte tablas para el lado sur, 19y pon cuarenta bases de plata debajo de ellas. Cada tabla debe tener dos bases debajo, para sus dos espigas.

20"También para el otro lado del santuario, o sea el lado norte, harás veinte tablas 21con sus cuarenta bases de plata, para que debajo de cada tabla haya dos bases. 22Para la parte posterior del santuario, o sea el lado oeste, haz seis tablas, 23y dos tablas más para las esquinas de la parte posterior. 24Estas tablas deben formar pareja y quedar unidas por la parte de arriba hasta el primer anillo. Así ha de hacerse con las dos tablas para las dos esquinas. 25Habrá entonces ocho tablas con sus correspondientes dieciséis bases de plata, o sea dos bases debajo de cada tabla.

26"Haz cinco travesaños de madera de acacia para las tablas de un lado del santuario, 27cinco travesaños para las tablas del otro lado y otros cinco travesaños para las tablas de la parte trasera, la que da al oeste. 28El travesaño central tiene que pasar de un lado a otro, a la mitad de las tablas. 29Después recubre de oro las tablas, y hazles argollas de oro para que los travesaños, ya recubiertos de oro, pasen a través de ellas. 30En fin, construye el santuario exactamente igual al modelo que se te mostró en el monte.

31"Haz un velo de tela morada, tela de púrpura, tela roja y lino torcido, y borda artísticamente dos seres alados en él. 32Y luego, con unos ganchos de oro, cuélgalo de cuatro postes de madera de acacia, que deben estar recubiertos de oro, y sobre cuatro bases de plata. 33Cuelga entonces el velo debajo de los ganchos, y allí, tras el velo, pon el arca de la alianza. Así la cortina les servirá a ustedes de división entre el Lugar Santo y el Lugar Santísimo.

---

[a] **26.1–37** *El santuario:* En esta versión se llama también *tienda del encuentro con Dios.*

34 Coloca después la tapa sobre el arca de la alianza, en el Lugar Santísimo. **35** Pon la mesa fuera del velo, en el lado norte del santuario, y el candelabro en el lado sur, frente a la mesa.

36 "Haz para la entrada de la tienda de campaña una cortina de tela morada, tela de púrpura, tela roja y lino torcido, bordada artísticamente. **37** Haz también, para la cortina, cinco postes de madera de acacia recubiertos de oro, con sus ganchos de oro, y funde cinco bases de bronce para los postes.

El altar de bronce
(Ex 38.1-7)

27 **1** "Haz un altar cuadrado, de madera de acacia, que mida dos metros y veinticinco centímetros por cada lado, y un metro y veinticinco centímetros de alto. **2** Hazle cuatro cuernos para sus cuatro esquinas, los cuales deben formar una sola pieza con el altar, y recubre de bronce el altar. **3** Todos los utensilios del altar han de ser de bronce: los ceniceros, las palas, los tazones, los tenedores y los braseros. **4** Hazle también una rejilla de bronce, y pon cuatro argollas de bronce en las cuatro·esquinas de la rejilla. **5** Coloca después la rejilla debajo del borde del altar, para que quede a media altura del altar. **6** Haz también para el altar unos travesaños de madera de acacia, y recúbrelos de bronce. **7** Los travesaños deben pasar a través de las argollas y quedarse en los dos costados del altar, para que se pueda transportar. **8** El altar ha de ser hueco y de madera, igual al que viste en el monte.

El patio del santuario
(Ex 38.9-20)

9 "Haz un patio para el santuario. Por el lado sur, el patio debe tener cortinas de lino torcido, extendidas a lo largo de cuarenta y cinco metros. **10** Sus veinte postes y sus veinte bases serán de bronce, y sus ganchos y anillos serán de plata. **11** Asimismo, por el lado norte, deberá haber cortinas a lo largo de cuarenta y cinco metros, con sus veinte postes y veinte bases de bronce, y sus ganchos y anillos de plata. **12** Por el lado occidental habrá veintidós metros y medio de cortinas, extendidas a lo ancho del patio, con diez postes y diez bases. **13** Por el lado oriental, a lo ancho del patio, habrá también

veintidós metros y medio de cortinas. **14** De un lado de la entrada habrá unos siete metros de cortinas, con tres postes y tres bases; **15** y del otro lado, también unos siete metros de cortinas, con tres postes y tres bases. **16** En la entrada misma del patio deberá haber nueve metros de cortinas de tela morada, tela de púrpura, tela roja y lino torcido, bordadas artísticamente, con cuatro postes y cuatro bases. **17** Todos los postes alrededor del patio deberán tener anillos de plata, ganchos de plata y bases de bronce. **18** El patio medirá cuarenta y cinco metros de largo, veintidós metros y medio de ancho por los dos lados, y dos metros y veinticinco centímetros de alto. Las cortinas serán de lino torcido, y las bases de bronce. **19** Todas las cosas necesarias para el culto en el santuario serán de bronce, lo mismo que todas sus estacas y las estacas del patio.

El aceite para las lámparas
(Lv 24.1-4)

20 "Ordena a los israelitas que te traigan aceite puro de oliva, para mantener las lámparas siempre encendidas. **21** Aarón y sus hijos se encargarán de arreglar las lámparas, para que ardan delante del Señor toda la noche en la tienda del encuentro con Dios, fuera del velo que está junto al arca de la alianza. Esta es una ley permanente para los israelitas y sus descendientes.

Las ropas de los sacerdotes
(Ex 39.1-31)

28 **1** "De entre los israelitas, mantén cerca de ti a tu hermano Aarón y a sus hijos Nadab, Abihú, Eleazar e Itamar, para que sean mis sacerdotes. **2** Haz para tu hermano Aarón ropas especiales, que le den esplendor y belleza. **3** Habla tú con todos los que tengan mayores aptitudes, con aquellos a quienes he llenado de cualidades artísticas, para que hagan las ropas de Aarón y así él sea consagrado como mi sacerdote. **4** Las ropas que han de hacer son estas: el pectoral, el efod, la capa, la túnica bordada,[a] el turbante de lino y el cinturón. Así que harán ropas especiales para tu hermano Aarón y para sus hijos, para que oficien como sacerdotes míos. **5** Los que hagan las ropas deberán usar oro, tela morada, tela de púrpura, tela roja y lino torcido.

---

[a] **28.4** *Bordada* (aquí y en v. 39): otra posible traducción: *tejida a cuadros.*

6 "El efod[b] ha de ser de oro, tela morada, tela de púrpura, tela roja y lino torcido, bordado artísticamente 7 y con dos tirantes unidos a sus dos extremos. 8 El cinturón que va sobre el efod para sujetarlo, formará una sola pieza con él, y será también de oro, tela morada, tela de púrpura, tela roja y lino torcido.

9 "Toma luego dos piedras de cornalina, y graba en ellas los nombres de los hijos de Israel, 10 en el orden en que nacieron; seis nombres en una piedra y seis nombres en la otra. 11 El grabado de los nombres en las piedras lo hará un joyero, a la manera del grabado de un sello. Monta luego las dos piedras en monturas de oro, 12 y ponlas sobre los tirantes del efod, como piedras para recordar a los hijos de Israel. Así Aarón llevará sobre sus hombros los nombres de ellos ante el Señor, para recordarlos. 13 Las monturas hazlas de oro; 14 haz luego una cadena con dos cordones de oro puro, y ponla alrededor de las monturas.

15 "El pectoral, con los instrumentos del juicio,[c] lo harás de la misma manera que el efod, es decir, bordado artísticamente. Hazlo de oro, tela morada, tela de púrpura, tela roja y lino torcido, 16 doble y cuadrado, de veintidós centímetros por cada lado. 17 Cúbrelo de piedras preciosas distribuidas en cuatro hileras. La primera hilera debe tener un rubí, un crisólito y una esmeralda; 18 la segunda, un granate, un zafiro y un jade; 19 la tercera, un jacinto, una ágata y una amatista; 20 y la cuarta, un topacio, una cornalina y un jaspe. Las piedras deben estar montadas en monturas de oro, 21 y tienen que ser doce, pues doce son los nombres de los hijos de Israel. En cada piedra se grabará, en forma de sello, el nombre de una de las doce tribus.

22 "Haz para el pectoral unas cadenas de oro puro, torcidas como cordones. 23 Haz también dos argollas de oro, y ponlas en los dos extremos del pectoral; 24 pon luego las dos cadenas de oro en las dos argollas que están en los dos extremos superiores del pectoral, 25 y pon las dos puntas de las dos cadenas sobre las dos monturas, asegurándolas sobre los tirantes del efod por su parte delantera. 26 Haz otras dos argollas de oro, y ponlas en los dos extremos inferiores del pectoral, sobre la orilla interior que queda junto al efod. 27 Haz dos argollas más de oro, y ponlas en la parte delantera de los tirantes del efod, pero por debajo, junto a las costuras y un poco arriba del cinturón del efod. 28 Entonces se unirán las argollas del pectoral a las argollas del efod con un cordón morado, para que el pectoral quede arriba del cinturón del efod y no se separe del mismo. 29 Y así, cuando Aarón entre en el santuario llevando puesto el pectoral con los instrumentos del juicio, llevará también sobre su pecho los nombres de los hijos de Israel ante la presencia del Señor, para que él los recuerde siempre. 30 Pon en el pectoral el Urim y el Tumim,[d] que son los instrumentos del juicio, para que Aarón los lleve sobre su pecho cuando se presente ante el Señor. Así Aarón llevará siempre, sobre su pecho, los instrumentos del juicio ante el Señor.

31 "Haz de tela morada toda la capa del efod, 32 con una abertura en el centro para la cabeza. En la orilla de la abertura debe hacérsele un dobladillo, como el que tienen los chalecos de cuero, para que no se rompa. 33 Adorna el borde de la capa con granadas de tela morada, tela de púrpura y tela roja, combinadas con campanitas de oro alrededor de todo el borde; 34 es decir, que irá una campanita de oro y luego una granada, otra campanita de oro y otra granada, y así por todo el borde de la capa. 35 Aarón debe llevar puesta la capa cuando oficie como sacerdote, para que cuando entre en el santuario ante el Señor, o cuando salga, se oiga el sonido de las campanas y así él no muera.

36 "Haz una placa de oro puro, y graba en ella, como si fuera un sello, las palabras 'Consagrado al Señor'. 37 Pon la placa en el turbante, por la parte delantera, atada con un cordón morado

---

[b] 28.6 *Efod:* Esta palabra tiene diferentes significados en el AT. Véanse Jue 8.27 n.; 1 S 2.18 n.; 21.9 n. Aquí se trata de un distintivo del sumo sacerdote y era, probablemente, una especie de chaleco, sostenido sobre el pecho por dos tirantes (v. 7).   [c] 28.15 El *pectoral* era una prenda que se llevaba sobre el efod. Al parecer, era una especie de bolsa cuadrada que contenía los *instrumentos del juicio,* o sea *el Urim y el Tumim* (véase 28.30 n.).
[d] 28.30 *Sobre el pectoral:* o quizá, más precisamente, *dentro del pectoral. El Urim y el Tumim,* eran objetos para echar suertes y obtener una respuesta de Dios acerca de las decisiones que era preciso tomar. Cf. Nm 27.21; Dt 33.8; Esd 2.63; Neh 7.65.

para que quede fija. **38**Así estará siempre sobre la frente de Aarón, y Aarón cargará con las faltas que cometan los israelitas en las cosas santas y cuando consagren sus ofrendas; pero la placa hará que el Señor acepte las ofrendas.

39"Haz la túnica bordada y de lino, y haz también de lino el turbante. El cinturón ha de ser bordado artísticamente. **40**A los hijos de Aarón hazles túnicas, cinturones y turbantes que les den esplendor y belleza.

41"Así deberás vestir a tu hermano Aarón y a sus hijos, y luego derramarás aceite sobre su cabeza para darles plena autoridad y consagrarlos como sacerdotes míos. **42**Hazles también calzoncillos de lino que les cubran de la cintura a los muslos, **43**y que Aarón y sus hijos los lleven puestos cuando entren en la tienda del encuentro, o cuando se acerquen al altar, mientras oficien como sacerdotes en el santuario, para que no cometan ninguna falta y mueran. Esta es una ley permanente para él y sus descendientes.

Consagración de los sacerdotes
(Lv 8.1–36)

29 **1**"Para consagrarlos como mis sacerdotes, esto es lo que debes hacer con ellos: toma un becerro y dos carneros que no tengan ningún defecto; **2**con la mejor harina de trigo, haz panes y tortas sin levadura, amasadas con aceite, y hojuelas sin levadura rociadas con aceite, **3**y ponlos en un canastillo para llevarlos al santuario, junto con el becerro y los dos carneros. **4**Luego lleva a Aarón y a sus hijos a la entrada de la tienda del encuentro, y haz que se bañen; **5**toma después las ropas sacerdotales, y viste a Aarón con la túnica y la capa del efod, y con el efod mismo y el pectoral. Ajústale el cinturón del efod; **6**ponle el turbante en la cabeza y, sobre el turbante, la placa que lo consagra como sacerdote. **7**Toma entonces el aceite de consagrar, y consagra a Aarón como sacerdote, derramando el aceite sobre su cabeza. **8**Haz también que se acerquen sus hijos, y vístelos con las túnicas. **9**Tanto a Aarón como a ellos les ajustarás el cinturón y les acomodarás el turbante. De esta manera les darás plena autoridad, y su sacerdocio será una ley permanente.

10"Después lleva el becerro hasta la tienda del encuentro, para que Aarón y sus hijos pongan las manos sobre la cabeza del animal, **11**y allí, ante el Señor, a la entrada de la tienda del encuentro, mata al becerro. **12**Toma entonces con el dedo un poco de su sangre y úntala en los cuernos del altar, y derrama al pie del altar toda la sangre que quede. **13**A los intestinos, hígado y riñones, quítales la grasa de que están cubiertos, y quémalos en el altar; **14**pero la carne, la piel y el estiércol del becerro, quémalos en las afueras del campamento, pues es un sacrificio por el pecado.

15"Toma uno de los dos carneros, y que Aarón y sus hijos le pongan las manos sobre la cabeza. **16**Después mátalo, y rocía con su sangre los costados del altar; **17**luego córtalo en pedazos, lava sus intestinos y sus patas, y ponlas junto con los pedazos y la cabeza. **18**Entonces ofrece el carnero sobre el altar como holocausto en honor del Señor, como ofrenda quemada de olor agradable.[a]

19"Toma entonces el otro carnero, y que Aarón y sus hijos le pongan las manos sobre la cabeza. **20**Mata el carnero, toma un poco de su sangre y pónsela a Aarón y a sus hijos en la parte inferior de la oreja derecha, en el pulgar de la mano derecha y en el dedo gordo del pie derecho.[b] Luego rocía con el resto de la sangre del carnero los costados del altar. **21**Y de la sangre que quede sobre el altar, y del aceite para consagrar, toma un poco y rocíalos sobre Aarón y sobre su ropa, y sobre sus hijos y la ropa de ellos. Así quedarán consagrados Aarón y sus hijos, lo mismo que sus ropas.

22"Después toma la grasa que el carnero tiene en la cola[c] y sobre los intestinos y en el hígado, y toma también sus dos riñones y la grasa que los cubre, y su muslo derecho, porque es un carnero para la consagración de sacerdotes. **23**De los panes sin levadura que están en un canastillo ante el Señor, toma un pan redondo, un pan amasado con aceite y una hojuela; **24**pon todo esto en las manos de Aarón y de sus hijos, y celebra el rito de presentación ante el Señor. **25**Luego retira esto de sus manos y quémalo en el altar, junto con el holocausto de aroma agradable al Señor. Es una ofrenda quemada en honor del Señor.

---

[a] **29.18** *Olor agradable:* expresión usual para indicar que Dios aceptaba las ofrendas y los sacrificios (Gn 8.21).

[b] **29.20** Al untar con sangre estas partes del cuerpo se simbolizaba la consagración de toda la persona.

[c] **29.22** Referencia a una raza oriental de carnero que tenía la cola muy ancha y llena de grasa.

26 "Para la consagración de Aarón, toma también el pecho del carnero y celebra el rito de presentación ante el Señor. A ti te tocará esa parte. 27 Aparta el pecho presentado como ofrenda especial en ese rito, y el muslo que se ofrece como contribución, pues son las partes que del carnero de la consagración se reservan para Aarón y sus hijos. 28 Eso será para Aarón y sus hijos. Es una ley permanente para los israelitas: esta ofrenda será una contribución hecha por los israelitas como sacrificio de reconciliación al Señor.

29 "La ropa sagrada de Aarón la heredarán sus descendientes cuando sean consagrados y reciban plena autoridad como sacerdotes. 30 Y el sacerdote descendiente de Aarón que ocupe su lugar y que entre en la tienda del encuentro para oficiar en el santuario, deberá llevar puesta esa ropa durante siete días.

31 "Toma después el carnero de la consagración, y cuece su carne en un lugar sagrado. 32 Aarón y sus descendientes comerán la carne del carnero y el pan del canastillo, a la entrada de la tienda del encuentro. 33 Los comerán porque fueron ofrecidos para obtener el perdón de sus pecados, cuando fueron consagrados y recibieron plena autoridad como sacerdotes. Pero ningún extraño deberá comer de estas cosas, porque son sagradas. 34 Y si para el día siguiente queda algo del pan y de la carne de la consagración, quema lo que haya quedado, y que nadie lo coma, porque es sagrado.

35 "Haz todo esto con Aarón y sus hijos, de acuerdo con todas mis instrucciones. Dedica siete días a investirlos de autoridad, 36 y ofrece cada día un becerro como sacrificio para obtener el perdón de los pecados; purifica el altar, ofreciendo sobre él un sacrificio por el pecado, y derrama aceite sobre él, para consagrarlo. 37 Durante siete días ofrecerás sobre el altar sacrificios por el pecado; así lo consagrarás a Dios, y será un altar santísimo: cualquier cosa que toque el altar quedará consagrada.

Las ofrendas diarias
(Nm 28.1–8)

38 "Diariamente y sin falta debes ofrecer sobre el altar dos corderos de un año. 39 Uno de ellos lo ofrecerás por la mañana, y el otro lo ofrecerás al atardecer. 40 Con el primer cordero ofrecerás unos dos kilos de la mejor harina, mezclada con un litro de aceite de oliva, y derramarás como ofrenda un litro de vino. 41 Lo

mismo harás al atardecer con el otro cordero y con las ofrendas de harina y de vino, ofrendas quemadas de aroma agradable al Señor. 42 Estas ofrendas quemadas en mi honor son las que de padres a hijos se ofrecerán siempre en mi presencia, a la entrada de la tienda del encuentro, que es donde me encontraré contigo para hablarte. 43 Allí me encontraré con los israelitas, y el lugar quedará consagrado por mi presencia. 44 Consagraré la tienda del encuentro y el altar, y consagraré también a Aarón y a sus hijos como sacerdotes míos. 45 Yo viviré entre los israelitas, y seré su Dios. 46 Así sabrán que yo soy el Señor su Dios, el que los sacó de Egipto para vivir entre ellos. Yo soy el Señor su Dios.

El altar del incienso
(Ex 37.25–28)

30 1 "Haz también un altar de madera de acacia, para quemar incienso. 2 Tiene que ser cuadrado, de cuarenta y cinco centímetros de largo por cuarenta y cinco centímetros de ancho, y de noventa centímetros de altura, y los cuernos del altar deben formar una sola pieza con el altar mismo. 3 Recubre de oro puro su parte superior, sus cuatro lados y sus cuernos, y ponle un ribete de oro alrededor. 4 Ponle también unas argollas de oro debajo del ribete, dos en las esquinas de un lado y dos en las esquinas del otro, para pasar por ellas los travesaños con que va a ser transportado. 5 Haz los travesaños de madera de acacia, y recúbrelos de oro. 6 Pon luego el altar ante el velo que está junto al arca de la alianza, ante la tapa que lo cubre, donde yo me encontraré contigo. 7 Todas las mañanas, a la hora de preparar las lámparas, Aarón quemará incienso aromático sobre este altar, 8 y lo quemará también al atardecer, a la hora de encender las lámparas. Esto se hará en la presencia del Señor siempre, a través de los siglos. 9 No ofrezcas sobre este altar ningún otro incienso, ni holocaustos, ni ofrendas de cereales, ni tampoco ofrendas de vino derramado. 10 Este altar estará completamente consagrado al Señor, y una vez al año ofrecerá Aarón sobre los cuernos del altar la sangre del sacrificio para obtener el perdón de los pecados. Una vez al año, todos los años, sobre este altar se ofrecerá el sacrificio para obtener el perdón de los pecados."

El rescate por la vida

11 El Señor se dirigió a Moisés y le dijo:

12 "Cuando hagas un censo de los israelitas, cada uno de ellos deberá dar una contribución al Señor como rescate por su vida, a fin de que no haya ninguna plaga mortal con motivo del censo. 13 Todo el que sea registrado dará como contribución al Señor cinco gramos de plata, que es la mitad del peso oficial del santuario. 14 Todos los registrados de veinte años para arriba darán esta contribución al Señor, 15 y al dar cada uno al Señor el rescate por su vida, ni el rico dará más de cinco gramos de plata, ni el pobre menos de cinco. 16 Así que recogerás la plata que los israelitas den como rescate por su vida, y la entregarás para el culto de la tienda del encuentro. Eso hará que el Señor se acuerde de los israelitas, y de que dieron el rescate por su vida."

La palangana de bronce
(Ex 38.8)

17 El Señor se dirigió a Moisés y le dijo:

18 "Haz una palangana de bronce, con su base del mismo metal, que sirva para lavarse; ponla entre la tienda del encuentro y el altar, y llénala de agua. 19 Aarón y sus hijos sacarán agua de allí para lavarse las manos y los pies. 20 Y se los lavarán cuando entren en la tienda del encuentro, y cuando se acerquen al altar para oficiar y presentar al Señor la ofrenda quemada. Así no morirán. 21 Para que no mueran, deberán lavarse las manos y los pies. Esta será una ley permanente a través de los siglos para Aarón y sus descendientes."

El aceite de consagrar
(Ex 37.29)

22 El Señor se dirigió a Moisés y le dijo:

23 "Escoge tú mismo las mejores plantas aromáticas: unos seis kilos de la mejor mirra, unos tres kilos de canela y unos tres kilos de caña aromática; 24 unos seis kilos de casia —pesados según el peso oficial del santuario— y tres litros y medio de aceite de oliva. 25 Haz con todo esto el aceite santo de consagrar, de la misma manera que un perfumero prepara sus perfumes. Este será el aceite santo de consagrar, 26 y deberás derramarlo sobre la tienda del encuentro, el arca de la alianza, 27 la mesa con todos sus utensilios, el candelabro con sus utensilios, el altar del incienso, 28 el altar de los holocaustos con todos sus utensilios, y la palangana con su base. 29 Así los consagrarás y serán cosas santísimas; cualquier cosa que las toque, quedará consagrada.

30 "Derrama también de ese aceite sobre Aarón y sus hijos, para consagrarlos como mis sacerdotes, 31 y di a los israelitas lo siguiente: 'A través de los siglos, este será mi aceite santo de consagrar. 32 No lo derramen sobre cualquier hombre común, ni preparen otro aceite igual a este. Es un aceite santo, y como cosa santa deben tratarlo. 33 Si alguien prepara un aceite igual a este, o lo derrama sobre cualquier extraño, será eliminado de entre su gente.' "

El incienso
(Ex 37.29)

34 El Señor le dijo a Moisés:

"Toma una misma cantidad de las siguientes especias: resina, uña aromática, incienso puro y gálbano aromático, 35 y prepara con ellas un incienso puro y santo, mezclándolo todo bien, como un perfumero al hacer sus perfumes. 36 Muele muy fina una parte, y ponla ante el arca de la alianza, en la tienda del encuentro, o sea donde yo me encontraré contigo. Este incienso será de lo más sagrado para ustedes, 37 y no deben preparar para su propio uso otro incienso igual a este que has preparado. Es del Señor, y para ti será una cosa sagrada. 38 El que prepare un incienso igual para disfrutar de su aroma, será eliminado de entre su gente."

Los artesanos para el santuario
(Ex 35.30; 36.1)

31 1 El Señor se dirigió a Moisés y le dijo:

2 "Mira, de la tribu de Judá he escogido a Besalel, hijo de Urí y nieto de Hur, 3 y lo he llenado del espíritu de Dios, y de sabiduría, entendimiento, conocimientos y capacidad creativa, 4 para hacer diseños y trabajos en oro, plata y bronce, 5 para tallar y montar piedras preciosas, para tallar madera y para hacer cualquier trabajo artístico. 6 Le he puesto como ayudante a Oholiab, hijo de Ahisamac, que es de la tribu de Dan. Y a todos los sabios les he dado más sabiduría, a fin de que hagan todo lo que te he ordenado: 7 la tienda del encuentro, el arca de la alianza, la tapa que va sobre el arca, todos los utensilios de la tienda, 8 la mesa con sus utensilios, el candelabro de oro puro con sus utensilios, el altar del incienso, 9 el altar de los holocaustos con sus utensilios, la palangana con su base, 10 la ropa tejida, es decir, la ropa especial del sacerdote Aarón y la ropa de sus hijos para cuando oficien como sacerdotes, 11 el aceite de consagrar y el incienso aromático para el santuario. Ellos deben hacerlo todo tal como te lo he ordenado."

El sábado

(Ex 35.1–3)

12 El Señor se dirigió a Moisés y le dijo:

13 "Habla tú mismo con los israelitas y diles lo siguiente: 'Deben respetar mis sábados, porque esa es la señal entre ustedes y yo a través de los siglos, para que se sepa que yo, el Señor, los he escogido a ustedes. 14 El sábado será sagrado para ustedes, y deberán respetarlo. El que no respete ese día, será condenado a muerte. Además, la persona que trabaje en ese día será eliminada de entre su gente. 15 Se podrá trabajar durante seis días, pero el día séptimo será día de reposo consagrado al Señor. Cualquiera que trabaje en el sábado, será condenado a muerte.' 16 Así que los israelitas han de respetar la práctica de reposar en el sábado como una alianza eterna a través de los siglos. 17 Será una señal permanente entre los israelitas y yo."

Porque el Señor hizo el cielo y la tierra en seis días, y el día séptimo dejó de trabajar y descansó.

El becerro de oro

(Dt 9.6–29)

18 Cuando el Señor dejó de hablar con Moisés en el monte Sinaí, le entregó dos tablas de piedra con la ley escrita por el dedo mismo de Dios.

32 1 Al ver los israelitas que Moisés tardaba en bajar del monte, se juntaron alrededor de Aarón y le dijeron:

—Anda, haznos dioses que nos guíen, porque no sabemos qué le ha pasado a este Moisés que nos sacó de Egipto.

2 Y Aarón les contestó:

—Quítenles a sus mujeres, hijos e hijas, los aretes de oro que llevan en las orejas, y tráiganmelos aquí.

3 Todos se quitaron los aretes de oro que llevaban en las orejas, y se los llevaron a Aarón, 4 quien los recibió, y fundió el oro, y con un cincel lo trabajó hasta darle la forma de un becerro. Entonces todos dijeron:

—¡Israel, este es tu dios, que te sacó de Egipto!

5 Cuando Aarón vio esto, construyó un altar ante el becerro, y luego gritó:

—¡Mañana haremos fiesta en honor del Señor!

6 Al día siguiente por la mañana se levantaron y ofrecieron holocaustos y sacrificios de reconciliación. Después el pueblo se sentó a comer y beber, y luego se levantaron a divertirse.

7 Entonces el Señor le dijo a Moisés:

—Anda, baja, porque tu pueblo, el que sacaste de Egipto, se ha echado a perder. 8 Muy pronto se han apartado del camino que yo les ordené seguir. Se han hecho un becerro de oro fundido, y lo están adorando y presentándole ofrendas; y dicen: '¡Israel, este es tu dios, que te sacó de Egipto!'

9 Además, el Señor le dijo a Moisés:

—Me he fijado en esta gente, y me he dado cuenta de que son muy tercos. 10 ¡Ahora déjame en paz, que estoy ardiendo de enojo y voy a acabar con ellos! Pero de ti voy a hacer una gran nación.

11 Moisés, sin embargo, trató de calmar al Señor su Dios con estas palabras:

—Señor, ¿por qué vas a arder de enojo contra tu pueblo, el que tú mismo sacaste de Egipto con gran despliegue de poder? 12 ¿Cómo vas a dejar que digan los egipcios: 'Dios los sacó con la mala intención de matarlos en las montañas, para borrarlos de la superficie de la tierra'? Deja ya de arder de enojo; renuncia a la idea de hacer daño a tu pueblo. 13 Acuérdate de tus siervos Abraham, Isaac e Israel, a quienes juraste por ti mismo y les dijiste: 'Haré que los descendientes de ustedes sean tan numerosos como las estrellas del cielo,[a] y toda esta tierra que les he prometido a ustedes se la daré como su herencia para siempre.'[b]

14 El Señor renunció a la idea que había expresado de hacer daño a su pueblo. 15 Entonces Moisés se dispuso a bajar del monte, trayendo en sus manos las dos tablas de la ley, las cuales estaban escritas por los dos lados. 16 Dios mismo había hecho las tablas, y Dios mismo había grabado lo que estaba escrito en ellas.

17 Cuando Josué escuchó los gritos de la gente, le dijo a Moisés:

—Se oyen gritos de guerra en el campamento.

18 Pero Moisés contestó:

—No son cantos alegres de victoria, ni son cantos tristes de derrota; son otros cantos los que escucho.

19 En cuanto Moisés se acercó al campamento y vio el becerro y los bailes, ardió de enojo y arrojó de sus manos las tablas, haciéndolas pedazos al pie del monte; 20 en seguida agarró

---

[a] **32.13** Gn 22.16–17; 26.3–4; 28.13–14. [b] **32.13** Gn 17.8.

el becerro y lo arrojó al fuego, luego lo molió hasta hacerlo polvo, y el polvo lo roció sobre el agua; entonces hizo que los israelitas bebieran de aquella agua. **21** Y le dijo a Aarón:

—¿Qué te hizo este pueblo, que le has hecho cometer un pecado tan grande?

22 Y Aarón contestó:

—Señor mío, no te enojes conmigo. Tú bien sabes que a esta gente le gusta hacer lo malo. **23** Ellos me dijeron: 'Haznos un dios que nos guíe, porque no sabemos qué pudo haberle pasado a este Moisés que nos sacó de Egipto.' **24** Yo les contesté: 'El que tenga oro, que lo aparte.' Ellos me dieron el oro, yo lo eché en el fuego, ¡y salió este becerro!

25 Moisés se fijó en que el pueblo estaba desenfrenado y expuesto a las burlas de sus enemigos, pues Aarón no lo había controlado, **26** así que se puso de pie a la entrada del campamento y dijo:

—Los que estén de parte del Señor, júntense conmigo.

Y todos los levitas se le unieron. **27** Entonces Moisés les dijo:

—Así dice el Señor, el Dios de Israel: 'Tome cada uno de ustedes la espada, regresen al campamento, y vayan de puerta en puerta, matando cada uno de ustedes a su hermano, amigo o vecino.'

28 Los levitas cumplieron las órdenes de Moisés, y ese día murieron como tres mil hombres. **29** Entonces Moisés dijo:

—Hoy reciben ustedes plena autoridad ante el Señor, por haberse opuesto unos a su hijo y otros a su hermano. Así que hoy el Señor los bendice.

30 Al día siguiente, Moisés dijo a la gente:

—Ustedes han cometido un gran pecado. Ahora voy a tener que subir a donde está el Señor, a ver si consigo que los perdone.

31 Y así Moisés volvió a donde estaba el Señor, y le dijo:

—Realmente el pueblo cometió un gran pecado al hacerse un dios de oro. **32** Yo te ruego que los perdones; pero si no los perdonas, ¡borra mi nombre del libro que has escrito!

33 Pero el Señor le contestó:

—Solo borraré de mi libro al que peque contra mí. **34** Así que, anda, lleva al pueblo al lugar que te dije. Mi ángel te guiará. Y cuando llegue el día del castigo, yo los castigaré por su pecado.

35 Y el Señor envió una plaga sobre el pueblo por haber adorado al becerro que Aarón les hizo.

El Señor ordena seguir adelante

33 **1** El Señor le dijo a Moisés:

—Anda, vete de aquí con el pueblo que sacaste de Egipto. Vayan a la tierra que prometí a Abraham, Isaac y Jacob que daría a sus descendientes.[a] **2** Yo enviaré mi ángel para que te guíe, y echaré fuera del país a los cananeos, amorreos, hititas, ferezeos, heveos y jebuseos. **3** Vayan a la tierra donde la leche y la miel corren como el agua. Pero yo no iré entre ustedes, no vaya a ser que los destruya en el camino, pues ustedes son gente muy terca.

4 El pueblo se entristeció al escuchar estas duras palabras, y nadie se puso sus joyas, **5** pues el Señor le había dicho a Moisés:

—Diles a los israelitas: 'Ustedes son gente muy terca. ¡Si yo estuviera entre ustedes aun por un momento, terminaría por destruirlos! Quítense ahora mismo sus joyas, y ya veré entonces qué hacer con ustedes.'

6 Y así, a partir del monte Horeb, los israelitas dejaron de usar sus joyas.

La tienda del encuentro con Dios

7 Moisés tomó la tienda de campaña y la puso a cierta distancia fuera del campamento, y la llamó tienda del encuentro con Dios.[b] Cuando alguien quería consultar al Señor, iba a la tienda, la cual estaba fuera del campamento. **8** Y cuando Moisés iba a la tienda, toda la gente se levantaba y permanecía de pie a la entrada de su propia tienda de campaña, siguiendo a Moisés con la mirada hasta que este entraba en la tienda. **9** En cuanto Moisés entraba en ella, la columna de nube bajaba y se detenía a la entrada de la tienda, mientras el Señor hablaba a Moisés. **10** Y cuando la gente veía que la columna de nube se detenía a la entrada de la tienda, cada uno se arrodillaba a la entrada de su propia tienda en actitud de adoración.

---

[a] **33.1** Gn 12.7; 26.3; 28.13; cf. Ex 32.13. [b] **33.7** Aunque lleva el mismo nombre, esta *tienda del encuentro con Dios* es distinta de la mencionada en Ex 27.21 y descrita en Ex 26. Esta tienda no es un santuario donde se ofrecen sacrificios, sino un lugar de encuentro y diálogo con el Señor.

11 Dios hablaba con Moisés cara a cara, como quien habla con un amigo, y después Moisés regresaba al campamento. Pero su ayudante, el joven Josué, hijo de Nun, nunca se apartaba del interior de la tienda.

El Señor muestra su gloria a Moisés

12 Moisés le dijo al Señor:

—Mira, tú me pides que yo dirija a este pueblo, pero no me dices a quién vas a enviar conmigo. También dices que tienes mucha confianza en mí y que me he ganado tu favor. 13 Pues si esto es cierto, hazme saber tus planes, para que yo pueda tener confianza en ti y pueda seguir contando con tu favor. Ten en cuenta que este pueblo es tu pueblo.

14 —Yo mismo te acompañaré y te haré descansar —dijo el Señor.

15 Pero Moisés le respondió:

—Si tú mismo no vas a acompañarnos, no nos hagas salir de aquí. 16 Porque si tú no nos acompañas, ¿de qué otra manera podrá saberse que tu pueblo y yo contamos con tu favor? Solo así tu pueblo y yo podremos distinguirnos de todos los otros pueblos de la tierra.

17 —Esto que has dicho también lo voy a hacer, porque tengo confianza en ti y te has ganado mi favor —le afirmó el Señor.

18 —¡Déjame ver tu gloria! —suplicó Moisés.

19 Pero el Señor contestó:

—Voy a hacer pasar toda mi bondad delante de ti, y delante de ti pronunciaré mi nombre. Tendré misericordia de quien yo quiera, y tendré compasión también de quien yo quiera. 20 Pero te aclaro que no podrás ver mi rostro, porque ningún hombre podrá verme y seguir viviendo.

21 Dijo también el Señor:

—Mira, aquí junto a mí hay un lugar. Ponte de pie sobre la roca. 22 Cuando pase mi gloria, te pondré en un hueco de la roca y te cubriré con mi mano hasta que yo haya pasado. 23 Después quitaré mi mano, y podrás ver mis espaldas; pero mi rostro no debe ser visto.

Las nuevas tablas de la ley
(Dt 10.1–5)

34 1 El Señor le dijo a Moisés:

—Corta tú mismo dos tablas de piedra iguales a las primeras, para que yo escriba en ellas las mismas palabras que estaban escritas en las primeras tablas, las que hiciste pedazos. 2 Prepárate también para subir al monte Sinaí mañana por la mañana, y preséntate ante mí en la parte más alta del monte. 3 Nadie debe subir contigo, ni se debe ver a nadie por todo el monte; tampoco debe haber ovejas o vacas pastando frente al monte.

4 Moisés cortó dos tablas de piedra iguales a las primeras. Al día siguiente, muy temprano, tomó las dos tablas de piedra y subió al monte Sinaí, tal como el Señor se lo había ordenado. 5 Entonces el Señor bajó en una nube y estuvo allí con Moisés, y pronunció su propio nombre. 6 Pasó delante de Moisés, diciendo en voz alta:

—¡El Señor! ¡El Señor! ¡Dios tierno y compasivo, paciente y grande en amor y verdad! 7 Por mil generaciones se mantiene fiel en su amor y perdona la maldad, la rebeldía y el pecado; pero no deja sin castigo al culpable, sino que castiga la maldad de los padres en los hijos y en los nietos, en los bisnietos y en los tataranietos.[a]

8 Rápidamente Moisés se inclinó hasta tocar el suelo con la frente, y adoró al Señor 9 diciendo:

—¡Señor! ¡Señor! Si en verdad me he ganado tu favor, acompáñanos. Esta gente es realmente muy terca, pero perdónanos nuestros pecados y maldad, y acéptanos como tu pueblo.

La alianza renovada
(Dt 7.1–5)

10 El Señor dijo:

"Pongan atención: yo hago ahora una alianza ante todo tu pueblo. Voy a hacer cosas maravillosas que no han sido hechas en ninguna otra nación de la tierra, y toda la gente entre la que ustedes se encuentran verá lo que el Señor puede hacer, pues será maravilloso lo que yo haré con ustedes.

11 "Cumplan lo que les he ordenado hoy, y yo arrojaré de la presencia de ustedes a los amorreos, cananeos, hititas, ferezeos, heveos y jebuseos.

12 "No hagan ningún pacto con los que viven en el país al que van a entrar, para que no los hagan caer en sus redes. 13 Al contrario, derriben sus altares y destrocen por completo sus piedras y troncos sagrados.[b]

---

[a] **34.6–7** Ex 20.5–6; Nm 14.18; Dt 5.9–10; 7.9–10. [b] **34.13** Los *troncos sagrados* simbolizan a *Aserá*, diosa de la religión cananea.

14 "No adoren a ningún otro dios, porque el Señor es celoso. Su nombre es Dios celoso.

15 "No hagan ningún pacto con los que viven en esa tierra, no sea que cuando ellos se rebajen a adorar a sus dioses y les presenten ofrendas, los inviten a ustedes y ustedes coman también de esas ofrendas, 16 o casen ellos a sus hijas con los hijos de ustedes, y cuando ellas cometan inmoralidades al adorar a sus dioses, hagan que los hijos de ustedes también se rebajen a adorarlos.

17 "Jamás se hagan ustedes ídolos de metal fundido.

Fiestas anuales
(Ex 23.14–19; Dt 16.1–17)

18 "Celebren la fiesta del pan sin levadura y, de acuerdo con lo que les he ordenado, coman pan sin levadura durante siete días. La fecha señalada es el mes de Abib, porque en ese mes salieron de Egipto.

19 "Todo primer hijo que ustedes tengan, será para mí, lo mismo que toda primera cría de sus vacas, ovejas y cabras, si la cría es un macho. 20 En el caso de la primera cría de una asna, deben dar un cordero o un cabrito en lugar del asno; pero si no lo dan, le romperán el cuello al asno. También deben dar una ofrenda en lugar de cada hijo mayor. Y nadie ha de venir a verme si no trae algo.

21 "Trabajen durante seis días, pero el día séptimo deben descansar, aun en tiempo de siembra o de cosecha.

22 "Celebren la fiesta de las Semanas, la de los primeros frutos de la cosecha de trigo, y la de la cosecha de fin del año.

23 "Todos los hombres se presentarán tres veces al año ante el Señor, el Dios de Israel. 24 Yo voy a arrojar de la presencia de ustedes a las demás naciones, y extenderé el territorio de ustedes. Así nadie tratará de adueñarse de su tierra mientras ustedes van a presentarse ante el Señor su Dios tres veces al año.

25 "En los sacrificios de animales, no ofrezcan juntos la sangre y el pan con levadura, ni guarden para el día siguiente lo que sobre del animal sacrificado en la Pascua. *c*

26 "Deben llevar los mejores primeros frutos de su tierra al templo del Señor su Dios.

"No cocinen cabritos en la leche de su madre."

Moisés escribe la ley

27 El Señor le dijo a Moisés: "Escribe estas palabras, porque ellas son la base de la alianza que yo hago contigo y con los israelitas."

28 Moisés se quedó allí con el Señor cuarenta días y cuarenta noches, sin comer ni beber. Allí escribió sobre las tablas las palabras de la alianza, es decir, los diez mandamientos. 29 Después bajó Moisés del monte Sinaí llevando las dos tablas de la ley; pero al bajar del monte no se dio cuenta de que su cara resplandecía por haber hablado con el Señor. 30 Cuando Aarón y todos los israelitas vieron que la cara de Moisés resplandecía, sintieron miedo y no se acercaron a él. 31 Pero Moisés los llamó, y cuando Aarón y todos los jefes de la comunidad volvieron a donde estaba Moisés, él habló con ellos. 32 Poco después se acercaron todos los israelitas, y Moisés les dio todas las órdenes que el Señor le había dado en el monte Sinaí. 33 Luego que terminó de hablar con ellos, se puso un velo sobre la cara.

34 Cuando Moisés entraba a la presencia del Señor para hablar con él, se quitaba el velo y se quedaba así hasta que salía. Entonces comunicaba a los israelitas las órdenes que había recibido del Señor. 35 Al ver los israelitas que la cara de Moisés resplandecía, él volvía a ponerse el velo sobre la cara, y se lo dejaba puesto hasta que entraba a hablar de nuevo con el Señor.

Reglamento del sábado
(Ex 31.12–17)

35 1 Moisés reunió a toda la comunidad israelita y les dijo: "El Señor me ha dado órdenes de que se haga lo siguiente: 2 Se podrá trabajar durante seis días, pero el día séptimo será para ustedes un día sagrado, de completo reposo en honor del Señor. Cualquiera que en ese día trabaje, será condenado a muerte. 3 Dondequiera que ustedes vivan, ni siquiera fuego deberán hacer en el sábado."

Ofrendas para el santuario
(Ex 25.1–9)

4 Moisés se dirigió a toda la comunidad israelita, y les dijo: "Esto es lo que el Señor ha ordenado que se haga: 5 Recojan entre ustedes una ofrenda para el Señor. Todos los que quieran dar su ofrenda al Señor voluntariamente y de

---

c **34.25** Ex 12.10.

corazón, deben traer oro, plata, bronce, 6 telas moradas, telas de púrpura y telas rojas, lino fino, pelo de cabra, 7 pieles de carnero teñidas de rojo, pieles finas, madera de acacia, 8 aceite para lámparas, perfumes para el aceite de consagrar y para el incienso aromático, 9 piedras de cornalina y otras piedras finas para montarlas en el efod y el pectoral del sumo sacerdote.

Los utensilios del santuario
(Ex 39.32–43)

10 "Todos los que tengan capacidad artística, deben venir y hacer todo lo que el Señor ha ordenado: 11 el santuario con su tienda de campaña, la cubierta de la tienda de campaña, sus ganchos, sus tablas, sus travesaños, sus postes, sus bases, 12 el arca con los travesaños y la tapa, y el velo que lo cubre, 13 la mesa con sus travesaños y todos sus utensilios, el pan que se consagra al Señor, 14 el candelabro para el alumbrado, con sus utensilios y sus lámparas, el aceite para las lámparas, 15 el altar del incienso con sus travesaños, el aceite de consagrar, el incienso aromático, la cortina para la entrada del santuario, 16 el altar de los holocaustos con su rejilla de bronce, sus travesaños y todos sus utensilios, la palangana con su base, 17 las cortinas para el patio, con sus postes y bases, la cortina para la entrada del patio, 18 las estacas para el santuario y para el patio, con sus cuerdas, 19 la ropa tejida para oficiar en el culto del santuario, la ropa sagrada del sacerdote Aarón, y la ropa sacerdotal de sus hijos."

El pueblo trae la ofrenda

20 Toda la comunidad israelita se despidió de Moisés, 21 y después, todos aquellos que se sintieron movidos de corazón y con sincera voluntad, volvieron con una ofrenda para el Señor, para que se hiciera la tienda del encuentro y todo lo que le era necesario, así como la ropa especial. 22 Vinieron hombres y mujeres, y todos ellos traían, voluntariamente y de corazón, prendedores, anillos, argollas, pendientes de oro y toda clase de artículos de oro. Cada uno trajo la ofrenda especial de oro que había dedicado al Señor. 23 Los que tenían tela morada, tela de púrpura y tela roja, lino fino, pelo de cabra, pieles de carnero teñidas de rojo o pieles finas, lo traían. 24 Los que hacían una ofrenda de plata o de bronce, la traían ante el Señor; y los que tenían madera de acacia, la traían para que se hiciera todo lo necesario.

25 Las mujeres con capacidad artística para tejer a mano, traían sus tejidos de tela morada, tela de púrpura, tela roja y lino fino; 26 y las mujeres con capacidad artística y que sintieron deseos de hacerlo, torcieron pelo de cabra. 27 Los jefes trajeron piedras de cornalina y otras piedras finas para montarlas en el efod y el pectoral del sumo sacerdote, 28 perfume y aceite para el alumbrado, para el aceite de consagrar y para el incienso aromático.

29 Todos los hombres y mujeres israelitas que sintieron deseos de ayudar para que se hiciera lo que el Señor le había ordenado a Moisés, trajeron su ofrenda voluntaria al Señor.

Los artesanos para el santuario
(Ex 31.1–11)

30 Moisés les dijo a los israelitas: "Miren, de la tribu de Judá el Señor ha escogido a Besalel, que es hijo de Urí y nieto de Hur, 31 y lo ha llenado del espíritu de Dios, y de sabiduría, entendimiento, conocimientos y capacidad creativa 32 para hacer diseños y trabajos en oro, plata y bronce, 33 para tallar y montar piedras preciosas, y para tallar madera y hacer cualquier trabajo artístico de diseño. 34 También le ha dado capacidad para enseñar. A él y a Oholiab, hijo de Ahisamac, que es de la tribu de Dan, 35 los ha llenado de capacidad artística para hacer cualquier trabajo de tallado y de diseño, y de bordado en tela morada, tela de púrpura, tela roja y lino fino, y para tejer cualquier labor de diseño artístico.

36 1 Así que Besalel y Oholiab, y todo el que tenga capacidad artística, y a quien el Señor le haya dado sabiduría y entendimiento para hacer bien todo lo necesario para el culto del santuario, llevarán a cabo lo que el Señor ha ordenado."

La gente trae abundantes ofrendas

2 Moisés llamó a Besalel y a Oholiab, y a todos los que tenían capacidad artística, y a quienes el Señor había dado esa capacidad y se habían ofrecido voluntariamente para ayudar en este trabajo. 3 Ellos recibieron de manos de Moisés las ofrendas que los israelitas habían traído, para comenzar a hacer lo necesario para el culto del santuario.

Mientras tanto, los israelitas seguían trayendo ofrendas voluntarias día tras día. 4 Entonces los artesanos que estaban haciendo lo necesario para el santuario, suspendieron su trabajo y fueron

5a decirle a Moisés: "La gente está trayendo más de lo que se necesita para el trabajo que el Señor ordenó hacer."

6 Moisés hizo correr por todo el campamento la voz de que ni hombres ni mujeres siguieran haciendo más labores como ofrendas para el santuario. Así se impidió que el pueblo siguiera trayendo ofrendas, 7 pues no solo había material suficiente para llevar a cabo el trabajo, sino que sobraba.

Construcción del santuario
(Ex 26.1–37)

8 Los que tenían más capacidad artística que el resto de los trabajadores, hicieron el santuario. Lo hicieron de diez cortinas de lino torcido, tela morada, tela de púrpura y tela roja, en las que bordaron artísticamente dos seres alados. 9 Cada cortina medía doce metros y medio de largo por dos de ancho. Todas medían lo mismo. 10 Cinco cortinas las cosieron juntas, una sobre la otra, lo mismo que las otras cinco. 11 Luego pusieron unos ojales de cordón morado en el borde de la primera cortina de un grupo, y también en el borde de la última cortina del otro grupo. 12 Tanto a la cortina del primer grupo como a la del segundo grupo les hicieron cincuenta ojales, de tal manera que los ojales quedaran uno frente al otro. 13 También hicieron cincuenta ganchos de oro para enganchar un grupo de cortinas sobre el otro, y así el santuario formaba un todo.

14 Besalel hizo también once cortinas de pelo de cabra para formar una tienda de campaña que cubriera el santuario. 15 Cada cortina medía trece metros y medio de largo por dos de ancho. Todas medían lo mismo. 16 Cosió cinco cortinas juntas por una parte, y seis por otra. 17 Luego hizo cincuenta ojales en el borde de la cortina que cerraba el primer grupo, y otros cincuenta ojales en el borde de la última cortina del segundo grupo. 18 También hizo cincuenta ganchos de bronce para unir completamente la tienda de campaña.

19 Para la tienda de campaña, Besalel hizo una cubierta de pieles de carnero teñidas de rojo, y para la parte superior hizo una cubierta de pieles finas. 20 Luego hizo las tablas de madera de acacia para el santuario, y las puso bien derechas. 21 Cada tabla medía cuatro metros y medio de largo por sesenta y cinco centímetros de ancho, 22 y tenía dos espigas para quedar ensamblada con otra tabla. Todas

las tablas para el santuario las hizo así. 23 Hizo veinte tablas para el lado sur, 24 y puso cuarenta bases de plata debajo de ellas. Cada tabla tenía dos bases debajo, para sus dos espigas. 25 También para el otro lado del santuario, o sea el lado norte, hizo veinte tablas 26 con sus cuarenta bases de plata, para que debajo de cada tabla hubiera dos bases. 27 Para la parte posterior del santuario, o sea el lado oeste, hizo seis tablas, 28 y dos tablas más para las esquinas de la parte posterior. 29 Estas tablas formaban pareja y estaban unidas por la parte de arriba hasta el primer anillo. Esto fue lo que hizo con las dos tablas para las dos esquinas, 30 así que había ocho tablas con sus correspondientes dieciséis bases de plata, y debajo de cada tabla había dos bases.

31 Besalel hizo también cinco travesaños de madera de acacia para las tablas de un lado del santuario, 32 cinco travesaños para las tablas del otro lado del santuario, y otros cinco travesaños para las tablas de la parte posterior, la que daba al oeste. 33 El travesaño central lo hizo de modo que pasara de un lado al otro, a la mitad de las tablas. 34 Luego recubrió de oro las tablas, y les hizo argollas de oro para pasar a través de ellas los travesaños, ya recubiertos de oro.

35 Hizo además el velo de tela morada, tela de púrpura, tela roja y lino torcido, y en él tejió artísticamente dos seres alados. 36 Luego, con unos ganchos de oro, lo colgó de cuatro postes de madera de acacia, los cuales estaban recubiertos de oro y sobre cuatro bases de plata. 37 Para la entrada de la tienda de campaña hizo una cortina de tela morada, tela de púrpura, tela roja y lino torcido, bordada artísticamente. 38 También hizo cinco postes con ganchos y con sus cinco bases de bronce, y recubrió de oro la parte superior de los postes y sus anillos.

Se hace el arca de la alianza
(Ex 25.10–22)

37 1 Besalel hizo el arca de madera de acacia, que medía un metro y diez centímetros de largo, sesenta y cinco centímetros de ancho y sesenta y cinco centímetros de alto. 2 La recubrió de oro puro por dentro y por fuera, y le puso un ribete de oro alrededor. 3 También le hizo cuatro argollas de oro para sus cuatro patas, dos para un lado y dos para el otro. 4 Hizo además unos travesaños de madera de acacia, los recubrió de oro, 5 y luego los pasó a través de las argollas que estaban a los costados del arca, para poder transportarlo.

6 Hizo también una tapa de oro puro, que medía un metro y diez centímetros de largo por sesenta y cinco centímetros de ancho, 7 con dos seres alados de oro labrado a martillo en los dos extremos de la tapa. 8 La tapa y los seres alados formaban una sola pieza: uno de ellos salía de un extremo de la tapa y el otro salía del otro extremo, 9 así que quedaban uno frente al otro, pero con la cara hacia la tapa y con sus alas extendidas por encima de la tapa cubriéndola con ellas.

Se hace la mesa para el pan de la presencia
(Ex 25.23–30)

10 Besalel hizo también una mesa de madera de acacia, que medía noventa centímetros de largo, cuarenta y cinco centímetros de ancho y sesenta y cinco centímetros de alto. 11 La recubrió de oro puro y le puso un ribete de oro alrededor; 12 la hizo con un entrepaño de siete centímetros de ancho, y al entrepaño le puso un ribete de oro. 13 También le hizo cuatro argollas de oro, y se las puso en las cuatro esquinas correspondientes a las cuatro patas, 14 de manera que quedaran junto al entrepaño, para pasar los travesaños por ellas y así poder transportar la mesa.

15 Los travesaños para transportar la mesa los hizo de madera de acacia, y luego los recubrió de oro. 16 También hizo de oro puro los utensilios que debían estar sobre la mesa, es decir, sus platos, cucharones, jarras y copas para las ofrendas de líquidos.

Se hace el candelabro de oro
(Ex 25.31–40)

17 Besalel hizo también el candelabro de oro puro labrado a martillo. Su base, tronco, copas, cálices y pétalos formaban una sola pieza; 18 de los costados le salían seis brazos, tres de un lado y tres del otro. 19 Cada uno de los seis brazos que salían del tronco tenía tres copas en forma de flor de almendro, con un cáliz y sus pétalos, 20 y el tronco mismo tenía cuatro copas, también en forma de flor de almendro, con su cáliz y sus pétalos. 21 Cada uno de los tres pares de brazos que salían del candelabro tenían un cáliz en su parte inferior. 22 Los cálices y los brazos formaban una sola pieza con el candelabro, el cual era de oro puro labrado a martillo. 23 También hizo de oro puro sus siete lámparas, sus

tenazas y sus platillos. 24 Para hacer el candelabro y sus utensilios se usaron treinta y tres kilos de oro puro.

Se hace el altar del incienso
(Ex 30.1–5)

25 Besalel hizo el altar del incienso con madera de acacia. Era cuadrado, de cuarenta y cinco centímetros de largo por cuarenta y cinco centímetros de ancho, y de noventa centímetros de altura. Los cuernos del altar formaban una sola pieza con el altar mismo. 26 Después recubrió de oro puro su parte superior, sus cuatro lados y sus cuernos, y le puso un ribete de oro alrededor. 27 También le puso unas argollas de oro debajo del ribete, dos para las esquinas de un lado y dos para las esquinas del otro, para pasar por ellas los travesaños y así poder transportar el altar. 28 Los travesaños los hizo de madera de acacia, y luego los recubrió de oro.

Se prepara el aceite de consagrar y el incienso
(Ex 30.22–38)

29 Besalel hizo también el aceite santo de consagrar y el incienso de perfume puro, como lo hacen los perfumeros.[a]

Se hace el altar de bronce
(Ex 27.1–8)

38 1 Con madera de acacia, Besalel hizo el altar de los holocaustos. Era cuadrado, de dos metros y veinticinco centímetros por cada lado, y un metro y veinticinco centímetros de alto. 2 Para sus cuatro esquinas le hizo cuatro cuernos, los cuales formaban una sola pieza con el altar y estaban recubiertos de bronce. 3 Hizo también de bronce todos los utensilios para el altar, los ceniceros, las palas, los tazones, los tenedores y los braseros. 4 También hizo una rejilla de bronce, y la puso debajo de la orilla del altar, a media altura del mismo. 5 Hizo también cuatro argollas para las cuatro esquinas de la rejilla de bronce, para pasar por ellas los travesaños. 6 Luego hizo los travesaños de madera de acacia para el altar, los recubrió de bronce, 7 y los pasó a través de las argollas que estaban en los costados del altar, para poder transportarlo. El altar lo hizo hueco y de madera.

---

a **37.29** Ex 30.22–38.

Se hace la palangana de bronce
(Ex 30.18)

8 Con los espejos[a] de las mujeres que servían a la entrada de la tienda del encuentro, Besalel hizo la palangana de bronce y su base del mismo metal.[b]

Se hace el patio del santuario
(Ex 27.9–19)

9 Besalel hizo el patio. Por el lado sur, el patio tenía cuarenta y cinco metros de cortinas de lino torcido. **10** Sus veinte postes con sus veinte bases eran de bronce, y sus ganchos y anillos eran de plata. **11** Por el lado norte había cortinas a lo largo de cuarenta y cinco metros, con sus veinte postes y veinte bases de bronce, y sus ganchos y anillos de plata. **12** Por el lado occidental había veintidós metros y medio de cortinas, con diez postes y diez bases. Los ganchos de los postes y sus anillos eran de plata. **13** Por el lado oriental también había veintidós metros y medio de cortinas. **14** De un lado de la entrada había unos siete metros de cortinas, con tres postes y tres bases; **15** y del otro lado, de uno y otro lado de la entrada del patio, había unos siete metros de cortinas, tres postes y tres bases. **16** Todas las cortinas alrededor del patio eran de lino torcido. **17** Las bases para los postes eran de bronce, los ganchos de los postes y sus anillos eran de plata, y la parte superior de los postes estaba recubierta de plata. Todos los postes del patio tenían anillos de plata.

18 La cortina a la entrada del patio estaba finamente bordada sobre tela morada, tela de púrpura, tela roja y lino torcido. Medía nueve metros de largo por dos metros y veinticinco centímetros de alto, igual que las cortinas del patio. **19** Tenía cuatro postes con sus cuatro bases de bronce; sus ganchos y sus anillos eran de plata, y la parte superior de los postes estaba recubierta de plata. **20** Todas las estacas del santuario y del patio que lo rodeaba, eran de bronce.

Metales usados en el santuario

21 Por órdenes de Moisés y bajo la dirección de Itamar, hijo del sacerdote Aarón, los levitas llevaron la cuenta de los metales usados en la construcción del santuario de la alianza. **22** Besalel, el hijo de Urí y nieto de Hur, de la tribu de Judá, hizo todo lo que el Señor había ordenado a Moisés que se hiciera. **23** Lo ayudó Oholiab, hijo de Ahisamac, de la tribu de Dan, que era herrero, tejedor y bordador en tela morada, tela de púrpura, tela roja y lino fino.

24 Todo el oro que se usó para hacer lo necesario para el santuario, fue oro ofrendado al Señor, y dio un total de novecientos sesenta y cinco kilos con treinta gramos, según el peso oficial del santuario.

25 La plata recogida en el censo de la comunidad llegó a tres mil trescientos diecinueve kilos con quinientos veinticinco gramos, según el peso oficial del santuario. **26** Todos los empadronados mayores de veinte años fueron seiscientas tres mil quinientas cincuenta personas, y cada uno de ellos dio cinco gramos y medio de plata, según el peso oficial del santuario.[c] **27** Había también tres mil trescientos kilos de plata para fundir las bases para el santuario y las bases para el velo. Toda esa plata se usó en cien bases, o sea treinta y tres kilos de plata en cada base. **28** Con la plata que se recogió de toda la comunidad, Besalel hizo los ganchos de los postes, las cubiertas de su parte superior y sus anillos.

29 El bronce ofrendado al Señor llegó a dos mil trescientos treinta y seis kilos con cuatrocientos gramos, **30** y con ese bronce se hicieron las bases para la puerta de la tienda del encuentro, el altar de bronce y su rejilla de bronce, y todos los utensilios del altar, **31** así como las bases y las estacas para el patio que rodeaba al santuario, y las bases para la puerta del patio.

Se hace la ropa de los sacerdotes
(Ex 28.1–43)

39 **1** La ropa tejida para el servicio en el santuario se hizo de tela morada, tela de púrpura y tela roja. También se hizo así la ropa especial para Aarón, tal como el Señor se lo había ordenado a Moisés.

2 Para hacer el efod se usó oro, tela morada, tela de púrpura, tela roja y lino torcido. **3** Se forjaron a martillo unas placas de oro, las cuales se cortaron en hilos para entretejerlos, a manera de bordado, en la tela morada, en la tela de púrpura, en la tela roja y en el lino. **4** Se le pusieron al efod dos tirantes unidos a sus dos extremos. **5** El cinturón que iba sobre el efod

---

[a] **38.8** Los *espejos* antiguos eran de bronce pulido. [b] **38.8** Ex 30.18. [c] **38.25–26** Ex 30.11–16. En cuanto al número de los empadronados, cf. Nm 1.46.

para sujetarlo, estaba hecho de la misma manera: de oro, tela morada, tela de púrpura, tela roja y lino torcido, tal como el Señor se lo había ordenado a Moisés.

6 Las piedras de cornalina se colocaron sobre monturas de oro, con los nombres de los hijos de Israel grabados en ellas como un sello. 7 Luego Besalel las puso sobre los tirantes del efod, para recordar a los hijos de Israel, tal como el Señor se lo había ordenado a Moisés.

8 El pectoral estaba hecho también con un fino bordado como el del efod: de oro, tela morada, tela de púrpura, tela roja y lino torcido. 9 Era doble y cuadrado, y de veintidós centímetros por cada lado. 10 Estaba cubierto con cuatro hileras de piedras preciosas: la primera hilera tenía un rubí, un crisólito y una esmeralda; 11 la segunda, un granate, un zafiro y un jade; 12 la tercera, un jacinto, una ágata y una amatista; 13 y la cuarta, un topacio, una cornalina y un jaspe. Las piedras estaban montadas en monturas de oro, y 14 eran doce, por los doce nombres de los hijos de Israel; cada una de ellas tenía grabado en forma de sello el nombre de una de las doce tribus.

15 Sobre el pectoral hicieron unas cadenas de oro puro, torcidas como cordones. 16 También hicieron dos monturas de oro y dos argollas de oro; pusieron las argollas de oro en los dos extremos superiores del pectoral, 17 y las cadenas de oro sobre las dos argollas. 18 Las puntas de las dos cadenas las pusieron sobre las dos monturas y las aseguraron sobre los tirantes del efod por su parte delantera. 19 Hicieron también otras dos argollas de oro y las pusieron en los dos extremos inferiores del pectoral, sobre la orilla interior que quedaba junto al efod. 20 Hicieron dos argollas más de oro y las pusieron en la parte delantera de los tirantes del efod, pero por debajo, junto a las costuras y un poco arriba del cinturón del efod. 21 Luego unieron las argollas del pectoral a las argollas del efod con un cordón morado, para que el pectoral quedara arriba del cinturón del efod y no se separara del mismo, tal como el Señor se lo había ordenado a Moisés.

22 Toda la capa del efod se hizo de un tejido de tela morada. 23 La orilla de la abertura del centro tenía un dobladillo como el de los chalecos de cuero, para que no se rompiera. 24 Adornaron el borde de la capa con granadas de tela morada, tela de púrpura, tela roja y lino torcido. 25 Hicieron también campanitas de oro puro y las combinaron con las granadas, poniéndolas entre ellas alrededor de todo el borde 26 de la capa para oficiar: una campanita y una granada, otra campanita y otra granada, tal como el Señor se lo había ordenado a Moisés.

27 Las túnicas de lino para Aarón y sus hijos fueron hechas por un tejedor, 28 lo mismo que el turbante, los tocados y los calzoncillos de lino torcido; 29 el cinturón de lino torcido, tela morada, tela de púrpura y tela roja, fue bordado artísticamente, tal como el Señor se lo había ordenado a Moisés.

30 También hicieron la placa de oro puro que lo consagraba como sacerdote, y en ella grabaron, a manera de sello, "Consagrado al Señor". 31 Luego le pusieron un cordón morado para colocar la placa sobre el turbante por la parte superior, tal como el Señor se lo había ordenado a Moisés.

Termina la construcción del santuario
(Ex 35.10–19)

32 La construcción del santuario, la tienda del encuentro con Dios, llegó a su fin. Los israelitas hicieron todo exactamente como el Señor se lo había ordenado a Moisés, 33 y le hicieron entrega a Moisés del santuario, la tienda del encuentro, y de todos sus utensilios: sus ganchos, tablas, travesaños, postes y bases, 34 la cubierta de pieles de carnero teñidas de rojo, la cubierta de pieles finas, el velo para cubrir el arca, 35 el arca de la alianza y sus travesaños, la tapa, 36 la mesa y todos sus utensilios, el pan que se consagra al Señor, 37 el candelabro de oro puro y sus lámparas —o sea las lámparas que debían tenerse ordenadas—, y todos sus utensilios; el aceite para el alumbrado, 38 el altar de oro, el aceite de consagrar, el incienso aromático, la cortina para la entrada de la tienda del encuentro, 39 el altar de bronce con su rejilla de bronce, sus travesaños y todos sus utensilios, la palangana y su base, 40 las cortinas del patio, sus postes y sus bases, la cortina para la entrada del patio, las cuerdas y estacas del patio, todos los utensilios para el servicio del santuario, la tienda del encuentro, 41 la ropa tejida para oficiar en el santuario, la ropa especial del sacerdote Aarón y la ropa sacerdotal de sus hijos.

42 Los israelitas hicieron todo tal y como el Señor se lo había ordenado a Moisés, 43 y cuando Moisés vio que ellos lo habían hecho así, les dio su bendición.

Consagración del santuario

40 ¹El Señor se dirigió a Moisés y le dijo: ²"El día primero del mes primero debes instalar el santuario, la tienda del encuentro con Dios. ³Pon allí dentro el arca de la alianza, y cúbrela con el velo. ⁴Pon también dentro la mesa y el candelabro. Arregla bien la mesa y colócale al candelabro sus lámparas. ⁵Pon el altar de oro para el incienso delante del arca de la alianza, y cuelga la cortina de la entrada del santuario. ⁶Pon luego el altar de los holocaustos a la entrada del santuario, la tienda del encuentro. ⁷Pon después la palangana entre la tienda del encuentro y el altar, y llénala de agua. ⁸Instala entonces el patio alrededor, y cuelga la cortina de la entrada del patio.

⁹"Toma después el aceite de consagrar, y derrámalo sobre el santuario y sobre todo lo que está en él. Así lo consagrarás con todos sus utensilios, y será un lugar santo. ¹⁰Derrama también aceite de consagrar sobre el altar de los holocaustos y sobre todos sus utensilios. Así lo consagrarás y será un altar santísimo. ¹¹Derrama aceite sobre la palangana y su base, y así la consagrarás.

¹²"Lleva después a Aarón y a sus hijos cerca de la puerta de la tienda del encuentro, y haz que se bañen ¹³y que Aarón se ponga la ropa especial. Luego derrama aceite sobre él para consagrarlo como mi sacerdote. ¹⁴Acerca luego a sus hijos, ponles las túnicas ¹⁵y derrama aceite sobre ellos, como lo hiciste con Aarón, para que sean mis sacerdotes. Con este derramamiento de aceite sobre ellos se establece un sacerdocio eterno a través de los siglos."

¹⁶Moisés lo hizo todo tal como el Señor se lo había ordenado. ¹⁷Y así, al comenzar el segundo año después de la salida de Egipto, el día primero del mes primero, fue instalado el santuario. ¹⁸Moisés instaló el santuario y puso sus bases, colocó las tablas, puso los travesaños, levantó los postes, ¹⁹extendió la tienda de campaña sobre el santuario, y colocó la cubierta para la parte superior de la tienda, tal como el Señor se lo había ordenado.

²⁰⁻²¹Después Moisés tomó las tablas de la ley y las puso en el arca de la alianza; luego le puso al arca los travesaños, y su tapa para la parte superior, y la llevó al interior del santuario;

colgó entonces el velo y cubrió el arca, tal como el Señor se lo había ordenado.

²²Luego puso la mesa dentro de la tienda del encuentro, al lado norte del santuario, pero fuera del velo. ²³Sobre la mesa acomodó bien el pan ante la presencia del Señor, tal como el Señor se lo había ordenado.

²⁴Puso también el candelabro dentro de la tienda del encuentro, frente a la mesa, al lado sur del santuario, ²⁵y encendió las lámparas ante la presencia del Señor, tal como el Señor se lo había ordenado.

²⁶El altar de oro lo puso dentro de la tienda del encuentro, delante del velo, ²⁷y quemó en él incienso aromático, tal como el Señor se lo había ordenado.

²⁸Después Moisés colgó la cortina para la entrada del santuario; ²⁹luego puso el altar de los holocaustos a la entrada del santuario, la tienda del encuentro, y en él quemó animales y cereales como ofrendas, tal como el Señor se lo había ordenado.

³⁰La palangana la puso entre la tienda del encuentro y el altar, y la llenó de agua, para lavarse. ³¹De allí sacaban agua Moisés, y Aarón y sus hijos, para lavarse las manos y los pies. ³²Se lavaban cuando entraban en la tienda del encuentro y cuando se acercaban al altar, tal como el Señor se lo había ordenado a Moisés.

³³Finalmente, Moisés instaló el patio alrededor del santuario y el altar, y colgó la cortina de la entrada del patio.

La nube sobre la tienda del encuentro
(Nm 9.15–23)

Al terminar Moisés la construcción, ³⁴la nube cubrió la tienda del encuentro y la gloria del Señor llenó el santuario. ³⁵Moisés no podía entrar en la tienda del encuentro porque la nube se había asentado sobre ella y la gloria del Señor llenaba el santuario. ³⁶Cuando la nube se levantaba de encima del santuario, los israelitas levantaban su campamento y seguían su camino, ³⁷pero si no se levantaba la nube, tampoco ellos levantaban su campamento, sino que esperaban hasta que la nube se levantaba. ³⁸A lo largo de todo el viaje de los israelitas, y a la vista de todos ellos, la nube del Señor estaba sobre el santuario durante el día, y durante la noche había un fuego sobre él.[a]

ᵃ **40.34–38** Cf. Ex 13.21–22.

LEVÍTICO

El nombre de *Levítico* (= Lv) indica algo del contenido del libro, ya que este incluye, entre otros aspectos, un conjunto de prescripciones destinadas a reglamentar el culto que el pueblo israelita rendía a Dios. Por lo tanto, este libro puede considerarse como una especie de manual destinado a los levitas o miembros de la tribu de Leví, que eran los encargados de celebrar los oficios sagrados en el templo de Jerusalén.

El libro se divide en varias secciones. La primera (caps. 1—7) establece cómo se debían ofrecer las distintas clases de sacrificios.

La segunda sección (caps. 8—10), que en parte es histórica y en parte legislativa, se refiere a la ordenación de los sacerdotes.

La tercera parte (caps. 11—16) está consagrada a la distinción entre lo puro y lo impuro, y a las maneras de recuperar el estado de pureza cada vez que se ha contraído alguna impureza legal. Esta sección culmina con el solemne ritual de la expiación, en el llamado *Día del perdón* (heb. *Yom kipur*).

A continuación viene la llamada "Ley de santidad" (caps. 17—25), que constituye, por así decirlo, el corazón de *Levítico*. Esta sección contiene algunas prescripciones relativas al culto, pero lo que más se destaca son las normas para una forma de vida cimentada en la santidad, en la justicia y en el amor fraterno.

Por último, el libro se cierra con una serie de bendiciones y maldiciones (cap. 26) y con un apéndice acerca de las cosas consagradas al Señor (cap. 27).

El libro está dominado por la idea de la santidad. El Señor, Dios de Israel, es un Dios santo y quiere para sí un pueblo santo (19.2). Por eso, todas las observancias que se prescriben tienen como finalidad fundar sobre la tierra, en medio de las naciones paganas, un pueblo consagrado enteramente a la alabanza y al servicio del verdadero Dios.

El siguiente esquema presenta las secciones que integran este tercer libro del Pentateuco:

1. El ritual de los sacrificios (1—7)
2. La investidura de los primeros sacerdotes (8—10)
3. Lo puro y lo impuro (11–16)
4. La Ley de santidad (17—26)
5. Apéndice (27)

Los holocaustos

1 ¹ El Señor llamó a Moisés desde la tienda del encuentro, y le dijo lo siguiente: ² "Habla con los israelitas y diles que cuando alguno me traiga ofrendas de animales, me las deberá traer de su ganado o de su rebaño.

³ "Si el animal que ofrece en holocausto[a] es de su ganado, tendrá que ser un toro sin defecto. Para que le sea aceptado, deberá ofrecerlo en presencia del Señor a la entrada de la tienda del encuentro, ⁴ poniendo la mano sobre la cabeza del animal. Así el animal le será aceptado para obtener el perdón de sus pecados. ⁵ Degollará el toro en presencia del Señor; luego los hijos de Aarón, los sacerdotes, ofrecerán la sangre, y después rociarán con ella los costados del altar

---

[a] **1.3** La ofrenda del holocausto se quemaba enteramente sobre el altar (cf. Lv 6.9), con excepción de la piel del animal, que era para el sacerdote, y de las entrañas con los residuos de comida (1.16). Este sacrificio era ofrecido al Señor como acto de adoración (1 Cr 29.20–21), en acción de gracias (Sal 66.13–15), para obtener algún favor (Sal 20.3–5) y en diversos ritos de purificación (Lv 12.6–8; 14.19,21–23; 15.15,30; 16.24; cf. Job 1.5).

que está a la entrada de la tienda del encuentro. 6 El que presenta el animal en holocausto le quitará la piel y lo cortará en pedazos, 7 y los sacerdotes harán fuego sobre el altar y acomodarán la leña 8 para poner sobre ella los pedazos cortados del animal y la cabeza y la grasa de los intestinos. 9 El que presenta el holocausto deberá lavar con agua las vísceras y las piernas del animal, y el sacerdote lo quemará todo sobre el altar como ofrenda quemada de aroma agradable al Señor.

10 "Si el animal que ofrece en holocausto es de su rebaño de ovejas o de cabras, tendrá que ser un macho sin defecto, 11 y lo deberá degollar al lado norte del altar, ante el Señor. Los hijos de Aarón, los sacerdotes, rociarán con la sangre del animal los costados del altar; 12 luego se cortará el animal en pedazos, y el sacerdote pondrá los pedazos cortados sobre la leña que arde en el altar, junto con la cabeza y la grasa de los intestinos. 13 Luego, el que presenta el holocausto deberá lavar con agua las vísceras y las piernas del animal, y el sacerdote lo quemará todo sobre el altar como ofrenda quemada de aroma agradable al Señor.

14 "Si el animal que ofrece en holocausto en honor del Señor es un ave, tendrá que ser una tórtola o un pichón de paloma. 15 El sacerdote ofrecerá el ave en el altar: le arrancará la cabeza y quemará el ave sobre el altar después de exprimir su sangre en un costado del altar. 16 Le quitará el buche y su contenido,[b] y lo echará hacia el lado oriente del altar, o sea en el lugar de la ceniza; 17 luego partirá el ave en dos, tomándola por las alas, pero sin separar las dos partes, finalmente quemará el ave sobre la leña del altar como holocausto, como ofrenda quemada de aroma agradable al Señor.

Las ofrendas de cereales

2 1 "Cuando alguno traiga al Señor una ofrenda de cereales, deberá traer harina de la mejor calidad, sobre la cual echará aceite e incienso; 2 luego la llevará a los hijos de Aarón, los sacerdotes, y uno de ellos tomará un puñado de harina con aceite, junto con todo el incienso, y lo quemará sobre el altar como ofrenda quemada de recordación, de aroma agradable al Señor. 3 Y la porción restante de la ofrenda, que es una porción muy sagrada entre las ofrendas que se queman en honor del Señor, será para Aarón y sus descendientes.

4 "Cuando presentes una ofrenda de cereales cocida al horno, preséntala de tortas de la mejor harina amasadas con aceite, pero sin levadura, o de hojuelas sin levadura rociadas de aceite. 5 "Si tu ofrenda es de cereales, cocinada en sartén, tendrá que ser de la mejor harina, amasada con aceite y sin levadura; 6 la partirás en pedazos y le rociarás aceite, pues es ofrenda de cereales. 7 "Si tu ofrenda es de cereales, cocinada en cacerola, deberá estar hecha con la mejor harina y con aceite. 8 Una vez que hayas preparado la ofrenda con estas cosas, deberás llevarla ante el Señor y entregarla al sacerdote, el cual la llevará hasta el altar. 9 Allí el sacerdote tomará un poco de la ofrenda para quemarla sobre el altar como ofrenda quemada de recordación, de aroma agradable al Señor. 10 Y la porción restante de la ofrenda, que es una porción muy sagrada entre las ofrendas que se queman en honor del Señor, será para Aarón y sus descendientes.

11 "No le pongan ustedes levadura a ninguna de las ofrendas de cereales que presentan al Señor. Es más, ninguna clase de levadura ni de miel deberá ser quemada como ofrenda al Señor. 12 Pueden presentar la levadura y la miel al Señor como ofrendas de primeros frutos, pero no ofrecerlas en el altar como aroma agradable. 13 "A todas tus ofrendas de cereales debes ponerles sal, y no permitas que en tu ofrenda de cereales falte la sal de la alianza de tu Dios. En todas tus ofrendas debes ofrecer sal.

14 "Si le presentas al Señor una ofrenda de cereales de tus primeros frutos, deberá ser de espigas maduras tostadas al fuego y de grano fresco machacado de tus primeras cosechas. 15 Sobre la ofrenda deberás echar aceite e incienso, pues es ofrenda de cereales. 16 Luego el sacerdote quemará un poco de grano machacado y de aceite, junto con todo el incienso, y será una ofrenda de recordación quemada en honor del Señor.

Los sacrificios de reconciliación

3 1 "Si alguien toma de sus ganados una vaca o un toro para ofrecer al Señor un sacrificio de reconciliación,[a] el animal

---

b 1.16 Y su contenido: Heb. y sus plumas. a 3.1 El sacrificio de reconciliación, llamado también sacrificio pacífico o de comunión, incluía un banquete sagrado en el que el oferente, en compañía de sus familiares y amigos, comía parte de la víctima. Cf. Dt 12.7; 1 S 1.4.

ofrecido no deberá tener ningún defecto. 2 El que presenta la ofrenda pondrá la mano sobre la cabeza del animal ofrecido, y luego lo degollará a la entrada de la tienda del encuentro. Los sacerdotes, por su parte, rociarán con la sangre los costados del altar.

3 "El que presenta el animal para ofrecer un sacrificio de reconciliación, deberá presentar al Señor, como ofrenda quemada, la grasa que cubre las vísceras del animal, 4 los riñones, la grasa que los cubre y que está sobre los lomos, y la parte grasosa del hígado, que deberá quitar junto con los riñones. 5 Los sacerdotes harán arder todo esto en el altar, junto con el animal que se va a quemar en la leña ardiente, como ofrenda quemada de aroma agradable al Señor.

6 "Si alguien ofrece al Señor un animal de sus rebaños como sacrificio de reconciliación, deberá ofrecer un macho o una hembra sin ningún defecto. 7 Si ofrece un cordero, al presentarlo ante el Señor 8 le pondrá la mano en la cabeza, y luego lo degollará ante la tienda del encuentro. Entonces los sacerdotes rociarán con la sangre del animal los costados del altar.

9 "El que ofrece el animal como sacrificio de reconciliación, deberá presentar al Señor, como ofrenda quemada, la grasa, la cola entera cortada al ras del espinazo, la grasa que cubre las vísceras, 10 los dos riñones, la grasa que los cubre y la que está sobre los lomos, y la parte grasosa del hígado, que habrá de quitar junto con los riñones. 11 Luego el sacerdote quemará todo esto sobre el altar, como ofrenda de alimento quemada en honor del Señor.

12 "Si el animal que ofrece es una cabra, al ofrecerla ante el Señor 13 le pondrá la mano en la cabeza, y luego la degollará ante la tienda del encuentro. Entonces los sacerdotes rociarán con la sangre los costados del altar.

14 "El que ofrece el animal puede tomar y presentar, como ofrenda quemada en honor del Señor, toda la grasa que cubre las vísceras, 15 los dos riñones, la grasa que los cubre y que está sobre los lomos, y la parte grasosa del hígado, que deberá quitar junto con los riñones. 16 Luego el sacerdote quemará todo esto sobre el altar, como ofrenda de alimento quemada, de aroma agradable. Toda la grasa es para el Señor.

17 "Esta es una ley permanente que pasará de padres a hijos, dondequiera que ustedes vivan: no coman nada de grasa ni de sangre."

Los sacrificios por el pecado [a]

4 1 El Señor se dirigió a Moisés y le dijo: 2 "Di a los israelitas que, en aquellos casos en que alguien peque involuntariamente contra alguno de los mandamientos del Señor y haga algo que no está permitido, se hará lo siguiente:

3 "Si el que peca es el sacerdote principal, haciendo así recaer la culpa sobre el pueblo, deberá ofrecer al Señor un becerro sin defecto como sacrificio por el pecado cometido. 4 Lo llevará ante el Señor, a la entrada de la tienda del encuentro; allí le pondrá la mano en la cabeza, y luego lo degollará en presencia del Señor. 5 Después él mismo tomará un poco de la sangre del becerro y la llevará a la tienda del encuentro; 6 allí mojará su dedo en la sangre y la rociará siete veces ante el Señor, hacia el velo del santuario. 7 Untará también un poco de sangre en los cuernos del altar destinado al incienso aromático —que está ante el Señor, en la tienda del encuentro—, y toda la sangre restante la derramará al pie del altar de los holocaustos, que está a la entrada de la tienda del encuentro. 8 Luego le quitará al becerro sacrificado por el pecado toda la grasa que cubre las vísceras, 9 los dos riñones, la grasa que los cubre y que está sobre los lomos, y la parte grasosa del hígado, la cual deberá quitar junto con los riñones, 10 tal como se le quita al toro que se ofrece como ofrenda de reconciliación. Luego el sacerdote lo quemará sobre el altar de los holocaustos. 11 Pero la piel del becerro y toda su carne, junto con la cabeza, las piernas, las vísceras y desechos 12 —o sea, todo el becerro—, los sacará a un lugar limpio fuera del campamento, donde se echa la ceniza, y allí, sobre el montón de ceniza, les echará leña y les prenderá fuego.

13 "Si toda la comunidad israelita hace algo malo sin quererlo, y ninguno de ellos se da cuenta de que su acción está en contra de los mandamientos del Señor y que así se han hecho culpables, 14 en cuanto se sepa el pecado que han cometido deberán ofrecer todos juntos un becerro como sacrificio por el pecado. Lo llevarán

---

[a] **4.1–35** Los *sacrificios por el pecado* tenían como finalidad restablecer la relación con Dios, comprometida por las faltas involuntarias o por algún estado de impureza. Cf. Lv 14.19; 15.15; Nm 15.22–29.

ante la tienda del encuentro, 15en donde los ancianos de la comunidad pondrán sus manos sobre la cabeza del becerro, ante el Señor, y allí mismo lo degollarán. 16Luego el sacerdote principal llevará un poco de la sangre del becerro a la tienda del encuentro, 17mojará su dedo en la sangre y la rociará siete veces ante el Señor, frente al velo. 18Untará un poco de sangre en los cuernos del altar que está ante el Señor, en la tienda del encuentro. Y toda la sangre restante la derramará al pie del altar de los holocaustos, el cual está a la entrada de la tienda del encuentro. 19También le quitará al becerro toda la grasa, y la quemará en el altar; 20es decir, que se hará con este becerro exactamente lo mismo que se hace con el becerro que se sacrifica por el pecado; así el sacerdote obtendrá el perdón por los pecados de ellos, y el pecado se les perdonará. 21Luego sacará al becerro fuera del campamento, y lo quemará, tal como se hace con el primer becerro, pues es el sacrificio por el pecado de la comunidad.

22"Si un jefe peca cometiendo algo que está en contra de los mandamientos del Señor su Dios, resultará culpable aun cuando lo haya hecho involuntariamente. 23En cuanto se dé cuenta del pecado que cometió, deberá llevar como ofrenda un chivo sin ningún defecto. 24Pondrá la mano sobre la cabeza del chivo, y lo degollará ante el Señor, en el lugar donde se matan los animales que van a ser quemados, pues es sacrificio por el pecado. 25Luego el sacerdote tomará con su dedo un poco de sangre del animal sacrificado por el pecado, y la untará en los cuernos del altar de los holocaustos, después de lo cual luego derramará la sangre restante al pie del mismo altar 26y quemará toda la grasa sobre el altar, tal como se hace con la grasa del sacrificio de reconciliación. Así el sacerdote obtendrá el perdón por el pecado del jefe, y el pecado le será perdonado.

27"Si una persona de clase humilde peca involuntariamente, resultando culpable de haber hecho algo que está en contra de los mandamientos del Señor, 28en cuanto se dé cuenta del pecado que cometió, deberá llevar una cabra sin ningún defecto como ofrenda por el pecado cometido. 29Pondrá la mano sobre la cabeza del animal que ofrece por el pecado, y luego lo degollará en el lugar de los holocaustos. 30Entonces el sacerdote tomará con el dedo un poco de sangre y la untará en los cuernos del altar de los holocaustos, y toda la

sangre restante la derramará al pie del altar. 31También deberá quitarle toda la grasa, tal como se le quita al animal que se ofrece como sacrificio de reconciliación, y quemarla en el altar como aroma agradable al Señor. Así el sacerdote obtendrá el perdón por el pecado de esa persona, y el pecado se le perdonará.

32"Si esa persona trae una oveja como sacrificio por el pecado, deberá traer una hembra sin ningún defecto. 33Pondrá la mano sobre la cabeza de la oveja, y luego la degollará como sacrificio por el pecado en el lugar donde se matan los animales que se van a quemar. 34Entonces el sacerdote tomará con el dedo un poco de sangre del animal sacrificado por el pecado y la untará en los cuernos del altar de los holocaustos, y toda la sangre restante la derramará al pie del altar. 35Luego le quitará toda la grasa, tal como se le quita al cordero que se ofrece como sacrificio de reconciliación, y quemará la grasa en el altar, junto con las ofrendas quemadas en honor del Señor. Así el sacerdote obtendrá el perdón por el pecado que esa persona cometió, y el pecado le será perdonado.

Casos específicos del sacrificio por el pecado

5 1"Si alguien es llamado a declarar como testigo de algo que vio o escuchó, y se niega a declarar, comete un pecado y debe cargar con la culpa.

2"Si alguien toca alguna cosa impura, como el cadáver de un animal impuro, sea salvaje o doméstico, o de un reptil impuro, quedará también impuro, y será culpable, aun cuando no se haya dado cuenta.

3"Si alguien toca alguna impureza humana, cualquier cosa que lo pueda dejar impuro, pero no se da cuenta en ese momento, si después se da cuenta será culpable.

4"Si alguien pronuncia a la ligera un juramento de hacer algo bueno o malo —de ese tipo de juramentos que se hacen sin pensar—, pero no se da cuenta en ese momento, si después se da cuenta será culpable de cualquiera de estas cosas.

5"El que resulte culpable en cualquiera de estos casos, deberá confesar el pecado que cometió 6y le presentará al Señor una hembra de sus rebaños como sacrificio por el pecado cometido; puede ser una oveja o una cabra, y con este sacrificio el sacerdote obtendrá el perdón de los pecados de esa persona.

7 "Si no tiene lo suficiente para comprar un cordero, deberá llevar al Señor dos tórtolas o dos pichones de paloma por el pecado cometido: uno de ellos como sacrificio por el pecado, y el otro como holocausto. 8 Deberá llevarlos al sacerdote, el cual presentará primero el que se ofrece por el pecado, retorciéndole el cuello pero sin arrancarle la cabeza por completo; 9 luego rociará un poco de sangre del sacrificio por el pecado en un costado del altar, y la sangre restante la exprimirá al pie del altar, pues es sacrificio por el pecado. 10 Con el segundo hará un holocausto, según lo establecido; así el sacerdote obtendrá el perdón del pecado cometido por esa persona, y el pecado le será perdonado.

11 "Si no tiene ni siquiera para comprar dos tórtolas o dos pichones de paloma, deberá llevar como ofrenda por su pecado dos kilos de la mejor harina. No debe echarle aceite ni ponerle incienso encima, porque es una ofrenda por el pecado. 12 Deberá llevársela al sacerdote, el cual tomará un puñado como recordación y lo quemará en el altar junto con las ofrendas que se queman en honor del Señor. Es una ofrenda por el pecado, 13 para que el sacerdote obtenga el perdón de cualquier pecado que esa persona haya cometido, y el pecado se le perdonará. Y, como en el caso de las ofrendas de cereales, la parte restante será para el sacerdote."

Los sacrificios por la culpa

14 El Señor se dirigió a Moisés y le dijo: 15 "La persona que peque involuntariamente y resulte culpable de fraude en las cosas sagradas del Señor, debe tomar de sus rebaños un carnero sin ningún defecto, como sacrificio por su culpa, y llevárselo al Señor. El valor del carnero se debe calcular en plata, según el peso oficial del santuario para las ofrendas por la culpa. 16 Esa persona debe pagar lo defraudado de las cosas sagradas, más una quinta parte, cantidad que entregará al sacerdote. Luego, con el carnero que se sacrifica por la culpa, el sacerdote obtendrá el perdón por el pecado de esa persona, y el pecado se le perdonará.

17 "Si alguien peca haciendo algo que está en contra de los mandamientos del Señor, aunque no se dé cuenta, será culpable y deberá cargar con la culpa. 18 Por lo tanto, deberá tomar de sus rebaños un carnero sin ningún defecto, cuyo valor tú deberás calcular, y se lo llevará al sacerdote como sacrificio por la culpa, para obtener así el perdón del pecado que esa persona cometió involuntariamente, y el pecado se le perdonará. 19 Es un sacrificio por la culpa, pues esa persona es culpable ante el Señor."

Los sacrificios por causa de fraudes

6 1 El Señor se dirigió a Moisés y le dijo: 2 "Cuando alguien peque y resulte culpable de fraude ante el Señor por haber engañado a su prójimo en algo que este le había confiado o prestado, o por robarle o quitarle algo a la fuerza, 3 o por negar haber encontrado un objeto perdido, o por hacer un juramento falso (cualquiera de esas cosas en que uno comete pecado), 4 será culpable de ese pecado. Por lo tanto, tendrá que devolver lo que haya robado o conseguido a la fuerza, o aquello que se le había confiado, o el objeto encontrado, 5 o cualquiera otra cosa por la que haya jurado falsamente. Tendrá que devolverlo todo a su dueño, más una quinta parte, cuando presente su sacrificio por la culpa. 6 Su sacrificio al Señor será un carnero sin ningún defecto, cuyo valor tú deberás calcular, y el cual deberá él tomar del rebaño y llevárselo al sacerdote como sacrificio por la culpa. 7 Entonces el sacerdote obtendrá del Señor el perdón de cualquiera de aquellas cosas en que esa persona haya pecado, y el pecado se le perdonará."

Instrucciones sobre los holocaustos

8 El Señor se dirigió a Moisés y le dijo: 9 "Dales a Aarón y a sus hijos las siguientes instrucciones en cuanto a los holocaustos:[a] El animal sacrificado deberá dejarse sobre las brasas del altar durante toda la noche, para que el fuego lo queme. 10 El sacerdote se cubrirá el cuerpo poniéndose ropa y calzoncillos de lino; luego recogerá las cenizas del animal que fue quemado sobre el altar, y las pondrá a un lado del altar. 11 Después se cambiará de ropa y se llevará las cenizas a un lugar limpio fuera del campamento.

12 "El fuego que arde en el altar no debe apagarse nunca. El sacerdote deberá echarle leña todas las mañanas y acomodar sobre el fuego el animal que se va a quemar, además de quemar también en el altar la grasa de los

---

[a] 6.9 Véase 1.3 n.

sacrificios de reconciliación. 13El fuego del altar debe estar encendido siempre. No debe apagarse nunca.

Instrucciones sobre las ofrendas de cereales

14"Las siguientes instrucciones se refieren a las ofrendas de cereales: Los sacerdotes deben ofrecerlas ante el altar, delante del Señor. 15Uno de ellos tomará un puñado de la harina ofrendada y de su aceite, junto con todo el incienso que va con la ofrenda, y los hará arder en el altar como ofrenda quemada de recordación, de aroma agradable al Señor. 16Y la parte restante de la ofrenda se la comerán Aarón y sus hijos, sin levadura y en un lugar consagrado, en el patio de la tienda del encuentro. 17No deben cocerla con levadura. Se la he dado a ellos como la parte que les corresponde de mis ofrendas quemadas, y es una cosa santísima, como lo son los sacrificios por el pecado y por la culpa. 18Para siempre en el futuro, todos los varones descendientes de Aarón podrán comer la parte que les corresponde de las ofrendas quemadas al Señor. Cualquier cosa que toque estas ofrendas quedará consagrada."

La ofrenda de los sacerdotes

19El Señor se dirigió a Moisés y le dijo:

20"Esta es la ofrenda que Aarón y sus descendientes deben presentar al Señor cuando sean consagrados como sacerdotes: dos kilos de la mejor harina como ofrenda de cereales, presentando la mitad por la mañana y la otra mitad al atardecer, sin faltar un solo día. 21Deben preparar la ofrenda en una sartén, bien mezclada con aceite, y luego presentarla partida en pedazos como ofrenda de aroma agradable al Señor. 22Así debe prepararla el sacerdote principal descendiente de Aarón que sea consagrado en su lugar; le corresponde siempre al Señor, y deberá ser quemada completamente. 23Todas las ofrendas de los sacerdotes habrán de ser quemadas completamente; nadie deberá comerlas."

Instrucciones sobre los sacrificios por el pecado

24El Señor se dirigió a Moisés y le dijo:

25"Dales a Aarón y a sus hijos las siguientes instrucciones en cuanto a los sacrificios por el pecado:*b* El animal que se ofrezca por el pecado deberá ser degollado ante el Señor, en el lugar donde se matan los animales que se van a quemar, pues es una cosa santísima. 26El sacerdote que ofrezca el sacrificio por el pecado, podrá comer de él, pero deberá comerlo en un lugar santo, en el patio de la tienda del encuentro. 27Cualquier cosa que toque la carne del animal quedará consagrada, y si la ropa queda salpicada de sangre, deberá ser lavada en un lugar santo. 28La olla de barro en que se hirvió la carne de la ofrenda, deberá romperse; pero si se hirvió en un recipiente de bronce, bastará con fregarlo y enjuagarlo.

29"Este sacrificio es una cosa santísima. Solo podrán comer de él los sacerdotes. 30Pero no se podrá comer ningún animal ofrecido por el pecado cuya sangre haya sido llevada a la tienda del encuentro, para perdón de pecados en el santuario. Ese sacrificio deberá ser quemado en el fuego.

Instrucciones sobre los sacrificios por la culpa

7 1"Los sacrificios por la culpa son una cosa santísima. Estas son las instrucciones en cuanto a ellos: 2El animal ofrecido por la culpa deberá ser degollado en el lugar donde se matan los animales que se ofrecen para ser quemados, y con su sangre se deberán rociar los costados del altar. 3Se deberá ofrecer toda la grasa del animal: la que hay en la cola*a* y la que cubre las vísceras, 4los dos riñones, la grasa que los cubre y la que está sobre los lomos, así como la parte grasosa que está sobre el hígado, la cual se deberá quitar junto con los riñones. 5Luego el sacerdote quemará esto sobre el altar, como ofrenda quemada en honor del Señor. Es un sacrificio por la culpa, 6y todos los sacerdotes podrán comer de él, aunque deberán hacerlo en un lugar consagrado, pues es una cosa santísima.

7"El sacrificio por la culpa es como el sacrificio por el pecado, y las instrucciones son las mismas para los dos: lo ofrecido será para el sacerdote que oficie en el acto del perdón. 8Igualmente, el sacerdote que sacrifique al

---

b **6.25** Véase 4.1–35 n. *a* **7.3** *La grasa . . . en la cola:* Referencia a una raza oriental de carnero que tenía la cola muy ancha y llena de grasa.

animal que alguien haya ofrecido en holocausto, podrá quedarse con la piel del animal. 9También todas las ofrendas de cereales horneadas, y todo lo preparado en cacerola y sartén, serán para el sacerdote que presente la ofrenda. 10De la misma manera, todas las ofrendas de cereales, tanto las amasadas con aceite como las secas, serán para todos los descendientes de Aarón por partes iguales.

Instrucciones sobre los sacrificios de reconciliación

11"Estas son las instrucciones en cuanto a los sacrificios de reconciliación[b] que se presentan al Señor: 12Si el sacrificio es de acción de gracias, se ofrecerán también tortas sin levadura amasadas con aceite, hojuelas sin levadura rociadas de aceite, y tortas de harina de la mejor calidad amasadas con aceite; 13y, junto con el sacrificio de acción de gracias y de reconciliación, se presentarán tortas de pan con levadura. 14De toda ofrenda se tomará una parte y se presentará al Señor como contribución, y será para el sacerdote que rocíe la sangre del sacrificio de reconciliación.

15"La carne del animal ofrecido en acción de gracias y reconciliación debe comerse el mismo día en que se ofrece; no se debe guardar un solo pedazo para el día siguiente. 16En caso de que el animal se ofrezca en cumplimiento de una promesa, o de que sea una ofrenda voluntaria, deberá comerse el mismo día en que se ofrece, pero lo que quede se podrá comer al día siguiente; 17si a los tres días todavía queda carne del animal ofrecido, habrá que quemarla toda. 18Y si alguien come al tercer día carne del sacrificio de reconciliación, el sacrificio no será aceptado ni tomado en cuenta, y la carne será considerada despreciable. El que coma de ella cargará con ese pecado.

19"La carne que toque cualquier cosa impura no debe ser comida, sino quemada.

"Todos los que estén puros podrán comer carne. 20"La persona que estando impura coma carne del sacrificio de reconciliación, el cual pertenece al Señor, será eliminada de entre su pueblo. 21"La persona que toque cualquier cosa impura —ya sea alguna impureza humana o impureza de animal, o cualquier otra cosa repugnante—, y luego coma carne del sacrificio de reconciliación, el cual pertenece al Señor, será eliminada de entre su pueblo."

Instrucciones sobre la grasa y la sangre

22El Señor se dirigió a Moisés y le dijo: 23"Di a los israelitas lo siguiente: No deben comer nada de grasa de toro, de cordero o de cabra. 24A la grasa de animales muertos o despedazados por las fieras pueden darle cualquier otro uso, pero no comerla.

25"Cualquiera que coma grasa de animales de los que se presentan al Señor como ofrendas quemadas, será eliminado de entre su pueblo.

26"Dondequiera que ustedes vivan, no deberán comer nada de sangre de aves ni de animales. 27La persona que coma cualquier clase de sangre será eliminada de entre su pueblo."

La porción sacerdotal

28El Señor se dirigió a Moisés y le dijo: 29"Di a los israelitas que el que presente al Señor un sacrificio de reconciliación, deberá llevarlo ante el Señor. 30Con sus propias manos deberá llevar ante el Señor la ofrenda quemada, la grasa que cubre el pecho y el pecho mismo para celebrar ante el Señor el rito de presentación. 31El sacerdote quemará la grasa en el altar, pero el pecho será para Aarón y sus descendientes. 32El muslo derecho de los animales ofrecidos en reconciliación se le dará al sacerdote como contribución. 33Ese muslo derecho le corresponderá al sacerdote que ofrezca la grasa y la sangre del sacrificio de reconciliación, 34pues de los sacrificios de reconciliación que los israelitas me hacen he tomado el pecho como ofrenda especial, y el muslo como contribución, y se los he dado al sacerdote Aarón y a sus descendientes como la parte que siempre les corresponderá de las ofrendas de los israelitas."

35De las ofrendas que se queman en honor del Señor, estas son las porciones que les corresponden a Aarón y a sus descendientes, a partir del día que el Señor los consagró como sacerdotes suyos. 36El Señor ordenó que los israelitas se las dieran, a partir del día que los consagró, como una obligación permanente que pasaría de padres a hijos.

37Estas son las instrucciones en cuanto a los holocaustos, las ofrendas de cereales, los sacrificios por el pecado y por la culpa, las ofrendas

---

b 7.11 *Sacrificios de reconciliación:* Véase 3.1 n.

de consagración y los sacrificios de reconciliación. 38 El Señor se las dio a Moisés en el monte Sinaí, cuando en el desierto de Sinaí ordenó a los israelitas que le presentaran ofrendas.

Consagración de Aarón y de sus hijos
(Ex 29.1–37)

8 1 El Señor se dirigió a Moisés y le dijo: 2 "Toma a Aarón y a sus hijos, y toma además las ropas sacerdotales, el aceite de consagrar, el becerro que se sacrifica por el pecado, los dos carneros y el canastillo de los panes sin levadura, 3 y reúne a toda la comunidad a la entrada de la tienda del encuentro."

4 Moisés hizo lo que el Señor le había ordenado, y la comunidad se reunió a la entrada de la tienda del encuentro. 5 Entonces Moisés dijo a la comunidad: "Esto es lo que el Señor ha ordenado que se haga."

6 Luego hizo Moisés que Aarón y sus hijos se acercaran, y los lavó con agua. 7 Después le puso a Aarón la túnica, le ajustó el cinturón y lo vistió con la capa; luego le puso encima el efod y se lo ajustó bien con la misma cinta del efod. 8 Luego le puso encima el pectoral, y en el pectoral puso el Urim y el Tumim.[a] 9 Luego le puso el turbante en la cabeza, y sobre él, por la parte de enfrente, colocó la placa de oro que lo consagraba como sacerdote, tal como el Señor se lo había ordenado.[b]

10 Después Moisés tomó el aceite de consagrar y lo derramó sobre el santuario y sobre todo lo que había allí dentro, y así lo consagró. 11 Con el mismo aceite roció el altar siete veces, y lo derramó sobre el altar y sobre todos sus utensilios, y también sobre la palangana y su base, para consagrarlos.[c]

12 Luego derramó Moisés sobre la cabeza de Aarón el aceite de consagrar, para consagrarlo como sacerdote. 13 Hizo también que los hijos de Aarón se acercaran, y los vistió con las túnicas, les ajustó los cinturones y les puso los turbantes, tal como el Señor se lo había ordenado.

14 Después Moisés mandó traer el becerro que se sacrifica por el pecado, y Aarón y sus hijos pusieron sus manos sobre la cabeza del becerro. 15 Entonces Moisés lo degolló y, tomando sangre con sus dedos, la untó en los cuernos alrededor del altar, para purificarlo, y la sangre restante la derramó al pie del altar. Así el altar quedó consagrado para obtener allí el perdón de los pecados.

16 Después Moisés tomó toda la grasa que cubre las vísceras, la parte grasosa que está sobre el hígado y los dos riñones con su grasa, y lo quemó todo sobre el altar; 17 pero al resto del becerro, es decir, a su piel, carne y desechos, les prendió fuego fuera del campamento, tal como el Señor se lo había ordenado.

18 Moisés hizo que acercaran el carnero que se ofrece en holocausto, y Aarón y sus hijos pusieron las manos sobre la cabeza del carnero. 19 Luego Moisés lo degolló, y roció con la sangre los costados del altar, 20 cortó el carnero en pedazos, y quemó la cabeza, los pedazos y la grasa; 21 luego lavó con agua las vísceras y las piernas del carnero, y lo quemó todo en el altar como holocausto, como ofrenda de aroma agradable al Señor, tal como el Señor se lo había ordenado.

22 Luego Moisés hizo que trajeran el otro carnero, el de la ceremonia de consagración, y Aarón y sus hijos pusieron las manos sobre la cabeza del carnero. 23 Después Moisés lo degolló, tomó un poco de sangre y se la untó a Aarón en la parte inferior de la oreja derecha, en el pulgar de la mano derecha y en el dedo gordo del pie derecho. 24 Luego hizo que se acercaran los hijos de Aarón, y también les untó sangre en la parte inferior de su oreja derecha, en el pulgar de la mano derecha y en el dedo gordo del pie derecho; después roció con la sangre los costados del altar.

25 Luego Moisés tomó la grasa, la cola, toda la grasa que cubre las vísceras, la parte grasosa que está sobre el hígado, los dos riñones con su grasa, y el muslo derecho. 26 Del canastillo de los panes sin levadura que se pone ante el Señor, tomó Moisés una torta sin levadura, una torta amasada con aceite y una hojuela, y las puso junto con las grasas y el muslo derecho; 27 luego puso todo esto en las manos de Aarón y de sus hijos, para que hicieran ante el Señor el rito de presentación. 28 Luego recogió Moisés todo esto de manos de ellos, y lo quemó en el altar junto con el holocausto, como ofrenda

---

a **8.8** *El Urim y el Tumim* eran objetos para echar suertes y obtener una respuesta de Dios acerca de las decisiones que era preciso tomar. *b* **8.7–9** Para una descripción más detallada de las vestimentas sacerdotales, cf. Ex 28; 39.1–31. *c* **8.10–11** Ex 40.9–11.

de consagración de aroma agradable: ofrenda quemada en honor del Señor.

29 Después Moisés tomó el pecho y celebró ante el Señor el rito de presentación. Esa parte del carnero de la consagración fue la que le tocó a Moisés, tal como el Señor se lo había ordenado.

30 Tomó luego Moisés un poco de aceite de consagrar y de la sangre que estaba sobre el altar, y los roció sobre Aarón y sus hijos, así como sobre la ropa sacerdotal de todos ellos. Así consagró a Aarón y a sus hijos, y la ropa sacerdotal de todos ellos.

31 Después Moisés les dijo a Aarón y a sus hijos: "Cuezan la carne a la entrada de la tienda del encuentro, y cómanla allí mismo con el pan del canastillo de las consagraciones, tal como el Señor me lo ordenó cuando dijo:d 'Aarón y sus hijos comerán esta carne.' 32 Quemen después la carne y el pan que sobren, 33 y no se alejen de la entrada de la tienda del encuentro durante siete días, que es lo que dura el periodo de su consagración. 34 El Señor ha ordenado que el rito para obtener el perdón de los pecados cometidos por ustedes se haga tal como se ha hecho hoy. 35 Por lo tanto, ustedes deberán quedarse día y noche a la entrada de la tienda del encuentro, durante siete días. Respeten la orden del Señor y no morirán, pues esa es la orden que recibí."

36 Y Aarón y sus hijos hicieron todo lo que el Señor había ordenado por medio de Moisés.

Aarón inicia su sacerdocio

9 1 Al octavo día Moisés llamó a Aarón y a sus hijos, y a los ancianos de Israel. 2 Y le dijo a Aarón: "Toma un becerro para el sacrificio por el pecado, y un carnero sin defecto para ofrecerlo en holocausto, y preséntalos ante el Señor. 3 A los israelitas diles que tomen un chivo como sacrificio por el pecado, un becerro y un cordero que sean de un año y que no tengan ningún defecto, para ofrecerlos como holocaustos, 4 y un toro y un carnero para matarlos ante el Señor como sacrificios de reconciliación. Que traigan también una ofrenda de cereales amasada con aceite, porque el Señor se les va a manifestar hoy."

5 Los israelitas llevaron hasta delante de la tienda del encuentro lo que Moisés había ordenado, y toda la comunidad se acercó y permaneció de pie ante el Señor. 6 Entonces Moisés dijo: "Esto es lo que el Señor ha ordenado. Háganlo, y el Señor se manifestará a ustedes con gran esplendor."

7 Luego le dijo Moisés a Aarón: "Acércate al altar, y presenta tu sacrificio por el pecado y el animal que vas a ofrecer en holocausto para el perdón de tus pecados y de los pecados de los israelitas. Presenta también la ofrenda de los israelitas para el perdón de sus pecados, tal como el Señor lo ha ordenado."

8 Aarón se acercó al altar y degolló el becerro que ofrecía por sus pecados. 9 En seguida sus hijos le acercaron la sangre, y Aarón, mojando sus dedos en ella, la untó en los cuernos del altar y derramó la sangre restante al pie del altar. 10 Luego quemó sobre el altar la grasa, los riñones y la parte grasosa del hígado del animal sacrificado por el pecado, tal como el Señor se lo había ordenado a Moisés. 11 Pero la carne y la piel las quemó fuera del campamento.

12 Aarón degolló también el animal que se ofrecía en holocausto, y sus hijos le llevaron la sangre, y con ella roció Aarón los costados del altar. 13 Luego le llevaron la cabeza y los pedazos cortados del animal que se ofrecía en holocausto, y Aarón los quemó sobre el altar; 14 luego lavó las vísceras y las piernas, y las quemó en el altar, lo mismo que el animal entero.

15 Aarón presentó también la ofrenda por los israelitas. Tomó el chivo, que era el sacrificio por el pecado del pueblo, y lo degolló, ofreciéndolo por el pecado como había hecho con la ofrenda anterior. 16 Al presentar el animal que se ofrece en holocausto, lo hizo según lo establecido. 17 Luego presentó la ofrenda de cereales, de la que tomó un puñado y lo quemó sobre el altar, además de los holocaustos de la mañana.

18 Aarón degolló también el toro y el carnero que los israelitas ofrecían como sacrificio de reconciliación.a Sus hijos le entregaron la sangre, y él roció con ella los costados del altar. 19 También le entregaron las grasas del toro y del carnero, la cola, la grasa que cubre las vísceras, los riñones y la parte grasosa del hígado, 20 y pusieron las grasas junto con los pechos. Entonces Aarón quemó las grasas en el altar, 21 pero con los pechos y los muslos derechos solo celebró ante el Señor el rito de

---

d 8.31 *Tal como el Señor me lo ordenó cuando dijo:* según varias versiones antiguas. Heb. *tal como yo ordené.*
a 9.18 Sobre los *sacrificios de reconciliación,* cf. Lv 3.1.

presentación, tal como el Señor se lo había ordenado a Moisés.[b]

22 Aarón levantó sus manos sobre los israelitas y los bendijo,[c] y después de haber presentado el sacrificio por el pecado, el holocausto y el sacrificio de reconciliación, se retiró del altar. **23** Luego Moisés y Aarón entraron en la tienda del encuentro, y al salir bendijeron a los israelitas. Entonces el Señor se manifestó con gran esplendor a todo el pueblo: **24** salió fuego de la presencia del Señor y consumió el animal que iba a ser quemado y las grasas que estaban sobre el altar.

Al ver esto, todos los israelitas lanzaron gritos de alegría y se inclinaron hasta tocar el suelo con la frente.

El pecado de Nadab y Abihú

10 **1** Nadab y Abihú, hijos de Aarón, tomaron cada uno su brasero, pusieron lumbre e incienso en ellos y ofrecieron ante el Señor un fuego extraño que él no les había ordenado. **2** Entonces salió fuego de la presencia del Señor y los quemó por completo. Así murieron ante el Señor. **3** Después Moisés le dijo a Aarón:

—Esto es lo que el Señor quería decir cuando dijo:

'A los que se acercan a mí
   les mostraré mi santidad,
y a todos los israelitas
   les mostraré mi gloria.'

Y Aarón se quedó callado.

4 Luego Moisés llamó a Misael y a Elsafán, hijos de Uziel, tío de Aarón, y les dijo:

—Vengan ustedes a sacar del santuario a sus parientes, y llévenselos fuera del campamento.

5 Ellos se acercaron y en sus propias túnicas se los llevaron fuera del campamento, tal como lo había ordenado Moisés.

Deberes y obligaciones de los sacerdotes

6 Luego Moisés les dijo a Aarón y a sus hijos Eleazar e Itamar:

—No se dejen suelto el pelo ni se rasguen la ropa en señal de luto, no sea que ustedes mueran y que Dios descargue su enojo sobre la comunidad. Lo que sí deben lamentar sus hermanos de raza, todos los israelitas, es que el Señor haya tenido que provocar este incendio.

7 No se alejen tampoco de la entrada de la tienda del encuentro, para que no mueran, pues ustedes han sido consagrados con el aceite del Señor.

Y tal como Moisés lo ordenó, así lo hicieron.

8 Además, el Señor le habló a Aarón y le dijo: **9** "Cuando tú o tus hijos tengan que entrar en la tienda del encuentro, no deberán beber vino ni bebidas fermentadas, no sea que mueran. Es una ley permanente, que pasará de padres a hijos, **10** para que ustedes puedan distinguir entre lo sagrado y lo profano, y entre lo puro y lo impuro, **11** y puedan también instruir a los israelitas en todas las leyes que el Señor les ha dado por medio de Moisés."

12 Después Moisés les dijo a Aarón y a Eleazar e Itamar, los dos hijos que le quedaban a Aarón:

—Tomen la ofrenda de cereales que ha quedado de las ofrendas quemadas al Señor, y cómanla sin levadura junto al altar, porque es una cosa santísima. **13** Cómanla en un lugar sagrado, porque eso es lo que les ha tocado a ti y a tus hijos de las ofrendas que se queman en honor del Señor. Eso es lo que se me ha ordenado. **14** Y el pecho, que es la ofrenda especial, y el muslo, que es la contribución, los deberán comer en un lugar puro tú, y tus hijos e hijas, porque esa es la parte que les corresponde de los sacrificios de reconciliación de los israelitas. **15** El muslo, que es la contribución, y el pecho, que es la ofrenda especial, serán llevados ante el Señor y presentados como ofrenda especial, junto con las grasas que se ofrecen para ser quemadas. Esta parte será siempre tuya y de tus hijos, tal como el Señor lo ha ordenado.[a]

16 Entonces Moisés preguntó por el chivo que se sacrifica por el pecado, y se encontró con que ya lo habían quemado. Entonces se enojó con Eleazar e Itamar, los dos hijos que le quedaban a Aarón, y les dijo:

17 —¿Por qué no comieron el sacrificio por el pecado en un lugar sagrado? Es una cosa santísima,[b] y el Señor se lo dio a ustedes para que ustedes carguen con la culpa de la comunidad y obtengan del Señor el perdón de sus pecados. **18** Puesto que la sangre no fue llevada al interior del santuario, ustedes tenían que haber comido el sacrificio en ese lugar sagrado, tal como yo lo había ordenado.

---

[b] **9.21** *Tal como ... Moisés:* según varios mss. Heb. *tal como Moisés había ordenado.* [c] **9.22** Nm 6.22–26.
[a] **10.14–15** Lv 7.28–34. [b] **10.17** Lv 6.24–26.

19 Y Aarón le contestó:

—Mira, hoy han presentado ellos ante el Señor sus sacrificios por el pecado y sus holocaustos, y a mí me han sucedido cosas como estas. Si yo hubiera comido hoy del sacrificio por el pecado, ¿le habría agradado al Señor?

20 Al oir esto, Moisés se dio por satisfecho.

Animales puros e impuros
(Dt 14.3–21)

11 **1** El Señor se dirigió a Moisés y Aarón, y les dijo:

2 "Digan a los israelitas que, de todos los animales que viven en tierra, pueden comer **3** los que sean rumiantes*a* y tengan pezuñas partidas; **4** pero no deben comer los siguientes animales, aunque sean rumiantes o tengan pezuñas partidas:

"El camello, porque es rumiante pero no tiene pezuñas partidas. Deben considerarlo un animal impuro.

5 "El tejón, porque es rumiante pero no tiene pezuñas partidas. Deben considerarlo un animal impuro.

6 "La liebre, porque es rumiante pero no tiene pezuñas partidas. Deben considerarlo un animal impuro.

7 "El cerdo, porque tiene pezuñas, y aunque las tiene partidas en dos, no es rumiante. Deben considerarlo un animal impuro.

8 "No deben comer la carne de estos animales, y ni siquiera tocar su cadáver. Deben considerarlos animales impuros.

9 "De los animales que viven en el agua, ya sean de mar o de río, pueden comer solamente de los que tienen aletas y escamas. **10** Pero a los que no tienen aletas y escamas deben considerarlos animales despreciables, aunque sean de mar o de río, lo mismo los animales pequeños que los grandes. **11** No deben comer su carne; deben considerarlos animales despreciables, y despreciarán también su cadáver. **12** Todo animal de agua que no tenga aletas y escamas, lo deben considerar despreciable.

13 "De las aves no deben comer las siguientes; al contrario, las deben considerar animales despreciables: el águila, el quebrantahuesos, el águila marina, **14** el milano, y toda clase de halcones, **15** toda clase de cuervos, **16** el avestruz, la lechuza, la gaviota, toda clase de gavilanes, **17** el búho, el cormorán, el ibis, **18** el cisne, el pelícano, el buitre, **19** la cigüeña, toda clase de garzas, la abubilla y el murciélago.

20 "A todo insecto que vuele y camine, deben considerarlo despreciable, **21** pero pueden comer de los que, aunque vuelen y caminen, tengan también piernas unidas a sus patas para saltar sobre el suelo. **22** De ellos pueden comer los siguientes: toda clase de langostas, langostones, grillos y saltamontes. **23** Pero a todo otro insecto que vuele y que camine,*b* lo deben considerar despreciable.

24 "En los siguientes casos ustedes quedarán impuros:

"Cualquiera que toque el cadáver de uno de esos animales, quedará impuro hasta el anochecer.

25 "Cualquiera que levante el cadáver de uno de esos animales, deberá lavar su ropa y quedará impuro hasta el anochecer.

26 "A todo animal que, teniendo pezuñas, no las tenga partidas ni sea rumiante, lo deben considerar un animal impuro, y cualquiera que lo toque quedará impuro también.

27 "A cualquier animal de cuatro patas y que para andar se apoye en sus plantas, lo deben considerar un animal impuro; cualquiera que toque el cadáver de uno de ellos, quedará impuro hasta el anochecer. **28** Así mismo, el que levante el cadáver de uno de ellos, deberá lavar su ropa y quedará impuro hasta el anochecer, pues ustedes deben considerar impuros a esos animales.

29 "De los animales que se arrastran sobre la tierra, deben considerar impuros a los siguientes: comadrejas, ratones y toda clase de reptiles, **30** como salamanquesas, cocodrilos, lagartos, lagartijas y camaleones.

31 "Entre los muchos animales que existen, a estos los deberán considerar impuros. Cualquiera que toque el cadáver de uno de estos animales, quedará impuro hasta el anochecer.

32 "También quedará impura cualquier cosa sobre la que caiga el cadáver de uno de esos animales. Ya sea un objeto de madera, un vestido, alguna cosa de piel, un costal, o cualquier

---

a **11.3** *Rumiantes:* este término no coincide con el de las especies descritas con ese nombre por la ciencia actual, pues se aplicaba a diversos animales que comían hierba. *b* **11.20–23** En estos cuatro vv. hemos traducido por *y camine* una expresión hebrea que significa, literalmente, *y camine sobre cuatro patas.*

instrumento de trabajo, se deberá meter en agua y quedará impuro hasta el anochecer; después de eso quedará puro.

33 "Si el cadáver de cualquiera de esos animales cae en una olla de barro, todo lo que haya dentro de ella quedará impuro y la olla tendrá que romperse. **34** Todo alimento sobre el que caiga agua de esa olla, quedará impuro; y toda bebida que haya en ella, quedará impura. **35** Todo aquello sobre lo que caiga el cadáver de uno de esos animales, quedará impuro; aunque sea un horno o una doble hornilla: deberá ser destruido. Es un objeto impuro, y así deberán ustedes considerarlo.

36 "Sin embargo, el manantial o pozo de donde se toma agua, seguirá siendo puro; pero quien toque los cadáveres de esos animales, quedará impuro.

37 "Si el cadáver de uno de esos animales cae sobre una semilla que se va a sembrar, la semilla seguirá siendo pura; **38** pero si la semilla ha sido mojada y el cadáver de uno de esos animales cae sobre ella, se la deberá considerar impura.

39 "En caso de que muera alguno de los animales que ustedes tenían para comer, el que toque el cadáver quedará impuro hasta el anochecer; **40** el que coma carne del animal muerto, deberá lavar su ropa y quedará impuro hasta el anochecer; y el que saque el cadáver del animal, también deberá lavar su ropa, y quedará impuro hasta el anochecer.

41 "No deben comer ningún reptil que se arrastre sobre la tierra; es animal despreciable. **42** "De todos los animales que se arrastran sobre la tierra, no deben comer ninguno, ya sea que se arrastre sobre el vientre o que ande en cuatro o más patas, pues son animales despreciables. **43** No se hagan despreciables e impuros ustedes mismos con ningún animal que se arrastra, **44** porque yo soy el Señor, su Dios. Ustedes deben purificarse completamente y ser santos, porque yo soy santo. No se hagan impuros con ningún animal que se arrastre por la tierra. **45** Yo soy el Señor, el que los hizo salir de Egipto para ser su Dios. Por lo tanto, ustedes deben ser santos porque yo soy santo."

46 Estas son las instrucciones en cuanto a los animales, aves y todo lo que vive y se mueve en el agua, y todos los animales que se arrastran sobre la tierra, **47** para que se pueda distinguir entre lo puro y lo impuro, y entre los animales que se pueden comer y los que no se pueden comer.

Purificación de la mujer después del parto

12 **1** El Señor se dirigió a Moisés y le dijo: **2** "Di a los israelitas lo siguiente: Cuando una mujer quede embarazada y dé a luz un varón, será impura durante siete días, como cuando tiene su periodo natural. **3** El niño será circuncidado a los ocho días de nacido.[a] **4** La madre, sin embargo, continuará purificándose de su sangre treinta y tres días más. No podrá tocar ninguna cosa consagrada ni entrar en el santuario, mientras no se cumpla el término de su purificación. **5** Pero si da a luz una niña, será impura durante dos semanas, como en el caso de su periodo natural, y seguirá purificándose de su sangre sesenta y seis días más.

6 "Cuando se cumpla el término de la purificación, ya sea de niño o de niña, la madre deberá llevar a la entrada de la tienda del encuentro un cordero de un año para ofrecerlo en holocausto, y un pichón de paloma o una tórtola como sacrificio por el pecado. Se los entregará al sacerdote, **7** y el sacerdote los ofrecerá ante el Señor para pedir el perdón de ella; así ella quedará purificada de su flujo de sangre."

Estas son las instrucciones en cuanto a los nacimientos de niños o de niñas. **8** Y si la madre no tiene lo suficiente para un cordero, podrá tomar dos tórtolas o dos pichones de paloma, uno para ofrecerlo en holocausto y otro como sacrificio por el pecado; entonces el sacerdote pedirá el perdón de ella, y ella quedará purificada.

Instrucciones acerca de la lepra

13 **1** El Señor se dirigió a Moisés y Aarón, y les dijo: **2** "Cuando alguien tenga hinchazones, erupciones o manchas en la piel del cuerpo, o llagas que parezcan de lepra, deberá ser llevado al sacerdote Aarón o a uno de los sacerdotes descendientes de él. **3** El sacerdote deberá examinar la llaga en la piel, y si el pelo en la llaga se ha vuelto blanco y la llaga se ve más hundida que la piel, seguramente es llaga de lepra. Luego que el sacerdote haya examinado a esa persona, la declarará impura.

---

a **12.3** Gn 17.12.

4 "Si la mancha de la piel es blanca, pero no se ve más hundida que la piel, ni el pelo se ha vuelto blanco, entonces el sacerdote encerrará al enfermo durante siete días. 5 A los siete días lo volverá a examinar, y si la llaga sigue igual y no se ha extendido por la piel, volverá a encerrarlo otros siete días. 6 A los siete días lo examinará de nuevo, y si la llaga va desapareciendo y no se ha extendido por la piel, entonces el sacerdote declarará puro al enfermo, pues era solo una irritación de la piel. Entonces el enfermo lavará su ropa y quedará puro.

7 "Pero si la irritación sigue extendiéndose por la piel después de que el enfermo fue examinado y declarado puro por el sacerdote, tendrá que ir otra vez a que el sacerdote lo examine. 8 Si al examinar el sacerdote al enfermo, ve que la irritación se ha extendido por toda la piel, entonces lo declarará impuro, pues está enfermo de lepra.[a]

9 "Cuando una persona tenga llagas de lepra, deberá ser llevada al sacerdote. 10 El sacerdote la examinará, y si la hinchazón de la piel es blanca y ha causado que el pelo se vuelva blanco, y si se ve la carne viva en la hinchazón, 11 es que se trata de lepra crónica de la piel. El sacerdote deberá declarar impura a esa persona, y no será necesario que la encierre, porque ya es impura.

12 "Si la lepra se desarrolla rápidamente, al grado de cubrir de pies a cabeza la piel del enfermo hasta donde el sacerdote pueda ver, 13 el sacerdote lo examinará; y si la lepra ha cubierto todo su cuerpo, el sacerdote lo declarará puro, pues la lepra se ha vuelto blanca y él ha quedado puro. 14 Pero el día que aparezca en él la carne viva, quedará impuro. 15 Entonces el sacerdote examinará la carne viva y lo declarará impuro, pues la carne viva es impura: es lepra.

16 "En caso de que la carne viva vuelva a ponerse blanca, el enfermo deberá ir al sacerdote 17 para que lo examine, y si el sacerdote ve que la llaga se ha vuelto blanca, declarará puro al enfermo, pues ya ha quedado puro.

18 "Cuando alguien tenga una llaga en la piel, y llegue a sanar, 19 y quede en su lugar una hinchazón blanca, o una mancha blanco–rojiza, deberá presentarse ante el sacerdote. 20 Si el sacerdote ve que la parte afectada aparece más hundida que el resto de la piel, y que el pelo se ha vuelto blanco, entonces declarará impura a esa persona, pues lo que tiene es una llaga de lepra. 21 Si ve que la parte afectada no tiene ningún pelo blanco ni está más hundida que el resto de la piel, sino que va desapareciendo, entonces encerrará a esa persona durante siete días. 22 Y si el mal sigue extendiéndose por la piel, entonces el sacerdote declarará impura a esa persona, pues tiene llagas leprosas. 23 Pero si la parte afectada se mantiene sin extenderse, entonces es solamente la cicatriz de la llaga, y el sacerdote lo declarará puro.

24 "Cuando alguien tenga una quemadura en la piel, y en la carne viva de la quemadura haya una mancha blanco–rojiza o blanca, 25 el sacerdote la examinará. Si el pelo en la mancha se ha puesto blanco, y la mancha aparece más hundida que el resto de la piel, entonces es lepra lo que brotó en la quemadura; así que el sacerdote lo declarará impuro por tener llaga de lepra. 26 Si al examinar el sacerdote la mancha, ve que no hay en ella ningún pelo blanco ni aparece más hundida que la piel, sino que va desapareciendo, entonces encerrará a esa persona durante siete días. 27 A los siete días el sacerdote la examinará, y si la mancha se ha extendido por la piel, entonces declarará impura a esa persona, pues tiene llaga de lepra. 28 Pero si la mancha se mantiene sin extenderse por la piel y va desapareciendo, entonces no es más que la hinchazón de la quemadura, así que el sacerdote declarará puro al enfermo, porque solo se trata de la cicatriz de la quemadura.

29 "Cuando un hombre o una mujer tenga una llaga en la cabeza o en la barba, 30 el sacerdote examinará la llaga. Si la llaga aparece más hundida que la piel y tiene pelo amarillento y escaso, entonces el sacerdote declarará impura a esa persona, pues tiene tiña, es decir, lepra de la cabeza y de la barba. 31 Y si al examinar el sacerdote la llaga tiñosa ve que no está más hundida que la piel ni tiene pelo negro, entonces encerrará a esa persona durante siete días. 32 Al séptimo día el sacerdote examinará la llaga, y si la tiña no se ha extendido, ni aparece más hundida que la piel, ni tiene pelo amarillento, 33 entonces ordenará el sacerdote que la persona enferma se afeite, excepto en la llaga tiñosa, y lo encerrará por siete días más.

---

[a] **13.8** *Lepra:* Con este nombre se designaban diversas enfermedades de la piel.

34 Pasados los siete días el sacerdote volverá a examinar la llaga, y si la tiña no se ha extendido ni aparece más hundida que la piel, entonces el sacerdote declarará pura a la persona enferma, la cual lavará sus ropas y quedará pura. 35 Pero en caso de que la tiña siga extendiéndose por la piel después de haber sido declarada pura, 36 el sacerdote deberá examinar otra vez a la persona enferma; si la tiña se ha extendido por la piel, no hará falta que busque el pelo amarillo: esa persona es impura. 37 Pero si a él le parece que la tiña se ha detenido, y que ha salido pelo negro, es que la tiña ha sanado y la persona es pura. Entonces el sacerdote declarará pura a esa persona.

38 "Cuando un hombre o una mujer tenga manchas blancas en la piel, 39 el sacerdote examinará la piel, y si se ve en ella manchas blancuzcas y opacas, es que le ha salido una simple erupción en la piel; en ese caso la persona es pura.

40 "Si a un hombre se le cae el cabello y se queda calvo, es puro. 41 Si el cabello de la frente se le cae y la frente se le queda calva, también es puro. 42 Pero si aparece una llaga de color blanco–rojizo en las partes calvas, ya sea de atrás o de la frente, es que allí le está brotando lepra. 43 Entonces el sacerdote lo examinará, y si la hinchazón de la llaga en las partes calvas es de color blanco–rojizo, tal como se ve la lepra en la piel del cuerpo, 44 ese hombre está enfermo de lepra, pues tiene la cabeza llagada. Es un hombre impuro, y así lo declarará el sacerdote.

45 "El que tenga llagas de lepra, deberá llevar rasgada la ropa y descubierta la cabeza, y con la cara semicubierta gritará: '¡Impuro!, ¡Impuro!' 46 Y mientras tenga las llagas será considerado hombre impuro; tendrá que vivir solo y fuera del campamento.

47 "Cuando aparezca una mancha en un vestido de lana o de lino, 48 o en un tejido de lino o de lana, o en un cuero, o en cualquier objeto hecho de cuero, 49 y si la mancha en esos objetos es verdosa o rojiza, la mancha es de lepra[b] y debe ser mostrada al sacerdote. 50 El sacerdote examinará la mancha, y encerrará durante siete días el objeto manchado. 51 Al séptimo día examinará la mancha; si se ha extendido en el vestido o tejido, o en el cuero u objeto de cuero, la mancha es de lepra maligna y los objetos son impuros. 52 Así que cualquier objeto que tenga esa mancha, deberá ser quemado por completo, pues se trata de lepra maligna; 53 pero si el sacerdote la examina y se encuentra con que la mancha no se ha extendido, 54 dará órdenes de que se lave la mancha y que se encierre el objeto por siete días más.

55 "Después que la mancha haya sido lavada, el sacerdote la examinará. Si ve que la mancha no ha desaparecido, es mancha impura y el objeto debe ser quemado, aun cuando la mancha no se haya extendido, pues se trata de una corrosión, tanto si está por dentro como por fuera. 56 Si al examinar la mancha el sacerdote nota que se ha desvanecido después de lavada, la arrancará del vestido, cuero o tejido. 57 Pero si vuelve a aparecer y se extiende por aquel vestido, tejido u objeto de cuero, se quemará el objeto manchado. 58 En cuanto al vestido, tejido u objeto de cuero, del cual la mancha desaparezca al ser lavada, se lavará una vez más y entonces quedará purificado."

59 Estas son las instrucciones acerca de las manchas de lepra en vestidos de lana o de lino, o en tejidos u objetos de cuero, para que se les pueda declarar puros o impuros.

Instrucciones para la purificación de leprosos

14 1 El Señor se dirigió a Moisés y le dijo: 2 "Estas son las instrucciones para la purificación de un enfermo de lepra: El enfermo será llevado ante el sacerdote, 3 el cual saldrá fuera del campamento para examinarlo. Si el sacerdote ve que la llaga leprosa del enfermo ha sanado, 4 mandará traer para el que se purifica dos pajarillos vivos y que sean puros, madera de cedro, tela roja e hisopo. 5 Ordenará que se mate uno de los pajarillos sobre una olla de barro que tenga agua de manantial, 6 y tomará el pajarillo vivo, la madera de cedro, la tela roja y el hisopo, y mojará estas cosas y el pajarillo vivo con la sangre del pajarillo muerto sobre el agua de manantial. 7 Luego rociará siete veces con la sangre al que va a ser purificado de la lepra, y lo declarará puro. Al pajarillo vivo lo dejará en libertad.

8 "El que se purifica debe lavar su ropa, y lavarse a sí mismo, y afeitarse del todo, para

---

[b] 13.49 El moho o los hongos que aparecen en ciertos objetos por causa de la humedad eran considerados como manifestaciones de *lepra*.

quedar purificado. Después podrá entrar en el campamento, aunque durante siete días se quedará viviendo al aire libre. 9 Al séptimo día se rapará completamente la cabeza, se afeitará la barba, las cejas y todo el vello, lavará sus ropas y se lavará a sí mismo, y entonces quedará purificado. 10 Al octavo día tomará dos corderos sin defecto, y una cordera de un año y sin defecto; además, seis kilos y medio de la mejor harina para una ofrenda de cereal amasada con aceite, y la tercera parte de un litro de aceite. 11 El sacerdote que va a realizar la purificación, colocará a la persona que va a ser purificada, y a sus cosas, a la entrada de la tienda del encuentro, ante la presencia del Señor; 12 luego tomará uno de los corderos y lo ofrecerá junto con la tercera parte de un litro de aceite, como sacrificio por la culpa, celebrando el rito de presentación ante el Señor. 13 Deberá matar el cordero en el lugar consagrado al degüello de los animales para los sacrificios por el pecado y los holocaustos. El sacrificio por la culpa será para el sacerdote, lo mismo que el sacrificio por el pecado, pues es una cosa santísima.

14 "Después tomará el sacerdote un poco de sangre del sacrificio por la culpa, y se la untará al que se purifica, en la parte inferior de la oreja derecha, en el pulgar de la mano derecha y en el dedo gordo del pie derecho. 15 Tomará luego un poco de aceite y se lo echará en la palma de la mano izquierda; 16 mojará entonces su dedo derecho en el aceite que tiene en la mano, y con el mismo dedo rociará siete veces aceite ante el Señor. 17 Del aceite que le quede en la mano tomará el sacerdote un poco, para untárselo al que se purifica, en la parte inferior de la oreja derecha, en el pulgar de la mano derecha y en el dedo gordo del pie derecho, sobre la sangre del sacrificio por la culpa, 18 y el resto del aceite se lo untará en la cabeza al que se purifica. Así el sacerdote obtendrá del Señor el perdón por el pecado de esa persona. 19 Luego presentará el sacerdote el sacrificio por el pecado, realizando así la purificación del que se encuentra impuro; después sacrificará al animal que se va a ofrecer en holocausto, 20 ofreciéndolo sobre el altar, junto con la ofrenda de cereales. De esta manera el sacerdote obtendrá el perdón por el pecado de esa persona, y así quedará purificada.

21 "Si la persona enferma es pobre y no tiene para tanto, tomará un cordero como sacrificio por la culpa y lo presentará como ofrenda especial para obtener el perdón de sus pecados, con un poco más de dos kilos de la mejor harina amasada con aceite, como ofrenda de cereales, y la tercera parte de un litro de aceite 22 y dos tórtolas, o dos pichones de paloma, según sus posibilidades, uno como sacrificio por el pecado y el otro como holocausto. 23 Al octavo día llevará todo esto al sacerdote, para su purificación; lo entregará en presencia del Señor, a la entrada de la tienda del encuentro. 24 El sacerdote tomará el cordero del sacrificio por la culpa y la tercera parte de un litro de aceite, y los presentará ante el Señor como ofrenda especial; 25 degollará el cordero del sacrificio por la culpa y, tomando un poco de la sangre del cordero, se la untará al que se purifica, en la parte inferior de la oreja derecha, en el pulgar de la mano derecha y en el dedo gordo del pie derecho; 26 luego se echará un poco de aceite en la palma de la mano izquierda, 27 y con el dedo derecho rociará siete veces ante el Señor parte del aceite que tiene en la mano. 28 También le untará al que se purifica un poco de aceite en la parte inferior de la oreja derecha, en el pulgar de la mano derecha y en el dedo gordo del pie derecho, es decir, en el mismo lugar en que le puso la sangre del sacrificio por la culpa. 29 El resto del aceite lo untará el sacerdote en la cabeza del que se purifica, para que este obtenga así del Señor el perdón de su pecado. 30 Luego ofrecerá el sacerdote una de las tórtolas o uno de los pichones de paloma, según lo que haya podido ofrecer el que se purifica. 31 Una de las aves será como sacrificio por el pecado, y la otra como holocausto, además de la ofrenda de cereales. Así el sacerdote obtendrá del Señor el perdón para el que se purifica."

32 Estas son las instrucciones para los enfermos con llagas de lepra, que no puedan dar una ofrenda mayor por su purificación.

Instrucciones para la purificación de casas con manchas de lepra

33 El Señor se dirigió a Moisés y Aarón, y les dijo:
34 "Cuando ustedes estén ya en la tierra de Canaán, la cual les entrego en propiedad, y yo envíe una plaga de lepra[a] sobre alguna casa de

---

a 14.34 El salitre también se consideraba como manifestación de *lepra*.

su país, 35 el dueño de la casa irá a ver al sacerdote, y le dirá: 'Me parece que hay una plaga en mi casa.'

36 "El sacerdote, antes de entrar en la casa, ordenará que la desocupen, para que no se vuelva impuro todo lo que hay en ella. Después entrará a examinar la plaga.

37 "Si al examinar la plaga nota el sacerdote que las paredes de la casa presentan manchas profundas de color verdoso o rojizo, las cuales se hunden en la pared, 38 saldrá de la casa y rdenará mantenerla cerrada durante siete días. 39 Al séptimo día volverá el sacerdote a examinarla, y si la plaga se ha extendido por las paredes de la casa, 40 dará órdenes de que se quiten las piedras que tengan esa mancha y se arrojen en un lugar impuro fuera de la ciudad; 41 dará órdenes también de que se raspe todo el interior de la casa, y de que el polvo raspado se arroje a un lugar impuro fuera de la ciudad. 42 Se tomarán entonces otras piedras para reponer las que fueron quitadas, y barro nuevo para recubrir la casa.

43 "Si la plaga vuelve a aparecer en la casa después de haberse quitado las piedras, raspado la pared y haberla recubierto de nuevo, 44 el sacerdote entrará a examinarla. Si la plaga se ha extendido por la casa, se trata de lepra maligna y la casa es impura. 45 Por lo tanto, la casa deberá ser derribada y todos sus escombros arrojados a un lugar impuro fuera de la ciudad. 46 Cualquiera que entre en la casa durante el tiempo en que el sacerdote haya ordenado mantenerla cerrada, será considerado impuro hasta el anochecer. 47 Cualquiera que coma o duerma en la casa, deberá lavar su ropa para purificarla.

48 "Si al entrar el sacerdote a examinar la casa, nota que la plaga no se ha extendido después de haber sido recubierta, la declarará casa pura, porque la plaga ha terminado. 49 Para purificar la casa, tomará dos pajarillos, madera de cedro, tela roja e hisopo. 50 Matará uno de los pajarillos sobre una olla de barro con agua de manantial. 51 Luego tomará el cedro, el hisopo, la tela roja y el pajarillo vivo, y los mojará con la sangre del pajarillo muerto y con el agua de manantial, y rociará la casa siete veces. 52 Así purificará la casa con la sangre del pajarillo y el agua de manantial, y con el pajarillo vivo, el cedro, el hisopo y la tela roja. 53 Después dejará en libertad al pajarillo vivo en las afueras de la ciudad, y así cumplirá con lo requerido para la purificación de la casa."

54 Estas son las instrucciones acerca de cualquier plaga de lepra y de tiña, 55 de lepra en la ropa y en las casas, 56 de hinchazones, erupciones y manchas, 57 para que se pueda distinguir entre lo puro y lo impuro. Hasta aquí las instrucciones acerca de la lepra.

Instrucciones sobre algunas impurezas en el hombre

15 1 El Señor se dirigió a Moisés y Aarón, y les dijo:

2 "Digan a los israelitas lo siguiente: Cuando un hombre sufra de flujo de su miembro, este flujo será impuro. 3 La impureza del hombre debida al flujo existirá tanto si su miembro deja correr el semen como si queda obstruido a causa del mismo. De todos modos es impuro.

4 "Cualquier lugar en que ese hombre se acueste y donde su flujo se derrame, será considerado impuro.

"Cualquier objeto en el que se siente, será considerado impuro.

5 "Cualquiera que toque el lugar en que ese hombre se acostó, deberá lavarse la ropa y lavarse a sí mismo con agua, y será considerado impuro hasta el anochecer.

6 "Cualquiera que se siente en el objeto en que ese hombre se haya sentado, deberá lavarse la ropa y lavarse a sí mismo con agua, y será considerado impuro hasta el anochecer.

7 "Cualquiera que toque al que sufre de flujo, deberá lavarse la ropa y lavarse a sí mismo con agua, y será considerado impuro hasta el anochecer.

8 "Si el que sufre de flujo escupe sobre una persona pura, esa persona deberá lavarse la ropa y lavarse a sí misma con agua, y será considerada impura hasta el anochecer.

9 "Cualquier silla de montar que use el que sufre de flujo será considerada impura.

10 "Cualquiera que toque algo sobre lo cual se haya sentado el que sufre de flujo será considerado impuro hasta el anochecer.

"Cualquiera que lleve alguna de esas cosas, deberá lavarse la ropa y lavarse a sí mismo con agua, y será considerado impuro hasta el anochecer.

11 "Cualquiera a quien toque el que sufre de flujo, sin haberse lavado las manos, deberá lavarse la ropa y lavarse a sí mismo con agua, y será considerado impuro hasta el anochecer.

12 "La olla de barro que toque el que sufre de flujo deberá romperse; los objetos de madera deberán lavarse.

13 "Si ese hombre sana de su flujo, deberá contar siete días para su purificación; se lavará la ropa y se lavará a sí mismo en agua de manantial, y entonces quedará purificado. 14 Al octavo día tomará dos tórtolas o dos pichones de paloma, e irá a la entrada de la tienda del encuentro para entregárselos al sacerdote en presencia del Señor. 15 El sacerdote ofrecerá uno como sacrificio por el pecado y otro como holocausto, y así realizará ante el Señor la purificación del hombre que sufre de flujo.

16 "Cuando un hombre tenga un derrame de semen, se lavará con agua todo el cuerpo y será considerado impuro hasta el anochecer.

17 "Cualquier ropa o cuero en que caiga parte del semen, deberá lavarse con agua y quedará impuro hasta el anochecer.

18 "Si un hombre y una mujer tienen relaciones sexuales, los dos deberán lavarse con agua y quedarán impuros hasta el anochecer.

Instrucciones sobre algunas impurezas en la mujer

19 "Cuando una mujer tenga su periodo normal de menstruación, será considerada impura durante siete días.

"Cualquiera que la toque, será considerado impuro hasta el anochecer.

20 "Cualquier cosa en la que ella se acueste durante su periodo de menstruación, será considerada impura.

"Cualquier cosa en la que se siente, será considerada impura.

21 "Cualquiera que toque el lugar donde ella se haya acostado, deberá lavarse la ropa y lavarse a sí mismo con agua, y será considerado impuro hasta el anochecer.

22 "Cualquiera que toque algún objeto en el que ella se haya sentado, deberá lavarse la ropa y lavarse a sí mismo con agua, y será considerado impuro hasta el anochecer. 23 Ya sea que toque el lugar en el que ella se haya acostado o sentado, será considerado impuro hasta el anochecer.

24 "Si algún hombre se acuesta con ella, comparte su impureza, y será considerado impuro durante siete días, lo mismo que el lugar donde él se acueste.

25 "En caso de que una mujer tenga flujo de sangre fuera de su periodo normal de menstruación, y que el flujo le dure muchos días, o en caso de que su menstruación le dure más de lo normal, será considerada impura mientras le dure el flujo, como si estuviera en su periodo de menstruación.

26 "Cualquier lugar en que ella duerma, y cualquier objeto en que se siente mientras le dura el flujo, será considerado impuro, como si estuviera ella en su periodo de menstruación.

27 "Cualquiera que toque estas cosas, será considerado impuro. Deberá lavarse la ropa y lavarse a sí mismo con agua, y será considerado impuro hasta el anochecer.

28 "Cuando el flujo se detenga, podrá contar siete días, y después quedará purificada. 29 Al octavo día tomará dos tórtolas o dos pichones de paloma, y se los llevará al sacerdote, a la entrada de la tienda del encuentro. 30 El sacerdote ofrecerá uno de ellos como sacrificio por el pecado, y otro como holocausto. Así realizará el sacerdote ante el Señor la purificación de esa mujer por el flujo que tuvo, 31 y de esa manera alejarán ustedes a los israelitas de sus impurezas, para que no mueran por manchar con ellas el lugar donde yo habito entre ellos."

32 Estas son las instrucciones acerca de los que sufren de flujo y los que tienen derrames de semen, quedando impuros por esa razón; 33 y acerca de las mujeres que están en su menstruación, en una palabra, todo el que sufre de derrames, sea hombre o mujer, y de los hombres que se acuesten con una mujer durante su menstruación.

El Día del perdón

16 1 El Señor habló con Moisés después de la muerte de los dos hijos de Aarón que murieron por haberse acercado demasiado a la presencia del Señor. 2 Y dijo el Señor a Moisés:

"Dile a tu hermano Aarón que no entre a cualquier hora en el santuario que está tras el velo, ni ante la tapa que está sobre el arca, a para que no muera; porque yo me manifestaré en una nube sobre la tapa. 3 Aarón debe entrar en el santuario con un becerro como sacrificio por el pecado y con un carnero para ofrecerlo en holocausto. 4 Debe ir vestido con la túnica de lino consagrada, cubierto su cuerpo con calzoncillos de lino, y llevar puestos el cinturón y el turbante de lino. Esta es ropa consagrada, así

---

a **16.2** *La tapa que está sobre el arca:* Cf. Ex 25.17–22.

que, antes de ponérsela, él debe lavarse con agua.

5 "De parte de la comunidad israelita tomará Aarón dos chivos como sacrificio por el pecado, y un carnero para ofrecerlo en holocausto. 6 Ofrecerá entonces el becerro como su propio sacrificio por el pecado, para obtener el perdón de sus propios pecados y de los de su familia. 7 Después tomará los dos chivos y los ofrecerá ante el Señor, a la entrada de la tienda del encuentro; 8 luego echará suertes sobre los dos chivos: una suerte será por el Señor, y la otra por Azazel.*b* 9 El chivo sobre el que recaiga la suerte por el Señor, lo ofrecerá Aarón como sacrificio por el pecado; 10 pero el chivo sobre el que recaiga la suerte de Azazel, lo presentará vivo ante el Señor para obtener el perdón de los pecados, y después lo echará al desierto, donde está Azazel.

11 "Aarón ofrecerá el becerro como su propio sacrificio por el pecado, para obtener el perdón de sus propios pecados y de los de su familia. 12 Luego tomará un incensario lleno de brasas tomadas del altar que está ante el Señor, y dos puñados de incienso aromático molido, y los llevará detrás del velo; 13 echará el incienso sobre el fuego en presencia del Señor, y el humo del incienso cubrirá la tapa que está sobre el arca de la alianza. De esa manera Aarón no morirá. 14 Tomará también un poco de sangre del becerro, y con su dedo la rociará sobre la tapa, por el lado oriental. Luego rociará sangre con su dedo siete veces, por la parte delantera de la tapa, 15 y después de eso matará al chivo como sacrificio por el pecado del pueblo y llevará la sangre a la parte que está tras el velo; allí adentro la rociará encima y delante de la tapa, tal como lo hizo con la sangre del becerro. 16 De esa manera limpiará el santuario de todas las impurezas, rebeliones y pecados de los israelitas. Lo mismo debe hacer con la tienda del encuentro, la cual está en medio de ellos y de sus impurezas.

17 "Mientras Aarón esté dentro del santuario para obtener el perdón de los pecados, y hasta que él salga, nadie deberá estar en la tienda del encuentro. Una vez que haya obtenido el perdón de los pecados de él y de su familia, y de toda la comunidad israelita, 18 saldrá para ir a purificar el altar que está delante del Señor. Tomará un poco de la sangre del becerro y del chivo, y la untará sobre los cuernos y alrededor del altar, 19 y con el dedo rociará sangre sobre el altar siete veces. Así lo purificará de las impurezas de los israelitas, y lo consagrará.

20 "Cuando Aarón haya terminado de purificar el santuario, la tienda del encuentro y el altar, mandará traer el chivo que aún esté vivo 21 y, poniendo sus manos sobre la cabeza del animal, confesará sobre él todas las maldades, rebeliones y pecados de los israelitas. De esta manera pondrá los pecados sobre la cabeza del chivo, y una persona se encargará de llevarlo y soltarlo en el desierto. 22 Así, al perderse el chivo en el desierto, se llevará todas las maldades de ellos a tierras deshabitadas. 23 Luego entrará Aarón en la tienda del encuentro y se quitará la ropa de lino que se puso para entrar en el santuario, y la dejará allí. 24 Allí mismo en el santuario se lavará con agua y, después de vestirse, saldrá para presentar su propio holocausto y el que debe ofrecer por el pueblo, y así obtendrá el perdón por sus pecados y los del pueblo. 25 La grasa del sacrificio por el pecado la quemará en el altar; 26 y el que haya llevado el chivo para soltarlo a Azazel, se lavará la ropa y se lavará a sí mismo con agua, y después podrá entrar en el campamento.

27 "El becerro y el chivo que fueron sacrificados por el pecado, y cuya sangre fue llevada al santuario para obtener el perdón de los pecados, serán llevados fuera del campamento, y su piel, carne y desechos serán quemados. 28 La persona que los queme deberá lavarse la ropa y lavarse a sí misma con agua, y después podrá entrar en el campamento.

29 "Esta será una ley permanente para ustedes: el día diez del mes séptimo deberán ustedes dedicarlo al ayuno*c* y suspender todas sus labores, lo mismo los israelitas que los extranjeros que vivan entre ustedes, 30 pues en ese día se obtendrá el perdón de los pecados de ustedes delante del Señor, y quedarán limpios de todos ellos. 31 Es una ley permanente: ese día será para ustedes un día especial de reposo y dedicado al ayuno. 32 El sacerdote que haya sido escogido y a quien se le haya dado plena autoridad para ocupar el lugar de su padre como

---

b 16.8 *Azazel:* nombre de significado dudoso, que podría referirse a un demonio que habitaba en el desierto.
c 16.29 El *mes séptimo,* llamado también mes de *Tisrí.*

sacerdote, celebrará el rito para obtener el perdón de los pecados; se vestirá con la ropa de lino consagrada **33** y hará la purificación del Lugar Santísimo, y de la tienda del encuentro, y del altar, y obtendrá el perdón de los pecados de los sacerdotes y de toda la comunidad.

34 "Esta será una ley permanente para ustedes: una vez al año se celebrará el rito para obtener el perdón de los pecados que hayan cometido los israelitas."

Y se hizo tal como el Señor se lo ordenó a Moisés.

El santuario único [a]

17 **1** El Señor se dirigió a Moisés y le dijo: **2** "Diles a Aarón y a sus hijos, y a todos los israelitas, que el Señor ha dado las siguientes órdenes:

3 "Cualquier israelita que mate un toro, un cordero o una cabra, dentro o fuera del campamento, **4** y que no lo traiga a la entrada de la tienda del encuentro para presentarlo como ofrenda al Señor ante su santuario, será culpable de derramamiento de sangre y, por lo tanto, será eliminado de entre su gente. **5** Esto es para que los israelitas ofrezcan al Señor los animales que maten al aire libre, y los lleven al sacerdote a la entrada de la tienda del encuentro, para que él los ofrezca por ellos como sacrificio de reconciliación. **6** El sacerdote rociará la sangre sobre el altar del Señor, a la entrada de la tienda del encuentro, y quemará la grasa como aroma agradable al Señor. **7** Y nunca más volverán a presentar sus sacrificios a esos demonios, [b] a los que han adorado y por los que se han corrompido. Esta será una ley permanente para ustedes, que pasará de padres a hijos.

8 "Diles también que cualquier israelita o extranjero que viva entre ustedes y presente un holocausto o cualquier otro sacrificio, **9** y que no lo lleve a la entrada de la tienda del encuentro para ofrecérselo al Señor, será eliminado de entre su pueblo.

Prohibición de comer sangre

10 "Yo estaré en contra de todo israelita o extranjero que viva entre ustedes y que coma sangre, en la forma que sea. Yo lo eliminaré de entre su pueblo. [c] **11** Porque todo ser vive por la sangre que está en él, y yo se la he dado a ustedes en el altar para que por medio de ella puedan ustedes pagar el rescate por su vida, pues es la sangre la que paga el rescate por la vida.

12 "Por lo tanto, digo a los israelitas: Ninguno de ustedes, ni de los extranjeros que viven entre ustedes, debe comer sangre. **13** Cualquier israelita o extranjero que viva entre ustedes y que cace un animal o un ave de los que se pueden comer, deberá derramar la sangre de la presa y cubrirla con tierra, **14** porque la sangre es la vida de todo ser viviente. Por eso les he dicho que no coman sangre, porque ella es la vida de todo ser viviente, y cualquiera que la coma será eliminado.

15 "Cualquier israelita o extranjero que coma carne de algún animal muerto o despedazado por una fiera, deberá lavar su ropa y lavarse a sí mismo con agua, y será considerado impuro hasta el anochecer. Después quedará purificado. **16** Pero si no lava su ropa ni se lava a sí mismo, cargará con su maldad."

Relaciones sexuales prohibidas

18 **1** El Señor se dirigió a Moisés y le dijo: **2** "Di a los israelitas lo siguiente: "Yo soy el Señor su Dios.

3 "No sigan las costumbres de Egipto, país en el cual vivieron.

"No sigan las costumbres de Canaán, país al cual voy a llevarlos, ni vivan conforme a sus leyes.

4 "Cumplan mis decretos; pongan en práctica mis leyes; vivan conforme a ellos. Yo soy el Señor su Dios.

5 "Pongan en práctica mis leyes y decretos. El hombre que los cumpla, vivirá. Yo soy el Señor.

6 "Ningún hombre debe acercarse a una mujer de su propia familia para tener relaciones sexuales con ella. Yo soy el Señor.

7 "No deshonres a tu padre teniendo relaciones sexuales con tu madre; además, ella es tu madre y no debes hacerlo.

8 "No deshonres a tu padre teniendo relaciones sexuales con su mujer.

9 "No tengas relaciones sexuales con tu hermana. Ya sea tu hermana por parte de padre o por parte de madre; ya sea que haya nacido en

---

[a] **17.1–9** Dt 12.1–28. [b] **17.7** *Esos demonios:* lit. *esos chivos.* Se refiere a una creencia de que ciertos espíritus malignos vivían en el desierto bajo apariencia animal (o de *chivos*). [c] **17.10** Gn 9.4.

la casa o fuera de ella, no debes tener relaciones sexuales con ella.

10 "No te deshonres a ti mismo teniendo relaciones sexuales con tu nieta, sea por parte de tu hijo o de tu hija. No debes tener relaciones con ella.

11 "No tengas relaciones con la hija de la mujer de tu padre. Ha sido engendrada por tu padre, y es tu hermana. No debes tener relaciones con ella.

12 "No tengas relaciones sexuales con la hermana de tu padre; es de la misma sangre que tu padre.

13 "No tengas relaciones sexuales con la hermana de tu madre; es de la misma sangre que tu madre.

14 "No deshonres a tu tío teniendo relaciones sexuales con su mujer, pues es tu tía.

15 "No tengas relaciones sexuales con tu nuera, pues es la mujer de tu hijo; no debes tener relaciones sexuales con ella.

16 "No deshonres a tu hermano teniendo relaciones sexuales con su mujer.

17 "No tengas relaciones sexuales con una mujer y con la hija de esa mujer, ni tomes a su nieta, ya sea por parte de su hijo o de su hija, para tener también relaciones sexuales con ella. Esa es una conducta depravada, pues son de la misma sangre.

18 "No tomes como mujer a la hermana de tu esposa, ni tengas relaciones sexuales con ella mientras tu esposa viva, para no crear enemistad entre ellas.

19 "No tengas relaciones sexuales con una mujer en su periodo de menstruación.

20 "No te acuestes con la mujer de tu prójimo ni tengas relaciones sexuales con ella, para que no te hagas impuro por esa causa.

21 "No entregues a ninguno de tus hijos como ofrenda al dios Moloc.[a] No ofendas así el nombre de tu Dios. Yo soy el Señor.

22 "No te acuestes con un hombre como si te acostaras con una mujer. Ese es un acto infame.

23 "No te entregues a actos sexuales con ningún animal, para que no te hagas impuro por esa causa. Tampoco la mujer debe entregarse a actos sexuales con un animal. Eso es una infamia.

24 "No se hagan impuros con ninguna de estas cosas. Con ellas se han hecho impuros los pueblos que yo voy a arrojar de la presencia de ustedes, 25 y también su país quedó impuro; pero yo les pedí cuentas de su maldad y el país arrojó de sí a sus habitantes. 26 Pero ustedes los israelitas, y los extranjeros que viven entre ustedes, pongan en práctica mis leyes y mis decretos, y no cometan ninguno de estos actos infames, 27 pues todas estas infamias las cometieron los que habitaron el país antes que ustedes, y la tierra quedó impura. 28 ¡Que no los arroje de sí el país por hacerlo impuro, tal como arrojó a la gente que lo habitó antes que ustedes! 29 El que cometa cualquiera de estas infamias, será eliminado de entre su pueblo. 30 Por lo tanto, pongan en práctica mi precepto y no caigan en las prácticas infames cometidas antes de ustedes, ni se hagan impuros con ellas. Yo soy el Señor su Dios."

Leyes acerca de la santidad y la justicia

19 1 El Señor se dirigió a Moisés y le dijo: 2 "Dile a la comunidad israelita lo siguiente:

"Sean ustedes santos, pues yo, el Señor su Dios, soy santo.[a]

3 "Respete cada uno a su padre y a su madre.

"Respeten también mis sábados. Yo soy el Señor su Dios.

4 "No recurran a los ídolos, ni se hagan dioses de metal fundido. Yo soy el Señor su Dios.

5 "Cuando presenten al Señor sacrificios de reconciliación, háganlo de tal manera que Dios se los acepte. 6 El animal presentado se debe comer el mismo día, y también se puede comer al día siguiente, pero lo que sobre para el tercer día deberá ser quemado. 7 Si se come la ofrenda al tercer día, será considerada despreciable y Dios no la aceptará; 8 el que la coma, cargará con la maldad y será eliminado de entre su pueblo por haber profanado lo consagrado al Señor.

9 "Cuando llegue el tiempo de la cosecha, no recojas hasta el último grano de tu campo ni rebusques las espigas que hayan quedado. 10 No rebusques todas las uvas de tu viñedo ni recojas las uvas caídas; déjalas para los pobres y los extranjeros. Yo soy el Señor, el Dios de ustedes.

11 "No roben. No mientan ni se engañen unos a otros.

---

[a] **18.21** *Moloc:* dios pagano (su nombre significa *rey*), a quien se ofrecían sacrificios humanos. Cf. 20.1–5; Jer 32.35.

[a] **19.2** Ex 19.6; Lv 11.44–45; Mt 5.48; 1 P 1.16.

12 "No hagas promesas falsas en mi nombre, pues profanas el nombre de tu Dios. Yo soy el Señor.

13 "No uses la violencia contra tu prójimo ni le arrebates lo que es suyo.

"No retengas la paga del trabajador hasta el día siguiente.

14 "No maldigas al sordo.

"No pongas ningún tropiezo en el camino del ciego. Muestra tu reverencia a Dios. Yo soy el Señor.

15 "No actúes con injusticia cuando dictes sentencia: ni favorezcas al débil, ni te rindas ante el poderoso. Apégate a la justicia cuando dictes sentencia.

16 "No andes con chismes entre tu gente.

"No tomes parte en el asesinato de tu prójimo. Yo soy el Señor.

17 "No abrigues en tu corazón odio contra tu hermano.

"Reprende a tu prójimo cuando debas reprenderlo. No te hagas cómplice de su pecado.

18 "No seas vengativo ni rencoroso con tu propia gente. Ama a tu prójimo, que es como tú mismo. Yo soy el Señor.*b*

19 "Pon en práctica mis leyes.

"No cruces tu ganado con animales de diferente especie.

"No siembres tu campo con diferentes semillas entremezcladas.

"No te pongas ninguna ropa hecha con tela de materiales mezclados.

20 "Si alguno se acuesta con una esclava destinada a otro hombre, pero que aún no ha sido comprada ni puesta en libertad, tendrá que pagar indemnización; pero no se les condenará a muerte, porque ella no es libre. **21** El hombre presentará al Señor un carnero como sacrificio por la culpa, el cual deberá llevar hasta la entrada de la tienda del encuentro. **22** Con este carnero como sacrificio por la culpa, el sacerdote pedirá al Señor que perdone el pecado de ese hombre, y el pecado cometido se le perdonará.

23 "Cuando entren ustedes en el país y siembren árboles frutales, no deberán cortar*c* ni comer sus frutos durante tres años. **24** Al cuarto año todos sus frutos serán consagrados al Señor en una celebración, **25** y al quinto año ya podrán

ustedes comer su fruto. Así el árbol les dará más. Yo soy el Señor su Dios.

26 "No coman nada que tenga sangre.

"No practiquen la adivinación ni pretendan predecir el futuro.

27 "No se corten el pelo en redondo, ni se recorten la punta de la barba.

28 "No se hagan heridas en el cuerpo por causa de un muerto. No se hagan ninguna clase de tatuaje. Yo soy el Señor.

29 "No deshonres a tu hija, convirtiéndola en una prostituta. No corrompas el país llenándolo de depravaciones.

30 "Respeten mis sábados. Guarden reverencia por mi santuario. Yo soy el Señor.

31 "No recurran a espíritus y adivinos. No se hagan impuros por consultarlos. Yo soy el Señor su Dios.

32 "Ponte de pie y muestra respeto ante los ancianos. Muestra reverencia por tu Dios. Yo soy el Señor.

33 "No hagan sufrir al extranjero que viva entre ustedes. **34** Trátenlo como a uno de ustedes; ámenlo, pues es como ustedes. Además, también ustedes fueron extranjeros en Egipto. Yo soy el Señor su Dios.

35 "No hagan trampa en la exactitud de medidas lineales, de peso o de capacidad. **36** Deben usar balanzas, pesas y medidas exactas. Yo soy el Señor su Dios, que los sacó de Egipto.

37 "Así que pongan en práctica mis leyes y decretos; cúmplanlos. Yo soy el Señor."

Castigos a la desobediencia

20 **1** El Señor se dirigió a Moisés y le dijo: **2** "Di a los israelitas lo siguiente:

"Cualquier israelita o extranjero que viva en Israel y que entregue alguno de sus hijos al dios Moloc, deberá ser muerto a pedradas por la gente del país. **3** Yo me pondré en contra de ese hombre y lo eliminaré de entre su pueblo, por haber hecho impuro mi santuario y haber profanado mi santo nombre al entregar un hijo suyo a Moloc. **4** Si la gente del país se desentiende del asunto y no condena a muerte a ese hombre, **5** yo me pondré en contra de él y de su familia, y lo eliminaré de entre su pueblo junto con todos los que se corrompieron con él y recurrieron a Moloc. **6** Y si alguien recurre a

---

b **19.18** Mt 22.39; Mc 12.31,33; Lc 10.27; Ro 13.9; Gl 5.14; Stg 2.8. *c* **19.23** *No deberán cortar:* lit., *será para ustedes incircunciso.*

espíritus y adivinos, y se corrompe por seguirlos, yo me pondré en contra de esa persona y la eliminaré de entre su pueblo.

7 "Conságrense completamente a mí, y sean santos, pues yo soy el Señor su Dios. 8 Pongan en práctica mis leyes; cúmplanlas. Yo soy el Señor, que los consagra para mí.

9 "A cualquiera que maldiga a su padre o a su madre, se le condenará a muerte. Ha maldecido a su padre o a su madre, y será el responsable de su propia muerte.

10 "Si alguien comete adulterio con la mujer de su prójimo, se condenará a muerte tanto al adúltero como a la adúltera.

11 "Si alguien se acuesta con la mujer de su padre, deshonra a su propio padre. Por lo tanto, se condenará a muerte al hombre y a la mujer, y serán responsables de su propia muerte.

12 "Si alguien se acuesta con su nuera, los dos serán condenados a muerte y serán responsables de su propia muerte, pues eso es una infamia.

13 "Si alguien se acuesta con un hombre como si se acostara con una mujer, se condenará a muerte a los dos y serán responsables de su propia muerte, pues cometieron un acto infame.

14 "Si alguien toma como esposas a una mujer y a la madre de esa mujer, comete un acto depravado y tanto él como ellas deberán ser quemados vivos. Así no habrá tales depravaciones entre ustedes.

15 "Si un hombre se entrega a actos sexuales con un animal, será condenado a muerte. También se deberá matar al animal.

16 "Si una mujer se entrega a actos sexuales con un animal, tanto a la mujer como al animal se les matará. Ellos serán responsables de su propia muerte.

17 "Si alguien toma como mujer a su hermana, ya sea por parte de padre o de madre, y tienen relaciones sexuales, los dos serán eliminados a la vista de sus compatriotas, pues tener relaciones sexuales con la propia hermana es un hecho vergonzoso, y el que lo hace deberá cargar con su culpa.

18 "Si alguien se acuesta con una mujer en periodo de menstruación y tiene relaciones sexuales con ella, pone al descubierto la fuente de menstruación de la mujer, y ella misma la

ha descubierto; por lo tanto, los dos deberán ser eliminados de entre su pueblo.

19 "No tengas relaciones sexuales con la hermana de tu madre ni con la hermana de tu padre, pues es tenerlas con una parienta cercana y los dos tendrán que cargar con su maldad.

20 "Si alguien se acuesta con la mujer de su tío, deshonra a su propio tío; los dos cargarán con su pecado: morirán sin tener descendencia.

21 "Si alguien le quita la esposa a su hermano, deshonra a su propio hermano. Este es un acto odioso, y los dos se quedarán sin hijos.

22 "Pongan en práctica mis leyes y decretos; cúmplanlos todos. Así no los arrojará de sí el país al cual los llevo para que vivan en él. 23 No sigan las prácticas de la gente que voy a arrojar de delante de ustedes; ellos hicieron todas estas cosas, y por eso no pude aguantarlos. 24 Yo les prometo que ustedes serán los dueños del país de ellos; yo mismo les daré posesión de ese país, donde la leche y la miel corren como el agua.

"Yo soy el Señor su Dios, que los ha distinguido de los demás pueblos. 25 Por lo tanto, también ustedes deben hacer distinción entre animales puros e impuros, y entre aves puras e impuras. No se hagan despreciables por causa de los animales, aves y reptiles que he señalado como animales impuros. 26 Ustedes deben ser santos para conmigo, porque yo, el Señor, soy santo y los he distinguido de los demás pueblos para que sean míos.

27 "El hombre o la mujer que estén poseídos por un espíritu, o que practiquen la adivinación, serán muertos a pedradas y serán responsables de su propia muerte."

Requisitos para los sacerdotes

21 1 El Señor le dijo a Moisés: "Habla con los sacerdotes descendientes de Aarón, y diles que no se hagan impuros por causa del cadáver de alguno de sus parientes, 2 excepto en el caso de algún pariente cercano, como su madre, su padre, su hijo o su hija, su hermano 3 o su hermana soltera, que aún vive con él porque no se ha casado; por ellos podrá hacerse impuro. 4 Pero no deberá hacerse impuro ni mancharse por una parienta casada.ª

5 "No deberán raparse la cabeza, ni afeitarse la barba, ni hacerse heridas en el cuerpo, 6 sino

---

ª 21.4 Por una parienta casada: otra posible traducción: ya que es un hombre importante de su pueblo.

consagrarse completamente a su Dios y no profanar su nombre, porque ellos son los que presentan las ofrendas quemadas y el pan de su Dios; así que deberán mantenerse consagrados.

7 "Tampoco deberán casarse con una prostituta, ni con una mujer violada o divorciada, porque han sido consagrados a su Dios. 8 Manténlos apartados de todo, porque ellos son los que presentan el pan de tu Dios. Y serán santos para ti, porque yo, el Señor, soy santo y soy quien los hace santos.

9 "Si la hija de un sacerdote se rebaja y se convierte en prostituta, deshonra a su padre y deberá ser quemada viva.

10 "El jefe de los sacerdotes ha recibido plena autoridad para vestir la ropa sagrada, por medio del aceite de consagrar que se le puso en la cabeza. Por lo tanto, no debe dejarse suelto el pelo ni rasgarse la ropa en señal de luto; 11 tampoco debe entrar donde haya un cadáver: ni siquiera por causa de su padre o de su madre debe hacerse impuro. 12 No debe salir del santuario de su Dios, ni rebajar el carácter sagrado del santuario, porque sobre él ha sido puesto el aceite de consagrar de su Dios. Yo soy el Señor.

13 "Por esposa deberá tomar una mujer virgen. 14 En ningún caso debe casarse con una viuda o divorciada, violada o prostituta; su esposa debe ser virgen y de su propio clan, 15 para no rebajar a sus descendientes entre su gente; pues yo, el Señor, lo he consagrado."

Impedimentos para el sacerdocio

16 El Señor se dirigió a Moisés y le dijo: 17 "Dile a Aarón que, ahora y en el futuro, a ninguno de sus descendientes con algún defecto físico se le permitirá presentar la ofrenda de pan de su Dios. 18 A decir verdad, nadie que tenga un defecto físico podrá presentarse a hacerlo: sea ciego, impedido, con la nariz o las orejas deformes, 19 con las piernas o los brazos quebrados, 20 jorobado, enano, con nubes en los ojos, sarnoso o con erupciones en la piel, o con los testículos dañados. 21 Ningún descendiente del sacerdote Aarón que tenga algún defecto físico presentará al Señor las ofrendas que se queman; tiene un defecto y, por lo tanto, no podrá presentar la ofrenda de pan de su Dios. 22 Podrá comer de ese pan y de las cosas santas y santísimas, 23 pero no podrá entrar tras

el velo ni acercarse al altar, para no rebajar con su defecto el carácter sagrado de mi santuario. Yo soy el Señor, que los ha consagrado."

24 Y Moisés repitió esto mismo a Aarón, a sus hijos y a todos los israelitas.

Participación en las ofrendas del Señor

22 1 El Señor se dirigió a Moisés y le dijo: 2 "Di a Aarón y a sus descendientes que deben tener cuidado con las cosas santas que los israelitas me consagran, para que no profanen mi santo nombre. Yo soy el Señor.

3 "Diles que, ahora y en el futuro, cualquiera de sus descendientes que estando impuro haga la presentación de las cosas sagradas que los israelitas consagran al Señor, será eliminado de mi presencia. Yo soy el Señor.

4 "Ninguno de los descendientes de Aarón que esté enfermo de lepra o sufra derrames, comerá de las cosas sagradas hasta que haya sido purificado.

"El que toque alguna cosa impura a causa de un cadáver, o toque a quien haya tenido un derrame de semen, 5 o el que se haga impuro por tocar un reptil o a un hombre que por encontrarse impuro hace impuro al que lo toca, 6 será considerado impuro hasta el anochecer, y no podrá comer de las cosas sagradas si antes no se lava con agua. 7 Quedará purificado al ponerse el sol, después de lo cual podrá comer de las cosas sagradas, pues son su alimento. 8 No debe comer carne de un animal muerto o despedazado por una fiera, para no hacerse impuro con ella. Yo soy el Señor.

9 "Diles que cumplan mi precepto y que no carguen con ningún pecado por faltar a él, y así no morirán. Yo soy el Señor, que los ha consagrado.

10 "Ningún extraño al sacerdocio podrá comer de lo que es sagrado. a

"Ni el huésped del sacerdote ni el que trabaje para él podrán comer de lo que es sagrado.

11 "Si el sacerdote compra un esclavo con su dinero, el esclavo podrá comer de lo que es sagrado. También los que hayan nacido en casa del sacerdote podrán comer de sus alimentos. 12 "Si la hija del sacerdote está casada con alguien extraño al sacerdocio, no podrá comer de las ofrendas que se dan a los sacerdotes.

---

a 22.10 Véase una excepción a esta regla en 1 S 21.1–9; cf. también Mt 12.3–4.

13 Pero si es viuda o divorciada, y no tiene hijos, y vuelve a la casa de su padre como cuando era soltera, podrá comer de los alimentos de su padre. Por lo demás, ningún extraño al sacerdocio podrá comerlos.

14 "Si alguien come involuntariamente de las cosas sagradas, tendrá que restituir al sacerdote lo que se comió, más una quinta parte; 15 pero los sacerdotes no deben permitir que los israelitas profanen las cosas sagradas que se ofrecen al Señor, 16 ni que carguen con la maldad de su pecado por comer de las cosas sagradas. Yo soy el Señor, que los ha consagrado."

Requisitos para los animales ofrecidos

17 El Señor se dirigió a Moisés y le dijo:

18 "Habla con Aarón y sus hijos, y con todos los israelitas, y diles lo siguiente: Si alguno de los israelitas o de los extranjeros que vivan entre ellos presenta al Señor un animal en holocausto, ya sea en cumplimiento de una promesa o como ofrenda voluntaria, 19 deberá presentar un macho sin defecto para que le sea aceptado. Podrá ser un toro, un cordero o un chivo, 20 pero no un animal con defecto, porque no le será aceptado.

21 "Cualquiera que presente al Señor un sacrificio de reconciliación, ya sea en cumplimiento de una promesa o como ofrenda voluntaria, deberá ofrecer toros u ovejas sin defecto para que le sean aceptados. 22 No le presenten al Señor animales ciegos, o lastimados, o mancos, o con verrugas, sarna o erupciones en la piel, ni los den para ser quemados como ofrendas en el altar del Señor. 23 Como ofrenda voluntaria podrás ofrecer un toro o un carnero que tenga las patas disparejas, pero en cumplimiento de una promesa no te será aceptado. 24 Tampoco deben presentar al Señor animales con los testículos heridos, golpeados, arrancados o cortados. No practiquen estas cosas en su tierra. 25 Tampoco reciban de un extranjero estos animales como alimento para el Dios de ustedes, porque son animales con defecto y no les serán aceptados."

Requisitos para matar los animales ofrecidos

26 El Señor se dirigió a Moisés y le dijo:

27 "Cuando nazca un ternero, un cordero o un cabrito, deberá quedarse al lado de su madre durante siete días, pero a partir del octavo día podrá ser aceptado para quemarlo como ofrenda al Señor.

28 "No mates en un mismo día a una vaca u oveja y a su cría.

29 "Cuando presentes una ofrenda de acción de gracias al Señor, hazla de tal manera que sea bien recibida. 30 Además, cómela el mismo día y no dejes nada para el día siguiente. Yo soy el Señor.

31 "Pongan en práctica mis mandamientos; cúmplanlos. Yo soy el Señor.

32 "No profanen mi santo nombre, y así seré santificado entre los israelitas. Yo soy el Señor, que los ha consagrado a ustedes 33 y los ha sacado de Egipto para ser su Dios. Yo soy el Señor."

Festividades religiosas
(Nm 28.16–25)

23 1 El Señor se dirigió a Moisés y le dijo: 2 "Di a los israelitas lo siguiente: Estas son las fechas especialmente dedicadas al Señor, y que ustedes llamarán reuniones santas.

3 "Trabajarás durante seis días, pero el día séptimo no deberás hacer ningún trabajo; será un día especial de reposo y habrá una reunión santa. Dondequiera que vivas, ese día será de reposo en honor del Señor.

4 "Estas son las fechas especiales para celebrar las reuniones santas en honor del Señor, y en las cuales deberán reunirse:

5 "El día catorce del mes primero, al atardecer, se celebrará la Pascua en honor del Señor.[a]

6 "El día quince del mismo mes se celebrará la fiesta de los panes sin levadura[b] en honor del Señor. Durante siete días se comerá pan sin levadura. 7 El primer día se celebrará una reunión santa. No hagan ninguna clase de trabajo pesado. 8 Durante siete días deberán ustedes quemar ofrendas al Señor, y el día séptimo celebrarán una reunión santa. No deberán realizar ninguna clase de trabajo."

La fiesta de la primera cosecha
(Nm 28.26–31)

9 El Señor se dirigió a Moisés y le dijo:

10 "Di a los israelitas lo siguiente: Cuando hayan entrado ustedes en la tierra que yo les

---

[a] **23.5** Ex 12.1,6; Dt 16.1. [b] **23.6–8** Ex 12.14–20; 23.15; 34.18; Dt 16.3–8.

voy a dar, y hayan cosechado su trigo, deberán presentar al sacerdote el primer manojo de su cosecha. 11Al día siguiente del día de reposo, el sacerdote lo presentará al Señor como ofrenda especial, para que les sea aceptado. 12Y el mismo día en que presenten el manojo, presentarán también un cordero de un año, sin defecto, como holocausto en honor del Señor. 13Traerán, además, cuatro kilos y medio de la mejor harina amasada con aceite, para presentársela al Señor como ofrenda quemada de aroma agradable. Como ofrenda para derramar, se deberá presentar un litro de vino. 14Hasta el día en que lleven ustedes su ofrenda al Señor, no deben comer pan, ni trigo tostado o fresco. Esta es una ley permanente, que pasará de padres a hijos y dondequiera que ustedes vivan.

15"A partir del día en que lleven ustedes el manojo de trigo como ofrenda especial, es decir, a partir del día siguiente al día de reposo, deben contar siete semanas completas. 16Y con el día siguiente al séptimo día de reposo, se completarán cincuenta días.c Entonces presentarán al Señor su ofrenda de trigo nuevo, 17y llevarán de sus casas dos panes de la mejor harina cocidos con levadura, de unos cuatro kilos cada uno, como ofrenda especial de primeros frutos para el Señor. 18Junto con los panes llevarán siete corderos de un año y sin defecto, un becerro y dos carneros, como holocausto en honor del Señor, ofrenda quemada de aroma agradable a él, además de sus ofrendas de cereal y de vino.

19"Ofrecerán además un chivo como sacrificio por el pecado, y dos corderos de un año como sacrificio de reconciliación. 20El sacerdote ofrecerá los animales como ofrenda especial en presencia del Señor, junto con el pan de los primeros frutos y los dos corderos. Serán consagrados al Señor, para el sacerdote.

21"Ese mismo día deben celebrar ustedes una reunión santa, y no hacer ninguna clase de trabajo pesado. Esta es una ley permanente, que pasará de padres a hijos y dondequiera que ustedes vivan.d

22"Cuando llegue el tiempo de cosechar, no recojas hasta el último grano de tu campo ni rebusques las espigas que se hayan quedado. Déjalas para los pobres y los extranjeros. Yo soy el Señor, el Dios de ustedes."

La fiesta de las trompetas
(Nm 29.1–6)

23El Señor se dirigió a Moisés y le dijo: 24"Di a los israelitas lo siguiente: El día primero del mes séptimo celebrarán ustedes un día de reposo y una reunión santa conmemorativa con toque de trompetas. 25Deberán quemar una ofrenda en honor del Señor, y no harán ninguna clase de trabajo pesado."

El Día del perdón
(Nm 29.7–11)

26El Señor se dirigió a Moisés y le dijo: 27"El día diez del mismo mes séptimo será el Día del perdón. Deberán celebrar una reunión santa, y dedicar ese día al ayuno, y quemar una ofrenda en honor del Señor. 28No hagan ningún trabajo ese mismo día, porque es el Día del perdón, en que ustedes obtendrán el perdón ante el Señor su Dios. 29El que no dedique ese día al ayuno, quienquiera que sea, será eliminado de entre su pueblo. 30Y al que haga algún trabajo ese día, quienquiera que sea, lo haré desaparecer de su pueblo.

31"No hagan ningún trabajo. Es una ley permanente, que pasará de padres a hijos y dondequiera que ustedes vivan. 32Será para ustedes un día de reposo y dedicado al ayuno, y lo contarán del atardecer del día nueve del mes hasta el atardecer del día siguiente."

La fiesta de las Enramadas
(Nm 29.12–40)

33El Señor se dirigió a Moisés y le dijo: 34"Di a los israelitas lo siguiente: El día quince del mismo mes séptimo, y durante siete días, se celebrará la fiesta de las Enramadas en honor del Señor, 35con una reunión santa el primer día. No hagan ninguna clase de trabajo. 36Durante esos siete días quemarán ofrendas en honor del Señor, y el octavo día celebrarán también una reunión santa y quemarán una ofrenda al Señor. Es un día de fiesta, y no deben hacer ninguna clase de trabajo pesado.

---

c**23.16** La fiesta de los *cincuenta días*, llamada también *de la cosecha* (Ex 23.16) y *de las Semanas* (Ex 34.22), era una gran acción de gracias celebrada al terminar la cosecha del trigo. Más tarde se le dio el nombre de *Pentecostés*.
d**23.15–21** Ex 23.16; Dt 16.9–12.

37 "Estas son las fechas especialmente dedicadas al Señor, a las que ustedes deben declarar reuniones santas y en las que presentarán al Señor ofrendas quemadas, holocaustos, ofrendas de cereales, sacrificios y ofrendas de vino, según el día que corresponda, 38 aparte de los días de reposo en honor del Señor, y de los regalos y ofrendas prometidas o voluntarias que ustedes le hagan.

39 "El día quince del mes séptimo, cuando ustedes hayan recogido ya la cosecha, celebrarán una fiesta de siete días en honor del Señor, con reposo el primer día y el octavo. 40 El primer día tomarán frutos de los mejores árboles, hojas de palmera y de árboles frondosos y de álamos del río, y durante siete días se alegrarán en presencia del Señor su Dios. 41 Cada año, en el mes séptimo, celebrarán una fiesta de siete días en honor del Señor. Es una ley permanente que pasará de padres a hijos. 42 Durante esos siete días todos ustedes, los israelitas de nacimiento, vivirán bajo enramadas, 43 para que todos sus descendientes sepan que, cuando yo saqué de Egipto a los israelitas, los hice vivir bajo enramadas. Yo soy el Señor su Dios." *e*

44 De esta manera informó Moisés a los israelitas acerca de las fechas especialmente dedicadas al Señor.

El aceite para las lámparas
(Ex 27.20–21)

24 1 El Señor se dirigió a Moisés y le dijo: 2 "Ordena a los israelitas que te traigan aceite puro de oliva, para mantener las lámparas siempre encendidas. 3 Aarón se encargará de arreglarlas, para que durante toda la noche ardan sin cesar delante del Señor en la tienda del encuentro, fuera del velo que está junto al arca de la alianza. Esta es una ley permanente, que pasará de padres a hijos. 4 Ha de arreglar las lámparas en el candelabro de oro puro para que ardan delante del Señor.

El pan de la Presencia

5 "Toma de la mejor harina y cuece doce tortas, de cuatro kilos y medio cada una, 6 y ponlas sobre la mesa de oro puro que está ante el Señor, en dos hileras de seis tortas cada una. 7 Pon en cada hilera incienso puro, que le servirá al pan como ofrenda de recordación quemada en honor del Señor. 8 Esto deberá ser puesto sin falta ante el Señor cada sábado, como una alianza eterna por parte de los israelitas. 9 Es la parte que les corresponderá siempre a Aarón y a sus descendientes, los cuales deberán comer ese pan en un lugar santo, porque de las ofrendas que se queman en honor del Señor, esta es una de las más sagradas."

Castigo para los que ofenden a Dios

10-11 Entre los israelitas había un hombre nacido de madre israelita y padre egipcio. Su madre se llamaba Selomit, y era hija de Dibrí, de la tribu de Dan. Este hombre y un israelita tuvieron una discusión en el campamento, durante la cual el hijo de madre israelita ofendió y maldijo el nombre del Señor. Entonces lo llevaron ante Moisés, 12 y lo tuvieron bajo vigilancia mientras el Señor les decía lo que tenían que hacer. 13 Y el Señor le habló a Moisés y le dijo:

14 "Saca del campamento al que me maldijo; que pongan la mano sobre su cabeza todos los que lo oyeron, y que lo maten a pedradas todos los de la comunidad. 15-16 Por lo que toca a los israelitas, diles lo siguiente: El que ofenda y maldiga el nombre del Señor su Dios, tendrá que cargar con su pecado y será muerto a pedradas por toda la comunidad. Tanto si es extranjero como si es natural del país, si ofende el nombre del Señor, será condenado a muerte.

17 "El que le quite la vida a otra persona, será condenado a muerte.

18 "El que mate una cabeza de ganado, tendrá que reponerla: animal por animal.

19 "El que cause daño a alguno de su pueblo, tendrá que sufrir el mismo daño que hizo: 20 fractura por fractura, ojo por ojo, diente por diente; tendrá que sufrir en carne propia el mismo daño que haya causado.

21 "El que mate un animal, tendrá que reponerlo. El que mate a un hombre, será condenado a muerte. *a*

22 "La misma ley vale tanto para los extranjeros como para los naturales del país. Yo soy el Señor su Dios."

23 Moisés habló entonces con los israelitas, y ellos sacaron del campamento al que había maldecido a Dios, y allí lo mataron a pedradas. Lo hicieron los israelitas tal como el Señor se lo había ordenado a Moisés.

---

e **23.39–43** Ex 23.16; 34.22. *a* **24.19–21** Acerca de la llamada "ley del talión", véase Ex 21.23–25 n.

El año de reposo y el año de liberación

25 [1] El Señor se dirigió a Moisés en el monte Sinaí, y le dijo: [2] "Di a los israelitas lo siguiente: Cuando ustedes hayan entrado en la tierra que les voy a dar, la tierra deberá tener reposo en honor del Señor. [3] Podrán sembrar sus campos durante seis años. También durante seis años podrán podar sus viñedos y recoger sus frutos, [4] pero el séptimo año será de completo reposo de la tierra en honor del Señor; no siembren ese año sus campos ni poden sus viñedos. [5] Tampoco corten el trigo que nazca por sí mismo después de la última cosecha, ni recojan las uvas de su viñedo no podado; la tierra debe tener reposo completo. [6] Lo que la tierra produzca por sí misma durante su reposo, alcanzará para que coman ustedes, sus siervos y sus siervas, y los trabajadores y extranjeros que vivan con ustedes, [7] y sus ganados y los animales feroces del país. Todo lo que la tierra produzca, les servirá de alimento.

[8] "Deben contar siete semanas de años, es decir, siete años multiplicados por siete, lo cual dará un total de cuarenta y nueve años, [9] y el día diez del mes séptimo, que es el Día del perdón, harán sonar el cuerno de carnero en todo el país. [10] El año cincuenta lo declararán ustedes año santo: será un año de liberación, y en él anunciarán libertad para todos los habitantes del país. Todo hombre volverá al seno de su familia y a la posesión de sus tierras. [11] El año cincuenta será para ustedes año de liberación, y en él no deberán sembrar, ni cortar el trigo que nazca por sí mismo, ni podar los viñedos ni recoger sus uvas, [12] porque es un año santo y de liberación para ustedes. Comerán solo lo que la tierra produzca por sí misma.

[13] "En este año de liberación todos ustedes volverán a tomar posesión de sus tierras. [14] Si alguien vende o compra a otra persona algún terreno, no trate de aprovecharse de ella; [15] el que compra debe pagar según el tiempo transcurrido desde el año de liberación, y el que vende debe cobrar según los años de cosecha que aún falten: [16] cuantos más años de cosecha falten, mayor será el precio; si quedan pocos años, el precio será menor, pues lo que se vende es el número de cosechas.

[17] "No abuse nadie de nadie. Muestren reverencia por su Dios, pues yo soy el Señor su Dios. [18] Cumplan mis leyes, pongan en práctica mis decretos. Cúmplanlos y vivirán tranquilos en el país; [19] la tierra dará frutos, y ustedes vivirán tranquilamente en ella y comerán de sus frutos hasta quedar satisfechos.

[20] "Tal vez se pregunten ustedes: '¿Y qué vamos a comer durante el séptimo año, si no podemos sembrar ni recoger la cosecha?' [21] Pues bien, yo les enviaré mi bendición durante el sexto año, y la cosecha será suficiente para tres años; [22] así comerán del grano almacenado mientras siembran de nuevo en el año octavo, y aun hasta el año noveno podrán comer del grano almacenado, mientras llega la cosecha.

[23] "La tierra no debe venderse a perpetuidad: la tierra es mía, y ustedes solo están de paso por ella como huéspedes míos. [24] Por lo tanto, para cualquier terreno que ustedes tengan en propiedad, deben conceder a los dueños anteriores el derecho de volver a comprarlo. [25] Si uno de tus compatriotas se queda en la ruina y te vende alguno de sus terrenos, su pariente más cercano podrá venir y rescatar lo que su pariente había vendido.

[26] "En el caso de alguien que no tenga un pariente que pueda rescatar su propiedad, pero que logre reunir lo suficiente para rescatarla él mismo, [27] calculará el tiempo transcurrido desde que la vendió, devolverá al que la compró la cantidad de dinero que resulte a su favor, y él volverá a tomar posesión de su propiedad. [28] Pero si no logra reunir lo suficiente para rescatar la propiedad, esta se quedará en poder del comprador hasta el año de liberación, durante el cual será liberada la propiedad, y el que la vendió volverá a tomar posesión de ella.

[29] "Si alguien vende una vivienda en una ciudad con murallas, tendrá derecho a volver a comprarla durante un año completo a partir de la fecha de venta. [30] Pero en caso de que la vivienda no sea rescatada en el término de un año, se quedará para siempre en poder del que la compró y de sus descendientes. No podrá ser liberada en el año de liberación. [31] En cambio, las casas de pueblos sin murallas serán consideradas igual que los campos: podrán ser rescatadas, y serán liberadas en el año de liberación.

[32] "Los levitas tendrán siempre el derecho de volver a comprar las casas que estén dentro de las ciudades de ellos. [33] Si el que rescata es un levita, deberá abandonar la casa en el año de liberación e irse a la ciudad donde tiene su propiedad, porque la única propiedad de los levitas entre los israelitas es la casa que tienen en su ciudad. [34] Las tierras de pastoreo pertenecientes a las ciudades de los levitas, no podrán ser vendidas, porque son su propiedad permanente.

35 "Si alguno de tus compatriotas se queda en la ruina y recurre a ti, debes ayudarlo como a un extranjero de paso, y lo acomodarás en tu casa. 36 No le quites nada ni le cargues intereses sobre los préstamos que le hagas; al contrario, muestra temor por tu Dios y acomoda a tu compatriota en tu casa. 37 No le cargues interés al dinero que le prestes, ni aumentes el precio de los alimentos que le des. 38 Yo soy el Señor, el Dios de ustedes, que los sacó de Egipto para darles la tierra de Canaán y para ser su Dios.

39 "Si uno de tus compatriotas se queda en la ruina estando contigo, y se vende a ti, no lo hagas trabajar como esclavo; 40 trátalo como a un trabajador o como a un huésped. Trabajará para ti hasta el año de liberación, 41 después del cual podrá abandonar tu casa junto con sus hijos, para volver otra vez a su clan y a sus propiedades familiares; 42 pues ellos son mis siervos; yo los saqué de Egipto, y no deben ser vendidos como esclavos. 43 No los trates con crueldad; al contrario, muestra temor de tu Dios.

44 "Si quieres tener esclavos o esclavas, cómpralos de las otras naciones que te rodean. 45 También puedes comprar a la gente extranjera que vive entre ustedes, y a los hijos que les nazcan mientras estén en el país de ustedes; a ellos pueden comprarlos en propiedad 46 y dejarlos como herencia a sus hijos cuando ustedes mueran; siempre podrán servirse de ellos. Pero ninguno de ustedes, los israelitas, debe dominar ni tratar con crueldad a sus hermanos de raza.

47 "Si un extranjero que vive en tu tierra se hace rico, y en cambio uno de tus compatriotas, vecino del extranjero, se queda en la ruina y se vende a ese extranjero o a algún otro extranjero, 48 tendrá derecho a que se compre su libertad aun después de haberse vendido. Podrá ser rescatado por uno de sus hermanos, 49 un tío, un primo o cualquier pariente cercano; también podrá rescatarse él mismo, si tiene medios para hacerlo, 50 calculando con el que lo compró desde el año en que se vendió hasta el año de liberación: el precio de venta deberá corresponder al número de años, y el tiempo que haya trabajado se calculará según la paga que se da a los trabajadores. 51 Si aún quedan muchos años por delante, en proporción con ellos dará por su rescate parte del dinero que recibió por venderse; 52 pero si falta poco tiempo para el año de liberación, dará por su rescate la cantidad correspondiente a los años que falten. 53 Se le deberá tratar como a un trabajador contratado por

año; no permitas que se le trate con crueldad. 54 "Si acaso no es rescatado en este tiempo, quedará en libertad en el año de liberación, junto con sus hijos, 55 pues los israelitas son mis siervos, mis propios siervos; yo los saqué de Egipto. Yo soy el Señor su Dios.

Bendiciones a los obedientes
(Dt 7.12–24; 28.1–14)

26 1 "No se hagan ídolos ni imágenes; no levanten en su país piedras sagradas ni piedras grabadas; no se inclinen ante ellas, porque yo soy el Señor su Dios. 2 Respeten mis sábados; tengan reverencia por mi santuario: yo soy el Señor.

3 "Si siguen mis leyes, y cumplen mis mandamientos y los practican, 4 yo les enviaré la lluvia a su tiempo, y la tierra y los árboles del campo darán su fruto; 5 tendrán trigo hasta la cosecha de las uvas, y uvas hasta el tiempo de la siembra; comerán pan hasta quedar satisfechos, y gozarán de tranquilidad en el país. 6 Les daré bienestar en el país, y dormirán sin sobresaltos, pues yo libraré al país de animales feroces y de guerras. 7 Ustedes harán huir a sus enemigos, y ellos caerán a filo de espada ante ustedes; 8 cinco de ustedes harán huir a cien, y cien de ustedes harán huir a diez mil; sus enemigos caerán ante ustedes a filo de espada. 9 Los miraré a ustedes con buenos ojos, y los haré crecer en número, y mantendré con ustedes mi alianza. 10 Comerán del trigo almacenado en años anteriores, y hasta tendrán que desalojarlo para almacenar el trigo nuevo.

11 "Yo viviré entre ustedes, y no los rechazaré; 12 constantemente andaré entre ustedes, y seré su Dios, y ustedes serán mi pueblo. 13 Yo soy el Señor su Dios, que los sacó de Egipto para que no siguieran siendo esclavos de ellos; yo rompí el yugo que pesaba sobre ustedes, y los hice andar con la frente en alto.

Advertencias a los desobedientes
(Dt 28.15–68)

14 "Pero si ustedes no me obedecen ni ponen en práctica todos estos mandamientos, 15 sino que rechazan y menosprecian mis leyes y decretos y no cumplen con ninguno de mis mandamientos, faltando así a mi alianza, 16 yo también haré lo siguiente con ustedes: les enviaré mi terror, epidemia mortal, fiebre, enfermedades de los ojos y decaimiento del cuerpo; de nada les servirá sembrar, porque sus enemigos se comerán la cosecha. 17 Yo me pondré en contra

de ustedes, y serán derrotados por sus enemigos; serán dominados por aquellos que los odian, y tendrán que huir aunque nadie los persiga.

18 "Si a pesar de esto no me obedecen, los volveré a castigar siete veces por sus pecados. **19** Haré pedazos su necio orgullo; haré que el cielo les niegue su lluvia y la tierra sus frutos. **20** En vano gastarán sus fuerzas, porque la tierra no les producirá nada, ni los árboles del campo les darán frutos.

21 "Si siguen oponiéndose a mí y negándose a obedecerme, yo volveré a castigarlos siete veces más, conforme a sus pecados. **22** Lanzaré sobre ustedes bestias salvajes que los dejarán sin hijos, que despedazarán sus ganados y que reducirán el número de ustedes hasta que no haya quien transite por sus caminos.

23 "Si a pesar de todo esto no se corrigen, sino que siguen oponiéndose a mí, **24** yo también me opondré a ustedes y los castigaré aún siete veces más por sus pecados. **25** Haré venir sobre ustedes una espada que vengue la alianza; ustedes correrán a refugiarse en sus ciudades, pero yo les enviaré enfermedades, y ustedes caerán en poder del enemigo.

26 "Cuando yo destruya su provisión de alimentos, diez mujeres cocerán en un solo horno el pan de ustedes, y lo racionarán tanto que ustedes comerán y no quedarán satisfechos.

27 "Si a pesar de esto no me obedecen, sino que siguen oponiéndose a mí, **28** yo también me opondré a ustedes, y con enojo los castigaré aún otras siete veces más por sus pecados. **29** Entonces se comerán ustedes a sus propios hijos e hijas. **30** Yo destruiré sus santuarios paganos y partiré en dos sus altares de incienso; amontonaré los cuerpos sin vida de ustedes sobre los cuerpos sin vida de sus ídolos, y les mostraré mi desprecio; **31** dejaré en ruinas sus ciudades y destruidos sus santuarios, y no me deleitaré más en el aroma de sus perfumes.

32 "Destruiré el país, y los enemigos de ustedes que vengan a vivir en él se quedarán asombrados. **33** A ustedes los esparciré entre las naciones, y con la espada desnuda los perseguiré; su país se convertirá en un desierto y sus ciudades en espantosas ruinas. **34** Entonces la tierra disfrutará de tranquilidad todo el tiempo que permanezca desolada y que ustedes estén en el país de sus enemigos; así descansará y se

desquitará de lo que antes no descansó. **35** Todo el tiempo que permanezca desolada, la tierra disfrutará de los días de reposo que no tuvo mientras ustedes habitaron en ella.

36 "A aquellos de ustedes que queden con vida en terreno enemigo, les haré sentir tanto miedo que huirán con el simple ruido de una hoja al caer; huirán como si los persiguieran con una espada, y caerán sin que nadie los persiga; **37** tropezarán unos contra otros como si huyeran de la guerra, aunque nadie los persiga; ¡ninguno de ustedes podrá hacer frente a sus enemigos! **38** Serán destruidos entre las naciones, y el país de sus enemigos acabará con ustedes; **39** y los que queden con vida en terreno enemigo, morirán por culpa de su maldad; ¡morirán junto con sus padres, por la maldad de ellos!

40 "Aunque ustedes reconozcan su maldad y la maldad de sus padres, lo mismo que su infidelidad y su oposición a mí, **41** yo también me opondré a ustedes y los llevaré al país de sus enemigos; allí su mente pagana quedará humillada, y pagarán por su pecado. **42** Entonces yo me acordaré de la alianza que hice con Jacob, con Isaac y con Abraham,*a* y también me acordaré de la tierra, **43** la cual quedará libre de ustedes y disfrutará de sus días de reposo mientras ustedes no la habiten; y pagarán ustedes por su maldad, porque despreciaron mis decretos y rechazaron mis leyes.

44 "A pesar de esto, y aunque ustedes estén en un país enemigo, no los despreciaré ni los rechazaré; no los destruiré ni faltaré a la alianza que hice con sus antepasados, porque yo soy el Señor su Dios. **45** Por el contrario, me acordaré de la alianza que hice con ellos cuando los saqué de Egipto en presencia de las naciones para ser su Dios. Yo soy el Señor."

46 Estas son las leyes, decretos y enseñanzas que por medio de Moisés estableció el Señor en el monte Sinaí, entre él y los israelitas.

Cosas consagradas a Dios

27 **1** El Señor se dirigió a Moisés y le dijo: **2** "Di a los israelitas lo siguiente: Cuando alguien quiera pagar una promesa al Señor conforme al valor correspondiente de una persona, **3** a un varón de veinte a sesenta años le fijarás una contribución de cincuenta monedas de plata, según la medida oficial del

---

a **26.42** Gn 17.7–8; 26.3–4; 28.13–14.

santuario; 4en el caso de una mujer, la contribución será de treinta monedas. 5Para las personas de cinco a veinte años, la contribución será de veinte monedas si es hombre, y de diez monedas si es mujer. 6Para los niños de un mes a cinco años, la contribución será de cinco monedas de plata, y de tres para las niñas. 7Para las personas mayores de sesenta años, la contribución será de quince monedas para los hombres, y de diez monedas para las mujeres. 8Y si la persona es demasiado pobre para pagar la contribución establecida, se llevará el caso al sacerdote para que este fije una nueva contribución, de acuerdo con las posibilidades del que hizo la promesa.

9"En el caso de los animales que se pueden ofrecer al Señor, todo animal que se entregue al Señor quedará consagrado, 10y no podrá ser cambiado por otro animal, ya sea mejor o peor. En caso de que haya cambio, tanto el animal ofrecido como el animal dado a cambio quedarán consagrados.

11"En el caso de un animal impuro, que no puede ser ofrecido al Señor, se llevará el animal al sacerdote 12para que este fije la contribución correspondiente, según la calidad del animal. La contribución fijada por el sacerdote deberá ser aceptada, 13y si se quiere recuperar el animal, se deberá dar una quinta parte más de la contribución establecida.

14"Si alguien consagra su casa al Señor, el sacerdote establecerá su valor según la calidad de la casa. El cálculo del sacerdote deberá ser aceptado. 15Pero en caso de que el que consagró la casa quiera rescatarla, deberá dar una quinta parte más del valor en que había sido calculada, y la casa volverá a ser suya.

16"Si alguien consagra al Señor una parte de su terreno, el valor del terreno se calculará según lo que pueda producir, a razón de cincuenta monedas de plata por cada doscientos veinte litros de cebada. 17Si consagra el terreno a partir del año de liberación, quedará en pie el valor establecido; 18pero si lo consagra después del año de liberación, el sacerdote hará el cálculo de la plata que se debe dar, descontando del valor calculado la cantidad que corresponda a los años que restan hasta el año de liberación.[a]

19"Si el que consagró el terreno quiere recuperarlo, deberá dar una quinta parte más sobre el valor calculado, y el terreno seguirá siendo suyo; 20pero si no lo recupera, y el terreno se vende a otra persona, ya no podrá volver a recuperarlo. 21Cuando el terreno quede libre en el año de liberación, será dedicado para uso exclusivo del Señor, y el sacerdote tomará posesión de él.

22"Si alguien consagra al Señor un terreno comprado, que no es su herencia de familia, 23el sacerdote calculará con esa persona el precio del terreno hasta el año de liberación, y esa persona pagará ese mismo día la cantidad estimada como valor del terreno, y la consagrará al Señor. 24En el año de liberación, el terreno volverá a poder del que lo vendió, es decir, a poder del propietario real del terreno.

25"Todos tus cálculos deben tener como base el siclo de veinte *geras*, que es el peso oficial del santuario.

26"En cuanto a las primeras crías del ganado, que son del Señor por ser las primeras, nadie debe consagrarlas. Ya sea un ternerito o un corderito, es del Señor. 27Si se trata de un animal impuro, podrá ser rescatado según el precio que se le fije, más una quinta parte de ese precio. Pero si no es rescatado, podrá ser vendido en el precio fijado.

28"Si alguien consagra al Señor parte de sus pertenencias, ya sean personas, animales o terrenos heredados de su familia, nada de lo consagrado podrá ser vendido ni recuperado; todo lo consagrado será una cosa santísima dedicada al Señor. 29Y tampoco podrá rescatarse a ninguna persona que haya sido destinada a la destrucción: tendrá que morir.

30"La décima parte de los productos de la tierra, tanto de semillas como de árboles frutales, pertenece al Señor y está consagrada a él. 31Si alguien quiere recuperar algo de esa décima parte, tendrá que pagar lo que valga, más una quinta parte.

32"Uno de cada diez animales del ganado o del rebaño será consagrado al Señor como décima parte, 33sin escoger los mejores ni los peores, ni cambiar uno por otro. En caso de hacer un cambio, tanto el primer animal como el animal dado a cambio quedarán consagrados y, por lo tanto, no podrán ser recuperados."

34Estos son los mandamientos que el Señor dio a Moisés para los israelitas, en el monte Sinaí.

---

[a] **27.18** Lv 25.

NÚMEROS

El nombre del libro, *Números* (= Nm), refleja en parte su contenido. En él se hace referencia a dos censos de los israelitas en el desierto: uno antes de partir del Sinaí (cap. 1) y otro en las llanuras de Moab, al este del río Jordán (cap. 26). Además, hay muchas otras precisiones numéricas a lo largo del libro, relacionadas especialmente con las ofrendas para los sacrificios (caps. 7; 15; 28—29) y con el reparto del botín después de la victoria de Israel sobre Madián (cap. 31).

En lo que respecta al contenido, el libro de *Números* continúa la historia de *Éxodo*, ya que narra la marcha de los israelitas por el desierto desde los últimos meses en el Sinaí hasta las vísperas de la entrada en la Tierra prometida. Los primeros relatos describen los preparativos para reanudar la marcha después de haber recibido la ley (caps. 1—8); se insiste luego, de modo especial, en la celebración de la Pascua (cap. 9). En seguida se narran los sucesos acaecidos entre la salida del Sinaí y la llegada a Moab (caps. 10—21). A continuación se hace el resumen de todo lo ocurrido entre la partida de Egipto y la entrada en Moab (caps. 22—32). En la parte final se dan algunas instrucciones previas al cruce del río Jordán (caps. 33—36).

El libro de *Números* pone de relieve una vez más la figura y la obra de Moisés. Aquel que en *Éxodo* se había manifestado sobre todo como *libertador* de Israel, asume ahora la misión de organizar al pueblo y de conducirlo hacia la Tierra prometida.

En contraposición con la figura del gran legislador, la conducta del pueblo aparece descrita con rasgos más bien negativos. La larga y penosa travesía está llena de protestas y rebeldías, que no cesan de provocar la ira del Señor y de atraer sobre el pueblo las mayores desgracias (cf., por ejemplo, cap. 14).

Sin embargo, las constantes infidelidades no impiden que el Señor siga manifestando a Israel su misericordia y su perdón. Y aquí se destaca nuevamente la acción de Moisés. Como mediador entre Dios y el pueblo elegido, él intercede una y otra vez en favor de los culpables y obtiene para ellos el perdón del Señor (11.2; 12.13; 14.13–19; 21.7).

La obra se divide en tres secciones correspondientes a tres regiones y a otros tantos periodos:

1. Los diecinueve días en el Sinaí (1.1—10.10)
2. Los treinta y ocho años de marcha y la permanencia en el desierto de Cadés (10.11—21.35)
3. Los once meses en las llanuras de Moab, al nordeste del Mar Muerto (22—36)

Censo de Israel en el Sinaí

1 ¹ El día primero del segundo mes del segundo año, cuando hacía poco más de un año que los israelitas habían salido de Egipto, el Señor se dirigió a Moisés en el desierto de Sinaí, en la tienda del encuentro con Dios, y le dijo:

² "Hagan un censo de todos los israelitas, por clanes y familias, para saber el nombre y número exacto de todos los hombres ³ de veinte años para arriba, aptos para la guerra. Regístrenlos según el orden militar, con la ayuda de Aarón ⁴ y de un jefe de familia por cada tribu. ⁵ Estos son los nombres de los jefes que deberán ayudarles:

"Por la tribu de Rubén: Elisur, hijo de Sedeúr.

⁶ "Por la de Simeón: Selumiel, hijo de Surisadai.

⁷ "Por la de Judá: Nahasón, hijo de Aminadab.

⁸ "Por la de Isacar: Natanael, hijo de Suar.

⁹ "Por la de Zabulón: Eliab, hijo de Helón.

¹⁰ "Por las tribus de los hijos de José: Elisamá, hijo de Amihud, por la de Efraín; y Gamaliel, hijo de Pedasur, por la de Manasés.

11 "Por la tribu de Benjamín: Abidán, hijo de Guidoní.

12 "Por la de Dan: Ahiézer, hijo de Amisadai.

13 "Por la de Aser: Paguiel, hijo de Ocrán.

14 "Por la de Gad: Eliasaf, hijo de Reuel.ª

15 "Por la de Neftalí: Ahirá, hijo de Enán."

16 Estos fueron los jefes de tribu escogidos de entre la comunidad israelita para representar a sus propios clanes. 17-18 El día primero del segundo mes del año, Moisés y Aarón reunieron a estos hombres expresamente designados por Dios, lo mismo que a todo el pueblo, e hicieron el censo de todos los israelitas, anotando en orden de clanes y familias el nombre de cada uno de ellos y el número total de hombres de veinte años para arriba, 19 tal como el Señor se lo había ordenado a Moisés. Este censo se hizo en el desierto de Sinaí.

20-21 Una vez hecho el censo por tribus, clanes y familias, y anotados ya el nombre de cada uno y el número total de hombres mayores de veinte años, el resultado fue el siguiente:

De la tribu de Rubén, el hijo mayor de Israel, se contaron cuarenta y seis mil quinientos hombres aptos para la guerra.

22-23 De la tribu de Simeón se contaron cincuenta y nueve mil trescientos.ᵇ

24-25 De la tribu de Gad se contaron cuarenta y cinco mil seiscientos cincuenta.

26-27 De la tribu de Judá se contaron setenta y cuatro mil seiscientos.

28-29 De la tribu de Isacar se contaron cincuenta y cuatro mil cuatrocientos.

30-31 De la tribu de Zabulón se contaron cincuenta y siete mil cuatrocientos.

32-35 De los descendientes de José se contaron cuarenta mil quinientos de la tribu de Efraín y treinta y dos mil doscientos de la tribu de Manasés.

36-37 De la tribu de Benjamín se contaron treinta y cinco mil cuatrocientos.

38-39 De la tribu de Dan se contaron sesenta y dos mil setecientos.

40-41 De la tribu de Aser se contaron cuarenta y un mil quinientos.

42-43 De la tribu de Neftalí se contaron cincuenta y tres mil cuatrocientos.

44 Este fue el resultado del censo que hicieron Moisés, Aarón y los doce jefes israelitas que representaban a sus respectivas tribusᶜ y familias: 45 los israelitas de veinte años para arriba, aptos para la guerra, 46 fueron seiscientos tres mil quinientos cincuenta en total.

Nombramiento de los levitas

47 Los levitas no fueron contados entre las tribus de sus antepasados, 48 porque el Señor le había dicho a Moisés: 49 "Cuando hagas el censo de los israelitas, no cuentes entre ellos a la tribu de Leví. 50 A los levitas deberás ponerlos a cargo del servicio del santuario de la alianza,ᵈ de todos sus utensilios y de todo lo que corresponde al santuario. Ellos se ocuparán de transportar el santuario y sus utensilios, y de todo lo relacionado con su servicio. También deberán acampar alrededor del santuario, 51 y cuando haya que transportarlo, ellos serán quienes lo desarmen y quienes lo instalen de nuevo cuando tengan que acampar. Toda persona ajena que se acerque al santuario, será condenada a muerte. 52 Los demás israelitas acamparán a la manera militar, cada uno en su propio campamento y bajo su propia bandera. 53 Los levitas, por su parte, acamparán alrededor del santuario de la alianza, y cuidarán de él, para que el Señor no se enoje contra los israelitas." 54 Los israelitas lo hicieron todo tal como el Señor se lo había ordenado a Moisés.

Orden del campamento

2 ¹ El Señor se dirigió a Moisés y Aarón, y les dijo:

2 "Los israelitas deberán acampar a cierta distancia alrededor de la tienda del encuentro, cada uno bajo su propia bandera y con los distintivos de su propia familia.

3 "Al este acamparán los ejércitos que marchan bajo la bandera de Judá. El ejército de la tribu de Judá tiene como jefe a Nahasón, hijo de Aminadab, 4 y según el censo se compone de setenta y cuatro mil seiscientos hombres. 5 Junto a ellos acampará el ejército de la tribu de Isacar, que tiene como jefe a Natanael, hijo

---

ª **1.14** *Reuel:* según Nm 2.14 y la versión griega (LXX); heb. *Deuel* (cf. Nm 7.42; 10.20). ᵇ **1.22–43** Para cada tribu (vv. 22–43) el texto hebreo repite la fórmula empleada en los vv. 20–21. En la presente versión se ha evitado esa repetición, con el objeto de facilitar la lectura. ᶜ **1.44** *Sus respectivas tribus:* según la versión griega (LXX). En el texto hebreo no aparece esta frase. ᵈ **1.50** *Santuario de la alianza:* es decir, la tienda del encuentro con Dios (Ex 26; 27.21).

de Suar, **6**y que según el censo se compone de cincuenta y cuatro mil cuatrocientos hombres. **7**También acampará con ellos el ejército de la tribu de Zabulón, que tiene como jefe a Eliab, hijo de Helón, **8**y que según el censo se compone de cincuenta y siete mil cuatrocientos hombres. **9**De esta manera el campamento de Judá se compondrá de tres ejércitos, con un total de ciento ochenta y seis mil cuatrocientos hombres, que marcharán al frente de los israelitas.

10"Al sur acamparán los ejércitos que marchan bajo la bandera de Rubén. El ejército de la tribu de Rubén tiene como jefe a Elisur, hijo de Sedeúr, **11**y según el censo se compone de cuarenta y seis mil quinientos hombres. **12**Junto a ellos acampará el ejército de la tribu de Simeón, que tiene como jefe a Selumiel, hijo de Surisadai, **13**y que según el censo se compone de cincuenta y nueve mil trescientos hombres. **14**También acampará con ellos el ejército de la tribu de Gad, que tiene como jefe a Eliasaf, hijo de Reuel, **15**y que según el censo se compone de cuarenta y cinco mil seiscientos cincuenta hombres. **16**De esta manera el campamento de Rubén se compondrá de tres ejércitos, con un total de ciento cincuenta y un mil cuatrocientos cincuenta hombres, que marcharán en segundo lugar.

17"Los levitas marcharán en seguida, entre los cuatro campamentos, llevando con ellos la tienda del encuentro. Los cuatro campamentos marcharán uno tras otro, en el orden en que hayan acampado y bajo su propia bandera.

18"Al oeste acamparán los ejércitos que marchan bajo la bandera de Efraín. El ejército de la tribu de Efraín tiene como jefe a Elisamá, hijo de Amihud, **19**y según el censo se compone de cuarenta mil quinientos hombres. **20**Junto a ellos acampará el ejército de la tribu de Manasés, que tiene como jefe a Gamaliel, hijo de Pedasur, **21**y que según el censo se compone de treinta y dos mil doscientos hombres. **22**También acampará con ellos el ejército de la tribu de Benjamín, que tiene como jefe a Abidán, hijo de Guidoní, **23**y que según el censo se compone de treinta y cinco mil cuatrocientos hombres. **24**De esta manera el campamento de Efraín se compondrá de tres ejércitos, con un total de ciento ocho mil cien hombres, que marcharán en tercer lugar.

25"Al norte acamparán los ejércitos que marchan bajo la bandera de Dan. El ejército de la tribu de Dan tiene como jefe a Ahiézer, hijo de Amisadai, **26**y según el censo se compone de sesenta y dos mil setecientos hombres. **27**Junto a ellos acampará el ejército de la tribu de Aser, que tiene como jefe a Paguiel, hijo de Ocrán, **28**y que según el censo se compone de cuarenta y un mil quinientos hombres. **29**También acampará con ellos el ejército de la tribu de Neftalí, que tiene como jefe a Ahirá, hijo de Enán, **30**y que según el censo se compone de cincuenta y tres mil cuatrocientos hombres. **31**De esta manera el campamento de Dan se compondrá de tres ejércitos, con un total de ciento cincuenta y siete mil seiscientos hombres, que cerrarán la marcha tras su bandera."

32El censo de las familias israelitas dio como resultado un ejército de seiscientos tres mil quinientos cincuenta hombres. **33**Pero, tal como el Señor se lo había ordenado a Moisés, los levitas no fueron contados en el censo.

34Los israelitas lo hicieron todo tal como el Señor se lo había ordenado a Moisés: cada cual acampó bajo su propia bandera y marchó con su propio clan y su propia familia.

Deberes de los levitas

3 **1**Por el tiempo en que el Señor habló a Moisés en el monte Sinaí, los descendientes de Aarón y de Moisés eran estos: **2**Los hijos de Aarón: Nadab, que era el mayor, Abihú, Eleazar e Itamar. **3**Los cuatro fueron consagrados y ordenados para oficiar como sacerdotes, **4**pero Nadab y Abihú murieron delante del Señor porque en el desierto de Sinaí le ofrecieron un fuego extraño.[a] Ellos no tuvieron hijos. Entonces Eleazar e Itamar ejercieron el sacerdocio bajo la vigilancia de Aarón, su padre.

5El Señor se dirigió a Moisés y le dijo:

6"Llama a los de la tribu de Leví, para que se pongan a las órdenes del sacerdote Aarón y le sirvan. **7**Estarán al servicio de Aarón y de todo el pueblo, ante la tienda del encuentro, y se encargarán del servicio del santuario. **8**Cuidarán también de los utensilios de la tienda del encuentro, y estarán al servicio de los israelitas en todos los oficios del santuario. **9**Aparta a los levitas de los demás israelitas, para que se dediquen especialmente a servir a Aarón y a sus

---

[a] **3.4** Lv 10.1–2.

descendientes, 10y deja en manos de Aarón y sus descendientes las funciones del sacerdocio. Si alguien oficia como sacerdote sin serlo, será condenado a muerte."

Los levitas, propiedad del Señor

11 El Señor se dirigió a Moisés y le dijo:

12 "De entre los israelitas he escogido a los levitas, a cambio del primer hijo de cada familia. Ellos me pertenecen, 13porque a mí me pertenece todo primer hijo. Cuando hice morir a todos los hijos mayores de los egipcios, reservé para mí los hijos mayores de los israelitas y las primeras crías de sus animales.*b* Por lo tanto, me pertenecen. Yo soy el Señor."

Censo de los levitas

14 El Señor se dirigió a Moisés en el desierto de Sinaí, y le dijo: 15 "Haz un censo de los levitas por orden de familias y clanes, y registra a todos los levitas varones de un mes de edad para arriba." 16Y Moisés hizo el censo, tal como el Señor se lo había ordenado.

17 Los hijos de Leví fueron Guersón, Quehat y Merarí.

18 Los descendientes de Guersón, por orden de clanes, fueron Libní y Simí.

19 Los descendientes de Quehat, por orden de clanes, fueron Amram, Ishar, Hebrón y Uziel.

20 Los descendientes de Merarí, por orden de clanes, fueron Mahli y Musí.

Todos estos fueron los clanes de Leví por orden de familias.

21 Los clanes de Guersón eran los de Libní y Simí. 22 El total de sus varones registrados de un mes de edad para arriba, fue de siete mil quinientos. 23 Estos clanes acampaban al oeste, detrás del santuario. 24 El jefe de las familias descendientes de Guersón era Eliasaf, el hijo de Lael. 25 En la tienda del encuentro ellos se encargaban del cuidado del santuario, de la tienda, de su cubierta de pieles, de la cortina que está a la entrada de la tienda, 26de las cortinas del patio, de la cortina que está a la entrada del patio que rodea el santuario y el altar, y de las cuerdas correspondientes.

27 Los clanes de Quehat eran los de Amram, Ishar, Hebrón y Uziel, 28y el total de varones registrados de un mes de edad para arriba, fue de ocho mil trescientos.*c* Estos clanes estaban al cuidado del santuario 29y acampaban al lado sur del santuario. 30 El jefe de estos clanes era Elisafán, hijo de Uziel. 31 Estos clanes tenían bajo su cuidado el arca de la alianza, la mesa, el candelabro, los altares, los objetos sagrados necesarios para el servicio religioso, el velo y todos los utensilios correspondientes.

32 El jefe principal de los levitas era Eleazar, hijo del sacerdote Aarón, y estaba encargado de vigilar a los que cuidaban el santuario.

33 Los clanes de Merarí eran los de Mahli y Musí. 34 El total de sus varones registrados de un mes de edad para arriba, fue de seis mil doscientos. 35 Su jefe era Suriel, hijo de Abihail, y acampaban al lado norte del santuario. 36 Los descendientes de Merarí tenían bajo su cuidado las tablas del santuario, con sus travesaños, sus postes, sus bases y todos sus utensilios, 37lo mismo que los postes que rodeaban el patio, con sus bases, sus estacas y sus cuerdas.

38 Por el lado oriental, frente al santuario y delante de la tienda del encuentro, acampaban Moisés y Aarón y los hijos de Aarón, los cuales cuidaban el santuario en nombre de los demás israelitas. Si alguien oficiaba como sacerdote sin serlo, era condenado a muerte.

39 Cuando Moisés y Aarón hicieron el censo de los levitas por orden de clanes, tal como el Señor se lo había ordenado, resultó que los varones de un mes de edad para arriba eran veintidós mil en total.

Rescate de los hijos mayores

40 El Señor dijo a Moisés:

"Haz un censo de los hijos mayores de los israelitas, de un mes de edad para arriba, y registra sus nombres. 41 Luego, a cambio de los hijos mayores de los israelitas, resérvame a los levitas. Yo soy el Señor. De la misma manera, a cambio de las primeras crías del ganado de los israelitas, resérvame el ganado de los levitas."

42 Moisés hizo el censo de los hijos mayores de los israelitas, tal como el Señor se lo había ordenado, 43y todos los varones registrados de un mes de edad para arriba fueron veintidós mil doscientos setenta y tres.

---

b **3.13** Ex 13.2,11–16. *c* **3.28** *Ocho mil trescientos:* según la versión griega (LXX) (nótese el total en v. 39). Heb. *ocho mil seiscientos.*

44Y el Señor se dirigió a Moisés y le dijo:

45"Toma a los levitas a cambio de los hijos mayores de los israelitas, y el ganado de los levitas a cambio del ganado de los israelitas, pues los levitas me pertenecen. Yo soy el Señor. **46**Pero los hijos mayores de los israelitas son más numerosos que los levitas; así que, para rescatar a esos doscientos setenta y tres hijos mayores que hay de más, **47**pide una contribución de cinco monedas de plata por persona, según el peso oficial del santuario, que es la moneda de plata de once gramos, **48**y entrega ese dinero a Aarón y a sus hijos como rescate por ellos."

49Moisés recogió el dinero del rescate por los hijos mayores israelitas que había de más, **50**y recogió mil trescientas sesenta y cinco monedas de plata, conforme al peso oficial del santuario. **51**Después entregó este dinero a Aarón y a sus hijos, tal como el Señor se lo había ordenado.

Oficios de los levitas

4 **1**El Señor se dirigió a Moisés y Aarón, y les dijo:

2"Haz un censo, por orden de clanes y familias, de los levitas descendientes de Quehat **3**que estén entre los treinta y los cincuenta años de edad, y que sean aptos para el servicio de la tienda del encuentro.

4"El trabajo de los descendientes de Quehat es muy sagrado, y consiste en lo siguiente: **5**Cuando el pueblo tenga que ponerse en camino, Aarón y sus hijos quitarán el velo que está a la entrada del Lugar Santísimo y con él cubrirán el arca de la alianza. **6**Encima le pondrán una cubierta de pieles finas, y sobre eso extenderán una tela morada de una sola pieza, y le pondrán los palos para transportarlo. **7**Extenderán también una tela morada sobre la mesa de la Presencia, y sobre ella colocarán los platos, los cucharones, las copas y las jarras para las ofrendas de vino, lo mismo que el pan que se ofrece continuamente. **8**Encima de todo eso extenderán una tela roja, y lo cubrirán con una cubierta de pieles finas, y le pondrán los palos para transportarlo. **9**Luego tomarán una tela morada y cubrirán con ella el candelabro, las lámparas, las tenazas, los platillos y todos los vasos que se utilizan para el aceite. **10**Todo eso lo envolverán con una cubierta de pieles finas y lo pondrán sobre unos palos para transportarlo.

11"También extenderán una tela morada sobre el altar de oro, lo envolverán con una cubierta de pieles finas y le pondrán palos para transportarlo. **12**Luego recogerán los utensilios usados en el servicio del santuario y los pondrán en una tela morada, los envolverán en una cubierta de pieles finas y los llevarán también sobre unos palos. **13**Deben limpiar de grasa y ceniza el altar, y cubrirlo después con una tela de púrpura. **14**Encima pondrán todo lo que se usa para los oficios religiosos en el altar: los braseros, los tenedores, las palas, los tazones; en fin, todos los utensilios del altar. A todo eso le pondrán una cubierta de pieles finas y los palos para transportarlo. **15**Cuando Aarón y sus hijos hayan terminado de envolver todos los objetos sagrados, y estén ya listos para ponerse en camino, podrán venir los descendientes de Quehat para transportar todas estas cosas. Pero no deben tocar nada sagrado con las manos, para que no mueran. Todas estas cosas de la tienda del encuentro son las que deben transportar los descendientes de Quehat. **16**Eleazar, hijo del sacerdote Aarón, deberá encargarse del aceite para las lámparas, del incienso perfumado, de los cereales para las ofrendas que siempre me deben ofrecer, y del aceite de consagrar. También tendrá que cuidar del santuario y de todo lo que hay en él, lo mismo que de los objetos sagrados correspondientes."

17El Señor se dirigió a Moisés y Aarón, y les dijo:

18"No permitan que los clanes de Quehat desaparezcan de entre los levitas. **19**Para que ellos no sean castigados con la muerte por tocar las cosas sagradas, deberán hacer lo siguiente: Aarón y sus hijos se encargarán de decir a cada uno de ellos lo que ha de hacer y lo que le toca llevar. **20**Así ellos no tendrán que entrar en ningún momento a ver las cosas sagradas, y tampoco morirán."

21El Señor se dirigió a Moisés y le dijo:

22"Haz también un censo, por orden de clanes y familias, de los descendientes de Guersón **23**que estén entre los treinta y los cincuenta años de edad, y que sean aptos para el servicio de la tienda del encuentro.

24"El trabajo de los descendientes de Guersón será el siguiente: **25**Deberán transportar las cortinas del santuario, la tienda del encuentro, la cubierta de pieles finas que se le pone encima, la cortina de la entrada a la tienda del encuentro, **26**las cortinas del patio, la cortina para la entrada del patio que rodea el santuario y el altar, las cuerdas correspondientes y todos los utensilios que necesitan para su oficio y para su trabajo. 27Aarón y sus hijos dirigirán a los descendientes de Guersón en los trabajos que han de hacer y en las cosas que han de transportar. Ustedes los harán responsables de lo que ellos hayan de hacer. 28Este es el servicio que los clanes de los descendientes de Guersón han de prestar en la tienda del encuentro, bajo la dirección de Itamar, hijo del sacerdote Aarón.

29"Haz también un censo de los descendientes de Merarí, por orden de clanes y familias. 30Registra a todos los que tengan entre treinta y cincuenta años de edad, es decir, que sean aptos para el servicio de la tienda del encuentro. 31Su trabajo en relación con la tienda del encuentro será el de transportar las tablas del santuario, los travesaños, los postes, las bases, 32los postes del patio que rodea el santuario, con sus bases, estacas y cuerdas y todo lo que necesitan para su trabajo. Tú deberás decirle a cada uno exactamente qué cosas ha de transportar. 33Este es el trabajo, en relación con la tienda del encuentro, que estará a cargo de los clanes descendientes de Merarí y que se hará bajo la dirección de Itamar, hijo del sacerdote Aarón."

34Moisés, Aarón y los jefes del pueblo hicieron el censo, por orden de clanes y familias, de los descendientes de Quehat 35que estaban entre los treinta y los cincuenta años de edad, y que eran aptos para el servicio de la tienda del encuentro, 36y los hombres registrados fueron dos mil setecientos cincuenta en total. 37Este fue el número de los descendientes de Quehat que podían prestar servicio en la tienda del encuentro, según el censo que hicieron Moisés y Aarón y conforme a la orden que el Señor había dado a Moisés.

38Los descendientes de Guersón, por orden de clanes y familias, 39que estaban entre los treinta y los cincuenta años de edad y que eran aptos para el servicio de la tienda del encuentro, 40fueron dos mil seiscientos treinta. 41Este fue el número de los descendientes de Guersón que podían prestar servicio en la tienda del encuentro, según el censo que hicieron Moisés y Aarón por orden del Señor.

42Los descendientes de Merarí, por orden de clanes y familias, 43que estaban entre los treinta y los cincuenta años de edad y que eran aptos para el servicio de la tienda del encuentro,

44fueron tres mil doscientos. 45Este fue el número de los descendientes de Merarí que podían prestar servicio en la tienda del encuentro, según el censo que hicieron Moisés y Aarón y conforme a la orden que el Señor había dado a Moisés.

46El número total de levitas contados por Moisés, Aarón y los jefes de Israel, por orden de clanes y familias, 47que estaban entre los treinta y los cincuenta años de edad y que eran aptos para el servicio de la tienda del encuentro, 48fue de ocho mil quinientos ochenta. 49Este censo se hizo según la orden que el Señor había dado a Moisés, y a cada uno se le dijo lo que tenía que hacer y lo que le tocaba llevar, tal como el Señor se lo había ordenado a Moisés.

Orden de expulsar a los ritualmente impuros

5 1El Señor se dirigió a Moisés y le dijo: 2"Ordena a los israelitas que saquen fuera del campamento a todas las personas que tengan lepra,ᵃ o que sufran de flujo, o que hayan quedado impuras por tocar un cadáver. 3Que los saquen fuera del campamento, sean hombres o mujeres. Así no harán impuro el campamento, donde yo vivo en medio de ellos."

4Los israelitas obedecieron la orden que el Señor dio a Moisés y sacaron fuera del campamento a aquellas personas.

Ley sobre daños y perjuicios

5El Señor se dirigió a Moisés y le dijo: 6"Di a los israelitas lo siguiente: Cuando un hombre o una mujer es infiel al Señor y causa algún perjuicio a otra persona, comete un pecado 7y deberá reconocerlo. Además deberá dar a la persona perjudicada, como compensación, el equivalente al daño causado más una quinta parte. 8Si la persona perjudicada ya ha muerto y no hay ningún pariente cercano a quien darle la compensación, esta será para el Señor y en beneficio del sacerdote, además del carnero que el sacerdote deberá ofrecer para obtener el perdón por el pecado de esa persona. 9"Toda contribución y ofrenda que los israelitas consagren al Señor, y que lleven ante el sacerdote, será para el sacerdote. 10Todo lo que se consagre al Señor y se lleve al sacerdote, será para el sacerdote."

ᵃ **5.2** *Lepra:* Con este nombre se designaban diversas enfermedades de la piel.

Ley en caso de celos

11 El Señor se dirigió a Moisés y le dijo:

12 "Di a los israelitas lo siguiente: Puede darse el caso de que una mujer sea infiel a su marido 13 y tenga relaciones con otro hombre sin que su marido lo sepa, y que, aunque ella cometa este acto que la hace impura, no haya pruebas de ello y la cosa quede oculta por no haber sido ella sorprendida en el acto mismo. 14 En ese caso, puede ser que el marido se ponga celoso por causa de su mujer. Pero también puede darse el caso de que el marido se ponga celoso aun cuando su mujer sea inocente. 15 En ambos casos, el marido llevará a su mujer ante el sacerdote, y presentará como ofrenda por ella dos kilos de harina de cebada. Pero no derramará aceite ni incienso sobre la harina, pues es una ofrenda por causa de celos, una ofrenda para poner al descubierto un pecado.

16 "El sacerdote hará que la mujer se acerque, y la presentará al Señor. 17 Luego tomará un poco de agua sagrada en una vasija de barro y mezclará con ella un poco de polvo del suelo del santuario. 18 Hará así mismo que la mujer se coloque delante del Señor, le soltará el pelo[b] y le pondrá en las manos la ofrenda por causa de celos para poner al descubierto un pecado; él, por su parte, tomará en sus manos el agua amarga que trae maldición. 19 Entonces le tomará juramento a la mujer, y le dirá: 'Si no has tenido relaciones con otro hombre ni le has sido infiel a tu marido, ni has cometido con otro hombre un acto que te haga impura, que no te pase nada al beber esta agua amarga que trae maldición. 20 Pero si le has sido infiel a tu marido, si has tenido relaciones con otro hombre y has cometido así un acto que te hace impura, 21 que el Señor te convierta en ejemplo de maldición ante el pueblo, y haga que tu vientre se te hinche y que tu criatura se malogre.[c] 22 Ese castigo te vendrá al beber esta agua que trae maldición.' Y la mujer responderá: 'Amén.'

23 "Entonces el sacerdote pondrá esta maldición por escrito y la borrará con el agua amarga. 24 Después hará que la mujer beba esa agua, para que le provoque amargura dentro de sí, 25 y recibirá de manos de ella la ofrenda por causa de celos para presentarla ante el Señor; luego colocará la ofrenda sobre el altar, 26 y en seguida tomará un puñado de la ofrenda de cereales y lo quemará en el altar como ofrenda de recordación.

"Después que el sacerdote haya hecho beber a la mujer el agua amarga, 27 si ella ha sido infiel a su marido, esta agua que trae maldición provocará amargura dentro de ella, y hará que el vientre se le hinche y que la criatura se malogre, y la mujer se convertirá en ejemplo de maldición entre su pueblo. 28 Pero si la mujer es inocente, no le pasará nada y podrá tener hijos.

29 "Esta es la ley para los casos en que una mujer le sea infiel a su marido y él se ponga celoso, 30 o en los que simplemente se ponga celoso el marido por causa de su mujer. El marido deberá presentar a su mujer ante el Señor, y el sacerdote hará con ella lo que manda esta ley. 31 El marido no será considerado culpable, pero si la mujer es culpable, ella sufrirá su castigo."

Normas para los nazareos

6 1 El Señor se dirigió a Moisés y le dijo:

2 "Di a los israelitas lo siguiente: Si un hombre o una mujer hace la promesa de consagrarse al Señor como nazareo,[a] 3 no podrá beber vino ni ninguna bebida fermentada, ni vinagre hecho de vino o de bebidas fermentadas, ni jugo de uva; tampoco podrá comer uvas ni pasas. 4 Mientras dure su promesa no podrá comer nada de lo que produce la vid, sea lo que sea. 5 Tampoco podrá cortarse el cabello, sino que se lo dejará crecer hasta que termine el plazo fijado a su promesa, pues debe mantenerse consagrado al Señor. 6 Durante ese tiempo tampoco podrá acercarse a un cadáver, 7 ni siquiera en el caso de que muera su padre, su madre, o algún hermano o hermana, para no quedar impuro, pues está obligado a mantenerse consagrado al Señor. 8 Todo el tiempo que dure su promesa, estará consagrado al Señor.

---

b 5.18 Le soltará el pelo: probablemente en señal de penitencia y de duelo. c 5.21 Que tu criatura se malogre: traducción probable; lit. que se te caiga la cadera; el hebreo es oscuro. Así también en v. 27. Quizá signifique que la mujer se volvería estéril. a 6.2 Nazareo: del heb. nazir, que significa puesto aparte y consagrado (al Señor). El nazareo era una persona que se consagraba al servicio de Dios y exteriormente se distinguía de los demás porque no se cortaba el cabello y no bebía vino ni otras bebidas alcohólicas.

9 "Si alguien muere de repente junto a él y le vuelve así impuro el pelo, que él tenía consagrado al Señor, deberá raparse la cabeza siete días más tarde, es decir, el día señalado para su purificación. 10 El octavo día llevará al sacerdote dos tórtolas o dos pichones de paloma, a la entrada de la tienda del encuentro. 11 El sacerdote ofrecerá uno de ellos como sacrificio por el pecado y el otro como holocausto, y celebrará el rito para obtener el perdón por el pecado cometido al tocar el cadáver. Ese día volverá a consagrar su pelo al Señor, 12 y comenzará un nuevo periodo de consagración al Señor. El tiempo anterior no se tomará en cuenta, porque el pelo que había consagrado quedó impuro. También deberá llevar al Señor un cordero de un año como sacrificio por la culpa.

13 "Cuando termine el plazo de su consagración, el nazareo deberá ir a la entrada de la tienda del encuentro 14 y ofrecer al Señor un cordero de un año y sin ningún defecto como holocausto, una oveja de un año y sin ningún defecto como sacrificio por el pecado, y un carnero sin ningún defecto como sacrificio de reconciliación. 15 También deberá ofrecer un canastillo de panes hechos de la mejor harina, sin levadura y amasados con aceite; hojuelas sin levadura rociadas con aceite, junto con sus correspondientes ofrendas de cereales y de vino. 16 El sacerdote ofrecerá ante el Señor el sacrificio por el pecado y el holocausto,*b* 17 y ofrecerá el carnero como sacrificio de reconciliación,*c* junto con el canastillo de panes sin levadura, y hará la ofrenda de cereales y de vino. 18 El nazareo se rapará la cabeza a la entrada de la tienda del encuentro, y tomará el pelo que había consagrado y lo echará al fuego que arde bajo el sacrificio de reconciliación. 19 El sacerdote tomará la espaldilla del carnero, ya cocida, un pan sin levadura del canastillo y una hojuela sin levadura, y lo pondrá todo en manos del nazareo, después que este se haya rapado la cabeza. 20 Entonces el sacerdote celebrará el rito de presentación ante el Señor. El pecho del animal con que se celebra el rito de presentación y el muslo que se da como contribución al Señor, son cosas sagradas y reservadas al sacerdote. Después de esto, el nazareo podrá beber vino.

21 "Esta es la ley para el que hace la promesa de consagrarse al Señor como nazareo, y estas son las ofrendas que le debe presentar, sin contar cualquier otra cosa que esté en capacidad de ofrecer. Deberá cumplir lo prometido, de acuerdo con lo establecido para estos casos."

La bendición sacerdotal

22 El Señor se dirigió a Moisés y le dijo: 23 "Diles a Aarón y a sus hijos que cuando bendigan a los israelitas lo hagan de esta manera:

24 'Que el Señor te bendiga y te proteja;
25 que el Señor te mire con agrado
   y te muestre su bondad;
26 que el Señor te mire con amor
   y te conceda la paz.'

27 "Así ellos pronunciarán mi nombre sobre los israelitas, y yo los bendeciré."

Ofrendas para la consagración del santuario

7 1 El día en que Moisés terminó de construir el santuario, lo consagró con aceite, junto con todos los utensilios del santuario y los del altar. 2 Luego los jefes de las tribus, los que habían ayudado a hacer el censo, fueron 3 y presentaron al Señor como ofrenda seis carretas cubiertas y doce bueyes, es decir, una carreta por cada dos jefes y un buey por cada uno. Todo esto lo pusieron delante del santuario.

4 Entonces el Señor dijo a Moisés: 5 "Recíbeles las carretas y los bueyes, y dáselos a los levitas para que los usen en los trabajos relacionados con la tienda del encuentro, según el trabajo que cada uno deba realizar."

6 Moisés recibió las carretas y los bueyes, y los repartió entre los levitas. 7 A los descendientes de Guersón les dio dos carretas y cuatro bueyes, que era lo que necesitaban para sus trabajos. 8 A los descendientes de Merarí les dio cuatro carretas y ocho bueyes, que era lo que necesitaban para hacer su trabajo bajo la dirección de Itamar, hijo del sacerdote Aarón. 9 En cambio, a los descendientes de Quehat no les dio carretas ni bueyes, porque las cosas sagradas que ellos tenían que transportar debían llevarlas en hombros.

10 Cuando se consagró el altar, los jefes de las tribus llevaron sus ofrendas y las pusieron

---

b **6.16** Véase Lv 1.3 n.   *c* **6.17** Véase Lv 3.1 n.

delante del altar. 11 Entonces el Señor dijo a Moisés: "Cada día será un jefe de tribu distinto el que lleve su ofrenda para la consagración del altar."

12 El primer día llevó su ofrenda Nahasón, hijo de Aminadab, de la tribu de Judá. 13 Su ofrenda consistía en una bandeja de plata que pesaba mil cuatrocientos treinta gramos y un tazón de plata que pesaba setecientos setenta gramos (según el peso oficial del santuario), ambos llenos de la mejor harina, amasada con aceite, para la ofrenda de cereales; 14 además, un cucharón de oro que pesaba ciento diez gramos, lleno de incienso, 15 un becerro, un carnero, un cordero de un año para ofrecerlo como holocausto, 16 un chivo para el sacrificio por el pecado, 17 y por último, para el sacrificio de reconciliación, dos toros, cinco carneros, cinco chivos y cinco corderos de un año. Esta fue la ofrenda de Nahasón, hijo de Aminadab.

18 El segundo día llevó su ofrenda Natanael, hijo de Suar, jefe de la tribu de Isacar, 19-23 y ofrendó lo mismo que Nahasón.[a]

24 El tercer día llevó su ofrenda Eliab, hijo de Helón, jefe de la tribu de Zabulón, 25-29 y ofrendó lo mismo que los anteriores.

30 El cuarto día llevó su ofrenda Elisur, hijo de Sedeúr, jefe de la tribu de Rubén, 31-35 y ofrendó lo mismo que los anteriores.

36 El quinto día llevó su ofrenda Selumiel, hijo de Surisadai, jefe de la tribu de Simeón, 37-41 y ofrendó lo mismo que los anteriores.

42 El sexto día llevó su ofrenda Eliasaf, hijo de Reuel,[b] jefe de la tribu de Gad, 43-47 y ofrendó lo mismo que los anteriores.

48 El séptimo día llevó su ofrenda Elisamá, hijo de Amihud, jefe de la tribu de Efraín, 49-53 y ofrendó lo mismo que los anteriores.

54 El octavo día llevó su ofrenda Gamaliel, hijo de Pedasur, jefe de la tribu de Manasés, 55-59 y ofrendó lo mismo que los anteriores.

60 El noveno día llevó su ofrenda Abidán, hijo de Guidoní, jefe de la tribu de Benjamín, 61-65 y ofrendó lo mismo que los anteriores.

66 El décimo día llevó su ofrenda Ahiézer, hijo de Amisadai, jefe de la tribu de Dan, 67-71 y ofrendó lo mismo que los anteriores.

72 El día once llevó su ofrenda Paguiel, hijo de Ocrán, jefe de la tribu de Aser, 73-77 y ofrendó lo mismo que los anteriores.

78 El día doce llevó su ofrenda Ahirá, hijo de Enán, jefe de la tribu de Neftalí 79-83 y ofrendó lo mismo que los anteriores.

84 Así pues, cuando se consagró el altar, los jefes de las tribus de Israel ofrecieron doce bandejas de plata, doce tazones de plata y doce cucharones de oro. 85 Cada bandeja de plata pesaba mil cuatrocientos treinta gramos, y cada tazón, setecientos setenta gramos. En total, la plata de todas las bandejas y de todos los tazones pesaba veintiséis mil cuatrocientos gramos, según el peso oficial del santuario. 86 Había también doce cucharones de oro llenos de incienso, que pesaban ciento diez gramos cada uno, según el peso oficial del santuario. El oro de todos los cucharones pesaba en total mil trescientos veinte gramos.

87 Los animales para el holocausto fueron en total doce becerros, doce carneros, doce corderos de un año, con sus correspondientes ofrendas de cereales, y doce chivos para el sacrificio por el pecado. 88 Los animales para el sacrificio de reconciliación fueron en total veinticuatro becerros, sesenta carneros, sesenta chivos y sesenta corderos de un año. Estas fueron las ofrendas para la dedicación del altar, después de su consagración.

89 Cuando Moisés entró en la tienda del encuentro para hablar con el Señor, escuchó que el Señor le hablaba desde encima de la tapa del arca de la alianza, de entre los dos seres alados.[c]

Instrucciones para encender las lámparas[a]

8 1 El Señor se dirigió a Moisés y le dijo: 2 "Dile a Aarón que, cuando acomode las lámparas, haga que su luz dé hacia el frente del candelabro." 3 Aarón cumplió lo que el Señor ordenó a Moisés, y acomodó las lámparas de modo que alumbraran hacia el frente del candelabro. 4 El candelabro estaba hecho de oro labrado a martillo, desde su base hasta la punta de sus pétalos. Moisés hizo el candelabro según el modelo que el Señor le había mostrado.

---

[a] **7.19-23** *Y ofrendó lo mismo que Nahasón:* Aquí y en los casos siguientes (vv. 24-83) el texto hebreo repite las mismas palabras que aparecen en los vv. 13-17. En esta versión se han suprimido dichas palabras con el objeto de facilitar la lectura. [b] **7.42** *Reuel:* Véase 1.14 n. [c] **7.89** Véase Ex 25.18 n. [a] **8.1-4** Aquí se completan las indicaciones de Ex 25.31-40; 37.17-24 relacionadas con el *candelabro.*

Consagración de los levitas

5 El Señor se dirigió a Moisés y le dijo:

6 "Aparta a los levitas de entre los demás israelitas, y purifícalos. 7 El rito para la purificación será el siguiente: Tú los rociarás con el agua de la purificación, y después ellos se afeitarán todo el cuerpo y lavarán su ropa; así quedarán puros. 8 Luego tomarán un becerro y un poco de la mejor harina, amasada con aceite, para hacer la ofrenda de cereales correspondiente, además de otro becerro para el sacrificio por el pecado. 9 Tú harás que los levitas se acerquen a la tienda del encuentro y que todos los israelitas se reúnan. 10 En seguida harás que los levitas se presenten delante de mí y que los israelitas les vayan poniendo las manos sobre la cabeza. 11 Aarón celebrará ante mí el rito de presentación de los levitas por parte de los israelitas, y así los levitas quedarán dedicados a mi servicio. 12 Después los levitas pondrán las manos sobre la cabeza de los becerros, y uno de los becerros será ofrecido como sacrificio por el pecado, y el otro como holocausto para purificar a los levitas. 13 Luego tú los colocarás ante Aarón y sus hijos, y celebrarás el rito de presentación para dedicármelos; 14 así apartarás a los levitas de entre los demás israelitas para que sean míos. 15 Después irán ellos a prestar su servicio en la tienda del encuentro. Deberás purificarlos y presentármelos como una ofrenda especial, 16 porque de entre todos los israelitas, ellos están dedicados a mí. Yo los he aceptado a cambio de todos los primeros hijos de los israelitas, 17 porque a mí me pertenecen todos los primeros hijos de los israelitas, así como las primeras crías de sus animales. Cuando hice morir a los hijos mayores de los egipcios, reservé para mí los hijos mayores de los israelitas. 18 Pero a cambio de ellos acepté a los levitas. 19 Yo escogí a los levitas de entre los demás israelitas, y se los entregué a Aarón y a sus hijos, para que, en nombre de los israelitas, se encarguen del servicio en la tienda del encuentro y obtengan el perdón del Señor para los israelitas. Así los israelitas no tendrán que acercarse al santuario, y no les pasará nada malo."

20 Moisés, Aarón y todo el pueblo de Israel cumplieron lo que el Señor ordenó a Moisés con respecto a los levitas. 21 Los levitas se purificaron y lavaron su ropa, y Aarón los presentó como ofrenda especial ante el Señor, celebrando el rito de purificación por ellos. 22 Después de todo esto, los levitas fueron a cumplir con sus deberes en la tienda del encuentro, bajo la vigilancia de Aarón y sus hijos. Tal como el Señor se lo ordenó a Moisés, así se hizo con los levitas.

Periodo de servicio de los levitas

23 El Señor se dirigió a Moisés y le dijo:

24 "Los levitas deben comenzar a prestar sus servicios en la tienda del encuentro a los veinticinco años de edad, 25 y retirarse de servicio a los cincuenta. 26 Después de esa edad podrán ayudar a sus compañeros en sus oficios en la tienda del encuentro, pero no prestar servicio regular. Así deberás organizar el servicio de los levitas."

Celebración de la Pascua[a]

9 1 Un año después de que los israelitas salieron de Egipto, en el primer mes del año, el Señor se dirigió a Moisés en el desierto de Sinaí, y le dijo:

2 "Los israelitas deben celebrar la fiesta de la Pascua en la fecha señalada, 3 es decir, el día catorce de este mes al atardecer, siguiendo al pie de la letra todas las instrucciones que he dado para su celebración."

4 Entonces Moisés ordenó a los israelitas que celebraran la Pascua, 5 y ellos lo hicieron así el día catorce de aquel mes, al atardecer, en el desierto de Sinaí, haciendo todo tal como el Señor se lo había ordenado a Moisés.

6 Pero había unos hombres que estaban impuros por haber tocado un cadáver,[b] y por eso no pudieron celebrar la Pascua aquel día. Estos fueron a ver a Moisés y a Aarón en el mismo día, 7 y le dijeron a Moisés:

—Nosotros hemos tocado un cadáver, y por lo tanto estamos impuros. ¿Acaso no se nos va a permitir presentar al Señor la ofrenda en la fecha señalada, junto con los demás israelitas?

8 Moisés les respondió:

—Esperen a que reciba yo instrucciones del Señor en cuanto a ustedes.

9 El Señor se dirigió a Moisés y le dijo:

"Di a los israelitas lo siguiente: 10 Todos ustedes y sus descendientes deben celebrar la

---

[a] **9.1–14** Acerca de la *Pascua*, véase Ex 12.11 n.   [b] **9.6** Lv 21.1–2.

Pascua en mi honor. Los que estén impuros por haber tocado un cadáver, o los que se encuentren lejos, de viaje, 11 la celebrarán el día catorce del mes segundo, al atardecer. Deben comer el cordero con hierbas amargas y pan sin levadura, 12 y no dejar nada para el día siguiente ni quebrarle ningún hueso. Celebren la Pascua siguiendo toda las instrucciones que he dado. 13 Pero el que deje de celebrar la Pascua a pesar de estar puro y no encontrarse de viaje, deberá ser eliminado de entre su gente. Y puesto que no presentó al Señor la ofrenda en la fecha señalada, recibirá el castigo por su pecado.

14 "Los extranjeros que vivan entre ustedes deberán celebrar la Pascua en mi honor conforme a todas las instrucciones que he dado. Las mismas normas valdrán tanto para los extranjeros como para los nacidos en el país."

La nube sobre la tienda de la alianza
(Ex 40.34–38)

15 El día en que instalaron el santuario, es decir, la tienda de la alianza, la nube lo cubrió. Y desde el atardecer aparecía sobre el santuario una especie de fuego que duraba hasta el amanecer. 16 Así sucedía siempre: de día, la nube cubría la tienda, y de noche se veía una especie de fuego. 17 Cuando la nube se levantaba de encima de la tienda, los israelitas se ponían en camino, y en el lugar donde la nube se detenía, allí acampaban. 18 Cuando el Señor lo ordenaba, los israelitas se ponían en camino o acampaban, y allí se quedaban todo el tiempo que la nube permanecía sobre el santuario. 19 Si la nube se quedaba sobre el santuario bastante tiempo, los israelitas detenían su marcha para ocuparse del servicio del Señor. 20 Si la nube se quedaba sobre el santuario solo unos cuantos días, a una orden del Señor se ponían en camino, y a otra orden suya se detenían. 21 A veces la nube se quedaba solo por la noche, y por la mañana se levantaba; entonces ellos se ponían en camino. Lo mismo de día que de noche, cuando la nube se levantaba, ellos se ponían en camino. 22 Y si la nube se detenía sobre el santuario un par de días, un mes o un año, los israelitas acampaban y no seguían adelante. Pero en cuanto la nube se levantaba, ellos seguían su viaje. 23 A una orden del Señor acampaban, y a otra orden suya se ponían en camino. Mientras tanto, se ocupaban del servicio del Señor, como él lo había ordenado por medio de Moisés.

Las trompetas de plata

10 1 El Señor se dirigió a Moisés y le dijo: 2 "Haz dos trompetas de plata labrada a martillo, las cuales te servirán para reunir a la gente y para dar la señal de partida. 3 Cuando se toquen las dos trompetas, todo el pueblo deberá reunirse ante ti, a la entrada de la tienda del encuentro con Dios. 4 Pero cuando se toque una sola, se reunirán solamente los principales jefes de tribu. 5 Cuando el toque de trompetas vaya acompañado de fuertes gritos, se pondrán en camino los que estén acampados en el lado este, 6 y al segundo toque se pondrán en camino los que estén acampados en el lado sur. El toque de trompetas acompañado de gritos será la señal de partida. 7 El simple toque de trompetas será la señal para que se reúna la gente. 8 Los encargados de tocar las trompetas serán los sacerdotes, los descendientes de Aarón. Esta será para ustedes una ley permanente.

9 "Cuando un enemigo los ataque en su propio territorio y ustedes tengan que salir a pelear, toquen las trompetas y lancen fuertes gritos. Así yo, el Señor su Dios, me acordaré de ustedes y los salvaré de sus enemigos. 10 Toquen también las trompetas en días alegres, como los días de fiesta o de luna nueva, cuando ofrecen holocaustos y sacrificios de reconciliación. Así yo me acordaré de ustedes. Yo soy el Señor su Dios."

Los israelitas parten del Sinaí

11 El día veinte del mes segundo del segundo año, se levantó la nube de encima del santuario de la alianza. 12 Los israelitas se pusieron en marcha, partiendo del desierto de Sinaí. La nube se detuvo en el desierto de Parán. 13 Tal como el Señor lo había ordenado por medio de Moisés, 14 en primer lugar iban los ejércitos que marchaban bajo la bandera de Judá, y que tenían como jefe a Nahasón, hijo de Aminadab. 15 Al frente del ejército de la tribu de Isacar estaba Natanael, hijo de Suar. 16 Al frente del ejército de la tribu de Zabulón estaba Eliab, hijo de Helón. 17 Entonces desarmaron el santuario, y los descendientes de Guersón y de Merarí, que eran los encargados de transportarlo, se pusieron en camino.

18 En seguida iban los ejércitos que marchaban bajo la bandera de Rubén, y que tenían como jefe a Elisur, hijo de Sedeúr. 19 Al frente del ejército de la tribu de Simeón estaba Selumiel, hijo de Surisadai. 20 Al frente del ejército

de la tribu de Gad estaba Eliasaf, hijo de Reuel.[a]
21 En seguida iban los descendientes de Quehat, que llevaban los utensilios sagrados. Cuando ellos llegaban, ya encontraban el santuario instalado.

22 Después seguían los ejércitos que marchaban bajo la bandera de Efraín, y que tenían como jefe a Elisamá, hijo de Amihud. 23 Al frente del ejército de la tribu de Manasés estaba Gamaliel, hijo de Pedasur. 24 Al frente del ejército de la tribu de Benjamín estaba Abidán, hijo de Guidoní.

25 Por último, detrás de los otros ejércitos, seguían los que marchaban bajo la bandera de Dan, y que tenían como jefe a Ahiézer, hijo de Amisadai. 26 Al frente del ejército de la tribu de Aser estaba Paguiel, hijo de Ocrán. 27 Al frente del ejército de la tribu de Neftalí estaba Ahirá, hijo de Enán.

28 Este era el orden que seguían los ejércitos israelitas cuando se ponían en camino.

Moisés invita a su cuñado a acompañarlos

29 Un día Moisés le dijo a su cuñado Hobab, hijo de Reuel el madianita:[b]

—Nosotros nos vamos al país que el Señor ha prometido darnos. Ven con nosotros y te trataremos bien, pues el Señor ha prometido tratar con bondad a Israel.

30 Pero Hobab le contestó:

—No, yo prefiero volver a mi tierra, donde están mis parientes.

31 —No te vayas —insistió Moisés—. Tú conoces bien los lugares donde se puede acampar en el desierto, y puedes servirnos de guía. 32 Si vienes con nosotros, compartiremos contigo todo lo bueno que el Señor nos conceda.

33 Así pues, se fueron del monte del Señor y caminaron durante tres días. El arca de la alianza del Señor iba delante de ellos, buscándoles un lugar donde descansar. 34 Durante el día, apenas se ponían en camino, la nube del Señor iba encima de ellos. 35 En cuanto el arca se ponía en marcha, Moisés decía:

"¡Levántate, Señor!
¡Que se dispersen tus enemigos!
¡Que al verte huyan los que te odian!"

36 Pero cuando el arca se detenía, decía Moisés:

"¡Vuelve ahora, Señor,
a los incontables ejércitos de Israel!"[c]

El Señor promete carne a los israelitas[a]

11 1 Un día los israelitas se pusieron a murmurar contra el Señor debido a las dificultades por las que estaban pasando. Al oírlos, el Señor se enojó mucho y les envió un fuego que incendió los alrededores del campamento. 2 El pueblo gritó pidiendo ayuda a Moisés, y Moisés rogó al Señor por ellos. Entonces el fuego se apagó. 3 Por eso aquel lugar se llamó Taberá,[b] porque allí el fuego del Señor ardió contra ellos.

4 Entre los israelitas se había mezclado gente de toda clase, que solo pensaba en comer. Y los israelitas, dejándose llevar por ellos, se pusieron a llorar y a decir: "¡Ojalá tuviéramos carne para comer! 5 ¡Cómo nos viene a la memoria el pescado que comíamos gratis en Egipto! Y también comíamos pepinos, melones, puerros, cebollas y ajos. 6 Pero ahora nos estamos muriendo de hambre, y no se ve otra cosa que maná."

7 (El maná era parecido a la semilla del cilantro; tenía un color amarillento, como el de la resina, 8 y sabía a tortas de harina con aceite. La gente salía a recogerlo, y luego lo molían o machacaban, y lo cocinaban o lo preparaban en forma de panes. 9 Por la noche, cuando caía el rocío sobre el campamento, caía también el maná.)

10 Moisés oyó que los israelitas y sus familiares lloraban a la entrada de sus tiendas. El Señor estaba muy enojado. Y Moisés también se disgustó, 11 y le dijo al Señor:

—¿Por qué me tratas mal a mí, que soy tu siervo? ¿Qué tienes contra mí, que me has hecho cargar con este pueblo? 12 ¿Acaso soy yo su padre o su madre para que me pidas que los lleve en brazos, como a niños de pecho, hasta el país que prometiste a sus antepasados? 13 ¿De dónde voy a sacar carne para dar de comer a toda esta gente? Vienen llorando a decirme: 'Danos carne para comer.' 14 Yo no puedo

---

[a] **10.20** *Reuel:* Véase 1.14 n. [b] **10.29** *Cuñado:* o *suegro;* el texto no es claro; además, al suegro de *Moisés* se le dan diferentes nombres (véase Ex 2.16 n.). [c] **10.36** *A los incontables ejércitos de Israel:* otra posible traducción: *tú que eres para Israel como un ejército incontable.* [a] **11.1–23** Ex 18.13–27. [b] **11.3** En hebreo, *Taberá* significa *quema* o *incendio.*

ya encargarme de llevar solo a todo este pueblo; es una carga demasiado pesada para mí. 15 Si vas a seguir tratándome así, mejor quítame la vida, si es que de veras me estimas. Así no tendré que verme en tantas dificultades.

16 Pero el Señor le contestó:

—Reúneme a setenta ancianos israelitas, de los que sepas que tienen autoridad entre el pueblo, y tráelos a la tienda del encuentro y que esperen allí contigo. 17 Yo bajaré y hablaré allí contigo, y tomaré una parte del espíritu que tú tienes y se la daré a ellos para que te ayuden a sobrellevar a este pueblo. Así no estarás solo. 18 Luego manda al pueblo que se purifique para mañana, y comerán carne. Ya los he oído llorar y decir: '¡Ojalá tuviéramos carne para comer! ¡Estábamos mejor en Egipto!' Pues bien, yo les voy a dar carne para que coman, 19 y no solo un día o dos, ni cinco o diez o veinte. No. 20 Comerán carne durante todo un mes, hasta que les salga por las narices y les dé asco, porque me han rechazado a mí, el Señor, que estoy en medio de ellos, y han llorado y han dicho ante mí: '¿Para qué salimos de Egipto?'

21 Entonces Moisés respondió:

—El pueblo que viene conmigo es de seiscientos mil hombres de a pie, ¿y dices que nos vas a dar a comer carne durante un mes entero? 22 ¿Dónde hay tantas ovejas y vacas que se puedan matar y que alcancen para todos? Aun si les diéramos todo el pescado del mar, no les alcanzaría.

23 Pero el Señor le contestó:

—¿Crees que es tan pequeño mi poder? Ahora vas a ver si se cumple o no lo que he dicho.

Setenta ancianos hablan como profetas

24 Moisés salió y contó al pueblo lo que el Señor le había dicho, y reunió a setenta ancianos israelitas y los colocó alrededor de la tienda. 25 Entonces el Señor bajó en la nube y habló con Moisés; luego tomó una parte del espíritu que Moisés tenía y se lo dio a los setenta ancianos. En cuanto el espíritu reposó sobre ellos, comenzaron a hablar como profetas; pero esto no volvió a repetirse.

26 Dos hombres, el uno llamado Eldad y el otro Medad, habían sido escogidos entre los setenta, pero no fueron a la tienda sino que se quedaron en el campamento. Sin embargo, también sobre ellos reposó el espíritu, y comenzaron a hablar como profetas en el campamento. 27 Entonces un muchacho fue corriendo a decirle a Moisés:

—¡Eldad y Medad están hablando como profetas en el campamento!

28 Entonces Josué, hijo de Nun, que desde joven era ayudante de Moisés, dijo:

—¡Señor mío, Moisés, prohíbeles que lo hagan!

29 Pero Moisés le contestó:

—¿Ya estás celoso por mí? ¡Ojalá el Señor le diera su espíritu a todo su pueblo, y todos fueran profetas!

30 Entonces Moisés y los ancianos de Israel volvieron al campamento.

El Señor envía codornices

31 El Señor hizo que soplara del mar un viento que trajo bandadas de codornices, las cuales cayeron en el campamento y sus alrededores, cubriendo una distancia de hasta un día de camino alrededor del campamento, y formando un tendido de casi un metro de altura.[c] 32 Todo ese día y toda la noche y todo el día siguiente la gente estuvo recogiendo codornices. El que menos recogió, recogió diez montones de codornices, que pusieron a secar en los alrededores del campamento. 33 Pero apenas estaban masticando los israelitas la carne de las codornices, cuando el Señor se enfureció contra ellos y los castigó, haciendo morir a mucha gente. 34 Por eso le pusieron a ese lugar el nombre de Quibrot–hataavá,[d] porque allí enterraron a los que solo pensaban en comer.

35 De Quibrot–hataavá siguió el pueblo su camino hasta Haserot, y allí se quedó.

María y Aarón critican a Moisés

12 1 María y Aarón empezaron a hablar mal de Moisés, porque este se había casado con una mujer etíope. 2 Además dijeron: "El Señor no ha hablado solamente con Moisés; también ha hablado con nosotros."[a] Y el Señor lo oyó.

3 En realidad, Moisés era el hombre más humilde del mundo. 4 Por eso el Señor les dijo a

---

c 11.31 *Formando un tendido de casi un metro de altura:* también puede traducirse *volando como a un metro de altura.*
d 11.34 En hebreo, *Quibrot–hataavá* significa *tumbas del apetito* (o *de la gula*). a 12.2 *Con Moisés . . . con nosotros:* también puede traducirse *por medio de Moisés . . . por medio de nosotros.* En Ex 15.20, María es llamada *profetisa.*

Moisés, Aarón y María: "Vayan ustedes tres a la tienda del encuentro."

Los tres fueron allá. 5 Entonces el Señor bajó en una espesa nube y se colocó a la entrada de la tienda; luego llamó a Aarón y a María, y cuando ellos se presentaron 6 el Señor les dijo: "Escuchen esto que les voy a decir: Cuando hay entre ustedes un profeta de mi parte, yo me comunico con él en visiones y le hablo en sueños; 7 pero con mi siervo Moisés no lo hago así. Él es el más fiel de todos mis siervos,*b* 8 y con él hablo cara a cara*c* y en un lenguaje claro. Y si él me ve cara a cara, ¿cómo se atreven ustedes a hablar mal de él?"

9 El Señor se enojó mucho con ellos, y se fue. 10 Y en cuanto la nube se alejó de la tienda, María se puso leprosa, con la piel toda blanca. Cuando Aarón se volvió para mirar a María, y vio que estaba leprosa, 11 le dijo a Moisés: "Por favor, mi señor, no nos castigues por este pecado que tontamente hemos cometido. 12 No permitas que ella quede como una criatura muerta antes de nacer, que sale con la piel medio deshecha."

13 Entonces Moisés suplicó al Señor: "Por favor, oh Dios, te ruego que la sanes."

14 Y el Señor le respondió: "Si su padre le escupiera en la cara, quedaría deshonrada durante siete días. Pues entonces, que la echen fuera del campamento*d* durante siete días, y después podrá volver."

15 Y así María fue echada fuera del campamento durante siete días. Mientras tanto, el pueblo no se movió de allí. 16 En cuanto María se reunió con ellos, se pusieron en camino desde Haserot, y acamparon en el desierto de Parán.

Moisés envía exploradores a Canaán
(Dt 1.19–25)

13 1 El Señor se dirigió a Moisés y le dijo: 2 "Envía unos hombres a que exploren la tierra de Canaán, que yo voy a dar a los israelitas. Envía de cada tribu a uno que sea hombre de autoridad."

3 Tal como el Señor se lo ordenó, Moisés los envió desde el desierto de Parán. Todos eran hombres de autoridad entre los israelitas, 4 y eran los siguientes: Samúa, hijo de Zacur, de la tribu de Rubén; 5 Safat, hijo de Horí, de la tribu de Simeón; 6 Caleb, hijo de Jefuné, de la tribu de Judá; 7 Igal, hijo de José, de la tribu de Isacar; 8 Oseas, hijo de Nun, de la tribu de Efraín; 9 Paltí, hijo de Rafú, de la tribu de Benjamín; 10 Gadiel, hijo de Sodí, de la tribu de Zabulón; 11 Gadí, hijo de Susí, de la tribu de José (es decir, la tribu de Manasés); 12 Amiel, hijo de Guemalí, de la tribu de Dan; 13 Setur, hijo de Micael, de la tribu de Aser; 14 Nahbí, hijo de Vapsí, de la tribu de Neftalí; 15 Gueuel, hijo de Maquí, de la tribu de Gad.

16 Estos son los nombres de los hombres que Moisés envió a explorar el país. A Oseas, hijo de Nun, le cambió el nombre y le puso Josué.

17 Moisés, pues, los envió a explorar la tierra de Canaán, y les dijo:

—Vayan por el Négueb y suban a la región montañosa. 18 Fíjense en cómo es el país, y en si la gente que vive en él es fuerte o débil, y en si son pocos o muchos. 19 Vean si sus ciudades están hechas de tiendas de campaña o si son fortificadas, y si la tierra en que viven es buena o mala, 20 fértil o estéril, y si tiene árboles o no. No tengan miedo; traigan algunos frutos de la región.

Esto sucedió en la época en que se recogen las primeras uvas. 21 Los hombres fueron y exploraron el país desde el desierto de Sin, en el sur, hasta Rehob, en el norte, junto a la entrada de Hamat. 22 Entraron por el Négueb y llegaron hasta Hebrón. Allí vivían Ahimán, Sesai y Talmai, descendientes de Anac. Hebrón fue construida siete años antes que Soan en Egipto. 23 Llegaron hasta el arroyo de Escol, cortaron allí una rama que tenía un racimo de uvas, y entre dos se lo llevaron colgado de un palo. También recogieron granadas e higos. 24 A ese arroyo le pusieron por nombre Escol, por el racimo que cortaron allí los israelitas.

25 Después de explorar la tierra durante cuarenta días, regresaron 26 a Cadés, en el desierto de Parán. Allí estaban Moisés, Aarón y todos los israelitas. Y les contaron lo que habían averiguado y les mostraron los frutos del país. 27 Le dijeron a Moisés:

—Fuimos a la tierra a la que nos enviaste. Realmente es una tierra donde la leche y la miel

---

b **12.7** *Él es . . . todos mis siervos:* otra posible traducción: *A él le he confiado todo mi pueblo* (lit. *mi casa*).
c **12.8** Cf. Ex 33.11; Dt 34.10. *d* **12.14** Nm 5.2–3; cf. Lv 13.1–8,24–28. Escupir a alguien en la cara era una manera de maldecirlo (Dt 25.9).

corren como el agua, y estos son los frutos que produce. **28**Pero la gente que vive allí es fuerte, y las ciudades son muy grandes y fortificadas. Además de eso, vimos allá descendientes del gigante Anac. **29**En la región del Néguev viven los amalecitas, en la región montañosa viven los hititas, los jebuseos y los amorreos, y por el lado del mar y junto al río Jordán viven los cananeos.

30Entonces Caleb hizo callar al pueblo que estaba ante Moisés, y dijo:

—¡Pues vamos a conquistar esa tierra! ¡Nosotros podemos conquistarla!

31Pero los que habían ido con él respondieron:

—¡No, no podemos atacar a esa gente! Ellos son más fuertes que nosotros.

32Y se pusieron a decir a los israelitas que el país que habían ido a explorar era muy malo. Decían:

—La tierra que fuimos a explorar mata a la gente que vive en ella, y todos los hombres que vimos allá eran enormes. **33**Vimos también a los gigantes, a los descendientes de Anac.*a* Al lado de ellos nos sentíamos como langostas, y así nos miraban ellos también.

Los israelitas se rebelan contra el Señor
(Dt 1.26–33)

14 **1**Entonces los israelitas comenzaron a gritar, y aquella noche se la pasaron llorando. **2**Todos ellos se pusieron a hablar mal de Moisés y de Aarón. Decían: "¡Ojalá hubiéramos muerto en Egipto, o aquí en el desierto! **3**¿Para qué nos trajo el Señor a este país? ¿Para morir en la guerra, y que nuestras mujeres y nuestros hijos caigan en poder del enemigo? ¡Más nos valdría regresar a Egipto!" **4**Y empezaron a decirse unos a otros: "¡Pongamos a uno de jefe y volvamos a Egipto!"

5Moisés y Aarón se inclinaron hasta tocar el suelo con la frente delante de todo el pueblo, **6**y Josué y Caleb, que habían estado explorando el país, se rasgaron la ropa en señal de dolor **7**y dijeron a todos los israelitas:

—¡La tierra que fuimos a explorar es excelente! **8**Si el Señor nos favorece, nos ayudará a entrar a esa tierra y nos la dará. Es un país donde la leche y la miel corren como el agua. **9**Pero no se rebelen contra el Señor, ni le tengan miedo a la gente de ese país, porque ellos van a ser pan comido para nosotros; a ellos no hay quien los proteja, mientras que nosotros tenemos de nuestra parte al Señor. ¡No tengan miedo!

10A pesar de esto, la gente quería apedrearlos. Entonces la gloria del Señor se apareció en la tienda del encuentro, a la vista de todos los israelitas, **11**y el Señor dijo a Moisés:

—¿Hasta cuándo va a seguir menospreciándome este pueblo? ¿Hasta cuándo van a seguir dudando de mí, a pesar de los milagros que he hecho entre ellos? **12**Les voy a enviar una epidemia mortal que les impida tomar posesión de esa tierra; pero de ti haré un pueblo más grande y más fuerte que ellos.

13Pero Moisés respondió al Señor:

—Tú, con tu poder, sacaste de Egipto a este pueblo. Cuando los egipcios sepan lo que vas a hacer, **14**se lo contarán a los habitantes del país de Canaán. Ellos también han oído decir que tú, Señor, estás en medio de este pueblo, que te dejas ver cara a cara y tu nube está sobre ellos, y que de día vas delante de ellos en una columna de nubes y de noche en una columna de fuego. **15**Si matas a este pueblo de un solo golpe, las naciones que saben de tu fama van a decir: **16**'El Señor no pudo hacer que este pueblo entrara en la tierra que había jurado darles, y por eso los mató en el desierto.' **17**Por eso, Señor, muestra ahora tu gran poder, tal como lo has prometido. Tú has dicho **18**que no te enojas fácilmente, que es muy grande tu amor y que perdonas la maldad y la rebeldía, aunque no dejas sin castigo al culpable, sino que castigas la maldad de los padres en los hijos, los nietos, los bisnietos y los tataranietos.*a* **19**Puesto que tu amor es tan grande, perdónale a este pueblo su maldad, ya que has tenido paciencia con ellos desde Egipto hasta este lugar.

El Señor castiga a los israelitas
(Dt 1.34–40)

20El Señor respondió:

—Bien, yo los perdono, tal como me lo pides.

---

a **13.33** Los *descendientes de Anac* eran un grupo de cananeos, famosos por su estatura. Aquí se los designa con el término hebreo *nefilim* (*gigantes*), probablemente porque la tradición los había relacionado con los *gigantes* de Gn 6.1–4. *a* **14.18** Ex 20.5–6; 34.6–7; Dt 5.9–10; 7.9–10.

21 Pero, eso sí, tan cierto como que yo vivo y que mi gloria llena toda la tierra, 22 ninguno de los que han visto mi gloria y los milagros que hice en Egipto y en el desierto, y que me han puesto a prueba una y otra vez en el desierto y no han querido obedecer mis órdenes, 23 ninguno de ellos verá la tierra que prometí a sus antepasados. Ninguno de los que me han menospreciado la verá. 24 Solamente mi siervo Caleb ha tenido un espíritu diferente y me ha obedecido fielmente. Por eso a él sí lo dejaré entrar en el país que fue a explorar, y sus descendientes se establecerán allí.[b] 25 (Los amalecitas y los cananeos viven en la llanura.) En cuanto a ustedes, den la vuelta mañana y sigan por el desierto en dirección al Mar Rojo.

26 El Señor se dirigió a Moisés y Aarón, y les dijo: 27 —¿Hasta cuándo voy a tener que soportar las habladurías de estos malvados israelitas? Ya les he oído hablar mal de mí. 28 Pues ve a decirles de mi parte: 'Yo, el Señor, juro por mi vida que voy a hacer que les suceda a ustedes lo mismo que les he oído decir. 29 Todos los mayores de veinte años que fueron registrados en el censo y que han hablado mal de mí, morirán, y sus cadáveres quedarán tirados en este desierto. 30 Con la excepción de Caleb y de Josué, ninguno de ustedes entrará en la tierra donde solemnemente les prometí que los iba a establecer. 31 En cambio, a sus hijos, de quienes ustedes decían que iban a caer en poder de sus enemigos, los llevaré al país que ustedes han despreciado, para que ellos lo disfruten. 32 Los cadáveres de ustedes quedarán tirados en este desierto, 33 en el que sus hijos vivirán como pastores durante cuarenta años. De este modo ellos pagarán por la infidelidad de ustedes, hasta que todos ustedes mueran aquí en el desierto. 34 Ustedes estuvieron cuarenta días explorando el país; pues también estarán cuarenta años pagando su castigo: un año por cada día. Así sabrán lo que es ponerse en contra de mí.'[c] 35 Yo, el Señor, lo afirmo: Así voy a tratar a este pueblo perverso que se ha unido contra mí. En este desierto encontrarán su fin; aquí morirán.

Muerte de los diez espías malvados

36-37 En cuanto a los hombres que Moisés había enviado a explorar el país y que al volver dieron tan malos informes, haciendo que la gente murmurara, el Señor los hizo caer muertos. 38 De todos ellos, solo Josué y Caleb quedaron con vida.

Los israelitas son derrotados en Hormá
(Dt 1.41—46)

39 Cuando Moisés contó a los israelitas lo que el Señor había dicho, todos ellos se pusieron muy tristes. 40 A la mañana siguiente se levantaron temprano, subieron a la parte alta de la región montañosa y dijeron:

—¡Ya estamos aquí! Vayamos al lugar que el Señor nos ha prometido, pues en verdad hemos pecado.

41 Pero Moisés les dijo:

—¿Por qué desobedecen las órdenes del Señor? ¡Ese intento va a fracasar! 42 No sigan adelante, porque el Señor no está con ustedes. Sus enemigos los van a derrotar. 43 Allá delante los esperan los amalecitas y los cananeos, para pelear con ustedes y matarlos. Y puesto que ustedes han abandonado al Señor, él ya no está con ustedes.

44 Ellos, sin embargo, se empeñaron en subir a la parte alta de la región montañosa; pero ni el arca de la alianza del Señor ni Moisés se movieron del campamento. 45 Entonces salieron los amalecitas y los cananeos que vivían en la región, y persiguieron a los israelitas hasta Hormá, derrotándolos completamente.

Leyes sobre los sacrificios[a]

15 1 El Señor se dirigió a Moisés y le dijo: 2 "Di a los israelitas lo siguiente: Cuando entren ustedes en el país que yo voy a darles para que vivan en él, 3 y me ofrezcan un toro o una oveja para quemarlo en mi honor como sacrificio u holocausto de olor agradable, ya sea en cumplimiento de alguna promesa o como ofrenda voluntaria, o en ocasión de alguna fiesta, 4 el que presente la ofrenda deberá añadir dos kilos de harina fina amasada con un litro de aceite. 5 Además, a los sacrificios indicados se deberá añadir una ofrenda de un litro de vino por cada cordero. 6 Si se trata del sacrificio de un carnero, se añadirán cuatro kilos de harina amasada con poco más de un litro de aceite 7 y algo más de un litro de vino,

---

b **14.24** Jos 14.9–12. *c* **14.34** *Ponerse en contra de mí:* otra posible traducción: *tenerme en contra de ustedes.*
a **15.1–31** Los vv. 1–16 complementan las leyes de Lv 1 —3 sobre los sacrificios.

como ofrenda de olor agradable para mí. 8 Si se trata del sacrificio de un becerro, para ofrecerlo como holocausto o como sacrificio de reconciliación, o en cumplimiento de una promesa, 9 se añadirán seis kilos de harina amasada con dos litros de aceite, 10 más dos litros de vino, como ofrenda quemada de olor agradable para mí. 11 Esto es lo que deberá hacerse por cada toro, cada carnero, cada cordero o cada cabrito que se ofrezca. 12 Por cada animal que se ofrezca se hará su ofrenda correspondiente, según el número de animales. 13 Todo israelita deberá cumplir estas normas cuando me haga una ofrenda quemada de olor agradable.

14 "Si un extranjero, ya sea que se encuentre de paso o que viva permanentemente entre ustedes, quiere presentarme una ofrenda quemada de olor agradable, deberá cumplir las mismas normas que todos ustedes. 15 La misma norma vale para ustedes y para los extranjeros; será una ley permanente, que pasará de padres a hijos. 16 Una misma ley y una misma norma habrá para ustedes y para los extranjeros."

17 El Señor se dirigió a Moisés y le dijo:

18 "Di a los israelitas lo siguiente: Cuando hayan entrado en el país adonde los voy a llevar, 19 y empiecen a disfrutar del trigo que se produce en él, deberán separar una parte para ofrecérmela. 20 Y así como me ofrecen la primera porción del trigo trillado, así también con la primera masa que preparen me harán una ofrenda de pan. 21 Esta ofrenda deberán hacerla siempre.

22 "Cuando involuntariamente dejen ustedes de hacer cualquiera de las cosas que le he ordenado a Moisés 23 desde el primer día en adelante, para que ustedes y sus descendientes las cumplan, deberán hacer lo siguiente:

24 "Si la falta ha sido involuntaria y de todo el pueblo, todo el pueblo me ofrecerá un becerro como holocausto de olor agradable, con su correspondiente ofrenda de cereales y de vino, como Dios lo ha ordenado; además, me ofrecerán un chivo como sacrificio por el pecado. 25 Luego el sacerdote celebrará el rito para obtener el perdón a favor de todo el pueblo de Israel, y yo los perdonaré, pues se trata de una falta involuntaria y ellos me presentaron su ofrenda y su sacrificio por el pecado. 26 Yo perdonaré a todo el pueblo de Israel y a los extranjeros que vivan entre ustedes, si la falta del pueblo ha sido involuntaria.

27 "Si la falta involuntaria la comete una persona en particular, esa persona ofrecerá como sacrificio por el pecado una cabrita de un año. 28 El sacerdote celebrará ante mí el rito para obtener el perdón por el pecado involuntario de esa persona, y yo la perdonaré. 29 La misma norma vale para los israelitas y para los extranjeros que vivan entre ustedes, si la falta cometida ha sido involuntaria.

30 "Pero si una persona peca voluntariamente, ya sea israelita o extranjera, me ofende a mí. Por lo tanto, esa persona será eliminada de entre su gente, 31 pues despreció mi palabra y no cumplió mis órdenes; será eliminada del todo y cargará con su maldad."

Castigo por la violación del sábado

32 Cuando los israelitas estaban en el desierto, encontraron a un hombre recogiendo leña en sábado. 33 Los que lo encontraron lo llevaron ante Moisés y Aarón, y ante todo el pueblo, 34 y ellos lo tuvieron bajo vigilancia, pues aún no se había decidido lo que se debía hacer con él. 35 Entonces dijo el Señor a Moisés: "Ese hombre debe ser condenado a muerte. Que todos los israelitas lo apedreen fuera del campamento." 36 Entonces los israelitas lo sacaron del campamento y lo apedrearon hasta que murió, tal como el Señor se lo había ordenado a Moisés.

Borlas con flecos en el borde de la ropa

37 El Señor se dirigió a Moisés y le dijo:

38 "Di a los israelitas lo siguiente: Ustedes y sus descendientes deberán llevar borlas con flecos en el borde de su ropa. Las borlas deben ser de hilo morado. 39 Así, cuando ustedes vean las borlas, se acordarán de todos los mandamientos que yo les he dado y los cumplirán, y no se dejarán llevar por sus propios pensamientos y deseos, por los cuales ustedes han dejado de serme fieles. 40 Así se acordarán de todos mis mandamientos y los cumplirán, y estarán consagrados a mí, que soy su Dios. 41 Yo soy el Señor, el Dios de ustedes, que los saqué de Egipto para ser su Dios. Yo soy el Señor su Dios."

La rebelión de Coré y su castigo

16 1 Un levita descendiente de Quehat, llamado Coré, hijo de Ishar, y tres hombres más de la tribu de Rubén, llamados Datán y Abiram, hijos de Eliab, y On, hijo de Pélet, 2 se rebelaron contra Moisés. A ellos se les unieron otros doscientos cincuenta

israelitas, hombres de autoridad en el pueblo, que pertenecían al grupo de consejeros y tenían buena fama. 3 Todos ellos se reunieron, se enfrentaron con Moisés y Aarón, y les dijeron:

—¡Basta ya de privilegios![a] Todo el pueblo ha sido consagrado por Dios, y el Señor está con todos nosotros. ¿Por qué se levantan ustedes como autoridad suprema sobre el pueblo del Señor?

4 Al oir esto, Moisés se inclinó hasta tocar el suelo con la frente, 5 y dijo a Coré y a los que lo seguían:

—Mañana por la mañana el Señor hará saber quién le pertenece y quién le está consagrado y puede presentarle las ofrendas. Solo podrá presentarle ofrendas aquel a quien él escoja. 6 Hagan lo siguiente: traigan los incensarios de Coré y sus compañeros, 7 pónganles brasas, échenles incienso y colóquenlos mañana delante del Señor. El hombre a quien el Señor escoja, es el que le está consagrado. ¡Y basta ya,[b] levitas!

8 Luego dijo Moisés a Coré:

—Óiganme, levitas: 9 ¿Les parece poco que el Dios de Israel los haya escogido a ustedes de entre el pueblo de Israel, y que estén cerca de él y se ocupen de los oficios del santuario del Señor y presten este servicio al pueblo? 10 El Señor ha querido que tú y los demás miembros de tu tribu, los levitas, estén cerca de él, ¿y ahora ambicionan también el sacerdocio? 11 Realmente Aarón no es nadie para que hablen mal de él; es contra el Señor contra quien tú y tus compañeros se han rebelado.

12 Luego Moisés mandó llamar a Datán y a Abiram, hijos de Eliab, pero ellos respondieron:

—No queremos ir. 13 ¿Te parece poco habernos sacado de un país donde la leche y la miel corren como el agua, para hacernos morir en el desierto, que además quieres ser nuestro jefe supremo? 14 Tú no nos has llevado a ningún país donde la leche y la miel corran como el agua, ni nos has dado campos ni viñedos. ¿Quieres que todos se dejen llevar como si fueran ciegos?[c] No, no iremos a verte.

15 Entonces Moisés se enojó mucho, y dijo al Señor:

—¡No aceptes sus ofrendas! Yo no les he quitado a ellos ni siquiera un asno, y tampoco le he hecho mal a ninguno de ellos.

16 Después Moisés dijo a Coré:

—Preséntense mañana tú y tus compañeros, delante del Señor. Aarón también estará allí. 17 Que cada uno lleve su incensario y le ponga incienso. Tú y Aarón llevarán también su incensario y lo pondrán, junto con los otros doscientos cincuenta, delante del Señor.

18 Entonces cada uno tomó su incensario, le puso brasas e incienso y se colocó, junto con Moisés y Aarón, delante de la tienda del encuentro. 19 Coré ya había reunido contra ellos a todo el pueblo frente a la tienda del encuentro. La gloria del Señor se apareció entonces ante todo el pueblo, 20 y el Señor les dijo a Moisés y Aarón:

21 —¡Apártense de ese pueblo, que voy a destruirlo en un momento!

22 Pero ellos, inclinándose hasta tocar el suelo con la frente, dijeron:

—Oh Dios, tú que das la vida a todos los hombres, ¿vas a enojarte con todo el pueblo por el pecado de un solo hombre?

23 Y el Señor respondió a Moisés:

24 —Diles a todos los israelitas que se aparten de la tienda donde están Coré, Datán y Abiram.

25 Moisés se levantó, seguido por los ancianos de Israel, y fue a donde estaban Datán y Abiram. 26 Entonces le dijo al pueblo:

—Apártense de las tiendas de esos hombres perversos, y no toquen nada de lo que les pertenece, no vaya a ser que también ustedes mueran por el pecado de ellos.

27 El pueblo se apartó de donde estaban Coré, Datán y Abiram. Datán y Abiram estaban a la entrada de su tienda, con sus mujeres y sus hijos. 28 Y Moisés continuó:

—Con esto les voy a probar que es el Señor quien me ha enviado a hacer todas estas cosas, y que no las hago por mi propia voluntad. 29 Si estos hombres mueren de muerte natural, como los demás hombres, es que el Señor no me ha enviado; 30 pero si el Señor hace algo extraordinario, y la tierra se abre y se los traga

---

a 16.3 *¡Basta ya de privilegios!:* otra posible traducción: *¡Ustedes se sobrepasan demasiado!* b 16.7 *Y basta ya:* otra posible traducción: *Y ustedes se sobrepasan.* c 16.14 *¿Quieres que todos se dejen llevar como si fueran ciegos?:* otra posible traducción: *¿Vas a volver ciegos a estos hombres?;* lit. *¿Vas a sacarles los ojos a estos hombres?* La frase alude probablemente al castigo que se imponía a los esclavos fugitivos cuando eran capturados y se los hacía regresar a Egipto. Otra posible traducción: *¿Quieres engañar a hombres como nosotros?*

a ellos con todo lo que tienen, y caen vivos al fondo de la tierra, entonces sabrán ustedes que son estos hombres los que han menospreciado al Señor.

31 En cuanto Moisés terminó de hablar, la tierra se abrió debajo de ellos 32 y se tragó a todos los hombres que se habían unido a Coré, junto con sus familias y todo lo que tenían. 33 Cayeron vivos al fondo de la tierra, con todas sus cosas, y luego la tierra volvió a cerrarse. Así fueron eliminados de entre los israelitas. 34 Al oírlos gritar, todos los israelitas que se encontraban alrededor salieron corriendo y diciendo: "¡No nos vaya a tragar la tierra a nosotros también!" 35 Además, el Señor envió un fuego que mató a los doscientos cincuenta hombres que habían ofrecido incienso.

36 Y el Señor se dirigió a Moisés y le dijo:

37 "Ordena a Eleazar, hijo de Aarón, que saque los incensarios de entre los restos del incendio, y que arroje lejos las brasas que aún haya en ellos. 38 Los incensarios de estos hombres, que han muerto por haber pecado, han quedado consagrados porque fueron usados para presentar incienso delante de mí. Conviertan, pues, ese metal en láminas para recubrir el altar, y para que sirva de advertencia a los israelitas."

39 El sacerdote Eleazar recogió los incensarios de bronce que habían presentado los hombres que murieron en el incendio, y ordenó que los convirtieran en láminas para recubrir el altar. 40 Esta fue una advertencia a los israelitas de que nadie, aparte de los descendientes de Aarón, podía acercarse al altar para ofrecer incienso al Señor; de lo contrario, le pasaría lo que a Coré y a sus compañeros. Y todo se hizo tal como el Señor se lo había ordenado a Eleazar por medio de Moisés.

41 Al día siguiente, todo el pueblo de Israel empezó a hablar contra Moisés y Aarón. Decían:

—¡Ustedes están matando al pueblo del Señor!

42 Y todos se arremolinaban alrededor de Moisés y Aarón; pero ellos se dirigieron a la tienda del encuentro. En ese momento la nube la cubrió y se apareció la gloria del Señor. 43 Entonces Moisés y Aarón fueron al frente de la tienda del encuentro, 44 y el Señor le dijo a Moisés:

45 —¡Apártense de toda esa gente, que los voy a destruir en un momento!

Moisés y Aarón se inclinaron hasta tocar el suelo con la frente, 46 y Moisés le dijo a Aarón:

—Trae tu incensario, ponle brasas del altar y échale incienso; vete en seguida a donde está el pueblo y pide a Dios perdón por ellos, porque la ira del Señor se ha encendido y la plaga ya comenzó.

47 Aarón hizo lo que le dijo Moisés, y se fue corriendo a donde estaba el pueblo reunido. La plaga enviada por Dios ya estaba haciendo estragos entre el pueblo. Entonces Aarón puso incienso y pidió a Dios perdón por el pueblo. 48 Luego se colocó entre los que ya habían muerto y los que todavía estaban con vida, y la plaga se detuvo, 49 aunque ya para entonces habían muerto catorce mil setecientas personas, sin contar los que habían muerto antes, durante la rebelión de Coré. 50 Cuando la plaga terminó, Aarón volvió a la entrada de la tienda del encuentro para reunirse con Moisés.

El bastón de Aarón retoña

17 1 El Señor se dirigió a Moisés y le dijo: 2 "Ordena a los israelitas que cada uno de los jefes de tribu traiga un bastón, o sea doce bastones en total. Tú escribirás el nombre de cada uno en su bastón, 3 y en el bastón correspondiente a la tribu de Leví escribirás el nombre de Aarón, pues debe haber un bastón por cada jefe de tribu. 4 Los colocarás en la tienda del encuentro, frente al arca de la alianza, que es donde yo me encuentro con ustedes. 5 Voy a hacer que retoñe el bastón de mi elegido, y así los israelitas no seguirán hablando mal de ustedes delante de mí."

6 Moisés dijo esto mismo a los israelitas, y cada uno de los jefes de tribu le dio un bastón, reuniendo así doce bastones en total. Entre ellos estaba también el bastón de Aarón. 7 Moisés colocó los bastones delante del Señor en la tienda de la alianza, 8 y al día siguiente, cuando fue a la tienda, vio que el bastón de Aarón, correspondiente a la tribu de Leví, había retoñado: había echado retoños, y dado flores, y tenía almendras maduras. 9 Entonces Moisés sacó de la presencia del Señor todos los bastones y se los mostró a los israelitas. Después de verlos, cada uno tomó su bastón.

10 Entonces el Señor dijo a Moisés: "Vuelve a poner el bastón de Aarón delante del arca de la alianza, y guárdalo allí como advertencia para este pueblo rebelde. Así harás que dejen de hablar mal delante de mí, y no morirán."

11 Moisés hizo todo tal como el Señor se lo ordenó, 12 pero los israelitas dijeron a Moisés: "¡Estamos perdidos! ¡Todos vamos a morir! 13 Todos los que se acercan al santuario del Señor, mueren. ¿Acaso vamos a morir todos?"

Funciones especiales de los sacerdotes y levitas

18 ¹ El Señor le dijo a Aarón: "Tú y tus hijos, junto con los demás miembros de la tribu de Leví, a la que perteneces, serán responsables por las faltas que se cometan contra el santuario; pero solamente tú y tus hijos serán responsables por las faltas que cometan ustedes en sus funciones sacerdotales. 2 Pero debes hacer que los demás miembros de la tribu de Leví, a la cual perteneces, te ayuden a ti y a tus hijos en el servicio ante la tienda de la alianza. 3 Ellos estarán a tu servicio y al servicio de la tienda, pero no deberán acercarse a los utensilios del santuario ni al altar; de lo contrario, morirán ellos y ustedes también. 4 Deberán acompañarte en el servicio de la tienda del encuentro y en todos los oficios correspondientes. Pero ninguna persona extraña debe acercarse a ustedes; 5 ustedes son los encargados del servicio del santuario y el altar. Así no volveré a enojarme con los israelitas. 6 Yo separé a tus hermanos los levitas de los demás israelitas para dárselos a ustedes, a fin de que sirvan en los oficios de la tienda del encuentro; 7 pero solamente tú y tus hijos podrán desempeñar las funciones sacerdotales relacionadas con el altar o que se realizan tras el velo. Este oficio les corresponde a ustedes, pues yo les he dado el derecho de ejercer las funciones sacerdotales. Si alguien oficia como sacerdote, sin serlo, será condenado a muerte."

Sostenimiento de los sacerdotes y los levitas

8 El Señor le dijo a Aarón:

"Yo he puesto bajo tu cuidado las ofrendas que se me hacen. Todas las ofrendas sagradas que los israelitas me hacen, te las doy a ti y a tus hijos como la parte que les corresponde; esta será una norma para siempre. 9 De los sacrificios que se queman,ª te tocarán a ti todas

las ofrendas de cereales y los sacrificios que por el pecado o por la culpa me ofrezcan los israelitas; todas estas ofrendas sagradas serán para ti y para tus hijos. 10 Todo varón de entre ustedes podrá comer de estas ofrendas, pero habrá de comerlas en un lugar consagrado, pues son sagradas.

11 "También te doy a ti, y a tus hijos e hijas que aún vivan contigo, las ofrendas especiales que los israelitas me presenten. Esta será una ley permanente. Cualquier persona de tu familia que esté ritualmente pura, podrá comerlas. 12 También te doy los primeros frutos que los israelitas me traen cada año: lo mejor del aceite, lo mejor del vino y del trigo. 13 Igualmente los primeros frutos de las cosechas que ellos me ofrecen, serán para ti. Cualquier persona de tu familia que esté ritualmente pura, podrá comerlos. 14 Toda ofrenda que los israelitas me consagren, será para ti.

15 "Todos los primeros hijos de los israelitas o las primeras crías de los animales, que me ofrecen, serán para ti. Pero en el caso de los primeros hijos de los hombres y de las primeras crías de los animales impuros, pedirás un rescate a cambio. 16 El rescate deberá pagarse un mes después del nacimiento, y será de cinco monedas de plata, según la moneda oficial del santuario, que pesa once gramos. 17 Pero no permitirás que sean rescatadas las primeras crías de las vacas, las ovejas o las cabras. Esas están reservadas para mí, y tendrás que matarlas; su sangre la derramarás sobre el altar, y su grasa la quemarás como ofrenda de olor agradable para mí. 18 Tú podrás quedarte con la carne, lo mismo que con el pecho del animal, que es la ofrenda especial, y con el muslo derecho. 19 Todas las contribuciones que los israelitas aparten para mí, te las doy a ti, y a tus hijos e hijas que aún vivan contigo. Esta es una ley permanente. Es una alianza invariable, eterna, que yo hago contigo y con tus descendientes."

20 El Señor le dijo a Aarón:

"Tú no tendrás tierra ni propiedades en Israel, como los demás israelitas. Yo seré tu propiedad y tu herencia en Israel. 21 A los levitas les doy como propiedad esa décima parte

---

ª **18.9** *Que se queman:* según la versión griega (LXX). El hebreo puede entenderse en este mismo sentido o en el de *apartados del fuego,* con referencia a la porción de *los sacrificios* reservada a los sacerdotes, aparte de la porción que era consumida por el fuego. Cf. vv. 30–32.

que los israelitas deben entregar de sus productos, en pago del servicio que prestan en la tienda del encuentro. 22 Los demás israelitas no deberán acercarse a la tienda del encuentro, porque cometerían un pecado que les traería la muerte. 23 Los levitas serán los únicos que se ocuparán del servicio de la tienda del encuentro, y serán responsables de las faltas que cometan. Esta será una ley permanente, que pasará de padres a hijos. Los levitas no tendrán territorio propio en Israel. 24 A ellos les he dado en propiedad la décima parte que los israelitas deben ofrecerme de sus productos. Por eso les he dicho que no tendrán territorio propio en Israel."

25 El Señor se dirigió a Moisés y le dijo: 26 "Diles a los levitas que cuando reciban de los israelitas esa décima parte de sus productos que yo les he dado como su propiedad, deberán reservar un décimo de ella para ofrecérmelo a mí. 27 Esa será su contribución, semejante a la contribución que hacen los israelitas cuando dan una parte de su trigo y de su vino. 28 Así, de esa décima parte que les dan los israelitas, los levitas apartarán su contribución al Señor y se la darán al sacerdote Aarón. 29 De todo lo que les den, deberán separar una parte como contribución para mí; y la parte que me consagren debe ser la mejor.

30 "Diles también: 'Una vez que hayan separado la mejor parte para mí, el resto pueden considerarlo como si fuera su trigo y su vino, 31 y pueden comerlo ustedes y sus familias en cualquier lugar. Ese es su salario por el servicio que prestan en la tienda del encuentro. 32 Una vez que hayan separado la mejor parte para mí, podrán comer el resto sin cometer pecado; de esta manera no profanarán las ofrendas sagradas de los israelitas, y no serán condenados a muerte.' "

Normas para la purificación ritual

19 1 El Señor se dirigió a Moisés y Aarón, y les dijo: 2 "Yo, el Señor, doy esta orden: Di a los israelitas que te traigan una vaca de pelo rojizo, que no tenga ningún defecto y a la que nunca antes le hayan puesto el yugo. 3 Ustedes se la entregarán al sacerdote Eleazar, y él la sacará fuera del campamento y ordenará que la maten en su presencia. 4 El sacerdote Eleazar tomará con el dedo un poco de sangre, y rociará con ella siete veces hacia la tienda del encuentro.

5 Luego quemarán la vaca en su presencia, y quemarán también el cuero, la carne, la sangre y el estiércol. 6 El sacerdote tomará en seguida madera de cedro, una ramita de hisopo y tela roja, y lo echará todo al fuego en que se quema la vaca; 7 luego lavará su ropa y se lavará a sí mismo con agua, y después podrá entrar en el campamento, aunque quedará ritualmente impuro hasta la tarde. 8 En cuanto al hombre que quemó la vaca, lavará también su ropa y se lavará a sí mismo con agua, y quedará ritualmente impuro hasta la tarde. 9 Otro hombre, que esté ritualmente puro, recogerá la ceniza de la vaca y la pondrá en un lugar puro fuera del campamento. Esa ceniza la utilizará el pueblo de Israel para preparar el agua de purificación. Todo esto es un sacrificio por el pecado. 10 El que recogió la ceniza, lavará su ropa, y quedará ritualmente impuro hasta la tarde. Esta es una ley permanente, que vale tanto para ustedes los israelitas como para los extranjeros que vivan entre ustedes.

11 "El que toque el cadáver de cualquier persona, quedará impuro durante siete días. 12 Al tercero y al séptimo día deberá purificarse con el agua de purificación, y quedará puro. Si no se purifica al tercero y al séptimo día, no quedará puro. 13 Si alguien toca el cadáver de una persona y no se purifica, profana el santuario del Señor y, por lo tanto, deberá ser eliminado de Israel. Puesto que no ha sido rociado con el agua de purificación, se encuentra en estado de impureza.

14 "Las normas para cuando alguien muere en una tienda de campaña, son las siguientes: Todos los que se encuentren dentro de la tienda y todos los que entren en ella, quedarán impuros durante siete días. 15 Todas las vasijas que estén destapadas, o con la tapa mal puesta, también quedarán impuras.

16 "En campo abierto, todo el que toque el cadáver de una persona asesinada o muerta de muerte natural, o unos huesos humanos, o una tumba, quedará impuro durante siete días.

17 "En tales casos de impureza, se tomará un poco de la ceniza de la vaca sacrificada por el pecado, y se pondrá en una vasija para echarle encima agua de manantial. 18 Luego, un hombre que esté puro tomará una ramita de hisopo, la mojará en el agua y rociará con ella la tienda, las vasijas y las personas que estaban allí, y también al que tocó los huesos o el cadáver de la persona asesinada o muerta de muerte natural, o la tumba. 19 El hombre ritualmente puro

debe rociar al impuro en los días tercero y séptimo. Al séptimo día ya lo habrá purificado. Entonces la persona impura lavará su ropa y se lavará a sí misma con agua, pero quedará impura hasta la tarde. 20 Si una persona ritualmente impura no se purifica, debe ser eliminada de entre su pueblo, pues profana el santuario del Señor. Puesto que no fue rociada con el agua de purificación, sigue estando impura. 21 Esta es una ley permanente. El que rocía a otro con el agua de purificación, deberá lavar su ropa. El que toque el agua de purificación, quedará impuro hasta la tarde. 22 Todo lo que sea tocado por una persona impura, quedará impuro; y el que toque a una persona impura, quedará también impuro hasta la tarde."

Agua de la roca
(Ex 17.1–7)

20 1 En el primer mes del año, los israelitas llegaron al desierto de Sin, y se quedaron por un tiempo en Cadés. Allí murió María, y allí fue enterrada.

2 Como la gente no tenía agua, se reunieron todos para protestar contra Moisés y Aarón, 3 y le dijeron a Moisés:

—¡Ojalá hubiéramos muerto junto con los otros israelitas que hizo morir el Señor![a] 4 ¿Para qué trajeron ustedes al pueblo del Señor a este desierto? ¿Acaso quieren que muramos nosotros y nuestro ganado? 5 ¿Para qué nos sacaron de Egipto y nos trajeron a este lugar tan horrible? Aquí no se puede sembrar nada; no hay higueras, ni viñedos, ni granados; ¡ni siquiera hay agua para beber!

6 Moisés y Aarón se alejaron del pueblo y se fueron a la entrada de la tienda del encuentro, y allí se inclinaron hasta tocar el suelo con la frente. Entonces la gloria del Señor se les apareció, 7 y el Señor le dijo a Moisés:

8 —Toma el bastón y, con la ayuda de tu hermano Aarón, reúne a la gente. Luego, delante de todos, ordénale a la roca que les dé agua, y verás que de la roca brotará agua para que beban ellos y el ganado.

9 Moisés tomó el bastón que estaba delante del Señor, tal como él se lo ordenó; 10 luego Moisés y Aarón reunieron a la gente delante de la roca, y Moisés les dijo:

—Escuchen, rebeldes: ¿acaso tendremos que sacar agua de esta roca para darles de beber?

11 Y diciendo esto, Moisés levantó la mano y golpeó dos veces la roca con el bastón, y brotó mucha agua. Así la gente y el ganado se pusieron a beber. 12 Pero el Señor dijo a Moisés y a Aarón:

—Puesto que ustedes no tuvieron confianza en mí ni me honraron delante de los israelitas, no entrarán con esta gente en el país que les he dado.

13 Ese es el manantial de Meribá,[b] donde los israelitas le hicieron reclamaciones al Señor y él les mostró su santidad.

Edom no deja pasar a Israel

14 Desde Cadés, Moisés envió unos mensajeros al rey de Edom, a decirle: "Tus hermanos[c] israelitas te mandan decir: 'Tú bien sabes las dificultades por las que hemos pasado. 15 Nuestros antepasados se fueron a Egipto y vivieron allá mucho tiempo, pero los egipcios nos maltrataron a nosotros, igual que a nuestros antepasados; 16 entonces pedimos ayuda al Señor, y él escuchó nuestros gritos y envió un ángel y nos sacó de Egipto. Y aquí estamos ahora, en la ciudad de Cadés, en la frontera de tu país. 17 Te pedimos que nos dejes pasar por tu territorio. No pasaremos por los campos sembrados ni por los viñedos, ni beberemos agua de tus pozos. Iremos por el camino real, y no nos apartaremos de él hasta que hayamos cruzado tu territorio.' "

18 Pero el rey de Edom les respondió:

—¡No pasen por mi territorio, pues de lo contrario saldré a su encuentro con mi ejército!

19 Los israelitas le explicaron:

—Seguiremos el camino principal, y si nosotros o nuestro ganado llegamos a beber agua de tus pozos, te la pagaremos. Lo único que queremos es pasar a pie por tu territorio.

20 Pero el rey de Edom les contestó:

—¡Pues no pasarán!

Y salió al encuentro de los israelitas con un ejército fuerte y bien armado, 21 empeñado en no dejarlos pasar por su territorio. Entonces los israelitas buscaron otro camino.

---

[a] **20.3** Nm 16.23–33. [b] **20.13** *Meribá* significa en hebreo *reclamación* o *queja*. [c] **20.14** *Tus hermanos:* Los edomitas eran considerados descendientes de Esaú, llamado también Edom. Cf. Gn 36.1–43.

Muerte de Aarón

22Todo el pueblo de Israel salió de Cadés en dirección al monte Hor.*d* **23**Allí, junto a la frontera de Edom, el Señor les dijo a Moisés y a Aarón:

24"Aarón va a morir, y no entrará en el país que yo he dado a los israelitas, porque junto al manantial de Meribá ustedes desobedecieron mis órdenes. **25**Tú, Moisés, lleva a Aarón y a su hijo Eleazar a la cumbre del monte Hor; **26**allí le quitarás a Aarón la ropa sacerdotal y se la pondrás a Eleazar. Aarón morirá allí."

27Moisés hizo lo que el Señor le ordenó. A la vista de todos los israelitas, subieron al monte Hor, **28**y allí Moisés le quitó a Aarón la ropa sacerdotal y se la puso a Eleazar. Allí mismo, en la cumbre del monte, murió Aarón; y Moisés y Eleazar bajaron del monte. **29**Al darse cuenta los israelitas de que Aarón había muerto, lloraron por él durante treinta días.

Conquista de Hormá

21 **1**Cuando el rey cananeo de la ciudad de Arad, que vivía en el Néguev, oyó decir que los israelitas venían por el camino de Atarim, salió a pelear contra ellos e hizo algunos prisioneros. **2**Entonces los israelitas prometieron al Señor que, si él les ayudaba a conquistar aquel país, ellos destruirían por completo todas sus ciudades. **3**El Señor concedió a los israelitas lo que ellos le habían pedido, y les ayudó a derrotar a los cananeos, y los israelitas destruyeron por completo a los cananeos, lo mismo que a sus ciudades, por lo que a aquel lugar le pusieron por nombre Hormá.*a*

La serpiente de bronce

4Los israelitas salieron del monte Hor en dirección al Mar Rojo, dando un rodeo para no pasar por el territorio de Edom. En el camino, la gente perdió la paciencia **5**y empezó a hablar contra Dios y contra Moisés. Decían:

—¿Para qué nos sacaron ustedes de Egipto? ¿Para hacernos morir en el desierto? No tenemos ni agua ni comida. ¡Ya estamos cansados de esta comida miserable!

6El Señor les envió serpientes venenosas,*b* que los mordieron, y muchos israelitas murieron. **7**Entonces fueron a donde estaba Moisés y le dijeron:

—¡Hemos pecado al hablar contra el Señor y contra ti! ¡Pídele al Señor que aleje de nosotros las serpientes!

Moisés pidió al Señor que perdonara a los israelitas, **8**y el Señor le dijo:

—Hazte una serpiente como esas, y ponla en el asta de una bandera. Cuando alguien sea mordido por una serpiente, que mire hacia la serpiente del asta, y se salvará.

9Moisés hizo una serpiente de bronce y la puso en el asta de una bandera, y cuando alguien era mordido por una serpiente, miraba a la serpiente de bronce y se salvaba.*c*

Diversas etapas

10Los israelitas siguieron su camino y acamparon en Obot. **11**De Obot siguieron adelante y acamparon en Ié–abarim, en el desierto, al oriente del territorio de Moab. **12**De allí siguieron y acamparon en el arroyo Zéred. **13**Luego siguieron adelante y acamparon al otro lado del río Arnón. Este río se encuentra en el desierto que se extiende desde el territorio de los amorreos, y sirve de frontera entre el territorio de Moab y el de los amorreos. **14**A eso se refiere lo que dice el Libro de las Guerras del Señor:

"Pasamos por Vaheb,
    en la región de Sufá,*d*
por los arroyos y por el Arnón,
15   y por la orilla de los arroyos
    que se extienden hasta la región de Ar
    y llegan hasta la frontera de Moab."

16Del río Arnón siguieron hasta Beer.*e* Allí está el pozo donde el Señor dijo a Moisés: "Reúne al pueblo y yo les daré agua." **17**Fue en esta ocasión cuando los israelitas cantaron:

---

d **20.22–23** *Hor:* montaña cerca de *la frontera de Edom,* de ubicación incierta y distinta del monte Hor mencionado en Nm 34.7–8. *a* **21.3** En hebreo, *Hormá* y la palabra *herem,* que significa *(consagrado a la) destrucción,* tienen un sonido semejante. *b* **21.6** *Serpientes venenosas:* lit. *serpientes ardientes* o *abrasadoras,* expresión que probablemente alude al ardor causado por su mordedura. *c* **21.6–9** Sab 16.5–7. La *serpiente de bronce* llegó a ser objeto de culto entre los israelitas, hasta que finalmente fue destruida por el rey Ezequías (2 R 18.4). *d* **21.14** *Pasamos . . . Sufá:* Algunas versiones traducen *Lo que hizo en el Mar Rojo,* siguiendo la versión latina, que entendió *Sufá* como *Mar Rojo* (heb. *Yam Suf*). *e* **21.16** En hebreo, *Beer* significa *pozo.*

"¡Brota, agua del pozo!
¡Cántenle al pozo!
18 ¡Los jefes lo cavaron
con sus varas de mando,
los nobles del pueblo
lo abrieron con sus bastones!"

Del desierto continuaron los israelitas hasta Mataná; 19de Mataná a Nahaliel, de Nahaliel a Bamot, 20y de Bamot al valle que está en el territorio de Moab, hacia las alturas de Pisgá, desde donde se ve el desierto.

Israel derrota al rey Sihón
(Dt 2.26–37)

21 Los israelitas mandaron unos mensajeros a Sihón, rey de los amorreos,*f* a que le dijeran: 22 "Quisiéramos pasar por tu territorio. No nos meteremos en los campos sembrados ni en los viñedos, ni beberemos agua de tus pozos. Atravesaremos tu territorio yendo por el camino real."

23 Pero Sihón no dejó que los israelitas pasaran por su territorio, sino que juntó a toda su gente y salió al encuentro de ellos en el desierto, y al llegar a Jahas los atacó. 24 Pero los israelitas se defendieron y lo derrotaron, y ocuparon su territorio desde el río Arnón hasta el río Jaboc, es decir, hasta la frontera con el territorio de los amonitas, la cual estaba fortificada. 25 Así pues, Israel ocupó todas esas ciudades de los amorreos, es decir, Hesbón y sus pueblos dependientes, y se quedó a vivir en ellas. 26 Hesbón era la ciudad donde vivía Sihón, el rey de los amorreos. Sihón había estado en guerra con el anterior rey de Moab y le había quitado todo aquel territorio hasta el río Arnón. 27 Por eso dicen los poetas:

"¡Vengan a Hesbón,
la capital del rey Sihón!
¡Reconstrúyanla, fortifíquenla!
28 Desde Hesbón, la ciudad de Sihón,
brotaron las llamas de un incendio,
que destruyeron a Ar de Moab
y las alturas que dominan el Arnón.
29 ¡Lástima de ti, Moab!
¡Estás perdido, pueblo del dios Quemós!
Él ha dejado que tus hombres salgan
huyendo,

que tus mujeres caigan
en poder del rey Sihón.
30 Fue destruido el poder de Hesbón;
de Dibón a Nófah todo quedó en ruinas,
y el fuego llegó hasta Medebá."

Israel derrota a Og, rey de Basán
(Dt 3.1–11)

31 Así pues, Israel ocupó el territorio amorreo. 32 Además, Moisés envió algunos hombres a explorar la ciudad de Jazer, y los israelitas conquistaron las ciudades vecinas y expulsaron a los amorreos que vivían allí. 33 Después volvieron en dirección de Basán, pero Og, el rey de Basán, salió con todo su ejército a pelear contra ellos en Edrei. 34 Entonces el Señor dijo a Moisés: "No le tengas miedo, que yo voy a ponerlo en tus manos, junto con todo su ejército y su país, y tú harás con él lo mismo que hiciste con Sihón, el rey amorreo que vivía en Hesbón."

35 Y así, los israelitas mataron a Og y a sus hijos, y a todo su ejército. No dejaron a nadie con vida, y se apoderaron de su territorio.

Balac manda llamar a Balaam

22 1 Los israelitas siguieron su camino y acamparon en las llanuras de Moab, al oriente del río Jordán, frente a Jericó.

2 Balac, hijo de Sipor, se fijó en lo que los israelitas habían hecho con los amorreos. 3 También la gente de Moab se llenó de miedo al ver que los israelitas eran tan numerosos. 4 Entonces dijo la gente de Moab a los ancianos de Madián: "Toda esta gente va a acabar con nuestra tierra, como un buey acaba con el pasto del campo."

Por aquel tiempo Balac era rey de Moab, 5y mandó llamar a Balaam, hijo de Beor, quien se encontraba en Petor, junto al río Éufrates, en el país de Amav. Balac ordenó a sus mensajeros que dijeran a Balaam: "De Egipto ha venido un pueblo que se ha extendido por todo el país, y ahora se ha establecido delante de mí. 6 Ven en seguida y maldice a este pueblo por mí, pues es más fuerte que nosotros. Quizá así pueda yo derrotarlos y expulsarlos del país. Yo sé que tus bendiciones y tus maldiciones siempre se cumplen."

---

f 21.21 Los amorreos ocupaban un territorio al este del río Jordán y al norte de Moab.

7 Los ancianos de Moab y de Madián se fueron con dinero en la mano para pagar las maldiciones, y al llegar a donde estaba Balaam le dieron el mensaje de parte de Balac. **8** Y Balaam les dijo:

—Quédense aquí esta noche, y yo les responderé según lo que el Señor me ordene.

Y los ancianos de Moab se quedaron con él. **9** Pero Dios se le apareció a Balaam, y le preguntó:

—¿Quiénes son esos hombres que están contigo?

10 Balaam le respondió:

—Balac, hijo de Sipor, que es rey de Moab, los envió a que me dijeran **11** que un pueblo ha salido de Egipto, y que se ha extendido por todo el país. Balac quiere que yo vaya en seguida a maldecirlos, para ver si así puede derrotarlos y echarlos fuera de su territorio.

12 Entonces Dios le dijo a Balaam:

—No vayas con ellos ni maldigas a ese pueblo, porque a ese pueblo lo he bendecido yo.

13 Al día siguiente Balaam se levantó y les dijo a los jefes que había enviado Balac:

—Regresen a su tierra. El Señor no me permite ir con ustedes.

14 Los jefes de Moab regresaron a donde estaba Balac, y le dijeron:

—Balaam no quiso venir con nosotros.

15 Pero Balac insistió y volvió a enviar otros jefes, esta vez en mayor número y de más importancia que los primeros. **16** Ellos fueron a ver a Balaam y le dijeron:

—Balac, hijo de Sipor, te manda a decir: "Por favor, no te niegues a venir. **17** Yo te daré los más grandes honores, y haré todo lo que me pidas; pero ven y hazme el favor de maldecir a este pueblo."

18 Pero Balaam les respondió:

—Aunque Balac me diera todo el oro y la plata que caben en su palacio, yo no podría hacer nada, ni grande ni pequeño, que fuera contra las órdenes del Señor mi Dios. **19** Sin embargo, quédense ustedes aquí también esta noche, y veré qué me dice esta vez el Señor.

20 Por la noche, Dios se le apareció a Balaam y le dijo:

—Si esos hombres han venido por ti, levántate y vete con ellos, pero tendrás que hacer solamente lo que yo te diga.

Balaam se encuentra con el ángel del Señor

21 Balaam se levantó al día siguiente, ensilló su asna y se fue con los jefes moabitas. **22** Balaam iba montado en su asna,[a] y lo acompañaban dos criados suyos.

Pero Dios se enojó con él porque se había ido, y el ángel del Señor[b] se interpuso en su camino para cerrarle el paso. **23** Cuando el asna vio que el ángel del Señor estaba en medio del camino con una espada en la mano, se apartó del camino y se fue por el campo; pero Balaam la golpeó para hacerla volver al camino. **24** Luego el ángel del Señor se paró en un lugar estrecho, donde el camino pasaba entre viñedos y tenía paredes de piedra a los dos lados. **25** Cuando el asna vio al ángel del Señor, se recostó contra una de las paredes, oprimiéndole la pierna a Balaam. Entonces Balaam le volvió a pegar. **26** Pero el ángel del Señor se adelantó a ellos y se paró en un lugar muy estrecho, donde no podía uno desviarse a ningún lado. **27** Cuando el asna vio al ángel del Señor, se echó al suelo. Entonces Balaam se enojó y la azotó con una vara. **28** En ese momento el Señor hizo que el asna hablara, y que le dijera a Balaam:

—¿Qué te he hecho? Con esta van tres veces que me pegas.

29 —Te estás burlando de mí —le respondió Balaam—. Si tuviera a la mano un cuchillo, ahora mismo te mataría.

30 Pero el asna le dijo:

—Yo soy el asna que tú has montado toda tu vida, y bien sabes que nunca me he portado así contigo.

—Es verdad —respondió Balaam.

31 Entonces el Señor hizo que Balaam pudiera ver a su ángel, que estaba en medio del camino con una espada en la mano. Balaam se inclinó hasta tocar el suelo con la frente, **32** pero el ángel del Señor le dijo:

—¿Por qué le pegaste tres veces a tu asna? Yo soy quien ha venido a cerrarte el paso, porque tu viaje me disgusta. **33** El asna me vio, y me esquivó las tres veces. Si no me hubiera esquivado, ya te hubiera yo matado, aunque a ella la habría dejado con vida.

34 Y Balaam respondió al ángel del Señor:

---

[a] **22.22** El *asna* era en aquel tiempo una cabalgadura de honor (Jue 5.10; 1 R 1.33). Véase también Zac 9.9; Mt 21.5. [b] **22.22** *El ángel del Señor:* no es un ser distinto de Dios, sino el mismo Señor que se manifiesta y hace sentir su presencia de manera sensible.

—He pecado, pues no sabía que tú estabas allí, cerrándome el camino. Si te parece mal que yo vaya, regresaré.

35 Pero el ángel del Señor le contestó:

—Puedes ir con esos hombres, pero dirás solamente lo que yo te diga.

Balac recibe a Balaam

Balaam se fue con los jefes que Balac había enviado, **36** y cuando Balac supo que Balaam venía, salió a recibirlo a una ciudad de Moab situada junto al río Arnón, en la frontera del país, **37** y le dijo:

—Te mandé a llamar con insistencia; ¿por qué no querías venir? ¿Pensabas que no soy capaz de hacerte muchos honores?

38 Y Balaam le respondió:

—Pues aquí estoy, ya vine a verte. Pero no tengo poder para hablar por mi cuenta; yo solo podré decir lo que Dios me comunique.

39 Luego Balaam se fue con Balac a Quiriat–husot, **40** donde Balac mandó que mataran vacas y ovejas y que se las llevaran a Balaam y a los jefes que lo acompañaban.

41 A la mañana siguiente, Balac buscó a Balaam y lo hizo subir a Bamot–baal, desde donde pudo ver los alrededores del campamento de los israelitas.

23 **1** Entonces Balaam le dijo:

—Constrúyeme aquí siete altares, y prepárame siete becerros y siete carneros.

2 Balac hizo lo que Balaam le dijo, y entre los dos sacrificaron un becerro y un carnero en cada altar.

3 Luego Balaam le dijo a Balac:

—Quédate junto al sacrificio, mientras voy a ver si el Señor viene a encontrarse conmigo. Luego te comunicaré lo que él me dé a conocer.

Balaam bendice a Israel

Y Balaam se fue a una colina desierta, **4** donde Dios se le apareció. Balaam le dijo:

—He preparado siete altares, y en cada uno he ofrecido un becerro y un carnero.

5 Entonces el Señor puso en labios de Balaam lo que tenía que decir, y le dijo:

—Regresa a donde está Balac y dile lo mismo que yo te he dicho.

6 Balaam regresó y encontró a Balac de pie, junto al sacrificio, en compañía de todos los jefes moabitas. **7** Entonces Balaam pronunció esta profecía:

"Desde las montañas del oriente,
    desde Aram,
me hizo venir Balac, rey de Moab.
'Ven —me dijo—, maldíceme a Israel,
deséale el mal al pueblo de Jacob.'

8 Pero, ¿cómo maldecir
    al que Dios no maldice?
¿Cómo desear el mal,
    si el Señor no lo hace?

9 Desde estas altas rocas puedo verlo,
desde estas colinas lo miro:
es un pueblo que vive apartado,
distinto de los otros pueblos.

10 Son como el polvo; ¿quién puede contarlos?
¿Quién puede saber su número?
¡Ojalá muera yo
    como esos hombres justos,
y sea mi fin como el de ellos!"

11 Entonces Balac le reclamó a Balaam:

—¿Qué estás haciendo? Yo te traje para que maldijeras a mis enemigos, y tú te has puesto a bendecirlos.

12 Y Balaam contestó:

—Habíamos quedado en que yo diría solamente lo que el Señor pusiera en mis labios.[a]

13 Pero Balac insistió:

—Ven conmigo a otra parte, desde donde solo podrás ver los alrededores del campamento, pero no el campamento completo. Maldícemelos desde allí.

14 Y Balac llevó a Balaam al campo de Sofim, en la cumbre del monte Pisgá, donde construyó siete altares y sacrificó en cada uno un becerro y un carnero. **15** Allí Balaam dijo a Balac:

—Quédate aquí, junto al sacrificio, mientras yo voy a encontrarme con Dios.

16 El Señor salió al encuentro de Balaam y puso en sus labios lo que tenía que decir. Además le dijo:

—Regresa a donde está Balac y dile lo mismo que yo te he dicho.

17 Balaam regresó y encontró a Balac de pie, junto al sacrificio, en compañía de los jefes moabitas. Y Balac le preguntó:

---

a **23.12** Nm 22.20.

—¿Qué te dijo el Señor?

18 Entonces Balaam pronunció esta profecía:

"Balac, hijo de Sipor,
escúchame con atención.
19 Dios no es como los mortales:
no miente ni cambia de opinión.
Cuando él dice una cosa, la realiza.
Cuando hace una promesa, la cumple.
20 Yo tengo órdenes de bendecir;
si Dios bendice,
yo no puedo contradecirlo.
21 Nadie ha visto engaño ni maldad
en Israel, el pueblo de Jacob.
El Señor su Dios está con ellos,
y ellos lo aclaman como rey.
22 Dios, que los sacó de Egipto, es para ellos
lo que son para el búfalo sus cuernos.
23 Contra Jacob no valen maleficios;
contra Israel no sirven brujerías.
Ahora es preciso decir a Israel:
'¡Cuántas maravillas ha hecho Dios
contigo!'
24 Este pueblo se levanta
amenazante como un león,
y no descansará hasta devorar su presa
y beber la sangre de sus víctimas."

25 Balac dijo entonces a Balaam:

—¡Ya que no puedes maldecir a este pueblo,
por lo menos no lo bendigas!

26 A lo cual respondió Balaam:

—¿No te había dicho ya, que yo solo puedo
hacer lo que el Señor me ordene?

27 Entonces Balac le dijo:

—Ven, que te voy a llevar a otra parte. Puede
ser que a Dios no le disguste que maldigas a
Israel desde allí.

28 Y así Balac se llevó a Balaam a la cumbre
del monte Peor, desde donde se ve todo el
desierto. **29** Allí Balaam le dijo a Balac:

—Construyeme aquí siete altares y prepárame siete becerros y siete carneros.

30 Balac hizo lo que Balaam le dijo, y en cada
altar sacrificó un becerro y un carnero.

24 **1** Pero como Balaam vio que al Señor
le parecía bien bendecir a Israel, ya
no fue a recibir profecías de parte de
él, como lo había hecho las otras veces, sino
que volvió la mirada hacia el desierto. **2** Y al ver
Balaam a Israel acampado por tribus, el espíritu
de Dios se apoderó de él; **3** entonces Balaam
pronunció esta profecía:

"Mensaje de Balaam, hijo de Beor,
hombre de mirada penetrante,
4 que al caer en éxtasis
ve con más claridad,
que recibe mensajes y tiene visiones
de parte del Dios todopoderoso.
5 ¡Jacob, qué bellas son tus tiendas!
¡Qué bello, Israel, tu campamento!
6 Parecen largas filas de palmeras,
jardines junto a un río,
áloes plantados por el Señor,
¡cedros a la orilla del agua!
7 Israel tendrá agua en abundancia
para beber y regar sus sembrados.
Su rey dominará a Agag;
su poder real será muy grande.
8 Dios, que los sacó de Egipto,
es para ellos
lo que son para el búfalo sus cuernos.
Israel devorará a las naciones enemigas;
les romperá los huesos,
y los herirá con sus flechas.
9 Cuando se acuesta a descansar,
parece un león:
nadie se atreve a despertarlo.
¡Bendito sea el que te bendiga,
y maldito el que te maldiga!"

Profecías de Balaam

10 Al oír esto, Balac se enojó mucho con
Balaam, y golpeando las manos le dijo:

—Yo te llamé para que maldijeras a mis
enemigos, y resulta que ya van tres veces que
los bendices. **11** ¡Más te vale volver a tu casa!
Yo había prometido hacerte grandes honores,
pero el Señor lo ha impedido.

12 Y Balaam le respondió:

—Ya les advertí a tus mensajeros **13** que,
aunque me dieras todo el oro y la plata que
caben en tu palacio, yo no podría desobedecer
las órdenes del Señor ni hacer nada bueno ni
malo por mi propia cuenta, y que solo diría lo
que el Señor me ordenara decir. **14** Pues bien,
regreso a mi país; pero antes voy a decirte lo
que este pueblo hará en el futuro con tu pueblo.

15 Entonces Balaam pronunció esta profecía:

"Mensaje de Balaam, hijo de Beor,
hombre de mirada penetrante,
16 que al caer en éxtasis
ve con más claridad,
que conoce lo que el Altísimo conoce,

que recibe mensajes y tiene visiones
de parte del Dios todopoderoso.

17 Veo algo en el futuro,
    diviso algo allá muy lejos:
es una estrella que sale de Jacob,
un rey que se levanta en Israel.
Le aplastará la cabeza a Moab,
aplastará a todos los descendientes de Set.

18 Conquistará Edom,
se apoderará de Seír,[a] que es su enemigo.
Israel realizará grandes hazañas.

19 Un vencedor saldrá de Jacob
y destruirá a los que queden en la ciudad."

20 Después vio Balaam a Amalec, y pronunció
esta profecía:

"Amalec es una nación importante,
pero terminará destruida por completo."

21-22 También vio a los quenitas, y pronunció
esta profecía:

"Descendientes de Caín:
aunque sus refugios sean firmes,
aunque hayan puesto su nido
    entre las rocas,
ese nido será destruido por el fuego
cuando Asiria los haga prisioneros."

23 Después pronunció esta profecía:

"¡Ay! ¿Quién vivirá todavía
cuando Dios haga estas cosas?

24 Vienen naves de la costa de Chipre,
    y dejarán en ruinas a Asiria y a Éber,
pues también Éber será destruido."

25 Después de esto Balaam se puso en camino
y volvió a su casa. Balac también se puso en
camino.

Los israelitas dan culto a Baal–peor

25 1 Cuando los israelitas se establecieron en Sitim, sus hombres empeza-
ron a corromperse con las mujeres
moabitas, 2 las cuales los invitaban a los sacrificios que ofrecían a sus dioses. Los israelitas tomaban parte en esas comidas y adoraban a los dioses
de las moabitas, 3 y así se dejaron arrastrar al
culto de Baal–peor. Entonces el Señor se enfureció contra Israel, 4 y le dijo a Moisés:

—Reúne a todos los jefes del pueblo, y eje-
cútalos delante de mí a plena luz del día. Así se
calmará mi ira contra Israel.

5 Moisés ordenó entonces a los jueces israelitas:

—Cada uno de ustedes deberá matar a los
hombres de su tribu que se dejaron arrastrar al
culto de Baal–peor.

6 Pero un israelita llevó consigo a una mujer
madianita, a la vista de Moisés y de todos los
israelitas reunidos, mientras ellos se encontraban llorando a la entrada de la tienda del
encuentro. 7 Al ver esto, Finees, hijo de Eleazar
y nieto del sacerdote Aarón, se apartó de los
israelitas reunidos, empuñó una lanza 8 y se fue
tras aquel israelita hasta la alcoba, y allí atravesó
por el estómago al israelita y a la mujer. Así se
terminó la plaga que estaba haciendo morir a
los israelitas, 9 aunque ya habían muerto veinticuatro mil de ellos.

10 Entonces el Señor se dirigió a Moisés y le
dijo:

11 —Finees ha hecho que se calme mi ira
contra los israelitas, porque él ha tenido el
mismo celo que yo tengo por ellos. Por eso no
me he dejado llevar del celo y no terminé con
ellos. 12 Dile, pues, que yo hago con él una
alianza de paz, 13 por la cual le entrego, a él y
a sus descendientes, el sacerdocio para siempre, porque tuvo celo por mí y obtuvo así el
perdón para los israelitas.

14 El israelita que fue atravesado junto con la
madianita se llamaba Zimrí, y era hijo de Salú
y jefe de una familia de la tribu de Simeón. 15 La
mujer madianita se llamaba Cozbí, y era hija de
Sur, jefe de un grupo de familias de Madián.

16 El Señor se dirigió a Moisés y le dijo:

17 —Ataquen a los madianitas y derrótenlos,
18 así como ellos los atacaron a ustedes con sus
malas mañas y haciéndolos adorar a Baal–peor,
y en el caso de Cozbí, la hija del jefe madianita,
que fue muerta con una lanza cuando yo les
envié una plaga por haber adorado a Baal–peor.

Nuevo censo de Israel

26 1 Después de aquella plaga mortal,
1b el Señor dijo a Moisés y a Eleazar,
hijo del sacerdote Aarón:

---

a **24.18** *Seír:* otro nombre de *Edom.* Cf. Gn 36.8.

2 "Hagan un censo, por familias, de todos los israelitas de veinte años para arriba, aptos para la guerra."

3 Moisés y Eleazar ordenaron entonces a los israelitas en las llanuras de Moab, junto al río Jordán, frente a Jericó, 4 que se registraran todos los que tuvieran de veinte años para arriba, tal como el Señor se lo había ordenado a Moisés.

Estos eran los israelitas que habían salido de Egipto:

5 Los clanes descendientes de Rubén, el hijo mayor de Israel, fueron los de Henoc, Falú, 6 Hesrón y Carmí; 7 según el censo, los descendientes de Rubén sumaban cuarenta y tres mil setecientos treinta hombres. 8 De Falú nació Eliab, 9 y de Eliab nacieron Nemuel, Datán y Abiram. Datán y Abiram fueron aquellos del grupo de consejeros que, junto con Coré, se rebelaron contra el Señor y al mismo tiempo contra Moisés y Aarón, 10 pero se abrió la tierra y se los tragó a ellos dos y a Coré, y todo el grupo murió, pues doscientos cincuenta hombres murieron en el fuego. Esto sirvió de advertencia para los demás. 11 Sin embargo, los hijos de Coré no murieron.

12 Los clanes descendientes de Simeón fueron los de Nemuel, Jamín, Jaquín, 13 Zérah y Saúl; 14 según el censo, los descendientes de Simeón sumaban veintidós mil doscientos hombres.

15 Los clanes descendientes de Gad fueron los de Sefón, Haguí, Suní, 16 Ozní, Erí, 17 Arod y Arelí; 18 según el censo, los descendientes de Gad sumaban cuarenta mil quinientos hombres.

19 De los hijos de Judá, murieron Er y Onán en el país de Canaán, 20 así que los clanes descendientes de Judá fueron los de Selá, Fares y Zérah. 21 Los clanes descendientes de Fares fueron los de Hesrón y Hamul; 22 según el censo, los descendientes de Judá sumaban setenta y seis mil quinientos hombres.

23 Los clanes descendientes de Isacar fueron los de Tolá, Puvá, 24 Jasub y Simrón; 25 según el censo, los descendientes de Isacar sumaban sesenta y cuatro mil trescientos hombres.

26 Los clanes descendientes de Zabulón fueron los de Séred, Elón y Jahleel; 27 según el censo, los descendientes de Zabulón sumaban sesenta mil quinientos hombres.

28 Los clanes descendientes de José fueron los de las tribus de Manasés y Efraín. 29 De Manasés,

el clan de Maquir; de Maquir, el clan de Galaad; 30 de Galaad, los clanes de Iézer, de Hélec, 31 de Asriel, de Siquem, 32 de Semidá y de Héfer. 33 Selofhad, que era hijo de Héfer, no tuvo hijos sino hijas, las cuales se llamaban Mahlá, Noá, Hoglá, Milcá y Tirsá. 34 Según el censo, los descendientes de Manasés sumaban cincuenta y dos mil setecientos hombres. 35 Los clanes descendientes de Efraín fueron los de Sutélah, Béquer y Tahán. 36 Los descendientes de Sutélah eran los del clan de Erán. 37 Según el censo, los descendientes de Efraín sumaban treinta y dos mil quinientos hombres. Estos son los descendientes de José, por orden de clanes.

38 Los clanes descendientes de Benjamín fueron los de Bela, Asbel, Ahiram, 39 Sufam y Hufam. 40 Los clanes descendientes de Bela fueron los de Ard y Naamán, hijos de Bela. 41 Según el censo, los descendientes de Benjamín sumaban cuarenta y cinco mil seiscientos hombres.

42 Los descendientes de Dan fueron los del clan de Suham. 43 Según el censo, los descendientes de Suham sumaban sesenta y cuatro mil cuatrocientos hombres.

44 Los clanes descendientes de Aser fueron los de Imná, Isví y Beriá. 45 Los clanes descendientes de Beriá fueron los de Héber y Malquiel. 46 Aser tuvo una hija, que se llamó Sérah. 47 Según el censo, los descendientes de Aser sumaban cincuenta y tres mil cuatrocientos hombres.

48 Los clanes descendientes de Neftalí fueron los de Jahseel, Guní, 49 Jezer y Silem. 50 Según el censo, los descendientes de Neftalí sumaban cuarenta y cinco mil cuatrocientos hombres.

51 Los israelitas contados en el censo sumaban seiscientos un mil setecientos treinta hombres en total.

Normas para la repartición de la tierra

52 El Señor se dirigió a Moisés y le dijo:

53 "Entre estas personas será repartida la tierra, según el número que haya sido registrado. 54 A los grupos más numerosos les darás una porción mayor, y a los grupos menos numerosos una porción menor. A cada grupo se le dará una porción de tierra de acuerdo con el censo. 55 La repartición de la tierra se hará por suertes. Cada uno recibirá su parte según la tribu a la que pertenezca por parte de padre. 56 La distribución se hará por suertes, tanto entre los grupos numerosos como entre los pequeños."

Censo de los levitas

57 Los clanes de la tribu de Leví contados en el censo fueron los de Guersón, Quehat y Merarí. **58** Los clanes de los libnitas, hebronitas, mahlitas, musitas y coreítas, eran clanes levitas.

Quehat fue padre de Amram. **59** Amram se casó con una hija de Leví que se llamaba Jocabed, y que nació cuando Leví aún estaba en Egipto. Amram y Jocabed fueron los padres de Aarón, Moisés y María. **60** Los hijos de Aarón fueron Nadab, Abihú, Eleazar e Itamar. **61** Nadab y Abihú murieron cuando ofrecieron ante el Señor un fuego extraño.[a]

62 El total de varones descendientes de Leví, de un mes de edad para arriba, fue de veintitrés mil. Ellos no habían sido registrados con los demás israelitas, porque a ellos no se les había dado ninguna propiedad.[b]

63 Este fue el resultado del censo de los israelitas hecho por Moisés y el sacerdote Eleazar en las llanuras de Moab, junto al Jordán, frente a Jericó. **64** Entre todos ellos no había uno solo de los que estuvieron cuando Moisés y Aarón hicieron el censo en el desierto de Sinaí, **65** pues el Señor les había anunciado que morirían en el desierto. Con excepción de Caleb, hijo de Jefuné, y de Josué, hijo de Nun, no quedó uno solo de ellos.[c]

La herencia de las hijas

27 **1** En la tribu de Manasés había cinco hermanas, que se llamaban Mahlá, Noá, Hoglá, Milcá y Tirsá. Eran hijas de Selofhad, descendientes directas de Héfer, Galaad, Maquir, Manasés y José. **2** Estas cinco hermanas fueron a la entrada de la tienda del encuentro para hablar con Moisés y el sacerdote Eleazar, y con los jefes de la comunidad, y les dijeron: **3** "Nuestro padre murió en el desierto, pero él no pertenecía al grupo de Coré que se rebeló contra el Señor. Murió a causa de su propio pecado y sin dejar hijos varones. **4** Pero no es justo que el nombre de nuestro padre desaparezca de su clan simplemente porque no tuvo un hijo varón. Danos una porción de tierra a nosotras entre los hermanos de nuestro padre."

5 Moisés presentó al Señor el caso de estas mujeres, **6** y el Señor le respondió: **7** "Las hijas de Selofhad tienen razón. Asígnales una porción de tierra entre los hermanos de su padre, y que la herencia de su padre pase a ellas.[a] **8** Di además a los israelitas que si alguien muere sin dejar hijo varón, su herencia pasará a manos de su hija; **9** pero si no tiene ninguna hija, dejará su herencia a sus hermanos; **10** y si no tiene hermanos, dejará su herencia a los hermanos de su padre. **11** En caso de que su padre no haya tenido hermanos, dejará su herencia a su pariente más cercano. Esta será una ley para los israelitas, tal como yo te lo he ordenado a ti."

Josué es designado sucesor de Moisés
(Dt 31.1–8)

12 El Señor le dijo a Moisés:

—Sube a este monte de Abarim, y mira la tierra que les he dado a los israelitas. **13** Después que la hayas visto, morirás y te reunirás con tus antepasados, como tu hermano Aarón, **14** ya que ustedes dos desobedecieron mis órdenes en el desierto de Sin cuando el pueblo me hizo reclamaciones, y no me honraron delante de ellos cuando pidieron agua. (Esto se refiere al manantial de Meribá, en Cadés, en el desierto de Sin.)

15 Y Moisés dijo al Señor:

16-17 —Dios y Señor, tú que das la vida a todos los hombres, nombra un jefe que se ponga al frente de tu pueblo y lo guíe por todas partes, para que no ande como rebaño sin pastor.

18 El Señor respondió a Moisés:

—Josué, hijo de Nun, es un hombre de espíritu. Tómalo y pon tus manos sobre su cabeza. **19** Luego preséntalo ante el sacerdote Eleazar y ante todo el pueblo, y dale el cargo delante de todos ellos; **20** pon sobre él parte de tu autoridad, para que todo el pueblo de Israel le obedezca. **21** Pero Josué deberá presentarse ante el sacerdote Eleazar, y Eleazar me consultará en su nombre por medio del Urim.[b] Josué será el que dé las órdenes a los israelitas, para todo lo que hagan.

22 Moisés hizo tal como el Señor se lo había ordenado. Tomó a Josué y lo presentó ante el sacerdote Eleazar y ante todo el pueblo. **23** Le puso las manos sobre la cabeza y le dio el cargo, tal como el Señor lo había ordenado por medio de Moisés.

---

a **26.61** Lv 10.1–2; Nm 3.4. *b* **26.62** Nm 18.20–23. *c* **26.65** *Caleb . . . Josué:* Nm 14.6–9,30.
a **27.1–7** Nm 36.2; Jos 17.3–4. *b* **27.21** Véase Ex 28.30 n.

Las ofrendas diarias
(Ex 29.38–46)

28 [1] El Señor se dirigió a Moisés y le dijo: [2] "Ordena a los israelitas que no dejen de ofrecerme puntualmente pan y ofrendas quemadas en las fiestas especiales, como ofrendas de olor agradable para mí.

[3] "Diles también que estas son las ofrendas que deberán quemar en mi honor: diariamente y sin falta, dos corderos de un año que no tengan ningún defecto. [4] Uno será sacrificado por la mañana y el otro al atardecer. [5] La ofrenda de cereales será de dos kilos de la mejor harina amasada con un litro de aceite de oliva. [6] (Este era el sacrificio que se quemaba continuamente en el monte Sinaí, como ofrenda de olor agradable al Señor.) [7] La ofrenda de vino será de un litro por cada cordero. Este vino deberá derramarse en el santuario, en honor del Señor. [8] El segundo cordero será sacrificado al atardecer, y se le añadirá una ofrenda de cereales y una ofrenda de vino iguales a las de la ofrenda de la mañana. Es una ofrenda de olor agradable, que se quema en honor del Señor.

Ofrendas del sábado

[9] "En los sábados deberán ofrecer ustedes dos corderos de un año, sin defecto, y cuatro kilos de la mejor harina amasada con aceite como ofrenda de cereales, con su correspondiente ofrenda de vino. [10] Este holocausto se ofrecerá en los sábados, con su correspondiente ofrenda de vino, además del holocausto diario.[a]

Ofrendas mensuales

[11] "El primer día de cada mes ofrecerán como holocausto al Señor dos becerros, un carnero y siete corderos de un año, sin defecto. [12] Por cada becerro ofrecerán seis kilos de la mejor harina amasada con aceite; por cada carnero, cuatro kilos de harina amasada con aceite, [13] y por cada cordero, dos kilos de harina amasada con aceite. Es un holocausto de olor agradable que se quema en honor del Señor. [14] La ofrenda correspondiente de vino será de dos litros por cada becerro, un litro y medio por cada carnero y un litro por cada cordero. Estos son los holocaustos que deben ofrecer todos los meses del año.

[15] Además del holocausto diario, deberán ofrecerle al Señor un chivo como sacrificio por el pecado, con su correspondiente ofrenda de vino.

Ofrendas durante la Pascua
(Lv 23.5–8)

[16] "El día catorce del primer mes del año se celebrará la Pascua en honor del Señor,[b] [17] y el día quince será día de fiesta. Durante siete días se comerá pan sin levadura.[c] [18] En el primero de esos siete días se celebrará una reunión santa. Ese día no harán ustedes ninguna clase de trabajo. [19] Como holocausto, ofrecerán al Señor dos becerros, un carnero y siete corderos de un año, sin defecto. [20] Junto con estos sacrificios harán la correspondiente ofrenda de harina amasada con aceite, de la siguiente manera: seis kilos de harina por cada becerro, cuatro kilos por cada carnero [21] y dos kilos por cada cordero. [22] Ofrecerán también un chivo como sacrificio para obtener el perdón de sus pecados. [23] Todo esto lo ofrecerán además del holocausto que se ofrece todos los días por la mañana. [24] Así lo harán cada uno de los siete días de la fiesta, como ofrenda de olor agradable quemada en honor del Señor. Esto deberá ofrecerse con su correspondiente ofrenda de vino, además del holocausto diario. [25] El séptimo día también tendrán reunión santa. Ese día no harán ninguna clase de trabajo.

Ofrenda de los primeros frutos[d]
(Lv 23.9–22)

[26] "En la fiesta de los primeros frutos, cuando ofrecen al Señor los cereales de una nueva cosecha, es decir, en la fiesta de las Semanas, tendrán también una reunión santa. Ese día no harán ninguna clase de trabajo. [27] Ofrecerán al Señor, como holocausto de olor agradable, dos becerros, un carnero y siete corderos de un año. [28] La correspondiente ofrenda de harina amasada con aceite será de seis kilos por cada becerro, cuatro kilos por el carnero [29] y dos kilos por cada cordero. [30] Ofrecerán también un chivo como sacrificio para obtener el perdón de sus pecados. [31] Este holocausto y su correspondiente ofrenda de cereales y de vino lo presentarán además del holocausto diario. Los animales no han de tener ningún defecto.

---

[a] **28.10** Véase Lv 1.3 n. [b] **28.16** Ex 12.1–13; Nm 9.1–3; Dt 16.1–2. [c] **28.17–25** Ex 12.14–20; 23.15; 34.18; Dt 16.3–8. [d] **28.26–31** Esta fiesta era llamada *de las Semanas* (v. 26) porque se celebraba siete semanas después de la Pascua (Ex 23.16; 34.22; Dt 16.9–12). Más tarde fue designada con el nombre de *Pentecostés.*

La fiesta de las Trompetas
(Lv 23.23–25)

29 1 "El día primero del mes séptimo tendrán ustedes una reunión santa. Ese día no harán ninguna clase de trabajo, y anunciarán el día con toque de trompetas. 2 Como holocausto de olor agradable al Señor, ofrecerán un becerro, un carnero y siete corderos de un año, sin defecto. 3 La correspondiente ofrenda de harina amasada con aceite será de seis kilos por el becerro, cuatro kilos por el carnero 4 y dos kilos por cada cordero. 5 Ofrecerán también un chivo como sacrificio para obtener el perdón de sus pecados, 6 además del holocausto de cada mes y del holocausto diario, con sus correspondientes ofrendas de cereales y de vino, como Dios lo ha ordenado. Esta será una ofrenda de olor agradable quemada en honor del Señor.

Ofrendas del Día del Perdón
(Lv 23.26–32)

7 "El día diez del mismo mes séptimo, también tendrán ustedes reunión santa. Dedicarán ese día al ayuno, y no harán ninguna clase de trabajo. 8 Como holocausto de olor agradable al Señor, ofrecerán un becerro, un carnero y siete corderos de un año, sin defecto. 9 La correspondiente ofrenda de harina amasada con aceite será de seis kilos por el becerro, cuatro kilos por el carnero 10 y dos kilos por cada cordero. 11 Ofrecerán también un chivo como sacrificio por el pecado, además del sacrificio por el pecado que se ofrece el Día del Perdón, y del holocausto diario, con sus correspondientes ofrendas de cereales y de vino.

Ofrendas durante la fiesta de las Enramadas[a]
(Lv 23.33–44)

12 "El día quince del mes séptimo tendrán ustedes reunión santa. Ese día no harán ninguna clase de trabajo. Durante siete días celebrarán fiesta en honor del Señor. 13 El primer día[b] ofrecerán, como holocausto de olor agradable al Señor, trece becerros, dos carneros y catorce corderos de un año, sin defecto. 14 La correspondiente ofrenda de harina amasada con aceite será de seis kilos por cada becerro, cuatro kilos por cada carnero 15 y dos kilos por cada

cordero. 16 Ofrecerán también un chivo como sacrificio por el pecado, además del holocausto diario con sus correspondientes ofrendas de cereales y de vino.

17 "El segundo día se ofrecerán doce becerros, dos carneros y catorce corderos de un año, sin defecto. 18 Además se harán las ofrendas de cereales y de vino de acuerdo con el número de becerros, carneros y corderos, como Dios lo ha ordenado. 19 Se ofrecerá también un chivo como sacrificio por el pecado, además del holocausto diario con sus correspondientes ofrendas de cereales y de vino.

20 "El tercer día se ofrecerán once becerros, dos carneros y catorce corderos de un año, sin defecto. 21 Además se harán las ofrendas de cereales y de vino de acuerdo con el número de becerros, carneros y corderos, como Dios lo ha ordenado. 22 También se ofrecerá un chivo como sacrificio por el pecado, además del holocausto diario con sus correspondientes ofrendas de cereales y de vino.

23 "El día cuarto se ofrecerán diez becerros, dos carneros y catorce corderos de un año, sin defecto. 24 Además se harán las ofrendas de cereales y de vino de acuerdo con el número de becerros, carneros y corderos, como Dios lo ha ordenado. 25 También se ofrecerá un chivo como sacrificio por el pecado, además del holocausto diario con sus correspondientes ofrendas de cereales y de vino.

26 "El día quinto se ofrecerán nueve becerros, dos carneros y catorce corderos de un año, sin defecto. 27 Además se harán las ofrendas de cereales y de vino de acuerdo con el número de becerros, carneros y corderos, como Dios lo ha ordenado. 28 También se ofrecerá un chivo como sacrificio por el pecado, además del holocausto diario con sus correspondientes ofrendas de cereales y de vino.

29 "El día sexto se ofrecerán ocho becerros, dos carneros y catorce corderos de un año, sin defecto. 30 Además se harán las ofrendas de cereales y de vino de acuerdo con el número de becerros, carneros y corderos, como Dios lo ha ordenado. 31 Se ofrecerá también un chivo como sacrificio por el pecado, además del holocausto diario con sus correspondientes ofrendas de cereales y de vino.

---

[a] **29.12—30.1** Esta fiesta es llamada también de la cosecha del fin de año (Ex 23.16; 34.22; Dt 16.13–15).
[b] **29.13** *El primer día:* según la versión griega (LXX). En el texto hebreo no aparece esta frase.

32 "El día séptimo se ofrecerán siete becerros, dos carneros y catorce corderos de un año, sin defecto. 33 Además se harán las ofrendas de cereales y de vino de acuerdo con el número de becerros, carneros y corderos, como Dios lo ha ordenado. 34 Se ofrecerá también un chivo como sacrificio por el pecado, además del holocausto diario con sus correspondientes ofrendas de cereales y de vino.

35 "El día octavo lo celebrarán con una reunión solemne, y no harán ese día ninguna clase de trabajo. 36 Ofrecerán como holocausto de olor agradable al Señor un becerro, un carnero y siete corderos de un año, sin defecto. 37 Además se harán las ofrendas de cereales y de vino por el becerro, el carnero y los corderos, como Dios lo ha ordenado. 38 Se ofrecerá también un chivo como sacrificio por el pecado, además del holocausto diario con sus correspondientes ofrendas de cereales y de vino.

39 "Estos son los sacrificios que deben ofrecer al Señor en fechas determinadas, además de sus ofrendas en cumplimiento de una promesa o como ofrenda voluntaria, ya sea como holocaustos u ofrendas de cereales y de vino, o como sacrificios de reconciliación."

40 Y Moisés comunicó a los israelitas todo lo que el Señor le había ordenado.

Normas sobre las promesas

30 1 Moisés dijo a los jefes de las tribus israelitas:

"El Señor ha ordenado 2 que cuando una persona le haga una promesa o se comprometa formalmente con juramento, deberá cumplir su palabra y hacer todo lo que haya prometido.

3 "Cuando una mujer joven, que aún depende de su padre, haga una promesa al Señor o se comprometa a algo, 4 si su padre, al enterarse de su promesa o compromiso, no le dice nada en contra, estará obligada a cumplir su promesa o compromiso. 5 Pero si su padre, al enterarse, no lo aprueba, entonces ya no estará obligada a cumplir su promesa o compromiso. Puesto que su padre no lo aprueba, el Señor no le exigirá que lo cumpla.

6 "Cuando se trate de una mujer que haya hecho promesas al Señor o haya tomado un compromiso a la ligera, y que luego se case, 7 si su marido, al enterarse, no le dice nada en contra, estará obligada a cumplir sus promesas y sus compromisos. 8 Pero si su marido, al

enterarse, no los aprueba, entonces ya no estará obligada a cumplir sus promesas y sus compromisos tomados a la ligera. El Señor no le exigirá que los cumpla.

9 "Si la que hace una promesa es viuda o divorciada, está obligada a cumplir todos los compromisos que contraiga.

10 "Cuando una mujer casada haga una promesa o se comprometa a algo con juramento, estando en casa de su marido, 11 si su marido, al enterarse, no le dice nada en contra ni desaprueba lo que hace, ella estará obligada a cumplir sus promesas y compromisos. 12 Pero si su marido, al enterarse, los anula, ya no estará obligada a cumplirlos, puesto que el marido se los anuló. El Señor no le exigirá que los cumpla.

13 "El marido puede confirmar o anular cualquier promesa o juramento que haga su mujer y que la obligue a ayunar. 14 Si él no le dice nada en contra, y así pasa uno y otro día, con su silencio confirma todas las promesas o compromisos que ella haya tomado. 15 Si los anula un tiempo después de enterarse, entonces él se hace responsable del incumplimiento de la mujer."

16 Estas son las leyes que el Señor dio a Moisés sobre las relaciones entre el hombre y su mujer, y entre el padre y su hija, cuando esta es joven y aún depende de su padre.

Destrucción de Madián

31 1 El Señor se dirigió a Moisés y le dijo: 2 "Véngate de los madianitas en nombre de los israelitas, y después de eso morirás."

3 Moisés dijo entonces al pueblo:

—Ármense algunos de ustedes para la guerra, y ataquen a Madián para vengarse de ellos en nombre del Señor. 4 Cada tribu debe enviar mil hombres a la guerra.

5 Así pues, de los ejércitos de cada tribu se escogieron mil hombres, doce mil en total, armados para la guerra. 6 Moisés los envió a la batalla en compañía de Finees, hijo del sacerdote Eleazar, quien llevaba los objetos sagrados y las trompetas para dar la orden de ataque. 7 Y pelearon contra los madianitas y los mataron a todos, tal como el Señor se lo ordenó a Moisés. 8 Mataron a Eví, Réquem, Sur, Hur y Reba, es decir, los cinco reyes madianitas, y también a Balaam, hijo de Beor. 9 Los israelitas se llevaron prisioneras a las mujeres madianitas y a sus hijos pequeños, y les quitaron los animales, el

ganado y los objetos de valor; 10 además de eso, quemaron todas sus ciudades y campamentos. 11 Y todo lo que les quitaron, tanto personas como animales, 12 se lo llevaron a Moisés, al sacerdote Eleazar y al pueblo de Israel, los cuales estaban acampados en la llanura de Moab, junto al Jordán, frente a Jericó.

13 Moisés, el sacerdote Eleazar y todos los jefes del pueblo salieron a recibirlos fuera del campamento. 14 Pero Moisés se enojó con los jefes que estaban al frente de mil y de cien soldados, que venían de la batalla, 15 y les dijo:

—¿Por qué dejaron con vida a las mujeres? 16 Precisamente fueron ellas las que, cuando el caso de Balaam,[a] llevaron a los israelitas a rebelarse contra el Señor y adorar a Baal–peor.[b] Por eso el Señor castigó con una plaga a su pueblo. 17 Maten ahora mismo a todos los niños varones y a todas las mujeres que no sean vírgenes. 18 A las muchachas vírgenes déjenlas con vida y quédense con ellas. 19 Y todos los que hayan matado a alguien o hayan tocado un cadáver, quédense fuera del campamento durante siete días. Tanto ustedes como los prisioneros deberán purificarse al tercero y al séptimo día. 20 Purifiquen también toda la ropa y todos los objetos de cuero, de pelo de cabra o de madera.

21 El sacerdote Eleazar dijo a todos los soldados que habían estado en la batalla:

—Esta es una ley que el Señor le dio a Moisés: 22 los objetos de oro, plata, bronce, hierro, estaño o plomo 23 —en una palabra, todo lo que resista al fuego—, deberán purificarlos poniéndolos en el fuego y lavándolos con el agua de purificación. Las cosas que no resistan al fuego, deberán purificarlas solo con agua. 24 El séptimo día deberán lavar su ropa, y quedarán puros. Después podrán entrar en el campamento.

Repartición del botín

25 El Señor le dijo a Moisés:

26 "Con la ayuda del sacerdote Eleazar y de los jefes de familia del pueblo, haz la cuenta de la gente y de los animales quitados a los madianitas, 27 divídelos en dos partes iguales, y distribuye una parte entre los que fueron a pelear y la otra entre el resto del pueblo. 28 Recoge además una parte para mí: de lo que les toque a los soldados, tanto de la gente como de los bueyes, asnos y ovejas, tomarás uno de cada quinientos 29 y se lo darás al sacerdote Eleazar como contribución para mí. 30 De la mitad correspondiente al resto de los israelitas, tanto de la gente como de los bueyes, asnos y ovejas, o sea de todos los animales, tomarás uno de cada cincuenta y se lo darás a los levitas encargados del servicio de mi santuario."

31 Moisés y Eleazar lo hicieron tal como el Señor se lo había ordenado a Moisés. 32 Todo lo que se le quitó al enemigo, sin contar lo que los soldados recogieron por su parte, fueron seiscientas setenta y cinco mil ovejas, 33 setenta y dos mil bueyes, 34 sesenta y un mil asnos 35 y treinta y dos mil muchachas vírgenes. 36 Por lo tanto, la mitad que les tocó a los soldados fueron trescientas treinta y siete mil quinientas ovejas, 37 de las que se dieron seiscientas setenta y cinco como contribución para el Señor; 38 de los treinta y seis mil bueyes se dieron sesenta y dos como contribución para el Señor; 39 de los treinta mil quinientos asnos se dieron sesenta y uno como contribución para el Señor; 40 y de las dieciséis mil muchachas se dieron treinta y dos como contribución para el Señor. 41 Moisés entregó la contribución para el Señor al sacerdote Eleazar, tal como el Señor se lo había ordenado.

42 La otra mitad, que era la parte que le tocaba al resto de los israelitas y que Moisés había separado de la parte que les tocó a los soldados, 43 fue exactamente la misma, o sea: trescientas treinta y siete mil quinientas ovejas, 44 treinta y seis mil bueyes, 45 treinta mil quinientos asnos 46 y dieciséis mil muchachas. 47 De esta mitad, Moisés sacó uno de cada cincuenta, lo mismo de personas que de animales, y se lo dio a los levitas que servían en el santuario del Señor, tal como el Señor se lo había ordenado.

48 Entonces los jefes que habían estado al frente de mil y de cien soldados, fueron a ver a Moisés 49 y le dijeron: "Nosotros, tus servidores, hemos hecho la cuenta de los soldados que teníamos a nuestro cargo, y no falta ninguno. 50 Aquí traemos los objetos de oro que cada uno encontró: brazaletes, pulseras, anillos, aretes y otros adornos, para ofrecérselos al Señor como rescate por nosotros mismos."

51 Moisés y Eleazar recibieron de ellos todas las joyas de oro. 52 El oro que ofrecieron como

---

a **31.16** *Cuando el caso de:* otra posible traducción: *por consejo de.* *b* **31.16** Nm 25.1–9.

contribución los jefes al mando de mil y de cien soldados, pesó más de ciento ochenta y cuatro kilos, 53 pues cada soldado había traído algo de lo que se le había quitado al enemigo. 54 Así pues, Moisés y Eleazar recibieron de los jefes el oro que habían traído, y lo llevaron a la tienda del encuentro para que el Señor se acordara de los israelitas.

Las tribus de Rubén y Gad se establecen al oriente del Jordán
(Dt 3.12–22)

32 1 Las tribus de Rubén y Gad tenían muchísimo ganado. Cuando vieron que los territorios de Jazer y de Galaad eran muy buenos para la cría de ganado, 2 fueron a ver a Moisés, al sacerdote Eleazar y a los jefes del pueblo, y les dijeron:

3 —Miren: las regiones de Atarot, Dibón, Jazer, Nimrá, Hesbón, Elalé, Sebam, Nebo y Beón, 4 que el Señor ha conquistado para el pueblo de Israel, son tierras de pasto para el ganado, y lo que tenemos nosotros, tus servidores, es precisamente ganado. 5 Si te parece bien, danos ese territorio a nosotros, y no nos hagas pasar el río Jordán.

6 Pero Moisés les respondió:

—¿Quieren ustedes quedarse aquí, mientras sus compatriotas van a la guerra? 7 ¿Por qué quieren desanimar a los israelitas para que no pasen al país que el Señor les ha dado? 8 Eso mismo fue lo que hicieron los padres de ustedes cuando los envié desde Cadés–barnea a explorar esa región. 9 Llegaron hasta el arroyo de Escol y exploraron la región, y después desanimaron a los israelitas para que no entraran en el país que el Señor les había dado.ᵃ 10 Por eso el Señor se enojó aquel día, y juró 11 que las personas que habían salido de Egipto y que tenían de veinte años para arriba no verían la tierra que solemnemente había prometido a Abraham, Isaac y Jacob, porque no lo siguieron con fidelidad. 12 Solo Caleb, hijo de Jefuné el quenizita, y Josué, hijo de Nun, siguieron fielmente al Señor. 13 El Señor se enojó con los israelitas y los hizo andar por el desierto durante cuarenta años, hasta que no quedó con vida ni uno solo de los que lo habían ofendido con sus malas acciones.ᵇ 14 Y ahora ustedes, hijos de padres pecadores, quieren seguir el ejemplo

de sus padres, para provocar otra vez la ira del Señor contra Israel. 15 Si ustedes no quieren seguir al Señor, él hará que los israelitas se queden más tiempo en el desierto, y ustedes tendrán la culpa de que ellos sean destruidos.

16 Entonces se acercaron a Moisés y le dijeron:

—Lo que queremos es construir aquí corrales para nuestras ovejas y vacas, y ciudades para nuestras familias. 17 Después nosotros mismos nos armaremos a toda prisa e iremos al frente de los demás israelitas, hasta que los llevemos a su territorio. Entre tanto, nuestras familias se quedarán en las ciudades, seguras y a salvo de los que viven en esta región. 18 No volveremos a nuestras casas mientras todos los israelitas no hayan tomado posesión de su propia tierra. 19 Como lo que va a ser nuestro territorio está de este lado, al oriente del río Jordán, no reclamaremos tierras del otro lado del Jordán, ni más allá.

20 Y Moisés les respondió:

—Pues si cumplen su palabra y se arman para combatir a las órdenes del Señor, 21 si todos ustedes cruzan armados el río Jordán bajo las órdenes del Señor, y se quedan allí hasta que el Señor expulse a todos sus enemigos 22 y haya conquistado el país, entonces podrán volver, pues quedarán libres de su obligación para con el Señor y para con Israel. Esta tierra será propiedad de ustedes con la aprobación del Señor. 23 Pero si no lo hacen así, sepan que cometen un pecado contra el Señor y que algún día les llegará el castigo por ese pecado. 24 Construyan, pues, ciudades para sus familias y corrales para sus ovejas, pero cumplan su palabra.

25 Los descendientes de Gad y de Rubén le contestaron:

—Estos servidores tuyos harán lo que les has mandado. 26 Nuestras mujeres y nuestros hijos pequeños, con el ganado y todos nuestros animales, se quedarán aquí, en las ciudades de Galaad, 27 y nosotros, tus servidores, nos armaremos e iremos a la guerra bajo las órdenes del Señor, tal como tú nos lo has mandado.

28 Entonces Moisés dio las siguientes instrucciones al sacerdote Eleazar, a Josué y a los jefes de familia de las diversas tribus de Israel:

29 —Si todos los hombres de las tribus de Gad y de Rubén cruzan con ustedes el Jordán

---

ᵃ **32.8–9** Nm 13.17–33.   ᵇ **32.10–13** Nm 14.26–35.

armados para pelear bajo las órdenes del Señor hasta que ustedes conquisten el país, entonces ustedes les darán a ellos el país de Galaad como territorio propio. 30 Pero si no pasan armados, entonces les tocará un territorio entre ustedes en el país de Canaán.

31 Los descendientes de Gad y Rubén respondieron:

—Haremos lo que el Señor ha ordenado a estos servidores tuyos. 32 Pasaremos armados al país de Canaán obedeciendo al Señor, pero nos quedaremos con el territorio al oriente del Jordán como nuestra propiedad.c

33 Y así, a las tribus de Gad y Rubén, y a la media tribu de Manasés, Moisés les dio los territorios de Sihón, rey amorreo, y de Og, rey de Basán, con las ciudades que les pertenecían y los campos que las rodeaban. 34 Los de la tribu de Gad reconstruyeron las ciudades de Dibón, Atarot, Aroer, 35 Atarot–sofán, Jazer, Jogbehá, 36 Bet–nimrá y Bet–arán, y las fortificaron e hicieron corrales para sus ovejas. 37 Los de la tribu de Rubén reconstruyeron las ciudades de Hesbón, Elalé, Quiriataim, 38 Nebo, Baal–meón y Sibmá, cambiando el nombre a algunas de ellas y poniendo su propio nombre a las que reconstruyeron.

39 Los descendientes de Maquir, hijo de Manasés, invadieron la región de Galaad y se apoderaron de ella, expulsando a los amorreos que había allí. 40 Entonces Moisés asignó a los descendientes de Maquir la región de Galaad, y ellos se establecieron allí. 41 Jaír, descendiente de Manasés, se apoderó de unos campamentos de los amorreos y les puso el nombre de Havot-jaír. 42 El grupo de Nóbah se apoderó de Quenat y de los pueblos que dependían de ella, y le puso su propio nombre, Nóbah.

Ruta de los israelitas

33 1 Estas son las etapas del viaje que hicieron los israelitas cuando salieron de Egipto en formación militar, guiados por Moisés y Aarón. 2 Moisés iba anotando los nombres de los lugares de donde salían, etapa por etapa, según se lo ordenaba el Señor. Estas son las etapas con sus puntos de partida.

3 Los israelitas salieron de Ramsés el día quince del primer mes del año, al día siguiente de la celebración de la Pascua. Salieron con gran poder[a] y a la vista de todos los egipcios, 4 mientras los egipcios estaban enterrando a todos sus hijos mayores, pues el Señor los había hecho morir, con lo cual había dictado sentencia contra sus dioses.

5 Los israelitas salieron de Ramsés y acamparon en Sucot.

6 Salieron de Sucot y acamparon en Etam, en los límites del desierto.

7 Salieron de Etam, dieron la vuelta hacia Pi–hahirot, que está al oriente de Baal–sefón, y acamparon frente a Migdol.

8 Salieron de Pi–hahirot, cruzaron el mar y llegaron al desierto. Caminaron tres días por el desierto de Etam y acamparon en Mará.

9 Salieron de Mará y llegaron a Elim, donde había doce manantiales y setenta palmeras, y acamparon allí.

10 Salieron de Elim y acamparon junto al Mar Rojo.

11 Salieron del Mar Rojo y acamparon en el desierto de Sin.

12 Salieron del desierto de Sin y acamparon en Dofcá.

13 Salieron de Dofcá y acamparon en Alús.

14 Salieron de Alús y acamparon en Refidim, donde la gente no tenía agua para beber.

15 Salieron de Refidim y acamparon en el desierto de Sinaí.

16 Salieron del desierto de Sinaí y acamparon en Quibrot–hataavá.

17 Salieron de Quibrot–hataavá y acamparon en Haserot.

18 Salieron de Haserot y acamparon en Ritmá.

19 Salieron de Ritmá y acamparon en Rimón–peres.

20 Salieron de Rimón–peres y acamparon en Libná.

21 Salieron de Libná y acamparon en Risá.

22 Salieron de Risá y acamparon en Quehelata.

23 Salieron de Quehelata y acamparon en el monte Séfer.

24 Salieron del monte Séfer y acamparon en Haradá.

25 Salieron de Haradá y acamparon en Maquelot.

26 Salieron de Maquelot y acamparon en Táhat.

27 Salieron de Táhat y acamparon en Térah.

c **32.28–32** Jos 1.12–15. a **33.3** Ex 14.8.

28 Salieron de Térah y acamparon en Mitcá.

29 Salieron de Mitcá y acamparon en Hasmoná.

30 Salieron de Hasmoná y acamparon en Moserot.

31 Salieron de Moserot y acamparon en Bené–jaacán.

32 Salieron de Bené–jaacán y acamparon en Hor de Guidgad.

33 Salieron de Hor de Guidgad y acamparon en Jotbata.

34 Salieron de Jotbata y acamparon en Abroná.

35 Salieron de Abroná y acamparon en Esión–guéber.

36 Salieron de Esión–guéber y acamparon en el desierto de Sin, es decir, en Cadés.

37 Salieron de Cadés y acamparon en el monte Hor, en la frontera con Edom. **38** Por orden del Señor, el sacerdote Aarón subió al monte Hor, y allí murió el día primero del mes quinto del año cuarenta, contando a partir de la fecha en que los israelitas salieron de Egipto. **39** Cuando Aarón murió, en el monte Hor, tenía ciento veintitrés años.

40 El rey cananeo de Arad, que vivía en el Négueb de Canaán, se enteró de la llegada de los israelitas.

41 Salieron del monte Hor y acamparon en Salmoná.

42 Salieron de Salmoná y acamparon en Punón.

43 Salieron de Punón y acamparon en Obot.

44 Salieron de Obot y acamparon en Iié–abarim, en la frontera con Moab.

45 Salieron de Iié–abarim y acamparon en Dibón–gad.

46 Salieron de Dibón–gad y acamparon en Almón–diblataim.

47 Salieron de Almón–diblataim y acamparon en los montes de Abarim, al oriente del Nebo.

48 Salieron de los montes de Abarim y acamparon en las llanuras de Moab, junto al Jordán, frente a Jericó. **49** El campamento junto al Jordán se extendía desde Bet–jesimot hasta Abel–sitim, en las llanuras de Moab.

Normas para la ocupación y repartición de Canaán

50 En las llanuras de Moab, junto al río Jordán, frente a Jericó, el Señor se dirigió a Moisés y le dijo:

51 "Di a los israelitas lo siguiente: Cuando ustedes crucen el Jordán y entren en el país de Canaán, **52** expulsen a todos los habitantes del país, destruyan todas sus estatuas de piedra y de metal fundido, y echen abajo todos los lugares de culto que tienen en las colinas. **53** Conquisten el país y establézcanse en él, porque yo se lo entrego a ustedes para que lo ocupen. **54** Pero deberán repartirlo por suertes entre los clanes de todas las tribus; a los clanes numerosos se les dará un territorio grande, y a los pequeños, un territorio pequeño; cada clan recibirá lo que la suerte le señale. **55** Y si ustedes no expulsan a los habitantes del país, los que se queden allí les molestarán como una astilla en el ojo o como espinas en el cuerpo, cuando ustedes se instalen en el país; **56** entonces yo haré con ustedes lo que pensaba hacer con ellos."

Límites del país [a]

34 **1** El Señor se dirigió a Moisés y le dijo: **2** "Da las siguientes instrucciones a los israelitas: Pronto van a entrar ustedes en el país de Canaán. Este es el país que será propiedad de ustedes, y estos serán sus límites:

3 "La frontera sur limitará con el desierto de Sin y el territorio de Edom. Partiendo del este, la frontera comenzará en el extremo sur del Mar Muerto, **4** seguirá hacia el sur hasta la cuesta de Acrabim, pasará por Sin y llegará hasta Cadés–barnea. Luego seguirá por Hasar–adar hasta Asmón, **5** y de Asmón seguirá hasta el arroyo que limita con Egipto, y terminará en el mar Mediterráneo.

6 "La frontera oeste limitará con la costa del mar Mediterráneo.

7 "Para la frontera norte, tracen una línea desde el mar Mediterráneo hasta el monte Hor, **8** y desde el monte Hor hasta la entrada de Hamat, y luego hasta Sedad. **9** Desde Sedad, esta frontera norte seguirá hasta Zifrón y terminará en Hasar–enán.

10 "Para la frontera oriental, tracen una línea desde Hasar–enán hasta Sefam, **11** y de Sefam a Riblá, al oriente de Ain; de allí la frontera bajará por el lado oriental del lago Quinéret, [b] **12** y seguirá por el río Jordán hasta terminar en el Mar Muerto.

---

[a] **34.1–12** Jos 15.1–14; Ez 47.13–20.   [b] **34.11** *Lago Quinéret:* conocido en el NT como lago de Genesaret o de Galilea.

"Estas fronteras serán los límites del país de ustedes."

Repartición de la tierra

13 Moisés dio las siguientes instrucciones a los israelitas:

"Este es el país que ustedes se van a repartir por suertes; es el país que el Señor ha ordenado que se dé a las nueve tribus y media que quedan, 14-15 puesto que dos tribus y media, es decir, las tribus de Rubén y de Gad y la media tribu de Manasés, ya recibieron por familias el territorio que les pertenecía, al oriente del Jordán, frente a Jericó."

16 El Señor se dirigió a Moisés y le dijo: 17 "Los que van a repartir la tierra entre ustedes son el sacerdote Eleazar y Josué, hijo de Nun. 18 Pero llamen además a un jefe por cada tribu, para repartir la tierra. 19 Los hombres a quienes deben llamar son los siguientes:

"Por la tribu de Judá: Caleb, hijo de Jefuné.

20 "Por la de Simeón: Samuel, hijo de Amihud.

21 "Por la de Benjamín: Elidad, hijo de Quislón.

22 "Por la de Dan: el jefe Buquí, hijo de Joglí.

23 "Por las tribus de los hijos de José: el jefe Haniel, hijo de Efod, por la de Manasés; 24 y el jefe Quemuel, hijo de Siftán, por la de Efraín.

25 "Por la tribu de Zabulón: el jefe Elisafán, hijo de Parnac.

26 "Por la de Isacar: el jefe Paltiel, hijo de Azán.

27 "Por la de Aser: el jefe Ahihud, hijo de Selomí.

28 "Por la de Neftalí: el jefe Pedahel, hijo de Amihud."

29 A estos encargó el Señor repartir el país de Canaán entre los israelitas.

Herencia de los levitas

35 1 El Señor se dirigió a Moisés en las llanuras de Moab, junto al Jordán, frente a Jericó, y le dijo:

2 "Ordena a los israelitas que, del territorio que les corresponde, den a los levitas ciudades para que vivan, y que les den también los campos de pastoreo que rodean las ciudades. 3 Los levitas vivirán en esas ciudades, y en los campos tendrán su ganado y demás animales. 4 Los campos de pastoreo que deben darles se extenderán alrededor de la ciudad, cuatrocientos cincuenta metros hacia afuera de la muralla.

5 Todo el terreno formará un cuadrado de novecientos metros por lado, es decir, que medirá lo mismo por el este y por el oeste, por el norte y por el sur. La ciudad quedará en medio, con los campos de pastoreo alrededor.

6 "De las ciudades que les den a los levitas, seis serán ciudades de refugio, donde pueda buscar protección la persona que haya matado a alguien. Aparte de estas seis ciudades, les darán ustedes otras cuarenta y dos; 7 en total, deben dar a los levitas cuarenta y ocho ciudades con sus campos de pastoreo. 8 Cuando del territorio propio de los israelitas den las ciudades para los levitas, cada tribu deberá dar en proporción a lo que le haya tocado: de los territorios más grandes se tomarán más ciudades, y de los más pequeños, menos ciudades."

Ciudades de refugio
(Dt 19.1–13; Jos 20.1–9)

9 El Señor se dirigió a Moisés y le dijo: 10 "Di a los israelitas lo siguiente: Cuando ustedes crucen el río Jordán para entrar en Canaán, 11 deberán escoger algunas ciudades como ciudades de refugio, donde pueda buscar refugio la persona que sin intención haya matado a otra. 12 Allí quedará a salvo del pariente del muerto que quiera vengarlo, y no morirá hasta que se haya presentado ante el pueblo para ser juzgado. 13 De las ciudades dadas, seis serán para refugio: 14 tres al oriente del Jordán y tres en Canaán. 15 Estas seis ciudades serán ciudades de refugio, tanto para los israelitas como para los extranjeros que vivan o estén de paso entre ustedes. Allí podrá refugiarse todo el que sin intención haya matado a otra persona.

16 "Si alguien hiere a otro con un objeto de hierro, y el herido muere, se trata de un asesinato, y el asesino será condenado a muerte.

17 "Si alguien golpea a otro con una piedra que pueda causar la muerte, y el golpeado muere, se trata de un asesinato, y el asesino será condenado a muerte.

18 "Si alguien golpea a otro con un palo que pueda causar la muerte, y el golpeado muere, se trata de un asesinato, y el asesino será condenado a muerte. 19 El pariente más cercano del muerto se encargará de dar muerte al asesino cuando lo encuentre.

20 "Si alguien empuja a otro por odio, o si le lanza alguna cosa con malas intenciones, 21 o si por enemistad lo golpea con las manos, y el otro muere, el culpable será condenado a muerte

porque es un asesino. El pariente más cercano del muerto se encargará de dar muerte al asesino cuando lo encuentre.

22 "Pero si alguien empuja a otro accidentalmente, no por enemistad, o si le lanza alguna cosa sin mala intención, 23 o sin fijarse lanza una piedra que pueda causar la muerte, y la piedra le cae encima y lo mata no siendo ellos enemigos ni queriendo él hacerle daño, 24 entonces el pueblo actuará como juez entre el que causó la muerte y el pariente que quiera vengar a la víctima, según estas reglas. 25 El pueblo deberá proteger de la venganza del pariente al que causó la muerte, y deberá hacer que vuelva a la ciudad de refugio donde había buscado refugio. El que mató deberá quedarse allí hasta que muera el sumo sacerdote debidamente consagrado. 26 Pero si sale del territorio de la ciudad de refugio, 27 el pariente de la víctima no cometerá ningún crimen si lo encuentra fuera y lo mata. 28 El que mató deberá quedarse en la ciudad de refugio hasta la muerte del sumo sacerdote. Después podrá volver a su tierra.

29 "Estas disposiciones serán para ustedes una ley que pasará de padres a hijos, dondequiera que ustedes vivan.

Leyes sobre testimonios y rescates

30 "Solo por el testimonio de varios testigos podrá ser condenado a muerte un asesino. Un solo testigo no basta para condenar a muerte a nadie.

31 "No se podrá aceptar dinero como rescate por la vida de un asesino condenado a muerte; ese hombre deberá morir.

32 "No se podrá aceptar dinero por permitir que un asesino que ha buscado refugio en una de las ciudades señaladas pueda regresar a su tierra antes de la muerte del sumo sacerdote.

33 "No profanen con asesinatos el país en que van a vivir, pues el asesinato profana el país, y no hay más rescate por un asesinato que la muerte del que lo cometió.

34 "No profanen la tierra en que van a vivir y en la que yo también viviré, pues yo, el Señor, vivo entre los israelitas."

Herencia de las mujeres

36 1 Los jefes de familia de los clanes de Galaad, descendiente directo de Maquir, Manasés y José, fueron a ver a Moisés y a los jefes de familia israelitas, y les dijeron:

2 —El Señor ordenó que tú, Moisés, repartieras por suertes entre los israelitas el territorio que le ha de tocar a cada uno, y también te ordenó que la parte que correspondía a Selofhad, que era de nuestra familia, se la dieras a sus hijas. 3 Pero si ellas se casan con hombres de otra tribu israelita, la tierra que les tocó a ellas dejará de pertenecer a nuestra tribu y pasará a ser de la tribu de aquellos con quienes ellas se casen. Así se nos irá quitando parte de lo que nos tocó en suerte. 4 Luego, cuando llegue el año de liberación[a] en Israel, la tierra de ellas pasará a ser definitivamente de aquella otra tribu y dejará de pertenecer a la nuestra.

5 Entonces Moisés, según las instrucciones que le dio el Señor, ordenó lo siguiente a los israelitas:

—Los hombres de la tribu de José tienen razón. 6 El Señor permitirá que las hijas de Selofhad se casen con quien quieran, con tal de que sea alguien de un clan de la tribu a la que ellas pertenecen por parte de padre. 7 La tierra que a cada uno en Israel le ha tocado no debe pasar de una tribu a otra; todo israelita debe conservar su herencia en su propia tribu. 8 Si una mujer de cualquier tribu hereda tierras, deberá casarse con un hombre de un clan de su misma tribu. Así cada israelita conservará la herencia recibida de sus padres. 9 Ninguna herencia debe pasar de una tribu a otra. Cada tribu de Israel debe conservar el territorio que le tocó.

10-11 Entonces Mahlá, Tirsá, Hoglá, Milcá y Noá, hijas de Selofhad, hicieron lo que el Señor le había ordenado a Moisés, y se casaron con hijos de sus tíos paternos, 12 que eran descendientes de Manasés, hijo de José. Así su herencia quedó dentro de la tribu a la que pertenecía su padre.

13 Estas fueron las órdenes y normas que el Señor dio a los israelitas por medio de Moisés en las llanuras de Moab, junto al Jordán, frente a Jericó.

---

[a] **36.4** Lv 25.8–16.

DEUTERONOMIO

El libro del *Deuteronomio* (=Dt) sitúa a sus lectores en un punto bien determinado del espacio y del tiempo. Después de cuarenta años de marcha por el desierto, los israelitas, bajo la conducción de Moisés, llegan a las llanuras de Moab, al este del río Jordán, frente a Jericó. De este modo culmina la etapa comenzada con el éxodo de Egipto y está por iniciarse una nueva: el paso a través del río para tomar posesión de la tierra que el Señor les ha prometido.

En este momento solemne, y con la mirada puesta en su muerte cercana, Moisés reúne por última vez a *todo Israel* y le entrega su "testamento" espiritual. En estas palabras de despedida, el gran legislador evoca las experiencias vividas en común e instruye a la comunidad sobre la forma de vida que deberá llevar a la práctica para ser realmente "el pueblo de Dios". Al mismo tiempo, le advierte que de la fidelidad a los mandamientos y preceptos divinos dependerá la permanencia de los israelitas en el hermoso país que el Señor les ha dado como herencia (cf. 8.19–20).

En la parte central del libro se encuentra el llamado "código deuteronómico" (caps. 12—26), que comienza con una serie de disposiciones relativas a la centralización del culto en un santuario único (12.1–28). Alrededor de este núcleo legal se sitúan los dos discursos introductorios de Moisés (caps. 1—4; 5—11) y los complementos y apéndices finales, en los que se entremezclan diversos temas y géneros literarios: las bendiciones y maldiciones vinculadas con la fidelidad o infidelidad al pacto o alianza (caps. 27—28), la exhortación que acompañó a la renovación de la alianza en el país de Moab (caps. 29—30) y el Cántico y las Bendiciones de Moisés (caps. 32—33). En esta parte final están, asimismo, la referencia a la designación de Josué como sucesor de Moisés (31.1–8,23) y el relato de la muerte del gran líder antes de la entrada de los israelitas en la Tierra prometida (cap. 34).

El *Deuteronomio* reconoce que el Dios de Israel es el Señor del cielo y de la tierra (cf. 10.14,17). Pero el mensaje que proclama con más insistencia no se refiere a la soberanía universal de Dios, sino a su especial relación con el pueblo de Israel. El Señor es *tu* Dios, y esta relación particular, expresada en la palabra *alianza*, tiene su origen en el amor divino: el Señor *amó* a los patriarcas Abraham, Isaac y Jacob, y por el amor que les tuvo les prometió con un juramento que sus descendientes recibirían como herencia el país de Canaán (6.10). Al entrar en la Tierra prometida, Moisés los invita a tomar conciencia de su responsabilidad: *Miren, hoy les doy a elegir entre la vida y el bien, por un lado, y la muerte y el mal, por el otro . . . Escojan, pues, la vida para que vivan ustedes y sus descendientes* (30.15,19). Es decir, que al amor de Dios debe corresponder la entrega indivisa y sin reservas de toda la persona a Dios, manifestada en la fiel observancia de la voluntad divina: *Amen ustedes al Señor su Dios, y cumplan sus preceptos, leyes, decretos y mandamientos* (11.1).

El esquema siguiente describe a grandes líneas la estructura del *Deuteronomio*:

1. Primer discurso introductorio de Moisés (1—4)
2. Segundo discurso introductorio de Moisés (5—11)
3. El código deuteronómico (12—26)
4. La celebración de la alianza (27—28)
5. Último discurso de Moisés (29—30)
6. Despedida y muerte de Moisés (31—34)

Introducción

1 ¹ Estas son las palabras que Moisés dirigió a todo Israel cuando estaban en el desierto, al este del río Jordán, es decir, en el Arabá, frente a Suf y entre las regiones de Parán, Tófel, Labán, Haserot y Dizahab. ²Desde el monte Horeb*ᵃ* hasta Cadés–barnea hay once días de camino, siguiendo la ruta del monte de Seír. 3-4El día primero del mes undécimo, en el año cuarenta,*ᵇ* después de haber derrotado Moisés a Sihón, rey de los amorreos, que vivía en Hesbón, y a Og, rey de Basán, que vivía en Astarot, en la región de Edrei,*ᶜ* Moisés comunicó a los israelitas todas las cosas que el Señor le había ordenado que ellos cumplieran. 5Cuando estaban al este del río Jordán, en el país de Moab, Moisés comenzó a dar las siguientes instrucciones:

6"El Señor nuestro Dios nos dijo esto en Horeb: 'Ustedes han estado ya mucho tiempo en este monte. 7Recojan sus cosas y vayan a las montañas de los amorreos y a todas sus regiones vecinas: el Arabá, la región montañosa, la llanura, el Négueb, la costa, el país de los cananeos y el Líbano, hasta el gran río Éufrates. 8Yo les he entregado el país; vayan y tomen posesión de la tierra que yo, el Señor, juré dar a los antepasados de ustedes, es decir, a Abraham, Isaac y Jacob, y a sus descendientes.'

Nombramiento de jueces
(Ex 18.13–27)

9"En aquella misma ocasión yo les dije a ustedes: 'Yo solo no puedo hacerme cargo de todos ustedes. 10Tantos hijos les ha dado el Señor su Dios, que ahora son ustedes un pueblo tan numeroso como las estrellas del cielo. 11¡Que el Señor y Dios de sus antepasados los haga mil veces más numerosos de lo que ahora son, y los bendiga conforme a la promesa que les hizo! 12Yo solo, sin embargo, no puedo llevar la pesada carga de atender todos sus problemas y pleitos. 13Por lo tanto, escojan de cada tribu hombres sabios, inteligentes y experimentados, para que yo los ponga como jefes de ustedes.'*ᵈ*

14"Y ustedes me respondieron: 'Nos parece muy bien lo que propones.'

15"Entonces tomé de cada tribu de ustedes los hombres más sabios y experimentados, y les di autoridad sobre ustedes; a unos los puse a cargo de mil hombres, a otros a cargo de cien, a otros de cincuenta, a otros de diez, y a otros los puse a cargo de cada tribu. 16Al mismo tiempo les di a sus jueces las siguientes instrucciones: 'Atiendan a todos y háganles justicia, tanto a sus compatriotas como a los extranjeros; 17y al dictar sentencia, no hagan ninguna distinción de personas: atiendan tanto a los humildes como a los poderosos, sin tenerle miedo a nadie, porque el juicio es de Dios. Y si se les presenta algún caso difícil, pásenmelo para que yo lo atienda.'

18"En aquella ocasión les di amplias instrucciones acerca de todo lo que debían hacer.

Misión de los doce espías
(Nm 13.1—14.4)

19"Cuando salimos de Horeb, nos dirigimos a los montes de los amorreos, obedeciendo así las órdenes del Señor nuestro Dios. Recorrimos todo aquel grande y terrible desierto que ustedes vieron, hasta que llegamos a Cadés–barnea. 20Allí les dije: 'Ya hemos llegado a los montes de los amorreos, que el Señor nuestro Dios nos da. 21El Señor, el Dios de ustedes, les entrega esta tierra. Adelante, pues, y ocúpenla tal como lo ha dicho el Señor, el Dios de sus antepasados. No tengan miedo ni se desanimen.' 22Pero ustedes vinieron a decirme: 'Será mejor que algunos de nosotros se adelanten y exploren este país, y que luego regresen a decirnos qué camino debemos seguir y en qué ciudades podemos entrar.'

23"Lo que ustedes propusieron me pareció bien, y entonces escogí a doce de ustedes, uno de cada tribu, 24los cuales se encaminaron hacia la región montañosa y llegaron al valle de Escol*ᵉ* recorrieron toda la región. 25Después tomaron frutos de aquella tierra y nos los trajeron, con este informe: 'La tierra que el Señor nuestro Dios nos da es magnífica.' 26Pero ustedes no quisieron ir, sino que desobedecieron la orden que el Señor nuestro Dios les había dado, 27y en sus casas se pusieron a murmurar y a decir: 'El Señor no nos quiere; nos sacó de

---

ᵃ **1.2** *Horeb* es el nombre que se da siempre en *Deuteronomio* al monte Sinaí, con la sola excepción de 33.2.
ᵇ **1.3–4** *El año cuarenta*, contando a partir de la salida de Egipto. Cf. Ex 13.17–18. *ᶜ* **1.3–4** Nm 21.21–35.
ᵈ **1.9–13** Nm 4.14–17. *ᵉ* **1.24** Nm 13.23–24.

Egipto tan solo para ponernos en manos de los amorreos y acabar con nosotros. **28**Y ahora, ¿a dónde vamos a ir? Nuestros compatriotas dicen que allí hay gente más poderosa y alta que nosotros, y grandes ciudades rodeadas de altísimas murallas, y que hasta vieron descendientes del gigante Anac.*f* Todo eso nos ha desanimado por completo.'

29 "Entonces yo les respondí: 'No se alarmen. No les tengan miedo. **30**El Señor su Dios marcha al frente de ustedes y combatirá por ustedes, tal como vieron que lo hizo en Egipto **31**y en el desierto. El Señor su Dios los ha tomado en sus brazos durante todo el camino que han recorrido hasta llegar a este lugar, como un padre que toma en brazos a su hijo.' **32**Sin embargo, ustedes no confiaron en el Señor su Dios, **33**el cual iba delante de ustedes para escoger el lugar donde debían acampar. De noche les señalaba con fuego el camino que tenían que seguir, y de día se lo señalaba con una nube.

El Señor se enoja contra los israelitas
(Nm 14.20–35)

34 "Cuando el Señor oyó las murmuraciones de ustedes, se enojó mucho e hizo este juramento: **35**'Ni una sola persona de esta mala generación verá la buena tierra que prometí dar a sus antepasados. **36**Haré una excepción con Caleb, hijo de Jefuné; él sí la verá, y a él y a sus descendientes les daré la tierra donde pongan el pie, por haber seguido con toda fidelidad al Señor.'

37 "Y por culpa de ustedes, el Señor se enojó conmigo y me dijo: 'Tampoco tú entrarás en esa tierra. **38**En tu lugar entrará tu ayudante Josué, hijo de Nun. Anímalo, pues él será quien entregue el país a Israel. **39**Y aunque ustedes creyeron que el enemigo les arrebataría a sus mujeres y niños, serán esos niños, que todavía no tienen uso de razón, los que entrarán en el país; yo se lo daré a ellos en propiedad. **40**En cuanto a ustedes, ¡vuelvan al desierto!, ¡vayan de nuevo al Mar Rojo!'

Necedad y derrota de los israelitas
(Nm 14.39–45)

41 "Entonces ustedes me contestaron: 'Hemos pecado contra el Señor, pero ahora iremos

y lucharemos tal como el Señor nuestro Dios nos lo ha ordenado.' Y tomaron ustedes sus armas, creyendo que era muy fácil subir al monte. **42**Pero el Señor me dijo que les advirtiera: 'No vayan a pelear; no se expongan a que sus enemigos los derroten, pues yo no estoy con ustedes.'

43 "Yo les hice esa advertencia, pero ustedes no me hicieron caso, sino que se rebelaron contra la orden del Señor, y con aires de grandeza subieron a la región montañosa. **44**Entonces los amorreos, que vivían en aquellos montes, salieron al encuentro de ustedes y, como avispas, los persiguieron y los derrotaron en Seír y hasta Hormá. **45**Cuando ustedes regresaron, lloraron ante el Señor, pero él no escuchó sus lamentos. **46**Por eso tuvieron ustedes que quedarse a vivir tanto tiempo en la región de Cadés.

Los años en el desierto

2 **1** "Después nos fuimos al desierto por el camino del Mar Rojo, tal como el Señor me lo había ordenado, y pasamos mucho tiempo caminando alrededor de las montañas de Seír. **2**Entonces el Señor me dijo: **3**'Ya llevan demasiado tiempo rodeando estas montañas; váyanse ahora hacia el norte. **4**Dale esta orden al pueblo: Ustedes van a pasar por el territorio de los descendientes de Esaú, que viven en Seír y son parientes de ustedes. Ellos tienen miedo de ustedes; sin embargo, tengan mucho cuidado **5**y no los ataquen, pues yo no les daré a ustedes ni una sola parte de ese país, porque las montañas de Seír son propiedad de los descendientes de Esaú. Yo se las di a ellos. **6**Ustedes les pedirán que les vendan los alimentos que necesiten, y pagarán por ellos y aun por el agua que beban.' **7**El Señor y Dios de ustedes los ha bendecido en todo lo que han hecho; durante estos cuarenta años ha estado con ustedes y los ha cuidado en su marcha por este inmenso desierto, sin que nada les haya faltado.

8 "Después nos alejamos camino del Arabá,*ª* de Elat y Esión-guéber, y pasamos por las tierras de nuestros parientes, los descendientes de Esaú que viven en Seír, y allí hicimos un rodeo para tomar el camino del desierto de Moab. **9**Entonces el Señor me dijo: 'No molestes ni ataques a los moabitas, pues son descendientes

---

f **1.28** Los descendientes de *Anac* eran un grupo de cananeos, famosos por su estatura. Cf. Gn 6.1–4; Nm 13.33.
ª **2.8** *Nos alejamos camino del Arabá:* según la versión griega (LXX); heb. *nos alejamos del camino del Arabá.*

de Lot,[b] y no te daré ni la más pequeña parte de su país. Yo les he dado en propiedad la región de Ar.' 10(Este país fue habitado en tiempos antiguos por los emitas, que eran gente grande y numerosa, y alta como los descendientes del gigante Anac. 11En realidad, la gente creía que eran refaítas, aunque los moabitas los llamaban emitas.[c] 12Esta región de Seír fue habitada antes por los horeos, pero los descendientes de Esaú exterminaron a sus habitantes y ocuparon el país, quedándose a vivir allí tal como lo ha hecho Israel con el país que el Señor le ha dado.) 13'Y ahora —dijo el Señor—, pónganse en marcha y crucen el arroyo Zéred.' Y entonces cruzamos el arroyo.

14"Desde que salimos de Cadés-barnea hasta el día en que cruzamos el arroyo Zéred, pasaron treinta y ocho años. Para entonces ya había muerto toda la generación de hombres de guerra que había en el campamento, tal como el Señor se lo había jurado.[d] 15El poder del Señor cayó sobre ellos, hasta que todos murieron.

16"Cuando ya no quedaba vivo ninguno de aquellos hombres de guerra, 17el Señor me habló y me dijo: 18'Hoy mismo pasarás la frontera de Moab y te dirigirás a Ar, 19pero cuando te encuentres con los amonitas, que son también descendientes de Lot, no los molestes ni los ataques, pues no voy a darte ninguna parte de su territorio, ya que se lo he dado a ellos en propiedad.' 20(También este país era tenido por tierra de refaítas, porque antiguamente habían vivido allí los refaítas, a quienes los amonitas llamaban zamzumitas; 21se trataba de un pueblo grande y numeroso, y de gente alta como los descendientes del gigante Anac, pero el Señor los destruyó por medio de los amonitas, los cuales se quedaron a vivir para siempre en el país. 22El caso era semejante al de los descendientes de Esaú, que habitaban en Seír y que exterminaron a los horeos para quedarse a vivir allí.[e] 23Lo mismo les pasó a los heveos, que vivían en aldeas cerca de Gaza y

que fueron exterminados por los filisteos, los cuales vinieron de Creta y se quedaron a vivir allí.) 24'¡Vamos —dijo el Señor—, pónganse en marcha y crucen el río Arnón! Yo haré caer en manos de ustedes al amorreo Sihón, que es rey de Hesbón, y a su país. ¡Entren en su territorio y declárenle la guerra! 25A partir de hoy haré que ante ustedes todos los pueblos de la tierra se llenen de espanto. Cuando oigan hablar de ustedes, se pondrán a temblar y la angustia se adueñará de ellos.'

Israel derrota al rey Sihón
(Nm 21.21–30)

26"Desde el desierto de Cademot envié unos mensajeros a Sihón, rey de Hesbón, para proponerle de manera amistosa lo siguiente: 27'Pienso pasar por tu territorio, siguiendo siempre el camino principal y sin tocar ningún otro punto de tu país. 28Te pagaremos con dinero los alimentos que necesitemos y el agua que bebamos. Solamente te pido que nos dejes pasar, 29como nos lo han permitido los descendientes de Esaú que viven en Seír y los moabitas que viven en Ar, hasta que crucemos el río Jordán y lleguemos al país que el Señor nuestro Dios nos va a dar.'

30"Pero el rey Sihón no quiso dejarnos pasar por su tierra, porque el Señor, el Dios de ustedes, hizo que se negara rotundamente a ello, con el fin de ponerlo en manos de ustedes, como todavía lo está hoy.

31"Entonces el Señor me dijo: 'A partir de este momento te entrego a Sihón y a todo su país; entra ya en su territorio y apodérate de él.'

32"Sihón nos salió al encuentro con todo su ejército, para presentarnos batalla en Jahas; 33pero el Señor nuestro Dios lo hizo caer en nuestras manos y lo derrotamos a él, a sus hijos y a todo su ejército. 34Todas sus ciudades cayeron en nuestro poder y las destinamos a la destrucción; matamos hombres, mujeres y niños; no dejamos a nadie con vida.[f] 35Lo único

---

[b] **2.9** Gn 19.30–38; Nm 21.10–20. [c] **2.10–11** Este paréntesis contiene una referencia a los primitivos pobladores de la Transjordania, designados en general como *refaítas*. La tradición popular les atribuía una estatura gigantesca y otros rasgos legendarios (Dt 3.11). En distintos lugares se les daban nombres diferentes: *emitas* en Moab (cf. Gn 14.5), *anaquitas* en Judá (Nm 13.28,33; Jue 1.20) y *zamzumitas* en Amón (v.20). El nombre *emita* significa, probablemente, *terrible*. [d] **2.14** Nm 14.28–35. [e] **2.22** *Para quedarse a vivir allí:* lit. *y habitaron en lugar de ellos hasta el día de hoy.* La referencia al *día de hoy* aparece con frecuencia en el texto hebreo, sobre todo en los libros históricos, y se refiere al momento en que se escribía el libro. Cf. 1 R 12.19. [f] **2.34** La *destrucción* total señalada aquí refleja una expresión hebrea que designa la costumbre de consagrar algo a Dios destruyéndolo por completo.

que tomamos para nosotros fue el ganado y las cosas de valor que hallamos en las ciudades conquistadas. **36** Desde la ciudad de Aroer, que está junto al río Arnón, y la ciudad que está en el valle, hasta Galaad, no hubo ciudad que resistiera nuestro ataque; el Señor nuestro Dios hizo que todas cayeran en nuestro poder. **37** Los únicos territorios que no atacamos fueron los siguientes: el de los amonitas, toda la región del río Jaboc, las ciudades de la montaña, y todos los demás lugares que el Señor nuestro Dios nos había ordenado no atacar.

Israel derrota a Og, rey de Basán
(Nm 21.31–35)

3 **1** "Después tomamos otro camino, y nos dirigimos a Basán. Pero Og, el rey de este país, salió con todo su ejército para pelear contra nosotros en Edrei.

2 "Entonces el Señor me dijo: 'No le tengas miedo, pues a él, con su ejército y todo su país, lo he puesto en tus manos, para que hagas con él lo mismo que hiciste con Sihón, rey de los amorreos, que vivía en Hesbón.'

3 "Así fue como el Señor nuestro Dios hizo caer en nuestro poder al rey Og y a todo su ejército, y los matamos a todos, sin dejar a nadie con vida. **4** También conquistamos todas sus ciudades; no hubo ni una sola que no tomáramos. Fueron en total sesenta ciudades, es decir, todas las de la región de Argob, del reino de Og, en Basán. **5** Todas ellas estaban fortificadas con altos muros, puertas y barras, sin contar muchas otras ciudades que no tenían murallas. **6** Las destinamos a la destrucción, tal como lo habíamos hecho con Sihón, rey de Hesbón, y acabamos con hombres, mujeres y niños,[a] **7** quedándonos solo con los animales y las cosas de valor de nuestros enemigos.

8 "Así pues, en aquel tiempo cayeron en nuestro poder los territorios de los dos reyes amorreos que vivían al este del río Jordán, desde el río Arnón hasta el monte Hermón. **9** (A este monte los sidonios lo llaman Sirión, y los amorreos Senir.) **10** Todas las ciudades de la meseta, todo Galaad y Basán, hasta Salcá y Edrei, ciudades que pertenecían al reino de Og, en Basán, cayeron en nuestras manos. **11** (El rey Og era el único que quedaba de los refaítas;[b] su cama era

de hierro y medía cuatro metros de largo por casi dos de ancho, como puede verse todavía en la ciudad amonita de Rabá.)

Rubén, Gad y la media tribu de Manasés se establecen al oriente del Jordán
(Nm 32.1–42)

12 "Del territorio que ocupamos, en aquella ocasión entregué a las tribus de Rubén y de Gad el territorio que va desde Aroer, a orillas del río Arnón, hasta la mitad de los montes de Galaad, con sus ciudades. **13** La parte restante de Galaad, toda la región de Basán que había pertenecido al reino de Og, y toda la región de Argob, conocida como la tierra de los refaítas, se las di a la media tribu de Manasés. **14** (Jaír, descendiente de Manasés, se apoderó de la región de Argob hasta el límite de los territorios de Guesur y Maacá, y puso su propio nombre a Basán, llamándole Havot–jaír, que es el nombre que todavía tiene.) **15** A Maquir le di la región de Galaad, **16** y a las tribus de Rubén y de Gad les di la región comprendida entre Galaad y el río Arnón, teniendo por límite el centro del valle, y hasta el río Jaboc, que es la frontera de los amonitas. **17** Hacia el oriente les di el Arabá, en la falda oriental del monte Pisgá, región que tiene como límite el río Jordán, y que va del lago Quinéret[c] hasta el mar de Arabá, que es el Mar Muerto.

18 "En aquella ocasión les di a ustedes esta orden: 'El Señor su Dios les entrega este país en propiedad. Que todos los que sepan pelear, tomen las armas y marchen al frente de sus compatriotas israelitas. **19** Solo se quedarán, en las ciudades que les he dado, las mujeres, los niños y el mucho ganado que yo sé que ustedes tienen. **20** Y mientras yo, el Señor, no haya dado a los hermanos de ustedes la misma tranquilidad que a ustedes les he dado, ni ellos hayan tomado posesión del país que les voy a dar al otro lado del río Jordán, tampoco ustedes podrán volver al territorio que les he dado.'

21 "A Josué le di esta orden: 'Con tus propios ojos has visto todo lo que el Señor tu Dios ha hecho con esos dos reyes;[d] y lo mismo hará con todos los reinos por los que vas a pasar. **22** No les tengas miedo, porque el Señor tu Dios peleará en favor de ustedes.'

---

[a] **3.6** Véase 2.34 n. [b] **3.11** Véase 2.10–11 n. [c] **3.17** *Lago Quinéret:* más conocido, posteriormente, con el nombre de lago de Galilea, de Genesaret o de Tiberias (o Tiberíades). [d] **3.21** *Esos dos reyes:* Sihón y Og (Dt 2.26—3.11).

El Señor no permite a Moisés entrar en Canaán

23 "En esta misma ocasión le supliqué al Señor: 24 'Señor, tú has comenzado a mostrar a este siervo tuyo tu grandeza y tu poder. No hay otro Dios en el cielo ni en la tierra que pueda hacer las cosas tan maravillosas que tú haces. 25 Te ruego que me permitas pasar al otro lado del río Jordán, pues quiero ver aquella buena tierra, esa hermosa región montañosa y el Líbano.' 26 Pero el Señor se enojó conmigo por culpa de ustedes, y no me concedió lo que le pedí, sino que me dijo: '¡Basta! No me hables más de este asunto. 27 Sube a lo alto del monte Pisgá, y desde allí mira al norte y al sur, al este y al oeste, pero el Jordán no lo cruzarás.e 28 Da instrucciones a Josué; anímalo y dale valor, porque él será quien vaya al frente del pueblo y le haga tomar posesión del país que ahora vas a ver.'

29 "Y nos quedamos en el valle, enfrente de Bet-peor.

Moisés aconseja obediencia a los israelitas

4 1 "Ahora pues, israelitas, escuchen las leyes y decretos que les he enseñado, y pónganlos en práctica, para que vivan y ocupen el país que el Señor y Dios de sus antepasados les va a dar. 2 No añadan ni quiten nada a lo que yo les ordeno; cumplan los mandamientos del Señor su Dios, que yo les ordeno. 3 Ustedes mismos han visto lo que el Señor hizo en Baal-peor, y cómo exterminó de entre ustedes a todos los que adoraron al dios de aquel lugar;a 4 pero todos ustedes, los que se mantuvieron fieles al Señor su Dios, todavía están vivos. 5 Yo les he enseñado las leyes y los decretos que el Señor mi Dios me ordenó, para que los pongan en práctica en el país que van a ocupar. 6 Cúmplanlos y practíquenlos, porque de esta manera los pueblos reconocerán que en ustedes hay sabiduría y entendimiento, ya que cuando conozcan estas leyes no podrán menos que decir: '¡Qué sabia y entendida es esta gran nación!' 7 Porque, ¿qué nación hay tan grande que tenga los dioses tan cerca de ella, como tenemos nosotros al Señor nuestro Dios cada vez que lo invocamos? 8 ¿Y qué nación hay tan grande que tenga leyes y decretos tan justos como toda esta enseñanza que yo les presento hoy? 9 Así pues, tengan mucho cuidado de no olvidar las cosas que han visto, ni de apartarlas jamás de su pensamiento; por el contrario, explíquenlas a sus hijos y a sus nietos.

Dios habla en el monte Horeb

10 "El día que ustedes estuvieron ante el Señor su Dios en el monte Horeb, el Señor me dijo: 'Reúne al pueblo para que escuchen mis palabras y aprendan a honrarme todos los días de su vida, y enseñen a sus hijos a hacer lo mismo.' 11 Ustedes se acercaron al pie del monte, del cual salían llamas de fuego que subían a gran altura y formaban una nube espesa y negra; 12 entonces el Señor les habló de en medio del fuego. Ustedes oyeron sus palabras, pero, aparte de oír su voz, no vieron ninguna figura.b 13 El Señor les dio a conocer su alianza, que eran diez mandamientos que escribió en dos tablas de piedrac y que les ordenó poner en práctica. 14 A mí me ordenó que les enseñara las leyes y decretos que han de cumplir en la tierra que van a ocupar.

Advertencia contra la idolatría

15 "El día en que el Señor habló con ustedes de en medio del fuego, en el monte Horeb, no vieron ninguna figura. Tengan, pues, mucho cuidado 16 de no caer en la perversión de hacer figuras que tengan forma de hombre o de mujer, 17 ni figuras de animales, aves, 18 reptiles o peces. 19 Y cuando miren al cielo y vean el sol, la luna, las estrellas y todos los astros, no caigan en la tentación de adorarlos, porque el Señor su Dios creó los astros para todos los pueblos del mundo. 20 En cuanto a ustedes, el Señor los tomó y los sacó de aquel horno para fundir hierro, que es Egipto, y los hizo lo que ahora son: el pueblo de su propiedad. 21 Sin embargo, el Señor se enojó conmigo por culpa de ustedes, y juró que yo no pasaría el río Jordán ni entraría en la buena tierra que él les va a dar en propiedad. 22 Así que, aunque yo voy a morir en este país y no cruzaré el Jordán, ustedes sí lo cruzarán, y tomarán posesión de esa buena tierra. 23 Pero tengan cuidado de no olvidarse de la alianza que el Señor su Dios ha hecho con ustedes. No se hagan ningún ídolo ni figura de las que el Señor su Dios les ha prohibido hacer, 24 porque el Señor su Dios es un Dios celoso, ¡un fuego que todo lo consume!

---

e 3.23-27 Nm 27.12-14; Dt 32.48-52. a 4.3 Nm 25.1-9. b 4.11-12 Ex 19.16-18. c 4.13 Ex 31.18; Dt 9.10.

25 "Cuando ustedes tengan hijos y nietos, y se hayan hecho viejos en este país, si llegan a rebajarse haciendo imágenes o figuras que representen cualquier cosa, cometiendo así una maldad delante del Señor su Dios y provocando su enojo, 26 yo pongo hoy al cielo y a la tierra por testigos de que pronto desaparecerán ustedes del país que van a ocupar al otro lado del Jordán. No vivirán mucho tiempo en esa tierra, sino que serán exterminados por completo. 27 El Señor los dispersará por todas las naciones, y solo un pequeño número de ustedes sobrevivirá en ellas. 28 Allí servirán a dioses hechos por el hombre, ídolos de madera y de piedra, que no ven, ni oyen, ni comen, ni respiran.*d* 29 Pero si allí buscan al Señor su Dios con todo su corazón y con toda su alma, lo encontrarán. 30 Cuando finalmente pasen ustedes por todos estos sufrimientos y angustias, si se vuelven al Señor y le obedecen, 31 él, que es bondadoso, no los abandonará ni los destruirá, ni se olvidará de la alianza que hizo con los antepasados de ustedes y que juró cumplir.

32 "Busquen en los tiempos anteriores a ustedes, y desde los tiempos antiguos, cuando Dios creó al hombre en el mundo; vayan por toda la tierra y pregunten si alguna vez ha sucedido o se ha sabido de algo tan grande como esto. 33 ¿Existe algún pueblo que haya oído, como ustedes, la voz de Dios hablándole de en medio del fuego, y que no haya perdido la vida? 34 ¿Ha habido algún dios que haya escogido a un pueblo de entre los demás pueblos, con tantas pruebas, señales, milagros y guerras, desplegando tan gran poder y llevando a cabo tales hechos aterradores, como los que realizó ante ustedes y por ustedes el Señor su Dios en Egipto? 35 Esto les ha sido mostrado para que sepan que el Señor es el verdadero Dios, y que fuera de él no hay otro. 36 Él les habló desde el cielo para corregirlos, y en la tierra les mostró su gran fuego, y oyeron sus palabras de en medio del fuego. 37 Él amó a los antepasados de ustedes y escogió a sus descendientes, liberándolos de Egipto por medio de su gran poder. 38 Arrojó de la presencia de ustedes a naciones más numerosas y poderosas que ustedes, con el fin de que ustedes ocuparan sus países y los recibieran en propiedad, como ahora está sucediendo.

39 "Por lo tanto, grábense bien en la mente que el Señor es Dios, tanto en el cielo como en la tierra, y que no hay otro más que él. 40 Cumplan sus leyes y mandamientos que yo les doy en este día, y les irá bien a ustedes y a sus descendientes, y vivirán muchos años en el país que el Señor su Dios les va a dar para siempre."

Ciudades de refugio al este del río Jordán

41 Entonces Moisés escogió tres ciudades al este del río Jordán, 42 para que el que matara sin querer a otra persona con la cual nunca antes hubiera peleado, pudiera refugiarse en una de ellas y ponerse a salvo. 43 Estas ciudades fueron: Béser, en la meseta del desierto, para la tribu de Rubén; Ramot, en Galaad, para la tribu de Gad; y Golán, en Basán, para la media tribu de Manasés.

Introducción a la entrega de los Diez Mandamientos

44 Esta es la enseñanza que Moisés entregó a los israelitas, 45 y los mandatos, leyes y decretos que les comunicó cuando salieron de Egipto, 46 cuando estaban todavía al este del Jordán, en el valle que está frente a Bet–peor, en la tierra de Sihón, rey de los amorreos. Sihón vivía en Hesbón, y fue derrotado por Moisés y los israelitas cuando estos salieron de Egipto. 47 Los israelitas ocuparon su territorio y el del rey Og de Basán, dos reyes amorreos que vivían al este del Jordán. 48 Su territorio se extendía desde Aroer, a orillas del río Arnón, hasta el monte Sirión,*e* también llamado Hermón, 49 y por todo el Arabá, al este del Jordán, hasta el Mar Muerto, al pie del monte Pisgá.

Los Diez Mandamientos
(Ex 20.1–17)

5 1 Moisés reunió a todo el pueblo de Israel y les dijo:

"Escuchen, israelitas, las leyes y decretos que hoy voy a comunicarles. Apréndanlos bien, y pónganlos en práctica.

2 "El Señor nuestro Dios hizo una alianza con nosotros en el monte Horeb. 3 No la hizo solamente con nuestros antepasados, sino también con todos nosotros, los que hoy estamos aquí reunidos. 4 El Señor habló con ustedes en el

---

d **4.27–28** En efecto, los israelitas fueron llevados cautivos a otras *naciones:* Asiria, en el año 721 a.C. (2 R 17.4–6), y a Babilonia, en los años 598 y 587 a.C. (2 R 25.8–12). *e* **4.48** *Sirión:* texto probable; heb. *Sión.* Cf. Dt 3.9.

monte, cara a cara, de en medio del fuego. **5**Yo estaba entonces entre el Señor y ustedes, para comunicarles la palabra del Señor, ya que ustedes tenían miedo del fuego y no subieron al monte. Y el Señor dijo:

6'Yo soy el Señor tu Dios, que te sacó de Egipto, donde eras esclavo.

7'No tengas otros dioses aparte de mí.

8'No te hagas ningún ídolo ni figura de lo que hay arriba en el cielo, ni de lo que hay abajo en la tierra, ni de lo que hay en el mar debajo de la tierra. **9**No te inclines delante de ellos ni les rindas culto, porque yo soy el Señor tu Dios, Dios celoso que castiga la maldad de los padres que me odian, en sus hijos, nietos y bisnietos, **10**pero que trato con amor por mil generaciones a los que me aman y cumplen mis mandamientos.

11'No hagas mal uso del nombre del Señor tu Dios, pues él no dejará sin castigo al que use mal su nombre.

12'Ten en cuenta el sábado para consagrarlo al Señor, tal como el Señor tu Dios te lo ha ordenado. **13**Trabaja seis días y haz en ellos todo lo que tengas que hacer, **14**pero el séptimo día es día de reposo consagrado al Señor tu Dios. No hagas ningún trabajo en ese día, ni tampoco tu hijo, ni tu hija, ni tu esclavo, ni tu esclava, ni tu buey, ni tu asno, ni ninguno de tus animales, ni el extranjero que vive en tus ciudades, para que tu esclavo y tu esclava descansen igual que tú. **15**Recuerda que también tú fuiste esclavo en Egipto, y que el Señor tu Dios te sacó de allí desplegando gran poder. Por eso el Señor tu Dios te ordena respetar el día sábado.

16'Honra a tu padre y a tu madre, tal como el Señor tu Dios te lo ha ordenado, para que vivas una larga vida y te vaya bien en la tierra que te da el Señor tu Dios.

17'No mates.

18'No cometas adulterio.

19'No robes.

20'No digas mentiras en perjuicio de tu prójimo.

21'No codicies la mujer de tu prójimo. No ambiciones la casa de tu prójimo, ni su campo, ni su esclavo, ni su esclava, ni su buey, ni su asno, ni nada que le pertenezca.'

El temor del pueblo
(Ex 20.18–26)

22"Estas son las palabras que el Señor pronunció en voz alta, de en medio del fuego y de una nube espesa, cuando todos estaban reunidos al pie del monte. Después ya no dijo más, y escribió estas palabras en dos tablas de piedra, y me las entregó. **23**Pero cuando ustedes oyeron aquella voz que salía de entre las tinieblas, y vieron el monte en llamas, todos ustedes, los jefes de las tribus y los ancianos, vinieron a hablar conmigo **24**y me dijeron: 'Verdaderamente el Señor nuestro Dios nos ha mostrado su gloria y su poder, y hemos oído su voz, que salía de en medio del fuego. Hoy hemos comprobado que Dios puede hablar con los hombres sin que estos mueran. **25**Sin embargo, ¿para qué exponernos a morir consumidos por este terrible fuego? Si volvemos a escuchar la voz del Señor nuestro Dios, moriremos; **26**pues, ¿qué hombre hay que pueda escuchar la voz del Dios viviente hablando de en medio del fuego, como la hemos oído nosotros, sin que le cueste la vida? **27**Mejor acércate tú, y escucha todo lo que el Señor nuestro Dios te diga, y ya luego nos dirás lo que te haya comunicado, y nosotros cumpliremos lo que se nos diga.'

28"Mientras ustedes me hablaban, el Señor estaba escuchando lo que decían, y entonces me dijo: 'He oído todo lo que ha dicho este pueblo, y me ha parecido muy bien. **29**¡Ojalá piensen siempre de la misma manera, y me honren y cumplan mis mandamientos todos los días, para que tanto ellos como sus hijos tengan siempre una vida dichosa! **30**Ve y diles que regresen a sus tiendas de campaña; **31**pero tú quédate aquí conmigo, porque te voy a decir todos los mandamientos, leyes y decretos que les has de enseñar, para que los pongan en práctica en el país que les voy a dar en propiedad.' **32**Así que pongan en práctica todo lo que el Señor su Dios les ha ordenado, sin desviarse de ello para nada. **33**Sigan el camino que el Señor su Dios les ha señalado, para que les vaya bien y vivan muchos años en la tierra que él les va a dar en propiedad.

El gran mandamiento

6 **1**"Estos son los mandamientos, leyes y decretos que el Señor su Dios me ha ordenado enseñarles, para que los pongan en práctica en el país del cual van a tomar posesión. **2**De esta manera honrarán al Señor su Dios, y cumplirán durante toda su vida las leyes y los mandamientos que yo les mando a ustedes, a sus hijos y a sus nietos; y así vivirán muchos años. **3**Por lo tanto, israelitas, pónganlos en práctica. Así les irá bien y llegarán a ser un pueblo numeroso en esta tierra donde la leche y la miel corren como el agua, tal como el Señor y Dios de sus antepasados se lo ha prometido.

4 "Oye, Israel:[a] El Señor nuestro Dios es el único Señor.[b]

5 "Ama al Señor tu Dios con todo tu corazón, con toda tu alma y con todas tus fuerzas.

6 "Grábate en la mente todas las cosas que hoy te he dicho, 7 y enséñaselas continuamente a tus hijos; háblales de ellas, tanto en tu casa como en el camino, y cuando te acuestes y cuando te levantes. 8 Lleva estos mandamientos atados en tu mano y en tu frente como señales, 9 y escríbelos también en los postes y en las puertas de tu casa.

Moisés recomienda obediencia a los israelitas

10 "El Señor y Dios de ustedes los va a hacer entrar en el país que a sus antepasados Abraham, Isaac y Jacob juró que les daría. Es un país con grandes y hermosas ciudades que ustedes no construyeron; 11 con casas llenas de todo lo mejor, que ustedes no llenaron; con pozos que ustedes no cavaron, y viñedos y olivos que ustedes no plantaron, pero de los cuales comerán hasta quedar satisfechos. 12 Cuando eso suceda, procuren no olvidarse del Señor, que los sacó de Egipto, donde eran esclavos. 13 Adoren al Señor su Dios y sírvanle solo a él, y cuando tengan que hacer un juramento, háganlo solo en el nombre del Señor. 14 No vayan tras los dioses que adoran los pueblos vecinos, 15 porque el Señor su Dios, que está con ustedes, es un Dios celoso y puede enojarse contra ustedes y destruirlos totalmente.

16 "No pongan a prueba al Señor su Dios, como lo hicieron en Masá.[c] 17 Cumplan fielmente los mandamientos del Señor su Dios, y los mandatos y leyes que les ha ordenado. 18 Hagan lo que es recto y agradable a los ojos del Señor, para que les vaya bien y tomen posesión de la buena tierra que el Señor juró dar a los antepasados de ustedes, 19 y para que el Señor haga huir a todos los enemigos que se enfrenten con ustedes, tal como lo ha prometido.

20 "Cuando algún día sus hijos les pregunten: '¿Qué significan estos mandatos, leyes y decretos que nos ha ordenado el Señor nuestro Dios?', 21 ustedes les responderán: 'Nosotros éramos esclavos del faraón, en Egipto, y el Señor nos sacó de allí con gran poder. 22 Nosotros vimos los grandes y terribles prodigios y las señales que el Señor realizó en Egipto contra el faraón y toda la casa real; 23 pero a nosotros nos sacó de allí, y nos llevó al país que había prometido a nuestros antepasados, y nos lo dio. 24 Después el Señor nuestro Dios nos mandó poner en práctica todos estos mandamientos y tenerle reverencia, para que nos vaya bien y para que él nos conserve la vida como hasta ahora. 25 Y tendremos justicia cuando cumplamos cuidadosamente estos mandamientos ante el Señor nuestro Dios, tal como nos lo ha ordenado.'

Advertencias contra la idolatría
(Ex 34.11–17)

7 1 "El Señor, el Dios de ustedes, los va a hacer entrar en el país del cual han de tomar posesión, y echará de la presencia de ustedes a siete naciones más grandes y poderosas que ustedes: los hititas, los gergeseos, los amorreos, los cananeos, los ferezeos, los heveos y los jebuseos. 2 Cuando el Señor su Dios haya hecho caer a estas naciones en poder de ustedes, y ustedes las hayan derrotado, deberán destinarlas a la destrucción y no hacer con ellas ningún pacto ni tenerles compasión. 3 Tampoco deberán ustedes emparentar con ellas, ni casar a sus hijos e hijas con las jóvenes y los muchachos de esa gente, 4 porque ellos harán que los hijos de ustedes se aparten del Señor y adoren a otros dioses; entonces la ira del Señor se encenderá contra ustedes y los destruirá en un abrir y cerrar de ojos. 5 Lo que tienen que hacer es derribar los altares paganos de ellos, destruir por completo las piedras y los troncos a los que ellos rinden culto, y quemar sus ídolos.[a] 6 Porque ustedes son un pueblo

---

[a] **6.4** *Oye, Israel:* Con este v. comienza la profesión de fe tradicional de Israel, llamada en hebreo *Shemá* (=Oye) por su palabra inicial. Los judíos piadosos la recitan dos veces al día. [b] **6.4** *Es el único Señor:* también puede traducirse *el Señor es uno.* La primera traducción afirma que el Señor es el único Dios de Israel y, por lo tanto, exige de su pueblo adoración y amor exclusivos. La segunda pone de relieve la unidad del Señor: él no está interiormente dividido, sino que es siempre uno y el mismo en su ser y en su obrar. [c] **6.16** *Masá:* Ex 17.1–7. [a] **7.5** Los *troncos* sagrados simbolizan a *Aserá*, diosa de la religión cananea.

apartado especialmente para el Señor su Dios; el Señor los ha elegido de entre todos los pueblos de la tierra, para que ustedes le sean un pueblo especial.

Privilegios y obligaciones de Israel

7 "Si el Señor los ha preferido y elegido a ustedes, no es porque ustedes sean la más grande de las naciones, ya que en realidad son la más pequeña de todas ellas. 8 El Señor los sacó de Egipto, donde ustedes eran esclavos, y con gran poder los libró del dominio del faraón, porque los ama y quiso cumplir la promesa que había hecho a los antepasados de ustedes. 9 Reconozcan, pues, que el Señor su Dios es el Dios verdadero, que cumple fielmente su alianza generación tras generación, para con los que le aman y cumplen sus mandamientos; 10 pero que destruye a aquellos que le odian, dándoles su merecido. ¡Sin tardanza da su merecido a los que le odian! 11 Cumplan, pues, los mandamientos, leyes y decretos que en este día les ordeno que pongan en práctica.

Bendiciones de la obediencia
(Lv 26.3–13; Dt 28.1–14)

12 "Si después de haber escuchado ustedes estos decretos, los cumplen y los ponen en práctica, entonces el Señor su Dios cumplirá fielmente su alianza y la promesa que hizo a los antepasados de ustedes. 13 Los amará a ustedes, los bendecirá y los hará crecer en número; bendecirá a sus hijos, sus cosechas, su trigo, su vino y su aceite, y las crías de sus vacas y ovejas, en el país que a sus antepasados juró que les daría. 14 Ustedes serán bendecidos más que todos los pueblos; no habrá entre ustedes mujer que no pueda concebir hijos ni hombre que no pueda engendrarlos, ni tampoco entre sus ganados habrá machos ni hembras estériles. 15 El Señor alejará de ustedes toda enfermedad y todas las terribles plagas que, como bien saben, envió sobre Egipto; en cambio, hará sufrir con ellas a todos sus enemigos. 16 Pero ustedes deben exterminar a todos los pueblos que el Señor su Dios ponga en sus manos; no les tengan compasión ni adoren a sus dioses, porque eso será la perdición de ustedes.

17 "Tal vez ustedes lleguen a pensar: 'Estas naciones son más numerosas que nosotros; ¿cómo podremos desalojarlas?' 18 ¡Pues no les tengan miedo! Acuérdense de lo que hizo el Señor su Dios con el faraón y con todos los egipcios; 19 piensen en las grandes pruebas de las que ustedes fueron testigos, y en las señales y prodigios y en el gran poder que desplegó el Señor su Dios cuando los sacó de Egipto. Eso mismo hará el Señor con todos los pueblos a quienes ustedes temen. 20 Además, el Señor enviará un tremendo pánico entre ellos, que acabará con los que hayan quedado con vida o se hayan escondido. 21 Así que no tiemblen ante ellos, porque el Señor su Dios, el Dios grande y terrible, está con ustedes. 22 Poco a poco el Señor irá expulsando a estas naciones; ustedes no podrán acabar con ellas de una sola vez, porque el número de bestias salvajes aumentaría a su alrededor y los atacaría. 23 Pero el Señor su Dios pondrá estas naciones en sus manos e irá acabando con ellas hasta que sean destruidas. 24 A sus reyes los someterá al poder de ustedes, y ustedes harán que nadie en el mundo vuelva a acordarse de ellos. Ninguno de ellos podrá resistir el ataque de ustedes, así que ustedes los exterminarán a todos. 25 Quemarán ustedes las imágenes de sus dioses, pero no intenten quedarse con el oro y la plata que las recubren; no caigan en esa tentación, pues cometerían una acción despreciable ante el Señor. 26 Por lo tanto, no lleven a su casa nada que sea despreciable, para que ustedes no sean también destruidos. Eso está destinado a la destrucción, así que deben considerarlo como algo despreciable.

No solo de pan vive el hombre

8 1 "Pongan ustedes en práctica los mandamientos que yo les he ordenado hoy, para que así puedan vivir y llegar a ser un pueblo numeroso, y conquisten este país que el Señor prometió a sus antepasados. 2 Acuérdense de todo el camino que el Señor su Dios les hizo recorrer en el desierto durante cuarenta años, para humillarlos y ponerlos a prueba, a fin de conocer sus pensamientos y saber si iban a cumplir o no sus mandamientos. 3 Y aunque los hizo sufrir y pasar hambre, después los alimentó con maná, comida que ni ustedes ni sus antepasados habían conocido, para hacerles saber que no solo de pan vive el hombre, sino de todo lo que sale de los labios del Señor. 4 Durante esos cuarenta años no se les gastó la ropa, ni se les hincharon los pies. 5 Dense cuenta de que el Señor su Dios los ha corregido del mismo modo que un padre corrige a su hijo.

6 Cumplan, pues, los mandamientos del Señor su Dios, y hónrenlo y sigan las enseñanzas que él les ha dado. 7 Porque el Señor los va a llevar a una buena tierra, a un país lleno de arroyos, fuentes y manantiales que brotan en los valles y en los montes; 8 es una tierra donde hay trigo, cebada, viñedos, higueras, granados, olivos y miel. 9 En ese país no tendrán ustedes que preocuparse por la falta de alimentos, ni por ninguna otra cosa; en sus piedras encontrarán hierro, y de sus montes sacarán cobre. 10 Pero después que hayan comido y se sientan satisfechos, deben alabar al Señor su Dios por la buena tierra que les ha dado.

Advertencias de no olvidarse de Dios

11 "Tengan cuidado de no olvidarse del Señor su Dios. No dejen de cumplir sus mandamientos, decretos y leyes que les he ordenado hoy. 12 Cuando hayan comido y estén satisfechos, y vivan en las buenas casas que hayan construido, 13 y vean que sus vacas y ovejas han aumentado, lo mismo que su oro y su plata y todas sus propiedades, 14 no se llenen de orgullo ni se olviden del Señor su Dios, que los sacó de Egipto, donde eran esclavos; 15 que los hizo marchar por el grande y terrible desierto, lleno de serpientes venenosas[a] y escorpiones, y donde no había agua. Pero él sacó agua de una dura roca y les dio de beber,[b] 16 y en el desierto los alimentó con maná, comida que los antepasados de ustedes no habían conocido, para humillarlos y ponerlos a prueba, y para bien de ustedes al fin de cuentas.

17 "No se les ocurra pensar: 'Toda esta riqueza la hemos ganado con nuestro propio esfuerzo.' 18 Deben acordarse del Señor su Dios, ya que ha sido él quien les ha dado las fuerzas para adquirirla, cumpliendo así con ustedes la alianza que antes había hecho con los antepasados de ustedes.

19 "Pero si se olvidan ustedes del Señor su Dios, y se van tras otros dioses y les rinden culto, yo les aseguro desde ahora que ustedes serán destruidos por completo. 20 De la misma manera que el Señor destruirá a las naciones que ustedes encuentren a su paso, así también ustedes serán destruidos por haber desobedecido al Señor su Dios.

El mérito no es de Israel, sino del Señor

9 1 "Escuchen, israelitas: ha llegado el momento de que crucen ustedes el Jordán y se lancen a la conquista de naciones más grandes y poderosas que ustedes, y de grandes ciudades rodeadas de murallas muy altas; 2 sus habitantes son grandes y altos como los descendientes del gigante Anac, y ya ustedes conocen el dicho: '¿Quién puede hacer frente a los descendientes del gigante Anac?'[a]

3 "Ahora pues, deben saber que el Señor su Dios es el que marcha al frente de ustedes, y que es como un fuego devorador que ante ustedes destruirá y humillará a esas naciones. Ustedes los desalojarán y los destruirán en un abrir y cerrar de ojos, tal como el Señor se lo ha prometido. 4 Cuando el Señor su Dios los haya arrojado de la presencia de ustedes, no se digan a sí mismos: 'Gracias a nuestros méritos, el Señor nos ha dado posesión de este país'; pues si el Señor los expulsa, es por causa de la maldad de ellos. 5 No, no es por los méritos ni por la bondad de ustedes por lo que van a tomar posesión de su país; el Señor los arroja de la presencia de ustedes a causa de la maldad de ellos y para cumplir la promesa que hizo a Abraham, Isaac y Jacob, antepasados de ustedes. 6 Han de saber que no es debido a los méritos de ustedes por lo que el Señor su Dios les da la posesión de esa buena tierra, pues ustedes son un pueblo muy terco.

Rebelión de Israel en el monte Horeb
(Ex 31.18—32.35)

7 "Nunca deben ustedes olvidar que han contrariado al Señor su Dios en el desierto. Desde que salieron de Egipto y hasta que llegaron a este lugar, siempre le han sido rebeldes. 8 Ya en el monte Horeb hicieron enojar al Señor, y tanto se enojó él contra ustedes que estuvo a punto de destruirlos. 9 Yo subí al monte para recoger las tablas de piedra, las tablas de la alianza que el Señor había hecho con ustedes, y me quedé allí cuarenta días y cuarenta noches sin comer ni beber. 10 El Señor me dio entonces las dos tablas de piedra, escritas por él mismo, que contenían todas las palabras que él les había dicho en el monte, de en medio del fuego, el día en que todos nos reunimos. 11 Pasados esos cuarenta días y cuarenta noches, el Señor me

---

a **8.15** Nm 21.4–9. *b* **8.15** Ex 17.1–7; Nm 20.1–13. *a* **9.2** *Los descendientes del gigante Anac:* Véase 2.10–11 n.

dio las dos tablas de piedra, las tablas de la alianza, 12y me dijo: 'Anda, baja pronto de aquí, porque el pueblo que sacaste de Egipto se ha descarriado. Muy pronto han dejado de cumplir lo que yo les ordené, y se han hecho un ídolo de metal fundido.'

13 "El Señor también me dijo: 'Ya he visto que este pueblo es muy terco. 14Quítate de mi camino, que voy a destruirlos y a borrar de la tierra su memoria; pero de ti haré una nación más fuerte y numerosa que ellos.'

15 "Cuando bajé del monte, el cual estaba ardiendo, traía yo en mis manos las dos tablas de la alianza. 16Pero al ver que ustedes habían pecado contra el Señor, y que se habían hecho un becerro de metal fundido, abandonando así el camino que el Señor les había ordenado seguir, 17arrojé las dos tablas que traía en las manos, y las hice pedazos delante de ustedes. 18Después me arrodillé delante del Señor y, tal como ya lo había hecho antes, estuve cuarenta días y cuarenta noches sin comer ni beber nada, por causa del pecado que ustedes habían cometido, con lo que ofendieron al Señor y provocaron su ira. 19Yo estaba asustado del enojo y furor que el Señor manifestó contra ustedes, hasta el punto de querer destruirlos; pero una vez más el Señor me escuchó. 20También estaba el Señor muy enojado contra Aarón, y quería destruirlo, pero yo intervine en favor de él; 21luego agarré el becerro que ustedes se habían hecho y con el cual pecaron, y lo arrojé al fuego, y después de molerlo hasta convertirlo en polvo, lo eché al arroyo que baja del monte.

22 "También en Taberá,b en Masác y en Quibrot–hataavá,d provocaron ustedes la ira del Señor. 23Y cuando el Señor les ordenó partir de Cadés–barneae para ir a tomar posesión del país que él les había dado, también se opusieron a su mandato y no tuvieron fe en él ni quisieron obedecerlo. 24¡Desde que yo los conozco, ustedes han sido rebeldes al Señor! 25Como el Señor había amenazado con destruirlos, yo me quedé arrodillado delante del Señor durante cuarenta días y cuarenta noches, 26y con ruegos le dije: 'Señor, no destruyas a este pueblo, que es tuyo, que tú liberaste con tu grandeza y sacaste de Egipto con gran poder. 27Acuérdate de tus siervos Abraham, Isaac y Jacob. No tengas en cuenta la terquedad de este pueblo, ni su maldad y pecado, 28para que no se diga en el país del que nos sacaste: El Señor no pudo hacerlos entrar en el país que les había prometido, y como los odiaba, los hizo salir de aquí para hacerlos morir en el desierto. 29Pero ellos son tu pueblo, son tuyos; tú los sacaste de Egipto con gran despliegue de poder.'

La alianza renovada
(Ex 34.1–10)

10 1 "Entonces el Señor me dijo: 'Corta tú mismo dos tablas de piedra iguales a las primeras, y haz también un cofre de madera, y sube al monte para hablar conmigo. 2Yo voy a escribir en esas tablas las mismas palabras que estaban escritas en las primeras, las que tú rompiste, y las guardarás en el cofre.'

3 "Hice, pues, un cofre de madera de acacia, y corté las dos tablas de piedra, y subí con ellas al monte. 4Y el Señor escribió en las tablas los Diez Mandamientos, tal como lo había hecho la primera vez que les habló a ustedes en el monte, de en medio del fuego, cuando todos estábamos reunidos. Me las dio, 5y yo bajé del monte; luego puse las tablas en el cofre, tal como el Señor me lo había ordenado, y todavía están allí."

6(Los israelitas partieron de Beerot–bené–jaacán, y se dirigieron a Moserá. Allí murió Aarón, y fue sepultado, y su hijo Eleazar ocupó su lugar como sacerdote. 7De allí salieron para Gudgoda, y de Gudgoda fueron a Jotbata, región en la que abunda el agua. 8Fue entonces cuando el Señor escogió a la tribu de Leví para que llevara el arca de la alianza del Señor y estuviera en su presencia para ofrecerle culto y dar la bendición en su nombre, como lo siguen haciendo hasta hoy. 9Por eso los levitas no han tenido parte ni herencia entre sus hermanos, porque su herencia es el Señor, tal como el Señor mismo lo anunció.)

10 "Yo estuve en el monte cuarenta días y cuarenta noches, lo mismo que la primera vez, y también esta vez el Señor me escuchó y no quiso destruirlos a ustedes, 11sino que me dijo: 'Anda, prepárate a salir al frente del pueblo, para que vayan y conquisten el país que prometí dar a sus antepasados.'

---

b 9.22 En hebreo, Taberá significa quema o incendio. Nm 11.3. c 9.22 Masá significa, en hebreo, prueba o proceso.
d 9.22 En hebreo, Quibrot–hataavá significa tumbas del apetito (o de la gula). e 9.23 Nm 13.25—14.38.

Lo que Dios exige

12 "Y ahora, israelitas, ¿qué pide de ustedes el Señor su Dios? Solamente que lo honren y sigan todos sus caminos; que lo amen y lo adoren con todo su corazón y con toda su alma, 13 y que cumplan sus mandamientos y sus leyes, para que les vaya bien. 14 Tengan en cuenta que del Señor su Dios son los cielos y lo más alto de los cielos, la tierra y todo lo que hay en ella. 15 Sin embargo, el Señor prefirió a los antepasados de ustedes y los amó, y después escogió a los descendientes de ellos, que son ustedes, de entre todos los demás pueblos, tal como se puede ver hoy.

16 "Pongan en su corazón la marca de la alianza, y no sigan siendo tercos, 17 porque el Señor su Dios es el Dios de dioses y el Señor de señores; él es el Dios soberano, poderoso y terrible, que no hace distinciones ni se deja comprar con regalos; 18 que hace justicia al huérfano y a la viuda, y que ama y da alimento y vestido al extranjero que vive entre ustedes. 19 Ustedes, pues, amen al extranjero, porque también ustedes fueron extranjeros en Egipto.

20 "Honren al Señor su Dios, y adórenlo solo a él; séanle fieles, y cuando tengan que hacer un juramento, háganlo en su nombre. 21 Porque él es el motivo de la alabanza de ustedes; él es su Dios, que ha hecho por ustedes estas cosas grandes y maravillosas que han visto. 22 Cuando los antepasados de ustedes llegaron a Egipto, eran solo setenta personas,[a] pero ahora el Señor su Dios los ha hecho aumentar en número como las estrellas del cielo.

La grandeza del Señor

11 1 "Amen ustedes al Señor su Dios, y cumplan sus preceptos, leyes, decretos y mandamientos. 2 Reconozcan hoy la corrección del Señor su Dios, que los hijos de ustedes no conocen ni han visto. Reconozcan su grandeza y su gran despliegue de poder, 3 y las señales y grandes hechos que realizó en Egipto contra el faraón y todo su país, 4 lo que hizo con el ejército egipcio, con sus caballos y carros de guerra, y cómo los hundió en las aguas del Mar Rojo cuando ellos los perseguían a ustedes. El Señor los destruyó para siempre. 5 Acuérdense también de todo lo que hizo por ustedes en el desierto, hasta que llegaron aquí;

6 y lo que hizo con Datán y Abiram, hijos de Eliab y descendientes de Rubén, y cómo la tierra se abrió y se los tragó junto con sus familias y tiendas de campaña, y con todo cuanto tenían, a la vista de todo Israel.[a] 7 Ustedes mismos son testigos de las grandes cosas que ha hecho el Señor.

Bendiciones de la tierra prometida

8 "Cumplan ustedes todos los mandamientos que hoy les he dado, para que se hagan fuertes y tomen posesión del país que van a conquistar, 9 y para que vivan muchos años en esta tierra que el Señor prometió dar a los antepasados de ustedes y a sus descendientes; tierra donde la leche y la miel corren como el agua. 10 La tierra que van a conquistar no es como Egipto, de donde ustedes salieron; allí sembraban ustedes la semilla y regaban con los pies, como se hace en las huertas, 11 pero el país del que van a tomar posesión es un país de montes y valles, regado por la lluvia del cielo. 12 Es una tierra que el Señor mismo cuida; en ella tiene puestos los ojos todo el año.

13 "Si ustedes cumplen los mandamientos que les he dado en este día, y aman al Señor su Dios, y lo adoran con todo su corazón y con toda su alma, 14 él hará[b] que vengan a su tiempo las lluvias de otoño y las de primavera, para que ustedes cosechen su trigo y tengan vino y aceite. 15 También hará que crezca hierba en el campo para el ganado de ustedes, y que ustedes tengan comida en abundancia. 16 Pero tengan cuidado de no dejarse engañar; no se aparten del Señor por rendir culto a otros dioses; no se inclinen ante ellos, 17 porque el Señor se enojará contra ustedes y no les enviará lluvia; entonces la tierra no dará sus frutos, y muy pronto ustedes morirán en esa buena tierra que el Señor les va a dar.

18 "Grábense estas palabras en la mente y en el pensamiento; átenlas como señales en sus manos y en su frente. 19 Instruyan a sus hijos hablándoles de ellas tanto en la casa como en el camino, y cuando se acuesten y cuando se levanten. 20 Escríbanlas en los postes y en las puertas de su casa, 21 para que su vida y la de sus hijos en la tierra que el Señor prometió dar a sus antepasados sea tan larga como la existencia del cielo sobre la tierra.

---

[a] **10.22** Gn 46.27; Ex 1.5. [a] **11.6** Nm 16.31–32. [b] **11.14** *Él hará:* según la versión griega (LXX). Heb. *Yo haré.*

22 "Si cumplen fielmente todos estos mandamientos que hoy les ordeno poner en práctica, y si aman al Señor su Dios y lo siguen fielmente en todos sus caminos, **23** el Señor arrojará de la presencia de ustedes a todas esas naciones, y ustedes conquistarán a pueblos más numerosos y fuertes. **24** Donde ustedes planten el pie, allí se quedarán. Sus fronteras se extenderán desde el desierto hasta el Líbano, y desde el río Éufrates hasta el mar Mediterráneo. **25** Nadie podrá hacerles frente. El Señor su Dios hará cundir el pánico y el terror por dondequiera que ustedes pasen, tal como se lo ha prometido.

26 "En este día les doy a elegir entre bendición y maldición. **27** Bendición, si obedecen los mandamientos del Señor su Dios, que hoy les he ordenado. **28** Maldición, si por seguir a dioses desconocidos, desobedecen los mandamientos del Señor su Dios y se apartan del camino que hoy les he ordenado.

29 "Cuando el Señor su Dios los haya hecho entrar en el país que van a conquistar, pondrán la bendición en el monte Guerizim, y la maldición en el monte Ebal.ᶜ **30** Estos montes están al otro lado del Jordán, en dirección de la ruta occidental, en la tierra de los cananeos que viven en la llanura, frente a Guilgal y junto a las encinas de Moré. **31** Ustedes están a punto de cruzar el Jordán y conquistar el país que el Señor su Dios les va a dar. Cuando ya lo hayan conquistado y vivan en él, **32** pongan en práctica todas las leyes y decretos que hoy les he entregado.

El santuario único

12 **1** "Estas son las leyes y los decretos que ustedes deberán poner en práctica durante toda su vida, en la tierra que el Señor y Dios de sus antepasados les va a dar en posesión.

2 "Destruyan por completo todos los lugares donde los pueblos que van a conquistar adoran a sus dioses: en los montes, en las colinas y bajo los árboles frondosos. **3** Derriben sus altares, hagan pedazos las piedras y quemen los troncos a los que rinden culto, y destruyan las imágenes de sus dioses; borren de aquellos lugares su recuerdo.ᵃ

4 "Al Señor su Dios no deben adorarlo de esa manera. **5** Entre las tribus de ustedes, el Señor escogerá un lugar como residencia de su nombre, y a ese lugar podrán ustedes ir a adorarlo. **6** Allí sacrificarán y quemarán animales en su honor, y le llevarán sus diezmos, contribuciones, promesas y ofrendas voluntarias, así como las primeras crías de sus vacas y ovejas. **7** Comerán allí, delante del Señor su Dios, y en compañía de sus familias se alegrarán del fruto de su trabajo con que el Señor su Dios los haya bendecido.

8 "Allí no deberán hacer ustedes lo que ahora hacemos aquí, donde cada uno de nosotros hace lo que mejor le parece. **9** Realmente todavía no han llegado ustedes al lugar tranquilo que el Señor su Dios les va a dar en posesión. **10** Pero una vez que hayan cruzado el Jordán y vivan en el país que él les va a entregar, y ya estén libres de todos los enemigos que los rodean, y sin ningún temor, **11** entonces, en el lugar que el Señor su Dios escoja como residencia de su nombre, le ofrecerán ustedes todo lo que les he ordenado: animales sacrificados y quemados en su honor, diezmos, contribuciones y todo lo más escogido de las promesas que le hayan hecho al Señor. **12** Y harán fiesta en presencia del Señor su Dios, junto con sus hijos y sus siervos, y con los levitas que vivan entre ustedes, ya que ellos no han recibido entre ustedes ninguna tierra en propiedad.

13 "Cuídense de no quemar animales al Señor en cualquier lugar que encuentren; **14** únicamente podrán hacerlo en el lugar que el Señor su Dios escoja en una de sus tribus. Allí cumplirán todo lo que les he ordenado.

15 "Sin embargo, podrán matar y comer carne en sus poblaciones en cualquier momento, según los bienes que el Señor su Dios les haya dado. La podrán comer todos ustedes, estén o no ritualmente puros, como si fuera carne de gacela o de ciervo. **16** Pero la sangre no deben comerla, sino derramarla en la tierra como agua.

17 "No podrán ustedes comer dentro de su ciudad el diezmo de su trigo, de su vino o de su aceite, ni las primeras crías de sus vacas y ovejas, ni nada de lo que hayan prometido al Señor, ni de sus ofrendas voluntarias. **18** Solo podrán hacerlo delante del Señor su Dios, en el lugar que él escoja; allí, en presencia del Señor su Dios y en compañía de sus hijos y sus

---

ᶜ **11.29** Dt 27.11–14; Jos 8.33–35.   ᵃ **12.3** Véase 7.5 n.

criados, y de los levitas que vivan entre ustedes, se alegrarán del fruto de su trabajo. **19** Mientras ustedes vivan en el país, no abandonen jamás a los levitas.

20 "Cuando el Señor su Dios haya extendido el territorio de ustedes, tal como se lo ha prometido, si a ustedes les apetece comer carne, podrán comerla en cualquier momento. **21** Si el lugar que el Señor su Dios escogió para poner allí su nombre está lejos de donde ustedes viven, podrán matar de las vacas y ovejas que el Señor les haya dado y comer todo lo que quieran allí donde ustedes habiten, tal como se lo he ordenado. **22** Igual que en el caso de la carne de gacela o de ciervo, todos ustedes podrán comerla, estén o no ritualmente puros. **23** Pero de ninguna manera deben comer la sangre, porque la sangre es la vida; así que no deben comer la vida junto con la carne. **24** Lo que deben hacer es derramarla en la tierra como agua. **25** No la coman, y les irá bien a ustedes y a sus hijos por hacer lo recto a los ojos del Señor. **26** En cuanto a las cosas que hayan dedicado como ofrenda, y las promesas que hayan hecho, las presentarán en el lugar que el Señor escoja, **27** y allí, sobre el altar del Señor su Dios, ofrecerán sus holocaustos. La sangre de los animales que ustedes ofrezcan la derramarán sobre el altar del Señor su Dios, pero la carne podrán comerla.

28 "Escuchen y cumplan todo lo que les he ordenado, para que a ustedes y a sus hijos les vaya bien siempre, por hacer lo que es agradable y recto a los ojos del Señor su Dios.

Advertencias contra la idolatría

29-30 "Cuando el Señor su Dios haya destruido las naciones que ustedes van a conquistar, y después de destruidas ustedes ocupen su territorio y vivan en él, tengan cuidado de no seguir el ejemplo de esas naciones, ni de recurrir a sus dioses con la idea de rendirles culto también. **31** No le hagan eso al Señor su Dios, porque todas las cosas despreciables que el Señor no soporta son las que esas naciones cometen para honrar a sus dioses, llegando al extremo de sacrificar a sus propios hijos en el fuego. **32** "Pongan siempre en práctica todo lo que les he ordenado, sin añadir ni quitar nada.

13 **1** "Si aparece entre ustedes un profeta o visionario y les anuncia una señal o un prodigio, **2** en caso de que se cumpla lo que les había anunciado y les diga: '¡Vamos y sigamos a otros dioses que ustedes no conocen; vamos a rendirles culto!', **3** no le hagan caso. Porque el Señor su Dios quiere ponerlos a prueba para saber si ustedes lo aman con todo su corazón y con toda su alma. **4** Sigan y honren solo al Señor su Dios; cumplan sus mandamientos, escuchen su voz y ríndanle culto; vivan unidos a él. **5** Y ese profeta o visionario será condenado a muerte por haberles aconsejado rebelarse contra el Señor su Dios, que los libró de la esclavitud a que estaban sometidos en Egipto, y por tratar de que ustedes se apartaran del camino que el Señor su Dios les ha ordenado seguir. Así acabarán con el mal que haya entre ustedes.

6 "Si aun tu propio hermano, o tu hijo, o tu hija, o tu esposa amada, o tu más íntimo amigo, te empuja en secreto a dar culto a otros dioses que ni tú ni tus padres conocieron, **7** como son los dioses de los pueblos que, cercanos o lejanos, los rodean de un extremo al otro de la tierra, **8** no te sometas a sus deseos ni le hagas caso; ni siquiera tengas compasión de él; no le tengas lástima, ni lo encubras; **9** al contrario, mátalo. Y tú serás el primero en levantar la mano contra él, y después de ti hará lo mismo todo el pueblo. **10** Apedréalo hasta que muera, por haber querido apartarte del Señor tu Dios, que te sacó de Egipto, donde eras esclavo. **11** De esta manera todo Israel lo sabrá y tendrá miedo de volver a cometer una maldad como esta.

12 "Si en alguna de las ciudades que el Señor su Dios les ha dado para vivir llegan a saber que han aparecido **13** hombres que desobedecen a Dios y descarrían a los habitantes de esa ciudad, empujándolos a rendir culto a dioses desconocidos, **14** deberán ustedes investigar bien el asunto. Y si resulta que los rumores son ciertos y que se ha cometido entre ustedes cosa tan despreciable, **15** entonces matarán a filo de espada a los habitantes de esa ciudad y a todos sus animales, y destinarán a la destrucción[a] todo lo que haya en ella. **16** Juntarán todas sus riquezas en el centro de la plaza, y prenderán fuego a la ciudad y a todo lo que le hayan quitado al enemigo, destruyéndolo todo como ofrenda

---

[a] **13.15** *Destinarán a la destrucción:* Véase 2.34 n.

quemada en honor del Señor su Dios. Esa ciudad quedará para siempre convertida en un montón de ruinas, y nunca más será reconstruida.

17 "No se queden ustedes con nada de lo que haya sido destinado a la destrucción, y el Señor nunca se enojará contra ustedes; al contrario, tendrá compasión de ustedes y los hará crecer en número, tal como lo prometió a los antepasados de ustedes, 18 siempre y cuando obedezcan al Señor su Dios y cumplan todos los mandamientos que yo les he dado hoy y hagan lo que es recto a sus ojos.

14 1 "Ustedes son los hijos del Señor su Dios. No se hagan heridas en el cuerpo,ª ni se rapen la cabeza por delante cuando alguien muera. 2 Porque ustedes son un pueblo consagrado al Señor su Dios; él los ha elegido entre todos los pueblos de la tierra para que sean el pueblo de su propiedad.

Animales puros e impuros
(Lv 11.1–47)

3 "No coman nada impuro.

4 "Esta es la lista de los animales que ustedes pueden comer: toros, corderos, cabritos, 5 ciervos, gacelas, gamos, cabras monteses y toda clase de antílopes. 6 Pueden, pues, comer de todo animal rumiante que tenga las pezuñas partidas, separadas en dos partes, 7 pero no deben comer de los siguientes animales, aunque sean rumiantes o tengan pezuñas partidas:

"El camello, la liebre y el tejón; deben considerarlos animales impuros, porque son rumiantes pero no tienen pezuñas partidas.

8 "El cerdo, porque tiene pezuñas partidas pero no es rumiante. Deben considerarlo impuro. No coman la carne de estos animales ni toquen sus cuerpos muertos.

9 "De los animales que viven en el agua podrán comer de los que tienen aletas y escamas, 10 pero no coman de los que no tienen aletas y escamas; deben considerarlos animales impuros.

11 "Pueden comer de toda ave pura, 12 pero hay algunas de las cuales no deben comer: el águila, el quebrantahuesos, el águila marina,

13 el milano, y toda clase de halcones, 14 toda clase de cuervos, 15 el avestruz, la lechuza, la gaviota, toda clase de gavilanes, 16 el búho, el ibis, el cisne, 17 el pelícano, el buitre, el cormorán, 18 la cigüeña, la abubilla y el murciélago.

19 "Todo insecto con alas será considerado impuro. No deberán comerlo. 20 Pero las aves consideradas puras sí podrán comerlas.

21 "No coman ningún animal que muera por sí solo, pues ustedes son un pueblo consagrado al Señor su Dios; pero se lo podrán dar al extranjero que viva en las ciudades de ustedes; él sí puede comerlo. Y también pueden vendérselo al extranjero que esté de paso.

"No cocinen cabritos en la leche de su madre.

Instrucciones acerca del diezmo

22 "Cada año, sin falta, deberán ustedes apartar la décima parte de todo el grano que cosechen. 23 De esa décima parte de trigo, de vino y de aceite, y de las primeras crías de sus vacas y ovejas, comerán ustedes delante del Señor su Dios, en el lugar que él escoja como residencia de su nombre, para que aprendan a reverenciar siempre al Señor. 24 Y si el Señor los bendice, pero ustedes tienen que hacer un largo viaje para llevar esa décima parte por vivir muy lejos del lugar que el Señor ha escogido para poner allí su nombre, 25 entonces venderán ustedes esa décima parte y el dinero de la venta lo llevarán al lugar que el Señor haya escogido. 26 Con ese dinero comprarán allí lo que crean más conveniente: bueyes, ovejas, vino o cualquier bebida fermentada; en fin, lo que ustedes quieran, y lo comerán allí, delante del Señor su Dios, y harán fiesta junto con su familia.

27 "No desamparen nunca a los levitas que vivan en su población, ya que a ellos no les ha tocado tener su propia tierra como a ustedes.

28 "Cada tres años deberán ustedes apartar la décima parte de su cosecha del año, y almacenarla en su ciudad, 29 para que cuando vengan los levitas, a quienes no les ha tocado tener su propia tierra, o los extranjeros que viven entre ustedes, o los huérfanos y las viudas, puedan comer hasta quedar satisfechos. Así el Señor su Dios los bendecirá en todo lo que hagan.

ª 14.1 La costumbre de hacerse *heridas en el cuerpo* en señal de duelo formaba parte de un rito funerario en honor de Baal, el dios cananeo de la fertilidad (cf. 1 R 18.28). Esta prohibición parece estar destinada a evitar toda posible contaminación con ese rito pagano.

El año del perdón de deudas

15 1 "Cada siete años perdonarás lo que otros te deban.

2 "Este perdón consistirá en lo siguiente: Toda persona que haya prestado algo a su prójimo, le perdonará lo que le haya prestado. Ya no deberá exigir a su prójimo o a su compatriota que le pague, porque será proclamado el año del perdón de deudas en honor del Señor. 3 Al extranjero le podrás exigir que te pague el préstamo que le hiciste, pero a tu compatriota deberás perdonarle lo que haya recibido de ti. 4 De esta manera no habrá pobres entre ustedes, pues el Señor tu Dios te bendecirá en el país que él te va a dar como herencia, 5 siempre y cuando le obedezcas y pongas en práctica todos estos mandamientos que yo te he dado hoy. 6 Sí, el Señor tu Dios te bendecirá, tal como te lo ha prometido, y tendrás para prestar a muchas naciones, pero tú no tendrás que pedir prestado; dominarás a muchas naciones, pero ellas no te dominarán a ti.

7 "Si hay algún pobre entre tus compatriotas en alguna de las ciudades del país que el Señor tu Dios te da, no seas inhumano ni le niegues tu ayuda a tu compatriota necesitado; 8 al contrario, sé generoso con él y préstale lo que necesite. 9 No des lugar en tu mente a este malvado pensamiento: 'Ya está cerca el año séptimo, el año en que se perdonan las deudas', y entonces pongas mala cara a tu compatriota que se halla en la pobreza, y no le prestes nada; porque él clamará contra ti al Señor, y tal acción se te contará como pecado. 10 Debes ayudarlo siempre y sin que te pese, porque por esta acción el Señor tu Dios te bendecirá en todo lo que hagas y emprendas. 11 Nunca dejará de haber necesitados en la tierra, y por eso yo te mando que seas generoso con aquellos compatriotas tuyos que sufran pobreza y miseria en tu país.

Leyes sobre los esclavos
(Ex 21.1–11)

12 "Si alguno de tus compatriotas hebreos, sea hombre o mujer, se vende a ti como esclavo, solo te servirá seis años; al séptimo año lo dejarás en libertad. 13 Y cuando lo despidas, no lo dejarás ir con las manos vacías, 14 sino que le darás animales de tu rebaño y mucho trigo y vino; es decir, compartirás con él los bienes que el Señor tu Dios te haya dado. 15 No olvides que también tú fuiste esclavo en Egipto, y que el Señor tu Dios te dio libertad. Por eso ahora te doy esa orden.

16 "Pero si tu esclavo dice que no quiere dejarte porque siente cariño por ti y por tu familia, y porque lo tratas bien, 17 entonces tomarás un punzón y, arrimándolo a la puerta de tu casa, le atravesarás la oreja; de esta manera será esclavo tuyo para siempre. Lo mismo harás si se trata de tu esclava. 18 No te parezca mal dejar en libertad a tus esclavos, pues durante seis años te han servido por la mitad de lo que le habrías pagado a un jornalero; además, el Señor tu Dios te bendecirá en todo lo que hagas.

Consagración de los primeros animales machos

19 "Todo primer macho que nazca de tus vacas o de tus ovejas, deberás consagrarlo al Señor tu Dios.

"No hagas trabajar al primer ternerito de tus vacas, ni esquiles al primer corderito de tus ovejas. 20 Cada año los comerás junto con tu familia y delante del Señor tu Dios, en el lugar que él haya escogido. 21 Pero si tiene algún defecto, o es cojo o ciego, o tiene cualquier otra falta, no lo presentarás en sacrificio al Señor. 22 Lo comerás en la ciudad donde vivas, y todos podrán comer de él, estén o no estén ritualmente puros, como cuando se come la carne de gacela o de ciervo. 23 Pero no debes comer su sangre, sino derramarla en la tierra como agua.

Fiestas anuales
(Ex 23.14–17; 34.18–24)

16 1 "Cuando llegue el mes de Abib,[a] cumplan con la celebración de la Pascua en honor del Señor su Dios, porque fue en una noche de ese mes cuando el Señor su Dios los sacó de Egipto.[b]

2 "Durante la Pascua ofrecerán vacas y ovejas en sacrificio al Señor su Dios, en el lugar que él haya escogido como residencia de su nombre.

3 "El animal sacrificado lo comerán con pan sin levadura. Durante siete días comerán pan

---

[a] **16.1** *El mes de Abib:* es el primer mes en el calendario hebreo. Corresponde, en parte, a los meses de marzo–abril en nuestro calendario. Se le conoce también como Nisán (cf. Neh 2.1; Est 3.7). [b] **16.1** Ex 12.31,42.

sin levadura, que es el pan del sufrimiento, pues tuvieron que salir de Egipto muy aprisa; así, mientras ustedes vivan, se acordarán del día en que salieron de Egipto. **4**En estos siete días no deberá haber levadura en todo el territorio de ustedes, y de la carne que se ofrece en sacrificio la tarde del primer día no debe quedar nada para la mañana siguiente. **5**No deben ofrecer el sacrificio de la Pascua en cualquier ciudad de las que el Señor su Dios les da, **6**sino únicamente en el lugar que él escoja como residencia de su nombre, y deben ofrecerlo por la tarde, al ponerse el sol, que es la hora en que ustedes salieron de Egipto. **7**La carne ofrecida la cocerán y comerán en el lugar que el Señor su Dios haya escogido, y a la mañana siguiente regresarán a su casa. **8**Durante seis días comerán pan sin levadura, y el día séptimo se celebrará una reunión especial en honor del Señor su Dios; ese día no deberán ustedes hacer ninguna clase de trabajo.

9"Cuando hayan pasado siete semanas, a partir del día en que comenzó la cosecha de trigo, **10**celebrarán la fiesta de las Semanas*c* en honor del Señor su Dios, y presentarán sus ofrendas voluntarias según los bienes con que el Señor su Dios los haya bendecido. **11**Y harán fiesta delante del Señor su Dios, en el lugar que él haya escogido como residencia de su nombre, junto con sus hijos y sus esclavos, y con los levitas, extranjeros, huérfanos y viudas que habiten en su población. **12**Recuerden que también ustedes fueron esclavos en Egipto; por lo tanto, pongan en práctica todas estas leyes.

13"Una vez que hayan terminado de cosechar su trigo y de exprimir sus uvas, celebrarán durante siete días la fiesta de las Enramadas.*d* **14**Alégrense en esta fiesta junto con sus hijos y sus esclavos, y con los levitas, extranjeros, huérfanos y viudas que vivan en su ciudad. **15**Esta fiesta la celebrarán en honor del Señor su Dios durante siete días, en el lugar que él haya escogido; porque el Señor su Dios los bendecirá en todas sus cosechas y en todo su trabajo, y serán ustedes completamente dichosos.

16"Todos los varones deberán presentarse tres veces al año ante el Señor su Dios, en el lugar que él haya escogido, durante las siguientes fiestas: la de los Panes sin levadura, la de las Semanas y la de las Enramadas. Nadie deberá presentarse ante el Señor con las manos vacías,

17sino que cada uno llevará sus ofrendas conforme a los bienes con que el Señor su Dios lo haya bendecido.

Reglas para administrar justicia

18"Nombren jueces y oficiales para todas las ciudades que el Señor su Dios le va a dar a cada tribu, para que juzguen al pueblo con verdadera justicia. **19**No perviertan la justicia; no hagan ninguna diferencia entre unas personas y otras, ni se dejen sobornar, pues el soborno ciega los ojos de los sabios y pervierte las palabras de las personas justas. **20**La justicia, y solo la justicia, es lo que ustedes deben seguir, para que vivan y posean el país que el Señor su Dios les da.

21"No planten ningún árbol para honrar a un ídolo, ni lo pongan junto al altar del Señor su Dios. **22**No levanten piedras de culto pagano, pues esto le repugna al Señor su Dios.

17 **1**"No ofrezcan como sacrificio al Señor su Dios ningún toro ni oveja que tenga defecto o alguna cosa mala, porque eso le es repugnante.

2"Si en alguna de las poblaciones que el Señor su Dios les da se descubre que algún hombre o mujer hace lo que al Señor le desagrada, y falta a su alianza **3**adorando a otros dioses y arrodillándose ante ellos, ya sea ante el sol, la luna o las estrellas, que es algo que el Señor no ha mandado, **4**y si llegan a saberlo, investiguen bien el asunto; y si resulta verdad que un acto tan repugnante se ha cometido en Israel, **5**llevarán ante el tribunal de la ciudad a quien haya cometido esta mala acción y lo condenarán a morir apedreado.

6"La sentencia de muerte se dictará solo cuando haya declaración de dos o tres testigos, pues por la declaración de un solo testigo nadie podrá ser condenado a muerte. **7**Los testigos serán los primeros en arrojarle piedras al condenado, y después lo hará todo el pueblo. Así acabarán con el mal que haya en medio de ustedes.

8"Si tienen que juzgar un caso demasiado difícil, ya sea de muerte, pleito, heridas corporales o cualquiera otra cosa que ocurra en su ciudad, vayan al lugar que el Señor su Dios haya escogido **9**y pónganse en contacto con los sacerdotes levitas y con el juez de turno para exponerles el caso. Ellos dictarán entonces la

---

c **16.9–12** Lv 23.15–21; Nm 28.26–31.   *d* **16.13–15** Lv 23.33–36,39–43; Nm 29.12–38.

sentencia que corresponda al caso, 10 y ustedes la aplicarán siguiendo al pie de la letra sus instrucciones. 11 Hagan todo tal y como ellos lo indiquen, aplicando la sentencia que dicten sin hacerle ningún cambio. 12 Pero al que actúe movido por la soberbia y desobedezca la decisión del sacerdote que está allí sirviendo al Señor, o la del juez, se le condenará a muerte. Así acabarán ustedes con la maldad en Israel, 13 y cuando el pueblo lo sepa, tendrá miedo y dejará de hacer las cosas con soberbia.

Instrucciones en cuanto a los reyes *a*

14 "Si cuando hayan entrado en el país que el Señor su Dios les va a dar, y lo hayan conquistado y vivan en él, dicen: 'Queremos tener un rey que nos gobierne, como lo tienen todas nuestras naciones vecinas', 15 deberán poner como rey de su nación a aquel compatriota de ustedes que el Señor su Dios escoja. No deben tomar como rey a un extranjero, a uno que no sea su compatriota. 16 Pero ese rey no deberá adquirir muchos caballos, ni enviar gente a Egipto para aumentar su caballería, pues el Señor les ha dicho: 'Nunca más vuelvan por este camino.' 17 Tampoco deberá tener muchas mujeres, para que no se descarríe; ni adquirir grandes cantidades de oro y plata.

18 "Cuando el rey tome posesión del poder, mandará que le hagan una copia escrita de esta enseñanza, tomada del original que está al cuidado de los sacerdotes levitas. 19 Siempre deberá tener esa copia consigo, y leerla todos los días de su vida, para que aprenda a reverenciar al Señor su Dios, a respetar todo el contenido de esta enseñanza y a poner en práctica sus mandatos, 20 para que no se crea superior a sus compatriotas ni se aparte para nada de estos mandamientos. Así, tanto él como sus descendientes tendrán un largo reinado en Israel.

Derechos de los sacerdotes levitas

18

1 "Los sacerdotes levitas, es decir, todos los de la tribu de Leví, no tendrán parte ni herencia como los demás israelitas. Tendrán que mantenerse de los sacrificios que se ofrecen al Señor, y de lo que a él le corresponde. 2 No recibirán herencia como sus compatriotas, ya que su herencia es el Señor, como él lo ha dicho. *a*

3 "Los derechos que los sacerdotes tienen sobre los sacrificios de toros o corderos ofrecidos por la gente, son los siguientes: *b* les tocará la espaldilla, la quijada y el cuajar, 4 y también los primeros frutos de trigo, vino y aceite, y la primera lana que se corte a las ovejas; 5 pues el Señor su Dios los ha elegido a ellos, de entre todas las tribus, para que de padres a hijos tengan siempre a su cargo el culto al Señor.

6 "Cuando un levita de alguna población de ustedes, de cualquier lugar de Israel, se sienta movido a venir al lugar escogido por el Señor, 7 podrá oficiar allí como sacerdote en el nombre del Señor, lo mismo que todos sus compañeros levitas que están allí sirviendo al Señor, 8 y recibirá la misma porción de alimentos que ellos reciben, además de lo que obtenga de la herencia de su padre.

Advertencias contra prácticas paganas

9 "Cuando hayan entrado ustedes en el país que el Señor su Dios les va a dar, no imiten las horribles costumbres de esas naciones. 10 Que nadie de ustedes ofrezca en sacrificio a su hijo haciéndolo pasar por el fuego, ni practique la adivinación, ni pretenda predecir el futuro, ni se dedique a la hechicería 11 ni a los encantamientos, ni consulte a los adivinos y a los que invocan a los espíritus, ni consulte a los muertos. 12 Porque al Señor le repugnan los que hacen estas cosas. Y si el Señor su Dios arroja de la presencia de ustedes a estas naciones, es precisamente porque tienen esas horribles costumbres. 13 Ustedes deben ser perfectos en su relación con Dios. 14 Esas naciones, cuyo territorio van ustedes a poseer, hacen caso a los que pretenden predecir el futuro y a los adivinos, pero a ustedes el Señor su Dios no les permite semejante cosa.

El profeta que ha de venir

15 "El Señor su Dios hará que salga de entre ustedes un profeta como yo, y deberán obedecerlo. 16 Esto es en realidad lo que ustedes pidieron al Señor su Dios en el monte Horeb, el día en que todos se reunieron allí y dijeron: 'No queremos oir otra vez la voz del Señor

nuestro Dios, ni ver este gran fuego, para no morir.'[c] 17Entonces el Señor me dijo: 'Está bien lo que han dicho. 18Yo haré que salga de entre ellos un profeta como tú, uno que sea compatriota de ellos y que les diga lo que yo le ordene decir, y les repita lo que yo le mande. 19A todo aquel que no haga caso de lo que ese profeta diga en mi nombre, yo le pediré cuentas.[d] 20Pero el profeta que presuma de hablar en mi nombre y diga algo que yo no le haya mandado decir, o hable en nombre de otros dioses, será condenado a muerte.' 21Y si ustedes piensan: '¿Cómo podremos saber que lo que se ha dicho no es la palabra del Señor?', deben tener esto en cuenta: 22Si lo que el profeta ha dicho en nombre del Señor no se cumple, es señal de que el Señor no lo dijo,[e] sino que el profeta habló movido solo por su orgullo; por lo tanto, no le tengan miedo.

Ciudades de refugio
(Nm 35.9–28; Jos 20.1–9)

19 1"Cuando el Señor su Dios haya destruido a las naciones y les dé a ustedes posesión de las tierras que ahora son de ellas, y ustedes ocupen sus ciudades y sus casas, 2apartarán tres ciudades del país que el Señor su Dios les da en propiedad, 3y arreglarán el camino que lleva a ellas.[a] Además, dividirán en tres partes el territorio que el Señor su Dios les da en posesión, para que todo aquel que mate a una persona pueda refugiarse en cualquiera de ellas. 4El que mató podrá huir allí y salvar su vida, si demuestra que lo hizo sin intención y sin que hubiera enemistad entre ellos. 5Por ejemplo, si alguien va con su compañero al bosque a cortar leña y, al dar el hachazo, se le escapa el hacha del mango y alcanza a su compañero y lo mata, podrá huir a una de esas ciudades, y de esta manera salvará su vida. 6De lo contrario, si el camino es largo, un pariente cercano del muerto, que quiera vengarlo, perseguirá con rabia al que lo mató y puede alcanzarlo y matarlo, cuando en realidad no merecía la muerte, puesto que nunca antes fueron enemigos. 7Por eso les mando que aparten tres ciudades, 8y cuando el Señor su Dios

agrande el territorio de ustedes y les dé toda la tierra, tal como lo prometió a los antepasados de ustedes, 9entonces añadirán ustedes otras tres ciudades de refugio a las tres que ya tenían[b] (siempre y cuando pongan en práctica estos mandamientos que hoy les doy, o sea, que amen al Señor su Dios y sigan siempre sus caminos). 10De esta manera no se derramará sangre inocente dentro de este país que el Señor su Dios les da en propiedad, ni caerá sobre ustedes la responsabilidad de ninguna muerte.

11"Pero si un hombre es enemigo de otro y le sigue los pasos, y llegada la ocasión se lanza sobre él y lo mata, y huye después a una de las ciudades de refugio, 12entonces los ancianos de su ciudad darán la orden de que se le arreste y se le entregue en manos del pariente más cercano del muerto, para que sea condenado a muerte. 13No le tengan compasión, y así evitarán que se derrame sangre inocente en Israel. Entonces todas las cosas les saldrán bien.

14"En el país que el Señor su Dios les va a dar, respetarán los límites de la propiedad de su vecino, tal como fueron fijados en tiempos pasados.

Ley contra los testigos falsos

15"La acusación de un solo testigo no será suficiente para demostrar que una persona ha cometido un crimen, delito o falta. Solo valdrá la acusación cuando la presenten dos o tres testigos.

16"Si algún malvado se presenta como testigo falso contra alguien, y lo acusa de haber cometido un delito, 17entonces las dos personas en pleito se presentarán ante el Señor y ante los sacerdotes y jueces que en aquellos días estén en funciones. 18Los jueces examinarán el caso con toda atención, y si resulta falsa la declaración presentada por el testigo contra la otra persona, 19se le hará sufrir la misma sentencia que él quería para el otro. Así acabarán con la maldad que haya en medio de ustedes. 20Y cuando los demás lo sepan, tendrán miedo y ya no se atreverán a cometer una acción tan mala. 21No tengan compasión: cobren vida por vida, ojo por ojo, diente por diente, mano por mano, pie por pie.[c]

---

[c] **18.16** Dt 5.25–27. [d] **18.18–19** Hch 3.22–23; cf. Jn 1.21; 6.14; 7.40; Hch 3.22–23; Hch 7.37.
[e] **18.21–22** Jer 28.9. [a] **19.3** *Arreglarán . . . a ellas:* otra posible traducción: *fijarán las distancias.* [b] **19.9** Estas *otras tres ciudades de refugio* se añaden a las tres mencionadas en el v. 2. Cf. Jos 20.7–8. [c] **19.21** Acerca de la ley del talión, véase Ex 21.23–25 n.; cf. Lv 24.19–20; Mt 5.38.

Leyes de guerra

20 ¹ "Si al salir ustedes a combatir a sus enemigos ven que ellos cuentan con caballería y carros de guerra, y con un ejército más numeroso que el de ustedes, no les tengan miedo, pues ustedes cuentan con el Señor su Dios, que los sacó de Egipto. **2**Y cuando llegue la hora de la batalla, el sacerdote se dirigirá al ejército **3**y dirá: 'Escuchen, israelitas, hoy van a luchar contra sus enemigos. No se desanimen ni tengan miedo; no tiemblen ni se asusten, **4**porque el Señor su Dios está con ustedes; él luchará contra los enemigos de ustedes y les dará la victoria.'

5 "Luego hablarán los jefes, y dirán: 'Si alguno de ustedes ha construido una casa nueva y todavía no ha vivido en ella, que se vaya a su casa, no sea que muera en la batalla y sea otro el que la estrene. **6**Y si alguno de ustedes ha plantado un viñedo y aún no ha podido disfrutar de él, que se vaya a su casa, no sea que muera en el combate y sea otro el que recoja las uvas. **7**Y si alguien está comprometido en matrimonio y todavía no se ha casado, que se vaya a su casa, no sea que muera en la lucha y otro se case con su prometida.'

8 "Después los jefes se dirigirán de nuevo al ejército y dirán: 'Si alguno tiene miedo y le falta valor, que se vaya a su casa para que no acobarde también a sus compañeros.' **9**Y cuando los jefes hayan terminado de hablar, los capitanes se pondrán a la cabeza del ejército.

10 "Cuando se acerquen ustedes a una ciudad para atacarla, primero deben proponer la paz. **11**Si los habitantes de la ciudad aceptan la paz y los dejan entrar, entonces les servirán a ustedes como esclavos en trabajos forzados. **12**Pero si no hacen la paz con ustedes, sino que les declaran la guerra, ustedes rodearán la ciudad y la atacarán. **13**El Señor su Dios la hará caer en poder de ustedes, y ustedes matarán a filo de espada a todos sus habitantes. **14**Las mujeres, los niños, el ganado y todo lo que haya en la ciudad, será para ustedes; podrán disfrutar de todo lo que el Señor su Dios les permita tomar del enemigo. **15**Esto mismo harán ustedes con todas las ciudades que estén lejos de donde habiten y que no formen parte de estas naciones. **16**Pero en las ciudades de estas naciones que el Señor su Dios les da en propiedad, no deben ustedes dejar nada con vida, **17**sino que destinarán a la destrucción, como sacrificio al Señor, a los hititas, amorreos, cananeos,

ferezeos, heveos y jebuseos, tal como él lo ha ordenado, **18**para que no les enseñen a ustedes a hacer las mismas cosas horribles que ellos hacen en honor de sus dioses, y les hagan pecar contra el Señor su Dios.

19 "Si para tomar ustedes una ciudad tienen que sitiarla por mucho tiempo, no derriben sus árboles a golpe de hacha, pues necesitarán sus frutos como alimento; además, son tan solo árboles del campo, y no hombres que puedan defenderse del ataque de ustedes. **20**Sin embargo, podrán derribar los árboles que no sean frutales y que les sirvan para sitiar la ciudad que estén atacando, hasta que caiga en su poder.

Casos de muerte sin explicación

21 ¹ "Si en el país que el Señor su Dios les va a dar en propiedad se encuentra en el campo el cadáver de una persona asesinada, sin que se sepa quién la mató, **2**los ancianos y los jueces calcularán la distancia que haya entre el lugar donde se encuentre el cadáver y las ciudades más cercanas. **3**Entonces los ancianos de la ciudad más cercana tomarán una ternera a la que todavía no se le haya puesto yugo, **4**la bajarán a un arroyo que siempre lleve agua y donde nunca se haya labrado ni sembrado, y allí mismo le romperán el pescuezo.

5 "Después se acercarán los sacerdotes levitas, pues el Señor los eligió para que tengan a su cargo los servicios del culto y bendigan en el nombre del Señor. En todo caso de pleito o disputa, su decisión será final. **6**Luego, todos los ancianos de la ciudad se lavarán las manos sobre la ternera muerta, **7**y harán la siguiente declaración: 'Nosotros no matamos a ese hombre, ni vimos cómo lo mataron. **8**Perdona, Señor, a tu pueblo Israel, que tú has rescatado, y no lo culpes de la muerte de un inocente.' Así no se les pedirá cuentas de la muerte de esa persona, **9**y ustedes harán lo que es recto a los ojos del Señor y quitarán de entre ustedes la culpa de esa muerte.

Ley sobre prisioneras de guerra

10 "Cuando presenten batalla contra sus enemigos, y el Señor su Dios los haga caer prisioneros en manos de ustedes, **11**si alguno de ustedes ve entre ellos una mujer hermosa, y se enamora de ella y la toma por esposa, **12**deberá llevarla a su casa y hará que se rape la cabeza, se corte las uñas, **13**se quite el vestido que llevaba cuando cayó prisionera y se quede a vivir en casa de él, llorando a sus padres durante todo un mes. Después de eso podrá el israelita entrar en relaciones con ella; él será su marido, y ella su mujer. 14 Si después resulta que no le gusta, podrá dejarla en libertad; pero no podrá venderla por dinero ni tratarla como esclava, ya que la ha deshonrado.

Derechos del hijo mayor

15 "Si un hombre tiene dos mujeres, y ama a una y a la otra no, pero las dos le dan hijos y el hijo mayor es de la mujer a la que no ama, 16 cuando llegue el día en que ese hombre reparta sus bienes entre sus hijos, no podrá tratar como hijo mayor al de la mujer que ama, pues perjudicaría al hijo de la mujer aborrecida, que es realmente el mayor. 17 Tendrá que reconocer a este como su hijo mayor y darle una doble parte de los bienes que le correspondan, porque él es el primer fruto de su fuerza y tiene todos los derechos de hijo mayor.

Castigo para los hijos rebeldes

18 "Si alguien tiene un hijo desobediente y rebelde, que no hace caso de lo que le dicen sus padres, y que ni siquiera cuando lo castigan los obedece, 19 sus padres deberán llevarlo ante el tribunal de los ancianos de la ciudad, 20 y decirles: 'Nuestro hijo es desobediente y rebelde; no nos obedece en nada, es un pervertido y un borracho.' 21 Entonces todos los hombres de la ciudad lo matarán a pedradas. Así acabarán ustedes con la maldad que haya en medio de su pueblo y, al saberlo, los israelitas sentirán temor.

Leyes diversas

22 "Si un hombre es condenado a morir colgado de un árbol por haber cometido un grave delito, 23 su cuerpo no deberá dejarse allí toda la noche, sino que tendrá que ser enterrado el mismo día, porque es maldito de Dios el que muere colgado de un árbol, y ustedes no deben convertir en impura la tierra que el Señor su Dios les va a dar en propiedad.

22 1 "Si alguno de ustedes ve perdido el buey o la oveja de su compatriota, no debe desentenderse de ello, sino

llevárselo a su compatriota. 2 Pero si el dueño no es vecino ni conocido suyo, entonces llevará el animal a su casa y lo tendrá allí hasta que su compatriota lo reclame; entonces deberá devolvérselo. 3 Lo mismo deberán hacer con el asno, el manto o cualquier otra cosa que alguien pierda y que alguno de ustedes encuentre. No se desentiendan del asunto.

4 "Si alguno de ustedes ve caído en el camino el asno o el buey de su compatriota, no debe desentenderse de ello, sino ayudarle a levantarlo.

5 "La mujer no debe usar ropa de hombre, ni el hombre debe usar ropa de mujer, porque al Señor le repugna todo aquel que hace estas cosas.

6 "Si alguien encuentra en su camino algún nido de pájaros en un árbol o en el suelo, con polluelos o huevos, y la madre echada sobre ellos, no debe quedarse con la madre y los polluelos; 7 debe quedarse solo con los polluelos y dejar que la madre se vaya. Así será dichoso y tendrá una larga vida.

8 "Cuando alguno de ustedes construya una casa nueva, deberá poner un muro de protección alrededor de la azotea; así evitará que su familia sea culpable de una muerte en caso de que alguien se caiga de la casa.

9 "No siembren en su viñedo más de una clase de semilla, para que no se les impida usar[a] tanto lo que sembraron como toda la cosecha del viñedo.

10 "No aren su campo con una yunta formada por un buey y un asno.

11 "No se pongan ropa tejida con una mezcla de lana y lino.

12 "Pongan borlas con flecos en las cuatro puntas del manto con que se cubren.[b]

Leyes sobre la castidad

13 "Si un hombre toma a una mujer por esposa, y después de unirse a ella le pierde cariño 14 y, alegando que ella le ha faltado, le crea mala fama diciendo: 'Yo me casé con esta mujer, pero en nuestras relaciones me encontré con que ya no era virgen', 15 entonces los padres de la joven tomarán la prueba de su virginidad[c] y la presentarán al tribunal de los ancianos de la ciudad, 16 y el padre de la joven

---

[a] **22.9** *Para que no se les impida usar:* lit. *para que no consagres.* Lo consagrado a Dios ya no podía usarse como cosa personal ni ser destinado a usos comunes y corrientes. [b] **22.12** Nm 15.37–41. [c] **22.15** La prueba de la virginidad era la sábana del lecho nupcial con manchas de sangre (cf. v. 17).

dirá a los ancianos: 'Yo di mi hija por esposa a este hombre, pero ahora él ha dejado de quererla 17 y la acusa de haberle faltado, alegando que mi hija ya no era virgen. Sin embargo, aquí está la prueba de que sí lo era.' Y diciendo esto, extenderá la sábana delante de los ancianos. 18 Entonces ellos apresarán al hombre y lo castigarán, 19 condenándolo a pagar una multa de cien monedas de plata, que deberá entregar al padre de la joven por crearle mala fama a una muchacha virgen de Israel. Además, ella seguirá siendo su mujer y no podrá divorciarse de ella en toda su vida.

20 "Pero si resulta cierto que la joven ya no era virgen, 21 la sacarán a las puertas de la casa de su padre y los hombres de la ciudad la matarán a pedradas, por cometer una maldad tan grande en Israel y deshonrar la casa misma de su padre. Así acabarán con el mal que haya en medio de ustedes.

22 "Si un hombre es sorprendido acostado con una mujer casada, los dos serán condenados a muerte. Así acabarán ustedes con el mal que haya en Israel.

23 "Si una muchacha virgen es prometida de un hombre, y otro hombre la encuentra en la ciudad y se acuesta con ella, 24 serán llevados los dos ante el tribunal de la ciudad, donde serán condenados a morir apedreados: la joven por no pedir socorro estando en plena ciudad, y el hombre por deshonrar a la mujer de su prójimo. Así acabarán con el mal que haya en medio de ustedes.

25 "Pero si un hombre encuentra en el campo a la prometida de otro hombre y la obliga a acostarse con él, entonces solo se dará muerte al hombre que se acostó con ella. 26 A la joven no se le hará nada, porque no ha cometido ningún delito que merezca la muerte; se trata de un caso semejante del hombre que ataca a otro hombre y lo mata; 27 porque él encontró a la joven sola en el campo y, aunque ella hubiera gritado, nadie habría podido socorrerla.

28 "Si un hombre encuentra a una muchacha virgen y sin compromiso de matrimonio, y la obliga a acostarse con él, y son descubiertos, 29 entonces el hombre tendrá que entregar al padre de la joven cincuenta monedas de plata; y, como la ha deshonrado, tendrá que tomarla

por mujer y no podrá divorciarse de ella en toda su vida.

30 "Nadie debe tener relaciones sexuales con la mujer de su padre, pues con ello lo deshonra.

Gente excluida de la comunidad

23 1 "El que tenga los testículos aplastados o amputado su miembro viril, no podrá ser admitido en la congregación del Señor.

2 "El hijo bastardo no podrá ser admitido en la congregación del Señor, ni aun después de la décima generación.

3 "Los amonitas y los moabitas no serán nunca admitidos en la congregación del Señor, ni aun después de la décima generación; 4 porque cuando ustedes pasaron por su territorio, después de haber salido de Egipto, ellos no les ofrecieron agua ni alimentos; y además pagaron a Balaam, hijo de Beor, que venía de Petor de Mesopotamia, para que pronunciara una maldición contra ustedes.[a] 5 Pero el Señor su Dios no escuchó a Balaam, sino que convirtió su maldición en una bendición para ustedes,[b] porque los ama. 6 No busquen, pues, ni la paz ni el bienestar de ellos en todos los días de su vida.

7 "Sin embargo, no deben despreciar a los edomitas, porque son parientes de ustedes;[c] ni tampoco a los egipcios, porque ustedes vivieron en su país; 8 la tercera generación de sus descendientes podrá entrar a formar parte de la congregación del Señor.

Leyes sanitarias

9 "Cuando se encuentren ustedes en guerra contra sus enemigos y hagan vida de campaña, procuren no cometer ningún acto indecente. 10 Si alguno de ustedes se encuentra en estado de impureza por haber tenido un derrame durante el sueño, deberá salir del campamento y no entrar en él en todo el día. 11 Al caer la tarde se lavará con agua, y al ponerse el sol podrá entrar nuevamente en el campamento.

12 "Para sus necesidades deberán ustedes tener un lugar fuera del campamento. 13 En su equipo deberán llevar siempre una estaca, para que cuando tengan que hacer sus necesidades, hagan un hoyo con la estaca y luego, cuando hayan terminado, tapen con tierra el excremento.

---

a **23.4** Nm 22.1–6. *b* **23.5** Nm 23.7—24.9. *c* **23.7** El parentesco con los *edomitas* se debe a que estos eran descendientes de Esaú–Edom, el hermano de Jacob (Dt 2.4).

14 Porque el Señor su Dios anda entre ustedes, en el campamento, para protegerlos y darles la victoria sobre sus enemigos; por lo tanto, el campamento de ustedes debe ser un lugar santo, para que Dios no vea ninguna cosa indecente en él, pues de lo contrario se apartaría de ustedes.

Leyes de asilo

15 "Si un esclavo huye de su amo y les pide a ustedes asilo, no lo entreguen a su antiguo dueño. **16** Déjenlo que se quede a vivir con ustedes en la ciudad que más le guste y en el lugar que él escoja, y nadie deberá molestarlo.

Prohibición de la prostitución cúltica

17 "Ningún hombre ni ninguna mujer israelita deberá consagrarse a la prostitución practicada en cultos paganos. **18** No permitan ustedes que en el templo del Señor su Dios se pague una promesa con el dinero ganado en ese tipo de prostitución, porque esa práctica le repugna al Señor.

19 "No exigirán de un compatriota que les pague interés por el préstamo que le hayan hecho, sea de dinero, de comestibles o de cualquier cosa de las que se prestan cobrando interés. **20** Al extranjero podrán exigirle que les pague interés sobre un préstamo, pero no deberán hacerlo con un compatriota. Así el Señor su Dios los bendecirá en todo lo que hagan en el país que van a ocupar.

21 "Cuando hagan una promesa al Señor su Dios, no tarden en cumplirla, pues tengan por seguro que el Señor su Dios les pedirá cuentas de ello y serán culpables de pecado. **22** Si no hacen ninguna promesa, no cometerán ningún pecado; **23** pero si de una manera voluntaria hacen una promesa al Señor su Dios, entonces deberán cumplirla.

24 "Cuando entren en el viñedo de su prójimo, podrán comer todas las uvas que quieran, pero no podrán llevarse ninguna en la cesta. **25** Si entran en su trigal, podrán arrancar espigas con la mano, pero no cortar el trigo con una hoz.

Leyes sobre el divorcio

24 **1** "Si un hombre toma una mujer y se casa con ella, pero después resulta que no le gusta por haber encontrado en ella algo indecente, le dará por escrito un certificado de divorcio y la despedirá de su casa. **2** Ella, después que haya abandonado la casa, podrá casarse con otro; **3** pero si su segundo marido también llega a despreciarla y le entrega un certificado de divorcio, despidiéndola de su casa, o si este segundo marido se muere, **4** entonces el que fue su primer marido no podrá volver a casarse con ella debido al estado de impureza en que ella se encuentra; esto sería un acto repugnante para el Señor, y ustedes no deben deshonrar el país que el Señor su Dios les da en propiedad.

Leyes varias

5 "Si un hombre está recién casado, no deberá ir a la guerra ni se le hará cumplir ninguna otra clase de servicio durante un año; así podrá estar libre en su casa todo ese tiempo, para felicidad de su mujer.[a]

6 "No pidan a nadie en prenda su molino de mano o la piedra de moler, pues eso sería como pedirle en prenda su propia vida.

7 "Si un israelita es sorprendido raptando a un compatriota para convertirlo en esclavo o para venderlo, se le condenará a muerte, para acabar así con la maldad que haya en medio de ustedes.

8 "En caso de lepra, cumplan fielmente todas las instrucciones que les den los sacerdotes levitas. Deben hacerlo todo tal y como yo se lo he ordenado a ellos.[b] **9** Recuerden lo que hizo el Señor su Dios con María en el camino, después que ustedes salieron de Egipto.[c]

10 "Si hacen un préstamo a su prójimo, no entren en su casa para tomar ninguna prenda suya. **11** Quédense afuera, y esperen a qué él saque lo que va a dar en prenda. **12** Y si se trata de una persona pobre, no deben retener la prenda durante la noche; **13** tienen que devolvérsela a la puesta del sol, para que así pueda taparse con su manto cuando se vaya a dormir. Así él los bendecirá y ustedes harán una buena acción delante del Señor su Dios.

14 "No exploten al que se halle en la miseria, ni le retengan su paga, ya sea que se trate de un compatriota de ustedes o de un extranjero que habite en alguna de sus ciudades. **15** Páguenle su jornal el mismo día, antes de ponerse el sol, porque es pobre y necesita ese dinero para poder vivir. De otra manera clamará contra

---

[a] **24.5** *Para felicidad de su mujer:* o bien, *para ser feliz con su mujer.*   [b] **24.8** Lv 13.1—14.54.   [c] **24.9** Nm 12.10.

ustedes al Señor, y ustedes serán culpables de pecado.

16 "Los padres no podrán ser condenados a muerte por culpa de lo que hayan hecho sus hijos, ni los hijos por lo que hayan hecho sus padres, sino que cada uno morirá por su propio pecado.*d*

17 "No cometan ninguna injusticia con los extranjeros ni con los huérfanos,*e* ni tampoco tomen en prenda la ropa de las viudas. 18 No olviden que ustedes fueron esclavos en Egipto, y que el Señor su Dios los sacó de allí; por eso les ordeno que cumplan todo esto.

19 "Si al estar recogiendo la cosecha de su campo se olvidan ustedes de recoger un manojo de trigo, no regresen a buscarlo; déjenlo para que lo recoja algún extranjero de los que viven entre ustedes, o algún huérfano, o alguna viuda, a fin de que el Señor su Dios los bendiga a ustedes en todo lo que hagan.

20 "Cuando recojan las aceitunas de sus olivos, no repasen cada una de las ramas; las aceitunas que se queden, déjenlas para los extranjeros, los huérfanos y las viudas.

21 "Al recoger las uvas de su viñedo, no repasen ustedes cada una de las plantas; lo que quede, déjenlo para los extranjeros, los huérfanos y las viudas. 22 Recuerden que también ustedes fueron esclavos en Egipto; por eso les ordeno que cumplan todo esto.

25 1 "Cuando algunos tengan un pleito, deberán presentarse ante el tribunal para que se les juzgue, y los jueces declararán inocente al que lo sea y condenarán al culpable. 2 Si el culpable merece ser azotado, el juez ordenará que se le tienda en el suelo y que en su presencia se le den los azotes que merezca la falta que ha cometido. 3 En ningún caso se darán más de cuarenta azotes, para evitar que aquel compatriota sufra un castigo demasiado duro y se sienta humillado ante ustedes.

4 "No le pongan bozal al buey cuando esté trillando el grano.

Ley del levirato*a*

5 "Si dos hermanos comparten el mismo techo y uno de ellos muere sin dejar ningún hijo,

la viuda no podrá casarse con ningún hombre de otra familia. El hermano de su marido deberá tomarla por esposa, y así cumplir con ella su deber de cuñado. 6 El primer hijo que ella dé a luz llevará el nombre del hermano muerto, con el fin de que su nombre no desaparezca de Israel. 7 Pero si el hombre no quiere casarse con su cuñada, ella se presentará ante el tribunal y dirá a los ancianos: 'Mi cuñado no quiere que el nombre de su hermano se mantenga vivo en Israel; no quiere cumplir conmigo su deber de cuñado.' 8 Entonces los ancianos de la ciudad lo llamarán y hablarán con él, y si él insiste en no casarse con ella, 9 entonces su cuñada se acercará a él y en presencia de los ancianos le quitará la sandalia del pie, le escupirá en la cara y dirá: '¡Así se hace con el hombre que no quiere dar descendencia a su hermano!' 10 Y su familia será conocida en Israel con el nombre de 'la familia del Descalzado'.

Otras leyes

11 "Si dos hombres se están golpeando, y se acerca la mujer de uno de ellos para defender a su marido y agarra al otro por las partes genitales, 12 ustedes ordenarán sin ninguna compasión que se le corte la mano a la mujer.

13-14 "No usen en sus compras y ventas pesas y medidas falsas, 15 sino pesas exactas y completas, para que vivan muchos años en el país que el Señor su Dios les va a dar. 16 Porque al Señor le repugnan todos los que hacen estas cosas y cometen injusticias.

La orden de exterminar a Amalec

17 "Recuerden ustedes lo que les hizo Amalec cuando estaban en camino, después de haber salido de Egipto; 18 recuerden que, sin ningún temor de Dios, los atacó en el camino y se aprovechó de que ustedes estaban cansados y fatigados, y atacó por la espalda a los que estaban débiles y se habían quedado atrás. 19 Por lo tanto, cuando el Señor su Dios los haya librado de todos los enemigos que les rodean en el país que él les da en propiedad, deberán borrar de la tierra la memoria de Amalec. ¡No lo olviden!*b*

---

d **24.16** 2 R 14.6; 2 Cr 25.4; Jer 31.29–30; Ez 18.1–20. *e* **24.17** *Con los extranjeros ni con los huérfanos:* según las versiones antiguas; heb. *con los huérfanos extranjeros.* *a* **25.5–10** La llamada "ley del levirato" (del latín *levir,* que significa *cuñado*) estaba destinada a impedir que el patrimonio familiar cayera en poder de una persona ajena a la familia. Cf. Gn 38; Rt 4.5–6; Mt 22.24. *b* **25.17–19** Ex 17.8–16; Nm 24.20; 1 S 15.2–3. Cf. Dt 6.20–25; Jos 24.2–13.

Ofrenda de los primeros frutos

26 1 "Cuando hayas entrado en la tierra que el Señor tu Dios te va a dar en propiedad, y te hayas establecido en ella, 2 tomarás los primeros frutos de la cosecha que te dé la tierra, y los llevarás en una cesta al lugar que el Señor tu Dios haya escogido como residencia de su nombre. 3 Allí te presentarás al sacerdote en funciones, y le dirás: 'Yo declaro hoy, ante el Señor mi Dios, que ya he entrado en el país que el Señor juró a nuestros antepasados que nos daría.' 4 El sacerdote tomará la cesta que tú le entregues, y la pondrá ante el altar del Señor tu Dios; 5 entonces pronunciarás ante el Señor tu Dios la siguiente declaración:

'Mis antepasados fueron un pequeño grupo de arameos errantes, que emigraron a Egipto y se quedaron a vivir allí, convirtiéndose después en una nación grande, poderosa y numerosa. 6 Pero los egipcios nos maltrataron, nos oprimieron y nos hicieron sufrir cruel esclavitud. 7 Entonces pedimos al Señor y Dios de nuestros padres que nos ayudara, y él escuchó nuestras súplicas, y vio la miseria, los trabajos y la opresión de que éramos víctimas; 8 desplegó su gran poder y, en medio de un gran terror y de acontecimientos extraordinarios, nos sacó de Egipto 9 y nos trajo a este lugar, y nos dio esta tierra donde la leche y la miel corren como el agua. 10 Por eso traigo ahora los primeros frutos de la tierra que el Señor me ha dado.'

"En seguida pondrás la cesta delante del Señor tu Dios y te arrodillarás en su presencia. 11 Después harás fiesta por todos los bienes que el Señor tu Dios te ha dado a ti y a tu familia. También se unirán a tu alegría los levitas y los extranjeros que vivan entre ustedes.

Ofrenda de la décima parte de todo

12 "Cuando llegue el tercer año, que es cuando se da la décima parte de todo, y cuando hayas apartado ya la décima parte de todos tus frutos y se la hayas dado a los levitas y a los extranjeros que viven en tu país, y a los huérfanos y las viudas, para que puedan comer en tus poblaciones todo lo que quieran, 13 declararás ante el Señor tu Dios:

'Ya he apartado de mi casa la parte de la cosecha que debe ser consagrada, y la he repartido entre los levitas y extranjeros que viven en nuestro país, y entre los huérfanos y las viudas, cumpliendo todo lo que tú me mandaste y sin desobedecer ni olvidar ninguno de tus mandamientos. 14 No he comido nada de ello mientras estuve de luto o en estado de impureza, ni lo he ofrecido a los muertos. Señor mi Dios, te he obedecido y he cumplido todo lo que me has ordenado.[a] 15 Mira desde los cielos, desde tu santa mansión, y bendice a tu pueblo Israel y a la tierra que nos has dado, donde la leche y la miel corren como el agua, tal como lo prometiste a nuestros antepasados.'

Israel, pueblo consagrado al Señor

16 "El Señor tu Dios te manda hoy que pongas en práctica estas leyes y estos mandamientos; cúmplelos de todo corazón y con toda tu alma. 17 Tú has declarado hoy que el Señor es tu Dios, y has prometido seguir sus caminos y cumplir sus leyes, mandamientos y decretos, y obedecerlo siempre. 18 También el Señor ha declarado hoy que tú, Israel, eres el pueblo de su propiedad, tal como te lo había prometido, y que cumplirás todos sus mandamientos. 19 Él va a hacer de ti una nación superior en gloria, fama y honor a las demás naciones que hizo, y serás, como él lo ha dicho, un pueblo consagrado al Señor tu Dios."

Las piedras memoriales en el monte Ebal

27 1 Moisés y los ancianos de Israel dieron al pueblo las siguientes órdenes: "Cumplan todo lo que hoy les he ordenado. 2 Cuando crucen el río Jordán y entren en la tierra que el Señor su Dios les va a dar, levantarán unas piedras grandes y las blanquearán con cal, 3 para escribir en ellas todas estas instrucciones que les he dado. Háganlo en cuanto entren en esa tierra donde la leche y la miel corren como el agua, y que el Señor su Dios les va a dar, tal como lo prometió a los antepasados de ustedes. 4 Así que, cuando hayan cruzado el río Jordán, deberán levantar sobre el monte Ebal las piedras que les he dicho,

---

[a] **26.14** Las ofrendas de comida y, en general, el culto a los muertos son costumbres difundidas en casi todas las culturas. Cf. Dt 18.11; 1 S 28.3–24.

y blanquearlas con cal. 5-6También deberán construir allí un altar de piedra para el Señor su Dios. Las piedras deberán ser enteras y sin labrar. Allí, en ese altar, ofrecerán al Señor su Dios holocaustos 7y sacrificios de reconciliación; y allí, ante el Señor su Dios, comerán y harán fiesta. 8En las piedras deberán escribir con toda claridad estas instrucciones que les he dado."ª

9Después Moisés, acompañado de los sacerdotes levitas, dijo a los israelitas:

"Guarden silencio, israelitas, y escuchen. Hoy se han convertido ustedes en el pueblo del Señor su Dios. 10Por lo tanto, deben obedecerle y poner en práctica sus mandamientos y sus leyes que yo les ordeno hoy."

Enumeración de las maldiciones

11Ese mismo día Moisés dio al pueblo esta orden:

12"Cuando ustedes hayan cruzado el río Jordán, las tribus de Simeón, Leví, Judá, Isacar, José y Benjamín se colocarán en el monte Guerizim para la bendición del pueblo,b 13y las tribus de Rubén, Gad, Aser, Zabulón, Dan y Neftalí se colocarán en el monte Ebal para la maldición. 14Los levitas se dirigirán a todos los israelitas, y en voz alta pronunciarán la siguiente declaración:

15'Maldito sea el que haga un ídolo o una figura de metal fundido, hecha por un artesano, y la ponga en un lugar oculto, pues eso le repugna al Señor.' Y todo el pueblo dirá: 'Amén.'

16'Maldito sea el que trate con desprecio a su padre o a su madre.' Y todo el pueblo dirá: 'Amén.'

17'Maldito sea el que cambie los límites de la propiedad de su vecino para robarle terreno.' Y todo el pueblo dirá: 'Amén.'

18'Maldito sea el que desvíe de su camino a un ciego.' Y todo el pueblo dirá: 'Amén.'

19'Maldito sea el que cometa una injusticia con un extranjero, una viuda o un huérfano.' Y todo el pueblo dirá: 'Amén.'

20'Maldito sea el que se acueste con la mujer de su padre, pues con ello lo deshonra.' Y todo el pueblo dirá: 'Amén.'

21'Maldito sea el que tenga relaciones sexuales con un animal.' Y todo el pueblo dirá: 'Amén.'

22'Maldito sea el que se acueste con su hermana, ya sea por parte de padre o por parte de madre.' Y todo el pueblo dirá: 'Amén.'

23'Maldito sea el que se acueste con su suegra.' Y todo el pueblo dirá: 'Amén.'

24'Maldito sea el que mate a traición a su prójimo.' Y todo el pueblo dirá: 'Amén.'

25'Maldito sea el que reciba dinero por matar a una persona inocente.' Y todo el pueblo dirá: 'Amén.'

26'Maldito sea el que no respete estas instrucciones, ni las ponga en práctica.' Y todo el pueblo dirá: 'Amén.'

Bendiciones para los que obedecen
(Lv 26.3–13; Dt 7.12–24)

28 1"Si de veras obedeces al Señor tu Dios, y pones en práctica todos sus mandamientos que yo te ordeno hoy, entonces el Señor te pondrá por encima de todos los pueblos de la tierra.ª 2Además, todas estas bendiciones vendrán sobre ti y te alcanzarán por haber obedecido al Señor tu Dios. 3Serás bendito en la ciudad y en el campo. 4Serán benditos tus hijos y tus cosechas, y las crías de tus vacas, de tus ovejas y de todos tus animales. 5Serán benditos tu cesta y el lugar donde amasas la harina, 6y tú serás bendito en todo lo que hagas.

7"El Señor pondrá en tus manos a tus enemigos cuando te ataquen. Avanzarán contra ti en formación ordenada, pero huirán de ti en completo desorden.

8"El Señor enviará su bendición sobre tus graneros y sobre todo lo que hagas, y te hará vivir feliz en el país que va a darte.

9"Si cumples sus mandamientos y sigues sus caminos, el Señor tu Dios te mantendrá como pueblo consagrado a él, tal como te lo ha jurado. 10Entonces todos los pueblos de la tierra verán que sobre ti se invoca el nombre del Señor, y te tendrán miedo. 11El Señor te mostrará su bondad dándote muchos hijos, muchas crías de tus ganados y abundantes cosechas en la tierra que a tus antepasados juró que te daría. 12Y te abrirá su rico tesoro, que es el cielo, para darle a tu tierra la lluvia que necesite; y hará prosperar todo tu trabajo. Podrás prestar a muchas naciones, pero tú no

---

ª **27.2–8** Jos 8.30–32. b **27.12** Dt 11.29; Jos 8.33–35. ª **28.1** *Pueblos de la tierra:* otra posible traducción: *pueblos del país,* es decir, de Canaán (lo mismo en vv. 10,25; cf. Dt 11.22–25).

tendrás que pedir prestado a nadie. 13 El Señor te pondrá en el primer lugar, y no en el último; siempre estarás por encima de los demás, y nunca por debajo, con tal de que atiendas a los mandamientos del Señor tu Dios, que yo te ordeno hoy, y los pongas en práctica, 14 sin apartarte de ellos por seguir a otros dioses y rendirles culto.

Consecuencias de la desobediencia
(Lv 26.14–46)

15 "Pero si no obedeces al Señor tu Dios, ni pones en práctica todos sus mandamientos y leyes que yo te he ordenado hoy, vendrán sobre ti y te alcanzarán todas estas maldiciones: 16 Serás maldito en la ciudad y en el campo. 17 Serán malditos tu cesta y el lugar donde amasas la harina. 18 Serán malditos tus hijos y tus cosechas, y las crías de tus vacas, de tus ovejas y de todos tus animales. 19 Y maldito serás tú en todo lo que hagas.

20 "El Señor te enviará maldición, confusión y angustia en todo lo que hagas, y en muy poco tiempo te destruirán por completo, por haberlo abandonado con tus malas acciones. 21 El Señor te enviará una peste que acabará contigo en el país que vas a ocupar. 22 También te enviará epidemias mortales, fiebres malignas, inflamaciones, calor sofocante, sequía*b* y plagas sobre tus trigales, epidemias que te perseguirán hasta destruirte. 23 Allá arriba, el cielo te negará su lluvia; y aquí abajo, la tierra te negará sus frutos. 24 El Señor hará caer sobre ti polvo y arena*c* en vez de lluvia, hasta que seas destruido 25 y aplastado por tus enemigos. Avanzarás contra ellos en formación ordenada, pero huirás de ellos en completo desorden, y serás motivo de espanto para todos los reinos de la tierra. 26 Las aves y las fieras devorarán tu cadáver sin que nadie las espante.

27 "El Señor te hará sufrir con llagas, como a los egipcios, y con tumores, sarna y tiña, y no podrás curarte de estas enfermedades. 28 También te hará padecer locura, ceguera y confusión, 29 y andarás a tientas, como el ciego en la oscuridad. Nada de lo que hagas te saldrá bien; te verás siempre oprimido y explotado, y nadie vendrá en tu ayuda. 30 Te comprometerás para casarte, pero otro se acostará con tu prometida;

te construirás una casa, pero no llegarás a habitarla; plantarás un viñedo, pero no disfrutarás de sus frutos; 31 degollarán a tu toro delante de ti, pero no comerás de su carne; te quitarán tu asno en tu propia cara, y no te lo devolverán; tus ovejas caerán en manos de tus enemigos, y no habrá quien te ayude a rescatarlas. 32 Ante tus propios ojos, tus hijos y tus hijas serán entregados a gente extranjera, y a todas horas querrás volver a verlos, pero nada podrás hacer. 33 Las cosechas de tu tierra y el fruto de todo tu trabajo se lo comerá gente que nunca antes conociste, y sufrirás continuamente opresión y malos tratos. 34 Cuando veas todas estas cosas, te volverás loco. 35 El Señor te hará sufrir con llagas malignas en las rodillas y en los muslos y en todo el cuerpo, sin que puedas ser curado.

36 "El Señor hará que a ti y a tu rey se los lleven a una nación que ni tú ni tus padres conocieron. Allí tendrás que servir a otros dioses, hechos de madera y de piedra,*d* 37 y serás motivo de horror, de refrán y de burla en todos los pueblos donde te lleve el Señor. 38 Sembrarás mucha semilla, pero recogerás poco fruto porque la langosta lo devorará. 39 Plantarás viñedos y los cuidarás, pero no beberás su vino ni recogerás sus uvas porque los gusanos acabarán con todo. 40 Tendrás olivos en toda tu tierra, pero no te perfumarás con su aceite porque las aceitunas se caerán solas. 41 Tendrás hijos e hijas, pero no estarán contigo porque serán llevados cautivos a otros países. 42 Todos los árboles y los frutos de tu tierra serán destruidos por la langosta. 43 Los extranjeros que vivan en tu país se harán más y más poderosos, mientras que tú perderás más y más tu poder. 44 Ellos podrán hacerte préstamos, y tú, por el contrario, no tendrás nada que prestar; los primeros lugares serán para ellos, y para ti los últimos.

45 "Todas estas maldiciones vendrán sobre ti, y te perseguirán y te alcanzarán hasta acabar contigo, porque no quisiste obedecer al Señor tu Dios ni cumplir los mandamientos y leyes ordenados por él. 46 Estas cosas serán una prueba contundente contra ti y tu descendencia, para siempre, 47 por no haber adorado al Señor tu Dios con alegría y sinceridad cuando tantos

---

b **28.22** *Sequía:* texto probable; heb. *espada*, es decir, la guerra. *c* **28.24** *Polvo y arena:* alusión a las tempestades que llevan la arena del desierto a los campos de cultivo. *d* **28.36** Dt 4.27–28; 2 R 17.4–6; 25.8–12.

bienes te había dado. 48 Tendrás que servir a los enemigos que el Señor enviará contra ti; sufrirás hambre, sed, falta de ropa y toda clase de miserias. El Señor te hará sufrir una dura esclavitud, hasta que seas destruido. 49 Desde el país más lejano del mundo, el Señor lanzará contra ti, con la rapidez de un águila en vuelo, una nación cuya lengua no entiendes; 50 gente de aspecto feroz, que no respetará a los ancianos ni tendrá compasión de los niños. 51 Se comerá las crías de tu ganado y los frutos de tu tierra, hasta arruinarte; no te dejará trigo, ni vino, ni aceite, ni las crías de tus vacas ni de tus ovejas, y morirás de hambre.

52 "Rodeará todas tus ciudades y las atacará, hasta que se derrumben las murallas más altas y fortificadas en que habías puesto tu confianza; sí, rodeará y atacará todas las ciudades del país que te ha dado el Señor tu Dios. 53 Durante el ataque enemigo a tus ciudades, será tanta tu hambre que te comerás a tus propios hijos, los hijos y las hijas que el Señor tu Dios te dio. 54 Aun el hombre más delicado y amable entre ustedes mirará con malos ojos a su hermano, a su esposa amada y a los hijos que todavía le queden, 55 para no compartir con ellos la carne de sus hijos que él se coma. Y no habrá nada que comer durante el ataque a las ciudades y la horrible angustia que tu enemigo te hará sufrir en todas tus ciudades. 56 Aun la mujer más delicada y fina entre ustedes, que de tan delicada que era no quería pisar descalza el suelo, mirará con malos ojos a su esposo amado y a sus hijos 57 para no compartir[e] con ellos los hijos que dé a luz y la placenta que salga de sus entrañas; todo ello se lo comerá a escondidas,[f] pues no habrá nada que comer durante el ataque del enemigo a tus ciudades.

58 "Si no pones en práctica todas las instrucciones escritas en este libro, ni respetas este glorioso e imponente nombre del Señor tu Dios, 59 él enviará grandes y terribles plagas sobre ti y sobre tus descendientes, y enfermedades malignas e incurables. 60 Hará que se repitan sobre ti todas las plagas de Egipto, que tanto espanto te causaron, y tendrás que sufrirlas constantemente. 61 Además, te enviará otras enfermedades y plagas que no se mencionan en este libro de la enseñanza, hasta acabar contigo.

62 Y tú, Israel, que eras tan numeroso como las estrellas del cielo, quedarás reducido a un pequeño número, por no haber obedecido al Señor tu Dios. 63 Y así como el Señor se complacía en hacerte bien y multiplicarte, ahora se complacerá en tu ruina y tu destrucción, pues serás arrancado violentamente del país que vas a ocupar. 64 El Señor te esparcirá por todas las naciones, de un extremo a otro de la tierra, y allí adorarás a dioses ajenos, dioses de madera y de piedra, que ni tú ni tus antepasados conocieron. 65 Y mientras vivas en esas naciones no tendrás tranquilidad ni reposo, porque el Señor te hará vivir asustado, con los ojos tristes y lleno de ansiedad. 66 Tu vida estará siempre en peligro; tendrás miedo de día y de noche, y nunca tendrás segura la vida. 67 Será tanto el miedo que tendrás, y tales las cosas que verás, que por la mañana dirás: '¡Ojalá que ya fuera de noche!', y por la noche dirás: '¡Ojalá que ya fuera de día!' 68 Y aunque el Señor te dijo que no volverías otra vez por el camino de Egipto, sin embargo te hará volver allí en barcos, y te venderá como esclavo a tus enemigos; pero no habrá nadie que te quiera comprar."

Alianza del Señor con Israel en Moab

29 1 Estos son los términos de la alianza que el Señor ordenó a Moisés hacer con los israelitas en el país de Moab, además de la alianza que ya había hecho con ellos en el monte Horeb. 2 Moisés reunió a todos los israelitas y les dijo:

"Ustedes han visto todo lo que el Señor hizo en Egipto al faraón, a sus funcionarios y a todo su país, 3 y son testigos de esas grandes pruebas, señales y maravillas. 4 Pero hasta ahora el Señor no les ha dado entendimiento ni les ha permitido comprender el significado de todo ello. 5 Durante cuarenta años yo los he guiado por el desierto, y en ese tiempo no se les ha gastado la ropa ni el calzado. 6 No han comido pan ni bebido vino, ni han tomado ninguna bebida fuerte, para que sepan que el Señor es el Dios de ustedes.

7 "Cuando llegamos a esta región, salieron a atacarnos Sihón, rey de Hesbón, y Og, rey de Basán, pero los derrotamos[a] 8 y nos apoderamos de su país, y se lo dimos en propiedad a las

---

e **28.57** *Para no compartir:* expresión añadida para completar el sentido de la frase, que en el texto hebreo queda sin explicitar. Cf., sin embargo, v. 55. *f* **28.57** 2 R 6.28–29; Lm 4.10. *a* **29.7** Nm 21.21–35.

tribus de Rubén y Gad y a la media tribu de Manasés.[b] 9 Por lo tanto, cumplan los términos de esta alianza y pónganlos en práctica, para que les vaya bien en todo lo que hagan.

10 "Hoy están reunidos todos ustedes delante del Señor su Dios: los jefes de sus tribus, los ancianos, los oficiales, todos los hombres de Israel, 11 los niños, las mujeres y los extranjeros que viven entre ustedes, desde el leñador hasta el aguador, 12 para comprometerse bajo juramento en la alianza que el Señor su Dios hace hoy con ustedes. 13 Hoy queda establecido que ustedes son su pueblo y que él es su Dios, como ya se lo había prometido a Abraham, Isaac y Jacob, los antepasados de ustedes. 14 Pero no solo con ustedes hace el Señor esta alianza y este juramento, 15 sino también con los que no están hoy aquí con nosotros delante de él. 16 Ustedes saben muy bien cómo hemos vivido en Egipto y de qué manera hemos tenido que pasar por las naciones que hemos encontrado en nuestro camino, 17 donde hemos visto los falsos dioses y los despreciables ídolos de madera, piedra, plata y oro, que esa gente adora. 18 Que no haya entre ustedes ni hombre ni mujer, ni familia ni tribu, que abandone hoy al Señor nuestro Dios por adorar a los dioses de esas naciones. Que ninguno de ustedes sea como una planta de raíz amarga y venenosa.

19 "Si después de haber escuchado los términos de este juramento, alguno de ustedes se cree demasiado bueno y piensa: 'Todo me ha de salir bien, aunque haga yo lo que me dé la gana', él será la causa de la ruina de todos. 20 El Señor no va a estar dispuesto a perdonarlo, sino que descargará su ira y su indignación sobre ese hombre, y caerán sobre él todas las maldiciones anunciadas en este libro, y el Señor borrará de la tierra su descendencia. 21 El Señor apartará de todas las tribus de Israel a ese hombre, y lo hará caer en desgracia, conforme a todas las maldiciones de la alianza que está escrita en este libro de la ley. 22 La generación futura, los descendientes de ustedes que han de venir después, así como los extranjeros que lleguen de países lejanos, verán las plagas y las enfermedades que el Señor enviará sobre esta tierra; 23 verán que todo el país no es más que azufre, sal y tierra quemada. No se podrá sembrar en

esa tierra, ni nada podrá producir; ni siquiera una hierba podrá crecer en ella, tal como sucedió en la destrucción de las ciudades de Sodoma, Gomorra,[c] Admá y Seboím, las cuales destruyó el Señor en su ira y furor.

24 "Entonces todo el mundo preguntará: '¿Por qué hizo esto el Señor con este país? ¿Por qué se encendió tanto su furor?' 25 Y la respuesta será: 'Porque abandonaron la alianza que el Señor, el Dios de sus antepasados, hizo con ellos cuando los sacó de Egipto, 26 y se fueron a rendir culto e inclinarse ante otros dioses que no conocían ni nunca les dieron nada. 27 Por eso se enojó el Señor contra esta tierra, e hizo caer sobre ella todas las maldiciones escritas en este libro; 28 y los arrojó de su país con ira, furor y gran indignación, echándolos a otros países, como está sucediendo ahora.'

29 "Hay cosas que no sabemos: esas pertenecen al Señor nuestro Dios; pero hay cosas que nos han sido reveladas a nosotros y a nuestros hijos para que las cumplamos siempre: todos los mandamientos de esta ley.

Condiciones para la restauración y la bendición

30 1 "Cuando les sobrevenga a ustedes todo lo que les he anunciado, la bendición y la maldición que les he dado a elegir, y reflexionen sobre ellas en las naciones donde el Señor su Dios los arroje, 2 si se vuelven al Señor y lo obedecen de todo corazón y con toda su alma, ustedes y los hijos de ustedes, como yo se lo ordeno ahora, 3 entonces el Señor su Dios cambiará la suerte de ustedes y les tendrá compasión. Los reunirá otra vez de entre los países donde antes los arrojó, 4 y aunque los desterrados de ustedes estén esparcidos por los lugares más lejanos del mundo, de allá los hará venir el Señor su Dios, y hasta allá irá a buscarlos. 5 El Señor los hará volver de nuevo al país que los antepasados de ustedes ocuparon, y ustedes volverán a ocuparlo; los hará prosperar y les dará más hijos que a sus antepasados. 6 Pondrá la marca de la alianza en el corazón de ustedes y en el de sus descendientes, para que lo amen con todo su corazón y con toda su alma, a fin de que tengan vida. 7 El Señor su Dios hará caer todas estas maldiciones sobre los enemigos de ustedes y

---

[b] **29.8** Nm 32.33.   [c] **29.23** Gn 13.10.

sobre los que los persiguieron con odio, 8y ustedes se volverán al Señor y lo obedecerán, y pondrán en práctica todos los mandamientos que yo les ordeno hoy. 9Entonces el Señor les hará prosperar en todo lo que hagan, y en hijos, en crías de ganado y en cosechas; sí, el Señor su Dios volverá a complacerse en hacerles bien, como antes se complacía en hacerlo a los antepasados de ustedes, 10si es que obedecen al Señor su Dios y cumplen sus mandamientos y leyes escritos en este libro de la ley, y se vuelven a él con todo su corazón y con toda su alma.

11"Este mandamiento que hoy les doy no es demasiado difícil para ustedes, ni está fuera de su alcance. 12No está en el cielo, para que se diga: '¿Quién puede subir al cielo por nosotros, para que nos lo traiga y nos lo dé a conocer, y lo pongamos en práctica?' 13Tampoco está del otro lado del mar, para que se diga: '¿Quién cruzará el mar por nosotros, para que nos lo traiga y nos lo dé a conocer, y lo pongamos en práctica?' 14Al contrario, el mandamiento está muy cerca de ustedes; está en sus labios y en su pensamiento, para que puedan cumplirlo.

15"Miren, hoy les doy a elegir entre la vida y el bien, por un lado, y la muerte y el mal, por el otro. 16Si obedecena lo que hoy les ordeno, y aman al Señor su Dios, y siguen sus caminos, y cumplen sus mandamientos, leyes y decretos, vivirán y tendrán muchos hijos, y el Señor su Dios los bendecirá en el país que van a ocupar. 17Pero si no hacen caso de todo esto, sino que se dejan arrastrar por otros dioses para rendirles culto y arrodillarse ante ellos, 18en este mismo momento les advierto que morirán sin falta, y que no estarán mucho tiempo en el país que van a conquistar después de haber cruzado el Jordán. 19En este día pongo al cielo y a la tierra por testigos contra ustedes, de que les he dado a elegir entre la vida y la muerte, y entre la bendición y la maldición. Escojan, pues, la vida, para que vivan ustedes y sus descendientes; 20amen al Señor su Dios, obedézcanlo y séanle fieles, porque de ello depende la vida de ustedes y el que vivan muchos años en el país que el Señor juró dar a Abraham, Isaac y Jacob, antepasados de ustedes."

Josué, sucesor de Moisés
(Nm 27.12–23)

31 1Moisés habló de nuevo a todo Israel, y dijo lo siguiente:

2"Yo tengo ciento veinte años, y ya no tengo fuerzas para andar de un lado para otro. Además, el Señor me ha dicho que no cruzaré el Jordán. 3Pero el Señor su Dios marchará delante de ustedes, y al paso de ustedes destruirá estas naciones, para que ocupen su territorio. Josué irá al frente de ustedes, como jefe, tal como lo ha dicho el Señor. 4El Señor hará con estas naciones lo mismo que hizo con Sihón y con Og, reyes de los amorreos, y con sus países, a los cuales destruyó.a 5Y cuando el Señor haga que estas naciones caigan en poder de ustedes, deben hacer con ellas todo lo que les he ordenado. 6Tengan valor y firmeza; no tengan miedo ni se asusten cuando se enfrenten con ellas, porque el Señor su Dios está con ustedes y no los dejará ni los abandonará."

7Después llamó Moisés a Josué, y le dijo en presencia de todo Israel:

"Ten valor y firmeza, porque tú tienes que llevar esta gente al país que el Señor juró a los antepasados de ustedes que les daría, y tú serás quien los haga tomar posesión. 8El Señor mismo irá delante de ti, y estará contigo; no te abandonará ni te desamparará;b por lo tanto, no tengas miedo ni te acobardes."

Lectura de la ley en el año del perdón de deudas

9Moisés puso esta ley por escrito, y la entregó a los sacerdotes levitas encargados de llevar el arca de la alianza del Señor, y a todos los ancianos de Israel, 10dándoles también esta orden:

"Cada siete años, al llegar el año del perdón de las deudas, durante la fiesta de las Enramadas,c 11cuando todos los israelitas se reúnan delante del Señor su Dios en el lugar que él haya escogido, se leerá esta ley en presencia de todos ellos. 12Todo el pueblo deberá reunirse, tanto los hombres como las mujeres, y los niños y los extranjeros que vivan en sus ciudades, para que escuchen la lectura de la ley y aprendan a respetar al Señor su Dios, y pongan en práctica todo lo que se dice en ella. 13Así los hijos de

---

a **30.16** *Si obedecen:* según la versión griega (LXX); en el texto hebreo no aparece esta frase. a **31.4** Nm 21.21–35. b **31.8** Jos 1.5; Heb 13.5. c **31.10** Dt 16.13–15.

ustedes, que nada saben de ella, podrán también oírla y aprenderán a respetar al Señor su Dios durante toda su vida en el país que ustedes van a ocupar después de cruzar el Jordán."[d]

Últimas instrucciones del Señor a Moisés

14 Luego el Señor dijo a Moisés:

"Mira, ya se va acercando la hora de tu muerte; así que llama a Josué, y preséntense los dos en la tienda del encuentro, para que yo le dé mis órdenes."

Moisés y Josué fueron a la tienda del encuentro, 15 y allí se les apareció el Señor en una columna de nubes, la cual se colocó sobre la entrada de la tienda. 16 Entonces el Señor dijo a Moisés:

"Ya pronto vas a morir, y este pueblo se va a corromper con los dioses del país extranjero que va a ocupar; entonces me abandonará y romperá la alianza que he hecho con él. 17 Pero mi furor se encenderá contra ellos, y los abandonaré; no me preocuparé de ellos para nada, y serán tantos los males y aflicciones que les vendrán, que finalmente dirán: '¿No será que estamos sufriendo estos males porque nuestro Dios ya no está con nosotros?' 18 Pero cuando llegue ese momento, yo me apartaré de ellos aún más, por todo el mal que habrán hecho y por haber adorado a otros dioses.

19 "Ahora pues, escriban este cántico y enséñenselo a los israelitas, para que lo canten y me sirva de testimonio contra ellos. 20 Porque cuando yo los haya hecho entrar en la tierra que bajo juramento prometí a sus antepasados, tierra donde la leche y la miel corren como el agua, y cuando hayan comido hasta estar satisfechos y engordar, entonces se irán tras otros dioses y los adorarán, y a mí me despreciarán y romperán mi alianza. 21 Pero cuando les vengan muchos males y aflicciones, entonces este cántico será un testimonio contra ellos, pues sus descendientes lo recordarán y lo cantarán; porque ya desde antes de hacerlos entrar en el país que les he prometido, sé muy bien hacia dónde se inclinan sus pensamientos."

22 Aquel mismo día escribió Moisés el cántico, e hizo que los israelitas lo aprendieran.

23 A Josué, hijo de Nun, el Señor le dio la siguiente orden:[e]

"Ten valor y firmeza, porque tú eres quien hará entrar a los israelitas en el país que les he prometido, y yo estaré a tu lado."

24 Cuando Moisés terminó de escribir estas leyes en un libro, 25 dijo a los levitas encargados de llevar el arca de la alianza del Señor:

26 "Tomen este libro de la ley y pónganlo al lado del arca de la alianza del Señor su Dios, para que esté allí como testimonio contra ustedes. 27 Porque yo sé que ustedes son un pueblo rebelde y testarudo; y si hoy, que todavía vivo entre ustedes, se han rebelado contra el Señor, ¿qué será después de mi muerte? 28 Traigan aquí a todos los ancianos y jefes de sus tribus, para que yo les hable de estas cosas y ponga al cielo y a la tierra como testigos contra ellos. 29 Porque yo sé que después de mi muerte se van a corromper y van a dejar el camino que les he ordenado seguir; y sé también que en el futuro les sobrevendrá la desgracia, por hacer lo malo a los ojos del Señor y provocar con ello su enojo."

Cántico de Moisés

30 Entonces Moisés pronunció este cántico, de principio a fin, ante todos los israelitas reunidos:

32 1 "Escucha, cielo,
        que voy a hablar;
        atiende, tierra, a mis palabras.

2 "Mi enseñanza caerá
      como la lluvia,
   mi discurso será como el rocío,
   como llovizna sobre la hierba,
   como gotas de agua sobre el pasto.

3 "Proclamaré el nombre del Señor:
   ¡reconozcan la grandeza
      del Dios nuestro!

4 Él es nuestro protector;
   sus obras son perfectas,
   sus acciones son justas.
   Es el Dios de la verdad,
   en él no hay injusticia;
   ¡él es justo y verdadero!

5 "Gente malvada y perversa,
   que ha ofendido a Dios,
   que son indignos de ser sus hijos:

---

[d] 31.11-13 2 R 23.2; Neh 8.1-8.   [e] 31.23 Nm 27.23.

6 ¿Así es como le pagan al Señor?
Pueblo necio y sin sabiduría,
¿no es él tu padre, tu creador?
¡Él te creó y te dio el ser!

7 "Vuelve atrás la mirada,
piensa en los tiempos pasados;
pide a tu padre que te lo diga,
y a los ancianos que te lo cuenten:

8 Hubo una vez en que el Altísimo
hizo reparto de hombres y naciones,
y fijó las fronteras de los pueblos.
Pero tomó en cuenta a los israelitas,

9 pues la herencia del Señor, la gente suya,
es el pueblo de Jacob.

10 Los encontró por el desierto,
por tierras secas y azotadas por el viento;
los envolvió en sus brazos, los instruyó
y los cuidó como a la niña de sus ojos.

11 Como águila que revolotea sobre el nido
y anima a sus polluelos a volar,
así el Señor extendió sus alas
y, tomándolos, los llevó a cuestas.

12 "El Señor los guió, y nadie más;
¡ningún dios extraño tuvo que ayudarlo!

13 Los llevó en marcha triunfal
por las regiones altas del país,
los alimentó con los frutos del campo,
de la roca les dio a beber miel
y del duro pedernal les dio aceite;

14 de sus ganados tuvieron leche y cuajada,
y comieron lo mejor de los corderos,
carneros de Basán y machos cabríos;
comieron el mejor grano de trigo
y bebieron el vino, la sangre de las uvas.

15 "Pero engordó Jesurún, y dio coces
(tanto engordó que brillaba de gordo),
y abandonó a Dios, su creador;
despreció a su protector y salvador.

16 Provocaron los celos y la ira de Dios
al adorar ídolos repugnantes;

17 ofrecieron sacrificios a demonios,
a dioses falsos
que nunca antes conocieron;
dioses nuevos, recién llegados,
a los que jamás sus padres dieron culto.

18 "Olvidaste, Israel, a tu padre y protector;
olvidaste al Dios que te dio la vida.

19 Y Dios se enojó al ver esto,
y rechazó a sus hijos y a sus hijas;

20 y dijo: 'Voy a volverles la espalda,
¡y a ver en qué van a parar!
Realmente son gente malvada,
hijos en los que no se puede confiar.

21 Me provocan a celos con un dios
que no es dios,
me irritan con sus dioses ilusorios;
¡pues yo los provocaré a celos
con un pueblo que no es pueblo,
los haré enojar con un pueblo que no
quiere entender!

22 Mi furor se ha encendido como un fuego,
y arderá hasta las regiones más profundas;
consumirá la tierra y sus frutos,
pondrá fuego a las bases de los montes.

23 Sobre ellos lanzaré todos los males,
contra ellos lanzaré todas mis flechas;

24 morirán de hambre y de fiebre;
una amarga peste los destruirá;
mandaré contra ellos fieras salvajes
y serpientes venenosas.

25 En las calles caerán sus hijos
a filo de espada,
y en las casas reinará el espanto;
morirán muchachos y muchachas,
ancianos y niños de pecho.

26 'Yo había pensado dispersarlos
y borrar de la tierra su memoria,

27 pero no quise soportar
las burlas del enemigo;
no quise que se jactaran mis adversarios
y que dijeran:
No fue el Señor quien hizo esto;
lo hicimos nosotros con nuestro poder.'

28 "Israel es un pueblo
que ha perdido el juicio;
¡no tiene entendimiento!

29 Si fueran sabios, lo entenderían;
comprenderían en qué van a parar.

30 ¿Cómo es que uno solo hizo huir a mil?
¿Y cómo es que dos pusieron en fuga
a diez mil?
¡Tan solo porque el Señor, su protector,
decidió entregarlos al enemigo!

31 "Bien saben nuestros enemigos
que su protector no puede compararse
al nuestro.

32 Ellos son cual viñedos corruptos,
descendientes de Sodoma y de Gomorra,
que producen uvas amargas y venenosas;

33 su vino es veneno de víboras,
   ¡veneno mortal de serpientes!

34 "Todo esto me lo estoy reservando;
   lo estoy guardando como un tesoro,
35 para el día en que me vengue[a]
      y les dé su merecido,
   para cuando llegue el momento
      de su caída.
   Ya está cerca el día de su destrucción,
   ¡ya se les acerca la hora!'

36 "El Señor saldrá en defensa de su pueblo
   cuando vea que le faltan las fuerzas;
   el Señor se compadecerá de sus siervos
   cuando vea que ya no quedan
      ni débiles ni fuertes.
37 Entonces les dirá: '¿Dónde están sus dioses,
   esos protectores en los que confiaban,
38 esos que comían la grasa de sus sacrificios
   y bebían el vino que les ofrecían?
   ¡Que se levanten a ayudarlos!
   ¡Que vengan a protegerlos!
39 Yo soy el único Dios;
   no hay otros dioses fuera de mí.
   Yo doy la vida, y la quito;
   yo causo la herida, y la curo.
   ¡No hay quien se libre de mi poder!
40 Levanto mi mano al cielo,
   y juro por mi eternidad
41 que cuando afile mi brillante espada
   y comience a impartir justicia,
   me vengaré de mis enemigos.
   ¡Daré su merecido a los que me odian!
42 Empaparé en sangre mis flechas,
   y mi espada acabará con ellos;
   ¡sangre de heridos y de prisioneros!,
   ¡de los jefes enemigos, de largas melenas!'

43 "¡Alégrense, naciones,
      con el pueblo de Dios!
   ¡Él vengará la muerte de sus siervos,
   tomará venganza de sus enemigos
   y perdonará a su país y a su pueblo!"

Últimas instrucciones de Moisés

44-45 Moisés se presentó ante todo el pueblo
de Israel y, junto con Josué, hijo de Nun,

pronunció este cántico de principio a fin. 46 Después dijo a los israelitas:

"Piensen bien en todo lo que hoy les he dicho, y ordenen a sus hijos que pongan en práctica todos los términos de esta ley. 47 Porque no es algo que ustedes puedan tomar a la ligera; esta ley es vida para ustedes, y por ella vivirán más tiempo en la tierra que está al otro lado del río Jordán, de la cual van a tomar posesión."

Dios permite a Moisés ver la tierra prometida

48 Aquel mismo día el Señor se dirigió a Moisés y le dijo:

49 "Ve a las montañas de Abarim y sube al monte Nebo, que está en territorio moabita, frente a Jericó, y mira desde allí la tierra de Canaán, la cual voy a dar en propiedad a los israelitas. 50 Allí, en ese monte al que vas a subir, morirás e irás a reunirte con los tuyos, tal como tu hermano Aarón, que murió en el monte Hor y fue a reunirse con los suyos. 51 Ustedes dos me fueron infieles delante de los israelitas, cuando estaban en las aguas de Meribá–cadés, en el desierto de Sin, pues no me honraron delante de ellos. 52 Por lo tanto, vas a contemplar desde lejos la tierra que voy a dar a los israelitas, pero no entrarás en ella."

Moisés bendice a las tribus de Israel

33 ¹ Poco antes de morir, Moisés, hombre de Dios, bendijo a los israelitas ²de la siguiente manera:

"El Señor viene del Sinaí;
desde Seír nos ha alumbrado.
Resplandeció desde los montes de Parán
y avanza desde Meribá–cadés;
en su derecha nos trae el fuego de la ley.
3 El Señor ama a su pueblo,[a]
protege a los que se consagran a él;
ellos se rinden a sus pies
y reciben órdenes suyas.[b]
4 Moisés nos dio la ley
como herencia de la comunidad de Jacob,
5 y hubo rey en Jesurún
al reunirse los jefes del pueblo,
al juntarse las tribus de Israel."

---

[a] **32.35** *Para el día en que me vengue:* según un ms. y la versión griega (LXX); heb. *mía es la venganza.*
[a] **33.3** *Su pueblo:* según la versión griega (LXX); heb. *los pueblos.* [b] **33.3** *Se rinden a sus pies:* otra posible traducción: *siguen sus pasos.*

6 Acerca de Rubén dijo:
"¡Viva Rubén! ¡Que no muera,
aunque sean pocos sus hombres!"

7 Acerca de Judá dijo:
"Señor, escucha la voz de Judá;
haz que se reúna con su pueblo.
Defiéndelo con tu poder;
ayúdalo contra sus enemigos."

8 Acerca de Leví dijo:
"Tuyos son, Señor,*c*
el Tumim y el Urim;*d*
tuyos y del hombre que te es fiel,
del que pusiste a prueba en Masá,*e*
con quien reñiste en las aguas
de Meribá,*f*
9 el que dijo a sus padres: 'Jamás los he visto',
y a sus hermanos: 'Los desconozco',
y a sus hijos: 'No sé quiénes son.'
Ellos cumplen tus palabras,
se han entregado a tu alianza
por completo.
10 Instruyen a Jacob, a Israel,
en tus leyes y decretos;
colocan en tu altar, en tu presencia,
incienso y ofrendas de animales.
11 Bendice, Señor, sus esfuerzos,
y recibe con agrado su trabajo.
Rómpeles la espalda a sus enemigos,
y que no vuelvan a levantarse
los que lo odian."

12 Acerca de Benjamín dijo:
"El amado del Señor vive tranquilo;
el Altísimo*g* lo protegerá siempre.
¡Vivirá bajo su protección!"*h*

13 Acerca de José dijo:
"Que el Señor bendiga su tierra
con lo mejor del rocío de los cielos
y del agua que está en lo profundo
de la tierra,

14 con las mejores cosechas del año
y los mejores frutos de los meses,
15 con lo principal de los montes antiguos,
con lo mejor de las alturas eternas,
16 con lo mejor de los frutos
que llenan la tierra
y con la buena voluntad
del que habita en la zarza.
Venga todo esto sobre José,
que fue escogido entre sus hermanos.
17 Es hermoso como el primer hijo de un toro,
poderoso como un búfalo,
y corneará a todos los pueblos
hasta los extremos de la tierra.
Tales son las multitudes de Efraín;
tales son los millares de Manasés."*i*

18 Acerca de Zabulón e Isacar dijo:
"Alégrate, Zabulón, por tus salidas,
y tú, Isacar, por tus tiendas de campaña.
19 Llamarán a las naciones al monte,
y allí ofrecerán los sacrificios requeridos;
disfrutarán de la riqueza de los mares
y de los tesoros ocultos de las playas."*j*

20 Acerca de Gad dijo:
"¡Bendito el que le da grandes territorios!
Gad se tiende al acecho, como leona,
y desgarra brazos y cabeza.
21 Gad se quedó con la mejor parte,
con una tierra digna de capitanes.
Entró al frente del pueblo,
cumplió con lo que el Señor exigía
y actuó con justicia en Israel."*k*

22 Acerca de Dan dijo:
"Dan es un cachorro de león
que salta desde Basán."*l*

23 Acerca de Neftalí dijo:
"Neftalí es bien visto por el Señor,
cuenta con múltiples bendiciones suyas,
¡es dueño del lago hasta su extremo sur!"*m*

---

c **33.8** *Tuyos son, Señor:* traducción probable. Esta frase no aparece en el texto hebreo, pero ha sido añadida para completar el sentido. Un antiguo ms. hebreo y la versión griega (LXX) dicen en lugar de ella: *Da a Leví.*
d **33.8** *El Tumim y el Urim:* Véase Ex 28.30 n. *e* **33.8** Ex 17.7. *f* **33.8** Ex 17.7; Nm 20.13. *g* **33.12** *El Altísimo:* texto probable, según la versión griega (LXX); heb. *sobre él.* *h* **33.12** *Bajo su protección:* lit. *entre sus hombros;* otra posible traducción: *vivirá (el Señor) en medio de él,* o bien: *entre sus laderas,* quizá aludiendo a los santuarios de Siló o de Jerusalén, ambos situados entre colinas. *i* **33.13–17** Gn 49.22–26.
j **33.18–19** Gn 49.13; Jos 19.10–16. *k* **33.20–21** Nm 32.1–42. *l* **33.22** Jos 19.47; Jue 18.1–29. *m* **33.23** Jos 19.33–39.

24 Acerca de Aser dijo:
"Sea bendito Aser entre los hijos
de Jacob,
y bien querido por sus hermanos.
Que empape sus pies en aceite;
25 que tengan sus puertas
cerrojos de hierro y bronce,
y que dure su fuerza tanto como su vida.

26 "Nada es comparable
al Dios de Jesurún,
que cabalga con majestad
sobre las nubes del cielo
para venir en tu ayuda.
27 El Dios eterno es tu refugio,
su eterno poder es tu apoyo;
hizo huir de tu presencia al enemigo
y a ti te ordenó destruirlo.
28 Israel vivirá confiado,
sus descendientes vivirán en paz.
En sus tierras habrá trigales y viñedos,
y nunca les faltará lluvia del cielo.
29 Dichoso tú, Israel,
¿quién se te puede comparar?
El Señor mismo te ha salvado;
él te protege y te ayuda,
¡él es tu espada victoriosa!
Tus enemigos se rendirán ante ti,
y tú aplastarás su orgullo."

Muerte y sepultura de Moisés

34 **1** Moisés subió del desierto de Moab
al monte Nebo, a la cumbre del
monte Pisgá, que está frente a Jericó.
Desde allí el Señor le hizo contemplar toda la región de Galaad hasta el territorio de Dan, **2** las regiones de Neftalí, Efraín y Manasés, todo el territorio de Judá hasta el mar Mediterráneo, **3** el Négueb, el valle del Jordán y la llanura de Jericó, ciudad de las palmeras, hasta Sóar. **4** Y el Señor le dijo:

"Este es el país que yo juré a Abraham, Isaac y Jacob que daría a sus descendientes. He querido que lo veas con tus propios ojos, aunque no vas a entrar en él."

5 Y así Moisés, el siervo de Dios, murió en la tierra de Moab, tal como el Señor lo había dicho, **6** y fue enterrado en un valle de la región de Moab, frente a Bet–peor, en un lugar que hasta la fecha nadie conoce. **7** Murió a los ciento veinte años de edad, habiendo conservado hasta su muerte buena vista y buena salud.

8 Los israelitas lloraron a Moisés durante treinta días en el desierto de Moab, cumpliendo así los días de llanto y luto por su muerte. **9** Y Josué, hijo de Nun, recibió de Moisés sabiduría, pues Moisés puso sus manos sobre él; así que los israelitas le obedecieron e hicieron como el Señor había ordenado a Moisés.*a*

10 Sin embargo, nunca más hubo en Israel otro profeta como Moisés, con quien el Señor hablara cara a cara,*b* **11** o que hiciera todos los prodigios y maravillas que el Señor le mandó hacer en Egipto contra el faraón, sus funcionarios y todo su país, **12** o que le igualara en poder y en los hechos grandes e importantes que hizo a la vista de todo Israel.

---

a **34.9** Nm 27.18,23; Jos 1.16–18. *b* **34.10** Ex 33.11; Nm 12.6–8; Dt 18.15–18.

JOSUÉ

Una serie de libros que, en la Biblia hebrea, llevan el título de *Profetas anteriores* (*Josué, Jueces, 1 y 2 Samuel, 1 y 2 Reyes*) aparecen después del Pentateuco. Los estudiosos modernos de la Biblia suelen designar estos escritos con el nombre de *Historia deuteronomista*, porque la interpretación que dan de la historia está fuertemente influida por la teología del *Deuteronomio*. Tal influencia se percibe, sobre todo, en su modo de juzgar tanto los hechos como la conducta de las personas (compárese, p. ej., Dt 12.2–3 y 2 R 17.10–12).

El primero de los *Profetas anteriores* es el libro de *Josué* (=Jos), que se divide en dos grandes secciones, seguidas de un breve apéndice.

La primera parte (caps. 1—12) narra la entrada y el asentamiento de los israelitas en Canaán bajo la conducción de Josué, el sucesor de Moisés (cf. Dt 31.7–8). Después de una larga marcha por el desierto, el pueblo que se había reunido en las llanuras de Moab cruzó el río Jordán y se dispuso a tomar posesión de la Tierra prometida. Una vez acampados al oeste del río, Josué organizó varias campañas militares: la primera en la Palestina central, y luego otras dos, una hacia el norte y otra hacia el sur. Esta parte concluye con una enumeración de los reyes vencidos al este y al oeste del Jordán (cap. 12).

La segunda sección (caps. 13—22) describe la repartición de las tierras entre las tribus de Israel. En su mayor parte, consta de largas listas de ciudades y de pequeños poblados, que no hacen muy atractiva la lectura. Sin embargo, tales listas ofrecen datos valiosos para conocer las fronteras de las tribus israelitas y para localizar algunos sitios mencionados en otros pasajes del AT. Además, este reparto refleja una honda preocupación por la justicia en la distribución de las tierras: cada tribu de Israel –incluida la tribu sacerdotal de Leví, que no recibió como herencia un territorio específico (Nm 18.20; Dt 18.1–2; Jos 13.14)– debía tener, en la Tierra prometida, un sitio donde poder habitar (Jos 21.43–45).

La sección final (caps. 23—24) se refiere a los últimos días de Josué: sus palabras de despedida al pueblo de Israel (Jos 23), la renovación de la alianza en Siquem (24.1–28) y el relato de su muerte (24.29–31).

El tema central del libro de *Josué* es la Tierra prometida. Lo que en el Pentateuco había sido una promesa encuentra aquí su realización.

De este modo, la Tierra era un signo de la fidelidad de Dios a su palabra. Pero esa fidelidad divina exigía de parte del pueblo una conducta semejante. De ahí la insistencia en señalar que la conquista y la posesión de la Tierra dependían de la observancia de la ley: mientras los israelitas se mantenían fieles, el Señor les daba la victoria; la infidelidad, por el contrario, hacía que la ira divina se encendiera contra ellos y les ocasionara la derrota (cf. 7.1).

El esquema siguiente da una visión sintética del libro de *Josué*:

1. La conquista de Canaán (1—12)
2. La repartición del territorio (13—22)
3. La despedida de Josué y la renovación de la alianza (23—24)

Dios llama a Josué

1 ¹Después que murió Moisés,[a] el siervo del Señor, habló el Señor con Josué, hijo de Nun y ayudante de Moisés, y le dijo:

²"Como mi siervo Moisés ha muerto, ahora eres tú quien debe cruzar el río Jordán con todo el pueblo de Israel, para ir a la tierra que voy a darles a ustedes. ³Tal como se lo prometí a Moisés, yo les daré toda la tierra en donde ustedes pongan el pie. ⁴Les daré el territorio que va desde el desierto y la sierra del Líbano hasta el gran río Éufrates, con todo el territorio de los hititas, y hasta el mar Mediterráneo. ⁵Nadie te podrá derrotar en toda tu vida, y yo estaré contigo así como estuve con Moisés, sin dejarte ni abandonarte jamás. ⁶Ten valor y firmeza, que tú vas a repartir la tierra a este pueblo, pues es la herencia que yo prometí a sus antepasados. ⁷Lo único que te pido es que tengas mucho valor y firmeza, y que cumplas toda la ley que mi siervo Moisés te dio. Cúmplela al pie de la letra para que te vaya bien en todo lo que hagas. ⁸Repite siempre lo que dice el libro de la ley de Dios, y medita en él de día y de noche, para que hagas siempre lo que este ordena. Así todo lo que hagas te saldrá bien. ⁹Yo soy quien te manda que tengas valor y firmeza. No tengas miedo ni te desanimes porque yo, tu Señor y Dios, estaré contigo dondequiera que vayas."

Josué se prepara para la conquista

¹⁰Entonces Josué les dio órdenes a los jefes del pueblo: ¹¹"Vayan por todo el campamento y ordenen a todos que preparen provisiones, porque dentro de tres días vamos a cruzar el río Jordán para tomar posesión de la tierra que el Señor nuestro Dios nos va a dar."

¹²Josué habló también a las tribus de Rubén y de Gad y a la media tribu de Manasés, y les dijo:

¹³—Acuérdense de lo que les mandó Moisés, el siervo del Señor, cuando les dijo que el Señor, el Dios de ustedes, les daría esta tierra para que pudieran descansar. ¹⁴Dejen aquí sus mujeres, niños y animales, en esta tierra que Moisés les dio de este lado del Jordán. Pero todos los hombres aptos para la guerra tomen sus armas y vayan delante de sus hermanos, para ayudarlos, ¹⁵hasta que el Señor les dé a ellos un lugar de descanso, como se lo dio a ustedes, y hasta que ellos también sean dueños de la tierra que el Señor les va a dar. Después, ustedes podrán regresar a sus tierras de este lado oriental del río, para tomar posesión definitiva de esta tierra que les dio Moisés, el siervo de Dios.

¹⁶Y ellos contestaron:

—Haremos todo lo que nos has ordenado, e iremos a donde nos mandes. ¹⁷Siempre te obedeceremos, como antes obedecimos a Moisés. Lo único que pedimos es que el Señor tu Dios te acompañe como acompañó a Moisés. ¹⁸Todo el que se te oponga o no obedezca cuanto tú mandes, morirá. Solo pedimos que tengas valor y firmeza.

Josué manda espías a Jericó

2 ¹Desde Sitim, Josué mandó en secreto a dos espías, y les dijo: "Vayan a explorar la región y la ciudad de Jericó."

Ellos fueron, y llegaron a la casa de una prostituta de Jericó que se llamaba Rahab, en donde se quedaron a pasar la noche. ²Pero alguien dio aviso al rey de Jericó, diciéndole:

—Unos israelitas han venido esta noche a explorar la región.

³Entonces el rey mandó a decir a Rahab:

—Saca a los hombres que vinieron a verte y que están en tu casa, porque son espías.

⁴Pero ella los escondió y dijo:

—Es verdad que unos hombres me visitaron, pero yo no supe de dónde eran. ⁵Se fueron al caer la noche, porque a esa hora se cierra la puerta de la ciudad, y no sé a dónde se fueron. Pero si ustedes salen en seguida a perseguirlos, los podrán alcanzar.

⁶En realidad, ella los había hecho subir a la azotea, y estaban allí escondidos, entre unos manojos de lino puestos a secar.

⁷Los hombres del rey los persiguieron en dirección del río Jordán, hasta los vados. Tan pronto como los soldados salieron, fue cerrada la puerta de la ciudad. ⁸Entonces, antes que los espías se durmieran, Rahab subió a la azotea y les dijo:

---

[a] **1.1** Según Nm 27.18; Dt 1.38, el Señor ya había elegido a *Josué* como sucesor de Moisés. Ahora le ordena que se ponga al frente del pueblo y lo introduzca en la Tierra prometida, llevando así a buen término la obra que había comenzado con el éxodo de Egipto.

9 —Yo sé que el Señor les ha dado esta tierra a ustedes, porque él ha hecho que nosotros les tengamos mucho miedo. Todos los que viven aquí están muertos de miedo por causa de ustedes. 10 Sabemos que cuando ustedes salieron de Egipto, Dios secó el agua del Mar Rojo para que ustedes lo pasaran. También sabemos que ustedes aniquilaron por completo a Sihón y a Og, los dos reyes de los amorreos que estaban al otro lado del río Jordán. 11 Es tanto el miedo que nos ha dado al saberlo, que nadie se atreve a enfrentarse con ustedes. Porque el Señor, el Dios de ustedes, es Dios lo mismo arriba en el cielo que abajo en la tierra. 12 Por eso yo les pido que me juren aquí mismo, por el Señor, que van a tratar bien a mi familia, de la misma manera que yo los he tratado bien a ustedes. Denme una prueba de su sinceridad, 13 y perdonen la vida a mi padre, a mi madre, a mis hermanos y hermanas, y a todo lo que es de ellos. ¡Sálvennos de la muerte!

14 Ellos le contestaron:

—Con nuestra propia vida respondemos de la vida de ustedes, con tal de que tú no digas nada de este asunto. Cuando el Señor nos haya dado esta tierra, nosotros te trataremos bien y con lealtad.

15 Como Rahab vivía en una casa construida sobre la muralla misma de la ciudad, con una soga los hizo bajar por la ventana. 16 Y les dijo:

—Váyanse a la montaña, para que no los encuentren los que andan buscándolos. Escóndanse allí durante tres días, hasta que ellos vuelvan a la ciudad. Después podrán ustedes seguir su camino.

17 Y ellos le contestaron:

—Nosotros cumpliremos el juramento que nos has pedido hacerte. 18 Pero cuando entremos en el país, tú deberás colgar esta soga roja de la ventana por la que nos has hecho bajar. Reúne entonces en tu casa a tu padre, tu madre, tus hermanos y toda la familia de tu padre. 19 Si alguno de ellos sale de tu casa, será responsable de su propia muerte; la culpa no será nuestra. Pero si alguien toca a quien esté en tu casa contigo, nosotros seremos los responsables. 20 Y si tú dices algo de este asunto, nosotros ya no estaremos obligados a cumplir el juramento que te hemos hecho.

21 —Estamos de acuerdo —contestó ella.

Entonces los despidió, y ellos se fueron. Después ella ató la soga roja a su ventana.

22 Los dos espías se fueron a las montañas y se escondieron allí durante tres días, mientras los soldados los buscaban por todas partes sin encontrarlos, hasta que por fin volvieron a Jericó. 23 Entonces los espías bajaron de las montañas, cruzaron el río y regresaron a donde estaba Josué, a quien contaron todo lo que les había pasado. 24 Le dijeron: "El Señor ha puesto toda la región en nuestras manos. Por causa nuestra, todos los que viven en el país están muertos de miedo."

Los israelitas cruzan el Jordán

3 1 Al día siguiente, muy temprano, Josué y todos los israelitas salieron de Sitim y llegaron al río Jordán; pero antes de cruzarlo acamparon allí. 2 Pasados tres días, los jefes recorrieron el campamento 3 y dieron esta orden a los israelitas: "En cuanto vean ustedes que el arca del Señor pasa, llevada por los sacerdotes levitas, salgan de donde estén y síganla. 4 Así sabrán por dónde tienen que ir, porque ninguno de ustedes ha pasado antes por ese camino. Pero no se acerquen al arca, sino quédense siempre detrás de ella, como a un kilómetro de distancia."

5 Y Josué les dijo: "Puríﬁquense, porque mañana verán al Señor hacer milagros."[a] 6 A los sacerdotes les dijo: "Tomen el arca de la alianza y crucen el río delante de la gente."

Los sacerdotes tomaron el arca de la alianza y pasaron delante de la gente. 7 Entonces el Señor le dijo a Josué: "A partir de hoy te haré cada vez más importante a los ojos de los israelitas. Así ellos verán que yo estoy contigo como estuve con Moisés. 8 Tú, por tu parte, ordena a los sacerdotes que llevan el arca de la alianza que, cuando lleguen a la orilla del Jordán, se paren dentro del río."

9 Entonces Josué les dijo a los israelitas: "Vengan y escuchen lo que dice el Señor su Dios. 10 Esta será la prueba de que el Dios viviente está en medio de ustedes, y de que al paso de ustedes él irá barriendo a los cananeos, los hititas, los heveos, los ferezeos, los gergeseos, los amorreos y los jebuseos. 11 Miren, el arca

---

[a] **3.5** *Puríﬁquense:* lit. *santiﬁquense.* Esta santiﬁcación ritual consistía en una serie de actos de purificación, que incluía, entre otras cosas, el lavado de la ropa y la abstinencia sexual. Cf. Ex 19.10–16.

de la alianza del Señor de toda la tierra va a cruzar el Jordán delante de ustedes. 12 Por eso, escojan ahora doce hombres, uno de cada una de las doce tribus de Israel. 13 Cuando los sacerdotes que llevan el arca del Señor de toda la tierra metan los pies en el agua, el río se dividirá en dos partes, y el agua que viene de arriba dejará de correr y se detendrá como formando un embalse."

14-16 Los israelitas salieron de sus tiendas de campaña para cruzar el río, y delante de ellos iban los sacerdotes que llevaban el arca de la alianza. Pero en cuanto los sacerdotes entraron en el río y sus pies se mojaron con el agua de la orilla (durante el tiempo de la cosecha el Jordán se desborda[b]) el agua que venía de arriba dejó de correr y se detuvo como formando un embalse, bastante lejos, en Adam, la ciudad que está junto a la fortaleza de Saretán.[c] Y el agua que bajaba hacia el Mar Muerto siguió corriendo hasta que se terminó. Así se dividió el agua del río, y los israelitas lo cruzaron frente a la ciudad de Jericó. 17 Todo el pueblo cruzó en seco el Jordán, mientras los sacerdotes que llevaban el arca de la alianza del Señor permanecían en medio del Jordán, firmes y en terreno seco.

Las doce piedras tomadas del Jordán

4 1 Después que todos terminaron de cruzar el Jordán, el Señor le dijo a Josué: 2 "Escoge doce hombres del pueblo, uno de cada tribu, 3 y diles que saquen doce piedras de en medio del río, del lugar donde están parados los sacerdotes, y que las lleven y las pongan en el lugar en que van a acampar esta noche."

4 Entonces Josué llamó a los doce hombres que había escogido, 5 y les dijo: "Entren hasta el centro del Jordán, delante del arca del Señor, el Dios de ustedes, y cada uno de ustedes échese allí una piedra al hombro, una piedra por cada tribu de Israel, para que sean doce en total. 6 Ellas les servirán como prueba para que, en el futuro, cuando sus hijos les pregunten: '¿Qué significan estas piedras?', 7 ustedes les contesten: 'Cuando el arca de la alianza del Señor pasó el Jordán, el agua del río se dividió

en dos partes delante del arca. Estas piedras sirven para que los israelitas recuerden siempre lo que pasó aquí.' "

8 Ellos hicieron lo que Josué les mandó. Tomaron doce piedras del Jordán, una por cada tribu de Israel, y las llevaron hasta el campamento y allí las colocaron, tal como el Señor le había dicho a Josué. 9 Además Josué colocó otras doce piedras en el lugar del río donde se pararon los sacerdotes que llevaban el arca de la alianza. Esas piedras están allí todavía.

10 Los sacerdotes que llevaban el arca de la alianza se quedaron en medio del Jordán mientras los israelitas hacían todas las cosas que el Señor les había ordenado por medio de Josué. Todo se hizo según Moisés lo había mandado a Josué. La gente pasó de prisa, 11 y luego que todos estuvieron al otro lado, pasaron los sacerdotes con el arca del Señor, y se pusieron a la cabeza de todo el pueblo. 12 También pasaron el río los guerreros de las tribus de Rubén y de Gad y los de la media tribu de Manasés. Pasaron armados, e iban delante de los otros israelitas, según Moisés les había mandado. 13 Cerca de cuarenta mil hombres armados y listos para la guerra desfilaron ante el Señor, y fueron hacia los llanos de Jericó. 14 Aquel día el Señor hizo que todo Israel admirara y respetara a Josué, como lo había hecho con Moisés durante toda su vida.

15 Entonces el Señor le dijo a Josué: 16 "Ordena a los sacerdotes que llevan el arca de la alianza, que salgan del Jordán."

17 Josué les ordenó que salieran, 18 y tan pronto como los sacerdotes salieron del Jordán y pusieron los pies en un lugar seco, el agua del río volvió a su lugar y corrió desbordada como antes.

19 Los israelitas salieron del Jordán el día diez del mes primero, y acamparon en Guilgal, al este de Jericó. 20 Allí Josué colocó las doce piedras que trajeron del Jordán, 21 y dijo a los israelitas: "En el futuro, cuando sus hijos les pregunten: '¿Qué significan estas piedras?', 22 cuéntenles cómo Israel pasó el río Jordán en seco, 23 y cómo el Señor su Dios secó el agua del Jordán mientras ustedes pasaban, tal como antes había secado el Mar Rojo mientras pasábamos nosotros.

---

[b] 3.14–16 Se refiere a la *cosecha* de la cebada, que en el valle del Jordán comienza entre los últimos días de marzo y los primeros de abril. En esta época se produce una creciente del río Jordán, debido a las lluvias de primavera y al deshielo en las montañas del norte. [c] 3.14–16 *La fortaleza de Saretán:* traducción probable; heb. *al lado de Saretán.*

24Así todos los pueblos del mundo sabrán lo poderoso que es el Señor, y ustedes honrarán siempre al Señor su Dios."

El campamento en Guilgal

5 1Todos los reyes amorreos que estaban en el lado oeste del Jordán, y los reyes cananeos que estaban cerca del mar Mediterráneo, supieron que el Señor había secado el agua del río Jordán mientras los israelitas lo cruzaban, y les dio mucho miedo, y no se atrevían a hacer frente a los israelitas.

2Fue entonces cuando el Señor le dijo a Josué: "Haz unos cuchillos de piedra, y vuelve a circuncidar a los israelitas."

3Josué hizo los cuchillos, y circuncidó a los hombres israelitas en el monte de Aralot.a 4Los circuncidó porque todos los hombres que estaban en edad militar cuando salieron de Egipto ya habían muerto por el camino, en el desierto. 5Y aunque todos los que salieron de Egipto estaban circuncidados, los que nacieron después, por el camino, en el desierto, no lo estaban. 6Como los israelitas anduvieron cuarenta años por el desierto, ya habían muerto todos los hombres que habían salido de Egipto en edad militar. Esos hombres no obedecieron al Señor, y por eso él les juró que no les dejaría ver la tierra que a sus antepasados había prometido darles, tierra donde la leche y la miel corren como el agua. 7Por eso Josué circuncidó a los hijos de aquellos hombres, es decir, a los que el Señor había puesto en lugar de ellos, los cuales no habían sido circuncidados antes porque estaban de camino. 8Cuando todos estuvieron ya circuncidados, se quedaron descansando en el campamento hasta que sanaron.b 9Entonces el Señor le dijo a Josué: "Con esta circuncisión les he quitado la vergüenza de los egipcios." Por esta razón, aquel lugar todavía se llama Guilgal.c

10Los israelitas acamparon en Guilgal, y el día catorce del mes, por la tarde, celebraron la Pascua en los llanos de Jericó. 11Ese mismo día comieron panes sin levadura y trigo tostado, pero al día siguiente comieron ya de lo que la tierra producía. 12Desde entonces no volvió a haber maná, así que los israelitas se alimentaron aquel año de lo que producía la tierra de Canaán.

Josué y el jefe del ejército del Señor

13Un día, estando Josué cerca de Jericó, vio delante de él a un hombre con una espada en la mano. Josué se le acercó y le preguntó:

—¿Eres de los nuestros, o de nuestros enemigos?

14—Ni lo uno ni lo otro —contestó el hombre—. Vengo como jefe del ejército del Señor.d

Entonces Josué se inclinó hasta tocar el suelo con la frente, y le preguntó:

—¿Qué le manda mi Señor a este siervo suyo?

15El jefe del ejército del Señor le contestó:

—Descálzate, porque el lugar donde estás es sagrado.

Y Josué le obedeció.

El plan para atacar Jericó

6 1Nadie podía entrar ni salir de Jericó, pues se habían cerrado las puertas de la ciudad para defenderla de los israelitas. 2Pero el Señor le dijo a Josué: "Yo te he entregado Jericó, con su rey y sus soldados. 3Ustedes, soldados israelitas, den una vuelta diaria alrededor de la ciudad durante seis días. 4Siete sacerdotes irán delante del arca de la alianza, cada uno con una trompeta de cuerno de carnero, y el séptimo día darán siete vueltas a la ciudad,a mientras los sacerdotes tocan las trompetas. 5Cuando ustedes oigan que las trompetas dan un toque especial, griten con todas sus fuerzas, y la muralla de la ciudad se vendrá abajo. Entonces cada uno deberá avanzar directamente contra la ciudad."

6Josué llamó a los sacerdotes y les dijo: "Lleven el arca de la alianza del Señor, y siete de ustedes vayan delante del arca, con trompetas de cuerno de carnero." 7Y al pueblo le dijo:

---

a 5.3 En hebreo, *Aralot* significa *prepucios*. b 5.8 Según Ex 12.44,48, la circuncisión, signo de la alianza (cf. Gn 17.10–14), era una condición indispensable para participar en la comida pascual (cf. Jos 5.10). c 5.9 En hebreo, *Guilgal* y el verbo que significa *quitar rodando* tienen un sonido parecido. d 5.14 El *ejército del Señor,* llamado también *ejército del cielo* (1 R 22.19; Sal 148.2), está formado por los ángeles que sirven al Señor y ejecutan sus órdenes (Sal 103.20–21). a 6.4 Nótese la importancia que se atribuye en esta narración al número *siete,* símbolo de la perfección y de la plenitud: *siete* sacerdotes tocan *siete* trompetas, y la muralla de la ciudad se viene abajo el *séptimo* día, después que el pueblo da *siete* vueltas alrededor de ella.

"Vayan y denle la vuelta a la ciudad. Los hombres de combate, que vayan delante del arca del Señor."

8 Todos hicieron lo que Josué les mandó. Los siete sacerdotes iban delante del arca de la alianza del Señor, tocando las siete trompetas, y el arca los seguía. 9 Los hombres de combate iban delante de los sacerdotes, y la retaguardia iba detrás del arca, mientras los sacerdotes tocaban las trompetas sin cesar. 10 Pero al ejército Josué le ordenó que marchara en silencio, hasta el momento en que él les diera la orden de gritar con todas sus fuerzas.

La toma de Jericó

11 Josué hizo que el arca del Señor diera una vuelta alrededor de la ciudad. Después volvieron al campamento, y allí pasaron la noche. 12 Al día siguiente, muy temprano, Josué se levantó y los sacerdotes tomaron el arca del Señor. 13 Los siete sacerdotes iban delante del arca del Señor, sin dejar de caminar ni de tocar sus trompetas. Los hombres de combate iban delante de ellos, y los otros iban detrás del arca. Las trompetas no dejaban de sonar. 14 Al segundo día le dieron otra vuelta a la ciudad y volvieron al campamento. Y durante seis días hicieron lo mismo.

15 Al séptimo día se levantaron de madrugada y marcharon alrededor de la ciudad, como lo habían hecho antes, pero ese día le dieron siete vueltas. 16 Cuando los sacerdotes tocaron las trompetas por séptima vez, Josué ordenó a la gente: "¡Griten! El Señor les ha entregado la ciudad. 17 La ciudad, con todo lo que hay en ella, será consagrada a completa destrucción, porque el Señor así lo ha ordenado. b Solo se les perdonará la vida a Rahab la prostituta y a los que estén refugiados en su casa, porque ella escondió a los espías que mandamos. c 18 En cuanto a ustedes, cuídense de no tomar ni tocar nada de lo que hay en la ciudad y que el Señor ha consagrado a la destrucción, pues de lo contrario pondrán bajo maldición el campamento de Israel y le acarrearán la desgracia. d

19 Pero el oro y la plata, y todas las cosas de bronce y de hierro, serán dedicadas al Señor, y se pondrán en su tesoro."

20 La gente gritó y las trompetas sonaron. Al oir los israelitas el sonido de las trompetas, comenzaron a gritar a voz en cuello, y la muralla de la ciudad se vino abajo. Entonces avanzaron directamente contra la ciudad, y la tomaron. 21 Después mataron a filo de espada a hombres, mujeres, jóvenes y viejos, y aun a los bueyes, las ovejas y los asnos. Todo lo destruyeron por completo.

22 Josué les dijo a los dos espías que habían explorado la tierra: "Vayan a casa de la prostituta y sáquenla de allí con todos los suyos, tal como ustedes se lo prometieron." 23 Ellos entraron y sacaron a Rahab, a su padre, a su madre, a sus hermanos y a todos sus parientes, y los llevaron a un lugar seguro fuera del campamento de Israel. 24 Luego los israelitas quemaron la ciudad y todo lo que había en ella. Lo único que sacaron fue la plata, el oro y las cosas de bronce y de hierro, que pusieron en el tesoro del Señor. 25 Pero Josué les perdonó la vida a Rahab y a su familia, porque ella había escondido a los espías que Josué había enviado a Jericó. Y desde entonces los descendientes de Rahab viven entre los israelitas. e

26 Luego Josué hizo el siguiente juramento: "Maldito sea a los ojos del Señor el que intente reconstruir la ciudad de Jericó. Sean echados los cimientos sobre su hijo mayor, y sobre su hijo menor sean puestas las puertas." f

27 El Señor ayudó a Josué, y la fama de Josué se extendió por toda la región.

El pecado de Acán

7 1 Pero un miembro de la tribu de Judá, que se llamaba Acán y era hijo de Carmí, nieto de Zabdí y bisnieto de Zérah, tomó varias cosas de las que estaban consagradas a la destrucción, a con lo cual todos los israelitas resultaban culpables ante el Señor de haber tomado lo que él había ordenado destruir. Por eso la ira del Señor se encendió contra ellos.

---

b **6.17** Dt 13.15–16; 20.16–18. Cf. Jos 8.2,27; 10.28–39. c **6.17** Cf. Jos 2.6. d **6.18** Cf. Jos 7.1. e **6.25** La ayuda de *Rahab,* una prostituta extranjera, había contribuido a que la entrada de los israelitas en Canaán se desarrollara según los planes previstos. Por eso, ella y su familia fueron incorporados al pueblo de Dios, y la tradición israelita la consideró como una heroína nacional. Rahab es, además, una de las mujeres mencionadas en la genealogía de Jesús (Mt 1.5). f **6.26** 1 R 16.34. a **7.1** *Cosas . . . consagradas a la destrucción:* de acuerdo con lo establecido en Dt 13.16–19; 20.16–18.

El castigo del pecado: la derrota frente a Ai

2 Josué había mandado unos hombres desde Jericó, para que fueran hasta Ai, que estaba al oriente de Betel, cerca de Bet–avén, con órdenes de explorar la región. Ellos fueron y exploraron Ai, 3 y al volver le dijeron a Josué: "No hace falta que todo el pueblo ataque Ai, pues dos o tres mil hombres son suficientes para tomar la ciudad. No mandes a todo el pueblo, pues los que defienden la ciudad son pocos."

4 Así pues, unos tres mil hombres subieron para atacar Ai. Pero los de Ai los derrotaron y los hicieron huir; 5 mataron como a treinta y seis israelitas, y a los demás los persiguieron desde las puertas de la ciudad hasta las canteras, y en la bajada los destrozaron. Por esta razón la gente se desanimó y perdió el valor.

6 Josué y los ancianos de Israel rasgaron sus ropas y se echaron polvo sobre la cabeza en señal de dolor; luego se inclinaron ante el arca del Señor tocando el suelo con la frente, hasta la caída de la tarde. 7 Y decía Josué:

—¡Ay, Señor! ¿Para qué hiciste que este pueblo pasara el río Jordán? ¿Acaso fue para entregarnos a los amorreos, y para que ellos nos destruyeran? ¡Ojalá nos hubiéramos quedado al otro lado del Jordán! 8 ¡Ay, Señor! ¿Qué puedo decir, ahora que los israelitas han huido de sus enemigos? 9 Los cananeos y todos los que viven en la región se van a enterar de lo que ha pasado, y nos atacarán juntos, y no quedará de nosotros ni el recuerdo. Entonces, ¿qué será de tu gran nombre?

10 Y el Señor le contestó:

—Levántate. ¿Qué haces ahí, en el suelo? 11 Los israelitas han pecado, y han roto la alianza que yo hice con ellos. Tomaron de las cosas que debieron ser destruidas; las robaron sabiendo que hacían mal, y las han escondido entre sus pertenencias. 12 Por eso los israelitas no podrán hacer frente a sus enemigos. Tendrán que huir de ellos, pues ahora los israelitas mismos merecen ser destruidos. Y si ustedes no destruyen pronto lo que ordené que se destruyera, no estaré más con ustedes. 13 Levántate y convoca al pueblo. Diles que se preparen para presentarse mañana delante de mí, porque yo, el Señor y Dios de Israel, digo así: 'Tú, Israel, has tomado lo que debió ser destruido por completo, y mientras no lo destruyas y lo eches fuera de ti, no podrás hacer frente a tus enemigos.'

14 Mañana preséntense todos por tribus, y la tribu que yo señale presentará a cada uno de sus clanes; el clan que yo señale presentará a cada una de sus familias, y la familia que yo señale presentará a cada uno de sus hombres. 15 Y el que tenga en su poder lo que debió ser destruido, será quemado con su familia y con todas sus posesiones, por haber hecho una cosa indigna en Israel y no haber cumplido la alianza del Señor.

El castigo de Acán

16 Al día siguiente, Josué se levantó muy temprano y mandó que la gente se presentara repartida en tribus. Y el Señor señaló a la tribu de Judá. 17 Entonces Josué hizo que la tribu de Judá presentara a cada uno de sus clanes, y fue señalado el clan de Zérah. De entre los de Zérah fue señalada la familia de Zabdí. 18 Cuando los hombres de la familia de Zabdí se acercaron uno por uno, fue señalado Acán, el hijo de Carmí, que era nieto de Zabdí y bisnieto de Zérah, de la tribu de Judá.

19 Entonces Josué le dijo a Acán:

—Hijo mío, da honor y alabanza al Señor y Dios de Israel, diciéndome lo que has hecho. ¡No me lo ocultes!

20 Y Acán le contestó:

—En verdad, confieso que he pecado contra el Señor y Dios de Israel. Esto es lo que hice: 21 Entre las cosas que tomamos en Jericó, vi un bello manto de Babilonia, doscientas monedas de plata y una barra de oro que pesaba más de medio kilo. Me gustaron esas cosas, y me quedé con ellas, y las he enterrado debajo de mi tienda de campaña, poniendo el dinero en el fondo.

22 Josué mandó en seguida unos hombres a la tienda de Acán, los cuales encontraron todo lo que allí estaba escondido, con la plata en el fondo. 23 Lo tomaron y se lo llevaron a Josué y a los israelitas, los cuales se lo presentaron al Señor. 24 Luego se llevaron a Acán al valle de Acor junto con la plata, el manto, la barra de oro, sus hijos y sus hijas, sus bueyes, asnos y ovejas, y su tienda y todo lo que era suyo.

25 Josué le dijo:

—¿Por qué trajiste esta desgracia sobre nosotros? Ahora, que el Señor haga caer sobre ti la desgracia que nos trajiste.

Dicho esto, todos los israelitas mataron a pedradas a Acán y a los suyos, y luego los quemaron.

26 Después pusieron sobre él un gran montón de piedras, que todavía sigue en pie. Por esta razón ese lugar se llama todavía valle de Acor.[b] Así se calmó la ira del Señor contra Israel.

Los israelitas toman la ciudad de Ai

8 **1** El Señor le dijo a Josué: "No tengas miedo ni te desanimes. Toma a todo tu ejército y ponte en marcha contra la ciudad de Ai, pues yo te daré la victoria sobre el rey de Ai y su gente. Su ciudad y sus territorios serán tuyos, **2** y tú harás con Ai y su rey lo mismo que hiciste con Jericó y su rey, aunque en este caso podrán ustedes quedarse con las cosas y los animales de los vencidos. Prepara un ataque por sorpresa, por la parte de atrás de la ciudad."

3 Josué se preparó con todo su ejército para marchar contra Ai. Escogió treinta mil guerreros, a los cuales envió de noche **4** con esta orden: "Oigan bien: vayan por la parte de atrás de la ciudad, escóndanse cerca de ella y manténganse listos para atacar. **5** El resto de la gente se acercará conmigo a la ciudad, y cuando los de la ciudad salgan a atacarnos, nosotros huiremos de ellos, como la vez pasada. **6** Ellos nos perseguirán cuando huyamos de la ciudad, pues pensarán que otra vez nos han puesto en fuga. **7** Entonces ustedes saldrán de su escondite y tomarán la ciudad, pues el Señor su Dios se la va a entregar. **8** Una vez que la hayan tomado, quémenla, tal como el Señor lo ha dicho. Es una orden."

9 Entonces Josué les dio la orden de partir, y ellos fueron y se escondieron entre Betel y Ai, al oeste de Ai, mientras que Josué pasó la noche en el campamento. **10** Al día siguiente, Josué se levantó muy temprano y pasó revista a su gente. Luego se puso al frente de ellos, junto con los ancianos de Israel, y se dispuso a atacar Ai. **11** Todos sus hombres se acercaron a la ciudad por la parte de delante, y acamparon al norte de ella, teniendo el valle entre ellos y la ciudad. **12** Josué escondió unos cinco mil hombres entre Betel y Ai, al oeste de la ciudad, **13** de modo que el ejército quedó repartido en dos grupos, uno escondido al oeste de la ciudad, y el otro en el campamento, al norte. Josué se adelantó aquella noche hasta la mitad del valle.

14 Cuando el rey de Ai vio la situación, se dio prisa y salió con todo su ejército para luchar contra los israelitas en el valle del Jordán, sin saber que otros israelitas estaban escondidos detrás de la ciudad. **15** Josué y sus hombres fingieron ponerse en fuga, y huyeron de los de Ai por el camino del desierto. **16** Entonces todo el ejército de Ai recibió órdenes de perseguirlos, y al perseguir a Josué se alejaron de la ciudad. **17** No hubo un solo hombre de Ai ni de Betel que no saliera a perseguir a los israelitas; pero en sus ansias por perseguirlos dejaron indefensa la ciudad. **18** Entonces el Señor le dijo a Josué: "Da ya la señal de atacar la ciudad de Ai, que yo te la voy a entregar."

Josué dio la señal, ordenando el ataque. **19** Entonces los que estaban escondidos salieron rápidamente de su escondite, se lanzaron contra la ciudad y la tomaron, prendiéndole fuego en seguida.

20 Cuando los hombres de Ai volvieron atrás la mirada, vieron que el humo de su ciudad subía hasta el cielo. No tenían escape por ningún lado, porque los israelitas que antes huían hacia el desierto, ahora se lanzaban al ataque. **21** En efecto, al ver Josué y todos los israelitas que los que se habían escondido habían tomado ya la ciudad, y que le habían prendido fuego, se volvieron y atacaron a los de Ai. **22** Luego, los que habían tomado la ciudad salieron de ella, de modo que los de Ai quedaron atrapados entre las dos fuerzas israelitas, las cuales atacaron a los de Ai hasta matarlos a todos. **23** Solo dejaron con vida al rey de Ai, al cual capturaron y llevaron ante Josué.

24 Después de matar a filo de espada a todos los de Ai que habían salido a perseguirlos, los israelitas regresaron a Ai y mataron a los que quedaban. **25** Aquel día murieron los doce mil habitantes de Ai, hombres y mujeres, **26** pues Josué mantuvo la orden de atacar la ciudad hasta que los destruyeron a todos por completo. **27** Los israelitas se quedaron con los animales y las cosas que había en la ciudad, como el Señor le había dicho a Josué, **28** y Josué quemó Ai y la dejó en ruinas para siempre, tal como se ve todavía. **29** Al rey de Ai lo colgó Josué de un árbol hasta el atardecer, y cuando el sol se puso, mandó que lo bajaran y echaran su cadáver a la entrada de la ciudad, y que amontonaran piedras encima de él. El montón de piedras está allí todavía.

---

[b] **7.26** En hebreo, *Acor* significa *desgracia*.

Josué lee la ley en el monte Ebal[a]

30 Entonces Josué construyó en el monte Ebal[b] un altar al Señor, el Dios de Israel, **31** tal como Moisés, el siervo del Señor, se lo había ordenado a los israelitas, y conforme a lo que está escrito en el libro de la ley de Moisés: "Un altar de piedras sin labrar."[c] Entonces los israelitas ofrecieron holocaustos sobre el altar, y presentaron sacrificios de reconciliación. **32** Luego, en presencia de los israelitas, Josué grabó en las piedras del altar la ley que Moisés les había dado. **33** Entonces todo el pueblo, tanto los descendientes de Israel como los extranjeros, y todos los ancianos, oficiales y jueces, se pusieron a los lados del arca de la alianza del Señor, frente a los sacerdotes levitas que la llevaban en hombros. Para la bendición del pueblo de Israel, la mitad de ellos estaba del lado del monte Guerizim, y la otra mitad del lado del monte Ebal, tal como lo había ordenado desde el principio Moisés, el siervo del Señor.

34 Después Josué leyó cada una de las palabras del libro de la ley, tanto las bendiciones como las maldiciones. **35** No hubo una sola palabra de todo lo que Moisés había mandado, que no leyera Josué ante toda la comunidad de Israel, incluyendo a las mujeres y niños, y aun a los extranjeros que vivían entre ellos.

El pacto con los gabaonitas

9 **1** Los reyes hititas, amorreos, cananeos, ferezeos, heveos y jebuseos se enteraron de lo sucedido. (Estos reyes vivían en la orilla occidental del río Jordán, en las montañas, en la llanura y en toda la costa del mar Mediterráneo hasta las regiones del Líbano.) **2** Entonces todos ellos se pusieron de acuerdo y se aliaron para enfrentarse con Josué y los israelitas. **3** Sin embargo, los heveos que vivían en Gabaón supieron lo que Josué había hecho con las ciudades de Jericó y de Ai, **4** y decidieron engañarlo. Se pusieron en camino, echando sobre sus asnos costales y cueros de vino viejos, rotos y remendados; **5** también se pusieron ropa y sandalias viejas y remendadas, y tomaron para el camino únicamente pan seco y mohoso. **6** Cuando llegaron al campamento de Guilgal, dijeron a Josué y a los israelitas:

—Venimos de tierras lejanas. Hagan ustedes un pacto con nosotros.

7 Los israelitas les contestaron a los heveos:

—A lo mejor ustedes viven por aquí, cerca de nosotros; ¿cómo vamos entonces a hacer un pacto con ustedes?[a]

8 Pero ellos dijeron a Josué:

—Nosotros nos ponemos al servicio de usted.

Él les preguntó:

—¿Quiénes son ustedes? ¿De dónde vienen?

9 Y ellos respondieron:

—Venimos de muy lejos, debido a la fama del Señor su Dios. Hemos sabido todo lo que él hizo en Egipto, **10** y lo que les hizo a los dos reyes amorreos al otro lado del río Jordán, es decir, a Sihón de Hesbón y a Og de Basán, que vivía en Astarot.[b] **11** Por eso, nuestros jefes y nuestros compatriotas nos dijeron: 'Tomen ustedes provisiones para el camino y vayan a donde ellos están. Díganles que nos ponemos a su servicio y que queremos hacer un pacto con ellos.' **12** Cuando salimos en busca de ustedes, este pan todavía estaba caliente, y ahora ya está mohoso y seco. **13** También estos cueros estaban nuevos cuando los llenamos de vino, y ahora ya están rotos. Y lo mismo ha pasado con nuestra ropa y nuestras sandalias, pues el camino ha sido largo.

14 Los israelitas probaron las provisiones de los gabaonitas, pero no consultaron al Señor. **15** Entonces Josué hizo un pacto de paz con ellos, comprometiéndose a perdonarles la vida; y los demás jefes israelitas juraron hacer lo mismo.

16 Tres días después, los israelitas se enteraron de que los gabaonitas eran vecinos suyos, y de que vivían cerca de ellos. **17** Entonces salieron en busca de los gabaonitas, y al tercer día llegaron a sus ciudades, que eran Gabaón, Quefirá, Beerot y Quiriat–jearim. **18** Pero los israelitas no los mataron, porque los jefes les habían jurado por el Señor y Dios de Israel que les perdonarían la vida.

Por esta razón el pueblo murmuraba contra sus jefes, **19** pero los jefes les dijeron:

—Nosotros les hemos jurado por el Señor, el Dios de Israel, que no los mataríamos. Por eso, ahora no podemos hacerles nada. **20** Tenemos

---

a 8.30–35 Dt 27.1–26; cf. 11.29–32. **b 8.30** Dt 11.29–30. **c 8.31** Ex 20.24–26.8. **a 9.7** Ex 23.32; 34.12; Dt 7.2; 20.15–16. **b 9.10** Nm 21.21–35.

que dejarlos vivir, porque si rompemos el juramento, Dios se enojará con nosotros.

21 Así pues, los jefes israelitas ordenaron que se les dejara con vida, pero que fueran puestos como leñadores y aguadores para todo el pueblo. De esa manera los jefes mantuvieron su promesa.

22 Por su parte, Josué llamó a los gabaonitas y les preguntó:

—¿Por qué nos engañaron diciéndonos que venían de muy lejos, cuando la verdad es que viven aquí mismo? 23 Por esta razón quedarán ustedes bajo maldición, y para siempre serán sirvientes. Tendrán que cortar la leña y sacar el agua que se necesite para la casa de mi Dios.

24 Y ellos contestaron a Josué:

—Nosotros lo hicimos porque teníamos mucho miedo de que usted nos fuera a matar, pues nos enteramos de que el Señor su Dios le había ordenado a Moisés, su siervo, darles a ustedes toda esta región, y destruir a todos los que vivían aquí. 25 Pero estamos en sus manos; haga usted con nosotros lo que le parezca más conveniente.

26 Josué, pues, no permitió que los israelitas mataran a los gabaonitas, 27 pero los destinó a ser leñadores y aguadores para el pueblo y para el altar del Señor, en el lugar que el Señor escogiera.[c] Y todavía hoy los gabaonitas tienen esa ocupación.

La victoria sobre los amorreos

10 1-2 Adonisédec, el rey de Jerusalén,[a] tuvo mucho miedo cuando supo que Josué había tomado y destruido Ai, y que había hecho con ella y con su rey lo mismo que antes había hecho con Jericó y su rey, y que los gabaonitas habían hecho la paz con los israelitas y ahora vivían entre ellos. Esto último le causó mucho miedo, pues Gabaón era una ciudad importante, más grande que Ai y comparable a las gobernadas por un rey, y los gabaonitas eran valientes. 3 Por esta razón Adonisédec les mandó el siguiente mensaje a los reyes Hoham de Hebrón, Piram de Jarmut, Jafía

de Laquis, y Debir de Eglón: 4 "Vengan acá y ayúdenme a pelear contra Gabaón, pues ha hecho un pacto con Josué y los israelitas." 5 Así que los cinco reyes amorreos, o sea los reyes de Jerusalén, Hebrón, Jarmut, Laquis y Eglón, se juntaron y marcharon con sus ejércitos para acampar ante Gabaón y atacarla.

6 Por su parte, los que vivían en Gabaón le mandaron este mensaje a Josué, que estaba en el campamento de Guilgal: "No se niegue usted a ayudar a sus servidores. Venga pronto a ayudarnos y defendernos, pues todos los reyes amorreos de las montañas se han unido para atacarnos." 7 Entonces Josué salió de Guilgal con todo su ejército de valientes, 8 y el Señor le dijo: "No les tengas miedo, porque yo voy a entregártelos, y ninguno de ellos va a poder hacerte frente."

9 Josué salió de Guilgal y, avanzando por la noche, atacó por sorpresa a los amorreos. 10 El Señor hizo que ellos se asustaran mucho ante los israelitas, y así Josué mató a muchísimos en Gabaón. Después los persiguió por el camino de Bet-horón, y siguió matando amorreos hasta Azecá y Maquedá. 11 Al bajar los amorreos la cuesta de Bet-horón, mientras huían de los israelitas, el Señor soltó sobre ellos grandes piedras de granizo,[b] que mataron más amorreos que las espadas de los israelitas.

12 Cuando el Señor entregó a los amorreos en manos de los israelitas, Josué le habló al Señor delante del pueblo y dijo:

"Párate, sol, en Gabaón;
párate, luna, en el valle de Aialón."

13 Y el sol y la luna se detuvieron
hasta que el pueblo se vengó del enemigo.

Esto es lo que dice el Libro del Justo. El sol se detuvo en medio del cielo, y por casi un día entero no se puso. 14 Ni antes ni después ha habido otro día como aquel en que el Señor escuchó la voz de un hombre, pues el Señor peleaba a favor de Israel.

---

[c] **9.27** *El lugar que el Señor escogiera:* expresión tomada de *Deuteronomio* para designar el templo de Jerusalén. Cf. Dt 12.5,14,18,26. [a] **10.1–2** Aquí se menciona por primera vez en la Biblia la ciudad de Jerusalén, llamada también antiguamente *Salem* (Gn 14.18) y *Jebús* (Jue 19.10). De este último nombre procede el de *jebuseos,* dado a sus habitantes. Cf. Jos 3.10; 9.1; 15.63. [b] **10.11** *Granizo:* Cf. Ex 9.18,22–26; Job 38.22–23; Eclo 46.5–6. El Señor utiliza los elementos de la naturaleza como instrumentos de su acción en favor de Israel. Cf. Jue 5.20–21; 1 S 7.10; Sal 18.12–14; 144.5–6.

15 Después Josué y los israelitas volvieron al campamento de Guilgal, 16 y los cinco reyes huyeron y se escondieron en una cueva en Maquedá. 17 Pero más tarde fueron hallados en esa cueva, y así se lo dijeron a Josué. 18 Entonces Josué dio las siguientes órdenes: "Rueden piedras hasta la entrada de la cueva y tápenla, y pongan guardias a la entrada para que los vigilen. 19 Mientras tanto, no se detengan ustedes aquí. Vayan tras el enemigo y atáquenlo por la retaguardia. No los dejen regresar a sus ciudades, porque el Señor y Dios de ustedes los ha entregado en sus manos."

20 Después que Josué y los israelitas derrotaron por completo a los amorreos, matando a muchísimos de ellos, los amorreos que quedaron con vida se refugiaron en sus ciudades. 21 Pero el pueblo israelita regresó sano y salvo al campamento de Maquedá, donde estaba Josué. Y nadie se atrevía a hablar mal de los israelitas.

22 Entonces Josué dijo: "Destapen la entrada de la cueva y saquen a los cinco reyes." 23 Así lo hicieron los israelitas, y sacaron de la cueva a los reyes de Jerusalén, Hebrón, Jarmut, Laquis y Eglón. 24 Cuando los trajeron ante Josué, él llamó a todos los hombres de Israel, y dijo a los jefes militares que estaban con él: "Acérquense y pongan el pie sobre el cuello de estos reyes." Ellos lo hicieron así, 25 y entonces Josué les dijo: "No tengan miedo ni se desanimen; al contrario, tengan valor y firmeza, porque esto mismo hará el Señor con todos los enemigos de ustedes."

26 Después Josué mató a los reyes y mandó que colgaran a cada uno de un árbol, y allí los dejaron hasta el atardecer. 27 Cuando ya el sol se iba a poner, mandó Josué que los bajaran de los árboles y los echaran en la misma cueva en que se habían escondido. Después taparon la entrada de la cueva con unas piedras enormes que, por cierto, todavía están allí.

Otras conquistas

28 Ese mismo día, Josué tomó la ciudad de Maquedá y la destruyó por completo; mató a filo de espada a todos los que vivían en ella, y no dejó a nadie con vida. Hizo con el rey de Maquedá lo mismo que había hecho con el de Jericó.

29 De allí, Josué y los israelitas se fueron a la ciudad de Libná y la atacaron. 30 El Señor les entregó también esta ciudad y su rey. No quedó nada ni nadie con vida, e hizo con el rey de Libná lo mismo que con el de Jericó.

31 Después Josué y los israelitas se fueron de Libná a Laquis, y acamparon ante la ciudad y la atacaron. 32 Al segundo día, el Señor les entregó Laquis y, como en Libná, los israelitas mataron a filo de espada a todas las personas y los animales que vivían allí. 33 Horam, el rey de Guézer, salió con su ejército a defender Laquis, pero Josué lo derrotó y no dejó a nadie con vida.

34 Después de Laquis, Josué y los israelitas fueron a la ciudad de Eglón, acamparon ante ella y la atacaron. 35 Ese mismo día la tomaron, y mataron a filo de espada a todos los que vivían allí, destruyéndolos por completo como habían hecho con Laquis.

36 De Eglón siguieron a la ciudad de Hebrón, [c] y la atacaron. 37 Cuando la tomaron, la destruyeron por completo y mataron a filo de espada al rey y a todas las personas y los animales que vivían allí y en los pueblos vecinos, tal como lo habían hecho en Eglón.

38 De allí, Josué y los israelitas se dirigieron a la ciudad de Debir [d] y la atacaron, 39 matando a filo de espada a su rey y a los habitantes de los pueblos vecinos. Ni un solo habitante de Debir quedó con vida; todos fueron aniquilados, tal como lo habían hecho con Hebrón y Libná y con sus reyes.

40 Así pues, Josué conquistó toda la región. Derrotó a los reyes de las montañas, del Négueb, de los llanos y de las cuestas. [e] Lo destruyó todo y los mató a todos; no quedó nada, ni dejó vivo a nadie, tal y como el Señor, el Dios de Israel, se lo había ordenado. 41-42 De una sola vez derrotó a los reyes y conquistó todos sus territorios entre Cadés–barnea y Gaza, y toda la región de Gosen [f] hasta la ciudad de Gabaón, porque el Señor, el Dios de Israel, peleaba en favor de los israelitas. 43 Después Josué volvió al campamento de Guilgal con todos los israelitas.

---

[c] **10.36–37** Cf. Jos 15.13; Jue 1.10. [d] **10.38** Jos 15.15; Jue 1.11. [e] **10.40** Cf. Jos 11.21; Jue 1.9. [f] **10.41–42** *La región de Gosen:* distinta del territorio egipcio del mismo nombre (cf. Gn 45.10; 46.28; 47.1); se trata probablemente de la región situada alrededor de *Gosen* (cf. Jos 15.51), ciudad de la Palestina meridional, asignada después a la tribu de Judá.

Josué derrota a Jabín y sus aliados

11 ¹ Cuando Jabín, el rey de Hasor, supo todo esto, mandó mensajeros para hacer un pacto con el rey Jobab de Madón y con los reyes de Simrón y de Acsaf, ²y con todos los reyes de la región montañosa del norte, del valle del Jordán al sur del lago Quinéret,ᵃ de la llanura y de las cercanías de Dor hacia el oeste, ³con los cananeos del este y del oeste, con los amorreos, los hititas, los ferezeos, los jebuseos de las montañas y los heveos del monte Hermón, en la región de Mispá. ⁴Todos estos reyes salieron con sus ejércitos y con muchísimos caballos y carros de guerra. Eran tantos los soldados que no se podían contar, como los granitos de arena a la orilla del mar. ⁵Todos ellos hicieron un pacto, y acamparon junto a las aguas de Merom, para atacar a los israelitas.

⁶Pero el Señor le dijo a Josué: "No les tengas miedo, porque yo haré que mañana, a esta misma hora, todos ellos caigan muertos delante de ustedes. Y tú, rómpeles las patas a sus caballos y prende fuego a sus carros de guerra."

⁷Entonces Josué y todos sus guerreros los atacaron por sorpresa junto a las aguas de Merom, ⁸y el Señor les dio la victoria a los israelitas, de modo que los fueron atacando y persiguiendo hasta la gran ciudad de Sidón y Misrefot–maim, y por el oriente hasta el llano de Mispá. Ni uno solo de ellos quedó con vida. ⁹Josué cumplió con lo que el Señor le había ordenado, pues les rompió las patas a los caballos del enemigo y quemó sus carros de guerra.

¹⁰Después regresó y tomó la ciudad de Hasor, que había sido el centro de aquel pacto, y mató a su rey ¹¹y a todos los que vivían allí. Todo lo destruyeron por completo, y quemaron la ciudad. ¹²Y lo mismo hizo con las demás ciudades de aquel pacto: las tomó y mató a sus reyes, y los destruyó por completo, tal como se lo había mandado Moisés, el siervo del Señor. ¹³Sin embargo, los israelitas no quemaron ninguna de las ciudades que estaban sobre colinas, sino solamente a Hasor. ¹⁴Mataron a filo de espada a todos los que vivían en esas ciudades, sin dejar con vida a ninguno, y tomaron posesión de todos los animales y cosas que había en ellas.

Josué cumple las órdenes de Moisés

¹⁵El Señor le había dado sus órdenes a Moisés, y Moisés se las dio a Josué, quien las cumplió en todo, sin pasar por alto ninguna de ellas. ¹⁶Josué conquistó toda aquella región, es decir, la región montañosa, todo el Négueb, toda la tierra de Gosen, la llanura y el valle del Jordán, y todas las montañas y los llanos de Israel. ¹⁷Desde el monte Halac, que se levanta hacia Seír, hasta Baal–gad, que está en los llanos del Líbano, al pie del monte Hermón, Josué capturó y mató a todos los reyes de la región, ¹⁸tras pelear contra ellos por mucho tiempo. ¹⁹La única ciudad que hizo un pacto con los israelitas fue la de los heveos de Gabaón.ᵇ Todo lo demás fue tomado a la fuerza, ²⁰pues el Señor hizo que los enemigos se pusieran tercos y resistieran a los israelitas, para que los israelitas los destruyeran por completo y sin misericordia, tal como el Señor se lo había ordenado a Moisés.ᶜ

²¹También por aquel entonces, Josué conquistó y destruyó por completo todas las ciudades de los anaquitas que vivían en el monte Hebrón, en Debir, en Anabᵈ y en todos los montes de Judá y de Israel, ²²de modo que no quedó ni un solo descendiente del gigante Anacᵉ en todo el territorio de Israel. Solo quedaron descendientes del gigante Anac en Gaza, Gat y Asdod.

²³Así pues, Josué conquistó toda la tierra, de acuerdo con todo lo que el Señor le había dicho a Moisés. Luego la repartió entre las tribus de Israel, para que fuera su herencia. Después de eso hubo paz en la región.ᶠ

Resumen de las conquistas de Moisés

12 ¹ Estos son los reyes que los israelitas derrotaron al este del río Jordán, y los territorios que conquistaron desde el río Arnón hasta el monte Hermón, con toda la región oriental del valle del Jordán:

²Sihón, rey de los amorreos, que vivía en Hesbón. Su reino se extendía desde Aroer, a la

---

ᵃ **11.2** El *Lago Quinéret,* más conocido como Lago de Genesaret, de Galilea o de Tiberias (o Tiberíades). Cf. Dt 3.17; Jos 12.3; 13.27. ᵇ **11.19** Jos 9. ᶜ **11.20** Dt 7.16. ᵈ **11.21** Jue 1.10–11. ᵉ **11.22** Los descendientes de *Anac* eran un grupo de cananeos, famosos por su estatura. El término *gigante* los relaciona con los *gigantes* de Gn 6.1–4; véase Nm 13.33. ᶠ **11.23** Jos 21.43–45.

orilla del río Arnón, y desde la parte central del valle hasta el río Jaboc, donde empezaba el territorio de los amonitas (es decir, como la mitad de Galaad),*a* **3**y dominaba también la parte oriental del valle del Jordán, desde el lago Quinéret*b* hasta el Mar Muerto, en dirección de Bet–jesimot, y hacia el sur hasta el pie del monte Pisgá.

4Og, rey de Basán, uno de los últimos refaítas, que vivía en Astarot y en Edrei. **5**Su dominio se extendía desde el monte Hermón, y desde Salcá, y desde toda la región de Basán, hasta la frontera de Guesur y de Maacá, y hasta la otra mitad de Galaad, que era de Sihón, el rey de Hesbón.*c* **6**Moisés y los israelitas derrotaron a estos reyes, y Moisés les dio estos territorios a las tribus de Rubén y de Gad y a la media tribu de Manasés.*d*

Resumen de las conquistas de Josué

7Estos son los reyes que Josué y los israelitas derrotaron en la región occidental del río Jordán, comprendida entre Baal–gad, en el valle del Líbano, y el monte Halac, que se levanta hacia Seír.*e* Josué repartió las tierras de estos reyes entre las tribus israelitas, dándoles en propiedad permanente **8**la región montañosa, la llanura, el valle del Jordán, las laderas, las tierras del desierto y el Néguéb.*f* Estas tierras habían sido de los hititas, amorreos, cananeos, ferezeos, heveos y jebuseos.

9Los reyes derrotados fueron los siguientes: el de Jericó, el de Ai, ciudad cercana a Betel, **10**el de Jerusalén, el de Hebrón, **11**el de Jarmut, el de Laquis, **12**el de Eglón, el de Guézer, **13**el de Debir, el de Guéder, **14**el de Hormá, el de Arad, **15**el de Libná, el de Adulam, **16**el de Maquedá, el de Betel, **17**el de Tapúah, el de Héfer, **18**el de Afec, el de Sarón, **19**el de Madón, el de Hasor, **20**el de Simron–merón, el de Acsaf, **21**el de Taanac, el de Meguido, **22**el de Quedes, el de Jocneam del Carmelo, **23**el de Dor, en la provincia de Dor, el de Goím de Guilgal **24**y el de Tirsá. Fueron treinta y un reyes en total.

La tierra que quedaba por conquistar*a*

13 **1**Cuando Josué era ya muy anciano, el Señor le dijo: "Tú estás ya entrado en años, y todavía queda mucha tierra por conquistar. **2**Queda todo el territorio de los filisteos y de los guesureos, **3**que va desde el río Sihor, al este de Egipto, hasta la frontera de Ecrón, al norte, y que es considerado territorio cananeo; en él hay cinco jefes filisteos,*b* que son los jefes de Gaza, Asdod, Ascalón, Gat y Ecrón. Queda también la región de los aveos, **4**en el sur, y toda la tierra de los cananeos, desde las ciudades*c* de los sidonios hasta Afec, en la frontera con los amorreos. **5**Queda además la tierra de los guiblitas, y todo el Líbano hacia el este, desde Baal–gad, al pie del monte Hermón, hasta la entrada de Hamat. **6**Voy a echar de delante de los israelitas a los sidonios y a todos los que viven en las montañas, desde el Líbano hasta Misrefot–maim. Tú ocúpate de repartir y dar posesión de la tierra a los israelitas, tal como yo te lo he ordenado. **7**Reparte esta tierra entre las nueve tribus y la media tribu de Manasés."

Las tierras de Manasés, Rubén y Gad

8Las tribus de Rubén y de Gad y la mitad de la tribu de Manasés recibieron su parte cuando Moisés les dio tierras en la región oriental del Jordán.*d* **9**Les tocó la región que va desde Aroer, a orillas del río Arnón, y la ciudad que está en medio del valle, y toda la meseta de Medebá, hasta Dibón, **10**incluyendo todas las ciudades de Sihón, el rey amorreo de Hesbón, hasta la frontera de los amonitas. **11**Les tocó también Galaad y el territorio de los guesureos y de los maacateos, más el monte Hermón y

---

a **12.2** Dt 1.3–4; 2.24–37. *b* **12.3** *Lago Quinéret:* Véase 11.2 n. *c* **12.1–5** Nm 21.21–35; Dt 2.26—3.11. *d* **12.6** Nm 32.33; Dt 3.12. *e* **12.7** Jos 11.17. *f* **12.8** Jos 11.16. *a* **13.1–7** En los caps. 13—21 se trazan las fronteras ideales del territorio asignado a Israel a ambos lados del Jordán, y se indican los límites correspondientes a cada tribu. En la distribución se incluyen no solo los territorios ya conquistados, sino también los que aún quedaban por conquistar (13.2–5), aunque muchos de los lugares aquí mencionados nunca llegaron a estar realmente en poder de los israelitas. *b* **13.3** Los *filisteos* eran un pueblo no semita, proveniente de las islas del mar Egeo y de las costas de Asia menor, que se estableció en la fértil zona costera del sur de Palestina. Las cinco ciudades mencionadas en este v. formaban la así llamada Pentápolis filistea. *c* **13.4** *Desde las ciudades:* traducción probable de una palabra hebrea que algunos consideran como un nombre propio. *d* **13.8** Nm 32.33; Dt 3.12.

toda la tierra de Basán hasta Salcá, 12incluyendo los dominios de Og, rey de Basán, que gobernaba en Astarot y Edrei, y que era el último de los refaítas, a los que Moisés había derrotado y echado del lugar. 13Los de Guesur y Maacá no fueron echados de allí, sino que siguieron viviendo entre los israelitas como hasta hoy.

14A la tribu de Leví no le dio posesiones Moisés, pues para ellos serían las ofrendas que se queman en honor del Señor y Dios de Israel, según él mismo había dicho.*e*

15Moisés repartió tierras a la tribu de Rubén según el número de sus clanes, 16de modo que su territorio se extendió desde Aroer, a orillas del río Arnón, y la ciudad que está en medio del valle, y por toda la meseta de Medebá, 17hasta Hesbón y todas las ciudades que están en la meseta: Dibón, Bamot–baal, Bet–baal–meón, 18Jahas, Cademot, Mefáat, 19Quiriataim, Sibmá, Séret–sáhar, que está en la colina del valle, 20Bet–peor, Bet–jesimot y las laderas del monte Pisgá, 21es decir, las ciudades de la meseta y todo el reino de Sihón, rey amorreo de Hesbón. Moisés había derrotado a Sihón y a los príncipes de Madián que le servían: Eví, Réquem, Sur, Hur y Reba. 22Además los israelitas mataron al adivino Balaam, hijo de Beor, y a muchos más.*f* 23El territorio de la tribu de Rubén, repartido según el número de sus clanes, incluía todas estas ciudades y aldeas, y llegaba hasta el río Jordán.

24También a los de la tribu de Gad les repartió tierras Moisés, según el número de sus clanes. 25Les tocó Jazer y todas las ciudades de Galaad, la mitad del territorio de los amonitas hasta la ciudad de Aroer, que está frente a Rabá, 26y la región que está entre Hesbón, Ramat–mispé y Betonim, y entre Mahanaim y la frontera de Debir. 27En el valle, les tocó Bet–aram, Bet–nimrá, Sucot y Safón, que era lo único que quedaba del reino de Sihón, rey de Hesbón. Así que su territorio se extendía del lado este del río Jordán hasta el extremo sur del lago Quinéret. 28Estas fueron las ciudades que, con sus aldeas, les tocaron a los de la tribu de Gad, según el número de sus clanes.

29También a los de la media tribu de Manasés les dio tierras Moisés, repartidas según el número de sus clanes. 30Les tocó todo lo que antes había sido de Og, rey de Basán, es decir, todo Basán desde Mahanaim, con las sesenta poblaciones que pertenecen a Jaír, 31la mitad de Galaad, y las ciudades de Astarot y Edrei. Todo esto fue para la mitad de los descendientes de Maquir, hijo de Manasés, según el número de sus clanes.

32Estas son las tierras que Moisés les dio en propiedad en los llanos de Moab, al este del río Jordán, frente a Jericó. 33Pero a los de la tribu de Leví no les dio tierras en propiedad, sino que les dijo: "El Señor y Dios de Israel es su herencia."*g*

Josué reparte la tierra de Canaán

14 1Estos son los territorios de Canaán que los israelitas recibieron como posesión, tal y como se los dieron el sacerdote Eleazar,*a* Josué y los jefes de clanes de las tribus israelitas. 2Los territorios se repartieron por sorteo entre las nueve tribus y media, como el Señor le había mandado a Moisés que lo hiciera.*b* 3Ya antes Moisés les había dado tierras al otro lado del Jordán a las tribus de Rubén y de Gad y a la media tribu de Manasés;*c* pero a los levitas no les dio tierras. 4Los descendientes de José formaban dos tribus, la de Manasés y la de Efraín, pero a los levitas no les tocó ninguna porción de tierra, sino solamente ciudades habitables, con campos para criar ganado y rebaños. 5Los israelitas hicieron el reparto de la tierra tal como el Señor se lo había ordenado a Moisés.

El territorio de Caleb

6Los descendientes de Judá fueron a Guilgal para hablar con Josué, y Caleb el quenezita,*d* hijo de Jefuné, le dijo a Josué: "Acuérdate de lo que el Señor le dijo a su siervo Moisés en Cadés–barnea, en cuanto a ti y a mí.*e* 7Yo tenía cuarenta años cuando Moisés me envió desde Cadés–barnea a explorar la región, y cuando volví le hablé con toda sinceridad.*f* 8Los que fueron conmigo hicieron que la gente se asustara, pero yo me mantuve fiel a mi Dios y Señor. 9Entonces Moisés me juró: 'La tierra en que has puesto el pie será siempre tuya y de tus

---

e **13.14** Dt 18.1; Jos 13.33. *f* **13.22** Nm 22—24. *g* **13.33** Nm 18.20; Dt 18.1–2. *a* **14.1** *Eleazar,* hijo y sucesor de Aarón (Nm 20.25–28) y padre de Finees (Nm 25.7). *b* **14.2** Nm 26.52–56; 34.13. *c* **14.3** Nm 32.33; 34.14–15; Dt 3.12–17. *d* **14.6** Nm 13.6; 26.65; 32.12. *e* **14.6** Nm 14.30. *f* **14.7** Nm 13.1–30.

descendientes, porque te mantuviste fiel a mi Dios y Señor.'[g] 10Ya han pasado cuarenta y cinco años desde que el Señor le dijo esto a Moisés, que fue cuando los israelitas andaban todavía por el desierto, y conforme a su promesa me ha conservado con vida. Ahora ya tengo ochenta y cinco años, 11pero todavía estoy tan fuerte como cuando Moisés me mandó a explorar la tierra, y puedo moverme y pelear igual que entonces. 12Por eso te pido que me des ahora la región montañosa que el Señor me prometió.[h] Tú sabes desde entonces que los descendientes del gigante Anac[i] viven allí, y que tienen ciudades grandes y bien fortificadas. Pero yo espero que el Señor me acompañe y me ayude a echarlos de allí, como él lo ha dicho."

13Entonces Josué bendijo a Caleb, y le dio Hebrón para que fuera de él y de sus descendientes. 14Así fue como Hebrón llegó a ser de Caleb y de sus descendientes hasta el día de hoy, porque Caleb se mantuvo fiel al Señor, Dios de Israel. 15El nombre antiguo de Hebrón era Quiriat–arbá, pues Arbá fue un famoso descendiente del gigante Anac.[j]

Después de esto hubo paz en la región.

El territorio de Judá

15 1El territorio que les tocó en suerte a los clanes de la tribu de Judá llegaba hasta la frontera de Edom, y por el sur hasta el desierto de Sin. 2Por ese lado la frontera partía de la punta que está en el extremo sur del Mar Muerto, 3corría después hacia el sur por la cuesta de Acrabim, pasando por el desierto de Sin y al sur de Cadés–barnea; luego seguía hasta Hesrón, subía hasta Adar y daba la vuelta hacia Carcá, 4de donde continuaba hasta Asmón, para salir al arroyo de Egipto y terminar en el mar Mediterráneo. Esta era la frontera por el sur. 5Por el este, la frontera era el Mar Muerto hasta la desembocadura del Jordán. De allí partía la frontera norte, 6que subía por Bet–hoglá y pasaba al norte de Bet–arabá, y de allí a la Peña de Bohan Ben–rubén; 7después subía del valle de Acor a Debir y volvía hacia Guilgal,[a] que está frente a la cuesta de Adumim, al sur del arroyo; después la frontera pasaba por el manantial de En–semes y seguía hasta el de En–roguel; 8entonces pasaba por el valle de Ben–hinom, al sur de la cuesta de Jebús, es decir, Jerusalén; luego subía por la cumbre del monte que está al oeste del valle de Hinom, y al norte del valle de Refaim, 9para dar la vuelta desde la cumbre del monte hasta el manantial de Neftóah, y luego hasta las ciudades del monte de Efrón, pasando por Baalá, que también se llama Quiriat–jearim. 10De Baalá, la frontera se volvía hacia el oeste hasta el monte de Seír,[b] y pasaba por Quesalón, al costado norte del monte Jearim, para después bajar hasta Bet–semes y pasar por Timná 11y por las cuestas al norte de Ecrón, girar hacia Sicrón, pasar por el monte de Baalá, y salir a Jabneel para terminar en el mar Mediterráneo. 12Por último, la frontera occidental era el mar Mediterráneo. Estas eran las fronteras de las posesiones que les tocaron a los de la tribu de Judá, y que se repartieron entre los clanes de la tribu.

Caleb conquista Hebrón y Debir
(Jue 1.10–15)

13Josué dio a Caleb, el hijo de Jefuné, una parte de los territorios de la tribu de Judá. Conforme a lo ordenado por el Señor, le dio Hebrón,[c] la ciudad principal de los descendientes del gigante Anac. 14Caleb echó de allí a tres descendientes de Anac, llamados Sesai, Ahimán y Talmai.[d] 15Después marchó contra los que vivían en Debir,[e] que antes se llamaba Quiriat–séfer, 16y dijo: "Al que ataque y conquiste esta ciudad, yo le daré por esposa a mi hija Acsa."

17El que conquistó la ciudad fue su sobrino Otoniel, el hijo de Quenaz, y Caleb le dio por esposa a su hija Acsa. 18Cuando iban a salir hacia su casa, Otoniel convenció a Acsa[f] de que le pidiera a su padre tierras de cultivo. Entonces ella se bajó del asno, y Caleb le preguntó:

—¿Qué se te ofrece?

---

[g] **14.9** Nm 14.24. [h] **14.12** Jue 1.20. [i] **14.12** *Anac:* Véase 11.22 n. [j] **14.15** Jos 11.23. [a] **15.7** *Debir* y *Guilgal* son aquí lugares distintos de los mencionados en la primera parte del libro de Josué (4.19; 10.38–39; 11.21; 12.13).
[b] **15.10** Este *monte de Seír* es distinto del que llevaba ese mismo nombre y está al sur del Mar Muerto, en el territorio de Edom. [c] **15.13** Gn 13.18; Jos 14.15. [d] **15.13–14** Jue 1.20. [e] **15.15** *Debir:* localidad distinta de la mencionada en el v. 7. Cf. Jos 10.38; 11.21; 12.13. [f] **15.18** *Otoniel convenció a Acsa:* según versiones antiguas. Heb. *Acsa convenció a Otoniel.*

19 —Quiero pedirte un favor —contestó ella—. Ya que me diste tierras en el desierto del Néguev, dame también manantiales.

Y él le dio los manantiales de arriba y los de abajo.

Las ciudades de la tribu de Judá

20 Estas fueron las posesiones de la tribu de Judá, que se repartieron según el número de sus clanes. **21** Las ciudades que les tocaron en la región sur, hacia la frontera de Edom, fueron: Cabseel, Éder, Jagur, **22** Quiná, Dimoná, Adadá, **23** Quedes, Hasor, Itnán, **24** Zif, Télem, Bealot, **25** Hasor–hadatá, Queriot, Hesrón (que también se llama Hasor), **26** Amam, Semá, Moladá, **27** Hasar–gadá, Hesmón, Bet–pélet, **28** Hasar–sual, Beerseba, con sus aldeas, **29** Baalá, Iim, Ésem, **30** Eltolad, Quesil, Hormá, **31** Siclag, Madmaná, Sansaná, **32** Lebaot, Silhim y En–rimón.*g* En total, veintinueve ciudades con sus aldeas.

33 En la llanura les tocaron las siguientes ciudades: Estaol, Sorá, Asná, **34** Zanóah, En–ganim, Tapúah, Enam, **35** Jarmut, Adulam, Socó, Azecá, **36** Saaraim, Aditaim, Guederá y Guederotaim, o sea catorce ciudades con sus aldeas. **37** Las ciudades de Senán, Hadasá, Migdal–gad, **38** Dileán, Mispá, Jocteel, **39** Laquis, Boscat, Eglón, **40** Cabón, Lahmam, Quitlís, **41** Guederot, Bet–dagón, Naamá y Maquedá, o sea dieciséis ciudades con sus aldeas. **42** Las ciudades de Libná, Éter, Asán, **43** Iftah, Asná, Nesib, **44** Queilá, Aczib y Maresá, o sea nueve ciudades con sus aldeas.

45 La ciudad de Ecrón con sus pueblos y aldeas, **46** y de Ecrón al mar todo el territorio cercano a Asdod, junto con sus aldeas. **47** La ciudad de Asdod con sus pueblos y aldeas, y la ciudad de Gaza con sus pueblos y aldeas, hasta el arroyo de Egipto y los límites del mar Mediterráneo.

48 En la región montañosa les tocaron a los de Judá las siguientes ciudades: Samir, Jatir, Socó, **49** Daná, Quiriat–saná (llamada también Debir), **50** Anab, Estemoa, Anim, **51** Gosen, Holón y Guiló, o sea once ciudades con sus aldeas. **52** Las ciudades de Arab, Dumá, Esán, **53** Janum, Bet–tapúah, Afecá, **54** Humtá, Quiriat–arbá (llamada también Hebrón), y Sior, o sea nueve ciudades con sus aldeas.

55 Las ciudades de Maón, Carmel, Zif, Jutá, **56** Jezreel, Jocdeam, Zanóah, **57** Caín, Guibeá y Timná, o sea diez ciudades con sus aldeas. **58** Las ciudades de Halhul, Bet–sur, Guedor, **59** Maarat, Bet–anot y Eltecón, o sea seis ciudades con sus aldeas. **60** Las ciudades de Quiriat–baal, llamada también Quiriat–jearim, y Rabá, con sus aldeas. **61** En el desierto les tocaron las ciudades de Bet–arabá, Midín, Secacá, **62** Nibsán, Ciudad de la Sal, y En–gadi, o sea seis ciudades con sus aldeas.

63 Los descendientes de Judá no pudieron echar de Jerusalén a los jebuseos que allí vivían, de modo que hasta la fecha los jebuseos viven en Jerusalén junto con los descendientes de Judá.

Territorios de Efraín y Manasés, descendientes de José

16 **1** El territorio que les tocó en suerte a los descendientes de José empezaba, por el este, en el río Jordán, a la altura de los manantiales de Jericó, y de allí se extendía por el desierto, a lo largo de las montañas que van de Jericó a Betel. **2** De Betel, es decir, Luz,*a* pasaba por el territorio de los arquitas hasta Atarot; **3** luego se extendía hacia el oeste por el territorio de los jafletitas, hasta la frontera con Bet–horón de Abajo, y hasta Guézer. De allí salía al mar Mediterráneo. **4** Las posesiones que recibieron las tribus de Manasés y Efraín, descendientes de José, fueron las siguientes:

Territorios de la tribu de Efraín

5 Los límites del territorio de los clanes de la tribu de Efraín se extendían, al este, de Atarot–adar hasta Bet–horón de Arriba. **6** De allí se extendían hasta el mar Mediterráneo. El extremo norte de sus territorios era Micmetat, y de allí la frontera se extendía hacia el este, hasta Taanat–siló, para luego pasar por Janóah **7** y bajar a Atarot y Naará, hasta tocar Jericó y salir al río Jordán. **8** Desde Tapúah, la frontera se extiende hacia el oeste hasta el arroyo de Caná y el mar Mediterráneo. Este es el territorio que le tocó a la tribu de Efraín, y que se repartió entre sus clanes. **9** Hubo además algunas ciudades y aldeas dentro del territorio de la tribu de

---

g **15.32** *En–rimón:* texto probable, según Neh 11.29 y la versión griega (LXX). Heb. *y Ain y Rimón.* *a* **16.2** *Es decir, Luz:* traducción probable. Heb. *a Luz.* Cf. Gn 28.19; Jos 18.13; Jue 1.22–26.

Manasés, que les tocaron a los de Efraín. 10Pero los de la tribu de Efraín no echaron de Guézer a los cananeos que allí vivían,[b] sino que los dejaron vivir entre ellos, aunque los obligaron a pagarles tributo. Y hasta la fecha los cananeos viven allí.

Territorios de la tribu de Manasés

17 1Este es el territorio que le tocó a la tribu de Manasés, el hijo mayor de José. A Maquir, hombre de guerra, que era el hijo mayor de Manasés y padre de Galaad, le tocó el territorio de Galaad y de Basán, al este del Jordán. 2También se sortearon las tierras que les tocarían, según el número de sus clanes, a los demás hijos de Manasés: a Abiézer, Hélec, Asriel, Siquem, Héfer y Semidá, que eran hijos de Manasés y nietos de José.

3Pero Selofhad, que era hijo de Héfer y nieto de Galaad, el hijo de Maquir y nieto de Manasés, no había tenido ningún hijo, sino solo cinco hijas, que eran Mahlá, Noá, Hoglá, Milcá y Tirsá. 4Estas fueron a ver al sacerdote Eleazar[a] y a Josué y a los jefes del pueblo, y les dijeron: "El Señor le mandó a Moisés que nos diera tierras, lo mismo que a nuestros parientes."[b] Entonces Josué les dio tierras como a los parientes de su padre, tal como el Señor le había ordenado.

5De esta manera la tribu de Manasés recibió diez partes, además de los territorios de Galaad y Basán, que están al este del Jordán, 6porque a las hijas de Manasés se les dieron tierras como a los varones. La región de Galaad fue para los otros descendientes de Manasés. 7El territorio de la tribu de Manasés se extendía de Aser a Micmetat, que está frente a Siquem, y continuaba hacia el sur, hasta la fuente de Tapúah. 8Aunque la región de Tapúah era de la tribu de Manasés, la ciudad misma de Tapúah, que estaba junto a la frontera de Manasés, pertenecía a la tribu de Efraín. 9Después la frontera bajaba hacia el sur hasta el arroyo de Caná, de modo que estas ciudades de Efraín estaban entre las ciudades de Manasés, aun cuando la frontera norte del arroyo pertenecía a Manasés, junto con la salida al mar. 10Efraín quedaba al sur del arroyo, y Manasés al norte, teniendo como límite el mar Mediterráneo, con los territorios de la tribu de Aser al norte y los de Isacar al este. 11También le tocaron a Manasés las siguientes ciudades en los territorios de Isacar y de Aser, cada una con sus aldeas cercanas: Bet–seán, Ibleam, Dor, Endor, Taanac y Meguido, y las tres colinas.[c] 12Pero los de la tribu de Manasés no pudieron tomar posesión de estas ciudades, porque los cananeos opusieron resistencia y se quedaron allí. 13Después, cuando los israelitas se hicieron más fuertes, obligaron a los cananeos a pagarles tributo, pero no los echaron de allí.[d]

Los descendientes de José toman los bosques

14Los descendientes de José le dijeron a Josué:

—¿Por qué nos has dado en suerte una sola porción del terreno, si nosotros somos muchos y el Señor nos ha bendecido?

15Josué les contestó:

—Ya que ustedes son tantos que no caben en los montes de Efraín, vayan al bosque y desmonten tierras en la región de los ferezeos y de los refaítas.

16Y ellos dijeron:

—Es verdad que estos montes no nos alcanzan. Pero los cananeos que viven en el llano tienen carros de hierro, lo mismo los que viven en Bet–seán y en sus aldeas que los que viven en el valle de Jezreel.

17Entonces Josué respondió así a los descendientes de José, es decir, a las tribus de Efraín y Manasés:

—Ustedes son muchos y tienen mucho poder, de modo que no les tocará solamente una parte del territorio, 18sino que ese monte cubierto de bosques también será suyo, y ustedes aprovecharán sus bosques. En cuanto a los cananeos, ustedes los echarán de allí, aunque ellos sean fuertes y tengan carros de hierro.

Los territorios de las otras tribus

18 1Toda la comunidad israelita se reunió en Siló,[a] para establecer allí la tienda del encuentro con Dios. Ya para entonces la tierra había sido conquistada,

---

[b] 16.10 Jue 1.29. [a] 17.4 *Eleazar:* Véase 14.1 n. [b] 17.4 Nm 27.1–7. [c] 17.11 *Colinas:* probable significado de un término hebreo que otros traducen por *regiones* o *distritos.* [d] 17.12–13 Jos 15.63; 16.10; Jue 1.27–28.

[a] 18.1 *Siló:* localidad de la tribu de Efraín (cf. Jos 19.51; Jue 21.19); llegó a ser un importante centro religioso israelita en la época de los Jueces (1 S 1.3), hasta que fue destruido por los filisteos (Jer 7.12).

2 aunque todavía quedaban siete tribus israelitas a las que no se les había dado su parte.

3 Entonces Josué les dijo a los israelitas: "¿Qué esperan para tomar posesión de la tierra que les ha dado el Señor, el Dios de sus antepasados? **4** Escojan tres hombres de cada tribu, para que yo los mande a recorrer toda la región y a que me traigan un informe del modo en que puede repartirse. **5** Estos hombres deberán dividir la región en siete partes, dejando a Judá sus territorios al sur, y a los descendientes de José sus territorios al norte. **6** Después que hayan dividido la región en siete partes, me traerán la descripción y yo echaré las suertes en presencia del Señor nuestro Dios. **7** A los levitas no les tocará ninguna parte, pues lo que les toca a ellos es el sacerdocio del Señor. En cuanto a las tribus de Gad y de Rubén y la media tribu de Manasés, ya tienen sus posesiones en la región este del río Jordán, la cual les dio Moisés, el siervo del Señor."

8 Los que iban a preparar la descripción de la región se dispusieron a salir, y Josué les ordenó: "Vayan por toda la región y divídanla, y vuelvan en cuanto terminen, para que yo la sortee aquí en Siló, delante del Señor."

9 Aquellos hombres fueron y recorrieron toda la región, dividieron las ciudades en siete grupos y lo pusieron todo por escrito. Después volvieron al campamento de Siló, donde estaba Josué. **10** Entonces Josué repartió el territorio entre los israelitas allí en Siló, sorteándolo delante del Señor.

El territorio de la tribu de Benjamín

11 Una vez hecho el sorteo, a los clanes de la tribu de Benjamín les tocaron tierras entre los territorios de Judá y los de José. **12** La frontera de este territorio empezaba, por el norte, en el río Jordán, y se extendía hacia el lado norte de Jericó, continuaba por la región montañosa hacia el oeste, y venía a salir al desierto de Bet-avén. **13** De allí seguía hacia Luz (es decir, Betel) por el lado sur, y bajaba hasta Atarot-adar en el monte que está al sur de Bet-horón de Abajo; **14** luego la frontera se volvía hacia el mar Mediterráneo por el costado sur del monte que está frente a Bet-horón, hasta Quiriat-baal, llamada también Quiriat-jearim, que pertenece a la tribu de Judá. Esa era la frontera oeste.

15 La frontera sur salía del extremo de Quiriat-jearim, en dirección oeste hasta el manantial de Neftóah, **16** y bajaba hasta el extremo del monte que está frente al valle de Ben-hinom, al norte del valle de Refaim. Después bajaba al valle de Hinom, pasaba al sur de la cuesta de Jebús, y seguía hasta el manantial de En-roguel. **17** Luego se volvía hacia el norte y salía a En-semes, de donde seguía hasta Guelilot, que está frente a la cuesta de Adumim, y bajaba hasta la Peña de Bohan Ben-rubén; **18** pasaba luego por el lado norte de la cuesta, frente al valle del Jordán, y bajando hasta el Jordán **19** pasaba al norte de Bet-hoglá, para terminar en la bahía norte del Mar Muerto, donde desemboca el río Jordán. Esta era la frontera sur.

20 El río Jordán era la frontera del este. Estas eran las fronteras del territorio que se repartió entre los clanes de la tribu de Benjamín.

21 Las ciudades que les tocaron a los clanes de la tribu de Benjamín fueron, por una parte: Jericó, Bet-hoglá, Émec-quesís, **22** Bet-arabá, Semaraim, Betel, **23** Avim, Pará, Ofrá, **24** Quefar-haamoní, Ofní y Gueba, o sea doce ciudades con sus aldeas. **25** Además Gabaón, Ramá, Beerot, **26** Mispá, Quefirá, Mosá, **27** Réquem, Irpeel, Taralá, **28** Selá, Élef, Jebús (es decir, Jerusalén), Guibeá y Quiriat, o sea catorce ciudades con sus aldeas. Este es el territorio que les tocó a los clanes de la tribu de Benjamín.

El territorio de la tribu de Simeón

19 **1** El segundo territorio sorteado les tocó a los clanes de la tribu de Simeón. Este territorio quedaba dentro del de la tribu de Judá, **2** y comprendía las ciudades de Beerseba, Sebá, Moladá, **3** Hasarsual, Balá, Ésem, **4** Eltolad, Betul, Hormá, **5** Siclag, Bet-marcabot, Hasar-susá, **6** Bet-lebaot y Saruhén, en total trece ciudades con sus aldeas. **7** Además les tocaron las ciudades de En-rimón, Éter y Asán, con sus aldeas, **8** más las aldeas que había hasta Baalat-beer, que es la ciudad de Ramat, en el Négueb. Estas son las tierras que les tocaron a los clanes de Simeón. **9** La parte de la tribu de Simeón quedaba dentro del territorio de Judá, porque esta tribu tenía demasiada tierra, y se les dio a los de Simeón parte de la tierra que le había tocado a Judá.

El territorio de la tribu de Zabulón

10 El tercer territorio que se sorteó les tocó a los clanes de la tribu de Zabulón. Su frontera se extendía hasta Sarid, **11** seguía hacia el occidente hasta Maralá y luego hasta Dabéset, para terminar en el arroyo que está frente a Jocneam.

12 De Sarid, esta frontera iba hacia el oriente hasta Quislot–tabor, y de allí pasaba a Daberat y subía hasta Jafía. 13 De allí, la frontera iba por el este hacia Gat–héfer, pasaba por Itá–casín y llegaba hasta Rimón, dando la vuelta por Neá. 14 Por el norte, la frontera daba la vuelta hasta Hanatón y salía al valle de Jefté–el. 15 Había en este territorio doce ciudades con sus aldeas vecinas, entre ellas: Catat, Nahalal, Simrón, Idalá y Belén.*a* 16 Este es el territorio que les tocó a los clanes de la tribu de Zabulón, con sus ciudades y aldeas.

El territorio de la tribu de Isacar

17 El cuarto territorio que se sorteó les tocó a los clanes de la tribu de Isacar. 18 Su territorio incluía las ciudades de Jezreel, Quesulot, Sunem, 19 Hafaraim, Sihón, Anaharat, 20 Rabit, Quisión, Ebes, 21 Rémet, En–ganim, En–hadá y Bet–pasés. 22 La frontera llegaba a Tabor, Sahasimá y Bet–semes, y terminaba en el río Jordán; en total, dieciséis ciudades con sus aldeas. 23 Este es el territorio que les tocó a los clanes de la tribu de Isacar, con sus ciudades y aldeas.

El territorio de la tribu de Aser

24 El quinto territorio que se sorteó les tocó a los clanes de la tribu de Aser, 25 e incluía las ciudades de Helcat, Halí, Beten, Acsaf, 26 Alamélec, Amad y Misal, de modo que llegaba por el oeste hasta el monte Carmelo y Sihor–libnat. 27 La frontera oriental corría hacia el norte hasta Bet–dagón, tocando el territorio de la tribu de Zabulón, el valle de Jefté–el, Betémec, Neiel, y siguiendo más allá de Cabul, 28 de modo que abarcaba Abdón,*b* Rehob, Hamón y Caná, hasta llegar a la gran ciudad de Sidón. 29 Después la frontera daba la vuelta hacia Ramá, y hasta la ciudad fortificada de Tiro, para luego seguir hacia Hosá y salir al mar Mediterráneo. Con Mahaleb,*c* Aczib, 30 Umá, Afec y Rehob, sumaban veintidós ciudades con sus aldeas vecinas. 31 Este es el territorio que les tocó a los clanes de la tribu de Aser.

El territorio de la tribu de Neftalí

32 El sexto territorio que se sorteó les tocó a los clanes de la tribu de Neftalí. 33 Su territorio iba desde Hélef, Elón–saananim, Adamí–néqueb y Jabneel, hasta Lacum, llegando al Jordán. 34 Por el oeste, la frontera iba por Aznot–tabor, y luego por Hucoc, de modo que por el lado sur colindaba con el territorio de la tribu de Zabulón, y por el oeste con el territorio de la tribu de Aser. Por el este, el territorio de la tribu de Neftalí llegaba hasta el río Jordán. 35 Las ciudades fortificadas que les tocaron fueron: Sidim, Ser, Hamat, Racat, Quinéret, 36 Adamá, Ramá, Hasor, 37 Quedes, Edrei, En–hasor, 38 Irón, Migdal–el, Horem, Bet–anat y Bet–semes. En total eran diecinueve ciudades con sus aldeas vecinas. 39 Este fue el territorio, con sus ciudades y aldeas, que les tocó a los clanes de la tribu de Neftalí.

El territorio de la tribu de Dan

40 El séptimo territorio que se sorteó les tocó a los clanes de la tribu de Dan. 41 En este territorio estaban Sora, Estaol, Ir–semes, 42 Saalbim, Aialón, Jetlá, 43 Elón, Timnat, Ecrón, 44 Eltequé, Guibetón, Baalat, 45 Jehúd, Bené–berac, Gat–rimón, 46 Mejarcón y Racón, con el territorio que queda frente a Jope. 47 Pero como este territorio no les alcanzaba, fueron los de la tribu de Dan a atacar la ciudad de Lésem, y tomaron posesión de ella después de matar a todos los que vivían allí. Y así se quedaron a vivir en esa ciudad, y le cambiaron el nombre, llamándola Dan en honor de su antepasado.*d* 48 Este es el territorio que, con sus ciudades y aldeas, les tocó a los clanes de la tribu de Dan.

El territorio de Josué

49 Después que los israelitas terminaron de repartir los territorios que le tocaban a cada tribu, le dieron su parte a Josué dentro de los territorios de los demás. 50 Tal como el Señor lo había ordenado, le dieron la ciudad de Timnat–sérah, en la región montañosa de Efraín, que fue la que Josué pidió. Y Josué reconstruyó la ciudad y vivió en ella.

51 Todos estos fueron los territorios que el sacerdote Eleazar, Josué y los jefes del pueblo sortearon entre las tribus israelitas, en presencia del Señor, a la entrada de la tienda del encuentro, en Siló. Y así el reparto de la tierra quedó completo.

---

a **19.15** *Belén* de Zabulón, distinto del lugar del mismo nombre, perteneciente a la tribu de Judá. *b* **19.28** *Abdón:* según varios mss. y Jos 21.30. Heb. *Ebrón.* *c* **19.29** *Con Mahaleb:* texto probable. Heb. *desde el distrito.* *d* **19.47** Jue 18.1–29.

Los israelitas señalan ciudades de refugio
(Nm 35.6–34; Dt 4.41–43; 19.1–13)

20 [1] El Señor le habló a Josué y le dijo: [2] "Habla con los israelitas y diles que escojan ciudades de refugio, tal como lo ordené por medio de Moisés. [3] Si uno mata a otro accidentalmente, sin intención, puede huir a una de esas ciudades para protegerse de la venganza del pariente más cercano del muerto.[a] [4] El que busque refugio en uno de esos lugares llegará a la puerta de la ciudad y hará su declaración ante los ancianos de la ciudad. Entonces ellos le permitirán entrar y le darán un lugar para vivir. [5] Si el pariente más cercano del muerto lo persigue, los ancianos de la ciudad no entregarán al refugiado, pues mató a su prójimo sin intención y no por tenerle odio. [6] Pero el refugiado tendrá que quedarse en la ciudad hasta que se presente ante todo el pueblo para ser juzgado, y hasta que muera el sumo sacerdote que en aquel tiempo esté en funciones. Después podrá volver el refugiado al lugar de donde huyó, es decir, a su propia casa y ciudad."

[7] Entonces los israelitas escogieron como ciudades de refugio a Quedes en Galilea, en las montañas de Neftalí, a Siquem en los montes de Efraín, y a Quiriat–arbá, llamada también Hebrón, en los montes de Judá. [8] Del otro lado del Jordán, en la meseta del desierto al este de Jericó, escogieron a Béser, de la tribu de Rubén; en la región de Galaad escogieron a Ramot, de la tribu de Gad; y en la región de Basán escogieron a Golán, de la tribu de Manasés. [9] Estas fueron las ciudades de refugio que escogieron para todos los israelitas y para los extranjeros que vivieran entre ellos. Allí podía refugiarse cualquiera que matara a otro por accidente, para que de este modo el pariente más cercano del muerto no pudiera vengarse y matarlo antes que el pueblo lo juzgara.

Las ciudades de los levitas
(1 Cr 6.54–81)

21 [1-2] Los jefes de familias levitas fueron a Siló, en la región de Canaán, para hablar con el sacerdote Eleazar, con Josué y con los jefes de familia de las tribus israelitas. Allí les dijeron: "Por medio de Moisés, el Señor ordenó que se nos dieran ciudades donde vivir, junto con campos de pastoreo para

nuestros ganados." [3] Entonces los israelitas dieron a los levitas algunas de sus propias ciudades y campos de pastoreo, conforme a lo dicho por el Señor.

[4] Primero se hizo el sorteo para los clanes levitas que descendían de Quehat. A los quehatitas descendientes del sacerdote Aarón les tocaron trece ciudades, que eran de las tribus de Judá, Simeón y Benjamín. [5] A los otros quehatitas les tocaron diez ciudades, que eran de las tribus de Efraín y de Dan y de la media tribu de Manasés. [6] Después de esto, a los clanes levitas que descendían de Guersón les tocaron en suerte trece ciudades, que eran de las tribus de Isacar, de Aser, de Neftalí y de la media tribu de Manasés que está en Basán. [7] Y a los clanes levitas que descendían de Merarí les tocaron doce ciudades, que eran de las tribus de Rubén, Gad y Zabulón.

[8] Los israelitas repartieron entre los levitas, por sorteo, ciudades y campos de pastoreo, tal como el Señor lo había ordenado por medio de Moisés. [9] Estas ciudades, que van a ser mencionadas, las dieron los de la tribu de Judá y los de la tribu de Simeón, [10] y les tocaron a los levitas pertenecientes a los clanes de Quehat, que descendían de Aarón, porque a ellos les tocó la suerte en primer lugar. [11] En la región montañosa de Judá les dieron Hebrón, la ciudad principal de los descendientes del gigante Anac, con sus campos de pastoreo. [12] Pero los terrenos y las aldeas de esta ciudad se le dieron en propiedad a Caleb, el hijo de Jefuné.

[13] Además de Hebrón, que era ciudad de refugio para quienes habían matado a alguien, se les dieron a los descendientes del sacerdote Aarón las siguientes ciudades: Libná, [14] Jatir, Estemoa, [15] Holón, Debir, [16] Ain, Jutá y Bet–semes. Estas nueve ciudades contaban con sus propios campos de pastoreo. [17] Y de la tribu de Benjamín les dieron Gabaón, Gueba, [18] Anatot y Almón, o sea cuatro ciudades con sus propios campos de pastoreo, [19] de modo que las ciudades de los sacerdotes descendientes de Aarón fueron trece en total, cada una con sus propios campos de pastoreo.

[20] A los otros clanes levitas descendientes de Quehat se les repartieron ciudades de la tribu de Efraín. [21] En los montes de Efraín les dieron Siquem, como ciudad de refugio para quien

---

[a] **20.3** Nm 35.19–21; Dt 19.6,11–12.

matara a alguien, y además Guézer, **22**Quibsaim y Bet–horón, o sea cuatro ciudades con sus propios campos de pastoreo. **23**De la tribu de Dan recibieron Eltequé, Guibetón, **24**Aialón y Gat–rimón, o sea cuatro ciudades con sus campos de pastoreo; **25**y de la media tribu de Manasés recibieron dos ciudades, Taanac y Gat–rimón, con sus campos de pastoreo; **26**así que las ciudades de estos clanes quehatitas fueron diez en total, con sus propios campos de pastoreo.

27A los levitas descendientes de Guersón les dieron dos ciudades, que eran de la media tribu de Manasés, con sus propios campos de pastoreo: Golán, que estaba en Basán, para que sirviera como ciudad de refugio, y Beesterá. **28**De la tribu de Isacar les dieron Quisión, Daberat, **29**Jarmut y En–ganim, o sea cuatro ciudades con sus propios campos de pastoreo. **30**De la tribu de Aser les dieron Misael, Abdón, **31**Helcat y Rehob, o sea cuatro ciudades con sus propios campos de pastoreo. **32**De la tribu de Neftalí les dieron tres ciudades con sus propios campos de pastoreo: Quedes, que estaba en Galilea, para que sirviera como ciudad de refugio, Ha-mot–dor y Cartán; **33**de modo que las ciudades de los clanes guersonitas fueron trece en total, cada una con sus propios campos de pastoreo.

34A los clanes levitas que aún quedaban, o sea a los descendientes de Merarí, les dieron de la tribu de Zabulón: Jocneam, Cartá, **35**Dimná y Nahalal, o sea cuatro ciudades con sus propios campos de pastoreo. **36**De la tribu de Rubén les dieron Béser, Jahas, **37**Cademot y Meláat, o sea cuatro ciudades con sus propios campos de pastoreo. **38**De la tribu de Gad les dieron Ramot de Galaad, para que sirviera como ciudad de refugio, Mahanaim, **39**Hesbón y Jazer, o sea cuatro ciudades con sus propios campos de pastoreo, **40**de modo que las ciudades que les tocaron a los clanes levitas que aún quedaban, es decir, a los descendientes de Merarí, fueron doce en total.

41Las ciudades levitas dentro del territorio israelita fueron cuarenta y ocho en total, cada una con sus propios campos de pastoreo, **42**los cuales rodeaban a cada ciudad. El caso era el mismo en cada una de estas ciudades.

El Señor es fiel

43Así fue como el Señor les dio a los israelitas todo el territorio que les había prometido bajo juramento a sus antepasados, y ellos se establecieron y vivieron allí. **44**El Señor cumplió su promesa, y les dio paz en todo el territorio. Sus enemigos no pudieron hacerles frente, porque el Señor les dio la victoria sobre ellos. **45**Ni una sola palabra quedó sin cumplirse de todas las buenas promesas que el Señor había hecho a los israelitas.

El regreso de Rubén, Gad y la media tribu de Manasés

22 **1**Entonces Josué llamó a las tribus de Rubén y de Gad y a la media tribu de Manasés, **2**y les dijo: "Ustedes han cumplido todo lo que les ordenó Moisés, el siervo del Señor, y han obedecido todas mis órdenes. **3**Hasta el día de hoy, y durante todo este tiempo, no han abandonado a sus hermanos, y han cumplido fielmente los mandamientos del Señor y Dios de ustedes. **4**Ahora que él ha cumplido su promesa y que los hermanos de ustedes tienen paz, vuelvan a sus tiendas de campaña y a las tierras que Moisés, el siervo del Señor, les dio al este del río Jordán. **5**Lo único que les pido es que cumplan fielmente el mandamiento y la ley que les dio Moisés, el siervo del Señor, es decir, que amen al Señor y Dios de ustedes, que anden siempre en sus caminos y obedezcan sus mandatos, y que le sigan y le sirvan con todo el corazón y con toda el alma."

6Después de esto, Josué los bendijo y los despidió, y ellos se fueron a sus tiendas.

7A una mitad de la tribu de Manasés, Moisés le había dado tierras en la región de Basán. A la otra mitad de la tribu de Manasés, Josué le dio tierras entre los israelitas al oeste del Jordán, y a los primeros los bendijo y los mandó de regreso. **8**Y les dijo: "Ustedes vuelven ahora a sus tierras con grandes riquezas y muchos animales, con oro, plata, bronce y hierro, y con mucha ropa. Compartan con sus hermanos esto que le han quitado al enemigo."

9Así fue como las tribus de Rubén y de Gad y la media tribu de Manasés se separaron del resto de los israelitas en Siló, en la región de Canaán, para regresar a sus posesiones en la región de Galaad, donde tenían tierras según el Señor lo había ordenado por medio de Moisés.

El altar junto al Jordán

10Cuando las tribus de Rubén y de Gad y la media tribu de Manasés llegaron al río Jordán, todavía en territorio cananeo, levantaron junto al río un gran altar. **11**A los otros israelitas les llegó la noticia de que las tribus de Rubén y de Gad y la media tribu de Manasés habían construido un altar en la frontera de Canaán, junto al Jordán, en territorio israelita; 12 y en cuanto los israelitas lo supieron, se reunieron en Siló para ir a pelear contra ellos. 13 Mandaron antes a Finees, hijo del sacerdote Eleazar, para que fuera a Galaad, donde estaban las tribus de Rubén y de Gad y la media tribu de Manasés. 14 Con él iban diez principales jefes israelitas, cada uno de los cuales representaba a su clan y a su tribu. 15 Todos ellos fueron a Galaad, donde estaban las tribus de Rubén y de Gad y la media tribu de Manasés, y les dijeron:

16 —Nosotros hablamos en el nombre del pueblo del Señor. ¿Qué traición es esta que ustedes han cometido contra el Dios de Israel? ¿Por qué le han abandonado y se han construido un altar en rebeldía contra el Señor? 17 ¿Acaso no ha sido bastante el pecado de Peor,[a] con el que todavía estamos manchados y por el que murieron tantos del pueblo del Señor? 18 ¿No les basta con eso, para que ahora ustedes también se aparten del Señor? Si ustedes se rebelan hoy contra el Señor, mañana él se enojará con todo el pueblo israelita. 19 Si les parece que este territorio que les ha tocado es impuro, vengan a la tierra del Señor, donde está el santuario del Señor. Tomen un territorio entre nosotros. Pero no se rebelen contra el Señor ni contra nosotros construyendo otro altar además del altar del Señor nuestro Dios. 20 Acuérdense que Acán, el hijo de Zérah, pecó al tomar de lo que estaba consagrado a la destrucción, y que por su culpa el Señor se enojó con toda la comunidad de Israel. ¡Y Acán no fue el único que murió a causa de su pecado![b]

21 Entonces los de Rubén y Gad y los de la media tribu de Manasés contestaron a los jefes israelitas:

22 —El Señor y Dios de todos los dioses sabe que no hicimos este altar por rebeldía o para apartarnos de él. Él lo sabe y se lo hace saber a todos ustedes; si fue por estas razones, ¡no nos perdonen la vida! 23 Si construimos este altar para apartarnos del Señor, o para presentar holocaustos, ofrendas de cereales o sacrificios de reconciliación, que el mismo Señor nos pida cuentas. 24 La verdad es que lo hicimos porque no queremos que algún día los hijos de ustedes les digan a los nuestros: '¿Qué tienen ustedes que ver con el Señor y Dios de Israel?

25 El Señor ha puesto el Jordán para separarnos de ustedes, los de las tribus de Rubén y de Gad. Ustedes no tienen nada que ver con el Señor.' Así los hijos de ustedes harían que nuestros hijos dejaran de sentir reverencia por el Señor. 26 Por eso pensamos en construir un altar, no para ofrecer holocaustos al Señor ni presentar otros sacrificios, 27 sino para que sea un testimonio entre ustedes y nosotros, y entre nuestros descendientes, de que nosotros podemos servir al Señor y presentarnos ante él con nuestros holocaustos y con nuestros sacrificios por el pecado y de reconciliación. Así los descendientes de ustedes no podrán decirles a los nuestros: 'Ustedes no tienen nada que ver con el Señor.' 28 Pensamos que si alguien nos dice eso a nosotros o a nuestros descendientes, nosotros podremos responder: '¡Miren! Nuestros antepasados construyeron este altar del Señor, no para ofrecer holocaustos ni sacrificios, sino para que sirva de testimonio entre ustedes y nosotros.' 29 Dios nos libre de rebelarnos contra él o de abandonarle, construyendo otro altar para ofrecer holocaustos u ofrendas de cereales, o para otros sacrificios, aparte del altar del Señor nuestro Dios que está delante de su santuario.

30 Cuando el sacerdote Finees, los jefes de la comunidad y los jefes de clanes que iban con él oyeron lo que decían los de Rubén y de Gad y los de la media tribu de Manasés, les pareció bien. 31 Entonces Finees, el hijo del sacerdote Eleazar, les dijo:

—Ahora estamos seguros de que el Señor está con nosotros, pues ustedes no trataron de rebelarse contra él, y así nos han salvado del castigo del Señor.

32 Después de esto, Finees y los que iban con él se despidieron de ellos, y regresaron de la región de Galaad a la de Canaán, donde estaban los israelitas. Cuando les contaron a los que estaban en Canaán lo que habían contestado los de las otras tribus, 33 la respuesta les pareció bien, y alabaron a Dios. Desde entonces no hablaron más de atacar a las tribus de Rubén y de Gad, ni de destruir sus tierras. 34 Los descendientes de Rubén y de Gad le pusieron al altar el nombre de "Testimonio",[c] diciendo: "Este altar será un testimonio entre nosotros de que el Señor es Dios."

---

[a] 22.17 Nm 25.1–3. [b] 22.20 Jos 7.1–26. [c] 22.34 El nombre de "Testimonio": traducción probable, según el contexto y el v. 27.

Josué habla al pueblo

23 ¹ Mucho tiempo después de que el Señor les diera a los israelitas paz con sus enemigos, y cuando ya Josué estaba viejo, ²mandó llamar Josué a todos los israelitas, con sus ancianos, jefes, jueces y oficiales, y les dijo:

"Yo ya estoy viejo, y los años me pesan. ³Ustedes han visto todo lo que el Señor les hizo a todos estos pueblos que se les oponían, pues él es quien ha peleado por ustedes. ⁴Yo repartí por sorteo todas estas tierras entre las tribus. No repartí solo los territorios ya conquistados, sino también los que quedan por conquistar, desde el río Jordán al este hasta el mar Mediterráneo al oeste. ⁵El Señor va a echar de esas tierras a los que viven en ellas, y ustedes las tomarán, tal como el Señor su Dios lo ha prometido.

⁶"Esfuércense en cumplir todo lo que dice el libro de la ley de Moisés; cúmplanlo al pie de la letra. ⁷No se mezclen con la otra gente que todavía vive aquí entre ustedes. No adoren a sus dioses, ni los obedezcan; ni siquiera mencionen el nombre de esos dioses, ni juren por ellos. ⁸Sigan siempre al Señor su Dios, como lo han hecho hasta ahora. ⁹El Señor ha arrojado de delante de ustedes a pueblos grandes y fuertes, y hasta el día de hoy nadie ha podido resistir ante ustedes. ¹⁰Uno solo de ustedes puede hacer huir a mil, porque el Señor su Dios pelea a su favor, como él mismo lo prometió.[a] ¹¹Tengan, pues, cuidado de ustedes mismos, y amen al Señor su Dios. ¹²⁻¹³Porque quiero que sepan esto: que si se apartan de Dios y se mezclan con esta gente que ha quedado entre ustedes, y hacen matrimonios unos con otros, el Señor su Dios no echará a estos pueblos de la presencia de ustedes, sino que los usará como red y como trampa para que ustedes caigan, y como látigo sobre sus espaldas y como espinas en sus ojos, hasta que no quede ni uno solo de ustedes en esta tierra tan buena que el Señor su Dios les ha dado.

¹⁴"Yo ya me voy a morir, pero antes quiero que ustedes reconozcan de todo corazón y con toda el alma que se han cumplido todas las cosas buenas que el Señor les prometió. Ni una sola de sus promesas quedó sin cumplirse.

¹⁵Pero, así como se cumplió todo lo bueno que el Señor les prometió, así también él traerá sobre ustedes todo tipo de calamidades, hasta que no quede ni uno solo de ustedes en esta tierra buena que él les dio, ¹⁶si no cumplen la alianza que el Señor hizo con ustedes. Si van y adoran a otros dioses, y se inclinan delante de ellos, el Señor se enojará con ustedes, y muy pronto serán borrados de esta tierra tan buena que él les ha dado."

La despedida de Josué

24 ¹ Josué reunió en Siquem[a] a todas las tribus de Israel. Llamó a los ancianos, jefes, jueces y oficiales y, en presencia del Señor, ²dijo a todo el pueblo:

—Esto dice el Señor y Dios de Israel: 'Antiguamente, Térah y sus hijos Abraham y Nahor, antepasados de ustedes, vivían a orillas del río Éufrates y adoraban a otros dioses. ³De las orillas del Éufrates tomé a Abraham, y lo hice andar por toda la región de Canaán. Lo hice crecer en número, dándole primero a su hijo Isaac, ⁴y a Isaac le di dos hijos, Jacob y Esaú. A Esaú le di la región montañosa de Seír, pero Jacob y sus hijos se fueron a Egipto. ⁵Entonces yo envié a Moisés y Aarón, y herí de muerte a los egipcios, hasta que los saqué a ustedes de allí. ⁶Cuando los antepasados de ustedes salieron de Egipto, los egipcios los persiguieron con carros de guerra y caballos, hasta el Mar Rojo. ⁷Ellos me llamaron, y yo puse una gran oscuridad entre ellos y los egipcios, e hice que el mar cayera sobre los egipcios y los cubriera. Ustedes fueron testigos de lo que hice en Egipto.

'Después pasaron ustedes mucho tiempo en el desierto, ⁸hasta que los traje a la tierra de los amorreos, en el lado oriental del Jordán. Ellos pelearon contra ustedes, pero yo los hice caer en manos de ustedes, y ustedes los derrotaron y se adueñaron de la región. ⁹Después Balac, hijo de Sipor, rey de los moabitas, vino a pelear contra ustedes. Balac mandó a buscar a Balaam, el hijo de Beor, para que los maldijera a ustedes. ¹⁰Pero yo no dejé que Balaam los maldijera, y tuvo que bendecirlos. Así los salvé a ustedes.[b] ¹¹Entonces ustedes cruzaron el río Jordán y llegaron hasta Jericó. Los que vivían en Jericó

---

[a] **23.10** Dt 3.22; 28.7.   [a] **24.1** *Siquem:* ciudad situada a la entrada oriental del valle que separa el monte Guerizim del monte Ebal. Allí había un antiguo santuario, ligado a la historia de los patriarcas (cf. Gn 12.6–7; 33.18–20; Jos 24.32).   [b] **24.9–10** Nm 22.1—24.25.

(amorreos, ferezeos, cananeos, hititas, gergeseos, heveos y jebuseos) pelearon contra ustedes, pero yo hice que ustedes los derrotaran. 12A los dos reyes amorreos no los derrotaron ustedes con espadas ni con arcos, sino que yo envié mi pánico delante de ustedes, de modo que ellos huyeron antes que ustedes llegaran. 13Yo les di a ustedes tierras que no habían trabajado y ciudades que no habían construido. Ahora viven en ellas, y comen uvas y aceitunas que no plantaron.'

Y añadió Josué:

14—Por todo esto, respeten al Señor y sírvanle con sinceridad y lealtad. Apártense de los dioses que sus antepasados adoraron a orillas del río Éufrates y en Egipto, y sirvan al Señor. 15Pero si no quieren servir al Señor, elijan hoy a quién van a servir: si a los dioses a los que sus antepasados servían a orillas del Éufrates, o a los dioses de los amorreos que viven en esta tierra. Por mi parte, mi familia y yo serviremos al Señor.

16Entonces el pueblo dijo:

—¡No permita el Señor que lo abandonemos por servir a otros dioses! 17El Señor fue quien nos sacó a nosotros y a nuestros antepasados de Egipto, donde éramos esclavos. Él fue quien hizo tantas maravillas delante de nuestros ojos, y quien nos protegió y nos defendió durante el camino, cuando pasamos entre tantos pueblos. 18Él echó de delante de nosotros a todos los pueblos que estaban en nuestro camino, y a los amorreos que vivían aquí. Por todo esto, nosotros también serviremos al Señor, pues él es nuestro Dios.

19Pero Josué les dijo:

—Ustedes no van a poder servir al Señor, porque él es un Dios santo y celoso, que no va a tolerar las rebeliones y pecados de ustedes. 20Si ustedes lo abandonan y sirven a otros dioses, el Señor responderá haciéndoles mal, y los destruirá a pesar de haberles hecho tanto bien.

21El pueblo le contestó:

—Eso no va a pasar. Nosotros serviremos al Señor.

22Entonces Josué dijo:

—Ustedes son sus propios testigos de que han escogido servir al Señor.

—Lo somos —respondieron ellos.

23Les dijo Josué:

—Quiten entonces todos los otros dioses que hay entre ustedes, y vuélvanse de todo corazón al Señor y Dios de Israel.

24Y el pueblo respondió:

—Nosotros serviremos al Señor nuestro Dios, y haremos lo que él nos diga.

25Aquel mismo día, allí en Siquem, Josué hizo un pacto con el pueblo, y les dio leyes y decretos, 26los cuales escribió en el libro de la ley de Dios. Después tomó una gran piedra y la puso debajo de la encina que estaba en el santuario del Señor, 27y le dijo a todo el pueblo:

—Esta piedra va a servirnos de testimonio, pues ella es testigo de todo lo que el Señor nos ha dicho. Será un testimonio contra ustedes, para que no sean falsos con su Dios.

28Después Josué mandó a cada uno a su territorio.

Muerte de Josué
(Jue 2.6–10)

29Poco después murió Josué hijo de Nun, siervo del Señor, a la edad de ciento diez años. 30Lo enterraron en su propiedad, en Timnat–sérah,c que está en los montes de Efraín, al norte del monte de Gaas. 31Los israelitas sirvieron al Señor mientras vivió Josué, y aun después, mientras vivieron los ancianos que sabían todo lo que el Señor había hecho por los israelitas.

Los israelitas entierran los restos de José

32Los restos de José, que los israelitas habían traído desde Egipto,d fueron enterrados en Siquem, en el terreno que Jacob había comprado por cien monedas de plata a los hijos de Hamor,e el padre de Siquem, y que luego pasó a ser propiedad de los descendientes de José.

Muerte de Eleazar

33Cuando murió Eleazar, hijo de Aarón, lo enterraron en la colina de su hijo Finees, la cual le fue dada en los montes de Efraín.

---

c **24.30** Jos 19.49–50. d **24.32** Gn 50.24–25; Ex 13.19. e **24.32** Gn 33.19.

JUECES

El libro de *Jueces* (=Jue) relata episodios acaecidos entre el asentamiento de los israelitas en Canaán y la institución de la monarquía en tiempos de Saúl y de David. Se trata, casi siempre, de episodios guerreros, determinados por el ataque de enemigos externos, que ponían en peligro la seguridad e incluso la existencia de una o varias tribus de Israel. Ante esa amenaza, el Señor suscitaba un "caudillo" o "salvador" (3.9), que se ponía al frente del pueblo y conducía una acción militar destinada a eliminar el peligro. Este caudillo era un líder ocasional y temporario, que actuaba bajo el impulso del "espíritu" del Señor en un tiempo y en un espacio limitados. Una vez terminada la campaña de liberación, el caudillo daba por cumplida su tarea y se reintegraba a sus actividades ordinarias (cf. 8.22–23).

A estos caudillos se les ha dado tradicionalmente el nombre de *jueces*. Este título no es el más apropiado para describir la actividad de los principales protagonistas de estos relatos, porque se trata de héroes que lucharon por liberar a su pueblo en un momento de opresión, y no de magistrados que administraban justicia o resolvían pleitos judiciales. De hecho, el verbo hebreo traducido habitualmente por *juzgar* incluye también las ideas de *conducción* y de *gobierno*. Más aún, es probable que la idea de gobierno haya sido la más primitiva, y que la referencia a la función de juzgar sea un sentido secundario, puesto que la administración de la justicia es una de las principales responsabilidades del gobernante.

Estos jueces, caudillos o salvadores tienen pocos rasgos en común. Débora era una profetisa que pronunciaba sus oráculos o resolvía pleitos sentada debajo de una palmera (4.5); Gedeón, un campesino pobre (6.11); Jefté, el hijo de una prostituta (11.1) y el jefe de una banda de malvivientes (11.3); y Sansón, un joven de una fortaleza descomunal, que sembraba el terror entre los filisteos pero sucumbió ante los encantos de Dalila (cf. 16.3,17). También sus estrategias eran diferentes: Ehud actuó por cuenta propia y pudo realizar su hazaña ayudado por su condición de *zurdo* (3.21); Gedeón planeó un sorpresivo ataque nocturno (7.19), y Sansón dependía enteramente de la fuerza de su brazo (cf. 14.6). En las hazañas que ellos realizan siempre se pone de manifiesto el poder del Dios de Israel, que sostiene a su pueblo en las horas difíciles y le asegura la existencia a pesar de sus defecciones e infidelidades (cf. 2.18).

El siguiente esquema presenta las principales secciones de este libro:

1. Dos introducciones:
   a. Establecimiento de los israelitas en Canaán (1.1—2.5)
   b. Visión de conjunto sobre el periodo de los jueces (2.6—3.6)
2. Historia de los jueces (3.7—16.31)
3. Dos apéndices:
   a. Migración de los danitas y fundación del santuario de Dan (17—18)
   b. El crimen de Guibeá y la guerra contra la tribu de Benjamín (19—21)

Judá y Simeón capturan a Adonisédec

1 ¹ Después que murió Josué, los israelitas consultaron al Señor para saber cuál de las tribus debía atacar primero a los cananeos. ² El Señor respondió que Judá debía atacar primero, y que a Judá le entregaría ese territorio. ³ Entonces los de la tribu de Judá invitaron a sus hermanos, los de la tribu de Simeón, a unirse a ellos para invadir juntos el territorio que le tocaba a Judá, y después invadir juntos también el territorio que le tocaba a Simeón. Los de Simeón aceptaron unirse a los de Judá, ⁴⁻⁵ y así los de Judá invadieron el territorio de los cananeos y el de los ferezeos, a quienes el Señor entregó en sus manos. En Bézec derrotaron a diez mil de ellos, entre los que se encontraba Adonisédec.ᵃ ⁶ Y aunque Adonisédec huyó, ellos lo persiguieron y lo atraparon, y le cortaron los pulgares de las manosᵇ y los dedos gordos de los pies. ⁷ Entonces él dijo: "Antes yo les corté a setentaᶜ reyes los pulgares de las manos y los dedos gordos de los pies, y los tuve recogiendo las sobras debajo de mi mesa. Pero ahora Dios me ha hecho a mí lo mismo que yo les hice a ellos." Y lo llevaron a Jerusalén, donde murió.

Judá conquista Hebrón y Jerusalén

⁸ Los de la tribu de Judá atacaron y tomaron Jerusalén, y después de matar a filo de espada a toda la población, quemaron la ciudad. ⁹ Luego atacaron a los cananeos que vivían en las montañas, en la región del Négueb y en la llanura. ¹⁰ También atacaron a los cananeos de la ciudad de Hebrón, que antes se llamaba Quiriat–arbá, y derrotaron a Sesai, a Ahimán y a Talmai.

Otoniel conquista Debir y recibe a Acsa
(Jos 15.15–19)

¹¹ Luego atacaron la ciudad de Debir, que antes se llamaba Quiriat–séfer. ¹² Y Caleb prometió que al que conquistara Debir le daría por esposa a su hija Acsa. ¹³ El que la conquistó fue Otoniel, hijo de Quenaz, hermano menor de Caleb; entonces Caleb le dio por esposa a su hija Acsa. ¹⁴ Pero cuando llegó ella, Otoniel la convencióᵈ para que le pidiera un terreno a su padre. Al ver Caleb que Acsa se bajaba de su asno, le preguntó:

—¿Qué te pasa?

¹⁵ —Quiero que me concedas algo —contestó ella—. Ya que me has dado tierras en el Négueb, dame también manantiales.

Y Caleb le dio los manantiales de arriba y los de abajo.

Conquistas de las tribus de Judá y de Benjamín

¹⁶ Los descendientes de Hobab el quenita,ᵉ suegro de Moisés, salieron de la ciudad de las palmerasᶠ con la tribu de Judá, y fueron al desierto de Judá, al sur de Arad, donde se quedaron a vivir con la gente de la región. ¹⁷ Entonces los de la tribu de Judá fueron con los de Simeón, según habían acordado, y atacaron a los cananeos que vivían en Sefat, destruyendo por completo aquella ciudad. Por eso le pusieron el nombre de Hormá. ¹⁸ Sin embargo, no pudieron tomarᵍ Gaza, Ascalón y Ecrón, ni sus territorios vecinos. ¹⁹ Y aunque el Señor acompañaba a los de Judá, y ellos pudieron conquistar las montañas, no pudieron echar de los llanos a los que allí vivían, porque estos tenían carros de hierro. ²⁰ A Caleb le tocó Hebrón, tal como Moisés se lo había prometido, y Caleb desalojó a los tres hijos de Anac.ʰ ²¹ Pero los de la tribu de Benjamín no pudieron echar de Jerusalén a los jebuseos que allí vivían. Por eso, hasta el día de hoy, los jebuseos y los de la tribu de Benjamín siguen viviendo juntos en Jerusalén.ⁱ

Las tribus de José conquistan Betel

²²⁻²³ Los de las tribus de José decidieron atacar Betel, ciudad que antes se llamaba Luz, y mandaron espías allá. El Señor los ayudaba. ²⁴ Y los espías vieron a un hombre que salía de

---

ᵃ **1.4–5** *Adonisédec:* transcripción probable, según Jos 10.1,3. Heb. *Adoní–bésec.* ᵇ **1.6** *Los pulgares de las manos:* Esta mutilación infamante impedía que las víctimas pudieran manejar las armas. ᶜ **1.4–7** *Diez mil* (vv. 4–5) y *setenta* (v. 7) son cifras redondas, que sugieren la idea de un gran número. ᵈ **1.14** *Otoniel la convenció:* según versiones antiguas; heb. *ella convenció a Otoniel.* Cf. Jos 15.18. ᵉ **1.16** *Hobab el quenita:* según la versión griega (LXX); heb. *quenita.* ᶠ **1.16** *La ciudad de las palmeras:* Aquí no se trata de *Jericó* (Dt 34.3; Jue 3.13), sino de *Tamar,* localidad situada al sur del Mar Muerto (Ez 47.19; 48.28) y fortificada más tarde por el rey Salomón (1 R 9.17–18). ᵍ **1.18** *Sin embargo, no pudieron tomar:* según la versión griega (LXX); heb. *y tomaron.* ʰ **1.20** Nm 14.24; Jos 14.13; 15.13–14; Jue 1.10. ⁱ **1.21** Jos 15.63; Jue 1.21; 19.11–12; 2 S 5.6–9.

la ciudad, y le dijeron: "Si tú nos enseñas cómo entrar en la ciudad, nosotros seremos generosos contigo." 25El hombre les enseñó cómo entrar en la ciudad, y ellos mataron a filo de espada a todos los que allí vivían; pero le perdonaron la vida al que les había enseñado el camino y a toda su familia. 26Entonces aquel hombre se fue a la tierra de los hititas y construyó una nueva ciudad, y la llamó Luz, nombre que aún hoy conserva.

Límites de las conquistas de las tribus de Manasés y de Efraín

27Los de la tribu de Manasés no pudieron echar de Bet–seán, Taanac, Dor, Ibleam y Meguido a los que allí vivían, ni a los que vivían en las aldeas cercanas a esas ciudades, así que los cananeos siguieron viviendo en ellas. 28Cuando los israelitas se hicieron más poderosos, lograron someter a los cananeos a trabajos forzados, pero no pudieron desalojarlos.

29Los de la tribu de Efraín tampoco pudieron echar de Guézer a los cananeos que allí vivían, de modo que los cananeos siguieron viviendo entre ellos.

Conquistas de las otras tribus

30Los de la tribu de Zabulón tampoco pudieron echar de Quitrón y Nahalal a los cananeos que allí vivían, de modo que los cananeos siguieron viviendo entre ellos, aunque sometidos a trabajos forzados.

31-32Los de la tribu de Aser tampoco pudieron echar de Aco, Sidón, Ahlab, Aczib, Helbá, Afec y Rehob a los cananeos que allí vivían; y como no pudieron echarlos de esas ciudades, se quedaron a vivir entre ellos.

33Los de la tribu de Neftalí tampoco pudieron echar de Bet–semes y Bet–anat a los cananeos que allí vivían, pero los sometieron a trabajos forzados y se quedaron a vivir entre ellos.

34Los amorreos rechazaron a los de la tribu de Dan hasta las montañas, y no los dejaron bajar a las llanuras. 35Y así los amorreos siguieron viviendo en Heres, Aialón y Saalbim. Pero cuando los descendientes de José se hicieron más fuertes, sometieron a los amorreos a trabajos forzados.

36La frontera de los edomitas[j] iba desde la cuesta de Acrabim hasta Selá, y seguía hacia arriba.

El ángel del Señor en Boquim

2 1El ángel del Señor[a] fue de Guilgal a Boquim, y les dijo a los israelitas: "Yo los saqué a ustedes de Egipto, y los he traído a esta tierra que les prometí a sus antepasados cuando les dije: 'Nunca romperé mi alianza con ustedes, 2con tal de que ustedes no hagan ningún pacto con los habitantes de esa tierra, sino que destruyan sus altares.' Pero ustedes no me obedecieron, ¡y miren lo que han hecho! 3Por eso ahora les digo: No voy a echar a esos pueblos de delante de ustedes, y ellos y sus dioses serán una trampa para ustedes."

4Cuando el ángel del Señor terminó de hablar, todos los israelitas se echaron a llorar a voz en cuello. 5Por eso llamaron Boquim[b] a aquel lugar, y allí ofrecieron sacrificios al Señor.

Muerte de Josué
(Jos 24.29–31)

6Cuando Josué se despidió de los israelitas, cada uno se fue a tomar posesión de la tierra que le había tocado. 7Mientras él vivió, los israelitas mantuvieron el culto al Señor; y también mientras vivieron los ancianos que sobrevivieron a Josué, que habían visto todos los grandes hechos del Señor en favor de Israel. 8Pero murió Josué, a la edad de ciento diez años, 9y lo enterraron en su propio terreno de Timnat–sérah,[c] que está al norte del monte de Gaas, en los montes de Efraín. 10Murieron también todos los israelitas de la época de Josué. Y así, los que nacieron después no sabían nada del Señor ni de sus hechos en favor de Israel.

Los israelitas abandonan al Señor

11Pero los hechos de los israelitas fueron malos a los ojos del Señor, pues empezaron a adorar a las diferentes representaciones de Baal. 12Dejaron al Señor, el Dios de sus antepasados que los había sacado de Egipto, y se

---

j **1.36** *De los edomitas:* según la versión griega (LXX); heb. *de los amorreos.* *a* **2.1** *El ángel del Señor* no es un ser distinto de Dios, sino el mismo Señor que se manifiesta y hace sentir su presencia de manera sensible. *b* **2.5** El nombre *Boquim,* en hebreo, significa *los que lloran.* *c* **2.9** *Timnat–sérah:* transcripción probable, según Jos 19.50; 24.30; heb. *Timnat–heres.*

entregaron a adorar a los dioses de la gente que vivía alrededor, provocando así el enojo del Señor. 13 Dejaron al Señor por adorar a Baal y a las diferentes representaciones de Astarté,[d] 14 y por eso el Señor se enojó contra Israel e hizo que los ladrones los despojaran de lo que tenían, y que sus enemigos de los alrededores los derrotaran sin que ellos pudieran hacerles frente. 15 Cada vez que ellos marchaban a la batalla, el Señor se ponía en su contra y les iba mal, según él mismo se lo había anunciado.

Sin embargo, aunque el Señor puso a los israelitas en aprietos, 16 también hizo surgir caudillos que los libraran de quienes los despojaban. 17 Pero los israelitas no hicieron caso a estos caudillos, sino que fueron infieles al Señor y adoraron a otros dioses. Sus antepasados habían obedecido los mandamientos del Señor; pero ellos no siguieron su ejemplo. 18 Cada vez que el Señor hacía surgir un caudillo, también lo ayudaba, y durante la vida del caudillo libraba a los israelitas del poder de sus enemigos, pues sentía compasión de ellos al oírlos gemir por causa de la opresión que sufrían. 19 Pero cuando el caudillo moría, ellos volvían a corromperse, y llegaban a ser peores que sus padres, sirviendo y adorando a otros dioses. No abandonaban sus malas prácticas, ni su terca conducta. 20 Por eso el Señor se enfureció contra Israel, y dijo: "Esta gente rompe la alianza que yo hice con sus antepasados, y no quiere obedecerme. 21 Por lo tanto, no volveré a desalojar ante ellos a ninguno de los pueblos que Josué no desalojó antes de morir." 22 Con esto el Señor quería ver si los israelitas seguirían el camino del Señor, como antes lo habían seguido sus antepasados, o no. 23 Por eso el Señor no desalojó en seguida a las naciones que no había entregado en manos de Josué, sino que les permitió quedarse.

Los pueblos que se quedaron en Canaán

3 1 Estos son los pueblos que el Señor dejó en la región para poner a prueba a los israelitas que aún no habían nacido cuando se luchó por conquistar Canaán. 2 El Señor los dejó para que aprendieran a pelear los que nunca habían estado en el campo de batalla. 3 Quedaron los cinco jefes filisteos, todos los cananeos, los sidonios y los heveos que vivían en los montes del Líbano, desde el monte de Baal–hermón hasta el paso de Hamat. 4 Con ellos el Señor quiso poner a prueba a los israelitas, para ver si obedecían los mandamientos que él había dado a los antepasados de ellos por medio de Moisés. 5 Y así los israelitas empezaron a vivir entre los cananeos, hititas, amorreos, ferezeos, heveos y jebuseos, 6 y los hijos y las hijas de los israelitas se casaron con los hijos y las hijas de aquellos pueblos, y adoraron a sus dioses.

Otoniel libera a Israel de Cusán–risataim

7 Los hechos de los israelitas fueron malos a los ojos del Señor, pues se olvidaron de él y adoraron a las diferentes representaciones de Baal y de Aserá.[a] 8 Por esto el Señor se enojó contra ellos y los entregó al poder de Cusán–risataim, rey de Mesopotamia. Durante ocho años los israelitas tuvieron que servir a Cusán–risataim, 9 hasta que le suplicaron al Señor y él hizo que surgiera alguien para salvarlos. Este salvador fue Otoniel, hijo de Quenaz, hermano menor de Caleb: 10 el espíritu del Señor vino sobre Otoniel, el cual acaudilló a los israelitas; salió a la batalla, y el Señor le dio la victoria sobre Cusán–risataim. 11 Después de eso hubo paz en la región durante cuarenta años.

Ehud libera a Israel de Moab

Después de la muerte de Otoniel, 12 los israelitas volvieron a hacer lo malo a los ojos del Señor, y por eso el Señor dio a Eglón, rey de Moab, más poder que a Israel. 13 Eglón hizo una alianza con los amonitas y los amalecitas, y atacó a Israel, tomando posesión de la ciudad de las palmeras.[b] 14 Durante dieciocho años, los israelitas tuvieron que servir a Eglón, 15 hasta que le suplicaron al Señor y él hizo que surgiera alguien para salvarlos. Ese salvador fue

---

[d] **2.13** *Adorar a Baal y a . . .Astarté: Baal* y *Astarté* eran los dioses cananeos de la fertilidad, a quienes muchos israelitas solían rendir culto creyendo que de ellos dependían las buenas cosechas y la fecundidad de los rebaños (cf. Os 2.5,8). Además, los nombres de Baal y Astarté se usaban para designar no solo a los dioses así llamados sino también a las otras divinidades de la región. El AT usa a veces el plural *los Baales* (o, en este caso, *las Astartés*), aludiendo así, despectivamente, a los diferentes títulos y representaciones con que se rendía culto a ese dios en las distintas regiones. [a] **3.7** *Aserá:* diosa cananea de la fertilidad. [b] **3.13** *La ciudad de las palmeras:* es decir, Jericó.

un zurdo llamado Ehud, hijo de Guerá, de la tribu de Benjamín.

Un día, los israelitas enviaron el tributo a Eglón por medio de Ehud. 16Pero Ehud se hizo una espada de dos filos, como de medio metro de largo, y se la puso al cinto por debajo de la ropa y al lado derecho; 17luego se fue a llevarle el tributo a Eglón, que era muy gordo. 18Después de entregarle a Eglón el tributo, Ehud salió con los que habían venido con él, 19pero al llegar a los ídolos que están cerca de Guilgal, Ehud regresó a donde estaba Eglón y le dijo:

—Tengo un mensaje para Su Majestad, pero debo dárselo en privado.

El rey ordenó entonces a los que estaban a su servicio que guardaran silencio y salieran de su presencia. 20En cuanto Ehud se quedó a solas con Eglón, que estaba sentado en la sala de verano, se acercó a él y le dijo:

—El mensaje que traigo a Su Majestad es de parte de Dios.

Al oír esto, Eglón se levantó de su trono, 21pero Ehud, que era zurdo, se llevó la mano izquierda al lado derecho, sacó su espada y se la clavó a Eglón en el vientre. 22Se la clavó tan fuerte que no solo entró toda la hoja sino también la empuñadura, quedando cubierta la espada por la gordura de Eglón, pues Ehud no se la sacó. 23Después Ehud cerró las puertas con el cerrojo, y salió por la ventana.

24Cuando ya se había ido, vinieron los que estaban al servicio del rey, y al ver las puertas cerradas pensaron que el rey se había encerrado en la sala de verano para hacer sus necesidades. 25Pero después de mucho esperar, empezaron a preocuparse al ver que el rey no salía. Entonces tomaron la llave, y al abrir encontraron a su amo tendido en el suelo.

26Mientras aquellos perdían tiempo, Ehud huyó, y después de pasar los ídolos de Guilgal se refugió en Seirat. 27Cuando llegó a territorio israelita,c dio un toque de trompeta en los montes de Efraín para llamar a los israelitas, y todos ellos bajaron de los montes con Ehud a la cabeza. 28Ehud les dijo que lo siguieran, pues el Señor les daría la victoria sobre sus enemigos los moabitas. Entonces ellos lo siguieron y tomaron posesión de los vados del Jordán, y no dejaron pasar a nadie. 29En aquella ocasión

mataron a unos diez mil moabitas, todos ellos soldados fuertes y valientes. Ni uno solo escapó con vida. 30Así fue como los israelitas derrotaron a Moab. Después de eso hubo paz en la región durante ochenta años.

Samgar libera a Israel de los filisteos

31El siguiente caudillo fue Samgar, hijo de Anat, que mató a seiscientos filisteos con una aguijada. Samgar también salvó a Israel.

Débora y Barac derrotan a Sísara

4 1Después de la muerte de Ehud, los israelitas volvieron a hacer lo malo a los ojos del Señor, 2así que el Señor los entregó al poder de Jabín, un rey cananeo que gobernaba en la ciudad de Hasor. El jefe de su ejército se llamaba Sísara, y vivía en Haróset–goím. 3Jabín tenía novecientos carros de hierro, y durante veinte años había oprimido cruelmente a los israelitas, hasta que por fin estos le suplicaron al Señor que los ayudara.

4En aquel tiempo juzgaba a Israel una profetisa llamada Débora, esposa de Lapidot. 5Débora acostumbraba sentarse bajo una palmera (conocida como "la palmera de Débora"), que había en los montes de Efraín, entre Ramá y Betel, y los israelitas acudían a ella para resolver sus pleitos.

6Un día, Débora mandó llamar a un hombre llamado Barac, hijo de Abinóam, que vivía en Quedes, un pueblo de la tribu de Neftalí, y le dijo:

—El Señor, el Dios de Israel, te ordena lo siguiente: 'Ve al monte Tabor, y reúne allí a diez mil hombres de las tribus de Neftalí y Zabulón. 7Yo voy a hacer que Sísara, jefe del ejército de Jabín, venga al arroyo de Quisón para atacarte con sus carros y su ejército. Pero yo voy a entregarlos en tus manos.'

8—Solo iré si tú vienes conmigo —contestó Barac—. Pero si tú no vienes, yo no iré.

9—Pues iré contigo —respondió Débora—. Solo que la gloria de esta campaña que vas a emprender no será para ti, porque el Señor entregará a Sísara en manos de una mujer.

Entonces Débora fue con Barac a Quedes. 10Allí Barac llamó a las tribus de Zabulón y Neftalí, y reunió bajo su mando un ejército de diez mil hombres. Débora iba con él.

---

c **3.27** *A territorio israelita:* según la versión griega (LXX). En el texto hebreo no aparece esta frase.

11 Cerca de Quedes, junto a la encina de Saanaim, estaba el campamento de Héber el quenita, quien se había separado de los demás quenitas que, como él, descendían de Hobab, el suegro de Moisés.[a] **12** Cuando Sísara supo que Barac había subido al monte Tabor, **13** reunió sus novecientos carros de hierro y a todos sus soldados, y marchó con ellos desde Haróset–goím hasta el arroyo de Quisón. **14** Entonces Débora le dijo a Barac:

—¡Adelante, que ahora es cuando el Señor va a entregar en tus manos a Sísara! ¡Ya el Señor va al frente de tus soldados!

Barac bajó del monte Tabor con sus diez mil soldados, **15** y el Señor sembró el pánico entre los carros y los soldados de Sísara en el momento de enfrentarse con la espada de Barac; hasta el mismo Sísara se bajó de su carro y huyó a pie. **16** Mientras tanto, Barac persiguió a los soldados y los carros hasta Haróset–goím. Aquel día no quedó con vida ni un solo soldado del ejército de Sísara: todos murieron.

17 Como Jabín, el rey de Hasor, estaba en paz con la familia de Héber el quenita, Sísara llegó a pie, en su huida, hasta la tienda de Jael, la esposa de Héber, **18** la cual salió a recibirlo y le dijo:

—Por aquí, mi señor, por aquí; no tenga usted miedo.

Sísara entró, y Jael lo escondió tapándolo con una manta; **19** entonces Sísara le pidió agua, pues tenía mucha sed. Jael destapó el cuero donde guardaba la leche y le dio de beber; después volvió a taparlo. **20** Sísara le dijo:

—Quédate a la entrada de la tienda, y si alguien viene y te pregunta si hay alguien aquí dentro, dile que no.

21 Pero Sísara estaba tan cansado que se quedó profundamente dormido. Entonces Jael tomó un martillo y una estaca de las que usaban para sujetar la tienda de campaña, y acercándose sin hacer ruido hasta donde estaba Sísara, le clavó la estaca en la sien contra la tierra. Así murió Sísara. **22** Y cuando Barac llegó en busca de Sísara, Jael salió a recibirlo y le dijo:

—Ven, que te voy a mostrar al que andas buscando.

Barac entró en la tienda y encontró a Sísara tendido en el suelo, ya muerto y con la estaca clavada en la cabeza.

23 Así humilló el Señor aquel día a Jabín, el rey cananeo, delante de los israelitas. **24** Y desde entonces los israelitas trataron a Jabín cada vez con mayor dureza, hasta que lo destruyeron.

El canto de Débora y Barac

5 **1** Aquel día, Débora y Barac, hijo de Abinóam, cantaron así:

2 "Alaben todos al Señor,
porque aún hay en Israel
hombres dispuestos a pelear;[a]
porque aún hay entre el pueblo
hombres que responden
al llamado de la guerra.

3 ¡Escúchenme, ustedes los reyes!
¡Óiganme, ustedes los gobernantes!
¡Voy a cantarle al Señor!,
¡voy a cantar al Dios de Israel!

4 "Cuando tú, Señor, saliste de Seír;
cuando te fuiste de los campos de Edom,
tembló la tierra, se estremeció[b] el cielo,
las nubes derramaron su lluvia.

5 Delante de ti, Señor,
delante de ti, Dios de Israel,
temblaron los montes, tembló el Sinaí.

6 En los tiempos de Samgar, hijo de Anat,
y en los tiempos de Jael,
los viajeros abandonaron los caminos
y anduvieron por senderos escabrosos;

7 las aldeas de Israel
quedaron del todo abandonadas.
Fue entonces cuando yo me levanté,
¡yo, Débora, una madre de Israel!

8 "No faltó quien se escogiera
nuevos dioses
mientras se luchaba a las puertas
de la ciudad,
pero no se veía un escudo ni una lanza
entre cuarenta mil israelitas.

---

[a] **4.11** *Hobab, el suegro de Moisés,* también aparece con los nombres de *Jetro* y *Reuel* (Ex 2.16; 18.1). [a] **5.2** *Porque . . . a pelear:* lit. *cuando en Israel se sueltan las cabelleras.* Probable alusión a un rito de la guerra santa, que incluía la promesa de no cortarse el cabello hasta el día de la victoria. Otras posibles traducciones: *cuando en Israel los jefes asumen el mando;* o bien, *cuando en Israel el pueblo ha recuperado la libertad.* [b] **5.4** *Se estremeció:* texto probable; heb. *goteó.*

9 "¡Yo doy mi corazón
por los altos jefes de Israel,
por la gente de mi pueblo
que respondió al llamado de la guerra!
¡Alaben todos al Señor!

10 "Díganlo ustedes,
los que montan asnas pardas;[c]
y ustedes, los que se sientan en tapetes;
también ustedes, los viajeros:
11 ¡allá, entre los abrevaderos,
y al son de sonoros platillos,
proclamen las victorias del Señor,
las victorias de sus aldeas en Israel!

12 "¡Despierta, Débora, despierta,
despierta y entona una canción!
¡Y tú, Barac, hijo de Abinóam,
levántate y llévate a tus prisioneros!

13 "Entonces bajaron los israelitas[d]
a luchar contra los poderosos;
bajaron por mí las tropas del Señor
a luchar contra los hombres de guerra.
14 Algunos hombres de Efraín bajaron
al valle,[e]
y tras ellos fueron las tropas de Benjamín.
De los de Maquir, bajaron sus jefes,
y de los de Zabulón, sus gobernantes.
15 También acompañaron a Débora
los jefes de Isacar;
Isacar fue el apoyo de Barac,
pues se lanzó tras él al valle.

"Si en los escuadrones de Rubén
hay grandes hombres de corazón resuelto,
16 ¿por qué se quedaron entre los rediles,
oyendo a los pastores llamar a sus ovejas?
¡En los escuadrones de Rubén
hay grandes hombres
de corazón miedoso!

17 "Galaad se quedó acampando
al otro lado del río Jordán;
Dan se quedó junto a los barcos,
y Aser se quedó en la costa
y no se movió de sus puertos;
18 pero en las alturas de los campos,
Zabulón y Neftalí arriesgaron la vida.

19 "Entonces los reyes vinieron a Taanac,
junto a las aguas de Meguido;
los reyes cananeos
vinieron en plan de guerra,
pero no obtuvieron plata ni riquezas.
20 Desde el cielo, desde sus órbitas,
las estrellas lucharon contra Sísara;
21 el arroyo, el arroyo antiguo,
el arroyo de Quisón
los barrió a todos ellos.
¡Tú aplastarás la garganta
de los poderosos!

22 "¡Resuenan los cascos de los caballos!
¡Galopan, galopan los briosos corceles!
23 Y el ángel del Señor anuncia:
'¡Que caiga una dura maldición
sobre Meroz y sus habitantes!'
Pues no acudieron, como los valientes,
en ayuda del Señor.

24 "¡Bendita sea entre las mujeres Jael,
la esposa de Héber el quenita!
¡Bendita sea entre las mujeres
del campamento!
25 Agua pidió Sísara; leche le dio Jael.
¡Crema le dio en un tazón especial!
26 Mientras tanto, tomó la estaca
con la izquierda
y el mazo de trabajo con la derecha,
y dando a Sísara un golpe en la cabeza
le rompió y atravesó las sienes.
27 Sísara se retorcía a los pies de Jael;
retorciéndose de dolor cayó al suelo,
y allí donde cayó, allí quedó muerto.

28 "La madre de Sísara, afligida,
se asoma a la ventana y dice:
'¿Por qué tarda tanto en llegar su carro?
¿Por qué se retrasa su carro de guerra?'
29 Algunas damas sabihondas le responden,
y aun ella misma se repite:
30 'Seguramente se están repartiendo
lo que ganaron en la guerra.
Una esclava, y aun dos, para cada guerrero;
para Sísara las telas de colores:
una tela, y aun dos,
bordadas de varios colores,
para el cuello del vencedor.'

---

c **5.10** Las *asnas* eran la cabalgadura que solían utilizar los jefes. d **5.13** *Los israelitas:* texto probable; heb. *los sobrevivientes.* e **5.14** *Al valle:* según la versión griega (LXX); heb. *a Amalec.*

31 "¡Que así sean destruidos, Señor,
   todos tus enemigos,
   y que brillen los que te aman,
   como el sol en todo su esplendor!"

Después de eso hubo paz en la región durante cuarenta años.

Dios llama a Gedeón

6 ¹Pero los hechos de los israelitas fueron malos a los ojos del Señor, y durante siete años el Señor los entregó al poder de los madianitas. ²Como los madianitas oprimían cada vez más a los israelitas, estos, por temor a los madianitas, se hicieron escondites en los cerros, en las cuevas y en lugares difíciles de alcanzar. ³Siempre que los israelitas tenían algo sembrado, los madianitas, los amalecitas y la gente del oriente los atacaban. ⁴Acampaban en los territorios de Israel y destruían las cosechas hasta la región de Gaza, sin dejarles a los israelitas nada que comer, ni ovejas, ni bueyes, ni asnos. ⁵Con sus tiendas de campaña y su ganado invadían el país y lo destruían todo. Venían con sus camellos en grandes multitudes, como una plaga de langostas. ⁶Por causa de los madianitas, los israelitas pasaban por muchas miserias, y finalmente le pidieron ayuda al Señor.

⁷Cuando los israelitas le pidieron al Señor que los librara de los madianitas, ⁸él les envió un profeta que les dijo: "Así dice el Señor y Dios de Israel: 'Yo los saqué a ustedes de Egipto, donde vivían como esclavos, ⁹y no solo los libré a ustedes de los egipcios, sino también de todos los que los oprimían. A ellos los fui echando de delante de ustedes, y a ustedes les di la tierra de ellos. ¹⁰Y les dije a ustedes que yo soy el Señor su Dios, y que no tuvieran miedo de los dioses de los amorreos, en cuya tierra viven ustedes ahora; pero ustedes no me hicieron caso.'"

¹¹Entonces vino el ángel del Señor[a] y se sentó bajo la encina que estaba en Ofrá, y que pertenecía a Joás, que era del clan de Abiézer. Gedeón, el hijo de Joás, estaba limpiando el trigo a escondidas, en el lugar donde se pisaba la uva para hacer vino, para que los madianitas no lo vieran. ¹²El ángel del Señor se le apareció y le dijo:

—¡El Señor está contigo, hombre fuerte y valiente!

¹³Y Gedeón contestó:

—Perdón, señor, pero si el Señor está con nosotros, ¿por qué nos pasa todo esto? ¿Dónde están todos los milagros de que nos hablan nuestros antepasados, cuando dicen que el Señor nos sacó de Egipto? El Señor nos ha abandonado, y nos ha entregado al poder de los madianitas.

¹⁴El Señor lo miró, y le dijo:

—Usa la fuerza que tienes, para ir a salvar a Israel del poder de los madianitas. Yo soy el que te envía.

¹⁵Pero Gedeón volvió a contestar:

—Una vez más, perdón, señor, pero ¿cómo voy a salvar a Israel? Mi clan es el más pobre de toda la tribu de Manasés, y yo soy el más pequeño de mi familia.

¹⁶Y el Señor le respondió:

—Podrás hacerlo porque yo estaré contigo. Derrotarás a los madianitas como quien derrota a un solo hombre.

¹⁷Entonces Gedeón dijo:

—Si me he ganado tu favor, dame una prueba de que realmente eres tú quien habla conmigo. ¹⁸Por favor, no te vayas de aquí hasta que yo vuelva con una ofrenda que te quiero presentar.

Y el Señor le aseguró:

—Aquí estaré esperando tu regreso.

¹⁹Gedeón se fue y preparó un cabrito, y con unos veinte litros de harina hizo unos panes sin levadura; luego puso la carne en una canasta y el caldo en una olla, y se lo llevó todo hasta la encina. ²⁰El ángel de Dios le mandó poner sobre una roca la carne y los panes sin levadura, y derramar el caldo. Después que Gedeón hizo lo que se le había mandado, ²¹el ángel tocó la carne y los panes con la punta del bastón que tenía en la mano, y de la roca salió fuego, el cual consumió la carne y los panes; luego el ángel del Señor desapareció de su vista. ²²Al darse cuenta Gedeón de que se trataba del ángel del Señor, dijo:

—¡Ay Señor, Señor! ¡He visto cara a cara al ángel del Señor!

²³Pero el Señor le contestó:

—No tengas miedo, que no vas a morir. Recibe mi paz.

---

[a] **6.11** *El ángel del Señor:* Véase 2.1 n.

24 Entonces Gedeón construyó allí un altar en honor del Señor, y lo llamó "El Señor es la paz". Este altar todavía está en Ofrá, ciudad del clan de Abiézer.

25 Aquella misma noche el Señor le dijo a Gedeón:

—Toma un toro del ganado de tu padre, el segundo toro, el de siete años, y echa abajo el altar de Baal que tiene tu padre. Echa abajo también el árbol sagrado que está junto al altar de Baal, 26 y en lo alto de esa fortaleza construye un altar al Señor tu Dios. Toma luego el toro, el segundo, y ofrécemelo como holocausto, usando para ello la leña del árbol sagrado que habrás echado abajo.

27 Entonces Gedeón tomó a diez de sus sirvientes e hizo todo lo que el Señor le había mandado; solo que no lo hizo de día, sino durante la noche, por miedo a la familia de su padre y a los hombres de la ciudad. 28 A la mañana siguiente, cuando la gente de la ciudad se levantó, se encontró con que el altar de Baal había sido echado abajo, lo mismo que el árbol sagrado que estaba junto al altar, y que además un toro había sido ofrecido en holocausto sobre el nuevo altar. 29 Unos a otros se preguntaban: "¿Quién habrá hecho esto?"

Cuando, después de mucho buscar y preguntar, supieron que lo había hecho Gedeón, el hijo de Joás, fueron y le dijeron a Joás:

30 —Saca a tu hijo, que lo vamos a matar. ¡Ha echado abajo el altar de Baal y el árbol sagrado que estaba junto al altar!

31 Pero Joás respondió a quienes le rodeaban:

—¿Van ustedes a defender a Baal, y a pelear en su favor? ¡Pues que muera antes del amanecer cualquiera que defienda a Baal! Si Baal es Dios, déjenlo que se defienda solo, puesto que era suyo el altar derribado.

32 Desde entonces comenzaron a llamar Jerubaal[b] a Gedeón, y decían: "Que Baal se defienda de él", pues Gedeón había echado abajo el altar de Baal.

33 Entonces todos los madianitas y los amalecitas y la gente del oriente, se juntaron y cruzaron el río Jordán, y acamparon en el valle de Jezreel. 34 Pero el espíritu del Señor se adueñó de Gedeón, y este tocó un cuerno de carnero para que se le unieran los del clan de Abiézer; 35 además mandó mensajeros para que

llamaran a toda la tribu de Manasés a que se le uniera. También envió mensajeros a llamar a las tribus de Aser, Zabulón y Neftalí, que también salieron a reunirse con él.

36 Y Gedeón le dijo a Dios: "Si de veras me vas a usar para salvar a Israel, como tú mismo has dicho, 37 voy a poner el cuero lanudo de una oveja en el lugar donde se trilla el trigo. Si por la mañana la lana está mojada de rocío, pero la tierra está seca, sabré que de veras vas a usarme para salvar a Israel, como tú mismo has dicho."

38 En efecto, así sucedió. Cuando Gedeón se levantó por la mañana, exprimió el cuero lanudo y sacó de él una taza llena de rocío. 39 Sin embargo, Gedeón dijo: "No te enojes conmigo si vuelvo a insistir. Pero quiero hacer una sola prueba más. Esta vez harás que la lana quede seca y que el rocío humedezca la tierra."

40 Aquella noche Dios lo hizo así. Y a la mañana siguiente, la lana estaba seca y toda la tierra cubierta de rocío.

Gedeón derrota a los madianitas

7 1 Gedeón, a quien ahora llamaban Jerubaal, y todos los que estaban con él, se levantaron de madrugada y fueron a acampar junto al manantial de Harod. El campamento de los madianitas les quedaba entonces al norte, en el valle que está al pie del monte de Moré.

2 El Señor le dijo a Gedeón: "Traes tanta gente contigo que si hago que los israelitas derroten a los madianitas, van a alardear ante mí creyendo que se han salvado ellos mismos. 3 Por eso, dile a la gente que cualquiera que tenga miedo puede irse a su casa."

De este modo Gedeón los puso a prueba, y se fueron veintidós mil hombres, quedándose diez mil. 4 Pero el Señor insistió: "Son muchos todavía. Llévalos a tomar agua, y allí yo los pondré a prueba y te diré quiénes irán contigo y quiénes no."

5 Gedeón llevó entonces a la gente a tomar agua, y el Señor le dijo: "Aparta a los que beban agua en sus manos, lamiéndola como perros, de aquellos que se arrodillen para beber."

6 Los que bebieron agua llevándosela de las manos a la boca y lamiéndola como perros fueron trescientos. Todos los demás se arrodillaron

---

b 6.32 En hebreo, el nombre *Jerubaal* y las palabras que significan *que se defienda Baal* se asemejan en el sonido.

para beber. **7** Entonces el Señor le dijo a Gedeón: "Con estos trescientos hombres voy a salvarlos a ustedes, y derrotaré a los madianitas. Todos los demás pueden irse."

8 Gedeón mandó entonces que todos los demás regresaran a sus tiendas; pero antes de que se fueran les recogió sus cántaros y sus cuernos de carnero. Solo se quedó con los trescientos hombres escogidos, acampando más arriba de los madianitas, que estaban en el valle.

9 Aquella noche el Señor le ordenó a Gedeón: "Levántate y baja a atacar a los madianitas, pues los voy a entregar en tus manos. **10** Pero si tienes miedo de atacarlos, baja antes al campamento con Purá, tu criado, **11** y escucha lo que digan. Después te sentirás con más ánimo para atacarlos."

Entonces Gedeón bajó con Purá, su criado, hasta los puestos avanzados del campamento enemigo. **12** Los madianitas, los amalecitas y la gente del oriente se habían esparcido por el valle como una plaga de langostas. Tenían tantos camellos como arena hay a la orilla del mar. **13** Al acercarse Gedeón al campamento enemigo, oyó que un soldado le contaba a otro un sueño que había tenido. Le decía:

—Soñé que un pan de cebada venía rodando hasta nuestro campamento, y que al chocar contra una tienda la hacía caer.

14 Y su compañero le contestó:

—Eso no es otra cosa que la espada de Gedeón, hijo de Joás, el israelita. Dios va a entregar en manos de Gedeón a los madianitas y a todo su campamento.

15 Al oír cómo se había contado e interpretado el sueño, Gedeón adoró al Señor. Después volvió al campamento israelita y ordenó:

—¡Arriba, que el Señor va a entregarnos el campamento madianita!

16 En seguida dividió sus trescientos hombres en tres grupos, y les dio cuernos de carnero a todos y unos cántaros vacíos que llevaban dentro antorchas encendidas. **17** Y les dijo:

—Cuando llegue yo al otro lado del campamento enemigo, fíjense en mí y hagan lo mismo que me vean hacer. **18** Cuando yo y los que van conmigo toquemos el cuerno, tóquenlo ustedes también alrededor de todo el campamento, y griten: '¡Por el Señor y por Gedeón!'

19 Así pues, Gedeón y sus cien hombres llegaron al otro lado del campamento cuando estaba por comenzar el turno de guardia de medianoche. Entonces tocaron los cuernos de carnero y rompieron los cántaros que llevaban en las manos, **20** y los tres grupos tocaron al mismo tiempo los cuernos de carnero y rompieron los cántaros. En la mano izquierda llevaban las antorchas encendidas, y los cuernos de carnero en la derecha, y gritaban: "¡Guerra! ¡Por el Señor y por Gedeón!" **21** Y como los israelitas se quedaron quietos en sus puestos alrededor del campamento, y todos en el ejército madianita gritaban y salían huyendo **22** mientras los trescientos israelitas seguían tocando los cuernos de carnero, el Señor hizo que los madianitas lucharan entre sí, y que salieran huyendo hasta Bet–sitá, camino de Sererá, y hasta la frontera de Abel–meholá, junto a Tabat.

23 Entonces se llamó a los israelitas de las tribus de Neftalí, de Aser y de todo Manasés, para que persiguieran a los madianitas. **24** Gedeón mandó mensajeros por los montes de Efraín, ordenando que los hombres de esta tribu bajaran a luchar contra los madianitas y ocuparan los lugares por donde se podía cruzar el río en Bet–bará y en el Jordán, antes de que ellos llegaran. Los de Efraín cumplieron estas órdenes, **25** y además capturaron a dos jefes madianitas llamados Oreb y Zeeb. A Oreb lo mataron en la peña que ahora se conoce como Peña de Oreb. A Zeeb lo mataron en el lugar que lleva su nombre, y que era donde se pisaba la uva para hacer vino. Y después de perseguir a los madianitas, llevaron las cabezas de Oreb y de Zeeb a Gedeón, que estaba al otro lado del Jordán.

Gedeón captura a los reyes madianitas

8 **1** Los de la tribu de Efraín se enojaron y discutieron con Gedeón porque él no los había mandado llamar cuando salió a pelear contra los madianitas. **2** Pero él les contestó:

—¿No se dan cuenta de que ustedes hicieron más aún de lo que yo hice? Lo poco que ustedes hicieron vale más que lo mucho que hicimos nosotros. **3** Dios les entregó a Oreb y a Zeeb, los jefes madianitas. ¿Qué hice yo que se pueda comparar con lo que ustedes hicieron?

Cuando los de Efraín oyeron estas palabras de Gedeón, se les pasó el enojo contra él.

4 Gedeón y sus trescientos hombres llegaron al Jordán y lo cruzaron, aunque estaban rendidos de cansancio por ir persiguiendo al enemigo. **5** En Sucot, Gedeón les pidió a los que allí vivían:

—Por favor, den algo de comer a los que vienen conmigo, porque están rendidos de cansancio. Andamos persiguiendo a los reyes madianitas Zébah y Salmuná.

6 Pero los jefes de Sucot le respondieron:

—¿Acaso ya has capturado a Zébah y Salmuná, para que alimentemos a tu ejército?

7 Y Gedeón les contestó:

—¡Después que el Señor me entregue a Zébah y Salmuná, regresaré y les desgarraré a ustedes la carne con espinas y zarzas del desierto.

8 De allí fue a Penuel, donde pidió lo mismo que en Sucot. Pero como los de Penuel le respondieron igual que los de Sucot, 9 Gedeón les dijo:

—¡Cuando yo regrese vencedor, echaré abajo esa torre!

10 Zébah y Salmuná estaban en Carcor con unos quince mil hombres, que era todo lo que quedaba del ejército del oriente, pues habían muerto ciento veinte mil de ellos. 11 Gedeón avanzó por el camino que bordea el desierto, al este de Nóbah y Jogbehá, y atacó su campamento cuando ellos menos lo esperaban. 12 Zébah y Salmuná salieron huyendo, pero Gedeón los persiguió y los capturó, y llenó de espanto a todo el ejército.

13 Cuando Gedeón regresaba de la batalla por el paso de Heres, 14 capturó a un joven de Sucot y lo interrogó; y aquel joven le dio por escrito los nombres de los setenta y siete jefes y ancianos de Sucot. 15 Entonces Gedeón fue a Sucot y les dijo a los de este pueblo:

—¿Recuerdan cómo se burlaron de mí por causa de Zébah y de Salmuná? ¿Recuerdan que les negaron pan a mis hombres, que estaban rendidos de cansancio, diciéndonos que todavía no los teníamos cautivos? ¡Pues aquí los tienen!

16 Entonces Gedeón tomó espinas y zarzas del desierto, y con ellas castigó a los ancianos de Sucot. 17 También echó abajo la torre de Penuel, y mató a la gente de esta ciudad.

18 Luego les preguntó a Zébah y a Salmuná:

—¿Cómo eran los hombres que ustedes mataron en Tabor?

Y ellos le contestaron:

—Se parecían a ti. Cada uno de ellos parecía un príncipe.

19 Entonces Gedeón gritó:

—¡Mis hermanos! ¡Mataron a mis propios hermanos! Tan cierto como que el Señor vive, que si ustedes no los hubieran matado, yo tampoco los mataría a ustedes ahora.

20 En seguida le ordenó a Jéter, su hijo mayor:

—¡Levántate y mátalos!

Pero Jéter era todavía muy joven, y no se atrevió a sacar su espada. 21 Entonces Zébah y Salmuná le dijeron a Gedeón:

—¡Pues mátanos tú! ¡Al hombre se le conoce por su valentía!

Gedeón se levantó y los mató, y tomó los adornos que llevaban al cuello los camellos de Zébah y Salmuná. 22 Entonces los israelitas le dijeron:

—Ya que tú nos has librado del poder de los madianitas, queremos que tú y tus descendientes nos gobiernen.

23 Pero Gedeón les contestó:

—Ni yo ni mi hijo los gobernaremos a ustedes. El Señor será quien los gobierne. 24 Lo que sí quiero es pedirles que me den los anillos que han capturado.

Esos anillos de oro los usaban los soldados enemigos, porque eran gente del desierto. 25 Los israelitas, tendiendo una capa en el suelo, echaron en ella los anillos que habían tomado, y le dijeron a Gedeón:

—Aquí los tienes.

26 Todo el oro de los anillos pesó casi diecinueve kilos, sin contar los adornos ni las joyas y telas de púrpura que llevaban los reyes de Madián, ni los collares de sus camellos. 27 Con ese oro Gedeón hizo un efod,[a] que puso en Ofrá, su ciudad, y todo Israel le fue infiel al Señor por causa del efod, el cual se volvió una trampa para Gedeón y su familia.

28 Así fue como los madianitas quedaron sometidos a Israel, y nunca más volvieron a levantar cabeza. Durante cuarenta años, mientras Gedeón vivió, hubo paz en la región.

Muerte de Gedeón

29-30 Jerubaal, o sea Gedeón, se fue a vivir a su propia casa, y tuvo setenta hijos, pues tenía muchas esposas. 31 Una concubina que él tenía

---

[a] **8.27** En este contexto, la palabra *efod* designa un objeto distinto de los mencionados en otros pasajes del AT. Aquí no se trata, en efecto, del ornamento usado por el sumo sacerdote (Ex 28.6–14; 39.2–7), ni del paño o vestimenta que solía emplearse en las ceremonias litúrgicas (1 S 2.18; 22.18; 2 S 6.14), sino de un instrumento para consultar al Señor (1 S 2.28; 14.3; 21.9) o, más probablemente, de una estatua recubierta de oro y destinada al culto. Cf. Jue 17.4–5.

en Siquem, también le dio un hijo, y él le puso por nombre Abimélec.

32 Gedeón murió ya entrado en años, y lo enterraron en la tumba de su padre Joás, en Ofrá, ciudad del clan de Abiézer.

33 Después que murió Gedeón, los israelitas volvieron a abandonar a Dios para adorar a las diferentes representaciones de Baal, y escogieron como su dios a Baal–berit. **34** Se olvidaron del Señor su Dios, que los había salvado de todos los enemigos que los rodeaban, **35** y no correspondieron con bondad a la familia de Jerubaal, o sea Gedeón, por todo lo bueno que él había hecho por ellos.

Abimélec

9 **1** Abimélec, hijo de Jerubaal, fue a Siquem para hablar con sus parientes por parte de madre. Y les dijo:

2 —En nombre de nuestro parentesco, les ruego que convenzan a la gente de Siquem de que es mejor que los gobierne un solo hombre, y no todos los setenta hijos de Jerubaal.

3 Y como Abimélec era pariente de ellos, se pusieron de parte suya y fueron a convencer a los de Siquem para que lo siguieran. **4** Además, tomaron setenta monedas de plata del templo de Baal–berit y se las dieron a Abimélec. Con ese dinero, Abimélec alquiló unos matones para que lo siguieran. Aquellos hombres fueron con él **5** a Ofrá, donde había vivido su padre Jerubaal, y contra una misma piedra mataron a los setenta hermanos de Abimélec. Solo pudo esconderse y salvarse Jotam, el hijo menor de Jerubaal. **6** Después todos los de Siquem y de Bet–miló se reunieron junto a la encina y la piedra sagrada que había en Siquem, y nombraron rey a Abimélec.

7 Cuando Jotam lo supo, subió al monte Guerizim, y desde allí gritó bien fuerte, para que todos le oyeran:

"¡Óiganme bien, hombres de Siquem! ¡Y así Dios los oiga a ustedes!

8 "En cierta ocasión los árboles quisieron tener rey, y le pidieron al olivo que fuera su rey. **9** Pero el olivo les dijo que no, pues para ser rey de los árboles tendría que dejar de dar aceite, el cual sirve para honrar tanto a los hombres como a Dios.

10 "Entonces los árboles le pidieron a la higuera que fuera su rey. **11** Pero la higuera les dijo que no, pues para ser rey de los árboles tendría que dejar de dar sus dulces y sabrosos higos.

12 "Entonces los árboles le pidieron a la vid que fuera su rey. **13** Pero la vid les dijo que no, pues para ser rey de los árboles tendría que dejar de dar su vino, el cual sirve para alegrar tanto a los hombres como a Dios.

14 "Por fin, los árboles le pidieron a un espino que fuera su rey. **15** Y el espino les dijo que, si de veras querían que él fuera su rey, todos tendrían que ponerse bajo su sombra; pero si no querían que él fuera su rey, saldría de él un fuego que destruiría los cedros del Líbano.

16 "Y ahora, yo les pregunto: ¿Han actuado ustedes con verdad y honradez al hacer rey a Abimélec? ¿Han tratado a Jerubaal y a su familia con la misma bondad con que él los trató a ustedes? **17** Porque mi padre arriesgó su vida por ustedes cuando peleó para librarlos del poder de los madianitas; **18** ustedes, en cambio, se han rebelado contra la familia de mi padre, y han matado a sus setenta hijos contra una misma piedra. Por si fuera poco, han nombrado rey a Abimélec, hijo de la concubina de Jerubaal, solo porque él es pariente de ustedes. **19** Pero yo les digo hoy: Si ustedes han tratado con verdad y honradez a Jerubaal y a su familia, que les vaya bien con Abimélec, y a él con ustedes; **20** pero si no, ¡que salga de Abimélec un fuego que destruya a todos los de Siquem y de Bet–miló, y que de Siquem y de Bet–miló salga un fuego que lo destruya a él!"

21 Después de haber dicho esto, Jotam huyó y se fue a vivir en Beer, porque le tenía miedo a su hermano Abimélec.

22 Abimélec dominó a los israelitas durante tres años, **23** pero Dios interpuso un espíritu maligno entre Abimélec y los de Siquem, para que estos se rebelaran contra él **24** y así pagara Abimélec el sangriento asesinato de los setenta hijos de Jerubaal, y los de Siquem pagaran por haberle ayudado. **25** Los de Siquem tenían gente en los montes, que se escondía y asaltaba a todos los que pasaban por el camino cercano. Y Abimélec se enteró de esto.

26 Un día, Gáal, el hijo de Ébed, pasó con sus hermanos por Siquem y se ganó la confianza de los de aquella ciudad, **27** los cuales salieron al campo a recoger la uva e hicieron vino y celebraron una gran fiesta, comiendo y bebiendo en el templo de sus dioses y maldiciendo a Abimélec. **28** Y Gáal decía: "¿Quién se cree este Abimélec? No es más que un hijo de Jerubaal, y Zebul es su ayudante. Y nosotros, los de Siquem, ¿quiénes somos para andar como esclavos delante de ellos? Seamos esclavos de Hamor, el fundador de Siquem, pero no de Abimélec. **29**¡Ah! ¡Si yo fuera el jefe de ustedes, en seguida me desharía de Abimélec!" Además dijo: "¡Anda, Abimélec, reúne tu ejército y ven a pelear!"

30Cuando Zebul, gobernador de la ciudad, se enteró de lo que andaba diciendo Gáal, se puso furioso **31**y le envió el siguiente mensaje a Abimélec, que estaba en Arumá: "Gáal, el hijo de Ébed, ha venido con sus hermanos a Siquem, y están predisponiendo a la gente de la ciudad contra ti. **32**Por lo tanto, sal de noche con tus soldados y escóndanse en el campo. **33**Por la mañana, al salir el sol, ataca la ciudad, y cuando Gáal y su gente salgan a pelear contigo, haz con él lo que creas más conveniente."

34Así pues, Abimélec y toda su gente salieron de noche y se escondieron alrededor de Siquem, repartidos en cuatro grupos. **35**Cuando Gáal salió a la puerta de la ciudad, Abimélec y su gente salieron de sus escondites. **36**Al verlos, Gáal le dijo a Zebul:

—¡Mira, de los cerros viene bajando un ejército!

—No —le contestó Zebul—. Solo son las sombras de los cerros, que a ti te parecen gente.

37Pero Gáal siguió diciendo:

—¡También de la colina que llaman 'Ombligo de la tierra' viene bajando un ejército! ¡Y otro grupo viene por el camino de la Encina de los Adivinos!

38—¡Habla ahora, fanfarrón! —le dijo Zebul—. ¡Tú, que decías que Abimélec no era nadie para que fuéramos sus esclavos! Ahí está el ejército que te parecía poca cosa. ¡Anda, sal ahora a pelear contra ellos!

39Gáal salió al frente de la gente de Siquem a pelear contra Abimélec. **40**Pero Abimélec lo persiguió, y Gáal huyó de él. Hasta en la puerta misma de la ciudad hubo muchos muertos. **41**Abimélec se quedó en Arumá, y Zebul arrojó de Siquem a Gáal y sus hermanos.

42Al día siguiente, los de Siquem salieron al campo. Cuando Abimélec lo supo, **43**dividió su ejército en tres grupos y se escondió en el campo; y cuando vio que los de Siquem salían de la ciudad, salió de su escondite y los atacó. **44**Él y su grupo se lanzaron a tomar la puerta de la ciudad, mientras los otros dos grupos atacaban y mataban a los que andaban por el campo; **45**y el resto del día lo pasó Abimélec atacando a Siquem, hasta que la tomó. Entonces destruyó la ciudad y mató a todos sus habitantes, y la ciudad misma la sembró de sal.

46Cuando los de Migdal–siquem se enteraron de lo que había hecho Abimélec, fueron a refugiarse en la fortaleza del templo de El–berit. **47**Y al saber Abimélec que todos estaban reunidos allí, **48**fue con toda su gente al monte Salmón y con un hacha cortó una rama de un árbol; luego se la puso sobre el hombro y dijo a todos sus hombres que hicieran rápidamente lo mismo que él. **49**Todos cortaron sus ramas y siguieron a Abimélec hasta la fortaleza del templo, donde amontonaron todas las ramas y les prendieron fuego, matando así a todos los de Migdal–siquem, que eran unos mil hombres y mujeres.

50Después Abimélec marchó sobre Tebés, se preparó para atacarla y la tomó. **51**En el centro de aquella ciudad había una torre, y en ella se escondieron todos los habitantes de la ciudad, hombres y mujeres. Cerraron bien las puertas y subieron al techo; **52**pero Abimélec llegó hasta la puerta de la torre y la atacó. Ya se disponía a prenderle fuego, **53**cuando una mujer arrojó una piedra de molino, la cual le cayó en la cabeza y le rompió el cráneo. **54**Abimélec llamó rápidamente a su ayudante de armas y le dijo: "Saca tu espada y mátame, porque no quiero que se diga que una mujer me mató." Entonces su ayudante lo atravesó con la espada, y así murió. **55**Cuando los israelitas vieron que Abimélec había muerto, regresaron a sus casas.

56De esta manera Dios hizo pagar a Abimélec el crimen que había cometido contra su padre al matar a sus setenta hermanos. **57**Y Dios hizo también que los de Siquem pagaran por todos sus crímenes. Así se cumplió en ellos la maldición de Jotam, el hijo de Jerubaal.

Gobierno de Tolá

10 **1**Después de Abimélec, un hombre de la tribu de Isacar llamado Tolá, hijo de Puá y nieto de Dodó, se levantó para salvar a Israel. Tolá vivía en Samir, en los montes de Efraín, **2**y gobernó a Israel durante veintitrés años, hasta que murió y lo enterraron en Samir.

Gobierno de Jaír

3Después se levantó Jaír, que era de Galaad, y gobernó a Israel durante veintidós años. **4**Jaír tuvo treinta hijos, cada uno de los cuales montaba en asno y tenía una ciudad en la región de Galaad. Esas treinta ciudades se conocen todavía como "las ciudades de Jaír".

5Cuando Jaír murió, fue enterrado en Camón.

Los amonitas oprimen a Israel

6 Pero los israelitas volvieron a hacer lo malo a los ojos del Señor, y adoraron a las diferentes representaciones de Baal y de Astarté, lo mismo que a los dioses de Siria, de Sidón, de Moab, de Amón y de los filisteos. Abandonaron al Señor y dejaron de rendirle culto. 7 Por eso el Señor se enfureció contra ellos y los entregó al poder de los filisteos y de los amonitas. 8 Desde entonces, y durante dieciocho años, los filisteos y los amonitas oprimieron cruelmente a todos los israelitas que vivían en Galaad, al otro lado del Jordán, en territorio amorreo. 9 Los amonitas cruzaron el Jordán para pelear también contra las tribus de Judá, Benjamín y Efraín, y los israelitas se vieron en grave aprieto. 10 Entonces le pidieron ayuda al Señor, y le dijeron: "Dios nuestro, hemos pecado contra ti, pues te hemos abandonado por adorar a falsos dioses."

11 Y el Señor les contestó: "Ustedes fueron oprimidos por los egipcios, los amorreos, los amonitas, los filisteos, 12 los sidonios, los amalecitas y los madianitas; pero cuando ustedes clamaron a mí, yo los salvé. 13 A pesar de eso, ustedes me han abandonado por ir a adorar a otros dioses, así que yo no volveré a salvarlos. 14 ¡Vayan y pidan ayuda a los dioses que se han escogido! ¡Que ellos los salven a ustedes cuando estén en aprietos!"

15 Entonces los israelitas le respondieron al Señor: "Hemos pecado. Haz con nosotros lo que mejor te parezca, pero, ¡por favor, sálvanos ahora!" 16 Y los israelitas se deshicieron de los dioses extranjeros para volver a adorar al Señor, y el Señor ya no pudo soportar que los israelitas siguieran sufriendo.

17 Los amonitas se reunieron y acamparon en Galaad. Los israelitas, por su parte, se reunieron y acamparon en Mispá. 18 Los israelitas que vivían en Galaad, y sus jefes, acordaron entre sí que el que dirigiera la batalla contra los amonitas sería caudillo de todos los habitantes de Galaad.

Jefté

11 1 Jefté era un valiente guerrero de la región de Galaad. Era hijo de una prostituta y de un hombre llamado Galaad, 2 y como la esposa de Galaad le había dado otros hijos, cuando ellos crecieron echaron de la casa a Jefté y le dijeron que no heredaría nada de su padre, por ser hijo de otra mujer. 3 Entonces Jefté huyó de sus hermanos y se fue a vivir a la región de Tob, donde reunió una banda de desalmados que junto con él salían a hacer correrías.

4 Pasado algún tiempo los amonitas atacaron a Israel, 5 y los jefes de Galaad mandaron traer a Jefté de la región de Tob, 6 y le dijeron:

—Ven, queremos que seas nuestro jefe en la guerra contra los amonitas.

7 Jefté les contestó:

—¿Pues no me odiaban ustedes, y hasta me obligaron a irme de la casa de mi padre? ¿Por qué vienen a buscarme ahora que están en aprietos?

8 —Precisamente porque estamos en aprietos venimos a buscarte —dijeron ellos—. Queremos que vengas con nosotros y pelees contra los amonitas, y que seas el jefe de todos los que vivimos en Galaad.

9 —Pues si ustedes quieren que yo regrese para pelear contra los amonitas, y si el Señor me da la victoria, seré el jefe de ustedes —respondió Jefté.

10 Y los jefes le aseguraron:

—El Señor es testigo nuestro de que haremos todo lo que has dicho.

11 Entonces Jefté fue con ellos, y el pueblo lo nombró su jefe y caudillo. En Mispá, Jefté repitió ante el Señor lo que antes había dicho. 12 Después mandó unos mensajeros al rey de los amonitas, para que le preguntaran: "¿Qué tienes tú contra mí, para que vengas ahora a atacar mi país?" 13 Y el rey de los amonitas les contestó a los mensajeros de Jefté: "Cuando ustedes los israelitas salieron de Egipto, nos quitaron nuestras tierras, desde el río Arnón hasta los ríos Jaboc y Jordán. Ahora, pues, devuélvemelas por las buenas."

14 Jefté envió entonces otros mensajeros al rey de los amonitas, 15 con este mensaje: "Esta es la respuesta de Jefté: Nosotros los israelitas no les hemos quitado tierras ni a los moabitas ni a los amonitas. 16 Cuando salimos de Egipto, cruzamos el desierto hasta el Mar Rojo, y llegamos hasta Cadés. 17 Entonces mandamos unos mensajeros al rey de Edom pidiéndole que nos dejara pasar por sus territorios, pero él no nos dejó pasar. Se lo pedimos también al rey de Moab, pero él tampoco nos dejó pasar. Por eso nos quedamos en Cadés. 18 Después, andando por el desierto, fuimos rodeando los territorios de Edom y de Moab, hasta llegar al este de Moab, y acampamos allí, al otro lado del río Arnón. Pero no lo cruzamos, porque allí empezaba el territorio de Moab. 19 Entonces mandamos unos

mensajeros a Sihón, el rey amorreo de Hesbón, pidiéndole que nos dejara pasar por sus territorios para dirigirnos a nuestra tierra. 20 Pero Sihón desconfió y no nos permitió pasar por su territorio; por el contrario, reunió a todo su ejército y acampó en Jahas, y nos atacó. 21 Pero el Señor, el Dios de Israel, su pueblo, nos dio la victoria, y derrotamos a Sihón y a su ejército, y nos adueñamos de todo el territorio de los amorreos de esa región: 22 tomamos toda la tierra de los amorreos, desde el río Arnón hasta el Jaboc y desde el desierto hasta el Jordán. 23 ¿Y ahora quieres tú despojarnos de lo que el Señor les quitó a los amorreos y nos dio a nosotros? 24 Si Quemós, tu dios, te da algo en posesión, tú lo consideras propiedad tuya, ¿no es cierto? Pues también nosotros consideramos nuestro lo que el Señor nos ha dado en propiedad. 25 ¿Acaso te crees mejor que Balac, hijo de Sipor, el rey de Moab? Pues bien, él no vino a pelear contra nosotros. 26 Ya hace trescientos años que vivimos en Hesbón, Aroer y las aldeas vecinas, y en todas las ciudades a orillas del Arnón; ¿por qué no han reclamado ustedes esas tierras en todo este tiempo? 27 Yo no te he hecho ningún mal. Eres tú quien está actuando mal al venir a atacarnos. Pero el Señor es el juez, y él será quien juzgue a israelitas y amonitas."

28 A pesar de todo, el rey de los amonitas no hizo caso del mensaje de Jefté.

La promesa de Jefté

29 Entonces el espíritu del Señor vino sobre Jefté, y este recorrió Galaad y Manasés, pasando por Mispá de Galaad, para invadir el territorio de los amonitas. 30 Y Jefté le hizo esta promesa al Señor: "Si me das la victoria sobre los amonitas, 31 yo te ofreceré en holocausto a quien primero salga de mi casa a recibirme cuando yo regrese de la batalla."

32 Jefté invadió el territorio de los amonitas, y los atacó, y el Señor le dio la victoria. 33 Mató Jefté a muchos enemigos, y conquistó veinte ciudades entre Aroer, Minit y Abel–queramim. De este modo los israelitas dominaron a los amonitas.

34 Cuando Jefté volvió a su casa en Mispá, la única hija que tenía salió a recibirlo bailando y tocando panderetas. Aparte de ella, no tenía otros hijos, 35 así que, al verla, se rasgó la ropa en señal de desesperación y le dijo:

—¡Ay, hija mía, qué gran dolor me causas! ¡Y eres tú misma la causa de mi desgracia, pues le he hecho una promesa al Señor, y ahora tengo que cumplírsela![a]

36 Y ella le respondió:

—Padre mío, haz conmigo lo que le prometiste al Señor, ya que él ha cumplido su parte al darte la victoria sobre tus enemigos los amonitas. 37 Te ruego, sin embargo, que me concedas dos meses para andar por los montes, con mis amigas, llorando por tener que morir sin haberme casado.

38 Jefté le concedió los dos meses, y en ese tiempo ella anduvo por los montes, con sus amigas, llorando porque iba a morir sin haberse casado. 39 Después de ese tiempo volvió a donde estaba su padre, y él cumplió la promesa que le había hecho al Señor. La hija de Jefté murió sin haber tenido relaciones sexuales con ningún hombre.[b] 40 Por eso es costumbre entre los israelitas que todos los años las jóvenes vayan a llorar a la hija de Jefté durante cuatro días.

Jefté y la tribu de Efraín

12 1 Los hombres de la tribu de Efraín se reunieron y cruzaron el Jordán en dirección a Safón, y le dijeron a Jefté:

—¿Por qué te lanzaste a atacar a los amonitas, sin avisarnos para que fuéramos contigo? ¡Ahora vamos a quemar tu casa contigo dentro!

2 Jefté les contestó:

—Mi gente y yo tuvimos un pleito con los amonitas, y yo los llamé a ustedes, pero ustedes no vinieron a defendernos. 3 Como vi que ustedes no venían en nuestra ayuda, arriesgué mi propia vida y ataqué a los amonitas, y el Señor me dio la victoria. ¿Por qué vienen ustedes ahora a pelear conmigo?

4 Entonces Jefté reunió a todos los hombres de Galaad, y peleó con los de Efraín y los derrotó. Los de Efraín decían que los de Galaad, que vivían entre Efraín y Manasés, eran gente

---

a **11.35** Cf. Nm 30.2–3. b **11.39** La ley de Moisés prohibía terminantemente los sacrificios humanos (Lv 18.21; 20.2–5; Dt 12.31), pero los israelitas los practicaron ocasionalmente (2 R 16.3; 21.6; cf. Jer 7.31; 19.5; 32.35), lo mismo que sus vecinos (2 R 3.26–27). En este caso, el texto bíblico no pronuncia ningún juicio sobre la calidad moral de la acción realizada por Jefté, sino que se limita a referir el hecho.

que había abandonado a Efraín. **5** Los de Galaad les quitaron a los de Efraín los vados del Jordán, y cuando alguno de Efraín que llegaba huyendo les pedía paso, ellos le preguntaban si era de Efraín. Si aquel respondía que no, **6** le pedían que dijera "Shibolet", y si decía "Sibolet",*a* porque no podía pronunciarlo de otro modo, lo agarraban y lo mataban allí mismo, junto a los vados del Jordán. En aquella ocasión los muertos de Efraín fueron cuarenta y dos mil hombres.

7 Jefté fue caudillo de los israelitas durante seis años. Cuando murió, lo enterraron en Galaad, su ciudad natal.*b*

Otros tres caudillos de Israel

8 Después de Jefté, fue caudillo de los israelitas Ibsán, de Belén, **9** que tuvo treinta hijos y treinta hijas, y a todos los casó con gente de fuera. Ibsán fue caudillo de Israel durante siete años, **10** y cuando murió lo enterraron en Belén.

11 Después de él, Elón, de la tribu de Zabulón, fue caudillo de los israelitas durante diez años **12** y cuando murió lo enterraron en Aialón, en el territorio de su tribu.

13 Después de él, Abdón, el hijo de Hilel, de Piratón, fue caudillo de los israelitas **14** durante ocho años. Abdón tuvo cuarenta hijos y treinta nietos, cada uno de los cuales montaba un asno. **15** Cuando murió, lo enterraron en Piratón, que está en el territorio de Efraín, en los montes de Amalec.*c*

Nacimiento de Sansón

13 **1** Pero los israelitas volvieron a hacer lo malo a los ojos del Señor, y el Señor los entregó al poder de los filisteos*a* durante cuarenta años.

2 En Sorá, de la tribu de Dan, había un hombre que se llamaba Manoa. Su mujer nunca había tenido hijos, porque era estéril. **3** Pero el ángel del Señor*b* se le apareció a ella y le dijo: "Tú nunca has podido tener hijos, pero ahora vas a quedar embarazada y tendrás un niño.*c* **4** Pero no tomes vino ni ninguna otra bebida fuerte, ni comas nada impuro, **5** pues vas a tener un hijo al que no se le deberá cortar el cabello, porque ese niño estará consagrado a Dios como nazareo*d* desde antes de nacer, para que sea él quien comience a librar a los israelitas del poder de los filisteos."

6 La mujer fue a contárselo a su marido, y le dijo: "Un hombre de Dios vino a donde yo estaba, y me impresionó mucho, pues parecía el ángel mismo del Señor. Ni yo le pregunté quién era, ni tampoco él me lo dijo. **7** Lo que sí me dijo fue que yo voy a tener un hijo, y que desde ahora no debo tomar vino ni ninguna otra bebida fuerte, ni comer nada impuro, porque el niño va a estar consagrado a Dios como nazareo desde antes de nacer y hasta su muerte."

8 Entonces Manoa dijo al Señor en oración: "Yo te ruego, Señor, que envíes otra vez ese hombre a nosotros, para que nos diga lo que debemos hacer con el niño que va a nacer."

9 Dios respondió a la petición de Manoa, y su ángel se le apareció otra vez a la mujer, cuando estaba en el campo. Como Manoa no estaba allí, **10** ella fue corriendo a decirle:

—¡Oye, el hombre que vi el otro día, se me ha vuelto a aparecer!

11 Manoa se levantó y fue con ella a donde estaba el hombre, al cual le dijo:

—¿Es usted el que habló con mi mujer el otro día?

Y aquel hombre contestó:

—Sí, yo soy.

12 Entonces Manoa dijo:

---

a **12.6** *"Shibolet"* . . . *"Sibolet":* palabra hebrea que significa *espiga* y también *corriente de agua.* Este relato muestra que la lengua hebrea, en los tiempos bíblicos, presentaba ciertas diferencias dialectales en las diversas regiones de Palestina. *b* **12.7** *Galaad, su ciudad natal:* según dos versiones antiguas. Heb. *en las ciudades de Galaad.*
c **12.15** *Amalec:* según el heb. Sin embargo, si se tiene en cuenta que los amalecitas eran nómadas que se desplazaban al nordeste de la península del Sinaí (cf. Nm 13.29), es muy poco probable que estos *montes de Amalec* se encontraran en el territorio de Efraín. Por eso, muchos intérpretes piensan que debe leerse, con algunos mss. griegos, *en el país de Saalim* (cf. 1 S 9.4). *a* **13.1** Sansón se verá confrontado permanentemente con los *filisteos,* que fueron los principales y más peligrosos enemigos de Israel desde la época de la conquista hasta David. *b* **13.3** *El ángel del Señor:* Véase 2.1 n. *c* **13.3** También otras mujeres estériles llegaron a ser madres gracias a una intervención especial del Señor (Gn 11.30; 21.1-2; 1 S 1.2,5,19-20; Lc 1.7,17). Cf. Sal 113.9. *d* **13.4-5** *Nazareo:* es decir, consagrado a Dios por un voto especial, hecho por la persona misma o por sus padres (cf. 1 S 1.11). Acerca de las obligaciones propias de los nazareos, cf. Nm 6.1-21, y véase Nm 6.2 n.

—Cuando se cumpla lo que usted nos ha dicho, ¿cómo debemos criar al niño? ¿Qué tendremos que hacer con él?

13 El ángel del Señor respondió:

—Que tu mujer haga todo lo que le he dicho: 14 que no tome vino ni ningún otro producto de la uva, ni ninguna otra bebida fuerte, ni coma nada impuro. Simplemente, que haga lo que le he ordenado.

15-16 Manoa, sin saber que aquel hombre era el ángel del Señor, le dijo:

—Por favor, quédese usted con nosotros a comer un cabrito que vamos a prepararle.

Pero el ángel le contestó:

—Aun si me quedara, no podría yo compartir contigo tu comida. Pero puedes ofrecer el cabrito en holocausto al Señor.

17 Entonces Manoa le dijo al ángel:

—Díganos al menos cómo se llama usted, para que le estemos agradecidos cuando se cumpla lo que nos ha dicho.

18 Pero el ángel respondió:

—¿Para qué quieres saber mi nombre? Es un secreto maravilloso.

19 Manoa tomó el cabrito y la ofrenda de cereales, los puso sobre una roca y los ofreció en holocausto*e* al Señor. Entonces el Señor hizo algo maravilloso ante los ojos de Manoa y de su mujer: 20 cuando el fuego subió del altar, Manoa y su mujer vieron al ángel del Señor subir al cielo en medio de las llamas. Entonces se inclinaron hasta tocar el suelo con la frente. 21 Manoa se dio cuenta de que aquel hombre era el ángel del Señor, pues no se les volvió a aparecer ni a él ni a su mujer; 22 y le dijo a su mujer:

—Con toda seguridad vamos a morir, porque hemos visto a Dios.

23 Pero ella le contestó:

—Si el Señor nos hubiera querido matar, no habría aceptado nuestro holocausto ni nuestra ofrenda, ni nos habría dejado ver estas cosas. Tampoco nos habría anunciado todo esto.

24 A su tiempo, la mujer tuvo un hijo, y le puso por nombre Sansón. El niño crecía, y el Señor lo bendecía. 25 Y un día en que Sansón estaba en el campamento de Dan, entre Sorá y Estaol, el espíritu del Señor comenzó a manifestarse en él.

Matrimonio de Sansón

14 1 Sansón bajó un día al pueblo de Timná y se fijó en una mujer filistea, 2 y cuando regresó a casa se lo contó a sus padres. Les dijo:

—Por favor, quiero que hagan todos los arreglos para casarme con una mujer filistea que vi en Timná.

3 Pero sus padres le dijeron:

—¿Para qué tienes que ir a buscar esposa entre esos filisteos paganos?*a* ¿Acaso ya no hay mujeres entre nuestros parientes, o entre todos los israelitas?

Sansón respondió:

—Esa muchacha es la que me gusta, y es la que quiero que me consigan como esposa.

4 Sus padres no sabían que era el Señor quien había dispuesto que todo esto fuera así, pues estaba buscando la ocasión de atacar a los filisteos, que en esa época dominaban a Israel. 5 De modo que Sansón y sus padres fueron a Timná. Cuando Sansón llegó a los viñedos de la ciudad, un león joven lo atacó rugiendo. 6 Entonces el espíritu del Señor se apoderó de Sansón, que a mano limpia hizo pedazos al león, como si fuera un cabrito; pero no les contó a sus padres lo sucedido. 7 Luego fue y habló con la muchacha que le había gustado.

8 Unos días después, cuando Sansón volvió para casarse con la muchacha, se apartó del camino para ir a ver el león muerto, y se encontró con que en el cuerpo del león había un enjambre de abejas y un panal de miel. 9 Raspó el panal con las manos para sacar la miel, y se la fue comiendo. Cuando se encontró con sus padres, les dio miel y comieron, pero no les dijo que la había sacado del león muerto.

10 El padre de Sansón fue a ver a la muchacha; y Sansón dio allí una fiesta, según se acostumbraba entre los jóvenes. 11 Pero como los filisteos le tenían miedo,*b* llevaron treinta amigos para que estuvieran con él. 12 A estos treinta, Sansón les dijo:

—Les voy a decir una adivinanza. Si en los siete días que va a durar la fiesta me dan la respuesta correcta, yo le daré a cada uno de ustedes una capa de lino fino y una muda de ropa de fiesta. 13 Pero si no dan con la respuesta,

---

e **13.19** *Holocausto:* Véase Lv 1.3 n. *a* **14.3** *Paganos:* lit. *incircuncisos,* designación despectiva de los filisteos, que no practicaban la circuncisión como los israelitas y otros pueblos vecinos de Israel. *b* **14.11** *Como . . . le tenían miedo:* según la versión griega (LXX). Heb. *cuando lo vieron.*

cada uno de ustedes me tendrá que dar a mí una capa de lino fino y una muda de ropa de fiesta.

Y ellos le contestaron:

—Dinos, pues, tu adivinanza. Somos todo oídos.

14 Sansón recitó su adivinanza:

"Del que comía salió comida;
del que era fuerte salió dulzura."

Tres días después, ellos no habían logrado resolver la adivinanza; 15 así que al cuarto día[c] le dijeron a la mujer de Sansón:

—Procura que tu marido nos dé la solución de su adivinanza, pues de lo contrario te quemaremos a ti y a la familia de tu padre. ¡Parece que ustedes nos invitaron solo para quitarnos lo que es nuestro!

16 Entonces ella fue a ver a Sansón, y llorando le dijo:

—¡Tú no me quieres! ¡Tú me odias! Les has propuesto una adivinanza a mis paisanos, pero a mí no me has dado a conocer la respuesta.

Y Sansón le contestó:

—Si ni a mi padre ni a mi madre se lo he dicho, mucho menos te lo voy a decir a ti.

17 Pero ella siguió llorando junto a él los siete días que duró la fiesta, y tanto le insistió que, por fin, al séptimo día le dio la respuesta. Entonces ella fue y se la dio a conocer a sus paisanos. 18 Al séptimo día, antes de que el sol se pusiera, los filisteos fueron a decirle a Sansón:

"Nada hay más dulce que la miel,
ni nada más fuerte que el león."

Sansón les respondió:

"Solo porque araron con mi ternera,
pudieron dar con la respuesta."

19 En seguida el espíritu del Señor se apoderó de Sansón; entonces Sansón fue a Ascalón y mató a treinta hombres de aquel lugar, y con la ropa que les quitó pagó la apuesta a los que habían resuelto la adivinanza. Después volvió furioso a casa de su padre, 20 y su mujer fue dada a uno de los amigos de Sansón.

15 1 Pasado algún tiempo, durante la cosecha del trigo, Sansón fue a visitar a su mujer y le llevó un cabrito. Al llegar, dijo:

—Voy a entrar a ver a mi mujer, en su cuarto.

Pero el suegro no lo dejó entrar, 2 sino que le dijo:

—Yo pensé que ya no la querías, así que se la di a uno de tus amigos. Sin embargo, su hermana menor es más linda que ella; tómala en lugar de la mayor.

3 Pero Sansón le contestó:

—¡Ahora sí que no respondo del mal que yo les haga a los filisteos!

4 Entonces fue y atrapó trescientas zorras,[a] las ató por el rabo de dos en dos, y a cada par le amarró una antorcha entre los rabos; 5 luego prendió fuego a las antorchas y soltó las zorras en los campos sembrados de los filisteos. De ese modo quemó el trigo que ya estaba amontonado y el que todavía estaba en pie, y hasta los viñedos y los olivares. 6 Los filisteos se pusieron a averiguar quién lo había hecho, y cuando supieron que había sido Sansón en venganza de que su suegro el timnateo le había quitado a su mujer y se la había dado a su amigo, fueron y quemaron a la mujer y a su padre. 7 Entonces Sansón dijo:

—Ya que ustedes se portan de esa manera, ¡juro que no descansaré hasta que me haya vengado de ustedes!

8 Y los atacó con tal furia que no les dejó hueso sano. Después se fue a vivir a la cueva que está en la peña de Etam.

Sansón y la quijada de asno

9 Los filisteos vinieron y acamparon en Judá, extendiéndose hasta Lehí, 10 y los de Judá les preguntaron:

—¿Por qué han venido a pelear contra nosotros?

Y ellos contestaron:

—Hemos venido a capturar a Sansón, para que pague lo que nos ha hecho.

11 Al oír esto, tres mil hombres de la tribu de Judá fueron a la cueva de la peña de Etam y le dijeron a Sansón:

—¿No sabes que los filisteos son más fuertes que nosotros? ¿Por qué nos has puesto en esta situación?

---

[c] 14.15 *Al cuarto día*: según la versión griega (LXX). Heb. *al séptimo día*. [a] 15.4 *Trescientas zorras*: o quizás *chacales*. Los zorros son animales solitarios y sería muy difícil reunir un número tan elevado; los chacales, en cambio, suelen ir en manadas y han sido siempre numerosos en Palestina.

Sansón les contestó:

—Yo no he hecho más que pagarles con la misma moneda.

12 Entonces ellos le dijeron:

—Pues nosotros hemos venido a capturarte para entregarte a los filisteos.

Sansón respondió:

—Júrenme que no me van a matar ustedes mismos.

13 Y ellos le aseguraron:

—No, no te vamos a matar. Solo queremos capturarte y entregarte a los filisteos.

Entonces lo ataron con dos sogas nuevas, y lo sacaron de su escondite.

14 Cuando llegaron a Lehi, los filisteos salieron a su encuentro, gritando de alegría. Pero el espíritu del Señor se apoderó de Sansón, el cual rompió las sogas que le sujetaban los brazos y las manos, como si fueran cordeles de lino quemados; 15 luego tomó una quijada de asno que había por allí y que aún no estaba reseca, y con ella mató a mil filisteos. 16 Después dijo:

"Con la quijada de un asno
hice uno y dos montones;
con la quijada de un asno
a mil hombres maté."

17 Después arrojó la quijada, y por eso aquel lugar se llama Ramat–lehi.[b] 18 Y como Sansón tenía muchísima sed, llamó al Señor y le dijo: "¿Cómo es posible que me hayas dado esta victoria tan grande, para ahora dejarme morir de sed y en manos de estos paganos?"

19 Entonces Dios abrió el hoyo que hay en Lehi, y Sansón bebió del agua que brotaba del hoyo, y se sintió reanimado. Por eso, al manantial que hasta la fecha está en Lehi se le llamó En–hacoré.[c]

20 Sansón fue caudillo de Israel durante veinte años, en la época en que los filisteos dominaban la región.

Sansón en Gaza

16 1 Un día Sansón fue a la ciudad de Gaza. Allí vio a una prostituta, y entró en su casa para pasar la noche con ella. 2 Cuando los de Gaza supieron que Sansón estaba en la ciudad, la rodearon; y se quedaron vigilando las puertas de la ciudad todo aquel día.[a] Por la noche se fueron a descansar, pensando que lo matarían cuando amaneciera. 3 Pero Sansón estuvo acostado solo hasta la medianoche. A esa hora se levantó y arrancó las puertas de la ciudad junto con sus pilares y su tranca, y echándose todo ello al hombro se lo llevó a lo alto del monte que está frente a Hebrón.

Sansón y Dalila

4 Después Sansón se enamoró de una mujer llamada Dalila, que vivía en el valle de Sorec. 5 Los jefes de los filisteos fueron a ver a Dalila, y le dijeron:

—Engaña a Sansón y averigua de dónde le vienen sus fuerzas extraordinarias, y cómo podríamos vencerlo; así podremos atarlo y tenerlo sujeto. A cambio de tus servicios, cada uno de nosotros te dará mil cien monedas de plata.

6 Entonces ella le dijo a Sansón:

—Por favor, dime de dónde te vienen tus fuerzas tan extraordinarias. ¿Hay algún modo de atarte sin que te puedas soltar?

7 Y Sansón le respondió:

—Si me atan con siete cuerdas de arco que todavía no estén secas, perderé mi fuerza y seré un hombre común y corriente.

8 Los jefes de los filisteos le llevaron a Dalila siete cuerdas de arco nuevas, y con ellas Dalila ató a Sansón. 9 Y como ya antes había escondido a unos hombres en su cuarto, gritó:

—¡Sansón, te atacan los filisteos!

Entonces Sansón rompió las cuerdas, como si fueran un cordón quemado. Y los filisteos no pudieron averiguar de dónde le venía su fuerza. 10 Dalila le dijo:

—¡Me engañaste! ¡Me has estado mintiendo! Pero ahora sí, por favor, dime qué hay que hacer para atarte.

11 Y Sansón le respondió:

—Si me atan con sogas nuevas que nunca se hayan usado, perderé mi fuerza y seré un hombre común y corriente.

12 Entonces Dalila tomó unas sogas nuevas, lo ató con ellas, y gritó:

—¡Sansón, te atacan los filisteos!

---

b **15.17** *Ramat–lehi* significa, en hebreo, *colina* (o *altura*) *de la quijada.* *c* **15.19** *En–hacoré* significa, en hebreo, *manantial del que clama,* en clara alusión a la queja de Sansón (v. 18). *a* **16.2** *Todo aquel día:* texto probable. Heb. *toda la noche.*

También esta vez ella había escondido unos hombres en su cuarto; pero Sansón rompió las sogas, como si fueran hilos delgados. [13]Dalila le dijo a Sansón:

—¡Todavía me sigues engañando! ¡Todavía me estás mintiendo! ¡Dime qué hay que hacer para atarte!

Y Sansón le contestó:

—Lo que tienes que hacer es entretejer siete trenzas de mi cabello con la tela del telar, y clavar bien la estaca en el suelo. Así yo perderé mi fuerza y seré un hombre común y corriente.

Entonces Dalila hizo dormir a Sansón, y tomando las siete trenzas de su cabello, las entretejió con la tela del telar,[b] [14]después de lo cual clavó bien la estaca en el suelo y gritó:

—¡Sansón, te atacan los filisteos!

Pero Sansón se levantó y arrancó del suelo la estaca y el telar. [15]Entonces ella le dijo:

—¡Mentiroso! ¿Cómo te atreves a decir que me quieres? Ya van tres veces que te burlas de mí, y todavía no me has dicho de dónde te viene toda tu fuerza.

[16]Como era tanta la insistencia de Dalila, que a todas horas le hacía la misma pregunta, Sansón estaba tan fastidiado que tenía ganas de morirse; [17]así que finalmente le contó a Dalila su secreto:

—Nadie me ha cortado jamás el cabello, porque desde antes de nacer estoy consagrado a Dios como nazareo. Si me llegaran a cortar el cabello, perdería mi fuerza y sería tan débil como un hombre común y corriente.

[18]Cuando Dalila se dio cuenta de que esta vez sí le había descubierto su secreto, mandó a decir a los jefes filisteos:

—¡Ahora sí, vengan, que Sansón me ha descubierto su secreto!

Entonces ellos fueron a verla con el dinero en la mano.

[19]Dalila hizo que Sansón se durmiera con la cabeza recostada en sus piernas, y llamó a un hombre para que le cortara las siete trenzas de su cabellera. Luego ella comenzó a maltratarlo, [20]y le gritó:

—¡Sansón, te atacan los filisteos!

Sansón se despertó, creyendo que se libraría como las otras veces, pero no sabía que el Señor lo había abandonado. [21]Entonces los filisteos lo agarraron y le sacaron los ojos, y se lo llevaron a Gaza, en donde lo sujetaron con cadenas de bronce y lo pusieron a trabajar en el molino de la cárcel. [22]Sin embargo, su cabello empezó a crecerle de nuevo.

Muerte de Sansón

[23]Los jefes de los filisteos se reunieron para celebrar su triunfo y ofrecer sacrificios a su dios Dagón.[c] Y cantaban:

"Nuestro dios ha puesto
en nuestras manos
a Sansón, nuestro enemigo."

[24]Y cuando la gente lo vio, también cantó y alabó a su dios, diciendo:

"Nuestro dios ha puesto
en nuestras manos
a Sansón, nuestro enemigo,
que destruía nuestros campos
y mataba a muchos de los nuestros."

[25]Tan contentos estaban, que pidieron que les llevaran a Sansón para divertirse con él. Lo sacaron, pues, de la cárcel, y se divirtieron a costa de él, y lo pusieron de pie entre dos columnas. [26]Entonces Sansón le dijo al muchacho que lo llevaba de la mano:

—Ponme donde yo pueda tocar las columnas que sostienen el templo. Quiero apoyarme en ellas.

[27]Todos los jefes de los filisteos se hallaban en el templo, que estaba lleno de hombres y mujeres. Había, además, como tres mil personas en la parte de arriba, mirando cómo los otros se divertían con Sansón. [28]Entonces Sansón clamó al Señor, y le dijo: "Te ruego, Señor, que te acuerdes de mí tan solo una vez más, y que me des fuerzas para cobrarles a los filisteos mis dos ojos de una vez por todas." [29]Luego buscó con las manos las dos columnas centrales, sobre las que descansaba todo el templo, y apoyando sus dos manos contra ellas, [30]gritó: "¡Mueran conmigo los filisteos!"

---

[b] **16.13** *Así yo perderé . . . con la tela del telar:* según la versión griega (LXX). Esta última parte del v. 13 no aparece en el texto hebreo. [c] **16.23** *Dagón* era un dios semita de la vegetación, protector de los cereales y de las cosechas. Su culto estaba muy difundido en el antiguo Oriente, desde Babilonia hasta Canaán y el Mediterráneo, y los filisteos lo habían adoptado como su dios principal (cf. 1 S 5.2).

Entonces empujó con toda su fuerza, y el templo se derrumbó sobre los jefes de los filisteos y sobre todos los que estaban allí. Fueron más los que mató Sansón al morir, que los que había matado en toda su vida.

31 Después vinieron los hermanos y todos los parientes de Sansón, y recogieron su cuerpo y lo enterraron entre Sorá y Estaol, en la tumba de Manoa, su padre. Durante veinte años Sansón había sido caudillo de los israelitas.

El templo privado de Micaías[a]

17 1 En los montes de Efraín vivía un hombre que se llamaba Micaías, 2-3 el cual le confesó a su madre:

—En cuanto a las mil cien monedas de plata que te robaron, y por las que maldijiste al ladrón, yo las tengo. Yo fui quien te las robó; pero ahora te las devuelvo, pues te oí decir que las habías consagrado al Señor para mandar hacer un ídolo tallado y recubierto de plata.

Y le devolvió la plata. Entonces su madre exclamó:

—¡Que el Señor te bendiga, hijo mío!

4 Después que Micaías devolvió el dinero a su madre, ella le entregó a un platero doscientas monedas de plata para que le hiciera un ídolo tallado y recubierto de plata, que luego puso en casa de Micaías.

5 Micaías tenía un lugar de culto en su casa. Y se hizo un efod[b] y dioses familiares,[c] y nombró sacerdote a uno de sus hijos. 6 Como en aquella época aún no había rey en Israel, cada cual hacía lo que le daba la gana.

7 Había en el pueblo de Belén un joven forastero de la tribu de Judá, que era levita. 8 Este joven salió de Belén en busca de otro lugar donde vivir, y andando por los montes de Efraín llegó a casa de Micaías.

9 ¿De dónde vienes? —le preguntó Micaías.

—Vengo de Belén —contestó el joven—. Soy levita y ando buscando dónde vivir.

10 —Pues quédate aquí conmigo —le propuso Micaías—, para que seas mi sacerdote y

como mi propio padre. Yo te pagaré diez monedas de plata al año, además de ropa y comida.

11 El levita aceptó quedarse a vivir con Micaías, y llegó a ser como uno de sus hijos. 12 Micaías lo hizo su sacerdote, y él se quedó a vivir allí. 13 Entonces Micaías pensó que tenía aseguradas las bendiciones de Dios, pues tenía un levita como sacerdote.

Micaías y los de la tribu de Dan

18 1 En aquella época aún no había rey en Israel. La tribu de Dan tampoco tenía un territorio propio todavía, así que andaba buscando dónde establecerse.[a] 2 Por eso los de Dan mandaron desde Sorá y Estaol a cinco de sus hombres más valientes, para que sirvieran de espías y exploraran la región. Estos cinco espías fueron a los montes de Efraín, y llegaron a casa de Micaías, donde se quedaron a pasar la noche. 3 Ya cerca de la casa de Micaías, reconocieron el modo de hablar del joven levita, y fueron a preguntarle:

—¿Quién te trajo por acá? ¿Por qué estás en este lugar? ¿Qué buscas aquí?

4 El levita les contó el trato que Micaías había hecho con él, y cómo lo había contratado para que fuera su sacerdote. 5 Entonces ellos le dijeron:

—Consulta a Dios para saber si nos va a ir bien en este viaje.

6 Y el sacerdote levita les contestó:

—Vayan tranquilos, que el Señor los protegerá por dondequiera que vayan.

7 De allí, los cinco espías se fueron a Lais. La gente de esta ciudad vivía confiada, como acostumbraban los sidonios; vivían tranquilos y en paz, sin que nadie los molestara para nada y sin que nada les faltara. Estaban lejos de los sidonios, y no tenían relaciones con nadie. 8 Entonces los cinco espías volvieron a Sorá y Estaol, donde estaban sus compañeros, que les preguntaron:

—¿Cómo les fue?

Y ellos respondieron:

---

[a] **17.1–13** El libro de los *Jueces* concluye con dos relatos (caps. 17—18; 19—21), que no hablan de opresión extranjera ni presentan a un *salvador* al estilo de los mencionados en las narraciones anteriores. Al parecer, aquí se quiere poner de relieve el estado de anarquía en que se encontraba Israel antes de la institución de la monarquía (cf. Jue 17.6; 18.1; 19.1; 21.25), para que sirva de transición hacia la etapa histórica cuyo desarrollo va a relatarse en el *Primer libro de Samuel.* [b] **17.5** *Efod:* Véase 8.27 n. [c] **17.5** *Dioses familiares* (heb. *terafim*), además de tener valor religioso, eran una especie de certificado de propiedad de los bienes pertenecientes a la familia. [a] **18.1–29** Jos 19.47.

9—Hemos recorrido esa región y encontramos que la tierra es magnífica. ¡En marcha! ¡Vamos a atacarlos! ¡No se queden ahí sentados, sin hacer nada! ¡Hay que ir a conquistar esa tierra! **10**Al llegar allá, se van a encontrar con gente confiada y que tiene mucha tierra, a la que no le falta nada. Dios les dará posesión de ella.

11Seiscientos hombres de la tribu de Dan salieron de Sorá y de Estaol bien armados, **12**y llegaron a Judá y acamparon allí, al oeste de Quiriat–jearim, en el lugar que ahora se llama Campamento de Dan. **13**De allí se fueron a los montes de Efraín, y llegaron a la casa de Micaías. **14**Entonces los cinco espías que habían explorado la región de Lais les dijeron a sus compañeros:

—¿Saben una cosa? En esta casa hay un efod y dioses familiares, y un ídolo tallado y recubierto de plata. ¿Qué piensan hacer?

15Entonces los espías se apartaron de los demás y fueron a casa del joven levita, es decir, a la casa de Micaías, y lo saludaron. **16**Mientras tanto, los seiscientos soldados danitas bien armados esperaban a la puerta. **17**Los cinco espías entraron antes en la casa y tomaron el ídolo tallado y recubierto de plata, y el efod y los dioses familiares, mientras que el sacerdote se quedaba a la puerta con los seiscientos soldados. **18**Al ver el sacerdote que los cinco entraban en casa de Micaías y tomaban el ídolo, el efod y los dioses familiares, les dijo:

—¿Qué están haciendo?

19Y ellos le contestaron:

—¡Cállate, y ven con nosotros! ¡Queremos que nos sirvas como sacerdote y que seas como un padre para nosotros! ¿No te parece que es mejor ser sacerdote de toda una tribu de Israel, que de la familia de un solo hombre?

20Esto le gustó al sacerdote, y tomando el ídolo, el efod y los dioses familiares, se fue con los danitas, **21**los cuales se pusieron nuevamente en marcha con los niños, el ganado y sus posesiones al frente. **22**Ya habían caminado bastante cuando Micaías y sus vecinos se juntaron y salieron a perseguirlos. **23**Al oir los gritos de los que los perseguían, los danitas se volvieron y le preguntaron a Micaías:

—¿Qué te pasa? ¿Por qué nos gritas tanto?

24Y Micaías les respondió:

—Ustedes se llevan mis dioses, que yo había hecho, y se llevan también a mi sacerdote, y me dejan sin nada, ¿y todavía se atreven a preguntarme qué me pasa?

25Pero los danitas le contestaron:

—No nos alces la voz, no sea que algunos de los nuestros pierdan la paciencia y te ataquen, y acaben perdiendo la vida tanto tú como tus familiares.

26Al ver Micaías que ellos eran muchos, regresó a su casa; pero los danitas siguieron su camino **27**con las cosas que Micaías había hecho, y con su sacerdote, y llegaron hasta Lais. Allí la gente estaba tranquila y confiada, de modo que los danitas mataron a todos a filo de espada y quemaron la ciudad. **28**Como la ciudad estaba lejos de Sidón, y no tenía relaciones con nadie, no hubo quien la defendiera. Estaba en el valle que pertenece a Bet–rehob. Después los danitas reconstruyeron la ciudad y se quedaron a vivir en ella. **29**Aunque antes se llamaba Lais, ellos la llamaron Dan, en honor a su antepasado del mismo nombre, que era hijo de Israel. **30**Allí los danitas colocaron el ídolo tallado, para adorarlo, y su sacerdote fue Jonatán, hijo de Guersón y nieto de Moisés. Después los descendientes de Jonatán fueron sacerdotes de los danitas, hasta el exilio. **31**Allí estuvo entre ellos el ídolo que Micaías había hecho, todo el tiempo que el santuario del Señor estuvo en Siló.

El levita y su concubina

19 **1**En los días en que aún no había rey en Israel, un levita que vivía en la parte más lejana de los montes de Efraín tomó como concubina[a] a una mujer de Belén de Judá. **2**Pero ella se enojó con él[b] y se fue a vivir a Belén, con su padre. Después de estar ella cuatro meses allí, **3**el levita fue a buscarla para convencerla de que volviera con él. Llevó un criado y dos asnos, y ella lo recibió en casa de su padre. **4**También el padre lo recibió con alegría, y lo invitó a quedarse con ellos. El levita y su criado se quedaron tres días en casa del padre de ella, comiendo, bebiendo y durmiendo, **5**y al cuarto día por la mañana se levantaron temprano para irse. Pero cuando ya se iban, el padre de la muchacha le dijo a su yerno:

---

[a] **19.1** A la mujer del levita se la llama *concubina*. En realidad, se trataba de una esposa de rango inferior, autorizada por las costumbres de la época. [b] **19.2** *Se enojó con él:* según la versión griega (LXX). Heb. *ella se prostituyó*.

—Come aunque sea un pedazo de pan antes de irte, para que tengas fuerza.

6 Y los dos se sentaron juntos a comer y a beber, y el padre de ella le pidió que se quedara y pasara contento una noche más. 7 Y aunque el levita se levantó para irse, su suegro le insistió tanto que se quedó.

8 Al quinto día, el levita se levantó temprano para irse, pero otra vez el padre de la muchacha le rogó que comiera algo antes de salir, para que recobrara las fuerzas; así que comieron juntos hasta que se hizo tarde. 9 Cuando el levita se levantó para irse con su concubina y su criado, su suegro le hizo ver que ya era muy tarde y que el día se estaba yendo, y lo invitó a quedarse otra noche y pasarla contento, y salir al otro día temprano. 10 Pero el levita no quiso quedarse otra noche más, sino que se fue con su concubina y su criado^c y sus dos asnos ensillados. Cuando tuvieron ante ellos a Jebús, es decir, Jerusalén, 11 el criado le dijo al levita:

—¿Qué le parece a usted si pasamos la noche en esa ciudad de jebuseos?

12 Y el levita le respondió:

—No vamos a ir a ninguna ciudad que no sea israelita. Sigamos hasta Guibeá, 13 y procuremos pasar la noche ya sea en Guibeá o en Ramá.

14 Así pues, siguieron adelante, y cuando el sol se ponía llegaron a Guibeá, ciudad de la tribu de Benjamín. 15 Entonces se apartaron del camino y entraron en Guibeá para pasar la noche, y el levita fue y se sentó en la plaza de la ciudad porque nadie les ofrecía alojamiento.

16 Por fin, ya de noche, pasó un anciano que regresaba de trabajar en el campo. Este anciano era de los montes de Efraín, y vivía allí como forastero, pues los que vivían en Guibeá eran de la tribu de Benjamín. 17 Cuando el anciano vio en la plaza al viajero, le preguntó:

—¿De dónde vienes, y a dónde vas?

18 Y el levita respondió:

—Estamos de paso. Venimos de Belén de Judá, y vamos a la parte más lejana de los montes de Efraín, donde yo vivo. Estuve en Belén, y ahora voy de regreso a casa,^d pero no he encontrado aquí a nadie que me dé alojamiento. 19 Tenemos paja y forraje para mis asnos, y pan y vino para nosotros, es decir, para mi mujer, para mi siervo y para mí. No nos hace falta nada.

20 Pero el anciano le respondió:

—Sé bienvenido. Yo me haré cargo de todo lo que necesites. No voy a permitir que pases la noche en la plaza.

21 El anciano los llevó a su casa, y mientras los viajeros se lavaban los pies, y comían y bebían, él dio de comer a los asnos. 22 En el momento en que más contentos estaban, unos hombres pervertidos de la ciudad rodearon la casa y empezaron a golpear la puerta, y a decirle al anciano, dueño de la casa:

—¡Saca al hombre que tienes de visita! ¡Queremos acostarnos con él!

23 Pero el dueño de la casa les rogó:

—¡No, amigos míos, por favor! ¡No cometan tal perversidad, pues este hombre es mi huésped! 24 Miren, ahí está mi hija, que todavía es virgen. Y también está la concubina de este hombre. Voy a sacarlas para que las humillen y hagan con ellas lo que quieran. Pero con este hombre no cometan tal perversidad.^e

25 Pero ellos no le hicieron caso al anciano, así que el levita tomó a su concubina y la echó a la calle, y aquellos hombres la violaron y abusaron de ella toda la noche, hasta que amaneció. Entonces la dejaron. 26 Ya estaba amaneciendo cuando la mujer regresó a la casa del anciano, donde estaba su marido, y cayó muerta delante de la puerta. 27 Cuando su marido se levantó y abrió la puerta para seguir su camino, se encontró a su concubina tendida ante el umbral de la puerta, con las manos sobre el umbral. 28 Entonces le dijo:

—Levántate y vámonos.

Pero ella no le respondió. Entonces él colocó el cadáver sobre un asno, y se puso en camino hacia su casa. 29 Al llegar, tomó un cuchillo y descuartizó el cadáver de su concubina en doce pedazos, y los mandó por todo el territorio de Israel. 30 Todos los que lo veían, decían:

—Desde que los israelitas salieron de Egipto, nunca se había visto nada semejante. Hay que pensar en esto y decidir lo que haremos al respecto.

---

^c **19.10** *Y su criado:* según la versión griega (LXX). El texto hebreo no tiene esta frase. ^d **19.18** *A casa:* según la versión griega (LXX). Heb. *al templo del Señor.* ^e **19.23-24** En el antiguo Oriente el honor de una mujer era considerado menos valioso que el sagrado deber de la hospitalidad, que obligaba a defender a cualquier precio la vida y la dignidad del huésped. Cf. también Gn 19.7-8.

Reacción de los israelitas ante el crimen de Guibeá

20 ¹Entonces todos los israelitas, desde Dan hasta Beerseba[a] y Galaad, se reunieron como un solo hombre en Mispá, delante del Señor. ²Todos los jefes de las tribus de Israel estaban presentes, y del pueblo de Dios se reunieron cuatrocientos mil soldados de a pie. ³Los de la tribu de Benjamín se enteraron de que las otras tribus israelitas se habían reunido en Mispá. Y los israelitas le preguntaron al levita cómo había ocurrido aquel crimen. ⁴El levita, marido de la víctima, les dijo:

—Yo llegué con mi concubina a la ciudad de Guibeá, de la tribu de Benjamín, para pasar la noche allí. ⁵Pero esa misma noche los habitantes de la ciudad rodearon la casa en que estábamos alojados, con la idea de matarme, y de tal manera abusaron de mi concubina, que ella murió. ⁶Entonces yo tomé el cadáver y lo descuarticé, y mandé los pedazos por todo el país, para que en todo Israel se enteraran de este crimen tan infame. ⁷A ustedes les toca ahora, como israelitas, opinar y decidir lo que se debe hacer.

⁸Como un solo hombre, todos se pusieron de pie y dijeron:

—Ninguno de nosotros volverá a su tienda o a su casa. ⁹Lo que tenemos que hacer es echar a suertes quiénes deberán atacar Guibeá. ¹⁰Uno de cada diez hombres de todas las tribus, se encargará de conseguir comida para el ejército; los demás irán a darle su merecido a Guibeá por esta infamia que se ha cometido en Israel.

¹¹Todos los israelitas se unieron, como un solo hombre, para atacar la ciudad. ¹²Mandaron mensajeros por todo el territorio de la tribu de Benjamín, para decirles: "¿Qué crimen es este que han cometido algunos de ustedes? ¹³Entréguennos a esos pervertidos que están en Guibeá, para matarlos y purificar a Israel de la maldad."

Pero los de Benjamín no hicieron caso a sus hermanos israelitas, ¹⁴sino que los benjaminitas de todas las ciudades se juntaron en Guibeá para ir a pelear contra los otros israelitas. ¹⁵Los soldados de las ciudades de Benjamín que se alistaron eran veintiséis mil, sin contar setecientos hombres escogidos que eran de Guibeá. ¹⁶Entre todos estos hombres había setecientos zurdos que manejaban tan bien la honda que podían darle con la piedra a un cabello, sin fallar nunca. ¹⁷Por su parte, los otros israelitas reunieron cuatrocientos mil guerreros experimentados.

La guerra contra la tribu de Benjamín

¹⁸Los israelitas fueron a Betel, y allí consultaron a Dios para saber qué tribu debía atacar primero a los de Benjamín. El Señor les respondió que Judá debía ser la primera. ¹⁹Así pues, los israelitas se levantaron temprano y acamparon frente a Guibeá. ²⁰Avanzaron contra los de Benjamín, y se colocaron frente a Guibeá en orden de batalla. ²¹Pero los de Benjamín salieron de la ciudad, y aquel día mataron a veintidós mil israelitas. ²²⁻²⁴Por eso los israelitas fueron a Betel a lamentarse en presencia del Señor hasta el anochecer, y allí le consultaron si debían volver a atacar a sus hermanos de la tribu de Benjamín. Como el Señor les ordenó atacar, cobraron ánimo, y al día siguiente volvieron a presentar batalla contra los benjaminitas en el mismo lugar donde la habían presentado el día anterior. ²⁵Pero por segunda vez los benjaminitas salieron de Guibeá a atacarlos, y mataron a otros dieciocho mil soldados israelitas. ²⁶Entonces todos los soldados de Israel y todo el pueblo fueron nuevamente a Betel, a lamentarse delante del Señor. Todo el día se lo pasaron sin comer, y le ofrecieron al Señor holocaustos y sacrificios de reconciliación.

²⁷⁻²⁸En aquel tiempo el arca de la alianza de Dios estaba en Betel, y su sacerdote era Finees, hijo de Eleazar y nieto de Aarón. Y los israelitas consultaron al Señor: "¿Debemos atacar una vez más a nuestros hermanos de la tribu de Benjamín, o es mejor que nos demos por vencidos?" El Señor les dijo: "Ataquen, que mañana yo les daré la victoria."

²⁹Entonces algunos soldados israelitas se escondieron alrededor de Guibeá, ³⁰mientras los demás marchaban aquel tercer día contra los de Benjamín y se colocaban en orden de batalla frente a Guibeá, como las otras dos veces.

---

[a] **20.1** *Desde Dan hasta Beerseba:* expresión corriente para designar toda la extensión del territorio israelita (cf. 1 S 3.20; 2 S 17.11).

31 Una vez más, los de la tribu de Benjamín salieron de la ciudad, alejándose de ella para atacar a los israelitas. Lograron matar como a treinta israelitas por los caminos de Betel y Guibeá, y por los campos, 32 creyendo que los israelitas huían de ellos, derrotados como las dos veces anteriores. Los israelitas, sin embargo, se estaban alejando de la ciudad para que el enemigo los persiguiera hasta los caminos. 33 De pronto los israelitas salieron de donde estaban y se colocaron en orden de batalla en Baal–tamar; por su parte, los que estaban escondidos en la pradera, alrededor de Guibeá, salieron de sus escondites 34 y atacaron la ciudad. Eran diez mil de los mejores guerreros israelitas los que atacaron a Guibeá. La lucha fue dura, y los de Benjamín no sabían que estaban a punto de perder. 35 El Señor les dio a los israelitas la victoria sobre los benjaminitas, y aquel día los israelitas mataron veinticinco mil cien soldados de la tribu de Benjamín. 36 Entonces los benjaminitas se dieron cuenta de que habían perdido.

Los israelitas se habían ido retirando ante el ataque de los benjaminitas, porque confiaban en los hombres que estaban escondidos para atacar Guibeá. 37 Estos hombres atacaron por sorpresa a Guibeá y mataron a filo de espada a todos los de la ciudad. 38 Los que estaban escondidos para atacar la ciudad se habían puesto de acuerdo con los otros israelitas para avisarles con una gran columna de humo cuando hubieran tomado la ciudad. 39 En el momento en que los israelitas que parecían huir vieran la columna de humo, se volverían y harían frente a los de Benjamín.

Los benjaminitas lograron matar a unos treinta israelitas, con lo cual se confiaron, pensando que los habían derrotado, como en la primera batalla; 40 pero en esto empezó a salir humo de la ciudad, y cuando los benjaminitas miraron atrás, las llamas y el humo de la ciudad entera llegaban al cielo. 41 Entonces los israelitas les hicieron frente, y los benjaminitas se acobardaron al darse cuenta del desastre que se les venía encima. 42 Salieron huyendo de los israelitas por el camino del desierto, pero no podían escapar, pues los que salían de la ciudad les cortaban el paso y los mataban. 43 Los benjaminitas quedaron rodeados por los israelitas, los cuales los persiguieron y los fueron aplastando desde Menuhá hasta el oriente de Guibeá.

44 Así murieron dieciocho mil soldados de la tribu de Benjamín. 45 Los demás se volvieron y salieron huyendo hacia el desierto, en dirección a la peña de Rimón, pero cinco mil de ellos fueron muertos en los caminos. Los israelitas siguieron persiguiéndolos, y los destrozaron, matando a dos mil hombres. 46 En total, ese día murieron veinticinco mil de los mejores soldados de la tribu de Benjamín. 47 Pero seiscientos benjaminitas se volvieron y huyeron hacia el desierto, y se quedaron cuatro meses en la peña de Rimón. 48 Los israelitas atacaron luego a los demás benjaminitas, y pasaron a cuchillo a los hombres de cada ciudad, matando animales y todo lo que encontraban a su paso, y quemando las ciudades.

Resurgimiento de la tribu de Benjamín

21 1 Los israelitas habían jurado en Mispá que no dejarían que sus hijas se casaran con ningún benjaminita. 2 Pero luego se reunieron en Betel y estuvieron en presencia de Dios hasta el anochecer, llorando y quejándose: 3 "¡Oh Señor, Dios de Israel! ¿Por qué nos ha sucedido esto? ¿Cómo es posible que ahora falte una tribu en Israel?"

4 Al día siguiente los israelitas se levantaron temprano, hicieron un altar y le ofrecieron al Señor holocaustos y sacrificios de reconciliación. 5 Y se preguntaban: "¿Quién de entre todos nosotros no asistió a la reunión en Mispá?", pues habían jurado matar a quienes no asistieran a la reunión.

6 Los israelitas estaban muy tristes por lo que les había sucedido a sus hermanos los benjaminitas, y decían: "En este día ha sido arrancada de Israel una de sus tribus. 7 ¿Qué haremos para conseguirles mujeres a los benjaminitas que quedan vivos? Nosotros hemos jurado por el Señor no permitir que nuestras hijas se casen con ellos. 8 ¿Hay aquí algún israelita que no se haya presentado ante el Señor en Mispá?"

Recordaron entonces que de Jabés de Galaad nadie había asistido a la reunión, 9 pues al pasar lista no había respondido nadie de este lugar. 10-11 Entonces el pueblo entero envió a doce mil de los mejores soldados con órdenes de matar a filo de espada a todos los de Jabés, incluyendo a los niños y a las mujeres que no fueran vírgenes. 12 Entre los que vivían en Jabés se encontraron cuatrocientas jóvenes que no habían tenido relaciones sexuales con ningún hombre, y las trajeron al campamento que estaba en Siló, en Canaán. **13**Entonces el pueblo entero mandó buscar a los benjaminitas que estaban en la peña de Rimón, y los invitaron a hacer la paz. **14**Los de Benjamín regresaron, y los israelitas les dieron las mujeres que habían traído de Jabés. Pero no hubo mujeres suficientes para todos ellos.

15Los israelitas sentían lástima por la tribu de Benjamín, porque el Señor había dejado un vacío en las tribus de Israel. **16**Y los jefes del pueblo se preguntaban: "¿Cómo vamos a conseguir mujeres para los demás, si las mujeres benjaminitas fueron exterminadas? **17**Benjamín debe seguir manteniendo el lugar que le corresponde entre nuestras tribus, por medio de los que le han quedado con vida, para que no falte ninguna de las tribus de Israel. **18**Pero nosotros no podemos darles nuestras hijas para que se casen con ellos, porque todos los israelitas hemos jurado no darles nuestras hijas a los benjaminitas, bajo pena de maldición. **19**Sin embargo, cada año hay una gran fiesta del Señor en Siló, que está al norte de Betel, al este del camino que va de Betel a Siquem, y al sur de Lebonå."

20Entonces los jefes de Israel les mandaron este mensaje a los benjaminitas: "Vayan, escóndanse en los viñedos cercanos a Siló, **21**y manténganse atentos. Cuando las muchachas de Siló salgan bailando en grupos, salgan también ustedes de sus escondites y róbese cada uno una mujer, y váyanse a sus tierras. **22**Y si los padres o los hermanos de las muchachas vienen a hacernos alguna reclamación, les diremos: 'Nosotros les rogamos, como un favor personal, que los perdonen, porque nosotros no pudimos conseguir mujeres para todos ellos en la guerra contra Jabés. Además, como ustedes no se las dieron, realmente no han faltado al juramento.' "

23Los benjaminitas aceptaron hacer lo que se les proponía, así que cada uno se robó una muchacha de las que estaban bailando, y se la llevó. Luego regresaron a sus tierras, y volvieron a construir sus ciudades y a vivir en ellas.

24Los otros israelitas también se fueron, y cada uno regresó a su propia tierra, a su tribu y a su clan.

25En aquella época aún no había rey en Israel, y cada cual hacía lo que le daba la gana.[a]

---

[a] **21.25** Esta frase, repetida ya varias veces (Jue 17.6; 18.1; 19.1), está como reclamando la institución de la realeza, cuyos comienzos van a relatarse a continuación, en los libros de Samuel.

RUT

El libro de *Rut* (=Rt) es una obra maestra del arte narrativo y una especie de oasis o remanso en el clima de violencia tan característico de la época de los "caudillos". La figura central del libro es una joven de Moab, viuda de un israelita, que manifiesta una extraordinaria lealtad a su suegra y adopta como suyos al pueblo y al Dios de Israel (1.16–17). Su encanto y audacia atraen la atención de un pariente cercano, llamado Booz, que se casa con ella conforme a las leyes y costumbres vigentes en aquel tiempo y en aquel medio social. El primer hijo nacido de ese matrimonio lleva el nombre de familia del marido difunto, y así queda asegurada la supervivencia de la familia y del nombre familiar (4.10; cf. 1.11–13).

La fisonomía de los tres principales personajes del relato presenta rasgos bien definidos. *Noemí* es la mujer lúcida y generosa (cf. 1.8–9), que sabe dar el consejo adecuado en el momento oportuno (cf. 3.1–4) y de ese modo logra ver cumplidos sus deseos después de haber bebido la copa de la amargura (cf. 1.20). *Booz*, el propietario del campo, es bondadoso con sus servidores, lleno de afecto con la joven moabita, y leal y decidido cuando llega el momento de cumplir con su deber y de hacer valer su derecho (cf. 3.10–13; 4.3–4). *Rut*, la heroína del relato, reúne en su persona las más hermosas cualidades: cariñosa y amable, activa y emprendedora, audaz hasta poner en peligro su honor con tal de perpetuar el nombre de su difunto esposo (cf. 3.10), y por último madre feliz de un niño que legalmente debía ser considerado hijo de Noemí (4.17).

Además, la parte final del libro (4.18–22) incluye una lista genealógica que menciona a Booz entre los antepasados del rey David. Es decir que Rut, la moabita, por su matrimonio con Booz llegó a ser bisabuela de David y pasó a integrar una genealogía que culmina con el nacimiento de Jesús (cf. Mt 1.5). De este modo, la aparición de una mujer extranjera en tan ilustre genealogía muestra que Dios no hace distinción de personas cuando se tiene fe en él y se cumple su voluntad.

El siguiente esquema ofrece una visión sinóptica del contenido del libro:

- La familia de Elimélec en Moab (1.1–5)
- Noemí y Rut van a Belén (1.6–22)
- Rut en el campo de Booz (2)
- La bondad de Booz (3)
- Boda de Booz y Rut (4.1–17)
- Los antepasados de David (4.18–22)

La familia de Elimélec en Moab

1 1-2 En el tiempo en que Israel era gobernado por caudillos, hubo una época de hambre en toda la región. Entonces un hombre de Belén de Judá, llamado Elimélec, se fue a vivir por algún tiempo al país de Moab.[a] Con él fueron también su esposa Noemí y sus dos hijos, Mahlón y Quilión. Todos ellos eran efrateos,[b] es decir, de Belén. Llegaron, pues, a Moab, y se quedaron a vivir allí.

3 Pero sucedió que murió Elimélec, el marido de Noemí, y ella se quedó sola con sus dos hijos. 4 Más tarde, ellos se casaron con dos mujeres moabitas; una de ellas se llamaba Orfá y la otra Rut. Pero al cabo de unos diez años 5 murieron también Mahlón y Quilión, y Noemí se encontró desamparada, sin hijos y sin marido.

Noemí y Rut van a Belén

6 Un día Noemí oyó decir en Moab que el Señor se había compadecido de su pueblo y que había puesto fin a la época de hambre. 7 Entonces decidió volver a Judá y, acompañada de sus nueras, salió del lugar donde vivían; 8 pero en el camino les dijo:

—Anden, vuelvan a su casa, con su madre. Que el Señor las trate siempre con bondad, como también ustedes nos trataron a mí y a mis hijos, 9 y que les permita casarse otra vez y formar un hogar feliz.

Luego Noemí les dio un beso de despedida, pero ellas se echaron a llorar 10 y le dijeron:

—¡No! ¡Nosotras volveremos contigo a tu país! 11 Noemí insistió:

—Váyanse, hijas mías, ¿para qué quieren seguir conmigo? Yo ya no voy a tener más hijos que puedan casarse con ustedes. 12 Anden, vuelvan a su casa. Yo soy muy vieja para volverme a casar. Y aunque tuviera aún esa esperanza, y esta misma noche me casara y llegara a tener más hijos, 13 ¿iban ustedes a esperar hasta que fueran mayores, para casarse con ellos? ¿Se quedarían sin casar por esperarlos? No, hijas mías, de ninguna manera. El Señor me ha enviado amargos sufrimientos, pero más amarga sería mi pena si las viera sufrir a ustedes.

14 Ellas se pusieron a llorar nuevamente. Por fin, Orfá se despidió de su suegra con un beso, pero Rut se quedó con ella. 15 Entonces Noemí le dijo:

—Mira, tu concuñada se vuelve a su país y a sus dioses. Vete tú con ella.

16 Pero Rut le contestó:

—¡No me pidas que te deje y que me separe de ti! Iré a donde tú vayas, y viviré donde tú vivas. Tu pueblo será mi pueblo, y tu Dios será mi Dios. 17 Moriré donde tú mueras, y allí quiero ser enterrada. ¡Que el Señor me castigue con toda dureza si me separo de ti, a menos que sea por la muerte!

18 Al ver Noemí que Rut estaba decidida a acompañarla, no le insistió más, 19 y así las dos siguieron su camino hasta que llegaron a Belén.

Cuando entraron en Belén, hubo un gran revuelo en todo el pueblo. Las mujeres decían:

—¿No es esta Noemí?

20 Pero ella les respondía:

—Ya no me llamen Noemí;[c] llámenme Mará, porque el Dios todopoderoso me ha llenado de amargura. 21 Salí de aquí con las manos llenas, y ahora las traigo vacías porque así lo ha querido el Señor. ¿Por qué me llaman Noemí, si el Señor todopoderoso me ha condenado y afligido?

22 Así fue como Noemí volvió de Moab con Rut, su nuera moabita. Llegaron a Belén cuando comenzaba la cosecha de la cebada.

Rut en el campo de Booz

2 1 Noemí tenía un pariente por parte de su esposo Elimélec, que se llamaba Booz y era muy rico e influyente.

2 Un día Rut le dijo a Noemí:

—Déjame que vaya al campo, a ver si algún segador me permite ir detrás de él recogiendo espigas.[a]

—Ve, hija mía —le respondió su suegra.

3 Rut, pues, fue al campo y se puso a recoger las espigas que dejaban los segadores. Y tuvo la suerte de que aquel campo fuera de Booz, el pariente de Elimélec. 4 En eso, Booz llegó de Belén y saludó a los segadores:

—¡Que el Señor esté con ustedes!

---

[a] 1.1-2 El *país de Moab* se encontraba al sur de la Transjordania y al este del Mar Muerto. [b] 1.1-2 *Efrateos:* Otro nombre de *Belén* era Efrata. Cf. 1 Cr 4.3-4; Miq 5.2. [c] 1.20 *Noemí:* Este nombre, en hebreo, significa *mi dulzura. Mará*, en hebreo, significa *amarga*. [a] 2.2 Lv 19.9-10; 23.22; Dt 24.19.

—¡Que el Señor le bendiga a usted! —le respondieron ellos.

5 Luego Booz le preguntó al capataz de los segadores:

—¿De qué familia es esa muchacha?

6 El capataz le contestó:

—Es una moabita, que vino de Moab con Noemí. **7** Me pidió permiso para ir detrás de los segadores recogiendo espigas, y se ha pasado trabajando toda la mañana, hasta ahora mismo que ha venido a descansar un poco.

8 Entonces Booz le dijo a Rut:

—Escucha, hija mía, no vayas a recoger espigas a ningún otro campo. Quédate aquí, con mis criadas, **9** y luego síguelas a donde veas que los segadores están trabajando. Ya he dado órdenes a mis criados para que nadie te moleste. Cuando tengas sed, ve a donde están las vasijas del agua y toma de la que ellos sacan.

10 Rut se inclinó hasta el suelo en señal de respeto, y le preguntó a Booz:

—¿Por qué se ha fijado usted en mí y es tan amable conmigo, siendo yo una extranjera?

11 Booz respondió:

—Sé muy bien todo lo que has hecho por tu suegra desde que murió tu marido, y también sé que dejaste a tus padres y a tu patria por venir a vivir con nosotros, que éramos gente desconocida para ti. **12** ¡Que Dios te lo pague! ¡Que el Señor y Dios de Israel, en quien has buscado amparo, te premie por todo lo que has hecho!

13 Ella le contestó:

—Usted es muy amable conmigo, y sus palabras me llenan de aliento. Me ha hablado usted con cariño, aunque yo ni siquiera soy como una de sus criadas.

14 A la hora de comer, Booz llamó a Rut y le dijo:

—Ven acá, toma un pedazo de pan y mójalo en esta salsa de vinagre.

Rut se sentó junto a los segadores, y Booz le dio grano tostado. Ella comió hasta quedar satisfecha, y todavía le sobró. **15** Luego, cuando fue otra vez a recoger espigas, Booz ordenó a sus criados:

—Dejen que también recoja espigas entre los manojos de cebada. No se lo impidan. **16** Y aun dejen caer algunas espigas de sus propios manojos, para que ella las recoja. ¡Que nadie la moleste!

17 Rut recogió espigas en el campo de Booz hasta que llegó la noche. Y lo recogido por ella dio, al desgranarlo, más de veinte kilos de cebada. **18** Regresó entonces a la ciudad cargada con el grano, y fue a mostrárselo a su suegra. Después sacó lo que le había sobrado de la comida y se lo dio a Noemí.

19 —¿Dónde trabajaste hoy? —le preguntó Noemí—. ¿Dónde recogiste tantas espigas? ¡Bendito sea el que te ha ayudado de esa manera!

Rut le contó a su suegra con quién había estado trabajando.

—El hombre con quien he trabajado se llama Booz —le dijo.

20 Y Noemí le contestó:

—¡Que el Señor lo bendiga! Él ha sido bondadoso con nosotras ahora, como antes lo fue con los que ya han muerto. Ese hombre es pariente cercano de nosotras, y por eso es uno de los que tienen el deber de protegernos. [b]

21 Rut añadió:

—También me dijo que siga yo trabajando con sus criadas hasta que se termine la cosecha.

22 Entonces Noemí respondió a su nuera:

—Hija mía, me parece bien que te quedes con sus criadas y que no vayas a ningún otro campo, para que nadie te moleste.

23 Rut siguió, pues, recogiendo espigas con las criadas de Booz hasta que se terminó la cosecha de la cebada y el trigo. Mientras tanto, vivía en compañía de su suegra.

La bondad de Booz

3 **1** Un día Noemí le dijo a Rut:

—Hija mía, yo debo buscarte un esposo que te haga feliz. **2** Mira, nuestro pariente Booz, con cuyas criadas estuviste trabajando, va a ir esta noche al campo a separar el grano de la paja. **3** Haz, pues, lo siguiente: Báñate, perfúmate y ponte tu mejor vestido, y vete allá. Pero no dejes que Booz te reconozca antes que termine de comer y beber. **4** Fíjate bien en dónde se acuesta a dormir. Entonces ve y

---

[b] **2.20** El *pariente cercano* (heb. *goel* = el que rescata o libera) tenía en este caso una doble obligación: rescatar la parcela de terreno que Noemí había puesto en venta (Rt 4.3) y casarse con Rut para asegurarle una descendencia a Elimélec (Rt 1.1–5). De hecho, el hijo que Booz tendrá de Rut será considerado hijo de Mahlón (Rt 4.10), el cual, a su vez, era hijo de Elimélec y de Noemí (cf. Rt 4.17). Cf. Dt 25.5–10.

destápale los pies, y acuéstate allí. Luego, él mismo te dirá lo que debes hacer.

5 Rut contestó:

—Haré todo lo que me has dicho.

6 Rut se fue al campo e hizo todo lo que su suegra le había mandado. 7 Booz comió, bebió y se mostró muy contento. Luego se acostó a dormir junto al montón de grano. Más tarde Rut llegó sin hacer ruido, le destapó los pies y se acostó allí. 8 A medianoche, Booz se despertó de pronto, y al darse una vuelta se sorprendió de que una mujer estuviera acostada a sus pies.

9 —¿Quién eres tú? —preguntó Booz.

—Soy Rut, su servidora —contestó ella—. Usted es mi pariente más cercano y tiene el deber de ampararme. Quiero que se case usted conmigo.[a]

10 — ¡Que el Señor te bendiga! — dijo Booz—. Ahora más que nunca has mostrado que eres fiel a tu difunto esposo. Bien podrías haber buscado a otro más joven que yo, pobre o rico, pero no lo has hecho. 11 No tengas miedo, hija mía, que todos en mi pueblo saben ya que eres una mujer ejemplar. Por eso, yo haré lo que me pidas. 12 Sin embargo, aunque es verdad que soy pariente cercano tuyo, tú tienes otro pariente aún más cercano que yo. 13 Quédate aquí esta noche. Si mañana él quiere cumplir con sus deberes de pariente, que lo haga; pero si no lo hace, te prometo delante del Señor que yo lo haré. Ahora duérmete hasta que amanezca.

14 Rut durmió aquella noche a los pies de Booz. Al día siguiente se levantó antes del amanecer, cuando todavía estaba muy oscuro, porque Booz había dicho: "Nadie debe saber que esta mujer ha venido al campo."

15 Entonces Booz le dijo:

—Quítate la capa y sujétala bien.

Mientras Rut sostenía su capa, Booz echó en ella más de cuarenta kilos de cebada. Luego la ayudó a echarse la carga sobre el hombro, y ella se fue a la ciudad.

16 Cuando Rut llegó a donde estaba su suegra, esta le preguntó:

—¿Qué tal te fue, hija mía?

Rut le contó todo lo que Booz había hecho por ella, 17 y añadió:

—Me dio toda esta cebada, y me dijo: "No debes volver a tu suegra con las manos vacías."

18 Entonces Noemí dijo:

—Ahora, hija mía, espera a ver qué pasa. Este hombre no descansará hoy hasta dejar resuelto el asunto.

Boda de Booz y Rut

4 1 Más tarde, Booz fue a sentarse a la entrada del pueblo,[a] que era el lugar donde se reunía la gente. En aquel momento pasaba por allí el pariente del cual Booz había hablado.

—Oye —le dijo Booz—, ven acá y siéntate.

El pariente fue y se sentó. 2 En seguida Booz llamó a diez ancianos del pueblo, y también les pidió que se sentaran con él. Cuando ellos se sentaron, 3 Booz le dijo a su pariente:

—Noemí, que ha vuelto de Moab, está decidida a vender el terreno que perteneció a nuestro pariente Elimélec. 4 Quiero que lo sepas, para que, si te interesa comprarlo, lo hagas ahora delante de estos testigos y de los ancianos del pueblo. Como tú eres el pariente más cercano de Elimélec, tienes el derecho de comprar su tierra. Pero si tú no la compras, házmelo saber, pues después de ti yo soy quien tiene ese derecho.

El pariente contestó:

—La compro.

5 Entonces Booz le hizo esta aclaración:

—Ten en cuenta que si compras el terreno de Noemí, quedas también obligado a casarte con Rut, la viuda moabita, para que la propiedad siga a nombre del difunto.

6 Al oir esto, el pariente contestó:

—En ese caso no puedo hacer la compra, porque podría perjudicar mi herencia. Pero si tú quieres comprar, hazlo; yo te cedo mis derechos de compra.

7 En aquellos tiempos había en Israel una costumbre: cuando uno cedía a otro el derecho de parentesco, o cuando se cerraba un contrato de compra–venta, el que cedía o vendía se

---

[a] **3.9** Quiero . . . conmigo: lit. quiero que extienda sobre mí el borde de su manto. Según las costumbres de la época, el gesto de echar encima el manto era una forma simbólica de tomar posesión. En este caso, la toma de posesión recaía sobre la mujer aceptada como esposa; cf. 1 R 19.19. [a] **4.1** La entrada del pueblo: lit. la puerta de la ciudad, que era el lugar donde se comunicaban las noticias, se arreglaban los negocios y se administraba justicia (Dt 25.7; 2 S 15.2).

quitaba una sandalia y se la daba al otro. De acuerdo, pues, con esta costumbre, 8el pariente de Booz se quitó la sandalia, se la dio a Booz y le dijo:

—Compra tú.

9Entonces Booz dijo a los ancianos y a los allí presentes:

—Todos ustedes son hoy testigos de que le compro a Noemí las propiedades de Elimélec, Quilión y Mahlón. 10También son testigos de que tomo por esposa a Rut, la viuda moabita, para que la propiedad se mantenga a nombre de Mahlón, su difunto esposo. Así no se borrará el nombre de Mahlón de entre los suyos, ni será olvidado en este pueblo. Hoy son ustedes testigos.

11Los ancianos y todos los presentes contestaron:

—Sí, lo somos. ¡El Señor haga que la mujer que va a entrar en tu casa sea como Raquel y Lía, de quienes descendemos todos los israelitas!b Y tú, sé un hombre ilustre en Efrata, un hombre notable en Belén. 12Que el Señor te dé muchos hijos de esta mujer. Que tengas una familia numerosa, como la tuvo Fares, el hijo de Tamar y Judá.

13Así fue como Booz se casó con Rut. Y se unió a ella, y el Señor permitió que quedara embarazada y que tuviera un hijo.

14Entonces las mujeres decían a Noemí:

—¡Alabado sea el Señor, que te ha dado hoy un nieto para que cuide de ti! ¡Ojalá tu nieto sea famoso en Israel! 15Él te dará ánimos y te sostendrá en tu vejez, porque es el hijo de tu nuera, la que tanto te quiere y que vale para ti más que siete hijos.

16Noemí tomó al niño en su regazo y se encargó de criarlo. 17Al verlo, las vecinas decían:

—¡Le ha nacido un hijo a Noemí!

Y le pusieron por nombre Obed. Este fue el padre de Jesé y abuelo de David.

Los antepasados de David

18Estos fueron los descendientes de Fares: Fares fue el padre de Hesrón, 19Hesrón fue el padre de Ram, Ram fue el padre de Aminadab, 20Aminadab fue el padre de Nahasón, Nahasón fue el padre de Salmón, 21Salmón fue el padre de Booz, Booz fue el padre de Obed, 22Obed fue el padre de Jesé, y Jesé fue el padre de David.c

---

b4.11 Gn 35.22b–26 c4.18–22 1 Cr 2.5–15; Mt 1.3–6; Lc 3.32–33.

Primer libro de

SAMUEL

Samuel es considerado a la vez como el último de los jueces o caudillos (cf. 1 S 7.10–13, véase *Introducción a Jueces*) y el primero de los grandes profetas de Israel (3.20). Los libros que llevan su nombre relatan el paso del anárquico periodo de los jueces (cf. Jue 17.6; 21.25) al establecimiento y consolidación de la unidad nacional bajo un rey elegido por Dios y consagrado por un profeta (1 S 10.1; 16.13).

Tres personajes son los principales protagonistas de los sucesos relatados en estos libros: *Samuel, Saúl* y *David.* Los primeros capítulos, en efecto, refieren el nacimiento de Samuel y su vinculación con el santuario de Siló, al frente del cual estaba el sacerdote Elí (1.1—2.11). También los hijos de Elí prestaban servicios en aquel santuario, pero a ellos les importaba más obtener beneficios personales que cumplir con sus deberes de sacerdotes. En consecuencia, cometían toda clase de abusos (2.12–25), que fueron castigados con la derrota de Israel, la muerte de los culpables y la caída del arca de la alianza en poder de los filisteos (4.1b—5.2). En estas circunstancias críticas, Samuel fue llamado por Dios a ejercer la función profética (3.1–18), fue favorecido con revelaciones divinas (3.21—4.1a) y, más tarde, en su condición de juez y caudillo (7.2–17), guió los destinos de su pueblo hasta que este le pidió ser gobernado por un rey (8.4–6).

A continuación, el texto pasa a relatar una etapa decisiva en la historia de Israel: la institución de la monarquía y los primeros años del reinado de Saúl (8—15). Los relatos contraponen dos destinos opuestos: el de David, que siguió una brillante carrera ascendente, y el de Saúl, que se precipitó cada vez más hacia su trágico final. Este final se describe dramáticamente en el último capítulo del *Primer libro de Samuel* (=1 S), que narra la muerte de Saúl y de sus hijos en la batalla de Guilboa (cap. 31).

El segundo libro continúa el relato, insertando al principio el bello canto fúnebre que entona David para lamentar la muerte de Saúl y de su gran amigo Jonatán (2 S 1.17–27). Luego, el resto del libro está dedicado por entero a narrar la historia del reinado de David, primero solamente sobre Judá (2 S 2.4,11) y después sobre todo Israel (2 S 5.1–5).

Estas narraciones presentan a David como un guerrero valeroso y hábil, que extendió y consolidó su reino en lucha contra los enemigos externos y contra las rebeliones internas. También ponen de relieve su profunda religiosidad (cf. 2 S 6.14,21–22; 7.18–29) y su preocupación por asentar sobre bases sólidas la organización de su reino (cf. 2 S 8.15–18). Pero, al mismo tiempo, refieren sus debilidades y pecados, que llegaron incluso hasta el adulterio y el homicidio (2 S 11.1—12.25).

Por otra parte, la persona y el reinado de David dejaron una huella profunda en el pueblo de Israel, que vio en él a su héroe por excelencia después de Moisés. Así David se convirtió en prototipo y prefiguración del Mesías, el Elegido de Dios, que vendría a cumplir las grandes promesas del Señor a su pueblo Israel.

Los dos *libros de Samuel* constituyen en realidad una sola obra. El primero incluye las partes siguientes:

1. Infancia de Samuel y su actividad como profeta y juez de Israel (1—7)
2. Institución de la monarquía (8—12)
3. Victorias y reprobación de Saúl (13—15)
4. Ascenso de David y decadencia de Saúl (16—31)

Dios concede un hijo a Ana

1 ¹En un lugar de los montes de Efraín, llamado Ramá, vivía un hombre de la familia de Suf, cuyo nombre era Elcaná. Era hijo de Jeroham y nieto de Elihú. Su bisabuelo fue Tohu, hijo de Suf, que pertenecía a la tribu de Efraín. ²Elcaná tenía dos esposas.[a] Una se llamaba Ana, y la otra Peniná. Peniná tenía hijos, pero Ana no los tenía. ³Todos los años salía Elcaná de su pueblo para rendir culto y ofrecer sacrificios en Siló al Señor todopoderoso. Allí había dos hijos del sacerdote Elí, llamados Hofní y Finees, que también eran sacerdotes del Señor.

⁴Cuando Elcaná ofrecía el sacrificio, daba su ración correspondiente a Peniná y a todos los hijos e hijas de ella, ⁵pero a Ana le daba una ración especial, porque la amaba mucho, a pesar de que el Señor le había impedido tener hijos. ⁶Por esto Peniná, que era su rival, la molestaba y se burlaba de ella, humillándola porque el Señor la había hecho estéril.

⁷Cada año, cuando iban al templo del Señor, Peniná la molestaba de este modo; por eso Ana lloraba y no comía. ⁸Entonces le decía Elcaná, su marido: "Ana, ¿por qué lloras? ¿Por qué estás triste y no comes? ¿Acaso no soy para ti mejor que diez hijos?"

⁹En cierta ocasión, estando en Siló, Ana se levantó después de la comida. El sacerdote Elí estaba sentado en un sillón, cerca de la puerta de entrada del templo del Señor. ¹⁰Y Ana, llorando y con el alma llena de amargura, se puso a orar al Señor ¹¹y le hizo esta promesa: "Señor todopoderoso: Si te dignas contemplar la aflicción de esta sierva tuya, y te acuerdas de mí y me concedes un hijo, yo lo dedicaré toda su vida a tu servicio, y en señal de esa dedicación no se le cortará el pelo."[b]

¹²Como Ana estuvo orando largo rato ante el Señor, Elí se fijó en su boca; ¹³pero ella oraba mentalmente. No se escuchaba su voz; solo se movían sus labios. Elí creyó entonces que estaba borracha, ¹⁴y le dijo:

—¿Hasta cuándo vas a estar borracha? ¡Deja ya el vino!

¹⁵—No es eso, señor —contestó Ana—. No es que haya bebido vino ni ninguna bebida fuerte, sino que me siento angustiada y estoy desahogando mi pena delante del Señor. ¹⁶No piense usted que soy una mala mujer, sino que he estado orando todo este tiempo porque estoy preocupada y afligida.

¹⁷—Vete en paz —le contestó Elí—, y que el Dios de Israel te conceda lo que le has pedido.

¹⁸—Muchísimas gracias —contestó ella.

Luego Ana regresó por donde había venido, y fue a comer, y nunca más volvió a estar triste. ¹⁹A la mañana siguiente madrugaron y, después de adorar al Señor, regresaron a su casa en Ramá. Después Elcaná se unió con su esposa Ana, y el Señor tuvo presente la petición que ella le había hecho. ²⁰Así Ana quedó embarazada, y cuando se cumplió el tiempo dio a luz un hijo y le puso por nombre Samuel, porque se lo había pedido al Señor.

²¹Luego fue Elcaná con toda su familia a Siló, para cumplir su promesa y ofrecer el sacrificio anual; ²²pero Ana no fue, porque le dijo a su marido:

—No iré hasta que destete al niño. Entonces lo llevaré para dedicárselo al Señor y que se quede allá para siempre.

²³Elcaná, su marido, le respondió:

—Haz lo que mejor te parezca. Quédate hasta que lo hayas destetado. Y que el Señor cumpla su promesa.

Así ella se quedó y crió a su hijo hasta que lo destetó. ²⁴Y cuando le quitó el pecho, y siendo todavía él un niño pequeño, lo llevó consigo al templo del Señor en Siló. También llevó tres becerros,[c] veintidós litros de trigo y un cuero de vino. ²⁵Entonces sacrificaron un becerro y presentaron el niño a Elí. ²⁶Y Ana le dijo:

—Perdone usted, señor, pero tan cierto como que usted vive es que yo soy aquella mujer que estuvo orando al Señor aquí, cerca de usted. ²⁷Le pedí al Señor que me diera este hijo, y él me lo concedió. ²⁸Yo, por mi parte, lo he dedicado al Señor, y mientras viva estará dedicado a él.

Entonces Elí se inclinó hasta tocar el suelo con la frente, delante del Señor.

---

[a] **1.2** *Elcaná tenía dos esposas:* En el antiguo Israel estaba permitida la poligamia (cf. Dt 21.15–17); pero, de hecho, solo los reyes y príncipes podían darse el lujo de tener un harén numeroso (cf. Jue 8.29–31; 1 R 11.3), porque los medios económicos de que disponía el hombre común le permitían solamente tener una o, a lo sumo, dos mujeres. Cf. Gn 16.1–3; 29.28. [b] **1.11** Nm 6.2; Jue 13.4–5. [c] **1.24** *Tres becerros:* según el hebreo. Otras versiones antiguas dicen, en cambio, *un becerro de tres años,* forma que parece más adaptada al contexto (cf. v. 25).

Cántico de Ana

2 [1] Y Ana oró de esta manera:

"Señor, yo me alegro en ti de corazón
porque tú me das nuevas fuerzas.
Puedo hablar contra mis enemigos
porque tú me has ayudado.
¡Estoy alegre!
[2] ¡Nadie es santo como tú, Señor!
¡Nadie protege como tú, Dios nuestro!
¡Nadie hay fuera de ti!
[3] Que nadie hable con orgullo,
que nadie se jacte demasiado,
porque el Señor es el Dios
    que todo lo sabe,
y él pesa y juzga lo que hace el hombre.
[4] Él destruye los arcos de los poderosos,
y reviste de poder a los débiles;
[5] los que antes tenían de sobra,
ahora se alquilan por un pedazo de pan;
pero los que tenían hambre,
ahora ya no la tienen.
La mujer que no podía tener hijos,
ha dado a luz siete veces;[a]
pero la que tenía muchos hijos,
ahora está completamente marchita.
[6] El Señor quita la vida y la da;
nos hace bajar al sepulcro
y de él nos hace subir.
[7] El Señor nos hace pobres o ricos;
nos hace caer y nos levanta.
[8] Dios levanta del suelo al pobre
y saca del basurero al mendigo,
para sentarlo entre grandes hombres
y hacerle ocupar un lugar de honor;
porque el Señor es el dueño
de las bases de la tierra,
y sobre ellas colocó el mundo.
[9] Él cuida los pasos de sus fieles,
pero los malvados mueren
    en la oscuridad,
porque nadie triunfa por la fuerza.
[10] El Señor hará pedazos a sus enemigos,
y desde el cielo enviará truenos
    contra ellos.
El Señor juzgará al mundo entero;
dará poder al rey que ha escogido
y hará crecer su poder."

[11] Luego regresó Elcaná a su casa, en Ramá, pero el niño se quedó sirviendo al Señor bajo las órdenes del sacerdote Elí.

La maldad de los hijos de Elí

[12] Los hijos de Elí eran unos malvados, y no les importaba el Señor [13] ni los deberes de los sacerdotes para con el pueblo; pues cuando alguien ofrecía un sacrificio, llegaba un criado del sacerdote con un tenedor en la mano y, mientras la carne estaba cociéndose, [14] metía el tenedor en el perol, en la olla, en el caldero o en la cazuela, y todo lo que sacaba con el tenedor era para el sacerdote. Así hacían con todo israelita que llegaba a Siló. [15] Además, antes de que quemaran la grasa en el altar, llegaba el criado del sacerdote y decía al que iba a ofrecer el sacrificio: "Dame carne para asársela al sacerdote; porque no te va a aceptar la carne ya cocida, sino cruda." [16] Y si la persona le respondía que primero tenían que quemar la grasa, y que luego él podría tomar lo que quisiera, el criado contestaba: "¡No, me la tienes que dar ahora! De lo contrario, te la quitaré a la fuerza." [17] Así pues, el pecado que estos jóvenes cometían ante el Señor era gravísimo, porque trataban con desprecio las ofrendas que pertenecían al Señor.

[18] Mientras tanto, el joven Samuel, vestido con un efod de lino,[b] continuaba al servicio del Señor. [19] Y cada año, cuando su madre iba al templo con su marido para ofrecer el sacrificio anual, le llevaba una capa pequeña que le había hecho. [20] Entonces Elí bendecía a Elcaná y a su esposa, diciendo: "Que el Señor te recompense dándote hijos de esta mujer, a cambio del que ella le ha dedicado." Después de esto regresaban a su hogar, [21] y el Señor bendecía a Ana, la cual quedaba embarazada. De esa manera, Ana dio a luz tres hijos y dos hijas, y el niño Samuel seguía creciendo ante el Señor.

[22] En cuanto a Elí, era ya muy viejo, pero estaba enterado de todo lo que sus hijos les hacían a los israelitas, y que hasta se acostaban con las mujeres que estaban de servicio a la entrada de la tienda del encuentro con Dios. [23] Por tanto les dijo: "Todo el mundo me habla de las malas acciones de ustedes. ¿Por qué se

---

[a] **2.5** El número *siete*, símbolo de perfección y plenitud, sugiere aquí la idea de un logro completo (cf. v. 21).
[b] **2.18** El *efod de lino* era una especie de túnica que usaban los sacerdotes para las ceremonias religiosas (cf. 2 S 6.14). No debe confundirse con la insignia del sumo sacerdote descrita en Ex 28.6–14.

portan así? 24 No, hijos míos, no es nada bueno lo que sé que el pueblo del Señor anda contando acerca de ustedes. 25 Si una persona comete una falta contra otra, el Señor puede intervenir en su favor; pero si una persona ofende al Señor, ¿quién la defenderá?" Pero ellos no hicieron caso de lo que su padre les dijo, porque el Señor había decidido quitarles la vida.

26 Mientras tanto, el joven Samuel seguía creciendo, y su conducta agradaba tanto al Señor como a los hombres.

27 Por ese tiempo llegó un profeta a visitar a Elí, y le dijo: "El Señor ha declarado lo siguiente: 'Cuando tus antepasados estaban en Egipto al servicio del faraón, claramente me manifesté a ellos. 28 Y de entre todas las tribus de Israel los escogí para que fueran mis sacerdotes, para que ofrecieran holocaustos sobre mi altar, y quemaran incienso, y llevaran el efod en mi presencia.*c* Además concedí a tus antepasados todas las ofrendas que los israelitas queman en honor del Señor.*d* 29 ¿Por qué, pues, han despreciado los sacrificios y ofrendas que yo he ordenado realizar? ¿Por qué das más preferencia a tus hijos que a mí, engordándolos con lo mejor de todas las ofrendas de Israel, mi pueblo?' 30 Por lo tanto, el Señor, el Dios de Israel, que había dicho que tú y tu familia le servirían siempre, ahora declara: 'Jamás permitiré tal cosa, sino que honraré a los que me honren, y los que me desprecien serán puestos en ridículo. Yo, el Señor, lo afirmo. 31 Ya se acerca el momento en que voy a destruir tu poder y el de tus antepasados, y ninguno de tu familia llegará a viejo. 32 Contemplarás con angustia y envidia*e* todo el bien que yo haré en Israel, y jamás nadie en tu familia llegará a viejo. 33 Pero dejaré a alguno de tus parientes cerca de mi altar, para que se consuman de envidia sus ojos y de dolor su alma,*f* y todos tus otros descendientes serán asesinados.*g* 34 Te servirá de muestra lo que ocurrirá a tus dos hijos, Hofní y Finees: los dos morirán el mismo día. 35 Luego pondré un sacerdote digno de confianza y que actúe de acuerdo con mi voluntad y criterio, al que le daré una descendencia continua y le haré estar siempre al servicio del rey que yo haya

escogido. 36 Entonces, todo el que haya quedado vivo en tu familia vendrá a inclinarse ante él a cambio de una moneda de plata o un trozo de pan, rogándole que le dé algún trabajo entre los sacerdotes para poder ganarse el alimento.' "

El Señor llama a Samuel

3 1 El joven Samuel seguía sirviendo al Señor bajo las órdenes de Elí. En aquella época era muy raro que el Señor comunicara a alguien un mensaje; no era frecuente que alguien tuviera una visión. 2 Pero un día Elí, que había comenzado a quedarse ciego y no podía ver bien, estaba durmiendo en su habitación. 3 Samuel estaba acostado en el templo del Señor, donde se encontraba el arca de Dios. La lámpara del santuario seguía encendida. 4 Entonces el Señor lo llamó:

—¡Samuel!

—¡Aquí estoy! —contestó él.

5 Luego corrió adonde estaba Elí, y le dijo:

—Aquí me tiene usted; ¿para qué me quería?

—Yo no te he llamado —contestó Elí—. Vuelve a acostarte.

Entonces Samuel fue y se acostó. 6 Pero el Señor llamó otra vez:

—¡Samuel!

Y Samuel se levantó y fue junto a Elí, diciendo:

—Aquí me tiene usted; ¿para qué me quería?

—Yo no te he llamado, hijo mío —respondió Elí—. Vuelve a acostarte.

7 Samuel no conocía al Señor todavía, pues él aún no le había manifestado nada. 8 Pero por tercera vez llamó el Señor a Samuel, y este se levantó y fue a decirle a Elí:

—Aquí me tiene usted; ¿para qué me quería?

Elí, comprendiendo entonces que era el Señor quien llamaba al joven, 9 dijo a este:

—Ve a acostarte; y si el Señor te llama, respóndele: 'Habla, que tu siervo escucha.'

Entonces Samuel se fue y se acostó en su sitio. 10 Después llegó el Señor, se detuvo y lo llamó igual que antes:

—¡Samuel! ¡Samuel!

—Habla, que tu siervo escucha —contestó Samuel.

11 Y el Señor le dijo:

---

c **2.28** Ex 28.1–4. *d* **2.28** Lv 7.35–36. *e* **2.32** *Contemplarás con angustia y envidia:* traducción poco segura de un texto oscuro. Otra posible traducción: *Verás un rival en la Morada, mientras que todo andará bien en Israel.* El término *Morada* es una designación poética del templo. *f* **2.33** *Sus ojos . . . su alma:* según la versión griega (LXX). Heb. *tus ojos . . . tu alma.* *g* **2.33** 1 S 22.6–23.

—Voy a hacer algo en Israel que hasta los oídos le dolerán a todo el que lo oiga. 12 Ese día, sin falta, cumpliré a Elí todo lo que le he dicho respecto a su familia. 13 Le he anunciado que voy a castigar a los suyos para siempre, por la maldad que él ya sabe; pues sus hijos me han maldecido[a] y él no los ha reprendido. 14 Por tanto, he jurado contra la familia de Elí que su maldad no se borrará jamás, ni con sacrificios ni con ofrendas.

15 Después de esto, Samuel se acostó hasta la mañana siguiente, y entonces abrió las puertas del templo del Señor. Samuel tenía miedo de contarle a Elí la visión que había tenido, 16 pero Elí lo llamó y le dijo:

—¡Samuel, hijo mío!

—Aquí estoy —respondió él.

17 Y Elí le preguntó:

—¿Qué es lo que te ha dicho el Señor? Te ruego que no me ocultes nada. ¡Que Dios te castigue duramente si me ocultas algo de todo lo que él te ha dicho!

18 Samuel le declaró todo el asunto, sin ocultarle nada, y Elí exclamó:

—¡Él es el Señor! ¡Hágase lo que a él le parezca mejor!

19 Samuel creció, y el Señor lo ayudó y no dejó de cumplir ninguna de sus promesas. 20 Y todo Israel, desde Dan hasta Beerseba,[b] reconoció que Samuel era un verdadero profeta del Señor. 21 Y el Señor volvió a revelarse en Siló, pues allí era donde él daba a conocer a Samuel su mensaje; 1 después Samuel se lo comunicaba a todo Israel.

Los filisteos capturan el arca de la alianza

Por aquel entonces se juntaron los filisteos para luchar contra Israel,[a] por lo cual salieron los israelitas a hacer frente a los filisteos, y acamparon junto a Eben–ézer. Los filisteos establecieron su campamento en Afec, 2 desplegándose para atacar a los israelitas, y al entablarse la lucha, los filisteos vencieron a los israelitas y mataron a cuatro mil de sus hombres en el campo de batalla. 3 Cuando el ejército israelita volvió al campamento, los ancianos de Israel dijeron: "¿Por qué permitió hoy el Señor que nos derrotaran los filisteos? ¡Vamos a traernos de Siló el arca de la alianza del Señor, para que él marche en medio de nosotros y nos libre de nuestros enemigos!"

4 Por consiguiente, los israelitas enviaron un destacamento a Siló, y trajeron de allá el arca de la alianza del Señor todopoderoso, que tiene su trono sobre los querubines.[b] Hofní y Finees, los dos hijos de Elí, acompañaban también al arca de la alianza de Dios. 5 Y ocurrió que al llegar al campamento el arca de la alianza del Señor, los israelitas gritaron con tanta alegría que hasta retumbó la tierra.

6 Cuando los filisteos escucharon aquel griterío, preguntaron: "¿Por qué hay tanto alboroto en el campamento de los hebreos?" Pero al saber que el arca del Señor había llegado al campamento, 7 tuvieron miedo y dijeron: "¡Dios ha llegado al campamento! ¡Ay de nosotros, porque hasta ahora no había sido así! 8 ¡Ay de nosotros! ¿Quién nos librará de caer en las manos de este Dios tan poderoso? ¡Él es quien destruyó a los egipcios en el desierto con toda clase de plagas! 9 ¡Ármense, pues, de valor, soldados filisteos, y luchen con ardor para que no lleguen a ser esclavos de los hebreos, como ellos lo han sido de ustedes!"

10 Entonces los filisteos atacaron y derrotaron a los israelitas, los cuales huyeron a su campamento. La matanza que hicieron fue tremenda, pues de la infantería israelita cayeron treinta mil hombres. 11 También capturaron el arca de Dios, y mataron a Hofní y Finees, los dos hijos de Elí. 12 Pero un soldado de la tribu de Benjamín logró escapar del campo de batalla, y corriendo llegó a Siló el mismo día. Llevaba rasgada la ropa y llena de tierra la cabeza.[c]

---

[a] 3.13 Me han maldecido: según la versión griega (LXX). Heb. los han maldecido. Esta última es una corrección introducida en el texto por los copistas de los mss. con el fin de evitar la expresión maldecir a Dios, que les parecía una intolerable blasfemia. [b] 3.20 Desde Dan hasta Beerseba: Con esta expresión se suele designar la totalidad del territorio israelita, desde el extremo norte hasta el extremo sur. [a] 4.1b Por aquel entonces . . . contra Israel: según la versión griega (LXX). En el texto hebreo no aparece esta frase. [b] 4.4 Querubines: La descripción que hace el profeta Ezequiel (1.5–14) los muestra con cara humana y cuerpo de animal, generalmente de león o de toro. El AT atribuye distintas funciones a estos seres alados: guardianes del jardín de Edén (Gn 3.24), soportes del trono del Señor (1 S 4.4; Sal 80.1; Is 37.6) y portadores del vehículo donde se manifiesta su gloria (Ez 1.22–28). [c] 4.12 Las ropas rasgadas y la tierra en la cabeza eran señal de dolor y luto por la derrota. Cf. 2 S 1.11–12.

13 Cuando llegó, Elí estaba sentado en un sillón, junto a la puerta, vigilando el camino, porque se sentía muy preocupado por el arca de Dios. Aquel hombre entró en la ciudad y dio la noticia; en seguida todos sus habitantes comenzaron a gritar. 14 Al escuchar Elí aquel griterío, preguntó:

—¿Qué significa todo ese alboroto?

Aquel hombre se apresuró entonces a comunicar la noticia a Elí, 15 que tenía ya noventa y ocho años y se había quedado completamente ciego. 16 Le dijo:

—Acabo de llegar del campo de batalla. Hoy he logrado escapar del combate.

—¿Qué ha pasado, hijo mío? —preguntó Elí.

17 —Los israelitas huyeron ante los filisteos —respondió el mensajero—. Además, ha habido una gran matanza de gente, en la que también murieron tus dos hijos, Hofní y Finees, y el arca de Dios ha caído en manos de los filisteos.

18 En cuanto el mensajero mencionó el arca de Dios, Elí cayó de espaldas al lado de la puerta, fuera del sillón, y como era ya un hombre viejo y pesado, se rompió la nuca y murió. Había sido caudillo de Israel durante cuarenta años. 19 A su nuera, la mujer de Finees, que estaba embarazada y pronto iba a dar a luz, le vinieron los dolores de parto al saber que habían capturado el arca de Dios y que su suegro y su marido habían muerto; entonces, retorciéndose de dolor, dio a luz. 20 Y al ver las que la asistían que ella se moría, le dijeron: "No tengas miedo, que has dado a luz un niño." Pero ella no respondió ni les hizo caso; 21-22 y al niño le puso por nombre Icabod, diciendo: "Israel se ha quedado sin honor, porque han capturado el arca de Dios." Con ello aludía a la captura del arca y a la muerte de su suegro y de su marido.

El arca en el país de los filisteos

5 1 Una vez capturado el arca de Dios, los filisteos lo llevaron de Eben-ézer a Asdod; 2 luego lo tomaron y lo metieron en el templo del dios Dagón,[a] colocándolo junto al dios. 3 A la mañana siguiente, cuando llegaron los de Asdod, encontraron a Dagón tirado en el suelo ante el arca del Señor. Entonces levantaron a Dagón y lo volvieron a poner en su sitio. 4 Pero a la mañana siguiente llegaron nuevamente los de Asdod, y otra vez encontraron a Dagón tirado en el suelo ante el arca del Señor. Su cabeza y sus dos manos se habían quebrado y estaban sobre el umbral. Lo único que le quedaba entero era el tronco. 5 Por eso hasta ahora, cuando los sacerdotes de Dagón entran en el templo de Asdod, no pisan el umbral.

6 Después el Señor castigó severamente y llenó de terror a los de Asdod y su territorio, hiriéndolos con tumores. 7 Y cuando los habitantes de Asdod vieron lo que pasaba, dijeron: "El arca del Dios de Israel no debe quedarse entre nosotros, porque ese dios nos está castigando muy duramente, tanto a nosotros como a Dagón, nuestro dios."

8 Por tanto, mandaron decir a todos los jefes filisteos que se reunieran con ellos, y les preguntaron:

—¿Qué hacemos con el arca del Dios de Israel?

—Llévenlo a la ciudad de Gat —respondieron ellos.

Y los filisteos lo llevaron allí. 9 Pero después que lo trasladaron, el Señor sembró el pánico en la ciudad, hiriendo a sus habitantes con unos tumores que les salieron a grandes y pequeños. 10 Entonces los filisteos trasladaron el arca de Dios a Ecrón; pero cuando el arca llegó allí, los habitantes de Ecrón gritaron: "¡Nos han traído el arca del Dios de Israel para matarnos a todos!"

11 Y como por toda la ciudad se extendió un pánico mortal a causa del duro castigo que Dios les había enviado, mandaron llamar a todos los jefes filisteos y les dijeron: "Llévense de aquí el arca del Dios de Israel. Devuélvanlo a su lugar, para que no nos mate a todos."

12 Los gritos de la ciudad llegaban hasta el cielo, pues los que no se morían tenían el cuerpo lleno de tumores.

Los filisteos devuelven el arca

6 1 El arca del Señor había estado siete meses en territorio filisteo. 2 Y convocaron los filisteos a los sacerdotes y adivinos para preguntarles:

—¿Qué haremos con el arca del Señor? Díganos cómo debemos devolverlo a su lugar.

3 Ellos les contestaron:

---

[a] 5.2 Acerca de *Dagón,* el dios de los filisteos, véase Jue 16.23 n.

—Si devuelven el arca del Dios de Israel, no lo manden sin nada, sino ofrezcan algo en desagravio al Señor. Entonces ustedes volverán a estar sanos y comprenderán por qué no ha dejado de castigarlos.

4 —¿Qué podemos ofrecerle en desagravio? —preguntaron los filisteos.

—Cinco figuras de oro en forma de tumor —contestaron los sacerdotes—, una por cada jefe filisteo; y cinco ratones del mismo metal, ya que ustedes y sus jefes sufren de la misma plaga. 5 Por consiguiente, hagan las figuras de los tumores y de los ratones que destrozan el país, y den honra al Dios de Israel; pues tal vez deje de castigarlos a ustedes, y a los dioses y a la tierra de ustedes. 6 ¿Por qué tienen ustedes que ser testarudos, como fueron los egipcios y el faraón, que solo cuando el Dios de Israel los trató con dureza dejaron ir a los israelitas? 7 Manden ustedes construir una carreta nueva; tomen después dos vacas que estén criando y que nunca hayan llevado yugo, y únzanlas a la carreta; pero no dejen que sus becerros las sigan, sino déjenlos en el establo. 8 Tomen luego el arca del Señor y pónganlo en la carreta, colocando a un costado, en una caja, los objetos de oro que le van a ofrecer en desagravio. Después dejen que la carreta se vaya sola. 9 Pero fíjense en esto: si la carreta toma la dirección de Bet–semes, su propia tierra, es que el Dios de Israel ha sido la causa de nuestra gran desgracia; en caso contrario, sabremos que no fue él quien nos castigó, sino que nos ha ocurrido un accidente.

10 Aquellos hombres lo hicieron así. Tomaron dos vacas que estaban criando y, después de encerrar sus becerros en el establo, las uncieron a la carreta; 11 luego pusieron el arca del Señor en la carreta, con la caja donde estaban los ratones de oro y las figuras de los tumores. 12 Después las vacas echaron a andar por el camino que va a Bet–semes, mugiendo y siguiendo una dirección fija, sin desviarse a ningún lado. Los filisteos caminaron detrás de ellas hasta la frontera de Bet–semes. 13 Los habitantes de Bet–semes, que estaban en el valle cosechando el trigo, al alzar la vista y ver el arca se llenaron de alegría. 14 Cuando la carreta llegó

al campo de Josué, el de Bet–semes, se detuvo. Allí había una gran piedra. Entonces los de Bet–semes hicieron leña con la madera de la carreta, y ofrecieron las vacas en holocausto al Señor. 15 Los levitas habían descargado ya el arca y la caja en que estaban los objetos de oro, colocándolos sobre la gran piedra; y ese día los habitantes de Bet–semes ofrecieron al Señor holocaustos y otros sacrificios. 16 Después de ver esto, los cinco jefes de los filisteos regresaron aquel mismo día a Ecrón.

17 Los cinco tumores de oro que los filisteos ofrecieron en desagravio al Señor, correspondían a Asdod, Gaza, Ascalón, Gat y Ecrón; 18 y el número de ratones de oro era igual al total de las ciudades filisteas de aquellos cinco jefes, contando tanto las ciudades fortificadas como las aldeas sin murallas. La gran piedra[a] sobre la que pusieron el arca del Señor todavía puede verse en el campo de Josué, el de Bet–semes.

19 Pero el Señor hizo morir a algunos de los habitantes de Bet–semes por haber curioseado dentro del arca. Les quitó la vida a setenta hombres,[b] y la población lloró por la gran mortandad que el Señor había causado entre ellos. 20 Entonces dijeron los habitantes de Bet-semes: "¿Quién se puede sostener ante el Señor, ante este Dios santo? ¿Contra quién irá cuando se aparte de nosotros?" 21 Y enviaron a los habitantes de Quiriat–jearim el siguiente mensaje: "Los filisteos han devuelto el arca del Señor; así que vengan a llevárselo."

7 1 Fueron entonces los habitantes de Quiriat–jearim y se llevaron el arca del Señor, y lo metieron en la casa de Abinadab, la cual estaba en una colina; luego consagraron a su hijo Eleazar para que lo cuidara.

Samuel, caudillo de Israel

2 Veinte años pasaron desde el día en que se colocó el arca en Quiriat–jearim, y todo Israel buscaba con ansia al Señor. 3 Por esto, Samuel dijo a todos los israelitas: "Si ustedes se vuelven de todo corazón al Señor, deben echar fuera los dioses extranjeros y las representaciones de Astarté,[a] y dedicar sus vidas al Señor, rindiéndole culto solamente a él. Entonces él los librará del dominio de los filisteos."

---

[a] **6.18** *La gran piedra:* según algunos mss. y versiones antiguas. Heb. *el gran arroyo.* [b] **6.19** Así, según la versión griega (LXX). El texto hebreo añade *cincuenta mil hombres.* [a] **7.3** Acerca de *Astarté,* la diosa cananea del amor y la fecundidad, véase Jue 2.13 n.

4 Los israelitas echaron fuera las diferentes representaciones de Baal[b] y de Astarté, y rindieron culto únicamente al Señor. 5 Después Samuel ordenó: "Reúnan a todo Israel en Mispá, y yo rogaré al Señor por ustedes."

6 Los israelitas se reunieron en Mispá, y allí sacaron agua y la derramaron como ofrenda al Señor. Aquel día ayunaron y reconocieron públicamente que habían pecado contra el Señor. Allí, en Mispá, Samuel se convirtió en caudillo de los israelitas. 7 Y cuando los filisteos supieron que los israelitas estaban reunidos en Mispá, los jefes filisteos marcharon contra ellos. Los israelitas, al saberlo, tuvieron miedo 8 y le dijeron a Samuel: "No dejes de rogar al Señor nuestro Dios por nosotros, para que nos salve del poder de los filisteos."

9 Samuel tomó un corderito y lo ofreció entero en holocausto al Señor; luego rogó al Señor en favor de Israel, y el Señor le respondió. 10 Cuando Samuel estaba ofreciendo el holocausto, los filisteos avanzaron para atacar a los israelitas; entonces el Señor lanzó un trueno enorme contra ellos y los asustó, y de este modo fueron vencidos por los israelitas. 11 Inmediatamente salieron los israelitas de Mispá a perseguir a los filisteos, y los atacaron hasta más abajo de Bet–car. 12 Después tomó Samuel una piedra y la colocó entre Mispá y Sen, y la llamó Eben–ézer, pues dijo: "Hasta ahora el Señor nos ha ayudado."

13 Los filisteos fueron derrotados y no volvieron a invadir el territorio israelita; y mientras Samuel vivió, el Señor estuvo contra los filisteos. 14 Las ciudades que los filisteos habían tomado a los israelitas, desde Ecrón hasta Gat, volvieron a ser de Israel. De esta manera, los israelitas liberaron su territorio del dominio filisteo, y hubo paz entre los israelitas y los amorreos.

15 Samuel fue caudillo de Israel durante toda su vida, 16 y todos los años iba a Betel, Guilgal y Mispá, para atender los asuntos de Israel en todos estos lugares. 17 Luego regresaba a Ramá, donde tenía su residencia, y desde allí gobernaba a Israel. También construyó allí un altar al Señor.

Israel quiere tener rey

8 1 Al hacerse viejo, Samuel nombró caudillos de Israel a sus hijos. 2 Su primer hijo, que se llamaba Joel, y su segundo hijo, Abías, gobernaban en Beerseba. 3 Sin embargo, los hijos no se comportaron como su padre, sino que se volvieron ambiciosos, y se dejaron sobornar, y no obraron con justicia. 4 Entonces se reunieron todos los ancianos de Israel[a] y fueron a entrevistarse con Samuel en Ramá, 5 para decirle: "Tú ya eres un anciano, y tus hijos no se portan como tú; por lo tanto, nombra un rey que nos gobierne, como es costumbre en todas las naciones."

6 Samuel, disgustado porque le pedían que nombrara un rey para que los gobernara, se dirigió en oración al Señor; 7 pero el Señor le respondió: "Atiende cualquier petición que el pueblo te haga, pues no es a ti a quien rechazan, sino a mí, para que yo no reine sobre ellos. 8 Desde el día en que los saqué de Egipto, hasta el presente, han hecho conmigo lo mismo que ahora te hacen a ti, pues me han abandonado para rendir culto a otros dioses. 9 Así pues, atiende su petición; pero antes adviérteles seriamente de todos los privilegios que sobre ellos tendrá el rey que los gobierne."

10 Entonces Samuel comunicó la respuesta del Señor al pueblo que le pedía un rey. 11 Les dijo:

—Esto es lo que les espera con el rey que los va a gobernar: Llamará a filas a los hijos de ustedes, y a unos los destinará a los carros de combate, a otros a la caballería y a otros a su guardia personal. 12 A unos los nombrará jefes de mil soldados, y a otros jefes de cincuenta. A algunos de ustedes los pondrá a arar sus tierras y recoger sus cosechas, o a fabricar sus armas y el material de sus carros de combate. 13 Y tomará también a su servicio a las hijas de ustedes, para que sean sus perfumistas, cocineras y panaderas. 14 Se apoderará de las mejores tierras y de los mejores viñedos y olivares de ustedes, y los entregará a sus funcionarios. 15 Les quitará la décima parte de sus cereales y viñedos, y la entregará a los funcionarios y oficiales de su corte. 16 También les quitará a ustedes sus criados y criadas, y sus mejores bueyes[b] y

---

[b] **7.4** *Baal* era el dios cananeo de las lluvias y la fertilidad. Véase Jue 2.13 n.   [a] **8.4** *Los ancianos de Israel:* es decir, los jefes y representantes del pueblo.   [b] **8.16** *Sus mejores bueyes:* según la versión griega (LXX). Heb. *sus mejores jóvenes.*

asnos, y los hará trabajar para él. **17**Se apropiará, además, de la décima parte de sus rebaños, y hasta ustedes mismos tendrán que servirle. **18**Y el día en que se quejen por causa del rey que hayan escogido, el Señor no les hará caso.

19Pero el pueblo, sin tomar en cuenta la advertencia de Samuel, respondió:

—No importa. Queremos tener rey, **20**para ser como las otras naciones, y para que reine sobre nosotros y nos gobierne y dirija en la guerra.

21Después de escuchar Samuel las palabras del pueblo, se las repitió al Señor, **22**y el Señor le respondió:

—Atiende su petición y nómbrales un rey.

Entonces Samuel ordenó a los israelitas que regresaran, cada uno a la ciudad de donde venía.

Encuentro de Saúl con Samuel

9 **1**En la tribu de Benjamín había un hombre llamado Quis, que era hijo de Abiel y nieto de Seror; su bisabuelo había sido Becorat, hijo de Afíah. Quis, hombre muy respetado, **2**tenía un hijo, joven y bien parecido, que se llamaba Saúl. No había otro israelita tan bien parecido como él, pues en estatura ninguno le pasaba del hombro.

3Un día, a Quis se le perdieron sus asnas. Entonces le dijo a su hijo Saúl:

—Prepárate y ve a buscar las asnas. Llévate a uno de los criados.

4Saúl se fue, atravesó la región montañosa de Efraín y pasó por la región de Salisá; pero no encontró las asnas. Pasó también por la región de Saalim y por la de Benjamín, y tampoco las halló. **5**Al llegar a la región de Suf, dijo Saúl al criado que lo acompañaba:

—Vamos a regresar, pues mi padre debe de estar ya más preocupado por nosotros que por las asnas.

6El criado le contestó:

—En esta ciudad hay un profeta a quien todos respetan, porque todo lo que anuncia sucede sin falta. Vamos allá, y quizá él nos indique el camino que debemos seguir.

7—Vamos, pues —contestó Saúl—. Pero, ¿qué le llevaremos a ese hombre? Ya ni siquiera nos queda pan en las alforjas. No tenemos nada que ofrecerle al profeta.

8El criado respondió:

—Tengo en mi poder una pequeña moneda de plata. Se la daremos al profeta para que nos indique el camino.

9(Antiguamente, cuando algún israelita quería consultar a Dios, decía: "Vamos a ver al vidente"; pues al que ahora se le llama "profeta", antes se le llamaba "vidente".)

10—De acuerdo —dijo Saúl—. Vamos allá.

Los dos se dirigieron a la ciudad donde vivía el profeta, **11**y cuando iban subiendo la cuesta, en dirección a la ciudad, se encontraron con unas muchachas que iban a sacar agua y les preguntaron:

—¿Es aquí dónde podemos encontrar al vidente?

12Ellas les respondieron:

—Sí, pero se encuentra más adelante. Dense prisa, pues ha venido a la ciudad porque hoy se celebra el sacrificio en el santuario. **13**En cuanto lleguen ustedes allí, búsquenlo, antes de que se vaya al santuario para la comida. La gente no comerá hasta que él llegue, pues él tiene que bendecir el sacrificio, después de lo cual comerán los invitados. Por eso, vayan ahora, porque en este momento lo encontrarán.

14Ellos continuaron subiendo, rumbo a la ciudad. Y precisamente cuando iban llegando a ella, Samuel salía en dirección contraria, para ir al santuario.

15El día anterior a la llegada de Saúl, el Señor había hecho la siguiente revelación a Samuel: **16**"Mañana, a esta misma hora, te mandaré un hombre de la región de Benjamín, a quien deberás consagrar como gobernante de mi pueblo ısrael. Él lo librará del dominio de los filisteos, porque me he compadecido de mi pueblo cuando sus quejas han llegado hasta mí."

17Cuando Samuel vio a Saúl, el Señor le dijo: "Ahí tienes al hombre de quien te hablé. Este gobernará a mi pueblo."

18Estando ya en la entrada del pueblo, Saúl se acercó a Samuel y le dijo:

—Por favor, indíqueme usted dónde está la casa del vidente.

19—Yo soy el vidente —respondió Samuel—. Sube delante de mí al santuario, y come hoy conmigo allí. Mañana temprano te contestaré todo lo que me quieras preguntar, y luego te dejaré marchar. **20**En cuanto a las asnas que se te perdieron hace tres días, no te preocupes por ellas porque ya las han encontrado. Además, todo lo más deseable de Israel será para ti y para tu familia.

21Saúl respondió:

—¡Pero si yo soy de la tribu de Benjamín, la más pequeña de las tribus de Israel! Además, mi familia es la más insignificante de todas las familias de la tribu de Benjamín. ¿Por qué me dices todo eso?

22 Entonces Samuel tomó a Saúl y a su criado, los llevó al salón y les ofreció el lugar principal entre los presentes, que eran unas treinta personas. **23** Luego Samuel dijo al cocinero:

—Trae la ración de carne que te entregué y que te dije que apartaras.

24 Inmediatamente el cocinero sacó una pierna entera y se la sirvió a Saúl. Y Samuel le dijo:

—Ahí tienes lo que estaba apartado para ti. Sírvete y come, porque yo la había apartado para ti en esta ocasión en que invité al pueblo.

Saúl comió con Samuel aquel día. **25** Y cuando bajaron del santuario a la ciudad, prepararon una cama en la azotea*a* para Saúl, **26** y Saúl se acostó.*b* Al día siguiente, Samuel llamó a Saúl en la azotea y le dijo:

—Levántate, y sigue tu viaje.

Saúl se levantó. Después salieron él y Samuel a la calle, **27** y cuando bajaban hacia las afueras de la ciudad, Samuel le dijo a Saúl:

—Manda al criado que se adelante, y tú espera un poco, que tengo que comunicarte lo que Dios me ha dicho.

Samuel consagra a Saúl rey de Israel

10 **1** Entonces Samuel tomó un recipiente con aceite y, derramándolo sobre la cabeza de Saúl, lo besó y le dijo:

—El Señor te consagra hoy gobernante de Israel, su pueblo. Tú lo gobernarás y lo librarás de los enemigos que lo rodean. Y esta será la prueba de que*a* el Señor te ha declarado gobernante de su pueblo:*b* **2** Ahora que te separas de mí, encontrarás dos hombres cerca de la tumba de Raquel, en Selsah, en el territorio de Benjamín. Ellos te dirán que ya se han encontrado las asnas que buscabas, y que tu padre ya no está preocupado por ellas sino por ustedes, y se pregunta qué puede hacer por ti. **3** Más adelante, cuando llegues a la encina de Tabor, saldrán a tu encuentro tres hombres que suben a Betel para adorar a Dios. Uno llevará tres chivos, otro tres panes, y el tercero un cuero de vino. **4** Te

saludarán y te ofrecerán dos panes. Acéptalos. **5** Después llegarás a Guibeá de Dios, donde hay una guarnición filistea. Al entrar en la ciudad, te encontrarás con un grupo de profetas en trance, que bajan del santuario. Delante de ellos irá gente tocando salterios, panderos, flautas y arpas. **6** Entonces el espíritu del Señor se apoderará de ti, y caerás en trance como ellos, y te transformarás en otro hombre. **7** Cuando te ocurran estas cosas, haz lo que creas conveniente, que Dios te ayudará. **8** Y adelántate a Guilgal, donde yo me reuniré contigo más tarde para ofrecer holocaustos y sacrificios de reconciliación. Espera allí siete días, hasta que yo llegue y te indique lo que tienes que hacer.

9 Tan pronto como Saúl se despidió de Samuel para irse, Dios le cambió el corazón; y aquel mismo día se cumplieron todas las señales. **10** Después, cuando Saúl y su criado llegaron a Guibeá, el grupo de profetas en trance les salió al encuentro. Entonces el espíritu de Dios se apoderó de Saúl, y este cayó en trance profético, como ellos. **11** Pero todos los que lo conocían de antes, al verlo caer en trance junto con los profetas, se decían unos a otros: "¿Qué le ha pasado al hijo de Quis? ¿También Saúl es uno de los profetas?"

12 Uno de allí añadió: "¿Y quién es el padre de ellos?" De ahí viene el refrán: "¿También Saúl es uno de los profetas?"

13 Pasado el trance profético, Saúl llegó a su casa. **14** Y su tío les preguntó a él y a su criado:

—¿A dónde fueron?

Saúl respondió:

—A buscar las asnas. Pero viendo que no aparecían, fuimos a ver a Samuel.

15 El tío de Saúl contestó:

—¿Y qué les dijo Samuel? Cuéntamelo, por favor.

16 Saúl respondió a su tío:

—Nos dijo claramente que ya habían encontrado las asnas.

Pero Saúl no le mencionó nada del asunto del reino, del cual le había hablado Samuel. **17** Después llamó Samuel a los israelitas, para adorar al Señor en Mispá; **18** allí les dijo:

---

a **9.25** La *azotea,* lugar ventilado y fresco, era un sitio adecuado para alojar a un huésped de honor. Cf. Jue 3.20; 2 R 4.10.
b **9.25–26** *Prepararon una cama . . . se acostó:* según la versión griega (LXX). Heb. *y habló con Saúl en la azotea.*
a **10.1** En el texto hebreo no aparece la frase *Y esta será la prueba de que,* la cual ha sido tomada del griego (LXX).
b **10.1** *Tú lo gobernarás . . . gobernante de su pueblo:* Estas dos frases no aparecen en el texto hebreo y han sido tomadas de la versión griega (LXX).

—El Señor, Dios de Israel, dice: 'Yo saqué de Egipto a ustedes los israelitas, y los libré del poder de los egipcios y de todos los reinos que los oprimían.' **19** Pero ahora ustedes desprecian a su Dios, que los ha librado de todos sus problemas y aflicciones, y lo han rechazado al pedir que les ponga un rey que los gobierne. Por lo tanto, preséntense ahora delante del Señor por tribus y por clanes.

20 Luego ordenó Samuel que se acercaran todas las tribus de Israel, y la suerte cayó sobre la tribu de Benjamín. **21** A continuación ordenó que se acercaran los de la tribu de Benjamín, y la suerte cayó sobre el clan de Matrí, y de ella la suerte cayó sobre Saúl, hijo de Quis. Pero lo buscaron y no lo encontraron, **22** por lo que consultaron otra vez al Señor, para saber si Saúl se encontraba allí. Y el Señor respondió que Saúl ya estaba allí, y que se había escondido entre el equipaje. **23** Entonces corrieron a sacarlo de su escondite. Y cuando Saúl se presentó ante el pueblo, se vio que ningún israelita le pasaba del hombro. **24** Samuel preguntó a todos:

—¿Ya vieron al que el Señor ha escogido como rey? ¡No hay un solo israelita que pueda compararse con él!

—¡Viva el rey! —respondieron los israelitas.

25 En seguida Samuel expuso al pueblo las leyes del reino, y las escribió en un libro que depositó en el santuario del Señor. Después Samuel ordenó a todos que volvieran a sus casas. **26** También Saúl se fue a su casa, en Guibeá, y Dios influyó en el ánimo de varios valientes[c] para que lo acompañaran. **27** Pero no faltaron malas lenguas, que dijeron: "¿Y este es el que va a salvarnos?" Y lo menospreciaron y no le rindieron honores; pero Saúl se hizo el desentendido.

Saúl derrota a los amonitas

11 **1** Nahas, rey de Amón, fue a Jabés de Galaad y preparó su ejército para atacar la ciudad. Pero los habitantes de Jabés le dijeron:

—Haz un pacto con nosotros, y nos someteremos a ti.

2 Nahas el amonita les respondió:

—Haré un pacto con ustedes, pero con la condición de que acepten que yo le saque a cada uno de ustedes el ojo derecho, para así poner en ridículo a los israelitas.

3 Entonces los ancianos[a] de Jabés le contestaron:

—Concédenos un plazo de siete días para enviar mensajeros por todo el territorio israelita; y si nadie viene en nuestra ayuda, nos rendiremos a ti.

4 Los mensajeros llegaron a Guibeá, donde vivía Saúl, y dieron la noticia a la gente. Todos se pusieron a llorar amargamente. **5** En esto, Saúl volvía del campo con los bueyes, y preguntó:

—¿Qué le pasa a la gente? ¿Por qué lloran?

La gente le contó la noticia que habían traído los hombres de Jabés. **6** Al oír Saúl aquello, el espíritu de Dios se apoderó de él; y se llenó Saúl de furia. **7** Entonces tomó un par de bueyes y los descuartizó, y por medio de unos mensajeros mandó los trozos por todo el territorio israelita. Y los mensajeros decían: "Esto mismo se hará con los bueyes de aquel que no se una a Saúl y Samuel, y los siga."

Un miedo tremendo invadió a la gente, y como un solo hombre salieron a unirse con ellos. **8** Y cuando Saúl contó a su gente en Bézec, había reunidos trescientos mil hombres de Israel y treinta mil de Judá. **9** Luego dijo a los mensajeros que habían llegado:

—Digan a los habitantes de Jabés que mañana al mediodía los salvaremos.

Los mensajeros fueron y comunicaron esto a los habitantes de Jabés, los cuales se alegraron mucho **10** y dijeron a Nahas:

—Mañana nos entregaremos a ti, para que hagas con nosotros lo que mejor te parezca.

11 Al día siguiente, Saúl organizó su ejército en tres escuadrones, y antes de que amaneciera penetraron en medio del campamento enemigo, haciendo entre los amonitas una matanza que duró hasta el mediodía. Los que quedaron con vida se dispersaron de tal modo que no quedaron dos de ellos juntos. **12** Luego algunos del pueblo dijeron a Samuel:

—¿Quiénes fueron los que dudaron de que Saúl podría ser nuestro rey? Entréguennos esos hombres para que los matemos.

13 Pero Saúl intervino diciendo:

—En este día no morirá nadie, porque el Señor ha salvado hoy a Israel.

---

[c] **10.26** *Varios valientes:* según un ms. hebreo antiguo y la versión griega (LXX). Heb. *el ejército.* [a] **11.3** *Ancianos:* Véase 8.4 n.

14Y Samuel dijo a todos:

—Vayamos a Guilgal para iniciar allí el reinado.

15Por lo tanto todo el pueblo se dirigió a Guilgal, y allí, en presencia del Señor, proclamaron rey a Saúl. Luego ofrecieron al Señor sacrificios de reconciliación, y Saúl y todos los israelitas se llenaron de alegría.

Samuel entrega el gobierno a Saúl

12 1Luego Samuel dijo ante todos los israelitas:

—Ustedes han visto que yo los he atendido en todo lo que me han pedido, y que les he puesto un rey. 2Aquí tienen al rey que habrá de dirigirlos. Por mi parte, yo estoy ya viejo y lleno de canas, y mis hijos están entre ustedes. Yo soy quien los ha dirigido a ustedes desde mi juventud hasta el presente, 3y aquí me tienen: Si me he apropiado del buey o del asno de alguien, o si he oprimido o maltratado a alguno, o si me he dejado sobornar, pueden acusarme ante el Señor y ante el rey que él ha escogido, y yo pagaré lo que deba.

4—Nunca nos has oprimido ni maltratado, ni te has dejado sobornar —dijeron ellos.

5—El Señor y el rey que él ha escogido son testigos de que ustedes no me han encontrado culpable de nada —recalcó Samuel.

—Así es —afirmaron.

6Además, Samuel dijo al pueblo:

—El Señor es quien actuó por medio de Moisés y de Aarón, sacando de Egipto a los antepasados de ustedes. 7Por lo tanto prepárense, que en presencia del Señor voy a discutir con ustedes acerca de todos los beneficios que él les ha hecho a ustedes y a los antepasados de ustedes. 8Cuando Jacob y sus descendientes se fueron a Egipto y los egipcios los oprimieron,[a] los antepasados de ustedes se quejaron ante el Señor, y él envió a Moisés y a Aarón, quienes sacaron de Egipto a los antepasados de ustedes y los establecieron en este lugar. 9Pero ellos se olvidaron del Señor su Dios, y él los entregó al poder de Sísara,[b] general del ejército de Jabín, rey de[c] Hasor, y al poder de los filisteos[d] y del rey de Moab,[e] los cuales pelearon contra ellos. 10Pero luego ellos reconocieron ante el Señor que habían pecado al abandonarlo para adorar a las diferentes representaciones de Baal y de Astarté,[f] y le suplicaron que los librara del dominio de sus enemigos, comprometiéndose a rendirle culto solo a él.[g]

11 "Por consiguiente, el Señor envió a Jerubaal,[h] Barac,[i] Jefté,[j] y Samuel[k] para librarlos a ustedes del dominio de sus enemigos, y así ustedes pudieron vivir tranquilos. 12Pero ustedes, cuando vieron que Nahas, rey de los amonitas, iba a atacarlos, me pidieron un rey que los gobernara,[l] siendo que el rey de ustedes es el Señor su Dios. 13Pero aquí tienen ustedes al rey que han escogido. El Señor les ha dado el rey que le pidieron. 14Ahora les toca a ustedes honrar al Señor y rendirle culto, atender su voz y no desobedecer sus mandatos, y vivir, tanto ustedes como el rey que los gobierne, conforme a la voluntad del Señor su Dios. Así les irá bien. 15Porque si no lo obedecen, sino que rechazan sus mandatos, él los castigará a ustedes y a su rey.[m]

16 "Así que no se muevan de donde están, y verán la grandiosa señal que el Señor va a realizar ante los ojos de ustedes. 17Ahora que es el tiempo de la cosecha de trigo, no llueve, ¿verdad? Pues yo clamaré al Señor y él mandará truenos y lluvia, para que ustedes reconozcan y comprendan que, tal como lo ve el Señor, ustedes han hecho muy mal en pedir un rey."

18En seguida Samuel clamó al Señor, y al instante él mandó truenos y lluvia; entonces todo el pueblo tuvo mucho miedo del Señor y de Samuel. 19Por eso, todos dijeron a Samuel:

—Ruega al Señor tu Dios por estos siervos tuyos, para que no muramos; porque a todos nuestros pecados hemos añadido el de pedir un rey.

20Samuel les contestó:

—No tengan miedo. Es cierto que ustedes han hecho muy mal; pero ahora no se aparten del Señor, sino ríndanle culto de todo corazón.

---

[a] **12.8** *Y los egipcios los oprimieron:* según la versión griega (LXX). En el texto hebreo no aparece esta frase.
[b] **12.9** Jue 4.2. [c] **12.9** *Jabín, rey de:* según la versión griega (LXX). En el texto hebreo no aparece esta frase.
[d] **12.9** Jue 13.1. [e] **12.9** Jue 3.12. [f] **12.10** *Baal . . . Astarté:* Véase Jue 2.13 n. [g] **12.10** *Reconocieron . . . solo a él:* Jue 10.10–16. [h] **12.11** *Jerubaal:* Jue 7.1. [i] **12.11** *Barac:* según la versión griega (LXX). Heb. *Bedán,* nombre que no vuelve a aparecer en ningún otro pasaje del AT. Algunos suponen que el texto original decía *Abdón* (Jue 12.13), ya que las consonantes de los dos nombres son las mismas. [j] **12.11** Jue 11.29. [k] **12.11** 1 S 3.20. [l] **12.12** 1 S 8.19.
[m] **12.15** *Y a su rey:* según la versión griega (LXX). Heb. *y a los antepasados de ustedes.*

21No sigan a dioses falsos, que no pueden ayudar ni salvar porque son falsos. **22**Pues el Señor, haciendo honor a su nombre, no los abandonará; porque él quiere que ustedes sean su pueblo. **23**En cuanto a mí, que el Señor me libre de pecar contra él dejando de rogar por ustedes. Antes bien, les enseñaré a comportarse de manera buena y recta. **24**Ustedes solo tienen que respetar al Señor y rendirle culto con verdad y de todo corazón, teniendo en cuenta lo mucho que él ha hecho por ustedes. **25**Pero si se empeñan en hacer lo malo, tanto ustedes como su rey serán destruidos.

Guerra contra los filisteos

13 **1**Saúl era mayor de edad cuando comenzó a reinar en Israel; y cuando llevaba ya algunos años reinando, **2**escogió tres mil soldados entre los israelitas. Dos mil se quedaron con él en Micmás y en los montes de Betel, y los otros mil se quedaron con Jonatán en Guibeá de Benjamín. Al resto de la gente, Saúl le ordenó volver a casa. **3**Jonatán acabó con la guarnición filistea que estaba en Guibeá, y los filisteos lo supieron. Entonces Saúl mandó tocar la trompeta en todo el país, para poner sobre aviso a los hebreos.

4Todos los israelitas supieron que Saúl había acabado con la guarnición filistea y que por eso los filisteos aborrecían a los israelitas, así que el ejército se reunió con Saúl en Guilgal. **5**Los filisteos, a su vez, se juntaron para luchar contra los israelitas. Tenían treinta mil*ᵃ* carros de combate, seis mil soldados de caballería y una infantería tan numerosa como la arena del mar. Luego se dirigieron a Micmás y establecieron su campamento allí, al oriente de Bet–avén.

6Los israelitas se vieron en grave aprieto, pues de tal manera fueron atacados por los filisteos que tuvieron que esconderse en cuevas y hoyos, y entre las peñas, y en zanjas y pozos. **7**Muchos de ellos cruzaron el Jordán, hacia la región de Gad y de Galaad; pero Saúl se quedó todavía en Guilgal, y todo su ejército lo seguía lleno de miedo. **8**Allí esperó Saúl siete días, según el plazo que le había indicado Samuel;*ᵇ* pero Samuel no llegaba a Guilgal, y la gente comenzaba a irse. **9**Entonces Saúl ordenó:

—Tráiganme animales para los holocaustos y los sacrificios de reconciliación.

Y él mismo ofreció el holocausto.

10En el momento en que Saúl terminaba de ofrecer el holocausto, llegó Samuel. Entonces Saúl salió para recibirlo y saludarlo, **11**pero Samuel le dijo:

—¿Por qué has hecho eso?

Saúl respondió:

—Cuando vi que la gente comenzaba a irse, y que tú no llegabas en la fecha indicada, y que los filisteos estaban reunidos en Micmás, **12**pensé que ellos bajarían a atacarme en Guilgal, sin que yo me hubiera encomendado al Señor; por eso me vi en la necesidad de ofrecer yo mismo el holocausto.

13Samuel le contestó:

—¡Lo que has hecho es una locura! Si hubieras obedecido la orden que el Señor te dio, él habría confirmado para siempre tu reinado en Israel. **14**Pero ahora, tu reinado no permanecerá. El Señor buscará un hombre de su agrado y lo nombrará jefe de su pueblo, porque tú has desobedecido la orden que él te dio.

15En seguida Samuel se fue de Guilgal para seguir su camino. El resto del ejército siguió a Saúl para entablar combate, y de Guilgal llegaron*ᶜ* a Guibeá de Benjamín. Allí contó Saúl las tropas que le acompañaban, y eran unos seiscientos hombres. **16**Saúl y su hijo Jonatán, y las tropas que iban con ellos, se quedaron en Guibeá de Benjamín, mientras que los filisteos acamparon en Micmás, **17**aunque tres grupos de guerrilleros filisteos salieron de su campamento; uno de ellos se dirigió hacia Ofrá, en la región de Sual, **18**otro fue hacia Bet–horón, y el tercero hacia la colina*ᵈ* que se eleva sobre el valle de Seboím, hacia el desierto.

19En todo el territorio de Israel no había un solo herrero, porque los filisteos pensaban que de esa manera los hebreos no podrían fabricar espadas ni lanzas. **20**Todos los israelitas tenían que recurrir a los filisteos para afilar cada cual su reja de arado, su azadón, su hacha o su pico. **21**Se cobraban dos tercios de siclo por afilar rejas y azadones, y un tercio de siclo por afilar las hachas y arreglar las aguijadas. **22**Por lo tanto, ninguno de los que acompañaban a Saúl

---

ᵃ **13.5** *Treinta mil:* La versión griega (LXX) y otras versiones antiguas dicen *tres mil.* *ᵇ* **13.8** 1 S 10.8. *ᶜ* **13.15** *Para seguir su camino . . . y de Guilgal llegaron:* según la versión griega (LXX). En el texto hebreo no aparece esta frase. *ᵈ* **13.18** *La colina:* según la versión griega (LXX). Heb. *la frontera.*

y Jonatán tenía espada o lanza el día de la batalla. Solo ellos dos las tenían. 23 Mientras tanto, un destacamento filisteo avanzó hacia el paso de Micmás.

Hazaña de Jonatán

14 1 Cierto día Jonatán, el hijo de Saúl, dijo a su ayudante:

—Ven, crucemos el río y ataquemos al destacamento filisteo que está al otro lado.

Pero Jonatán no dijo nada de esto a su padre, 2 que había acampado en el extremo de una colina y estaba debajo de un granado, en un lugar donde trillaban trigo, acompañado por una tropa compuesta de seiscientos hombres. 3 El encargado de llevar el efod*a* era Ahías, que era hijo de Ahitub y sobrino de Icabod, el hijo de Finees y nieto de Elí, el sacerdote del Señor en Siló.

La gente no sabía que Jonatán se había ido. 4 Mientras tanto, él trataba de llegar hasta donde se encontraba el destacamento filisteo. El paso estaba entre dos grandes peñascos, llamados Bosés y Sene, 5 uno al norte, frente a Micmás, y el otro al sur, frente a Guibeá. 6 Y Jonatán dijo a su ayudante:

—Anda, vamos al otro lado, hasta donde se encuentra el destacamento de esos paganos. Quizá el Señor haga algo por nosotros, ya que para él no es difícil darnos la victoria con mucha gente o con poca.

7 —Haz todo lo que tengas en mente, que estoy dispuesto a apoyarte en tus propósitos —respondió su ayudante.

8 Entonces Jonatán le dijo:

—Mira, vamos a pasar al otro lado, a donde están esos hombres, y dejaremos que nos vean. 9 Si nos dicen que esperemos a que bajen hasta donde estamos, nos quedaremos allí y no subiremos adonde ellos están. 10 Pero si nos dicen que subamos, lo haremos así, porque eso será una señal de que el Señor nos dará la victoria.

11 Así pues, los dos dejaron que los filisteos del destacamento los vieran. Y estos, al verlos, dijeron: "Miren, ya están saliendo los hebreos de las cuevas en que se habían escondido." 12 Y en seguida les gritaron a Jonatán y a su ayudante:

—¡Suban adonde estamos, que les vamos a contar algo!

Entonces Jonatán le dijo a su ayudante:

—Sígueme, porque el Señor va a entregarlos en manos de los israelitas.

13 Jonatán subió trepando con pies y manos, seguido de su ayudante. A los que Jonatán hacía rodar por tierra, su ayudante los remataba en seguida. 14 En este primer ataque, Jonatán y su ayudante mataron a unos veinte hombres en corto espacio. 15 Todos los que estaban en el campamento y fuera de él se llenaron de miedo. Los soldados del destacamento y los grupos de guerrilleros también tuvieron miedo. Al mismo tiempo hubo un temblor de tierra, y se produjo un pánico enorme.

16 Los centinelas de Saúl, que estaban en Guibeá de Benjamín, vieron a los filisteos correr en tropel de un lado a otro. 17 Entonces Saúl dijo al ejército que lo acompañaba:

—Pasen revista para ver quién falta de los nuestros.

Al pasar revista, se vio que faltaban Jonatán y su ayudante. 18 Y como ese día el efod de Dios se hallaba entre los israelitas, Saúl le dijo a Ahías:

—Trae aquí el efod*b* de Dios.

19 Pero mientras Saúl hablaba con el sacerdote, la confusión en el campamento filisteo iba en aumento. Entonces Saúl le dijo al sacerdote:

—Ya no lo traigas.

20 En seguida Saúl y todas sus tropas se reunieron y se lanzaron a la batalla. Era tal la confusión que había entre los filisteos, que acabaron matándose entre sí. 21 Además, los hebreos que desde hacía tiempo estaban con los filisteos y habían salido con ellos como parte de su ejército, se pasaron al lado de los israelitas que acompañaban a Saúl y Jonatán. 22 Y cuando los israelitas que se habían refugiado en los montes de Efraín supieron que los filisteos huían, se lanzaron a perseguirlos y a darles batalla. 23 El combate se extendió hasta Bet–avén, y el Señor libró a Israel en esta ocasión.

Juramento de Saúl

24 Sin embargo, los israelitas estaban muy agotados aquel día, pues nadie había probado alimento porque Saúl había puesto al pueblo bajo juramento, diciendo: "Maldito aquel que coma algo antes de la tarde, antes de que yo me haya vengado de mis enemigos." 25 Y el ejército

---

a **14.3** *El efod:* Véase 2.18 n. *b* **14.18** *El efod* (dos veces): según la versión griega (LXX). Heb. *el arca.*

llegó a un bosque donde había miel en el suelo. 26 Cuando la gente entró en el bosque, la miel corría como agua; pero nadie la probó siquiera, por miedo al juramento. 27 Pero Jonatán, que no había escuchado el juramento bajo el cual su padre había puesto al ejército, extendió la vara que llevaba en la mano, mojó la punta en un panal de miel y comió de ella, con lo cual se reanimó en seguida. 28 Entonces uno de los soldados israelitas le dijo:

—Tu padre ha puesto al ejército bajo juramento, y ha dicho que quien hoy coma alguna cosa, será maldito. Por eso la gente está muy agotada.

29 Jonatán respondió:

—Mi padre ha causado un perjuicio a la nación. Mira qué reanimado estoy después de haber probado un poco de esta miel, 30 y más lo estaría la gente si hubiera comido hoy de lo que le quitó al enemigo. ¡Y qué tremenda habría sido la derrota de los filisteos!

31 Aquel día los israelitas derrotaron a los filisteos, luchando desde Micmás hasta Aialón. Pero el ejército israelita estaba muy agotado, 32 así que finalmente se lanzó sobre lo que se le había quitado al enemigo, y tomando ovejas, vacas y becerros, los degollaron en el suelo y comieron la carne con sangre y todo. 33 Pero algunos fueron a decirle a Saúl:

—La gente está pecando contra el Señor, porque está comiendo carne con sangre. c

Entonces Saúl dijo:

—¡Son ustedes unos traidores! Tráiganme hasta aquí rodando una piedra grande. 34 Además, hablen con la gente y díganles que cada uno me traiga aquí su toro o su oveja, para que ustedes los degüellen y coman, y no pequen contra el Señor comiendo carne con sangre.

Esa misma noche, cada uno llevó personalmente su toro, y lo degollaron allí. 35 Saúl, por su parte, construyó un altar al Señor, que fue el primero que le dedicó. 36 Después propuso Saúl:

—Bajemos esta noche a perseguir a los filisteos y hagamos un saqueo hasta el amanecer, sin dejar vivo a ninguno.

Todos respondieron:

—Haz lo que te parezca mejor.

Pero el sacerdote dijo:

—Antes que nada, consultemos a Dios.

37 Entonces Saúl consultó a Dios:

—¿Debo perseguir a los filisteos? ¿Los entregarás en manos de los israelitas?

Pero el Señor no le respondió ese día. 38 Por lo tanto Saúl dijo:

—Acérquense aquí todos los jefes del ejército, y averigüen quién ha cometido hoy este pecado. 39 ¡Juro por el Señor, el salvador de Israel, que aunque haya sido mi hijo Jonatán, tendrá que morir!

Nadie en el ejército respondió; 40 por eso Saúl dijo a todos los israelitas:

—Pónganse ustedes de este lado, y del otro nos pondremos mi hijo Jonatán y yo.

—Haz lo que te parezca mejor —contestó la tropa.

41 Entonces Saúl exclamó:

—Señor y Dios de Israel, ¿por qué no has respondido hoy a tu servidor? Si la culpa es mía, o de mi hijo Jonatán, al echar las suertes saldrá el Urim; pero si la culpa es de Israel, tu pueblo, al echar las suertes saldrá el Tumim. d

La suerte cayó sobre Jonatán y Saúl, y el pueblo quedó libre de culpa. 42 Luego Saúl dijo:

—Echen suertes entre mi hijo Jonatán y yo.

Y la suerte cayó sobre Jonatán, 43 por lo cual dijo Saúl a Jonatán:

—Confiésame lo que has hecho.

Jonatán confesó:

—Realmente probé un poco de miel con la punta de la vara que llevaba en la mano. Pero aquí estoy, dispuesto a morir.

44 Saúl exclamó:

—¡Que Dios me castigue con toda dureza si no mueres, Jonatán!

45 Pero el pueblo respondió a Saúl:

—¡Cómo es posible que muera Jonatán, si ha dado una gran victoria a Israel! ¡Nada de eso! ¡Por vida del Señor, que no caerá al suelo ni un pelo de su cabeza! Porque lo que ha hecho hoy, lo ha hecho con la ayuda de Dios.

De este modo el pueblo libró a Jonatán de morir. 46 Saúl, a su vez, dejó de perseguir a los filisteos, los cuales regresaron a su territorio.

47 Así pues, Saúl tomó posesión del reino de Israel, y en todas partes combatió contra sus enemigos, que eran Moab, Amón, Edom, el rey de Sobá y los filisteos. Y dondequiera que iba,

---

c **14.33** Lv 19.26; Dt 12.16,23–27. d **14.41** *Señor y Dios . . . el Tumim:* texto probable, según la versión griega (LXX). Acerca del *Urim* y el *Tumim,* véase Ex 28.30 n.

vencía.[e] **48** Reunió un ejército y venció a Amalec, librando así a Israel de las bandas de salteadores.

49 Los hijos de Saúl fueron: Jonatán, Isví y Malquisúa. Sus dos hijas fueron: Merab, la mayor, y Mical, la menor. **50** La mujer de Saúl se llamaba Ahinóam, hija de Ahimaas. El general de su ejército se llamaba Abner, hijo de Ner, tío de Saúl. **51** Quis, padre de Saúl, y Ner, padre de Abner, eran hijos de Abiel.

52 La guerra contra los filisteos fue muy dura durante toda la vida de Saúl; por eso Saúl alistaba en su ejército a todo hombre fuerte y valiente.

El Señor rechaza a Saúl

15 **1** Un día, Samuel dijo a Saúl:

—El Señor me envió para consagrarte como rey de Israel, su pueblo. Por lo tanto, escucha lo que el Señor te quiere decir. **2** Así dice el Señor todopoderoso: 'Voy a castigar a los amalecitas por lo que le hicieron a Israel, pues se interpusieron en su camino cuando venía de Egipto. **3** Por lo tanto, ve y atácalos; destrúyelos[a] junto con todas sus posesiones, y no les tengas compasión. Mata hombres y mujeres, niños y recién nacidos, y también toros y ovejas, camellos y asnos.'

4 Saúl mandó llamar al pueblo y le pasó revista en Telaím. Eran doscientos mil hombres de infantería y diez mil hombres de Judá. **5** Después Saúl se dirigió a la capital de Amalec y tomó posiciones junto al arroyo, **6** y dijo a los quenitas:

—¡Apártense! ¡Salgan de en medio de los amalecitas, para que no los destruya a ustedes junto con ellos; pues ustedes se portaron bien con los israelitas cuando venían de Egipto!

Los quenitas se apartaron de los amalecitas. **7** Entonces Saúl atacó a los amalecitas desde Havilá hasta la entrada de Sur, que está en la frontera de Egipto, y los derrotó; **8** tomó prisionero a Agag, su rey, y mató a filo de espada a todo su ejército. **9** Sin embargo, Saúl y su ejército dejaron con vida a Agag, y no mataron las mejores ovejas, ni los toros, ni los becerros más gordos, ni los carneros, ni destruyeron las cosas de valor, aunque sí destruyeron todo lo que era inútil y de poco valor.

10 Luego el Señor le habló a Samuel, y le dijo:

11 —Me pesa haber hecho rey a Saúl, porque se ha apartado de mí y no ha cumplido mis órdenes.

Samuel se quedó muy molesto, y durante toda la noche estuvo rogando al Señor. **12** A la mañana siguiente madrugó para ir al encuentro de Saúl, pero le avisaron que este se había ido a Carmel, que allí se había levantado un monumento, y que luego, dando un rodeo, había continuado hacia Guilgal. **13** Entonces Samuel fue a donde estaba Saúl, el cual le dijo:

—El Señor te bendiga. Ya he cumplido la orden del Señor.

14 —¿Qué significan entonces esos balidos de ovejas y esos bramidos de toros que estoy escuchando? —respondió Samuel.

15 —Los han traído de Amalec —contestó Saúl—, porque la gente ha conservado las mejores ovejas y los mejores toros para ofrecerlos en sacrificio al Señor tu Dios. Pero hemos destruido lo demás.

16 —¡Calla, que te voy a comunicar lo que el Señor me dijo anoche! —le interrumpió Samuel.

—Habla —respondió Saúl.

17 Y Samuel le dijo:

—¿No te considerabas tú de poca importancia? Sin embargo, has llegado a ser el jefe de las tribus israelitas, y el Señor te ha consagrado como rey de Israel. **18** Ahora bien, si el Señor te envió con la orden estricta de destruir a esos pecadores amalecitas, y de atacarlos hasta acabar con ellos, **19** ¿por qué desobedeciste sus órdenes y te lanzaste sobre lo que se le quitó al enemigo, actuando mal a los ojos del Señor?

20 Saúl contestó:

—Yo obedecí las órdenes del Señor, y cumplí la misión que él me encomendó: he traído prisionero a Agag, rey de Amalec, y he destruido a los amalecitas. **21** Pero la tropa se quedó con ovejas y toros, lo mejor de lo que estaba destinado a la destrucción, para sacrificarlos en honor del Señor tu Dios en Guilgal.

22 Entonces Samuel dijo:

"Más le agrada al Señor que se le obedezca,
y no que se le ofrezcan sacrificios
y holocaustos;

---

e 14.47 *Vencía:* según la versión griega (LXX). Heb. *hacía el mal* (cf. 2 S 8.6,14). **a 15.3** *Destrúyelos:* El verbo hebreo se refiere propiamente a la acción de consagrar a Dios, por medio del exterminio completo, las personas, animales y objetos obtenidos como botín de guerra. Esta práctica se conoce con el nombre de *herem.*

vale más obedecerlo y prestarle atención
que ofrecerle sacrificios
    y grasa de carneros.[b]
23 Tanto peca el que se rebela contra él
como el que practica la adivinación;
semejante a quien adora a los ídolos
es aquel que lo desobedece.
Y como tú has rechazado sus mandatos,
ahora él te rechaza como rey."

24 Entonces Saúl dijo a Samuel:

—Sí, he pecado, pues pasé por alto la orden
del Señor y tus instrucciones, porque tuve miedo de la gente y atendí su petición. 25 Pero yo
te ruego que perdones mi pecado y que regreses
conmigo para adorar al Señor.

26 —No voy a regresar contigo —le respondió Samuel—, porque tú has rechazado el
mandato del Señor, y ahora él te rechaza como
rey de Israel.

27 Samuel se volvió para marcharse, pero Saúl
lo agarró por el borde de su capa y se la
desgarró. 28 Entonces Samuel le dijo a Saúl:

—De esta misma manera, el Señor ha desgarrado hoy de ti el reino de Israel. Te lo ha
quitado para entregárselo a un compatriota
tuyo, que es mejor que tú. 29 Porque Dios, que
es la gloria de Israel, no miente ni se arrepiente, pues no es un simple hombre para arrepen-
tirse.

30 —Yo he pecado —repitió Saúl—. Pero te
ruego que ante los ancianos de Israel y ante
todo el pueblo me sigas respetando como rey.
Así que vuelve conmigo para adorar al Señor tu
Dios.

31 Samuel volvió entonces con Saúl, y este
adoró al Señor. 32 Luego Samuel ordenó:

—Traigan ante mí a Agag, rey de Amalec.

Agag se presentó muy tranquilo ante Samuel,
pensando que ya había pasado el peligro de una
muerte amarga. 33 Pero Samuel le dijo:

—Con tu espada dejaste sin hijos a muchas
mujeres. Pues igual que ellas quedará tu madre.

Y sin más, Samuel lo descuartizó en Guilgal,
ante el Señor. 34 Después se fue a Ramá, y Saúl
regresó a su casa, en Guibeá de Saúl. 35 Y
Samuel nunca más volvió a ver a Saúl, aunque le causó mucha tristeza que el Señor se
hubiera arrepentido de haber hecho a Saúl rey
de Israel.

David es consagrado rey

16 1 El Señor dijo a Samuel:

—¿Hasta cuándo vas a estar triste
por causa de Saúl? Ya no quiero que
él siga siendo rey de Israel. Anda, llena de aceite
tu cuerno, que quiero que vayas a la casa de
Jesé, el de Belén, porque ya escogí como rey a
uno de sus hijos.

2 —¿Y cómo haré para ir? —respondió Samuel—. ¡Si Saúl llega a saberlo, me matará!

El Señor le contestó:

—Toma una ternera y di que vas a ofrecérmela en sacrificio. 3 Después invita a Jesé al
sacrificio, y yo te diré lo que debes hacer.
Consagra como rey a quien yo te diga.

4 Samuel hizo lo que el Señor le mandó. Y
cuando llegó a Belén, los ancianos de la ciudad
salieron a recibirle con cierto temor, y le preguntaron:

—¿Vienes en son de paz?

5 —Así es —respondió Samuel—. Vengo a
ofrecer un sacrificio al Señor. Purifíquense y
acompáñenme a participar en el sacrificio.

Luego Samuel purificó a Jesé y a sus hijos, y los
invitó al sacrificio. 6 Cuando ellos llegaron, Samuel
vio a Eliab y pensó: "Con toda seguridad este es
el hombre que el Señor ha escogido como rey."

7 Pero el Señor le dijo: "No te fijes en su
apariencia ni en su elevada estatura, pues yo lo
he rechazado. No se trata de lo que el hombre
ve; pues el hombre se fija en las apariencias,
pero yo me fijo en el corazón."

8 Entonces Jesé llamó a Abinadab, y se lo
presentó a Samuel; pero Samuel comentó:

—Tampoco a este ha escogido el Señor.

9 Luego le presentó Jesé a Samá; pero Samuel
dijo:

—Tampoco ha escogido a este.

10 Jesé presentó a Samuel siete de sus hijos,
pero Samuel tuvo que decirle que a ninguno de
ellos lo había elegido el Señor. 11 Finalmente le
preguntó:

—¿No tienes más hijos?

—Falta el más pequeño, que es el que cuida
el rebaño —respondió Jesé.

—Manda a buscarlo —dijo Samuel—, porque no comenzaremos la ceremonia hasta que
él llegue.

12 Jesé lo mandó llamar. Y el chico era de piel
sonrosada, agradable y bien parecido.

---

[b] **15.22** Sal 40.6; Pr 21.3; Os 6.6; Am 5.22–24.

Entonces el Señor dijo a Samuel:

—Este es. Así que levántate y conságralo como rey.

13 En seguida Samuel tomó el recipiente con aceite, y en presencia de sus hermanos consagró como rey al joven, que se llamaba David. A partir de aquel momento, el espíritu del Señor se apoderó de él. Después Samuel se despidió y se fue a Ramá.

David al servicio de Saúl

14 Entre tanto, el espíritu del Señor se había apartado de Saúl, y un espíritu maligno, enviado por el Señor, lo atormentaba. 15 Por eso, los que estaban a su servicio le dijeron:

—Como usted ve, señor nuestro, un espíritu maligno de parte de Dios lo está atormentando a usted. 16 Por eso, ordene usted a estos servidores suyos que busquen a alguien que sepa tocar el arpa, para que, cuando le ataque a usted el espíritu maligno, él toque el arpa y usted se sienta mejor.

17 —Pues busquen a alguien que sepa tocar bien, y tráiganmelo —contestó Saúl.

18 Entonces uno de ellos dijo:

—Yo he visto que uno de los hijos de Jesé, el de Belén, sabe tocar muy bien; además, es un guerrero valiente, y habla con sensatez; es bien parecido y cuenta con la ayuda del Señor.

19 Entonces Saúl mandó mensajeros a Jesé, para que le dijeran: "Envíame a tu hijo David, el que cuida las ovejas", 20 y Jesé envió su hijo David a Saúl. Con él le envió a Saúl un asno cargado de pan, un cuero de vino y un cabrito. 21 Así David se presentó ante Saúl y quedó a su servicio, y Saúl llegó a estimarlo muchísimo y lo nombró su ayudante. 22 Y Saúl envió un mensaje a Jesé, rogándole que dejara a David con él, porque le había agradado mucho. 23 Así que, cuando el espíritu maligno de parte de Dios atacaba a Saúl, David tomaba el arpa y se ponía a tocar. Con eso Saúl recobraba el ánimo y se sentía mejor, y el espíritu maligno se apartaba de él.

David, héroe nacional

17 1 Los filisteos juntaron sus ejércitos para la guerra y se reunieron en Socó, pueblo que pertenece a Judá, acampando en Efes–damim, entre Socó y Azecá. 2 A su vez, Saúl y los israelitas se reunieron y acamparon en el valle de Elá, preparándose para presentar batalla a los filisteos. 3 Estos tenían sus posiciones en un monte, y los israelitas en otro, quedando separados por el valle. 4 De pronto, de entre las filas de los filisteos salió un guerrero como de tres metros de estatura. Se llamaba Goliat y era de la ciudad de Gat. 5 En la cabeza llevaba un casco de bronce, y sobre su cuerpo una coraza, también de bronce, que pesaba cincuenta y cinco kilos. 6 Del mismo metal eran las placas que le protegían las piernas y la jabalina que llevaba al hombro. 7 El asta de su lanza era como un rodillo de telar, y su punta de hierro pesaba más de seis kilos. Delante de él iba su ayudante. 8 Goliat se detuvo y dijo a los soldados israelitas:

—¿Para qué han salido en orden de combate? Puesto que yo soy un filisteo, y ustedes están al servicio de Saúl, elijan a uno de ustedes para que baje a luchar conmigo. 9 Si es capaz de pelear conmigo y vencerme, nosotros seremos esclavos de ustedes; pero si yo lo venzo, ustedes serán nuestros esclavos. 10 En este día, yo lanzo este desafío al ejército de Israel: ¡Denme un hombre para que luche conmigo!

11 Al oír Saúl y todos los israelitas las palabras del filisteo, perdieron el ánimo y se llenaron de miedo.

12 Había un hombre de Belén llamado Jesé, que en tiempos de Saúl era ya de edad muy avanzada.[a] Este hombre tenía ocho hijos, uno de los cuales era David. 13-14 Sus tres hijos mayores, Eliab, Abinadab y Samá, se habían ido ya con Saúl a la guerra. David, que era el menor, 15 iba al campamento de Saúl, y volvía a Belén para cuidar las ovejas de su padre.

16 Mientras tanto, aquel filisteo salía a provocar a los israelitas por la mañana y por la tarde, y así lo estuvo haciendo durante cuarenta días.

17 Un día, Jesé le dijo a su hijo David:

—Toma unos veinte litros de este trigo tostado, y estos diez panes, y llévalos pronto al campamento, a tus hermanos. 18 Llévate también estos diez quesos para el comandante del batallón. Mira cómo están tus hermanos y tráeme algo que compruebe que se encuentran bien.

19 Mientras tanto, Saúl y los hermanos de David y todos los israelitas estaban en el valle de Elá luchando contra los filisteos.

---

[a] **17.12** *De edad muy avanzada:* según la versión griega (LXX). Heb. *entrado en hombres.*

20 Al día siguiente, David madrugó y, dejando las ovejas al cuidado de otro, se puso en camino llevando consigo las provisiones que le entregó Jesé. Cuando llegó al campamento, el ejército se disponía a salir a la batalla y lanzaba gritos de guerra. **21** Los israelitas y los filisteos se alinearon frente a frente. **22** David dejó lo que llevaba al cuidado del encargado de armas y provisiones, y corriendo a las filas se metió en ellas para preguntar a sus hermanos cómo estaban. **23** Mientras hablaba con ellos, aquel guerrero filisteo llamado Goliat, de la ciudad de Gat, salió de entre las filas de los filisteos y volvió a desafiar a los israelitas como lo había estado haciendo hasta entonces. David lo oyó.

24 En cuanto los israelitas vieron a aquel hombre, sintieron mucho miedo y huyeron de su presencia, **25** diciendo: "¿Ya vieron al hombre que ha salido? ¡Ha venido a desafiar a Israel! A quien sea capaz de vencerlo, el rey le dará muchas riquezas, le dará su hija como esposa y liberará a su familia de pagar tributos."

26 Entonces David preguntó a los que estaban a su lado:

—¿Qué darán al hombre que mate a este filisteo y borre esta ofensa de Israel? Porque, ¿quién es este filisteo pagano para desafiar así al ejército del Dios viviente?

27 Ellos respondieron lo mismo que antes habían dicho, en cuanto a lo que le darían a quien matara a Goliat. **28** Pero Eliab, el hermano mayor de David, que le había oído hablar con aquellos hombres, se enfureció con él y le dijo:

—¿A qué has venido aquí? ¿Con quién dejaste esas cuantas ovejas que están en el desierto? Yo conozco tu atrevimiento y tus malas intenciones, porque has venido solo para poder ver la batalla.

29 —¿Y qué he hecho ahora —contestó David—, si apenas he hablado?

30 Luego se apartó de su hermano, y al preguntarle a otro, recibió la misma respuesta. **31** Algunos que oyeron a David preguntar, fueron a contárselo a Saúl, y este lo mandó llamar. **32** Entonces David le dijo a Saúl:

—Nadie debe desanimarse por culpa de ese filisteo, porque yo, un servidor de Su Majestad, iré a pelear contra él.

33 —No puedes ir tú solo a luchar contra ese filisteo —contestó Saúl—, porque aún eres muy joven; en cambio, él ha sido hombre de guerra desde su juventud.

34 David contestó:

—Cuando yo, el servidor de Su Majestad, cuidaba las ovejas de mi padre, si un león o un oso venía y se llevaba una oveja del rebaño, **35** iba detrás de él y se la quitaba del hocico; y si se volvía para atacarme, lo agarraba por la quijada y le daba de golpes hasta matarlo. **36** Así fuera un león o un oso, este servidor de Su Majestad lo mataba. Y a este filisteo pagano le va a pasar lo mismo, porque ha desafiado al ejército del Dios viviente. **37** El Señor, que me ha librado de las garras del león y del oso, también me librará de las manos de este filisteo.

Entonces Saúl le dijo:

—Anda, pues, y que el Señor te acompañe.

38 Luego hizo Saúl que vistieran a David con la misma ropa que él usaba, y que le pusieran un casco de bronce en la cabeza y lo cubrieran con una coraza. **39** Finalmente, David se colgó la espada al cinto, sobre su ropa, y trató de andar así, porque no estaba acostumbrado a todo aquello. Pero en seguida le dijo a Saúl:

—No puedo andar con esto encima, porque no estoy acostumbrado a ello.

Entonces se quitó todo aquello, **40** tomó su bastón, escogió cinco piedras lisas del arroyo, las metió en la bolsa que traía consigo y, con su honda en la mano, se enfrentó con el filisteo. **41** El filisteo, a su vez, se acercaba poco a poco a David. Delante de él iba su ayudante. **42** Cuando el filisteo miró a David, y vio que era joven, de piel sonrosada y bien parecido, no lo tomó en serio, **43** sino que le dijo:

—¿Acaso soy un perro, para que vengas a atacarme con palos?

Y en seguida maldijo a David en nombre de su dios. **44** Además le dijo:

—¡Ven aquí, que voy a dar tu carne como alimento a las aves del cielo y a las fieras!

45 David le contestó:

—Tú vienes contra mí con espada, lanza y jabalina, pero yo voy contra ti en nombre del Señor todopoderoso, el Dios de los ejércitos de Israel, a los que tú has desafiado. **46** Ahora el Señor te entregará en mis manos, y hoy mismo te mataré y te cortaré la cabeza, y los cadáveres del ejército filisteo se los daré a las aves del cielo y a las fieras. Así todo el mundo sabrá que hay un Dios en Israel; **47** todos los aquí reunidos sabrán que el Señor no salva con espada ni con lanza. Esta batalla es del Señor, y él los entregará a ustedes en nuestras manos.

48 El filisteo se levantó y salió al encuentro de David, quien, a su vez, rápidamente se dispuso a hacer frente al filisteo: **49** metió su mano en la bolsa, sacó una piedra y, arrojándola con la honda contra el filisteo, lo hirió en la frente. Con la piedra clavada en la frente, el filisteo cayó de cara al suelo. **50** Así fue como David venció al filisteo. Con solo una honda y una piedra, David lo hirió de muerte. Y como no llevaba espada, **51** corrió a ponerse al lado del filisteo y, apoderándose de su espada, la desenvainó y con ella lo remató. Después de esto, le cortó la cabeza.

Cuando los filisteos vieron muerto a su mejor guerrero, salieron huyendo. **52** Entonces los hombres de Israel y de Judá, lanzando gritos de guerra, salieron a perseguirlos hasta la entrada de Gat*b* y las puertas de Ecrón. Por todo el camino que va de Saaraim a Gat y Ecrón se veían cadáveres de soldados filisteos.

53 Después de haber perseguido a los filisteos, los israelitas volvieron y saquearon su campamento. **54** Entonces David tomó la cabeza del filisteo y la llevó a Jerusalén, pero las armas las puso en su tienda de campaña.

55 Antes Saúl había preguntado a Abner, general de su ejército, cuando vio que David salía al encuentro del filisteo:

—Abner, ¿quién es el padre de ese muchacho?

56 —Juro a Su Majestad que no lo sé —respondió Abner.

—Pues encárgate de averiguarlo —dijo el rey.

57 Por lo tanto, cuando David volvía de matar al filisteo, trayendo aún su cabeza en la mano, Abner lo tomó y lo llevó ante Saúl, **58** quien le preguntó:

—Dime, muchacho, ¿de quién eres hijo?

David respondió:

—Soy hijo de Jesé, el de Belén, servidor de Su Majestad.

Jonatán y David se juran amistad

18 **1** Después que David terminó de hablar con Saúl, Jonatán se hizo muy amigo de David, y llegó a quererlo como a sí mismo. **2** Saúl, por su parte, aquel mismo día lo tomó a su servicio y no lo dejó volver a casa de su padre. **3** Y Jonatán y David se juraron eterna amistad, porque Jonatán quería a David como a sí mismo. **4** Además, Jonatán se quitó la capa y la túnica que llevaba puestas, y se las dio a David, junto con su espada, su arco y su cinturón.

5 Tanta capacidad demostró David para cumplir con todo lo que Saúl le ordenaba hacer, que Saúl lo puso al mando de hombres de guerra. Esto agradó a todo el ejército y a los oficiales de Saúl.

Saúl envidia la popularidad de David

6 Sin embargo, cuando las tropas regresaron después que David mató al filisteo, de todas las ciudades de Israel salieron mujeres a recibir al rey Saúl cantando y bailando alegremente con panderos y platillos. **7** Y mientras cantaban y bailaban, las mujeres repetían:

"Mil hombres mató Saúl,
    y diez mil mató David."

8 Esto le molestó mucho a Saúl, y muy enojado dijo:

—A David le atribuyen la muerte de diez mil hombres, y a mí únicamente la de mil. ¡Ya solo falta que lo hagan rey!

9 A partir de entonces, Saúl miraba a David con recelo.

10 Al día siguiente, el espíritu maligno mandado por Dios se apoderó de Saúl, y este se puso como loco dentro de su palacio. David estaba tocando el arpa, como de costumbre, y Saúl tenía su lanza en la mano. **11** De pronto Saúl levantó la lanza con la intención de clavar a David en la pared, pero David esquivó a Saúl dos veces.

12 Saúl tenía miedo de David, porque el Señor ayudaba a David pero ya no lo ayudaba a él. **13** Por eso lo retiró de su lado y lo nombró comandante de un batallón, al frente del cual salía a campaña y volvía. **14** Y como el Señor lo ayudaba, David tenía éxito en todo lo que hacía. **15** Por eso Saúl tenía miedo de él, al ver cómo prosperaba. **16** Pero todos en Israel y Judá querían a David, porque él era quien los dirigía cuando salían a campaña y volvían.

17 Un día Saúl le dijo a David:

---

b **17.52** *Hasta la entrada de Gat:* según la versión griega (LXX). Heb. *hasta tu entrada, oh valle.*

—Te voy a dar como esposa a Merab, mi hija mayor, con la condición de que me seas un guerrero valiente y pelees las batallas del Señor.

Saúl pensaba que no necesitaba matarlo él personalmente, sino que de ello se encargarían los filisteos. 18 Pero David le respondió:

—Nada soy yo, ni nada son mis familiares en Israel, para que yo sea yerno del rey.

19 Sin embargo, cuando llegó la fecha en que Saúl debía dar su hija Merab como esposa a David, en vez de dársela a él se la dio a Adriel, de Meholá. 20 Pero Mical, la otra hija de Saúl, estaba enamorada de David. Y cuando se lo dijeron a Saúl, le agradó saberlo, 21 pues pensó dársela a David como esposa para que ella lo hiciera caer en manos de los filisteos. Entonces le dijo a David por segunda vez:

—Ahora sí vas a ser mi yerno.

22 Después Saúl ordenó a sus servidores:

—Hablen ustedes en privado con David y díganle que yo, el rey, lo quiero mucho, y que todos mis servidores lo estiman, y que él debe ser mi yerno.

23 Los servidores de Saúl fueron a decirle todo esto a David, pero David les contestó:

—¿Y creen ustedes que llegar a ser yerno del rey es tan fácil para alguien pobre e insignificante como yo?

24 Los servidores de Saúl fueron y le contaron a este lo que David había dicho. 25 Entonces Saúl, con la intención de que David cayera en manos de los filisteos, les contestó:

—Díganle a David que en lugar de la compensación que se acostumbra dar por la esposa, yo, el rey, prefiero que me entregue cien prepucios de filisteos, para vengarme de mis enemigos.

26 Los servidores de Saúl le comunicaron estas noticias a David, y David consideró apropiada la oportunidad de llegar a ser yerno del rey. Antes de que el plazo se cumpliera, 27 David tomó a sus hombres, y fue y mató a doscientos filisteos; luego llevó los prepucios de estos al rey, y se los entregó para poder ser su yerno. Entonces Saúl le concedió a su hija Mical por esposa.

28 Pero al ver y comprobar Saúl que el Señor ayudaba a David y que su hija Mical lo amaba, 29 llegó a tenerle más miedo que antes, y se convirtió en su eterno enemigo. 30 Por otra parte, siempre que los jefes filisteos salían a campaña, David tenía más éxito que todos los demás oficiales de Saúl, por lo cual llegó a ser muy respetado.

Saúl intenta matar a David

19 1 Saúl ordenó a su hijo Jonatán y a todos sus oficiales que mataran a David. Pero Jonatán, que quería mucho a David, 2 lo puso sobre aviso. Le dijo:

—Saúl, mi padre, está tratando de matarte. Así que mañana temprano ten cuidado y quédate escondido en algún lugar secreto. 3 Yo saldré, en compañía de mi padre, al campo donde tú vas a estar. Hablaré con él acerca de ti, a ver qué pasa, y luego te lo haré saber.

4 Y Jonatán habló con Saúl en favor de David. Le dijo:

—Su Majestad no debiera cometer ningún mal contra su siervo David, porque él no le ha hecho ningún mal a Su Majestad, y sí mucho bien; 5 pues jugándose la vida mató al filisteo, y así el Señor libró por completo a todo Israel. Su Majestad lo vio y se alegró de ello. ¿Por qué habrá de atentar Su Majestad contra la vida de un inocente, tratando de matar a David sin motivo?

6 Al escuchar Saúl las razones de Jonatán, exclamó:

—Juro por el Señor que David no morirá.

7 Entonces Jonatán llamó a David y le informó de toda esta conversación. Después lo llevó ante Saúl, y David siguió al servicio de Saúl igual que antes.

8 Volvió a estallar la guerra, y David salió a luchar contra los filisteos y los venció, ocasionándoles una gran derrota y haciéndolos huir. 9 En cuanto a Saúl, otra vez lo atacó el espíritu maligno de parte del Señor; y estando sentado en su habitación, con su lanza en la mano, mientras David tocaba, 10 intentó clavar con ella a David en la pared. Pero David pudo esquivar el golpe, y la lanza de Saúl se clavó en la pared. Aquella misma noche David se escapó y huyó. 11 Inmediatamente Saúl dio órdenes a sus hombres de que fueran a casa de David, para que lo vigilaran y lo mataran a la mañana siguiente. Pero Mical, la mujer de David, lo puso sobre aviso, diciéndole:

—Si no te pones a salvo esta noche, mañana serás hombre muerto.

12 En seguida Mical descolgó a David por una ventana, y David pudo escapar. 13 Luego Mical tomó un ídolo y lo metió en la cama, le puso en la cabecera un tejido de pelo de cabra y lo tapó con una sábana. 14 Y cuando Saúl ordenó a sus hombres que apresaran a David, Mical les dijo que estaba enfermo. 15 Pero Saúl volvió a

mandar a sus hombres en busca de David, y les dio esta orden:

—¡Aunque esté en la cama, sáquenlo de allí y tráiganmelo para que lo mate!

16 Los hombres de Saúl entraron en casa de David, pero en la cama encontraron solamente el ídolo con el tejido de pelo de cabra en la cabecera. 17 Entonces Saúl dijo a Mical:

—¿Por qué me has engañado de este modo, dejando que escape mi enemigo?

Mical le respondió:

—Porque él juró que me mataría si no lo dejaba escapar.

18 Así fue como David logró escapar. Y fue a ver a Samuel en Ramá, y le contó todo lo que Saúl le había hecho. Luego David y Samuel se fueron a vivir a Naiot. 19 Y cuando Saúl se enteró de que David se hallaba en Naiot de Ramá, 20 envió a sus hombres a que lo apresaran. Al llegar, los hombres de Saúl vieron a un grupo de profetas en trance, a los que dirigía Samuel. De pronto, el espíritu de Dios se apoderó de los hombres de Saúl, y también ellos cayeron en trance profético.

21 Cuando Saúl lo supo, mandó a otros hombres, pero también ellos cayeron en trance profético. Por tercera vez mandó Saúl a unos hombres, y también a ellos les ocurrió lo mismo. 22 Entonces Saúl fue personalmente a Ramá, y cuando llegó al gran depósito de agua que hay en Secú, preguntó por Samuel y David. No faltó quien le dijera que estaban en Naiot de Ramá, 23 y Saúl se dirigió allá. Pero el espíritu de Dios también se apoderó de él, y Saúl cayó en trance profético, y así siguió su camino hasta llegar a Naiot de Ramá; 24 además se quitó la ropa, y así, desnudo, permaneció en trance delante de Samuel todo el día y toda la noche. De allí viene el dicho: "¿También Saúl es uno de los profetas?"

Jonatán ayuda a David

20 1 David huyó de Naiot de Ramá, y fue adonde estaba Jonatán, para decirle:

—¿Qué he hecho yo? ¿Cuál es mi culpa? ¿Qué pecado he cometido contra tu padre, para que él busque matarme?

2 Y Jonatán le contestó:

—¡Dios no lo quiera! ¡No te matará! Ten en cuenta que mi padre no hace nada, sea o no importante, sin comunicármelo. ¿Por qué razón iba mi padre a ocultarme este asunto? ¡No puede ser!

3 Pero David insistió:

—Tu padre sabe muy bien que yo cuento con tu estimación, y no querrá que lo sepas para evitarte un disgusto. ¡Pero te juro por el Señor y por ti mismo que estoy a un paso de la muerte!

4 Entonces Jonatán le preguntó:

—¿Qué quieres que haga yo por ti?

5 David respondió:

—Mira, mañana es la fiesta de luna nueva, y debo sentarme a comer con el rey. Pero déjame que me esconda en el campo hasta pasado mañana por la tarde, 6 y si tu padre pregunta por mí, dile que yo te pedí con urgencia permiso para ir a mi pueblo, a Belén, porque toda mi familia celebra allí el sacrificio anual. 7 Si contesta que está bien, quiere decir que puedo estar tranquilo; pero si se enoja, sabrás que ha decidido hacerme daño. 8 Así que hazme este favor, ya que soy tu servidor y nos hemos jurado amistad ante el Señor. Ahora bien, si la culpa es mía, mátame tú mismo. No es necesario que me lleves ante tu padre.

9 Pero Jonatán respondió:

—¡No pienses tal cosa! Si llego a saber que mi padre está resuelto a hacerte mal, te lo comunicaré.

10 Entonces David le preguntó:

—¿Quién me avisará en caso de que tu padre te responda de mal modo?

11 Jonatán respondió:

—Ven conmigo. Salgamos al campo.

Los dos salieron al campo, 12 y allí Jonatán le dijo a David:

—Te juro por el Señor y Dios de Israel que entre mañana y pasado mañana, a esta misma hora, trataré de conocer las intenciones de mi padre. Si su actitud hacia ti es buena, te mandaré aviso; 13 pero si mi padre intenta hacerte mal, que el Señor me castigue duramente si no te aviso y te ayudo a escapar tranquilamente. ¡Y que el Señor te ayude como ayudó a mi padre! 14 Ahora bien, si para entonces vivo todavía, trátame con la misma bondad con que el Señor te ha tratado. Y si muero, 15-16 no dejes de ser bondadoso con mi familia. ¡Que el Señor les pida cuentas a tus enemigos, y los destruya por completo!

De esta manera, Jonatán hizo un pacto con David, 17 y por el cariño que Jonatán le tenía, volvió a hacerle el juramento, pues lo quería tanto como a sí mismo. 18 Luego le dijo:

—Mañana es la fiesta de luna nueva, y como tu asiento va a estar desocupado, te echarán de menos. **19** Pero al tercer día se notará aún más tu ausencia.*ª* Por tanto, vete al sitio donde te escondiste la vez pasada, y colócate junto a aquel montón de piedras.*ᵇ* **20** Yo lanzaré tres flechas hacia aquel lado, como si estuviera tirando al blanco, **21** y le diré a mi criado: 'Ve a buscar las flechas.' Si le digo: 'Las flechas están más acá de ti; anda, tómalas', podrás salir tranquilo, porque nada te va a pasar. Te lo juro por el Señor. **22** Pero si le digo: 'Las flechas están más allá', vete, porque el Señor quiere que te vayas. **23** En cuanto a la promesa que nos hemos hecho, el Señor es nuestro testigo para siempre.

24 David se escondió en el campo, y cuando llegó la fiesta de luna nueva, el rey se sentó a la mesa para comer. **25** Se sentó en el lugar de costumbre, junto a la pared. Jonatán se colocó enfrente,*ᶜ* y Abner se sentó al lado de Saúl. El asiento de David quedó vacío. **26** Aquel día Saúl no dijo nada, porque se imaginó que algo impuro le habría ocurrido y no estaría purificado. **27** Pero al día siguiente, que era el segundo día de la fiesta, el asiento de David quedó también vacío. Entonces le preguntó Saúl a su hijo Jonatán:

—¿Por qué no vino ayer el hijo de Jesé a la comida, ni tampoco hoy?

28 Y Jonatán le respondió:

—David me pidió con urgencia permiso para ir a Belén. **29** Me rogó que le diera permiso, pues su familia celebraba un sacrificio en su pueblo y su hermano le ordenaba ir. También me dijo que si yo le hacía ese favor, se daría una escapada para visitar a sus parientes. Por eso no se ha sentado a comer con Su Majestad.

30 Entonces Saúl se enfureció con Jonatán, y le dijo:

—¡Hijo de mala madre! ¿Acaso no sé que tú eres el amigo íntimo del hijo de Jesé, para vergüenza tuya y de tu madre? **31** Mientras él esté vivo en esta tierra, ni tú ni tu reino estarán seguros. ¡Así que manda a buscarlo, y tráemelo, porque merece la muerte!

32 Pero Jonatán le contestó:

—¿Y por qué habría de morir? ¿Qué es lo que ha hecho?

33 Saúl levantó su lanza para herir a Jonatán, con lo que este comprendió que su padre estaba decidido a matar a David. **34** Entonces, lleno de furia, se levantó Jonatán de la mesa y no participó en la comida del segundo día de la fiesta, porque sentía un gran pesar por David, ya que su padre lo había ofendido. **35** A la mañana siguiente, a la hora de la cita con David, Jonatán salió al campo acompañado de un criado joven, **36** al cual le ordenó:

—Corre a buscar en seguida las flechas que yo dispare.

El criado echó a correr, mientras Jonatán disparaba una flecha de modo que cayera lejos de él. **37** Y cuando el criado llegó al lugar donde había caído la flecha, Jonatán le gritó al criado con todas sus fuerzas:

—¡La flecha está más allá de ti!

38 Y una vez más Jonatán le gritó al criado:

—¡Date prisa, corre, no te detengas!

El criado de Jonatán recogió las flechas y se las trajo a su amo, **39** pero no se dio cuenta de nada, porque solo Jonatán y David conocían la contraseña. **40** Después Jonatán entregó sus armas a su criado, y le ordenó llevarlas de vuelta a la ciudad.

41 En cuanto el criado se fue, David salió de detrás del montón de piedras,*ᵈ* y ya ante Jonatán se inclinó tres veces hasta tocar el suelo con la frente. Luego se besaron y lloraron juntos hasta que David se desahogó. **42** Por último, Jonatán le dijo a David:

—Vete tranquilo, pues el juramento que hemos hecho los dos ha sido en el nombre del Señor, y hemos pedido que para siempre esté él entre nosotros dos y en las relaciones entre tus descendientes y los míos.

42b Después David se puso en camino, y Jonatán regresó a la ciudad.

David huye de Saúl

21 **1** David se dirigió a Nob, a ver al sacerdote Ahimélec, que sorprendido salió a su encuentro y le dijo:

—¿Cómo es que vienes solo, sin que nadie te acompañe?

2 David le contestó:

—El rey me ha ordenado atender un asunto, y me ha dicho que nadie debía saber para qué me ha enviado ni cuáles son las órdenes que traigo. En cuanto a los hombres bajo mis órdenes, los he citado en cierto lugar. 3 A propósito, ¿qué provisiones tienes a mano? Dame cinco panes o lo que encuentres.

4 Y el sacerdote le contestó:

—El pan que tengo a mano no es pan común y corriente, sino que está consagrado.[a] Pero te lo daré, si tus hombres se han mantenido alejados de las mujeres.

5 David le respondió con firmeza:

—Como siempre que salimos a campaña, hemos estado alejados de las mujeres. Y aunque este es un viaje ordinario, ya mis hombres estaban limpios cuando salimos, así que con más razón lo han de estar ahora.

6 Entonces el sacerdote le entregó el pan consagrado, pues allí no había más que los panes que se consagran al Señor y que ese mismo día se habían quitado del altar, para poner en su lugar pan caliente. 7 En aquella ocasión estaba allí uno de los oficiales de Saúl, que había tenido que quedarse en el santuario. Era un edomita llamado Doeg, jefe de los pastores de Saúl.

8 David le dijo a Ahimélec:

—¿Tienes a mano una lanza o una espada? Pues era tan urgente la orden del rey que no tuve tiempo de tomar mi espada ni mis otras armas.

9 El sacerdote le respondió:

—Sí. Tengo la espada de Goliat, el filisteo que tú venciste en el valle de Elá.[b] Está ahí, detrás del efod,[c] envuelta en una capa. Puedes llevártela, si quieres; más armas no tengo.

David contestó:

—Ninguna otra sería mejor. Dámela.

10 Aquel mismo día David siguió huyendo de Saúl, y fue a presentarse a Aquís, el rey de Gat. 11 Y los oficiales de Aquís le dijeron:

—¡Pero si este es David, servidor de Saúl, el rey de esta tierra![d] ¡Él es de quien cantaban en las danzas: 'Mil hombres mató Saúl, y diez mil mató David'![e]

12 David tomó muy en cuenta estos comentarios, y tuvo miedo de Aquís, rey de Gat. 13 Por eso, delante de ellos cambió su conducta normal, y fingiéndose loco escribía garabatos en las puertas y dejaba que la saliva le corriera por la barba. 14 Entonces Aquís dijo a sus oficiales:

—Si ustedes ven que este hombre está loco, ¿para qué me lo trajeron? 15 ¿Acaso me hacen falta locos, que me han traído a este para que haga sus locuras en mi propia casa?

22 1 David se fue de allí y huyó a la cueva de Adulam.[a] Cuando sus hermanos y todos sus parientes lo supieron, fueron a reunirse con él. 2 También se le unieron todos los oprimidos, todos los que tenían deudas y todos los descontentos, y David llegó a ser su capitán. Los que andaban con él eran como cuatrocientos hombres.

3 Desde allí, David se dirigió a Mispá, en Moab, y dijo al rey de Moab:

—Te ruego que mi padre y mi madre se queden con ustedes hasta que yo sepa lo que Dios va a hacer conmigo.

4 Y así David llevó a sus padres ante el rey de Moab, y ellos vivieron con él todo el tiempo que David estuvo en la fortaleza. 5 Entonces Gad, el profeta, aconsejó a David:

—No te quedes en la fortaleza. Ponte en camino y vete a la región de Judá.

Así pues, David se fue y llegó al bosque de Héret.

Matanza de los sacerdotes de Nob

6 Mientras tanto, Saúl estaba en Guibeá, sentado bajo el tamarisco del santuario,[b] con su lanza en la mano y rodeado de todos sus oficiales. Y cuando se enteró de que David y sus hombres habían sido localizados, 7 dijo a los oficiales que lo rodeaban:

—Hombres de Benjamín, escúchenme: ¿Acaso creen que el hijo de Jesé les va a dar también a todos ustedes tierras y viñedos, y que a todos los va a nombrar comandantes y capitanes? 8 Todos ustedes han conspirado contra mí, pues nadie me ha dicho que mi hijo ha hecho un

---

[a] **21.4** Lv 24.5–9; cf. Mc 2.23–28 y paralelos. [b] **21.9** 1 S 17.51. [c] **21.9** *Detrás del efod:* Aquí no se trata de la vestimenta que llevaban los sacerdotes (véase 2.18 n., y cf. 22.18), sino de un objeto de tamaño mayor. Algunos piensan en la caja que contenía el Urim y el Tumim; otros creen que era un objeto de veneración, quizá una imagen divina. Véase Ex 28.6 n. [d] **21.11** *David, servidor de Saúl, el rey de esta tierra:* texto probable. Heb. *David, rey de esta tierra.* [e] **21.11** 1 S 18.7. [a] **22.1** *Adulam:* lugar situado al sudoeste de Jerusalén (Gn 38.1). [b] **22.6** *El tamarisco del santuario:* según la versión griega (LXX). Heb. *el tamarisco de Ramá.*

pacto con el hijo de Jesé; ninguno de ustedes se ha preocupado por mí; ninguno me ha dicho que mi hijo ha puesto en contra mía a mi ayudante para que me tienda emboscadas, como lo hace ahora.

9Entonces Doeg, el edomita, que se encontraba entre los oficiales de Saúl, respondió con estas palabras:

—Yo vi al hijo de Jesé cuando fue a Nob para entrevistarse con Ahimélec, el hijo de Ahitub. **10**Ahimélec consultó al Señor acerca de David, y le entregó a este provisiones y la espada de Goliat el filisteo.

11Entonces el rey mandó llamar al sacerdote Ahimélec y a todos los sacerdotes de Nob, que eran parientes suyos. Y cuando todos llegaron ante el rey, **12**Saúl le dijo a Ahimélec:

—Escúchame bien, hijo de Ahitub.

—Estoy a la disposición de Su Majestad —contestó Ahimélec.

13Y Saúl le preguntó:

—¿Por qué tú y el hijo de Jesé conspiraron contra mí? Tú le has dado pan y una espada, y has consultado a Dios acerca de David, para que se ponga en contra mía y me tienda emboscadas, como lo hace ahora.

14Entonces Ahimélec contestó al rey:

—¿Quién entre todos los oficiales de Su Majestad es tan fiel como David, que además es yerno de Su Majestad y jefe de la guardia real, y tan digno de honra en palacio? **15**¿Acaso es la primera vez que consulto a Dios acerca de él? ¡Nada de eso! Por lo tanto, no haga Su Majestad ninguna acusación contra este servidor suyo ni contra su familia, porque su servidor no sabe ni poco ni mucho de este asunto.

16Pero el rey insistió:

—¡Ten por seguro, Ahimélec, que tú y toda tu parentela morirán!

17Y en seguida el rey ordenó a su guardia personal:

—¡Maten a los sacerdotes del Señor! También ellos están de parte de David, pues sabiendo ellos que él estaba huyendo, no me lo hicieron saber.

Pero la guardia real no se atrevió a levantar la mano contra los sacerdotes del Señor. **18**Por lo tanto, el rey ordenó a Doeg, el edomita:

—¡Mátalos tú!

Entonces Doeg se lanzó contra los sacerdotes, y en aquella ocasión mató a ochenta y cinco hombres que vestían efod de lino.[c] **19**Luego entró en Nob, la ciudad de los sacerdotes, y a filo de espada mató a hombres, mujeres, niños y hasta recién nacidos. También mató bueyes, asnos y ovejas. **20**Pero uno de los hijos de Ahimélec, llamado Abiatar, logró escapar de la matanza y huyó hasta donde estaba David. **21**Allí le comunicó que Saúl había asesinado a los sacerdotes del Señor, **22**y David le respondió:

—Ya sabía yo aquel día que, estando allí Doeg, sin duda se lo contaría a Saúl. Yo tengo la culpa de que hayan muerto todos los miembros de tu familia. **23**Pero quédate conmigo y no tengas miedo, que quien quiere matarte también quiere matarme a mí. Pero conmigo estarás seguro.

David libera la ciudad de Queilá

23 **1**Un día, los filisteos atacaron a la ciudad de Queilá, y robaron el trigo recién trillado. Cuando le contaron esto a David, **2**él fue y consultó al Señor. Le dijo:

—¿Me permites ir a luchar contra estos filisteos?

Y el Señor le respondió:

—Sí, combátelos y libera la ciudad de Queilá.

3Pero los hombres de David le dijeron:

—Si estando aquí en Judá tenemos miedo, ¡con más razón lo tendremos si vamos a Queilá a luchar contra el ejército filisteo!

4Entonces David consultó de nuevo al Señor, y el Señor le contestó:

—Ponte en marcha hacia Queilá, pues yo pondré en tus manos a los filisteos.

5David y sus hombres se pusieron en marcha hacia Queilá, y allí lucharon contra los filisteos, y los derrotaron por completo y se apoderaron de sus ganados. De esa manera salvó David a los habitantes de Queilá.

6Mientras tanto, Abiatar, el hijo de Ahimélec, había huido con la intención de unirse a David en Queilá, llevándose consigo el efod.[a] **7**Por otra parte, a Saúl le habían informado que David estaba en Queilá, y pensó: "Dios lo ha puesto en mis manos, porque al haberse metido

---

[c] **22.18** *Efod de lino:* Véase 2.18 n.   [a] **23.6** Aquí la palabra *efod* designa la caja o el recipiente donde estaban el Urim y el Tumim. Véase Ex 28.30 n.; cf. también Dt 33.8; 1 S 14.41.

en la ciudad ha quedado encerrado tras sus puertas y cerrojos."

8 En seguida, Saúl mandó llamar a todo su ejército con el fin de dirigirse a Queilá y sitiar a David y a sus hombres. **9** Pero al saber David que Saúl pensaba atacarlo, ordenó al sacerdote Abiatar que le trajera el efod para consultar al Señor. **10** Y dijo David:

—Señor y Dios de Israel, este siervo tuyo sabe que Saúl se propone venir a Queilá y destruirla por causa mía. **11** ¿Vendrá Saúl a buscarme, según he sabido? ¿Me entregarán a él los habitantes de Queilá? ¡Señor y Dios de Israel, este siervo tuyo te ruega que se lo digas!

Y el Señor contestó:

—Saúl vendrá.

12 Entonces David preguntó:

—¿Nos entregarán los habitantes de Queilá, a mí y a mis hombres, en poder de Saúl?

Y el Señor respondió:

—Los entregarán.

13 Entonces David y sus hombres, que eran alrededor de seiscientos, salieron de Queilá y anduvieron sin rumbo fijo. Y cuando le llegó a Saúl la noticia de que David había escapado de Queilá, ya no hizo nada por perseguirlo.

David en el desierto

14 Así David se quedó a vivir en unas fortalezas que había en un monte del desierto de Zif, y aunque Saúl lo buscaba todos los días, Dios no lo puso en sus manos. **15** Sin embargo, David tenía miedo de Saúl, porque había salido con la intención de matarlo. Por eso se quedó en Hores, en el desierto de Zif.

16 Un día, Jonatán, el hijo de Saúl, fue a ver a David en Hores, y a darle ánimo fortaleciendo su confianza en Dios. **17** Le dijo:

—No tengas miedo, porque Saúl mi padre no podrá encontrarte. Tú llegarás a ser rey de Israel, y yo seré el segundo en importancia. Esto, hasta Saúl mi padre lo sabe. **18** Entonces los dos hicieron un pacto, y pusieron al Señor por testigo. Después Jonatán regresó a su casa, y David se quedó en Hores.

19 Pero los habitantes de Zif fueron a Guibeá para hablar con Saúl, y le dijeron:

—David está escondido en nuestro territorio, en unas fortalezas que hay en el monte de Haquilá, en Hores, al sur del desierto. **20** Por lo tanto, cuando Su Majestad guste venir, hágalo, y nosotros se lo entregaremos.

21 Saúl les contestó:

—¡Que Dios los bendiga por haberse compadecido de mí! **22** Ahora les ruego que vayan y averigüen el lugar exacto donde se encuentra, y quién lo ha visto allí, porque me han dicho que él es muy astuto. **23** Fíjense bien en todos los escondites en que se mete, y vuelvan a mí con datos seguros, y entonces yo iré con ustedes. Y si en verdad está en esa región, yo lo buscaré palmo a palmo entre todos los clanes de Judá.

24 Los de Zif se despidieron, y con el permiso de Saúl regresaron a su ciudad. David y sus hombres se hallaban en el desierto de Maón, en el llano que hay al sur del desierto, **25** y Saúl y su gente se pusieron en camino para buscarlo. Cuando le dieron aviso de esto a David, él bajó al peñasco que está[b] en el desierto de Maón. Al saberlo, Saúl se lanzó al desierto de Maón, en persecución de David. **26** Por un costado del monte avanzaban Saúl y su gente, y por el otro iban David y sus hombres, dándose prisa para alejarse de Saúl. Y cuando ya Saúl y su gente habían rodeado a David y los suyos, y estaban a punto de capturarlos, **27** llegó un mensajero a decirle a Saúl:

—¡Regrese inmediatamente Su Majestad, porque los filisteos han invadido el país!

28 Entonces Saúl dejó de perseguir a David y fue a enfrentarse con los filisteos. Por esa razón aquel lugar fue conocido como 'Peñasco de la Separación'.

David perdona la vida a Saúl

29 De allí David se fue a vivir a las fortalezas de En-gadi.

24 **1** Y cuando regresó Saúl de perseguir a los filisteos, le dieron la noticia de que David estaba en el desierto de En-gadi. **2** Entonces Saúl escogió a tres mil hombres de todo Israel y fue a buscar a David y sus hombres por las peñas más escarpadas. **3** En su camino llegó a unos rediles de ovejas, cerca de los cuales había una cueva en la que estaban escondidos David y sus hombres. Saúl se metió en ella para hacer sus necesidades, **4** y los hombres de David le dijeron a este:

—Hoy se cumple la promesa que te hizo el Señor de que pondría en tus manos a tu enemigo. Haz con él lo que mejor te parezca.

---

b **23.25** *Peñasco que está:* según la versión griega (LXX). Heb. *peñasco y permaneció* (o *se estableció*).

Entonces David se levantó, y con mucha precaución cortó un pedazo de la capa de Saúl; **5**pero después de hacerlo le remordió la conciencia, **6**y les dijo a sus hombres:

—¡El Señor me libre de alzar mi mano contra mi señor el rey! ¡Si él es rey, es porque el Señor lo ha escogido!

7De este modo refrenó David a sus hombres y no les permitió atacar a Saúl, el cual salió de la cueva y siguió su camino. **8**Pero en seguida David salió de la cueva tras él, y le gritó:

—¡Majestad, Majestad!

Saúl miró hacia atrás, y David, inclinándose hasta el suelo en señal de reverencia, **9**le dijo:

—¿Por qué hace caso Su Majestad a quienes le dicen que yo busco su mal? **10**Su Majestad ha podido comprobar que, aunque el Señor puso hoy a Su Majestad en mis manos allá en la cueva, yo no quise*a* matar a Su Majestad, sino que le perdoné la vida, pues me dije que si Su Majestad es rey, es porque el Señor lo ha escogido.

11 "Mire bien Su Majestad lo que tengo en la mano: es un pedazo de la capa de Su Majestad, a quien bien podría haber matado. Con eso puede darse cuenta Su Majestad de que yo no he pensado en hacerle daño ni en traicionarlo, ni tampoco le he faltado. Sin embargo, Su Majestad me persigue para quitarme la vida. **12**¡Que el Señor juzgue entre nosotros dos, y me vengue de Su Majestad! Por lo que a mí toca, jamás levantaré mi mano contra Su Majestad. **13**Un antiguo refrán dice: 'La maldad viene de los malvados'; por eso yo jamás levantaré mi mano contra Su Majestad. **14**Además, ¿tras de quién ha salido el rey de Israel? ¿A quién está persiguiendo? ¡A mí, que soy como un perro muerto, o como una pulga! **15**Por lo tanto, que el Señor decida y juzgue entre nosotros dos; ¡que sea él quien examine mi causa y me defienda de Su Majestad!"

16Cuando David terminó de hablar, Saúl exclamó:

—¡Pero si eres tú, David, hijo mío, quien me habla!

Y echándose a llorar, **17**le dijo:

—La razón está de tu lado, pues me has devuelto bien a cambio del mal que te he causado. **18**Hoy me has demostrado que tú buscas mi bien, pues habiéndome puesto el Señor en tus manos, no me mataste. **19**En realidad, no hay nadie que, al encontrar a su enemigo, lo deje ir sano y salvo. Por lo tanto, ¡que el Señor te pague con bien lo que hoy has hecho conmigo! **20**Ahora me doy perfecta cuenta de que tú serás el rey, y de que bajo tu dirección el reino de Israel habrá de prosperar. **21**Júrame, pues, por el Señor, que no acabarás con mis descendientes ni borrarás mi nombre de mi familia.

22David se lo juró a Saúl, y después Saúl regresó a su palacio, en tanto que David y los suyos se fueron a la fortaleza.

Muerte de Samuel

25 **1**Samuel murió, y todos los israelitas se reunieron para llorar su muerte. Lo enterraron en su casa, en Ramá. Después David se fue al desierto de Parán.

David y Abigail

2Había en Maón un hombre muy rico, dueño de tres mil ovejas y mil cabras, que tenía sus negocios en la ciudad de Carmel, donde acostumbraba trasquilar sus ovejas. **3**Este hombre se llamaba Nabal, y era descendiente de Caleb; era un hombre rudo y de mala conducta. Por el contrario, Abigail, su esposa, era hermosa e inteligente.

4-5 Cuando David, que estaba en el desierto, supo que Nabal se encontraba en Carmel trasquilando sus ovejas, envió a diez de sus criados con la orden de saludar a Nabal de su parte **6**y darle el siguiente mensaje: "Recibe, hermano mío, mis mejores deseos de bienestar para ti y tu familia y todos los tuyos. **7**He sabido que te encuentras trasquilando tus ovejas. También tú sabrás que tus pastores han estado en Carmel con nosotros, y que mientras ellos estuvieron con nosotros nunca se les molestó ni se les quitó nada. **8**Puedes preguntar esto a tus criados, y ellos te lo confirmarán. Por esta razón te ruego que tengas ahora consideración con estos muchachos, que en buen momento llegan, y que nos des, tanto a ellos como a mí, lo que tengas a mano, pues soy como tu hijo."

9Los criados de David fueron y transmitieron este recado a Nabal, y se quedaron esperando la respuesta. **10**Pero Nabal les contestó:

—¿Quién es David? ¿Quién es ese hijo de Jesé? ¡Hoy en día son muchos los esclavos que andan huyendo de sus dueños! **11**¿Acaso voy a

---

a **24.10** *Yo no quise:* según la versión griega (LXX). Heb. *él dijo.*

tomar la comida y la bebida y la carne que he preparado para mis trasquiladores, y voy a dárselas a gente que no sé ni de dónde es?

12 Los criados de David tomaron el camino de regreso, y cuando llegaron ante David le contaron todo lo que Nabal había dicho. **13** Entonces David ordenó a sus hombres:

—¡Todos a las armas!

Sus hombres se colocaron la espada al cinto, lo mismo que David; y así cuatrocientos hombres se fueron con él, mientras que otros doscientos se quedaron cuidando el material. **14** Pero uno de los criados de Nabal fue a decirle a Abigail, la mujer de Nabal:

—Desde el desierto, David envió unos mensajeros a saludar a nuestro amo, pero él reaccionó muy groseramente. **15** Sin embargo, esos hombres se han portado muy bien con nosotros. Durante todo el tiempo que anduvimos con ellos por el campo, nunca nos molestaron ni nos quitaron nada. **16** Al contrario, de día y de noche nos protegían, tanto a nosotros como a nuestros rebaños. **17** Pero como el marido de usted tiene tan mal genio que no se le puede hablar, piense usted y vea lo que debe hacer, porque con toda seguridad algo malo va a venir contra él y contra toda su familia.

18 Rápidamente Abigail tomó doscientos panes, dos cueros de vino, cinco ovejas asadas, unos cuarenta litros de grano tostado, cien tortas de uvas pasas y doscientas tortas de higos secos; luego lo cargó todo en asnos, **19** y dijo a sus criados:

—Adelántense ustedes, que yo los seguiré más tarde.

Sin decir nada de esto a su marido, **20** Abigail montó en un asno y, a escondidas, comenzó a bajar del monte. De pronto vio que David y sus hombres venían a su encuentro, y fue a recibirlos. **21** David venía pensando que de balde había protegido todo lo que Nabal tenía en el desierto, sin quitarle nada de su propiedad, pues él le había pagado mal por bien. **22** Así que juró: "¡Que Dios me castigue duramente*a* si de aquí a mañana no acabo con todos los varones parientes suyos!"

23 En cuanto Abigail vio a David, se bajó del asno y se inclinó hasta el suelo en señal de respeto. **24** Luego se echó a sus pies y le dijo:

—¡Que la culpa, mi señor, recaiga sobre mí! Yo le ruego a usted que me permita hablarle, y que escuche mis razones. **25** No haga usted caso de Nabal, ese hombre grosero, porque él, haciendo honor a su nombre,*b* es realmente un estúpido. Siempre actúa con estupidez. Esta servidora de usted no vio a los criados que usted mandó. **26** Sin embargo, con toda seguridad, el Señor no ha permitido que venga usted a derramar sangre y a hacerse justicia por su propia mano. ¡Quiera el Señor que todos los enemigos de usted, y todos los que procuran hacerle daño, corran la misma suerte que Nabal! **27** Y ahora le ruego a usted que estos regalos que yo le he traído sean repartidos entre los criados que le acompañan, **28** y que perdone usted a esta servidora suya. Ciertamente el Señor va a mantener a usted y a su dinastía en el poder, ya que usted lucha por la causa del Señor, y en toda su vida no sufrirá ningún mal. **29** Si alguien lo persigue a usted e intenta matarlo, la vida de usted estará segura bajo la protección del Señor su Dios. En cuanto a los enemigos de usted, el Señor los arrojará como quien tira piedras con una honda. **30** Así pues, cuando el Señor haga realidad todo lo bueno que ha anunciado respecto a usted, y lo nombre jefe de Israel, **31** no tendrá usted el pesar ni el remordimiento de haber derramado sangre inocente ni de haberse hecho justicia por su propia mano. Y cuando el Señor le dé a usted prosperidad, acuérdese de esta servidora suya.

32 David le respondió:

—Bendito sea el Señor, Dios de Israel, que te envió hoy a mi encuentro, **33** y bendita seas tú por tu buen juicio, porque hoy has evitado que yo llegue a derramar sangre y a hacerme justicia por mi propia mano. **34** Pero te juro por el Señor, el Dios de Israel, que ha evitado que yo te haga daño, que si no te hubieras dado prisa en venir a mi encuentro, mañana no le quedaría a Nabal ni un solo varón vivo.

35 Luego David recibió de manos de ella lo que le había llevado, y le dijo:

—Puedes irte tranquila a tu casa. Como ves, he atendido a tus razones y te he concedido lo que me pediste.

36 Cuando Abigail volvió a donde estaba Nabal, vio que este se hallaba celebrando en su

---

a **25.22** *Me castigue duramente:* según la versión griega (LXX). Heb. *castigue duramente a los enemigos de David.*
b **25.25** En hebreo, *Nabal* significa *estúpido.*

casa un banquete digno de un rey. Estaba muy contento y completamente borracho. Por eso, ella no le dijo nada hasta el otro día. **37** A la mañana siguiente, cuando ya se le había pasado la borrachera a Nabal, Abigail le explicó claramente lo ocurrido, y Nabal sufrió un ataque repentino que lo dejó paralizado. **38** Diez días después, el Señor lo hirió de nuevo, y Nabal murió. **39** Cuando David supo que Nabal había muerto, dijo:

—¡Bendito sea el Señor, que me ha vengado de la ofensa que me hizo Nabal! ¡Me ha librado de hacer lo malo, y ha hecho recaer la maldad de Nabal sobre Nabal mismo!

Después David envió a Abigail una proposición de matrimonio. **40** Y cuando los criados de David llegaron a Carmel para hablar con ella, le dijeron:

—David nos ha enviado por usted, porque quiere hacerla su esposa.

41 Abigail se inclinó hasta el suelo, en actitud de reverencia, y contestó:

—Yo soy una simple servidora de David, dispuesta a lavar los pies de sus esclavos, si él así me lo ordena.

42 Después de haber dicho esto, se preparó rápidamente y, acompañada por cinco criadas, montó en un asno y se puso en camino tras los enviados de David, y se casó con él.

43 David se casó también con Ahinóam de Jezreel, y las dos fueron sus mujeres. **44** Saúl había entregado su hija Mical, la mujer de David, a Paltí, el hijo de Lais, que era de Galim.

David perdona la vida a Saúl

26 **1** Los habitantes de Zif fueron a Guibeá a ver a Saúl, y le dijeron: "David está escondido en la colina de Haquilá, frente al desierto."

2 Entonces Saúl se puso en marcha, acompañado de tres mil de los mejores soldados israelitas, y se fue al desierto de Zif en busca de David. **3** Acampó en la colina de Haquilá, que está junto al camino y frente al desierto. Pero David, que estaba en el desierto, se dio cuenta de que Saúl lo había seguido hasta allí, **4** así que envió espías para saber hasta dónde había llegado Saúl. **5** Después fue hasta el lugar en que Saúl había acampado y se fijó en dónde dormían Saúl y Abner, el hijo de Ner, que era jefe del ejército de Saúl. Resultó que Saúl dormía dentro del campamento, rodeado de su gente. **6** Entonces David habló con Ahimélec el hitita

y con Abisai, que era hijo de Seruiá y hermano de Joab, y les preguntó:

—¿Quién está dispuesto a bajar conmigo al campamento para llegar hasta Saúl?

—Yo bajaré contigo —respondió Abisai.

7 Aquella misma noche, David y Abisai fueron al campamento. Saúl estaba durmiendo dentro del campamento, y a su cabecera tenía su lanza hincada en tierra. Abner y la tropa estaban acostados alrededor de él. **8** Entonces dijo Abisai a David:

—Dios ha puesto hoy en tus manos a tu enemigo. Déjame que lo mate ahora y que lo clave en tierra con su propia lanza. Un solo golpe será suficiente.

9 Pero David le contestó:

—No lo mates, pues nadie que intente matar al rey escogido por el Señor quedará sin castigo. **10** Juro por el Señor que él será quien le quite la vida, ya sea que le llegue la hora de la muerte, o que muera al entrar en combate. **11** Que el Señor me libre de intentar matar al rey que él ha escogido. Así que toma la lanza que está a su cabecera y la jarra del agua, y vámonos.

12 De esta manera David tomó la lanza y la jarra del agua que estaban a la cabecera de Saúl, y se fueron. Nadie los vio ni oyó; nadie se despertó, porque todos estaban dormidos, pues el Señor hizo que cayeran en un profundo sueño. **13** Después David pasó al otro lado del valle y se puso sobre la cumbre de un monte, a cierta distancia. Entre ellos quedaba un gran espacio. **14** Entonces David llamó en alta voz a Abner y al ejército:

—¡Abner, contéstame!

Abner respondió:

—¿Quién eres tú para gritarle al rey?

15 David le dijo:

—¿No eres tú ese hombre a quien nadie en Israel se le puede comparar? ¿Cómo es que no has protegido a tu señor el rey? Uno del pueblo ha entrado con intenciones de matarlo. **16** No está bien lo que has hecho. Yo les juro por el Señor que ustedes merecen la muerte, pues no han protegido a su señor, el rey que el Señor ha escogido. ¡Busca la lanza del rey y la jarra del agua que estaban a su cabecera, a ver si las encuentras!

17 Cuando Saúl reconoció la voz de David, exclamó:

—¡Pero si eres tú, David, hijo mío, quien me habla!

Y David contestó:

—Sí, Majestad, soy yo. 18Pero, ¿por qué persigue Su Majestad a este servidor suyo? ¿Qué he hecho? ¿Qué mal he cometido? 19Yo le ruego a Su Majestad que escuche a este siervo suyo: si es el Señor quien ha puesto a Su Majestad en contra mía, ojalá acepte una ofrenda; pero si es cosa de los hombres, que el Señor los maldiga. Porque me han arrojado ahora de esta tierra, que es del Señor, con lo cual me empujan a servir a otros dioses. 20Yo no quisiera que mi sangre fuera derramada lejos de la presencia del Señor, ¡pero Su Majestad ha salido en busca de una pulga, y me persigue por los montes como a una perdiz!

21Entonces Saúl dijo:

—¡David, hijo mío, reconozco que he pecado! ¡Me he portado como un necio, y he cometido un gran error! Pero regresa, que no volveré a buscar tu mal, ya que en este mismo día has mostrado respeto por mi vida.

22David le contestó:

—Aquí está la lanza de Su Majestad. Que venga uno de los criados a recogerla, 23y que el Señor recompense a cada cual según su lealtad y sinceridad. Aunque el Señor puso hoy a Su Majestad en mis manos, no quise alzar mi mano contra el rey que él ha escogido. 24Y así como hoy he respetado la vida de Su Majestad, así quiera el Señor respetar la mía y me libre de toda angustia.

25Saúl exclamó entonces:

—¡Bendito seas, David, hijo mío! ¡Tú emprenderás grandes cosas, y tendrás éxito en todo!

Después de esto, Saúl regresó a su casa, y David siguió su camino.

David en territorio filisteo

27 1Sin embargo, David pensaba: "Tarde o temprano, Saúl me va a matar. Por eso, lo mejor que puedo hacer es huir al país filisteo para que Saúl me deje tranquilo y no me ande buscando por todo el territorio de Israel. Así escaparé de sus manos." 2Y así David y los seiscientos hombres que le acompañaban se pusieron en camino para ponerse al servicio de Aquís, hijo de Maoc y rey de Gat. 3David y sus hombres vivieron en Gat, con Aquís, cada cual con su familia. David se llevó a sus dos mujeres: Ahinóam, la de Jezreel,

y Abigail, la viuda de Nabal, el de Carmel. 4Cuando Saúl supo que David había huido a Gat, dejó de perseguirlo.

5Y David le dijo a Aquís:

—Si Su Majestad tiene a bien favorecerme, le ruego que me conceda vivir en alguna de las ciudades del país, pues no está bien que este servidor suyo viva con Su Majestad en la capital del reino.

6Aquel mismo día, Aquís le dio la ciudad de Siclag. Por eso, hasta la fecha, Siclag es parte del reino de Judá.

7David vivió durante un año y cuatro meses en territorio filisteo. 8Y salía con sus hombres a saquear a los de Guesur, Guézer y Amalec, que habitaban en aquella región, desde Telaím,ᵃ en la dirección de Sur, hasta Egipto. 9Atacaba a aquella región y no dejaba vivo hombre ni mujer. Además se llevaba las ovejas, las vacas, los asnos, los camellos y hasta la ropa. Después volvía adonde estaba Aquís, 10y este le preguntaba: "¿Qué pueblo has saqueado hoy?" Y David le contestaba: "Al sur de Judá", o "Al sur de Jerahmeel", o "Al sur del territorio de los quenitas."

11David no dejaba hombre ni mujer con vida, para evitar que fueran a Gat y dieran aviso de lo que él hacía. Todo el tiempo que vivió en tierra filistea lo hizo así. 12Y Aquís confiaba en David, y pensaba: "David se está volviendo odioso a Israel, y así será siempre mi servidor."

28 1Por aquellos días, los filisteos reunieron sus ejércitos para luchar contra Israel, y Aquís dijo a David:

—Como tú bien sabes, tú y tus hombres tienen que salir conmigo a campaña.

2David le respondió:

—Muy bien. Ahora va a saber Su Majestad lo que este siervo suyo es capaz de hacer.

—En ese caso —contestó Aquís a David—, te nombraré jefe permanente de mi guardia personal.

Saúl y la adivina de Endor

3Para entonces ya Samuel había muerto, y todos en Israel habían llorado su muerte, después de lo cual lo habían enterrado en Ramá, su ciudad natal.ᵃ Saúl, por su parte, había expulsado del país a los adivinos y a los que invocaban a los muertos.

ᵃ **27.8** *Desde Telaím:* texto probable. Heb. *desde hacía mucho tiempo.* Cf. 15.4. ᵃ **28.3** 1 S 25.1.

4 Los filisteos se reunieron y fueron a establecer su campamento en Sunem, y Saúl juntó a todo Israel y tomó posiciones en Guilboa. 5 Pero cuando vio el campamento filisteo, tuvo miedo y se sintió dominado por el terror. 6 Entonces consultó al Señor, pero el Señor no le respondió ni por sueños, ni por el Urim, [b] ni por los profetas. 7 Por eso ordenó a sus oficiales:

—Busquen alguna mujer que invoque a los muertos, para que yo vaya a hacerle una consulta.

Y sus oficiales le respondieron:

—En Endor hay una mujer que invoca a los muertos.

8 Saúl se disfrazó, vistiéndose con otra ropa, y acompañado por dos hombres fue de noche a visitar a aquella mujer. Y le dijo:

—Te ruego que me adivines la suerte, y que hagas venir el espíritu de quien yo te diga.

9 La mujer le respondió:

—Tú sabes lo que ha hecho Saúl, que ha expulsado del país a los adivinos y a los que invocan a los muertos. ¿Por qué me metes en algo que me puede costar la vida?

10 Pero Saúl, jurando por el Señor, le dijo:

—Te juro por el Señor que no te pasará nada malo por esto.

11 —¿A quién quieres que haga venir? —contestó la mujer.

—Llámame a Samuel —dijo Saúl.

12 De repente la mujer vio a Samuel, y dio un grito; luego le dijo a Saúl:

—¿Por qué me has engañado? ¡Tú eres Saúl!

13 Pero el rey le dijo:

—No tengas miedo. ¿Qué has visto?

—Veo un dios que sube de la tierra —contestó la mujer.

14 —¿Qué aspecto tiene? —preguntó Saúl.

—Es un hombre anciano, vestido con una capa —respondió ella.

Saúl comprendió en seguida que era Samuel, y se inclinó hasta tocar el suelo con la frente. 15 Entonces le dijo Samuel:

—¿Para qué me has molestado, haciéndome venir?

Saúl respondió:

—Es que estoy muy angustiado, pues me están atacando los filisteos y Dios me ha abandonado. No me responde ya ni por medio de los profetas ni por sueños. Por eso te he llamado, para que me indiques lo que debo hacer.

16 Samuel le contestó:

—¿Por qué me preguntas a mí, si el Señor ya te ha abandonado y se ha vuelto tu enemigo? 17 El Señor ha hecho contigo lo que te anunció por medio de mí. Te ha arrebatado el reino y se lo ha entregado a tu compañero David, [c] 18 ya que tú no obedeciste el mandato del Señor, ni cumpliste su orden de destruir a los amalecitas. Por eso ahora el Señor ha hecho esto contigo. 19 Además, el Señor va a entregar a los israelitas y a ti en poder de los filisteos, y mañana tú y tus hijos estarán conmigo. También hará el Señor que el campamento de Israel caiga en poder de los filisteos. [d]

20 De pronto Saúl cayó al suelo cuan largo era. Estaba tan asustado por las palabras de Samuel, que se desmayó. Para colmo, no había comido nada en todo el día ni en toda la noche. 21 Al ver la mujer que Saúl estaba tan aturdido, se acercó a él y le dijo:

—Esta servidora tuya ha atendido tu petición. Jugándome la vida, he obedecido tus órdenes. 22 Así que ahora te ruego que me hagas caso: te voy a servir un poco de comida, para que te reanimes y puedas seguir adelante.

23 Saúl no quería comer, pero sus oficiales y la mujer insistieron tanto que al fin aceptó. En seguida se levantó del suelo y se sentó en una cama. 24 Mientras tanto, la mujer mató un becerro gordo que tenía en su casa, y amasó harina para cocer unas tortas sin levadura. 25 Luego les llevó esto a Saúl y a sus oficiales, los cuales, después de haber comido, se despidieron, y aquella misma noche se fueron.

Los filisteos desconfían de David

29 1 Los filisteos reunieron todas sus tropas en Afec, en tanto que los israelitas acamparon en el manantial que está en Jezreel. 2 Y cuando los jefes filisteos avanzaban por compañías y batallones, David y sus hombres marchaban con Aquís en la retaguardia. 3 Entonces los jefes filisteos le preguntaron a Aquís:

—¿Qué hacen aquí estos hebreos?

Aquís les respondió:

—Este es David, que era oficial de Saúl, rey de Israel. Pero ha estado conmigo durante algunos años, y desde el día que se pasó a mi lado hasta hoy no he encontrado en él ninguna falta.

---

[b] **28.6** *Tumim:* Véase Ex 28.30 n.   [c] **28.17** 1 S 15.28.   [d] **28.16–19** 1 S 15.1–23.

4 Pero los jefes filisteos se enojaron con Aquís, y le dijeron:

—Pues ordénale que se vaya al lugar que le has dado y que no nos acompañe en la batalla; no sea que se convierta en nuestro enemigo en medio del combate. ¡La mejor manera que él tendría de quedar bien con su señor sería presentándole las cabezas de estos soldados! 5 ¡Este es el mismo David de quien cantaban en las danzas: 'Mil hombres mató Saúl, y diez mil mató David'!ᵃ

6 Entonces Aquís llamó a David y le dijo:

—¡Tan cierto como que el Señor vive, que tú eres un hombre recto! Y me ha gustado mucho la forma en que te has portado en el campamento. No he encontrado nada malo en ti desde el día en que viniste a verme. Pero no les caes bien a los jefes filisteos, 7 así que regresa ahora tranquilo, para no hacer nada que les desagrade.

8 David le contestó:

—¿Qué he hecho yo? ¿Qué ha visto en mí Su Majestad en todo este tiempo, que no me deja luchar contra sus enemigos?

9 Aquís respondió:

—Yo estoy seguro de que eres tan bueno como un ángel de Dios, pero los jefes filisteos han decidido que no entres con nosotros en la batalla. 10 Por lo tanto, tú y los servidores de tu señor que han venido contigo se levantarán mañana, en cuanto amanezca, y emprenderán el regreso.

11 Así pues, David y sus hombres se levantaron al día siguiente por la mañana y regresaron al país filisteo, mientras que los filisteos avanzaban hacia Jezreel.

David derrota a los amalecitas

30 1 Al tercer día, David y sus hombres llegaron a Siclag, y se encontraron con que los amalecitas habían invadido el Négueb y atacado a Siclag, destruyéndola e incendiándola. 2 También se habían llevado prisioneras a las mujeres y a todos los niños y adultos que estaban allí, aunque no habían matado a nadie.

3 Cuando David y sus hombres llegaron a la ciudad y vieron que estaba quemada y que se habían llevado prisioneros a sus mujeres, hijos e hijas, 4 se pusieron a llorar a voz en cuello hasta quedarse sin fuerzas. 5 También habían hecho prisioneras a las dos mujeres de David: a Ahinóam, la de Jezreel, y a Abigail, la viuda de Nabal, el de Carmel. 6 David estaba muy preocupado porque la tropa quería apedrearlo, pues todos estaban muy disgustados por lo que había sucedido a sus hijos. Sin embargo, puso su confianza en el Señor su Dios, 7 y le dijo al sacerdote Abiatar, hijo de Ahimélec:

—Por favor, tráeme el efod.ᵃ

En cuanto Abiatar llevó el efod a David, 8 este consultó al Señor. Le preguntó:

—¿Debo perseguir a esa banda de ladrones? ¿Podré alcanzarla?

Y el Señor contestó:

—Persíguela, pues la alcanzarás y rescatarás a los prisioneros.

9 Inmediatamente David se puso en camino con los seiscientos hombres que le acompañaban, y llegaron al arroyo de Besor. Allí se quedaron 10 doscientos hombres que estaban muy cansados para cruzar el arroyo, y con los otros cuatrocientos continuó David la persecución. 11 Más tarde encontraron en el llano a un egipcio, y lo llevaron ante David, aunque antes tuvieron que darle de comer y de beber: 12 le dieron una rebanada de torta de higo y dos tortas de uvas pasas. Después de comer, el egipcio se sintió más reanimado, pues hacía tres días y tres noches que no había comido ni bebido nada. 13 Entonces le preguntó David:

—¿Quién es tu amo? ¿De dónde vienes?

El egipcio le respondió:

—Soy egipcio, criado de un amalecita, pero hace tres días mi amo me abandonó porque caí enfermo, 14 pues fuimos a saquear la parte sur del territorio de los quereteos, y de los de Judá y de Caleb. También le prendimos fuego a Siclag.

15 —¿Me quieres conducir hasta esa banda de ladrones? —le preguntó David.

Y el egipcio contestó:

—Si me juras por Dios que no me matarás ni me entregarás a mi amo, te llevaré hasta ellos.

16 Y lo llevó hasta donde estaban los ladrones, los cuales se habían desparramado por todo el campo y estaban comiendo, bebiendo y haciendo fiesta por todo lo que habían robado en territorio filisteo y en territorio de Judá. 17 Entonces David los atacó desde la mañana hasta

la tarde, y los destruyó por completo, menos a cuatrocientos muchachos que montaron en sus camellos y lograron escapar.

18 David rescató todo lo que los amalecitas habían robado, y rescató también a sus dos mujeres. 19 No les faltó ni la más pequeña cosa de todo lo que les habían quitado, ni tampoco faltó un solo niño ni adulto, pues David lo recuperó todo. 20 También se apoderó David de todas sus ovejas y vacas, y los que arreaban el ganado decían que aquello era lo que había ganado David.

21 Cuando David llegó adonde estaban los doscientos hombres que por estar demasiado cansados no lo habían acompañado, sino que se habían quedado en el arroyo de Besor, salieron ellos a recibirlo a él y a sus acompañantes. David se acercó a ellos y los saludó. 22 Pero algunos de sus hombres, que eran gente malvada y perversa, protestaron y dijeron que a quienes no habían ido con ellos no se les debía dar nada de lo que ellos habían obtenido, excepto sus mujeres e hijos, y que deberían irse después de recuperarlos. 23 Sin embargo, David dijo:

—No hagan eso, amigos míos, después de todo lo que el Señor nos ha dado, y de que nos ha conservado la vida y ha puesto en nuestras manos a esa banda de ladrones que nos había atacado. 24 En este caso nadie va a darles la razón, porque en el reparto lo mismo les toca a los que se quedan cuidando el equipo que a los que van a la batalla.

25 (Desde entonces, y hasta el presente, esta fue la práctica general en Israel.)

26 Cuando David llegó a Siclag, envió a sus amigos, los ancianos de Judá, una parte de lo que le había quitado al enemigo, junto con este mensaje: "Aquí tienen ustedes este regalo, que es parte de lo que les quité a los enemigos del Señor." 27 Y envió regalos a los que estaban en Betel, en Ramot del Négueb, en Jatir, 28 en Aroer, en Sifmot, en Estemoa 29 y en Racal, y también a los que estaban en las ciudades de Jerahmeel, en las ciudades de los quenitas, 30 y en Hormá, en Corasán, en Atac, 31 en Hebrón y en todos los sitios por donde él y sus hombres habían andado.

Saúl y sus hijos mueren en la guerra
(1 Cr 10.1–12)

31 1 Los filisteos atacaron a Israel, y los israelitas huyeron ante ellos, pues fueron muchos los muertos en el monte Guilboa. 2 Y los filisteos se fueron en persecución de Saúl y de sus hijos, y mataron a Jonatán, a Abinadab y a Malquisúa. 3 Luego concentraron todo su ataque sobre Saúl; y como los arqueros lograron alcanzarlo con sus flechas, le entró mucho miedo de ellos. 4 Por lo tanto, le dijo a su ayudante de armas:

—Saca tu espada y atraviésame con ella, para que no vengan estos paganos y sean ellos quienes me maten y se diviertan conmigo.

Pero su ayudante no quiso hacerlo, porque tenía mucho miedo. Entonces Saúl tomó su espada y se dejó caer sobre ella. 5 Y cuando su ayudante vio que Saúl había muerto, también él se dejó caer sobre su propia espada y murió con él. 6 Así murieron aquel día Saúl, sus tres hijos, su ayudante y todos sus hombres. 7 Y cuando los israelitas que vivían al otro lado del valle y al este del Jordán vieron que las tropas de Israel habían huido, y que Saúl y sus hijos habían muerto, abandonaron las ciudades y huyeron también. Entonces los filisteos llegaron y se quedaron a vivir en ellas.

8 Al día siguiente, cuando los filisteos fueron a despojar a los muertos, encontraron a Saúl y a sus tres hijos tendidos en el monte Guilboa. 9 Entonces le cortaron la cabeza y le quitaron las armas, y enviaron mensajeros por todo el territorio filisteo para que dieran la noticia al pueblo en el templo de sus dioses. 10 Luego pusieron las armas de Saúl en el templo de Astarté[a] y colgaron su cuerpo en la muralla de Bet–sán.

11 Cuando los habitantes de Jabés de Galaad supieron lo que los filisteos habían hecho con Saúl, 12 se pusieron de acuerdo todos los hombres valientes y, después de haber caminado durante toda la noche, tomaron de la muralla de Bet–sán los cuerpos de Saúl y de sus hijos y regresaron a Jabés, donde los quemaron. 13 Luego enterraron sus restos en Jabés, debajo de un árbol. Después de esto guardaron siete días de ayuno.

---

[a] **31.10** *Astarté:* Véase Jue 2.13 n.

Segundo libro de

SAMUEL

El *Segundo libro de Samuel* (= 2 S) prosigue el relato iniciado en el primer libro. Al principio, se destaca de un modo especial el bello y noble poema en el que David lamenta la muerte de Saúl y Jonatán (cap. 1). A continuación, la narración se concentra por entero en la historia del reinado de David, primero solo sobre la tribu de Judá (caps. 2—4) y después sobre todo Israel (caps. 5—24).

Como *1 y 2 Samuel* forman en realidad una sola obra, véase la *Introducción* al primer libro. El siguiente esquema ofrece una visión de conjunto de 2 S:

1. Comienzo del reinado de David, profecía de Natán y campañas militares (1—8)
2. Historia de la sucesión al trono de David (9—20)
3. Apéndices (21—24)

David se entera de la muerte de Saúl

1 ¹Después de la muerte de Saúl,ª David volvió a Siclag tras haber derrotado a los amalecitas, y allí se quedó dos días. ²Pero al tercer día llegó del campamento de Saúl un hombre que traía la ropa rasgada y la cabeza cubierta de tierra en señal de dolor. Cuando llegó ante David, se inclinó hasta el suelo en señal de reverencia. ³David le preguntó:

—¿De dónde vienes?

—He logrado escapar del campamento israelita —respondió aquel hombre.

⁴—¿Pues qué ha ocurrido? ¡Dímelo, por favor! —exigió David.

—Pues que el ejército huyó del combate, y que muchos de ellos murieron —contestó aquel hombre—. ¡Y también murieron Saúl y su hijo Jonatán!

⁵—¿Y cómo sabes que Saúl y su hijo Jonatán han muerto? —preguntó David al criado que le había traído la noticia. ⁶Este respondió:

—Pues de pura casualidad estaba yo en el monte Guilboa, y vi a Saúl apoyándose en su lanza y a los carros de combate y la caballería enemiga a punto de alcanzarlo. ⁷En ese momento él miró hacia atrás, y al verme me llamó. Yo me puse a sus órdenes. ⁸Luego me preguntó quién era yo, y yo le respondí que era amalecita. ⁹Entonces me pidió que me acercara a él y lo matara de una vez, porque ya había entrado en agonía y, sin embargo, todavía estaba vivo. ¹⁰Así que me acerqué a él y lo maté, porque me di cuenta de que no podría vivir después de su caída. Luego le quité la corona de su cabeza y el brazalete que tenía en el brazo, para traérselos a usted, mi señor.

¹¹Entonces David y los que lo acompañaban se rasgaron la ropa en señal de dolor, ¹²y lloraron y lamentaron la muerte de Saúl y de su hijo Jonatán, lo mismo que la derrota que habían sufrido los israelitas, el ejército del Señor, y ayunaron hasta el atardecer.ᵇ ¹³Después David le preguntó al joven que le había traído la noticia:

—¿Tú de dónde eres?

—Soy extranjero, un amalecita —contestó él.

¹⁴—¿Y cómo es que te atreviste a levantar tu mano contra el rey escogido por el Señor? —exclamó David, ¹⁵y llamando a·uno de sus hombres, le ordenó:

—¡Anda, mátalo!

Y él hirió mortalmente al amalecita y lo mató, ¹⁶mientras David decía:

—Tú eres responsable de tu propia muerte, pues tú mismo te declaraste culpable al confesar que habías matado al rey escogido por el Señor.

ª **1.1** 1 S 31. ᵇ **1.12** El ayuno formaba parte de los ritos de duelo (cf. 1 S 31.13; 2 S 3.35; Jl 2.12).

Lamento por Saúl y Jonatán

17 David entonó este lamento por la muerte de Saúl y de su hijo Jonatán, **18** y ordenó que se le enseñara a la gente de Judá.*c* Este lamento se halla escrito en el Libro del Justo:

19 "¡Oh, Israel,
herida fue tu gloria en tus montañas!
¡Cómo han caído los valientes!

20 No lo anuncien en Gat
ni lo cuenten en las calles de Ascalón,
para que no se alegren las mujeres filisteas,
para que no salten de gozo esas paganas.

21 "¡Que no caiga más sobre ustedes
lluvia ni rocío, montes de Guilboa,
pues son campos de muerte!*d*
Allí fueron pisoteados
los escudos de los héroes.
Allí perdió su brillo
el escudo de Saúl.

22 "Jamás Saúl y Jonatán volvieron
sin haber empapado espada y flechas
en la sangre y la grasa
de los guerreros más valientes.

23 "Saúl y Jonatán, amados y queridos,
ni en su vida ni en su muerte
estuvieron separados.
¡Más veloces eran que las águilas!
¡Más fuertes que los leones!

24 "¡Hijas de Israel, lloren por Saúl,
que las vestía de púrpura y lino fino,
que las adornaba con brocados de oro!

25 ¡Cómo han caído los valientes
en el campo de batalla!
¡Jonatán ha sido muerto
en lo alto de tus montes!

26 "¡Angustiado estoy por ti,
Jonatán, hermano mío!
¡Con cuánta dulzura me trataste!
Para mí tu cariño superó
al amor de las mujeres.

27 ¡Cómo han caído los valientes!
¡Las armas han sido destruidas!"

David es proclamado rey de Judá

2 **1** Después de esto, David consultó al Señor y le dijo:
—¿Debo ir a alguna de las ciudades de Judá?

El Señor le contestó:
—Sí, debes ir.

Entonces David preguntó:
—¿A dónde debo ir?

Y el Señor respondió:
—A Hebrón.

2 David fue allá con sus dos mujeres: Ahinóam, la del pueblo de Jezreel, y Abigail, la viuda de Nabal, el de Carmel. **3** También se llevó a sus compañeros, con sus respectivas familias, y se establecieron en las ciudades de Hebrón. **4** Llegaron después los hombres de Judá, y consagraron allí a David como rey de Judá.

Cuando le contaron a David que los de Jabés de Galaad eran los que habían enterrado a Saúl,*a* **5** envió David unos mensajeros a decirles: "Que el Señor los bendiga por tratar con tanta bondad a Saúl, su señor, dándole sepultura. **6** Y que el Señor los trate a ustedes con bondad y fidelidad. Yo, por mi parte, los trataré bien a ustedes por esto que han hecho. **7** Pero ahora, cobren ustedes ánimo y valor, pues aunque ha muerto Saúl, su señor, la tribu de Judá me ha consagrado para que yo sea su rey."

Israel y Judá, en guerra

8 Pero Abner, hijo de Ner, jefe del ejército de Saúl, tomó a Is–bóset,*b* el hijo de Saúl, y lo llevó a Mahanaim, **9** donde lo consagró como rey de Galaad, de Guesurí, de Jezreel, de Efraín, de Benjamín y de todo Israel. **10** Cuando Is–bóset comenzó a reinar en Israel, tenía cuarenta años, y reinó durante dos años. Pero la tribu de Judá reconocía como rey a David, **11** así que David fue rey de Judá durante siete años y seis meses, y la capital de su reino fue Hebrón.

12 Abner salió entonces de Mahanaim a Gabaón, al frente de las tropas de Is–bóset. **13** Por

---

c **1.18** *La gente de Judá:* Heb. añade *un arco.* Otra posible traducción: *y ordenó que se le enseñara a la gente de Judá. Es el canto del arco y se halla escrito en el libro del Justo.* *d* **1.21** *Campos de muerte:* sentido probable. Heb. *campos de ofrenda.* *a* **2.4** 1 S 31.11–13. *b* **2.8** El nombre de este hijo de Saúl era originariamente *Is–baal* (*hombre de Baal*), pero el texto hebreo lo cambió en *Is–bóset* (*hombre de vergüenza*). De este modo se evitaba pronunciar el nombre de Baal, divinidad pagana particularmente odiosa para el pueblo de Israel (cf. Os 2.17). Véase también 4.4 n.

su parte Joab, hijo de Seruiá, y las tropas de David, salieron de Hebrón y se encontraron con ellos junto al depósito de agua de Gabaón. Los dos ejércitos tomaron posiciones, unos a un lado del depósito y otros al lado opuesto. 14 Entonces Abner le propuso a Joab:

—Que salgan a luchar los jóvenes delante de todos nosotros.

—De acuerdo —contestó Joab.

15 Así pues, para luchar por parte de Benjamín y de Is-bóset, hijo de Saúl, pasaron al frente doce jóvenes soldados, y otros doce por parte de las tropas de David. 16 Cada cual agarró a su contrario por la cabeza y le clavó la espada en el costado, de modo que cayeron todos muertos a la vez. Por eso aquel lugar, que está en Gabaón, fue llamado Helcat–hasurim.c 17 El combate fue muy duro aquel día, y Abner y las tropas de Israel fueron derrotados por los soldados de David. 18 Allí estaban los tres hijos de Seruiá: Joab, Abisai y Asael. Este último corría veloz, como un ciervo a campo abierto, 19 y se lanzó en persecución de Abner sin darle ninguna oportunidad de escapar. 20 Y cuando Abner miró hacia atrás, exclamó:

—¡Pero si eres tú, Asael!

—¡Claro que soy yo! —respondió él.

21 Entonces Abner le dijo:

—Deja ya de perseguirme. Mejor agarra a alguno de los criados y quédate con todo lo que lleva encima.

Pero como Asael no quiso dejar de perseguirlo, 22 Abner volvió a decirle:

—¡Deja ya de perseguirme, o me veré obligado a derribarte por tierra! Y luego, ¿con qué cara voy a presentarme ante tu hermano Joab?

23 Como Asael no quiso apartarse, Abner le clavó en el vientre la punta posterior de su lanza, la cual le salió por la espalda, y Asael cayó muerto allí mismo. Y todos los que llegaban al sitio donde había caído muerto Asael, se paraban a verlo. 24 Pero Joab y Abisai siguieron persiguiendo a Abner. A la puesta del sol llegaron a la colina de Amá, que está frente a Guíah, en el camino al desierto de Gabaón. 25 Allí los benjaminitas se reunieron con Abner, y formando un solo ejército tomaron posiciones en la cumbre de un cerro. 26 Entonces Abner le gritó a Joab:

—¿No va a tener fin esta matanza? ¿No te das cuenta de que esto solo nos traerá amargura? ¿Cuándo vas a ordenar a tu gente que deje de perseguir a sus hermanos?

27 Y Joab contestó:

—Te juro por Dios que si no hubieras dicho esto, mi gente habría seguido persiguiendo a sus hermanos hasta el amanecer.

28 En seguida Joab ordenó que tocaran las trompetas, y toda la gente se detuvo, dejando de perseguir a los israelitas y de luchar contra ellos. 29 Abner y sus hombres caminaron por la llanura de Arabá toda aquella noche, y cortando camino a través del Jordán y de todo Bitrón, llegaron a Mahanaim.

30 Joab dejó de perseguir a Abner y reunió todas sus tropas, y al pasar lista resultó que habían muerto diecinueve oficiales de David, además de Asael. 31 Sin embargo, los seguidores de David habían matado a trescientos sesenta hombres de Benjamín y de Abner.

32 Más tarde, el cuerpo de Asael fue llevado a Belén y enterrado allí, en el sepulcro de su padre. Joab y sus hombres caminaron toda aquella noche, y al amanecer estaban en Hebrón.

3 1 La guerra entre la casa de Saúl y la casa de David fue larga, pero mientras que la de David iba haciéndose más y más fuerte, la de Saúl se iba debilitando.

La familia de David
(1 Cr 3.1–4)

2 Los hijos que le nacieron a David cuando estaba en Hebrón, fueron: el mayor, Amnón, hijo de Ahinóam, la de Jezreel; 3 el segundo, Quilab, hijo de Abigail, la viuda de Nabal, el de Carmel; el tercero, Absalón, hijo de Maacá, la hija de Talmai, rey de Guesur; 4 el cuarto, Adonías, hijo de Haguit; el quinto, Sefatías, hijo de Abital; 5 el sexto, Itream, hijo de Eglá, otra mujer de David. Estos nacieron cuando David estaba en Hebrón.

---

c **2.16** En hebreo, *Helcat–hasurim* significa *Campo de las rocas.* Para explicar la relación entre este nombre y el episodio relatado en el texto, se ha pensado que los combatientes utilizaron espadas o cuchillos de piedra y no de metal. Otros comentaristas sugieren leer *hasarim* en vez de *hasurim,* y entonces el significado sería *Campo de los adversarios.* Otros, finalmente, enmiendan el texto en *Helcat–hasadim* (*Campo de los costados*), con lo cual se tendría una referencia al acto de traspasar al adversario en el costado.

Abner se alía con David

6 Mientras continuaba la guerra entre la casa de Saúl y la casa de David, Abner adquiría cada vez más poder sobre la casa de Saúl. 7 Saúl había tenido una concubina llamada Rispá, hija de Aiá, con la que Abner tuvo relaciones. Por lo tanto, Is–bóset le reclamó a Abner:

—¿Por qué te acostaste con la concubina de mi padre?

8 Abner se enojó mucho por la reclamación de Is–bóset, y le contestó:

—¿Acaso soy un perro al servicio de Judá? Yo he sido fiel a la casa de Saúl, tu padre, y a sus parientes y amigos, y no te he entregado en manos de David. ¿Y tú me acusas ahora de haber pecado con una mujer? 9 ¡Que el Señor me castigue duramente si no hago con David lo que el Señor le ha prometido, 10 quitando del trono a la dinastía de Saúl, y estableciendo a David en el trono de Israel y de Judá, desde Dan hasta Beerseba![a]

11 Is–bóset no pudo responderle a Abner una sola palabra, porque le tenía miedo. 12 Abner, por su parte, envió mensajeros a decirle a David: "¿De quién es el país? Hagamos un trato: yo haré cuanto esté a mi alcance para que todo Israel se ponga de tu parte."

13 David le contestó: "Estoy de acuerdo en hacer un pacto contigo, pero con una condición: que no te presentes ante mí sin traer contigo, cuando vengas a verme, a Mical, la hija de Saúl." 14 Además, David envió mensajeros a Is–bóset, diciéndole: "Entrégame a Mical, mi mujer, con la que me casé a cambio de cien prepucios de filisteos."[b]

15 Entonces Is–bóset mandó que se la quitaran a Paltiel, hijo de Lais, que era su marido; 16 pero Paltiel se fue detrás de ella, llorando, y la siguió hasta Bahurim. Allí Abner le ordenó que regresara, y Paltiel regresó.

17 Más tarde Abner habló con los ancianos de Israel, y les dijo: "Ya hace tiempo que ustedes andan buscando que David sea su rey. 18 Pues bien, ha llegado el momento de actuar, porque el Señor ha prometido a David, su siervo, que por medio de él librará a Israel, su nación, del dominio de los filisteos y del poder de todos sus enemigos."

19 Abner habló también con la gente de Benjamín, y después fue a Hebrón para comunicarle a David el parecer de Israel y de toda la tribu de Benjamín. 20 Llegó con veinte hombres a Hebrón, donde estaba David, y David hizo un banquete para él y los que le acompañaban. 21 Luego Abner le dijo a David:

—Ahora debo irme para reunir a todo Israel, para que hagan un pacto con Su Majestad, y que así Su Majestad reine conforme a sus deseos.

Y David despidió a Abner, el cual se fue tranquilamente.

Joab mata a Abner

22 Joab y los seguidores de David llegaron en ese momento de una de sus correrías, trayendo consigo gran cantidad de cosas que le habían quitado al enemigo. Abner no estaba ya con David en Hebrón, pues se había ido tranquilamente después que David lo despidió. 23 Al llegar Joab con todo el ejército que le acompañaba, le contaron que Abner, hijo de Ner, había estado antes con el rey, y que se había ido después que el rey lo despidió. 24 Entonces Joab fue a ver al rey, y le dijo:

—¿Qué es lo que ha hecho Su Majestad? Abner ha venido a ver a Su Majestad, y Su Majestad ha dejado que se vaya. 25 ¿Acaso no sabe Su Majestad que Abner, hijo de Ner, ha venido solo a engañarle, y a espiar sus movimientos, y a enterarse de todo lo que Su Majestad hace?

26 En cuanto Joab salió de hablar con David, envió mensajeros en busca de Abner, sin que David lo supiera, y estos lo hicieron volver desde el pozo de Sirá. 27 Cuando Abner llegó a Hebrón, Joab lo llevó a un lado de la puerta de la ciudad, para hablar con él a solas, y allí lo hirió de muerte en el vientre, para vengar la muerte de su hermano Asael. 28 Más tarde, cuando David lo supo, dijo: "Ante el Señor, yo y mi reino somos completamente inocentes del asesinato de Abner, hijo de Ner. 29 ¡Que caiga la culpa sobre la cabeza de Joab y sobre toda su familia, y que nunca falte en su casa quien sufra de flujo, lepra o cojera, ni quien sea asesinado o padezca hambre!"

30 Joab y Abisai mataron a Abner porque en la batalla de Gabaón Abner había matado al hermano de ellos. 31 Después David ordenó a Joab y a todo el grupo que le acompañaba: "Rásguense la ropa

---

a **3.10** 1 S 13.13–14; 15.26–28. *b* **3.14** 1 S 18.27.

y vístanse con ropas ásperas, y guarden luto por la muerte de Abner." El rey David marchó detrás de la camilla, **32** y enterraron a Abner en Hebrón. Allí el rey se puso a llorar a voz en cuello junto al sepulcro de Abner, y lo mismo hizo toda la gente. **33** Entonces el rey entonó este lamento por Abner:

"¿Por qué tenías que morir, Abner,
de manera tan absurda,
34 si no tenías atadas las manos
ni encadenados los pies?
¡Has muerto como quien muere
a manos de gente malvada!"

También la gente siguió llorando por él. **35** Luego fueron a rogarle a David que comiera algo antes de que terminara el día, pero David juró, diciendo:

—¡Que Dios me castigue duramente, si pruebo pan o alguna otra cosa antes de que se ponga el sol!

36 Todos comprendieron esto y les pareció bien, pues todo lo que el rey hacía agradaba a la gente. **37** Aquel día todos los israelitas quedaron convencidos de que el rey no había tenido nada que ver con la muerte de Abner, hijo de Ner.

38 Luego el rey dijo a sus oficiales:

—Como ustedes saben, hoy ha caído en Israel un jefe principal, una gran personalidad. **39** Por eso yo, a pesar de ser el rey que Dios ha escogido, me siento débil ante la extremada violencia de los hijos de Seruiá. ¡Que el Señor le dé su merecido a quien cometió esta maldad!

Asesinato de Is–bóset

4 **1** Cuando Is–bóset,[a] hijo de Saúl, supo que Abner había muerto en Hebrón, perdió el ánimo por completo, y todos en Israel se llenaron de miedo. **2** Is–bóset tenía a su servicio dos hombres que eran jefes de una banda de ladrones. Uno se llamaba Baaná, y el otro Recab. Eran hijos de Rimón de Beerot, y por lo tanto descendientes de Benjamín, pues al pueblo de Beerot se le consideraba como parte de la tribu de Benjamín **3** aun cuando los

de Beerot huyeron a Guitaim, donde han vivido como forasteros hasta el presente.

4 Ahora bien, Jonatán, hijo de Saúl, tenía un hijo, llamado Mefi–bóset,[b] que era inválido de los dos pies. Cuando Mefi–bóset tenía cinco años de edad, llegó de Jezreel la noticia de que Saúl y Jonatán habían muerto; entonces su nodriza tomó a Mefi–bóset y huyó con él, pero con las prisas de la huida este se cayó y quedó inválido.

5 Recab y Baaná, los hijos de Rimón de Beerot, se dirigieron a casa de Is–bóset, y llegaron a la hora de más calor del día, cuando él estaba durmiendo la siesta. **6** La portera de la casa había estado limpiando trigo, pero finalmente se había quedado dormida, de modo que Recab y su hermano Baaná pudieron entrar sin ser vistos.[c] **7** Cuando entraron en la casa, Is–bóset estaba acostado sobre la cama de su dormitorio; entonces lo asesinaron y le cortaron la cabeza, después de lo cual se la llevaron consigo y caminaron toda la noche por el camino del Arabá **8** para entregársela a David, que estaba en Hebrón. Le dijeron al rey:

—Aquí tiene Su Majestad la cabeza de Is–bóset, el hijo de Saúl, que era enemigo de Su Majestad y que procuraba quitarle la vida. Pero hoy el Señor ha concedido a Su Majestad vengarse de Saúl y sus descendientes.

9 Y David les respondió:

—Les juro por el Señor, que me ha librado de toda angustia, **10** que cuando uno, creyendo que me daba buenas noticias, vino a contarme que Saúl había muerto, la noticia le valió que yo lo apresara y lo matara en Siclag.[d] **11** ¡Con mayor razón haré eso mismo con ustedes, malvados, que han asesinado a un hombre inocente mientras este se hallaba acostado y en su propia casa! Por lo tanto, ¡voy a hacerles pagar su muerte! ¡Voy a borrarlos de este mundo!

12 En seguida David dio órdenes a sus oficiales, y estos los mataron; les cortaron las manos y los pies, y los colgaron junto al depósito de agua de Hebrón. Después tomaron la cabeza de Is–bóset y la enterraron en Hebrón, en el sepulcro de Abner.

---

[a] **4.1** *Is–bóset:* Véase 2.8 n. [b] **4.4** *Mefi–bóset:* El nombre de este hijo de Jonatán era en realidad *Merib–baal* (= *Mi abogado es Baal*) (cf. 1 Cr 8.34), o *Meri–baal* (= *Mi Señor es Baal*); pero el escritor bíblico, para no mencionar al dios cananeo Baal, lo cambió en otro nombre que significa *Sembrador de vergüenza.* Véase 2.8 n. [c] **4.6** *La portera . . . sin ser vistos:* según la versión griega (LXX). Heb. *Y ellos entraron hasta el interior de la casa tomando trigo, y lo hirieron en el vientre. Y Recab y su hermano Baaná escaparon.* [d] **4.10** 2 S 1.1–16.

David, rey de Israel y Judá
(1 Cr 11.1–3)

5 ¹Más tarde, todas las tribus de Israel fueron a Hebrón para hablar con David, y le dijeron: "Nosotros somos de tu misma sangre, ²y en realidad, aunque Saúl era nuestro rey, tú eras el que verdaderamente dirigía a Israel en sus campañas. Además, el Señor te ha prometido que tú serás quien dirija y gobierne a Israel."

³De esta manera, todos los ancianos de Israel[a] fueron y hablaron con el rey David en Hebrón, y él hizo un pacto con ellos, poniendo al Señor por testigo. Entonces ellos consagraron a David como rey de Israel. ⁴David tenía treinta años cuando empezó a reinar, y reinó cuarenta años: ⁵en Hebrón fue rey de Judá durante siete años y medio, y luego en Jerusalén fue rey de todo Israel y Judá durante treinta y tres años.

David captura la fortaleza de Sión
(1 Cr 11.4–9)

⁶El rey David y sus hombres se dirigieron hacia Jerusalén para atacar a los jebuseos, habitantes de aquella región. Y los jebuseos, creyendo que David no lograría entrar en la ciudad, le dijeron: "Tú no podrás entrar aquí, pues se bastan los ciegos y los inválidos para no dejarte entrar." ⁷Sin embargo, David capturó la fortaleza de Sión, ahora conocida como la Ciudad de David. ⁸David había dicho en aquella ocasión: "Todo el que ataque a los jebuseos, que entre por el canal del agua y mate a los ciegos y a los inválidos, a los cuales aborrezco con toda mi alma." De allí viene el dicho: "Ni los ciegos ni los inválidos pueden entrar en el templo del Señor." ⁹Después se instaló David en la fortaleza y la llamó Ciudad de David, y le construyó murallas alrededor, desde el terraplén hasta el palacio.

Hiram envía embajadores a David
(1 Cr 14.1–2)

¹⁰El poder de David iba aumentando, y el Señor, el Dios todopoderoso, estaba con él. ¹¹Por eso Hiram, rey de Tiro, envió sus embajadores a David, además de carpinteros y canteros, los cuales llevaron madera de cedro y construyeron el palacio de David. ¹²Entonces David comprendió que el Señor lo había confirmado como rey de Israel, y que había hecho prosperar su reinado en atención a su pueblo Israel.

Otros hijos de David
(1 Cr 3.5–9; 14.3–7)

¹³Después de haberse trasladado de Hebrón a Jerusalén, David tomó allí más esposas y concubinas, las cuales le dieron más hijos e hijas. ¹⁴Los hijos que le nacieron en Jerusalén se llamaban: Samúa, Sobab, Natán, Salomón, ¹⁵Ibhar, Elisúa, Néfeg, Jafía, ¹⁶Elisamá, Eliadá y Elifélet.

David vence a los filisteos
(1 Cr 14.8–17)

¹⁷Cuando los filisteos supieron que David había sido consagrado como rey de Israel, se lanzaron todos en busca suya; pero David lo supo y se retiró a la fortaleza. ¹⁸Entonces los filisteos avanzaron y ocuparon el valle de Refaim. ¹⁹Por esto, David consultó al Señor, y le preguntó:

—¿Puedo atacar a los filisteos? ¿Me darás la victoria sobre ellos?

Y el Señor le respondió:

—Sí, atácalos, porque te daré la victoria sobre ellos.

²⁰David llegó a Baal-perasim, y allí los venció. Por eso dijo: "Como un torrente de agua, el Señor me ha abierto paso entre mis enemigos." Y llamó a aquel lugar Baal-perasim.[b] ²¹Además, los filisteos dejaron abandonados sus ídolos, y David y sus hombres los recogieron.

²²Pero los filisteos volvieron a ocupar el valle de Refaim, ²³así que David consultó al Señor, y el Señor le contestó:

—No los ataques de frente, sino rodéalos y atácalos por la retaguardia cuando llegues a los árboles de bálsamo. ²⁴Cuando escuches ruido de pasos por encima de las copas de los árboles, lánzate al ataque, porque eso significa que yo voy delante de ti para herir de muerte al ejército filisteo.

²⁵David hizo lo que el Señor le había ordenado, y derrotó a los filisteos desde Gabaón[c] hasta Guézer.

---

[a] **5.3** *Ancianos de Israel:* Véase 1 S 8.4 n.   [b] **5.20** *Baal-perasim,* en hebreo, significa *Señor de los pasos abiertos.*
[c] **5.25** *Gabaón:* según la versión griega (LXX) y 1 Cr 14.16. Heb. *Gueba.*

David intenta trasladar el arca del Señor
(1 Cr 13.5–14)

6 ¹David reunió de nuevo a todos los soldados escogidos de Israel, que eran treinta mil, ²y partiendo de Baalá de Judá con todas las tropas que le acompañaban, se dispuso a trasladar de allí el arca de Dios, sobre el que se invoca el nombre del Señor todopoderoso, que tiene su trono sobre los querubines.ᵃ ³⁻⁴Pusieron el arca sobre una carreta nueva y se la llevaron de la casa de Abinadab, que estaba en una colina. Uzá y Ahió, hijos de Abinadab, iban guiando la carreta en que llevaban el arca de Dios, y Ahió iba delante del arca. ⁵Mientras tanto, David y todos los israelitas iban delante de Dios cantando y danzando con todas sus fuerzas, al son de la música de arpas, salterios, panderos, castañuelas y platillos. ⁶Cuando llegaron al lugar conocido como Era de Nacón, Uzá alargó la mano hacia el arca de Dios, para sostenerla, porque habían tropezado los bueyes. ⁷Pero el Señor se enfureció con Uzá por aquel atrevimiento, y le quitó la vida allí mismo, cayendo Uzá muerto junto al arca de Dios.

⁸David se disgustó mucho porque el Señor le quitó la vidaᵇ a Uzá, y por eso llamó a aquel lugar Peres–uzá,ᶜ nombre que tiene hasta el presente. ⁹Pero ese mismo día David tuvo mucho miedo ante el Señor, y exclamó: "¡Ni pensar en llevarme el arca del Señor!" ¹⁰Y como ya no quiso llevarse el arca del Señor a la Ciudad de David, ordenó que lo llevaran a casa de Obed–edom, un hombre de Gat. ¹¹El arca del Señor se quedó tres meses en casa de Obed–edom, y el Señor lo bendijo a él y a toda su familia.

David traslada el arca del Señor a Jerusalén
(1 Cr 15.1—16.6)

¹²Cuando le contaron al rey David que por causa del arca el Señor había bendecido a la familia de Obed–edom junto con todas sus pertenencias, David fue y con gran alegría trasladó el arca de Dios de la casa de Obed–edom a la Ciudad de David. ¹³Y cuando los que llevaban el arca del Señor habían dado ya seis pasos, David sacrificó un toro y un carnero gordo.

¹⁴David iba vestido con un efod de lino,ᵈ y danzaba con todas sus fuerzas, ¹⁵y tanto él como todos los israelitas llevaban el arca del Señor entre gritos de alegría y toque de trompetas.

¹⁶Cuando el arca del Señor llegó a la Ciudad de David, Mical, la hija de Saúl, se asomó a la ventana; y al ver al rey David saltando y bailando delante del Señor, sintió un profundo desprecio por él.

¹⁷El arca del Señor fue llevado y puesta en su lugar, dentro de una tienda de campaña que David había levantado con ese propósito. En seguida David ofreció holocaustos y sacrificios de reconciliación delante del Señor, ¹⁸y cuando terminó de ofrecerlos bendijo al pueblo en el nombre del Señor todopoderoso, ¹⁹y a todos los israelitas allí presentes, hombres y mujeres, les dio un pan, una torta de dátiles y otra de pasas. Después todos se volvieron a sus casas.

²⁰También David volvió a su casa para bendecir a su familia; pero Mical, la hija de Saúl, salió a recibirlo y le dijo:

—¡Qué bien ha quedado hoy el rey de Israel, mostrándose delante de las esclavas de sus criados como un desvergonzado cualquiera!

²¹David le respondió:

—Es verdad; he estado bailando, pero ha sido delante del Señor, que me escogió en lugar de tu padre y de toda tu familia para ser el jefe de su pueblo Israel. Por eso bailo delante de él. ²²Y aún me humillaré más que ahora; me rebajaré, según tu opinión, pero seré honrado por esas mismas esclavas de que tú hablas.

²³Y Mical no tuvo hijos en toda su vida.

Dios promete bendecir a David
(1 Cr 17.1–27)

7 ¹Cuando el rey David estuvo ya instalado en su palacio,ᵃ y el Señor le había concedido la paz con todos sus enemigos de alrededor, ²le dijo a Natán, el profeta:

—Como puedes ver, yo habito en un palacio de cedro, mientras que el arca de Dios habita bajo simples cortinas.

³Y Natán le contestó:

—Pues haz todo lo que te has propuesto, porque cuentas con el apoyo del Señor.

ᵃ **6.2** *Querubines:* Véase Ex 25.18 n. ᵇ **6.8** *Le quitó la vida:* lit. *abrió una brecha.* ᶜ **6.8** En hebreo, *Peres–uzá* significa *brecha de Uzá.* ᵈ **6.14** *Efod de lino:* Véase 1 S 2.18 n. ᵃ **7.1** *Palacio:* lit. *casa.* La palabra *casa,* unas veces referida al palacio de David (vv. 1–2), otras al templo (vv. 5–7,13) y otras a la dinastía o descendencia davídica (vv. 11,16,19,25–27,29) es un término clave para la comprensión de este oráculo dinástico.

4 Pero aquella misma noche, el Señor se dirigió a Natán y le dijo: 5 "Ve y habla con mi siervo David, y comunícale que yo, el Señor, he dicho: 'No serás tú quien me construya un templo para que habite en él. 6 Desde el día en que saqué de Egipto a los israelitas, hasta el presente, nunca he habitado en templos, sino que he andado en simples tiendas de campaña. 7 En todo el tiempo que anduve con ellos, jamás le pedí a ninguno de sus caudillos, a quienes puse para que gobernaran a mi pueblo Israel, que me construyera un templo de madera de cedro.' 8 Por lo tanto, dile a mi siervo David que yo, el Señor todopoderoso, le digo: 'Yo te saqué del redil, y te quité de andar tras el rebaño, para que fueras el jefe de mi pueblo Israel; 9 te he acompañado por dondequiera que has ido, he acabado con todos los enemigos que se te enfrentaron, y te he dado gran fama, como la que tienen los hombres importantes de este mundo. 10 Además he preparado un lugar para mi pueblo Israel, y allí los he instalado para que vivan en un sitio propio, donde nadie los moleste ni los malhechores los opriman como al principio, 11 cuando puse caudillos que gobernaran a mi pueblo Israel. Yo haré que te veas libre de todos tus enemigos. Y te hago saber que te daré descendientes, 12 y que cuando tu vida llegue a su fin y mueras, yo estableceré a uno de tus descendientes y lo confirmaré en el reino. 13 Él me construirá un templo, y yo afirmaré su reino para siempre. 14 Yo le seré un padre, y él me será un hijo. Y cuando cometa una falta, yo lo castigaré y lo azotaré como todo padre lo hace con su hijo, 15 pero no le retiraré mi bondad como se la retiré a Saúl, al cual quité para ponerte a ti en su lugar. 16 Tu dinastía y tu reino estarán para siempre seguros bajo mi protección, y también tu trono quedará establecido para siempre.' "

17 Natán le contó todo esto a David, exactamente como lo había visto y oído. 18 Entonces el rey David entró para hablar delante del Señor, y dijo: "Señor, ¿quién soy yo y qué es mi familia para que me hayas hecho llegar hasta aquí? 19 ¡Y tan poca cosa te ha parecido esto, Señor, que hasta has hablado del porvenir de la dinastía de tu siervo! ¡Ningún hombre actúa como tú, Señor! 20 ¿Qué más te puedo decir, Señor, si tú conoces a este siervo tuyo? 21 Todas estas maravillas las has hecho, según lo prometiste y lo quisiste, para que yo las conociera; 22 por lo tanto, Señor mío, ¡qué grandeza la tuya! Porque no hay nadie como tú, ni existe otro dios aparte de ti, según todo lo que nosotros mismos hemos oído. 23 En cuanto a Israel, tu pueblo, ¡no hay otro como él, pues es nación única en la tierra! Tú, oh Dios, lo libertaste para que fuera tu pueblo, y lo hiciste famoso haciendo por él cosas grandes y maravillosas. Tú arrojaste de delante de tu pueblo, al que rescataste de Egipto, a las demás naciones y a sus dioses, 24 porque tú has determinado que Israel sea tu pueblo para siempre, y que tú, Señor, serás su Dios.

25 "Así pues, Señor y Dios, mantén para siempre la promesa que has hecho a tu siervo y a su dinastía, y cumple lo que has dicho. 26 ¡Que tu nombre sea siempre engrandecido, y se diga que el Señor todopoderoso es el Dios de Israel! ¡Que la dinastía de David, tu siervo, se mantenga firme con tu protección! 27 Tú, Señor todopoderoso, me has hecho saber que vas a establecer mi dinastía; por eso yo, aunque soy tu siervo, me atrevo a hacerte esta súplica. 28 Tú, Señor, eres Dios, y tus palabras son verdaderas, y has prometido a tu siervo tanta bondad; 29 dígnate, pues, bendecir la dinastía de tu siervo para que permanezca siempre bajo tu protección. Tú, Señor Dios, lo has prometido, y con tu bendición la dinastía de tu siervo será bendita para siempre."

Campañas militares de David
(1 Cr 18.1–13)

8 1 Después de esto David venció a los filisteos, sometiéndolos y arrebatándoles de las manos las riendas del poder. 2 También derrotó a los moabitas, a quienes hizo que se tendieran en el suelo y los midió con un cordel: los que quedaban dentro de cada dos medidas de cordel, eran condenados a muerte, y los que quedaban dentro de una medida eran dejados con vida. Así los moabitas fueron sometidos a David y tuvieron que pagarle tributo.

3 David venció también a Hadad–ézer, hijo de Rehob, que era rey de Sobá, cuando este iba a recuperar su dominio sobre la región del río Éufrates. 4 De ellos, David hizo prisioneros a mil setecientos soldados de caballería y a veinte mil de infantería; y además les rompió las patas a todos los caballos de los carros de combate, con la excepción de los caballos necesarios para cien carros.

5 Llegaron luego los sirios de Damasco para prestar ayuda a Hadad–ézer, el rey de Sobá,

pero David venció a los sirios, matando a veintidós mil de ellos. 6 Luego puso David guarniciones en Siria de Damasco, y los sirios quedaron sometidos a él y sujetos al pago de tributo. Así pues, el Señor le daba la victoria a David por dondequiera que iba.

7 Después David se apoderó de los escudos de oro que usaban los oficiales de Hadad–ézer, y los llevó a Jerusalén. 8 También se apoderó de una gran cantidad de bronce de Bétah y de Berotai, ciudades que pertenecían a Hadad–ézer.

9 Cuando Toi, rey de Hamat, se enteró de que David había derrotado a todo el ejército de Hadad–ézer, 10 envió a su hijo Joram con objetos de plata, de oro y de bronce, para que saludara y felicitara al rey David por haber luchado con Hadad–ézer y haberlo vencido, pues Toi también había estado en guerra con él. 11 David dedicó todos estos objetos al Señor, junto con el oro y la plata que le había consagrado, y que venía de todas las naciones que había sometido: 12 de Edom, de Moab, de Amón, de los filisteos y de los amalecitas, y de lo que le había quitado en la guerra a Hadad–ézer, hijo de Rehob, rey de Sobá.

13 David se hizo famoso. Y cuando regresaba de haber vencido a los edomitas, derrotó a dieciocho mil edomitas en el Valle de la Sal. 14 Luego puso guarniciones en todo Edom, y todos los edomitas quedaron sometidos a David, a quien el Señor daba la victoria por dondequiera que iba.

Oficiales de David
(2 S 20.23–26; 1 Cr 18.14–17)

15 David reinó sobre todo Israel, actuando con justicia y rectitud para con todo su pueblo. 16 El jefe del ejército era Joab, hijo de Seruiá; y Josafat, hijo de Ahilud, era el secretario del rey. 17 Sadoc, hijo de Ahitub, y Ahimélec, hijo de Abiatar, eran sacerdotes; Seraías era el cronista, 18 y Benaías, hijo de Joiadá, estaba al mando de la guardia de quereteos y peleteos. Los hijos de David eran sacerdotes.

David favorece a Mefi–bóset

9 1 Un día David preguntó: "¿Ha quedado algún superviviente de la familia de Saúl, a quien yo pueda favorecer en memoria de Jonatán?"[a]

2 Había un sirviente de la familia de Saúl, llamado Sibá, al cual llamaron para que se presentara ante David. Cuando Sibá se presentó, le preguntó el rey:

—¿Eres tú Sibá?

—Para servir a Su Majestad —respondió él.

3 Entonces el rey le preguntó:

—¿Queda todavía alguien de la familia de Saúl por quien yo pueda hacer algo en el nombre de Dios?[b]

Y Sibá le respondió:

—Queda todavía un hijo de Jonatán, que es inválido de los dos pies.

4 —¿Dónde está? —dijo el rey.

—En Lodebar, en casa de Maquir, hijo de Amiel —respondió Sibá.

5 Entonces el rey David ordenó que lo trajeran de aquel lugar; 6 y cuando Mefi–bóset,[c] hijo de Jonatán y nieto de Saúl, llegó ante David, se inclinó en señal de reverencia.

—¡Mefi–bóset! —exclamó David.

—A las órdenes de Su Majestad —respondió él.

7 David le dijo:

—No tengas miedo, porque yo te voy a tratar muy bien, en memoria de Jonatán, tu padre. Haré que se te devuelvan todas las tierras de tu abuelo Saúl, y comerás siempre a mi mesa.

8 Pero Mefi–bóset se inclinó y dijo:

—¿Por qué se fija Su Majestad en este siervo suyo, si soy como un perro muerto?

9 Sin embargo, el rey llamó a Sibá, el antiguo sirviente de Saúl, y le dijo:

—Le he entregado al nieto de tu amo todo lo que perteneció a él y a su familia. 10 Por lo tanto tú, con tus hijos y tus criados, labrarás la tierra para él y almacenarás lo que produzca, para que así pueda mantenerse la familia de tu amo, aunque Mefi–bóset, su nieto, comerá siempre a mi mesa.

Sibá, que tenía quince hijos y veinte criados, 11 respondió al rey:

—Todo lo que ha ordenado Su Majestad a este siervo suyo, se hará.

Y Mefi–bóset comía siempre a la mesa de David, como uno de los hijos del rey. 12 Además tenía un hijo pequeño que se llamaba Micaías, y todos los que vivían en casa de Sibá estaban al servicio de Mefi–bóset. 13 Pero Mefi–bóset, que era inválido de ambos pies, vivía en Jerusalén, porque comía siempre a la mesa del rey.

---

a **9.1** 1 S 20.14–17. *b* **9.3** 2 S 4.4. *c* **9.6** *Mefi–bóset:* Véase 4.4 n.

David derrota a los sirios y amonitas
(1 Cr 19.1–19)

10 [1] Después de algún tiempo murió Nahas, el rey de los amonitas, y en su lugar reinó su hijo Hanún. [2] Entonces David pensó que debía tratar a Hanún, el hijo de Nahas, con la misma bondad con que su padre lo había tratado a él, y envió a unos de sus oficiales para que le dieran a Hanún el pésame por la muerte de su padre. Pero cuando los oficiales de David llegaron al país amonita, [3] los jefes amonitas le dijeron a Hanún, su soberano: "¿Y cree Su Majestad que David ha enviado esos hombres a dar el pésame, tan solo para honrar al padre de Su Majestad? ¡Seguramente los ha enviado para inspeccionar y espiar la ciudad, y luego destruirla!"

[4] Entonces Hanún ordenó que apresaran a los oficiales de David, y que les afeitaran media barba y les rasgaran la ropa por la mitad, hasta las nalgas. Después los despidió. [5] Cuando David lo supo, mandó que fueran a recibirlos, porque estarían sumamente avergonzados, y que les ordenaran quedarse en Jericó hasta que les creciera la barba, y que entonces regresaran.

[6] Los amonitas comprendieron que se habían hecho odiosos a David, por lo que tomaron a sueldo a veinte mil[a] soldados sirios de Bet–rehob y de Sobá, al rey de Maacá con mil hombres, y a doce mil hombres de Is–tob. [7] Pero David lo supo y mandó a Joab con todos los soldados del ejército. [8] Los amonitas avanzaron y se prepararon para la batalla a la entrada misma de la ciudad, mientras que los soldados sirios de Sobá y Rehob, y las tropas de Is–tob y Maacá, tomaron posiciones en el campo. [9] Cuando Joab vio que iba a ser atacado por el frente y por la retaguardia, escogió los mejores soldados israelitas y se preparó para atacar a los sirios. [10] Luego puso el resto de la tropa bajo el mando de su hermano Abisai, para que este hiciera frente a los amonitas, [11] y le dijo: "Si los sirios pueden más que yo, tú vendrás a ayudarme, y si los amonitas pueden más que tú, iré a ayudarte yo. [12] Ten ánimo, y luchemos con valor por nuestra nación y por las ciudades de nuestro Dios. ¡Y que el Señor haga lo que le parezca mejor!"

[13] Joab avanzó con sus tropas para atacar a los sirios, pero estos huyeron ante él. [14] Y cuando los amonitas vieron que los sirios huían, ellos también huyeron de Abisai y se metieron en la ciudad. Joab dejó entonces de luchar contra los amonitas y regresó a Jerusalén.

[15] Cuando los sirios se dieron cuenta de que Israel los había vencido, se juntaron otra vez. [16] Hadad–ézer mandó traer a los sirios que estaban al otro lado del río Éufrates, los cuales llegaron a Helam. Al frente de ellos estaba Sobac, jefe del ejército de Hadad–ézer. [17] Pero le contaron esto a David, quien, movilizando en seguida a todo Israel, atravesó el río Jordán y llegó a Helam. Allí los sirios se enfrentaron con David y lucharon contra él, [18] pero finalmente huyeron de los israelitas, pues las bajas que les causó David fueron de cuarenta mil soldados de caballería y setecientos de los carros de combate; además, David hirió de muerte a Sobac, el jefe del ejército sirio, el cual murió allí. [19] Al ver todos los reyes aliados de Hadad–ézer que los israelitas los habían derrotado, hicieron la paz con los israelitas y quedaron sometidos a ellos. A partir de entonces, los sirios tuvieron miedo de volver a ayudar a los amonitas.

David y Betsabé

11 [1] En cierta ocasión, durante la primavera, que es cuando los reyes acostumbran salir a campaña, David envió a Joab y a sus oficiales, con todo el ejército israelita, y destruyeron a los amonitas y sitiaron la ciudad de Rabá. David, sin embargo, se quedó en Jerusalén.

[2-4] Una tarde, al levantarse David de su cama y pasearse por la azotea del palacio real, vio desde allí a una mujer muy hermosa que se estaba bañando. Esta mujer estaba apenas purificándose de su periodo de menstruación. David mandó que averiguaran quién era ella, y le dijeron que era Betsabé, hija de Eliam y esposa de Urías el hitita. David ordenó entonces a unos mensajeros que se la trajeran, y se acostó con ella, después de lo cual ella volvió a su casa.

[5] La mujer quedó embarazada, y así se lo hizo saber a David. [6] Entonces David ordenó a Joab

---

[a] **10.6** *Veinte mil:* Es muy probable que la palabra hebrea *elef* se refiera aquí a un pelotón de unos diez o doce soldados, y no al número mil.

que mandara traer a Urías el hitita, y así lo hizo Joab. 7Y cuando Urías se presentó ante David, este le preguntó cómo estaban Joab y el ejército, y qué noticias había de la guerra. 8Después le ordenó que se fuera a su casa y se lavara los pies.*a*

En cuanto Urías salió del palacio real, el rey le envió comida especial como regalo; 9pero Urías, en lugar de ir a su casa, pasó la noche a las puertas del palacio, con los soldados de la guardia real. 10Cuando le contaron a David que Urías no había ido a su casa, David le preguntó:

—¿Por qué no fuiste a tu casa, después del viaje que has hecho?

11Y Urías le respondió:

—Tanto el arca sagrada como los soldados de Israel y de Judá tienen como techo simples enramadas; igualmente Joab, mi jefe, y los oficiales de Su Majestad, duermen a campo abierto; ¿y yo habría de entrar en mi casa para comer y beber y acostarme con mi mujer? ¡Por vida de Su Majestad que yo no haré tal cosa!

12Pero David le ordenó:

—Quédate hoy todavía, y mañana dejaré que te vayas.

Y así Urías se quedó en Jerusalén hasta el día siguiente. 13David lo invitó a comer y beber con él, y lo emborrachó. Ya por la noche, Urías salió y se fue a dormir con los soldados de la guardia real, pero no fue a su casa.

14A la mañana siguiente, David escribió una carta a Joab, y la envió por medio de Urías. 15En la carta decía: "Pongan a Urías en las primeras líneas, donde sea más dura la batalla, y luego déjenlo solo para que caiga herido y muera."

16Así pues, cuando Joab rodeó la ciudad para atacarla, puso a Urías en el lugar donde él sabía que estaban los soldados más valientes, 17y en un momento en que los que defendían la ciudad salieron para luchar contra Joab, cayeron en combate algunos de los oficiales de David, entre los cuales se encontraba Urías.

18Joab envió a David un informe detallado de la batalla, 19y le dio al mensajero las siguientes instrucciones: "Cuando acabes de informar al rey de todo lo relacionado con la batalla, 20puede ser que el rey se enoje y te pregunte:

'¿Por qué se acercaron tanto al atacar la ciudad? ¿Acaso no saben que ellos lanzan objetos desde la muralla, 21igual que cuando en Tebés una mujer mató a Abimélec, el hijo de Jerubaal,*b* arrojándole desde la muralla una piedra de molino?*c* ¿Por qué, pues, se acercaron tanto a la muralla?' Entonces tú le contestarás: 'También ha muerto Urías el hitita, oficial de Su Majestad.' "

22El mensajero se fue, y al llegar contó a David todo lo que Joab le había ordenado. David, en efecto, se enojó mucho contra Joab, y le dijo al mensajero:

—¿Por qué se acercaron tanto al atacar la ciudad? ¿Acaso no saben que ellos lanzan objetos desde la muralla, igual que cuando en Tebés una mujer mató a Abimélec, el hijo de Jerubaal, arrojándole desde la muralla una piedra de molino? ¿Por qué, pues, se acercaron tanto a la muralla?*d*

23Entonces el mensajero le respondió:

—Los soldados que salieron a luchar contra nosotros a campo abierto nos llevaban ventaja, pero los hicimos retroceder hasta la entrada de la ciudad. 24Fue entonces cuando los arqueros dispararon sus flechas desde la muralla contra las tropas de Su Majestad, y murieron algunos de los oficiales, entre ellos Urías el hitita.

25Entonces David respondió al mensajero:

—Dile a Joab que no se preocupe demasiado por esto, pues son cosas de la guerra. Pero que ataque la ciudad con más brío, hasta destruirla. Y tú dale ánimo.

26Cuando la mujer de Urías supo que su marido había muerto, guardó luto por él; 27pero después que pasó el luto, David mandó que la trajeran y la recibió en su palacio, la hizo su mujer y ella le dio un hijo. Pero al Señor no le agradó lo que David había hecho.

Natán reprende a David

12 1El Señor envió al profeta Natán a ver a David. Cuando Natán se presentó ante él, le dijo:

—En una ciudad había dos hombres. Uno era rico y el otro pobre. 2El rico tenía gran cantidad de ovejas y vacas, 3pero el pobre no tenía más que una ovejita que había comprado.

---

a 11.8 *Lavara los pies:* eufemismo para referirse al acto sexual. *b* 11.21 *Jerubaal:* según la versión griega (LXX). Heb *Jerubóset.* Véase 2 S 2.8 n. *c* 11.21 Jue 9.53. *d* 11.22 *David, en efecto . . . a la muralla:* según la versión griega (LXX). En el texto hebreo no aparece esta última parte del v. 22.

Y él mismo la crió, y la ovejita creció en compañía suya y de sus hijos; comía de su misma comida, bebía en su mismo vaso y dormía en su pecho. ¡Aquel hombre la quería como a una hija! 4Un día, un viajero llegó a visitar al hombre rico; pero este no quiso tomar ninguna de sus ovejas o vacas para preparar comida a su visitante, sino que le quitó al hombre pobre su ovejita y la preparó para dársela al que había llegado.

5David se enfureció mucho contra aquel hombre, y le dijo a Natán:

—¡Te juro por Dios que quien ha hecho tal cosa merece la muerte! 6¡Y debe pagar cuatro veces[a] el valor de la ovejita, porque actuó sin mostrar ninguna compasión!

7Entonces Natán le dijo:

—¡Tú eres ese hombre! Y esto es lo que ha declarado el Señor, el Dios de Israel: 'Yo te escogí como rey de Israel, y te libré del poder de Saúl; 8te di el palacio y las mujeres de tu señor, y aun el reino de Israel y Judá. Por si esto fuera poco, te habría añadido muchas cosas más. 9¿Por qué despreciaste mi palabra, e hiciste lo que no me agrada? Has asesinado a Urías el hitita, usando a los amonitas para matarlo, y te has apoderado de su mujer. 10Puesto que me has menospreciado al apoderarte de la esposa de Urías el hitita para hacerla tu mujer, jamás se apartará de tu casa la violencia. 11Yo, el Señor, declaro: Voy a hacer que el mal contra ti surja de tu propia familia, y en tu propia cara tomaré a tus mujeres y se las entregaré a uno de tu familia, el cual se acostará con ellas a plena luz del sol. 12Si tú has actuado en secreto, yo voy a actuar en presencia de todo Israel y a plena luz del sol.'

13David admitió ante Natán:

—He pecado contra el Señor.

Y Natán le respondió:

—El Señor no te va a castigar a ti por tu pecado, y no morirás. 14Pero como has ofendido gravemente al Señor, tu hijo recién nacido tendrá que morir.

15Y cuando Natán volvió a su casa, el Señor hizo que el niño que David había tenido con la mujer de Urías se enfermara gravemente. 16Entonces David rogó a Dios por el niño, y ayunó y se pasó las noches acostado en el suelo.

17Los ancianos que vivían en su palacio iban a rogarle que se levantara del suelo, pero él se negaba a hacerlo, y tampoco comía con ellos.

18Siete días después murió el niño, y los oficiales de David tenían miedo de decírselo, pues pensaban: "Si cuando el niño aún vivía, le hablábamos y no nos hacía caso, ¿cómo vamos ahora a decirle que el niño ha muerto? ¡Puede cometer una barbaridad!"

19Pero al ver David que sus oficiales hacían comentarios entre sí, comprendió que el niño había muerto; así que les preguntó:

—¿Ha muerto el niño?

—Sí, ya ha muerto —respondieron ellos.

20Entonces David se levantó del suelo, se bañó, se perfumó y se cambió de ropa, y entró en el templo para adorar al Señor. Después fue a su casa, y pidió de comer y comió. 21Entonces sus oficiales le preguntaron:

—¿Pero qué está haciendo Su Majestad? Cuando el niño aún vivía, Su Majestad ayunaba y lloraba por él; y ahora que el niño ha muerto, ¡Su Majestad se levanta y se pone a comer!

22David respondió:

—Cuando el niño vivía, yo ayunaba y lloraba pensando que quizá el Señor tendría compasión de mí y lo dejaría vivir. 23Pero ahora que ha muerto, ¿qué objeto tiene que yo ayune, si no puedo hacer que vuelva a la vida? ¡Yo iré a reunirme con él, pero él no volverá a reunirse conmigo!

Nacimiento de Salomón

24Después David consoló a Betsabé, su mujer. Fue a visitarla y se unió a ella, y ella dio a luz un hijo al que David llamó Salomón. El Señor amó a este niño, 25y así se lo hizo saber a David por medio del profeta Natán. David entonces, en atención al Señor, llamó al niño Jedidías.[b]

David conquista Rabá
(1 Cr 20.1–3)

26Mientras tanto, Joab lanzó un ataque contra la ciudad amonita de Rabá, y cuando ya estaba a punto de capturar la ciudad real, 27envió a David el siguiente mensaje: "He estado atacando Rabá, y ya he capturado la ciudadela que protegía el abastecimiento de agua.

---

[a] **12.6** *Cuatro veces:* Era el precio que debía restituir el que había robado una oveja (Ex 22.1). [b] **12.25** En hebreo, *Jedidías* significa *amado del Señor.*

28 Por lo tanto reúna ahora Su Majestad el resto de las tropas, y ataque la ciudad y captúrela, para que no sea yo quien lo haga y le pongan mi nombre."

29 Entonces David reunió todas sus tropas y marchó contra Rabá, la atacó y la capturó. **30** Después tomó de la cabeza de su rey la corona de oro, que tenía piedras preciosas y pesaba treinta y tres kilos, y se la pusieron a David. También sacó David de la ciudad muchísimas cosas de valor, **31** y a la gente que aún quedaba en la ciudad la sacó de allí y la puso a trabajar con sierras y con trillos y hachas de hierro, así como en los hornos de ladrillo. Lo mismo hizo con todas las ciudades amonitas, y después regresó con todas sus tropas a Jerusalén.

Amnón deshonra a Tamar

13 **1** Absalón, hijo de David, tenía una hermana muy hermosa, llamada Tamar. Y sucedió que Amnón, hijo también de David, se enamoró de ella, **2** a tal grado que acabó por enfermarse de angustia, pues como su hermana Tamar no había tenido aún relaciones con ningún hombre, él encontraba muy difícil hacerle algo. **3** Pero Amnón tenía un amigo muy astuto, llamado Jonadab, que era hijo de Simá, hermano de David. **4** Un día Jonadab le preguntó:

—¿Qué te pasa, príncipe? ¿Por qué estás cada día más desmejorado? ¿No me lo vas a contar?

Amnón le respondió:

—Es que estoy enamorado de Tamar, la hermana de mi hermano Absalón.

5 Entonces Jonadab le aconsejó:

—Métete en la cama y hazte el enfermo. Y cuando vaya a verte tu padre, dile que, por favor, mande a tu hermana Tamar para que te dé de comer y prepare alguna comida allí mismo, para que tú la veas y comas lo que ella te dé.

6 Amnón se metió en la cama y se hizo el enfermo. Y cuando el rey fue a verlo, Amnón le dijo:

—¡Por favor! Que venga mi hermana Tamar y haga aquí mismo un par de tortas, y que ella misma me sirva.

7 Entonces David mandó a Tamar a la casa, y le dijo:

—Ve, por favor, a casa de tu hermano Amnón, y prepárale algo de comer.

8 Tamar fue a casa de su hermano Amnón, que estaba acostado. Y tomó ella harina, y la amasó, y allí mismo preparó las tortas y las coció; **9** luego tomó la sartén y le sirvió las tortas; pero Amnón no quiso comer, y ordenó que salieran todos los que allí estaban. **10** Cuando ya todos habían salido, Amnón le dijo a Tamar:

—Trae la comida a mi habitación, y sírveme tú misma.

Tamar tomó las tortas que había hecho y se las llevó a su hermano Amnón a su habitación, **11** pero cuando se las acercó para que comiera, él la sujetó y le dijo:

—Ven, hermana mía, acuéstate conmigo.

12 Ella le respondió:

—No, hermano mío, no me deshonres, porque esto no se hace en Israel. ¡No cometas tal infamia! **13** ¿A dónde podría ir yo con mi vergüenza? Y por lo que a ti toca, serías considerado en Israel como un necio. Te ruego que hables con el rey, que él no se opondrá a que yo sea tuya.

14 Amnón no quiso hacerle caso, y como era más fuerte que Tamar, la forzó y se acostó con ella. **15** Pero fue tal el odio que Amnón sintió después hacia ella, que terminó aborreciéndola más de lo que la había amado. Así que le ordenó:

—Levántate y vete.

16 Tamar le contestó:

—¡No, hermano mío, porque el echarme ahora de aquí sería una maldad peor que la que has cometido conmigo!

Amnón no quiso hacerle caso; **17** por el contrario, llamó a su criado y le ordenó:

—¡Echa de aquí a esta mujer, y luego cierra bien la puerta!

18 El criado la echó fuera de la casa, y luego cerró bien la puerta. Entonces Tamar, que llevaba puesta una túnica muy elegante, ropa que acostumbraban usar las princesas solteras, **19** se echó ceniza en la cabeza, rasgó la túnica que llevaba puesta y, con las manos sobre la cabeza,[a] se fue llorando por el camino. **20** Entonces su hermano Absalón le preguntó:

—¿Así que fue tu hermano Amnón quien te hizo esto? En tal caso, guarda silencio, hermana

---

[a] **13.19** *Ceniza . . . manos sobre la cabeza:* Todos estos gestos eran expresión de dolor y vergüenza.

mía, pues es tu hermano. No te preocupes demasiado por este asunto.

Tamar, al verse abandonada, se quedó en casa de su hermano Absalón. 21 Cuando el rey David se enteró de todo lo sucedido, se puso muy furioso; pero no reprendió a su hijo Amnón porque, como era su hijo mayor, lo quería mucho.[b] 22 Absalón, por su parte, no le dijo nada a Amnón, pero lo odiaba por haber deshonrado a su hermana Tamar.

Absalón se venga de Amnón

23 Dos años después, la gente de Absalón estaba trasquilando sus ovejas en Baal–hasor, cerca del pueblo de Efraín, y Absalón invitó a comer a todos los hijos del rey. 24 Además fue a ver al rey, y le dijo:

—Ahora que mis hombres están trasquilando mis ovejas, desearía que Su Majestad y sus oficiales honraran con su compañía a este siervo suyo.

25 Pero el rey le respondió:

—No, hijo mío, no podemos ir todos nosotros, para no ocasionarte demasiados gastos.

Y aunque Absalón insistió, el rey no quiso ir, pero le dio su bendición. 26 Entonces Absalón dijo:

—Si eso no es posible, permita al menos Su Majestad que nos acompañe mi hermano Amnón.

—¿Y por qué quieres que te acompañe Amnón? —preguntó el rey.

27 Pero Absalón insistió tanto, que el rey permitió que Amnón y sus demás hijos fueran con él.

Absalón había preparado un banquete digno de un rey,[c] 28 y había ordenado a sus criados: "Fíjense bien cuando a Amnón ya se le haya subido el vino, y cuando yo les diga que lo maten, mátenlo. No tengan miedo de hacerlo, pues son órdenes mías. Así que tengan ánimo y valor."

29 Por lo tanto, cumpliendo las órdenes de Absalón, sus criados mataron a Amnón. Entonces todos los hijos del rey se levantaron, y montando en sus mulas huyeron.

30 Cuando aún estaban de camino, le llegó a David el rumor de que Absalón había matado a todos sus hijos, y que ninguno de ellos había quedado vivo. 31 Entonces el rey se levantó, se rasgó la ropa en señal de dolor y se tendió en el suelo. Todos sus oficiales allí presentes se rasgaron también la ropa; 32 pero Jonadab, el hijo de Simá, hermano de David, tomó la palabra y dijo:

—No piense Su Majestad que han matado a todos sus hijos. Solo han matado a Amnón, pues así lo había decidido Absalón desde el día que Amnón violó a su hermana Tamar. 33 Por lo tanto, no crea Su Majestad que todos los príncipes han muerto. El único que ha muerto es Amnón.

34 Mientras Absalón se daba a la fuga, el joven que estaba de centinela alzó la vista y vio un grupo numeroso de gente que bajaba por el camino de Horonaim,[d] por la ladera de la montaña. Entonces el centinela fue a decirle al rey que había visto gente bajando por el camino de Horonaim. 35 Y Jonadab dijo al rey:

—Ya vienen los hijos de Su Majestad, tal como había pensado este servidor suyo.

36 Apenas había terminado él de hablar, cuando llegaron los hijos del rey y se pusieron a llorar a voz en cuello. También el rey y todos sus oficiales lloraron muchísimo. 37-38 Absalón, por su parte, huyó y se fue con Talmai, hijo de Amihud, rey de Guesur, y allí se quedó durante tres años. Y David lloraba todos los días por la muerte de su hijo Amnón, 39 pero cuando se consoló de su muerte, sintió un profundo deseo de ver a Absalón.

Joab consigue que vuelva Absalón

14 1 Joab, hijo de Seruiá, sabía que el rey echaba mucho de menos a Absalón, 2 así que mandó traer de Tecoa a una mujer muy astuta que allí vivía. Le dijo: "Finge que estás de duelo y vístete de luto; y no te eches perfume, pues debes parecer una mujer que durante mucho tiempo ha estado de luto por algún muerto. 3 Luego preséntate ante el rey y repite exactamente lo que te voy a decir."

Luego que Joab le dijo lo que tenía que repetir, 4 aquella mujer de Tecoa fue ante el rey, e inclinándose hasta tocar el suelo con la frente en señal de reverencia, le dijo:

---

[b] **13.21** *Pero no reprendió . . . lo quería mucho:* según tres versiones antiguas. En el texto hebreo no aparece esta frase.

[c] **13.27** *Absalón había . . . digno de un rey:* según versiones antiguas. En el texto hebreo no aparece esta frase.

[d] **13.34** *Por el camino de Horonaim* (dos veces): según la versión griega (LXX). En el texto hebreo no aparece esta frase.

—¡Dígnese Su Majestad ayudarme!

5 —¿Qué te pasa? —le preguntó el rey.

Ella respondió:

—Yo soy viuda, mi marido ha muerto, 6 y dos hijos que tenía esta servidora de Su Majestad tuvieron una pelea en el campo; y como no hubo quien los separara, uno de ellos hirió al otro y lo mató. 7 Y ahora todos mis parientes se han puesto en contra mía y quieren que yo les entregue al que mató a su hermano, para vengar la muerte del que fue asesinado y al mismo tiempo quitar de en medio al único heredero. Así van a apagar la única brasa que me ha quedado, y van a dejar a mi marido sin ningún descendiente que lleve su nombre en la tierra.

8 Entonces el rey respondió a la mujer:

—Vete a tu casa, que yo voy a dar órdenes en favor tuyo.

9 La mujer le contestó:

—Mi rey y señor, si alguien ha de cargar con la culpa, que seamos yo y mi familia paterna, pero no Su Majestad ni su gobierno.

10 Y el rey contestó:

—Al que te amenace, tráemelo, y no volverá a molestarte más.

11 Pero ella insistió:

—¡Ruego a Su Majestad que invoque al Señor su Dios, para que el pariente que quiera vengar la muerte de mi hijo no aumente la destrucción matando a mi otro hijo!

El rey afirmó:

—¡Te juro por el Señor que no caerá al suelo ni un pelo de la cabeza de tu hijo!

12 Pero la mujer siguió diciendo:

—Permita Su Majestad que esta servidora suya diga tan solo una palabra más.

—Habla —dijo el rey.

13 Entonces la mujer preguntó:

—¿Por qué, pues, piensa Su Majestad hacer esto mismo contra el pueblo de Dios? Según lo que Su Majestad mismo ha dicho, resulta culpable por no dejar que regrese su hijo desterrado. 14 Es un hecho que todos tenemos que morir; somos como agua que se derrama en el suelo, que no se puede recoger. Sin embargo, Dios no quita la vida a nadie, sino que pone los medios para que el desterrado no siga alejado de él. 15 Ahora bien, si yo he venido a decir esto a Su Majestad, mi señor, es porque la gente me atemorizó. Por eso decidió esta servidora suya hablar, por si acaso Su Majestad aceptaba hacer lo que he pedido. 16 Si Su Majestad me atiende,

podrá librarme de quien quiere arrancarnos, a mi hijo y a mí, de esta tierra que pertenece a Dios. 17 Esta servidora suya espera que la respuesta de Su Majestad la tranquilice, pues Su Majestad sabe distinguir entre lo bueno y lo malo, igual que un ángel de Dios. ¡Que Dios el Señor quede con Su Majestad!

18 El rey respondió a la mujer:

—Te ruego que no me ocultes nada de lo que voy a preguntarte.

—Hable Su Majestad —contestó la mujer.

19 Entonces el rey le preguntó:

—¿No es verdad que Joab te ha metido en todo esto?

Y la mujer contestó:

—Juro por Su Majestad que nada hay más cierto que lo que Su Majestad ha dicho. En efecto, Joab, oficial de Su Majestad, es quien me ordenó venir, y él mismo me dijo todo lo que yo tenía que decir. 20 Pero lo hizo con el deseo de que cambien las cosas. Sin embargo, Su Majestad es tan sabio que conoce como un ángel de Dios todo lo que ocurre en el país.

21 Como consecuencia de esto, el rey dijo a Joab:

—Mira, ya he resuelto este asunto. Ve y haz que regrese el joven Absalón.

22 Entonces Joab se inclinó hasta tocar el suelo con la frente en señal de reverencia, bendijo al rey y le dijo:

—Hoy he podido ver que cuento con el favor de Su Majestad, ya que Su Majestad ha hecho lo que este servidor suyo le sugirió hacer.

23 En seguida Joab se levantó y fue a Guesur para traer a Absalón a Jerusalén. 24 Pero el rey ordenó que se fuera directamente a su casa y no se presentara ante él; por tanto, Absalón se fue a su casa sin ver al rey.

25 En todo Israel no había un hombre tan bien parecido como Absalón, y tan alabado por ello. De pies a cabeza no tenía defecto alguno. 26 Cuando se cortaba el pelo, lo cual hacía cada fin de año, porque le molestaba, sus cabellos pesaban más de dos kilos, según el peso real. 27 Y Absalón tenía tres hijos y una hija, llamada Tamar, que era muy hermosa.

28 Durante dos años, Absalón estuvo en Jerusalén sin poder presentarse ante el rey 29 así que Absalón pidió a Joab que fuera a visitar al rey de su parte; pero Joab no quiso ir. Por segunda vez Absalón le pidió que fuera, pero Joab tampoco fue. 30 Entonces ordenó Absalón a sus criados:

—Miren, el campo de Joab está junto al mío, y lo tiene sembrado de cebada; ¡vayan y préndanle fuego!

Los criados de Absalón fueron y prendieron fuego al campo de Joab, 31 el cual fue inmediatamente a casa de Absalón y le preguntó:

—¿Por qué han prendido fuego tus criados a mi campo?

32 Absalón le respondió:

—Te mandé a decir que vinieras aquí para enviarte a ver al rey y decirle de mi parte que no tuvo objeto que yo me viniera de Guesur; que hubiera sido mejor que me quedara allá. Yo quiero ver al rey, y si soy culpable de algo, que me mate.

33 Entonces Joab fue a ver al rey y le comunicó lo que decía Absalón, y el rey lo mandó llamar. Y al llegar Absalón ante el rey, se inclinó hasta tocar el suelo con la frente. El rey, por su parte, lo recibió con un beso.

Absalón se rebela contra David

15 1 Pasado algún tiempo, Absalón consiguió un carro de combate y caballos, y formó una guardia personal de cincuenta hombres. 2 Se levantaba temprano y se ponía a la orilla del camino, a la entrada de la ciudad, y a todo el que llegaba para que el rey le hiciera justicia en algún pleito, lo llamaba y le preguntaba de qué ciudad venía. Si aquella persona respondía que era de alguna de las tribus de Israel, 3 Absalón le decía: "Realmente tu demanda es justa y razonable, pero no hay quien te atienda por parte del rey." 4 Y añadía: "¡Ojalá yo fuera el juez de este país, para que vinieran a verme todos los que tienen pleitos legales y yo les hiciera justicia!" 5 Además, cuando alguien se acercaba a saludarlo, Absalón le tendía la mano, y lo abrazaba y lo besaba. 6 Esto lo hacía con todo israelita que iba a ver al rey para que le hiciera justicia, y así les robaba el corazón a los israelitas.

7 Al cabo de cuatro[a] años, Absalón le dijo al rey:

—Ruego a Su Majestad que me permita ir a Hebrón, a cumplir la promesa que hice al Señor. 8 Cuando este servidor de Su Majestad vivía en Guesur, en Siria, prometí al Señor que si él me concedía volver a Jerusalén, yo le rendiría culto.

9 —Puedes ir tranquilo —le respondió el rey.

Entonces Absalón se fue a Hebrón. 10 Pero al mismo tiempo envió unos mensajeros a todas las tribus de Israel para decirles que, en cuanto escucharan el toque de trompeta, anunciaran que Absalón había sido proclamado rey en Hebrón. 11 Invitó además a doscientas personas de Jerusalén, las cuales fueron con él de buena fe y sin saber nada del asunto. 12 Así mismo, Absalón mandó llamar a uno de los consejeros de David, llamado Ahitófel, el cual vivía en Guiló, su ciudad, para que lo acompañara mientras él ofrecía los sacrificios. De modo que la conspiración iba tomando fuerza y seguían aumentando los seguidores de Absalón.

David huye de Jerusalén

13 Un mensajero fue a decirle a David que los israelitas estaban haciéndose partidarios de Absalón. 14 Entonces David ordenó a todos los oficiales que estaban con él en Jerusalén:

—¡Huyamos ahora mismo o no podremos escapar de Absalón! ¡Vamos, dense prisa, no sea que nos alcance y nos cause mucho daño y mate a filo de espada a todos en la ciudad!

15 Y ellos respondieron al rey:

—Nosotros estamos dispuestos a hacer lo que Su Majestad ordene.

16 Así pues, el rey salió acompañado de toda la casa real, dejando solo a diez de sus concubinas para que cuidaran del palacio. 17 Y después de haber salido el rey con todos sus acompañantes, se detuvieron en la última casa de la ciudad. 18 A su lado se pusieron todos sus oficiales, mientras que todos los quereteos y peleteos de la guardia real, y los seiscientos geteos que lo habían seguido desde Gat, desfilaban ante él. 19 En ese momento el rey dijo a Itai, el de Gat:

—¿Por qué has venido tú también con nosotros? Es mejor que te vuelvas y te quedes con el nuevo rey, pues al fin y al cabo tú eres un extranjero desterrado de tu país. 20 Apenas ayer llegaste, ¿y cómo voy a pedirte hoy que vengas con nosotros, si ni yo mismo sé a dónde voy? Es mejor que te vuelvas y te lleves contigo a tus paisanos. ¡Que el Señor te bendiga y te acompañe siempre!

21 Itai respondió al rey:

—Juro por el Señor y por Su Majestad, que dondequiera que Su Majestad se encuentre, sea

---

[a] **15.7** *Cuatro:* según varias versiones antiguas. Heb. *cuarenta.*

para vida o para muerte, allí también estará este servidor suyo.

22—Entonces ven con nosotros —le contestó David.

De esa manera se fue Itai con David, junto con todos sus hombres y la gente que lo acompañaba. **23** Todo el mundo lloraba amargamente. Pasaron todos el arroyo Cedrón; luego pasó el rey, y toda la gente siguió delante de él por el camino del desierto. **24** También iba Sadoc con todos los levitas que llevaban el arca de la alianza de Dios, el cual dejaron junto a Abiatar hasta que toda la gente salió de la ciudad. **25** Pero el rey le dijo a Sadoc:

—Lleva el arca de Dios de vuelta a la ciudad, pues si el Señor me favorece, hará que yo regrese y vea el arca y el lugar donde este se halla. **26** Pero si me dice que no le agrado, aquí me tiene; que haga conmigo lo que mejor le parezca.

27 Dijo también el rey a Sadoc, el sacerdote:

—Mira, tú y Abiatar regresen tranquilamente a la ciudad con sus dos hijos. Tú con tu hijo Ahimaas, y Abiatar con su hijo Jonatán. *b* **28** Mientras tanto, yo me quedaré en los llanos del desierto, hasta que me lleguen noticias de ustedes.

29 Sadoc y Abiatar llevaron el arca de Dios de vuelta a Jerusalén, y se quedaron allí. **30** David subió la cuesta de los Olivos; iba descalzo y llorando, y con la cabeza cubierta en señal de dolor. Toda la gente que lo acompañaba llevaba también cubierta la cabeza y subía llorando. **31** Y cuando le contaron a David que Ahitófel era uno de los que conspiraban con Absalón, David rogó al Señor que hiciera fracasar los planes de Ahitófel. *c*

32 Al llegar David a la cumbre del monte, donde se rendía culto a Dios, le salió al encuentro Husai, de la tribu de los arquitas, con la ropa rasgada y la cabeza cubierta de tierra. **33** David le dijo:

—Si te vienes conmigo, me serás una carga; **34** pero si vuelves a Jerusalén y le dices a Absalón: 'Majestad, este siervo suyo estará a su servicio igual que antes estuvo al servicio de su padre', me ayudarás a deshacer los planes de Ahitófel, **35** pues allí cuentas con los sacerdotes Sadoc y Abiatar. Por tanto, comunícales siempre todo lo que escuches en palacio. **36** Sus hijos

Ahimaas y Jonatán también están allí, así que háganme saber por medio de ellos todo lo que sepan.

37 Y Husai, el amigo de David, llegó a Jerusalén en el momento en que Absalón hacía su entrada en la ciudad.

David habla con Sibá

16 ¹ Apenas había pasado David un poco más allá de la cumbre del monte, cuando Sibá, el criado de Mefi-bóset, salió a su encuentro. Llevaba un par de asnos aparejados y cargados con doscientos panes, cien tortas de uvas pasas, cien frutas del tiempo y un cuero de vino. **2** El rey le preguntó:

—¿Para qué traes esto?

Y Sibá contestó:

—Los asnos son para que monte en ellos la familia real; los panes y la fruta para que coman los soldados, y el vino para que beban los que se cansen en el desierto.

3—¿Dónde está el nieto de tu amo? —preguntó el rey.

—Se ha quedado en Jerusalén —respondió Sibá—, porque piensa que ahora los israelitas le devolverán el reino que le correspondía a su abuelo.

4—Pues bien —contestó el rey—, ahora es tuyo todo lo que antes era de Mefi-bóset.

—¡Ojalá cuente yo siempre con el favor de Su Majestad! —respondió Sibá, inclinándose ante el rey.

5 Cuando el rey David llegó a Bahurim, un hombre de la familia de Saúl salió de allí. Era hijo de Guerá, y se llamaba Simí, e iba maldiciendo **6** y tirando piedras contra David y contra todos sus oficiales; y aunque el rey estaba protegido por la gente y por su guardia personal, **7** Simí lo maldecía diciendo:

—¡Largo de aquí, malvado asesino! **8** ¡El Señor te ha castigado por todos los crímenes que cometiste contra la familia de Saúl para reinar en su lugar! ¡Ahora el Señor ha entregado el reino a tu hijo Absalón, y aquí estás, víctima de tu propia maldad, pues no eres otra cosa que un asesino!

9 Entonces Abisai, hijo de Seruiá, dijo al rey:

—¿Por qué este perro muerto ha de ofender a Su Majestad? ¡Ahora mismo voy a cortarle la cabeza!

---

b **15.27** La razón de esta orden se explica en 2 S 17.15,17.   *c* **15.31** 2 S 17.14.

10 Pero el rey respondió:

—Este no es asunto de ustedes, hijos de Seruiá. Si él me maldice, será porque el Señor se lo ha ordenado. Y en tal caso, ¿quién puede pedirle cuentas de lo que hace?

11 Luego, dirigiéndose a Abisai y a todos sus oficiales, dijo:

—Si hasta mi propio hijo procura quitarme la vida, ¡cuánto más uno de la tribu de Benjamín! ¡Déjenlo que me maldiga, pues el Señor se lo habrá ordenado! 12 Quizá cuando el Señor vea mi aflicción, me envíe bendiciones en lugar de las maldiciones que hoy escucho.

13 Y David y sus hombres siguieron su camino, mientras que Simí se fue por la ladera del monte, paralelo a David, maldiciendo y arrojando piedras y levantando polvo. 14 Cuando el rey y la gente que le acompañaba llegaron al río Jordán,[a] iban muy cansados, y descansaron allí.

Absalón entra en Jerusalén

15 Mientras tanto, Absalón entró en Jerusalén acompañado por todos los israelitas y por Ahitófel. 16 Por su parte, Husai el arquita, amigo de David, fue al encuentro de Absalón, gritando:

—¡Viva el rey, viva el rey!

17 Entonces Absalón le preguntó:

—¿Es esta tu lealtad hacia tu amigo? ¿Por qué no te fuiste con él?

18 —No puedo —le respondió Husai—, porque yo debo estar y quedarme con quien el Señor y todo el pueblo israelita hayan escogido. 19 Y en segundo lugar, si a alguien debo servir, que sea al hijo de mi amigo. Así que yo serviré a Su Majestad de la misma manera que he servido a su padre.

20 Más tarde Absalón preguntó a Ahitófel:

—¿Qué aconsejan ustedes que hagamos?

21 Y Ahitófel respondió a Absalón:

—Acuéstate con las concubinas de tu padre, las que él dejó para que cuidaran el palacio. Así todos en Israel comprenderán que te has hecho odioso a tu padre, y tendrán más ánimo todos los que están de tu parte.

22 Entonces pusieron para Absalón una tienda de campaña sobre la azotea, y allí se acostó Absalón con las concubinas de su padre, a la vista de todos los israelitas;[b] 23 pues, en aquel tiempo, pedir un consejo a Ahitófel era como consultar la palabra de Dios. Tal era el prestigio de Ahitófel, tanto para David como para Absalón.

Husai deshace el plan de Ahitófel

17 1 Después Ahitófel le dijo a Absalón:

—Déjame escoger a doce mil hombres, y esta misma noche saldré en persecución de David. 2 Y cuando él esté débil y cansado, caeré sobre él y lo llenaré de miedo, y toda la gente que está con él, huirá. No mataré más que al rey, 3 y luego haré que todo el pueblo se reconcilie contigo, como cuando la recién casada se reconcilia con su esposo. Lo que tú buscas es la muerte de un hombre; y todo el pueblo quedará en paz.

4 El plan pareció bueno a Absalón y a todos los consejeros de Israel. 5 Pero Absalón ordenó que llamaran también a Husai el arquita, para que diera su opinión. 6 Cuando Husai llegó ante Absalón, este le dijo:

—El plan de Ahitófel es este. ¿Lo llevaremos a cabo, o no? Danos tu opinión.

7 Husai le contestó:

—Esta vez el plan de Ahitófel no es conveniente. 8 Tú bien sabes que tu padre y sus hombres son muy valientes, y que ahora deben estar furiosos como una osa salvaje a la que le han quitado sus crías. Además, tu padre es un hombre acostumbrado a la guerra y no pasará la noche con la demás gente. 9 Ahora mismo ha de estar escondido en una cueva o en algún otro lugar. Por otra parte, apenas corra la voz de que en el primer encuentro han caído algunos de los tuyos, no faltará quien piense que tus seguidores han sido derrotados, 10 y hasta el más valiente, aun el que sea bravo como un león, se desanimará por completo; porque todos en Israel saben que tu padre y sus seguidores son gente valiente. 11 Ahora bien, yo te aconsejaría que se reúnan contigo todos los israelitas que hay desde Dan hasta Beerseba, que son tantos como los granos de arena que hay a la orilla del mar, y que tú personalmente los dirijas en la batalla. 12 Entonces atacaremos a tu padre en cualquier lugar donde se encuentre. Caeremos sobre él como el rocío sobre la tierra, y no quedarán con vida ni él ni ninguno de sus hombres. 13 Incluso si se refugia en alguna ciudad, todos los israelitas llevaremos cuerdas

---

[a] **16.14** *Al río Jordán:* según la versión griega (LXX). En el texto hebreo no aparece esta frase. [b] **16.22** Cf. 2 S 12.11–12. Con este gesto provocativo, Absalón hacía pública su rebeldía y usurpaba el puesto del rey.

y, piedra por piedra, arrastraremos esa ciudad hasta el arroyo, y no quedará allí ni una sola piedra.

14 Absalón y todos los israelitas estuvieron de acuerdo en que el plan de Husai era mejor que el de Ahitófel. (Y es que el Señor había determinado frustrar el plan acertado de Ahitófel, para acarrear el desastre sobre Absalón.) 15 Después Husai informó a los sacerdotes Sadoc y Abiatar del consejo que Ahitófel había dado a Absalón y a los ancianos de Israel, y del consejo que él mismo les había dado, 16 a fin de que avisaran rápidamente a David, advirtiéndole que no pasara aquella noche en los llanos del desierto, sino que pasara sin falta al otro lado del Jordán para que no los mataran ni a él ni a sus hombres.

17 Como Jonatán y Ahimaas estaban en En-roguel, pues no podían arriesgarse a que los vieran en la ciudad, una criada fue a avisarles, e inmediatamente ellos salieron a contárselo al rey David. 18 Sin embargo, un muchacho los vio y fue a decírselo a Absalón. Entonces ellos se dieron prisa y llegaron a la casa de un vecino de Bahurim, y se metieron en un pozo que había en el patio. 19 Luego la esposa de ese hombre puso una tapa sobre el pozo, y encima esparció trigo trillado. De esto nadie supo nada. 20 Y cuando llegaron los seguidores de Absalón, preguntaron a la mujer:

—¿Dónde están Ahimaas y Jonatán?

—Pasaron por aquí, en dirección al río —les contestó la mujer.

Entonces los seguidores de Absalón fueron en su busca, pero al no encontrarlos regresaron a Jerusalén. 21 Y después que aquellos se fueron, Ahimaas y Jonatán salieron del pozo y corrieron a poner sobre aviso al rey David; le dijeron que se levantara en seguida y cruzara el río, porque Ahitófel había aconsejado que los atacaran. 22 Entonces David y toda la gente que le acompañaba se levantaron rápidamente y cruzaron el río Jordán. Al amanecer del día siguiente, no había nadie que no lo hubiera cruzado.

23 Cuando Ahitófel vio que su plan no se había puesto en práctica, aparejó su asno y se fue a su casa, en su pueblo natal, y después de arreglar sus asuntos familiares, se ahorcó. Así murió, y fue enterrado en el sepulcro de su padre.

David en Mahanaim

24 David llegó a Mahanaim en el momento en que Absalón cruzaba el Jordán con todos los israelitas. 25 Absalón había puesto a Amasá al frente del ejército, en lugar de Joab. Amasá era hijo de un ismaelita llamado Itrá, que había tenido relaciones íntimas con Abigail, hija de Nahas y hermana de Seruiá, la madre de Joab. 26 Absalón acampó con los israelitas en territorio de Galaad, 27 y cuando David llegó a Mahanaim, salieron a recibirlo Sobí, hijo de Nahas, que era de Rabá de Amón; Maquir, hijo de Amiel, que era de Lodebar; y Barzilai, que era de Roguelim de Galaad. 28 Y le llevaron camas, palanganas y ollas de barro, y también trigo, cebada, harina, grano tostado, habas, lentejas, 29 miel, cuajada y queso de vaca y de oveja, para que comiera David y la gente que lo acompañaba; pues pensaron que, viniendo del desierto, estarían cansados, hambrientos y sedientos.

Derrota y muerte de Absalón

18 1 David pasó revista a su ejército, y puso jefes al frente de grupos de mil y de cien soldados. 2 Después envió una tercera parte del ejército bajo el mando de Joab, otra tercera parte bajo el mando de Abisai, hijo de Seruiá y hermano de Joab, y la otra tercera parte bajo el mando de Itai, el de Gat. Y a todo el ejército le dijo:

—Yo iré con ustedes a la batalla.

3 Pero ellos le respondieron:

—No, no haga eso Su Majestad, porque al enemigo poco le importa que huyamos o que muera la mitad de nosotros, pero Su Majestad vale tanto como diez mil de nosotros. Por eso es mejor que Su Majestad se quede en la ciudad para enviarnos refuerzos desde aquí.

4 —Haré lo que les parezca mejor —les respondió el rey, poniéndose inmediatamente a un lado de la entrada de la ciudad, mientras el ejército salía en grupos de mil y de cien soldados.

5 Además, el rey ordenó a Joab, a Abisai y a Itai que, en atención a él, trataran con consideración al joven Absalón, y todo el ejército escuchó la orden que el rey dio a los jefes acerca de Absalón. 6 Así pues, las tropas marcharon al campo para enfrentarse con las tropas de Israel. La batalla tuvo lugar en el bosque de Efraín, y 7 los de Israel fueron derrotados por los seguidores de David. Hubo una gran matanza aquel día, pues murieron veinte mil hombres. 8 La lucha se había extendido por todo el territorio, y en esta ocasión el bosque mismo causó más muertes que la espada. 9 Absalón, que iba montado en un mulo, se encontró de repente frente

a los seguidores de David. Entonces el mulo se metió debajo de una gran encina, y a Absalón se le quedó trabada la cabeza en las ramas, por lo que se quedó colgado en el aire, pues el mulo siguió de largo. **10**Alguien que vio esto, fue a decirle a Joab:

—He visto a Absalón colgado de una encina.

11Y Joab les respondió:

—Pues si lo viste, ¿por qué no lo derribaste allí mismo? Yo con mucho gusto te habría dado diez monedas de plata y un cinturón.

12Pero aquel hombre contestó a Joab:

—Aunque me dieras mil monedas de plata, no atentaría contra el hijo del rey; porque nosotros escuchamos que el rey te ordenó a ti, a Abisai y a Itai, que protegieran al joven Absalón. **13**Por otro lado, si yo hubiera hecho tal cosa, habría sido en vano, porque no hay nada oculto para el rey, y tú no habrías hecho nada para protegerme.

14—No voy a perder más tiempo contigo —le respondió Joab; y tomando tres dardos, los clavó en el corazón de Absalón, que aún estaba vivo en la encina. **15**Luego, diez asistentes de Joab rodearon a Absalón, y lo remataron.*ᵃ* **16**A continuación Joab ordenó que tocaran la trompeta, y las tropas dejaron de perseguir a los de Israel, porque Joab las detuvo. **17**Entonces tomaron el cuerpo de Absalón, lo echaron en un gran hoyo que había en el bosque, y sobre él levantaron un enorme montón de piedras. Después todos los israelitas huyeron a sus casas.

18En vida, Absalón se había mandado hacer un monumento de piedra, el que está en el Valle del Rey, y le había puesto su nombre, ya que no tenía ningún hijo*ᵇ* que se lo conservara. Y hasta el presente se le conoce como "el monumento de Absalón".

19Luego Ahimaas, el hijo de Sadoc, dijo a Joab:

—Te ruego que me dejes ir corriendo a avisar al rey que el Señor le ha hecho justicia librándolo del poder de sus enemigos.

20Pero Joab le respondió:

—Tú no eres hoy la persona ideal para llevar la noticia. Ya lo serás en otra ocasión, pero no hoy, porque el hijo del rey ha muerto.

21Sin embargo, Joab dijo a un soldado etíope:

—Ve tú, e informa al rey de lo que has visto.

El etíope hizo una reverencia a Joab y salió corriendo. **22**Ahimaas, por su parte, volvió a decir a Joab:

—De todos modos, déjame correr detrás del etíope.

Pero Joab le contestó:

—¿Para qué quieres ir tú, hijo mío, si no vas a recibir un premio por tu noticia?

23—No importa, iré corriendo —contestó Ahimaas.

—¡Pues corre! —le respondió Joab.

Entonces Ahimaas echó a correr por el valle, y se adelantó al etíope. **24**Mientras tanto, David estaba sentado entre las dos puertas de la entrada de la ciudad, y el centinela había subido a la azotea, encima de la puerta de la muralla. Al levantar la vista, el centinela vio a un hombre solo, que venía corriendo, **25**y lo anunció al rey en voz alta. El rey exclamó:

—Si viene solo es que trae buenas noticias.

Mientras el hombre se acercaba, **26**el centinela vio a otro hombre que corría, y le gritó al guardián de la puerta:

—¡Viene otro hombre corriendo!

—También ha de traer buenas noticias —respondió el rey.

27El centinela añadió:

—Por su modo de correr, me parece que el primero es Ahimaas, el hijo de Sadoc.

—Él es un buen hombre —comentó el rey—, y seguramente traerá buenas noticias.

28Ahimaas se acercó,*ᶜ* e inclinándose hasta el suelo delante del rey, lo saludó y le dijo:

—Bendito sea el Señor, el Dios de Su Majestad, porque ha quitado de en medio a los que se rebelaron contra Su Majestad.

29—¿Está bien el joven Absalón? —preguntó el rey.

Y Ahimaas respondió:

—Yo vi un gran alboroto en el momento en que Joab, servidor de Su Majestad, me enviaba, pero no supe lo que pasaba.

30Entonces el rey le ordenó:

—Colócate a un lado y quédate ahí.

Ahimaas lo hizo así. **31**En aquel momento llegó el etíope, y dijo:

—Reciba estas buenas noticias Su Majestad: hoy el Señor ha hecho justicia a Su Majestad,

---

ᵃ **18.14–15** *Tres dardos, los clavó en el corazón de Absalón . . . y lo remataron:* otra posible traducción: *tres palos, golpeó el pecho de Absalón . . . y lo mataron.* *ᵇ* **18.18** *No tenía ningún hijo:* Cf. 2 S 14.27. Es probable que ya los hijos de Absalón estuvieran muertos. *ᶜ* **18.28** *Se acercó:* según la versión griega (LXX). Heb. *gritó.*

librándolo del poder de todos los que se rebe-laron contra Su Majestad.

32 El rey preguntó al etíope:

—Y el joven Absalón, ¿está bien?

El etíope contestó:

—Ojalá que los enemigos de Su Majestad y todos los que se rebelen contra Su Majestad y busquen su mal, acaben como ese muchacho.

33 El rey se conmovió, y subiendo al cuarto que estaba encima de la puerta, se echó a llorar. Y mientras caminaba, decía: "¡Absalón, hijo mío! ¡Absalón, hijo mío! ¡Ojalá yo hubiera muerto en tu lugar! ¡Hijo mío, Absalón, hijo mío!"

19 **1-2** Cuando la gente supo que el rey lloraba y lamentaba la muerte de su hijo Absalón, fueron a decírselo a Joab. Y así aquel día la victoria se convirtió en motivo de tristeza. **3** El ejército mismo procuró disimular su entrada en la ciudad: avanzaban los soldados avergonzados, como si hubieran huido del campo de batalla. **4** Mientras tanto el rey, cubriéndose la cara, gritaba a voz en cuello: "¡Absalón, hijo mío! ¡Absalón, hijo mío, hijo mío!"

5 Joab fue entonces a palacio, y le dijo al rey:

—Su Majestad ha puesto en vergüenza a sus servidores, que hoy han salvado la vida de Su Majestad y de sus hijos, hijas, esposas y concubinas. **6** Su Majestad ha demostrado hoy que nada le importan sus jefes y oficiales, pues ama a quienes lo odian, y odia a quienes lo aman. Hoy me he dado cuenta de que para Su Majestad sería mejor que Absalón estuviera vivo, aunque todos nosotros hubiéramos muerto. **7** Salga, pues, ahora Su Majestad, y aliente con sus palabras a sus seguidores, pues de lo contrario juro por el Señor a Su Majestad que esta noche no le quedará ni un solo partidario. Esto será para Su Majestad peor que todos los males que le han ocurrido desde su juventud hasta el presente.

8 Entonces el rey se levantó y fue a sentarse a la puerta de la ciudad. Y cuando se informó a todo el pueblo de que el rey estaba sentado a la puerta, fueron todos a presentarse ante él.

David vuelve a Jerusalén

En cuanto a los de Israel, todos ellos habían huido a sus casas. **9** Y en todas las tribus de Israel la gente discutía y decía: "El rey David nos libró del dominio de nuestros enemigos, los filisteos; y, sin embargo, por causa de Absalón, ha tenido que huir del país. **10** Y Absalón, a quien nosotros habíamos consagrado como nuestro rey, ha muerto en la batalla. ¿Qué esperamos, pues, que no hacemos volver al rey David?"

11 Este comentario de todo Israel llegó hasta la casa del rey David. Entonces él mandó recado a los sacerdotes Sadoc y Abiatar, diciéndoles: "Hablen ustedes con los ancianos de Judá, y pregúntenles por qué se retrasan en hacer que yo regrese a mi palacio; **12** díganles que no hay razón para que ellos sean los últimos en hacerme volver, puesto que son mis hermanos de tribu." **13** Ordenó, además, que se dijera a Amasá: "Tú eres de mi misma sangre, así que de ahora en adelante tú serás el general de mi ejército, en lugar de Joab. Y si no te lo cumplo, que el Señor me castigue duramente."

14 Así convenció a los hombres de Judá, y todos ellos, como un solo hombre, mandaron decir al rey que volviera con todos sus oficiales. **15** Entonces el rey emprendió el regreso, y llegó al río Jordán. Los de Judá, por su parte, fueron a Guilgal para recibirlo y ayudarlo a cruzar el Jordán. **16** También Simí,[a] que era hijo de Guerá, de la tribu de Benjamín, y natural de Bahurim, se apresuró a bajar con los hombres de Judá para recibir al rey David. **17** Le acompañaban mil hombres de Benjamín. A su vez, Sibá, el criado de la familia de Saúl, acompañado de sus quince hijos y sus veinte esclavos, llegó al Jordán antes que el rey y **18** atravesó el vado del río para ayudar a la familia del rey a cruzarlo, y así quedar bien con él. Cuando el rey se disponía a cruzar el Jordán, Simí se inclinó delante de él, **19** y le dijo:

—Ruego a Su Majestad que no tome en cuenta mi falta ni recuerde el delito que este servidor suyo cometió el día en que Su Majestad salió de Jerusalén. No me guarde rencor, **20** pues yo mismo reconozco mi culpa, y de toda la casa de José[b] hoy he sido el primero en salir a recibir a Su Majestad.

21 Entonces Abisai, hijo de Seruiá, dijo:

—¿Acaso no merece la muerte Simí, por haber maldecido al rey escogido por el Señor?

22 Pero David respondió:

---

[a] **19.16** 2 S 16.5-13. [b] **19.20** *Casa de José:* En esta expresión se incluye a todas las tribus que formaban parte de Israel, el reino del Norte.

—¡Esto no es asunto de ustedes, hijos de Seruiá! ¿Por qué se oponen a mí? Ahora sé bien que soy el rey de Israel, así que nadie en Israel morirá en este día.

23 Luego, dirigiéndose a Simí, le juró que no moriría.

24 También salió a recibirlo Mefi–bóset,c el hijo de Saúl. Desde el día en que el rey salió, y hasta que volvió sano y salvo, no se había lavado los pies, ni cortado la barba, ni lavado su ropa. 25 Y cuando vino a Jerusalén para recibir al rey, este le dijo:

—Mefi–bóset, ¿por qué no viniste conmigo? 26 Él respondió:

—Mi criado me engañó, Majestad. Como soy inválido, le ordené que me aparejara un asno para montar en él e irme con Su Majestad. 27 Pero él me ha calumniado ante Su Majestad. Sin embargo, Su Majestad es como un ángel de Dios y hará lo que mejor le parezca. 28 Y aunque toda mi familia paterna era digna de muerte ante Su Majestad, este siervo suyo fue invitado a comer en la mesa de Su Majestad. ¿Qué más puedo pedir de Su Majestad?

29 El rey le respondió:

—No hay nada más que hablar. Ya he ordenado que tú y Sibá se repartan las tierras.

30 Pero Mefi–bóset le contestó:

—Que se quede él con todas. Lo importante es que Su Majestad ha vuelto sano y salvo a su palacio.

31 En cuanto a Barzilai, el de Galaad, había bajado de Roguelim para acompañar al rey a cruzar el Jordán y allí despedirse de él. 32 Era ya muy anciano, pues tenía ochenta años, y durante el tiempo en que el rey estuvo en Mahanaim había dado al rey todo lo necesario, porque era muy rico. 33 El rey dijo entonces a Barzilai:

—Vente conmigo a Jerusalén, y allí me haré cargo de ti.

34 Pero Barzilai le respondió:

—Me quedan pocos años de vida para irme ahora a Jerusalén con Su Majestad, 35 pues ya tengo ochenta años; he perdido el gusto de lo que como y lo que bebo, y ya no puedo decir si tiene buen o mal sabor; tampoco puedo oir ya la voz de los cantores y cantoras. ¿Por qué he de convertirme en una carga para Su Majestad?

36 Si únicamente voy a acompañar a Su Majestad a cruzar el Jordán, ¿por qué ha de ofrecerme Su Majestad esta recompensa? 37 Antes rogaría a Su Majestad que me permita volver a mi pueblo para morir allá y ser enterrado en la tumba de mis padres. Pero aquí tiene Su Majestad a otro servidor: mi hijo Quimham. Que vaya él con Su Majestad, y haga Su Majestad por él lo que crea más conveniente.

38 El rey contestó:

—Que venga conmigo Quimham, y haré por él lo que tú creas más conveniente. Y todo lo que me pidas, te lo concederé.

39 Toda la gente cruzó el Jordán. Y cuando el rey lo cruzó, dio a Barzilai un beso de despedida. Entonces Barzilai regresó al lugar donde vivía. 40 El rey, por su parte, se dirigió a Guilgal, acompañado de Quimham y de toda la gente de Judá, así como de la mitad de la gente de Israel. 41 Todos los israelitas fueron entonces a ver al rey, y le dijeron:

—¿Por qué han de ser nuestros hermanos de Judá quienes se adueñen de Su Majestad, y quienes lo escolten a él y a la familia real, y a todo su ejército, en el paso del Jordán?

42 Todos los de Judá respondieron a los de Israel:

—Porque el rey es nuestro pariente cercano. Pero no hay razón para que ustedes se enojen. ¿Acaso comemos nosotros a costa del rey, o hemos tomado algo para nosotros?

43 Los de Israel contestaron:

—Nosotros tenemos sobre el rey diez veces más derecho que ustedes. Además, como tribus, somos los hermanos mayoresd de ustedes. Así pues, ¿por qué nos menosprecian? ¿Acaso no fuimos nosotros los primeros en decidir que regresara nuestro rey?

Sin embargo, los de Judá discutieron con mayor violencia que los de Israel.

Sublevación de Sebá

20 1 Un malvado de la tribu de Benjamín, que se llamaba Sebá y era hijo de Bicrí, se encontraba en Guilgal. Este Sebá incitó al pueblo a levantarse en armas, diciendo: "¡Nosotros no tenemos parte ni herencia con David, el hijo de Jesé! ¡Todos a sus casas, israelitas!"

---

c 19.24 *Mefi–bóset:* Véase 4.4 n.; cf. 2 S 9.1–13; 16.1–4.   d 19.43 *Los hermanos mayores:* según la versión griega (LXX). Heb. *sobre David.*

2 Todos los hombres de Israel abandonaron a David para seguir a Sebá, hijo de Bicrí. Pero los de Judá, desde el Jordán hasta Jerusalén, se mantuvieron fieles a su rey.

3 Cuando David regresó a su palacio, en Jerusalén, tomó a las diez concubinas[a] que había dejado cuidando el palacio y las metió en una casa, bajo vigilancia. Allí siguió cuidando de ellas, pero no volvió a tener relaciones sexuales con ellas. Así ellas se quedaron encerradas, viviendo como viudas hasta el día de su muerte.

4 Después el rey ordenó a Amasá:

—Llama a los hombres de Judá, y dentro de tres días preséntate aquí con ellos.

5 Amasá fue a reunirlos, pero tardó más tiempo del que se le había señalado. 6 Entonces dijo David a Abisai:

—Sebá nos va a causar más daño que Absalón. Así que toma el mando de mis tropas y persíguelo, no sea que encuentre algunas ciudades amuralladas y se nos escape.

7 Los hombres de Joab, con los quereteos y peleteos de la guardia real, y los mejores soldados, salieron de Jerusalén con Abisai, para perseguir a Sebá. 8 Cuando se encontraban cerca de la gran roca que está en Gabaón, Amasá les salió al encuentro. Joab llevaba puesto su uniforme de batalla, ajustado con un cinturón, y al costado una espada envainada, la cual podía desenvainar con solo tirar hacia abajo. 9 Y mientras Joab tomaba a Amasá por la barba con la mano derecha para besarlo, le preguntó:

—¿Te ha ido bien, hermano?

10 Amasá no prestó atención a la espada que Joab llevaba en la mano. De pronto, Joab lo hirió con ella en el vientre, y todas sus entrañas se derramaron por el suelo. Murió sin que Joab tuviera que rematarlo. Luego Joab y su hermano Abisai siguieron persiguiendo a Sebá, hijo de Bicrí. 11 Entonces uno de los soldados de Joab se puso al lado del cuerpo de Amasá, y dijo:

—¡El que esté a favor de Joab y de David, que siga a Joab!

12 Pero Amasá seguía en medio del camino, revolcándose en su sangre; y viendo aquel soldado que toda la gente se detenía, hizo a Amasá a un lado del camino y lo tapó con una capa, pues se dio cuenta de que todos los que llegaban se quedaban parados junto a él. 13 Después de apartarlo del camino, pasaron todos los que andaban con Joab en persecución de Sebá.

14 Sebá pasó por todas las tribus de Israel hasta Abel–bet–maacá, y todos los descendientes de Bicrí se reunieron y entraron tras él en la ciudad. 15 Cuando los hombres de Joab llegaron a Abel–bet–maacá, construyeron una rampa sobre la muralla exterior, para atacar la ciudad, y luego entre todos trataron de derribar la muralla. 16 De pronto, una mujer muy astuta gritó desde la muralla de la ciudad:

—¡Escúchenme! ¡Escúchenme, por favor! ¡Díganle de mi parte a Joab que se acerque, porque quiero hablar con él!

17 Cuando Joab se acercó, la mujer le preguntó:

—¿Tú eres Joab?

—Yo soy Joab —respondió él.

Ella dijo:

—Escucha las palabras de esta sierva tuya.

—Te escucho —contestó él.

18 Entonces ella comenzó a decir:

—Antiguamente decían: "Quien quiera saber algo, que pregunte en Abel." Y así se solucionaba el asunto. 19 Nuestra ciudad es una de las más pacíficas y fieles de Israel, ¡una de las más importantes! Sin embargo, tú estás tratando de destruirla. ¿Por qué quieres destruir lo que pertenece al Señor?

20 Joab le contestó:

—¡Eso ni pensarlo! No es mi intención destruirla ni dejarla en ruinas. 21 No se trata de eso, sino que un hombre de los montes de Efraín, llamado Sebá, se ha levantado en armas contra el rey David. Entréguenmelo a él solo, y yo me retiraré de la ciudad.

—Te echaremos su cabeza desde el muro —respondió la mujer a Joab.

22 En seguida fue ella a convencer con su astucia a toda la gente de la ciudad, y le cortaron la cabeza a Sebá y se la arrojaron a Joab. Entonces Joab ordenó que tocaran retirada, y se alejaron de la ciudad, cada cual a su casa, mientras que Joab regresó a Jerusalén para hablar con el rey.

Oficiales de David
(2 S 8.15–18; 1 Cr 18.14–17)

23 Joab quedó al mando de todo el ejército de Israel, en tanto que Benaías, hijo de Joiadá, estaba al mando de la guardia de quereteos y

---

[a] **20.3** 2 S 15.16; 16.22.

peleteos. [24] Adoram[b] era el encargado del trabajo obligatorio, y el secretario del rey era Josafat, hijo de Ahilud. [25] Sevá era el cronista, y Sadoc y Abiatar los sacerdotes. [26] Irá, del pueblo de Jaír, era también sacerdote de David.

Venganza de los gabaonitas

21 [1] En tiempos de David hubo un hambre que duró tres años seguidos. Entonces David consultó al Señor, y el Señor le respondió: "El hambre se debe a los crímenes de Saúl y de su familia, porque asesinaron a los gabaonitas."

[2] David llamó a los gabaonitas y habló con ellos. (Los gabaonitas no eran israelitas, sino un grupo que aún quedaba de los amorreos con quienes los israelitas habían hecho un juramento,[a] y a quienes Saúl, en su celo por la gente de Israel y de Judá, había tratado de exterminar.) [3] David les preguntó:

—¿Qué puedo hacer por ustedes? ¿Cómo puedo reparar el daño que se les hizo, para que bendigan al pueblo del Señor?

[4] Los gabaonitas le respondieron:

—No es cuestión de dinero lo que tenemos pendiente con Saúl y su familia, ni queremos que muera nadie en Israel.

David les dijo:

—Díganme entonces qué quieren que haga por ustedes.

[5] Y ellos contestaron:

—Del hombre que quiso destruirnos e hizo planes para eliminarnos y para que no permaneciéramos en todo el territorio de Israel, [6] queremos que se nos entreguen siete de sus descendientes, y nosotros los colgaremos ante el Señor en Guibeá de Saúl, el escogido del Señor.

El rey aceptó entregárselos, [7] aunque se compadeció de Mefi-bóset, hijo de Jonatán y nieto de Saúl, por el sagrado juramento que se habían hecho él y Jonatán.[b] [8] Sin embargo apresó a los dos hijos que Rispá, hija de Aiá, había tenido con Saúl, y que se llamaban Armoní y Mefi-bóset, y a los cinco hijos que Merab,[c] hija de Saúl, tuvo con Adriel, hijo de Barzilai de Meholá, [9] y se los entregó a los de Gabaón, los cuales los ahorcaron en el monte delante del Señor. Así

murieron juntos los siete, en los primeros días de la cosecha de la cebada.

[10] Entonces Rispá, la hija de Aiá, se vistió con ropas ásperas en señal de luto, y se tendió sobre una peña. Allí se quedó, desde el comienzo de la cosecha de cebada hasta que llegaron las lluvias, sin dejar que los pájaros se acercaran a los cadáveres durante el día, ni los animales salvajes durante la noche.

[11] Cuando le contaron a David lo que había hecho Rispá, la concubina de Saúl, [12] fue y recogió los restos de Saúl y de su hijo Jonatán, que estaban en posesión de los habitantes de Jabés de Galaad. Estos los habían robado de la plaza de Bet-sán, donde los filisteos los colgaron el día que derrotaron a Saúl en Guilboa.[d] [13] Luego ordenó David que trasladaran los restos de Saúl y de Jonatán, y que recogieran los restos de los ahorcados; [14] y enterraron los restos de Saúl y de Jonatán en el sepulcro de Quis, el padre de Saúl, en Selá, en el territorio de Benjamín. Todo se hizo como el rey lo había ordenado. Y después de esto, Dios atendió las súplicas en favor del país.

Abisai salva la vida a David

[15] Los filisteos declararon de nuevo la guerra a Israel. Entonces David y sus oficiales salieron a luchar contra ellos. David se cansó demasiado, [16] y un gigante llamado Isbí-benob trató de matarlo. Su lanza pesaba más de treinta kilos, y al cinto llevaba una espada nueva. [17] Pero Abisai, el hijo de Seruiá, fue en ayuda de David, y atacó al filisteo y lo mató. Entonces los hombres de David le hicieron prometer que ya no saldría más a la guerra con ellos, para que no se apagara la lámpara de Israel.

Peleas contra gigantes
(1 Cr 20.4–8)

[18] Después hubo en Gob otra batalla contra los filisteos. En aquella ocasión, Sibecai el husatita mató a Saf, que era descendiente de los gigantes. [19] Y en otra batalla que hubo contra los filisteos, también en Gob, Elhanán, hijo de Jaír,[e] de Belén, mató a Goliat el de Gat, cuya lanza tenía el asta tan grande como el rodillo de un telar.

---

[b] **20.24** *Adoram* también aparece con el nombre *Adoniram* en 1 R 4.6 y 5.14. [a] **21.2** Jos 9.3–15. [b] **21.7** 1 S 20.15–17; 2 S 9.1–7. [c] **21.8** 1 S 18.19. *Merab:* según la versión griega (LXX). Heb. *Mical.* [d] **21.12** 1 S 31.8–13. [e] **21.19** *Jaír:* texto probable. Heb. *Jaaré-oreguim.*

20 En Gat hubo otra batalla. Había allí un hombre de gran estatura, que tenía veinticuatro dedos: seis en cada mano y seis en cada pie. Era también descendiente de los gigantes, **21** pero desafió a Israel y lo mató Jonatán, hijo de Simá, el hermano de David. **22** Estos cuatro gigantes eran descendientes de Réfah, el de Gat, pero cayeron a manos de David y de sus oficiales.

Canto de victoria de David
(Salmo 18)

22 **1** David entonó este canto al Señor cuando el Señor lo libró de caer en manos de Saúl y de todos sus enemigos. **2** Dijo así:

"Tú, Señor, eres mi protector,
    mi lugar de refugio,
    mi libertador,
3 mi Dios,
    la roca que me protege,
    mi escudo,
    el poder que me salva,
    mi más alto escondite,
    mi más alto refugio,
    mi salvador.
    ¡Me salvaste de la violencia!
4 Tú, Señor, eres digno de alabanza:
    cuando te llamo, me salvas
        de mis enemigos.

5 "Pues la muerte me enredó en sus olas;
    sentí miedo ante el torrente destructor.
6 La muerte me envolvió en sus lazos;
    ¡me encontré en trampas mortales!
7 En mi angustia llamé al Señor,
    pedí ayuda a mi Dios,
    y él me escuchó desde su templo;
    ¡mis gritos llegaron a sus oídos!

8 "Hubo entonces un fuerte temblor
        de tierra:
    temblaron las bases del cielo;
    fueron sacudidas por la furia del Señor.
9 De su nariz brotaba humo,
    y de su boca un fuego destructor;
    ¡por la boca lanzaba carbones
        encendidos!
10 Descorrió la cortina del cielo,
    y descendió.

¡Debajo de sus pies
    había grandes nubarrones!
11 Montó en un ser alado,[a] y voló;
    se le veía sobre las alas del viento.
12 Tomó como tienda de campaña
    la densa oscuridad que le rodeaba
    y los nubarrones cargados de agua.
13 Un fulgor relampagueante
        salió de su presencia;
    llovieron carbones encendidos.

14 "El Señor, el Altísimo,
    hizo oír su voz de trueno desde el cielo:
15 lanzó sus flechas, sus relámpagos,
    y a mis enemigos hizo huir en desorden.
16 El fondo del mar quedó al descubierto;
    las bases del mundo quedaron a la vista,
    por la voz amenazante del Señor,
    por el fuerte soplo que lanzó.

17 "Dios me tendió la mano desde lo alto,
    y con su mano me sacó del mar inmenso.
18 Me salvó de enemigos poderosos
    que me odiaban y eran más fuertes que yo.
19 Me atacaron cuando yo estaba
        en desgracia,
    pero el Señor me dio su apoyo:
20 me sacó a la libertad;
    ¡me salvó porque me amaba!
21 El Señor me ha dado la recompensa
    que merecía mi limpia conducta,
22 pues yo he seguido el camino del Señor;
    ¡jamás he renegado de mi Dios!
23 Yo tengo presentes todos sus decretos;
    ¡jamás me he desviado de sus leyes!
24 Me he conducido ante él
        sin tacha alguna;
    me he alejado de la maldad.
25 El Señor me ha recompensado
    por mi limpia conducta en su presencia.

26 "Tú, Señor, eres fiel con el que es fiel,
    irreprochable con el que es irreprochable,
27 sincero con el que es sincero,
    pero sagaz con el que es astuto.
28 Tú salvas a los humildes,
    pero te fijas en los orgullosos
    y los humillas.
29 Tú, Señor, eres mi luz;
    tú, Dios mío, alumbras mi oscuridad.

----

a 22.11 Sal 80.1 n.

30 Con tu ayuda atacaré al enemigo
    y pasaré sobre el muro de sus ciudades.

31 "El camino de Dios es perfecto;
    la promesa del Señor
        es digna de confianza.
    ¡Dios protege a todos
        los que en él confían!

32 ¿Quién es Dios, fuera del Señor?
    ¿Qué otro dios hay
        que pueda protegernos?

33 Dios es mi refugio poderoso,
    quien hace intachable mi conducta,

34 quien me da pies ligeros, como de ciervo,
    quien me hace estar firme en las alturas,

35 quien me entrena para la batalla,
    quien me da fuerzas
        para tensar arcos de bronce.

36 "Tú me proteges y me salvas;
    tu bondad me ha hecho prosperar.

37 Has hecho fácil mi camino,
    y mis pies no han resbalado.

38 "Perseguí a mis enemigos, los destruí,
    y solo volví después de exterminarlos.

39 ¡Los exterminé! ¡Los hice pedazos!
    Ya no se levantaron:
        ¡cayeron debajo de mis pies!

40 Tú me diste fuerza en la batalla;
    hiciste que los rebeldes se inclinaran
        ante mí,

41 y que delante de mi huyeran
        mis enemigos.
    Así pude destruir a los que me odiaban.

42 Pedían ayuda, y nadie los ayudó;
    llamaban al Señor, y no les contestó.

43 ¡Los deshice como a polvo del suelo!
    ¡Los pisoteé como a barro de las calles!

44 Me libraste de las luchas de mi pueblo,
    me mantuviste como jefe de las naciones,
    y me sirve gente que yo no conocía.

45 En cuanto me oyen, me obedecen;
    gente extranjera me halaga,

46 gente extranjera se acobarda
    y sale temblando de sus refugios.

47 "¡Viva el Señor! ¡Bendito sea mi protector!
    ¡Sea enaltecido Dios, que me salva
        y me protege!

48 Él es el Dios que me ha vengado
    y que me ha sometido los pueblos.

49 Él me libra de mis enemigos,
    de los rebeldes que se alzaron contra mí.
    ¡Tú, Señor, me salvas de los hombres
        violentos!

50 Por eso te alabo entre las naciones
    y canto himnos a tu nombre.

51 Concedes grandes victorias
        al rey que has escogido;
    siempre tratas con amor a David
        y a su descendencia."

Últimas palabras de David

23 ¹ Estas son las últimas palabras de
David:

    "David, el hijo de Jesé,
    el hombre a quien Dios ha enaltecido,
    el rey escogido por el Dios de Jacob,
    el dulce cantor de himnos de Israel,
    ha declarado:

2   "El Espíritu del Señor habla
        por medio de mí;
    su palabra está en mi lengua.

3   El Dios de Israel ha hablado;
    el Protector de Israel me ha dicho:
    'El que gobierne a los hombres
        con justicia,
    el que gobierne en el temor de Dios,

4   será como la luz de la aurora,
    como la luz del sol en una mañana
        sin nubes,
    que hace crecer la hierba
        después de la lluvia.'

5   Por eso mi descendencia está firme[a]
        en Dios,
    pues él hizo conmigo
        una alianza eterna,
    totalmente reglamentada y segura.
    Él me da la victoria completa
    y hace que se cumplan todos mis deseos.

6   Pero todos los malhechores
    serán como espinos desechados,
    que nadie toma con la mano.

7   Para tocarlos, se toma un hierro
        o una lanza,
    y se les echa en el fuego
    para que se quemen por completo."

---

[a] **23.5** *Está firme:* texto probable. Heb. *no así.*

Héroes del ejército de David
(1 Cr 11.10–47)

8 Estos son los nombres de los mejores soldados de David: Is–bóset,[b] el hacmonita, jefe de los tres más valientes, que en una ocasión mató ochocientos hombres con su lanza. 9 Después de él seguía Eleazar, hijo de Dodó, el ahohíta, que era uno de los tres más valientes. Estuvo con David en Pas–damim,[c] cuando los filisteos se juntaron allí para la batalla y los israelitas se retiraron. 10 Pero él se mantuvo firme, y estuvo matando filisteos hasta que la mano se le cansó y se le quedó pegada a la espada. Aquel día el Señor alcanzó una gran victoria. Luego el ejército siguió a Eleazar para apoderarse de lo que se le había quitado al enemigo.

11 Tras Eleazar seguía Samá, hijo de Agué, el ararita. Cuando los filisteos se reunieron en Lehi, donde había un campo sembrado de lentejas, las tropas israelitas huyeron ante ellos. 12 Pero Samá se plantó en medio del campo y lo defendió, derrotando a los filisteos. Así el Señor alcanzó una gran victoria.

13 Una vez, en el tiempo de la cosecha, tres de los treinta valientes fueron a encontrarse con David en la cueva de Adulam. Las fuerzas filisteas estaban acampadas en el valle de Refaim. 14 David se hallaba en la fortaleza, al tiempo que un destacamento filisteo se encontraba en Belén. 15 Y David expresó este deseo: "¡Ojalá alguien me diera a beber agua del pozo que está en la puerta de Belén!"

16 Entonces los tres valientes penetraron en el campamento filisteo y sacaron agua del pozo que está a la entrada de Belén, y se la llevaron a David. Pero él no quiso beberla, sino que la derramó como ofrenda al Señor, 17 diciendo: "¡El Señor me libre de beberla! ¡Sería como beberme la sangre de estos hombres, que arriesgando sus vidas fueron a traerla!" Y no quiso beberla.

Esta hazaña la realizaron los tres valientes.

18 Abisai, hermano de Joab e hijo de Seruiá, era jefe de los treinta valientes. En cierta ocasión atacó a trescientos hombres con su lanza, y los mató. Así ganó fama entre los treinta, 19 y recibió más honores que todos ellos, pues llegó a ser su jefe. Pero no igualó a los tres primeros.

20 Benaías, hijo de Joiadá, del pueblo de Cabseel, era un hombre valiente que realizó muchas hazañas. Él fue quien mató a los dos hijos de Ariel[d] de Moab. Un día en que estaba nevando bajó a un foso, y allí dentro mató a un león. 21 También mató a un egipcio de gran estatura, que iba armado con una lanza: Benaías lo atacó con un palo, le arrebató la lanza de la mano, y lo mató con su propia lanza. 22 Esta acción de Benaías, hijo de Joiadá, le hizo ganar fama entre los treinta valientes; 23 y recibió más honores que ellos, pero no igualó a los tres primeros. Y David lo puso al mando de su guardia personal.

24 Entre los treinta valientes estaban: Asael, hermano de Joab; Elhanán, hijo de Dodó, de Belén; 25 Samá, de Harod; Elicá, también de Harod; 26 Heles, el paltita; Irá, hijo de Iqués, de Tecoa; 27 Abiézer, de Anatot; Sibecai,[e] de Husah; 28 Salmón, el ahohíta; Maharai, de Netofá; 29 Héled, hijo de Baaná, también de Netofá; Itai, hijo de Ribai, de Guibeá, que está en el territorio de Benjamín; 30 Benaías, de Piratón; Hidai, del arroyo de Gaas; 31 Abí–albón, el arbatita; Azmávet, de Bahurim; 32 Eliahbá, el saalbonita; los hijos de Jasén; Jonatán; 33 Samá, el ararita; Ahiam, hijo de Sarar, también ararita; 34 Elifélet, hijo de Ahasbai, hijo del de Maacá; Eliam, hijo de Ahitófel, de Guiló; 35 Hesrai, de Carmel; Paarai, el arbita; 36 Igal, hijo de Natán, de Sobá; Baní, de Gad; 37 Sélec, de Amón; Naharai, de Beerot, asistente de Joab, hijo de Seruiá; 38 Irá, de Jatir; Gareb, también de Jatir; 39 y Urías, el hitita. En total, treinta y siete.

David censa la población
(1 Cr 21.1–17)

24 1 El Señor volvió a encenderse en ira contra los israelitas, e incitó a David contra ellos, ordenándole que hiciera un censo de Israel y Judá. 2 Entonces el rey ordenó a Joab, jefe del ejército, que lo acompañaba:

—Recorre todas las tribus de Israel, desde Dan hasta Beerseba, y haz el censo de la población, para que yo sepa cuántos habitantes hay.

3 Pero Joab respondió al rey:

—Que el Señor, el Dios de Su Majestad, aumente su pueblo cien veces más de lo que es

---

[b] 23.8 *Is–bóset:* Véase 2.8 n.   [c] 23.9 *En Pasdamim:* texto probable, según 1 Cr 11.13. Heb. *cuando se burlaron de ellos.*
[d] 23.20 *Dos hijos de Ariel:* según la versión griega (LXX). Heb. *dos de Ariel.*   [e] 23.27 *Sibecai:* según la versión griega (LXX) y 1 Cr 11.29. Heb. *Mebunai.*

ahora, y que Su Majestad viva para verlo; pero, ¿para qué desea Su Majestad hacer un censo?

4 Sin embargo, la orden del rey se impuso a Joab y a los jefes del ejército, y por lo tanto Joab y los jefes del ejército se retiraron de la presencia del rey para hacer el censo del pueblo de Israel. 5 Atravesaron el río Jordán y comenzaron por Aroer y por la ciudad que está en medio del valle, en dirección a Gad y Jazer. 6 Después fueron a Galaad y a Cadés, en el país de los hititas. Llegaron luego a Dan, y desde Dan dieron la vuelta por Sidón. 7 Después fueron a la fortaleza de Tiro y a todas las ciudades de los heveos y los cananeos, hasta salir al sur de Judá, a Beerseba. 8 Al cabo de nueve meses y veinte días, y tras haber recorrido todo el país, llegaron a Jerusalén. 9 Joab entregó al rey cifras del censo de la población, y resultó que había en Israel ochocientos mil hombres aptos para la guerra, y quinientos mil en Judá.[a]

10 Pero David se sintió culpable por haber hecho el censo de la población, y confesó al Señor:

—He cometido un grave pecado al hacer esto. Pero te ruego, Señor, que perdones ahora el pecado de este siervo tuyo, pues me he portado como un necio.

11 A la mañana siguiente, cuando se levantó David, dijo el Señor al profeta Gad, vidente al servicio de David: 12 "Ve a ver a David, y dile de mi parte que le propongo tres cosas, y que escoja la que él quiera que yo haga." 13 Gad fue a ver a David, y le preguntó:

—¿Qué prefieres: siete años de hambre en el país, tres meses huyendo tú de la persecución de tus enemigos, o tres días de peste en el país? Piensa y decide ahora lo que he de responder al que me ha enviado.

14 Y David contestó a Gad:

—Estoy en un grave aprieto. Ahora bien, es preferible que caigamos en manos del Señor, pues su bondad es muy grande, y no en manos de los hombres.

15 Entonces mandó el Señor una peste sobre Israel, desde aquella misma mañana hasta la fecha indicada, y desde Dan hasta Beerseba murieron setenta mil personas. 16 Y cuando el ángel estaba a punto de destruir Jerusalén, le

pesó al Señor aquel daño y ordenó al ángel que estaba hiriendo al pueblo: "¡Basta ya, no sigas!"

En aquel momento el ángel del Señor[b] se encontraba junto al lugar donde Arauna el jebuseo trillaba el trigo. 17 Y cuando David vio al ángel que hería a la población, dijo al Señor:

—¡Yo soy quien ha pecado! ¡Yo soy el culpable! ¿Pero qué han hecho estos inocentes? ¡Yo te ruego que tu castigo caiga sobre mí y sobre mi familia!

David levanta un altar
(1 Cr 21.18–27)

18 Aquel mismo día, Gad fue a ver a David, y le dijo que levantara un altar al Señor en el lugar donde Arauna el jebuseo trillaba el trigo. 19 Entonces David fue a hacer lo que Gad le había dicho por orden del Señor. 20 Arauna estaba mirando a lo lejos, cuando vio que el rey y sus servidores se dirigían hacia él. Entonces Arauna se adelantó, e inclinándose delante del rey 21 le dijo:

—¿A qué se debe la visita de Su Majestad a su criado?

David respondió:

—Quiero comprarte el lugar donde trillas el trigo, para construir allí un altar al Señor, a fin de que la peste se retire del pueblo.

22 Y Arauna le contestó:

—Tome Su Majestad lo que le parezca mejor, y ofrezca holocaustos. Aquí hay toros para el holocausto, y los trillos y los yugos de las yuntas pueden servir de leña. 23 ¡Todo esto se lo doy a Su Majestad!

Además, Arauna exclamó:

—¡Ojalá Su Majestad pueda complacer al Señor su Dios!

24 Pero el rey respondió:

—Te lo agradezco, pero tengo que comprártelo todo pagándote lo que vale, pues no presentaré al Señor mi Dios holocaustos que no me hayan costado nada.

De esta manera David compró aquel lugar y los toros por cincuenta monedas de plata, 25 y allí construyó un altar al Señor y ofreció holocaustos y sacrificios de reconciliación. Entonces el Señor atendió las súplicas en favor del país, y la peste se retiró de Israel.

---

[a] 24.9 Para las cifras con *mil*, véase 10.6 n. [b] 24.16 A diferencia de otros pasajes del AT (véase Gn 16.7 n.), aquí el *ángel del Señor* es un ser distinto de Dios.

Primer libro de los

REYES

Los *libros de Reyes* (=1 y 2 R) continúan la historia allí donde la había dejado el *Segundo libro de Samuel*. Después de una vida llena de peligros y de grandes realizaciones, David llegó al término de sus días, y la cercanía de su muerte planteó en forma dramática el problema de la sucesión al trono. Como los miembros de la corte real se habían dividido en dos grupos antagónicos, el mismo David, a instancias de su esposa Betsabé, eligió como sucesor a Salomón (cf. 1 R 1—2). Así el pueblo de Israel entró en una nueva etapa de su historia, que se extendió hasta la caída de Jerusalén y la deportación a Babilonia. Este periodo, al que suele dársele el nombre de época de los Reyes, abarca unos cuatro siglos.

La primera parte de la obra (3—11) está dedicada al reinado de Salomón. Varios relatos ponen de relieve la gran sabiduría de este rey, sus enormes riquezas y sus magníficas construcciones. Entre estas últimas, recibe especial atención el templo de Jerusalén, que él hizo edificar en el terreno adquirido por David con esa finalidad (cf. 2 S 24.18-25). De este modo, Salomón llevó a cabo un proyecto que su padre no había podido realizar (1 R 8.17-21) y erigió un lugar de culto que habría de tener enorme trascendencia en la vida religiosa y cultural de Israel.

Pero no todo fue gloria y magnificencia en el reino salomónico. Aunque el relato tiende a resaltar la grandeza de Salomón, también deja entrever los aspectos negativos de su reinado. Los abusos que más se denuncian son las concesiones hechas a la idolatría y las excesivas cargas impuestas al pueblo. Para muchos israelitas, estos excesos traicionaban los ideales que habían dado su identidad y su razón de ser al pueblo del Señor (cf. 1 S 8), y un profundo descontento se extendió por el país, en especial, entre las tribus del norte. Como consecuencia de este malestar resurgieron las viejas rivalidades entre el norte y el sur (cf. 2 S 20.1-2), y así terminó por quebrarse el intento de unificación realizado por David (cf. 2 S 2.4; 5.1-3).

Después de la muerte de Salomón, el reino davídico se dividió en dos estados independientes: Israel al norte y Judá al sur, este último con Jerusalén como capital. El texto bíblico narra en qué circunstancias se produjo la separación (1 R 12), y luego presenta en forma paralela la historia de los dos reinos, que en muy pocas ocasiones lograron superar su antagonismo tradicional. El texto menciona por nombre a todos los reyes de Israel y de Judá; la sección dedicada a cada reinado comienza y termina con las mismas fórmulas. En el cuerpo de estas secciones se enumeran algunos hechos significativos de cada monarca, pero el autor, por lo general, no muestra demasiado interés en dar un relato detallado de los hechos. Lo que más le preocupa es juzgar la conducta de los reyes de acuerdo con lo establecido por la ley de Moisés, particularmente en todo lo relacionado con el culto del Señor.

Este juicio es de extrema severidad: treinta y cuatro veces se repite la frase *sus hechos fueron malos a los ojos del Señor* (cf., p. ej., 1 R 15.26; 22.52; 2 R 13.1), y solo se aprueba la conducta de unos pocos reyes de Judá, que siguieron el ejemplo de David (cf., p. ej., 1 R 15.11; 2 R 22.2). En cuanto a los reyes de Israel, todos cometieron *los mismos pecados con que Jeroboam hizo pecar a los israelitas* (1 R 15.34). Esos pecados de Jeroboam, denunciados como un rechazo del Señor y de su templo (cf. 1 R 12.26-33), fueron el comienzo de la serie de infidelidades que provocaron la ira del Señor y tuvieron como consecuencia la destrucción de Samaria (2 R 17.7-23).

Del relato se desprende, además, que la violencia y la inestabilidad política fueron una característica casi constante en el reino del Norte. Numerosas dinastías se sucedieron en poco más de dos siglos, y los cambios de gobierno se produjeron muchas veces en forma sangrienta (cf. 2 R 9—11). El reino de Judá, por el contrario, se mantuvo siempre fiel a la dinastía davídica: los veinte reyes que ocuparon el trono fueron descendientes de David. El reinado de Atalía en Jerusalén constituye una excepción, pero esa reina fue una usurpadora y, llegado el momento, el pueblo de Judá instaló en el trono a un legítimo heredero de David (2 R 10).

En el año 721 a. C., el reino de Israel cayó bajo la dominación asiria y dejó de existir como estado independiente. Su vecino del sur, en cambio, logró sobrevivir a la invasión y prolongó su existencia casi un siglo y medio más. A esta etapa está dedicada la parte final de estos libros (2 R 18—25), que destaca de modo especial la reforma religiosa del rey Josías. Sin embargo, esa reforma no logró detener la desintegración moral y política del reino (cf. 2 R 23.26—27) y, por eso, la historia de los reyes tiene un dramático final: la destrucción de Jerusalén y el exilio a Babilonia.

Esta obra no solo se ocupa de los reyes. También los profetas son objeto de particular atención, como lo muestran las extensas secciones dedicadas a Elías (1 R 17—2 R 1) y a Eliseo (2 R 2.1—8.15; 13.14—20). Pero al lado de estas dos grandes figuras hay toda una lista de profetas, que comienza con Natán (1 R 1.45), Ahías de Siló (1 R 11.29-40) y Semaías (1 R 12.21-24) y, pasando por Isaías (2 R 19.20—20.19), llega hasta Huldá, la profetisa de Jerusalén, que actuó en tiempos de Josías (2 R 22.14-20). Estas narraciones tienen especial interés, porque presentan a los profetas en acción. En los escritos proféticos, por lo general, lo que más se destaca es la palabra del Señor, y solo unos pocos textos narrativos relacionan el mensaje profético con la persona del profeta y con determinados acontecimientos históricos. Aquí, en cambio, se relata cómo actuaron los profetas en momentos decisivos de la historia bíblica. Particularmente significativos son los pasajes que los muestran enfrentándose con los reyes, a fin de reprocharles su mala conducta (cf. 1 R 18.16-19; 21.17-29; 2 R 1.15-16).

En la Biblia hebrea, esta obra figura entre los *Profetas anteriores* (véase la *Introducción* al libro de *Josué*). O sea, que no se trata de una mera narración histórica, sino de una reflexión profética sobre una etapa de la historia de la salvación. En esta reflexión se percibe claramente la influencia del *Deuteronomio*, que contenía promesas de paz y prosperidad para el pueblo de Dios, siempre que este se mantuviera fiel a la ley del Señor (Dt. 28.1-14; cf. 2 R 21.8). En caso contrario, recaerían sobre él las maldiciones anunciadas a los transgresores de la alianza (Dt 28.15-62), entre las que se incluía el exilio a un país extranjero (Dt 28.63-68).

Si bien estos libros hablan de la derrota de Israel y Judá por sus pecados e infidelidades, la promesa del Señor a David seguía en pie a pesar de todo, y es probable que el episodio relatado al final del libro sea una nota de esperanza fundada en esa promesa. Joaquín, el penúltimo de los reyes de Judá, estaba prisionero en el exilio, pero el rey de Babilonia lo sacó de la cárcel y le asignó un puesto de honor en su propia mesa (2 R 25.27-30). Este notable cambio de situación, que beneficiaba al descendiente de David, hacía prever un futuro mejor para todo su pueblo.

El siguiente esquema ofrece una visión de conjunto del *Primer libro de los Reyes*:

1. Fin del reinado de David y entronización de Salomón (1—2)
2. Reinado de Salomón (3—11)
3. División del reino davídico (12)
4. Los dos reinos hasta los tiempos de Elías (13—16)
5. Historia del profeta Elías en tiempos de Ahab (17—21)
6. Fin del reinado de Ahab (22.1-40)
7. Josafat de Judá y Ocozías de Israel (22.41-53)

Ancianidad de David

1 **1** El rey David era ya anciano, de edad muy avanzada. Aunque lo cubrían y arropaban bien, no podía entrar en calor. **2** Por esto, sus servidores le dijeron: "Debe buscarse para Su Majestad una muchacha soltera que le sirva y lo cuide, y que duerma con Su Majestad para que le dé calor."

3 Buscaron una muchacha hermosa por todo el territorio de Israel, y hallaron una que se llamaba Abisag, del pueblo de Sunem, la cual llevaron al rey. **4** Abisag era muy hermosa, y cuidaba al rey y le servía, pero el rey nunca tuvo relaciones sexuales con ella.

Adonías se proclama rey

5 Entre tanto, Adonías, hijo de David y de Haguit, se levantó en armas y dijo que él sería rey. Se hizo de carros de combate, y de caballería, y de una guardia personal de cincuenta hombres. **6** Su padre no lo había contrariado en toda su vida, ni le había preguntado por qué hacía lo que hacía. Adonías, que había nacido después de Absalón, era muy bien parecido. **7** Había hecho un trato con Joab, el hijo de Seruiá, y con el sacerdote Abiatar, los cuales le apoyaban. **8** Pero ni el sacerdote Sadoc, ni Benaías, hijo de Joiadá, ni el profeta Natán, ni Simí, hombre de confianza del rey,ᵃ ni los mejores soldados de David estaban a favor de Adonías.

9 Por aquel tiempo, Adonías preparó un banquete junto a la peña de Zohélet, que está cerca del manantial de Roguel. Mató ovejas y toros y los becerros más gordos, e invitó a todos sus hermanos, hijos del rey, y a todos los hombres de Judá que estaban al servicio del rey; **10** pero no invitó al profeta Natán, ni a Benaías, ni a los soldados de David, ni a su hermano Salomón. **11** Entonces habló Natán con Betsabé, la madre de Salomón, y le dijo:

—¿No te has enterado de que Adonías, el hijo de Haguit, se ha proclamado rey sin que lo sepa David, nuestro señor? **12** Pues ven, que voy a darte un consejo para que puedas salvar tu vida y la de tu hijo Salomón. **13** Ve y preséntate al rey David, y dile: 'Su Majestad me había jurado que mi hijo Salomón reinaría después de Su Majestad, y que subiría al trono. ¿Por qué, entonces, está reinando Adonías?' **14** Y mientras

tú hablas con el rey, yo entraré y confirmaré tus palabras.

15 Betsabé fue entonces a ver al rey a su habitación. El rey ya estaba muy anciano, y Abisag la sunamita lo atendía. **16** Betsabé se inclinó ante el rey hasta tocar el suelo con la frente, y el rey le preguntó:

—¿Qué te pasa?

17 Ella le respondió:

—Su Majestad me juró por el Señor su Dios, que mi hijo Salomón reinaría después de Su Majestad, y que subiría al trono. **18** Pero sucede que Adonías se ha proclamado rey, y Su Majestad no lo sabe. **19** Ha matado toros y becerros y muchas ovejas, y ha invitado a los hijos de Su Majestad; también ha invitado al sacerdote Abiatar y a Joab, general del ejército, pero no ha invitado a Salomón, servidor de Su Majestad. **20** Ahora bien, señor, todo Israel está pendiente de que Su Majestad diga quién habrá de reinar después de Su Majestad. **21** De lo contrario, cuando Su Majestad muera, mi hijo Salomón y yo seremos condenados a muerte.

22 Mientras ella hablaba con el rey, llegó el profeta Natán, **23** y se lo hicieron saber al rey. Cuando el profeta se presentó ante el rey, se inclinó delante de él hasta tocar el suelo con la frente, **24** y le preguntó:

—¿Ha ordenado Su Majestad que Adonías reine después de Su Majestad? **25** Porque resulta que hoy ha bajado, ha matado toros y becerros y muchas ovejas, y ha convidado a los hijos de Su Majestad, a los capitanes del ejército y al sacerdote Abiatar. Y ahí están comiendo y bebiendo con él, y gritando: '¡Viva el rey Adonías!' **26** Sin embargo, no me han invitado a mí, ni al sacerdote Sadoc, ni a Benaías, hijo de Joiadá, ni a Salomón, hijo de Su Majestad. **27** ¿Acaso ha ordenado esto Su Majestad sin haber informado a este siervo suyo acerca de quién ocuparía el trono después de Su Majestad?

David declara a Salomón sucesor suyo

28 El rey David ordenó entonces que llamaran a Betsabé. Al llegar Betsabé ante el rey, se quedó de pie delante de él. **29** El rey hizo entonces el siguiente juramento:

—Juro por el Señor, que me ha librado de toda angustia, **30** que lo que te juré por el Señor,

---

ᵃ **1.8** *Hombre de confianza del rey:* texto probable; heb. *Reí*, aparentemente un nombre propio.

el Dios de Israel, te lo cumpliré hoy mismo: tu hijo Salomón subirá al trono en mi lugar y reinará después de mí.

31 Betsabé se inclinó ante el rey hasta tocar el suelo con la frente, y exclamó:

—¡Viva para siempre mi señor, el rey David!

32 Luego el rey David ordenó que llamaran al sacerdote Sadoc, al profeta Natán y a Benaías, hijo de Joiadá. Cuando estos se presentaron ante el rey, 33 él les dijo:

—Háganse acompañar de los funcionarios del reino, monten a mi hijo Salomón en mi mula y llévenlo a Guihón; 34 y en cuanto el sacerdote Sadoc y el profeta Natán lo consagren como rey de Israel, toquen el cuerno de carnero y griten: '¡Viva el rey Salomón!' 35 Luego sírvanle de escolta, para que venga y se siente en mi trono y reine en mi lugar, pues he dispuesto que él sea el jefe de Israel y de Judá.

36 Benaías, el hijo de Joiadá, respondió al rey:

—¡Amén, y que así lo ordene el Señor, el Dios de Su Majestad! 37 Y del mismo modo que el Señor ha estado con Su Majestad, así esté con Salomón, y haga que su reino sea mayor aún que el de Su Majestad, mi señor David.

38 Luego el sacerdote Sadoc, el profeta Natán, Benaías, hijo de Joiadá, y los quereteos y los peleteos, fueron y montaron a Salomón en la mula del rey David, y lo llevaron a Guihón. 39 Allí el sacerdote Sadoc tomó del santuario el cuerno con el aceite y consagró como rey a Salomón. A continuación tocaron el cuerno de carnero, y todo el pueblo gritó: "¡Viva el rey Salomón!" 40 Luego todos lo siguieron, tocando flautas. Era tal su alegría que parecía que la tierra se partía en dos por causa de sus voces.

41 Adonías y todos sus invitados acababan de comer cuando oyeron el ruido. Al oir Joab el sonido del cuerno, comentó:

—¿Por qué habrá tanto alboroto en la ciudad?

42 Mientras él hablaba, llegó Jonatán, el hijo del sacerdote Abiatar. Adonías le dijo:

—Entra, pues tú eres un hombre importante y debes traer buenas noticias.

43 Jonatán respondió a Adonías:

—Al contrario. David, nuestro señor y rey, ha hecho rey a Salomón, 44 y ha ordenado que el sacerdote Sadoc y el profeta Natán, así como Benaías, hijo de Joiadá, y los quereteos y los peleteos, acompañen a Salomón; y ellos lo han montado en la mula del rey. 45 Además, el sacerdote Sadoc y el profeta Natán lo han consagrado como rey en Guihón, y han regresado de allí muy contentos. Por eso está alborotada la ciudad, y ese es el ruido que ustedes han escuchado. 46 Además, Salomón ya ha tomado posesión del trono, 47 y los funcionarios del rey David han ido a felicitarlo y a desearle que Dios haga prosperar a Salomón y extienda su dominio más que el suyo. Incluso el propio rey David se inclinó en su cama para adorar a Dios, 48 y dijo: 'Bendito sea el Señor, el Dios de Israel, que ha permitido hoy que un descendiente mío suba al trono, y que yo lo vea.'

49 Los invitados de Adonías se pusieron a temblar; luego se levantaron todos, y cada uno se fue por su lado. 50 Adonías, por su parte, por miedo a Salomón se levantó y se fue al santuario, y allí buscó refugio agarrándose a los cuernos del altar.[b] 51 Alguien fue a decirle a Salomón:

—Adonías tiene miedo de Su Majestad, y se ha refugiado en el altar. Pide que Su Majestad le jure ahora mismo que no lo va a matar.

52 Salomón respondió:

—Si se porta como un hombre de bien, no caerá al suelo ni un pelo de su cabeza; pero si se descubre alguna maldad en él, morirá.

53 En seguida Salomón mandó que lo retiraran del altar. Luego Adonías fue y se inclinó ante el rey Salomón, y este le ordenó que se fuera a su casa.

Últimas órdenes de David

2 ¹ La muerte de David se acercaba por momentos, así que David ordenó a su hijo Salomón: 2 "Voy a emprender el último viaje, como todo el mundo. Ten valor y pórtate como un hombre. 3 Cumple las ordenanzas del Señor tu Dios, haciendo su voluntad y cumpliendo sus leyes, mandamientos, decretos y mandatos, según están escritos en la ley de Moisés, para que prosperes en todo lo que hagas y dondequiera que vayas. 4 También para que el Señor confirme la promesa que me hizo, de que si mis hijos cuidaban su conducta y se conducían con verdad delante de él, con todo su corazón y toda su alma, nunca faltaría en mi familia quien ocupara el trono de Israel.[a]

---

[b] **1.50** Los cuatro *cuernos del altar* (Ex 21.12–14) eran lugares de refugio para el fugitivo que buscaba salvar su vida de manos de sus perseguidores. [a] **2.4** 2 S 7.11–16.

5 "Ahora bien, tú ya sabes lo que me hizo Joab, el hijo de Seruiá, es decir, lo que hizo con dos generales del ejército israelita: con Abner, el hijo de Ner, y con Amasá, el hijo de Jéter, a quienes mató en tiempo de paz para vengar la sangre derramada en guerra, haciéndome responsable de ese asesinato.*b* 6 Por lo tanto, actúa con inteligencia y no lo dejes tener una muerte tranquila. 7 En cuanto a los hijos de Barzilai, el de Galaad,*c* trátalos con bondad y hazlos participar de tu mesa, pues ellos me protegieron cuando yo huía de tu hermano Absalón. 8 Por otra parte, fíjate que está contigo Simí, hijo de Guerá, el benjaminita de Bahurim. Él fue quien me lanzó una maldición terrible el día que yo iba hacia Mahanaim.*d* Después, sin embargo, salió a recibirme al río Jordán, y yo tuve que jurarle por el Señor que no lo mataría.*e* 9 No lo perdones. Eres inteligente, y sabrás qué hacer con él. Pero procura que su muerte sea violenta."

Muerte de David
(1 Cr 29.26–30)

10 David murió y fue enterrado con sus antepasados en la Ciudad de David. 11 Fue rey de Israel durante cuarenta años, de los cuales reinó siete en Hebrón y treinta y tres en Jerusalén. 12 Luego reinó Salomón en lugar de David, su padre, y su reinado fue muy estable.

Fin de Adonías y de sus partidarios

13 Adonías, el hijo de Haguit, fue a ver a Betsabé, la madre de Salomón. Ella le preguntó:

—¿Vienes en son de paz?

—Sí —respondió él. 14 Y añadió—: Tengo algo que decirte.

—Dime —contestó ella.

15 —Tú sabes —dijo Adonías— que el reino me pertenecía, y que todo Israel estaba esperando que yo fuera rey. Pero el derecho a reinar se le concedió a mi hermano, porque ya el Señor había dispuesto que fuera para él. 16 Ahora solo quiero pedirte un favor. No me lo niegues.

—Habla —respondió ella.

17 Él dijo:

—Te ruego que le pidas al rey Salomón que me dé por esposa a Abisag la sunamita. Él no te lo negará.

18 —De acuerdo, yo hablaré al rey por ti —respondió Betsabé.

19 Así pues, Betsabé fue a hablar con el rey Salomón en favor de Adonías. El rey se levantó a recibir a su madre y se inclinó ante ella. Luego volvió a sentarse en su trono y ordenó que trajeran un sillón para su madre; entonces ella se sentó a su derecha, 20 y le dijo:

—Quiero pedirte un pequeño favor. Te ruego que no me lo niegues.

—Pídeme lo que quieras, madre mía —contestó el rey—, que no te lo negaré.

21 —Permite que Abisag la sunamita sea dada por esposa a tu hermano Adonías —dijo ella.

22 —¿Por qué pides a Abisag la sunamita para Adonías? —respondió el rey a su madre—. ¡Solo falta que me pidas que le entregue el reino, porque es mi hermano mayor y porque tiene a su favor al sacerdote Abiatar y a Joab, el hijo de Seruiá!

23 Dicho esto, el rey Salomón juró por el Señor: "¡Que Dios me castigue con toda dureza, si esto que ha dicho Adonías no le cuesta la vida. 24 Juro por el Señor, que me ha colocado y confirmado en el trono de David mi padre y que me ha establecido una dinastía, que Adonías morirá hoy mismo!"

25 En seguida dio órdenes a Benaías, hijo de Joiadá, de matar a Adonías, y este fue y lo mató. 26 En cuanto al sacerdote Abiatar, el rey le ordenó: "¡Lárgate a Anatot, a tus tierras! Mereces la muerte, pero no te mataré porque has transportado el arca del Señor delante de David, mi padre,*f* y has sufrido las mismas penalidades que él."*g* 27 De este modo Salomón quitó a Abiatar del sacerdocio del Señor, y así se cumplió lo que el Señor había dicho en Siló en cuanto a la familia de Elí.*h*

28 Joab se había puesto de parte de Adonías, pero no de parte de Absalón; así que cuando le llegó esta noticia a Joab, huyó al santuario del Señor y se refugió en el altar.*i* 29 Pero informaron

---

b **2.5** *Haciéndome responsable de ese asesinato:* según la versión griega (LXX), que dice lit. *poniendo sangre de guerra en mi cinturón y en mis sandalias.* De acuerdo con esta traducción, David afirma que también recaía sobre él la responsabilidad de los delitos cometidos por sus súbditos. Este matiz no aparece en el texto hebreo. *c* **2.7** 2 S 17.27–29. *d* **2.8** 2 S 16.5–13. *e* **2.8** 2 S 19.16–23. *f* **2.26** 2 S 15.24. *g* **2.26** 1 S 22.20–23. *h* **2.27** 1 S 2.27–36. *i* **2.28** Sobre esta práctica, véase 1.50 n.

al rey Salomón de que Joab había huido al santuario del Señor, y de que se había refugiado en el altar. Entonces mandó Salomón a Benaías, hijo de Joiadá, que fuera a matarlo, 30 y Benaías fue al santuario y le dijo a Joab:

—El rey ordena que salgas.

Pero Joab contestó:

—¡No! ¡Aquí moriré!

Benaías fue al rey con la respuesta, y le contó lo que Joab le había respondido. 31 Entonces el rey contestó:

—Démosle gusto. Mátalo y entiérralo, y borra de la casa de mi padre, y de mí también, la culpa de los asesinatos cometidos por Joab. 32 El Señor hará recaer sobre él la culpa de su propia muerte, porque, sin saberlo mi padre, Joab acuchilló a dos hombres más honrados y mejores que él: a Abner, hijo de Ner, jefe del ejército israelita, y a Amasá, hijo de Jéter, jefe del ejército de Judá. 33 La culpa de su muerte recaerá sobre Joab y sobre su descendencia para siempre. Por el contrario, la paz del Señor estará siempre con David y su descendencia, y con su dinastía y su trono.

34 Entonces Benaías fue y mató a Joab. Y Joab fue enterrado en su casa, en el desierto. 35 Luego el rey puso a Benaías al mando del ejército en lugar de Joab, y al sacerdote Sadoc en lugar de Abiatar. 36 Después mandó llamar a Simí, y le ordenó:

—Constrúyete una casa en Jerusalén, para que vivas allí. Pero no salgas de allí a ninguna parte, 37 porque el día que salgas y cruces el arroyo Cedrón, ten la seguridad de que morirás, y tú tendrás la culpa.

38 Simí respondió al rey:

—Está bien. Haré lo que ha ordenado Su Majestad.

Simí vivió mucho tiempo en Jerusalén. 39 Pero al cabo de tres años, dos esclavos suyos se escaparon y se fueron a vivir con Aquís, hijo de Maacá, que era rey de Gat. Cuando le avisaron a Simí que sus dos esclavos estaban en Gat, 40 se levantó y aparejó su asno y se fue a Gat, donde estaba Aquís, en busca de sus esclavos. Cuando ya Simí regresaba de Gat con sus esclavos, 41 supo Salomón que Simí había salido de Jerusalén a Gat, y que ya venía de regreso. 42 Entonces mandó el rey llamar a Simí, y le dijo:

—¿No te hice jurar por el Señor, y te advertí, que el día que salieras a alguna parte, con toda seguridad morirías? ¿Acaso no me respondiste que estaba bien, y que me ibas a obedecer?

43 ¿Por qué no cumpliste tu juramento al Señor, ni obedeciste lo que te mandé? 44 Tú sabes perfectamente el daño que hiciste a David, mi padre. Por eso el Señor ha hecho que el mal que hiciste se vuelva contra ti. 45 Pero el rey Salomón será bendecido, y el trono de David quedará establecido para siempre delante del Señor.

46 Después el rey dio órdenes a Benaías, hijo de Joiadá, y este salió y mató a Simí. Así se afirmó el reino en manos de Salomón.

Salomón se casa con la hija del faraón

3 1 Salomón emparentó con el faraón, rey de Egipto, pues se casó con su hija y la llevó a la Ciudad de David mientras terminaba de construir su palacio y el templo del Señor y la muralla alrededor de Jerusalén. 2 La gente, sin embargo, ofrecía sus sacrificios en los lugares altos de culto pagano, porque hasta entonces no se había construido un templo para el Señor.

Salomón pide a Dios sabiduría
(2 Cr 1.1–13)

3 Salomón amaba al Señor y cumplía las leyes establecidas por David, su padre, aun cuando él mismo ofrecía sacrificios e incienso en los lugares altos, 4 e incluso iba a Gabaón para ofrecer allí sacrificios, porque aquel era el lugar alto más importante; y ofrecía en aquel lugar mil holocaustos.

5 Una noche, en Gabaón, el Señor se apareció en sueños a Salomón y le dijo: "Pídeme lo que quieras, y yo te lo daré."

6 Salomón respondió: "Tú trataste con gran bondad a mi padre, tu siervo David, pues él se condujo delante de ti con lealtad, justicia y rectitud de corazón para contigo. Por eso lo trataste con tanta bondad y le concediste que un hijo suyo se sentara en su trono, como ahora ha sucedido. 7 Tú, Señor y Dios mío, me has puesto para que reine en lugar de David, mi padre, aunque yo soy un muchacho joven y sin experiencia. 8 Pero estoy al frente del pueblo que tú escogiste: un pueblo tan grande que, por su multitud, no puede contarse ni calcularse. 9 Dame, pues, un corazón atento para gobernar a tu pueblo, y para distinguir entre lo bueno y lo malo; porque ¿quién hay capaz de gobernar a este pueblo tuyo tan numeroso?"

10 Al Señor le agradó que Salomón le hiciera tal petición, 11 y le dijo: "Porque me has pedido esto, y no una larga vida, ni riquezas, ni la

muerte de tus enemigos, sino inteligencia para saber oir y gobernar, 12voy a hacer lo que me has pedido: yo te concedo sabiduría e inteligencia como nadie las ha tenido antes que tú ni las tendrá después de ti. 13Además, te doy riquezas y esplendor, cosas que tú no pediste, de modo que en toda tu vida no haya otro rey como tú. 14Y si haces mi voluntad, y cumples mis leyes y mandamientos, como lo hizo David, tu padre, te concederé una larga vida."

15Al despertar, Salomón se dio cuenta de que había sido un sueño. Y cuando llegó a Jerusalén, se presentó ante el arca de la alianza del Señor y ofreció holocaustos y sacrificios de reconciliación. Después dio un banquete a todos sus funcionarios.

Salomón, el juez sabio

16Por aquel tiempo fueron a ver al rey dos prostitutas. Cuando estuvieron en su presencia, 17una de ellas dijo:

—¡Ay, Majestad! Esta mujer y yo vivimos en la misma casa, y yo di a luz estando ella conmigo en casa. 18A los tres días de que yo di a luz, también dio a luz esta mujer. Estábamos las dos solas. No había ninguna persona extraña en casa con nosotras; solo estábamos nosotras dos. 19Pero una noche murió el hijo de esta mujer, porque ella se acostó encima de él. 20Entonces se levantó a medianoche, mientras yo estaba dormida, y quitó de mi lado a mi hijo y lo acostó con ella, poniendo junto a mí a su hijo muerto. 21Por la mañana, cuando me levanté para dar el pecho a mi hijo, vi que estaba muerto. Pero a la luz del día lo miré, y me di cuenta de que aquel no era el hijo que yo había dado a luz.

22La otra mujer dijo:

—No, mi hijo es el que está vivo, y el tuyo es el muerto.

Pero la primera respondió:

—No, tu hijo es el muerto, y mi hijo el que está vivo.

Así estuvieron discutiendo delante del rey. 23Entonces el rey se puso a pensar: "Esta dice que su hijo es el que está vivo, y que el muerto es el de la otra; ¡pero la otra dice exactamente lo contrario!" 24Luego ordenó:

—¡Tráiganme una espada!

Cuando le llevaron la espada al rey, 25ordenó:

—Corten en dos al niño vivo, y denle una mitad a cada una.

26Pero la madre del niño vivo se angustió profundamente por su hijo, y suplicó al rey:

—¡Por favor! ¡No mate Su Majestad al niño vivo! ¡Mejor déselo a esta mujer!

Pero la otra dijo:

—Ni para mí ni para ti. ¡Que lo partan!

27Entonces intervino el rey y ordenó:

—Entreguen a aquella mujer el niño vivo. No lo maten, porque ella es su verdadera madre.

28Todo Israel se enteró de la sentencia con que el rey había resuelto el pleito, y sintieron respeto por él, porque vieron que Dios le había dado sabiduría para administrar justicia.

Gobierno de Salomón

4 1Salomón fue rey de todo Israel. 2Y sus funcionarios fueron estos: Azarías, hijo del sacerdote Sadoc; 3Elihóref y Ahías, hijos de Sisá, los cronistas; Josafat, hijo de Ahilud, secretario del rey; 4Benaías, hijo de Joiadá, jefe del ejército; Sadoc y Abiatar, sacerdotes; 5Azarías, hijo de Natán, superintendente; Zabud, hijo del sacerdote Natán, consejero particular del rey; 6Ahisar, mayordomo de palacio; y Adoniram, hijo de Abdá, encargado del trabajo obligatorio.

7Salomón tenía doce intendentes sobre todo Israel, cuya obligación era proveer de todo al rey y a su familia. Cada uno de ellos debía proveerlo de todo durante un mes al año. 8Estos doce intendentes eran:

Ben–hur, en los montes de Efraín;
9 Ben–déquer, en Macás, Saalbim, Bet–semes, Elón y Bet–hanán;
10 Ben–hésed, en Arubot, y también en Socó y en todo el país de Héfer;
11 Ben–abinadab, en toda la provincia de Dor; su mujer era Tafat, hija de Salomón;
12 Baaná, hijo de Ahilud, en Taanac, Meguido y toda Bet–seán, que está junto a Saretán, más abajo de Jezreel, desde Bet–seán hasta Abel–meholá, más allá de Jocmeam;
13 Ben–guéber, en Ramot de Galaad, que tenía a su cargo las aldeas de Galaad, que pertenecían a Jaír hijo de Manasés, y también la región de Argob, que estaba en Basán, donde había sesenta grandes ciudades con murallas y cerrojos de bronce;
14 Ahinadab, hijo de Idó, en Mahanaim;
15 Ahimaas, que se casó con Basemat, hija de Salomón, en Neftalí;

16 Baaná, hijo de Husai, en Aser y en Alot;
17 Josafat, hijo de Parúah, en Isacar;
18 Simí, hijo de Elá, en Benjamín;
19 Guéber, hijo de Urí, en la región de Gad,
   país de Sihón, rey de los amorreos,
   y de Og, rey de Basán.

Había, además, un intendente general sobre todo el país.

Sabiduría y prosperidad de Salomón

20 Judá e Israel tenían una población incontable, como la arena que hay a la orilla del mar. Había abundancia de comida y bebida, y reinaba la alegría. 21 Salomón era soberano de todos los reinos comprendidos desde el río Éufrates hasta el país filisteo y hasta la frontera de Egipto, los cuales pagaron tributo y estuvieron sometidos a Salomón mientras él vivió. 22 La provisión diaria para Salomón era de seis mil seiscientos litros de flor de harina, trece mil doscientos litros de harina, 23 diez toros de los más gordos, veinte toros criados con hierba, y cien ovejas, sin contar ciervos, gacelas, gamos y aves bien gordas, 24 pues Salomón dominaba en toda la región al oeste del Éufrates, desde Tífsah hasta Gaza, y sobre todos los reyes de esta región, y había pacificado todo el territorio de alrededor.

25 Mientras Salomón vivió, los habitantes de Judá e Israel, desde Dan hasta Beerseba, vivieron tranquilos, cada cual debajo de su parra y de su higuera.[a] 26 Salomón tenía además cuatro mil[b] caballerizas para los caballos de sus carros, y doce mil soldados de caballería. 27 Los intendentes ya mencionados proveían de lo necesario, en el mes que les tocaba, al rey Salomón y a sus huéspedes, procurando que nada faltara. 28 En su turno correspondiente, mandaban al lugar donde se les indicaba la cebada y la paja para los caballos y los animales de tiro.

29 Dios concedió a Salomón mucha sabiduría e inteligencia, y una comprensión tan abundante como la arena que está a la orilla del mar, 30 hasta el punto de que la sabiduría de Salomón sobrepasó a la de los egipcios y los orientales. 31 Fue más sabio que ningún hombre: más sabio que Etán, el descendiente de Zérah, y que Hemán, Calcol y Dardá, hijos de Mahol. Su fama se extendió por todas las naciones de alrededor. 32 Pronunció tres mil proverbios y compuso mil cinco poemas. 33 Habló acerca de los árboles y las plantas, desde el cedro del Líbano hasta la hierba que crece en las paredes; también habló sobre los animales, las aves, los reptiles y los peces. 34 De todas las naciones y reinos de la tierra donde habían oído hablar de la inteligencia de Salomón, venía gente a escucharlo.

Pacto de Salomón con Hiram, rey de Tiro
(2 Cr 2.1–18)

5 1 Cuando Hiram, rey de Tiro, supo que habían consagrado rey a Salomón en lugar de David, su padre, envió sus embajadores, pues Hiram siempre había estimado a David. 2 Entonces Salomón mandó decir a Hiram: 3 "Tú ya sabes que David, mi padre, no pudo construir un templo al Señor su Dios, por las guerras en que se vio envuelto, hasta que el Señor sometió a sus enemigos. 4 Pero ahora el Señor mi Dios nos ha dado calma en todas partes, pues no tenemos enemigos ni calamidades. 5 Por lo tanto he decidido construir un templo al Señor mi Dios, conforme a la promesa que él le hizo a David, mi padre, cuando le dijo que su hijo, a quien él haría reinar en su lugar, sería quien construiría un templo en su honor.[a] 6 Ordena, pues, que me corten cedros del Líbano. Mis servidores ayudarán a los tuyos, y yo te pagaré lo que me pidas como salario de tus servidores, pues tú bien sabes que ninguno de nosotros sabe cortar la madera como los sidonios."

7 Cuando Hiram escuchó el mensaje de Salomón, se puso muy contento y exclamó: "¡Bendito sea hoy el Señor, porque ha concedido a David un hijo tan sabio para que gobierne esa gran nación!"

8 Luego Hiram mandó decir a Salomón: "He recibido el mensaje que me enviaste, y cumpliré tu pedido de madera de cedro y de pino. 9 Mis servidores la bajarán del Líbano hasta el mar, y de allí haré que la transporten, en forma de balsas, hasta el lugar que me indiques. Allí se desatarán las balsas, y tú recogerás la madera. Por lo que a ti toca, cumple mi deseo de proveer alimentos para mi palacio."

---

[a] **4.25** *Debajo de su parra y de su higuera:* expresión típica del AT para sugerir las ideas de prosperidad, paz y seguridad (Miq 4.4; Zac 3.10; 1 Mac 14.12). [b] **4.26** *Cuatro mil:* texto probable, según 2 Cr 9.25. Heb. *cuarenta mil.* [a] **5.5** 2 S 7.12–13.

10 Por lo tanto, Hiram dio a Salomón toda la madera de cedro y de pino que quiso, 11 y Salomón proveyó a Hiram de alimentos para su palacio: cuatro millones cuatrocientos mil litros de trigo y cuatro mil cuatrocientos litros de aceite puro de oliva. Salomón entregaba esto a Hiram cada año. 12 Así pues, el Señor concedió sabiduría a Salomón, como le había prometido. Además, Hiram y Salomón hicieron un pacto, y hubo paz entre ellos.

13 Entonces el rey Salomón decretó una leva de trabajo obligatorio en todo Israel, y en la leva se reunió a treinta mil hombres, 14 los cuales fueron enviados al Líbano por turnos mensuales de diez mil hombres cada vez. De esa manera, estos hombres estaban un mes en el Líbano y dos meses en sus casas. El encargado del trabajo obligatorio era Adoniram. 15 Salomón tenía además setenta mil cargadores y ochenta mil canteros en la montaña, 16 sin contar los tres mil trescientos capataces que tenía en las obras para dirigir a los trabajadores. 17 El rey mandó sacar piedras grandes y costosas para los cimientos del templo, y piedras labradas. 18 Los constructores de Salomón y de Hiram, y los vecinos de Guebal, prepararon la madera y labraron las piedras para la construcción del templo.

Salomón construye el templo
(2 Cr 3.1–14)

6 1 Salomón comenzó la construcción del templo del Señor en el cuarto año de su reinado en Israel, en el mes de Ziv,[a] que es el segundo mes del año, cuando hacía ya cuatrocientos ochenta años que los israelitas habían salido de Egipto. 2 El templo que el rey Salomón construyó para el Señor tenía veintisiete metros de largo, nueve de ancho y trece y medio de alto. 3 El vestíbulo que había en la parte delantera del templo medía nueve metros de largo, igual que la anchura del templo, y cuatro metros y medio de ancho en la parte frontal del edificio. 4 Salomón le hizo al templo ventanas con rejas. 5 También construyó un anexo junto al muro que rodeaba el edificio, contra los muros que rodeaban el templo, tanto alrededor de la sala central como del cuarto posterior, y construyó celdas alrededor.

6 La planta baja del anexo medía dos metros y veinticinco centímetros de ancho; la planta intermedia, dos metros con setenta centímetros; y la planta alta, tres metros con quince centímetros; pues por fuera había reducido las medidas del templo para no empotrar las vigas en los muros del templo. 7 En la construcción del templo se emplearon piedras totalmente labradas, así que al edificarlo no se escucharon en el templo ni martillos ni piquetas ni ningún otro instrumento de hierro. 8 La puerta de la celda de la planta baja[b] estaba al lado derecho del templo; y para subir a los pisos intermedio y tercero había una escalera de caracol.

9 Cuando Salomón terminó de construir el templo, lo cubrió con vigas y artesonado de cedro. 10 Edificó también el anexo que rodeaba todo el templo, cuya altura era de dos metros y veinticinco centímetros, y que sujetó al muro del templo con vigas de cedro. 11 Entonces el Señor se dirigió a Salomón y le dijo: 12 "En cuanto al templo que estás construyendo, quiero decirte que, si te conduces conforme a mis leyes y decretos, y cumples todos mis mandamientos portándote conforme a ellos, yo cumpliré la promesa que hice a David, tu padre, respecto a ti; 13 y viviré entre los israelitas, y no abandonaré a Israel, mi pueblo."

14 Salomón terminó de construir el templo. 15 Cubrió las paredes interiores del edificio con tablas de cedro. Lo recubrió de madera de arriba abajo, y cubrió el piso con madera de pino. 16 También recubrió de arriba abajo, con tablas de cedro, un espacio de nueve metros en la parte posterior del templo, y lo acondicionó para que fuera el Lugar Santísimo. 17 La nave del templo, que estaba frente al Lugar Santísimo,[c] medía dieciocho metros de largo. 18 El revestimiento interior del templo era de madera de cedro, con tallas de flores y frutos. Todo era de cedro. No se veía una sola piedra. 19 Salomón preparó el Lugar Santísimo en el templo, para colocar allí el arca de la alianza del Señor. 20 El interior del Lugar Santísimo medía nueve metros de largo, nueve de ancho y nueve de alto. Frente al Lugar Santísimo, Salomón hizo un altar de cedro y lo recubrió de oro. 21 También recubrió de oro puro el interior del templo y el Lugar Santísimo, y delante de este puso

---

[a] **6.1** El *mes de Ziv* corresponde a abril–mayo de nuestro calendario.   [b] **6.8** *La planta baja:* según algunas versiones antiguas. Heb. *el piso intermedio.*   [c] **6.17** *Al Lugar Santísimo:* según la versión griega (LXX). Heb. *que está delante de mí.*

cadenas de oro. **22**De modo que recubrió de oro todo el templo, lo mismo que el altar que había delante del Lugar Santísimo.

23Hizo también dos seres alados*d* de madera de olivo para el Lugar Santísimo. Cada uno de ellos tenía cuatro metros y medio de altura, **24**y cada una de sus alas medía dos metros y veinticinco centímetros. Así que, de una punta a otra de las alas, cada uno de ellos medía cuatro metros y medio. **25**Los dos seres alados tenían las mismas medidas; es decir, los dos medían cuatro metros y medio, y también tenían la misma forma. **26**Su altura era también de cuatro metros y medio. **27**Salomón los puso en el Lugar Santísimo. Y aquellos seres alados tenían sus alas extendidas, de modo que el ala de uno tocaba una pared y el ala del otro tocaba la pared opuesta, y las otras dos alas se tocaban entre sí en el centro del Lugar Santísimo. **28**Luego Salomón recubrió de oro los seres alados, **29**y en todas las paredes interiores y exteriores del templo labró figuras de seres alados, palmeras y flores. **30**También cubrió de oro el piso del templo, por dentro y por fuera. **31**Para la entrada del Lugar Santísimo hizo puertas de madera de olivo, y el dintel y los postes formaban una figura de cinco lados. **32**Las dos puertas eran de madera de olivo, y en ellas labró figuras de seres alados, palmeras y flores; luego recubrió de oro todas estas figuras. **33**Para la entrada de la sala central del templo, hizo postes de madera de olivo formando un cuadro. **34**Las dos hojas de la puerta eran de madera de pino, y ambas eran giratorias. **35**Labró en ellas seres alados, palmeras y flores, y luego recubrió estas figuras con láminas de oro. **36**Construyó también el atrio interior con tres hileras de piedras labradas y una hilera de vigas de cedro.

37En el cuarto año del reinado de Salomón, en el mes de Ziv, se echaron los cimientos del templo del Señor; **38**y en el año once de su reinado, en el mes de Bul,*e* que es el octavo mes del año, se terminó el templo en todos sus detalles, según la totalidad del proyecto. En siete años lo construyó Salomón.

Otras construcciones de Salomón

7 **1**Salomón construyó su propio palacio, y lo terminó completamente en trece años. **2**También edificó el palacio llamado "Bosque del Líbano", el cual tenía cuarenta y cinco metros de largo, veintidós y medio de ancho, y trece y medio de alto, y estaba sostenido por cuatro hileras de columnas de cedro, sobre las que descansaban vigas de cedro. **3**Estas vigas eran cuarenta y cinco, distribuidas en tres series de quince cada una, y se apoyaban sobre las columnas. Sobre las vigas había un artesonado de cedro. **4**Había tres filas de ventanas ordenadas de tres en tres, unas frente a las otras. **5**Todas las puertas y ventanas*a* eran cuadradas y estaban unas frente a las otras, en tres hileras. **6**También hizo la Sala de las Columnas, que tenía veintidós metros y medio de largo por trece metros y medio de ancho. Y frente a esta, otra sala con columnas y techo. **7**Hizo además la Sala del Tribunal, o Sala de Justicia, para celebrar allí los juicios, y la cubrió de arriba abajo con madera de cedro.

8El palacio donde Salomón vivía, tenía un patio en la parte de atrás, y una sala de igual construcción. Y el palacio que construyó para la hija del faraón que tomó por esposa,*b* tenía una sala semejante. **9**Todas estas construcciones, desde los cimientos hasta las cornisas y desde la fachada hasta el patio mayor, eran de piedras costosas, labradas y cortadas a la medida con sierras, lo mismo por fuera que por dentro. **10**Los cimientos eran también de piedras costosas y grandes, unas de cuatro metros y medio, y otras de tres metros y sesenta centímetros. **11**La parte superior era también de piedras costosas, labradas a la medida, y de madera de cedro. **12**Y alrededor del patio grande había tres hileras de piedras y una hilera de vigas de cedro, lo mismo que en el atrio interior y en el vestíbulo del templo del Señor.

Salomón contrata a Hiram
(2 Cr 2.13–14; 3.15–17)

13El rey Salomón mandó traer de Tiro a Hiram, **14**que era hijo de una viuda de la tribu de Neftalí y de un nativo de Tiro experto en

---

d **6.23** *Seres alados:* lit. *querubines.* Estos seres, con sus alas extendidas (cf. Sal 80.1; 99.1; Is 37.16), eran como los guardianes del arca de la alianza (cf. Gn 3.24; Ez 28.14–16). Acerca de la forma de los querubines, véase Ex 25.18 n. *e* **6.38** El *mes de Bul* caía en otoño y corresponde a octubre–noviembre de nuestro calendario. *a* **7.5** *Ventanas:* según la versión griega (LXX). Heb. *postes.* *b* **7.8** 1 R 3.1.

trabajar el bronce. Hiram era muy hábil e inteligente, y conocía la técnica para realizar cualquier trabajo en bronce, así que se presentó ante el rey Salomón y realizó todos sus trabajos. 15 Fundió dos columnas de bronce, que medían ocho metros de alto y cinco metros y medio de circunferencia. 16 Hizo también dos capiteles de bronce para colocarlos en la parte superior de las columnas. La altura de cada capitel era de dos metros y veinticinco centímetros. 17 Además hizo dos rejillas, trenzadas en forma de cadenas, para los capiteles que había en la parte superior de las columnas: una rejilla para cada capitel.c 18 Hizo también dos hileras de granadas alrededor de cada rejilla, para cubrir los capiteles de las columnas. Hizo lo mismo con ambos capiteles. 19 Los capiteles que había sobre las columnas del vestíbulo medían casi dos metros, y tenían forma de lirio. 20 Alrededor y en lo alto de cada capitel, en su parte más ancha, en forma de globo, junto a la rejilla, había doscientas granadas en dos hileras. 21 Hiram puso estas columnas en el vestíbulo del templo. Y cuando las puso en su lugar, a la columna de la derecha la llamó Jaquín, y a la columna de la izquierda la llamó Bóaz. 22 La parte superior de las columnas tenía forma de lirio. Así quedó terminado el trabajo de las columnas.

Mobiliario del templo
(2 Cr 4.1—5.1)

23 Hiram hizo después una enorme pila de bronce, para el agua. Era redonda, y medía cuatro metros y medio de un borde al otro. Su altura era de dos metros y veinticinco centímetros, y su circunferencia, de trece metros y medio. 24 Por debajo del borde, alrededor de la pila, hizo dos enredaderas con frutos, en número de diez por cada cuarenta y cinco centímetros, formando una sola pieza con la pila. 25 Esta descansaba sobre doce toros de bronce, de los cuales tres miraban al norte, tres al sur, tres al este y tres al oeste. Sus patas traseras estaban hacia dentro, y la pila descansaba sobre ellos. 26 Las paredes de la pila tenían ocho centímetros de grueso; su borde imitaba el cáliz de un lirio, y cabían en ella cuarenta y cuatro mil litros de agua.

27 También hizo diez bases de bronce, cada una de un metro y ochenta centímetros de largo, otro tanto de ancho y un metro y treinta y cinco centímetros de alto. 28 Las bases estaban hechas de este modo: tenían unos entrepaños sujetos por un marco, 29 y sobre los entrepaños enmarcados había figuras de leones, de toros y de seres alados. Por encima y por debajo de los toros y de los leones había adornos de guirnaldas. 30 Cada base tenía cuatro ruedas de bronce, con ejes también de bronce. En las cuatro esquinas de la base, por debajo de la pila, había unas repisas de bronce que a cada lado tenían guirnaldas. 31 La boca de la pila estaba dentro de un cerco que sobresalía hacia arriba cuarenta y cinco centímetros. La boca era redonda, y lo que le servía de soporte tenía sesenta y ocho centímetros de alto. También sobre la boca había grabados, cuyos marcos no eran redondos, sino cuadrados. 32 Las cuatro ruedas estaban debajo de los entrepaños, y los ejes de las ruedas sujetos a la base. La altura de cada rueda era de sesenta y ocho centímetros, 33 y tenían la misma forma que las ruedas de los carros. Los ejes, aros, radios y cubos de las ruedas eran todos de bronce. 34 Las cuatro repisas que había en las cuatro esquinas de cada base, formaban con esta una sola pieza. 35 La parte superior terminaba en un borde circular de veintidós centímetros y medio de altura; y los entrepaños y molduras que había en lo alto de la base, formaban una sola pieza con esta. 36 Hiram grabó seres alados, leones y palmeras sobre los entrepaños y las molduras, según lo permitía el espacio de cada uno, y guirnaldas alrededor. 37 Así fue como hizo las diez bases, todas fundidas iguales y con la misma forma y medida.

38 Hizo también diez pilas de bronce. Cada una medía un metro y ochenta centímetros, con capacidad para ochocientos ochenta litros, y cada una fue puesta sobre una de las diez bases, 39 cinco bases al lado derecho del templo y cinco al lado izquierdo. La pila grande fue puesta al lado derecho del edificio, hacia el sudeste.

40 Hiram hizo además ollas,d palas y tazones, y así terminó todo el trabajo que hizo para

---

c **7.17** El texto hebreo de este v. es muy oscuro y su traducción poco segura. Las expresiones *además hizo dos* y *una rejilla* están tomadas de la versión griega (LXX). d **7.40** *Ollas:* según la versión griega (LXX) y cf. v. 45. Heb. *palanganas.*

Salomón en el templo del Señor, **41**el cual consistió en las dos columnas, los capiteles redondos que estaban en la parte superior de las mismas, las dos rejillas para cubrir los capiteles, **42**las cuatrocientas granadas para las dos rejillas, en dos hileras para cada una de las rejillas, con que se cubrían los dos capiteles redondos que había en lo alto de las columnas; **43**las diez bases, las diez pilas que iban sobre ellas, **44**la pila grande para el agua, con los doce toros que tenía debajo, **45**además de las ollas, las palas y los tazones.

Todos estos utensilios que Hiram le hizo al rey Salomón para el templo del Señor, eran de bronce pulido. **46**El rey los fundió en moldes de arena, en la región del Jordán, entre Sucot y Saretán. **47**Eran tantos los utensilios de bronce, que Salomón no se preocupó por hacer que los pesaran.

48También mandó hacer Salomón todos los demás utensilios que había en el templo del Señor: el altar de oro, la mesa de oro sobre la que se ponían los panes que se consagran al Señor, **49**los candelabros de oro puro que había frente al Lugar Santísimo, cinco a la derecha y cinco a la izquierda, con sus figuras de flores, las lámparas, las tenazas de oro, **50**las copas, las despabiladeras, los tazones, los cucharones y los incensarios, que eran todos de oro puro. También eran de oro los goznes de las puertas del Lugar Santísimo, en el interior del templo, y los de las puertas del templo mismo.

51Y cuando se acabaron todas las obras que el rey Salomón mandó realizar en el templo del Señor, llevó Salomón los utensilios de oro y de plata que David, su padre, había dedicado al Señor,_e_ y los depositó en los tesoros del templo del Señor.

El arca de la alianza es llevada al templo
_(2 Cr 5.2–14)_

8 **1**Entonces Salomón reunió ante sí en Jerusalén a los ancianos de Israel, a todos los jefes de las tribus y a las personas principales de las familias israelitas, para trasladar el arca de la alianza del Señor desde Sión, la Ciudad de David._a_ **2**Y en el día de la fiesta solemne, en el mes de Etanim,_b_ que es el séptimo mes del año, se reunieron con el rey Salomón todos los israelitas. **3**Llegaron todos los ancianos de Israel, y los sacerdotes tomaron el arca **4**y la trasladaron junto con la tienda del encuentro con Dios y con todos los utensilios sagrados que había en ella, los cuales llevaban los sacerdotes y levitas. **5**El rey Salomón y toda la comunidad israelita que se había reunido con él, estaban delante del arca ofreciendo en sacrificio ovejas y toros en cantidad tal que no se podían contar. **6**Después llevaron los sacerdotes el arca de la alianza del Señor al interior del templo, hasta el Lugar Santísimo,_c_ bajo las alas de los seres alados,_d_ **7**los cuales tenían sus alas extendidas sobre el sitio donde estaba el arca, cubriendo por encima tanto el arca como sus travesaños. **8**Pero los travesaños eran tan largos que sus extremos se veían desde el Lugar Santo, frente al Lugar Santísimo, aunque no podían verse por fuera; y así han quedado hasta hoy. **9**En el arca no había más que las dos tablas de piedra que Moisés había puesto allí en Horeb,_e_ las tablas de la alianza que el Señor hizo con los israelitas cuando salieron de Egipto.

10Al salir los sacerdotes del Lugar Santo, la nube llenó el templo del Señor,_f_ **11**y por causa de la nube los sacerdotes no pudieron quedarse para celebrar el culto, porque la gloria del Señor había llenado su templo.

Salomón dedica el templo
_(2 Cr 6.1—7.10)_

12Entonces Salomón dijo:

"Tú, Señor, has dicho
que vives en la oscuridad.
13 Pero yo te he construido
un templo para que lo habites,
un lugar donde vivas para siempre."

14Luego el rey se volvió, de frente a toda la comunidad israelita, que estaba de pie, y la bendijo **15**diciendo: "Bendito sea el Señor, Dios de Israel, que ha cumplido lo que prometió a David, mi padre, cuando le dijo: **16**'Desde el día en que saqué de Egipto a mi pueblo Israel, no había escogido yo ninguna ciudad entre todas las tribus de Israel para que en ella se

_e_ **7.51** 2 S 8.11. _a_ **8.1** 2 S 5.9. _b_ **8.2** _Etanim_ corresponde a los meses de setiembre–octubre según nuestro calendario. _c_ **8.6** 1 R 6.1–38. _d_ **8.6** _Seres alados:_ Véase 6.23 n. _e_ **8.9** Dt 10.5. _f_ **8.10–11** Ex 40.34–38; Ez 10.3; cf. Ex 14.19–20; 19.16.

construyera un templo donde residiera mi nombre. Pero escogí a David para que gobernara a mi pueblo Israel.' 17 Y David, mi padre, tuvo el deseo de construir un templo en honor del Señor, Dios de Israel. 18 Sin embargo, el Señor le dijo: 'Haces bien en querer construirme un templo; 19 pero no serás tú quien lo construya, sino el hijo que tendrás. Él será quien me construya el templo.'g

20 "Pues bien, el Señor ha cumplido su promesa. Tal como dijo, yo he tomado el lugar de David, mi padre, y me he sentado en el trono de Israel y he construido un templo al Señor, el Dios de Israel. 21 Además, he destinado en él un lugar para el arca donde está la alianza que el Señor hizo con nuestros antepasados cuando los sacó de Egipto."

22 Después se puso Salomón delante del altar del Señor, en presencia de toda la comunidad israelita, y extendiendo sus manos al cielo, 23 exclamó: "Señor, Dios de Israel: ni en el cielo ni en la tierra hay un Dios como tú, que cumples tu alianza y muestras tu bondad para con los que te sirven de todo corazón; 24 que has cumplido lo que prometiste a tu siervo David, mi padre, uniendo así la acción a la palabra en este día. 25 Por lo tanto, Señor, Dios de Israel, cumple también lo que prometiste a tu siervo David, mi padre: que no le faltaría un descendiente que, con tu favor, subiera al trono de Israel, con tal de que sus hijos cuidaran su conducta y se comportaran en tu presencia como él se comportó.h 26 Así pues, Dios de Israel, haz que se cumpla la promesa que hiciste a mi padre, tu servidor David.

27 "Pero ¿será verdad que Dios puede vivir sobre la tierra? Si el cielo, en toda su inmensidad, no puede contenerte, ¡cuánto menos este templo que he construido para ti! 28 No obstante, Señor y Dios mío, atiende mi ruego y mi súplica; escucha el clamor y la oración que este siervo tuyo te dirige hoy. 29 No dejes de mirar, ni de día ni de noche, este templo, lugar donde tú has dicho que estarás presente. Escucha la oración que aquí te dirige este siervo tuyo. 30 Escucha mis súplicas y las de tu pueblo Israel cuando oremos hacia este lugar. Escúchalas en el cielo, lugar donde vives, y concédenos tu perdón.

31 "Cuando alguien cometa una falta contra su prójimo, y le obliguen a jurar ante tu altar en este templo, 32 escucha tú desde el cielo, y actúa; haz justicia a tus siervos. Condena al culpable, haciendo recaer sobre él el castigo por sus malas acciones, y haz justicia al inocente, según le corresponda.

33 "Cuando el enemigo derrote a tu pueblo Israel por haber pecado contra ti, si luego este se vuelve a ti y alaba tu nombre, y en sus oraciones te suplica en este templo, 34 escúchalo tú desde el cielo, perdona su pecado, y hazlo volver al país que diste a sus antepasados.

35 "Cuando haya una sequía y no llueva porque el pueblo pecó contra ti, si luego ora hacia este lugar, y alaba tu nombre, y se arrepiente de su pecado a causa de tu castigo, 36 escúchalo tú desde el cielo y perdona el pecado de tus siervos, de tu pueblo Israel, y enséñales el buen camino que deben seguir. Envía entonces tu lluvia a esta tierra que diste en herencia a tu pueblo.

37 "Cuando en el país haya hambre, o peste, o las plantas se sequen por el calor, o vengan plagas de hongos, langostas o pulgón; cuando el enemigo rodee nuestras ciudades y las ataque, o venga cualquier otra desgracia o enfermedad, 38-39 escucha entonces toda oración o súplica hecha por cualquier persona, o por todo tu pueblo Israel, que al ver su desgracia y dolor extienda sus manos en oración hacia este templo. Escucha tú desde el cielo, desde el lugar donde habitas, y concede tu perdón; intervén y da a cada uno según merezcan sus acciones, pues solo tú conoces las intenciones y el corazón del hombre. 40 Así te honrarán mientras vivan en la tierra que diste a nuestros antepasados.

41 "Aun si un extranjero, uno que no sea de tu pueblo, por causa de tu nombre viene de tierras lejanas 42 y ora hacia este templo (ya que se oirá hablar de tu nombre grandioso y de tu gran despliegue de poder), 43 escucha tú desde el cielo, desde el lugar donde habitas, y concédele todo lo que te pida, para que todas las naciones de la tierra te conozcan y te honren como lo hace tu pueblo Israel, y comprendan que tu nombre es invocado en este templo que yo te he construido.

44 "Cuando tu pueblo salga a luchar contra sus enemigos, dondequiera que tú lo envíes, si ora a ti en dirección de la ciudad que tú escogiste y del templo que yo te he construido,

---

g **8.16-19** 2 S 7.1-13. h **8.25** 2 S 7.11-16; 1 R 2.4.

45escucha tú desde el cielo su oración y su ruego, y defiende su causa.

46"Y cuando pequen contra ti, pues no hay nadie que no peque, y tú te enfurezcas con ellos y los entregues al enemigo para que los haga cautivos y se los lleve a su país, sea lejos o cerca, 47si en el país adonde hayan sido desterrados se vuelven a ti y te suplican y reconocen que han pecado y hecho lo malo, 48si se vuelven a ti con todo su corazón y toda su alma en el país enemigo adonde los hayan llevado cautivos, y oran a ti en dirección de esta tierra que diste a sus antepasados, y de la ciudad que escogiste, y del templo que te he construido, 49escucha tú sus oraciones y súplicas desde el cielo, desde el lugar donde habitas, y defiende su causa. 50Perdónale a tu pueblo sus pecados contra ti, y todas sus rebeliones contra ti. Y concede que quienes lo desterraron tengan piedad de él. 51Porque es tu pueblo y te pertenece; tú lo sacaste de Egipto, que era como un horno de fundición.

52"Atiende, pues, la oración de tu servidor y la súplica de tu pueblo Israel. ¡Óyenos, oh Dios, cuando clamemos a ti! 53Porque tú, Señor, los apartaste como propiedad tuya de entre todos los pueblos de la tierra, según dijiste por medio de tu servidor Moisés, cuando sacaste de Egipto a nuestros antepasados."

54Cuando Salomón terminó esta oración y súplica al Señor, la cual hizo de rodillas delante del altar y levantando sus manos al cielo, 55se puso de pie y bendijo a toda la comunidad israelita, diciendo en voz alta: 56"¡Bendito sea el Señor, que ha concedido la paz a su pueblo Israel, según todo lo que ha prometido! Pues no ha dejado de cumplir ninguna de las buenas promesas que hizo por medio de su siervo Moisés.l

57"Y ahora, que el Señor nuestro Dios esté con nosotros como estuvo con nuestros antepasados. Que no nos abandone ni nos deje, 58sino que incline nuestro corazón hacia él para que en todo hagamos su voluntad y cumplamos los mandamientos, leyes y decretos que mandó cumplir a nuestros antepasados. 59Que estas cosas que he pedido al Señor nuestro Dios, las tenga él siempre presentes, día y noche, para que haga justicia a su siervo y a su pueblo Israel,

según sea necesario, 60y para que todas las naciones de la tierra conozcan que el Señor es Dios y que no hay otro. 61Por lo tanto, sean ustedes sinceros con el Señor nuestro Dios, y cumplan sus leyes y obedezcan sus mandamientos como en este día."

62Después de esto, el rey y todo Israel ofrecieron sacrificios al Señor. 63Y Salomón ofreció al Señor veintidós mil toros y ciento veinte mil ovejas, como sacrificios de reconciliación.

Así fue como el rey y todos los israelitas consagraron el templo del Señor. 64El mismo día, el rey consagró el centro del atrio que está frente al templo del Señor, pues allí ofreció los holocaustos, las ofrendas de cereales y la grasa de los sacrificios de reconciliación, porque el altar de bronce que había delante del Señor era pequeño y no cabían los holocaustos, las ofrendas de cereales y la grasa de los sacrificios de reconciliación.

65En dicha ocasión, Salomón y todo Israel, una gran muchedumbre que había venido desde la entrada de Hamat hasta el arroyo de Egipto, celebraron la fiesta de las Enramadas en honor del Señor nuestro Dios, y otra fiesta de siete días; en total, catorce días de fiesta. 66Al día siguiente despidió al pueblo, y ellos bendijeron al rey y se fueron a sus casas alegres y satisfechos por todo el bien que el Señor había hecho a David, su servidor, y a su pueblo Israel.

Dios hace una alianza con Salomón
(2 Cr 7.11–22)

9 1Cuando Salomón terminó de construir el templo del Señor, el palacio real y todo lo que quiso hacer, 2se le apareció el Señor por segunda vez, como se le había aparecido en Gabaón,ª 3y le dijo: "He escuchado la oración y el ruego que me has hecho, y he consagrado este templo que has construido como residencia perpetua de mi nombre. Siempre lo cuidaré y lo tendré presente. 4Ahora bien, si tú te comportas en mi presencia como lo hizo David, tu padre, con un corazón intachable y recto, poniendo en práctica todo lo que te he ordenado y obedeciendo mis leyes y decretos, 5yo confirmaré para siempre tu reinado en Israel, como se lo prometí a David, tu padre, cuando le dije que nunca faltaría un

---

l8.56 Dt 12.10; Jos 21.44–45. l8.63–64 Acerca de estas distintas formas de sacrificios, véase Lv 1—7. ª9.2 1 R 3.5–14.

descendiente suyo en el trono de Israel.[b] 6 Pero si ustedes y sus hijos se apartan de mí, y no cumplen los mandamientos y leyes que les he dado, sino que sirven y adoran a otros dioses, 7 yo arrancaré a Israel de la tierra que le he dado, arrojaré de mi presencia el templo que he consagrado e Israel será motivo de burla constante entre todas las naciones. 8 En cuanto a este templo, será convertido en un montón de ruinas,[c] y todo el que pase junto a él se asombrará y se burlará, y preguntará por qué actuó el Señor así con este país y con este templo.[d] 9 Y le responderán que fue porque abandonaron al Señor su Dios, que sacó de Egipto a sus antepasados, y porque se aferraron a adorar y servir a otros dioses; que por eso el Señor hizo venir sobre ellos tan grande mal."

Otras actividades de Salomón
(2 Cr 8.1–18)

10 Pasaron veinte años después de haber construido Salomón los dos edificios, el templo del Señor y el palacio real, 11 para los que Hiram, rey de Tiro, había provisto a Salomón de madera de cedro y de pino, y de todo el oro que quiso. El rey Salomón, a su vez, entregó a Hiram veinte ciudades en la región de Galilea. 12 Pero cuando Hiram fue a ver las ciudades que le había dado Salomón, no le agradaron, 13 y dijo: "¿Qué clase de ciudades son estas que me has dado, hermano mío?" Por eso, a la región donde estaban esas ciudades la llamó Cabul, nombre que lleva hasta ahora.[e] 14 En cuanto a la cantidad de oro que Hiram envió al rey Salomón, fueron tres mil novecientos sesenta kilos.

15 Ahora bien, el motivo del trabajo obligatorio que impuso el rey Salomón para construir el templo del Señor, su propio palacio, el terraplén y las murallas de Jerusalén, además de las ciudades de Hasor, Meguido y Guézer, fue el siguiente: 16 el faraón, rey de Egipto, había llegado y conquistado la ciudad de Guézer; después la quemó, y mató a todos los cananeos que vivían en la ciudad, y luego la entregó como dote a su hija, la esposa de Salomón. 17 Entonces Salomón reconstruyó Guézer, Bet-horón

de abajo, 18 Baalat y Tamar, en el desierto de Judá. 19 Además reconstruyó todas las ciudades donde almacenaba los alimentos, así como los cuarteles de los carros de combate, los cuarteles de la caballería y todo lo que quiso construir en Jerusalén, en el Líbano y en todo el territorio bajo su dominio. 20 En cuanto a los habitantes amorreos, hititas, ferezeos, heveos y jebuseos que quedaron, los cuales no eran israelitas, 21 es decir, a sus descendientes, que quedaron después de ellos en el país y que los israelitas no pudieron aniquilar, Salomón los sometió a trabajos forzados, y así siguen hasta el día de hoy. 22 Pero no obligó a ningún israelita a servir como esclavo, sino como soldados, oficiales, jefes, capitanes y comandantes de los carros de combate y de la caballería. 23 En cuanto a los capataces que Salomón tenía a cargo de los trabajos, eran quinientos cincuenta, los cuales dirigían a la gente que los realizaba.

24 La hija del faraón se trasladó de la Ciudad de David al palacio que Salomón había edificado para ella. Entonces él construyó el terraplén.

25 Tres veces al año,[f] Salomón ofrecía holocaustos y sacrificios de reconciliación sobre el altar que había construido al Señor, y quemaba incienso delante del Señor. Así se terminó de construir el templo.

26 El rey Salomón construyó también barcos en Esión-guéber, que está junto a Elat, a orillas del Mar Rojo, en el territorio de Edom. 27 Hiram envió en los barcos a sus oficiales, marinos expertos y conocedores del mar, junto con los oficiales de Salomón, 28 y llegaron a Ofir, de donde tomaron casi catorce mil kilos de oro y se los llevaron al rey Salomón.

La reina de Sabá visita a Salomón
(2 Cr 9.1–12)

10 1-2 La reina de Sabá oyó hablar de la fama que Salomón había alcanzado para honra del Señor, y fue a Jerusalén para ponerlo a prueba con preguntas difíciles. Llegó rodeada de gran esplendor, con camellos cargados de perfumes y con gran cantidad de oro y piedras preciosas. Cuando llegó ante Salomón, le preguntó todo lo que tenía pensado,

---

[b] 9.5 2 S 7.11–16. [c] 9.8 *Un montón de ruinas:* según versiones antiguas. Heb. *altísimo.* [d] 9.8 2 R 25.9.
[e] 9.13 Quizá se haya querido jugar con la semejanza de sonido existente entre el nombre *Cabul* y la expresión hebrea que significa *como nada.* Otros intérpretes consideran que Cabul significa *lodazal* o *pantano.* [f] 9.25 *Tres veces al año:* referencia a las tres grandes festividades del año litúrgico israelita (Ex 23.14–17; 34.23; Dt 16.16).

3y Salomón respondió a todas sus preguntas. No hubo una sola pregunta de la cual no supiera la respuesta. 4Al ver la reina de Sabá la sabiduría de Salomón, y el palacio que había construido, 5los manjares de su mesa, los lugares que ocupaban sus oficiales, el porte y la ropa de sus criados, sus coperos, y los holocaustos que ofrecía en el templo, se quedó tan asombrada 6que dijo al rey: "Lo que escuché en mi país acerca de tus hechos y de tu sabiduría, es verdad; 7pero solo he podido creerlo ahora que he venido y lo he visto con mis propios ojos. En realidad, no me habían contado ni la mitad, pues tu sabiduría y tus bienes son más de lo que yo había oído. 8¡Qué felices deben de ser tus esposas,*a* y qué contentos han de sentirse estos servidores tuyos, que siempre están a tu lado escuchando tus sabias palabras! 9¡Bendito sea el Señor tu Dios, que te vio con agrado y te entregó el reino de Israel! ¡Por el amor que el Señor ha tenido siempre a Israel, te ha hecho rey para que gobiernes con rectitud y justicia!"

10Luego entregó ella al rey tres mil novecientos sesenta kilos de oro, y gran cantidad de perfumes y piedras preciosas. Nunca llegó a Israel tal cantidad de perfumes como la que regaló la reina de Sabá al rey Salomón.

11Además, la flota mercante de Hiram, que había traído oro de Ofir, trajo también de allá mucha madera de sándalo y piedras preciosas. 12Con la madera de sándalo hizo el rey barandas para el templo del Señor y para el palacio real, y también arpas y salterios para los músicos. Nunca había llegado, ni se ha visto hasta hoy, tanta madera de sándalo. 13Por su parte, el rey Salomón dio a la reina de Sabá todo lo que ella quiso pedirle, además de lo que él personalmente le regaló. Después la reina regresó a su país acompañada de la gente a su servicio.

Fama y riqueza de Salomón
(2 Cr 9.13–24)

14El oro que Salomón recibía cada año llegaba a unos veintidós mil kilos, 15sin contar el tributo que le pagaban los comerciantes, los negociantes y todos los reyes de Arabia y gobernadores del país. 16El rey Salomón mandó hacer doscientos escudos grandes de oro batido, empleando en cada uno seis kilos de oro. 17Mandó hacer también trescientos escudos más pequeños, empleando en cada uno poco más de un kilo y medio de oro batido, y los puso en el palacio llamado "Bosque del Líbano". 18Mandó hacer también un gran trono de marfil, y ordenó que lo recubrieran de oro puro. 19El trono tenía seis escalones; su respaldo tenía un dosel redondo y brazos a cada lado del asiento, junto a los cuales había dos leones de pie. 20Había también doce leones de pie, uno a cada lado de los seis escalones. ¡Jamás se había construido en ningún otro reino nada semejante! 21Además, todas las copas del rey eran de oro, lo mismo que toda la vajilla del palacio "Bosque del Líbano". No había nada de plata, porque en tiempos de Salomón esta no era de mucho valor, 22ya que los barcos de Tarsis que el rey tenía llegaban una vez cada tres años, junto con los barcos de Hiram, trayendo oro, plata, marfil, monos y pavos reales.*b*

23El rey Salomón superaba a todos los reyes de la tierra en riqueza y sabiduría. 24Todo el mundo quería verlo y escuchar la sabiduría que Dios le había dado, 25y todos le llevaban cada año un regalo: objetos de plata y de oro, capas, armas, sustancias aromáticas, caballos y mulas.

Salomón comercia con carros y caballos
(2 Cr 1.14–17; 9.25–28)

26Salomón reunió carros y jinetes. Tenía mil cuatrocientos carros y doce mil jinetes, los cuales destinó a los cuarteles de carros de combate y a la guardia real en Jerusalén. 27El rey hizo que en Jerusalén hubiera tanta plata como piedras; y que abundara el cedro como las higueras silvestres en la llanura. 28Los caballos para Salomón eran llevados de Musri*c* y de Cilicia, pues los comerciantes de la corte los compraban allí. 29Un carro importado de Egipto valía seiscientas monedas de plata, y un caballo, ciento cincuenta. Y todos los reyes hititas y sirios los compraban por medio de los agentes de Salomón.

---

a **10.8** *Tus esposas:* según tres versiones antiguas. Heb. *tus hombres.* *b* **10.22** *Pavos reales:* Algunos comentaristas piensan que el vocablo hebreo debe traducirse por *mandriles* (una especie de monos africanos). *c* **10.28** *Musri:* texto probable. Heb. *Egipto.* Musri se encontraba en Asia Menor, al norte del monte Tauro.

Salomón se vuelve idólatra

11 ¹Además de la hija del faraón, el rey Salomón amó a muchas mujeres extranjeras: moabitas, amonitas, edomitas, sidonias e hititas; ²es decir, mujeres de las naciones con las que el Señor había prohibido a los israelitas establecer relaciones matrimoniales porque seguramente harían que sus corazones se desviaran hacia sus dioses.ª Pero Salomón, enamorado, se unió con ellas. ³Tuvo setecientas esposas de rango real y trescientas concubinas, las cuales desviaron su corazón. ⁴Cuando Salomón ya era anciano, sus mujeres hicieron que su corazón se desviara hacia otros dioses, pues no se había entregado por completo al Señor su Dios, como lo había hecho David, su padre. ⁵Salomón rindió culto a Astarté,ᵇ diosa de los sidonios, y a Milcom, ídolo repugnante de los amonitas. ⁶Así pues, los hechos de Salomón fueron malos a los ojos del Señor, pues no siguió fielmente al Señor, como lo había hecho David, su padre.

⁷Por aquel tiempo, Salomón construyó, en el monte que está al oriente de Jerusalén, un santuario a Quemós, ídolo repugnante de Moab, y a Moloc, ídolo repugnante de los amonitas. ⁸Lo mismo hizo para todas sus mujeres extranjeras, las cuales ofrecían incienso y sacrificios a sus dioses. ⁹El Señor, Dios de Israel, se enojó con Salomón, porque su corazón se había apartado de él, que se le había aparecido dos veces ¹⁰y que le había ordenado no rendir culto a otros dioses. Sin embargo, él no hizo caso de lo que el Señor le había ordenado. ¹¹Por lo tanto, el Señor le dijo a Salomón: "Ya que te has comportado así, y no has cumplido la alianza y las leyes que te ordené, voy a quitarte el reino y a dárselo a uno de los que te sirven. ¹²Sin embargo, por consideración a David, tu padre, no lo haré mientras vivas; pero se lo quitaré a tu hijo. ¹³Aunque no le quitaré todo el reino: le dejaré una tribu, por consideración a tu padre y a Jerusalén, la ciudad que he escogido."

¹⁴Entonces el Señor hizo que se levantara un enemigo contra Salomón: Hadad, un edomita, de la familia real de Edom. ¹⁵Cuando David venció a Edom, Joab, el jefe del ejército, que había ido a enterrar a los caídos en combate, mató a todos los hombres de Edom; ¹⁶durante seis meses se quedó allí, con todos los israelitas, hasta que aniquiló a todos los hombres de Edom. ¹⁷Pero Hadad, que entonces era un niño, huyó a Egipto con algunos de sus paisanos que estaban al servicio de su padre. ¹⁸Salieron de Madián y llegaron a Parán, donde tomaron a su servicio algunos hombres del lugar. Llegaron a Egipto y se presentaron al faraón, rey de Egipto, y este les dio casa y comida, y les regaló tierras.

¹⁹Hadad se ganó de tal modo el favor del faraón, que el faraón le dio por esposa a su cuñada, la hermana de la reina Tahpenés. ²⁰La hermana de Tahpenés dio a Hadad un hijo que se llamó Guenubat, al cual Tahpenés crió en el palacio del faraón, junto con sus propios hijos. ²¹Pero cuando Hadad supo en Egipto que David había muerto, y que también había muerto Joab, el jefe del ejército, dijo Hadad al faraón:

—Dame permiso para regresar a mi tierra.

²²El faraón le respondió:

—¿Y para qué quieres regresar a tu tierra? ¿Te hace falta algo aquí conmigo?

Hadad respondió:

—No me falta nada, pero te ruego que me permitas regresar.

²³Además, Dios hizo que también Rezón se levantara contra Salomón. Rezón era hijo de Eliadá, que se había escapado de su amo, Hadad–ézer, el rey de Sobá. ²⁴Había reunido algunos hombres y era el jefe de una banda de ladrones. Cuando David les mató gente, Rezón se fue a Damasco y se estableció allí como rey. ²⁵Fue enemigo de Israel mientras vivió Salomón, y esto se unió al daño que causaba Hadad, pues aborrecía a Israel. De este modo, Rezón llegó a ser rey de Siria.

²⁶También Jeroboam, hijo de Nabat, se rebeló contra el rey. Jeroboam era un funcionario de Salomón, de la ciudad de Seredá y de la tribu de Efraín. Su madre era una viuda llamada Serúa. ²⁷La razón por la que Jeroboam se rebeló contra el rey fue la siguiente: Salomón estaba construyendo el terraplén y cerrando la brecha de la Ciudad de David, su padre. ²⁸Jeroboam era un hombre fuerte y decidido; y al ver Salomón que este joven era muy activo, lo puso a cargo de todo lo relacionado con los descendientes de José.ᶜ

ª **11.2** Ex 34.16; Dt 7.3–4. ᵇ **11.5** *Astarté:* Véase Jue 2.13 n. ᶜ **11.28** *Los descendientes de José* son las tribus de Manasés y Efraín.

29 Por aquel entonces, un día en que Jeroboam salió de Jerusalén, se encontró en el camino con el profeta Ahías, el de Siló, que iba cubierto con una capa nueva. Los dos estaban solos en el campo, 30 y tomando Ahías la capa nueva que llevaba puesta, la rasgó en doce pedazos 31 y dijo a Jeroboam: "Toma para ti diez pedazos, porque el Señor, Dios de Israel, te dice: 'Voy a quitarle el reino a Salomón, y a darte a ti diez tribus. 32 A Salomón le dejaré solo una tribu, por consideración a mi siervo David y a Jerusalén, la ciudad que he escogido entre todas las ciudades de las tribus de Israel. 33 Porque Salomón me ha rechazado, y se ha puesto a adorar a Astarté, diosa de los sidonios; a Quemós, dios de los moabitas; y a Milcom, dios de los amonitas. Sus hechos no han sido buenos a mis ojos, y no ha cumplido mis leyes y decretos como lo hizo David, su padre. 34 Sin embargo, no le quitaré todo el reino, sino que lo mantendré como gobernante mientras viva, por consideración a mi siervo David, a quien escogí, y quien cumplió mis mandamientos y mis leyes. 35 Pero le quitaré el reino a su hijo, y te lo entregaré a ti; es decir, diez tribus. 36 Solo dejaré una tribu a su hijo, para que la lámpara de David, mi siervo, se mantenga siempre encendida ante mí en Jerusalén, la ciudad que escogí como residencia de mi nombre. 37 Yo te tomaré a ti, para que reines sobre todo lo que quieras y seas el rey de Israel. 38 Y si obedeces todo lo que yo te mande y tus hechos son rectos a mis ojos, y si cumples mis leyes y mandamientos, como lo hizo David, mi siervo, yo estaré contigo y estableceré firmemente tu dinastía, como establecí la de David; y te entregaré Israel. 39 En cuanto a la descendencia de David, la castigaré por este motivo, pero no para siempre.' "

40 Por causa de esto, Salomón procuró matar a Jeroboam; pero Jeroboam huyó a Egipto, donde reinaba Sisac, y allí se quedó hasta la muerte de Salomón.

Muerte de Salomón
(2 Cr 9.29–31)

41 El resto de la historia de Salomón y de su sabiduría, y de todo lo que hizo, está escrito en el libro de las crónicas de Salomón. 42 Salomón reinó en Jerusalén sobre todo Israel durante cuarenta años, 43 y cuando murió lo enterraron en la Ciudad de David, su padre. Después reinó en su lugar su hijo Roboam.

División del reino
(2 Cr 10.1—11.4)

12 1 Roboam fue a Siquem, porque todo Israel había ido allá para proclamarlo rey. 2 Pero lo supo Jeroboam, hijo de Nabat, que estaba todavía en Egipto, adonde había huido del rey Salomón y donde se había quedado a vivir. 3 Cuando lo mandaron llamar, Jeroboam y todo el pueblo de Israel fueron a hablar con Roboam, y le dijeron:

4 —Tu padre fue muy duro con nosotros; ahora alivia tú la dura servidumbre y el pesado yugo que él nos impuso, y te serviremos.

5 Roboam les contestó:

—Váyanse, y vuelvan a verme dentro de tres días.

La gente se fue, 6 y entonces el rey Roboam consultó a los ancianos que habían servido a Salomón, su padre, cuando este vivía. Les preguntó:

—¿Qué me aconsejan ustedes que responda yo a esta gente?

7 Ellos le dijeron:

—Si hoy te pones al servicio de este pueblo y les respondes con buenas palabras, ellos te servirán siempre.

8 Pero Roboam no hizo caso del consejo de los ancianos, sino que consultó a los muchachos que se habían criado con él y que estaban a su servicio, 9 preguntándoles:

—¿Qué me aconsejan ustedes que responda yo a esta gente que me ha pedido que aligere el yugo que mi padre les impuso?

10 Aquellos jóvenes, que se habían criado con él, le respondieron:

—A esta gente que te ha pedido que aligeres el yugo que tu padre les impuso, debes responderle lo siguiente: 'Si mi padre fue duro, yo lo soy mucho más; 11 si él les impuso un yugo pesado, yo lo haré más pesado todavía; y si él los azotaba con correas, yo los azotaré con látigos de puntas de hierro.'

12 Al tercer día volvió Jeroboam a presentarse con todo el pueblo ante Roboam, como el rey les había dicho. 13 Pero el rey les contestó duramente, sin hacer caso del consejo que le habían dado los ancianos, 14 y les repitió lo que le habían aconsejado los muchachos: que si su padre les había impuesto un yugo pesado, él les impondría uno más pesado todavía, y que si su padre los había azotado con correas, él los azotaría con látigos de puntas de hierro. 15 El rey, pues, no hizo caso del pueblo, porque el

Señor había dispuesto que sucediera así para que se cumpliera lo que el Señor había prometido a Jeroboam, hijo de Nabat, por medio de Ahías, el de Siló.*ᵃ* 16 Cuando todo el pueblo de Israel vio que el rey no le había hecho caso, le respondió de este modo:

"¡No tenemos nada que ver con David!
¡Ninguna herencia compartimos
  con el hijo de Jesé!
¡A sus casas, israelitas!
¡Y David que cuide de su familia!"

Al momento, los israelitas se fueron a sus casas. 17 En cuanto a los israelitas que vivían en las ciudades de Judá, Roboam siguió reinando sobre ellos. 18 Y cuando Roboam envió a Adoram, que era el encargado del trabajo obligatorio, todo Israel lo mató a pedradas. Entonces el rey Roboam subió rápidamente a su carro y huyó a Jerusalén. 19 De este modo se rebeló Israel contra la dinastía de David hasta el día de hoy.

20 Al enterarse los de Israel de que Jeroboam había vuelto, lo mandaron llamar para que se presentara ante la comunidad, y lo proclamaron rey de todo Israel, sin quedar nadie que siguiera fiel a la dinastía de David, aparte de la tribu de Judá.

21 Cuando Roboam llegó a Jerusalén, juntó ciento ochenta mil soldados escogidos de todas las familias de Judá y de la tribu de Benjamín, para luchar contra Israel y recuperar su reino. 22 Pero Dios habló a Semaías, hombre de Dios, y le ordenó: 23 "Di a Roboam, hijo de Salomón y rey de Judá, a todas las familias de Judá y de Benjamín, y al resto del pueblo, 24 que les ordeno que no luchen contra sus hermanos israelitas. Que se vuelvan todos a sus casas, porque así lo he dispuesto."

Al oír ellos lo que el Señor les decía, regresaron, como les ordenaba el Señor.

Jeroboam implanta la idolatría

25 Jeroboam reconstruyó la ciudad de Siquem, que está en los montes de Efraín, y se estableció en ella. Luego reconstruyó también Penuel. 26 Pero pensó: "La dinastía de David puede recuperar el reino, 27 si esta gente va a Jerusalén para ofrecer sacrificios en el templo del Señor. Volverán a sentir afecto por Roboam, rey de Judá, y entonces me matarán y se volverán a Roboam, rey de Judá."

28 Después de haber consultado el asunto, hizo el rey dos becerros de oro,*ᵇ* y dijo al pueblo: "Ustedes, israelitas, ya han ido bastante a Jerusalén. Aquí tienen a sus dioses, que los sacaron de Egipto." 29 Entonces puso uno en Betel y el otro en Dan. 30 Y esto fue causa de que Israel pecara, pues la gente iba a Betel y a Dan para adorarlos. 31 Construyó también santuarios en lugares altos y nombró sacerdotes a gente del pueblo, que no eran levitas. 32 Además estableció una fiesta religiosa el día quince del mes octavo,*ᶜ* como la fiesta que se celebraba en Judá, y él mismo ofreció sacrificios sobre el altar. Esto lo hizo en Betel, ofreciendo sacrificios a los becerros que había fabricado y nombrando sacerdotes para los santuarios paganos que había construido. 33 Así pues, el día quince del mes octavo, Jeroboam ofreció sacrificios sobre el altar que había construido en Betel. Este era el mes de la fiesta que él inventó a su antojo, declarándola fiesta religiosa para los israelitas, el mismo mes en que subió al altar a quemar incienso.

Un profeta de Judá reprende a Jeroboam

13 1 Cuando Jeroboam estaba quemando incienso sobre el altar, llegó a Betel un profeta de Judá mandado por el Señor. 2 Y por orden del Señor habló con fuerte voz contra el altar, diciendo: "Altar, altar: El Señor ha dicho: 'De la dinastía de David nacerá un niño, que se llamará Josías*ᵃ* y que sacrificará sobre ti a los sacerdotes de los santuarios en lugares altos que sobre ti queman incienso; y sobre ti quemarán huesos humanos.' "

3 Aquel mismo día, el profeta dio una señal prodigiosa. Dijo: "Esta es la señal prodigiosa

---

ᵃ **12.15** 1 R 11.29–39. *ᵇ* **12.28** *Dos becerros de oro:* Es probable que Jeroboam no haya erigido estos becerros como imágenes del Señor, sino como soportes visibles de su trono invisible, a la manera de esos seres alados o querubines que estaban sobre el arca de la alianza (véase Ex 25.18 n.) en el templo de Jerusalén. Sin embargo, la figura del toro o del becerro era, en el antiguo Oriente, símbolo de fuerza y fecundidad, y el pueblo podía confundir los becerros de oro con representaciones de Yahvé, el Dios de Israel. *ᶜ* **12.32** El *mes octavo* corresponde a nuestros meses de octubre–noviembre. *ᵃ* **13.2** 2 R 22.1 — 23.30.

que el Señor ha anunciado: El altar se hará pedazos y la ceniza que hay sobre él se esparcirá."

4 Cuando el rey Jeroboam escuchó la sentencia que el profeta había pronunciado contra el altar de Betel, extendió su mano desde el altar y dijo: "¡Aprésenlo!" Pero la mano que había extendido para señalarlo se le quedó tiesa y no pudo ya moverla. **5** En aquel momento el altar se hizo pedazos y las cenizas que había sobre él se esparcieron, conforme a la señal que el profeta había dado por orden del Señor. **6** Entonces el rey, dirigiéndose al profeta, dijo:

—Te ruego que ores por mí al Señor tu Dios, para que mi mano se cure.

El profeta rogó al Señor, y la mano del rey quedó sana, como antes. **7** Luego dijo el rey al profeta:

—Ven conmigo a mi casa, para que comas algo, y te haré un regalo.

8 Pero el profeta respondió al rey:

—Aunque me des la mitad de tu palacio, no iré contigo, ni comeré pan ni beberé agua en este lugar; **9** porque así me lo ha ordenado el Señor. Me dijo: 'No comas pan, ni bebas agua, ni vuelvas por el mismo camino por el que has ido.'

10 Y el profeta se fue por otro camino distinto, para no volver por el mismo camino por el que había ido a Betel.

11 En aquel tiempo vivía en Betel un profeta anciano, cuyos hijos fueron y le contaron todo lo que el profeta de Judá había hecho aquel día en Betel; y también le contaron a su padre lo que había dicho el rey. **12** Y su padre les preguntó:

—¿Por qué camino se fue?

Sus hijos le indicaron el camino por el que había regresado el profeta de Judá. **13** Entonces les dijo a sus hijos:

—Aparéjenme el asno.

Ellos lo hicieron así, y el profeta montó y **14** salió tras el profeta de Judá. Lo encontró sentado debajo de una encina, y le preguntó:

—¿Eres tú el profeta que ha venido de Judá?

—Yo soy —le respondió.

15 —Ven a mi casa, a comer pan conmigo —dijo el profeta anciano.

16 Pero el profeta de Judá le contestó:

—No puedo acompañarte, ni entrar en tu casa, ni comer pan ni beber agua contigo en este lugar; **17** porque el Señor me ha ordenado claramente: 'No comas pan ni bebas agua aquí,

ni regreses por el mismo camino por el que te fuiste.'

18 Pero el anciano insistió:

—Yo también soy profeta, lo mismo que tú, y un ángel de parte del Señor me ha ordenado que te lleve a mi casa y te dé de comer y de beber.

Y aunque el anciano le mentía, **19** el profeta de Judá se fue con él y comió y bebió en su casa. **20** Y estando ellos sentados a la mesa, el Señor habló al profeta anciano que había hecho volver al profeta de Judá, **21** y en voz alta dijo el anciano a este:

—El Señor ha dicho que por haber tú desobedecido las órdenes que te dio, **22** pues te volviste para comer y beber donde el Señor te ordenó que no lo hicieras, no reposará tu cuerpo en el sepulcro de tus antepasados.

23 Cuando el profeta de Judá acabó de comer y beber, el profeta anciano le aparejó el asno, **24** y el profeta de Judá se fue. Pero en el camino le salió al encuentro un león y lo mató, y su cuerpo quedó tirado en el camino. El asno y el león, sin embargo, se quedaron junto al cadáver. **25** En eso pasaron unos hombres y vieron el cadáver tirado en el camino, y que el león estaba todavía junto a él. Y cuando llegaron a la ciudad donde vivía el profeta anciano, contaron lo que habían visto. **26** Al saberlo, el profeta anciano que había hecho volver al otro, exclamó: "Ese es el profeta que desobedeció la orden del Señor. Por eso el Señor lo ha entregado a un león, que lo ha despedazado y matado, conforme a lo que el Señor le dijo."

27 En seguida pidió a sus hijos que le aparejaran un asno, y ellos lo hicieron así. **28** Entonces el profeta anciano se fue y encontró el cadáver tirado en el camino y, junto a él, al asno y al león. El león no había devorado el cadáver ni despedazado al asno. **29** Entonces el profeta anciano levantó el cuerpo del profeta de Judá, lo echó sobre el asno y volvió con él a su ciudad, para hacerle duelo y enterrarlo. **30** Lo enterró en su propio sepulcro, y lloró por él, diciendo: "¡Ay, hermano mío!"

31 Después de enterrarlo, dijo a sus hijos:

—Cuando yo muera, entiérrenme en el mismo sepulcro en que he enterrado a este hombre de Dios. Pongan mis restos junto a los suyos, **32** porque sin duda se cumplirá lo que él anunció por orden del Señor contra el altar de Betel y contra todos los santuarios en lugares altos que hay en las ciudades de Samaria.

33 A pesar de esto, Jeroboam no abandonó su mala conducta, sino que volvió a nombrar sacerdotes de entre el pueblo para los santuarios en lugares altos. A quien así lo deseaba, Jeroboam lo consagraba sacerdote de tales santuarios. **34** Tal proceder fue la causa de que la descendencia de Jeroboam pecara, y que, por lo mismo, fuera exterminada por completo.

Ahías anuncia la caída de Jeroboam

14 **1** Por aquel tiempo, Abías, el hijo de Jeroboam, cayó enfermo. **2** Y dijo Jeroboam a su mujer:

—Anda, ponte un disfraz para que no reconozcan que eres mi mujer, y vete a Siló. Allí vive Ahías, el profeta que me dijo que yo sería rey de esta nación. **3** Toma diez panes, tortas y una jarra de miel, y ve a verlo para que te diga lo que va a ser de este niño.

4 Así lo hizo la mujer de Jeroboam. Se preparó y fue a Siló, y llegó a casa de Ahías. Ahías no podía ver, pues su vista se había ido apagando a causa de su vejez, **5** pero el Señor le había hecho saber que la mujer de Jeroboam iría a consultarle acerca de su hijo, que estaba enfermo. También le hizo saber lo que debía responderle, y le advirtió que llegaría disfrazada.

6 Cuando Ahías oyó sus pasos al entrar ella por la puerta, le dijo:

—Entra, mujer de Jeroboam. ¿Por qué te haces pasar por otra? Yo he recibido el encargo de hablarte duramente, **7** así que vuelve y dile a Jeroboam que el Señor, Dios de Israel, ha dicho: 'Yo te saqué de entre el pueblo, y te hice jefe de mi pueblo Israel. **8** Yo le quité el reino a la dinastía de David, para dártelo a ti. Pero tú no has sido como David, mi siervo, que cumplió mis mandamientos y me siguió con todo su corazón, y cuyos hechos fueron rectos a mis ojos; **9** tú te has comportado peor que todos los que hubo antes de ti; tú, para hacerme enojar, te has hecho otros dioses e imágenes de hierro fundido, y me has despreciado. **10** Por eso voy a traer el mal sobre tu descendencia: haré que mueran todos tus descendientes varones en Israel; ninguno quedará con vida. Barreré por completo tu descendencia, como si barriera estiércol. **11** A tus parientes que mueran en la ciudad se los comerán los perros; y a los que

mueran en el campo se los comerán las aves de rapiña, porque yo, el Señor, así lo he dispuesto.'

12 "En cuanto a ti, mujer, levántate y vete a tu casa. Tan pronto pongas un pie en la ciudad, el niño morirá. **13** Entonces todo Israel hará lamentación por él, y lo enterrarán; pues él será el único descendiente de Jeroboam que tendrá sepultura. Porque de toda la descendencia de Jeroboam, solo en él ha encontrado el Señor, Dios de Israel, algo que le agrade. **14** Después pondrá en Israel un rey que acabará con la dinastía de Jeroboam en su día. De ahora en adelante **15** el Señor va a sacudir a Israel como la corriente del río sacude las cañas. Lo arrancará de esta buena tierra que dio a sus antepasados, y lo arrojará más allá del río Éufrates, por haber hecho representaciones de Astarté, causando con ello la irritación del Señor. **16** El Señor entregará a Israel por los pecados que Jeroboam ha cometido y que ha hecho cometer a Israel." [a]

17 Entonces la mujer de Jeroboam se levantó y se fue, y llegó a Tirsá; y en cuanto cruzó el umbral de la casa, el niño murió. **18** Todo Israel fue a su entierro y lloró por él, según lo había anunciado el Señor por medio de su siervo, el profeta Ahías.

19 El resto de la historia de Jeroboam, las batallas en que tomó parte y otros detalles de su reinado, están escritos en el libro de las crónicas de los reyes de Israel. **20** Jeroboam reinó durante veintidós años, y después de su muerte reinó en su lugar su hijo Nadab.

Reinado de Roboam en Judá
(2 Cr 12.1–16)

21 En Judá reinaba Roboam, hijo de Salomón. Tenía cuarenta y un años cuando comenzó a reinar, y reinó durante diecisiete años en Jerusalén, la ciudad que el Señor escogió entre todas las ciudades de las tribus de Israel como residencia de su nombre. La madre de Roboam se llamaba Naamá, y era amonita.

22 Pero los hechos de Roboam [b] fueron malos a los ojos del Señor, y le irritaron más que todos los pecados que cometieron sus antepasados, **23** pues también ellos construyeron santuarios en lugares altos y levantaron piedras y troncos sagrados en toda colina alta y debajo de todo

---

[a] **14.16** La referencia a *los pecados de Jeroboam* se repite como estribillo en los libros de *Reyes* (cf. 1 R 15.26,30,34; 16.2,13,19,26, etc.). [b] **14.22** *Roboam:* según la versión griega (LXX). Heb. *Judá.*

árbol frondoso. **24**También los hombres del país practicaban la prostitución como un culto, y se cometían todas las infamias practicadas por las naciones paganas que el Señor había arrojado de la presencia de los israelitas.

25En el quinto año del reinado de Roboam, Sisac, rey de Egipto, fue y atacó a Jerusalén, **26**apoderándose de los tesoros del templo del Señor y del palacio real. Todo lo saqueó, y se llevó también todos los escudos de oro que había hecho Salomón. **27**El rey Roboam hizo en su lugar escudos de bronce, y los dejó al cuidado de los oficiales de la guardia que vigilaba la entrada del palacio real. **28**Y cada vez que el rey iba al templo del Señor, los guardias los llevaban. Luego volvían a ponerlos en el cuarto de guardia.

29El resto de la historia de Roboam y de todo lo que hizo, está escrito en el libro de las crónicas de los reyes de Judá.

30Hubo guerra continuamente entre Roboam y Jeroboam. **31**Y cuando Roboam murió, fue enterrado con sus antepasados en la Ciudad de David. Su madre se llamaba Naamá, y era de Amón. Después reinó en su lugar su hijo Abiam.

Reinado de Abiam en Judá
(2 Cr 13.1–22)

15

1Abiam comenzó a reinar en Judá en el año dieciocho del reinado de Jeroboam, hijo de Nabat. **2**Reinó en Jerusalén durante tres años. Su madre se llamaba Maacá, y era hija de Absalón. **3**Abiam cometió los mismos pecados que su padre había cometido antes que él, y su corazón no fue fiel al Señor su Dios, como lo fue el de David, antepasado suyo. **4**Sin embargo, por consideración a David, el Señor concedió que su lámpara*a* continuara encendida en Jerusalén, al poner a su hijo en el trono después de él y afirmar a Jerusalén; **5**pues David se había conducido de manera digna de aprobación por parte del Señor, ya que nunca en su vida se apartó de lo que el Señor le había mandado, excepto en el asunto de Urías el hitita.*b*

6-7 Hubo guerra continuamente entre Roboam y Jeroboam mientras Roboam vivió. Y también hubo guerra entre Abiam y Jeroboam. El resto de la historia de Abiam y de todo lo que hizo, está escrito en el libro de las crónicas de los reyes de Judá. **8**Y cuando Abiam murió, lo enterraron en la Ciudad de David. Después reinó en su lugar su hijo Asá.

Reinado de Asá en Judá
(2 Cr 14.1–5; 15.16–19)

9Asá comenzó a reinar en Judá en el año veinte del reinado de Jeroboam en Israel, **10**y reinó en Jerusalén cuarenta años. Su abuela se llamaba Maacá, y era hija de Absalón.

11Los hechos de Asá fueron buenos a los ojos del Señor, como los de su antepasado David. **12**Echó fuera del país a los hombres que practicaban la prostitución como un culto, y quitó todos los ídolos que sus antepasados habían hecho. **13**También quitó la categoría de reina madre a Maacá, su abuela, porque había mandado hacer una imagen de Aserá. Asá destruyó aquella imagen, y la quemó en el arroyo Cedrón. **14**Y aunque no se quitaron los santuarios en lugares altos, Asá fue siempre fiel al Señor, **15**y puso en el templo del Señor todo el oro y la plata que tanto él como su padre habían dedicado al Señor.

Pacto de Asá con Ben–hadad
(2 Cr 16.1–10)

16Hubo guerra continuamente entre Asá y Baasá, rey de Israel. **17**Y cuando Baasá fue a atacar a Judá, fortificó Ramá para cortarle toda comunicación al rey de Judá. **18**Entonces Asá tomó todo el oro y la plata que aún había en los tesoros del templo del Señor y del palacio real, y por medio de sus funcionarios los envió a Ben–hadad,*c* rey de Siria, que era hijo de Tabrimón y nieto de Hezión, y tenía su residencia en Damasco. También le envió este mensaje: **19**"Hagamos tú y yo un pacto, como hicieron nuestros padres. Aquí te envío oro y plata como regalo. Rompe el pacto que tienes con Baasá, rey de Israel, y así me dejará en paz."

20Ben–hadad aceptó la proposición del rey Asá y envió a los jefes de sus tropas a atacar las ciudades de Israel. Así conquistó Iión, Dan, Abel–bet–maacá, toda Quinéret y toda la región de Neftalí. **21**Cuando Baasá lo supo, dejó de fortificar Ramá y regresó a Tirsá. **22**Entonces el rey Asá mandó llamar a todo Judá, sin que

---

a **15.4** 1 R 11.36. *b* **15.5** 2 S 11.1–27. *c* **15.18** Más adelante se mencionan otros dos reyes árameos con el mismo nombre de *Ben–hadad:* el segundo en 1 R 20; 2 R 8.7, y el tercero en 2 R 13.24.

faltara nadie, y se llevaron de Ramá las piedras y la madera que Baasá había usado para fortificarla, y con ellas el rey Asá fortificó Gueba de Benjamín y Mispá.

Muerte de Asá
(2 Cr 16.11–14)

23 El resto de la historia completa de Asá y de sus hazañas, y lo que hizo, y las ciudades que construyó, está escrito en el libro de las crónicas de los reyes de Judá.

En su ancianidad, Asá enfermó de los pies; **24** y cuando murió, lo enterraron con sus antepasados en la Ciudad de David. Después reinó en su lugar su hijo Josafat.

Reinado de Nadab en Israel

25 En el segundo año del reinado de Asá en Judá, Nadab, hijo de Jeroboam, comenzó a reinar en Israel, y su reinado duró dos años. **26** Pero sus hechos fueron malos a los ojos del Señor; cometió los mismos pecados que su padre había cometido, y con los cuales hizo pecar a los israelitas. **27** Pero Baasá, hijo de Ahías, que pertenecía a la tribu de Isacar, formó un complot contra él y lo mató en Guibetón, ciudad filistea que Nadab estaba sitiando con todo el ejército israelita.

28 Baasá mató a Nadab en el tercer año del reinado de Asá en Judá, y reinó en su lugar. **29** Y tan pronto como empezó a reinar, mató a toda la familia de Jeroboam. Conforme a lo que el Señor había anunciado por medio de Ahías de Siló, Baasá exterminó por completo a la familia de Jeroboam. No dejó vivo a nadie.[d] **30** Esto fue a causa de los pecados que Jeroboam había cometido, con los cuales hizo pecar a los israelitas, provocando así la ira del Señor, Dios de Israel.

31 El resto de la historia de Nadab y de todo lo que hizo, está escrito en el libro de las crónicas de los reyes de Israel. **32** Entre Asá y Baasá, rey de Israel, hubo guerra continuamente.

Reinado de Baasá en Israel

33 En el tercer año del reinado de Asá en Judá, Baasá, hijo de Ahías,[e] comenzó a reinar en Tirsá sobre todo Israel, y reinó durante veinticuatro años. **34** Pero los hechos de Baasá fueron malos a los ojos del Señor, pues cometió los mismos pecados con que Jeroboam hizo pecar a los israelitas.[f]

16 **1** Entonces el Señor se dirigió a Jehú, hijo de Hananí, para decir en contra de Baasá: **2** "Yo te levanté del polvo y te puse como jefe de Israel, mi pueblo. Pero tú, al igual que Jeroboam, has hecho pecar a Israel, mi pueblo. Has provocado mi ira con tus pecados. **3** Por lo tanto, Baasá, voy a acabar contigo y con tu familia; voy a hacer con ella lo mismo que hice con la de Jeroboam, hijo de Nabat. **4** Cualquier pariente tuyo que muera en la ciudad, será devorado por los perros; y al que muera en el campo, se lo comerán las aves de rapiña."

5 El resto de la historia de Baasá, y de lo que hizo, y de sus hazañas, está escrito en el libro de las crónicas de los reyes de Israel. **6** Cuando murió Baasá, lo enterraron en Tirsá. Después reinó en su lugar su hijo Elá.

7 Por medio del profeta Jehú, hijo de Hananí, el Señor pronunció sentencia contra Baasá y su familia, porque sus hechos fueron malos a sus ojos. Baasá irritó al Señor, porque sus acciones fueron semejantes a las de Jeroboam y su familia, a quienes destruyó.

Reinados de Elá y de Zimrí en Israel

8 En el año veintiséis del reinado de Asá en Judá, Elá, hijo de Baasá, comenzó a reinar sobre Israel en Tirsá, y reinó durante dos años; **9** pero Zimrí, un oficial suyo al mando de la mitad de los carros de combate, formó un complot contra él. Un día en que Elá estaba en Tirsá, en casa de Arsá, su mayordomo, bebió hasta emborracharse. **10** De pronto llegó Zimrí y lo mató, para reinar en su lugar. Esto sucedió en el año veintisiete del reinado de Asá en Judá.

11 Tan pronto como Zimrí subió al trono y comenzó a reinar, mató a toda la familia de Baasá, sin dejar vivo a ningún varón, pariente o amigo, que pudiera vengarlo. **12** Así pues, Zimrí aniquiló a toda la familia de Baasá, conforme a la sentencia que el Señor había pronunciado contra Baasá por medio del profeta Jehú, **13** a causa de todos los pecados de Baasá y de su hijo Elá, con los cuales hicieron pecar también a los

---

d **15.29** 1 R 14.10–11. *e* **15.33** Este *Ahías* no es el profeta mencionado en 1 R 11.29; 12.15. *f* **15.34** *Cometió . . . israelitas:* Véase 14.16 n.

israelitas, irritando con su idolatría al Señor, Dios de Israel.

14El resto de la historia de Elá y de todo lo que hizo, está escrito en el libro de las crónicas de los reyes de Israel.

15En el año veintisiete del reinado de Asá en Judá, y estando el ejército israelita acampado para atacar la ciudad filistea de Guibetón, Zimrí comenzó a reinar en Tirsá. Pero solo reinó siete días, **16**porque el mismo día en que el ejército que estaba en el campamento supo que Zimrí había conspirado contra el rey y lo había matado, todos en el campamento proclamaron rey de Israel a Omrí, general del ejército. **17**Entonces Omrí y todo el ejército israelita dejaron de atacar Guibetón y atacaron Tirsá.

18Al ver Zimrí que la ciudad había sido tomada, se metió en el reducto del palacio real, prendió fuego al palacio estando él dentro, y así murió. **19**Esto sucedió por causa de los pecados que cometió y por sus malas acciones a los ojos del Señor, pues cometió los mismos pecados que Jeroboam, con los cuales hizo pecar también a los israelitas.

20El resto de la historia de Zimrí y de su conspiración contra el rey Elá, está escrito en el libro de las crónicas de los reyes de Israel.

Reinado de Omrí en Israel

21Entonces el pueblo de Israel se dividió en dos bandos. Unos estaban a favor de Tibní, hijo de Guinat, para que fuera el rey, y otros estaban a favor de Omrí. **22**Finalmente, el partido de Omrí se impuso al partido de Tibní, hijo de Guinat. Tibní murió, y así Omrí llegó a ser rey.

23Omrí comenzó a reinar en Israel en el año treinta y uno del reinado de Asá en Judá, y reinó durante doce años, de los cuales reinó seis en Tirsá. **24**Le compró a Sémer el monte de Samaria por sesenta y seis kilos de plata, y allí construyó una ciudad fortificada a la que llamó Samaria, porque el dueño anterior del monte se llamaba Sémer.

25Los hechos de Omrí fueron malos a los ojos del Señor, e incluso peores que los de los reyes anteriores a él, **26**pues cometió los mismos pecados que Jeroboam, hijo de Nabat, con los cuales hizo pecar también a los israelitas,

provocando con su idolatría la ira del Señor, Dios de Israel.[a]

27El resto de la historia de Omrí y de todo lo que hizo, y de sus hazañas, está escrito en el libro de las crónicas de los reyes de Israel. **28**Cuando murió, lo enterraron en Samaria. Después reinó en su lugar su hijo Ahab.

Reinado de Ahab en Israel

29En el año treinta y ocho del reinado de Asá en Judá, Ahab, hijo de Omrí, comenzó a reinar en Israel. Y reinó sobre Israel durante veintidós años, en la ciudad de Samaria. **30**Pero su conducta fue reprobable a los ojos del Señor, e incluso peor que la de los reyes anteriores a él, **31**pues no le importó cometer los mismos pecados de Jeroboam, hijo de Nabat. Para colmo, se casó con Jezabel, hija de Et–baal, rey de Sidón, y acabó por adorar y rendir culto a Baal,[b] **32**y construyó un altar y un templo a Baal en Samaria. **33**Hizo también una imagen de Aserá,[c] con lo que irritó al Señor, Dios de Israel, más que todos los reyes de Israel anteriores a él.

34En tiempos de Ahab, Hiel, el de Betel, reconstruyó la ciudad de Jericó. A costa de Abiram, su hijo mayor, echó los cimientos, y a costa de Segub, su hijo menor, puso las puertas, conforme a lo que el Señor había dicho por medio de Josué, hijo de Nun.

Elías anuncia la sequía

17 **1**El profeta Elías,[a] que era de Tisbé,[b] de la región de Galaad, dijo a Ahab: "¡Juro por el Señor, Dios de Israel, a quien sirvo, que en estos años no lloverá, ni caerá rocío hasta que yo lo diga!"

2Por eso el Señor le dijo a Elías: **3**"Vete de aquí, hacia el oriente, y escóndete en el arroyo Querit, que está al oriente del Jordán. **4**Allí podrás beber agua del arroyo, y he ordenado a los cuervos que te lleven comida."

5Elías hizo lo que el Señor le ordenó, y fue y se quedó a vivir junto al arroyo Querit, al oriente del río Jordán. **6**Y los cuervos le llevaban pan y carne por la mañana y por la tarde. El agua la bebía del arroyo. **7**Pero al cabo de unos días el arroyo se secó, porque no llovía en el país.

---

a **16.26** Sobre los *pecados* de *Jeroboam,* véase 14.16 n.   *b* **16.31** *Baal:* Véase Jue 2.13 n.   *c* **16.33** *Aserá:* Véase Jue 3.7 n.   *a* **17.1** El nombre *Elías* significa *Yahvé es Dios,* o *Yahvé es mi Dios* (cf. 1 R 18.39).   *b* **17.1** *De Tisbé:* según la versión griega (LXX). Heb. *de entre los huéspedes de.*

Elías y la viuda de Sarepta

8 Entonces el Señor le dijo a Elías: **9** "Levántate y vete a la ciudad de Sarepta, en Sidón, y quédate a vivir allá. Ya le he ordenado a una viuda que allí vive, que te dé de comer."

10 Elías se levantó y se fue a Sarepta. Al llegar a la entrada de la ciudad, vio a una viuda que estaba recogiendo leña. La llamó y le dijo:

—Por favor, tráeme en un vaso un poco de agua para beber.

11 Ya iba ella a traérselo, cuando Elías la volvió a llamar y le dijo:

—Por favor, tráeme también un pedazo de pan.

12 Ella le contestó:

—Te juro por el Señor tu Dios que no tengo nada de pan cocido. No tengo más que un puñado de harina en una tinaja y un poco de aceite en una jarra, y ahora estaba recogiendo un poco de leña para ir a cocinarlo para mi hijo y para mí. Comeremos, y después nos moriremos de hambre.

13 Elías le respondió:

—No tengas miedo. Ve a preparar lo que has dicho. Pero primero, con la harina que tienes, hazme una torta pequeña y tráemela, y haz después otras para ti y para tu hijo. **14** Porque el Señor, Dios de Israel, ha dicho que no se acabará la harina de la tinaja ni el aceite de la jarra hasta el día en que el Señor haga llover sobre la tierra.

15 La viuda fue e hizo lo que Elías le había ordenado. Y ella y su hijo[c] y Elías tuvieron comida para muchos días. **16** No se acabó la harina de la tinaja ni el aceite de la jarra, tal como el Señor lo había dicho por medio de Elías.

17 Algún tiempo después cayó enfermo el hijo de la viuda, y su enfermedad fue gravísima, tanto que hasta dejó de respirar. **18** Entonces la viuda le dijo a Elías:

—¿Qué tengo yo que ver contigo, hombre de Dios? ¿Has venido a recordarme mis pecados y a hacer que mi hijo se muera?

19 —Dame acá tu hijo —le respondió él.

Y tomándolo del regazo de la viuda, lo subió al cuarto donde él estaba alojado y lo acostó sobre su cama. **20** Luego clamó al Señor en voz alta: "Señor y Dios mío, ¿también has de causar dolor a esta viuda, en cuya casa estoy alojado, haciendo morir a su hijo?"

21 Y en seguida se tendió tres veces sobre el niño, y clamó al Señor en voz alta: "Señor y Dios mío, ¡te ruego que devuelvas la vida a este niño!"

22 El Señor atendió a los ruegos de Elías, e hizo que el niño reviviera. **23** Inmediatamente Elías tomó al niño, lo bajó de su cuarto a la planta baja de la casa y lo entregó a su madre, diciéndole:

—¡Mira, tu hijo está vivo!

24 Y la mujer le respondió:

—Ahora sé que realmente eres un hombre de Dios, y que lo que dices es la verdad del Señor.

Elías vuelve a presentarse ante Ahab

18 **1** El tiempo pasó. Tres años después, el Señor se dirigió a Elías y le dijo: "Ve y preséntate ante Ahab, pues voy a mandar lluvia sobre la tierra."

2 Elías fue y se presentó ante Ahab. El hambre que había en Samaria era tremenda. **3** Ahab llamó a Abdías, su mayordomo, que adoraba al Señor con profunda reverencia **4** y que, cuando Jezabel comenzó a matar a los profetas del Señor, había recogido a cien de ellos y, después de dividirlos en dos grupos de cincuenta, los había escondido en dos cuevas y les había dado el alimento necesario. **5** Ahab le dijo a Abdías:

—Anda, vamos a recorrer el país y todos los manantiales y los ríos, a ver si podemos encontrar pasto para mantener vivos los caballos y las mulas. De lo contrario, nos quedaremos sin bestias.

6 Así pues, se repartieron las zonas del país que debían recorrer, y Ahab se fue por un camino y Abdías por otro. **7** Ya en el camino, Elías salió al encuentro de Abdías, que al reconocerlo se inclinó ante él y exclamó:

—¡Pero si es mi señor Elías!

8 —Sí, yo soy —respondió Elías. Y añadió—: Anda, dile a tu amo que estoy aquí.

9 Abdías contestó:

—¿Qué falta he cometido yo para que me entregues a Ahab y que él me mate? **10** Juro por el Señor tu Dios que no hay nación ni reino adonde mi amo no haya enviado a buscarte; y cuando respondían que no estabas allí, mi amo les hacía jurar que en verdad no te habían hallado. **11** ¡Y ahora me pides que vaya y le diga

---

c **17.15** *Su hijo:* texto probable. Heb. *su casa.*

a mi amo que estás aquí! [12]Lo que va a pasar es que, al separarme yo de ti, el espíritu del Señor te llevará a donde yo no sepa. Y cuando yo vaya a darle la noticia a Ahab, él no te encontrará y me matará. Este siervo tuyo, desde su juventud, siempre ha honrado al Señor. [13]¿Acaso no te han contado lo que hice cuando Jezabel estaba matando a los profetas del Señor? Pues escondí a cien de ellos, y en grupos de cincuenta los metí en dos cuevas y les di el alimento necesario. [14]¿Y ahora me pides que vaya y le diga a mi amo que tú estás aquí? ¡Me matará!

[15]Elías le respondió:

—Juro por el Señor todopoderoso, a quien sirvo, que hoy mismo me presentaré ante Ahab.

[16]Abdías fue a buscar a Ahab y darle el aviso, y entonces Ahab fue a encontrarse con Elías. [17]Cuando lo vio, le dijo:

—¿Así que tú eres el que está trastornando a Israel?

[18]—Yo no lo estoy trastornando —contestó Elías—, sino tú y tu gente, por dejar los mandamientos del Señor y rendir culto a las diferentes representaciones de Baal. [19]Manda ahora gente que reúna a todos los israelitas en el monte Carmelo, con los cuatrocientos cincuenta profetas de Baal y los cuatrocientos profetas de Aserá, a quienes Jezabel mantiene.

Elías y los profetas de Baal

[20]Ahab mandó llamar a todos los israelitas, y reunió a los profetas en el monte Carmelo. [21]Entonces Elías, acercándose a todo el pueblo, dijo:

—¿Hasta cuándo van a continuar ustedes con este doble juego? Si el Señor es el verdadero Dios, síganlo a él, y si Baal lo es, a él deberán seguirlo.

El pueblo no respondió palabra. [22]Y Elías continuó diciendo:

—Yo soy el único profeta del Señor que ha quedado con vida, en tanto que de Baal hay cuatrocientos cincuenta profetas. [23]Pues bien, que se nos den dos becerros, y que ellos escojan uno, y lo descuarticen y lo pongan sobre la leña, pero que no le prendan fuego. Yo, por mi parte, prepararé el otro becerro y lo pondré sobre la leña, pero tampoco le prenderé fuego. [24]Luego ustedes invocarán a sus dioses, y yo invocaré al Señor, ¡y el dios que responda enviando fuego, ese es el Dios verdadero!

—¡Buena propuesta! —respondió todo el pueblo.

[25]Entonces Elías dijo a los profetas de Baal:

—Escojan uno de los becerros, y prepárenlo primero, ya que ustedes son muchos. Luego invoquen a su dios, pero no enciendan fuego.

[26]Así pues, ellos tomaron el becerro que se les entregó, y lo prepararon, y desde la mañana hasta el mediodía invocaron a Baal. Decían: "¡Contéstanos, Baal!", y daban pequeños brincos alrededor del altar que habían construido, pero ninguna voz les respondía. [27]Hacia el mediodía, Elías se burlaba de ellos diciéndoles:

—Griten más fuerte, porque es un dios. A lo mejor está ocupado, o está haciendo sus necesidades, o ha salido de viaje. ¡Tal vez esté dormido y haya que despertarlo!

[28]Ellos seguían gritando y cortándose con cuchillos y lancetas, como tenían por costumbre, hasta quedar bañados en sangre. [29]Pero pasó el mediodía, y aunque ellos continuaron gritando y saltando como locos hasta la hora de ofrecer el sacrificio, no hubo ninguna respuesta. ¡Nadie contestó ni escuchó! [30]Entonces Elías dijo a toda la gente:

—Acérquense a mí.

Toda la gente se acercó a él, y él se puso a reparar el altar del Señor, que estaba derrumbado. [31]Tomó doce piedras, conforme al número de las tribus de los hijos de Jacob, a quien el Señor dijo que se llamaría Israel, [32]y construyó con ellas un altar al Señor; hizo luego una zanja alrededor del altar, donde cabrían unos veinte litros de grano, [33]y tras acomodar la leña, descuartizó el becerro y lo puso sobre ella. [34]Luego dijo:

—Llenen cuatro cántaros de agua, y vacíenlos sobre el holocausto y la leña.

Luego mandó que lo hicieran por segunda y tercera vez, y así lo hicieron ellos. [35]El agua corría alrededor del altar, y también llenó la zanja. [36]A la hora de ofrecer el holocausto, el profeta Elías se acercó y exclamó: "¡Señor, Dios de Abraham, Isaac e Israel: haz que hoy se sepa que tú eres el Dios de Israel, y que yo soy tu siervo, y que hago todo esto porque me lo has mandado! [37]¡Respóndeme, Señor; respóndeme, para que esta gente sepa que tú eres Dios, y que los invitas a volverse de nuevo a ti!"

[38]En aquel momento, el fuego del Señor cayó y quemó el holocausto, la leña y hasta las piedras y el polvo, y consumió el agua que había en la zanja. [39]Al ver esto, toda la gente se inclinó hasta tocar el suelo con la frente, y dijo: "¡El Señor es Dios, el Señor es Dios!"

[40]Entonces Elías les dijo:

—¡Atrapen a los profetas de Baal! ¡Que no escape ninguno!

La gente los atrapó, y Elías los llevó al arroyo Quisón y allí los degolló.[a]

Elías ora para que llueva

41 Después Elías dijo a Ahab:

—Vete a comer y beber, porque ya se oye el ruido del aguacero.

42 Ahab se fue a comer y beber. Pero Elías subió a lo alto del monte Carmelo y, arrodillándose en el suelo, se inclinó hasta poner la cara entre las rodillas, **43** dijo a su criado:

—Ve y mira hacia el mar.

Él fue y miró, y luego dijo:

—No hay nada.

Pero Elías le ordenó:

—Vuelve siete veces.

44 La séptima vez el criado dijo:

—¡Allá, subiendo del mar, se ve una nubecita del tamaño de una mano!

Entonces Elías le dijo:

—Ve y dile a Ahab que enganche su carro y se vaya antes que se lo impida la lluvia.

45 Ahab subió a su carro y se fue a Jezreel. Mientras tanto, el cielo se oscureció con nubes y viento, y cayó un fuerte aguacero. **46** En cuanto a Elías, el Señor le dio fuerzas; y luego de arreglarse la ropa, corrió hasta Jezreel y llegó antes que Ahab.

Elías huye a Horeb

19 **1** Ahab contó a Jezabel todo lo que Elías había hecho y cómo había degollado a todos los profetas de Baal. **2** Entonces Jezabel mandó un mensajero a decirle a Elías: "¡Si tú eres Elías, yo soy Jezabel![a] Y que los dioses me castiguen duramente, si mañana a esta hora no he hecho contigo lo mismo que tú hiciste con esos profetas."

3 Elías se dio cuenta de que corría peligro, y para salvar su vida se fue a Beerseba, que pertenece a Judá, y allí dejó a su criado. **4** Luego él se fue hacia el desierto, y caminó durante un día, hasta que finalmente se sentó bajo una retama. Era tal su deseo de morirse, que dijo: "¡Basta ya, Señor! ¡Quítame la vida, pues yo no soy mejor que mis padres!"

5 Y se acostó allí, bajo la retama, y se quedó dormido. Pero un ángel llegó, y tocándolo le dijo: "Levántate y come."

6 Elías miró a su alrededor, y vio que cerca de su cabecera había una torta cocida sobre las brasas y una jarra de agua. Entonces se levantó, y comió y bebió; después se volvió a acostar. **7** Pero el ángel del Señor vino por segunda vez, y tocándolo le dijo: "Levántate y come, porque si no el viaje sería demasiado largo para ti."

8 Elías se levantó, y comió y bebió. Y aquella comida le dio fuerzas para caminar cuarenta días y cuarenta noches hasta llegar a Horeb, el monte de Dios. **9** Al llegar, entró en una cueva, y allí pasó la noche. Pero el Señor se dirigió a él, y le dijo: "¿Qué haces aquí, Elías?"

10 Él respondió: "He sentido mucho celo por ti, Señor, Dios todopoderoso, porque los israelitas han abandonado tu alianza y derrumbado tus altares, y a filo de espada han matado a tus profetas. Solo yo he quedado, y me están buscando para quitarme la vida."

11 Y el Señor le dijo: "Sal fuera y quédate de pie ante mí, sobre la montaña."

En aquel momento pasó el Señor, y un viento fuerte y poderoso desgajó la montaña y partió las rocas ante el Señor; pero el Señor no estaba en el viento. Después del viento hubo un terremoto; pero el Señor tampoco estaba en el terremoto. **12** Y tras el terremoto hubo un fuego; pero el Señor no estaba en el fuego. Pero después del fuego se oyó un sonido suave y delicado. **13** Al escucharlo, Elías se cubrió la cara con su capa, y salió y se quedó a la entrada de la cueva. En esto llegó a él una voz que le decía: "¿Qué haces ahí, Elías?"

14 Él contestó: "He sentido mucho celo por ti, Señor, Dios todopoderoso, porque los israelitas han abandonado tu alianza y derrumbado tus altares, y a filo de espada han matado a tus profetas. Solo yo he quedado, y me andan buscando para quitarme la vida."

15 Entonces el Señor le dijo: "Anda, regresa por donde viniste al desierto de Damasco. Ve y consagra a Hazael como rey de Siria, **16** y a Jehú, nieto de Nimsí, como rey de Israel; a Eliseo, hijo de Safat, del pueblo de Abel–meholá, conságralo como profeta en lugar tuyo. **17** De

---

[a] **18.40** Esta decisión de Elías se explica a partir de la ley deuteronómica, que obligaba a exterminar a todos aquellos que arrastrasen al pueblo por el camino de la idolatría y de la infidelidad al Señor (Dt 13.12–18; 20.12–13).

[a] **19.2** *¡Si tú eres Elías, yo soy Jezabel!:* según la versión griega (LXX); esta frase no aparece en el texto hebreo.

esta manera, a quien escape de la espada de Hazael, lo matará Jehú, y a quien escape de la espada de Jehú, lo matará Eliseo. 18 No obstante, yo dejaré en Israel siete mil personas que no se han arrodillado ante Baal ni lo han besado."

Llamamiento de Eliseo

19 Elías se fue de allí y encontró a Eliseo, que estaba arando. Delante de Eliseo iban doce yuntas de bueyes, y él mismo llevaba la última. Elías se dirigió a él y le echó su capa encima. 20 Al instante Eliseo dejó los bueyes, corrió tras Elías, y le dijo:

—Déjame dar a mis padres un beso de despedida, y luego te seguiré.

—Puedes ir —dijo Elías—, pero recuerda lo que he hecho contigo.

21 Eliseo se apartó de Elías, y fue, tomó dos toros y los descuartizó, y con la madera del yugo asó la carne y dio de comer a la gente. Después se fue tras Elías y quedó a su servicio.

Ahab derrota a los sirios

20 1 Ben–hadad, rey de Siria, reunió a todo su ejército, y a treinta y dos reyes aliados, con su caballería y sus carros de combate, y fue a la ciudad de Samaria, la rodeó y la atacó. 2-3 Al mismo tiempo envió mensajeros a esta ciudad para que le dijeran a Ahab, rey de Israel: "Ben–hadad dice: 'Tus riquezas me pertenecen, lo mismo que tus mujeres y tus mejores hijos.' "

4 El rey de Israel contestó: "Tal como Su Majestad lo ha dicho, yo y todo lo que tengo es suyo."

5 Los mensajeros fueron una vez más a ver a Ahab, y le dijeron: "Ben–hadad dice: 'Ya te he mandado a decir que tienes que darme tus riquezas, tus mujeres y tus hijos. 6 Además, mañana a estas horas enviaré a mis oficiales a que registren tu palacio y las casas de tus funcionarios, y todo lo que les guste lo tomarán para sí.' "

7 Entonces el rey de Israel mandó llamar a todos los ancianos*a* del país, y les dijo:

—Como ustedes podrán darse cuenta, este hombre está buscando hacerme daño, a pesar de que yo no me he negado a entregarle mis mujeres, mis hijos y mis riquezas.

8 —Pues no lo escuches ni le hagas caso —respondieron los ancianos y toda la gente.

9 Entonces Ahab dijo a los enviados de Ben–hadad:

—Digan a Su Majestad que haré todo lo que me ordenó al principio, pero que no puedo hacer lo que ahora me exige.

Los enviados llevaron la respuesta a Ben–hadad, 10 y Ben–hadad mandó a decir a Ahab: "¡Que los dioses me castiguen duramente, si de Samaria queda polvo suficiente para darle un puñado a cada uno de mis seguidores!"

11 Por su parte, el rey de Israel le mandó a decir: "No cantes victoria antes de tiempo."

12 Cuando Ben–hadad recibió la respuesta, estaba bebiendo con los otros reyes en las enramadas que habían improvisado. Entonces dijo a sus oficiales: "¡Al ataque!" Y todos se dispusieron a atacar la ciudad.

13 Mientras tanto, un profeta se presentó ante Ahab, rey de Israel, y le dijo:

—El Señor ha dicho: 'Aunque veas esa gran multitud de enemigos, yo la voy a entregar hoy en tus manos, para que sepas que yo soy el Señor.'

14 —¿Y por medio de quién me la va a entregar? —preguntó Ahab.

—El Señor ha dicho que por medio de los jóvenes que ayudan a los gobernadores de las provincias —respondió el profeta.

—¿Y quién atacará primero? —insistió Ahab.

—Tú —respondió el profeta.

15 Entonces Ahab pasó revista a los jóvenes que ayudaban a los gobernadores de las provincias, que eran doscientos treinta y dos, y a todo el ejército israelita, compuesto de siete mil hombres. 16 Salieron al mediodía, mientras Ben–hadad y los treinta y dos reyes aliados suyos seguían emborrachándose en las enramadas que habían improvisado, 17 y avanzaron en primer lugar los ayudantes de los gobernadores. Cuando Ben–hadad recibió aviso de que algunos hombres habían salido de Samaria, 18 ordenó: "¡Sea que hayan salido en son de paz o en son de guerra, los quiero vivos!"

19 Los ayudantes de los gobernadores salieron de la ciudad, seguidos por el ejército. 20 Y cada uno de ellos mató a un contrario, y los sirios huyeron. Los israelitas los persiguieron, pero Ben–hadad, rey de los sirios, escapó a caballo con algunos soldados de caballería. 21 Entonces el rey de Israel avanzó y se apoderó de sus

---

a 20.7 El consejo de los *ancianos* fue una institución reconocida a lo largo de toda la historia bíblica; estaba formado por miembros respetables de las ciudades israelitas.

caballos y carros de combate, y les causó a los sirios una tremenda derrota. 22 Después el profeta se presentó ante el rey de Israel, y le dijo:

—Ve y refuerza tu ejército, y piensa bien lo que debes hacer; porque dentro de un año el rey de Siria volverá a atacarte.

23 Los oficiales del rey de Siria, por su parte, dijeron a este:

—Los dioses de los israelitas son dioses de las montañas; por eso nos han vencido. Pero si luchamos contra ellos en la llanura, con toda seguridad los venceremos. 24 Lo que ahora debe hacer Su Majestad es quitar de su puesto a los reyes, y poner oficiales en su lugar, 25 organizar luego un ejército como el que fue derrotado, caballo por caballo y carro por carro. Entonces lucharemos contra ellos en el llano, y sin duda los venceremos.

Ben–hadad prestó atención a este consejo y lo siguió. 26 Un año después, Ben–hadad pasó revista a los sirios y se trasladó a Afec para luchar contra Israel. 27 También los israelitas pasaron revista a sus fuerzas y les dieron provisiones, y salieron al encuentro de los sirios. Acampados frente a los sirios, parecían apenas dos rebaños de cabras, pues los sirios ocupaban todo el terreno.

28 En esto se presentó un profeta ante el rey de Israel, y le dijo:

—Así dice el Señor: 'Puesto que los sirios han dicho que yo soy un dios de las montañas y no un dios de los valles, voy a entregar en tus manos a toda esta gran multitud. Así sabrás que yo soy el Señor.'

29 Durante siete días, sirios e israelitas estuvieron acampados frente a frente, y el séptimo día tuvo lugar la batalla. Ese día los israelitas mataron a cien mil soldados sirios de infantería. 30 El resto del ejército huyó a la ciudad de Afec, pero la muralla de la ciudad cayó sobre los veintisiete mil hombres que habían logrado escapar. Ben–hadad también huyó, y llegó a la ciudad, y se escondió de habitación en habitación.

31 Entonces sus oficiales le dijeron:

—Hemos sabido que los reyes israelitas cumplen los tratos que hacen; así que pongámonos ropas ásperas y una soga en el cuello, y vayamos ante el rey de Israel, a ver si nos perdona*b* la vida.

32 Entonces se pusieron ropas ásperas y una soga en el cuello, y se presentaron ante el rey de Israel y le dijeron:

—Ben–hadad ruega a Su Majestad que le perdone la vida.

Ahab respondió:

—¿Vive todavía? ¡Para mí es como un hermano!

33 A los hombres les pareció esto una buena señal, y tomándole la palabra contestaron inmediatamente:

—¡Ben–hadad es hermano de Su Majestad!

—¡Pues vayan a traerlo! —contestó Ahab.

Entonces Ben–hadad se presentó ante Ahab, y Ahab le hizo subir en su carro. 34 Luego Ben–hadad le dijo:

—Te devolveré las ciudades que mi padre le quitó al tuyo; y tú puedes tener negocios en Damasco, como mi padre los tenía en Samaria.

—Yo, por mi parte, me comprometo a dejarte ir —contestó Ahab.

De este modo, Ahab hizo un pacto con Ben–hadad y le dejó que se fuera.

35 Sin embargo, un hombre que pertenecía al grupo de los profetas pidió a un compañero suyo, por orden del Señor:

—¡Hiéreme, por favor!

Pero el otro no quiso hacerlo. 36 Entonces el profeta le dijo:

—Por no haber hecho caso a la orden del Señor, un león te atacará cuando te separes de mí.

En efecto, en cuanto el otro se separó del profeta, un león le salió al encuentro y lo mató.

37 Después se encontró el profeta con otro hombre, y le pidió también que lo hiriera, y aquel hombre lo golpeó y lo hirió. 38 Entonces el profeta fue a esperar al rey en el camino, disfrazado con un vendaje sobre los ojos. 39 Y cuando el rey estaba pasando, el profeta le dijo en voz alta:

—Este servidor de Su Majestad marchó al frente de batalla, y de entre las filas salió un soldado y me trajo un prisionero. Me pidió que me hiciera cargo de él, advirtiéndome que, si se me escapaba, yo le respondería con mi vida o tendría que pagarle tres mil monedas de plata. 40 Y como este servidor de Su Majestad se entretuvo con otras cosas, el prisionero se me escapó.

El rey de Israel le contestó:

—Tú mismo te has declarado culpable, y has pronunciado tu sentencia.

---

b **20.31** *Nos perdona:* según dos versiones antiguas. Heb. *te perdona.*

41 Pero el profeta se quitó rápidamente el vendaje de los ojos, y el rey se dio cuenta de que era uno de los profetas. **42** Entonces el profeta le dijo:

—Así dice el Señor: 'Como tú dejaste escapar al hombre que él había condenado a morir, con tu vida pagarás por la suya, y con tu pueblo por el suyo.'

43 Entonces el rey de Israel se fue a Samaria, triste y malhumorado, y se metió en su palacio.

Ahab y el viñedo de Nabot

21 **1** Algún tiempo después sucedió que un hombre de Jezreel, llamado Nabot, tenía un viñedo en aquel pueblo, junto al palacio de Ahab, el rey de Samaria. **2** Un día, Ahab le dijo a Nabot:

—Dame tu viñedo para que yo pueda tener en él una huerta, ya que está al lado de mi palacio. A cambio de él te daré un viñedo mejor; o, si lo prefieres, te pagaré su valor en dinero.

3 Pero Nabot respondió a Ahab:

—No permita Dios que yo te dé lo que he heredado de mis padres.

4 Ahab se fue a su casa triste y malhumorado a causa de la respuesta de Nabot, pues le había dicho que no le daría lo que había heredado de sus padres. Llegó y se acostó de cara a la pared, y no quiso comer. **5** Entonces Jezabel, su mujer, se acercó a él y le dijo:

—¿Por qué estás tan triste, y no quieres comer?

6 Ahab contestó:

—Hablé con Nabot, el de Jezreel, y le pedí que me vendiera su viñedo; o, si él lo prefería, le daría otro viñedo a cambio. Pero él no me lo quiere ceder.

7 Entonces Jezabel, su esposa, le respondió:

—¡Pero tú eres quien manda en Israel! Anda, come y tranquilízate. ¡Yo voy a conseguirte el viñedo de Nabot!

8 En seguida escribió ella cartas en nombre de Ahab, y les puso el sello real; luego las envió a los ancianos[a] y jefes que vivían en el mismo pueblo de Nabot. **9** En las cartas les decía: "Anuncien ayuno y sienten a Nabot delante del pueblo. **10** Luego sienten a dos testigos falsos delante de él y háganlos declarar en contra suya, afirmando que ha maldecido a Dios y al rey. Después, sáquenlo y mátenlo a pedradas."

11 Los hombres del pueblo de Nabot, junto con los ancianos y los jefes, hicieron lo que Jezabel les ordenó en las cartas que les había enviado: **12** Anunciaron ayuno y sentaron a Nabot delante del pueblo. **13** Luego llegaron dos testigos falsos y declararon contra Nabot delante de todo el pueblo, afirmando que Nabot había maldecido a Dios y al rey. Entonces lo sacaron de la ciudad y lo mataron a pedradas. **14** Luego mandaron a decir a Jezabel que Nabot había sido apedreado y había muerto.

15 En cuanto Jezabel lo supo, le dijo a Ahab:

—Ve y toma posesión del viñedo de Nabot, el de Jezreel, que no te lo quería vender. Nabot ya no vive; ahora está muerto.

16 Al enterarse Ahab de que Nabot había muerto, fue y se apoderó de su viñedo. **17** Entonces el Señor se dirigió a Elías, el de Tisbé, y le dijo: **18** "Ve en seguida a ver a Ahab, rey de Israel, que vive en Samaria. En este momento se encuentra en el viñedo de Nabot, del cual ha ido a tomar posesión. **19** Le dirás: 'Así dice el Señor: Puesto que mataste a Nabot y le quitaste lo que era suyo, en el mismo lugar donde los perros lamieron su sangre, lamerán también la tuya.' "[b]

20 Ahab le respondió a Elías:

—¿Así que tú, mi enemigo, me encontraste?

—Sí, te encontré —contestó Elías—. Porque no cometes más que malas acciones a los ojos del Señor. **21** Por lo tanto, el Señor ha dicho: 'Voy a traer sobre ti la desgracia, y voy a acabar con toda tu descendencia; destruiré a todos los varones descendientes tuyos que haya en Israel. **22** Además, haré con tu familia lo mismo que hice con la de Jeroboam, hijo de Nabat, y con la de Baasá, hijo de Ahías, por haber provocado mi enojo al hacer pecar a Israel.' **23** En cuanto a Jezabel, el Señor ha dicho: 'Los perros se comerán a Jezabel en los campos de Jezreel.'[c] **24** Y al familiar tuyo que muera en la ciudad, se lo comerán los perros; y al que muera en el campo, se lo comerán las aves de rapiña.

25 (No hubo nadie como Ahab, que, incitado por su esposa Jezabel, solo cometió malas acciones a los ojos del Señor. **26** Cometió una infamia al rendir culto a los ídolos, como lo hacían todos los amorreos, a quienes el Señor había arrojado de la presencia de los israelitas.)

---

a **21.8** *Ancianos:* Véase 20.7 n.   *b* **21.19** Esta maldición se cumplió en 1 R 22.38. Cf. 2 R 9.25–26.   *c* **21.23** 2 R 9.36.

27 Cuando Ahab escuchó todo esto, se rasgó la ropa, se puso ropas ásperas y ayunó. Dormía con esas ropas, y andaba muy triste. 28 Entonces el Señor dijo a Elías: 29 "¿Has visto cómo Ahab se ha humillado ante mí? Pues por haberse humillado ante mí, no traeré el mal sobre su familia mientras él viva, sino en vida de su hijo."

Micaías anuncia la derrota de Ahab
(2 Cr 18.1–34)

22 1 Pasaron tres años sin que hubiera guerra entre sirios e israelitas. 2 Pero al tercer año, Josafat, rey de Judá, fue a visitar al rey de Israel. 3 Y el rey de Israel dijo a sus funcionarios:

—Ya saben ustedes que Ramot de Galaad nos pertenece. Entonces, ¿por qué no hacemos algo para rescatarla del dominio del rey sirio?

4 A Josafat le preguntó:

—¿Quieres acompañarme a atacar a Ramot de Galaad?

Josafat le respondió:

—Yo, lo mismo que mi ejército y mi caballería, estamos contigo y con tu gente. 5 Pero antes consulta la voluntad del Señor.

6 El rey de Israel reunió a los profetas, que eran cerca de cuatrocientos, y les preguntó:

—¿Debo atacar a Ramot de Galaad, o no?

Y ellos respondieron:

—Atácala, porque el Señor te la va a entregar.

7 Pero Josafat preguntó:

—¿No hay por aquí algún otro profeta del Señor a quien también podamos consultar?

8 El rey de Israel contestó a Josafat:

—Hay uno más, por medio del cual podemos consultar al Señor. Es Micaías, hijo de Imlá. Pero lo aborrezco, porque nunca me anuncia cosas buenas, sino solamente cosas malas.

Pero Josafat le dijo:

—No digas eso.

9 En seguida el rey de Israel llamó a un oficial, y le ordenó:

—¡Pronto, que venga Micaías, hijo de Imlá!

10 Tanto el rey de Israel como Josafat, el rey de Judá, tenían puesta su armadura y estaban sentados en sus tronos en la explanada a la entrada de Samaria, y todos los profetas caían en trance profético delante de ellos. 11 Sedequías, hijo de Quenaaná, se había hecho unos cuernos de hierro, y gritaba: "¡Así ha dicho el Señor: 'Con estos cuernos atacarás a los sirios hasta exterminarlos!' "

12 Todos los profetas anunciaban lo mismo. Decían al rey: "Ataca a Ramot de Galaad y obtendrás la victoria, pues el Señor va a entregarte la ciudad."

13 El mensajero que había ido a llamar a Micaías, le dijo a este:

—Todos los profetas, sin excepción, han dado una respuesta favorable al rey. Así pues, te ruego que hables como todos ellos y anuncies algo favorable.

14 Micaías le contestó:

—¡Juro por el Señor que solo diré lo que el Señor me ordene decir!

15 Luego se presentó ante el rey, y el rey le preguntó:

—Micaías, ¿debemos atacar a Ramot de Galaad o no?

Y Micaías dijo:

—Atácala, y obtendrás la victoria, pues el Señor te la va a entregar.

16 Pero el rey le respondió:

—¿Cuántas veces te he de decir que bajo juramento me declares solo la verdad en el nombre del Señor?

17 Entonces Micaías dijo:

"He visto a todos los israelitas
desparramados por los montes,
como ovejas sin pastor.
Y el Señor ha dicho:
'Estos no tienen dueño;
que cada uno vuelva en paz a su casa.' "

18 El rey de Israel dijo a Josafat:

—¿No te he dicho que este hombre nunca me anuncia cosas buenas, sino solo cosas malas?

19 Micaías añadió:

—Por eso que has dicho, escucha la palabra del Señor: Vi al Señor sentado en su trono, y a todo el ejército del cielo que estaba de pie, junto a él, a su derecha y a su izquierda. 20 Entonces el Señor preguntó quién iría a incitar a Ahab para que atacara a Ramot de Galaad y cayera allí. Unos decían una cosa y otros otra. 21 Pero un espíritu se presentó delante del Señor y dijo que él lo haría. El Señor le preguntó cómo lo iba a hacer, 22 y el espíritu respondió que iba a inspirar mentiras en todos los profetas del rey. Entonces el Señor le dijo que, en efecto, conseguiría engañarlo, y que fuera a hacerlo. 23 Y ahora ya sabes que el Señor ha puesto un espíritu mentiroso en labios de todos estos profetas tuyos, y que ha determinado tu ruina.

24 Entonces Sedequías, hijo de Quenaaná, acercándose a Micaías le dio una bofetada y dijo:

—¿Por dónde se me fue el espíritu del Señor para hablarte a ti?

25 Y Micaías le respondió:

—Lo sabrás el día que andes escondiéndote de habitación en habitación.

26 Entonces el rey de Israel ordenó:

—¡Agarren a Micaías y llévenlo preso ante Amón, el gobernador de la ciudad, y ante Joás, mi hijo! **27** Díganles que yo ordeno que lo metan en la cárcel y lo tengan a ración escasa de pan y agua, hasta que yo regrese sano y salvo.

28 Todavía añadió Micaías:

"Si tú vuelves sano y salvo,
el Señor no ha hablado por medio de mí."*a*

29 Así pues, el rey de Israel, y Josafat, el rey de Judá, avanzaron contra Ramot de Galaad. **30** Y el rey de Israel dijo a Josafat:

—Yo voy a entrar en la batalla disfrazado, y tú te pondrás mi ropa.*b*

Así el rey de Israel se disfrazó y entró en combate. **31** Pero el rey de Siria había ordenado a los treinta y dos capitanes de sus carros de combate que no atacaran a nadie que no fuera el rey de Israel. **32** Y cuando los capitanes de los carros vieron a Josafat, pensaron que él era el rey de Israel y lo rodearon para atacarlo. Entonces Josafat gritó pidiendo ayuda, **33** y al ver ellos que no era el rey de Israel, dejaron de perseguirlo. **34** Pero un soldado disparó su arco al azar, e hirió de muerte al rey de Israel por entre las juntas de la armadura. Entonces este le ordenó al conductor de su carro:

—Da la vuelta y sácame del combate, porque estoy gravemente herido.

35 La batalla fue dura aquel día, y al rey se le mantuvo en pie en su carro, haciendo frente a los sirios. Pero a la tarde murió, pues la sangre de su herida corría por la plataforma del carro. **36** Cuando ya el sol se ponía, corrió la voz entre las filas del ejército: "¡Cada cual a su pueblo y a su tierra, **37** porque el rey ha muerto!"

Entonces el rey fue llevado a Samaria, y allí lo enterraron. **38** Después lavaron el carro en el estanque de Samaria, donde se bañaban las prostitutas, y los perros lamieron la sangre de Ahab, conforme a lo que el Señor había anunciado.*c*

39 El resto de la historia de Ahab y de todo lo que hizo, y del palacio de marfil y las ciudades que construyó, está escrito en el libro de las crónicas de los reyes de Israel. **40** Murió Ahab, y después reinó en su lugar su hijo Ocozías.

Reinado de Josafat en Judá
(2 Cr 20.31–37)

41 En el cuarto año del reinado de Ahab en Israel, Josafat, hijo de Asá, comenzó a reinar en Judá. **42** Tenía entonces treinta y cinco años, y veinticinco años reinó en Jerusalén. Su madre se llamaba Azubá, y era hija de Silhí.

43 Josafat se condujo en todo con rectitud, como Asá, su padre. Sus hechos fueron rectos a los ojos del Señor. **43b** Sin embargo, los santuarios paganos, donde el pueblo ofrecía sacrificios y quemaba incienso a los ídolos, no fueron quitados.

44 Josafat hizo un tratado de paz con el rey de Israel. **45** El resto de su historia y de sus hazañas, y de las guerras en que tomó parte, está escrito en el libro de las crónicas de los reyes de Judá. **46** Josafat fue quien desterró del país a los que aún practicaban la prostitución como un culto, los que habían quedado desde el tiempo de Asá, su padre. **47** (En Edom no había entonces rey, sino solo un intendente.)

48 Josafat construyó también barcos como los de Tarsis, para traer oro de Ofir; pero no pudieron ir porque se hicieron pedazos en Esión–guéber. **49** Entonces Ocozías, hijo de Ahab, dijo a Josafat que permitiera a sus marinos acompañar a los suyos en los barcos, pero Josafat no lo permitió.

50 Josafat murió y fue enterrado en la Ciudad de David, su antepasado. Después reinó en su lugar su hijo Joram.

Reinado de Ocozías en Israel

51 En el año diecisiete del reinado de Josafat en Judá, Ocozías, hijo de Ahab, comenzó a reinar sobre Israel en Samaria, y reinó durante dos años. **52** Pero sus hechos fueron malos a los ojos del Señor, pues siguió el mal camino de su padre y de su madre, y de Jeroboam, hijo de Nabat, que hizo pecar a Israel. **53** Además rindió culto a Baal y lo adoró, como antes había hecho su padre, provocando así la ira del Señor, el Dios de Israel.

---

a **22.28** El texto heb. añade *Y dijo: ¡Pueblos todos, escuchen esto!* *b* **22.30** *Mi ropa:* según la versión griega (LXX). Heb. *tu ropa.* *c* **22.38** 1 R 21.19.

Segundo libro de los

REYES

El *Primer libro de Reyes* había llegado, con Josafat de Judá y Ocozías de Israel, hasta mediados del siglo IX a.C. El *Segundo libro de los Reyes* (=2 R) completa la historia del profeta Elías, que había quedado interrumpida, y luego narra algunos episodios de la vida de Eliseo, su discípulo y sucesor. La primera parte continúa la historia de los dos reinos, hasta la caída del reino del Norte, en el 721 a.C. La segunda se refiere a la última etapa del reino de Judá.

Como *1 y 2 Reyes* forman una sola obra, véase para más detalles la *Introducción* al *Primer libro de los Reyes*. El esquema siguiente presenta una visión sinóptica de este segundo libro:

1. El profeta Elías y el rey Ocozías de Israel (1)
2. Ascensión de Elías y comienzos de la historia de Eliseo (2)
3. El profeta Eliseo durante el reinado de Joram (3.1—8.15)
4. Judá e Israel hasta la muerte de Eliseo (8.16—13.25)
5. Judá e Israel hasta la destrucción de Samaria (14—17)
6. El reino de Judá hasta el exilio a Babilonia (18.1—25.26)
7. Liberación del rey Joaquín en Babilonia (25.27–30)

Muerte de Ocozías

1 **1** Después de la muerte de Ahab, Moab se rebeló contra Israel. **2** En cuanto a Ocozías, se cayó por una ventana del piso alto de su palacio en Samaria y quedó muy lastimado. Entonces envió mensajeros a que consultaran a Baal–zebub, dios de Ecrón,[a] si se iba a recuperar, **3** pero el ángel del Señor[b] le dijo a Elías, el de Tisbé: "Ve al encuentro de los mensajeros del rey de Samaria, y pregúntales si acaso no hay Dios en Israel, para que tengan que consultar a Baal–zebub, el dios de Ecrón. **4** Y diles también que yo, el Señor, digo a Ocozías: 'Ya no te levantarás de la cama, sino que vas a morir.' "

Elías fue y lo hizo así. **5** Y cuando los mensajeros regresaron ante el rey, este les preguntó:

—¿Por qué han regresado?

6 Ellos respondieron:

—Porque un hombre nos salió al paso y nos dijo que nos volviéramos al rey que nos había mandado, y que le dijéramos: 'Así dice el Señor: ¿Acaso no hay Dios en Israel, para que mandes a consultar a Baal–zebub, el dios de Ecrón? Por esto que has hecho, ya no te levantarás de la cama, sino que vas a morir.'

7 El rey les preguntó:

—¿Cómo era ese hombre que les salió al encuentro y les dijo esto?

8 —Era un hombre vestido con una capa peluda, y con un cinturón de cuero en la cintura —respondieron ellos.

—¡Es Elías, el de Tisbé! —exclamó el rey. **9** Y en seguida envió por él a un capitán con cincuenta soldados. Cuando llegaron, Elías estaba sentado en la cima de un monte. Entonces el capitán le dijo:

—¡Profeta, el rey ordena que bajes!

---

[a] **1.2** *Baal–zebub,* nombre que significa *señor de las moscas,* es una deformación despectiva de *Baal–zebul, Baal el príncipe.* Esta antigua divinidad cananea era venerada particularmente en *Ecrón,* una de las cinco grandes ciudades filisteas (véase Jos 13.3 n.). En el NT se da el nombre de *Beelzebú* al jefe de los demonios (Mt 12.24). [b] **1.3** *El ángel del Señor:* El *ángel* (o *mensajero*) *del Señor* no es un ser distinto de Dios, sino el mismo Señor que se manifiesta y hace sentir su presencia de manera sensible.

10 Elías respondió:

—Si yo soy profeta, que caiga fuego del cielo y te consuma a ti y a tus cincuenta soldados.

Al instante cayó fuego del cielo y los consumió.

11 El rey envió a otro capitán con otros cincuenta soldados, el cual fue y dijo a Elías:

—¡Profeta, el rey ordena que bajes inmediatamente!

12 Elías le respondió:

—Si yo soy profeta, que caiga fuego del cielo y te consuma a ti y a tus cincuenta soldados.

Y al instante cayó fuego del cielo y los consumió.

13 Después mandó el rey por tercera vez un capitán con otros cincuenta soldados. Pero el tercer capitán subió hasta donde estaba Elías, y arrodillándose delante de él, le rogó:

—Por favor, profeta, respeta mi vida y la de estos cincuenta servidores tuyos; 14 pues antes cayó fuego del cielo y consumió a los otros dos capitanes y a sus hombres. Yo te ruego que me tengas consideración.

15 Entonces el ángel del Señor ordenó a Elías:

—Ve con él, no le tengas miedo.

Elías bajó y fue con el capitán a ver al rey, 16 y le dijo:

—Así dice el Señor: 'Puesto que enviaste mensajeros a consultar a Baal–zebub, el dios de Ecrón, como si en Israel no hubiera Dios a quien consultar, ya no te levantarás de tu cama, sino que vas a morir.'

17 Y en efecto, Ocozías murió, tal como el Señor lo había dicho por medio de Elías. Y como Ocozías nunca tuvo hijos, reinó en su lugar su hermano Joram. Esto fue en el segundo año del reinado de Joram, hijo de Josafat, en Judá.

18 El resto de la historia de Ocozías y de lo que hizo, está escrito en el libro de las crónicas de los reyes de Israel.

Elías sube al cielo

2 1 Cuando llegó el momento en que el Señor iba a llevarse a Elías al cielo en un torbellino, Elías y Eliseo salieron de Guilgal. 2 Y Elías le dijo a Eliseo:

—Quédate aquí, porque el Señor me ha enviado a Betel.

Pero Eliseo le contestó:

—Juro por el Señor, y por ti mismo, que no voy a dejarte solo.

Entonces fueron juntos hasta Betel. 3 Pero los profetas que vivían en Betel salieron al encuentro de Eliseo y le dijeron:

—¿Sabes que el Señor va a quitarte hoy a tu maestro?

—Sí, ya lo sé —contestó Eliseo—, pero ustedes no digan nada.

4 Después Elías le dijo a Eliseo:

—Quédate aquí, porque el Señor me ha enviado a Jericó.

Pero Eliseo le contestó:

—Juro por el Señor, y por ti mismo, que no voy a dejarte solo.

Entonces fueron juntos hasta Jericó. 5 Pero los profetas que vivían en Jericó salieron al encuentro de Eliseo y le dijeron:

—¿Sabes que el Señor va a quitarte hoy a tu maestro?

—Sí, ya lo sé —respondió Eliseo—, pero ustedes no digan nada.

6 Luego le dijo Elías:

—Quédate aquí, porque el Señor me ha enviado al Jordán.

Pero Eliseo le contestó:

—Te juro por el Señor, y por ti mismo, que no voy a dejarte solo.

Entonces fueron los dos. 7 Pero cincuenta profetas llegaron y se detuvieron a cierta distancia, frente a ellos; Elías y Eliseo, por su parte, se detuvieron a la orilla del río Jordán. 8 Entonces Elías tomó su capa, la enrolló y golpeó el agua, y el agua se hizo a uno y otro lado, y los dos cruzaron el río como por terreno seco. 9 En cuanto cruzaron, dijo Elías a Eliseo:

—Dime qué quieres que haga por ti antes que sea yo separado de tu lado.

Eliseo respondió:

—Quiero recibir una doble porción de tu espíritu.

10 —No es poco lo que pides —dijo Elías—. Pero si logras verme cuando sea yo separado de ti, te será concedido. De lo contrario, no se te concederá.

11 Y mientras ellos iban caminando y hablando, de pronto apareció un carro de fuego, con caballos también de fuego, que los separó, y Elías subió al cielo en un torbellino. 12 Al ver esto, Eliseo gritó: "¡Padre mío, padre mío, que has sido para Israel como un poderoso ejército!"

Después de esto no volvió a ver a Elías.

Eliseo sucede a Elías

Entonces Eliseo tomó su ropa y la rasgó en dos. 13 Luego recogió la capa que se le había caído a Elías, y regresó al Jordán y se detuvo en la orilla. **14**Acto seguido, golpeó el agua con la capa, y exclamó: "¿Dónde está el Señor, el Dios de Elías?"

Apenas había golpeado el agua, cuando esta se hizo a uno y otro lado, y Eliseo volvió a cruzar el río. **15**Los profetas de Jericó, que estaban enfrente, dijeron al verlo: "¡El espíritu de Elías reposa ahora en Eliseo!"

Fueron entonces a su encuentro, e inclinándose ante él **16**le dijeron:

—Mira, entre nosotros, tus servidores, hay cincuenta valientes. Deja que vayan en busca de tu maestro, no sea que el espíritu de Dios lo haya alzado y arrojado sobre alguna montaña o en algún valle.

Pero él dijo:

—No, no manden ustedes a nadie.

17Sin embargo, fue tanta la insistencia de ellos que al fin los dejó que mandaran a aquellos cincuenta hombres, los cuales estuvieron buscando a Elías durante tres días, pero no lo encontraron. **18**Entonces regresaron a Jericó, donde se había quedado Eliseo, y este les dijo:

—Yo les advertí que no fueran.

Eliseo purifica el manantial de Jericó

19Los habitantes de la ciudad dijeron entonces a Eliseo:

—Mira, la ciudad tiene una buena situación, como puedes ver, pero el agua es mala y la tierra estéril.

20 —Tráiganme un tazón nuevo, con sal —respondió Eliseo.

En cuanto le llevaron el tazón, **21**Eliseo fue al manantial y arrojó allí la sal, diciendo:

—Así dice el Señor: 'Yo he purificado esta agua, y nunca más causará muerte ni hará estéril la tierra.'

22Desde entonces el agua quedó purificada, tal como lo había dicho Eliseo.

23Después Eliseo se fue de allí a Betel. Cuando subía por el camino, un grupo de muchachos de la ciudad salió y comenzó a burlarse de él. Le gritaban: "¡Sube, calvo! ¡Sube, calvo!"

24Eliseo se volvió hacia ellos, los miró y los maldijo en el nombre del Señor. Al instante salieron dos osos del bosque y despedazaron a cuarenta y dos*a* de ellos. **25**Luego Eliseo se fue al monte Carmelo, y de allí regresó a Samaria.

Reinado de Joram en Israel

3 **1**En el año dieciocho del reinado de Josafat en Judá, Joram, hijo de Ahab, comenzó a reinar sobre Israel, y reinó en Samaria doce años. **2**Sus hechos fueron malos a los ojos del Señor, pero no tanto como los de su padre y su madre, ya que él quitó la piedra sagrada de Baal que su padre había hecho. **3**No obstante, cometió los mismos pecados de Jeroboam, hijo de Nabat, con los cuales había hecho pecar a Israel.

Eliseo predice la victoria sobre Moab

4Mesá, el rey de Moab, se dedicaba a criar ovejas, y tenía que entregar como tributo al rey de Israel cien mil corderos y cien mil carneros con su lana. **5**Pero cuando Ahab murió, el rey de Moab se rebeló contra el rey de Israel. **6**Entonces el rey Joram salió de Samaria y pasó revista a todo el ejército de Israel. **7**Luego mandó decir al rey de Judá: "El rey de Moab se ha rebelado contra mí. ¿Quieres acompañarme a luchar contra él?"

El rey de Judá respondió: "Te acompañaré, pues yo, lo mismo que mi ejército y mi caballería, estamos contigo y con tu gente. **8**Pero, ¿por qué camino atacaremos?" Y Joram contestó: "Por el camino del desierto de Edom."

9Así pues, los reyes de Israel, Judá y Edom se pusieron en marcha. Pero como tuvieron que dar un rodeo de siete días, se les terminó el agua para el ejército y sus animales. **10**Entonces dijo el rey de Israel:

—¡Vaya! Parece que el Señor nos ha traído a nosotros, los tres reyes, para entregarnos en manos de los moabitas.

11Y Josafat preguntó:

—¿No hay por aquí algún profeta del Señor, para que consultemos al Señor por medio de él?

Uno de los oficiales del rey de Israel dijo:

—Aquí está Eliseo, hijo de Safat, que era asistente de Elías.

12—Pues tendrá algo que decir de parte del Señor —contestó Josafat.

Inmediatamente el rey de Israel, Josafat y el rey de Edom fueron a ver a Eliseo; **13**pero Eliseo dijo al rey de Israel:

—¿Qué tengo yo que ver contigo? Ve a consultar a los profetas de tus padres.

---

a **2.24** En la simbología bíblica, el número *cuarenta y dos* suele estar relacionado con algo destructivo (cf. 2 R 10.14; Ap 11.2; 13.5).

El rey de Israel insistió:

—No, porque el Señor nos ha traído para que los tres reyes caigamos en manos de los moabitas.

14Entonces Eliseo le dijo:

—Juro por el Señor todopoderoso, que me está viendo, que si no fuera porque respeto a Josafat, rey de Judá, no te prestaría yo atención ni te miraría siquiera. 15¡Vamos, tráiganme a un músico!

Y cuando el músico se puso a tocar, el Señor se posesionó de Eliseo; 16y Eliseo dijo:

—El Señor ha dicho: 'Hagan muchas represas en este valle, 17porque aunque no habrá viento ni verán ustedes llover, este valle se llenará de agua y todos ustedes beberán, lo mismo que sus ganados y sus bestias.' 18Y esto es solo una pequeña muestra de lo que el Señor puede hacer, porque además él va a entregar a los moabitas en las manos de ustedes, 19y ustedes destruirán todas las ciudades amuralladas y ciudades importantes, y cortarán todos los árboles frutales, cegarán todos los manantiales de agua y llenarán de piedras todos los terrenos de cultivo.

20En efecto, a la mañana siguiente, a la hora de presentar la ofrenda, de la parte de Edom vino el agua, la cual inundó el terreno. 21Mientras tanto, los moabitas se habían enterado de que los reyes llegaban para atacarlos, por lo que llamaron a filas a todos los jóvenes y adultos en edad militar, y tomaron posiciones en la frontera. 22Por la mañana temprano, cuando se levantaron, el sol se reflejaba sobre el agua, y los moabitas la vieron frente a ellos roja como la sangre. 23Entonces dijeron: "Eso es sangre. Lo que ha ocurrido es que los reyes han luchado entre sí, y se han destruido unos a otros. ¡Moabitas, vamos ahora a apoderarnos de las cosas que han dejado!"

24Pero al entrar los moabitas en el campamento israelita, los israelitas los atacaron y los hicieron huir. Entonces los israelitas los persiguieron y los mataron. 25Luego destruyeron las ciudades, llenaron de piedras los terrenos de cultivo, cegaron todos los manantiales y cortaron todos los árboles frutales. Solo quedó en pie la ciudad de Quir-haréset. Pero los honderos la rodearon y la conquistaron.

26Cuando el rey de Moab se dio cuenta de que el ataque era superior a sus fuerzas, tomó setecientos soldados de infantería para abrir una brecha hacia donde estaba el rey de Edom.

Pero no lograron hacerlo. 27Entonces tomó a su hijo mayor, que había de reinar en su lugar, y lo ofreció en holocausto sobre la muralla. Esto causó gran enojo contra los israelitas, por lo que ellos levantaron el campamento y regresaron a su país.

El milagro del aceite

4 1Cierta mujer, que había sido esposa de uno de los profetas, fue a quejarse a Eliseo, diciéndole:

—Mi marido ha muerto, y usted sabe que él honraba al Señor. Ahora el prestamista ha venido y quiere llevarse a mis dos hijos como esclavos.

2Eliseo le preguntó:

—¿Qué puedo hacer por ti? Dime qué tienes en casa.

Ella le contestó:

—Esta servidora de usted no tiene nada en casa, excepto un jarrito de aceite.

3Entonces Eliseo le dijo:

—Pues ve ahora y pide prestados a tus vecinos algunos jarros, ¡todos los jarros vacíos que puedas conseguir! 4Luego métete en tu casa con tus hijos, cierra la puerta y ve llenando de aceite todos los jarros y poniendo aparte los llenos.

5La mujer se despidió de Eliseo y se encerró con sus hijos. Entonces empezó a llenar los jarros que ellos le iban llevando. 6Y cuando todos los jarros estuvieron llenos, le ordenó a uno de ellos:

—Tráeme otro jarro más.

Pero su hijo le respondió:

—No hay más jarros.

En ese momento el aceite dejó de correr. 7Después fue ella y se lo contó al profeta, y este le dijo:

—Ve ahora a vender el aceite, y paga tu deuda. Con el resto podrán vivir tú y tus hijos.

Eliseo y la mujer de Sunem

8Un día en que Eliseo pasó por Sunem, una mujer importante que allí vivía lo invitó con mucha insistencia a que pasara a comer. Y cada vez que Eliseo pasaba por allí, se quedaba a comer. 9Entonces ella le dijo a su marido:

—Mira, yo sé que este hombre que cada vez que pasa nos visita, es un santo profeta de Dios. 10Vamos a construir en la azotea un cuarto para él. Le pondremos una cama, una mesa, una silla y una lámpara. Así, cuando él venga a visitarnos, podrá quedarse allí.

11 Una vez en que llegó a ese cuarto para quedarse a dormir en él, 12 le dijo a Guehazí, su criado:

—Llama a la señora sunamita.

El criado la llamó, y cuando ella se presentó ante él, Eliseo ordenó al criado:

13 —Dile a esta señora que ha sido tan amable con nosotros, que si podemos hacer algo por ella; que si quiere que hablemos en su favor con el rey o con el jefe del ejército.

—Yo estoy bien aquí entre mi propia gente —respondió ella.

14 —Entonces, ¿qué podemos hacer por ella?

—No sé —respondió Guehazí—. No tiene hijos, y su marido es anciano.

15 —Llámala —dijo Eliseo.

El criado fue a llamarla, pero ella se quedó de pie en la puerta. 16 Entonces Eliseo le dijo:

—Para el año que viene, por este tiempo, tendrás un hijo en tus brazos.

Ella respondió:

—No, mi señor, no engañe un hombre de Dios a su servidora.

17 Pero tal como Eliseo se lo anunció, ella quedó embarazada y al año siguiente dio a luz un hijo. 18 Y el niño creció. Pero un día en que salió a ver a su padre, que estaba con los segadores, 19 comenzó a gritarle a este:

—¡Ay, mi cabeza! ¡Me duele la cabeza!

Entonces su padre dijo a un criado:

—Llévalo con su madre.

20 El criado lo tomó y lo llevó a donde estaba su madre, la cual lo sentó sobre sus rodillas hasta el mediodía. Entonces el niño murió. 21 Pero ella lo subió al cuarto del profeta, lo puso sobre la cama y salió, dejando cerrada la puerta. 22 Luego llamó a su marido y le dijo:

—Envíame un criado con una asna, para que yo vaya a ver al profeta. Luego volveré.

23 —¿Por qué vas a verlo hoy? —preguntó su marido—. No es luna nueva ni sábado.

—No te preocupes —contestó ella.

24 Y ordenó que le aparejaran el asna, y dijo a su criado:

—Vamos, adelántate. Y hasta que yo te lo diga, no hagas que me detenga.

25 Así ella se fue y llegó al monte Carmelo, donde estaba el profeta. Cuando Eliseo la vio venir a lo lejos, dijo a Guehazí, su criado:

—Mira, es la señora sunamita. 26 Corre a recibirla y pregúntale cómo está, y cómo están su marido y su hijo.

El criado fue, y ella le dijo que estaban bien. 27 Luego llegó al monte en donde se encontraba Eliseo, y se abrazó a sus pies. Guehazí se acercó para apartarla, pero Eliseo le ordenó:

—Déjala, porque está muy angustiada, y hasta ahora el Señor no me ha dicho lo que le ocurre.

28 Entonces ella le dijo:

—Señor, ¿acaso le pedí a usted tener un hijo? ¿No le pedí a usted que no me engañara?

29 Eliseo dijo entonces a Guehazí:

—Prepárate, toma mi bastón y ve allá. Si te encuentras con alguien, no lo saludes; y si alguien te saluda, no le respondas. Luego coloca mi bastón sobre la cara del niño.

30 Pero la madre del niño dijo a Eliseo:

—Juro por el Señor, y por usted mismo, que de aquí no me iré sin usted.

Entonces Eliseo se fue con ella. 31 Mientras tanto, Guehazí se había adelantado a ellos y había colocado el bastón sobre la cara del muchacho, pero este no daba la menor señal de vida; así que Guehazí fue al encuentro de Eliseo y le dijo:

—El niño no vuelve en sí.

32 Cuando Eliseo entró en la casa, el niño ya estaba muerto, tendido sobre la cama. 33 Entonces entró, y cerrando la puerta se puso a orar al Señor. Solo él y el niño estaban adentro. 34 Luego se subió a la cama y se acostó sobre el niño, colocando su boca, sus ojos y sus manos contra los del niño y estrechando su cuerpo contra el suyo. El cuerpo del niño empezó a entrar en calor. 35 Eliseo se levantó entonces y anduvo de un lado a otro por la habitación; luego se subió otra vez a la cama y volvió a estrechar su cuerpo contra el del niño. De pronto el muchacho estornudó siete veces, y abrió los ojos. 36 Eliseo llamó a Guehazí, y le dijo:

—Llama a la señora sunamita.

Guehazí lo hizo así, y cuando ella llegó a donde estaba Eliseo, este le dijo:

—Aquí tienes a tu hijo.

37 La mujer se acercó y se arrojó a los pies de Eliseo; luego tomó a su hijo y salió de la habitación.

El milagro de la comida

38 Después de esto, Eliseo regresó a Guilgal. Por aquel tiempo hubo mucha hambre en aquella región, y una vez en que los profetas estaban sentados alrededor de Eliseo, dijo este a su

criado: "Pon la olla grande en el fuego, y haz un guisado para los profetas."

39Uno de ellos salió al campo a recoger algunas hierbas, y encontró un arbusto silvestre del cual tomó unos frutos, como calabazas silvestres, con los que llenó su capa. Cuando volvió, los rebanó y los echó dentro del guisado, sin saber lo que eran. **40**Después se sirvió de comer a los profetas, y al empezar a comer el guisado, ellos gritaron:

—¡Profeta, este guisado está envenenado!

Y ya no lo comieron. **41**Pero Eliseo ordenó:

—Tráiganme un poco de harina.

Y echando la harina dentro de la olla, ordenó:

—¡Ahora sírvanle de comer a la gente!

Y la gente comió, y ya no había nada malo en la olla.

42Después llegó un hombre de Baal–salisá llevando a Eliseo veinte panes de cebada recién horneados, y trigo fresco en su morral. Eliseo ordenó entonces a su criado:

—Dáselo a la gente para que coma.

43Pero el criado respondió:

—¿Cómo voy a dar esto a cien personas? Y Eliseo contestó:

—Dáselo a la gente para que coma, porque el Señor ha dicho que comerán y habrá de sobra.

44Así pues, el criado les sirvió, y ellos comieron y hubo de sobra, como el Señor lo había dicho.

Naamán es sanado de su lepra

5 **1**Había un hombre llamado Naamán, jefe del ejército del rey de Siria, muy estimado y favorecido por su rey, porque el Señor había dado la victoria a Siria por medio de él. Pero este hombre estaba enfermo de lepra.

2En una de las correrías de los sirios contra los israelitas, una muchachita fue hecha cautiva, y se quedó al servicio de la mujer de Naamán. **3**Esta muchachita dijo a su ama:

—Si mi amo fuera a ver al profeta que está en Samaria, quedaría curado de su lepra.

4Naamán fue y le contó a su rey lo que había dicho aquella muchacha. **5**Y el rey de Siria le respondió:

—Está bien, ve, que yo mandaré una carta al rey de Israel.

Entonces Naamán se fue. Tomó treinta mil monedas de plata, seis mil monedas de oro y diez mudas de ropa, **6**y le llevó al rey de Israel la carta, que decía: "Cuando recibas esta carta, sabrás que envío a Naamán, uno de mis oficiales, para que lo sanes de su lepra."

7Cuando el rey de Israel leyó la carta, se rasgó la ropa en señal de aflicción y dijo:

—¿Acaso soy Dios, que da la vida y la quita, para que este me mande un hombre a que lo cure de su lepra? ¡Fíjense bien y verán que está buscando un pretexto contra mí!

8Al enterarse el profeta Eliseo de que el rey se había rasgado la ropa por aquella carta, le mandó a decir: "¿Por qué te has rasgado la ropa? Que venga ese hombre a verme, y sabrá que hay un profeta en Israel."

9Naamán fue, con su carro y sus caballos, y se detuvo a la puerta de la casa de Eliseo. **10**Pero Eliseo envió un mensajero a que le dijera: "Ve y lávate siete veces en el río Jordán, y tu cuerpo quedará limpio de la lepra."

11Naamán se enfureció, y se fue diciendo:

—Yo pensé que iba a salir a recibirme, y que de pie iba a invocar al Señor su Dios, y que luego iba a mover su mano sobre la parte enferma, y que así me quitaría la lepra. **12**¿No son los ríos de Damasco, el Abaná y el Farfar, mejores que todos los ríos de Israel? ¿No podría yo haber ido a lavarme en ellos y quedar limpio?

Y muy enojado se fue de allí. **13**Pero sus criados se acercaron a él y le dijeron:

—Señor, si el profeta le hubiera mandado hacer algo difícil, ¿no lo habría hecho usted? Pues con mayor razón si solo le ha dicho que se lave usted y quedará limpio.

14Naamán fue y se sumergió siete veces en el Jordán, según se lo había ordenado el profeta, y su carne se volvió como la de un jovencito, y quedó limpio. **15**Entonces él y todos sus acompañantes fueron a ver a Eliseo. Al llegar ante él, Naamán le dijo:

—¡Ahora estoy convencido de que en toda la tierra no hay Dios, sino solo en Israel! Por lo tanto, te ruego que aceptes un regalo de este servidor tuyo.

16Pero Eliseo le contestó:

—Juro por el Señor, que me está viendo, que no lo aceptaré.

Y aunque Naamán insistió, Eliseo se negó a aceptarlo. **17**Entonces Naamán dijo:

—En ese caso permite que me lleve dos cargas de mula de tierra de Israel; porque este servidor tuyo no volverá a ofrecer holocaustos ni sacrificios a otros dioses, sino al Señor. **18**Solamente ruego al Señor que me perdone una cosa: que cuando mi soberano vaya a adorar al templo de Rimón, y se apoye en mi brazo, y yo tenga que arrodillarme en ese templo, que el Señor me perdone por esto.

19 Eliseo le respondió:

—Vete tranquilo.

Naamán se fue de allí. Y cuando ya iba a cierta distancia, 20 Guehazí, el criado del profeta Eliseo, pensó: "Mi señor ha dejado ir a Naamán el sirio sin aceptar nada de lo que él trajo. Juro por el Señor que voy a seguirlo rápidamente, a ver qué puedo conseguir de él."

21 Y se fue Guehazí tras Naamán; y cuando este lo vio detrás de él, se bajó de su carro para recibirlo, y le preguntó:

—¿Pasa algo malo?

22 —No, nada —contestó Guehazí—. Pero mi amo me ha enviado a decirle a usted que acaban de llegar dos profetas jóvenes, que vienen de los montes de Efraín, y ruega a usted que les dé tres mil monedas de plata y dos mudas de ropa.

23 Naamán respondió:

—Por favor, toma seis mil monedas de plata.

E insistiendo Naamán en que las aceptara, las metió en dos sacos junto con las dos mudas de ropa, y se lo entregó todo a dos de sus criados para que lo llevaran delante de Guehazí. 24 Cuando llegaron a la colina, Guehazí tomó la plata que llevaban los criados, la guardó en la casa y los despidió. 25 Luego fue y se presentó ante su amo, y Eliseo le preguntó:

—¿De dónde vienes, Guehazí?

—Yo no he ido a ninguna parte —contestó Guehazí.

26 Pero Eliseo insistió:

—Cuando cierto hombre se bajó de su carro para recibirte, yo estaba allí contigo, en el pensamiento. Pero este no es el momento de recibir dinero y mudas de ropa, ni de comprar huertos, viñedos, ovejas, bueyes, criados y criadas. 27 Por lo tanto, la lepra de Naamán se te pegará a ti y a tu descendencia para siempre.

Y cuando Guehazí se separó de Eliseo, estaba tan leproso que se veía blanco como la nieve.

El milagro del hacha

6 1 Un día, los profetas dijeron a Eliseo:

—Mira, el lugar donde vivimos contigo es demasiado estrecho para nosotros. 2 Permítenos ir al río Jordán y tomar cada uno de nosotros un tronco, para construir allí un lugar donde vivir.

—Vayan, pues —respondió Eliseo.

3 —Por favor, acompáñanos —dijo uno de ellos.

—Muy bien, los acompañaré —contestó él.

4 Y Eliseo fue con ellos hasta el Jordán, y allí se pusieron a cortar árboles. 5 Pero ocurrió que, al cortar uno un tronco, el hacha se le cayó al agua. Entonces gritó:

—¡Ay, maestro! ¡Esa hacha era prestada!

6 —¿Dónde cayó? —le preguntó el profeta.

El otro señaló el lugar. Entonces Eliseo cortó un palo, lo arrojó allí e hizo que el hacha saliera a flote.

7 —Recógela —ordenó Eliseo.

El otro extendió la mano y recogió el hacha.

Eliseo y los sirios

8 El rey de Siria estaba en guerra con Israel, y en un consejo que celebró con sus oficiales, dijo en qué lugares planeaba acampar. 9 Entonces Eliseo mandó decir al rey de Israel que procurara no pasar por aquellos lugares, porque los sirios iban hacia allá. 10 De esa manera el rey de Israel envió su ejército al lugar que el profeta le había dicho al prevenirlo, y así se salvó en varias ocasiones.

11 El rey de Siria estaba muy confuso por ese motivo, así que llamó a sus oficiales y les dijo:

—¡Díganme quién de los nuestros está de parte del rey de Israel!

12 Uno de ellos contestó:

—Nadie, Majestad. Pero Eliseo, el profeta que está en Israel, le hace saber al rey de Israel todo lo que Su Majestad dice incluso en la intimidad de su dormitorio.

13 Entonces el rey de Siria ordenó:

—Averigüen dónde está, para que envíe yo unos hombres a que lo capturen.

Cuando le dijeron que estaba en Dotán, 14 envió un destacamento de caballería, y carros de combate, y mucha infantería, que llegaron de noche a Dotán y rodearon la ciudad. 15 A la mañana siguiente se levantó el criado de Eliseo, y al salir vio aquel ejército que rodeaba la ciudad con caballería y carros de combate; entonces fue a decirle a Eliseo:

—Y ahora, maestro, ¿qué vamos a hacer?

16 Eliseo le respondió:

—No tengas miedo, porque son más los que están con nosotros que los que están con ellos.

17 Y oró Eliseo al Señor, diciendo: "Te ruego, Señor, que abras sus ojos, para que vea." El Señor abrió entonces los ojos del criado, y este

vio que la montaña estaba llena de caballería y de carros de fuego alrededor de Eliseo.

18 Cuando ya los sirios iban a atacarlo, Eliseo rogó al Señor: "Te pido que dejes ciega a esta gente."

Y el Señor los dejó ciegos, conforme a la petición de Eliseo. **19** Entonces Eliseo les dijo:

—Este no es el camino, ni es esta la ciudad que buscan. Síganme, y yo los llevaré hasta el hombre que buscan.

Y los llevó a Samaria. **20** Al llegar allí, Eliseo hizo esta oración: "Ahora, Señor, ábreles los ojos, para que puedan ver." Entonces ellos vieron que estaban dentro de Samaria. **21** Y cuando el rey de Israel los vio, preguntó a Eliseo:

—¿Los mato, padre mío, los mato?

22 Pero Eliseo respondió:

—No, no los mates. ¿Acaso acostumbras matar a quienes has hecho prisioneros con tu espada y con tu arco? Dales de comer y beber, y luego devuélvelos a su señor.

23 Se les hizo entonces una gran fiesta, y comieron y bebieron. Luego el rey los despidió, y ellos volvieron a su señor. Desde entonces los sirios dejaron de hacer correrías en territorio israelita.

Eliseo y el sitio de Samaria

24 Después de esto, Ben–hadad, rey de Siria, reunió todo su ejército y fue y rodeó a Samaria para atacarla. **25** Hubo entonces gran hambre en Samaria, pues el cerco fue tan cerrado que una cabeza de asno llegó a costar ochenta monedas de plata, y un cuarto de litro de estiércol de paloma, cinco monedas de plata.

26 Un día, el rey de Israel pasaba sobre la muralla, y una mujer le gritó:

—¡Majestad, ayúdeme!

27 El rey respondió:

—Si el Señor no te ayuda, ¿cómo quieres que lo haga yo? ¿Acaso puedo darte trigo, o vino? **28** ¿Qué es lo que te pasa?

Ella contestó:

—Esta mujer me dijo que entregara mi hijo para que nos lo comiéramos hoy, y que mañana nos comeríamos el suyo. **29** Entonces guisamos a mi hijo, y nos lo comimos. Al día siguiente yo le dije que entregara a su hijo para que nos lo comiéramos, pero ella lo ha escondido.

30 Al escuchar el rey lo que esa mujer decía, se rasgó las ropas en señal de furor. Como estaba sobre la muralla, la gente vio que sobre la piel vestía ropas ásperas. **31** Y el rey exclamó: "¡Que Dios me castigue duramente si este mismo día no le corto la cabeza a Eliseo, el hijo de Safat!"

32 Eliseo estaba en su casa, sentado con los ancianos. Mientras tanto, el rey había enviado a uno de sus hombres. Pero antes de que el enviado del rey llegara, Eliseo dijo a los ancianos:

—Vean cómo este hijo de un asesino ha enviado a alguien a cortarme la cabeza. Pero pongan atención, y cuando llegue su enviado cierren la puerta y sosténganla contra él, pues detrás de él se oyen los pasos de su amo.

33 Aún estaba hablando con ellos, cuando el mensajero llegó ante Eliseo y dijo:

—Ya que esta desgracia nos la ha enviado el Señor, ¿qué más puedo esperar de él?

7 **1** Eliseo respondió:

—Escucha la palabra del Señor. El Señor dice: 'Mañana a estas horas, a la entrada de Samaria se podrán comprar siete litros de harina por una sola moneda de plata, y también por una moneda de plata se podrán comprar quince litros de cebada.'

2 El ayudante personal del rey respondió al profeta:

—Aun si el Señor abriera ventanas en el cielo, no podría suceder lo que has dicho.

Pero Eliseo contestó:

—Pues tú lo verás con tus propios ojos, pero no comerás de ello.

3 Mientras tanto, cuatro leprosos que había a la entrada de la ciudad se dijeron entre sí:

—¿Qué hacemos aquí sentados esperando la muerte? **4** Si nos decidimos a entrar en la ciudad, moriremos, pues hay una gran hambre allí dentro; y si nos quedamos aquí sentados, también moriremos. Pasémonos, pues, al campamento sirio; si nos perdonan la vida, viviremos; y si nos matan, de todos modos vamos a morir.

5 Así pues, se levantaron al anochecer y se dirigieron al campamento sirio; pero cuando ya estuvieron cerca, se dieron cuenta de que no había nadie. **6** Y era que el Señor había hecho que el ejército sirio oyera ruido de carros de combate, de caballería y de un gran ejército; los sirios pensaron entonces que el rey de Israel había contratado a los reyes hititas y a los reyes egipcios, para que los atacaran. **7** Por eso se levantaron y huyeron al anochecer, abandonando sus tiendas de campaña, sus caballos y sus asnos, y dejando el campamento tal como estaba para escapar con vida. **8** Al llegar los leprosos a los alrededores del campamento, penetraron en una tienda y se pusieron a comer y beber; se apoderaron de plata, oro y ropa, y luego fueron y lo escondieron. Después volvieron y entraron en otra tienda, y también de allí tomaron cosas y fueron a esconderlas. **9** Pero luego dijeron entre sí:

—No estamos haciendo bien. Hoy es día de llevar buenas noticias, y nosotros nos las estamos callando. Si esperamos hasta la mañana, nos considerarán culpables. Es mejor que vayamos al palacio y demos aviso.

10 Fueron entonces y llamaron a los centinelas de la ciudad, y les dijeron:

—Hemos ido al campamento sirio, y no había absolutamente nadie; ni siquiera se oía hablar a nadie. Solo estaban los caballos y los asnos atados, y las tiendas de campaña tal como las instalaron.

11 Los que vigilaban la entrada de la ciudad llamaron en seguida a los de palacio. **12** Entonces se levantó el rey, y aunque era de noche dijo a sus oficiales:

—Voy a explicarles lo que tratan de hacernos los sirios. Como saben que estamos sufriendo hambre, han salido del campamento y se han escondido en el campo, pensando que cuando nosotros salgamos de la ciudad, ellos nos atraparán vivos y entrarán en la ciudad.

13 Pero uno de sus oficiales dijo:

—Que se envíen unos hombres en cinco de los caballos que quedan, y veamos qué pasa. Si viven o mueren, su situación no será mejor ni peor que la de los demás israelitas que quedamos aquí.

14 Así que tomaron dos carros con caballos, y el rey los mandó al campamento sirio con órdenes de inspeccionar. **15** Ellos fueron siguiendo el rastro de los sirios hasta el Jordán, y vieron que todo el camino estaba lleno de ropa y objetos que los sirios habían arrojado con las prisas por escapar. Luego regresaron los enviados del rey y le contaron lo que habían visto. **16** En seguida la gente salió y saqueó el campamento sirio. Y, conforme a lo anunciado por el Señor, la harina se vendió a razón de siete litros por una moneda de plata; y la cebada, a razón de quince litros por una moneda de plata.

17 El rey ordenó a su ayudante personal que se encargara de cuidar la entrada de la ciudad, pero la gente lo atropelló en la puerta y murió, conforme a lo que había dicho el profeta cuando el rey fue a verlo.

18 Ocurrió, pues, lo que el profeta había anunciado al rey cuando le dijo que a la entrada de Samaria se comprarían siete litros de harina, o quince litros de cebada, con una sola moneda de plata. **19** El oficial había respondido al profeta que, aun si el Señor abriera ventanas en el cielo, no podría suceder aquello. Eliseo, por su parte, le había contestado que lo vería con sus propios ojos, pero no comería de ello. **20** En efecto, así sucedió, porque la gente lo atropelló a la entrada de la ciudad y murió.

La mujer de Sunem recupera sus bienes

8 **1** Eliseo habló con la mujer a cuyo hijo había revivido, y le dijo que se fueran ella y su familia a vivir a otro lugar, porque el Señor había anunciado una gran hambre en el país, que duraría siete años. **2** La mujer se preparó e hizo lo que el profeta le aconsejó: se fue con su familia a territorio filisteo, y allí se quedó a vivir siete años. **3** Pasado este tiempo, la mujer regresó de territorio filisteo, y fue a ver al rey para reclamar la devolución de su casa y sus tierras.[a] **4** El rey estaba hablando con Guehazí, el criado del profeta Eliseo, pues le había pedido que le contara todas las maravillas que Eliseo había realizado. **5** Y en el momento en que Guehazí le estaba contando al rey cómo Eliseo había revivido al hijo de una mujer, llegó esta a reclamar al rey su casa y sus tierras. Entonces Guehazí dijo al rey:

—Majestad, esta es la mujer, y este es su hijo, a quien Eliseo revivió.

6 El rey hizo preguntas a la mujer, y ella le contó su historia. Después el rey ordenó a un oficial de su confianza que se encargara de que fueran devueltas a la mujer todas sus propiedades y todo lo que habían producido sus tierras desde que había salido del país hasta aquel momento.

Hazael, rey de Siria

7 Después Eliseo fue a Damasco. En aquel tiempo estaba enfermo Ben–hadad, el rey de

---

[a] **8.2–3** De acuerdo con la ley mosaica, al cabo de siete años debían devolverse las propiedades a sus dueños legales (Dt 15.1–2).

Siria, y le dijeron que había llegado el profeta. **8**Entonces dijo el rey a Hazael:

—Toma un regalo y vete a ver al profeta. Pídele que consulte al Señor para saber si sobreviviré a esta enfermedad.

9Hazael fue a ver al profeta, y le llevó regalos de los mejores productos de Damasco, cargados en cuarenta camellos. Cuando llegó ante él, le dijo:

—Ben-hadad, rey de Siria, quien te ve como a un padre, me envía a preguntarte si sobrevivirá a su enfermedad.

10Eliseo le respondió:

—Ve y dile que sobrevivirá a su enfermedad, aunque el Señor me ha hecho saber que de todos modos va a morir.

11De pronto Eliseo se quedó mirando fijamente a Hazael, lo que hizo que este se sintiera incómodo. Luego el profeta se echó a llorar, **12**y Hazael le preguntó:

—¿Por qué lloras, mi señor?

Eliseo respondió:

—Porque sé que vas a causarles daño a los israelitas, pues vas a prender fuego a sus fortalezas, a matar a filo de espada a sus jóvenes, a asesinar a sus pequeñuelos y a abrirles el vientre a las mujeres embarazadas.

13Hazael contestó:

—¡Pero si yo no soy más que un pobre perro! ¿Cómo podría hacer tal cosa?

Y Eliseo respondió:

—El Señor me ha hecho saber que tú vas a ser rey de Siria.

14Hazael se despidió de Eliseo y se presentó ante su soberano, quien le preguntó:

—¿Qué te ha dicho Eliseo?

Hazael contestó:

—Me ha dicho que vas a sobrevivir a tu enfermedad.

15Pero al día siguiente Hazael fue y tomó una manta, y luego de empaparla de agua, se la puso al rey sobre la cara, y el rey murió. Después de esto, Hazael reinó en su lugar.

Reinado de Joram en Judá
(2 Cr 21.1–20)

16En el quinto año del reinado de Joram, hijo de Ahab, en Israel, Joram, hijo de Josafat, comenzó a reinar en Judá. **17**Tenía treinta y dos años cuando comenzó a reinar, y reinó en Jerusalén ocho años. **18**Pero siguió los pasos de los reyes de Israel y de la descendencia de Ahab, pues su mujer era de la descendencia de Ahab; así que sus hechos fueron malos a los ojos del Señor. **19**Pero el Señor no quiso destruir a Judá, por consideración a su siervo David, a quien prometió que siempre tendría ante él una lámpara encendida.

20Durante el reinado de Joram, Edom se rebeló contra el dominio de Judá y nombró su propio rey. **21**Entonces Joram se dirigió a Saír con todos sus carros de combate, y durante la noche se levantaron él y los capitanes de los carros de combate y atacaron a los edomitas que los habían rodeado, y los hicieron huir. **22**Pero Edom logró hacerse independiente de Judá hasta el presente. También en aquel tiempo se hizo independiente la ciudad de Libná.

23El resto de la historia de Joram y de todo lo que hizo, está escrito en el libro de las crónicas de los reyes de Judá. **24**Cuando Joram murió, lo enterraron con sus padres en la Ciudad de David. Después reinó en su lugar su hijo Ocozías.

Reinado de Ocozías en Judá
(2 Cr 22.1–6)

25En el año doce del reinado de Joram, hijo de Ahab, en Israel, Ocozías, hijo de Joram, rey de Judá, comenzó a reinar. **26**Tenía veintidós años cuando empezó a reinar, y reinó en Jerusalén un año. Su madre se llamaba Atalía, y era descendiente de Omrí, rey de Israel. **27**Ocozías siguió los pasos de Ahab y su dinastía, y por causa de sus relaciones familiares con la casa de Ahab, sus hechos fueron malos a los ojos del Señor.

28Ocozías se alió con Joram, hijo de Ahab, para pelear en Ramot de Galaad contra Hazael, rey de Siria. Pero los sirios hirieron a Joram, **29**y este regresó a Jezreel para curarse de las heridas que le habían hecho los sirios en Ramot durante el combate contra Hazael, rey de Siria. Entonces, como Joram estaba enfermo, Ocozías fue a Jezreel a visitarlo.

Jehú es consagrado rey de Israel

9 **1**El profeta Eliseo llamó a uno del grupo de los profetas, y le dijo:

—Prepárate para salir. Toma este recipiente con aceite y ve a Ramot de Galaad; **2**cuando llegues allá, ve en busca de Jehú, hijo de Josafat[a] y nieto de Nimsí. Entra en donde él

---

[a] **9.2** No debe confundirse al padre de *Jehú* con *Josafat,* rey de Judá (cf. 1 R 22.2).

se encuentre, apártalo de sus compañeros y llévalo a otra habitación; 3 toma entonces el recipiente con aceite y derrámalo sobre su cabeza, diciendo: 'Así dice el Señor: Yo te consagro como rey de Israel.' Abre luego la puerta y huye sin detenerte.

4 El joven profeta fue a Ramot de Galaad, 5 y cuando llegó allí, encontró reunidos a los capitanes del ejército. Entonces dijo:

—Tengo algo que comunicar a mi capitán.

—¿A cuál de todos nosotros? —respondió Jehú.

—A usted, mi capitán —contestó el profeta.

6 En seguida Jehú se levantó y entró en la habitación. Entonces el profeta derramó el aceite sobre su cabeza, y le anunció:

—El Señor, Dios de Israel, dice: 'Yo te consagro como rey de Israel, mi pueblo.*b* 7 Tú acabarás con la descendencia de Ahab, tu amo, y así vengarás la sangre de mis profetas y de todos mis siervos, derramada por Jezabel.*c* 8 Toda la familia de Ahab será destruida; acabaré con todos sus varones en Israel, y ninguno quedará con vida. 9 Voy a hacer con la descendencia de Ahab lo mismo que hice con la de Jeroboam, hijo de Nabat, y con la de Baasá, hijo de Ahías. 10 En cuanto a Jezabel, se la comerán los perros en el campo de Jezreel, y no habrá quien la entierre.'

Dicho esto, el profeta abrió la puerta y huyó. 11 Y cuando Jehú fue a reunirse con los oficiales de su amo, estos le preguntaron:

—¿Qué pasa? ¿Para qué ha venido a verte ese loco?

—Pues ustedes lo conocen, y conocen también su modo de hablar —dijo Jehú.

12 —No nos engañes —contestaron ellos—. ¡Vamos, cuéntanoslo todo!

Entonces Jehú les respondió:

—Pues me dijo lo siguiente: 'Así dice el Señor: Yo te consagro como rey de Israel.'

13 Al momento cada uno de ellos tomó su capa y la tendió a sus pies, sobre los escalones. Luego tocaron el cuerno de carnero y gritaron: "¡Jehú es el rey!"

Jehú mata a Joram, rey de Israel

14 Jehú, hijo de Josafat y nieto de Nimsí, conspiró contra Joram. Joram, que había estado

con todos los de Israel defendiendo Ramot de Galaad del ataque de Hazael, rey de Siria, 15 había vuelto a Jezreel para curarse de las heridas que le habían hecho los sirios en el combate contra Hazael. Jehú dijo entonces a sus compañeros que, si en verdad querían que él fuera su rey, no permitieran que nadie saliera de la ciudad para dar la noticia en Jezreel. 16 Luego montó en su carro de combate y se fue a Jezreel, donde Joram estaba en cama. También Ocozías, rey de Judá, había ido a visitar a Joram. 17 Cuando el centinela que estaba en la torre de Jezreel vio acercarse el grupo de Jehú, gritó:

—¡Viene gente!

Entonces Joram ordenó:

—Manden a su encuentro un hombre a caballo, para que les pregunte si vienen en son de paz.

18 El jinete fue al encuentro de Jehú, y le dijo:

—El rey manda preguntar si vienen en son de paz.

Jehú le contestó:

—Eso no es asunto tuyo. ¡Ponte ahí detrás de mí!

Entonces el centinela informó:

—El mensajero ha llegado hasta ellos, pero no se le ve regresar.

19 Al momento envió el rey otro hombre a caballo, el cual llegó a ellos y dijo:

—El rey manda preguntar si vienen en son de paz.

Jehú respondió:

—Eso no es asunto tuyo. ¡Ponte ahí detrás de mí!

20 El centinela informó de nuevo:

—El otro ha llegado también hasta ellos, pero no se le ve regresar. Y parece que quien conduce el carro es Jehú, el nieto de Nimsí, porque lo conduce como un loco, conforme a su manera de ser.

21 Entonces Joram ordenó:

—¡Enganchen mi carro de combate!

Engancharon su carro, y Joram, rey de Israel, y Ocozías, rey de Judá, salieron, cada uno en su carro de combate, al encuentro de Jehú. Lo encontraron en la propiedad de Nabot de Jezreel. 22 Y al ver Joram a Jehú, le dijo:

—¿Vienes en son de paz, Jehú?

Jehú respondió:

---

b **9.6** Por medio de este *joven profeta* (cf. v. 4), Eliseo dio cumplimiento a la misión que el Señor había encomendado a Elías (1 R 19.16). *c* **9.7** 1 R 18.4; 19.10; 21.15.

—¿Qué paz puede haber mientras tu madre, Jezabel, siga con sus prostituciones[d] y sus muchas hechicerías?

23 En seguida Joram dio la vuelta y huyó, mientras le gritaba a Ocozías:

—¡Traición, Ocozías!

24 Pero Jehú tendió su arco y disparó una flecha contra Joram, la cual le entró por la espalda y le atravesó el corazón, y Joram cayó herido de muerte sobre su carro. **25** Jehú ordenó entonces a Bidcar, su ayudante:

—Sácalo de ahí y échalo en el campo de Nabot de Jezreel, porque recuerdo que cuando tú y yo conducíamos juntos los carros de combate de Ahab, su padre, el Señor pronunció esta sentencia contra él: **26** 'Así como ayer vi la sangre de Nabot y de sus hijos, así te daré tu merecido en este mismo terreno. Yo, el Señor, lo afirmo.' Así que agárralo y échalo en el campo de Nabot, según lo anunció el Señor.[e]

Jehú mata a Ocozías
(2 Cr 22.7–9)

27 Cuando Ocozías, rey de Judá, vio lo que sucedía, huyó hacia Bet–hagan. Pero Jehú lo persiguió, y ordenó:

—¡Mátenlo a él también!

Lo hirieron de muerte en su carro, en la cuesta de Gur, junto a Ibleam, pero él huyó hasta Meguido. Allí murió. **28** Después sus criados lo llevaron a Jerusalén en un carro, y lo enterraron en su sepulcro familiar en la Ciudad de David.

29 Ocozías había comenzado a reinar sobre Judá en el año once del reinado de Joram, hijo de Ahab.

Muerte de Jezabel

30 Jehú se fue entonces a Jezreel. Al saberlo, Jezabel se pintó sombras alrededor de los ojos y se adornó el cabello; luego se asomó a una ventana. **31** Y cuando Jehú llegó a la entrada de la ciudad, ella le dijo:

—¿Cómo estás, Zimrí, asesino de tu señor?[f]

32 Jehú miró hacia la ventana, y dijo:

—¿Quién está de mi parte?

Dos o tres oficiales de palacio se asomaron a verlo, **33** y Jehú les ordenó:

—¡Échenla abajo!

Ellos la echaron abajo, y parte de su sangre salpicó la pared y los caballos, los cuales pisotearon a Jezabel. **34** Luego Jehú se fue a comer y beber.

Más tarde, Jehú ordenó:

—Encárguense de esa maldita mujer, y entiérrenla; porque después de todo era hija de un rey.

35 Pero cuando fueron a enterrarla, solo encontraron de ella el cráneo, los pies y las palmas de las manos. **36** Entonces regresaron a comunicárselo a Jehú, y Jehú comentó:

—Ya el Señor había dicho por medio de su siervo Elías, el de Tisbé, que los perros se comerían el cuerpo de Jezabel en el campo de Jezreel,[g] **37** y que su cadáver quedaría esparcido, como estiércol, sobre el terreno del campo de Jezreel, hasta el punto de que nadie podría reconocer sus restos.

Jehú aniquila a la familia de Ahab

10 **1** Ahab tenía setenta hijos[a] en Samaria, así que Jehú escribió cartas a las autoridades de la ciudad, a los ancianos y a los tutores de los hijos de Ahab, en las que les decía: **2** "Puesto que ustedes tienen consigo a los hijos de su señor, así como sus caballos y sus carros de combate, su plaza fuerte y sus armas, cuando esta carta llegue a ustedes, **3** escojan al mejor y más apto de los hijos de su señor, pónganlo en el trono de su padre y luchen por la casa de su señor."

4 Esto les causó mucho miedo, y dijeron: "Si dos reyes no pudieron resistir frente a él, ¿cómo vamos a resistir nosotros?"

5 Entonces el mayordomo de palacio, el gobernador de la ciudad, los ancianos y los tutores mandaron a decir a Jehú: "Nosotros estamos a tus órdenes, y haremos todo lo que nos mandes, pero no vamos a nombrar rey a nadie. Haz lo que te parezca mejor."

6 Por segunda vez les escribió Jehú, diciéndoles: "Si ustedes están de mi parte y quieren obedecer mis órdenes, tomen las cabezas de los

---

d **9.22** *Siga con sus prostituciones:* Aquí, como en muchos otros textos proféticos, la prostitución es una metáfora o imagen para designar la idolatría (Jer 2.20; Os 1.2). *e* **9.26** 1 R 21.19. *f* **9.31** Nótese la ironía de este saludo: *Zimrí,* el comandante del ejército, había usurpado el trono matando al rey Elá y a sus descendientes, pero su reinado duró apenas siete días (1 R 16.9–16). *g* **9.36** 1 R 21.23. *a* **10.1** *Setenta hijos:* número redondo que se refiere en general a todos los varones descendientes del rey Ahab (cf. Gn 46.27; Jue 8.30; 9.2; 12.14).

hijos de su señor, y mañana a estas horas vengan a verme a Jezreel."

Los setenta hijos varones del rey estaban con los grandes personajes de la ciudad que los habían criado, **7** así que al recibir estos la carta, tomaron a los setenta varones y los mataron; luego echaron sus cabezas en unas canastas y las enviaron a Jezreel. **8** Cuando el mensajero llegó, le dijo a Jehú:

—Han traído las cabezas de los hijos del rey.

Jehú ordenó:

—Pónganlas en dos montones a la entrada de la ciudad, y déjenlas allí hasta mañana.

9 Al día siguiente salió Jehú, y puesto de pie dijo a todo el pueblo:

—Ustedes son inocentes. Yo fui quien conspiró contra mi señor y lo mató; pero, ¿quién ha matado a todos estos? **10** Sepan bien que nada de lo que el Señor habló contra la familia de Ahab dejará de cumplirse. El Señor mismo ha hecho lo que anunció por medio de Elías, su siervo.*b*

11 Y Jehú dio muerte en Jezreel al resto de la familia de Ahab, a todos sus hombres importantes y amigos íntimos, y a sus sacerdotes. No dejó a nadie con vida.

12 Después se dirigió a Samaria, y en el camino llegó a Bet–equed de los Pastores, **13** donde encontró a los hermanos de Ocozías, rey de Judá. Jehú les preguntó:

—¿Quiénes son ustedes?

Ellos le respondieron:

—Somos hermanos de Ocozías, y hemos venido a saludar a los hijos del rey y a los hijos de la reina.

14 Entonces Jehú ordenó a sus seguidores:

—Atrápenlos vivos.

Los seguidores de Jehú los atraparon vivos, y los degollaron junto al pozo de Bet–equed de los Pastores. Eran cuarenta y dos*c* hombres, y no dejaron a ninguno de ellos con vida.

15 Cuando Jehú se fue de allí, se encontró con Jonadab, hijo de Recab, que había ido a verlo. Jehú lo saludó y le dijo:

—¿Son buenas tus intenciones hacia mí, como lo son las mías hacia ti?

—Así es —respondió Jonadab.

—En ese caso, dame la mano —dijo Jehú.

Jonadab le dio la mano, y Jehú lo hizo subir con él a su carro, **16** diciéndole:

—Acompáñame y verás mi celo por el Señor.

Así pues, lo llevó en su carro. **17** Y al entrar en Samaria, Jehú mató a todos los descendientes de Ahab que aún quedaban con vida. Los exterminó por completo, según el Señor se lo había anunciado a Elías.

Jehú elimina el culto de Baal

18 Después reunió Jehú a todo el pueblo, y les dijo:

—Ahab rindió un poco de culto a Baal, pero yo le voy a rendir mucho culto. **19** Por lo tanto, llamen a todos los profetas, adoradores y sacerdotes de Baal, sin que falte ninguno, porque he preparado un gran sacrificio en honor de Baal. El que falte será condenado.

Pero Jehú había planeado este engaño para aniquilar a los adoradores de Baal; **20** por eso ordenó que se anunciara una fiesta solemne a Baal, y así se hizo. **21** Después envió mensajeros por todo Israel, y todos los que adoraban a Baal llegaron al templo. Ninguno de ellos faltó, así que el templo de Baal estaba lleno de lado a lado. **22** Jehú dijo entonces al encargado del guardarropa que sacara trajes de ceremonia para todos los adoradores de Baal, y el encargado lo hizo así. **23** A continuación, Jehú y Jonadab entraron en el templo de Baal, y Jehú dijo a los adoradores de Baal:

—Procuren que no haya entre ustedes ninguno de los adoradores del Señor, sino solo adoradores de Baal.

24 Los adoradores de Baal entraron en el templo para ofrecer sacrificios y holocaustos. Mientras tanto, Jehú puso ochenta hombres afuera, y les advirtió:

—Quien deje escapar a alguno de los hombres que he puesto en sus manos, lo pagará con su vida.

25 Y al terminar Jehú de ofrecer el holocausto, ordenó a los guardias y oficiales:

—¡Entren y mátenlos! ¡Que no escape ninguno!

Los hombres de Jehú los mataron a filo de espada, y luego los arrojaron de allí. Después entraron en el santuario del templo de Baal, **26** y sacaron los troncos sagrados y los quemaron. **27** Derribaron también el altar y el templo de Baal, y lo convirtieron todo en un muladar, que existe hasta el presente.

---

b **10.10** 1 R 21.21,29. *c* **10.14** *Cuarenta y dos:* Véase 2.24 n.

28 Así Jehú eliminó de Israel a Baal. 29 Sin embargo, no se apartó de los pecados con que Jeroboam, hijo de Nabat, hizo pecar a los israelitas, pues siguió rindiendo culto a los becerros de oro que había en Dan y en Betel.

30 El Señor dijo a Jehú: "Ya que ante mí has actuado bien y a mis ojos tus acciones han sido rectas, pues has hecho con la familia de Ahab todo lo que yo me había propuesto, tus descendientes se sentarán en el trono de Israel hasta la cuarta generación."

31 A pesar de esto, Jehú no se preocupó por cumplir fielmente la ley del Señor, el Dios de Israel, pues no se apartó de los pecados con que Jeroboam hizo pecar a los israelitas.

32 Por aquel tiempo, el Señor comenzó a recortar el territorio de Israel. Hazael atacó a los israelitas por todas sus fronteras: 33 desde el este del Jordán, por toda la región de Galaad, Gad, Rubén y Manasés, y desde Aroer, que está junto al arroyo Arnón, incluyendo Galaad y Basán.

34 El resto de la historia de Jehú y de todo lo que hizo, y de sus hazañas, está escrito en el libro de las crónicas de los reyes de Israel. 35 Cuando murió, lo enterraron en Samaria, y reinó en su lugar su hijo Joacaz. 36 Jehú reinó sobre Israel durante veinticinco años, en la ciudad de Samaria.

Atalía usurpa el trono
(2 Cr 22.10—23.21)

11 1 Cuando Atalía, madre de Ocozías, supo que su hijo había muerto, fue y eliminó a toda la familia real. 2 Pero Joseba, hija del rey Joram y hermana de Ocozías, apartó a Joás, hijo de Ocozías, de los otros hijos del rey a los que estaban matando, y lo escondió de Atalía, junto con su nodriza, en un dormitorio. Así que no lo mataron, 3 y Joás estuvo escondido con su nodriza en el templo del Señor durante seis años. Mientras tanto, Atalía gobernó el país.

4 Al séptimo año, Joiadá mandó llamar a los capitanes, y a los quereteos y los guardias, y los hizo entrar en el templo del Señor, donde él estaba. Allí hizo con ellos un pacto bajo juramento, y les mostró al príncipe Joás. 5 Luego les ordenó: "Esto es lo que van a hacer ustedes: una tercera parte de ustedes estará de guardia en el palacio en el sábado; 6 otra tercera parte estará en la puerta de Sur; y la otra tercera parte en la puerta posterior del cuartel de la guardia. Así cubrirán ustedes por turnos la guardia del palacio. 7 Ahora bien, las dos secciones que salen de guardia el sábado, montarán la guardia en el templo del Señor, junto al rey. 8 Ustedes formarán un círculo alrededor del rey, cada uno con sus armas en la mano, y el que intente penetrar en las filas, morirá. Ustedes acompañarán al rey dondequiera que él vaya."

9 Los capitanes hicieron todo lo que el sacerdote Joiadá les había ordenado. Cada cual tomó el mando de sus hombres, tanto los que entraban de guardia en sábado como los que salían, y se presentaron al sacerdote Joiadá. 10 Entonces el sacerdote entregó a los capitanes las lanzas y los escudos que habían pertenecido al rey David, y que estaban en el templo del Señor. 11 Los guardias tomaron sus puestos, desde el ala derecha hasta el ala izquierda del templo, y alrededor del altar, cada cual con su arma en la mano para proteger al rey. 12 Entonces Joiadá sacó al hijo del rey, le puso la corona y las insignias reales, y después de derramar aceite sobre él lo proclamó rey. Luego todos aplaudieron y gritaron: "¡Viva el rey!"

13 Cuando Atalía oyó las aclamaciones de los guardias y de la gente, fue al templo del Señor, donde estaban todos. 14 Vio allí al rey, de pie junto a la columna, según era la costumbre. A su lado estaban los jefes y la banda de música, y la gente muy alegre y tocando trompetas. Entonces Atalía rasgó sus vestidos,ᵃ y gritó:

—¡Traición! ¡Traición!

15 Pero el sacerdote Joiadá ordenó a los capitanes que estaban al mando del ejército:

—¡Sáquenla de entre las filas, y pasen a cuchillo al que la siga!

Como el sacerdote había ordenado que no la mataran en el templo del Señor, 16 la apresaron y la sacaron por la entrada de la caballería al palacio real, y allí la mataron.

17 Después Joiadá hizo una alianza entre el Señor, el rey y el pueblo, de que ellos serían el pueblo del Señor, y también entre el rey y el pueblo. 18 Luego fueron todos al templo de Baal y lo derribaron, destrozando por completo sus altares y sus ídolos. En cuanto a Matán, el sacerdote de Baal, lo degollaron ante los altares.

ᵃ **11.14** *Rasgó sus vestidos:* en señal de dolor (Gn 37.34) o de gran indignación (Mc 14.63).

A continuación, el sacerdote puso una guardia en el templo del Señor; 19luego tomó a los capitanes, a los quereteos, a los guardias y a toda la gente, y juntos acompañaron al rey desde el templo del Señor hasta el palacio real, entrando por la puerta de la guardia. Joás se sentó en el trono, 20y todo el pueblo se alegró. Y como Atalía había muerto a filo de espada en el palacio real, la ciudad quedó tranquila.

Reinado de Joás en Judá
(2 Cr 24.1–27)

21Joás tenía siete años cuando comenzó a reinar, 12 1lo cual sucedió en el séptimo año del reinado de Jehú; y reinó en Jerusalén durante cuarenta años. Su madre se llamaba Sibiá, y era de Beerseba. 2Los hechos de Joás fueron rectos a los ojos del Señor, porque lo había educado Joiadá, el sacerdote. 3Sin embargo, no se quitaron los santuarios paganos, en los que el pueblo seguía ofreciendo sacrificios y quemaba incienso.

4-5Un día, Joás dijo a los sacerdotes:

—Recojan ustedes todo el dinero de las ofrendas que se traigan al templo del Señor, tanto la cuota que debe pagar cada persona como el total de las ofrendas voluntarias que cada uno traiga al templo del Señor. Pídanselo a los administradores del tesoro, para que se hagan todas las reparaciones necesarias en el templo.[a]

6Pero llegó el año veintitrés del reinado de Joás, y los sacerdotes aún no habían reparado el templo. 7Entonces el rey Joás llamó al sacerdote Joiadá y a los otros sacerdotes, y les dijo:

—¿Por qué no han reparado ustedes el templo? De ahora en adelante no recibirán más dinero de los administradores del tesoro; y el que tengan, deberán entregarlo para la reparación del templo.

8Los sacerdotes estuvieron de acuerdo en no recibir más dinero de la gente, y en no tener a su cargo la reparación del templo. 9Entonces el sacerdote Joiadá tomó un cofre, le hizo un agujero en la tapa y lo colocó al lado derecho del altar, según se entra en el templo del Señor; y los sacerdotes que vigilaban la entrada del templo ponían allí todo el dinero que se llevaba al templo del Señor. 10Cuando veían que el cofre tenía ya mucho dinero, llegaban el cronista del rey y el sumo sacerdote y contaban el dinero que encontraban en el templo del Señor; luego lo echaban en unas bolsas, 11y una vez registrada la cantidad, lo entregaban a los encargados de las obras del templo para que pagaran a los carpinteros y maestros de obras que trabajaban en el templo del Señor, 12así como a los albañiles y canteros, y para que compraran madera y piedras de cantera para reparar el templo y cubrieran los demás gastos del mismo. 13Pero aquel dinero que se llevaba al templo del Señor no se usaba para hacer copas de plata, despabiladeras, tazones, trompetas u otros utensilios de oro y plata, 14sino que era entregado a los encargados de las obras para que hicieran con él la reparación del templo del Señor. 15Sin embargo, no se pedían cuentas a los hombres a quienes se entregaba el dinero para pagar a los obreros, porque actuaban con honradez. 16Ahora bien, el dinero de las ofrendas por la culpa y por el pecado no se llevaba al templo, porque era para los sacerdotes.

17En aquel tiempo, Hazael, rey de Siria, lanzó un ataque contra Gat y la tomó, y después se dirigió contra Jerusalén. 18Pero Joás, rey de Judá, tomó todos los objetos sagrados que habían dedicado al culto los reyes Josafat, Joram y Ocozías, antepasados suyos en el reino de Judá; tomó también los que él mismo había dedicado, más todo el oro que se encontró en los tesoros del templo y del palacio real, y todo junto lo envió a Hazael, y este dejó entonces de atacar a Jerusalén.

19El resto de la historia de Joás y de todo lo que hizo, está escrito en el libro de las crónicas de los reyes de Judá. 20Sus propios oficiales tramaron un complot contra él, y lo mataron en el edificio del terraplén que está en la bajada de Silá. 21Así pues, Josacar, hijo de Simat, y Jozabad, hijo de Somer, oficiales suyos, lo hirieron de muerte, y cuando murió lo enterraron en la Ciudad de David. Después reinó en su lugar su hijo Amasías.

Reinado de Joacaz en Israel

13 1En el año veintitrés del reinado de Joás, hijo de Ocozías, en Judá, Joacaz, hijo de Jehú, comenzó a reinar

---

[a] 12.4–5 Ex 30.11–36.

en Israel, y reinó en Samaria durante diecisiete años. 2 Pero sus hechos fueron malos a los ojos del Señor, pues cometió los mismos pecados con que Jeroboam, hijo de Nabat, hizo pecar a Israel, sin apartarse de ellos. 3 Por lo tanto se encendió la ira del Señor contra Israel, y por mucho tiempo los entregó en manos de Hazael, rey de Siria, y de Ben–hadad, su hijo.

4 Entonces Joacaz oró al Señor, y el Señor atendió su oración, porque había visto de qué manera el rey de Siria oprimía a los israelitas. 5 Y dio el Señor a Israel un libertador, y así los israelitas se libraron del poder de Siria y volvieron a vivir tranquilos en sus casas, como antes. 6 Sin embargo, no se apartaron de los pecados cometidos por los descendientes de Jeroboam, el cual hizo pecar a Israel, sino que siguieron pecando, y la representación de Aserá[a] siguió estando en Samaria.

7 A Joacaz no le había quedado más ejército que cincuenta soldados de caballería, diez carros de combate y diez mil soldados de infantería, porque el rey de Siria los había destruido y hecho polvo.

8 El resto de la historia de Joacaz y de todo lo que hizo, y de sus hazañas, está escrito en el libro de las crónicas de los reyes de Israel. 9 Cuando murió, lo enterraron en Samaria. Después reinó en su lugar su hijo Joás.

Reinado de Joás en Israel

10 En el año treinta y siete del reinado de Joás, rey de Judá, Joás, hijo de Joacaz, comenzó a reinar en Israel, y reinó en Samaria durante dieciséis años. 11 Pero sus hechos fueron malos a los ojos del Señor, pues no se apartó de todos los pecados con que Jeroboam, hijo de Nabat, hizo pecar a Israel, sino que siguió cometiéndolos.

12 El resto de la historia de Joás y de todo lo que hizo, y de sus hazañas, y de cómo luchó contra Amasías, rey de Judá, está escrito en el libro de las crónicas de los reyes de Israel. 13 Cuando Joás murió, lo enterraron en Samaria con los reyes de Israel. Después subió al trono Jeroboam.

Profecía final y muerte de Eliseo

14 Eliseo estaba enfermo de muerte, y Joás, rey de Israel, fue a verlo, y lloró y lo abrazó, diciendo:

—¡Padre mío, padre mío, que has sido para Israel como un poderoso ejército!

15 Eliseo le dijo:

—Toma un arco y algunas flechas.

El rey tomó un arco y unas flechas. 16 Entonces Eliseo le dijo:

—Prepárate a disparar una flecha.

Mientras el rey hacía esto, Eliseo puso sus manos sobre las del rey 17 y le dijo:

—Abre la ventana que da al oriente.

El rey la abrió, y Eliseo le ordenó:

—Ahora, ¡dispara!

Y el rey disparó la flecha. Entonces Eliseo exclamó:

—¡Flecha salvadora del Señor! ¡Flecha salvadora contra Siria! ¡Tú vas a derrotar a los sirios en Afec, y acabarás con ellos!

18 Después le dijo al rey:

—Toma las flechas.

Al tomarlas el rey, Eliseo le ordenó:

—Ahora golpea el suelo.

El rey golpeó el suelo tres veces, y se detuvo. 19 Entonces el profeta se enojó con él y le dijo:

—Si hubieras golpeado el suelo cinco o seis veces, habrías podido derrotar a los sirios hasta acabar con ellos; pero ahora los derrotarás solo tres veces.

20 Eliseo murió, y lo enterraron. Y como año tras año bandas de ladrones moabitas invadían el país, 21 en cierta ocasión en que unos israelitas estaban enterrando a un hombre, al ver que una de esas bandas venía, arrojaron al muerto dentro de la tumba de Eliseo y se fueron. Pero tan pronto el muerto rozó los restos de Eliseo, resucitó y se puso de pie.

22 Hazael, rey de Siria, oprimió a Israel mientras Joacaz vivió. 23 Pero el Señor tuvo misericordia y compasión de ellos, y por causa de su alianza con Abraham, Isaac y Jacob, puso su atención en ellos y no quiso destruirlos ni arrojarlos de su presencia. Y hasta ahora no lo ha hecho.

24 Cuando Hazael, rey de Siria, murió, reinó en su lugar su hijo Ben–hadad. 25 Entonces Joás, hijo de Joacaz, rescató del poder de Ben–hadad las ciudades que este le había quitado en la guerra a Joacaz, su padre. Y derrotó Joás a Ben–hadad tres veces, y recuperó las ciudades de Israel.

---

[a] **13.6** *Aserá:* Véase Jue 3.7 n.

Reinado de Amasías en Judá
(2 Cr 25.1–28)

14 1 En el segundo año del reinado de Joás, hijo de Joacaz, rey de Israel, Amasías, hijo de Joás, comenzó a reinar en Judá. 2 Amasías tenía veinticinco años cuando comenzó a reinar, y reinó en Jerusalén durante veintinueve años. Su madre se llamaba Joadán, y era de Jerusalén. 3 Los hechos de Amasías fueron rectos a los ojos del Señor, pero no tanto como los de su antepasado David. Pues hizo lo mismo que su padre Joás, 4 y no se quitaron los santuarios paganos, en los que el pueblo siguió ofreciendo sacrificios y quemando incienso.

5 Cuando Amasías se afirmó en el poder, mató a todos los oficiales que habían asesinado a su padre. 6 Pero no dio muerte a los hijos de los asesinos, pues, según lo escrito en el libro de la ley de Moisés, el Señor ordenó: "Los padres no podrán ser condenados a muerte por culpa de lo que hayan hecho sus hijos, ni los hijos por lo que hayan hecho sus padres, sino que cada uno morirá por su propio pecado."*a*

7 Amasías fue quien mató a diez mil edomitas en el Valle de la Sal y conquistó Selá, y la llamó Jocteel, que es su nombre hasta el día de hoy.

8 Después de esto, envió un mensaje a Joás, hijo de Joacaz y nieto de Jehú, rey de Israel, en el que le decía: "Ven, y nos veremos las caras." 9 Pero Joás le envió la siguiente respuesta: "El cardo le mandó decir al cedro del Líbano: 'Dale tu hija a mi hijo, para que sea su mujer.' Pero una fiera pasó por allí y aplastó al cardo. 10 Tengo que reconocer que has derrotado a los edomitas, y que eso te hace sentirte orgulloso. Muy bien, siéntete orgulloso; pero mejor quédate en tu casa. ¿Por qué quieres provocar tu propia desgracia y la desgracia de Judá?"

11 Sin embargo, Amasías no le hizo caso. Entonces Joás se puso en marcha para enfrentarse con Amasías, en Bet–semes, que está en territorio de Judá. 12 Y Judá fue derrotado por Israel, y cada cual huyó a su casa. 13 Joás, rey de Israel, hizo prisionero en Bet–semes a Amasías, rey de Judá, y luego se dirigió a Jerusalén, en cuyo muro abrió una brecha de ciento ochenta metros, desde la Puerta de Efraín hasta la Puerta de la Esquina. 14 Además se apoderó de todo el oro y la plata, y de todos los objetos que había en el templo del Señor y en los tesoros del palacio real. Y después de tomar a algunas personas como rehenes, regresó a Samaria.

15 El resto de la historia de Joás y de lo que hizo, así como de sus hazañas y de la guerra que tuvo con Amasías, rey de Judá, está escrito en el libro de los reyes de Israel. 16 Cuando murió, lo enterraron en Samaria junto con los reyes de Israel. Después reinó en su lugar su hijo Jeroboam.

17 Amasías, hijo de Joás, rey de Judá, vivió aún quince años después de la muerte de Joás, hijo de Joacaz y rey de Israel. 18 El resto de la historia de Amasías está escrito en el libro de las crónicas de los reyes de Judá. 19 En Jerusalén se había conspirado contra Amasías, el cual huyó a Laquis; pero lo persiguieron hasta esa ciudad, y allí le dieron muerte. 20 Luego lo llevaron sobre un caballo y lo enterraron en Jerusalén con sus antepasados, en la Ciudad de David. 21 Entonces todo el pueblo de Judá tomó a Azarías, y lo hicieron rey en lugar de su padre Amasías. Azarías tenía entonces dieciséis años, 22 y él fue quien, después de la muerte de su padre, reconstruyó la ciudad de Elat y la recuperó para Judá.

Reinado de Jeroboam II en Israel

23 En el año quince del reinado de Amasías, hijo de Joás, rey de Judá, Jeroboam,*b* hijo de Joás, rey de Israel, comenzó a reinar en Israel, y reinó en Samaria cuarenta y un años. 24 Pero sus hechos fueron malos a los ojos del Señor, pues no se apartó de ninguno de los pecados con que Jeroboam, hijo de Nabat, hizo pecar a Israel.*c*

25 Jeroboam volvió a establecer las fronteras de Israel, desde la entrada de Hamat hasta el mar del Arabá, tal como lo había anunciado el Señor, el Dios de Israel, por medio de su siervo Jonás, hijo de Amitai, profeta de Gat–héfer.

---

a **14.6** La cita del *libro de la ley de Moisés* coincide casi literalmente con Dt 24.16. Cf. Jer 31.29–30; Ez 18.1–32. *b* **14.23** Este rey se identifica hoy habitualmente como Jeroboam II, para distinguirlo del monarca del mismo nombre, que reinó en Israel después de la muerte de Salomón (cf. 1 R 11.26–40; 12.1—14.20). *c* **14.24** En tiempos de Jeroboam II anunció su mensaje al reino de Israel el profeta Amós (cf. Am 1.1). También Oseas comenzó su actividad profética en los últimos años de Jeroboam II (Os 1.1).

26 Porque el Señor se dio cuenta del amargo sufrimiento de Israel, del que nadie había escapado, y de que Israel no contaba con ninguna ayuda. 27 Entonces los salvó por medio de Jeroboam, hijo de Joás, pues aún no había decidido borrar de este mundo el nombre de Israel.

28 El resto de la historia de Jeroboam y de todo lo que hizo, así como de sus hazañas y de las guerras que emprendió, y de cómo recuperó Damasco y Hamat para Israel, está escrito en el libro de las crónicas de los reyes de Israel. 29 Cuando Jeroboam murió, lo enterraron con los reyes de Israel. Después reinó en su lugar su hijo Zacarías.

Reinado de Azarías en Judá
(2 Cr 26.3–5,16–23)

15 1 En el año veintisiete del reinado de Jeroboam, rey de Israel, comenzó a reinar Azarías, hijo de Amasías, rey de Judá. 2 Tenía dieciséis años cuando comenzó a reinar, y reinó en Jerusalén cincuenta y dos años. Su madre se llamaba Jecolías, y era de Jerusalén.

3 Los hechos de Azarías fueron rectos a los ojos del Señor, como lo habían sido los de Amasías, su padre. 4 Sin embargo, no se quitaron los santuarios paganos, donde la gente todavía ofrecía sacrificios y quemaba incienso. 5 El Señor castigó al rey con lepra hasta el día en que murió, así que el rey vivió aislado en su palacio, relevado de sus obligaciones, y Jotam, su hijo, se hizo cargo de la regencia y gobernó a la nación.

6 El resto de la historia de Azarías y de todo lo que hizo, está escrito en el libro de las crónicas de los reyes de Judá. 7 Cuando Azarías murió, lo enterraron con sus antepasados en la Ciudad de David. Después reinó en su lugar su hijo Jotam.

Reinado de Zacarías en Israel

8 En el año treinta y ocho del reinado de Azarías, rey de Judá, Zacarías, hijo de Jeroboam, comenzó a reinar en Israel, y reinó en Samaria seis meses. 9 Pero sus hechos fueron malos a los ojos del Señor, como los de sus antepasados, pues no se apartó de los pecados con que Jeroboam, hijo de Nabat, hizo pecar a Israel.

10 Ahora bien, Salum, hijo de Jabés, conspiró contra él, y lo atacó en Ibleam y lo mató, reinando después en su lugar.

11 El resto de la historia de Zacarías está escrito en el libro de las crónicas de los reyes de Israel. 12 Así se cumplió el anuncio que hizo el Señor a Jehú, cuando le dijo que sus hijos se sentarían en el trono de Israel hasta la cuarta generación.

Reinado de Salum en Israel

13 Salum, hijo de Jabés, comenzó a reinar en el año treinta y nueve del reinado de Ozías, rey de Judá.[a] Pero reinó solo un mes completo en Samaria, 14 pues Menahem, hijo de Gadí, llegó de Tirsá a Samaria y atacó a Salum, y después de matarlo reinó en su lugar.

15 El resto de la historia de Salum, incluyendo su conspiración contra Zacarías, está escrito en el libro de las crónicas de los reyes de Israel.

16 Entonces Menahem destruyó Tífsah y saqueó todo lo que había en ella y en su territorio, a partir de Tirsá, y también les abrió el vientre a todas las mujeres embarazadas. Lo hizo porque no le habían abierto las puertas de la ciudad.

Reinado de Menahem en Israel

17 En el año treinta y nueve del reinado de Azarías, rey de Judá, Menahem, hijo de Gadí, comenzó a reinar sobre Israel, y reinó diez años en Samaria. 18 Pero sus hechos fueron malos a los ojos del Señor, pues no se apartó de los pecados con que Jeroboam, hijo de Nabat, hizo pecar a Israel.

En sus días, 19 Pul,[b] el rey de Asiria, invadió el país, y Menahem le entregó treinta y tres mil kilos de plata para que le ayudara a fortalecer su reinado. 20 Para pagarle tal cantidad al rey de Asiria, Menahem ordenó que todos los ricos de Israel pagaran un impuesto de más de medio kilo de plata. De ese modo el rey de Asiria se volvió a su tierra, y no se detuvo más en el país.

---

a 15.13 Aquí y en vv. 32,34, al rey Azarías se le da el nombre de *Ozías*. Esto se debe a que ambos nombres tienen en hebreo un significado parecido: Azarías significa *Yah* (abreviación de *Yahvé*, el nombre propio del Dios de Israel) *es mi ayuda* y *Ozías* equivale a *Yah es mi fuerza*. b 15.19 *Pul*: según la versión griega (LXX). Heb. *todos sus días*. Este es otro nombre de Tiglat–piléser III, rey de Asiria (745–727 a.C.), que en el 727 a.C., cuando conquistó Babilonia, se hizo inscribir con el nombre de *Pulu* en la lista de los reyes babilónicos.

21 El resto de la historia de Menahem y de todo lo que hizo, está escrito en el libro de las crónicas de los reyes de Israel. **22** Después de su muerte, reinó en su lugar su hijo Pecahías.

Reinado de Pecahías en Israel

23 En el año cincuenta del reinado de Azarías, rey de Judá, Pecahías, hijo de Menahem, comenzó a reinar sobre Israel, y reinó en Samaria dos años. **24** Pero sus hechos fueron malos a los ojos del Señor, pues no se apartó de los pecados con que Jeroboam, hijo de Nabat, hizo pecar a Israel. **25** Pero un oficial suyo, llamado Pécah, hijo de Remalías, conspiró contra él y, con la ayuda de cincuenta hombres de Galaad, lo atacó en la fortaleza del palacio real y lo mató, después de lo cual reinó en su lugar.

26 El resto de la historia de Pecahías y de todo lo que hizo, está escrito en el libro de las crónicas de los reyes de Israel.

Reinado de Pécah en Israel

27 En el año cincuenta y dos del reinado de Azarías, rey de Judá, Pécah, hijo de Remalías, comenzó a reinar sobre Israel, y reinó en Samaria veinte años. **28** Pero sus hechos fueron malos a los ojos del Señor, pues no se apartó de los pecados con que Jeroboam, hijo de Nabat, hizo pecar a Israel. **29** En el tiempo en que Pécah era rey de Israel, llegó Tiglat–piléser,*c* rey de Asiria, y conquistó Iión, Abel–bet–maacá, Janóah, Quedes, Hasor, Galaad, Galilea y toda la región de Neftalí, y a sus habitantes los llevó cautivos a Asiria. *d* **30** Entonces Oseas, hijo de Elá, conspiró contra Pécah, hijo de Remalías, y lo atacó y lo mató. De esa manera llegó a reinar en su lugar, en el año veinte del reinado de Jotam, hijo de Ozías.

31 El resto de la historia de Pécah y de todo lo que hizo, está escrito en el libro de las crónicas de los reyes de Israel.

Reinado de Jotam en Judá
(2 Cr 27.1–9)

32 En el segundo año del reinado de Pécah, hijo de Remalías, Jotam, el hijo de Ozías, comenzó a reinar en Judá. **33** Tenía veinticinco años cuando comenzó a reinar, y reinó en Jerusalén dieciséis años. Su madre se llamaba Jerusá, hija de Sadoc.

34 Los hechos de Jotam fueron rectos a los ojos del Señor, como lo habían sido los de Ozías, su padre, **35** pues construyó la puerta superior del templo del Señor. Sin embargo, no se quitaron los santuarios paganos, donde el pueblo seguía ofreciendo sacrificios y quemando incienso.

36 El resto de la historia de Jotam y de todo lo que hizo, está escrito en el libro de las crónicas de los reyes de Judá.

37 Por aquel tiempo empezó el Señor a enviar contra Judá a Resín, rey de Siria, y a Pécah, hijo de Remalías. **38** Cuando murió Jotam, lo enterraron con sus antepasados en la Ciudad de David, su antepasado. Después reinó en su lugar su hijo Ahaz.

Reinado de Ahaz en Judá
(2 Cr 28.1–27)

16 **1** En el año diecisiete del reinado de Pécah, hijo de Remalías, comenzó a reinar Ahaz, hijo de Jotam, rey de Judá. **2** Tenía veinte años cuando comenzó a reinar, y reinó en Jerusalén dieciséis años; pero sus hechos no fueron rectos a los ojos del Señor su Dios, como los de su antepasado David, **3** sino que siguió los pasos de los reyes de Israel, pues hasta hizo quemar a su hijo en sacrificio, conforme a las prácticas infames de las naciones que el Señor había arrojado de la presencia de los israelitas. **4** Además ofreció sacrificios y quemó incienso en los santuarios en lugares altos, en las colinas y bajo todo árbol frondoso.

5 Por aquel tiempo, Resín, rey de Siria, y Pécah, hijo de Remalías, rey de Israel, se dirigieron a Jerusalén para atacarla. Y sitiaron a Ahaz, pero no pudieron tomar la ciudad. *a* **6** Entonces el rey de Edom recuperó para Edom la ciudad de Elat; y los edomitas llegaron, y después de arrojar de Elat a los de Judá, se quedaron a vivir allí hasta el día de hoy.

---

c **15.29** *Tiglat–piléser:* llamado *Pul* en el v. 19. *d* **15.29** Los asirios deportaban poblaciones enteras a otras regiones del imperio con el fin de afianzar su dominio. Así quedaban eliminados los posibles focos de resistencia en los territorios sometidos (cf. 2 R 17.6,24). Más tarde, los babilonios emplearían el mismo método (cf. 2 R 25.11–12). *a* **16.5** En el marco de la guerra de los reyes de Siria e Israel contra Ahaz de Judá, pronunció Isaías su célebre profecía de Is 7.1–9, y quizá su continuación en los vv. 10–17. También el pasaje de Os 5.8—6.6 parece tener como trasfondo el avance sirio–israelita contra Jerusalén y Judá.

7 Entonces Ahaz envió unos mensajeros a Tiglat–piléser, rey de Asiria, para que le dijeran de su parte: "Este servidor tuyo es como un hijo tuyo. Por lo tanto, ven y líbrame del rey de Siria y del rey de Israel, que me están atacando."

8 Ahaz tomó, además, la plata y el oro que había en el templo del Señor y en los tesoros del palacio real, y los envió como regalo al rey de Asiria, **9** el cual atendió su petición y organizó un ataque contra Damasco, y la conquistó, después de lo cual desterró a sus habitantes a Quir y dio muerte a Resín.

10 Cuando el rey Ahaz fue a Damasco para encontrarse con Tiglat–piléser, rey de Asiria, vio el altar que allí había. Entonces envió al sacerdote Urías un plano exacto de la construcción del altar, **11** y Urías construyó un altar siguiendo todas las indicaciones que el rey Ahaz le había enviado desde Damasco, y lo tuvo listo para cuando el rey Ahaz regresó de Damasco.

12 Cuando el rey llegó de Damasco y vio el altar, se acercó y ofreció sobre él un holocausto; **13** lo quemó, al igual que su ofrenda de cereales, y derramó sobre el altar su ofrenda de vino, y roció sobre él la sangre de sus sacrificios de reconciliación.

14 En cuanto al altar de bronce que estaba frente al templo del Señor, Ahaz lo quitó de allí y lo puso al lado norte del altar, ya que ahora quedaba entre el nuevo altar y el templo del Señor. **15** Después ordenó al sacerdote Urías que en el altar grande quemara el holocausto de la mañana y la ofrenda de cereales de la tarde, así como el holocausto y la ofrenda de cereales del rey, y el holocausto y ofrendas de cereales y de vino del pueblo en general. También le dijo que rociara sobre ese altar toda la sangre de los holocaustos y los sacrificios, pero que el altar de bronce sería solo para que él consultara al Señor.

16 El sacerdote Urías hizo todo lo que el rey Ahaz le ordenó. **17** Luego el rey Ahaz cortó los entrepaños de las bases y quitó la enorme pila para el agua de encima de los toros de bronce que la sostenían, y la colocó sobre un pavimento de piedra. **18** Y para agradar al rey de Asiria, quitó del templo del Señor el estrado que habían construido para el sábado, y la puerta exterior reservada al rey.

19 El resto de la historia de Ahaz y de todo lo que hizo, está escrito en el libro de las crónicas de los reyes de Judá. **20** Cuando murió, lo enterraron con sus antepasados en la Ciudad de David. Después reinó en su lugar su hijo Ezequías.

Caída de Samaria y destierro de Israel

17 **1** En el año doce del reinado de Ahaz, rey de Judá, Oseas, hijo de Elá, comenzó a reinar sobre Israel, y reinó nueve años en Samaria. **2** Pero sus hechos fueron malos a los ojos del Señor, aunque no tanto como los de los reyes que hubo antes de él en Israel.

3 Salmanasar, rey de Asiria, atacó a Oseas, y este fue hecho su siervo y tributario. **4** Pero descubrió Salmanasar que Oseas estaba conspirando contra él, y que había enviado unos agentes a So, rey de Egipto,[a] además de que ya no le pagaba el tributo anual. Ordenó entonces Salmanasar que arrestaran a Oseas y lo pusieran en prisión; **5** luego invadió el país entero y atacó a Samaria, manteniendo el ataque durante tres años. **6** Finalmente, en el año nueve del reinado de Oseas, el rey de Asiria tomó Samaria, y a los israelitas los llevó cautivos a Asiria y los estableció en Halah, en la región del Habor, río de Gozán, y en las ciudades de los medos.

7 Esto sucedió porque los israelitas habían pecado contra el Señor su Dios, que los hizo salir de Egipto y los libró del dominio del faraón, rey de Egipto, pues adoraron a otros dioses **8** y siguieron las prácticas de las naciones que el Señor había arrojado de la presencia de ellos, así como las establecidas por los reyes de Israel.

9 Además, los israelitas pronunciaron palabras impropias contra el Señor su Dios, y construyeron santuarios paganos en todas sus ciudades, lo mismo en las torres de vigilancia que en las ciudades fortificadas. **10** También levantaron piedras sagradas y representaciones de Aserá[b] en cada colina y bajo todo árbol frondoso, **11** y conforme a las prácticas de las naciones que el Señor había desterrado de la presencia de ellos, quemaron incienso y cometieron acciones malvadas, provocando así la ira del Señor. **12** Adoraron ídolos, cosa que el Señor les había prohibido expresamente.

---

[a] **17.4** *So:* Probablemente se trata de un lugar llamado Lais, que se encontraba en el delta del Nilo. No se menciona al rey de Lais por su propio nombre, sino con el del sitio donde reinaba. [b] **17.10** *Aserá:* Véase Jue 3.7 n.

13 Ya por medio de todos los profetas y videntes, el Señor había advertido a los israelitas que se convirtieran de sus malos caminos y cumplieran los mandamientos y leyes de toda la enseñanza que él había dado a sus antepasados por medio de sus siervos los profetas. 14 Pero ellos no hicieron caso, sino que fueron tan tercos como sus antepasados, los cuales no confiaron en el Señor su Dios; 15 despreciaron sus leyes, y la alianza que había hecho con sus antepasados, y los mandatos que les había dado. Además siguieron a dioses sin ningún valor, con lo que también ellos perdieron su valor, e imitaron a las naciones que había a su alrededor, cosa que les había prohibido el Señor. 16 Dejaron todos los mandamientos del Señor su Dios, y se hicieron dos becerros[c] de bronce fundido y una representación de Aserá, y además adoraron a todos los astros del cielo y a Baal.[d] 17 También hicieron quemar a sus hijos e hijas, practicaron la adivinación y los augurios, y se entregaron a hacer lo malo a los ojos del Señor, provocando así su ira.

18 Por lo tanto, el Señor se enfureció contra Israel y lo arrojó de su presencia, y no dejó más que a la tribu de Judá. 19 Pero tampoco Judá cumplió los mandamientos del Señor su Dios, sino que siguió las prácticas que los de Israel habían establecido. 20 Entonces el Señor rechazó a todos los descendientes de los israelitas y los humilló, entregándolos en manos de salteadores hasta arrojarlos de su presencia. 21 Separó de la dinastía de David a Israel, y los de Israel hicieron rey a Jeroboam, hijo de Nabat, quien hizo que los israelitas se apartaran del Señor y pecaran gravemente. 22 Así los de Israel cometieron los mismos pecados que había cometido Jeroboam, y no los abandonaron. 23 Finalmente el Señor apartó de su presencia a Israel, como lo había anunciado por medio de todos los profetas, sus siervos, y así los de Israel fueron llevados cautivos a Asiria, donde están hasta el día de hoy.

Repoblación de Samaria

24 El rey de Asiria llevó gente de Babilonia, Cuta, Avá, Hamat y Sefarvaim, y la estableció en las ciudades de Samaria, en lugar de los israelitas. Así tomaron posesión de Samaria y vivieron en sus ciudades. 25 Pero como esta gente no rendía culto al Señor, cuando comenzaron a establecerse el Señor les mandó leones, los cuales mataron a algunos de ellos. 26 Fueron entonces a decirle al rey de Asiria: "La gente que has llevado a las ciudades de Samaria para que se establezca allí, no conoce la religión del dios de ese país y, por no conocerla, él les ha mandado leones, que los están matando."

27 Así pues, el rey de Asiria ordenó: "Envíen alguno de los sacerdotes que trajeron cautivos, para que vaya a vivir allí y les enseñe la religión del dios del país."

28 Entonces uno de los sacerdotes que ellos habían desterrado de Samaria fue y se estableció en Betel, y les enseñó a rendir culto al Señor. 29 Pero cada nación se hizo su propio dios en la ciudad donde habitaba, y lo puso en los santuarios de los lugares altos que habían construido los samaritanos. 30 Los de Babilonia hicieron una representación de Sucot–benot; los de Cuta, una de Nergal, y los de Hamat, una de Asimá. 31 Los de Avá hicieron un Nibhaz y un Tartac, y los de Sefarvaim quemaban a sus hijos en el fuego como sacrificio a Adramélec y a Anamélec, sus dioses. 32 Además rendían culto al Señor, pero nombraron sacerdotes de entre ellos mismos para que prestaran servicio en los santuarios paganos. 33 Así que, aunque rendían culto al Señor, seguían adorando a sus propios dioses, según la costumbre de las naciones de donde habían sido desterrados.

34 Todavía hoy hacen lo mismo que antes hacían, pues no rinden culto al Señor ni actúan de acuerdo con sus leyes y decretos, ni según la enseñanza y los mandamientos que el Señor ordenó cumplir a los descendientes de Jacob, a quien dio el nombre de Israel. 35 Cuando el Señor hizo una alianza con ellos, les ordenó: "No rindan culto a otros dioses, ni los adoren ni les sirvan ofreciéndoles sacrificios. 36 Ríndanme culto a mí, el Señor su Dios, que los sacó de Egipto con gran despliegue de poder. Solo a mí deben rendirme culto, y adorarme y ofrecerme sacrificios. 37 Además cumplan fielmente las leyes y decretos, y la enseñanza y mandamientos que les he dado por escrito, y no rindan culto a otros dioses. 38 No olviden la alianza que he hecho con ustedes, ni rindan culto a otros

---

c 17.16 1 R 12.28–29. *d* 17.16 *Baal:* dios cananeo de la fertilidad (véase Jue 2.13 n.), a quien el rey Ahab había construido un templo y erigido un altar en Samaria (1 R 16.32).

dioses, **39**sino solo a mí, el Señor su Dios, y yo los libraré del dominio de sus enemigos."

40-41 Sin embargo, esas naciones no hicieron caso, sino que siguieron con sus prácticas anteriores; y, a la vez que rendían culto al Señor, también seguían adorando a sus ídolos. Y sus descendientes hicieron lo mismo que sus antepasados, y hasta el día de hoy lo hacen así.*e*

Reinado de Ezequías en Judá
(2 Cr 29.1–2)

18 **1**En el tercer año del reinado de Oseas, hijo de Elá, rey de Israel, Ezequías, hijo de Ahaz, rey de Judá, comenzó a reinar. **2**Tenía entonces veinticinco años de edad, y reinó en Jerusalén veintinueve años. Su madre se llamaba Abí, y era hija de Zacarías. **3**Los hechos de Ezequías fueron rectos a los ojos del Señor, como todos los de su antepasado David. **4**Él fue quien quitó los santuarios paganos, hizo pedazos las piedras sagradas, rompió las representaciones de Aserá*a* y destrozó la serpiente de bronce que Moisés había hecho y a la que hasta entonces los israelitas quemaban incienso y llamaban Nehustán.*b*

5Ezequías puso su confianza en el Señor, el Dios de Israel. Entre todos los reyes de Judá que hubo antes o después de él, no hubo ninguno como él. **6**Permaneció fiel al Señor y nunca se apartó de él, sino que cumplió los mandamientos que el Señor había ordenado a Moisés. **7**Por eso el Señor le favorecía y le hacía tener éxito en todo lo que emprendía.

Ezequías se rebeló contra el rey de Asiria y se negó a someterse a él. **8**Además derrotó a los filisteos hasta Gaza y sus fronteras, desde las torres de vigilancia hasta las ciudades fortificadas.

Caída de Samaria

9En el cuarto año del reinado de Ezequías, que era el séptimo del reinado de Oseas, hijo de Elá, rey de Israel, Salmanasar, rey de Asiria, rodeó la ciudad de Samaria y la atacó, **10**y al cabo de tres años la tomó. Era el año seis del reinado de Ezequías y el nueve del reinado de Oseas en Israel, cuando Samaria fue tomada.

11El rey de Asiria desterró a los israelitas a Asiria y los estableció en Halah, en la región del Habor, río de Gozán, y en las ciudades de los medos. **12**Esto sucedió porque no obedecieron al Señor su Dios, sino que violaron su alianza y no hicieron caso de todo lo que Moisés, siervo del Señor, les había mandado, ni lo pusieron en práctica.

Senaquerib invade Judá*c*
(2 Cr 32.1–19; Is 36.1–22)

13En el año catorce del reinado de Ezequías, Senaquerib, rey de Asiria, atacó a todas las ciudades fortificadas de Judá y las tomó. **14**Entonces Ezequías, rey de Judá, envió un mensaje al rey de Asiria, que estaba en Laquis, en el que decía: "He cometido un error. Retírate de mi país y te pagaré el tributo que me impongas."

Por lo tanto, el rey de Asiria impuso a Ezequías, rey de Judá, un tributo de nueve mil novecientos kilos de plata y novecientos noventa kilos de oro. **15**Así que Ezequías le entregó toda la plata que encontró en el templo del Señor y en los tesoros del palacio real. **16**En aquella misma ocasión, Ezequías quitó del templo del Señor las puertas y sus marcos, que él mismo había cubierto de oro, y se las dio al rey de Asiria.

17Después el rey de Asiria envió al rey Ezequías un alto oficial, un funcionario de su confianza y otro alto oficial, al frente de un poderoso ejército, y estos fueron de Laquis a Jerusalén, para atacarla. Cuando llegaron a Jerusalén, acamparon junto al canal del estanque de arriba, por el camino que va al campo del Lavador de Paños. **18**Luego llamaron al rey, y Eliaquim, hijo de Hilquías, que era el mayordomo de palacio, y Sebná, el cronista, y Joah, hijo de Asaf, el secretario del rey, salieron a encontrarse con ellos. **19**Allí el oficial asirio les dijo:

—Comuniquen a Ezequías este mensaje del gran rey, el rey de Asiria: '¿De qué te sientes tan seguro? **20**¿Piensas acaso que las palabras bonitas valen lo mismo que la táctica y la fuerza para hacer la guerra? ¿En quién confías para

---

e **17.40–41** Esta mezcla de israelitas con gente de otras regiones dio origen a los samaritanos.   *a* **18.4** *Aserá:* Véase Jue 3.7 n.; cf. 2 R 16.10.   *b* **18.4** Nm 21.6–9; Sab 16.5–7. El nombre *Nehustán* alude al bronce con que estaba fabricada (heb. *nehóset*) y a su forma de serpiente (heb. *nahás*).   *c* **18.13** El relato de 2 R 18.13—20.19 se encuentra también, con algunas variantes, en Is 36—39. El texto de 2 Cr 32.1–21 ofrece una versión más breve.

rebelarte contra mí? **21** Veo que confías en el apoyo de Egipto. Pues bien, Egipto es una caña astillada, que si uno se apoya en ella, se le clava y le atraviesa la mano. Eso es el faraón, rey de Egipto, para todos los que confían en él. **22** Y si me dicen ustedes: Nosotros confiamos en el Señor nuestro Dios, ¿acaso no suprimió Ezequías los lugares de culto y los altares de ese Dios, y ordenó que la gente de Judá y Jerusalén le diera culto solamente en el altar de Jerusalén? **23** Haz un trato con mi amo, el rey de Asiria: yo te doy dos mil caballos, si consigues jinetes para ellos. **24** Tú no eres capaz de hacer huir ni al más insignificante de los oficiales asirios, ¿y esperas conseguir jinetes y caballos en Egipto? **25** Además, ¿crees que yo he venido a atacar y destruir este país sin contar con el Señor? ¡Él fue quien me ordenó atacarlo y destruirlo!'

26 Eliaquim, Sebná y Joah respondieron al oficial asirio:

—Por favor, háblenos usted en arameo,*d* pues nosotros lo entendemos. No nos hable usted en hebreo, pues toda la gente que hay en la muralla está escuchando.

27 Pero el oficial asirio dijo:

—No fue a tu amo, ni a ustedes, a quienes el rey de Asiria me mandó que dijera esto; fue precisamente a la gente que está sobre la muralla, pues ellos, lo mismo que ustedes, tendrán que comerse su propio excremento y beberse sus propios orines.

28 Entonces el oficial, de pie, gritó bien fuerte en hebreo:

—Oigan lo que les dice el gran rey, el rey de Asiria: **29** 'No se dejen engañar por Ezequías; él no puede salvarlos de mi mano.' **30** Si Ezequías quiere convencerlos de que confíen en el Señor, y les dice: 'El Señor ciertamente nos salvará; él no permitirá que esta ciudad caiga en poder del rey de Asiria', **31** no le hagan caso. El rey de Asiria me manda a decirles que hagan las paces con él, y que se rindan, y así cada uno podrá comer del producto de su viñedo y de su higuera y beber el agua de su propia cisterna. **32** Después los llevará a un país parecido al de ustedes, un país de trigales y viñedos, para

hacer pan y vino, un país de aceite de oliva y miel. Entonces podrán vivir bien y no morirán. Pero no le hagan caso a Ezequías, porque los engaña al decir que el Señor los va a librar. **33** ¿Acaso alguno de los dioses de los otros pueblos pudo salvar a su país del poder del rey de Asiria? **34** ¿Dónde están los dioses de Hamat y de Arpad? ¿Dónde están los dioses de Sefarvaim, Hená e Ivá? ¿Acaso pudieron salvar del poder de Asiria a Samaria? **35** ¿Cuál de todos los dioses de esos países pudo salvar a su nación del poder del rey de Asiria? ¿Por qué piensan que el Señor puede salvar a Jerusalén?

36 La gente se quedó callada y no le respondió ni una palabra, porque el rey había ordenado que no respondieran nada. **37** Entonces Eliaquim, mayordomo de palacio, Sebná, el cronista, y Joah, secretario del rey, afligidos se rasgaron la ropa y se fueron a ver a Ezequías para contarle lo que había dicho el alto oficial asirio.

Judá es librado de Senaquerib
(2 Cr 32.20–23; Is 37.1–38)

19 **1** Cuando el rey Ezequías oyó esto, se rasgó sus vestiduras, se puso ropas ásperas en señal de dolor y se fue al templo del Señor. **2** Y envió a Eliaquim, mayordomo de palacio, al cronista Sebná y a los sacerdotes más ancianos, con ropas ásperas en señal de dolor, a ver al profeta Isaías,*a* hijo de Amós, **3** y a decirle de parte del rey: "Hoy estamos en una situación de angustia, castigo y humillación, como una mujer que, a punto de dar a luz, se quedara sin fuerzas. **4** Ojalá el Señor tu Dios haya oído las palabras del oficial enviado por su amo, el rey de Asiria, para insultar al Dios viviente, y ojalá lo castigue por las cosas que el Señor mismo, tu Dios, habrá oído. Ofrece, pues, una oración por los que aún quedan."

5 Los funcionarios del rey Ezequías fueron a ver a Isaías, **6** e Isaías les encargó que respondieran a su amo: "El Señor dice: 'No tengas miedo de esas palabras ofensivas que dijeron contra mí los criados del rey de Asiria. **7** Mira, yo voy a hacer que llegue a él un rumor que lo obligue a volver a su país, y allí lo haré morir asesinado.' "

---

d **18.26** En aquella época, el *arameo* era la lengua internacional, usada sobre todo en el comercio y en la diplomacia. La población de Jerusalén no la entendía, pero sí los funcionarios del reino. Más tarde, el arameo pasaría a ser lengua corriente entre los judíos de Palestina. *a* **19.2** Esta es la primera vez que se menciona al profeta Isaías en el libro de *Reyes,* aunque venía ejerciendo su actividad profética desde mucho tiempo antes (cf. Is 6.1; 7.3).

8El oficial asirio se enteró de que el rey de Asiria se había ido de la ciudad de Laquis. Entonces se fue de Jerusalén, y encontró al rey de Asiria atacando a Libná. **9**Allí el rey de Asiria oyó decir que el rey Tirhaca de Etiopía había emprendido una campaña militar contra él. Una vez más, el rey de Asiria envió embajadores al rey Ezequías de Judá, **10**a decirle: "Tu Dios, en el que tú confías, te asegura que Jerusalén no caerá en mi poder; pero no te dejes engañar por él. **11**Tú has oído lo que han hecho los reyes de Asiria con todos los países que han querido destruir. ¿Y te vas a salvar tú? **12**¿Acaso los dioses salvaron a los otros pueblos que mis antepasados destruyeron: a Gozán, a Harán, a Résef, y a la gente de Bet–edén que vivía en Telasar? **13**¿Dónde están los reyes de Hamat, de Arpad, de Sefarvaim, de Hená y de Ivá?"

14Ezequías tomó la carta que le entregaron los embajadores, y la leyó. Luego se fue al templo y, extendiendo la carta delante del Señor, **15**oró así: "Señor, Dios de Israel, que tienes tu trono sobre los querubines:[b] tú solo eres Dios de todos los reinos de la tierra; tú creaste el cielo y la tierra. **16**Pon atención, Señor, y escucha. Abre tus ojos, Señor, y mira. Escucha las palabras que Senaquerib mandó decirme, palabras todas ellas ofensivas contra ti, el Dios viviente. **17**Es cierto, Señor, que los reyes de Asiria han destruido las naciones y sus tierras, **18**y que han echado al fuego sus dioses, porque en realidad no eran dioses, sino objetos de madera o de piedra hechos por el hombre. Por eso los destruyeron. **19**Ahora pues, Señor y Dios nuestro, sálvanos de su poder, para que todas las naciones de la tierra sepan que tú, Señor, eres el único Dios."

20Entonces Isaías mandó a decir a Ezequías: "Esto dice el Señor, Dios de Israel: 'Yo he escuchado la oración que me hiciste acerca de Senaquerib, rey de Asiria.' "

21Estas son las palabras que dijo el Señor acerca del rey de Asiria:

"La ciudad de Sión,
    como una muchacha,
se ríe de ti, Senaquerib.

Jerusalén mueve burlonamente la cabeza
cuando tú te retiras.
22 ¿A quién has ofendido e insultado?
¿Contra quién alzaste la voz
y levantaste los ojos altaneramente?
¡Contra el Dios Santo de Israel!
23 Por medio de tus mensajeros
    insultaste al Señor.
Dijiste:
'Con mis innumerables carros de guerra
subí a las cumbres de los montes,
a lo más empinado del Líbano.
Corté sus cedros más altos,
sus pinos más bellos.
Llegué a sus cumbres más altas,
a sus bosques, que parecen jardines.
24 En tierras extrañas
cavé pozos y bebí de esa agua,
y con las plantas de mis pies
sequé todos los ríos de Egipto.'
25 ¿Pero no sabías que soy yo, el Señor,
quien ha dispuesto todas estas cosas?
Desde tiempos antiguos
    lo había planeado,
y ahora lo he realizado;
por eso tú destruyes ciudades fortificadas
y las conviertes en montones de ruinas.
26 Sus habitantes, impotentes,
llenos de miedo y vergüenza,
han sido como hierba del campo,
como pasto verde,
como hierba que crece en los tejados
y que es quemada por el viento del este.
27 Yo conozco todos tus movimientos
y todas tus acciones;
yo sé que te has enfurecido contra mí.
28 Y como conozco tu furia y tu arrogancia,
voy a ponerte una argolla en la nariz,
un freno en la boca,
y te haré volver por el camino
por donde viniste."

29 Isaías dijo entonces a Ezequías:
"Esta será una señal
    de lo que va a suceder:
este año y el siguiente comerán ustedes
el trigo que nace por sí solo,

---

[b] **19.15** *Querubines:* La descripción que hace el profeta Ezequiel (1.5–14), los muestran con cara humana y cuerpo de animal, generalmente de león o de toro. El AT atribuye distintas funciones a estos *seres alados:* guardianes del jardín de Edén (Gn 3.24), soportes del trono del Señor (1 S 4.4) y portadores del vehículo donde se manifiesta su gloria (Ez 1.22–28).

pero al tercer año podrán sembrar
y cosechar,
plantar viñedos y comer de sus frutos.
30 Los sobrevivientes de Judá
serán como plantas:
echarán raíces y producirán fruto.
31 Porque un resto quedará en Jerusalén;
en el monte Sión habrá sobrevivientes.
Esto lo hará el ardiente amor
del Señor todopoderoso.

32 "Acerca del rey de Asiria dice el Señor:
'No entrará en Jerusalén,
no le disparará ni una flecha,
no la atacará con escudos
ni construirá una rampa a su alrededor.
33 Por el mismo camino por donde vino,
se volverá;
no entrará en esta ciudad.
Yo, el Señor, doy mi palabra.
34 Yo protegeré esta ciudad
y la salvaré,
por consideración a mi siervo David
y a mí mismo.' "

35 Aquella misma noche el ángel del Señor fue y mató a ciento ochenta y cinco mil hombres del campamento asirio, y al día siguiente todos amanecieron muertos. 36 Entonces Senaquerib, rey de Asiria, levantó el campamento y regresó a Nínive. 37 Y un día, cuando estaba adorando en el templo de Nisroc, su dios, sus hijos Adramélec y Sarézer fueron y lo asesinaron, y huyeron a la región de Ararat. Después reinó en su lugar su hijo Esarhadón.

Enfermedad y curación de Ezequías[a]
(2 Cr 32.24–26; Is 38.1–8)

20 1 Por aquel tiempo, Ezequías cayó gravemente enfermo, y el profeta Isaías, hijo de Amós, fue a verlo y le dijo:

—El Señor dice: 'Da tus últimas instrucciones a tu familia, porque vas a morir; no te curarás.'

2 Ezequías volvió la cara hacia la pared y oró así al Señor: 3 "Yo te suplico, Señor, que te acuerdes de cómo te he servido fiel y sinceramente, haciendo lo que te agrada." Y lloró amargamente.

4 Y ocurrió que antes de que Isaías saliera al patio central del palacio, el Señor se dirigió a Isaías y le dijo: 5 "Vuelve y dile a Ezequías, jefe de mi pueblo: 'El Señor, Dios de tu antepasado David, dice: Yo he escuchado tu oración y he visto tus lágrimas. Voy a sanarte, y dentro de tres días podrás ir al templo del Señor. 6 Voy a darte quince años más de vida. A ti y a Jerusalén los libraré del rey de Asiria. Yo protegeré esta ciudad, por consideración a mi siervo David y a mí mismo.' "

7 Isaías mandó hacer una pasta de higos, y la hicieron y se la aplicaron al rey en la parte enferma, y el rey se curó. 8 Entonces Ezequías preguntó a Isaías:

—¿Por medio de qué señal voy a darme cuenta de que el Señor me va a sanar, y de que dentro de tres días podré ir al templo del Señor?

9 Isaías respondió:

—Esta es la señal que el Señor te dará en prueba de que te cumplirá su promesa: ¿Quieres que la sombra avance diez gradas, o que las retroceda?

10 Y Ezequías le contestó:

—Que la sombra avance es cosa fácil. Lo difícil es que retroceda.

11 Entonces el profeta Isaías invocó al Señor, y el Señor hizo que la sombra retrocediera las diez gradas que había avanzado en el reloj de sol de Ahaz.

Ezequías recibe a los enviados de Babilonia
(2 Cr 32.27–31; Is 39.1–8)

12 Por aquel tiempo, el rey Merodac–baladán, hijo de Baladán, rey de Babilonia, oyó decir que Ezequías había estado enfermo, y por medio de unos mensajeros le envió cartas y un regalo. 13 Ezequías los atendió y les mostró su tesoro, la plata y el oro, los perfumes, el aceite fino y su depósito de armas, y todo lo que se encontraba en sus depósitos. No hubo nada en su palacio ni en todo su reino que no les mostrara. 14 Entonces fue el profeta Isaías a ver al rey Ezequías y le preguntó:

—¿De dónde vinieron esos hombres, y qué te dijeron?

Ezequías respondió:

—Vinieron de un país lejano; vinieron de Babilonia.

15 Isaías le preguntó:

---

[a] **20.1–11** El texto paralelo de Is 38—39 trae un relato más breve, pero añade el cántico del rey Ezequías (38.10–20).

—¿Y qué vieron en tu palacio?

Ezequías contestó:

—Vieron todo lo que hay en él. No hubo nada en mis depósitos que yo no les mostrara.

16 Isaías dijo entonces a Ezequías:

—Escucha este mensaje del Señor: 17 'Van a venir días en que todo lo que hay en tu palacio y todo lo que juntaron tus antepasados hasta el día de hoy, será llevado a Babilonia. No quedará aquí nada. 18 Aun a algunos de tus propios descendientes se los llevarán a Babilonia, los castrarán y los pondrán como criados en el palacio del rey.'

19 Ezequías, pensando que al menos durante su vida habría paz y seguridad, respondió a Isaías:

—El mensaje que me has traído de parte del Señor es favorable.

Muerte de Ezequías
(2 Cr 32.32–33)

20 El resto de la historia de Ezequías y de sus hazañas, y de cómo construyó el estanque y el canal para llevar el agua a la ciudad, está escrito en el libro de las crónicas de los reyes de Judá. 21 Cuando murió Ezequías, reinó en su lugar su hijo Manasés.

Reinado de Manasés en Judá
(2 Cr 33.1–20)

21 1 Manasés tenía doce años cuando comenzó a reinar, y reinó en Jerusalén cincuenta y cinco años. Su madre se llamaba Hepsiba. 2 Pero sus hechos fueron malos a los ojos del Señor, pues practicó las mismas infamias de las naciones que el Señor había arrojado de la presencia de los israelitas: 3 reconstruyó los santuarios paganos que Ezequías, su padre, había destruido; levantó altares a Baal e hizo una imagen de Aserá, como había hecho Ahab, rey de Israel; además adoró y rindió culto a todos los astros del cielo, 4 y construyó altares en el templo del Señor, acerca del cual el Señor había dicho que sería la residencia de su nombre en Jerusalén. 5 Levantó otros altares en los dos atrios del templo del Señor, y los dedicó a todos los astros del cielo. 6 Además hizo quemar a sus hijos[a] en sacrificio, practicó la invocación de espíritus y la adivinación, y estableció el espiritismo y la

hechicería. Tan malos fueron sus hechos a los ojos del Señor, que acabó por provocar su indignación. 7 También colocó una imagen de Aserá en el templo del Señor, acerca del cual el Señor había dicho a David y a su hijo Salomón: "Este templo en Jerusalén, que he escogido entre todas las tribus de Israel, será para siempre la residencia de mi nombre. 8 No volveré a arrojar a los israelitas de la tierra que di a sus antepasados, con tal de que cumplan y practiquen todo lo que les he ordenado, y todas las enseñanzas que les dio mi siervo Moisés."

9 Pero ellos no hicieron caso. Por el contrario, Manasés los llevó a actuar con más perversidad que las naciones que el Señor había aniquilado ante los israelitas. 10 Por lo tanto, el Señor habló por medio de sus siervos los profetas, y dijo: 11 "Por haber cometido Manasés tantas infamias, y por ser su maldad mayor que la de los amorreos que hubo antes que él, ya que ha hecho que Judá peque con sus ídolos, 12 yo, el Señor, el Dios de Israel, declaro: Voy a acarrear tal desastre sobre Jerusalén y Judá, que hasta le van a doler los oídos a quien lo oiga. 13 Mediré a Jerusalén con la misma medida que a Samaria y a la descendencia de Ahab; la voy a dejar limpia, como cuando se limpia un plato y se pone boca abajo. 14 En cuanto al resto de mi pueblo, lo abandonaré y lo entregaré en manos de sus enemigos, para que sean saqueados y despojados por ellos. 15 Porque sus hechos han sido malos a mis ojos, y me han estado irritando desde el día en que sus antepasados salieron de Egipto hasta el presente."

16 Además de los pecados que Manasés hizo cometer a Judá y de sus malas acciones a los ojos del Señor, fue tanta la sangre inocente que derramó en Jerusalén, que la llenó de extremo a extremo. 17 El resto de la historia de Manasés y de todo lo que hizo, y los pecados que cometió, está escrito en el libro de las crónicas de los reyes de Judá. 18 Cuando murió, lo enterraron en el jardín de su palacio, en el jardín de Uzá. Después reinó en su lugar su hijo Amón.

Reinado de Amón en Judá
(2 Cr 33.21–25)

19 Amón tenía veintidós años cuando comenzó a reinar, y reinó en Jerusalén dos años. Su madre se llamaba Mesulémet, y era hija de

---

[a] **21.6** *Sus hijos:* según la versión griega (LXX). Heb. *su hijo.*

Harús, de Jotbá. 20 Pero sus hechos fueron malos a los ojos del Señor, como los de su padre Manasés, 21 pues siguió sus mismos malos pasos y rindió culto y adoró a los mismos ídolos que su padre había adorado. 22 Así abandonó al Señor, el Dios de sus antepasados, y no actuó conforme a su voluntad.

23 Los oficiales de Amón conspiraron contra él, y lo asesinaron en su palacio. 24 Pero la gente del pueblo mató a los que habían conspirado contra el rey Amón, y en su lugar hicieron reinar a su hijo Josías.

25 El resto de la historia de Amón y de lo que hizo, está escrito en el libro de las crónicas de los reyes de Judá. 26 Lo enterraron en su sepulcro del jardín de Uzá. Después reinó en su lugar su hijo Josías.

Reinado de Josías en Judá
(2 Cr 34.1–2)

22 1 Josías tenía ocho años cuando comenzó a reinar, y reinó en Jerusalén durante treinta y un años. Su madre se llamaba Jedidá, hija de Adaías, y era de Boscat. 2 Los hechos de Josías fueron rectos a los ojos del Señor, pues siguió en todo la conducta de David, su antepasado, sin desviarse de ella para nada.

Se encuentra el libro de la Ley
(2 Cr 34.8–33)

3 En el año dieciocho del reinado de Josías, el rey envió al templo del Señor a su cronista Safán, hijo de Asalías y nieto de Mesulam. Le dijo:

4 —Ve a ver a Hilquías, el sumo sacerdote, y dile que reúna el dinero que ha sido llevado al templo del Señor y que los porteros han recogido de entre la gente, 5 y que lo entregue a los encargados de las obras del templo del Señor, para que ellos a su vez paguen a los que trabajan en la reparación del templo, 6 es decir, a los carpinteros, maestros de obras y albañiles, y también para que compren madera y piedras de cantería para reparar el templo. 7 Dile también que no les pida cuentas del dinero que se les entregue, porque actúan con honradez.

8 Hilquías, el sumo sacerdote, le contó a Safán, el cronista, que había encontrado el libro de la Ley en el templo del Señor; y le entregó el libro, y Safán lo leyó. 9 Después Safán fue a informar de esto al rey, y le dijo:

—Los siervos de Su Majestad han fundido la plata que había en el templo, y la han entregado a los encargados de reparar el templo del Señor.

10 También informó Safán al rey de que el sacerdote Hilquías le había entregado un libro, y lo leyó Safán al rey. 11 Al escuchar el rey lo que decía el libro de la Ley, se rasgó la ropa,[a] 12 y en seguida ordenó a Hilquías, a Ahicam, hijo de Safán, a Acbor, hijo de Micaías, a Safán, el cronista, y a Asaías, oficial del rey:

13 —Vayan a consultar al Señor por mí y por el pueblo y por todo Judá, en cuanto al contenido de este libro que se ha encontrado; pues el Señor debe estar muy furioso contra nosotros, ya que nuestros antepasados no prestaron atención a lo que dice este libro ni pusieron en práctica todo lo que está escrito en él.

14 Hilquías, Ahicam, Acbor, Safán y Asaías, fueron a ver a la profetisa Huldá, esposa de Salum, hijo de Ticvá y nieto de Harhás, encargado del guardarropa del templo. Huldá vivía en el Segundo Barrio de Jerusalén, y cuando le hablaron, 15 ella les contestó:

—Esta es la respuesta del Señor, Dios de Israel: 'Díganle a la persona que los ha enviado a consultarme, 16 que yo, el Señor, digo: Voy a acarrear un desastre sobre este lugar y sobre sus habitantes, conforme a todo lo anunciado en el libro que ha leído el rey de Judá. 17 Pues me han abandonado y han quemado incienso a otros dioses, provocando mi irritación con todas sus prácticas; por eso se ha encendido mi ira contra este lugar, y no se apagará. 18 Díganle, pues, al rey de Judá, que los ha enviado a consultar al Señor, que el Señor, el Dios de Israel, dice también: Por haber prestado atención a lo que has oído, 19 y porque te has conmovido y sometido a mí al escuchar mi declaración contra este lugar y sus habitantes, que serán arrasados y malditos, y por haberte rasgado la ropa y haber llorado delante de mí, yo también por mi parte te he escuchado. Yo, el Señor, te lo digo. 20 Por lo tanto, te concederé morir en paz y reunirte con tus antepasados, sin que llegues a ver el desastre que voy a acarrear sobre este lugar.'

---

[a] **22.11** *Se rasgó la ropa:* en señal de dolor, por no haber cumplido los mandamientos del Señor (cf. v. 13).

Los enviados del rey regresaron para llevarle a este la respuesta.

23 ¹Entonces el rey mandó llamar a todos los ancianos de Judá y de Jerusalén, para que se reunieran con él. ²Luego el rey y todos los hombres de Judá, y los habitantes de Jerusalén, y los sacerdotes, los profetas y la nación entera, desde el más pequeño hasta el más grande, fueron al templo del Señor. Allí el rey les leyó en voz alta todo lo que decía el libro de la alianza que había sido encontrado en el templo del Señor. ³Luego el rey se puso de pie junto a la columna, y se comprometió ante el Señor a obedecerle, a poner en práctica fielmente y con toda sinceridad sus mandamientos, mandatos y leyes, y a cumplir las condiciones de la alianza que estaban escritas en el libro. Y todo el pueblo aceptó también el compromiso.

Reforma de Josías
(2 Cr 34.3–7)

⁴Entonces el rey ordenó a Hilquías, sumo sacerdote, y a su segundo sacerdote y a los porteros, que sacaran del templo del Señor todos los objetos del culto de Baal y de Aserá y de todos los astros del cielo, y los quemó en las afueras de Jerusalén, en los campos de Cedrón, y llevó luego las cenizas a Betel. ⁵Después quitó de sus puestos a los sacerdotes que los reyes de Judá habían nombrado para que quemaran incienso en los santuarios en lugares altos que había en las ciudades de Judá y en los alrededores de Jerusalén, y a los sacerdotes que quemaban incienso a Baal, al sol, a la luna, a los planetas y a todos los astros del cielo. ⁶Sacó fuera de Jerusalén la imagen de Aserá que estaba en el templo del Señor, la quemó en el arroyo Cedrón hasta convertirla en ceniza y luego la esparció sobre la fosa común. ⁷También derrumbó las habitaciones dedicadas a la prostitución entre hombres, que era practicada como un culto en el templo del Señor, donde las mujeres tejían mantos para la diosa Aserá.

⁸Después ordenó que vinieran todos los sacerdotes de las ciudades de Judá, y profanó todos los santuarios en lugares altos, desde Gueba hasta Beerseba, donde esos sacerdotes habían quemado incienso, y derribó los altares de los demonios que había en la puerta de Josué, gobernador de la ciudad, situados a la entrada de la ciudad, al lado izquierdo. ⁹Pero los sacerdotes de los santuarios en lugares altos

no iban al altar del Señor en Jerusalén, sino que comían pan sin levadura con sus compañeros sacerdotes.

¹⁰Josías también profanó el quemadero que había en el valle de Ben–hinom, para que nadie quemara a su hijo o a su hija como sacrificio a Moloc. ¹¹Quitó los caballos que los reyes de Judá habían dedicado al sol, los cuales estaban a la entrada del templo del Señor, junto a la habitación de Natán–mélec, el encargado de las dependencias, y quemó también el carro del sol. ¹²Además derribó los altares que los reyes de Judá habían construido en la parte alta de la sala de Ahaz, y los altares que Manasés había construido en los patios del templo del Señor; los destrozó y arrojó sus escombros al arroyo Cedrón.

¹³El rey profanó también los santuarios paganos que había al oriente de Jerusalén, en la parte sur del monte de los Olivos, los cuales había construido Salomón, rey de Israel, para Astarté, diosa aborrecible de los sidonios; para Quemós, ídolo aborrecible de los moabitas, y para Milcom, ídolo aborrecible de los amonitas. ¹⁴También hizo pedazos las piedras y los troncos sagrados, y llenó de huesos humanos los lugares donde habían estado. ¹⁵En cuanto al altar y al santuario pagano de Betel, que fueron construidos por Jeroboam, hijo de Nabat, que hizo pecar a los israelitas, Josías los destrozó hasta hacerlos polvo, y les prendió fuego; y le prendió fuego también a la representación de Aserá.

¹⁶Cuando Josías regresó y vio los sepulcros que había en la colina misma, mandó que sacaran los huesos que hubiera en ellos, y los quemó sobre el altar, profanándolo. Así se cumplió la palabra del Señor trasmitida por el profeta que había anunciado esto. ¹⁷Luego preguntó:

—¿Qué monumento es ese que veo allá?

Los hombres de la ciudad le respondieron:

—Es el sepulcro del profeta que vino de Judá y anunció lo que Su Majestad ha hecho con el altar de Betel.

¹⁸Entonces Josías ordenó:

—Déjenlo así. Que nadie toque sus huesos.

Así se respetaron sus restos y los del profeta que había venido de Samaria.

¹⁹En cuanto a todos los edificios de los santuarios paganos que había en Samaria, y que los reyes de Israel habían construido provocando la ira del Señor, Josías los eliminó e hizo con ellos lo mismo que había hecho en Betel.

20 Después mató sobre los altares a todos los sacerdotes de los santuarios paganos que allí había, y sobre ellos quemó huesos humanos. Después regresó a Jerusalén.

Josías celebra la Pascua
(2 Cr 35.1–19)

21 El rey ordenó a todo el pueblo que celebrara la Pascua en honor del Señor su Dios, según estaba escrito en el libro de la alianza. 22 Nunca se había celebrado una Pascua como esta desde la época de los caudillos que gobernaron en Israel, ni en todo el tiempo de los reyes de Israel y de Judá. 23 Fue en el año dieciocho del reinado de Josías cuando en Jerusalén se celebró aquella Pascua en honor del Señor.

Devoción de Josías

24 Josías eliminó también a los brujos y adivinos, a los ídolos familiares y a otros ídolos, y a todos los aborrecibles objetos de culto que se veían en Judá y en Jerusalén. Lo hizo para cumplir los términos de la ley escritos en el libro que el sacerdote Hilquías había encontrado en el templo del Señor. 25 No hubo ningún rey, ni antes ni después de él, que como él se volviera al Señor con todo su corazón y con toda su alma y con todas sus fuerzas, conforme a la ley de Moisés.

26 A pesar de ello, el Señor siguió enojado, pues todavía estaba enfurecido contra Judá por todas las ofensas con que Manasés le había provocado. 27 Por eso dijo el Señor que iba a apartar de su presencia a Judá, como había apartado a Israel, y que iba a rechazar la ciudad de Jerusalén que había escogido, y el templo en el que había dicho que residiría su nombre.

Muerte de Josías
(2 Cr 35.20–27)

28 El resto de la historia de Josías y de todo lo que hizo, está escrito en el libro de las crónicas de los reyes de Judá. 29 En su tiempo, el faraón Necao, rey de Egipto, se dirigió hacia el río Éufrates para ayudar al rey de Asiria. El rey Josías le salió al encuentro; pero en Meguido, en cuanto Necao lo vio, lo mató. 30 Sus oficiales pusieron su cadáver en un carro y lo llevaron desde Meguido a Jerusalén, donde lo enterraron en su sepulcro. La gente del pueblo tomó entonces a Joacaz, hijo de Josías, y lo consagraron como rey en lugar de su padre.

Reinado de Joacaz en Judá
(2 Cr 36.1–4)

31 Joacaz tenía veintitrés años cuando comenzó a reinar, y reinó en Jerusalén tres meses. Su madre se llamaba Hamutal, hija de Jeremías, y era de Libná. 32 Pero sus hechos fueron malos a los ojos del Señor, igual que los de sus antepasados. 33 El faraón Necao lo tuvo preso en Riblá, en la región de Hamat, para que no reinara en Jerusalén, y obligó al país a pagar un tributo de tres mil trescientos kilos de plata y treinta y tres kilos de oro. 34 Además, el faraón Necao puso como rey a Eliaquim, hijo de Josías, en lugar de su padre, y le cambió el nombre y le puso Joaquim, y a Joacaz lo tomó y lo llevó a Egipto, donde murió.

35 Joaquim entregó a Necao la plata y el oro que este exigía, para lo cual tuvo que imponer una contribución a la gente del país. Y cada uno pagó en plata y en oro el impuesto que se le calculó, para entregárselo al faraón Necao.

Reinado de Joaquim en Judá
(2 Cr 36.5–8)

36 Joaquim tenía veinticinco años cuando comenzó a reinar, y reinó en Jerusalén once años. Su madre se llamaba Zebudá, hija de Pedaías, y era de Rumá. 37 Pero sus hechos fueron malos a los ojos del Señor, igual que los de sus antepasados.

24 1 Durante el reinado de Joaquim, Nabucodonosor, rey de Babilonia, invadió el país, y Joaquim estuvo sometido a él durante tres años. Luego cambió de parecer y se rebeló contra él. 2 Pero el Señor mandó contra Joaquim bandas de ladrones caldeos, sirios, moabitas y amonitas. Las envió contra Judá, para que la destruyeran, conforme al anuncio que había hecho el Señor por medio de sus siervos los profetas. 3 Esto ocurrió con Judá porque el Señor así lo dispuso, para apartarla de su presencia por todos los pecados que Manasés había cometido, 4 y también por la sangre inocente que había derramado y con la cual había llenado Jerusalén. Por eso el Señor no quiso perdonar más.

5 El resto de la historia de Joaquim y de todo lo que hizo está escrito en el libro de las crónicas de los reyes de Judá. 6 Cuando murió, reinó en su lugar su hijo Joaquín.

7 Desde entonces, el rey de Egipto no salió más de su país, porque el rey de Babilonia había conquistado todas sus posesiones, desde el arroyo de Egipto hasta el río Éufrates.

Joaquín y su corte son desterrados a Babilonia
(2 Cr 36.9–10)

8 Joaquín tenía dieciocho años cuando comenzó a reinar, y reinó en Jerusalén tres meses. Su madre se llamaba Nehustá, hija de Elnatán, y era de Jerusalén. 9 Pero sus hechos fueron malos a los ojos del Señor, igual que los de su padre.

10 En aquel tiempo, las tropas de Nabucodonosor, rey de Babilonia, marcharon contra Jerusalén y la rodearon para atacarla. 11 Durante el ataque a la ciudad, llegó Nabucodonosor. 12 Entonces Joaquín, rey de Judá, junto con su madre, sus oficiales, jefes y hombres de confianza, se rindieron al rey de Babilonia, quien los hizo prisioneros. Esto sucedió en el año ocho del reinado de Nabucodonosor.

13 Después Nabucodonosor sacó de allí todos los tesoros del templo del Señor y del palacio real y, tal como el Señor lo había anunciado, rompió todos los objetos de oro que Salomón, rey de Israel, había hecho para el templo del Señor. 14 Luego se llevó cautivos a todos los habitantes de Jerusalén, a todos los jefes y los mejores soldados, y a todos los artesanos y herreros, hasta completar diez mil prisioneros. No quedó nadie en el país, a excepción de la gente más pobre.

15 Nabucodonosor se llevó también cautivos a Joaquín y a su madre, a sus esposas, a sus oficiales, y a las personas más importantes del país. Los llevó cautivos de Jerusalén a Babilonia. 16 El total de prisioneros de renombre que el rey de Babilonia se llevó, fue de siete mil; y mil el de artesanos y herreros, además de todos los hombres fuertes y aptos para la guerra. 17 Luego el rey de Babilonia nombró rey a Matanías, en lugar de su sobrino Joaquín, y le cambió su nombre y le puso Sedequías.

Reinado de Sedequías
(2 Cr 36.11–16; Jer 52.1–3)

18 Sedequías tenía veintiún años cuando comenzó a reinar, y reinó once años en Jerusalén. Su madre se llamaba Hamutal, hija de Jeremías, y era de Libná. 19 Pero sus hechos fueron malos a los ojos del Señor, igual que los de Joaquim. 20 Por eso el Señor se enojó con Jerusalén y con Judá, y los echó de su presencia.

Caída de Jerusalén
(Jer 39.1–7; 52.3–11)

25 Después Sedequías se rebeló contra el rey de Babilonia. 1 El día diez del mes décimo del año noveno del reinado de Sedequías, el rey Nabucodonosor marchó con todo su ejército contra Jerusalén, y la sitió. Acampó frente a ella, y a su alrededor construyó rampas para atacarla. 2 La ciudad estuvo sitiada hasta el año once del reinado de Sedequías. 3 El día nueve del mes cuarto de ese año aumentó el hambre en la ciudad, y la gente no tenía ya nada que comer. 4 Entonces hicieron un boquete en las murallas de la ciudad, y aunque los caldeos la tenían sitiada, el rey y todos los soldados huyeron de la ciudad durante la noche. Salieron por la puerta situada entre las dos murallas, por el camino de los jardines reales, y tomaron el camino del valle del Jordán. 5 Pero los soldados caldeos persiguieron al rey Sedequías, y lo alcanzaron en la llanura de Jericó. Todo su ejército lo abandonó y se dispersó. 6 Los caldeos capturaron al rey y lo llevaron ante el rey de Babilonia, que estaba en Riblá, en el territorio de Hamat. Allí Nabucodonosor dictó sentencia contra Sedequías, 7 y en presencia de este mandó degollar a sus hijos. En cuanto a Sedequías, mandó que le sacaran los ojos y que lo encadenaran para llevarlo a Babilonia.

Destrucción del templo
(2 Cr 36.17–21; Jer 39.8–10; 52.12–30)

8 El día siete del mes quinto del año diecinueve del reinado de Nabucodonosor, rey de Babilonia, Nebuzaradán, oficial del rey y comandante de la guardia real, llegó a Jerusalén 9 e incendió el templo, el palacio real y todas las casas de la ciudad, especialmente las casas de todos los personajes notables, 10 y el ejército caldeo que lo acompañaba derribó las murallas que rodeaban Jerusalén. 11 Luego Nebuzaradán llevó desterrados a Babilonia tanto a los que aún quedaban en la ciudad como a los que se habían puesto del lado del rey de Babilonia, y al resto de los artesanos. 12 Solo dejó a algunos de entre la gente más pobre, para que cultivaran los viñedos y los campos.

13 Los caldeos hicieron pedazos los objetos de bronce que había en el templo: las columnas, las bases y la enorme pila para el agua, y se llevaron todo el bronce a Babilonia. 14 También se llevaron los ceniceros, las palas, las

despabiladeras, los cucharones y todos los utensilios de bronce para el culto. 15 Igualmente, el comandante de la guardia se llevó todos los objetos de oro y plata: los braseros y los tazones. 16 Por lo que se refiere a las dos columnas, la enorme pila para el agua y las bases que el rey Salomón había mandado hacer para el templo, su peso no podía calcularse. 17 Cada columna tenía más de ocho metros de altura, y en su parte superior tenía un capitel de bronce, de más de dos metros de altura, alrededor del cual había una rejilla toda de bronce, adornada con granadas. Las dos columnas eran iguales.

Destierro del pueblo de Judá

18 El comandante de la guardia apresó también a Seraías, sumo sacerdote, a Sofonías, sacerdote que le seguía en dignidad, y a los tres guardianes del umbral del templo. 19 De la gente de la ciudad apresó al oficial que mandaba las tropas, a cinco hombres del servicio personal del rey que se encontraron en la ciudad, al funcionario militar que reclutaba hombres para el ejército y a sesenta ciudadanos notables que estaban en la ciudad. 20-21 Nebuzaradán llevó a todos estos ante el rey de Babilonia, que estaba en Riblá, en el territorio de Hamat. Allí el rey de Babilonia mandó que los mataran.

Así fue desterrado de su país el pueblo de Judá.

El grupo restante huye a Egipto
(Jer 40.7–10; 41.1–3,16–18)

22 Nabucodonosor, rey de Babilonia, nombró gobernador a Guedalías, hijo de Ahicam y nieto de Safán, para que se hiciera cargo de la gente

que él había dejado en Judá. 23 Y cuando los jefes del ejército de Judá y sus hombres supieron esto, fueron a Mispá para hablar con Guedalías. Eran Ismael, hijo de Netanías; Johanán, hijo de Caréah; Seraías, hijo de Tanhúmet, de Netofá; y Jaazanías, hijo de un hombre de Maacá. Fueron acompañados de sus hombres. 24 Guedalías les hizo un juramento a ellos y a sus hombres, y les dijo que no tuvieran miedo de los oficiales caldeos, que se quedaran a vivir en el país y sirvieran al rey de Babilonia, y que les iría bien.

25 Pero en el mes séptimo, Ismael, hijo de Netanías y nieto de Elisamá, que era de la familia real de Judá, llegó acompañado de diez hombres, y entre todos mataron a Guedalías y a los judíos y caldeos que había con él en Mispá.[a] 26 Entonces toda la gente, por miedo a los caldeos, se levantó y se fue a Egipto, lo mismo grandes y pequeños que oficiales del ejército.

Joaquín es libertado y recibe honores en Babilonia
(Jer 52.31–34)

27 El día veintisiete del mes doce del año treinta y siete del destierro del rey Joaquín de Judá, comenzó a reinar en Babilonia el rey Evil–merodac, el cual se mostró bondadoso con Joaquín y lo sacó de la cárcel, 28 lo trató bien y le dio preferencia sobre los otros reyes que estaban con él en Babilonia. 29 De esta manera, Joaquín pudo quitarse la ropa que usaba en la prisión y comer con el rey por el resto de su vida. 30 Además, durante toda su vida, Joaquín recibió una pensión diaria de parte del rey de Babilonia.

---

[a] **25. 25** El asesinato de Guedalías se relata más detalladamente en Jer 41.

Primer libro de las

CRÓNICAS

El *Primer libro de las Crónicas* (=1 Cr) se abre con una larga serie de genealogías, que empiezan en Adán y llegan hasta la familia de Saúl, el primer rey de Israel (caps. 1—9). Estas listas genealógicas ofrecen un amplio panorama histórico, que se remonta hasta la creación de la humanidad y se detiene especialmente en la tribu de Judá y en la familia de David, en los levitas y en los habitantes de Jerusalén. Así se introduce la historia del reinado de David, que ocupa toda la parte final del primer libro (caps. 10—29). A continuación viene el segundo libro, que consta de tres partes. Los capítulos iniciales están dedicados al reinado de Salomón (caps. 1—9). Luego el Cronista pasa a relatar la historia del reino de Judá hasta la destrucción de Jerusalén y la deportación a Babilonia (10.1—36.21), y concluye con una referencia al decreto de Ciro, el rey de Persia, que autorizó el regreso de los exiliados a Jerusalén y la reconstrucción del templo (36.22-23).

Estos libros se escribieron para ofrecer a la comunidad judía postexílica una meditación sobre la historia de Israel, que debía ser al mismo tiempo una lección de fidelidad al Señor, a su ley y al culto celebrado en el templo. Como se desconoce el nombre de su autor, los historiadores modernos suelen llamarlo "el Cronista". Por el carácter de su obra, cabe suponer que era un levita de Jerusalén y que escribió entre los años 330 y 250 a.C. Este mismo es el autor de los libros de Esdras y Nehemías. En la Biblia hebrea, los *Libros de las Crónicas* están incluidos en la tercera sección, llamada "Escritos", donde se encuentran los libros más tardíamente incorporados al canon.

Para comprender el mensaje de esta obra, es muy útil compararla con los relatos paralelos de *Samuel* y *Reyes*, su fuente principal —aunque también recurrió a obras canónicas y otras fuentes que no han llegado hasta nosotros—. Así se pone de manifiesto que el Cronista expresa su mensaje, sobre todo, por medio de ampliaciones y omisiones. Las ampliaciones permiten identificar los temas que más interesan al autor del libro: el templo de Jerusalén, el sacerdocio y el culto. David se presenta como el verdadero fundador del templo y de su ritual; él dispuso todo lo necesario para ese fin y encomendó a su hijo Salomón la ejecución del proyecto. La historia de Salomón se refiere, en su mayor parte, a la construcción del templo. También la historia de los sucesores de David está centrada en el templo de Jerusalén, y los desarrollos más extensos hablan de los reyes que pusieron más empeño en la restauración del santuario y del culto: Asá (2 Cr 14—16), Josafat (2 Cr 17—20) y, sobre todo, Ezequías (2 Cr 29—32) y Josías (2 Cr 34—35). Por su piedad y devoción, estos reyes realizaron grandes reformas religiosas después de tiempos de apostasía.

De otra parte, el Cronista omite todo aquello que puede manchar la buena fama de David. Igualmente notable es la supresión de toda referencia al reino del norte, surgido del cisma de Jeroboam I (cf. 2 Cr 10.19). Solo el reino de Judá y la dinastía davídica son legítimos para el Cronista; el reino del norte, con sus ceremonias religiosas contaminadas por el culto a Baal, no podía de ningún modo representar al verdadero pueblo de Dios.

El esquema siguiente ofrece una visión sinóptica del *Primer libro de las Crónicas*:

1. Desde Adán hasta David (1—9)
2. El reinado de David (10—29)

Descendientes de Adán
(Gn 5.1–32)

1 **1** Adán, Set, Enós, **2** Cainán, Mahalalel, Jéred, **3** Henoc, Matusalén, Lámec, **4** Noé.

Descendientes de Noé
(Gn 10.1–32)

Hijos de Noé:[a] Sem, Cam y Jafet.

5 Hijos de Jafet: Gómer, Magog, Madai, Javán, Tubal, Mésec y Tirás. **6** Hijos de Gómer: Asquenaz, Rifat y Togarmá. **7** Hijos de Javán: Elisá, Tarsis, Quitim y Rodanim.

8 Hijos de Cam: Cus, Misraim, Fut y Canaán. **9** Hijos de Cus: Sebá, Havilá, Sabtá, Raamá y Sabtecá. Hijos de Raamá: Sebá y Dedán. **10** Cus fue el padre de Nimrod, el primer hombre poderoso de la tierra.

11 De Misraim descienden los ludeos, los anameos, los lehabitas, los naftuhítas, **12** los patruseos, los casluhítas y los caftoritas, de quienes descienden los filisteos.

13 Canaán fue padre de Sidón, su primer hijo, y de Het. **14** De Canaán descienden los jebuseos, amorreos, gergeseos, **15** heveos, araceos, sineos, **16** arvadeos, semareos y hamateos.

17 Hijos de Sem: Elam, Asur, Arfaxad, Lud y Aram. Los hijos de Aram fueron[b] Us, Hul, Guéter y Mas.[c] **18** Arfaxad fue el padre de Sélah, y Sélah fue el padre de Éber. **19** Éber tuvo dos hijos: el primero se llamaba Péleg,[d] porque en su tiempo la gente de la tierra se dividió. El hermano de Péleg se llamaba Joctán. **20** Joctán fue el padre de Almodad, Sélef, Hasar-mávet, Jérah, **21** Hadoram, Uzal, Diclá, **22** Obal,[e] Abimael, Sebá, **23** Ofir, Havilá y Jobab. Todos estos fueron hijos de Joctán.

Descendientes de Sem
(Gn 11.10–26)

24 Sem, Arfaxad, Sélah, **25** Éber, Péleg, Reú, **26** Serug, Nahor, Térah **27** y Abram, que es Abraham.

Descendientes de Ismael y de Queturá
(Gn 25.1–6,12–18)

28 Hijos de Abraham: Isaac e Ismael. **29** Sus descendientes fueron: Nebaiot, hijo mayor de Ismael, Quedar, Adbeel, Mibsam, **30** Mismá, Dumá, Masá, Hadad, Temá, **31** Jetur, Nafís y Quedmá. Estos fueron los hijos de Ismael.

32 Hijos de Queturá, concubina de Abraham: Zimrán, Jocsán, Medán, Madián, Isbac y Súah. Hijos de Jocsán: Sebá y Dedán. **33** Hijos de Madián: Efá, Éfer, Hanoc, Abidá y Eldaá. Todos estos fueron descendientes de Queturá.

Descendientes de Esaú
(Gn 36.1–43)

34 Abraham fue el padre de Isaac. Hijos de Isaac: Esaú e Israel. **35** Hijos de Esaú: Elifaz, Reuel, Jeús, Jaalam y Coré. **36** Hijos de Elifaz: Temán, Omar, Sefó, Gatam y Quenaz; de Timná tuvo a Amalec.[f] **37** Hijos de Reuel: Náhat, Zérah, Samá y Mizá.

38 Hijos de Seír: Lotán, Sobal, Sibón, Aná, Disón, Éser y Disán. **39** Hijos de Lotán: Horí y Hemam.[g] Timná era hermana de Lotán. **40** Hijos de Sobal: Alván, Manáhat, Ebal, Sefó y Onam. Hijos de Sibón: Aiá y Aná. **41** Aná fue padre de Disón. Hijos de Disón: Hemdán,[h] Esbán, Itrán y Querán. **42** Hijos de Éser: Bilhán, Zaaván y Jaacán. Hijos de Disán: Us y Arán.

43 Estos fueron los reyes que gobernaron en Edom antes que los israelitas tuvieran rey: Bela, hijo de Beor; su ciudad se llamaba Dinhaba. **44** Cuando Bela murió, gobernó en su lugar Jobab, el hijo de Zérah, que era del pueblo de Bosrá. **45** Cuando Jobab murió, gobernó en su lugar Husam, que era de la región de Temán. **46** Cuando Husam murió, gobernó en su lugar Hadad, el hijo de Bedad, que derrotó a Madián en el campo de Moab; y su ciudad se llamaba Avit. **47** Cuando murió Hadad, gobernó en su lugar Samlá, que era del pueblo de Masrecá. **48** Cuando Samlá murió, gobernó en su lugar Saúl, que era de Rehobot, el pueblo que está junto al río. **49** Cuando Saúl murió, gobernó en

---

a **1.4** *Hijos de Noé:* según la versión griega (LXX). En el texto hebreo no aparece esta frase. b **1.17** *Los hijos de Aram fueron:* según varios mss. y Gn 10.23. En el texto heb. no aparece esta frase. c **1.17** *Mas:* según varios mss. y Gn 10.23. Heb. *Mésec.* d **1.19** En hebreo, *Péleg* y la palabra que significa *división* tienen un sonido semejante. e **1.22** *Obal:* según varios mss. y Gn 10.28. Heb. *Ebal.* f **1.36** *De Timná tuvo a Amalec:* texto probable (cf. Gn 36.12). g **1.39** *Hemam:* según la versión griega (LXX) y Gn 36.22. Heb. *Homam.* h **1.41** *Hemdán:* según varios mss. y Gn 36.26. Heb. *Amram.*

su lugar Baal–hanán, que era hijo de Acbor. 50 Y cuando murió Baal–hanán, gobernó en su lugar Hadad; y su ciudad se llamaba Pau.*i* La esposa de Hadad se llamaba Mehetabel y era hija de Matred y nieta de Mezaab.

51 Después de la muerte de Hadad, los jefes de Edom fueron: Timná, Alvá, Jetet, 52 Oholibamá, Elá, Pinón, 53 Quenaz, Temán, Mibsar, 54 Magdiel e Iram. Estos fueron los jefes de Edom.

Los hijos de Israel
(Gn 35.22–26)

2 1 Los hijos de Israel fueron Rubén, Simeón, Leví, Judá, Isacar, Zabulón, 2 Dan, José, Benjamín, Neftalí, Gad y Aser.

Descendientes de Judá

3 Los hijos de Judá fueron Er, Onán y Selá. La madre de estos tres fue la hija de Súa, que era cananea. Pero Er, el hijo mayor de Judá, fue tan malo que el Señor le quitó la vida. 4 Tamar, la nuera de Judá, tuvo de este dos hijos, Fares y Zérah. En total, los hijos de Judá fueron cinco. 5 Los hijos de Fares fueron Hesrón y Hamul. 6 Los hijos de Zérah fueron Zimrí, Etán, Hemán, Calcol y Dardá, cinco en total.

7 El hijo de Carmí fue Acar,*a* que trajo la desgracia sobre Israel al tomar lo que Dios había ordenado que se destruyera por completo.*b* 8 El hijo de Etán fue Azarías.

9 Los hijos de Hesrón fueron Jerahmeel, Ram y Quelubai.*c*

10 Ram fue padre de Aminadab, y Aminadab fue padre de Nahasón, jefe de los descendientes de Judá. 11 Nahasón fue padre de Salmá, Salmá fue padre de Booz, 12 Booz fue padre de Obed, Obed fue padre de Jesé, 13 Jesé fue padre de Eliab, su primer hijo; de Abinadab, el segundo; de Simá, el tercero; 14 de Natanael, el cuarto; de Radai, el quinto; 15 de Ósem, el sexto, y de David, el séptimo. 16 Las hermanas de estos fueron Seruiá y Abigail. Los hijos de Seruiá fueron tres: Abisai, Joab y Asael. 17 Abigail tuvo un hijo, Amasá, cuyo padre fue Jéter el ismaelita.

18 Caleb, hijo de Hesrón, tuvo de Azubá, su mujer, un hijo:*d* Jeriot. Sus otros hijos fueron Jéser, Sobab y Ardón. 19 Cuando Azubá murió, Caleb se casó con Efrata, y tuvo de ella un hijo: Hur. 20 Hur fue padre de Urí, y Urí fue padre de Besalel.

21 Cuando Hesrón tenía sesenta años, se casó con la hija de Maquir, el padre de Galaad, y tuvo de ella un hijo: Segub. 22 Segub fue padre de Jaír, quien tuvo veintitrés ciudades en la región de Galaad. 23 Pero Guesur y Aram se apoderaron de los campamentos de Jaír, y también de Quenat y sus aldeas; en total sesenta ciudades. Todos estos fueron los descendientes de Maquir, padre de Galaad.

24 Después de la muerte de Hesrón, Caleb se casó con Efrata, esposa de su padre Hesrón, y tuvo de ella un hijo, Ashur, que fue padre de Tecoa.

25 Los hijos de Jerahmeel, hijo mayor de Hesrón, fueron Ram, el mayor, Buná, Oren, Ósem y Ahías. 26 Jerahmeel tuvo otra esposa, llamada Atará, que fue madre de Onam.

27 Los hijos de Ram, el hijo mayor de Jerahmeel, fueron Maas, Jamín y Équer. 28 Los hijos de Onam fueron Samai y Jadá.

Los hijos de Samai fueron Nadab y Abisur. 29 La esposa de Abisur se llamaba Abihail y fue madre de Ahbán y Molid.

30 Los hijos de Nadab fueron Séled y Apaim. Séled murió sin hijos. 31 Apaim fue padre de Isí. Isí fue padre de Sesán. Sesán fue padre de Ahlai.

32 Los hijos de Jadá, hermano de Samai, fueron Jéter y Jonatán. Jéter murió sin hijos. 33 Los hijos de Jonatán fueron Pélet y Zazá.

Estos fueron los descendientes de Jerahmeel.

34 Sesán no tuvo hijos: solo tuvo hijas. Pero tenía un esclavo egipcio llamado Jarhá 35 y a este dio por esposa una de sus hijas, de la que tuvo un hijo: Atai. 36 Atai fue padre de Natán, Natán fue padre de Zabad, 37 Zabad fue padre de Eflal, Eflal fue padre de Obed, 38 Obed fue padre de Jehú, Jehú fue padre de Azarías, 39 Azarías fue padre de Heles, Heles fue padre de Elasá, 40 Elasá fue padre de Sismai, Sismai fue padre de Salum, 41 Salum fue padre de Jecamías, y Jecamías fue padre de Elisamá.

42 Los hijos de Caleb, hermano de Jerahmeel, fueron Mesá, el mayor, que fue padre de Zif, y

---

i **1.50** *Pau:* según varios mss. y Gn 36.39. Heb. *Pai.* *a* **2.7** El nombre *Acar* tiene un sonido semejante al de la palabra hebrea que significa *traer desgracia.* En Jos 7.1,18–25; 22.20, este nombre aparece bajo la forma *Acán.* *b* **2.7** Jos 7.1 *c* **2.9** *Quelubai* es una variante del nombre Caleb (vv. 18,42). No se trata de *Quelub* (1 Cr 4.11). *d* **2.18** *Tuvo de Azubá, su mujer, un hijo:* según una versión antigua. Heb. *fue padre de Azubá, una mujer, y de.*

Maresá, el segundo,[e] que fue padre de Hebrón. 43 Los hijos de Hebrón fueron Coré, Tapúah, Réquem y Sema. 44 Sema fue padre de Ráham, que fue padre de Jorcoam; y Réquem fue padre de Samai. 45 De Samai fue hijo Maón, padre de Bet–sur.

46 Efá, concubina de Caleb, fue madre de Harán, Mosá y Gazez. Harán fue el padre de Gazez.

47 Los hijos de Jahdai fueron Réguem, Jotam, Guesán, Pélet, Efá y Sáaf.

48 Maacá, concubina de Caleb, fue madre de Séber y de Tirhaná. 49 También fue madre de Sáaf, padre de Madmaná, y de Sevá, padre de Macbená y de Guibeá. Caleb tuvo también una hija, llamada Acsa.

50 Estos fueron los descendientes de Caleb.

Los hijos de Hur, hijo mayor de Efrata, fueron Sobal, padre de Quiriat–jearim; 51 Salmá, padre de Belén; y Haref, padre de Bet–gader.

52 Los hijos de Sobal, padre de Quiriat–jearim, fueron Reaías,[f] la mitad de los manahetitas 53 y los clanes de Quiriat–jearim: los itritas, los futitas, los sumatitas y los misraítas, de quienes vienen los soratitas y los estaolitas.

54 Los hijos de Salmá fueron Belén, los netofatitas, Atrot–bet–joab, la otra mitad de los manahetitas, los soreítas 55 y los clanes de los soferitas que vivían en Jabés, es decir, los tirateos, simateos y sucateos. Estos son los quenitas que descienden de Hamat, padre de Bet–recab.

Los hijos de David
(2 S 3.2–5; 5.13–16; 1 Cr 14.3–7)

3 1 Los hijos de David nacidos en Hebrón fueron: el mayor, Amnón, hijo de Ahinóam, la de Jezreel; el segundo, Daniel,[a] hijo de Abigail, de Carmel; 2 el tercero, Absalón, hijo de Maacá, la hija de Talmai, rey de Guesur; el cuarto, Adonías, hijo de Haguit; 3 el quinto, Sefatías, hijo de Abital; y el sexto, Itream, hijo de Eglá, otra esposa de David. 4 Estos seis hijos de David nacieron en Hebrón, donde reinó durante siete años y seis meses. Luego reinó treinta y tres años en Jerusalén, 5 donde le nacieron cuatro hijos más: Simá,[b] Sobab, Natán

y Salomón, todos ellos hijos de Betsabé,[c] hija de Amiel.[d] 6 Tuvo además otros nueve hijos: Ibhar, Elisamá, Elifélet, 7 Nógah, Néfeg, Jafía, 8 Elisamá, Eliadá y Elifélet. 9 Todos estos fueron hijos de David, sin contar los hijos tenidos de las concubinas. Tamar fue hermana de ellos.

Descendientes de Salomón

10-14 Los descendientes de Salomón, en línea directa, fueron Roboam, Abías, Asá, Josafat, Joram, Ocozías, Joás, Amasías, Azarías, Jotam, Ahaz, Ezequías, Manasés, Amón y Josías.

15 Los hijos de Josías fueron: el mayor, Johanán; el segundo, Joaquim; el tercero, Sedequías; y el cuarto, Salum.[e]

16 Los hijos de Joaquim fueron Jeconías y Sedequías.

17 Los descendientes de Jeconías, el desterrado, fueron Salatiel, su hijo mayor,[f] 18 y Malquiram, Pedaías, Senazar, Jecamías, Hosamá y Nedabías.

19 Los hijos de Pedaías fueron Zorobabel y Simí. Los hijos de Zorobabel fueron Mesulam y Hananías, y Selomit, hermana de estos, 20 y otros cinco hijos: Hasubá, Óhel, Berequías, Hasadías y Jusab–hésed.

21 Los hijos de Hananías fueron Pelatías e Isaías. Los descendientes de Isaías, en línea directa, fueron Refaías, Arnán, Abdías y Secanías.

22 Los hijos de Secanías fueron Semaías,[g] Hatús, Igal, Baríah, Nearías y Safat: seis en total.

23 Los hijos de Nearías fueron tres: Elioenai, Ezequías y Azricam.

24 Los hijos de Elioenai fueron siete: Hodavías, Eliasib, Pelaías, Acub, Johanán, Delaías y Ananí.

Descendientes de Judá

4 1 Los hijos de Judá fueron Fares, Hesrón, Carmí, Hur y Sobal. 2 Reaías, hijo de Sobal, fue padre de Jáhat, y Jáhat fue padre de Ahumai y de Láhad. Estos fueron los clanes de los soratitas.

3-4 Los hijos de Hur[a] fueron Etam, Jezreel, Ismá, Idbás, Penuel, padre de Guedor, y Éser,

---

[e] **2.42** Maresá, el segundo: texto probable. Heb. y los hijos de Maresá. [f] **2.52** Reaías: texto probable. Heb. Haroé. [a] **3.1** Daniel: llamado Quilab en 2 S 3.3. [b] **3.5** Simá: llamado Samúa en 2 S 5.14. [c] **3.5** Betsabé: texto probable. Heb. Bet–súa (cf. 2 S 11.3). [d] **3.5** Amiel: llamado Eliam en 2 S 11.3. [e] **3.15** Salum: se trata de Joacaz, sucesor de Josías (cf. Jer 22.11). [f] **3.17** Su hijo mayor: texto probable. Heb. su hijo. [g] **3.22** Semaías: texto probable. Heb. añade: y los hijos de Semaías. [a] **4.3–4** Los hijos de Hur fueron: texto probable. Heb. el padre de.

padre de Husá. Estos tenían una hermana llamada Haslelponi. Estos fueron los hijos de Hur, hijo mayor de Efrata, antepasado de Belén.

5 Ashur, el padre de Tecoa, tuvo dos mujeres: Helá y Naará. 6 Naará fue madre de Ahuzam, Héfer, Temení y Ahastarí. Estos fueron los hijos de Naará. 7 Los hijos de Helá fueron Séret, Jesohar y Etnán.

8 Cos fue padre de Anub y de Sobebá y antepasado de los clanes de Aharhel, hijo de Harum.

9 Jabés[b] fue más famoso que sus hermanos, y su madre le puso por nombre Jabés, porque dijo: "En verdad lo he dado a luz con dolor." 10 Jabés oró al Dios de Israel, diciendo: "Te ruego que me des tu bendición y un territorio muy grande, que me ayudes y me libres de males, para que yo no sufra." Y Dios le concedió lo que le había pedido.

11 Quelub, hermano de Suhá, fue padre de Mehír; Mehír fue padre de Estón; 12 Estón fue padre de Bet–rafá, de Paséah y de Tehiná, fundador de la ciudad de Nahas. Estos fueron los habitantes de Recá.

13 Los hijos de Quenaz fueron Otoniel y Seraías. Los hijos de Otoniel fueron Hatat 14 y Meonotai, padre de Ofrá. Seraías fue padre de Joab, el antepasado de los habitantes del valle de Harasim,[c] los cuales se dedicaban a la artesanía.

15 Los hijos de Caleb, hijo de Jefuné, fueron Ir, Elá y Náam. Elá fue padre de Quenaz.

16 Los hijos de Jahaleel fueron Zif, Zifá, Tirías y Asarel.

17-18 Los hijos de Esdras fueron Jéter, Méred, Éfer y Jalón. Méred se casó con Bitiá, hija del faraón, y sus hijos fueron María, Samai e Isbah, padre de Estemoa. Méred tuvo también una mujer de la tribu de Judá, que fue madre de Jéred, padre de Guedor, de Héber, padre de Socó, y de Jecutiel, padre de Zanóah.

19 Los hijos de la mujer de Hodías, hermana de Náham, el padre de Queilá, fueron Daliá[d] el garmita y Estemoa el maacateo.

20 Los hijos de Simón fueron Amnón, Riná, Ben–hanán y Tilón.

Los hijos de Isí fueron Zohet y Ben–zohet.

21 Los descendientes de Selá, hijo de Judá, fueron Er, padre de Lecá, Ladá, padre de Maresá, los clanes de los que trabajaban el lino en Bet–asbea, 22 Joaquim, los habitantes de Cozebá, Joás y Saraf, los cuales fueron a casarse con mujeres moabitas[e] y volvieron a Belén, según antiguas crónicas. 23 Estos eran alfareros; vivían en Netaim y Guederá, y estaban al servicio del rey.

Descendientes de Simeón

24 Los hijos de Simeón fueron Nemuel, Jamín, Jarib, Zérah y Saúl. 25 Saúl fue padre de Salum; Salum fue padre de Mibsam, y Mibsam fue padre de Mismá.

26 Mismá fue padre de Hamuel; de este fue hijo Zacur, y de este fue hijo Simí. 27 Simí tuvo dieciséis hijos y seis hijas; pero sus hermanos no tuvieron muchos hijos, de modo que sus clanes no crecieron tanto como los descendientes de Judá. 28 Vivían en Beerseba, Moladá, Hasar–sual, 29 Bilhá, Ésem, Tolad, 30 Betuel, Hormá, Siclag, 31 Bet–marcabot, Hasar–susim, Bet–birai y Saaraim. Estas fueron sus ciudades hasta el reinado de David. 32 Tenían además cinco pueblos: Etam, Ain, Rimón, Toquen y Asán, 33 con todas las aldeas que estaban alrededor de estas ciudades hasta Baalat. Estos son los lugares en que vivieron y sus registros familiares.

34 Mesobab, Jamlec, Josías, hijo de Amasías, 35 Joel, Jehú, quien fue hijo de Josibías, este de Seraías, y este de Asiel; 36 Elioenai, Jaacoba, Jesohaías, Asafas, Adiel, Jesimiel, Benaías, 37 Zizá, quien fue hijo de Sifi, este de Alón, este de Jedaías, este de Simrí, este de Semaías. 38 Estos que han sido mencionados fueron jefes de clanes. Como sus familias aumentaron hasta ser muy numerosas, 39 llegaron buscando pastos para sus rebaños a la entrada de Guerar,[f] al este del valle, 40 y allí encontraron buen pasto, fresco y abundante, y una gran extensión de terreno tranquilo y seguro. Allí habían vivido antes los descendientes de Cam, 41 pero en tiempos del rey Ezequías de Judá, vinieron estos que ya se han mencionado y los destruyeron para siempre, junto con los campamentos y viviendas

---

[b] **4.9** En hebreo, *Jabés* y la palabra que significa *dolor* tienen un sonido parecido. [c] **4.14** En hebreo, *Harasim* significa *artesanos*. [d] **4.19** *Daliá:* según la versión griega (LXX). En el texto hebreo no aparece este nombre. [e] **4.22** *Fueron a casarse con mujeres moabitas:* otra posible traducción: *dominaron en Moab.* [f] **4.39** *Guerar:* según la versión griega (LXX). Heb. *Guedor.*

que allí encontraron, y se quedaron a vivir en lugar de ellos, pues había pasto para sus rebaños. **42**Además, quinientos hombres de ellos, descendientes de Simeón, se fueron a la montaña de Seír capitaneados por Pelatías, Nearías, Refaías y Uziel, hijos de Isí, **43**y destruyeron al resto de los amalecitas. Desde entonces han vivido allí hasta el presente.

Descendientes de Rubén

1-3 Los hijos de Rubén, el hijo mayor de Israel, fueron Hanoc, Falú, Hesrón y Carmí. Rubén era realmente el hijo mayor, pero perdió sus derechos de hijo mayor por haber abusado de la mujer de su padre, y esos derechos pasaron a los hijos de José, otro hijo de Israel. Sin embargo, después Judá llegó a ser más poderoso que sus hermanos, y de él salió un jefe;[a] pero los derechos de hijo mayor eran de José.

4-6 Los descendientes de Joel, en línea directa, fueron Semaías, Gog, Simí, Micaías, Reaías, Baal y Beerá, jefe de los rubenitas, que fue llevado cautivo por Tiglat–piléser, rey de Asiria.[b]

7Los hermanos de Beerá, según el orden en que sus clanes fueron registrados, fueron Jeiel, el principal, Zacarías **8**y Bela, hijo de Azaz, nieto de Sema, el hijo de Joel. Bela vivió en Aroer y su territorio se extendía hasta Nebo y Baal–meón. **9**Por el oriente se estableció hasta el borde del desierto que se extiende desde el río Éufrates, pues sus ganados aumentaron mucho en la región de Galaad.

10Durante el reinado de Saúl, los rubenitas estuvieron en guerra con los agarenos, pero los derrotaron y se establecieron en la parte oriental de la región de Galaad.

Descendientes de Gad

11Los descendientes de Gad que vivieron frente a los rubenitas, en la región de Basán, hasta la ciudad de Salcá, fueron **12**Joel, el principal, y después de él, Safán, luego Jaanai, y luego Safat. **13**Sus parientes, en orden de familias, fueron Micael, Mesulam, Sebá, Jorai, Jacán, Zía y Éber, siete en total. **14**Estos fueron hijos de Abihail, quien fue hijo de Hurí, este de Jaróah, este de Galaad, este de Micael, este de Jesisai, este de Jahdó, este de Buz. **15**Ahí, hijo de Abdiel

y nieto de Guní, fue el jefe de sus familias. **16**Todos ellos vivieron en Galaad, en Basán y en sus aldeas, y en los campos de pastoreo de Sarón, hasta sus límites. **17**Todos ellos fueron inscritos en el registro familiar en tiempos de Jotam, rey de Judá, y de Jeroboam, rey de Israel.

Historia de las dos tribus y media

18Los descendientes de Rubén y de Gad, y la media tribu de Manasés, eran soldados valientes, armados de escudo, espada y arco, y bien entrenados para combatir. Eran cuarenta y cuatro mil setecientos sesenta hombres aptos para la guerra. **19**Y pelearon contra los agarenos, y contra Jetur, Nafís y Nodab; **20**pero Dios los ayudó, y los agarenos y sus aliados cayeron en sus manos, porque en medio de la batalla pidieron a Dios que los ayudara. Dios los ayudó porque confiaron en él. **21**Luego se llevaron los ganados de sus enemigos, que eran cincuenta mil camellos, doscientas cincuenta mil ovejas y dos mil asnos. Hicieron además cien mil prisioneros. **22**Muchos enemigos murieron, porque la guerra era de parte de Dios. Y se quedaron a vivir en aquellos lugares hasta la época del destierro.

23Los descendientes de la media tribu de Manasés vivieron en la región que se extiende desde Basán hasta Baal–hermón, Senir y el monte Hermón, pues eran muchos. **24**Los jefes de sus familias fueron Éfer, Isí, Eliel, Azriel, Jeremías, Hodavías y Jahdiel, todos ellos soldados valientes, hombres famosos y jefes de familia. **25**Pero se rebelaron contra el Dios de sus antepasados y le fueron infieles adorando a los dioses de los pueblos que Dios había destruido y eliminado delante de ellos. **26**Por esta razón, el Dios de Israel incitó a Pul,[c] rey de Asiria, es decir, a Tiglat–piléser, quien desterró a los rubenitas y gaditas y a la media tribu de Manasés; y los llevó a Halah, Habor, Hará y al río Gozán, donde están hasta el presente.

Lista de los sacerdotes hijos de Leví

1Los hijos de Leví fueron Guersón, Quehat y Merarí. **2**Los hijos de Quehat fueron Amram, Ishar, Hebrón y Uziel. **3**Los hijos de Amram fueron Aarón, Moisés y María. Los hijos de Aarón

a 5.1–3 Gn 49.8–10; 1 Cr 28.4. **b 5.4–6** 2 R 15.29. **c 5.26** *Pul:* nombre que tomó Tiglat–piléser III, rey de Asiria (745–727 a.C.), cuando se hizo proclamar rey de Babilonia. Cf. 2 R 15.19.

fueron Nadab, Abihú, Eleazar e Itamar. 4 Eleazar fue padre de Finees, Finees fue padre de Abisúa,ᵃ 5 Abisúa fue padre de Buquí, Buquí fue padre de Uzí, 6 Uzí fue padre de Zeraías, Zeraías fue padre de Meraiot, 7 Meraiot fue padre de Amarías, Amarías fue padre de Ahitub, 8 Ahitub fue padre de Sadoc, Sadoc fue padre de Ahimaas, 9 Ahimaas fue padre de Azarías, Azarías fue padre de Johanán, 10 Johanán fue padre de Azarías, que fue sacerdote en el templo que Salomón construyó en Jerusalén. 11 Azarías fue padre de Amarías, Amarías fue padre de Ahitub, 12 Ahitub fue padre de Sadoc, Sadoc fue padre de Salum, 13 Salum fue padre de Hilquías, Hilquías fue padre de Azarías, 14 Azarías fue padre de Seraías y Seraías fue padre de Josadac. 15 Josadac fue llevado al destierro cuando el Señor desterró a Judá y Jerusalén por medio de Nabucodonosor.

Descendientes de Leví

16 Los hijos de Levíᵇ fueron Guersón, Quehat y Merarí.

17 Los hijos de Guersón fueron Libní y Simí.

18 Los hijos de Quehat fueron Amram, Ishar, Hebrón y Uziel.

19 Los hijos de Merarí fueron Mahli y Musí. Estos fueron los hijos de Leví.

20-21 Los descendientes de Guersón, en línea directa, fueron Libní, Jáhat, Zimá, Joah, Idó, Zérah y Jeatrai.

22-24 Los descendientes de Quehat, en línea directa, fueron Aminadab, Coré, Asir, Elcaná, Ebiasaf, Asir, Táhat, Uriel, Ozías y Saúl.

25-27 Los hijos de Elcaná fueron Amasai y Ahimot, y los descendientes de Ahimot, en línea directa, fueron Elcaná, Sofai, Náhat, Eliab, Jeroham y Elcaná.

28 Los hijos de Samuel fueron Vasní, su hijo mayor, y Abías.ᶜ

29-30 Los descendientes de Merarí, en línea directa, fueron Mahli, Libní, Simí, Uzá, Simá, Haguías y Asaías.

Cantores del templo nombrados por David

31 Estos son los cantores que David nombró para que se encargaran de la música en el templo del Señor desde que se colocó allí el arca. 32 Ellos cantaron ante la tienda del encuentro con Dios hasta que Salomón construyó el templo del Señor en Jerusalén, y luego siguieron prestando allí su servicio conforme a su costumbre.

33 Los que estaban allí con sus hijos eran: de los descendientes de Quehat, el cantor Hemán, que fue hijo de Joel, que fue hijo de Samuel, 34 que fue hijo de Elcaná, que fue hijo de Jeroham, que fue hijo de Eliel, que fue hijo de Tóah, 35 que fue hijo de Suf, que fue hijo de Elcaná, que fue hijo de Máhat, que fue hijo de Amasai, 36 que fue hijo de Elcaná, que fue hijo de Joel, que fue hijo de Azarías, que fue hijo de Sofonías, 37 que fue hijo de Táhat, que fue hijo de Asir, que fue hijo de Ebiasaf, que fue hijo de Coré, 38 que fue hijo de Ishar, que fue hijo de Quehat, que fue hijo de Leví, que fue hijo de Israel.

39 A la derecha de Hemán se colocaba su pariente Asaf, que fue hijo de Berequías, que fue hijo de Simá, 40 que fue hijo de Micael, que fue hijo de Baaseías, que fue hijo de Malquías, 41 que fue hijo de Etní, que fue hijo de Zérah, que fue hijo de Adaías, 42 que fue hijo de Etán, que fue hijo de Zimá, que fue hijo de Simí, 43 que fue hijo de Jáhat, que fue hijo de Guersón, que fue hijo de Leví.

44 A la izquierda de Hemán se colocaba su pariente de los descendientes de Merarí: Etán, que fue hijo de Quisí, que fue hijo de Abdí, que fue hijo de Maluc, 45 que fue hijo de Hasabías, que fue hijo de Amasías, que fue hijo de Hilquías, 46 que fue hijo de Amsí, que fue hijo de Baní, que fue hijo de Sémer, 47 que fue hijo de Mahli, que fue hijo de Musí, que fue hijo de Merarí, que fue hijo de Leví.

48 Sus otros parientes descendientes de Leví quedaron a cargo de todo el servicio del templo de Dios. 49 Aarón y sus descendientes eran los que quemaban las ofrendas sobre el altar del holocausto y en el altar del incienso. También se ocupaban de todo el servicio del Lugar Santísimo y de obtener el perdón de los pecados de Israel, de acuerdo con todo lo que había ordenado Moisés, el siervo de Dios.

ᵃ **6.4–15** A partir del v. 10, esta genealogía repite algunos nombres que están en los vv. 8–9. Una lista similar, aunque más corta y con algunas variantes, se encuentra en Esd 7.1–5. ᵇ **6.16–19** Ex 6.16–19, Nm 26.57–59.
ᶜ **6.28** *Fueron Vasní, su hijo mayor, y Abías:* otra posible traducción, tomando en cuenta el v. 33, 1 S 8.2 y la versión griega (LXX): *fueron Joel, su hijo mayor, y Abías, el segundo.*

Descendientes de Aarón

50-53 Los descendientes de Aarón, en línea directa, fueron Eleazar, Finees, Abisúa, Buquí, Uzí, Zeraías, Meraiot, Amarías, Ahitub, Sadoc y Ahimaas.

Ciudades de los levitas

(Jos 21.1–42)

54 Estos fueron los lugares de residencia y los límites territoriales de los descendientes de Aarón. A los clanes quehatitas les tocó en suerte **55** Hebrón, en la región de Judá, con sus campos de pastoreo. **56** A Caleb hijo de Jefuné le dieron el campo de la ciudad y sus aldeas. **57** A los descendientes de Aarón les entregaron Hebrón, ciudad de refugio, además de las aldeas de Libná, Jatir, Estemoa, **58-59** Hilén, Debir, Asán y Bet–semes, todas ellas con sus campos de pastoreo. **60** También les dieron ciudades de la tribu de Benjamín, que fueron Gueba, Alémet y Anatot, todas ellas con sus campos de pastoreo. Así que las ciudades que les tocaron a los clanes de Aarón fueron trece.

61 A los otros clanes de Quehat les tocaron en suerte diez ciudades de la media tribu de Manasés, **62** y a los descendientes de Guersón, según el número de sus clanes, les dieron trece ciudades de las tribus de Isacar, Aser y Neftalí, y de la tribu de Manasés que se había establecido en Basán.

63 A los descendientes de Merarí, según el número de sus clanes, les tocaron en suerte doce ciudades de las tribus de Rubén, Gad y Zabulón.

64 Los israelitas dieron estas ciudades con sus campos de pastoreo a los descendientes de Leví. **65** De las tribus de Judá, Simeón y Benjamín les dieron las ciudades que ya se han mencionado, según les tocó en suerte. **66** A algunos clanes quehatitas les tocaron en suerte ciudades de la tribu de Efraín. **67** También les dieron Siquem, la ciudad de refugio, que está en los montes de Efraín, con sus campos de pastoreo, y también Guézer, **68-69** Jocmeam, Bet–horón, Aialón y Gat–rimón, todas ellas con sus campos de pastoreo.

70 A los clanes restantes de los quehatitas les dieron las ciudades de Aner y Bileam, que eran de la media tribu de Manasés, con sus campos de pastoreo.

71 A los descendientes de Guersón, según el número de sus clanes, les dieron la ciudad de Golán, que está en Basán, y la ciudad de Astarot, que había pertenecido a la media tribu de Manasés, con sus campos de pastoreo. **72-73** También les dieron, de la tribu de Isacar, Quedes, Daberat, Ramot y Anem, cada una con sus campos de pastoreo. **74-75** De la tribu de Aser les dieron Masal, Abdón, Hucoc y Rehob, cada una con sus campos de pastoreo. **76** De la tribu de Neftalí les dieron Quedes de Galilea, Hamón y Quiriataim, cada una con sus campos de pastoreo.

77 A los restantes descendientes de Merarí les dieron: de la tribu de Zabulón, Rimón y Tabor, cada una con sus campos de pastoreo; **78-79** de la tribu de Rubén, al este del Jordán, frente a Jericó, Béser, que está en el desierto, Jahas, Cademot y Mefáat, cada una con sus campos de pastoreo; **80-81** de la tribu de Gad, Ramot de Galaad, Mahanaim, Hesbón y Jazer, cada una con sus campos de pastoreo.

Descendientes de Isacar

7 **1** Los hijos de Isacar fueron cuatro: Tolá, Puvá, Jasub y Simrón. **2** Los hijos de Tolá fueron Uzí, Refaías, Jeriel, Jahmai, Ibsam y Samuel, jefes de las familias de Tolá y guerreros valientes por tradición familiar. En tiempos de David, el número de sus descendientes llegó a veintidós mil seiscientos.

3 El hijo de Uzí fue Israhías. Los hijos de Israhías fueron Micael, Abdías, Joel e Isías. Cinco jefes, en total. **4** Como tenían muchas mujeres e hijos, las varias generaciones de sus familias formaron ejércitos de hombres aptos para la guerra, que llegaban a treinta y seis mil.

5 Contando a todos los clanes de Isacar, según el registro familiar, llegaban a ochenta y siete mil hombres, todos ellos guerreros valientes.

Descendientes de Benjamín

6 Los hijos de Benjamín fueron tres: Bela, Béquer y Jediael.

7 Los hijos de Bela fueron cinco: Esbón, Uzí, Uziel, Jerimot e Irí, todos ellos jefes de familia y guerreros valientes. Según su registro familiar, sus descendientes llegaban a veintidós mil treinta y cuatro personas.

8 Los hijos de Béquer fueron Zemirá, Joás, Eliézer, Elioenai, Omrí, Jerimot, Abías, Anatot y Alémet. Todos estos fueron hijos de Béquer, **9** y según el registro familiar de sus generaciones y jefes de familia, eran veinte mil doscientos hombres valientes.

10 El hijo de Jediael fue Bilhán. Los hijos de Bilhán fueron Jeús, Benjamín, Ehud, Quenaaná,

Zetán, Tarsis y Ahisáhar. 11 Todos estos eran descendientes de Jediael, jefes de familia y guerreros valientes aptos para la guerra. Llegaban a diecisiete mil doscientos hombres.

12 Los hijos de Ir fueron Sufam y Hufam. El hijo de Aher fue Husim.

Descendientes de Neftalí

13 Los hijos de Neftalí fueron Jahseel, Guní, Jéser y Salum. Estos fueron los descendientes de Bilhá.

Descendientes de Manasés

14 Los hijos que Manasés tuvo con su concubina siria fueron Asriel y Maquir, padre de Galaad. 15 Maquir se casó con Maacá, mujer de la familia de Hufam y Sufam. El segundo hijo de Maquir se llamaba Selofhad, quien solamente tuvo hijas. 16 Maacá, la mujer de Maquir, tuvo un hijo, a quien puso por nombre Peres. El hermano de Peres se llamaba Seres, y sus hijos se llamaban Ulam y Réquem. 17 De Ulam fue hijo Bedán. Estos fueron los hijos de Galaad, hijo de Maquir, hijo de Manasés.

18 La hermana de Maquir, Hamoléquet, fue la madre de Is–hod, Abiézer y Mahlá.

19 Los hijos de Semidá fueron Ahián, Siquem, Liquehí y Aniam.

Descendientes de Efraín

20-21 Los descendientes de Efraín,*ᵃ* en línea directa, fueron Sutélah, Béred, Táhat, Eladá, Táhat, Zabad, Sutélah. A Éser y Elad, los otros hijos de Efraín, los mataron los habitantes de la región de Gat, porque bajaron a quitarles sus ganados. 22 Efraín, su padre, les guardó luto por mucho tiempo, y vinieron sus familiares a consolarlo. 23 Después se unió a su mujer, y ella quedó embarazada y tuvo un hijo a quien puso por nombre Beriá,*ᵇ* porque la desgracia estaba en su casa.

24 Seerá, hija de Beriá, edificó Bet–horón de abajo y Bet–horón de arriba, y también Uzén–seerá.

25-27 Los descendientes de Beriá, en línea directa, fueron Réfah, Résef, Télah, Tahán, Ladán, Amihud, Elisamá, Nun y Josué. 28 Sus tierras y lugares de residencia fueron Betel; Naarán, hacia el este; Guézer, hacia el oeste; y

Siquem, hasta Ayah; todas estas ciudades con sus aldeas. 29 Los descendientes de Manasés tenían en su poder a Bet–seán, Taanac, Meguido y Dor, con sus correspondientes aldeas. En estos lugares vivieron los descendientes de José, hijo de Israel.

Descendientes de Aser

30 Los hijos de Aser fueron Imná, Isvá, Isví, Beriá y Sérah, hermana de ellos.

31 Los hijos de Beriá fueron Héber y Malquiel, padre de Birzávit. 32 Héber fue padre de Jaflet, Sémer, Hotam y Suhá, hermana de ellos.

33 Los hijos de Jaflet fueron Pasac, Bimhal y Asvat.

34 Los hijos de Sémer, su hermano, fueron Rohgá, Jehubá y Aram.

35 Los hijos de Hotam,*ᶜ* su hermano, fueron Sofah, Imná, Seles y Amal. 36 Los hijos de Sofah fueron Súah, Harnéfer, Súal, Berí, Imrá, 37 Béser, Hod, Samá, Silsá, Itrán y Beerá.

38 Los hijos de Jéter fueron Jefuné, Pispá y Ará. 39 Los hijos de Ulá fueron Árah, Haniel y Risiá.

40 Todos estos fueron descendientes de Aser. Eran jefes de familia, de los mejores y más valientes soldados, y hombres de los más importantes. Según el registro familiar eran veintiséis mil hombres, aptos para la guerra.

Descendientes de Benjamín

8 ¹Benjamín fue padre de Bela, su primer hijo; de Asbel, el segundo; de Ahrah, el tercero; 2 de Nohá, el cuarto, y de Rafá, el quinto. 3 Los hijos de Bela fueron Adar, Guerá, Abihud, 4 Abisúa, Naamán, Ahóah, 5 Guerá, Sefufán e Hiram.

6 Los hijos de Ehud, jefes de familia que vivían en Gueba y que fueron desterrados a Manáhat, fueron 7 Naamán, Ahías y Guerá, padre de Uzá y Ahihud, que fue quien los llevó.

8 Saharaim tuvo otros hijos en el país de Moab, después de divorciarse de sus esposas Husim y Baará. 9 Los hijos que tuvo con su nueva esposa, que se llamaba Hodes, fueron Jobab, Sibiá, Mesá, Malcam, 10 Jeús, Saquías y Mirmá. Estos fueron sus hijos, jefes de familia.

11 Con su esposa Husim había tenido a sus hijos Abitub y Elpáal. 12 Los hijos de Elpáal

---

ᵃ **7.20–21** Nm 26.35. ᵇ **7.23** En hebreo, *Beriá* y la palabra que significa *en desgracia* tienen un sonido parecido. ᶜ **7.35** *Hotam:* texto probable (cf. v. 33). Heb. *Helem.*

fueron Éber, Misam y Sémed, que edificó las ciudades de Onó y Lod, con sus aldeas; 13 Beriá y Sema, jefes de familia que vivían en Aialón, los cuales expulsaron a los antiguos habitantes de Gat; 14 y sus hermanos Sasac y Jeroham.[a]

15 Zebadías, Arad, Ader, 16 Micael, Ispá y Johá fueron hijos de Beriá. 17 Zebadías, Mesulam, Hizquí, Éber, 18 Ismerai, Izlías y Jobab fueron hijos de Elpáal. 19 Jaquim, Zicrí, Zabdí, 20 Elienai, Siletai, Eliel, 21 Adaías, Beraías y Simrat fueron hijos de Simí. 22 Ispán, Éber, Eliel, 23 Abdón, Zicrí, Hanán, 24 Hananías, Elam, Anatotías, 25 Ifdaías y Peniel fueron hijos de Sasac. 26 Samserai, Seharías, Atalías, 27 Jaresías, Elías y Zicrí fueron hijos de Jeroham. 28 Estos fueron los jefes principales de familia de sus respectivas generaciones, que vivieron en Jerusalén.

La familia de Saúl
(1 Cr 9.35–44)

29 En la ciudad de Gabaón vivía Jehiel,[b] padre de Gabaón. Su mujer se llamaba Maacá. 30 Sus hijos fueron Abdón, el mayor, Sur, Quis, Baal, Ner,[c] Nadab, 31 Guedor, Ahió, Zéquer 32 y Miclot, que fue padre de Simí. También estos, siguiendo el ejemplo de sus hermanos, vivían con ellos en Jerusalén.

33 Ner fue padre de Quis, Quis fue padre de Saúl, y Saúl fue padre de Jonatán, Malquisúa, Abinadab y Es–baal. 34 Hijo de Jonatán fue Merib–baal, que fue padre de Micaías. 35 Los hijos de Micaías fueron Pitón, Mélec, Tarea y Ahaz. 36 Ahaz fue padre de Joadá, y Joadá fue padre de Alémet, Azmávet y Zimrí; Zimrí fue padre de Mosá, 37 y Mosá fue padre de Biná, que fue padre de Rafá, que fue padre de Elasá, que fue padre de Asel.

38 Los hijos de Asel fueron seis, que se llamaron: Azricam, Bocrú, Ismael, Searías, Abdías y Hanán. Estos fueron los hijos de Asel.

39 Los hijos de su hermano Ésec fueron Ulam, el mayor; Jehús, el segundo, y Elifélet, el tercero. 40 Los hijos de Ulam fueron soldados valientes, hábiles en el manejo del arco. Tuvieron muchos hijos y nietos, ciento cincuenta en total, todos ellos descendientes de Benjamín.

9 1 De esta manera, todo Israel quedó registrado en el libro de los reyes de Israel.

Los que regresaron de Babilonia
(Neh 11.1–24)

Pero la gente de Judá fue desterrada a Babilonia por causa de su maldad.

2 Los primeros en volver a establecerse en sus propiedades y ciudades fueron israelitas, sacerdotes, levitas y sirvientes del templo. 3 En Jerusalén se establecieron descendientes de Judá, Benjamín, Efraín y Manasés.[a]

4 De los descendientes de Judá:[b] Utai, hijo de Amihud, que fue hijo de Omrí, que fue hijo de Imrí, que fue hijo de Baní, de los descendientes de Fares, hijo de Judá. 5 Silonitas: Asaías, el mayor de sus hijos. 6 De los descendientes de Zérah: Jeuel y sus parientes, seiscientas noventa personas.

7 De los descendientes de Benjamín: Salú, hijo de Mesulam, que fue hijo de Hodavías, que fue hijo de Senúa; 8 Ibneías, hijo de Jeroham; Elá, hijo de Uzí, que fue hijo de Micrí; Mesulam, hijo de Sefatías, que fue hijo de Reuel, que fue hijo de Ibnías. 9 Sus parientes, según sus varias generaciones, fueron novecientos cincuenta y seis, todos ellos jefes de familia.

10 De los sacerdotes: Jedaías, Joiarib, Jaquín, 11 Azarías, hijo de Hilquías, que fue hijo de Mesulam, que fue hijo de Sadoc, que fue hijo de Meraiot, que fue hijo de Ahitub, jefe principal de la casa de Dios; 12 Adaías, hijo de Jeroham, que fue hijo de Pashur, que fue hijo de Malquías; Masai, hijo de Adiel, que fue hijo de Jahzera, que fue hijo de Mesulam, que fue hijo de Mesilemit, que fue hijo de Imer; 13 y sus parientes, que eran mil setecientos sesenta jefes de familia, hombres muy capacitados para el servicio de la casa de Dios.

14 De los levitas: Semaías, hijo de Hasub, que fue hijo de Azricam, que fue hijo de Hasabías, de la familia de Merarí; 15 Bacbacar, Heres, Galal y Matanías, hijo de Micaías, que fue hijo de Zicrí, que fue hijo de Asaf; 16 Abdías, hijo de Semaías, que fue hijo de Galal, que fue hijo de Jedutún; Berequías, hijo de Asá, que fue hijo de Elcaná, que vivió en las aldeas de los netofatitas.

---

[a] *8.14 Jeroham:* texto probable (cf. v. 27). Heb. *Jeremot.* [b] *8.29 Jehiel:* según 9.35 y la versión griega (LXX). En el texto hebreo no aparece este nombre. [c] *8.30 Ner:* según 9.36 y la versión griega (LXX). En el texto hebreo no aparece este nombre. [a] *9.2–3* Esd 2.70; 7.7–8; Neh 7.73. [b] *9.4 De los descendientes de Judá:* texto probable. En el texto hebreo no aparece esta frase.

17Los porteros: Salum, Acub, Talmón, Ahimán. Salum, hermano de ellos, era su jefe **18**y, hasta el presente, guardián de la puerta del rey, que está al oriente. Estos fueron los porteros de los campamentos de los levitas.

19Salum, hijo de Coré, que fue hijo de Ebiasaf, que fue hijo de Coré, y sus parientes coreítas, eran los encargados de cuidar la entrada del santuario, como antes sus antepasados habían cuidado la entrada del campamento del Señor. **20**Antes de eso, Finees, hijo de Eleazar, fue jefe de ellos. ¡Que el Señor esté con él! **21**Zacarías, hijo de Meselemías, era portero de la tienda del encuentro con Dios.

22El total de los porteros escogidos era de doscientos doce, según el registro familiar de las poblaciones donde vivían. David y Samuel el vidente fueron quienes los nombraron para este cargo, porque eran dignos de confianza. **23**Tanto ellos como sus hijos se turnaban para cuidar la entrada de la casa del Señor, es decir, el santuario. **24**Había porteros en los cuatro puntos cardinales: al este y al oeste, al norte y al sur. **25**Sus familiares, que vivían en sus pueblos, venían para ayudarlos con un turno de siete días. **26**Pero los cuatro porteros principales, que eran levitas, estaban de guardia permanente, cuidando los cuartos y tesoros de la casa de Dios. **27**Pasaban la noche en los alrededores del templo, porque estaban encargados de cuidarlo y de abrir sus puertas todas las mañanas. **28**Algunos de ellos tenían a su cargo los utensilios que se usaban en el culto, y debían sacarlos y meterlos llevando la cuenta. **29**Otros estaban encargados de los demás utensilios y de los objetos sagrados, además de la harina, el vino, el aceite, el incienso y los perfumes. **30**Algunos de los sacerdotes eran quienes preparaban los perfumes; **31**y un levita llamado Matatías, hijo mayor de Salum el coreíta, era siempre el encargado de hacer las tortas para la ofrenda.*c* **32**Algunos de sus parientes quehatitas eran los encargados de preparar el pan consagrado*d* que se ponía en hileras todos los sábados. **33**Había también cantores, jefes de familias levitas que vivían en los cuartos del templo, libres de otros trabajos, porque día y noche estaban ocupados en su servicio.

34Estos fueron los jefes de familia de los levitas, en el orden de sus generaciones, que vivían en Jerusalén.

La familia de Saúl
(1 Cr 8.29–40)

35En la ciudad de Gabaón vivía Jehiel, padre de Gabaón. Su mujer se llamaba Maacá. **36**Sus hijos fueron Abdón, el mayor; Sur, Quis, Baal, Ner, Nadab, **37**Guedor, Ahió, Zacarías y Miclot, **38**que fue padre de Simam. También estos, siguiendo el ejemplo de sus hermanos, vivían con ellos en Jerusalén.

39Ner fue padre de Quis, Quis fue padre de Saúl, y Saúl fue padre de Jonatán, Malquisúa, Abinadab y Es–baal. **40**Hijo de Jonatán fue Merib–baal, que fue padre de Micaías. **41**Los hijos de Micaías fueron Pitón, Mélec, Tarea y Ahaz.*e* **42**Ahaz fue padre de Jará, y Jará fue padre de Alémet, Azmávet y Zimrí; Zimrí fue padre de Mosá, **43**y Mosá fue padre de Biná, que fue padre de Refaías, que fue padre de Elasá, que fue padre de Asel.

44Los hijos de Asel fueron seis, que se llamaron: Azricam, Bocrú, Ismael, Searías, Abdías y Hanán. Estos fueron los hijos de Asel.

Saúl y sus hijos mueren en la guerra
(1 S 31.1–13)

10 **1**Los filisteos atacaron a Israel, y los israelitas huyeron ante ellos, pues fueron muchos los muertos en el monte Guilboa. **2**Y los filisteos se fueron en persecución de Saúl y de sus hijos, y mataron a Jonatán, a Abinadab y a Malquisúa. **3**Luego concentraron todo su ataque sobre Saúl, y los arqueros lograron alcanzarlo y herirlo con sus flechas. **4**Por lo tanto, le dijo a su ayudante de armas: "Saca tu espada y atraviésame con ella, para que no vengan estos paganos y se diviertan conmigo."

Pero su ayudante no quiso hacerlo, porque tenía mucho miedo. Entonces Saúl tomó su espada y se dejó caer sobre ella. **5**Y cuando su ayudante vio que Saúl había muerto, también él se dejó caer sobre su propia espada y murió. **6**Así murieron aquel día Saúl, sus tres hijos y toda su familia. **7**Y cuando todos los israelitas que vivían en el valle vieron que habían huido,

---

c **9.31–32** Lv 2.1–4; 6.14–18; 7.11–12; 1 Cr 23.29. *d* **9.32** Ex 25.30; Lv 24.5–8. *e* **9.41** *Ahaz:* según 8.35 y versiones antiguas. En el texto hebreo no aparece este nombre.

y que Saúl y sus hijos habían muerto, abandonaron las ciudades y huyeron también. Entonces los filisteos llegaron y se quedaron a vivir en ellas.

8 Al día siguiente, cuando los filisteos fueron a despojar a los muertos, encontraron a Saúl y a sus hijos tendidos en el monte Guilboa. 9 Entonces le quitaron la ropa y se llevaron su cabeza y sus armas, y enviaron mensajeros por todo el territorio filisteo para que dieran la noticia al pueblo y a sus dioses. 10 Luego pusieron las armas de Saúl en el templo de sus dioses y colgaron su cabeza en el templo de Dagón.

11 Cuando todos los de Jabés de Galaad supieron lo que los filisteos habían hecho con Saúl, 12 se pusieron de acuerdo todos los hombres valientes, y tomaron los cuerpos de Saúl y de sus hijos y se los llevaron a Jabés. Allí enterraron sus restos debajo de una encina. Después de eso guardaron siete días de ayuno.

13 Así fue como murió Saúl a causa de su maldad, pues pecó al no obedecer las órdenes del Señor y al consultar a una adivina 14 en vez de consultarlo a él. Por eso el Señor le quitó la vida, y le dio el reino a David, hijo de Jesé.

David, rey de Israel y de Judá
(2 S 5.1–5)

11 1 Todos los israelitas se reunieron y fueron a hablar con David en Hebrón. Allí le dijeron: "Nosotros somos de tu misma sangre, 2 y en realidad, aunque Saúl era rey, tú dirigías a Israel en sus campañas. Además, el Señor tu Dios te ha prometido que tú serás quien dirija y gobierne a su pueblo Israel."

3 De esta manera, todos los ancianos de Israel fueron y hablaron con el rey David en Hebrón, y él hizo un pacto con ellos, poniendo al Señor por testigo. Entonces ellos consagraron a David como rey de Israel, conforme a lo que Dios había prometido por medio de Samuel.

David captura la fortaleza de Sión
(2 S 5.6–10)

4 David y todos los israelitas se dirigieron a Jerusalén, que es Jebús. Los jebuseos[a] habitaban en aquella región, 5 y le dijeron a David: "Tú no podrás entrar aquí." Sin embargo, David capturó la fortaleza de Sión, ahora conocida como la Ciudad de David. 6 Y David había dicho: "Al primero que ataque a los jebuseos lo nombraré jefe principal." Y el primero en atacar fue Joab, hijo de Seruiá, y fue nombrado jefe. 7 Después se instaló David en la fortaleza; por eso la llamaron Ciudad de David. 8 Y construyó David la ciudad alrededor, desde el terraplén hasta los alrededores. Joab reconstruyó el resto de la ciudad. 9 Y el poder de David iba aumentando, y el Señor todopoderoso estaba con él.

Héroes del ejército de David
(2 S 23.8–39)

10 Estos son los soldados más sobresalientes de David, que le dieron apoyo en su reinado y que en unión de todos los israelitas lo hicieron rey, conforme a lo que el Señor había anunciado a Israel.

11 Esta es la lista de los mejores soldados de David: Jasobeam, hijo de Hacmoní, jefe de los tres[b] más valientes, que en una ocasión mató a trescientos hombres con su lanza. 12 Después de él seguía Eleazar, hijo de Dodó, el ahohíta, que era uno de los tres más valientes. 13 Estuvo con David en Pas–damim, cuando los filisteos se juntaron allí para la batalla. Había allí un campo sembrado de cebada, y cuando la tropa israelita huyó ante los filisteos, 14 él se plantó en medio del campo y lo defendió,[c] derrotando a los filisteos. Así el Señor les dio una gran victoria.

15 Una vez, tres de los treinta valientes fueron a la Peña a encontrarse con David en la cueva de Adulam. Las fuerzas filisteas tenían su campamento en el valle de Refaim. 16 David se hallaba en la fortaleza, al tiempo que un destacamento filisteo se encontraba en Belén. 17 Y David expresó este deseo: "¡Ojalá alguien me diera a beber agua del pozo que está en la puerta de Belén!"

18 Entonces los tres valientes penetraron en el campamento filisteo y sacaron agua del pozo que está a la entrada de Belén, y se la llevaron a David. Pero David no quiso beberla, sino que la derramó como ofrenda al Señor, 19 diciendo:

---

a **11.4** Jos 15.8,63; Jue 1.21; 19.10–11. b **11.11** *Tres:* según una versión antigua. Heb. *treinta.* c **11.14** *Él se plantó . . . lo defendió:* según la versión griega (LXX) y 2 S 23.12. Heb. *ellos se plantaron . . . lo defendieron.*

"¡Dios me libre de beberla! ¡Sería como beberme la sangre de estos hombres, pues arriesgando sus vidas fueron a traerla!" Y no quiso beberla.

Esta hazaña la realizaron los tres valientes.

20 Abisai, hermano de Joab, era jefe de los treinta[d] valientes. En cierta ocasión atacó a trescientos hombres con su lanza y los mató. Así ganó fama entre los treinta, 21 y recibió más honores que todos ellos, pues llegó a ser su jefe. Pero no igualó a los tres primeros.

22 Benaías, hijo de Joiadá, del pueblo de Cabseel, era un hombre valiente que realizó muchas hazañas. Él fue quien mató a los dos hijos de Ariel[e] de Moab. Un día en que estaba nevando bajó a un foso, y allí dentro mató a un león. 23 También mató a un egipcio de gran estatura, que medía casi dos metros y medio e iba armado con una lanza que parecía el rodillo de un telar. Benaías lo atacó con un palo, le arrebató la lanza de la mano y lo mató con su propia lanza. 24 Esta acción de Benaías, hijo de Joiadá, le hizo ganar fama entre los treinta[f] valientes, 25 y recibió más honores que ellos, pero no igualó a los tres primeros. Y David lo puso al mando de su guardia personal.

26 Los valientes eran: Asael, hermano de Joab; Elhanán, hijo de Dodó, de Belén; 27 Samot, de Harod;[g] Heles, el paltita;[h] 28 Irá, hijo de Iqués, de Tecoa; Abiézer, de Anatot; 29 Sibecai, de Husá; Ilai, el ahohíta; 30 Maharai, de Netofá; Héled, hijo de Baaná, también de Netofá; 31 Itai, hijo de Ribai, de Guibeá, que está en el territorio de Benjamín; Benaías, de Piratón; 32 Hidai,[i] del arroyo de Gaas; Abiel, el arbatita; 33 Azmávet, de Bahurim; Eliahbá, el saalbonita; 34 los hijos de Jasén, el guizonita; Jonatán, hijo de Sagué el ararita; 35 Ahiam, hijo de Sacar, también ararita; Elifal, hijo de Ur; 36 Héfer, el mequeratita; Ahías, el pelonita; 37 Hesrai, de Carmel; Naarai, hijo de Esbai; 38 Joel, hermano de Natán; Mibhar, hijo de Hagrai; 39 Sélec, el amonita; Naharai, de Berot, ayudante de armas de Joab, hijo de Seruiá; 40 Irá, de Jatir; Gareb, también de Jatir; 41 Urías, el hitita; Zabad, hijo de Ahlai; 42 Adiná, hijo de Sizá, el rubenita, jefe de los rubenitas, y treinta hombres con él; 43 Hanán, hijo de Maacá; Josafat, el mitnita;

44 Ozías, de Astarot; Samá y Jehiel, hijos de Hotam, de Aroer; 45 Jediael, hijo de Simrí, y su hermano Johá, el tizita; 46 Eliel, de Mahanaim; Jerebai y Josavía, hijos de Elnáam; Itmá, el moabita; 47 Eliel, Obed y Jaasiel, de Sobá.

Los aliados de David

12 1 Cuando David todavía estaba desterrado de la presencia de Saúl, hijo de Quis, un grupo de guerreros valientes que iban a ser sus aliados en la guerra fue a unirse con él en Siclag. 2 Estos guerreros estaban armados con arcos, y lo mismo podían lanzar piedras con la honda que disparar flechas, con la mano derecha o con la izquierda. Eran los siguientes:

Parientes de Saúl, de la tribu de Benjamín: 3 Ahiézer, el jefe, y Joás, hijos de Semaá, del pueblo de Guibeá; Jeziel y Pélet, hijos de Azmávet; Beracá y Jehú, que era del pueblo de Anatot; 4 Ismaías, gabaonita, uno de los treinta valientes y jefe de ellos; 4b Jeremías, Jahaziel, Johanán, Jozabad de Guederá, 5 Eluzai, Jerimot, Bealías, Semarías; Sefatías, el harufita; 6 Elcaná, Isías, Azarel, Joézer y Jasobeam, coreítas; 7 y Joelá y Zebadías, hijos de Jeroham, de Guedor.

8 También de la tribu de Gad se pasaron algunos al lado de David cuando estaba en la fortaleza del desierto. Eran guerreros valientes, entrenados en la guerra y armados con escudo y lanza. Tenían aspecto como de leones y corrían por los montes como venados. 9 Eran los siguientes: Éser, el primero; Abdías, el segundo; Eliab, el tercero; 10 Mismaná, el cuarto; Jeremías, el quinto; 11 Atai, el sexto; Eliel, el séptimo; 12 Johanán, el octavo; Elzabad, el noveno; 13 Jeremías, el décimo, y Macbanai, el undécimo. 14 Estos descendientes de Gad eran jefes del ejército. Uno solo de ellos valía, el menor por cien, y el mayor por mil. 15 Estos fueron los que atravesaron el Jordán en primavera, cuando el río iba crecido hasta los bordes, e hicieron huir a todos los que había en los valles, al este y al oeste.

16 Además algunos hombres de las tribus de Benjamín y de Judá fueron a unirse con David en la fortaleza. 17 David salió a su encuentro y les dijo: "Si vienen ustedes en son de paz y para

---

d 11.20 *Treinta:* según una versión antigua y 2 S 23.18. Heb. *tres.*   *e* 11.22 *Dos hijos de Ariel:* texto probable (cf. 2 S 23.20). Heb. *dos de Ariel.*   *f* 11.24 *Treinta:* texto probable. Heb. *tres.*   *g* 11.27 *Harod:* texto probable, según 2 S 23.25. Heb. *Haror.*   *h* 11.27 *Paltita:* texto probable, según 2 S 23.26. Heb. *pelonita.*   *i* 11.32 *Hidai:* texto probable, según 2 S 23.31. Heb. *Hurai.*

ayudarme, acepto de todo corazón que se unan conmigo; pero si vienen a traicionarme y entregarme a mis enemigos, a pesar de que no he cometido ningún crimen, ¡que el Dios de nuestros antepasados lo vea y los castigue!"

18 Entonces Amasai, jefe de los treinta, poseído por el espíritu, exclamó:

"¡Paz a ti, David, hijo de Jesé!
¡Que la paz esté contigo!
¡Paz a ti y a los que te ayuden,
porque tu Dios te ha ayudado!"

David los recibió y les dio puestos entre los jefes de la tropa.

19 También algunos de la tribu de Manasés se pasaron al lado de David cuando este se fue a vivir con los filisteos para luchar contra Saúl. Aunque de hecho David no pudo ayudar a los filisteos, porque sus gobernadores, después de reunirse, decidieron despedirlo, pues dijeron: "¡A costa de nuestras cabezas se pasará a Saúl, su señor!" 20 Los hombres de la tribu de Manasés que se pasaron al lado de David cuando este se fue a Siclag, fueron Adná, Jozabad, Jediael, Micael, Jozabad, Elihú y Siletai, jefes de batallones de Manasés. 21 Estos fueron los que ayudaron a David al frente de la tropa, porque todos eran guerreros valientes y llegaron a ser jefes del ejército. 22 Y día tras día llegaban más refuerzos a David, hasta que se formó un gran ejército, un ejército de veras formidable.

El ejército de David

23 Este es el total de las fuerzas equipadas para la guerra que se unieron a David en Hebrón, para pasarle el reino de Saúl, según el mandato del Señor: 24 De la tribu de Judá, seis mil ochocientos hombres con escudos y lanzas, equipados para el combate. 25 De la tribu de Simeón, siete mil cien guerreros valientes, equipados para la guerra. 26 De la tribu de Leví, cuatro mil seiscientos, 27 más tres mil setecientos de la familia de Aarón, con Joiadá, su jefe, 28 y con Sadoc, joven y valiente guerrero, con veintidós jefes de su familia. 29 De la tribu de Benjamín, la misma tribu de Saúl, tres mil hombres, pues hasta entonces la mayoría de ellos había permanecido fiel a Saúl. 30 De la tribu de Efraín, veinte mil ochocientos guerreros valientes, famosos en su clan. 31 De la media tribu de Manasés, dieciocho mil hombres que habían sido nombrados para ir a establecer a

David como rey. 32 De la tribu de Isacar, gente experta en conocer los tiempos para saber lo que Israel debía hacer, doscientos jefes con todos los hombres de su tribu bajo sus órdenes. 33 De la tribu de Zabulón, cincuenta mil soldados en pie de guerra, con toda clase de armamento, firmemente decididos a ayudar a David. 34 De la tribu de Neftalí, mil jefes con treinta y siete mil hombres armados con lanzas y escudos. 35 De la tribu de Dan, veintiocho mil seiscientos soldados. 36 De la tribu de Aser, cuarenta mil soldados en pie de guerra. 37 Además, del otro lado del Jordán, ciento veinte mil hombres de las tribus de Rubén y Gad y de la media tribu de Manasés, equipados con toda clase de armamento.

38 Todos estos guerreros, en formación de batalla, fueron a Hebrón firmemente decididos a establecer a David como rey de todo Israel; y todos los demás israelitas, sin excepción, estaban resueltos a hacer lo mismo. 39 Estuvieron allí con David durante tres días, comiendo y bebiendo, porque sus compatriotas les habían preparado lo necesario. 40 Además, sus vecinos, aun los que eran de Isacar, Zabulón y Neftalí, les llevaron comida en asnos, camellos, mulos y bueyes. Les llevaron provisiones varias: harina, tortas de higos, pasas, vino, aceite, toros y ovejas; todo en abundancia, porque había mucha alegría en Israel.

David hace planes para llevar el arca a Jerusalén

13 1 David consultó a los comandantes de batallón y a los capitanes, es decir, a todos los jefes, 2 y después dijo a todo el pueblo de Israel: "Si a ustedes les parece bien y el Señor nuestro Dios nos da la oportunidad, mandemos aviso a nuestros compatriotas que quedan todavía en las diversas regiones de Israel, y también a todos los sacerdotes y levitas que se hallan en sus ciudades y tierras de pastoreo, invitándolos a que se unan a nosotros, 3 para que nos traigamos el arca de nuestro Dios, pues desde los tiempos de Saúl la hemos tenido olvidada." 4 Todo el pueblo estuvo de acuerdo en que se hiciera eso, pues a todos les pareció razonable la propuesta.

David intenta trasladar el arca del Señor (2 S 6.1–11)

5 David reunió a todo Israel, desde Sihor en la frontera con Egipto hasta la entrada de Hamat,

para traer de Quiriat–jearim el arca de Dios.[a] [6]Luego, acompañado de todo Israel, subió a Quiriat–jearim, llamada también Baalá, que está en Judá, para trasladar de allí el arca de Dios, sobre la que se invoca el nombre del Señor, que tiene su trono sobre los querubines.[b] [7]Pusieron el arca sobre una carreta nueva y se la llevaron de la casa de Abinadab. Uzá y Ahió iban guiando la carreta. [8]Mientras tanto, David y todo Israel iban delante de Dios cantando y bailando con todas sus fuerzas, al son de la música de arpas, salterios, panderos, platillos y trompetas. [9]Cuando llegaron al lugar conocido como Era de Quidón, Uzá alargó la mano para sostener el arca, porque habían tropezado los bueyes. [10]Pero el Señor se enfureció con Uzá por haber extendido la mano hacia el arca, y le quitó la vida allí mismo, delante de él.

[11]David se disgustó mucho porque el Señor le quitó la vida a Uzá, y por eso llamó a aquel lugar Peres–uzá,[c] nombre que tiene hasta el presente. [12]Pero ese mismo día David tuvo mucho miedo ante Dios, y exclamó: "¡Ni pensar en llevarme el arca de Dios!" [13]Y no se llevó el arca a la Ciudad de David, sino que ordenó que la llevaran a casa de Obed–edom, un hombre de Gat. [14]El arca de Dios se quedó tres meses en casa de Obed–edom, y el Señor bendijo a la familia de Obed–edom y a todas sus cosas.

Hiram envía embajadores a David
(2 S 5.11–12)

14 [1]Hiram, rey de Tiro, envió sus embajadores a David, además de albañiles y carpinteros que llevaron madera de cedro para construirle el palacio. [2]Entonces David comprendió que el Señor lo había confirmado como rey de Israel, porque había hecho prosperar mucho su reinado en atención a su pueblo Israel.

Otros hijos de David
(2 S 5.13–16; 1 Cr 3.5–9)

[3]David tomó más esposas en Jerusalén, y tuvo más hijos e hijas. [4]Los hijos que le nacieron en Jerusalén se llamaban: Samúa, Sobab,

Natán, Salomón, [5]Ibhar, Elisúa, Elpélet, [6]Nógah, Néfeg, Jafía, [7]Elisamá, Eliadá y Elifélet.

David derrota a los filisteos
(2 S 5.17–25)

[8]Cuando los filisteos supieron que David había sido consagrado como rey de todo Israel, se lanzaron todos en busca suya; pero David lo supo y les salió al encuentro. [9]Entonces los filisteos avanzaron e hicieron incursiones por el valle de Refaim. [10]Por esto, David consultó al Señor, y le preguntó:

—¿Puedo atacar a los filisteos? ¿Me darás la victoria sobre ellos?

Y el Señor le respondió:

—Atácalos, pues te daré la victoria sobre ellos.

[11]David subió a Baal–perasim,[a] y allí los venció. Por eso dijo: "Como un torrente de agua, Dios me ha abierto paso entre mis enemigos." Y llamaron a aquel lugar Baal–perasim. [12]Además, los filisteos dejaron abandonados a sus dioses, y David los mandó quemar.

[13]Pero los filisteos volvieron a hacer incursiones por el valle de Refaim, [14]así que David consultó de nuevo a Dios, y Dios le contestó:

—No los ataques de frente, sino rodéalos y atácalos por la retaguardia cuando llegues a los árboles de bálsamo. [15]Cuando escuches ruido de pasos por encima de las copas de los árboles, lánzate a la batalla, porque eso significa que yo voy delante de ti para herir de muerte al ejército filisteo.

[16]David hizo lo que Dios le había ordenado, y derrotaron al ejército de los filisteos desde Gabaón hasta Guézer, [17]por lo cual su fama se extendió por todos los países y el Señor hizo que todas las naciones le tuvieran miedo.

David traslada el arca del Señor a Jerusalén
(2 S 6.12–23)

15 [1]David hizo que le construyeran casas en la Ciudad de David, y preparó también un lugar para el arca de Dios en una tienda de campaña que levantó. [2]Entonces ordenó: "Nadie, fuera de los levitas, debe llevar el arca de Dios, porque el Señor los ha escogido a ellos para que lleven el arca del Señor y para que estén siempre a su servicio."[a]

---

[a] **13.5** 1 S 7.1–2. [b] **13.6** Cf. Ex 25.18–22; 1 S 4.4; 7.1; 1 R 6.23–28. [c] **13.11** En hebreo *Peres–uzá* significa *brecha de Uzá.* [a] **14.11** En hebreo, *Baal–perasim* significa *Señor de los pasos abiertos.* [a] **15.2** Nm 1.50; 7.9; Dt 10.8; 31.25.

3 Luego reunió a todo Israel en Jerusalén para trasladar el arca del Señor al lugar que le había preparado. 4 También reunió a los descendientes de Aarón y a los levitas. 5 De los descendientes de Quehat se juntaron ciento veinte: Uriel, el jefe, y sus parientes. 6 De los descendientes de Merarí, doscientos veinte: Asaías, el jefe, y sus parientes. 7 De los descendientes de Guersón, ciento treinta: Joel, el jefe, y sus parientes. 8 De los descendientes de Elisafán, doscientos: Semaías, el jefe, y sus parientes. 9 De los descendientes de Hebrón, ochenta: Eliel, el jefe, y sus parientes. 10 De los descendientes de Uziel, ciento doce: Aminadab, el jefe, y sus parientes.

11 Luego llamó David a Sadoc y a Abiatar, los sacerdotes, y a los levitas Uriel, Asaías, Joel, Eliel y Aminadab, 12 y les dijo: "Ustedes, que son los jefes de las familias de los levitas, purifíquense ritualmente junto con sus parientes, para que puedan trasladar el arca del Señor, Dios de Israel, al lugar que le he preparado; 13 pues como la primera vez no lo hicieron ustedes, el Señor nuestro Dios les quitó la vida a algunos de nosotros, porque no lo consultamos como era debido."

14 Entonces los sacerdotes y levitas se purificaron ritualmente para poder trasladar el arca del Señor, Dios de Israel. 15 Lo hicieron sirviéndose de los travesaños, llevados sobre los hombros, según lo había mandado Moisés por orden del Señor.[b]

16 También ordenó David a los jefes de los levitas que, de entre los de su tribu, nombraran cantores que fueran con instrumentos musicales, salterios, arpas y platillos, y los tocaran con entusiasmo en señal de alegría. 17 Los levitas nombraron a Hemán, hijo de Joel, y también a Asaf, hijo de Berequías, pariente de Hemán; de los descendientes de Merarí y parientes de los anteriores, a Etán, hijo de Cusaías; 18 además nombraron a otros parientes de los anteriores, que pertenecían a la segunda categoría de servicio: Zacarías,[c] Jaaziel, Semiramot, Jehiel, Uní, Eliab, Benaías, Maaseías, Matatías, Elifelehu, Mecneías, y los porteros, que eran Obed–edom y Jeiel.

19 Los cantores Hemán, Asaf y Etán estaban encargados de hacer sonar los platillos de bronce. 20 Zacarías, Aziel, Semiramot, Jehiel, Uní, Eliab, Maaseías y Benaías tenían salterios para tocar a la manera elamita,[d] 21 mientras que Matatías, Elifelehu, Mecneías, Obed–edom, Jeiel y Azazías tenían arpas para tocar a la manera siminita,[e] introduciendo el canto. 22 Quenanías, jefe de los levitas encargados del transporte,[f] era el que lo dirigía, pues era muy entendido. 23 Los porteros del arca eran Berequías y Elcaná. 24 Y los sacerdotes Sebanías, Josafat, Natanael, Amasai, Zacarías, Benaías y Eliézer eran los que tocaban las trompetas delante del arca de Dios. Obed–edom y Jehías también eran porteros del arca.

25 Entonces David, los ancianos de Israel y los jefes de los batallones fueron con alegría a trasladar de la casa de Obed–edom el arca de la alianza del Señor. 26 Y como Dios ayudaba a los levitas que transportaban el arca, se sacrificaron siete novillos y siete carneros. 27 David iba vestido con un manto de lino fino, como también todos los levitas que llevaban el arca, los cantores y Quenanías, que dirigía el transporte; además David llevaba puesto un efod de lino. 28 Todo Israel llevaba así el arca de la alianza del Señor entre gritos de alegría y el sonido de cuernos de carnero, trompetas y platillos, y la música de salterios y arpas.

29 Cuando el arca de la alianza del Señor llegó a la Ciudad de David, Mical, la hija de Saúl, se asomó a la ventana; y al ver al rey David bailando alegremente, sintió un profundo desprecio por él.

16 1 El arca de Dios fue llevada y puesta dentro de una tienda de campaña que David había levantado con ese propósito. En seguida se ofrecieron holocaustos y sacrificios de reconciliación delante de Dios, 2 y cuando terminó David de ofrecerlos bendijo al pueblo en nombre del Señor, 3 y a todos los israelitas, hombres y mujeres, les dio un pan, una torta de dátiles y otra de pasas.

4 David nombró entre los levitas a los que habían de servir delante del arca del Señor, para que se encargaran de celebrar, dar gracias y alabar al Señor, Dios de Israel. 5 El jefe era Asaf, y después de él estaba Zacarías; luego venían Jeiel, Semiramot, Jehiel, Matatías, Eliab, Benaías, Obed–edom y Jeiel,

---

b **15.15** Ex 25.13–14; Nm 1.50; 7.9. *c* **15.18** Heb. añade *hijo de*. *d* **15.20** *A la manera elamita:* otra posible traducción: *las notas altas.* *e* **15.21** *A la manera siminita:* otra posible traducción: *las notas bajas.* *f* **15.22** *Transporte:* otra posible traducción: *canto.* Así también en el v. 27.

quienes tenían sus instrumentos musicales, sus salterios y sus arpas. Asaf tocaba los platillos, **6**y los sacerdotes Benaías y Jahaziel tocaban siempre las trompetas delante del arca de la alianza de Dios.

Salmo de acción de gracias de David
(Sal 105.1–15; 96.1–13; 106.47–48)

7Fue aquel mismo día cuando David ordenó por primera vez que Asaf y sus colegas elevaran al Señor la siguiente acción de gracias:

8 "¡Den gracias al Señor!
¡Proclamen su nombre!
Cuenten a los pueblos sus acciones.
9 Canten himnos en su honor.
¡Hablen de sus grandes hechos!

10 "Siéntanse orgullosos
de su santo nombre.
¡Siéntase alegre el corazón
de los que buscan al Señor!
11 Recurran al Señor, y a su poder;
recurran al Señor en todo tiempo.
12 Recuerden sus obras grandes
y maravillosas,
y los decretos que ha pronunciado:
13 ustedes, descendientes de su siervo Israel,
ustedes, hijos de Jacob, sus escogidos.

14 "Él es el Señor, nuestro Dios;
¡él gobierna toda la tierra!
15 Ni aunque pasen mil generaciones,
se olvidará*a* de las promesas de su alianza,
16 de la alianza que hizo con Abraham,
del juramento que hizo a Isaac
17 y que confirmó como ley para Jacob,
como alianza eterna para Israel,
18 cuando dijo:
'Voy a darte la tierra de Canaán
como la herencia que te toca.'

19 "Aunque ellos eran pocos,
unos cuantos extranjeros en la tierra
20 que iban de nación en nación
y de reino en reino,
21 Dios no permitió que nadie
los maltratara;
y aun advirtió a los reyes:

22 'No toquen a mis escogidos,
ni maltraten a mis profetas.'

23 "Canten al Señor,
habitantes de toda la tierra;
anuncien día tras día su salvación.
24 Hablen de su gloria y de sus maravillas
ante todos los pueblos y naciones,
25 porque el Señor es grande
y muy digno de alabanza,
y más terrible que todos los dioses.
26 Los dioses de otros pueblos no son nada,
pero el Señor hizo los cielos.
27 ¡Hay gran esplendor en su presencia!
¡Hay poder y alegría en su santuario!

28 "Den al Señor, familias de los pueblos,
den al Señor el poder y la gloria;
29 den al Señor la honra que merece;
con ofrendas preséntense ante él;
adoren al Señor en su santuario
hermoso.*b*
30 ¡Que todo el mundo tiemble
delante de él!
Él afirmó el mundo
para que no se mueva.
31 ¡Que se alegren los cielos y la tierra!
Que se diga en las naciones:
'¡El Señor es rey!'
32 ¡Que brame el mar
y todo lo que contiene!
¡Que se alegre el campo
y todo lo que hay en él!
33 ¡Que griten de alegría
los árboles del bosque
delante del Señor,
que viene a gobernar la tierra!

34 "Den gracias al Señor,
porque él es bueno,
porque su amor es eterno.
35 Díganle:
¡Sálvanos, oh Dios, salvador nuestro!
¡Recógenos y líbranos
de entre las naciones
para que alabemos tu santo nombre,
para que alegres te alabemos!
36 ¡Bendito sea el Señor, Dios de Israel,
por toda la eternidad!"

---

a **16.15** *Se olvidará:* texto probable, según Sal 105.8. Heb. *se olviden.* *b* **16.29** *En un santuario hermoso:* otra posible traducción: *con ropas sagradas.* Cf. Sal 29.1–2.

Y todo el pueblo respondió: "¡Amén!", y alabó al Señor.

37 Así pues, David dejó allí delante del arca de la alianza del Señor a Asaf y sus colegas para que sirvieran continuamente según se necesitara cada día. **38** También dejó a Obed–edom y sus colegas, sesenta y ocho personas, con Obed–edom, hijo de Jedutún, y Hosá, como porteros. **39** Y a Sadoc y a sus colegas sacerdotes los dejó ante la tienda del Señor, en el santuario de Gabaón, **40** para que ofrecieran continuamente holocaustos al Señor en el altar destinado a ellos, por la mañana y por la tarde, exactamente como está escrito en la ley del Señor, que él dejó como mandato a Israel.*c* **41** También dejó con ellos a Hemán, a Jedutún y al resto de los que fueron escogidos y designados por nombre para cantar: "Den gracias al Señor, porque su amor es eterno." **42** Estos tocaban trompetas, platillos y otros instrumentos musicales, con los que acompañaban los cantos a Dios. Los hijos de Jedutún estaban encargados de la puerta.

43 Después todos se volvieron a sus casas, y también David volvió a su casa para bendecir a su familia.

Alianza de Dios con David
(2 S 7.1–29)

17 **1** Cuando David estuvo ya instalado en su palacio, le dijo a Natán, el profeta:

—Mira, yo habito en un palacio de cedro, mientras que el arca de la alianza del Señor está bajo simples cortinas.

2 Y Natán le contestó:

—Pues haz todo lo que te has propuesto, porque cuentas con el apoyo de Dios.

3 Pero aquella misma noche, Dios se dirigió a Natán y le dijo: **4** "Ve y habla con David, mi siervo, y comunícale que yo, el Señor, he dicho: 'No serás tú quien me construya un templo para que habite en él. **5** Desde el día en que saqué a Israel, hasta el presente, nunca he habitado en templos, sino que he estado viviendo de una tienda de campaña en otra y de un lugar en otro. **6** En todo el tiempo que anduve con ellos, jamás le pedí a ninguno de sus caudillos, a quienes puse para que gobernaran a mi pueblo, que me construyera un templo de madera de cedro.' **7** Por lo tanto, dile a mi siervo David que yo, el Señor todopoderoso, le digo: 'Yo te saqué del redil, y te quité de andar tras el rebaño, para que fueras el jefe de mi pueblo Israel; **8** te he acompañado por dondequiera que has ido, he acabado con todos los enemigos que se te enfrentaron, y te he dado fama, como la que tienen los hombres importantes de este mundo. **9** Además he preparado un lugar para mi pueblo Israel, y allí los he instalado para que vivan en un sitio propio, donde nadie los moleste ni los malhechores los opriman como al principio, **10** cuando puse caudillos que gobernaran a mi pueblo Israel. Yo humillaré a todos tus enemigos. Y te hago saber que te daré descendientes, **11** y que cuando tu vida llegue a su fin y mueras, yo estableceré a uno de tus descendientes y lo confirmaré en el reino. **12** Él me construirá un templo, y yo afirmaré su trono para siempre. **13** Yo le seré un padre, y él me será un hijo. No le retiraré mi bondad como lo hice con tu predecesor, **14** sino que lo confirmaré para siempre en mi casa y en mi reino. Y su trono quedará establecido para siempre.' "

15 Natán le contó todo esto a David, exactamente como lo había visto y oído. **16** Entonces el rey David entró para hablar delante del Señor, y dijo: "Señor y Dios, ¿quién soy yo y qué es mi familia para que me hayas hecho llegar hasta aquí? **17** ¡Y tan poca cosa te ha parecido esto, Señor y Dios, que hasta has hablado del porvenir de la dinastía de tu siervo y me has mirado como a un hombre de posición elevada! **18** ¿Qué más te puedo decir del honor que has hecho a tu siervo, si tú conoces a este siervo tuyo? **19** Señor, todas estas maravillas las has hecho en atención a tu siervo, según lo quisiste y para darlas a conocer. **20** Señor, no hay nadie como tú, ni existe otro dios aparte de ti, según todo lo que nosotros mismos hemos oído. **21** En cuanto a Israel, tu pueblo, ¡no hay otro como él, pues es nación única en la tierra! Tú, oh Dios, lo libertaste para que fuera tu pueblo, y te hiciste famoso haciendo cosas grandes y maravillosas. Tú arrojaste de delante de tu pueblo, al que rescataste de Egipto, a las demás naciones, **22** porque tú has tomado a Israel como tu pueblo para siempre, y tú, Señor, serás su Dios.

23 "Así pues, Señor, confirma para siempre la promesa que has hecho a tu siervo y a su

---

c **16.40** Cf. Ex 29.38–42; Lv 6.9; Nm 28.3,6.

dinastía, y cumple lo que has dicho. **24**¡Que tu promesa se realice fielmente y que tu nombre sea siempre engrandecido, y se diga que el Señor todopoderoso es el Dios de Israel, que él es realmente Dios para Israel! ¡Que la dinastía de tu siervo David se mantenga firme con tu protección! **25**Tú, Dios mío, me has hecho saber que vas a establecer mi dinastía; por eso yo, aunque soy tu siervo, voy a hacerte una súplica. **26**Tú, Señor, eres Dios y has prometido a tu siervo tanta bondad; **27**y ahora te dignaste bendecir a la dinastía de tu siervo para que permanezca para siempre bajo tu protección. Tú, Señor, la has bendecido y será bendita para siempre."

Campañas militares de David
(2 S 8.1–14)

18 **1**Después de esto, David venció a los filisteos, sometiéndolos y arrebatándoles de las manos la ciudad de Gat y sus aldeas. **2**También derrotó a los moabitas, y así ellos fueron sometidos a David y tuvieron que pagarle tributo.

3David venció también a Hadad–ézer, rey de Sobá, que está en dirección de Hamat, cuando este iba a imponer su dominio sobre la región del río Éufrates. **4**De ellos, David capturó mil carros de combate e hizo prisioneros a siete mil soldados de caballería y a veinte mil de infantería; y además les rompió las patas a todos los caballos de los carros de combate, con la excepción de los caballos necesarios para cien carros. **5**Llegaron luego los sirios de Damasco para prestar ayuda a Hadad–ézer, el rey de Sobá, pero David venció a los sirios, matando a veintidós mil de ellos. **6**Luego puso David guarniciones en Siria de Damasco, y los sirios quedaron sometidos a él y sujetos al pago de tributos. Así pues, el Señor le daba la victoria a David por dondequiera que iba.

7Después David se apoderó de los escudos de oro que usaban los oficiales de Hadad–ézer, y los llevó a Jerusalén. **8**También se apoderó de una gran cantidad de bronce de Tibhat y de Cun, ciudades que pertenecían a Hadad–ézer. Con ese bronce hizo después Salomón la enorme pila para el agua, las columnas y los utensilios de bronce para el templo.[a]

9Cuando Toi, rey de Hamat, se enteró de que David había derrotado a todo el ejército de Hadad–ézer, rey de Sobá, **10**envió a su hijo Adoram con toda clase de objetos de oro, de plata y de bronce, para que saludara y felicitara al rey David por haber luchado con Hadad–ézer y haberlo vencido, pues Toi también había estado en guerra con él. **11**David dedicó todos estos objetos al Señor, junto con el oro y la plata que les había quitado a todas las naciones, a Edom, a Moab, a los amonitas, a los filisteos y a los amalecitas.

12Además Abisai, hijo de Seruiá, derrotó a dieciocho mil edomitas en el Valle de la Sal. **13**Luego puso David guarniciones en Edom, y todos los edomitas quedaron sometidos a él; y el Señor le daba la victoria por dondequiera que iba.

Oficiales de David
(2 S 8.15–18; 20.23–26)

14David reinó sobre todo Israel, actuando con justicia y rectitud para con todo su pueblo. **15**El jefe del ejército era Joab, hijo de Seruiá; y Josafat, hijo de Ahilud, era el secretario del rey. **16**Sadoc, hijo de Ahitub, y Ahimélec, hijo de Abiatar, eran sacerdotes; Savsá era el cronista, **17**y Benaías, hijo de Joiadá, estaba al mando de la guardia de quereteos y peleteos. Los hijos de David eran sus principales ayudantes.

David derrota a los sirios y amonitas
(2 S 10.1–19)

19 **1**Después de algún tiempo murió Nahas, el rey de los amonitas, y en su lugar reinó su hijo. **2**Entonces David pensó que debía tratar a Hanún, el hijo de Nahas, con bondad, porque su padre lo había tratado a él con bondad, y mandó algunos embajadores para que le dieran a Hanún el pésame por la muerte de su padre. Pero cuando los oficiales de David llegaron al país amonita, **3**los jefes amonitas le dijeron a Hanún: "¿Y cree Su Majestad que David ha enviado esos hombres a dar el pésame, tan solo para honrar al padre de Su Majestad? ¡Seguramente han venido para inspeccionar, examinar[a] y espiar el país!"

4Entonces Hanún ordenó que apresaran a los oficiales de David, y que los afeitaran y les rasgaran la ropa por la mitad hasta las asentaderas. Después los despidió. **5**Cuando fueron a

---

[a] **18.8** Cf. 1 R 7.15,23,27,40–47. [a] **19.3** *Examinar:* según una versión antigua. Heb. *destruir.*

decir a David lo que les había pasado a aquellos hombres, mandó que fueran a recibirlos, porque estarían sumamente avergonzados, y que les ordenaran quedarse en Jericó hasta que les creciera la barba, y que entonces regresaran.

6 Los amonitas comprendieron que se habían hecho odiosos a David, por lo que Hanún y los amonitas enviaron treinta y tres toneladas de plata para tomar a sueldo carros de combate y tropas de caballería en Mesopotamia, Siria, Maacá y Sobá, 7 y tomaron a sueldo treinta y dos mil carros de combate, así como al rey de Maacá con su ejército. Estos llegaron e instalaron su campamento frente a Medebá. Además los amonitas salieron de sus ciudades y se reunieron para entrar en el combate. 8 Pero David lo supo, y mandó a Joab con todos los soldados del ejército. 9 Los amonitas avanzaron y se prepararon para la batalla a la entrada misma de la ciudad. Los reyes que habían venido se quedaron en el campo. 10 Cuando Joab vio que iba a ser atacado por el frente y por la retaguardia, escogió los mejores soldados israelitas y se preparó para atacar los sirios. 11 Luego, para hacer frente a los amonitas, puso el resto de la tropa bajo el mando de su hermano Abisai, 12 y le dijo: "Si los sirios pueden más que yo, tú vendrás a ayudarme, y si los amonitas pueden más que tú, yo te ayudaré. 13 Ten ánimo, y luchemos con valor por nuestra nación y por las ciudades de nuestro Dios. ¡Y que el Señor haga lo que le parezca mejor!"

14 Joab avanzó con sus tropas para atacar a los sirios, pero estos huyeron ante él. 15 Y cuando los amonitas vieron que los sirios huían, ellos también huyeron de Abisai, hermano de Joab, y se metieron en la ciudad. Entonces Joab regresó a Jerusalén.

16 Cuando los sirios se dieron cuenta de que Israel los había vencido, enviaron mensajeros para hacer venir a los sirios que estaban al otro lado del río Éufrates. Al frente de ellos estaba Sofac, jefe del ejército de Hadad–ézer. 17 Pero le contaron esto a David, quien, movilizando en seguida a todo Israel, atravesó el río Jordán, avanzó y tomó posiciones contra ellos. David formó sus tropas para enfrentarse con los sirios, y estos lucharon con él, 18 pero finalmente huyeron de los israelitas, pues las bajas que les causó David fueron de cuarenta mil soldados de infantería y siete mil de los carros de combate; además, David mató a Sofac, el jefe del ejército sirio. 19 Al ver los aliados de Hadad–ézer que

los israelitas los habían derrotado, hicieron la paz con David y quedaron sometidos a él. A partir de entonces, los sirios no quisieron volver a ayudar a los amonitas.

David conquista Rabá
(2 S 12.26–31)

20 1 En cierta ocasión, durante la primavera, que es cuando los reyes acostumbran salir a campaña, Joab organizó una expedición y arrasó el territorio amonita. Avanzó, rodeó a Rabá y la atacó hasta dejarla en ruinas. Mientras tanto, David se quedó en Jerusalén. 2 Después David tomó de la cabeza de su rey la corona de oro, que tenía piedras preciosas, y encontró que pesaba treinta y tres kilos; y se la pusieron a David. También sacó David de la ciudad muchísimas cosas de valor, 3 y a la gente que aún quedaba en la ciudad la sacó de allí y la puso a trabajar con sierras, trillos de hierro y hachas. Lo mismo hizo David con todas las ciudades amonitas, y después regresó con todas sus tropas a Jerusalén.

Peleas contra gigantes
(2 S 21.18–20)

4 Después hubo una batalla con los filisteos en Guézer. En aquella ocasión, Sibecai el de Husá mató y humilló a Sipai, que era descendiente de los gigantes. 5 Y en otra batalla que hubo contra los filisteos, Elhanán, hijo de Jaír, mató a Lahmí, hermano de Goliat el de Gat, cuya lanza tenía el asta tan grande como el rodillo de un telar.

6 En Gat hubo otra batalla. Había allí un hombre de gran estatura, que tenía veinticuatro dedos: seis en cada mano y seis en cada pie. Era también descendiente de los gigantes, 7 pero desafió a Israel y lo mató Jonatán, hijo de Simá, el hermano de David. 8 Estos gigantes eran descendientes de Réfah, el de Gat, pero cayeron a manos de David y de sus oficiales.

David censa la población
(2 S 24.1–17)

21 1 El ángel acusador se puso contra los israelitas e incitó a David a hacer un censo de Israel. 2 Entonces David ordenó a Joab y a los jefes del pueblo:

—Vayan y hagan el censo de Israel desde Beerseba hasta Dan, y tráiganme el informe para que yo sepa cuántos son.

3 Pero Joab respondió:

—Que el Señor aumente su pueblo cien veces más de lo que es ahora; ¿pero acaso no son todos ellos servidores de Su Majestad? ¿Por qué desea esto Su Majestad? ¿Para qué hacerse culpable Israel?

4Sin embargo, la orden del rey se impuso a Joab, y este se retiró, recorrió todo Israel y regresó a Jerusalén. 5Joab entregó a David las cifras del censo de la población, y resultó que en todo Israel había un millón cien mil hombres aptos para la guerra, y cuatrocientos setenta mil en Judá. 6Pero no se incluyó en el censo a las tribus de Leví y de Benjamín, porque a Joab no le gustó la orden del rey.

7A Dios le pareció mal todo esto, y mandó un castigo a Israel. 8Pero David confesó a Dios:

—He cometido un grave pecado al hacer esto. Pero te ruego que perdones ahora el pecado de este siervo tuyo, pues me he portado como un necio.

9Entonces el Señor dijo a Gad, vidente al servicio de David: 10"Ve a ver a David, y dile de mi parte que le propongo tres cosas, y que escoja la que él quiera que yo haga." 11Gad fue a ver a David, y le dijo:

—Esto dice el Señor: Escoge 12entre tres años de hambre, tres meses de derrota perseguido por la espada de tus enemigos, o tres días de peste en el país bajo la espada del Señor, con el ángel del Señor causando estragos en todo el territorio de Israel. Decide ahora lo que he de responder al que me ha enviado.

13David contestó a Gad:

—Estoy en un grave aprieto. Ahora bien, es preferible que caiga yo en manos del Señor, pues su bondad es muy grande, y no en manos de los hombres.

14Entonces mandó el Señor una peste sobre Israel, y cayeron muertos setenta mil israelitas. 15Y mandó Dios un ángel para destruir Jerusalén. Pero cuando la estaba destruyendo, el Señor lo vio, y le pesó aquel daño, y ordenó al ángel que estaba hiriendo: "¡Basta ya, no sigas!" En aquel momento, el ángel del Señor se encontraba junto al lugar donde Ornán el jebuseo trillaba el trigo. 16Al alzar David los ojos, vio que el ángel del Señor se encontraba entre el cielo y la tierra, con una espada desenvainada en la mano, que apuntaba hacia Jerusalén. Entonces David y los ancianos, vestidos con ropas ásperas, se inclinaron hasta tocar el suelo con la frente, 17y David dijo a Dios:

—¡Yo fui quien mandó hacer el censo de la población! ¡Yo soy quien ha pecado y ha hecho

mal! ¿Pero qué han hecho estos inocentes? Señor y Dios mío, yo te ruego que tu castigo caiga sobre mí y sobre mi familia, pero deja de herir a tu pueblo.

David levanta un altar
(2 S 24.18–25)

18Entonces el ángel del Señor ordenó a Gad decirle a David que levantara un altar al Señor en el lugar donde Ornán el jebuseo trillaba el trigo. 19Entonces David fue a hacer lo que Gad le había dicho en nombre del Señor. 20Ornán, que estaba trillando el trigo, al volverse había visto al ángel, pero sus cuatro hijos, que estaban con él, habían ido a esconderse. 21Cuando David se acercó a donde estaba Ornán, este miró, y al ver a David salió del lugar donde trillaba el trigo y se inclinó delante de David. 22Entonces le dijo David a Ornán:

—Cédeme el lugar donde trillas el trigo, para construir allí un altar al Señor. Véndemelo por el precio exacto, a fin de que la peste se retire del pueblo.

23Y Ornán le contestó:

—Tómelo Su Majestad y haga lo que le parezca mejor. Yo le doy los toros para el holocausto, los trillos para la leña y el trigo para la ofrenda. ¡Todo esto se lo doy a Su Majestad!

24Pero el rey David respondió:

—Te lo agradezco, pero tengo que comprarlo todo por el precio exacto, pues no te voy a quitar lo tuyo para dárselo al Señor y ofrecerle un holocausto que no me haya costado nada.

25De esta manera, David le pagó a Ornán por aquel lugar seiscientas monedas de oro, 26y allí construyó un altar al Señor y ofreció holocaustos y sacrificios de reconciliación. Luego invocó al Señor, y él le respondió enviando fuego desde el cielo sobre el altar del holocausto. 27Entonces el Señor ordenó al ángel que volviera a guardar su espada.

El lugar para el templo

28En aquel momento, al ver David que el Señor lo había escuchado en el lugar en que Ornán el jebuseo trillaba el trigo, ofreció allí sacrificios. 29Pues aunque la tienda de campaña que Moisés había levantado para el Señor en el desierto y el altar del holocausto se hallaban por entonces en el santuario de Gabaón, 30David no pudo ir allá para consultar a Dios, porque se había llenado de espanto al ver la espada del ángel del Señor.

22

1 Por eso dijo David: "Aquí estarán el templo de Dios, el Señor, y el altar del holocausto para Israel."

Preparativos para el templo

2 Después David mandó que se reunieran los extranjeros que vivían en Israel, y nombró canteros para que labraran la piedra para la construcción del templo de Dios. **3** Además preparó hierro en abundancia para los clavos de las puertas y para las grapas; también una inmensa cantidad de bronce, **4** y madera de cedro en cantidad incalculable, porque los habitantes de Sidón y de Tiro le habían traído mucha madera de cedro.

5 David pensaba: "Mi hijo Salomón es todavía un muchacho de tierna edad, y el templo que hay que construir para el Señor tiene que ser el más grande, famoso y bello de todo el mundo; así que le dejaré todo preparado."

Por eso David hizo grandes preparativos antes de morir. **6** Luego llamó a su hijo Salomón, y le encargó que construyera el templo del Señor, Dios de Israel, **7** diciéndole: "Hijo mío, yo tenía el propósito de construir un templo para el Señor mi Dios. **8** Pero el Señor me ha dicho: 'He visto que tú has derramado mucha sangre y has hecho muchas guerras; por eso no eres tú quien va a construirme un templo. **9** Pero tendrás un hijo que será un hombre pacífico; y además yo haré que sus enemigos por todas partes lo dejen en paz. Por eso se llamará Salomón.[a] En su tiempo concederé paz y tranquilidad a Israel. **10** Él me construirá un templo. Él me será un hijo y yo le seré un padre, y afirmaré su reino en Israel para siempre.'[b] **11** Ahora, hijo mío, que el Señor esté contigo para que logres construir el templo del Señor tu Dios, conforme a lo que ha prometido que tú harías. **12** Que el Señor te dé inteligencia y sabiduría, para que cuando él te encargue del gobierno de Israel, cumplas la ley del Señor tu Dios. **13** Todo te saldrá bien, si procuras cumplir las leyes y disposiciones que el Señor ordenó a Moisés para Israel. ¡Ten valor y firmeza; no te desanimes ni tengas miedo! **14** Mira, yo con muchos esfuerzos he podido preparar para el templo del Señor tres mil trescientas toneladas de oro, treinta y tres mil toneladas de plata, y una cantidad tan grande de bronce y hierro que no se puede pesar. También he preparado madera y piedra, a la que tú debes añadir más. **15-16** Además tienes a tu disposición muchos obreros, canteros, albañiles y carpinteros, e innumerables especialistas de todo tipo y clase de trabajos en oro, plata, bronce y hierro. Así que, ¡manos a la obra, y que el Señor te ayude!"

17 Luego David ordenó a todos los jefes de Israel que ayudaran a su hijo Salomón, diciéndoles: **18** "El Señor su Dios ha estado con ustedes y les ha dado paz por todas partes, pues él ha puesto bajo mi poder a todos los habitantes del país, y este ha quedado sometido al Señor y a su pueblo. **19** Por tanto, hagan ahora el firme propósito de buscar al Señor su Dios. Así que dispónganse a construir el santuario de Dios, el Señor, para trasladar el arca de la alianza del Señor y los utensilios sagrados de Dios al templo que se va a construir para el Señor."

Los levitas y sus obligaciones

23

1 Siendo ya David un anciano de edad muy avanzada, nombró a su hijo Salomón como rey de Israel,[a] **2** y reunió a todos los jefes de Israel, y a los sacerdotes y levitas. **3** Contaron entonces a los levitas de treinta años de edad para arriba, y al hacer la cuenta resultó que su número era de treinta y ocho mil varones. **4** De estos, se destinaron veinticuatro mil para dirigir la obra del templo, seis mil para ser oficiales y jueces, **5** cuatro mil para ser porteros, y otros cuatro mil para encargarse de alabar al Señor con los instrumentos musicales que David había mandado hacer con ese propósito. **6** David los repartió en grupos, según los hijos que había tenido Leví: Guersón, Quehat y Merarí.

7 Los hijos de Guersón: Ladán y Simí. **8** Los hijos de Ladán fueron tres: Jehiel, el mayor, Zetam y Joel. **9** Los hijos de Simí[b] también fueron tres: Selomit, Haziel y Harán. Estos fueron los jefes de familia de los descendientes

---

[a] **22.9** En hebreo, *Salomón* y la palabra que significa *paz* tienen un sonido parecido. La figura de Salomón, hombre pacífico, contrasta con la de David, guerrero de grandes batallas (v. 8). A David no se le permitió construir el templo porque siempre estuvo ocupado en guerras (1 R 5.17) y por haber derramado mucha sangre (v. 8), lo que lo descalificaba ritualmente para aquella tarea. [b] **22.7-10** Cf. 2 S 7.1-16; 1 R 5.3-5; 8.17-21. [a] **23.1** 1 R 1.1-40. [b] **23.9** *Simí:* El nombre original debe haber sido otro (cf. v. 10).

de Ladán. 10Los hijos de Simí fueron cuatro: Jáhat, Zizá,c Jeús y Beriá. 11El mayor era Jáhat, y el segundo Zizá; pero como Jeús y Beriá no tuvieron muchos hijos, para efectos del servicio los contaron como una sola familia.

12Los hijos de Quehat fueron cuatro: Amram, Ishar, Hebrón y Uziel. 13Los hijos de Amram fueron Aarón y Moisés. Aarón fue escogido por Dios para dedicar las ofrendas más sagradas, para quemar incienso ante el Señor, servirle y pronunciar siempre la bendición, cargo que deberían desempeñar Aarón y sus hijos para siempre. 14A Moisés, el hombre de Dios, y a sus descendientes también se les incluyó en la tribu de Leví.

15Los hijos de Moisés fueron Guersón y Eliézer. 16De los hijos de Guersón, primero fue Sebuel. 17El primer hijo de Eliézer fue Rehabías, y ya no tuvo más hijos; pero Rehabías sí tuvo muchos. 18El primer hijo de Ishar fue Selomit. 19Los hijos de Hebrón fueron: Jeraías, el primero; Amarías, el segundo; Jahaziel, el tercero; y Jecamán, el cuarto. 20Los hijos de Uziel fueron: Micaías, el primero, e Isías, el segundo.

21Los hijos de Merarí fueron Mahli y Musí. Los hijos de Mahli fueron Eleazar y Quis. 22Eleazar murió sin haber tenido hijos varones: solo tuvo hijas, que se casaron con sus primos, los hijos de Quis. 23Los hijos de Musí fueron tres: Mahli, Éder y Jeremot.

24Estos fueron los descendientes de Leví, según sus familias, que estaban inscritos por nombre en el censo como jefes de familia, de veinte años para arriba, los cuales estaban ocupados en los oficios del templo.

25David había dicho: "El Señor, el Dios de Israel, ha concedido tranquilidad a su pueblo y ha fijado para siempre su propia residencia en Jerusalén. 26Por eso los levitas ya no tendrán que estar transportando la tienda del Señor ni los objetos que se usan en el culto."

27Así pues, conforme a las últimas disposiciones de David, se hizo el censo de los descendientes de Leví de veinte años para arriba, 28y quedaron a las órdenes de los sacerdotes, descendientes de Aarón, para los oficios del templo, como responsables de los atrios, de los cuartos y de la purificación de los objetos sagrados, así como de los demás oficios del templo. 29Estaban encargados del pan consagrado que se ponía en hileras, de la harina para la ofrenda de cereales, de las hojuelas de pan sin levadura, de las ofrendas cocinadas en sartén, y de la masa y de todos los pesos y medidas. 30Además tenían que estar presentes en el templo diariamente por la mañana y por la tarde para dar gracias y alabar al Señor, 31y cuando se ofrecían todos los holocaustos al Señor los sábados, en las fiestas de la luna nueva y en las fiestas especiales, siempre sirviendo al Señor según el número prescrito para ellos. 32Tenían también a su cargo el cuidado de la tienda del encuentro con Dios y del santuario, sirviendo en el templo con sus hermanos de tribu, los descendientes de Aarón.

24 1Los descendientes de Aarón también tenían sus turnos. Los hijos de Aarón fueron Nadab, Abihú, Eleazar e Itamar. 2Pero como Nadab y Abihú murieron antes que su padre,a sin haber tenido hijos, Eleazar e Itamar se encargaron del sacerdocio.

3David, con la ayuda de Sadoc, descendiente de Eleazar, y de Ahimélec, descendiente de Itamar, los repartió en turnos para que desempeñaran sus oficios. 4Pero como se dieron cuenta de que los varones descendientes de Eleazar eran más numerosos que los de Itamar, fueron repartidos de modo que quedaron dieciséis jefes de descendientes de Eleazar y ocho de descendientes de Itamar. 5Los turnos se repartieron por suertes entre todos, pues tanto entre los descendientes de Eleazar como entre los de Itamar había funcionarios sagrados, funcionarios de Dios.

6Luego Semaías el secretario, hijo de Natanael y uno de los levitas, escribió sus nombres en presencia del rey, de los jefes, del sacerdote Sadoc, de Ahimélec, hijo de Abiatar, y de los jefes de familia de los sacerdotes y de los levitas. Los turnos se sacaban por suerte, dos turnos para los descendientes de Eleazar y uno para los de Itamar.

7-18Al sacar las suertes, quedaron los turnos en el siguiente orden, del primero al vigesimocuarto:
Joiarib
Jedaías
Harim
Seorim
Malquías
Mijamín
Cos
Abías
Jesús
Secanías

---

c 23.10 *Zizá:* según la versión griega (LXX). Heb. *Ziná.* a 24.2 Lv 10.1–7, 12.

Eliasib
Jaquim
Hupá
Jesebab
Bilgá
Imer
Hezir
Pisés
Petahías
Hezequiel
Jaquín
Gamul
Delaías
Maazías

19 Así pues, se repartieron los turnos para servir en el templo, según las normas que el Señor, Dios de Israel, había ordenado por medio de Aarón, antepasado de ellos.

20 Los levitas que quedaban eran: Subael, de los descendientes de Amram; Jehedías, de los de Subael; **21** Isías, que era el mayor, de los de Rehabías; **22** Selomot, de los de Ishar; Jáhat, de los de Selomot; **23** de los descendientes de Hebrón:[b] Jerías, el primero; Amarías, el segundo; Jahaziel, el tercero; y Jecamán, el cuarto. **24** Estaban también: Micaías, hijo de Uziel; Samir, hijo de Micaías; **25** Isías, hermano de Micaías; Zacarías, hijo de Isías; **26** Mahli y Musí, hijos de Merarí; los hijos de Jaazías, hijo también de Merarí. **27** De los descendientes de Merarí, por parte de Jaazías, su hijo, estaban Sóham, Zacur e Ibrí; **28** y por parte de Mahli, Eleazar, que no tuvo hijos, **29** y Quis; Jerahmeel, hijo de Quis; **30** los hijos de Musí, que eran Mahli, Éder y Jerimot.

Estos eran los levitas por familias. **31** También ellos se repartieron por suertes, tanto la familia del jefe como la del hermano menor, igual que sus parientes los descendientes de Aarón, en presencia del rey David, de Sadoc, Ahimélec y los jefes de familia de los sacerdotes y de los levitas.

Los músicos y cantores

25 **1** Luego David y los jefes de los servicios religiosos asignaron oficios especiales a los hijos de Asaf, Hemán y Jedutún, quienes comunicaban mensajes proféticos acompañados de arpas, salterios y platillos. Esta es la lista de los que estaban ocupados en esa labor.

2 De los hijos de Asaf: Jacur, José, Netanías y Asarela. El que los dirigía era Asaf, su padre, quien comunicaba mensajes proféticos bajo las órdenes del rey.

3 Los seis hijos de Jedutún: Guedalías, Serí, Isaías, Simí, Hasabías y Matatías. El que los dirigía era su padre Jedutún, el cual comunicaba mensajes proféticos acompañado de arpa para dar gracias y alabar a Dios.

4 Los hijos de Hemán: Buquías, Matanías, Uziel, Sebuel, Jeremot, Hananías, Hananí, Eliatá, Guidalti, Romamti–ézer, Josbecasa, Malotí, Hotir y Mahaziot. **5** Todos estos fueron hijos de Hemán, vidente al servicio del rey, según las promesas que Dios le había hecho de que lo haría muy poderoso; en efecto, Dios le dio a Hemán catorce hijos y tres hijas. **6** A todos ellos los dirigía su padre cuando cantaban en los servicios religiosos del templo acompañados de platillos, salterios y cítaras.

Asaf, Jedutún y Hemán estaban bajo las órdenes del rey. **7** El número total de músicos expertos, incluyendo a sus otros compañeros instruidos para cantar al Señor, era de doscientos ochenta y ocho.

8 Entonces se repartieron por suerte los turnos del servicio entre todos, fueran mayores o menores, maestros o aprendices.

9-31 Al sacar la suerte, quedaron los turnos en el siguiente orden, del primero al vigesimocuarto:

José[a]
Guedalías
Zacur
Isrí
Netanías
Buquías
Jesarela
Isaías
Matanías
Simí
Azarel
Hasabías
Subael
Matatías
Jeremot
Hananías
Josbecasa
Hananí

---

[b] **24.23** *De Hebrón . . . el primero:* según 23.19 y la versión griega (LXX). En el texto hebreo no aparece *Hebrón* ni *el primero.* [a] **25.9–31** *José:* texto probable. Heb. *Asaf, José.*

Malotí
Eliatá
Hotir
Guidalti
Mahaziot
Romamti–ézer

Cada uno de ellos con sus hermanos e hijos eran doce.

Porteros y otros funcionarios

26 [1] Al repartir los turnos de los porteros, quedaron los siguientes:

De los coreítas, Meselemías, hijo de Coré, que fue hijo de Ebiasaf.[a] [2] Los hijos de Meselemías: Zacarías, el mayor; Jediael, el segundo; Zebadías, el tercero; Jatniel, el cuarto; [3] Elam, el quinto; Johanán, el sexto, y Eliehoenai, el séptimo.

[4] Los hijos de Obed–edom: Semaías, el mayor; Jozabad, el segundo; Joah, el tercero; Sacar, el cuarto; Natanael, el quinto; [5] Amiel, el sexto; Isacar, el séptimo, y Peultai, el octavo. Porque Dios había bendecido a Obed–edom con muchos hijos.

[6] Semaías, hijo de Obed–edom, tuvo dos hijos que gobernaban en sus familias porque eran hombres de mucho valor. [7] Los hijos de Semaías fueron Otní, Rafael, Obed, Elzabad, Elihú y Samaquías, hombres de valor. [8] Todos estos, descendientes de Obed–edom, y sus hijos y hermanos, eran hombres de valor por la energía que mostraban en el servicio. En total, sesenta y dos descendientes de Obed–edom.

[9] Hijos y hermanos de Meselemías: dieciocho, todos hombres de gran valor.

[10] Hijos de Hosá, descendientes de Merarí: Simrí, que era el jefe, pues aunque no era el hijo mayor, su padre lo puso de jefe; [11] Hilquías, el segundo; Tebalías, el tercero; Zacarías, el cuarto. Los hijos y hermanos de Hosá eran en total trece.

[12] Estos eran los turnos de los porteros. A ellos, lo mismo a los jefes que a sus compañeros, les correspondía el servicio en el templo. [13] Hicieron por familias el sorteo de cada puerta, y en él entraron tanto los mayores como los menores.

[14] A Selemías le tocó en el sorteo la puerta del este, y a su hijo Zacarías, consejero prudente, le tocó la del norte. [15] A Obed–edom le tocó la del sur, y a sus hijos les tocó el cuidado de los depósitos del templo. [16] A Hosá[b] le tocó la parte del oeste donde está la puerta de Saléquet, en el camino de subida.

Los servicios correspondientes se distribuían así: [17] cada día había seis porteros al este, cuatro al norte y cuatro al sur, y dos para cada uno de los depósitos. [18] En el atrio, al oeste, había cuatro para la calzada y dos para el atrio mismo. [19] Así estaban repartidos los oficios de los porteros descendientes de Coré y Merarí.

[20] Otros levitas estaban encargados de cuidar los tesoros del templo y los depósitos de ofrendas sagradas. [21] De los hijos de Ladán, que descendían de Guersón y de Jehiel, [22] los hijos de Jehiel y de sus hermanos Zetam y Joel tenían a su cargo los tesoros del templo.

[23] En cuanto a los descendientes de Amram, Ishar, Hebrón y Uziel, [24] el encargado principal de los tesoros era Sebuel, descendiente de Guersón y de Moisés.

[25] Parientes suyos por parte de Eliézer eran Rehabías, hijo de Eliézer; Isaías, hijo de Rehabías; Joram, hijo de Isaías; Zicrí, hijo de Joram; y Selomit, hijo de Zicrí.

[26] Selomit y sus hermanos tenían a su cargo todos los depósitos de objetos sagrados que David, los jefes de familia, los jefes de batallones y de compañías y los altos jefes del ejército habían consagrado al Señor. [27] Eran cosas conseguidas en las guerras, y que ellos habían dedicado al mantenimiento del templo. [28] También estaba allí lo que habían consagrado Samuel el vidente, Saúl hijo de Quis, Abner hijo de Ner, y Joab hijo de Seruiá. Todo lo consagrado estaba al cuidado de Selomit y sus hermanos.

[29] De los descendientes de Ishar, los que estaban ocupados de los asuntos exteriores de Israel, como oficiales y jueces, eran Quenanías y sus hijos.

[30] De los descendientes de Hebrón, los que estaban encargados de inspeccionar a Israel al oeste del Jordán, tanto en todo lo relacionado con las cosas del Señor como en el servicio del rey, eran Hasabías y sus parientes, mil setecientos hombres de gran valor.

[31] En el año cuarenta del reinado de David se hicieron investigaciones en los anales familiares de los descendientes de Hebrón, y se encontró que entre ellos había hombres de gran valor en Jazer de Galaad. El jefe de los descendientes de Hebrón era Jerías; [32] junto con sus parientes, hombres de gran valor, sumaban dos mil setecientos jefes

---

[a] **26.1** *Ebiasaf:* texto probable según 9.19. Heb. *Asaf.*   [b] **26.16** *Hosá:* según varios mss. griegos. Heb. *Supim y Hosá.*

de familia. El rey David los nombró para hacerse cargo de las tribus de Rubén y de Gad y de la media tribu de Manasés, para todos los asuntos relacionados con Dios o con el rey.

Organización militar y civil en el reino de David

27 ¹A continuación viene la lista de los israelitas enumerados según los jefes de familia, de los jefes de batallones y de compañías, y de los oficiales de los que estaban al servicio del rey, para todo lo relacionado con las divisiones militares que servían por turnos mensuales durante todo el año. Cada división estaba formada por veinticuatro mil hombres.

²Primera división, de guardia el primer mes: su jefe era Jasobeam, hijo de Zabdiel, ³descendiente de Fares y comandante de todos los jefes de las tropas que prestaban servicio el primer mes.

⁴División de guardia el segundo mes: su jefe era Dodai el ahohíta.ª

⁵División de guardia el tercer mes: su jefe militar era Benaías, hijo del sumo sacerdote Joiadá, ⁶el cual era uno de los treinta valientes y su jefe. Pero su hijo Amizabad mandaba esta división.

⁷División de guardia el cuarto mes: su jefe era Asael, hermano de Joab. A él lo sucedió su hijo Zebadías.

⁸División de guardia el quinto mes: su jefe era Samhut el izraíta.

⁹División de guardia el sexto mes: su jefe era Irá, hijo de Iqués, del pueblo de Tecoa.

¹⁰División de guardia el séptimo mes: su jefe era Heles el paltita,ᵇ descendiente de Efraín.

¹¹División de guardia el octavo mes: su jefe era Sibecai el de Husá, descendiente de Zérah.

¹²División de guardia el noveno mes: su jefe era Ebiézer el de Anatot, descendiente de Benjamín.

¹³División de guardia el décimo mes: su jefe era Maharai el de Netofá, descendiente de Zérah.

¹⁴División de guardia el undécimo mes: su jefe era Benaías el de Piratón, descendiente de Efraín.

¹⁵División de guardia el duodécimo mes: su jefe era Heldai el de Netofá, descendiente de Otoniel.

¹⁶Los jefes de las tribus de Israel eran los siguientes: de la tribu de Rubén, Eliézer, hijo de Zicrí; de la de Simeón, Sefatías, hijo de Maacá; ¹⁷de la de Leví, Hasabías, hijo de Quemuel; de los descendientes de Aarón, Sadoc;

¹⁸de la tribu de Judá, Elihú, un hermano de David; de la de Isacar, Omrí, hijo de Micael; ¹⁹de la de Zabulón, Ismaías, hijo de Abdías; de la de Neftalí, Jerimot, hijo de Azriel; ²⁰de la de Efraín, Oseas, hijo de Azazías; de la media tribu de Manasés, Joel, hijo de Pedaías; ²¹de la otra media tribu que estaba en Galaad, Idó, hijo de Zacarías; de la de Benjamín, Jaasiel, hijo de Abner; ²²de la de Dan, Azarel, hijo de Jeroham. Estos eran los jefes de las tribus de Israel.

²³David no hizo el censo de los que tenían menos de veinte años, porque el Señor había prometido que multiplicaría a los israelitas como las estrellas del cielo. ²⁴Joab comenzó a hacer el censo, pero no lo terminó, porque eso trajo una calamidad a Israel.ᶜ Por eso no aparece el número en el libro de las crónicas del rey David.

²⁵El tesorero real era Azmávet, hijo de Adiel, y el encargado de los almacenes que había en el campo, en las ciudades, en los pueblos y en las fronteras, era Jonatán, hijo de Ozías.

²⁶Al frente de los trabajadores que cultivaban las tierras estaba Ezrí, hijo de Quelub. ²⁷Al frente de los viñedos estaba Simí, de Ramat, y el encargado de recoger el vino para las bodegas era Zabdí, de Sefam. ²⁸Al frente de los olivares y de los bosques de higueras silvestres que había en la llanura estaba Baal–hanán, de Guéder, y de los depósitos de aceite, Joás. ²⁹Al frente del ganado que pastaba en Sarón estaba Sitrai, del propio Sarón, y al frente del ganado que pastaba en los valles estaba Safat, hijo de Adlai. ³⁰Al frente de los camellos estaba Obil, el ismaelita; de las asnas, Jehedías, de Meronot; ³¹y de las ovejas, Jaziz, el agareno. Todos estos eran los administradores de los bienes del rey David.

³²Jonatán, el tío de David, hombre sabio e instruido, era consejero, y Jehiel, hijo de Hacmoní, era quien acompañaba a los hijos del rey. ³³También Ahitófel era consejero del rey, y Husai, el arquita, era el hombre de confianza del rey. ³⁴A Ahitófel le sucedieron en su cargo Joiadá, hijo de Benaías, y Abiatar. El jefe del ejército real era Joab.

Salomón sucede a David

28 ¹David reunió en Jerusalén a todas las autoridades de Israel: los jefes de las tribus, los jefes de las divisiones

---

ª **27.4** *Ahohíta:* según la versión griega (LXX). Heb. añade: *y su división, y el jefe era Miclot.* ᵇ **27.10** *Paltita:* según 2 S 23.26. Heb. *pelonita.* ᶜ **27.24** 2 S 24.1–15.

militares al servicio del rey, los comandantes de batallones y jefes de compañías, los administradores de todas las tierras y ganados del rey y de sus hijos, los personajes más importantes y todos los militares notables.

2 Entonces David se puso de pie y dijo: "Escúchenme, hermanos y pueblo mío: Yo tenía el propósito de construir un lugar donde el arca de la alianza del Señor estuviera permanentemente y que fuera el sitio donde nuestro Dios pusiera su trono, y había hecho preparativos para construirlo. 3 Pero Dios me dijo: 'No eres tú quien va a construirme un templo, porque eres un guerrero y has derramado sangre.' 4 Sin embargo, el Señor, Dios de Israel, me escogió entre toda mi familia para hacerme rey de Israel por siempre. Pues él escogió la tribu de Judá como tribu gobernante; de la tribu de Judá escogió a mi familia; y de entre mis hermanos me escogió a mí para ser rey sobre todo Israel. 5 Y ahora, entre todos mis hijos, pues son muchos los que el Señor me ha dado, el Señor ha escogido a mi hijo Salomón para que se siente en el trono del dominio del Señor sobre Israel. 6 El Señor también me dijo: 'Tu hijo Salomón será quien construya mi templo y mis atrios, porque lo he escogido como hijo, y yo seré un padre para él, 7 y afirmaré su reino para siempre, si él sigue esforzándose en cumplir mis mandamientos y disposiciones como hasta el día de hoy.' a

8 "Ahora pues, en presencia de todo Israel, de esta asamblea del Señor, y de nuestro Dios que nos escucha, guarden con empeño todos los mandamientos del Señor, el Dios de ustedes, para que este hermoso país continúe siendo propiedad de ustedes y luego puedan dejárselo para siempre en herencia a sus hijos. 9 Y tú, Salomón, hijo mío, reconoce al Dios de tu padre y sírvele de todo corazón y con buena disposición, porque el Señor examina todas las conciencias y distingue cualquier intención y pensamiento. Así que, si tú lo buscas, él permitirá que lo encuentres; pero si te apartas de él, te rechazará de una vez para siempre. 10 Ten ahora presente que el Señor te ha escogido para que construyas un edificio que será su santuario. Por tanto, ¡ánimo y manos a la obra!"

11 Entonces David entregó a su hijo Salomón el plano del vestíbulo del templo, de sus edificios, de los almacenes, de las salas del piso alto, de los cuartos interiores y del Lugar Santísimo. 12 Además le dio el proyecto de todo lo que tenía en mente para los atrios del templo y los cuartos que debían estar alrededor, los tesoros y los depósitos para las ofrendas sagradas, 13 y también los cuartos para los turnos de los sacerdotes y los levitas y para todos los servicios del templo, lo mismo que para todos los objetos del culto en el templo.

14 También le dio oro y plata en cantidad suficiente para todos los objetos de oro y plata que se iban a usar en el culto; 15 para los candelabros y sus lámparas, tanto los de oro como los de plata, le dio conforme al peso que debía tener cada uno de ellos; 16 y lo mismo hizo para cada una de las mesas, tanto las de oro como las de plata, donde debía ponerse en hileras el pan consagrado. 17 Le dio además oro para los tenedores, los tazones y las jarras, así como oro y plata suficiente para las copas de uno u otro metal, según el peso de cada una. 18 También le entregó suficiente cantidad de oro refinado para el altar del incienso, e igualmente le dio oro para la construcción del carro, es decir, de los seres alados que con las alas extendidas cubren el arca de la alianza del Señor.

19 Todo esto estaba en un escrito redactado por revelación del Señor a David, en el que se explicaban todos los trabajos que había que hacer de acuerdo con el plano.

20 Entonces dijo David a Salomón: "¡Ten valor y firmeza, y pon manos a la obra! ¡No te desanimes ni tengas miedo, porque el Señor mi Dios estará contigo! Él no te dejará ni te abandonará hasta que se acabe toda la obra para el servicio del templo. 21 Aquí están los turnos de los sacerdotes y levitas dispuestos para el servicio en el templo; para todos los trabajos tendrás también la ayuda de toda clase de voluntarios, expertos en todo tipo de servicio; y los jefes y todo el pueblo estarán a tus órdenes."

29 1 Después el rey David dijo a toda la asamblea: "Mi hijo Salomón, el único a quien Dios ha escogido, es un muchacho de tierna edad, mientras que la obra es enorme, porque no se trata del palacio para un hombre sino del templo para Dios, el Señor. 2 Con todo esfuerzo he preparado lo necesario

a 28.2–7 2 S 7.1–16; 1 R 5.3.

para el templo de mi Dios: oro, plata, bronce, hierro y madera respectivamente para cada cosa. Y también cornalina, piedras para engastar, mezcla, piedras para mosaico, toda clase de piedras preciosas y alabastro en abundancia. 3 Pero además de todo lo que ya tengo preparado para el templo, y por el amor que tengo al templo de mi Dios, entrego para el templo el oro y la plata que son de mi propiedad personal: 4 cien mil kilos del oro más fino, doscientos treinta mil kilos de plata refinada para cubrir las paredes de los edificios. 5 Todo el oro y la plata para hacer de uno u otro metal lo que sea necesario, y para todo trabajo que tengan que hacer los artesanos. Y ahora, ¿quién quiere contribuir voluntariamente haciendo un donativo para el Señor?"

6 Entonces los jefes de familia, los jefes de las tribus de Israel, los jefes de batallones y de compañías, y los jefes de obras públicas del rey, hicieron donativos voluntarios, 7 dando para las obras del templo ciento sesenta y cinco mil kilos y diez mil monedas de oro, trescientos treinta mil kilos de plata, y cerca de seiscientos mil kilos de bronce y tres millones trescientos mil kilos de hierro.

8 También los que tenían piedras preciosas las entregaron a la tesorería del templo, que estaba a cargo de Jehiel, descendiente de Guersón.

9 La gente se alegró de esta generosidad, porque habían dado estas cosas al Señor con toda sinceridad. También el rey David se puso muy contento.

10 Entonces David bendijo al Señor en presencia de toda la asamblea, diciendo: "¡Bendito seas para siempre, Señor, Dios de nuestro padre Israel! 11 ¡Tuyos son, Señor, la grandeza, el poder, la gloria, el dominio y la majestad! Porque todo lo que hay en el cielo y en la tierra es tuyo. Tuyo es también el reino, pues tú, Señor, eres superior a todos. 12 De ti vienen las riquezas y la honra. Tú lo gobiernas todo. La fuerza y el poder están en tu mano, y en tu mano está también el dar grandeza y poder a todos. 13 Por eso, Dios nuestro, te damos ahora gracias y alabamos tu glorioso nombre; 14 pues, ¿quién soy yo y qué es mi pueblo para que seamos capaces de ofrecerte tantas cosas? En realidad, todo viene de ti y solo te damos lo que de ti hemos recibido. 15 Pues ante ti somos como extranjeros que están de paso, igual que lo fueron todos nuestros antepasados, y nuestra vida sobre la tierra es como una sombra, sin ninguna esperanza. 16 "¡Oh Señor, Dios nuestro, tuyas son y de ti han venido todas estas riquezas que hemos preparado

para construir un templo a tu santo nombre! 17 Yo sé, Dios mío, que tú examinas las conciencias y que te agrada la rectitud. Por eso, con recta intención te he ofrecido todo esto. Y ahora puedo ver con alegría que tu pueblo, aquí reunido, te ha presentado generosamente sus ofrendas. 18 Señor, Dios de Abraham, de Isaac y de Israel, nuestros antepasados, conserva siempre esta disposición de ánimo en el corazón de tu pueblo, y dirige su corazón hacia ti. 19 Concédele también a mi hijo Salomón un corazón íntegro para que pueda cumplir tus mandamientos, preceptos y leyes, poniéndolos todos en práctica, y para que pueda construir el templo para el que he hecho los preparativos."

20 A continuación dijo David a toda la asamblea: "Ahora alaben al Señor su Dios." Entonces la asamblea en pleno alabó al Señor, Dios de sus antepasados, y de rodillas se inclinaron ante el Señor y ante el rey. 21 Al día siguiente ofrecieron al Señor sacrificios y holocaustos: mil becerros, mil carneros y mil corderos, con sus correspondientes ofrendas de vino y multitud de sacrificios por todo Israel. 22 Aquel día comieron y bebieron con mucha alegría en presencia del Señor. Después proclamaron por segunda vez a Salomón, hijo de David, como rey, y lo consagraron ante Dios como soberano, y a Sadoc como sacerdote. 23 Así pues, Salomón ocupó como rey el trono del Señor, en lugar de David, su padre, y tuvo gran prosperidad. Todo Israel le obedeció. 24 Y todos los jefes y guerreros, con todos los hijos del rey David, dieron su apoyo al rey Salomón. 25 El Señor hizo que Salomón gozara de enorme prestigio ante todo Israel, y le dio tal esplendor a su reinado como jamás lo tuvo antes que él ningún rey en Israel.

Muerte de David
(1 R 2.10–12)

26 David, hijo de Jesé, reinó, pues, sobre todo Israel. 27 Fue rey de Israel durante cuarenta años, de los cuales reinó siete en Hebrón y treinta y tres en Jerusalén. 28 Murió en tranquila vejez, cargado de años, riquezas y honores. En su lugar reinó su hijo Salomón.

29 La historia del rey David, desde el principio hasta el final, está escrita en las crónicas del profeta Samuel, en las crónicas del profeta Natán y en las de Gad, el vidente, 30 con todo lo referente a su reinado y su poder y a los sucesos que les ocurrieron a él, a Israel y a los demás países.

Segundo libro de las

CRÓNICAS

El *Segundo libro de las Crónicas* (=2 Cr) dedica sus nueve primeros capítulos al reinado de Salomón. Luego refiere la rebelión de las tribus del norte, cuyo resultado final fue la constitución de un reino independiente, separado de la dinastía davídica. A partir de este momento, toda la atención se concentra únicamente en los reyes de Judá, hasta la caída de Jerusalén (587 a.C.). Tras un breve resumen del exilio en Babilonia, el libro se refiere al decreto de Ciro, que autorizó el regreso de los judíos a Jerusalén.

Como *1* y *2 Crónicas* forman en realidad una sola obra, véase la *Introducción* al primer libro. El siguiente esquema resume el contenido del libro:

1. El reinado de Salomón (1—9)
2. La división del reino (10.1—11.4)
3. Los reyes de Judá (11.5—36.23)

Salomón pide a Dios sabiduría
(1 R 3.3–15)

1 ¹Salomón, hijo de David, consiguió fortalecer su reinado con la ayuda del Señor, que aumentó muchísimo su poder. ²Entonces llamó a todo Israel: a los jefes militares, a los principales funcionarios y a todos los jefes de familia que tenían autoridad en Israel. ³Y con toda la gente que se había reunido fue al santuario que había en Gabaón, porque allí estaba la tienda del encuentro con Dios, que Moisés, siervo de Dios, había hecho en el desierto. ⁴Pero David había llevado el arca de Dios desde Quiriat–jearim hasta el sitio que le tenía preparado, pues le había levantado una tienda de campaña en Jerusalén.[a] ⁵El altar de bronce que había hecho Besalel, hijo de Urí y nieto de Hur, también estaba en Gabaón delante de la tienda del Señor.[b] Salomón y toda la comunidad fueron allí a consultarlo.

⁶Salomón subió al altar de bronce que estaba ante el Señor, frente a la tienda del encuentro con Dios, y ofreció sobre él mil holocaustos.

⁷Y aquella misma noche, Dios se apareció a Salomón y le dijo: "Pídeme lo que quieras, y yo te lo daré."

⁸Salomón le respondió a Dios: "Tú trataste con gran bondad a mi padre David, y a mí me pusiste a reinar en su lugar. ⁹Ahora pues, Dios y Señor, cumple lo que dijiste a David mi padre, ya que me hiciste rey de un pueblo tan numeroso como el polvo de la tierra. ¹⁰Por tanto, dame sabiduría y conocimiento para dirigir a este pueblo; porque ¿quién va a gobernar a este pueblo tuyo tan grande?"

¹¹Dios respondió a Salomón: "Puesto que este ha sido tu deseo, y no has pedido riquezas ni bienes ni honores, ni la muerte de tus enemigos, ni tampoco una larga vida, sino sabiduría y conocimiento para poder gobernar a mi pueblo, del que te hice rey, ¹²te concedo sabiduría y conocimiento, pero además te daré riquezas, bienes y honores, como no tuvieron los reyes que hubo antes de ti ni los tendrán los que habrá después de ti."

¹³Después Salomón volvió a Jerusalén desde el santuario[c] que había en Gabaón, y luego de haber visitado la tienda del encuentro con Dios, reinó en Israel.

---

[a] **1.4** 2 S 6.1-17; 1 Cr 13.5-14; 15.25—16.1. [b] **1.5** Ex 36.8-38. [c] **1.13** *Desde el santuario:* según varias versiones antiguas. Heb. *al santuario.*

Salomón comercia con carros y caballos
(1 R 10.26–29; 2 Cr 9.25–28)

14 Salomón reunió carros y jinetes. Tenía mil cuatrocientos carros y doce mil jinetes, los cuales destinó a los cuarteles de carros de combate y a la guardia real en Jerusalén. **15** El rey hizo que en Jerusalén hubiera tanta plata y oro como piedras; y que abundara el cedro como las higueras silvestres en la llanura. **16** Los caballos para Salomón eran llevados de Musri[d] y de Cilicia, pues los comerciantes de la corte los compraban allí. **17** Un carro importado de Egipto valía seiscientas monedas de plata, y un caballo, ciento cincuenta. Y todos los reyes hititas y sirios los compraban por medio de los agentes de Salomón.

Pacto de Salomón con Hiram, rey de Tiro
(1 R 5.1–18; 7.13–14)

2 **1** Salomón decidió construir un templo al Señor y también su propio palacio real. **2** Para ello designó setenta mil cargadores y ochenta mil canteros que trabajaran en la montaña, y tres mil seiscientos capataces que los dirigieran.

3 Después Salomón mandó decir a Hiram, rey de Tiro: "Haz conmigo lo que hiciste con David, mi padre, a quien enviaste madera de cedro para que se construyera un palacio donde vivir. **4** Mira, yo voy a construir un templo al Señor mi Dios, para consagrárselo, quemar perfumes en su honor, presentarle siempre las hileras de panes y ofrecerle holocaustos por la mañana y por la tarde, lo mismo que en los sábados, y en las fiestas de luna nueva y en las demás fiestas que en honor del Señor nuestro Dios se celebran siempre en Israel. **5** Pero el templo que voy a construir debe ser grande, porque nuestro Dios es más grande que todos los dioses. **6** Sin embargo, ¿quién será capaz de construirle un templo, si el cielo, con toda su inmensidad, no puede contenerlo? ¿Y quién soy yo para construirle un templo, aunque solo sea para quemar incienso en su honor? **7** Envíame, por tanto, un experto en trabajos en oro, plata, bronce y hierro, y en tela púrpura, tela roja y tela morada. Que sepa también hacer grabados en colaboración con los maestros que están a mi servicio en Judá y en Jerusalén, y que contrató

David mi padre. **8** Mándame también del Líbano madera de cedro, ciprés y sándalo, porque sé que tus súbditos saben cortar madera del Líbano. Mis servidores ayudarán a los tuyos **9** a prepararme gran cantidad de madera, ya que el templo que voy a construir tiene que ser grande y maravilloso. **10** Pero ten en cuenta que daré como provisiones para tus trabajadores, los leñadores que corten la madera, cuatro millones cuatrocientos mil litros de trigo, igual cantidad de cebada, cuatrocientos cuarenta mil litros de vino y otros tantos de aceite."

11 Entonces Hiram, rey de Tiro, le envió a Salomón una carta en la que le decía: "El Señor te ha hecho rey de los israelitas, porque ama a su pueblo." **12** Y añadía: "¡Bendito sea el Señor, el Dios de Israel, que hizo el cielo y la tierra, porque ha concedido al rey David un hijo tan sabio, instruido y prudente, que va a construir un templo al Señor y un palacio real para sí mismo! **13** Te envío, pues, un hombre experto e inteligente: al maestro Hiram. **14** Es hijo de una mujer de la tribu de Dan y de un nativo de Tiro. Es experto en trabajos en oro, plata, bronce, hierro, piedra, madera, tela púrpura y morada, lino y tela roja, y en grabados de toda clase de figuras, y sabe realizar toda clase de diseños que se le encarguen en compañía de tus peritos y de los que tenía tu padre David, mi señor. **15** Por eso, señor, manda a tus servidores el trigo, la cebada, el aceite y el vino que has ofrecido. **16** Entre tanto, nosotros cortaremos en el Líbano toda la madera que necesites, y te la llevaremos por mar, en balsas, hasta Jope. Luego tú te encargarás de que la lleven de allí a Jerusalén."

17 Después Salomón hizo el censo de todos los extranjeros que vivían en Israel, después del que David, su padre, había hecho, y resultó que había ciento cincuenta y tres mil seiscientos. **18** De ellos reclutó setenta mil cargadores, ochenta mil canteros en la montaña y tres mil seiscientos capataces que hicieran trabajar a la gente.

Salomón construye el templo
(1 R 6.1–38)

3 **1** Salomón comenzó la construcción del templo del Señor en Jerusalén, en el monte Moria,[a] donde el Señor se apareció a David,

---

d **1.16** *Musri:* texto probable. Heb. *Egipto.* *a* **3.1** *Monte Moria:* Este es el único pasaje de la Biblia que identifica el monte del templo con el sitio donde Abraham iba a sacrificar a su hijo Isaac (Gn 22.2).

su padre, en el sitio que David había preparado para ello, es decir, donde Ornán el jebuseo trillaba el trigo. **2**Comenzó la construcción el día dos del segundo mes del cuarto año de su reinado.

3Los cimientos que puso Salomón para la construcción del templo tenían estas medidas: veintisiete metros de largo por nueve de ancho. **4**El vestíbulo que había en la parte delantera del templo medía nueve*b* metros de largo, igual que la anchura del templo, y la altura era también de nueve metros. Salomón recubrió de oro puro el interior del vestíbulo, **5**y revistió el interior del edificio principal con tableros de pino, que recubrieron luego de oro fino, y pusieron relieves de palmeras y cadenas, **6**y lo adornó con incrustaciones de piedras preciosas. El oro que usaron era de la mejor calidad. **7**Revistió, pues, de oro todo el interior del edificio: las vigas, los umbrales, las paredes y las puertas, y grabó seres alados sobre las paredes.

8Construyó además la sala del Lugar Santísimo. Tenía nueve metros de largo, igual que la anchura del templo, y también nueve metros de ancho. Luego lo revistió de oro fino, para lo que emplearon cerca de veinte mil kilos. **9**Los clavos pesaban quinientos cincuenta gramos cada uno. También revistió de oro las salas del piso alto.

10En el Lugar Santísimo mandó esculpir dos seres alados, que fueron también recubiertos de oro. **11**La longitud total de las alas de los seres alados era de nueve metros; una de ellas, que medía dos metros y veinticinco centímetros, tocaba la pared de la sala, y la otra, de igual longitud, tocaba la punta del ala del otro ser alado. **12**De igual modo, un ala de este otro ser alado, de igual medida que las otras, tocaba la pared de la sala, y la otra, de igual longitud, tocaba la punta del ala del ser alado anterior. **13**Estos seres alados, cuyas alas medían en total nueve metros, estaban de pie, con las caras vueltas hacia la sala central. **14**Hizo también la cortina de tela morada, púrpura y de lino, e hizo bordar seres alados en ella.

Las dos columnas
(1 R 7.15—22)

15Salomón hizo dos columnas de casi dieciséis metros de altura para la fachada del templo.

Sus capiteles medían dos metros veinticinco centímetros. **16**También hizo cadenas en forma de collar,*c* y las puso en lo alto de las columnas; además modeló cien granadas, que puso en las cadenas. **17**Puso las columnas en la fachada del templo, una a la derecha y otra a la izquierda. A la columna de la derecha la llamó Jaquín, y a la de la izquierda la llamó Bóaz.

Mobiliario del templo
(1 R 7.23—51)

4 **1**Salomón hizo también un altar de bronce de nueve metros de largo por nueve de ancho y cuatro y medio de alto. **2**Hizo también una enorme pila de bronce, para el agua. Era redonda, y medía cuatro metros y medio de un borde al otro. Su altura era de dos metros y veinticinco centímetros, y su circunferencia, de trece metros y medio. **3**Debajo y alrededor de la pila, en dos hileras, había figuras como de toros,*a* en número de diez por cada cuarenta y cinco centímetros, formando una sola pieza con la pila. **4**Esta descansaba sobre doce toros de bronce, de los cuales tres miraban al norte, tres al sur, tres al este y tres al oeste. Sus patas traseras estaban hacia dentro, y la pila descansaba sobre ellos. **5**Las paredes de la pila tenían ocho centímetros de grueso; su borde imitaba el cáliz de un lirio, y cabían en ella sesenta y seis mil litros de agua.

6Hizo también diez pilas de bronce para lavar, y puso cinco a la derecha y cinco a la izquierda. En ellas lavaban todo lo que se usaba en el holocausto; pero la pila grande era para que se lavaran en ella los sacerdotes.

7Hizo también diez candelabros de oro en la forma prescrita, y los colocó en el templo, cinco a la derecha y cinco a la izquierda. **8**Además hizo diez mesas, y las puso en el templo, cinco a la derecha y cinco a la izquierda. Hizo también cien tazones de oro.

9Construyó además el atrio de los sacerdotes y el atrio principal, con sus puertas, las cuales recubrió de bronce. **10**Y puso la pila grande al lado derecho del templo, hacia el suroeste.

11Hiram hizo además las ollas, las palas y los tazones, y así terminó el trabajo que hizo para Salomón en el templo de Dios. **12**Este trabajo

---

b **3.4** *Nueve:* según versiones antiguas. Heb. *cincuenta y cuatro.* *c* **3.16** *En forma de collar:* texto probable. Heb. *en el Lugar Santísimo.* *a* **4.3** *Dos hileras . . . como de toros:* Según 1 R 7.24, las figuras que estaban en estas hileras no eran *toros* sino *frutos.* El cambio se debe probablemente a que en hebreo las dos palabras tienen sonido semejante.

consistió en las dos columnas, los capiteles redondos que estaban en la parte superior de las mismas, las dos rejillas para cubrir los capiteles, **13** las cuatrocientas granadas para las dos rejillas, en dos hileras para cada una de las rejillas, con que se cubrían los dos capiteles redondos que había en lo alto de las columnas; **14** las diez bases, las diez pilas que iban sobre ellas, **15** la pila grande para el agua, con los doce toros que tenía debajo, **16** además de las ollas, las palas y los tenedores.

Todos los utensilios que Hiram, el maestro, le hizo al rey Salomón para el templo del Señor, eran de bronce pulido. **17** Los fundió en moldes de arena, en la región del Jordán, entre Sucot y Saretán.[b] **18** Salomón hizo tantos utensilios de bronce, que no se preocupó por hacer que los pesaran.

19 También mandó hacer Salomón todos los demás utensilios que había en el templo de Dios: el altar de oro, las mesas sobre las que se ponían los panes que se consagran al Señor, **20** los candelabros de oro puro con sus lámparas que había frente al Lugar Santísimo, para encenderlos como estaba ordenado; **21** las figuras de flores, las lámparas y las tenazas, igualmente de oro puro; **22** las despabiladeras, los tazones, los cucharones y los incensarios, que eran todos de oro puro. También eran de oro, a la entrada del templo, las hojas de las puertas interiores, las del Lugar Santísimo y las de las puertas del templo mismo.

5 **1** Y cuando se acabaron todas las obras que Salomón mandó realizar en el templo del Señor, llevó Salomón los utensilios de oro y de plata que David, su padre, había dedicado al Señor,[a] y los depositó en los tesoros del templo de Dios.

El arca de la alianza es llevada al templo
(1 R 8.1–11)

2 Entonces Salomón reunió en Jerusalén a los ancianos de Israel, a todos los jefes de las tribus y a las personas principales de las familias israelitas, para trasladar el arca de la alianza del Señor desde Sión, la Ciudad de David. **3** Y en el día de la fiesta solemne, en el séptimo mes del año, se reunieron con el rey Salomón todos los israelitas. **4** Llegaron todos los ancianos de Israel, y los levitas tomaron el arca **5** y la trasladaron junto con la tienda del encuentro con Dios y con todos los utensilios sagrados que había en ella, los cuales llevaban los sacerdotes y levitas. **6** El rey Salomón y toda la comunidad israelita que se había reunido con él, estaban delante del arca ofreciendo en sacrificio ovejas y toros en cantidad tal que no se podían contar. **7** Después llevaron los sacerdotes el arca de la alianza del Señor al interior del templo, hasta el Lugar Santísimo, bajo las alas de los seres alados, **8** los cuales tenían sus alas extendidas sobre el sitio donde estaba el arca, cubriendo por encima tanto el arca como sus travesaños. **9** Pero los travesaños eran tan largos que sus extremos se veían desde el Lugar Santo,[b] frente al Lugar Santísimo, aunque no podían verse por fuera; y así han quedado hasta el día de hoy. **10** En el arca no había más que las dos tablas de piedra que Moisés había puesto allí en Horeb,[c] las tablas de la alianza que el Señor hizo con los israelitas cuando salieron de Egipto.

11 Los sacerdotes salieron del Lugar Santo. Todos los sacerdotes que estaban presentes se habían purificado sin atenerse a los turnos en que estaban repartidos. **12** Todos los levitas cantores, Asaf, Hemán y Jedutún, junto con sus hijos y demás parientes, estaban de pie, al este del altar, vestidos de lino. Tenían platillos, salterios y arpas. Con ellos había ciento veinte sacerdotes que tocaban trompetas.

13 Entonces todos unidos se pusieron a tocar las trompetas y a cantar a una voz para alabar y dar gracias al Señor, haciendo sonar las trompetas, los platillos y los otros instrumentos musicales mientras se cantaba: "Alaben al Señor, porque él es bueno, porque su amor es eterno." En aquel momento, el templo del Señor se llenó de una nube, **14** y por causa de la nube los sacerdotes no pudieron quedarse para celebrar el culto, porque la gloria del Señor había llenado el templo.[d]

Salomón dedica el templo
(1 R 8.12–66)

6 **1** Entonces Salomón dijo:
"Tú, Señor, has dicho
que vives en la oscuridad.
2 Pero yo te he construido
un templo para que lo habites,
un lugar donde vivas para siempre."

---

b **4.17** *Saretán:* según una versión antigua y 1 R 7.46. Heb. *Seredata.* *a* **5.1** 2 S 8.11; 1 Cr 18.11. *b* **5.9** *Desde el Lugar Santo:* según 1 R 8.8. Heb. *desde el arca.* *c* **5.10** Dt 10.5. *d* **5.13–14** Ex 40.34–35; 2 Cr 7.2.

3 Luego el rey se volvió, de frente a toda la comunidad israelita, que estaba de pie, y la bendijo 4 diciendo: "Bendito sea el Señor, Dios de Israel, que ha cumplido lo que prometió a David, mi padre, cuando le dijo: 5 'Desde el día en que saqué de Egipto a mi pueblo, no había escogido yo ninguna ciudad entre todas las tribus de Israel para que en ella se construyera un templo donde residiera mi nombre, ni había escogido a ningún hombre para que fuera el guía de mi pueblo Israel, 6 pero escogí a Jerusalén para que mi nombre resida allí, y escogí a David para que gobernara a mi pueblo Israel.' 7 Y David, mi padre, tuvo el deseo de construir un templo en honor del Señor, Dios de Israel. 8 Sin embargo, el Señor le dijo: 'Haces bien en querer construirme un templo; 9 pero no serás tú quien lo construya, sino el hijo que tendrás. Él será quien me construya el templo.'[a]

10 "Pues bien, el Señor ha cumplido su promesa. Tal como dijo, yo he tomado el lugar de David, mi padre, y me he sentado en el trono de Israel y he construido un templo al Señor, el Dios de Israel. 11 Además he puesto allí el arca donde está la alianza que el Señor hizo con los israelitas."

12 Después se puso Salomón delante del altar del Señor, en presencia de toda la comunidad israelita, y extendió sus manos. 13 Estaba subido sobre una plataforma de bronce de dos metros veinticinco centímetros de largo, otro tanto de ancho y un metro treinta y cinco centímetros de alto, la cual había construido y colocado en medio del atrio. Luego se arrodilló delante de toda la comunidad israelita, y extendiendo sus manos al cielo, 14 exclamó: "Señor, Dios de Israel: ni en el cielo ni en la tierra hay un Dios como tú, que cumples tu alianza y muestras tu bondad para con los que te sirven de todo corazón; 15 que has cumplido lo que prometiste a David, mi padre, uniendo así la acción a la palabra en este día. 16 Por lo tanto, Señor, Dios de Israel, cumple también lo que prometiste a tu siervo David, mi padre: que no le faltaría un descendiente que, con tu favor, subiera al trono de Israel, con tal de que sus hijos cuidaran su conducta y cumplieran tu ley como él la cumplió.[b] 17 Así pues, Señor, Dios de Israel, haz que se cumpla la promesa que hiciste a mi padre, tu servidor David.

18 "Pero ¿será verdad que Dios puede vivir con los hombres sobre la tierra? Si el cielo, en toda su inmensidad, no puede contenerte, ¡cuánto menos este templo que he construido para ti! 19 No obstante, Señor y Dios mío, atiende mi ruego y mi súplica; escucha el clamor y la oración que este siervo tuyo te dirige. 20 No dejes de mirar, ni de día ni de noche, este templo, lugar donde tú has dicho que estarás presente. Escucha la oración que aquí te dirige este siervo tuyo. 21 Escucha mis súplicas y las de tu pueblo Israel cuando oremos hacia este lugar. Escúchalas en el cielo, lugar donde vives, y concédenos tu perdón.

22 "Cuando alguien cometa una falta contra su prójimo, y le obliguen a jurar ante tu altar en este templo, 23 escucha tú desde el cielo, y actúa; haz justicia a tus siervos. Da su merecido al culpable, haciendo recaer sobre él el castigo por sus malas acciones, y haz justicia al inocente, según le corresponda.

24 "Cuando el enemigo derrote a tu pueblo Israel por haber pecado contra ti, si luego este vuelve y alaba tu nombre, y en sus oraciones te suplica en este templo, 25 escúchalo tú desde el cielo, perdona su pecado, y hazlo volver al país que les diste a ellos y a sus antepasados.

26 "Cuando haya una sequía y no llueva porque el pueblo pecó contra ti, si luego ora hacia este lugar, y alaba tu nombre, y se arrepiente de su pecado a causa de tu castigo, 27 escúchalo tú desde el cielo y perdona el pecado de tus siervos, de tu pueblo Israel, y enséñales el buen camino que deben seguir. Envía entonces tu lluvia a esta tierra que diste en herencia a tu pueblo.

28 "Cuando en el país haya hambre, o peste, o las plantas se sequen por el calor, o vengan plagas de hongos, langostas o pulgón; cuando el enemigo rodee nuestras ciudades y las ataque, o venga cualquier otra desgracia o enfermedad, 29-30 escucha entonces toda oración o súplica hecha por cualquier persona, o por todo tu pueblo Israel, que al ver su desgracia y dolor extienda sus manos en oración hacia este templo. Escucha tú desde el cielo, desde el lugar donde habitas, y concede tu perdón; da a cada uno según merezcan sus acciones, pues solo tú conoces las intenciones y el corazón del hombre. 31 Así te honrarán y te obedecerán mientras vivan en la tierra que diste a nuestros antepasados.

a 6.9 2 S 7.1–13.   b 6.16 2 S 7.11–16; 1 R 2.4.

32 "Aun si un extranjero, uno que no sea de tu pueblo, viene de tierras lejanas por causa de tu nombre grandioso y de tu gran despliegue de poder, y ora hacia este templo, 33 escucha tú desde el cielo, desde el lugar donde habitas, y concédele todo lo que te pida, para que todas las naciones de la tierra te conozcan y te honren como lo hace tu pueblo Israel, y comprendan que tu nombre es invocado en este templo que yo te he construido.

34 "Cuando tu pueblo salga a luchar contra sus enemigos, dondequiera que tú lo envíes, si ora a ti en dirección de esta ciudad que tú escogiste y del templo que yo te he construido, 35 escucha tú desde el cielo su oración y su ruego, y defiende su causa.

36 "Y cuando pequen contra ti, pues no hay nadie que no peque, y tú te enfurezcas con ellos y los entregues al enemigo para que los haga cautivos y se los lleve a otro país, sea lejos o cerca, 37 si en el país adonde hayan sido desterrados se vuelven a ti y te suplican y reconocen que han pecado y hecho lo malo, 38 si se vuelven a ti con todo su corazón y toda su alma en el país adonde los hayan llevado cautivos, y oran en dirección de esta tierra que diste a sus antepasados, y de la ciudad que escogiste, y del templo que te he construido, 39 escucha tú sus oraciones y súplicas desde el cielo, desde el lugar donde habitas, defiende su causa y perdónale a tu pueblo sus pecados contra ti.

40 "Atiende, pues, Dios mío, y escucha las oraciones que se hagan en este lugar.

41 "Levántate, Dios y Señor,
con tu arca poderoso,
y ven al lugar donde has de descansar.
Que tus sacerdotes, Dios y Señor,
se revistan de la salvación,
que tus fieles gocen de prosperidad.
42 No desaires, Dios y Señor,
al rey que has escogido.
Recuerda tu amor por David, tu siervo."

7 ¹ Cuando Salomón terminó esta oración, cayó fuego del cielo y consumió el holocausto y los sacrificios, y la gloria del Señor llenó el templo, 2 de modo que por eso los sacerdotes no podían entrar en él. 3 Al ver todos los israelitas el fuego y la gloria del Señor que bajaban sobre el templo, se arrodillaron e inclinaron hasta tocar el suelo del enlosado con la frente, y adoraron y dieron gracias al Señor, repitiendo: "Porque él es bueno, porque su amor es eterno."

4 Después de esto, el rey y todo el pueblo ofrecieron sacrificios al Señor. 5 Y el rey Salomón ofreció en sacrificio veintidós mil toros y ciento veinte mil ovejas.

Así fue como el rey y todo Israel consagraron el templo de Dios.

6 Los sacerdotes se mantenían en sus puestos, y también los levitas, con los instrumentos de música sagrada que el rey había hecho para acompañar el canto que dice: "Porque su amor es eterno", cuando David cantaba con ellos. Y los sacerdotes tocaban frente a ellos las trompetas, mientras todo Israel estaba de pie.

7 Salomón consagró también el centro del atrio que está frente al templo del Señor, pues allí ofreció los holocaustos y la grasa de los sacrificios de reconciliación, porque en el altar de bronce que él había construido no cabían los holocaustos, las ofrendas de cereales y la grasa.

8 En dicha ocasión, Salomón y todo Israel, una gran muchedumbre que había venido desde la entrada de Hamat hasta el arroyo de Egipto, celebraron la fiesta de las Enramadas.ª 9 Al día siguiente tuvieron una fiesta solemne, porque durante siete días habían celebrado la consagración del altar y durante otros siete días la fiesta de las Enramadas. 10 El día veintitrés del séptimo mes, el rey despidió al pueblo para que se fueran a sus casas alegres y satisfechos por el bien que el Señor había hecho a David, a Salomón y a su pueblo Israel.

Dios hace una alianza con Salomón
(1 R 9.1–9)

11 Cuando Salomón terminó con éxito el templo del Señor, el palacio real y todo lo que se propuso hacer en ellos, 12 se le apareció de noche el Señor y le dijo: "He escuchado tu oración, y he escogido este sitio como templo para los sacrificios. 13 Así que, si mando una sequía y hago que no llueva, u ordeno a las langostas que destruyan los campos, o envío una peste sobre mi pueblo, 14 y si mi pueblo, el pueblo que lleva mi nombre, se humilla, ora, me busca y deja su mala conducta, yo lo escucharé desde

---

ª **7.8** *Fiesta de las Enramadas:* lit. *fiesta de siete días.* Cf. Lv 23.33–36; Nm 29.12–40.

el cielo, perdonaré sus pecados y devolveré la prosperidad a su país. **15** De ahora en adelante escucharé con atención las oraciones que se hagan en este lugar, **16** porque he escogido y consagrado este templo como residencia perpetua de mi nombre. Siempre lo cuidaré y lo tendré presente. **17** Ahora bien, si tú te comportas en mi presencia como lo hizo David, tu padre, poniendo en práctica todo lo que te he ordenado y obedeciendo mis leyes y decretos, **18** yo confirmaré tu reinado según lo pactado con David, tu padre, cuando le dije que nunca faltaría un descendiente suyo que gobernara a Israel.*b* **19** Pero si ustedes se apartan de mí, y no cumplen las leyes y los mandamientos que les he dado, sino que sirven y adoran a otros dioses, **20** los arrancaré a ustedes de la tierra que les he dado, arrojaré de mi presencia el templo que he consagrado y haré que sean motivo de burla constante entre todas las naciones. **21** Y este templo, que era tan glorioso, será convertido en un montón de ruinas,*c* y todo el que pase junto a él se asombrará y preguntará por qué actuó el Señor así con este país y con este templo. **22** Y le responderán que fue porque abandonaron al Señor, el Dios de sus antepasados, que los sacó de Egipto, y porque se aferraron a adorar y servir a otros dioses; que por eso hizo venir sobre ellos tan grande mal."

Otras actividades de Salomón
(1 R 9.10–28)

8 **1** Pasaron veinte años después de haber construido Salomón el templo del Señor y su propio palacio, **2** y entonces reconstruyó las ciudades que Hiram le había entregado e instaló a los israelitas en ellas.

3 Después marchó contra Hamat de Sobá, y se apoderó de ella. **4** También reconstruyó Tadmor, en el desierto, y todas las ciudades donde almacenaba los alimentos, las cuales había construido en Hamat. **5** Igualmente reconstruyó Bet–horón de arriba y Bet–horón de abajo, ciudades fortificadas, con murallas, puertas y barras, **6** y también a Baalat y demás ciudades donde almacenaba los alimentos, todos los cuarteles de los carros de combate, los cuarteles de la caballería y todo lo que quiso construir en Jerusalén, en el Líbano y en todo el territorio

bajo su dominio. **7** En cuanto a los habitantes hititas, amorreos, heveos, ferezeos y jebuseos que quedaron, los cuales no eran israelitas, **8** es decir, a sus descendientes que quedaron después de ellos en el país y que los israelitas no exterminaron, Salomón los sometió a trabajos forzados, y así siguen hasta el día de hoy. **9** Pero no obligó a ningún israelita a servir como esclavo en sus obras, sino como soldados, jefes, capitanes y comandantes de los carros de combate y de la caballería. **10** En cuanto a los capataces que el rey Salomón tenía, eran doscientos cincuenta.

11 Salomón trasladó a la hija del faraón de la Ciudad de David al palacio que Salomón había edificado para ella, porque pensó que su esposa no debía vivir en el palacio de David, rey de Israel, ya que los lugares donde había entrado el arca del Señor eran sagrados.

12 Salomón ofrecía al Señor holocaustos sobre el altar del Señor que había construido frente al vestíbulo del templo, **13** en los días en que había que ofrecerlos según la ley de Moisés, es decir, los sábados,*a* en las fiestas de luna nueva*b* y en las tres fiestas que se celebran al año:*c* la de los panes sin levadura, la de las semanas y la de las Enramadas.

14 También estableció los turnos, según lo había dispuesto David, su padre, para que los sacerdotes hicieran su servicio y los levitas se encargaran de alabar al Señor y de colaborar con los sacerdotes en lo que se necesitara cada día. Y también los turnos de los porteros en cada puerta, porque así lo había ordenado David, hombre de Dios. **15** Así pues, no se apartaron en ningún momento de las disposiciones del rey David en cuanto a los sacerdotes, los levitas y la tesorería. **16** Todo lo que Salomón tenía que realizar, se llevó a cabo, desde el día en que se pusieron los cimientos del templo hasta su terminación. El templo del Señor quedó perfectamente terminado.

17 Salomón fue, entonces, a Esión–guéber y a Elat, a orilla del mar, en el territorio de Edom. **18** Hiram, por medio de sus oficiales, le envió barcos y hombres a su servicio, conocedores del mar, que fueron junto con los oficiales de Salomón, y llegaron a Ofir, de donde tomaron casi quince mil kilos de oro y se los llevaron al rey Salomón.

---

b **7.18** 2 S 7.11–16; 1 R 2.4.   *c* **7.21** *Un montón de ruinas:* según varias versiones antiguas. Heb. *altísimo.* Cf. 1 R 9.8.
a **8.13** Nm 28.9–10.   *b* **8.13** Nm 28.11–15.   *c* **8.13** Ex 23.14–17; 34.22–23; Nm 28.16—29.39; Dt 16.16.

La reina de Sabá visita a Salomón
(1 R 10.1–13)

9 ¹La reina de Sabá oyó hablar de la fama que Salomón había alcanzado, y fue a Jerusalén para ponerlo a prueba con preguntas difíciles. Llegó rodeada de gran esplendor, con camellos cargados de perfumes y con gran cantidad de oro y piedras preciosas. Cuando llegó ante Salomón, le preguntó todo lo que tenía pensado, ²y Salomón respondió a todas sus preguntas. No hubo una sola pregunta de la cual no supiera la repuesta. ³Al ver la reina de Sabá la sabiduría de Salomón, y el palacio que había construido, ⁴los manjares de su mesa, los lugares que ocupaban sus oficiales, el porte y la ropa de sus criados, sus coperos y su ropa, y cómo subía al templo,ª se quedó tan asombrada ⁵que dijo al rey: "Lo que escuché en mi país acerca de tus hechos y de tu sabiduría, es verdad; ⁶pero solo he podido creerlo ahora que he venido y lo he visto con mis propios ojos. En realidad, no me habían contado ni la mitad de tu gran sabiduría, pues tú sobrepasas lo que yo había oído. ⁷¡Qué felices deben de ser tus esposas,ᵇ y qué contentos han de sentirse esos servidores tuyos, que siempre están a tu lado escuchando tus sabias palabras! ⁸¡Bendito sea el Señor tu Dios, que te vio con agrado y te puso sobre su trono para que fueras su rey! ¡Por el amor que tu Dios tiene a Israel, y para consolidarlo para siempre, te ha hecho rey sobre ellos para que gobiernes con rectitud y justicia!"

⁹Luego entregó ella al rey tres mil novecientos sesenta kilos de oro, y gran cantidad de perfumes y piedras preciosas. Nunca llegó a Israel tal cantidad de perfumes como la que regaló la reina de Sabá al rey Salomón.

¹⁰Además, los hombres al servicio de Hiram y de Salomón que habían traído oro de Ofir, trajeron también de allá madera de sándalo y piedras preciosas. ¹¹Con la madera de sándalo hizo el rey barandas para el templo del Señor y para el palacio real, y también arpas y salterios para los músicos. Nunca se había visto nada semejante en la tierra de Judá. ¹²Por su parte, el rey Salomón dio a la reina de Sabá todo lo que ella quiso pedirle, además de lo que ya le había dado a cambio de lo que ella le había traído. Después la reina regresó a su país acompañada de la gente a su servicio.

Fama y riqueza de Salomón
(1 R 10.14–29; 2 Cr 1.14–17)

¹³El oro que Salomón recibía cada año llegaba a unos veintidós mil kilos, ¹⁴sin contar el tributo que le pagaban los comerciantes y viajeros. Además, todos los reyes de Arabia y los gobernadores del país le traían oro y plata a Salomón. ¹⁵El rey Salomón mandó hacer doscientos escudos grandes de oro batido, empleando en cada uno seis kilos de oro. ¹⁶Mandó hacer también trescientos escudos más pequeños, empleando en cada uno poco más de tres kilos de oro batido, y los puso en el palacio llamado "Bosque del Líbano." ¹⁷Mandó hacer también un gran trono de marfil, y ordenó que lo recubrieran de oro puro. ¹⁸El trono tenía sujetos a él seis escalones y un estrado de oro, y brazos a cada lado del asiento, junto a los cuales había dos leones de pie. ¹⁹Había también doce leones de pie, uno a cada lado de los seis escalones. ¡Jamás se había construido en ningún otro reino nada semejante! ²⁰Además, todas las copas del rey eran de oro, lo mismo que toda la vajilla del palacio "Bosque del Líbano". No había nada de plata, porque en tiempos de Salomón esta no era de mucho valor, ²¹ya que los barcos del rey iban a Tarsis con los hombres al servicio de Hiram, y llegaban una vez cada tres años, trayendo oro, plata, marfil, monos y pavos reales.

²²El rey Salomón superaba a todos los reyes de la tierra en riqueza y sabiduría. ²³Todos los reyes del mundo querían verlo y escuchar la sabiduría que Dios le había dado, ²⁴y todos le llevaban cada año un regalo: objetos de plata y de oro, capas, armas, sustancias aromáticas, caballos y mulas.

Salomón comercia con carros y caballos
(1 R 10.26–29; 2 Cr 1.14–17)

²⁵Salomón tenía cuatro mil caballerizas para sus caballos y sus carros, y doce mil jinetes, los cuales destinó a los cuarteles de carros de combate y a la guardia real en Jerusalén. ²⁶Y Salomón era soberano de todos los reyes que había desde el río Éufrates hasta el país filisteo y hasta la frontera de Egipto. ²⁷El rey hizo que en Jerusalén hubiera tanta plata como piedras; y que abundara el cedro como las higueras

---

ª **9.4** *Como subía al templo:* traducción probable. Otra posible traducción, con ligero cambio del texto: *los holocaustos que ofrecía en el templo.* Cf. 1 R 10.5. ᵇ **9.7** *Tus esposas:* texto probable (cf. 1 R 10.8). Heb. *tus hombres.*

silvestres en la llanura. **28**Los caballos para Salomón eran traídos de Musri^c y de todos los otros países.

Muerte de Salomón
(1 R 11.41–43)

29El resto de la historia de Salomón, desde el principio hasta el fin, está escrito en las crónicas del profeta Natán, en la profecía de Ahías el de Siló, y en las revelaciones del profeta Iddo concernientes a Jeroboam, hijo de Nabat. **30**Salomón reinó en Jerusalén sobre todo Israel durante cuarenta años, **31**y cuando murió lo enterraron en la Ciudad de David, su padre. Después reinó en su lugar su hijo Roboam.

División del reino
(1 R 12.1–24)

10 **1**Roboam fue a Siquem, porque todo Israel había ido allá para proclamarlo rey. **2**Pero lo supo Jeroboam, hijo de Nabat, que estaba en Egipto, adonde había huido del rey Salomón, y regresó de Egipto. **3**Cuando lo mandaron llamar, Jeroboam y todo Israel fueron a hablar con Roboam, y le dijeron:

4—Tu padre fue muy duro con nosotros; ahora alivia tú la dura servidumbre y el pesado yugo que él nos impuso, y te serviremos.

5Roboam les contestó:

—Vuelvan a verme dentro de tres días.

La gente se fue, **6**y entonces el rey Roboam consultó a los ancianos que habían servido a Salomón, su padre, cuando este vivía. Les preguntó:

—¿Qué me aconsejan ustedes que responda yo a esta gente?

7Ellos le dijeron:

—Si tratas bien a esta gente y procuras darles gusto y les respondes con buenas palabras, ellos te servirán siempre.

8Pero Roboam no hizo caso del consejo de los ancianos, sino que consultó a los muchachos que se habían criado con él y que estaban a su servicio, **9**preguntándoles:

—¿Qué me aconsejan ustedes que responda yo a esta gente, que me ha pedido que aligere el yugo que mi padre les impuso?

10Aquellos jóvenes, que se habían criado con él, le respondieron:

—A la gente que te ha pedido que aligeres el yugo que tu padre les impuso, debes responderle lo siguiente: 'Si mi padre fue duro, yo lo soy mucho más;^a **11**si él les impuso un yugo pesado, yo lo haré más pesado todavía; y si él los azotaba con correas, yo los azotaré con látigos de puntas de hierro.'

12Al tercer día volvió Jeroboam a presentarse con todo el pueblo ante Roboam, como el rey les había dicho. **13**Pero el rey Roboam les contestó duramente, sin hacer caso del consejo de los ancianos, **14**y les repitió lo que le habían aconsejado los muchachos: que si su padre les había impuesto un yugo pesado, él les impondría uno más pesado todavía, y que si su padre los había azotado con correas, él los azotaría con látigos de puntas de hierro. **15**El rey, pues, no hizo caso del pueblo, porque el Señor había dispuesto que sucediera así para que se cumpliera lo que el Señor había prometido a Jeroboam, hijo de Nabat, por medio de Ahías el de Siló.^b **16**Cuando todo el pueblo de Israel vio que el rey no le había hecho caso, le respondió de este modo:

"¡No tenemos nada que ver con David!
¡Ninguna herencia compartimos
con el hijo de Jesé!
¡Cada uno a su casa, israelitas!
¡Y David que cuide de su familia!"

Al momento, todos los israelitas se fueron a sus casas. **17**En cuanto a los israelitas que vivían en las ciudades de Judá, Roboam siguió reinando sobre ellos. **18**Y cuando Roboam envió a Adoram, que era el encargado del trabajo obligatorio, los israelitas lo mataron a pedradas. Entonces el rey Roboam subió rápidamente a su carro y huyó a Jerusalén. **19**De este modo se rebeló Israel contra la dinastía de David hasta el día de hoy.

11 **1**Cuando Roboam llegó a Jerusalén, juntó ciento ochenta mil soldados escogidos de las familias de Judá y de la tribu de Benjamín, para luchar contra Israel y recuperar su reino. **2**Pero el Señor habló a Semaías, hombre de Dios, y le ordenó: **3**"Di a Roboam, hijo de Salomón y rey de Judá, y a todos los israelitas de Judá y de Benjamín, **4**que

---

^c**9.28** *Musri:* texto probable. Heb. *Egipto.* ^a**10.10** *Si mi padre . . . soy mucho más:* lit. *mi dedo meñique es más grueso que los lomos de mi padre.* ^b**10.15** 1 R 11.29–39.

les ordeno que no luchen contra sus hermanos. Que se vuelvan todos a sus casas, porque así lo he dispuesto."

Al oir ellos lo que el Señor les decía, regresaron, desistiendo de marchar contra Jeroboam.

Prosperidad de Roboam

5 Roboam se estableció en Jerusalén y construyó ciudades fortificadas en Judá. 6 Reforzó así Belén, Etam, Tecoa, 7 Bet–sur, Socó, Adulam, 8 Gat, Maresá, Zif, 9 Adoraim, Laquis, Azecá, 10 Sorá, Aialón y Hebrón, que eran ciudades fortificadas de Judá y Benjamín. 11 Reforzó las fortificaciones y puso en ellas comandantes y provisiones de comida, aceite y vino. 12 Además proveyó de escudos y lanzas a todas y cada una de las ciudades, y las reforzó de manera extraordinaria. Así pues, Roboam quedó en posesión de Judá y Benjamín.

13 Los sacerdotes y levitas de todo Israel vinieron de todas partes para unirse a él, 14 pues los levitas tuvieron que abandonar sus tierras de pastoreo y demás posesiones, para irse a Jerusalén y a otros lugares de Judá, porque Jeroboam y sus sucesores les impidieron ejercer el sacerdocio del Señor. 15 Jeroboam había nombrado sus propios sacerdotes para los santuarios paganos y para el culto a los demonios y a los becerros que había fabricado.[a] 16 Además, los que tenían el sincero propósito de buscar al Señor, el Dios de Israel, siguieron el ejemplo de los sacerdotes y levitas, y se fueron a Jerusalén para ofrecer sacrificios al Señor, Dios de sus antepasados. 17 De esta manera fortalecieron el reino de Judá y apoyaron a Roboam, hijo de Salomón, durante tres años, pues solo durante tres años él siguió[b] el ejemplo de David y Salomón.

18 Roboam se casó con Mahalat, hija de Jerimot, hijo de David y Abihail, hija de Eliab y nieta de Jesé. 19 Hijos de Roboam y Mahalat fueron Jehús, Semarías y Záham. 20 Despúes se casó con Maacá, hija de Absalón, y sus hijos fueron Abiam, Atai, Zizá y Selomit. 21 Roboam tenía dieciocho esposas y sesenta concubinas, pero quería más a Maacá que a todas las demás. Tuvo veintiocho hijos y sesenta hijas.

22 Roboam nombró a Abiam, hijo de Maacá, jefe de sus hermanos, pues quería hacerlo rey. 23 Tuvo la buena idea de repartir a sus demás hijos entre todos los territorios de Judá y Benjamín y entre todas las ciudades fortificadas, dándoles provisiones en abundancia y consiguiéndoles muchas esposas.

Sisac invade Judá
(1 R 14.21–31)

12 1 Cuando se consolidó el reinado de Roboam y él se sintió fuerte, dejó de cumplir la ley del Señor, y todo Israel hizo lo mismo. 2 Pero, como fueron infieles al Señor, en el quinto año del reinado de Roboam, Sisac, rey de Egipto, fue y atacó a Jerusalén 3 con mil doscientos carros de combate, sesenta mil soldados de caballería y una innumerable tropa que venía con él de Egipto: libios, suquienos y etiopes. 4 Conquistó las ciudades fortificadas de Judá, y llegó hasta Jerusalén.

5 Entonces el profeta Semaías se presentó a Roboam y a los jefes de Judá que se habían reunido en Jerusalén ante el avance de Sisac, y les dijo:

—El Señor dice que ustedes lo han abandonado y que, por eso, él los abandona ahora en manos de Sisac.

6 Los jefes de Israel y el rey reconocieron humildemente:

—¡El Señor tiene razón!

7 Al ver el Señor que se habían humillado, le dijo a Semaías: "Por haberse humillado, no los destruiré, sino que voy a librarlos dentro de poco, y no utilizaré a Sisac para descargar mi ira sobre Jerusalén; 8 pero van a quedar sometidos a él, y se darán cuenta de la diferencia que hay entre servirme a mí y servir a los reyes de otras naciones."

9 Sisac, rey de Egipto, atacó a Jerusalén y se apoderó de los tesoros del templo del Señor y del palacio real. Todo lo saqueó, y se llevó también los escudos de oro que había hecho Salomón. 10 El rey Roboam hizo en su lugar escudos de bronce, y los dejó al cuidado de los oficiales de la guardia que vigilaba la entrada del palacio real. 11 Y cada vez que el rey iba al templo del Señor, iban los guardias y los llevaban. Luego volvían a ponerlos en el cuarto de guardia. 12 Así pues, por haberse humillado Roboam, se calmó la ira del Señor contra él y no lo destruyó totalmente. A pesar de todo, también había cosas buenas en Judá.

---

a **11.15** 1 R 12.31. *b* **11.17** *El siguió:* según la versión griega. Heb. *ellos siguieron.*

13 El rey Roboam aumentó su poder en Jerusalén, y siguió reinando. Cuando comenzó a reinar tenía cuarenta y un años, y reinó diecisiete años en Jerusalén, ciudad que el Señor escogió entre todas las tribus de Israel para residir en ella. La madre de Roboam se llamaba Naamá, y era de Amón. 14 Sus actos fueron malos, pues no trató sinceramente de buscar al Señor.

15 La historia de Roboam, desde el principio hasta el fin, está escrita en las crónicas del profeta Semaías y del profeta Iddo, en el registro familiar.

Hubo guerra continuamente entre Roboam y Jeroboam. 16 Y cuando Roboam murió, fue sepultado en la Ciudad de David. Después reinó en su lugar su hijo Abiam.

Reinado de Abiam en Judá
(1 R 15.1–7)

13 1 Abiam comenzó a reinar en Judá en el año dieciocho del reinado de Jeroboam. 2 Reinó en Jerusalén durante tres años. Su madre se llamaba Micaías y era hija de Uriel de Guibeá.

Estalló la guerra entre Abiam y Jeroboam. 3 Abiam empezó la batalla con un ejército de cuatrocientos mil soldados escogidos. Jeroboam, por su parte, tomó posiciones de batalla contra él con ochocientos mil soldados escogidos. 4 Entonces Abiam, de pie en el monte Semaraim, que está en la montaña de Efraín, gritó: "¡Jeroboam y todo Israel, escúchenme! 5 ¿No saben ustedes que el Señor, el Dios de Israel, entregó el reino a David y a sus descendientes para siempre mediante una alianza irrevocable? 6 Sin embargo, Jeroboam, el hijo de Nabat, servidor de Salomón, hijo de David, se rebeló contra su amo. 7 Y se le unieron unos hombres ociosos y malvados, que se impusieron a Roboam, hijo de Salomón, porque era joven y débil de carácter. Así que no tuvo fuerza para enfrentarse con ellos. 8 Y ahora ustedes intentan oponerse al gobierno del Señor ejercido por medio de los descendientes de David, solo porque ustedes son una gran multitud y tienen de su parte los becerros de oro que Jeroboam les hizo para que los tuvieran por dioses. 9 ¿Y no han expulsado ustedes también a los sacerdotes del Señor, descendientes de Aarón, y a los levitas, y se han

nombrado sus propios sacerdotes como hacen las naciones paganas? ¡Cualquiera que viene a consagrarse con un becerro y siete carneros puede ser sacerdote de dioses que no son dioses! 10 Para nosotros, en cambio, nuestro Dios es el Señor, y no lo hemos abandonado. Los sacerdotes que están al servicio del Señor son descendientes de Aarón, y los que se encargan del servicio son los levitas. 11 Ellos ofrecen al Señor, mañana y tarde, holocaustos e incienso, presentan en una mesa ritualmente pura el pan consagrado, y encienden todas las tardes las lámparas que arden en el candelabro de oro. Porque nosotros cumplimos las disposiciones del Señor nuestro Dios, mientras que ustedes lo han abandonado. 12 Tengan en cuenta, pues, que al frente de nosotros están Dios y sus sacerdotes, y que están listas las trompetas para dar el toque de guerra contra ustedes. Por consiguiente, israelitas, no peleen contra el Señor, el Dios de sus antepasados, porque no vencerán."

13 Jeroboam había ordenado que sus tropas de retaguardia dieran un rodeo y atacaran por detrás, de modo que el grueso del ejército de Jeroboam quedó frente al de Judá, mientras que la retaguardia atacaba por detrás. 14 Cuando los de Judá miraron hacia atrás, se dieron cuenta de que los atacaban por el frente y por detrás. Entonces invocaron al Señor, y los sacerdotes tocaron las trompetas. 15 Y cuando los de Judá lanzaron el grito de guerra, Dios derrotó a Jeroboam y a todo Israel frente a Abiam y Judá. 16 Los israelitas huyeron de los de Judá, porque Dios los entregó en manos de estos. 17 Abiam y su gente les hicieron una gran matanza, en la que cayeron quinientos mil soldados escogidos de Israel. 18 Así los israelitas fueron humillados en aquel tiempo, mientras que los de Judá se mostraron fuertes, porque se apoyaron en el Señor, Dios de sus antepasados.

19 Abiam persiguió a Jeroboam y le arrebató las ciudades de Betel, Jesaná y Efraín[a] con sus respectivas aldeas. 20 Jeroboam no pudo recuperar su poderío mientras vivió Abiam. Finalmente el Señor lo hirió, y Jeroboam murió. 21 Entre tanto, Abiam se afirmó en el poder. Tuvo catorce esposas, veintidós hijos y dieciséis hijas. 22 El resto de la historia de Abiam y de todo lo que hizo en su vida, está escrito en el comentario del profeta Iddo.

---

a **13.19** *Efraín:* otra posible traducción: *Efrón.*

Reinado de Asá en Judá
(1 R 15.8–12)

14 1 Cuando Abiam murió, lo enterraron en la Ciudad de David. Después reinó en su lugar su hijo Asá. Durante su reinado, hubo paz en el país durante diez años.

2 Los hechos de Asá fueron buenos y rectos a los ojos del Señor su Dios. 3 Quitó los altares de los dioses extranjeros, así como los santuarios en lugares altos; hizo pedazos las piedras sagradas y rompió las representaciones de Aserá.*a* 4 Además ordenó a Judá que acudiera al Señor, Dios de sus antepasados, y que cumpliera la ley y los mandamientos. 5 Quitó de todas las ciudades de Judá los santuarios y altares en lugares altos. Y hubo paz durante su reinado.

6 Aprovechando esos años en que la nación estaba en paz y no tenía que hacer frente a ninguna guerra, porque el Señor le concedió tranquilidad, Asá construyó en Judá ciudades fortificadas. 7 Dijo a la gente de Judá: "Fortifiquemos estas ciudades y hagamos alrededor de ellas muros, torres, puertas y barras, mientras el país está todavía en nuestro poder. Porque hemos buscado al Señor nuestro Dios, él nos ha dado paz con todos nuestros vecinos." Por tanto llevaron a cabo con éxito las construcciones.

8 Asá tenía un ejército formado por trescientos mil soldados de Judá, armados con escudos y lanzas, y doscientos ochenta mil de Benjamín, equipados con escudos y arcos. Todos ellos eran soldados valientes. 9 Contra ellos marchó Zérah el etíope con un ejército de un millón de hombres y trescientos carros de combate, y llegó hasta Maresá. 10 Entonces Asá le salió al encuentro, y con sus hombres tomó posiciones para la batalla en el valle de Sefata, junto a Maresá. 11 Asá invocó al Señor su Dios, diciendo: "Señor, para ti es igual ayudar al fuerte que al débil. Por tanto, ¡ayúdanos, Señor y Dios nuestro, ya que confiamos en ti, y en tu nombre hemos venido contra este ejército! Tú, Señor, eres nuestro Dios. ¡Muestra que nadie puede oponerte resistencia!"

12 Entonces el Señor dio a Asá y a Judá la victoria sobre los etíopes, por lo cual estos huyeron. 13 Pero Asá y su gente los persiguieron hasta Guerar, y cayeron los etíopes hasta no quedar ni uno con vida, pues quedaron destrozados ante el Señor y su ejército, el cual se apoderó de gran cantidad de cosas de los enemigos. 14 Después cayeron sobre todas las ciudades que había alrededor de Guerar, pues todas se llenaron de miedo ante el Señor. Los de Judá las saquearon, pues en ellas había grandes riquezas. 15 También atacaron los campamentos donde había ganado, y se llevaron gran cantidad de ovejas y camellos. Después regresaron a Jerusalén.

Reformas religiosas de Asá
(1 R 15.13–15)

15 1 Azarías, hijo de Oded, poseído por el espíritu de Dios, 2 salió al encuentro de Asá para decirle: "¡Escúchenme tú, Asá, y todos los de Judá y Benjamín! El Señor está con ustedes, si ustedes están con él. Si ustedes lo buscan, lo encontrarán; pero si lo abandonan, él también los abandonará. 3 Israel ha estado mucho tiempo sin verdadero Dios, sin sacerdote que enseñe y sin instrucción religiosa. 4 Pero cuando, en medio de sus dificultades, el pueblo se ha vuelto al Señor, Dios de Israel, y lo ha buscado, él se ha dejado encontrar. 5 En aquellos tiempos no había paz para nadie, sino mucho sobresalto para los habitantes de los diversos países. 6 Las naciones y las ciudades se destruían unas a otras, porque el Señor los aterraba con toda clase de calamidades. 7 Pero ustedes sean valientes y no se desanimen, porque sus trabajos tendrán una recompensa."

8 Cuando Asá oyó este mensaje del profeta, se armó de valor y eliminó los repugnantes ídolos de todo el territorio de Judá y Benjamín y de las ciudades que había conquistado en la montaña de Efraín, y reparó el altar del Señor que estaba frente al vestíbulo del templo del Señor. 9 Después reunió a todo Judá y Benjamín, más los forasteros que había con ellos procedentes de Efraín, Manasés y Simeón, pues muchos de Israel se habían pasado al lado de Asá, al ver que el Señor su Dios estaba con él.

10 Se juntaron en Jerusalén en el mes tercero del año quince del reinado de Asá, 11 y ofrecieron en sacrificio al Señor, en ese día, setecientas reses y siete mil ovejas, de las que habían quitado a los enemigos. 12 Luego se comprometieron

---

a **14.2–3** 2 Cr 33.15; Ex 23.24; 34.13.

solemnemente a buscar de todo corazón al Señor, el Dios de sus antepasados. 13 Y prometieron que cualquiera que no quisiera buscar al Señor, Dios de Israel, fuera mayor o menor, hombre o mujer, sería condenado a muerte. 14 Hicieron el juramento al Señor en alta voz y con gritos de alegría y al son de trompetas y cuernos. 15 Todo Judá se alegró por el juramento que habían hecho, pues juraron de todo corazón, y con toda su voluntad habían buscado al Señor, y él se había dejado encontrar de ellos y les había concedido paz con todos sus vecinos.

16 Además, el rey Asá quitó la categoría de reina madre a Maacá, su abuela, porque había mandado hacer una imagen de Aserá. Asá destruyó aquella imagen; la hizo pedazos y la quemó en el arroyo Cedrón. 17 Y aunque no se quitaron de Israel los santuarios en lugares altos, Asá permaneció siempre fiel, 18 y puso en el templo de Dios todo el oro y la plata que tanto él como su padre habían dedicado al Señor. 19 Y no hubo guerra hasta el año treinta y cinco del reinado de Asá.

Pacto de Asá con Ben-hadad
(1 R 15.16–22)

16 1 Pero en el año treinta y seis del reinado de Asá, el rey de Israel, Baasá, fue a atacar a Judá, y fortificó Ramá para cortarle toda comunicación al rey de Judá. 2 Entonces Asá sacó el oro y la plata de los tesoros del templo del Señor y del palacio real, y los envió a Ben-hadad, rey de Siria, que tenía su residencia en Damasco. También le envió este mensaje: 3 "Hagamos tú y yo un pacto, como hicieron nuestros padres. Aquí te envío oro y plata. Rompe el pacto que tienes con Baasá, rey de Israel, y así me dejará en paz." 4 Ben-hadad aceptó la proposición del rey Asá, y envió a los jefes de sus tropas a atacar las ciudades de Israel. Así conquistaron Iión, Dan, Abel-maim y todas las ciudades de Neftalí que servían de almacenes. 5 Cuando Baasá lo supo, dejó de fortificar Ramá, suspendiendo sus trabajos. 6 Entonces el rey Asá tomó consigo a todo Judá, y se llevaron de Ramá las piedras y la madera que Baasá había usado para fortificarla, y con ellas fortificó Guebá y Mispá.

7 Por aquel tiempo fue el profeta Hananí a visitar a Asá, rey de Judá, y a decirle: "El ejército

del rey de Siria se te ha escapado de las manos, porque te apoyaste en el rey de Siria y no en el Señor tu Dios. 8 ¿No formaban los etíopes y los libios un ejército sumamente poderoso, con muchísima caballería y carros de combate? Sin embargo, el Señor los entregó en tus manos porque te apoyaste en él. 9 Pues el Señor está atento a lo que ocurre en todo el mundo, para dar fuerza a los que confían sinceramente en él. ¡En esto has actuado como un tonto! Porque de ahora en adelante tendrás más guerras."

10 Entonces Asá se enfureció de tal manera contra el profeta, que lo mandó encarcelar. También en ese tiempo trató brutalmente a algunos del pueblo.

Muerte de Asá
(1 R 15.23–24)

11 La historia de Asá, desde el principio hasta el fin, está escrita en el libro de los reyes de Judá y de Israel. 12 En el año treinta y nueve de su reinado, Asá enfermó gravemente de los pies; pero en su enfermedad no recurrió al Señor, sino a los médicos. 13 Murió en el año cuarenta y uno de su reinado, 14 y lo enterraron en el sepulcro que había mandado hacer en la Ciudad de David. Lo colocaron en una camilla llena de perfumes y de toda clase de sustancias aromáticas hábilmente preparadas. Luego encendieron en su honor una enorme hoguera.

Reinado de Josafat

17 1 En lugar de Asá reinó su hijo Josafat, quien se mostró fuerte en Israel.[a] 2 Puso tropas en todas las ciudades fortificadas de Judá, y destacamentos en todo el territorio de Judá y en las ciudades de Efraín que Asá, su padre, había conquistado.

3 El Señor estuvo con Josafat, porque procedió como David, su antepasado, lo había hecho al principio. No sirvió a las diversas representaciones de Baal, 4 sino al Dios de su padre, cumpliendo sus mandamientos, sin seguir el ejemplo de la gente de Israel. 5 Por eso, el Señor consolidó bajo su mando el reino. Todo Judá le hacía regalos, y llegó a tener grandes riquezas y honores. 6 Siguió con orgullo el camino trazado por el Señor, y una vez más quitó de Judá los santuarios en lugares altos y las representaciones de Aserá.

---

[a] **17.1** *Se mostró fuerte en Israel:* otra posible traducción: *se fortificó contra Israel.*

7En el tercer año de su reinado envió a sus funcionarios Ben–hail, Abdías, Zacarías, Natanael y Micaías, para enseñar en las ciudades de Judá, 8y con ellos a los levitas Semaías, Netanías, Zebadías, Asael, Semiramot, Jonatán, Adonías, Tobías y Tobadonías. Los acompañaban los sacerdotes Elisamá y Joram. 9Los envió para que, con el libro de la ley del Señor, enseñaran a la gente de Judá. Y ellos recorrieron todas las ciudades de Judá enseñando al pueblo.

10Entre tanto, todos los reinos de los países que rodeaban a Judá sentían tal miedo al Señor que no se atrevían a pelear contra Josafat. 11Al contrario, algunos de los filisteos traían regalos y plata como tributo a Josafat, y los árabes le llevaron siete mil setecientos carneros e igual cantidad de chivos.

12Josafat, pues, se fue haciendo sumamente poderoso. Construyó en Judá fortalezas y ciudades para almacenes, 13y tuvo muchas propiedades en las ciudades de Judá. Tuvo también soldados muy valientes en Jerusalén, 14cuya lista, según su registro por familias, es la siguiente:

Por Judá, como comandante de los jefes de batallón, estaba Adná con trescientos mil soldados. 15Junto a este estaba el jefe Johanán con doscientos ochenta mil soldados, 16y junto a él Amasías, hijo de Zicrí, que se había ofrecido voluntariamente para servir al Señor, con doscientos mil valientes soldados.

17Por Benjamín estaba Eliadá, un valiente guerrero, con doscientos mil hombres armados con arcos y escudos, 18y junto a él Jozabad con ciento ochenta mil hombres en pie de guerra.

19Estos estaban al servicio del rey, sin contar los que el rey había destinado a las ciudades fortificadas de todo Judá.

Micaías anuncia la derrota de Ahab
(1 R 22.1–40)

18 1Josafat consiguió grandes riquezas y honores, y llegó a ser consuegro de Ahab. 2Después de algunos años, Josafat fue a Samaria a visitar a Ahab, el cual, para festejar a Josafat y a sus acompañantes, mató muchas ovejas y reses, y trató de incitarlo a atacar a Ramot de Galaad. 3En efecto, Ahab, rey de Israel, preguntó a Josafat, rey de Judá:

—¿Quieres acompañarme a marchar contra Ramot de Galaad?

Josafat le respondió:

—Yo, lo mismo que mi ejército, estamos contigo y con tu gente para ir a la guerra. 4Pero antes consulta la voluntad del Señor.

5El rey de Israel reunió a los profetas, que eran cuatrocientos, y les preguntó:

—¿Debemos atacar a Ramot de Galaad, o no?

Y ellos respondieron:

—Atácala, porque Dios te la va a entregar.

6Pero Josafat preguntó:

—¿No hay por aquí algún otro profeta del Señor a quien también podamos consultar?

7El rey de Israel contestó a Josafat:

—Hay uno más, por medio del cual podemos consultar al Señor. Es Micaías, hijo de Imlá. Pero lo aborrezco, porque nunca me anuncia cosas buenas, sino siempre malas.

Pero Josafat le dijo:

—No digas eso.

8En seguida el rey de Israel llamó a un oficial, y le ordenó:

—¡Pronto, que venga Micaías, hijo de Imlá!

9Tanto el rey de Israel como Josafat, el rey de Judá, tenían puesta su armadura y estaban sentados en sus tronos en la explanada a la entrada de Samaria, y todos los profetas caían en trance profético delante de ellos. 10Sedequías, hijo de Quenaaná, se había hecho unos cuernos de hierro, y gritaba: "¡Así ha dicho el Señor: 'Con estos cuernos atacarás a los sirios hasta exterminarlos!' "

11Todos los profetas anunciaban lo mismo. Decían al rey: "Ataca a Ramot de Galaad y obtendrás la victoria, pues el Señor va a entregarte la ciudad."

12El mensajero que había ido a llamar a Micaías, le dijo a este:

—Todos los profetas, sin excepción, han dado una respuesta favorable al rey. Así pues, te ruego que hables como todos ellos, y anuncies algo favorable.

13Micaías le contestó:

—¡Juro por el Señor que solo diré lo que mi Dios me ordene decir!

14Luego se presentó ante el rey, y el rey le preguntó:

—Micaías, ¿debemos atacar a Ramot de Galaad, o no?

Y Micaías dijo:

—Atáquenla, y obtendrán la victoria, pues Dios se la va a entregar.

15Pero el rey le respondió:

—¿Cuántas veces te he de decir que bajo juramento me declares solo la verdad en el nombre del Señor?

16 Entonces Micaías dijo:

"He visto a todos los israelitas
desparramados por los montes,
como ovejas sin pastor.
Y el Señor ha dicho:
'Estos no tienen dueño;
que cada uno vuelva en paz a su casa.' "

17 El rey de Israel dijo a Josafat:

—¿No te he dicho que este hombre nunca me anuncia cosas buenas, sino solo cosas malas?

18 Micaías añadió:

—Por eso que has dicho, oigan ustedes la palabra del Señor: Vi al Señor sentado en su trono, y a todo el ejército del cielo, que estaba de pie, junto a él, a su derecha y a su izquierda. 19 Entonces el Señor preguntó quién iría a incitar a Ahab, rey de Israel, para que atacara a Ramot de Galaad y cayera allí. Unos decían una cosa y otros otra. 20 Pero un espíritu se presentó delante del Señor y dijo que él lo haría. El Señor le preguntó cómo lo iba a hacer, 21 y el espíritu respondió que iba a inspirar mentiras en todos los profetas del rey. Entonces el Señor le dijo que, en efecto, conseguiría engañarlo, y que fuera a hacerlo. 22 Y ahora ya sabes que el Señor ha puesto un espíritu mentiroso en labios de estos profetas tuyos, y que ha determinado tu ruina.

23 Entonces Sedequías, hijo de Quenaaná, acercándose a Micaías le dio una bofetada y dijo:

—¿Por dónde se me fue el espíritu del Señor para hablarte a ti?

24 Y Micaías le respondió:

—Lo sabrás el día en que andes escondiéndote de habitación en habitación.

25 Entonces el rey de Israel ordenó:

—¡Agarren a Micaías y llévenlo preso ante Amón, el gobernador de la ciudad, y ante Joás, mi hijo! 26 Díganles que yo ordeno que lo metan en la cárcel y lo tengan a ración escasa de pan y agua, hasta que yo regrese sano y salvo.

27 Todavía añadió Micaías:

"Si tú vuelves sano y salvo,
el Señor no ha hablado por medio de mí." a

28 Así pues, el rey de Israel, y Josafat, el rey de Judá, avanzaron contra Ramot de Galaad. 29 Y el rey de Israel dijo a Josafat:

—Yo voy a entrar en la batalla disfrazado, y tú te pondrás mi ropa. b

Así el rey de Israel se disfrazó, y ambos entraron en combate. 30 Pero el rey de Siria había ordenado a los capitanes de sus carros de combate que no atacaran a nadie que no fuera el rey de Israel. 31 Y cuando los capitanes de los carros vieron a Josafat, pensaron que él era el rey de Israel y lo rodearon para atacarlo. Entonces Josafat gritó pidiendo ayuda, y el Señor le ayudó. Dios los apartó de él, 32 pues al ver ellos que no era al rey de Israel, dejaron de perseguirlo. 33 Pero un soldado disparó su arco al azar, e hirió de muerte al rey de Israel por entre las juntas de la armadura. Entonces este le ordenó al conductor del carro:

—Da la vuelta y sácame del combate, porque estoy gravemente herido.

34 La batalla fue dura aquel día, y el rey de Israel tuvo que mantenerse en pie en su carro, haciendo frente a los sirios hasta la tarde, y murió al ponerse el sol.

El profeta Jehú reprende a Josafat

19 1 Josafat, rey de Judá, volvió sano y salvo a su palacio de Jerusalén. 2 Pero el profeta Jehú, hijo de Hananí, le salió al encuentro y le preguntó: "¿Por qué ayudas al malo y eres amigo de los enemigos del Señor? Por este motivo, el Señor se ha enojado contigo. 3 Sin embargo, hay otras cosas buenas a tu favor, pues has destruido las representaciones de Aserá que había en el país, y te has propuesto buscar a Dios."

Josafat nombra jueces

4 Josafat vivía en Jerusalén, pero acostumbraba visitar a su pueblo, desde Beerseba hasta los montes de Efraín, para hacerlos volver al Señor, Dios de sus antepasados. 5 Además estableció jueces en todas las ciudades fortificadas de Judá, una tras otra. 6 Y dijo a los jueces: "Fíjense bien en lo que hacen, porque no van a juzgar en nombre de los hombres, sino del Señor, que estará con ustedes cuando den el fallo. 7 Así que respeten al Señor y tengan cuidado con lo que

---

a **18.27** El texto hebreo añade: *Y dijo: "¡Pueblos todos, escuchen esto!".* b **18.29** *Mi ropa:* según la versión griega. Heb. *tu ropa.*

hacen, porque el Señor nuestro Dios no tolera injusticias, parcialidad ni sobornos."

8 También estableció Josafat en Jerusalén algunos levitas, sacerdotes y jefes de familia de Israel, para servir de jueces en asuntos religiosos y en los pleitos de los habitantes de[a] Jerusalén. **9** Y les dio las siguientes instrucciones: "Ustedes deben actuar siempre con respeto al Señor, fidelidad y honradez. **10** En cualquier pleito que sus compatriotas, los habitantes de las diversas ciudades, les presenten a ustedes para que decidan si una muerte es criminal o no, o para aplicar las diversas leyes, estatutos, reglamentos y ordenanzas, recomiéndenles no cometer faltas contra el Señor, para que él no se enoje con ustedes y con ellos. Hagan esto, y la culpa no será de ustedes. **11** El sumo sacerdote Amarías será su superior en todas las cuestiones religiosas, y Zebadías, el hijo de Ismael y jefe de la tribu de Judá, lo será en todas las cuestiones civiles; y los levitas serán ayudantes de ustedes. ¡Ánimo, pues, y a trabajar! ¡Que el Señor esté con el que lo haga bien!"

Victoria sobre Moab y Amón

20 **1** Algún tiempo después, los moabitas y los amonitas, aliados con los meunitas,[a] atacaron a Josafat; **2** entonces fueron algunos a decirle: "¡De Edom,[b] del otro lado del Mar Muerto, viene un gran ejército contra ti! ¡Ya están en Hasesón–tamar!" (Hasesón–tamar es lo mismo que En–gadi.)

3 Josafat sintió miedo y decidió acudir al Señor. Así que anunció un ayuno en todo Judá, **4** y la gente de Judá se reunió para pedir ayuda al Señor. De todas las ciudades de Judá llegó gente. **5** Josafat se puso de pie en medio del pueblo de Judá que se había reunido en Jerusalén, frente al atrio nuevo del templo del Señor, **6** y exclamó: "Señor, Dios de nuestros antepasados, ¡tú eres el Dios del cielo, tú gobiernas a todas las naciones! ¡En tus manos están la fuerza y el poder: nadie puede oponerte resistencia! **7** Dios nuestro, tú arrojaste de la presencia de tu pueblo Israel a los habitantes de este territorio y se lo diste para siempre a los descendientes de Abraham, tu amigo. **8** Después de haberse establecido aquí, construyeron un templo para ti, y dijeron: **9** 'Si nos viene algún

mal como castigo, sea la guerra, la peste o el hambre, nos presentaremos delante de este templo, porque tú estás en este templo, y en nuestras angustias te pediremos ayuda, y tú nos escucharás y nos salvarás.' **10** Pues ahora, aquí están los amonitas, los moabitas y los de la montaña de Seír, en cuyos territorios no quisiste que entraran los israelitas cuando venían de Egipto,[c] sino que se apartaron de ellos y no los destruyeron. **11** En pago de eso, ahora nos atacan para arrojarnos de tu propiedad, la tierra que tú nos diste como propiedad. **12** Dios nuestro, ¿no vas a castigarlos? Pues nosotros no tenemos fuerza suficiente para hacer frente a ese gran ejército que nos ataca. ¡No sabemos qué hacer; por eso tenemos los ojos puestos en ti!"

13 Todo Judá estaba de pie delante del Señor, incluyendo sus mujeres y sus hijos, aun los niños más pequeños. **14** Y estando todo el pueblo reunido, Jahaziel, hijo de Zacarías y nieto de Benaías, el cual era hijo de Jeiel y nieto de Matanías, un levita descendiente de Asaf, quedó poseído por el espíritu del Señor **15** y dijo: "Pongan atención, habitantes de Judá y de Jerusalén, y tú, rey Josafat. El Señor les dice: 'No tengan miedo ni se asusten ante ese gran ejército, porque esta guerra no es de ustedes sino de Dios. **16** Bajen mañana a atacarlos. Vienen subiendo por la cuesta de Sis, y ustedes los encontrarán en el extremo del arroyo que está frente al desierto de Jeruel. **17** No son ustedes los que van a pelear esta batalla. Tomen posiciones, esténse quietos y verán cómo el Señor los librará. ¡Habitantes de Jerusalén y de todo Judá, no tengan miedo ni se asusten; marchen mañana contra ellos, porque el Señor está con ustedes!' "

18 Entonces Josafat se arrodilló y se inclinó hasta tocar el suelo con la frente, y los habitantes de Judá y Jerusalén se postraron ante el Señor para adorarlo. **19** Y los levitas descendientes de Quehat y los descendientes de Coré empezaron a alabar en voz muy alta al Señor, Dios de Israel.

20 A la mañana siguiente se levantaron temprano para ponerse en camino hacia el desierto de Tecoa. Y en el momento de salir, Josafat se puso de pie para decirles: "Escúchenme, habitantes

---

[a] **19.8** *De los habitantes de:* según versiones antiguas. Heb. *y volvieron a.* [a] **20.1** *Meunitas:* según la versión griega (LXX). Heb. *amonitas.* [b] **20.2** *Edom:* según contexto. Heb. *Siria.* [c] **20.10** Dt 2.4–19.

de Jerusalén y de Judá: confíen en el Señor, su Dios, y se sentirán seguros; confíen en sus profetas, y todo les saldrá bien."

21 Y después de consultar con el pueblo, nombró algunos cantores para que, vestidos con ropas sagradas y marchando al frente de las tropas, alabaran al Señor con el himno: "Den gracias al Señor, porque su amor es eterno."

22 Luego, en el momento en que empezaron a cantar con alegría himnos de alabanza, el Señor creó confusión[d] entre los amonitas, los moabitas y los de la montaña de Seír, que venían a atacar a Judá, y fueron derrotados. 23 Pues los amonitas y los moabitas atacaron a los de la montaña de Seír y los destruyeron por completo, y después de acabar con ellos, se destruyeron unos a otros. 24 Cuando los hombres de Judá llegaron al sitio desde donde se ve el desierto, y miraron hacia el ejército enemigo, solo vieron cadáveres tendidos en el suelo. ¡Nadie había logrado escapar! 25 Entonces acudieron Josafat y su gente a recoger lo que habían dejado los enemigos, y encontraron gran cantidad de ganado, armas, vestidos[e] y objetos valiosos, y se apoderaron de todo. Había tantas cosas, que no podían llevárselas. Era tal la cantidad, que estuvieron tres días recogiendo cosas.

26 El cuarto día se reunieron en el valle de Beracá,[f] y allí bendijeron al Señor. Por eso llamaron aquel lugar el valle de Beracá, nombre que lleva hasta hoy. 27 Después todos los hombres de Judá y Jerusalén, con Josafat al frente, regresaron a Jerusalén muy contentos, porque el Señor les había dado motivo de alegría a costa de sus enemigos. 28 Cuando llegaron a Jerusalén, fueron al templo del Señor al son de salterios, cítaras y trompetas.

29 Al saber que el Señor había luchado contra los enemigos de Israel, todas las naciones se llenaron de miedo a Dios. 30 Y así el reinado de Josafat siguió tranquilo, porque Dios le concedió paz con los países vecinos.

Resumen del reinado de Josafat
(1 R 22.41–50)

31 Josafat reinó, pues, sobre Judá. Tenía treinta y cinco años cuando comenzó a reinar, y veinticinco años reinó en Jerusalén. Su madre se llamaba Azubá, y era hija de Silhí.

32 Josafat se condujo con rectitud, como Asá, su padre. Sus hechos fueron rectos a los ojos del Señor. 33 Sin embargo, los santuarios en lugares altos no fueron quitados, pues el pueblo todavía no estaba firme en su propósito de seguir al Dios de sus antepasados.

34 El resto de su historia, desde el comienzo hasta el fin, está escrito en las crónicas de Jehú, hijo de Hananí, y está incluido en el libro de los reyes de Israel.

35 Más tarde, Josafat, rey de Judá, se alió con Ocozías, rey de Israel, el cual se comportaba perversamente. 36 Se hizo su socio para construir barcos para ir a Tarsis, y los construyeron en Esión–guéber. 37 Entonces Eliézer de Maresá, hijo de Dodavahu, pronunció contra Josafat esta profecía: "El Señor va a hacer pedazos lo que tú has hecho, por haberte asociado con Ocozías." Y, en efecto, los barcos se hicieron pedazos y ya no pudieron ir a Tarsis.

Reinado de Joram
(2 R 8.16–24)

21 1 Josafat murió y fue enterrado en la Ciudad de David, su antepasado. Después reinó en su lugar su hijo Joram. 2 Hermanos de Joram, hijos también de Josafat, eran: Azarías, Jehiel, Zacarías, Micael y Sefatías. Todos ellos eran hijos de Josafat, rey de Judá.[a] 3 Su padre les había regalado muchos objetos de oro y plata, y otras cosas de valor. Les dio también ciudades fortificadas en Judá, pero el reino se lo entregó a Joram, por ser el hijo mayor. 4 Pero Joram, una vez que se aseguró en el trono de su padre, pasó a cuchillo a todos sus hermanos y también a algunos jefes de Israel. 5 Tenía treinta y dos años cuando comenzó a reinar, y reinó en Jerusalén ocho años. 6 Pero siguió los pasos de los reyes de Israel y de la descendencia de Ahab, pues su mujer era de la descendencia de Ahab; así que sus hechos fueron malos a los ojos del Señor. 7 Pero el Señor no quiso destruir la dinastía de David por la alianza que había hecho con David, a quien prometió, lo mismo que a sus hijos, que siempre tendrían una lámpara encendida.[b]

---

[d] **20.22** *Confusión:* texto probable. Heb. *emboscadas.* [e] **20.25** *Vestidos:* según una versión antigua. Heb. *cadáveres.* [f] **20.26** En hebreo, *Beracá* significa *bendición.* [a] **21.2** *Rey de Judá:* según 17.1–2 y las versiones antiguas. Heb. *rey de Israel.* [b] **21.7** 1 R 11.36.

8 Durante el reinado de Joram, Edom se rebeló contra el dominio de Judá y nombró su propio rey. 9 Entonces Joram se dirigió con sus capitanes y con todos sus carros de combate, y durante la noche se levantaron él y los capitanes de los carros de combate y atacaron a los edomitas que los habían rodeado. 10 Pero Edom logró hacerse independiente de Judá hasta el presente. También en aquel tiempo se hizo independiente de la ciudad de Libná, porque Joram había abandonado al Señor, Dios de sus antepasados. 11 Además construyó santuarios paganos en los montes de Judá, y fue el causante de que los habitantes de Jerusalén fueran infieles al Señor, e hizo que Judá se extraviara.

12 Pero entonces Joram recibió una carta del profeta Elías, que decía: "El Señor, Dios de David, tu antepasado, te dice: 'No has seguido el ejemplo de Josafat, tu padre, ni el de Asá, rey de Judá, 13 sino los ejemplos de los reyes de Israel, y has sido el causante de que Judá y los habitantes de Jerusalén fueran infieles al Señor como lo fue la familia de Ahab. Además, has matado a tus hermanos, que eran mejores que tú. 14 Por eso, el Señor va a hacer caer sobre tu pueblo, tus hijos, tus mujeres y todas tus posesiones una gran calamidad. 15 Y sobre ti hará caer muchas enfermedades. Te pondrás enfermo del estómago con una enfermedad crónica, hasta que se te salgan los intestinos.' "

16 Entonces el Señor hizo que los filisteos y los árabes vecinos de los de Cus se enfurecieran contra Joram; 17 por lo cual marcharon sobre Judá e invadieron el país, y se llevaron todos los bienes que hallaron en el palacio del rey, así como a sus hijos y a sus mujeres. El único que le quedó fue Joacaz, el menor. 18 Después de todo esto, el Señor lo castigó con una enfermedad incurable del estómago. 19 Pasó el tiempo y, al cabo de unos dos años, los intestinos se le salieron por causa de la enfermedad, y murió entre horribles dolores. Su pueblo ni siquiera encendió una hoguera en memoria suya, como habían hecho con sus antepasados. 20 Tenía treinta y dos años cuando comenzó a reinar, y reinó en Jerusalén ocho años. Se fue sin que nadie lo lamentara. Lo enterraron en la Ciudad de David, pero no en el panteón real.

Reinado de Ocozías
(2 R 8.25–29)

22 1 Los habitantes de Jerusalén proclamaron rey, en lugar de Joram, a su hijo menor, Ocozías, pues las bandas de salteadores que junto con los árabes habían invadido el campamento, habían matado a todos los hijos mayores de Joram, rey de Judá. Así pues, Ocozías, hijo de Joram, rey de Judá, comenzó a reinar. 2 Tenía veintidós[a] años cuando empezó a reinar, y reinó en Jerusalén un año. Su madre se llamaba Atalía, y era descendiente de Omrí. 3-4 Y Ocozías también siguió los pasos de Ahab y su dinastía, pues su madre le daba malos consejos, y por causa de sus relaciones familiares con la casa de Ahab, sus hechos fueron malos a los ojos del Señor. Ellos, en efecto, fueron sus consejeros después de la muerte de su padre, y lo llevaron a la ruina.

5 Por seguir sus consejos, Ocozías se alió con Joram, hijo de Ahab y rey de Israel, para pelear en Ramot de Galaad contra Hazael, rey de Siria. Pero los sirios hirieron a Joram, 6 y este regresó a Jezreel para curarse de las heridas que le habían hecho en Ramot durante el combate contra Hazael, rey de Siria. Entonces, como Joram estaba enfermo, Ocozías fue a Jezreel a visitarlo.

Jehú mata a Ocozías
(2 R 9.27–29)

7 Dios tenía dispuesto que Ocozías muriera al ir a visitar a Joram. Apenas llegó, salió con Joram a encontrarse con Jehú, hijo de Nimsí. Pero Dios había escogido a Jehú para que aniquilara a la familia de Ahab. 8 Cuando Jehú estaba haciendo justicia contra la familia de Ahab, encontró a los jefes de Judá y a los parientes de Ocozías, que estaban al servicio de este, y los mató. 9 Mandó buscar también a Ocozías, que se había escondido en Samaria, y lo apresaron, se lo llevaron a Jehú y lo mataron. Pero lo enterraron, teniendo en cuenta que era hijo de Josafat, quien había buscado sinceramente al Señor. De esta manera no quedó nadie de la familia de Ocozías que fuera capaz de recuperar el poder real.

Atalía usurpa el trono
(2 R 11.1–21)

10 Cuando Atalía, madre de Ocozías, supo que su hijo había muerto, fue y exterminó a

---

[a] **22.2** *Veintidós:* según varios mss. griegos y 2 R 8.26. Heb. *cuarenta y dos.*

toda la familia real de Judá. 11 Pero Joseba, hija del rey Joram, apartó a Joás, hijo de Ocozías, de los otros hijos del rey a los que estaban matando, y lo escondió de Atalía, junto con su nodriza, en un dormitorio. Así que no lo mataron. Esto lo hizo Joseba, hija del rey Joram, hermana de Ocozías y esposa del sacerdote Joiadá. 12 Y Joás estuvo escondido con ellas en el templo del Señor. Mientras tanto, Atalía gobernó el país.

23 1 Al séptimo año, Joiadá mandó llamar a los capitanes siguientes: Azarías hijo de Jeroham, Ismael hijo de Johanán, Azarías hijo de Obed, Maaseías hijo de Adaías, y Elisafat hijo de Zicrí, e hizo que se le unieran como aliados. 2 Ellos recorrieron Judá, y reunieron a los levitas de todas las ciudades de Judá y a los jefes de las familias de Israel, y fueron todos a Jerusalén. 3 Allí todos los que se habían reunido hicieron un pacto con el rey en el templo de Dios.

Joiadá les dijo: "¡Aquí tienen ustedes al hijo del rey! Él es quien debe ser rey, como lo prometió el Señor acerca de los descendientes de David. 4 Esto es lo que van a hacer ustedes: una tercera parte de ustedes, los sacerdotes y levitas que están de servicio el sábado, cuidarán las puertas del templo; 5 otra tercera parte estará en el palacio real; y la otra tercera parte en la puerta de los cimientos. Mientras tanto, todo el pueblo estará en los atrios del templo. 6 Pero que nadie entre en el templo, fuera de los sacerdotes y levitas que estén de servicio. Solamente ellos pueden entrar, porque están consagrados; pero el resto del pueblo montará guardia en honor del Señor. 7 Los levitas formarán un círculo alrededor del rey, cada uno con sus armas en la mano, y el que intente penetrar en el templo, morirá. Acompañarán al rey dondequiera que él vaya."

8 Los levitas y la gente de Judá hicieron todo lo que el sacerdote Joiadá les había ordenado. Cada cual tomó el mando de sus hombres, tanto los que entraban de guardia en sábado como los que salían, porque el sacerdote Joiadá no dejó que se fueran los que terminaban su turno. 9 Entonces Joiadá entregó a los capitanes las lanzas y los diversos escudos que habían pertenecido al rey David, y que estaban en el templo de Dios. 10 Luego colocó en sus puertas a toda la gente, desde el ala derecha hasta el ala izquierda del templo, y alrededor del altar, cada uno con su lanza en la mano para proteger al rey.

11 Entonces Joiadá y sus hijos sacaron al hijo del rey, le pusieron la corona y las insignias reales, y después de derramar aceite sobre él lo proclamaron rey. Luego todos gritaron: "¡Viva el rey!"

12 Cuando Atalía oyó los gritos de la gente que corría y aclamaba al rey, fue al templo del Señor, donde estaban todos. 13 Vio allí al rey, de pie junto a su columna, a la entrada. A su lado estaban los jefes y la banda de música, y la gente muy alegre y tocando trompetas; los cantores, con instrumentos musicales, dirigían los himnos de alabanza. Entonces Atalía rasgó sus vestidos y gritó:

—¡Traición! ¡Traición!

14 Pero el sacerdote Joiadá hizo salir a los capitanes que estaban al mando del ejército, y les dijo:

—¡Sáquenla de entre las filas, y pasen a cuchillo al que la siga!

Como el sacerdote había ordenado que no la mataran en el templo del Señor, 15 la apresaron y la sacaron por la puerta de la caballería al palacio real, y allí la mataron.

16 Después Joiadá hizo un pacto con todo el pueblo y con el rey, de que ellos serían el pueblo del Señor. 17 Luego fueron todos al templo de Baal y lo derribaron, destrozando sus altares y sus ídolos. En cuanto a Matán, el sacerdote de Baal, lo degollaron ante los altares. 18 A continuación, Joiadá puso una guardia en el templo del Señor, bajo las órdenes de los sacerdotes y los levitas, a quienes David había repartido por turnos para servir en el templo ofreciendo al Señor los holocaustos, según está prescrito en la ley de Moisés, y cantando con alegría, como lo había dispuesto David. 19 También puso porteros en las entradas del templo del Señor, para que nadie que por cualquier motivo estuviera ritualmente impuro pudiera entrar. 20 Luego tomó a los capitanes, a las personas más importantes, a los gobernadores del pueblo y a toda la gente, y acompañó al rey desde el templo del Señor hasta el palacio real, entrando por la puerta superior. Luego sentaron al rey en el trono real, 21 y todo el pueblo se alegró. Y como Atalía había muerto a filo de espada, la ciudad quedó tranquila.

Reinado de Joás
(2 R 12.1-21)

24 1 Joás tenía siete años cuando comenzó a reinar, y reinó en Jerusalén durante cuarenta años. Su madre se llamaba Sibiá, y era de Beerseba. 2Los hechos de Joás fueron rectos a los ojos del Señor, mientras vivió el sacerdote Joiadá. 3Joiadá lo casó con dos esposas, de las que Joás tuvo hijos e hijas.

4Algún tiempo después, Joás se propuso reparar el templo del Señor, 5para lo cual reunió a los sacerdotes y a los levitas y les dijo: "Salgan por las ciudades de Judá, y recojan de todos los israelitas dinero para reparar cada año el templo de Dios. Dense prisa en este asunto." Pero los levitas no se dieron prisa. 6Entonces el rey llamó al sumo sacerdote Joiadá y le dijo:

—¿Por qué no has procurado que los levitas traigan de Judá y Jerusalén la contribución que Moisés, el siervo del Señor, y la comunidad de Israel ordenaron recoger para la tienda de la alianza?ª

7Porque Atalía, que era la maldad misma, y sus seguidores, habían penetrado en el templo de Dios y habían tomado para el culto de sus ídolos todos los objetos del templo del Señor. 8Entonces el rey mandó hacer un cofre, y lo colocaron junto a la puerta del templo del Señor, por fuera. 9Luego anunciaron por todo Judá y Jerusalén que se debía llevar al Señor la contribución que Moisés, el siervo del Señor, había ordenado a Israel en el desierto. 10Y todos los jefes y todo el pueblo acudieron con gusto a depositar su contribución en el cofre, hasta llenarlo. 11Los levitas llevaban el cofre al rey, para que lo examinara; y cuando veían que ya había bastante dinero, llegaban el cronista del rey y un inspector designado por el sumo sacerdote y vaciaban el cofre, y luego lo tomaban y lo volvían a colocar en su lugar. Así lo hacían diariamente, y recogían mucho dinero. 12El rey y Joiadá entregaban ese dinero a los encargados de las obras del templo, para que contrataran canteros y carpinteros que repararan el templo del Señor. También debían contratar oficiales que trabajaran el hierro y el bronce, para reparar el templo. 13Los encargados de las obras se pusieron a trabajar, y en sus manos progresó de tal modo la obra de reparación, que restauraron el templo de Dios según los planos originales y lo dejaron en buen estado. 14Cuando terminaron, llevaron al rey y a Joiadá el dinero que sobró, y ellos mandaron hacer con él utensilios para el templo del Señor,

tanto para los actos de culto como para holocaustos, y cucharones y otros utensilios de oro y plata. Mientras vivió Joiadá, se ofrecieron continuamente holocaustos en el templo del Señor.

15Pero Joiadá envejeció, y siendo ya de edad muy avanzada, murió. Al morir tenía ciento treinta años; 16y lo enterraron en la Ciudad de David, junto con los reyes, porque se había portado bien con Israel, con Dios y con su templo.

17Después de la muerte de Joiadá, llegaron los jefes de Judá y rindieron homenaje al rey. Él se dejó aconsejar de ellos, 18y ellos abandonaron el templo del Señor, Dios de sus antepasados, y dieron culto a las representaciones de Aserá y a otros ídolos. Por este pecado el Señor se enojó contra Judá y Jerusalén. 19Sin embargo, el Señor les envió profetas para hacer que se volvieran a él. Pero la gente no hizo caso a las amonestaciones de los profetas.

20Entonces Zacarías, hijo del sacerdote Joiadá, fue poseído por el espíritu de Dios, se puso de pie en un lugar elevado y dijo al pueblo: "Dios dice: '¿Por qué no obedecen ustedes mis mandamientos? ¿Por qué se buscan ustedes mismos su desgracia? ¡Puesto que ustedes me han abandonado a mí, yo también los abandonaré a ustedes!' "

21Pero ellos se pusieron de acuerdo contra él, y lo apedrearon por orden del rey en el atrio del templo del Señor. 22El rey Joás olvidó la lealtad que Joiadá, el padre de Zacarías, le había demostrado, y mató a Zacarías, su hijo, quien en el momento de morir exclamó: "¡Que el Señor vea esto y pida cuentas por ello!"

23En la primavera,ᵇ el ejército sirio lanzó un ataque contra Joás, y después de avanzar hasta Judá y Jerusalén, exterminaron a todos los jefes de la nación, la saquearon y enviaron todas las cosas al rey de Damasco. 24Solo había llegado un pequeño destacamento del ejército sirio, pero el Señor entregó en manos de ellos un ejército muy numeroso, por haber abandonado al Señor, Dios de sus antepasados. Así Joás sufrió el castigo merecido.

25Cuando los sirios se retiraron, dejándolo gravemente enfermo, sus funcionarios tramaron una conspiración contra él para vengar el asesinato del hijo del sacerdote Joiadá, y lo

---

ª **24.6** 2 R 12.7–9; cf. Ex 25.1–9; 30.11–16; Neh 10.33.   ᵇ **24.23** *En la primavera:* lit. *a la vuelta del año.*

mataron en su propia cama. Después lo enterraron en la Ciudad de David, pero no en el panteón real. 26 Los de la conspiración contra él fueron Zabad hijo de Simat, un amonita, y Jozabad hijo de Simrit, un moabita.

27 Lo que se refiere a los hijos de Joás, a las muchas profecías contra él y a su restauración del templo de Dios, todo está escrito en el comentario del libro de los reyes. Después reinó en su lugar su hijo Amasías.

Reinado de Amasías
(2 R 14.1–22)

25 1 Amasías tenía veinticinco años cuando comenzó a reinar, y reinó en Jerusalén durante veintinueve años. Su madre se llamaba Joadán, y era de Jerusalén. 2 Los hechos de Amasías fueron rectos a los ojos del Señor, pero no se portó con total sinceridad.

3 Cuando Amasías se afirmó en el poder, mató a todos los oficiales que habían asesinado a su padre. 4 Pero no dio muerte a los hijos de ellos, pues, según lo escrito en el libro de la ley de Moisés, el Señor ordenó: "Los padres no podrán ser condenados a muerte por culpa de lo que hayan hecho sus hijos, ni los hijos por lo que hayan hecho sus padres, sino que cada uno morirá por su propio pecado."*ᵃ*

5 Amasías reunió a todos los hombres de Judá y de Benjamín, y los organizó por familias bajo el mando de jefes militares. Luego hizo el censo de todos los que tenían de veinte años para arriba, y resultó que había trescientos mil soldados escogidos, listos para la guerra y capaces de usar lanzas y escudos. 6 Además contrató cien mil soldados de Israel por tres mil trescientos kilos de plata.

7 Pero un hombre de Dios se presentó ante él, y le dijo:

—Oh rey, que no se te junte el ejército de Israel, porque el Señor no está con Israel, con toda esa gente de Efraín. 8 Pero si quieres reforzar tu ejército con ayuda de ellos para ir a la guerra, Dios te hará caer frente al enemigo, porque Dios tiene poder para ayudar y para derribar.

9 Amasías le preguntó al hombre de Dios:

—Pero, ¿qué va a pasar entonces con los tres mil trescientos kilos de plata que di a las tropas de Israel?

El hombre de Dios le respondió:

—El Señor tiene suficiente para darte mucho más que eso.

10 Entonces Amasías hizo que las tropas que habían venido de Efraín a unírsele se separaran y volvieran a sus casas. Pero ellos se enfurecieron contra Judá, y se volvieron muy enojados a sus casas.

11 Amasías se armó de valor y llevó su ejército al Valle de la Sal, y mató a diez mil hombres de Seír. 12 Además los de Judá apresaron vivos a otros diez mil y los llevaron a la cumbre de un monte rocoso; desde allí los despeñaron, y todos se hicieron pedazos.

13 Entre tanto, las tropas que Amasías no había dejado que se le juntaran para la guerra y había hecho volver a sus casas, invadieron las ciudades de Judá desde Samaria hasta Bet–horón, mataron a tres mil personas y se llevaron muchas cosas que robaron.

14 Al volver Amasías de derrotar a los de Edom, se trajo con él los dioses de Seír, y los tomó como dioses suyos, los adoró y les quemó incienso. 15 El Señor se enojó con Amasías, y le envió un profeta a decirle:

—¿Por qué has recurrido a los dioses de una nación que ellos no pudieron librar de ti?

16 Pero cuando el profeta decía esto, el rey le replicó:

—¿Acaso te hemos nombrado consejero real? ¡Déjate de cosas! ¿O es que quieres que te maten?

El profeta no insistió más, pero dijo:

—Yo sé que Dios ha decidido destruirte por haber hecho esto y no seguir mi consejo.

17 Pero Amasías, rey de Judá, siguió el consejo de otros, y le mandó decir a Joás, hijo de Joacaz y nieto de Jehú, rey de Israel: "Ven, y nos veremos las caras." 18 Pero Joás le envió la siguiente respuesta: "El cardo le mandó decir al cedro del Líbano: 'Dale tu hija a mi hijo, para que sea su mujer.' Pero una fiera pasó por allí y aplastó al cardo. 19 Tú dices que has derrotado a los edomitas, y eso te hace sentirte orgulloso y buscar más honores. Pero mejor quédate en tu casa. ¿Por qué quieres provocar tu propia desgracia y la desgracia de Judá?"

20 Sin embargo, Amasías no le hizo caso, porque Dios lo había dispuesto así para entregarlos en poder de Joás, por haber recurrido ellos a los dioses de Edom. 21 Entonces Joás se

---

ᵃ **25.4** Dt 24.16; Ez 18.2–4, 20.

puso en marcha para enfrentarse con Amasías, en Bet–semes, que está en territorio de Judá. **22**Y Judá fue derrotado por Israel, y cada cual huyó a su casa. **23**Joás, rey de Israel, hizo prisionero en Bet–semes a Amasías, rey de Judá, y luego lo llevó a Jerusalén, en cuyo muro abrió una brecha de ciento ochenta metros, desde la Puerta de Efraín hasta la Puerta de la Esquina. **24**Además se apoderó de todo el oro y la plata, y de todos los objetos que había en el templo de Dios a cargo de Obed–edom y en los tesoros del palacio real. Y después de tomar a algunas personas como rehenes, regresó a Samaria.

25Amasías, hijo de Joás, rey de Judá, vivió aún quince años después de la muerte de Joás, hijo de Joacaz y rey de Israel. **26**El resto de la historia de Amasías, desde el comienzo hasta el fin, está escrito en el libro de los reyes de Judá y de Israel. **27**Desde el momento en que Amasías se apartó del Señor, en Jerusalén se conspiró contra Amasías, el cual huyó a Laquis; pero lo persiguieron hasta esa ciudad, y allí le dieron muerte. **28**Luego lo llevaron sobre un caballo y lo enterraron con sus antepasados, en la Ciudad de David.*b*

Reinado de Ozías
(2 R 14.21–22; 15.1–7)

26 **1**Entonces todo el pueblo de Judá tomó a Ozías, y lo hicieron rey en lugar de su padre Amasías. Ozías tenía entonces dieciséis años, **2**y él fue quien, después de la muerte de su padre, reconstruyó la ciudad de Elat y la recuperó para Judá.

3Ozías tenía dieciséis años cuando comenzó a reinar, y reinó en Jerusalén cincuenta y dos años. Su madre se llamaba Jecolías, y era de Jerusalén.

4Los hechos de Ozías fueron rectos a los ojos del Señor, como lo habían sido los de Amasías, su padre. **5**Procuró recurrir a Dios mientras vivió Zacarías, quien le enseñó a respetar a Dios. Y mientras recurrió al Señor, él le dio prosperidad.

6Ozías emprendió una campaña contra los filisteos, y derribó las murallas de Gat, Jabnia y Asdod, y construyó ciudades en el territorio de Asdod, entre los filisteos. **7**Dios le ayudó contra los filisteos, contra los árabes que vivían en Gur–baal y contra los meunitas. **8**Los amonitas pagaban tributo a Ozías, y la fama de este se extendió hasta las fronteras de Egipto, porque su poder había aumentado mucho.

9También construyó torres en Jerusalén, sobre la Puerta de la Esquina, sobre la Puerta del Valle y sobre la esquina, y las fortificó. **10**Además construyó torres en el desierto, y abrió muchos pozos, porque tenía mucho ganado, tanto en la llanura como en la meseta. También tenía hombres trabajando en los campos y viñedos que poseía en la región montañosa, y en sus huertos, pues era aficionado a la agricultura.

11Ozías disponía, además, de un ejército en pie de guerra, que salía a campaña organizado por destacamentos, según el registro hecho por Jehiel, el cronista real, y por Maaseías, el oficial, bajo la dirección de Hananías, uno de los comandantes del rey. **12**El total de los jefes de familias compuestas por guerreros valientes era de dos mil seiscientos. **13**Bajo su mando había un ejército de trescientos siete mil quinientos soldados en pie de guerra, una fuerza poderosa que podía ayudar al rey en sus guerras. **14**Ozías preparó para todo el ejército escudos, lanzas, cascos, corazas, arcos y hondas. **15**Además construyó en Jerusalén ingeniosas máquinas de guerra para colocarlas en las torres y en los puntos más altos de la muralla, y disparar desde allí flechas y grandes piedras. Su fama se extendió hasta muy lejos, pues Dios le ayudó en forma tan extraordinaria que logró hacerse muy poderoso.

16Pero cuando se afirmó en el poder, se volvió orgulloso, lo cual fue su ruina. Fue infiel al Señor su Dios, pues entró en el templo del Señor para quemar incienso en el altar del incienso. **17**Pero detrás de él entró el sacerdote Azarías, acompañado de ochenta valientes sacerdotes del Señor, **18**que se enfrentaron al rey y le dijeron: "Rey Ozías, el ofrecer incienso al Señor no le corresponde a Su Majestad, sino a los sacerdotes descendientes de Aarón, que están consagrados para hacerlo. Salga Su Majestad del santuario, porque ha cometido una infidelidad al Señor, y Dios no lo va a honrar por eso."

19Ozías, que tenía un incensario en la mano para ofrecer el incienso, se enfureció con los sacerdotes. Y en ese momento, en pleno templo

---

b **25.28** *Ciudad de David:* según varios mss. y 2 R 14.20. Heb. *ciudad de Judá.*

del Señor, junto al altar del incienso y en presencia de los sacerdotes, le salió lepra en la frente. 20Cuando el sumo sacerdote Azarías y todos los demás sacerdotes se fijaron en él, vieron que tenía lepra en la frente y lo sacaron inmediatamente de allí; él mismo quería salir cuanto antes, pues el Señor lo había castigado. 21El rey Ozías fue leproso hasta el día en que murió, así que el rey vivió como leproso, aislado en una casa, y le prohibieron entrar en el templo del Señor, y Jotam, su hijo, se hizo cargo de la regencia y gobernó a la nación.

22El resto de la historia de Ozías, desde el principio hasta el fin, lo escribió el profeta Isaías hijo de Amós. 23Cuando Ozías murió, lo enterraron con sus antepasados en un cementerio de propiedad real, teniendo en cuenta que era leproso. Después reinó en su lugar su hijo Jotam.

Reinado de Jotam
(2 R 15.32–38)

27 1Jotam tenía veinticinco años cuando comenzó a reinar, y reinó en Jerusalén dieciséis años. Su madre se llamaba Jerusá, hija de Sadoc.

2Los hechos de Jotam fueron rectos a los ojos del Señor, como lo habían sido los de Ozías, su padre. Sin embargo, no entró en el templo del Señor. Pero el pueblo continuó sus prácticas perversas. 3Jotam fue quien construyó la puerta superior del templo del Señor, y también muchas otras edificaciones en la muralla de Ófel. 4También construyó ciudades en la montaña de Judá, y fortalezas y torres en los bosques. 5Estuvo en guerra con el rey de los amonitas, a los que venció. Aquel año los amonitas tuvieron que pagarle como tributo tres mil trescientos kilos de plata, dos millones doscientos mil litros de trigo y otros tantos de cebada. Lo mismo le entregaron en cada uno de los dos años siguientes.

6Jotam se hizo poderoso porque su conducta fue recta a los ojos del Señor. 7El resto de la historia de Jotam, con todo lo que se refiere a sus campañas militares y lo que realizó, está escrito en el libro de los reyes de Israel y de Judá.

8Jotam tenía veinticinco años cuando comenzó a reinar, y reinó en Jerusalén dieciséis años. 9Cuando murió, lo enterraron con sus antepasados en la Ciudad de David. Después reinó en su lugar su hijo Ahaz.

Reinado de Ahaz en Judá
(2 R 16.1–20)

28 1Ahaz tenía veinte años cuando comenzó a reinar, y reinó en Jerusalén dieciséis años; pero sus hechos no fueron rectos a los ojos del Señor, como los de su antepasado David, 2sino que siguió los pasos de los reyes de Israel, y también hizo estatuas de metal fundido que representaban a Baal, 3quemó incienso en el valle de Ben–hinom e hizo quemar a sus hijos en sacrificio, conforme a las prácticas infames de las naciones que el Señor había arrojado de la presencia de los israelitas. 4Además ofreció sacrificios y quemó incienso en los santuarios paganos, en las colinas y bajo todo árbol frondoso.

5Por ese motivo, el Señor su Dios lo entregó en manos del rey de Siria, y los sirios lo derrotaron y le hicieron gran número de prisioneros que se llevaron a Damasco. También lo entregó el Señor en manos del rey de Israel, que le causó una gran derrota. 6En efecto, Pécah, hijo de Remalías, mató en Judá, en un solo día, ciento veinte mil hombres, todos ellos hombres de gran valor, por haber abandonado al Señor, Dios de sus antepasados. 7Y Zicrí, un guerrero de Efraín, mató a Maaseías, hijo del rey, a Azricam, jefe de palacio, y a Elcaná, primer oficial del rey. 8Además, los soldados de Israel hicieron prisioneras a doscientas mil personas de Judá, entre mujeres, niños y niñas, y se apoderaron de muchas cosas y se las llevaron a Samaria.

9Había allí un profeta del Señor, llamado Oded, que salió al encuentro del ejército cuando entraba en Samaria, y les dijo:

—El Señor, Dios de los antepasados de ustedes, se enojó con Judá, y por eso los ha entregado en manos de ustedes. Pero ustedes los han matado con un furor que ha llegado hasta el cielo. 10Además, han decidido hacer de la gente de Judá y Jerusalén sus esclavos y esclavas. Pero, ¿acaso ustedes mismos no han pecado contra el Señor su Dios? 11Por tanto, háganme caso y devuelvan los prisioneros que hicieron y que son sus hermanos, porque el Señor está muy enojado con ustedes.

12Entonces Azarías hijo de Johanán, Berequías hijo de Mesilemot, Ezequías hijo de Salum, y Amasá hijo de Hadlai, que eran de los principales jefes de Efraín, se pusieron frente a los que volvían de la guerra, 13y les dijeron:

—No traigan aquí a los prisioneros, pues eso nos hará culpables ante el Señor. Lo que ustedes pretenden, solo aumentará nuestros pecados y nuestras culpas, que ya son demasiados, y el Señor se enojará mucho con Israel.

14 Entonces los soldados soltaron a los prisioneros y dejaron las cosas que les habían quitado delante de los jefes y de todo el pueblo. 15 Luego, los hombres antes mencionados se hicieron cargo de los prisioneros, y de las mismas cosas que les habían quitado sacaron ropa para vestir a los que estaban desnudos, y los calzaron, les dieron de comer y de beber y les curaron las heridas, y llevaron montados en asnos a todos los inválidos hasta Jericó, la ciudad de las palmeras, y los dejaron con sus parientes. Después regresaron a Samaria.

16 Por aquel tiempo, el rey Ahaz envió una embajada al rey de Asiria para pedirle ayuda, 17 pues los de Edom habían realizado una nueva invasión, y habían derrotado a Judá, y se habían llevado algunos prisioneros. 18 Por otra parte, los filisteos habían saqueado las ciudades de la llanura y del Néguev pertenecientes a Judá; se habían apoderado de Bet–semes, Aialón y Guederot, y también de Socó, Timná y Guimzó con sus respectivas aldeas, y se habían instalado en ellas. 19 El Señor había querido humillar a Judá a causa de Ahaz, rey de Judá,[a] pues él había promovido el desenfreno en Judá y había sido sumamente infiel al Señor.

20 Tiglat–piléser, rey de Asiria, se dirigió contra Ahaz, y en vez de apoyarlo, lo puso en aprietos. 21 Pues aunque Ahaz sacó las cosas de valor del templo del Señor, del palacio real y de las casas de los jefes para dárselas como tributo al rey de Asiria, no consiguió con eso ninguna ayuda. 22 Y a pesar de encontrarse en tal aprieto, continuó siendo infiel al Señor. ¡Así era el rey Ahaz! 23 Ofreció sacrificios a los dioses de Damasco, que fueron la causa de su derrota. Pensó que, si los dioses de Siria habían ayudado a los reyes de este país, también le ayudarían a él, si les ofrecía sacrificios. Pero ellos fueron la causa de su ruina y de la de todo Israel. 24 Ahaz juntó los utensilios del templo de Dios y los hizo pedazos, cerró las puertas del templo y mandó que le hicieran altares paganos en todas las esquinas de Jerusalén. 25 Edificó santuarios paganos en todas las ciudades de Judá para quemar incienso a otros dioses, provocando así la ira del Señor, Dios de sus antepasados.

26 El resto de su historia y todo lo que realizó, desde el principio hasta el fin, está escrito en el libro de los reyes de Judá y de Israel. 27 Cuando murió, lo enterraron con sus antepasados en la ciudad de Jerusalén, pero no lo llevaron al panteón de los reyes de Israel. Después reinó en su lugar su hijo Ezequías.

Reinado de Ezequías
(2 R 18.1–3)

29 1 Ezequías empezó a reinar cuando tenía veinticinco años de edad, y reinó en Jerusalén veintinueve años. Su madre se llamaba Abí, y era hija de Zacarías. 2 Los hechos de Ezequías fueron rectos a los ojos del Señor, como todos los de su antepasado David. 3 Él fue quien en el mes primero del primer año de su reinado abrió las puertas del templo del Señor, y las reparó. 4 Luego llamó a los sacerdotes y levitas, los reunió en la plaza oriental 5 y les dijo: "Levitas, escúchenme: purifíquense ahora, y purifiquen también el templo del Señor, Dios de sus antepasados. Saquen del santuario todo lo que sea impuro. 6 Porque nuestros antepasados fueron infieles, sus actos fueron malos a los ojos del Señor nuestro Dios, y lo abandonaron. Apartaron su vista y despreciaron el lugar donde reside el Señor. 7 Cerraron las puertas del vestíbulo, apagaron las lámparas, y dejaron de quemar incienso y de ofrecer holocaustos en el santuario al Dios de Israel. 8 Por eso, el Señor se enojó con Judá y Jerusalén, y las dejó convertidas en algo que causaba terror y espanto, como lo han visto ustedes con sus propios ojos. 9 Por eso, nuestros padres cayeron muertos en la guerra, y nuestros hijos e hijas y nuestras esposas fueron llevados prisioneros. 10 Así pues, he decidido hacer una alianza con el Señor, Dios de Israel, para que aparte su ira de nosotros. 11 Por consiguiente, hijos míos, no se den descanso, porque el Señor los ha escogido para que estén siempre a su disposición y le sirvan, y para que le ofrezcan incienso."

12 Los levitas que inmediatamente empezaron a trabajar fueron los siguientes: de los descendientes de Quehat, Máhat hijo de Amasai y Joel hijo de Azarías; de los de Merarí, Quis hijo de Abdí y Azarías hijo de Jehaleel; de los de Guersón, Joah hijo de Zimá y Edén hijo de Joah; 13 de los de Elisafán, Simrí y Jehiel; de los

---

[a] **28.19** *Rey de Judá:* según 28.1 y las versiones antiguas. Heb. *rey de Israel.*

de Asaf, Zacarías y Matanías; 14 de los de Hemán, Jehiel y Simí, y de los de Jedutún, Semaías y Uziel. 15 Primero reunieron a sus parientes y se purificaron todos; luego entraron en el templo para purificarlo, según la orden que el rey les había dado de acuerdo con el mandato del Señor.

16 Después penetraron los sacerdotes en el interior del templo para purificarlo. Sacaron al atrio del templo todas las cosas impuras que encontraron en el edificio interior, y los levitas las llevaron al arroyo Cedrón. 17 Comenzaron a hacer la purificación el día primero del primer mes, y para el día ocho del mes ya habían llegado al vestíbulo del templo del Señor. El resto del templo lo purificaron en otros ocho días, y para el día dieciséis ya habían terminado. 18 Después entraron en el palacio del rey Ezequías, y le dijeron: "Ya hemos purificado todo el templo: el altar de los holocaustos con todos sus utensilios, y la mesa para los panes consagrados con todos sus utensilios. 19 También hemos ordenado y purificado todos los utensilios que el rey Ahaz, durante su reinado, había desechado por causa de su infidelidad, y ahora están ya delante del altar del Señor."

20 El rey Ezequías se levantó muy temprano, reunió a las autoridades de la ciudad y se fue al templo del Señor. 21 Llevaban siete becerros, siete carneros, siete corderos y siete cabritos, como ofrenda por el pecado a favor de la familia real, del templo y de Judá. El rey ordenó a los sacerdotes, descendientes de Aarón, que los ofrecieran en holocausto sobre el altar del Señor. 22 Los sacerdotes mataron los becerros, recogieron la sangre y rociaron con ella el altar. Luego hicieron lo mismo con los carneros, y también con los corderos.

23 Después llevaron los cabritos de la ofrenda por el pecado delante del rey y de la comunidad, y ellos pusieron las manos sobre los animales. 24 A continuación, los sacerdotes los mataron y derramaron su sangre sobre el altar como ofrenda por el pecado, para obtener el perdón de los pecados de todo Israel, pues el rey había ordenado que el holocausto se ofreciera por todo Israel.

25 Ezequías también puso en el templo del Señor levitas con platillos, salterios y cítaras, según la norma que David, y Gad, vidente al servicio del rey, y el profeta Natán habían dado.[a] Porque aquella norma la había dado el Señor por medio de sus profetas.

26 Los levitas estaban de pie con los instrumentos musicales de David, y los sacerdotes con las trompetas. 27 Entonces Ezequías dispuso que se ofreciera el holocausto sobre el altar. Y en el momento de comenzar el holocausto, empezaron también los cantos en honor del Señor y el toque de las trompetas, acompañados por los instrumentos musicales del rey David. 28 La comunidad estaba de rodillas en actitud de adoración mientras el coro cantaba y los sacerdotes tocaban las trompetas. Todo esto duró hasta que se terminó el holocausto. 29 Cuando este terminó, el rey y todos los que lo acompañaban se arrodillaron en actitud de adoración. 30 Después el rey Ezequías y las autoridades ordenaron a los levitas que alabaran al Señor con los salmos de David y del profeta Asaf. Y ellos lo hicieron con mucha alegría, y también se arrodillaron en actitud de adoración.

31 Luego Ezequías dijo a la gente: "Ya que ustedes se han consagrado ahora al Señor, acérquense y traigan sacrificios y ofrendas de acción de gracias para el templo del Señor." Entonces la comunidad llevó sacrificios y ofrendas de acción de gracias, y los que tuvieron voluntad de hacerlo, ofrecieron holocaustos. 32 Los animales que llevó la comunidad para los holocaustos fueron setenta toros, cien carneros y doscientos corderos. Todo era para ofrecerlo al Señor como holocausto. 33 El total de animales que ofrecieron fue de seiscientas reses y tres mil cabezas de ganado menor.

34 Pero como había pocos sacerdotes, y no alcanzaban a quitarles la piel a todos los animales para los holocaustos, tuvieron que ayudarles sus hermanos, los levitas, a terminar la labor, hasta que los otros sacerdotes se purificaron; porque los levitas se habían mostrado mejor dispuestos a purificarse que los sacerdotes. 35 Además, había una gran cantidad de holocaustos que ofrecer, y la grasa de los sacrificios de reconciliación, y las ofrendas de vino que se hacían junto con los holocaustos.

De este modo se restableció el culto en el templo del Señor. 36 Y tanto Ezequías como todo el pueblo se alegraron de lo que Dios había hecho por el pueblo, pues todo había sucedido con gran rapidez.

---

[a] 29.25 1 Cr 25.1.

Ezequías celebra la Pascua

30 ¹Ezequías mandó avisar en todo Israel y Judá, y también envió cartas a Efraín y Manasés, para invitarlos a acudir al templo del Señor en Jerusalén a celebrar la Pascua del Señor, Dios de Israel. ²El rey, después de haber consultado con sus funcionarios y con toda la comunidad de Jerusalén, había decidido celebrar la Pascua en el segundo mes, ³ya que no había podido celebrarla a su debido tiempo porque no había bastantes sacerdotes que se hubieran purificado ni el pueblo se había reunido en Jerusalén. ⁴Y como tanto al rey como a toda la comunidad les había parecido buena la propuesta, ⁵decidieron hacer circular por todo Israel, desde Beerseba hasta Dan, la invitación a ir a celebrar en Jerusalén la Pascua del Señor, Dios de Israel. Porque antes no la habían celebrado con mucha asistencia, como estaba prescrito.

⁶Así pues, salieron mensajeros por todo Israel y Judá con cartas del rey y de sus funcionarios para proclamar la orden real: "Israelitas: vuélvanse al Señor, Dios de Abraham, Isaac e Israel, y él se volverá a ustedes, el resto que ha escapado de las manos de los reyes de Asiria. ⁷No sean como sus antepasados y como sus hermanos, que por ser infieles al Señor, Dios de sus antepasados, él los entregó a la destrucción, como ustedes ven. ⁸Por consiguiente, no sean tercos como sus antepasados; extiendan la mano al Señor para renovar la alianza y vengan a su santuario, que él ha consagrado para siempre. Sirvan al Señor su Dios, y él dejará de estar enojado con ustedes. ⁹Si ustedes se vuelven al Señor, los enemigos que ahora tienen prisioneros a sus hermanos y a sus hijos tendrán compasión de ellos y los dejarán volver a este país, porque el Señor, el Dios de ustedes, es compasivo y misericordioso y no los rechazará a ustedes, si ustedes se vuelven a él."

¹⁰Los mensajeros recorrieron el territorio de Efraín y Manasés, yendo de ciudad en ciudad hasta llegar a Zabulón. Pero la gente se reía y se burlaba de ellos. ¹¹Sin embargo, algunos hombres de las tribus de Aser, Manasés y Zabulón se humillaron ante Dios y acudieron a Jerusalén. ¹²Dios también movió a la gente de Judá para que estuvieran de acuerdo en cumplir la orden del rey y de las autoridades, según lo mandado por el Señor.

¹³Así pues, una multitud sumamente grande se reunió el segundo mes en Jerusalén para celebrar la fiesta de los panes sin levadura. ¹⁴Empezaron por quitar todos los altares y lugares para quemar incienso que había en Jerusalén, y los echaron al arroyo Cedrón. ¹⁵El día catorce del segundo mes mataron el cordero de la Pascua. Los sacerdotes y levitas, sintiendo vergüenza de sí mismos, se purificaron y llevaron al templo del Señor animales para los holocaustos. ¹⁶Luego ocuparon sus puestos, según les está asignado en la ley de Moisés, hombre de Dios. Los sacerdotes rociaban la sangre que les entregaban los levitas. ¹⁷Y como en la comunidad había muchos que no se habían purificado, los levitas tuvieron que matar para la Pascua los animales de todos aquellos que no se habían purificado, a fin de consagrarlos al Señor. ¹⁸En efecto, un gran número de personas de Efraín, Manasés, Isacar y Zabulón participaron de la comida de la Pascua, pero no de acuerdo con lo prescrito, pues no se habían purificado. Pero Ezequías oró por ellos, diciendo: "Señor bondadoso, perdona a todos los de corazón sincero que te buscan a ti, ¹⁹oh Señor, Dios de sus antepasados, aunque no se hayan purificado como lo requiere la santidad del templo."

²⁰Y el Señor atendió la petición de Ezequías y perdonó al pueblo. ²¹Así que, durante siete días, los israelitas que se encontraban en Jerusalén celebraron con mucha alegría la fiesta de los panes sin levadura. Y los sacerdotes y levitas estuvieron alabando diariamente al Señor con los imponentes instrumentos de música sagrada. ²²Ezequías felicitó a todos los levitas que habían demostrado sus excelentes disposiciones para el servicio del Señor.

Y después de haber participado de la comida de la fiesta durante siete días, de haber ofrecido sacrificios de reconciliación y de haber alabado al Señor, Dios de sus antepasados, ²³toda la comunidad decidió prolongar la fiesta por otros siete días, lo cual hicieron muy contentos; ²⁴porque Ezequías, rey de Judá, regaló a la comunidad mil becerros y siete mil ovejas, y por su parte las autoridades regalaron al pueblo mil becerros y diez mil ovejas. Muchos sacerdotes se purificaron. ²⁵Toda la comunidad de Judá se alegró, lo mismo que los sacerdotes, los levitas y toda la gente que había venido de Israel y los extranjeros que llegaron del territorio de Israel o que vivían en Judá. ²⁶Hubo, pues, mucha alegría en Jerusalén, porque desde los tiempos de Salomón, hijo de David y rey de

Israel, no había ocurrido nada semejante en Jerusalén. 27 Después los sacerdotes y levitas, de pie, bendijeron al pueblo; y el Señor los escuchó, y su oración llegó hasta el cielo, el lugar donde el Dios santo reside.

31 1 Cuando todo eso terminó, todos los israelitas que se encontraban allí se fueron a las ciudades de Judá e hicieron pedazos las piedras sagradas, rompieron las representaciones de Aserá y derribaron los santuarios en lugares altos, hasta que terminaron con todas aquellas cosas en todo Judá y en Benjamín, y también en Efraín y Manasés. Luego todos los israelitas regresaron a sus ciudades, cada uno a su propiedad.

2 Después Ezequías repartió a los sacerdotes y levitas por turnos, para que unos y otros, cada uno según su propio oficio, ofrecieran holocaustos y sacrificios de reconciliación, dieran gracias y alabaran al Señor, y sirvieran en las puertas del templo. 3 Además el rey contribuyó de sus propios bienes para el holocausto de la mañana y de la tarde, para los holocaustos del sábado, de la fiesta de luna nueva y de las fiestas solemnes, como está escrito en la ley del Señor.ª 4 También ordenó a la gente que vivía en Jerusalén que entregaran a los sacerdotes y levitas la contribución que les correspondía, para que pudieran dedicarse con todo empeño a cumplir la ley del Señor. 5 Y cuando la orden se difundió, los israelitas dieron con gran generosidad lo mejor de su cosecha de trigo, vino, aceite, miel y toda clase de productos del campo. También llevaron la décima parte de todos sus productos, en gran cantidad.

6 También los habitantes de Israel y los que vivían en otras ciudades de Judá trajeron la décima parte del ganado vacuno y del ganado menor, y la décima parte de las cosas consagradas al Señor su Dios. Todo lo colocaron en montones. 7 En el tercer mes empezaron a amontonar aquellas cosas, y terminaron en el séptimo. 8 Y cuando Ezequías y las autoridades fueron a ver lo que se había amontonado, bendijeron al Señor y a su pueblo Israel. 9 Entonces Ezequías pidió a los sacerdotes y levitas información sobre aquellos montones, 10 y el sumo sacerdote Azarías, de la familia de Sadoc, le respondió: "Desde que empezaron a traer la contribución al templo del Señor, hemos tenido suficiente para comer y aun ha sobrado mucho; toda esta cantidad ha sobrado, porque el Señor ha bendecido a su pueblo."

11 Por tal motivo, Ezequías mandó que prepararan depósitos en el templo del Señor. Una vez hechos, 12 metieron allí, fielmente, la contribución, la décima parte que habían entregado y las porciones consagradas al Señor. Pusieron de encargado principal de todo eso al levita Conanías, y a su hermano Simí como sustituto suyo. 13 Como vigilantes bajo las órdenes de Conanías y de su hermano Simí, fueron nombrados por el rey Ezequías y por Azarías, el jefe principal del templo de Dios, los siguientes: Jehiel, Azazías, Náhat, Asael, Jerimot, Jozabad, Eliel, Ismaquías, Máhat y Benaías. 14 El portero de la puerta oriental, que era el levita Coré, hijo de Imná, estaba encargado de las ofrendas voluntarias para Dios y de repartir la contribución para el Señor y las porciones consagradas a Dios. 15 A Coré lo ayudaban fielmente, en las ciudades de los sacerdotes, Edén, Minjamín, Jesús, Semaías, Amarías y Secanías, para hacer el reparto de las porciones entre sus colegas. Lo hacían de acuerdo con sus turnos, lo mismo a mayores que a menores, 16 a todos los que acudían al templo para sus diarias tareas, según sus turnos y sus propios oficios, con tal de que estuvieran inscritos en los registros, que incluían a todos los que tenían de tres años para arriba. 17 Los sacerdotes estaban inscritos por familias, y los levitas de veinte años para arriba, según sus oficios y turnos. 18 En el registro quedaban incluidos todos los niños pequeños, las esposas, los hijos y las hijas, es decir toda la comunidad, ya que por el oficio que se les ha confiado quedan consagrados a Dios. 19 En todas las ciudades había hombres nombrados para repartir las porciones a todo varón entre los sacerdotes descendientes de Aarón, y a todos los levitas que estaban inscritos y que vivían en las tierras de pastoreo de las ciudades de los sacerdotes.

20 Ezequías hizo esto en todo Judá. Sus acciones fueron buenas, rectas y sinceras ante el Señor su Dios. 21 Todo lo que emprendió para el servicio del templo de Dios o referente a la ley y los mandamientos, lo hizo procurando buscar a Dios de todo corazón, y por eso tuvo éxito.

ª **31.3** Nm 28.1—29.39.

Senaquerib invade Judá
(2 R 18.13—19.37; Is 36—37)

32 ¹ Después de estas cosas y de esta muestra de fidelidad, llegó Senaquerib, rey de Asiria, invadió Judá y puso cerco a las ciudades fortificadas, con intención de conquistarlas.

² Al ver Ezequías que Senaquerib había llegado resuelto a atacar a Jerusalén, ³ consultó a sus jefes civiles y militares y les propuso cegar los manantiales que había fuera de la ciudad, y ellos estuvieron de acuerdo. ⁴ Entonces se reunió mucha gente y cegaron todos los manantiales, así como el canal subterráneo, para que cuando llegaran los reyes de Asiria no encontraran agua abundante.

⁵ Ezequías se armó de ánimo y reconstruyó la muralla, y también construyó torres sobre ella y una muralla exterior. Fortificó además el terraplén de la Ciudad de David, y fabricó buena cantidad de lanzas y escudos. ⁶ Luego puso oficiales al mando de la gente, los reunió en la explanada de la puerta de la ciudad y les dio ánimo, diciéndoles: ⁷ "¡Sean fuertes y valientes! No tengan miedo ni se desanimen ante el rey de Asiria y todo el numeroso ejército que lo acompaña, porque nosotros tenemos más que él. ⁸ Él cuenta con la fuerza de los hombres, pero con nosotros está el Señor nuestro Dios para ayudarnos a luchar nuestras batallas." Al oír las palabras del rey Ezequías, el pueblo se sintió animado.

⁹ Después el rey Senaquerib de Asiria, quien se encontraba atacando a Laquis con todas sus tropas, mandó a Jerusalén unos oficiales suyos, para comunicar a Ezequías, rey de Judá, y a todos los habitantes de Jerusalén que estaban en Jerusalén, el siguiente mensaje:

¹⁰ "Senaquerib, rey de Asiria, manda a decirles: '¿Por qué se sienten tan seguros, que se quedan en Jerusalén a pesar de estar cercados? ¹¹ Si Ezequías les dice que el Señor su Dios los librará de mis manos, los está engañando y los está exponiendo a ustedes a morir de hambre y sed. ¹² ¿Acaso no suprimió Ezequías los lugares de culto y los altares de ese Dios, y ordenó que la gente de Judá y Jerusalén le diera culto y le ofreciera incienso solamente en un altar? ¹³ ¿No saben lo que yo y mis antepasados hemos hecho con todos los pueblos de los otros países? ¿Acaso pudieron los dioses de esas naciones librarlos de mi poder? ¹⁴ ¿Cuál de todos los dioses de esas naciones que destruyeron mis antepasados, pudo salvar a su país de mi poder?

¿Por qué piensan que su Dios puede salvarlos? ¹⁵ Por tanto, no se dejen engañar ni embaucar por Ezequías; no le crean, pues si ningún dios de ninguna de esas naciones fue capaz de librar a su pueblo de mi poder y del poder de mis antepasados, ¡mucho menos podrá el Dios de ustedes librarlos de mi poder!' "

¹⁶ Esto, y más todavía, dijeron los oficiales del rey de Asiria contra Dios, el Señor, y contra su siervo Ezequías. ¹⁷ Senaquerib escribió además cartas en que insultaba al Señor, Dios de Israel, y en que decía contra él: "Así como los dioses de los pueblos de otros países no pudieron librarlos de mi poder, tampoco el Dios de Ezequías podrá librar de mi poder a su pueblo." ¹⁸ Los oficiales de Senaquerib, dirigiéndose a la gente de Jerusalén que estaba en la muralla, gritaron bien fuerte en hebreo para asustarlos y aterrorizarlos, y así poder conquistar la ciudad. ¹⁹ Hablaban del Dios de Jerusalén como de los dioses de las otras naciones de la tierra, que son dioses hechos por los hombres.

²⁰ En esta situación, el rey Ezequías y el profeta Isaías, hijo de Amós, oraron y pidieron ayuda al cielo. ²¹ Entonces el Señor envió un ángel que exterminó a todos los soldados, capitanes y comandantes del campamento del rey de Asiria, quien tuvo que volverse a su país lleno de vergüenza. Y cuando entró en el templo de su dios, allí mismo lo asesinaron sus propios hijos.

²² De este modo, el Señor libró a Ezequías y a los habitantes de Jerusalén del poder de Senaquerib, rey de Asiria, y del poder de todos los demás, y les concedió paz con todos sus vecinos. ²³ Entonces hubo muchos que llevaron a Jerusalén ofrendas para el Señor, y regalos valiosos para Ezequías, rey de Judá. Y a partir de entonces, su prestigio aumentó frente a las demás naciones.

Enfermedad y curación de Ezequías
(2 R 20.1–11; Is 38.1–22)

²⁴ Por aquel tiempo, Ezequías cayó gravemente enfermo; pero oró al Señor, quien le contestó por medio de una señal milagrosa. ²⁵ Pero, a pesar del beneficio que había recibido, Ezequías no fue agradecido, sino que se llenó de orgullo, por lo cual el Señor se enojó con él y también con Judá y Jerusalén. ²⁶ Sin embargo, a pesar de su orgullo, Ezequías se humilló ante Dios, y lo mismo hicieron los habitantes de Jerusalén, y el Señor no descargó su ira sobre ellos mientras Ezequías vivió.

Prosperidad de Ezequías

27 Ezequías gozó de grandes riquezas y honores, y llegó a acumular grandes cantidades de plata, oro, piedras preciosas, perfumes, escudos y toda clase de objetos valiosos. **28** Construyó también almacenes para guardar los cereales, el vino y el aceite, y establos para toda clase de ganado, y rediles para los rebaños. **29** Además hizo construir ciudades, y tuvo mucho ganado mayor y menor, pues Dios le concedió muchísimos bienes.

30 Ezequías fue también quien mandó cegar la salida del agua por la parte de arriba del manantial de Guihón, y la canalizó hacia abajo, hacia el lado occidental de la Ciudad de David. Así que Ezequías tuvo éxito en todo lo que emprendió.

Ezequías recibe a los enviados de Babilonia
(2 R 20.12–19; Is 39.1–8)

31 Así sucedió también cuando las autoridades de Babilonia enviaron a unos para visitarlo e informarse del milagro que había ocurrido en el país. Dios dejó solo a Ezequías, para probarlo y conocer a fondo su manera de pensar.

Muerte de Ezequías
(2 R 20.20–21)

32 El resto de la historia de Ezequías y de sus obras piadosas, está escrito en la revelación del profeta Isaías, hijo de Amós, y en el libro de los reyes de Judá y de Israel. **33** Cuando murió Ezequías, lo enterraron en la parte superior del panteón*ª* de la familia de David. Todo Judá y los habitantes de Jerusalén le rindieron honores; y reinó en su lugar su hijo Manasés.

Reinado de Manasés
(2 R 21.1–18)

33 **1** Manasés tenía doce años cuando comenzó a reinar, y reinó en Jerusalén cincuenta y cinco años. **2** Pero sus hechos fueron malos a los ojos del Señor, pues practicó las mismas infamias de las naciones que el Señor había arrojado de la presencia de los israelitas: **3** reconstruyó los santuarios en lugares altos que Ezequías, su padre, había derribado; levantó altares a las representaciones de Baal, e hizo imágenes de Aserá; además adoró y rindió culto a todos los astros del cielo, **4** y construyó altares en el templo del Señor,

acerca del cual el Señor había dicho que sería para siempre la residencia de su nombre en Jerusalén.*ª* **5** Levantó otros altares en los dos atrios del templo del Señor, y los dedicó a todos los astros del cielo.

6 Además hizo quemar a sus hijos en sacrificio en el valle de Ben–hinom, practicó la invocación de los espíritus, la adivinación y la magia, y estableció el espiritismo y la hechicería. Tan malos fueron sus hechos a los ojos del Señor, que acabó por provocar su indignación. **7** También colocó la imagen del ídolo que había hecho en el templo de Dios, acerca del cual Dios había dicho a David y a su hijo Salomón: "Este templo en Jerusalén, que he escogido entre todas las tribus de Israel, será para siempre la residencia de mi nombre. **8** No volveré a desalojar a los israelitas de la tierra donde establecí a sus antepasados, con tal de que cumplan y practiquen todo lo que les he ordenado, y todas las enseñanzas, leyes y decretos que les he dado por medio de Moisés."

9 Pero Manasés hizo que Judá y los habitantes de Jerusalén siguieran por el mal camino y que actuaran con más perversidad que las naciones que el Señor había aniquilado ante los israelitas. **10** El Señor habló a Manasés y a su pueblo, pero no le hicieron caso. **11** Por eso, el Señor trajo contra ellos a los jefes del ejército del rey de Asiria, quienes apresaron con ganchos a Manasés, lo sujetaron con cadenas de bronce y lo llevaron a Babilonia.

12 Pero cuando se halló en aflicción invocó al Señor su Dios, y se humilló profundamente ante el Dios de sus antepasados. **13** Y cuando oró, Dios lo atendió, escuchó sus súplicas e hizo que volviera a Jerusalén a hacerse cargo de su reino. Entonces comprendió Manasés que el Señor es Dios.

14 Después de esto, Manasés le construyó a la Ciudad de David, al oeste de Guihón, una muralla exterior que pasaba por el arroyo y llegaba a la Puerta de los Pescados, para luego rodear a Ófel. La hizo de mucha altura. También puso comandantes militares en todas las ciudades fortificadas de Judá. **15** Además quitó del templo del Señor los dioses extranjeros y el ídolo, así como todos los altares paganos que había construido en el monte del templo y en Jerusalén, y los arrojó fuera de la ciudad. **16** Después

---

ª **32.33** *La parte superior del panteón:* es decir, el lugar de honor más prominente.   *ª* **33.4** 2 S 7.13.

reparó el altar del Señor, ofreció en él sacrificios de reconciliación y de acción de gracias, y ordenó a Judá que diera culto al Señor, Dios de Israel. 17Sin embargo, el pueblo seguía ofreciendo sacrificios en los altares paganos, aunque los dedicaba al Señor su Dios.

18El resto de la historia de Manasés, y su oración a Dios, y las declaraciones que los profetas le hicieron en nombre del Señor, Dios de Israel, están en las crónicas de los reyes de Israel. 19Su oración y la respuesta que recibió, todo lo relativo a su pecado e infidelidad y a los sitios donde construyó santuarios en lugares altos y donde puso las imágenes de Aserá y los ídolos antes de humillarse ante Dios, están escritos en la historia de sus profetas. 20Cuando murió, lo enterraron en el jardín de[b] su palacio. Después reinó en su lugar su hijo Amón.

Reinado de Amón
(2 R 21.19–26)

21Amón tenía veintidós años cuando comenzó a reinar, y reinó en Jerusalén dos años. 22Pero sus hechos fueron malos a los ojos del Señor, como los de su padre Manasés. Ofreció sacrificios y rindió culto a todos los ídolos que su padre Manasés había hecho. 23Pero no se humilló ante el Señor, como lo hizo su padre Manasés, sino que acumuló más culpas.

24Sus oficiales conspiraron contra él, y lo asesinaron en su palacio. 25Pero la gente del pueblo mató a los que habían conspirado contra el rey Amón, y en su lugar hicieron reinar a su hijo Josías.

Reinado de Josías
(2 R 22.1–2)

34 1Josías tenía ocho años cuando comenzó a reinar, y reinó en Jerusalén durante treinta y un años. 2Los hechos de Josías fueron rectos a los ojos del Señor, pues siguió la conducta de David, su antepasado, sin desviarse de ella para nada.

Reformas de Josías

3En el octavo año de su reinado, siendo todavía joven, Josías empezó a buscar al Dios de su antepasado David. Y en el año doce de su reinado comenzó a purificar a Judá y Jerusalén de los santuarios en lugares altos, las imágenes

de Aserá, los ídolos y las estatuas de metal fundido, 4y fueron destruidos en su presencia los altares de las diversas representaciones de Baal. Además, Josías mandó destrozar los altares para incienso que había encima. También mandó hacer pedazos las imágenes de Aserá, los ídolos y las estatuas de metal fundido; los hizo polvo, que luego esparció sobre las tumbas de quienes les habían ofrecido sacrificios. 5Además quemó los huesos de los sacerdotes sobre sus altares,[a] y así purificó a Judá y Jerusalén. 6Hizo lo mismo en las ciudades de Manasés, Efraín y Simeón, y hasta Neftalí, en las plazas de todas sus ciudades. 7Derribó los altares, las imágenes de Aserá y los ídolos, haciéndolos polvo, y destruyó todos los altares para incienso en todo el territorio de Israel. Después regresó a Jerusalén.

Se encuentra el libro de la ley
(2 R 22.3—23.3)

8En el año dieciocho de su reinado, después de haber purificado el país y el templo, envió a Safán, hijo de Asalías, a Amasías, alcalde de la ciudad, y a su secretario Joah, hijo de Joacaz, a reparar el templo del Señor su Dios. 9Entonces estos fueron a ver al sumo sacerdote Hilquías y le entregaron el dinero que había sido llevado al templo de Dios y que los levitas porteros habían recogido en Manasés y Efraín, de la gente que había quedado en Israel, lo mismo que de todo Judá y Benjamín y de los habitantes de Jerusalén. 10Luego se lo entregaron a los encargados de las obras del templo del Señor, para que ellos a su vez pagaran a los que trabajaban en la reparación del templo. 11Entregaron el dinero a los carpinteros y maestros de obras, para que compraran piedras de cantería y madera para los amarres y para poner vigas a los edificios que los reyes de Judá habían dejado derruir.

12-13Estos hombres hacían su trabajo fielmente, y los que estaban al frente de ellos eran los levitas Jáhat y Abdías, descendientes de Merarí, y Zacarías y Mesulam, descendientes de Quehat, que eran los jefes. Ellos estaban también al frente de los cargueros, y dirigían a todos los que trabajaban en la obra. Todos los levitas eran músicos, y algunos de ellos eran cronistas, comisarios o porteros.

---

[b] **33.20** *El jardín de:* texto probable según 2 R 21.18. En el texto hebreo no aparece esta frase. [a] **34.5** 1 R 13.2.

14Cuando sacaban el dinero que había sido llevado al templo del Señor, el sacerdote Hilquías encontró el libro de la ley del Señor, dada por medio de Moisés. **15**En seguida le contó a Safán, el cronista, que había encontrado el libro de la ley en el templo del Señor; y le entregó el libro a Safán, **16**quien lo llevó al rey y le informó del asunto, diciéndole:

—Los servidores de Su Majestad están haciendo todo lo que se les encargó. **17**Han fundido la plata que había en el templo, y la han entregado a los que dirigen las obras y a los encargados de estas.

18También informó Safán al rey de que el sacerdote Hilquías le había entregado un libro; y lo leyó Safán al rey. **19**Al escuchar el rey lo que decía el libro de la ley, se rasgó la ropa, **20**y en seguida ordenó a Hilquías, a Ahicam, hijo de Safán, a Abdón, hijo de Micaías, a Safán, el cronista, y a Asaías, oficial del rey:

21—Vayan a consultar al Señor por mí y por la gente que queda en Israel y en Judá, en cuanto al contenido de este libro que se ha encontrado; pues el Señor debe estar muy furioso con nosotros, ya que nuestros antepasados no prestaron atención a lo que dijo el Señor, ni pusieron en práctica todo lo que está escrito en este libro.

22Hilquías y los que el rey nombró fueron a ver a la profetisa Huldá, esposa de Salum, hijo de Ticvá y nieto de Harhás, encargado del guardarropa del templo. Huldá vivía en el Segundo Barrio de Jerusalén, y cuando le hablaron, **23**ella les contestó:

—Esta es la respuesta del Señor, Dios de Israel: 'Díganle a la persona que los ha enviado a consultarme, **24**que yo, el Señor, digo: Voy a acarrear un desastre sobre este lugar y sus habitantes, conforme a todas las maldiciones que están escritas en el libro que han leído delante del rey de Judá. **25**Pues me han abandonado y han quemado incienso a otros dioses, provocando mi irritación con todas sus prácticas; por eso se ha encendido mi ira contra este lugar, y no se apagará. **26**Díganle, pues, al rey de Judá, que los ha enviado a consultar al Señor, que el Señor, el Dios de Israel, dice también: Por haber prestado atención a lo que has oído, **27**y porque te has conmovido y sometido a mí al escuchar mi declaración contra este lugar y sus habitantes, por haberte humillado ante mí, haberte rasgado la ropa y haber llorado

ante mí, yo también por mi parte te he escuchado. Yo, el Señor, te lo digo. **28**Yo te concederé morir en paz y reunirte con tus antepasados, sin que llegues a ver el desastre que voy a acarrear sobre este lugar y sobre sus habitantes.'

Los enviados del rey regresaron para llevarle a este la respuesta. **29**Entonces el rey mandó llamar a todos los ancianos de Judá y Jerusalén, para que se reunieran. **30**Luego el rey y todos los hombres de Judá y los habitantes de Jerusalén, y los sacerdotes, los levitas y la nación entera, desde el más pequeño hasta el más grande, fueron al templo del Señor. Allí el rey les leyó en voz alta todo lo que decía el libro de la alianza que había sido encontrado en el templo del Señor. **31**Luego el rey se puso de pie junto a su columna, y se comprometió ante el Señor a obedecerle, a poner en práctica fielmente y con toda sinceridad sus mandamientos, mandatos y leyes, y a cumplir las condiciones de la alianza que estaban escritas en el libro. **32**Después hizo que toda la gente de Jerusalén y de Benjamín que se encontraba allí se comprometiera a cumplirla. Y los habitantes de Jerusalén cumplieron la alianza de Dios, el Dios de sus antepasados. **33**Josías suprimió las infames prácticas que había en todos los territorios de los israelitas, e hizo que todos los que se encontraban en Israel dieran culto al Señor su Dios. Y mientras él vivió, no se apartaron del Señor, Dios de sus antepasados.

Josías celebra la Pascua
(2 R 23.21–33)

35 **1**Josías celebró en Jerusalén la Pascua en honor del Señor: el día catorce del primer mes del año se sacrificó el cordero para la fiesta. **2**Instaló a los sacerdotes en sus puestos de servicio, y los animó a que atendieran el servicio del templo del Señor. **3**Además, a los levitas, que eran los maestros de todo Israel y que estaban consagrados al Señor, les dio las siguientes instrucciones: "Coloquen el arca sagrada en el templo que construyó Salomón, hijo de David y rey de Israel. Ya no tendrán que llevarlo en hombros. Ahora dedíquense a servir al Señor su Dios, y a Israel, pueblo del Señor. **4**Organícense por familias y turnos, según lo dejaron escrito David, rey de Israel, y su hijo Salomón.*ª* **5**Quédese en el

---

ª **35.4** 2 Cr 8.14.

santuario un grupo de levitas por cada grupo de familias, como representantes de los grupos de familias de los otros israelitas, sus hermanos. 6 Sacrifiquen el cordero de la Pascua, puríffquense y preparen lo necesario para que sus hermanos puedan cumplir lo que el Señor ordenó por medio de Moisés."

7 Luego Josías, de su propio ganado, dio a toda la gente del pueblo que se encontraba allí animales para celebrar la Pascua: corderos y cabritos, con un total de treinta mil cabezas, y además tres mil novillos. 8 También los funcionarios del rey hicieron donativos voluntarios al pueblo, a los sacerdotes y a los levitas. A su vez, Hilquías, Zacarías y Jehiel, encargados del templo de Dios, entregaron a los sacerdotes dos mil seiscientos animales para celebrar la Pascua, y trescientos novillos; 9 y Conanías, y sus colegas Semaías y Natanael, así como Hasabías, Jehiel y Jozabad, jefes de los levitas, les entregaron cinco mil animales para la celebración de la Pascua, y quinientos novillos.

10 Estando así ya dispuesta la celebración, los sacerdotes ocuparon sus puestos y los levitas se organizaron según sus turnos, como lo había ordenado el rey. 11 Entonces sacrificaron los animales de la Pascua, y mientras los levitas desollaban a los animales, los sacerdotes rociaban el altar con la sangre que los levitas les pasaban. 12 Después retiraron la grasa que debía ser quemada, de acuerdo con los grupos de familias del pueblo, para que la ofrecieran al Señor, como está ordenado en el libro de Moisés; y lo mismo hicieron con los novillos. 13 A continuación asaron los animales para la celebración de la Pascua, como está prescrito;[b] y las demás ofrendas sagradas las cocieron en ollas, calderos y sartenes, y a toda prisa las repartieron entre toda la gente del pueblo. 14 Luego los levitas prepararon lo que les correspondía a ellos y a los sacerdotes, porque los sacerdotes, descendientes de Aarón, estuvieron atareados hasta la noche ofreciendo los holocaustos y la grasa. Por eso los levitas tuvieron que preparar la parte que les correspondía a ellos y a los sacerdotes, descendientes de Aarón. 15 En cuanto a los cantores, descendientes de Asaf, también estaban en sus puestos, según lo dispuesto por David, Asaf, Hemán y Jedutún,

vidente al servicio del rey. Los porteros estaban en sus respectivas puertas; ninguno de ellos tuvo que abandonar su puesto, porque sus colegas, los levitas, les prepararon la parte de los sacrificios que les correspondía.

16 Así se organizó todo el servicio del Señor aquel día para celebrar la Pascua y ofrecer los holocaustos sobre el altar del Señor, según lo había mandado el rey Josías. 17 Los israelitas que estaban presentes en aquella ocasión celebraron la Pascua y los siete días en que se come el pan sin levadura. 18 Nunca se había celebrado en Israel una Pascua como esta desde la época del profeta Samuel; ninguno entre los reyes de Israel celebró la Pascua como la celebró Josías, con los sacerdotes y levitas y la gente de Judá y de Israel que estaba presente, y con los habitantes de Jerusalén. 19 Fue en el año dieciocho del reinado de Josías cuando se celebró aquella Pascua.

Muerte de Josías
(2 R 23.28–30)

20 Más tarde, cuando Josías ya había restaurado el templo, Necao, rey de Egipto, se dirigió hacia el río Éufrates para dar una batalla en Carquemis. Josías le salió al encuentro; 21 pero Necao le envió delegados a decirle: "Déjame en paz, rey de Judá. Ahora no vengo contra ti, sino contra otra nación con la que estoy en guerra. Dios me ha ordenado que me dé prisa; así que, por tu propio bien, deja de oponerte a Dios, que está de mi parte, y así no te destruirá."

22 Pero Josías no retrocedió, sino que insistió en luchar[c] contra él, sin hacer caso a la advertencia de Necao, la cual venía del mismo Dios. Así que entró en batalla en el valle de Meguido, 23 y los arqueros le dispararon al rey Josías. Entonces dijo el rey a sus oficiales: "¡Sáquenme de aquí, porque estoy gravemente herido!" 24 Sus oficiales lo sacaron del carro de combate, lo trasladaron a un segundo carro que tenía y lo llevaron a Jerusalén, donde murió. Lo enterraron en el panteón de sus antepasados. Todo Judá y Jerusalén lloró la muerte de Josías. 25 Jeremías compuso en su honor un poema fúnebre. Hasta el día de hoy, todos los cantores y cantoras recuerdan a Josías en sus canciones fúnebres. Estas canciones se han hecho costumbre

---

b 35.13 Ex 12.8–9. c 35.22 *Insistió en luchar:* según la versión griega (LXX) y otras versiones antiguas. Heb. *se disfrazó para luchar.*

en Israel y están escritas en las colecciones de tales cantos.

26 El resto de la historia de Josías, con las obras piadosas que hizo de acuerdo con lo escrito en el libro de la ley del Señor, 27 y sus hechos, desde el principio hasta el fin, está escrito en el libro de los reyes de Israel y de Judá.

Reinado de Joacaz
(2 R 23.31–35)

36 1 La gente del pueblo tomó entonces a Joacaz, hijo de Josías, y lo pusieron como rey en Jerusalén en lugar de su padre. 2 Joacaz tenía veintitrés años cuando comenzó a reinar, y reinó en Jerusalén tres meses. 3 El rey de Egipto lo quitó del trono en Jerusalén e impuso al país un tributo de tres mil trescientos kilos de plata y treinta y tres kilos de oro. 4 Además, el rey de Egipto puso como rey de Judá y Jerusalén a Eliaquim, hermano de Joacaz, y le cambió el nombre y le puso Joaquim, y a Joacaz lo tomó y lo llevó a Egipto.ᵃ

Reinado de Joaquim
(2 R 23.36—24.7)

5 Joaquim tenía veinticinco años, y reinó en Jerusalén once años. Pero sus hechos fueron malos a los ojos del Señor su Dios. 6 Nabucodonosor, rey de Babilonia, marchó contra él y lo sujetó con cadenas de bronce para llevárselo a Babilonia. 7 Nabucodonosor se llevó a Babilonia una parte de los utensilios del templo del Señor, y los puso en su templo de Babilonia.

8 El resto de la historia de Joaquim, con sus prácticas infames y lo que le ocurrió, está escrito en el libro de los reyes de Israel y de Judá. Y reinó en su lugar su hijo Joaquín.

Joaquín es desterrado a Babilonia
(2 R 24.8–17)

9 Joaquín tenía dieciocho años cuando comenzó a reinar, y reinó en Jerusalén tres meses y diez días. Pero sus hechos fueron malos a los ojos del Señor.

10 En la primavera de aquel año, el rey Nabucodonosor mandó que lo llevaran a Babilonia, junto con los utensilios de más valor del templo del Señor, y nombró rey de Judá y Jerusalén a Sedequías, pariente de Joaquín.

Reinado de Sedequías

11 Sedequíasᵇ tenía veintiún años cuando comenzó a reinar, y reinó once años en Jerusalén. 12 Pero sus hechos fueron malos a los ojos de su Dios. No se humilló ante el profeta Jeremías, que le hablaba de parte del Señor. 13 Además se rebeló contra el rey Nabucodonosor, quien le había hecho jurar por Dios que sería su aliado, y se empeñó tercamente en no volverse al Señor, Dios de Israel.

14 También todos los jefes de Judá,ᶜ los sacerdotes y el pueblo extremaron su infidelidad, siguiendo las prácticas infames de las naciones paganas y profanando el templo del Señor que él había escogido como su santuario en Jerusalén. 15 El Señor, Dios de sus antepasados, les envió constantes advertencias por medio de sus mensajeros, porque tenía compasión de su pueblo y de su lugar de residencia. 16 Pero ellos se rieron de los mensajeros de Dios, despreciaron sus avisos y se burlaron de sus profetas, hasta que la ira del Señor estalló contra su pueblo de modo que ya no hubo remedio.

Destrucción del templo y destierro de Judá
(2 R 25.8–21; Jer 39.8–10; 52.12–30)

17 Entonces el Señor hizo marchar contra ellos al rey de los caldeos, que pasó a cuchillo a sus jóvenes en el propio edificio del templo y no tuvo piedad de los jóvenes ni de las muchachas, de los ancianos ni de los inválidos. A todos los entregó el Señor en sus manos. 18 Todos los utensilios del templo de Dios, grandes y pequeños, y los tesoros del templo, del rey y de sus funcionarios, todo se lo llevó el rey de los caldeos a Babilonia. 19 Además quemaron el templo de Dios, derribaron la muralla de Jerusalén, prendieron fuego a sus palacios y destruyeron todo lo que había de valor.

20 Después desterró a Babilonia a los sobrevivientes de la matanza, donde se convirtieron en esclavos suyos y de sus hijos hasta que se estableció el imperio persa, 21 para que se cumpliera lo que Dios había dicho por medio del profeta Jeremías. Así el país debía disfrutar de su reposo; porque descansó todo el tiempo que estuvo en ruinas, hasta que pasaron setenta años.ᵈ

ᵃ **36.4** Jer 22.10–12. ᵇ **36.11** 2 R 24.18–20; Jer 27.1–22; 28.1–17; 52.1–3. ᶜ **36.14** *Jefes de Judá, los sacerdotes:* según la versión griega (LXX). Heb. *jefe de los sacerdotes.* ᵈ **36.21** Jer 25.11; 29.10; Zac 1.12.

El decreto de Ciro
(Esd 1.1–14)

22e En el primer año del reinado de Ciro, rey de Persia, y para que se cumpliera la palabra del Señor anunciada por Jeremías, el Señor impulsó a Ciro a que en todo su reino promulgara, de palabra y por escrito, este decreto: **23** "Ciro, rey de Persia, declara lo siguiente: El Señor, Dios de los cielos, ha puesto en mis manos todos los reinos de la tierra, y me ha encargado que le construya un templo en Jerusalén, que está en la región de Judá. Así que a cualquiera de ustedes que pertenezca al pueblo del Señor, que el Señor su Dios lo ayude, y váyase allá."

---

e **36.22** El contenido de los vs. 22–23 es idéntico al de Esd 1.1–4. Originalmente, Esd y Neh eran la última parte de la obra completa del Cronista. Pero cuando se consideró que los relatos de Esd y Neh eran la continuación natural de los libros de *Samuel* y *Reyes,* quedaron separados de los libros de *Crónicas* y puestos antes de estos en la Biblia hebrea. Así, 1 Cr y 2 Cr pasaron a ocupar el último lugar. Véase la *Introducción* a *Esdras* y *Nehemías.*

ESDRAS

Los libros de *Esdras* y *Nehemías* (que en la Biblia hebrea se consideran como un solo libro) son la continuación de los dos de *Crónicas*. Pasando por alto los cincuenta años del destierro en Babilonia, estos escritos retoman la narración en el momento en que Ciro, rey de Persia, promulgó un decreto autorizando el retorno de los judíos a Jerusalén para reconstruir el templo que aún se encontraba en ruinas (538 a.C.). La información que suministran es de capital importancia para conocer la etapa de la restauración judía después del exilio en Babilonia. Más aún: dada la escasa documentación acerca de aquel periodo histórico, sin estos escritos se sabría muy poco sobre la época en que los repatriados restablecieron el culto (3.1–7), reconstruyeron el templo (3.8–13; 6.13–15), restauraron los muros de la ciudad (Neh 2.11—7.4) y se organizaron para formar una comunidad regida enteramente por la ley de Dios (Neh 8—10).

El libro de *Esdras* (=Esd) consta de dos partes. Los caps. 1—6 ofrecen información muy valiosa sobre los dos primeros grupos de exiliados que volvieron a Jerusalén, uno bajo la conducción de Sesbasar y el otro al mando de Zorobabel. Esta sección explica las dificultades que afrontaron los israelitas al reconstruir el templo de Jerusalén, y culmina con el relato de la dedicación del santuario, en el 516 a.C.

Los caps. siguientes (7—10) se refieren a la reforma de Esdras. Este sacerdote de alto rango, descendiente de Aarón y de Sadoc, recibió un mandato especial del soberano persa para ir a Jerusalén y hacer que se cumpliera todo lo establecido por la ley de Dios (7.10,14,25—26). En el cumplimiento de su misión, Esdras debió afrontar dos problemas principales: muchos israelitas se habían casado con mujeres paganas, y esto les impedía cumplir estrictamente la ley; además, los sacrificios, el culto y la pureza ritual dejaban mucho que desear. Esdras actuó con firmeza y llevó a cabo una severa reforma religiosa y moral, destinada a preservar la fe de Israel de toda posible contaminación.

El libro de *Nehemías* recoge las "memorias" de este alto funcionario de la corte de Artajerjes I, que obtuvo del rey la autorización para ir a restaurar la muralla de Jerusalén (caps. 1—7 y 10—13). En ese relato autobiográfico, Nehemías narra cómo aquel trabajo se llevó a cabo con gran rapidez, a pesar de la hostilidad de las poblaciones vecinas, y cómo se repobló la ciudad. También se refiere a su segunda misión en Jerusalén (cf. 13.6–7) y a las medidas que se vio obligado a tomar para acabar con los abusos que se cometían en la ciudad.

En medio del libro de Neh (caps. 8—10), Esdras vuelve a ocupar el primer plano, con su solemne proclamación de la ley ante el pueblo reunido *frente a la puerta del Agua* (Neh 8.1).

El esquema siguiente ofrece una visión sintética del libro de *Esdras*:

1. Retorno de los exiliados y reconstrucción del templo (1—6)
2. Misión de Esdras (7—10)

El decreto de Ciro
(2 Cr 36.22–23)

1 **1** En el primer año del reinado de Ciro, rey de Persia, y para que se cumpliera la palabra del Señor anunciada por Jeremías,[a] el Señor impulsó a Ciro a que en todo su reino promulgara, de palabra y por escrito, este decreto: **2** "Ciro, rey de Persia, declara lo siguiente: El Señor, Dios de los cielos, ha puesto en mis manos todos los reinos de la tierra, y me ha encargado que le construya un templo en Jerusalén, que está en la región de Judá. **3** Así que, a cualquiera de ustedes que pertenezca al pueblo del Señor, que Dios lo ayude, y vaya a Jerusalén, que está en Judá, a construir el templo del Señor, el Dios de Israel, que es el Dios que habita en Jerusalén. **4** Y a cualquiera de los sobrevivientes que emigre del lugar donde ahora vive, que le ayuden sus vecinos con plata, oro, bienes y ganado, además de donativos para el templo de Dios en Jerusalén."

Los israelitas vuelven a Jerusalén

5 Los jefes de las familias de Judá y Benjamín, y los sacerdotes y los levitas, o sea todos los que habían sido animados por Dios, se prepararon para ir a Jerusalén y reconstruir el templo del Señor. **6** Todos sus vecinos les ayudaron con plata, oro, bienes, ganado y objetos valiosos, además de toda clase de ofrendas voluntarias. **7** El rey Ciro, por su parte, hizo entrega de los utensilios del templo del Señor, que Nabucodonosor había sacado de Jerusalén y llevado al templo de sus dioses.[b] **8** Ciro los devolvió por conducto de Mitrídates, el tesorero, quien después de contarlos los entregó a Sesbasar, gobernador de Judá. **9** La cuenta de los objetos fue la siguiente: treinta tazones de oro, mil tazones de plata, veintinueve cuchillos, **10** treinta tazas de oro, cuatrocientas diez tazas de plata de inferior calidad, y mil objetos más. **11** El total de objetos de oro y plata fue de cinco mil cuatrocientos. Todo esto lo llevó Sesbasar de vuelta a Jerusalén, al regresar de Babilonia con los desterrados.

Los que regresaron de Babilonia
(Neh 7.5–73)

2 **1-2** Esta es la lista de los israelitas nacidos en Judá[a] que fueron desterrados a Babilonia por el rey Nabucodonosor, y que después del destierro volvieron a Jerusalén y a otros lugares de Judá, cada cual a su población, encabezados por Zorobabel, Josué, Nehemías, Seraías, Reelaías, Mardoqueo, Bilsán, Mispar, Bigvai, Rehúm y Baaná:

3 Los descendientes de Parós,
dos mil ciento setenta y dos;

4 los de Sefatías, trescientos setenta y dos;

5 los de Árah, setecientos setenta y cinco;

6 los de Pahat–moab, o sea, de Josué
y Joab, dos mil ochocientos doce;

7 los de Elam,
mil doscientos cincuenta y cuatro;

8 los de Zatú, novecientos cuarenta y cinco;

9 los de Zacai, setecientos sesenta;

10 los de Binuy, seiscientos cuarenta y dos;

11 los de Bebai, seiscientos veintitrés;

12 los de Azgad, mil doscientos veintidós;

13 los de Adonicam, seiscientos sesenta y seis;

14 los de Bigvai, dos mil cincuenta y seis;

15 los de Adín,
cuatrocientos cincuenta y cuatro;

16 los de Ater, o sea de Ezequías,
noventa y ocho;

17 los de Besai, trescientos veintitrés;

18 los de Jorá, ciento doce;

19 los de Hasum, doscientos veintitrés;

20 los de Guibar, noventa y cinco;

21 los de Belén, ciento veintitrés.

22 Los hombres de Netofá, cincuenta y seis;

23 los de Anatot, ciento veintiocho.

24 Los descendientes de Bet–azmávet,
cuarenta y dos;

25 los de Quiriat–jearim, Quefirá y Beerot,
setecientos cuarenta y tres;

26 los de Ramá y Gueba, seiscientos veintiuno.

27 Los hombres de Micmás, ciento veintidós;

28 los de Betel y Ai, doscientos veintitrés.

29 Los descendientes de Nebo, cincuenta y dos;

30 los de Magbís, ciento cincuenta y seis;

31 los del otro Elam,
mil doscientos cincuenta y cuatro;

32 los de Harim, trescientos veinte;

33 los de Lod, Hadid y Onó,
setecientos veinticinco;

34 los de Jericó, trescientos cuarenta y cinco;

35 los de Senaá, tres mil seiscientos treinta.

36 Los sacerdotes descendientes de Jedaías,
de la familia de Josué,
novecientos setenta y tres;

---

[a] **1.1** 2 Cr 36.21; Jer 25.11; 29.10. [b] **1.7** 2 R 24.13; 25.13–16. [a] **2.1–2** *Nacidos en Judá:* lit. *de la provincia.*

37 los descendientes de Imer,
mil cincuenta y dos;

38 los de Pashur,
mil doscientos cuarenta y siete;

39 los de Harim, mil diecisiete.

40 Los levitas descendientes de Josué
y de Cadmiel, que a su vez eran
descendientes de Hodavías,
setenta y cuatro.

41 Los cantores, descendientes de Asaf,
ciento veintiocho.

42 Los porteros eran los descendientes de Salum, los de Ater, los de Talmón, los de Acub, los de Hatitá y los de Sobai. En total, ciento treinta y nueve.

43 Los sirvientes del templo eran los descendientes de Sihá, los de Hasufá, los de Tabaot, **44** los de Querós, los de Siahá, los de Padón, **45** los de Lebaná, los de Hagabá, los de Acub, **46** los de Hagab, los de Salmai, los de Hanán, **47** los de Guidel, los de Gáhar, los de Reafas, **48** los de Resín, los de Necodá, los de Gazam, **49** los de Uzá, los de Paséah, los de Besai, **50** los de Asná, los de Meunim, los de Nefusim, **51** los de Bacbuc, los de Hacufá, los de Harhur, **52** los de Baslut, los de Mehidá, los de Harsá, **53** los de Barcós, los de Sísara, los de Temá, **54** los de Nesíah y los de Hatifá.

55 Los descendientes de los sirvientes de Salomón eran los descendientes de Sotai, los de Soféret, los de Perudá, **56** los de Jaalá, los de Darcón, los de Guidel, **57** los de Sefatías, los de Hatil, los de Poquéret—hasebaím y los de Amón.[b] **58** El total de los sirvientes del templo y de los descendientes de los sirvientes de Salomón era de trescientos noventa y dos.

59 Los que llegaron de Tel–mélah, Tel–harsá, Querub, Adón e Imer, y que no pudieron demostrar si eran israelitas de raza o por parentesco, fueron los siguientes: **60** los descendientes de Delaías, los de Tobías y los de Necodá, que eran seiscientos cincuenta y dos. **61** Y de los parientes de los sacerdotes: los descendientes de Hobaías, los de Cos y los de Barzilai, el cual se casó con una de las hijas de Barzilai, el de Galaad, y tomó el nombre de ellos. **62** Estos

buscaron su nombre en el registro familiar, pero como no lo encontraron allí, fueron excluidos del sacerdocio. **63** Además, el gobernador[c] les ordenó que no comieran de los alimentos consagrados hasta que un sacerdote decidiera la cuestión por medio del Urim y el Tumim.[d]

64 La comunidad se componía de un total de cuarenta y dos mil trescientas sesenta personas, **65** sin contar sus esclavos y esclavas, que eran siete mil trescientas treinta y siete personas. Tenían también doscientos cantores y cantoras. **66** Tenían además setecientos treinta y seis caballos, doscientas cuarenta y cinco mulas, **67** cuatrocientos treinta y cinco camellos y seis mil setecientos veinte asnos.

68 Algunos jefes de familia, al llegar al templo del Señor en Jerusalén, entregaron donativos para reconstruir en su sitio el templo de Dios. **69** Y dieron para el fondo de reconstrucción, conforme a sus posibilidades, cuatrocientos ochenta y ocho kilos de oro, dos mil setecientos cincuenta kilos de plata y cien túnicas sacerdotales.

70 Los sacerdotes, los levitas y algunos del pueblo se quedaron a vivir en Jerusalén,[e] y los cantores, porteros y sirvientes del templo, y los demás israelitas, se quedaron en sus propias ciudades.

Se reorganiza el culto

3 **1** Cuando llegó el mes séptimo,[a] y los israelitas se habían instalado ya en sus poblaciones, todo el pueblo se reunió en Jerusalén.[b] **2** Entonces Josué, hijo de Josadac, y sus compañeros los sacerdotes, así como Zorobabel, hijo de Salatiel, y sus parientes, se pusieron a construir el altar del Dios de Israel, para ofrecer sobre él los holocaustos que ordena la ley de Moisés, hombre de Dios.[c] **3** Construyeron el altar bien firme, porque tenían miedo de la gente de la región, y cada mañana y cada tarde ofrecían sobre él holocaustos en honor del Señor. **4** Celebraron además la fiesta de las Enramadas,[d] conforme a la ley escrita, ofreciendo diariamente los holocaustos acostumbrados, según la cantidad correspondiente a cada día, **5** así como los holocaustos

[b] **2.57** *Amón:* texto probable, según Neh 7.59. Heb. *Amí.* [c] **2.63** Esd 1.8. [d] **2.63** *Urim y Tumim:* Véase Ex 28.30 n. [e] **2.70** *En Jerusalén:* según la versión griega (LXX). En el texto hebreo no aparece esta frase. [a] **3.1** *El mes séptimo,* conocido también como *Tisrí,* corresponde a septiembre–octubre; en él se celebra la fiesta de las Enramadas (Lv 23.23–43; Nm 29). Véase Neh 8.2 n. [b] **3.1** Neh 7.73—8.1. [c] **3.2** Lv 1. [d] **3.4** *La fiesta de las Enramadas:* una de las grandes fiestas judías (Lv 23.33–36; Nm 29.12–38).

diarios y de luna nueva, los correspondientes a las fiestas sagradas del Señor,[e] y los que alguien ofrecía voluntariamente al Señor. 6 Desde el primer día del mes séptimo empezaron a ofrecer holocaustos al Señor, aun cuando el templo del Señor no se había comenzado a reconstruir. 7 Luego dieron dinero a los albañiles y carpinteros, y comida, bebida y aceite a la gente de Tiro y Sidón, para que desde el Líbano llevaran por mar madera de cedro hasta Jope, según el permiso que les había dado Ciro, rey de Persia.

Comienza la reconstrucción del templo

8 Zorobabel, hijo de Salatiel, y Josué, hijo de Josadac, junto con sus compañeros los sacerdotes y levitas, y con todos los desterrados que volvieron a Jerusalén, iniciaron la reconstrucción del templo de Dios en el mes segundo del segundo año[f] de su llegada a Jerusalén, dejando la dirección de las obras en manos de los levitas mayores de veinte años. 9 Josué y sus hijos y hermanos formaron un solo grupo con Cadmiel y sus hijos, que eran descendientes de Judá, y con los descendientes e hijos y hermanos de Henadad, que eran levitas, para dirigir a los que trabajaban en el templo de Dios.

10 Cuando los constructores echaron los cimientos del templo del Señor, los sacerdotes se pusieron de pie, vestidos para la ocasión y con trompetas. Los levitas descendientes de Asaf llevaban platillos para alabar al Señor, según lo ordenado por David, rey de Israel. 11 Unos cantaban alabanzas, y otros respondían: "Den gracias al Señor, porque él es bueno, porque su amor por Israel es eterno." Y todo el pueblo gritaba de alegría y alababa al Señor, porque ya se había comenzado a reconstruir el templo del Señor. 12 Y muchos de los sacerdotes, levitas y jefes de familia, que eran ya ancianos y que habían visto el primer templo, lloraban en alta voz porque veían que se comenzaba a construir este nuevo templo. Al mismo tiempo, muchos otros gritaban de alegría. 13 Nadie podía distinguir entre los gritos de alegría y el llanto de la gente, pues gritaban tanto que desde muy lejos se oía el alboroto.

Los enemigos obligan a interrumpir las obras

4 1 Cuando los enemigos de Judá y de Benjamín supieron que los que habían vuelto del destierro estaban reconstruyendo el templo del Señor, Dios de Israel, 2 fueron a ver a Zorobabel y a Josué[a] y a los jefes de familia, y les dijeron:

—Permitan ustedes que les ayudemos en la construcción, porque nosotros, como ustedes, también hemos recurrido a su Dios y le hemos ofrecido sacrificios desde el tiempo de Esarhadón, rey de Asiria, que nos trajo hasta aquí.

3 Pero Zorobabel, Josué y los otros jefes de familia israelitas les respondieron:

—No podemos reconstruir junto con ustedes el templo de nuestro Dios. Lo tenemos que reconstruir nosotros solos para el Señor, Dios de Israel, pues así nos lo ordenó Ciro, rey de Persia.

4 Entonces la gente de la región se dedicó a desanimar a la gente de Judá y a no dejarlos construir. 5 Además sobornaron a ciertos funcionarios del gobierno, y estos se opusieron a sus propósitos durante todo el tiempo que Ciro fue rey de Persia, y hasta el reinado de Darío, rey de Persia. 6 En los comienzos del reinado de Asuero[b] presentaron una acusación contra los habitantes de Judá y de Jerusalén. 7 Y en la época de Artajerjes, rey de Persia, Bislam, Mitrídates, Tabeel y sus demás compañeros escribieron a Artajerjes. La carta estaba escrita en arameo,[c] con su traducción correspondiente. 8 Rehúm, que era el comandante, y Simsai, el secretario, escribieron al rey Artajerjes una carta en contra de los habitantes de Jerusalén. 9-11 Esta es la carta que le enviaron Rehúm el comandante, Simsai el secretario, y sus compañeros los jueces, generales y funcionarios de Persia, Érec, Babilonia y Susa, o sea Elam, y el resto de las naciones que el grande e ilustre Asnapar llevó desterradas e instaló en las ciudades[d] de Samaria y en el resto de la provincia al oeste del río Éufrates:

"Al rey Artajerjes, de parte de sus siervos de la provincia al oeste del río Éufrates:

---

[e] **3.5** *Las fiestas sagradas del Señor:* Nm 28.11—29.39. [f] **3.8** *El mes segundo del segundo año* o mes de Iyar, corresponde a abril—mayo (en este caso, del año 536 a.C.). Cf. 2 Cr 3.2. [a] **4.2** *Y a Josué:* según la versión griega (LXX); el heb. lo omite (cf. 4.3). [b] **4.6** *Asuero:* es otro nombre del rey persa Jerjes I (Est 1.1). [c] **4.7** *La carta estaba escrita en arameo:* Desde Esd 4.8 hasta 6.18 el texto está escrito en arameo, que era la lengua diplomática del imperio persa. [d] **4.9—11** *Las ciudades:* según el texto griego (LXX); heb. *la ciudad.*

12 "Hacemos del conocimiento de Su Majestad que los judíos que de parte de Su Majestad vinieron a nosotros, han llegado a Jerusalén y están reconstruyendo esta ciudad rebelde y perversa. Ya han comenzado a levantar las murallas y a reparar los cimientos. **13** Y hacemos también del conocimiento de Su Majestad que si esta ciudad es reconstruida y levantada su muralla, esa gente no va a querer pagar tributo ni impuestos ni derechos, con lo que el tesoro real sufrirá pérdidas. **14** Y como nosotros estamos al servicio de Su Majestad, no podemos permitir que se ofenda a Su Majestad de tal manera. Por eso enviamos a Su Majestad esta información, **15** para que se investigue en los archivos de los antepasados de Su Majestad. Por lo que allí se diga, Su Majestad podrá comprobar que esta ciudad es rebelde y peligrosa para los reyes y para las otras provincias, y que ya en otros tiempos se organizaron rebeliones en ella, y que por eso fue destruida. **16** Por lo tanto, hacemos saber a Su Majestad que si esta ciudad es reconstruida, y terminada de reparar su muralla, Su Majestad perderá el dominio sobre la provincia al oeste del río Éufrates."

17 Entonces el rey Artajerjes les envió la siguiente respuesta:

"A Rehúm el comandante, a Simsai el secretario, y a sus compañeros que viven en Samaria y en el resto de la provincia al oeste del río Éufrates: saludos.

"En relación **18** con la carta que ustedes me han enviado, y cuya traducción ha sido leída en mi presencia, **19** ordené que se hiciera una investigación. Se ha encontrado, en efecto, que esa ciudad se ha rebelado anteriormente contra los reyes, que se han organizado en ella revueltas y rebeliones, **20** y que hubo en Jerusalén reyes poderosos que dominaron en la provincia al oeste del río Éufrates, a los cuales se pagaba tributo, impuestos y derechos. **21** Por lo tanto, ordenen a esos hombres que detengan las obras y que, hasta nueva orden mía, no se reconstruya la ciudad. **22** No descuiden este asunto, para que no aumente el mal en perjuicio del reino."

23 Cuando la carta del rey Artajerjes fue leída en presencia de Rehúm, de Simsai el secretario, y de sus compañeros, todos ellos fueron inmediatamente a Jerusalén, y por la fuerza obligaron a los judíos a detener las obras. **24** De esta manera, la reconstrucción del templo de Dios en Jerusalén quedó suspendida hasta el segundo año del reinado de Darío de Persia.

Reconstrucción del templo

5 **1** Los profetas Hageo y Zacarías hijo de Idó comunicaron a los judíos de Judá y Jerusalén los mensajes que habían recibido de parte de su Señor, el Dios de Israel. **2** Entonces Zorobabel, hijo de Salatiel, y Josué, hijo de Josadac, se pusieron a trabajar de nuevo en la reconstrucción del templo de Dios en Jerusalén, y los profetas de Dios estaban con ellos, para ayudarlos. **3-4** Pero Tatenai, que era gobernador de la provincia al oeste del río Éufrates, y Setar–boznai y sus compañeros, fueron a decirles: "¿Quién les ha dado órdenes de reconstruir este templo y recubrirlo de madera? ¿Cómo se llaman las personas que están reconstruyendo este edificio?" **5** Sin embargo, Dios protegía a los dirigentes judíos, así que no les impidieron continuar hasta que se enviara un informe a Darío y se recibiera la respuesta.

6 Esta es una copia de la carta que Tatenai, gobernador de la provincia al oeste del Éufrates, y Setar–boznai y sus compañeros, los funcionarios del gobierno al oeste del Éufrates, enviaron al rey Darío, **7-8** la cual decía:

"Deseando a Su Majestad salud y bienestar, le hacemos saber que hemos visitado la región de Judá y el templo del gran Dios, el cual está siendo reconstruido con grandes piedras labradas. Ahora están recubriendo de tablas las paredes, pues trabajan aprisa y la obra avanza rápidamente. **9** Preguntamos a los dirigentes judíos quién les había dado órdenes de reconstruir el templo y recubrirlo de madera, **10** y cómo se llamaban las personas que los dirigen, para poder anotar sus nombres y comunicarlos a Su Majestad. **11** Ellos nos respondieron que adoran al Dios del cielo y de la tierra, y que están reconstruyendo el templo que ya hace muchos años había sido totalmente construido por un gran rey de Israel.[a]

---

[a] **5.11** 1 R 6—7.

12Dijeron también que sus antepasados irritaron al Dios del cielo, y que él los había entregado en poder del rey Nabucodonosor de Babilonia, que era caldeo, y que fue quien destruyó aquel templo y los desterró a Babilonia.[b] 13Más tarde Ciro, en su primer año como rey de Babilonia, ordenó que el templo de Dios fuera reconstruido.[c]

14"También nos dijeron que el rey Ciro sacó del templo de Babilonia los utensilios de oro y plata que Nabucodonosor había tomado del templo de Dios en Jerusalén y llevado al templo de Babilonia, y que se los entregó a un tal Sesbasar, al cual había nombrado gobernador. 15Ciro ordenó a Sesbasar que recogiera aquellos utensilios y los devolviera al templo de Jerusalén, y que reconstruyera en el mismo sitio el templo de Dios. 16Fue entonces cuando Sesbasar llegó y echó los cimientos del templo de Dios en Jerusalén; desde entonces se está reconstruyendo, pero no ha sido terminado todavía.

17"Ahora, pues, si le parece bien a Su Majestad, pedimos que se busque en los archivos reales de Babilonia y se averigüe si es cierto que el rey Ciro ordenó reconstruir el templo de Dios en Jerusalén, y que se nos comunique la decisión de Su Majestad sobre este asunto."

6 1Entonces el rey Darío ordenó buscar en los archivos donde se guardaban los documentos de valor en Babilonia; 2y en el palacio de Ecbatana, que está en la provincia de Media, se encontró un libro en el que constaba la siguiente memoria:

3"En el primer año de su reinado, el rey Ciro dictó esta orden:

'En relación con el templo de Dios en Jerusalén: Que se pongan los cimientos y se reconstruya el edificio, para que se ofrezcan allí sacrificios. Ha de tener veintisiete metros de alto por veintisiete de ancho; 4además, tres hileras de grandes bloques de piedra y una de madera nueva. El tesoro real pagará los gastos. 5En cuanto a los utensilios de oro y plata del templo de Dios, los cuales Nabucodonosor sacó del templo de Jerusalén y trajo a Babilonia, que se devuelvan y sean llevados a Jerusalén, y que sean colocados en el templo de Dios, que es su sitio.' "

6Entonces el rey Darío dio la siguiente orden a Tatenai, gobernador de la provincia al oeste del río Éufrates, y a Setar–boznai y sus compañeros, los funcionarios de esa misma provincia:

"Retírense de Jerusalén 7y dejen que el gobernador de los judíos y sus dirigentes se encarguen de reconstruir en su sitio el templo de Dios. 8Estas son mis órdenes en cuanto a la manera de ayudar a los dirigentes judíos para que reconstruyan el templo de Dios: Que con los impuestos que el tesoro real recibe de la provincia al oeste del río Éufrates, se paguen puntualmente los gastos para que no se interrumpan las obras. 9Y que diariamente y sin falta se entregue a los sacerdotes de Jerusalén, según sus indicaciones, todo lo que necesiten, sean becerros, carneros o corderos para los holocaustos al Dios del cielo; o bien trigo, sal, vino o aceite, 10para que ofrezcan al Dios del cielo sacrificios agradables y rueguen también por la vida del rey y de sus hijos.

11"Ordeno también que si alguien desobedece esta orden, se arranque una viga de su propia casa y sea empalado en ella; y que su casa sea convertida en un montón de escombros. 12¡Y que el Dios que escogió a Jerusalén como residencia de su nombre, destruya a cualquier rey o nación que se atreva a causar dificultades o perjuicios al templo del Señor que está en Jerusalén! Yo, Darío, he dado esta orden. Cúmplase al pie de la letra."

Continuación y terminación de las obras

13Entonces Tatenai, gobernador de la provincia al oeste del río Éufrates, y Setar–boznai y sus compañeros cumplieron al pie de la letra la orden dada por el rey Darío. 14Así los dirigentes judíos pudieron continuar los trabajos de reconstrucción, de acuerdo con lo dicho por los profetas Hageo y Zacarías, hijo de Idó. Y la reconstrucción se terminó conforme a lo ordenado por el Dios de Israel, y según las órdenes de Ciro, Darío y Artajerjes, reyes de Persia. 15El templo quedó terminado el día tres del mes de Adar, del año seis del gobierno de Darío, rey de Persia.

16Los israelitas, los sacerdotes, los levitas y los demás que estuvieron desterrados, celebraron

---

b **5.12** 2 R 25.8–12. c **5.13** Esd 1.2–11.

447 ESDRAS 6, 7

con alegría la dedicación del templo de Dios. 17En aquella ocasión ofrecieron en sacrificio cien becerros, doscientos carneros y cuatrocientos corderos, y además doce chivos, uno por cada tribu israelita, como ofrendas por el pecado de todo Israel. 18Luego pusieron a los sacerdotes en sus turnos correspondientes, y a los levitas en sus puestos, para el culto de Dios en Jerusalén, conforme a lo escrito en el libro de Moisés.

19Los que volvieron del destierro celebraron además la Pascua*a* el día catorce del mes primero.*b* 20Los sacerdotes y los levitas se habían purificado ya, así que todos estaban ritualmente limpios. Entonces ofrecieron el sacrificio de la Pascua por todos los que habían estado desterrados, por sus compañeros los sacerdotes y por ellos mismos. 21Todos los israelitas que volvieron del destierro participaron en la comida de la Pascua, junto con todos aquellos que se habían apartado*c* de la corrupción de las naciones paganas y se unían a ellos en el culto al Señor, Dios de Israel. 22Durante siete días celebraron con alegría la fiesta de los panes sin levadura, pues el Señor los había llenado de alegría al hacer que el rey de Persia*d* los favoreciera y ayudara en la reconstrucción del templo de Dios, el Dios de Israel.

Esdras y sus compañeros llegan a Jerusalén

7 1Tiempo después, durante el reinado de Artajerjes, rey de Persia, hubo un hombre llamado Esdras, descendiente en línea directa de Seraías, Azarías, Hilquías, 2Salum, Sadoc, Ahitub, 3Amarías, Azarías, Meraiot, 4Zeraías, Uzí, Buquí, 5Abisúa, Finees, Eleazar y Aarón, el primer sacerdote. 6Este Esdras era un maestro instruido en la ley que el Señor, Dios de Israel, había dado por medio de Moisés, y contaba con la ayuda del Señor, así que el rey Artajerjes le concedió todo lo que él pidió. De esta manera, Esdras regresó de Babilonia 7a Jerusalén con un grupo de israelitas compuesto de sacerdotes, levitas, cantores, porteros y sirvientes del templo, en el séptimo año del reinado

de Artajerjes. 8-9Contando Esdras con la bondadosa ayuda de Dios, inició el regreso de Babilonia el día primero del mes primero*a* del séptimo año del reinado de Artajerjes, y llegó a Jerusalén el día primero del mes quinto*b* de ese mismo año. 10Y Esdras tenía el firme propósito de estudiar y de poner en práctica la ley del Señor, y de enseñar a los israelitas sus leyes y decretos.

11Esta es la copia de la carta que el rey Artajerjes entregó a Esdras, sacerdote y maestro instruido en todos los mandamientos y leyes del Señor para Israel:

12"El emperador Artajerjes saluda a Esdras, sacerdote y maestro instruido en la ley del Dios del cielo.*c*

13"He ordenado que todo israelita que se encuentre en mi reino y que quiera irse a Jerusalén contigo, pueda hacerlo, incluso si es levita o sacerdote. 14Porque el rey y sus siete consejeros*d* te envían a estudiar la situación en Judá y Jerusalén, conforme a la ley de tu Dios que tienes en la mano. 15Lleva contigo la plata y el oro que el rey y sus consejeros ofrecen voluntariamente al Dios de Israel, que habita en Jerusalén, 16y toda la plata y el oro que puedas conseguir en toda la provincia de Babilonia, más los donativos que el pueblo y los sacerdotes ofrezcan voluntariamente para el templo de Dios en Jerusalén. 17Con ese dinero deberás comprar becerros, carneros y corderos, junto con sus ofrendas de cereales y de vino, para ofrecerlos sobre el altar del templo del Dios de ustedes, en Jerusalén. 18En cuanto al oro y la plata restantes, hagan tú y tus compañeros lo que les parezca mejor, conforme a la voluntad de Dios. 19Pero los utensilios que se te han entregado para el culto en el templo de tu Dios, entrégalos tú mismo al Dios de Jerusalén.

20"Cualquier otra cosa que debas proporcionar para el templo de tu Dios, puedes conseguirla en los almacenes reales. 21Y yo,

*a*6.19 *La Pascua:* Ex 12.1–20. *b*6.19 A partir de este v. la narración continúa en hebreo (véase Esd 4.7 n.). *c*6.21 Neh 9.2; 10.28; 13.3. *d*6.22 *Rey de Persia:* traducido según el contexto. Heb. *rey de Asiria.* *a*7.8–9 El *mes primero:* marzo–abril de nuestro calendario. *b*7.8–9 El *mes quinto:* julio–agosto. *c*7.12 En el texto arameo se añaden dos palabras de difícil traducción. La primera significa lit. *terminado* o *completo;* la segunda, *ahora bien.* Estas expresiones significan probablemente que la orden del rey ha sido promulgada y es irrevocable. *d*7.14 *Siete consejeros:* cf. Est 1.14.

el rey Artajerjes, ordeno a todos los tesoreros al oeste del río Éufrates que, sin falta, entreguen a Esdras, sacerdote y maestro instruido en la ley del Dios del cielo, todo lo que él pida, **22**hasta tres mil trescientos kilos de plata, veintidós mil litros de trigo, dos mil doscientos litros de vino, dos mil doscientos litros de aceite y toda la sal que pida.

23"Todo lo que pida el Dios del cielo para su templo, debe ser entregado rápidamente, para que no venga ningún castigo sobre los hijos del rey y sobre sus dominios. **24**Han de saber también que está prohibido imponer tributo, impuestos o derechos a cualquiera de los sacerdotes, levitas, cantores, porteros, sirvientes del templo o cualquier otra persona que sirva en el templo de Dios.

25"En cuanto a ti, Esdras, de acuerdo con los conocimientos que tu Dios te ha dado, nombra jueces y gobernantes que hagan justicia a toda la gente de la provincia al oeste del río Éufrates, o sea, a todos los que conocen la ley de tu Dios; y a los que no la conozcan, enséñasela. **26**Y a todo el que no cumpla la ley de tu Dios y las leyes del rey, que se le condene inmediatamente a muerte, a destierro, al pago de una multa o a prisión."

Oración de Esdras

27Entonces Esdras oró: "Bendito sea el Señor, Dios de nuestros padres, porque impulsó al rey a honrar el templo del Señor en Jerusalén, **28**y porque me demostró su bondad ante el rey y sus consejeros y los hombres más importantes de la corte, y me dio ánimos, pues con su ayuda pude reunir a los israelitas más importantes para que regresaran conmigo."

La lista de los que regresaron

8 **1**Esta es la lista de los jefes de familia, según el registro familiar de cada uno de ellos, que durante el reinado de Artajerjes volvieron de Babilonia con Esdras:

2-3 Guersón, de los descendientes de Finees;

Daniel, de los descendientes de Itamar;
Hatús, hijo de Secanías,*a*
de los descendientes de David;

Zacarías, de los descendientes de Parós,
acompañado de ciento cincuenta
hombres apuntados en la lista;
4 Eliehoenai, hijo de Zeraías,
de los descendientes de Pahat—moab,
acompañado de doscientos hombres;
5 Secanías, hijo de Jahaziel,
de los descendientes de Zatú,*b*
acompañado de trescientos hombres;
6 Ébed, hijo de Jonatán,
de los descendientes de Adín,
acompañado de cincuenta hombres;
7 Isaías, hijo de Atalías,
de los descendientes de Elam,
acompañado de setenta hombres;
8 Zebadías, hijo de Micael,
de los descendientes de Sefatías,
acompañado de ochenta hombres;
9 Abdías, hijo de Jehiel,
de los descendientes de Joab,
acompañado de doscientos dieciocho
hombres;
10 Selomit, hijo de Josiffas,
de los descendientes de Baní,*c*
acompañado de ciento sesenta hombres;
11 Zacarías, hijo de Bebai,
de los descendientes de Bebai,
acompañado de veintiocho hombres;
12 Johanán, hijo de Hacatán,
de los descendientes de Azgad,
acompañado de ciento diez hombres;
13 Elifélet, Jeiel y Semaías,
últimos descendientes de Adonicam,
acompañados de sesenta hombres,
volvieron más tarde.
14 Utai y Zabud,
de los descendientes de Bigvai,
acompañados de setenta hombres.

Los sirvientes del templo

15Yo, Esdras, los reuní a todos ellos junto al canal que va a dar al río Ahavá, y acampamos allí tres días. Y cuando pasé revista a la gente y a los sacerdotes, no encontré a ningún levita. **16**Por lo tanto envié a Eliézer, Ariel, Semaías, Elnatán, Jarib, Elnatán, Natán, Zacarías y Mesulam, que eran personas importantes, y también a los maestros Joiarib y Elnatán, **17**con la orden de visitar

---

a **8.2–3** *Hijo de Secanías:* según un ms. griego; heb. *de los descendientes de Secanías.* *b* **8.5** *De Zatú:* según la versión griega (LXX); en el texto heb. este nombre no aparece. *c* **8.10** *De Baní:* según la versión griega (LXX); este nombre no aparece en el texto hebreo.

a Idó, jefe del lugar llamado Casifiá, y les dije todo lo que tenían que comunicar a Idó y sus compañeros, los sirvientes del templo que estaban en Casifiá, para que nos trajeran gente que nos ayudara en el templo de nuestro Dios. 18 Y, gracias a Dios, nos trajeron a Serebías, hombre muy capaz, descendiente de un levita llamado Mahli, con sus hijos y hermanos; dieciocho personas en total. 19 Además nos trajeron a Hasabías y Isaías, descendientes de Merarí, que con sus hijos y hermanos sumaban veinte personas.

20 De los sirvientes del templo puestos por David y los dirigentes al servicio de los levitas, había doscientos veinte, todos ellos nombrados personalmente.

21 Después proclamé un ayuno cerca del río Ahavá, para que reconociéramos nuestras faltas ante nuestro Dios, y para pedirle que nos llevara con bien a nosotros, nuestras familias y nuestras posesiones. 22 Pues me dio vergüenza pedirle al rey soldados de caballería para que nos protegieran del enemigo en el camino, ya que le habíamos dicho al rey que Dios protege a todos los que le buscan, pero que descarga su fuerza y su ira sobre todos los que le abandonan. 23 De modo que ayunamos y rogamos a Dios por todo esto, y él nos atendió.

24 Luego aparté a doce dirigentes de los sacerdotes: a Serebías, Hasabías y diez compañeros suyos, 25 y les pesé y entregué la plata, el oro y los utensilios que el rey y sus consejeros y oficiales y todos los israelitas allí presentes habían ofrecido como donativo para el templo de nuestro Dios. 26 Les pesé y entregué veintiún mil cuatrocientos cincuenta kilos de plata,^{d} cien utensilios de plata y tres mil trescientos kilos de oro; 27 además, veinte tazas de oro con un peso total de ocho kilos, y dos utensilios de bronce bruñido de primera calidad, tan valiosos como si fueran de oro.

28 Luego les dije: "Ustedes están consagrados al Señor, lo mismo que los utensilios. La plata y el oro son para el Señor, Dios de nuestros padres. 29 Tengan cuidado y guárdenlos hasta que los pesen en presencia de los jefes de los sacerdotes, y de los levitas y jefes de familia de Israel, en los cuartos del templo del Señor, en Jerusalén." 30 Entonces los sacerdotes y los levitas

recibieron la plata, el oro y los utensilios que habían sido pesados, y los llevaron a Jerusalén, al templo de nuestro Dios.

31 El día doce del mes primero^e nos marchamos del río Ahavá para dirigirnos a Jerusalén. Nuestro Dios nos ayudó, librándonos de enemigos y de bandidos en el camino. 32 Cuando llegamos a Jerusalén, descansamos tres días. 33 Al cuarto día se pesó la plata, el oro y los utensilios en el templo de nuestro Dios, y se entregó todo al sacerdote Meremot, hijo de Urías. Con él estaban Eleazar, hijo de Finees, y los levitas Jozabad, hijo de Josué, y Noadías, hijo de Binuy. 34 Aquel mismo día se pesó y contó todo, y se tomó nota de la carga.

35 Después, los desterrados que volvieron del exilio entregaron para los holocaustos al Dios de Israel, y en nombre de todos los israelitas, doce becerros, noventa y seis carneros, setenta y siete corderos y doce chivos para la ofrenda por el pecado. Todos fueron quemados en honor del Señor. 36 Luego entregaron la orden del rey a las autoridades del reino y a los gobernadores de la provincia al oeste del río Éufrates, los cuales apoyaron al pueblo y al templo de Dios.

Pecado del pueblo y oración de Esdras

9 ¹ Cuando aquello se terminó, los jefes se acercaron a mí para decirme: "Los israelitas, incluidos los sacerdotes y los levitas, no se han mantenido apartados de la gente del país, es decir, de los cananeos, hititas, ferezeos, jebuseos, amonitas, moabitas, egipcios y amorreos, a pesar de sus odiosas costumbres paganas. ² Ellos y sus hijos se han casado con las hijas de esa gente; por lo tanto, el pueblo de Dios se ha mezclado con la gente de otros pueblos. Y los primeros en cometer este pecado han sido los jefes y gobernantes."

³ Al escuchar esta noticia, me rasgué la ropa, me arranqué los pelos y la barba en señal de dolor, y me senté completamente deprimido. ⁴ Todos los que temían el castigo del Dios de Israel por causa del pecado de los que habían vuelto del destierro, se unieron a mí; pero yo seguí sentado y deprimido hasta la hora del sacrificio de la tarde. ⁵ A esa hora me recuperé de mi depresión y, todavía con la ropa rasgada,

---

^{d} **8.26** *Cien utensilios de plata:* el texto heb. añade *con un valor...*, pero falta la cantidad. Algunos interpretan *cien utensilios de plata con un valor de doscientos talentos;* otros, *utensilios de plata con un valor de cien talentos.*
^{e} **8.31** El *mes primero:* Véase 7.8–9 nota a.

comencé a orar al Señor mi Dios, **6** diciendo: "Dios mío, Dios mío, me siento tan avergonzado y confundido que no sé cómo dirigirme a ti. Nuestras faltas han sobrepasado el límite, y nuestras culpas llegan hasta el cielo. **7** Desde hace mucho tiempo y hasta ahora, hemos vivido en grave pecado. Por causa de nuestras maldades, tanto nosotros como nuestros reyes y sacerdotes hemos sido entregados al poder de los reyes de otros países. Hemos sido heridos, desterrados, saqueados y despreciados, y en esa misma situación estamos ahora. **8** Pero también ahora, Señor y Dios nuestro, tu bondad ha hecho posible que un grupo de nosotros quede en libertad y que se nos conceda establecer nuestro hogar en tierra santa; tú has dado nueva luz a nuestros ojos, nos has dado un pequeño respiro en medio de nuestra esclavitud. **9** Aunque somos esclavos, no nos has abandonado en nuestra esclavitud; nos has mostrado tu bondad ante los reyes de Persia, nos has concedido vida para reconstruir tu templo de entre sus ruinas, ¡nos has dado protección en Judá y Jerusalén!

10 "Pero ahora, Dios nuestro, ¿qué podemos decir después de todo lo que hemos hecho? No hemos cumplido los mandamientos **11** que ordenaste por medio de los profetas, tus servidores. Tú nos advertiste que el país en el que íbamos a entrar y del que íbamos a tomar posesión, estaba corrompido por la maldad de la gente de aquellos lugares, que con sus odiosas costumbres paganas lo habían llenado de prácticas impuras. **12** También nos dijiste que no debíamos casar a nuestras hijas con sus hijos ni aceptar que sus hijas se casaran con nuestros hijos, ni procurar nunca la paz y el bienestar de esa gente, a fin de mantenernos fuertes, disfrutar de la bondad del país y dejárselo luego todo a nuestros descendientes como su herencia para siempre.

13 "Después de todo lo que nos ha ocurrido por causa de nuestras maldades y grave culpa, y aunque no nos has castigado como merecíamos por nuestros pecados, sino que nos has dado esta libertad, **14** ¿podríamos acaso volver a desobedecer tus mandamientos y emparentar con gentes de tan odiosas costumbres? ¿Acaso no te enojarías contra nosotros y nos destruirías, hasta que no quedara con vida ni uno solo de nosotros?

15 "Señor, Dios de Israel, tú has sido justo con nosotros; tú has permitido que un grupo de

nosotros haya podido sobrevivir, como hoy se puede ver. Y nosotros somos realmente culpables ante ti; por eso no podemos estar en tu presencia."

Expulsión de las mujeres extranjeras

10 **1** Mientras Esdras oraba y hacía esta confesión llorando y de rodillas ante el templo de Dios, un grupo numeroso de israelitas, hombres, mujeres y niños, que lloraban también amargamente, se juntó a su alrededor. **2** Entonces Secanías, hijo de Jehiel y descendiente de Elam, tomó la palabra y dijo a Esdras: "Nosotros no hemos sido fieles a nuestro Dios, porque nos hemos casado con mujeres extranjeras, de naciones paganas; sin embargo, todavía hay esperanza para Israel. **3** Vamos a comprometernos a despedir a todas nuestras mujeres extranjeras y a sus hijos, y que se cumpla la ley, tal como tú y quienes respetan el mandamiento del Señor nos aconsejan. **4** Levántate, porque esto es algo que a ti te toca hacer; nosotros te apoyaremos. Anímate, y manos a la obra."

5 Entonces Esdras se puso de pie, e hizo prometer solemnemente a los jefes de los sacerdotes y de los levitas, y a todos los israelitas, que cumplirían su compromiso; y ellos lo prometieron. **6** Luego Esdras se retiró del templo de Dios para ir al cuarto de Johanán, hijo de Eliasib, donde pasó la noche[a] sin comer ni beber nada, porque estaba muy triste por la infidelidad de los que habían vuelto del destierro.

7 Después se hizo un llamado general en Judá y en Jerusalén, para que se reunieran en Jerusalén todos los que habían regresado del destierro. **8** A todo aquel que no llegara en el plazo de tres días, según lo determinaron los jefes y consejeros, se le expropiarían sus propiedades y se le expulsaría de la comunidad de los que volvieron del destierro. **9** Por lo tanto, todos los hombres de Judá y de Benjamín se reunieron en Jerusalén el día veinte del mes noveno, es decir, en el término de tres días. Todos ellos se sentaron en la plaza del templo de Dios, temblando por causa de aquel asunto y de la lluvia que caía. **10** Entonces el sacerdote Esdras se puso de pie y les dijo:

—Ustedes han pecado al casarse con mujeres extranjeras, aumentando así la culpa de Israel. **11** Por tanto, aquí, ante el Señor y Dios de sus padres, reconozcan ustedes que son culpables

---

[a] **10.6** *Donde pasó la noche:* según la versión griega (LXX); heb. *y se fue.*

y cumplan la voluntad del Señor. Apártense de la gente pagana y de esas mujeres extranjeras.

12 Y toda la gente respondió en alta voz:

—Sí, haremos lo que tú nos ordenes. 13 Pero somos muchos y no deja de llover; además, no podemos quedarnos en la calle, ya que este asunto no es cosa de un día ni dos, pues somos muchos los que hemos cometido este pecado. 14 Será mejor que se queden aquí nuestros jefes en representación nuestra, y que todos los que vivan en nuestras ciudades y se hayan casado con mujeres extranjeras vengan en una fecha indicada, acompañados por las autoridades y jueces de su ciudad, hasta que la ardiente ira de nuestro Dios por este asunto se aparte de nosotros.

15-16 Todos los que regresaron del destierro estuvieron de acuerdo en hacerlo así, con la excepción de Jonatán, hijo de Asael, y de Jahazías, hijo de Ticvá, a quienes apoyaron Mesulam y Sabtai el levita. Entonces el sacerdote Esdras escogió y nombró personalmente algunos hombres, que eran jefes de sus respectivas familias, y el día primero del mes décimo[b] todos los nombrados formaron el tribunal para estudiar cada caso. 17 Y el día primero del mes primero[c] terminaron con todos los casos de hombres que se habían casado con mujeres extranjeras.

18 Los sacerdotes a quienes encontraron casados con mujeres extranjeras, fueron:

De los descendientes de Josué, hijo de Josadac, y de sus parientes: Maaseías, Eliézer, Jarib y Guedalías, 19 los cuales prometieron firmemente despedir a sus mujeres y presentaron un carnero como ofrenda por su pecado.

20 De los descendientes de Imer: Hananí y Zebadías.

21 De los descendientes de Harim: Maaseías, Elías, Semaías, Jehiel y Ozías.

22 De los descendientes de Pashur: Elioenai, Maaseías, Ismael, Natanael, Jozabad y Elasá.

23 De los descendientes de levitas: Jozabad, Simí, Quelaías (o sea, Quelitá), Petahías, Judá y Eliézer.

24 De los cantores: Eliasib.

De los porteros: Salum, Télem y Urí.

25 Los demás israelitas que estaban en el mismo caso, fueron:

De los descendientes de Parós: Ramías, Jezías, Malquías, Mijamín, Eleazar, Malquías y Benaías.

26 De los descendientes de Elam: Matanías, Zacarías, Jehiel, Abdí, Jeremot y Elías.

27 De los descendientes de Zatú: Elioenai, Eliasib, Matanías, Jeremot, Zabad y Azizá.

28 De los descendientes de Bebai: Johanán, Hananías, Zabai y Atlai.

29 De los descendientes de Baní: Mesulam, Maluc, Adaías, Jasub, Seal y Ramot.

30 De los descendientes de Pahat-moab: Adná, Quelal, Benaías, Maaseías, Matanías, Besalel, Binuy y Manasés.

31 De los descendientes de Harim: Eliézer, Isías, Malquías, Semaías, Simeón, 32 Benjamín, Maluc y Semarías.

33 De los descendientes de Hasum: Matenai, Matatá, Zabad, Elifélet, Jeremai, Manasés y Simí.

34 De los descendientes de Baní: Madai, Amram, Uel, 35 Benaías, Bedías, Queluhu, 36 Vanías, Meremot, Eliasib, 37 Matanías, Matenai, Jaasai.

38 De los descendientes de Binuy:[d] Simí, 39 Selemías, Natán, Adaías, 40 Macnadbai, Sasai, Sarai, 41 Azarel, Selemías, Semarías, 42 Salum, Amarías y José.

43 De los descendientes de Nebo: Jeiel, Matatías, Zabad, Zebiná, Jadau, Joel y Benaías.

44 Todos estos se habían casado con mujeres extranjeras, pero las despidieron a ellas y a sus hijos.[e]

---

[b] 10.15-16 El *mes décimo,* o mes de Tebet, comenzaba con la luna nueva del mes de diciembre. [c] 10.17 El *mes primero,* o de Nisán, corresponde a marzo-abril. [d] 10.38 *De los descendientes de Binuy:* texto probable; heb. *y Baní y Binuy.* [e] 10.44 *Pero las despidieron a ellas y a sus hijos:* según la versión griega (LXX). Heb. *y de ellos había mujeres, y ellos pusieron hijos.*

NEHEMÍAS

Nehemías, comisionado oficialmente por el rey persa Artajerjes (caps. 1—2), viaja a Jerusalén y restaura los muros de la ciudad (caps. 3—7). Esta restauración civil y material forma parte de un gran proyecto de reforma, que incluye también, y principalmente, la parte religiosa. Con tal propósito, Esdras realiza la lectura pública de la ley y lleva a cabo una solemne renovación de la alianza (caps. 8—10). Los últimos caps. (11—13) consignan algunos datos sobre el personal del templo, describen la consagración de las murallas e informan sobre otras reformas emprendidas por Nehemías.

Como el libro de *Nehemías* (=Neh) continúa el relato iniciado en el de *Esdras*, véase la *Introducción* a este último libro.

El contenido de Neh aparece resumido en el bosquejo siguiente:

1. La misión de Nehemías y la reconstrucción de la muralla de Jerusalén (1.1—7.73a)
2. Lectura pública de la ley y compromiso del pueblo (7.73b—10.39)
3. Continuación de las memorias de Nehemías (11—13)

Nehemías ora en favor de su pueblo

1 ¹Esta es la historia de Nehemías, hijo de Hacalías. En el año veinte del reinado de Artajerjes,ᵃ en el mes de Quisleu, yo, Nehemías, estaba en la ciudadela de Susa ²cuando llegó mi hermano Hananí con unos hombres que venían de Judá. Entonces les pregunté por Jerusalén y por los judíos que habían escapado de ir al destierro. ³Y me contestaron: "Los que escaparon de ir al destierro y se quedaron en la provincia, están en una situación muy difícil y vergonzosa. En cuanto a Jerusalén, la muralla ha sido derribada y sus puertas han sido destruidas por el fuego."

⁴Al escuchar estas noticias, me senté a llorar, y por algunos días estuve muy triste, ayunando y orando ante el Dios del cielo. ⁵Y le dije: "Señor, Dios del cielo, Dios grande y terrible, que mantienes firme tu alianza y tu fidelidad con los que te aman y cumplen tus mandamientos; ⁶te ruego ahora que atiendas a la oración que día y noche te dirijo en favor de tus siervos, los israelitas. Reconozco que nosotros los israelitas hemos pecado contra ti; ¡hasta mis familiares y yo hemos pecado! ⁷Nos hemos conducido de la peor manera ante ti; no hemos cumplido los mandamientos, leyes y decretos que nos diste por medio de tu siervo Moisés. ⁸Recuerda que le advertiste que si nosotros pecábamos, nos dispersarías por todo el mundo; ⁹pero que si nos volvíamos a ti y cumplíamos tus mandamientos, poniéndolos en práctica, aun cuando fuéramos esparcidos hasta el último rincón del mundo nos recogerías de allí y nos llevarías de nuevo al santo lugar que escogiste como residencia de tu nombre.ᵇ

¹⁰"Nosotros somos tus siervos y tu pueblo, que rescataste con tu gran poder y fortaleza. ¹¹Te ruego, pues, Señor, que atiendas a mi oración y las súplicas de tus siervos, cuyo único deseo es honrarte. Te pido también que me des éxito y despiertes hacia mí las simpatías del rey."

Artajerjes permite a Nehemías ir a Jerusalén

2 Yo era entonces copero del rey Artajerjes. ¹Y un día del mes de Nisán, en el año veinte de su reinado, mientras yo le servía vino, el rey me vio tan triste ²que me preguntó:

—Te veo muy triste. ¿Qué te pasa? No pareces estar enfermo, así que has de tener algún problema.

ᵃ **1.1** *De Artajerjes:* suplido según el contexto (cf. 2.1). El rey Artajerjes I fue rey de Persia en los años 465–424 a.C. *El año veinte* corresponde a 445 a.C. ᵇ **1.9** Dt 30.1–5.

En ese momento sentí un gran temor, **3**y le dije al rey:

—¡Viva siempre Su Majestad! ¿Y cómo no he de verme triste, si la ciudad donde están las tumbas de mis padres se halla en ruinas y sus puertas han sido quemadas?

4—¿Qué puedo hacer por ti? —preguntó el rey.

Entonces me encomendé al Dios del cielo, **5**y respondí al rey:

—Si a Su Majestad le parece bien, y si he alcanzado su favor, pido a Su Majestad que me mande a Judá, a la ciudad donde están enterrados mis padres, para que yo la reconstruya.

6El rey, a cuyo lado estaba sentada la reina, me contestó:

—¿Cuánto tiempo durará tu viaje? ¿Cuándo volverás?

Yo le indiqué la fecha, y él aceptó dejarme ir. **7**Además le dije que, si lo estimaba conveniente, se me diera una orden por escrito dirigida a los gobernadores al oeste del río Éufrates, para que me dejaran pasar libremente hasta llegar a Judá; **8**y otra orden escrita para que Asaf, el guardabosques del rey, me diera madera para recubrir las puertas de la ciudadela del templo, así como para la muralla de la ciudad y para la casa donde yo tenía que vivir. Y el rey me lo concedió todo porque yo contaba con la bondadosa ayuda de mi Dios.

9Cuando llegué ante los gobernadores al oeste del Éufrates, les entregué las cartas del rey, quien además había enviado conmigo una escolta de caballería al mando de jefes del ejército. **10**Pero cuando supieron esto Sambalat el de Horón y Tobías, el funcionario amonita, se disgustaron mucho porque había llegado alguien interesado en ayudar a los israelitas.

Proyecto de reconstrucción de la muralla

11Llegué por fin a Jerusalén. Y a los tres días de estar allí, **12**me levanté de noche, acompañado de algunos hombres, pero sin decir a nadie lo que Dios me había inspirado hacer por Jerusalén. No llevaba yo más cabalgadura que la que montaba. **13**Aquella misma noche salí por la puerta del Valle en dirección a la fuente del Dragón y a la puerta del Basurero, e inspeccioné la muralla de Jerusalén, que estaba derrumbada y sus puertas quemadas. **14**Luego

seguí hacia la puerta de la Fuente y el estanque del Rey; pero mi cabalgadura no podía pasar por allí. **15**Siendo todavía de noche, subí a lo largo del arroyo, y después de haber inspeccionado la muralla, regresé entrando por la puerta del Valle.

16Los gobernantes no sabían a dónde había ido yo, ni lo que andaba haciendo. Tampoco había yo informado hasta entonces a los judíos, es decir, a los sacerdotes, nobles, gobernantes y demás personas que habían de participar en la obra. **17**Así que les dije:

—Ustedes saben bien que nos encontramos en una situación difícil, pues Jerusalén está en ruinas y sus puertas quemadas. Únanse a mí y reconstruyamos la muralla de Jerusalén, para que ya no seamos objeto de burla.

18Y cuando les conté la forma tan bondadosa en que Dios me había ayudado y las palabras que me había dicho el rey, ellos respondieron:

—¡Comencemos la reconstrucción!

Y con muy buen espíritu se animaron unos a otros. **19**Pero cuando lo supieron Sambalat el de Horón, Tobías el funcionario amonita, y Guésem el árabe, se burlaron de nosotros y nos dijeron con desprecio:

—¿Qué se traen ustedes entre manos? ¿Acaso piensan rebelarse contra el rey?

20Pero yo les contesté:

—El Dios del cielo nos dará el éxito. Nosotros, sus siervos, vamos a comenzar la reconstrucción, y ustedes no tienen parte, ni derecho, ni memoria en Jerusalén.

Distribución del trabajo

3 **1**Entonces el sumo sacerdote Eliasib y sus compañeros los sacerdotes reconstruyeron la puerta de las Ovejas. Le pusieron vigas*a* y colocaron las puertas, y reconstruyeron la muralla desde la torre de los Cien hasta la torre de Hananel. **2**El siguiente tramo de la muralla lo reconstruyeron los hombres de Jericó, y el siguiente lo hizo Zacur, el hijo de Imrí. **3**Los descendientes de Senaá reconstruyeron la puerta de los Pescados. Le pusieron vigas y colocaron sus puertas con sus cerrojos y barras. **4**El siguiente tramo de la muralla lo reforzó Meremot, hijo de Urías y nieto de Cos; y el siguiente, Mesulam, hijo de Berequías y nieto de Mesezabel; el siguiente tramo lo restauró

---

a **3.1** *Le pusieron vigas:* texto probable; heb. *consagraron.*

Sadoc, hijo de Baaná. 5 La reparación del siguiente tramo la hicieron los de Tecoa, aunque sus hombres importantes no quisieron ayudar a sus dirigentes. 6 Joiadá, hijo de Paséah, y Mesulam, hijo de Besodías, repararon la puerta de Jesaná. Le pusieron vigas y colocaron sus puertas con sus cerrojos y barras. 7 El siguiente tramo de la muralla lo repararon Melatías de Gabaón y Jadón de Meronot, y la gente de Gabaón y de Mispá, lugares que estaban bajo la autoridad del gobernador al oeste del río Éufrates. 8 El siguiente tramo de la muralla lo reparó Uziel, hijo de Harhaías, el platero; y el siguiente lo reparó Hananías, el perfumero; ellos dos restauraron la muralla de Jerusalén hasta la muralla ancha. 9 El siguiente tramo lo reparó Refaías, hijo de Hur, que era alcalde de la mitad del distrito de Jerusalén. 10 El siguiente tramo lo reparó Jedaías, hijo de Harumaf, pues quedaba frente a su casa, y el siguiente lo reparó Hatús, hijo de Hasabnías.

11 Malquías, hijo de Harim, y Hasub, hijo de Pahat–moab, repararon el siguiente tramo y la torre de los Hornos. 12 El siguiente lo repararon Salum, hijo de Halohés, que era alcalde de la otra mitad del distrito de Jerusalén, y sus hijas. 13 Hanún y los habitantes de Zanóah repararon la puerta del Valle; la reconstruyeron y colocaron sus puertas con sus cerrojos y barras, y restauraron cuatrocientos cincuenta metros de muralla, hasta la puerta del Basurero. 14 Malquías, hijo de Recab, gobernador del distrito de Bet–haquérem, reconstruyó la puerta del Basurero y colocó sus puertas con sus cerrojos y barras.

15 Salum, hijo de Colhozé, gobernador del distrito de Mispá, reparó la puerta de la Fuente: la reconstruyó y la techó, y colocó sus puertas con sus cerrojos y sus barras, y también reparó el muro del estanque de Siloé junto al Jardín Real, hasta las escaleras que bajan de la Ciudad de David. 16 Nehemías, hijo de Azbuc, gobernador de medio distrito de Bet–sur, reparó el siguiente tramo de la muralla hasta frente a los sepulcros de David, hasta el depósito del agua y hasta el cuartel de los soldados.

17 El siguiente tramo lo repararon los levitas: Rehúm, hijo de Baní; y más adelante Hasabías, gobernador de medio distrito de Queilá, que lo hizo en nombre de su distrito. 18 El siguiente tramo lo repararon sus colegas: Bavai, hijo de Henadad, gobernador de la otra mitad del distrito de Queilá; 19 y Éser, hijo de Josué, gobernador de Mispá, reparó otro tramo frente a la subida al depósito de armas de la esquina. 20 A continuación de él, Baruc, hijo de Zabai, reparó otro tramo, desde la esquina hasta la puerta de la casa de Eliasib, el sumo sacerdote; 21 y Meremot, hijo de Urías y nieto de Cos, reparó el siguiente tramo, desde la puerta de la casa de Eliasib hasta el final de la misma.

22 El tramo siguiente de la muralla lo repararon los sacerdotes que vivían en el valle del Jordán. 23 A continuación de ellos, Benjamín y Hasub repararon la muralla frente a su casa. Y después de ellos, Azarías, hijo de Maaseías y nieto de Ananías, hizo la restauración junto a su casa. 24 El siguiente tramo lo reparó Binuy, hijo de Henadad, desde la casa de Azarías hasta el ángulo en la esquina. 25 A continuación de él, Palal, hijo de Uzai, reparó la muralla frente a la esquina y también la torre alta que sobresale del palacio real, la cual está en el patio de la guardia. El siguiente tramo lo reparó Pedaías, hijo de Parós, 26 hasta frente a la puerta del Agua, hacia el este, así como la torre que sobresale. (Los que vivían en Ófel eran los sirvientes del templo.) 27 Los de Tecoa repararon el siguiente tramo, desde enfrente de la torre grande que sobresale hasta la muralla de Ófel.

28 Los sacerdotes repararon la muralla, cada uno frente a su casa, desde la puerta de los Caballos. 29 A continuación de ellos, Sadoc, hijo de Imer, reparó la muralla frente a su casa; y el tramo siguiente lo reparó Semaías, hijo de Secanías, que era guardián de la puerta de Oriente. 30 Tras él repararon otro tramo Hananías, hijo de Selemías, y Hanún, que era el sexto hijo de Salaf; y a continuación de ellos, Mesulam, hijo de Berequías, lo hizo frente a su casa. 31 Malquías, el platero, reparó el siguiente tramo de la muralla hasta la casa de los servidores del templo, y la de los comerciantes, frente a la puerta de la Inspección y hasta el puesto de vigilancia de la esquina. 32 Los plateros y los comerciantes repararon el siguiente tramo desde el puesto de vigilancia de la esquina hasta la puerta de las Ovejas.

Burlas de los enemigos

4 1 Cuando Sambalat supo que estábamos reconstruyendo la muralla, se indignó y, enfurecido, comenzó a burlarse de los judíos 2 diciendo ante sus compañeros y el ejército de Samaria: "¿Qué se creen estos judíos muertos de hambre? ¿Acaso piensan que se les va a permitir ofrecer sacrificios otra vez? ¿O que

podrán terminar el trabajo en un día? ¿O que de los montones de escombros van a sacar nuevas las piedras que se quemaron?"

3A su lado estaba Tobías, el amonita, que añadió: "Para colmo, miren el muro que están construyendo: ¡hasta una zorra lo puede echar abajo, si se sube en él!"

Oración de Nehemías

4Entonces yo oré: "Dios nuestro: escucha cómo se burlan de nosotros. Haz que sus ofensas se vuelvan contra ellos, y que caigan en poder del enemigo y sean llevados cautivos a otro país. **5**No les perdones su maldad, ni borres de tu presencia su pecado, pues han insultado a los que están reconstruyendo la muralla."

Amenazas de los enemigos

6Continuamos, pues, reconstruyendo la muralla, que estaba ya levantada hasta la mitad. La gente trabajaba con entusiasmo. **7**Pero cuando Sambalat, Tobías, los árabes, los de Amón y los de Asdod supieron que la reparación de la muralla de Jerusalén seguía adelante y que se había comenzado a tapar las brechas, se enojaron muchísimo, **8**y todos juntos formaron un plan para atacar Jerusalén y causar destrozos en ella. **9**Entonces oramos a nuestro Dios, y pusimos guardia día y noche para defendernos de ellos. **10**Y la gente de Judá decía: "La fuerza del cargador desmaya ante tal cantidad de escombros, y nosotros somos incapaces de reconstruir esta muralla."

11Nuestros enemigos pensaban que no nos daríamos cuenta ni veríamos nada hasta que se metieran en medio de nosotros para matarnos y detener las obras. **12**Pero cuando los judíos que vivían cerca de ellos vinieron a decirnos una y otra vez que esa gente iba a atacarnos por todos lados, **13**ordené que la gente se pusiera por familias detrás de la muralla, y en las partes bajas, y en las brechas, con espadas, lanzas y arcos. **14**Y al ver que tenían miedo, me puse de pie y dije a los nobles, a los gobernantes y al resto del pueblo: "No les tengan miedo. Recuerden que el Señor es grande y terrible, y luchen por sus compatriotas, por sus hijos e hijas, mujeres y hogares."

15Cuando nuestros enemigos supieron que estábamos preparados y que Dios había desbaratado

sus planes, todos nosotros volvimos a la muralla, cada cual a su trabajo. **16**A partir de aquel momento, la mitad de mis hombres trabajaba en la obra, y la otra mitad se mantenía armada con lanzas, escudos, arcos y corazas. Los jefes daban todo su apoyo a la gente de Judá **17**que estaba reconstruyendo la muralla. Los cargadores seguían llevando cargas, pero con una mano trabajaban y con la otra sujetaban el arma. **18**Todos los que trabajaban en la construcción tenían la espada a la cintura, y a mi lado estaba el encargado de tocar la trompeta, **19**pues yo había dicho a los nobles y gobernantes, y al resto del pueblo: "Las obras son enormes y extensas, y nosotros estamos repartidos por la muralla, separados unos de otros. **20**Por lo tanto, allá donde escuchen el toque de trompeta, únanse a nosotros, y nuestro Dios luchará a nuestro lado."

21De este modo, mientras nosotros trabajábamos de sol a sol en la obra, la mitad de la gente se mantenía con la lanza en la mano. **22**Además, en aquella ocasión dije a la gente que todos, incluso los ayudantes, debían pasar la noche dentro de Jerusalén, para que nos protegieran durante la noche y trabajaran durante el día. **23**Además, ni yo ni mis parientes y ayudantes, ni los hombres de la guardia que me acompañaban, nos quitábamos la ropa, y cada uno tenía la lanza en la mano.[a]

Problemas internos

5 **1**Hubo en aquel tiempo una gran protesta de parte del pueblo y de sus mujeres contra sus compatriotas judíos, **2**pues algunos decían que tenían muchos hijos e hijas y necesitaban conseguir trigo para no morirse de hambre; **3**otros decían que debido a la falta de alimentos habían tenido que hipotecar sus terrenos, viñedos y casas, **4**y otros decían que habían tenido que pedir dinero prestado para pagar los impuestos al rey, dando en garantía sus terrenos y viñedos. Decían además: **5**"Tanto nuestros compatriotas como nosotros somos de la misma raza; nuestros hijos no se diferencian en nada de los de ellos. Sin embargo, nosotros tenemos que someter a nuestros hijos e hijas a la esclavitud. De hecho, algunas de nuestras hijas son ya esclavas, y no podemos hacer nada por evitarlo, porque nuestros terrenos y viñedos ya pertenecen a otros."

---

[a] **4.23** *Cada uno tenía la lanza en la mano:* sentido probable; heb. *cada uno su lanza el agua.*

6 Cuando escuché sus quejas y razones, me llené de indignación. 7 Después de pensarlo bien, reprendí a los nobles y gobernantes por imponer una carga tal a sus compatriotas. Convoqué además una asamblea general para tratar su caso, 8 y les dije: "Nosotros, hasta donde nos ha sido posible, hemos rescatado a nuestros compatriotas judíos que habían sido vendidos a las naciones paganas; ¿y ahora ustedes los vuelven a vender para que nosotros tengamos que volver a rescatarlos?"

Ellos se quedaron callados, pues no sabían qué responder. 9 Y yo añadí: "Lo que están haciendo no está bien. Deberían mostrar reverencia por nuestro Dios, y evitar así las burlas de los paganos, nuestros enemigos. 10 También mis familiares, mis ayudantes y yo, les hemos prestado a ellos dinero y trigo; así que, ¡vamos a perdonarles esta deuda! 11 Y les ruego también que les devuelvan ahora mismo sus terrenos, viñedos, olivares y casas, y que cancelen las deudas[a] que tienen con ustedes, sean de dinero, grano, vino o aceite." 12 Ellos respondieron: "Devolveremos todo eso, y no les reclamaremos nada. Haremos todo tal como lo has dicho."

Entonces llamé a los sacerdotes, y en su presencia les hice jurar lo que prometieron. 13 Además me sacudí la ropa y dije: "Así sacuda Dios fuera de su casa y de sus propiedades a todo aquel que no cumpla este juramento, y así lo despoje de todo lo que ahora tiene." Toda la multitud respondió: "Amén", y alabaron al Señor.

Generosidad de Nehemías

La gente cumplió su promesa, 14 y durante doce años, es decir, desde aquel día del año veinte en que el rey Artajerjes me nombró gobernador de la región de Judá hasta el año treinta y dos de su reinado, ni yo ni mis colaboradores hicimos uso de la pensión que me correspondía como gobernador. 15 En cambio, los gobernadores que estuvieron antes que yo, fueron una carga para el pueblo, pues diariamente cobraban cuarenta monedas de plata para comida y vino. Además, sus empleados oprimían al pueblo. Pero yo no lo hice así, por respeto a Dios. 16 Por otra parte, cumplí con mi tarea de reconstruir la muralla de la ciudad, y no adquirí terrenos. En cuanto a mis empleados,

todos ellos tomaron parte en el trabajo. 17 A mi mesa se sentaban hasta ciento cincuenta personas, tanto judíos del pueblo como funcionarios del gobierno, sin contar a los que venían a visitarnos de las naciones vecinas. 18 Y lo que se preparaba diariamente por mi cuenta, era: un buey y seis de las mejores ovejas, y aves; y cada diez días había vino en abundancia. A pesar de esto, nunca reclamé la pensión que me correspondía como gobernador, porque ya era excesiva la carga que pesaba sobre este pueblo. 19 ¡Tómame en cuenta, Dios mío, para mi bien, todo lo que he hecho por este pueblo!

Complot contra Nehemías

6 1 Cuando Sambalat, Tobías, Guésem el árabe y los demás enemigos nuestros supieron que yo había reconstruido la muralla sin dejar en ella ninguna brecha (aunque me faltaba todavía colocar las puertas en su sitio), 2 me enviaron un mensaje Sambalat y Guésem para que nos reuniéramos en alguna de las aldeas del valle de Onó. Pero lo que tramaban era hacerme daño. 3 Entonces envié mensajeros a decirles que yo estaba ocupado en una obra importante, y que no podía ir, ya que el trabajo se detendría si yo lo dejaba por ir a verlos. 4 Cuatro veces me enviaron el mismo mensaje, pero mi respuesta fue siempre la misma.

5 Entonces Sambalat, por medio de un criado suyo, me envió por quinta vez el mismo mensaje en una carta abierta, 6 que decía: "Corre el rumor entre la gente, y también lo dice Guésem, de que tú y los judíos están planeando una rebelión, y que por eso están reconstruyendo la muralla. Según estos rumores, tú vas a ser su rey, 7 y has nombrado ya profetas para que te proclamen rey en Jerusalén y digan que ya hay rey en Judá. Estos rumores bien pueden llegar a oídos del rey Artajerjes, así que ven y conversaremos personalmente."

8 Entonces yo le envié contestación, diciéndole que no había nada de cierto en aquellos rumores, sino que eran producto de su imaginación. 9 Pues ellos trataban de asustarnos, pensando que nos desanimaríamos y que no llevaríamos a cabo la obra; pero yo puse aún mayor empeño.[a] 10 Después fui a casa de Semaías,

---

[a] 5.11 Las deudas: texto probable; heb. la centésima parte. [a] 6.9 Yo puse aún mayor empeño: según varias versiones antiguas; heb. hazme poner más empeño.

hijo de Delaías y nieto de Mehetabel, que se había encerrado en su casa, y me dijo: "Reunámonos en el templo de Dios, dentro del santuario, y cerremos las puertas, porque esta noche piensan venir a matarte." 11Pero yo le respondí: "Los hombres como yo, no huyen ni se meten en el templo para salvar el pellejo. Yo, al menos, no me meteré."

12Además me di cuenta de que él no hablaba de parte de Dios, sino que decía todo aquello contra mí porque Sambalat y Tobías lo habían sobornado; 13le pagaban por asustarme, para que así yo pecara. De ese modo podrían crearme mala fama y desprestigiarme. 14¡Dios mío: recuerda lo que Sambalat y Tobías han hecho! ¡No te olvides tampoco de Noadías, la profetisa, ni de los otros profetas que quisieron asustarme!

15La muralla quedó terminada el día veinticinco del mes de Elul,[b] y en la obra se emplearon cincuenta y dos días. 16Nuestros enemigos lo supieron, y todas las naciones que había a nuestro alrededor tuvieron mucho miedo y se vino abajo su orgullo, porque comprendieron que esta obra se había llevado a cabo con la ayuda de nuestro Dios.

17En aquellos días hubo mucha correspondencia entre Tobías y personas importantes de Judá, 18porque muchas personas de Judá habían jurado lealtad a Tobías, por ser el yerno de Secanías, hijo de Árah, y porque su hijo Johanán se había casado con la hija de Mesulam, hijo de Berequías. 19De modo que lo elogiaban en mi presencia y le contaban lo que yo decía. Tobías, por su parte, me enviaba cartas para asustarme.

Nehemías nombra dirigentes

7 1Cuando la muralla quedó reconstruida y se le colocaron las puertas, se nombraron porteros, cantores y levitas. 2Al frente de Jerusalén puse a mi hermano Hananí[a] y a Hananías, el comandante de la ciudadela, que era un hombre digno de confianza y más temeroso de Dios que muchas personas. 3Les dije que no debían abrirse las puertas de Jerusalén hasta bien entrado el día, y que debían cerrarse y asegurarse estando en sus puestos los de la guardia. También nombré vigilantes entre los mismos habitantes de Jerusalén, para que vigilaran, unos en sus puestos y otros frente a su propia casa. 4La ciudad era grande y extensa, pero había en ella poca gente porque las casas no se habían reconstruido.

Los que volvieron del destierro
(Esd 2.1–70)

5Entonces Dios me impulsó a reunir a las personas importantes, las autoridades y el pueblo, para hacer un registro familiar, y encontré el libro del registro familiar de los que habían llegado antes. En él estaba escrito lo siguiente:

6-7"Esta es la lista de los israelitas nacidos en Judá que fueron desterrados a Babilonia por el rey Nabucodonosor, y que después del destierro volvieron a Jerusalén y a otros lugares de Judá, cada cual a su población, encabezados por Zorobabel, Josué, Nehemías, Azarías, Raamías, Nahamaní, Mardoqueo, Bilsán, Mispéret, Bigvai, Nehúm y Baaná:

8 "Los descendientes de Parós,
       dos mil ciento setenta y dos;
9 los de Sefatías, trescientos setenta y dos;
10 los de Árah, seiscientos cincuenta y dos;
11 los de Pahat–moab, que eran
       descendientes de Josué y de Joab,
       dos mil ochocientos dieciocho;
12 los de Elam,
       mil doscientos cincuenta y cuatro;
13 los de Zatú, ochocientos cuarenta y cinco;
14 los de Zacai, setecientos sesenta;
15 los de Binuy, seiscientos cuarenta y ocho;
16 los de Bebai, seiscientos veintiocho;
17 los de Azgad,
       dos mil trescientos veintidós;
18 los de Adonicam,
       seiscientos sesenta y siete;
19 los de Bigvai, dos mil sesenta y siete;
20 los de Adín, seiscientos cincuenta y cinco;
21 los de Ater, que eran descendientes
       de Ezequías, noventa y ocho;
22 los de Hasum, trescientos veintiocho;
23 los de Besai, trescientos veinticuatro;
24 los de Harif, ciento doce;
25 los de Gabaón, noventa y cinco.
26 Los hombres de Belén y de Netofá,
       ciento ochenta y ocho;
27 los de Anatot, ciento veintiocho;
28 los de Bet–azmávet, cuarenta y dos;
29 los de Quiriat–jearim, Quefirá y Beerot,
       setecientos cuarenta y tres;

---

[b] 6.15 Mes de Elul: es decir, agosto–septiembre.   [a] 7.2 Nen 1.2.

30 los de Ramá y de Gueba,
    seiscientos veintiuno;
31 los de Micmás, ciento veintidós;
32 los de Betel y de Ai, ciento veintitrés;
33 los de Nebo,[b] cincuenta y dos.
34 Los descendientes del otro Elam,
    mil doscientos cincuenta y cuatro;
35 los de Harim, trescientos veinte;
36 los de Jericó,
    trescientos cuarenta y cinco;
37 los de Lod, Hadid y Onó,
    setecientos veintiuno;
38 los de Senaá, tres mil novecientos treinta.
39 Los sacerdotes descendientes de Jedaías,
    de la familia de Josué,
    novecientos setenta y tres;
40 los descendientes de Imer,
    mil cincuenta y dos;
41 los de Pashur,
    mil doscientos cuarenta y siete;
42 los de Harim, mil diecisiete.

43 "Los levitas descendientes de Josué y de Cadmiel, que a su vez eran descendientes de Hodavías, eran setenta y cuatro.

44 "Los cantores descendientes de Asaf eran ciento cuarenta y ocho.

45 "Los porteros eran los descendientes de Salum, los de Ater, los de Talmón, los de Acub, los de Hatitá y los de Sobai. En total, ciento treinta y ocho.

46 "Los sirvientes del templo eran los descendientes de Sihá, los de Hasufá, los de Tabaot, 47 los de Queros, los de Siahá, los de Padón, 48 los de Lebaná, los de Hagabá, los de Salmai, 49 los de Hanán, los de Guidel, los de Gáhar, 50 los de Reaías, los de Resín, los de Necodá, 51 los de Gazam, los de Uzá, los de Paséah, 52 los de Besai, los de Meunim, los de Nefusim,[c] 53 los de Bacbuc, los de Hacufá, los de Harhur, 54 los de Baslut, los de Mehidá, los de Harsá, 55 los de Barcós, los de Sísara, los de Temá, 56 los de Nesíah y los de Hatifá.

57 "Los descendientes de los sirvientes de Salomón eran los descendientes de Sotai, los de Soféret, los de Perudá, 58 los de Jaalá, los de Darcón, los de Guidel, 59 los de Sefatías, los de Hatil, los de Poquéret-hasebaím y los de Amón. 60 El total de los sirvientes del templo y de los descendientes de los sirvientes de Salomón era de trescientos noventa y dos.

61 "Los que llegaron de Tel-mélah, Tel-harsá, Querub, Adón e Imer, y que no pudieron demostrar si eran israelitas de raza o por parentesco, fueron los siguientes: 62 los descendientes de Delaías, los de Tobías y los de Necodá, que eran seiscientos cuarenta y dos. 63 Y de los parientes de los sacerdotes: los descendientes de Hobaías, los de Cos y los de Barzilai, el cual se casó con una de las hijas de Barzilai, el de Galaad, y tomó el nombre de ellos. 64 Estos buscaron su nombre en el registro familiar, pero como no lo encontraron allí, fueron eliminados del sacerdocio. 65 Además, el gobernador les ordenó que no comieran de los alimentos consagrados hasta que un sacerdote decidiera la cuestión por medio del Urim y el Tumim.[d]

66 "La comunidad se componía de un total de cuarenta y dos mil trescientas sesenta personas, 67 sin contar sus esclavos y esclavas, que eran siete mil trescientas treinta y siete personas. Tenían también doscientos cuarenta y cinco cantores y cantoras. 68 Tenían además setecientos treinta y seis caballos, doscientas cuarenta y cinco mulas,[e] 69 cuatrocientos treinta y cinco camellos y seis mil setecientos veinte asnos.

70 "Algunos jefes de familia entregaron donativos para la obra; el gobernador dio para la tesorería ocho kilos de oro, cincuenta tazones y quinientas treinta túnicas sacerdotales.[f] 71 Los jefes de familia dieron para la tesorería de la obra ciento sesenta kilos de oro y mil doscientos diez kilos de plata; 72 y el resto del pueblo dio ciento sesenta kilos de oro, mil cien kilos de plata y sesenta y siete túnicas sacerdotales.

73 "Los sacerdotes, los levitas, los porteros, los cantores, la gente del pueblo, los sirvientes del templo y todo Israel se establecieron en sus poblaciones."

La ley es leída en público

Cuando llegó el mes séptimo, ya los israelitas estaban instalados en sus localidades.

---

[b] **7.33** *Los de Nebo:* según Esd 2.29; heb. *los del otro Nebo.* [c] **7.52** *Nefusim:* según Esd 2.50; heb. *Nefisesim.* [d] **7.65** *El Urim y el Tumim:* Véase Ex 28.30 n. [e] **7.68** El v. 68 no aparece en el texto heb.; se incluye aquí según Esd 2.66. [f] **7.70** *Quinientas treinta túnicas sacerdotales:* lit. *túnicas sacerdotales treinta y quinientas.* Según la LXX, *treinta túnicas sacerdotales.* La traducción de este v. presenta algunas dificultades. Posiblemente el texto original incluía una referencia a las *minas* o *kilos de plata* que se mencionan en Esd 2.69.

8 ¹Entonces todo el pueblo en masa se reunió en la plaza que está frente a la puerta del Agua, y le dijeron al maestro Esdras que trajera el libro de la ley de Moisés, que el Señor había dado a Israel. ²El día primero del mes séptimo,ᵃ el sacerdote Esdras trajo el libro de la ley ante la reunión compuesta de hombres, mujeres y todos los que tenían uso de razón; ³y desde la mañana hasta el mediodía lo leyó en presencia de todos ellos, delante de la plaza que está frente a la puerta del Agua.

Todo el pueblo estaba atento a la lectura del libro de la ley. ⁴El maestro Esdras estaba de pie sobre una tribuna de madera construida para ese fin. También de pie y a su derecha estaban Matatías, Sema, Anías, Urías, Hilquías y Maasefas. A su izquierda estaban Pedaías, Misael, Malquías, Hasum, Hasbadana, Zacarías y Mesulam. ⁵Entonces Esdras abrió el libro a la vista de todo el pueblo, ya que se le podía ver por encima de todos; y al abrirlo, todo el mundo se puso de pie. ⁶Entonces Esdras alabó al Señor, el Dios todopoderoso, y todo el pueblo, con los brazos en alto, respondió: "Amén, amén." Luego se inclinaron hasta tocar el suelo con la frente, y adoraron al Señor.

⁷Los levitas Josué, Baní, Serebías, Jamín, Acub, Sabtai, Hodías, Maasefas, Quelitá, Azarías, Jozabad, Hanán y Pelaías explicaban la ley al pueblo. Mientras la gente permanecía en su sitio, ⁸ellos leían en voz alta el libro de la ley de Dios, y lo traducían para que se entendiera claramente la lectura. ⁹Y como todo el pueblo lloraba al oír los términos de la ley, tanto el gobernador Nehemías como el maestro y sacerdote Esdras, y los levitas que explicaban la ley al pueblo, dijeron a todos que no se pusieran tristes ni lloraran, porque aquel día estaba dedicado al Señor, su Dios. ¹⁰Además les dijo Esdras: "Vayan y coman de lo mejor, beban vino dulce e inviten a quienes no tengan nada preparado, porque hoy es un día dedicado a nuestro Señor. No estén tristes, porque la alegría del Señor es nuestro refugio."

¹¹También los levitas calmaban a la gente, diciéndoles que se callaran y no lloraran, porque era un día dedicado al Señor. ¹²Entonces toda la gente se fue a comer y beber, y a compartir su comida y celebrar una gran fiesta, porque habían comprendido lo que se les había enseñado.

Celebración de la fiesta de las Enramadas

¹³Al día siguiente, todos los jefes de familia y los sacerdotes y los levitas se reunieron con el maestro Esdras para estudiar los términos de la ley, ¹⁴y encontraron escrito en ella que el Señor había ordenado por medio de Moisés que, durante la fiesta religiosa del mes séptimo, los israelitas debían vivir debajo de enramadas.ᵇ ¹⁵Entonces, por todas las ciudades y en Jerusalén, se hizo correr la voz de que la gente saliera a los montes a buscar ramas de olivo, arrayán, palmera o cualquier otro árbol frondoso para hacer las enramadas, conforme a lo que estaba escrito en la ley. ¹⁶Y la gente salió y volvió con ramas para hacer sus propias enramadas en las azoteas y en los patios, como también en el atrio del templo de Dios, en la plaza de la puerta del Agua y en la plaza de la puerta de Efraín. ¹⁷Toda la comunidad que volvió del destierro hizo enramadas y se instaló debajo de ellas, pues desde el tiempo de Josué, hijo de Nun, hasta aquel día no se había hecho tal cosa. Y hubo una gran alegría. ¹⁸Celebraron la fiesta religiosa durante siete días; y desde el primer día hasta el último, Esdras leía diariamente pasajes del libro de la ley de Dios; y en el día octavo hubo una reunión solemne, conforme a la costumbre establecida.ᶜ

Esdras confiesa los pecados de Israel

9 ¹El día veinticuatro del mismo mes, los israelitas se reunieron para ayunar; se vistieron con ropas ásperas y se echaron tierra sobre la cabeza,ᵃ ²y separándose de aquellos que descendían de extranjeros,ᵇ se pusieron

---

ᵃ **8.2** El *mes séptimo* (septiembre–octubre) es muy importante en el calendario religioso judío, ya que en el primer día se celebra la fiesta de las Trompetas, el diez es el día del Perdón y el quince comienza la fiesta de las Enramadas (cf. Lv 23.23–38; Nm 29.1,7,12). Además, en 2 Cr 5.3; 31.7; Esd 3.1,6; Zac 7.5; 8.19 se mencionan otros acontecimientos significativos que ocurrieron o se celebraban en ese mismo mes. ᵇ **8.14** La fiesta de las *Enramadas*, una de las más importantes para el pueblo judío (cf. Ex 23.14–19; 34.18–26), evoca la liberación de Israel de la esclavitud en Egipto y la marcha del pueblo por el desierto (Lv 23.34–44). ᶜ **8.18** Dt 31.10–13. ᵃ **9.1** Las *ropas ásperas* y *la tierra sobre la cabeza* eran señales de arrepentimiento (1 Cr 21.16; Dn 9.3; Jon 3.5,8). ᵇ **9.2** Esd 10.11; Neh 13.1–3,23–28.

de pie y reconocieron sus propios pecados y los de sus antepasados. 3 Mientras permanecían en su lugar, durante tres horas se leyó públicamente el libro de la ley del Señor su Dios, y durante otras tres horas confesaron sus pecados y adoraron al Señor. 4 Después los levitas Josué, Binuy, Cadmiel, Sebanías, Binuí, Serebías, Baní y Quenaní subieron a la tribuna e invocaron en voz alta al Señor su Dios; 5 luego dijeron los levitas Josué, Cadmiel, Binuy, Hasabnías, Serebías, Hodías, Sebanías y Petahías: "Levántense, alaben al Señor su^c Dios por siempre y siempre. ¡Alabado sea, con bendiciones y alabanzas, su alto y glorioso nombre!"

6 Y Esdras dijo: "Tú eres el Señor, y nadie más. Tú hiciste el cielo y lo más alto del cielo, y todas sus estrellas; tú hiciste la tierra y todo lo que hay en ella, los mares y todo lo que contienen. Tú das vida a todas las cosas. Por eso te adoran las estrellas del cielo.

7 "Tú, Señor, eres el Dios que escogiste a Abram; tú lo sacaste de Ur, ciudad de los caldeos, y le pusiste por nombre Abraham. 8 Viste que era un hombre que confiaba en ti, e hiciste con él una alianza: que darías a sus descendientes el país de los cananeos, hititas, amorreos, ferezeos, jebuseos y gergeseos; ¡y has cumplido tu palabra, porque tú siempre cumples! 9 Tú viste cómo sufrían nuestros antepasados en Egipto, y escuchaste sus lamentos junto al Mar Rojo. 10 Hiciste grandes prodigios y maravillas en contra del faraón, de todos sus siervos y de toda la gente de su país, porque te diste cuenta de la insolencia con que ellos trataban a los israelitas. Y te ganaste así la gran fama que tienes hoy. 11 Partiste en dos el mar delante de ellos, y pasaron por en medio sobre terreno seco; pero hundiste a sus perseguidores hasta al fondo, como una piedra en aguas profundas. 12 Luego los guiaste de día con una columna de nube, y de noche con una columna de fuego, para alumbrarles el camino que tenían que seguir.

13 "Después bajaste al monte Sinaí, y hablaste con ellos desde el cielo; les diste decretos justos, enseñanzas verdaderas, y leyes y mandamientos buenos. 14 Les enseñaste también a consagrarte el sábado, y les diste mandamientos, enseñanzas verdaderas, leyes y enseñanzas por medio de tu siervo Moisés. 15 Les diste además pan del cielo para saciar su hambre y agua de la roca para apagar su sed. Luego les dijiste que entraran a ocupar el país que les habías prometido.

16 "Pero ellos y nuestros antepasados fueron orgullosos y testarudos, y no hicieron caso a tus mandamientos. 17 No quisieron obedecer ni recordar las grandes cosas que hiciste en favor suyo. Fueron tan testarudos que nombraron un jefe que los llevara de nuevo a su esclavitud en Egipto. Pero tú eres un Dios perdonador, un Dios tierno y compasivo, paciente y todo amor, y no los abandonaste. 18 Aun cuando se hicieron un becerro de metal fundido, y dijeron que ese era el dios que los había sacado de Egipto, y cometieron graves ofensas, 19 tú, por tu gran compasión, no los abandonaste en el desierto. La columna de nube no se apartó de ellos durante el día para guiarlos por el camino, ni la columna de fuego durante la noche para alumbrarles el camino que tenían que seguir. 20 Además les diste de tu buen espíritu para instruirlos; jamás les faltó de la boca el maná que les enviabas, y les diste agua para calmar su sed. 21 Durante cuarenta años les diste de comer en el desierto, y nunca les faltó nada: ni se desgastaron sus ropas ni se les hincharon los pies.

22 "Les entregaste reinos y naciones, y se los repartiste en parcelas, y ellos tomaron posesión de Hesbón, país del rey Sihón, y de Basán, país del rey Og. 23 Hiciste que tuvieran tantos hijos como estrellas hay en el cielo, y los llevaste a tomar posesión del país que habías prometido dar en propiedad a sus antepasados. 24 Y ellos entraron y conquistaron la tierra de Canaán; humillaste ante ellos a los habitantes de esa tierra, y a sus reyes y a la gente de esa región los pusiste en sus manos para que hicieran con ellos lo que quisieran. 25 También se apoderaron de ciudades fortificadas y de tierras fértiles, de casas llenas de lo mejor, de pozos, viñedos, olivares y muchos otros árboles frutales; comieron hasta quedar satisfechos, engordaron y disfrutaron de tu gran bondad.

26 "Pero fueron desobedientes, se rebelaron contra ti y despreciaron tu ley. Mataron además a tus profetas, que los acusaban abiertamente y les decían que se volvieran a ti, y te ofendieron grandemente. 27 Por eso los entregaste al poder de sus enemigos, que los oprimieron. Después,

---

^c 9.5 *Su:* según una versión antigua; heb. *tu.*

estando afligidos, te pidieron ayuda, y tú, por tu gran compasión, los escuchaste desde el cielo; les diste hombres que los libraran del poder de sus opresores.

28 "Sin embargo, en cuanto tenían un poco de paz, volvían a hacer lo malo en tu presencia; por eso los dejaste caer en poder de sus enemigos, los cuales los sometieron. Luego volvían a pedirte ayuda, y tú, lleno de compasión, los escuchabas desde el cielo, librándolos en muchas ocasiones. 29 Les aconsejabas que volvieran a cumplir tus leyes; pero ellos se creían suficientes y no hacían caso de tus mandamientos; violaban tus decretos, que dan vida a quienes los practican; fueron rebeldes y testarudos, y no hicieron caso. 30 Durante muchos años tuviste paciencia con ellos y les hiciste advertencias por medio de tu espíritu y de tus profetas; pero no hicieron caso, y por eso los entregaste al dominio de las naciones de la tierra. 31 Sin embargo, por tu gran compasión no los destruiste del todo ni los abandonaste; porque tú eres un Dios tierno y compasivo.

32 "Por lo tanto, Dios nuestro, Dios grande, poderoso y terrible, que mantienes tu alianza y tu gran amor, no tengas en poco todas las calamidades que han ocurrido a nuestros reyes, jefes, sacerdotes y profetas, y a nuestros antepasados, y a todo el pueblo, desde el tiempo de los reyes de Asiria hasta el presente. 33 No obstante, tú estás limpio de culpa en todo lo que nos ha sucedido; pues tú has actuado con fidelidad, en tanto que nosotros hemos hecho lo malo. 34 Ni nuestros reyes, jefes y sacerdotes, ni nuestros antepasados, cumplieron tu ley ni hicieron caso de tus mandamientos y de las advertencias que les hiciste. 35 Por el contrario, en su reino, y a pesar de los muchos bienes que les diste y del grande y fértil país que les entregaste, no te rindieron culto ni abandonaron sus malas acciones.

36 "Míranos hoy, convertidos en esclavos precisamente en el país que diste a nuestros antepasados para que se alimentaran de sus productos y bienes. 37 Lo que se produce en abundancia es para los reyes que, por causa de nuestros pecados, has puesto sobre nosotros. Nosotros y nuestros ganados estamos sujetos a sus caprichos. Por eso estamos tan afligidos."

Alianza del pueblo para cumplir la ley

38 Por todo esto, nosotros nos comprometemos firmemente por escrito, y el documento sellado lo firman nuestros jefes, levitas y sacerdotes.

10 1 Las siguientes personas firmamos el documento: Yo, Nehemías hijo de Hacalías, que era el gobernador; Sedequías, 2 Seraías, Azarías, Jeremías, 3 Pashur, Amarías, Malquías, 4 Hatús, Sebanías, Maluc, 5 Harim, Meremot, Abdías, 6 Daniel, Guinetón, Baruc, 7 Mesulam, Abías, Mijamín, 8 Maazías, Bilgai y Semaías. Estos eran sacerdotes.

9 Los levitas: Josué, hijo de Azanías, Binuy, descendiente de Henadad, y Cadmiel; 10 y sus hermanos, Sebanías, Hodías, Quelitá, Pelaías, Hanán, 11 Micaías, Rehob, Hasabías, 12 Zacur, Serebías, Sebanías, 13 Hodías, Baní y Beninu.

14 Los jefes de la nación: Parós, Pahat–moab, Elam, Zatú, Baní, 15 Binuy, Azgad, Bebai, 16 Adonías, Bigvai, Adín, 17 Ater, Ezequías, Azur, 18 Hodías, Hasum, Besai, 19 Harif, Anatot, Nebai, 20 Magpías, Mesulam, Hezir, 21 Mesezabel, Sadoc, Jadúa, 22 Pelatías, Hanán, Anaías, 23 Oseas, Hananías, Hasub, 24 Halohés, Pilhá, Sobec, 25 Rehúm, Hasabná, Maaseías, 26 Ahías, Hanán, Anán, 27 Maluc, Harim y Baaná.

Otros compromisos del pueblo para con Dios

28 En cuanto a los demás ciudadanos, es decir, los sacerdotes, levitas, porteros, cantores, sirvientes del templo, y todos los que se habían separado de la gente de la región para cumplir con la ley de Dios, junto con sus mujeres y todos sus hijos e hijas con uso de razón, 29 se unieron a sus parientes y a sus jefes, y juraron conducirse según la ley que Dios había dado por medio de su siervo Moisés, y cumplir fielmente todos los mandamientos y decretos y leyes de nuestro Señor. 30 Por lo tanto, no daríamos en casamiento nuestras hijas a las gentes del país, ni aceptaríamos que sus hijas se casaran con nuestros hijos. 31 Y cuando la gente del país viniera en sábado a vender sus productos y toda clase de granos, no les compraríamos nada, ni en sábado ni en cualquier otro día festivo; así mismo, en el séptimo año renunciaríamos a las cosechas[a] y perdonaríamos las deudas.[b]

32 También decidimos imponernos la obligación de contribuir cada año con cuatro gramos de plata para cubrir los gastos del servicio del

---

a **10.31** Ex 23.10–11; Lv 25.1–7. *b* **10.31** Dt 15.1–2.

templo de nuestro Dios: 33para el pan de la Presencia,*c* las ofrendas diarias de cereales, los holocaustos diarios, los sacrificios de los sábados y de luna nueva, y de las otras fiestas religiosas; y para las ofrendas en general, los sacrificios para obtener el perdón por los pecados de Israel, y para todo el culto en el templo de nuestro Dios.

34Además, los sacerdotes, los levitas y todo el pueblo, según nuestras familias, echamos suertes*d* para llevar cada año al templo de nuestro Dios la provisión de leña en el tiempo señalado, para quemarla en el altar del Señor nuestro Dios, como está escrito en la ley.*e* 35También acordamos llevar cada año al templo del Señor los primeros frutos de nuestros campos y de todos los árboles frutales,*f* 36y llevar también al templo de nuestro Dios a nuestros primeros hijos y las primeras crías de nuestras vacas y de nuestras ovejas, como está escrito en la ley,*g* ante los sacerdotes que sirven en el templo. 37También acordamos llevar a los almacenes*h* del templo de nuestro Dios, como contribución para los sacerdotes, nuestra primera harina y los primeros frutos de todo árbol, y nuestro primer vino y nuestro primer aceite, y llevar a los levitas la décima parte de nuestras cosechas,*i* ya que son ellos los que recogen la décima parte en todas nuestras fincas.

38Y cuando los levitas vayan a recoger la décima parte, los acompañará un sacerdote descendiente de Aarón. Luego los levitas deberán llevar a los almacenes del templo de nuestro Dios la décima parte de la décima parte que ellos recojan,*j* 39pues los israelitas y los levitas llevan las contribuciones de trigo, vino y aceite a los almacenes donde están los utensilios sagrados y los sacerdotes en servicio, los porteros y los cantores. Y prometimos no abandonar el templo de nuestro Dios.

Los habitantes de Jerusalén
(1 Cr 9.1–34)

11 1Las autoridades de la nación se establecieron en Jerusalén; y el resto del pueblo echó suertes para que una de cada diez familias fuera a vivir a Jerusalén, la ciudad santa, mientras que las otras nueve se quedarían en las demás poblaciones. 2Luego el pueblo bendijo a todos los que voluntariamente se ofrecieron a vivir en Jerusalén.

3A continuación figuran los jefes principales de los repatriados que establecieron su residencia en Jerusalén. En las ciudades de Judá se establecieron los israelitas, los sacerdotes, los levitas, los sirvientes del templo y los descendientes de los sirvientes de Salomón, cada uno en su respectiva población y propiedad.

4Algunos de Judá y Benjamín que se establecieron en Jerusalén fueron, por parte de Judá: Ataías, que era hijo de Ozías, que era hijo de Zacarías, que era hijo de Amarías, que era hijo de Sefatías, que era hijo de Mahalalel, descendiente de Fares; 5y Maaseías, que era hijo de Baruc, que era hijo de Colhozé, que era hijo de Hazaías, que era hijo de Adías, que era hijo de Joiarib, que era hijo de Zacarías, que era hijo de Siloní. 6El total de los descendientes de Fares que se quedaron a vivir en Jerusalén fue de cuatrocientos sesenta y ocho, todos ellos hombres de guerra.

7Por parte de Benjamín: Salú, que era hijo de Mesulam, que era hijo de Joed, que era hijo de Pedaías, que era hijo de Colaías, que era hijo de Maaseías, que era hijo de Itiel, que era hijo de Isaías; 8y sus hermanos*a* Gabai y Salai. En total: novecientos veintiocho. 9Su jefe era Joel, hijo de Zicrí; y Judá, hijo de Senuá, que era el segundo jefe de la ciudad.

10De los sacerdotes: Jedaías, hijo de Joiarib, Jaquín, 11y Seraías, hijo de Hilquías, que era hijo de Mesulam, que era hijo de Sadoc, que era hijo de Meraiot, que era hijo de Ahitub, el jefe principal del templo de Dios. 12También sus compañeros, que trabajaban en el servicio del templo y eran ochocientos veintidós; y Adaías, que era hijo de Jeroham, que era hijo de Pelalías, que era hijo de Amsí, que era hijo de Zacarías, que era hijo de Pashur, que era hijo de Malquías. 13Sus parientes, jefes de familia, sumaban doscientos cuarenta y dos; y Amasai, que era hijo de Azarel, que era hijo de Ahzai, que era hijo de Mesilemot, que era hijo de Imer. 14Sus parientes, que eran hombres de guerra, sumaban ciento veintiocho personas, y su jefe era Zabdiel, hijo de Guedolim.*b*

---

c **10.33** Ex 25.30; Lv 24.5–8. *d* **10.34** *Echamos suertes:* Esta práctica era frecuente en la antigüedad para identificar a los responsables de algún delito o para descubrir la voluntad de Dios (1 S 10.19–27; Jon 1.7; Hch 1.23–26). *e* **10.34** Lv 6.12; Neh 13.31. *f* **10.35** Ex 23.19; 34.26; Dt 26.2. *g* **10.36** Ex 13.2,11–15. *h* **10.37** Esd 8.29; Neh 13.13. *i* **10.37** Lv 27.30; Nm 18.21. *j* **10.38** Nm 18.26. *a* **11.8** *Y sus hermanos:* según la versión griega (LXX); heb. *y después de él.* *b* **11.14** *Hijo de Guedolim:* otra posible traducción: *de una familia importante.*

15 De los levitas: Semaías, que era hijo de Hasub, que era hijo de Azricam, que era hijo de Hasabías, que era hijo de Binuy; 16 Sabtai y Jozabad, que eran de los jefes de los levitas, estaban encargados de las obras fuera del templo de Dios; 17 Matanías, que era hijo de Micaías, que era hijo de Zabdí, que era hijo de Asaf, era el director del coro que cantaba la alabanza y la acción de gracias a la hora de la oración; Bacbuquías, que era el segundo de la familia, y Abdá, que era hijo de Samúa, que era hijo de Galal, que era hijo de Jedutún. 18 El total de levitas que quedaron en la ciudad santa fue de doscientos ochenta y cuatro.

19 De los porteros: Acub, Talmón y sus parientes, que vigilaban las puertas ciento setenta y dos.

20 Los demás israelitas en general, y el resto de los sacerdotes y levitas, se instalaron en las otras poblaciones de Judá, cada uno en su propiedad; 21 aunque los sirvientes del templo, cuyos dirigentes eran Sihá y Guispá, se instalaron en Ofel.

22 El jefe de los levitas de Jerusalén era Uzí, que era hijo de Baní, que era hijo de Hasabías, que era hijo de Matanías, que era hijo de Micaías, de los descendientes de Asaf, los cuales dirigían los cantos en el servicio del templo de Dios, 23 pues el rey había dado órdenes acerca de los deberes diarios de los cantores.

24 El representante ante el rey para cualquier asunto civil, era Petahías, hijo de Mesezabel, que era descendiente de Zérah, hijo de Judá.

Lugares habitados además de Jerusalén

25 Algunos de la tribu de Judá se instalaron en Quiriat–arbá,[c] Dibón, Jecabseel, 26 Josué, Moladá, Bet–pélet, 27 Hasar–sual, Beerseba, 28 Siclag, Meconá, 29 En–rimón, Sorá, Jarmut, 30 Zanóah, Adulam, Laquis y Azecá, con sus aldeas y campos respectivos. Se establecieron desde Beerseba hasta el valle de Hinom. 31 Y los de la tribu de Benjamín se instalaron en Gueba, Micmás, Aías, Betel y sus aldeas; 32 también en Anatot, Nob, Ananías, 33 Hasor, Ramá, Guitaim, 34 Hadid, Seboím, Nebalat, 35 Lod, Onó, y en el valle de los Artesanos. 36 Además, a algunos de los levitas se les dieron terrenos en Judá y Benjamín.

Sacerdotes y levitas

12 ¹ Estos son los sacerdotes y levitas que regresaron con Zorobabel, hijo de Salatiel, y con Josué:

Los sacerdotes: Seraías, Jeremías, Esdras, 2 Amarías, Maluc, Hatús, 3 Secanías, Rehúm, Meremot, 4 Idó, Guinetón, Abías, 5 Mijamín, Maadías, Bilgá, 6 Semaías, Joiarib, Jedaías, 7 Salú, Amoc, Hilquías y Jedaías. Estos eran los jefes de los sacerdotes y sus parientes en tiempos de Josué.

8 Los levitas: Josué, Binuy, Cadmiel, Serebías, Judá y Matanías, quien, con sus colegas, estaba encargado de los himnos de alabanza; 9 y Bacbuquías y Uní, también colegas suyos, estaban frente a ellos para el desempeño de sus funciones.

10 Josué fue padre de Joaquim, Joaquim lo fue de Eliasib, Eliasib lo fue de Joiadá, 11 Joiadá lo fue de Johanán,[a] y Johanán lo fue de Jadúa.

12 En tiempos de Joaquim, los sacerdotes jefes de familia eran: de la familia de Seraías, Meraías; de la de Jeremías, Hananías; 13 de la de Esdras, Mesulam; de la de Amarías, Johanán; 14 de la de Melicú, Jonatán; de la de Sebanías, José; 15 de la de Harim, Adná; de la de Meraiot, Helcai; 16 de la de Idó, Zacarías; de la de Guinetón, Mesulam; 17 de la de Abías, Zicrí; de la de Minjamín,[b] . . .; de la de Moadías, Piltai; 18 de la de Bilgá, Samúa; de la de Semaías, Jonatán; 19 de la de Joiarib, Matenai; de la de Jedaías, Uzí; 20 de la de Salai, Calai; de la de Amoc, Éber; 21 de la de Hilquías, Hasabías; y de la familia de Jedaías, Natanael.

22 En la época de Eliasib, Joiadá, Johanán y Jadúa, y hasta el reinado de Darío el persa, los levitas fueron inscritos como jefes de familia, y también los sacerdotes. 23 Por su parte, los levitas jefes de familia fueron inscritos en el libro de las crónicas hasta la época de Johanán, nieto de Eliasib. 24 Los jefes de los levitas eran: Hasabías, Serebías, Josué, Binuy y[c] Cadmiel, y sus compañeros estaban frente a ellos para alabar y dar gracias al Señor durante su respectivo turno de servicio, como lo había mandado David, hombre de Dios. 25 Y los porteros que cuidaban las puertas de entrada eran: Matanías, Bacbuquías, Abdías, Mesulam, Talmón y Acub. 26 Estos vivieron en tiempos de Joaquim, hijo de Josué y

---

c **11.25** *Quiriat–arbá:* es decir, Hebrón (Jos 14.15). El texto hebreo añade *y sus hijos,* para referirse a sus aldeas o municipios. a **12.11** *Johanán:* texto probable (cf. v. 23); heb. *Jonatán.* b **12.17** *Minjamín:* El nombre del jefe correspondiente no se encuentra en el texto hebreo. c **12.24** *Binuy y:* según el v. 8; heb. *hijo de.* En heb. ambas expresiones son similares.

nieto de Josadac; y en la época del gobernador Nehemías y del sacerdote y maestro Esdras.

Consagración de la muralla

27Cuando llegó el día de consagrar la muralla de Jerusalén, buscaron a los levitas en todos los lugares donde vivían, y los llevaron a Jerusalén para que celebraran la consagración con alegría, alabanzas e himnos, acompañados de platillos, arpas y liras. **28**Y los cantores levitas[d] acudieron de los alrededores de Jerusalén, de las aldeas de Netofá, **29**del caserío de Guilgal y de los campos de Gueba y de Azmávet; pues los cantores se habían construido aldeas alrededor de Jerusalén. **30**Entonces se purificaron los sacerdotes y los levitas. Luego purificaron al pueblo y las puertas de la ciudad y la muralla.

31Después hice que autoridades de Judá se subieran a la muralla, y organicé dos coros grandes. El primer coro marchaba sobre la muralla hacia la derecha, en dirección a la puerta del Basurero. **32**Detrás del coro iba Hosaías con la mitad de las autoridades de Judá, es decir, **33**con Azarías, Esdras, Mesulam, **34**Judá, Benjamín, Semaías y Jeremías. **35**De los sacerdotes, los acompañaban con trompetas: Zacarías, hijo de Jonatán, cuyos antepasados eran Semaías, Matanías, Micaías, Zacur y Asaf; **36**además de sus parientes Semaías, Azarel, Milalai, Guilalai, Maai, Natanael, Judá y Hananí, los cuales tocaban los instrumentos de música de David, hombre de Dios. Al frente de ellos iba el maestro Esdras. **37**Y sobre la puerta de la Fuente, y siguiendo adelante sobre lo alto de la muralla, subieron por sobre las escaleras de la Ciudad de David, arriba del palacio de David y hasta la puerta del Agua, que está al este.

38El segundo coro marchaba hacia la izquierda. Yo iba detrás del coro sobre la muralla con la otra mitad de la gente, desde la torre de los Hornos hasta la muralla ancha, **39**pasando por la puerta de Efraín, la puerta de Jesaná, la puerta de los Pescados, la torre de Hananel y la torre de los Cien, hasta la puerta de las Ovejas; y nos detuvimos en la puerta de la Guardia. **40**Luego los dos coros ocuparon sus puestos en el templo de Dios; y yo también, con la mitad de los gobernantes que me acompañaban. **41**Los sacerdotes que tocaban las trompetas eran: Eliaquim, Maaseías, Minjamín, Micaías,

Elioenai, Zacarías, Hananías, **42**Maaseías, Semaías, Eleazar, Uzí, Johanán, Malquías, Elam y Éser. Y los cantores, dirigidos por Izrahías, cantaron a coro.

43Aquel día se ofrecieron muchos sacrificios, y la gente se alegró mucho porque Dios los llenó de gran alegría. Las mujeres y los niños también estuvieron muy contentos, y el regocijo que hubo en Jerusalén se oía desde lejos.

Víveres para sacerdotes y levitas

44Por aquel tiempo se nombraron personas encargadas de los depósitos de los tesoros, de las ofrendas, de los primeros frutos y de los diezmos, para almacenar en ellos lo que conforme a la ley llegaba de los campos de cada ciudad para los sacerdotes y levitas; porque los de Judá estaban contentos con los sacerdotes y levitas que estaban en servicio. **45**Tanto ellos como los cantores y los porteros, eran quienes celebraban el culto a su Dios y el rito de la purificación, tal como lo habían dispuesto David y su hijo Salomón. **46**Pues antiguamente, en tiempos de David y de Asaf, había jefes de cantores, cantos de alabanza y acción de gracias a Dios.

47Así que, en la época de Zorobabel y de Nehemías, todo Israel entregaba diariamente los víveres a los cantores y porteros; daba también a los levitas la parte que les correspondía, y estos hacían lo mismo con los descendientes de Aarón.

Reformas de Nehemías

13 **1**Por aquel tiempo se leyó públicamente el libro de Moisés, y en él se halló escrito que los amonitas y moabitas no debían jamás pertenecer al pueblo de Dios. **2**(Porque ellos no salieron a recibir a los israelitas con comida y bebida, sino que le pagaron a Balaam para que pronunciara maldiciones contra ellos, aunque nuestro Dios convirtió la maldición en bendición.) **3**Así que, en cuanto oyeron lo que decía la ley, separaron de Israel a todos los que ya se habían mezclado con extranjeros.

4Antes de esto, el sacerdote Eliasib estaba a cargo de los almacenes del templo de nuestro Dios. Como Eliasib era pariente de Tobías, **5**había facilitado a este un cuarto grande en el que antes se guardaban las ofrendas, el incienso,

---

d **12.28** *Los cantores levitas:* texto probable; heb. *los hijos de los cantores.*

los utensilios y el diezmo del trigo, del vino y del aceite que se ordenaba dar a los levitas, cantores y porteros, además de las contribuciones para los sacerdotes. 6Cuando todo esto ocurrió, yo no estaba en Jerusalén, porque en el año treinta y dos del reinado de Artajerjes, rey de Babilonia, volví a la corte; aunque al cabo de algún tiempo pedí permiso al rey 7y regresé a Jerusalén. Fue entonces cuando comprobé el mal que había hecho Eliasib por complacer a Tobías, proporcionándole una sala en el atrio del templo de Dios. 8Aquello me disgustó mucho, y eché fuera de la sala todos los muebles de la casa de Tobías. 9Luego ordené que la purificaran y que volvieran a colocar en su sitio los utensilios del templo de Dios, las ofrendas y el incienso.

10También supe que no se habían entregado a los levitas sus provisiones, y que los levitas y cantores encargados del culto habían huido, cada uno a su tierra. 11Entonces reprendí a las autoridades por el abandono en que tenían el templo de Dios. Después reuní a los sacerdotes y levitas, y los instalé en sus puestos, 12y todo Judá trajo a los almacenes el diezmo del trigo, del vino y del aceite. 13Luego puse a cargo de los almacenes al sacerdote Selemías, al secretario Sadoc y a un levita llamado Pedaías; puse también como ayudante suyo a Hanán, hijo de Zacur y nieto de Matanías, porque eran dignos de confianza. Ellos se encargarían de hacer el reparto a sus compañeros. 14¡Dios mío: tómame en cuenta esto que he hecho; y no olvides todo lo bueno que he hecho por el templo de mi Dios y por su culto!

15En aquellos días vi que en Judá había quienes en sábado pisaban uvas para hacer vino, acarreaban manojos de trigo, cargaban los asnos con vino y racimos de uvas, higos y toda clase de carga, y que también en sábado lo llevaban a Jerusalén. Entonces los reprendí por vender sus mercancías en ese día. 16Además, algunos de la ciudad de Tiro que vivían allí, llevaban pescado y toda clase de mercancías, y se lo vendían en sábado a los judíos de Jerusalén. 17Entonces reprendí a los jefes de Judá, diciéndoles:

—¿Qué maldad están cometiendo, al profanar el sábado? 18Esto es precisamente lo que hicieron sus antepasados, y por eso nuestro Dios trajo tantas desgracias sobre nosotros y sobre esta ciudad. ¿Acaso quieren irritar más aún a Dios contra Israel por profanar el sábado? 19Entonces ordené que tan pronto como las sombras de la tarde anunciaran el comienzo del sábado, se cerraran las puertas de Jerusalén y no fueran abiertas hasta pasado el día. Puse además en las puertas a algunos de mis sirvientes para que en sábado no entrara ningún cargamento. 20Los negociantes y vendedores de mercancías se quedaron varias veces a pasar la noche fuera de Jerusalén, 21pero yo discutí con ellos y los reprendí por quedarse a pasar la noche delante de la muralla, y les dije que si volvían a hacerlo los haría arrestar. Desde entonces no volvieron a presentarse en sábado. 22Después ordené a los levitas que se purificaran y que fueran a vigilar las puertas, para que el sábado no fuera profanado. ¡Dios mío: acuérdate de mí también por esto, y ten compasión de mí conforme a tu bondad!

23Vi también en aquellos días que algunos judíos se habían casado con mujeres de Asdod, Amón y Moab; 24y la mitad de sus hijos hablaban la lengua de Asdod y de otras naciones, pero no sabían hablar la lengua de los judíos. 25Discutí con ellos y los maldije. A algunos de ellos los golpeé y les arranqué el pelo, y los obligué a jurar por Dios que no permitirían más que sus hijas e hijos se casaran con extranjeros, ni aceptarían como esposas para sus hijos o para ellos mismos a las mujeres de ellos.ª Les dije además: 26"¡Este fue el pecado de Salomón, rey de Israel! Y a pesar de que entre las muchas naciones no hubo un rey como él, y de que Dios lo amóᵇ y lo puso como rey de todo Israel, las mujeres extranjeras lo hicieron pecar. 27Por lo tanto, no se tolerará que ustedes pequen tan gravemente contra nuestro Dios, casándose con mujeres extranjeras."

28A uno de los hijos de Joiadá, el hijo del sumo sacerdote Eliasib, que era además yerno de Sambalat el horonita, lo hice huir de mi presencia. 29¡Dios mío: acuérdate de los que han manchado el sacerdocio y la alianza sacerdotal y levítica!

30Así que los limpié de todo lo que era extranjero y organicé los turnos de sacerdotes y levitas, cada cual en su obligación; 31la provisión de leña en las fechas señaladas y la entrega de los primeros frutos. ¡Dios mío: acuérdate de favorecerme!

ª **13.23–25** Ex 34.11–16; Dt 7.1–5. ᵇ **13.26** 2 S 12.24–25.

ESTER

La acción del libro de *Ester* (= Est) se sitúa en Susa, una de las capitales del imperio persa, en tiempos del rey Asuero (Jerjes I). Se relata cómo el primer ministro del rey, el amalecita Amán, que era enemigo de los judíos, quiso exterminarlos en todo el imperio. Se describe también cómo el judío Mardoqueo, quien ya antes había salvado la vida al rey, obtuvo, con la ayuda de Ester, que había llegado a ser esposa del rey, la liberación para su pueblo. Como resultado de toda la trama, Amán recibió el castigo de su maldad. Al final del libro se cuenta cómo los judíos establecieron la fiesta de Purim, en recuerdo de esta liberación.

Para el tema general del libro, parece que se ha tomado como base la liberación del pueblo de Israel de la esclavitud de Egipto y el establecimiento de la fiesta de Pascua, cuando Dios realizó un vuelco total de las situaciones. Este tema aparece aquí traspuesto a una situación posterior, el judaísmo en la diáspora del imperio persa (entre los años 538 y 332 a.C.), y los intermediarios son Mardoqueo y Ester. La fiesta es la de Purim, de carácter más bien profano.

Quizás deba leerse este libro como una parábola que, sin mencionar directamente a Dios, presenta su actuación salvadora en favor del pueblo judío realizada por personajes humanos: Mardoqueo, Ester, el rey Asuero, en circunstancias que se dieron más de una vez en la historia de Israel.

El libro pudo haber sido compuesto en alguna de las regiones de la diáspora, fuera de Palestina, al final de la época persa o inicios de la época griega.

Las partes principales de que se compone el relato son las siguientes:

1. Preámbulos (1—2)
2. El peligro para los judíos (3—5)
3. La liberación (6.1—9.19)
4. La fiesta de Purim (9.20—10.3)

Banquete del rey Asuero

1 [1] Esta historia tuvo lugar en el tiempo en que Asuero[a] reinaba sobre un imperio de ciento veintisiete provincias, que se extendía desde la India hasta Etiopía, [2] y que tenía establecido su gobierno central en la ciudadela de Susa.

[3] En el tercer año de su reinado, el rey Asuero dio una fiesta en honor de todos los funcionarios y colaboradores del gobierno, de los jefes del ejército persa y medo, y de los gobernadores y jefes de las provincias, [4] con el fin de mostrarles la riqueza y grandeza de su reino y el extraordinario esplendor de su poderío. La fiesta duró medio año, [5] al cabo del cual el rey dio otra fiesta que duró siete días, en el patio del jardín del palacio real. Todos los que vivían en la ciudadela de Susa, tanto los más importantes como los menos importantes, fueron invitados. [6] El patio estaba adornado con finas cortinas blancas y azules, sostenidas por cordones de lino color púrpura que pasaban por anillos de plata, y estaban sujetas a unas columnas de mármol. También habían puesto divanes de oro y plata, y el suelo estaba embaldosado con piedras finas, nácar y mármol blanco y negro. [7] Las bebidas se servían en copas de oro, cada una de ellas de diferente forma, y el vino corría

---

[a] **1.1** *Asuero:* Este nombre se aplica en los textos hebreos (cf. también Esd 4.6) al rey persa conocido en la historia con el nombre de Jerjes I (486–465 a.C.).

en abundancia, como corresponde a la generosidad de un rey. **8**Sin embargo, el rey había dado orden a los jefes de los camareros de palacio, de que no se obligara a nadie a beber, sino que cada invitado tomara lo que quisiera. **9**Por su parte, la reina Vasti dio también un banquete a las esposas de los invitados en el palacio del rey Asuero.

10En el séptimo día de fiesta, el rey estaba muy alegre debido al vino, y mandó a Mehumán, Biztá, Harboná, Bigtá, Abagtá, Zetar y Carcás, siete hombres de su confianza, **11**que llevaran a su presencia a la reina Vasti luciendo la corona real, para que el pueblo y los grandes personajes pudieran admirar la belleza de la reina, pues realmente era muy hermosa. **12**Pero la reina se negó a cumplir la orden que el rey le había dado por medio de sus hombres de confianza. Entonces el rey se enojó mucho. Lleno de ira, **13**consultó a los entendidos en cuestiones de leyes, ya que era costumbre que los asuntos del rey fueran tratados con los que conocían las leyes y el derecho. **14**De ellos, los más allegados al rey eran Carsená, Setar, Admata, Tarsis, Meres, Marsená y Memucán, siete altas personalidades de Persia y Media, que formaban parte del consejo real y ocupaban altos cargos en el gobierno de la nación. **15**El rey les preguntó:

—De acuerdo con la ley, ¿qué debe hacerse con la reina Vasti por no obedecer la orden que le di por medio de mis mensajeros?

16Y en presencia de los que formaban parte del consejo real, Memucán respondió al rey:

—La reina Vasti no solamente ha ofendido a Su Majestad, sino también a todas las autoridades y a toda la población de las provincias del rey Asuero. **17**Lo que ha hecho la reina lo van a saber todas las mujeres, y eso va a ser la causa de que ellas pierdan el respeto a sus maridos, pues dirán: 'El rey Asuero mandó llamar a la reina Vasti, y ella se negó a ir'. **18**Las esposas de los funcionarios de Persia y de Media, al saber lo que ha hecho la reina, lo van a discutir hoy mismo con sus maridos, y eso traerá desprecio y disgustos. **19**Por lo tanto, si a Su Majestad le parece bien, que se dé a conocer el siguiente decreto real, y que quede registrado entre las leyes de los persas y los medos, para que no sea anulado:*b* 'La reina Vasti no podrá

presentarse nunca más delante del rey.' Y que el título de reina le sea dado a otra mujer más digna. **20**El decreto real deberá darse a conocer por todo el reino, y así todas las mujeres respetarán a sus maridos, cualquiera que sea su posición social.

21La idea de Memucán les pareció bien al rey y a los miembros del consejo real, y el rey la puso en práctica. **22**Envió cartas a todas las provincias de su reino, escritas en la lengua y la escritura propias de cada provincia y pueblo de su imperio, ordenando en ellas que los maridos mantuvieran su autoridad en sus casas y hablaran como mejor les pareciera.*c*

Ester es elegida reina

2 **1**Después de algún tiempo, el rey Asuero, con el ánimo ya calmado, se acordó de Vasti, de lo que ella había hecho y del decreto promulgado contra ella. **2**Entonces los funcionarios de su gobierno le dijeron:

—Es necesario que se busquen para el rey jóvenes vírgenes y bellas. **3**Que nombre el rey delegados en todas las provincias de su reino, con el encargo de traerlas todas al palacio de las mujeres que el rey tiene en la ciudadela de Susa, y que sean puestas al cuidado de Hegai, hombre de confianza del rey y guardián de las mujeres. Que Hegai, a su vez, las someta a un tratamiento de belleza, **4**y que la joven que más le guste al rey sea nombrada reina y ocupe el lugar de Vasti.

La idea le agradó al rey, y así se hizo.

5En la ciudadela de Susa vivía un judío llamado Mardoqueo, hijo de Jaír, y descendiente de Simí y de Quis, de la tribu de Benjamín. **6**Era uno de los muchos que el rey Nabucodonosor de Babilonia había desterrado de Jerusalén junto con Jeconías, rey de Judá.*a* **7**Mardoqueo tenía una prima, huérfana de padre y madre, que él había adoptado como hija cuando sus padres murieron. Se llamaba Hadasá, o Ester,*b* y era muy bella y de hermoso porte. **8**Cuando el edicto del rey se publicó y muchas jóvenes fueron reunidas en el palacio real de la ciudadela de Susa y puestas bajo el cuidado de Hegai, el guardián de las mujeres, entre ellas estaba Ester. **9**La joven agradó mucho a Hegai y se ganó su estimación, así que Hegai la sometió en seguida a un tratamiento de belleza y le dio los

---

b **1.19** Est 8.8; Dn 6.8. *c* **1.22** *Y hablaran como mejor les pareciera:* texto probable. Heb. *y que hablaran la lengua de su pueblo.* *a* **2.5–6** 2 R 24.10–16; 2 Cr 36.10. *b* **2.7** Probablemente, *Hadasá* era el nombre hebreo y *Ester* el nombre persa.

mejores alimentos; puso a su servicio siete de las mejores criadas que había en el palacio real, y con ellas la trasladó a las mejores habitaciones del palacio de las mujeres.

10 Ester no dijo nada sobre su raza ni su familia, pues Mardoqueo le había ordenado que no lo hiciera. 11 Y Mardoqueo se paseaba todos los días frente al patio del palacio de las mujeres, para saber si Ester estaba bien, y cómo la trataban.

12 Todas aquellas jóvenes eran sometidas a un tratamiento de belleza durante doce meses. Los primeros seis meses se untaban el cuerpo con aceite de mirra, y los seis meses restantes con perfumes y cremas de los que usan las mujeres. Terminado el tratamiento, cada una de las jóvenes se presentaba por turno ante el rey Asuero, 13 y se le permitía llevar del palacio de las mujeres al palacio real todo lo que pidiera. 14 Iba al palacio real por la noche, y a la mañana siguiente pasaba a otra sección del palacio de las mujeres, que estaba al cuidado de Saasgaz, hombre de confianza del rey y guardián de las concubinas; después de eso no volvía a presentarse ante el rey, a menos que a este le hubiera agradado y la mandara llamar.

15 Cuando a Ester, hija de Abihail, tío de Mardoqueo, le tocó presentarse ante el rey, solo llevó lo que le había indicado Hegai, hombre de confianza del rey y guardián de las mujeres. Para entonces, Ester se había ganado ya la simpatía de todos los que la trataban. 16 Ester fue llevada al palacio real para presentarse ante el rey Asuero, en el mes décimo, también llamado Tébet,ᶜ del séptimo año de su reinado. 17 Y Asuero se enamoró de Ester como nunca se había enamorado de ninguna otra mujer, y de tal manera se ganó ella el cariño de Asuero, que este la favoreció más que a todas las otras jóvenes que habían estado con él, y le puso la corona real en la cabeza y la nombró reina en lugar de Vasti. 18 Luego dio un gran banquete en honor de Ester, al que invitó a todos los funcionarios y colaboradores de su reino, rebajó impuestos a las provincias y repartió muchos regalos, como corresponde a la generosidad de un rey.

Mardoqueo descubre un complot contra el rey

19 Por los días en que las jóvenes eran llevadas a la otra sección del palacio de las mujeres, Mardoqueo estaba sentado a la puerta del palacio real. 20 Tal como le había aconsejado Mardoqueo, Ester no había dicho nada acerca de su pueblo ni de su familia, sino que seguía cumpliendo las instrucciones que Mardoqueo le había dado, como cuando estaba bajo su protección. 21 Mientras Mardoqueo estaba sentado a la puerta del palacio real, oyó hablar a Bigtán y Teres, dos oficiales de la guardia real que vigilaban la entrada del palacio. Estos, muy enojados, hacían planes para asesinar al rey Asuero. 22 Cuando Mardoqueo supo de este complot, se lo contó a la reina Ester, quien a su vez lo comunicó al rey de parte de Mardoqueo. 23 El asunto fue investigado y, al descubrirse que era cierto, los dos oficiales fueron condenados a la horca. De este hecho se dejó constancia, en presencia del rey, en el libro en que se escribía la historia de la nación.

Mardoqueo y Amán

3 1 Algún tiempo después, el rey Asuero elevó a Amán, hijo de Hamedata, descendiente de Agag, al cargo de jefe de gobierno de la nación. 2 Todos los que servían al rey en su palacio, se ponían de rodillas e inclinaban la cabeza cuando Amán pasaba o cuando estaban delante de él, porque así lo había mandado el rey; pero Mardoqueo no quiso obedecer esta orden.

3 Entonces los funcionarios del rey preguntaron a Mardoqueo por qué no cumplía la orden dada por el rey. 4 Y todos los días le preguntaban lo mismo, pero él no les hacía caso. Entonces fueron a contárselo a Amán, para ver si Mardoqueo sostendría sus palabras, pues ya les había dicho que era judío. 5 Y cuando Amán comprobó que Mardoqueo no se arrodillaba ni inclinaba la cabeza cuando él pasaba, se llenó de indignación; 6 pero como ya le habían dicho de qué raza era Mardoqueo, le pareció que no bastaría con castigarlo solo a él, y empezó a pensar en cómo acabar con todos los judíos que vivían en el reino de Asuero.

Decreto para destruir a los judíos

7 El primer mes del año, o sea el mes de Nisán,ᵃ en el año decimosegundo del reinado de Asuero, se echaron suertes en presencia de Amán para fijar el día y el mes en que convenía

---

ᶜ **2.16** *Tebet:* corresponde a diciembre–enero. ᵃ **3.7** *Nisán:* corresponde a marzo–abril.

llevar a cabo su plan, y salió el día trece del mes doce, o sea el mes de Adar. 8 Entonces dijo Amán al rey Asuero:

—Entre todos los pueblos que componen las provincias del reino de Su Majestad, hay uno que vive separado de los demás; tiene leyes distintas de las de otros pueblos, y no cumple las órdenes de Su Majestad. No conviene a Su Majestad que este pueblo siga viviendo en su reino. 9 Por lo tanto, si a Su Majestad le parece bien, publíquese un decreto que ordene su exterminio, y yo por mi parte entregaré a los funcionarios de hacienda trescientos treinta mil kilos de plata para el tesoro real.

10 Entonces el rey se quitó su anillo y se lo dio a Amán, enemigo de los judíos, 11 diciéndole:

—Puedes quedarte con la plata. En cuanto a ese pueblo, haz con él lo que mejor te parezca.

12 El día trece del primer mes del año*b* fueron llamados los secretarios del rey, los cuales escribieron las órdenes de Amán a los gobernadores regionales y provinciales y a las autoridades de cada nación. Estas órdenes fueron escritas en la escritura y la lengua propias de cada provincia y pueblo, y firmadas en nombre del rey Asuero y selladas con el sello real, 13 y enviadas luego por medio de correos a todas las provincias del reino. En ellas se ordenaba destruir por completo, y en un solo día, a todos los judíos, fueran jóvenes o viejos, niños o mujeres, y apoderarse de todos sus bienes. El día señalado era el trece del mes doce, o sea el mes de Adar.*c* 14 La copia de este decreto fue publicada como ley y dada a conocer en todas las provincias y pueblos, a fin de que estuvieran preparados para ese día. 15 Los correos partieron inmediatamente por orden del rey, y el decreto fue publicado en la ciudadela de Susa. Y mientras el rey y Amán se sentaban a brindar, en Susa reinaba la confusión.

Tristeza de los judíos por el edicto

4 1 Cuando Mardoqueo supo todo lo que había pasado, se rasgó la ropa en señal de dolor, se vistió con ropas ásperas, se echó ceniza sobre la cabeza y empezó a recorrer la ciudad dando gritos llenos de amargura. 2 Así llegó hasta la entrada del palacio real, pues no se permitía que entrara nadie vestido de tal manera. 3 También en cada provincia adonde llegaban la orden y el edicto del rey, hubo gran aflicción entre los judíos, los cuales manifestaban su tristeza con ayunos, lágrimas y lamentos, y muchos de ellos se acostaron sobre ceniza y se vistieron con ropas ásperas.

La intervención de Ester

4 Las criadas que estaban al servicio de la reina Ester y los hombres que formaban su guardia personal, comunicaron a esta lo que estaba sucediendo. Entonces la reina se llenó de angustia y envió ropa a Mardoqueo para que se cambiara la ropa áspera que tenía puesta, pero él no quiso aceptarla. 5 Ester llamó entonces a Hatac, que era oficial de la guardia real, y le ordenó que fuera a ver a Mardoqueo y le preguntara qué estaba sucediendo y por qué hacía todo aquello. 6 Hatac fue a hablar con Mardoqueo, que estaba en la plaza de la ciudad, frente a la puerta del palacio real, 7 y Mardoqueo lo puso al corriente de lo que pasaba y de la cantidad de plata que Amán había prometido entregar al tesoro real a cambio de que los judíos fueran exterminados. 8 También le entregó una copia del decreto de exterminación publicado en Susa, para que se la diera a Ester y así pudiera ella estar informada de todo. También le recomendaba a Ester que hablara personalmente con el rey y le suplicara que interviniera en favor de su pueblo.

9 Hatac regresó y le contó a Ester lo que Mardoqueo le había dicho. 10 Entonces Ester envió nuevamente a Hatac con la siguiente respuesta para Mardoqueo: 11 "Todos los que sirven al rey, y los habitantes de las provincias bajo su gobierno, saben que hay una ley que condena a muerte a todo hombre o mujer que entre en el patio interior del palacio para ver al rey sin que él lo haya llamado, a no ser que el rey tienda su cetro de oro hacia esa persona en señal de clemencia, y le perdone así la vida. Por lo que a mí toca, hace ya treinta días que no he sido llamada por el rey."

12 Cuando Mardoqueo recibió la respuesta de Ester, 13 le envió a su vez este mensaje: "No creas que tú, por estar en el palacio real, vas a ser la única judía que salve la vida. 14 Si ahora callas y no dices nada, la liberación de los judíos

---

b 3.12 *El día trece del primer mes del año:* era la víspera de la celebración de la Pascua (cf. Ex 12.2,6).
c 3.13 *Adar:* corresponde a febrero—marzo.

vendrá de otra parte, pero tú y la familia de tu padre morirán. ¡A lo mejor tú has llegado a ser reina precisamente para ayudarnos en esta situación!"

15 Entonces Ester envió esta respuesta a Mardoqueo: 16 "Ve y reúne a todos los judíos de Susa, para que ayunen por mí. Que no coman ni beban nada durante tres días y tres noches. Mis criadas y yo haremos también lo mismo, y después iré a ver al rey, aunque eso vaya contra la ley. Y si me matan, que me maten."

17 Entonces Mardoqueo se fue y cumplió todas las indicaciones de Ester.

Ester se presenta al rey

5 1 Tres días después, Ester se puso las vestiduras reales y entró en el patio interior de palacio, deteniéndose ante la sala en que el rey estaba sentado en su trono, el cual quedaba frente a la puerta. 2 En cuanto el rey vio a la reina Ester en el patio, se mostró cariñoso con ella y extendió hacia ella el cetro de oro que llevaba en la mano. Ester se acercó y tocó el extremo del cetro, 3 y el rey le preguntó:

—¿Qué te pasa, reina Ester? ¿Qué deseas? ¡Aun si me pides la mitad de mi reino, te la concederé!

Y Ester respondió:

4 —Si le parece bien a Su Majestad, le ruego que asista hoy al banquete que he preparado en su honor, y que traiga también a Amán.

Entonces el rey ordenó:

5 —Busquen en seguida a Amán, y que se cumpla el deseo de la reina Ester.

Así el rey y Amán fueron al banquete que la reina había preparado. 6 Durante el banquete, el rey dijo a Ester:

—¡Pídeme lo que quieras, y te lo concederé, aun si me pides la mitad de mi reino!

7 Y Ester contestó:

—Solo deseo y pido esto: 8 que si Su Majestad me tiene cariño y accede a satisfacer mi deseo y a concederme lo que pido, asista mañana, acompañado de Amán, a otro banquete que he preparado en su honor. Entonces haré lo que Su Majestad me pide.

Amán prepara la horca para Mardoqueo

9 Amán salió del banquete muy contento y satisfecho; pero se llenó de ira al ver que Mardoqueo, que estaba a la puerta del palacio, no

se levantaba y ni siquiera se movía al verlo pasar. 10 Sin embargo, en ese momento no demostró el odio que sentía; pero cuando llegó a su casa mandó llamar a sus amigos y a Zeres, su mujer, 11 y habló con ellos de sus grandes riquezas, de los muchos hijos que tenía, y de cómo el rey lo había distinguido entre sus funcionarios y colaboradores, dándole un puesto superior al de todos ellos. 12 Y añadió:

—Además, yo soy el único a quien la reina Ester ha invitado al banquete que hoy ofreció al rey; y me ha invitado de nuevo al banquete que le ofrecerá mañana. 13 Sin embargo, mientras yo vea a ese judío Mardoqueo sentado a la puerta del palacio real, todo esto no significará nada para mí.

14 Entonces su mujer y todos sus amigos le dijeron:

—Manda construir una horca, de unos veintidós metros de altura, y mañana por la mañana pídele al rey que cuelguen en ella a Mardoqueo. Así podrás ir al banquete con el rey sin ninguna preocupación.

Esta idea le agradó a Amán, y mandó preparar la horca.

Triunfo de Mardoqueo

6 1 Aquella misma noche, el rey no podía dormir, por lo que mandó que le trajeran el libro en que estaban escritos todos los sucesos importantes de la nación, para que se lo leyeran. 2 En él encontraron el relato de cómo Mardoqueo había descubierto el complot preparado por Bigtán y Teres, oficiales de la guardia real, para asesinar al rey Asuero.[a] 3 Entonces el rey preguntó:

—¿Qué recompensa y honor ha recibido Mardoqueo por esta acción?

—Nada absolutamente —respondieron sus funcionarios.

4 En aquel momento entró Amán en el patio al cual daban las habitaciones particulares del rey, para pedirle que Mardoqueo fuera colgado en la horca que había mandado preparar.

—¿Quién anda en el patio? —preguntó el rey.

5 —Es Amán —contestaron los funcionarios.

—¡Háganlo pasar! —ordenó.

6 Amán entró, y el rey le preguntó:

---

[a] 6.2 Est 2.21–22.

—¿Qué debe hacerse al hombre a quien el rey quiere honrar?

Amán se dijo a sí mismo: "¿Y a quién va a querer honrar el rey sino a mí?" 7 Así que respondió:

—Para ese hombre 8 deberá traerse la misma túnica que usa Su Majestad, y un caballo de los que[b] Su Majestad monta, que lleve en su cabeza una corona real.[c] 9 La túnica y el caballo se entregarán a uno de los más grandes personajes del gobierno, para que sea él quien vista al hombre a quien Su Majestad desea honrar, y lo conduzca a caballo por la plaza de la ciudad, gritando delante de él: '¡Así se trata al hombre a quien el rey quiere honrar!'

10 Entonces el rey dijo a Amán:

—Pues date prisa, toma la túnica y el caballo, tal como has dicho, y haz eso mismo con el judío Mardoqueo, que está sentado a la puerta del palacio. No dejes de cumplir ningún detalle de los que has dicho.

11 Amán tomó la túnica y el caballo, y vistió a Mardoqueo y lo condujo a caballo por la plaza de la ciudad, gritando delante de él: "¡Así se trata al hombre a quien el rey quiere honrar!"

12 Una vez terminado el paseo, Mardoqueo volvió a la puerta del palacio, y Amán se fue a toda prisa a su casa, triste y con la cara tapada. 13 Allí les contó a su mujer y a sus amigos todo lo que había pasado, y ellos le dijeron:

—Si ese Mardoqueo, ante el cual has comenzado a perder autoridad, es judío, no podrás vencerlo, sino que fracasarás por completo.

14 Todavía no habían terminado de hablar, cuando llegaron los criados que estaban al servicio personal del rey, para llevar inmediatamente a Amán al banquete que Ester había preparado.

Amán es condenado a muerte

7 1 El rey y Amán fueron al banquete, 2 y también en este segundo día dijo el rey a Ester durante el banquete:

—¡Pídeme lo que quieras, y te lo concederé, aun si me pides la mitad de mi reino!

3 Y Ester le respondió:

—Si Su Majestad me tiene cariño, y si le parece bien, lo único que deseo y pido es que Su Majestad me perdone la vida y la de mi pueblo; 4 pues tanto a mi pueblo como a mí se nos ha vendido para ser destruidos por completo. Si hubiéramos sido vendidos como esclavos, yo no diría nada, porque el enemigo[a] no causaría entonces tanto daño a los intereses de Su Majestad.

5 Entonces Asuero preguntó:

—¿Quién es y dónde está el que ha pensado hacer semejante cosa?

6 —¡El enemigo y adversario es este malvado Amán! —respondió Ester.

Al oír esto, Amán se quedó paralizado de miedo ante el rey y la reina. 7 Asuero se levantó lleno de ira y, abandonando la sala donde estaban celebrando el banquete, salió al jardín del palacio. Pero Amán, al darse cuenta de que el rey había decidido condenarlo a muerte, se quedó en la sala para rogar a la reina Ester que le salvara la vida. 8-9 Cuando el rey volvió del jardín y entró en la sala del banquete, vio a Amán de rodillas junto al diván en que estaba recostada Ester, y exclamó:

—¿Acaso quieres también deshonrar a la reina en mi presencia y en mi propia casa?

Tan pronto como el rey hubo pronunciado estas palabras, unos oficiales de su guardia personal cubrieron la cara de Amán. Y uno de ellos, llamado Harboná, dijo:

—En casa de Amán está lista una horca, como de veintidós metros, que él mandó construir para Mardoqueo, el hombre que tan buen informe dio a Su Majestad.

—¡Pues cuélguenlo en ella! —ordenó el rey.

10 Y así Amán fue colgado en la misma horca que había preparado para Mardoqueo. Con eso se calmó la ira del rey.

Decreto en favor de los judíos

8 1 Aquel mismo día, el rey Asuero regaló a la reina Ester la casa de Amán, enemigo de los judíos, y Mardoqueo se presentó ante el rey, pues ya Ester le había dicho que Mardoqueo era su primo. 2 Entonces el rey se quitó el anillo que había recobrado de Amán, y se lo dio a Mardoqueo. Ester, por su parte, lo nombró administrador de todos los bienes que habían sido de Amán. 3 Luego Ester

---

[b] **6.8** *Un caballo de los que:* otra posible traducción: *El caballo que.* [c] **6.8** También puede traducirse toda la frase: *y un caballo como el que* (o bien: *el caballo que*) *Su Majestad montó, cuando le pusieron en la cabeza la corona real.*
[a] **7.4** *El enemigo:* otra posible traducción: *Nuestra aflicción.*

habló nuevamente con el rey y, echándose a sus pies y con lágrimas en los ojos, le suplicó que anulara la malvada orden de Amán y que no se llevaran a cabo sus planes contra los judíos. 4El rey tendió hacia Ester su cetro de oro. Ella se levantó, y de pie ante él 5dijo:

—Si a Su Majestad le parece bien y cree que mi petición es justa, y si realmente Su Majestad me quiere y siente cariño por mí, que se escriba una orden que anule las cartas que Amán envió con la orden de exterminar a los judíos de todas las provincias del reino. 6Pues ¿cómo podré soportar la desgracia que está por caer sobre mi pueblo, y la exterminación de mi propia familia?

7El rey Asuero contestó entonces a la reina Ester y a Mardoqueo, el judío:

—Yo le he dado ya a Ester la casa de Amán, y a este lo han colgado en la horca por haber atentado contra la vida de los judíos. 8Ahora los autorizo a escribir, en mi nombre, lo que mejor les parezca en favor de los judíos. ¡Y sellen las cartas con el sello real!

(Una carta firmada en nombre del rey, y sellada con su sello, no se puede anular.)

9Los secretarios del rey fueron llamados inmediatamente. Era el día veintitrés del mes tercero, o sea el de Siván,[a] y todo lo que ordenó Mardoqueo fue escrito a los judíos, a los gobernadores regionales y provinciales y a las demás autoridades de las ciento veintisiete provincias que se extendían desde la India hasta Etiopía, en la lengua y escritura propias de cada provincia. También a los judíos se les escribió en su lengua y escritura. 10Las cartas fueron firmadas en nombre del rey Asuero y, después de sellarlas con el sello real, fueron enviadas por medio de correos que montaban veloces caballos de las caballerizas del rey. 11En ellas el rey autorizaba a los judíos, en cualquier ciudad donde vivieran, a reunirse para defender sus vidas, y a matar, destruir, exterminar y apoderarse de los bienes de la gente armada de cualquier pueblo o provincia que les atacara, sin respetar a las mujeres ni a los niños. 12Todo esto debería hacerse en un mismo día en todas las provincias del rey Asuero; el día señalado era el trece del mes doce, o sea el mes de Adar.[b] 13Una copia de la orden debía ser publicada como ley y dada a conocer en todas las poblaciones y provincias,

para que los judíos estuvieran preparados aquel día para vengarse de sus enemigos. 14Por orden del rey, los correos partieron a toda prisa y en caballos de sus caballerizas, y el edicto fue publicado también en la ciudadela de Susa.

15Mardoqueo salió del palacio vestido con una túnica real de color azul y blanco, una gran corona de oro y un manto de lino y púrpura. Toda la ciudad de Susa dio gritos de alegría, 16y para los judíos todo fue luz, gozo, alegría y honra. 17En todas las provincias, ciudades y lugares adonde llegaba el decreto real, los judíos se llenaron de gozo y alegría, y celebraron banquetes y fiestas. Además, entre la gente del país hubo muchos que se hicieron judíos, porque el miedo a los judíos se había apoderado de ellos.

Triunfo de los judíos

9 1El día trece del mes doce, llamado Adar,[a] era la fecha señalada para el cumplimiento de la orden del rey, y también el día en que los enemigos de los judíos esperaban dominarlos; pero sucedió todo lo contrario, pues los judíos los dominaron a ellos. 2En todas las provincias del rey Asuero, los judíos se reunieron en las ciudades donde vivían, para atacar a los que habían querido su desgracia. No hubo nadie que se enfrentara con ellos, porque el terror se había apoderado de todos los pueblos. 3Todas las autoridades de las provincias, los gobernadores regionales y provinciales, y los que ocupaban altos cargos en el gobierno, apoyaban a los judíos por miedo a Mardoqueo, 4pues él era ya un gran personaje en el palacio real y su fama se había extendido por todas las provincias, y cada día tenía más poder. 5A filo de espada acabaron los judíos con todos sus enemigos; los exterminaron por completo e hicieron con ellos lo que quisieron. 6Tan solo en la ciudadela de Susa mataron a quinientos hombres; 7mataron también a Parsandata, Dalfón, Aspata, 8Porata, Adalías, Aridata, 9Parmasta, Arisai, Aridai y Vaizata, 10que eran los diez hijos de Amán, el enemigo de los judíos; pero no tocaron sus bienes.

11Aquel mismo día, al enterarse el rey del número de muertos que había habido en la ciudadela de Susa, 12le dijo a la reina Ester:

---

[a] **8.9** *Siván:* corresponde a mayo–junio. [b] **8.12** *Adar:* corresponde a febrero–marzo. [a] **9.1** *Adar:* corresponde a febrero–marzo.

—Los judíos han matado a quinientos hombres y a los diez hijos de Amán en la ciudadela de Susa. ¿Qué más habrán hecho en las otras provincias del reino? ¡Dime qué más deseas, y te lo concederé!

13 Y Ester respondió:

—Si a Su Majestad le parece bien, que se permita a los judíos de Susa hacer mañana lo mismo que han hecho conforme al decreto, y que se cuelguen en la horca los cuerpos de los diez hijos de Amán.

14 El rey ordenó que se hiciera así. El decreto se publicó en Susa, y los cadáveres de los diez hijos de Amán fueron colgados.

15 Los judíos que vivían en Susa se volvieron a reunir el día catorce del mes de Adar, y mataron allí a trescientos hombres más; pero no tocaron sus bienes. 16-17 Los judíos que vivían en las otras provincias se reunieron, el día trece del mismo mes, para defender sus vidas y deshacerse de sus enemigos; mataron a setenta y cinco mil de ellos, pero no tocaron sus bienes. El día catorce descansaron y lo celebraron con banquetes y alegría.

18 Como los judíos de Susa se habían concentrado los días trece y catorce, descansaron el día quince, celebrándolo también con banquetes y alegría. 19 Pero los judíos que viven en pueblos y aldeas que no tienen murallas, celebran el día catorce del mes de Adar con alegría y fiestas, y unos a otros se hacen regalos.

La fiesta de Purim

20 Mardoqueo puso por escrito estos acontecimientos, y envió cartas a todos los judíos que habitaban en las provincias del reino de Asuero, tanto cercanas como lejanas, 21 ordenándoles que cada año celebraran los días catorce y quince del mes de Adar 22 como los días en que los judíos se deshicieron de sus enemigos, y como el mes en que la tristeza y los gritos de dolor se cambiaron para ellos en alegría y fiesta. Estos días deberían celebrarse con banquetes y alegría, haciéndose regalos unos a otros y dando limosnas a los pobres. 23 Los judíos convirtieron en costumbre este acontecimiento y lo que Mardoqueo les había escrito. 24 Pues Amán, el enemigo de todos los judíos,

había pensado exterminarlos echando suertes para matarlos y destruirlos; 25 pero cuando Ester se presentó al rey, este ordenó por escrito que todo el mal que Amán había pensado hacer a los judíos cayera sobre él. Así Amán y sus hijos fueron colgados en la horca. 26 Por esta razón, estos días fueron llamados purim, que es el plural de pur. b

Así pues, conforme a la carta de Mardoqueo y a lo que habían visto y les había tocado vivir, 27 los judíos establecieron esta costumbre para ellos y sus descendientes, y para todos los que se convirtieran al judaísmo: celebrar todos los años, sin falta, estos dos días en la fecha señalada, conforme a las instrucciones que se habían dado; 28 y que estos días fueran recordados y celebrados de generación en generación, en cada clan, provincia y ciudad, para que jamás se perdiera su recuerdo entre los judíos y sus descendientes. 29 La reina Ester, hija de Abihail, y Mardoqueo el judío, escribieron con plena autoridad una segunda carta referente a la fiesta de Purim, para confirmar la primera, 30 y la enviaron a todos los judíos de las ciento veintisiete provincias del reino de Asuero, con palabras amistosas y sinceras, 31 ordenando que se celebrara la fiesta de Purim en la fecha señalada, tal como lo habían ordenado Mardoqueo y la reina Ester para ellos y sus descendientes. Al mismo tiempo se añadieron ciertas reglas referentes a ayunos y lamentaciones, 32 y la orden de Ester confirmó las reglas que deberían seguirse para la celebración del Purim. Todo esto se puso por escrito en un libro.

Elogio de Mardoqueo y conclusión

10

1 El rey Asuero impuso un tributo tanto a los países en tierra firme como a los de las islas. 2 Todo lo que hizo con autoridad y poder, así como el relato exacto del alto cargo que dio a Mardoqueo, está escrito en el libro donde se anotaban todos los sucesos del reino de Media y de Persia. 3 El judío Mardoqueo ocupaba el primer lugar después del rey; fue un gran personaje entre los judíos, amado por todos sus compatriotas, porque buscó el bien de su pueblo y luchó por el bienestar de su raza.

---

b 9.26 La palabra pur, derivada de la lengua acádica, significa suerte (cf 3.7) y quizás signifique también porción (cf. 9.19). La fiesta se llama generalmente fiesta de Purim (cf. 9.29,31,32).

JOB

Después de los textos narrativos, comienza con el libro de *Job* (=Job) la serie de los escritos poéticos. La narración en prosa queda reducida en este libro al prólogo (caps. 1—2) y a la conclusión (42.7–17). Lo demás es poesía, caracterizada por el ritmo y la sonoridad del lenguaje, por una extraordinaria abundancia de imágenes poéticas y por el uso del paralelismo (véase la *Introducción* a los *Salmos*).

La sección narrativa presenta a un hombre de conducta intachable, llamado Job, que vivía en la región de Us, fuera del territorio de Israel. Job gozaba de gran prosperidad, rodeado de una familia numerosa, hasta que de la manera más imprevista se vio sometido a una prueba terrible: perdió todos sus bienes, se quedó sin hijos y contrajo una horrible enfermedad. Pero en medio de tantas desgracias, no dejó de bendecir el nombre del Señor. Tres amigos de Job, al enterarse de su desgracia, llegan de diversas regiones para visitarlo.

Después de este prólogo en prosa viene la parte poética. Allí la actitud de Job cambia por completo. Da rienda suelta a su dolor y expone, en tono apasionado, su angustia y sus amargos interrogantes. Su pregunta más insistente es por qué Dios le envió una calamidad tan grande, siendo así que él había sido siempre su fiel servidor y no había hecho nada malo.

Sus amigos intervienen para defender la posición tradicional que veía el mal como castigo por el pecado. Insisten en que Job debe reconocer su pecado y someterse al castigo divino. Job, por su parte, sigue insistiendo en afirmar su inocencia. Después interviene un cuarto amigo, Elihú, que de manera elocuente defiende la doctrina tradicional y echa en cara a Job el atrevimiento de querer enfrentarse a Dios.

Finalmente interviene Dios mismo, *de en medio de la tempestad* (38.1; 40.6). Job se había quejado muchas veces del inexplicable silencio divino, y al fin obtiene que el Señor se le manifieste y le dé una respuesta. Esta respuesta presenta una larga serie de preguntas, que no dejan ninguna duda sobre la insondable grandeza del Creador y sobre la sabiduría con que él gobierna el universo. De este modo, la palabra divina produce el efecto querido por Dios: al verse confrontado con un poder y una sabiduría que superan infinitamente su capacidad de comprensión, Job se ve obligado a confesar su atrevimiento y su ignorancia. Reconoce que el hombre no tiene derecho a pedirle cuentas a Dios. El por qué del sufrimiento sigue siendo para él un misterio, pero queda satisfecho de haber visto a Dios con sus propios ojos.

Desde el punto de vista literario, el libro de *Job* es una de las obras cumbres de la poesía universal. Su vocabulario es muy rico y su estilo poético utiliza con incomparable maestría los recursos sintácticos y sonoros de la lengua hebrea.

El libro consta de las partes siguientes:

1. Prólogo (1—2)
2. Debate de Job con sus tres amigos (3—27)
3. Alabanza a la sabiduría (28)
4. Apología de Job (29—31)
5. Discursos de Elihú (32—37)
6. Discursos del Señor y respuestas de Job (38.1—42.6)
7. Epílogo (42.7–17)

Dios permite que Job caiga en la miseria

1 1 En la región de Us[a] había un hombre llamado Job, que vivía una vida recta y sin tacha, y que era un fiel servidor de Dios, cuidadoso de no hacer mal a nadie. 2 Job tenía siete hijos y tres hijas, 3 y era dueño de siete mil ovejas, tres mil camellos, quinientas yuntas de bueyes y quinientas asnas. Tenía también un gran número de esclavos. Era el hombre más rico de todo el oriente.

4 Los hijos de Job acostumbraban celebrar banquetes en casa de cada uno de ellos, por turno, y siempre invitaban a sus tres hermanas. 5 Terminados los días del banquete, Job llamaba a sus hijos y, levantándose de mañana, ofrecía holocaustos por cada uno de ellos, para purificarlos de su pecado. Esto lo hacía Job siempre, pensando que sus hijos podían haber pecado maldiciendo[b] a Dios en su interior.

6 Un día en que debían presentarse ante el Señor sus servidores celestiales,[c] se presentó también el ángel acusador[d] entre ellos. 7 El Señor le preguntó:

—¿De dónde vienes?

Y el acusador contestó:

—He andado recorriendo la tierra de un lado a otro.

8 Entonces le dijo el Señor:

—¿Te has fijado en mi siervo Job? No hay nadie en la tierra como él, que me sirva tan fielmente y viva una vida tan recta y sin tacha, cuidando de no hacer mal a nadie.

9 Pero el acusador respondió:

—Pues no de balde te sirve con tanta fidelidad. 10 Tú no dejas que nadie lo toque, ni a él ni a su familia ni a nada de lo que tiene; tú bendices todo lo que hace, y él es el hombre más rico en ganado de todo el país. 11 Pero quítale todo lo que tiene y verás cómo te maldice en tu propia cara.

12 El Señor respondió al acusador:

—Está bien. Haz lo que quieras con todas las cosas de Job, con tal de que a él mismo no le hagas ningún daño.

Entonces el acusador se retiró de la presencia del Señor.

13 Un día, mientras los hijos y las hijas de Job estaban celebrando un banquete en casa del hermano mayor, 14 un hombre llegó a casa de Job y le dio esta noticia:

—Estábamos arando el campo con los bueyes, y las asnas estaban pastando cerca; 15 de repente llegaron los sabeos,[e] y se robaron el ganado y mataron a cuchillo a los hombres. Solo yo pude escapar para venir a avisarte.

16 Aún no había terminado de hablar aquel hombre, cuando llegó otro y dijo:

—Cayó un rayo y mató a los pastores y las ovejas. Solo yo pude escapar para venir a avisarte.

17 Aún no había terminado de hablar ese hombre, cuando llegó un tercero y dijo:

—Tres grupos de caldeos[f] nos atacaron y se robaron los camellos, y mataron a cuchillo a los hombres. Solo yo pude escapar para venir a avisarte.

18 Aún no había terminado de hablar este hombre, cuando llegó uno más y dijo:

—Tus hijos y tus hijas estaban celebrando un banquete en la casa de tu hijo mayor, 19 cuando de pronto un viento del desierto vino y sacudió la casa por los cuatro costados, derrumbándola sobre tus hijos. Todos ellos murieron. Solo yo pude escapar para venir a avisarte.

20 Entonces Job se levantó, y lleno de dolor se rasgó la ropa, se rapó la cabeza y se inclinó en actitud de adoración. 21 Entonces dijo:

—Desnudo vine a este mundo, y desnudo saldré de él. El Señor me lo dio todo, y el Señor me lo quitó; ¡bendito sea el nombre del Señor!

22 Así pues, a pesar de todo, Job no pecó ni dijo nada malo contra Dios.

2 1 Cuando llegó el día en que debían presentarse ante el Señor sus servidores celestiales, se presentó también el ángel acusador entre ellos. 2 El Señor le preguntó:

---

[a] **1.1** *Us:* Región fuera del territorio de Israel, probablemente al este de Palestina y al norte de Edom (cf. Lm 4.21). [b] **1.5** *Maldiciendo:* lit. *bendiciendo.* Los copistas hicieron este cambio porque consideraban blasfemo poner el verbo *maldecir* junto al nombre de Dios. El mismo eufemismo vuelve a encontrarse en Job 1.11; 2.5,9. [c] **1.6** *Servidores celestiales:* lit. *hijos de Dios.* De este modo se designa a los miembros de la corte divina, habitualmente llamados *ángeles.* Cf. 1 R 22.19; Job 38.7; Sal 29.1; 82.1; 89.7. [d] **1.6** *Ángel acusador:* lit. *el satán* (cf. Job 1.7–12; 2.1–7). Esta figura no tiene aún todas las características asignadas a Satanás en el NT. Aquí aparece como un ser celestial, que integra la corte del Señor y dialoga familiarmente con él, pero que trata de perjudicar a los seres humanos. [e] **1.15** *Sabeos:* tribus nómadas de Arabia, que hacían incursiones robando y matando. [f] **1.17** *Caldeos:* pueblo semita radicado al sur de Mesopotamia. Cf. Gn 11.28.

—¿De dónde vienes?

Y el acusador contestó:

—He andado recorriendo la tierra de un lado a otro.

3Entonces el Señor le dijo:

—¿Te has fijado en mi siervo Job? No hay nadie en la tierra como él, que me sirva tan fielmente y viva una vida tan recta y sin tacha, cuidando de no hacer mal a nadie. Y aunque tú me hiciste arruinarlo sin motivo alguno, él se mantiene firme en su conducta intachable.

4Pero el acusador contestó al Señor:

—Mientras no lo tocan a uno en su propio pellejo, todo va bien. El hombre está dispuesto a sacrificarlo todo por salvar su vida. **5**Pero tócalo en su propia persona y verás cómo te maldice en tu propia cara.

6El Señor respondió al acusador:

—Está bien, haz con él lo que quieras, con tal de que respetes su vida.

7El acusador se alejó de la presencia del Señor, y envió sobre Job una terrible enfermedad de la piel que lo cubrió de pies a cabeza. **8**Entonces Job fue a sentarse junto a un montón de basura, y tomó un pedazo de olla rota para rascarse. **9**Pero su mujer le dijo:

—¿Todavía te empeñas en seguir siendo bueno? ¡Maldice a Dios y muérete!

10Job respondió:

—¡Mujer, no digas tonterías! Si aceptamos los bienes que Dios nos envía, ¿por qué no vamos a aceptar también los males?

Así pues, a pesar de todo, Job no pecó ni siquiera de palabra.

Los amigos de Job van a visitarlo

11Ahora bien, Job tenía tres amigos: Elifaz, de la región de Temán, Bildad, de la región de Súah, y Sofar, de la región de Naamat.[a] Al enterarse estos de todas las desgracias que le habían sucedido a Job, decidieron ir a consolarlo y acompañarlo en su dolor. **12**A cierta distancia alcanzaron a ver a Job, y como apenas podían reconocerlo, empezaron a gritar y llorar, y llenos de dolor se rasgaron la ropa y lanzaron polvo al aire y sobre sus cabezas. **13**Luego se sentaron en el suelo con él, y durante siete días y siete noches estuvieron allí,

sin decir una sola palabra, pues veían que el dolor de Job era muy grande.

Job se queja de su desdicha

3 **1-2**Por fin Job rompió el silencio, y maldijo el día en que había nacido.

Job

3 ¡Maldita sea la noche
     en que fui concebido!
   ¡Maldito sea el día en que nací!

4 ¡Ojalá aquel día se hubiera convertido
     en noche,
   y Dios lo hubiera pasado por alto
   y no hubiera amanecido!

5 ¡Ojalá una sombra espesa
     lo hubiera oscurecido,
   o una nube negra lo hubiera envuelto,
   o un eclipse lo hubiera llenado
     de terror!

6 ¡Ojalá aquella noche
     se hubiera perdido en las tinieblas
   y aquel día no se hubiera contado
   entre los días del mes y del año!

7 ¡Ojalá hubiera sido una noche estéril,
   en que faltaran los gritos de alegría!

8 ¡Ojalá la hubieran maldecido
     los hechiceros,
   que tienen poder sobre Leviatán![a]

9 ¡Ojalá aquella mañana
     no hubieran brillado los luceros,
   ni hubiera llegado la luz tan esperada,
   ni se hubiera visto parpadear la aurora!

10 ¡Maldita sea aquella noche,
     que me dejó nacer
   y no me ahorró ver tanta miseria!

11 ¿Por qué no habré muerto
     en el vientre de mi madre,
   o en el momento mismo de nacer?

12 ¿Por qué hubo rodillas que me recibieran
   y pechos que me alimentaran?

13 Si yo hubiera muerto entonces,
   ahora estaría durmiendo tranquilo,
   descansando en paz,

14 con los reyes y ministros
   que se construyen grandes pirámides,

15 o con los gobernantes
   que llenan sus palacios de oro y plata.

---

a **2.11** *Elifaz . . . Bildad . . . Sofar:* Estos tres amigos de Job parecen ser tres jefes de regiones orientales. De estas tres regiones, solo *Temán* es bien conocida por otros textos (Jer 49.7; Ez 25.13). *a* **3.8** *Leviatán:* legendario monstruo marino, descrito a veces con los rasgos característicos del cocodrilo (Job 41.1–34). Cf. Sal 74.14; 104.26; Is 27.1.

16 ¿Por qué no me enterraron
       como a los abortos,
    como a los niños muertos antes de nacer?
17 En la tumba tiene fin la agitación
       de los malvados,
    y los cansados alcanzan su reposo;
18 allí encuentran paz los prisioneros,
    y dejan de escuchar los gritos del capataz;
19 allí están grandes y pequeños por igual,
    y el esclavo se ve libre de su amo.

20 ¿Por qué deja Dios ver la luz al que sufre?
    ¿Por qué le da vida
       al que está lleno de amargura,
21 al que espera la muerte y no le llega,
    aunque la busque más que a un tesoro
       escondido?
22 La alegría de ese hombre llega
    cuando por fin baja a la tumba.
23 Dios lo hace caminar a ciegas,
    le cierra el paso por todos lados.

24 Los gemidos son mi alimento;
    mi bebida, las quejas de dolor.
25 Todo lo que yo temía,
    lo que más miedo me causaba,
    ha caído sobre mí.
26 No tengo descanso ni sosiego;
    no encuentro paz, sino inquietud.

Primera serie de diálogos
(Caps. 4—14)

Elifaz [a]

4 1-2 Seguramente, Job, te será molesto
       que alguien se atreva a hablarte,
       pero no es posible quedarse callado.
3 Tú, que dabas lecciones a muchos
    y fortalecías al débil;
4 tú, que animabas a levantarse al que caía
    y sostenías al que estaba por caer,
5 ¿te acobardas y pierdes el valor
    ahora que te toca sufrir?
6 Tú, que eres un fiel servidor de Dios,
    un hombre de recta conducta,
    ¿cómo es que no tienes plena confianza?

7 Piensa, a ver si recuerdas un solo caso
    de un inocente que haya sido destruido.
8 La experiencia me ha enseñado
    que los que siembran crimen y maldad
    cosechan lo que antes sembraron.
9 Dios, en su furor, sopla sobre ellos
    y los destruye por completo.
10 Por más que gruñan y rujan como leones,
    Dios los hará callar
       rompiéndoles los dientes.
11 Morirán como leones que no hallaron presa,
    y sus hijos serán dispersados.

12 Calladamente me llegó un mensaje,
    tan suave que apenas escuché
       un murmullo.
13 Por la noche,
       cuando el sueño cae sobre los hombres,
    tuve una inquietante pesadilla.
14 El terror se apoderó de mí;
    todos los huesos me temblaban.
15 Un soplo me rozó la cara
    y la piel se me erizó.
16 Alguien estaba allí,
    y pude ver su silueta
    pero no el aspecto que tenía.
    Todo en silencio . . . Luego oí una voz:
17 "¿Puede el hombre ser justo ante Dios?
    ¿Puede ser puro ante su creador?
18 Ni aun sus servidores celestiales
    merecen toda su confianza.
    Si hasta en sus ángeles
       encuentra Dios defectos,
19 ¡cuánto más en el hombre, ser tan débil
    como una casa de barro construida
       sobre el polvo,
    y que puede ser aplastado como la polilla!
20 Entre la mañana y la tarde es destruido;
    muere para siempre, y a nadie le importa.
21 Su vida acaba como un hilo que se corta;
    muere sin haber alcanzado sabiduría."

5 1 Grita, Job, a ver quién te responde.
    ¿A qué ángel vas a recurrir?
    2 Entregarse a la amargura o a la pasión
    es una necedad que lleva a la muerte.

---

[a] **4.1—5.27** *Elifaz* expone la doctrina de la retribución, entonces comúnmente aceptada, que se resumía en estos dos principios: Dios recompensa en la tierra las acciones buenas y malas, y hay una proporción exacta entre lo que cada uno hace y el premio o el castigo que recibe. De ahí la conclusión: si a Job le ha tocado sufrir tanto, en algo grave habrá ofendido a Dios. El mismo Job había compartido esa creencia en otro tiempo (cf. 29.18-20; 30.26), pero su experiencia lo hizo cambiar de parecer.

3 He visto al necio empezar a prosperar,
mas su casa fue pronto destruida.

4 Sus hijos no tienen quien los ayude;
en los tribunales los tratan injustamente
y no hay quien los defienda.

5 Sus cosechas se las comen
los hambrientos
sacándolas de entre los espinos,
y los sedientos les envidian sus riquezas.

6 La maldad no brota del suelo;
la desdicha no nace de la tierra:

7 es el hombre el que causa la desdicha,
así como del fuego salen volando
las chispas.

8 En tu lugar, yo me volvería hacia Dios
y pondría mi causa en sus manos;

9 ¡él hace tantas y tan grandes maravillas,
cosas que nadie es capaz de comprender!

10 Él envía la lluvia a la tierra,
y con ella riega los campos;

11 él enaltece a los humildes
y da seguridad a los afligidos;

12 él desbarata los planes del astuto
y los hace fracasar.

13 Él atrapa al astuto en su propia astucia,
y hace que fracasen sus planes malvados:

14 ¡a plena luz del día andan ellos a tientas,
envueltos en tinieblas,
como si fuera de noche!

15 Dios salva al pobre y oprimido
del poder de los malvados;

16 él es la esperanza de los débiles,
¡él les tapa la boca a los malvados!

17 Feliz el hombre a quien Dios reprende;
no rechaces la reprensión
del Todopoderoso.

18 Si él hace una herida, también la vendará;
si con su mano da el golpe,
también da el alivio.

19 Una y otra vez te librará del peligro,
y no dejará que el mal llegue a ti.

20 En tiempo de hambre
te librará de la muerte,
y en tiempo de guerra
te salvará de la espada.

21 Te protegerá de las malas lenguas,
y no habrás de temer cuando llegue
el desastre.

22 Te reirás de hambres y calamidades,
y no tendrás miedo a los animales
salvajes.

23 Las piedras no estorbarán en tus campos,
y las fieras serán tus amigas.

24 En tu casa tendrás prosperidad,
y al revisar tu ganado
lo encontrarás completo.

25 Tendrás tanta descendencia
como hierba hay en el campo.

26 Llegarás a la vejez en pleno vigor,
como un manojo de espigas maduras.

27 La experiencia nos enseña que esto es así;
escucha esto, y compruébalo tú mismo.

Job

6 1-2 Si todas mis penas y desgracias
pudieran pesarse en una balanza,
3 pesarían más que la arena del mar.
Por eso he hablado con pasión.

4 El Todopoderoso ha clavado en mí
sus flechas,
y el veneno de ellas me corre
por el cuerpo.
Dios me ha llenado de terror
con sus ataques.

5 ¿Acaso rebuzna el asno, si tiene hierba?
¿O brama el toro, si tiene pasto?

6 ¿Quién come sin sal una cosa desabrida?
¿Qué gusto tiene una cosa sin sabor?

7 Pues lo que jamás quise comer
es ahora mi alimento.

8 ¡Ojalá Dios me conceda lo que le pido;
ojalá me cumpla lo que deseo!

9 ¡Ojalá Dios se decida por fin
a aplastarme y acabar con mi vida!

10 A pesar de la violencia del dolor,
eso sería un gran consuelo para mí,
pues siempre he respetado
las leyes del Dios santo.

11 Ya no me quedan fuerzas para resistir,
ni razón alguna para seguir viviendo.

12 No tengo la dureza de la roca,
ni la consistencia del bronce.

13 No puedo valerme por mí mismo,
ni cuento con ningún apoyo.

14 Al amigo que sufre se le ama,
aun cuando no haya sido fiel
al Todopoderoso.

15 Pero ustedes, mis amigos, me han fallado,
como arroyos que se quedan secos.

16 El agua baja turbia,
revuelta con el hielo y la nieve;

17 pero pasa el deshielo
y se secan los arroyos,
viene el calor y se acaba el agua.

18 Hacen que las caravanas se desvíen
de su camino,
y que avancen por el desierto y mueran.
19 Las caravanas de Temá y de Sabá
buscan llenas de esperanza esos arroyos,
20 pero al llegar se ven decepcionadas,
queda frustrada su esperanza.
21 Así son ustedes para mí:
ven mi horrible situación, y sienten miedo.
22 Pero yo no les he pedido nada,
ni que den dinero por salvarme,
23 ni que me libren de un enemigo,
ni que me rescaten de las manos de los
bandidos.

24 Denme lecciones, y guardaré silencio:
muéstrenme el error que he cometido.
25 Nadie puede rechazar
un argumento correcto;
pero ustedes me acusaron sin razón.
26 Ustedes me critican por mis palabras,
palabras locas que se lleva el viento.
27 ¡Capaces son de jugarse
la vida de un huérfano
y de vender aun a su propio amigo!
28 Mírenme ahora cara a cara;
díganme si miento.
29 Retiren lo dicho, no sean injustos;
reconozcan que tengo razón.
30 ¿Acaso creen que soy un mentiroso
que no se da cuenta de lo que dice?

7 1 La vida del hombre aquí en la tierra
es la de un soldado que cumple
su servicio,
2 la de un esclavo que suspira
por la sombra,
la de un peón que espera con ansias
su salario.
3 Me ha tocado vivir meses enteros
de desengaño,
noche tras noche de sufrimiento.
4 Me acuesto y la noche se me hace
interminable;
me canso de dar vueltas hasta el alba,
y pienso: ¿Cuándo me levantaré?
5 Tengo el cuerpo lleno de gusanos
y de costras,
y me supuran las heridas de la piel.

6 Mis días se acercan a su fin, sin esperanza,
con la rapidez de una lanzadera de telar.

7 Recuerda, oh Dios, que mi vida es
como un suspiro,
y que nunca más tendré felicidad.
8 Nadie podrá volver a verme;
pondrás en mí tus ojos, y dejaré de existir.
9-10 Como nube que pasa y se deshace,
así es el que baja al sepulcro:
jamás regresa de allí,
sus familiares no vuelven a verlo.
11 Por eso no puedo quedarme callado.
En mi dolor y mi amargura
voy a dar rienda suelta a mis quejas.
12 ¿Soy acaso un monstruo del mar[a]
para que así me vigiles?
13 Cuando pienso que en la cama
encontraré descanso
y que el sueño aliviará mi pena,
14 me llenas de terror en mis sueños;
¡me espantas con pesadillas!
15 Sería mejor que me estrangularas;
prefiero la muerte a esta vida.
16 No puedo más. No quiero seguir viviendo.
Déjame en paz,
que mi vida es como un suspiro.
17 ¿Qué es el hombre, que le das tanta
importancia?
¿Por qué te preocupas por él?
18 ¿Por qué lo vigilas día tras día,
y lo pones a prueba a cada instante?
19 ¿Por qué no apartas tu vista de mí,
y me dejas siquiera tragar saliva?
20 Si peco, ¿qué perjuicio te causo,
vigilante de los hombres?
¿Por qué me tomas por blanco
de tus flechas?
¿Acaso soy una carga para ti?
21 ¿No puedes perdonarme mi pecado?
¿No puedes perdonar
el mal que he cometido?
Pronto estaré tendido en el polvo:
me buscarás, y ya no existiré.

Bildad

8 1-2 ¿Hasta cuándo vas a seguir
hablando así,
hablando como un viento huracanado?

---

[a] **7.12** *Monstruo del mar:* Este monstruo es la personificación del caos originario, dominado por Dios en la creación (véase Job 3.8 n.).

3 Dios, el Todopoderoso,
nunca tuerce la justicia ni el derecho.
4 Seguramente tus hijos pecaron contra Dios,
y él les dio el castigo merecido.
5 Busca a Dios, al Todopoderoso,
y pídele que tenga compasión de ti.
6 Si tú actúas con pureza y rectitud,
él velará por ti, y te dará
el hogar que justamente mereces.
7 La riqueza que tenías no será nada
comparada con lo que tendrás después.

8 Consulta a las generaciones pasadas,
aprende de la experiencia de los antiguos.
9 Nosotros somos apenas de ayer,
y nada sabemos;
nuestros días en esta tierra pasan
como una sombra.
10 Pero los antiguos podrán hablarte
y enseñarte muchas cosas.
11 El junco y el papiro
crecen solo donde abunda el agua;
12 sin embargo, estando aún verdes
y sin cortar,
se secan antes que otras hierbas.
13 Lo mismo pasa con los malvados,
con los que se olvidan de Dios:
sus esperanzas quedan frustradas.
14 Su confianza y su seguridad
son como el hilo de una telaraña.
15 Querrán agarrarse al hilo, y no resistirá;
o apoyarse en la telaraña, y no los soportará.
16 Los malvados son como verdes hierbas
al sol,
que se extienden por todo el jardín;
17 enredan sus raíces entre las rocas
y se adhieren a las piedras,
18 pero si alguien las arranca de su sitio
nadie podrá saber que estuvieron allí.
19 Así termina su prosperidad,
y en su lugar brotan otras hierbas.

20 Dios no abandona al hombre intachable,
ni brinda su apoyo a los malvados.
21 Él hará que vuelvas a reir
y que grites de alegría;
22 en cambio, tus enemigos se cubrirán
de vergüenza
y la casa de los malvados será destruida.

Job

9 1-2 Yo sé muy bien que esto es así,
y que ante Dios el hombre
no puede alegar inocencia.
3 Si alguno quisiera discutir con él,
de mil argumentos no podría rebatirle
uno solo.
4 Dios es grande en poder y sabiduría,
¿quién podrá hacerle frente
y salir bien librado?
5 Dios, en su furor,
remueve las montañas;
las derrumba, y nadie se da cuenta.
6 Él hace que la tierra se sacuda
y que sus bases se estremezcan.
7 Él ordena al sol que no salga,
y a las estrellas, que no brillen.
8 Sin ayuda de nadie extendió el cielo
y aplastó al monstruo del mar.
9 Él creó las constelaciones:
la Osa Mayor, el Orión y las Pléyades,
y el grupo de estrellas del sur.
10 ¡Él hace tantas y tan grandes maravillas,
cosas que nadie es capaz de comprender!
11 Si Dios pasa junto a mí, no lo podré ver;
pasará y no me daré cuenta.
12 Si de algo se adueña,
¿quién podrá reclamárselo?
¿Quién podrá pedirle cuentas
de lo que hace?
13 Si Dios se enoja, no se calma fácilmente;
a sus pies quedan humillados
los aliados de Rahab.[a]
14 ¿Cómo, pues, encontraré palabras
para contradecir a Dios?
15 Por muy inocente que yo sea,
no puedo responderle;
él es mi juez,
y solo puedo pedirle compasión.
16 Si yo lo llamara a juicio,
y él se presentara,
no creo que hiciera caso a mis palabras.
17 Haría que me azotara una tempestad,
y aumentaría mis heridas sin motivo;
18 me llenaría de amargura
y no me dejaría tomar aliento.
19 ¿Acudir a la fuerza? Él es más poderoso.
¿Citarlo a juicio? ¿Y quién lo hará
presentarse?

---

[a] **9.13** *Rahab:* monstruo mitológico que para los antiguos simbolizaba los poderes enemigos de Dios. Cf. Sal 87.4; Job 26.12; Is 51.9.

20 Por más recto e intachable que yo fuera,
él me declararía culpable y malo.
21 Yo soy inocente, pero poco importa;
ya estoy cansado de vivir.
22 Todo es lo mismo. Y esto es lo que pienso:
que él destruye lo mismo a culpables
que a inocentes.
23 Si en un desastre muere gente inocente,
Dios se ríe de su desesperación.
24 Deja el mundo en manos de los malvados
y a los jueces les venda los ojos.
Y si no ha sido Dios, ¿quién, entonces?
25 Mis días huyen en veloz carrera,
sin haber visto la felicidad.
26 Se van como barcos ligeros,
como águila que se lanza tras la presa.
27 Si trato de olvidar mis penas
y de parecer alegre,
28 todo mi dolor vuelve a asustarme,
pues sé que Dios no me cree inocente.
29 Y si él me tiene por culpable,
de nada sirve que yo me esfuerce.
30 Aunque me lave las manos con jabón
y me las frote con lejía,
31 Dios me hundirá en el fango,
y hasta mi ropa sentirá asco de mí.
32 Yo no puedo encararme con Dios
como con otro hombre,
ni decirle que vayamos los dos
a un tribunal.
33 ¡Ojalá entre nosotros hubiera un juez
que tuviera autoridad sobre los dos,
34 que impidiera que Dios me siga
castigando
y me siga llenando de terror!
35 Entonces yo hablaría sin tenerle miedo,
pues no creo haberle faltado.

10 ¹ ¡Ya estoy cansado de vivir!
Voy a desahogarme con mis quejas,
voy a dar rienda suelta
a mi amargura.
2 ¡Oh Dios, no me declares culpable!
¡Dime de qué me acusas!
3 Siendo así que tú mismo me creaste,
¿te parece bien maltratarme
y despreciarme,
y mostrarte favorable a los planes
de los malos?
4 ¿Acaso ves las cosas como las ven
los hombres?
5 ¿Acaso es tu vida tan corta
como la de un mortal?

6 Entonces, ¿por qué andas
buscándome faltas y pecados,
7 aun cuando sabes que yo no soy culpable
y que nadie me puede salvar de tu poder?
8 Tú me formaste con tus propias manos,
¡y ahora me quieres destruir!
9 Recuerda que me hiciste de barro:
¿vas ahora a convertirme otra vez en polvo?
10 Hiciste que mi cuerpo se formara
como se forma el queso al cuajarse
la leche;
11 me revestiste de carne y de piel,
entrelazaste mis huesos y tendones;
12 me diste vida, me brindaste amor,
y con tus cuidados me has mantenido
con vida.
13 Pero ahora veo que allá en tu corazón
tenías una intención secreta:
14 me estabas observando para ver
si yo pecaba,
y así poder condenarme por mi falta.
15 Si soy culpable, estoy perdido;
si soy inocente, de poco puedo alegrarme,
pues me tienes humillado y afligido.
16 Si me muestro arrogante, tú,
como un león, me persigues
y hasta haces milagros para destruirme.
17 Nunca te faltan testigos contra mí;
tu ira contra mí va en aumento;
¡como un ejército, me atacas sin cesar!
18 ¿Por qué me dejaste nacer?
Debí morir antes que nadie pudiera verme.
19 Habría pasado del seno de mi madre
a la tumba;
sería como si nunca hubiera existido.
20 Ya que mi vida es corta, ¡déjame en paz!
Déjame tener un poco de alegría
21 antes de irme al viaje sin regreso,
al país de la oscuridad y las tinieblas,
22 al país de las sombras y la confusión,
donde la luz misma es igual
a las tinieblas.

Sofar

11 ¹⁻² Toda esa palabrería merece
una respuesta,
pues no por hablar mucho
se tiene la razón.
3 ¿Crees que con tu verborrea
nos vas a hacer callar,
y que nadie es capaz de responder
a tus burlas?

4 Tú dices que tu doctrina es recta,
y tú mismo te consideras puro.
5 ¡Ojalá Dios hablara para responderte!
6 Él te enseñaría los secretos
de la sabiduría,
que son muy difíciles de entender.
Así verías que Dios no te ha castigado
tanto como mereces.

7 ¿Crees que puedes penetrar
en los misterios de Dios
y llegar hasta lo más profundo de su ser?
8 ¿Qué puedes hacer,
si son más altos que el cielo?
¿Qué sabes tú, si son más profundos
que el abismo?
9 Son más grandes que la tierra
y más anchos que el mar.
10 Si Dios viene, y arresta y llama a juicio,
¿quién habrá que se lo impida?
11 Él sabe quién es mentiroso;
él ve la maldad,
¿o crees que no se da cuenta?
12 El día que el asno salvaje deje de serlo,
ese día el necio entrará en razón.
13 Decídete a actuar con rectitud,
y dirige tus súplicas a Dios.
14 Si estás cargado de pecado, aléjalo de ti;
no des lugar en tu casa a la maldad.
15 Así podrás alzar limpia la frente,
y estarás tranquilo y sin temor;
16 echarás en el olvido tus sufrimientos;
los olvidarás como al agua que pasa.
17 Tu vida brillará más
que el sol a mediodía;
tus horas más oscuras serán
como el amanecer.
18 Tendrás esperanza y podrás vivir
confiado;
bajo el cuidado de Dios
dormirás tranquilo.
19 Nada te asustará cuando descanses.
Muchos vendrán a buscar tu favor.
20 Los malos, en cambio,
buscarán ayuda en vano;
no encontrarán lugar donde refugiarse,
y la muerte será su única esperanza.

Job

12

1-2 ¡No hay duda de que ustedes
son la voz del pueblo,
y de que cuando mueran no habrá
más sabiduría!

3 Pero también yo tengo entendimiento,
y en nada soy inferior a ustedes.
¿Quién no sabe todo esto?

4 Aunque soy inocente e intachable,
y en otro tiempo Dios oía mis súplicas,
mis amigos se ríen de mí.
5 El que está seguro desprecia al infeliz;
no le importa empujar
al que está a punto de caer.
6 Los bandidos tienen paz en sus hogares;
los que ofenden a Dios viven tranquilos,
pensando que lo tienen en un puño.
7 Pregunta a las bestias o a las aves:
ellas te pueden enseñar.
8 También a la tierra y a los peces del mar
puedes pedirles que te instruyan.
9 ¿Hay alguien todavía que no sepa
que Dios lo hizo todo con su mano?
10 En su mano está la vida
de todo ser viviente.
11 El oído distingue las palabras,
igual que el paladar reconoce los sabores.

12 Los ancianos tienen sabiduría;
la edad les ha dado entendimiento.
13 Pero Dios es sabio y poderoso;
él hace planes, y los lleva a cabo.
14 Lo que Dios destruye,
nadie lo puede reconstruir;
al que Dios encierra,
nadie lo puede libertar.
15 Si él retiene la lluvia, todo se seca;
si le da salida, se inunda la tierra.
16 Su poder le da siempre la victoria.
Sujetos a él están el engañado
y el que engaña.
17 Él hace que los sabios pierdan
su inteligencia
y que los jueces se vuelvan locos.
18 Deja sin autoridad a los reyes
y los hace ir cautivos y desnudos.
19 Quita a los sacerdotes de su oficio
y derroca a los que están en el poder.
20 A los consejeros de confianza deja
sin palabra
y quita el buen juicio a los ancianos.
21 Hace que los señores queden sin honra
y que los fuertes pierdan su fuerza.
22 Da a conocer los secretos más ocultos
y saca a la luz las cosas más oscuras.
23 Él engrandece y destruye a las naciones,
las dispersa y las reúne.

24 Quita la inteligencia a los jefes de un país
y los hace perderse
en un desierto sin camino,
25 donde andan a tientas en la oscuridad,
tambaleándose como borrachos.

13 ¹ Todo esto lo he visto
con mis propios ojos,
lo he escuchado con mis propios
oídos.
2 Lo que ustedes saben, también yo lo sé;
en nada soy inferior a ustedes.
3 Pero prefiero hablar con Dios,
prefiero discutir con el Todopoderoso.
4 Ustedes cubren la verdad
con sus mentiras;
son médicos que a nadie curan.
5 ¡Si al menos guardaran ustedes silencio,
podrían pasar por personas sabias!

6 Escuchen, por favor, con atención,
mientras yo expongo mis razones.
7 ¿Creen acaso que defienden a Dios
con sus mentiras,
y que le hacen un servicio
con palabras engañosas?
8 Ustedes se han puesto de su parte
y quieren defender su causa,
9 pero, ¿qué pasará si Dios los examina?
¿Podrán ustedes engañarlo
como a un hombre?
10 Si con disimulo se ponen de su parte,
él los reprenderá duramente.
11 La grandeza de Dios
los llenará de espanto y de terror.
12 Sus anticuados argumentos
son puro polvo;
es como querer defenderse con murallas
de barro.

13 Y ahora, ¡cállense, que voy a hablar,
páseme lo que me pase!
14 Voy a arriesgar mi vida,
voy a jugarme el todo por el todo.
15 Aunque él me mate, me mantendré firme,
con tal de presentarle mi defensa
cara a cara.
16 Quizá en eso esté mi salvación,
pues un malvado no entraría
hasta su presencia.

17 Escuchen, pues, con atención
la exposición que voy a hacerles.
18 Voy a presentar mi defensa,
y sé que tengo la razón.
19 Si alguien tiene de qué acusarme,
yo guardaré silencio y moriré.
20 Concédeme solo dos cosas, oh Dios,
y no me esconderé de ti:
21 Deja ya de castigarme
y no me hagas sentir tanto miedo.
22 Llámame, y yo te responderé;
o yo hablaré primero,
y tú me responderás.
23 Dime, ¿cuáles son mis pecados
y delitos?
¿Cuáles son mis crímenes?
24 ¿Por qué te escondes de mí?
¿Por qué me tratas como a un enemigo?
25 Soy como una hoja al viento,
¿por qué quieres destruirme?
No soy más que paja seca,
¿por qué me persigues?
26 Traes amargas acusaciones contra mí;
me pides cuentas de las faltas
de mi juventud.
27 Me pones cadenas en los pies,
vigilas todos mis pasos
y examinas todas mis pisadas.
28 Me voy deshaciendo,
como algo podrido,
como ropa que se come la polilla.

14 ¹ El hombre, nacido de mujer,
tiene una vida corta y llena
de zozobras.
2 Es como una flor que se abre
y luego se marchita;
pasa y desaparece como una sombra.ᵃ
3 ¿Y en este hombre has puesto los ojos,
y contra él quieres entablar un juicio?
4 No hay nadie que pueda sacar
pureza de la impureza.
5 Si tú eres quien determina
cuánto ha de vivir el hombre,
y le pones un límite
que no puede pasar,
6 aparta de él tus ojos y déjalo en paz;
¡déjalo disfrutar de su vida
de asalariado!

ᵃ **14.1–2** Cf. Sal 39.4–5; 102.11; Ec 6.12; Eclo 40.1–10.

7 Cuando se corta un árbol,
queda aún la esperanza de que retoñe
y de que jamás le falten renuevos.
8 Aunque ya esté vieja la raíz
y el tronco se esté pudriendo en el suelo,
9 al sentir la frescura del agua, reverdecerá;
echará ramas como una planta tierna.
10 En cambio, el hombre muere
sin remedio;
y al morir, ¿a dónde va?

11 El agua del mar podrá evaporarse,
y los ríos quedarse secos;
12 pero mientras el cielo exista,
el hombre no se levantará de su tumba,
no despertará de su sueño.*b*

13 ¡Ojalá me escondieras
en el reino de la muerte
mientras pasa tu ira,
y fijaras un plazo para acordarte de mí!
14 Si un hombre muere, ¿volverá a vivir?*c*
Yo esperaría todo el tiempo
que durara mi servicio
hasta que viniera el alivio de mis penas.
15 Tú me llamarías, y yo te respondería;
me mirarías con afecto,
pues eres mi creador.
16 Si ahora vigilas cada uno de mis pasos,
entonces no te fijarías en mis pecados;
17 echarías mis faltas al olvido
y me limpiarías de mis delitos.

18 Aun las montañas acaban
por derrumbarse,
y los peñascos por cambiar de sitio.
19 Así como el agua desgasta la piedra
y las lluvias arrastran el polvo del suelo,
así destruyes tú la esperanza del hombre.
20 Lo derrotas para siempre,
lo echas de su tierra,
y él se va desfigurado.
21 Si sus hijos alcanzan honores,
él no se entera;
si caen en desgracia, él no se da cuenta;
22 solo siente los dolores de su propio cuerpo,
el sufrimiento de su propio ser.

Segunda serie de diálogos
(Caps. 15—21)

Elifaz

15

1-2 El que es sabio no responde
con palabras huecas
ni se hincha con razones
que solo son viento;
3 no habla solo por hablar
ni usa argumentos sin valor.
4 Pero tú acabas con la reverencia a Dios:
¡destruyes la devoción sincera!
5 Tu mala conciencia hace que hables así
y que uses palabras engañosas.
6 No hace falta que yo te acuse,
pues tu propia boca te condena.

7 ¿Piensas que antes de ti
no hubo ningún hombre,
y que ni siquiera existían las montañas?
8 ¿Acaso te crees el consejero privado de Dios,
o el único sabio del mundo?
9 ¿Qué sabes tú que nosotros no sepamos?
¿Qué conoces tú que nosotros ignoremos?
10 ¡Nosotros somos gente ya madura,
con más experiencia que tu propio padre!

11 ¿No te basta con que Dios mismo
te consuele
y con que te hablemos suavemente?
12 ¿Por qué te dejas llevar de la pasión
y echas chispas por los ojos?
13 ¿Por qué te enfureces contra Dios
y das rienda suelta a tus protestas?
14 No hay hombre que sea puro
ni que esté libre de culpa.
15 Si ni aun los ángeles merecen
toda su confianza,
si ni siquiera el cielo es puro a sus ojos,
16 ¡mucho menos el hombre,
corrompido y despreciable,
que hace el mal como quien bebe agua!

17 Escúchame, pues te voy a decir
algo que sé por experiencia,
18 algo que los sabios nos enseñan.
Ellos lo aprendieron de sus antepasados,

---

b **14.12** La esperanza de una vida más allá de la muerte no aparece en Israel sino más tarde. Cf. Sal 6.5; Is 38.18.
Al principio surge la idea de una vida nueva con Dios (Sal 16.10,15; Dn 12.12–13; 2 Mac 7.9,14,23; Sab 3.1–9).
Esta certeza aparecerá claramente en el NT (Mt 13.43; 1 Co 15; Ap 21—22). *c* **14.14** La primera línea de este v.
(14a) interrumpe la idea. En cuanto al sentido, puede unirse al v. 12 o al 19.

19 a quienes fue dada la tierra
   y entre quienes no hubo mezcla
   de extranjeros.

20 La vida del hombre malvado y violento
   es corta y llena de tormentos.

21 Oye ruidos que lo asustan;
   cuando más seguro está,
   lo asaltan los ladrones.

22 No tiene esperanza de escapar
   de la oscuridad:
   ¡un puñal está en espera de matarlo!

23 Su cadáver servirá de alimento
   a los buitres;
   él sabe que su ruina es inevitable.

24 La oscuridad lo llenará de terror,
   y lo asaltarán la angustia y la desgracia,
   como cuando un rey ataca en la batalla.

25 Esto le pasa al que levanta
   su mano contra Dios,
   al que se atreve a desafiar al Todopoderoso,

26 al que, protegido con un escudo,
   se lanza en forma insolente contra Dios.

27 Llenos de grasa tiene
   la cara y los costados.

28 Las ciudades donde viva
   quedarán en ruinas;
   las casas quedarán abandonadas
   y convertidas en un montón
   de escombros.

29 No será rico por mucho tiempo,
   ni se extenderán sus posesiones
   en la tierra.

30 No podrá escapar de las tinieblas.
   Será como una planta
   cuyos retoños quema el fuego
   o cuyas flores arranca el viento.

31 Que no confíe tontamente en el engaño,
   pues no logrará más que ser engañado.

32 Antes de tiempo se marchitarán sus ramas
   y no volverán a reverdecer.

33 Será como una vid cuyas uvas no maduran,
   como un olivo cuyas flores se caen.

34 Los impíos no tendrán descendencia,
   y sus casas, enriquecidas con soborno,
   arderán en el fuego.

35 Están preñados de maldad
   y dan a luz desdicha;
   el fruto que producen es el engaño.

Job

16

1-2 Ya he oído muchas veces
    cosas parecidas.
    Ustedes, en vez de consolarme,
    me atormentan.

3 ¿Es que no hay fin
   para las palabras huecas?
   ¿Qué manía es esa de contradecirme?

4 Si ustedes estuvieran ahora en mi lugar,
   también yo hablaría como ustedes;
   movería burlonamente la cabeza
   y les lanzaría un torrente de palabras,

5 palabras amables y consoladoras,
   para darles ánimo y valor.

6 Pero ni el hablar calma mi dolor,
   ni el callar me trae alivio.

7 Dios ha acabado con mis fuerzas;
   me ha quitado todos mis amigos

8 y me ha puesto en prisión.
   Ha levantado testimonios contra mí;
   contra mí ha presentado
   acusaciones falsas.

9 El Señor me persigue y me desgarra,
   me amenaza como una fiera,
   me clava los ojos cual si fuera mi enemigo.

10 La gente se amontona contra mí,
   me hace muecas
   y me da de bofetadas para humillarme.

11 Dios me ha puesto en manos
   de gente malvada y criminal.

12 Yo estaba en paz, y él me agarró del cuello;
   me estrujó, me hizo pedazos.
   Me convirtió en el blanco de sus flechas.

13 De todos lados me dispara;
   atraviesa mi cuerpo
   sin ninguna compasión,
   y se esparcen mis entrañas por el suelo.

14 Me abre herida tras herida,
   se lanza contra mí como un guerrero.

15 Lleno de tristeza, me puse ásperas ropas
   y hundí en el polvo mi cabeza.

16 La cara se me ha hinchado de llorar;
   se me ha nublado la vista,

17 a pesar de que nunca hice violencia
   a nadie
   y de que ha sido pura mi oración.

18 Este crimen contra mí, clama justicia;
   ¡tierra, no sepultes mi clamor![a]

---

[a] **16.18** Cf. Gn 4.10; Is 26.21; Ez 24.8.

19 Alguien debe de haber en el cielo
que declare en mi favor,
20 que interprete ante Dios
mis pensamientos,
para que él vea mis lágrimas;
21 alguien que hable ante Dios en mi favor,
como se habla ante un hombre
en favor de otro.*b*
22 Los pocos años que me quedan
van pasando,
y pronto emprenderé el viaje sin regreso.

17

1 Me estoy quedando sin aliento;
mi vida va acercándose a su fin;
me está esperando la tumba.
2 Junto a mí no hay más que gente burlona;
día y noche veo sus provocaciones.
3 Pero tú, Señor, puedes responder por mí;
¿quién sino tú puede hacerlo?
4 Tú, que les has entorpecido
el entendimiento,
no dejes que me venzan.
5 Sufrirán hambre los hijos de quienes,
por una recompensa,
traicionan a sus amigos.
6 Tú has hecho que todos hablen mal de mí
y que me escupan en la cara.
7 Los ojos se me nublan de dolor;
mi cuerpo es apenas una sombra.
8 Al ver esto, los buenos se quedan
asombrados;
se enojan y me tienen por impío.
9 Insisten en que ellos son justos,
en que tienen limpias las manos.
10 Pero vengan aquí, todos ustedes,
y no encontraré entre ustedes un solo sabio.

11 Van pasando los días de mi vida,
y mis planes y deseos se ven frustrados.
12 Pero ustedes convierten la noche en día;
¡a pesar de la oscuridad,
dicen que la luz se acerca!
13 Lo único que puedo esperar es la muerte,
y tenderme a dormir en las tinieblas.
14 ¡Mi padre, mi madre, mis hermanos,
son los gusanos y el sepulcro!
15 ¿Dónde ha quedado mi esperanza?
¿Dónde está mi bienestar?
16 ¿Bajarán conmigo al reino de la muerte,
para que juntos reposemos en el polvo?

Bildad

18

1-2 ¿Cuándo va a dejar de hablar
esta gente?
Si fuera razonable,
podríamos hablar.
3 ¿Por qué se nos trata como animales
y se nos considera estúpidos?
4 ¿Crees tú que por desgarrarte
rabiosamente
va a quedar desierta la tierra
o las rocas van a cambiar de lugar?
5 Al malvado se le apagará la luz,
y su fuego no volverá a dar llama.
6 Su lámpara se apagará;
en su casa no brillará la luz.
7 Su paso firme perderá fuerza,
y quedará atrapado
en su propia trampa.
8 Se pondrá una red a su paso,
y en esa red quedará atrapado.
9 Se tenderá un lazo a sus pies,
y alrededor del tobillo se le cerrará
el nudo.
10 La trampa estará oculta en el camino
para atraparle cuando pase.
11 Por todas partes se siente amenazado;
se siente perseguido a cada paso.
12 Sus fuerzas se acaban por el hambre;
la desgracia está lista a caerle encima.
13 La enfermedad,
hija preferida de la muerte,
le devora la carne poco a poco.
14 Arrancado es también
de la paz de su hogar
y llevado a rastras ante el rey del terror.*a*
15 Se prende fuego a su casa;
sus posesiones son rociadas con azufre.
16 Es como un árbol de raíces secas
y ramas marchitas.
17 Su recuerdo se borrará de la tierra
y no se volverá a pronunciar su nombre.
18 Lo arrojarán de la luz a las tinieblas;
lo expulsarán de este mundo.
19 No tendrá descendientes en su pueblo;
nadie en su casa quedará con vida.
20 Cuando sepan su destino,
en oriente y occidente
quedarán espantados, llenos de terror.
21 En eso acaba la vida del malvado,
del hombre que desprecia a Dios.

---

b **16.19–21** Job 33.23–24.   *a* **18.14** *Rey del terror* es otra imagen de la muerte.

Job

19

1-2 ¿Hasta cuándo van
a atormentarme
y herirme con sus palabras?

3 Una y otra vez me insultan;
¿no se avergüenzan de tratarme así?

4 Aun cuando yo fuera culpable,
mi culpa solo a mí me afectaría.

5 Ustedes se creen mejores que yo,
y me echan en cara mi desgracia.

6 Pues sepan bien que Dios
me ha derribado,
que es él quien me ha hecho caer
en la trampa.

7 Yo grito: "¡Me matan!",
y nadie responde;
pido ayuda, y nadie me hace justicia.

8 Dios me ha cerrado el camino
para que yo no pase;
ha envuelto mis caminos en oscuridad.

9 Me ha despojado de mis riquezas;
me ha quitado mi corona.

10 Me ha dejado en la más completa ruina;
¡ha dejado sin raíces mi esperanza!

11 Descargó su ira contra mí
y me trató como a un enemigo.

12 Todas sus tropas se lanzaron contra mí;
acamparon alrededor de mi casa
y prepararon el ataque.

13 Dios ha hecho que mis hermanos
y amigos
se alejen de mí y me traten
como a un extraño.

14-15 Mis parientes y amigos
me han abandonado;
los que vivían en mi casa
me han olvidado.
Mis criadas me tienen por un extraño;
ya no me reconocen.

16 Si llamo a un criado, no contesta,
por más que se lo ruegue.

17 Si me acerco a mi esposa, me rechaza;
a mis propios hijos les repugno.

18 Aun los niños me desprecian;
apenas me levanto, hablan mal de mí.

19 Mis más íntimos amigos me aborrecen;
los que más estimo
se han vuelto contra mí.

20 La piel se me pega a los huesos,
y a duras penas logro seguir con vida.

21 Tengan compasión de mí,
ustedes mis amigos,
porque Dios ha dejado caer
su mano sobre mí.

22 ¿Por qué me persiguen ustedes
como Dios?
¿No me han mordido ya bastante?

23 ¡Ojalá alguien escribiera mis palabras
y las dejara grabadas en metal!

24 ¡Ojalá alguien con un cincel de hierro
las grabara en plomo o en piedra
para siempre!

25 Yo sé que mi defensor*a* vive,
y que él será mi abogado aquí en la tierra.

26 Y aunque la piel se me caiga a pedazos,
yo, en persona,*b* veré a Dios.

27 Con mis propios ojos he de verlo,*c*
yo mismo y no un extraño.

Las fuerzas me fallaron

28 al oir que ustedes decían:
"¿Cómo podremos perseguirlo?
La raíz de sus males está en él mismo."

29 Pero tengan miedo a la espada,
la espada con que Dios castiga el mal.
Sepan que hay uno que juzga.

Sofar

20

1-2 Tú me pones inquieto
e impaciente;
por eso quiero contestarte.

3 Con tus reproches me insultas,
pero yo sé cómo responderte.

4 Tú sabes que siempre ha sido así
desde que el hombre existe sobre la tierra:

5 la alegría del malvado dura poco;
su gozo es solo por un momento.

6 Aunque sea tan alto como el cielo
y su cabeza llegue hasta las nubes,

7 acabará como el estiércol
y sus amigos no sabrán su paradero.

8 Desaparecerá como un sueño,
como una visión nocturna,
y nadie podrá encontrarlo.

9 Los que vivían con él y lo veían,
no lo volverán a ver.

---

a **19.25** *Defensor:* Puede referirse a Dios mismo o a ese personaje hipotético mencionado en 9.33–34; 16.19–21. *b* **19.26** *Yo, en persona:* traducción probable. Otra posible traducción: *yo, sin carne.* *c* **19.26–27** Job 42.5.

10 Sus hijos tendrán que devolver a los pobres
lo que él había robado.
11 En pleno vigor y juventud
bajará a la tumba.
12 El mal le parece tan delicioso
que lo saborea con la lengua;
13 retiene su sabor en la boca
y lo paladea lentamente.
14 Pero luego, en el estómago,
se le convierte en veneno de serpiente.
15 Vomita las riquezas que había devorado;
Dios se las saca del estómago.
16 Estaba chupando veneno de serpiente,
y ese veneno lo matará.
17 No podrá disfrutar de la abundancia
de la leche y la miel, que corren como ríos.
18 Todo lo que había ganado,
tendrá que devolverlo;
no podrá aprovecharlo
ni gozar de sus riquezas.
19 Explotó y abandonó a los pobres;
se adueñó de casas que no había construido.
20 Nunca quedaba satisfecho su apetito,
ni nada se libraba de su ambición;
21 nada escapaba a su voracidad.
Por eso no podrá durar su dicha.
22 Cuanta más abundancia tenga,
más infeliz será;
sobre él caerá la mano de los malvados.
23 Cuando trate de llenar su estómago,
Dios descargará su ira sobre él:
hará llover sobre él su enojo.
24 Si escapa de un arma de hierro,
lo alcanzarán con un arco de bronce.
25 La flecha le atravesará el cuerpo,
y la punta le saldrá por el hígado.
Se llenará de terror;
26 total oscuridad lo envolverá.
Un fuego que no hará falta avivar
acabará con él y con toda su casa.
27 El cielo pondrá al descubierto su pecado,
y la tierra se levantará para acusarlo.
28 Cuando la ira de Dios se desborde
sobre él,
se perderán todas sus riquezas.
29 Esto es lo que Dios ha destinado
para el malo;
esta es la suerte que le tiene preparada.

Job

21

1-2 El mejor consuelo
que ustedes pueden darme
es escuchar mis palabras.
3 Tengan paciencia mientras hablo,
y después, ríanse si quieren.

4 Mi pleito no es con ningún hombre;
por eso estoy tan impaciente.
5 Si me ponen atención,
se quedarán mudos de miedo.
6 Si yo mismo pienso en ello, me espanto;
mi cuerpo se estremece.
7 ¿Por qué siguen con vida los malvados,
y llegan a viejos, llenos de poder?
8 Ven crecer a sus hijos y a sus nietos,
que a su lado gozan de seguridad.
9 Nada amenaza la paz de sus hogares;
Dios no los castiga.
10 Su ganado es siempre fecundo;
las crías nunca se malogran.
11 Sus hijos corretean y juegan
como corderitos,
12 y alegres bailan y saltan
al son del arpa,
los tambores y las flautas.
13 Terminan su vida en la prosperidad;
bajan tranquilos a la tumba.
14 A Dios le dicen: "¡Déjanos en paz,
no queremos conocer tus leyes!
15 ¿Quién es el Todopoderoso,
para que le sirvamos?
¿Qué ganamos con orar ante él?"
16 (Pero los malvados no son dueños
de su bienestar.
¡Lejos de mí pensar como ellos!)*a*
17 ¿Cuándo se ha apagado la luz
de los malvados?
¿Cuándo han caído en la desgracia?
¿Cuándo se ha enojado Dios con ellos
y los ha hecho sufrir?
18 ¿Cuándo han sido dispersados como paja
que arrastra el viento en sus torbellinos?
19 Se dice que Dios hace pagar a los hijos
por las faltas de sus padres.*b*
Pero es el propio malvado
quien debe pagar y escarmentar.*c*

---

*a***21.16** *(Pero los malvados . . . como ellos!):* Este v. interrumpe las palabras de Job, y puede entenderse como objeción de los amigos de Job o como paréntesis destinado al lector. *b***21.19** Cf. Ex 20.5; 34.7; Jer 31.29; Ez 18.2. *c***21.19** Cf. Dt 24.16; Jer 31.30; Ez 18.20.

20 Él debe recibir el castigo
    de la ira del Todopoderoso.
21 ¿Qué le importa lo que pueda pasarle
        a su familia
    una vez que él haya muerto?
22 (Pero, ¿quién puede dar lecciones a Dios,
    que juzga aun a los habitantes del cielo?)*d*

23 Hay quienes llegan a la muerte
    llenos de vigor, felices y tranquilos,
24 llenos de prosperidad y de salud.
25 Otros, en cambio, viven amargados
    y mueren sin haber probado la felicidad.
26 Sin embargo, todos en la tumba
        son iguales;
    a unos y a otros se los comen los gusanos.

27 Yo sé lo que ustedes piensan de mí
    y las ideas perversas que tienen.
28 Se preguntan: "¿Dónde ha quedado la casa
    de aquel malvado tirano?"
29 ¿No han hablado ustedes
        con la gente que viaja?
    ¿No han oído las cosas
        que ellos cuentan:
30 que cuando Dios se enoja,
        manda una desgracia
    y al malvado no le pasa nada?
31 Nadie le echa en cara su conducta,
    nadie le da su merecido.
32-33 Y cuando al fin lo llevan a enterrar,
    todos en cortejo lo acompañan,
    unos delante y otros detrás,
    y hacen guardia en el sepulcro,
    y hasta la tierra es suave para él.

34 ¡Es absurdo que ustedes
        quieran consolarme!
    ¡Es mentira todo lo que dicen!

Tercera serie de diálogos
(Caps. 22—27)

Elifaz

22 1-2 ¿Crees tú que el hombre,
        por muy sabio que sea,
    puede serle a Dios de alguna utilidad?
3   ¿Qué interés o beneficio obtiene
        el Todopoderoso
    de que tú seas recto e intachable?

4   Si él te corrige y te llama a juicio,
    no es porque tú le sirvas con fidelidad,
5   sino porque tu maldad es mucha
    y tus pecados no tienen límite.
6   Tú, sin necesitarlo,
        exigías prenda a tus hermanos;
    les quitabas su ropa
        y los dejabas desnudos.
7   A quien tenía sed, no le dabas agua;
    a quien tenía hambre,
        no le dabas de comer.
8   ¡Como eras poderoso y respetable,
    te creías el dueño de la tierra!
9   Dejabas ir a las viudas con las manos vacías,
    y maltratabas a los huérfanos.
10 Por eso ahora el peligro te rodea
    y te sientes de pronto lleno de terror.
11 Todo es oscuridad, no puedes ver nada;
    un torrente de agua te inunda.

12 Dios está en lo más alto del cielo;
    las estrellas más altas quedan a sus pies.
13-14 ¿Cómo puedes decir
        que Dios no se da cuenta,
    que las densas nubes le impiden juzgar?
    ¿Cómo puedes decir que Dios no ve
    porque anda paseando de un lado a otro
        del cielo?
15 ¿Piensas seguir por el camino oscuro
    que han seguido los malvados?
16 Ellos murieron muy pronto
    como arrebatados por un río crecido.
17 Decían a Dios: "¡Déjanos en paz!
    ¿Qué puede hacer el Todopoderoso
        por nosotros?"
18 (Y sin embargo, él fue quien llenó
        sus casas de bienes.
    ¡Lejos de mí pensar como los malos!)*a*
19 Los justos ven esto y se alegran;
    los inocentes se ríen
20 al ver que las riquezas de los malos
    acaban devoradas por el fuego.

21 Ponte de nuevo en paz con Dios,
    y volverás a tener prosperidad.
22 Deja que él te instruya,
    grábate en la mente sus palabras.
23 Si te humillas,
    y te vuelves al Todopoderoso,
    y alejas el mal de tu casa,

---

d **21.22** Véase 21.16 n.   *a* **22.18** Véase 21.16 n.

24 y si miras aun el oro más precioso
como si fuera polvo,
como piedras del arroyo,
25 el Todopoderoso será entonces
tu oro y tu plata en abundancia.
26 Él será tu alegría,
y podrás mirarlo con confianza.
27 Si le pides algo, él te escuchará,
y tú cumplirás las promesas que le hagas.
28 Tendrás éxito en todo lo que emprendas;
la luz brillará en tu camino.
29 Porque Dios humilla al orgulloso
y salva al humilde.
30 Él te librará, si eres inocente,
si estás limpio de pecado.

Job
23 1-2 Una vez más mis quejas
son amargas
porque Dios ha descargado
su mano sobre mí.
3 ¡Ojalá supiera yo dónde encontrarlo,
y cómo llegar a donde vive!
4 Presentaría ante él mi caso,
pues me sobran argumentos.
5 ¡Ya sabría cómo responder
a lo que él me contestara!
6 Pero él no usaría la fuerza
como argumento,
sino que me escucharía
7 y reconocería que tengo la razón;
me declararía inocente,
¡me dejaría libre para siempre!
8 Pero busco a Dios en el oriente,
y no está allí;
lo busco en el occidente,
y no lo encuentro.
9 Me dirijo al norte, y no lo veo;
me vuelvo al sur, y no lo percibo.
10 Él conoce cada uno de mis pasos;
puesto a prueba, saldré puro como el oro.
11 Yo siempre he seguido sin desviarme
el camino que él me ha señalado.
12 Siempre he cumplido
sus leyes y mandatos,
y no mi propia voluntad.
13 Cuando él decide realizar algo, lo realiza;
nada le hace cambiar de parecer.
14 Lo que él ha dispuesto hacer conmigo,
eso hará,

junto con otras cosas semejantes.
15 Por eso le tengo miedo;
solo el pensarlo me llena de terror.
16 Dios, el Todopoderoso,
me tiene acobardado.
17 ¡Ojalá la noche me hiciera desaparecer
y me envolviera la oscuridad!

24 1 ¿Por qué el Todopoderoso
no señala fechas para actuar,
de modo que sus amigos
puedan verlas?
2 Los malvados cambian los linderos
de los campos,
roban ovejas para aumentar sus rebaños,
3 despojan de sus animales
a los huérfanos y las viudas.
4 Apartan a los pobres del camino,
y la gente humilde tiene que esconderse.
5 Los pobres, como asnos salvajes
del desierto,
salen a buscar con trabajo su comida,
y del desierto sacan alimento
para sus hijos.
6 Van a recoger espigas en campos ajenos
o a rebuscar en los viñedos de los malos.
7 Pasan la noche sin nada con que cubrirse,
sin nada que los proteja del frío.
8 La lluvia de las montañas los empapa,
y se abrazan a las rocas
en busca de refugio.
9 Les quitan[a] a las viudas
sus recién nacidos,
y a los pobres les exigen prendas.
10 Los pobres andan casi desnudos,
cargando trigo mientras se mueren
de hambre.
11 Mueven las piedras del molino
para sacar aceite;
pisan las uvas para hacer vino,
y mientras tanto se mueren de sed.
12 Lejos de la ciudad, los que agonizan
lloran y lanzan gemidos,
pero Dios no escucha su oración.
13 Hay algunos que odian la luz,
y en todos sus caminos se apartan de ella.
14 El asesino madruga para matar al pobre,
y al anochecer se convierte en ladrón.

---

a **24.9** *Les quitan:* El sujeto de este verbo es el mismo que el de los vv. 2–4: *los malvados.*

15 El adúltero espera a que oscurezca,
y se tapa bien la cara,
pensando: "Así nadie me ve."
16 El ladrón se mete de noche en las casas.
Todos ellos se encierran de día;
son enemigos de la luz.
17 La luz del día es para ellos densa oscuridad;
prefieren los horrores de la noche.

Sofar [b]
18 El malvado es arrastrado por el agua.
Sus tierras quedan bajo maldición
y nadie vuelve a trabajar en sus viñedos.
19 Con el calor de la sequía,
la nieve se derrite;
y en el sepulcro, el pecador desaparece.
20 Su propia madre se olvidará de él;
los gusanos se lo comerán,
y nadie volverá a acordarse de él.
El malo caerá como un árbol cortado.
21 Con las mujeres sin hijos y con las viudas
fue siempre cruel; jamás las ayudó.
22 Pero Dios, con su fuerza,
derriba a los poderosos;
cuando él actúa, nadie tiene segura la vida.
23 Dios los deja vivir confiados,
pero vigila cada uno de sus pasos.
24 Por un momento se levanta el malo,
pero pronto deja de existir.
Se marchita como hierba arrancada,
como espiga que se dobla.
25 Y si esto no es así,
¿quién podrá desmentirme
y probar que estoy equivocado? [c]

Bildad

25 1-2 Dios es poderoso y temible;
él establece la paz en el cielo.
3 Sus ejércitos son incontables,
su luz brilla sobre todos.
4 ¿Podrá, pues, un simple hombre
ser puro e inocente frente a Dios?

5 A sus ojos, ni la luna tiene brillo
ni son puras las estrellas,
6 ¡mucho menos el hombre;
este gusano miserable!

Job [a]

26 1-2 ¡Qué manera de ayudar al débil,
de salvar al que ya no tiene fuerzas!
3 ¡Qué bien sabes dar consejos
e instruir al ignorante!
4 ¿Con ayuda de quién
has dicho esas palabras?
¿Quién te ha inspirado para hablar así?

Bildad [b]
5 Los muertos, que habitan el mar profundo,
tiemblan de miedo en el fondo del mar.
6 El sepulcro, reino de la muerte,
no encierra misterios para Dios.
7 Dios extendió el cielo [c] sobre el vacío
y colgó la tierra sobre la nada.
8 Él encierra el agua en las nubes
sin que las nubes revienten con el peso;
9 oscurece la cara de la luna
cubriéndola con una nube;
10 ha puesto el horizonte del mar
como límite entre la luz y las tinieblas.
11 Cuando Dios amenaza,
tiemblan de miedo
los montes en que se apoya el cielo.
12 Con su fuerza dominó al mar;
con su habilidad derrotó
al monstruo Rahab. [d]
13 Con su soplo dejó el cielo despejado;
con su mano mató
a la serpiente escurridiza.
14 Y esto no es más que una parte
de sus obras;
lo que hemos oído
es apenas un murmullo.
¿Quién podrá entender
su trueno poderoso?

---

[b] **24.18–25** *Sofar:* En el texto heb., los vv. 18–25 aparecen como continuación de las palabras de Job, y no se menciona un tercer discurso de *Sofar*. Generalmente se considera que 24.18–25 y 27.13–23 forman el tercer discurso de este. [c] **24.25** Algunos consideran que el v. 25 pertenece al discurso de Job, después de 24.17.
[a] **26.1–4** *Job* insiste, una vez más, en su inocencia. Es probable que el discurso de Job esté en 26.1–4 y 27.1–12.
[b] **26.5–14** *Bildad:* En el texto heb., los vv. 5–14 aparecen como continuación del discurso de Job. Sin embargo, concuerdan mejor con el discurso de Bildad (25.1–6), demasiado corto, y por lo general se consideran continuación de este. [c] **26.7** *Cielo:* lit. *norte* (heb. *safón*). Esta palabra fue originalmente el nombre cananeo del monte Casio, situado al norte de Palestina y, por extensión, llegó a significar *norte.* Cf. Sal 48.2. [d] **26.12** *Rahab:* Véase 9.13 n.; cf. Is 51.9.

Job

27 **1-2** *a* ¡Juro por Dios,
por el Todopoderoso,
quien se niega a hacerme justicia
y me llena de amargura,

3 que mientras él me dé fuerza
para respirar,

4 jamás diré mentiras
ni pronunciaré palabras falsas!

5 Mientras yo viva, insistiré
en mi inocencia;
¡no admitiré que ustedes tengan razón
al acusarme!

6 No dejaré de insistir en mi honradez,
pues no tengo nada que reprocharme.

7 ¡Que todo el que se declare mi enemigo
corra la suerte del malvado y del injusto!

8 ¿Qué esperanza habrá para el impío
cuando Dios le quite la vida?

9 Cuando se encuentre en dificultades,
Dios no hará caso de sus ruegos.

10 Pues él no encuentra su alegría
en el Todopoderoso,
ni lo invoca en ningún momento.

11 Voy a mostrarles el gran poder de Dios,
los planes del Todopoderoso.

12 Y si todos ustedes ya lo han visto,
¿por qué dicen cosas absurdas?

Sofar *b*

13 Este es el castigo que Dios,
el Todopoderoso,
dará a los hombres crueles y malvados:

14 aunque sus hijos sean muchos,
morirán en la guerra
o por no encontrar qué comer.

15 A los que queden con vida,
los matará la peste,
y sus viudas no los llorarán.

16 Aunque el malvado amontone plata
como tierra,
y tenga ropa en grandes cantidades,

17 será un hombre honrado
el que use esa ropa
y algún hombre honrado
el que disfrute de esa plata.

18 La casa del malvado es frágil
como un nido,
como la choza de quien cuida
los campos.

19 Se acostará rico por última vez,
y al despertar, ya no tendrá nada.

20 El terror le llegará de día,
la tempestad se lo llevará de noche.

21 El viento huracanado del oriente
lo arrancará de su casa;

22 soplará contra él sin compasión,
por más que trate de escapar.

23 El viento lo perseguirá
con estruendos y silbidos.

Alabanza a la sabiduría

28 **1** *a* Hay minas de donde se saca
la plata
y lugares donde se refina el oro.

2 El hierro se saca de la tierra,
y las piedras, al fundirse,
producen el cobre.

3 El hombre ha puesto fin a las tinieblas:
baja a los lugares más profundos
y allí, en la oscuridad, busca piedras.

4 Balanceándose suspendidos
de una soga,
abren minas en lugares solitarios,
en lugares por donde nadie pasa,
lejos de las ciudades.

5 La tierra, por encima, produce trigo,
y por debajo está revuelta
como por fuego.

6 Allí se encuentran zafiros,
y oro mezclado con tierra.

7 Ni los halcones ni otras aves de rapiña
han visto jamás esos senderos.

8 Las fieras no pasan por ellos
ni los frecuentan los leones.

9 El hombre pone la mano en el pedernal
y arranca de raíz las montañas.

---

a **27.1–12** El texto heb. dice lit. *Job continuó su exposición diciendo:* Los vv. 1–12 se entienden generalmente como continuación de 26.1–4. *b* **27.13–23** En el texto heb., los vv. 13–23 aparecen como continuación de las palabras de *Job*. Pero por lo general se considera que, junto con 25.18–25, forman parte del discurso de *Sofar*, que se echa de menos. *a* **28.1–28** Este himno a la sabiduría es una especie de intervalo entre la discusión de Job con sus amigos y su defensa final (caps. 29—31). Al poner tan de relieve el carácter inaccesible de la sabiduría (vv. 20–28), el poema prepara la revelación de Dios en la última parte del libro (38.1—42.6).

10 Abre túneles en los peñascos
   y descubre toda clase de tesoros.
11 Explora los nacimientos de los ríos
   y saca a la luz cosas escondidas.

12 ¿Pero de dónde viene la sabiduría?
   ¿En qué lugar está la inteligencia?
13 El hombre no sabe lo que ella vale,
   ni la encuentra en este mundo.
14 El océano dice: "Aquí no está",
   y el mar: "Yo no la tengo."
15 No se puede conseguir con oro,
   ni se puede comprar con plata.
16 No se puede pagar
      con el oro más precioso,
   ni con joyas de cornalina o de zafiro.
17 Vale más que el oro y el cristal;
   no se puede cambiar por objetos
      de oro puro.
18 La sabiduría es más preciosa
      que el coral,
   y que el cristal de roca y las perlas.
19 El crisólito de Etiopía no la iguala,
   ni se puede pagar con el oro más fino.
20 ¿De dónde, pues, viene la sabiduría?
   ¿En qué lugar está la inteligencia?
21 Está escondida a la vista de las fieras,
   oculta a las aves del cielo.
22 Aun la destrucción y la muerte dicen:
   "Solo de oídas hemos sabido de ella."

23 Pero Dios conoce el camino
      de la sabiduría;
   solo él sabe dónde encontrarla,
24 pues él ve hasta el último rincón
      de la tierra
   y todo lo que hay debajo del cielo.
25 Cuando Dios le fijó la fuerza al viento
   y puso un límite al agua,
26 cuando estableció las leyes de la lluvia
   y señaló el camino a la tormenta,
27 también vio a la sabiduría,
      vio su justo valor,
   la examinó y le dio su aprobación.
28 Y dijo Dios a los hombres:
   "Servir fielmente al Señor:
      eso es sabiduría;
   apartarse del mal: eso es inteligencia."[b]

Defensa final de Job

Job

29 1-2 ¡Ojalá pudiera yo volver
         a aquellos tiempos
      en que Dios me protegía!
3 Cuando él me iluminaba con su luz
   y yo podía andar en la oscuridad;
4 cuando yo estaba en plena madurez
   y Dios cuidaba de mi hogar;
5 cuando el Todopoderoso estaba a mi lado
   y mis hijos me hacían compañía;
6 cuando la leche corría por el suelo
   y el aceite brotaba de las rocas;
7 cuando yo tomaba asiento
   en el lugar de reunión de la ciudad.
8 Los jóvenes, al verme, se hacían a un lado
   y los ancianos se ponían de pie.
9 Aun los hombres importantes dejaban
      de hablar
   y hacían señas de guardar silencio.
10 Los gobernantes bajaban la voz;
   se les pegaba la lengua al paladar.

11 La gente, al verme o escucharme,
   me felicitaba y hablaba bien de mí,
12 pues yo socorría al huérfano y al pobre,
   gente a la que nadie ayudaba.
13 El que estaba en la ruina
      me daba las gracias;
   mi ayuda era a las viudas motivo de alegría.
14 La justicia y la honradez eran parte
      de mí mismo:
   eran mi ropa de todos los días.
15 ¡Yo era ojos para el ciego
   y pies para el lisiado,
16 padre de los necesitados
   y defensor de los extranjeros!
17 Yo les rompía la quijada a los malvados
   y les quitaba la presa de los dientes.

18 Yo pensaba: "Mis días serán tantos
      como la arena;
   moriré anciano y en mi propio hogar.
19 Soy como un árbol plantado
      junto al agua,
   cuyas ramas baña el rocío de la noche.
20 Mi esplendor se renovará conmigo,
   y no me faltarán las fuerzas."

---

[b] **28.28** Este v. es la culminación del poema: la sabiduría de Dios supera toda capacidad humana; pero hay una sabiduría más humilde, que Dios ha querido revelar y poner al alcance de todos. Esta sabiduría consiste en *servir fielmente al Señor* (lit. *temer al Señor*). Cf. Job 1.1; Sal 111.10; Pr 1.7; Eclo 1.14.

21 Todos me escuchaban
 y esperaban en silencio mis consejos.
22 Después de hablar yo, ninguno replicaba.
 Mis palabras caían gota a gota sobre ellos,
23 y ellos las esperaban ansiosos,
 como se espera la lluvia en tiempo de calor.
24 Cuando yo les sonreía, apenas lo creían,
 y no dejaban de mirar mi rostro alegre.
25 Yo establecía mi autoridad sobre ellos
 y decidía lo que ellos debían hacer,
 como un rey al frente de sus tropas.
 Cuando estaban tristes, yo los consolaba.

30 ¹ Pero ahora se ríen de mí
 muchachos más jóvenes que yo,
 cuyos padres no hubiera yo aceptado
 para estar con los perros que cuidaban
 mis rebaños.
2 ¿De qué me hubiera servido
 la fuerza de sus brazos?
 Ellos eran gente desgastada
3 por el hambre terrible y la necesidad.
 De noche, en el desierto solitario,
 tenían que roer raíces secas;
4 arrancaban hierbas amargas
 de los matorrales,
 y hasta raíces de retama comían.
5 Eran gente rechazada por la sociedad,
 perseguida a gritos como los ladrones;
6 tenían que vivir en cuevas,
 en los barrancos y entre los peñascos;
7 aullaban en la maleza,
 amontonados bajo los matorrales.
8 Gente inútil, hijos de nadie,
 indignos de vivir en el país.

9 Pero ahora ellos se burlan
 y hacen chistes a costa mía.
10 Con repugnancia se alejan de mí,
 y hasta me escupen en la cara.
11 Ahora que estoy desarmado y humillado,
 no me tienen ningún respeto.
12 A mi lado se presentan en montón,
 me hacen caer, me atacan
 y procuran darme muerte.
13 Me cierran el camino, para destruirme,
 y nadie los detiene.
14 Como por un boquete abierto
 en la muralla,
 se lanzan sobre mí con gran estruendo.
15 El terror cayó sobre mí;
 mi dignidad huyó como el viento;
 mi prosperidad, como una nube.

16 Ya no tengo ganas de vivir;
 la aflicción se ha apoderado de mí.
17 El dolor me penetra hasta los huesos;
 sin cesar me atormenta por las noches.
18 Dios me ha agarrado por el cuello,
 y con fuerza me sacude la ropa.
19 Me ha arrojado en el lodo,
 como si yo fuera polvo y ceniza.

20 Te pido ayuda, oh Dios, y no respondes,
 te suplico y no me haces caso.
21 Te has vuelto cruel conmigo,
 me persigues con rigor.
22 Haces que el viento me arrebate,
 que la tempestad me sacuda.
23 Ya sé que tú quieres llevarme a la muerte,
 al destino reservado a todo ser viviente.
24 ¿Acaso no he ayudado al pobre
 y lo he salvado de su miseria?
25 ¿Acaso no he llorado por el que sufre,
 ni tenido compasión del necesitado?
26 Yo esperaba la felicidad, y vino la desdicha;
 aguardaba la luz, y llegó la oscuridad.
27 Mi corazón se agita sin descanso;
 solo me esperan días de aflicción.
28 Llevo una vida triste, sin luz de sol;
 delante de todos pido ayuda.
29 Parezco hermano de los chacales,
 amigo de los avestruces.
30 Mi piel se ha vuelto negra,
 mi cuerpo arde a causa de la fiebre.
31 La música de las arpas y las flautas
 se convirtió para mí en llanto de dolor.

31 ¹ Yo me he impuesto la norma
 de no codiciar ni siquiera
 a las solteras.
2 ¿Cuál es la recompensa que
 el Todopoderoso
 da a cada hombre desde lo alto del cielo?
3 ¿No es acaso al malvado y pecador
 a quien corresponde la desgracia?
4 ¿O es que Dios no ve lo que hago
 ni observa cada uno de mis pasos?

5 Juro que nunca he procedido con malicia
 ni he intentado engañar a nadie.
6 ¡Que Dios me pese con balanza justa,
 y se convencerá de mi inocencia!
7 Si me he desviado del camino recto,
 si me he dejado llevar de la codicia,
 si algo ajeno se ha encontrado
 en mi poder,

8 que otros se coman
   lo que yo he sembrado
   y arranquen de raíz lo que planté.

9 Si me he dejado seducir de una mujer
   o me he puesto a espiar
      a la mujer de mi vecino,
10 que mi esposa sea esclava de otros
   y que extraños se acuesten con ella.
11 Pues mis acciones serían infames;
   serían actos dignos de castigo.
12 Serían como un incendio destructor
   que destruiría todo lo que tengo.

13 Si mis criados me reclamaban algo,
   yo siempre atendía a sus peticiones.
14 ¿De qué otra manera podría yo
      presentarme ante Dios?
   ¿Qué le respondería
      cuando él me pidiera cuentas?
15 Un mismo Dios nos formó en el vientre,
   y tanto a ellos como a mí nos dio la vida.
16 Nunca dejé de socorrer al pobre
      en su necesidad,
   ni permití que las viudas pasaran hambre.
17 Nunca comí yo solo mi bocado
   sin compartirlo con el huérfano.
18 Siempre traté al huérfano como un padre;
   siempre fui protector de las viudas.
19 Cuando yo veía que alguien moría
      por falta de ropa,
   o que un pobre no tenía con qué cubrirse,
20 con la lana de mis propias ovejas
      le daba calor,
   y él me quedaba agradecido.
21 Jamás amenacé a un huérfano
   valiéndome de mi influencia con los jueces.
22 Y si esto no es verdad,
   que los brazos se me rompan;
   que se me caigan de los hombros.
23 Yo temía el castigo de Dios;
   ¡no habría podido resistir su majestad!

24 Jamás el oro ha sido para mí
   la base de mi confianza y seguridad.
25 Jamás mi dicha ha consistido
      en tener grandes riquezas
   o en ganar mucho dinero.

26 He visto brillar el sol
   y avanzar la luna en todo su esplendor,
27 pero jamás los adoré en secreto
   ni les envié besos con la mano.
28 Esto habría sido digno de castigo;
   ¡habría sido negar al Dios del cielo!

29 Nunca me alegré
      del mal de mi enemigo,
   ni de que le hubiera venido
      una desgracia.
30 Jamás lancé sobre él una maldición
   ni le deseé la muerte.
31 Si algunos de los que vivían conmigo
   querían abusar de un extranjero,[a]
32 yo no lo dejaba pasar la noche en la calle.
   Siempre abrí las puertas de mi casa
      a los viajeros.
33 Jamás he ocultado mis faltas,
      como hacen otros,
   ni he tratado de tenerlas en secreto
34 por miedo de la gente.
   Jamás me he quedado encerrado
      y en silencio
   por temor al desprecio de mis familiares.

35 ¡Ojalá que alguien me escuchara!
   Con mi firma respaldo lo que he dicho;
   ahora, ¡que el Todopoderoso
      me responda!
   Las acusaciones que me hagan
      por escrito,
36 las llevaré conmigo honrosamente;
   me las pondré por corona.
37 Yo daré cuenta a Dios
      de todas mis acciones,
   me acercaré con dignidad a su presencia.

38 Mis tierras no claman al cielo contra mí,
   ni sus surcos lloran afligidos.
39 Pero si a alguien le he robado
      sus productos,
   o si he explotado a los campesinos,
40 ¡que mis tierras produzcan espinos
      en vez de trigo,
   y mala hierba en vez de cebada!

Con esto terminó Job su defensa.

---

[a] **31.31** *Querían abusar de un extranjero:* lit. *querían saciarse de su carne.* Parece referirse al abuso sexual contra los extranjeros, como en el caso de Sodoma y Gomorra (Gn 19); otros lo interpretan como una forma extrema de agresividad.

Intervención de Eliú

32 1 *a* Al ver los tres hombres que Job insistía en que era inocente, dejaron de discutir con él. 2 Entonces un hombre llamado Elihú,*b* hijo de Baraquel el buzita,*c* descendiente de Ram, no pudo contener más su enojo contra Job, al ver que insistía en su inocencia y culpaba a Dios. 3 Pero también se enojó con los tres amigos de Job, porque, al no haber sabido responderle, habían hecho quedar mal a Dios.*d* 4 Como Elihú era el más joven de todos, esperó a que los otros terminaran de hablar con Job; 5 pero al ver que ellos no sabían ya cómo responderle, no se pudo contener 6 y comenzó a hablar.

Primer discurso de Elihú

Elihú

Como yo soy joven y ustedes ancianos,
no me atrevía a expresarles mi opinión.
7 Y pensé: "Que hable la voz
de la experiencia;
que muestren los muchos años
su sabiduría."
8 Aunque en realidad todo hombre
tiene entendimiento,
pues el Todopoderoso le infundió
su espíritu.
9 Los muchos años no hacen sabio a nadie,
ni las barbas traen consigo
una recta comprensión.
10 Por eso dije: "Ahora, que me escuchen,
pues yo también tengo algo que decir."

11 Yo he estado atento y he escuchado
los argumentos presentados por ustedes.
Les he visto buscar las mejores palabras,
12 y he visto también que ninguno de ustedes
ha podido darle a Job la debida respuesta.
13 Pues para que no se crean ustedes
tan sabios,
Dios, y no un hombre, le responderá.

14 Pero, ni Job se ha dirigido a mí,
ni yo voy a contestarle como ustedes.

15 Job, estos tres están confundidos
y les faltan palabras para responderte;
16 pero no creas que yo voy a callar
porque ellos callan,
porque se quedan sin responderte.
17 Voy a tomar parte en el asunto
y diré lo que tengo que decir.
18 Estoy tan lleno de palabras
que ya no puedo contenerme;
19 estoy a punto de estallar,
como el vino encerrado en cueros nuevos.
20 Tengo que hablar para desahogarme,
tengo que darte una respuesta.
21 No voy a halagar a nadie;
trataré a todos por igual.
22 En realidad, yo no acostumbro
hacer halagos;
¡el Creador me castigaría en seguida
si los hiciera!

33 1 Por lo tanto, Job,
escucha mis palabras;
pon atención a lo que voy a decirte.
2 Ya tengo en los labios la respuesta:
3 voy a hablar con sinceridad
y a decir francamente lo que pienso.
4 Dios, el Todopoderoso, me hizo,
e infundió en mí su aliento.

5 Respóndeme, si puedes;
prepárate a hacerme frente.
6 Tú y yo somos iguales ante Dios;
yo también fui formado de barro.
7 Así que no tienes por qué asustarte de mí,
pues no te voy a imponer mi autoridad.

8 Me parece que te oí decir
(tales son las palabras que escuché):
9 "Yo soy puro e inocente,
y no tengo falta ni pecado.

a **32—37** *Elihú* aparece de manera inesperada, cuando parecía que la discusión había ya acabado (32.15). Su larga intervención interrumpe la continuidad del poema, dado que el desafío lanzado por Job (31.35—37) estaba pidiendo una respuesta de Dios, que ahora se hace esperar (hasta el cap. 38). Además, no se vuelve a mencionar a Elihú en el resto del libro, ni siquiera cuando el Señor pronuncia su veredicto acerca de Elifaz y sus *dos* amigos (42.7). Estos caps. dan la impresión de haber sido añadidos posteriormente para agregar algunas precisiones sobre lo expuesto antes. *b* **32.2** A diferencia de los otros amigos de Job, el nombre *Elihú* es israelita y significa *Él es mi Dios.* *c* **32.2** *Buzita:* perteneciente a la tribu de Buz en el oriente (cf. Jer 25.23). *d* **32.3** *A Dios:* texto probable. El texto heb. tiene *a Job,* lo que se considera generalmente como una corrección de los escribas, por eufemismo.

10 Pero Dios busca de qué acusarme,
y me trata como a su enemigo;
11 me ha puesto cadenas en los pies,
y vigila cada uno de mis pasos."
12 Pero tal afirmación es incorrecta,
pues Dios es más grande que los hombres.
13 ¿Por qué le echas en cara
que no conteste a ninguno
de tus argumentos?
14 Dios habla de muchas maneras,
pero no nos damos cuenta.
15 A veces lo hace en las noches,
en un sueño o una visión,
cuando los hombres ya duermen,
cuando el sueño los domina.
16 Dios habla al oído de los hombres;
los reprende y los llena de miedo,
17 para apartarlos de sus malas obras
y prevenirlos contra el orgullo.
18 Así los libra de la tumba,
los salva de la muerte.
19 Otras veces Dios corrige
al hombre con enfermedades,
con fuertes dolores en todo su cuerpo.
20 Todo alimento, aun el más delicioso,
le resulta entonces insoportable.
21 La carne se le va desgastando,
se le pueden ver los huesos.
22 Su vida está al borde del sepulcro,
a las puertas de la muerte.

23 Pero si hay cerca de él un ángel,[a]
uno entre mil que hable en su favor
y dé testimonio de su rectitud,[b]
24 que le tenga compasión y diga a Dios:
"Líbralo de la muerte,
pues he encontrado su rescate",
25 entonces su cuerpo recobrará la salud
y volverá a ser como en su juventud.
26 Hará súplicas a Dios, y él lo atenderá;
con alegría verá a Dios cara a cara,
y cantará a los hombres
la bondad de Dios.
27 Dirá: "Pequé, cometí injusticias,
pero Dios no quiso castigarme;
28 por el contrario, me salvó de la muerte
y todavía puedo ver la luz."

29 Así trata Dios al hombre
una y otra vez;
30 lo salva de la muerte,
lo deja seguir viendo la luz.

31 Escúchame, Job, con atención;
guarda silencio mientras hablo.
32 Si tienes algo que decir, respóndeme;
si tienes razón, lo admitiré con gusto;
33 pero si no, escúchame en silencio,
y yo te enseñaré a ser sabio.

Segundo discurso de Elihú

34 1-2 Ustedes, sabios e instruidos,
escuchen mis palabras.
3 El oído distingue las palabras,
igual que el paladar reconoce los sabores.
4 Así también,
examinemos nosotros el caso
y decidamos lo que nos parezca mejor.
5 Job afirma: "Yo soy inocente,
pero Dios se niega a hacerme justicia.
6 Sería una mentira el admitir
que soy culpable;
mi herida no sana,
aun cuando no he pecado."

7 ¡No hay nadie como Job!
Se burla de Dios como quien bebe agua;
8 le gusta juntarse con los malvados,
andar con la gente mala.
9 Dice que nada gana el hombre
con tratar de agradar a Dios.
10 Pero ustedes, gente sensata, escúchenme.
¡Ni pensar que Dios, el Todopoderoso,
haga el mal o cometa injusticias!
11 Él paga a cada uno según sus obras;
hace que cada cual reciba
lo que merece.[a]
12 En verdad, Dios, el Todopoderoso,
no hace nada malo ni injusto;
13 de nadie recibió el poder
para gobernar al mundo entero.
14-15 Si les quita a los hombres
el aliento de vida,
todos ellos mueren por igual
y otra vez vuelven al polvo.

---

[a] **33.23** Según parece, a este *ángel* o mediador celestial se le atribuye una doble misión: la de explicar al pecador el porqué de su enfermedad y sus padecimientos, a fin de hacerlo volver al arrepentimiento y al buen camino, y la de interceder por él para que Dios le devuelva la salud. [b] **33.23** Job 5.1; 16.19–21. [a] **34.11** Cf. Sal 62.11–12; Ez 18.30; 33.20; Mt 16.27; Ro 2.6.

16 Si tú eres sensato, escúchame;
pon atención a mis palabras.
17 Si Dios odiara la justicia,
no podría gobernar.
¿Cómo puedes condenar
a quien es inmensamente justo?
18 Si los reyes y los nobles son malvados,
Dios no duda en echárselo en cara.
19 Él no se pone
de parte de los gobernantes,
ni favorece más a los ricos que
a los pobres,
pues él fue quien los hizo a todos.
20 Los hombres mueren en un instante,
en medio de la noche;
la gente se alborota y desaparece;
el poderoso es eliminado
sin esfuerzo humano.
21 Dios vigila los pasos del hombre
y conoce todas sus andanzas.
22 No hay tinieblas tan oscuras
que puedan ocultar a un malhechor.
23 Dios no fija un plazo al hombre
para que se presente ante él a juicio.
24 No necesita investigar
para derribar a los grandes
y dar a otros su lugar.
25 Dios conoce lo que hacen,
llega de noche y los destroza.
26 Los azota como a criminales,
a la vista de todos,
27 porque no quisieron obedecerle
ni aceptar sus normas de conducta.
28 Hicieron que los gritos de los pobres
y oprimidos
llegaran hasta Dios, y él los escuchó.
29 Pero si Dios calla,
¿quién podrá condenarlo?
Si oculta su rostro, ¿quién podrá verlo?
Él vigila a pueblos e individuos
30 para que no gobierne al pueblo
un malvado que lo engañe.
31 ¿Acaso le has dicho a Dios:
"Me dejé engañar; no volveré a pecar.
32 Muéstrame las faltas que yo no veo.
Si he actuado mal,
no lo volveré a hacer"?
33 ¿Acaso quieres que Dios te recompense
como mejor te parezca,

aunque tú lo hayas rechazado?
Ya que eres tú quien decide, y no yo,
dinos lo que sabes.
34 Los hombres sabios que me escuchan,
y las personas sensatas, me dirán:
35 "Job está hablando sin saber;
sus palabras no tienen sentido.
36 ¡Que se examine a fondo a Job,
pues sus respuestas son
las de un malvado!
37 Job no solo es pecador, sino rebelde;
delante de nosotros se burla de Dios
y se pone a discutir con él."

Tercer discurso de Elihú

35 1-2 ¿Te parece justo, Job, afirmar
que Dios debe darte la razón?
3 Pues le has dicho a Dios:
"¿Qué te importa si yo peco?
¿En qué te perjudica mi pecado?"[a]
4 Pues yo te voy a responder
a ti, y también a tus amigos.
5 Fíjate en el cielo,
y mira qué altas están las nubes sobre ti.
6 Si pecas, eso no afecta a Dios;
por muchos pecados que cometas,
no le haces nada.
7 Y si actúas bien, nada le das;
no le haces ningún beneficio.
8 Es a los hombres como tú
a quienes afecta tu pecado
y a quienes benefician tus buenas acciones.

9 Bajo el peso de la opresión,
los hombres gritan
y buscan quien los salve de los poderosos;
10 pero no buscan al Dios que los creó,
al que da fuerzas en las horas
más oscuras,
11 al que nos instruye y nos enseña
por medio de los animales y las aves.
12 Gritan, pero Dios no les contesta,
porque son hombres malos y orgullosos.
13 Dios, el Todopoderoso,
no hace caso a las falsedades.

14 Aun cuando dices que no ves a Dios,
espéralo, pues tu caso está
en su presencia.

---

a 35.3 Job 7.20.

15 Dices que él no se enoja ni castiga,
que no presta mucha atención al pecado.

16 ¡Pero, Job, estás diciendo
cosas sin sentido,
estás hablando mucho y sin
inteligencia!

Cuarto discurso de Elihú

36

1-2 Ten un poco de paciencia,
y te instruiré,
pues aún tengo argumentos a favor
de Dios.

3 Usaré mis amplios conocimientos
para mostrar que mi Creador tiene razón.

4 Te aseguro que no diré nada falso;
tienes delante a un sabio consumado.

5 Dios es poderoso e inmensamente sabio,
y no desprecia al inocente.

6 No perdona la vida al malvado,
pero hace justicia a los pobres;

7 siempre protege a los hombres rectos;
afirma a los reyes en sus tronos,
y los mantiene en alta posición.

8 Pero si son sujetados con cadenas
y el dolor los atormenta,

9 Dios les hace ver el mal que cometieron
y cómo se dejaron llevar por el orgullo.

10 Les habla para corregirlos
y pedirles que dejen su maldad.

11 Si le hacen caso y se someten,
gozan de dicha y felicidad
por el resto de sus días.

12 Pero si no hacen caso,
mueren y bajan al sepulcro
antes de que puedan darse cuenta.

13 Los impíos se llenan de furor,
y ni aun estando presos piden ayuda.

14 Mueren en plena juventud;
su vida termina en forma vergonzosa.[a]

15 Por medio del sufrimiento,
Dios salva al que sufre;
por medio del dolor lo hace entender.

16 A ti también te libró de los peligros,
y te dio abundancia y libertad;
llenó tu mesa de comidas deliciosas.

17 En ti se cumple la sentencia del malvado,
y no podrás evitar que se te juzgue
y condene.

18 Cuida de no dejarte sobornar,
de no dejarte seducir
por el mucho dinero.

19 En la angustia no te servirán de nada
tus gritos ni todo tu poder.

20 No suspires por que llegue la noche,
cuando los pueblos desaparecen.

21 Cuida de no volver a la maldad,
tú que fuiste probado por el sufrimiento.

22 Fíjate en el gran poder de Dios.
Ningún maestro es comparable a él;

23 nadie puede decirle
lo que tiene que hacer,
ni echarle en cara el haber hecho mal.

24 Todo el mundo alaba sus obras;
acuérdate también tú de alabarlas.

25 Todo hombre puede verlas,
aunque sea de lejos.

26 Dios es tan grande,
que no podemos comprenderlo;
tampoco podemos contar sus años.

27 Él recoge en un depósito
las gotas de agua,
y luego las convierte en lluvia.

28 La lluvia chorrea de las nubes
y cae en aguaceros sobre la gente.

29 ¿Quién entiende por qué avanzan
las nubes,
o por qué resuena el trueno en el cielo?

30 Dios extiende el relámpago sobre el mar,
dejando oculto el fondo del océano.

31 Así alimenta a los pueblos
y les da comida en abundancia.

32 Sujeta el rayo entre sus manos,
y este da en el blanco,
tal como él lo ordena.

33 El trueno anuncia a Dios,
la tempestad proclama su ira.

37

1 Al ver la tempestad,
mi corazón palpita
como si fuera a salírseme
del pecho.

2 Escuchen el estruendo
de la voz de Dios,
el trueno que sale de su boca.

3 Él lanza el relámpago por todo el cielo
y de un extremo a otro de la tierra.

---

[a] **36.14** *En forma vergonzosa:* lit. *como los que practican la prostitución cúltica* (cf. Dt 23.17; 1 R 14.24).

4 Luego se oye un estruendo,
cuando hace resonar su voz majestuosa;
y mientras se oye el trueno,
los relámpagos no cesan.

5 Cuando Dios hace tronar su voz,
se producen maravillas;
suceden grandes cosas
que nadie puede comprender.

6 Ordena a la nieve caer sobre la tierra
y hace que la lluvia caiga con violencia.

7 Hace que los hombres se queden
en sus casas,
y que todos reconozcan
que él es quien actúa.

8 Los animales entran en sus cuevas,
y allí se quedan escondidos.

9 Del sur viene el huracán,
y del norte viene el frío.

10 Por el soplo de Dios se forma el hielo
y las aguas extensas se congelan.

11 Él carga de humedad las nubes,
y hace que de ellas surja el rayo;

12 y el rayo va, zigzagueando por el cielo,
cumpliendo así las órdenes de Dios
en toda la superficie de la tierra.

13 De todo ello se vale Dios
para castigar a la tierra
o para mostrarle su bondad.

14 Job, ten paciencia y escucha,
considera las cosas admirables
que hace Dios.

15 ¿Sabes tú cómo Dios dispone todo esto,
y cómo brilla el relámpago en la nube?

16 ¿Sabes tú cómo flotan
las nubes en el aire,
prueba admirable de su perfecta
inteligencia?

17 Tú te sofocas de calor entre tu ropa
cuando el viento del sur adormece
la tierra.

18 ¿Puedes tú ayudar a Dios
a extender el cielo
y dejarlo firme como una hoja de metal?

19 Enséñanos qué debemos decirle a Dios,
pues estamos a oscuras y sin argumentos.

20 Yo ni siquiera le diría que quiero hablar,
pues sería como querer que me destruya.

21 No es posible ver la luz del sol
cuando las nubes lo ocultan;
pero si el viento sopla, el cielo se aclara.

22 Resplandores de oro
aparecen por el norte,
cuando Dios se rodea
de terrible majestad.

23 No podemos comprender
al Todopoderoso,
pues él es inmensamente fuerte y justo;
es recto y no oprime a nadie.

24 Por eso los hombres le temen;
nada significan los sabios para él.

Dios interpela a Job

38

1 Entonces el Señor le habló a Job de
en medio de la tempestad.[a]

El Señor

2 ¿Quién eres tú para dudar
de mi providencia
y mostrar con tus palabras tu ignorancia?

3 Muéstrame ahora tu valentía,
y respóndeme a estas preguntas:

4 ¿Dónde estabas cuando yo afirmé
la tierra?
¡Dímelo, si de veras sabes tanto!

5 ¿Sabes quién decidió
cuánto habría de medir,
y quién fue el arquitecto que la hizo?

6 ¿Sobre qué descansan sus cimientos?
¿Quién le puso la piedra principal
de apoyo,[b]

7 mientras cantaban a coro
las estrellas de la aurora
entre la alegría
de mis servidores celestiales?

8 Cuando el mar brotó del seno de la tierra,
¿quién le puso compuertas
para contenerlo?

9 Yo le di una nube por vestido
y la niebla por pañales.

10 Yo le puse un límite al mar
y cerré con llave sus compuertas.

11 Y le dije: "Llegarás hasta aquí,
y de aquí no pasarás;
aquí se romperán tus olas arrogantes."

---

a **38.1** La respuesta de Dios a Job está articulada en dos discursos: el primero (38.1—40.2) habla de la grandeza de Dios creador y gobernador del mundo natural; acerca del segundo, véase Job 40.6 n. *b* **38.6** Los antiguos hebreos concebían la tierra como una plataforma asentada sobre bases sólidas (cf. Sal 24.2; 104.5; Pr 8.29; Zac 12.1).

12 ¿Alguna vez en tu vida has dado órdenes
de que salga la aurora y amanezca el día?
13 ¿Y de que la luz se difunda por la tierra
y los malvados vayan a esconderse?
14 Entonces aparecen los relieves de la tierra
y se tiñen de color como un vestido;
15 se les niega la luz a los malvados
y se pone fin a su amenaza.

16 ¿Has visitado el misterioso abismo
donde tiene sus fuentes el océano?
17 ¿Has visto dónde están las puertas
del tenebroso reino de la muerte?
18 ¿Tienes idea de la anchura de la tierra?
¡Dímelo, si en verdad lo sabes todo!

19 ¿En dónde están guardadas
la luz y las tinieblas?
20 ¿Sabes hacerlas llegar
hasta el último rincón
y que luego regresen a su casa?
21 ¡Debes de saberlo, pues tienes tantos años
que para entonces ya habrías nacido!

22 ¿Has visitado los depósitos
donde guardo la nieve y el granizo
23 para enviarlos en tiempos de desgracia,
en tiempos de batallas y de guerra?
24 ¿Qué caminos sigue la luz al repartirse?
¿Cómo se extiende el viento del este
sobre el mundo?
25 ¿Quién abre una salida al aguacero
y señala el camino a la tormenta,
26 para que llueva en el desierto,
en lugares donde nadie vive,
27 para que riegue la tierra desolada
y haga brotar la hierba?

28 ¿Quién es el padre de la lluvia
y del rocío?
29 ¿Quién es la madre
del hielo y de la escarcha?
30 ¿Quién vuelve el agua dura como
la piedra
y congela la superficie del océano?

31 ¿Eres tú quien mantiene juntas
a las Pléyades
y separadas las estrellas de Orión?

32 ¿Eres tú quien saca a su hora
al lucero de la mañana?
¿Eres tú quien guía a las estrellas
de la Osa Mayor y de la Osa Menor?
33 ¿Conoces tú las leyes que gobiernan
el cielo?
¿Eres tú quien aplica esas leyes
en la tierra?
34 ¿Puedes dar órdenes a las nubes
de que te inunden con agua?
35 Si mandas al rayo que vaya
a alguna parte,
¿acaso te responde: "Aquí estoy,
a tus órdenes"?
36 ¿Quién dio instinto inteligente
a aves como el ibis[c] o el gallo?[d]
37 ¿Quién es tan sabio que sepa
cuántas nubes hay?
¿Quién puede vaciarlas
para que den su lluvia,
38 para que el polvo se convierta en barro
y se peguen los terrones entre sí?

39 ¿Eres tú quien busca presa
para las leonas,
para que coman sus cachorros
hasta llenarse,
40 cuando se esconden en su guarida
o se ponen al acecho en la maleza?
41 ¿Quién da de comer a los cuervos,
cuando sus crías andan buscando
comida
y con grandes chillidos me la piden?

39 1 ¿Sabes cuándo dan a luz
las cabras monteses?
¿Has visto parir a las hembras
del venado?
2 ¿Sabes cuántos meses necesitan
para que den a luz?
3 Al dar a luz se encorvan,
y entonces nacen sus crías.
4 Luego estas se hacen fuertes,
crecen en el campo,
y al fin se van y no regresan.

5 ¿Quién dio libertad al asno salvaje?
¿Quién lo dejó andar suelto?
6 Yo le señalé, como lugar donde vivir,
el desierto y las llanuras salitrosas.

---

c **38.36** *Ibis:* ave de Egipto que aparecía durante las inundaciones del Nilo. d **38.36** *Gallo:* Según los antiguos, el gallo anunciaba la lluvia.

7 No le gusta el ruido de la ciudad,
   ni obedece a los gritos del arriero.
8 Recorre las lomas en busca de pasto,
   buscando cualquier hierba verde
      para comer.

9 ¿Crees que el toro salvaje querrá servirte
   y pasar la noche en tu establo?
10 ¿Podrás atarlo al yugo y obligarlo a arar,
   o a ir detrás de ti rastrillando el campo?
11 ¿Podrás confiar en él
      porque es tan fuerte,
   y dejar que te haga tus trabajos?
12 ¿Crees que te servirá para recoger
      tu cosecha
   y para juntar el grano en tu era?

13 Ahí tienes al avestruz,
      aletea alegremente,
   como si tuviera alas de cigüeña,
14 y abandona los huevos en la arena
   para que se incuben al calor del sol.
15 No piensa que alguien puede aplastarlos,
   que algún animal puede pisotearlos.
16 Es cruel con sus crías,
      como si no fueran suyas,
   y no le importa que resulte inútil
      su trabajo.
17 Es que yo no le di inteligencia;
   le negué el buen sentido.
18 Pero cuando se levanta y echa a correr,
   se ríe de caballos y jinetes.

19 ¿Acaso fuiste tú quien dio fuerza
      al caballo,
   quien adornó su cuello con la crin?
20 ¿Acaso tú lo haces saltar como langosta,
   con ese soberbio resoplido
      que impone terror?
21 Escarba arrogante en la llanura,
   y sin temor se lanza a la batalla.
22 Se ríe del terror y no se asusta,
   ni se acobarda ante la espada,
23 por más que resuene la aljaba del jinete
   y lancen chispas las lanzas
      y las jabalinas.
24 Con ímpetu incontenible
      devora las distancias;

suena la trompeta
y ya no puede estarse quieto.
25 Contesta con relinchos
      al toque de trompeta;
   desde lejos siente el olor de la batalla
   y oye las voces de mando y el griterío.

26 ¿Acaso eres tan sabio
      que enseñas a volar al halcón,
   y a tender su vuelo hacia el sur?
27 ¿Eres tú quien ha ordenado al águila
   que ponga su nido en las alturas?
28 Ella vive día y noche en los peñascos,
   levanta su fortaleza en un picacho.
29 Desde allá arriba mira
   y acecha a su presa.
30 Sus crías se alimentan de sangre,
   y donde hay cadáveres,
      allí se la encuentra.

40 1-2 ᵃTú, que querías
         entablarme juicio
      a mí, al Todopoderoso,
   ¿insistes todavía en responder?

Job
3-4 ¿Qué puedo responder yo,
      que soy tan poca cosa?
   Prefiero guardar silencio.
5 Ya he hablado una y otra vez,
   y no tengo nada que añadir.

Dios vuelve a interpelar a Job
6 Volvió el Señor a hablarle a Job de en medio
de la tempestad.ᵇ

El Señor
7 Muéstrame ahora tu valentía,
   y respóndeme a estas preguntas:
8 ¿Pretendes declararme injusto y culpable,
   a fin de que tú aparezcas inocente?
9 ¿Acaso eres tan fuerte como yo?
   ¿Es tu voz de trueno, como la mía?
10 Revístete entonces de grandeza y majestad,
   cúbrete de gloria y esplendor.
11 Mira a todos los orgullosos:
   da rienda suelta a tu furor y humíllalos.
12 Sí, derríbalos con tu mirada,
   aplasta a los malvados donde se encuentren.

ᵃ **40.1–2** La mayoría de los mss. colocan al principio de este v. las palabras: *El Señor respondió a Job.* ᵇ **40.6** En la
segunda parte de su respuesta, Dios insistirá en su grandeza ante Job; la inocencia del hombre, aun cuando tenga
que sufrir, no significa que Dios es injusto (40.7—41.34).

13 Sepúltalos a todos en la tierra,
   enciérralos en la prisión de los muertos.
14 Entonces yo mismo reconoceré
   que fue tu poder el que te dio la victoria.

15 Fíjate en el monstruo Behemot,^c
   criatura mía igual que tú:
   come hierba, como los bueyes;
16 mira qué fuertes son sus lomos,
   y qué poderosos sus músculos.
17 Su cola es dura como el cedro,
   los tendones de sus patas forman nudos.
18 Sus huesos son como tubos de bronce,
   como barras de hierro.
19 Es mi obra maestra;
   solo yo, su creador, puedo derrotarlo.
20 De los montes, donde juegan las fieras,
   le traen hierba para que coma.
21 Se echa debajo de los lotos,
   se esconde entre las cañas del pantano.
22 Los lotos le dan sombra,
   los álamos del arroyo lo rodean.
23 Si el río crece, no se asusta;
   aunque el agua^d le llegue al hocico,
   está tranquilo.
24 ¿Quién es capaz de agarrarlo
   y sacarle los ojos,
   o de pasarle un lazo por la nariz?

41 ¹ Y a Leviatán,^a
   ¿lo pescarás con un anzuelo?
   ¿Podrás atarle la lengua
   con una cuerda?
2 ¿Podrás pasarle un cordel por las narices
   o atravesarle con un gancho la quijada?
3 ¿Acaso va a rogarte
   que le tengas compasión,
   y a suplicarte con palabras tiernas?
4 ¿Acaso harás que te prometa
   ser tu esclavo toda la vida?
5 ¿Jugarás con él como con un pajarito?
   ¿Lo atarás como juguete de tus hijas?
6 ¿Se pondrán a regatear por él
   en el mercado?
   ¿Lo cortarán en pedazos para venderlo?
7 ¿Podrás atravesarle el cuero con flechas,
   o la cabeza con arpones?

8 Si llegas a ponerle la mano encima,
   te dará tal batalla que no la olvidarás,
   y nunca volverás a hacerlo.

9 Con solo ver a Leviatán,
   cualquiera se desmaya de miedo.
10 Si alguien lo provoca, se pone furioso;
   nadie es capaz de hacerle frente.
11 ¿Quién, que se le enfrente,
   saldrá sano y salvo?
   ¡Nadie en todo el mundo!^b
12 No dejaré de mencionar sus patas
   y su fuerza sin igual.
13 ¿Quién puede quitarle
   el cuero que lo cubre,
   o atravesar su doble coraza protectora?
14 ¿Quién puede abrirle el hocico,
   con su cerco de terribles dientes?
15 Sus lomos son hileras de escudos
   cerrados y duros como la piedra.
16 Tan apretados están unos contra otros,
   que ni el aire puede pasar entre ellos.
17 Tan unidos y trabados están,
   que nadie puede separarlos.
18 Sus estornudos son como relámpagos;
   sus ojos brillan
   como el sol cuando amanece.
19 De su hocico salen llamaradas
   y se escapan chispas de fuego.
20 De sus narices sale humo,
   como de una caldera que hierve al fuego.
21 Su aliento enciende las brasas,
   de su hocico salen llamas.
22 Su cuello es tan fuerte
   que ante él todos se llenan de miedo.
23 Aun la parte carnosa de su cuerpo
   es dura e impenetrable,
   como hierro fundido.
24 Tiene el corazón duro como la roca,
   duro como piedra de moler.
25 Cuando él se levanta,
   los dioses se espantan
   y huyen llenos de terror.
26 Ni espada ni lanza ni flecha ni dardo
   sirven de nada para atacarlo.
27 Para él, el hierro es como paja,
   y el bronce como madera podrida.

---

^c **40.15** *Behemot:* monstruo legendario, descrito con los rasgos del hipopótamo. ^d **40.23** *El agua:* lit. *el Jordán.*
^a **41.1** *Leviatán:* Véase 3.8 n. ^b **41.10–11** Algunos traducen los vv. 10–11 así, refiriéndolos a Dios: *No será cruel cuando lo provoque. Nadie es capaz de hacerme frente. ¿Quién, que se me enfrente, saldrá sano y salvo? Todo en el mundo es mío.*

28 Las flechas no lo hacen huir;
   lanzarle piedras es como lanzarle paja.

29 Un golpe de mazo le es
      como un golpe de caña;
   se ríe al oir silbar las jabalinas.

30 Cuando se arrastra, abre surcos
      en el barro,
   como si lo hiciera con afilados trillos.

31 Hace hervir como una olla
      al mar profundo;
   como una caldera para mezclar
   ungüentos.

32 Va dejando en el agua una estela
   blanca y brillante
      como melena de canas.

33 No hay en la tierra
      nada que se le parezca;
   fue hecho para no sentir miedo jamás.

34 Hace frente aun a los más arrogantes,
   y es el rey de todas las fieras.

Job reconoce la sabiduría de Dios

Job

42

1-2 Yo sé que tú lo puedes todo
   y que no hay nada
      que no puedas realizar.

3 ¿Quién soy yo para dudar
      de tu providencia,
   mostrando así mi ignorancia?
   Yo estaba hablando de cosas
      que no entiendo,
   cosas tan maravillosas
      que no las puedo comprender.

4 Tú me dijiste: "Escucha,
      que quiero hablarte;
   respóndeme a estas preguntas."

5 Hasta ahora, solo de oídas te conocía,
   pero ahora te veo con mis propios ojos.*a*

6 Por eso me retracto arrepentido,
   sentado en el polvo y la ceniza.

Dios devuelve la prosperidad a Job

7 Después que el Señor dijo estas cosas a Job, dijo también a Elifaz: "Estoy muy enojado contigo y con tus dos amigos, porque no dijeron la verdad acerca de mí, como lo hizo mi siervo Job. 8 Tomen ahora siete toros y siete carneros y vayan a ver a mi siervo Job, y ofrézcanlos como holocausto por ustedes. Mi siervo Job orará por ustedes, y yo aceptaré su oración y no les haré ningún daño, aunque se lo merecen por no haber dicho la verdad acerca de mí, como lo hizo mi siervo Job."

9 Elifaz, Bildad y Sofar fueron e hicieron lo que el Señor les ordenó, y el Señor aceptó la oración de Job.*b*

10 Después que Job oró por sus amigos, Dios le devolvió su prosperidad anterior,*c* y aun le dio dos veces más de lo que antes tenía. 11 Entonces fueron a visitarlo todos sus hermanos, hermanas y amigos, y todos sus antiguos conocidos, y en su compañía celebraron un banquete en su casa. Le ofrecieron sus condolencias y lo consolaron por todas las calamidades que el Señor le había enviado, y cada uno de ellos le dio una cantidad de dinero y un anillo de oro.

12 Dios bendijo a Job en sus últimos años más abundantemente que en los anteriores. Llegó a tener catorce mil ovejas, seis mil camellos, mil yuntas de bueyes y mil asnas.*d* 13 También tuvo catorce hijos y tres hijas. 14 A la mayor la llamó Jemimá,*e* a la segunda, Quesiá*f* y a la tercera, Queren–hapuc.*g* 15 No había en todo el mundo mujeres tan bonitas como las hijas de Job. Su padre las hizo herederas de sus bienes, junto con sus hermanos.*h*

16-17 Después de esto, Job vivió ciento cuarenta años,*i* y murió a una edad muy avanzada, llegando a ver a sus hijos, nietos, bisnietos y tataranietos.

---

a **42.5** Lo más importante para Job no es haber puesto en claro la doctrina sobre la retribución, sino haberse encontrado con Dios y haber establecido una nueva relación personal con él. *b* **42.7–9** La retractación de Job no quiere decir que sus amigos tenían razón. Al contrario: él debe interceder por quienes lo habían injuriado y no habían dicho la verdad acerca de Dios. *c* **42.10** Job 1.1–3. *d* **42.12** El doble de lo que tenía antes: cf. 1.3. *e* **42.14** En heb., *Jemimá* significa *paloma.* *f* **42.14** En heb., *Quesiá* significa *canela.* *g* **42.14** En heb., *Queren–hapuc* significa *pomo de cosméticos.* *h* **42.15** En Israel, las hijas no recibían herencia sino en casos especiales (cf. Nm 27.1–11; 36.1–13). *i* **42.16–17** Cf. Gn 25.7–8; 35.28–29. *Ciento cuarenta:* Según Sal 90.10, la vida normal del ser humano son setenta años.

SALMOS

El libro de los *Salmos* (=Sal) es una colección de composiciones poéticas religiosas del pueblo de Israel, redactadas por diversos autores y en diversas épocas, para ser utilizadas en las celebraciones del culto del templo de Jerusalén y también como oración e instrucción personal.

La poética hebrea

Los salmos tienen un elemento común: usan un *lenguaje poético*. Por eso se los comprenderá mucho mejor si se tienen en cuenta los elementos característicos de la poética hebrea.

Esta poesía atribuye una gran importancia al ritmo que resulta de la acentuación de las sílabas. Pero su rasgo distintivo más notable es el así llamado *paralelismo* de los miembros. Es decir, la expresión poética más elemental está construida por dos frases paralelas (aunque a veces también pueden ser tres), que se corresponden mutuamente por su forma y su contenido. De este modo, la idea no se expresa toda de una vez, sino, por así decirlo, en dos tiempos sucesivos.

En general, suelen distinguirse tres formas de paralelismo:

(a) *paralelismo sinónimo*, que consiste en expresar dos veces la misma idea con palabras distintas, como en 15.1:

1 *Señor, ¿quién puede residir en tu santuario?*,
2 ¿quién puede habitar en tu santo monte?

(b) *paralelismo antitético*, que se establece por la oposición o el contraste de dos ideas o de dos imágenes poéticas; por ejemplo, 37.22:

1 *Los que el Señor bendice heredarán la tierra*,
2 pero los que él maldice serán destruidos.

(c) *paralelismo sintético*, que se da cuando el segundo miembro prolonga o termina de expresar el pensamiento enunciado en el primer miembro, añadiendo elementos nuevos, como en 19.8:

1 *Los preceptos del Señor son justos*,
2 porque traen alegría al corazón.

A veces el paralelismo sintético presenta una forma particular, que consiste en desarrollar la idea repitiendo algunas palabras del verso anterior. Entonces suele hablarse de *paralelismo progresivo*, como en el caso de 145.18:

1 *El Señor está cerca de los que lo invocan*,
2 de los que lo invocan con sinceridad.

Géneros literarios de los salmos

Los ciento cincuenta salmos están distribuidos en el Salterio sin un orden aparente. Sin embargo, una lectura más atenta muestra que ellos presentan ciertas características de forma y de contenido que permiten clasificarlos en grupos o familias, de acuerdo con el género literario al que pertenecen. Aprender a identificar el género literario de un salmo es un paso importante para comprenderlo mejor y para situarlo en el contexto social y en la situación humana que están en el origen del mismo. Por eso se enumeran a continuación las principales familias de salmos.

(a) Los *himnos* o cantos de alabanza, que celebran la gloria, el poder y el amor del Señor manifestados en las obras de la creación y en la historia de su pueblo. Ejemplos: 8; 103; 104; 117; 147; 148; 150.

Entre los himnos, se destacan además dos grupos particulares: los himnos a la realeza del Señor, que aclaman al Dios de Israel como Rey universal (47; 93; 96—99), y los cantos de Sión, que se refieren al monte Sión como lugar elegido por el Señor para habitar en él (46; 48; 76; 87; 122).

(b) Las *súplicas*, que se dividen a su vez en *colectivas* e *individuales*. Las *súplicas colectivas*, nacionales, o de toda la comunidad, son oraciones en las que todo el pueblo de Israel se dirige al Señor para que aleje de él su ira y lo libre de las calamidades que lo afligen. Ejemplos: 12; 44; 74; 79; 80; 83.

Las *súplicas individuales* son muy numerosas, y expresan el clamor de los oprimidos, los enfermos y los pobres, que se dirigen al Señor en demanda de auxilio. Dentro de este grupo pueden mencionarse especialmente las súplicas de un inocente acusado injustamente por falsos testigos (7; 17; 26), y que acude al Señor en el templo para que le haga justicia. Otros ejemplos de súplicas individuales: 3—6; 9—10; 22; 42—43; 51; 54—57; 69—71.

(c) Los *cantos de acción de gracias*, cuyo contenido puede resumirse en estas palabras de 18.7: *En mi angustia llamé al Señor, pedí ayuda a mi Dios, y él me escuchó desde su templo.* Ejemplos: 18; 21; 32; 107; 116; 118.

(d) Los *salmos reales*, que se caracterizan no por su estructura literaria uniforme, sino porque en todos ellos el rey ocupa el lugar central. Estos salmos fueron compuestos para diversas circunstancias, como la entronización de un nuevo monarca de la dinastía davídica (2; 110) o las bodas de un rey israelita (45). Pero sobre todo a partir del exilio babilónico, cuando el pueblo de Israel ya no tuvo más reyes, los salmos comenzaron a interpretarse en sentido mesiánico. Véanse también 18; 20—21; 72; 89; 101; 132; 144.

(e) Los *salmos sapienciales* o *didácticos*, que tratan de inculcar, en el estilo propio de los maestros de sabiduría, una enseñanza de capital importancia para la vida. Sus temas más característicos son las excelencias de la ley revelada por el Señor a su pueblo Israel (1; 19.8–12; 119) y el angustioso problema del sufrimiento de los inocentes (37; 49; 73). Cf. también 91; 112; 127; 133.

(f) Los *salmos históricos*, que enumeran los beneficios concedidos por el Señor a su pueblo elegido, contraponiéndolos a veces a la ingratitud y a las infidelidades de Israel (78; 105—106).

(g) También hay que señalar la existencia de un grupo de salmos llamados *alfabéticos*. El procedimiento alfabético consiste en disponer en forma vertical las letras del alfabeto hebreo y en comenzar cada verso (o incluso cada estrofa, como en el caso del Salmo 119) siguiendo el orden de las letras. Este procedimiento era muy apreciado en Israel, porque sugería la idea de totalidad y ayudaba a aprender el poema de memoria. Cf. 9—10; 25; 34; 37; 111; 112; 119; 145.

Al comienzo de muchos salmos se encuentran algunas anotaciones que parecen ser instrucciones sobre la manera de cantar el salmo o sobre el origen del mismo. El sentido de estas anotaciones no es del todo claro. Ellas no hacen parte del texto original del salmo.

La colección de los salmos se presenta agrupada en cinco libros: Libro 1: Salmos 1—41; Libro 2: Salmos 42—72; Libro 3: Salmos 73—89; Libro 4: Salmos 90—106; Libro 5: Salmos 107–150.

Numeración de los salmos

La numeración de los salmos en el texto hebreo difiere de la utilizada en las versiones griega (LXX) y latina (Vulgata), debido a la diversa manera de dividir o unir algunos salmos. En esta edición, el primer número corresponde a la numeración de la biblia hebrea y el segundo, puesto entre paréntesis, a la de las biblias griega y latina.

LIBRO 1
(Salmos 1—41)

SALMO 1
Felicidad verdadera

1 Feliz el hombre que no sigue
el consejo de los malvados,
ni va por el camino de los pecadores,
ni hace causa común
con los que se burlan de Dios,
2 sino que pone su amor
en la ley^a del Señor
y en ella medita noche y día.
3 Ese hombre es como un árbol
plantado a la orilla de un río,
que da su fruto a su tiempo
y jamás se marchitan sus hojas.
¡Todo lo que hace, le sale bien!

4 Con los malvados no pasa lo mismo,
pues son como paja que se lleva
el viento.
5 Por eso los malvados
caerán bajo el juicio de Dios
y no tendrán parte en la comunidad
de los justos.
6 El Señor cuida el camino
de los justos,
pero el camino de los malos
lleva al desastre.

SALMO 2
Tú eres mi hijo^a

1 ¿Por qué se alborotan
los pueblos paganos?
¿Por qué hacen planes sin sentido?
2 Los reyes y gobernantes de la tierra

se rebelan, y juntos conspiran
contra el Señor y su rey escogido.
3 Y gritan: "¡Vamos a quitarnos
sus cadenas!
¡Vamos a librarnos
de sus ataduras!"

4 El Señor, el que reiría en el cielo,
se ríe de ellos;
5 luego, enojado, los asusta;
lleno de furor les dice:
6 "Ya he consagrado a mi rey
sobre Sión,^b mi monte santo."

7 Voy a anunciar la decisión del Señor:
él me ha dicho: "Tú eres mi hijo;
yo te he engendrado hoy.^c
8 Pídeme que te dé las naciones
como herencia
y hasta el último rincón del mundo
en propiedad,
y yo te los daré.
9 Con cetro de hierro destrozarás
a los reyes;
¡los harás pedazos como a ollas
de barro!"

10 Reyes y gobernantes de la tierra,
entiendan esto,
¡aprendan bien esta lección!
11-12 Adoren al Señor
con alegría y reverencia;
inclínense ante él con temblor,^d
no sea que se enoje y ustedes mueran
en el camino,
pues su furor se enciende fácilmente.

¡Felices los que buscan protección
en él!

---

^a**1.2** *Ley:* La palabra hebrea *torá*, traducida habitualmente por *ley*, significa *instrucción* o *enseñanza*. Esta *instrucción*, que está contenida especialmente en los primeros cinco libros de la Biblia, es concebida como palabra viva de Dios, que sale al encuentro de los hombres para manifestarles su voluntad y conducirlos por el camino del bien y de la vida. Cf. Sal 19.8-15; 119. ^a**Salmo 2** Salmo real, utilizado originariamente en la ceremonia de entronización o de ascensión al trono de un nuevo rey, perteneciente a la dinastía davídica. Sobre los ritos de entronización, cf. 1 R 1.28-53; 2 R 11.12. ^b**2.6** *Sión* era el nombre de la fortaleza que David arrebató a los jebuseos para hacerla capital de su reino (2 S 5.7). Luego, ese mismo nombre se aplicó a la colina situada un poco más al norte, donde Salomón construyó el templo del Señor (cf. Sal 78.68-69), y también pasó a designar toda la ciudad de Jerusalén (cf. Sal 48.12-14). Los salmos aluden constantemente a Sión y a su templo, y lo llaman *monte santo* porque el Señor *lo ha elegido para vivir allí* (Sal 132.13). ^c**2.7** En el día de su elevación al trono, el rey era constituido *hijo de Dios* por adopción, de acuerdo con la promesa de 2 S 7.14: *"Yo le seré un padre, y él me será un hijo"* (cf. Sal 89.26-27). ^d**2.11-12** *Adoren al Señor... con temblor:* traducción probable. El texto hebreo dice lit.: *Y alégrense con temblor. Besen al hijo.*

SALMO 3
Oración pidiendo la ayuda del Señor[a]

1 Señor, muchos son mis enemigos,
  muchos son los que se han puesto
    en contra mía,
2 ¡muchos son los que dicen de mí:
  "Dios no va a salvarlo"![b]
3 Pero tú, Señor, eres mi escudo protector,
  eres mi gloria, eres quien me reanima.

4 A gritos pido ayuda al Señor
  y él me contesta
    desde su monte santo.
5 Me acuesto y duermo,
  y vuelvo a despertar,
  porque el Señor me da su apoyo.
6 No me asusta ese enorme ejército
  que me rodea dispuesto a atacarme.

7 ¡Levántate, Señor!
  ¡Sálvame, Dios mío!
  Tú golpearás en la cara
    a mis enemigos;
  ¡les romperás los dientes
    a los malvados!
8 Tú, Señor, eres quien salva;
  ¡bendice, pues, a tu pueblo!

SALMO 4
Plena confianza en el Señor

1 Dios y defensor mío,
  ¡contéstame cuando te llame!
  Tú, que en mi angustia me diste alivio,
  ¡ten compasión de mí y escucha
    mi oración!

2 Ustedes, que se creen grandes señores,
  ¿hasta cuándo ofenderán mi honor?,
  ¿hasta cuándo desearán y buscarán
    lo que no tiene sentido,
    lo que solo es falsedad?
3 Sepan que el Señor prefiere
    al hombre que le es fiel;
  sepan que el Señor me escucha
    cuando lo llamo.

4 ¡Tiemblen y no pequen más!
  Ya acostados, y en silencio,
  examinen su propia conciencia;
5 ofrezcan sacrificios sinceros
  y confíen en el Señor.

6 Muchos dicen:
  "¿Quién nos mostrará la dicha?"
  ¡Señor, míranos con buenos ojos!
7 Tú has puesto en mi corazón
    más alegría
  que en quienes tienen trigo y vino
    en abundancia.

8 Yo me acuesto tranquilo
  y me duermo en seguida,
  pues tú, Señor,
    me haces vivir confiado.

SALMO 5
Comenzando el día con Dios

1-2 Señor, Rey mío y Dios mío,
  escucha mis palabras, atiende
    a mis gemidos,
  oye mis súplicas,
  pues a ti elevo mi oración.

3 De mañana escuchas mi voz;
  muy temprano te expongo mi caso,[a]
  y quedo esperando tu respuesta.
4 No eres tú un Dios
    que se complace en lo malo;
  los malvados no pueden vivir a tu lado,
5 ni en tu presencia hay lugar
    para los orgullosos.
  Tú odias a los malhechores,
6 destruyes a los mentirosos
  y rechazas a los traidores y asesinos.
7 En cambio yo, por tu gran amor,
  puedo entrar en tu templo;
  ¡puedo adorarte con toda reverencia
  mirando hacia tu santo templo!

8 Señor, por causa de mis enemigos
  guíame en tu justicia,
  llévame por el buen camino.

---

[a]**Salmo 3** Cf. 2 S 15.13–23. [b]**3.2** El texto hebreo añade al final de este v. la palabra *sela*, cuyo significado es dudoso. Parece ser una indicación musical o litúrgica, y podría significar *pausa, repetición* o *cambio de voz.* Aparece muchas veces en los Salmos, pero debido a su significado incierto, en esta versión se ha preferido omitirla.
[a]**5.3** *Te expongo mi caso:* o bien, *te ofrezco un sacrificio.*

9 Ellos nunca hablan con sinceridad;
¡están corrompidos por dentro!
Sepulcro abierto es su garganta;
¡su lengua es mentirosa!

10 ¡Castígalos, Dios mío!
¡Haz que fracasen sus intrigas!
Recházalos por sus muchos pecados,
porque se han rebelado contra ti.

11 Alégrense los que buscan
tu protección;
canten siempre de alegría
porque tú los proteges.
Los que te aman, se alegran
por causa tuya,

12 pues tú, Señor, bendices al que es fiel;
tu bondad lo rodea como un escudo.

SALMO 6
Oración en momentos de angustia

1 Señor, no me reprendas en tu enojo,
no me castigues en tu furor.

2 Señor, ten compasión de mí,
pues me siento sin fuerzas.
Señor, devuélveme la salud,
pues todo el cuerpo me tiembla.

3 ¡Estoy temblando de miedo!
Y tú, Señor, ¿cuándo vendrás?

4 Ven, Señor, ¡salva mi vida!,
¡sálvame, por tu amor!

5 Nadie que esté muerto
puede acordarse de ti;
¿quién podrá alabarte en el sepulcro?[a]

6 Estoy cansado de llorar.
Noche tras noche lloro tanto
que inundo de lágrimas mi almohada.

7 El dolor me nubla la vista;
¡se me nubla por culpa
de mis enemigos!

8 ¡Apártense de mí, malhechores,
que el Señor ha escuchado
mis sollozos!

9 El Señor ha escuchado mis ruegos,
¡el Señor ha aceptado mi oración!

10 Mis enemigos, muertos de miedo,
quedarán en ridículo;
¡en un abrir y cerrar de ojos
huirán avergonzados!

SALMO 7
El Señor es un juez justo

1-2 Señor, mi Dios, en ti busco protección;
¡sálvame de todos
los que me persiguen!
¡Líbrame, pues son como leones;
no sea que me despedacen y no haya
quien me salve!

3 Señor, mi Dios, ¿en cuál de estas
cosas he incurrido?
¿Acaso he cometido un crimen?

4 ¿Acaso he pagado a mi amigo
mal por bien?
¿Acaso he oprimido sin razón
a mi enemigo?

5 De ser así, que mi enemigo me persiga;
que me alcance y me arrastre
por el suelo,
y que haga rodar por el suelo
mi honor.

6 ¡Levántate, Señor, con furor!
¡Haz frente a la furia de mis enemigos!
Tú, que has decretado hacer justicia,
¡ponte de mi parte!

7 Rodéate del conjunto de las naciones
y pon tu trono en lo alto,
por encima de ellas.

8 Señor, tú juzgas a las naciones:
júzgame conforme a mi honradez;
júzgame conforme a mi inocencia.

9 Dios justo, que examinas
los pensamientos
y los sentimientos más profundos,
¡pon fin a la maldad de los malvados,

---

[a]**6.5** *Sepulcro:* heb. *sheol* o *morada de los muertos.* Los antiguos israelitas se representaban esa morada como un lugar oscuro, situado en lo más profundo de la tierra (Job 10.21–22; Sal 63.9). En aquel "mundo del silencio" (Sal 115.17) los muertos no podían ejercer ninguna actividad ni mucho menos alabar a Dios (Sal 30.9; 88.4–6,10–11; Is 38.18–19; Bar 2.17). Más tarde, estas antiguas creencias fueron sustituidas por la fe y la esperanza en la resurrección de los muertos al fin de los tiempos. Cf. Dn 12.1–3; Sab 3.1–10. Para la concepción del NT, véase 2 Co 5.8 n.

pero al hombre honrado
mantenlo firme!

10 Mi protección es el Dios altísimo,
que salva a los de corazón sincero.
11 Dios es un juez justo
que condena la maldad
en todo tiempo.
12 Si el hombre no se vuelve a Dios,
Dios afilará su espada;
ya tiene su arco tenso,
13 ya apunta sus flechas encendidas,
¡ya tiene listas sus armas mortales!
14 Miren al malvado:
tiene dolores de parto,
está preñado de maldad
y dará a luz mentira.
15 Ha hecho una fosa muy honda,
y en su propia fosa caerá.
16 ¡Su maldad y su violencia
caerán sobre su propia cabeza!

17 Alabaré al Señor porque él es justo;
cantaré himnos al nombre del Señor,
al nombre del Altísimo.

SALMO 8
La gloria de Dios y la dignidad del hombre

1 Señor, soberano nuestro,
¡tu nombre*a* domina en toda la tierra!,
¡tu gloria se extiende más allá del cielo!
2 Con la alabanza de los pequeños,
de los niñitos de pecho,
has construido una fortaleza
por causa de tus enemigos,
para acabar con rebeldes
y adversarios.*b*

3 Cuando veo el cielo
que tú mismo hiciste,

y la luna y las estrellas
que pusiste en él,
4 pienso: ¿Qué es el hombre?
¿Qué es el ser humano?
¿Por qué lo recuerdas
y te preocupas por él?
5 Pues lo hiciste casi como un dios,*c*
lo rodeaste de honor y dignidad,
6 le diste autoridad sobre tus obras,
lo pusiste por encima de todo:
7 sobre las ovejas y los bueyes,
sobre los animales salvajes,
8 sobre las aves que vuelan por el cielo,
sobre los peces que viven en el mar,
¡sobre todo lo que hay en el mar!
9 Señor, soberano nuestro,
¡tu nombre domina en toda la tierra!

SALMO 9 (9a)*a*
Alabanzas a la justicia de Dios

1 Oh Señor, quiero alabarte con todo
el corazón
y contar tus muchas maravillas.
2 Oh Altísimo, por ti quiero gritar
lleno de alegría;
¡quiero cantar himnos a tu nombre!

3 Mis enemigos huyen delante de ti;
caen y mueren.
4 Tú eres juez justo:
te has sentado en tu trono,
para hacerme justicia.
5 Has reprendido a los paganos,
has destruido a los malvados,
¡has borrado su recuerdo para siempre!
6 El enemigo ha muerto,
y con él han muerto sus ciudades;
tú las destruiste,
y no quedó de ellas ni el recuerdo.

---

*a***8.1** *Tu nombre:* En el lenguaje bíblico, el nombre es mucho más que el vocablo que se emplea para llamar o designar a una persona; representa a la persona misma. Por eso, bendecir, invocar o conocer el nombre del Señor es bendecirlo, invocarlo y conocerlo a él mismo. Cf. Sal 103.1; 113.1; 135.1,3; 138.2. Véase 23.3 n.
*b***8.1-2** *¡Tu gloria se extiende más allá del cielo! Con la alabanza . . . adversarios:* traducción probable de un texto oscuro. La versión griega (LXX) traduce: *Con los cantos de los pequeños, de los niños de pecho, has dispuesto tu alabanza,* y así se cita este salmo en Mt 21.16. *c***8.5** La palabra *dios* designa aquí a los seres celestiales, superiores al hombre. Algunas versiones antiguas la traducen por *ángeles*. *a***Salmo 9** Los salmos 9 y 10 forman en realidad un solo poema, pues es un salmo "alfabético" (el alfabeto comienza en Sal 9 y termina en Sal 10). Por eso, las versiones griega y latina los consideran como Salmo 9 y de aquí en adelante hay un número de diferencia entre las dos numeraciones.

7 Pero el Señor es Rey por siempre;
    ha afirmado su trono para el juicio:
8 juzgará al mundo con justicia,
    dictará a los pueblos justa sentencia.
9 El Señor protege a los oprimidos;
    él los protege en tiempos de angustia.

10 Señor, los que te conocen,
        confían en ti,
    pues nunca abandonas a quienes
        te buscan.
11 Canten himnos al Señor,
        que reina en Sión;
    anuncien a los pueblos
        lo que ha hecho.
12 Dios se acuerda de los afligidos
    y no olvida sus lamentos;
    castiga a quienes les hacen violencia.

13 Señor, ten compasión de mí,
    mira cómo me afligen
        los que me odian,
    ¡sácame de las puertas de la muerte!
14 Y así, a las puertas de Jerusalén,
    diré a todo el mundo que tú eres
        digno de alabanza,
    y que yo soy feliz
        porque me has salvado.

15 Los paganos caen en su propia trampa;
    sus pies quedan atrapados
    en la red que ellos mismos
        escondieron.
16 El Señor se ha dado a conocer:
    ¡ha hecho justicia!
    El malvado queda preso
    en la trampa tendida por él mismo.[b]
17 Los malvados y paganos,
        los que se olvidan de Dios,
    acabarán en el reino de la muerte;
18 pues no siempre serán olvidados
        los pobres,
    ni para siempre se perderá
        su esperanza.

19 Levántate, Señor; no consientas
        la altanería del hombre;
    ¡juzga a los paganos en tu presencia!
20 Hazles sentir temor, Señor;

¡hazles saber que no son más
    que hombres!

SALMO 10 (9b)
Oración pidiendo la ayuda de Dios

1 Señor, ¿por qué te quedas tan lejos?,
    ¿por qué te escondes en tiempos
        de angustia?
2 Con altanería, el malvado
    persigue rabiosamente al humilde;
    pero ha de quedar atrapado
    en las trampas que él mismo
        ha puesto.
3 El malvado se jacta
        de sus propios deseos;
    el ambicioso maldice
        y desprecia al Señor.
4 Levanta insolente la nariz, y dice:
    "No hay Dios. No hay quien
        me pida cuentas."
    Eso es todo lo que piensa.
5 Siempre tiene éxito en lo que hace.
    Para él, tus juicios están lejos,
    muy lejos de su vista.
    Se burla de sus enemigos,
6 y piensa que nadie lo hará caer,
    que jamás tendrá problemas.
7 Su boca está llena de maldiciones,
    de mentiras y de ofensas;
    sus palabras ocultan opresión
        y maldad.
8 Se pone al acecho, por las aldeas,
    y a escondidas mata al inocente.
    No pierde de vista al indefenso:
9 como si fuera un león en su cueva,
    espía al pobre desde su escondite,
    esperando el momento
        de caer sobre él,
    y cuando lo atrapa,
        lo arrastra en su red.
10 Se agacha, se encoge,
    y caen en sus garras los indefensos.

11 El malvado cree que Dios se olvida,
    que se tapa la cara y que nunca
        ve nada.
12 ¡Levántate, Señor, levanta tu brazo!
    ¡No olvides a los afligidos!

---

[b] **9.16** El texto hebreo añade aquí, antes de *sela* (véase 3.2 n.), la palabra *higgayón*, que suele traducirse por *sordina* o *bajada del tono de voz.*

13 ¿Por qué, Dios mío,
    han de burlarse los malos,
pensando que no habrás
    de pedirles cuentas?
14 Tú mismo has visto
    su irritante maldad;
    ¡la has visto, y les darás su merecido!
A ti se acogen los indefensos;
    tú eres la ayuda de los huérfanos.
15 ¡Rómpeles el brazo a los malvados!
    ¡Pídeles cuentas de su maldad
hasta que no quede nada pendiente!

16 El Señor es el Rey eterno;
    ¡los paganos serán echados de su país!
17 Señor, tú escuchas
    la oración de los humildes,
    tú los animas y los atiendes.
18 Haz justicia al huérfano y al oprimido:
    ¡que el hombre, hecho de tierra,
    no vuelva a sembrar el terror!

SALMO 11 (10)
Plena confianza en el Señor

1 Yo busco mi refugio en el Señor.
    Es por demás que me digan:
    "Huye a los montes, como las aves.
2 Fíjate en los malvados:
    ponen la flecha en la cuerda,
    tensan el arco
y, desde un lugar escondido,
    disparan contra los hombres honrados.
3 Y cuando las bases mismas
    se vienen abajo,
    ¿qué puede hacer el hombre
    honrado?"

4 El Señor está en su santo templo.
    El Señor tiene su trono en el cielo,
    y con ojos bien abiertos
vigila atentamente a los hombres.
5 El Señor vigila a justos y a malvados,
    y odia con toda su alma
    a los que aman la violencia.
6 El Señor hará llover sobre los malos
    brasas, fuego y azufre,
y traerá un viento que todo
    lo quemará.
    ¡El Señor les dará su merecido!
7 El Señor es justo y ama lo que es justo;
    ¡por eso lo verán cara a cara
    los sinceros!

SALMO 12 (11)
Oración pidiendo la ayuda de Dios

1 Sálvanos, Señor, pues ya no hay
    creyentes fieles;
    ya no hay hombres sinceros.
2 Unos a otros se mienten;
    hablan con hipocresía y doble sentido.

3 Arranca, Señor, de raíz
    a los hipócritas y fanfarrones,
4 a los que dicen:
    "Con tener boca nos basta;
    nuestra lengua nos defiende.
    ¿Quién se atreve a darnos órdenes?"

5 Esto ha dicho el Señor:
    "A los pobres y débiles
    se les oprime y se les hace sufrir.
    Por eso voy ahora a levantarme,
    y les daré la ayuda que tanto anhelan."

6 Las promesas del Señor son puras;
    ¡son como la plata más pura,
    refinada en el horno siete veces!
7 Tú, Señor, nos cuidarás;
    ¡siempre nos protegerás de tales gentes!
8 Los malvados rondan por todos lados
    y todo el mundo alaba la maldad.

SALMO 13 (12)
Oración pidiendo ayuda

1 Señor, ¿hasta cuándo me olvidarás?
    ¿Me olvidarás para siempre?
    ¿Hasta cuándo te esconderás de mí?
2 ¿Hasta cuándo mi alma y mi corazón
    habrán de sufrir
        y estar tristes todo el día?
    ¿Hasta cuándo habré de estar
        sometido al enemigo?
3 Señor, Dios mío,
    ¡mírame, respóndeme,
        llena mis ojos de luz!
    ¡Que no caiga yo en el sueño
        de la muerte!
4 ¡Que no diga mi enemigo:
    "Lo he vencido"!
    ¡Que no se alegre si yo fracaso!

5 Yo confío en tu amor;
    mi corazón se alegra
        porque tú me salvas.

6 ¡Cantaré al Señor por el bien
  que me ha hecho!

SALMO 14 (13)
Perversión del hombre
(Sal 53)

1 Los necios piensan que no hay Dios:[a]
  todos se han pervertido;
  han hecho cosas horribles;
  ¡no hay nadie que haga lo bueno!
2 Desde el cielo mira el Señor
    a los hombres
  para ver si hay alguien
    con entendimiento,
  alguien que busque a Dios.
3 Pero todos se han ido por mal camino;
  todos por igual se han pervertido.
  ¡Ya no hay quien haga lo bueno!
  ¡No hay ni siquiera uno!

4 No tienen entendimiento
    los malhechores,
  los que se comen a mi pueblo
    como quien come pan,
  los que no invocan el nombre del Señor.
5 Temblarán llenos de miedo,
  pues Dios está con los que lo obedecen.
6 Se burlan de los anhelos del humilde,
  pero el Señor lo protege.

7 ¡Ojalá que del monte Sión[b]
  venga la salvación de Israel!
  Cuando el Señor haga cambiar
    la suerte[c] de su pueblo,
  se alegrarán los descendientes de Jacob,
  todo el pueblo de Israel.

SALMO 15 (14)
Lo que Dios espera del hombre

1 Señor, ¿quién puede residir
    en tu santuario?,

¿quién puede habitar
    en tu santo monte?
2 Solo el que vive sin tacha
    y practica la justicia;
  el que dice la verdad
    de todo corazón;
3 el que no habla mal de nadie;
  el que no hace daño a su amigo
    ni ofende a su vecino;
4 el que mira con desprecio
    a quien desprecio merece,
  pero honra a quien honra al Señor;
  el que cumple sus promesas
    aunque le vaya mal;
5 el que presta su dinero
    sin exigir intereses;
  el que no acepta soborno
    en contra del inocente.
  El que así vive, jamás caerá.

SALMO 16 (15)
No hay mejor herencia

1 ¡Cuida, oh Dios, de mí,
    pues en ti busco protección!
2 Yo te he dicho:
  "Tú eres mi Señor, mi bien;
  nada es comparable a ti."

3 Los dioses del país son poderosos,
  según dicen los que en ellos
    se complacen,
4 los que aumentan el número
    de sus ídolos[a]
  y los siguen con gran devoción.
  ¡Jamás tomaré parte
    en sus sangrientos sacrificios!
  ¡Jamás pronunciaré sus nombres
    con mis labios!

5 Tú, Señor, eres mi todo;[b]
  tú me colmas de bendiciones;
  mi vida está en tus manos.

---

[a] **14.1** Más que hacer una profesión de ateísmo, el necio niega o pone en duda que Dios intervenga activamente en los asuntos humanos. La consecuencia inmediata de esta negación práctica de Dios es una conducta perversa. Cf. Job 22.13-14; Sal 10.4,11; 36.1; 73.11; 94.7. [b] **14.7** *Monte Sión:* Véase 2.6 n. [c] **14.7** *Haga cambiar la suerte:* otra posible traducción: *haga volver a los cautivos.* Véase 85.2 n. [a] **16.4** *Los que aumentan el número de sus ídolos:* otra posible traducción: *¡que aumenten sus dolores!* La ambigüedad del texto original permite al salmista sugerir al mismo tiempo estas dos ideas. [b] **16.5** *Mi todo:* lit. *la porción de mi herencia y mi copa.* La copa de vino distribuida entre los comensales era un símbolo del destino y de la suerte de cada uno. La *parte* que al salmista le ha tocado en suerte es la posesión de Dios. Cf. Nm 18.20; Sal 73.26; 142.5.

6 Primoroso lugar me ha tocado en suerte;
   ¡hermosa es la herencia
      que me ha correspondido!

7 Bendeciré al Señor, porque él me guía,
   y en lo íntimo de mi ser
      me corrige por las noches.
8 Siempre tengo presente al Señor;
   con él a mi derecha,
      nada me hará caer.
9 Por eso, dentro de mí,
   mi corazón está lleno de alegría.

   Todo mi ser vivirá confiadamente,
10 pues no me dejarás en el sepulcro,
   ¡no abandonarás en la fosa
      a tu amigo fiel!
11 Me mostrarás el camino de la vida.
   Hay gran alegría en tu presencia;
   hay dicha eterna junto a ti.

SALMO 17 (16)
Oración pidiendo justicia

1 Señor, escucha mi causa justa,
   atiende a mi clamor,
   presta oído a mi oración,
   pues no sale de labios mentirosos.

2 ¡Que venga de ti mi sentencia,
   pues tú sabes lo que es justo!
3 Tú has penetrado mis pensamientos;
   de noche has venido a vigilarme;
   me has sometido a pruebas de fuego,
   y no has encontrado maldad en mí.
   No he dicho cosas indebidas,
4 como hacen los demás;
   me he alejado de caminos
      de violencia,
   de acuerdo con tus mandatos.
5 He seguido firme en tus caminos;
   jamás me he apartado de ellos.

6 Oh Dios, a ti mi voz elevo,
   porque tú me contestas;
   préstame atención,
      escucha mis palabras.
7 Dame una clara muestra de tu amor,
   tú, que salvas de sus enemigos

a los que buscan protección
   en tu poder.
8 Cuídame como a la niña de tus ojos;
   protégeme bajo la sombra de tus alas[a]
9 de los malvados que me atacan,
   ¡de los enemigos mortales
      que me rodean!
10 Son engreídos, hablan con altanería;
11 han seguido de cerca mis pasos
   esperando el momento
      de echarme por tierra.
12 Parecen leones, feroces leones
   que agazapados en su escondite
   esperan con ansias dar el zarpazo.

13 Levántate, Señor, ¡enfréntate con ellos!
   ¡Hazles doblar las rodillas!
   Con tu espada, ponme a salvo
      del malvado;
14 con tu poder, Señor, líbrame de ellos;
   ¡arrójalos de este mundo,
   que es su herencia en esta vida!
   Deja que ellos se llenen de riquezas,
   que sus hijos coman
      hasta que revienten,
   y que aún sobre para sus nietos.
15 Pero yo, en verdad, quedaré satisfecho
   con mirarte cara a cara,
   ¡con verme ante ti cuando despierte!

SALMO 18 (17)
Un canto de victoria
(2 S 22.1–51)

1 Tú, Señor, eres mi fuerza;
   ¡yo te amo!
2 Tú eres mi protector,
   mi lugar de refugio,
   mi libertador, mi Dios,
   la roca que me protege,
   mi escudo, el poder que me salva,
   mi más alto escondite.
3 Tú, Señor, eres digno de alabanza:
   cuando te llamo,
   me salvas de mis enemigos.

4 La muerte me enredó en sus lazos;
   sentí miedo ante el torrente
      destructor.

---

[a] **17.8** *Alas:* Probablemente se alude a los querubines o seres alados cuyas alas extendidas protegían el arca de la alianza en el templo de Jerusalén (1 R 8.6–7).

5 La muerte me envolvió en sus lazos;
   ¡me encontré en trampas mortales!

6 En mi angustia llamé al Señor,
   pedí ayuda a mi Dios,
   y él me escuchó desde su templo;
   ¡mis gritos llegaron a sus oídos!

7 Hubo entonces un fuerte temblor
      de tierra:
   los montes se estremecieron
      hasta sus bases;
   fueron sacudidos por la furia
      del Señor.

8 De su nariz brotaba humo,
   y de su boca un fuego destructor;
   ¡por la boca lanzaba
      carbones encendidos!

9 Descorrió la cortina del cielo,
      y descendió.
   ¡Debajo de sus pies había grandes
      nubarrones!

10 Montó en un ser alado,ᵃ y voló
   deslizándose sobre las alas del viento.

11 Tomó como escondite,
   como tienda de campaña,
   la densa oscuridad que lo rodeaba
   y los nubarrones cargados de agua.

12 Un fulgor relampagueante salió
      de su presencia;
   brotaron de las nubes granizos
      y carbones encendidos.

13 El Señor, el Altísimo,
   hizo oir su voz de trueno desde el cielo;
   granizos y carbones encendidos.

14 Lanzó sus rayos como flechas,
   y a mis enemigos hizo huir
      en desorden.

15 El fondo del mar quedó al descubierto;
   las bases del mundoᵇ
      quedaron a la vista
   por la voz amenazante del Señor,
   por el fuerte soplo que lanzó.

16 Dios me tendió la mano desde lo alto,
   y con su mano me sacó
      del mar inmenso.

17 Me salvó de enemigos poderosos
   que me odiaban y eran más fuertes
      que yo.

18 Me atacaron cuando yo estaba
      en desgracia,
   pero el Señor me dio su apoyo:

19 me sacó a la libertad;
   ¡me salvó porque me amaba!

20 El Señor me ha dado la recompensa
   que merecía mi limpia conducta,

21 pues yo he seguido el camino
      del Señor;
   ¡jamás he renegado de mi Dios!

22 Yo tengo presentes
      todos sus decretos;
   ¡jamás he rechazado sus leyes!

23 Me he conducido ante él
      sin tacha alguna;
   me he alejado de la maldad.

24 El Señor me ha recompensado
   por mi limpia conducta
      en su presencia.

25 Tú, Señor, eres fiel con el que es fiel,
   irreprochable
      con el que es irreprochable,

26 sincero con el que es sincero,
   pero sagaz con el que es astuto.

27 Tú salvas a los humildes,
   pero humillas a los orgullosos.

28 Tú, Señor, me das luz;
   tú, Dios mío, alumbras mi oscuridad.

29 Con tu ayuda atacaré al enemigo,
   y sobre el muro de sus ciudades
      pasaré.

30 El camino de Dios es perfecto;
   la promesa del Señor
      es digna de confianza;
   ¡Dios protege a cuantos en él confían!

31 ¿Quién es Dios, fuera del Señor?
   ¿Qué otro dios hay
      que pueda protegernos?

32 Dios es quien me da fuerzas,
   quien hace intachable mi conducta,

33 quien me da pies ligeros,
      como de ciervo,

quien me hace estar firme
en las alturas,
34 quien me entrena para la batalla,
quien me da fuerzas
para tensar arcos de bronce.

35 Tú me proteges y me salvas,
me sostienes con tu mano derecha;
tu bondad me ha hecho prosperar.
36 Has hecho fácil mi camino,
y mis pies no han resbalado.

37 Perseguí a mis enemigos y los alcancé,
y solo volví después de destruirlos.
38 Los hice pedazos. Ya no se levantaron.
¡Cayeron debajo de mis pies!
39 Tú me diste fuerza en la batalla;
hiciste que los rebeldes
se inclinaran ante mí,
40 y que delante de mí
huyeran mis enemigos.
Así pude destruir
a los que me odiaban.
41 Pedían ayuda, y nadie los ayudó;
llamaban al Señor, y no les contestó.
42 ¡Los deshice como a polvo
que se lleva el viento!
¡Los pisoteé como a barro de las calles!
43 Me libraste de un pueblo rebelde,
me hiciste jefe de naciones
y me sirve gente que yo no conocía.
44 En cuanto me oyen, me obedecen;
gente extranjera me halaga,
45 gente extranjera se acobarda
y sale temblando de sus refugios.

46 ¡Viva el Señor! ¡Bendito sea mi protector!
¡Sea enaltecido Dios mi salvador!
47 Él es el Dios que me ha vengado
y que me ha sometido los pueblos.
48 Él me salva de la furia
de mis enemigos,
de los rebeldes que se alzaron contra mí.
¡Tú, Señor, me salvas
de los hombres violentos!
49 Por eso te alabo entre las naciones
y canto himnos a tu nombre.
50 Concedes grandes victorias
al rey que has escogido;

siempre tratas con amor a David
y a su descendencia.

SALMO 19 (18)
La gloria de Dios en la creación

1 El cielo proclama la gloria de Dios;
de su creación nos habla
la bóveda celeste.
2 Los días se lo cuentan entre sí;
las noches hacen correr la voz.
3 Aunque no se escuchan palabras
ni se oye voz alguna,
4 su mensaje llega a toda la tierra,
hasta el último rincón del mundo.
Allí Dios puso un lugar para el sol,
5 y este sale como un novio
de la habitación nupcial,
y se alegra como un atleta
al emprender su camino.
6 Sale el sol por un lado del cielo
y da la vuelta hasta llegar al otro,
sin que nada pueda huir de su calor.

7 La enseñanza del Señor es perfecta,
porque da nueva vida.
El mandato del Señor es fiel,
porque hace sabio al hombre sencillo.
8 Los preceptos del Señor son justos,
porque traen alegría al corazón.
El mandamiento del Señor es puro
y llena los ojos de luz.
9 El temor del Señor es limpio
y permanece para siempre.
Los decretos del Señor son verdaderos,
todos ellos son justos,
10 ¡son de más valor que el oro fino!,
¡son más dulces que la miel del panal!
11 Son también advertencias
a este siervo tuyo,
y le es provechoso obedecerlas.

12 ¿Quién se da cuenta
de sus propios errores?
¡Perdona, Señor, mis faltas ocultas!
13 Quítale el orgullo a tu siervo;
no permitas que el orgullo me domine.
Así seré un hombre sin tacha;
estaré libre de gran pecado. *[a]*

---

[a] **19.13** *Libre de gran pecado:* probable alusión al *gran pecado* de la idolatría, mencionado con esas palabras en Ex 32.31–33 y 2 R 17.21, en el texto hebreo.

14 Sean aceptables a tus ojos
   mis palabras y mis pensamientos,
   oh Señor, refugio y libertador mío.

SALMO 20 (19)
Oración por la victoria

1 Que el Señor te escuche
   cuando estés angustiado;
   que el Dios mismo de Jacob
   te defienda.
2 Que te envíe auxilio y ayuda
   desde el santuario de Sión.[a]
3 Que se acuerde
   de todas tus ofrendas
   y acepte con agrado tus holocaustos.
4 Que cumpla todos tus deseos
   y lleve a cabo todos tus planes.
5 Celebraremos así tu victoria,
   y levantaremos banderas
   en el nombre del Dios nuestro.
   ¡Que el Señor cumpla
   todas tus peticiones!

6 Estoy convencido de que el Señor
   dará la victoria al rey
   que ha escogido;
   de que le contestará
   desde su santo cielo,
   dándole grandes victorias
   con su poder.
7 Unos cuentan
   con sus carros de guerra
   y otros cuentan con sus caballos;
   pero nosotros contamos
   con el Señor nuestro Dios.
8 A ellos se les doblan las rodillas,
   y caen,
   pero nosotros seguimos firmes
   y en pie.

9 Señor, ¡dale la victoria al rey!
   ¡Respóndenos cuando te llamemos!

SALMO 21 (20)
Un canto de victoria

1 Señor, el rey está alegre
   porque le has dado fuerzas;

   ¡está muy alegre
   porque le has dado la victoria!
2 Has cumplido sus deseos;
   no le has negado sus peticiones.
3 Lo recibiste con grandes bendiciones
   y le pusiste una corona de oro.
4 Te pidió vida, y se la diste:
   vida larga y duradera.
5 Gracias a tu ayuda,
   es grande su poder;
   le has dado honor y dignidad.
6 Lo has bendecido para siempre;
   con tu presencia lo llenas de alegría.

7 Tú, oh rey, jamás caerás,
   pues confías en el Señor;
   ¡confías en el amor del Altísimo!
8 Tu poder alcanzará
   a todos tus enemigos;
   tu derecha alcanzará
   a los que te odian;
9 los pondrás en un horno encendido
   cuando aparezcas para juzgar.
   El Señor, en su furor,
   los consumirá con un fuego
   destructor.
10 Borrarás del mundo
   y de entre los hombres
   a sus hijos y sus descendientes.
11 Aunque quieran hacerte daño
   y hagan planes contra ti,
   no se saldrán con la suya,
12 pues tú los pondrás en fuga;
   con tu arco apuntarás contra ellos.

13 ¡Levántate con tu poder, Señor!
   ¡Celebraremos con himnos
   tus victorias!

SALMO 22 (21)
Grito de angustia y canto de alabanza

1 Dios mío, Dios mío,
   ¿por qué me has abandonado?,[a]
   ¿por qué no vienes a salvarme?,
   ¿por qué no atiendes a mis lamentos?
2 Dios mío, día y noche te llamo,
   y no respondes;
   ¡no hay descanso para mí!

---

[a]20.2 El santuario de Sión: es decir el templo en Jerusalén. Véase 2.6 n. [a]22.1 Con estas mismas palabras, recitadas en arameo, Jesús expresó sus propios sentimientos durante la crucifixión (Mt 27.46; Mc 15.34).

3 Pero tú eres santo;
tú reinas, alabado por Israel.
4 Nuestros padres confiaron en ti;
confiaron, y tú los libertaste;
5 te pidieron ayuda, y les diste libertad;
confiaron en ti, y no los defraudaste.

6 Pero yo no soy un hombre,
sino un gusano;
¡soy el hazmerreír de la gente!
7 Los que me ven, se burlan de mí;
me hacen muecas, mueven la cabeza
8 y dicen: "Este confiaba en el Señor;
pues que el Señor lo libre.
Ya que tanto lo quiere, que lo salve."

9 Y así es:
tú me hiciste nacer del vientre
de mi madre;
en su pecho me hiciste descansar.
10 Desde antes que yo naciera,
fui puesto bajo tu cuidado;
desde el vientre de mi madre,
mi Dios eres tú.
11 No te alejes de mí,
pues estoy al borde de la angustia
y no tengo quien me ayude.

12 Mis enemigos me han rodeado
como toros,
como bravos toros de Basán;[b]
13 rugen como leones feroces,
abren la boca y se lanzan contra mí.
14 Soy como agua que se derrama;
mis huesos están dislocados.
Mi corazón es como cera
que se derrite dentro de mí.
15 Tengo la boca[c] seca como una teja;
tengo la lengua pegada al paladar.
¡Me has hundido hasta el polvo
de la muerte!
16 Como perros, una banda de malvados
me ha rodeado por completo;
me han desgarrado[d] las manos
y los pies.
17 ¡Puedo contarme los huesos!
Mis enemigos no me quitan la vista
de encima;

18 se han repartido mi ropa entre sí,
y sobre ella echan suertes.

19 Pero tú, Señor, que eres mi fuerza,
¡no te alejes!,
¡ven pronto en mi ayuda!
20 Líbrame de morir a filo de espada,
no dejes que me maten esos perros,
21 sálvame de la boca de esos leones,
¡defiéndeme de los cuernos
de esos toros!

22 Yo hablaré de ti a mis hermanos,
te alabaré en sus reuniones.
23 Ustedes, los que honran al Señor,
¡alábenlo!
¡Glorifíquenlo
todos los descendientes de Jacob!
¡Adórenlo
todos los descendientes de Israel!
24 Pues él no desprecia ni pasa por alto
el sufrimiento de los pobres,
ni se esconde de ellos.
¡Él los oye cuando le piden ayuda!
25 En presencia de tu pueblo numeroso
alabaré tu fidelidad;
delante de los que te honran
te cumpliré mis promesas.

26 Coman, ustedes los oprimidos,
hasta que estén satisfechos;
alaben al Señor,
ustedes que lo buscan,
y vivan muchos años.
27 Razas y naciones todas,
gente de todos los rincones
de la tierra:
acuérdense del Señor, y vengan a él;
¡arrodíllense delante de él!
28 Porque el Señor es el Rey,
y él gobierna las naciones.
29 Inclínense y adórenlo solo a él
todos los que viven en abundancia,
todos los que han de volver al polvo,
pues en sí mismos no tienen vida.

30 Mis descendientes adorarán al Señor
y hablarán de él toda la vida;

---

*b***22.12** *Basán:* región al este del Lago de Genesaret, célebre por la fertilidad de su suelo, que permitía la cría de grandes rebaños. *c***22.15** *La boca:* texto probable. Heb. *mi fuerza.* *d***22.16** *Me han desgarrado:* según versiones antiguas. Heb. *como león.*

31 a los que nazcan después, les contarán
de su justicia y de sus obras.

SALMO 23 (22)
El Señor es mi Pastor

1 El Señor es mi pastor;
nada me falta.
2 En verdes praderas
me hace descansar,
a las aguas tranquilas me conduce,
3 me da nuevas fuerzas
y me lleva por caminos rectos,
haciendo honor a su nombre.[a]

4 Aunque pase por el más oscuro
de los valles,
no temeré peligro alguno,
porque tú, Señor, estás conmigo;
tu vara y tu bastón
me inspiran confianza.

5 Me has preparado un banquete
ante los ojos de mis enemigos;
has vertido perfume en mi cabeza,
y has llenado mi copa a rebosar.
6 Tu bondad y tu amor me acompañan
a lo largo de mis días,
y en tu casa, oh Señor,
por siempre viviré.

SALMO 24 (23)
El Rey de la gloria

1 Del Señor es el mundo entero,
con todo lo que en él hay,
con todo lo que en él vive.
2 Porque el Señor puso
las bases de la tierra
y la afirmó sobre los mares y los ríos.[a]

3 ¿Quién puede subir
al monte del Señor?[b]
¿Quién puede permanecer
en su santo templo?

4 El que tiene las manos y la mente
limpias de todo pecado;
el que no adora ídolos
ni hace juramentos falsos.
5 El Señor, su Dios y Salvador,
lo bendecirá y le hará justicia.
6 Así deben ser
los que buscan al Señor,
los que buscan la presencia
del Dios de Jacob.

7 ¡Ábranse, puertas eternas!
¡Quédense abiertas de par en par,
y entrará el Rey de la gloria!

8 ¿Quién es este Rey de la gloria?
¡Es el Señor, el fuerte y valiente!
¡Es el Señor, valiente en la batalla!

9 ¡Ábranse, puertas eternas!
¡Quédense abiertas de par en par,
y entrará el Rey de la gloria!

10 ¿Quién es este Rey de la gloria?
¡Es el Señor todopoderoso![c]
¡Él es el Rey de la gloria!

SALMO 25 (24)
Oración pidiendo la dirección de Dios

1 Señor, a ti dirijo mi oración;
2 mi Dios, en ti confío:
no dejes que me hunda
en la vergüenza.
¡Que no se rían de mí mis enemigos!
3 ¡Que no sea jamás avergonzado
ninguno de los que en ti confían!
¡Que sean puestos en vergüenza
los que sin motivo se rebelan contra ti!

4 Señor, muéstrame tus caminos;
guíame por tus senderos;
5 guíame, encamíname en tu verdad,
pues tú eres mi Dios y Salvador.
¡En ti confío a todas horas!

---

[a]**23.3** *Haciendo honor a su nombre:* lit. *por causa de su nombre,* es decir, por razón de lo que él es, haciendo honor a lo que él es realmente. Véase 8.1 n. [a]**24.2** Sobre este concepto antiguo, véase 18.15 n. [b]**24.3** *Monte del Señor:* Véase 2.6 n. [c]**24.10** *El Señor todopoderoso:* lit. *el Señor de los ejércitos.* En los libros históricos, este título de Dios parece aludir a la presencia del Señor entre los ejércitos israelitas (cf. 1 S 17.45); pero en los escritos proféticos expresa el poder soberano de Dios en el cielo y en la tierra (cf. Is 6.3). Así lo entendieron los traductores de la versión griega (LXX), que con frecuencia lo traducen por *kyrios pantokrator,* es decir, *Señor todopoderoso.*

6 Señor, acuérdate del amor y la ternura
que siempre nos has manifestado,
7 pero no te acuerdes de mis pecados
ni del mal que hice en mi juventud.
Señor, acuérdate de mí,
por tu gran amor y bondad.

8 El Señor es bueno y justo;
él corrige la conducta
de los pecadores
9 y guía por su camino a los humildes;
¡los instruye en la justicia!
10 Él siempre procede con amor
y fidelidad,
con los que cumplen su alianza
y sus mandamientos.

11 Señor, es grande mi maldad;
perdóname, haz honor a tu nombre.
12 Al hombre que honra al Señor,
él le muestra el camino
que debe seguir;
13 lo rodea de bienestar
y da a sus descendientes
posesión del país.
14 El Señor es amigo
de quienes lo honran,
y les da a conocer su alianza.
15 Siempre dirijo mis ojos al Señor,
porque él me libra de todo peligro.

16 Mírame, Señor,
y ten compasión de mí,
porque estoy solo y afligido.
17 Mi corazón se aflige más y más;
líbrame de mis angustias.
18 Mira mis tristezas y trabajos,
y perdona mis pecados.
19 Mira cuántos enemigos tengo
que sienten por mí un odio mortal.
20 ¡Cuídame, sálvame la vida!
¡No dejes que me hunda
en la vergüenza,
pues en ti busco protección!
21 Que me protejan mi honradez
y mi inocencia,
pues en ti he puesto mi confianza.

22 ¡Dios mío,
salva a Israel de todas sus angustias!

SALMO 26 (25)
La seguridad de una vida limpia

1 Señor, hazme justicia,
pues mi vida no tiene tacha.
En ti, Señor, confío firmemente;
2 examíname, ¡ponme a prueba!,
¡pon a prueba mis pensamientos
y mis sentimientos más profundos!
3 Yo tengo presente tu amor
y te he sido fiel;
4 jamás conviví con los mentirosos
ni me junté con los hipócritas.
5 Odio las reuniones de los malvados;
¡jamás conviví con los perversos!

6 Lavadas ya mis manos y limpias
de pecado,
quiero, Señor, acercarme a tu altar,
7 y entonar cantos de alabanza,
y proclamar tus maravillas.

8 Yo amo, Señor, el templo donde vives,
el lugar donde reside tu gloria.[a]
9 No me quites la vida
junto con los pecadores;
no me hagas correr la suerte
de los asesinos,
10 de esos que tienen las manos
llenas de maldad y soborno.

11 Pero mi vida es intachable;
¡sálvame, ten compasión de mí!
12 Mis pies están en terreno firme;
¡bendeciré al Señor en presencia
de su pueblo!

SALMO 27 (26)
El Señor es mi luz y mi salvación

1 El Señor es mi luz y mi salvación,
¿de quién podré tener miedo?
El Señor defiende mi vida,
¿a quién habré de temer?
2 Los malvados, mis enemigos,
se juntan para atacarme y destruirme;
pero ellos son los que tropiezan
y caen.
3 Aunque un ejército me rodee,
mi corazón no tendrá miedo;

---

[a] 26.8 Cf. 1 R 8.11.

aunque se preparen para atacarme,
yo permaneceré tranquilo.

4 Solo una cosa he pedido al Señor,
solo una cosa deseo:
estar en el templo del Señor
todos los días de mi vida,
para adorarlo en su templo
y contemplar su hermosura.

5 Cuando lleguen los días malos,
el Señor me dará abrigo en su templo;
bajo su sombra me protegerá.
¡Me pondrá a salvo sobre una roca!

6 Entonces podré levantar la cabeza
por encima de mis enemigos;
entonces podré ofrecer sacrificios
en el templo,
y gritar de alegría,
y cantar himnos al Señor.

7 A ti clamo, Señor: escúchame.
Ten compasión de mí, ¡respóndeme!

8 El corazón me dice:
"Busca la presencia del Señor."
Y yo, Señor, busco tu presencia.

9 ¡No te escondas de mí!
¡No me rechaces con ira!
¡Mi única ayuda eres tú!
No me dejes solo y sin amparo,
pues tú eres mi Dios y salvador.

10 Aunque mi padre y mi madre
me abandonen,
tú, Señor, te harás cargo de mí.

11 Señor, muéstrame tu camino;
guíame por el buen camino
a causa de mis enemigos;

12 no me entregues a su voluntad,
pues se han levantado contra mí
testigos falsos y violentos.

13 Pero yo estoy convencido
de que llegaré a ver la bondad
del Señor
a lo largo de esta vida.[a]

14 ¡Ten confianza en el Señor!
¡Ten valor, no te desanimes!
¡Sí, ten confianza en el Señor!

SALMO 28 (27)
El Señor escucha nuestros ruegos

1 Señor, mi protector, a ti clamo.
¡No te niegues a responderme!
Pues si te niegas a responderme,
ya puedo contarme entre los muertos.

2 Oye mis gritos cuando te pido ayuda,
cuando extiendo mis manos
hacia tu santo templo.

3 No me arrastres
junto con los malvados,
no me hagas correr la suerte
de los malhechores,
que por fuera se muestran amistosos
pero por dentro son todo maldad.

4 Dales su merecido,
conforme a sus malas acciones;
págales con la misma moneda,
conforme al mal que han cometido.

5 Ya que no tienen presentes
las cosas que hizo el Señor,
¡que él los destruya
y no los vuelva a levantar!

6 ¡Bendito sea el Señor,
que ha escuchado mis ruegos!

7 El Señor es mi poderoso protector;
en él confié plenamente, y él me ayudó.
Mi corazón está alegre;
cantaré y daré gracias al Señor.

8 El Señor es la fuerza de su pueblo;
es ayuda y refugio de su rey escogido.

9 Salva a tu pueblo, Señor;
bendice a los tuyos.
Cuídalos como un pastor;
¡llévalos en tus brazos para siempre!

SALMO 29 (28)
La poderosa voz del Señor

1 Alaben al Señor, seres celestiales:[a]
alaben el poder y la gloria del Señor,

2 alaben el glorioso nombre del Señor,
adoren al Señor
en su hermoso santuario.[b]

---

[a]**27.13** *A lo largo de esta vida:* otra posible traducción: *en el mundo de los que viven* (cf. Sal 116.9). [a]**29.1** *Seres celestiales:* lit. *hijos de Dios.* Cf. Job 1.6; Sal 89.5-7, y véase 8.5 n. [b]**29.2** *En su hermoso santuario:* otras posibles traducciones: *vestidos con ropas sagradas,* o bien, *al manifestarse su santidad.*

3 La voz del Señor[c] resuena
     sobre el mar;
   el Dios glorioso hace tronar:
   ¡el Señor está sobre el mar inmenso!
4 La voz del Señor resuena con fuerza;
   la voz del Señor resuena imponente;
5 la voz del Señor desgaja los cedros.
   ¡El Señor desgaja los cedros
     del Líbano!
6 Hace temblar los montes Líbano
     y Sirión;[d]
   ¡los hace saltar como toros
     y becerros!
7 La voz del Señor
     lanza llamas de fuego;
8 la voz del Señor
     hace temblar al desierto;
   ¡el Señor hace temblar al desierto
     de Cadés!
9 La voz del Señor sacude las encinas[e]
   y deja sin árboles los bosques.
   En su templo, todos le rinden honor.

10 El Señor gobierna las lluvias;
   ¡el Señor gobierna cual rey eterno!
11 El Señor da fuerza a su pueblo;
   el Señor bendice a su pueblo con paz.

SALMO 30 (29)
Alabanzas de gratitud al Señor

1 Señor, yo te alabo
     porque tú me libertaste,
   porque no has permitido
   que mis enemigos se burlen de mí.
2 Señor, mi Dios,
   te pedí ayuda, y me sanaste;
3 tú, Señor, me salvaste de la muerte;[a]
   me diste vida, me libraste de morir.

4 Ustedes, fieles del Señor,
     ¡cántenle himnos!,
   ¡alaben su santo nombre!
5 Porque su enojo dura un momento,
   pero su buena voluntad, toda la vida.
   Si lloramos por la noche,
   por la mañana tendremos alegría.

6 Yo me sentí seguro, y pensé:
   "Nada me hará caer jamás."
7 Pero tú, Señor, en tu bondad
   me habías afirmado en lugar seguro,
   y apenas me negaste tu ayuda
   el miedo me dejó confundido.

8 A ti, Señor, clamo;
   a ti, Señor, suplico:
9 ¿Qué se gana con que yo muera,
   con que sea llevado al sepulcro?
   ¡El polvo no puede alabarte
   ni hablar de tu fidelidad!
10 Señor, óyeme y ten compasión de mí;
   Señor, ¡ayúdame!

11 Has cambiado en danzas mis lamentos;
   me has quitado el luto
   y me has vestido de fiesta.
12 Por eso, Señor y Dios,
   no puedo quedarme en silencio:
   ¡te cantaré himnos de alabanza
   y siempre te daré gracias!

SALMO 31 (30)
Plena confianza en el Señor

1 Señor, en ti busco protección;
   ¡no me defraudes jamás!
   ¡Ponme a salvo, pues tú eres justo!
2 Dígnate escucharme;
   ¡date prisa, líbrame ya!
   Sé tú mi roca protectora,
   ¡sé tú mi castillo de refugio y salvación!
3 ¡Tú eres mi roca y mi castillo!

   ¡Guíame y protégeme;
     haz honor a tu nombre!
4 ¡Sácame de la trampa
     que me han tendido,
   pues tú eres mi protector!
5 En tus manos encomiendo
     mi espíritu;[a]
   ¡rescátame, Señor, Dios de la verdad!

6 Odio a los que adoran ídolos inútiles.
   He puesto mi confianza en el Señor.

---

[c]**29.3** *La voz del Señor:* es decir, el trueno (Sal 18.13). [d]**29.6** *Sirión:* nombre que los fenicios daban al monte Hermón (Dt 3.8–9). [e]**29.9** *Sacude las encinas:* traducción probable. Heb. *hace a las ciervas dar a luz.* [a]**30.3** *Muerte:* lit. *morada de los muertos,* en heb. *sheol;* véase 6.5 n. [a]**31.5** Según Lc 23.46 estas fueron las últimas palabras de Jesús. Cf. también Hch 7.59.

7 Tu amor me trae gozo y alegría.
   Tú has visto mis tristezas,
   conoces mis aflicciones;
8 no me entregaste
      en manos del enemigo;
   ¡me hiciste poner pie en lugar seguro!

9 Señor, ten compasión de mí,
   pues estoy en peligro.
   El dolor debilita mis ojos,
   mi cuerpo, ¡todo mi ser!
10 ¡El dolor y los lamentos
   acaban con los años de mi vida!
   La tristeza[b] acaba con mis fuerzas;
   ¡mi cuerpo se está debilitando!

11 Soy el hazmerreir de mis enemigos,
   objeto de burla[c] de mis vecinos,
   horror de quienes me conocen.
   ¡Huyen de mí cuantos me ven
      en la calle!
12 Me han olvidado por completo,
   como si ya estuviera muerto.
   Soy como un jarro hecho pedazos.
13 Puedo oir que la gente cuchichea:
   "Hay terror por todas partes."[d]
   Como un solo hombre,
      hacen planes contra mí;
   ¡hacen planes para quitarme la vida!

14 Pero yo, Señor, confío en ti;
   yo he dicho: "¡Tú eres mi Dios!"
15 Mi vida está en tus manos;
   ¡líbrame de mis enemigos,
      que me persiguen!
16 Mira con bondad a este siervo tuyo,
   y sálvame, por tu amor.
17 A ti clamo, Señor;
   ¡no me hundas en la vergüenza!
   ¡Hunde en la vergüenza
      a los malvados;
   húndelos en el silencio del sepulcro!
18 Queden en silencio
      los labios mentirosos,
   que hablan con burla y desprecio,
   y ofenden al hombre honrado.

19 ¡Qué grande es tu bondad
      para aquellos que te honran!

La guardas como un tesoro
y, a la vista de los hombres,
la repartes a quienes confían en ti.
20 Con la protección de tu presencia
   los libras de los planes malvados
      del hombre;
   bajo tu techo los proteges
   de los insultos de sus enemigos.

21 Bendito sea el Señor, que con su amor
   hizo grandes cosas por mí
   en momentos de angustia.[e]
22 En mi inquietud llegué a pensar
   que me habías echado
      de tu presencia;
   pero cuando te pedí ayuda,
   tú escuchaste mis gritos.

23 Amen al Señor, todos sus fieles.
   El Señor cuida de los sinceros,
   pero a los altaneros
   les da con creces su merecido.
24 Den ánimo y valor a sus corazones
   todos los que confían en el Señor.

SALMO 32 (31)
Confesión y perdón

1 Feliz el hombre a quien sus culpas
      y pecados
   le han sido perdonados por completo.
2 Feliz el hombre
      que no es mal intencionado
   y a quien el Señor no acusa
      de falta alguna.

3 Mientras no confesé mi pecado,
   mi cuerpo iba decayendo
   por mi gemir de todo el día,
4 pues de día y de noche
   tu mano pesaba sobre mí.
   Como flor marchita
      por el calor del verano,
   así me sentía decaer.

5 Pero te confesé sin reservas
   mi pecado y mi maldad;
   decidí confesarte mis pecados,
   y tú, Señor, los perdonaste.

---

[b] **31.10** *La tristeza:* según versiones antiguas. Heb. *mi maldad.* [c] **31.11** *Objeto de burla:* texto probable. Heb. *mucho.* [d] **31.13** Jer 20.4,10; 46.5; 49.29. [e] **31.21** *En momentos de angustia:* texto probable. Heb. *en una ciudad sitiada.*

6 Por eso, en momentos de angustia[a]
   los fieles te invocarán,
   y aunque las aguas caudalosas
       se desborden,
   no llegarán hasta ellos.
7 Tú eres mi refugio:
   me proteges del peligro,
   me rodeas de gritos de liberación.

8 El Señor dice:
   "Mis ojos están puestos en ti.
   Yo te daré instrucciones,
   te daré consejos,
   te enseñaré el camino que debes seguir.
9 No seas como el mulo o el caballo,
   que no pueden entender
   y hay que detener su brío
   con el freno y con la rienda,
   pues de otra manera no se acercan a ti."

10 Los malvados tendrán muchos dolores,
   pero el amor del Señor
   envuelve a los que en él confían.
11 Alégrense en el Señor,
   hombres buenos y honrados;
   ¡alégrense y griten de alegría!

SALMO 33 (32)
Alabanza y gratitud al Señor

1 Aclamen al Señor, hombres buenos;
   en labios de los buenos,
       la alabanza es hermosa.
2 Den gracias al Señor al son del arpa,
   cántenle himnos
       con música de salterio,
3 cántenle un nuevo canto,
   ¡toquen con arte al aclamarlo!

4 La palabra del Señor es verdadera;
   sus obras demuestran su fidelidad.
5 El Señor ama lo justo y lo recto;
   ¡su amor llena toda la tierra!
6 Por la palabra del Señor
   fueron hechos los cielos,
   por el soplo de su boca,
   todos los astros.
7 Él junta y almacena
   las aguas del mar profundo.

8 Honren al Señor todos en la tierra;
   ¡hónrenlo todos los habitantes
       del mundo!
9 Pues él habló, y todo fue hecho;
   él ordenó, y todo quedó firme.

10 El Señor hace fracasar por completo
   los proyectos de los pueblos paganos,
11 pero los proyectos del Señor
   permanecen firmes para siempre.
12 Feliz el pueblo cuyo Dios es el Señor,
   el pueblo que ha escogido como suyo.

13 El Señor mira desde el cielo
   y ve a todos los hombres;
14 desde el lugar donde vive
   observa a los que habitan la tierra;
15 él es quien formó sus corazones
   y quien vigila todo lo que hacen.

16 Ningún rey se salva
       por su gran ejército,
   ni se salvan los valientes
       por su mucha fuerza;
17 los caballos no sirven
       para salvar a nadie;
   aunque son muy poderosos,
       no pueden salvar.

18 Pero el Señor cuida siempre
   de quienes lo honran
       y confían en su amor,
19 para salvarlos de la muerte
   y darles vida en épocas de hambre.

20 Nosotros confiamos en el Señor;
   ¡él nos ayuda y nos protege!
21 Nuestro corazón se alegra
       en el Señor;
   confiamos plenamente
       en su santo nombre.
22 ¡Que tu amor, Señor, nos acompañe,
   tal como esperamos de ti!

SALMO 34 (33)
Alabanzas a la bondad del Señor[a]

1 Bendeciré al Señor a todas horas;
   mis labios siempre lo alabarán.

---

[a] **32.6** *En momentos de angustia:* según versiones antiguas; heb. *en tiempo de encontrar solamente* (cf. Is 55.6).
[a] **Salmo 34** Cf. 1 S 21.10-15.

2 Yo me siento orgulloso del Señor;
    ¡óiganlo y alégrense,
        hombres humildes!
3 Alabemos juntos y a una voz
    la grandeza del nombre del Señor.

4 Recurrí al Señor, y él me contestó,
    y me libró de todos mis temores.
5 Los que miran al Señor
    quedan radiantes de alegría
    y jamás se verán defraudados.
6 Este pobre gritó, y el Señor lo oyó
    y lo libró de todas sus angustias.
7 El ángel del Señor protege y salva
    a los que honran al Señor.
8 Prueben, y vean que el Señor es bueno.
    ¡Feliz el hombre que en él confía!
9 Honren al Señor, los consagrados a él,
    pues nada faltará a los que lo honran.
10 Los ricos*b* se vuelven pobres,
    y sufren hambre,
    pero a los que buscan al Señor
        nunca les faltará ningún bien.

11 Vengan, hijos míos, y escúchenme:
    voy a enseñarles a honrar al Señor.
12 ¿Quieres vivir mucho tiempo?
    ¿Quieres gozar de la vida?
13 Pues refrena tu lengua de hablar mal,
    y nunca digan mentiras tus labios.
14 Aléjate de la maldad, y haz lo bueno;
    busca la paz, y síguela.

15 El Señor cuida
    de los hombres honrados
    y presta oído a sus clamores.
16 El Señor está en contra
    de los malhechores,
    para borrar de la tierra su recuerdo.
17 El Señor atiende al clamor
    del hombre honrado,
    y lo libra de todas sus angustias.
18 El Señor está cerca,
    para salvar a los que tienen el corazón
        hecho pedazos
    y han perdido la esperanza.

19 El hombre honrado pasa
    por muchos males,
    pero el Señor lo libra de todos ellos.

20 Él le protege todos los huesos;
    ni uno solo le romperán.
21 A los malvados los mata
    su propia maldad;
    los que odian al hombre honrado
        serán castigados.
22 Pero el Señor salva la vida
    a sus siervos;
    ¡no serán castigados
        los que en él confían!

SALMO 35 (34)
Oración pidiendo la ayuda del Señor

1 Señor, opónte a los que se oponen
        a mí;
    ataca a los que me atacan.
2 Toma tu escudo y ven en mi ayuda;
3 toma tu lanza y haz frente
        a los que me persiguen;
    ¡dime que eres tú mi salvador!

4 Huyan avergonzados
    los que quieren matarme;
    huyan avergonzados
    los que quieren hacerme daño;
5 ¡sean como paja
        que se lleva el viento,
    arrojados por el ángel del Señor!
6 ¡Sea su camino oscuro y resbaladizo,
    perseguidos por el ángel del Señor!
7 Sin motivo me pusieron una trampa;
    sin motivo hicieron un hoyo
    para que yo cayera en él.
8 ¡Que los sorprenda la desgracia!
    ¡Que caigan en su propia trampa!
    ¡Que caigan en desgracia!

9 Entonces me alegraré en el Señor,
    porque él me habrá salvado.
10 De todo corazón diré:
    "¿Quién como tú, Señor?
    A los pobres y necesitados los libras
    de quienes son más fuertes que ellos,
    de quienes los explotan."

11 Se levantan testigos malvados
    y me preguntan cosas que yo no sé.
12 Me han pagado mal por bien,
    y esto me causa mucha tristeza;

---

b **34.10** *Ricos:* según la versión griega (LXX). Heb. *leones.*

13 pues cuando ellos se enfermaban
yo me afligía por ellos,
me ponía ropas ásperas y ayunaba,
y en mi interior no dejaba de orar.
14 Andaba yo triste y decaído,
como si estuviera de luto por mi madre,
por un amigo
o por mi propio hermano.
15 Pero cuando caí,
todos juntos se rieron de mí;
como si fueran gente extraña
y desconocida,
me maltrataron sin cesar.
16 Me atormentaron, se burlaron de mí,
me lanzaron miradas cargadas de odio.

17 Señor, ¿cuánto tiempo seguirás
viendo esto?
¡Sálvame la vida, mi única vida,
de esos leones que andan rugiendo!
18 Te daré gracias
ante tu pueblo numeroso;
¡te alabaré ante la gran multitud!

19 Que no se alegren de mí
mis enemigos;
que no se guiñen el ojo
los que me odian sin razón.
20 Pues ellos no buscan la paz,
sino que hacen planes traicioneros
contra la gente pacífica del país;
21 abren tamaña boca contra mí, y dicen:
"¡Miren lo que hemos llegado a ver!"

22 ¡A ti te consta, Señor!
¡No te quedes en silencio!
¡No te alejes de mí!
23 Levántate, Señor y Dios mío, ¡despierta!
Hazme justicia, ponte de mi parte.
24 Júzgame, Señor y Dios mío,
de acuerdo con tu justicia.
¡Que no se rían de mí!
25 Que no digan ni piensen:
"¡Esto es lo que queríamos!
¡Lo hemos arruinado por completo!"
26 Que queden cubiertos de vergüenza
los que se alegran de mi desgracia;
que queden totalmente cubiertos
de vergüenza
los que se creen superiores a mí.

27 Pero que se alegren y griten de alegría
los que quieren verme victorioso;
que digan constantemente:
"¡El Señor es grande,
y le agrada el bienestar de su siervo!"
28 Con mi lengua hablaré de tu justicia;
¡todo el día te alabaré!

SALMO 36 (35)
Maldad del hombre y bondad de Dios

1 La maldad habla al malvado
en lo íntimo de su corazón.
Jamás tiene él presente
que hay que temer a Dios.
2 Se cree tan digno de alabanzas,
que no encuentra odiosa su maldad.
3 Es malhablado y mentiroso,
perdió el buen juicio,
dejó de hacer el bien.
4 Acostado en su cama,
planea hacer lo malo;
tan aferrado está a su mal camino
que no quiere renunciar a la maldad.

5 Pero tu amor, Señor, llega hasta el cielo;
tu fidelidad alcanza al cielo azul.
6 Tu justicia es
como las grandes montañas;
tus decretos son
como el mar grande y profundo.
Tú, Señor, cuidas de hombres
y animales.
7 ¡Qué maravilloso es tu amor, oh Dios!
¡Bajo tus alas,[a] los hombres buscan
protección!
8 Quedan completamente satisfechos
con la abundante comida de tu casa;
tú les das a beber de un río delicioso,
9 porque en ti está la fuente de la vida
y en tu luz podemos ver la luz.

10 Brinda siempre tu amor y tu justicia
a los que te conocen,
a los hombres honrados.
11 No dejes que me pisoteen
los orgullosos
ni que me zarandeen los malvados.
12 ¡Vean cómo caen los malhechores!
¡Caen para no volver a levantarse!

---

a **36.7** *Bajo tus alas:* Véase 17.8 n.

SALMO 37 (36)
Confía en el Señor

1 No te enojes por causa de los malvados,
ni sientas envidia de los malhechores,
2 pues pronto se secan, como el heno;
¡se marchitan como la hierba!

3 Confía en el Señor y haz lo bueno,
vive en la tierra y mantente fiel.
4 Ama al Señor con ternura,
y él cumplirá
tus deseos más profundos.

5 Pon tu vida en las manos del Señor;
confía en él, y él vendrá en tu ayuda.
6 Hará brillar tu rectitud y tu justicia
como brilla el sol de mediodía.

7 Guarda silencio ante el Señor;
espera con paciencia a que él te ayude.
No te irrites por el que triunfa
en la vida,
por el que hace planes malvados.

8 Deja el enojo, abandona el furor;
no te enojes,
porque eso empeora las cosas.
9 Pues los malvados serán arrojados
del país,
pero los que confían en el Señor
tomarán posesión de él.

10 Dentro de poco no habrá malvados;
por más que los busques,
no volverás a encontrarlos.
11 Pero los humildes heredarán la tierra[a]
y disfrutarán de completa paz.

12 El malvado trama hacer daño
al hombre bueno,
y le lanza miradas cargadas de odio.
13 Pero el Señor se ríe, porque sabe
que al malvado se le acerca su hora.

14 Los malvados sacan la espada
y tensan el arco
para hacer caer
a los pobres y humildes,
¡para matar a los de buena conducta!

15 Pero su propia espada se les clavará
en el corazón,
y sus arcos quedarán hechos pedazos.

16 Lo poco que tiene el hombre bueno
es mejor que la mucha riqueza
de los malos.
17 Porque el Señor
pondrá fin a los malos,
pero sostendrá a los buenos.

18 El Señor cuida de los que viven
sin tacha,
y la herencia de ellos
durará para siempre.
19 En épocas malas,
cuando haya hambre,
no pasarán vergüenza,
pues tendrán suficiente comida.

20 Los malvados arderán
como hierba seca;
Los enemigos del Señor
se desvanecerán como el humo.

21 El malvado pide prestado y no paga,
pero el hombre bueno es compasivo
y generoso.
22 Los que el Señor bendice
heredarán la tierra,
pero los que él maldice
serán destruidos.

23 El Señor dirige los pasos del hombre
y lo pone en el camino
que a él le agrada;
24 aun cuando caiga, no quedará caído,
porque el Señor lo tiene de la mano.

25 Yo fui joven, y ya soy viejo,
pero nunca vi desamparado
al hombre bueno
ni jamás vi a sus hijos pedir limosna.
26 A todas horas siente compasión,
y da prestado;
sus hijos son una bendición.

27 Aléjate de la maldad y haz lo bueno,
y tendrás siempre
un lugar donde vivir.

---

[a] **37.11** Cf. Dt 11.8–9; Sal 25.12–13.

28 Pues el Señor ama la justicia
   y no abandona a quienes le son fieles;
   pero destruye a los malvados[b]
   y los deja sin descendencia.
29 Los hombres buenos
      heredarán la tierra
   y vivirán en ella para siempre.

30 El hombre bueno habla con sabiduría;
   el hombre bueno habla con justicia.
31 Lleva en el corazón
      la enseñanza de su Dios;
   ¡jamás resbalarán sus pies!

32 El malvado espía al hombre bueno,
   con la intención de matarlo;
33 pero el Señor no dejará que caiga
      en sus manos,
   ni dejará tampoco que lo declaren
      culpable.

34 Tú confía en el Señor, y obedécelo,
   pues él te enaltecerá y te dará el país
      como herencia.
   ¡Con tus ojos verás la destrucción
      de los malvados!

35 He visto al malvado,
      lleno de altanería,
   extenderse como un árbol frondoso;
36 pero se fue, dejó de existir;
   lo busqué, y no pude encontrarlo.

37 Fíjate en el hombre honrado
      y sin tacha:
   el futuro de ese hombre es la paz.
38 Pero los rebeldes serán destruidos
      por completo;
   el futuro de los malos
      será su destrucción.

39 La ayuda a los hombres buenos
      viene del Señor,
   que es su refugio en tiempos difíciles.
40 El Señor los ayuda a escapar.
   Los hace escapar de los malvados,
      y los salva,
   porque en él buscaron protección.

SALMO 38 (37)
Oración pidiendo la ayuda de Dios

1 Señor, no me reprendas en tu enojo
   ni me castigues en tu furor.
2 Pues en mí se han clavado
      tus flechas;[a]
   ¡tu mano has descargado sobre mí!
3 Por tu enojo debido a mis pecados,
   todo mi cuerpo está enfermo;
   ¡no tengo un solo hueso sano!
4 Mis maldades me tienen abrumado;
   son una carga que no puedo
      soportar.
5 Por causa de mi necedad,
   mis heridas se pudren y apestan.
6 Todo el día ando triste,
   cabizbajo y deprimido.
7 La espalda me arde de fiebre;
   ¡tengo enfermo todo el cuerpo!
8 Estoy completamente molido
      y sin fuerzas;
   ¡mis quejas son quejas del corazón!

9 Señor, tú conoces todos mis deseos,
   ¡mis suspiros no son un secreto
      para ti!
10 Mi corazón late de prisa,
   las fuerzas me abandonan,
   ¡aun la vista se me nubla!
11 Mis mejores amigos,
      y hasta mis parientes,
   se mantienen a distancia,
      lejos de mis llagas.[b]
12 Los que me quieren matar,
      me ponen trampas;
   los que me quieren perjudicar,
      hablan de arruinarme
   y a todas horas
      hacen planes traicioneros.

13 Pero yo me hago el sordo,
      como si no oyera;
   como si fuera mudo, no abro la boca.
14 Soy como el que no oye
   ni puede decir nada en su defensa.
15 Yo espero de ti, Señor y Dios mío,
   que seas tú quien les conteste.

---

[b] **37.28** *Destruye a los malvados:* según la versión griega (LXX). Heb. *siempre los protege.*
[a] **38.2** Las *flechas* son imagen de la calamidad entendida como castigo divino (Dt 32.23–24; Job 6.4).
[b] **38.11** Cf. Job 19.13.

16 Tan solo pido que no se rían de mí,
    que no canten victoria
        cuando yo caiga.

17 En verdad, estoy a punto de caer;
    mis dolores no me dejan
        ni un momento.
18 ¡Voy a confesar mis pecados,
    pues me llenan de inquietud!
19 Mis enemigos han aumentado;
    muchos son los que me odian
        sin motivo.
20 Me han pagado mal por bien;
    porque busco hacer el bien
        se ponen en contra mía.

21 Señor, ¡no me dejes solo!
    Dios mío, ¡no te alejes de mí!
22 Dios y Salvador mío,
        ¡ven pronto en mi ayuda!

SALMO 39 (38)
La vida es breve

1 Yo había prometido cuidar
    mi conducta,
  y no pecar con mi lengua,
  y ponerle un freno a mis labios
    mientras hubiera malvados
        delante de mí.
2 Y me hacía el mudo: no decía nada.
    ¡Ni siquiera hablaba de lo bueno!ᵃ
    Pero mi dolor iba en aumento;
3 ¡el corazón me ardía en el pecho!
    Pensando en ello, un fuego
        se encendió dentro de mí,
    y dije entonces con voz fuerte:

4 "Señor, hazme saber qué fin tendré
    y cuánto tiempo voy a vivir,
    para que comprenda cuán breve es
        mi vida.
5 Me has dado una vida muy corta;
    no es nada mi vida delante de ti.
    ¡Todo hombre dura lo que un suspiro!
6 ¡Todo hombre pasa como una sombra!
    De nada le sirve amontonar riquezas,
    pues no sabe quién se quedará con ellas.

7 Y así, Señor, ¿qué puedo ya esperar?
    ¡Mi esperanza está en ti!
8 Líbrame de mis pecados;
    no dejes que los necios
        se burlen de mí.

9 "Me hice el mudo y no abrí la boca,
    porque tú eres el que actúa.
10 Aparta de mí tus golpes;
    estoy acabado por los golpes
        de tu brazo.
11 Tú corriges al hombre castigando
        su maldad,
    y reduces a polvo lo que más ama.
    ¡Todo hombre es un suspiro!

12 "Señor, escucha mi oración,
    ¡presta oído a mis lamentos!,
    ¡no te quedes callado
        ante mis lágrimas!
    Yo soy para ti un extranjero,
    un ave de paso,
        como mis antepasados.
13 Deja ya de mirarme,
        dame un momento de respiro,
    antes que me vaya y deje de existir."

SALMO 40 (39)
Me agrada hacer tu voluntad, Dios mío
(Sal 70)

1 Puse mi esperanza en el Señor,
    y él se inclinó para escuchar
        mis gritos;
2 me salvó de la fosa mortal,
    me libró de hundirme en el pantano.ᵃ
    Afirmó mis pies sobre una roca;
    dio firmeza a mis pisadas.
3 Hizo brotar de mis labios
        un nuevo canto,
    un canto de alabanza a nuestro Dios.
    Muchos, al ver esto,
        se sintieron conmovidos
    y pusieron su confianza en el Señor.
4 ¡Feliz el hombre que confía
        en el Señor
    y no busca a los insolentes
    ni a los que adoran a dioses falsos!ᵇ

ᵃ**39.2** ¡Ni siquiera hablaba de lo bueno!: otra posible traducción: Me callé más de lo conveniente. ᵃ**40.2** Pantano: símbolo de la muerte. Sal 69.2. ᵇ**40.4** Adoran a dioses falsos: lit. se desvían (tras la) mentira. Falsedad, mentira y otros sinónimos sirven con frecuencia, en el texto hebreo, para designar a los falsos dioses de los pueblos paganos.

5 Señor y Dios mío,
   muchas son las maravillas
      que tú has hecho
   y las consideraciones que nos tienes.
   ¡Nada es comparable a ti!
   Quisiera anunciarlas, hablar de ellas,
   pero son más de las que puedo contar.

6 Tú no te complaces en los sacrificios
   ni en las ofrendas de cereales;
   tampoco has pedido holocaustos
   ni ofrendas para quitar el pecado.[c]
   En cambio, me has abierto los oídos.[d]
7 Por eso he dicho: Aquí estoy,
   tal como el libro dice de mí.
8 A mí me agrada hacer tu voluntad,
      Dios mío;
   ¡llevo tu enseñanza en el corazón!
9 En presencia de tu pueblo numeroso
   he dado a conocer lo que es justo.
   ¡Tú bien sabes, Señor,
      que no he guardado silencio!
10 No me he quedado callado
      acerca de tu justicia;
   he hablado de tu fidelidad y salvación.
   Jamás he ocultado tu amor y tu verdad
   ante tu pueblo numeroso.

11 Y tú, Señor,
      ¡no me niegues tu ternura!
   ¡Que siempre me protejan tu amor
      y tu fidelidad!
12 Pues me han pasado tantas desgracias
   que ni siquiera las puedo contar.
   Me han atrapado
      mis propias maldades;
   ¡hasta he perdido la vista!
   Son más que los pelos de mi cabeza,
   y hasta el ánimo he perdido.

13 Señor, por favor, ¡ven a librarme!
   Señor, ¡ven pronto en mi ayuda!
14 ¡Que sean puestos
      en completo ridículo

los que tratan de acabar con mi vida!
¡Que huyan en forma vergonzosa
los que quieren hacerme daño!
15 ¡Que huyan avergonzados
los que se burlan de mí!
16 Pero que todos los que te buscan
   se llenen de alegría;
   que cuantos desean tu salvación
   digan siempre: "¡El Señor es grande!"

17 Y a mí, que estoy pobre y afligido,
   no me olvides, Señor.
   Tú eres quien me ayuda y me liberta;
   ¡no te tardes, Dios mío!

SALMO 41 (40)
Oración de un hombre enfermo

1 Dichoso el que piensa
      en el débil y pobre;[a]
   el Señor lo librará en tiempos malos.
2 El Señor lo protegerá,
   le dará vida y felicidad en la tierra,
   y no lo abandonará al capricho
      de sus enemigos.
3 El Señor le dará fuerzas
      en el lecho del dolor;
   ¡convertirá su enfermedad en salud!

4 Yo he dicho:
   "Señor, tenme compasión;
   cúrame, aunque he pecado contra ti."
5 Mis enemigos me desean lo peor:
   "¿Cuándo morirá y se perderá
      su recuerdo?"
6 Vienen a verme, y no son sinceros;
   guardan en su memoria todo lo malo,
   y al salir a la calle lo dan a saber.
7 Los que me odian se juntan
      y hablan de mí;
   piensan que estoy sufriendo
      por mi culpa,
8 y dicen: "Su enfermedad
      es cosa del demonio;

---

[c]**40.6** El fiel cumplimiento de la voluntad de Dios es más importante que las ofrendas y los sacrificios (1 S 15.22; cf. Mt 9.13). Este mismo tema es tratado frecuentemente por los profetas (Is 1.11–17; Jer 6.20; 7.21–23; Os 6.6; Am 5.21–25; Miq 6.6–8) y también se encuentra en los escritos sapienciales (Pr 15.8; 21.3,27; Eclo 34.18–20; 35.1–3). Cf. Sal 50.8; 51.16–17. [d]**40.6** *Me has abierto los oídos:* Esta expresión se refiere a la acción de Dios que predispone para escuchar atentamente la palabra divina y para cumplirla con fidelidad. Algunos mss. de la versión griega (LXX) traducen: *me has dado un cuerpo.* Cf. Heb 10.5. [a]**41.1** *Pobre:* Falta en hebreo. Añadido según el griego, porque así parece exigirlo el ritmo de la frase.

ha caído en cama y no volverá
a levantarse."
9 Aun mi mejor amigo,
en quien yo confiaba,
el que comía conmigo,
se ha vuelto contra mí.
10 Pero tú, Señor, tenme compasión;
haz que me levante
y les dé su merecido.
11 En esto conoceré que te he agradado:
en que mi enemigo no cante victoria
sobre mí.
12 En cuanto a mí, que he vivido
una vida sin tacha,
tómame en tus manos,
manténme siempre en tu presencia.

13 ¡Bendito sea el Señor, Dios de Israel,
ahora y siempre!
¡Amén![b]

LIBRO 2
(Salmos 42—72)

SALMO 42—43 (41—42)[a]
Mi esperanza está en Dios

1 Como ciervo sediento
en busca de un río,
así, Dios mío, te busco a ti.
2 Tengo sed de Dios, del Dios de la vida.
¿Cuándo volveré a presentarme
ante Dios?
3 Día y noche, mis lágrimas son
mi alimento,
mientras a todas horas me preguntan:
"¿Dónde está tu Dios?"

4 Cuando pienso en estas cosas,
doy rienda suelta a mi dolor.
Recuerdo cuando yo iba con la gente,
conduciéndola al templo de Dios
entre gritos de alegría y gratitud.
¡Qué gran fiesta entonces!

5   ¿Por qué voy a desanimarme?
¿Por qué voy a estar preocupado?

Mi esperanza he puesto en Dios,
a quien todavía seguiré alabando.
¡Él es mi Dios y Salvador!

6 Me siento muy desanimado.
Por eso pienso tanto en ti
desde la región del río Jordán,
desde los montes Hermón y Misar.[b]
7 Se escucha en los precipicios
el eco atronador de tus cascadas;
los torrentes de agua que tú mandas
han pasado sobre mí.

8 De día el Señor me envía su amor,
y de noche no cesa mi canto
ni mi oración al Dios de mi vida.
9 Le digo a Dios, mi defensor:
"¿Por qué me has olvidado?
¿Por qué tengo que andar triste
y oprimido por mis enemigos?"
10 Hasta los huesos me duelen
por las ofensas de mis enemigos,
que a todas horas me preguntan:
"¿Dónde está tu Dios?"

11   ¿Por qué voy a desanimarme?
¿Por qué voy a estar preocupado?
Mi esperanza he puesto en Dios,
a quien todavía seguiré alabando.
¡Él es mi Dios y Salvador!

SALMO 43

1 Oh Dios, hazme justicia;
¡ponte de mi parte
contra esta gente pagana!
¡Ponme a salvo del mentiroso
y del malvado,
2 porque tú eres mi Dios y protector!
¿Por qué me has alejado de ti?
¿Por qué tengo que andar triste
y oprimido por mis enemigos?
3 Envía tu luz y tu verdad,
para que ellas me enseñen el camino
que lleva a tu santo monte,
al lugar donde tú vives.

---

[b]**41.13** Con esta alabanza al Señor concluye el Libro 1 de los Salmos.   [a]**Salmos 42—43** Los salmos 42 y 43 forman en realidad un solo poema, como lo indica la repetición del mismo estribillo (42.5,11; 43.5) y la presencia de otras expresiones que también se repiten (42.9; 43.2).   [b]**42.6** El monte *Misar* (o *monte insignificante*), de ubicación incierta. Quizá se trata de un monte cercano al Hermón, en la región donde nace el río Jordán.

4 Llegaré entonces a tu altar, oh Dios,
   y allí te alabaré al son del arpa,
   pues tú, mi Dios,
      llenas mi vida de alegría.

5 ¿Por qué voy a desanimarme?
   ¿Por qué voy a estar preocupado?
   Mi esperanza he puesto en Dios,
   a quien todavía seguiré alabando.
   ¡Él es mi Dios y Salvador!

SALMO 44 (43)
Oración pidiendo la ayuda de Dios

1 Oh Dios, hemos oído con nuestros oídos,
   y nuestros padres nos han contado[a]
   lo que tú hiciste en sus días,
   en aquellos tiempos pasados:
2 con tu propia mano
      echaste fuera a los paganos,
   castigaste a las naciones
   y estableciste allí a nuestros padres.
3 Pues no fue su brazo ni su espada
   lo que les dio la victoria;
   ellos no conquistaron la tierra.
   ¡Fue tu poder y tu fuerza![b]
   ¡Fue el resplandor de tu presencia,
   porque tú los amabas!

4 ¡Mi Rey! ¡Mi Dios!
   Tú diste las victorias a tu pueblo;
5 por ti vencimos a nuestros enemigos;
   ¡en tu nombre aplastamos
      a los que nos atacaban!
6 Porque no confiaría yo en mi arco,
   ni mi espada podría darme la victoria;
7 fuiste tú quien nos hizo vencer
      a nuestros enemigos,
   quien puso en ridículo
      a los que nos odiaban.
8 ¡Siempre estaremos orgullosos de ti,
      oh Dios,
   y siempre alabaremos tu nombre!

9 Pero nos has rechazado;
   nos has cubierto de vergüenza.
   Ya no sales con nuestros ejércitos.
10 Nos has hecho dar la espalda
    a nuestros enemigos;

los que nos odian nos roban
y se llevan lo que quieren.
11 Nos has entregado
    cual si fuéramos ovejas
       para el matadero;
    nos has dispersado entre los paganos;
12 has vendido a tu pueblo muy barato,
    y nada has ganado con venderlo.
13 Nos has convertido
       en objeto de insultos;
    nuestros vecinos nos ofenden
       y ridiculizan.
14 Has hecho que los paganos
       se burlen de nosotros;
    al vernos, mueven burlones la cabeza.
15 No hay momento en que no me vea
       humillado;
    se me cae la cara de vergüenza
16 por culpa del enemigo,
       que trata de vengarse
    y que me ofende y ultraja.

17 Esto que nos ha pasado
       no fue por haberte olvidado.
    ¡No hemos faltado a tu alianza!
18 No hemos pensado abandonarte
    ni hemos dejado tus caminos.
19 Sin embargo, tú nos has aplastado
       en lugares de miseria.[c]
    ¡Nos has cubierto de terrible
       oscuridad!
20 Si te hubiéramos olvidado, oh Dios,
    y adorado en tu lugar a un dios extraño,
21 tú te habrías dado cuenta,
    pues conoces los más íntimos secretos.
22 Pero por causa tuya estamos siempre
       expuestos a la muerte;
    nos tratan como a ovejas
       para el matadero.

23 ¿Por qué duermes, Señor?
       ¡Despierta, despierta!
    ¡No nos rechaces para siempre!
24 ¿Por qué te escondes?
    ¿Por qué te olvidas de nosotros,
    que sufrimos tanto, tanto?
25 Estamos rendidos y humillados,
    arrastrando nuestros cuerpos
       por el suelo.

---

[a]44.1 Cf. Ex 10.2; 12.26–27; 13.14–15; Dt 4.9; 6.20–25; Sal 78.3–8. [b]44.3 Sal 20.7–8; cf. también Dt 8.17–18;
Jos 24.12; Jue 7.2. [c]44.19 *Lugares de miseria:* según la versión griega (LXX). Heb. *lugar de chacales.*

26 ¡Levántate, ven a ayudarnos
y sálvanos por tu gran amor!

SALMO 45 (44)
Poema para las bodas del rey

1 Palabras hermosas bullen en mi mente;
mi lengua es como la pluma
de un buen escritor.
¡Voy a recitar mi poesía ante el rey!

2 ¡Eres el más hermoso de los hombres!
¡El encanto brota de tus labios!
Por eso Dios te bendijo para siempre.
3 ¡Ponte la espada a la cintura, valiente!
¡Ella es tu adorno esplendoroso!

4 Tu gloria consiste
en avanzar triunfante,
luchando en favor de la verdad
y haciendo justicia a los humildes.[a]
¡Tu mano derecha realiza
grandes proezas!
5 Los pueblos caen a tus pies, oh rey;
tus flechas son agudas y se clavan
en el corazón de tus enemigos.

6 Tu reinado, oh Dios, es eterno,
y es un reinado de justicia.
7 Amas el bien y odias el mal.
Por eso te ha escogido Dios, tu Dios,
y te ha colmado de alegría
más que a tus compañeros.
8 Toda tu ropa es perfume de mirra,
áloe y canela;
con música de instrumentos de cuerda
te alegran en los palacios de marfil.
9 Entre las damas de tu corte
hay princesas;
a la derecha de tu trono está la reina,
adornada con el oro más fino.[b]

10 Escucha, hijita;
fíjate bien en lo que voy a decirte:
Olvídate de tu familia y de tu gente,
11 pues el rey desea tu belleza;
él es tu señor, y debes obedecerlo.

12 Princesa de Tiro,
los más ricos del pueblo
procuran con regalos ganarse tu favor.

13 ¡Aquí entra la princesa,
en toda su hermosura!
¡Su vestido es de brocado de oro!
14 Espléndidamente vestida
la llevan ante el rey,
seguida de sus damas de honor,
del cortejo de sus amigas.
15 Avanzan con gran alegría;
alegres entran en el palacio del rey.

16 Tus hijos, oh rey, ocuparán
el trono de tus antepasados,
y harás que gobiernen en todo el país.
17 Yo haré que tu nombre se recuerde
en cada nueva generación,
y que los pueblos
te alaben por siempre.

SALMO 46 (45)
El Señor está con nosotros

1 Dios es nuestro refugio y nuestra fuerza;
nuestra ayuda
en momentos de angustia.
2 Por eso no tendremos miedo,
aunque se deshaga la tierra,
aunque se hundan los montes
en el fondo del mar,
3 aunque ruja el mar y se agiten sus olas,
aunque tiemblen los montes
a causa de su furia.

4 Un río alegra con sus brazos
la ciudad de Dios,
la más santa de las ciudades
del Altísimo.
5 Dios está en medio de ella,
y la sostendrá;
Dios la ayudará al comenzar el día.
6 Las naciones rugen,
los reinos tiemblan,
la tierra se deshace
cuando él deja oir su voz.

---

[a] **45.4** *Y haciendo justicia a los humildes:* texto probable. Heb. *y humildad de la justicia.* La instauración de un orden social justo y la defensa del derecho de los más pobres era lo primero que el pueblo esperaba de su rey. Cf. Sal 72.1–4. [b] **45.9** *El oro más fino:* lit. *oro de Ofir,* región célebre por la calidad de su oro, pero de localización incierta. En general se piensa que se encontraba en Arabia, sobre la costa oriental del Mar Rojo.

7 ¡El Señor todopoderoso
está con nosotros!
¡El Dios de Jacob
es nuestro refugio!

8 Vengan a ver las cosas sorprendentes
que el Señor ha hecho en la tierra:
9 ha puesto fin a las guerras
hasta el último rincón del mundo;
ha roto los arcos,
ha hecho pedazos las lanzas,
¡ha prendido fuego a los carros
de guerra!
10 "¡Ríndanse!
¡Reconozcan que yo soy Dios!
¡Yo estoy por encima de las naciones!
¡Yo estoy por encima de toda la tierra!"

11 ¡El Señor todopoderoso
está con nosotros!
¡El Dios de Jacob
es nuestro refugio!

SALMO 47 (46)
Dios es el Rey de toda la tierra

1 ¡Aplaudan, pueblos todos!
¡Aclamen a Dios con gritos de alegría!
2 Porque el Señor, el Altísimo,
es terrible;
es el gran Rey de toda la tierra.
3 Destrozó pueblos y naciones
y los sometió a nuestro yugo.
4 Nos ha escogido nuestra herencia,
que es orgullo de Jacob,ᵃ a quien amó.

5 ¡Dios el Señor ha subido a su tronoᵇ
entre gritos de alegría
y toques de trompeta!
6 ¡Canten, canten himnos a Dios!
¡Canten, canten himnos
a nuestro Rey!

7 ¡Canten un poema a Dios,
porque él es el Rey de toda la tierra!
8 ¡Dios es el Rey de las naciones!
¡Dios está sentado en su santo trono!
9 Los hombres importantes
de las naciones
se unen al pueblo del Dios
de Abraham,ᶜ
10 pues de Dios son los poderes
del mundo.
¡Él está por encima de todo!

SALMO 48 (47)
Grandeza de Sión, ciudad de Dios

1 ¡El Señor es grande!
¡Nuestro Dios es digno de alabanza
en su ciudad y en su santo monte!

2 ¡Qué hermosa altura la del monte Sión,
allá, en el extremo norte!ᵃ
¡Es la alegría de toda la tierra!
¡Es la ciudad del gran Rey!

3 Dios está en los palacios de Jerusalén;
Dios se ha dado a conocer
como un refugio seguro.
4 Pues los reyes se reunieron
y juntos avanzaron contra ella;
5 pero al ver la ciudad se sorprendieron,
se inquietaron y huyeron.
6 El miedo se adueñó de ellos:
se retorcían de dolor,
como mujer de parto;
7 como el viento del este,
que destroza los barcos de Tarsis.ᵇ
8 En la ciudad de nuestro Dios,
el Señor todopoderoso,
hemos visto con nuestros ojos
lo mismo que nos habían contado:
¡Dios afirmará para siempre
a Jerusalén!

ᵃ**47.4** *Jacob* es una designación poética del pueblo de Israel. Cf. Gn 32.28; Is 41.14; 43.1. ᵇ**47.5** *El Señor ha subido a su trono:* alusión a la solemne procesión organizada por David cuando introdujo en el monte Sión el arca de la alianza entre gritos de alegría y toques de trompeta (2 S 6.14–15). Algunos intérpretes, apoyándose en textos más o menos paralelos, como 1 R 8.1–13 y Sal 132, piensan que este acontecimiento histórico se conmemoraba todos los años en Jerusalén, durante el periodo de los reyes, con una liturgia procesional presidida por el arca de la alianza. ᶜ**47.9** Cf. Gn 12.3; 17.6; 35.11; Is 2.2–5; Mt 8.11. ᵃ**48.2** Según la mitología cananea, *en el extremo norte* (heb. *Safón*) se encontraba la cima del monte donde se reunían los dioses (cf. Is 14.13). El salmista se vale de esta imagen para indicar que Sión, y no aquella montaña mitológica, es el verdadero monte de Dios. ᵇ**48.7** *Los barcos de Tarsis* eran los que podían navegar en alta mar (Ez 27.25).

9 Oh Dios, en medio de tu templo
pensamos en tu gran amor.
10 Oh Dios, por toda la tierra eres alabado
como corresponde a tu nombre.
Con tu poder haces plena justicia.

11 ¡Que se alegre el monte Sión!
¡Que salten de alegría
las ciudades de Judá
por tus justas decisiones!

12 Caminen alrededor de Sión
y cuenten las torres que tiene;
13 fíjense en su muralla y en sus palacios,
para que puedan contar
a las generaciones futuras
14 que así es nuestro Dios
por toda la eternidad.
¡Él es nuestro guía eternamente!

SALMO 49 (48)
El dinero no lo es todo

1 Oigan bien esto,
pueblos y habitantes de todo el mundo,
2 lo mismo los ricos que los pobres,
lo mismo los poderosos
que los humildes.
3 Voy a hablar con sabiduría
y expresaré pensamientos profundos;
4 pondré atención a los refranes,
y diré mi secreto al son del arpa.

5 ¿Por qué voy a tener miedo
cuando vengan los días malos,
cuando me encuentre rodeado
de la maldad de mis enemigos?*a*
6 Ellos confían en sus riquezas
y se jactan de sus muchos bienes,
7 pero nadie puede salvarse a sí mismo*b*
ni pagarle a Dios porque le salve
la vida.
8 ¡No hay dinero que pueda comprar
la vida de un hombre,
9 para que viva siempre y se libre
de la muerte!

10 Pues se ve que todos mueren por igual,
lo mismo los sabios que los tontos,
y se quedan para otros sus riquezas.
11 Aunque dieron su nombre
a sus tierras,
el sepulcro*c* será su hogar eterno;
¡allí se quedarán para siempre!

12 El hombre no es eterno,
por muy rico que sea;
muere lo mismo que los animales.

13 Así acaban
los que en sí mismos confían;
así terminan
los que a sí mismos se alaban.
14 Para esa gente, la muerte es el pastor
que los conduce al sepulcro
como si fueran ovejas.
Cuando llegue la mañana,
los buenos triunfarán sobre ellos;
su fuerza irá decayendo
y el sepulcro será su hogar.
15 Pero Dios me salvará del poder
de la muerte,
pues me llevará con él.

16 No te inquietes si alguien se hace rico
y aumenta el lujo de su casa,
17 pues cuando muera no podrá
llevarse nada,
ni su lujo le seguirá al sepulcro.
18 Aunque se sienta feliz mientras vive,
y la gente lo alabe por ser rico,
19 llegará el día en que se muera,
y no volverá a ver la luz.

20 El hombre no es eterno,*d*
por muy rico que sea;
muere lo mismo que los animales.

SALMO 50 (49)
Dios es un juez justo

1 El Señor, el Dios de los dioses,*a*
ha hablado;

---

*a***49.5** *Maldad de mis enemigos:* traducción probable. Heb. *maldad de mis talones.* *b***49.7** *Salvarse a sí mismo:* según varios mss. hebreos. Otros mss.: *salvar a su hermano.* *c***49.11** *El sepulcro:* según la versión griega (LXX) y otras versiones antiguas. Heb. *sus íntimos pensamientos.* *d***49.20** *El hombre no es eterno:* según el v. 12. Heb. *el hombre no comprende.* *a***50.1** *El Dios de los dioses:* Esta es una forma hebrea de expresar el superlativo, como cuando se llama a Dios Rey de reyes y Señor de los señores. Cf. Dt 10.17; Sal 95.3; 136.2; Dn 2.47. Véase también Sal 97.7 n.

ha llamado a los que habitan la tierra
del oriente al occidente.

2 Dios resplandece desde Sión,
la ciudad de belleza perfecta.

3 Nuestro Dios viene,
pero no en silencio:
delante de él, un fuego destructor;
a su alrededor, una fuerte tormenta.

4 Desde lo alto, Dios llama al cielo
y a la tierra
a presenciar el juicio de su pueblo:

5 "Reúnan a los que me son fieles,
a los que han hecho
una alianza conmigo
ofreciéndome un sacrificio."[b]

6 Y el cielo declara
que Dios es juez justo.

7 "Escucha, Israel, pueblo mío;
voy a poner las cosas en claro contigo.
¡Yo soy Dios! ¡Yo soy tu Dios!

8 No te censuro por los sacrificios
y holocaustos que siempre me ofreces.

9 No te pido becerros de tu ganado
ni machos cabríos de tus corrales,

10 pues míos son
todos los animales salvajes,
lo mismo que los ganados
de las serranías;

11 mías son las aves de las montañas
y todo lo que bulle en el campo.

12 Si yo tuviera hambre, no te lo diría a ti,
pues el mundo es mío,
con todo lo que hay en él.

13 ¿Acaso me alimento de carne de toros,
o bebo sangre de machos cabríos?

14 ¡Sea la gratitud tu ofrenda a Dios;
cumple al Altísimo tus promesas![c]

15 Llámame cuando estés angustiado;
yo te libraré, y tú me honrarás."

16 Pero al malvado Dios le dice:
"¿Qué derecho tienes de citar
mis leyes
o de mencionar mi alianza,

17 si no te agrada que yo te corrija
ni das importancia a mis palabras?

18 Al ladrón lo recibes
con los brazos abiertos;
¡te juntas con gente adúltera!

19 Para el mal y para inventar mentiras
se te sueltan la lengua y los labios.

20 Calumnias a tu hermano;
¡contra tu propio hermano
lanzas ofensas!

21 Todo esto has hecho, y me he callado;
pensaste que yo era igual que tú.
Pero voy a acusarte cara a cara,
¡voy a ajustarte las cuentas!

22 "Entiendan bien esto,
ustedes que olvidan a Dios,
no sea que empiece yo a despedazarlos
y no haya quien los libre:

23 el que me ofrece su gratitud, me honra.
¡Yo salvo al que permanece
en mi camino!"

SALMO 51 (50)
Oh Dios, ten compasión de mí[a]

1 Por tu amor, oh Dios,
ten compasión de mí;
por tu gran ternura, borra mis culpas.

2 ¡Lávame de mi maldad!
¡Límpiame de mi pecado!

3 Reconozco que he sido rebelde;
mi pecado no se borra de mi mente.

4 Contra ti he pecado, y solo contra ti,
haciendo lo malo, lo que tú condenas.
Por eso tu sentencia es justa;
irreprochable tu juicio.

5 En verdad, soy malo desde que nací;
soy pecador desde el seno
de mi madre.

6 En verdad, tú amas al corazón sincero,
y en lo íntimo me has dado sabiduría.

7 Purifícame con hisopo,[b]
y quedaré limpio;
lávame, y quedaré más blanco
que la nieve.

8 Lléname de gozo y alegría;
alégrame de nuevo,
aunque me has quebrantado.

---

[b]**50.5** Alusión al sacrificio con que fue sellada la alianza del Sinaí (Ex 24.5–8). [c]**50.7–14** Véase 40.6 n. [a]**Salmo 51** Cf. 2 S 12.1–14. [b]**51.7** *Hisopo:* arbusto de hojas pequeñas y tupidas, cuyas ramas se utilizaban en algunos ritos de purificación para rociar a las personas y ciertos objetos (Lv 14.4–7,49–53).

9 Aleja de tu vista mis pecados
   y borra todas mis maldades.

10 Oh Dios, ¡pon en mí un corazón limpio!,
   ¡dame un espíritu nuevo y fiel!
11 No me apartes de tu presencia
   ni me quites tu santo espíritu.
12 Hazme sentir de nuevo
      el gozo de tu salvación;
   sosténme con tu espíritu generoso,
13 para que yo enseñe a los rebeldes
      tus caminos
   y los pecadores se vuelvan a ti.
14 Líbrame de cometer homicidios,*c*
   oh Dios, Dios de mi salvación,
   y anunciaré con cantos
      que tú eres justo.

15 Señor, abre mis labios,
   y con mis labios te cantaré alabanzas.
16 Pues tú no quieres ofrendas
      ni holocaustos;
   yo te los daría,
      pero no es lo que te agrada.
17 Las ofrendas a Dios
      son un espíritu dolido;
   ¡tú no desprecias, oh Dios,
      un corazón hecho pedazos!

18 Haz bien a Sión,
      por tu buena voluntad;
   vuelve a levantar
      los muros de Jerusalén.
19 Entonces aceptarás
      los sacrificios requeridos,
   las ofrendas y los holocaustos;
   entonces se ofrecerán becerros
      sobre tu altar.*d*

SALMO 52 (51)
La inútil jactancia del malvado*a*

1 ¿Por qué presumes de tu maldad,
      oh poderoso?
   ¡El amor de Dios es constante!*b*

2 Solo piensas en hacer lo malo;
   tu lengua es traicionera
      como un cuchillo afilado.
3 Prefieres lo malo a lo bueno,
   prefieres la mentira a la verdad.

4 Lengua embustera,
   prefieres las palabras destructivas;
5 pero Dios también te destruirá
      para siempre:
   te tomará y te echará de tu casa;
   te quitará la vida.

6 Los que obedecen a Dios,
      verán esto y sentirán temor;
   pero se burlarán de aquel hombre,
      diciendo:
7 "Miren al que no busca protección
      en Dios;
   al que confía en sus grandes riquezas
   y persiste en su maldad."
8 Pero yo soy como un olivo verde
   en el templo de Dios;
   ¡siempre confiaré en su amor!

9 Oh Dios, siempre te daré gracias
      por lo que has hecho;
   esperaré en ti delante de tus fieles,
   porque eres bueno.

SALMO 53 (52)
Perversión del hombre
(Sal 14)

1 Los necios piensan que no hay Dios:
   todos se han pervertido,
   han hecho cosas malvadas;
   ¡no hay nadie que haga lo bueno!
2 Desde el cielo,
      Dios mira a los hombres
   para ver si hay alguien
      con entendimiento,
   alguien que busque a Dios.
3 Pero todos se han desviado,
   todos por igual se han pervertido.

---

*c***51.14** *Líbrame de cometer homicidios:* lit. *líbrame de la sangre.* También podría tratarse de la muerte prematura como castigo por las faltas cometidas. Cf. Sal 30.9. *d***51.18–19** Estos vv. provienen de la época anterior a los años 445–443 a.C., cuando los muros de Jerusalén, destruidos en el año 587 a.C. por el ejército de Nabucodonosor, rey de Babilonia, aún no habían sido restaurados. *a***Salmo 52** 1 S 22.9–10. Cf. 1 S 21.7. *b***52.1** *¡El amor de Dios es constante!:* traducción poco segura; heb. oscuro. La versión griega (LXX) traduce *héroe de maldad,* expresión que se adapta mejor al contexto.

¡Ya no hay quien haga lo bueno!
¡No hay ni siquiera uno!

4 No tienen entendimiento
los malhechores,
los que se comen a mi pueblo
como quien come pan,
los que no invocan
el nombre de Dios.

5 Aunque no haya razón para temblar,
ellos temblarán de miedo,
porque Dios esparce
los huesos del enemigo.
Quedarán en ridículo,
porque Dios los rechaza.

6 ¡Ojalá que del monte Sión
venga la salvación de Israel!
Cuando Dios cambie la suerte
de su pueblo,
se alegrarán los descendientes
de Jacob,
todo el pueblo de Israel.

SALMO 54 (53)
Oración en que se pide la ayuda de Dios[a]

1 ¡Sálvame, Dios mío, por tu nombre!
¡Defiéndeme con tu poder!

2 Escucha, Dios mío, mi oración;
presta oído a mis palabras,

3 pues gente arrogante y violenta
se ha puesto en contra mía
y quiere matarme.
¡No tienen presente a Dios!

4 Sin embargo, Dios me ayuda;
el Señor me mantiene con vida.

5-6 Él hará que la maldad
de mis enemigos
se vuelva contra ellos mismos.

¡Destrúyelos, Señor,
pues tú eres fiel!
Yo te ofreceré sacrificios voluntarios
y alabaré tu nombre,
porque eres bueno,

7 porque me has librado
de todas mis angustias
y he visto vencidos a mis enemigos.

SALMO 55 (54)
Oración de un perseguido

1 Dios mío, escucha mi oración;
no desatiendas mi súplica.

2-3 Hazme caso, contéstame;
en mi angustia te invoco.
Me hacen temblar la voz
del enemigo
y los gritos de los malvados.

Me han cargado de aflicciones;
me atacan rabiosamente.

4 El corazón me salta en el pecho;
el terror de la muerte ha caído
sobre mí.

5 Me ha entrado un temor espantoso;
¡estoy temblando de miedo!

6 Y digo: "Ojalá tuviera yo alas
como de paloma;
volaría entonces y podría descansar.

7 Volando me iría muy lejos;
me quedaría a vivir en el desierto.

8 Correría presuroso a protegerme
de la furia del viento
y de la tempestad."

9 Destrúyelos, Señor,
confunde su lenguaje,[a]
pues tan solo veo violencia
y discordia,

10 que día y noche rondan la ciudad.
Hay en ella maldad e intrigas;
hay en ella corrupción;

11 sus calles están llenas de violencia
y engaño.

12 No me ha ofendido un enemigo,
lo cual yo podría soportar;
ni se ha alzado contra mí
el que me odia,
de quien yo podría esconderme.

13 ¡Has sido tú, mi propio camarada,
mi más íntimo amigo,

14 con quien me reunía
en el templo de Dios
para conversar amigablemente,
con quien caminaba
entre la multitud![b]

---

[a]**Salmo 54** Cf. 1 S 23.14–19; 26.1. [a]**55.9** *Confunde su lenguaje:* Cf. Gn 11.7–9. [b]**55.14** *Con quien caminaba entre la multitud,* cuando los israelitas iban en peregrinación al templo de Jerusalén. Cf. Dt 16.16–17.

15 ¡Que sorprenda la muerte
   a mis enemigos!
   ¡Que caigan vivos en el sepulcro,
   pues la maldad está en su corazón!

16 Pero yo clamaré a Dios;
   el Señor me salvará.

17 Me quejaré y lloraré mañana,
      tarde y noche,
   y él escuchará mi voz.

18 En las batallas me librará;
   me salvará la vida,
   aunque sean muchos
      mis adversarios.

19 Dios, el que reina eternamente,
   me oirá y los humillará,
   pues ellos no cambian de conducta
   ni tienen temor de Dios.

20 Levantan la mano contra sus amigos;
   no cumplen su promesa de amistad.

21 Usan palabras más suaves
      que la mantequilla,
   pero sus pensamientos son de guerra.
   Usan palabras más suaves
      que el aceite,
   pero no son sino espadas afiladas.

22 Deja tus preocupaciones al Señor,
   y él te mantendrá firme;
   nunca dejará que caiga
   el hombre que lo obedece.

23 Dios mío, los asesinos y mentirosos
   no vivirán ni la mitad de su vida;
   tú harás que caigan
      al fondo del sepulcro,
   pero yo confío en ti.

SALMO 56 (55)
Confío en Dios y alabo su palabra[a]

1 Ten compasión de mí, Dios mío,
   pues hay gente que me persigue;
   a todas horas me atacan
      y me oprimen.

2 A todas horas me persiguen
      mis enemigos;

son muchos los que me atacan
   con altanería.

3 Cuando tengo miedo, confío en ti.

4 Confío en Dios y alabo su palabra;
   confío en Dios y no tengo miedo.
   ¿Qué me puede hacer el hombre?

5 A todas horas me hieren con palabras;
   solo piensan en hacerme daño.

6 Andan escondiéndose aquí y allá,
   siguiéndome los pasos,
   esperando el momento de matarme.

7 ¿Acaso escaparán de su propia
      maldad?
   Oh, Dios, humilla a los pueblos
   con tu enojo.

8 Tú llevas la cuenta de mis huidas;
   tú recoges cada una de mis lágrimas.
   ¿Acaso no las tienes anotadas
   en tu libro?[b]

9 Mis enemigos se pondrán en retirada
   cuando yo te pida ayuda.
   Yo sé muy bien que Dios está
   de mi parte.

10 Confío en Dios y alabo su palabra;
    confío en el Señor y alabo
       su palabra;

11 confío en Dios y no tengo miedo.
    ¿Qué me puede hacer el hombre?

12 Las promesas que te hice, oh Dios,
    te las cumpliré con alabanzas,

13 porque me has salvado de la muerte,
    porque me has librado de caer,
    a fin de que yo ande en la luz
       de la vida,
    en la presencia de Dios.

SALMO 57 (56)
Oración en que se pide la ayuda divina[a]
(Sal 108.1–5)

1 Ten compasión de mí, Dios mío,
   ten compasión de mí,
   pues en ti busco protección.

---

[a]**Salmo 56** 1 S 21.10–15; 27; 29. [b]**56.8** *Tu libro:* El salmista habla como si Dios fuera anotando en un libro las
acciones buenas o malas de los hombres, con vistas al día del juicio (Dn 7.10; Mal 3.16; Ap 20.12; 21.27).
[a]**Salmo 57** Cf. 1 S 22.1–2; 24.

Quiero protegerme debajo de tus alas[b]
hasta que el peligro haya pasado.
2 Voy a clamar al Dios altísimo,
al Dios que en todo me ayuda.
3 Él enviará desde el cielo
su amor y su verdad,
y me salvará de quienes con rabia
me persiguen.

4 Tendido estoy, por el suelo,
entre leones que se comen a la gente;
sus dientes son como lanzas y flechas,
su lengua es una espada afilada.

5 Dios mío, tú estás por encima
del cielo.
¡Tu gloria llena toda la tierra!

6 Mis enemigos me pusieron una trampa
para doblegar mi ánimo;
hicieron un hoyo a mi paso,
pero ellos mismos cayeron en él.

7 Mi corazón está dispuesto, Dios mío,
mi corazón está dispuesto
a cantarte himnos.
8 Despierta, alma mía;
despierten, arpa y salterio;
¡despertaré al nuevo día!
9 Te alabaré con himnos, Señor,
en medio de pueblos y naciones.
10 Pues tu amor es grande
hasta los cielos;
tu lealtad alcanza al cielo azul.

11 Dios mío, tú estás por encima
del cielo.
¡Tu gloria llena toda la tierra!

SALMO 58 (57)
Clamor de justicia

1 Ustedes, los poderosos, ¿en verdad
dictan sentencias justas
y juzgan rectamente a los hombres?
2 Al contrario,
actúan con mala intención;
abren camino a la violencia en el país.

3 Los malvados se pervierten
desde el vientre;
los mentirosos se descarrían
desde antes de nacer.
4 Son venenosos como víboras;
son como una serpiente venenosa
que se hace la sorda,
que se tapa los oídos[a]
5 para no oir la música del mago,
del experto en encantamientos.

6 Dios mío, ¡rómpeles los dientes!
Señor, ¡rómpeles los colmillos
a esos leones!
7 Que desaparezcan,
como el agua que se escurre;
que se sequen,
como la hierba del camino;
8 que se deshagan,
como el caracol en su baba,
¡como el niño abortado
que nunca vio la luz!,
9 que ardan como espinos
antes que se den cuenta;
que sean arrancados con furia,
como hierba verde.

10 El que es fiel se alegrará
de verse vengado;
¡empapará sus pies
en la sangre del malvado!
11 Y entonces se dirá:
"¡Vale la pena ser fiel!
¡Hay un Dios que juzga al mundo!"

SALMO 59 (58)
El Señor es nuestro protector[a]

1 Dios mío, líbrame de mis enemigos;
ponme a salvo de mis agresores.
2 Líbrame de los malhechores,
sálvame de los asesinos,
3 porque hay hombres poderosos
que esperan el momento
de matarme.

Señor, no he sido rebelde
ni he pecado;

---

[b]57.1 Debajo de tus alas: Véase 17.8 n. [a]58.4 Como una serpiente... que se tapa los oídos: Esta comparación un poco extraña tiene un sentido claro: los jueces injustos se niegan obstinadamente a escuchar el clamor de los que piden justicia. [a]Salmo 59 1 S 19.11–17.

4 no he hecho nada malo,
  y, sin embargo, se apresuran
  a atacarme.
  ¡Despierta!
  ¡Ven a mi encuentro y mira!
5 Tú, Señor, Dios todopoderoso,
  Dios de Israel,
  despierta y castiga a esos paganos;
  no tengas compasión
  de esos malvados traidores.
6 Regresan por la noche,
  ladrando como perros,
  y rondan la ciudad.
7 Echando espuma por la boca,
  dicen con tono hiriente:
  "¡No hay nadie que nos oiga!"

8 Pero tú, Señor, te ríes de ellos;
  tú te burlas de esos paganos.
9 En ti estaré protegido, Dios mío,
  pues tú eres mi fortaleza y protección.
10 El Dios que me ama
   vendrá a mi encuentro;
   me hará ver la derrota
   de mis enemigos.

11 No les tengas compasión,[b]
   para que mi pueblo lo tenga presente;
   dispérsalos con tu poder,
   y humíllalos.
   ¡El Señor es nuestro protector!

12 Pecan en todo lo que dicen;
   ¡pues que sean presa de su propio
   orgullo
   y de sus falsos juramentos!
13 ¡Acábalos, acábalos con tu enojo!
   ¡Que dejen de existir!
   ¡Que se sepa que Dios es Rey
   en Jacob[c] y hasta lo último
   de la tierra!
14-15 Cuando vuelvan por la noche
   ladrando como perros,

y ronden la ciudad
  en busca de comida,
  aullarán por no encontrar suficiente.

16 En cuanto a mí,
   te cantaré por la mañana;
   anunciaré a voz en cuello
   tu amor y tu poder.
   Pues tú has sido mi protección,
   mi refugio en momentos de angustia.
17 A ti cantaré himnos, Dios mío,
   pues tú eres mi fortaleza y protección;
   ¡tú eres el Dios que me ama!

SALMO 60 (59)
Oración en que se pide la ayuda divina[a]
(Sal 108.6–13)

1 En tu enojo, oh Dios,
  nos has abandonado,
  nos has deshecho;
  ¡devuélvenos ahora nuestra fuerza!
2 Hiciste que la tierra temblara
  y se abriera;
  ¡cierra ahora sus grietas,
  pues se desmorona!
3 Has hecho pasar a tu pueblo
  duras pruebas,
  nos has dado un vino que enloquece.[b]
4 Diste a los que te honran la señal
  para que escaparan de las flechas.
5 ¡Respóndenos, sálvanos con tu poder!
  ¡Libera a los que amas!

6 Dios ha dicho en su santuario:
  "¡Con qué alegría dividiré Siquem[c]
  y repartiré el valle de Sucot![d]
7 Galaad y Manasés me pertenecen;
  Efraín es el casco que cubre mi cabeza;
  Judá es mi bastón de mando;
8 Moab es la palangana en que me lavo;
  sobre Edom arrojaré mi sandalia;
  ¡gritaré de triunfo sobre los filisteos!"[e]

---

[b]59.11 *No les tengas compasión:* traducción probable. Heb. *no los mates.* [c]59.13 *Jacob:* Véase 47.4 n.
[a]**Salmo 60** 2 S 8.3–14; 1 Cr 18.3–12. [b]60.3 Cf. Is 51.17,22; Jer 25.15. Véase 75.8 n. [c]60.6 *Siquem* era una antigua ciudad de la Palestina central, cerca de 60 km. al norte de Jerusalén. [d]60.6–8 En este mensaje de salvación, el Señor se presenta como un guerrero victorioso, que anuncia a Israel la recuperación y expansión de sus antiguos territorios, incluidos el valle de Sucot y la región de Galaad, al este del río Jordán. [e]60.8 Al territorio de Israel se añade aun el de otros pueblos, reducidos a la condición de vasallos: *Moab,* comparado aquí con una *palangana* quizá porque estaba situado en la ribera oriental del Mar Muerto, *Edom* al sur de Judá, y el país de los *filisteos,* sobre la costa del Mediterráneo. El gesto de arrojar la sandalia equivalía a una toma de posesión (cf. Rt 4.7–8).

9 ¿Quién me llevará
   a la ciudad amurallada?
   ¿Quién me guiará hasta Edom?
10 Pues tú, oh Dios, nos has rechazado;
   ¡no sales ya con nuestras tropas!
11 Ayúdanos contra el enemigo,
   pues nada vale la ayuda del hombre.
12 Con la ayuda de Dios
   haremos grandes cosas;
   ¡él aplastará a nuestros enemigos!*f*

SALMO 61 (60)
Confianza en la protección de Dios

1 Dios mío, escucha mis gritos de dolor,
   ¡atiende a mi oración!
2 Desde el último rincón de la tierra
   clamo a ti,
   pues mi corazón desfallece.
   Ponme a salvo sobre una alta roca,
3 pues tú eres mi refugio.
   ¡Eres como una torre fuerte
   que me libra del enemigo!
4 Quiero vivir en tu casa para siempre,
   protegido debajo de tus alas.*a*
5· Tú, Dios mío, has escuchado
   mis promesas,
   y me has dado la herencia*b*
   de los que honran tu nombre.

6 Concédele al rey una larga vida;
   que viva muchos, muchísimos años,
7 y que reine siempre con tu bendición.
   Cuídalo con tu amor y fidelidad;
8 así alabaré tu nombre en todo tiempo
   y cumpliré mis promesas día tras día.

SALMO 62 (61)
Dios, el único refugio

1 Solo en Dios encuentro paz;
   mi salvación viene de él.
2 Solo él me salva y me protege.
   No caeré,
   porque él es mi refugio.

3 ¿Hasta cuándo me atacarán ustedes
   y tratarán de echarme abajo,
   cual si fuera una pared
   que se derrumba
   o una cerca a punto de caer al suelo?
4 Solo piensan en derribarme;
   su mayor placer es la mentira.
   Me alaban con los labios,
   pero me maldicen
   con el pensamiento.

5 Solo en Dios encuentro paz;
   pues mi esperanza viene de él.
6 Solo él me salva y me protege.
   No caeré, porque él es mi refugio.

7 De Dios dependen mi salvación
   y mi honor;
   él es mi protección y mi refugio.
8 ¡Pueblo mío, confía siempre en él!
   ¡Háblenle en oración
   con toda confianza!
   ¡Dios es nuestro refugio!

9 El hombre es pura ilusión,
   tanto el pobre como el rico;
   si en una balanza los pesaran juntos,
   pesarían menos que nada.
10 No confíen en la violencia;
   ¡no se endiosen con el pillaje!
   Si llegan a ser ricos,
   no pongan su confianza en el dinero.

11-12 Más de una vez he escuchado
   esto que Dios ha dicho:
   que el poder y el amor le pertenecen,
   y que él recompensa a cada uno
   conforme a lo que haya hecho.*a*

SALMO 63 (62)
Dios, satisfacción del hombre

1 ¡Dios mío, tú eres mi Dios!
   Con ansias te busco,
   pues tengo sed de ti;

---

*f***60.6–12** Estos vv. se vuelven a encontrar en Sal 108.7–13. *a***61.4** *Debajo de tus alas:* Véase 17.8 n. *b***61.5** Esta *herencia* es la Tierra prometida, es decir, Palestina. *a***62.11–12** La justa retribución por las buenas y malas acciones es una enseñanza fundamental tanto del AT (Job 34.11; Pr 11.21; 24.12; Jer 17.10) como del NT (Mt 16.27; Ro 2.5–6; 2 Ti 4.14). Pero los textos del AT, hasta una época bastante avanzada de la historia de Israel (cf. Dn 12.1–3), solo hablan de una retribución temporal y terrena (cf. Pr 11.31), mientras que el NT la sitúa también más allá de la muerte y de la vida presente (2 Co 5.1–10).

mi ser entero te desea,
cual tierra árida, sedienta, sin agua.
2 ¡Quiero verte en tu santuario,
y contemplar tu poder y tu gloria,
3 pues tu amor vale más que la vida!
Con mis labios te alabaré;
4 toda mi vida te bendeciré,
y a ti levantaré mis manos en oración.
5 Quedaré muy satisfecho,
como el que disfruta
de un banquete delicioso,
y mis labios te alabarán con alegría.

6 Por las noches, ya acostado,
te recuerdo y pienso en ti;
7 pues tú eres quien me ayuda.
¡Soy feliz bajo tus alas![a]
8 Mi vida entera está unida a ti;
tu mano derecha no me suelta.
9 Los que tratan de matarme
caerán al fondo del sepulcro;
10 ¡morirán a filo de espada
y serán devorados por los lobos!
11 Pero el rey se alegrará en Dios;
cantarán alabanzas
todos los que juran por él,
pero a los que mienten
se les tapará la boca.

SALMO 64 (63)
Oración pidiendo la protección de Dios

1 Dios mío, escucha mi queja;
protege mi vida de terribles enemigos.
2 Escóndeme de los malvados
y de sus planes secretos;
líbrame de la conspiración
de los malvados,
3 que afilan su lengua como espada
y lanzan como flechas
palabras venenosas.

4 Desde su escondite disparan
contra el inocente;
disparan por sorpresa y sin temor.
5 Se animan entre sí a hacer lo malo;
planean poner trampas escondidas
y piensan que nadie podrá verlos,

6 que nadie investigará sus maldades.

Pero aquel que puede conocer
los pensamientos más íntimos
del hombre,
hará la investigación.[a]
7 Dios los herirá con sus flechas,
los herirá por sorpresa;
8 caerán por sus propias palabras,
y quienes los vean se burlarán de ellos.
9 Todos entonces honrarán a Dios
y hablarán de sus acciones;
comprenderán lo que él ha hecho.
10 El hombre bueno se alegrará
en el Señor
y buscará protección en él,
y todos los hombres honrados
se sentirán satisfechos.

SALMO 65 (64)
Dios es digno de alabanza

1 Oh Dios de Sión,
¡tú eres digno de alabanza!,
¡tú mereces que te cumplan
lo prometido,
2 pues escuchas la oración!

Todo el mundo viene a ti.
3 Nuestras maldades nos dominan,
pero tú perdonas nuestros pecados.
4 Feliz el hombre a quien escoges
y lo llevas a vivir cerca de ti,
en las habitaciones de tu templo.
¡Que seamos colmados con lo mejor
de tu casa,
con la santidad de tu templo!

5 Dios y Salvador nuestro,
tú nos respondes con maravillosos
actos de justicia;
la tierra entera confía en ti,
y también el mar lejano;
6 tú mantienes firmes las montañas
con tu poder y tu fuerza.
7 Tú calmas el estruendo de las olas
y el alboroto de los pueblos;
8 aun los que habitan en lejanas tierras

---

[a] **63.7** *Bajo tus alas:* Véase 17.8 n. [a] **64.6** *Pero aquel . . . hará la investigación:* traducción poco segura. Heb. oscuro; otra posible traducción: *Conciben maldades y ocultan lo que han proyectado; en el interior del hombre, el corazón es un abismo profundo.*

tiemblan ante tus maravillas;
por ti hay gritos de alegría
del oriente al occidente.

9 Tú tienes cuidado de la tierra;
le envías lluvia y la haces producir;
tú, con arroyos caudalosos,[a]
haces crecer los trigales.
¡Así preparas el campo!

10 Tú empapas los surcos de la tierra
y nivelas sus terrones;
ablandas la tierra
con lluvias abundantes
y bendices sus productos.

11 Tú colmas el año de bendiciones,
tus nubes[b] derraman abundancia;

12 los pastos del desierto están verdes
y los montes se visten de gala;

13 los llanos se cubren de rebaños,
los valles se revisten de trigales;
¡todos cantan y gritan de alegría!

SALMO 66 (65)
Tus obras son maravillosas

1 Canten a Dios con alegría,
habitantes de toda la tierra;

2 canten himnos a su glorioso
nombre;
cántenle gloriosas alabanzas.

3 Díganle a Dios:
"Tus obras son maravillosas.
Por tu gran poder
tus enemigos caen aterrados ante ti;

4 todo el mundo te adora
y canta himnos a tu nombre."

5 Vengan a ver las obras de Dios,
las maravillas que ha hecho
por los hombres:

6 convirtió el mar en tierra seca,
y nuestros antepasados cruzaron
el río a pie;
¡alegrémonos en Dios![a]

7 Con su poder, gobierna para siempre;
vigila su mirada a las naciones,
para que los rebeldes
no se levanten contra él.

8 ¡Naciones, bendigan a nuestro Dios!
¡hagan resonar himnos de alabanza!

9 Porque nos ha mantenido con vida;
no nos ha dejado caer.

10 Dios nuestro,
tú nos has puesto a prueba,
¡nos has purificado como a la plata!

11 Nos has hecho caer en la red;
nos cargaste con un gran peso.

12 Dejaste que un cualquiera
nos pisoteara;
hemos pasado a través de agua
y fuego,
pero al fin nos has dado respiro.

13 Entraré en tu templo
y te ofreceré holocaustos;
así cumpliré mis promesas,

14 las promesas que te hice
cuando me hallaba en peligro.

15 Te presentaré holocaustos
de animales engordados;
te ofreceré toros y machos cabríos,
y sacrificios de carneros.

16 ¡Vengan todos ustedes,
los que tienen temor de Dios!
¡Escuchen, que voy a contarles
lo que ha hecho por mí!

17 Con mis labios y mi lengua
lo llamé y lo alabé.

18 Si yo tuviera malos pensamientos,
el Señor no me habría escuchado;

19 ¡pero él me escuchó
y atendió mis oraciones!

20 ¡Bendito sea Dios,
que no rechazó mi oración
ni me negó su amor!

SALMO 67 (66)
¡Que te alaben todos los pueblos!

1 Que el Señor tenga compasión
y nos bendiga,
que nos mire con buenos ojos,[a]

---

[a]65.9 *Arroyos caudalosos:* El texto hebreo habla del *canal de Dios,* aludiendo tal vez a la fuente de la que proceden las lluvias. Cf. Gn 1.6–8. [b]65.11 *Tus nubes:* texto probable. Heb. *tus caminos.* [a]66.6 Alusión al paso milagroso a través del Mar Rojo (Ex 14.21–22) y del río Jordán (Jos 3.14–17). [a]67.1 Esta plegaria se inspira en la fórmula de bendición que pronunciaban los sacerdotes, según Nm 6.23–26.

2 para que todas las naciones de la tierra
conozcan su voluntad y salvación.

3   Oh Dios, que te alaben
        los pueblos;
      ¡que todos los pueblos te alaben!

4 Que las naciones griten de alegría,
pues tú gobiernas los pueblos
      con justicia;
   ¡tú diriges las naciones del mundo!

5   Oh Dios, que te alaben
        los pueblos;
      ¡que todos los pueblos te alaben!

6 La tierra ha dado su fruto;
¡nuestro Dios nos ha bendecido!

7 ¡Que Dios nos bendiga!
¡Que le rinda honor el mundo entero!

SALMO 68 (67)
La marcha triunfal de Israel

1 Cuando Dios entra en acción,
sus enemigos se dispersan;
los que le odian
      huyen de su presencia;
2 desaparecen como el humo en el aire,
se derriten como la cera en el fuego;
   ¡ante Dios están perdidos
      los malvados!
3 Pero los buenos se alegran;
ante Dios se llenan de gozo,
¡saltan de alegría!

4 Canten ustedes a Dios,
   canten himnos a su nombre;
alaben al que cabalga sobre las nubes.ᵃ
¡Alégrense en el Señor!
¡Alégrense en su presencia!
5 Dios, que habita en su santo templo,

es padre de los huérfanos
y defensor de las viudas;
6 Dios da a los solitarios
   un hogar donde vivir,
libera a los prisioneros
   y les da prosperidad;
pero los rebeldes vivirán
   en tierra estéril.

7 Oh Dios, cuando saliste
   al frente de tu pueblo
marchando a través del desierto,
8 la tierra tembló,
la lluvia cayó del cielo,
el Sinaí tembló delante de Dios,ᵇ
delante del Dios de Israel.
9 Oh Dios, tú hiciste llover en abundancia;
tu pueblo estaba agotado,
y tú le diste fuerza.ᶜ
10 Tu pueblo se estableció allí
y tú, oh Dios, por tu bondad,
le diste al pobre lo necesario.

11 El Señor dio un mensaje;
muchas mujeres lo anunciaban:
12 "¡Están huyendo los reyes
   y sus ejércitos!"
En casa, las mujeres se repartían
lo que se le había quitado
   al enemigo,ᵈ
13 pero ustedes se quedaron
   entre los rediles.
¡Alas de paloma cubiertas de plata!
¡Sus plumas cubiertas de oro fino!ᵉ
14 Cuando el Todopoderoso hizo huir
   a los reyes,
nevaba sobre el monte Salmón.ᶠ

15 ¡Qué altos son los montes de Basán,
y qué elevadas sus cumbres!ᵍ
16 Ustedes, que son montes tan altos,
¿por qué miran con envidia

ᵃ **68.4** *Al que cabalga sobre las nubes:* El salmista aplica al Dios de Israel este título de Baal, el dios cananeo de las tormentas y de la fertilidad. De este modo da a entender que es el Señor, y no Baal, el que derrama las lluvias y hace brotar la vegetación. Cf. Os 2.8. ᵇ **68.8** Ex 19.18. ᶜ **68.9** Alusión a los milagros que realizó el Señor para alimentar a su pueblo durante la marcha por el desierto. ᵈ **68.11–12** Estos vv. se refieren probablemente a las victorias que obtuvieron los israelitas cuando comenzaron a tomar posesión de la Tierra prometida (Jue 4—5). Cf. Jos 10.7–14. ᵉ **68.13** Cf. Jue 5.16. ᶠ **68.14** *Monte Salmón:* probablemente una de las cimas del monte Guerizim, cercano a Siquem (Jue 9.48), aunque la mención de los montes de Basán, en el v. siguiente, no excluye la posibilidad de que el Salmón sea algún monte de aquella región. ᵍ **68.15** Probable alusión al monte Hermón, que domina toda la región de Basán con su altura de más de 2700 m. sobre el nivel del mar.

el monte donde Dios quiso residir?[h]
¡El Señor vivirá allí para siempre!

17 Dios cuenta por millones
      sus carros de combate;
   del Sinaí vino en ellos a su templo.
18 Oh Dios, subiste a lo alto llevando
      cautivos;
   recibiste tributo entre los hombres
   y hasta los rebeldes se rindieron a ti,
      Señor.

19 ¡Bendito sea el Señor,
      nuestro Dios y Salvador,
   que día tras día lleva nuestras cargas!
20 Nuestro Dios es un Dios que salva
   y que puede librarnos de la muerte.
21 Dios partirá la cabeza
      de sus enemigos,
   la cabeza de los que siguen pecando.

22 El Señor ha dicho:
      "Te haré volver de Basán;
   te haré volver del mar profundo,
23 para que bañes tus pies
      en la sangre de tus enemigos
   y tus perros se la beban."

24 Oh Dios, mi Dios y Rey,
      en tu santuario
      se ven las procesiones
   que celebran en tu honor.
25 Los cantores van al frente
   y los músicos detrás,
   y en medio las jovencitas
   van tocando panderetas.
26 ¡Bendigan todos ustedes
      a Dios el Señor!
   ¡Bendígalo todo Israel reunido![i]
27 Al frente de ellos va Benjamín,
      el menor,[j]
   con muchos jefes de Judá,[k]
   de Zabulón y de Neftalí.[l]

28 Dios mío, demuestra tu poder;
   ¡reafirma lo que has hecho
      por nosotros!

29 Desde tu alto templo, en Jerusalén,
   adonde los reyes te traen regalos,
30 reprende a Egipto,
      a esa bestia de los juncos,
   a esa manada de toros bravos
      y de becerros
   que en su afán de riquezas humillan
      a los pueblos;
   ¡dispersa a la gente que ama la guerra!
31 De Egipto vendrán embajadores;
   Etiopía levantará sus manos a Dios.

32 ¡Canten a Dios, reinos de la tierra,
   canten himnos al Señor,
33 al que cabalga en los cielos,
      en los cielos eternos!
   Escuchen cómo resuena su voz,
      su voz poderosa.
34 Reconozcan el poder de Dios:
   su majestad se extiende sobre Israel,
   su poder alcanza el cielo azul.
35 Maravilloso es Dios en su santuario;
   el Dios de Israel da poder y fuerza
      a su pueblo.

¡Bendito sea Dios!

SALMO 69 (68)
Un grito de angustia

1 Sálvame, Dios mío,
   porque estoy a punto de ahogarme;
2 me estoy hundiendo
      en un pantano profundo
   y no tengo dónde apoyar los pies.
   He llegado a lo más hondo del agua
   y me arrastra la corriente.
3 Ya estoy ronco de tanto gritar;
   la garganta me duele;
   ¡mis ojos están cansados
   de tanto esperar a mi Dios!
4 Son más los que me odian sin motivo
   que los pelos de mi cabeza;
   han aumentado mis enemigos,
   los que sin razón me destruyen
   y me exigen que devuelva
   lo que no he robado.

---

[h]**68.16** *El monte donde Dios quiso residir* es el monte Sión. Véase 2.6 n. [i]**68.26** *Todo Israel reunido:* texto probable. Heb. *desde la fuente de Israel.* [j]**68.27** *Benjamín:* el menor de los hijos de Jacob, pero de cuya tribu salió Saúl, el primer rey de Israel. Cf. 1 S 9.1-2. [k]**68.27** *Judá* representa aquí al reino del sur. Cf. 1 R 12.20. [l]**68.27** *Zabulón y Neftalí* representan al reino del norte. Cf. Jue 5.18.

5 Dios mío, tú sabes cuán necio he sido;
no puedo esconderte mis pecados.
6 Señor, Dios todopoderoso,
¡que no pasen vergüenza por mi culpa
los que confían en ti! Dios de Israel,
¡que no se decepcionen por mi causa
los que con ansia te buscan!
7 Por ti he soportado ofensas;
mi cara se ha cubierto de vergüenza;
8 ¡soy como un extraño y desconocido
para mis propios hermanos!

9 Me consume el celo por tu casa;
en mí han recaído las ofensas
de los que te insultan.
10 Cuando lloro y ayuno, se burlan de mí;
11 si me visto de luto,
soy el hazmerreír de todos.
12 Ando de boca en boca,
y los borrachos me hacen canciones.

13 Pero yo, Señor, a ti clamo.
Dios mío, ¡ayúdame ahora!
Por tu gran amor, ¡respóndeme!
Por tu constante ayuda, ¡sálvame!
14 ¡No dejes que me hunda en el lodo!
¡Ponme a salvo de los que me odian
y de las aguas profundas!
15 ¡No dejes que me arrastre la corriente!
¡No dejes que el profundo remolino
me trague y se cierre tras de mí!

16 Señor, respóndeme; ¡tú eres bueno
y todo amor!
Por tu inmensa ternura, fíjate en mí;
17 ¡no rechaces a este siervo tuyo!
¡Respóndeme pronto,
que estoy en peligro!
18 Acércate a mí, y sálvame;
¡líbrame de mis enemigos!
19 Tú conoces las ofensas,
la vergüenza y la deshonra
que he sufrido;
tú sabes quiénes son mis enemigos.
20 Las ofensas me han roto el corazón;
¡estoy sin ánimo y sin fuerzas!
Inútilmente he buscado
quien me consuele y compadezca.

21 En mi comida pusieron veneno,
y cuando tuve sed
me dieron a beber vinagre.

22 ¡Que su mesa y sus comidas
de amistad
se conviertan en trampa para ellos!
23 ¡Haz que se queden ciegos
y que siempre les tiemblen las piernas!
24 Descarga tu enojo sobre ellos;
¡que tu furia encendida los alcance!
25 Que su campamento se vuelva
un desierto,
y que nadie viva en sus tiendas;
26 pues persiguen al que has afligido
y se burlan del dolor
del que has herido.
27 Devuélveles mal por mal;
¡que no alcancen tu perdón!
28 ¡Bórralos del libro de la vida![a]
¡No los pongas
en la lista de los justos!
29 Pero a mí, que estoy enfermo
y afligido,
levántame, Dios mío, y sálvame.

30 Alabaré con cantos el nombre de Dios;
lo alabaré con gratitud,
31 y el Señor quedará más complacido
que si le ofreciera un toro en sacrificio
o un novillo con cuernos y pezuñas.
32 Al ver esto, se alegrarán los afligidos
y se animará el corazón
de los que buscan a Dios;
33 pues el Señor escucha a los pobres
y no desprecia a los suyos que están
presos.

34 ¡Alaben al Señor el cielo, la tierra
y el mar,
y todos los seres que en ellos viven!
35-36 Pues Dios salvará a Sión
y reconstruirá las ciudades de Judá.
Los hijos de sus siervos heredarán
la ciudad;
allí vivirán y tomarán posesión de ella;
¡los que aman su nombre
la habitarán![b]

---

[a]**69.28** *El libro de la vida* es el registro donde están escritos los nombres de los que todavía viven (Ex 32.32).
[b]**69.35-36** Estos vv. indican que el salmo fue compuesto cuando todavía Israel no se había restablecido de la catástrofe del 587 a.C. Cf. 2 R 25.1-7.

SALMO 70 (69)
Ven pronto en mi ayuda
(Sal 40.13–17)

1 Dios mío, ¡ven a librarme!
Señor, ¡ven pronto en mi ayuda!

2 ¡Que sean puestos en ridículo
los que tratan de matarme!
¡Que huyan en forma vergonzosa
los que quieren hacerme daño!

3 ¡Que huyan avergonzados
los que se burlan de mí!

4 Pero que todos los que te buscan
se llenen de alegría;
que los que desean tu salvación
digan siempre: "¡Dios es grande!"

5 Y a mí, que estoy pobre y afligido,
Dios mío, ¡ven pronto a ayudarme!
Tú eres quien me ayuda y me liberta;
¡no te tardes, Señor!

SALMO 71 (70)
Oración de un anciano

1 Señor, en ti busco protección;
¡no me defraudes jamás!

2 ¡Líbrame, ponme a salvo,
pues tú eres justo!
Dígnate escucharme, y sálvame.

3 Sé tú mi roca protectora,
¡sé tú mi castillo de refugio*a*
y salvación!
¡Tú eres mi roca y mi castillo!

4 Dios mío, líbrame de las manos
del malvado,
de las manos del criminal
y del violento,

5 pues tú, Señor, desde mi juventud
eres mi esperanza y mi seguridad.

6 Aún estaba yo en el vientre de mi madre
y ya me apoyaba en ti.
¡Tú me hiciste nacer!
¡Yo te alabaré siempre!

7 He sido motivo de asombro
para muchos,
pero tú eres mi refugio.

8 Todo el día están llenos mis labios
de alabanzas a tu gloria;

9 no me desprecies cuando ya sea viejo;
no me abandones
cuando ya no tenga fuerzas.

10 Mis enemigos,
los que quieren matarme,
se han aliado
y hacen planes contra mí.

11 Dicen: "¡Persíganlo y agárrenlo,
pues Dios lo ha abandonado
y nadie puede salvarlo!"

12 No te alejes de mí, Dios mío;
¡ven pronto a ayudarme!

13 ¡Que sean avergonzados y destruidos
los enemigos de mi vida!
¡Que sean puestos en ridículo
los que quieren mi desgracia!

14 Pero yo esperaré en todo momento,
y más y más te alabaré;

15 todo el día anunciaré con mis labios
que tú nos has salvado
y nos has hecho justicia.
¡Esto es algo que no alcanzo
a comprender!

16 Contaré las grandes cosas que tú,
Señor, has hecho;
¡proclamaré que solo tú eres justo!

17 Dios mío, tú me has enseñado
desde mi juventud,
y aún sigo anunciando
tus grandes obras.

18 Dios mío, no me abandones
aun cuando ya esté yo viejo y canoso,
pues aún tengo que hablar
de tu gran poder
a esta generación y a las futuras.

19 Tu justicia, oh Dios,
llega hasta el cielo;
tú has hecho grandes cosas;
¡no hay nadie como tú!

20 Aunque me has hecho ver
muchas desgracias y aflicciones,
me harás vivir de nuevo;
me levantarás de lo profundo
de la tierra,

---

a **71.3** *Mi castillo de refugio:* según la versión griega (LXX) y Sal 31.2. Heb. *para ir siempre tú ordenaste.* Algunos traducen: *Tú prometiste venir siempre (a salvarme).*

21 aumentarás mi grandeza
   y volverás a consolarme.

22 Yo, por mi parte,
   cantaré himnos y alabaré tu lealtad
   al son del arpa y del salterio,
   Dios mío, Santo de Israel.*b*

23 Mis labios se alegrarán al cantarte,
   lo mismo que todo mi ser,
      que tú has salvado.

24 También mi lengua dirá a todas horas
   que tú eres justo,
   pues los que querían mi desgracia
   han quedado cubiertos
      de vergüenza.

SALMO 72 (71)
Oración por el rey

1 Concede, oh Dios, al rey,
   tu propia justicia y rectitud,

2 para que con rectitud y justicia
   gobierne a tu pueblo y a tus pobres.

3 Ofrezcan las montañas y los cerros
   paz y rectitud al pueblo.

4 ¡Que haga justicia el rey a los pobres!
   ¡Que salve a los hijos
      de los necesitados
   y aplaste a los explotadores!

5 ¡Que tenga el rey temor de ti
      por siempre,
   mientras el sol y la luna existan!

6 ¡Que sea como la lluvia y el rocío
   que riegan la tierra y los pastos!

7 ¡Que abunden la paz y la rectitud
   en los días de su reinado,
   hasta que la luna deje de existir!

8 ¡Que domine de mar a mar,
   del río Éufrates al último rincón
      del mundo!

9 ¡Que sus enemigos,
      que habitan en el desierto,
   se rindan humillados ante él!

10 ¡Que le traigan regalos y tributos
   los reyes de Tarsis*a* y de las islas,
   los reyes de Sabá y de Sebá!

11 ¡Que todos los reyes se arrodillen
      ante él!
   ¡Que todas las naciones le sirvan!

12 Pues él salvará al pobre que suplica
   y al necesitado que no tiene
      quien lo ayude.

13 Tendrá compasión de los humildes
   y salvará la vida a los pobres.

14 Los salvará de la opresión
      y la violencia,
   pues sus vidas le son de gran valor.

15 ¡Viva el rey!
   ¡Que le den el oro de Sabá!
   ¡Que siempre se pida a Dios por él!
   ¡Que sea siempre bendecido!

16 ¡Que haya mucho trigo en el país
   y que abunde en la cumbre
      de los montes!
   ¡Que brote el grano como el Líbano
   y que haya tantas espigas*b*
      como hierba en el campo!

17 ¡Que el nombre del rey
      permanezca siempre;
   que su fama dure tanto como el sol!
   ¡Que todas las naciones del mundo
   reciban bendiciones por medio de él!
   ¡Que todas las naciones
      lo llamen feliz!

18 Bendito sea Dios,
      Señor y Dios de Israel,
   el único que hace grandes cosas;

19 bendito sea por siempre
      su glorioso nombre.
   ¡Que toda la tierra se llene
      de su gloria!
   ¡Amén!*c*

20 Aquí terminan las oraciones de David, el hijo
   de Jesé.*d*

---

*b***71.22** *Santo de Israel:* título dado al Señor en Isaías (1.4; 5.19; 10.20; 12.6). Cf. Sal 78.41; 89.18.
*a***72.10** *Tarsis:* Véase 48.8 n. *Las islas* son en general las islas y costas del mar Mediterráneo. El reino de *Sabá* se encontraba al sudoeste de Arabia (cf. 1 R 10.1–13). *Sebá* era la región situada en la ribera opuesta del Mar Rojo, probablemente en lo que hoy es Etiopía. *b***72.16** *Espigas:* traducción probable. Heb. *desde la ciudad.* *c***72.18–19** Estas bendiciones marcan el final del Libro 2 de los Salmos. *d***72.20** Esta indicación atribuye a David los salmos contenidos en la colección anterior, en contraste con la colección de Asaf, que comienza en Sal 73.

LIBRO 3
(Salmos 73—89)

SALMO 73 (72)
La bondad de Dios

1 ¡Qué bueno es Dios con Israel,
con los de limpio corazón!
2 Un poco más, y yo hubiera caído;
mis pies casi resbalaron.
3 Pues tuve envidia
al ver cómo prosperan
los orgullosos y malvados.

4 A ellos no les preocupa la muerte,
pues están llenos de salud;
5 no han sufrido las penas humanas
ni han estado en apuros
como los demás.
6 Por eso el orgullo es su collar
y la violencia su vestido;
7 están tan gordos
que los ojos se les saltan,
y son demasiadas
sus malas intenciones.
8 Con burla, orgullo y descaro,
amenazan hacer maldad y violencia;
9 atacan al cielo con sus labios
y recorren la tierra con su lengua.

10 Por eso la gente los alaba
y no encuentra ninguna falta en ellos.ª
11 Preguntan: "¿Acaso Dios va a saberlo?
¿Acaso se dará cuenta el Altísimo?"
12 ¡Miren a estos malvados!
Con toda tranquilidad aumentan
sus riquezas.
13 ¡De nada me sirve tener limpio
el corazón
y limpiarme las manos de toda maldad!
14 Pues a todas horas recibo golpes,
y soy castigado todas las mañanas.

15 Si yo hubiera pensado como ellos,
habría traicionado a tus hijos.

16 Traté de comprender esto,
pero me fue muy difícil.
17 Solo cuando entré en el santuario
de Diosᵇ
comprendí a dónde ván ellos a parar:
18 los has puesto en lugar resbaladizo
y los empujas a la ruina.
19 ¡En un momento quedarán
destruidos!
¡El miedo acabará con ellos!
20 Cuando tú, Señor, te levantes,
como cuando uno despierta
de un sueño,
despreciarás su falsa apariencia.

21 Yo estuve lleno de amargura
y en mi corazón sentía dolor,
22 porque era un necio
que no entendía;
¡era ante ti igual que una bestia!
23 Sin embargo,
siempre he estado contigo.
Me has tomado de la mano derecha,
24 me has dirigido con tus consejos
y al final me recibirás con honores.
25 ¿A quién tengo en el cielo? ¡Solo a ti!
Estando contigo nada quiero
en la tierra.
26 Todo mi ser se consume,
pero Dios es mi herencia eterna
y el que sostiene mi corazón.

27 Los que se alejen de ti, morirán;
destruirás al que no te sea fiel.
28 Pero yo me acercaré a Dios,
pues para mí eso es lo mejor.
Tú, Señor y Dios, eres mi refugio,
y he de proclamar
todo lo que has hecho.

SALMO 74 (73)
Oración pidiendo la liberación del pueblo ª

1 Oh Dios, ¿por qué
nos has abandonado para siempre?

ª**73.10** *Por eso . . . falta en ellos:* sentido probable de un texto difícil; otra posible traducción: *Por eso mi pueblo se vuelve hacia ellos y bebe sus aguas a raudales.* ᵇ**73.17** *Santuario de Dios:* Se trata, probablemente, de una revelación que el salmista recibió en el templo (cf. Is 6.1–13). Otros, en cambio, traducen: *hasta que penetré en los secretos de Dios.* ª**Salmo 74** Todo parece indicar que este salmo fue compuesto cuando todavía estaba vivo el recuerdo de la destrucción de Jerusalén y del templo por las tropas de Nabucodonosor, en el 587 a.C. Cf. 2 R 25.8–10.

¿por qué se ha encendido tu furor
contra las ovejas de tu prado?

2 Acuérdate de tu pueblo,
el que adquiriste desde el principio,
el que rescataste para hacerlo
tribu tuya;
acuérdate del monte Sión,
donde has vivido.

3 Ven a ver estas ruinas sin fin;
¡el enemigo lo ha destruido todo
en el santuario!

4 Tus enemigos*b* cantan victoria
en tu santuario;
¡han puesto sus banderas extranjeras
5 sobre el portal de la entrada!
Cual si fueran leñadores
en medio de un bosque espeso,
6 a golpe de hacha y martillo
destrozaron los ornamentos
de madera.

7 Prendieron fuego a tu santuario;
¡deshonraron tu propio templo,
derrumbándolo hasta el suelo!

8 Decidieron destruirnos del todo;
¡quemaron todos los lugares del país
donde nos reuníamos para adorarte!

9 Ya no vemos
nuestros símbolos sagrados;*c*
ya no hay ningún profeta,
y ni siquiera sabemos
lo que esto durará.

10 Oh Dios, ¿hasta cuándo nos ofenderá
el enemigo?
¿Hasta cuándo
seguirá hablando mal de ti?

11 ¿Por qué escondes tu mano poderosa?
¿Por qué te quedas cruzado de brazos?

12 Desde tiempos antiguos,
tú eres mi Rey.
Tú, oh Dios,
alcanzaste muchas victorias
en medio de la tierra:

13 tú dividiste el mar con tu poder,
les rompiste la cabeza a los monstruos
del mar,*d*

14 aplastaste las cabezas del monstruo
Leviatán*e*
y lo diste por comida a las fieras
del desierto.

15 Tú hiciste brotar fuentes y ríos,
y secaste los ríos inagotables.

16 Tuyos son el día y la noche;
tú afirmaste la luna y el sol;

17 tú marcaste los límites del mundo;
tú hiciste el verano y el invierno.

18 Ten en cuenta, Señor,
que el enemigo te ofende,
y que gente necia habla mal de ti.

19 ¡No te olvides tanto de nosotros!
Somos débiles como tórtolas;
¡no nos entregues a las fieras!

20 ¡Acuérdate de tu alianza,
porque el país está lleno
de violencia
hasta el último rincón!

21 No dejes que se humille al oprimido;
¡haz que te alaben
el pobre y el humilde!

22 ¡Levántate, oh Dios!
¡Defiende tu causa!
¡Recuerda que los necios te ofenden
sin cesar!

23 No olvides los gritos de tus enemigos,
el creciente clamor de los rebeldes.

---

b74.4 Tus enemigos: A los ojos del salmista, los enemigos de Israel son enemigos de Dios. Por eso en su plegaria pone de relieve estas dos ideas: la humillación que ha sufrido Israel es una afrenta para el mismo Dios (vv. 10,18), y al salir en defensa de su pueblo, el Señor defiende su propio honor (vv. 22–23). *c74.9 Símbolos sagrados:* lit. *signos* o *señales.* Podría referirse a ciertos estandartes religiosos o militares, como las banderas del v. 4. Otros ven en esa expresión una referencia a los milagros, que son *signos* o *señales* de la presencia del Señor en medio de su pueblo. *d74.13 Monstruos del mar:* alusión a una creencia muy difundida entre los pueblos del antiguo Oriente. Según esta creencia, el mundo fue creado después que uno de los dioses logró derrotar a un monstruo temible, que le oponía resistencia y que representaba el estado caótico en que se encontraba el universo antes de la creación. El salmista utiliza esta imagen poética para describir la acción creadora de Dios. La referencia a la división del mar parece evocar también el paso de los israelitas a través del Mar Rojo (Ex 14.21–22). *e74.14 Leviatán:* nombre de un monstruo mitológico, que en Is 27.1 se describe como la *serpiente enroscada,* la *serpiente tortuosa* y el *dragón que está en el mar.* Los antiguos israelitas, como sus vecinos cananeos, veían en este monstruo la representación simbólica de las fuerzas del caos. Cf. Job 3.8; Sal 104.26.

SALMO 75 (74)
Dios, el Juez

1 Te damos gracias, oh Dios,
   te damos gracias;
   invocamos*a* tu nombre y cantamos
   tus maravillas.

2 El Señor dice:*b*
   "En el momento que yo escoja,
   juzgaré*c* con toda rectitud.
3 Cuando tiembla la tierra,
   con todos sus habitantes,
   soy yo quien mantiene firmes
   sus bases."
4 A los presumidos y a los malvados
   digo:
   "No sean tan altivos y orgullosos;
5 no hagan tanto alarde de su poder
   ni sean tan insolentes al hablar."

6 Pues el juicio no viene
   ni del este ni del oeste,
   ni del desierto
   ni de las montañas,
7 sino que el Juez es Dios:
   a unos los humilla y a otros
   los levanta.
8 El Señor tiene en la mano la copa
   de su ira,*d*
   con vino mezclado y fermentado.
   Cuando él derrame el vino,
   todos los malvados de la tierra
   lo beberán hasta la última gota.

9 Yo siempre anunciaré
   al Dios de Jacob
   y le cantaré alabanzas;
10 porque él destruirá
   el orgullo de los malvados,
   pero aumentará
   el poder del hombre bueno.

SALMO 76 (75)
Dios, el vencedor

1 Dios es conocido en Judá;
   su nombre es famoso en Israel.
2 Su templo está sobre el monte Sión,
   en Jerusalén;*a*
3 allí rompió las armas de guerra:
   escudos, espadas, arcos y flechas.

4 ¡Tú eres glorioso, oh Dios!
   ¡Eres más grandioso que las montañas
   eternas!*b*
5 Los más valientes fueron despojados;
   los más fuertes nada pudieron hacer;
   ¡durmieron su último sueño!
6 Ni aun moverse pueden el carro
   y el caballo
   cuando tú, Dios de Jacob,
   los amenazas.

7 ¡Tú eres terrible!
   ¿Quién puede estar en pie
   delante de ti
   cuando se enciende tu furor?
8 Desde el cielo das a conocer tu juicio;
   la tierra tiene miedo y se queda quieta,
9 oh Dios, cuando te levantas
   para hacer justicia
   y salvar a todos los oprimidos
   de este mundo.*c*

10 El enojo del hombre se convierte
   en tu alabanza;
   ¡aun su más mínimo enojo
   se convierte en tu corona!
11 Hagan ustedes promesas al Señor,
   su Dios,
   pero cúmplanselas.
   Ustedes, que rodean al que es digno
   de temor,
   ¡tráiganle ofrendas!

---

*a***75.1** *Invocamos:* según dos versiones antiguas. Heb. *cercano.* *b***75.2** *El Señor dice:* Esta frase no está en hebreo, pero se ha añadido en la traducción para mayor claridad. *c***75.2** *Juzgaré:* En el lenguaje bíblico, *juzgar* significa mucho más que pronunciar un fallo o sentencia; es rectificar una situación de injusticia. Por eso, el verbo *juzgar* es muchas veces sinónimo de *gobernar,* ya que la primera responsabilidad del gobernante es asegurar el triunfo de la justicia. Cf. Sal 72.1–2; 98.9; 99.4. *d***75.8** La *copa* simboliza aquí la *ira* de Dios y su juicio sobre los malvados (cf. Sal 60.3; Jer 25.15–16; Ez 23.31–34; Ap 14.10; 16.19). *a***76.2** *Jerusalén:* heb. *Salem,* nombre antiguo de aquella ciudad (Gn 14.18). *b***76.4** *Montañas eternas:* según la versión griega (LXX). Heb. *montañas de presa.* *c***76.9** *Los oprimidos de este mundo:* otra posible traducción: *los oprimidos del país,* refiriéndose a los israelitas pobres y humillados.

12 Pues él quita la vida a los gobernantes
   y causa temor a los reyes del mundo.

SALMO 77 (76)
Reflexiones sobre los actos de Dios

1 A Dios clamo con fuerte voz
  para que él me escuche.
2 El día que estoy triste busco al Señor,
  y sin cesar levanto mis manos
  en oración por las noches.
  Mi alma no encuentra consuelo.
3 Me acuerdo de Dios, y lloro;
  me pongo a pensar, y me desanimo.

4 Tú, Señor, no me dejas pegar los ojos;
  ¡estoy tan aturdido,
    que no puedo hablar!
5 Pienso en los días y los años de antes;
6 recuerdo cuando cantaba
    por las noches.
  En mi interior medito, y me pregunto:
7 ¿Acaso va a estar siempre enojado
    el Señor?
  ¿No volverá a tratarnos con bondad?
8 ¿Acaso su amor se ha terminado?
  ¿Se ha acabado su promesa
    para siempre?
9 ¿Acaso se ha olvidado Dios
    de su bondad?
  ¿Está tan enojado,
    que ya no tiene compasión?
10 Lo que más me duele es pensar
   que el Altísimo ya no es el mismo
     con nosotros.
11 Recordaré las maravillas
   que hizo el Señor en otros tiempos;
12 pensaré en todo lo que ha hecho.

13 Oh Dios, tú eres santo en tus acciones;
   ¿qué dios hay tan grande como tú?
14 ¡Tú eres el Dios que hace maravillas!
   ¡Diste a conocer tu poder
     a las naciones!
15 Con tu poder rescataste a tu pueblo,
   a los hijos de Jacob y de José.

16 Oh Dios, cuando el mar te vio,
   tuvo miedo,

y temblaron sus aguas más profundas;
17 las nubes dejaron caer su lluvia,
   y hubo truenos en el cielo
   y relámpagos por todas partes.
18 Se oían tus truenos en el torbellino;
   el mundo se iluminó
     con tus relámpagos
   y la tierra se sacudió con temblores.
19 Te abriste paso por el mar;
   atravesaste muchas aguas,
   pero nadie encontró tus huellas.
20 Dirigiste a tu pueblo
     como a un rebaño,
   por medio de Moisés y de Aarón. [a]

SALMO 78 (77)
Acciones de Dios en favor de su pueblo

1 Pueblo mío, atiende a mi enseñanza;
  ¡inclínate a escuchar lo que te digo!
2 Voy a hablar por medio de refranes;
  diré cosas que han estado en secreto
  desde tiempos antiguos.
3 Lo que hemos oído y sabemos
  y nuestros padres nos contaron,
4 no lo ocultaremos a nuestros hijos.
  Con las generaciones futuras
    alabaremos al Señor
  y hablaremos de su poder y maravillas.

5 Dios estableció una ley para Jacob;
  puso una norma de conducta
    en Israel,
  y ordenó a nuestros antepasados
  que la enseñaran a sus descendientes,
6 para que la conocieran
    las generaciones futuras,
  los hijos que habían de nacer,
  y que ellos, a su vez,
    la enseñaran a sus hijos;
7 para que tuvieran confianza en Dios
  y no olvidaran lo que él había hecho;
  para que obedecieran
    sus mandamientos
8 y no fueran como sus antepasados,
  rebeldes y necios,
  faltos de firmeza en su corazón
    y espíritu;
  ¡generación infiel a Dios!

---

[a] **77.16-20** Evocación poética de los prodigios realizados por el Señor en el Mar Rojo y en el Sinaí (Ex 14.21-22; 15.4-8; 19.16-19; Sal 114.3-6).

9 Los de la tribu de Efraín,
que estaban armados con arcos
y flechas,
dieron la espalda el día del combate;[a]

10 no respetaron su alianza con Dios
ni quisieron obedecer sus enseñanzas.

11 Se olvidaron de lo que él había hecho,
de las maravillas que les hizo ver.

12 Dios hizo maravillas
delante de sus padres
en la región de·Soan,[b]
que está en Egipto:

13 partió en dos el mar,
y los hizo pasar por él,
deteniendo el agua como un muro.[c]

14 De día los guió con una nube,
y de noche con luz de fuego.[d]

15 En el desierto partió en dos las peñas,
y les dio a beber agua en abundancia.

16 ¡Dios hizo brotar de la peña
un torrente de aguas caudalosas![e]

17 Pero ellos siguieron pecando
contra Dios;
se rebelaron contra el Altísimo
en el desierto.

18 Quisieron ponerle a prueba
pidiendo comida a su antojo.

19 Hablaron contra él, diciendo:
"¿Acaso puede Dios servir una mesa
en el desierto?

20 Es verdad que Dios partió la peña;
que de ella brotó agua como un río,
y que la tierra se inundó;
pero, ¿podrá dar también pan?
¿podrá dar carne a su pueblo?"

21 Cuando el Señor oyó esto, se enojó;
¡su furor, como un fuego,
se encendió contra Jacob!

22 Porque no confiaron en Dios
ni creyeron en su ayuda.

23 Sin embargo,
Dios dio órdenes a las nubes
y abrió las puertas del cielo;

24 ¡hizo llover sobre su pueblo el maná,
trigo del cielo, para que comieran!

25 ¡El hombre comió pan de ángeles![f]
¡Dios les dio de comer en abundancia!

26 El viento del este y el viento del sur
soplaron en el cielo;
¡Dios los trajo con su poder!

27 Hizo llover carne sobre su pueblo;
¡llovieron aves como arena del mar!

28 Dios las hizo caer
en medio del campamento
y alrededor de las tiendas de campaña.

29 Y comieron hasta hartarse,
y así Dios les cumplió su deseo.

30 Pero aún no habían calmado
su apetito,
todavía tenían la comida en la boca,

31 cuando el furor de Dios cayó
sobre ellos
y mató a los hombres más fuertes.
¡Hizo morir a los mejores hombres
de Israel![g]

32 A pesar de todo, volvieron a pecar;
no creyeron en las maravillas de Dios.

33 Por eso Dios puso fin a sus vidas
como si fueran un suspiro
y en medio de un terror espantoso.

34 Si Dios los hacía morir,
entonces lo buscaban;
se volvían a él
y lo buscaban sin descanso;

35 entonces se acordaban
del Dios altísimo
que los protegía y los rescataba.

36 Pero con su boca y su lengua
le decían hermosas mentiras,

37 pues nunca le fueron sinceros
ni fieles a su alianza.

38 Pero Dios tenía compasión,
perdonaba su maldad
y no los destruía;
muchas veces hizo a un lado el enojo
y no se dejó llevar por la furia.

---

a 78.9 Este v. se anticipa a los hechos relatados en los vv. 56–72. Efraín representa aquí a todas las tribus del norte, que dieron la espalda a la dinastía de David y se constituyeron como reino independiente (cf. 1 R 12). b 78.12 Soan es el nombre hebreo de Tanis, ciudad del antiguo Egipto situada en el Delta oriental del Nilo. c 78.13 Ex 14.21–22. d 78.14 Ex 13.21–22. e 78.15–16 Ex 17.1–7; Nm 20.2–13. f 78.24–25 Pan de ángeles: lit. pan de los fuertes. En Sal 105.40 se llama al maná pan del cielo (cf. también Sab 16.20–29; Jn 6.31; 1 Co 10.3). g 78.18–31 Ex 16.2–15; Nm 11.4–23, 31–35.

39 Dios se acordó
de que eran simples hombres;
de que eran como el viento,
que se va y no vuelve.

40 ¡Cuántas veces desobedecieron a Dios
y le causaron dolor en el desierto!

41 Pero volvían a ponerlo a prueba;
¡entristecían al Santo de Israel!

42 No se acordaron de aquel día
cuando Dios, con su poder,
los salvó del enemigo;

43 cuando en los campos de Soan,
en Egipto,
hizo cosas grandes y asombrosas;

44 cuando convirtió en sangre los ríos,
y los egipcios no pudieron beber
de ellos.[h]

45 Mandó sobre ellos tábanos[i] y ranas,[j]
que todo lo devoraban y destruían;

46 entregó a la langosta las cosechas
por las que ellos habían trabajado.[k]

47 Con granizo y escarcha
destruyó sus higueras y sus viñas.

48 Sus vacas y sus ovejas murieron
bajo el granizo y los rayos.[l]

49 Dios les envió la furia de su enojo:
furor, condenación y angustia,
como mensajeros de calamidades.

50 ¡Dio rienda suelta a su furor!
No les perdonó la vida,
sino que los entregó a la muerte;

51 ¡hizo morir en Egipto mismo
al primer hijo de toda familia
egipcia![m]

52 Sacó a Israel
como a un rebaño de ovejas;
llevó a su pueblo a través del desierto.

53 Los llevó con paso seguro
para que no tuvieran miedo,
pero a sus enemigos el mar
los cubrió.[n]

54 Dios trajo a su pueblo
a su tierra santa,[ñ]

¡a las montañas que él mismo
conquistó!

55 Quitó a los paganos de la vista
de Israel;[o]
repartió la tierra en lotes
entre sus tribus,
y las hizo vivir en sus campamentos.

56 Pero ellos pusieron a prueba
al Dios altísimo
rebelándose contra él
y desobedeciendo sus mandatos;[p]

57 pues, lo mismo que sus padres,
lo abandonaron y le fueron infieles;
¡se torcieron igual que un arco falso!

58 Lo hicieron enojar
con sus altares paganos;
adorando ídolos,
lo provocaron a celos.

59 Dios se enojó al ver esto,
y rechazó por completo a Israel,

60 y abandonó el santuario de Siló,[q]
que era su casa entre los hombres.

61 Permitió que sus enemigos capturaran
el símbolo de su gloria y su poder.[r]

62 Tan furioso estaba contra su pueblo,
que los entregó a la espada
del enemigo.

63 Los muchachos murieron quemados;
¡no hubo canción de bodas
para las novias!

64 Los sacerdotes murieron
a filo de espada,[s]
y sus viudas no los lloraron.

65 Pero despertó el Señor,
como de un sueño,
como guerrero que vuelve en sí
del vino,

66 y derrotó a sus enemigos,
y los hizo huir;
¡los cubrió de vergüenza
para siempre![t]

67 Rechazó además a la casa de José,
y no escogió a la tribu de Efraín;

---

[h] **78.44** Ex 7.17–21; Sab 11.6. [i] **78.45** Ex 8.20–24. [j] **78.45** Ex 8.1–6. [k] **78.46** Ex 10.12–15; Sab 16.9.
[l] **78.47–48** Ex 9.22–25; Sab 16.16. [m] **78.51** Ex 12.29; Sab 18.5–19. [n] **78.53** Ex 14.26–28; Sab 10.18–19.
[ñ] **78.54** Ex 15.17; Jos 3.14–17. [o] **78.55** Jos 11.16–23. [p] **78.56** Jue 2.11–15. [q] **78.60** Antes de David, *el santuario de Siló* era el principal centro de culto israelita, ya que allí se encontraba el arca de la alianza. Cf. Jos 18.1; 1 S 1.3; Jer 7.12–14; 26.6. [r] **78.61** *El símbolo de su gloria y de su poder:* es decir, el arca de la alianza. Cf. 1 S 4.4–22.
[s] **78.64** Posible alusión a la muerte de los dos hijos de Elí. Cf. 1 S 4.11. [t] **78.66** Cf. 1 S 5.6,12.

68 eligió en cambio a la tribu de Judá
y a su amado monte Sión.
69 Construyó un santuario,
alto como el cielo,
y lo afirmó para siempre,
como a la tierra.
70 Escogió a su siervo David,
el que era pastor de ovejas;
71 lo quitó de andar tras los rebaños,
para que cuidara a su pueblo,
para que fuera pastor de Israel. *u*
72 Y David cuidó del pueblo de Dios;
los cuidó y los dirigió
con mano hábil y corazón sincero.

SALMO 79 (78)
Dolor ante la destrucción de Jerusalén [a]

1 ¡Oh Dios, los paganos han invadido
tu propiedad!
¡Han profanado tu santo templo
y han convertido en ruinas
a Jerusalén! [b]
2 ¡Han dejado los cadáveres
de tus siervos,
de los que te fueron fieles,
para que sirvan de alimento
a los buitres y a los animales salvajes!
3 Como agua han derramado su sangre
por toda Jerusalén,
y no hay quien los entierre.
4 Somos la burla de nuestros vecinos;
el hazmerreír de cuantos nos rodean.

5 Oh Señor,
¿hasta cuándo estarás enojado?
¿Arderá siempre tu enojo
como el fuego?
6 ¡Descarga tu furia
sobre los reinos paganos

que no te conocen ni te invocan!
7 Porque ellos devoraron a Jacob
y convirtieron en ruinas el país.
8 No nos hagas pagar a nosotros
por la maldad de nuestros
antepasados; [c]
¡que venga tu ternura pronto
a nuestro encuentro,
porque estamos abatidos!

9 Oh Dios, Salvador nuestro,
¡ayúdanos, líbranos y perdónanos,
por la gloria de tu nombre!
10 No tienen por qué decir los paganos:
"¿Dónde está su Dios?"
¡Permítenos ver vengada la muerte
de tus siervos!
¡Que los paganos también lo sepan!
11 Atiende las quejas de los presos,
y salva con tu gran poder
a los sentenciados a muerte.

12 Oh Señor, véngate siete veces
de nuestros vecinos
por las ofensas que te han hecho;
13 y nosotros, que somos tu pueblo,
que somos ovejas de tus prados,
gracias te daremos siempre,
¡cantaremos tus alabanzas
por todos los siglos!

SALMO 80 (79)
¡Míranos con buenos ojos!

1 Pastor de Israel,
que guías a José como a un rebaño,
que tienes tu trono
sobre los querubines, [a] ¡escucha!
2 ¡Mira con buenos ojos a Efraín,
Benjamín y Manasés! [b]

---

u **78.70–71** 1 S 16.11–12; 2 S 7.8. *a***Salmo 79** Véase Sal 74 n. *b***79.1** Cf. 2 R 25.8–10; Jer 52.12–14.
*c***79.8** Los textos del AT muestran que la doctrina de la retribución se fue modificando con el tiempo. Algunos textos antiguos afirmaban que el Señor *castiga la maldad de los padres en sus hijos, nietos y bisnietos* (Ex 20.5; Dt 5.9). Por eso algunos israelitas se lamentaron a veces de tener que pagar las culpas de sus antepasados. Los profetas Jeremías y Ezequiel reaccionaron contra esta idea y afirmaron enfáticamente que cada persona en particular, y no sus descendientes, recibirá la justa retribución de sus buenas o malas acciones (Jer 31.29–30; Ez 18.2–4). Cf. Dt 24.16. *a***80.1** Los *querubines* eran los seres alados que extendían sus alas sobre el arca de la alianza (Ex 25.18–22; 1 S 4.4; 1 R 6.23–27; Sal 99.1; Is 37.16; Ez 1.26–28). *b***80.1–2** *José* era el padre de *Efraín* y *Manasés* (Gn 48.1), los antepasados de las dos tribus principales del reino del norte (cf. Jos 17.14–18; 1 R 12). La tribu de Benjamín se unió al reino de Judá (1 R 12.21), pero algunas ciudades benjaminitas quedaron sometidas al reino del norte. La especial mención de estas tribus norteñas es un buen indicio de que el salmo se refiere a la catástrofe del 722 a.C.

¡Despierta y ven a salvarnos
con tu poder!

3   Oh Dios, ¡haz que volvamos a ser
lo que fuimos!
¡Míranos con buenos ojos
y estaremos a salvo!

4   Señor, Dios todopoderoso,
¿hasta cuándo estarás enojado
con la oración de tu pueblo?
5   Nos has dado lágrimas por comida;
por bebida, lágrimas en abundancia.
6   Nos has convertido en la burla
de nuestros vecinos,
y nuestros enemigos se ríen de nosotros.

7   Dios todopoderoso,
¡haz que volvamos a ser
lo que fuimos!
¡Míranos con buenos ojos
y estaremos a salvo!

8   De Egipto sacaste una vid;ᶜ
arrojaste a los paganos y la plantaste.
9   Limpiaste el terreno para ella,
y la vid echó raíces y llenó el país.
10   Cubrió los montes con su sombra,
y con sus ramas los árboles más altos.
11   Se extendieron sus ramas hasta el mar,
y hasta el río Éufrates sus retoños.
12   ¿Por qué has derribado su cerca,
dejando que le arranquen uvas
los que van por el camino?
13   El jabalí la destroza;
¡los animales salvajes la devoran!

14   Dios todopoderoso, regresa, por favor;
mira atentamente desde el cielo
y ten consideración de esta vid,
15   de la vid que tú mismo plantaste,
del retoño que tú mismo afirmaste.
16   Destruye con tu furor
a quienes la cortan y la queman;

17   pero ayuda al hombre
que has escogido,
al retoño de hombre
que tú mismo afirmaste,
18   y nunca más nos apartaremos de ti.
¡Danos vida,
y solo a ti te invocaremos!

19   Oh Señor, Dios todopoderoso,
¡haz que volvamos a ser
lo que fuimos!
¡Míranos con buenos ojos
y estaremos a salvo!

SALMO 81 (80)
Bondad de Dios y maldad de Israel

1   ¡Canten alegres a Dios,
que es nuestra fuerza!
¡Alaben con gritos de alegría
al Dios de Jacob!
2   Canten al son del pandero,
de la dulce arpa y del salterio.
3   Toquen la trompeta
al llegar la luna nueva,
y también al llegar la luna llena,
que es el día de nuestra gran fiesta.ᵃ
4   Porque este es el mandamiento
que el Dios de Jacob dio a Israel;ᵇ
5   es el mandato dado a Joséᶜ
cuando Dios salió contra Egipto.

Oí una voz que yo no conocía:
6   "Te he quitado la carga
de los hombros,
te he aliviado del trabajo duro.
7   En tu angustia me llamaste, y te salvé;
te contesté desde la nube que tronaba;
te puse a prueba junto a las aguas,
de Meribá.ᵈ
8   Escucha, pueblo mío, mi advertencia;
¡ojalá me obedezcas, Israel!
9   No tengas dioses extranjeros;
no adores dioses extraños.

ᶜ**80.8–13** Con la imagen de la *vid,* el salmista narra la historia de Israel desde el éxodo de Egipto hasta que se estableció en Canaán y logró extender sus fronteras en el territorio comprendido entre el río Éufrates y el mar Mediterráneo (cf. v. 11). ᵃ**81.3** Nm 10.10. Se refiere al periodo festivo del que se habla en Nm 29. Ese periodo comenzaba al aparecer *la luna nueva* (es decir, el primer día) del séptimo mes, e incluía la fiesta de las Enramadas, que se celebraba alegremente durante una semana completa, a partir de *la luna llena* (es decir, del día quince) de ese mismo mes. ᵇ**81.4** Cf. Lv 23.33–44. ᶜ**81.5** *José* representa aquí a las doce tribus de Israel. ᵈ**81.7** *Meribá:* Cf. Ex 17.7; Nm 20.13.

10 Yo soy el Señor, tu Dios,
el que te sacó de la tierra de Egipto;
abre tu boca, y yo te satisfaré.

11 "Pero mi pueblo no quiso oírme;
¡Israel no quiso obedecerme!

12 Por eso los dejé seguir
con su capricho,
y vivieron como mejor les pareció.

13 ¡Si mi pueblo me hubiera escuchado!
¡Si Israel hubiera seguido mis caminos,

14 en un abrir y cerrar de ojos
yo habría humillado a sus enemigos
y castigado a sus contrarios!"

15 Los que odian al Señor
caerían aterrados,*e*
y su condenación quedaría sellada.

16 Dios alimentaría a su pueblo
con lo mejor del trigo,
y con miel silvestre apagaría su sed.

SALMO 82 (81)
Dios, el Juez supremo

1 Dios se alza en la asamblea divina*a*
y dicta sentencia en medio
de los dioses:

2 "¿Hasta cuándo harán ustedes
juicios falsos
y se pondrán de parte
de los malvados?

3 ¡Hagan justicia al débil y al huérfano!
¡Hagan justicia al pobre
y al necesitado!

4 ¡Libren a los débiles y pobres,
y defiéndanlos de los malvados!

5 "Pero ustedes no saben, no entienden;
andan en la oscuridad.
Tiemblan los cimientos de la tierra.

6 Yo dije que ustedes son dioses;
que todos son hijos del Altísimo.

7 Sin embargo,
morirán como todo hombre,
¡caerán como cualquier tirano!"

8 ¡Oh Dios, dispónte a juzgar la tierra,
pues tú eres el dueño de todas
las naciones!

SALMO 83 (82)
Oración pidiendo la intervención de Dios

1 Oh Dios, ¡no te quedes en silencio!,
¡no te quedes inmóvil y callado!

2 Mira a tus enemigos,
a los que te odian:
alborotan y se rebelan contra ti.

3 Han hecho planes astutos
en contra de tu pueblo,
¡en contra de tus protegidos!

4 Han pensado venir a destruirnos
para que dejemos de existir como
nación,
para que no vuelva a recordarse
el nombre de Israel.

5 Han hecho un pacto en contra tuya,
han conspirado como un solo hombre:

6 los campamentos de Edom
y de Ismael,
los descendientes de Agar y de Moab,

7 Guebal, Amón y Amalec,
los filisteos, los que viven en Tiro,

8 y hasta los asirios se han unido a ellos,
y son el brazo fuerte
de los hijos de Lot.*a*

9 Haz con ellos como hiciste
con Madián,
como hiciste con Sísara,
como hiciste con Jabín
en el arroyo de Quisón,

10 que fueron destruidos en Endor,
¡que fueron convertidos en estiércol
de la tierra!*b*

---

e **81.15** *Caerían aterrados:* otra posible traducción: *lo adularían.* *a* **82.1** *Asamblea divina:* Esta expresión refleja una creencia común entre los cananeos, los cuales representaban a sus dioses reunidos en concilio o asamblea, bajo la presidencia de un dios supremo. Aquí la supremacía le corresponde al Dios de Israel, que juzga y dicta sentencia.
a **83.6—8** Aquí aparecen reunidos los nombres de diez pueblos que, en el pasado o en el presente, habían manifestado su enemistad hacia Israel. *Los descendientes de Agar* eran tribus nómadas del norte de Arabia y de las regiones desérticas al este del Jordán. *Guebal* se encontraba probablemente al sur del Mar Muerto. *Amalec* era otra tribu nómada al sur del desierto del Négueb, y *Tiro*, una ciudad fenicia situada sobre la costa del Mediterráneo, al norte de Palestina. *Los hijos de Lot* eran *Moab* y *Amón*. *b* **83.9—10** *Madián:* Cf. Jue 7.1—22; *Sísara... Jabín... Quisón:* Cf. Jue 4—5.

11 Haz con sus hombres importantes
   como hiciste con Oreb y con Zeeb;
   haz con todos sus jefes
   como hiciste con Zébah
   y con Salmuná,
12 que quisieron apropiarse
   de los pastizales de Dios.c

13 Dios mío,
      haz que rueden como zarzas,
   como hojas secas arrastradas
      por el viento;
14 y así como el fuego quema el bosque
   y consume los montes con sus llamas,
15 ¡así persíguelos con tus tormentas
   y espántalos con tus tempestades!
16 ¡Avergüénzalos, Señor,
   para que recurran a ti!
17 Que sean avergonzados para siempre;
   ¡que se avergüencen y mueran!
18 ¡Que sepan que solo tú eres el Señor,
   que solo tú eres el Altísimo
      sobre toda la tierra!

SALMO 84 (83)
Anhelo por la casa de Dios

1 ¡Cuán hermoso es tu santuario,
   Señor todopoderoso!
2 ¡Con qué ansia y fervor
   deseo estar en los atrios de tu templo!
   ¡Con todo el corazón
   canto alegre al Dios de la vida!

3 Aun el gorrión y la golondrina
   hallan lugar en tus altares
   donde hacerles nido a sus polluelos,
   oh Señor todopoderoso,
   Rey mío y Dios mío.

4 ¡Felices los que viven en tu templo
   y te alaban sin cesar!
5 ¡Felices los que en ti encuentran ayuda,
   los que desean peregrinar
      hasta tu monte!
6 Cuando pasen por el valle
      de las Lágrimasª

lo convertirán en manantial,
y aun la lluvia lo llenará
   de bendiciones;
7 irán sus fuerzas en aumento,
   y en Sión verán al Dios supremo.

8 Señor, Dios todopoderoso,
   Dios de Jacob, ¡escucha mi oración!
9 Mira, oh Dios, con buenos ojos
   a aquel que es nuestro escudo,
   a quien tú has escogido como rey.

10 ¡Más vale estar un día en tus atrios,
   que mil fuera de ellos!
   Prefiero ser portero del templo
      de mi Dios,
   que vivir en lugares de maldad.
11 Porque Dios el Señor nos alumbra
      y nos protege;
   el Señor ama y honra a los que viven
      sin tacha,
   y nada bueno les niega.

12 Señor todopoderoso,
   ¡felices los que en ti confían!

SALMO 85 (84)
¡Sálvanos otra vez!

1 Señor, tú has sido muy bueno
      con este país tuyo;
   has cambiado la suerte de Jacob;ª
2 has perdonado la maldad
      de tu pueblo
   y todos sus pecados;
3 has calmado por completo
   tu enojo y tu furor.

4 Dios y Salvador nuestro,
   ¡sálvanos también ahora
   y no sigas enojado con nosotros!
5 ¿Acaso vas a prolongar por siempre
   tu enojo contra nosotros?
6 ¿No volverás a darnos vida,
   para que tu pueblo se alegre por ti?
7 Oh Señor, ¡muéstranos tu amor,
   y sálvanos!

---

c**83.11–12** *Oreb . . . Zeeb:* Cf. Jue 7.25. *Zébah . . . Salmuná:* Cf. Jue 8.1–21. ª**84.6** *Valle de las Lágrimas:* según algunos mss. hebreos y versiones antiguas. Heb. *valle de los Bálsamos,* lo que apuntaría a un lugar cercano a Jerusalén, plantado con ese tipo de árboles (cf. 2 S 5.23). ª**85.1** *Has cambiado la suerte de Jacob:* es decir, has hecho regresar del exilio a los israelitas que habían estado cautivos.

8 Escucharé lo que el Señor va a decir;
pues va a hablar de paz a su pueblo,
a los que le son fieles,
para que no vuelvan a hacer locuras.[b]

9 En verdad, Dios está muy cerca,
para salvar a los que le honran;
su gloria vivirá en nuestra tierra.

10 El amor y la verdad se darán cita,
la paz y la justicia se besarán,

11 la verdad brotará de la tierra
y la justicia mirará desde el cielo.

12 El Señor mismo traerá la lluvia,
y nuestra tierra dará su fruto.

13 La justicia irá delante de él,
y le preparará el camino.

SALMO 86 (85)
Solo tú eres Dios

1 Señor, dígnate escucharme,
porque estoy muy triste y pobre;

2 protégeme, pues te soy fiel.
Tú eres mi Dios;
¡salva a este siervo tuyo que en ti confía!

3 Señor, ten compasión de mí,
que a ti clamo a todas horas.

4 Señor, alegra el ánimo
de este siervo tuyo,
pues a ti dirijo mi oración.

5 Porque tú, Señor, eres bueno
y perdonas;
eres todo amor con los que te invocan.

6 Señor, escucha mi oración,
¡atiende mi plegaria!

7 En mi angustia clamo a ti,
porque tú me respondes.

8 ¡No hay dios comparable a ti, Señor!
¡No hay nada que iguale a tus obras!

9 Oh Señor, tú has formado
a todas las naciones,
y ellas vendrán a ti para adorarte
y para glorificar tu nombre.

10 Porque solo tú eres Dios;
¡tú eres grande y haces maravillas!

11 Oh Señor, enséñame tu camino,
para que yo lo siga fielmente.
Haz que mi corazón honre tu nombre.

12 Mi Señor y Dios,
te alabaré con todo el corazón
y glorificaré siempre tu nombre.

13 ¡Inmenso es tu amor por mí!
¡Me has librado de caer
en el sepulcro!

14 Oh Dios, una banda de insolentes
y violentos,
que no te tienen presente,
se han puesto en contra mía
y quieren matarme.

15 Pero tú, Señor,
eres Dios tierno y compasivo,
paciente, todo amor y verdad.

16 Mírame, ¡ten compasión de mí!
¡Salva a este siervo tuyo!
¡Dale tu fuerza!

17 Dame una clara prueba de tu bondad,
y que al verla se avergüencen
los que me odian.
¡Tú, Señor, me das ayuda y consuelo!

SALMO 87 (86)
Alabanza a la ciudad de Dios[a]

1 Los cimientos de la ciudad de Dios
están sobre los montes santos.

2 El Señor ama las puertas de Sión
más que a todas las casas de Jacob.[b]

3 Ciudad de Dios,
qué cosas tan hermosas se dicen de ti:

4 "Entre los pueblos que me conocen
puedo nombrar a Egipto y Babilonia,
Filistea, Tiro y Etiopía;
todos ellos nacieron en ti."[c]

5 De la ciudad de Sión dirán:
"Este y aquel nacieron en ella."
El Altísimo mismo la ha afirmado.

---

[b]**85.8** *Para que no vuelvan a hacer locuras:* otra posible traducción, de acuerdo con la versión griega (LXX): *y a los que se vuelven a él de corazón.* [a]**Salmo 87** El salmista celebra a Jerusalén como ciudad de Dios y madre espiritual de todos los pueblos. Cf. Is 2.2–5; Miq 4.1–3; Zac 8.20–23. [b]**87.2** *Las casas de Jacob:* designación de los antiguos y venerables santuarios israelitas, como Betel, Siquem y Siló. [c]**87.4** Los pueblos aquí mencionados representan a todas las naciones de la tierra, incluyendo a algunos de los más encarnizados enemigos de Israel.

6 El Señor escribe en el libro
   donde constan los nombres
      de los pueblos:
   "Este nació en ella."*d*

7 Y los que cantan y los que bailan dicen:
   "Mi hogar*e* está en ti."

SALMO 88 (87)
Señor, ¿por qué me desprecias?

1 Señor, mi Dios y Salvador,
   día y noche te pido ayuda,

2 ¡acepta mi oración!,
   ¡atiende a mi plegaria!

3 Tanto es el mal que ha caído sobre mí,
   que me encuentro al borde
      de la muerte;

4 ¡ya me pueden contar
      entre los muertos,
   pues me he quedado sin fuerzas!

5 Estoy abandonado entre difuntos;
   soy como los que han muerto
      en combate
   y ya han sido enterrados;
   como los que han perdido
      tu protección
   y ya han sido olvidados por ti.

6 Me has echado en lo más hondo
      del hoyo,
   en lugares oscuros y profundos.

7 Has descargado tu enojo sobre mí,
   ¡me has hundido bajo el peso
      de tus olas!*a*

8 Has hecho que mis amigos
      me abandonen;
   me has hecho insoportable para ellos.
   ¡Soy como un preso que no puede
      escapar!

9 De tanto llorar me estoy quedando
      ciego.
   ¡Todos los días clamo a ti, Señor,
   y a ti levanto las manos!

10 ¿Acaso harás milagros por los muertos?
   ¿Acaso podrán los muertos
      darte gracias?

11 ¿Acaso se hablará de tu verdad
      y de tu amor
   en el sepulcro, en el reino
      de la muerte?*b*

12 En las sombras de la muerte,
      donde todo se olvida,
   ¿habrá quién reconozca tu rectitud
      y maravillas?

13 Pero yo, Señor, a ti clamo;
   de mañana elevo a ti mi oración.

14 ¿Por qué me desprecias, Señor?
   ¿Por qué te escondes de mí?

15 Desde los días de mi juventud
   he estado afligido y al borde
      de la muerte;
   he soportado cosas terribles de tu parte,
   y ya no puedo más.

16 Tu furor terrible ha pasado sobre mí,
   y me ha vencido;

17 me rodea por completo a todas horas,
   como una inundación.

18 Has alejado de mí amigos
      y compañeros,
   y ahora solo tengo amistad
      con las tinieblas.

SALMO 89 (88)
*La promesa de Dios a David*a

1 Señor, siempre diré en mi canto
      que tú eres bondadoso;
   constantemente contaré
      que tú eres fiel.

2 Proclamaré que tu amor es eterno;
   que tu fidelidad es invariable,
   invariable como el mismo cielo.

3 Hiciste una alianza con David;
   prometiste a tu siervo escogido:

4 "Haré que tus descendientes
   reinen siempre en tu lugar."*b*

---

*d*87.6 Todos estos pueblos pasarán a ser considerados ciudadanos nativos de Jerusalén, de manera que ella se convertirá en la verdadera patria de todos los hombres. *e*87.7 *Mi hogar:* traducción posible, basada en la versión griega (LXX). Heb. *mis fuentes.* *a*88.6–7 El *hoyo,* los *lugares oscuros y profundos,* las *olas:* todas estas son expresiones metafóricas que designan el *sheol*o morada de los muertos. Véase 6.5 n. *b*88.11 *El reino de la muerte:* heb. *Abadón.* Es sinónimo de *sheol.* Cf. Ap 9.11. *a*Salmo 89 Este salmo fue compuesto probablemente hacia fines de la época de los reyes, cuando el creciente poderío de Babilonia se había convertido en una grave amenaza para el reino de Judá. Cf. 2 R 24. *b*89.3–4 2 S 7.12–16.

5 Oh Señor, todos los seres celestiales
alaban tu fidelidad y tus maravillas.
6 ¡Ningún dios, nadie en el cielo
puede compararse a ti, Señor!
7 Dios grande y terrible,
rodeado de seres celestiales.

8 Señor, Dios todopoderoso,
todo el poder es tuyo
y la verdad te rodea;
¡no hay nadie igual a ti!
9 Tú dominas el mar embravecido
y aquietas sus olas encrespadas;
10 aplastaste al monstruo marino*c*
como si fuera un cadáver;
dispersaste a tus enemigos
con la fuerza de tu brazo.
11 El cielo y la tierra son tuyos;
tú formaste el mundo
y todo lo que hay en él.
12 Tú creaste el norte y el sur;
los montes Tabor y Hermón
cantan alegres a tu nombre.
13 Tu brazo es poderoso;
tu mano derecha es fuerte
y victoriosa.
14 Tu trono está afirmado en la justicia
y el derecho;
el amor y la fidelidad salen
a tu encuentro.

15 Oh Señor, feliz el pueblo que sabe
alabarte con alegría
y camina alumbrado por tu luz,
16 que en tu nombre se alegra
todo el tiempo
y se entusiasma por tu rectitud.
17 En verdad, tú eres su fuerza
y hermosura;
nuestro poder aumenta
por tu buena voluntad.
18 ¡Nuestro escudo es el Señor!
¡Nuestro Rey es el Santo de Israel!*d*

19 En otro tiempo hablaste en una visión,
y dijiste a tus siervos fieles:*e*
"He escogido a un valiente de mi pueblo,
lo he puesto en alto y lo he ayudado.

20 ¡He encontrado a mi siervo David!
Con mi aceite sagrado
lo he designado rey,
21 y nunca le faltará mi ayuda.
Con mi poder lo fortaleceré,
22 y no lo atacarán sus enemigos
ni lo vencerán los malvados.
23 Aplastaré a sus enemigos;
¡los quitaré de su vista!
¡Destrozaré a los que lo odian!
24 Él contará con mi amor y fidelidad,
y por mí aumentará su poder.
25 Afirmaré su poder y dominio
desde el Mediterráneo
hasta el Éufrates.
26 Él me dirá: 'Tú eres mi Padre;
eres mi Dios, que me salva
y me protege.'
27 Y yo le daré los derechos de hijo mayor,
por encima de los reyes del mundo.
28 Mi amor por él será constante,
y mi alianza con él será firme.
29 Sus descendientes reinarán en su lugar
siempre, mientras el cielo exista.

30 "Pero si ellos abandonan mi enseñanza
y no viven de acuerdo
con mis mandatos,
31 si faltan a mis leyes
y no obedecen mis mandamientos,
32 castigaré su rebelión y maldad
con golpes de vara;
33 Pero no dejaré de amar a David,
ni faltaré a mi fidelidad hacia él.
34 No romperé mi alianza
ni faltaré a mi palabra.
35 Una vez le he jurado por mi santidad,
y no le mentiré:
36 sus descendientes reinarán en su lugar,
siempre, mientras el sol exista.
37 ¡Siempre firmes, como la luna!
¡Siempre firmes,
mientras el cielo exista!"

38 Sin embargo, has rechazado
y despreciado
al rey que tú escogiste;
¡te has enojado con él!

---

c **89.10** *Monstruo marino:* lit. *Rahab* (Job 9.13; 26.12; Is 51.9). Sobre esta figura mitológica, véase 74.13 n.
d **89.18** *¡Nuestro escudo . . . el Santo de Israel!:* otra posible traducción: *Del Señor es nuestro escudo y del Santo de Israel es nuestro rey.* *e* **89.19** 2 S 7.4–16.

39 Has roto la alianza con tu siervo;
   has arrojado al suelo su corona.
40 Abriste brechas en todos sus muros;
   ¡convertiste en ruinas sus ciudades!
41 Todo el mundo pasa y roba
      lo que quiere;
   sus vecinos se burlan de él.
42 Has hecho que sus enemigos
      levanten la mano alegres
      y triunfantes.
43 Le quitaste el filo a su espada
   y no lo sostuviste en la batalla.
44 Has apagado su esplendor;
   has arrojado su trono por los suelos;
45 le has quitado años de vida
   y lo has llenado de vergüenza.

46 Oh Señor, ¿hasta cuándo estarás
      escondido?
   ¿Arderá siempre tu enojo,
      como el fuego?
47 Señor, recuerda que mi vida es corta;
   que el hombre, que tú has creado,
      vive poco tiempo.
48 ¡Nadie puede vivir y no morir nunca!
   ¡Nadie puede librarse del poder
      de la muerte!
49 Señor, ¿dónde está tu amor primero,
   que en tu fidelidad prometiste
      a David?
50 Señor, recuerda que a tus siervos
   los ofende mucha gente;
   que llevo esos insultos en mi pecho.
51 Oh Señor, ¡así nos ofenden
      tus enemigos!
   ¡así ofenden a tu escogido a cada paso!

52 Bendito sea el Señor por siempre.
   ¡Amén!ʲ

LIBRO 4
(Salmos 90—106)

SALMO 90 (89)
Eternidad de Dios y fragilidad del hombre

1 Señor, tú has sido nuestro refugio
   por todas las edades.
2 Desde antes que se formaran los montes
   y que existieran la tierra y el mundo,

   desde los tiempos antiguos
   y hasta los tiempos postreros,
      tú eres Dios.
3 Haces que el hombre vuelva al polvo
   cuando dices: "Vuelvan al polvo,
      seres humanos."

4 En verdad, mil años, para ti,
   son como el día de ayer, que pasó.
   ¡Son como unas cuantas horas
      de la noche!
5 Arrastras a los hombres con violencia,
   cual si fueran solo un sueño;
6 son como la hierba, que brota
      y florece a la mañana,
   pero a la tarde se marchita y muere.

7 En verdad, tu furor nos consume,
   ¡nos deja confundidos!
8 Nuestros pecados y maldades
   quedan expuestos ante ti.

9 En verdad, toda nuestra vida
   termina a causa de tu enojo;
   nuestros años se van
      como un suspiro.
10 Setenta son los años que vivimos;
   los más fuertes llegan hasta ochenta;
   pero el orgullo de vivir tanto
   solo trae molestias y trabajo.
   ¡Los años pronto pasan,
      lo mismo que nosotros!

11 ¿Quién conoce la violencia
      de tu enojo?
   ¿Quién conoce tu furor?
12 Enséñanos a contar bien nuestros días,
   para que nuestra mente
      alcance sabiduría.

13 ¡Señor, vuélvete a nosotros!
   ¿Cuánto más tardarás?
   ¡Ten compasión de estos siervos tuyos!
14 Llénanos de tu amor al comenzar
      el día,
   y alegres cantaremos
      toda nuestra vida.
15 Danos tantos años de alegría
   como los años de aflicción
      que hemos tenido.

─────────────────────────────
ʲ89.52 Con esta alabanza concluye el Libro 3 de los Salmos.

16 ¡Haz que tus siervos
y sus descendientes
puedan ver tus obras y tu gloria!

17 Que la bondad del Señor,
nuestro Dios,
esté sobre nosotros.
¡Afirma, Señor, nuestro trabajo!
¡Afirma, sí, nuestro trabajo!

SALMO 91 (90)
El Señor es nuestro refugio

1 El que vive bajo la sombra protectora
del Altísimo y Todopoderoso,[a]
2 dice al Señor: "Tú eres mi refugio,
mi castillo, ¡mi Dios,
en quien confío!"

3 Solo él puede librarte
de trampas ocultas y plagas mortales,
4 pues te cubrirá con sus alas,[b]
y bajo ellas estarás seguro.
¡Su fidelidad te protegerá
como un escudo!
5 No tengas miedo
a los peligros nocturnos,
ni a las flechas lanzadas de día,
6 ni a las plagas que llegan
con la oscuridad,
ni a las que destruyen a pleno sol;
7 pues mil caerán muertos
a tu izquierda
y diez mil a tu derecha,
pero a ti nada te pasará.
8 Solamente lo habrás de presenciar:
verás a los malvados recibir
su merecido.

9 Ya que has hecho del Señor
tu refugio,[c]
del Altísimo tu lugar de protección,
10 no te sobrevendrá ningún mal
ni la enfermedad llegará a tu casa;
11 pues él mandará que sus ángeles
te cuiden por dondequiera que vayas.

12 Te levantarán con sus manos
para que no tropieces con piedra
alguna.
13 Podrás andar entre leones,
entre monstruos y serpientes.

14 "Yo lo pondré a salvo,
fuera del alcance de todos,
porque él me ama y me conoce.
15 Cuando me llame, le contestaré;
¡yo mismo estaré con él!
Lo libraré de la angustia
y lo colmaré de honores;
16 lo haré disfrutar de una larga vida:
¡lo haré gozar de mi salvación!"

SALMO 92 (91)
Un canto de alabanza

1 Altísimo Señor,
¡qué bueno es darte gracias
y cantar himnos en tu honor!
2 Anunciar por la mañana y por la noche
tu gran amor y fidelidad,
3 al son de instrumentos de cuerda,
con música suave de arpa y de salterio.

4 Oh Señor, ¡tú me has hecho feliz
con tus acciones!
¡Tus obras me llenan de alegría!
5 Oh Señor, ¡qué grandes son tus obras!,
¡qué profundos tus pensamientos!
6 ¡Solo los necios[a] no pueden entenderlo!
7 Si los malvados y malhechores
crecen como la hierba, y prosperan,
es solo para ser destruidos para siempre.
8 Pero tú, Señor,
por siempre estás en lo alto.
9 Una cosa es cierta, Señor:
que tus enemigos serán destruidos;
que todos los malhechores
serán dispersados.

10 Tú aumentas mis fuerzas
como las fuerzas de un toro,
y viertes perfume sobre mi cabeza.

---

[a]**91.1** *Todopoderoso:* Así traducen las versiones antiguas el nombre divino *Sadai,* que también se encuentra en otros pasajes del AT (por ej., Gn 17.1; 28.3; Ex 6.3; Job 5.17). [b]**91.4** *Alas:* Véase 17.8 n. [c]**91.9** *Tu refugio:* según versiones. Heb. *mi refugio.* [a]**92.6** *Los necios:* término típico de la literatura sapiencial; se refiere especialmente a los que se niegan a comprender los secretos de la sabiduría divina y, por eso, pueden ser reprobados a causa de su ignorancia (Sal 32.9; 73.21–22; 94.8; cf. 1 Co 1.20–21). Véase también Sal 14.1 n.

11 He de ver cómo caen mis enemigos;
   ¡he de oir las quejas de esos malvados!

12 Los buenos florecen como las palmas
   y crecen como los cedros del Líbano.
13 Están plantados en el templo del Señor;
   florecen en los atrios
         de nuestro Dios.
14 Aun en su vejez, darán fruto;
   siempre estarán fuertes y lozanos,
15 y anunciarán que el Señor,
         mi protector,
   es recto y no hay en él injusticia.

SALMO 93 (92)
¡El Señor es Rey!

1 ¡El Señor es Rey!
   ¡El Señor se ha vestido de esplendor
   y se ha rodeado de poder!
   Él afirmó el mundo,
         para que no se mueva.
2 Desde entonces, Señor,
   tu trono está firme.
   ¡Tú siempre has existido!

3 Oh Señor, los ríos braman
   y levantan grandes olas;
4 pero tú, Señor, en las alturas,
   eres más poderoso que las olas
   y que el rugir de los mares.

5 Oh Señor, tus mandatos son
         muy firmes.
   ¡La santidad es el adorno eterno
         de tu templo!

SALMO 94 (93)
El Señor es el Juez del mundo

1 ¡Muéstrate, Señor,
   Dios de las venganzas!ª
2 Tú eres el Juez del mundo;
   ¡levántate contra los orgullosos
   y dales su merecido!

3 ¿Hasta cuándo, Señor,
   hasta cuándo se alegrarán
         los malvados?

4 Todos esos malhechores
   son insolentes y altaneros;
   ¡son unos fanfarrones!
5 Oh Señor, ellos destrozan a tu pueblo;
   ¡humillan a los tuyos!
6 Matan viudas y extranjeros;
   asesinan huérfanos.
7 Dicen que el Señor no ve,
   que el Dios de Jacob no se da cuenta.

8 ¡Entiendan, gente torpe y necia!b
   ¿Cuándo podrán comprender?
9 ¿Acaso no habrá de oir
   el que ha hecho los oídos?
   ¿Y acaso no habrá de ver
   el que ha formado los ojos?
10 ¿Acaso no ha de castigar
   el que corrige a las naciones?
   ¿Y acaso no ha de saber
   el que instruye en el saber
         al hombre?
11 El Señor sabe que el hombre
   solo piensa tonterías.

12 Oh Señor, feliz aquel a quien corriges
   y le das tus enseñanzas
13 para que tenga tranquilidad
   cuando lleguen los días malos,
   mientras que al malvado
   se le prepara la fosa.
14 El Señor no abandonará a su pueblo,
   ni dejará solos a los suyos.
15 La justicia volverá a los tribunales,
   y todo hombre honrado la seguirá.

16 ¿Quién se levantará a defenderme
   de los malvados y malhechores?
17 Si el Señor no me hubiera ayudado,
   yo estaría ya en el silencio
         de la muerte.
18 Cuando alguna vez dije:
   "Mis pies resbalan",
   tu amor, Señor, vino en mi ayuda.
19 En medio de las preocupaciones
   que se agolpan en mi mente,
   tú me das consuelo y alegría.
20 Tú no puedes ser amigo
         de jueces injustos,
   que actúan mal y en contra de la ley;

ª**94.1** *Dios de las venganzas:* La palabra *venganza* tiene aquí el sentido de justa retribución. El Señor es un Dios que a cada cual le da lo que merece (Jer 51.56). b**94.8** *Gente . . . necia:* Véase 92.6 n.

21 que conspiran contra el inocente
    y honrado,
  y lo condenan a muerte.
22 Pero el Señor es mi refugio;
  mi Dios es la roca que me defiende.
23 El Señor hará que los malvados
  sean destruidos por su propia maldad.
  ¡Nuestro Dios los destruirá!

SALMO 95 (94)
Cantemos al Señor con alegría

1 Vengan, cantemos al Señor
    con alegría;
  cantemos a nuestro protector
    y Salvador.
2 Entremos a su presencia
    con gratitud,
  y cantemos himnos en su honor.
3 Porque el Señor es Dios grande,
  el gran Rey de todos los dioses.
4 Él tiene en su mano
  las regiones más profundas de la tierra;
  suyas son las más altas montañas.
5 El mar le pertenece, pues él lo formó;
  ¡con sus propias manos
    formó la tierra seca!

6 Vengan, adoremos de rodillas;
  arrodillémonos delante del Señor,
  pues él nos hizo.
7 Él es nuestro Dios,
    y nosotros su pueblo;
  somos ovejas de sus prados.

  Escuchen hoy lo que él les dice:
8 "No endurezcan su corazón,
    como en Meribá;
  como aquel día en Masá,
    en el desierto,
9 cuando me pusieron a prueba
    sus antepasados,
  aunque habían visto mis obras.[a]
10 Cuarenta años estuve enojado
  con aquella generación,
  y dije: 'Esta gente anda
    muy descarriada;
  ¡no obedecen mis mandatos!'[b]

11 Por eso juré en mi furor
  que no entrarían en el lugar
    de mi reposo."[c]

SALMO 96 (95)
Una canción nueva al Señor
(1 Cr 16.23–33)

1 Canten al Señor una canción nueva;
  canten al Señor,
    habitantes de toda la tierra;
2 canten al Señor, bendigan su nombre;
  anuncien día tras día su salvación.
3 Hablen de su gloria
    y de sus maravillas
  ante todos los pueblos y naciones,
4 porque el Señor es grande
  y muy digno de alabanza:
  ¡más terrible que todos los dioses!
5 Los dioses de otros pueblos
    no son nada,
  pero el Señor hizo los cielos.
6 ¡Hay gran esplendor en su presencia!
  ¡Hay poder y belleza en su santuario!

7 Den al Señor, familias de los pueblos,
  den al Señor el poder y la gloria;
8 den al Señor la honra que merece;
  entren a sus atrios con ofrendas,
9 adoren al Señor en su hermoso
    santuario.
  ¡Que todo el mundo tiemble
    delante de él!
10 Digan a las naciones: "¡El Señor es Rey!"
  Él afirmó el mundo,
    para que no se mueva;
  él gobierna a los pueblos con igualdad.
11 ¡Que se alegren los cielos y la tierra!
  ¡Que brame el mar
    y todo lo que contiene!
12 ¡Que se alegre el campo
    y todo lo que hay en él!
  ¡Que griten de alegría
    los árboles del bosque,
13 delante del Señor, que viene!
  ¡Sí, él viene a gobernar la tierra,
  y gobernará a los pueblos del mundo
  con justicia y con verdad!

---

[a]**95.8–9** Cf. Ex 17.1–7; Dt 6.16; 9.22; 33.8. [b]**95.10** Nm 14.20–23,33–34; Dt 1.34–36. [c]**95.11** *El lugar de mi reposo:* se refiere a la Tierra prometida, lugar donde el pueblo pudo descansar después de su larga y difícil marcha a través del desierto.

SALMO 97 (96)
¡El Señor es Rey!

1 ¡Alégrese toda la tierra!
¡Alégrense las islas numerosas!
¡El Señor es Rey!
2 Está rodeado de espesas nubes;
la justicia y el derecho sostienen
su trono;
3 el fuego va delante de él
y quema a los enemigos que lo rodean.
4 Sus relámpagos iluminan el mundo;
¡la tierra tiembla al verlos!
5 Las montañas se derriten como cera
ante el Señor,
ante el dueño de toda la tierra.
6 Los cielos anuncian su justicia;
todos los pueblos ven su gloria.
7 Quedan humillados
los que adoran ídolos,
los que se sienten orgullosos de ellos.
¡Todos los dioses se inclinan ante él!ᵃ

8 Oh Señor, Sión y las ciudades de Judá
se alegran mucho por tus decretos;
9 pues tú, Señor altísimo,
estás por encima de toda la tierra
y mucho más alto que todos
los dioses.

10 El Señor ama a los que odian el mal;ᵇ
protege la vida de los que le son fieles;
los libra de caer en manos
de malvados.
11 La luz brillaᶜ para el hombre bueno;
la alegría es para la gente honrada.

12 ¡Alégrense en el Señor,
hombres buenos,
y alaben su santo nombre!

SALMO 98 (97)
¡El Señor ha alcanzado la victoria!

1 ¡Canten al Señor una canción nueva,
pues ha hecho maravillas!

¡Ha alcanzado la victoria
con su gran poder, con su santo brazo!
2 El Señor ha anunciado su victoria,
ha mostrado su justicia
a la vista de las naciones;
3 ha tenido presentes su amor
y su lealtad
hacia el pueblo de Israel.
¡Hasta el último rincón del mundo
ha sido vista
la victoria de nuestro Dios!

4 Canten a Dios con alegría,
habitantes de toda la tierra;
den rienda suelta a su alegría
y cántenle himnos.
5 Canten himnos al Señor al son
del arpa,
al son de los instrumentos de cuerda.
6 Canten con alegría ante el Señor, el Rey,
al son de los instrumentos de viento.

7 Que brame el mar
y todo lo que contiene,
el mundo y sus habitantes;
8 que aplaudan los ríos;
que se unan las montañas en gritos
de alegría
9 delante del Señor,
que viene a gobernar la tierra.
Él gobernará a los pueblos del mundo
con rectitud e igualdad.

SALMO 99 (98)
El Señor es el Rey supremo

1 ¡El Señor es Rey!
¡Él tiene su trono
sobre los querubines!
Tiemblen las naciones,
y aun la tierra entera.
2 El Señor es grande en el monte Sión;
el Señor está por encima de todos
los pueblos.
3 Sea alabado su nombre,
grande y terrible;

ᵃ97.7 *¡Todos los dioses se inclinan ante él!:* En los textos mitológicos del antiguo Oriente, los dioses aparecen con frecuencia rindiendo homenaje a una divinidad suprema. Aquí se trata solamente de una imagen poética que se refiere a la derrota de los falsos dioses. Cf. Is 42.17; 44.9; 45.16. Véase también 50.1 n. ᵇ97.10 *El Señor ama a los que odian el mal:* texto probable. Heb. *ustedes que aman al Señor, odien el mal.* ᶜ97.11 *La luz brilla:* texto probable, según varias versiones antiguas. Heb. *la luz es sembrada.*

¡Dios es santo!

4 Tú eres un Rey poderoso que ama
la justicia;
tú mismo estableciste la igualdad.
Has tratado a los hijos de Jacob
con justicia y rectitud.
5 ¡Alaben al Señor, nuestro Dios,
y arrodíllense delante de sus pies!

¡Dios es santo!

6 Moisés y Aarón
están entre sus sacerdotes;[a]
Samuel está entre los que alabaron
su nombre.[b]
El Señor les respondía
cuando ellos pedían su ayuda.
7 Dios habló con ellos
desde la columna de nube,
y ellos cumplieron sus mandatos
y la ley que les dio.

8 Señor, Dios nuestro,
¡tú les respondías!
Fuiste para ellos un Dios de perdón,
pero también castigaste sus maldades.[c]
9 Alaben al Señor nuestro Dios,
¡arrodíllense ante su santo monte!

¡Nuestro Dios, el Señor, es santo!

SALMO 100 (99)
El Señor nos hizo y somos suyos

1 ¡Canten al Señor con alegría,
habitantes de toda la tierra!
2 Con alegría adoren al Señor;
¡con gritos de alegría vengan
a su presencia!
3 Reconozcan que el Señor es Dios;
él nos hizo y somos suyos;
¡somos pueblo suyo y ovejas
de su prado!
4 Vengan a las puertas y a los atrios
de su templo
con himnos de alabanza y gratitud.
¡Denle gracias, bendigan su nombre!

5 Porque el Señor es bueno;
su amor es eterno
y su fidelidad no tiene fin.

SALMO 101 (100)
Promesa del rey a Dios

1 Quiero alabar el amor y la justicia;
quiero, Señor, cantarte himnos;
2 quiero vivir con rectitud.
¿Cuándo vendrás a mí?

Será intachable mi conducta
aun en mi propio palacio;
3 no pondré jamás la mira
en propósitos perversos.

Odio a quienes son desleales a Dios;
¡jamás permitiré que se me acerquen!
4 Alejaré de mí
los pensamientos perversos:
¡no quiero hacer nada malo!
5 Haré callar a aquellos
que a escondidas hablan mal
de su vecino;
¡no soporto al altanero y arrogante!

6 Pondré mis ojos en los hombres
leales,
para que vivan junto a mí;
solo estará a mi servicio
el que lleve una vida recta.
7 Para el tramposo no habrá lugar
en mi palacio;
¡ningún mentiroso podrá estar
en mi presencia!
8 Día tras día reduciré al silencio
a todos los malvados del país;
¡arrojaré de la ciudad del Señor
a todos los malhechores!

SALMO 102 (101)
Oración de un afligido

1 Señor, escucha mi oración,
¡permite que mi grito llegue a ti!
2 No escondas de mí tu rostro
cuando me encuentre angustiado;

---

[a] **99.6** *Entre sus sacerdotes:* o sea, como mediadores entre Dios y el pueblo. [b] **99.6** Cf. 1 S 7.8–12; 12.19–25; Jer 15.1; Eclo 46.16–18. [c] **99.8** *Pero también castigaste sus maldades:* Esta frase puede referirse a los pecados de los mediadores entre el pueblo y Dios (cf. Nm 20.12,24; 27.13–14; Dt 3.23–27), o bien a los del pueblo en general.

¡dígnate escucharme!,
¡respóndeme pronto cuando te llame!

3 Pues mi vida se acaba como el humo,
mis huesos arden como brasas,

4 mi corazón está decaído
como la hierba marchita;
¡ni aun deseos tengo de comer!

5 La piel se me pega a los huesos
de tanto gemir.

6 Soy como una lechuza del desierto,
como un búho entre las ruinas.

7 No duermo.
Soy como un pájaro solitario
en el tejado.

8 Mis enemigos me ofenden sin cesar
y usan mi nombre para maldecir.

9 En vez de pan, como ceniza;
en mi bebida se mezclan
mis lágrimas,

10 por causa de tu enojo y tu furor,
pues me alzaste para derribarme
después.

11 Mis días pasan como una sombra;
me voy marchitando como la hierba.

12 Pero tú, Señor, reinas por siempre;
¡tu nombre será siempre recordado!

13 Levántate, compadécete de Sión,
pues ya se cumplió el tiempo;
¡ya es hora de que la perdones!

14 Tus siervos aman sus piedras;
¡sienten dolor por sus ruinas!

15 Todas las naciones y reyes de la tierra
honrarán el nombre glorioso del Señor

16 cuando él reconstruya a Sión
y aparezca en su gloria,

17 cuando atienda a la oración
del desamparado
y no desoiga sus ruegos.

18 Que esto quede escrito
para las generaciones futuras,
para que alaben al Señor
los que aún han de nacer.

19 El Señor miró la tierra desde el cielo,
desde su santa altura,

20 para atender los lamentos
de los prisioneros
y libertar a los condenados a muerte;

21 para que en Sión, en Jerusalén,
se proclame y se alabe el nombre
del Señor

22 cuando gentes de todas las naciones
se reúnan para adorarlo.

23 Él me ha quitado fuerzas
a medio camino;
ha hecho más corta mi vida.

24 Yo le digo: "Dios mío,
no me lleves en la mitad de mi vida."

¡Tus años no tienen fin!

25 Afirmaste la tierra desde el principio;
tú mismo hiciste el cielo.

26 Todo ello dejará de existir,
pero tú permaneces firme.
Todo ello se gastará, como la ropa;
¡tú lo cambiarás y quedará cambiado,
como quien se cambia de ropa!

27 Pero tú eres el mismo;
tus años nunca terminarán.

28 Darás seguridad a los descendientes
de tus siervos;
en tu presencia misma
los establecerás.

SALMO 103 (102)
Bendeciré al Señor

1 Bendeciré al Señor con toda mi alma;
bendeciré con todo mi ser
su santo nombre.

2 Bendeciré al Señor con toda mi alma;
no olvidaré ninguno de sus beneficios.

3 Él es quien perdona
todas mis maldades,
quien sana todas mis enfermedades,

4 quien libra mi vida del sepulcro,
quien me colma de amor y ternura,

5 quien me satisface con todo lo mejor
y me rejuvenece como un águila.

6 El Señor juzga con verdadera justicia
a los que sufren violencia.

7 Dio a conocer sus caminos
y sus hechos
a Moisés y al pueblo de Israel.

8 El Señor es tierno y compasivo;
es paciente y todo amor.

9 No nos reprende en todo tiempo
ni su rencor es eterno;

10 no nos ha dado el pago que merecen
nuestras maldades y pecados;

11 tan inmenso es su amor
por los que lo honran

como inmenso es el cielo sobre
la tierra.

12 Nuestros pecados ha alejado de nosotros,
como ha alejado del oriente
el occidente.

13 El Señor es, con los que lo honran,
tan tierno como un padre con sus hijos;

14 pues él sabe de qué estamos hechos:
sabe bien que somos polvo.

15 La vida del hombre es como la hierba;
brota como una flor silvestre:

16 tan pronto la azota el viento,
deja de existir,
y nadie vuelve a saber de ella.

17 Pero el amor del Señor es eterno
para aquellos que lo honran;
su justicia es infinita
por todas las generaciones,

18 para los que cumplen con su alianza
y no se olvidan de obedecer
sus mandatos.

19 El Señor ha puesto su trono en el cielo,
y su reino domina sobre todo.

20 ¡Bendigan al Señor,
ángeles poderosos![a]
Ustedes, que cumplen sus órdenes,
que están atentos a obedecerlo.

21 ¡Bendigan al Señor todos sus ejércitos,
que lo sirven y hacen su voluntad!

22 ¡Bendiga al Señor la creación entera,
en todos los lugares de su reino!

¡Bendeciré al Señor con toda mi alma!

SALMO 104 (103)
Alabanzas al Creador

1 ¡Bendeciré al Señor con toda mi alma!
¡Cuán grande eres, Señor y Dios mío!
Te has vestido de gloria y esplendor;

2 te has envuelto en un manto de luz.
¡Tú extendiste el cielo como un velo!

3 ¡Tú afirmaste sobre el agua
los pilares de tu casa, allá en lo alto![a]
Conviertes las nubes en tu carro;
¡viajas sobre las alas del viento!

4 Los vientos son tus mensajeros,
y las llamas de fuego tus servidores.

5 Pusiste la tierra sobre sus bases
para que nunca se mueva de su lugar.

6 El mar profundo cubría la tierra
como si fuera un vestido.
El agua cubría las montañas.

7 Pero tú la reprendiste, y se fue;
huyó de prisa al escuchar tu voz
de trueno.

8 Subiendo a los montes y bajando
a los valles,
se fue al lugar que le habías señalado,

9 al límite que le ordenaste no cruzar,
para que no volviera a cubrir la tierra.

10 Tú envías el agua de los manantiales
a los ríos que corren por las montañas.

11 De esa agua beben
los animales salvajes;
con ella apagan su sed los asnos
del monte.

12 A la orilla de los ríos
anidan las aves del cielo;
¡allí cantan, entre las ramas
de los árboles!

13 Tú eres quien riega los montes
desde tu casa, allá en lo alto;
con los torrentes del cielo
satisfaces a la tierra.

14 Haces crecer los pastos
para los animales,
y las plantas que el hombre cultiva
para sacar su pan de la tierra,

15 el pan que le da fuerzas,
y el vino, que alegra su vida
y hace brillar su cara
más que el aceite.[b]

---

a 103.20 Los *ángeles* reciben aquí el calificativo de héroes *poderosos*, que el Señor envía como mensajeros con la misión de ejecutar sus mandatos. En el v. siguiente la palabra ejércitos también se refiere a los ángeles. Cf. Sal 148.2.
a 104.3 *¡Tú afirmaste . . . allá en lo alto!:* Los antiguos israelitas, lo mismo que sus contemporáneos de otros pueblos, pensaban que por encima de la bóveda celeste había un gran océano (Gn 1.6–8; 7.11), del que provenían las lluvias y sobre el cual se elevaba el trono celestial de Dios. b 104.15 *Y hace brillar su cara más que el aceite:* otra posible traducción: *y el aceite que hace brillar su cara.* Pan, vino y aceite eran los alimentos principales para los pueblos del mundo mediterráneo. Cf. Os 2.8.

16 Sacian su sed los árboles,
   los cedros del Líbano que el Señor
        plantó.
17 En ellos anidan las aves más pequeñas,
   y en los pinos viven las cigüeñas.
18 Los montes altos son para las cabras,
   y en las peñas se esconden los tejones.

19 Hiciste la luna para medir el tiempo;*c*
   el sol sabe cuándo debe ocultarse.
20 Tiendes el manto oscuro de la noche,
   y entonces salen los animales
        del bosque.
21 Los leones rugen por la víctima;
   piden que Dios les dé su comida.
22 Pero al salir el sol, se van
   y se acuestan en sus cuevas.
23 Entonces sale el hombre a su labor
   y trabaja hasta la noche.

24 ¡Cuántas cosas has hecho, Señor!
   Todas las hiciste con sabiduría;
   ¡la tierra está llena de todo
        lo que has creado!
25 Allí está el mar, ancho y extenso,
   donde abundan incontables animales,
   grandes y pequeños;
26 allí navegan los barcos,
        allí está el Leviatán,*d*
   el monstruo que hiciste
        para jugar con él.
27 Todos ellos esperan de ti
   que les des su comida a su tiempo.
28 Tú les das, y ellos recogen;
   abres la mano,
        y se llenan de lo mejor;
29 si escondes tu rostro, se espantan;
   si les quitas el aliento, mueren
   y vuelven a ser polvo.
30 Pero si envías tu aliento de vida,
        son creados,
   y así renuevas el aspecto de la tierra.

31 ¡La gloria del Señor es eterna!
   ¡El Señor se alegra en su creación!

32 La tierra tiembla cuando él la mira;
   ¡echan humo los montes
        cuando él los toca!

33 Mientras yo exista y tenga vida,
   cantaré himnos al Señor mi Dios.
34 Quiera el Señor agradarse
        de mis pensamientos,
   pues solo en él encuentro mi alegría.
35 ¡Que desaparezcan de la tierra
        los pecadores!
   ¡Que dejen de existir los malvados!

   ¡Bendeciré al Señor con toda mi alma!
   ¡Aleluya!*e*

SALMO 105 (104)
Los actos de Dios por Israel
(1 Cr 16.8–22)

1 ¡Den gracias al Señor!
   ¡Proclamen su nombre!
   Cuenten a los pueblos sus acciones.
2 Canten himnos en su honor.
   ¡Hablen de sus grandes hechos!
3 Siéntanse orgullosos
        de su santo nombre.
   ¡Siéntase alegre el corazón
   de los que buscan al Señor!
4 Recurran al Señor, y a su poder;
   recurran al Señor en todo tiempo.
5 Recuerden sus obras grandes
        y maravillosas,*a*
   y los decretos que ha pronunciado;
6 ustedes, descendientes de su siervo
        Abraham;
   ustedes, hijos de Jacob, sus escogidos.

7 Él es el Señor, nuestro Dios;
   ¡él gobierna toda la tierra!
8 Ni aunque pasen mil generaciones
   se olvidará de las promesas
        de su alianza,
9 de la alianza que hizo con Abraham,*b*
   del juramento que hizo a Isaac*c*

---

c **104.19** *Para medir el tiempo:* otra posible traducción: *para indicar las estaciones.* El calendario judío se basa en el mes lunar. La luna se menciona antes que el sol porque los hebreos contaban los días a partir del atardecer. Cf. Gn 1.14–18. *d* **104.26** *Leviatán:* Aquí no se trata, probablemente, del temible monstruo marino (véase 74.14 n.), sino de los grandes cetáceos que circulan por los mares. *e* **104.35** *¡Aleluya!:* expresión hebrea tradicional que significa lit. *¡Alaben a Yahvé!* *a* **105.5** Las *obras grandes y maravillosas* son, principalmente, los milagros del éxodo. Cf. Ex 7.1—17.7. *b* **105.9** Gn 12.7; 17.8. *c* **105.9** Gn 26.3.

10 y que confirmó como ley para Jacob,
como alianza eterna para Israel,
11 cuando dijo:
"Voy a darte la tierra de Canaán
como la herencia que te toca."*d*

12 Aunque ellos eran pocos,
unos cuantos extranjeros
en la tierra,
13 que iban de nación en nación
y de reino en reino,*e*
14 Dios no permitió que nadie
los maltratara,
y aun advirtió a los reyes:
15 "No toquen a mis escogidos
ni maltraten a mis profetas."*f*

16 Hizo venir hambre a aquella tierra,
y les quitó todo alimento.*g*
17 Pero envió delante de ellos a José,
al que habían vendido como
esclavo.*h*
18 Le lastimaron los pies con cadenas;
¡lo aprisionaron con hierros!
19 La palabra del Señor
puso a prueba a José,
hasta que se cumplió
lo que José había anunciado.
20 El rey, el que gobernaba
a mucha gente,
ordenó que le dieran libertad;*i*
21 lo nombró amo y señor de su casa
y de todo cuanto tenía,*j*
22 para que enseñara e hiciera sabios
a los jefes y a los ancianos.

23 Vino después Israel, que es Jacob,
y vivió como extranjero en Egipto,
en la tierra de Cam.*k*
24 Dios hizo grande en número
a su pueblo,
y más fuerte que los egipcios.
25 Pero hizo que los egipcios
se pusieran en contra de su pueblo
y engañaran a los siervos de Dios.*l*

26 Entonces Dios envió
a su siervo Moisés,
y a Aarón, a quien había escogido,*m*
27 y ellos realizaron señales de Dios
en el desierto:
¡grandes maravillas
en la tierra de Cam!
28 Envió Dios una oscuridad que todo
lo cubrió,*n*
pero los egipcios desatendieron
sus palabras.*ñ*
29 Convirtió en sangre el agua de sus ríos,
y mató a sus peces;*o*
30 infestó de ranas el país,
y aun la alcoba del rey.*p*
31 Habló Dios, y nubes de tábanos
y mosquitos
invadieron el territorio egipcio.*q*
32 En vez de lluvia, envió granizo
y llamas de fuego sobre el país.
33 Destrozó sus viñas y sus higueras;
¡destrozó los árboles de Egipto!*r*
34 Habló Dios, y llegaron las langostas;
¡tantas eran, que no se podían contar!
35 ¡Devoraron la hierba del campo
y todo lo que la tierra
había producido!*s*
36 ¡Hirió de muerte, en Egipto mismo,
al primer hijo de toda familia egipcia!*t*

37 Dios sacó después a su pueblo
cargado de oro y plata,
y nadie entre las tribus tropezó.
38 Los egipcios se alegraron
de verlos partir,
pues estaban aterrados.*u*
39 Dios extendió una nube para cubrirlos
y un fuego para alumbrarlos de noche.*v*
40 Pidieron comida,
y les mandó codornices,
y con pan del cielo
los dejó satisfechos.*w*
41 Partió la roca, y de ella brotó agua
que corrió por el desierto
como un río.*x*

---

*d*105.10–11 Gn 28.13. *e*105.12–13 Gn 23.4; 47.9; Dt 26.5. *f*105.15 Gn 12.14–19; 20.1–18; 26.7–11.
*g*105.16 Gn 41.53–57. *h*105.17 Gn 37.28; 45.5. *i*105.20 Gn 41.14. *j*105.21 Gn 41.39–41. *k*105.23 Gn
46.6; 47.11. *l*105.24–25 Ex 1.7–14. *m*105.26 Ex 3.1—4.17. *n*105.28 Ex 10.21–23. *ñ*105.28 *Desatendieron:* texto probable. Heb. *no se rebelaron.* *o*105.29 Ex 7.17–21. *p*105.30 Ex 8.1–6. *q*105.31 Ex 8.16–24.
*r*105.32–33 Ex 9.22–25. *s*105.34–35 Ex 10.12–15. *t*105.36 Ex 12.29. *u*105.37–38 Ex 12.33–36.
*v*105.39 Ex 13.21–22. *w*105.40 Ex 16.2–15. *x*105.41 Ex 17.1–7; Nm 20.2–13.

42 Pues se acordó de la santa promesa
que había hecho a su siervo Abraham.
43 Fue así como Dios sacó
a su pueblo escogido,
entre gritos de alegría,
44 y les dio las tierras de otras naciones
y el fruto del trabajo
de otros pueblos,*y*
45 para que respetaran y atendieran
las leyes y enseñanzas del Señor.

¡Aleluya!

SALMO 106 (105)
La constante rebeldía de Israel

1 ¡Aleluya!

Den gracias al Señor,
porque él es bueno,
porque su amor es eterno.
2 ¿Quién podrá describir
las victorias del Señor?
¿Quién podrá alabarlo como merece?
3 Felices los que practican la justicia
y hacen siempre lo que es justo.
4 Acuérdate de mí, Señor,
cuando hagas bien a tu pueblo;
tenme presente cuando vengas
a salvar,
5 para que vea yo la dicha
de tus escogidos,
para que me alegre y enorgullezca
con el pueblo que te pertenece.

6 Hemos pecado
igual que nuestros padres;
nos hemos pervertido;
hemos hecho lo malo.
7 Nuestros padres, allá en Egipto,
no dieron importancia
a tus grandes hechos;
se olvidaron de tu gran amor,
y junto al Mar Rojo
se rebelaron contra ti.*a*

8 Pero Dios los salvó, y dio a conocer
su poder
haciendo honor a su nombre.*b*

9 Reprendió al Mar Rojo y lo dejó seco.
Los hizo pasar por el fondo del mar
como por un desierto.
10 Así los salvó de sus enemigos,
del poder de quienes los odiaban.
11 El agua cubrió a sus rivales
y ni uno de ellos quedó con vida.
12 Entonces creyeron
en las promesas de Dios
y le cantaron alabanzas.*c*

13 Pero muy pronto olvidaron los hechos
de Dios,
y no esperaron a conocer sus planes.
14 Allá, en la soledad del desierto,
pusieron a prueba a Dios
exigiéndole que les cumpliera
sus deseos.
15 Y Dios les dio lo que pidieron,
pero les mandó una enfermedad
mortal.*d*

16 En el campamento tuvieron envidia
de Moisés,
y también de Aarón,
el consagrado del Señor.
17 Entonces se abrió la tierra y se tragó
a Datán,
y también a la pandilla de Abiram.
18 ¡El fuego ardió contra todos ellos!
¡Las llamas quemaron a los malvados!*e*

19 En el monte Horeb
hicieron un becerro,
un ídolo de oro fundido,
y lo adoraron:
20 ¡cambiaron al Dios glorioso
por la imagen de un buey
que come hierba!
21 Olvidaron a Dios, su Salvador,
que había hecho grandes cosas
en Egipto,
22 que había hecho maravillas
en el país de Cam
y cosas sorprendentes en el Mar Rojo.
23 Dios habló de destruirlos;
pero Moisés, su escogido, se interpuso
y calmó el furor de Dios,
evitando que los destruyera.*f*

---

*y***105.44** Jos 11.16–23. *a***106.7** Ex 14.10–12. *b***106.8** Dt 7.7–8; Ez 20.9; 36.22–23. *c***106.9–12** Ex 14.21–31;
15.1–21. *d***106.14–15** Nm 11.4–34. *e***106.16–18** Nm 16.1–35. *f***106.19–23** Ex 32.1–14.

24 Más tarde despreciaron
   un país hermoso,
   y no creyeron en las promesas
   de Dios;
25 dentro de sus tiendas
   hablaron mal del Señor,
   y no obedecieron sus órdenes.
26 Entonces él levantó la mano y les juró
   que los haría morir en el desierto,[g]
27 que haría morir a sus descendientes
   y los dispersaría entre las naciones
   paganas.[h]

28 Se hicieron esclavos de Baal–peor,
   y comieron de lo sacrificado a dioses
   sin vida.
29 Con sus malas acciones provocaron
   a Dios,
   y se extendió una plaga entre ellos.
30 Pero Finees se levantó y ejecutó
   al culpable,
   y así la plaga se detuvo.
31 Y Dios le tomó en cuenta esa justa
   acción,
   para siempre y de padres a hijos.[i]

32 Hicieron también que Dios se enojara
   junto a las aguas de Meribá,
   y por causa de ellos
   le fue muy mal a Moisés,
33 pues le amargaron el ánimo
   y él habló sin pensar lo que decía.[j]

34 No destruyeron a los pueblos
   que el Señor había ordenado destruir.
35 Por el contrario,
   se mezclaron con los paganos
   y aprendieron sus costumbres:
36 adoraron ídolos paganos,
   los cuales fueron causa de su ruina,[k]
37 pues ofrecieron a sus hijos y a sus hijas
   en sacrificio a esos demonios.[l]
38 Derramaron sangre inocente,
   la sangre de sus hijos y sus hijas,

   y la ofrecieron a los dioses
   de Canaán.[m]
   La tierra se manchó con su sangre,
39 y ellos se mancharon y prostituyeron[n]
   con todas sus malas acciones.

40 El Señor se enfureció contra su pueblo,
   y renegó de ellos,
   de los que eran suyos;
41 los abandonó en manos de los paganos,
   y sus enemigos los dominaron;
42 sus enemigos los aplastaron,
   los humillaron bajo su poder.
43 Dios los salvó muchas veces,
   pero ellos se opusieron a sus planes
   y se hundieron en su propia maldad.
44 Sin embargo, al verlos angustiados
   y al escuchar sus lamentos,
45 se acordó de su alianza con ellos
   y cambió de parecer,
   porque su amor es muy grande:
46 ¡hizo que aun sus conquistadores
   los trataran con bondad![ñ]

47 ¡Sálvanos, Señor y Dios nuestro!
   ¡Recógenos de entre las naciones
   para que alabemos tu santo nombre,
   para que alegres te alabemos!

48 ¡Bendito sea el Señor, Dios de Israel,
   por toda la eternidad![o]
   ¡Que todos digan: "Amén"!

   ¡Aleluya!

LIBRO 5
(Salmos 107—150)

SALMO 107 (106)
El constante amor del Señor

1 Den gracias al Señor,
   porque él es bueno,
   porque su amor es eterno.

---

[g] **106.24–26** Nm 14.1–35. [h] **106.27** Lv 26.33. [i] **106.28–31** Nm 25.1–13. [j] **106.32–33** Nm 20.2–13. [k] **106.34–36** Jue 2.1–3; 3.5–6. [l] **106.37** 2 R 17.17; Bar 4.7. [m] **106.38** Los sacrificios humanos estaban severamente prohibidos por la ley de Moisés (Lv 18.21; Dt 12.31; 18.10), pero algunos textos del AT indican que los israelitas no siempre tuvieron en cuenta esa prohibición (2 R 17.17; Jer 7.31; Ez 16.20). [n] **106.39** A partir del profeta Oseas (1.2; 2.5; 5.3), el pecado en general, y en particular el de idolatría, era considerado como una prostitución o adulterio, es decir, como una infidelidad al Señor, esposo de Israel (Jer 3.1–2; Ez 16.15–16; 23.19–20). [ñ] **106.40–46** Jue 2.14–18. [o] **106.48** Con esta alabanza termina el Libro 4 de los Salmos.

2 Díganlo los que el Señor ha salvado,
los que salvó del poder del enemigo,
3 los que reunió de entre los países
del norte y del sur, del este y del oeste.

4 Andaban perdidos
por el desierto arenoso,
sin hallar el camino a una ciudad
donde vivir;
5 tenían hambre y sed,
¡estaban a punto de morir!
6 Pero en su angustia clamaron al Señor,
y él los libró de la aflicción.
7 Después los puso en el buen camino
hacia una ciudad donde vivir.

8   Den gracias al Señor por su amor,
¡por lo que hace en favor
de los hombres!
9   Pues él apaga la sed del sediento
y da abundante comida
al hambriento.

10 Vivían en profunda oscuridad,
presos de la tristeza y las cadenas,
11 por rebelarse contra las órdenes
del Señor,
por despreciar los planes del Altísimo.
12 Dios los sometió a duros trabajos;
tropezaban, y nadie los ayudaba.
13 Pero en su angustia clamaron al Señor,
y él los salvó de la aflicción;
14 los sacó de la profunda oscuridad
y los libró de las cadenas.

15   Den gracias al Señor por su amor,
¡por lo que hace en favor
de los hombres!
16   ¡Él hizo pedazos puertas
de bronce!
¡Él hizo pedazos barras de hierro!

17 Enfermos[a] y afligidos
por sus propias maldades y pecados,
18 no soportaban ningún alimento;
¡ya estaban a las puertas de la muerte!
19 Pero en su angustia clamaron al Señor,
y él los salvó de la aflicción;
20 envió su palabra, y los sanó;
¡los libró del sepulcro!

21   Den gracias al Señor por su amor,
¡por lo que hace en favor
de los hombres!
22   Ofrézcanle sacrificios de gratitud
y hablen con alegría de sus actos.

23 Se hicieron a la mar los comerciantes.
Surcaron las aguas con sus barcos,
24 y allí, en alta mar, vieron
la creación maravillosa del Señor.
25 A la voz del Señor se desató
una tormenta
que levantaba grandes olas;
26 eran lanzados hasta el cielo
y hundidos hasta el fondo del mar;
¡perdieron el valor ante el peligro!
27 Se tambaleaban como borrachos;
¡de nada les servía su pericia!
28 Pero en su angustia clamaron
al Señor,
y él los sacó de la aflicción;
29 convirtió en brisa la tempestad,
y las olas se calmaron.
30 Al ver tranquilas las olas, se alegraron,
y Dios los llevó
hasta el puerto deseado.

31   Den gracias al Señor por su amor,
¡por lo que hace en favor
de los hombres!
32   ¡Aclámenlo al reunirse el pueblo!
¡Alábenlo en la reunión
de ancianos!

33 El Señor convierte ríos y manantiales
en desiertos y tierras secas;
34 convierte tierras fértiles en salitrosas,
por la maldad de sus habitantes;[b]
35 convierte desiertos en lagunas
y tierras secas en manantiales;
36 allí establece a los que tienen hambre,
y ellos construyen sus ciudades.
37 Siembran campos, plantan viñedos
y recogen cosechas abundantes.
38 Él los bendice, hace que aumenten
y que crezca
el número de sus ganados.
39 Y si mueren y su número decrece
a causa de la opresión,
de la desgracia y el dolor,

---

[a] 107.17 *Enfermos:* según algunas versiones antiguas. Heb. *insensatos.* [b] 107.34 Cf. Gn 19.23–28.

40 Dios desprecia a los opresores
   y los hace perderse en desiertos
      sin camino.
41 Él saca a los pobres de su tristeza;
   ¡hace crecer sus familias como rebaños!
42 Al ver esto, los hombres honrados
      se alegran,
   y los malvados cierran la boca.

43 El que es inteligente,
      debe tener esto en cuenta
   y comprender el amor del Señor.

SALMO 108 (107)
Mi corazón está dispuesto
(Sal 57.7–11; 60.5–12)

1 Mi corazón está dispuesto, Dios mío,
   ¡dispuesto a cantarte himnos!
   Despierta, alma mía;
2 despierten, arpa y salterio;
   ¡despertaré al nuevo día!
3 Te alabaré con himnos, Señor,
   en medio de pueblos y naciones.
4 Pues tu amor es más grande
      que los cielos.
   ¡Tu lealtad alcanza al cielo azul!
5 ¡Dios mío,
      tú estás por encima del cielo;
   tu gloria llena toda la tierra!
6 Sálvanos con tu poder,
   para que sean libertados los que amas.
   ¡Respóndenos!

7 Dios habló desde su santuario:
   "¡Con qué alegría dividiré Siquem
   y repartiré el valle de Sucot!
8 Galaad y Manasés me pertenecen;
   Efraín es el casco que cubre
      mi cabeza;
   Judá es mi bastón de mando;
9 Moab es la palangana en que me lavo;
   sobre Edom arrojaré mi sandalia;
   ¡cantaré victoria sobre los filisteos!"

10 ¿Quién me llevará a la ciudad
      amurallada?
   ¿Quién me guiará hasta Edom?

11 Pues tú, oh Dios, nos has rechazado;
   ¡no sales ya con nuestras tropas!
12 Ayúdanos contra el enemigo,
   pues nada vale la ayuda del hombre.
13 Con la ayuda de Dios
      haremos grandes cosas;
   ¡él aplastará a nuestros enemigos!

SALMO 109 (108)
Apelación al Juez supremo

1 Oh Dios, no te quedes callado
      ante mi oración,
2 pues labios mentirosos y malvados
   hablan mal de mí,
   y es falso lo que de mí dicen.
3 Sus expresiones de odio me rodean;
   ¡me atacan sin motivo!
4 A cambio de mi amor, me atacan;
   pero yo hago oración.
5 Me han pagado mal por bien,
   y a cambio de mi amor, me odian.

6 Pon como juez suyo a un malvado,
   y que lo acuse su propio abogado;[a]
7 que lo declaren culpable en el juicio;
   que lo condene su propia defensa.
8 ¡Que viva poco tiempo
   y que otro se apodere de sus bienes![b]
9 ¡Que sus hijos queden huérfanos
   y viuda su esposa!
10 ¡Que sus hijos anden vagando
      y pidiendo limosna!
   ¡Que los echen[c] de las ruinas
      de su casa!
11 Que se lleve el prestamista
   todo lo que le pertenecía.
   Que gente extraña le arrebate
   el fruto de su trabajo.
12 Que no haya quien tenga compasión
   de él ni de sus hijos huérfanos.
13 Que se acabe su descendencia,
   que se borre para siempre su apellido.
14 Que se acuerde el Señor de la maldad
      de su padre
   y nunca borre el pecado de su madre;
15 que el Señor los tenga siempre presentes
   y borre de la tierra su recuerdo.

---

[a] **109.6** Los vv. 6–19 también pueden entenderse como una cita de las palabras que los acusadores dicen contra el salmista. [b] **109.8** *Sus bienes:* otra posible traducción: *su nombramiento.* [c] **109.10** *Que los echen:* según la versión griega (LXX). Heb. *y busquen.*

16 Nunca pensó en ser compasivo;
a los pobres y humildes y afligidos
los persiguió hasta matarlos.
17 Ya que prefirió la maldición,
¡que lo maldigan!
No quiso bendición,
¡pues que nunca lo bendigan!
18 Que lo cubra la maldición
como un vestido;
que le entre en el vientre y en los huesos
cual si fuera agua o aceite;
19 ¡que lo cubra como un vestido
y lo oprima como un cinto!
20 ¡Así pague el Señor a mis enemigos
y a los que hablan mal de mí!

21 Pero tú, Señor,
haz honor a tu nombre, y trátame bien.
¡Sálvame, por la bondad de tu amor!
22 Estoy muy pobre y afligido,
tengo herido el corazón,
23 me voy desvaneciendo
como una sombra,
¡el viento me arrastra
como a una langosta!
24 De no comer me tiemblan las rodillas;
adelgazo por falta de alimento.
25 ¡Soy el hazmerreír de la gente!
¡Al verme, mueven burlones la cabeza!

26 Ayúdame, Señor y Dios mío;
¡sálvame, por tu amor!
27 Que sepan que tú, Señor,
has hecho esto con tu mano.
28 No importa que me maldigan,
con tal que tú me bendigas.
Que ellos se avergüencen
mientras tu siervo se alegra.
29 ¡Que mis enemigos se llenen
de vergüenza!
¡Que los cubra la vergüenza
como una capa!

30 Con mis labios daré al Señor
gracias infinitas;

¡lo alabaré en medio de mucha gente!
31 Porque él aboga en favor del pobre
y lo pone a salvo
de los que lo condenan.

SALMO 110 (109)
El Señor da poder al rey[a]

1 El Señor dijo a mi señor:
"Siéntate a mi derecha,
hasta que yo haga de tus enemigos
el estrado de tus pies."[b]

2 Desde Sión, el Señor te entrega
el cetro, símbolo de tu poder.
¡Domina, pues, a tus enemigos!
3 Tu pueblo se te entrega
en el día de tu victoria.
Sobre los montes santos,
y como el rocío que nace de la aurora,
tu juventud se renueva de día en día.[c]

4 El Señor ha hecho un juramento,
y no va a desdecirse:
"Tú eres sacerdote para siempre,
de la misma clase que Melquisedec."[d]

5 El Señor está a tu mano derecha;
en el día de su furor, destruirá reyes;
6 dictará sentencia contra las naciones;
amontonará cadáveres;
¡estrellará cabezas en toda la tierra!
7 En el camino,
beberá agua de un arroyo,
y el agua le dará nuevas fuerzas.

SALMO 111 (110)
Alabanza de los actos de Dios

1 ¡Aleluya!

Alabaré al Señor de todo corazón
en la reunión de los hombres
honrados,
en la comunidad entera.

---

a **Salmo 110** Este es el salmo más citado por el NT, que lo interpreta en sentido mesiánico y lo refiere a la glorificación de Jesús, sentado en el cielo a la derecha del Padre. *b* **110.1** Mt 22.44; Mc 12.36; Lc 20.42–43; Hch 2.34–35; 1 Co 15.25; Ef 1.20–22; Col 3.1; Heb 1.13; 8.1; 10.12–13. *c* **110.3** La traducción de este v. es dudosa. La versión griega (LXX) tradujo: *Tú eres príncipe en el día de tu poder, con esplendor de santidad; desde el seno, antes de la aurora, yo te he engendrado.* *d* **110.4** Acerca de *Melquisedec*, rey de Salem (Jerusalén) y sacerdote del Dios altísimo, cf. Gn 14.18–20.

2 Las obras del Señor son grandes,
   y quienes las aman, las estudian.
3 Su obra es bella y esplendorosa,
   y su justicia permanece para siempre.
4 Ha hecho inolvidables sus maravillas.

   El Señor es tierno y compasivo;
5 da alimentos a los que lo honran;
   ¡se acuerda siempre de su alianza!
6 Mostró a su pueblo el poder
      de sus obras,
   dándole lo que era
      posesión de los paganos.
7 Lo que él hace es justo y verdadero;
   se puede confiar
      en sus mandamientos,
8 pues son firmes hasta la eternidad
   y están hechos con verdad y rectitud.
9 Dio libertad a su pueblo
   y afirmó su alianza para siempre.
   Dios es santo y terrible.

10 La mayor sabiduría consiste
      en honrar al Señor;
   los que lo honran, tienen buen juicio.
   ¡Dios será siempre alabado!

SALMO 112 (111)
La dicha del hombre honrado

1 ¡Aleluya!

   Feliz el hombre que honra al Señor
   y se complace en sus mandatos.
2 Los descendientes del hombre
      honrado
   serán bendecidos y tendrán poder
      en la tierra.
3 En su casa hay abundantes riquezas,
   y su generosidad es constante.
4 Brilla una luz en la oscuridad
   para los hombres honrados,
   para el que es compasivo,
      clemente y justo.
5 El hombre de bien presta
      con generosidad
   y maneja con honradez
      sus negocios;

6 por eso jamás llegará a caer.
   ¡El hombre justo
      será siempre recordado!
7 No tiene miedo de malas noticias;
   su corazón está firme,
      confiado en el Señor.
8 Su corazón está firme;
      no tiene miedo,
   y aun mira con burla a sus enemigos.
9 Reparte limosna entre los pobres,
   su generosidad es constante,
   levanta la frente con honor.
10 El malvado se enfurece al verlo;
   en su impotencia rechina
      los dientes.
   La ambición de los malvados
      fracasará.

SALMO 113 (112) [a]
Alabanza a la bondad del Señor

1 ¡Aleluya!
   Siervos del Señor, ¡alaben su nombre!

2 ¡Bendito sea ahora y siempre
   el nombre del Señor!.
3 ¡Alabado sea el nombre del Señor
   del oriente al occidente!
4 El Señor está por encima
      de las naciones;
   ¡su gloria está por encima del cielo!

5 Nadie es comparable al Señor
      nuestro Dios,
   que reina allá en lo alto;
6 y que, sin embargo, se inclina
   para mirar el cielo y la tierra.
7 El Señor levanta del suelo al pobre,
   y saca del lugar más bajo
      al necesitado
8 para sentarlo entre gente importante,
   entre la gente importante
      de su pueblo.
9 A la mujer que no tuvo hijos
   le da la alegría de ser madre
   y de tener su propio hogar.

   ¡Aleluya!

---

[a] **Salmo 113** Con este salmo comienza una colección de seis himnos (113—118) que la tradición rabínica llama *Halel*, palabra vinculada con la exclamación litúrgica *Aleluya, ¡Alabado sea el Señor!* Estos salmos se cantaban en las principales fiestas litúrgicas de Israel, especialmente en la celebración de la cena pascual (Mt 26.30).

SALMO 114 (113a)[a]
Recuerdos de la salida de Egipto

1 Cuando Israel, la casa de Jacob,
   salió de Egipto, del país extraño,[b]
2 Judá llegó a ser el santuario del Señor;
   Israel llegó a ser su dominio.[c]

3 Cuando el mar vio a Israel, huyó,
   y el río Jordán se hizo atrás.
4 ¡Los cerros y las montañas
   saltaron como carneros y corderitos!

5 ¿Qué te pasó, mar, que huiste?
   ¿qué te pasó, Jordán,
      que te hiciste atrás?
6 ¿qué les pasó, cerros y montañas,
   que saltaron como carneros
      y corderitos?

7 ¡Tiembla tú, tierra,
   delante del Señor, Dios de Jacob!
8 ¡Él convirtió las peñas en lagunas!
   ¡Él convirtió las rocas en manantiales!

SALMO 115 (113b)
Nuestro Dios está en el cielo

1 Señor, glorifícate a ti mismo,
      y no a nosotros;
   ¡glorifícate, por tu amor y tu verdad!
2 ¿Por qué han de preguntar
      los paganos
   dónde está nuestro Dios?
3 Nuestro Dios está en el cielo;
   él ha hecho todo lo que quiso.

4 Los ídolos de los paganos
      son oro y plata,
   objetos que el hombre fabrica
      con sus manos:
5 tienen boca, pero no pueden hablar;
   tienen ojos, pero no pueden ver;
6 tienen orejas, pero no pueden oir;
   tienen narices, pero no pueden oler;

7 tienen manos, pero no pueden tocar;
   tienen pies, pero no pueden andar;
   ¡ni un solo sonido sale de su garganta!
8 Iguales a esos ídolos son quienes
      los fabrican
   y quienes en ellos creen.[a]

9 Israelitas, ¡confíen en el Señor!
   Él nos ayuda y nos protege.
10 Sacerdotes, ¡confíen en el Señor!
   Él nos ayuda y nos protege.
11 Ustedes que honran al Señor,
      ¡confíen en él!
   Él nos ayuda y nos protege.

12 ¡El Señor se ha acordado de nosotros
   y nos bendecirá!
   Bendecirá a los israelitas,
   bendecirá a los sacerdotes,
13 bendecirá a los que lo honran,
   a grandes y pequeños.

14 ¡Que el Señor les aumente
      la descendencia
   a ustedes y a sus hijos!
15 ¡Que el Señor, creador del cielo
      y de la tierra,
   les dé a ustedes su bendición!

16 El cielo pertenece al Señor,
   y al hombre le dio la tierra.
17 Los que han bajado al mundo
      del silencio,
   los que ya han muerto,
      no pueden alabar al Señor;
18 pero nosotros lo alabaremos
   ahora y siempre.

¡Aleluya!

SALMO 116 (114-115)[a]
Oración de gratitud

1 Amo al Señor
   porque ha escuchado mis súplicas,

---

[a]**Salmo 114 (113a)** En las versiones griega (LXX) y latina (Vulgata), este salmo y el siguiente están unidos. [b]**114.1** Ex 12.51. [c]**114.2** Ex 15.17; Sal 78.54. [a]**115.4-8** La polémica contra los ídolos aparece con frecuencia en los escritos proféticos (Is 40.18-20; 44.9-20; Jer 10.3-16; Os 8.5-6). Más tarde fue continuada especialmente por los judíos dispersos fuera de Palestina, preocupados por reafirmar y extender su fe monoteísta en los ambientes paganos (Sab 13.10—14.31; Bar 6.3-72). [a]**Salmo 116 (114-115)** La versión griega (LXX) divide este salmo en dos partes: vv. 1-9 (Sal 114) y vv. 10-19 (Sal 115).

2 porque me ha prestado atención.
¡Toda mi vida lo invocaré!

3 La muerte me enredó en sus lazos,
la angustia del sepulcro me alcanzó
y me hallé preso
del miedo y del dolor.

4 Entonces invoqué el nombre del Señor
y le rogué que me salvara la vida.

5 El Señor es justo y compasivo;
nuestro Dios es todo ternura.

6 El Señor cuida de los sencillos.
Cuando yo estaba sin fuerzas,
me salvó.

7 Ahora sí, puedo volver
a sentirme tranquilo
porque el Señor
ha sido bueno conmigo,

8 porque me ha librado de la muerte,
porque me ha librado
de llorar y de caer.

9 Seré obediente al Señor
en el mundo de los que viven.

10 Yo tenía fe, a pesar de que decía
que era grande mi aflicción.

11 Desesperado, afirmé
que todo hombre es mentiroso.

12 ¿Cómo podré pagar al Señor
todo el bien que me ha hecho?

13 ¡Levantaré la copa de la salvación[b]
e invocaré su nombre!

14 Cumpliré mis promesas al Señor
en presencia de todo su pueblo.

15 Mucho le cuesta al Señor
ver morir a los que lo aman.

16 ¡Oh Señor, yo soy tu siervo!
¡Yo soy el hijo de tu sierva!
Tú has roto los lazos que me ataban.

17 En gratitud, te ofreceré sacrificios,
e invocaré, Señor, tu nombre.

18 Cumpliré mis promesas al Señor
en presencia de todo su pueblo,

19 en los atrios del templo del Señor,
¡en medio de ti, Jerusalén!

¡Aleluya!

SALMO 117 (116)
Alabanza al Señor

1 Naciones y pueblos todos,
alaben al Señor,

2 pues su amor por nosotros
es muy grande;
¡la fidelidad del Señor es eterna!

¡Aleluya!

SALMO 118 (117)
El poder del Señor es extraordinario

1 Den gracias al Señor,
porque él es bueno,
porque su amor es eterno.

2 Que digan los israelitas:
"El amor del Señor es eterno."

3 Que digan los sacerdotes:
"El amor del Señor es eterno."

4 Que digan los que honran al Señor:
"El amor del Señor es eterno."

5 En mi angustia llamé al Señor;
él me escuchó y me dio libertad.

6 El Señor está conmigo; no tengo miedo.
¿Qué me puede hacer el hombre?

7 El Señor está conmigo; él me ayuda.
¡He de ver derrotados
a los que me odian!

8 Es mejor confiar en el Señor
que confiar en el hombre.

9 Es mejor confiar en el Señor
que confiar en grandes hombres.

10 Todas las naciones me rodearon,
pero en el nombre del Señor
las derroté.

11 Me rodearon por todos lados,
pero en el nombre del Señor
las derroté.

12 Me rodearon como avispas,
pero su furia se apagó como fuego
de espinos;
¡en el nombre del Señor las derroté!

13 Me empujaron con violencia,
para que cayera,
pero el Señor vino en mi ayuda.

---

[b] **116.13** *La copa de la salvación:* probable alusión a la copa que se utilizaba para derramar una ofrenda de vino sobre la víctima del sacrificio (Ex 29.40; Eclo 50.15).

14 Yo canto al Señor, que me da fuerzas.
¡Él es mi Salvador!

15 En las casas de los hombres fieles
hay alegres cantos victoriosos:
"¡El poder del Señor alcanzó
la victoria!

16 ¡El poder del Señor es extraordinario!
¡El poder del Señor alcanzó
la victoria!"

17 ¡No moriré, sino que he de vivir
para contar lo que el Señor ha hecho!

18 El Señor me ha castigado con dureza,
pero no me ha dejado morir.

19 ¡Abran las puertas del templo,
que quiero entrar a dar gracias
al Señor!

20 Esta es la puerta del Señor,
y por ella entrarán los que le son fieles.

21 Te doy gracias, Señor,
porque me has respondido
y porque eres mi salvador.

22 La piedra que los constructores
despreciaron
se ha convertido
en la piedra principal.ª

23 Esto lo ha hecho el Señor,
y estamos maravillados.

24 Este es el día en que el Señor
ha actuado:
¡estemos hoy contentos y felices!

25 Por favor, Señor, ¡sálvanos!
Por favor, Señor,
¡haz que nos vaya bien!

26 ¡Bendito el que viene en el nombre
del Señor!
Bendecimos a ustedes
desde el templo del Señor.

27 El Señor es Dios; ¡él nos alumbra!
Comiencen la fiesta y lleven ramas
hasta los cuernos del altar.

28 Te doy gracias y alabo tu grandeza,
porque tú eres mi Dios.

29 Den gracias al Señor,
porque él es bueno,
porque su amor es eterno.

SALMO 119 (118)
*Alabanzas a la ley de Dios*ª

1 Felices los que se conducen sin tacha
y siguen la enseñanzaᵇ del Señor.

2 Felices los que atienden a sus mandatos
y lo buscan de todo corazón,

3 los que no hacen nada malo,
los que siguen el camino del Señor.

4 Tú has ordenado que tus preceptos
se cumplan estrictamente.

5 ¡Ojalá yo me mantenga firme
en la obediencia a tus leyes!

6 No tendré de qué avergonzarme
cuando atienda a todos
tus mandamientos.

7 Te alabaré con corazón sincero
cuando haya aprendido
tus justos decretos.

8 ¡Quiero cumplir tus leyes!
¡No me abandones jamás!

9 ¿Cómo podrá el joven
llevar una vida limpia?
¡Viviendo de acuerdo con tu palabra!

10 Yo te busco de todo corazón;
no dejes que me aparte
de tus mandamientos.

11 He guardado tus palabras
en mi corazón
para no pecar contra ti.

12 ¡Bendito tú, Señor!
¡Enséñame tus leyes!

13 Con mis labios contaré
todos los decretos que pronuncies.

14 Me alegraré en el camino
de tus mandatos,
más que en todas las riquezas.

15 Meditaré en tus preceptos
y pondré mi atención en tus caminos.

ª **118.22** *La piedra principal:* Se refiere a la piedra puesta para sostener una esquina del edificio.   ª **Salmo 119** Este salmo –el más largo de todos– consta de veintidós estrofas, de acuerdo con el número de letras del alfabeto hebreo. Es un encendido elogio de la ley, entendida no solamente como un código de preceptos, sino también como el conjunto de las revelaciones y enseñanzas dadas por el Señor a Israel. En cada v. se alude a ella con algún sinónimo. ᵇ **119.1** *Enseñanza:* en heb. *torá.* Véase 1.2 n.

16 Me alegraré con tus leyes
   y no me olvidaré de tu palabra.

17 ¡Concédele vida a este siervo tuyo!
   ¡Obedeceré tu palabra!
18 Abre mis ojos, para que contemple
   las maravillas de tu enseñanza.
19 Yo soy extranjero en esta tierra;
   no escondas de mí
      tus mandamientos.
20 Me siento oprimido a todas horas
   por el deseo de conocer tus decretos.
21 Tú reprendes a los insolentes
      y malditos
   que se apartan de tus mandamientos.
22 Aléjame de sus ofensas y desprecios,
   pues he atendido a tus mandatos.
23 Aunque hombres poderosos
      tramen hacerme daño,
   este siervo tuyo meditará en tus leyes.
24 Yo me alegro con tus mandatos;
   ellos son mis consejeros.

25 Estoy a punto de morir;
   ¡dame vida, conforme a tu promesa!
26 Te he expuesto mi conducta,
   y me has respondido.
   ¡Enséñame tus leyes!
27 Dame entendimiento para seguir
      tus preceptos,
   pues quiero meditar en tus maravillas.
28 Estoy ahogado en lágrimas de dolor;
   ¡manténme firme,
      conforme a tu promesa!
29 Aléjame del camino de la mentira
   y favoréceme con tu enseñanza.
30 He escogido el camino de la verdad
   y deseo tus decretos.
31 Señor, me he apegado a tus mandatos;
   ¡no me llenes de vergüenza!
32 Me apresuro a cumplir
      tus mandamientos
   porque llenas de alegría mi corazón.

33 Señor, enséñame el camino
      de tus leyes,
   pues quiero seguirlo hasta el fin.
34 Dame entendimiento para guardar
      tu enseñanza;
   ¡quiero obedecerla de todo corazón!
35 Llévame por el camino
      de tus mandamientos,
   pues en él está mi felicidad.

36 Haz que mi corazón prefiera
      tus mandatos
   a las ganancias mal habidas.
37 No dejes que me fije en falsos dioses;
   ¡dame vida para seguir tu camino!
38 Confirma a este siervo tuyo
   las promesas que haces
   a los que te honran.
39 Aleja de mí la ofensa que temo,
   pues tus decretos son buenos.
40 Yo he deseado tus preceptos;
   ¡dame vida, pues tú eres justo!

41 Muéstrame, Señor,
      tu amor y salvación,
   tal como lo has prometido.
42 Así podré responder al que me ofenda,
   pues confío en tu palabra.
43 No quites de mi boca
      la palabra de verdad,
   pues he puesto mi esperanza
      en tus decretos.
44 ¡Quiero poner en práctica
      tu enseñanza,
   siempre, por toda la eternidad!
45 Así podré vivir en libertad,
   pues he seguido tus preceptos.
46 Hablaré de tus mandatos ante los reyes
   y no sentiré vergüenza.
47 Pues amo tus mandamientos
   y me alegro con ellos.
48 Amo y anhelo tus mandamientos,
   y pienso mucho en tus leyes.

49 Recuerda la palabra que diste
      a este siervo tuyo:
   en ella me hiciste poner la esperanza.
50 Este es mi consuelo en la tristeza:
   que con tus promesas me das vida.
51 Los insolentes me ofenden sin cesar,
   pero yo no me aparto
      de tu enseñanza.
52 Recuerdo tus decretos
      de otros tiempos,
   y en ellos, Señor, encuentro consuelo.
53 Los malvados que abandonan
      tu enseñanza
   me llenan de furor.
54 Tus leyes han sido mis canciones
   en esta tierra donde soy un extranjero.
55 Señor, por las noches me acuerdo de ti;
   ¡quiero poner en práctica
      tu enseñanza!

56 Esto es lo que me corresponde:
    obedecer tus preceptos.

57 Tú, Señor, eres todo lo que tengo;
    he prometido poner en práctica
        tus palabras.
58 De todo corazón
        he procurado agradarte;
    trátame bien, conforme a tu promesa.
59 Me puse a pensar en mi conducta,
    y volví a obedecer tus mandatos.
60 Me he dado prisa, no he tardado
    en poner en práctica
        tus mandamientos.
61 Me han rodeado con trampas
        los malvados,
    pero no me he olvidado
        de tu enseñanza.
62 A medianoche me levanto a darte gracias
    por tus justos decretos.
63 Yo soy amigo de los que te honran
    y de los que cumplen tus preceptos.
64 Señor, la tierra está llena de tu amor;
    ¡enséñame tus leyes!

65 Señor, tú has tratado bien
        a este siervo tuyo,
    conforme a tu promesa.
66 Enséñame a tener buen juicio
        y conocimiento,
    pues confío en tus mandamientos.
67 Antes de ser humillado
        cometí muchos errores,
    pero ahora obedezco tu palabra.
68 Tú eres bueno, y haces el bien;
    ¡enséñame tus leyes!
69 Los insolentes me acusan falsamente,
    pero yo cumplo tus preceptos
        de todo corazón.
70 Ellos tienen la mente entorpecida,
    pero yo me alegro con tu enseñanza.
71 Me hizo bien haber sido humillado,
    pues así aprendí tus leyes.
72 Para mí vale más la enseñanza
        de tus labios,
    que miles de monedas de oro y plata.

73 Tú mismo me hiciste y me formaste;
    ¡dame inteligencia para aprender
        tus mandamientos!
74 Los que te honran se alegrarán al verme,
    porque he puesto mi esperanza
        en tu palabra.

75 Señor, yo sé que tus decretos
        son justos
    y que tienes razón cuando me afliges.
76 ¡Que tu amor me sirva de consuelo,
    conforme a la promesa que me hiciste!
77 Muéstrame tu ternura, y hazme vivir,
    pues me siento feliz con tu enseñanza.
78 Sean avergonzados los insolentes
        que sin razón me maltratan;
    yo quiero meditar en tus preceptos.
79 Que se reúnan conmigo
        los que te honran,
    los que conocen tus mandatos.
80 Que mi corazón sea perfecto
        en tus leyes,
    para no tener de qué avergonzarme.

81 Con ansia espero que me salves;
    ¡he puesto mi esperanza en tu palabra!
82 Mis ojos se consumen esperando
        tu promesa,
    y digo: "¿Cuándo vendrás
        a consolarme?"
83 Aunque soy un viejo inútil y olvidado,
    no me he olvidado de tus leyes.
84 ¿Cuánto más habré de esperar?
    ¿Cuándo juzgarás
        a los que me persiguen?
85 Gente insolente que no sigue
        tu enseñanza
    ha cavado trampas a mi paso.
86 ¡Ayúdame, pues soy perseguido
        sin motivo!
    ¡Tus mandamientos son todos
        verdaderos!
87 Casi he sido borrado de la tierra,
    pero no he descuidado tus preceptos.
88 Dame vida, de acuerdo con tu amor,
    y cumpliré los mandatos de tus labios.

89 Señor, tu palabra es eterna;
    ¡afirmada está en el cielo!
90 Tu fidelidad permanece para siempre;
    tú afirmaste la tierra, y quedó en pie.
91 Todas las cosas siguen firmes,
        conforme a tus decretos,
    porque todas ellas están a tu servicio.
92 Si tu enseñanza no me trajera alegría,
    la tristeza habría acabado conmigo.
93 Jamás me olvidaré de tus preceptos,
    pues por ellos me has dado vida.
94 ¡Sálvame, pues soy tuyo
    y he seguido tus preceptos!

95 Los malvados esperan el momento
      de destruirme,
   pero yo estoy atento a tus mandatos.
96 He visto que todas las cosas
      tienen su fin,
   pero tus mandamientos son infinitos.

97 ¡Cuánto amo tu enseñanza!
   ¡Todo el día medito en ella!
98 Tus mandamientos son míos
      para siempre;
   me han hecho más sabio
      que mis enemigos.
99 Entiendo más que todos mis maestros
   porque pienso mucho en tus mandatos.
100 Entiendo más que los ancianos
   porque obedezco tus preceptos.
101 He alejado mis pies
      de todo mal camino
   para cumplir tu palabra.
102 No me he apartado de tus decretos
   porque tú eres quien me enseña.
103 Tu promesa es más dulce a mi paladar
   que la miel a mi boca.
104 De tus preceptos he sacado
      entendimiento;
   por eso odio toda conducta falsa.

105 Tu palabra es una lámpara a mis pies
   y una luz en mi camino.
106 Hice un juramento, y lo voy a cumplir:
   ¡pondré en práctica
      tus justos decretos!
107 Señor, me siento muy afligido;
   ¡dame vida, conforme a tu promesa!
108 Acepta, Señor,
      las ofrendas de mis labios,
   y enséñame tus decretos.
109 Siempre estoy en peligro de muerte,
   pero no me olvido de tu enseñanza.
110 Los malvados me ponen trampas,
   pero no me aparto de tus preceptos.
111 Mi herencia eterna son tus mandatos,
   porque ellos me alegran el corazón.
112 De corazón he decidido
      practicar tus leyes,
   para siempre y hasta el fin.

113 Odio a la gente hipócrita,
   pero amo tu enseñanza.

114 Tú eres quien me ampara
      y me protege;
   en tu palabra he puesto mi esperanza.
115 ¡Aléjense de mí, malvados,
   que quiero cumplir los mandatos
      de mi Dios!
116 Dame fuerzas, conforme
      a tu promesa, y viviré;
   ¡no defraudes mi esperanza!
117 Ayúdame, y estaré a salvo;
   así cumpliré siempre tus leyes.
118 Tú desprecias a los que se apartan
      de tus leyes,
   porque sus pensamientos
      no tienen sentido.
119 Los malvados de la tierra son
      para ti como basura;
   por eso yo amo tus mandatos.
120 Mi cuerpo tiembla de temor
      delante de ti;
   ¡siento reverencia por tus decretos!

121 Nunca he dejado de hacer
      lo que es justo;
   no me abandones en manos
      de mis opresores.
122 Hazte responsable de mi bienestar;
   que no me maltraten los insolentes.
123 Mis ojos se consumen esperando
      que me salves,
   esperando que me libres,
      conforme a tu promesa.[c]
124 Trata a este siervo tuyo
      de acuerdo con tu amor;
   ¡enséñame tus leyes!
125 Yo soy tu siervo. Dame entendimiento,
   pues quiero conocer tus mandatos.
126 Señor, ya es tiempo de que hagas algo,
   pues han desobedecido tu enseñanza.
127 Por eso yo amo tus mandamientos
   mucho más que el oro fino.
128 Por eso me guío por tus preceptos
   y odio toda conducta falsa.

129 Tus mandatos son maravillosos;
   por eso los obedezco.
130 La explicación de tus palabras ilumina,
   instruye a la gente sencilla.
131 Con gran ansia abro la boca,
   pues deseo tus mandamientos.

---

c**119.123** *Que me libres, conforme a tu promesa:* otra posible traducción: *que cumplas con tu justa promesa.*

132 Mírame, y ten compasión de mí,
como haces con los que te aman.
133 Hazme andar conforme a tu palabra;
no permitas que la maldad
me domine.
134 Líbrame de la violencia humana,
pues quiero cumplir tus preceptos.
135 Mira con buenos ojos
a este siervo tuyo,
y enséñame tus leyes.
136 Ríos de lágrimas salen de mis ojos
porque no se respeta tu enseñanza.

137 Señor, tú eres justo;
rectos son tus decretos.
138 Todos tus mandatos
son justos y verdaderos.
139 Me consume el celo que siento
por tus palabras,
pues mis enemigos se han olvidado
de ellas.
140 Tu promesa ha pasado
las más duras pruebas;
por eso la ama este siervo tuyo.
141 Humilde soy, y despreciado,
pero no me olvido de tus preceptos.
142 Tu justicia es siempre justa,
y tu enseñanza es la verdad.
143 Me he visto angustiado y en aprietos,
pero tus mandamientos me alegraron.
144 Tus mandatos son siempre justos;
¡dame entendimiento
para que pueda yo vivir!

145 Señor, te llamo con todo el corazón;
¡respóndeme,
pues quiero cumplir tus leyes!
146 A ti clamo, ayúdame
para que cumpla tus mandatos.
147 Antes de amanecer, me levanto
a pedirte ayuda;
he puesto mi esperanza
en tu promesa.
148 Antes de anochecer,
mis ojos ya están velando
para meditar en tu promesa.
149 Oye mi voz, Señor, por tu amor;
dame vida, conforme a tu justicia.
150 Están cerca mis crueles perseguidores,
pero están lejos de tu enseñanza.
151 Tú, Señor, estás cerca,
y todos tus mandamientos
son verdaderos.

152 Desde hace mucho conozco
tus mandatos,
establecidos por ti eternamente.

153 Mira mi aflicción y líbrame,
pues no me he olvidado
de tu enseñanza.
154 Defiende mi caso y rescátame;
¡dame vida, conforme a tu promesa!
155 Tu ayuda está lejos de los malvados,
porque no siguen tus leyes.
156 Señor, es muy grande tu ternura;
dame vida, conforme a tu justicia.
157 Muchos son mis enemigos y opresores,
pero yo no me aparto
de tus mandatos.
158 No soporto a los traidores,
a los que no obedecen
tus mandamientos.
159 Señor, mira cómo amo tus preceptos;
¡dame vida, por tu amor!
160 En tu palabra se resume la verdad;
eternos y justos son todos tus decretos.

161 Hombres poderosos me persiguen
sin motivo,
pero mi corazón reverencia
tus palabras.
162 Yo me siento feliz con tu promesa,
como quien se encuentra
un gran tesoro.
163 Odio la mentira, no la soporto;
pero amo tu enseñanza.
164 A todas horas te alabo
por tus justos decretos.
165 Los que aman tu enseñanza
gozan de mucha paz,
y nada los hace caer.
166 Señor, espero que me salves,
pues he puesto en práctica
tus mandamientos.
167 Yo obedezco tus mandatos
y los amo de todo corazón.
168 Yo obedezco tus preceptos
y mandatos;
¡tú conoces toda mi conducta!

169 Lleguen mis gritos, Señor,
a tu presencia;
¡dame entendimiento,
conforme a tu palabra!
170 Llegue mi oración a tu presencia;
¡líbrame, conforme a tu promesa!

171 Brote de mis labios la alabanza,
    pues tú me has enseñado tus leyes.
172 Entonen mis labios un canto
    a tu promesa,
    porque todos tus mandamientos
    son justos.
173 Esté lista tu mano a darme ayuda,
    porque he preferido tus preceptos.
174 Señor, ¡deseo que me salves!
    ¡Yo me siento feliz con tu enseñanza!
175 Quiero vivir para alabarte;
    que tu justicia me ayude.
176 Me he extraviado como una oveja;
    ¡ven en busca mía,
    pues no me he olvidado
    de tus mandamientos!

SALMO 120 (119) [a]
Oración ante el peligro

1 Cuando estoy angustiado, llamo al Señor,
    y él me responde.
2 Señor, líbrame de los labios mentirosos
    y de la lengua embustera.

3 ¿Qué más puedes recibir,
    lengua embustera?
4 ¡Flechas puntiagudas de guerrero!
    ¡Ardientes brasas de retama!

5 ¡Pobre de mí, que vivo como
    extranjero en Mésec, [b]
    que he acampado entre las tiendas
    de Quedar! [c]
6 Demasiado he vivido
    entre los que odian la paz;
7 ¡cuando yo hablo de paz,
    ellos hablan de guerra!

SALMO 121 (120)
El Señor es tu protector

1 Al contemplar las montañas me pregunto:
    "¿De dónde vendrá mi ayuda?"

2 Mi ayuda vendrá del Señor,
    creador del cielo y de la tierra.

3 ¡Nunca permitirá que resbales!
    ¡Nunca se dormirá el que te cuida!
4 No, él nunca duerme;
    nunca duerme el que cuida de Israel.
5 El Señor es quien te cuida;
    el Señor es quien te protege,
    quien está junto a ti para ayudarte.
6 El sol no te hará daño de día,
    ni la luna de noche.

7 El Señor te protege de todo peligro;
    él protege tu vida.
8 El Señor te protege en todos
    tus caminos,
    ahora y siempre.

SALMO 122 (121)
Alabanzas a Jerusalén

1 ¡Qué alegría cuando me dicen:
    "Vamos al templo del Señor"!
2 Jerusalén,
    ¡ya estamos dentro de tus puertas!
3 Jerusalén, ciudad construida
    para que en ella se reúna
    la comunidad. [a]
4 A ella vienen las tribus del Señor
    para alabar su nombre,
    como se le ordenó a Israel.
5 En ella están los tribunales de justicia,
    los tribunales de la casa real de David.

6 Digan ustedes de corazón:
    "Que haya paz en ti, Jerusalén;
    que vivan tranquilos los que te aman.
7 Que haya paz en tus murallas;
    que haya seguridad en tus palacios."

8 Y ahora,
    por mis hermanos y amigos diré:
    "Que haya paz en ti.

---

[a] **Salmo 120** Aquí comienza una colección de quince salmos (120—134) cuyo título hebreo es *Cántico de las subidas.* Este título se debe a que estos salmos los cantaban los peregrinos que *subían* a Jerusalén, especialmente en las tres grandes fiestas (Ex 23.14–17). [b] **120.5** *Mésec:* región situada en el extremo norte del Asia Menor (Ez 38.2,15), en las cercanías del Mar Negro (cf. Gn 10.2). [c] **120.5** *Quedar:* tribu nómada del desierto de Arabia (Gn 25.13). Estos dos nombres representan simbólicamente la crueldad de los enemigos del salmista. [a] **122.3** *Ciudad construida para que en ella se reúna la comunidad:* otra posible traducción: *ciudad en la que toda la construcción se mantiene bien unida.*

9 Por el templo del Señor nuestro Dios,
   procuraré tu bien."

SALMO 123 (122)
Oración de confianza en Dios

1 Hacia ti, Señor, miro suplicante;
   hacia ti, que reinas en el cielo.
2 Suplicantes miramos al Señor
   nuestro Dios,
   como mira el criado la mano de su amo,
   como mira la criada la mano de su ama,
   esperando que él nos tenga
   compasión.
3 Ten compasión de nosotros, Señor;
   ten compasión de nosotros,
   pues ya no soportamos sus insultos.
4 ¡Demasiado hemos sufrido
   la burla de los ricos
   y el desprecio de los orgullosos!

SALMO 124 (123)
Dios, Salvador de Israel

1 Si el Señor no hubiera estado
   de nuestra parte
   —que lo diga ahora Israel—,
2 si el Señor no hubiera estado
   de nuestra parte
   cuando los hombres se levantaron
   para atacarnos,
3 nos habrían tragado vivos
   al encenderse su furor contra
   nosotros.
4 Entonces las aguas nos habrían
   arrastrado;
   ¡un río habría pasado sobre nosotros!
5 ¡Entonces las aguas turbulentas
   habrían pasado sobre nosotros!

6 ¡Bendito sea el Señor,
   que no dejó que nos despedazaran
   con sus dientes!
7 Nos hemos escapado de la trampa
   como un ave que escapa
   del cazador;
   la trampa se rompió,
   y nosotros escapamos.
8 La ayuda nos viene del Señor,
   creador del cielo y de la tierra.

SALMO 125 (124)
Dios protege a los suyos

1 Los que confían en el Señor
   son inconmovibles;
   igual que el monte Sión,
   permanecen para siempre.
2 Así como los montes rodean a Jerusalén,
   el Señor rodea a su pueblo
   ahora y siempre.
3 El mal gobierno no siempre dominará
   en la tierra que Dios ha dado
   a su pueblo,
   no sea que su pueblo comience
   a practicar la maldad.

4 Señor, haz bien a los hombres buenos,
   a los hombres de corazón sincero;
5 pero a los que van por mal camino
   hazlos correr la suerte
   de los malhechores.

¡Que haya paz en Israel!

SALMO 126 (125)
¡Haz que cambie nuestra suerte!

1 Cuando el Señor cambió la suerte
   de Sión,[a]
   nos pareció que estábamos soñando.
2 Entonces nuestra boca
   y nuestros labios
   se llenaron de risas y gritos de alegría;
   entonces los paganos decían:
   "¡El Señor ha hecho grandes cosas
   por ellos!"
3 Sí, el Señor había hecho grandes
   cosas por nosotros,
   y estábamos alegres.

4 ¡Señor, haz que cambie de nuevo
   nuestra suerte,
   como cambia el desierto
   con las lluvias!
5 Los que siembran con lágrimas,
   cosecharán con gritos de alegría.
6 Aunque lloren mientras llevan
   el saco de semilla,
   volverán cantando de alegría,
   con manojos de trigo entre los brazos.

---

[a] **126.1** *Cambió la suerte de Sión:* otra posible traducción: *hizo volver la cautividad de Sión.*

SALMO 127 (126)
Todo viene del Señor

1 Si el Señor no construye la casa,
de nada sirve que trabajen
los constructores;
si el Señor no protege la ciudad,
de nada sirve que vigilen los centinelas.

2 De nada sirve trabajar de sol a sol
y comer un pan ganado con dolor,
cuando Dios lo da a sus amigos
mientras duermen.

3 Los hijos que nos nacen
son ricas bendiciones del Señor.

4 Los hijos que nos nacen en la juventud
son como flechas en manos
de un guerrero.

5 ¡Feliz el hombre que tiene muchas
flechas como esas!
No será avergonzado por sus enemigos
cuando se defienda de ellos
ante los jueces.

SALMO 128 (127)
Las bendiciones del Señor

1 Feliz tú, que honras al Señor
y le eres obediente.

2 Comerás del fruto de tu trabajo,
serás feliz y te irá bien.

3 En la intimidad de tu hogar,
tu mujer será como una vid
cargada de uvas;
tus hijos, alrededor de tu mesa,
serán como retoños de olivo.

4 Así bendecirá el Señor
al hombre que lo honra.

5 ¡Que el Señor te bendiga
desde el monte Sión!
¡Que veas el bienestar de Jerusalén
todos los días de tu vida!

6 ¡Que llegues a ver a tus nietos!

¡Que haya paz en Israel!

SALMO 129 (128)
El Señor da libertad

1 Por muchas angustias he pasado
desde mi juventud
—que lo diga ahora Israel—,

2 por muchas angustias he pasado
desde mi juventud,
pero no han podido conmigo.

3 Me han herido la espalda con azotes,
y me han abierto grandes surcos,

4 pero el Señor, que es justo,
me ha librado del dominio
de los malvados.

5 ¡Que sean avergonzados y huyan
los enemigos de Sión!

6 ¡Que sean como la hierba que crece
en los tejados,
que antes de arrancarla se marchita!

7 Hierba que nunca llena las manos
del que cosecha el trigo y lo ata
en manojos;

8 hierba de la que nadie que pase dirá:
"¡El Señor los ha bendecido!"

Nosotros los bendecimos a ustedes
en el nombre del Señor.

SALMO 130 (129)
Confianza en el Señor

1 Desde el fondo del abismo
clamo a ti, Señor:

2 ¡escucha, Señor, mi voz!
¡atiendan tus oídos
mi grito suplicante!

3 Señor, Señor,
si tuvieras en cuenta la maldad,
¿quién podría mantenerse en pie?

4 Pero en ti encontramos perdón,
para que te honremos.

5 Con toda mi alma espero al Señor,
y confío en su palabra.

6 Yo espero al Señor
más que los centinelas a la mañana.
Así como los centinelas esperan
a la mañana,

7 espera tú, Israel, al Señor,
pues en él hay amor y completa libertad.

8 ¡Él librará a Israel de toda su maldad!

SALMO 131 (130)
Oración de confianza

1 Señor, no es orgulloso mi corazón,
ni son altaneros mis ojos,

ni voy tras cosas grandes
y extraordinarias
que están fuera de mi alcance.

2 Al contrario, estoy callado y tranquilo,
como un niño recién amamantado
que está en brazos de su madre.
¡Soy como un niño
recién amamantado!

3 Israel, espera en el Señor ahora
y siempre.

SALMO 132 (131)
Las promesas de Dios a David

1 Acuérdate, Señor, de David
y de todas sus aflicciones;
2 acuérdate del firme juramento,
que te hizo a ti, el Poderoso
de Jacob:ᵃ
3 "No me pondré bajo techo
ni me acostaré a descansar,
4 no cerraré los ojos
ni dormiré un solo instante,
5 mientras no encuentre casa
para el Señor, el Poderoso de Jacob."ᵇ

6 En Efrataᶜ oímos hablar
del arca de la alianza,
y la encontramos en los campos
de Jáar.ᵈ
7 ¡Vayamos al santuario del Señor!
¡Arrodillémonos ante el estrado
de sus pies!

8 Levántate, Señor,
con tu arca poderosa,
y ven al monte
donde has de descansar.
9 Que tus sacerdotes se revistan
de justicia;
que tus fieles griten de alegría.
10 Por consideración a David, tu siervo,
no rechaces al rey que has escogido.ᵉ

11 El Señor hizo a David
un firme juramento,
juramento del que no va
a desdecirse:ᶠ
12 "Pondré en tu trono a uno
de tus descendientes.
Si tus hijos cumplen con mi alianza
y con los mandatos que voy
a enseñarles,
también los hijos de ellos
ocuparán tu trono para siempre."

13 ¡El Señor ha escogido el monte Sión!
¡Lo ha elegido para vivir allí!
14 "Este es el monte
donde siempre quiero estar;
en él viviré, porque así me agradó.
15 Bendeciré mucho sus alimentos
y saciaré el hambre de sus pobres.
16 Revestiré de salvación a sus sacerdotes
y haré que griten de alegría
los que le son fieles.
17 Allí haré que renazca el poder
de David.
Ya he preparado una lámpara
para el rey que he escogido.ᵍ
18 A sus enemigos los llenaré
de vergüenza,
pero a él lo cubriré de esplendor."

SALMO 133 (132)
Alabanza al amor fraternal

1 ¡Vean qué bueno y agradable es
que los hermanos vivan unidos!
2 Es como el buen perfume
que corre por la cabeza
de los sacerdotesᵃ
y baja por su barba
hasta el cuello de su ropaje.
3 Es como el rocío del monte Hermón,
que cae sobre los montes de Sión.
Allí es donde el Señor envía
la bendición de una larga vida.

ᵃ **132.1–2** Cf. 2 S 7.1–3; 1 R 8.17. ᵇ **132.5** *El Poderoso de Jacob:* título de Dios muy antiguo, que en Is 1.24 aparece como el Poderoso de Israel. Cf. Gn 49.24; Is 49.26; 60.16. ᶜ **132.6** *Efrata:* nombre asociado al de Belén, la patria de David (Gn 35.19; Rt 4.11; Miq 5.2). ᵈ **132.6** *Jáar* parece ser una abreviatura poética de Quiriat–jearim, lugar situado a unos 15 km. al noroeste de Jerusalén (cf. Jos 9.17), donde estuvo el arca de la alianza una vez que los filisteos lo devolvieron (1 S 7.1). ᵉ **132.8–10** 2 Cr 6.41–42. ᶠ **132.11** 2 S 7.12–16. ᵍ **132.17** 1 R 11.36.
ᵃ **133.2** *De los sacerdotes:* lit. *de Aarón.* Para consagrar al sumo sacerdote se empleaba aceite perfumado con las mejores plantas aromáticas (Ex 30.23–33).

SALMO 134 (133)
Que el Señor te bendiga

1 ¡Vamos, siervos del Señor!
¡Bendigan al Señor todos ustedes,
que están en su templo por las noches!
2 ¡Eleven sus manos al santuario
y bendigan al Señor!
3 ¡Que el Señor, creador del cielo
y de la tierra,
te bendiga desde el monte Sión!

SALMO 135 (134)
Los grandes hechos de Dios

1 ¡Aleluya!

Alaben el nombre del Señor;
alábenlo ustedes, siervos suyos,
2 que están en el templo del Señor,
en los atrios del templo
del Dios nuestro.
3 Alaben al Señor, porque él es bueno;
canten himnos a su nombre,
porque él es bondadoso.
4 Pues escogió a Jacob, a Israel,
para que fuera su tesoro propio.

5 Yo sé muy bien que el Señor
nuestro Dios
es más grande que todos los dioses.
6 El Señor hace todo lo que quiere,
lo mismo en el cielo que en la tierra,
lo mismo en el mar
que en sus profundidades.
7 Levanta las nubes
desde el extremo del mundo,
hace los relámpagos que anuncian
la lluvia,
y de sus depósitos saca al viento.
8 Él fue quien hirió de muerte
al hijo mayor de toda familia egipcia
y a las primeras crías de sus animales.[a]
9 En pleno corazón de Egipto,
envió señales maravillosas
contra el faraón y sus ministros.

10 Hirió de muerte a muchas naciones,
quitó la vida a reyes poderosos:
11 a Sihón, el rey amorreo,
a Og, el rey de Basán,[b]
y a todos los reyes de Canaán;
12 y las tierras de esos reyes
se las dio como herencia
a su pueblo Israel.

13 Señor, tu nombre es eterno;
por siempre serás recordado.
14 El Señor, hace justicia a su pueblo;
tiene compasión de sus siervos.
15 Los ídolos de los paganos
son oro y plata,
objetos que el hombre fabrica
con sus manos.
16 Tienen boca, pero no pueden
hablar;
tienen ojos, pero no pueden ver;
17 tienen orejas, pero no pueden oir;
¡ni siquiera tienen vida!
18 Iguales a esos ídolos
son quienes los fabrican
y quienes en ellos creen.[c]

19 Israelitas, bendigan al Señor;
sacerdotes, bendigan al Señor;
20 levitas, bendigan al Señor;
ustedes que honran al Señor,
bendíganlo.
21 ¡Bendito sea en Sión
el Señor, el que vive en Jerusalén!

¡Aleluya!

SALMO 136 (135)[a]
Amor eterno de Dios a Israel

1 Den gracias al Señor,
porque él es bueno,
porque su amor[b] es eterno.
2 Den gracias al Dios de dioses,[c]
porque su amor es eterno.
3 Den gracias al Señor de señores,
porque su amor es eterno.

---

[a]**135.8-9** Ex 12.29-30. [b]**135.11** Nm 21.21-35. [c]**135.15-18** Véase 115.4-8 n. [a]**Salmo 136** La constante repetición del mismo estribillo hace pensar que en la recitación del salmo se iban alternando dos coros, o bien un solista y un coro. Los judíos llaman este himno *gran Halel* o *gran aclamación* y lo recitan al final de la cena pascual. Cf. Sal 113 n. [b]**136.1** La palabra traducida por *amor*, en hebreo *hésed*, es una expresión rica en significado, que incluye, además, las ideas de bondad, misericordia y fidelidad. [c]**136.2** *Dios de dioses:* Véase 50.1 n.

4 Al único que hace grandes maravillas,
   porque su amor es eterno.
5 Al que hizo los cielos con sabiduría,
   porque su amor es eterno.
6 Al que extendió la tierra
      sobre las aguas,
   porque su amor es eterno.
7 Al que hizo el sol y la luna,
   porque su amor es eterno:
8 el sol, para alumbrar de día,
   porque su amor es eterno;
9 la luna y las estrellas,
      para alumbrar de noche,
   porque su amor es eterno.
10 Al que hirió al primer hijo de toda
      familia egipcia,^d
   porque su amor es eterno.
11 Al que sacó de Egipto a los israelitas,^e
   porque su amor es eterno;
12 extendiendo su brazo con gran poder,
   porque su amor es eterno.
13 Al que partió en dos el Mar Rojo,
   porque su amor es eterno.
14 Al que hizo pasar a Israel
      por en medio del mar,
   porque su amor es eterno.
15 Al que hundió en el Mar Rojo
      al Faraón y su ejército,
   porque su amor es eterno.
16 Al que llevó a su pueblo
      por el desierto,^f
   porque su amor es eterno.
17 Al que hirió de muerte
      a grandes reyes,
   porque su amor es eterno.
18 Al que a reyes poderosos quitó la vida,
   porque su amor es eterno:
19 a Sihón, el rey amorreo,^g
   porque su amor es eterno;
20 y a Og, el rey de Basán,^h
   porque su amor es eterno.
21 Al que repartió la tierra de esos reyes,
   porque su amor es eterno,
22 y la dio como herencia
      a su siervo Israel,
   porque su amor es eterno.

23 Al que nos recuerda
      cuando estamos abatidos,
   porque su amor es eterno.
24 Al que nos libra de nuestros enemigos,
   porque su amor es eterno.
25 Al que da de comer a hombres
      y animales,
   porque su amor es eterno.
26 ¡Den gracias al Dios del cielo,
   porque su amor es eterno!

SALMO 137 (136)
Junto a los ríos de Babilonia

1 Sentados junto a los ríos de Babilonia,
   llorábamos al acordarnos de Sión.
2 En los álamos que hay en la ciudad
   colgábamos nuestras arpas.
3 Allí, los que nos habían llevado
      cautivos,
   los que todo nos lo habían
      arrebatado,^a
   nos pedían que cantáramos
      con alegría;
   ¡que les cantáramos canciones
      de Sión!

4 ¿Cantar nosotros canciones del Señor
   en tierra extraña?
5 ¡Si llego a olvidarte, Jerusalén,
   que se me seque la mano derecha!
6 ¡Que se me pegue la lengua al paladar
   si no me acuerdo de ti,
   si no te pongo, Jerusalén,
   por encima de mi propia alegría!

7 Señor, acuérdate de los edomitas,^b
   que cuando Jerusalén cayó, decían:
   "¡Destrúyanla, destrúyanla
      hasta sus cimientos!"

8 ¡Tú, Babilonia, serás destruida!
   ¡Feliz el que te dé tu merecido
   por lo que nos hiciste!
9 ¡Feliz el que agarre a tus niños
   y los estrelle contra las rocas!^c

---

^d**136.10** Ex 12.29.   ^e**136.11–15** Ex 12.51; 14.21–29.   ^f**136.16** Dt 8.2,15.   ^g**136.19** Nm 21.21–30.
^h**136.20** Nm 21.31–35.   ^a**137.3** *Los que todo nos lo habían arrebatado:* según la versión griega (LXX). Heb. oscuro.
^b**137.7** Los *edomitas,* antiguos vasallos y enemigos tradicionales de Israel, hicieron causa común con Babilonia y celebraron triunfalmente el desastre de Israel (Abd 10–15).   ^c**137.9** Esta práctica salvaje formaba parte de las costumbres guerreras de aquellos tiempos. Cf. Is 13.16; Os 10.14; Nah 3.10.

SALMO 138 (137)
Oración de gratitud al Señor

1 Te daré gracias, Señor,
   de todo corazón;
   te cantaré himnos
   delante de los dioses.[a]

2 Me arrodillaré en dirección
   a tu santo templo
   para darte gracias por tu amor
   y tu verdad,
   pues has puesto tu nombre
   y tu palabra
   por encima de todas las cosas.

3 Cuando te llamé, me respondiste,
   y aumentaste mis fuerzas.

4 Todos los reyes del mundo te alabarán
   al escuchar tus promesas.

5 Alabarán al Señor
      por lo que él ha dispuesto,
   porque grande es la gloria del Señor.

6 Aunque el Señor está en lo alto,
   se fija en el hombre humilde,
   y de lejos reconoce al orgulloso.

7 Cuando me encuentro en peligro,
   tú me mantienes con vida;
   despliegas tu poder y me salvas
   de la furia de mis enemigos.

8 ¡El Señor llevará a feliz término
   su acción en mi favor!
   Señor, tu amor es eterno;
   ¡no dejes incompleto
      lo que has emprendido!

SALMO 139 (138)
Dios lo sabe todo

1 Señor, tú me has examinado
      y me conoces;

2 tú conoces todas mis acciones;
   aun de lejos te das cuenta
      de lo que pienso.

3 Sabes todas mis andanzas,
   ¡sabes todo lo que hago!

4 Aún no tengo la palabra en la lengua,
   y tú, Señor, ya la conoces.

5 Por todos lados me has rodeado;
   tienes puesta tu mano sobre mí.

6 Sabiduría tan admirable está fuera
      de mi alcance;
   ¡es tan alta que no alcanzo
      a comprenderla!

7 ¿A dónde podría ir,
      lejos de tu espíritu?
   ¿A dónde huiría, lejos de tu presencia?

8 Si yo subiera a las alturas de los cielos,
   allí estás tú;
   y si bajara a las profundidades
      de la tierra,
   también estás allí;

9 si levantara el vuelo hacia el oriente,
   o habitara en los límites
      del mar occidental,

10 aun allí me alcanzaría[a] tu mano;
    ¡tu mano derecha no me soltaría!

11 Si pensara esconderme
       en la oscuridad,
    o que se convirtiera en noche
       la luz que me rodea,

12 la oscuridad no me ocultaría de ti,
    y la noche sería tan brillante
       como el día.
    ¡La oscuridad y la luz
       son lo mismo para ti!

13 Tú fuiste quien formó todo mi cuerpo;
    tú me formaste en el vientre
       de mi madre.

14 Te alabo porque estoy maravillado,
    porque es maravilloso
       lo que has hecho.
    ¡De ello estoy bien convencido!

15 No te fue oculto el desarrollo
       de mi cuerpo
    mientras yo era formado en lo secreto,
    mientras era formado
       en lo más profundo de la tierra.

16 Tus ojos vieron mi cuerpo
       en formación;
    todo eso estaba escrito en tu libro.[b]
    Habías señalado los días de mi vida
    cuando aún no existía ninguno
       de ellos.

---

[a] **138.1** *Delante de los dioses:* Esta expresión se refiere a los seres superiores que están al servicio del Señor y forman la corte divina en el cielo. Cf. Job 1.6; 2.1; Sal 82.1; 89.5–7. [a] **139.10** *Alcanzaría:* según versiones antiguas. Heb. *guiaría.* [b] **139.16** Véase 56.8 n.; 69.28 n.

17 Oh Dios, qué profundos me son
   tus pensamientos;
   ¡infinito es el conjunto de ellos!
18 Si yo quisiera contarlos,
   serían más que la arena;
   y si acaso terminara,[c]
   aún estaría contigo.

19 Oh Dios, quítales la vida
   a los malvados
   y aleja de mí a los asesinos,
20 a los que hablan mal de ti
   y se levantan en vano en contra tuya.

21 Señor, ¿no odio acaso
   a los que te odian
   y desprecio a los que te desafían?
22 ¡Los odio con toda mi alma!
   ¡Los considero mis enemigos!

23 Oh Dios, examíname,
   reconoce mi corazón;
   ponme a prueba,
   reconoce mis pensamientos;
24 mira si voy por el camino del mal,
   y guíame por el camino eterno.[d]

SALMO 140 (139)
Oración pidiendo la protección de Dios

1 Señor, líbrame de los malvados;
   protégeme de los violentos,
2 de los que traman el mal
   y a todas horas provocan peleas.
3 Su lengua es aguda, como de serpiente;
   sus palabras son como veneno
   de víbora.

4 Señor, protégeme del poder
   de los malvados,
   protégeme de los violentos,
   de los que hacen planes
   para que yo caiga.
5 Esos orgullosos me han puesto
   una trampa;
   me han tendido red y lazos;
   me han puesto trampas
   junto al camino.

6 Le he dicho al Señor:
   "Tú eres mi Dios;
   ¡escucha, pues, mi grito suplicante!
7 Señor, Señor, mi Salvador poderoso,
   tú proteges mi cabeza en el combate."

8-9 Señor, no concedas al malvado
   sus deseos;
   no dejes que sus planes sigan adelante.
   Los que me rodean levantan la cabeza;
   ¡que caiga sobre ellos
   la maldición que lanzan!
10 Que caigan sobre ellos carbones
   encendidos;
   que los echen en pozos,
   de donde no salgan más.
11 Que no permanezca en la tierra
   el deslenguado;
   que el mal persiga al violento
   y lo destruya.

12 Yo sé que el Señor hace justicia
   al pobre
   y defiende el derecho del afligido.
13 Los hombres honrados alabarán
   tu nombre;
   ¡los hombres rectos vivirán
   en tu presencia!

SALMO 141 (140)
Mis ojos están puestos en ti

1 A ti clamo, Señor: ¡ven pronto!,
   ¡escucha mi voz cuando te invoco!
2 Sean mi oración como incienso
   en tu presencia,
   y mis manos levantadas,[a]
   como ofrenda de la tarde.

3 Señor, ponle a mi boca un guardián;
   vigílame cuando yo abra los labios.
4 Aleja mi pensamiento de la maldad;
   no me dejes andar en malas acciones
   ni tomar parte en banquetes
   de malhechores.

5 Es un favor que el hombre honrado
   me castigue,

---

[c] **139.18** *Si acaso terminara:* texto probable. Heb. *despertara.* [d] **139.24** *El camino eterno:* otra posible traducción: *el camino antiguo.* [a] **141.2** *Mis manos levantadas:* alusión a un gesto que con frecuencia acompaña a la oración (cf. Sal 5.7). Acerca de la ofrenda de la tarde, cf. Ex 29.38–39; 30.8; Nm 28.3–4.

un perfume delicado
que me reprenda.
Tales cosas no rechazaré;
a pesar de sus golpes, seguiré orando.

6 Los jefes de los malvados
serán despeñados,
y verán que mis palabras eran
agradables.

7 Sus huesos serán esparcidos
junto al sepulcro,
como cuando se abren surcos en la tierra.

8 Señor, Señor,
mis ojos están puestos en ti.
En ti busco protección:
no me abandones.

9 Líbrame de la trampa
que me han puesto;
líbrame de la trampa
de los malhechores.

10 Que caigan los malvados
en su propia red,
mientras yo sigo adelante.

SALMO 142 (141)
Tú eres mi refugio [a]

1 Con fuerte voz clamo al Señor,
con fuerte voz le pido misericordia.

2 En su presencia expongo mi queja,
en su presencia doy a conocer
mi angustia

3 cuando me encuentro
totalmente deprimido.

Señor, tú conoces mi camino:
en el camino por donde voy,
me han puesto una trampa.

4 Vuelvo la mirada a la derecha
y nadie viene en mi ayuda.
¡No hay nadie que me defienda!
¡No hay nadie que se preocupe de mí!

5 A ti clamo, Señor,
y te digo: "Tú eres mi refugio;
tú eres todo lo que tengo en esta vida."

6 Presta atención a mis gritos,
porque me encuentro sin fuerzas.
Líbrame de los que me persiguen,
porque son más fuertes que yo.

7 Sácame de mi prisión
para que pueda yo alabarte.
Los hombres honrados me rodearán
cuando me hayas tratado bien.

SALMO 143 (142)
En ti he puesto mi confianza

1 Señor, escucha mi oración;
pon atención a mi súplica.
¡Respóndeme, pues tú eres justo y fiel!

2 No llames a cuentas a tu siervo,
porque ante ti nadie es inocente.

3 Mis enemigos me persiguen,
me han aplastado contra el suelo;
me obligan a vivir en la oscuridad,
como los que han muerto
hace tiempo.

4 Me encuentro totalmente deprimido;
turbado tengo el corazón.

5 Me acuerdo de tiempos anteriores,
y pienso en todo lo que has hecho.

6 Hacia ti tiendo las manos,
sediento de ti, cual tierra seca.

7 Señor, ¡respóndeme pronto,
pues ya se me acaba el aliento!
No me niegues tu ayuda,
porque entonces seré
como los muertos.

8 Por la mañana hazme saber de tu amor,
porque en ti he puesto mi confianza.
Hazme saber cuál debe ser
mi conducta,
porque a ti dirijo mis anhelos.

9 Líbrame, Señor, de mis enemigos,
porque en ti busco refugio.

10 Enséñame a hacer tu voluntad,
porque tú eres mi Dios.
¡Que tu buen espíritu me lleve
por un camino recto!

11 Por tu nombre, Señor, ¡hazme vivir!
Porque eres justo,
¡sácame de la angustia!

12 Porque eres fiel,
¡destruye a mis enemigos!
¡destruye a todos mis enemigos,
pues yo soy tu siervo!

---

[a] **Salmo 142** Cf. 1 S 22.1-5; 24.

SALMO 144 (143)
Gratitud de un rey a Dios

1 ¡Bendito sea el Señor, mi protector!
Él es quien me entrena y me prepara
para combatir en la batalla;
2 él es mi amigo fiel,
mi lugar de protección,
mi más alto escondite, mi libertador;
él es mi escudo, y con él me protejo;
él es quien pone a los pueblos
bajo mi poder.

3 Señor, ¿qué es el hombre,
para que pienses en él?
¿Qué es el ser humano,
para que tanto lo estimes?
4 El hombre es como un suspiro;
su vida pasa como una sombra.

5 Señor, descorre la cortina
de los cielos, y baja;
toca los montes para que echen humo;
6 lanza tus flechas, los relámpagos,
y haz huir en desorden
a tus enemigos.
7 Extiende tu mano desde lo alto,
y líbrame del mar inmenso;
líbrame del poder de gente extraña,
8 de los que dicen mentiras
y levantan su derecha para jurar
en falso.

9 Señor, voy a cantarte
una canción nueva;
voy a cantarte himnos con el salterio.
10-11 Tú, que das la victoria a los reyes;
tú, que libraste a tu siervo David,[a]
líbrame de la espada mortal;
líbrame del poder de gente extraña,
de los que dicen mentiras
y levantan su derecha para jurar en falso.

12 Nuestros hijos crecen
como plantas en un jardín;
nuestras hijas son
cual columnas labradas
que sostienen la estructura del templo.

13 Nuestros graneros están llenos,
repletos de toda clase de alimentos.
Nuestros rebaños aumentan
por millares,
por miles y miles en nuestros campos.
14 Nuestras vacas quedan preñadas,
y no tienen su cría antes de tiempo.
No hay gritos de alarma
en nuestras calles.
15 ¡Feliz el pueblo que tiene todo esto!
¡Feliz el pueblo cuyo Dios es el Señor!

SALMO 145 (144)
Que todo hombre alabe al Señor

1 Hablaré de tu grandeza, mi Dios y Rey;
bendeciré tu nombre por siempre.
2 Diariamente te bendeciré;
alabaré tu nombre por siempre.
3 El Señor es grande
y muy digno de alabanza;
su grandeza excede nuestro
entendimiento.

4 De padres a hijos se alabarán tus obras,
se anunciarán tus hechos poderosos.
5 Se hablará de tu majestad gloriosa,
y yo hablaré de tus maravillas.
6 Se hablará de tus hechos
poderosos y terribles,
y yo hablaré de tu grandeza.
7 Se hablará de tu bondad inmensa,
y a gritos se dirá que tú eres justo.

8 El Señor es tierno y compasivo,
es paciente y todo amor.
9 El Señor es bueno para con todos,
y con ternura cuida sus obras.

10 ¡Que te alaben, Señor, todas tus obras!
¡Que te bendigan tus fieles!
11 ¡Que hablen del esplendor de tu reino!
¡Que hablen de tus hechos poderosos!
12 ¡Que se haga saber a los hombres
tu poder
y el gran esplendor de tu reino!
13 Tu reino es un reino eterno,
tu dominio es por todos los siglos.[a]

---

[a] **144.10–11** Sal 18.50. [a] **145.13** Este salmo es alfabético, pero en el texto hebreo falta el v. correspondiente a la letra *nun*. Un manuscrito muy antiguo, la versión griega (LXX) y otras versiones llenan esta laguna añadiendo: *Fiel es el Señor en todas sus promesas y leal en todo lo que hace.*

14 El Señor sostiene a los que caen
y levanta a los que desfallecen.

15 Los ojos de todos esperan de ti
que tú les des su comida a su tiempo.

16 Abres tu mano,
y con tu buena voluntad
satisfaces a todos los seres vivos.

17 El Señor es justo en sus caminos,
bondadoso en sus acciones.

18 El Señor está cerca
de los que lo invocan,
de los que lo invocan con sinceridad.

19 Él cumple los deseos
de los que lo honran;
cuando le piden ayuda,
los oye y los salva.

20 El Señor protege a los que lo aman,
pero destruye a los malvados.

21 ¡Que mis labios alaben al Señor!
¡Que todos bendigan su santo nombre,
ahora y siempre!

SALMO 146 (145)
Alabanzas a los hechos de Dios

1 ¡Aleluya!

Alabaré al Señor con toda mi alma.

2 Alabaré al Señor mientras yo viva;
cantaré himnos a mi Dios
mientras yo exista.

3 No pongan su confianza
en hombres importantes,
en simples hombres
que no pueden salvar,

4 pues cuando mueren regresan al polvo,
y ese mismo día terminan sus proyectos.

5 Feliz quien recibe ayuda del Dios
de Jacob,
quien pone su esperanza
en el Señor su Dios.

6 Él hizo cielo, tierra y mar,
y todo lo que hay en ellos.
Él siempre mantiene su palabra.

7 Hace justicia a los oprimidos
y da de comer a los hambrientos.

El Señor da libertad a los presos;

8 el Señor devuelve la vista a los ciegos;
el Señor levanta a los caídos;
el Señor ama a los hombres
honrados;

9 el Señor protege a los extranjeros[a]
y sostiene a los huérfanos
y a las viudas,
pero hace que los malvados pierdan
el camino.

10 Oh Sión, el Señor reinará por siempre;
tu Dios reinará por todos los siglos.

¡Aleluya!

SALMO 147 (146—147)
No hizo lo mismo con todas las naciones

1 ¡Aleluya!

¡Qué bueno es cantar himnos
a nuestro Dios!
¡A él se le deben dulces alabanzas!

2 El Señor reconstruye a Jerusalén
y reúne a los dispersos de Israel.

3 Él sana a los que tienen roto
el corazón,
y les venda las heridas.

4 Él determina el número
de las estrellas,
y a cada una le pone nombre.

5 Grande es nuestro Dios,
y grande su poder;
su inteligencia es infinita.

6 El Señor levanta a los humildes,
pero humilla por completo
a los malvados.

7 Canten al Señor con gratitud;
canten himnos a nuestro Dios,
al son del arpa.

8 Él cubre de nubes el cielo,
prepara la lluvia para la tierra,
hace crecer los pastos en los montes,

9 da de comer a los animales
y a las crías de los cuervos
cuando chillan.

10 No es la fuerza del caballo
ni los músculos del hombre
lo que más agrada al Señor;

---

[a] **146.9** Se refiere a los extranjeros residentes en Israel. Cf. Dt 10.18; 14.29.

11 a él le agradan los que lo honran,
los que confían en su amor.

12 Jerusalén, alaba al Señor;
Sión, alaba a tu Dios.
13 Pues él reforzó los cerrojos
de tus puertas
y bendijo a tus hijos dentro
de la ciudad.
14 Él trae la paz a tu territorio
y te satisface con lo mejor del trigo.
15 Él envía su palabra a la tierra,
y su palabra corre a toda prisa.
16 Él produce la nieve
como si fuera lana,
y esparce la escarcha
como si fuera polvo.
17 Él envía el hielo en forma
de granizo;
con el frío que envía, el agua
se congela.ᵃ
18 Pero envía su palabra, y la derrite;
hace soplar el viento,
y el agua corre.
19 Él dio a conocer a Jacob, a Israel,
su palabra, sus leyes y decretos.
20 No hizo lo mismo
con las otras naciones,
las cuales nunca conocieron
sus decretos.

¡Aleluya!

SALMO 148
La creación alaba al Señor

1 ¡Aleluya!

¡Alaben al Señor desde el cielo!
¡Alaben al Señor desde lo alto!
2 ¡Alábenlo ustedes, todos sus ángeles!
¡Alábenlo ustedes, ejércitos
del cielo!ᵃ
3 ¡Alábenlo, sol y luna!
¡Alábenlo ustedes, brillantes luceros!
4 ¡Alábalo tú, altísimo cielo,
y tú, agua que estás encima
del cielo!ᵇ

5 Alaben el nombre del Señor,
pues él dio una orden
y todo fue creado;
6 él lo estableció todo para siempre,
y dictó una ley
que no puede ser violada.

7 ¡Alaben al Señor desde la tierra,
monstruos del mar,ᶜ
y mar profundo!
8 ¡El rayo y el granizo,
la nieve y la neblina!
¡El viento tempestuoso que cumple
sus mandatos!
9 ¡Los montes y las colinas!
¡Todos los cedros y los árboles
frutales!
10 ¡Los animales domésticos
y los salvajes!
¡Las aves y los reptiles!
11 ¡Los reyes del mundo
y todos los pueblos!
¡Todos los jefes y gobernantes
del mundo!
12 ¡Hombres y mujeres, jóvenes y viejos!

13 ¡Alaben todos el nombre del Señor,
pues solo su nombre es altísimo!
¡Su honor está por encima del cielo
y de la tierra!
14 ¡Él ha dado poder a su pueblo!

¡Alabanza de todos sus fieles,
de los israelitas, su pueblo cercano!ᵈ

¡Aleluya!

SALMO 149
Dios, Creador y Rey

1 ¡Aleluya!

Canten al Señor un canto nuevo;
alábenlo en la comunidad
de los fieles.
2 Alégrense los israelitas,
el pueblo de Sión,
porque Dios es su Creador y Rey.

ᵃ**147.17** *El agua se congela:* texto probable. Heb. *¿quién se mantendrá en pie?* ᵃ**148.2** *Ángeles . . . ejércitos del cielo:* Véase 103.20 n. ᵇ**148.4** *Agua que estás encima del cielo:* Véase 104.3 n. ᶜ**148.7** *Monstruos del mar:* Gn 1.21. ᵈ**148.14** *Su pueblo cercano:* Cf. Dt 4.33–34; Jer 30.21–22.

3 Alaben su nombre con danzas,
cántenle himnos al son de arpas
y panderos.

4 Porque el Señor se complace
en su pueblo;
da a los humildes el honor de la victoria.

5 Alégrense los fieles con el triunfo,
y aun dormidos canten de alegría.

6 Haya alabanzas a Dios en sus labios,
y en su mano una espada de dos filos

7 para vengarse de los paganos,
para castigar a las naciones,

8 para encadenar a los reyes
y gente poderosa
con pesadas cadenas de hierro,

9 para cumplir en ellos
la sentencia escrita.[a]
¡Esto será una honra para todos
sus fieles!

¡Aleluya!

SALMO 150
Alabanza universal a Dios

1 ¡Aleluya!

¡Alaben a Dios en su santuario!
¡Alábenlo en su majestuosa
bóveda celeste!

2 ¡Alábenlo por sus hechos poderosos!
¡Alábenlo por su grandeza infinita!

3 ¡Alábenlo con toques de trompeta!
¡Alábenlo con arpa y salterio!

4 ¡Alábenlo danzando al son de panderos!
¡Alábenlo con flautas
e instrumentos de cuerda!

5 ¡Alábenlo con platillos sonoros!
¡Alábenlo con platillos vibrantes![a]

6 ¡Que todo lo que respira alabe
al Señor!

¡Aleluya!

---

[a] **149.9** *Sentencia escrita:* Se refiere al juicio de las naciones anunciado por los profetas. Cf. Is 13—23; Jer 25.13—38; Ez 25—32; Am 1.2—3.8. [a] **150.3-5** Estos instrumentos musicales solían acompañar los cantos en la liturgia del templo. Cf. 1 Cr 15.16; Sal 149.3.

PROVERBIOS

El libro de los *Proverbios* (=Pr) representa en lo esencial un tipo de sabiduría que es común a todos los pueblos. Desde los comienzos de la historia, en efecto, se ha tratado de encontrar en la innumerable *variedad* de los acontecimientos y asuntos humanos un cierto *orden* y una cierta *regularidad*, con el fin de saber qué actitud tomar y cómo comportarse frente a las contingencias de la vida. La sabiduría consiste, entonces, en observar cuidadosamente lo que acontece en el mundo, en sumar otras experiencias a las propias de cada uno y en hallar, tras el aparente desorden de los hechos humanos, esas normas y regularidades siempre repetidas, que es provechoso e incluso indispensable conocer para tener éxito en la vida. Y toda experiencia reconocida como válida queda luego expresada en una *sentencia* breve, que impresiona por su agudeza y acierto, y que puede, por eso mismo, retenerse fácilmente en la memoria.

La mayoría de los proverbios no se refiere a temas específicamente religiosos, sino que se extiende a todas las esferas de la vida personal, familiar y social: la educación (13.24; 22.6), el hogar y la familia (12.4; 19.14; 21.9; 31.10–31), el adulterio (6.24; 23.27), las relaciones con los padres (10.1; 28.24; 30.17), el modo de comportarse ante el rey (14.35; 22.29; 25.6; cf. 16.12), la honestidad en los negocios (11.1; 20.10,23) y la buena conducta en sociedad (23.1–3). Pero siempre se trata de una sabiduría eminentemente práctica, orientada hacia la acción y basada fundamentalmente en la observación, la experiencia y el sentido común.

El pueblo de Israel imprimió un sello religioso en esa sabiduría adquirida a través de la experiencia y de un horizonte más universal. La mejor prueba de ello se encuentra en la frase de 31.7: *La sabiduría comienza por honrar al Señor* (lit. *por el temor del Señor*). Es decir, que la condición indispensable para alcanzar la sabiduría es el respeto, la sumisión y la obediencia al Señor, Dios de Israel, que se revela en la historia y es fiel a su alianza y a sus promesas; o, en otras palabras, que la verdadera sabiduría es un conocimiento y un estilo de vida fundados en el temor del Señor y en el amor a la justicia (cf. 9.10; 31.8–9; cf. 17.15,23; 18.5).

La estructura de este libro sapiencial puede presentarse sintéticamente en el esquema siguiente:

1. Introducción (1.1–7)
2. Primera colección de poemas sapienciales (1.8—9.18)
3. Segunda colección: "dichos de Salomón" (10.1—22.16)
4. Tercera colección: "dichos de los sabios" (22.17—24.22)
5. Cuarta colección: otros "dichos de los sabios" (24.23–34)
6. Quinta colección: dichos de Salomón recopilados por la gente de Ezequías, rey de Judá (25—29)
7. Sexta colección: "dichos de Agur" (30)
8. Séptima colección: "dichos del rey Lemuel" (31.1–9)
9. Apéndice: alabanza de la mujer ejemplar (31.10–31)

Valor de los proverbios

1 ¹Dichos de Salomón, hijo de David, rey de Israel, ²que tienen como propósito: comunicar sabiduría e instrucción, ayudar a comprender palabras llenas de sentido,

3 adquirir instrucción, prudencia, justicia, rectitud y equilibrio;

4 hacer sagaces a los jóvenes inexpertos, y darles conocimiento y reflexión.

5 El que es sabio e inteligente, los escucha, y adquiere así más sabiduría y experiencia

6 para entender los dichos de los sabios, y sus palabras, ejemplos y adivinanzas.

7 La sabiduría comienza por honrar al Señor;ª
los neciosᵇ desprecian la sabiduría y la instrucción.

Primera colección de poemas sapienciales

8 Hijo mío, atiende la instrucción de tu padre
y no abandones la enseñanza de tu madre,

9 pues serán para ti un bello adorno: como un collar o una corona.

10 Si los pecadores quieren engañarte, ¡no se lo permitas, hijo mío!

11 Tal vez te digan: "Ven con nosotros; por capricho tenderemos una trampa para matar a algún inocente cuando pase.

12 Nos tragaremos vivos a los hombres honrados como se traga la muerte a quienes caen en el sepulcro.

13 Tendremos toda clase de riquezas, ¡llenaremos nuestras casas con todo lo robado!

14 Ven y comparte tu suerte con nosotros, y comparte también nuestro fondo común."

15 ¡Pero no vayas con ellos, hijo mío! Aléjate de sus malos caminos,

16 pues tienen prisa por hacer lo malo; ¡tienen prisa por derramar sangre!

17 Aunque no vale la pena tender una trampa si los pájaros pueden verla,

18 esos hombres se tienden la trampa a sí mismos y ponen su vida en peligro.

19 Tal es el final de los ambiciosos: su propia ambición los mata.

Invitación de la sabiduría

20 Por calles y avenidas la sabiduría hace oír su voz;

21 proclama sus palabras por las puertas, por los puntos más concurridos de la ciudad:ᶜ

22 "Jóvenes inexpertos, burlones y necios, ¿hasta cuándo amarán la inexperiencia, y hallarán placer en sus burlas, y despreciarán el saber?

23 Presten atención a mis correcciones y yo los colmaré de mi espíritu; les daré a conocer mis pensamientos.

24 Yo los he llamado, los he invitado a venir, pero ustedes no han querido hacerme caso.

25 Al contrario, han rechazado mis consejos; no han querido recibir mi corrección.

26 ¡Ya me tocará reir cuando les llegue la desgracia!
¡Ya me burlaré cuando estén muertos de miedo,

27 cuando vengan sobre ustedes temores y problemas,
desesperación y angustia,
como un torbellino que todo lo destruye!

28 "Ese día me llamarán, pero no responderé;
me buscarán, pero no me encontrarán;

29 pues desprecian la sabiduría y no quieren honrar al Señor.

30 No desean recibir mis consejos; desprecian mis correcciones.

31 ¡Pues sufrirán las consecuencias de su conducta!

ª **1.7** *Honrar:* lit. *el temor.* El *temor al Señor* es la actitud del israelita que reconoce teórica y prácticamente las exigencias de Dios; es a la vez respeto, reverencia, amor y servicio fiel. Cf. Sal 112.1; Pr 9.10; Ec 12.13; Eclo 1.27–28. ᵇ **1.7** El *necio* y el *sabio* aparecen frecuentemente contrapuestos en el libro de los *Proverbios. Necios* son los que desprecian *la instrucción,* (v. 22) y la corrección (Pr 12.1), dan rienda suelta a sus impulsos (29.11) y provocan discusiones inútiles (20.3). ᶜ **1.20–21** Pr 8.1–3; Sab 6.12–16.

¡Quedarán hartos de sus malas
intenciones!
³² A los inexpertos los mata
su falta de experiencia,
y a los necios los destruye
su despreocupación;
³³ pero el que me preste atención,
vivirá en paz
y sin temor de ningún peligro."

Beneficios que ofrece la sabiduría

2 ¹ Haz tuyas mis palabras, hijo mío;
guarda en tu mente mis mandamientos.
² Presta oído a la sabiduría;
entrega tu mente a la inteligencia.
³ Pide con todas tus fuerzas
inteligencia y buen juicio;
⁴ entrégate por completo a buscarlos,
cual si buscaras plata
o un tesoro escondido.
⁵ Entonces sabrás lo que es honrar
al Señor;
¡descubrirás lo que es conocer a Dios!
⁶ Pues el Señor es quien da la sabiduría;^a
la ciencia y el conocimiento
brotan de sus labios.
⁷ El Señor da su ayuda y protección
a los que viven rectamente y sin tacha;
⁸ cuida de los que se conducen con justicia,
y protege a los que le son fieles.
⁹ Sabrás también lo que es recto y justo,
y estarás atento a todo lo bueno,
¹⁰ pues tu mente obtendrá sabiduría
y probarás la dulzura del saber.
¹¹ La discreción y la inteligencia
serán tus constantes protectoras;
¹² ellas te librarán del mal camino
y de los hombres perversos,
¹³ de los que dejan el buen camino
y se van por senderos oscuros,
¹⁴ que se divierten haciendo daño
y festejan sus malas acciones,
¹⁵ que andan por caminos torcidos
y se han desviado del recto sendero.
¹⁶ Te librarán también de la mujer ajena,
de la extraña de palabras seductoras

¹⁷ que abandona al compañero
de su juventud
y olvida su compromiso con Dios.^b
¹⁸ Tomar el camino que lleva
a la casa de ella
es tomar el camino que lleva a la muerte;
¹⁹ los que entran en su casa ya no vuelven,
jamás vuelven a recorrer
el sendero de la vida.
²⁰ Anda, pues, por el buen camino,
y practica la conducta de los justos.
²¹ Porque los que viven rectamente
y sin tacha
vivirán para siempre en la tierra;
²² pero los malvados y traidores
serán arrancados y expulsados de ella.^c

Recomendaciones para alcanzar sabiduría

3 ¹ No olvides mis enseñanzas, hijo mío;
guarda en tu memoria
mis mandamientos,
² y tendrás una vida larga
y llena de felicidad.
³ No abandones nunca el amor y la verdad;
llévalos contigo como un collar.
Grábatelos en la mente,
⁴ y tendrás el favor y el aprecio
de Dios y de los hombres.
⁵ Confía de todo corazón en el Señor
y no en tu propia inteligencia.
⁶ Ten presente al Señor en todo lo que hagas,
y él te llevará por el camino recto.
⁷ No te creas demasiado sabio;
honra al Señor y apártate del mal:
⁸ ¡esa es la mejor medicina
para fortalecer tu cuerpo!^a
⁹ Honra al Señor con tus riquezas
y con los primeros frutos de tus cosechas;
¹⁰ así se llenarán a reventar
tus graneros y tus depósitos de vino.
¹¹ No rechaces, hijo mío,
la corrección del Señor,
ni te disgustes por sus reprensiones;

---

^a **2.6** *El Señor es el que da la sabiduría:* 1 R 3.12; Job 32.8; Eclo 1.1; Sab 9—10; Stg 1.5. ^b **2.17** *Compromiso:* lit.
alianza. Otra posible traducción: *olvida la alianza de su Dios.* Este *compromiso* o *alianza* puede aludir al contrato
matrimonial (Mt 1.18) o al mandamiento que prohíbe el adulterio (Ex 20.14). ^c **2.22** *Los malvados . . . serán . . .
expulsados de ella:* en cumplimiento de lo estipulado en Dt 28.63; 29.28. ^a **3.7–8** La idea de que hacer *el mal*
acarrea como consecuencia la enfermedad estaba muy difundida en el mundo antiguo (Sal 32.3; 38.3–8; Jn 9.1–2).

12 porque el Señor corrige a quien él ama,[b]
como un padre corrige a su hijo favorito.

13 Feliz[c] el que halla sabiduría,
el que obtiene inteligencia;

14 porque son más provechosas que la plata
y rinden mayores beneficios que el oro.

15 La sabiduría vale más
que las piedras preciosas;
¡ni aun las cosas más deseables
se le pueden comparar!

16 Con la derecha ofrece larga vida,
y con la izquierda, riquezas y honores.[d]

17 Seguir sus pasos es muy agradable;
andar por sus senderos es vivir en paz.

18 La sabiduría es vida para quien
la obtiene;[e]
¡felices los que saben retenerla!

19 Con sabiduría e inteligencia,
el Señor afirmó los cielos y la tierra;[f]

20 con sabiduría hizo que el mar
se dividiera[g]
y que de las nubes brotara el rocío.[h]

21 Conserva siempre el buen juicio,
hijo mío,
y no pierdas de vista la discreción,

22 pues serán para ti fuente de vida
y te adornarán como un collar.

23 Podrás andar confiado por el camino
y jamás tropezarás.

24 Cuando descanses, no tendrás que temer;
cuando te acuestes, dormirás tranquilo.

25 No temerás a los peligros repentinos
ni a la ruina que vendrá
sobre los malvados,

26 porque el Señor te infundirá confianza
y evitará que caigas en alguna trampa.

27 Nunca niegues un favor a tus dueños,
cuando en tu mano esté el hacerlo.

28 No dejes para mañana
la ayuda que puedas dar hoy.

29 No hagas planes perversos
contra el que vive confiado en ti.

30 No busques pelea con nadie,
si nadie te ha hecho daño.

31 No envidies al desalmado
ni trates de imitar su conducta;

32 porque al Señor
le repugnan los malvados,
pero a los buenos les brinda su confianza.

33 El Señor maldice la casa del malvado,
pero bendice el hogar del hombre justo.

34 El Señor se burla de los burlones,
pero trata con bondad a los humildes.[i]

35 La honra es el premio de los sabios,
pero los necios se destacan por su deshonra.

Exhortaciones a seguir el buen camino

4 1 Hijos, atiendan a los consejos
de su padre;
pongan atención, para que adquieran
buen juicio.

2 Yo les he dado una buena instrucción,
así que no descuiden mis enseñanzas.

3 Pues yo también he sido hijo:
mi madre me amaba con ternura

4 y mi padre me instruía de esta manera:
"Grábate en la mente mis palabras;
haz lo que te ordeno, y vivirás.

5 Adquiere sabiduría y buen juicio;
no eches mis palabras al olvido.

6 Ama a la sabiduría, no la abandones
y ella te dará su protección.

7 Antes que cualquier otra cosa,
adquiere sabiduría y buen juicio.

8 Ámala, y te enaltecerá;
abrázala, y te honrará;

9 ¡te obsequiará con la más bella guirnalda
y te coronará con ella!"

10 Atiende a mis palabras, hijo mío,
hazlas tuyas y aumentarán los años
de tu vida.

11 Yo te llevaré por el camino de la sabiduría:
te haré andar por el buen camino,

12 en el que no habrá estorbos a tu paso,
en el que no tropezarás
aun cuando corras.

---

b **3.12** Cf 2 S 7.14; Pr 13.24; Ap 3.19. *c* **3.13–18** Este poema empieza y termina con la palabra *feliz*. *d* **3.16** *Larga vida, riquezas y honores:* Cf. 1 R 3.11–14; Pr 8.18; 22.4. *e* **3.18** Pr 4.4. *Es vida . . . la obtiene:* lit. *es árbol de vida para los que de ella echan mano:* posible alusión al árbol de la vida del jardín del Edén (Gn 2.9). *f* **3.19** Gn 1.1; 2.4b; Sal 136.5–6; Is 42.5. *g* **3.20** Gn 1.10; Job 28.25–27; Sal 136.6. *h* **3.19–20** En Pr 8.22–31 se describe más detalladamente el papel de la sabiduría en la creación. *i* **3.34** Este pasaje se cita, según la versión griega (LXX), en Stg 4.6; 1 P 5.5.

13 Aférrate a la instrucción
   y no la descuides;
   ponla en práctica, pues es vida para ti.
14 No vayas tras los pasos de los malvados,
   no sigas su mala conducta.
15 Evita el pasar por su camino;
   apártate de ellos y sigue adelante,
16 pues no están en paz si no hacen lo malo;
   pierden el sueño,
   si no hacen caer a alguno.
17 ¡Su comida y su bebida
   son la maldad y la violencia!

18 El camino de los justos es
   como la luz de un nuevo día:
   va en aumento hasta brillar en todo
   su esplendor.
19 Pero el camino de los malvados es oscuro;
   ¡ni siquiera saben contra qué tropiezan!

20 Atiende a mis palabras, hijo mío;
   préstales atención.
21 Jamás las pierdas de vista,
   ¡grábatelas en la mente!
22 Ellas dan vida y salud
   a todo el que las halla.
23 Cuida tu mente
   más que nada en el mundo,
   porque ella es fuente de vida.
24 Evita el decir cosas falsas;
   apártate de la mentira.
25 Mira siempre adelante,
   mira siempre de frente.
26 Fíjate bien en dónde pones los pies,
   y siempre pisarás terreno firme.
27 No te desvíes de tu camino;
   evita el andar en malos pasos.

La mujer fácil, perdición del hombre

5 1 Atiende a mi sabiduría, hijo mío;
   presta atención a mi inteligencia.
   2 Así sabrás ser discreto
   y podrás hablar con conocimiento.
3 Pues la mujer ajena[a] habla con dulzura
   y su voz es más suave que el aceite;
4 pero termina siendo más amarga
   que el ajenjo
   y más cortante que una espada
   de dos filos.

5 Andar con ella conduce a la muerte;
   sus pasos llevan directamente al sepulcro.
6 A ella no le importa el camino de la vida
   ni se fija en lo inseguro de sus pasos.

7 Por lo tanto, hijo mío, atiéndeme,
   no te apartes de mis enseñanzas.
8 Aléjate de la mujer ajena;
   ni siquiera te acerques
   a la puerta de su casa,
9 para que no pierdas la riqueza de tus años
   en manos de gente extraña y cruel;
10 para que ningún extraño se llene
   con el fruto de tu esfuerzo y tu trabajo.
11 De lo contrario, acabarás por lamentarlo
   cuando tu cuerpo se consuma
   poco a poco.
12 Y dirás: "¡Cómo pude despreciar
   la corrección!
   ¡Cómo pude rechazar las represiones!
13 ¡No quise escuchar a mis maestros,
   no atendí a los que me instruían,
14 y por poco llego al colmo de la desgracia
   ante la comunidad entera!"

15 Calma tu sed con el agua
   que brota de tu propio pozo.
16 No derrames el agua de tu manantial;
   no la desperdicies derramándola
   por la calle.
17 Pozo y agua son tuyos, y de nadie más;
   ¡no los compartas con extraños!
18 ¡Bendita sea tu propia fuente!
   ¡Goza con la compañera de tu juventud,
19 delicada y amorosa cervatilla!
   ¡Que nunca te falten sus caricias!
   ¡Que siempre te envuelva con su amor!

20 ¿Por qué enredarte, hijo mío,
   con la mujer ajena?
   ¿Por qué arrojarte en brazos
   de una extraña?
21 El Señor está pendiente
   de la conducta del hombre;
   no pierde de vista ninguno de sus pasos.
22 Al malvado lo atrapa su propia maldad;
   su propio pecado lo sujeta como un lazo.
23 Su indisciplina lo llevará a la muerte;
   su gran necedad, a la perdición.

---

[a] **5.3** *Mujer ajena:* La palabra hebrea se traduce a veces por *ramera* o *prostituta*, pero, en realidad, se trata de la mujer adúltera. Las *palabras* de esta mujer se mencionan en 7.14-20.

Advertencias contra el dar fianza

6 1 Hijo mío, si das fianza por tu amigo
o te haces responsable de un extraño,
2 tú solo te pones la trampa:
quedas atrapado en tus propias palabras.
3 Para librarte, hijo mío,
pues estás en las manos de otro,
haz lo siguiente:
trágate el orgullo y cóbrale a tu amigo.
4 No te duermas,
no te des ni un momento de descanso;
5 huye, como un venado del cazador;
huye, como un ave de la trampa.

Exhortación a los perezosos

6 Anda a ver a la hormiga, perezoso;
fíjate en lo que hace, y aprende la lección:
7 aunque no tiene quien la mande
ni quien le diga lo que ha de hacer,
8 asegura su comida en el verano,
la almacena durante la cosecha.
9 ¡Basta ya de dormir, perezoso!
¡Basta ya de estar acostado!
10 Mientras tú sueñas y cabeceas,
y te cruzas de brazos para dormir mejor,
11 la pobreza vendrá y te atacará
como un vagabundo armado.

Características del malvado

12 El que es malvado y perverso
anda siempre contando mentiras;
13 guiña los ojos,
hace señas con los pies,
señala con los dedos;
14 su mente es perversa,
piensa siempre en hacer lo malo
y en andar provocando peleas.
15 Por eso, en un instante le vendrá
el desastre;
en un abrir y cerrar de ojos
quedará arruinado sin remedio.

Lo que el Señor aborrece[a]

16 Hay seis cosas, y hasta siete,
que el Señor aborrece por completo:
17 los ojos altaneros,
la lengua mentirosa,
las manos que asesinan a gente inocente,
18 la mente que elabora planes perversos,
los pies que corren ansiosos al mal,
19 el testigo falso y mentiroso,
y el que provoca peleas entre hermanos.

Consecuencias del adulterio

20 Hijo mío, guarda siempre en tu memoria
los mandamientos y enseñanzas
de tus padres.
21 Llévalos siempre sobre tu corazón,
átalos alrededor de tu cuello;[b]
22 te guiarán cuando andes de viaje,
te protegerán cuando estés dormido,
hablarán contigo cuando despiertes.

23 En verdad, los mandamientos
y las enseñanzas
son una lámpara encendida;
las correcciones y los consejos
son el camino de la vida.
24 Te protegerán de la mujer malvada,
de las palabras melosas de la mujer ajena.
25 No permitas que su belleza
encienda tu pasión;
¡no te dejes atrapar por sus miradas!

26 La prostituta va tras un bocado de pan,
pero la adúltera va tras el hombre
que vale.[c]

27 El que se echa fuego en el pecho,
sin duda se quema la ropa.
28 El que camina sobre las brasas,
se quema los pies.
29 El que se enreda con la mujer ajena,
no quedará sin castigo.

30 Nadie desprecia al ladrón
que roba para calmar su hambre;
31 aunque si lo encuentran robando,
tendrá que devolver siete veces lo robado,
y aun tendrá que dar todo cuanto tenga.

---

[a] **6.16-19** Este es un caso de "proverbio numérico", que consiste en hacer una enumeración dando primero una cifra y añadiendo una unidad más al número original. Es un artificio literario característico de los escritos sapienciales (Pr 30.15-33; Ec 4.9-12; Eclo 23.16-17; 25.7; 26.5-6,28; 50.25), aunque también se encuentra a veces en la literatura profética (Is 17.6; Am 1.3,6,9,11,13). [b] **6.20-21** Pr 1.8-9. *Átalos alrededor de tu cuello:* cf. Pr 3.3.
[c] **6.26** Esta es la primera referencia directa a la *prostituta*. La mujer *adúltera* es más peligrosa que la *prostituta*, porque esta se contenta con su paga, pero aquella busca la *vida* (lit. *alma*) del hombre.

32 ¡Qué imprudente es
      el que anda con la mujer ajena!
      ¡El que lo hace se destruye a sí mismo!
33 Tendrá que afrontar golpes y ofensas,
      y no habrá nada que borre su deshonra.
34 Porque el hombre celoso
      es como un fuego,
      y no perdona a la hora de vengarse;
35 no acepta desagravio alguno,
      ni se calma ante muchos regalos.

Artimañas de la mujer adúltera

7 **1** Obedece mis palabras, hijo mío;
      guarda en tu mente mis mandamientos.
   2 Obedece mis mandamientos
         y enseñanzas;
      cuídalos como a las niñas de tus ojos,
         y vivirás.
3 Átalos a tus dedos,
      grábatelos en la mente.
4 Haz de la sabiduría tu hermana,[a]
      haz de la inteligencia tu amiga.
5 Ellas te librarán de la mujer adúltera,
      de la extraña de palabras seductoras.

6 Un día estaba yo mirando
      entre las rejas de mi ventana
7 a unos jóvenes sin experiencia,
      y me fijé en el más imprudente de ellos.
8 Al llegar a la esquina cruzó la calle
      en dirección a la casa de aquella mujer.
9 La tarde iba cayendo,
      y comenzaba a oscurecer.
10 De pronto la mujer salió a su encuentro,
      con toda la apariencia y los gestos
         de una prostituta,
11 de una mujer ligera y caprichosa
      que no puede estarse en su casa
12 y que anda por calles, plazas y esquinas
      esperando atrapar al primero que pase.
13 La mujer abrazó y besó al joven,
      y descaradamente le dijo:
14 "Yo había prometido sacrificios
         de reconciliación,
      y hoy he cumplido mi promesa.[b]
15 Por eso he salido a tu encuentro;
      ¡tenía ganas de verte, y te he encontrado!

16 Sobre mi cama he tendido
      una hermosa colcha de lino egipcio,
17 la he perfumado con aroma
      de mirra, áloe y canela.
18 Ven, vaciemos hasta el fondo
         la copa del amor;
      gocemos del amor hasta que amanezca,
19 pues mi esposo no está en casa:
      ha salido para un largo viaje:
20 se ha llevado una bolsa de dinero
      y no volverá hasta el día de la luna llena."

21 Sus palabras melosas e insistentes
      acabaron por convencer al muchacho,
22 que sin más se fue tras ella:
      como un buey rumbo al matadero,
      como un ciervo que cae en la trampa
23 y al que luego una flecha le parte
         el corazón;
      como un ave que se lanza contra la red
      sin saber que eso le va a costar la vida.

24 Así pues, hijo mío, escúchame;
      presta atención a mis palabras.
25 No desvíes hacia esa mujer
         tus pensamientos;
      no te pierdas por ir tras ella,
26 porque a muchos los ha herido de muerte;
      ¡sus víctimas son numerosas!
27 Tomar el camino de su casa
      es tomar el camino de la muerte.

Discurso de la sabiduría

8 **1** La sabiduría clama a voz en cuello;
      la inteligencia hace oir su voz.
   2 Se para en lo alto de las colinas,
      se detiene donde se cruzan los caminos,
3 se hace oir junto a las puertas,
      a la entrada de la ciudad:
4 "Para ustedes los hombres
      van estas palabras mías.
5 Jóvenes inexpertos y necios,
      ¡aprendan a ser prudentes y entendidos!
6 Atiendan, que voy a decirles
      cosas importantes e irreprochables.
7 Lo que voy a decir es la verdad;
      no me gusta hablar mentira.

---

a **7.4** La palabra *hermana* puede referirse aquí a la novia o esposa (cf. Cnt 4.9–10,12; 5.1–2). *b* **7.14** La persona que ofrecía un *sacrificio de reconciliación* recibía una porción de carne de la víctima para comerla con sus familiares y amigos en un banquete sacrificial (Lv 7.16–17). Con esta expresión, la mujer está diciendo que en su casa hay comida abundante.

8 Todas mis palabras son justas;
   no hay en ellas la menor falsedad.

9 Para el inteligente y entendido,
   mis palabras son claras e irreprochables.

10 En vez de plata y oro fino,
   adquieran instrucción y conocimiento."

11 Vale más sabiduría que piedras preciosas;
   ¡ni lo más deseable se le puede comparar!

12 "Yo, la sabiduría,
      habito con la inteligencia,
   y sé hallar los mejores consejos.

13 Honrar al Señor es odiar el mal.
   Yo odio el orgullo y la altanería,
   el mal camino y la mentira.

14 En mí están el plan y su realización,
   yo soy el buen juicio y la fuerza.

15 Gracias a mí reinan los reyes
   y los gobernantes establecen el derecho.

16 Gracias a mí dominan los jefes de estado
   y dictan sentencia las autoridades.

17 Yo amo a los que me aman,
   y los que me buscan, me encuentran.

18 Yo doy riquezas y honra,
   grandes honores y prosperidad.

19 Lo que yo doy es mejor
      que el oro más refinado;
   lo que yo ofrezco es mejor
      que la plata más fina.

20 Yo voy por el camino recto,
   por las sendas de la justicia.

21 A los que me aman les doy su parte:
   lleno sus casas de tesoros.

22 "El Señor me creó[a]
      al principio de su obra,[b]
   antes de que él comenzara
      a crearlo todo.

23 Me formó en el principio del tiempo,
   antes de que creara la tierra.

24 Me engendró antes de que existieran
      los grandes mares,

antes de que brotaran
   los ríos y los manantiales.

25 Antes de afirmar los cerros y los montes,
   el Señor ya me había engendrado;

26 aún no había creado él
      la tierra y sus campos,
   ni el polvo de que el mundo
      está formado.

27 Cuando él afirmó la bóveda del cielo
   sobre las aguas del gran mar,
      allí estaba yo.

28 Cuando afirmó las nubes en el cielo
   y reforzó las fuentes del mar profundo,

29 cuando ordenó a las aguas del mar
      no salirse de sus límites,
   cuando puso las bases de la tierra,[c]

30 allí estaba yo, fielmente, a su lado.
   Yo era su constante fuente de alegría,
   y jugueteaba en su presencia
      a todas horas;

31 jugueteaba en el mundo creado,
   ¡me sentía feliz por el género humano!

32 "Y ahora, hijos míos, escúchenme;
   sigan mi ejemplo y serán felices.

33 Atiendan a la instrucción;
   no rechacen la sabiduría.

34 Feliz aquel que me escucha,
   y que día tras día se mantiene vigilante
   a las puertas de mi casa.[d]

35 Porque hallarme a mí es hallar la vida
   y ganarse la buena voluntad del Señor;[e]

36 pero apartarse de mí es poner la vida
      en peligro;
   ¡odiarme es amar la muerte!"

Contraste entre la sabiduría y la necedad

9 1 La sabiduría construyó su casa,
   la adornó con siete columnas;[a]
   2 mató animales para el banquete,
   preparó un vino especial,
   puso la mesa

---

[a] **8.22–31** Es manifiesta la influencia de estos vv. en el prólogo del *Evangelio de Juan.* Cf. Job 28.23–27; Eclo 24.5; Sab 8.6; 9.9. *Creó:* según el texto griego (LXX); el verbo hebreo puede traducirse también por *me adquirió* o *me poseyó.* [b] **8.22** *El Señor . . . de su obra:* Cf. Eclo 1.4,9; 24.9; Sab 9.9; Ap 3.14. [c] **8.29** Job 38.8–11; Sal 104.6–9; Jer 5.22; Miq 6.2. [d] **8.34** Cf. Sal 119.1–2; Pr 3.13,18. *A las puertas de mi casa:* Nótese la contraposición entre esta advertencia y la de ni siquiera acercarse a la casa de la mujer extraña o ajena (5.8; 7.6–23). [e] **8.35** *Porque . . . la vida:* Cf. Pr 3.1–2,13–18; Jn 11.25–26. La sabiduría se ofrece como mediadora eficaz entre Dios y el hombre. El NT presentará más tarde a Cristo como la sabiduría de Dios (1 Co 1.24,30; Col 2.2–3) y como el único mediador eficaz entre Dios y el género humano (1 Ti 2.5). [a] **9.1** *Siete columnas:* El número *siete* es símbolo de plenitud y perfección.

3 y envió a sus criadas a gritar
desde lo alto de la ciudad:
4 "¡Vengan acá, jóvenes inexpertos!"
Mandó a decir a los imprudentes:
5 "Vengan a comer de mi pan
y a beber del vino que he preparado.
6 Dejen de ser imprudentes, y vivirán;
condúzcanse como gente inteligente."

7 Corrige al insolente y malvado,
y solo lograrás que te insulte y ofenda.

8 Reprende al insolente y te ganarás su odio;
corrige al sabio y te ganarás su aprecio.

9 Dale al sabio y se hará más sabio;
enseña al hombre bueno
y aumentará su saber.

10 La sabiduría comienza por honrar
al Señor;
conocer al Santísimo es tener inteligencia.

11 Gracias a la sabiduría,
vivirás mucho tiempo
y aumentarán los años de tu vida.
12 Si eres sabio, tuyo será el provecho;
si eres insolente,
tuya será la responsabilidad.

13 La necedad es como una mujer chismosa,
tonta e ignorante.
14 Se sienta en una silla,
a las puertas de su casa,
en la parte más alta de la ciudad,
15 y llama a los caminantes
que van por buen camino:
16 "¡Vengan acá, jóvenes inexpertos!"
Manda a decir a los imprudentes:
17 "El agua robada es más sabrosa;
el pan comido a escondidas sabe mejor."
18 Pero ellos no saben que sus invitados
son ahora sombras en el reino
de la muerte.

Segunda colección: "dichos de Salomón"

10 1 Dichos de Salomón:

El hijo sabio alegra a sus padres;
el hijo necio los hace sufrir.

2 Las riquezas mal habidas no son
de provecho,
pero la honradez libra de la muerte.

3 El Señor no deja con hambre
al que es bueno,
pero impide al malvado calmar su apetito.

4 Poco trabajo, pobreza;
mucho trabajo, riqueza.

5 Cosechar en el verano es de sabios;
dormirse en la cosecha es de descarados.

6 Sobre el hombre bueno
llueven bendiciones,
pero al malvado lo ahoga la violencia.

7 Al hombre bueno
se le recuerda con bendiciones;
al malvado, muy pronto se le olvida.

8 El que es sabio acepta mandatos;
el que dice necedades acaba en la ruina.

9 El que nada debe, nada teme;
el que mal anda, mal acaba.

10 El que guiña el ojo acarrea grandes males;
el que dice necedades acaba en la ruina.

11 Las palabras del justo son fuente de vida,
pero al malvado lo ahoga la violencia.

12 El odio provoca peleas,
pero el amor perdona todas las faltas.[a]

13 En labios del sabio hay sabiduría;
para el imprudente,
un garrotazo en la espalda.

14 Los sabios se reservan sus conocimientos,
mas cuando los necios hablan,
el peligro amenaza.

15 La defensa del rico es su riqueza;
la ruina del pobre, su pobreza.

16 La recompensa del justo es la vida;
la cosecha del malvado es el pecado.[b]

[a] **10.12** *El amor . . . las faltas:* Cf. Pr 17.19; 1 P 4.8. [b] **10.16** Pr 11.18; 12.28; Ro 6.23.

17 El que atiende la corrección
　　va camino a la vida;
　el que la desatiende,
　　va camino a la perdición.

18 Es de mentirosos disimular el odio,
　y es de necios divulgar chismes.

19 El que mucho habla, mucho yerra;
　callar a tiempo es de sabios.

20 Plata fina es la lengua del justo;
　la mente del malo no vale nada.

21 Los labios del justo instruyen a muchos,
　pero el necio muere por su imprudencia.

22 La bendición del Señor es riqueza
　que no trae dolores consigo.

23 El necio goza cometiendo infamias;
　el sabio goza con la sabiduría.

24 Lo que más teme el malvado,
　　eso le sucede,
　pero al justo se le cumplen sus deseos.

25 Pasa el huracán y el malvado
　　desaparece,
　pero el justo permanece para siempre.

26 El perezoso es, para el que lo envía,
　como el vinagre a los dientes
　　o el humo a los ojos.

27 El honrar al Señor alarga la vida,
　pero a los malvados se les acorta.

28 Para los justos, el porvenir es alegre;
　para los malvados, ruinoso.

29 El Señor protege a los que hacen bien,
　pero destruye a los que hacen mal.

30 Jamás el justo fracasará,
　pero el malvado no permanecerá
　　en la tierra.

31 De los labios del justo brota sabiduría,
　pero al perverso le cortarán la lengua.

32 El justo dice cosas agradables;
　el malvado, solo cosas perversas.

11 1 El Señor reprueba
　　las balanzas falsas
　y aprueba las pesas exactas.

2 El orgullo acarrea deshonra;
　la sabiduría está con los humildes.

3 A los hombres rectos los guía su rectitud;
　a los hombres falsos
　　los destruye su falsedad.

4 De nada servirán las riquezas
　　el día del juicio,
　pero la justicia libra de la muerte.

5 La justicia endereza el camino del justo,
　pero el malvado cae
　　por su propia maldad.

6 La justicia libera a los hombres rectos,
　pero la codicia aprisiona a los traidores.

7 Cuando el malvado muere,
　mueren con él sus esperanzas e ilusiones.

8 Dios libra de la angustia al justo,
　y en su lugar pone al malvado.

9 Las palabras del malvado destruyen
　　a sus semejantes,
　pero la inteligencia del justo los salva.

10 Cuando los justos prosperan,
　　la ciudad se alegra;
　cuando los malvados mueren,
　　salta de alegría.

11 Con la bendición de los justos
　　se construye una ciudad,
　pero las palabras de los malvados
　　la destruyen.

12 El imprudente habla mal de su amigo;
　el prudente guarda silencio.

13 El chismoso todo lo cuenta;
　la persona digna de confianza
　　guarda el secreto.

14 Si no hay buen gobierno,
　　la nación fracasa;
　el triunfo depende de los muchos
　　consejeros.

15 Mal resulta salir fiador de un extraño;
el que evita dar fianzas vive tranquilo.

16 La mujer agraciada recibe honores,
y el hombre audaz obtiene riquezas.

17 El que es compasivo
se hace bien a sí mismo,
pero el que es cruel
provoca su propio mal.

18 El malvado recibe una paga engañosa;
el que actúa con justicia,
recompensa efectiva.

19 Ir tras la justicia conduce a la vida,
pero ir tras la maldad
conduce a la muerte.

20 El Señor aborrece
a los de mente perversa,
pero mira con agrado
a los de conducta intachable.

21 Ciertamente el malvado no quedará
sin castigo,
pero los justos saldrán bien librados.

22 Anillo de oro en hocico de cerdo
es la mujer bella de poco cerebro.

23 El deseo de los justos
siempre resulta bien;
el capricho de los malvados
solo provoca enojo.

24 Hay gente desprendida
que recibe más de lo que da,
y gente tacaña que acaba en la pobreza.

25 El que es generoso, prospera;
el que da, también recibe.

26 Al que acapara trigo,
la gente lo maldice;
al que lo vende, lo bendice.

27 El que anda tras el bien,
busca ser aprobado;
al que anda tras el mal, mal le irá.

28 El que confía en sus riquezas,
caerá como hoja seca,
pero los justos reverdecerán
como las ramas.

29 Al que descuida su casa, nada le queda;
el necio siempre será esclavo del sabio.

30 La justicia da vida,
la violencia la quita.

31 Si el justo recibe su paga aquí en la tierra,
¡con cuánta más razón el malvado
y el pecador!

12 ¹ Amar la disciplina
es amar el saber;
odiar la reprensión es ser ignorante.

2 Al hombre bueno el Señor lo aprueba,
y al pícaro lo condena.

3 El mal no es base firme para nadie;
los justos tienen raíz permanente.

4 La mujer ejemplar[a]
hace de su marido un rey,
pero la mala esposa
lo destruye por completo.

5 Los hombres justos piensan en la justicia;
los malvados, solo en el engaño.

6 Las palabras del malvado
son una trampa mortal;
las del hombre justo, salvación.

7 Los malvados caen, y ese es su fin,
pero la casa de los justos queda en pie.

8 Al hombre se le alaba
según su inteligencia,
pero el tonto solo merece desprecio.

9 Más vale menospreciado pero servido,
que reverenciado pero mal comido.

10 El justo sabe que sus animales sienten,
pero el malvado nada entiende
de compasión.

---

a **12.4** *Mujer ejemplar:* Cf. Pr 31.10–31.

11 El que trabaja su tierra
   tiene abundancia de pan;
   el imprudente se ocupa en cosas
   sin provecho.

12 Los malos deseos son la red
   de los malvados;
   la raíz de los justos es permanente.

13 El malvado se enreda
   en sus propias mentiras,
   pero el hombre justo sale bien del apuro.

14 Cada uno recoge el fruto de lo que dice
   y recibe el pago de lo que hace.

15 El necio cree que todo lo que hace
   está bien,
   pero el sabio atiende los consejos.

16 El necio muestra en seguida su enojo;
   el prudente pasa por alto la ofensa.

17 El testigo verdadero declara la verdad;
   el testigo falso afirma mentiras.

18 Hay quienes hieren con sus palabras,
   pero hablan los sabios y dan el alivio.

19 El que dice la verdad
   permanece para siempre,
   pero el mentiroso, solo un instante.

20 En los planes de los malvados hay mentira;
   en los consejos del hombre de paz,
   alegría.

21 El hombre justo jamás sufrirá ningún mal,
   pero el malvado recibirá
   todos los males juntos.

22 El Señor aborrece a los mentirosos,
   pero mira con agrado
   a los que actúan con verdad.

23 El inteligente no hace alarde de su saber,
   pero el necio hace gala de su estupidez.

24 El que trabaja, dominará;
   el perezoso será dominado.

25 La angustia deprime al hombre;
   la palabra amable lo alegra.

26 El justo sirve de guía a su prójimo,
   pero los malvados pierden el camino.

27 El cazador perezoso no alcanza presa,
   pero el diligente
   alcanza grandes riquezas.

28 El camino de la justicia lleva a la vida;
   el de la imprudencia lleva a la muerte.

13 ¹ El hijo sabio
   acepta la corrección del padre;
   el insolente no hace caso
   de represiones.

2 Cada uno recoge el fruto de lo que dice,
   pero los traidores tienen hambre
   de violencia.

3 Cuidar las palabras
   es cuidarse uno mismo;
   el que habla mucho se arruina solo.

4 El perezoso desea y no consigue;
   el que trabaja, prospera.

5 El hombre justo odia la mentira;
   el malvado es motivo de vergüenza
   y deshonra.

6 La rectitud protege al hombre intachable;
   la maldad destruye al pecador.

7 Hay quienes no tienen nada
   y presumen de ricos,
   y hay quienes todo lo tienen
   y aparentan ser pobres.

8 La riqueza del rico le salva la vida;
   el pobre jamás escucha amenazas.

9 Los justos son como una luz brillante;
   los malvados, como lámpara que se apaga.

10 El orgullo solo provoca peleas;
   la sabiduría está con los humildes.

11 La riqueza ilusoria, disminuye;
   el que la junta poco a poco, la aumenta.

12 Esperanza frustrada, corazón afligido,
   pero el deseo cumplido
   es como un árbol de vida.

13 El que desatiende una orden,
lo lamentará;
el que respeta el mandato
será recompensado.

14 La enseñanza del sabio es fuente de vida
y libra de los lazos de la muerte.

15 El buen juicio se gana el aprecio,
pero los traidores marchan a su ruina.

16 El que es prudente actúa con inteligencia,
pero el necio hace gala de su necedad.

17 El mensajero malvado acarrea problemas,
pero el mensajero fiel los alivia.

18 Pobreza y deshonra tendrá
quien desprecia el consejo;
grandes honores,
quien atiende la corrección.

19 El deseo cumplido es causa de alegría.
Los necios no soportan alejarse del mal.

20 Júntate con sabios y obtendrás sabiduría;
júntate con necios y te echarás a perder.

21 Los pecadores son perseguidos por el mal;
los justos, recompensados con el bien.

22 El hombre bueno deja herencia
a sus nietos;
el pecador amasa fortunas
que serán del justo.

23 En el campo del pobre
hay comida abundante,
pero mucho se pierde
donde no hay justicia.

24 Quien no corrige a su hijo, no lo quiere;
el que lo ama, lo corrige.

25 El justo come hasta estar satisfecho,
pero el malvado se queda con hambre.

14 1 La mujer sabia construye su casa;
la necia, con sus propias manos
la destruye.

2 El de recta conducta honra al Señor;
el de conducta torcida lo desprecia.

3 De la boca del necio brota el orgullo;
de los labios del sabio, su protección.

4 Cuando no hay bueyes, el trigo falta;
con la fuerza del buey, la cosecha aumenta.

5 El testigo verdadero no miente;
el testigo falso dice mentiras.

6 El insolente busca sabiduría
y no la encuentra;
para el inteligente, el saber es cosa fácil.

7 Aléjate del necio,
pues de sus labios
no obtendrás conocimiento.

8 La sabiduría hace al sabio entender
su conducta,
pero al necio lo engaña
su propia necedad.

9 Los necios se burlan de sus culpas,
pero entre los hombres honrados
hay buena voluntad.

10 El corazón conoce sus propias amarguras,
y no comparte sus alegrías
con ningún extraño.

11 La casa de los malvados será destruida;
la de los hombres honrados prosperará.

12 Hay caminos que parecen derechos,
pero al final de ellos está la muerte

13 Hasta de reírse duele el corazón,
y al final la alegría acaba en llanto.

14 El necio está satisfecho de su conducta;
el hombre bueno lo está de sus acciones.

15 El imprudente cree todo lo que le dicen;
el prudente se fija por dónde anda.

16 El sabio teme al mal y se aparta de él,
pero al necio nada parece importarle.

17 El que es impulsivo actúa sin pensar;
el que es reflexivo mantiene la calma.

18 Los imprudentes son herederos
de la necedad;

los prudentes se rodean
de conocimientos.

19 Los malvados se inclinarán
ante los buenos;
los malos suplicarán a las puertas
de los justos.

20 Al pobre, hasta sus propios amigos
lo odian;
al rico le sobran amigos.

21 El que desprecia a su amigo
comete un pecado,
pero ¡feliz aquel que se compadece
del pobre!

22 Los que buscan hacer lo malo,
pierden el camino;
los que buscan hacer lo bueno son objeto
de amor y lealtad.

23 De todo esfuerzo se saca provecho;
del mucho hablar, solo miseria.

24 La corona del sabio es su inteligencia;
la de los necios, su necedad.

25 El testigo verdadero salva a otros la vida;
el testigo falso es causa de muerte.

26 El honrar al Señor
es una firme esperanza
que da seguridad a los hijos.

27 El honrar al Señor es fuente de vida
que libra de los lazos de la muerte.

28 Gobernar a muchos
es una honra para el rey;
gobernar a pocos es su ruina.

29 Ser paciente es muestra
de mucha inteligencia;
ser impaciente es muestra
de gran estupidez.

30 La mente tranquila es vida para el cuerpo,
pero la envidia corroe hasta los huesos.

31 Ofende a su Creador
quien oprime al pobre,
pero lo honra quien le tiene compasión.

32 Al malvado lo arruina su propia maldad;
al hombre honrado lo protege
su honradez.

33 La sabiduría habita en mentes
que razonan,
pero entre los necios es desconocida.

34 La justicia es el orgullo de una nación;
el pecado es su vergüenza.

35 El siervo capaz se gana el favor del rey,
pero el incapaz se gana su enojo.

15 1 La respuesta amable
calma el enojo;
la respuesta violenta lo excita más.

2 De la lengua de los sabios brota sabiduría;
de la boca de los necios, necedades.

3 El Señor está en todo lugar
vigilando a los buenos y a los malos.

4 La lengua amable es un árbol de vida;
la lengua perversa hace daño al espíritu.

5 El necio desprecia la corrección
de su padre;
el que la atiende, demuestra inteligencia.

6 Gran abundancia hay en casa
del hombre honrado,
pero al malvado no le aprovechan
sus ganancias.

7 Los sabios esparcen sabiduría
con sus labios;
los necios, con su mente,
hacen todo lo contrario.

8 El Señor no soporta las ofrendas
de los malvados,
pero recibe con agrado
la oración de los justos.

9 El Señor no soporta la conducta
de los malvados,
pero ama a quien vive una vida recta.

10 Al que deja el buen camino
se le corrige con dureza;
el que odia la represión, morirá.

11 Si a la vista del Señor están la muerte
     y el sepulcro,
   ¡con mayor razón los pensamientos
     de los hombres!

12 El insolente no ama al que le reprende,
   ni busca la compañía de los sabios.

13 Corazón alegre, cara feliz;
   corazón enfermo, semblante triste.

14 La mente inteligente busca el saber,
   pero los necios se alimentan de necedades.

15 Para quien está afligido,
     todos los días son malos;
   para quien está contento,
     son una fiesta constante.

16 Más vale ser pobre y honrar al Señor,
   que ser rico y vivir angustiado.

17 Más vale comer verduras con amor,
   que carne de res con odio.

18 El que es impulsivo provoca peleas;
   el que es paciente las apacigua.

19 Para el perezoso,
     el camino está lleno de espinas;
   para el hombre recto,
     el camino es amplia calzada.

20 El hijo sabio alegra a sus padres;
   el hijo necio los menosprecia.

21 El imprudente goza con su necedad;
   el inteligente corrige sus propios pasos.

22 Cuando no hay consulta,
     los planes fracasan;
   el éxito depende de los muchos consejeros.

23 ¡Qué grato es hallar
     la respuesta apropiada,
   y aún más cuando es oportuna!

24 El camino de la vida va cuesta arriba,
   y libra al sabio de bajar al sepulcro.

25 El Señor destruye la casa del orgulloso,
   pero mantiene invariable la propiedad
     de la viuda.

26 El Señor no soporta los planes malvados,
   pero le agradan las palabras sin malicia.

27 El que se da a la codicia
     arruina su propia casa,
   pero el que rechaza el soborno, vivirá.

28 El hombre justo piensa
     lo que ha de responder,
   pero el malvado lanza maldad por la boca.

29 El Señor se aleja de los malvados,
   pero atiende a la oración de los justos.

30 Los ojos radiantes alegran el corazón;
   las buenas noticias dan nuevas fuerzas.

31 El que atiende a la reprensión
     que da vida,
   tendrá un lugar entre los sabios.

32 El que desprecia la corrección
     no se aprecia a sí mismo;
   el que atiende a la reprensión
     adquiere entendimiento.

33 El honrar al Señor instruye en la sabiduría;
   para recibir honores,
     primero hay que ser humilde.

16

1 Los planes son del hombre;
   la palabra final la tiene el Señor.

2 Al hombre le parece bueno
     todo lo que hace,
   pero el Señor es quien juzga
     las intenciones.

3 Pon tus actos en las manos del Señor
   y tus planes se realizarán.

4 El Señor lo ha creado todo
     con un propósito:
   aun al hombre malvado
     para el día del castigo.[a]

---

[a] **16.4** Cf. Ro 9.22. Más que afirmar que Dios creó a los *malvados* para manifestar en ellos su justicia, lo que se quiere indicar es que ni siquiera el *hombre malvado* puede sustraerse de los *propósitos* o planes divinos.

5 El Señor no soporta a los orgullosos;
   tarde o temprano tendrán su castigo.

6 Con amor y verdad se perdona el pecado;
   honrando al Señor se aleja uno del mal.

7 Cuando al Señor le agrada
      la conducta de un hombre,
   hasta a sus enemigos los pone en paz
      con él.

8 Vale más lo poco ganado honradamente,
   que lo mucho ganado en forma injusta.

9 Al hombre le toca hacer planes,
   y al Señor dirigir sus pasos.

10 El rey habla de parte de Dios
   y no dicta sentencias injustas.

11 Pesas y medidas caen
      bajo el juicio del Señor;
   todas las pesas han sido creadas por él.

12 Los reyes reprueban las malas acciones,
   porque el trono se basa en la justicia.

13 Los reyes aman y ven con agrado
   a quien habla con honradez y sinceridad.

14 La ira del rey es mensajera de muerte,
   y es de sabios procurar calmarla.

15 La alegría del rey es promesa de vida,
   y su buena voluntad es como nube
      de lluvia.

16 Más vale adquirir sabiduría que oro;
   más vale entendimiento que plata.

17 La norma de los justos es apartarse del mal;
   cuidar la propia conducta
      es cuidarse uno mismo.

18 Tras el orgullo viene el fracaso;
   tras la altanería, la caída.

19 Más vale humillarse con los pobres
   que hacerse rico con los orgullosos.

20 Al que bien administra, bien le va;
   ¡feliz aquel que confía en el Señor!

21 Al que piensa sabiamente,
      se le llama inteligente;
   las palabras amables convencen mejor.

22 Tener buen juicio es tener una fuente
      de vida;[b]
   instruir a los necios es también necedad.

23 El que piensa sabiamente,
      se sabe expresar,
   y sus palabras convencen mejor.

24 Las palabras dulces son un panal de miel:
   endulzan el ánimo y dan nuevas fuerzas.

25 Hay caminos que parecen derechos,
   pero al final de ellos está la muerte.

26 El apetito del que trabaja lo impulsa
      a trabajar;
   el hambre que siente lo empuja a ello.

27 El malvado es un horno de maldad;
   ¡aun sus palabras parecen llamas
      de fuego!

28 El perverso provoca peleas;
   el chismoso es causa de enemistades.

29 El violento engaña a su amigo
   y lo desvía por el mal camino.

30 Guiña los ojos quien piensa hacer
      lo malo;
   se muerde los labios
      quien ya lo ha cometido.

31 Las canas son una digna corona,
   ganada por una conducta honrada.

32 Más vale ser paciente que valiente;
   más vale vencerse uno mismo
      que conquistar ciudades.

33 El hombre echa las suertes,
   pero el Señor es quien lo decide todo.[c]

---

b **16.22** *Fuente de vida:* Pr 10.11; 13.14; 14.27.   *c* **16.33** En Israel, muchos asuntos se resolvían por medio de las *suertes* (Lv 16.8; Jos 7; 1 S 14; Hch 1.26).

17

¹ Más vale comer pan duro
   y vivir en paz
   que tener muchas fiestas*ᵃ*
   y vivir peleando.

² El siervo capaz llega a ser amo
   del hijo indigno,
  y tiene parte en la herencia
   como los otros hermanos.

³ El oro y la plata, el fuego*ᵇ* los prueba;
  los pensamientos los prueba el Señor.

⁴ El malvado y el mentiroso
  hacen caso de las malas lenguas.

⁵ El que se burla del pobre
   ofende a su Creador;
  el que se alegra de su desgracia
   no quedará sin castigo.

⁶ La corona de los ancianos
   son sus nietos;
  el orgullo de los hijos son sus padres.

⁷ Ni al tonto le sienta bien
   el hablar con elegancia,
  ni al hombre respetable
   el hablar con engaños.

⁸ El que practica el soborno
   cree tener poderes mágicos,
  pues alcanza el éxito
   en todo lo que emprende.

⁹ Quien pasa por alto la ofensa,
   crea lazos de amor;
  quien insiste en ella, aleja al amigo.

¹⁰ Cala más un regaño en el entendido
  que cien azotes en el necio.

¹¹ El revoltoso solo busca pelea,
  pero le enviarán un mensajero cruel.

¹² Vale más toparse con una osa furiosa
  que con un necio empeñado en algo.

¹³ Jamás el mal se apartará de la casa
  del que paga mal por bien.

¹⁴ Río desbordado es el pleito que se inicia;
  vale más retirarse que complicarse en él.

¹⁵ Perdonar al culpable y condenar
   al inocente
  son dos cosas que no soporta el Señor.

¹⁶ ¿Por qué viene el necio, dinero en mano,
  a comprar sabiduría,
   si no tiene entendimiento?

¹⁷ Un amigo es siempre afectuoso,
  y en tiempos de angustia es como
   un hermano.

¹⁸ El imprudente da fianza por su amigo
  y se hace responsable de él.

¹⁹ Al que le gusta ofender, le gusta pelear;
  el fanfarrón provoca su propia ruina.

²⁰ Jamás la mente perversa se encontrará
   con el bien;
  la lengua embustera
   caerá en la desgracia.

²¹ Ser padre de un necio trae solo dolor;
  ser padre de un tonto
   no es ninguna alegría.

²² Buen remedio es el corazón alegre,
  pero el ánimo triste resta energías.

²³ El malvado acepta soborno*ᶜ* en secreto,
  para torcer el curso de la justicia.

²⁴ La sabiduría es la meta del inteligente,
  pero el necio no tiene meta fija.

²⁵ El hijo necio es para sus padres
  motivo de enojo y amargura.

²⁶ No está bien multar al inocente
  ni azotar al hombre honorable.

ᵃ **17.1** *Muchas fiestas:* probable alusión a los banquetes ofrecidos con la carne de los sacrificios de reconciliación (véase Pr 7.14 n.). *ᵇ* **17.3** El *fuego* como medio para probar y purificar los metales es una imagen común en la literatura profética (cf. Jer 9.6–7; 11.20; 12.3; 17.10; Zac 13.9). Cf. también 1 P 1.7. *ᶜ* **17.23** *Soborno:* Ex 23.8; Dt 16.19; 1 S 8.3; Pr 18.8; Am 5.12.

27 Es de sabios hablar poco,
y de inteligentes mantener la calma.

28 Hasta el necio pasa por sabio e inteligente
cuando se calla y guarda silencio.

18

1 El egoísta solo busca su interés,
y se opone a todo buen consejo.

2 El necio no tiene deseos de aprender;
solo le importa presumir de lo que sabe.

3 Con la maldad viene la vergüenza;
con el orgullo, la deshonra.

4 Las palabras del hombre
son aguas profundas,
río que corre, pozo de sabiduría.

5 No está bien que los jueces favorezcan
al culpable
y le nieguen sus derechos al inocente.

6 Con sus labios, el necio se mete en líos;
con sus palabras se busca buenos azotes.

7 Las palabras del necio
son su propia ruina;
con sus labios se echa la soga al cuello.

8 Los chismes son como golosinas,
pero calan hasta lo más profundo.

9 Los perezosos y los destructores
¡hasta hermanos resultan!

10 El nombre del Señor
es una torre poderosa
a la que acuden los justos
en busca de protección.

11 El rico cree que sus riquezas
son una ciudad protegida por altos muros.

12 Tras el orgullo viene el fracaso;
tras la humildad, la prosperidad.

13 Es una necedad y una vergüenza
responder antes de escuchar.

14 Al enfermo lo levanta su ánimo,
pero al ánimo decaído,
¿quién podrá levantarlo?

15 Los sabios e inteligentes
adquieren los conocimientos que buscan.

16 Con un regalo se abren todas las puertas
y se llega hasta la gente importante.

17 El primero en defenderse parece tener
la razón,
pero llega su contrario
y lo desmiente.

18 El juicio divino pone fin a los pleitos
y separa a las partes en pugna.

19 Más se cierra el hermano ofendido
que una ciudad amurallada.
Los pleitos separan
como las rejas de un palacio.

20 Cada uno comerá hasta el cansancio
del fruto de sus palabras.

21 La vida y la muerte dependen
de la lengua;
los que hablan mucho
sufrirán las consecuencias.

22 Encontrar esposa es encontrar lo mejor:
es recibir una muestra del favor
de Dios.

23 El pobre habla con ruegos;
el rico responde con altanería.

24 Algunas amistades se rompen fácilmente,
pero hay amigos más fieles
que un hermano.

19

1 Más vale ser pobre y honrado,
que necio y calumniador.

2 No es bueno el afán sin reflexión;
las muchas prisas provocan errores.

3 La necedad del hombre
le hace perder el camino,
y luego el hombre le echa la culpa al Señor.

4 La riqueza atrae multitud de amigos,
pero el pobre hasta sus amigos pierde.

5 El testigo falso no quedará sin castigo;
el mentiroso no saldrá bien librado.

6 Al que es dadivoso y desprendido,
    todo el mundo lo busca
        y se hace su amigo.

7 Si al pobre hasta sus hermanos
        lo desprecian,
    con mayor razón
        sus amigos se alejarán de él.

8 El que aprende y pone en práctica
        lo aprendido,
    se estima a sí mismo y prospera.

9 El testigo falso no quedará sin castigo;
    al mentiroso le espera la muerte.

10 No es propio del necio
        hacer derroche de lujos,
    ni mucho menos del esclavo
        gobernar a grandes señores.

11 La prudencia consiste
        en refrenar el enojo,
    y la honra, en pasar por alto la ofensa.

12 La ira del rey es como el rugido del león,
    pero su buena voluntad
        es como rocío sobre la hierba.

13 Un hijo necio hace sufrir a su padre.

    Como gotera constante
        es la mujer pendenciera.

14 De los padres se reciben casa y riquezas;
    del Señor, la esposa inteligente.

15 La pereza hace dormir profundamente,
    y el perezoso habrá de pasar hambre.

16 El que cumple el mandamiento
        protege su vida;
    el que desprecia la enseñanza del Señor,
        muere.

17 Un préstamo al pobre es un préstamo
        al Señor,
    y el Señor mismo pagará la deuda.

18 Corrige a tu hijo
        mientras aún pueda ser corregido,
    pero no vayas a matarlo
        a causa del castigo.

19 El que mucho se enoja,
        recibe su merecido;
    librarlo del castigo es empeorar las cosas.

20 Atiende al consejo y acepta la corrección;
    así llegarás a ser sabio.

21 El hombre hace muchos planes,
    pero solo se realiza el propósito divino.

22 Lo que se quiere del hombre es lealtad;
    más vale ser pobre que tramposo.

23 La reverencia al Señor conduce a la vida;
    uno vive contento y sin sufrir ningún mal.

24 El perezoso mete la mano en el plato,
    pero no es capaz
        ni de llevársela a la boca.

25 Del castigo al insolente,
        el imprudente aprende;
    el sabio aprende con la sola corrección.

26 Maltratar al padre y echar de la casa
        a la madre
    son actos vergonzosos y reprobables
        en un hijo.

27 Hijo mío, si dejas de atender
        a la reprensión
    te apartarás de los buenos consejos.

28 El testigo falso se burla de la justicia;
    el malvado lanza maldad por la boca.

29 Listas están las varas para los insolentes;
    los buenos azotes para la espalda
        de los necios.

20 **1** El vino hace insolente al hombre;
    las bebidas fuertes lo alborotan;
    bajo sus efectos
        nadie actúa sabiamente.

2 Un rey furioso es como un león rugiente;
    quien lo provoca, pone su vida en peligro.

3 Es honra del hombre evitar discusiones,
    mas cualquier necio puede iniciarlas.

4 Cuando es tiempo de arar,
        el perezoso no ara;

pero al llegar la cosecha,
buscará y no encontrará.

5 Las intenciones secretas
son como aguas profundas,
pero el que es inteligente
sabe descubrirlas.

6 Hay muchos que presumen de leales,
pero no se halla a nadie
en quien se pueda confiar.

7 ¡Felices los hijos que deja
quien ha vivido con rectitud
y honradez!

8 Cuando el rey toma asiento
en el tribunal,
le basta una sola mirada para barrer
el mal.

9 Nadie puede decir:
"Tengo puro el corazón,
estoy limpio de pecado."

10 Pesas falsas y medidas con trampa
son dos cosas
que el Señor aborrece.

11 Por sus acciones se conoce
si un joven se conduce con rectitud.

12 El oído para oír y el ojo para ver
fueron creados por el Señor.

13 No te entregues al sueño,
o te quedarás pobre;
mantente despierto
y tendrás pan de sobra.

14 "¡Que mala mercancía!",
dice el comprador,
pero una vez comprada
se felicita a sí mismo.

15 Vale más quien habla con sabiduría,
que todo el oro y las joyas del mundo.

16 Al que salga fiador por un extraño,
quítale la ropa y tómasela en prenda.

17 Al hombre le gusta alimentarse
de mentiras,
aunque a la larga le resulte
como bocado de tierra.

18 Los planes se afirman
con un buen consejo;
la guerra se hace
con una buena estrategia.

19 El chismoso no sabe guardar un secreto,
así que no te juntes con gente chismosa.

20 El que maldice a su padre o a su madre,
morirá en la más espantosa oscuridad.

21 Lo que al principio se adquiere
fácilmente,
al final no es motivo de alegría.

22 Nunca hables de tomar venganza;
confía en el Señor, y él te hará triunfar.

23 El Señor aborrece el uso de pesas falsas;
las balanzas falsas son reprobables.

24 El Señor dirige los pasos del hombre;
nadie conoce su propio destino.

25 Es peligroso que el hombre
le prometa algo a Dios
y que después reconsidere su promesa.[a]

26 El rey sabio aleja de sí a los malvados
y los aplasta bajo una rueda.

27 El espíritu que Dios ha dado al hombre
es luz que alumbra
lo más profundo de su ser.

28 El rey se mantiene seguro en su trono
cuando practica el amor y la verdad.

29 El orgullo de los jóvenes
está en su fuerza;
la honra de los ancianos,
en sus canas.

30 La maldad se cura con golpes y heridas;
los golpes hacen sanar la conciencia.

---

[a] **20.25** Sobre *prometerle algo a Dios*, cf. Dt 23.21–23; Ec 5.4–5; Mt 5.33–37.

21

¹ La mente del rey,
    en manos del Señor,
sigue, como los ríos,
    el curso que el Señor quiere.

² Al hombre le parece bien
    todo lo que hace,
pero el Señor es quien juzga las intenciones.

³ Practica la rectitud y la justicia,
    pues Dios prefiere eso a los sacrificios.ª

⁴ Ojos altivos, mente orgullosa;
    la luz de los malvados es pecado.

⁵ Los planes bien meditados
    dan buen resultado;
los que se hacen a la ligera causan la ruina.

⁶ Las riquezas que se obtienen
    por medio de mentiras
son ilusión pasajera
    de los que buscan la muerte.

⁷ A los malvados los destruirá
    su propia violencia,
por no haber querido practicar la justicia.

⁸ La conducta del malvado es torcida
    e insegura;
las acciones del hombre honrado
    son limpias.

⁹ Más vale vivir en el borde de la azotea,
que en una amplia mansión
    con una mujer pendenciera.

¹⁰ El malvado solo piensa en hacer el mal;
jamás mira con bondad a sus semejantes.

¹¹ Del castigo al insolente,
    el imprudente aprende;
el sabio aprende con la sola explicación.

¹² El Dios justo observa la casa del malvado,
y entrega a los malvados a la ruina.

¹³ El que no atiende a los ruegos del pobre
tampoco obtendrá respuesta
    cuando pida ayuda.

¹⁴ El regalo hecho con discreción
calma aun el enojo más fuerte.

¹⁵ Cuando se hace justicia, el justo se alegra,
y a los malhechores les llega la ruina.

¹⁶ El que no sigue una conducta prudente,
irá a parar entre los muertos.

¹⁷ El que se entrega al placer,
    el vino y los perfumes,
terminará en la pobreza.

¹⁸ El hombre falso y malvado
sufrirá en lugar del justo y honrado.

¹⁹ Vale más vivir en el desierto
que con una mujer irritable
    y pendenciera.

²⁰ En casa del sabio hay riquezas y perfumes,
pero el necio gasta todo lo que tiene.

²¹ El que busca ser recto y leal,
encuentra vida y honor.

²² El sabio ataca una ciudad bien defendida,
y acaba con el poder en que ella confiaba.

²³ El que tiene cuidado de lo que dice,
nunca se mete en aprietos.

²⁴ Pedante, orgulloso e insolente se le llama
al que actúa con demasiada pedantería.

²⁵ De deseos se muere el perezoso,
porque sus manos no quieren trabajar;
²⁶ todo el día se lo pasa deseando.
El justo, en cambio, da sin tacañerías.

²⁷ El Señor aborrece las ofrendas
    de los malvados,
porque las ofrecen con malas intenciones.

²⁸ El testigo falso será destruido;
pero quien sabe escuchar,
    siempre podrá responder.

²⁹ El malvado aparenta seguridad;
el honrado está seguro de su conducta.

ᵇ **21.3** Cf. 1 S 15.22; Pr 15.8; Am 5.22–24; Os 6.6; Mt 9.13.

30 Ante el Señor no hay sabiduría que valga,
  ni inteligencia ni buenas ideas.

31 El hombre prepara el caballo
    para entrar en batalla,
  pero el Señor es quien da la victoria.

22 1 Vale más tener buena fama
    y reputación,
  que abundancia de oro y plata.

2 El rico y el pobre tienen algo en común:
  a los dos los ha creado el Señor.

3 El prudente ve el peligro y lo evita;
  el imprudente sigue adelante
    y sufre el daño.

4 La humildad y la reverencia al Señor
  traen como premio riquezas,
    honores y vida.

5 El camino del malvado
    está lleno de trampas;
  pero el que tiene cuidado de su propia
    vida, las evita.

6 Dale buena educación al niño de hoy,
  y el viejo de mañana
    jamás la abandonará.

7 Entre los pobres, el rico es rey;
  entre los deudores, el prestamista.

8 El que siembra maldad,
    cosechará calamidades;
  ¡el Señor lo destruirá con el cetro
    de su furia!

9 El que mira a otros con bondad,
    será bendecido
  por compartir su pan con los pobres.

10 Despedido el insolente, se va la discordia
  y se acaban los pleitos y las ofensas.

11 El rey aprecia al de corazón sincero,
  y brinda su amistad al que habla
    con gracia.

12 El Señor vigila atentamente al sabio
  y desmiente las afirmaciones
    del mentiroso.

13 Para no trabajar, el perezoso pretexta
  que en la calle hay un león
    que lo quiere matar.

14 Los labios de la adúltera
    son un pozo profundo
  donde caen los que el Señor maldice.

15 La necedad es parte de las ideas juveniles,
  pero se quita cuando se corrige con golpes.

16 El que para enriquecerse oprime al pobre
  o le da al rico, terminará en la pobreza.

Tercera colección: "dichos de los sabios" [a]

17 Presta toda tu atención
    a los dichos de los sabios;
  concéntrate en lo que te enseño.

18 Te agradará guardarlos en tu memoria
  y poder repetirlos todos juntos.

19 Hoy te los hago saber
  para que pongas tu confianza en el Señor.

20 Yo te he escrito treinta dichos
  que contienen consejos y conocimientos,

21 para enseñarte a conocer la verdad,
  para que puedas dar un fiel informe
    a quien te pregunte.

– 1 –

22 No abuses del pobre por ser pobre,
  ni oprimas ante los jueces al indefenso,

23 pues el Señor saldrá en su defensa
  y oprimirá a quienes los opriman.

– 2 –

24 No te hagas amigo ni compañero
  de gente violenta y malhumorada,

25 no sea que aprendas
    sus malas costumbres
  y te eches la soga al cuello.

– 3 –

26 Nunca te hagas responsable
  de las deudas de otra persona,

---

[a] **22.17—24.22** En estos caps. encontramos algunos paralelos con la literatura sapiencial egipcia (*Enseñanza de Amenemope*) y aramea (*Palabras de Ajicar*).

27 pues si no tienes con qué pagar,
hasta la cama te quitarán.

– 4 –

28 No cambies de lugar los linderos
establecidos por tus antepasados.

– 5 –

29 El que hace bien su trabajo,
estará al servicio de reyes
y no de gente insignificante.

– 6 –

23 1 Cuando un gran señor te invite
a comer,
piensa bien delante de quién
te encuentras.

2 Aunque tengas mucha hambre,
controla tu apetito;

3 no codicies sus deliciosos manjares,
porque te puede estar engañando.

– 7 –

4 No te esfuerces por hacerte rico;
deja de preocuparte por eso.

5 Si te fijas bien, verás que no hay riquezas;
de pronto se van volando, como águilas,
como si les hubieran salido alas.

– 8 –

6 No te sientes a la mesa de un tacaño,
ni codicies sus deliciosos manjares,

7 que son como un pelo en la garganta:
él te invita a comer y beber,
pero no lo dice en serio;

8 vomitarás después lo que comiste
y de nada te habrán servido
tus palabras amables.

– 9 –

9 No hables a oídos del necio,
pues se burlará de tus sabias palabras.

– 10 –

10 No cambies de lugar
los linderos antiguos,
ni invadas el terreno de los huérfanos,

11 porque ellos tienen
un poderoso libertador
que saldrá contra ti en su defensa.

– 11 –

12 Aplica tu mente y tus oídos
a la instrucción y a los conocimientos.

– 12 –

13 No dejes de corregir al joven,
que unos cuantos azotes no lo matarán;

14 por el contrario, si lo corriges,
lo librarás de la muerte.

– 13 –

15 Cuando alcances la sabiduría, hijo mío,
no habrá nadie más feliz que yo;

16 sentiré una profunda alegría
al oírte hablar como es debido.

– 14 –

17 No tengas envidia de los pecadores;
antes bien, honra siempre al Señor;

18 entonces tendrás un buen fin
y tu esperanza jamás será destruida.

– 15 –

19 Atiende bien, hijo mío, y aprende;
procura seguir el buen camino.

20 No te juntes con los borrachos
ni con los que comen demasiado,

21 pues los borrachos y los glotones
acaban en la ruina,
y los perezosos se visten de harapos.[a]

– 16 –

22 Atiende a tu padre, que te engendró;
no desprecies a tu madre
cuando sea anciana.

23 Compra la verdad y la sabiduría,
la instrucción y el entendimiento,
¡y no los vendas!

24 El padre del hijo bueno y sabio
tiene razón para estar feliz y orgulloso;

25 ¡haz, pues, que tu padre y tu madre
se sientan felices y orgullosos!

– 17 –

26 Pon toda tu atención en mí, hijo mío,
y mira con buenos ojos mi ejemplo;

27 porque la mujer extraña, la prostituta,
es como un pozo profundo y angosto;[b]

28 se pone al acecho, como un ladrón,
y hace que muchos hombres se pierdan.

---

[a] **23.19–21** Cf. Dt 21.18–21.   [b] **23.27** *Un pozo profundo y angosto:* posible alusión al *pozo del abismo* (cf. Ap 9.1–2).

– 18 –

29 ¿Quién sufre? ¿Quién se queja?
¿Quién anda en pleitos y lamentos?
¿Quién es herido sin motivo?
¿Quién tiene turbia la mirada?

30 El que no abandona jamás el vino
y anda ensayando nuevas bebidas.

31 No te fijes en el vino.
¡Qué rojo se pone y cómo brilla
en la copa!
¡Con qué suavidad se resbala!

32 Pero al final es como una serpiente
que muerde y causa dolor.

33 Te hará ver cosas extrañas,
y pensar y decir tonterías;

34 te hará sentir que estás en alta mar,
recostado en la punta del palo mayor,

35 y dirás:
"Me golpearon, y no lo sentí;
me azotaron, y no me di cuenta;
pero en cuanto me despierte
iré en busca de más vino."

– 19 –

24 ¹ No tengas envidia
de los malvados
ni ambiciones estar
en su compañía,

2 porque solo piensan en la violencia
y no hablan más que de hacer lo malo.

– 20 –

3 Con sabiduría se construye la casa,
y con inteligencia se ponen sus cimientos;

4 con conocimientos se llenan sus cuartos
de objetos valiosos y de buen gusto.

– 21 –

5 Vale más hombre sabio
que hombre fuerte;
vale más el saber que el poder,

6 pues la guerra se hace con buenos planes
y la victoria depende
de los muchos consejeros.

– 22 –

7 El necio no sabe qué decir
ante el tribunal,
pues la sabiduría está fuera de su alcance.

– 23 –

8 Quien solo piensa en hacer daño,
gana fama de malintencionado.

9 La intención del necio es el pecado;
¡no hay quien soporte al insolente!

– 24 –

10 Si te desanimas cuando estás en aprietos,
no son muchas las fuerzas que tienes.

– 25 –

11 Salva a los condenados a muerte;
libra del peligro a los que están por morir.

12 Pues aunque afirmes que no lo sabías,
el que juzga los motivos
habrá de darse cuenta;
bien lo sabrá el que te vigila,
el que paga a cada uno
según sus acciones.

– 26 –

13 Come, hijo mío, la dulce miel del panal;
prueba lo deliciosa que está.

14 Así de dulces te parecerán
la sabiduría y el conocimiento;
si los encuentras, tendrás un buen fin
y tu esperanza jamás será destruida.

– 27 –

15 No hagas planes malvados
en contra del hombre honrado,
ni causes destrozos en la casa donde vive,

16 porque aunque caiga siete veces,
otras tantas se levantará;
pero los malvados se hundirán
en la desgracia.

– 28 –

17 No te alegres ni hagas fiesta
por los tropiezos y caídas de tu enemigo,

18 porque al Señor no le agradará ver esto,
y entonces su enojo se apartará de él.

– 29 –

19 No te enojes por causa de los malvados
ni sientas envidia de los perversos;

20 porque el malvado no tendrá un buen fin:
¡el malvado se apagará
como una lámpara!

– 30 –

21 Honra a Dios y al rey, hijo mío;
no te juntes con los enemigos,

22 porque su ruina llega en un instante
y nadie sabe el castigo que Dios y el rey
pueden dar.

Cuarta colección:
otros "dichos de los sabios"

23 También estos son dichos de los sabios:

No está bien que en los tribunales
se discrimine a nadie.

24 Al que declara inocente al culpable,
los pueblos lo maldicen
    y las naciones lo desprecian;
25 pero a quienes lo castigan, les va bien
y la gente los cubre de bendiciones.[a]

26 El que da buenas respuestas
es como si diera un beso en los labios.

27 Arregla tus negocios en la calle
y realiza tus tareas en el campo,
y luego podrás construir tu casa.

28 No declares sin razón contra tu prójimo
ni hagas afirmaciones falsas.

29 No pienses jamás en vengarte,
haciéndole al otro
    lo mismo que él te hizo.

30 Pasé por el campo del perezoso
y por el viñedo del hombre
    falto de seso:
31 y lo que vi fue un terreno
    lleno de espinos,
con su cerca de piedras derrumbada.
32 Al ver esto, lo grabé en mi mente;
lo vi y aprendí esta lección:[b]
33 mientras tú sueñas y cabeceas,
y te cruzas de brazos
    para dormir mejor,
34 la pobreza vendrá y te atacará
como un vagabundo armado.

Quinta colección:
otros "dichos de Salomón"

25 **1** [a] También estos son dichos de Salomón, copiados por gente al servi-
cio de Ezequías, rey de Judá:

2 Es gloria de Dios tener secretos,
y honra de los reyes penetrar en ellos.[b]

3 La altura del cielo,
la profundidad de la tierra
y los pensamientos de los reyes,
son cosas en las que no es posible penetrar.

4 Aparta de la plata las impurezas,
y el platero producirá una copa;
5 aparta del servicio del rey al malvado,
y su trono se afirmará en la justicia.

6 No te des importancia ante el rey,
ni tomes el lugar de la gente importante;
7 vale más que te inviten a subir allí,
que ser humillado ante los grandes
    señores.

Lo que veas con tus propios ojos
8 no lo lleves en seguida a los tribunales,
porque otro testigo puede desmentirte
y al final no sabrás qué hacer.

9 Defiéndete de quien te acuse,
pero no descubras el secreto ajeno;
10 pues alguien puede oírte y ponerte
    en vergüenza,
y tu mala fama será cosa sin remedio.

11 "Las palabras en el momento oportuno
son como manzanas de oro[c]
    incrustadas en plata.

---

[a] **24.23–25** Cf. Pr 18.5; 28.21. Tanto la ley mosaica (Lv 19.15; Dt 1.17; 16.19) como los profetas (Is 10.2; Jer 5.28; Ez 22.12; Am 2.6; Miq 3.9,11) condenan la discriminación en los tribunales, apoyándose en el hecho de que Dios es un juez imparcial e insobornable (Sal 82.1–4; Is 11.3–5; Jer 23.5–6). [b] **24.30–34** Estos vv. muestran cómo suelen formarse los proverbios: el sabio observa los aspectos más relevantes de la vida diaria, reflexiona sobre la experiencia vivida y así saca conclusiones que luego transmite a sus discípulos. [a] **25.1—29.27** La *segunda colección de dichos de Salomón* recoge 128 proverbios. Esta colección puede dividirse en dos secciones: la comparativa, llamada así por el marcado uso de comparaciones y prohibiciones (caps. 25—27); y la real, cuyos temas predominantes son los pobres, la justicia y el rey (caps. 28—29). Esta colección es probablemente fruto de una recopilación hecha por las escribas del rey Ezequías. [b] **25.2** *Penetrar en ellos:* no se refiere a la necesidad de *penetrar* en los secretos de Dios, sino a la obligación que tiene el rey de conocer a fondo los asuntos que debe resolver. [c] **25.11** *Manzanas de oro:* algunos ven en esta expresión una referencia a naranjas o albaricoques; otros la toman literalmente, y piensan en un trabajo con metales que da como resultado una bellísima joya.

12 Como un anillo y un collar
        del oro más fino,
    es la sabia reprensión
        en quien sabe recibirla.

13 El mensajero fiel es para el que lo envía
    cual frescura de nieve en día caluroso,
    pues da nuevos ánimos a su señor.

14 Nubes y viento y nada de lluvia,
    es quien presume de dar
        y nunca da nada.

15 La paciencia calma el enojo;
    las palabras suaves rompen la resistencia.

16 Si encuentras miel,
        no comas más de la cuenta,
    no sea que de mucho comer la vomites.

17 Si visitas a tu amigo,
        no lo hagas con frecuencia,
    no sea que se canse de ti
        y llegue a odiarte.

18 Mazo, espada, flecha puntiaguda,
    ¡eso es quien declara en falso
        contra su amigo!

19 Confiar en un traidor
        en momentos de angustia
    es como andar con una pierna rota
    o comer con un diente picado.

20 Cantar canciones al corazón afligido
    es como echar vinagre en la llaga
    o quitarse la ropa en tiempo de frío.

21 Si tu enemigo tiene hambre,
        dale de comer;
    y si tiene sed, dale de beber;

22 así harás que le arda la cara
        de vergüenza,
    y el Señor te lo pagará.[d]

23 Por el viento del norte viene la lluvia,
    y por las malas lenguas las malas caras.

24 Más vale vivir en el borde de la azotea,
    que en una amplia mansión
        con una mujer pendenciera.

25 Como agua fresca en garganta sedienta
    así caen las buenas noticias
        de tierras lejanas.

26 Manantial de agua turbia y revuelta
    es el inocente que tiembla
        ante el culpable.

27 No hace bien comer mucha miel,
    pero es una honra investigar lo difícil.

28 Como ciudad sin muralla y expuesta
        al peligro,
    así es quien no sabe dominar sus impulsos.

26

1 No le va bien la nieve al verano
   ni la lluvia a la cosecha
   ni los honores al necio.

2 Como gorrión perdido o golondrina
       sin nido,
   la maldición sin motivo
       jamás llegará a su destino.[a]

3 Al caballo hay que domarlo,
   al asno hay que frenarlo
   y al necio hay que azotarlo.

4 El que al necio no responde,
   por necio no pasa.

5 El que al necio sabe responder,
   como tal le hace parecer.[b]

6 Confiar al necio un mensaje
   es cortarse los pies y buscarse problemas.

7 No va lejos el cojo con sus piernas
   ni el proverbio dicho por un necio.

8 Tan absurdo es atar la piedra a la honda
   como dar honra a los necios.

---

[d] **25.21-22** Cf. Ex 23.4-5. Esta enseñanza ocupa un lugar fundamental en el NT (Mt 5.44-48); Pablo cita estos vv. en Ro 12.20. [a] **26.2** Cf. Nm 23.8. En el mundo antiguo se creía que las *maldiciones* tenían un poder temible (cf. Zac 5.4). Pero si la maldición es injustificada, Dios no puede prestarle atención y por lo tanto, carece de eficacia. [b] **26.4-5** Estos dos proverbios son contradictorios solo en apariencia, ya que uno y otro deben ser aplicados según las circunstancias. A veces, la persona prudente pasa por tonta si se pone a litigar con un *necio;* otras veces, es conveniente dar al necio una respuesta oportuna, para impedir que se crea sabio.

9 Ni el borracho la espina siente,
ni el necio el proverbio entiende.

10 Arquero que apunta a todo el que pasa
es quien da al necio trabajo en su casa.

11 El perro vuelve a su vómito[c]
y el necio a su necedad.

12 Más se puede esperar del necio
que de quien se cree muy sabio.[d]

13 Para no trabajar, el perezoso pretexta
que en la calle hay un león al acecho.

14 La puerta gira en sus bisagras
y el perezoso gira en la cama.

15 El perezoso mete la mano en el plato,
pero luego es incapaz
de llevársela a la boca.

16 El perezoso se cree más sabio
que siete personas que saben
responder.

17 Meterse en pleitos ajenos
es agarrar a un perro por las orejas.

18 Como un loco que lanza
mortales flechas de fuego,

19 así es quien engaña a su amigo
y luego dice que todo era un juego.

20 Sin leña se apaga el fuego,
y sin chismes se acaba el pleito.

21 Para hacer brasas, el carbón;
para hacer fuego, la leña;
y para entablar pleitos, el pendenciero.

22 Los chismes son como golosinas,
pero calan hasta lo más profundo.

23 Baño de plata sobre olla de barro
son las palabras suaves que llevan mala
intención.

24 El que odia, lo disimula cuando habla,
pero en su interior hace planes malvados.

25 No le creas si te habla con ternura,
pues su mente está llena de maldad;[e]

26 aunque trate de ocultar su odio,
su maldad se descubrirá ante todos.

27 El que cava una fosa, en ella cae;
al que hace rodar una roca,
la roca lo aplasta.

28 El mentiroso odia la verdad,
el de suaves palabras
provoca el desorden.

27 1 No presumas del día de mañana,
pues no sabes
lo que el mañana traerá.

2 Deja que sean otros los que te alaben;
no está bien que te alabes tú mismo.

3 Las piedras y la arena son pesadas,
pero más pesado es el enojo del necio.

4 La ira es cruel, y el enojo destructivo,
pero los celos son incontrolables.

5 Vale más reprender con franqueza
que amar en secreto.

6 Más se puede confiar en el amigo
que hiere
que en el enemigo que besa.

7 El que está lleno, hasta la miel desprecia;
al que tiene hambre,
hasta lo amargo le sabe dulce.

8 Como ave que vaga lejos de su nido
es el que anda lejos del lugar
donde nació.

9 Para alegrar el corazón,
buenos perfumes;
para endulzar el alma,
un consejo de amigos.

---

[c] **26.11** *El perro... su vómito:* 2 P 2.22. [d] **26.12** El que *se cree muy sabio* piensa que ha llegado a la perfección del saber; por eso *puede esperarse más del necio* que de él, ya que el necio puede al menos reconocer su ignorancia. Cf. Pr 3.7; 29.20. [e] **26 .25** *Está llena de maldad:* lit. *hay siete abominaciones en su corazón.* El número *siete* es símbolo de plenitud.

10 Nunca abandones a tus amigos
   ni a los amigos de tu padre.

   Nunca vayas con tus problemas
   a la casa de tu hermano.

   Más vale vecino cercano
   que hermano lejano.

11 Sé sabio, hijo mío, y me harás feliz;
   así podré responder
     a los que me ofenden.

12 El prudente ve el peligro y lo evita;
   el imprudente sigue adelante
     y sufre el daño.

13 Al que salga fiador por un extraño,
   quítale la ropa y tómasela en prenda.

14 Saludar al amigo a gritos y de madrugada,
   es para él lo mismo que insultarlo.

15 Lo mismo es una mujer pendenciera
   que una gotera constante
     en tiempo de lluvia.

16 Querer detenerla es querer detener
     el viento
   o retener el aceite en la mano.

17 El hierro se afila con hierro,
   y el hombre con otro hombre.

18 El que cuida de la higuera
     come los higos;
   el que cuida de su amo recibe honores.

19 Así como las caras se reflejan en el agua,
   así también los hombres se reflejan
     en su mente.

20 La muerte, el sepulcro y la codicia
     del hombre
   jamás quedan satisfechos.

21 Al oro y la plata, el fuego los prueba;
   al hombre lo prueban las alabanzas.

22 Al necio no se le quita lo necio
   ni aunque lo muelas y lo remuelas.

23 Manténte al tanto de tus ovejas,
   preocúpate por tus rebaños,

24 pues ni riquezas ni coronas
   duran eternamente.

25 Cuando el pasto aparezca,
     y brote el verdor,
   y se recoja la hierba de los montes,

26 de tus corderos tendrás lana
     para vestirte,
   de tus cabritos dinero
     para comprar terrenos

27 y de tus cabras leche abundante
   para alimentarte tú y tu familia
   y todos los que estén a tu servicio.

28 ¹ El malvado huye
     aunque nadie lo persiga,
   pero los justos viven confiados
     como el león.

2 Cuando el país anda mal,
     los gobernantes aumentan,
   pero el buen dirigente
     sabe mantener el orden.

3 El malvado que oprime a los pobres
   es como fuerte lluvia
     que destruye las cosechas.

4 Los que se apartan de la ley
     alaban al malvado;
   los que la cumplen
     están en contra de él.

5 Los malvados no entienden nada
     de la justicia,
   pero los que recurren al Señor
     lo entienden todo.

6 Más vale ser pobre y honrado
   que rico y malintencionado.

7 El que cumple la ley de Dios
     es un hijo inteligente,
   pero el que anda con glotones
     es la vergüenza de su padre.

8 El que amontona riquezas
     cobrando intereses,
   las amontona para el que se compadece
     de los pobres.

9 Si alguno no quiere atender
     la ley de Dios,
   tampoco Dios soportará sus oraciones.

10 El que lleva a los buenos por mal camino,
   caerá en su propia trampa;
   pero los hombres intachables
       recibirán lo mejor.

11 El rico se cree muy sabio,
   pero el pobre e inteligente
       puede ponerlo a prueba.

12 Cuando triunfan los justos,
       se hace gran fiesta;
   cuando triunfan los malvados,
       la gente se esconde.

13 Al que disimula el pecado, no le irá bien;
   pero el que lo confiesa y lo deja,
       será perdonado.ᵃ

14 Feliz el hombre que honra siempre
       al Señor;
   pero el terco caerá en la desgracia.

15 Igual que un león rugiente o un oso voraz
   es el malvado que gobierna
       a un pueblo pobre.

16 El gobernante insensato
       aumenta la opresión;
   pero el que no es codicioso
       tendrá larga vida.

17 El que ha cometido un asesinato
   no parará hasta caer en la tumba:
   ¡que nadie intente detenerlo!

18 El hombre honrado será puesto a salvo,
   pero el perverso caerá en la desgracia.

19 Al que cultiva su campo,
       hasta le sobra comida;
   al que anda con ociosos,
       lo que le sobra es pobreza.

20 Quien es digno de confianza, será alabado;
   quien tiene ansias de riquezas,
       no quedará sin castigo.

21 No está bien discriminar a nadie;
   hasta por un pedazo de pan se puede pecar.

22 El ambicioso tiene prisa por ser rico,
   y no sabe que sobre él vendrá la pobreza.

23 Con el tiempo, más se aprecia
   al que critica que al que alaba.

24 Amigo de criminales
   es quien roba a sus padres
       y alega que no ha pecado.

25 El que mucho ambiciona, provoca peleas;
   pero el que confía en el Señor, prospera.

26 Solo un necio confía en su propias ideas;
   el que actúa con sabiduría
       saldrá bien librado.

27 Al que ayuda al pobre, nada le faltará;
   pero al que le niega su ayuda,
       mucho se le maldecirá.

28 Cuando triunfan los malvados,
       la gente se esconde;
   cuando les llega su fin,
       predominan los justos.

29 ¹ El que se pone terco cuando
             lo reprenden,
         pronto será destruido sin remedio.

² Cuando predominan los justos,
       la gente se alegra;
   cuando los malvados gobiernan,
       la gente sufre.

³ El hijo sabio hace feliz a su padre;
   el que anda con prostitutas
       derrocha el dinero.

⁴ El rey que hace justicia, afirma a su país;
   el que solo exige impuestos, lo arruina.

⁵ El que siempre alaba a su amigo,
   en realidad le está tendiendo una trampa.

⁶ La trampa del malvado
       son sus propios pecados;
   pero el hombre honrado
       vive alegre y feliz.

ᵃ **28.13** Cf. Eclo 4.20; Lc 18.9–14; 1 Jn 1.9. También algunos salmos muestran la necesidad de reconocer y confesar los pecados para alcanzar perdón y paz (cf. Sal 32.3–5; 38.4–5,19).

7 El justo toma en cuenta los derechos
      del pobre,
   pero al malvado nada le importa.

8 Los alborotadores agitan a una ciudad;
   los sabios saben calmar los ánimos.

9 El sabio que entabla pleito contra
      un necio,
   se enoja, recibe burlas y no arregla nada.

10 Los asesinos y desalmados
   odian a muerte al hombre honrado.

11 El necio da rienda suelta a sus impulsos,
   pero el sabio acaba por refrenarlos.

12 El gobernante que hace caso de mentiras
   corrompe a todos sus servidores.

13 El oprimido y el opresor
      tienen algo en común:
   el Señor les ha dado la vista a ambos.

14 El rey que gobierna a los pobres
      con lealtad,
   afirma su trono para siempre.

15 A golpes y represiones se aprende,
   pero el hijo consentido
      avergüenza a su madre.

16 Si los malvados abundan,
      abunda el pecado;
   pero los hombres honrados
      los verán fracasar.

17 Corrige a tu hijo y te hará vivir tranquilo,
   y te dará muchas satisfacciones.

18 Donde no hay dirección divina,
      no hay orden;
   ¡feliz el pueblo que cumple la ley de Dios!

19 Con palabras no se corrige al esclavo,
   porque entiende pero no hace caso.

20 Más se puede esperar de un necio
   que de quien habla sin pensar.

21 El que consiente a su esclavo
      desde pequeño,
   al final tendrá que lamentarlo.

22 El que es violento e impulsivo,
   provoca peleas y comete muchos errores.

23 Al que es orgulloso se le humilla,
   pero al que es humilde se le honra.

24 El cómplice del ladrón
      es enemigo de sí mismo,
   pues aunque oye maldiciones*a* no confiesa.

25 El miedo a los hombres es una trampa,
   pero el que confía en el Señor
      estará protegido.

26 Muchos buscan el favor del gobernante,
   pero solo el Señor hace justicia.

27 Los hombres honrados
      no soportan a los malvados,
   y los malvados no soportan a los honrados.

Sexta colección: "dichos de Agur"

30 1 *a* Dichos de Agur, hijo de Jaqué de
      Masá. *b* Agur habló a Itiel y a Ucal de
      la siguiente manera:

2 Soy el más estúpido de los hombres,
   no hay en mí entendimiento humano.
3 No he adquirido sabiduría,
   ni sé nada acerca del Santísimo. *c*
4 ¿Quién ha subido y bajado del cielo?
   ¿Quién puede contener el viento
      en su puño?

---

a **29.24** *Aunque oye maldiciones:* Cuando alguien hacía una declaración bajo juramento, quedaba expuesto, en caso de mentir, a *maldiciones* que unas veces se formulaban expresamente y otras se daban por sobreentendidas. Cf. Jue 17.2. *a* **30.1–33** *Los dichos de Agur* se extienden hasta el v. 14; en el resto del cap. (vv. 15–33) hay proverbios numéricos no necesariamente asociados a Agur. *b* **30.1** *Agur . . . de Masá:* Muy probablemente, *Agur* era un sabio no israelita. *Masá* puede ser el nombre de una tribu ismaelita del norte de Arabia (cf. Gn 25.14; Pr 31.1). Los sabios de aquella región eran famosos en todo el mundo antiguo (cf. 1 R 5.10; Job 2.11; Jer 49.7). Sin embargo, la palabra hebrea *masá* también puede traducirse por *profecía*. *c* **30.3** *Del Santísimo:* en hebreo, esta frase está en plural (*los santos*), por lo que también podría referirse a *los sabios*.

¿Quién envuelve al mar en su capa?
¿Quién estableció los límites de la tierra?
¡No me digas que sabes su nombre,
y aun el nombre de su hijo!

5 El Señor protege a los que en él confían;
todas sus promesas son dignas
de confianza.

6 No añadas nada a lo que él diga;
de lo contrario, te puede reprender
y te hará quedar como mentiroso.

7 Solo dos cosas te he pedido, oh Dios;
concédemelas antes de que muera:

8 aleja de mí la falsedad y la mentira,
y no me hagas rico ni pobre;
dame solo el pan necesario,

9 porque si me sobra, podría renegar de ti
y decir que no te conozco;
y si me falta, podría robar
y ofender así tu divino nombre.

10 No hables mal del esclavo
delante de su amo,
pues te puede maldecir^d
y sufrirás las consecuencias.

11 Hay quienes maldicen a su padre
y no bendicen a su madre.

12 Hay quienes se creen muy limpios,
y no se han limpiado de sus impurezas.

13 Hay quienes se creen importantes,
y miran a otros con altanería.

14 Hay quienes tienen espadas
en vez de dientes
y puñales en vez de muelas,
para acabar por completo
con la gente pobre del país.

15 Dos hijas tiene la sanguijuela,
que solo saben pedir.

Hay tres cosas, y hasta cuatro,
que nunca se satisfacen:^e

16 el sepulcro,
la mujer estéril,
la tierra falta de agua
y el fuego insatisfecho.

17 El que mira a su padre con desprecio
y se burla de su madre anciana,
merece que los cuervos le saquen los ojos
y que las águilas lo devoren.

18 Hay tres cosas, y hasta cuatro,
que me asombran y no alcanzo
a comprender:

19 el camino del águila en el cielo,
el camino de la víbora en las rocas,
el camino de un barco en alta mar
y el camino del hombre en la mujer.^f

20 La mujer infiel hace lo siguiente:
come, se limpia la boca
y afirma que no ha hecho nada malo.

21 Hay tres tipos de gente, y hasta cuatro,
que son insoportables y hacen temblar
a un país:

22 el esclavo que llega a ser rey,
el tonto que tiene comida de sobra,

23 la mujer despreciada
que encuentra marido
y la esclava que toma el lugar de su señora.

24 Hay cuatro animalitos en la tierra
que son más sabios que los sabios:

25 las hormigas, gran ejército sin fuerza
que asegura su comida en el verano;

26 los tejones, grupo no muy numeroso
que vive entre las peñas;

27 las langostas, que sin tener rey
marchan en orden perfecto;^g

28 las lagartijas, que caben en un puño
y llegan hasta el palacio del rey.

29 Hay tres valientes, y hasta cuatro,
que tienen un paso airoso:

---

^d**30.10** *Te puede maldecir:* El esclavo era débil ante la ley y difícilmente se le daría la razón en contra de un ciudadano libre. Su único recurso era proferir una maldición, pidiendo a Dios que él mismo castigue al que le ocasionó el perjuicio. ^e**30.15–16** Con estos vv. se inicia una serie de proverbios numéricos (véase Pr 6.16–19 n.), interrumpidos por breves enseñanzas. Las cuatro cosas enumeradas aquí pertenecen al ámbito de la muerte. ^f**30.18–19** Cf. Sab 5.10–12. *El camino del hombre en la mujer:* Esta expresión no se refiere a lo que el *hombre* hace para enamorar a la *mujer,* sino al misterio del matrimonio y la procreación. ^g**30.24–27** Los *tejones* son pequeños animales que viven entre las rocas y se ocultan fácilmente (cf. Lv 11.5; Sal 104.18).

30 el león, el animal más terrible,
que no huye ante nada ni ante nadie;
31 el gallo orgulloso, el macho cabrío
y el rey que marcha al frente
de su ejército.

32 Si tontamente te has dado importancia
y has hecho planes malvados,
ponte a pensar
33 que si bates la leche,
obtendrás mantequilla,
si te suenas fuerte, te sangrará la nariz,
y si irritas a otro, acabarás en una pelea.

Séptima colección:
"dichos del rey Lemuel"

31 ¹ Dichos del rey Lemuel de Masá,[a]
con los cuales su madre le dio instrucción:

2 Hijo mío, fruto de mis entrañas,
respuesta de Dios a mis ruegos,
¿qué más te puedo decir?
3 Que no gastes tu energía con mujeres,
pues por ellas los reyes se pierden.
4 Y no está bien, Lemuel,
que reyes y gobernantes
beban vino y bebidas fuertes,
5 pues podrían olvidarse de la ley
y violar los derechos de los más humildes.

6 Deja el vino y las bebidas fuertes
para los decaídos y deprimidos;
7 ¡que beban y no vuelvan a acordarse
de su pobreza y sufrimientos!

8 Levanta la voz por los que no tienen voz;
¡defiende a los indefensos!
9 Levanta la voz, y hazles justicia;
¡defiende a los pobres y a los humildes!

Alabanza a la mujer ejemplar[b]
10 Mujer ejemplar no es fácil hallarla;
¡vale más que las piedras preciosas!
11 Su esposo confía plenamente en ella,
y nunca le faltan ganancias.

12 Brinda a su esposo grandes
satisfacciones
todos los días de su vida.
13 Va en busca de lana y lino,
y con placer realiza labores manuales.
14 Cual si fuera un barco mercante,
trae de muy lejos sus provisiones.
15 Antes de amanecer se levanta
y da de comer a sus hijos y a sus criadas.
16 Inspecciona un terreno y lo compra,
y con sus ganancias planta viñedos.
17 Se reviste de fortaleza
y con ánimo se dispone a trabajar.
18 Cuida de que el negocio marche bien,
y de noche trabaja hasta tarde.
19 Con sus propias manos
hace hilados y tejidos.
20 Siempre les tiende la mano
a los pobres y necesitados.
21 No teme por su familia cuando nieva,
pues todos los suyos
andan bien abrigados.
22 Ella misma hace sus colchas,
y se viste con las telas más finas.
23 Su esposo es bien conocido en la ciudad,
y se cuenta entre los más respetados
del país.
24 Ella hace túnicas y cinturones,
y los vende a los comerciantes.
25 Se reviste de fuerza y dignidad,
y el día de mañana no le preocupa.
26 Habla siempre con sabiduría,
y da con amor sus enseñanzas.
27 Está atenta a la marcha de su casa,
y jamás come lo que no ha ganado.
28 Sus hijos y su esposo
la alaban y le dicen:
29 "Mujeres buenas hay muchas,
pero tú eres la mejor de todas."
30 Los encantos son una mentira,
la belleza no es más que ilusión,
pero la mujer que honra al Señor
es digna de alabanza.
31 ¡Alábenla ante todo el pueblo!
¡Denle crédito
por todo lo que ha hecho!

---

[a] **31.1** *Lemuel, rey de Masá:* probablemente no era de Israel. [b] **31.10–31** Este poema final es acróstico o alfabético, ya que cada v. empieza con una letra diferente, conforme al orden del alfabeto hebreo.

ECLESIASTÉS

o El Predicador

El libro de *Eclesiastés* (=Ec) es el más breve de los escritos sapienciales del AT, pero también es el que encierra el mayor número de enigmas. Su autor fue un "sabio" como muchos otros en el pueblo de Israel y, en cuanto tal, puso todo su empeño en buscar la verdad y en encontrar las palabras adecuadas para poder comunicarla (cf. 12.9–10). Fue, al mismo tiempo, un pensador profundamente original, que no se contentó con aceptar ideas ya hechas, con repetir aforismos de escuela o con aprobar sin examen previo los postulados de una tradición. Como consecuencia de ello, este libro posee un conjunto de características que le asignan un sitio especial entre todos los demás escritos de la Biblia.

Ya el nombre del sabio resulta bastante enigmático. En el libro se le da el nombre de *Qohélet*, término derivado de la palabra hebrea *qahal* ("asamblea") y que designa probablemente un oficio o función. De ahí que *Qohélet* signifique algo así como "encargado de reunir a la asamblea y de dirigirle la palabra".

Este sentido se ve confirmado por la versión griega del AT llamada Septuaginta (**LXX**): en ella, el nombre de Qohélet se traduce por *Eclesiastés*. Este vocablo está vinculado con la palabra *ekklesia*, que en griego significa "asamblea"; por eso, *Eclesiastés* equivale, aproximadamente, a "orador público" o "predicador".

Sin embargo, más que a un discurso pronunciado ante una asamblea, el libro se parece a un diálogo del autor consigo mismo. En esa especie de debate interior, él suele contraponer realidades opuestas, tales como la vida y la muerte, la sabiduría y la necedad, la riqueza y la indigencia, el despotismo y la absoluta falta de poder. Lo que más se acentúa en esta contraposición es el aspecto negativo de la realidad, pero nunca se llega hasta el extremo de negar totalmente lo que la vida tiene de positivo. Así, *Eclesiastés* reconoce que en cada ámbito de la existencia y de la experiencia humanas –ya sea en el trabajo, el placer, la familia, la propiedad e, incluso, en la sabiduría– hay muchos aspectos valiosos (cf. 2.11,13). Pero todas estas cosas tienen un valor muy relativo, ya que ninguna de ellas, y ni siquiera todas juntas, son capaces de colmar por completo los anhelos más profundos del corazón humano.

El texto no proporciona datos demasiado precisos para determinar con exactitud la fecha en que fue redactado. El nombre de Salomón no aparece en el libro, pero se alude a él en expresiones como *hijo de David* (1.1) y *rey de Israel en Jerusalén* (1.12). Esta referencia al sabio de Israel por excelencia confería autoridad al escrito. Pero el hebreo utilizado por el autor y las ideas que expresa parecen indicar que la obra fue escrita hacia mediados o fines del siglo III a.C., cuando la cultura helenística comenzaba a difundirse ampliamente por todo el Cercano Oriente. De todas maneras, como sucede con el libro de *Job*, no es indispensable conocer la fecha de composición para apreciar en profundidad el contenido de la obra.

El siguiente esquema presenta las partes en que puede dividirse el libro:

Todo es vana ilusión

1 1-2 Estos son los dichos del Predicador, hijo de David, que reinó en Jerusalén.

¡Vana ilusión, vana ilusión![a]
¡Todo es vana ilusión!

3 ¿Qué provecho saca el hombre
de tanto trabajar en este mundo?

4 Unos nacen, otros mueren,
pero la tierra jamás cambia.

5 Sale el sol, se oculta el sol,
y vuelve pronto a su lugar
para volver a salir.

6 Sopla el viento hacia el sur,
y gira luego hacia el norte.
¡Gira y gira el viento!
¡Gira y vuelve a girar!

7 Los ríos van todos al mar,
pero el mar nunca se llena;
y vuelven los ríos a su origen
para recorrer el mismo camino.

8 No hay nadie capaz de expresar
cuánto aburren todas las cosas;
nadie ve ni oye lo suficiente
como para quedar satisfecho.

9 Nada habrá que antes no haya habido;
nada se hará que antes no se haya
hecho.
¡Nada hay nuevo en este mundo!

10 Nunca faltará quien diga:
"¡Esto sí que es algo nuevo!"
Pero aun eso ya ha existido
siglos antes de nosotros.

11 Las cosas pasadas han caído en el olvido,
y en el olvido caerán las cosas futuras
entre los que vengan después.

Experiencias del Predicador

12 Yo, el Predicador, fui rey de Israel en Jerusalén, 13 y me entregué de lleno a investigar y estudiar con sabiduría todo lo que se hace en este mundo. ¡Vaya carga pesada que ha puesto Dios sobre los hombres para humillarlos con ella! 14 Y pude darme cuenta de que todo lo que

se hace en este mundo es vana ilusión, es querer atrapar el viento.

15 ¡Ni se puede enderezar lo torcido, ni hacer cuentas con lo que no se tiene!

16-17 Entonces me dije a mí mismo: "Aquí me tienen, hecho un gran personaje, más sabio que todos los que antes de mí reinaron en Jerusalén; entregado por completo a profundizar en la sabiduría y el conocimiento, y también en la estupidez y la necedad, tan solo para darme cuenta de que también esto es querer atrapar el viento." 18 En realidad, a mayor sabiduría, mayores molestias; cuanto más se sabe, más se sufre.

2 1 También me dije a mí mismo: "Ahora voy a hacer la prueba divirtiéndome; voy a darme buena vida."[a] ¡Pero hasta eso resultó vana ilusión! 2 Y concluí que la risa es locura y que el placer de nada sirve.

3 Con mi mente bajo el control de la sabiduría, quise probar el estímulo del vino, y me entregué a él para saber si eso es lo que más le conviene al hombre[b] durante sus contados días en este mundo.

4 Realicé grandes obras; me construí palacios; tuve mis propios viñedos. 5 Cultivé mis propios huertos y jardines, y en ellos planté toda clase de árboles frutales. 6 Construí represas de agua para regar los árboles plantados; 7 compré esclavos y esclavas, y aun tuve criados nacidos en mi casa; también tuve más vacas y ovejas que cualquiera otro antes de mí en Jerusalén. 8 Junté montones de oro y plata, tesoros que antes fueron de otros reyes y de otras provincias. Tuve cantores y cantoras, placeres humanos y concubina tras concubina.[c]

9 Fui un gran personaje, y llegué a tener más que todos los que fueron antes de mí en Jerusalén. Además de eso, la sabiduría no me abandonaba. 10 Nunca me negué ningún deseo; jamás me negué ninguna diversión. Gocé de corazón con todos mis trabajos, y ese gozo fue mi recompensa.

11 Me puse luego a considerar mis propias obras y el trabajo que me había costado realizarlas, y me di cuenta de que todo era vana ilusión, un querer atrapar el viento, y de que no hay nada de provecho en este mundo.

---

[a] **1.1-2** *¡Vana ilusión!:* La expresión hebrea, traducida habitualmente por *vanidad de vanidades,* equivale a un superlativo. [a] **2.1** *"Ahora voy . . . buena vida.":* El autor no se pregunta por la bondad o maldad moral de los placeres, sino por su capacidad o incapacidad para colmar las aspiraciones más profundas del corazón humano. [b] **2.3** *Lo que más le conviene al hombre:* En esta expresión se resume el objeto de la "investigación" llevada a cabo por el Eclesiastés y que lo lleva a extraer la conclusión formulada en Ec 2.24; 3.12–13,22; 5.18; 8.15; 9.7–10. [c] **2.4-8** 1 R 4—10.

12Después me puse a reflexionar sobre la sabiduría, la estupidez y la necedad: ¿Qué más podrá hacer el que reine después de mí, sino lo que ya antes ha sido hecho? **13**Y encontré que es más provechosa la sabiduría que la necedad, así como es más provechosa la luz que la oscuridad.

14El sabio usa bien los ojos, pero el necio anda a oscuras. Sin embargo, me di cuenta de que a todos les espera lo mismo, **15**y me dije: "Lo que le espera al necio también me espera a mí, así que de nada me sirve tanta sabiduría. ¡Hasta eso es vana ilusión! **16**Porque nunca nadie se acordará ni del sabio ni del necio; con el correr del tiempo todo se olvida, y sabios y necios mueren por igual."

17Llegué a odiar la vida, pues todo lo que se hace en este mundo resultaba en contra mía. Realmente, todo es vana ilusión, ¡es querer atrapar el viento! **18**Llegué a odiar también todo el trabajo que había realizado en este mundo, pues todo ello tendría que dejárselo a mi sucesor. **19**Y una cosa era segura: que él, ya fuera sabio o necio, se adueñaría de todo lo que con tanto trabajo y sabiduría logré alcanzar en este mundo. ¡Y esto también es vana ilusión!

20Al ver lo que yo había hecho en este mundo, lamenté haber trabajado tanto, **21**pues hay quien pone sabiduría, conocimientos y experiencia en su trabajo, tan solo para dejárselo todo a quien no trabajó para obtenerlo. ¡Y también esto es vana ilusión y una gran injusticia!

22En fin, ¿qué saca el hombre de tanto trabajar y de tanto preocuparse en este mundo? **23**Toda su vida es de sufrimientos, es una carga molesta; ni siquiera de noche descansa su mente. ¡Y esto también es vana ilusión!

24Lo mejor que puede hacer el hombre es comer y beber, y disfrutar del fruto de su trabajo, pues he encontrado que también esto viene de parte de Dios. **25**Porque, ¿quién puede comer, o gozar, si no es por él? **26**De hecho, Dios da sabiduría, conocimiento y alegría a quien él mira con buenos ojos; pero al que peca le deja la carga de prosperar y amontonar tesoros para luego dárselos a quien él mira con buenos ojos. ¡También esto es vana ilusión y querer atrapar el viento!

Todo tiene su tiempo

3 **1**En este mundo todo tiene su hora; hay un momento para todo cuanto ocurre:

2 Un momento para nacer,
y un momento para morir.
Un momento para plantar,
y un momento para arrancar lo plantado.
3 Un momento para matar,
y un momento para curar.
Un momento para destruir,
y un momento para construir.
4 Un momento para llorar,
y un momento para reir.
Un momento para estar de luto,
y un momento para estar de fiesta.
5 Un momento para esparcir piedras,
y un momento para recogerlas.
Un momento para abrazarse,
y un momento para separarse.
6 Un momento para intentar,
y un momento para desistir.
Un momento para guardar,
y un momento para tirar.
7 Un momento para rasgar,
y un momento para coser.
Un momento para callar,
y un momento para hablar.
8 Un momento para el amor,
y un momento para el odio.
Un momento para la guerra,
y un momento para la paz.

9¿Qué provecho saca el hombre de tanto trabajar? **10**Me doy cuenta de la carga que Dios ha puesto sobre los hombres para humillarlos con ella. **11**Él, en el momento preciso, todo lo hizo hermoso; puso además en la mente humana la idea de lo infinito,[a] aun cuando el hombre no alcanza a comprender en toda su amplitud lo que Dios ha hecho y lo que hará.

12Yo sé que lo mejor que puede hacer el hombre es divertirse y disfrutar de la vida, **13**pues si comemos y bebemos y contemplamos los beneficios de nuestro trabajo, es porque Dios nos lo ha concedido. **14**Y también sé que

---

[a] **3.11** *La idea de lo infinito:* traducción probable de un término hebreo que significa *eternidad* o, con más exactitud, *el tiempo que se prolonga indefinidamente hacia el pasado y el futuro.* Aquí se refiere con mucha probabilidad, a la capacidad humana de abarcar con el pensamiento la totalidad de los acontecimientos pasados y futuros, y al irresistible deseo de comprender su sentido y su porqué.

todo lo que Dios ha hecho permanecerá para siempre. No hay nada que añadirle ni nada que quitarle; Dios lo ha hecho así, para que ante él se guarde reverencia. 15 Nada existe que no haya existido antes, y nada existirá que no exista ya. Dios hace que el pasado se repita. [b]

Injusticias de la vida

16 He podido ver también que en este mundo hay corrupción y maldad donde debiera haber justicia y rectitud. 17 Por lo tanto digo que Dios juzgará al hombre honrado y al malvado, porque hay un momento para todo lo que ocurre y para todo lo que se hace.

18 También digo, en cuanto a la conducta humana, que Dios está poniendo a prueba a los hombres para que se den cuenta de que también ellos son como animales. 19 En realidad, hombres y animales tienen el mismo destino: unos y otros mueren por igual, [c] y el aliento de vida es el mismo para todos. Nada de más tiene el hombre que el animal: [d] todo es vana ilusión, 20 y todos paran en el mismo lugar; del polvo fueron hechos todos, y al polvo todos volverán. 21 ¿Quién puede asegurar que el espíritu del hombre sube a las alturas de los cielos, y que el espíritu del animal baja a las profundidades de la tierra? [e] 22 Me he dado cuenta de que no hay nada mejor para el hombre que disfrutar de su trabajo, pues eso es lo que le ha tocado, ya que nadie lo traerá a que vea lo que habrá de ocurrir después de su muerte.

4 1 Dirigí luego mi atención a los actos de opresión que se cometen en este mundo. Y vi que los oprimidos lloran, pero no hay quien los consuele; sus opresores les hacen violencia, pero no hay quien los consuele. 2 Por eso consideré más felices a los que ya han muerto que a los que aún viven; 3 aunque en mejores condiciones que estos dos están los que aún no han nacido, pues todavía no han visto la maldad que se comete en este mundo.

4 Vi también que el mucho trabajar y el éxito en una empresa provocan la envidia de unos contra otros, y esto también es vana ilusión y querer atrapar el viento.

5 La gente dice: "El necio se cruza de brazos y se destruye a sí mismo." 6 Pero yo digo: "Más vale un puñado de descanso que dos de fatiga por querer atrapar el viento."

7 Al volverme hacia otro lado, vi otra vana ilusión en este mundo: 8 un hombre solo, sin amigos ni hijos ni hermanos, que jamás se toma un momento de descanso y que nunca se cansa de contemplar sus riquezas, ni se pregunta: "¿Y para quién trabajo tanto? ¿Para qué me niego el bienestar?" Pues también esto es vana ilusión y una pesada carga.

La unión hace la fuerza

9 Más valen dos que uno, pues mayor provecho obtienen de su trabajo. 10 Y si uno de ellos cae, el otro lo levanta. ¡Pero ay del que cae estando solo, pues no habrá quien lo levante! 11 Además, si dos se acuestan juntos, uno a otro se calientan; pero uno solo, ¿cómo va a entrar en calor? 12 Uno solo puede ser vencido, pero dos podrán resistir. Y además, la cuerda de tres hilos no se rompe fácilmente.

La sabiduría no está en la edad

13 Por otra parte, más vale el joven pobre pero sabio que el rey viejo pero necio, porque este ya no admite consejos. 14-15 Aunque el joven que luego reinará en lugar de ese rey haya llegado de la cárcel al trono, o haya subido de la pobreza al reinado, he visto a la gente de este mundo darle su apoyo. 16 Y aunque es incontable el pueblo sobre el cual reinará, ni a ellos ni a sus descendientes los dejará contentos. Y también esto es vana ilusión y querer atrapar el viento.

Hay que cumplir lo que se promete

5 1 Cuando vayas al templo de Dios, cuida tu conducta: en vez de ofrecer sacrificios como la gente tonta que no se da cuenta de que hace mal, acércate dispuesto a obedecer.

2 No te apresures, ni con los labios ni con el pensamiento, a hacer promesas a Dios, pues Dios está en el cielo y tú en la tierra. Por eso,

---

[b] **3.15** Cf. Ec 1.9. *Dios hace que el pasado se repita:* sentido probable de una frase que, traducida literalmente, dice *Dios busca lo que es perseguido.* [c] **3.19** Sal 49.12,20. [d] **3.19** *Nada de más tiene el hombre que el animal:* El autor no identifica sin más a los hombres con los animales. Afirma, simplemente, que todos los seres vivientes están animados por el aliento vital que se manifiesta en la respiración (cf. Gn 2.7; 7.22), y que cuando Dios les retira ese aliento, todos, indistintamente, vuelven al polvo común (cf. Gn 3.19). [e] **3.20–21** Ec 12.7.

habla lo menos que puedas, **3** porque por mucho pensar se tienen pesadillas, y por mucho hablar se dicen tonterías.

4 Cuando hagas una promesa a Dios, no tardes en cumplirla, porque a él no le agradan los necios. Cumple lo que prometes, **5** pues vale más no prometer, que prometer y no cumplir.*a*

6 No permitas que tus labios te hagan pecar, y luego digas ante el enviado de Dios*b* que lo hiciste por error. ¿Por qué hacer que Dios se enoje por lo que dices y destruya lo que has hecho? **7** Por lo tanto, en medio de tantas pesadillas y de tantas palabras y cosas sin sentido, tú debes mostrar reverencia hacia Dios.

Contradicciones de la vida

8 No te sorprendas si en algún país ves que se oprime al pobre y que se hace violencia a la justicia y al derecho, porque a un alto oficial lo encubre otro más alto, y otros más altos oficiales encubren a estos dos. **9** ¡Y a eso se le llama progreso del país y estar el rey al servicio del campo!

10 El que ama el dinero, siempre quiere más; el que ama las riquezas, nunca cree tener bastante. Esto es también vana ilusión, **11** porque mientras más se tiene, más se gasta. ¿Y qué se gana con tener, aparte de contemplar lo que se tiene? **12** El que trabaja, coma poco o mucho, siempre duerme a gusto; al rico, en cambio, sus riquezas no lo dejan dormir.

13 Una cosa realmente lamentable he visto en este mundo: que el amontonar riquezas va en perjuicio de su dueño, **14** pues un mal negocio puede acabar con toda esa riqueza, y si él tiene un hijo, ya no tendrá después nada que dejarle. **15** Y tal como vino a este mundo, así se irá: tan desnudo como cuando nació, y sin llevarse nada del fruto de su trabajo. **16** Esto es realmente lamentable: que tal como vino al mundo, así también se irá. ¿Y qué sacó de tanto trabajar

para nada? **17** Para colmo, toda su vida se la pasó en tinieblas, y con muchas molestias, dolores y resentimientos.

18 He encontrado que lo mejor y más agradable es comer y beber, y disfrutar del fruto de tanto trabajar en este mundo durante la corta vida que Dios nos da, pues eso es lo que nos ha tocado. **19** Por otra parte, a todo aquel a quien Dios da abundantes riquezas, le da también la facultad de comer de ellas y de tomar lo que le corresponde, pues el disfrutar de tanto trabajo viene de parte de Dios. **20** Y como Dios le llena de alegría el corazón, no se preocupa mucho por el curso de su vida.

6 **1** En este mundo hay otro mal muy común entre los hombres, según he podido ver: **2** Dios les da a algunos abundantes riquezas y esplendor, y nunca les falta nada de lo que desean; pero no les permite gozar de todo ello,*a* sino que otros lo disfrutan. ¡Esto es también una ilusión vana y realmente lamentable! **3** Un hombre puede tener cien hijos*b* y vivir muchos años; pero por mucho que viva, si no disfruta completamente de lo bueno, y si ni siquiera recibe sepultura, yo sostengo que un niño abortado vale más que ese hombre. **4** Pues aunque ese niño se pierda en la nada, en la oscuridad, donde su nombre quedará ignorado, **5** y aunque no llegue a ver el sol*c* ni a saber nada, al menos habrá tenido más descanso que aquel hombre, **6** el cual podría haber vivido dos mil años y, sin embargo, no disfrutar de sus bienes. Y al fin de cuentas, ¡todos van al mismo lugar!*d*

7 El hombre trabaja y trabaja para comer, pero nunca queda satisfecho. **8** ¿Qué tiene el sabio que no tenga el necio, a no ser sus conocimientos para hacerle frente a la vida?

9 Vale más lo que uno ve que lo que se imagina.*e* Pero también esto es vana ilusión, es querer atrapar el viento. **10** Lo que ahora existe,

---

a **5.4–5** Acerca de la obligación de cumplir las promesas, cf. Nm 30.3–16; Dt 23.21–23; Eclo 18.22. *b* **5.6** *El enviado de Dios:* Podría tratarse de un sacerdote o de un funcionario del templo, encargado de velar para que los responsables cumplieran puntualmente sus promesas. *a* **6.2** *No les permite gozar de todo ello:* ya sea a causa de enfermedad o de muerte prematura. Cf. Eclo 30.14–20; Lc 12.20. *b* **6.3** *Cien hijos:* En el antiguo Israel se consideraba que los muchos hijos eran una de las mejores bendiciones divinas. Cf. Dt 28.11; Job 1.2; Sal 127.3–5; 128.3,6; Pr 17.6; 31.28. *c* **6.5** *Ver el sol:* es decir, gozar de la vida en este mundo, donde la luz es agradable (Ec 11.7), en oposición al *sheol* o Reino de los muertos (véase Sal 6.6 n.), donde *los días de oscuridad* serán numerosos (Ec 11.8). *d* **6.6** *¡Todos van al mismo lugar!:* Cf. Ec 2.15–16; 3.19–20; 9.5–6. *e* **6.9** Este v. parece sugerir que lo más conveniente es aprovechar las oportunidades que están al alcance de la mano, sin dejarse arrastrar por deseos ilusorios o inalcanzables.

hace mucho que recibió su nombre, y se sabe cuál es. Nadie puede luchar con quien es más poderoso que él. 11Una cosa es cierta: donde abundan las palabras, abundan los disparates; y nada se gana con eso. 12De hecho, nadie sabe lo que es mejor para el hombre durante los contados días de esta vana ilusión que es su vida. Sus días pasarán como una sombra, ¿y quién podrá decirle lo que ha de ocurrir en este mundo después de su muerte?

Hay que atender a lo más importante

7 1 Vale más la buena fama
que el buen perfume.ª

Vale más el día en que se muere
que el día en que se nace.

2 Vale más ir a un funeral
que ir a divertirse;
pues la muerte es el fin de todo hombre,
y los que viven debieran recordarlo.

3 Vale más llorar que reir,
pues podrá hacerle mal al semblante
pero le hace bien al corazón.

4 El sabio piensa en la muerte,
pero el necio, en ir a divertirse.

5 Vale más oir reprensiones de sabios
que alabanzas de necios.

6 Las risas del necio se parecen
al crujir de las zarzas en el fuego,
y también son vana ilusión.

7 La violencia entorpece al sabio,
y el soborno corrompe su carácter.

8 Vale más terminar un asunto
que comenzarlo.

Vale más ser paciente
que valiente.

9No te dejes llevar por el enojo, porque el enojo es propio de gente necia.

10Nunca te preguntes por qué todo tiempo pasado fue mejor, pues esa no es una pregunta inteligente.

11Buena y provechosa es la sabiduría para los que viven en este mundo, si además va acompañada de una herencia. 12Porque la sabiduría protege lo mismo que el dinero, pero la sabiduría tiene la ventaja de darle vida al sabio.

13Fíjate bien en lo que Dios ha hecho: ¿quién podrá enderezar lo que él ha torcido? 14Cuando te vaya bien, disfruta ese bienestar; pero cuando te vaya mal, ponte a pensar que lo uno y lo otro son cosa de Dios, y que el hombre nunca sabe lo que ha de traerle el futuro.

15Todo esto he visto durante esta vana ilusión que es mi vida: hombres buenos que mueren a pesar de su bondad, y malvados que a pesar de su maldad viven muchos años.

16 No hay que pasarse de bueno,
ni tampoco pasarse de listo.
¿Para qué arruinarse uno mismo?

17 No hay que pasarse de malo,
ni tampoco pasarse de tonto.
¿Para qué morir antes de tiempo?

18 Lo mejor es agarrar bien esto
sin soltar de la mano aquello.

El que honra a Dios
saldrá bien de todas estas cosas.

19 Da más fuerza la sabiduría al sabio,
que diez gobernantes a una ciudad.

20Sin embargo, no hay nadie en la tierra tan perfecto que haga siempre el bien y nunca peque.

21No hagas caso de todo lo que se dice, y así no oirás cuando tu siervo hable mal de ti. 22Aunque también tú, y lo sabes muy bien, muchas veces has hablado mal de otros.

Búsqueda de la sabiduría

23Todo esto lo examiné con sabiduría, pues me había propuesto ser sabio; pero estaba fuera

---

ª **7.1** Este refrán contiene un juego de palabras con los vocablos hebreos *shem* (*nombre*) y *shemen* (*aceite* u *óleo perfumado*); cf. Cnt 1.3. Aquí el buen nombre (es decir, la *buena fama*) se contrapone al aceite de buena calidad que se utilizaba como *perfume* en los banquetes y fiestas (Sal 23.5; Am 6.6). Cf. Pr 22.1; Eclo 41.12–13.

de mi alcance. 24 ¡Fuera de mi alcance está todo lo que existe! ¡Es demasiado profundo y nadie puede comprenderlo!

25 Me dediqué entonces a adquirir conocimientos, y a estudiar y buscar algunas sabias conclusiones. Y pude darme cuenta de que es malo ser necio, y una locura ser estúpido.

26 He encontrado algo que es más amargo que la muerte: la mujer que tiende trampas con el corazón y aprisiona con los brazos. El que agrada a Dios escapará de ella, pero el pecador caerá en sus redes.[b]

27 En mi intento de encontrar la razón de las cosas, yo, el Predicador, he hallado lo siguiente: 28 ¡que todavía no he dado con lo que realmente busco! He encontrado un hombre entre mil, pero ni una sola mujer entre todas ellas. 29 Solamente he encontrado lo siguiente: que Dios hizo perfecto al hombre, pero este se ha complicado la vida.

8 1 ¿Quién puede compararse al sabio? ¿Quién conoce el sentido de las cosas? La sabiduría ilumina la cara del hombre; hace que cambie su duro semblante.

La obediencia al rey

2 Cumple las órdenes del rey, pues así lo has jurado ante Dios. 3 No salgas de su presencia con demasiada rapidez. No tomes parte en asuntos malvados, porque él puede hacer lo que se le antoje. 4 La palabra del rey tiene autoridad final, y nadie puede pedirle cuenta de sus actos.

5 Al que cumple una orden, no le pasará nada malo, y el que es sabio entiende cuándo y cómo debe cumplirla. 6 En realidad, hay un momento y un modo de hacer todo lo que se hace, pero el gran problema del hombre 7 es que nunca sabe lo que va a suceder, ni hay nadie que se lo pueda advertir.

Nadie tiene poder sobre la vida y la muerte

8 No hay quien tenga poder sobre la vida, como para retenerla, ni hay tampoco quien tenga poder sobre la muerte. No hay quien escape de esta batalla. Al malvado no lo salvará su maldad.

9 Todo esto he visto al entregarme de lleno a conocer lo que se hace en este mundo y el poder que el hombre tiene de hacer daño a sus semejantes.

Hay cosas que no tienen sentido

10 También he visto que a gente malvada, que se mantuvo alejada del lugar santo, la alaban el día de su entierro; y en la ciudad donde cometió su maldad, nadie después lo recuerda. Y esto no tiene sentido, 11 porque al no ejecutarse en seguida la sentencia para castigar la maldad, se provoca que el hombre solo piense en hacer lo malo. 12 ¡Así resulta que el que peca y sigue pecando vive muchos años! (Lo que yo sabía es que a los que honran a Dios y guardan reverencia ante él, les va bien; 13 y que, por el contrario, a los malvados les va mal y su vida pasa como una sombra porque no muestran reverencia ante Dios.) 14 Y así se da en este mundo el caso sin sentido de hombres buenos que sufren como si fueran malos, y de hombres malos que gozan como si fueran buenos. ¡Yo digo que tampoco esto tiene sentido!

15 Por eso, me declaro en favor de la alegría. Y lo mejor que puede hacer el hombre en este mundo es comer, beber y divertirse, porque eso es lo único que le queda de su trabajo en los días de vida que Dios le da en este mundo.

16 Mientras más me entregué a aprender y a saber y a observar todo lo que se hace en este mundo —llega un momento en que no puede uno dormir a ninguna hora—, 17 más cuenta me di de que el hombre no puede comprender lo que Dios hace ni lo que ocurre en este mundo. Por más que luche buscando la respuesta, no la encontrará; aun cuando el sabio diga conocerla, en realidad no ha podido encontrarla.

Consideraciones sobre la vida y la muerte

9 1 A todo esto me he entregado de lleno, tan solo para descubrir que las obras de buenos y de sabios están en las manos de Dios. Nada sabe el hombre del amor ni del odio, aun cuando los tenga ante sus ojos. 2 Al fin y al cabo, a todos les espera lo mismo: al justo y al injusto, al bueno y al malo, al puro y al impuro, al que ofrece sacrificios y al que no los ofrece; lo mismo al bueno que al pecador, al que hace juramentos y al que no los hace.

3 Esto es lo malo de todo lo que pasa en este mundo: que a todos les espera lo mismo. Por otra parte, el pensamiento del hombre está lleno de maldad; la estupidez domina su mente

---

[b] 7.26 Acerca de *la mujer que tiende trampas*, cf. Pr 5.7.

durante toda su vida; y al fin de cuentas, ¡al cementerio!

4 Tiene más esperanza aquel a quien se concede seguir viviendo, pues vale más perro vivo que león muerto. 5 Además, los que viven saben que han de morir, pero los muertos ni saben nada ni ganan nada, porque se les echa al olvido. 6 Allí terminan su amor, su odio y sus pasiones, y nunca más vuelven a tomar parte en nada de lo que se hace en este mundo.

7 ¡Vamos, pues! Disfruta del pan que comes; goza del vino que bebes, porque a Dios le han agradado tus acciones. 8 Vístete siempre con ropas blancas; ponte siempre perfume en la cabeza. 9 Goza de la vida con la mujer amada, cada instante de esta vida sin sentido que Dios te ha dado en este mundo; eso es lo único que sacarás de tanto trabajar en este mundo. 10 Y todo lo que esté en tu mano hacer, hazlo con todo empeño; porque en el sepulcro, que es donde irás a parar, no se hace nada ni se piensa nada, ni hay conocimientos ni sabiduría.

Injusticias de la vida

11 En este mundo he visto algo más: que no son los veloces los que ganan la carrera, ni los valientes los que ganan la batalla; que no siempre los sabios tienen pan, ni los inteligentes son ricos, ni los instruidos son bien recibidos; todos ellos dependen de un momento de suerte. 12 Por otra parte, nunca sabe nadie cuándo le llegará su hora: así como los peces quedan atrapados en la red y las aves en la trampa, así también el hombre, cuando menos lo espera, se ve atrapado en un mal momento.

13 También he visto en este mundo algo que me parece encerrar una gran enseñanza: 14 una ciudad pequeña, con pocos habitantes, es atacada por un rey poderoso que levanta alrededor de ella una gran maquinaria de ataque. 15 Y en la ciudad vive un hombre pobre, pero sabio, que con su sabiduría podría salvar a la ciudad, ¡y nadie se acuerda de él!

Por sobre todas las cosas, sabiduría

16 Sin embargo, yo afirmo que vale más ser sabio que valiente, aun cuando la sabiduría del hombre pobre no sea tomada en cuenta ni se preste atención a lo que dice.

17 Más se oyen las palabras tranquilas
   de los sabios
que el griterío del rey de los necios.

18 Vale más la sabiduría
   que las armas de guerra.

Un solo error
causa grandes destrozos.

10

1 Una mosca muerta apesta
   y echa a perder el buen perfume.

Cuenta más la tontería más ligera
que la sabiduría más respetable.

2 La mente del sabio se inclina al bien,
   pero la del necio se inclina al mal.

3 El necio, en todo lo que hace,
   muestra la pobreza de sus ideas,
   aun cuando vaya diciendo
   que los necios son los demás.

4 Si el que gobierna se enoja contigo,
   no pierdas la cabeza;
   el remedio para los grandes errores
   es tomar las cosas con calma.

5 Me he dado cuenta de un error que se comete en este mundo, y que tiene su origen en los propios gobernantes: 6 que al necio se le da un alto cargo, mientras que la gente que vale ocupa puestos humildes. 7 He visto esclavos andar a caballo, y príncipes andar a pie como si fueran esclavos.

8 El que hace el hoyo,
   en él se cae.

Al que rompe el muro,
la serpiente lo muerde.

9 El que labra piedras,
   se lastima con ellas.

El que parte leña,
corre el riesgo de cortarse.

10 Si el hacha se desafila
   y no se la vuelve a afilar,
   habrá que golpear con más fuerza.

Vale más hacer las cosas bien
   y con sabiduría.

11 ¿De qué sirve un encantador,

si la serpiente muerde antes de ser
  encantada?

12 Las palabras del sabio le atraen simpatías,
   pero las del necio son su propia ruina:
13 comienza diciendo puras tonterías,
   y acaba diciendo las peores estupideces.
14 ¡Al necio no le faltan las palabras!

¿Quién puede decir lo que ha de suceder,
si nadie sabe nada del futuro?

15 Tanto se mata el necio trabajando,
   que no sabe ni el camino a la ciudad.

16 ¡Ay del país que tiene por rey a un chiquillo,
   y en el que sus príncipes
   amanecen en banquetes!

17 ¡Dichoso el país que tiene un rey honorable,
   y en el que los gobernantes
   comen a la hora debida,
   para reponer sus fuerzas
   y no para emborracharse!

18 Al holgazán se le cae el techo;
   al que no hace nada, toda la casa.

19 El pan es para disfrutarlo,
   y el vino para gozar de la vida;
   mas para eso hace falta dinero.

20 No critiques al rey
   ni siquiera con el pensamiento.

No hables mal del rico,
   aunque estés a solas,
porque las aves vuelan
   y pueden ir a contárselo.

11

1 Echa tu pan al agua;
  después de algún tiempo
  lo encontrarás.[a]

2 Comparte lo que tienes lo más que puedas,
  pues no sabes el mal que puede venir
  sobre el país.

3 Si las nubes están cargadas,
  la lluvia cae sobre la tierra.

Caiga el árbol al norte
o caiga el árbol al sur,
en el lugar donde caiga
allí se habrá de quedar.

4 El que mira al viento, no siembra,
  y el que mira a las nubes, no cosecha.

5 Así como no sabes por dónde va el viento,
ni cómo se forma el niño en el vientre de la
madre, tampoco sabes nada de lo que hace
Dios, creador de todas las cosas.

6 Siembra tu semilla por la mañana, y por
la tarde siémbrala también, porque nunca se
sabe qué va a resultar mejor, si la primera
siembra o la segunda, o si las dos prosperarán.

7 Muy agradable es la luz, y es bueno que
los ojos vean el sol; 8 pero aunque uno viva
muchos años y disfrute de todos ellos, debe
recordar que los días de oscuridad serán muchos, y que todo lo que está por venir es vana
ilusión.

Consejos a los jóvenes

9 Diviértete, joven, ahora que estás lleno de
vida; disfruta de lo bueno ahora que puedes.
Déjate llevar por los impulsos de tu corazón y
por todo lo que ves, pero recuerda que de todo
ello Dios te pedirá cuentas. 10 Aleja de tu mente
las preocupaciones y echa fuera de ti el sufrimiento, porque aun los mejores días de la
juventud son vana ilusión.

12

1 Acuérdate de tu Creador ahora que
eres joven y que aún no han llegado
los tiempos difíciles;[a] ya vendrán
años en que digas: "No me trae ningún placer

---

[a] **11.1** El significado de esta recomendación no es del todo claro. Un proverbio árabe utiliza la expresión *echa tu pan al agua* con el sentido de *practica el bien,* y de allí concluyen algunos intérpretes que también este v. es una invitación a realizar buenas acciones, ya que estas no quedarán sin recompensa. Otros ven, en cambio, una referencia al comercio marítimo: el autor estaría recomendando enviar el *pan* (es decir, los resultados del propio esfuerzo) a través del mar. Aunque esa operación es altamente riesgosa, reporta en definitiva grandes beneficios.

[a] **12.1–7** Contrastando con los últimos ecos de la alegría (cf. Ec 11.9–10), el libro se cierra con una evocación poética de la vejez y de la muerte. Por la sobriedad de su estilo y por su sorprendente despliegue de imágenes y metáforas, este poema es, sin duda, una de las cumbres de la poesía bíblica y universal.

vivirlos." **2**Hazlo ahora, cuando aún no se apaga la luz del sol, de la luna y de las estrellas, y cuando aún hay nubes después de la lluvia. **3**Llegará un día en que tiemblen los guardianes del palacio y se doblen los valientes; quedarán tan pocas molineras, que dejarán de moler; las que miran por las ventanas, comenzarán a perder la vista. **4**Cuando llegue ese día, se cerrarán las puertas que dan a la calle; el ruido del molino se irá apagando; las aves dejarán oir su canto, pero las canciones dejarán de oírse; **5**la altura causará miedo, y en el camino habrá peligros.

El almendro comenzará a florecer,
la langosta resultará una carga
y la alcaparra no servirá para nada.*b*
Pues el hombre va a su hogar eterno,
y en la calle se escucha ya
a los que lloran su muerte.*c*

6Acuérdate de tu Creador ahora que aún no se ha roto el cordón de plata ni se ha hecho pedazos la olla de oro; ahora que aún no se ha roto el cántaro a la orilla de la fuente ni se ha hecho pedazos la polea del pozo. **7**Después de eso el polvo volverá a la tierra, como antes fue, y el espíritu volverá a Dios, que es quien lo dio.*d*

8 Yo, el Predicador, repito:
¡Vana ilusión, vana ilusión!
¡Todo es vana ilusión!

Epílogo

9Y mientras más sabio llegó a ser el Predicador, más conocimientos impartió a la gente. También se dio a la tarea de estudiar gran número de proverbios, y de clasificarlos ordenadamente. **10**Hizo todo lo posible por encontrar las palabras más adecuadas, para escribir convenientemente dichos verdaderos.

11Los dichos de los sabios son como aguijones, y una vez reunidos en colecciones son como estacas bien clavadas, puestas por un solo pastor. **12**Lo que uno saca de ellos son grandes advertencias. El hacer muchos libros no tiene fin, y el mucho estudio cansa.

13El discurso ha terminado. Ya todo ha sido dicho. Honra a Dios y cumple sus mandamientos, porque eso es el todo del hombre. **14**Dios habrá de pedirnos cuentas de todos nuestros actos, sean buenos o malos, y aunque los hayamos hecho en secreto.

---

b **12.5** El organismo del anciano está tan debilitado que las propiedades estimulantes y afrodisíacas de la *alcaparra* ya no surten más efecto. *c* **12.3–5** Según algunos intérpretes, este poema sería una alegoría en la que cada metáfora corresponde a un miembro del cuerpo humano. Los *guardianes del palacio* serían los brazos y las manos; las *molineras*, los dientes; *las que miran por las ventanas,* los ojos; las *puertas que dan a la calle,* los oídos; el *ruido del molino,* la voz debilitada por los años, y así sucesivamente. Pero esta interpretación alegórica, llevada hasta el extremo, resulta demasiado artificial. *d* **12.7** Según la doctrina corriente en al AT, el hombre recibe el *espíritu* o aliento de vida en forma provisoria (cf. Gn 2.7; 6.3). Una vez que se cumplen los contados días de su existencia, Dios toma de nuevo para sí ese aliento vital, y todo el hombre vuelve al polvo del que había sido formado (Gn 3.19; Sal 104.29; Ec 3.20–21). El autor del *Eclesiastés* compartía esta creencia, ya que él escribió su libro antes que surgiera en Israel la fe en la resurrección de los muertos (cf. Dn 12.1–2). Véase también Sal 6.5 n.

EL CANTAR DE LOS CANTARES

Cantar de los cantares (=Cnt) es la traducción literal de un hebraísmo que significa propiamente "el más bello de los cantares" o "el canto por excelencia". En los poemas que integran el libro, dos jóvenes enamorados no cesan de manifestarse sus apasionados sentimientos de amor mutuo. Estos poemas no están redactados en un sencillo lenguaje popular, sino en el más elevado estilo poético y con una deslumbrante profusión de imágenes y metáforas.

La transparencia del lenguaje empleado en *El cantar* deja pocas dudas acerca del sentido y la finalidad de estos cantos al amor humano. A pesar de esto, la interpretación literal ha sido rechazada muchas veces, tanto por intérpretes judíos como cristianos. La razón aducida para fundamentar este rechazo es que en un libro *sagrado* como la Biblia no habría lugar para un conjunto de cantos *profanos*, dedicados exclusivamente a celebrar las excelencias del amor entre el hombre y la mujer.

Sin embargo, basta con recorrer las primeras páginas de la Biblia para descubrir que el amor y la sexualidad, además de ser un don de Dios, desempeñan un papel fundamental en la realización del plan divino sobre la creación. Según el primer capítulo del *Génesis*, en efecto, la humanidad creada a imagen de Dios tiene como una de sus características esenciales la división y la complementariedad de los sexos (Gn 1.27–28); y de acuerdo con el relato de Gn 2, cuando Adán despierta de su sueño y se encuentra por primera vez con la mujer, descubre esa "ayuda" perfecta que no había hallado antes en ninguna otra criatura: *¡Esta sí que es de mi propia carne y de mis propios huesos!* (Gn 2.23).

Por su expresión literaria y por el tema que tratan, los poemas reunidos en este libro están sin duda emparentados con los cantos que se entonaban en las fiestas de bodas (cf. Jer 25.10), fiestas que solían durar siete días (Gn 29.27–28; Jue 14.10,17) y en las que se hacía oír *el canto de los novios* (Jer 33.11).

Por otra parte, la unión de los esposos es uno de los símbolos que la Biblia utiliza para expresar la alianza de Dios con su pueblo. En el AT hay frecuentes referencias a Israel como la esposa del Señor (Os 1—3; Jer 2.1–3; Ez 16), y el Nuevo Testamento presenta a la iglesia como la esposa de Cristo (Ef 5.23–32; Ap 21.2,9). De ahí que *El cantar* haya podido interpretarse como una *alegoría* o cadena de metáforas destinadas a celebrar la alianza del Señor con Israel, de Cristo con la iglesia, e incluso del alma con Dios.

El siguiente esquema ofrece una visión sinóptica del libro:

* Título (1.1)
* Primer canto (1.2—2.7)
* Segundo canto (2.8—3.5)
* Tercer canto (3.6—5.1)
* Cuarto canto (5.2—6.3)
* Quinto canto (6.4—8.4)
* Sexto canto (8.5–14)

Para mayor claridad, en esta edición se ha indicado qué personaje se supone que pronuncia cada parte del poema: la novia ("ella"), el novio ("él") o el "coro".

Título

1

1 El más hermoso de los poemas de Salomón. [a]

Primer canto

Ella

2 ¡Dame un beso de tus labios!
Son más dulces que el vino tus caricias,
3 deliciosos al olfato tus perfumes,
tu nombre es perfume derramado.
¡Por eso te aman las mujeres!

4 ¡Llévame pronto contigo!
¡Llévame, oh rey, a tus habitaciones!

Coro

Contigo estaremos muy alegres;
evocaremos tus caricias
más que el vino.
¡Con razón te aman las mujeres!

Ella

5 Mujeres de Jerusalén,
soy morena, pero hermosa;
morena como los campamentos
de Quedar,[b]
hermosa como las cortinas de Salomón.
6 No se fijen en que soy morena,
ni en que el sol me ha quemado la piel.
Mis hermanos se enojaron conmigo
y me pusieron a cuidar las viñas,
¡y mi propia viña descuidé!

7 Dime, amor de mi vida,
¿dónde apacientas tus rebaños?,
¿dónde los llevas a descansar
al mediodía?
¿Por qué he de andar
como una vagabunda,
junto a los rebaños de tus compañeros?

Coro

8 Si no lo sabes tú,
hermosa entre las hermosas,
sigue las pisadas del rebaño

y apacienta tus cabritos
junto a las chozas de los pastores.

Él

9 Tú eres para mí, amor mío,
cual fina yegua del carro del faraón.
10 ¡Qué lindas son tus mejillas
entre los pendientes!
¡Qué lindo es tu cuello
entre los collares de perlas!
11 ¡Te haremos pendientes de oro
con incrustaciones de plata!

Ella

12 Mientras el rey se sienta a la mesa,
mi nardo[c] esparce su fragancia.

13 Mi amado es para mí
como el saquito de mirra[d]
que está siempre entre mis pechos.
14 Mi amado es para mí
como flor de alheña[e]
en los viñedos de En-gadi.

Él

15 ¡Qué hermosa eres, amor mío,
qué hermosa eres!
¡Tus ojos son dos palomas!

Ella

16 ¡Qué hermoso eres, amor mío,
qué hermoso eres!

Él

¡La verde hierba es nuestro lecho!
17 Los cedros son las vigas de la casa,
y los cipreses, el techo que nos cubre.

Ella

2

1 Soy la flor de los llanos de Sarón,
soy la rosa de los valles.

Él

2 Mi amada es, entre las mujeres,
como una rosa entre los espinos.

---

[a] **1.1** *De Salomón:* otra posible traducción: *dedicado a Salomón.* Cf. 1 R 4.32; Cnt 3.9–11.   [b] **1.5** *Quedar:* tribu del norte de Arabia, que según Gn 25.13 estaba emparentada con Ismael. La comparación se debe a que estos nómadas solían fabricar sus campamentos con pieles de cabras negras.   [c] **1.12** *Nardo:* óleo aromático extraído de una planta que crece en la India septentrional y oriental (cf. Mc 14.3).   [d] **1.13** *Mirra:* resina perfumada, importada de Arabia, de Etiopía o de la India.   [e] **1.14** La *alheña* es una planta cuyas flores tienen un olor muy penetrante. Las mujeres del antiguo Oriente suelen utilizar sus hojas para preparar tinturas y cosméticos.

Ella

3 Mi amado es, entre los hombres,
  como un manzano entre los árboles
    del bosque.

¡Qué agradable es sentarme a su sombra!
¡Qué dulce me sabe su fruta!

4 Me llevó a la sala de banquetes
  y sus miradas para mí fueron de amor.

5 ¡Reanímenme con tortas de pasas,
  aliméntenme con manzanas,
  porque me muero de amor!

6 ¡Que ponga él su izquierda bajo mi cabeza,
  y que con su derecha me abrace!

Él

7 Prométanme, mujeres de Jerusalén,
  por las gacelas y cervatillas del bosque,
  no interrumpir el sueño de mi amor.
  ¡Déjenla dormir hasta que quiera
    despertar!

Segundo canto

Ella

8 ¡Ya viene mi amado!
  ¡Ya escucho su voz!
  Viene saltando sobre los montes,
  viene saltando por las colinas.

9 Mi amado es como un venado:
  como un venado pequeño.
  ¡Aquí está ya, tras la puerta,
  asomándose a la ventana,
  espiando a través de la reja!

10 Mi amado me dijo:
  "Levántate, amor mío;
  anda, cariño, vamos.

11 ¡Mira! El invierno ha pasado
  y con él se han ido las lluvias.

12 Ya han brotado flores en el campo,
  ya ha llegado el tiempo de cantar,[a]
  ya se escucha en nuestra tierra
  el arrullo de las tórtolas.

13 Ya tiene higos la higuera,
  y los viñedos esparcen su aroma.

"Levántate, amor mío;
anda, cariño, vamos.

14 "Paloma mía,
  que te escondes en las rocas,
  en altos y escabrosos escondites,
  déjame ver tu rostro,
  déjame escuchar tu voz.
  ¡Es tan agradable el verte!
  ¡Es tan dulce el escucharte!"

Los dos

15 Atrapen las zorras, las zorras pequeñas
  que arruinan nuestros viñedos,
  nuestros viñedos en flor.

Ella

16 Mi amado es mío, y yo soy suya.
  Él apacienta sus rebaños entre las rosas.

17 Mientras llega el día
  y huyen las sombras,
  vuelve, amado mío;
  sé como un venado,
  como un venado pequeño
  por los montes escarpados.

3 1 En mi cama, por las noches,
  busqué al amor de mi vida.
  Lo busqué y no lo encontré.

2 Entonces me levanté
  y recorrí la ciudad
  buscando al amor de mi vida
  por las calles y las plazas.
  Lo busqué y no lo encontré.

3 Pregunté a los guardias
  que hacen la ronda de la ciudad:
  "¿No han visto ustedes
    al amor de mi vida?"

4 Apenas me había alejado de ellos,
  cuando encontré al amor de mi vida.
  Lo tomé de la mano, y sin soltarlo
  lo llevé a las habitaciones
    de mi madre.

Él

5 Prométanme, mujeres de Jerusalén,
  por las gacelas y cervatillas del bosque,
  no interrumpir el sueño de mi amor.
  ¡Déjenla dormir hasta que quiera
    despertar!

---

[a] **2.12** En otros contextos, el verbo hebreo traducido por *cantar* significa *cortar*. De ahí que algunos traduzcan: *el tiempo de podar.*

Tercer canto
Coro

6 ¿Qué es eso que viene del desierto
y avanza entre columnas de humo,
entre humo de mirra y de incienso
y de toda clase de perfumes?

7 ¡Es la litera de Salomón!
Viene escoltada por sesenta soldados
de los más valientes de Israel;

8 todos ellos manejan la espada
y son expertos guerreros;
cada uno lleva la espada al cinto
en previsión de peligros nocturnos.

9 El rey Salomón se ha hecho una litera
con finas maderas del Líbano.[a]

10 Las columnas son de plata;
el respaldo, de oro;
el asiento, tapizado de púrpura;
el interior, decorado con amor
por las mujeres de Jerusalén.

11 Mujeres de Sión,
¡salgan a ver al rey Salomón!
Lleva puesta la corona
que le hizo su madre para el día de su boda,
para el día más feliz de su vida.

Él

4 1 ¡Qué hermosa eres, amor mío!
¡Qué hermosa eres!
Tus ojos son dos palomas
escondidas tras tu velo;
tus cabellos son como cabritos
que retozan por los montes de Galaad.

2 Tus dientes, todos perfectos,
son cual rebaño de ovejas
recién salidas del baño
y listas para la trasquila.

3 Tus labios son rojos
como hilos de escarlata,
y encantadoras tus palabras.
Tus mejillas son dos gajos de granada
escondidos tras tu velo.

4 Tu cuello es semejante
a la bella torre de cantería
que se construyó para David.

De ella cuelgan mil escudos,
escudos de valientes.

5 Tus pechos son dos gacelas,
dos gacelas mellizas
que pastan entre las rosas.

6 Mientras llega el día
y huyen las sombras,
me iré al monte de la mirra,
a la colina del incienso.

7 ¡Tú eres hermosa, amor mío;
hermosa de pies a cabeza!
¡En ti no hay defecto alguno!

8 Baja conmigo del Líbano, novia mía;
baja conmigo del Líbano.
Contempla el valle
desde la cumbre del Amaná,
desde la cumbre del Senir y del Hermón;
desde las cuevas de los leones,
desde los montes de los leopardos.

9 Me robaste el corazón,
hermanita,[a] novia mía;
me robaste el corazón
con una sola mirada tuya,
con uno de los hilos de tu collar.

10 ¡Qué gratas son tus caricias,
hermanita, novia mía!
¡Son tus caricias más dulces que el vino,
y más deliciosos tus perfumes
que todas las especias aromáticas!

11 Novia mía,
de tus labios brota miel.
¡Miel y leche hay debajo de tu lengua!
¡Como fragancia del Líbano
es la fragancia de tu vestido!

12 Tú, hermanita, novia mía,
eres jardín cerrado,
cerrada fuente,
sellado manantial;

13 jardín donde brotan los granados
de frutos exquisitos;
jardín donde hay flores de alheña,[b]

---

[a] **3.9** *Finas maderas del Líbano:* Las montañas del Líbano son célebres por la belleza y calidad de sus cedros. Cf.
1 R 5.6; 2 R 14.9. [a] **4.9** *Hermanita:* En la poesía del antiguo Oriente es bastante frecuente llamar *hermano* o
hermana a la persona amada. Cf. Cnt 4.10,12; 5.1–2. [b] **4.13** *Alheña:* Véase Cnt 1.14 n. El hebreo añade *y nardos.*

14 nardos y azafrán,
caña aromática y canela,
y toda clase de árboles de incienso,
de mirra y de áloe;[c]
¡todas las mejores especias aromáticas!

15 La fuente del jardín
es un pozo del cual brota
el agua que baja desde el Líbano.

16 Viento del norte, ¡despierta!
Viento del sur, ¡ven acá!
¡Soplen en mi jardín y esparzan su
      perfume!

Ella

Ven, amado mío, a tu jardín,
y come de sus frutos exquisitos.

Él

5

1 Ya he entrado en mi jardín,
hermanita, novia mía.
Ya he tomado mi mirra
      y mis perfumes,
ya he probado la miel de mi panal,
ya he bebido mi vino y mi leche.

Coro

Queridos amigos,
coman y beban,
¡beban todo lo que quieran!

Cuarto canto
Ella

2 Yo dormía, pero no mi corazón.
Y oí que mi amado llamaba a la puerta:
"¡Ábreme, amor mío;
hermanita,
palomita virginal!
¡Mi cabeza está empapada de rocío!
¡El rocío nocturno me corre
      por el cabello!"

3 "Ya me he quitado la ropa;
¡tendría que volver a vestirme!
Ya me he lavado los pies;
¡se me volverían a llenar de polvo!"

4 Mi amado metió la mano
por el agujero de la puerta.
¡Eso me conmovió profundamente!

5-6 Entonces me levanté
para abrirle a mi amado.
De mis manos y mis dedos
cayeron gotitas de mirra
sobre el pasador de la puerta.
¡Al oírlo hablar
sentí que me moría!

Abrí la puerta a mi amado,
pero él ya no estaba allí.
Lo busqué y no lo encontré,
lo llamé y no me respondió.

7 Me encontraron los guardias
que hacen la ronda de la ciudad;
me golpearon, me hirieron;
¡los que cuidan la entrada de la ciudad
me arrancaron el velo con violencia!

8 Mujeres de Jerusalén,
si encuentran a mi amado,
prométanme decirle
que me estoy muriendo de amor.

Coro

9 ¿Qué de especial tiene tu amado,
hermosa entre las hermosas?
¿Qué de especial tiene tu amado
que nos pides hacerte tal promesa?

Ella

10 Mi amado es trigueño claro,
inconfundible entre miles de hombres.

11 Su cabeza es oro puro;
su cabello es ondulado
y negro como un cuervo;

12 sus ojos son dos palomas bañadas
      en leche,
posadas junto a un estanque;

13 sus mejillas son amplios jardines
de fragantes flores.
Sus labios son rosas
por las que ruedan gotitas de mirra;

14 sus manos son abrazaderas de oro
      cubiertas de topacios;
su cuerpo es pulido marfil
con incrustaciones de zafiros;

15 sus piernas son columnas de mármol
afirmadas sobre bases de oro puro;
su aspecto es distinguido
como los cedros del Líbano;

---

[c] **4.14** *Áloe:* árbol originario de la India, cuya madera da un perfume muy agradable.

16 su paladar es dulcísimo.
¡Todo él es un encanto!

Así es mi amado,
así es el amor mío,
mujeres de Jerusalén.

Coro

6 1 ¿A dónde se ha ido tu amado,
hermosa entre las hermosas?
¿A dónde se ha dirigido?
¡Iremos contigo a buscarlo!

Ella

2 Mi amado ha ido a su jardín,
a su jardín perfumado,
a apacentar su rebaño
y cortar las rosas.

3 Yo soy de mi amado, y él es mío.
Él apacienta sus rebaños
entre las rosas.

Quinto canto

Él

4 Tú, amor mío,
eres hermosa y encantadora
como las ciudades de Tirsá[a]
y Jerusalén;
irresistible como un ejército
en marcha.

5 ¡Deja ya de mirarme,
pues tus ojos me han vencido!

Tus cabellos son como cabritos
que retozan por los montes de Galaad.

6 Tus dientes, todos perfectos,
son cual rebaño de ovejas
recién salidas del baño
y listas para la trasquila.

7 Tus mejillas son dos gajos de granada
escondidos tras tu velo.

8 Sesenta son las reinas,
ochenta las concubinas
y muchísimas las doncellas,

9 pero mi palomita virginal es una sola;
una sola es la hija preferida
de la mujer que la dio a luz.
Al verla, las jóvenes la felicitan;
reinas y concubinas la alaban.

Coro

10 ¿Quién es esta que se asoma
como el sol en la mañana?
Es hermosa como la luna,
radiante como el sol,
¡irresistible como un ejército
en marcha!

Ella

11 Fui al bosque de los nogales
a admirar el verdor en el arroyo;
quería ver los brotes de los viñedos
y las flores de los granados.

12 Después ya no supe qué pasó
hasta que me vi en un carro
junto a mi príncipe.

Coro

13 ¡Regresa, Sulamita,[b] regresa!
¡Regresa, queremos verte!

Ella

¿Y qué quieren ver de la Sulamita?

Coro

¡Una danza,
como en los campamentos!

Él

7 1 ¡Qué hermosos son tus pies
en las sandalias, princesa!
Las curvas de tus caderas
son como adornos de oro fino
hechos por manos expertas.

2 Tu ombligo es una copa redonda
donde no falta el buen vino;
tu vientre es una pila de trigo
rodeada de rosas.

3 Tus pechos son dos gacelas,
dos gacelas mellizas.

---

[a] **6.4** *Tirsá* fue la capital del reino del Norte (1 R 14.17) hasta los tiempos de Omrí, rey de Israel (1 R 16.6). Aquí se la menciona probablemente porque su nombre deriva de una raíz que significa *bella* o *agradable.* [b] **6.13** El nombre *Sulamita* está emparentado con la palabra hebrea *shalom,* que significa *paz, prosperidad, felicidad.* Algunos ven en este nombre una variante de *sunamita,* es decir, proveniente, como la bella Abisag, de la población llamada Sunem (cf. 1 R 1.3).

4 Tu cuello es una torre de marfil;
tus ojos son dos estanques
de la ciudad de Hesbón,
junto a la puerta de Bat–rabim;
tu nariz es como la torre del Líbano[a]
que mira hacia la ciudad de Damasco.

5 Tu cabeza, sobre tu cuerpo,
es como el monte Carmelo;
hilos de púrpura son tus cabellos:
¡un rey está preso entre sus rizos!

6 Amor mío, mujer encantadora,
¡qué bella, qué hermosa eres!

7 Tu porte es como el porte
de una palmera;
tus pechos son como racimos.

8 Yo pienso subir a la palmera
y adueñarme de sus racimos.
Tus pechos serán entonces
como racimos de uvas;
tu aliento, perfume de manzanas;

9 tu paladar, como el buen vino
que resbala suavemente
por los labios y los dientes.

Ella
10 Yo soy de mi amado:
los impulsos de su amor lo atraen a mí.

11 ¡Anda, amado mío, vayamos al campo!
Pasaremos la noche
entre flores de alheña.

12 Por la mañana iremos a los viñedos,
a ver si ya tienen brotes,
si se abren ya sus botones,
si ya han florecido los granados.
¡Allí te daré mi amor!

13 Las mandrágoras[b] esparcen su aroma.
A nuestra puerta hay fruta de todas clases:
fruta seca y fruta recién cortada,
que para ti, amado mío, aparté.

8

1 ¡Ojalá fueras tú un hermano mío,[a]
criado a los pechos de mi madre!
Así, al encontrarte en la calle,
podría besarte y nadie se burlaría de mí;

2 podría llevarte a la casa de mi madre,
te haría entrar en ella,
y tú serías mi maestro.
Yo te daría a beber del mejor vino
y del jugo de mis granadas.

3 ¡Que ponga él su izquierda
bajo mi cabeza,
y que con su derecha me abrace!

Él
4 Prométanme, mujeres de Jerusalén,
no interrumpir el sueño de mi amor.
¡Déjenla dormir
hasta que quiera despertar!

Sexto canto
Coro
5 ¿Quién es esta que viene del desierto,
recostada en el hombro de su amado?

Él

Bajo un manzano interrumpí tu sueño:
allí donde tu madre tuvo dolores;
allí donde tu madre te dio a luz.

Ella
6 Llévame grabada[b] en tu corazón,
¡llévame grabada en tu brazo!
El amor es inquebrantable
como la muerte;
la pasión, inflexible como el sepulcro.
¡El fuego ardiente del amor
es una llama divina!

7 El agua de todos los mares[c]
no podría apagar el amor;
tampoco los ríos podrían extinguirlo.
Si alguien ofreciera todas sus riquezas

---

[a] **7.4** *La torre del Líbano:* Podría tratarse de una torre real, aunque desconocida para nosotros, o bien de un nombre metafórico del monte Hermón, que se alza majestuoso en las cercanías de *Damasco.* [b] **7.13** *Mandrágoras:* Gn 30.14. [a] **8.1** *¡Ojalá fueras tú un hermano mío . . .!:* La joven desearía abrazar a su amado públicamente, pero las severas costumbres de la época solo permitían dar esas pruebas de afecto a un pariente cercano. [b] **8.6** *Grabada:* lit. *como un sello.* Los sellos se hacían de metal o de piedra y servían para certificar la autenticidad de un documento escrito. El propietario llevaba su sello como anillo (Jer 22.24) o atado al cuello (Gn 38.18), y no se separaba de él por ningún motivo (cf. Hag 2.23). [c] **8.7** *El agua de todos los mares:* alusión a las aguas del océano primordial, que en algunos textos del AT aparecen asociadas a la muerte (cf. 2 S 22.5–6,17; Sal 18.4–5,16; Jon 2.2–3). De ahí la conexión de esta frase con las del v. anterior.

a cambio del amor,
burlas tan solo recibiría.

Coro

8 Nuestra hermanita no tiene pechos.
¿Qué vamos a hacer con ella
cuando vengan a pedirla?

9 Si fuera una muralla,
construiríamos sobre ella
    almenas de plata;
si fuera una puerta,
la recubriríamos con tablas de cedro.

Ella

10 Yo soy como una muralla,
y mis pechos como torres.
Por eso, a los ojos de él,
ya he encontrado la felicidad.

11 Salomón tenía un viñedo en Baal–hamón.
Lo dejó al cuidado de unos guardianes,
que al llegar la cosecha le entregaban
mil monedas de plata cada uno.

12 Las mil monedas son para ti, Salomón,
y doscientas para los guardianes;
¡yo cuido mi propia viña!

Él

13 ¡Déjame oir tu voz,
oh reina de los jardines!
¡Nuestros amigos esperan escucharla!

Ella

14 ¡Corre, amado mío,
corre como un venado,
como el hijo de una gacela
sobre los montes llenos de aromas!

ISAÍAS

El profeta Isaías era ciudadano de Jerusalén, la capital del reino de Judá. Fue llamado a ejercer la misión profética hacia el año 740 a.C. (cf. 6.1) y desarrolló su actividad hasta fines del siglo VIII a.C.

Algunos indicios diseminados en los caps. 1—39 permiten afirmar que fue una persona de reconocida autoridad e influencia en la corte real y que quizá pertenecía a la aristocracia de Jerusalén.

El contenido del libro de *Isaías* (=Is) puede dividirse en tres grandes secciones. En la primera (caps. 1—39), el profeta condena severamente los pecados e infidelidades de su pueblo. Para Isaías, el Señor era, ante todo, el *Dios santo de Israel* (1.4; 5.19,24; 10.20), que pedía justicia en las relaciones sociales y sinceridad en el culto que se le tributaba. Pero allí donde el Señor esperaba justicia, no se escuchó otra cosa que el clamor de los oprimidos (5.7); y el culto celebrado en el templo no era agradable a sus ojos, porque los que presentaban sacrificios y ofrendas tenían *las manos manchadas de sangre* (1.15). En todas estas intervenciones, Isaías aparece como el profeta de la fe: solo la inquebrantable confianza en el Señor, y no las alianzas con naciones extranjeras, podía traer la salvación a Israel (7.8–9).

Esta sección incluye también otra serie de mensajes proféticos: oráculos contra las naciones paganas (caps. 13—23), el apocalipsis de *Isaías* (caps. 24—27), poemas (caps. 34—35) y pasajes narrativos (caps. 36—39).

La segunda sección del libro de *Isaías* (caps. 40—55) se abre con un mensaje de consolación a los israelitas deportados a Babilonia (40.1). Ya no se escuchan palabras de juicio y de condenación, sino que el profeta anuncia a los exiliados, en nombre del Señor, que muy pronto serían devueltos a la patria. Ciro, rey de los persas, era el instrumento elegido por el Señor para llevar a cabo esta liberación (41.2), descrita a veces como un nuevo éxodo (43.18–19).

La tercera y última parte (caps. 56—66) contiene mensajes proféticos referidos a temas diversos: advertencias sobre el verdadero ayuno (58.1–12) y la observancia del sábado (58.13–14), críticas a los malos gobernantes (56.9–12), denuncias del falso culto y de perversiones morales y religiosas (57.4–5,9; 65.4; 66.3). Para combatir la desesperanza del pueblo (cf. 59.9–10), que luchaba por reconstruir su patria en medio de grandes dificultades, el profeta declara que el pecado es el que retrasa la llegada de la salvación definitiva (59.9) y reafirma la fidelidad del Señor a sus promesas. Él va a crear *un cielo nuevo y una tierra nueva* (65.17; 66.22), hará brillar sobre Jerusalén una luz resplandeciente (60.1) y todas las naciones verán su gloria (62.2).

El siguiente esquema presenta las secciones que integran este libro profético:

1. Primera parte (1—39)
   a. Mensajes acerca de Jerusalén y de Judá (1—6)
   b. El libro del Emanuel (7—12)
   c. Mensajes sobre los pueblos extranjeros (13—23)
   d. El apocalipsis de *Isaías* (24—27)
   e. Diversos poemas sobre Israel y Judá (28—35)
   f. Apéndice histórico (36—39)
2. Segunda parte: la consolación de Israel (40—55)
3. Tercera parte (56—66)

Judá, nación pecadora

1 1 Profecías que Isaías, hijo de Amós,
recibió por revelación acerca de Judá y
Jerusalén, durante los reinados de Ozías,
Jotam, Ahaz y Ezequías en Judá.*a*

2 Cielo y tierra,
escuchen lo que el Señor dice:
"Crié hijos hasta que fueron grandes,
pero ellos se rebelaron contra mí.

3 El buey reconoce a su dueño
y el asno el establo de su amo;
pero Israel, mi propio pueblo,
no reconoce ni tiene entendimiento."

4 ¡Ay, gente pecadora,
pueblo cargado de maldad,
descendencia de malhechores,
hijos pervertidos!
Se han alejado del Señor,
se han apartado del Dios Santo de Israel,*b*
lo han abandonado.

5 Ustedes se empeñan en ser rebeldes,
y en su cuerpo ya no hay donde castigarlos.
Tienen herida toda la cabeza,
han perdido las fuerzas por completo.

6 De la punta del pie a la cabeza
no hay nada sano en ustedes;
todo es heridas, golpes, llagas abiertas;
nadie se las ha curado ni vendado,
ni les ha calmado los dolores con aceite.

7 Su país ha quedado hecho un desierto,
y arden en llamas las ciudades.
En la propia cara de ustedes
los enemigos se comen
  lo que ustedes sembraron.
Todo ha quedado hecho un desierto,
como Sodoma cuando fue destruida.

8 Sión nada más ha quedado en pie,
sola cual choza en medio de un viñedo,
sola cual cobertizo en medio de un melonar,
sola cual ciudad rodeada por el enemigo.

9 Si el Señor todopoderoso
no hubiera dejado a unos cuantos
  de nosotros,
ahora mismo estaríamos como Sodoma
y Gomorra.*c*

El verdadero culto a Dios

10 Jefes de Sodoma,
escuchen la palabra del Señor;
pueblo de Gomorra, oye atentamente
lo que nuestro Dios te va a enseñar.

11 El Señor dice:
"¿Para qué me traen tantos sacrificios?
Ya estoy harto de sus holocaustos
  de carneros
y de la grasa de los terneros;
me repugna la sangre de los toros,
  carneros y cabritos.

12 Ustedes vienen a presentarse ante mí,
pero ¿quién les pidió que pisotearan
  mis atrios?

13 No me traigan más ofrendas sin valor;
no soporto el humo de ellas.
Ustedes llaman al pueblo
a celebrar la luna nueva*d* y el sábado,
pero yo no soporto las fiestas
  de gente que practica el mal.

14 Aborrezco sus fiestas de luna nueva
  y sus reuniones;
¡se me han vuelto tan molestas
que ya no las aguanto!

15 Cuando ustedes levantan las manos
  para orar,
yo aparto mis ojos de ustedes;
y aunque hacen muchas oraciones,
yo no las escucho.
Tienen las manos manchadas de sangre.

16 ¡Lávense, límpiense!
¡Aparten de mi vista sus maldades!
¡Dejen de hacer el mal!

17 ¡Aprendan a hacer el bien,
esfuércense en hacer lo que es justo,

---

a **1.1** Los reyes mencionados reinaron sucesivamente *en Judá,* del 781 al 687 a.C. *Ozías* (también llamado Azarías): 2 R 15.1-7; 2 Cr 26.1-23 (cf. Is 6.1). *Jotam:* 2 R 15.32-38; 2 Cr 27.1-9. *Ahaz:* 2 R 16.1-20; 2 Cr 28.1-27. *Ezequías:* 2 R 18.1—20.21; 2 Cr 29.1—32.33. *b* **1.4** *El Dios Santo de Israel:* lit. *el Santo de Israel;* es el título preferido de Isaías para designar al Señor (5.16,19,24; 10.20; 30.11; cf. 6.3). Por un lado, exalta la santidad de Dios, es decir, su majestad, bondad y poder infinitos, que están por encima de todo lo creado; por el otro, realza la condescendencia divina, pues se ha revelado a Israel y se hace presente en medio de él. Este Dios santo quiere para sí un pueblo santo (cf. Lv 19.2). *c* **1.9** Ro 9.29; cf. Gn 19.1-29. *d* **1.13** *Luna nueva:* fiesta celebrada el primer día de cada mes, de acuerdo con el calendario lunar hebreo (Nm 28.11-15). Cf. Sal 81.3.

ayuden al oprimido,
hagan justicia al huérfano,
defiendan los derechos de la viuda!"

18 El Señor dice:
"Vengan, vamos a discutir este asunto.
Aunque sus pecados sean
    como el rojo más vivo,
yo los dejaré blancos como la nieve;
aunque sean como tela teñida
    de púrpura,
yo los dejaré blancos como la lana.
19 Si aceptan ser obedientes,
comerán de lo mejor que produce
    la tierra;
20 pero si insisten en ser rebeldes,
morirán sin remedio en la guerra."
El Señor mismo lo ha dicho.

El Señor purificará a Jerusalén

21 ¡Cómo has llegado, ciudad fiel,
a ser igual que una prostituta!
Antes toda tu gente actuaba con justicia
y vivía rectamente,
pero ahora no hay más que asesinos.
22 Eras plata y te has convertido en basura,
eras buen vino y te has vuelto agua.
23 Tus gobernantes son rebeldes
y amigos de bandidos.
Todos se dejan comprar con dinero
y buscan que les hagan regalos.
No hacen justicia al huérfano
ni les importan los derechos de la viuda.

24 Por eso, el Señor todopoderoso,
el Poderoso de Israel, afirma:
"¡Basta! Yo ajustaré las cuentas
    a mis enemigos.
Me vengaré de ellos.
25 Voy a levantar de nuevo mi mano
    contra ti
y a quemar por completo tu basura;
voy a limpiarte de toda tu impureza.
26 Haré que vuelvas a tener jueces
    como antes
y consejeros como los del principio.
Después que yo lo haya hecho,
    volverán a llamarte
'Ciudad de justicia', 'Ciudad fiel'.

27 Con mi justicia y acción salvadora
libertaré a los habitantes de Sión
    que se vuelvan a mí;
28 pero haré pedazos a los rebeldes
    y pecadores,
y los que me abandonen morirán.
29 Se avergonzarán ustedes
    de esas encinas y jardines
que tanto les gustan,
donde dan culto a los ídolos.*e*
30 Ustedes serán como encina
    de hojas marchitas,
y semejantes a un jardín sin agua.
31 El hombre fuerte se convertirá en paja,
y sus obras en chispa:
los dos arderán al mismo tiempo
y no habrá quien los apague."

El Señor hará que reine la paz entre las naciones
(Miq 4.1–3)

2 1 Estas son las profecías que Isaías, hijo de Amós, recibió por revelación acerca de Judá y Jerusalén:

2 En los últimos tiempos quedará afirmado
el monte donde se halla
    el templo del Señor.
Será el monte más alto,
más alto que cualquier otro monte.
Todas las naciones vendrán a él;
3 pueblos numerosos llegarán, diciendo:
"Vengan, subamos al monte del Señor,
al templo del Dios de Jacob,
para que él nos enseñe sus caminos
y podamos andar por sus senderos."
Porque de Sión saldrá
    la enseñanza del Señor,
de Jerusalén vendrá su palabra.
4 El Señor juzgará entre las naciones
y decidirá los pleitos
    de pueblos numerosos.
Ellos convertirán sus espadas en arados
y sus lanzas en hoces.
Ningún pueblo volverá a tomar las armas
    contra otro
ni a recibir instrucción para la guerra.
5 ¡Vamos, pueblo de Jacob,
caminemos a la luz del Señor!

---

e **1.29** *Encinas y jardines:* lugares dedicados al culto a los dioses paganos de la fertilidad, donde se practicaban ritos para hacer que campos y animales fueran fecundos (cf. Os 4.14).

Castigo de los soberbios

6 Señor, has abandonado a tu gente,
    al pueblo de Jacob;
el país está lleno de adivinos
    venidos del oriente,
de magos como entre los filisteos,
y se hacen tratos con extranjeros.

7 El país está lleno de oro y plata,
    de tesoros inmensos;
el país está lleno de caballos
y de infinidad de carros.

8 ¡Pero también está lleno de ídolos!
La gente adora los dioses que ha hecho
    con sus manos,
con sus propios dedos.

9 Se han humillado, se han rebajado.
    ¡No los perdones!

10 La gente se meterá entre las rocas,
    debajo del suelo;
se esconderá de la presencia terrible
    del Señor,
del resplandor de su majestad.

11 Los orgullosos tendrán que bajar la vista;
los altaneros se verán humillados.
Solo el Señor mostrará su grandeza
    en aquel día,[a]

12 el día en que el Señor todopoderoso actúe
contra todo hombre orgulloso y soberbio,
contra todo hombre altanero,
    para humillarlo;

13 contra todos los que se creen
    cedros del Líbano,
altos y elevados,
o robles de Basán;

14 contra todos los que se creen montes altos
o cerros elevados,

15 contra todos los que se creen torres altas
o fuertes murallas,

16 contra todos los que se creen
    naves de Tarsis[b]
o barcos preciosos.

17 Los orgullosos y altaneros
serán humillados por completo.
Solamente el Señor mostrará
    su grandeza en aquel día,

18 y acabará con todos los ídolos.

19 Cuando el Señor se levante
    y llene de terror la tierra,
la gente se meterá en las cuevas
    de las rocas,
en los hoyos del suelo;
se esconderá de la presencia terrible
    del Señor,
del resplandor de su majestad.

20 En aquel día el hombre echará sus ídolos
a las ratas y a los murciélagos,
esos ídolos de oro y de plata
que él mismo se hizo para adorarlos,

21 y se meterá en los huecos de las rocas,
en las cuevas de las peñas,
para esconderse de la presencia
    terrible del Señor,
del resplandor de su majestad,
cuando él se levante y llene de terror
    la tierra.

22 Dejen de confiar en el hombre,
que bien poco es lo que vale.
La vida del hombre no es más
    que un suspiro.

Castigo de Judá y Jerusalén

3 1 ¡Fíjense bien! El Señor todopoderoso
les quitará a Jerusalén y a Judá
toda clase de proveedores
y toda provisión de pan y de agua.

2 Hará desaparecer al valiente, al guerrero,
al juez, al profeta, al adivino, al anciano,

3 al capitán, al aristócrata,
al consejero, al mago y al brujo,

4 y les pondrá por jefes a unos muchachos;
unos chiquillos los gobernarán.

5 La situación será tal en el pueblo,
que unos a otros, aun entre amigos,
    se atacarán.
Los jóvenes la emprenderán
    contra los viejos,
los despreciados contra la gente
    importante.

6 Tanto que un hermano tomará a otro
en la casa de su padre

---

[a] **2.11** *Aquel día:* el *día* del Señor (también en vv. 12,17,20). Según el concepto popular de la época, Dios iba a castigar en ese día a los enemigos de Israel; sin embargo, los profetas del siglo VIII a.C. lo entendieron como el momento en que Dios juzgaría a su propio pueblo (cf. Am 5.18–20). [b] **2.16** *Naves de Tarsis:* barcos grandes, de tipo fenicio, usados para el comercio en toda la región del mar Mediterráneo. La expresión se aplicó en sentido general a cualquier nave marítima grande o elegante. Cf. Sal 48.7; Jon 1.3 nota e.

y le dirá: "Tú al menos tienes ropa
   que ponerte;
sé, pues, nuestro jefe;
gobierna este montón de ruinas."
7 Y el otro le responderá:
"Yo no puedo remediar esos males,
en mi casa no tengo comida
   ni ropa que ponerme.
No me hagan jefe del pueblo."
8 Ciertamente Jerusalén se derrumba,
Judá se queda en ruinas,
porque allí se dicen
   y hacen cosas contra el Señor,
cosas que ofenden su majestad.

9 Su mismo descaro los acusa;
no ocultan sus pecados;
igual que Sodoma,
   los hacen saber a todo el mundo.[a]
¡Ay de ellos, pues preparan su propio castigo!
10 Dichoso el justo, porque le irá bien
y gozará del fruto de sus acciones.
11 ¡Ay del malvado, pues le irá mal!
Dios le pagará según sus propias acciones.

12 Un chiquillo es el tirano de mi pueblo;
el gobierno está en manos de mujeres.
Tus dirigentes te engañan, pueblo mío,
te llevan por camino equivocado.
13 El Señor se ha preparado para juzgar,
está listo para enjuiciar a su pueblo.
14 El Señor llamará a juicio, y dirá
a los ancianos y a los jefes del pueblo:
"Ustedes han estado destruyendo
   mi viñedo;
han robado a los pobres,
y lo que roban lo guardan en sus casas.
15 ¿Con qué derecho oprimen a mi pueblo
y pisotean la cara a los pobres?"
Lo afirma el Señor todopoderoso.

Castigo a las mujeres de Jerusalén

16 El Señor dice también:
"A las mujeres de Sión,
   que son orgullosas,
que andan con la cabeza levantada,
mirando con insolencia,
caminando con pasitos cortos
y haciendo sonar los adornos de los pies,

17 en castigo las dejaré calvas por la tiña
y pondré su desnudez al descubierto."

18 En aquel día,
el Señor hará desaparecer
   todos los adornos:
los adornos de los pies, las diademas,
   las lunetas,
19 los pendientes, los brazaletes y los velos,
20 las bandas de la cabeza,
   las cadenitas de los pies,
los cinturones, los frasquitos de perfume
   y los amuletos,
21 los anillos, los adornos de la nariz,
22 los vestidos elegantes, los mantos,
   los chales y los bolsos,
23 los espejos, las telas finas,
   los turbantes y las mantillas.
24 En vez de perfume habrá pestilencia;
en vez de cinturón, una soga;
en vez de elegante peinado, la cabeza calva;
en vez de finos vestidos, ropa áspera;
en vez de belleza,
   una marca con hierro candente.
25 Tus hombres caerán en la guerra,
tus guerreros morirán en la batalla.
26 La ciudad llorará y se pondrá de luto,
y quedará en completo abandono.

4 1 En aquel día quedarán tan pocos
   hombres
que siete mujeres pelearán por uno
   de ellos,
y le dirán:
"Nosotras nos mantendremos
   por nuestra cuenta
y nos vestiremos con nuestros propios
   medios,
pero déjanos llevar tu nombre,
líbranos de nuestra vergüenza."

Promesa de felicidad para el futuro[a]

2 En aquel día,
el retoño que el Señor hará brotar
será el adorno y la gloria
de los que queden con vida en Israel;
las cosechas que produzca la tierra
serán su orgullo y su honor.
3 A los que queden con vida en Sión,
a los que sobrevivan en Jerusalén

---

[a] **3.9** Gn 19.4–5; cf. Is 1.9.   [a] **4.2–6** *Los que queden con vida en Israel:* A los sobrevivientes, salvados únicamente por la bondad de Dios, se les llama a veces *el resto* (cf. Is 1.9; 10.20–22; 11.10–16; 28.5; 37.4,30–32).

y reciban el privilegio de vivir allí,
se les llamará "consagrados al Señor".

4 Cuando el Señor dicte su sentencia
y ejecute su castigo,
limpiará a Jerusalén de la sangre
de sus crímenes
y lavará las manchas de los habitantes
de Sión.

5 Sobre toda la extensión del monte Sión
y sobre el pueblo reunido allí,
el Señor creará una nube oscura en el día,
y en la noche resplandor y llamas
de fuego.
Por encima de todos estará
la gloria del Señor,

6 para protegerlos y defenderlos;
les servirá de sombra contra el calor del día
y de protección contra la lluvia
y la tempestad.[b]

El viñedo, imagen de Judá

5 1 Voy a entonar
en nombre de mi mejor amigo
el canto dedicado a su viñedo.
Mi amigo tenía un viñedo
en un terreno muy fértil.

2 Removió la tierra, la limpió de piedras
y plantó cepas de la mejor calidad.
En medio del sembrado levantó una torre
y preparó también un lugar
donde hacer el vino.
Mi amigo esperaba del viñedo
uvas dulces,
pero las uvas que este dio fueron agrias.

3 Ahora, habitantes de Jerusalén,
gente de Judá,
digan ustedes quién tiene la culpa,
si mi viñedo o yo.

4 ¿Había algo más que hacerle a mi viñedo?
¿Hay algo que yo no le haya hecho?
Yo esperaba que diera uvas dulces,
¿por qué, entonces, dio uvas agrias?

5 Pues bien, les voy a decir
qué pienso hacer con mi viñedo:
voy a quitarle la cerca,
para que lo destruyan;
voy a agrietarle el muro,
para que lo pisoteen;

6 voy a dejarlo abandonado.
No lo podarán ni lo desyerbarán,

y se llenará de espinos y maleza.
Voy a ordenar a las nubes
que no envíen su lluvia sobre él.

7 El viñedo del Señor todopoderoso,
su sembrado preferido,
es el país de Israel,
el pueblo de Judá.
El Señor esperaba de ellos respeto
a su ley,
y solo encuentra asesinatos;
esperaba justicia,
y solo escucha gritos de dolor.

Amenazas contra los malvados

8 ¡Ay de ustedes,
que compran casas y más casas,
que consiguen campos y más campos,
hasta no dejar lugar a nadie más,
y se instalan como si fueran
los únicos en el país!

9 El Señor todopoderoso me ha jurado:
"Muchas casas serán destruidas;
y por grandes y hermosas que sean,
nadie las habitará.

10 Tres hectáreas plantadas de uvas
no rendirán más que un barrilito de vino.
Diez costales de semilla
solo rendirán uno de trigo."

11 ¡Ay de ustedes, que madrugan
para emborracharse,
y al calor del vino se quedan
hasta la noche!

12 Todo es música de arpas, salterios,
tambores y flautas,
y mucho vino en sus banquetes;
pero no se fijan en lo que hace el Señor,
no toman en cuenta sus obras.

13 Por eso, por no querer entender,
mi pueblo irá al destierro.
Todo el pueblo, con sus jefes,
morirá de hambre y de sed.

14 Como una fiera,
el sepulcro abre su boca sin medida,
para tragarse al pueblo y a sus jefes,
a esa gente que vive
en juergas y diversiones.

15 La gente quedará
completamente humillada;
los orgullosos tendrán que bajar los ojos.

---

[b] 4.5-6 Cf. Ex 13.21-22; 40.34-38.

16 El Señor todopoderoso mostrará
       su grandeza en el juicio;
    el Dios Santo mostrará su santidad
       haciendo justicia.
17 Las ciudades serán destruidas
    y en sus ruinas pastarán ovejas y cabras.

18 ¡Ay de ustedes, que con mentiras
       arrastran la maldad,
    que arrastran el pecado
       como quien tira de un carro!
19 Ustedes que dicen:
    "Que Dios haga pronto sus cosas,
    para que las veamos;
    que el Dios Santo de Israel cumpla
       de prisa sus planes,
    para que los conozcamos."
20 ¡Ay de ustedes, que llaman bueno
       a lo malo,
    y malo a lo bueno;
    que convierten la luz en oscuridad,
    y la oscuridad en luz;
    que convierten lo amargo en dulce,
    y lo dulce en amargo!

21 ¡Ay de ustedes, que se creen sabios
    y se consideran inteligentes!
22 ¡Ay de ustedes, que son campeones
       bebiendo vino,
    y nadie les gana en preparar licores!
23 Ustedes, que por dinero declaran
       inocente al culpable
    y desconocen los derechos del inocente.
24 Por eso, así como el fuego quema la paja
    y las llamas devoran las hojas secas,
    así también perecerán ustedes,
    como plantas que se pudren de raíz
    y cuyas flores se deshacen
       como el polvo.
    Porque despreciaron las enseñanzas
       y las órdenes
    del Señor todopoderoso,
       el Dios Santo de Israel.
25 Por eso el Señor se enojó
       contra su pueblo
    y levantó la mano para castigarlo.
    Los montes se estremecieron,
    los cadáveres quedaron tirados
       como basura en las calles.

Y sin embargo la ira del Señor
    no se ha calmado;
él sigue amenazando todavía.

26 El Señor levanta una bandera
    y a silbidos llama a una nación lejana;
    de lo más lejano de la tierra la hace venir.
    Viene en seguida, llega con gran rapidez;
27 no hay entre ellos nadie débil ni cansado,
    nadie que no esté bien despierto,
    nadie que no tenga el cinturón bien ajustado,
    nadie que tenga rotas las correas
       de sus sandalias.
28 Tienen las flechas bien agudas
    y todos sus arcos bien tensos.
    Los cascos de sus caballos son
       como dura piedra,
    y como un torbellino las ruedas de sus carros;
29 su rugido es como el rugido de un león,
    que gruñe y agarra la presa,
    y se la lleva sin que nadie se la pueda quitar.
30 Esa nación, al llegar el día señalado,
    rugirá, como el mar, contra Israel;
    y si alguien observa la tierra,
    la verá envuelta en tinieblas
    y oscurecida la luz por los nubarrones.

Llamamiento de Isaías

6 1 El año en que murió el rey Ozías,[a] vi al Señor sentado en un trono muy alto; el borde de su manto llenaba el templo. 2 Unos seres como de fuego[b] estaban por encima de él. Cada uno tenía seis alas. Con dos alas se cubrían la cara, con otras dos se cubrían la parte inferior del cuerpo y con las otras dos volaban. 3 Y se decían el uno al otro:

"Santo, santo, santo es el Señor
    todopoderoso;
toda la tierra está llena de su gloria."

4 Al resonar esta voz, las puertas del templo temblaron, y el templo mismo se llenó de humo. 5 Y pensé: "¡Ay de mí, voy a morir! He visto con mis ojos al Rey, al Señor todopoderoso; yo, que soy un hombre de labios impuros y vivo en medio de un pueblo de labios impuros." 6 En ese momento uno de aquellos seres como de fuego voló hacia mí. Con unas tenazas sostenía

---

ᵃ 6.1 *El año:* alrededor del 740 a.C. Cf. 2 R 15.7; 2 Cr 26.23. ᵇ 6.2 *Seres como de fuego:* lit. *serafines,* palabra hebrea que significa *los ardientes.* Solo aquí menciona la Biblia a estos seres celestiales.

una brasa que había tomado de encima del altar, **7** y tocándome con ella la boca, me dijo:

"Mira, esta brasa ha tocado tus labios.
Tu maldad te ha sido quitada,
tus culpas te han sido perdonadas."

8 Entonces oí la voz del Señor, que decía:
"¿A quién voy a enviar?
¿Quién será nuestro mensajero?"

Yo respondí:
"Aquí estoy yo, envíame a mí."

9 Y él me dijo:
"Anda y dile a este pueblo lo siguiente:
'Por más que escuchen, no entenderán;
por más que miren, no comprenderán.'
10 Entorpece la mente de este pueblo;
tápales los oídos y cúbreles los ojos
para que no puedan ver ni oir,
ni puedan entender,
para que no se vuelvan a mí
y yo no los sane."*c*

11 Yo le pregunté:
"¿Cuánto tiempo durará esto, Señor?"

Y él me contestó:
"Hasta que las ciudades queden destruidas
y sin ningún habitante;
hasta que las casas queden sin gente,
y los campos desiertos,
12 y el Señor haga salir desterrada a la gente,
y el país quede completamente vacío.
13 Y si aún queda una décima parte del pueblo,
también será destruida,
como cuando se corta un roble o una encina
y solo queda el tronco."
(Pero de ese tronco saldrá un retoño
sagrado.)

Primer mensaje de Isaías a Ahaz

7 **1** El rey de Siria, Resín, y el rey de Israel, Pécah, hijo de Remalías, atacaron a Jerusalén y quisieron conquistarla, pero no pudieron. Esto sucedió cuando Ahaz, hijo de Jotam y nieto de Ozías, era rey de Judá.*a* **2** En esa ocasión llevaron esta noticia al rey Ahaz y a su familia: "Los sirios se han aliado con Efraín." El rey y el pueblo empezaron a temblar como tiemblan los árboles del bosque cuando sopla el viento.

3 Entonces el Señor dijo a Isaías: "Toma a tu hijo Sear–iasub y ve a encontrarte con el rey Ahaz en el extremo del canal del estanque superior, en el camino que va al campo del Lavador de Paños, **4** y dile:

'Ten cuidado, pero no te asustes;
no tengas miedo ni te acobardes
por esos dos tizones humeantes,
Resín con sus sirios,
y el hijo de Remalías,*b*
que están ardiendo en furor.
5 Los sirios, con el pueblo de Efraín
y el hijo de Remalías,
han tramado hacerte mal.
Han dicho:
6 Invadamos Judá y metámosle miedo;
apoderémonos de ella
y pongamos por rey al hijo de Tabeel.*c*
7 Pero el Señor dice:
¡Eso jamás sucederá!
8-9 Damasco es la capital de Siria,

y Resín es el rey de Damasco;
Samaria es la capital de Efraín,
y el hijo de Remalías es el rey
de Samaria;*d*
pero dentro de sesenta y cinco años
Efraín dejará de ser nación;
y si ustedes no tienen una fe firme,
tampoco quedarán firmemente en pie.' "

---

c **6.10** *Entorpece . . . y yo no los sane:* El NT cita con frecuencia estos vv. (Mt 13.14–15; Mc 4.12; Lc 8.10; Jn 12.40; Hch 28.26–27). Cf. Ez 12.2. *a* **7.1** 2 R 16.5; cf. 2 Cr 28.5–6. Ahaz fue rey de Judá del 736 al 716 a.C.
b **7.4** *Tizones humeantes:* Imagen irónica, que insinúa que el poder de Siria y de Israel se estaba extinguiendo. *El hijo de Remalías* es Pécah, rey de Israel (v. 1), a quien el profeta, en señal de desprecio, ni siquiera menciona por nombre.
c **7.6** No existen datos para identificar con certeza a este *hijo de Tabeel.* Según algunos intérpretes, podría tratarse de un hijo de Tubail, el rey de Tiro, que también formaba parte de la coalición antiasiria. *d* **7.8–9** *Damasco . . . Samaria:* Estas frases quedan en suspenso, pero su sentido se aclara si se completan con alguna expresión como la siguiente: "Jerusalén es la capital de Judá y un descendiente de David es el rey de Jerusalén." Es decir, que los enemigos de Judá no triunfarían, porque el rey Ahaz, a diferencia de los otros reyes, podía apoyarse en algo tan firme como la promesa del Señor a David.

Segundo mensaje: el nacimiento de Emanuel

10 El Señor dijo también a Ahaz: **11** "Pide al Señor tu Dios que haga un milagro que te sirva de señal,*e* ya sea abajo en lo más profundo o arriba en lo más alto."

12 Ahaz contestó: "No, yo no voy a poner a prueba al Señor pidiéndole una señal."

13 Entonces Isaías dijo:

"Escuchen ustedes,
los de la casa real de David.
¿Les parece poco molestar
a los hombres,
que quieren también molestar
a mi Dios?
14 Pues el Señor mismo
les va a dar una señal:
La joven*f* está encinta
y va a tener un hijo,*g*
al que pondrá por nombre Emanuel.*h*
15 En los primeros años de vida del niño,
se comerá leche cuajada y miel.
16 Pero antes de que el niño tenga uso
de razón,
el país de los dos reyes
que te causan miedo
quedará abandonado.

17 "El Señor hará venir sobre ti,
sobre tu pueblo y la casa real,
días como no habían venido
desde que Efraín se separó de Judá."*i*
(Esto se refiere al rey de Asiria.)

18 En ese tiempo el Señor hará venir
como moscas
a los que viven en los lejanos ríos
de Egipto,
y hará venir como abejas
a los que viven en Asiria.
19 Todos ellos vendrán a instalarse
en las cañadas profundas
y en las cuevas de las rocas,
en todos los matorrales espinosos
y en los sitios donde bebe el ganado.
20 En ese día el Señor usará
al rey de Asiria
como navaja alquilada
más allá del río Éufrates,
y les afeitará a los israelitas
la cabeza, la barba y la parte inferior
del cuerpo.

21 En ese tiempo, el que críe una vaca y dos ovejas **22** tendrá tanta leche que podrá comer leche cuajada. Y todos los que se salven de la destrucción en el país podrán comer leche cuajada y miel.

23 En ese tiempo, lo que antes era un viñedo con mil plantas y valía mil monedas de plata, quedará convertido en espinos y matorrales. **24** Solo se podrá entrar allí con arco y flechas para cazar, porque todo el país quedará convertido en espinos y matorrales. **25** En las colinas que antes se cultivaban con azadón, habrá tantos espinos y matorrales que nadie irá a ellas. Solo servirán como pastizal para los bueyes y las ovejas.

---

e **7.11** La comparación con otros pasajes de *Isaías* (8.18; 20.3; 37.30; 38.7-8) muestra que la palabra *señal* no se refiere necesariamente a un milagro. Lo verdaderamente decisivo es que la señal sea un hecho presente o cercano, cuya realización garantiza que en un futuro más lejano se cumplirá lo anunciado por el profeta. En este caso, el objeto del anuncio profético era la derrota de los reyes que intentaban destronar al descendiente de David (cf. Is 7.4-7). Cf. Ex 4.9,17. *f* **7.14** *La joven:* El texto hebreo emplea aquí la palabra *almá,* que en otros contextos se ha traducido por *muchacha* o *jovencita* (cf. Gn 24.43; Ex 2.8; Sal 68.25; Cnt 6.8). Ese término designa a una muchacha joven, en edad de contraer matrimonio o incluso casada. La versión griega de los Setenta (LXX) tradujo el heb. *almá* por la palabra griega *parthenos,* que significa *virgen.* De este modo, el texto de *Isaías* se enriqueció con una perspectiva mesiánica que no poseía en su forma original. Esta relectura mesiánica no carecía por completo de fundamento, porque las palabras de Isaías se fundaban en la promesa del Señor a David, es decir, en una palabra profética que contenía como en germen toda la esperanza mesiánica de Israel. Por eso, Mt pudo citar esta profecía como anuncio de la concepción virginal de Jesús (cf. Mt 1.23). *g* **7.14** La identificación de este niño ha sido objeto de muchas discusiones, pero la gran mayoría de los intérpretes modernos considera que la *señal* dada por el profeta (Is 7.11) debía ser un acontecimiento cercano. De lo contrario, Ahaz no habría podido recibir esa señal como prueba de que los reyes de Damasco y Samaria fracasarían en el intento de arrebatarle el trono al descendiente de David. Por tanto, la madre del niño debió ser una mujer conocida de Ahaz, muy probablemente su propia esposa. *h* **7.14** *Emanuel* significa, en heb., *Dios (está) con nosotros.* Este nombre simbólico reafirmaba una vez más la protección divina para la dinastía real y para el pueblo. *i* **7.17** 2 R 12.1-20.

Nombre simbólico de un hijo de Isaías

8 1 El Señor me dijo: "Toma una tabla grande y escribe en ella, con letras comunes y corrientes: 'Maher–salal–hasbaz.'*ª* 2 Toma luego como testigos de confianza al sacerdote Urías y a Zacarías, el hijo de Jeberequías."

3 Más tarde me uní a la profetisa, mi esposa, y ella quedó encinta y tuvo un niño. Entonces el Señor me dijo: "Ponle por nombre Maher–salal–hasbaz. 4 Porque antes de que el niño sepa decir 'papá' y 'mamá', Damasco y Samaria serán saqueadas, y sus riquezas serán llevadas al rey de Asiria." 5 Y de nuevo me dijo el Señor:

6 "Ya que por miedo a Resín
    y al hijo de Remalías*b*
desprecia esta gente*c* el agua de Siloé,
    que corre mansamente,
7 el Señor los va a inundar
    con la violenta corriente del río Éufrates
(es decir, el rey de Asiria con todo su poder).
    Se desbordará por todos sus canales,
    se saldrá por todas las orillas,
8 pasará hasta Judá y la cubrirá, la inundará,
    le llegará hasta el cuello.
    Será como un ave con las alas extendidas,
    que cubrirá, Emanuel, toda tu tierra."*d*

9 Reúnanse, naciones, y llénense de espanto;
escuchen esto, todos los países lejanos:
    por más que tomen las armas,
        quedarán espantados;
    sí, por más que tomen las armas,
        quedarán espantados.
10 Hagan planes, que serán desbaratados;
    propongan lo que quieran,
        que no se realizará,
    porque Dios está con nosotros.

Al Señor es a quien hay que temer

11 El Señor me tomó fuertemente con su mano y me advirtió que no siguiera el camino de esta gente. Me dijo: 12 "No llamen ustedes conspiración a todo lo que este pueblo llama conspiración. No se asusten ni tengan miedo por todo lo que a ellos les da miedo. 13 Al Señor todopoderoso es a quien hay que tener por santo; a él es a quien hay que temer; hay que tener miedo en su presencia. 14 Él será para ustedes como una trampa; será la piedra con la que tropezarán, la cual hará caer a los dos reinos de Israel; será como una trampa en la que caerán los habitantes de Jerusalén. 15 Muchos tropezarán, caerán y morirán; muchos caerán en la trampa, y quedarán atrapados."

Advertencias de Isaías a sus discípulos

16 Guarden bien este mensaje;
    mantengan ocultas estas instrucciones,
        estas enseñanzas mías.
17 Aunque el Señor se oculta del pueblo
        de Jacob,
    yo confío en él.
    En él he puesto mi esperanza.
18 Yo y los hijos que me dio el Señor
    somos señales milagrosas para Israel,
    puestas por el Señor todopoderoso
    que vive en el monte Sión.
19 Sin duda la gente les dirá a ustedes:
    "Consulten a los espíritus de los muertos*e*
    y a esos adivinos que cuchichean
        y susurran.
    ¿Acaso no debe un pueblo consultar
        a sus dioses,
    y pedir consejo a los muertos
        acerca de los vivos
20 para recibir una instrucción o un mensaje?"
    Sin duda que hablarán así,
    pero lo que dicen es una tontería.

21 La gente irá de una parte a otra,
    oprimida y con hambre,
    y por el hambre se pondrán furiosos.
    Maldecirán a su rey y a sus dioses.
    Volverán la cara hacia arriba
22 y después mirarán al suelo,
    y no encontrarán más que miseria
        y oscuridad,
    tinieblas y angustia.
    Todo lo cubrirá la noche.

ª **8.1** La expresión hebrea *Maher–salal–hasbaz* significa *muy pronto habrá saqueo y destrucción.* Este nombre se da también al hijo de Isaías (v. 3). *b* **8.6** *Hijo de Remalías:* El rey Pécah (Is 7.4). *c* **8.6** *Esta gente:* la de Judá. *d* **8.8** Como *Emanuel* significa *Dios está con nosotros* (Is 7.14), hay otra posible traducción de la última línea: *que cubrirá toda la tierra. ¡Que Dios esté con nosotros!* Las últimas dos líneas también pueden entenderse como una imagen de la presencia protectora de Dios: *¡Dios está con nosotros! Sus alas extendidas cubrirán toda la tierra* (cf. Sal 17.8; 91.4). *e* **8.19** Cf. Dt 18.10–14.

9

1a Y el oprimido no podrá escapar.

Nacimiento y reinado del Príncipe de la paz

1b Al principio Dios humilló a Galilea, tierra de Zabulón y de Neftalí,[a] región vecina a los paganos, que se extiende desde el otro lado del Jordán hasta la orilla del mar; pero después le concedió mucho honor.

2 El pueblo que andaba en la oscuridad
   vio una gran luz;
   una luz ha brillado[b]
   para los que vivían en tinieblas.[c]
3 Señor, has traído una gran alegría;
   muy grande es el gozo.
   Todos se alegran delante de ti
     como en tiempo de cosecha,
   como se alegran los que se reparten
     grandes riquezas.
4 Porque tú has deshecho
   la esclavitud que oprimía al pueblo,
   la opresión que lo afligía,
   la tiranía a que estaba sometido.
   Fue como cuando destruiste a Madián.[d]
5 Las botas que hacían resonar los soldados
   y los vestidos manchados de sangre
   serán quemados, destruidos por el fuego.
6 Porque nos ha nacido un niño,
   Dios nos ha dado un hijo,[e]
   al cual se le ha concedido
     el poder de gobernar.
   Y le darán estos nombres:
   Admirable en sus planes, Dios invencible,
   Padre eterno, Príncipe de la paz.
7 Se sentará en el trono de David;
   extenderá su poder real a todas partes
   y la paz no se acabará;
   su reinado quedará bien establecido,
   y sus bases serán la justicia y el derecho
   desde ahora y para siempre.

Esto lo hará el ardiente amor
   del Señor todopoderoso.

Ira del Señor contra el reino de Israel

8 El Señor ha enviado un mensaje a Israel,
   al pueblo de Jacob;
9 todo el pueblo de Efraín,
   que vive en Samaria,[f]
   lo ha entendido.
   Ellos dicen con orgullo y altanería:
10 "Se han caído los ladrillos,
   pero vamos a construir con piedra.
   Han cortado las vigas de sicómoro,
   pero las vamos a cambiar por madera
     de cedro."
11 El Señor ha hecho venir
   terribles enemigos;
   él mismo les ha ordenado atacar.
12 Por el oriente los sirios,
   por el occidente los filisteos.
   De un bocado se tragaron a Israel.
   Y, sin embargo, la ira del Señor
     no se ha calmado;
   él sigue amenazando todavía.
13 Pero el pueblo no se volvió a Dios,
   que lo castigaba;
   no buscó al Señor todopoderoso.
14 Entonces el Señor trató al reinode Israel
   como quien corta a un animal
     la cola y la cabeza,
   como quien derriba palmeras y juncos
     por igual.
   ¡Todo esto en un solo día!
15 (La cabeza representa a los ancianos
   y los jefes,
   la cola a los profetas que enseñan mentiras.)
16 Los jefes han extraviado a este pueblo,
   y los que buscaban un guía se perdieron.
17 Por eso el Señor no tuvo compasión
   de los jóvenes,

---

[a] **9.1** Las tribus de *Zabulón y de Neftalí* ocupaban el territorio situado al noroeste de Galilea y habían soportado duramente las invasiones de Tiglat–piléser III, hacia el año 733 a.C. (2 R 15.29). [b] **9.2** La *luz* simboliza la salvación (Is 60.1), pero en este contexto parece aludir a la llegada del nuevo rey. Cf. 2 S 23.2–3; Sal 110.3. [c] **9.1–2** Mt 4.15–16; Lc 1.79. [d] **9.4** *Como cuando destruiste a Madián:* lit. *como en el día de Madián:* cf. Jue 7—8; cf. Sal 83.10. [e] **9.6** *Dios nos ha dado un hijo:* Cuando el rey de Judá tomaba posesión del trono, se convertía en hijo de Dios por adopción (2 S 7.14; Sal 2.7; 89.26–27). Por eso, buena parte de los intérpretes modernos consideran que aquí no se trata del nacimiento físico del heredero real, sino de su nacimiento como rey, es decir, de su entronización. Más tarde, cuando el pueblo de Israel ya no tuvo más reyes, este pasaje fue reinterpretado a la luz de Is 7.14; Miq 5.2–3, y referido al nacimiento del Mesías. [f] **9.8–9** Los nombres *Israel* y *Efraín* se usan aquí como sinónimos; ambos designan el reino del norte, cuya capital era *Samaria* (Is 7.2).

ni misericordia de los huérfanos
y las viudas.
Porque el pueblo entero
es impío y perverso
y todos dicen disparates.
Y sin embargo la ira del Señor
no se ha calmado;
él sigue amenazando todavía.

18 La maldad hace estragos
como un incendio
que devora espinos y matorrales
y quema luego los árboles del bosque,
y los lanza por los aires
entre torbellinos de humo.
19-20 Por la ira del Señor todopoderoso
el país está incendiado,
el fuego destruye al pueblo;
se comen la carne de sus propios hijos
y no tienen compasión de sus hermanos.
Aquí hay uno que engulle y queda
con hambre,
allá hay otro que come
y no se siente satisfecho.
21 Manasés destruye a Efraín,
Efraín a Manasés,
y ambos se lanzan contra Judá.
Y sin embargo la ira del Señor
no se ha calmado;
él sigue amenazando todavía.

10

1 ¡Ay de ustedes,
que dictan leyes injustas
y publican decretos intolerables,
2 que no hacen justicia a los débiles
ni reconocen los derechos de los pobres
de mi pueblo,
que explotan a las viudas
y roban a los huérfanos!
3 ¿Qué harán ustedes
cuando tengan que rendir cuentas,
cuando vean venir de lejos el castigo?
¿A quién acudirán pidiendo ayuda?
¿En dónde dejarán sus riquezas?
4 Si no son humillados y llevados presos,
caerán con los que mueran asesinados.
Y sin embargo la ira del Señor
no se ha calmado;
él sigue amenazando todavía.

Dios se vale de Asiria para el castigo [a]

5 "¡El rey de Asiria!
Él es el palo con que yo en mi ira castigo,
la vara que uso cuando me enojo.
6 Lo mando a atacar a un pueblo impío, [b]
a una nación que me ofende,
para que la robe y le quite sus riquezas,
para que la pisotee
como al barro de las calles.
7 Pero el rey de Asiria no piensa así,
ni es eso lo que él se propone.
No piensa más que en destruir
y en acabar con muchas naciones.
8 Dice: 'Todos los reyes son jefes
a mis órdenes.
9 Para mí son iguales las ciudades
de Calnó y de Carquemis,
Hamat igual que Arpad, [c]
Samaria lo mismo que Damasco.
10 Me he encontrado naciones
con muchos dioses,
con más ídolos que los de Jerusalén
y Samaria.
11 Pues bien,
lo que hice con Samaria y sus dioses,
¿no seré capaz de hacerlo
con Jerusalén y sus ídolos?' "

12 Cuando el Señor haya hecho
todo lo que tiene que hacer
en el monte Sión y en Jerusalén,
castigará al rey de Asiria
por esta obra de su orgullo,
y por su altanería y arrogancia.

13 El rey de Asiria ha dicho:
"Yo lo he hecho con mi propia fuerza;
yo soy inteligente, y he hecho los planes.
Yo he cambiado las fronteras de las naciones,
me he apoderado de sus riquezas,
y, como un valiente,
he derribado a los reyes.
14 He puesto mi mano
en las riquezas de los pueblos,
me he apoderado de toda la tierra
como quien toma de un nido
unos huevos abandonados,
y no hubo nadie que moviera las alas,
nadie que abriera el pico y chillara."

---

[a] 10.5-27 Cf. Is 14.24-27; Nah 1—3; Sof 2.13-15. [b] 10.6 Un pueblo impío: el de Judá, a causa de su rebelión contra Dios. [c] 10.9 Los nombres corresponden a ciudades arameas conquistadas por Asiria.

15 Pero, ¿acaso puede el hacha
creerse más importante
   que el que la maneja?,
¿la sierra más que el que la mueve?
¡Como si el bastón, que no es más
   que un palo,
fuera el que moviera al hombre
   que lo lleva!

16 Por eso, el Señor todopoderoso
va a dejar sin fuerzas
   a esos que son tan robustos,
y hará que les arda el cuerpo
   con el fuego de la fiebre.

17 El Dios Santo, luz de Israel,
se convertirá en llama de fuego,
y en un día quemará y destruirá
todos los espinos y matorrales
   que hay en el país.

18 Destruirá completamente
la belleza de sus bosques y sus huertos.
Los dejará como un enfermo
   que ya no tiene fuerzas.

19 Y serán tan pocos
   los árboles que queden en el bosque,
que hasta un niño los podrá contar.

20 En ese tiempo
los pocos que hayan quedado
   de Israel,
aquellos del pueblo de Jacob
   que se hayan salvado,
no volverán a apoyarse
   en el que los destruyó
sino que se apoyarán firmemente
en el Señor, el Dios Santo de Israel.

21 Unos cuantos del pueblo de Jacob
se volverán hacia el Dios invencible.

22 Aunque tu pueblo, Israel,
   sea tan numeroso
como los granos de arena del mar,*d*
solo unos cuantos volverán.
La destrucción está decidida
y se hará justicia por completo.

23 Porque el Señor todopoderoso
ha decidido la destrucción
y la va a llevar a cabo en todo el país.

24 El Señor todopoderoso dice así:
"Pueblo mío, que vives en Sión,
no tengas miedo a los asirios,
aunque te golpeen con su vara
y levanten su bastón contra ti
como hicieron los egipcios.

25 Porque dentro de muy poco tiempo
va a llevarse a cabo el castigo,
y mi ira los destruirá.

26 El Señor todopoderoso los castigará
como cuando derrotó a Madián
en la roca de Oreb,*e*
y mostrará su poder contra Asiria*f*
como cuando lo mostró contra Egipto.

27 En ese día se te quitará
la carga que han puesto
   sobre tus espaldas,
y será quebrado el yugo
   que te han puesto en la nuca."

El avance de los asirios*g*

El invasor viene por Rimón,
28 llega a Aiat,
pasa por Migrón,
deja la carga en Micmás,
29 cruza el paso del torrente,
acampa en Gueba;
Ramá se llena de terror,
Guibeá de Saúl sale huyendo.
30 ¡Da gritos, Bat–galim!
¡Óyelos, Laisa!
¡Responde, Anatot!
31 Madmená sale huyendo,
los habitantes de Guebim se esconden.
32 Hoy mismo se detiene
   el invasor en Nob;
da la señal de atacar el monte Sión,
la colina de Jerusalén.
33 Miren, el Señor todopoderoso
derriba los árboles con fuerza terrible;
los más altos caen cortados,
los más elevados se vienen al suelo.
34 Con un hacha derriba
   lo más espeso del bosque,
y los árboles más bellos del Líbano
   se derrumban.

---

d **10.22** Cf. Gn 22.17; 32.12; Ro 9.27–28. *e* **10.26** Jue 7.23–25. *f* **10.26** *Asiria:* lit. *el mar*, es decir, el Éufrates, río de *Asiria* llamado *mar* por la importancia de su caudal. *g* **10.27b–34** El profeta enumera las ciudades invadidas por las tropas asirias, hasta el momento en que el invasor da la orden de *atacar el monte Sión* (v. 32). Entonces interviene el Señor con su *fuerza terrible* (v. 33), de manera que el enemigo es derrotado por intervención divina y no por la fuerza de las armas (vv. 33–34).

*El descendiente de Jesé trae un reinado
de paz y justicia*[a]

11

1 De ese tronco que es Jesé,
sale un retoño;
un retoño brota de sus raíces.
2 El espíritu del Señor estará
continuamente sobre él,
y le dará sabiduría,[b] inteligencia,
prudencia, fuerza,
conocimiento y temor del Señor.
3 Él no juzgará por la sola apariencia,
ni dará su sentencia
fundándose en rumores.
4 Juzgará con justicia a los débiles
y defenderá los derechos
de los pobres del país.
Sus palabras serán como una vara
para castigar al violento,
y con el soplo de su boca
hará morir al malvado.
5 Siempre irá revestido de justicia y verdad.
6 Entonces el lobo y el cordero
vivirán en paz,
el tigre y el cabrito descansarán juntos,
el becerro y el león crecerán
uno al lado del otro,
y se dejarán guiar por un niño pequeño.
7 La vaca y la osa serán amigas,
y sus crías descansarán juntas.
El león comerá pasto, como el buey.
8 El niño podrá jugar en el hoyo
de la cobra,
podrá meter la mano
en el nido de la víbora.
9 En todo mi monte santo
no habrá quien haga ningún daño,
porque así como el agua llena el mar,
así el conocimiento del Señor
llenará todo el país.[c]
10 En ese tiempo
el retoño de esta raíz que es Jesé
se levantará como una señal
para los pueblos;
las naciones irán en su busca,
y el sitio en que esté será glorioso.

Regreso triunfal de los desterrados[d]

11 En ese tiempo mostrará otra vez el Señor
su poder
reconquistando el resto de su pueblo,
haciéndolo volver de Asiria y de Egipto,
de Patros, de Etiopía, de Elam,
de Sinar, de Hamat y de los países
del mar.
12 Levantará una señal para las naciones
y reunirá a los israelitas
que estaban desterrados;
juntará desde los cuatro puntos cardinales
a la gente de Judá que estaba dispersa.
13 La envidia de Efraín terminará,
y el rencor de Judá se calmará;
Efraín no tendrá envidia de Judá,
y Judá no sentirá rencor contra Efraín.
14 Los dos se lanzarán hacia el occidente
contra los filisteos
y les caerán por la espalda;
juntos les quitarán las riquezas
a las tribus de oriente.
Su poder llegará hasta Edom y Moab,
y dominarán a los amonitas.
15 El Señor les abrirá un camino
por el Mar Rojo,
extenderá su brazo sobre el río Éufrates,
hará soplar un viento terrible
que lo dividirá en siete brazos,
y podrán cruzarlos sin quitarse
las sandalias.
16 Cuando ese resto del pueblo del Señor
vuelva de Asiria,
encontrará un amplio camino,
como Israel cuando salió de Egipto.

Canto de acción de gracias

12

1 En ese tiempo dirás:
"Te doy gracias, Señor,
porque aunque estuviste
enojado conmigo,
tu ira ya pasó
y me has devuelto la paz.
2 Dios es quien me salva;
tengo confianza, no temo.

---

[a] **11.1–10** A este descendiente del rey David se alude en Ro 15.12; Ap 5.5; 22.16; una expresión parecida, pero que usa otro término heb., aparece en Jer 23.5; 33.15; Zac 3.8; 6.12. [b] **11.2** *El espíritu del Señor:* el poder y la asistencia especial de Dios, que capacita para gobernar. La *sabiduría,* necesaria para el buen gobierno, debía ser una de las cualidades del rey (1 R 3.8–9). [c] **11.9** Hab 2.14. El *conocimiento del Señor* es más que una ciencia intelectual; incluye el reconocimiento de la presencia de Dios en la vida y en la conducta personal. Cf. Os 4.1; Jn 17.3.
[d] **11.11–16** Cf. Is 40—55; cf. Is 43.5–7; 49.22.

El Señor es mi refugio y mi fuerza,
él es mi salvador."

3 También ustedes podrán ir a beber
con alegría
en esa fuente de salvación,

4 y entonces dirán:
"Den gracias e invoquen al Señor,
cuenten a las naciones las cosas
que ha hecho,
recuérdenles que él está por encima
de todo.

5 Canten al Señor,
porque ha hecho algo grandioso
que debe conocerse en toda la tierra.

6 Den gritos de alegría, habitantes de Sión,
porque el Dios Santo de Israel
está en medio de ustedes
con toda su grandeza."

Profecía contra Babilonia

13 ¹ Palabras proféticas contra Babilonia, las cuales recibió por revelación Isaías, hijo de Amós:

2 "¡Alcen en un monte pelado
la señal de combate!
¡Den la orden de ataque a los soldados!
¡Levanten la mano para que avancen
por las puertas de los nobles!

3 Ya he llamado a mis valientes,
he dado órdenes a mis guerreros
consagrados,
a los que se alegran por mi triunfo,
para que ejecuten mi castigo."

4 Se oye un griterío en los montes,
como de mucha gente.
Se oye el rugir de las naciones,
de los pueblos que se han reunido.
El Señor todopoderoso pasa revista
a sus tropas dispuestas para la batalla.

5 Vienen de un país lejano,
de más allá del horizonte.
Es el Señor con los instrumentos
de su ira,
que viene a destruir toda la tierra.

6 Den alaridos, porque el día del Señor[a]
está cerca,
llega como un golpe del Todopoderoso.

7 Entonces todo el mundo dejará caer
los brazos,
todos perderán el valor

8 y quedarán aterrados.
Les vendrá una angustia y un dolor
tan grandes
que se retorcerán como mujer de parto.
Unos a otros se mirarán asombrados
y les arderá la cara de vergüenza.

9 Ya llega el día del Señor,
día terrible, de ira y furor ardiente,
que convertirá la tierra en desierto
y acabará con los pecadores
que hay en ella.

10 Las estrellas y constelaciones del cielo
dejarán de dar su luz;
el sol se oscurecerá apenas salga,
y la luna no brillará.

11 El Señor dice:
"Voy a castigar al mundo
por su maldad,
a los malvados por sus crímenes.
Voy a terminar con la altanería
de los orgullosos,
voy a humillar a los soberbios
e insolentes.

12 Voy a hacer que los hombres sean
más escasos que el oro fino de Ofir.

13 Entonces el cielo se estremecerá
y la tierra se moverá de su sitio
por la ira que tendré en ese día,
por mi ardiente furor.

14 "La gente parecerá gacela perseguida,
o un rebaño cuando se dispersa
y no hay nadie que lo junte.
Cada uno se volverá a su propio país,
huirá a su propia tierra.

15 Todo el que se deje encontrar
será apuñalado,
todo el que se deje agarrar
caerá asesinado.

16 Ante sus propios ojos
estrellarán contra el suelo
a sus hijos pequeños;
sus casas serán saqueadas
y violadas sus esposas.

---

[a] **13.6** El *día del Señor* tiene aquí carácter universal y es una amenaza contra los enemigos del pueblo de Israel (véase Is 2.11 n.; cf. Ez 30.2–3; Jl 1.15; Sof 1.14–18; Mal 3.2; Ap 6.17).

17 Voy a incitar contra ellos
   al pueblo de los medos,
   gente que no se preocupa por la plata
   y a la que el oro no le llama la atención.
18 Con sus flechas derribarán a los jóvenes.
   No tienen compasión
   de los recién nacidos,
   ni sienten lástima por los niños.
19 Y Babilonia, la perla de las naciones,
   joya y orgullo de los caldeos,
   quedará como Sodoma y Gomorra,
   cuando yo las destruí.
20 Nunca más volverá a ser habitada,
   nadie volverá a vivir jamás en ella.
   Los árabes no volverán a acampar allí,
   ni los pastores harán que allí descansen
   sus rebaños.
21 Allí habitarán los gatos monteses,
   las lechuzas llenarán las casas,
   los avestruces vivirán en ella,
   y también retozarán los chivos.
22 Los chacales aullarán en los castillos,
   y en los lujosos palacios habrá lobos.
   Ya se le acerca su hora a Babilonia;
   no le quedan muchos días."

Regreso del destierro

14 1 Sí, el Señor tendrá misericordia de Jacob. De nuevo tendrá a Israel como su elegido, y hará que los israelitas vuelvan a establecerse en su tierra. Los extranjeros se acercarán a ellos, se unirán al pueblo de Jacob. 2 Muchas naciones recibirán a los israelitas y los acompañarán hasta su patria, y los israelitas los tomarán como esclavos en la tierra del Señor. Los israelitas llevarán presos a quienes antes los habían puesto presos, y dominarán a quienes antes los oprimieron.

Burla al rey de Babilonia

3 Pueblo de Israel, cuando el Señor te haga descansar de tus sufrimientos, de tus penas y de la cruel esclavitud a que fuiste sometido, 4 recitarás este poema para burlarte del rey de Babilonia:

"¡Miren en qué vino a parar el tirano!
¡Miren en qué vino a parar
   su arrogancia![a]
5 El Señor ha roto el poder del malvado,
   ha hecho pedazos la vara del tirano
6 que castigaba a las naciones con ira
   y las golpeaba sin parar,
   que aplastaba a los pueblos con furor
   y los perseguía sin compasión.
7 Toda la tierra está en paz y tranquila,
   y grita de alegría.
8 Hasta los pinos y los cedros del Líbano
   se alegran de tu ruina
   y dicen: 'Desde que tú caíste,
   nadie ha vuelto a cortarnos.'
9 Abajo, entre los muertos,
      hay gran agitación
   y salen a recibirte.
   Las sombras de los muertos
      se despiertan,
   todos los jefes de la tierra
      salen a tu encuentro;
   todos los reyes de los pueblos
   se levantan de sus tronos.
10 Todos ellos toman la palabra
   y te dicen:
   'Tú también has perdido tu fuerza,
   has llegado a ser como nosotros.'
11 Aquí vinieron a parar tu orgullo
   y tu música de cítaras.
   Tu cama es podredumbre,
   tus mantas son gusanos.'
12 "¡Cómo caíste del cielo,
   lucero del amanecer![b]
   Fuiste derribado por el suelo,
   tú que vencías a las naciones.
13 Pensabas para tus adentros:
   'Voy a subir hasta el cielo;
   voy a poner mi trono
   sobre las estrellas de Dios;
   voy a sentarme allá lejos en el norte,
   en el monte donde los dioses se reúnen.
14 Subiré más allá de las nubes más altas;
   seré como el Altísimo.'

---

[a] **14.4** *Su arrogancia:* otra posible traducción según un antiguo ms. y varias versiones antiguas: *su violencia.* El heb. de otros mss., tomado del arameo, dice *la (ciudad) que exige oro.* [b] **14.12–15** Aquí se compara al rey de Babilonia con el *lucero del amanecer,* astro que los cananeos tenían por un dios que había querido ponerse a la cabeza de los demás dioses (v. 13). Ese dios, según creían los cananeos, habitaba en un *monte* ubicado en un lejano punto *en el norte.* Con esta imagen, el autor ridiculiza el orgullo y la arrogancia del rey de Babilonia, insinuando que también él será derribado como aquel dios pagano. Cf. el pasaje sobre la caída del rey de Tiro en Ez 28.11–19.

15 ¡Pero en realidad has bajado
      al reino de la muerte,
    a lo más hondo del abismo![c]
16 Los que te ven se quedan mirándote,
    y fijando su atención en ti, dicen:
    '¿Este es el hombre que hacía temblar
        la tierra,
    que destruía las naciones,
17 que dejó el mundo hecho un desierto,
    que arrasaba las ciudades
    y no dejaba libres a los presos?'
18 Todos los reyes de las naciones
      descansan con honor,
    cada uno en su tumba;
19 a ti, en cambio,
      te arrojan lejos del sepulcro
    como basura repugnante,
    como cadáver pisoteado,
    entre gente asesinada, degollada,
    arrojada al abismo lleno de piedras.
20 No te enterrarán
      como a los otros reyes,
    porque arruinaste a tu país
    y asesinaste a la gente de tu pueblo.
    La descendencia de los malhechores
    no durará para siempre.
21 Prepárense para matar a los hijos
    por los crímenes que sus padres
        cometieron,
    para que no piensen más
      en dominar la tierra
    ni en llenar el mundo de ciudades."

22 El Señor todopoderoso afirma:
    "Voy a entrar en acción contra ellos,
    voy a acabar con el nombre
      de Babilonia
    y con lo que quede de ella,
    con sus hijos y sus nietos.
23 La convertiré en un pantano,
    en región plagada de lechuzas.
    La barreré con la escoba
      de la destrucción."
    Es el Señor todopoderoso
      quien lo afirma.

Asiria será destruida[d]

24 El Señor todopoderoso ha jurado:
    "Sin duda alguna, lo que yo he decidido,
      se hará;
    lo que yo he resuelto, se cumplirá.
25 Destruiré al pueblo asirio en mi país,
    lo aplastaré en mis montañas.
    Su yugo dejará de oprimir a mi pueblo,
    su tiranía no pesará más
      sobre sus hombros.
26 Esta es mi decisión
      en cuanto a toda la tierra.
    Mi mano amenaza a todas las naciones."
27 El Señor todopoderoso lo ha decidido,
    y nadie podrá oponérsele.
    Su mano está amenazando,
    y nadie lo hará cambiar de parecer.

Profecía contra los filisteos[e]

28 El año en que murió el rey Ahaz,[f] Isaías
pronunció esta profecía:

29 No te alegres, nación filistea,
    de que haya sido quebrada la vara[g]
      con que te castigaban,
    pues de donde salió una serpiente
      saldrá una víbora,
    más aún, saldrá un dragón volador.[h]
30 Los pobres tendrán en mis campos
      pasto para sus rebaños,
    y la gente sin recursos
      descansará tranquila.
    Yo, en cambio,
      haré que tu gente muera de hambre,
    y mataré a los pocos que te queden.
31 ¡Laméntense, ciudades filisteas,
    griten de dolor, tiemblen de espanto!
    Porque del norte viene un ejército
      como una nube de humo;
    ni un solo hombre se sale de las filas.
32 ¿Qué se puede responder
      a los enviados de ese país?
    Que el Señor ha dado firmeza a Sión,
    y los afligidos de su pueblo
      se refugiarán allí.

---

c **14.13–15** Cf. Mt 11.23; Lc 10.15. *d* **14.24–27** La situación histórica coincide con la de Is 10.5–34: Asiria tendrá
que ceder ante la decisión de Dios (cf. el libro de *Nahúm* y Sof 2.13–15). *e* **14.28–32** Cf. también Jer 47.1–7; Ez
25.15–17; Jl 3.4–8; Am 1.6–8; Sof 2.4–7; Zac 9.5–7. *f* **14.28** *El año . . . Ahaz*: alrededor del 716 a.C. (2 R 16.20;
2 Cr 28.27). *g* **14.29** La *vara* que ha sido *quebrada* es un rey de Asiria, probablemente Sargón II (721–705 a.C.).
Cf. Is 10.5. *h* **14.29** *Serpiente . . . víbora . . . dragón volador:* Estas imágenes parecen aludir a la continua amenaza
de Asiria, de donde vendrían otras invasiones.

Profecía contra Moab

15

1 Profecía contra Moab:
En la noche en que Ar
fue destruida,
ocurrió la ruina de Moab;
en la noche en que Quir fue destruida,
ocurrió la ruina de Moab.

2 La gente de Dibón sube a llorar
al templo situado en la colina.
Moab se lamenta de la destrucción
de Nebo y de Medebá.
Todos tienen la cabeza rapada,
la barba cortada.

3 Por las calles va la gente
con ropas ásperas;
en las terrazas gritan de dolor.
En las plazas todo el mundo
se lamenta
y se deshace en lágrimas.

4 Hesbón y Elalé piden socorro;
hasta en Jahas se oyen sus gritos.
Por eso se acobardan los guerreros
de Moab
y se llenan de terror.

5 Mi corazón pide socorro para Moab;
su gente sale huyendo hasta Sóar,
hasta Eglat–selisiya.
Por la cuesta de Luhit suben llorando;
por el camino de Horonaim
lanzan gritos de dolor
ante el desastre.

6 Los pozos de Nimrim han quedado
secos,
la hierba está marchita,
muerta la vegetación,
no queda ni una hoja verde.

7 Por eso la gente recoge sus riquezas
y las lleva más allá
del arroyo de los Álamos.

8 El grito de socorro da la vuelta
por las fronteras de Moab;
los lamentos llegan hasta Eglaim
y hasta Beer–elim.

9 Aunque los pozos de Dimón
están llenos de sangre,
aún le enviaré mayores males;
un león devorará
a los que se salven de Moab,
a los que queden con vida en la tierra.

La gente de Moab se refugia en Judá

16

1 Desde Selá[a] en el desierto,
los jefes del país envían corderos[b]
hasta el monte Sión.

2 Los habitantes de Moab
en el paso del Arnón
son como pájaros espantados
que huyen de su nido.

3 Dicen a Sión:
"Haz planes para protegernos,
toma tú nuestra defensa.
Extiende tu sombra en pleno mediodía,
como si fuera de noche;
ofrece asilo a los desterrados,
no traiciones a los fugitivos.

4 Deja que se refugien en ti
los fugitivos de Moab.
Sírveles de asilo
frente al destructor."

Cuando termine la opresión
y la destrucción haya pasado,
cuando el invasor se vaya del país,

5 un descendiente de David
alcanzará el reinado,
reinado estable fundado en la bondad.
Será un juez honrado,
que establecerá el derecho
y hará llegar pronto la justicia.

6 Conocemos el orgullo enorme de Moab,
su arrogancia, su altivez, su soberbia
y su inútil charlatanería.

7 Por eso todos los habitantes de Moab
llorarán por su nación;
afligidos en extremo, se dolerán
por los hombres de Quir–haréset.

8 Los viñedos de Hesbón y de Sibmá
han quedado marchitos,
destrozados por los señores
de las naciones.
Sus ramas llegaban hasta Jazer,
se extendían por el desierto
y alcanzaban hasta más allá del mar.

9 Por eso lloro por los viñedos de Sibmá,
lo mismo que por Jazer,
y derramo lágrimas por Hesbón y Elalé,
porque sobre sus frutos y cosechas
resonó el grito de guerra.

---

[a] **16.1** *Selá:* ciudad edomita donde se refugiaron los moabitas que escaparon de la destrucción de su país (Is 15.5–9). Desde allí enviaban mensajes a Judá suplicando asilo (vv. 3–4). [b] **16.1** Cf. 2 R 3.4.

10 La alegría y el bullicio se acabarán
      en los campos;
   no habrá más gritos de alegría
   ni cantos en los viñedos,
   ni exprimirán más las uvas para sacar vino.
   Los gritos se acabaron.
11 Mi corazón se estremece como un arpa
   por Moab y por Quir–haréset.
12 Por más que Moab vaya a las colinas
   y ruegue allí hasta el cansancio,
   por más que vaya a su templo a orar,
   nada va a conseguir.

13 Estas fueron las palabras que dijo el Señor
contra Moab hace mucho tiempo. 14 Ahora dice
el Señor:

   "Dentro de tres años,
   tal como los cuenta
       un obrero que vive de su salario,
   la grandeza de Moab
   se hará despreciable,
   a pesar de su inmenso gentío;
   solo quedará un puñado pequeño,
       impotente."

Profecía contra Damasco

17 1 Profecía contra Damasco:
     Damasco dejará de ser ciudad;
     no será más que un montón
         de ruinas.
2 Quedará abandonada para siempre,
   convertida en pastizales;
   los animales podrán pastar
       tranquilamente.
3 Efraín, que es el orgullo de Israel,
   ya no tendrá ciudad fortificada;
   así también Damasco,
       lo que queda de Siria,
   dejará de ser un reino.
   Lo afirma el Señor todopoderoso.

Castigo de Israel[a]

4 En ese día Samaria, orgullo de Jacob,
   perderá su fuerza,
   y su prosperidad desaparecerá.

5 Será como cuando el segador cosecha
      el trigo
   y recoge las espigas con las manos,
   o cuando se recogen las espigas
   en el valle de Refaim,[b]
6 donde solo quedan restos olvidados;
   o como cuando se golpea un olivo
   y solo quedan dos o tres aceitunas
       en la punta de una rama,
   o a lo sumo cuatro o cinco en todo
       el árbol.
   Lo afirma el Señor, el Dios de Israel.

7 En ese día
   el hombre volverá sus ojos a su creador,
   al Dios Santo de Israel.
8 No volverá a mirar los altares ni otros
       objetos hechos por los hombres
       con sus propias manos.
   No se fijará más en esos troncos
       sagrados[c]
   ni en esos altares donde queman incienso
       a los dioses.

9 En ese día
   tus ciudades fortificadas
       serán abandonadas,
   como fueron abandonadas
   las ciudades de los heveos
       y de los amorreos[d]
   por miedo a los israelitas.
   Quedarán convertidas en desierto,
10 porque olvidaste al Dios que te salvó,
   no recordaste que él es tu refugio seguro.
   Tú cultivas esos jardines agradables,
   siembras tus plantas
       en honor a un dios extranjero,
11 las proteges el día en que las plantas,
   y haces que brote la semilla
       al día siguiente.
   Pero cuando vengan la enfermedad
   y el mal incurable,
   se perderá la cosecha.

12 ¡Oigan el estruendo
       de pueblos numerosos,[e]

---

a **17.4–14** La derrota de Israel sucedió en el 721 a.C., cuando Samaria, su capital, fue conquistada por Asiria.
b **17.5** *El valle de Refaím:* probablemente el llano situado al sudoeste de Jerusalén.   *c* **17.8** *Troncos sagrados:* símbolos
de Aserá, diosa cananea de la fertilidad (cf. 1 R 15.13).   *d* **17.9** Estos pueblos se contaban entre los primitivos
habitantes de Canaán, antes de la llegada de los israelitas (Dt 7.1).   *e* **17.12–14** Quizá se trata de la invasión asiria
en el 701 a.C. (cf. Is 36.1–21).

estruendo como el que produce el mar!
Es el rugido que lanzan las naciones,
como el rugido de aguas impetuosas.
13 Pero cuando Dios los reprende,
salen huyendo lejos,
como la paja que el viento se lleva
por los montes
o como el cardo que arrastra el huracán.
14 Por la tarde parecen terribles,
pero antes del amanecer dejan de existir.
En eso paran los que nos saquean,
así terminan los que nos arruinan.

Profecía contra Etiopía

18 1 ¡Ay del país donde resuena
un zumbido de insectos,
del país situado más allá
de los ríos de Etiopía,
2 que envía sus embajadores por el Nilo,
viajando por el agua en barcas de junco!
Vayan, veloces mensajeros,
a un pueblo de alta estatura
y piel brillante,
a una nación temida en todas partes,
pueblo fuerte y altanero
que vive en una tierra bañada por ríos.
3 Todos ustedes, habitantes del mundo,
verán cuando se alce la señal
en la montaña,
y oirán cuando suene la trompeta.

4 El Señor me dijo:
"Desde mi lugar miro tranquilo,
como la luz en un día de verano,
como una nube de rocío
en tiempo ardiente de cosecha.
5 Cuando pase la floración en los viñedos,
y la flor se vuelva uva madura,
pero antes del tiempo de la cosecha,
podarán las ramas con cuchillos,
las cortarán y las retirarán.
6 Todo quedará abandonado
en las montañas
a las aves de rapiña
y a los animales salvajes.
Las aves pasarán allí el verano,
y todos los animales salvajes
se quedarán allí en el invierno."

7 En ese tiempo
traerán al Señor todopoderoso
ofrendas de parte del pueblo
de alta estatura y piel brillante,

nación temida en todas partes,
pueblo fuerte y altanero,
que vive en una tierra bañada por ríos.
Las traerán al monte Sión,
donde se invoca el nombre
del Señor todopoderoso.

Profecía contra Egipto

19 1 Profecía contra Egipto:
Miren al Señor:
Viene a Egipto montado
en veloz nube.
Ante él tiemblan los ídolos de Egipto,
y los egipcios se llenan de terror.
2 "Voy a hacer que los egipcios
se dividan —dice—
y peleen unos contra otros:
amigo contra amigo, ciudad contra ciudad,
reino contra reino.
3 Les haré perder la cabeza,
haré fracasar sus planes.
Entonces consultarán a los ídolos
y a los brujos,
a los espíritus de los muertos
y a los adivinos.
4 Pero yo pondré a Egipto
en poder de un amo duro;
un rey cruel va a gobernarlo."
Lo afirma el Señor todopoderoso.

5 El agua del Nilo se agotará,
el río quedará completamente seco,
6 los canales despedirán mal olor.
Las corrientes de agua de Egipto
irán disminuyendo hasta secarse,
las cañas y los juncos se marchitarán;
7 los juncales que están al borde del Nilo,
y todos los sembrados
que hay en sus orillas,
se secarán y dejarán de existir.
8 Todos los que pescan en el Nilo
se pondrán a gemir y a lamentarse;
los que echan sus redes al agua
se entristecerán.
9 Los que trabajan el lino
se sentirán desanimados;
las cardadoras y los tejedores
se pondrán pálidos;
10 los fabricantes de telas quedarán abatidos,
y todos los artesanos confundidos.

11 ¡Qué tontos son ustedes, jefes de Soan,
los consejeros más sabios de Egipto,

que en realidad son consejeros estúpidos!
¿Cómo se les ocurre decirle al faraón:
"Somos descendientes de sabios,
de reyes de la antigüedad"?

12 ¿Dónde están tus sabios, faraón,
para que te enseñen y te anuncien
los planes que el Señor todopoderoso
tiene contra Egipto?

13 Los jefes de Soan son tontos,
los jefes de Menfis se dejaron engañar,
los jefes de las provincias
han llevado a Egipto por camino falso.

14 El Señor ha puesto en ellos
un espíritu de confusión;
ellos llevan a Egipto por camino falso
en todo lo que hace,
como un borracho que vomita
y pierde el equilibrio.

15 Y nadie, sea cabeza o cola,
palmera o junco,
podrá hacer nada por Egipto.

16 En ese día los egipcios parecerán mujeres;
se llenarán de miedo y espanto cuando vean
que el Señor todopoderoso levanta su mano
contra ellos. 17 Los egipcios sentirán terror ante
Judá; con solo recordar su nombre se llenarán
de espanto por los planes que el Señor todopoderoso tiene contra Egipto. 18 En ese día habrá
en Egipto cinco ciudades que hablarán hebreo
y que jurarán fidelidad al Señor todopoderoso.*a*
Una de ellas se llamará Ciudad del Sol.*b*

19 En ese día habrá un altar dedicado al Señor
en pleno Egipto, y cerca de su frontera se
levantará una piedra en honor al Señor. 20 Servirá de señal, para que se recuerde al Señor
todopoderoso en el país de Egipto. Cuando
griten al Señor pidiendo ayuda contra los que
les oprimen, él les enviará un libertador, para
que los defienda y los salve. 21 El Señor se dará
a conocer a los egipcios, y ellos reconocerán al
Señor, le darán culto y le ofrecerán sacrificios
y ofrendas. Harán promesas al Señor y las
cumplirán. 22 El Señor herirá a Egipto, pero
después lo sanará. Ellos se volverán al Señor, y
él se compadecerá de ellos y los sanará.

23 En ese día habrá un amplio camino desde
Egipto hasta Asiria. Los asirios podrán llegar
hasta Egipto y los egipcios hasta Asiria, y los
egipcios y los asirios adorarán juntos al Señor.
24 En ese día Israel se colocará a la par con
Egipto y Asiria, y será una bendición en medio
de la tierra. 25 El Señor todopoderoso los bendecirá, diciendo: "Yo bendigo a Egipto, mi
pueblo, a Asiria, obra de mis manos, y a Israel,
mi propiedad."

Asiria conquistará a Egipto y Etiopía

20 1 En cierta ocasión, el rey Sargón de
Asiria envió a un alto oficial a la
ciudad de Asdod, y el oficial atacó a
la ciudad y la conquistó. 2 Por ese tiempo habló
el Señor por medio de Isaías, hijo de Amós, y
le dijo: "Quítate esa ropa áspera que llevas
puesta y el calzado que tienes en los pies."
Isaías lo hizo así y se quedó descalzo y medio
desnudo. 3 Entonces dijo el Señor: "Mi siervo
Isaías ha estado descalzo y medio desnudo
durante tres años, como señal y anuncio para
Egipto y Etiopía. 4 Así también el rey de Asiria
llevará al destierro a los egipcios y a los etiopes,
sean viejos o jóvenes, descalzos y desnudos,
con el trasero al aire para su vergüenza. 5 La
gente se llenará de miedo y sentirá vergüenza
de Etiopía, que era su esperanza, y de Egipto,
que era su orgullo. 6 En ese tiempo dirán todos
los que viven en aquella costa: 'Miren en lo que
vino a parar el que era nuestra esperanza, al
que acudíamos a pedir auxilio, para que nos
librara del rey de Asiria. ¿Cómo vamos a salvarnos ahora?' "

Profecía sobre la caída de Babilonia

21 1 Profecía acerca del desierto:*a*
Como huracanes
que avanzan por el sur,
vienen del desierto, lugar espantoso.
2 Terrible es la visión que Dios
me ha mostrado:
el traidor traiciona,
el destructor destruye.
¡Levántate, Elam!

---

a 19.18 *Cinco:* probablemente un número redondo que significa *unas cuantas.* Algunas comunidades judías se
establecieron en Egipto a partir del siglo VI a.C. *b* 19.18 *Ciudad del Sol:* de identificación incierta; algunos sugieren
Heliópolis (Jer 43.13). La traducción se basa en un ms. heb.; otros mss. dicen *Ciudad de Destrucción,* con un
probable juego de palabras basado en la semejanza de los dos vocablos en heb. *a* 21.1 *Desierto:* lit. *desierto del
mar.* Por *mar* parece entenderse aquí el actual Golfo Pérsico. Babilonia se menciona explícitamente en el v. 9.

¡Medos, al asalto!
¡No permito más quejas!

3 Mi cuerpo se estremece,
me retuerzo de dolor como mujer de parto,
la angustia no me deja oir,
el terror me impide ver.
4 Tengo la mente confundida,
me estremezco de terror.
El fresco del atardecer,
que tanto me gustaba,
se ha vuelto para mí algo terrible.
5 La mesa ya está puesta,
tendidas las alfombras,
el banquete ha comenzado.
¡De pie, capitanes:
saquen brillo a los escudos!
6 Porque el Señor me ha dicho:
"Ve y coloca un centinela
que dé aviso de todo cuanto vea.
7 Si ve carros tirados por parejas de caballos
o gente montada en asnos o camellos,
que mire con mucha atención."

8 Y el que vigilaba gritó:
"En mi puesto, Señor,
permanezco todo el día,
y noche tras noche
me mantengo vigilante.
9 Y veo venir un carro tirado
por un par de caballos."
Alguien dijo entonces:
"¡Cayó, cayó Babilonia!
Todas las estatuas de sus dioses
quedaron por el suelo hechas pedazos."

10 Pueblo mío, pisoteado como el trigo,
yo te anuncio lo que escuché
del Señor todopoderoso, el Dios de Israel.

Profecía contra Edom

11 Profecía contra Edom:
Alguien me grita desde Seír:
"Centinela, ¿qué horas de la noche son?
Centinela, ¿qué horas de la noche son?"
12 Y el centinela responde:
"Ya viene la mañana,
pero también la noche.
Si quieren preguntar, pregunten,
y vuelvan otra vez."

Profecía en el desierto

13 Profecía en el desierto:
Caravanas de Dedán, que pasan la noche
en los matorrales del desierto,
14 salgan al encuentro del que tiene sed
y ofrézcanle agua.
Habitantes del país de Temá,
salgan al paso del que huye
y ofrézcanle alimento.
15 Porque huyen de la espada,
de la espada afilada,
del arco listo para disparar
y del furor de la batalla.

16 El Señor me dijo:
"Dentro de un año,
tal como lo cuenta
un obrero que vive de su salario,
se habrá terminado toda la grandeza
de Quedar.[b]
17 Y pocos serán los arcos
que les quedarán
a los guerreros de Quedar."
El Señor, el Dios de Israel, lo ha dicho.

Profecía acerca de Jerusalén

22 1 Profecía acerca del valle
de la visión:[a]
¿Qué pasa, que todos suben
a las azoteas?
2 Ciudad llena de alboroto y bulla,
ciudad amiga de las diversiones,
tus muertos no cayeron a filo de espada,
no murieron en la guerra;
3 tus jefes salieron todos corriendo,
y al huir de los arcos los pusieron presos.
Tus hombres más valientes huyeron lejos,
pero los pusieron presos.
4 Por eso dije: Apártense de mí,
que quiero llorar con amargura;
no traten de consolarme
de la catástrofe de mi pueblo.
5 Porque el Señor todopoderoso
ha decretado que llegue
un día de pánico,
de destrucción y aturdimiento
en el valle de la visión.
Están derribando las murallas;
llegan los gritos hasta las montañas.

---

[b] **21.16** *Quedar:* región en el nordeste de Arabia; posiblemente sus *guerreros* (v. 17) sean los que habían atacado a Dedán y Temá. [a] **22.1** *Valle de la visión:* posiblemente se refiera al *valle* de Hinom, al sudoeste de Jerusalén.

6 Los elamitas prepararon ya sus flechas,
y están montados en sus carros y caballos;
los de Quir[b] sacaron sus escudos.
7 Tus valles más hermosos
están llenos de carros,
y la caballería ataca la puerta de la ciudad.
8 La defensa de Judá quedó desamparada.

En ese día ustedes se fijaron en el depósito de armas de la Casa del Bosque,[c] 9vieron las muchas grietas que había en la Ciudad de David[d] y llenaron de agua el estanque inferior; 10inspeccionaron las casas de Jerusalén y derribaron algunas para reforzar la muralla. 11Entre las dos murallas hicieron una cisterna para el agua del estanque viejo. Pero no se fijaron en el que hizo todo aquello, el que desde hace mucho tiempo lo preparó.[e]

12 Ese día el Señor todopoderoso
los invitó a ustedes a llorar y a lamentarse,
a raparse la cabeza
y a ponerse ropas ásperas
en señal de dolor.
13 Pero lo que hay es diversión y alegría,
matar vacas y ovejas,
comer carne y beber vino.
"Comamos y bebamos,
que mañana moriremos" —dicen.
14 Y el Señor todopoderoso se me apareció
y me aseguró al oído:
"No voy a perdonarles este pecado;
antes de eso morirán ustedes."
Son palabras del Señor todopoderoso.

Contra el funcionario encargado del palacio

15El Señor todopoderoso me dijo: "Ve a ver a Sebná, mayordomo de palacio, y dile:

16 '¿Qué negocio tienes aquí,
o quién te dio el derecho
de construirte aquí un sepulcro,

de hacerte una tumba en la parte alta
y cavarte en la roca un lugar de reposo?
17 El Señor te va a arrojar muy lejos,
como lo hace un hombre robusto.
Te agarrará con fuerza,
18 te hará rodar como una pelota
y te arrojará a una tierra inmensa.
Allá morirás,
allá pararán los carros que eran tu gloria,
y serás la vergüenza del palacio de tu señor.
19 Yo te quitaré de tu puesto,
te retiraré de tu oficio.

20 'En ese día llamaré a mi siervo,[f]
a Eliaquim, hijo de Hilquías;[g]
21 lo vestiré con tu túnica,
le pondré tu cinturón de honor
y le daré tu autoridad.
Será como un padre
para los habitantes de Jerusalén
y para el pueblo de Judá.
22 En sus hombros le pondré
la llave de la casa de David;
nadie podrá cerrar lo que él abra
ni abrir lo que él cierre.[h]
23 Él será como un trono de honor
para la familia de su padre.
Yo haré que quede firme en su lugar,
como si fuera un clavo.
24 En él se podrá colgar todo lo que haya
de valioso
en la familia de su padre
y de toda su descendencia,
toda clase de vajilla pequeña,
desde copas hasta jarros.

25 'En ese día,
cederá el clavo que estaba clavado
firmemente en su lugar;
será arrancado y se caerá,
y todas las cosas que de él estaban
colgadas, se romperán.' "
Lo afirma el Señor todopoderoso.

---

[b] **22.6** *Quir:* lugar de ubicación desconocida (no es el de Is 15.1; 16.7). [c] **22.8** *Casa del Bosque:* Cf. 1 R 7.2–5; 10.16–17. [d] **22.9** *La Ciudad de David:* la parte fortificada del sudeste de Jerusalén (2 S 5.7). [e] **22.9–11** Los preparativos para abastecer de agua a la ciudad con el fin de resistir el asedio se refieren, probablemente, al canal de Siloé, construido por Ezequías (2 R 20.20). [f] **22.20** *Mi siervo:* título honorífico, reservado a los fieles servidores del Señor como Abraham (Gn 26.24), Moisés (Nm 12.7; Jos 1.1), David (2 S 3.18; 7.5) y el mismo Isaías (20.3); también se usa para referirse a aquellos quienes Dios, como Señor de la historia, ha designado para el cumplimiento de una misión particular (Jer 27.6; 43.10). Cf. Is 42.1. [g] **22.20** Cuando llegó la crisis del año 701 a.C., Eliaquim ya había reemplazado a Sebná, aunque este continuaba en un puesto inferior (Is 36.3; 37.2). [h] **22.22** Ap 3.7; cf. Mt 16.19.

Profecía contra Tiro y Sidón[a]

23

1 Profecía contra Tiro:
Las naves de Tarsis están gimiendo,
porque el puerto ha sido destruido.
El puerto a donde se llegaba de Chipre
ha sido arrasado.

2 La gente de Tiro y los comerciantes
de Sidón guardan silencio.
Sus agentes atravesaban el mar

3 y sus aguas inmensas.
Sacaban sus ganancias
del grano de Sihor, de las cosechas del Nilo,
y comerciaban con las naciones.

4 Llénate de vergüenza, Sidón,
fortaleza del mar,
pues tendrás que decir:
"Ya no tengo dolores de parto,
ya no doy a luz.
Ya no tengo hijos que criar
ni hijas que educar."

5 Cuando llegue la noticia a los egipcios,
se llenarán de angustia
por lo que le pasó a Tiro.

6 Dirán: "Váyanse a Tarsis,[b]
pónganse a gemir, habitantes de la costa."

7 ¿Es esta la ciudad de origen tan antiguo
y tan amiga de las diversiones?
¿Es esta la que viajaba
para establecerse en lejanas regiones?

8 ¿Quién decretó esto contra Tiro,
la ciudad real,
cuyos comerciantes eran príncipes,
y sus negociantes los más poderosos
de la tierra?

9 El Señor todopoderoso lo decretó
para humillar todo orgullo
y dejar por el suelo
a todos los poderosos de la tierra.

10 Pueblo de Tarsis,
ponte a cultivar la tierra,
que el astillero ya no existe.

11 El Señor extendió su mano sobre el mar,
hizo temblar a las naciones
y mandó destruir las fortificaciones
de Canaán.

12 Y dijo a Sidón:
"Déjate de diversiones, muchacha violada.
Aunque resuelvas pasar hasta Chipre,
tampoco allí encontrarás descanso."

13 Miren esta tierra,
tierra destinada a naves.
Los caldeos[c] levantaron torres
y demolieron los palacios de Sidón,
los convirtieron en ruinas.
Ellos fueron los culpables, no Asiria.

14 Pónganse a gemir, naves de Tarsis,
porque su fortaleza ha sido destruida.

15 En ese tiempo Tiro será echada al olvido durante setenta años,[d] el tiempo que dura la vida de un rey. Al cabo de esos setenta años se le aplicará a Tiro lo que dice aquella canción de la prostituta:

16 "Prostituta olvidada,
toma tu arpa, recorre la ciudad,
toca buena música, entona muchos cantos,
a ver si se acuerdan de ti."

17 Al cabo de setenta años el Señor volverá a ocuparse de Tiro. Ella volverá a alquilarse y se prostituirá con todos los países de la tierra. 18 Pero las ganancias de su comercio serán consagradas al Señor; no serán guardadas ni almacenadas, sino que serán dadas a los que sirven al Señor, para que compren alimentos en abundancia y vestidos finos.

El juicio sobre toda la tierra

24

1 [a] Miren, el Señor va a arrasar
la tierra,
va a devastarla y trastornarla,
y dispersará a sus habitantes.

---

[a] **23.1–8** Cf. Ez 26—28; Jl 3.4–8; Am 1.9–10; Zac 9.1–4; cf. también Mt 11.21–22; Lc 10.13–14. Tiro y Sidón eran importantes puertos de Fenicia, en la costa norte de Palestina. Los fenicios habían establecido colonias en la isla de Chipre, situada al noroeste de Tiro (v. 1), y durante siglos habían comerciado con el trigo de Egipto (v. 3), transportándolo a distintos destinos, incluso a España, en el extremo occidental del Mediterráneo. [b] **23.6** *Tarsis:* considerado entonces como el lugar más lejano del mundo (v. 1). Lo que *dirán* posiblemente incluye también los vv. 7–8. [c] **23.13** *Los caldeos:* esto es, *los babilonios,* que infligieron a Tiro una gran derrota (cf. Ez 26.7–14). [d] **23.15** *Setenta años:* número redondo, que indica un largo periodo de tiempo (Sal 90.10). Cf. Jer 25.11–12. [a] **24.1–23** Los caps. 24—27 han sido considerados por algunos comentaristas como "el apocalipsis de Isaías", por sus semejanzas con el género de literatura llamado "apocalíptico".

2 Y será igual para el sacerdote y el pueblo,
para el amo y el esclavo,
para el ama y la esclava,
para el que compra y el que vende,
para el que presta
y el que recibe prestado,
para el deudor y el acreedor.
3 La tierra será totalmente arrasada,
totalmente saqueada.
Porque esto es lo que ha dicho el Señor.
4 La tierra se seca y se marchita,
el mundo entero se reseca, se marchita,
y el cielo y la tierra se llenan de tristeza.
5 La tierra ha sido profanada
por sus habitantes,
porque han dejado de cumplir las leyes,
han desobedecido los mandatos,
han violado la alianza eterna. *b*
6 Por eso, una maldición ha acabado
con la tierra,
y sus habitantes sufren el castigo.
Por eso, los habitantes de la tierra
han disminuido,
y queda poca gente.

7 El vino escasea,
los viñedos se enferman,
los que vivían alegres
se llenan de tristeza.
8 Se terminó la alegría de los tambores
y del arpa,
se calló el bullicio
de los amigos de la diversión.
9 No más beber vino
al son de las canciones;
las bebidas se volverán amargas
para los bebedores.
10 La ciudad del desorden está en ruinas,
no se puede entrar en ninguna casa.
11 La gente llora en las calles
por la escasez de vino;
toda la alegría se ha apagado,
ha quedado desterrada de la tierra.
12 La ciudad está en ruinas,
la puerta quedó hecha pedazos.
13 Así será en todas las naciones de la tierra:
como cuando se hacen caer a golpes
las aceitunas,

o cuando se rebuscan las uvas
una vez terminada la cosecha.

14 Los sobrevivientes gritarán llenos
de alegría,
levantarán la voz desde occidente
al ver la majestad del Señor.
15 También en el oriente
y en los países del mar
darán gloria al Señor, el Dios de Israel.
16 Desde el extremo de la tierra
los hemos oído cantar:
"¡Honor al justo!" *c*

Pero yo dije: ¡Ay, qué miseria,
qué miseria!
¡Los traidores cometen una vil traición!
17 Los habitantes de la tierra
serán como animales perseguidos
por los cazadores
o en peligro de caer en un hoyo
o una trampa.
18 El que escape de los cazadores
caerá en el hoyo,
y el que salga del hoyo
caerá en la trampa.
Un diluvio caerá del cielo
y temblarán los cimientos de la tierra.
19 La tierra temblará terriblemente,
se sacudirá, se hará pedazos.
20 Se tambaleará como un borracho,
temblará como una débil choza.
Sus pecados pesan tanto sobre ella
que caerá y no volverá a levantarse.
21 En ese día el Señor castigará
a los poderes celestiales
y a los reyes de la tierra;
22 los reunirá,
los encerrará en un calabozo,
los tendrá encarcelados,
y después de mucho tiempo los castigará.
23 Cuando el Señor todopoderoso
actúe como rey
en el monte Sión, en Jerusalén,
el sol y la luna se oscurecerán
y los jefes de su pueblo
verán la gloria del Señor.

---

b **24.5** *La alianza eterna:* Podría referirse a la *alianza* hecha con Noé (Gn 9.1–17), o bien a la del Sinaí (Ex 20; 24).
c **24.16** *Al justo:* probablemente se trata de Israel ya restaurado, aunque algunos traducen con mayúscula, *al Justo,*
refiriendo la palabra a Dios.

Canto de alabanza a Dios

25 ¹ Señor, tú eres mi Dios;
yo te alabo y bendigo tu nombre,
porque has realizado
tus planes admirables,
fieles y seguros desde tiempos antiguos.
² Has convertido las ciudades
en montones de piedras,
las ciudades fortificadas en ruinas;
destruiste los palacios de los enemigos,
y no serán reconstruidos jamás.
³ Por esto un pueblo violento te honra,
las ciudades de gente cruel te temen.
⁴ Porque tú has sido un refugio para el pobre,
un protector para el necesitado
en su aflicción,
refugio contra la tempestad,
sombra contra el calor.
El aliento de los hombres crueles
es como una tempestad de invierno,
⁵ o como el calor en tierra seca.
Tú dominas el tumulto de los enemigos
como calmas el calor con la sombra
de una nube.
Tú obligas a los hombres crueles
a guardar silencio.

⁶ En el monte Sión, el Señor todopoderoso
preparará para todas las naciones
un banquete con ricos manjares
y vinos añejos,
con deliciosas comidas
y los más puros vinos.
⁷ En este monte destruirá el Señor
el velo que cubría a todos los pueblos,
el manto que envolvía
a todas las naciones.
⁸ El Señor destruirá para siempre la muerte,
secará las lágrimas de los ojos de todos
y hará desaparecer en toda la tierra
la deshonra de su pueblo.
El Señor lo ha dicho.

⁹ En ese día se dirá:
"Este es nuestro Dios,
en él confiamos y él nos salvó.
Alegrémonos, gocémonos,
él nos ha salvado."

¹⁰ La mano del Señor
protegerá al monte Sión,
mientras que a Moab la pisoteará
como se pisotea la paja en un basurero.

¹¹ Moab extenderá sus brazos
como los extiende un nadador,
pero con cada movimiento
se hundirá más su altanería.
¹² El Señor hará caer
sus altas y fuertes murallas;
las derribará,
las dejará tiradas por el suelo.

Canto de victoria

26 ¹ En ese día se cantará este canto en
la tierra de Judá:

"Tenemos una ciudad fuerte;
para salvarnos,
el Señor levantó murallas
y fortificaciones.
² Abran las puertas
para que pase una nación justa
que se mantiene fiel.
³ Señor, tú conservas en paz
a los de carácter firme,
porque confían en ti.
⁴ Confíen siempre en el Señor,
porque él es refugio eterno.
⁵ Él hace caer a los orgullosos,
y humilla a la ciudad soberbia
derribándola hasta el suelo,
⁶ para que los humildes y los pobres
la pisoteen con sus pies."

⁷ El camino de los justos es recto;
tú, Señor, haces llano su camino.
⁸ Nosotros también nos sentimos seguros
en el camino señalado por tus leyes, Señor.
Lo que nuestro corazón desea
es pensar en ti.
⁹ De todo corazón
suspiro por ti en la noche;
desde lo profundo de mi ser te busco.
Cuando tú juzgues la tierra,
los hombres aprenderán lo que es justicia.
¹⁰ Aunque tengas compasión de los malos,
ellos no aprenderán a ser rectos;
son perversos en tierra de gente honrada
y no tienen en cuenta
la grandeza del Señor.
¹¹ Señor, tienes el castigo preparado,
pero ellos no quieren darse cuenta;
cuando vean tu ardiente amor
por tu pueblo,
quedarán en ridículo.
¡Ojalá que el fuego de tu ira los devore!

12 Señor, tú nos concedes bienestar;
eres tú, en verdad,
quien realizas todas nuestras obras.

13 Señor y Dios nuestro,
otros señores han sido nuestros amos,
pero solo a ti te reconocemos por Señor.

14 Ellos están muertos, no volverán a vivir;
no son más que sombras,
    y no volverán a levantarse;
pues los has castigado, los has destruido,
has acabado con todo recuerdo de ellos.

15 Tú hiciste crecer la nación, Señor;
la hiciste crecer para gloria tuya,
extendiste todas las fronteras del país.

16 En la aflicción te buscamos, Señor,
cuando nos corriges
    con un simple murmullo.

17 Delante de ti estábamos, Señor,
como cuando a una mujer encinta
se le acerca el momento del parto
y se retuerce y grita de dolor.

18 Concebimos,
    sentimos los dolores del parto
y dimos a luz,
    pero no era más que viento.
No hemos traído la salvación al país,
ni va a nacer gente que pueble el mundo.

19 Pero tus muertos sí volverán a vivir,
sus cadáveres resucitarán.
Los que duermen en la tierra
    se despertarán
y darán gritos de alegría.
Porque tú envías tu luz como rocío
y los muertos volverán a nacer de la tierra.*a*

20 Ve, pueblo mío, entra en tu casa
y cierra las puertas detrás de ti.
Escóndete un poco,
    hasta que pase la ira del Señor.

21 Porque el Señor va a salir de su palacio
para castigar por sus pecados
a los habitantes de la tierra,
y la tierra no ocultará más sus víctimas
sino que dejará ver los crímenes
    cometidos en ella.

Liberación de Israel

27 1 En ese día el Señor castigará
con su espada terrible, inmensa,
    poderosa,
a Leviatán, la serpiente enroscada,
a Leviatán, la serpiente tortuosa,
y matará al dragón que está en el mar.*a*

2 En ese día el Señor dirá:
"Canten al viñedo delicioso.

3 Yo, el Señor, soy quien lo cuido
y con frecuencia lo riego.
Lo cuido día y noche,
para que no sufra ningún daño.

4 No estoy enojado con él.
Si tuviera espinos y maleza,
saldría a hacerles la guerra
y los quemaría por completo.

5 Si quiere que yo lo proteja,
que haga las paces conmigo,
sí, que haga las paces conmigo."

6 En el futuro
    el pueblo de Jacob echará raíces,
Israel retoñará y florecerá,*b*
y llenará el mundo con sus frutos.

7 Dios no ha castigado a Israel
como castigó a sus opresores,
ni ha dado muerte a Israel
como dio muerte a sus asesinos.

8 Dios castigó a su pueblo
    mandándolo al destierro,
lo expulsó con su soplo terrible,
como cuando sopla el viento del este.

9 Pero perdonará el pecado de Jacob
y bajo esta condición borrará sus faltas:
que haga polvo todos sus altares paganos
como si triturara la piedra de cal,
y que no queden más troncos sagrados
ni altares de incienso
    en honor de los dioses.

10 La ciudad fortificada*c* quedó en ruinas,
como casa abandonada,
como desierto sin gente.

---

a **26.19** Algunos intérpretes ven en este pasaje la más antigua alusión a la resurrección de los muertos, referida específicamente a los justos (cf. Dn 12.2, que también habla de la resurrección de los malos). Sin embargo, algunos comentaristas opinan que aquí se trata, en sentido figurado, de la restauración de la nación de Israel, como en Ez 37.
a **27.1** Las naciones que oprimen a Israel aparecen como monstruos legendarios. Cf. Job 3.8; Sal 74.13–14; 104.26.
b **27.6** *Jacob . . . Israel:* nombres sinónimos, que después de la canción revelan la identidad del viñedo (cf. Is 5.7).
c **27.10** *La ciudad fortificada:* Se trata de alguna *ciudad* enemiga de Jerusalén (cf. Is 24.10; 26.5).

Es un lugar donde pasta el ganado,
donde come las ramas
y se echa a descansar.

11 Las ramas de un árbol se quiebran
cuando se secan;
entonces las mujeres las recogen
y hacen fuego con ellas.
Es un pueblo sin inteligencia.
Por eso su Creador, el que lo hizo,
no le tendrá compasión
ni misericordia.

12 En ese día el Señor actuará
desde el Éufrates hasta el río de Egipto,
como quien trilla las espigas;
pero ustedes, israelitas,
serán recogidos uno por uno.

13 En ese día se tocará la gran trompeta,
y los que estaban perdidos en Asiria,
lo mismo que los que estaban desterrados
en Egipto,
vendrán a adorar al Señor
en Jerusalén, en el monte santo.

Advertencia a Samaria

28 1 ¡Ay de Samaria, orgullo y corona
de Efraín, ese pueblo borracho;
adorno glorioso
de flores marchitas,
que se alza por encima del fértil valle,
ciudad de gente dominada por el vino!

2 El Señor tiene reservado
un hombre fuerte,[a]
poderoso como tormenta de granizo,
como tempestad destructora,
como lluvia torrencial,
como terrible inundación.
Con la mano echará por tierra,

3 y con los pies aplastará,
a la que es orgullo y corona
de ese pueblo borracho de Efraín.

4 Y ese adorno glorioso
de flores marchitas
que se alza por encima del fértil valle,
será como los primeros higos
de la temporada:
que en cuanto alguien los ve
y los tiene a la mano, se los come.

5 En ese día
el Señor todopoderoso será
una corona gloriosa,
un adorno magnífico
para los que queden de su pueblo,[b]

6 e inspirará justicia a los jueces
en el tribunal
y valor a los soldados
que defiendan la ciudad.

Advertencias y promesas a Jerusalén

7 También hay otros que se tambalean
por el vino
y dan traspiés por las bebidas fuertes:
sacerdotes y profetas se tambalean
por las bebidas fuertes,
se atontan con el vino;
dan traspiés por las bebidas fuertes,
se tambalean al tener visiones
y están borrachos al dictar sentencia.

8 Todas las mesas están llenas
de vómito asqueroso,
y no hay un solo lugar limpio.

9 Hablan de mí y dicen:
"¡Venir a darnos lecciones a nosotros,
a enseñarnos lo que Dios ha revelado!
¡Como si fuéramos niños chiquitos

10 que apenas estuvieran aprendiendo a leer:
ba be bi bo bu!"

11 Pues bien, si no hacen caso,
será en lenguaje enredado,
en idioma extraño,[c]
como Dios hablará a este pueblo.

12 Ya él les había dicho antes:
"Aquí está la calma,
aquí está el descanso;
que descanse el fatigado."
Pero no quisieron hacerle caso.

13 Por eso el Señor les hablará
como si fueran niños chiquitos
que estuvieran aprendiendo a leer.
Y así, al caminar, caerán de espaldas,
se herirán, caerán en la trampa,
quedarán atrapados.

14 Escuchen, pues, la palabra del Señor,
hombres insolentes
que gobiernan este pueblo de Jerusalén.

---

a **28.2** *Un hombre fuerte:* es decir, el rey de Asiria. *b* **28.5** La *corona gloriosa,* que es *el Señor,* se contrapone a la corona de flores marchitas de los vv. 1,4. *Los que queden:* Véase 4.2–6 n. *c* **28.11** O sea, en el lenguaje de los asirios (cf. Jer 5.15), comparado irónicamente (v. 13) con las palabras burlonas (v. 10) usadas contra el profeta.

15 Ustedes dicen:
"Hemos hecho un pacto con la muerte,
un contrato con el reino de los muertos,[d]
para que cuando venga
     la terrible calamidad,
no nos alcance;
hemos buscado refugio en las mentiras,
protección en el engaño."

16 Por eso, el Señor dice:
"Voy a poner en Sión una piedra,
una piedra escogida y muy valiosa,
que será la piedra principal
y servirá de fundamento.
El que tenga confianza,
     podrá estar tranquilo.

17 En esa construcción usaré por plomada la
     justicia
y por nivel la rectitud."

El refugio que ustedes habían buscado
     en las mentiras
lo destruirá el granizo,
y el agua arrasará su lugar de protección.

18 Su pacto con la muerte será anulado,
y su contrato con el reino de los muertos
     quedará sin valor.
Vendrá la terrible calamidad
y a ustedes los aplastará.

19 Cada vez que venga, los arrastrará.
Vendrá mañana tras mañana,
     de día y de noche.
El solo oir la noticia los hará temblar.

20 Será como acostarse en una cama estrecha
y abrigarse con una manta corta.

21 El Señor actuará
     como en el monte Perasim,
intervendrá como en el valle de Gabaón,[e]
para realizar su acción,
     por extraña que parezca,
para llevar a cabo su obra,
     su obra misteriosa.

22 Así pues, ¡no más insolencia!,
no sea que sus cadenas se les aprieten más;
porque he oído que el Señor
     todopoderoso
ha decretado la destrucción
     de todo el país.

23 Pongan atención, escuchen lo que digo,
oigan con cuidado mis palabras:

24 Cuando un agricultor va a sembrar,
no se pasa todo el tiempo arando
o rompiendo o rastrillando su terreno.

25 ¿No es verdad que,
     después de haberlo aplanado,
esparce semillas de eneldo o comino,
y que luego siembra trigo en hileras,
y que en los bordes
     siembra cebada y centeno?

26 Dios le enseña cómo debe hacerlo.

27 Porque el eneldo no se trilla,
ni se hace rodar sobre el comino
     una carreta;
sino que el eneldo se sacude con un palo
y el comino con una vara.

28 El trigo se trilla, sí,
     pero no sin parar;
se hacen pasar las ruedas de la carreta
y se separa el grano,
     pero sin machacarlo.

29 Así también hace sus planes el Señor
     todopoderoso.
Él tiene planes admirables,
y los lleva a cabo con gran sabiduría.

29 **1** ¡Ay de Ariel, Ariel,
la ciudad donde acampó David![a]
Que pasen unos cuantos años
con sus series de fiestas,

2 y yo pondré a Ariel en apuros,
y habrá llanto y gemidos.
La ciudad será para mí realmente
     como Ariel.

3 Enviaré mi ejército para que te rodee,
pondré un cerco de fortalezas
     en tu derredor
y levantaré trincheras para atacarte.

4 Quedarás humillada,
     tendida en el suelo;
tu voz parecerá la de un fantasma;
tus palabras sonarán como un susurro.

5-6 Pero de repente, en un instante,
el Señor todopoderoso castigará
     a tus enemigos
con truenos, terremotos, gran estruendo,
tormenta, tempestad
     e incendios destructores.

---

[d] **28.15** Con ironía se alude a la *alianza* hecha con Egipto.   [e] **28.21** En el monte Perasim, David venció a los filisteos
(2 S 5.20; 1 Cr 14.11). En *Gabaón,* Josué había derrotado anteriormente a unos reyes cananeos (Jos 10.9–12).
[a] **29.1** *Donde acampó David:* Cf. 2 S 5.6–7.

Tus innumerables enemigos
quedarán hechos polvo fino,
tus muchos perseguidores
serán arrastrados como paja.
7 Todos esos pueblos incontables
que hacen la guerra a Ariel,
todos los que lo combaten
y atacan sus fortificaciones,
los mismos que lo oprimen,
serán como un sueño
o una visión nocturna.
8 Será como cuando un hambriento sueña
y cree que está comiendo,
pero luego se despierta
con el estómago vacío;
o como cuando un sediento sueña
y cree que está bebiendo,
pero luego se despierta con sed
y con la garganta reseca.
Así sucederá con todos esos
innumerables pueblos
que atacan el monte Sión.

9 ¡Sigan ustedes siendo estúpidos!
¡Sigan siendo ciegos, sin ver nada!
¡Sigan tambaleándose como borrachos,
aunque no hayan tomado
bebidas embriagantes!
10 Pues el Señor ha enviado sobre ustedes
un sueño profundo.
Los profetas son los ojos del pueblo,
pero el Señor los ha cubierto con un velo.
11 Toda visión se ha convertido para ustedes
en algo así como lo escrito
en un pliego enrollado y sellado.
Si alguien se lo da a uno que sabe leer
y le dice: "Lee esto",
él responderá:
"No puedo, porque está sellado."
12 Y si se lo da a uno que no sabe leer
y le dice: "Lee esto",
él responderá: "No sé leer."

13 El Señor me dijo:
"Este pueblo me sirve de palabra
y me honra con la boca,
pero su corazón está lejos de mí,
y el culto que me rinde
son cosas inventadas por los hombres
y aprendidas de memoria.
14 Por eso, con prodigios y milagros
dejaré otra vez maravillado a este pueblo.
La sabiduría de sus sabios

y la inteligencia de sus inteligentes
desaparecerán."

15 ¡Ay de aquellos que se esconden
del Señor
para ocultar sus planes,
que hacen sus maldades en la sombra
y dicen: "Nadie nos ve.
Nadie se da cuenta"!
16 ¡Qué modo de pervertir las cosas!
Como si el barro fuera igual
a aquel que lo trabaja.
Un objeto no va a decir al que lo hizo:
"Tú no me hiciste",
ni una pieza de barro al que la fabrica:
"No sabes lo que estás haciendo."

Promesa de salvación a Israel

17 Dentro de poco tiempo
el bosque se convertirá
en campos de cultivo
y los campos de cultivo
parecerán un bosque.
18 En ese día los sordos podrán oír
cuando alguien les lea,
y los ciegos podrán ver,
libres de oscuridad y de tinieblas.
19 Los humildes volverán a alegrarse
en el Señor,
los más pobres se gozarán
en el Dios Santo de Israel.
20 Se acabarán los insolentes,
dejarán de existir los arrogantes
y desaparecerán los que solo piensan
en hacer el mal,
21 esos que acusan de crímenes a otros,
y ponen trampas al juez,
y con engaños niegan justicia al inocente.

22 Por eso, el Señor, el Dios de Israel,
el que rescató a Abraham, dice:
"De ahora en adelante
Jacob no sentirá vergüenza,
ni su rostro se enrojecerá,
23 porque cuando sus descendientes
vean lo que he hecho en su pueblo,
reconocerán mi santidad
y me temerán a mí,
el Dios Santo de Israel.
24 Los que estaban confundidos
aprenderán a ser sabios,
y los murmuradores
aceptarán las enseñanzas."

Contra los que buscan apoyo en Egipto

30 ¹ El Señor afirma:
"¡Ay de los hijos rebeldes,
que hacen planes
sin contar conmigo
y preparan proyectos
que yo no les inspiro,
de manera que amontonan
pecado sobre pecado!
² Se van a toda prisa a Egipto,
y a mí no me consultan;
buscan apoyo bajo la protección del faraón,
se refugian bajo la sombra de Egipto.
³ Pero la protección del faraón
los defraudará,
y el refugio a la sombra de Egipto
será su humillación.
⁴ Aunque ustedes hayan enviado
embajadores
hasta las ciudades de Soan y de Hanés,
⁵ todos quedarán defraudados
por esa nación inútil,
que no les trae ayuda ni provecho,
sino solo desilusión y desgracia."

⁶ Profecía acerca de los animales
del Négueb:
Por territorio lleno de peligros,
habitado por leones que rugen,
por víboras y dragones voladores,
llevan sus tesoros y riquezas
a lomo de burro y de camello
a Egipto, pueblo inútil,
⁷ impotente, incapaz de ayudar.
Por eso le he puesto este nombre:
"Monstruo que ruge y no hace nada".ᵃ
⁸ Ven ahora y escríbelo en una tabla,
ponlo en una inscripción
que quede ahí para el futuro,
como testimonio eterno.
⁹ Esta gente es un pueblo rebelde, infiel,
que no quiere escuchar
las enseñanzas del Señor.
¹⁰ A los videntes dicen:
"No tengan visiones",
y a los profetas: "No nos cuenten
revelaciones verdaderas;
háblennos palabras suaves;
no nos quiten nuestras ilusiones.

¹¹ Apártense del camino,
desvíense del sendero recto,
no nos pongan delante
al Dios Santo de Israel."ᵇ
¹²Por eso, el Dios Santo de Israel dice:
"Ustedes rechazan esta advertencia,
y confían en la violencia y la maldad,
y se apoyan en ellas;
¹³ por eso, ustedes son culpables.
Parecen un alto muro agrietado
que cuando menos se piensa
se derrumba;
¹⁴ serán destruidos como un jarrón de barro,
que se quiebra tan completamente
que no queda entre los pedazos rotos
ni uno que sirva para recoger
las brasas del fogón
o para sacar agua de un pozo."

¹⁵El Señor, el Dios Santo de Israel, dice:
"Vuelvan, quédense tranquilos
y estarán a salvo.
En la tranquilidad y la confianza
estará su fuerza."
Pero ustedes no quisieron,
¹⁶ sino que dijeron:
"No, mejor huiremos a caballo."
Bueno, así tendrán que huir.
También dijeron: "Montaremos
en carros veloces."
Bueno, veloces serán los que los persigan.
¹⁷ Mil huirán amenazados
por un solo hombre,
y todos ustedes huirán amenazados
por cinco,
hasta que queden tan pocos
como queda un palo en la cumbre
de un monte
o una señal levantada sobre una colina.

Promesa de misericordia para el pueblo

¹⁸Pero el Señor los espera, para tener compasión de ustedes; él está ansioso por mostrarles su amor, porque el Señor es un Dios de justicia. ¡Dichosos todos los que esperan en él!

¹⁹Pueblo de Sión, que vives en Jerusalén: ya no llorarás más. El Señor tendrá compasión de ti al oír que gritas pidiendo ayuda, y apenas te oiga, te responderá. ²⁰Y aunque el Señor te dé

ᵃ **30.7** *Monstruo:* heb. *Rahab,* nombre de un monstruo legendario (véase Job 9.13 n.). ᵇ **30.11** El *Dios Santo de Israel:* Véase 1.4 n.

el pan del sufrimiento y el agua de la aflicción,
él, que es tu maestro, no se esconderá más; con
tus propios ojos lo verás. **21** Y si te desvías a la
derecha o a la izquierda, oirás una voz detrás
de ti, que te dirá: "Por aquí es el camino, vayan
por aquí." **22** Y despreciarás como cosas impuras tus imágenes de plata y tus ídolos recubiertos de oro. Los rechazarás como algo impuro y
los considerarás como basura. **23** El Señor te
dará lluvia para la semilla que siembres en la
tierra, y la tierra producirá trigo abundante y
fértil. En ese día tu ganado tendrá lugar en
abundancia para pastar. **24** Hasta los bueyes y
los burros que trabajan en tus campos tendrán
para comer el mejor y más exquisito forraje.
25 Cuando llegue el día de la gran matanza y
caigan las fortalezas, habrá ríos y torrentes de
agua en todas las altas montañas y en las colinas
elevadas. **26** El Señor curará y vendará las heridas de su pueblo. Entonces la luna alumbrará
como el sol, y la luz del sol será siete veces más
fuerte, como la luz de siete soles juntos.

Castigo de Asiria

27 Miren, el Señor en persona viene de lejos;
su furor está ardiendo con espesa
humareda,
sus labios están llenos de ira,
su lengua es como fuego destructor,
28 su aliento es como un río desbordado
que llega hasta el cuello;
él viene a poner un yugo a las naciones
para llevarlas a la ruina,
a poner un freno
en la boca de los pueblos
para hacerlos extraviar.
29 Para ustedes, en cambio, habrá cantos,
como en noche de fiesta sagrada;
su corazón estará alegre,
como el de quien camina
al son de la flauta
para ir al monte del Señor,
al refugio de Israel.
30 El Señor dejará oír su voz majestuosa
y mostrará su poder,
que actuará con ira terrible,

con las llamas de un fuego devorador,
con rayos, aguacero y granizo.[c]
31 Al oír la voz del Señor y recibir su castigo,
Asiria se llenará de terror,
32 y a cada golpe que descargue el Señor
sobre ella,
sonarán tambores y arpas.
El Señor le hará una guerra terrible.
33 Desde hace mucho tiempo
está preparado para Asiria y para su rey
el lugar del tormento, ancho y profundo,
una hoguera encendida
con leña abundante.[d]
La encenderá el soplo del Señor,
como un torrente de azufre.

Contra los que buscan ayuda en Egipto

31

1 ¡Ay de los que van a Egipto
a buscar ayuda,
de los que confían en los caballos,
de los que ponen su confianza
en que tienen muchos carros
y en que es muy numerosa su caballería,
y no vuelven la vista
al Dios Santo de Israel,
no buscan al Señor!
2 Pero él también es hábil
y sabe causar desgracias,
y cuando dice una cosa,
no se vuelve atrás.
Él actuará contra la gente malvada,
contra los que ayudan a los malhechores.
3 Los egipcios son hombres, no dioses;
sus caballos son de carne, no espíritus.
El Señor extenderá su mano
para castigarlos,
y tanto el protector como el protegido
caerán;
todos perecerán a la vez.

4 El Señor me dijo:
"Así como un león
que ha matado una oveja
no se deja asustar por los pastores,
aunque todos ellos se reúnan
y traten de asustarlo con sus gritos,

---

[c] **30.27-30** Cf. Jue 5.4-5; Sal 18.7-15; Hab 3.3-15.   [d] **30.33** Este v. contiene un juego sutil de palabras. En heb.,
hoguera es el término *Tófet,* nombre de un lugar en el valle Hinom, donde durante largo tiempo se sacrificaron niños
como ofrenda al dios pagano Moloc (2 R 23.10). Por otra parte, el nombre Moloc viene del heb. *melek* (=*rey*), que en
este pasaje debe referirse al rey de Asiria. Este juego de palabras indica que el mismo rey será sacrificado, en vez de
recibir tales ofrendas macabras.

así vendrá el Señor todopoderoso
a defender a su pueblo en el monte Sión.

5 Como el ave que protege su nido
    volando encima de él,
así protegerá el Señor todopoderoso
    a Jerusalén;
la cuidará, la salvará,
la defenderá, la librará."

6 Hijos de Israel, vuelvan a aquel
a quien han ofendido tan gravemente.

7 Porque el día en que todos ustedes
rechacen los ídolos de oro y de plata
que han hecho con sus manos culpables,

8 Asiria caerá a filo de espada,
pero no por un poder humano.
La guerra hará huir a su gente,
y a sus jóvenes guerreros
    los harán esclavos;

9 a causa del miedo, su rey saldrá corriendo
y sus capitanes desertarán
    de su bandera.[a]
Esto lo afirma el Señor,
que en Jerusalén tiene una hoguera
para castigar a sus enemigos.

Reino de justicia

32 1 Habrá un rey que reinará
    con rectitud
y gobernantes
    que gobernarán con justicia.

2 Cada uno de ellos será como refugio
    contra el viento
y protección contra la tempestad,
como canales de riego en tierra seca,
como la sombra de una gran roca
    en el desierto.

3 Tendrán los ojos bien abiertos
y estarán dispuestos a escuchar
    con atención;

4 no actuarán con precipitación
    sino con prudencia,
y dirán las cosas con toda claridad.

5 La gente no llamará noble al canalla
ni tratará al pícaro como persona
    de importancia.

6 Porque el canalla habla como canalla
y en su mente hace planes malvados;
busca cometer el crimen

y habla mentiras contra el Señor;
deja ir con las manos vacías al hambriento
y no da de beber al que tiene sed.

7 El que es pícaro se vale de artimañas
y trama cosas infames;
perjudica con mentiras a los pobres
y al necesitado que pide justicia.

8 En cambio,
    el que es noble tiene planes nobles,
y en esos planes se mantiene firme.

Contra las mujeres frívolas

9 Y ustedes, mujeres despreocupadas,
oigan lo que les voy a decir.
Mujeres confiadas,
    escuchen mis palabras.

10 Ahora están confiadas,
pero dentro de poco más de un año
    se estremecerán,
porque se terminará la cosecha
y no recogerán más uvas.

11 Ustedes que viven despreocupadas,
    tiemblen;
ustedes que se sienten confiadas,
    estremézcanse,
quítense esos vestidos
y pónganse ropas ásperas
    en señal de dolor.

12 Hagan demostraciones de dolor
por los campos risueños
    y los fértiles viñedos.

13 Espinos y matorrales crecerán en mi país,
en toda casa alegre de la ciudad amiga
    de las diversiones.

14 El palacio estará abandonado;
la ciudad, tan poblada, quedará desierta;
las fortificaciones,
    abandonadas para siempre;
allí vivirán contentos los asnos salvajes,
y podrá comer el ganado.

15 Pero el poder creador del Señor[a]
vendrá de nuevo sobre nosotros,
y el desierto se convertirá
    en tierra de cultivo,
y la tierra de cultivo
    será mucho más fértil.

16 La rectitud y la justicia reinarán
en todos los lugares del país.

---

[a] **31.8–9** Cf. la derrota de los asirios, narrada en Is 37.36–38. *Su rey:* o quizá *sus oficiales* (lit. *su roca*).
[a] **32.15** *El poder creador* o *el espíritu:* la palabra heb. puede entenderse en ambos sentidos, según el contexto.

17 La justicia producirá paz,
   tranquilidad y confianza para siempre.
18 Mi pueblo vivirá en un lugar pacífico,
   en habitaciones seguras,
   en residencias tranquilas,
19 aunque el bosque sea talado
   y humillada la ciudad.
20 Ustedes vivirán felices,
   con riego abundante para sus sembrados
   y pastos seguros para el burro y el buey.

Esperanza en el Señor

33

1 ¡Ay de ti, destructor
      no destruido;
   traidor no traicionado!
   Cuando acabes de destruir,
      serás destruido,
   cuando acabes de traicionar,
      serás traicionado.
2 Señor, ten compasión de nosotros,
   que esperamos en ti.
   Sé nuestro apoyo todas las mañanas,
   nuestra salvación
      en tiempos de dificultad.
3 Al oír tus amenazas huyen los pueblos,
   cuando tú intervienes
      se dispersan las naciones;
4 sus enemigos, como nube de langostas,
   se lanzan sobre ellos
      y les quitan sus riquezas.
5 El Señor es soberano,
      pues vive en el cielo;
   él ha llenado a Sión de rectitud y justicia,
6 y siempre le dará seguridad.
   La sabiduría y el conocimiento
      son un tesoro que salva;
   el temor del Señor es una riqueza.

7 ¡Oye cómo gritan los valientes en la calle
   y cómo lloran los enviados
      a negociar la paz!
8 Los caminos están desiertos,
   nadie transita por ellos.
   Se rompen las alianzas y los convenios;
   no hay respeto para nadie.
9 La tierra está de luto y triste,
   el Líbano se marchita avergonzado,
   el valle de Sarón se ha convertido
      en un desierto,
   Basán y el monte Carmelo están pelados.

10 El Señor dice:
   "Ahora voy a actuar;
   ahora voy a mostrar toda mi grandeza
      y majestad.
11 Los planes y las obras de ustedes
      son paja y basura;
   mi soplo los devorará como un incendio.
12 Los pueblos serán reducidos a cenizas;
   como espinos cortados
      arderán en el fuego.
13 Los que están lejos
      escuchen lo que he hecho,
   y los que están cerca reconozcan mi poder."

14 En Sión tiemblan los pecadores,
   y los impíos se llenan de terror y dicen:
   "¿Quién de nosotros puede vivir
      en un fuego destructor,
      en una hoguera eterna?"

15 El que procede rectamente
      y dice la verdad,
   el que no se enriquece abusando
      de la fuerza
   ni se deja comprar con regalos,
   el que no hace caso
      a sugerencias criminales
   y cierra los ojos para no fijarse en el mal,
16 ese vivirá seguro,
   tendrá su refugio
      en una fortaleza de rocas,
   siempre tendrá pan y el agua no le faltará.

17 De nuevo verás al rey en su esplendor;[a]
   las fronteras del país
      llegarán hasta muy lejos.
18 Al recordar el miedo en que vivías, dirás:
   "¿Dónde está el que contaba
      los impuestos?
   ¿Dónde está el que comprobaba el peso?
   ¿Dónde está el que contaba las torres?"
19 Ya no vivirás entre un pueblo insolente,
   de lengua difícil de entender,
   de idioma enredado,
      que nadie comprende.
20 Mira a Sión, la ciudad de nuestras fiestas;
   dirige tus ojos a Jerusalén, ciudad segura;
   será como un campamento firme,
   cuyas estacas no se arrancarán
   ni se romperán sus cuerdas.

---

[a] **33.17** Cf. Is 32.1. Podría referirse a una visión de Dios, o también a la presencia del Mesías.

21 Ahí se muestra glorioso el Señor
   con nosotros.
   Es un lugar de ríos,
      de corrientes muy anchas,
   pero no lo invadirán los enemigos
   con sus barcos de remo
   y sus naves poderosas.
22-23 Las cuerdas de esas naves
   no pueden sostener el mástil;
   la vela no se puede extender.
   Arrebataremos tantas riquezas
      a los enemigos,
   que hasta el ciego recibirá su parte
   y los lisiados se dedicarán al saqueo.
   Porque el Señor es nuestro juez,
   nuestro legislador y nuestro rey,
   y él nos salvará.
24 Ningún habitante dirá: "Estoy enfermo."
   Dios perdonará los pecados
      a los habitantes de Sión.

Castigo de Dios sobre Edom

34 1 Acérquense, pueblos,
         a escuchar;
   naciones, presten atención.
   Que escuche la tierra y lo que hay en ella,
   el mundo y todo lo que él produce.
2 Porque el Señor está enojado
   con las naciones y con todos sus ejércitos,
   y los ha condenado a destrucción y muerte.
3 Los muertos serán abandonados,
   el mal olor se levantará de los cadáveres
   y ríos de sangre correrán por las montañas.
4 Todos los astros del cielo
      se desintegrarán,
   el cielo se envolverá como un rollo
   y todas las estrellas se apagarán,
   como se marchita y cae una hoja
      desprendida
   de una vid o de una higuera.
5 Sí, la espada del Señor aparece en el cielo
   y va a caer sobre Edom,
   pueblo condenado a muerte.
6 La espada del Señor se cubrirá
      de sangre y de grasa,
   como cuando se matan corderos y cabras
      en los sacrificios.

El Señor va a hacer un sacrificio en Bosrá,
   una gran matanza en Edom.
7 Y caerán como los búfalos,
   los becerros y los toros;
   su tierra se empapará de sangre,
   y el polvo se llenará de grasa.
8 Sí, será el día de la venganza del Señor,
   el año del desquite, para la causa de Sión.
9 Los arroyos de Edom
      se convertirán en brea,
   su polvo en azufre;
   la tierra arderá como brea.
10 No se apagará ni de día ni de noche;
   siempre se levantará su humareda.
   Por siglos y siglos quedará abandonada;
   nadie volverá a pasar jamás por allí.
11 Allí se instalarán el búho y el mochuelo,
   y harán sus nidos el cuervo y la lechuza.
   El Señor convertirá ese país
   en desierto y soledad.
12 No volverá a tener
      un rey que lo gobierne;
   todos sus jefes desaparecerán.
13 En sus palacios crecerán espinos,
   y ortigas y cardos en sus fortalezas.
   Será un lugar donde vivan los chacales
   y se refugien los avestruces.
14 Los gatos monteses
      harán compañía a los chacales,
   las cabras se llamarán unas a otras.
   Allí habitará el fantasma
      que espanta de noche,[a]
   y encontrará sitio para descansar.
15 Allí el búho hará su nido,
   pondrá sus huevos y sacará sus crías,
   y las reunirá para protegerlas.
   Allí también se reunirán los gavilanes,
   cada macho con su hembra.
16 Consulten el libro del Señor[b] y lean:
   No faltará ni uno solo de esos animales,
   y a ninguno le faltará su hembra,
   porque el Señor mismo lo ha dispuesto
   y con su soplo los reunirá.
17 A cada uno le ha señalado su lugar,
   con su mano le ha asignado su territorio,
   y lo ocuparán por siempre;
   por siglos y siglos vivirán allí.

---

[a] **34.14** *Cabras:* o *sátiros,* imaginados en forma de cabra. *Fantasma que espanta de noche:* un demonio femenino, que, según se creía, habitaba en lugares desiertos. [b] **34.16** *El libro del Señor:* tal vez en el sentido de Sal 139.16; Dn 12.1; Mal 3.16 (cf. Is 4.3); otros lo entienden como una alusión a los libros proféticos en general o a ciertos pasajes de ellos.

Regreso del pueblo a Sión

35 1 Que se alegre el desierto,
        tierra seca;
        que se llene de alegría, que florezca,
2 que produzca flores como el lirio,
    que se llene de gozo y alegría.
    Dios lo va a hacer tan bello como el Líbano,
    tan fértil como el Carmelo
        y el valle de Sarón.
    Todos verán la gloria del Señor,
    la majestad de nuestro Dios.
3 Fortalezcan a los débiles,
    den valor a los cansados,
4 digan a los tímidos:
    "¡Ánimo, no tengan miedo!
    ¡Aquí está su Dios para salvarlos,
    y a sus enemigos los castigará
        como merecen!"
5 Entonces los ciegos verán
    y los sordos oirán;
6 los lisiados saltarán como venados
    y los mudos gritarán.
    En el desierto, tierra seca,
    brotará el agua a torrentes.
7 El desierto será un lago,
    la tierra seca se llenará de manantiales.
    Donde ahora viven los chacales,
    crecerán cañas y juncos.
8 Y habrá allí una calzada
    que se llamará "el camino sagrado".
    Los que no estén purificados
    no podrán pasar por él;
    los necios no andarán por él.
9 Allí no habrá leones
    ni se acercarán las fieras.
    Por ese camino volverán los libertados,
10 los que el Señor ha redimido;
    entrarán en Sión con cantos de alegría,
    y siempre vivirán alegres.
    Hallarán felicidad y dicha,
    y desaparecerán el llanto y el dolor.

La invasión de Senaquerib
(2 R 18.13–37; 2 Cr 32.1–19)

36 1 *a* En el año catorce *b* del reinado de
        Ezequías, Senaquerib, rey de Asiria,
        atacó a todas las ciudades fortificadas

de Judá y las tomó. 2 Desde Laquis envió a un alto oficial, con un poderoso ejército, a ver al rey Ezequías en Jerusalén, y se colocaron junto al canal del estanque superior, en el camino que va al campo del Lavador de Paños. 3 Allá salieron a su encuentro Eliaquim, hijo de Hilquías, que era mayordomo de palacio; el cronista Sebná; y Joah, hijo de Asaf, el secretario del rey. 4 El oficial asirio les dijo:

—Comuniquen a Ezequías este mensaje del gran rey, el rey de Asiria: '¿De qué te sientes tan seguro? 5 ¿Piensas acaso que las palabras bonitas valen lo mismo que la táctica y la fuerza para hacer la guerra? ¿En quién confías para rebelarte contra mí? 6 Veo que confías en el apoyo de Egipto. Pues bien, Egipto es una caña astillada, que si uno se apoya en ella, se le clava y le atraviesa la mano. Eso es el faraón, rey de Egipto, para todos los que confían en él. 7 Y si me dices: Nosotros confiamos en el Señor nuestro Dios, ¿acaso no suprimió Ezequías los lugares de culto y los altares de ese Dios, y ordenó que la gente de Judá y Jerusalén le diera culto solamente en un altar? *c* 8 Haz un trato con mi amo, el rey de Asiria: yo te doy dos mil caballos, si consigues jinetes para ellos. 9 Tú no eres capaz de hacer huir ni al más insignificante de los oficiales asirios, ¿y esperas conseguir jinetes y caballos en Egipto? 10 Además, ¿crees que yo he venido a atacar y destruir este país sin contar con el Señor? ¡Él fue quien me ordenó atacarlo y destruirlo!'

11 Eliaquim, Sebná y Joah respondieron al oficial asirio:

—Por favor, háblenos usted en arameo, pues nosotros lo entendemos. No nos hable usted en hebreo, pues toda la gente que hay en la muralla está escuchando.

12 Pero el oficial asirio dijo:

—No fue a tu amo, ni a ustedes, a quienes el rey de Asiria me mandó que dijera esto. Fue precisamente a la gente que está sobre la muralla, pues ellos, lo mismo que ustedes, tendrán que comerse su propio estiércol y beberse sus propios orines.

13 Entonces el oficial, de pie, gritó bien fuerte en hebreo:

---

a **36.1–22** Los caps. 36—39 forman un apéndice histórico a los caps. 1—35. Son prácticamente idénticos a 2 R 18.13—20.19, con la excepción de Is 38.9–20, que no aparece en 2 R. Además, en Isaías se omite el pasaje que relata cómo el rey Ezequías se rindió ante los asirios y tuvo que pagarles un fuerte tributo (2 R 18.14–16).
b **36.1** *El año catorce:* es decir, el 701 a.C. *c* **36.7** Cf. 2 R 18.4; 2 Cr 29—31.

—Oigan lo que les dice el gran rey, el rey de Asiria: 14 'No se dejen engañar por Ezequías; él no puede salvarlos.' 15 Si Ezequías quiere convencerlos de que confíen en el Señor, y les dice: 'El Señor ciertamente nos salvará; él no permitirá que esta ciudad caiga en poder del rey de Asiria', 16 no le hagan caso. El rey de Asiria me manda a decirles que hagan las paces con él, y que se rindan, y así cada uno podrá comer del producto de su viñedo y de su higuera y beber el agua de su propia cisterna. 17 Después los llevará a un país parecido al de ustedes, un país de trigales y viñedos, para hacer pan y vino. 18 Si Ezequías les dice que el Señor los va a salvar, no se dejen engañar por él. ¿Acaso alguno de los dioses de los otros pueblos pudo salvar a su país del poder del rey de Asiria? 19 ¿Dónde están los dioses de Hamat y de Arpad? ¿Dónde están los dioses de Sefarvaim? ¿Acaso pudieron salvar del poder de Asiria a Samaria? 20 ¿Cuál de todos los dioses de esos países pudo salvar a su nación del poder del rey de Asiria? ¿Por qué piensan que el Señor puede salvar a Jerusalén?

21 Ellos se quedaron callados y no le respondieron ni una palabra, porque el rey había ordenado que no respondieran nada. 22 Entonces, afligidos, Eliaquim, mayordomo de palacio; Sebná, cronista; y Joah, secretario del rey, se rasgaron la ropa y se fueron a ver a Ezequías para contarle lo que había dicho el comandante asirio.

El Señor libra a Judá del invasor
(2 R 19.1–37; 2 Cr 32.20–23)

37 1 Cuando el rey Ezequías oyó esto, se rasgó sus vestiduras, se puso ropas ásperas en señal de dolor y se fue al templo del Señor. 2 Y envió a Eliaquim, mayordomo de palacio, al cronista Sebná y a los sacerdotes más ancianos, con ropas ásperas en señal de dolor, a ver al profeta Isaías, hijo de Amós, 3 y a decirle de parte del rey: "Hoy estamos en una situación de angustia, castigo y humillación; como una mujer que, a punto de dar a luz, se quedara sin fuerzas. 4 Ojalá el Señor

tu Dios haya oído las palabras del oficial enviado por su amo, el rey de Asiria, para insultar al Dios viviente, y ojalá lo castigue por las cosas que el Señor mismo, tu Dios, habrá oído. Ofrece, pues, una oración por los que aún quedan."[a]

5 Los funcionarios del rey Ezequías fueron a ver a Isaías, 6 e Isaías les encargó que respondieran a su amo: "El Señor dice: 'No tengas miedo de esas palabras ofensivas que dijeron contra mí los criados del rey de Asiria. 7 Mira, yo voy a hacer que llegue a él un rumor que lo obligue a volver a su país, y allí lo haré morir asesinado.' "

8 El oficial asirio se enteró de que el rey de Asiria se había ido de la ciudad de Laquis. Entonces se fue de Jerusalén, y encontró al rey de Asiria atacando a Libná. 9 Allí el rey de Asiria oyó decir que el rey Tirhaca de Etiopía[b] había emprendido una campaña militar contra él. Una vez más, el rey de Asiria envió embajadores al rey Ezequías de Judá, a decirle: 10 "Tu Dios, en el que tú confías, te asegura que Jerusalén no caerá en mi poder; pero no te dejes engañar por él. 11 Tú has oído lo que han hecho los reyes de Asiria con todos los países que han querido destruir. ¿Y te vas a salvar tú? 12 ¿Acaso los dioses salvaron a los otros pueblos que mis antepasados destruyeron: a Gozán, a Harán, a Résef, y a la gente de Bet–edén que vivía en Telasar?[c] 13 ¿Dónde están los reyes de Hamat, de Arpad, de Sefarvaim, de Hená y de Ivá?"[d]

14 Ezequías tomó la carta que le entregaron los embajadores, y la leyó. Luego se fue al templo y, extendiendo la carta delante del Señor, 15 oró así: 16 "Señor todopoderoso, Dios de Israel, que tienes tu trono sobre los querubines,[e] tú solo eres Dios de todos los reinos de la tierra; tú creaste el cielo y la tierra. 17 Pon atención, Señor, y escucha. Abre tus ojos, Señor, y mira. Escucha las palabras que Senaquerib mandó decirme, palabras todas ellas ofensivas contra ti, el Dios viviente. 18 Es cierto, Señor, que los reyes de Asiria han destruido todas las naciones y sus tierras, 19 y que han echado al fuego sus dioses, porque en realidad no eran

---

a **37.4** *Los que aún quedan:* Véase 4.2–6 n. b **37.9** *Tirhaca de Etiopía* pertenecía a la vigesimoquinta dinastía, llamada etiope. Reinó sobre Egipto, como corregente junto a su hermano, alrededor del 690 a.C., y como rey del 685 al 664 a.C. c **37.12** Estos pueblos pertenecían a Mesopotamia. d **37.13** Los asirios ya habían conquistado estos lugares de Siria. e **37.16** Los *querubines* evocaban la majestad divina. Las dos figuras de querubines sobre el arca de la alianza (Ex 25.17–20) eran el *trono* visible del Dios invisible.

dioses, sino objetos de madera o de piedra hechos por el hombre. Por eso los destruyeron. **20** Ahora pues, Señor y Dios nuestro, sálvanos de su poder, para que todas las naciones de la tierra sepan que tú, Señor, eres el único Dios."

21 Entonces Isaías mandó a decir a Ezequías: "Esto dice el Señor, Dios de Israel: 'Yo he escuchado la oración que me hiciste acerca de Senaquerib, rey de Asiria.' "

22 Estas son las palabras que dijo el Señor acerca del rey de Asiria:

"La ciudad de Sión,
     como una muchacha,
se ríe de ti, Senaquerib.
Jerusalén mueve burlonamente la cabeza
cuando tú te retiras.
23 ¿A quién has ofendido e insultado?
¿Contra quién alzaste la voz
y levantaste los ojos altaneramente?
¡Contra el Dios Santo de Israel!
24 Por medio de tus funcionarios
     insultaste al Señor.
Dijiste:
'Con mis innumerables carros de guerra
subí a las cumbres de los montes,
a lo más empinado del Líbano.
Corté sus cedros más altos,
sus pinos más bellos.
Alcancé sus cumbres más altas,
y sus bosques, que parecen jardines.
25 En tierras extrañas
cavé pozos y bebí de esa agua,
y con las plantas de mis pies
sequé todos los ríos de Egipto.'
26 ¿Pero no sabías que soy yo, el Señor,
quien ha dispuesto todas estas cosas?
Desde tiempos antiguos
     lo había planeado,
y ahora lo he realizado;
por eso tú destruyes
     ciudades fortificadas
y las conviertes en montones de ruinas.
27 Sus habitantes, impotentes,
llenos de miedo y vergüenza,
han sido como hierba del campo,
como pasto verde,
como hierba que crece en los tejados
y que es quemada por el viento del este.

28 Yo conozco todos tus movimientos
y todas tus acciones;
yo sé que te has enfurecido contra mí.
29 Y como conozco tu furia y tu arrogancia,
voy a ponerte una argolla en la nariz,
un freno en la boca,
y te haré volver por el camino
por donde viniste."

30 Isaías dijo entonces a Ezequías:
"Esta será una señal
     de lo que va a suceder:
este año y el siguiente comerán ustedes
el trigo que nace por sí solo,
pero al tercer año podrán sembrar
     y cosechar,
plantar viñedos y comer de sus frutos.
31 Los sobrevivientes de Judá
     serán como plantas:
echarán raíces y producirán fruto,
32 porque un resto quedará en Jerusalén;
en el monte Sión habrá sobrevivientes.
Esto lo hará el ardiente amor
     del Señor todopoderoso.

33 "Acerca del rey de Asiria dice el Señor:
'No entrará en Jerusalén,
no le disparará ni una flecha,
no la atacará con escudos
ni construirá una rampa a su alrededor.
34 Por el mismo camino por donde vino,
     se volverá;
no entrará en esta ciudad.
Yo, el Señor, doy mi palabra.
35 Yo protegeré esta ciudad
y la salvaré,
por consideración a mi siervo David*f*
y a mí mismo.' "

36 Y el ángel del Señor fue y mató a ciento ochenta y cinco mil hombres del campamento asirio; al día siguiente, todos amanecieron muertos.*g* **37** Entonces Senaquerib, rey de Asiria, levantó el campamento y regresó a Nínive. **38** Y un día, cuando estaba adorando en el templo de Nisroc, su dios, sus hijos Adramélec y Saré-zer fueron y lo asesinaron,*h* y huyeron a la región de Ararat.*i* Después reinó en su lugar su hijo Esarhadón.

---

f **37.35** Cf. 2 S 7.1–16. *g* **37.36** Cf. 2 R 19.35–36. *h* **37.38** Senaquerib fue asesinado en el 681 a.C. *i* **37.38** *La región de Ararat:* en Armenia, parte de la actual Turquía.

Enfermedad y curación de Ezequías
(2 R 20.1–11; 2 Cr 32.24–26)

38 [1] Por aquel tiempo Ezequías cayó gravemente enfermo, y el profeta Isaías, hijo de Amós, fue a verlo y le dijo:

—El Señor dice: 'Da tus últimas instrucciones a tu familia, porque vas a morir. No te curarás.'

[2] Ezequías volvió la cara hacia la pared y oró así al Señor:

[3] "Yo te suplico, Señor, que te acuerdes de cómo te he servido fiel y sinceramente, haciendo lo que te agrada." Y lloró amargamente.

[4] El Señor ordenó a Isaías [5] que fuera y le dijera a Ezequías: "El Señor, Dios de tu antepasado David, dice: 'Yo he escuchado tu oración y he visto tus lágrimas. Voy a darte quince años más de vida. [6] A ti y a Jerusalén los libraré del rey de Asiria. Yo protegeré esta ciudad.' "

[21] Isaías mandó hacer una pasta de higos para que se la aplicaran al rey en la parte enferma, y el rey se curó. [22] Entonces Ezequías preguntó a Isaías:

—¿Por medio de qué señal voy a darme cuenta de que puedo ir al templo del Señor?[a]

[7] Isaías respondió:

—Esta es la señal que el Señor te dará en prueba de que te cumplirá su promesa: [8] En el reloj de sol[b] de Ahaz voy a hacer que la sombra del sol retroceda las diez gradas que ya ha bajado.

Y la sombra del sol retrocedió las diez gradas que ya había bajado.

[9] Cuando el rey Ezequías de Judá sanó de su enfermedad, compuso este salmo:

[10] Yo había pensado:
En lo mejor de mi vida tendré que irme;
se me ordena ir al reino de la muerte
por el resto de mis días.

[11] Yo pensé: Ya no veré más al Señor
en esta tierra,
no volveré a mirar a nadie
de los que viven en el mundo.

[12] Deshacen mi habitación, me la quitan,
como tienda de pastores.
Mi vida era cual la tela de un tejedor,
que es cortada del telar.
De día y de noche me haces sufrir.

[13] Grito de dolor toda la noche,
como si un león estuviera quebrándome
los huesos.
De día y de noche me haces sufrir.

[14] Me quejo suavemente
como las golondrinas,
gimo como las palomas.
Mis ojos se cansan de mirar al cielo.
¡Señor, estoy oprimido,
responde tú por mí!

[15] ¿Pero qué podré yo decirle,
si él fue quien lo hizo?
El sueño se me ha ido
por la amargura de mi alma.

[16] Aquellos a quienes el Señor protege,
vivirán,
y con todos ellos viviré yo.

Tú me has dado la salud,
me has devuelto la vida.

[17] Mira, en vez de amargura,
ahora tengo paz.
Tú has preservado mi vida
de la fosa destructora,
porque has perdonado todos mis pecados.

[18] Quienes están en el sepulcro
no pueden alabarte,
los muertos no pueden darte gloria,
los que bajan a la fosa
no pueden esperar tu fidelidad.

[19] Solo los que viven pueden alabarte,
como hoy lo hago yo.
Los padres hablan a sus hijos
de tu fidelidad.

[20] El Señor está aquí para salvarme.
Toquemos nuestras arpas y cantemos
todos los días de nuestra vida
en el templo del Señor.

Ezequías recibe a los enviados de Babilonia
(2 R 20.12–19; 2 Cr 32.27–31)

39 [1] Por aquel tiempo el rey Merodac-baladán, hijo de Baladán, rey de Babilonia,[a] oyó decir que Ezequías había estado enfermo pero que ya había recobrado la salud, y por medio de unos mensajeros le envió cartas y un regalo. [2] Ezequías se alegró de

---

[a] **38.21** Los vv. 21–22 trasladados aquí, según 2 R 20.7–8. [b] **38.8** *El reloj de sol:* Podría tratarse de gradas dispuestas en tal forma que la sombra de algún objeto, al dar sobre ellas, marcaba la hora. [a] **39.1–2** Puede ser que esta visita haya tenido por objeto pedir ayuda a Ezequías contra Asiria. La posesión del rico *tesoro* sugiere una fecha cercana al 703 a.C., año en que Ezequías quitó del templo la plata y el oro (2 R 18.15–16).

su llegada y les mostró su tesoro, la plata y el oro, los perfumes, el aceite fino y su depósito de armas, y todo lo que se encontraba en sus depósitos. No hubo nada en su palacio ni en todo su reino que no les mostrara. 3 Entonces fue el profeta Isaías a ver al rey Ezequías, y le preguntó:

—¿De dónde vinieron esos hombres, y qué te dijeron?

Ezequías respondió:

—Vinieron de un país lejano; vinieron de Babilonia.

4 Isaías le preguntó:

—¿Y qué vieron en tu palacio?

Ezequías contestó:

—Vieron todo lo que hay en él. No hubo nada en mis depósitos que yo no les mostrara.

5 Isaías dijo entonces a Ezequías:

—Escucha este mensaje del Señor todopoderoso: 6 'Van a venir días en que todo lo que hay en tu palacio y todo lo que juntaron tus antepasados hasta el día de hoy, será llevado a Babilonia. No quedará aquí nada. 7 Aun a algunos de tus propios descendientes se los llevarán a Babilonia, los castrarán y los pondrán como criados en el palacio del rey.'

8 Ezequías, pensando que al menos durante su vida habría paz y seguridad, respondió a Isaías:

—El mensaje que me has traído de parte del Señor es favorable.

El Señor consuela a Jerusalén

40 1 *a* El Dios de ustedes dice:
"Consuelen,
    consuelen a mi pueblo;
2 hablen con cariño a Jerusalén
y díganle que su esclavitud ha terminado,
que ya ha pagado por sus faltas,
que ya ha recibido de mi mano
el doble del castigo
    por todos sus pecados." *b*

3 Una voz grita:
"Preparen al Señor
    un camino en el desierto, *c*
tracen para nuestro Dios
una calzada recta en la región estéril.
4 Rellenen todas las cañadas,
allanen los cerros y las colinas,
conviertan la región
    quebrada y montañosa
en llanura completamente lisa.
5 Entonces mostrará el Señor su gloria,
y todos los hombres juntos la verán.
El Señor mismo lo ha dicho."

6 Una voz dice: "Grita",
y yo pregunto: "¿Qué debo gritar?"
"Que todo hombre es como hierba,
¡tan firme como una flor del campo!
7 La hierba se seca y la flor se marchita
cuando el soplo del Señor pasa sobre ellas. *d*
Ciertamente la gente es como hierba.
8 La hierba se seca y la flor se marchita,
pero la palabra de nuestro Dios
permanece firme para siempre."

9 Súbete, Sión, a la cumbre de un monte,
levanta con fuerza tu voz
para anunciar una buena noticia.
Levanta sin miedo la voz, Jerusalén, *e*
y anuncia a las ciudades de Judá:
"¡Aquí está el Dios de ustedes!"
10 Llega ya el Señor con poder,
sometiéndolo todo con la fuerza
    de su brazo.
Trae a su pueblo
después de haberlo rescatado.
11 Viene como un pastor que cuida su rebaño;
levanta los corderos en sus brazos,
los lleva junto al pecho
y atiende con cuidado
    a las recién paridas.

---

a **40.1** La segunda sección del libro (Is 40—55) se ha llamado "el libro de la consolación", por los temas y el tono que la distinguen de la primera parte. *b* **40.2** *Ya ha pagado . . . sus pecados:* En esto consiste la novedad del mensaje anunciado en Is 40—55. Los profetas anteriores al exilio habían proclamado que Israel estaba bajo el juicio de Dios y que debía recibir el justo castigo por sus pecados (cf., por ej., Is 5.1–7; Jer 17.1–4; Os 4.1–3; Am 2.6–16). Aquí, en cambio, se anuncia que la deportación a Babilonia ha sido un castigo más que suficiente y que ahora ha comenzado el tiempo del perdón y la restauración. Cf. Is 43.25; 46.13. *c* **40.3** *Una voz . . . en el desierto:* La versión griega (LXX) usó una puntuación diferente de esta frase, y es así como se cita en el NT. Cf. Mt 3.3; Mc 1.3; Lc 3.4; Jn 1.23. *d* **40.7** *El soplo del Señor:* es decir, el viento, especialmente el viento caluroso que viene del desierto y marchita la vegetación. *e* **40.9** *Jerusalén* debe ser el heraldo o mensajero del Señor que anuncia la buena noticia a todas *las ciudades de Judá.*

Grandeza del Dios de Israel

12 ¿Quién ha medido el océano
con la palma de la mano,
o calculado con los dedos
la extensión del cielo?
¿Quién ha puesto en una medida
todo el polvo de la tierra,
o ha pesado en balanza
las colinas y montañas?

13 ¿Quién ha corregido al Señor
o quién le ha dado instrucciones?

14 ¿Quién le dio consejos y entendimiento?
¿Quién le enseñó a juzgar con rectitud?
¿Quién lo instruyó en la ciencia?
¿Quién le dio lecciones de sabiduría?

15 Para él las naciones son
como una gota de agua,
como un grano de polvo en la balanza;
los países del mar valen
lo que un grano de arena.

16 En todo el Líbano no hay animales
suficientes
para ofrecerle un holocausto,
ni leña suficiente para el fuego.

17 Todas las naciones no son nada
en su presencia;
para él no tienen absolutamente
ningún valor.

18 ¿Con quién van ustedes a comparar
a Dios?
¿Con qué imagen van a representarlo?

19 Un escultor funde una estatua,
y un joyero la recubre de oro
y le hace cadenas de plata.

20 El que fabrica una estatua
escoge madera que no se pudra,
y busca un hábil artesano
que la afirme, para que no se caiga.

21 ¿Acaso no lo sabían ustedes?
¿No lo habían oído decir?
¿No se lo contaron desde el principio?
¿No lo han comprendido desde la
creación del mundo?

22 Dios tiene su trono
sobre la bóveda que cubre la tierra,
y ve a los hombres
como si fueran saltamontes.

Él extiende el cielo como un toldo,
lo despliega como una tienda
de campaña.

23 Él convierte en nada a los grandes hombres
y hace desaparecer a los jefes de la tierra.

24 Son como plantas tiernas, recién plantadas,
que apenas han echado raíces en la tierra.
Si Dios sopla sobre ellos, se marchitan,
y el huracán se los lleva como a paja.

25 El Dios Santo pregunta:
"¿Con quién me van a comparar ustedes?
¿Quién puede ser igual a mí?"

26 Levanten los ojos al cielo y miren:
¿Quién creó todo eso?
El que los distribuye uno por uno
y a todos llama por su nombre.
Tan grande es su poder y su fuerza
que ninguno de ellos falta.

27 Israel, pueblo de Jacob,
¿por qué te quejas? ¿Por qué dices:
"El Señor no se da cuenta de mi situación;
Dios no se interesa por mí"?

28 ¿Acaso no lo sabes? ¿No lo has oído?
El Señor, el Dios eterno,
el creador del mundo entero,
no se fatiga ni se cansa;
su inteligencia es infinita.

29 Él da fuerzas al cansado,
y al débil le aumenta su vigor.

30 Hasta los jóvenes pueden cansarse
y fatigarse,
hasta los más fuertes llegan a caer,

31 pero los que confían en el Señor
tendrán siempre nuevas fuerzas
y podrán volar como las águilas;
podrán correr sin cansarse
y caminar sin fatigarse.

Dios promete la liberación a Israel

41 1 "Callen ante mí, países del mar.
Naciones, ármense de todo su valor.
Vengan, para que hablemos
de este asunto;
vamos a reunirnos para discutirlo.

2 ¿Quién fue el que hizo aparecer
en el oriente
a ese rey que siempre sale victorioso?[a]
¿Quién le entrega las naciones
y hace que los reyes se le humillen,

---

[a] **41.2** Alusión a Ciro, rey de los persas, que puso término a la supremacía de Babilonia y autorizó el regreso de los israelitas a Jerusalén (2 Cr 36.22–23; Esd 1.1–4). Cf. Is 41.25; 44.28; 45.1–6,13; 46.11; 48.14–15.

para que con su espada y su arco
los triture y los disperse como a paja?

3 ¿Quién hace que los persiga
    y que avance tranquilo
como si no tocara el camino con los pies?

4 ¿Quién ha realizado esta obra?
¿Quién, desde el principio,
ha ordenado el curso de la historia?
Yo, el Señor, el único Dios,
el primero y el último.

5 Los países del mar lo vieron
y se llenaron de miedo;
la tierra tembló de un extremo a otro.
Ya se acercan, ya vienen."

6 Cada artesano ayuda
y anima a su compañero.

7 El escultor anima al joyero;
el que martilla anima
    al que golpea el yunque,
y dice si la soldadura es buena,
y luego asegura la estatua con clavos
para que no se tambalee.

8 "Escucha, Israel, pueblo de Jacob,
mi siervo, a quien yo he elegido,
pueblo descendiente de mi amigo Abraham:

9 Yo te saqué del extremo de la tierra,
te llamé desde el rincón más alejado
y te dije: 'Tú eres mi siervo.'
Yo te elegí y no te he rechazado.

10 No tengas miedo, pues yo estoy contigo;
no temas, pues yo soy tu Dios.
Yo te doy fuerzas, yo te ayudo,
yo te sostengo con mi mano victoriosa.

11 Todos los que te odian
quedarán avergonzados y humillados;
los que luchan contra ti
quedarán completamente exterminados.

12 Buscarás a tus enemigos
y no los encontrarás;
los que te hacen la guerra
serán como si no existieran.

13 Porque yo, el Señor tu Dios,
te he tomado de la mano;
yo te he dicho: 'No tengas miedo,
    yo te ayudo.' "

14 El Señor afirma:
"Israel, pueblo de Jacob,
por pequeño y débil que seas,
no tengas miedo; yo te ayudo.
Yo, el Dios Santo de Israel,
    soy tu redentor.[b]

15 Haré de ti un instrumento de trillar,
nuevo y con buenos dientes;
trillarás los montes, los harás polvo,
convertirás en paja las colinas.

16 Los aventarás y el viento se los llevará;
el huracán los desparramará.
Entonces tú te alegrarás en el Señor,
estarás orgulloso del Dios Santo de Israel.

17 "La gente pobre y sin recursos busca agua
y no la encuentra.
Tienen la lengua reseca por la sed;
pero yo, el Señor, los atenderé,
yo, el Dios de Israel, no los abandonaré.

18 Haré brotar ríos en los cerros desiertos
y manantiales en medio de los valles;
convertiré el desierto en ciénagas,
haré brotar arroyos en la tierra seca.

19 En el desierto plantaré cedros,
acacias, arrayanes y olivos;
en la tierra seca haré crecer pinos
juntamente con abetos y cipreses,

20 para que todo el mundo vea y sepa,
y ponga atención y entienda
que yo, el Señor,
    he hecho esto con mi poder,
que yo, el Dios Santo de Israel,
    lo he creado."

Dios desafía a los falsos dioses

21 El Señor, el rey de Jacob, dice:
"Vengan, ídolos, a presentar su defensa,
vengan a defender su causa.

22 Vengan a anunciarnos el futuro
y a explicarnos el pasado,
y pondremos atención;
anúnciennos las cosas por venir,
para ver en qué terminan;

23 díganns qué va a suceder después,
demuéstrennos que en verdad son
    dioses.

---

[b] **41.14** El término traducido por *redentor,* heb. *goel,* designa en primer lugar al pariente más cercano, que tenía la obligación de socorrer al miembro de su familia que había perdido su libertad o su patrimonio familiar (cf. Lv 25.47–49, y véase Rt 2.20 n.). Al aplicar este vocablo al Dios de Israel, el profeta sugiere que el Señor va a rescatar a su pueblo de la esclavitud y a devolverle la tierra de la que había sido despojado. Cf. Is 54.5–8.

Hagan lo que puedan, bueno o malo,
algo que nos llene de miedo y de terror.
24 ¡Pero ustedes no son nada
ni pueden hacer nada!
Despreciable es aquel
que los escoge a ustedes.

25 "Hice aparecer un hombre en el oriente;[c]
lo he llamado por su nombre,
y llega por el norte.
Pisotea a los gobernantes
como si fueran barro;
como el alfarero,
que amasa el barro con sus pies.
26 ¿Quién anunció esto desde el comienzo,
para que lo supiéramos?
¿Quién lo predijo desde antes,
para que admitiéramos que tiene la razón?
Ninguno de ustedes lo anunció,
nadie les oyó decir una palabra.
27 Yo fui quien lo anunció a Sión
desde el principio,
y quien envió a Jerusalén un mensajero
para decirle que su gente pronto volvería.
28 Miro, y ninguno de los otros dioses
aparece;
nadie que pueda dar consejo,
nadie que responda a mis preguntas.
29 ¡Ninguno de ellos es nada!
Nada pueden hacer;
no son más que ídolos vacíos.

El siervo del Señor[a]

42 1 "Aquí está mi siervo,[b]
a quien sostengo,
mi elegido, en quien me deleito.[c]
He puesto en él mi espíritu
para que traiga la justicia
a todas las naciones.
2 No gritará, no levantará la voz,
no hará oír su voz en las calles,

3 no acabará de romper la caña quebrada
ni apagará la mecha que arde débilmente.
Verdaderamente traerá la justicia.
4 No descansará ni su ánimo se quebrará,
hasta que establezca la justicia
en la tierra.
Los países del mar estarán atentos
a sus enseñanzas."

5 Dios, el Señor, que creó el cielo
y lo extendió,
que formó la tierra y lo que crece en ella,
que da vida y aliento
a los hombres que la habitan,
dice a su siervo:
6 "Yo, el Señor, te llamé
y te tomé por la mano,
para que seas instrumento de salvación;
yo te formé, pues quiero que seas
señal de mi alianza con el pueblo,
luz de las naciones.
7 Quiero que des vista a los ciegos
y saques a los presos de la cárcel,
del calabozo donde viven en la oscuridad.
8 Yo soy el Señor, ese es mi nombre,
y no permitiré que den mi gloria
a ningún otro
ni que honren a los ídolos en vez de a mí.
9 Miren cómo se cumplió
todo lo que antes anuncié,
y ahora voy a anunciar cosas nuevas;
se las hago saber a ustedes
antes que aparezcan."

Himno de alabanza por la acción salvadora de Dios

10 Canten al Señor un canto nuevo;
desde lo más lejano de la tierra alábenle
quienes navegan por el mar
y los animales que viven en él,
los países del mar y sus habitantes.

---

[c] **41.25** *Un hombre en el oriente:* Nueva referencia a Ciro, rey de los persas, sin mencionar su nombre. Véase 41.2 n.
[a] **42.1–9** En los vv. 1–7 de este cap. se encuentra el primero de los cuatro poemas designados habitualmente con el nombre de "Cantos del Siervo sufriente" (cf. 49.1–6; 50.4–9; 52.13—53.12). En estos poemas se describe al Siervo como un profeta elegido y llamado por el Señor, colmado de su espíritu y enviado a cumplir una misión en beneficio no solo de Israel sino de todas las naciones (cf. vv. 1,4). El NT cita repetidamente estos "Cantos del Siervo sufriente" y los interpreta como una anticipación profética de la persona y la obra de Cristo. Cf. Mt 8.17; Hch 8.32–33; Ro 15.21. [b] **42.1** *Mi siervo:* En el AT reciben el título de *siervo* las personas que cumplen una tarea importante en el servicio del Señor, como Moisés, Josué, David y los profetas. Cf. Jos 1.1–2; 24.29; Sal 89.20; Jer 25.4. En Is 40—55 ese título se aplica con frecuencia al pueblo de Israel. Cf. Is 41.8; 44.2,21; 45.4; 48.20. Cf. también Ro 1.1; Flp 1.1. [c] **42.1** Cf. Mt 3.17; 17.5; Mc 1.11; Lc 3.22; 9.35.

11 Que se alegren el desierto y sus ciudades
y los campamentos de la tribu de Quedar.
Que canten de gozo los habitantes
de Selá;
que alcen la voz
desde las cumbres de los montes.

12 Que den gloria al Señor
y proclamen su alabanza en los países
del mar.

13 El Señor saldrá como un héroe
y luchará con ardor como un guerrero;
alzará la voz, dará el grito de batalla
y derrotará a sus enemigos.

14 El Señor dice:
"Por mucho tiempo me quedé callado,
guardé silencio y me contuve;
pero ahora voy a gritar
como mujer de parto,
gimiendo y suspirando.

15 Voy a destruir montañas y colinas,
y a dejar seca toda su vegetación;
voy a convertir los ríos en desiertos
y a dejar secas las lagunas.

16 Llevaré a los ciegos por caminos
y senderos que no conocían.
Convertiré la oscuridad en luz
delante de ellos,
y en terreno llano los lugares quebrados.
Estas cosas las haré sin falta.

17 Los que confían en un ídolo,
los que a unas estatuas dicen:
'Ustedes son nuestros dioses',
se alejarán avergonzados.

Ceguera de Israel

18 "Sordos, escuchen;
ciegos, fíjense y vean.

19 Nadie hay tan ciego ni tan sordo
como mi siervo, mi enviado,
nadie tan ciego ni tan sordo
como mi mensajero, el siervo del Señor.

20 Ha visto muchas cosas,
pero no se fija en ellas;
puede oír, pero no escucha nada.

21 El Señor, por ser un Dios que salva,
quiso hacer grande y gloriosa
su enseñanza;

22 pero a este pueblo lo roban y saquean,
a todos los han hecho caer presos,
los han encerrado en calabozos;
se apoderan de ellos,
y no hay quien los libre;
los secuestran,
y no hay quien los rescate."

23 ¿Pero quién de ustedes hace caso de esto?
¿Quién está dispuesto a escuchar
lo que va a suceder?

24 ¿Quién permitió que Israel,
el pueblo de Jacob,
fuera conquistado y secuestrado?
¿No es verdad que fue el Señor?
Ellos pecaron contra él,
no quisieron seguir por el camino
que él les había señalado,
ni obedecieron su enseñanza.

25 Por eso se enojó con ellos y los castigó
con una guerra violenta
que los hizo arder en llamas;
mas ni aun así quisieron entender.

El Señor es el único Salvador

43 1 Pero ahora, Israel,
pueblo de Jacob,
el Señor que te creó te dice:
"No temas, que yo te he libertado;
yo te llamé por tu nombre, tú eres mío.

2 Si tienes que pasar por el agua,
yo estaré contigo,
si tienes que cruzar ríos, no te ahogarás;
si tienes que pasar por el fuego,
no te quemarás,
las llamas no arderán en ti.

3 Pues yo soy tu Señor, tu salvador,
el Dios Santo de Israel.
Yo te he adquirido;
he dado como precio de rescate
a Egipto, a Etiopía y a Sabá,[a]

4 porque te aprecio,
eres de gran valor y yo te amo.
Para tenerte a ti y para salvar tu vida
entrego hombres y naciones.

5 No tengas miedo, pues yo estoy contigo.
Desde oriente y occidente
haré volver a tu gente para reunirla.

---

[a] **43.3** *He dado como precio de rescate a Egipto, a Etiopía y a Sabá:* No solamente Babilonia, sino también Egipto y la región del alto Nilo cayeron bajo la dominación del Imperio persa, que fue el instrumento utilizado por el Señor para devolver la libertad a su pueblo.

6 Diré al norte: 'Devuélvelos',
  y al sur: 'No te quedes con ellos.
  Trae a mis hijos y mis hijas
  desde lejos, desde el extremo del mundo,
7 a todos los que llevan mi nombre,
  a los que yo creé y formé,
  a los que hice para gloria mía.'

8 "Hagan venir a mi pueblo,
  que tiene ojos pero está ciego,
  y tiene oídos pero está sordo.
9 Reúnanse todos los pueblos,
  júntense las naciones.
  ¿Quién entre ellas había predicho esto,
  o había anunciado los sucesos pasados?
  Que presenten testigos
    y prueben tener razón,
  para que se oiga y se diga que es la verdad."

10 El Señor afirma:
  "Ustedes son mis testigos,
  mis siervos, que yo elegí
  para que me conozcan y confíen en mí
  y entiendan quién soy.
  Antes de mí no ha existido ningún dios,
  ni habrá ninguno después de mí.
11 Solo yo soy el Señor;
  fuera de mí nadie puede salvar."

12 El Señor afirma:
  "Yo lo anuncié y lo proclamé:
    yo los he salvado;
  no lo hizo un dios extraño,
  y ustedes son mis testigos.
13 Desde siempre, yo soy Dios.
  Nadie puede librar de mi poder.
  Nadie puede deshacer lo que yo hago."

14 El Señor, el Dios Santo de Israel,
  el que les dio la libertad, dice:
  "Para salvarlos a ustedes
    mandaré gente a Babilonia
  y haré abrir todas las puertas,
  y la alegría de los caldeos
    se convertirá en dolor.
15 Yo soy el Señor, el creador de Israel,
  el Dios Santo y rey de ustedes."

16 El Señor abrió un camino
    a través del mar,
  un sendero por entre las aguas
    impetuosas;
17 hizo salir todo un poderoso ejército,
  con sus carros y caballos, para destruirlo.
  Quedaron derribados
    y no pudieron levantarse;
  se acabaron como mecha que se apaga.
18 Ahora dice el Señor a su pueblo:
  "Ya no recuerdes el ayer,
  no pienses más en cosas del pasado.
19 Yo voy a hacer algo nuevo,
  y verás que ahora mismo va a aparecer.
  Voy a abrir un camino en el desierto
  y ríos en la tierra estéril.
20 Me honrarán los animales salvajes,
  los chacales y los avestruces,
  porque hago brotar agua en el desierto,
  ríos en la tierra estéril,
  para dar de beber a mi pueblo elegido,
21 el pueblo que he formado
  para que proclame mi alabanza.

22 "Pero tú, Israel, pueblo de Jacob,
  no me invocaste,
    sino que te cansaste de mí.
23 No me ofreciste holocaustos de ovejas
  ni me honraste con sacrificios.
  Yo no te cansé pidiéndote ofrendas,
  ni te molesté exigiéndote incienso.
24 No has tenido que comprar caña aromática
  para traérmela como ofrenda,
  ni has tenido que complacerme
  con la grasa de animales sacrificados.
  Por el contrario,
    me cansaste con tus pecados;
  me molestaste con tus maldades.

25 "Pero yo, por ser tu Dios,
    borro tus crímenes
  y no me acordaré más de tus pecados.
26 Si tienes algo contra mí,
    sometámoslo a juicio.
  Trae tus argumentos,
    a ver si sales inocente.
27 Tu primer antepasado pecó,[b]
  tus maestros se rebelaron contra mí,
28 tus gobernantes profanaron mi templo;
  por eso dejé que Israel,
    el pueblo de Jacob,
  fuera destruido e insultado.

---

[b] **43.27** *Tu primer antepasado pecó:* alusión a Jacob, el *antepasado* de las doce tribus de Israel.

Fidelidad del Señor, único Dios

44

1 "Escúchame ahora, Israel,
      pueblo de Jacob,
   mi siervo, mi elegido.
2 Yo soy el Señor, tu creador,
   que te formó desde antes de nacer
      y que te ayuda.
   No temas, Jesurún, pueblo de Jacob,
   mi siervo, mi elegido,
3 porque voy a hacer que corra agua
      en el desierto,
   arroyos en la tierra seca.
   Yo daré nueva vida a tus descendientes,
   les enviaré mi bendición.
4 Y crecerán como hierba bien regada,
   como álamos a la orilla de los ríos.
5 Uno dirá: 'Yo soy del Señor',
   otro se llamará descendiente de Jacob,
   y otro se grabará en la mano:
      'Propiedad del Señor',
   y añadirá el nombre de Israel
      al suyo propio."

6 El Señor, el rey y redentor de Israel,
   el Señor todopoderoso, dice:
   "Yo soy el primero y el último;
   fuera de mí no hay otro dios.
7 ¿Quién hay igual a mí?
   Que hable y me lo explique.
   ¿Quién ha anunciado
      desde el principio el futuro,
   y dice lo que está por suceder?
8 Pero, ¡ánimo, no tengan miedo!
   Yo así lo dije
      y lo anuncié desde hace mucho,
   y ustedes son mis testigos.
   ¿Hay acaso otro dios fuera de mí?
   No hay otro refugio;
      no conozco ninguno."

Contra la idolatría

9 Ninguno de los que hacen ídolos vale nada,
y para nada sirven los ídolos que ellos tanto
estiman. Los que les dan culto son ciegos y
estúpidos, y por eso quedarán en ridículo. 10 El
que funde una estatua para adorarla como si
ella fuera un dios, pierde su tiempo. 11 Todos
los que la adoren quedarán en ridículo. Los que
fabrican ídolos son simples hombres. Si todos
juntos se presentaran a juicio, quedarían humillados y llenos de terror.

12 Veamos qué hace el herrero: toma su cincel y, después de calentar el metal entre las
brasas, le da forma a golpes de martillo. Lo
trabaja con su fuerte brazo. Pero si el herrero
no come, se le acaba la fuerza, y si no bebe agua,
se cansa.

13 O veamos al escultor: toma las medidas
con su regla, traza el dibujo con lápiz y compás
y luego lo trabaja con escoplo; así hace una
estatua dándole la figura de una persona e
imitando la belleza humana, y luego la instala
en un templo.

14 O también, alguien planta cedros y la lluvia
los hace crecer; después tendrá cedros para
cortar. O si prefiere cipreses o robles, los cuida
en el bosque hasta que están bien gruesos.
15 Luego la gente los usa para hacer fuego; se
llevan unos pedazos para calentarse con ellos;
se llevan otros para cocer pan; y otros pedazos
los usan para hacer la estatua de un dios, y se
inclinan ante ella para adorarla.

16 O también: la mitad de la madera la pone
uno a arder en el fuego, asa carne, se come el
asado y queda satisfecho. También se calienta
con ella, y dice: "¡Qué bien se está junto al
fuego; ya estoy entrando en calor!" 17 Y de la
madera sobrante hace la estatua de un dios, se
inclina ante ella para adorarla, y suplicante le
dice: "¡Sálvame, porque tú eres mi dios!"

18 Esa gente no sabe, no entiende; tienen los
ojos tan ciegos que no pueden ver, y el entendimiento tan cerrado que no pueden comprender.
19 No se ponen a pensar, les falta entendimiento
para comprender y decir: "La mitad de la madera la puse a arder y en las brasas cocí pan, asé
carne y me la comí; del resto hice esta cosa
detestable, ¡y lo que estoy adorando es un
pedazo de palo!" 20 Verdaderamente, es como
comer ceniza. Es dejarse engañar por ideas
falsas. Esas personas no podrán salvarse. No
serán capaces de entender que lo que tienen en
sus manos es pura mentira.

El Señor perdona y salva a Israel

21 "Israel, pueblo de Jacob,
   recuerda que tú eres mi siervo;
   tú eres mi siervo, pues yo te formé.
   Israel, no te olvides de mí.
22 Yo he hecho desaparecer
      tus faltas y pecados,
   como desaparecen las nubes.
   Vuélvete a mí, pues yo te he libertado."

23 ¡Cielo, grita de alegría
      por lo que el Señor ha hecho!

¡Lancen vivas, abismos de la tierra!
¡Montañas y bosques
    con todos sus árboles,
griten llenos de alegría,
porque el Señor ha mostrado su gloria
libertando a Israel, el pueblo de Jacob!

24 Esto dice el Señor, tu redentor,
el que te formó desde antes que nacieras:
"Yo soy el Señor,
    creador de todas las cosas,
yo extendí el cielo y afirmé la tierra
sin que nadie me ayudara.
25 Yo no dejo que se cumplan
las predicciones de los falsos profetas;
yo hago que los adivinos pierdan la razón.
Yo hago que los sabios se contradigan
y que sus conocimientos resulten
        pura tontería.
26 Pero hago que se cumplan
    las palabras de mis siervos
y que salgan bien
    los planes de mis enviados.
Yo declaro que Jerusalén
    volverá a ser habitada
y que las ciudades de Judá
    serán reconstruidas.
Yo haré que se levanten de sus ruinas.
27 Yo puedo ordenar que se seque el océano
y que sus ríos se queden sin agua.
28 Yo le digo a Ciro:ᵃ 'Tú eres mi pastor,
tú harás todo lo que yo quiero';
y le digo a Jerusalén:
    'Tú serás reconstruida';
y al templo: 'Se pondrán tus cimientos.' "

El Señor confía una misión a Ciro

45 1 El Señor consagró a Ciro
            como rey,
      lo tomó de la mano
para que dominara las naciones
y desarmara a los reyes.
El Señor hace que delante de Ciro
se abran las puertas de las ciudades
sin que nadie pueda cerrárselas.
Y ahora le dice:
2 "Yo iré delante de ti,
derribaré las alturas,

romperé las puertas de bronce
y haré pedazos las barras de hierro.
3 Yo te entregaré tesoros escondidos,
riquezas guardadas en lugares secretos,
para que sepas que yo soy el Señor,
el Dios de Israel,
    que te llama por tu nombre.
4 Por consideración a mi siervo Jacob,
al pueblo de Israel, que he elegido,
te he llamado por tu nombre
y te he dado el título de honor que tienes,
sin que tú me conocieras.
5 Yo soy el Señor, no hay otro;
fuera de mí no hay Dios.
Yo te he preparado para la lucha
sin que tú me conocieras,
6 para que sepan todos,
    de oriente a occidente,
que fuera de mí no hay ningún otro.
Yo soy el Señor, no hay otro.
7 Yo creo la luz y la oscuridad,
produzco el bienestar y la desgracia.
Yo, el Señor, hago todas estas cosas.

El poder soberano de Dios

8 "Yo enviaré de lo alto mi victoria,
como rocío del cielo
    y lluvia de las nubes,
y la tierra la recibirá;
como fruto producirá la salvación
y a su lado florecerá la justicia."

9 Una vasija de barro,
    igual a otra cualquiera,
no se pone a discutir con quien la hizo.
El barro no dice al que lo trabaja:
"¿Qué estás haciendo?",
ni el objeto hecho por él le dice:
"Tú no sabes trabajar."
10 Tampoco puede un hijo reprochar
    a sus padres
el haberlo traído a este mundo.
11 El Señor, el Dios Santo de Israel,
quien lo formó, dice:
"¿Van acaso ustedes a pedirme cuentas
    de mis hijos,
o a darme lecciones de cómo hacer
    mis cosas?

ᵃ **44.28** Hasta ahora no se había mencionado el nombre de Ciro, rey de Persia, aunque ya se había hablado de él (cf. Is 41.1–5; 41.25—42.9). Ahora se dice su nombre, y más adelante volverá a mencionarse (Is 45.1–13; 46.8–13; 48.12–16). Véase 41.2 n.

12 Yo creé la tierra y sus habitantes,
extendí el cielo con mis manos
y mandé que aparecieran todos los astros.

13 Yo hice aparecer a Ciro para que triunfe,
y voy a hacerle fáciles todos los caminos;
él reconstruirá mi ciudad[a]
y dejará en libertad a mis desterrados,
sin exigir pago ni compensación."
El Señor todopoderoso ha hablado.

14 El Señor dice a Israel:
"Los campesinos de Egipto,
los comerciantes de Etiopía,
y la gente de Sabá, de alta estatura,
se rendirán a ti y serán esclavos tuyos;
irán encadenados detrás de ti,
se arrodillarán delante de ti
      y te suplicarán:
'Ciertamente que Dios está entre ustedes,
y no hay más, no hay otro dios.' "

15 Sin embargo, tú eres un Dios invisible,
Dios salvador de Israel.

16 Todos los que hacen ídolos
quedarán avergonzados,
      humillados y en ridículo.

17 Pero a Israel lo salvó el Señor,
lo salvó para siempre,
y jamás quedará avergonzado
      ni humillado.

18 El creador del cielo,
el que es Dios y Señor,
el que hizo la tierra y la formó,
el que la afirmó,
el que la creó, no para que estuviera vacía
sino para que tuviera habitantes, dice:
"Yo soy el Señor, y no hay otro.

19 Yo no hablo en secreto
      ni en lugares oscuros de la tierra.
Yo no digo a los descendientes de Jacob:
'Búsquenme donde no hay nada.'
Yo, el Señor, hablo la verdad,
digo lo que es justo.

El Señor se enfrenta a los ídolos

20 "Reúnanse y vengan,
acérquense todos los sobrevivientes
      de los pueblos.
Son unos ignorantes quienes llevan
      en procesión
sus ídolos de madera
y se ponen a orar a un dios
que no puede salvarlos.

21 Hablen y presenten sus pruebas,
consúltense, si quieren,
      unos con otros:
¿Quién predijo estas cosas
      desde el principio?
¿Quién las anunció desde hace tiempo?
¿No fui acaso yo, el Señor?
Y no hay Dios fuera de mí.
Fuera de mí no hay Dios victorioso
      y salvador.

22 "Vengan a mí, que yo los salvaré,
pueblos del extremo de la tierra,
pues yo soy Dios, y no hay otro.

23 Yo lo juré por mí mismo,
hice una promesa de triunfo,
y esa promesa se cumplirá:
que ante mí todos doblarán la rodilla,
y por mí jurarán todos

24 y dirán: 'Solamente en el Señor
están la victoria y el poder.'
Todos los que me odian
quedarán en ridículo.

25 Gracias a mí, todo el pueblo de Israel
saldrá triunfante y estará orgulloso
      de mí."

46 1 El dios Bel[a] se dobla,
y el dios Nebo[b] cae al suelo.[c]
Los ídolos son cargados
      sobre bestias,
y son pesada carga
      para animales cansados.

2 Los dioses se doblan y caen al suelo
sin poder salvarse,
y ellos mismos van al destierro.

---

[a] **45.13** *Él reconstruirá mi ciudad:* es decir, la ciudad de Jerusalén. Cf. Is 44.28. [a] **46.1** *Bel,* lo mismo que *Baal,* significa *señor* o *dueño.* En Babilonia, este título se daba a varios dioses, especialmente, como en este caso, a *Marduc,* el principal dios de la ciudad y del imperio babilónico. [b] **46.1** *Nebo* es la forma hebraizada de *Nabú,* otro de los dioses de los babilonios. [c] **46.1** La caída de *Bel* (*Marduc*) y de *Nebo* (*Nabú*) representa simbólicamente el sometimiento de Babilonia a Ciro, rey de los persas, y el fin de la dominación que había ejercido el imperio babilónico, especialmente desde los tiempos de Nabucodonosor.

3 "Óiganme, descendientes de Jacob,
  todos los que quedan del pueblo de Israel:
  Yo he cargado con ustedes
      desde antes que nacieran;
  yo los he llevado en brazos,
4 y seguiré siendo el mismo
      cuando sean viejos;
  cuando tengan canas,
      todavía los sostendré.
  Yo los hice, y seguiré cargando con ustedes;
  yo los sostendré y los salvaré.

5 "¿Con quién pueden ustedes
      compararme?
  ¿A quién piensan que puedo parecerme?
6 Hay quienes sacan mucho oro
      de sus bolsas,
  y pesan plata en la balanza;
  luego contratan a un artesano
      que les haga un dios
  para inclinarse ante él y adorarlo.
7 Lo cargan sobre los hombros
      y se lo llevan;
  lo colocan sobre un soporte
  y ahí se queda, sin moverse de su sitio.
  Por más que gritan pidiéndole ayuda,
      no les responde
  ni puede salvarlos de sus angustias.

8 "Recuerden esto, pecadores,
  no se hagan ilusiones, piénsenlo bien;
9 recuerden lo que ha pasado
      desde tiempos antiguos.
  Yo soy Dios, y no hay otro;
  soy Dios, y no hay nadie igual a mí.
10 Yo anuncio el fin desde el principio;
  anuncio el futuro desde mucho antes.
  Yo digo: Mis planes se realizarán;
  yo haré todo lo que me propongo.
11 He llamado a un hombre del oriente,
  que vendrá de lejos
      como un ave de rapiña
  y llevará a cabo mis planes.
  Lo he dicho y así lo haré,
  he hecho mi plan y lo cumpliré.
12 Escúchenme, gente obstinada,
  que piensan que la liberación
      está muy lejos:
13 Yo hago que se acerque
      mi acción liberadora;
  mi salvación no se demora, no está lejos.
  Yo daré a Sión la salvación,
  yo daré a Israel mi honor.

Caída de Babilonia

47 1 "Baja, joven Babilonia,
          todavía sin marido,
      y siéntate en el polvo;
  baja de tu trono, joven Caldea,
  y siéntate en el suelo,
  porque ya no volverán a llamarte
  tierna y delicada.
2 Toma la piedra de moler
  y muele la harina,
  quítate el velo,
  recógete las faldas,
  desnúdate las piernas,
  pasa a pie los ríos;
3 que se te vea el cuerpo desnudo,
  sí, que quede tu sexo al descubierto.
  Voy a vengarme,
  y nadie podrá impedirlo con sus ruegos."

4 Nuestro redentor,
  el Dios Santo de Israel,
  cuyo nombre es Señor todopoderoso, dice:
5 "Siéntate en silencio,
  joven Caldea,
  métete en la oscuridad,
  porque ya no volverán a llamarte
  'reina de las naciones'.
6 Cuando estuve enojado con mi pueblo,
  entregué mi propia nación a la deshonra
  y los dejé caer en tu poder.
  Tú no tuviste compasión de ellos,
  y pusiste sobre los ancianos tu pesado yugo.
7 Dijiste: 'Seré reina siempre';
  no reflexionaste sobre estas cosas
  ni pensaste cómo habrían de terminar.
8 Por eso, escucha ahora esto,
  mujer amante del lujo, que estás
      tranquila en tu trono,
  que piensas en tu interior:
  'Yo y nadie más que yo;
  yo no seré viuda
  ni me quedaré sin hijos.'
9 De repente, en un mismo día,
  te vendrán ambas desgracias:
  quedarás viuda y sin hijos,
      a pesar de tus muchas brujerías
  y de tus incontables magias.
10 Tú te sentías segura en tu maldad,
  y pensaste: 'Nadie me ve.'
  Tu sabiduría y tus conocimientos
      te engañaron.
  Pensaste en tu interior:
  'Yo y nadie más que yo.'

11 Pero va a venir la desgracia sobre ti,
y no podrás impedirlo con tu magia;
caerá sobre ti un desastre
que no podrás evitar;
una calamidad que no esperabas
vendrá de repente sobre ti.

12 Sigue con tus hechicerías
y con las muchas brujerías
que has practicado desde tu juventud,
a ver si te sirven de algo,
a ver si logras que la gente te tenga
miedo.

13 Has tenido consejeros en abundancia,
hasta cansarte.
¡Pues que se presenten tus astrólogos,
los que adivinan mirando las estrellas,
los que te anuncian el futuro
mes por mes,
y que traten de salvarte!

14 Pero, mira, son iguales a la paja:
el fuego los devora,
no pueden salvarse de las llamas.
Porque no es un fuego de brasas,
para sentarse frente a él y calentarse.

15 En eso pararon tus hechiceros,
con los que tanto trato has tenido
toda tu vida.
Cada uno por su lado siguió
su falso camino
y no hay nadie que te salve.

El Señor anuncia cosas nuevas

48 1 "Escucha esto, familia de Jacob,
que llevas el nombre de Israel
y eres descendiente de Judá;
que juras por el nombre del Señor;
que invocas al Dios de Israel,
aunque sin honradez ni rectitud;

2 que dices ser de la ciudad santa[a]
y apoyarte en el Dios de Israel,
cuyo nombre es Señor todopoderoso:

3 Desde el principio te anuncié
las cosas del pasado;
yo mismo las di a conocer.
De pronto actué, y se hicieron realidad.

4 Como yo sabía que eres tan terca,
que eres dura como el hierro
e inflexible como el bronce,

5 te lo anuncié desde hace mucho,
te lo comuniqué antes de que sucediera.
Así no podrías decir:
'Fue mi ídolo el que lo hizo,
la estatua que hice fue quien lo dispuso.'

6 Tú has oído todo esto; fíjate en ello,
y tendrás que admitir que es cierto.
Ahora te voy a anunciar cosas nuevas,
cosas secretas que no conocías,

7 cosas creadas ahora,
no en tiempos antiguos,
de las que no habías oído hablar hasta hoy.
Así no podrás decir: 'Ya lo sabía.'

8 Tú no habías oído hablar de ellas,
ni las conocías,
porque siempre has tenido
los oídos sordos.
Yo sabía que eres infiel,
que te llaman rebelde desde que naciste.

9 "Pero tuve paciencia
por respeto a mí mismo,
por mi honor me contuve y no te destruí.

10 Yo te purifiqué,
pero no como se hace con la plata,[b]
sino que te probé
en el horno del sufrimiento.

11 Por mi honor, por mi honor lo he hecho,
pues mi nombre no puede ser profanado.
No permitiré que den mi gloria
a ningún otro.

El Señor salvará a su pueblo

12 "Óyeme, Israel, pueblo de Jacob,
a quien he llamado:
Yo soy el único Dios,
yo soy el primero y el último.

13 Con mi mano afirmé la tierra,
con mi mano extendí el cielo;
en cuanto pronuncié su nombre,
empezaron a existir.

14 Reúnanse todos ustedes y escuchen:
¿Quién de ustedes anunció
esto que va a suceder:
que el hombre a quien he escogido
hará lo que he pensado hacer con
Babilonia
y con la raza de los caldeos?

---

[a] 48.2 *Ciudad santa* es un título honorífico de Jerusalén. Cf. Neh 11.1; Is 52.1; Dn 9.24; Mt 4.5; 27.53; Ap 21.2.
[b] 48.10 *Pero no como se hace con la plata:* traducción probable. Otros traducen: *pero no por dinero,* es decir, sin obtener ninguna ganancia.

15 Yo fui quien lo dijo, yo lo llamé,
yo lo hice venir,
y por donde vaya tendrá éxito.
16 Acérquense a mí y escuchen esto:
Desde el principio,
yo nunca hablé en secreto;
y cuando todo esto sucedía,
yo estaba presente.
Y ahora yo, el Señor, le he dado mi poder
y lo he enviado."

17 Así dice el Señor, tu redentor,
el Dios Santo de Israel:
"Yo soy el Señor tu Dios;
yo te enseño lo que es para tu bien,
yo te guío por el camino que debes
seguir.
18 ¡Ojalá hubieras hecho caso
de mis órdenes!
Tu bienestar iría creciendo como un río,
tu prosperidad sería como las olas
del mar,
19 tus descendientes serían numerosos,
incontables como la arena del mar;
yo nunca los hubiera destruido,
ni los hubiera apartado de mi vista."

20 Salgan de Babilonia, huyan de los caldeos.
Anuncien esta noticia
con gritos de alegría,
y denla a conocer hasta el extremo
de la tierra.
Digan: "¡El Señor ha libertado
a Jacob su siervo!"
21 Aunque los hizo pasar por lugares
desiertos,
no tuvieron sed;
él partió la roca
e hizo brotar torrentes de agua.
22 Para los malos, en cambio,
no hay bienestar.
El Señor lo ha dicho.

El siervo del Señor, luz de las naciones[a]

49 1 Óiganme, países del mar,
préstenme atención,
naciones lejanas:
El Señor me llamó desde
antes de que yo naciera;
pronunció mi nombre

cuando aún estaba yo
en el seno de mi madre.
2 Convirtió mi lengua en espada afilada,
me escondió bajo el amparo de su mano,
me convirtió en una flecha aguda
y me guardó en su aljaba.
3 Me dijo: "Israel, tú eres mi siervo,
en ti me mostraré glorioso."
4 Y yo que había pensado:
"He pasado trabajos en vano,
he gastado mis fuerzas sin objeto,
para nada."
En realidad mi causa está
en manos del Señor,
mi recompensa está en poder de mi Dios.

5 He recibido honor
delante del Señor mi Dios,
pues él ha sido mi fuerza.
El Señor, que me formó desde el seno
de mi madre
para que fuera su siervo,
para hacer que Israel, el pueblo de Jacob,
se vuelva y se una a él,
6 dice así:
"No basta que seas mi siervo
solo para restablecer las tribus de Jacob
y hacer volver a los sobrevivientes
de Israel;
yo haré que seas la luz de las naciones,
para que lleves mi salvación
hasta las partes más lejanas de la tierra."

7 El Señor, el redentor,
el Dios Santo de Israel,
dice al pueblo que ha sido
totalmente despreciado,
al que los otros pueblos aborrecen,
al que ha sido esclavo de los tiranos:
"Cuando los reyes y los príncipes te vean,
se levantarán y se inclinarán delante de ti
porque yo, el Señor,
el Dios Santo de Israel,
te elegí y cumplo mis promesas."

Anuncio de la reconstrucción de Jerusalén

8 El Señor dice:
"Vino el momento de mostrar
mi bondad, y te respondí;
llegó el día de la salvación, y te ayudé.

---

[a] 49.1–6 Este es el segundo de los "Cantos del Siervo sufriente" (véase Is 42.1–9 n.).

Yo te protegí
para establecer por ti mi alianza
con el pueblo,
para reconstruir el país,
para hacer que tomen posesión
de las tierras arrasadas,
9 para decir a los presos: 'Queden libres',
y a los que están en la oscuridad:
'Déjense ver.'
Junto a todos los caminos
encontrarán pastos,
y en cualquier monte desierto
tendrán alimento para su ganado.

10 "No tendrán hambre ni sed,
ni los molestará el sol ni el calor,
porque yo los amo y los guío,
y los llevaré a manantiales de agua.
11 Abriré un camino
a través de las montañas
y haré que se allanen los senderos."

12 ¡Miren! Vienen de muy lejos:
unos del norte, otros de occidente,
otros de la región de Asuán.
13 ¡Cielo, grita de alegría!
¡Tierra, llénate de gozo!
¡Montañas, lancen gritos de felicidad!
Porque el Señor ha consolado
a su pueblo,
ha tenido compasión de él en su aflicción.

14 "Sión decía:
'El Señor me abandonó,
mi Dios se olvidó de mí.'
15 Pero ¿acaso una madre olvida
o deja de amar a su propio hijo?
Pues aunque ella lo olvide,
yo no te olvidaré.
16 Yo te llevo grabada en mis manos,
siempre tengo presentes tus murallas.
17 Los que te reconstruyen van más de prisa
que los que te destruyeron;
ya se han ido los que te arrasaron.
18 Levanta los ojos y mira alrededor,
mira cómo se reúnen todos
y vuelven hacia ti.

"Yo, el Señor, juro por mi vida
que todos ellos serán como joyas
que te pondrás,
como los adornos de una novia.
19 Tu país estaba en ruinas,

destruido, arrasado;
pero ahora tu territorio
será pequeño para tus habitantes.
Los que te destruyeron están lejos.
20 Los hijos que dabas por perdidos
te dirán al oído:
'Este país es demasiado pequeño
para nosotros;
haznos lugar para vivir.'
21 Y tú dirás en tu interior:
'¿Quién me ha dado estos hijos?
Yo no tenía hijos, ni podía tenerlos;
estaba desterrada y apartada,
¿quién los crió?
Me habían dejado sola,
¿de dónde vinieron?' "

22 El Señor dice:
"Voy a dar órdenes a las naciones;
voy a dar una señal a los pueblos
para que traigan en brazos a tus hijos,
y a tus hijas las traigan sobre los hombros.
23 Los reyes serán tus padres adoptivos,
y las princesas tus niñeras.
Se inclinarán hasta el suelo delante de ti,
y lamerán el polvo de tus pies.
Y reconocerás que yo soy el Señor,
y que los que en mí confían
no quedan defraudados."

24 ¿Se le puede arrebatar
a un hombre fuerte
lo que ha ganado en la batalla?
¿O puede un preso escapar de un tirano?
25 El Señor afirma que sí:
"Al hombre fuerte le arrebatarán
lo conquistado,
y al tirano le quitarán lo ganado.
Yo me enfrentaré
con los que te buscan pleito;
yo mismo salvaré a tus hijos.
26 Obligaré a tus opresores
a comer su propia carne
y a emborracharse con su sangre,
como si fuera vino.
Así toda la humanidad sabrá
que yo, el Señor, soy tu salvador;
que yo, el Poderoso de Jacob,
soy tu redentor."

50 1 El Señor dice:
"¡No crean que yo repudié
a Israel, madre de ustedes,

como un hombre repudia a su mujer,
o que los vendí a ustedes como esclavos
porque tuviera deudas con alguno!
Ustedes fueron vendidos porque pecaron;
Israel, la madre de ustedes, fue repudiada
porque ustedes fueron rebeldes.

2 ¿Por qué, cuando yo vine,
    no encontré a nadie?
¿Por qué, cuando llamé,
    nadie me contestó?
¿Creyeron acaso que yo no era capaz
    de rescatarlos?
¿Creyeron acaso que no podía libertarlos?
Basta una orden mía
    para que se seque el mar
y los ríos se conviertan en desierto;
para que los peces se mueran de sed
y se pudran por falta de agua.

3 Yo visto el cielo de luto
y lo cubro con vestido de tristeza."

Confianza del siervo del Señor en medio del sufrimiento [a]

4 El Señor me ha instruido
para que yo consuele a los cansados
con palabras de aliento.
Todas las mañanas me hace estar atento
para que escuche dócilmente.

5 El Señor me ha dado entendimiento,
y yo no me he resistido
ni le he vuelto las espaldas.

6 Ofrecí mis espaldas para que me azotaran
y dejé que me arrancaran la barba.
No retiré la cara
de los que me insultaban y escupían.

7 El Señor es quien me ayuda:
por eso no me hieren los insultos;
por eso me mantengo firme como una roca,
pues sé que no quedaré en ridículo.

8 A mi lado está mi defensor:
¿Alguien tiene algo en mi contra?
¡Vayamos juntos ante el juez!
¿Alguien se cree con derecho
    a acusarme?
¡Que venga y me lo diga!

9 El Señor es quien me ayuda;
¿quién podrá condenarme?
Todos mis enemigos desaparecerán
como vestido comido por la polilla.

10 Ustedes que honran al Señor
y escuchan la voz de su siervo:
si caminan en la oscuridad,
sin un rayo de luz,
pongan su confianza en el Señor;
apóyense en su Dios.

11 Pero todos los que prenden fuego
y preparan flechas encendidas,
caerán en las llamas de su propio fuego,
bajo las flechas que ustedes mismos
    encendieron.
El Señor les enviará este castigo
y quedarán tendidos
    en medio de tormentos.

Palabras de consuelo a Jerusalén

51 1 Óiganme todos los que quieren
vivir con rectitud
y me buscan —dice el Señor—.
Miren la roca de donde fueron cortados,
la cantera de donde fueron sacados;

2 miren a Abraham, su padre,
y a Sara, la que les dio la vida.
Cuando yo lo llamé, era uno solo,
pero lo bendije y le di muchos
    descendientes.

3 Yo seré bondadoso con Sión,
la ciudad que estaba toda en ruinas.
Convertiré las tierras secas del desierto
    en un jardín,
como el jardín que el Señor plantó
    en Edén.
Allí habrá felicidad y alegría,
cantos de alabanza y son de música.

4 "Pueblos, préstenme atención,
escúchenme, naciones:
yo publicaré mi enseñanza
y mis mandamientos alumbrarán
    a los pueblos.

5 Mi victoria está cercana,
mi acción salvadora está en camino;
con mi poder gobernaré a los pueblos.
Los países del mar esperarán en mí
y confiarán en mi poder.

6 "Levanten los ojos al cielo,
y miren abajo, a la tierra:
el cielo se desvanecerá como el humo,

---

[a] **50.4–9** Este es el tercero de los Cánticos del Siervo sufriente (véase Is 42.1–9 n.). Aquí se acentúa el aspecto doloroso de la misión que se le ha confiado.

la tierra se gastará como un vestido
y sus habitantes morirán como mosquitos.
Pero mi salvación será eterna,
mi victoria no tendrá fin.

7 "Escúchenme,
    ustedes que saben lo que es justo,
pueblo que toma en serio mi enseñanza.
No teman las injurias de los hombres,
no se dejen deprimir por sus insultos,

8 porque perecerán
    como un vestido apolillado,
como lana roída por gusanos.
Pero mi victoria será eterna,
mi salvación durará por siempre."

9 Despierta, despierta, brazo del Señor,
ármate de fuerza;
despierta como lo hiciste en el pasado,
en tiempos muy lejanos.
Tú despedazaste a Rahab,
    el monstruo marino;

10 secaste el mar,
el agua del profundo abismo,
y convertiste el fondo del mar en camino
para que pasaran los libertados.

11 Así también regresarán los rescatados
    por el Señor,
y entrarán en Sión dando gritos de alegría;
sus rostros estarán siempre alegres;
encontrarán felicidad y dicha,
y el dolor y el llanto desaparecerán.

12 "Yo, yo mismo, te doy ánimo.
¿A quién tienes miedo? ¿A los hombres?
¿A los hombres mortales,
    que no son más que hierba?

13 ¿Vas a olvidarte del Señor, tu creador,
que extendió el cielo y afirmó la tierra?
¿Vas a temblar continuamente,
    a todas horas,
por la furia de los opresores,
que están listos para destruirte?
Pero, ¿dónde está esa furia?

14 El que sufría la opresión,
pronto quedará libre;
no morirá en el calabozo
ni le faltará su pan.

15 "Yo soy el Señor tu Dios,
mi nombre es Señor todopoderoso;
yo agité el mar
y rugieron las olas,

16 extendí el cielo
y afirmé la tierra.
Yo puse en tu boca mis palabras
y te protegí al amparo de mi mano.
Yo dije a Sión: 'Tú eres mi pueblo.' "

17 Despierta, despierta,
Jerusalén, levántate.
Tú sufriste la ira del Señor
como quien bebe una copa,[a]
y la bebe hasta el fondo,
hasta quedar borracho.

18 Entre todos los hijos que has tenido,
no hay ninguno que te guíe;
entre todos los hijos que criaste,
no hay ninguno que te lleve de la mano.

19 Estas dos desgracias vinieron sobre ti:
tu país fue destruido y saqueado,
y tu gente murió
    por el hambre y la guerra.
¿Quién tendrá lástima de ti?
¿Quién te consolará?

20 Como antílopes atrapados en la red,
tus hijos están sin fuerzas,
tendidos en la esquina
    de cualquier calle,
heridos por la ira del Señor,
por la corrección de tu Dios.

21 Por eso, ciudad desdichada, escucha esto,
tú que estás borracha, pero no de vino;

22 tu Señor y tu Dios,
el que defiende la causa de su pueblo,
    dice:
"Te voy a quitar de la mano
esa copa con que te has emborrachado;
ya no volverás a beber más
    la copa de mi ira.

23 Yo se la daré
a los que te atormentaron,
a los que te decían:
'Échate al suelo,
    que vamos a pasar sobre ti';
y tú te tendiste en el suelo
para que te pisotearan como al polvo."

---

[a] **51.17** La *copa* llena de vino embriagador, que deja postrado, física y mentalmente, al que lo bebe simboliza la ira de Dios y su juicio sobre los malvados. Este símbolo aparece con relativa frecuencia en los profetas y en los Salmos. Cf. Sal 60.3; 75.8; Jer 25.15; Ap 14.10; 16.19.

Anuncio de liberación a Jerusalén

52 ¹ Despierta, Sión, despierta,
ármate de fuerza;
Jerusalén, ciudad santa,
vístete tu ropa más elegante,
porque los paganos, gente impura,
no volverán a entrar en ti.*ᵃ*

² Levántate, Jerusalén,
sacúdete el polvo,
siéntate en el trono.
Sión, joven prisionera,
quítate ya el yugo del cuello.

³ El Señor dice:
"Ni un centavo recibí
cuando ustedes fueron llevados
como esclavos;
pues ni un centavo daré
ahora que yo los rescate.

⁴ Al principio mi pueblo fue a Egipto
y vivió allí como extranjero;
después Asiria lo oprimió sin motivo.

⁵ Y ahora, ¿qué es lo que veo?
Sin motivo se han llevado mi pueblo
a Babilonia.
Quienes lo dominan, gritan orgullosos
y me ofenden sin cesar.

⁶ Pero vendrá el día
en que mi pueblo reconozca
y sepa que yo, que le he hablado,
soy el Señor."

⁷ ¡Qué hermoso es ver llegar
por las colinas
al que trae buenas noticias,
al que trae noticias de paz,
al que anuncia la liberación
y dice a Sión: "Tu Dios es rey"!

⁸ ¡Escucha! Tus centinelas levantan
la voz
y a una dan gritos de triunfo,
porque ven con sus propios ojos
cómo vuelve el Señor a Sión.

⁹ ¡Estallen en gritos de triunfo,
ruinas de Jerusalén,
porque el Señor ha tenido compasión
de su pueblo,
ha liberado a Jerusalén!

¹⁰ El Señor ha mostrado su poder
a la vista de todas las naciones.
Por toda la tierra se sabrá
que nuestro Dios nos ha salvado.

¹¹ ¡Salgan, salgan ya de Babilonia,
no toquen nada impuro,
salgan ya de Babilonia!
¡Consérvense limpios
los que transportan los utensilios
del Señor!

¹² Pero no tendrán que salir a toda prisa,
no tendrán que salir huyendo,
porque el Señor, el Dios de Israel,
los protegerá por todos lados.*ᵇ*

Sufrimientos y triunfo del siervo del Señor*ᶜ*

¹³ Mi siervo tendrá éxito,
será levantado y puesto muy alto.

¹⁴ Así como muchos se asombraron de él,
al ver su semblante, tan desfigurado
que había perdido
toda apariencia humana,

¹⁵ así también muchas naciones
se quedarán admiradas;
los reyes, al verlo, no podrán decir palabra,
porque verán y entenderán
algo que nunca habían oído.

53 ¹ ¿Quién va a creer
lo que hemos oído?
¿A quién ha revelado el Señor
su poder?

² El Señor quiso que su siervo
creciera como planta tierna
que hunde sus raíces en la tierra seca.
No tenía belleza ni esplendor,
su aspecto no tenía nada atrayente;

³ los hombres lo despreciaban
y lo rechazaban.
Era un hombre lleno de dolor,
acostumbrado al sufrimiento.

ᵃ **52.1** *Los paganos . . . entrar en ti:* alusión a la destrucción de Jerusalén, llevada a cabo por el ejército de Nabucodonosor, rey de Babilonia, en el 587 a.C. Cf. 2 R 25.1–21; Sal 74; 79. *ᵇ* **52.12** El éxodo de Egipto se había realizado *a toda prisa* y en medio del temor (cf. Ex 12.11,33–34; Dt 16.3). La salida de Babilonia, en cambio, no será una fuga precipitada sino un retorno triunfal a la Tierra prometida. Cf. Is 41.17–20. *ᶜ* **52.13—53.12** En el cuarto Cántico del Siervo sufriente hay una notable contraposición entre los sufrimientos a que fue sometido injustamente y su victoria final.

Como a alguien que no merece ser visto,
lo despreciamos,
  no lo tuvimos en cuenta.
4 Y sin embargo él estaba cargado
  con nuestros sufrimientos,
estaba soportando
  nuestros propios dolores.
Nosotros pensamos que Dios
  lo había herido,
que lo había castigado y humillado.
5 Pero fue traspasado
  a causa de nuestra rebeldía,
fue atormentado
  a causa de nuestras maldades;
el castigo que sufrió nos trajo la paz,
por sus heridas alcanzamos la salud.

6 Todos nosotros nos perdimos
  como ovejas,
siguiendo cada uno su propio camino,
pero el Señor cargó sobre él la maldad
  de todos nosotros.
7 Fue maltratado, pero se sometió
  humildemente,
y ni siquiera abrió la boca;
lo llevaron como cordero al matadero,
y él se quedó callado, sin abrir la boca,
como una oveja cuando la trasquilan.
8 Se lo llevaron injustamente,
y no hubo quien lo defendiera;
nadie se preocupó de su destino.
Lo arrancaron de esta tierra,
le dieron muerte por los pecados
  de mi pueblo.
9 Lo enterraron al lado de hombres
  malvados,
lo sepultaron con gente perversa,
aunque nunca cometió ningún crimen
ni hubo engaño en su boca.

10 El Señor quiso oprimirlo
  con el sufrimiento.
Y puesto que él se entregó en sacrificio
  por el pecado,
tendrá larga vida
y llegará a ver a sus descendientes;
por medio de él tendrán éxito
  los planes del Señor.
11 Después de tanta aflicción verá la luz,
y quedará satisfecho al saberlo;
el justo siervo del Señor liberará
  a muchos,
pues cargará con la maldad de ellos.

12 Por eso Dios le dará un lugar
  entre los grandes,
y con los poderosos participará
  del triunfo,
porque se entregó a la muerte
y fue contado entre los malvados,
cuando en realidad cargó
  con los pecados de muchos
e intercedió por los pecadores.

Amor eterno de Dios

54 1 Da gritos de alegría,
  mujer estéril y sin hijos;
estalla en cantos de gozo,
tú que nunca has dado a luz,
porque el Señor dice:
"La mujer abandonada tendrá más hijos
que la mujer que tiene esposo."
2 Agranda tu tienda de campaña,
extiende sin miedo el toldo
  bajo el cual vives;
alarga las cuerdas, clava bien las estacas,
3 porque te vas a extender
  a derecha e izquierda;
tus descendientes conquistarán
  muchas naciones
y poblarán las ciudades ahora desiertas.
4 No tengas miedo,
  no quedarás en ridículo;
no te insultarán ni tendrás
  de qué avergonzarte.
Olvidarás la vergüenza de tu juventud
y no te acordarás más de la deshonra
  de tu viudez,
5 porque tu creador te tomará por esposa.
Su nombre es Señor todopoderoso;
tu redentor es el Dios Santo de Israel,
el Dios de toda la tierra.

6 Eras como una esposa joven
abandonada y afligida,
pero tu Dios te ha vuelto a llamar y te dice:
7 "Por un corto instante te abandoné,
pero con bondad inmensa
  te volveré a unir conmigo.
8 En un arranque de enojo,
  por un momento, me oculté de ti,
pero con amor eterno
  te tuve compasión."
Lo dice el Señor, tu redentor.

9 "Así como juré a Noé, cuando el diluvio,
no volver a inundar la tierra,

Así juro ahora
no volver a enojarme contigo
ni volver a amenazarte.
10 Aunque las montañas cambien de lugar
y los cerros se vengan abajo,
mi amor por ti no cambiará
ni se vendrá abajo mi alianza de paz."
Lo dice el Señor, que se compadece de ti.

La nueva Jerusalén

11 "¡Desdichada ciudad,
azotada por la tempestad,
sin nadie que te consuele!
Yo pondré tus piedras sobre azabache
y tus cimientos sobre zafiro;
12 de rubíes haré tus torres
y de berilo tus puertas,
y de piedras preciosas todas tus murallas.
13 Yo instruiré a todos tus hijos;
todos ellos tendrán gran bienestar.
14 La justicia te hará fuerte,
quedarás libre de opresión y miedo,
y el terror no volverá a inquietarte.
15 Si alguien te ataca, no será por causa mía,
pero tú vencerás al que te ataque.

16 "Mira, yo he creado al herrero
que aviva el fuego en las brasas
y hace armas para diversos usos;
yo también he creado al hombre destructor
para que cause ruina;
17 pero nadie ha hecho el arma
que pueda destruirte.
Dejarás callado a todo el que te acuse.
Esto es lo que yo doy
a los que me sirven: la victoria."
El Señor es quien lo afirma.

Ofrecimiento generoso del Señor

55 1 "Todos los que tengan sed,
vengan a beber agua;
los que no tengan dinero, vengan,
consigan trigo de balde y coman;
consigan vino y leche sin pagar nada.
2 ¿Por qué dar dinero
a cambio de lo que no es pan?
¿Por qué dar su salario
por algo que no deja satisfecho?
Óiganme bien y comerán buenos alimentos,
comerán cosas deliciosas.

3 Vengan a mí y pongan atención,
escúchenme y vivirán.
Yo haré con ustedes una alianza eterna,[a]
cumpliendo así las promesas
que por amor hice a David.[b]
4 Yo lo puse a él como testigo
para las naciones,
como jefe e instructor de los pueblos.
5 Tú llamarás a pueblos desconocidos;
pueblos que no te conocían
irán corriendo a ti,
porque yo, tu Señor,
el Dios Santo de Israel,
te he honrado.

6 "Busquen al Señor
mientras puedan encontrarlo,
llámenlo mientras está cerca.
7 Que el malvado deje su camino,
que el perverso deje sus ideas;
vuélvanse al Señor, y él tendrá
compasión de ustedes;
vuélvanse a nuestro Dios,
que es generoso para perdonar.
8-9 Porque mis ideas
no son como las de ustedes,
y mi manera de actuar
no es como la suya.
Así como el cielo está por encima
de la tierra,
así también mis ideas y mi manera
de actuar
están por encima de las de ustedes."
El Señor lo afirma.

10 "Así como la lluvia y la nieve
bajan del cielo,
y no vuelven allá,
sino que empapan la tierra,
la fecundan y la hacen germinar,
y producen la semilla para sembrar
y el pan para comer,
11 así también la palabra
que sale de mis labios
no vuelve a mí sin producir efecto,
sino que hace lo que yo quiero
y cumple la orden que le doy.

12 "Ustedes saldrán de allí con alegría,
volverán a su país con paz.

---

[a] **55.3** *Alianza eterna:* Is 61.8; Jer 32.40; Ez 16.60.   [b] **55.3** Cf. 2 S 7.4–16; 23.5; 1 R 8.23–26.

Al verlos, los montes y las colinas
estallarán en cantos de alegría
y todos los árboles del campo aplaudirán.

13 En vez de zarzas crecerán pinos,
en vez de ortigas crecerán arrayanes;
esto hará glorioso el nombre del Señor;
será una señal eterna, indestructible."

Recompensa de la fidelidad a la alianza

56 1 El Señor dice:
"Practiquen la justicia,
hagan lo que es recto,
porque pronto voy a llevar a cabo
la liberación;
voy a mostrar mi poder salvador.

2 Dichoso el hombre
que sigue estos mandatos
y los cumple con fidelidad,
que respeta el sábado y no lo profana,
que tiene buen cuidado
de no hacer nada malo."

3 Si un extranjero se entrega al Señor,
no debe decir:
"El Señor me tendrá separado de su pueblo."
Ni tampoco el eunuco debe decir:
"Yo soy un árbol seco."

4 Porque el Señor dice:
"Si los eunucos[a] respetan mis sábados,
y si cumplen mi voluntad
y se mantienen firmes en mi alianza,

5 yo les daré algo mejor que hijos e hijas;
les concederé que su nombre
quede grabado para siempre
en mi templo, dentro de mis muros;
les daré un nombre eterno,
que nunca será borrado.

6 Y a los extranjeros que se entreguen a mí,
para servirme y amarme,
para ser mis siervos,
si respetan el sábado y no lo profanan
y se mantienen firmes en mi alianza,

7 yo los traeré a mi monte sagrado
y los haré felices en mi casa de oración.
Yo aceptaré en mi altar sus holocaustos
y sacrificios,

porque mi casa será declarada
casa de oración para todos los pueblos.

8 Yo haré que vuelvan y se reúnan
los que aún están en el destierro."
Esto lo afirma el Señor,
que hace que vuelvan a reunirse
los israelitas que estaban dispersos.

Reproches a los malos jefes

9 Vengan, fieras salvajes;
vengan, animales del bosque,
a devorar el rebaño;

10 porque los guardianes de mi pueblo
están ciegos,
no se dan cuenta de nada.
Todos ellos son perros mudos,
que no pueden ladrar;
se pasan la vida echados y soñando;
les encanta dormir.

11 Son perros hambrientos
que nunca se llenan,
son pastores que no entienden nada;
cada uno sigue su propio camino,
solo busca sus propios intereses.

12 Dicen: "Vamos a buscar vino
y bebidas fuertes
para emborracharnos.
Y hagamos mañana lo mismo que hoy,
o mucho más aún."

57 1 Los hombres honrados mueren
y nadie se preocupa;
los hombres buenos desaparecen,
y nadie entiende
que al morir se ven libres de los males

2 y entran en la paz.
Habían seguido un camino recto
y ahora descansan en sus tumbas.

Contra los cultos idolátricos

3 Acérquense ustedes, hijos de hechicera,[a]
nacidos de un adúltero
y una prostituta:[b]

4 ¿De quién se burlan ustedes?
¿A quién le hacen gestos de desprecio?
¿A quién le enseñan la lengua?

---

[a] **56.4-5** Antes los *eunucos* habían sido excluidos de la comunidad cultual (Dt 23.2) y del sacerdocio (Lv 21.20). Cf. Sab 3.14. [a] **57.3** *Hijos de hechicera:* es decir, todos los que practican la hechicería y otras cosas semejantes, como la magia, la adivinación, la astrología y el espiritismo (cf. Is 2.6; Jer 27.9; Miq 5.12; 2 Cr 33.6).
[b] **57.3** *Adúltero . . . prostituta:* El adulterio y la prostitución expresan simbólicamente la infidelidad al Señor, el esposo de Israel. Cf. Jer 2.20; Os 2.3; 4.15.

Ustedes son hijos de pecado,
gente mentirosa;

5 debajo de los robles y de todo árbol
frondoso[c]
se entregan a actos inmorales,
y sacrifican niños junto a los arroyos,[d]
en las grietas de las rocas.

6 "Israel,
tú prefieres dar culto
a las piedras lisas del arroyo,
pues allí tienes un lugar
destinado para ti.
A ellas les has derramado
ofrendas de vino,
les has ofrecido cereales.
¿Y después de todo esto
voy a sentirme contento?

7 En un monte alto y empinado
pusiste tu cama,
y allá también has subido
a ofrecer sacrificios.

8 Detrás de la puerta de tu casa
pusiste tus ídolos obscenos.
Te olvidaste de mí, te desnudaste
y te acostaste en tu ancha cama;
hiciste tratos con los hombres
con quienes querías acostarte,
y mirabas al ídolo.

9 "Corriste hacia el dios Mélec[e]
llevando aceite
y gran cantidad de perfumes;
enviaste mensajeros hasta muy lejos,
los hiciste bajar
hasta el reino de la muerte.

10 Te cansaste de tantos viajes,
pero no reconociste que todo era inútil.
Tenías a la mano el sustento,
y por eso no te cansabas.

11 "¿Quiénes son esos dioses
que tú temías y honrabas,
para que me fueras infiel
y me olvidaras por completo?
Cuando tú no me honrabas,
yo callaba y disimulaba.

12 Pero voy a denunciar tu conducta,
que tú crees tan perfecta.

13 Cuando grites pidiendo auxilio,
tus ídolos no te ayudarán ni te librarán.
A todos ellos se los llevará el viento;
un soplo los hará desaparecer.
En cambio, el que confía en mí
habitará en el país
y vivirá en mi monte santo."

Castigo y curación de Israel

14 Entonces se oirá decir:
"Preparen un camino bien llano,
quiten los obstáculos
para que pase mi pueblo."

15 Porque el Altísimo,
el que vive para siempre
y cuyo nombre es santo, dice:
"Yo vivo en un lugar alto y sagrado,
pero también estoy
con el humilde y afligido,
y le doy ánimo y aliento.

16 No estaré siempre acusando a mi pueblo,
ni estaré enojado todo el tiempo;
pues haría que los hombres
que he creado
perdieran el ánimo ante mí.

17 A causa del pecado de Israel
estuve enojado un tiempo,
y lo castigué y me aparté de él;
pero él se rebeló y se dejó llevar
de sus caprichos.

18 He visto su conducta,
pero lo sanaré y le daré descanso
y tranquilidad completa.
Yo consolaré a los tristes,

19 y diré a todos:
'¡Paz a los que están lejos,
y paz a los que están cerca!
¡Yo sanaré a mi pueblo!'

20 Pero los malos son como un mar
agitado,
que no puede calmarse
y que arroja entre sus olas lodo
y suciedad.

21 Para los malos no hay bienestar."
Dios lo ha dicho.

---

[c] **57.5** *Árbol frondoso:* Cf. Dt 12.1; 1 R 14.23; 2 R 16.4; Jer 2.20. [d] **57.5** La ley mosaica prohibía severamente los sacrificios de *niños* (cf. Lv 18.21; 20.2–5; Dt 12.31; 18.10). Sin embargo, los israelitas los practicaron ocasionalmente, sobre todo en tiempos de crisis (2 R 16.3; 17.17; 21.6; cf. 2 R 3.27). [e] **57.9** *Mélec,* en hebreo, significa *rey.* En el antiguo Oriente se honraba con este título a numerosos dioses paganos.

El verdadero ayuno

58

1 El Señor me dijo:
"Grita fuertemente, sin miedo,
alza la voz como una trompeta;
reprende a mi pueblo por sus culpas,
al pueblo de Jacob por sus pecados.

2 Diariamente me buscan
y están felices de conocer mis caminos,
como si fueran un pueblo
que hace el bien
y que no descuida mis leyes;
me piden leyes justas
y se muestran felices de acercarse a mí,

3 y, sin embargo, dicen:
'¿Para qué ayunar, si Dios no lo ve?
¿Para qué sacrificarnos,
si él no se da cuenta?'
El día de ayuno lo dedican ustedes
a hacer negocios
y a explotar a sus trabajadores;

4 el día de ayuno lo pasan en disputas
y peleas
y dando golpes criminales con los puños.
Un día de ayuno así, no puede lograr
que yo escuche sus oraciones.

5 ¿Creen que el ayuno que me agrada
consiste en afligirse,
en agachar la cabeza como un junco
y en acostarse con ásperas ropas
sobre la ceniza?
¿Eso es lo que ustedes llaman 'ayuno',
y 'día agradable al Señor'?

6 Pues no lo es.
El ayuno que a mí me agrada consiste
en esto:
en que rompas las cadenas
de la injusticia
y desates los nudos que aprietan el yugo;
en que dejes libres a los oprimidos
y acabes, en fin, con toda tiranía;

7 en que compartas tu pan
con el hambriento
y recibas en tu casa al pobre sin techo;
en que vistas al que no tiene ropa
y no dejes de socorrer a tus semejantes.

8 Entonces brillará tu luz
como el amanecer
y tus heridas sanarán muy pronto.
Tu rectitud irá delante de ti
y mi gloria te seguirá.

9 Entonces, si me llamas, yo te responderé;
si gritas pidiendo ayuda, yo te diré:
'Aquí estoy.'

Si haces desaparecer toda opresión,
si no insultas a otros
ni les levantas calumnias,

10 si te das a ti mismo en servicio
del hambriento,
si ayudas al afligido en su necesidad,
tu luz brillará en la oscuridad,
tus sombras se convertirán en luz
de mediodía.

11 Yo te guiaré continuamente,
te daré comida abundante en el desierto,
daré fuerza a tu cuerpo
y serás como un jardín bien regado,
como un manantial al que no le falta
el agua.

12 Tu pueblo reconstruirá las viejas ruinas
y afianzará los cimientos puestos
hace siglos.
Llamarán a tu pueblo
'reparador de muros caídos',
'reconstructor de casa en ruinas'.

Sobre el sábado

13 "Respeta el sábado;
no te dediques a tus negocios
en mi día santo.
Considera este día como día de alegría,
como día santo del Señor
y digno de honor;
hónralo no dedicándote a tus asuntos,
ni buscando tus intereses
y haciendo negocios.

14 Si haces esto, encontrarás tu alegría en mí,
y yo te llevaré en triunfo
sobre las alturas del país
y te haré gozar de la herencia
de tu padre Jacob."
El Señor mismo lo ha dicho.

Culpa y castigo de Israel

59

1 El poder del Señor
no ha disminuido
como para no poder salvar,
ni él se ha vuelto tan sordo
como para no poder oir.

2 Pero las maldades cometidas por ustedes
han levantado una barrera
entre ustedes y Dios;
sus pecados han hecho
que él se cubra la cara
y que no los quiera oir.

3 Ustedes tienen las manos manchadas
de sangre

y los dedos manchados de crímenes;
sus labios dicen mentiras,
su lengua emite maldad.

4 Nadie hace denuncias justas,
ni va a juicio con honradez.
Confían más bien en la mentira[a]
y en palabras falsas;
están preñados de maldad
y dan a luz el crimen.

5 Incuban huevos de víbora
y tejen telarañas;
el que come esos huevos, se muere,
y si uno los aplasta,
salen serpientes venenosas.

6 Con esas telarañas no se hacen vestidos;
nadie puede vestirse con lo que ellos tejen.
Sus acciones son todas criminales:
sus manos trabajan para hacer violencia,

7 sus pies les sirven para correr al mal,
para darse prisa a derramar sangre
inocente.
Sus pensamientos se dirigen al crimen,
y a su paso solo dejan destrucción y ruina.

8 No conocen el camino de la paz,
no hay rectitud en sus acciones.
Los caminos que siguen son torcidos;
los que andan por ellos no encuentran
la paz.

9 Por eso la salvación se ha alejado
de nosotros
y la liberación no se nos acerca;
esperábamos la luz,
y no hay más que oscuridad;
esperábamos la claridad,
y andamos en tinieblas.

10 Andamos a tientas,
como ciegos junto a una pared,
como si no tuviéramos ojos;
en pleno mediodía tropezamos
como si fuera de noche;
teniendo salud, estamos como muertos.

11 Todos nosotros gruñimos como osos,
gemimos como palomas;
esperamos la salvación, pero no llega;
esperamos la liberación, pero está lejos.

12 Nosotros te hemos ofendido mucho,
y nuestros propios pecados nos acusan;
tenemos presentes nuestras culpas
y conocemos nuestras maldades.

13 Hemos sido rebeldes e infieles al Señor,
no quisimos seguir a nuestro Dios,
hemos hablado de violencia y de traición,
hemos hecho planes para engañar
a los demás.

14 La justicia ha sido despreciada,
la rectitud se mantiene a distancia,
la sinceridad tropieza en la plaza pública
y la honradez no puede presentarse.

15 La sinceridad ha desaparecido,
y al que se aparta del mal
le roban lo que tiene.

El Señor se ha disgustado
al ver que no hay justicia.

16 El Señor quedó asombrado
al ver que nadie ponía remedio a esto;
entonces actuó con su propio poder,
y él mismo obtuvo la victoria.

17 Se cubrió de triunfo
como con una coraza,
se puso la salvación
como un casco en la cabeza,
se vistió de venganza
como con una túnica
y se envolvió de ira como con un manto.

18 El Señor dará a cada cual su merecido;
castigará a sus enemigos.
A quienes lo odian,
les dará lo que se merecen;
aun a los que viven en los países del mar.

19 Todo el mundo,
desde oriente hasta occidente,
respetará al Señor, al ver su majestad,
porque él vendrá como un río crecido
movido por un viento poderoso.

20 Vendrá como redentor de Sión
y de todos los descendientes de Jacob
que se arrepientan de sus culpas.
El Señor lo afirma.

21 El Señor dice:
"Yo hago una alianza con ustedes
y les prometo
que mi poder
y las enseñanzas que les he dado
no se apartarán jamás de ustedes
ni de sus descendientes
por toda la eternidad."

---

[a] 59.4 La palabra traducida aquí por *mentira* podría referirse a los falsos dioses. Cf. 1 S 12.21; Is 41.29.

La gloria de la nueva Jerusalén

60 1 Levántate, Jerusalén,
envuelta en resplandor,
porque ha llegado tu luz[a]
y la gloria del Señor brilla sobre ti.

2 La oscuridad cubre la tierra,
la noche envuelve a las naciones,
pero el Señor brillará sobre ti
y sobre ti aparecerá su gloria.

3 Las naciones vendrán hacia tu luz,
los reyes vendrán hacia el resplandor
de tu amanecer.

4 Levanta los ojos, y mira a tu alrededor:
todos se reúnen y vienen hacia ti.
Tus hijos vendrán desde lejos;
tus hijas serán traídas en brazos.

5 Tú, al verlos, estarás radiante de alegría,
tu corazón se llenará de gozo;
te traerán los tesoros de los países
del mar,
te entregarán las riquezas de las naciones.

6 Te verás cubierta de caravanas
de camellos
que vienen de Madián y de Efá;
vendrán todos los de Sabá,
cargados de oro y de incienso,
y proclamarán las acciones gloriosas
del Señor.

7 Todos los rebaños de Quedar serán para ti;
los carneros de Nebaiot[b]
estarán a tu servicio,
para que los ofrezcas al Señor en su altar
como ofrendas agradables,
y él hará aún más bello
su hermoso templo.

8 ¿Quiénes son esos que vuelan
como nubes,
que van como palomas a sus palomares?

9 Son barcos que vienen juntos,
con las naves de Tarsis a la cabeza,
trayendo de lejos a tus hijos,
con su oro y su plata,
en honor de tu Señor,
el Dios Santo de Israel,
quien te hizo gloriosa.

10 Gente extranjera reconstruirá
tus murallas,
y sus reyes te servirán;
pues aunque en su ira el Señor te castigó,
ahora en su bondad
te ha tenido compasión.

11 Tus puertas estarán siempre abiertas;
no se cerrarán de día ni de noche,
para que puedan traerte las riquezas
de las naciones
y entren los reyes con su comitiva.

12 El país que no te sirva, perecerá;
naciones enteras serán destruidas.

13 El Señor dice a Jerusalén:
"Las riquezas del Líbano vendrán a ti:
pinos, abetos y cipreses,
para embellecer mi templo,
para dar gloria al lugar donde pongo
mis pies.

14 Los hijos de los que te oprimieron
vendrán a humillarse delante de ti,
y todos los que te despreciaban
se arrodillarán a tus pies
y te llamarán 'Ciudad del Señor',
'Sión del Dios Santo de Israel'.

15 Ya no estarás abandonada,
odiada y sola,
sino que yo te haré gloriosa eternamente,
motivo de alegría para siempre.

16 Las naciones te darán
sus mejores alimentos
y los reyes te traerán sus riquezas;
y reconocerás que yo, el Señor,
soy tu salvador,
que yo, el Poderoso de Jacob,[c]
soy tu redentor.

17 "En vez de bronce te daré oro,
en vez de hierro, plata,
en vez de madera, bronce,
y en vez de piedras, hierro.
Haré que la paz te gobierne
y que la rectitud te dirija.

18 En tu tierra no se volverá a oir
el ruido de la violencia,

---

[a] **60.1** En todo el AT la *luz* es el símbolo de la salvación (Sal 27.1; Is 9.2; 58.8,10). En los vv. 19-20 esta *luz eterna* se identifica con el mismo Dios (cf. Ap 21.23). [b] **60.7** Según Gn 25.13; 1 Cr 1.29 (cf. Gn 28.9, 36.3), *Nebaiot* era el hijo mayor de Ismael. Algunos autores piensan que se trata de los antepasados de los *nabateos*, tribu nómada que tenía su centro en Petra, a unos 80 km. al sudeste del Mar Muerto. Cf. 1 Mac 5.25; 9.35. [c] **60.16** *El Poderoso de Jacob*: Véase Sal 132.5 n.

ni volverá a haber destrucción y ruina
en tu territorio,
sino que llamarás a tus murallas
'Salvación'
y a tus puertas 'Alabanza'.

19 "Ya no necesitarás
que el sol te alumbre de día,
ni que la luna te alumbre de noche,
porque yo, el Señor, seré tu luz eterna;
yo, tu Dios, seré tu esplendor.
20 Tu sol no se ocultará jamás
ni tu luna perderá su luz,
porque yo, el Señor, seré tu luz eterna;
tus días de luto se acabarán.

21 "Todos los de tu pueblo
serán gente honrada,
serán dueños de su país por siempre,
retoños de una planta que yo mismo
he plantado,
obra que he hecho con mis manos
para mostrar mi gloria.
22 Este puñado tan pequeño
se multiplicará por mil;
este pequeño número
será una gran nación.
Yo soy el Señor,
yo haré que se realice pronto,
a su debido tiempo."

Anuncio de salvación a Israel

61 1 El espíritu del Señor
está sobre mí,
porque el Señor me ha consagrado;
me ha enviado a dar buenas noticias
a los pobres,
a aliviar a los afligidos,
a anunciar libertad a los presos,
libertad a los que están en la cárcel;*a*
2 a anunciar el año favorable del Señor,*b*
el día en que nuestro Dios
nos vengará de nuestros enemigos.
Me ha enviado a consolar
a todos los tristes,*c*
3 a dar a los afligidos de Sión
una corona en vez de ceniza,
perfume de alegría en vez de llanto,

cantos de alabanza
en vez de desesperación.
Los llamarán "robles victoriosos",
plantados por el Señor
para mostrar su gloria.

4 Se reconstruirán las viejas ruinas,
se levantarán los edificios destruidos
hace mucho,
y se repararán las ciudades en ruinas.
5 Los extranjeros se pondrán a cuidar
los rebaños, los campos y los viñedos
de ustedes.
6 Y a ustedes los llamarán
sacerdotes del Señor,
siervos de nuestro Dios.
Disfrutarán de la riqueza
de otras naciones
y se adornarán con el esplendor de ellas.
7 Y como mi pueblo ha tenido que sufrir
doble porción de deshonra e insultos,
por eso recibirá en su país
doble porción de riquezas
y gozará de eterna alegría.

8 Porque el Señor ama la justicia,
y odia el robo y el crimen.
Él les dará fielmente su recompensa
y hará con ellos una alianza eterna.
9 Sus descendientes serán famosos
entre las naciones;
todos los que los vean reconocerán
que son un pueblo
que el Señor ha bendecido.

10 ¡Cómo me alegro en el Señor!
Me lleno de gozo en mi Dios,
porque me ha brindado su salvación,
¡me ha cubierto de victoria!
Soy como un novio
que se pone su corona
o una novia que se adorna con sus joyas.
11 Porque así como nacen las plantas
de la tierra
y brotan los retoños en un jardín,
así hará el Señor que brote su victoria
y que todas las naciones entonen
cantos de alabanza.

---

a **61.1** Cf. Mt 11.5; Lc 7.22. *b* **61.2** La liberación de los oprimidos se presenta como un *año* sabático (Ex 21.2; Dt
15.1,12) o un *año* jubilar (Lv 25.8–16), en los que se perdonaban las deudas y se devolvía la libertad a los esclavos.
Cf. Jer 34.8. *c* **61.2** Cf. Is 57.18; Mt 5.4.

62

1 Por amor a ti, Sión,
    no me quedaré callado;
por amor a ti, Jerusalén,
    no descansaré
hasta que tu victoria brille
    como el amanecer
tu salvación como una antorcha
    encendida.

2 Las naciones verán tu salvación,
    todos los reyes verán tu gloria.
Entonces tendrás un nombre nuevo
    que el Señor mismo te dará.

3 Tú serás una hermosa corona real
    en la mano del Señor tu Dios.

4 No volverán a llamarte "Abandonada",
    ni a tu tierra le dirán "Destruida",
sino que tu nombre será "Mi predilecta",
    y el de tu tierra, "Esposa mía".ª
Porque tú eres la predilecta del Señor,
    y él será como un esposo para tu tierra.

5 Porque así como un joven se casa
    con su novia,
así Dios te tomará por esposa,
    te reconstruirá y será feliz contigo,
como es feliz el marido con su esposa.

6 Jerusalén, en tus murallas
    he puesto centinelas
que ni de día ni de noche dejan de decir:
"No se queden callados
    los que invocan al Señor,

7 no lo dejen descansar
hasta que haya reconstruido a Jerusalén
y haya hecho que todo el mundo la alabe."

8 El Señor ha jurado
    alzando su poderoso brazo derecho:
"Nunca más permitiré
    que tus enemigos se coman tu trigo
ni que los extranjeros se beban el vino
    que has hecho con tu trabajo;

9 sino que ustedes mismos recogerán
    la cosecha,
se la comerán y me alabarán a mí;
y recogerán las uvas y beberán el vino
en los atrios de mi santo templo."

10 Salgan, salgan por las puertas,
    preparen el camino para mi pueblo.
Construyan con cuidado la calzada
    y límpienla de piedras;

levanten la señal para llamar
    a las naciones.

11 El Señor anuncia esto
hasta el extremo de la tierra:
"Digan a la ciudad de Sión
que ha llegado ya su salvador.
El Señor trae a su pueblo
después de haberlo rescatado."

12 A los israelitas los llamarán
    "El pueblo santo",
"Los libertados por el Señor",
y a Jerusalén, "La ciudad deseada",
"La ciudad no abandonada".

Dios castiga a sus enemigos

63

1 —¿Quién es ese que viene
    de Bosrá, capital de Edom,
    con su ropa teñida de rojo,
que viene vestido espléndidamente
y camina con fuerza terrible?

—Soy yo, que anuncio la victoria
y soy poderoso para salvar.

2 —¿Y por qué tienes rojo el vestido,
como si hubieras pisado uvas
    con los pies?

3 —Sí, estuve pisando las uvas yo solo,
nadie me ayudó;
lleno de ira pisoteé a mis enemigos,
los aplasté con furor,
y su sangre me salpicó los vestidos
y me manchó toda la ropa.

4 Yo decidí que un día
    tendría que hacer justicia;
había llegado el tiempo de libertar
    a mi pueblo.

5 Miré, y no había quien me ayudara;
quedé admirado de que nadie me apoyara.
Mi brazo me dio la victoria
y mi ira me sostuvo.

6 Lleno de ira aplasté a las naciones,
las destruí con furor
e hice correr su sangre por el suelo.

Bondad de Dios para Israel

7 Yo quiero hablar del amor del Señor,
cantar sus alabanzas
por todo lo que él ha hecho por nosotros,

ª **62.4** Cf. Is 60.15; Os 2.23.

por su inmensa bondad con la familia
de Israel,
por lo que ha hecho en su bondad
y en su gran amor.

8 Él dijo: "Ellos son mi pueblo,
hijos que no habrán de traicionarme."
Y él los salvó

9 de todas sus aflicciones.
No fue un enviado suyo quien los salvó;
fue el Señor en persona.
Él los libertó por su amor
y su misericordia,
los levantó, los tomó en brazos.
Así lo ha hecho siempre.

10 Pero ellos se rebelaron contra el Señor
y ofendieron su santidad;
por eso se volvió
enemigo de ellos
y les hizo la guerra.

11 Ellos se acordaron de los tiempos antiguos,
de Moisés que libertó a su pueblo,
y se preguntaban:
"¿Dónde está Dios, que salvó del Nilo
a Moisés, pastor de su rebaño?
¿Dónde está el que puso en Moisés
su santo espíritu,

12 el que hizo que su glorioso poder
acompañara a Moisés,
el que dividió el mar delante de su pueblo
para alcanzar fama eterna,

13 el que los hizo pasar por el fondo del mar
sin resbalar,
como caballos por el desierto,

14 como ganado que baja a la llanura?"
El espíritu del Señor los guiaba.
Así condujo a su pueblo
y alcanzó fama y gloria.

Oración a Dios para implorar su ayuda

15 Mira, Señor, desde el cielo,
desde el lugar santo y glorioso
en que vives.
¿Dónde están tu ardiente amor
y tu fuerza?
¿Dónde están tus sentimientos?
¿Se agotó tu misericordia con nosotros?

16 ¡Tú eres nuestro padre!
Aunque Abraham no nos reconozca,
ni Israel se acuerde de nosotros,
tú, Señor, eres nuestro padre;
desde siempre eres nuestro redentor.

17 ¿Por qué, Señor, haces que nos
desviemos de tus caminos,

y endureces nuestros corazones
para que no te respetemos?
Cambia ya, por amor a tus siervos
y a las tribus que te pertenecen.

18 ¡Qué poco tiempo tu pueblo santo
fue dueño del país!
Nuestros enemigos han pisoteado tu templo.

19 Estamos como si tú nunca
nos hubieras gobernado,
como si nunca hubiéramos llevado
tu nombre.

64 1 Ojalá rasgaras el cielo y bajaras
haciendo temblar con tu presencia
las montañas,

2 como cuando el fuego quema las zarzas
o hace hervir el agua.
Entonces tus enemigos conocerían tu nombre
y las naciones temblarían ante ti.

3 Cuando hiciste cosas terribles
que no esperábamos,
cuando bajaste,
las montañas temblaron ante ti.

4 Jamás se ha escuchado ni se ha visto
que haya otro dios fuera de ti
que haga tales cosas
en favor de los que en él confían.

5 Tú aceptas a quien hace el bien con alegría
y se acuerda de hacer lo que tú quieres.

Tú estás enojado porque hemos pecado;
desde hace mucho te hemos ofendido.

6 Todos nosotros somos
como un hombre impuro;
todas nuestras buenas obras son
como un trapo sucio;
todos hemos caído como hojas marchitas,
y nuestros crímenes
nos arrastran como el viento.

7 No hay nadie que te invoque
ni se esfuerce por apoyarse en ti;
por eso te ocultaste de nosotros
y nos has abandonado por causa
de nuestra maldad.

8 Sin embargo, Señor, tú eres nuestro padre;
nosotros somos el barro, tú nuestro alfarero;
¡todos fuimos hechos por ti mismo!

9 Señor, no te enojes demasiado
ni te acuerdes siempre de nuestros crímenes.
¡Mira que somos tu pueblo!

10 Tus santas ciudades están convertidas
en desierto,
Jerusalén está en ruinas, destruida.

11 Nuestro santuario glorioso,
    donde nuestros padres te alababan,
    quedó destruido por el fuego.
    ¡Todo lo que más queríamos
    está en ruinas!
12 Y ante todo esto, Señor,
    ¿no vas a hacer nada?
    ¿Te vas a quedar callado
    y vas a humillarnos hasta el extremo?

Acusación contra los rebeldes

65 1 El Señor dice:
    "Los que no me habían pedido nada
    fueron los que acudieron a mí;
    los que no me habían buscado
    fueron los que me encontraron.
    A un pueblo que no me había invocado
    fue al que le dije: 'Aquí estoy.'
2   Todo el día extendí mis manos
    para atraer a un pueblo rebelde
    que iba por caminos perversos
    siguiendo sus propios caprichos;
3   un pueblo que en mi propia cara
    me ofendía continuamente;
    que ofrecía sacrificios a los dioses
        en los jardines[a]
    y quemaba incienso en altares
        de ladrillo;
4   que se sentaba entre los sepulcros
    y pasaba las noches en sitios escondidos;
    que comía carne de cerdo[b]
    y llenaba sus ollas de caldos impuros.
5   Dicen: 'Quédate ahí, no me toques;
    soy demasiado sagrado
        para que me toques.'
    Esa gente es como fuego que arde
        todo el día;
    me molestan como el humo en las narices.
6   Pero todo esto está escrito delante de mí,
    y no voy a quedarme cruzado de brazos;
    voy a darles su merecido,
7   tanto por los crímenes de ellos
    como por los de sus padres.
    Ellos quemaban incienso sobre los montes
    y me ofendían en las colinas.

Haré primero la cuenta
y les daré su merecido."
El Señor lo ha dicho.

El Señor promete sus bendiciones

8   El Señor dice:
    "Cuando las uvas tienen mucho jugo
    la gente no las echa a perder,
    porque pueden sacar mucho vino.
    Así haré yo también por amor a mis siervos:
    no destruiré a toda la nación.
9   Haré que Jacob tenga descendientes
    y que haya gente en Judá
    que viva en mis montañas.
    Mis elegidos poseerán la tierra,
    mis servidores vivirán allí.
10 El valle de Sarón se llenará de rebaños
    y en el valle de Acor[c] pastará el ganado
    que tendrá el pueblo que me busca.
11 Pero a ustedes que se apartan del Señor
    y se olvidan de mi monte santo,
    que ofrecen comida y vino
    a Gad y Mení, dioses de la fortuna,[d]
12 mala fortuna les espera:
    los haré morir a filo de espada.
    Porque yo los llamé
    y ustedes no respondieron;
    les hablé y no me escucharon;
    hicieron lo que yo no apruebo,
    escogieron lo que a mí me disgusta."

13 Por eso, el Señor dice:
    "Mis servidores tendrán de comer,
    pero ustedes sufrirán hambre;
    ellos tendrán de beber,
    pero ustedes sufrirán sed;
    ellos se alegrarán,
    pero ustedes quedarán en ridículo;
14 ellos cantarán de alegría
    por el gozo de su corazón,
    pero ustedes gritarán y llorarán
    por la tristeza y la aflicción.
15 Mis elegidos usarán el nombre de ustedes
    para maldecir y desear la muerte a otros,
    pero a mis siervos les cambiaré de nombre.

---

[a] 65.3 En los jardines: Esta expresión alude a los bosques sagrados donde se rendía culto a los dioses de la fertilidad. Cf. Is 66.17–18; Ez 6.13. [b] 65.4 Cf. Lv 11.7; Dt 14.8; Is 66.3. [c] 65.10 El valle de Acor se encuentra entre Jerusalén y Jericó (cf. Jos 7.24; 15.7). Acor, en hebreo, significa desgracia; pero el profeta Oseas había anunciado que el valle de ese nombre se convertiría en puerta de esperanza. Cf. Os 2.15. [d] 65.11 Gad y Mení eran dioses venerados por los cananeos. El nombre del primero significa suerte y el del segundo, repartición, términos que corresponden aprox. a los conceptos de destino y fortuna.

16 Cualquiera que en el país pida
   una bendición,
la pedirá al Dios fiel;
y cualquiera que en el país haga
   un juramento,
jurará por el Dios fiel.
Las aflicciones anteriores
   han quedado olvidadas,
han desaparecido de mi vista.

17 "Miren, yo voy a crear
un cielo nuevo y una tierra nueva.
Lo pasado quedará olvidado,
nadie se volverá a acordar de ello.
18 Llénense de gozo y alegría para siempre
por lo que voy a crear,
porque voy a crear una Jerusalén feliz
y un pueblo contento que viva en ella.
19 Yo mismo me alegraré por Jerusalén
y sentiré gozo por mi pueblo.
En ella no se volverá a oir llanto
ni gritos de angustia.
20 Allí no habrá niños que mueran
   a los pocos días,
ni ancianos que no completen su vida.
Morir a los cien años será morir joven,
y no llegar a los cien años
   será una maldición.
21 La gente construirá casas y vivirá en ellas,
sembrará viñedos y comerá sus uvas.
22 No sucederá que uno construya
   y otro viva allí,
o que uno siembre y otro se aproveche.
Mi pueblo tendrá una vida larga,
   como la de un árbol;
mis elegidos disfrutarán
   del trabajo de sus manos.
23 No trabajarán en vano
ni tendrán hijos que mueran
   antes de tiempo,
porque ellos son descendientes
de los que el Señor ha bendecido,
y lo mismo serán sus descendientes.
24 Antes que ellos me llamen,
yo les responderé;
antes que terminen de hablar,
yo los escucharé.
25 El lobo y el cordero comerán juntos,
el león comerá pasto, como el buey,
y la serpiente se alimentará de tierra.
En todo mi monte santo
no habrá quien haga ningún daño."
El Señor lo ha dicho.

Contra el culto falso

66 1 El Señor dice:
"El cielo es mi trono
y la tierra es el estrado de mis pies.
¿Dónde podrán construirme una casa?
¿Dónde podrán hacerme
   un lugar de descanso?
2 ¡Yo mismo hice todas estas cosas,
y así empezaron a existir!
Yo, el Señor, lo afirmo.

"El hombre en quien yo me fijo
es el pobre y afligido
que respeta mi palabra.
3 Pero hay quienes sacrifican un toro,
y también matan a un hombre;
degüellan una oveja,
   y también desnucan un perro;
ofrecen cereales,
   y también la sangre de un cerdo;
queman incienso,
   y también adoran a un ídolo.
A los que escogieron esos ritos detestables,
les encanta hacer todo esto.
4 Yo también escogeré el sufrimiento
   para ellos,
y les traeré lo que ellos tanto temen.
Porque llamé y nadie me respondió,
hablé y nadie me escuchó;
hicieron lo que yo no apruebo,
escogieron lo que a mí me disgusta."

Juicio y liberación

5 Escuchen la palabra del Señor,
ustedes que respetan su palabra:
"Algunos compatriotas de ustedes,
   que los odian,
que los persiguen porque invocan
   mi nombre, dicen:
'Que el Señor muestre su gloria;
queremos verlos alegres.'
Pero ellos quedarán en ridículo.
6 Ese estruendo que viene de la ciudad,
ese ruido que viene del templo,
es el ruido que hace el Señor
al dar su merecido a sus enemigos.

7 "Sión dio a luz en un momento,
antes de sentir los dolores del parto.
8 ¿Quién ha oído decir algo parecido?
¿Quién ha visto algo semejante?
¿Nace una nación en un solo día?
¿Nace un pueblo en un momento?

Pero cuando Sión comenzó a sentir
   los dolores,
en seguida dio a luz a sus hijos.
9 ¿Cómo iba yo a impedir el nacimiento,
si yo soy quien hace dar a luz?"
El Señor tu Dios lo ha dicho.

10 "Alégrense con Jerusalén,
llénense de gozo con ella
   todos los que la aman;
únanse a su alegría
todos los que han llorado por ella;
11 y ella, como una madre,
los alimentará de sus consuelos
hasta que queden satisfechos.
12 Porque yo, el Señor, digo:
Yo haré que la paz venga sobre ella
como un río,
y las riquezas de las naciones
como un torrente desbordado.
Ella los alimentará a ustedes,
los llevará en sus brazos
y los acariciará sobre sus rodillas.
13 Como una madre consuela a su hijo,
así los consolaré yo a ustedes,
y encontrarán el consuelo en Jerusalén."

14 Cuando ustedes vean esto,
   su corazón se alegrará;
su cuerpo se renovará como la hierba.
El Señor dará a conocer su poder
   entre sus siervos,
y su ira entre sus enemigos.
15 Porque el Señor llega en medio de fuego,
sus carros parecen un torbellino;
va a descargar el ardor de su ira
y las llamas ardientes de su castigo.
16 Sí, el Señor va a hacer el juicio con fuego,
va a juzgar a todo el mundo con su espada
y hará morir a muchos.

17-18 El Señor afirma:
"Los que se consagran y purifican
para el culto pagano en los jardines[a]
siguiendo a uno que va en medio,
los que comen carne de cerdo, de rata
o de otros animales impuros,
serán exterminados de una sola vez,
porque yo conozco sus acciones
   y sus pensamientos.

"Entonces vendré yo mismo
a reunir a todos los pueblos y naciones,
y vendrán y verán mi gloria.
19 Yo les daré una señal:
dejaré que escapen algunos
y los enviaré a las naciones:
a Tarsis, a Libia,
a Lidia, país donde saben manejar
   el arco,
a Tubal, a Grecia
y a los lejanos países del mar,
que nunca han oído hablar de mí
ni han visto mi gloria;
ellos anunciarán mi gloria
   entre las naciones.
20 Harán venir de todas las naciones
a todos los compatriotas de ustedes,
a caballo, en carros, en literas,
en mulas y en camellos.
Serán una ofrenda para mí
en Jerusalén, mi monte santo,
como las ofrendas que traen los israelitas
en vasos limpios a mi templo.
Yo, el Señor, lo he dicho.

21 "A algunos de ellos los elegiré
para que sean sacerdotes y levitas.
Yo, el Señor, lo he dicho."

22 También afirma el Señor:
"Así como el nuevo cielo
   y la nueva tierra
que yo voy a crear
durarán para siempre,
así también durarán tus descendientes
   y tu nombre.
23 Y cada mes, en el día de la luna nueva,
y cada semana, en el sábado,
todos los hombres vendrán a postrarse
   delante de mí.
Yo, el Señor, lo he dicho.

24 "Vendrán y verán los cadáveres
   de los hombres
que se rebelaron contra mí.
Los gusanos que se los comen
   no morirán,
y el fuego que los devora no se apagará.
¡Serán algo repugnante
   para toda la humanidad!"

[a] 66.17-18 *En los jardines:* Cf. Is 65.3 n.

JEREMÍAS

El profeta Jeremías nació en Anatot, a poca distancia de Jerusalén, y pertenecía a una familia sacerdotal. Desarrolló su actividad profética en los últimos años del reino de Judá (fines del siglo VII y principios del VI a.C.). Estuvo, pues, presente a la toma de Jerusalén por los babilonios. Luego sus compañeros se lo llevaron contra su voluntad a Egipto, donde al parecer murió.

Con sus 52 capítulos, el libro de *Jeremías* (=Jer) es una de las colecciones más extensas de escritos proféticos.

Los caps. 1—25 son en su mayoría poéticos y corresponden a la predicación de Jeremías en las dos primeras décadas de su actividad profética. En esa etapa, su principal preocupación fue lograr que Israel tomara conciencia de sus pecados. De ahí la insistencia con que el profeta denuncia la mentira, la violencia, la injusticia con el prójimo, la dureza de corazón (11.8; 16.12) y, sobre todo, el pecado que está en la raíz de todos estos males: el abandono de Dios (2.13; 9.2). Al mismo tiempo que condenaba la gravedad del pecado y llamaba a la conversión, Jeremías anunció la inminencia del desastre, y hasta se atrevió a predecir públicamente la destrucción del templo de Jerusalén (7.14).

La predicación de Jeremías, especialmente después de la muerte del rey Josías, encontró una resistencia cada vez más obstinada de parte de sus compatriotas (cf. 11.18-19). El pueblo y sus gobernantes no eran capaces de reaccionar cuando la voz de los profetas los llamaba a la reflexión, y este rechazo hizo que Jeremías se interrogara sobre el porqué de aquella resistencia a la palabra de Dios. Sus conclusiones fueron francamente pesimistas: el corazón humano es duro y rebelde (5.23); el pecado está grabado en él *con cincel de hierro* y *punta de diamante* (17.1). La expresión más conmovedora de estas dolorosas experiencias son las llamadas "Confesiones de Jeremías", que se encuentran diseminadas en esta sección.

La sección comprendida por los caps. 26—45, redactada predominantemente en prosa, narra varios incidentes de la vida del profeta. Esta serie de relatos se interrumpe con varias promesas de salvación, que forman lo que se ha dado en llamar "el libro de la consolación" o "de la esperanza" (caps. 30—33). Tales anuncios ponen de manifiesto que aun en medio de la desgracia, el pueblo debía seguir confiando en el Señor.

Como otros escritos proféticos, el libro de Jeremías contiene también una serie de mensajes contra las naciones paganas (caps. 46—51), cuya introducción se encuentra en 25.15-38.

El siguiente esquema presenta una visión global de este libro profético:

1. Mensajes proféticos sobre Judá y Jerusalén (1—25)
2. Relatos biográficos y anuncios de salvación (26—45)
3. Mensajes contra las naciones extranjeras (46—51; con una introducción en 25.15-38)
4. Apéndice histórico: la caída de Jerusalén (52)

Introducción

1 ¹ Dichos y hechos de Jeremías, hijo de Hilquías. Jeremías pertenecía a una familia de sacerdotes que vivían en el pueblo de Anatot, en la región de la tribu de Benjamín. ² El Señor le habló a Jeremías cuando Josías,[a] hijo de Amón, estaba en el año trece de su reinado en Judá. ³ También le habló durante el tiempo en que Joaquim, hijo de Josías, era rey de Judá, y hasta que Sedequías, también hijo de Josías, cumplió once años como rey de Judá; es decir, hasta el quinto mes de aquel año, cuando los habitantes de Jerusalén fueron llevados al destierro.[b]

El Señor llama a Jeremías

⁴ El Señor se dirigió a mí, y me dijo:

5 "Antes de darte la vida,
    ya te había yo escogido;
    antes de que nacieras,
    ya te había yo apartado;
    te había destinado a ser profeta
    de las naciones."

6 Yo contesté:
    "¡Ay, Señor! ¡Yo soy muy joven
    y no sé hablar!"

7 Pero el Señor me dijo:
    "No digas que eres muy joven.
    Tú irás a donde yo te mande,
    y dirás lo que yo te ordene.

8 No tengas miedo de nadie,
    pues yo estaré contigo para
        protegerte.
    Yo, el Señor, doy mi palabra."

⁹ Entonces el Señor extendió la mano, me tocó los labios y me dijo:

10 "Yo pongo mis palabras en tus labios.
    Hoy te doy plena autoridad
    sobre reinos y naciones,
    para arrancar y derribar,
    para destruir y demoler,
    y también para construir y plantar."[c]

11 El Señor se dirigió a mí, y me dijo:
    "Jeremías, ¿qué es lo que ves?"
    "Veo una rama de almendro" —contesté.

12 "Tienes razón —me dijo el Señor—.
    En efecto, voy a estar atento
    a que mis palabras se cumplan."

13 El Señor se dirigió a mí por segunda vez:
    "¿Qué es lo que ves?" —me preguntó.
    "Veo una olla hirviendo,
    a punto de derramarse desde el norte"[d]
    —contesté.

14 Entonces el Señor me dijo:
    "Desde el norte va a derramarse
        la calamidad
    sobre todos los habitantes de este país.

15 Yo, el Señor, les aseguro
    que voy a llamar a todos los reinos
        del norte.
    Vendrán sus reyes
    y pondrán sus tronos
    a la entrada misma de Jerusalén,
    frente a todas las murallas
        que la rodean
    y frente a todas las ciudades de Judá.[e]

16 Este es el castigo que voy a decretar
    contra esos pecadores
        que me abandonaron,
    que quemaron incienso y adoraron
    a dioses extranjeros
    que ellos mismos hicieron.

17 Y tú, ármate de valor;
    ve y diles todo lo que yo te mande.
    No les tengas miedo,
        porque de otra manera
    yo te haré temblar delante de ellos.

18 Yo te pongo hoy
    como ciudad fortificada,
    como columna de hierro,
    como muralla de bronce,
    para que te enfrentes
        a todo el país de Judá:
    a sus reyes, jefes y sacerdotes,
        y al pueblo en general.

---

[a] **1.2** 2 R 22.3—23.27; 2 Cr 34.8—35.19. [b] **1.3** Este *destierro* de los habitantes de Judá a Babilonia tuvo lugar en el año 587 a.C. (cf. 2 R 25.8–21). [c] **1.10** Cf. 18.7–9; 24.6; 31.28; 42.10; 45.4. [d] **1.13** La *olla hirviendo* está inclinada y a punto de volcarse de *norte* a sur, en dirección a Jerusalén y Judá. [e] **1.14–15** Jer 4.6; 6.1; 13.20. Todavía no se especifica quién es el enemigo que viene *del norte;* más adelante va a quedar claro que se trata del imperio neobabilónico, que extendió su dominio por el antiguo Oriente a fines del siglo VII a.C. y a comienzos del VI. Cf. Jer 27.6–11.

19 Ellos te harán la guerra,
    pero no te vencerán
porque yo estaré contigo para protegerte.
Yo, el Señor, doy mi palabra."

Infidelidad de Israel

2 1 El Señor se dirigió a mí, y me dijo:
    2 "Ve y habla a la ciudad de Jerusalén;
    grita para que lo oiga bien:
    '¡Así dice el Señor!
Recuerdo que cuando eras joven,
    me eras fiel,
que cuando te hice mi esposa, me amabas
y me seguiste a través del desierto,
tierra en que nada se cultiva.'ª
3 Israel estaba consagrada a mí,
    era lo mejor de mi cosecha.
Si alguien le hacía daño, yo lo castigaba
enviándole calamidades.
Yo, el Señor, lo afirmo."

4Descendientes de Jacob, familias todas de
Israel, escuchen la palabra del Señor. 5El Señor
les dice:

"¿Qué de malo encontraron en mí
    sus antepasados,
que se alejaron de mí?
Se fueron tras dioses que no son nada,
y en nada se convirtieron ellos mismos.
6 No se preocuparon por buscarme a mí,
    que los saqué de Egipto,
que los guié por el desierto,
tierra seca y llena de barrancos,
tierra sin agua, llena de peligros,
tierra donde nadie vive,
    por donde nadie pasa.
7 Yo los traje a esta tierra fértil,
para que comieran de sus frutos
y de sus mejores productos.
Pero ustedes vinieron y profanaron
    mi tierra,
me hicieron sentir asco de este país,
de mi propiedad.
8 Los sacerdotes no me buscaron,
    los instructores de mi pueblo
    no me reconocieron,

los jefes se rebelaron contra mí,
y los profetas hablaron en nombre de Baal
y se fueron tras ídolos
    que no sirven para nada.

Proceso contra Israel

9 "Por eso, yo, el Señor, afirmo:
Voy a entablar un proceso contra ustedes
    y sus nietos.
10 Vayan a las islas de occidente y observen;
    envíen a alguien a Quedar
    para que se fije bien,
    a ver si se ha dado el caso
11 de que una nación pagana
    haya cambiado a sus dioses.
¡Y eso que son dioses falsos!
Pero mi pueblo me ha dejado a mí,
    que soy su gloria,b
por ídolos que no sirven para nada.
12 ¡Espántate, cielo, ante esto!
¡Ponte a temblar de horror!
Yo, el Señor, lo afirmo.

13 "Mi pueblo ha cometido
    un doble pecado:
me abandonaron a mí,
fuente de agua viva,
y se hicieron sus propias cisternas,
pozos rotos que no conservan el agua.

Consecuencias de la infidelidad de Israel

14 "Israel no es un esclavo;
él no nació en la esclavitud.
¿Por qué, pues, lo saquean?
15 ¿Por qué lo atacan como leones,
lanzando fuertes rugidos?
Han dejado en ruinas su país;
sus ciudades fueron incendiadas
y nadie quedó en ellas.
16 La gente de Menfis y de Tafnes
te rompió la cabeza.
17 Esto te ha pasado
    por haberme abandonado
a mí, que soy el Señor tu Dios
y que te guiaba por el camino.
18 Y ahora, ¿qué ganas con ir a Egipto
a beber agua del Nilo?

ª **2.2** Esta visión idealizada de la época del desierto contrasta con la que presentan el Pentateuco (Ex 17.1–7; 32;
Nm 20.1–13) y el profeta Ezequiel (Ez 16; 20.13). b **2.11** En el lenguaje bíblico, la *gloria* del Señor suele describirse
como una manifestación luminosa que hace percibir de manera sensible la presencia divina en la creación (cf. Sal
19.1; Is 6.3), en el templo (Is 6.3–4; Ez 10.4) o en medio de su pueblo (Ex 40.34–38; Ez 1.27–28; Jn 1.14).

¿Qué ganas con ir a Asiria
a beber agua del Éufrates?

19 Tu propia maldad te castigará,
tu infidelidad te condenará.
Piensa y verás lo malo y amargo
que ha sido que me abandones
y que no me hayas honrado,
a mí, que soy el Señor tu Dios.
Yo, el Señor todopoderoso, lo afirmo.

Rebeldía de Israel

20 "Desde hace mucho
te rebelaste contra mí,
te negaste a obedecerme.
Dijiste: 'No quiero servir.'
Sobre toda loma alta[c]
y bajo todo árbol frondoso
te dedicaste a la prostitución.

21 Yo te planté como vid
de la mejor calidad,
como vid de la semilla más fina.
¡Pero te has degenerado tanto,
que ya ni te reconozco!

22 Por más que te laves con lejía
y uses todo el jabón que quieras,
ante mí sigue presente
la mancha de tu pecado.
Yo, el Señor, lo afirmo.

23 ¿Cómo puedes decir:
'No me he manchado
ni he dado culto a dioses falsos'?
Mira cuál fue tu conducta en el valle,[d]
fíjate en todo lo que has hecho
tú, camella ligera de cascos
que corre en todas direcciones;

24 asna salvaje que tira al monte
y resopla jadeante de deseos.
Cuando está en celo,
nadie puede controlarla.
Si un macho la busca,
no tiene que cansarse:
siempre la encuentra en época de celo.

25 "¡Israel, no lastimes tus pies
corriendo descalza,
no dejes que se te seque la garganta!

Pero tú dijiste: 'No, imposible;
amo a los extraños y me voy con ellos.'

Israel merece castigo

26 "Como el ladrón se avergüenza
cuando lo descubren,
así quedará avergonzado Israel,
el pueblo, los reyes, los jefes,
los sacerdotes y los profetas;

27 pues a un árbol le dicen:
'Tú eres mi padre',
y a una piedra: 'Tú eres mi madre.'[e]
A mí, en cambio, me dan la espalda
y no la cara.
Sin embargo, apenas se ven en peligro,
me dicen:
'¡Ven a salvarnos!'

28 Judá, ¿dónde están los dioses
que te hiciste?
¡Tienes tantos dioses como ciudades!
¡Pues que vengan ellos,
a ver si pueden salvarte
cuando te llegue la desgracia!

29 ¿Qué alegan ustedes en mi contra,
si todos ustedes me han sido rebeldes?
Yo, el Señor, lo afirmo.

30 En vano castigué a los hijos de ustedes,
pues no quisieron aprender la lección.
Ustedes mismos, como leones feroces,
asesinaron a sus profetas.

31 (También ustedes,
los de la generación actual,
presten atención al mensaje del Señor.)
Israel, ¿acaso he sido un desierto para ti?,
¿una tierra llena de sombras?
Pueblo mío, ¿por qué dices:
'Somos libres;
nunca más volveremos a ti'?

32 ¿Puede olvidarse una mujer
de sus joyas y adornos de novia?
Mi pueblo, sin embargo,
hace mucho que se olvidó de mí.

33 "¡Qué bien conoces el camino
cuando de buscar amantes se trata!
¡Eres maestra en la escuela del mal!

---

[c] **2.20** *Loma alta:* alusión a los lugares altos, donde se rendía culto a Baal y a los dioses cananeos de la fertilidad (cf. 1 R 3.2). [d] **2.23** *En el valle:* probable alusión al valle de Ben–hinom, en las afueras de Jerusalén, donde se practicaban ritos paganos, incluido el sacrificio de niños. Cf. 7.31–32; 19.5–6. [e] **2.27** *Un árbol:* quizá se trata de los postes sagrados que simbolizaban a la diosa Aserá, madre de Baal (Jue 3.7); la *piedra* parece referirse a los pilares que representaban al dios cananeo de la fertilidad.

34 Tienes la ropa toda manchada
de sangre de pobres e inocentes,
de gente que no sorprendiste
en ningún delito.
35 Pero a pesar de todo dices:
'Soy inocente.
Dios ya no está enojado conmigo.'
Pues bien,
ya que dices que no has pecado,
te voy a entablar un juicio.
36 ¿Por qué tienes tanta prisa
por cambiar de aliados?
También Egipto te va a fallar,
como ya te ha fallado Asiria.
37 Y tendrás que regresar de Egipto
llena de vergüenza,
porque yo he rechazado
a los que te inspiran confianza,
y nada vas a ganar con su amistad."

Israel ha sido infiel al Señor

3 **1** El Señor dice:
"Si un hombre se divorcia de su mujer
y ella, al separarse de él,
se casa con otro hombre,
el primero no volverá a unirse con ella.
¡Eso sería una grave ofensa al país!*a*
Sin embargo, tú, Israel,
te has prostituido con muchos amantes,
¡y ahora quieres volver a mí!
Yo, el Señor, lo afirmo.

2 "Mira las lomas peladas,*b* fíjate bien:
¿dónde no te has dejado deshonrar?
Sentada como árabe del desierto,
a la orilla del camino
esperabas a tus amantes.
Has manchado el país con tu prostitución
y tu maldad.
3 Por eso han faltado las lluvias
en invierno y primavera.
Tienes el descaro de una prostituta;
¡debería darte vergüenza!
4 Hace poco me decías:
'Padre mío, amigo de mi juventud,
5 ¿vas a estar siempre enojado?,
¿te va a durar la ira para siempre?'
Y mientras decías esto,
hacías todo el mal que podías."

El Señor exhorta a Israel y a Judá al arrepentimiento

6 En tiempos del rey Josías me dijo el Señor: "¿Has visto lo que hizo la rebelde Israel? Fue y se dedicó a la prostitución sobre toda loma alta y bajo todo árbol frondoso. **7** Yo pensé que, aun después de todo lo que ella había hecho, volvería a mí; pero no volvió. Su hermana, la infiel Judá, vio esto; **8** y vio también que yo repudié a la rebelde Israel y que me divorcié de ella precisamente por el adulterio cometido. Pero Judá, la infiel hermana de Israel, no tuvo temor, sino que también ella fue y se dedicó a la prostitución. **9** Y lo hizo con tanta facilidad, que profanó el país. Me fue infiel adorando a las piedras y a los árboles. **10** Y después de todo esto, la infiel Judá tampoco volvió a mí de todo corazón, sino que me engañó. Yo, el Señor, lo afirmo."

11 El Señor me dijo: "La rebelde Israel es menos culpable que la infiel Judá. **12** Ve y anuncia este mensaje mirando hacia el norte:

'El Señor afirma:
¡Vuelve a mí, rebelde Israel!
No te recibiré de mal modo
ni mantendré mi enojo por siempre,
porque soy bondadoso.
Yo, el Señor, doy mi palabra.
13 Reconoce tan solo tu maldad,
y que fuiste rebelde
contra el Señor tu Dios;
que corriste en busca
de amores extraños
debajo de todo árbol frondoso,
y que no obedeciste mis órdenes.
Yo, el Señor, lo afirmo.' "

14 El Señor afirma: "Regresen, hijos rebeldes, pues yo soy su dueño.*c* Tomaré uno de cada ciudad y dos de cada clan, y los haré volver a Sión. **15** Les daré los gobernantes que a mí me agradan, y ellos los gobernarán a ustedes con sabiduría y entendimiento. **16** Y cuando ustedes hayan aumentado en el país y tengan ya muchos hijos, nadie volverá a hablar más del arca de la alianza del Señor; nadie pensará en ella ni se acordará más de ella; ya no hará falta ni se hará una nueva. Yo, el Señor, doy

---

a **3.1** Cf. Dt 24.1–4. *b* **3.2** *Lomas peladas:* Véase 2.20 n. *c* **3.14** En el texto hebreo hay un juego de palabras entre el vocablo *dueño* y el nombre del dios cananeo *Baal,* que significa *dueño, esposo* o *señor.*

mi palabra.*ᵈ* 17 Jerusalén será llamada entonces el trono del Señor; todas las naciones se reunirán allí para honrarme, y no volverán a seguir tercamente las malas inclinaciones de su corazón.

18 "Cuando llegue ese día, Judá se unirá a Israel, y juntos regresarán del país del norte a la tierra que di como herencia a los antepasados de ustedes.

La idolatría de Israel

19 "Israel, yo decidí aceptarte como hijo
y darte una tierra envidiable,
el país más bello de todo el mundo.
Yo pensé que me llamarías padre
y que nunca te alejarías de mí.
20 Pero como una mujer que es infiel
a su esposo,
así ustedes me fueron infieles.
Yo, el Señor, lo afirmo.

21 "Se oyen voces en las lomas desiertas:
¡son los israelitas,
que lloran y piden compasión!
Se desviaron del camino recto
y se olvidaron de mí, el Señor su Dios.
22 Vuélvanse a mí, hijos rebeldes,
y yo los curaré de su rebeldía."

Respuesta de los israelitas al Señor

"Aquí estamos, acudimos a ti,
porque tú eres el Señor nuestro Dios.
23 De nada nos sirve ir a las colinas
o gritar sobre los montes;*ᵉ*
solo en el Señor nuestro Dios
encuentra Israel su salvación.
24 La vergonzosa idolatría
nos ha hecho perder
lo que nuestros padres consiguieron
desde que éramos niños:
ovejas y ganado, hijos e hijas.
25 Humillémonos, pues, avergonzados,
cubiertos de deshonra,
pues desde niños y hasta ahora,
nosotros y nuestros antepasados
hemos pecado contra el Señor nuestro Dios
y no le hemos obedecido."

Exhortación al arrepentimiento

4 1 El Señor afirma:
"Si te quieres volver, Israel,
es a mí a quien debes volverte.
Si alejas tus ídolos odiosos
y no te apartas de mí,
2 entonces podrás jurar por mi nombre
con verdad, justicia y rectitud.
Mi nombre será para las naciones
motivo de bendición y alabanza."

3 El Señor dice a la gente de Judá y Jerusalén:
"Cultiven terrenos no cultivados;
ya no siembren entre los espinos.
4 Gente de Judá y de Jerusalén,
circuncídense y reconózcanme
como Señor,
pongan en su corazón
la marca de la alianza;*ᵃ*
no sea que, por sus malas acciones,
mi enojo se encienda como un fuego
y arda sin que nadie pueda apagarlo.

La invasión amenaza a Judá

5 "Anuncien esto en Jerusalén
y en Judá,
proclámenlo a son de trompeta
por todo el país,
grítenlo bien fuerte:
'¡Vamos! ¡A reunirse!
¡A las ciudades fortificadas!'
6 Levanten la bandera apuntando a Sión;
¡busquen refugio, no se detengan!
Porque voy a traer del norte*ᵇ*
gran calamidad y destrucción.
7 El león ya ha salido de su guarida,
el que destruye las naciones
está en marcha;
ha salido de su patria para destruir
tu país,
para dejar desiertas y en ruinas
tus ciudades.
8 Por eso, vístanse con ropas ásperas,
lloren y giman de dolor,
pues la ardiente ira del Señor
no se ha apartado de nosotros."

ᵈ **3.16** Se desconoce la fecha exacta en que desapareció *el arca de la alianza,* ya que el templo de Jerusalén fue saqueado más de una vez (cf. 1 R 14.25–26; 2 R 14.12–14). Su desaparición no pudo ser posterior a la destrucción de Jerusalén por Nabucodonosor, rey de Babilonia (cf. 2 R 25.9,13–17; Jer 52.13,17–23). Cf. Ap 21.3; 22.5.
ᵉ **3.23** Véase 2.20 n. *ᵃ* **4.4** *Pongan en su corazón la marca de la alianza:* lit. *circunciden el prepucio de su corazón:* Dt 10.16; 30.6; Ro 2.25–29. *ᵇ* **4.6** *Voy a traer del norte:* Véase 1.14–15 n.

9 El Señor afirma:
"Cuando llegue ese día,
el rey y los jefes temblarán de miedo,
los sacerdotes sentirán terror
y los profetas quedarán espantados."

10 Yo dije: "¡Ay, Señor,
cómo has engañado
a la gente de Jerusalén!
Les prometiste paz,
y lo que tienen es un cuchillo en el cuello."

11 Cuando llegue ese momento,
se dirá al pueblo de Jerusalén:
"Un viento caliente del desierto
sopla en dirección de mi pueblo.
No es la brisa que sirve
para limpiar de paja el trigo;
12 el viento que yo haré venir
será demasiado fuerte para eso,
pues ahora voy a dictar sentencia
contra ellos."

Los enemigos rodean a Israel

13 Miren, el enemigo avanza
como una nube,
sus carros de guerra parecen un huracán,
sus caballos son más ligeros
que las águilas.
¡Ay de nosotros, estamos perdidos!
14 Jerusalén, limpia del mal tu corazón
y así te salvarás.
¿Hasta cuándo darás vueltas en tu cabeza
a pensamientos perversos?
15 Desde Dan y las colinas de Efraín*c*
llegan malas noticias:
16 "Adviertan a las naciones y a Jerusalén
que de un país lejano vienen enemigos
lanzando gritos de guerra
contra las ciudades de Judá.
17 Rodearán a Judá,
como los que cuidan los campos,
porque se rebeló contra el Señor.
Yo, el Señor, lo afirmo.

18 "Tu conducta y tus acciones
son la causa de lo que te ha sucedido;
tu maldad te ha dado este amargo fruto
y te hiere el corazón."

Dolor de Jeremías por su pueblo

19 ¡Me retuerzo de dolor!
¡El corazón me palpita con violencia!
¡Estoy inquieto, no puedo callarme!
He escuchado un toque de trompeta,
un griterío de guerra.
20 Llegan noticias de continuos desastres;
todo el país está en ruinas.
De repente han sido destruidos
mis campamentos,
han quedado deshechas
mis tiendas de campaña.
21 ¿Cuánto tiempo aún veré en lo alto
la bandera
y escucharé el toque de la trompeta?
22 "Mi pueblo es estúpido, no me conoce
—dice el Señor—.
Son hijos sin juicio, que no reflexionan.
Les sobra talento para hacer el mal,
pero no saben hacer el bien."

Jeremías ve la destrucción futura

23 Miré a la tierra,
y era un desierto sin forma;
miré al cielo, y no había luz.
24 Miré a los montes, y estaban temblando;
todas las colinas se estremecían.
25 Miré y ya no había ningún hombre,
y todas las aves se habían escapado.
26 Miré y vi los jardines convertidos
en desierto,
y todas las ciudades estaban en ruinas.
La ira terrible del Señor
había causado todo esto.
27 El Señor dice:
"Toda la tierra será arrasada,
pero no la destruiré totalmente.
28 La tierra se llenará de tristeza
y el cielo se pondrá de luto.
He hablado, y no me arrepentiré;
lo he resuelto, y no me volveré atrás.
29 Ante los gritos de los jinetes
y de los arqueros,
toda la gente sale corriendo;
se esconden en los matorrales
o trepan a los peñascos.
Todas las ciudades quedan abandonadas;
ya no hay nadie que viva en ellas.

---

c **4.15** *Dan*, en las vertientes del río Jordán, marcaba el límite norte de Palestina; las *colinas de Efraín* son las montañas situadas a unos pocos km. al norte de Jerusalén.

30 Y tú, ciudad en ruinas,
    ¿para qué te vistes de púrpura?,
    ¿para qué te cubres con joyas de oro?,
    ¿para qué te pintas de negro los ojos?
    De nada sirve que te embellezcas,
    pues tus amantes te han rechazado
    y lo que buscan es tu muerte.

31 Oigo gritos de dolor, como de una mujer
    que da a luz a su primer hijo;
    son los gritos de Sión,
    que gime, extiende los brazos y dice:
    '¡Ay de mí! ¡Me van a matar
       los asesinos!' "

Pecado de Jerusalén

5 1 El Señor dice:
    "Recorran las calles de Jerusalén,
    miren bien, busquen por las plazas,
    a ver si encuentran a alguien
    que actúe con justicia,
    que quiera ser sincero.
    Si lo encuentran, perdonaré a Jerusalén.

2 Hay quienes juran por la vida del Señor,
   pero juran en falso."

3 Señor, lo que tú buscas es gente sincera.
   Los castigaste, pero no les dolió;
   los arruinaste,
       pero no quisieron aprender.
   Tercos, más duros que la piedra,
   no quisieron volver al buen camino.

4 Yo pensé:
   Solo los pobres se comportan
       como tontos,
   porque no saben lo que el Señor quiere,
   lo que su Dios ordena.

5 Me dirigiré a la gente importante
   y les hablaré.
   Ellos, sin duda,
       sabrán lo que el Señor quiere,
   lo que su Dios ordena.
   Pero todos se habían rebelado
       contra Dios,
   se habían negado a obedecerle.

6 Por eso saldrán leones de la selva
       y los matarán,
   los lobos del desierto los despedazarán,
   los leopardos los atacarán
       junto a sus ciudades
   y los harán pedazos cuando salgan;

porque han cometido muchos pecados,
numerosas traiciones.

7 El Señor dice:
   "¿Cómo voy a perdonarte todo esto?
   Tus hijos me han abandonado,
   y juran por dioses que no son dioses.
   Les di comida en abundancia,
   pero me fueron infieles
   y en masa se entregaron a la prostitución.

8 Como caballos sementales en celo,
   relinchan por la mujer de su prójimo.

9 ¿Y no los he de castigar por estas cosas?
   ¿No he de dar su merecido
       a un pueblo así?

10 ¡Que sus enemigos entren
       y arrasen el viñedo,[a]
   aunque no lo destruyan del todo!
   ¡Que le arranquen las ramas,
   porque ya no es mi viñedo!

11 ¡Israel y Judá me han traicionado!
   Yo, el Señor, lo afirmo."

Anuncio del castigo

12 Israel y Judá han negado al Señor;
   han dicho: "Dios no cuenta.
   Nada malo va a pasarnos,
   no tendremos ni guerra ni hambre."

13-14 Los profetas son puro viento,
   pues la palabra del Señor no está en ellos.

   Pues bien, esto me ha dicho
   el Señor, el Dios todopoderoso:
   "Por decir ellos esas cosas,
   esto es lo que les sucederá:
   Voy a hacer que mis palabras
   sean en tu boca como fuego,
   y que el pueblo sea como leña,
   y que ese fuego lo devore."

15 El Señor afirma:
   "Israel, voy a traer contra ti
   un pueblo que viene de lejos,[b]
   un pueblo fuerte y muy antiguo.
   Tú no conoces su idioma
   ni entiendes lo que dicen.

16 Todos ellos son guerreros valientes,
   y sus armas significan la muerte.

17 Se comerán tus cosechas, tu pan,
   y aun devorarán a tus hijos y a tus hijas.

---

a **5.10** Is 5.1–7; Jer 2.21. *b* **5.15** *Un pueblo que viene de lejos:* Véase 1.14–15 n.

Se comerán tus ovejas, tus reses,
tus viñas y tus higueras.
Con sus armas destruirán
las ciudades fortificadas
    en que tú confías."

18El Señor afirma: "En ese tiempo, sin embargo, no los destruiré por completo. **19**Cuando te pregunten: '¿Por qué nos hizo todo esto el Señor nuestro Dios?', respóndeles: 'Así como abandonaron al Señor y se pusieron a servir a dioses extranjeros en su propia tierra, así también tendrán que servir a gente extranjera en una tierra ajena.'

Advertencia a Israel

20 "Avisen al reino de Israel,
    y digan a Judá:
21 'Oye esto, pueblo tonto y estúpido,
    que tiene ojos y no ve,
    que tiene oídos y no oye,
22 Yo, el Señor, digo:
    ¿Es que ustedes no me temen?
    ¿Es que no tiemblan delante de mí?
    Yo puse la playa como límite del mar,
    un límite que el mar no puede pasar.
    Sus olas se agitan impotentes
    y rugen, pero no pueden pasarlo.
23 Ustedes tienen un corazón
        terco y rebelde;
    me abandonaron y se fueron.
24 No reflexionaron ni dijeron:
    Respetemos al Señor nuestro Dios,
    que a su debido tiempo nos da la lluvia
    en otoño y primavera,
    y nos reserva el tiempo señalado
        para la cosecha.
25 Pero el pecado de ustedes
        ha cambiado las cosas,
    y no pueden disfrutar de esos beneficios.
26 Porque hay en mi pueblo hombres malos
    que acechan como cazadores de pájaros,
    que ponen trampas para atrapar
        a los demás.
27 Llenan sus casas de objetos robados,
    como se llenan de pájaros las jaulas.
    Así se hicieron poderosos y ricos,
28 y están gordos y bien alimentados.
    Su maldad no tiene límites:
    no hacen justicia al huérfano

ni reconocen el derecho de los pobres.
29 ¿No los he de castigar por estas cosas?
    ¿No he de dar su merecido a gente así?
    Yo, el Señor, lo afirmo.

30 'Algo terrible, espantoso,
    está pasando en este país.
31 Lo que anuncian los profetas es mentira;
    los sacerdotes gobiernan a su antojo,
    ¡y mi pueblo así lo quiere!
    Pero, ¿qué harán ustedes
        cuando llegue el fin?' "

El enemigo rodea a Jerusalén

6 **1** ¡Gentes de la región de Benjamín,
    ¡busquen refugio, huyan de Jerusalén!
    Toquen la trompeta en Tecoa,
    levanten una señal en Bet–haquérem,
    porque una desgracia,
        una gran calamidad,
    amenaza desde el norte.[a]
2 La hija de Sión es como una bella
        pradera que será destruida,
3 a donde van los pastores
        con sus rebaños;
    acampan a su alrededor
    y cada rebaño pasta por su lado.
4 Sus enemigos dicen:
    "¡Prepárense a pelear contra ella!
    ¡Vengan, ataquémosla a mediodía!
    Pero, ¡qué lástima!,
    ya es tarde, y las sombras se alargan.
5 ¡Entonces ataquémosla de noche
    y destruyamos sus torres!"

6El Señor todopoderoso ha dado esta orden:
    "¡Corten árboles y construyan una rampa
    para atacar a Jerusalén!
    La ciudad está condenada al castigo,
    porque está llena de opresión.
7 De Jerusalén brota la maldad
    como de un pozo brota el agua.
    No se oye en ella más que violencia
        y atropellos;
    no veo en ella más que heridas y dolor.
8 Escarmienta, Jerusalén,
    porque si no,
        me apartaré de ti disgustado,
    te convertiré en un desierto,
    te dejaré sin habitantes."

---

[a] **6.1** *Desde el norte:* Véase 1.14–15 n.

Anuncio del castigo

9 El Señor todopoderoso dice:
"A los israelitas que queden
los van a buscar y rebuscar,
como se rebusca entre las ramas
de un viñedo
hasta que no queda ninguna uva."

10 Yo respondí: "¿Quién me va a oir,
si les hablo y les doy este aviso?
Tienen tapados los oídos, Señor,
y no pueden escuchar;
se burlan de tu palabra,
no les agrada.

11 Estoy lleno de tu ira, Señor;
ya no puedo contenerla."

El Señor me dijo:
"Derrámala sobre los muchachos
en la calle,
sobre las pandillas de jóvenes.
Se llevarán presos a los maridos
con sus esposas
y a los ancianos cargados de años.

12 Sus casas, sus campos y sus esposas
pasarán a ser de otros.
Porque voy a levantar mi mano
para castigar a los que viven en este país.
Yo, el Señor, lo afirmo.

13 "Todos, grandes y pequeños,
solo piensan en las ganancias mal habidas;
profetas y sacerdotes,
todos cometen fraudes.

14 Tratan por encima las heridas de mi pueblo;
dicen que todo está bien,
cuando todo está tan mal.

15 ¡Debería darles vergüenza
de hacer esas cosas que no soporto!
Pero no, no sienten vergüenza,
¡ya ni saben lo que es avergonzarse!
Por eso, cuando yo los castigue,
tropezarán y caerán como los otros.
Yo, el Señor, lo digo."

Rebeldía de Israel

16 El Señor dice a su pueblo:
"Párense en los caminos y miren,
pregunten por los senderos antiguos,
dónde está el mejor camino;
síganlo y encontrarán descanso."
Pero ellos dicen:
"No, no queremos seguirlo."

17 El Señor puso centinelas, y dijo al pueblo:
"Pongan atención a la señal de alarma."
Pero el pueblo dijo:
"No queremos hacer caso."

18 Por eso dice el Señor:
"Escuchen, naciones,
sepan lo que va a pasarle a mi pueblo.

19 Escucha, tierra:
Voy a traer a este pueblo una desgracia
que es consecuencia
de sus planes malvados;
porque no hicieron caso de mis palabras,
sino que despreciaron mi ley.

20 ¿Para qué me traen ustedes incienso
de Sabá
y plantas olorosas de países lejanos?
A mí no me agradan sus holocaustos
ni sus otros sacrificios."

21 Por eso, el Señor dice:
"Voy a hacer que este pueblo
tropiece y caiga.
Padres e hijos, vecinos y amigos,
morirán por igual."

Invasión desde el norte

22 El Señor dice:
"Desde lejanas tierras del norte
se prepara a venir una nación poderosa.

23 Están armados de arcos y espadas;
son crueles, no tienen compasión;
sus gritos son como el estruendo del mar,
y van montados a caballo.
Están listos para la batalla contra Sión."

24 En Jerusalén la gente dice:
"Hemos oído la noticia,
y el miedo nos ha dejado sin fuerzas;
sentimos angustia y dolor,
como una mujer de parto.

25 ¡No salgan al campo,
no vayan por los caminos!
¡El enemigo está armado;
hay terror por todas partes!"

26 ¡Hija de mi pueblo, ponte ropas ásperas
en señal de dolor;
revuélcate en la ceniza,
ponte de luto y llora amargamente,
como cuando se muere un hijo único;
porque el que nos va a destruir
vendrá muy pronto contra nosotros!

27 El Señor me dijo: "Te encargo que pongas a prueba a mi pueblo. Examínalo, para ver cuál es su conducta."

28 Todos ellos, Señor, son muy rebeldes;
son gente chismosa y pervertida;
no son más que bronce y hierro.
29 Cuando el fuelle sopla con fuerza,
hace que el fuego derrita el plomo.
De nada sirve que a ellos se les refine,
pues los malvados no desaparecen.
30 Habrá que llamarlos "plata de desecho",
porque tú, Señor, los has desechado.

Jeremías predica en el templo

7 1 El Señor se dirigió a Jeremías, y le dijo: 2 "Ponte a la entrada del templo del Señor[a] y da a conocer allí este mensaje: Habitantes todos de Judá, que entran por estas puertas a adorar al Señor, escuchen este mensaje 3 del Señor todopoderoso, el Dios de Israel: 'Mejoren su vida y sus obras, y yo los dejaré seguir viviendo en esta tierra. 4 No confíen en esos que los engañan diciendo: ¡Aquí está el templo del Señor, aquí está el templo del Señor!

5 'Si mejoran su vida y sus obras y son justos los unos con los otros, 6 si no explotan a los extranjeros, a los huérfanos y a las viudas, ni matan a gente inocente en este lugar, ni dan culto a otros dioses, con lo que ustedes mismos se perjudicarían, 7 yo los dejaré seguir viviendo aquí, en la tierra que di para siempre a sus antepasados.

8 'Ustedes confían en palabras engañosas que no les sirven de nada. 9 Roban, matan, cometen adulterio, juran en falso, ofrecen incienso a Baal, dan culto a dioses con los que ustedes nada tienen que ver, 10 y después vienen a este templo que me está dedicado, a presentarse ante mí. Se creen que aquí están seguros; creen que pueden seguir haciendo esas cosas que yo no soporto. 11 ¿Acaso piensan que este templo que me está dedicado es una cueva de ladrones? Yo he visto todo eso. Yo, el Señor, lo afirmo. 12 Vayan a mi santuario en Siló,[b] el primer lugar que escogí para residir, y vean lo

que hice con él por la maldad de mi pueblo Israel. 13 Y aunque una y otra vez les he advertido acerca de su conducta, ustedes no han querido obedecerme, y ni siquiera me han respondido. Yo, el Señor, lo afirmo. 14 Por eso, lo mismo que hice con el santuario de Siló, lo voy a hacer con este templo dedicado a mí, el cual les di a ustedes y a sus antepasados y en el que ustedes confían. 15 Los arrojaré a ustedes de mi presencia como antes arrojé a sus hermanos, los descendientes de Efraín.'

Infidelidad de Israel

16 "Tú, Jeremías, no ores por este pueblo, no me ruegues ni me supliques por ellos. No me insistas, porque no te escucharé. 17 ¿No ves lo que ellos hacen en las ciudades de Judá y en las calles de Jerusalén? 18 Los hijos recogen la leña, los padres encienden el fuego y las mujeres preparan la masa para hacer tortas y ofrecerlas a la diosa que llaman Reina del Cielo.[c] Me ofenden, además, ofreciendo vino a dioses extraños. 19 Pero más que ofenderme a mí, se ofenden a sí mismos, para su propia vergüenza. Yo, el Señor, lo afirmo. 20 Por eso yo, el Señor, les aseguro que voy a descargar toda mi ira contra este lugar y contra la gente, y aun contra los animales, los árboles del campo y las cosechas. Será como un incendio que no se apagará."

21 El Señor todopoderoso, el Dios de Israel, dice a su pueblo: "Ofrezcan todos los holocaustos y sacrificios que quieran, y coman de esa carne. 22 Pero cuando yo saqué a sus antepasados de Egipto, nada les dije ni ordené acerca de holocaustos y sacrificios. 23 Lo que sí les ordené fue que me obedecieran; pues así yo sería su Dios y ellos serían mi pueblo. Y les dije que se portaran como yo les había ordenado, para que les fuera bien.[d] 24 Pero no me obedecieron ni me hicieron caso, sino que tercamente se dejaron llevar por las malas inclinaciones de su corazón. En vez de volverse a mí, me volvieron la espalda. 25 Desde que sus antepasados salieron de Egipto hasta ahora, yo les he enviado a ustedes, uno tras otro, a todos mis siervos los

---

[a] **7.2** En Jer 26 se indican las circunstancias en que se pronunció este discurso. [b] **7.12** El *santuario de Siló* (1 S 1.3) fue destruido por los filisteos hacia el 1050 a.C. (1 S 4; Sal 78.60; Jer 26.6). [c] **7.18** *Reina del Cielo* era el título que se daba a la "diosa madre", muy venerada en el mundo antiguo por su vinculación con la sexualidad y con las fuentes de la vida. En Mesopotamia recibía el nombre de *Istar* y era identificada con el planeta Venus; en Canaán la llamaban *Astarté* (Jue 2.13). Cf. Jer 44.17–19. [d] **7.23** Ex 19.5; Lv 26.3–12; Jer 11.4; 30.21–22; 31.33.

profetas. 26 Pero ustedes no me obedecieron ni me hicieron caso, sino que se portaron aún más tercamente que sus antepasados.

27 "Tú, Jeremías, diles todas estas cosas, aunque no te hagan caso; grítales, aunque no te respondan. 28 Diles: 'Esta es la nación que no obedece al Señor su Dios ni quiere ser corregida. La sinceridad ha desaparecido por completo de sus labios.'"

Culto pagano en Jerusalén

29 ¡Jerusalén, córtate la cabellera[e] y tírala!
   ¡Entona un canto triste
      en las lomas desiertas!
   Porque el Señor está enojado
      con tu gente,
      la ha abandonado y rechazado.

30 El Señor afirma: "La gente de Judá ha hecho algo que me disgusta: pusieron sus despreciables ídolos en el templo dedicado a mí, y lo profanaron. 31 En el valle de Ben–hinom[f] construyeron el altar de Tófet[g] para quemar a sus hijos y a sus hijas, cosa que yo no les había ordenado y que ni siquiera me pasó por la mente. 32 Por eso yo, el Señor, afirmo que vendrá el día en que a ese lugar ya no lo llamarán Tófet ni Valle de Ben–hinom, sino Valle de la Matanza. Y en Tófet enterrarán a los muertos, por no haber más lugar. 33 Los cadáveres de esta gente servirán de comida a las aves de rapiña y a las fieras, y no habrá quien las espante.[h] 34 Haré desaparecer de las ciudades de Judá y de las calles de Jerusalén los cantos de fiesta y alegría, y los cantos de bodas; todo el país quedará convertido en un desierto."

8 1 El Señor afirma: "En aquel tiempo sacarán de sus tumbas los huesos de los reyes y de los jefes de Judá, de los sacerdotes, de los profetas y de los que vivieron en Jerusalén, 2 y los dejarán tendidos al sol, a la luna y a todas las estrellas a las que habían amado, servido, seguido, consultado y adorado. Nadie los recogerá para enterrarlos. Quedarán en el suelo, como estiércol. 3 Los que queden con vida de esta gente tan mala, en cualquier lugar en que se encuentren después que yo los disperse, preferirán la muerte a la vida. Yo, el Señor todopoderoso, lo afirmo.

Traición y castigo de Israel

4 "Tú, Jeremías, comunícale al pueblo este mensaje de mi parte:

   'Cuando uno se cae, se levanta;
   cuando pierde el camino, vuelve a él.
5 Entonces, Israel, ¿por qué me traicionaste?
   ¿Por qué, Jerusalén,
      renegaste de mí para siempre?
   ¿Por qué te empeñas en ser rebelde
   y no quieres volver?
6 He estado escuchando con atención,
   pero no he oído a nadie
   que se arrepienta de su maldad
   y tenga la franqueza de decir:
   ¿Qué es lo que he hecho?
   Todos siguen veloces su camino,
   como caballos desbocados en la batalla.
7 Aun la cigüeña en el cielo
   sabe cuándo debe volver.
   La tórtola, la golondrina y la grulla
   saben cuándo deben ir a otro lugar.
   En cambio tú, pueblo mío,
   no conoces mis leyes.
8 ¿Cómo pueden ustedes decir
      que son sabios
   y que tienen la ley del Señor?
   ¡Si los cronistas, con pluma mentirosa,
   la han falsificado!
9 Pero esos sabios quedarán humillados,
   acobardados,
      como animales caídos en la trampa.
   ¿Dónde está su sabiduría,
   si han rechazado mi palabra?
10 Por eso, voy a entregar sus mujeres
      a otros hombres,
   y sus tierras a otros dueños.
   Porque todos, grandes y pequeños,
   solo piensan en las ganancias
      mal habidas;

---

e 7.29 Córtate la cabellera: El término hebreo se refiere a los cabellos que el nazareo se dejaba crecer para expresar su consagración a Dios (cf. Nm 6.5). La orden de cortarse los cabellos da a entender que Judá ha dejado de ser un pueblo consagrado al Señor. *f 7.31 Ben–hinom:* Véase 2.23 n. *g 7.31 Tófet* significa probablemente *hoguera* y designaba el lugar donde en algunas circunstancias se ofrecían sacrificios humanos. Cf. 2 R 23.10; Jer 32.35.
h 7.33 Para los antiguos israelitas, no ser sepultado después de muerto era una de las cosas más horribles que podían ocurrirle a una persona. Cf. Dt 28.26; Jer 8.1–2; 9.22; 16.4; 19.7; 34.20.

profetas y sacerdotes,
todos cometen fraudes.

11 Tratan por encima las heridas
de mi pueblo;
dicen que todo está bien,
cuando todo está tan mal.

12 ¡Debería darles vergüenza
de hacer esas cosas que no soporto!
Pero no, no sienten vergüenza,
¡ya ni saben lo que es avergonzarse!
Por eso, cuando yo los castigue,
tropezarán y caerán como los otros.
Yo, el Señor, lo digo.' "

13 El Señor afirma:
"Voy a cortar a mi pueblo
como si fuera trigo.
No quedará ni una uva en el viñedo,
ni un higo en la higuera.
Solo quedarán hojas marchitas."

14 Y el pueblo dirá:
"¿Para qué nos quedamos aquí?
¡Vámonos todos a las ciudades
fortificadas,
a que nos maten de una vez!
El Señor, nuestro Dios,
va a hacernos morir;
nos da a beber agua envenenada,
porque pecamos contra él.

15 Esperábamos prosperidad,
pero nada bueno nos ha llegado.
Esperábamos salud,
pero solo hay espanto.

16 ¡Ya viene el enemigo!
¡Ya se oye desde Dan
el resoplar de sus caballos!
Cuando relinchan, tiembla toda la tierra.
Vienen a destruir el país y todos
sus bienes,
las ciudades y a los que en ellas viven."

17 El Señor afirma:
"Voy a enviar contra ustedes
serpientes venenosas,
que los van a morder;
contra ellas no hay magia que valga."

Dolor de Jeremías por su pueblo

18 Mi dolor no tiene remedio,
mi corazón desfallece.

19 Los ayes de mi pueblo
se oyen por todo el país:

"¿Ya no está el Señor en Sión?
¿Ya no está allí su rey?"
Y el Señor responde:
"¿Por qué me ofendieron
adorando a los ídolos,
a dioses inútiles y extraños?"

20 Pasó el verano, se acabó la cosecha
y no ha habido salvación para nosotros.

21 Sufro con el sufrimiento de mi pueblo;
la tristeza y el terror
se han apoderado de mí.

22 ¿No habrá algún remedio en Galaad?
¿No habrá allí nadie que lo cure?
¿Por qué no puede sanar mi pueblo?

9 1 ¡Ojalá fueran mis ojos
como un manantial,
como un torrente de lágrimas,
para llorar día y noche
por los muertos de mi pueblo!

2 ¡Ojalá tuviera yo en el desierto
un lugar donde vivir,
para irme lejos de mi pueblo!
Porque todos han sido infieles;
son una partida de traidores.

3 Siempre están listos a decir mentiras
como si dispararan flechas con un arco.
En el país reina la mentira, no la verdad;
han ido de mal en peor,
y el Señor mismo afirma:
"No han querido reconocerme."

4 Hay que desconfiar hasta del amigo;
ni siquiera en el hermano se puede confiar,
pues los hermanos se engañan entre sí
y los amigos se calumnian unos a otros.

5 Cada uno se burla del otro,
y no hay quien diga la verdad.
Se han acostumbrado a mentir;
son perversos, incapaces 6de cambiar.

El Señor afirma:
"¡Atropello tras atropello,
falsedad tras falsedad!
Mi pueblo no quiere reconocerme.

7 Por eso yo, el Señor todopoderoso, digo:
¿Qué otra cosa puedo hacer
con mi pueblo,
sino ponerlo al fuego para refinarlo?

8 Sus lenguas son flechas mortales;
andan diciendo falsedades.
Saludan cordialmente a sus amigos,
pero en realidad
les están poniendo trampas.

9 ¿Y no los he de castigar por estas cosas?
¿No he de darle su merecido
   a un pueblo así?
Yo, el Señor, lo afirmo.

10 "Lloren y giman por las montañas,
entonen un lamento por las praderas,
porque están quemadas
   y ya nadie pasa por ellas;
ya no se oye el mugir del ganado,
y hasta las aves y las fieras se fueron huyendo.

11 "Voy a convertir a Jerusalén
   en un montón de piedras,
en una guarida de chacales;
convertiré en un desierto
   las ciudades de Judá,
y quedarán sin habitantes."

12 ¿Quién es lo bastante sabio para comprender esto? ¿A quién le ha dado a conocer el Señor estas cosas, para que él se las pueda explicar a los demás? ¿Por qué está el país en ruinas, seco como un desierto por donde nadie pasa? 13 El Señor responde: "Todo esto sucedió porque los israelitas abandonaron las instrucciones que yo les di; no me obedecieron y no las pusieron en práctica. 14 Siguieron tercamente las inclinaciones de su corazón y dieron culto a dioses falsos, como sus padres les enseñaron. 15 Por eso yo, el Señor todopoderoso, el Dios de Israel, digo: Voy a darles de comer algo muy amargo, voy a darles de beber agua envenenada. 16 Los voy a dispersar entre naciones que ni ellos ni sus padres conocieron; haré que los persigan espada en mano, hasta que no quede ni uno solo."

Lamentaciones en Jerusalén

17 El Señor todopoderoso dice:
"¡Atención! Manden llamar a las mujeres
que tienen por oficio hacer lamentación."

18 ¡Sí, que vengan pronto
y que hagan lamentación por nosotros;
que se nos llenen de lágrimas los ojos
y nuestros párpados se inunden de llanto!

19 Desde Sión nos llegan ayes de dolor:
¡Ay, cómo hemos quedado en ruinas!,
¡qué deshonra hemos sufrido!

Tenemos que abandonar nuestra patria,
nuestros hogares están en ruinas.

20 Mujeres, escuchen la palabra del Señor,
pongan atención a su mensaje.
Enseñen a sus hijas a llorar
y a sus amigas a lamentarse así:

21 "La muerte entró en nuestros hogares,
llegó a nuestros palacios;
mata a los niños en las calles
y a los jóvenes en las plazas.

22 Los cadáveres de los hombres
   quedaron tendidos
como estiércol en el campo,
como espiga que cae detrás del segador
y que nadie la recoge."
El Señor lo afirma.

23 El Señor dice:
"Que no se enorgullezca el sabio
   de ser sabio,
ni el poderoso de su poder,
ni el rico de su riqueza.

24 Si alguien se quiere enorgullecer,
que se enorgullezca de conocerme,
de saber que yo soy el Señor,
que actúo en la tierra con amor,
   justicia y rectitud,
pues eso es lo que a mí me agrada.
Yo, el Señor, lo afirmo."

25 El Señor afirma: "Viene el día en que castigaré a todos los pueblos que se circuncidan físicamente: 26 a Egipto, Judá, Edom, Amón y Moab, y a todos los que viven en el desierto y se afeitan las sienes.[a] Porque todos esos pueblos, y aun todo el pueblo de Israel, son realmente paganos de corazón."

Idolatría y culto verdadero a Dios

10 1 Escucha, pueblo de Israel, este mensaje que el Señor te dirige. 2 El Señor dice:

"No sigan el ejemplo de otras naciones
ni se dejen asustar
   por las señales del cielo,
como esas naciones lo hacen.

3 La religión de esos pueblos no vale nada.
Cortan un tronco en el bosque,
un escultor lo labra con su cincel,

---

[a] **9.25-26** *Y se afeitan las sienes:* alusión a ciertos clanes del desierto de Arabia que se rapaban una parte del cabello.

4 luego lo adornan con plata y oro,
   y lo aseguran con clavos y martillo
   para que no se caiga.
5 Los ídolos parecen espantapájaros
   en un campo sembrado de melones;
   no pueden hablar,
   y hay que cargar con ellos,
       porque no caminan.
   No tengan miedo de ellos,
   que a nadie hacen mal ni bien."

6 Señor, no hay nadie como tú:
   tú eres grande,
   tu nombre es grande y poderoso.
7 ¿Quién no te teme, rey de las naciones?
   Tú mereces ser temido.
   Entre todos los sabios y reyes del mundo,
   no hay nadie como tú.
8 Todos ellos son necios,
   no tienen ninguna inteligencia.
   ¡Nada puede enseñarles
       un pedazo de madera!
9 Sus ídolos son tan solo plata traída de Tarsis
   y oro traído de Ufaz;
   objetos hechos por escultores y orfebres
   y vestidos con telas moradas y rojas,
   todos ellos fabricados por hábiles artistas.
10 El Señor es el Dios verdadero,
   el Dios viviente, el Rey eterno.
   Cuando se enoja, tiembla la tierra;
   las naciones no pueden resistir su ira.

11 (Ustedes, israelitas, digan a los paganos:
"Los dioses que no hicieron el cielo ni la tierra
desaparecerán de la tierra; ni uno de ellos
quedará debajo del cielo.")[a]

Himno de alabanza a Dios
(Jer 51.15–19)
12 El Señor, con su poder, hizo la tierra;
   con su sabiduría afirmó el mundo;
   con su inteligencia extendió el cielo.
13 Con voz de trueno
       hace rugir el agua en el cielo,
   hace subir las nubes desde el extremo
       de la tierra,
   hace brillar los relámpagos
       en medio de la lluvia

y saca el viento
   de donde lo tiene guardado.
14 Necio e ignorante es todo hombre.
   Los ídolos defraudan al que los fabrica:
   son imágenes engañosas y sin vida;
15 son objetos sin valor, ridículos,
   que el Señor, en el juicio, destruirá.
16 ¡Qué diferente es el Dios de Jacob,
   creador de todo lo que existe!
   Él escogió a Israel como su propiedad.
   El Señor todopoderoso: ese es su nombre.

Diálogo entre el profeta y la nación
17 —Y tú, nación en estado de sitio,[b]
   recoge tus cosas.
18 Porque el Señor dice:
   'Esta vez voy a lanzar lejos
   a los habitantes de este país.
   Voy a ponerlos en aprietos,
   a ver si así me encuentran.'
19 —¡Ay de mí, que estoy en ruinas!
   ¡Mis heridas no tienen curación!
   ¡Y yo que pensé que podría
   soportar este dolor!
20 Mi campamento está destruido,
   todas las cuerdas están rotas.
   Mis hijos me han abandonado,
   ¡ya no existen!
   Ya no hay quien vuelva a plantar
       mis tiendas,
   quien vuelva a extender sus lonas.
21 —Los jefes de este pueblo son necios;
   no buscan al Señor.
   Por eso han fracasado
   y todo su rebaño está disperso.

22 ¡Atención! ¡Llega una noticia!
   De un país del norte[c]
       viene un gran estruendo
   que va a convertir las ciudades de Judá
   en un desierto donde solo vivan
       los chacales.

23 Señor, yo sé que el hombre
       no es dueño de su vida,
   que no tiene dominio sobre su destino.

---

[a] **10.11** Este v. del libro de *Jeremías* no está escrito en hebreo sino en arameo.   [b] **10.17** *En estado de sitio:* Posiblemente se trata del asedio que precedió a la caída de Jerusalén, en el año 586 a.C. Cf. 2 R 25.1.   [c] **10.22** *País del norte:* Véase 1.14–15 n.

24 Corrígenos conforme a tu justicia,
    y no con ira, pues nos destruirías.
25 Descarga tu ira sobre las naciones
    que no te reconocen,
    sobre los pueblos que no te invocan,
    porque han devorado
        al pueblo de Jacob,
    lo han destruido por completo
    y han dejado en ruinas el país.

Violación de la alianza

11 1 El Señor se dirigió a mí, Jeremías, y me dijo: 2 "Que los israelitas pongan atención a los términos de esta alianza. Habla a la gente de Judá y a los habitantes de Jerusalén, 3 y diles que yo, el Señor, el Dios de Israel, declaro maldito al que no obedezca los términos de esta alianza. 4 Es la alianza que hice con sus antepasados cuando los saqué de Egipto, país que era para ellos como un horno de fundir hierro. Les dije: Obedézcanme, hagan todo lo que yo les ordene y ustedes serán mi pueblo y yo seré su Dios. 5 Si ustedes me hacen caso, yo cumpliré el juramento que hice a sus antepasados, de darles una tierra, la tierra que ahora tienen, donde la leche y la miel corren como el agua."

Y yo respondí: "Sí, Señor."

6 Entonces el Señor me dijo: "Proclama este mensaje en las ciudades de Judá y en las calles de Jerusalén. Di a la gente: 'Escuchen cuáles son los términos de esta alianza, y cúmplanlos. 7 Cuando yo saqué de Egipto a los antepasados de ustedes, les advertí solemnemente que me hicieran caso, y desde entonces hasta ahora se lo he seguido advirtiendo. 8 Pero no me hicieron caso ni me obedecieron, sino que tercamente se dejaron llevar por las malas inclinaciones de su corazón. No quisieron cumplir los términos que yo les había ordenado, y entonces hice que les vinieran los castigos anunciados en la alianza.' "

9 El Señor siguió diciéndome: "La gente de Judá y los habitantes de Jerusalén conspiran contra mí. 10 Han vuelto a los mismos pecados que antes cometieron sus antepasados, los cuales se negaron a obedecerme y se fueron tras otros dioses y los adoraron. Tanto Israel como Judá han violado la alianza que yo hice con sus antepasados. 11 Por lo tanto, voy a enviarles una calamidad de la que no podrán escapar. Por más que griten pidiéndome auxilio, no los escucharé. Yo, el Señor, lo afirmo. 12 Entonces la gente de Judá y los habitantes de Jerusalén irán a pedir ayuda a los dioses a los que ofrecen incienso, pero ellos no podrán salvarlos cuando llegue la calamidad. 13 Judá tiene tantos dioses como ciudades, y los habitantes de Jerusalén han levantado tantos altares para ofrecer incienso a Baal como calles hay en la ciudad. 14 Así que tú, Jeremías, no ores en favor de este pueblo; no me ofrezcas oraciones ni súplicas por ellos, porque no voy a escucharlos cuando me pidan ayuda en medio de la calamidad.

15 "¿Qué busca Israel, mi amada,
    en mi templo,
    después de haber hecho
        tantas cosas malas?
    ¿Acaso la grasa y la carne de los sacrificios
    alejarán de ti la desgracia,
    y podrás así escapar?"
16 El Señor te había llamado
    "olivo frondoso,
    cargado de hermosos frutos."
    Pero en medio de fuertes truenos
    él prendió fuego a tus hojas
    y arden tus ramas.

17 El Señor todopoderoso, que te plantó, ha ordenado la calamidad contra ti por causa de las maldades que Israel y Judá han cometido, pues lo han ofendido ofreciendo incienso a Baal.

Los enemigos de Jeremías pretenden darle muerte

18 El Señor me hizo saber que mis enemigos estaban tramando algo malo. Él me abrió los ojos, para que me diera cuenta. 19 Yo estaba tranquilo, como un cordero que llevan al matadero, sin saber que estaban haciendo planes contra mí. Decían: "Cortemos el árbol ahora que está en todo su vigor; arranquémoslo de este mundo de los vivientes, para que nadie vuelva a acordarse de él."

20 Pero tú, Señor todopoderoso,
    eres un juez justo;
    tú conoces hasta lo más íntimo
        del hombre.
    Hazme ver cómo castigas a esa gente,
    pues he puesto mi causa en tus manos.

21 Y a los hombres de Anatot, que buscaban mi muerte y que me ordenaban no hablar en

nombre del Señor, si no quería que me mataran, 22 el Señor todopoderoso les dice: "Voy a ajustar cuentas con ustedes: los jóvenes morirán en la guerra, y sus hijos y sus hijas morirán de hambre. 23 No quedará ni uno solo de ellos, porque viene el día en que yo ajustaré cuentas con ustedes, hombres de Anatot, y traeré sobre ustedes la calamidad."

El profeta se dirige a Dios

12 1 Señor, si me pongo a discutir contigo,
tú siempre tienes la razón;
y sin embargo quisiera preguntarte
el porqué de algunas cosas.
¿Por qué les va bien a los malvados?
¿Por qué viven tranquilos
los traidores?
2 Tú los plantas,
y ellos echan raíces,
y crecen y dan fruto.
De labios para afuera, te tienen cerca,
pero en su interior están lejos de ti.
3 Tú, en cambio, Señor, me conoces;
tú me ves y sabes
cuáles son mis sentimientos hacia ti.
¡Llévate a esa gente como ovejas
al matadero;
márcalos para el día de la matanza!
4 ¿Hasta cuándo va a estar seca la tierra
y marchita la hierba de los campos?
Los animales y las aves
se están muriendo
por la maldad de los habitantes
del país,
que piensan que no ves
lo que ellos hacen.

Respuesta de Dios

5 "Si tanto te cansas corriendo
contra gente de a pie,
¿cómo podrás competir
con gente de a caballo?
En terreno seguro te sientes tranquilo,
¿pero qué harás en la espesura
del Jordán?
6 Aun tus hermanos,
los de tu propia familia,
te han traicionado,
y a gritos te insultan a tus espaldas.
No confíes en ellos,
ni aunque te hablen con buenas
palabras.

Tristeza del Señor por la suerte de su pueblo

7 "He abandonado a mi pueblo,
he rechazado a la que fue mi posesión.
He puesto en manos de sus enemigos
a la nación que yo tanto amaba.
8 Este pueblo, que fue mi posesión,
es ahora para mí
como un león en la selva;
ruge contra mí, por eso lo aborrezco.
9 Mi pueblo es como un ave
de bello plumaje,
a la que otras aves atacan.
¡Vengan, todos los animales salvajes;
júntense a darse su banquete!
10 Muchos jefes enemigos
han destruido mi viñedo,
han pisoteado mi campo.
Han convertido en desolado desierto
el terreno que yo más quiero.
11 Lo dejaron desierto y desolado,
y yo lo veo lamentarse.
Todo el país está desierto,
pero a nadie le preocupa.
12 Por todas las lomas del desierto
vinieron hombres violentos,
porque yo, el Señor, tengo una espada
que destruirá el país
de extremo a extremo,
y no habrá paz para ninguno.
13 Sembraron trigo
y cosecharon espinos;
todos sus trabajos fueron vanos.
La cosecha fue un fracaso
por causa de mi ardiente ira."

Promesas del Señor a los pueblos vecinos de Israel

14 Así dice el Señor acerca de los pueblos malvados, vecinos de Israel, que han destruido la tierra que él dio como herencia a su pueblo Israel: "Yo los arrancaré de sus tierras, y sacaré a Judá de en medio de ellos. 15 Pero después de arrancarlos volveré a tener compasión de ellos, y los haré regresar a su propia tierra y a su propio país. 16 Ciertamente ellos enseñaron a mi pueblo a jurar por Baal, pero ahora podrán establecerse en medio de mi pueblo, si de veras aceptan la religión de mi pueblo y juran por mi nombre diciendo: 'Por la vida del Señor.' 17 Pero a la nación que no me obedezca, la arrancaré de raíz y la destruiré. Yo, el Señor, lo afirmo."

Acción simbólica sobre la infidelidad de Israel[a]

13 ¹El Señor me dijo: "Ve y cómprate un cinturón de lino y póntelo en la cintura, pero no lo mojes con agua." ²Yo compré el cinturón, como el Señor me lo había ordenado, y me lo puse en la cintura. ³Entonces me habló de nuevo el Señor y me dijo: ⁴"Toma el cinturón que compraste y que tienes puesto, vete al río Éufrates y escóndelo allí, en la grieta de una roca." ⁵Fui entonces al río Éufrates y lo escondí, como el Señor me lo había ordenado.

⁶Al cabo de mucho tiempo, el Señor me dijo: "Ve al río Éufrates y trae el cinturón que te ordené que escondieras allá." ⁷Fui al río Éufrates, busqué en la tierra y saqué el cinturón del sitio en que lo había escondido, pero ya estaba podrido y no servía para nada.

⁸Entonces el Señor se dirigió a mí una vez más, ⁹y me dijo: "De esta misma manera destruiré el orgullo de Judá y Jerusalén. ¹⁰Este pueblo malvado se niega a obedecer mis órdenes y sigue tercamente las inclinaciones de su corazón. Se ha ido tras otros dioses, para servirlos y adorarlos. Es como ese cinturón, que no sirve para nada. ¹¹Así como uno se aprieta el cinturón alrededor de la cintura, así tuve a todo el pueblo de Israel y a todo el pueblo de Judá muy unidos a mí, para que fueran mi pueblo y dieran a conocer mi nombre, y fueran mi honor y mi gloria. Pero no me obedecieron. Yo, el Señor, lo afirmo.

Otra acción simbólica sobre el futuro castigo

¹²"Diles también: 'El Señor, el Dios de Israel, dice: Cualquier vasija puede llenarse de vino.' Los israelitas te van a contestar: '¿Acaso no sabemos de sobra que cualquier vasija puede llenarse de vino?' ¹³Y tú les responderás: 'El Señor dice: Voy a emborrachar[b] a todos los que viven en este país; a los reyes que se sientan en el trono de David, a los sacerdotes, a los profetas y a todos los que viven en Jerusalén. ¹⁴Luego los romperé como vasijas, unos contra otros, padres e hijos por igual. No les tendré compasión; los destruiré sin misericordia y sin piedad. Yo, el Señor, lo afirmo.' "

Advertencia a Israel

15 ¡Israelitas, el Señor ha hablado!
No sean orgullosos, escúchenlo con atención.
16 Honren al Señor su Dios,
antes que él haga llegar la oscuridad
y tropiecen ustedes
en los montes tenebrosos;
antes que él convierta en tinieblas,
en pesada sombra,
la luz que ustedes esperaban.
17 Si ustedes no hacen caso,
lloraré en secreto a causa de su orgullo;
de mis ojos correrán las lágrimas,
porque se llevan preso el rebaño del Señor.

Mensaje de parte de Dios para el rey

18 "Di al rey y a la reina madre:
'Bajen del trono, siéntense en el suelo,
pues de su cabeza ha caído
la corona que los adornaba.'
19 Las ciudades del Néguev están sitiadas;
nadie puede pasar.
Todos los de Judá fueron llevados
al destierro,
a un destierro total.
20 Alcen la vista y miren
cómo viene del norte el enemigo.
¿Dónde está el rebaño
que yo te había confiado,
ese rebaño que era tu orgullo?

Anuncio del destierro de Israel

21 "¿Y qué vas a decir, Jerusalén,
cuando tengas que ser gobernada
por gente que tú misma instruiste?
Te vendrán dolores
como a mujer de parto.
22 Y si preguntas por qué te pasa esto,
debes saber que es por tus graves
pecados;
¡por eso te han desnudado
y han abusado de ti!
23 ¿Puede un negro cambiar de color?
¿Puede un leopardo quitarse
sus manchas?
Pues tampoco ustedes,
acostumbrados al mal,
pueden hacer lo bueno.

---

a **13.1–11** Estas acciones simbólicas eran algo más que meras ilustraciones visuales del mensaje anunciado, ya que de alguna manera llevaban a la realidad aquello que anunciaban (cf. Jer 25.15–19; 27.1–3,12; 32.1–15; 43.8–13; 51.59–64). *b* **13.13** *Voy a emborrachar:* alusión al juicio de Dios (Is 51.17; Jer 25.15–29; 49.12; Ez 23.32–34; Ap 16).

24 Por eso voy a dispersarlos a ustedes
como a paja que arrastra el viento
del desierto.
25 Ese es tu destino, Israel,
eso has merecido que yo te haga.
Yo, el Señor, lo afirmo.
Pues te olvidaste de mí
y pusiste tu confianza en falsos ídolos.
26 Yo también te voy a desnudar del todo
y a exponerte a la vergüenza.
27 He visto tu pasión, tus adulterios,
tu vergonzosa conducta de prostituta,
tus repugnantes acciones
en las colinas^c y en los campos.
¡Ay de ti, Jerusalén!,
¿cuánto tiempo seguirás estando
impura?"

La gran sequía

14 ¹ Por causa de la sequía, el Señor se
dirigió a Jeremías, y le dijo:

2 "Judá llora de tristeza,
sus ciudades están afligidas,
la gente está tendida por el suelo.
Jerusalén lanza gritos de dolor.
3 Los ricos mandan a sus criados por agua;
estos van a las cisternas,
pero no la encuentran,
y vuelven con sus cántaros vacíos;
defraudados y llenos de vergüenza,
se cubren la cabeza.
4 Los campesinos se sienten defraudados
y se cubren la cabeza,
porque falta la lluvia
y la tierra está reseca.
5 Aun las ciervas, en el campo,
abandonan sus crías recién nacidas,
porque no hay hierba que comer.
6 Los asnos salvajes,
parados en las lomas desiertas,
toman aire como los chacales;
y la vista se les nubla
porque no hay pasto que comer."

El profeta invoca al Señor en nombre del pueblo

7 ¡Señor, aunque nuestros pecados
nos acusan,
actúa por el honor de tu nombre!

Muchas veces te hemos sido infieles,
hemos pecado contra ti.
8 Esperanza de Israel,
salvador nuestro en tiempos difíciles,
¿por qué te portas como un extraño
en el país,
como un viajero que solo se queda
a pasar la noche?
9 ¿Por qué estás como un hombre aturdido,
como un guerrero que no puede ayudar?
Pero, Señor,
tú estás en medio de nosotros,
todos saben que somos tu pueblo;
¡no nos abandones!

10 El Señor dice esto acerca del pueblo de Israel: "A este pueblo le encanta andar siempre de un lado para otro. Por eso no lo miro con agrado. Ahora voy a acordarme de sus pecados y a pedirle cuenta de ellos."

11 El Señor me dijo: "No me ruegues por el bienestar de este pueblo. 12 Por mucho que ayune, no escucharé sus súplicas; por muchos holocaustos y ofrendas de cereales que me traiga, no lo miraré con agrado. Voy a destruirlo con guerra, hambre y peste."

13 Y yo le contesté: "Pero, Señor; los profetas le están diciendo al pueblo que no va a haber guerra ni hambre, y que tú le vas a conceder una paz duradera en este lugar."

14 Entonces el Señor me respondió: "Si eso dicen en mi nombre los profetas, es que están mintiendo. Yo no los he enviado, ni les he dado ninguna orden, y ni siquiera les he hablado. Son revelaciones falsas, visiones engañosas, inventos de su propia fantasía. Esto es lo que les anuncian esos profetas. 15 Pues yo, el Señor, digo de esos profetas que pretenden hablar en mi nombre sin que yo los haya enviado, y que dicen que no va a haber guerra ni hambre en este país: esos profetas morirán por la guerra y el hambre. 16 Y el pueblo al que ellos se dirigen, morirá también por la guerra y el hambre, con sus mujeres, sus hijos y sus hijas. Los cadáveres serán arrojados a las calles de Jerusalén, y no habrá quien los entierre. Así les haré pagar su maldad. 17 Di al pueblo lo siguiente:

'Que broten lágrimas de mis ojos
día y noche, sin cesar,

---

^c **13.27** *En las colinas:* Véase 2.20 n.

por la terrible desgracia de mi pueblo,
por la gravedad de su herida.

18 Salgo al campo, y veo los cadáveres
de los muertos en batalla;
entro en la ciudad, y veo gente
que se está muriendo de hambre,
Aun los profetas y los sacerdotes
se van a un país desconocido.' "

El profeta se dirige al Señor

19 Señor, ¿has rechazado del todo a Judá?
¿Te has cansado de la ciudad de Sión?
¿Por qué nos heriste
irremediablemente?
Esperábamos prosperidad,
pero nada bueno nos ha llegado.
Esperábamos salud,
pero solo hay espanto.

20 Reconocemos, Señor, nuestra maldad
y la culpa de nuestros antepasados;
hemos pecado contra ti.

21 ¡Por el honor de tu nombre,
no nos rechaces;
no trates con desprecio a la ciudad
donde está tu glorioso trono!
¡Recuerda la alianza
que hiciste con nosotros,
no faltes a ella!

22 ¿Hay acaso entre los ídolos paganos
alguno que pueda hacer llover?
¿Acaso el cielo envía los aguaceros
por sí mismo?
¡No, Señor y Dios nuestro!
Tú eres quien los envía,
tú eres quien hace todas estas cosas;
¡por eso esperamos en ti!

Anuncio del castigo

15 ¹El Señor me dijo: "Aunque Moisés y Samuel se presentaran aquí, delante de mí, yo no tendría compasión de este pueblo. Diles que salgan de mi presencia, que se vayan. ²Y si te preguntan a dónde han de ir, diles esto de mi parte:

'Los destinados a morir de peste,
a morir de peste;
los destinados a morir en la guerra,
a morir en la guerra;
los destinados a morir de hambre,
a morir de hambre;
los destinados al destierro,
al destierro.'

3 "Yo, el Señor, afirmo: Voy a enviarles cuatro diferentes castigos: los matarán en la guerra, los arrastrarán los perros, se los comerán las aves de rapiña y los devorarán las fieras. ⁴Haré que todas las naciones de la tierra sientan horror de lo que voy a hacer con ellos, por causa de lo que el rey de Judá, Manasés, hijo de Ezequías, ha hecho en Jerusalén.

5 "¿Quién tendrá compasión de ti,
Jerusalén?
¿Quién va a sentir lástima de ti?
¿Quién se va a preocupar de tu salud?

6 Tú me abandonaste,
me diste la espalda.
Yo, el Señor, lo afirmo.
Por eso yo, cansado de tener paciencia,
levanté mi mano para castigarte,
y te destruí.

7 Dispersé a tu gente como a paja,
sacándola de las ciudades del país;
dejé sin hijos a mi pueblo, lo destruí
porque no quiso dejar su mala vida.

8 Dejé entre ellos más viudas
que granos de arena tiene el mar.
En pleno mediodía hice caer la muerte
sobre las madres con hijos jóvenes;
de repente hice caer sobre ellas
la angustia y el terror.

9 Madres con muchos hijos
se desmayan, quedan sin aliento;
avergonzadas y humilladas,
la luz del día se les vuelve oscuridad.
Si algunos quedan con vida,
haré que sus enemigos los maten.
Yo, el Señor, doy mi palabra."

Exclamación del profeta

10 ¡Ay de mí, madre mía, que me diste a luz
solo para disputar y pelear
con todo el mundo!
A nadie he prestado dinero,
ni me lo han prestado a mí,
y sin embargo todos me maldicen.

11 Que sus maldiciones se cumplan, Señor,
si no te he servido bien,
si no te he rogado
en favor de mis enemigos,
cuando estaban en desgracia y aflicción.

Dios anuncia el castigo a Israel

12 "¿Quién puede romper
el hierro del norte y el bronce?

13 A causa de todos tus pecados, Israel,
   voy a entregar a tus enemigos
   tu riqueza y tus tesoros,
   todo lo que tienes en tu territorio,
   para que se lo lleven gratuitamente.
14 Voy a hacerte esclavo de tus enemigos
   en una tierra que tú no conoces,
   porque mi ira se ha encendido
   como un fuego que te consumirá."

El profeta invoca al Señor

15 Señor, tú que lo sabes todo,
   ¡acuérdate de mí y ven en mi ayuda!
   ¡Toma venganza de los que me persiguen!
   No seas con ellos tan paciente
   que me dejes morir a mí;
   mira que por ti soporto insultos.
16 Cuando me hablabas,
      yo devoraba tus palabras;
   ellas eran la dicha y la alegría
      de mi corazón,
   porque yo te pertenezco,
   Señor y Dios todopoderoso.
17 Yo he evitado juntarme
   con los que solo piensan en divertirse;
   desde que tú te apoderaste de mí
   he llevado una vida solitaria,
   pues me llenaste de tu ira.
18 ¿Por qué mi dolor nunca termina?
   ¿Por qué mi herida es incurable,
   rebelde a toda curación?
   Te has vuelto para mí
   como el agua engañosa de un espejismo.

Respuesta del Señor

19 Entonces el Señor me respondió:
   "Si regresas a mí, volveré a recibirte
   y podrás servirme.
   Si evitas el hablar por hablar
   y dices solo cosas que valgan la pena,
   tú serás quien hable de mi parte.
   Son ellos quienes deben volverse a ti,
   y no tú quien debe volverse a ellos.
20 Yo haré que seas para este pueblo
   como un muro de bronce, difícil de vencer.
   Te harán la guerra,
   pero no te vencerán,

pues yo estoy contigo para salvarte
   y librarte.
   Yo, el Señor, doy mi palabra.
21 Te libraré del poder de los malvados,
   ¡te salvaré del poder de los violentos!"

Jeremías recibe órdenes del Señor

16 [1] El Señor se dirigió a mí, y me dijo: [2] "No te cases ni tengas hijos en este país. [3] Porque yo, el Señor, te voy a decir lo que va a suceder a los hijos que nazcan en este país y a los padres que los tengan. [4] Morirán de enfermedades terribles y nadie llorará por ellos ni los enterrará: quedarán tendidos en el suelo como estiércol. La guerra y el hambre acabarán con ellos, y sus cadáveres serán devorados por las aves de rapiña y las fieras."[a]

[5] El Señor me dijo también: "No entres en una casa donde estén de luto por un muerto; no llores ni muestres tu dolor por él, porque a este pueblo le he retirado mi paz, mi amor y mi misericordia. Yo, el Señor, lo afirmo. [6] Grandes y pequeños morirán en este país; nadie les dará sepultura, ni los llorará, ni mostrará dolor por ellos hiriéndose en el cuerpo o rapándose la cabeza.[b] [7] Nadie celebrará banquetes fúnebres[c] para consolar a los parientes, ni aun cuando se trate de la muerte del padre o de la madre.

[8] "Tampoco entres en una casa donde haya un banquete, a sentarte con ellos a comer y beber. [9] Porque yo, el Señor todopoderoso, el Dios de Israel, declaro: Yo haré que terminen en este país los cantos de fiesta y alegría, y los cantos de bodas. Esto pasará en sus propios días, y ustedes mismos lo verán.

[10] "Cuando comuniques al pueblo este mensaje, te van a preguntar: '¿Por qué ha ordenado el Señor contra nosotros este mal tan grande? ¿Qué mal hemos hecho? ¿Qué pecado hemos cometido contra el Señor nuestro Dios?' [11] Tú contéstales: 'El Señor afirma: Esto es porque los antepasados de ustedes me dejaron y se fueron tras otros dioses, para darles culto y adorarlos; a mí me abandonaron y no cumplieron las instrucciones que yo les di. [12] Y ustedes han sido peores que sus antepasados, pues cada uno

---

[a] **16.4** Véase 7.33 n.   [b] **16.6** La costumbre de hacerse heridas *en el cuerpo* o de raparse *la cabeza* en señal de duelo estaba prohibida por la ley mosaica (cf. Lv 19.28; Dt 14.1). Sin embargo, aquí se presenta como un rito funerario practicado corrientemente.   [c] **16.7** *Banquetes fúnebres:* Los parientes del difunto solían ayunar hasta el atardecer (cf. 2 S 1.12; 3.35), y a esa hora los vecinos los consolaban trayéndoles comida y bebida.

ha seguido tercamente las malas inclinaciones de su corazón y no me ha obedecido. 13 Por eso los voy a echar de esta tierra a un país que ni ustedes ni sus antepasados conocían, y allá servirán día y noche a otros dioses, pues no tendré compasión de ustedes.'

14 "Pero vendrá un tiempo —yo, el Señor, lo afirmo— en que ya no jurarán diciendo: 'Por la vida del Señor, que sacó a los israelitas de Egipto', 15 sino que dirán: 'Por la vida del Señor, que sacó a los israelitas del país del norte y de todos los demás países por donde los había dispersado'. Yo haré que ustedes regresen a su tierra, a la tierra que di a sus antepasados.

16 "Voy a hacer venir muchos pescadores —yo, el Señor, lo afirmo— para que pesquen a los israelitas. Luego haré venir muchos cazadores para que los cacen y los saquen de todas las montañas y colinas y hasta de las grietas de las rocas. 17 Porque veo todas sus acciones; ninguna queda oculta para mí, ni sus pecados pueden esconderse de mi vista. 18 Primero los haré pagar el doble por sus maldades y pecados, porque profanaron mi tierra con sus aborrecibles ídolos muertos, y en toda la tierra que les di como herencia hicieron cosas que yo detesto."

Jeremías invoca al Señor

19 Señor, fuerza y protección mía,
mi refugio en el momento de peligro;
a ti vendrán las naciones
desde el extremo de la tierra,
y te dirán:
"Solo dioses falsos, inútiles y sin poder
recibieron nuestros padres
como herencia.
20 ¿Puede el hombre hacer
sus propios dioses?
¡Entonces esos dioses no son
verdaderos!"

Respuesta del Señor

21 "Por eso, de una vez por todas,
voy a mostrarles mi poder;
así sabrán que mi nombre es el Señor.

Pecado y castigo de Judá

17 1 "Judá, tu pecado está escrito
con cincel de hierro,
está grabado con punta de diamante
en la piedra de tu corazón,
en los cuernos de tus altares.[a]
2 Tus hijos se acuerdan de los altares
y de los troncos sagrados[b]
que había junto a los árboles frondosos
y sobre las colinas elevadas
3 y sobre los montes del campo.
Por causa de tus pecados,
haré que te roben tus riquezas y tesoros,
y que saqueen tus colinas sagradas
en todo tu territorio.
4 Tendrás que abandonar la tierra
que yo te di como herencia,
y te haré esclava de tus enemigos
en una tierra que no conoces,
porque mi ira se ha encendido
como un fuego que te consumirá."

Mensajes varios

5 El Señor dice:
"Maldito aquel que aparta de mí
su corazón,
que pone su confianza en los hombres
y en ellos busca apoyo.
6 Será como la zarza del desierto,
que nunca recibe cuidados:
que crece entre las piedras,
en tierras de sal, donde nadie vive.

7 "Pero bendito el hombre que confía en mí,
que pone en mí su esperanza.
8 Será como un árbol plantado
a la orilla de un río,
que extiende sus raíces hacia la corriente
y no teme cuando llegan los calores,
pues su follaje está siempre frondoso.
En tiempo de sequía no se inquieta,
y nunca deja de dar fruto.

9 "Nada hay tan engañoso y perverso
como el corazón humano.
¿Quién es capaz de comprenderlo?

---

[a] **17.1** *En los cuernos de tus altares:* Cf. Ex 27.2. Cuando se ofrecían sacrificios de expiación por el pecado, se rociaban los cuernos del altar con la sangre de la víctima (cf. Lv 4.25). Pero el pecado de Judá se había adherido de tal manera que ya no podía ser purificado con ese rito expiatorio. [b] **17.2** Los *troncos sagrados* eran objetos erigidos en honor de la diosa Aserá o Astarté (cf. Jue 2.13). *Árboles frondosos:* Los sitios poblados de *árboles* y con vegetación exuberante eran particularmente apropiados para rendir culto a los dioses de la fertilidad (Is 65.3).

10 Yo, el Señor, que investigo el corazón
y conozco a fondo los sentimientos;
que doy a cada cual lo que se merece,
de acuerdo con sus acciones."

11 El que se hace rico injustamente
es como la perdiz
que empolla huevos ajenos.
En pleno vigor tendrá que abandonar
su riqueza,
y al fin solo será un tonto más.

12 Nuestro templo es un trono glorioso,
puesto en alto desde el principio.

13 Señor, tú eres la esperanza de Israel.
Todo el que te abandona
quedará avergonzado.
Todo el que se aleja de ti
desaparecerá como un nombre escrito
en el polvo,^c
por abandonarte a ti,
manantial de frescas aguas.

Jeremías invoca al Señor

14 Sáname tú, Señor, y seré sanado;
sálvame tú, y seré salvado,
pues solo a ti te alabo.
15 La gente me dice:
"¿Qué pasó con las palabras del Señor?
¡Que se cumplan ahora mismo!"
16 Y, sin embargo, yo no he insistido
en que tú les envíes un desastre,
ni he deseado calamidades para ellos.
Tú bien sabes lo que he dicho,
pues lo dije en tu presencia.
17 No te conviertas para mí en terror,
pues eres mi refugio en momentos
de angustia.
18 Deja en ridículo a mis perseguidores,
y no a mí;
que ellos queden espantados, y no yo.
Haz venir sobre ellos momentos
de angustia,
destrózalos por completo
una y otra vez.

Sobre la observancia del sábado

19 El Señor me dijo: "Ve y párate en la Puerta del Pueblo,^d por donde entran y salen los reyes de Judá, y luego haz lo mismo en las demás puertas de Jerusalén. **20** Di a la gente: 'Reyes y pueblo todo de Judá, habitantes todos de Jerusalén que entran por estas puertas, escuchen la palabra del Señor. **21** El Señor dice: En el sábado y por consideración a sus propias vidas, no lleven cargas ni las metan por las puertas de Jerusalén. **22** No saquen tampoco ninguna carga de sus casas en el sábado, ni hagan en él ningún trabajo. Conságrenme el sábado, tal como se lo ordené a sus antepasados. **23** Pero ellos no me hicieron caso ni me obedecieron, sino que fueron tercos y no quisieron obedecer ni escarmentar.

24 'Yo, el Señor, afirmo: Obedézcanme de veras, no lleven ninguna carga por las puertas de la ciudad en el sábado; conságrenme este día y no hagan en él ningún trabajo. **25** Si lo hacen así, siempre habrá reyes que ocupen el trono de David y que entren por las puertas de esta ciudad en carrozas y caballos, acompañados de los jefes y de la gente de Judá y de Jerusalén. Y Jerusalén siempre tendrá habitantes. **26** Y vendrá gente de las ciudades de Judá que están en los alrededores de Jerusalén, y del territorio de Benjamín, de la llanura, de la región montañosa y del Négueb. Traerán al templo animales para el holocausto y para los demás sacrificios, ofrendas de cereales e incienso, y ofrendas de acción de gracias. **27** Pero si ustedes no obedecen mi mandato de consagrarme el sábado y de no meter cargas en ese día por las puertas de Jerusalén, entonces pondré fuego a las puertas de la ciudad, un fuego que destruirá los palacios de Jerusalén y que nadie podrá apagar.' "

Acción simbólica del alfarero y el barro

18 **1** El Señor se dirigió a mí, y me dijo: **2** "Baja a la casa del alfarero y allí te comunicaré un mensaje." **3** Yo, Jeremías, bajé y encontré al alfarero trabajando el barro en el torno. **4** Cuando el objeto que estaba haciendo le salía mal, volvía a hacer otro con

---

^c **17.13** El *nombre escrito en el polvo* contrasta manifiestamente con el nombre *escrito en el libro de la vida* (Ex 32.31–32). Algunos, sin embargo, piensan que esta frase debe traducirse: *Todos los que en esta tierra te abandonan deben ser humillados.* ^d **17.19** *La Puerta del Pueblo:* Algunos identifican esta puerta con la *Puerta de las Ovejas* (Neh 3.1,32) o con la *Puerta de la Inspección* (Neh 3.31), localizadas al norte y nordeste en el muro de Jerusalén, respectivamente.

el mismo barro, hasta que quedaba como él quería.

5 Entonces el Señor me dijo: 6 "¿Acaso no puedo hacer yo con ustedes, israelitas, lo mismo que este alfarero hace con el barro? Ustedes son en mis manos como el barro en las manos del alfarero. Yo, el Señor, lo afirmo. 7 En un momento dado decido arrancar, derribar y destruir[a] una nación o un reino. 8 Pero si esa nación se aparta del mal, entonces ya no le envío el castigo que le tenía preparado. 9 En otra ocasión decido construir y hacer crecer una nación o un reino. 10 Pero si esa nación hace lo malo y desatiende mis advertencias, entonces ya no le envío los beneficios que le tenía preparados.

11 "Di, pues, a la gente de Judá y a los habitantes de Jerusalén que yo, el Señor, les digo: 'Estoy haciendo planes contra ustedes; estoy pensando en castigarlos. Dejen ya el mal camino; mejoren su conducta y sus obras.' 12 Ellos te van a decir: '¡No pierdas tu tiempo! Preferimos vivir como a nosotros nos gusta y seguir tercamente las malas inclinaciones de nuestro corazón.' "

13 Por eso, el Señor dice:
"Pregunten entre las naciones,
si alguien ha oído cosa semejante.
¡El pueblo de Israel
ha hecho algo muy horrible!
14 ¿Desaparece alguna vez la nieve
de las altas rocas del Líbano?
¿Se secarán acaso las frescas aguas
que bajan de las montañas?
15 Pero mi pueblo me ha olvidado,
y ofrece incienso a dioses falsos.
Se ha extraviado en su camino,
el camino antiguo,
y sigue senderos desconocidos.
16 Así ha convertido su país
en un desierto,
en un constante motivo de asombro.
Todo el que pase por él
moverá espantado la cabeza.
17 Yo, como un viento del este,
dispersaré a Israel;
lo haré huir de sus enemigos.
Yo le volveré la espalda, no la cara,
cuando llegue el día de su castigo."

Planes contra el profeta

18 La gente dijo: "Vamos a preparar un plan para deshacernos de Jeremías. Jamás faltarán sacerdotes que nos instruyan, ni sabios que nos den consejos, ni profetas que nos comuniquen la palabra de Dios. Acusémoslo, para que lo maten. No hagamos caso a nada de lo que dice."

Oración de Jeremías

19 ¡Señor, préstame atención!
¡Oye lo que dicen mis enemigos!
20 ¿Es con el mal como se paga el bien?
¡Ellos han cavado mi sepultura!

Recuerda que me he enfrentado contigo
para hablarte en favor de ellos,
para pedirte que apartaras de ellos tu ira.
21 ¡Pero ahora, haz que sus hijos mueran
de hambre o a filo de espada;
que queden viudas y sin hijos
sus esposas!
¡Que la peste mate a sus hombres
y sus jóvenes caigan en el campo
de batalla!
22 Envía de repente contra ellos
una banda de ladrones;
¡que se oigan sus gritos de terror!
Porque cavaron un hoyo
para atraparme,
pusieron trampas a mi paso.
23 Pero tú, Señor, conoces todos los planes
que han hecho para darme muerte.
¡No les perdones su maldad
ni olvides sus pecados!
¡Hazlos caer delante de ti,
castígalos con ira!

Acción simbólica del cántaro roto

19 1 El Señor me dijo: "Ve y compra un cántaro de barro, y llama a algunos ancianos del pueblo y a algunos sacerdotes ancianos. 2 Luego sal al Valle de Ben-hinom, frente a la Puerta de los Tiestos, y proclama allí el mensaje que voy a comunicarte. 3 Di: 'Reyes de Judá y habitantes de Jerusalén, escuchen este mensaje del Señor todopoderoso, el Dios de Israel: Voy a enviar una calamidad tan grande sobre este lugar, que todo el que oiga la noticia quedará aturdido. 4 Porque los israelitas

---

[a] **18.7** *Arrancar, derribar y destruir:* Jer 1.10.

me abandonaron y convirtieron este lugar en tierra extraña; en él ofrecieron incienso a otros dioses, que no conocían ni ellos ni sus antepasados ni los reyes de Judá, y lo llenaron de sangre de gente inocente. 5 Además construyeron altares para quemar a sus hijos en holocausto a Baal, cosa que yo no les ordené ni les dije, y que ni siquiera me pasó por la mente.*a* 6 Por eso vendrán días en que este lugar ya no se llamará Tófet ni Valle de Ben–hinom, sino Valle de la Matanza. Yo, el Señor, lo afirmo. 7 En este lugar haré pedazos los planes de Judá y de Jerusalén. Haré que sus enemigos mortales los derroten y los maten, y que sus cadáveres sirvan de comida a las aves de rapiña y a las fieras. 8 Convertiré esta ciudad en un desierto, en algo que cause espanto. Todos los que pasen por ella se quedarán espantados y asombrados al ver su completa destrucción. 9 Haré que la gente se coma a sus propios hijos e hijas, y que se coman unos a otros a causa de la situación desesperada a que los someterán sus enemigos mortales durante el sitio de la ciudad.'*b*

10 "Después de decir esto, haz pedazos el cántaro a la vista de los hombres que te acompañan, 11 y diles: 'El Señor todopoderoso dice: Haré pedazos este pueblo y esta ciudad como quien hace pedazos un cántaro de barro, que ya no se puede reparar. La gente tendrá que enterrar a los muertos en Tófet, por no haber más lugar donde enterrarlos. 12 Así haré con esta ciudad y sus habitantes. La dejaré en las mismas condiciones que a Tófet. Yo, el Señor, lo afirmo. 13 Las casas de Jerusalén, los palacios de los reyes de Judá y las azoteas de las casas donde ofrecían incienso a todos los astros y derramaban ofrendas de vino a otros dioses, serán considerados impuros, lo mismo que Tófet.' "

14 Después de esto, Jeremías regresó de Tófet, adonde el Señor lo había enviado a hablar en su nombre, y parándose en el atrio del templo, dijo a todo el pueblo: 15 "El Señor todopoderoso, el Dios de Israel, dice: 'Voy a enviar a esta ciudad y a todos sus poblados todos los castigos que les he anunciado, porque se han puesto tercos para no obedecer mis palabras.' "

Profecía acerca de Pashur, enemigo de Jeremías

20 1 Cuando Pashur, hijo de Imer, que era sacerdote e inspector mayor en el templo, oyó a Jeremías pronunciar esta profecía, 2 mandó que lo golpearan y lo sujetaran en el cepo que estaba en la Puerta Superior de Benjamín, junto al templo. 3 Un día después mandó que quitaran a Jeremías del cepo, y entonces Jeremías le dijo: "El Señor te ha cambiado el nombre de Pashur por el de Magor–misabib.*a* 4 Porque el Señor dice: 'Te voy a convertir en terror para ti mismo y para todos tus amigos; ante tus propios ojos, tus amigos caerán bajo la espada de sus enemigos. Entregaré a todos los habitantes de Judá en manos del rey de Babilonia, el cual los llevará desterrados a Babilonia o los pasará a cuchillo. 5 Entregaré también en manos de sus enemigos todas las riquezas de esta ciudad, todas sus posesiones y objetos de valor, y todos los tesoros de los reyes de Judá, para que se los lleven a Babilonia. 6 Y tú, Pashur, serás desterrado a Babilonia, junto con toda tu familia. Allí morirás y allí te enterrarán a ti y a todos los amigos a quienes profetizabas cosas falsas.' "

Quejas de Jeremías ante el Señor

7 Señor, tú me engañaste,*b*
  y yo me dejé engañar;
  eras más fuerte, y me venciste.
  A todas horas soy motivo de risa;
  todos se burlan de mí.
8 Siempre que hablo es para anunciar
  violencia y destrucción;
  continuamente me insultan
    y me hacen burla
  porque anuncio tu palabra.
9 Si digo: "No pensaré más
    en el Señor,
  no volveré a hablar en su nombre",
  entonces tu palabra en mi interior
  se convierte en un fuego que devora,
  que me cala hasta los huesos.
  Trato de contenerla,
  pero no puedo.

---

a 19.5 Lv 18.21; cf. Is 57.5. *b* 19.9 Cf. Dt 28.53–57; Ez 5.10. *a* 20.3 *Magor–misabib:* En hebreo, este nombre significa *hay terror por todas partes.* Véase 20.10 n. *b* 20.7 *Tú me engañaste:* o bien, *tú me has seducido, has abusado de mi ingenuidad.* Jeremías se lamenta de haber sido enviado a cumplir la misión profética sin conocer de antemano todos los sufrimientos que le iba a producir la fidelidad a esa misión.

10 Puedo oir que la gente cuchichea:
"¡Hay terror por todas partes!"^c
Dicen: "¡Vengan, vamos a acusarlo!"
Aun mis amigos esperan
que yo dé un paso en falso.
Dicen: "Quizá se deje engañar;
entonces lo venceremos
y nos vengaremos de él."

11 Pero tú, Señor, estás conmigo
como un guerrero invencible;
los que me persiguen caerán,
y no podrán vencerme;
fracasarán, quedarán avergonzados,
cubiertos para siempre
de deshonra inolvidable.

12 Señor todopoderoso,
tú que examinas con justicia,
tú que ves hasta lo más íntimo del hombre,
hazme ver cómo castigas a esa gente,
pues he puesto mi causa en tus manos.

13 ¡Canten al Señor, alaben al Señor!,
pues él salva al afligido
del poder de los malvados.

14 ¡Maldito el día en que nací!
¡Que el día en que mi madre
me dio a luz no sea bendito!

15 ¡Maldito el que alegró a mi padre
con la noticia de que un hijo varón
le había nacido!

16 ¡Que ese hombre sea como las ciudades
que Dios destruye para siempre!^d
¡Que oiga de mañana gritos de dolor,
y alarma de guerra a mediodía,

17 pues Dios no me hizo morir
en el seno de mi madre!
Así ella hubiera sido mi sepulcro,
y yo nunca habría nacido.

18 ¿Por qué salí del vientre
solo para ver dolor y penas,
y para terminar mi vida
cubierto de vergüenza?

Anuncio del castigo a Jerusalén

21 ¹⁻²El rey Sedequías^a envió a Pashur, hijo de Malquías, y al sacerdote Sofonías, hijo de Maaseías, a ver a Jeremías y a decirle: "Por favor, consulta al Señor por nosotros, porque Nabucodonosor, rey de Babilonia,^b nos está atacando. Tal vez quiera el Señor hacer uno de sus milagros y obligue a Nabucodonosor a retirarse."^c

Entonces habló el Señor a Jeremías, ³y este respondió a los enviados de Sedequías: "Díganle a Sedequías ⁴que el Señor, el Dios de Israel, dice: 'Voy a hacer retroceder a las tropas con las que, fuera de las murallas, están ustedes respondiendo al ataque del rey de Babilonia y de los caldeos, y las reuniré en medio de esta ciudad. ⁵Yo mismo pelearé contra ustedes, con gran despliegue de poder^d y con ardiente ira y gran furor. ⁶Mataré a todos los habitantes de esta ciudad; hombres y animales morirán de una peste terrible. ⁷Después entregaré a Sedequías, rey de Judá, en manos de Nabucodonosor y de sus otros enemigos mortales, junto con sus oficiales y tropas y la gente que haya quedado con vida en la ciudad después de la peste, la guerra y el hambre. Yo haré que los maten a filo de espada, sin piedad ni compasión. Yo, el Señor, lo afirmo.

⁸'Anuncia también al pueblo que yo, el Señor, digo: Les doy a escoger entre el camino de la vida y el camino de la muerte. ⁹El que se quede en esta ciudad morirá en la guerra, o de hambre o de peste. En cambio, el que salga y se entregue a los caldeos que están ahora atacando la ciudad, no morirá; al menos podrá salvar su vida. ¹⁰Porque yo he decidido traer mal en vez de bien sobre esta ciudad. Voy a entregársela al rey de Babilonia, y él le prenderá fuego. Yo, el Señor, lo afirmo.

Anuncio contra el rey de Judá

¹¹⁻¹²'A la casa real de Judá, a la casa del rey David,^e dile de mi parte:

---

^c **20.10** *¡Hay terror por todas partes!:* Según algunos intérpretes, esta frase se habría convertido en una especie de apodo de Jeremías, debido a la frecuencia con que la pronunciaba. Cf. 20.3. ^d **20.16** *Las ciudades . . . para siempre:* Cf. Gn 19; Is 1.9. ^a **21.1-2** Jer 37.17-21; 38.14-28. ^b **21.1-2** *Nabucodonosor, rey de Babilonia,* atacó la ciudad de Jerusalén y la destruyó después de un prolongado asedio (587 a.C.). Cf. 2 R 25.1-11; 2 Cr 36.17-21. ^c **21.1-2** El rey Sedequías parece aludir a la milagrosa liberación de Jerusalén acaecida un siglo antes, cuando la ciudad fue atacada y sitiada por Senaquerib, rey de Asiria (2 R 18.13—19.37). ^d **21.5** *Con gran despliegue de poder:* expresión típica de *Deuteronomio* (Dt 4.34; 5.15; 7.19; 11.2; 26.8). ^e **21.11-12** *A la casa real de Judá, a la casa del rey David:* El término *casa,* en este contexto, equivale a *dinastía.* Todos los reyes de Judá fueron descendientes del rey David (cf. 2 S 7.16).

Escucha el mensaje del Señor:
Haz justicia todos los días;
libra de explotadores a los oprimidos,
no sea que, por tus malas acciones,
mi enojo se encienda como un fuego
y arda sin que nadie pueda apagarlo.

Anuncio de castigo a Jerusalén

13 'Ciudad que dominas el valle,
como peñasco en la llanura,
yo, el Señor, me declaro contra ti.
Ustedes dicen: ¿Quién podrá atacarnos?
¿Quién podrá llegar hasta nuestro refugio?
14 Yo los castigaré
como merecen sus acciones;
prenderé fuego a sus bosques,*f*
y ese fuego devorará
todos los alrededores.
Yo, el Señor, lo afirmo.' "

Mensaje a la casa real de Judá

22 ¹El Señor me dijo: "Baja al palacio
real y proclama este mensaje 2ante
el rey de Judá, que está sentado en
el trono de David, y ante sus funcionarios y la
gente de la ciudad: 'Escuchen la palabra del
Señor. 3Practiquen en este lugar la justicia y la
rectitud, libren del explotador al oprimido, no
humillen ni maltraten a los extranjeros, los
huérfanos y las viudas. No maten gente extranjera en este lugar. 4Si de veras hacen esto que
les mando, seguirá habiendo reyes que ocupen
el trono de David, los cuales entrarán en carrozas y a caballo por las puertas de este palacio,
acompañados de los funcionarios y del pueblo.
5Pero si no hacen caso de estas advertencias,
este palacio quedará convertido en ruinas. Yo,
el Señor, lo afirmo.' "

6Porque el Señor dice acerca del palacio del
rey de Judá:

"Tú eres para mí como el monte Galaad,
como la cumbre del Líbano,*a*
pero juro que te convertiré en desierto,
en un lugar sin habitantes.

7 Voy a enviar gente armada contra ti,
con la misión de destruirte.
Cortarán tus hermosas columnas de cedro
y las echarán al fuego.

8"Gentes de muchas naciones pasarán después junto a esta ciudad, y se preguntarán unos
a otros: '¿Por qué trató así el Señor a esta ciudad
tan grande?' 9Y responderán: 'Porque abandonaron la alianza que el Señor, su Dios, había
hecho con ellos, y adoraron y dieron culto a
otros dioses.' "

Mensaje de Jeremías acerca de Salum (Joacaz)

10-11 No lloren por el rey Josías,
no lloren por su muerte;*b*
lloren más bien por su hijo Salum,
que se va para no volver;
ya no verá más su tierra natal.

Pues el Señor dice acerca de Salum, hijo de
Josías, rey de Judá, que ocupó el trono después
de su padre, y que salió de este lugar: "No
regresará, 12sino que morirá en el país adonde
lo llevaron desterrado, y no volverá a ver este
país.*c*

Mensaje acerca de Joaquim

13 "¡Ay de ti, que a base de maldad
e injusticias
construyes tu palacio y tus altos edificios,
que haces trabajar a los demás
sin pagarles sus salarios!
14 Que dices: 'Voy a construirme
un gran palacio,
con amplias salas en el piso superior.'
Y le abres ventanas,
recubres de cedro sus paredes
y lo pintas de rojo.
15 ¿Piensas que ser rey
consiste en vivir rodeado de cedro?
Tu padre gozó de la vida;
pero actuaba con justicia y rectitud,
y por eso le fue bien.

---

*f***21.14** *Sus bosques:* Quizá se trata de una alusión al llamado *Bosque del Líbano* y a otros edificios construidos con
cedros (1 R 7.2; cf. Jer 22.6–7). *a***22.6** *Galaad* y el *Líbano* se proponen como símbolos de esplendor y abundancia:
el primero, por sus bosques, y el segundo, por sus cedros (cf. Is 2.13; 37.24; Zac 11.1). *b***22.10–11** Cf. 2 R
23.29–30; 2 Cr 35.20–25. *c***22.10–12** Después de la muerte de Josías, *su hijo Salum* (1 Cr 3.15), llamado también
Joacaz, solo pudo reinar tres meses, ya que el faraón Necao lo destituyó y lo llevó prisionero a Egipto (2 R 23.31–34;
2 Cr 36.1–4).

16 Defendía los derechos de pobres
        y oprimidos,
    y por eso le fue bien.
    Eso es lo que se llama conocerme.*d*
    Yo, el Señor, lo afirmo.

17 "Pero tú solo te preocupas
        por las ganancias mal habidas;
    haces morir al inocente,
    y oprimes y explotas a tu pueblo."

18 El Señor dice acerca de Joaquim, hijo de
Josías, rey de Judá:

    "No habrá nadie que llore su muerte.
    No habrá nadie que llore y diga:
    '¡Ay, hermano! ¡Ay, hermana!
    ¡Ay, Señor! ¡Ay, Majestad!'
19 Lo enterrarán como a un asno:
    lo arrastrarán y lo echarán
    fuera de Jerusalén."

Mensaje acerca de Jerusalén

20 "¡Judá, sube al monte Líbano y grita!
    ¡Levanta la voz en las montañas de Basán!
    ¡Grita desde las colinas de Abarim,
    pues todos tus amantes*e*
        han sido derrotados!
21 Yo te hablé en el tiempo
        de tu prosperidad,
    pero no quisiste oírme.
    Así lo has hecho desde tu juventud:
    ¡no has querido escuchar mi voz!
22 El viento arrastrará a todos tus jefes,
    y tus amantes irán al destierro.
    Quedarás avergonzada y humillada
    por causa de todas tus maldades.
23 Tú estás ahora tranquila en tu nido,
    entre los cedros traídos del Líbano,
    ¡pero ya sufrirás
        cuando te vengan dolores,
    dolores como de parto!"

Mensaje de Dios al rey Jeconías*f*

24 El Señor ha dicho a Jeconías, hijo de Joaquim, rey de Judá: "Lo juro por mi vida: Aunque fueras un anillo de sellar puesto en mi
mano derecha, te arrancaría de ahí 25 para
entregarte a tus enemigos mortales, a los que
tú tanto temes. Te entregaré a Nabucodonosor,
rey de Babilonia, y a los caldeos. 26 Y te arrojaré
a ti y a tu madre a una tierra que no los vio
nacer, y allá morirán los dos." 27 Así que ellos
no volverán a la tierra a la que tanto desearán
volver.

Exclamación del profeta

28 ¿Es Jeconías una vasija rota e inútil,
        un trasto que nadie quiere?
    ¿Por qué son lanzados él y sus hijos
        a una tierra desconocida?
29 ¡Tierra, tierra, tierra;
        escucha la palabra del Señor!

30 El Señor dice:
    "Anoten a este hombre en los registros
        como un hombre sin hijos,
        como un hombre que fracasó en la vida.
    Porque ninguno de sus descendientes
        llegará a ocupar el trono de David
        para reinar de nuevo en Judá."*g*

Esperanzas para el futuro

23 1 El Señor afirma: "¡Ay de los pastores que dejan que mis ovejas se pierdan y dispersen!"
    2 El Señor, el Dios de Israel, dice a los pastores
que gobiernan a su pueblo: "Ustedes han dispersado mis ovejas, las han hecho huir y no las
han cuidado. Pues bien, yo tendré buen cuidado de castigar sus malas acciones. Yo, el Señor,
lo afirmo. 3 Y yo mismo traeré el resto de mis
ovejas de los países adonde las hice huir, las
reuniré y las haré volver a sus pastos, para que
tengan muchas crías. 4 Les pondré pastores que

---

d **22.16** El conocimiento de Dios se identifica concretamente con la defensa del pobre y del oprimido, es decir, con
la práctica de la justicia, sobre todo, en favor de los más débiles (cf. Is 58.1–12; Am 2.7; Miq 6.8; Stg 1.22–27).
e **22.20** *Tus amantes:* Jer 30.14; Lm 1.19. El v. 22, que habla del destierro de los *amantes,* parece indicar que estos
no son los dioses de Canaán (Jer 2.20; Os 2.5–13), sino los aliados de Judá en la oposición a Babilonia (cf. Jer 27.1–3).
f **22.24–27** *Jeconías,* llamado también *Joaquín,* se rindió ante Nabucodonosor, rey de Babilonia, y fue llevado al
exilio junto con los tesoros del palacio real y del templo y con un importante sector de la población (2 R 24.8–17).
Según 2 R 24.8, había reinado tres meses; según 2 Cr 36.9, tres meses y diez días. *g* **22.30** *Ninguno de sus
descendientes . . . en Judá:* El sucesor de Jeconías (Joaquín) fue su tío Matanías, que recibió de Nabucodonosor el
nombre de Sedequías y reinó desde el año 598 a.C. hasta la caída de Jerusalén en el año 587 (2 R 24.17).

las cuiden, para que no tengan nada que temer ni falte ninguna de ellas. Yo, el Señor, lo afirmo."

5 El Señor afirma:
"Vendrá un día en que haré
que David tenga un descendiente
    legítimo,
un rey que reine con sabiduría
y que actúe con justicia
    y rectitud en el país.
6 Durante su reinado, Judá estará a salvo,
y también Israel vivirá seguro.
Este es el nombre con que lo llamarán:
'El Señor es nuestra victoria.' " *a,b*

7 El Señor afirma: "Vendrán días en que ya no jurarán diciendo: 'Por la vida del Señor, que sacó a los israelitas de Egipto', 8 sino que jurarán diciendo: 'Por la vida del Señor, que sacó a los descendientes de Israel, del país del norte y de todos los demás países por donde los había dispersado.' Y vivirán en su propia tierra."

Mensaje acerca de los profetas *c*

9 Mensaje acerca de los profetas:
Estoy profundamente perturbado;
todo el cuerpo me tiembla,
parezco un borracho,
un hombre dominado por el vino,
por causa del Señor
y de sus palabras santas.
10 El país está lleno de adúlteros,
de gente que corre a hacer el mal,
que usa su poder para cometer injusticias.
Por eso el Señor maldijo la tierra,
y la tierra se secó,
y los pastos del desierto se quemaron.
11 El Señor afirma:
"Hasta los profetas y los sacerdotes
    son impíos;
en mi propio templo los he encontrado
    haciendo el mal.
12 Por eso su camino
será oscuro y resbaladizo:

yo haré que los empujen y caigan.
Cuando ajuste cuentas con ellos,
traeré sobre ellos la desgracia.
Yo, el Señor, lo afirmo.

13 "Yo he visto a los profetas de Samaria
hacer cosas que me ofenden:
han profetizado en nombre de Baal
y han hecho que mi pueblo Israel
    se extravíe.
14 Yo he visto a los profetas de Jerusalén
hacer cosas horribles:
cometen adulterios y fraudes,
animan de tal modo a los malvados
que nadie se aparta de su maldad.
Ellos y los habitantes de la ciudad
son para mí como Sodoma y Gomorra.
15 Por eso yo, el Señor todopoderoso,
digo esto contra los profetas:
Voy a darles de comer algo muy amargo;
voy a darles de beber agua envenenada,
porque de los profetas de Jerusalén
se ha extendido la maldad a todo el país."

16 El Señor todopoderoso dice:
"Israelitas, no hagan caso
a lo que les dicen los profetas.
Lo que dicen no son más que mentiras,
cosas que ellos mismos inventan,
que yo no les he comunicado.
17 A los que desprecian mi palabra
les dicen: 'Todo les saldrá bien.'
Y a los que siguen tercamente
las inclinaciones de su corazón,
les dicen: 'No les vendrá ningún mal.' "

Exclamación de Jeremías

18 Pero ¿quién asistió al concilio secreto
    del Señor?,
¿quién ha visto o escuchado su palabra?,
¿quién le ha prestado atención?
19 La ira del Señor es como una tormenta,
como un viento huracanado
que se agita sobre los malvados.
20 La ira del Señor no cesará
hasta que él haya realizado sus propósitos.

---

a **23.6** *El Señor es nuestra victoria:* En este nombre simbólico se resumen todos los bienes prometidos para los tiempos mesiánicos. La palabra hebrea traducida por *victoria* incluye las ideas de rectitud y justicia, salvación y liberación. Cf. Is 9.7; Miq 5.4. *b* **23.5-6** Jer 33.14-16; Ez 34.23. *c* **23.9-32** Después de la sección relativa a los reyes de Judá (Jer 21.11-12; 22.1—23.8), la atención se dirige hacia los falsos *profetas*. Cf. Jer 14.13-15; 27.9-10,16-18; Ez 13.1-16.

Vendrá el tiempo
en que ustedes pensarán
y entenderán estas cosas.

Mensaje del Señor
contra los falsos profetas

21 "Yo no envié a esos profetas,
y ni siquiera les hablé,
pero ellos salieron corriendo
a hablar en mi nombre.

22 Si hubieran conocido mis secretos,
habrían anunciado mi palabra
a mi pueblo;
lo habrían hecho apartarse
de su mal camino
y dejar sus malas acciones."

23 El Señor afirma:
"Lejos o cerca, yo soy Dios.

24 ¿Quién podrá esconderse de mi vista?
Con mi presencia lleno
el cielo y la tierra.
Yo, el Señor, lo afirmo.

25 "He oído las mentiras de esos profetas que pretenden hablar en mi nombre y comunicarse en sueños conmigo. 26 ¿Hasta cuándo esos profetas van a seguir anunciando cosas falsas, inventos de su propia fantasía? 27 Con los sueños que se cuentan unos a otros, pretenden hacer que mi pueblo se olvide de mí, como también sus antepasados me olvidaron y se fueron tras Baal. 28-29 ¡Si un profeta tiene un sueño, que diga que es un sueño, pero si recibe mi palabra, que la anuncie fielmente! No se puede comparar la paja con el trigo. Mi palabra es como el fuego, como un martillo que hace pedazos la roca. Yo, el Señor, lo afirmo.

30 "Por eso me declaro contra esos profetas que se roban unos a otros mis palabras. Yo, el Señor, lo afirmo. 31 Me declaro contra esos profetas que hacen pasar como mensaje mío cosas que ellos inventan. 32 Me declaro contra esos profetas que cuentan sueños mentirosos; que con sus mentiras y habladurías hacen que mi pueblo se extravíe. Yo no los he enviado ni les he dado orden alguna, así que son incapaces de ayudar al pueblo. Yo, el Señor, lo afirmo.

Cómo hablar de los mensajes del Señor[d]

33 "Jeremías, si alguna persona del pueblo o un profeta o un sacerdote te pregunta: '¿Cuál es el encargo del Señor?' diles: 'El Señor afirma que su carga son ustedes, y que la va a dejar caer.' 34 Y si un profeta o un sacerdote o una persona del pueblo usa la frase 'encargo del Señor', yo le castigaré, a él y a su familia. 35 Cuando alguien le pregunte a un amigo o familiar suyo, podrá decir: '¿Qué respuesta ha dado el Señor? ¿Qué ha dicho?' 36 Pero no vuelvan a usar la frase 'encargo del Señor', porque si alguien la usa, haré que sus palabras se le vuelvan una carga. Ustedes han pervertido el sentido de las palabras del Dios viviente, de su Dios, el Señor todopoderoso.

37 "Jeremías, pregunta a los profetas: '¿Qué respuesta ha dado el Señor? ¿Qué ha dicho?' 38 Y si dicen 'encargo del Señor', respóndeles: 'El Señor dice: Puesto que ustedes siguen usando la frase que les prohibí que usaran, 39 yo los levantaré como una carga, a ustedes y a la ciudad que les di a ustedes y a sus antepasados, y los dejaré caer lejos de mí. 40 Y para siempre traeré sobre ustedes humillación y vergüenza tales que no podrán olvidarlas.' "

Visión de las canastas de higos

24 1 Después que Nabucodonosor, rey de Babilonia, se llevó desterrado a Jeconías, hijo de Joaquim, rey de Judá, junto con los jefes de Judá y los artesanos y los cerrajeros,[a] el Señor me hizo ver dos canastas de higos colocadas delante del templo. 2 Una de ellas tenía higos muy buenos, de los primeros en madurar, pero la otra tenía higos muy malos, tan malos que no se podían comer.

3 Y el Señor me preguntó: "Jeremías, ¿qué ves?" Yo respondí: "Higos. Los buenos son muy buenos; pero los malos son tan malos que no se pueden comer."

4 Entonces me dijo el Señor: 5 "Yo, el Señor, el Dios de Israel, digo: Como a higos buenos miraré al pueblo de Judá, que mandé desterrado de aquí al país de los caldeos. Los miraré favorablemente, 6 los tendré bajo mi protección y los haré regresar a este país. Aquí los haré prosperar, y no los volveré a destruir; los plantaré, y no los volveré a arrancar.[b] 7 Les daré

---

d **23.33—40** En toda esta sección se hace un juego de palabras con un término hebreo que puede significar, de acuerdo con el contexto, *carga* y *encargo* o *mensaje.* *a* **24.1** Cf. 2 R 24.12–16; 2 Cr 36.10. *b* **24.6** *Destruir . . . plantaré . . . arrancar:* Jer 1.10.

entendimiento para que reconozcan que yo soy el Señor, y ellos serán mi pueblo y yo seré su Dios, porque volverán a mí de todo corazón.

8 "En cambio, a Sedequías, rey de Judá, y a los jefes y demás habitantes de Jerusalén que se quedaron en el país, o que se instalaron en Egipto,c los trataré como a los higos malos, que de malos no se pueden comer. 9 Haré con ellos algo que causará horror a todas las naciones de la tierra, y que será ejemplo de humillación, desprecio y maldición en todos los países por donde yo los disperse. 10 Les enviaré la guerra, el hambre y la peste, hasta que no quede uno solo en el país que les di a ellos y a sus antepasados."

El enemigo que viene del norte

25 1 El año cuarto del reinado de Joaquim,a hijo de Josías, en Judá, el Señor dirigió a Jeremías un mensaje acerca de todo el pueblo de Judá. Ese era el primer año del reinado de Nabucodonosor en Babilonia. 2 El profeta Jeremías comunicó el mensaje a todo el pueblo de Judá y a los habitantes de Jerusalén. Dijo: 3 "Desde el año trece del reinado de Josías, hijo de Amón, en Judá, hasta ahora, es decir, desde hace veintitrés años, el Señor se ha dirigido a mí, y yo les he hablado a ustedes una y otra vez; pero ustedes no me han hecho caso. 4 Y a pesar de que una y otra vez el Señor les ha enviado sus siervos los profetas, ustedes no han hecho caso, ni han querido prestar ninguna atención y obedecer. 5 Ellos les han dicho: 'Dejen su mala conducta y sus malas acciones; así podrán vivir en la tierra que el Señor les dio para siempre a ustedes y a sus antepasados. 6 No sigan a otros dioses; no les den culto ni los adoren. No irriten al Señor adorando dioses hechos por ustedes mismos, y él no les enviará ningún mal.' 7 Y ahora, el Señor dice: 'Ustedes no han querido hacerme caso; me irritan adorando dioses hechos por ustedes mismos, y esto será para su propio mal.'

8 "Por eso dice el Señor todopoderoso: 'Ya que ustedes no han hecho caso a mis advertencias, 9 voy a llamar a todos los pueblos del norte y a mi servidorb Nabucodonosor, rey de Babilonia, para que vengan y ataquen a este país, a todos sus habitantes y a todas las naciones vecinas. Los voy a destruir completamente. Los convertiré para siempre en ruinas, en algo que cause terror y espanto. 10 Voy a hacer que entre ellos no vuelvan a oírse cantos de fiesta y alegría, ni cantos de bodas, ni el sonido de las piedras de moler, ni que vuelva a verse la luz de las lámparas. 11 Todo este país quedará destruido y convertido en ruinas. Durante setenta añosc estas naciones estarán sometidas al rey de Babilonia. 12 Y cuando se completen los setenta años, pediré cuentas de sus pecados al rey de Babilonia y a su nación, el país de los caldeos, y lo destruiré para siempre. Yo, el Señor, lo afirmo. 13 Haré caer sobre ese país todo lo que he anunciado y está escrito en este libro: todo lo que Jeremías ha dicho en mi nombre contra todas las naciones. 14 Grandes naciones y reyes poderosos los someterán también a ellos. Así les daré el pago que merecen sus acciones.' "

Castigo de las naciones

15 El Señor, el Dios de Israel, me dijo: "Mira esta copa llena del vino de mi ira. Tómala y dásela a beber a todas las naciones a las que yo te envíe. 16 Cuando beban de ella, comenzarán a vomitar y se pondrán como locos a causa de la guerra que les voy a enviar."

17 Yo tomé la copa, de la mano del Señor, y se la di a beber a todas las naciones a las que el Señor me envió. 18 Se la di a beber a Jerusalén y a las ciudades de Judá, junto con sus reyes y jefes, para destruirlas y dejarlas convertidas en ruinas, en algo que causara terror y espanto, en el ejemplo de maldición que aún hoy siguen siendo. 19 Igualmente se la di a beber al faraón, rey de Egipto, y a sus funcionarios y jefes, y a todo su pueblo, 20 y a la gente de diversas razas

---

c **24.8** *Se instalaron en Egipto:* alusión a los judíos que después de la caída de Jerusalén buscaron refugio en Egipto. Cf. Jer 43—44. a **25.1** 2 R 24.1; 2 Cr 36.5–7; Dn 1.1–2. b **25.9** *Mi servidor:* Véase 27.6 n. c **25.11** *Setenta años:* Cf. 2 Cr 36.21; Jer 29.10; Dn 9.2; Zac 1.12. El número *setenta* (basado en el valor simbólico del número siete) sugiere la idea de algo completo. Además, según Sal 90.10, *setenta años* es lo que dura la vida de un hombre, entendiendo esta cifra no como una indicación rigurosamente precisa, sino como un número ideal (cf. Is 23.15–17). Al parecer, este valor simbólico debe tomarse en cuenta en la interpretación de los *setenta años* que aquí se mencionan.

que hay allí; a todos los reyes del país de Us y de la región de los filisteos: Ascalón, Gaza, Ecrón y lo que queda de Asdod; 21 a Edom, Moab y Amón; 22 a todos los reyes de Tiro y de Sidón; a todos los reyes de los países del mar Mediterráneo; 23 a las tribus de Dedán, Temá y Buz, y a los pueblos que se afeitan las sienes;*d* 24 a todos los reyes de Arabia; a todos los reyes de las diversas razas que viven en el desierto; 25 a todos los reyes de Zimrí, Elam y Media: 26 a todos los reyes del norte,*e* cercanos o lejanos uno del otro. Es decir, a todos los reinos de la tierra. Por último beberá el rey de Babilonia.*f*

27 Luego me dijo el Señor: "Diles que yo, el Señor todopoderoso, el Dios de Israel, les ordeno que beban hasta que se emborrachen y vomiten y caigan al suelo para no levantarse, por causa de la guerra que les voy a enviar. 28 Y si no quieren recibir de ti la copa y beberla, diles: 'El Señor todopoderoso dice: Tendrán que beberla de todos modos. 29 Pues comenzaré a enviar mis castigos sobre la ciudad que me está consagrada.*g* ¿Y creen ustedes que van a quedar sin castigo? Pues no se quedarán sin él, porque voy a enviar la guerra a todos los habitantes de la tierra. Yo, el Señor todopoderoso, lo afirmo.'

30 "Tú, Jeremías, anúncialas en mi nombre todas esas cosas. Diles:

'El Señor lanza su voz de trueno
desde lo alto,
    desde el santo lugar donde vive.
Pues contra su rebaño
grita como los que pisan las uvas,
contra todos los habitantes de la tierra.
31 El estruendo llega hasta el extremo
    de la tierra,
porque el Señor va a entablar un proceso
    contra las naciones,
va a llamar a juicio a todos los mortales,
a condenar a muerte a los malvados.
El Señor lo afirma.' "

32 El Señor todopoderoso dice:
"La calamidad va a llegar
    a una nación tras otra;

una terrible tormenta se levanta
desde el extremo de la tierra."
33 Los que el Señor haga morir ese día,
quedarán tendidos
    de un extremo a otro de la tierra.
Nadie llorará por ellos,
nadie recogerá sus cadáveres
    para enterrarlos;
quedarán tendidos en el suelo
    como estiércol.
34 ¡Griten, pastores, griten de dolor!
¡Ustedes, que guían el rebaño,
    revuélquense en el suelo!
Pues ha llegado el momento
    de la matanza
y a ustedes los matarán
    como a carneros gordos.
35 Los pastores no podrán huir,
los que guían el rebaño
    no podrán escapar.
36 Los pastores gritan,
gritan de dolor los que guían el rebaño,
porque el Señor ha destruido sus pastos.
37 El Señor se enojó y destruyó
    sus hermosos campos.
38 Salió como un león de su guarida
y el país de ellos quedó convertido
    en ruinas,
pues se encendió la ira del Señor
y envió una guerra terrible.

Jeremías amenazado de muerte

26 1 Al comienzo del reinado de Joaquim, hijo de Josías,*a* en Judá, el Señor se dirigió a Jeremías 2 y le dijo: "Párate en el atrio del templo, y di todo lo que te ordené que dijeras a la gente que viene de las ciudades de Judá para adorar en el templo. No dejes nada por decir. 3 Quizá te hagan caso y dejen su mala conducta, y yo decida no castigarlos por sus malas acciones, como había pensado. 4 Diles que yo, el Señor, digo: 'Si no me hacen caso ni cumplen las instrucciones que les he dado, 5 ni hacen caso a las advertencias de mis siervos los profetas, que una y otra vez les

---

d **25.23** *Dedán, Temá y Buz* eran tribus árabes del desierto, lo mismo que *los pueblos que se afeitan las sienes* (Jer 9.25–26). *e* **25.26** *Los reyes del norte:* es decir, de Babilonia y Asiria, de donde venía la mayor parte de las invasiones. *f* **25.26** *Babilonia:* heb. *Sesac,* que era una fórmula en clave para designar a Babilonia. *g* **25.29** *La ciudad . . . consagrada:* Jerusalén. *a* **26.1** *Joaquim, hijo de Josías,* sustituyó a su hermano Joacaz cuando este fue destituido por el faraón Necao (cf. 2 R 23.34; 2 Cr 36.4). El *comienzo* de su *reinado* corresponde a los años 609–608 a.C.

he enviado y a los que ustedes han desobedecido, **6**entonces haré con este templo lo que hice con el de Siló. Haré de esta ciudad un ejemplo de maldición para todas las naciones de la tierra.' "

7Los sacerdotes, los profetas y todo el pueblo oyeron estas palabras que Jeremías pronunció en el templo. **8**Y cuando él terminó de decir lo que el Señor le había ordenado, los sacerdotes, los profetas y el pueblo lo agarraron y le dijeron: "¡Vas a morir! **9**¿Cómo te atreves a decir en nombre del Señor que este templo quedará como el de Siló, y que esta ciudad será destruida y quedará sin habitantes?" Y todo el pueblo se agolpó en el templo, alrededor de Jeremías.

10Los jefes de Judá, al oir lo que pasaba, fueron del palacio del rey al templo,*b* y allí, en la Puerta Nueva, se sentaron. **11**Entonces los sacerdotes y los profetas dijeron a los jefes y a todo el pueblo: "Este hombre debe ser condenado a muerte porque ha hablado contra esta ciudad. Ustedes lo oyeron con sus propios oídos."

12Jeremías se dirigió a los jefes y al pueblo, y les dijo: "El Señor fue quien me envió a hablar en su nombre, y a decir contra este templo y esta ciudad todo lo que ustedes han oído. **13**Mejoren su conducta y sus acciones, obedezcan al Señor su Dios y él no les enviará las calamidades que les ha anunciado. **14**En cuanto a mí, estoy en manos de ustedes; hagan conmigo lo que les parezca. **15**Pero, eso sí, sepan bien esto: si me matan, ustedes y los habitantes de esta ciudad serán culpables de matar a un inocente; porque en verdad fue el Señor quien me envió a anunciarles claramente todas esas cosas."

16Entonces los jefes y el pueblo dijeron a los sacerdotes y a los profetas: "No hay motivo para condenar a muerte a este hombre; nos ha hablado en nombre del Señor nuestro Dios."

17Algunos ancianos se levantaron y dijeron al pueblo que estaba allí reunido: **18**"En tiempos de Ezequías, rey de Judá,*c* Miqueas de

Moreset*d* habló en nombre del Señor a todo el pueblo de Judá, diciéndole:

'El Señor todopoderoso dice:
Sión quedará convertida
en un campo arado,
Jerusalén quedará hecha
un montón de ruinas
y la colina del templo se llenará
de maleza.'*e*

19"¿Acaso el rey Ezequías y todo el pueblo de Judá mataron a Miqueas? Todo lo contrario: el rey sintió temor del Señor y le pidió que tuviera compasión de ellos. Entonces el Señor no envió contra ellos la calamidad que les había anunciado. ¿Y vamos nosotros a cargar con la responsabilidad de un crimen tan grande?"

20También el profeta Urías, hijo de Semaías, de la ciudad de Quiriat–jearim, habló en nombre del Señor contra esta ciudad y contra el país, del mismo modo que Jeremías. **21**El rey Joaquim, sus funcionarios y sus jefes oyeron lo que él dijo, y el rey quiso hacerlo matar. Pero cuando Urías se enteró, tuvo miedo y huyó a Egipto. **22**El rey Joaquim envió a Egipto a Elnatán, hijo de Acbor, y a otros hombres, **23**los cuales trajeron de Egipto a Urías y lo entregaron al rey Joaquim, quien mandó que lo mataran y que echaran su cadáver a la fosa común.

24Ahicam,*f* hijo de Safán, habló en favor de Jeremías, y esto hizo que no lo entregaran al pueblo para que lo mataran.

Acción simbólica: el yugo

27 **1**El año cuarto del reinado de Sedequías,*a* hijo de Josías, en Judá, el Señor se dirigió a Jeremías, **2**y le dijo: "Hazte unas correas y un yugo, y póntelo todo al cuello. **3**Luego manda un recado a los reyes de Edom, Moab, Amón, Tiro y Sidón por medio de los mensajeros que han venido a Jerusalén

---

b **26.10** El *palacio del rey* y el *templo* eran dos edificios anexos (cf. 2 R 11.19), de manera que *los jefes de Judá,* es decir, las autoridades civiles, que pudieron recibir la información e intervenir rápidamente. Cf. Jer 36.11–12.
c **26.18** *Ezequías* fue *rey de Judá* entre los años 716 y 687 a.C. (cf. 2 R 18—20). *d* **26.18** *Miqueas de Moréset,* contemporáneo de Isaías, había ejercido su actividad profética en el reino de Judá, un siglo antes que Jeremías. Cf. Miq 1.1. *e* **26.18** Miq 3.12. *f* **26.24** Antes de ser funcionario del rey Joaquim, *Ahicam* había prestado servicios durante el reinado de Josías (cf. 2 R 22.12,14). Su hijo Guedalías fue gobernador de Judá después de la caída de Jerusalén en el año 587 a.C. (cf. 2 R 25.22). *a* **27.1** *Sedequías:* según algunas versiones y mss. antiguos (cf. v. 3). Heb. *Joaquim. Sedequías* reinó entre los años 598 y 587 a.C., de manera que el año cuarto corresponde al año 594 a.C. Cf. 2 R 24.18–20; 2 Cr 36.11–13.

a visitar al rey Sedequías. 4Ordénales decir a sus soberanos que yo, el Señor todopoderoso, el Dios de Israel, digo: 5Con gran despliegue de poder hice el mundo, y los hombres y animales que hay en él, y puedo dárselo a quien yo quiera. 6Pues bien, yo he puesto todas estas tierras bajo el poder de mi servidor Nabucodonosor, rey de Babilonia,*b* y hasta a los animales salvajes los he puesto bajo su dominio. 7Todas las naciones estarán sometidas a él, a su hijo y a su nieto, hasta que a su país le llegue el momento de estar también sometido a grandes naciones y reyes poderosos. 8Y si algunas naciones o reyes no se someten al yugo de Nabucodonosor, yo los castigaré con guerra, hambre y peste, hasta que todos queden bajo su poder. Yo, el Señor, lo afirmo.

9"Por tanto, no hagan ustedes caso a esos profetas, adivinos o intérpretes de sueños, ni a los hechiceros que pretenden predecir el futuro y que les aconsejan no someterse al rey de Babilonia. 10Eso que les dicen es mentira, y lo único que van a conseguir ustedes es que los destierren de su país, y que yo los disperse y mueran. 11En cambio, a la nación que se someta al poder del rey de Babilonia, yo la dejaré quedarse en su tierra para que viva en ella y la cultive. Yo, el Señor, lo afirmo."

12Yo, Jeremías, repetí todo esto a Sedequías, rey de Judá, y además le dije: "Sométanse al poder del rey de Babilonia y de su pueblo, y vivirán. 13¿Qué necesidad hay de que mueran tú y tu pueblo a causa de la guerra, el hambre y la peste? Porque el Señor ha dicho que esto le pasará a toda nación que no se someta al rey de Babilonia. 14No hagan caso a esos profetas que les aconsejan no someterse al rey de Babilonia, porque lo que les dicen es mentira. 15El Señor afirma que él no los envió; falsamente hablan ellos en el nombre del Señor. Y así, el Señor acabará por dispersarlos a ustedes, y ustedes y los profetas que les han dicho esas cosas morirán."

16También me dirigí a los sacerdotes y a todo el pueblo, y les dije: "Esto dice el Señor: 'No hagan caso a los profetas que les aseguran que muy pronto van a ser devueltos de Babilonia los utensilios del templo.*c* Eso que les dicen es mentira. 17¡No les hagan caso! Sométanse al rey de Babilonia y vivirán. ¿Qué necesidad hay de que esta ciudad se convierta en un montón de ruinas? 18Si realmente son profetas, y en verdad yo les he hablado, que me pidan a mí, el Señor todopoderoso, que no permita que sean llevados a Babilonia los utensilios que aún quedan en el templo, en el palacio del rey de Judá y en Jerusalén.'

19-21 "Cuando el rey Nabucodonosor se llevó de Jerusalén a Jeconías, hijo de Joaquim, rey de Judá, y lo desterró a Babilonia junto con todos los hombres principales de Judá y de Jerusalén,*d* no se llevó las columnas, ni la enorme pila de bronce para el agua, ni las bases, ni el resto de los utensilios del templo. El Señor todopoderoso dice a propósito de esos objetos que quedaron en el templo y en el palacio del rey de Judá y en Jerusalén:*e* 22'Se los llevarán a Babilonia, y allí se quedarán hasta que yo quiera traerlos otra vez a este lugar.*f* Yo, el Señor, lo afirmo.' "

Jeremías y el profeta Hananías

28 1En el quinto mes*a* del mismo año, es decir, del año cuarto del reinado de Sedequías en Judá, el profeta Hananías, hijo de Azur, del pueblo de Gabaón, se dirigió a Jeremías en el templo, delante de los sacerdotes y de todo el pueblo, y le dijo:

2—El Señor todopoderoso, el Dios de Israel, dice: 'Voy a romper el yugo del rey de Babilonia, y 3dentro de dos años haré que sean devueltos a este lugar todos los utensilios del templo que se llevó a Babilonia el rey Nabucodonosor. 4Y también haré que regresen a este lugar Jeconías, hijo de Joaquim, rey de Judá, y toda la demás gente que salió desterrada de Judá a Babilonia. Sí, yo romperé el yugo del rey de Babilonia. Yo, el Señor, lo afirmo.'

5El profeta Jeremías respondió al profeta Hananías, delante de los sacerdotes y de todo el pueblo que se encontraba en el templo:

b **27.6** *Mi servidor Nabucodonosor, rey de Babilonia:* Nabucodonosor recibe este calificativo porque el Señor se vale de él para llevar a cabo sus designios. Cf. Is 45.1. *c* **27.16** Estos *utensilios del templo* habían sido llevados a Babilonia en la primera deportación. Cf. 2 R 24.13. *d* **27.19-21** Cf. 2 R 24.8-17; 2 Cr 36.9-10. *e* **27.19-21** Acerca de las *columnas,* la *pila de bronce* y las *bases,* cf. 1 R 7.15-39. Los babilonios las consideraban particularmente valiosas a causa del metal con que habían sido fabricadas. *f* **27.22** *Traerlos otra vez a este lugar:* Cf. Esd 1.7-11; 5.14-15; 6.5; 7.19. *a* **28.1** El *quinto mes,* llamado en hebreo *Ab,* corresponde a julio-agosto en nuestro calendario.

6—¡Sí, ojalá el Señor haga eso! ¡Ojalá haga el Señor que se cumplan las palabras que has dicho, y que sean devueltos los utensilios del templo y regresen de Babilonia todos los desterrados! **7**Pero escucha esto que te digo a ti y a todo el pueblo: **8**Los profetas que hubo en tiempos pasados, antes que naciéramos tú y yo, anunciaron guerra, calamidad y peste contra numerosas naciones y reinos poderosos. **9**Pero cuando un profeta anuncia prosperidad, solamente si se cumplen sus palabras se comprueba que realmente el Señor lo envió. *b*

10Entonces Hananías le quitó a Jeremías el yugo del cuello y lo hizo pedazos, **11**al tiempo que decía delante de todo el pueblo:

—El Señor dice: 'De esta misma manera, dentro de dos años quitaré del cuello de todas las naciones el yugo del rey Nabucodonosor de Babilonia, y lo romperé.'

Y Jeremías se fue. **12**Algún tiempo después de que Hananías le quitara a Jeremías el yugo que llevaba al cuello y lo rompiera, el Señor se dirigió al profeta Jeremías, y le dijo: **13**"Ve y dile a Hananías que yo, el Señor, digo: Hiciste pedazos un yugo de madera, pero yo te he preparado un yugo de hierro. **14**Porque yo, el Señor todopoderoso, el Dios de Israel, digo: He puesto sobre el cuello de todas esas naciones un yugo de hierro para que sirvan como esclavos al rey Nabucodonosor de Babilonia. Hasta a los animales salvajes los he puesto bajo su poder."

15Entonces dijo Jeremías a Hananías:

—¡Escucha, Hananías! El Señor no te ha enviado, y tú estás dando a este pueblo una falsa confianza. **16**Por eso, el Señor dice: 'Te voy a enviar, sí, pero para hacerte desaparecer de la tierra. Este año morirás, porque con tus palabras has llevado al pueblo a ponerse en contra mía.'

17Y el profeta Hananías murió en el séptimo mes de aquel mismo año.

Carta de Jeremías a los desterrados

29 **1-2**Después de que el rey Jeconías salió al destierro, junto con la reina madre, los criados del palacio, *a* los jefes de Judá y Jerusalén, los artesanos y los cerrajeros, el profeta Jeremías envió desde Jerusalén una carta a los ancianos que quedaban de los desterrados, y a los sacerdotes, profetas y gente que Nabucodonosor había llevado desterrados de Jerusalén a Babilonia. *b* **3**Esta carta fue enviada por medio de Elasá, hijo de Safán, y de Guemarías, hijo de Hilquías, a quienes Sedequías, rey de Judá, había enviado a Babilonia para presentarse ante el rey Nabucodonosor. La carta decía:

4Así dice el Señor todopoderoso, el Dios de Israel, a todos los que hizo salir desterrados de Jerusalén a Babilonia: **5**'Construyan casas y establézcanse; planten árboles frutales y coman de su fruto. **6**Cásense, tengan hijos e hijas, y que ellos también se casen y tengan hijos. Aumenten en número allá, y no disminuyan. **7**Trabajen en favor de la ciudad a donde los desterré, y pídanme a mí por ella, porque del bienestar de ella depende el bienestar de ustedes. **8**Yo, el Señor todopoderoso, el Dios de Israel, les advierto esto: No se dejen engañar por los profetas y los adivinos que viven entre ustedes; no hagan caso de los sueños que ellos tienen. **9**Lo que ellos les anuncian en mi nombre es mentira. Yo no los he enviado. Yo, el Señor, lo afirmo.'

10"El Señor dice: 'Cuando se le cumplan a Babilonia los setenta años, *c* actuaré en favor de ustedes y les cumpliré mi promesa favorable de hacerlos regresar a este lugar. **11**Yo sé los planes que tengo para ustedes, planes para su bienestar y no para su mal, a fin de darles un futuro lleno de esperanza. Yo, el Señor, lo afirmo. **12**Entonces ustedes me invocarán, y vendrán a mí en oración y yo los escucharé. **13**Me buscarán y me encontrarán, porque me buscarán de todo corazón. **14**Sí, yo dejaré que ustedes me encuentren, y haré que cambie su suerte: los sacaré de todas las naciones y de todos los lugares por donde los dispersé, y los reuniré y haré que vuelvan a este lugar de donde los desterré. Yo, el Señor, lo afirmo.'

b **28.9** Cf. Dt 18.21–22. *a* **29.1–2** *Criados del palacio:* lit. *eunucos.* En un principio se designaba con este nombre a los siervos que habían sido castrados para que atendieran y custodiaran el harén. Pero los eunucos llegaron a tener tanta importancia en las cortes de los reyes, que el término dejó de usarse exclusivamente en su sentido literal y pasó a designar también a los funcionarios de toda confianza del rey. En Gn 39.1 se llama así a Potifar, que era casado. *b* **29.1–2** 2 R 24.12–16; 2 Cr 36.10. *c* **29.10** *Setenta años:* Véase 25.11 n.

15 "Ustedes dicen: 'El Señor nos ha dado profetas en Babilonia.' **16** (El Señor dice acerca del rey que ocupa el trono de David y acerca de los habitantes de esta ciudad, parientes de ustedes que no fueron llevados con ustedes al destierro: **17** 'Yo, el Señor todopoderoso, digo: Voy a enviarles guerra, hambre y peste. Voy a hacer que queden como esos higos podridos, que de tan malos no se pueden comer. **18** Los voy a perseguir con guerra, hambre y peste. Haré que todas las naciones de la tierra sientan horror al verlos, y los convertiré en ejemplo de maldición y de vergüenza, en algo que causará horror y espanto en todas las naciones por donde yo los haya dispersado. **19** Porque no hicieron caso de las advertencias que les hice por medio de mis siervos los profetas, a quienes una y otra vez envié, sin que ustedes los escucharan. Yo, el Señor, lo afirmo. **20** Obedezcan, pues, mi palabra, todos los que hice desterrar de Jerusalén a Babilonia.')*d*

21 "El Señor todopoderoso, el Dios de Israel, dice acerca de Ahab, hijo de Colaías, y acerca de Sedequías, hijo de Maaseías, quienes dicen a ustedes cosas falsas en el nombre del Señor: 'Voy a hacer que caigan en poder del rey Nabucodonosor de Babilonia, y él los matará delante de ustedes. **22** Así, cuando los desterrados de Judá que están en Babilonia quieran maldecir a alguno, dirán: Que el Señor haga contigo como hizo con Sedequías y Ahab, a quienes el rey de Babilonia asó al fuego. **23** Eso les va a suceder por haber hecho cosas infames en Israel: cometieron adulterio con las mujeres de sus prójimos y dijeron en mi nombre cosas falsas que yo no les ordené decir. Yo lo sé y me consta. Yo, el Señor, lo afirmo.' "

Mensaje a Semaías

24 El Señor ordenó a Jeremías que le dijera a Semaías de Nehelam: **25** "El Señor todopoderoso, el Dios de Israel, dice: 'Tú enviaste en tu propio nombre una carta a todo el pueblo que está en Jerusalén, y al sacerdote Sofonías,*e* hijo de Maaseías, y a todos los demás sacerdotes. En la carta decías a Sofonías: **26** El Señor te ha puesto como sacerdote en lugar de Joiadá, para que seas el inspector mayor del templo. Si se presenta un loco y empieza a hablar como profeta, tú debes ponerlo en el cepo y atarlo con cadenas. **27** ¿Por qué, pues, no has reprendido a Jeremías de Anatot, que se ha puesto a hablar ante ustedes como profeta? **28** Hasta nos mandó una carta a Babilonia, en la que decía: El destierro va a durar mucho tiempo; construyan casas e instálense, y siembren árboles frutales y coman de su fruto.' "

29 El sacerdote Sofonías leyó la carta a Jeremías. **30** Entonces el Señor se dirigió al profeta, y le dijo: **31** "Manda a decir a todos los que están en el destierro que yo, el Señor, les digo: Puesto que Semaías de Nehelam les ha hablado en mi nombre sin que yo lo haya enviado, y les ha inspirado a ustedes una falsa confianza, **32** yo, el Señor, digo que voy a castigar a Semaías y a su descendencia. No tendrá descendientes entre mi pueblo, ni gozará de la felicidad que yo voy a conceder a mi pueblo, porque con sus palabras lo llevó a ponerse en contra mía. Yo, el Señor, lo afirmo."

Promesas del Señor para el futuro

30 **1** Este es el mensaje que el Señor dirigió a Jeremías. Le dijo: **2** "El Señor, el Dios de Israel, dice: Escribe en un libro todo lo que te he dicho, **3** porque viene el día en que cambiaré la suerte de mi pueblo Israel y Judá. Yo, el Señor, lo afirmo. Yo los haré volver a la tierra que di a sus padres como su propiedad."

4 Este es el mensaje del Señor acerca de Israel y de Judá. **5** El Señor dice:

"¡Se oyen gritos de terror,
de miedo e intranquilidad!
6 Pregunten, a ver si es posible
que un hombre dé a luz.
¿Por qué, pues, veo retorcerse
a los hombres
como si tuvieran dolores de parto?
¿Por qué se han puesto pálidos
todos ellos?
7 ¡Se acerca un día terrible,
un día como ningún otro!

---

d **29.20** Los vv. 16–20 no aparecen en la versión griega (LXX). Los vv. 21–23 deben leerse después del v. 15.
e **29.25** *Al sacerdote Sofonías:* Cf. Jer 21.1–2.

Será un tiempo de angustia
    para el pueblo de Jacob,
pero yo los salvaré.[a]
8 Yo, el Señor todopoderoso, afirmo:
Libraré a mi pueblo
    del yugo de la esclavitud,
y no volverá a ser esclavo de extranjeros.
9 Y me servirá a mí, su Señor y Dios, y a
    David, a quien yo le pondré por rey.

El Señor salvará a su pueblo
(Jer 46.27–28)
10 "Yo, el Señor, afirmo:
No temas, pueblo de Jacob,
    siervo mío;
no tengas miedo, Israel,
pues a ti y a tus hijos los libraré
de ese país lejano
    donde están desterrados.
Volverás a vivir en paz,
tranquilo, sin que nadie te asuste.
11 Yo, el Señor, afirmo
que estoy contigo para salvarte.
Destruiré a todas las naciones
entre las cuales te dispersé.
Pero a ti no te destruiré;
solo te castigaré como mereces:
no te dejaré sin tu castigo."

12 El Señor dice:
"Tu herida es incurable,
tu mal no tiene remedio.
13 No hay quien se ocupe de ti;
no hay quien te cure las heridas,
y no tienes curación.
14 Todos tus amantes[b] te olvidaron;
ya no se preocupan por ti.
Y es que yo te herí,
    como si fuera tu enemigo,
te castigué duramente
por tus muchas maldades,
por tus innumerables pecados.
15 ¿Por qué te quejas de tus heridas?
Tu dolor es incurable.
Por tus muchas maldades
y tus innumerables pecados,
te he tratado así.

16 Pero todo el que te devore
    será devorado,
y todos tus enemigos irán al destierro;
haré que sean saqueados
    los que te saqueen,
y que les roben a los que te roben a ti.
17 Te devolveré la salud,
curaré tus heridas,
por más que digan tus enemigos:
'Sión está abandonada,
nadie se preocupa por ella.'
Yo, el Señor, lo afirmo."

18 El Señor dice:
"Cambiaré la suerte
    de la nación de Jacob,
tendré compasión de su país;
las ciudades se reconstruirán
    sobre sus ruinas
y los palacios en su debido lugar.
19 De ellos saldrán cantos de gratitud
y risas de alegría.
No disminuirán,
    pues yo haré que aumenten.
No los despreciarán,
    porque yo los honraré.
20 Los israelitas serán como antes;
su pueblo estará firme en mi presencia,
y yo castigaré a sus opresores.
21-22 De entre ellos saldrá su jefe:
un gobernante saldrá
    de entre ellos mismos.
Haré que se acerque a mí,
pues, ¿quién se atrevería
    a acercárseme?
Ellos serán mi pueblo y yo seré su Dios.
Yo, el Señor, lo afirmo."

23 La ira del Señor
    es como una tormenta,
como un viento huracanado
que se agita sobre los malvados.
24 La ira del Señor no cesará
hasta que él haya realizado
    sus propósitos.
Vendrá el tiempo en que ustedes
entenderán estas cosas.

---

[a] **30.7** *Se acerca un día terrible . . . pero yo los salvaré:* alusión al día del Señor (cf. Jl 2.1,11; Sof 1.14; Ap 6.17). Amós había caracterizado ese día como día de tinieblas y no de luz (Am 5.18); Jeremías ve detrás de las tinieblas el *amor eterno* del Señor (31.3), que aplaca el ardor de su enojo (30.24), sana las heridas de su pueblo (30.17) y lo reúne de entre las naciones para hacerlo volver a la tierra de sus padres (31.8). [b] **30.14** *Tus amantes:* Véase 22.20 n.

Regreso de los israelitas a su patria

31

1 El Señor afirma: "En ese tiempo yo seré el Dios de todas las tribus de Israel, y ellas serán mi pueblo."

2 El Señor dice:
"En el desierto me mostré bondadoso[a]
con el pueblo que escapó de la muerte.
Cuando Israel buscaba un lugar
    de descanso,
3 yo me aparecí a él de lejos.
Yo te he amado con amor eterno;
por eso te sigo tratando con bondad.
4 Te reconstruiré, Israel.
De nuevo vendrás con panderetas
a bailar alegremente.
5 Volverás a plantar viñedos
en las colinas de Samaria,
y los que planten viñas
gozarán de sus frutos.
6 Porque vendrá un día en que los centinelas
gritarán en las colinas de Efraín:[b]
'Vengan ustedes, vamos a Sión,
al Señor nuestro Dios.' "[c]

7 El Señor dice:
"Canten de gozo y alegría
    por el pueblo de Jacob,
la principal entre todas las naciones.
Hagan oir sus alabanzas y digan:
'El Señor salvó a su pueblo,
lo que quedaba de Israel.'
8 Voy a hacerlos volver del país del norte,
y a reunirlos del último rincón
    del mundo.
Con ellos vendrán los ciegos y los cojos,
las mujeres embarazadas
    y las que ya dieron a luz;
¡volverá una enorme multitud!
9 Vendrán orando y llorando.
Yo los llevaré a corrientes de agua,
por un camino llano, donde no tropiecen.
Pues soy el padre de Israel,
y Efraín es mi hijo mayor.[d]

10 "Naciones, escuchen la palabra del Señor
y anuncien en las costas lejanas:
'El Señor dispersó a Israel,
pero lo reunirá y lo cuidará
como cuida el pastor a sus ovejas.'
11 Porque el Señor rescató
    al pueblo de Jacob,
lo libró de una nación más poderosa.

12 "Vendrán y cantarán de alegría
    en lo alto de Sión,
se deleitarán con los beneficios
    del Señor:
el trigo, el vino y el aceite,
las ovejas y las reses.
Serán como una huerta bien regada,
y no volverán a perder las fuerzas.
13 Las muchachas bailarán alegremente,
lo mismo que los jóvenes y los viejos.
Yo les daré consuelo:
convertiré su llanto en alegría,
y les daré una alegría mayor que su dolor.
14 Haré que los sacerdotes
    coman los mejores alimentos
y que mi pueblo disfrute en abundancia
    de mis bienes.
Yo, el Señor, lo afirmo."

15 El Señor dice:
"Se oye una voz en Ramá,
de alguien que llora amargamente.
Es Raquel,[e] que llora por sus hijos,
y no quiere ser consolada
porque ya están muertos."[f]

16 Pero el Señor le dice:
"Raquel, no llores más;
ya no derrames tus lágrimas,
pues tus penas tendrán su recompensa:
tus hijos volverán del país enemigo.
Yo, el Señor, lo afirmo.
17 Hay una esperanza para tu futuro:
tus hijos volverán a su patria.
Yo, el Señor, lo afirmo.

---

[a] **31.2** Cf. Jer 2.1–3; Os 2.14.   [b] **31.6** *Efraín* era la más importante entre las tribus del norte, y su nombre se utiliza con frecuencia para designar a todo el reino de Israel. Cf. Os 4.17–18; 5.3; 7.8; 11.3,8.   [c] **31.6** La decisión de subir al monte *Sión* para rendir culto al *Señor* en el templo de Jerusalén, es la señal de la reunificación de las doce tribus después de haber estado separadas durante siglos (1 R 12.1–24).   [d] **31.9** *Hijo mayor:* En la familia israelita, el primogénito gozaba de numerosos privilegios y era objeto de consideración especial. Cf. Gn 27; Ex 4.22; 13.11–16; Lc 2.22–23.   [e] **31.15** *Raquel* era la esposa preferida de Jacob (cf. Gn 29.15–30), madre de José y de Benjamín (Gn 30.22–24; 35.16–18).   [f] **31.15** Mt 2.18.

18 He oído al pueblo de Efraín
quejarse amargamente:
'Yo era como un novillo sin domar,
pero tú me has domado;
hazme volver a ti,
pues tú eres el Señor, mi Dios.
19 Yo me aparté de ti,
pero estoy arrepentido;
he reconocido mi pecado
y me doy golpes en el muslo;*g*
me siento avergonzado y humillado
por los pecados de mi juventud.'

20 "El pueblo de Efraín es para mí
un hijo amado;
es el hijo que más quiero.
Aun cuando lo reprendo,
no dejo de acordarme de él;
mi corazón se conmueve
y siento por él gran compasión.
Yo, el Señor, lo afirmo.

21 "Israel, marca con señales el camino,
para que vuelvas a encontrarlo
fácilmente;
fíjate bien en el camino que anduviste.
¡Vuelve, pueblo de Israel,
vuelve a tus ciudades!
22 ¿Hasta cuándo vas a ir
de un lado a otro,
como una hija descarriada?
Yo, el Señor, he creado algo nuevo
en este mundo:
una mujer que corteja a un hombre."*h*

Prosperidad futura de Israel

23 El Señor todopoderoso, el Dios de Israel,
dice: "Cuando yo cambie la suerte de la gente
de Judá, y ellos estén de nuevo en su tierra y en
sus ciudades, dirán otra vez: '¡Que el Señor bendiga este monte santo donde habita la justicia!
24 La gente de Judá y de sus ciudades, los agricul-
tores y los pastores de rebaños vivirán ahí.
25 Pues daré de comer y de beber en abundancia a los que estén cansados y sin fuerzas."

26 En esto me desperté y abrí los ojos. Mi
sueño me agradó.

27 El Señor afirma: "Vendrá un día en que
haré que hombres y animales abunden en Israel
y en Judá. **28** Y así como estuve atento para
arrancar, derribar, echar abajo, destruir y causar daños, así también estaré vigilante para
construir y plantar. Yo, el Señor, lo afirmo.

29 "En aquel tiempo no volverá a decirse: 'Los
padres comen uvas agrias y a los hijos se les
destemplan los dientes.' **30** Porque será que a
quien coma uvas agrias, a ese se le destempla-
rán los dientes. Cada cual morirá por su propio
pecado."*i*

31 El Señor afirma: "Vendrá un día en que
haré una nueva alianza con Israel y con Judá.
32 Esta alianza no será como la que hice con sus
antepasados, cuando los tomé de la mano para
sacarlos de Egipto; porque ellos quebrantaron
mi alianza, a pesar de que yo era su dueño. Yo,
el Señor, lo afirmo. **33** Esta será la alianza que
haré con Israel en aquel tiempo: Pondré mi ley
en su corazón y la escribiré en su mente.*j* Yo
seré su Dios y ellos serán mi pueblo. Yo, el
Señor, lo afirmo. **34** Ya no será necesario que
unos a otros, amigos y parientes, tengan que
instruirse para que me conozcan, porque todos,
desde el más grande hasta el más pequeño, me
conocerán. Yo les perdonaré su maldad y no
me acordaré más de sus pecados.*k* Yo, el Señor,
lo afirmo."

35 El Señor,
que puso el sol para alumbrar de día
y la luna y las estrellas para alumbrar
de noche,
que hace que el mar se agite
y rujan sus olas,
que tiene por nombre el Señor
todopoderoso, dice:
36 "Si un día llegaran a fallar
estas leyes que he establecido,
ese día Israel dejaría de ser
mi pueblo.
Yo, el Señor, lo afirmo.

---

g **31.19** Los *golpes en el muslo* (o *golpes en la ingle*) eran una señal de duelo y de pesar. *h* **31.22** *Una mujer que
corteja a un hombre:* Probablemente se refiere a una realidad sorprendente y difícil de creer: lo *nuevo* creado por
Dios podría ser una intervención divina que supera la imaginación humana. *i* **31.29-30** Cf. Ez 18.1-20.
j **31.33** Heb 10.16. Este v. especifica la auténtica novedad de la *alianza* prometida para el futuro: la *ley* del Señor
ya no estará escrita en tablas de piedra (cf. Ex 24.12; 31.18; 34.1; Dt 4.13) sino *en corazones* humanos (2 Co 3.3).
k **31.34** Cf. Is 43.25; 44.22; Jer 50.20; Ez 36.29; Zac 13.1.

37 Si un día se llegara a medir el cielo
y a explorar la tierra hasta sus cimientos,
ese día yo rechazaría a Israel
por todo lo que ha hecho.
Yo, el Señor, lo afirmo."

38 El Señor afirma: "Vendrá un día en que mi ciudad será reconstruida, desde la torre de Hanamel hasta la Puerta del Ángulo. 39 Los límites irán, en línea recta, desde allí hasta la colina de Gareb, y luego torcerán hacia Goá. 40 Todo el valle donde se entierra a los muertos y se tira la ceniza, y todos los campos que están encima del arroyo de Cedrón hasta el ángulo de la Puerta de los Caballos, al oriente, me estarán consagrados, y todo esto no volverá jamás a ser derribado ni destruido."

Jeremías compra un terreno[a]

32 1 El Señor habló a Jeremías en el año décimo del reinado de Sedequías en Judá, que era el año dieciocho del reinado de Nabucodonosor. 2 Por aquel tiempo el ejército del rey de Babilonia estaba atacando a Jerusalén,[b] y el profeta Jeremías estaba encerrado en el patio de la guardia del palacio real.[c] 3 El rey Sedequías lo había mandado arrestar, porque Jeremías había dicho: "El Señor dice: 'Voy a hacer que esta ciudad caiga en poder del rey de Babilonia, 4 y el rey Sedequías no escapará de los caldeos, sino que caerá en poder del rey de Babilonia y tendrá que presentarse ante él. 5 Nabucodonosor se llevará a Sedequías a Babilonia, donde se quedará hasta que yo me vuelva a ocupar de él. Aunque ustedes peleen contra los caldeos, no tendrán éxito. Yo, el Señor, lo afirmo.' "

6 Y dijo Jeremías: "El Señor se dirigió a mí, y me dijo: 7 'Mira, tu primo Hanamel, el hijo de tu tío Salum, va a venir a proponerte que le compres un terreno que tiene en Anatot, pues tú tienes el derecho de comprarlo por ser el pariente más cercano.'[d] 8 Tal como el Señor me lo dijo, mi primo Hanamel vino a verme al patio de la guardia y me pidió que le comprara el campo que tenía en Anatot, en territorio de la tribu de Benjamín, porque yo tenía el derecho de comprarlo y quedarme con él, por ser el pariente más cercano. Al darme cuenta de que aquello era una orden del Señor, 9-10 le compré el campo a mi primo Hanamel. Le entregué diecisiete monedas de plata, que fue el precio convenido, y puse el contrato por escrito, sellado y firmado por los testigos. 11 Luego tomé las dos copias del contrato, una sellada y con las condiciones de compra, y otra abierta, 12 y se las di a Baruc, hijo de Nerías y nieto de Maaseías, delante de mi primo Hanamel, de los testigos que habían firmado el contrato y de todos los judíos que estaban sentados en el patio de la guardia. 13 Delante de ellos dije a Baruc: 14 'El Señor todopoderoso, el Dios de Israel, dice: Toma las dos copias de este contrato, la sellada y la abierta, y guárdalas en una vasija de barro, para que se conserven mucho tiempo. 15 Pues el Señor todopoderoso, el Dios de Israel, dice: En esta tierra volverán a comprarse casas, campos y viñedos.'

Oración de Jeremías

16 "Después de darle el contrato de compra a Baruc, hijo de Nerías, dirigí al Señor esta oración: 17 'Tú, Señor, con gran despliegue de poder creaste el cielo y la tierra. Nada hay imposible para ti. 18 Tú muestras tu amor por mil generaciones, pero también castigas a los hombres por los pecados de sus padres. ¡Oh Dios grande y poderoso, tu nombre es Señor todopoderoso! 19 Tú eres grandioso en tus planes y poderoso en tus obras. Tú ves todo lo que hacen los hombres y das a cada uno lo que merecen sus acciones. 20 Tú hiciste milagros y señales en Egipto, y aún hoy los sigues haciendo tanto en Israel como entre todos los hombres, de manera que tu nombre se ha hecho famoso. 21 Tú, con gran despliegue de poder, sacaste de Egipto a tu pueblo Israel, haciendo milagros y señales y llenando de terror a todos. 22 Le diste

---

[a] **32.1–15** La compra de un campo en Anatot, llevada a cabo cuando todo parecía perdido (cf. v. 2), se convierte en un signo de esperanza para el futuro. [b] **32.1–2** *Nabucodonosor, rey de Babilonia,* sitió la ciudad de *Jerusalén* a partir de enero del año 588 a.C., es decir, en el décimo mes del *décimo año del reinado de Sedequías* (cf. Jer 39.1; 52). El asedio duró 18 meses (cf. Jer 52.6). [c] **32.2** *Encerrado . . . palacio real:* Cf. Jer 37.11–21. [d] **32.7** Según la legislación israelita (Lv 25.25), el *pariente más cercano* (heb. *goel*) tenía el derecho y la obligación de adquirir la propiedad que corría el peligro de no pertenecer más al patrimonio familiar, ya sea por la falta de herederos o de recursos económicos. En razón de esta costumbre, a Jeremías le correspondía ejercer ese derecho. Cf. Rt 2.20.

a Israel esta tierra en que la leche y la miel corren como el agua, según lo habías prometido a sus antepasados. 23Pero cuando ellos entraron en el país y tomaron posesión de él, no te obedecieron ni siguieron las instrucciones que les diste, ni hicieron nada de lo que les ordenaste. Por eso les enviaste toda esta calamidad. 24'Ahora los caldeos han levantado rampas para atacar la ciudad, y la guerra, el hambre y la peste van a hacer que la ciudad caiga en manos de los atacantes. Señor, ya ves que se está cumpliendo lo que dijiste. 25Y sin embargo, Señor, tú me ordenaste que comprara y pagara aquel terreno en presencia de testigos, aunque la ciudad va a caer en manos de los caldeos.' "

26Entonces el Señor respondió a Jeremías: 27"Yo soy el Señor, el Dios de todo ser viviente. Nada hay imposible para mí. 28Así pues, yo te digo: Voy a hacer que esta ciudad caiga en poder de Nabucodonosor, rey de Babilonia, y de los caldeos.*e* 29Los caldeos que están atacando la ciudad entrarán en ella y le prenderán fuego; la quemarán junto con las casas en cuyas azoteas, para ofenderme, se quemaba incienso a Baal y se ofrecía vino a dioses extraños. 30Desde el principio, el pueblo de Israel y el pueblo de Judá han hecho siempre lo que me desagrada; los israelitas no han dejado de ofenderme con ídolos que ellos mismos se hicieron. Yo, el Señor, lo afirmo. 31Y esta ciudad, desde el día en que empezó a construirse hasta este día, no ha hecho más que provocar mi ira y mi enojo. Por eso voy a hacerla desaparecer, 32por todo lo que me han ofendido con sus malas acciones el pueblo de Israel y el pueblo de Judá, lo mismo que sus reyes, sus jefes, sus sacerdotes, sus profetas y todos los habitantes de Judá y de Jerusalén. 33Me han dado la espalda, no la cara. Y aunque en ningún momento he dejado de instruirlos, no me han hecho caso ni han querido recibir corrección. 34Hasta han llegado a profanar el templo consagrado a mí, poniendo allí sus ídolos detestables.*f* 35También construyeron altares a Baal en el valle de Ben–hinom,*g* para quemar sus hijos y sus hijas en sacrificio a Moloc,*h* y así hacer pecar a Judá, cosa detestable que yo no les ordené y que ni siquiera pasó por mi mente.

Promesas para el futuro

36"Yo, el Señor, el Dios de Israel, digo acerca de esta ciudad que tú dices que va a caer en poder del rey de Babilonia por causa de la guerra, el hambre y la peste: 37Voy a reunir a sus ciudadanos de entre todos los países por donde los dispersé cuando me llené de enojo, ira y furor terrible, y los haré volver a este lugar para que en él vivan tranquilos. 38Ellos serán mi pueblo, y yo seré su Dios. 39Haré que solo tengan voluntad y determinación de honrarme toda su vida, para su propio bien y el de sus descendientes. 40Haré con ellos una alianza eterna: me comprometeré a no dejar nunca de hacerles bien, y les llenaré del deseo de honrarme y de no apartarse nunca de mí. 41Yo me alegraré de hacerles bien, y de todo corazón y con toda sinceridad los haré habitar en este país."

42El Señor añadió: "Así como envié esta calamidad tan grande a este pueblo, también le enviaré todos los bienes que le he prometido. 43Y en este país, que dices que va a quedar desierto, sin hombres ni animales, y que va a caer en poder de los caldeos, se volverán a comprar terrenos. 44Se comprarán y se harán los contratos por escrito, con sello y firmas de testigos. Esto sucederá en el territorio de Benjamín, en los alrededores de Jerusalén y en las ciudades de Judá, tanto de la región montañosa como de la llanura, y en las ciudades del Négueb, porque yo haré que cambie su suerte. Yo, el Señor, lo afirmo."

Anuncio de esperanza

33 1Mientras Jeremías todavía estaba preso en el patio de la guardia, el Señor se dirigió a él de nuevo, y le dijo: 2"Yo, el Señor, que hice la tierra, la formé y la coloqué firmemente en su sitio, te digo: 3Llámame y te responderé, y te anunciaré cosas grandes y misteriosas que tú ignoras. 4-5Yo, el Señor, el Dios de Israel, tengo un mensaje acerca de las casas de Jerusalén y de las casas de los reyes de Judá que van a ser derribadas. El salir a pelear con espadas contra los caldeos que levantan rampas para atacar la ciudad, solo servirá para llenarla de cadáveres. Yo, en mi terrible ira, los haré morir, porque he apartado

---

e **32.28** 2 R 25.1–11; 2 Cr 36.17–21.   *f* **32.34** Jer 7.30–31.   *g* **32.35** Cf. 2 R 23.10; Jer 7.31; 19.1–6.
h **32.35** Lv 18.21.

mi rostro de esta ciudad a causa de las muchas maldades que han cometido. 6 Pero los curaré, les daré la salud y haré que con honra disfruten de paz y seguridad. 7 Cambiaré la suerte de Judá y de Israel, y los reconstruiré para que vuelvan a ser como al principio. 8 Los purificaré de todos los pecados que cometieron contra mí; les perdonaré todas las maldades que cometieron y con las que se rebelaron contra mí. 9 Jerusalén será para mí un motivo de alegría, honor y gloria ante todas las naciones de la tierra. Cuando ellas oigan hablar de todos los beneficios que voy a traer sobre los habitantes de Jerusalén, y de toda la prosperidad que le voy a dar, temblarán de miedo."

10 El Señor dice: "Ustedes dicen que este lugar está desierto y que no hay en él hombres ni animales; que las calles de Jerusalén y las ciudades de Judá están vacías; y que nadie, ni hombres ni animales, vive allí. Pues bien, aquí se volverán a oír 11 los cantos de fiesta y alegría, y los cantos de los novios, y se oirá decir: 'Den gracias al Señor todopoderoso, porque el Señor es bueno, porque su amor es eterno.' Y traerán al templo ofrendas de gratitud. Sí, yo cambiaré la suerte de este país, para que vuelva a ser como al principio. Yo, el Señor, lo afirmo."

12 El Señor todopoderoso dice: "En este país que ahora está desierto, sin hombres ni animales, y en todas sus ciudades, volverá a haber pastos adonde los pastores lleven sus rebaños. 13 Tanto en las ciudades de la región montañosa como en las de la llanura, y en las del Néguev y del territorio de Benjamín, y en los alrededores de Jerusalén y en las demás ciudades de Judá, se volverá a ver a los pastores contando sus ovejas. Yo, el Señor, lo digo."

14 El Señor afirma: "Llegará el día en que cumpliré las promesas de bendición que hice al pueblo de Israel y de Judá. 15 Cuando llegue ese tiempo y ese día, haré que David tenga un descendiente legítimo, que establecerá la justicia y la rectitud en el país. 16 En aquel tiempo Judá estará a salvo y Jerusalén vivirá segura. Este es el nombre con que la llamarán: 'El Señor es nuestra victoria.' [a] 17 Yo, el Señor, digo: Nunca faltará un descendiente de David que ocupe el

trono de Israel, [b] 18 ni faltarán jamás sacerdotes descendientes de Leví que todos los días me ofrezcan holocaustos, quemen ofrendas de cereales [c] en mi honor y me dediquen otros sacrificios."

19 El Señor se dirigió a Jeremías, y le dijo: 20 "Yo, el Señor, digo: Es imposible que deje de cumplirse la alianza que he hecho con el día y con la noche, de manera que el día y la noche dejen de llegar a su debido tiempo. 21 Del mismo modo, es imposible que deje de cumplirse mi alianza con mi siervo David, [d] y que deje de haber un descendiente suyo que reine en su trono, o que deje de cumplirse mi alianza con mis ministros los sacerdotes descendientes de Leví. [e] 22 Y a los descendientes de mi siervo David, y a mis ministros, los descendientes de Leví, los haré tan numerosos como las estrellas del cielo y los granos de arena del mar, que nadie puede contar."

23 El Señor se dirigió a Jeremías, y le dijo: 24 "¿No has notado que la gente dice que he rechazado a las dos familias que yo mismo había escogido, a Israel y Judá? ¡Por eso miran con desprecio a mi pueblo, y ya ni lo consideran una nación! 25 Pues yo, el Señor, digo: Yo, que he hecho una alianza con el día y con la noche, y que he fijado las leyes que gobiernan el cielo y la tierra, 26 jamás rechazaré a los descendientes de Jacob y de David mi siervo, ni dejaré de sacar de entre ellos a quienes gobiernen a los descendientes de Abraham, Isaac y Jacob. Porque yo tendré compasión de ellos y haré que cambie su suerte."

Mensaje al rey Sedequías

34 1 Cuando Nabucodonosor, rey de Babilonia, con todo su ejército formado por gente de todas las naciones de la tierra sometidas a él, estaba atacando Jerusalén [a] y todas las ciudades vecinas, el Señor se dirigió a Jeremías, y le dijo: 2 "Yo, el Señor, el Dios de Israel, te ordeno que vayas a decirle a Sedequías, rey de Judá: 'Así dice el Señor: Voy a hacer que el rey de Babilonia se apodere de esta ciudad y le prenda fuego. 3 Tú no podrás escapar de caer en sus manos; te capturarán y te entregarán a él, y después de que te hayan llevado

---

a **33.14-16** *El Señor es nuestra victoria:* Aquí se aplica a Jerusalén el título que antes se le había dado al descendiente de David (Jer 23.5-6). *b* **33.17** Cf. 1 R 2.4; 8.25; 9.5. *c* **33.18** *Holocaustos . . . ofrendas de cereales:* Cf. Lv 1—2. *d* **33.21** *Mi alianza con mi siervo David:* Cf. 2 S 7.16. *e* **33.21** *Mi alianza . . . descendientes de Leví:* Cf. Nm 25.12-13; Neh 13.29; Mal 2.4-9. *a* **34.1** 2 R 25.1-11; 2 Cr 36.17-21; Jer 39.1-10.

ante su presencia, serás llevado a Babilonia.[b] [4]Con todo, escucha, Sedequías, rey de Judá, lo que yo, el Señor, te voy a decir: No morirás a filo de espada. [5]Morirás en paz, y quemarán perfumes en tus funerales, como los quemaron en los funerales de tus antepasados que reinaron antes de ti, y dirán: ¡Ay, señor!, haciendo lamentación por ti. Yo, el Señor, lo afirmo y doy mi palabra.' "[c]

[6]El profeta Jeremías repitió todo esto al rey Sedequías en Jerusalén. [7]Entre tanto, el ejército del rey de Babilonia estaba atacando Jerusalén, Laquis y Azecá, las únicas ciudades fortificadas de Judá que aún quedaban.

Violación de la alianza de libertar a los esclavos hebreos

[8]El Señor se dirigió a Jeremías, después que el rey Sedequías hizo un pacto con todos los habitantes de Jerusalén para dejar libres a los esclavos. [9]El pacto establecía que los que tuvieran esclavos o esclavas hebreos los dejaran en libertad, para que nadie tuviera como esclavo a un compatriota judío. [10]Todos los jefes y todo el pueblo aceptaron los términos del pacto, y dejaron libres a sus esclavos y no los obligaron más a servirles. [11]Pero después se arrepintieron de haberles dado libertad, y los obligaron a volver y a servirles de nuevo como esclavos.

[12]Entonces el Señor se dirigió a Jeremías, y le dijo: [13]"Yo, el Señor, el Dios de Israel, hice una alianza con los antepasados de ustedes cuando los saqué de Egipto, donde servían como esclavos. Les ordené [14]que cada siete años dejaran libre a cualquier hebreo que se hubiera vendido a ellos y que les hubiera servido durante seis años.[d] Pero sus antepasados no me hicieron caso ni me obedecieron. [15]Ahora ustedes habían cambiado de conducta, y habían hecho lo que a mí me agrada, al dejar en libertad a sus compatriotas esclavos. Y se comprometieron con una alianza hecho en mi presencia, en el templo que está dedicado a mí. [16]Pero después cambiaron de parecer y, profanando mi nombre, obligaron a los esclavos que habían dejado en libertad a volver y servirles de nuevo como esclavos. [17]Así pues, yo, el Señor, digo: Ustedes no me obedecieron, puesto que no dejaron en libertad a sus compatriotas esclavos; por lo tanto, ahora yo voy a dejar en libertad a la guerra, la peste y el hambre, para que hagan con ustedes algo que cause horror a todos los reinos de la tierra. Yo, el Señor, lo afirmo. [18-19]Los jefes de Judá y de Jerusalén, junto con los criados del palacio, los sacerdotes y todos los demás ciudadanos hicieron una alianza en mi presencia: partieron en dos un becerro y pasaron por entre las dos partes. Pero luego violaron la alianza y faltaron a su compromiso. [20]Por lo tanto, haré que ellos caigan en poder de sus enemigos mortales, y que sus cadáveres sirvan de comida a las aves de rapiña y a las fieras. [21]También haré que Sedequías, rey de Judá, y sus oficiales caigan en poder de sus enemigos mortales, en poder del ejército del rey de Babilonia, que ahora ha dejado de atacarles.[e] [22]Voy a ordenarles que vuelvan contra esta ciudad y que la ataquen, que la tomen y le prendan fuego. Y haré que las demás ciudades de Judá queden desiertas y sin ningún habitante. Yo, el Señor, lo afirmo."

Jeremías y los recabitas

35 [1]En el tiempo en que Joaquim, hijo de Josías, era rey de Judá, el Señor se dirigió a mí, y me dijo: [2]"Ve a la comunidad de los recabitas[a] y habla con ellos. Llévalos luego a uno de los cuartos que hay en el templo, y ofréceles vino." [3]Yo, Jeremías, fui a buscar a Jaazanías (hijo de otro Jeremías y nieto de Habasinías), y a sus hermanos e hijos, y a toda la comunidad de los recabitas,[b] [4]y los llevé al templo, al cuarto de los hijos de Hanán, hijo de Igdalías, que era un hombre de Dios.[c] Este cuarto se encuentra junto al de los jefes del templo y encima del cuarto de Maaseías, hijo de Salum, que era el guardián del umbral del

---

[b] **34.3** Cf. Jer 39.7; 52.9–11. [c] **34.5** Compárese este anuncio profético con el de Jer 22.18–19. [d] **34.13–14** Ex 21.2; Dt 15.12. [e] **34.21** *Ha dejado de atacarles:* Probablemente debido a un avance del ejército egipcio (588 a.C.), que obligó a las tropas de Nabucodonosor a levantar el asedio de Jerusalén por un breve tiempo. Cf. Jer 37.5–8. [a] **35.2** Los *recabitas* se mantenían fieles al estilo de vida nómada (cf. vv. 6–10), porque consideraban que la vida sedentaria y la práctica de la agricultura eran costumbres propias de los cananeos, incompatibles con la religión de Israel. [b] **35.3** Según 1 Cr 2.55, *los recabitas* (Bet–recab) eran una rama de los quenitas, un clan seminómada que había entrado en contacto con los israelitas en el desierto, después de la salida de Egipto (cf. Jue 1.16; 4.11; 1 S 15.6; 30.29). [c] **35.4** *Un hombre de Dios:* es decir, un profeta, que probablemente prestaba servicios en el culto del templo.

templo. 5Serví a los recabitas jarros y copas llenos de vino, y les dije: "Tomen un poco de vino."

6Ellos respondieron: "Nosotros no bebemos vino, porque Jonadab, hijo de Recab, nuestro antepasado, prohibió para siempre que nosotros y nuestros descendientes bebiéramos vino. 7También nos prohibió hacer casas, sembrar campos y plantar o tener viñedos. Nos mandó que habitáramos siempre en tiendas de campaña, para vivir mucho tiempo en esta tierra donde andamos como extranjeros. 8Nosotros hemos obedecido todas las órdenes de nuestro antepasado Jonadab, y nunca bebemos vino, ni nosotros ni nuestras mujeres ni nuestros hijos, 9ni construimos casas para vivir, ni tenemos viñedos ni terrenos sembrados. 10Vivimos en tiendas de campaña y cumplimos todo lo que nuestro antepasado Jonadab nos ordenó. 11Pero cuando Nabucodonosor, rey de Babilonia, invadió este país, decidimos venir a Jerusalén para huir de los ejércitos caldeos y sirios; por eso estamos viviendo en Jerusalén."

12Entonces el Señor se dirigió a Jeremías, y le dijo: 13"Yo, el Señor todopoderoso y Dios de Israel, te ordeno que vayas y digas a la gente de Judá y de Jerusalén: 'Aprendan la lección y obedezcan mis órdenes. Yo, el Señor, lo digo. 14Los descendientes de Jonadab, hijo de Recab, han cumplido la orden que él les dio de no beber vino, y hasta el día de hoy no lo beben porque han obedecido la orden de su antepasado. Yo también les he dado a ustedes órdenes una y otra vez, pero no me han obedecido. 15Les he enviado, uno tras otro, a todos mis siervos los profetas, para decirles: Dejen su mala conducta y sus malas acciones. No se vayan tras otros dioses ni les rindan culto, y así podrán seguir viviendo en la tierra que les he dado a ustedes y a sus antepasados. Pero ustedes no quisieron hacerme caso ni me han obedecido. 16Los descendientes de Jonadab, hijo de Recab, han cumplido la orden que su antepasado les dio; en cambio, el pueblo de Israel no me ha obedecido. 17Por eso yo, el Señor todopoderoso y Dios de Israel, digo: Voy a hacer que caigan sobre Judá y sobre los habitantes de Jerusalén todas las calamidades que les he anunciado. Porque yo les he hablado, y ustedes no me han hecho caso; los he llamado, y ustedes no me han respondido.' "

18Además, Jeremías dijo a los recabitas: "El Señor todopoderoso y Dios de Israel dice: 'Ya que ustedes han obedecido las órdenes de su antepasado Jonadab, y han observado sus instrucciones y cumplido todo lo que él les ordenó, 19yo, el Señor todopoderoso y Dios de Israel, les aseguro que nunca faltará un descendiente de Jonadab que esté siempre a mi servicio.' "

Baruc lee el rollo en el templo

36 1El año cuarto del gobierno de Joaquim,[a] hijo de Josías, rey de Judá, el Señor se dirigió a Jeremías, y le dijo: 2"Toma un rollo de escribir, y escribe en él todo lo que te he dicho acerca de Israel, de Judá y de las demás naciones, desde que comencé a hablarte en tiempos de Josías hasta ahora. 3Quizá cuando los de Judá sepan de todas las calamidades que pienso enviarles, dejarán su mala conducta y yo les perdonaré sus maldades y pecados."

4Jeremías llamó a Baruc, hijo de Nerías, y le dictó todo lo que el Señor le había dicho, y Baruc lo escribió en un rollo. 5Luego Jeremías dio a Baruc las siguientes instrucciones: "Mira, la situación en que me encuentro me impide ir al templo del Señor. 6Por lo tanto, ve tú el próximo día de ayuno[b] y lee el rollo que yo te dicté y que tú escribiste, para que el pueblo y todos los habitantes de las ciudades de Judá que hayan venido acá, oigan el mensaje del Señor. 7Quizá dirijan al Señor sus ruegos y dejen todos su mala conducta, porque la ira y el furor con que el Señor ha amenazado a este pueblo son terribles." 8Baruc hizo todo lo que el profeta Jeremías le había ordenado: fue al templo y leyó en el rollo el mensaje del Señor.

9El noveno mes del año quinto del gobierno de Joaquim, hijo de Josías, rey de Judá,[c] se dispuso que, tanto los habitantes de Jerusalén como los que habían venido de otras ciudades de Judá, ayunaran ante el Señor. 10Baruc fue al atrio superior del templo, a la entrada de la Puerta Nueva, y desde el cuarto de Guemarías, hijo de Safán el cronista, leyó a todo el pueblo el rollo donde estaban las palabras de Jeremías.

---

a **36.1** La fecha corresponde a los años 605–604 a.C. Cf. 2 R 24.1; 2 Cr 36.5–7; Dn 1.1–2. *b* **36.6** Este *ayuno* incluía una ceremonia penitencial que congregaba en el templo a una gran cantidad de gente. Cf. Is 58.3; Jl 1.14. *c* **36.9** Esta fecha corresponde a noviembre–diciembre del año 604 a.C.

Baruc lee el rollo ante los altos funcionarios

11 Micaías, hijo de Guemarías y nieto de Safán, oyó todo el mensaje del Señor que Baruc leyó en el rollo, 12 y fue al palacio real, al cuarto del cronista, donde estaban reunidos todos los altos funcionarios: Elisamá, el cronista; Delaías, hijo de Semaías; Elnatán, hijo de Acbor; Guemarías, hijo de Safán; Sedequías, hijo de Hananías, y otros funcionarios. 13 Micaías les contó todo lo que había oído cuando Baruc leyó en el rollo delante del pueblo. 14 Los funcionarios enviaron a Jehudí, que era hijo de Netanías, nieto de Selemías y bisnieto de Cusí, a decirle a Baruc que les llevara el rollo que había leído delante del pueblo. Baruc tomó entonces el rollo y se presentó ante ellos, 15 y ellos le dijeron:

—Siéntate y léenos el rollo.

Baruc se lo leyó, 16 y tan pronto como lo oyeron, llenos de miedo se volvieron unos a otros y dijeron:

—Tenemos que informar de todo esto al rey.

17 Luego dijeron a Baruc:

—Cuéntanos cómo escribiste todo esto.

18 Baruc respondió:

—Jeremías personalmente me lo dictó todo, y yo lo escribí con tinta en el rollo.

19 Entonces le dijeron a Baruc:

—¡Pues tú y Jeremías vayan a esconderse, y que nadie sepa dónde están!

El rey Joaquim quema el rollo

20 Los altos funcionarios dejaron el rollo en el cuarto de Elisamá, el cronista, y fueron al palacio a informar de todo esto al rey. 21 El rey mandó a Jehudí traer el rollo del cuarto de Elisamá, el cronista, y cuando Jehudí lo trajo, lo leyó delante del rey y de todos los altos funcionarios que lo rodeaban. 22 Como era el mes noveno, el rey se encontraba en su cuarto de invierno, ante un brasero encendido. 23 En cuanto Jehudí terminaba de leer tres o cuatro columnas, el rey las cortaba con un cuchillo y las echaba al fuego del brasero. Así lo hizo hasta quemar todo el rollo. 24 Ni el rey ni los altos funcionarios que oyeron toda la lectura, sintieron miedo ni dieron señales de dolor. 25 Elnatán, Delaías y Guemarías rogaron al rey que

no quemara el rollo, pero él no les hizo caso, 26 sino que ordenó a Jerahmeel, príncipe de sangre real, a Seraías, hijo de Azriel, y a Selemías, hijo de Abdeel, que apresaran al profeta Jeremías y a su secretario Baruc. Pero el Señor los ocultó.

Jeremías dicta otro rollo

27 Después que el rey quemó el rollo con las palabras que Jeremías le había dictado a Baruc, el Señor se dirigió a Jeremías y le dijo: 28 "Toma otro rollo y vuelve a escribir en él todo lo que estaba escrito en el primero, el que quemó Joaquim, rey de Judá. 29 Y dile lo siguiente: 'Así dice el Señor: Tú quemaste el rollo, y reprendiste a Jeremías por haber escrito en él que el rey de Babilonia va a venir sin falta, a destruir el país y a dejarlo sin hombres ni animales. 30 Pues bien, yo, el Señor, te digo a ti, Joaquim, rey de Judá, que tú no tendrás descendiente en el trono de David. *d* Tu cadáver quedará expuesto al calor del día y a las heladas de la noche, 31 y a ti y a tus descendientes, lo mismo que a tus funcionarios, los castigaré por sus pecados. Haré que caigan sobre ustedes y sobre los habitantes de Jerusalén y de Judá todas las calamidades que les anuncié, y a las que ustedes no hicieron caso.' "

32 Entonces Jeremías tomó otro rollo y se lo dio a Baruc, su secretario, quien escribió todo lo que Jeremías le dictó, es decir, todo lo que estaba escrito en el rollo que el rey Joaquim había quemado. Jeremías añadió además muchas otras cosas parecidas.

Petición de Sedequías a Jeremías *a*

37 1 Nabucodonosor, rey de Babilonia, puso como rey de Judá a Sedequías, hijo de Josías, en lugar de Jeconías, hijo de Joaquim. *b* 2 Pero ni Sedequías ni sus funcionarios ni el pueblo hicieron caso del mensaje que el Señor les dirigió por medio del profeta Jeremías.

3 El rey Sedequías envió a Jucal, hijo de Selemías, y al sacerdote Sofonías, hijo de Maaseías, a ver al profeta Jeremías y decirle: "Ora por nosotros al Señor nuestro Dios." 4 A Jeremías todavía no lo habían apresado, así que podía

---

d **36.30** *Tú no tendrás descendiente en el trono de David:* En realidad, su hijo le sucedió en el trono, pero su reinado duró apenas tres meses (2 R 24.8—17). Cf. Jer 22.18—19. *a* **37.1—45.5** Los caps. 37—45 completan la información proporcionada por 2 R 24.18—25.26. *b* **37.1** Cf. 2 R 24.17; 2 Cr 36.10.

moverse libremente entre el pueblo. **5**Mientras tanto, el ejército del faraón había salido de Egipto. Cuando los caldeos que estaban atacando Jerusalén lo supieron, se retiraron de allí.^c

6Entonces el Señor se dirigió al profeta Jeremías, y le ordenó decir **7**de parte suya a los enviados: "Digan al rey de Judá, que los envió a consultarme, que el ejército del faraón, que se había puesto en camino para ayudarlos, ha regresado a Egipto. **8**Los caldeos volverán para atacar la ciudad de Jerusalén, y la tomarán y le prenderán fuego. **9**Yo, el Señor, les advierto: No se hagan ilusiones ni crean que los caldeos se van a retirar, porque no será así. **10**Aun cuando ustedes derrotaran a todo el ejército caldeo que los está atacando, y no le quedaran más que unos cuantos hombres heridos en el campamento, esos hombres se levantarían y le prenderían fuego a la ciudad."

Encarcelamiento de Jeremías

11Cuando el ejército de los caldeos se estaba retirando de Jerusalén, porque supieron que venía el ejército del faraón, **12**Jeremías salió de la ciudad para dirigirse al territorio de Benjamín y ocuparse de la repartición de una herencia entre los de su tierra. **13**Pero cuando llegó a la Puerta de Benjamín, un hombre llamado Irías, hijo de Selemías y nieto de Hananías, que era jefe de la guardia, detuvo a Jeremías y le dijo:

—¡Tú te vas a pasar a los caldeos!

14Jeremías respondió:

—¡No es verdad, no me voy a pasar a los caldeos!

Pero Irías no lo escuchó, sino que lo arrestó y lo llevó ante los funcionarios. **15**Estos se pusieron furiosos con Jeremías, y mandaron que lo golpearan y lo encarcelaran en la casa de Jonatán, el cronista, la cual habían convertido en cárcel. **16**Jeremías fue a parar al calabozo del sótano, donde estuvo mucho tiempo.

17El rey Sedequías ordenó que llevaran a Jeremías al palacio, y cuando Jeremías fue llevado ante el rey, este le preguntó en secreto:

—¿Hay algún mensaje del Señor?

Jeremías respondió:

—Sí, y es el siguiente: que Su Majestad va a caer en poder del rey de Babilonia.

18A su vez, Jeremías le preguntó al rey Sedequías:

—¿Qué crimen he cometido contra Su Majestad, o contra sus funcionarios, o contra el pueblo, para que me hayan metido en la cárcel? **19**¿Dónde están esos profetas que aseguraban que el rey de Babilonia no los atacaría, ni a ustedes ni al país? **20**Escuche ahora Su Majestad, y concédame esta petición que le voy a hacer: No permita que me lleven otra vez a la casa de Jonatán, el cronista, no sea que yo muera allá.

21Entonces el rey Sedequías ordenó que Jeremías quedara preso en el patio de la guardia y que cada día le llevaran un pan de la calle de los Panaderos. Y esto se hizo así mientras hubo pan en la ciudad. De esta manera, Jeremías se quedó en el patio de la guardia.

Echan a Jeremías en una cisterna seca

38 **1**Sefatías, hijo de Matán, Guedalías, hijo de Pashur, Jucal, hijo de Selemías, y Pashur, hijo de Malquías, oyeron a Jeremías pronunciar ante el pueblo las siguientes palabras: **2**"El Señor dice: 'El que se quede en la ciudad morirá en la guerra o de hambre o de peste. En cambio, el que salga y se entregue a los caldeos, podrá al menos salvar su vida.' **3**El Señor dice: 'Esta ciudad va a caer en poder del ejército del rey de Babilonia. Él la tomará, y nadie podrá evitarlo.' "

4Entonces los funcionarios dijeron al rey:

—Hay que matar a este hombre, pues con sus palabras desmoraliza a los soldados que aún quedan en la ciudad, y a toda la gente. Este hombre no busca el bien del pueblo, sino su mal.

5El rey Sedequías les respondió:

—Está bien, hagan con él lo que quieran. Yo nada puedo contra ustedes.

6Entonces ellos se apoderaron de Jeremías y lo echaron en la cisterna del príncipe Malquías, que se encontraba en el patio de la guardia. Lo bajaron con sogas, y como en la cisterna no había agua, sino lodo, Jeremías se hundió en él.

7Un etíope llamado Ébed–mélec, que era hombre de confianza en el palacio real, oyó decir que habían echado a Jeremías en la cisterna.

---

^c **37.5** La salida del *ejército* egipcio fue ordenada por el *faraón* Hofra (588–569 a.C.) y tenía como finalidad ayudar a Sedequías en su lucha contra Babilonia (posiblemente en el año 588 a.C.). Esta incursión obligó a los babilonios a levantar momentáneamente el asedio de Jerusalén. Cf. Jer 34.21.

Por aquel tiempo, el rey estaba en una sesión en la Puerta de Benjamín. 8 Entonces Ébed–mélec salió del palacio real y fue a decirle al rey:

9 —Majestad, lo que esos hombres han hecho con Jeremías es un crimen. Lo han echado en una cisterna, y ahí se está muriendo de hambre, porque ya no hay pan en la ciudad.

10 En seguida el rey ordenó a Ébed–mélec que se llevara con él a treinta hombres[a] para sacar a Jeremías de la cisterna, antes que muriera. 11 Ébed–mélec se llevó a los hombres, fue al depósito de ropa del palacio y tomó de allí unos trapos viejos, se los bajó con sogas a Jeremías en la cisterna, 12 y le dijo:

—Ponte esos trapos bajo los brazos, para que las sogas no te lastimen.

Jeremías lo hizo así. 13 Entonces los hombres tiraron de las sogas y lo sacaron de allí. Después de esto, Jeremías se quedó en el patio de la guardia.

Sedequías manda llamar a Jeremías

14 El rey Sedequías mandó que llevaran ante él al profeta Jeremías, a la tercera entrada del templo. Allí el rey le dijo:

—Voy a hacerte una pregunta, y quiero que me contestes con toda franqueza.

15 Jeremías le respondió:

—Si contesto a la pregunta, Su Majestad me mandará matar; y si le doy algún consejo, no me hará caso.

16 Pero en secreto el rey Sedequías le hizo este juramento a Jeremías:

—Te juro por el Señor, que nos dio la vida, que no te mandaré matar ni te entregaré en manos de los que quieren matarte.

17 Jeremías dijo entonces a Sedequías:

—El Señor todopoderoso, el Dios de Israel, dice: 'Si te entregas de una vez a los generales del rey de Babilonia, tú y tu familia salvarán la vida, y esta ciudad no será incendiada. 18 Pero si no te entregas a ellos, los caldeos se apoderarán de la ciudad y le prenderán fuego, y tú no podrás escapar.'

19 Sedequías respondió:

—Tengo miedo de los judíos que se han pasado a los caldeos; si caigo en manos de ellos, me torturarán.

20 Jeremías contestó:

—Pero Su Majestad no caerá en manos de ellos. Obedezca Su Majestad, por favor, a la voz del Señor, que yo le he comunicado, y le irá bien y salvará la vida. 21 El Señor me ha hecho ver lo que pasará, si Su Majestad se empeña en no rendirse: 22 todas las mujeres que queden en el palacio del rey de Judá serán sacadas y entregadas a los generales del rey de Babilonia, y ellas mismas dirán:

'Los mejores amigos del rey
lo engañaron y lo vencieron;
dejaron que sus pies
se hundieran en el lodo
y le dieron la espalda.'

23 Y Jeremías continuó diciendo al rey:

—Todas las mujeres y los hijos de Su Majestad serán entregados a los caldeos, y Su Majestad no escapará de ellos, sino que será entregado al rey de Babilonia, y prenderán fuego a la ciudad.

24 Entonces Sedequías respondió a Jeremías:

—Si en algo aprecias tu vida, no hables de esto con nadie. 25 Si los funcionarios llegan a saber que he estado hablando contigo, vendrán y te preguntarán qué me dijiste tú, y qué te dije yo, y con la promesa de salvarte la vida, te pedirán que les cuentes todo. 26 Pero tú respóndeles que solo me estabas suplicando que no te mandara de nuevo a la casa de Jonatán, para no morir allí.

27 En efecto, todos los funcionarios fueron a ver a Jeremías y le hicieron preguntas, pero él les respondió exactamente lo que el rey le había ordenado. Entonces lo dejaron en paz, porque nadie había oído la conversación. 28 Y Jeremías se quedó en el patio de la guardia hasta el día en que Jerusalén fue tomada.

Caída de Jerusalén
(2 R 24.20—25.21; 2 Cr 36.17–21;
Jer 52.3–30)

39 1 En el mes décimo del año noveno[a] del reinado de Sedequías en Judá, Nabucodonosor, rey de Babilonia, marchó con todo su ejército contra Jerusalén, y la sitió. 2 El día nueve del mes cuarto del año once[b] del gobierno de Sedequías, el ejército

---

[a] 38.10 *Treinta hombres:* según la mayoría de los mss. hebreos; uno de estos, sin embargo, dice *tres* en lugar de *treinta,* cifra que parece mucho más verosímil. [a] 39.1 *Mes décimo del año noveno:* diciembre, 589 a.C.
[b] 39.2 *Mes cuarto del año once:* junio, 587 a.C.

enemigo entró en la ciudad, **3**y todos los oficiales del rey de Babilonia entraron y se instalaron en la puerta central. Eran Nergal–sarézer, Samgar–nebó, Sarsequim, alto funcionario de la corte, y otro Nergal–sarézer, también alto funcionario.

4Cuando el rey Sedequías y sus soldados vieron lo que pasaba, huyeron de la ciudad. Salieron de noche por el camino de los jardines reales, por la puerta situada entre las dos murallas, y tomaron el camino del valle del Jordán. **5-6**Pero los soldados caldeos los persiguieron, y alcanzaron a Sedequías en la llanura de Jericó. Lo capturaron y lo llevaron ante el rey Nabucodonosor, que estaba en Riblá, en el territorio de Hamat.*c* Allí Nabucodonosor dictó sentencia: hizo degollar a los hijos de Sedequías en presencia de este, y también a todos los nobles de Judá. **7**En cuanto a Sedequías, mandó que le sacaran los ojos y que lo encadenaran para llevarlo a Babilonia.

8Los caldeos prendieron fuego al palacio real y a las casas de la ciudad, y derribaron las murallas de Jerusalén. **9**Por último, Nebuzaradán, comandante de la guardia real, llevó desterrados a Babilonia tanto a los habitantes de la ciudad que aún quedaban como a los que se habían pasado a los caldeos; en fin, a todo el pueblo. **10**Solo dejó en el territorio de Judá a algunos de los más pobres, de los que no tenían nada, y ese día les dio viñedos y campos de cultivo.

Jeremías es puesto en libertad

11El rey Nabucodonosor de Babilonia dio a Nebuzaradán, comandante de la guardia, las siguientes órdenes respecto de Jeremías: **12**"Tómalo bajo tu cuidado, y no lo trates mal, sino dale todo lo que te pida." **13**Entonces Nebuzaradán, junto con Nebusazbán y Nergal–sarézer, dos altos funcionarios de la corte, y todos los demás oficiales del rey de Babilonia, **14**mandaron sacar a Jeremías del patio de la guardia y lo pusieron bajo el cuidado de Guedalías, hijo de Ahicam y nieto de Safán, para que lo llevaran a su casa. Así pues, Jeremías se quedó a vivir entre el pueblo.

Promesas a Ébed–mélec

15Cuando Jeremías estaba todavía preso en el patio de la guardia, el Señor se dirigió a él, y le dijo: **16**"Ve y dile a Ébed–mélec, el etíope: 'El Señor todopoderoso, el Dios de Israel, dice: Voy a cumplir lo que le he anunciado a esta ciudad, para su mal y no para su bien. Cuando esto suceda, tú estarás presente. **17**Pero yo te protegeré, para que no caigas en poder de esa gente a la que temes. Yo, el Señor, lo afirmo. **18**Yo te libraré de que te maten. Podrás escapar con vida, porque confiaste en mí. Yo, el Señor, lo afirmo.' "

Jeremías se queda con Guedalías*a*

40 **1**El Señor se dirigió a Jeremías, después que Nebuzaradán, comandante de la guardia, dejó libre a Jeremías en Ramá.*b* Nebuzaradán lo había encontrado preso y encadenado entre la gente de Jerusalén y de Judá que era llevada al destierro a Babilonia.

2El comandante de la guardia llevó aparte a Jeremías, y le dijo: "El Señor tu Dios amenazó con enviar esta desgracia a esta tierra, **3**y ahora ha cumplido su amenaza. Esto les ha pasado a ustedes porque pecaron contra el Señor y no lo obedecieron. **4**Mira, ahora mismo te quito las cadenas con que estás atado. Si quieres venir conmigo a Babilonia, ven; yo te cuidaré. Pero si no quieres venir, quédate. Tienes todo el país a tu disposición: ve a donde mejor te parezca. **5**Si prefieres regresar, vuélvete a Guedalías, hijo de Ahicam y nieto de Safán, a quien el rey de Babilonia ha nombrado gobernador de las ciudades de Judá, y vive con él y con tu pueblo. Ve a donde te parezca mejor." Luego el comandante dio a Jeremías un regalo y provisiones, y lo·despidió. **6**Jeremías se fue con Guedalías a Mispá, y vivió con él y con la gente que había quedado en el país.

Conspiración contra Guedalías
(2 R 25.23–24)

7Cuando los comandantes y los soldados de las tropas judías que aún estaban en los campos se enteraron de que el rey de Babilonia había nombrado gobernador del país a Guedalías,

---

c **39.5–6** *El territorio de Hamat:* en Siria, sobre el río Orontes. *a* **40.1—44.30** Los caps. 40—44 proporcionan alguna información sobre los acontecimientos posteriores a la destrucción de Jerusalén. Los principales episodios relatados son la designación de Guedalías como gobernador de Judá, su posterior asesinato, la huida de los judíos a Egipto y la actividad de Jeremías entre los refugiados en Egipto. *b* **40.1** Posiblemente allí eran sometidos a examen los que iban a ser deportados a Babilonia.

hijo de Ahicam, y que había puesto bajo su cuidado a los hombres, mujeres y niños de la gente más pobre del país, los cuales no habían sido deportados a Babilonia, 8fueron con su gente a Mispá, a ver a Guedalías. Entre ellos estaban: Ismael, hijo de Netanías;c Johanán y Jonatán, hijos de Caréah; Seraías, hijo de Tanhúmet; los hijos de Efai de Netofá; y Jezanías, hijo de un hombre de Maacat, y sus hombres. 9Guedalías les aseguró bajo juramento: "No tengan miedo de someterse a los caldeos. Quédense a vivir en el país, sométanse al rey de Babilonia, y les irá bien. 10Yo me quedaré en Mispá, para representarlos a ustedes ante los caldeos cuando ellos vengan aquí. Ustedes dedíquense a almacenar vino, frutas y aceite, y así podrán quedarse en las ciudades que han tomado." 11También los judíos que se encontraban en Moab, Amón, Edom y otros países se enteraron de que el rey de Babilonia había permitido que algunos judíos se quedaran en su tierra, y que había nombrado a Guedalías como gobernador de ellos. 12Entonces volvieron a Judá de todos los sitios por donde se habían dispersado, y se presentaron ante Guedalías en Mispá. Y también ellos almacenaron vino y frutas en grandes cantidades.

Conspiración de Ismael contra Guedalías

13Johanán, hijo de Caréah, y todos los demás comandantes de tropas que habían quedado en los campos, fueron a Mispá, a ver a Guedalías, 14y le dijeron:

—¿No sabes que el rey Baalís de Amón ha enviado a Ismael, el hijo de Netanías, a matarte?d

Pero Guedalías no les creyó. 15Entonces Johanán le dijo en secreto a Guedalías:

—Deja que yo vaya y mate a Ismael. Nadie tiene que saber quién lo hizo. ¿Por qué vamos a dejar que él te mate a ti? Eso traería la dispersión de todos los judíos que se han reunido a tu alrededor, y sería la ruina de lo que aún queda de Judá.

16Pero Guedalías le respondió:

—¡No lo hagas! Lo que dices de Ismael no es verdad.

Asesinato de Guedalías
(2 R 25.25–26)

41 1En el séptimo mes,a Ismael, hijo de Netanías y nieto de Elisamá, miembro de la familia real, fue a Mispá para entrevistarse con Guedalías. Iba acompañado de diez hombres. Y allí en Mispá, mientras comían juntos, 2Ismael y los diez hombres que lo acompañaban se levantaron de pronto y a filo de espada mataron a Guedalías, a quien el rey de Babilonia había nombrado gobernador de Judá. 3Ismael mató también a todos los judíos y soldados caldeos que estaban con Guedalías en Mispá.

4Al día siguiente del asesinato de Guedalías, cuando todavía nadie se había enterado de lo sucedido, 5llegaron de Siquem, Siló y Samaria ochenta hombres, los cuales traían la barba afeitada, la ropa rasgada y el cuerpo lleno de heridas que ellos mismos se habían hecho. Traían además cereales e incienso para ofrecerlos al Señor en el templo. 6Entonces Ismael salió de Mispá a su encuentro, llorando por el camino. Apenas se encontró con ellos, les dijo:

—Vengan a ver a Guedalías, hijo de Ahicam.

7Pero tan pronto como llegaron al centro de la ciudad, Ismael y sus hombres los mataron y los echaron en una cisterna. 8Sin embargo, diez de los hombres de ese grupo dijeron a Ismael:

—No nos mates; nosotros tenemos trigo, cebada, aceite y miel escondidos en el campo.

Entonces Ismael no los mató como a sus compañeros. 9La cisterna en que Ismael echó los cadáveres de todos los hombres que había matado era la misma que el rey Asá había mandado hacer cuando se defendía del rey Baasá de Israel.b Era una cisterna muy grande, pero quedó llena con los cadáveres de la gente que Ismael mató. 10Además, Ismael apresó a las hijas del rey y a la gente que quedaba en Mispá, a quienes Nebuzaradán, comandante de la guardia, había puesto bajo el mando de Guedalías. Ismael los apresó, y se puso en

c 40.8 Este Ismael era miembro de la familia real (cf. Jer 41.1) y probablemente pretendía restaurar el reino de Judá y convertirse él mismo en rey. d 40.14 Es probable que Baalís, el rey de Amón, haya apoyado a los enemigos de Guedalías porque trataba de evitar que Judá volviera a la normalidad. En medio de la anarquía, él tenía más posibilidades de adueñarse de alguna parte del territorio al este del Jordán. a 41.1 Séptimo mes: heb. Tisrí, correspondiente a septiembre–octubre. b 41.9 Baasá fue rey de Israel hacia los años 909–886 a.C. Cf. 1 R 15.16–22.

camino con intención de pasar al territorio de Amón.

11 Cuando Johanán, hijo de Caréah, y los jefes militares que estaban con él se enteraron del crimen que Ismael había cometido, **12** reunieron a toda su gente y se fueron a luchar contra él. Lo encontraron junto al gran estanque que hay en Gabaón. **13** Cuando los que Ismael llevaba presos vieron a Johanán y a todos los jefes militares que lo acompañaban, se pusieron muy contentos, **14** y se volvieron y fueron a reunirse con Johanán. **15** Pero Ismael y ocho de sus hombres lograron escapar de Johanán y se fueron al país de Amón.

16 Por su parte, Johanán y los jefes militares que lo acompañaban se hicieron cargo de los soldados, las mujeres, los niños y los altos funcionarios que Ismael se había llevado presos de Mispá después de haber matado a Guedalías, y que Johanán había traído de vuelta desde Gabaón. **17** Se pusieron así en camino hasta llegar a Guerut–quimam, junto a Belén, donde hicieron un alto. Su intención era continuar hasta Egipto **18** para escapar de los caldeos, pues les tenían miedo por haber matado Ismael a Guedalías, a quien el rey de Babilonia había nombrado gobernador del país.

El pueblo pide a Jeremías que ore por ellos

42 **1** Todos los jefes militares, incluyendo a Johanán, hijo de Caréah, y a Azarías, hijo de Hosaías, y toda la gente, chicos y grandes, se acercaron **2** al profeta Jeremías y le dijeron:

—Vamos a pedirte una cosa; no nos la niegues: Ruega al Señor tu Dios por nosotros, los pocos que quedamos. Antes éramos muchos, pero ahora quedamos solo unos pocos, como puedes ver. **3** Ruega al Señor tu Dios que nos enseñe el camino que debemos seguir y lo que debemos hacer.

4 Jeremías les respondió:

—Está bien. Voy a rogar al Señor su Dios por ustedes, como me lo han pedido, y les daré a conocer todo lo que él me responda, sin ocultarles nada.

5 Entonces ellos dijeron a Jeremías:

—Que el Señor tu Dios sea testigo fiel y verdadero en contra nuestra, si no hacemos lo que él te encargue decirnos. **6** Nos guste o nos disguste su respuesta, obedeceremos al Señor nuestro Dios, a quien te hemos pedido que recurras, para que así nos vaya bien.

Respuesta del Señor a la oración de Jeremías

7 Diez días más tarde, el Señor le habló a Jeremías, **8** y este llamó a Johanán, hijo de Caréah, y a los jefes militares que lo acompañaban, y a toda la gente, desde el más chico hasta el más grande, **9** y les dijo: "El Señor, el Dios de Israel, a quien ustedes me encargaron que fuera a presentar su petición, dice: **10** 'Si ustedes están dispuestos a quedarse en esta tierra, yo los haré prosperar; no los destruiré, sino que los plantaré y no los arrancaré, pues me pesa haberles enviado esa calamidad. **11** No tengan miedo del rey de Babilonia, al que tanto temen. No le tengan miedo, porque yo estoy con ustedes para salvarlos y librarlos de su poder. Yo, el Señor, lo afirmo. **12** Tendré compasión de ustedes, y haré que también él les tenga compasión y los deje volver a su tierra.'

13 "Pero si ustedes no quieren quedarse en este país, sino que desobedecen al Señor su Dios **14** y dicen: 'Preferimos ir a vivir a Egipto, donde no veremos guerra, ni oiremos el sonido de la trompeta, ni nos moriremos de hambre', **15** entonces escuchen ustedes, los que quedan de Judá, lo que les dice el Señor todopoderoso, el Dios de Israel: 'Si ustedes se empeñan en ir a vivir a Egipto, **16** la guerra y el hambre que ustedes tanto temen los alcanzará allí mismo, y allí morirán. **17** Todos los que están empeñados en irse a vivir a Egipto, morirán allá por la guerra, el hambre o la peste. Nadie quedará con vida; nadie escapará a la calamidad que les voy a enviar.'

18 "El Señor todopoderoso, el Dios de Israel, dice: 'Así como mi ira y mi furor se encendieron contra los habitantes de Jerusalén, así se encenderán también contra ustedes, si se van a Egipto. Se convertirán en ejemplo de maldición, en algo que causará terror, y no volverán a ver este lugar.' **19** A ustedes, los que aún quedan de Judá, el Señor les ordena que no vayan a Egipto. Sépanlo bien, yo se lo advierto ahora. **20** Ustedes cometen un error fatal, pues ustedes mismos me encargaron que acudiera al Señor su Dios, y me dijeron: 'Ruega al Señor nuestro Dios por nosotros, y haznos saber todo lo que él ordene, para que lo hagamos.' **21** Yo les he dado a conocer hoy lo que el Señor su Dios me encargó decirles, pero ustedes no quieren obedecer. **22** Por lo tanto, sepan bien que por causa de la guerra, el hambre y la peste, ustedes morirán en el país a donde quieren ir a vivir."

Se llevan a Jeremías a Egipto

43 [1] Cuando Jeremías terminó de comunicar al pueblo todo lo que el Señor, el Dios de ellos, le había encargado decirles, [2] Azarías, hijo de Hosaías, Johanán, hijo de Caréah, y otros hombres arrogantes dijeron a Jeremías: "¡Lo que dices es mentira! El Señor nuestro Dios no te ha encargado decirnos que no vayamos a vivir en Egipto. [3] Es Baruc, hijo de Nerías, el que te ha predispuesto contra nosotros, para hacer que caigamos en poder de los caldeos y que nos maten o nos lleven desterrados a Babilonia."

[4] Así pues, ni Johanán ni los jefes militares ni la gente se quedaron en el territorio de Judá, desobedeciendo así la orden del Señor. [5] Por el contrario, Johanán y todos los jefes militares reunieron a la poca gente de Judá que aún quedaba y que, después de haber sido dispersada por distintos países, había vuelto a Judá para establecerse allí: [6] hombres, mujeres, niños, las hijas del rey y todas las personas que Nebuzaradán, comandante de la guardia, había dejado bajo el cuidado de Guedalías, incluyendo a Jeremías y a Baruc. [7] Sin hacer caso de la orden del Señor, todos ellos se fueron a Egipto[a] y llegaron hasta la ciudad de Tafnes.

[8] En Tafnes, el Señor se dirigió a Jeremías y le dijo: [9] "Toma unas piedras grandes y, a la vista de la gente de Judá, entiérralas en el piso de barro de la terraza,[b] frente a la entrada del palacio real de la ciudad. [10] Y diles: 'El Señor todopoderoso, Dios de Israel, dice: Voy a hacer venir a mi siervo Nabucodonosor, rey de Babilonia, y voy a poner su trono y su tienda real encima de estas piedras que he enterrado aquí. [11] Él vendrá y destruirá el país de Egipto. Los que están destinados a morir, morirán; los que están destinados a ir al destierro, irán al destierro; y los que están destinados a morir en la guerra, morirán en la guerra. [12] Prenderá fuego a los templos de los dioses de Egipto, y a sus dioses les prenderá fuego o se los llevará como si fueran prisioneros. Limpiará el país de Egipto, como un pastor que limpia de piojos su ropa, y luego se irá sin que nadie se lo impida.[c] [13] Destruirá los obeliscos de Heliópolis, en Egipto, y prenderá fuego a los templos de los dioses de Egipto.' "

Mensaje del Señor a los judíos que fueron a Egipto

44 [1] Mensaje que Jeremías recibió para todos los judíos que vivían en Egipto, en las ciudades de Migdol, Tafnes, Menfis y la región del sur: [2] "El Señor todopoderoso, el Dios de Israel, dice: 'Ustedes han visto todas las calamidades que hice caer sobre Jerusalén y las demás ciudades de Judá. Ahora están en ruinas, y nadie vive en ellas [3] por causa de las maldades que cometieron, pues me ofendieron adorando a otros dioses y ofreciéndoles incienso; dioses con los que ni ellos ni ustedes ni sus antepasados tenían nada que ver. [4] Una y otra vez envié a mis siervos los profetas para que les dijeran a ustedes que no hicieran esas cosas repugnantes que yo detesto. [5] Pero ustedes no me obedecieron ni me hicieron caso. En vez de dejar su maldad, siguieron ofreciendo incienso a otros dioses. [6] Entonces se encendieron mi ira y mi furor, y ardieron como un fuego en las ciudades de Judá y en las calles de Jerusalén. Quedaron en ruinas y desiertas hasta el día de hoy.

[7] 'Así pues, yo, el Señor todopoderoso, el Dios de Israel, digo: ¿Por qué traen sobre ustedes mismos ese mal tan grande? ¿Por qué hacen que muera toda la gente de Judá, hombres, mujeres y niños, y hasta recién nacidos, de manera que no quede nadie? [8] ¿Por qué me ofenden con sus acciones y ofrecen incienso a otros dioses aquí en Egipto, donde han venido a vivir? Con ello van a provocar su propia destrucción, y se convertirán en ejemplo de maldición y humillación entre todas las naciones de la tierra. [9] ¿Ya se han olvidado de todas las maldades que cometieron los antepasados de ustedes, y de las que cometieron los reyes de Judá y sus esposas, y de las que ustedes mismos y las esposas de ustedes cometieron en el territorio de Judá y en las calles de Jerusalén? [10] Hasta ahora ustedes no han cambiado de conducta, ni han sentido temor, ni han cumplido las instrucciones y leyes que a ustedes y a sus antepasados les di.

[11] 'Por eso yo, el Señor todopoderoso, el Dios de Israel, les digo: He decidido traer mal sobre ustedes y destruir a todo Judá. [12] Haré que los

---

[a] **43.5–7** 2 R 25.26. [b] **43.9** *Entiérralas en . . . la terraza:* traducción probable. [c] **43.10–12** *Nabucodonosor* invadió Egipto en 568–567 a.C. y combatió con el faraón Amasis (570–526 a.C.). Sin embargo, las fuentes históricas disponibles no informan sobre el alcance de esa invasión.

que quedaron de Judá y se empeñaron en irse a vivir a Egipto, sean destruidos allá por completo. Todos, desde el más chico hasta el más grande, morirán por la guerra o el hambre, y se convertirán en ejemplo de maldición y humillación, en algo que causará terror. 13 Castigaré a los que vivan en Egipto como castigué a Jerusalén, con la guerra, el hambre y la peste. 14 Nadie de ese pequeño resto de Judá que se ha ido a vivir a Egipto, podrá escapar o quedar con vida. Y aunque quieran volver a Judá para establecerse allí, no volverán, a no ser unos cuantos refugiados.' "

15 Entonces, aquellos que sabían que sus esposas ofrecían incienso a otros dioses, y las mujeres que se encontraban allí, todos los cuales formaban un grupo numeroso, más los judíos que vivían en la región sur de Egipto, respondieron a Jeremías:

16 —No haremos caso de ese mensaje que nos has traído de parte del Señor. 17 Al contrario, seguiremos haciendo lo que habíamos decidido hacer. Seguiremos ofreciendo incienso y ofrendas de vino a la diosa Reina del Cielo,[a] como lo hemos hecho hasta ahora y como antes lo hicieron nuestros antepasados y nuestros reyes y jefes en las ciudades de Judá y en las calles de Jerusalén. Pues antes teníamos comida en abundancia, nos iba bien y no nos vino ninguna desgracia; 18 pero desde que dejamos de ofrecer incienso y ofrendas de vino a la Reina del Cielo, nos falta de todo, y nuestra gente muere de hambre o en la guerra.

19 Las mujeres añadieron:

—Nosotras hacíamos tortas que representaban a la Reina del Cielo, y le ofrecíamos incienso y ofrendas de vino, pero todo ello con el consentimiento de nuestros esposos. Y lo seguiremos haciendo.

20 Entonces Jeremías respondió a todos los hombres y mujeres que le habían contestado de esa manera:

21 —¿Creen ustedes que el Señor no se daba cuenta, o se había olvidado, de que ustedes y sus antepasados, sus reyes, sus jefes y el pueblo en general, ofrecían incienso a otros dioses en las ciudades de Judá y en las calles de Jerusalén? 22 Pero el Señor ya no pudo soportar más las malas acciones que ustedes cometían y que a él tanto le disgustan. Por eso el país de ustedes

está hoy en ruinas y sin nadie que viva en él; se ha convertido en ejemplo de maldición, en algo que causa terror. 23 Esta desgracia en que ahora se encuentran les ha venido precisamente porque ofrecieron incienso a otros dioses, pecando así contra el Señor, y porque no obedecieron sus instrucciones y leyes, ni cumplieron sus mandatos.

24 Jeremías dijo además a todo el pueblo, y especialmente a las mujeres:

—Escuchen este mensaje del Señor todos ustedes, gente de Judá que vive en Egipto. 25 El Señor todopoderoso, el Dios de Israel, dice: 'Ustedes las mujeres lo dicen de boca y lo practican de hecho. Ustedes dicen que han prometido ofrecer incienso y ofrendas de vino a la Reina del Cielo, y que cumplirán sin falta su promesa. ¡Muy bien, cumplan y pongan por obra lo que han prometido! 26 Pero oigan todos ustedes, gente de Judá que vive en Egipto, lo que yo, el Señor, les digo: Juro por mi nombre soberano que ninguno de los de Judá volverá a pronunciar mi nombre en todo Egipto, diciendo: Por la vida del Señor. 27 Porque yo estaré vigilando para enviarles calamidades y no beneficios. Todos los de Judá que viven en Egipto serán completamente aniquilados por la guerra o el hambre. 28 Serán muy contados los que escapen de morir en la guerra y vuelvan de Egipto a Judá. Así, todos los que quedaban en Judá y vinieron a vivir a Egipto, verán qué palabras se cumplieron, si las mías o las de ellos. 29 Yo, el Señor, les daré a ustedes esta señal como prueba de que mis amenazas se van a cumplir, y de que los castigaré en este país: 30 Yo entregaré al faraón Hofra, rey de Egipto, en poder de sus enemigos mortales, así como entregué a Sedequías, rey de Judá, en poder de Nabucodonosor, rey de Babilonia, su enemigo mortal.'

Promesas del Señor a Baruc

45 1 El año cuarto del gobierno de Joaquim,[a] hijo de Josías, rey de Judá, mientras Baruc, hijo de Nerías, escribía lo que el profeta Jeremías le dictaba, dijo Jeremías a Baruc: 2-3 "Tú, Baruc, dices: '¡Ay de mí! ¡El Señor no me da sino penas y dolores! Ya estoy cansado de llorar y no encuentro ningún alivio.' Pues el Señor dice respecto de

---

[a] **44.17** *Reina del Cielo:* Véase 7.18 n. [a] **45.1** *El año cuarto . . . Joaquim:* Véase 36.1 n.

ti, **4** y me manda que te diga: 'Yo destruyo lo que construí, y arranco lo que planté. Y lo mismo haré con toda la tierra. **5** ¿Quieres pedir para ti algo extraordinario? Pues no lo pidas, porque yo voy a enviar calamidades sobre toda la humanidad. Pero al menos permitiré que conserves tu vida por dondequiera que vayas. Yo, el Señor, lo afirmo.' "

Derrota de Egipto en Carquemis

46 **1** El Señor habló al profeta Jeremías acerca de las naciones. **2** Este fue su mensaje acerca de Egipto, y en particular acerca del ejército del faraón Necao, rey de Egipto, que se hallaba en Carquemis,*a* junto al río Éufrates, y a quien el rey Nabucodonosor de Babilonia derrotó en el año cuarto del gobierno de Joaquim, hijo de Josías, rey de Judá:

3 "¡Preparen los escudos!
  ¡Láncense al ataque!
4 ¡Ensillen los caballos!
  ¡Monten, jinetes!
  ¡Pónganse los cascos y formen líneas!
  ¡Afilen las lanzas!
  ¡Pónganse las corazas!

5 "Pero ¿qué es lo que veo?
  Retroceden llenos de terror.
  Sus guerreros se dispersan derrotados;
  salen corriendo, sin mirar atrás.
  ¡Hay terror por todas partes!
  Yo, el Señor, lo afirmo.
6 ¡No pueden huir los más veloces,
  ni escapar los más valientes!
  En el norte, junto al río Éufrates,
  tropiezan y caen.
7 ¿Quién es ese que crece como el Nilo,
  como un río de aguas violentas?
8 Es Egipto, que crece como el Nilo,
  como un río de aguas violentas.
  Egipto dice: 'Voy a crecer y a inundar
    la tierra,
  voy a destruir las ciudades
    y sus habitantes.'

9 "¡Que avance la caballería!
  ¡Adelante los carros!

¡Que se pongan en marcha
    los guerreros:
  los soldados de Etiopía y de Libia,
  armados de escudos;
  los soldados de Lidia,
  que manejan bien el arco!
10 Este es el día del Señor todopoderoso,
  el día en que va a vengarse
    de sus enemigos.
  La espada herirá hasta saciarse,
  hasta emborracharse de sangre.
  Pues el Señor todopoderoso
    hará una matanza
  en el país del norte, junto al Éufrates.

11 "¡Pueblo de Egipto,
  ve a Galaad en busca de medicinas!
  ¡Pero por más remedios que uses,
  de nada te van a servir,
  pues no hay remedio para ti!
12 Las naciones ya saben
    que has sido humillado,
  y en toda la tierra se te oye gritar;
  chocan los guerreros unos contra otros,
  y juntos ruedan por el suelo."

El ataque de Nabucodonosor a Egipto

13 El Señor habló al profeta Jeremías cuando Nabucodonosor, rey de Babilonia, se dirigía a atacar a Egipto:*b*

14 "Anuncien en Egipto,
  en Migdol, en Menfis y en Tafnes:
  '¡Alerta, estén listos!
  ¡La espada hace estragos a tu alrededor!'
15 ¿Por qué huyó Apis,*c* tu toro sagrado?
  ¿Por qué no pudo tenerse en pie?
  Pues porque yo, el Señor, lo derribé.
16 Tus soldados tropiezan y caen,
  y unos a otros se dicen:
  '¡Vámonos de aquí,
    volvamos a nuestra patria,
  al país donde nacimos!
  ¡Huyamos de la violencia de la guerra!'

17 "Pónganle este apodo al faraón,
    el rey de Egipto:
  'Mucho ruido, pero a destiempo'.

---

a **46.2** Después de la batalla de Carquemis, en el año 605 a.C., el territorio de Siria y Palestina cayó en poder de Babilonia. Cf. Jer 52.4–30. *b* **46.13** Cf. Jer 43.10–13. *c* **46.15** Apis era el *toro sagrado* venerado por los egipcios en Menfis desde tiempos muy antiguos.

18 Yo, que soy el rey
y me llamo el Señor todopoderoso,
lo juro por mi vida:
Como el Tabor,
    que se destaca entre los montes,
y como el Carmelo, que se alza sobre el mar,
así es el enemigo que vendrá.

19 Prepárense para el destierro,
habitantes de Egipto,
pues Menfis se convertirá en desierto,
en ruinas donde nadie vivirá.

20 Egipto parece una hermosa novilla,
pero viene a picarle un tábano del norte. *d*

21 Sus soldados mercenarios
son como becerros gordos,
pero ellos también saldrán corriendo
y no podrán resistir,
porque llega el día de su desastre,
la hora de su castigo.

22 Egipto huirá silbando como una serpiente
cuando se acerquen los ejércitos
y lo ataquen con hachas,
como si cortaran árboles.

23 ¡Cortarán sus espesos bosques!
Yo, el Señor, lo afirmo.
Eran más numerosos que las langostas,
y nadie los podía contar.

24 Egipto será humillado,
y caerá en poder del pueblo del norte."

25 El Señor todopoderoso, el Dios de Israel,
dice: "Voy a castigar a Amón, el dios de Tebas,
a Egipto con sus dioses y sus reyes, y al faraón
y a los que en él confían. 26 Haré que caigan en
poder de sus enemigos mortales, de Nabucodonosor, rey de Babilonia, y de su gente. Pero al
cabo de un tiempo, Egipto volverá a estar
habitado como antes. Yo, el Señor, lo afirmo.

El Señor salvará a su pueblo
(Jer 30.10–11)

27 "No temas, pueblo de Jacob, siervo mío;
no tengas miedo, Israel.
Pues a ti y a tus hijos los libraré
de ese país lejano donde están desterrados.
Volverás a vivir en paz,
tranquilo, sin que nadie te asuste.

28 Yo, el Señor, afirmo:
No temas, pueblo de Jacob, siervo mío,
porque yo estoy contigo.
Destruiré todas las naciones
entre las cuales te dispersé.
Pero a ti no te destruiré;
solo te corregiré como mereces;
no te dejaré sin tu castigo."

Profecía acerca de los filisteos *a*

47 1 Este es el mensaje que el Señor dirigió
al profeta Jeremías acerca de los filisteos, antes que el faraón atacara Gaza:

2 "Yo, el Señor, digo:
Del norte llega una inundación,
como de un río desbordado;
inunda el país y todo lo que hay en él,
las ciudades y los que en ellas viven.
Todos los habitantes del país gritan,
la gente lanza ayes de dolor.

3 Al oír el galope de los caballos,
el estruendo de los carros
y el ruido de las ruedas,
les faltan fuerzas a los padres
y abandonan a sus hijos.

4 Porque llegó el día de aniquilar
    a los filisteos,
de quitarles a Tiro y Sidón *b*
la ayuda que aún les queda."

Sí, el Señor va a destruir a los filisteos,
que emigraron de la isla de Creta.

5 La gente de Gaza se rapa la cabeza,
la gente de Ascalón se queda muda.
Último resto de los antiguos gigantes, *c*
¿hasta cuándo
    te harás cortaduras en la carne
en señal de dolor?

6 ¡Ay, espada del Señor!
¿Cuándo te vas a detener?
¡Vuelve a entrar en tu vaina,
cálmate, quédate quieta!

7 ¿Pero cómo podría quedarse quieta
si el Señor le ha dado órdenes,
si le ha dado el encargo
de atacar a Ascalón y toda la costa?

---

d **46.20** *Del norte:* alusión al enemigo que viene del *norte.* Véase 1.14–15 n. *a* **47.1–7** Is 14.28–32; Ez 25.15–17;
Jl 3.4–8; Am 1.6–8; Sof 2.4–7; Zac 9.5–7. *b* **47.4** *Tiro* y *Sidón* eran dos ciudades fenicias (cf. Gn 10.19; Jos 11.8;
1 R 5.15). Aquí se mencionan probablemente porque habían hecho una alianza con los filisteos. *c* **47.5** Cf. Jos
11.22, y véanse Nm 13.33 n.; Dt 2.10–11 n.

Profecía acerca de Moab[a]

48

¹ Mensaje del Señor todopoderoso, el Dios de Israel, acerca de Moab:

"¡Pobre ciudad de Nebo,
qué destruida está!
¡Quiriataim fue tomada y humillada!
¡Su fortaleza fue derribada al suelo!
2 El esplendor de Moab ha terminado.
En Hesbón los enemigos hacen planes
para que Moab, como nación,
    desaparezca.
Tú también, Madmén, serás destruida,
y la guerra no dejará de amenazarte.
3 De Horonaim salen gritos:
'¡Ruina y gran destrucción!'

4 "Moab está en ruinas;
los gritos de dolor llegan hasta Sóar.
5 Con lágrimas en los ojos avanzan
los que suben por la cuesta de Luhit;
gritan de dolor ante el desastre
los que bajan a Horonaim.
6 ¡Huyan! ¡Sálvese quien pueda!
¡Sean como la zarza en el desierto!

7 "Moab, tú confiabas en tu fuerza
y en tus riquezas,
pero también tú serás tomada.
Tu dios Quemós[b] irá al destierro,
con sus sacerdotes y gente importante.
8 La destrucción llegará a todas las ciudades,
y ni una sola escapará;
el valle y la meseta quedarán en ruinas.
Yo, el Señor, lo afirmo.
9 Pónganle una lápida a Moab,
porque la van a destruir;
sus ciudades quedarán en ruinas
y sin ningún habitante."

10 (¡Maldito el que no haga con gusto el trabajo que el Señor encarga! ¡Maldito el que se niegue a tomar parte en la matanza!)

11 Moab siempre ha vivido en paz, nunca ha tenido que ir al destierro. Es como el vino que se deja asentar, que no se pasa de una vasija a otra, y por eso nunca pierde su sabor ni su aroma.

12 Pero el Señor afirma: "Va a llegar el día en que yo enviaré gente que eche ese vino en otras vasijas, y que a las vasijas vacías las haga pedazos. 13 Entonces Moab se sentirá defraudado por su dios Quemós, así como Israel se sintió defraudado por Betel,[c] en quien tenía puesta su confianza.

14 "Que no diga Moab: 'Somos valientes,
guerreros poderosos.'
15 Ya llega el destructor de Moab
y sus ciudades;
lo mejor de su juventud morirá.
Lo afirma el Rey, cuyo nombre es
el Señor todopoderoso.
16 El desastre de Moab se acerca,
su desgracia está a punto de llegar.
17 Vecinos de Moab,
y todos los que conocen su fama,
lloren por él y digan:
'¡Miren cómo quedó deshecho
    su dominio
tan fuerte y tan glorioso!'

18 "Baja de tu sitio de honor,
    ciudad de Dibón,
y siéntate en el suelo reseco,
porque el destructor de Moab
    avanza contra ti
y ha destruido tus fortificaciones.
19 Ciudad de Aroer,
párate al lado del camino y mira;
pregunta a los sobrevivientes
qué fue lo que pasó.
20 Moab está humillado, lleno de terror.
¡Lloren de dolor por él!
¡Anuncien en el río Arnón
que Moab ha sido destruido!"

21 Llegó el castigo decretado contra las ciudades de la meseta: Holón, Jahas, Mefáat, 22 Dibón, Nebo, Bet–diblataim, 23 Quiriataim, Bet–gamul, Bet–meón, 24 Queriot, Bosrá y todas las ciudades de Moab, cercanas y lejanas.

25 El Señor afirma:
"La fuerza de Moab ha sido rota,
y su poder destruido."

---

[a] 48.1–47 Cf. Is 25.10–12; Ez 25.8–11; Am 2.1–3; Sof 2.8–11. Este largo oráculo contra Moab tiene muchos elementos comunes con Is 15—16. [b] 48.7 *Quemós* era el dios de Moab. Cf. 1 R 11.7. [c] 48.13 *Betel* es aquí el nombre de un dios y no el de la ciudad o el santuario del mismo nombre (cf. 1 R 12.28–30; Am 7.10–13).

26 Emborrachen a Moab,
porque se rebeló contra el Señor.
Entonces Moab se revolcará en su vómito
y todos se burlarán de él.

27 Moab, ¿no te burlabas tú de Israel
y hablabas siempre de él con desprecio,
como si fuera un ladrón?

28 Abandonen las ciudades,
habitantes de Moab;
váyanse a las peñas,
a vivir como las palomas
que anidan al borde de los precipicios.

29 Conocemos el gran orgullo de Moab:
su arrogancia, su altivez y su soberbia.

30 También el Señor conoce su insolencia,
su charlatanería y sus bravatas.

31 Por eso lloraré y me lamentaré
por todo el pueblo de Moab
y por los hombres de Quir–heres.

32 Lloraré por ti, viñedo de Sibmá,
más de lo que se lloró por Jazer.
Tus ramas pasaban más allá del mar
y llegaban hasta Jazer.
Pero ahora tu cosecha de uvas
ha quedado destruida.

33 Ya no se oyen gritos de contento
en los jardines de Moab.
El vino se ha acabado en los depósitos.
Ya no hay quien pise las uvas,
ya no hay más cantos de alegría.

34 La gente de Hesbón grita de dolor,
y sus gritos llegan hasta Elalé y Jahas,
y desde Sóar hasta Horonaim
y Eglat–selisiya,
porque aun los manantiales de Nimrim
están secos.

35 El Señor afirma:
"Yo destruiré a la gente de Moab
que sube a las colinas,
a los santuarios paganos,
para ofrecer sacrificios e incienso
a sus dioses."

36 Por eso mi corazón gime por Moab
y por los hombres de Quir–heres
con sonido de flautas fúnebres,
pues las riquezas que juntó se han perdido.

37 Toda cabeza está rapada
y toda barba cortada;
todos se han hecho heridas en las manos
y se han vestido con ropas ásperas.

38 "En todas las terrazas de Moab
y en todas sus calles
no se oye más que llanto,
porque yo hice pedazos a Moab
como a una vasija inútil.
Yo, el Señor, lo afirmo."

39 ¡Hagan lamentación por Moab!
¡Qué lleno de terror está!
¡Volvió la espalda de manera vergonzosa!
Se convirtió en algo horrible
y despreciable
para todos sus vecinos.

40 El Señor dice:
"El enemigo de Moab se lanza contra él
como un águila con las alas extendidas.

41 Ciudades y fortalezas
caerán en poder del enemigo.
En ese día los guerreros de Moab
temblarán como mujer de parto.

42 Moab dejará de ser nación,
porque se levantó contra mí,
contra el Señor.

43 Por eso yo, el Señor, afirmo:
Los habitantes de Moab serán
como animales perseguidos
por los cazadores
o en peligro de caer en un hoyo
o una trampa.

44 El que escape de los cazadores
caerá en el hoyo,
y el que salga del hoyo
caerá en la trampa,
porque yo traeré sobre Moab
el tiempo de su castigo.
Yo, el Señor, lo afirmo.

45 "Algunos huyen sin fuerzas
a buscar refugio a la sombra de Hesbón;
pero Hesbón, la ciudad del rey Sihón,
está en llamas, y el fuego se extiende
y devora los montes de Moab,
ese pueblo revoltoso.

46 ¡Ay de ti, Moab!
¡Pueblo de Quemós, estás perdido!
¡A tus hijos y a tus hijas
se los lleven al destierro!

47 Pero al final yo cambiaré
la suerte de Moab;
yo, el Señor, lo afirmo."

Esta es la sentencia del Señor contra Moab.

Profecía acerca de los amonitas[a]

49

¹ Mensaje del Señor
  acerca de Amón:
"¿Dónde están los hijos de Israel?
¿Dónde están sus herederos?
¿Por qué el dios Milcom[b]
es ahora dueño de Gad?
¿Por qué los amonitas
habitan en sus ciudades?

² "Pues bien, yo, el Señor, afirmo:
Va a llegar el día
en que haré que la ciudad amonita de Rabá
escuche el grito de guerra;
se convertirá en un montón de ruinas,
y sus poblaciones arderán en llamas.
Entonces Israel reconquistará
    sus ciudades.
Yo, el Señor, lo afirmo.

³ "¡Gime, Hesbón, pues Ai ha sido destruida!
¡Hagan lamentación, mujeres de Rabá!
¡Vístanse de luto, golpéense el pecho!
¡Corran como locas, hiéranse el cuerpo!
Porque el dios Milcom va al destierro,
con sus sacerdotes y gente importante.
⁴ ¿Por qué te jactas de tu fuerza?
Tu fuerza ya se acaba, pueblo rebelde,
que confías en las riquezas
    que has juntado
y dices: '¿Quién me va a atacar?'
⁵ Pues bien, de todas partes
voy a enviar terror sobre ti.
Yo, el Señor todopoderoso, lo afirmo.
Cada uno de ustedes saldrá corriendo
    por su lado,
y no habrá nadie que los vuelva a reunir.
⁶ Pero después cambiaré
    la suerte de los amonitas.
Yo, el Señor, lo afirmo."

Profecía acerca de Edom[c]

⁷ Mensaje del Señor todopoderoso acerca de
Edom:

"¿Ya no hay sabiduría en Temán?
¿Ya no saben qué hacer los inteligentes?
¿Se echó a perder su sabiduría?

⁸ ¡Habitantes de Dedán, salgan corriendo,
vayan a esconderse!
Porque voy a destruir el pueblo de Esaú;[d]
ha llegado el tiempo
    en que voy a castigarlo.
⁹ Cuando se cosechan las uvas,
se dejan algunos racimos;
cuando por la noche llegan ladrones,
solo se llevan lo que necesitan.
¹⁰ Pero yo he dejado al pueblo de Esaú
    sin nada,
he descubierto sus escondites
y ya no puede ocultarse.
Sus hijos, sus parientes y vecinos,
fueron todos destruidos;
no quedó nadie que diga:
¹¹ 'Déjame a tus huérfanos,
    que yo los cuidaré.
Tus viudas pueden contar conmigo.' "

¹² El Señor dice: "Si aquellos que no merecían la copa del castigo han tenido que beberla, de ningún modo quedarás tú sin castigo, sino que tendrás que beber también de ella. ¹³ Yo, el Señor, lo juro por mí mismo: La ciudad de Bosrá quedará convertida en un desierto, en ruinas, en ejemplo de humillación y maldición, y las demás ciudades quedarán en ruinas para siempre."

¹⁴ Me ha llegado una noticia
    de parte del Señor;
un heraldo proclama entre las naciones:
"¡Reúnanse y marchen contra Edom!
¡Prepárense para la batalla!
¹⁵ Yo te haré el más pequeño de los pueblos,
el más despreciado entre los hombres.
¹⁶ Te dejaste engañar por tu orgullo,
porque infundías terror.
Vives entre las grietas de las rocas,
agarrado a las cumbres de los montes.
Pero aunque anides
    tan alto como el águila,
de allá te haré bajar.
Yo, el Señor, lo afirmo.

¹⁷ "La destrucción de Edom será tan grande que causará espanto. Todo el que pase por allí

---

a **49.1–6** Ez 21.28–32; 25.1–7; Am 1.13–15; Sof 2.8–11. *b* **49.1** *Milcom* era el dios nacional de los amonitas. Cf. 1 R 11.5. *c* **49.7–22** Is 34.5–17; 63.1–6; Ez 25.12–14; 35; Am 1.11–12; Abd 1–15; Mal 1.2–5. *d* **49.8** Según Gn 36, *Esaú*, el hermano de Jacob, fue el antepasado de los edomitas.

se espantará al ver el castigo, **18**pues quedará como Sodoma y Gomorra y las ciudades vecinas, cuando fueron destruidas. Nadie volverá a vivir allí, ni siquiera de paso. Yo, el Señor, lo digo. **19**Vendré repentinamente, como un león que sale de los matorrales del Jordán y se lanza a los lugares donde siempre hay pasto fresco, y haré huir de ahí a los de Edom, y haré que gobierne la persona que yo escoja. Pues ¿quién puede compararse a mí? ¿Quién puede desafiarme? ¿Qué pastor me puede hacer frente? **20**Escuchen el plan que yo, el Señor, he preparado contra Edom, el proyecto que he formulado contra los habitantes de Temán: Aun a los corderos más pequeños se los llevarán, y las praderas mismas serán también destrozadas. **21**La caída de Edom hará tanto ruido, que la tierra temblará; gritará pidiendo auxilio, y sus gritos se oirán hasta en el Mar Rojo. **22**El enemigo se lanzará contra Bosrá como un águila con las alas extendidas, y ese día los guerreros de Edom temblarán como mujer de parto."

Profecía acerca de Damasco[e]

23Mensaje acerca de Damasco:

"Las ciudades de Hamat y Arpad[f]
    están avergonzadas,
porque les han llegado malas noticias.
Se llenan de terror,
    no pueden estar tranquilas.
24 Damasco, ya sin fuerzas,
    se dispone a huir.
La domina el pánico,
    la angustia y el dolor,
como a una mujer de parto.
25 La ciudad famosa, la ciudad feliz,
    ha quedado abandonada.
26 Ese día quedarán sus jóvenes
    tendidos en las calles,
y todos sus guerreros morirán.
Yo, el Señor todopoderoso, lo afirmo.
27 Voy a prender fuego
    a las murallas de Damasco,
y ese fuego destruirá
    los palacios de Ben-hadad."

Profecía acerca de Quedar y Hasor

28Mensaje del Señor acerca de la tribu de Quedar y de los jefes de Hasor, a los cuales derrotó Nabucodonosor, rey de Babilonia:

"¡Adelante, ataquen a Quedar!
¡Destruyan a esa tribu de oriente!
29 Apodérense de sus tiendas
    y de sus rebaños,
de sus lonas y de todos sus utensilios.
Quítenles sus camellos y grítenles:
'¡Hay terror por todas partes!'
30 ¡Salgan corriendo, habitantes de Hasor!
¡Vayan a esconderse!
Yo, el Señor, lo digo.
Pues Nabucodonosor, el rey de Babilonia,
ha hecho planes contra ustedes.
31 Yo, el Señor, les ordeno:
¡Adelante, ataquen a ese pueblo
que vive confiado y tranquilo,
sin puertas ni cerrojos
y completamente solo!
32 ¡Róbenle sus camellos y todo su ganado!
Voy a dispersar en todas direcciones
a esa gente que se afeita las sienes;[g]
de todas partes les traeré el desastre.
Yo, el Señor, lo afirmo.
33 Hasor será para siempre
un desierto y guarida de chacales.
Nadie volverá a vivir allí
    ni siquiera de paso."

Profecía acerca de Elam

34Cuando Sedequías comenzó a reinar en Judá, el Señor dirigió este mensaje a Jeremías acerca de Elam:

35 "Yo, el Señor todopoderoso, afirmo:
Voy a romper los arcos de Elam,
que son su arma principal.
36 Voy a traer vientos contra este pueblo
desde las cuatro direcciones,
para que lo dispersen por todas partes,
hasta que no quede país
adonde no lleguen sus refugiados.
37 Haré temblar a Elam
    ante sus enemigos mortales,

---

e 49.23-27 Is 17.1-3; Am 1.3-5; Zac 9.1. **f 49.23** *Damasco, Hamat y Arpad* eran las capitales de tres reinos arameos, en territorio de Siria. Las tres, pero especialmente *Damasco*, desempeñaron un papel importante en la historia de Siria y Palestina durante el periodo monárquico (cf., por ej., 1 R 15.18-20; 19.15; 20.1-34). **g 49.32** *Que se afeita las sienes:* Jer 9.25-26; 25.23.

le enviaré calamidades,
desataré mi ira contra él,
y le enviaré la guerra
    hasta destruirlo por completo.
Yo, el Señor, lo afirmo.
38 Pondré mi trono en Elam,
y haré morir a sus reyes y a sus jefes.
Yo, el Señor, lo afirmo.
39 Pero en el futuro
    cambiaré la suerte de Elam.
Yo, el Señor, lo afirmo."

Caída de Babilonia

50 1 Mensaje acerca de Babilonia, país de los caldeos, que el Señor comunicó por medio del profeta Jeremías:

2 "Anuncien esto,
    denlo a conocer entre las naciones.
Levanten la señal de anuncio;
    no oculten nada.
Digan: '¡Babilonia fue tomada!
¡El dios Bel quedó en ridículo,
el dios Marduc está lleno de terror!
¡Sus ídolos, sus falsos dioses,
quedaron en ridículo
y llenos de terror!'
3 Porque del norte avanza contra ella
    una nación
que convertirá su país
    en un desierto.
Nadie, ni hombres ni animales,
volverá a vivir allí,
pues todos se irán huyendo."

Regreso de los israelitas

4 El Señor dice: "En aquel tiempo, la gente de Israel y de Judá vendrá llorando a buscarme a mí, el Señor su Dios. 5 Preguntarán por el camino de Sión, y hacia allá irán, diciendo: 'Vayamos al Señor, y unámonos con él en una alianza eterna,[a] que no se olvide nunca.'

6 "Mi pueblo era como ovejas perdidas, mal guiadas por sus pastores, que las dejaron perderse en los montes. Iban de un monte al otro, y hasta olvidaron su corral. 7 Sus enemigos, al encontrarlos, los devoraban y decían: 'No es culpa nuestra, porque ellos pecaron contra el Señor, su pastizal seguro, la esperanza de sus antepasados.'

8 "¡Huyan de Babilonia,
    del país de los caldeos!
¡Salgan como guías al frente del rebaño!
9 Pues voy a hacer que un grupo
de poderosos pueblos del norte
ataque al mismo tiempo a Babilonia.
Se alinearán y la conquistarán.
Son guerreros expertos,
que disparan sus flechas sin fallar el tiro.
10 Saquearán a los caldeos;
los saquearán hasta llenarse.
Yo, el Señor, lo afirmo.

Caída de Babilonia

11 "Ustedes, caldeos,
    que saquearon mi pueblo,
¡alégrense y diviértanse!
¡Salten como una novilla en la hierba!
¡Relinchen como caballos!
12 Pero su patria y su ciudad natal
quedarán cubiertas de vergüenza.
Será la última de las naciones,
un desierto seco y desolado.
13 Porque me enojaré
    y la dejaré sin habitantes,
completamente convertida en un desierto.
Todo el que pase por allí
    quedará espantado
al ver el castigo que recibió.

14 "¡A sus puestos, arqueros,
    rodeen Babilonia!
¡Disparen contra ella todas sus flechas,
porque pecó contra mí, contra el Señor!
15 ¡Lancen gritos de guerra por todos lados!
¡Babilonia ya se rinde!
¡Cayeron las torres,
    se derrumbaron las murallas!
¡Esta es mi venganza: vénguense de ella!
¡Hagan con ella lo mismo que ella hizo!
16 No dejen en Babilonia a nadie
    que siembre o recoja las cosechas.
Al ver la guerra destructora,
los extranjeros volverán a su patria,
cada cual huyendo hacia su tierra.

Regreso de Israel

17 "Israel es como una oveja perdida, perseguida por leones. Primero se lo comió el rey de Asiria; después, Nabucodonosor, rey de

---

a **50.5** *Una alianza eterna:* Jer 31.31–34; 32.40.

Babilonia, le royó los huesos. **18**Por eso yo, el Señor todopoderoso, el Dios de Israel, digo: Voy a castigar al rey de Babilonia y a su país, como lo hice con el rey de Asiria.*b* **19**Haré que Israel vuelva a su tierra, y como una oveja tendrá pastos abundantes en el Carmelo, en Basán, en la región montañosa de Efraín y en Galaad. **20**Yo, el Señor, afirmo: En aquel tiempo, Israel y Judá estarán libres de culpas y pecados, porque yo perdonaré a los que deje con vida.

Derrota de Babilonia

21 "¡Ataquen la región de Merataim
y a los habitantes de Pecod!*c*
¡Persíganlos, destrúyanlos por completo!
¡Cumplan mis órdenes en todo!
Yo, el Señor, lo ordeno."

22 En el país se oye estruendo de batalla,
de gran destrucción.

23 ¡Babilonia, el martillo del mundo entero,
ha quedado roto, hecho pedazos!
¡Qué horror sienten las naciones
al ver lo que a Babilonia le ha pasado!

24 Tú misma, Babilonia,
te tendiste una trampa,
y sin darte cuenta caíste en ella.
Quedaste presa, atrapada,
porque te opusiste al Señor.

25 El Señor abrió el depósito de sus armas
y sacó las armas de su ira,
porque el Señor todopoderoso
tiene una tarea que llevar a cabo
en la nación de los caldeos.

26 ¡Atáquenla por todas partes!
¡Abran sus graneros!
¡Amontonen a la gente y destrúyanla!
¡Que no quede nadie con vida!

27 ¡Maten a todos sus soldados,
envíenlos al matadero!
¡Ay de ellos! ¡Les llegó su día,
la hora de su castigo!

28 (Gente escapada de Babilonia llega a Sión contando cómo el Señor nuestro Dios ha dado su merecido a Babilonia por lo que ella hizo con el templo.)

29 "¡Llamen a todos los arqueros,
para que ataquen a Babilonia!
¡Acampen alrededor de la ciudad
para que nadie escape!
¡Páguenle como merece!
¡Hagan con ella
lo mismo que ella hizo!
Porque ha sido insolente conmigo,
con el Señor, el Dios Santo de Israel.

30 Por eso sus jóvenes
caerán muertos por las calles
y todos sus guerreros morirán en ese día.
Yo, el Señor, lo afirmo."

31 El Señor todopoderoso dice:
"Nación insolente,
yo estoy en contra tuya;
ha llegado tu día, la hora de castigarte.

32 Nación insolente, tropezarás y caerás,
y nadie te levantará.
Prenderé fuego a todas tus ciudades,
y ese fuego destruirá
todos tus contornos."

33El Señor todopoderoso dice: "El pueblo de Israel y el pueblo de Judá están sufriendo la opresión. Sus enemigos los tienen presos y no quieren soltarlos. **34**Pero su redentor*d* es fuerte y se llama el Señor todopoderoso. Él se encargará de hacerles justicia; traerá paz al país y terror a los habitantes de Babilonia."

35 El Señor dice:
"¡Guerra a Babilonia y a sus habitantes!
¡A sus jefes y a sus sabios!

36 ¡Guerra a sus adivinos:
que se vuelvan locos!

37 ¡Guerra a sus soldados:
que tiemblen de miedo!
¡Guerra a sus caballos y sus carros!
¡Guerra a sus soldados mercenarios:
que se vuelvan como mujeres!
¡Guerra a sus tesoros: que se los roben!

38 ¡Guerra a sus ríos: que se sequen!
Porque Babilonia es un país
de ídolos horribles,
y por ellos ha perdido el sentido.

---

b **50.18** Nínive, la capital del imperio asirio, había sido destruida en el año 612 a.C. Cf. Nah 1—3.
c **50.21** *Merataim* era el nombre de una región al sur de Babilonia y *los habitantes de Pecod* eran los miembros de una de sus tribus. El profeta elige estos nombres por su parecido con dos palabras hebreas que significan, respectivamente, *doble rebelión* y *lugar de castigo.* *d* **50.34** *Su redentor:* Véase Is 41.14 n.

39 "Por eso, en Babilonia harán sus guaridas los gatos monteses y los chacales, y allí vivirán los avestruces. Jamás en todos los siglos venideros volverá a ser habitada. **40** Quedará como Sodoma y Gomorra y las ciudades vecinas, cuando fueron destruidas. Nadie volverá a vivir allí, ni siquiera de paso. Yo, el Señor, lo afirmo.

41 "Desde lejanas tierras del norte,
una nación poderosa y numerosos reyes
se preparan a venir.
42 Están armados de arcos y lanzas;
son crueles, no tienen compasión,
sus gritos son
como el estruendo del mar,
y van montados a caballo.
Están listos para la batalla
contra Babilonia.
43 El rey de Babilonia, al saber esta noticia,
se ha quedado paralizado de miedo,
y siente angustia y dolor
como mujer de parto.

44 "Vendré repentinamente como un león que sale de los matorrales del Jordán y se lanza a los lugares donde siempre hay pasto fresco, y haré huir de ahí a los de Babilonia, y haré que gobierne la persona que yo escoja. Pues ¿quién puede compararse a mí? ¿Quién puede desafiarme? ¿Qué pastor me puede hacer frente? **45** Escuchen el plan que yo, el Señor, he preparado contra Babilonia; el proyecto que he formulado contra el país de los caldeos: Aun a los corderos más pequeños se los llevarán, y las mismas praderas serán también destrozadas. **46** La caída de Babilonia hará tanto ruido, que la tierra temblará, y sus gritos se oirán en las demás naciones."

Destrucción de Babilonia

51 **1** El Señor dice:
"Voy a enviar un viento destructor
contra Babilonia y los caldeos.
2 Haré que sus enemigos traten a Babilonia
como a trigo que se lanza al aire;
haré que dejen sin habitantes
su territorio.
Cuando llegue el día del desastre,
la atacarán por todas partes.

3 ¡Que preparen sus arcos los arqueros!
¡Que se pongan las corazas!
¡No tengan compasión
de los jóvenes de Babilonia;
destruyan su ejército por completo!
4 Por todo el país de los caldeos
la gente quedará tendida por las calles,
5 pues aunque Israel y Judá
han pecado contra mí
y han llenado de pecado su país,
yo, el Señor todopoderoso,
el Dios Santo de Israel,
aún no los he abandonado.

6 "¡Huyan de Babilonia!
¡Sálvese quien pueda!
¡No mueran por causa del pecado de ella!
Esta es la hora de mi venganza,
y le pagaré como merece.
7 Babilonia era en mi mano
una copa de oro
que embriagaba a todo el mundo.
Las naciones bebían de ese vino
y perdían el sentido.
8 Pero de pronto Babilonia
cayó hecha pedazos.
¡Pónganse a llorar por ella!
Traigan remedios para sus heridas,
a ver si se cura."

9 Ya le pusimos remedios a Babilonia,
pero no se curó.
¡Déjenla! Vámonos de aquí,
cada uno a su patria,
pues su crimen llega hasta el cielo,
se levanta hasta las nubes.
10 El Señor hizo triunfar nuestro derecho.
Vengan, vamos a contar en Sión
lo que ha hecho el Señor nuestro Dios.
11 El Señor quiere destruir Babilonia,
y ha despertado en los reyes de Media[a]
ese mismo sentimiento.
Esa es la venganza del Señor
por lo que hicieron con su templo.
¡Preparen las flechas!
¡Sujeten los escudos!
12 ¡Den la señal de atacar los muros
de Babilonia!

---

[a] **51.11** *Ha despertado en los reyes de Media:* Esta expresión se refiere a Ciro, rey de los medos y de los persas, que conquistó la ciudad de Babilonia en el año 539 a.C. (cf. Is 41.2).

¡Refuercen la guardia!
¡Pongan centinelas!
¡Tiendan emboscadas!

Porque el Señor preparó y llevó a cabo
los planes que había anunciado
contra los habitantes de Babilonia.

13 Tú, Babilonia,
    que estás junto a grandes ríos
    y tienes grandes riquezas,
    ¡ya te ha llegado tu fin,
    el término de tu existencia!

14 El Señor todopoderoso ha jurado
    por su vida:
    "¡Te llenaré de enemigos,
        como de langostas,
    y ellos cantarán victoria sobre ti!"

Himno de alabanza a Dios
(Jer 10.12–16)

15 El Señor, con su poder, hizo la tierra;
    con su sabiduría afirmó el mundo;
    con su inteligencia extendió el cielo.

16 Con voz de trueno hace rugir
        el agua en el cielo,
    hace subir las nubes
        desde el extremo de la tierra,
    hace brillar los relámpagos
        en medio de la lluvia
    y saca el viento
        de donde lo tiene guardado.

17 Necio e ignorante es todo hombre.
    Los ídolos defraudan al que los fabrica:
    son imágenes engañosas y sin vida;

18 son objetos sin valor, ridículos,
    que el Señor, en el juicio, destruirá.

19 ¡Qué diferente es el Dios de Jacob,
    creador de todo lo que existe!
    Él escogió a Israel como su propiedad.
    El Señor todopoderoso:
        ese es su nombre.

Babilonia, instrumento de castigo del Señor

20 "¡Babilonia, tú eres mi mazo,
    mi arma de guerra!
    Contigo destrozo naciones
    y destruyo reinos.

21 Contigo destrozo caballos y jinetes,
    carros y cocheros.

22 Contigo destrozo hombres y mujeres,
    ancianos y jóvenes,
    muchachos y muchachas.

23 Contigo destrozo pastores y rebaños,
    labradores y bueyes,
    gobernadores y funcionarios.

Castigo de Babilonia

24 "Pero ante los propios ojos de ustedes
    pagaré a Babilonia y a todos los caldeos
    como merecen,
        por el mal que hicieron a Sión.
    Yo, el Señor lo afirmo.

25 Yo estoy en contra tuya,
        montaña destructora,
    que destruyes toda la tierra.
    Yo, el Señor, lo afirmo.
    Levantaré la mano para castigarte,
    te haré rodar desde los peñascos
    y te convertiré en un cerro quemado.

26 Ninguna de las piedras de tus ruinas
    servirá para construir edificios.
    Serás un desierto para siempre.
    Yo, el Señor, lo afirmo.

27 "¡Den en el país la señal de ataque!
    ¡Toquen la trompeta
        y preparen a las naciones
    para atacar a Babilonia!
    ¡Levanten contra ella a los reinos
        de Ararat,
    de Miní y de Asquenaz!
    ¡Nombren un general que dirija la batalla!
    ¡Hagan avanzar la caballería
        como langostas furiosas!

28 Preparen a las naciones para atacarla;
    preparen a los reyes de Media,
    y a sus gobernadores y funcionarios,
    y toda la tierra que dominan."

29 La tierra tiembla y se estremece,
    porque el Señor está cumpliendo
        sus planes
    de convertir Babilonia
    en un horrible desierto.

30 Los soldados babilonios
        dejaron de luchar,
    se quedaron en sus fortalezas;
    sus fuerzas se agotaron,
    y hasta parecían mujeres.
    Sus ciudades fueron invadidas
    y sus casas incendiadas.

31 Uno tras otro corren los mensajeros
    a anunciar al rey de Babilonia
    que su ciudad fue conquistada
        por completo.

32 El enemigo ocupó los pasos de los ríos,
   incendió los puestos de defensa
   y los soldados se llenaron de terror.

33 Porque el Señor todopoderoso,
   el Dios de Israel, dice:
   "¡Babilonia es como una era
   pisoteada en el tiempo de la trilla,
   y muy pronto va a llegarle
      el tiempo de la cosecha!"

34-35 Dice Jerusalén, la ciudad de Sión:
   "Nabucodonosor, el rey de Babilonia,
   me hizo pedazos y me devoró;
   me dejó como un plato vacío.
   Como un monstruo del mar, me tragó;
   se llenó con lo que más le gustó de mí,
   y el resto lo tiró.
   ¡Que pague Babilonia por la violencia
      que me hizo!
   ¡Que paguen los caldeos
      por la gente que me mataron!"

Promesa a Israel

36 El Señor dice:
   "Yo te voy a hacer justicia,
   me voy a vengar de tus enemigos.
   Voy a dejar completamente secos
   el río y los manantiales de Babilonia,

37 que quedará convertida
      en un montón de ruinas,
   en guarida de chacales,
   en un lugar inhabitable
   que a todos causará espanto y horror.

38 Todos ellos rugirán como leones
   y gruñirán como cachorros.

39 Cuando ardan de calor, yo les daré a beber
   bebidas que los embriaguen
   y les hagan perder el sentido.
   Así caerán en un sueño eterno
   del que no despertarán.
   Yo, el Señor, lo afirmo.

40 Luego los llevaré al matadero,
   como se lleva a los corderos,
      chivos y carneros."

Caída de Babilonia

41 ¡Babilonia,[b]
      la ciudad famosa en todo el mundo,
   ha caído, ha sido conquistada!
   ¡Cómo se espantan las naciones al verla!

42 El mar inundó Babilonia,
   la cubrió con sus grandes olas.

43 Sus ciudades se convirtieron
      en horrible desierto,
   en tierra seca y desolada,
   donde nadie vive,
   por donde nadie pasa.

44 "Castigaré al dios Bel en Babilonia,
   le haré vomitar lo que se había tragado,
   y no volverán las naciones a acudir a él.
   ¡Ya cayeron las murallas de Babilonia!

45 Pueblo mío, sal de ahí,
   ¡y que cada cual salve su vida
   de mi ardiente ira!

46 No se asusten, no tengan miedo
   por los rumores que corren en el país.
   Cada año correrán rumores diferentes,
   rumores de violencia en el país
   y de luchas entre gobernantes.

47 Así pues, vendrá el día
   en que castigaré a los ídolos de Babilonia.
   Todo el país quedará humillado
   y cubierto de cadáveres.

48 El cielo y la tierra y todo lo que existe
   se alegrarán cuando caiga Babilonia,
   cuando vengan del norte sus destructores.
   Yo, el Señor, lo afirmo.

49 Sí, Babilonia ha de caer
   por los muertos que le causó a Israel
   y por los muertos que causó
      en todo el mundo."

Mensaje a los judíos que están en Babilonia

50 Ustedes, los que escaparon de la matanza,
   huyan sin parar,
   y aun cuando estén lejos,
      piensen en el Señor
   y acuérdense de Jerusalén.

51 Ustedes dicen: "Sentimos vergüenza
   al oír cómo nos insultan.
   La deshonra cubre nuestros rostros,
   porque gente extranjera ha entrado
   hasta los sitios más santos del templo."

52 Pero el Señor afirma:
   "Viene el día
   en que castigaré a los ídolos de Babilonia,
   y en todo su territorio
      gemirán los heridos.

---

b 51.41 *Babilonia:* Véase 25.26 nota *f.*

53 Y aunque Babilonia suba hasta el cielo
   para poner bien alta su fortaleza,
   aun allí le enviaré enemigos
      que la destruyan.
   Yo, el Señor, lo afirmo."

Destrucción de Babilonia

54 Desde Babilonia llegan gritos de dolor,
   desde el país de los caldeos
      llega un gran ruido.
55 Es el Señor, que destruye a Babilonia
   y pone fin a su bullicio.
   Los enemigos, como olas rugientes,
   caerán sobre ella con gran estruendo.
56 Vinieron a destruir Babilonia;
   ya capturaron a sus guerreros
   y les hicieron pedazos sus arcos.
   Porque el Señor es un Dios
   que a cada cual le da lo que merece.
57 El Rey, el Señor todopoderoso, afirma:
   "Emborracharé a los jefes de Babilonia,
   a sus sabios y gobernadores,
   y a sus funcionarios y soldados,
   y caerán en un sueño eterno
   del que no despertarán.
58 Yo, el Señor todopoderoso, digo:
   Las anchas murallas de Babilonia
   serán derribadas por completo,
   y sus enormes puertas
      serán incendiadas.
   Inútilmente habrán trabajado
      las naciones,
   pues sus fatigas terminarán
      en el fuego."

Llevan a Babilonia el mensaje de Jeremías

59 En el año cuarto del gobierno de Sedequías, rey de Judá, el profeta Jeremías dio un encargo a Seraías, hijo de Nerías y nieto de Maaseías. Seraías acompañaba al rey Sedequías en su viaje a Babilonia, como encargado de arreglar el hospedaje del rey. 60 Jeremías había escrito en un libro su mensaje acerca de todas las calamidades que habrían de venir sobre Babilonia, es decir, todo lo escrito acerca de ella, 61 y le dijo a Seraías: "Cuando llegues a Babilonia, ten cuidado de leer todo este mensaje. 62 Luego dirás: 'Señor, tú has dicho que destruirás este lugar, de manera que nadie vuelva a vivir aquí, ni hombres ni animales, porque lo vas a convertir en un desierto para siempre.' 63 Y luego que termines de leer este libro, átale una piedra y échalo al río Éufrates,

64 y di: 'Así se hundirá Babilonia, y no se volverá a levantar del desastre que el Señor le va a enviar.' "

Aquí terminan las palabras de Jeremías.

Reinado de Sedequías
(2 R 24.18–20; 2 Cr 36.11–16)

52 1 Sedequías tenía veintiún años cuando comenzó a reinar, y reinó en Jerusalén once años. Su madre se llamaba Hamutal, hija de Jeremías, y era de Libná. 2 Pero sus hechos fueron malos a los ojos del Señor, igual que los de Joaquim. 3 Por eso el Señor se enojó con Jerusalén y con Judá, y los echó de su presencia.

Caída de Jerusalén
(2 R 24.20—25.7; Jer 39.1–7)

Después Sedequías se rebeló contra el rey de Babilonia. 4 El día diez del mes décimo del año noveno del reinado de Sedequías, el rey Nabucodonosor marchó con todo su ejército contra Jerusalén, y la sitió. Acampó frente a ella, y a su alrededor construyó rampas para atacarla. 5 La ciudad estuvo sitiada hasta el año once del reinado de Sedequías. 6 El día nueve del mes cuarto de ese año aumentó el hambre en la ciudad, y la gente no tenía ya nada que comer. 7 Entonces hicieron un boquete en las murallas de la ciudad, y aunque los caldeos la tenían sitiada, el rey y todos los soldados huyeron de la ciudad durante la noche. Salieron por la puerta situada entre las dos murallas, por el camino de los jardines reales, y tomaron el camino del valle del Jordán. 8 Pero los soldados caldeos persiguieron al rey Sedequías, y lo alcanzaron en la llanura de Jericó. Todo su ejército lo abandonó y se dispersó. 9 Los caldeos capturaron al rey y lo llevaron ante el rey de Babilonia, que estaba en Riblá, en el territorio de Hamat. Allí Nabucodonosor dictó sentencia contra Sedequías, 10 y en presencia de este mandó degollar a sus hijos y a todos los nobles de Judá. 11 En cuanto a Sedequías, mandó que le sacaran los ojos y que lo encadenaran para llevarlo a Babilonia, en donde estuvo preso hasta que murió.

Destrucción del templo
(2 R 25.8–21; 2 Cr 36.17–21; Jer 39.8–10)

12 El día diez del mes quinto del año diecinueve del reinado de Nabucodonosor, rey de Babilonia, Nebuzaradán, ministro del rey y

comandante de la guardia real, llegó a Jerusalén **13**e incendió el templo,[a] el palacio real y todas las casas de la ciudad, especialmente las casas de todos los personajes notables, **14**y el ejército caldeo que lo acompañaba derribó las murallas que rodeaban a Jerusalén. **15**Luego Nebuzaradán llevó desterrados a Babilonia tanto a los que aún quedaban en la ciudad como a los que se habían puesto del lado del rey de Babilonia, y al resto de los artesanos. **16**Solo dejó a algunos de entre la gente más pobre, para que cultivaran los viñedos y los campos.

17Los caldeos hicieron pedazos los objetos de bronce que había en el templo: las columnas, las bases y la enorme pila para el agua, y se llevaron todo el bronce a Babilonia. **18**También se llevaron los ceniceros, las palas, las despabiladeras, los tazones, los cucharones y todos los utensilios de bronce para el culto. **19**Igualmente, el comandante de la guardia se llevó todos los objetos de oro y plata: las palanganas, los braseros, los tazones, los ceniceros, los candelabros, los cucharones y las copas para las ofrendas de vino. **20**Por lo que se refiere a las dos columnas, la enorme pila para el agua con los doce toros de bronce que la sostenían y las bases que el rey Salomón había mandado hacer para el templo, su peso no podía calcularse. **21**Cada columna tenía más de ocho metros de altura y como cinco metros y medio de circunferencia; eran huecas por dentro, y el grosor del bronce era de siete centímetros. **22**Cada columna tenía en su parte superior un capitel de bronce, de más de dos metros de altura, alrededor del cual había una rejilla toda de bronce, adornada con granadas. Las dos columnas eran iguales. **23**En la rejilla de cada capitel había cien granadas, de las cuales noventa y seis estaban a la vista.[b]

Los judíos llevados al destierro

24El comandante de la guardia apresó también a Seraías, sumo sacerdote, a Sofonías, sacerdote que le seguía en dignidad, y a los tres guardianes del umbral del templo. **25**De la gente de la ciudad apresó al oficial que mandaba las tropas, a siete hombres del servicio personal del rey que se encontraron en la ciudad, al funcionario militar que reclutaba hombres para el ejército y a sesenta ciudadanos notables que estaban en la ciudad. **26-27**Nebuzaradán llevó a todos estos ante el rey de Babilonia, que estaba en Riblá, en el territorio de Hamat. Allí el rey de Babilonia mandó que los mataran.

Así pues, el pueblo de Judá fue desterrado de su país. **28**El número de personas desterradas por Nabucodonosor fue el siguiente: el año séptimo de su reinado desterró a tres mil veintitrés personas de Judá; **29**el año dieciocho desterró a ochocientas treinta y dos de Jerusalén; **30**el año veintitrés, Nebuzaradán desterró a setecientas cuarenta y cinco de Judá, lo que dio un total de cuatro mil seiscientas personas desterradas.

Joaquín es libertado y recibe honores en Babilonia
(2 R 25.27–30)

31El día veinticinco del mes doce del año treinta y siete del destierro del rey Joaquín de Judá, comenzó a reinar en Babilonia el rey Evil–merodac, el cual se mostró bondadoso con Joaquín y lo sacó de la cárcel, **32**lo trató bien y le dio preferencia sobre los otros reyes que estaban con él en Babilonia. **33**De esta manera, Joaquín pudo quitarse la ropa que usaba en la prisión y comer con el rey por el resto de su vida. **34**Además, durante toda su vida, hasta que murió, Joaquín recibió una pensión diaria de parte del rey de Babilonia.

[a] 52.13 1 R 9.8. [b] 52.17–23 1 R 7.15–47.

LAMENTACIONES

Después de la destrucción de Jerusalén en el año 587 a.C. (2 R 25.1–21), comenzaron a celebrarse, junto a las ruinas del Templo, ceremonias conmemorativas de la gran catástrofe nacional. Un eco de las ideas y sentimientos que animaban aquellas conmemoraciones se encuentra en los cinco poemas que forman el libro de *Lamentaciones* (= Lm). En estos poemas se presenta a Jerusalén como una mujer que se ha quedado viuda (1.1), o como una madre que llora y se lamenta amargamente por la muerte, la dispersión y la humillación de sus hijos (2.19,22). Sobre todo, el pueblo confiesa sus pecados (1.8,14,20; 3.42; 4.6) y reconoce que el Señor no ha cometido ninguna injusticia al tratar a Jerusalén y a Judá con tanta severidad (1.18).

El nombre de *Lamentaciones* proviene de la versión griega del AT llamada "de los Setenta" o "Septuaginta" (LXX). En esta versión el libro está precedido por una nota que dice: "Y sucedió que cuando Israel fue llevado al cautiverio y Jerusalén quedó devastada, el profeta Jeremías se sentó a llorar y entonó esta lamentación por Jerusalén, diciendo . . .". Esta nota pasó luego a la versión latina (Vulgata) y dio lugar a que el libro fuera conocido como *Lamentaciones de Jeremías*.

El siguiente esquema ofrece una visión global del libro:

1. Primer lamento (1)
2. Segundo lamento (2)
3. Tercer lamento (3)
4. Cuarto lamento (4)
5. Quinto lamento (5)

Primer lamento

1 ¹ ¡Cuán solitaria ha quedado
la ciudad antes llena de gente!
¡Tiene apariencia de viuda
la ciudad capital de los pueblos!
¡Sometida está a trabajos forzados
la princesa de los reinos!

² Se ahoga en llanto por las noches;
lágrimas corren por sus mejillas.
De entre todos sus amantes[a]
no hay uno que la consuele.
Todos sus amigos la han traicionado;
se han vuelto sus enemigos.

³ A más de sufrimientos
y duros trabajos,
Judá sufre ahora el cautiverio.[b]

La que antes reinaba entre los pueblos,
ahora no encuentra reposo.
Los que la perseguían, la alcanzaron
y la pusieron en aprietos.

⁴ ¡Qué tristes están los caminos de Sión!
¡No hay nadie que venga a las fiestas!
Las puertas de la ciudad están desiertas,
los sacerdotes lloran,
las jóvenes se afligen
y Jerusalén pasa amarguras.

⁵ Sus enemigos dominan,
sus adversarios prosperan.
Es que el Señor la ha afligido
por lo mucho que ha pecado.
Sus hijos fueron al destierro
llevados por el enemigo.

---

a **1.2** *Amantes:* Véase Jer 22.20 n. b **1.3** *Sufre . . . cautiverio:* Cf. 2 R 24.18–21.

6 Desapareció de la bella Sión
  toda su hermosura;
sus jefes, como venados,
  andan en busca de pastos;
arrastrando los pies, avanzan
  delante de sus cazadores.

7 Jerusalén recuerda aquellos días,
  cuando se quedó sola y triste;
recuerda todas las riquezas que tuvo
  en tiempos pasados;
recuerda cuando cayó en poder
  del enemigo
   y nadie vino en su ayuda,
cuando sus enemigos la vieron
  y se burlaron de su ruina.

8 Jerusalén ha pecado tanto
  que se ha hecho digna de desprecio.
Los que antes la honraban,
  ahora la desprecian,
   porque han visto su desnudez.
Por eso está llorando,
  y avergonzada vuelve la espalda.

9 Tiene su ropa llena de inmundicia;
  no pensó en las consecuencias.
Es increíble cómo ha caído;
  no hay quien la consuele.
¡Mira, Señor, mi humillación
  y la altivez del enemigo!

10 El enemigo se ha adueñado
  de las riquezas de Jerusalén.[c]
La ciudad vio a los paganos
  entrar violentamente en el santuario,
¡gente a la que tú, Señor, ordenaste
  que no entrara en tu lugar de reunión!

11 Todos sus habitantes lloran,
  andan en busca de alimentos;
dieron sus riquezas a cambio de comida
  para poder sobrevivir.
¡Mira, Señor, mi ruina!
  ¡Considera mi desgracia!

12 ¡Ustedes, los que van por el camino,
  deténganse a pensar
si hay dolor como el mío,
  que tanto me hace sufrir!

¡El Señor me mandó esta aflicción
  al encenderse su enojo!

13 El Señor lanzó desde lo alto
  un fuego que me ha calado
   hasta los huesos;
tendió una trampa a mi paso
  y me hizo volver atrás;
me ha entregado al abandono,
  al sufrimiento a cada instante.

14 Mis pecados los ha visto el Señor;
  me han sido atados por él mismo,
y como un yugo pesan sobre mí:
  ¡acaban con mis fuerzas!
El Señor me ha puesto
  en manos de gente
   ante la cual no puedo resistir.

15 El Señor arrojó lejos de mí
  a todos los valientes que me defendían.
Lanzó un ejército a atacarme,
  para acabar con mis hombres
   más valientes.
¡El Señor ha aplastado a la virginal Judá
  como se aplastan las uvas
   para sacar vino!

16 Estas cosas me hacen llorar.
  Mis ojos se llenan de lágrimas,
pues no tengo a nadie
  que me consuele,
   a nadie que me dé nuevo aliento.
Entre ruinas han quedado mis hijos,
  porque pudo más el enemigo
   que nosotros.

17 Sión extiende las manos suplicante,
  pero no hay quien la consuele.
El Señor ha ordenado que a Jacob
  lo rodeen sus enemigos;
Jerusalén es para ellos
  objeto de desprecio.

18 El Señor hizo lo debido,
  porque me opuse a sus mandatos.
¡Escúchenme, pueblos todos;
  contemplen mi dolor!
¡Mis jóvenes y jovencitas
  han sido llevados cautivos!

---

[c] **1.10** Cf. 2 R 24.13; 25.13–17.

19 Pedí ayuda a mis amantes,
    pero ellos me traicionaron.
Mis sacerdotes y mis ancianos
    murieron en la ciudad:
    ¡andaban en busca de alimentos
    para poder sobrevivir!

20 ¡Mira, Señor, mi angustia!
    ¡Siento que me estalla el pecho!
El dolor me oprime el corazón
    cuando pienso en lo rebelde
    que he sido.
Allá afuera la espada mata a mis hijos,
    y aquí adentro también hay muerte.

21 La gente escucha mis lamentos,
    pero no hay quien me consuele.
Todos mis enemigos saben de mi mal,
    y se alegran de que tú lo hayas hecho.
¡Haz que venga el día
    que tienes anunciado,
    y que les vaya a ellos
    como me ha ido a mí!

22 Haz que llegue a tu presencia
    toda la maldad que han cometido;
trátalos por sus pecados
    como me has tratado a mí,
pues es mucho lo que lloro;
    ¡tengo enfermo el corazón!

Segundo lamento

2 **1** ¡Tan grande ha sido el enojo
    del Señor,
        que ha oscurecido a la bella Sión!
Ha derribado la hermosura de Israel,[a]
    como del cielo a la tierra;
ni siquiera se acordó, en su enojo,
    del estrado de sus pies.[b]

2 El Señor no ha dejado en pie
    ni una sola de las casas de Jacob;
en un momento de furor ha destruido
    las fortalezas de la bella Judá;
ha echado por tierra, humillados,
    al reino y sus gobernantes.

3 Al encenderse su enojo, cortó de un tajo

todo el poder de Israel.
Nos retiró el apoyo de su poder
    al enfrentarnos con el enemigo;
¡ha prendido en Jacob un fuego
    que devora todo lo que encuentra!

4 El Señor, como un enemigo,
    tensó el arco, afirmó el brazo;
igual que un adversario,
    destrozó lo que era agradable a la vista;
como un fuego, lanzó su enojo
    sobre el campamento de la bella Sión.

5 El Señor actuó como un enemigo:
    destruyó por completo a Israel;
derrumbó todos sus palacios,
    derribó sus fortalezas,
colmó a la bella Judá
    de aflicción tras aflicción.

6 Como un ladrón,
    hizo violencia a su santuario;
    destruyó el lugar de las reuniones.
El Señor hizo que en Sión se olvidaran
    las fiestas y los sábados.
En el ardor de su enojo,
    rechazó al rey y al sacerdote.

7 El Señor ha rechazado su altar,
    ha despreciado su santuario;
ha entregado en poder del enemigo
    las murallas que protegían la ciudad.
¡Hay un griterío en el templo del Señor,
    como si fuera día de fiesta!

8 El Señor decidió derrumbar
    las murallas de la bella Sión.
Trazó el plan de destrucción
    y lo llevó a cabo sin descanso.
Paredes y murallas,
    que él ha envuelto en luto,
    se han venido abajo al mismo tiempo.

9 La ciudad no tiene puertas ni cerrojos:
    ¡quedaron destrozados,
        tirados por el suelo!
Su rey y sus gobernantes
    están entre paganos;[c]

---

[a] **2.1** *La hermosura de Israel:* es decir, Jerusalén y su templo. [b] **2.1** *El estrado de sus pies:* expresión metafórica que se refiere a la presencia divina en este mundo, concretamente, en el templo de Sión (cf. Ez 43.7). [c] **2.9** *Entre paganos:* es decir, en el exilio (cf. 2 R 24.8–17; 25.11,25).

ya no existe la ley de Dios. *d*
¡Ni siquiera sus profetas tienen
     visiones de parte del Señor!

10 Los ancianos de la bella Sión
     se sientan silenciosos en el suelo,
se echan polvo sobre la cabeza
     y se visten de ropas burdas.
Las jóvenes de Jerusalén
     agachan la cabeza hasta el suelo.

11 El llanto acaba con mis ojos,
     y siento que el pecho me revienta;
mi ánimo se ha venido al suelo
     al ver destruida la ciudad de mi gente,
al ver que hasta los niños de pecho
     mueren de hambre por las calles.

12 Decían los niños a sus madres:
     "¡Ya no tenemos pan ni vino!"
Y caían como heridos de muerte
     por las calles de la ciudad,
exhalando el último suspiro
     en brazos de sus madres.

13 ¿A qué te puedo comparar o asemejar,
     hermosa Jerusalén?
¿Qué ejemplo puedo poner para consolarte,
     pura y bella ciudad de Sión?
Enorme como el mar ha sido tu destrucción;
     ¿quién podrá darte alivio?

14 Las visiones que tus profetas
     te anunciaron
          no eran más que un vil engaño.
No pusieron tu pecado al descubierto
     para hacer cambiar tu suerte;
te anunciaron visiones engañosas,
     y te hicieron creer en ellas.

15 Al verte, los que van por el camino
     aplauden en son de burla;
silban y mueven burlones la cabeza,
     diciendo de la bella Jerusalén:
"¿Y es esta la ciudad a la que llaman
     la máxima belleza de la tierra?"

16 Todos tus enemigos
     abren la boca en contra tuya.

Entre silbidos y gestos de amenaza, dicen:
     "La hemos arruinado por completo.
Este es el día que tanto esperábamos;
     ¡por fin pudimos verlo!"

17 El Señor llevó a cabo sus planes,
     cumplió su palabra.
Destruyó sin miramientos
     lo que mucho antes
          había resuelto destruir,
permitió que el enemigo se riera de ti
     y puso en alto el poder del adversario.

18 ¡Pídele ayuda al Señor,
     bella ciudad de Sión!
¡Deja correr de día y de noche
     el torrente de tus lágrimas!
¡No dejes de llorar,
     no des reposo a tus ojos!

19 Levántate, grita por las noches,
     grita hora tras hora;
vacía tu corazón delante del Señor,
     déjalo que corra como el agua;
dirige a él tus manos suplicantes
     y ruega por la vida de tus niños,
que en las esquinas de las calles
     mueren por falta de alimentos.

20 Mira, Señor, ponte a pensar
     que nunca a nadie has tratado así.
¿Tendrán acaso las madres
     que comerse a sus niños de pecho?*e*
¿Tendrán los sacerdotes y profetas
     que ser asesinados en tu santuario?

21 Tendidos por las calles
     se ven jóvenes y ancianos;
mis jóvenes y jovencitas
     cayeron a filo de espada.
En el día de tu ira, heriste de muerte,
     ¡mataste sin miramientos!

22 Has hecho venir peligros de todos lados,
     como si acudieran a una fiesta;
en el día de tu ira, Señor,
     no hubo nadie que escapara.
A los que yo crié y eduqué,
     el enemigo los mató.

---

d **2.9** *La ley de Dios:* no la ley promulgada en el Sinaí, sino la instrucción dada por el sacerdote (Dt 17.8–13), puesta aquí en paralelismo con las *visiones* de los *profetas* (cf. Jer 18.18). *e* **2.20** Cf. Jer 19.9.

Tercer lamento

3 1 Yo soy el que ha experimentado
el sufrimiento
bajo los golpes de la furia del Señor.
2 Me ha llevado a regiones oscuras,
me ha hecho andar
por caminos sin luz;
3 una y otra vez, a todas horas,
descarga su mano sobre mí.

4 Ha hecho envejecer mi carne y mi piel,
ha hecho pedazos mis huesos;
5 ha levantado a mi alrededor
un cerco de amargura y sufrimientos;
6 me ha hecho vivir en las sombras,
como los que murieron hace tiempo.

7 Me encerró en un cerco sin salida;
me oprimió con pesadas cadenas;
8 aunque grité pidiendo ayuda,
no hizo caso de mis ruegos;
9 me cerró el paso con muros de piedra,
¡cambió el curso de mis senderos!

10 Él ha sido para mí
como un león escondido,
como un oso a punto de atacarme.
11 Me ha desviado del camino,
me ha desgarrado,
¡me ha dejado lleno de terror!
12 ¡Tensó el arco y me puso
como blanco de sus flechas!

13 Las flechas lanzadas por el Señor
se me han clavado muy hondo.
14 Toda mi gente se burla de mí;
a todas horas soy el tema de sus burlas.
15 El Señor me ha llenado de amarguras;
amarga es la bebida que me ha dado.

16 Me estrelló los dientes contra el suelo;
me hizo morder el polvo.
17 De mí se ha alejado la paz
y he olvidado ya lo que es la dicha.
18 Hasta he llegado a pensar que ha muerto
mi firme esperanza en el Señor.

19 Recuerdo mi tristeza y soledad,
mi amargura y sufrimiento;
20 me pongo a pensar en ello
y el ánimo se me viene abajo.
21 Pero una cosa quiero tener presente
y poner en ella mi esperanza:

22 El amor del Señor no tiene fin,
ni se han agotado sus bondades.
23 Cada mañana se renuevan;
¡qué grande es su fidelidad!
24 Y me digo:
¡El Señor lo es todo para mí;
por eso en él confío!

25 El Señor es bueno
con los que en él confían,
con los que a él recurren.
26 Es mejor esperar en silencio
a que el Señor nos ayude.
27 Es mejor que el hombre se someta
desde su juventud.

28 El hombre debe quedarse solo y callado
cuando el Señor se lo impone;
29 debe, humillado, besar el suelo,
pues tal vez aún haya esperanza;
30 debe ofrecer la mejilla a quien le hiera,
y recibir el máximo de ofensas.

31 El Señor no ha de abandonarnos
para siempre.
32 Aunque hace sufrir,
también se compadece,
porque su amor es inmenso.
33 Realmente no le agrada afligir
ni causar dolor a los hombres.

34 El pisotear sin compasión
a los prisioneros del país,
35 el violar los derechos de un hombre
en la propia cara del Altísimo,
36 el torcer la justicia de un proceso,
son cosas que el Señor condena.

37 Cuando algo se dice, cuando algo pasa,
es porque el Señor lo ha ordenado.
38 Tanto los bienes como los males
vienen porque el Altísimo
así lo dispone.
39 Siendo el hombre un pecador,
¿de qué se queja en esta vida?

40 Reflexionemos seriamente
en nuestra conducta,
y volvamos nuevamente al Señor.
41 Elevemos al Dios del cielo
nuestros pensamientos y oraciones.
42 Nosotros pecamos y fuimos rebeldes,
y tú no perdonaste.

43 Nos rodeaste con tu furia,
      nos perseguiste,
         ¡nos quitaste la vida sin miramientos!
44 Te envolviste en una nube
      para no escuchar nuestros ruegos.
45 Nos has tratado como a vil basura
      delante de toda la gente.

46 Todos nuestros enemigos
      abren la boca en contra de nosotros;
47 temores, trampas, destrucción y ruina,
      ¡eso es lo que nos ha tocado!
48 Ríos de lágrimas brotan de mis ojos
      ante la destrucción
         de mi amada ciudad.

49 Lloran mis ojos sin descanso,
      pues no habrá alivio
50 hasta que el Señor del cielo
      nos mire desde lo alto.
51 Me duelen los ojos hasta el alma,
      por lo ocurrido a las hijas
         de mi ciudad.

52 Sin tener ningún motivo,
      mis enemigos me han cazado
         como a un ave;
53 me enterraron vivo en un pozo,
      y con una piedra taparon la salida.
54 El agua me ha cubierto por completo,
      y he pensado: "Estoy perdido."

55 Yo, Señor, invoco tu nombre
      desde lo más profundo del pozo:
56 tú escuchas mi voz,
      y no dejas de atender a mis ruegos.
57 El día que te llamo, vienes a mí,
      y me dices: "No tengas miedo."

58 Tú me defiendes, Señor, en mi lucha,
      tú rescatas mi vida.
59 Tú ves, Señor, las injusticias que sufro,
      ¡hazme justicia!
60 Tú ves sus deseos de venganza
      y todos los planes
         que hacen contra mí.

61 Escucha, Señor, sus ofensas
      y todos los planes
         que hacen contra mí;

62 las habladurías de mis enemigos,
      que a todas horas hablan en contra mía.
63 ¡Mira cómo en todas sus acciones
      soy objeto de sus burlas!

64 Dales, Señor, su merecido,
      dales lo que sus hechos merecen.
65 Enduréceles el entendimiento,
      y pon sobre ellos tu maldición.
66 Persíguelos con furia, Señor,
      ¡haz que desaparezcan de este mundo!

Cuarto lamento

4 1 ¡Cómo se ha empañado el oro!
      ¡Cómo perdió su brillo el oro fino!
      ¡Esparcidas por todas las esquinas
         están las piedras del santuario!

2 Los habitantes de Sión, tan estimados,
      los que valían su peso en oro,
   ahora son tratados como ollas de barro
      hechas por un simple alfarero.

3 Hasta las hembras de los chacales
      dan la teta
         y amamantan a sus cachorros,
   pero la capital de mi pueblo es cruel,
      cruel como un avestruz del desierto.

4 Tienen tanta sed los niños de pecho
      que la lengua se les pega al paladar.
   Piden los niños pan,
      pero no hay nadie que se lo dé.

5 Los que antes comían en abundancia,
      ahora mueren de hambre
         por las calles.[a]
   Los que crecieron en medio de lujos,
      ahora viven en los muladares.

6 La maldad de la capital de mi pueblo
      es mayor que el pecado de Sodoma,
   la cual fue destruida en un instante
      sin que nadie la atacara.[b]

7 Más blancos que la nieve
      eran sus hombres escogidos,
         más blancos que la leche;
   su cuerpo, más rojizo que el coral;
      su porte, hermoso como el zafiro.

---

[a] **4.4–5** Cf. 2 R 25.3; Jer 52.6.   [b] **4.6** Gn 19.24.

8 Pero ahora se ven más sombríos
    que las tinieblas;
        nadie en la calle podría reconocerlos.
La piel se les pega a los huesos,
    ¡la tienen seca como leña!

9 Mejor les fue a los que murieron en batalla
    que a los que murieron de hambre,
porque estos murieron lentamente
    al faltarles los frutos de la tierra.

10 Con sus propias manos,
    mujeres de buen corazón
        cocieron a sus hijos;
sus propios hijos les sirvieron de comida
    al ser destruida la capital de mi pueblo.

11 El Señor agotó su enojo,
    dio rienda suelta al ardor de su furia;
le prendió fuego a Sión
    y destruyó hasta sus cimientos.

12 Jamás creyeron los reyes de la tierra,
    todos los que reinaban en el mundo,
que el enemigo, el adversario,
    entraría por las puertas de Jerusalén.

13 ¡Y todo por el pecado de sus profetas,[c]
    por la maldad de sus sacerdotes,
que dentro de la ciudad misma
    derramaron sangre inocente!

14 Caminan inseguros, como ciegos,
    por las calles de la ciudad;
tan sucios están de sangre
    que nadie se atreve a tocarles la ropa.

15 "¡Apártense, apártense —les gritan—;
    son gente impura, no los toquen!"[d]
"Son vagabundos en fuga
    —dicen los paganos—,
    no pueden seguir viviendo aquí."

16 La presencia del Señor los dispersó,
    y no volvió a dirigirles la mirada.
No hubo respeto para los sacerdotes
    ni compasión para los ancianos.

17 Con los ojos cansados, pero atentos,
    en vano esperamos ayuda.
Pendientes estamos de la llegada
    de un pueblo que no puede salvar.[e]

18 Vigilan todos nuestros pasos;
    no podemos salir a la calle.
Nuestro fin está cerca,
    nos ha llegado la hora;
    ¡ha llegado nuestro fin!

19 Más veloces que las águilas del cielo
    son nuestros perseguidores;
nos persiguen por los montes,
    ¡nos ponen trampas en el desierto!

20 Preso ha caído[f] el escogido del Señor,
    el que daba aliento a nuestra vida,
el rey de quien decíamos:
    "A su sombra viviremos
        entre los pueblos."

21 ¡Ríete, alégrate, nación de Edom;
    tú que reinas en la región de Us!
¡También a ti te llegará el trago amargo,
    y quedarás borracha y desnuda!

22 Tu castigo ha terminado,
    ciudad de Sión;
        el Señor no volverá a desterrarte.
Pero castigará tu maldad,
    nación de Edom,
        y pondrá al descubierto tus pecados.

Quinto lamento

5 1 Recuerda, Señor,
    lo que nos ha pasado;
    míranos, ve cómo nos ofenden.

2 Todo lo nuestro está ahora
    en manos de extranjeros;
    ahora nuestras casas
        son de gente extraña.

3 Estamos huérfanos, sin padre;
    nuestras madres han quedado
    como viudas.

---

[c] **4.13** *El pecado de tus profetas:* Cf. Jer 23.9–17; Lm 2.14. [d] **4.15** *¡No los toquen!:* como si fueran leprosos (Lv 13.45–46). [e] **4.17** *Pendientes . . . no puede salvar:* alusión a las alianzas políticas con los grandes imperios de aquella época, que no trajeron la salvación sino la ruina de los reinos de Israel y de Judá. Cf. Is 8.6–10; Jer 37.5–10; Os 7.11. [f] **4.20** *Preso ha caído:* alusión a la captura y deportación de Sedequías, rey de Judá (2 R 25.4–7; Jer 39.4–6).

4 ¡Nuestra propia agua
    tenemos que comprarla;
    nuestra propia leña
    tenemos que pagarla!

5 Nos han puesto un yugo en el cuello;
    nos cansamos,
    y no nos dejan descansar.

6 Para llenarnos de pan, tendemos la mano
    a los egipcios y a los asirios.

7 Nuestros padres pecaron, y ya no existen,
    y nosotros cargamos con sus culpas.

8 Ahora somos dominados por esclavos,
    y no hay quien nos libre de sus manos.

9 El pan lo conseguimos a riesgo de la vida
    y a pesar de los guerreros del desierto.

10 La piel nos arde como un horno,
    por la fiebre que el hambre nos causa.

11 En Sión y en las ciudades de Judá,
    mujeres y niñas han sido deshonradas.

12 Nuestros jefes fueron colgados
    de las manos,
    los ancianos no fueron respetados.

13 A los hombres más fuertes
    los pusieron a moler;

los jóvenes cayeron
    bajo el peso de la leña.

14 Ya no hay ancianos a las puertas
    de la ciudad;
    ya no se escuchan canciones juveniles.

15 Ya no tenemos alegría en el corazón;
    nuestras danzas de alegría
    acabaron en tristeza.

16 Se nos cayó de la cabeza la corona;
    ¡ay de nosotros, que hemos pecado!

17 Por eso tenemos enfermo el corazón;
    por eso se nos nubla la vista.

18 El monte Sión es un montón de ruinas;
    en él van y vienen las zorras.

19 Pero tú, Señor, por siempre reinarás;
    ¡siempre estarás en tu trono!

20 ¿Por qué has de olvidarnos para siempre?
    ¿Por qué has de abandonarnos
    tanto tiempo?

21 ¡Haznos volver a ti, Señor, y volveremos!
    ¡Haz que nuestra vida sea otra vez
    lo que antes fue!

22 Pero tú nos has rechazado por completo;
    mucho ha sido tu enojo con nosotros.[a]

---

[a] 5.19-22 La profesión de fe en la realeza del Señor (v. 19) y la súplica (vv. 20-21) marcan el punto culminante de esta quinta lamentación: ellas mantienen viva la esperanza en el Señor y en el poder que tiene para renovar la *vida* (cf. Ro 4.18-21).

EZEQUIEL

Puede afirmarse con suficiente seguridad que Ezequiel integró la columna de israelitas que fueron llevados al exilio junto con Joaquín, rey de Judá, en la llamada primera deportación a Babilonia (cf. 2 R 24.8–17), el año 597 a.C. En Jerusalén, antes de partir para el destierro, había sido sacerdote en el culto del templo; pero un día, mientras estaba *a orillas del río Quebar, en Babilonia* (Ez 1.1–3), tuvo una deslumbrante visión que cambió por completo su vida: el Dios de Israel lo llamó a ejercer la misión profética, y a partir de aquel momento fue el portavoz del Señor en medio de los deportados (3.10–11). Su actividad se extendió por lo menos hasta el 571 a.C., pues ninguno de sus mensajes lleva una indicación cronológica posterior a esa fecha.

En la primera parte de su actividad profética, cuando Jerusalén aún no había sido destruida, Ezequiel anunció que la ruina de la ciudad era ya inevitable (cf. 9.8–10). La imagen del matrimonio y del adulterio, heredada de Oseas y de Jeremías, le sirvió para resumir la historia de Israel como una historia de infidelidades e idolatrías. Jerusalén era el lugar donde más se había concentrado el pecado (caps. 8—12); era una ciudad llena de crímenes, y la justicia de Dios no podía dejarla sin castigo (cap. 22). Además, para hacer que su mensaje penetrara más profundamente en aquel auditorio muchas veces rebelde y escéptico, el profeta realizaba extrañas acciones simbólicas (caps. 4—5), ininteligibles para sus destinatarios, que se veían obligados a preguntarle: *Explícanos qué quiere decir eso que estás haciendo* (24.19; cf. 12.9).

Cuando la caída de Jerusalén (587 a.C.) confirmó la verdad de sus anuncios (cf. 33.21–22), Ezequiel se empeñó en preparar a sus hermanos de exilio para la futura restauración, haciéndolos comprender el verdadero motivo de aquella catástrofe (36.16–19). Ya no anunció la inminencia del castigo, sino la llegada de la salvación. El pueblo disperso iba a ser congregado y llevado de nuevo a la Tierra prometida (34.13; 36.24; 34.14–15). Dios habría de renovar y purificar completamente a su pueblo (36.25–28).

Entre estas dos secciones se intercalan los mensajes contra las naciones (caps. 25—32). Estos mensajes sirven de preludio a la gran visión final, que describe el nuevo templo de Jerusalén en medio de la nación totalmente purificada y renovada (caps. 40—48).

Algunos pasajes de *Ezequiel* (=Ez) anticipan los temas y el estilo de la literatura apocalíptica (cf. caps. 37—39). Sus grandiosas visiones preparan las de Daniel, y no es extraño que el Apocalipsis de Juan se refiera con frecuencia a sus escritos.

La presencia de un profeta como Ezequiel contribuyó en gran medida a que el exilio en Babilonia fuera uno de los periodos más ricos y fecundos en la historia de Israel. Ezequiel, como antes Oseas, compara el exilio con una vuelta al desierto, de la que Israel debía salir purificado (20.35–37). Antiguamente, antes de entrar en la Tierra prometida, el pueblo de Dios había pasado por el desierto; ahora, del desierto del exilio, ese pueblo saldría renovado. La prueba era mucho más que un medio de purificación; era también una experiencia espiritual que le permitía acceder a un renacimiento más profundo.

El libro de *Ezequiel* consta de las partes siguientes:

1. Llamamiento del profeta (1—3)
2. Predicación de Ezequiel hasta la caída de Jerusalén (4—24)
3. Mensajes contra las naciones (25—32)
4. Promesas de salvación (33—39)
5. La Jerusalén del futuro (40—48)

Visión del trono de Dios

1 1-3Yo, el sacerdote Ezequiel, hijo de Buzí, estaba un día a orillas del río Quebar, en Babilonia, entre los que habían sido llevados al destierro. En esto se abrió el cielo, y vi a Dios en una visión. Era el día cinco del mes cuarto del año treinta,[a] cinco años después que el rey Joaquín había sido llevado al destierro.[b] El Señor puso su mano sobre mí. 4Entonces vi que del norte venía un viento huracanado; de una gran nube salía un fuego como de relámpagos, y en su derredor había un fuerte resplandor. En medio del fuego brillaba algo semejante al metal bruñido, 5y en el centro mismo había algo parecido a cuatro seres con aspecto humano. 6Cada uno de ellos tenía cuatro caras y cuatro alas; 7sus piernas eran rectas, con pezuñas como de becerro, y brillaban como bronce muy pulido. 8-9Además de sus cuatro caras y sus cuatro alas, estos seres tenían manos de hombre en sus cuatro costados, debajo de sus alas. Las alas se tocaban unas con otras. Al andar, no se volvían, sino que caminaban de frente. 10Las caras de los cuatro seres tenían este aspecto: por delante, su cara era la de un hombre; a la derecha, la de un león; a la izquierda, la de un toro; y por detrás, la de un águila. 11Las alas se extendían hacia arriba. Dos de ellas se tocaban entre sí, y con las otras dos se cubrían el cuerpo. 12Todos caminaban de frente, y no se volvían al andar. Iban en la dirección en que el poder de Dios los llevaba. 13El aspecto de los seres era como de carbones encendidos, o como de algo parecido a antorchas que iban y venían en medio de ellos; el fuego era resplandeciente, y de él salían relámpagos. 14Los seres iban y venían rápidamente, como si fueran relámpagos.

15Miré a aquellos seres y vi que en el suelo, al lado de cada uno de ellos, había una rueda. 16Las cuatro ruedas eran iguales y, por la manera en que estaban hechas, brillaban como el topacio. Parecía como si dentro de cada rueda hubiera otra rueda. 17Podían avanzar en cualquiera de las cuatro direcciones, sin tener que

volverse. 18Vi que las cuatro ruedas tenían sus aros, y que en su derredor estaban llenas de reflejos. 19Cuando aquellos seres avanzaban, también avanzaban las ruedas con ellos, y cuando los seres se levantaban del suelo, también se levantaban las ruedas. 20Los seres se movían en la dirección en que el poder de Dios los impulsaba, y las ruedas se levantaban junto con ellos, porque las ruedas formaban parte viva de los seres. 21Cuando los seres se movían, se movían también las ruedas, y cuando ellos se detenían, las ruedas también se detenían; y cuando los seres se levantaban del suelo, también las ruedas se levantaban con ellos, porque las ruedas formaban parte viva de los seres.[c]

22Por encima de sus cabezas se veía una especie de bóveda, brillante como el cristal. 23Debajo de la bóveda se extendían rectas las alas de aquellos seres, tocándose unas con otras. Con dos de ellas se cubrían el cuerpo. 24Y oí también el ruido que hacían las alas cuando avanzaban: era como el ruido del agua de un río crecido, como la voz del Todopoderoso, como el ruido de un gran ejército. Cuando se detenían, bajaban las alas. 25Y salió un ruido de encima de la bóveda que estaba sobre la cabeza de ellos. 26Encima de la bóveda vi algo como un trono que parecía de zafiro, y sobre aquella especie de trono había alguien que parecía un hombre. 27De lo que parecía ser su cintura para arriba, vi que brillaba como metal bruñido rodeado de fuego, y de allí para abajo vi algo semejante al fuego. En su derredor había un resplandor 28parecido al arco iris cuando aparece entre las nubes en un día de lluvia. De esta manera se me presentó la gloria del Señor. Al verla, me incliné hasta tocar el suelo con la frente.

Dios llama a Ezequiel

2 Luego oí una voz 1que me decía: "Tú, hombre,[a] ponte de pie, que te voy a hablar." 2Mientras esa voz me hablaba, entró en mí el poder de Dios y me hizo ponerme de pie. Entonces oí que la voz que me hablaba

---

a **1.1–3** El texto no indica a partir de qué fecha se cuentan estos *treinta* años. Algunos intérpretes piensan que se refieren a la edad de Ezequiel. En tal caso se estaría afirmando su autoridad como sacerdote, ya que los miembros de las familias sacerdotales podían comenzar a ejercer sus funciones a partir de esa edad (cf. Nm 4). b **1.1–3** El quinto año del *destierro* del *rey Joaquín* corresponde al año 593 a.C. Cf. 2 R 24.10–16; 2 Cr 36.9–10. c **1.15–21** Ez 10.9–13. a **2.1** *Hombre:* lit. *hijo de hombre,* modismo hebreo que expresa la pertenencia al género humano.

3 seguía diciendo: "A ti, hombre, te voy a enviar a los israelitas, un pueblo desobediente que se ha rebelado contra mí. Ellos y sus antepasados se han levantado contra mí hasta este mismo día. 4 También sus hijos son tercos y de cabeza dura. Pues te voy a enviar a ellos, para que les digas: 'Esto dice el Señor.' 5 Y ya sea que te hagan caso o no, pues son gente rebelde, sabrán que hay un profeta en medio de ellos. 6 Tú, hombre, no tengas miedo de ellos ni de lo que te digan, aunque te sientas como rodeado de espinos o viviendo entre alacranes. No tengas miedo de lo que te digan ni te asustes ante la cara que pongan, por muy rebeldes que sean. 7 Tú comunícales mis palabras, ya sea que te hagan caso o no, pues son muy rebeldes. 8 Atiende bien lo que te digo, y no seas rebelde como ellos. Abre la boca y come lo que te voy a dar."

9 Entonces vi una mano extendida hacia mí, la cual tenía un escrito enrollado. 10 La mano lo desenrolló delante de mí. Estaba escrito por ambos lados: eran lamentos, ayes de dolor y amenazas.

3 1 Entonces me dijo: "Tú, hombre, cómete este escrito,[a] y luego ve a hablar a la nación de Israel."

2 Abrí la boca y él me hizo comer el escrito. 3 Luego me dijo: "Trágate ahora este escrito que te doy, y llena con él tu estómago."

Yo me lo comí, y me supo tan dulce como la miel. 4 Entonces me dijo: "Ve y comunica al pueblo de Israel lo que tengo que decirle. 5 Yo no te envío a un pueblo que habla una lengua complicada o difícil de entender, sino al pueblo de Israel. 6 No te envío a naciones numerosas que hablan idiomas complicados o difíciles, que tú no entenderías. Aunque, si yo te enviara a esos pueblos, ellos te harían caso. 7 En cambio, el pueblo de Israel no va a querer hacerte caso, porque no quiere hacerme caso a mí. Todo el pueblo de Israel es terco y de cabeza dura. 8 Pero yo voy a hacerte tan obstinado y terco como ellos. 9 Voy a hacerte duro como el diamante, más duro que la piedra. No les tengas miedo, ni te asustes ante la cara que pongan, por muy rebeldes que sean."

10 Luego me dijo: "Escucha atentamente todo lo que te voy a decir, y grábatelo en la memoria. 11 Ve a ver a tus compatriotas que están en el destierro y, ya sea que te hagan caso o no, diles: 'Esto dice el Señor.' "

12 Entonces el poder de Dios me levantó, y detrás de mí oí un fuerte ruido, como de un terremoto, al levantarse de su sitio la gloria del Señor. 13 El ruido lo hacían las alas de los seres al rozarse unas con otras, y las ruedas que estaban junto a ellos; el ruido era como el de un gran terremoto. 14 El poder de Dios me levantó y me sacó de allí, y yo me fui triste y amargado, mientras el Señor me agarraba fuertemente con su mano. 15 Y llegué a Tel Abib, a orillas del río Quebar, donde vivían los israelitas desterrados, y durante siete días me quedé allí con ellos, sin saber qué hacer ni qué decir.

Dios pone a Ezequiel como centinela (Ez 33.1–9)

16 Al cabo de los siete días, el Señor se dirigió a mí, y me dijo: 17 "A ti, hombre, yo te he puesto de centinela para el pueblo de Israel. Cuando yo te comunique algún mensaje, deberás anunciárselo de mi parte, para que estén advertidos. 18 Puede darse el caso de que yo pronuncie sentencia de muerte contra un malvado; pues bien, si tú no le hablas a ese malvado y le adviertes que deje su mala conducta para que pueda seguir viviendo, él morirá por su pecado, pero yo te pediré a ti cuentas de su muerte. 19 Si tú, en cambio, adviertes al malvado y él no deja su maldad ni su mala conducta, él morirá por su pecado, pero tú salvarás tu vida. 20 También puede darse el caso de que un hombre recto deje su vida de rectitud y haga lo malo, y que yo lo ponga en peligro de caer; si tú no se lo adviertes, morirá. Yo no tomaré en cuenta el bien que haya hecho, y morirá por su pecado, pero a ti te pediré cuentas de su muerte. 21 Si tú, en cambio, adviertes a ese hombre que no peque, y él no peca, seguirá viviendo, porque hizo caso de la advertencia, y tú salvarás tu vida."

Ezequiel se queda mudo

22 El Señor puso allí mismo su mano sobre mí, y me dijo: "Levántate y sal a la llanura, que allí te voy a hablar." 23 Yo me levanté y salí a la llanura, y allí vi la gloria del Señor, como la había visto a orillas del río Quebar. Me incliné

---

[a] **3.1** *Cómete este escrito:* Para ser el portavoz de Dios, el profeta tiene que asimilar y hacer suyas las palabras que el Señor le comunica. Cf. Jer 1.9–10; 15.16.

hasta tocar el suelo con la frente, 24pero el poder de Dios entró en mí y me hizo poner de pie. Entonces el Señor me habló de esta manera: "Ve y enciérrate en tu casa. 25Mira, te van a atar con cuerdas, de manera que no podrás salir y estar con el pueblo. 26Además yo voy a hacer que tu lengua se te quede pegada al paladar y que te quedes mudo. No podrás reprenderlos, aunque son un pueblo rebelde. 27Pero cuando yo quiera decirte algo, te devolveré el habla, y entonces les dirás: 'Esto dice el Señor.' El que quiera oir, oirá, pero el que no quiera, no oirá. Porque son un pueblo rebelde. *b*

Ezequiel anuncia el ataque a Jerusalén *a*

4 1"Y tú, hombre, toma un adobe, ponlo delante de ti y dibuja sobre él la ciudad de Jerusalén. 2Luego rodéala de ejércitos y de instrumentos de asalto, construye un muro a su alrededor, y también una rampa, para que se vea como una ciudad sitiada. 3Toma en seguida una lámina de hierro y ponla entre ti y la ciudad, como si fuera una muralla, y colócate frente a la ciudad, como si la estuvieras atacando. Esto servirá de señal a los israelitas.

4"Y tú te acostarás sobre el lado izquierdo, y echarás sobre ti la culpa del pueblo de Israel. Tendrás que estar acostado sobre ese lado, llevando sobre ti su culpa 5trescientos noventa días, o sea, un día por cada año de culpa de Israel. 6Cuando hayas cumplido ese tiempo, te acostarás sobre el lado derecho y echarás sobre ti la culpa del reino de Judá durante cuarenta días. Un día por cada año de culpa. 7Luego te volverás hacia Jerusalén, rodeada de enemigos; te desnudarás el brazo y hablarás en mi nombre contra ella. 8Mira, te voy a atar con cuerdas, para que no te puedas volver de un lado a otro hasta que completes los días en que debes estar sufriendo.

9"Toma en seguida un poco de trigo, cebada, mijo y avena, y también habas y lentejas; mézclalo todo en una sola vasija y haz con ello tu pan. Eso es lo que comerás durante los trescientos

noventa días que estarás acostado sobre el lado izquierdo. 10Tomarás tu comida a horas fijas, en raciones de un cuarto de kilo por día; 11el agua la tomarás también a horas fijas, en raciones de medio litro por día. 12Tu comida será una torta de cebada, cocida en fuego de estiércol humano, y la prepararás donde la gente te vea."

13Luego añadió el Señor: "Comida impura como esa es la que tendrán que comer los israelitas en los países a donde los voy a desterrar."

14Yo le contesté: "Pero, Señor, yo nunca en mi vida he tocado nada impuro; nunca he comido carne de un animal muerto por sí solo, o despedazado por las fieras, ni he probado nunca carne impura."

15Entonces él me dijo: "Bueno, te permito que uses estiércol de vaca en vez de estiércol humano, para cocer tu pan."

16Después me dijo: "Voy a hacer que falten alimentos en Jerusalén. La comida estará racionada, y la gente se la comerá con angustia; el agua estará medida, y la beberán llenos de miedo. 17Les faltará agua y comida, y unos a otros se mirarán llenos de miedo. Y por sus pecados se irán pudriendo en vida."

5 1El Señor me dijo: "Ahora, hombre, toma un cuchillo afilado como navaja de afeitar, y rápate la cabeza y la barba. *a* Toma luego una balanza, y divide tu pelo en tres partes. 2Cuando termine el ataque a la ciudad, quema una de las tres partes del pelo en medio de la ciudad; toma después un cuchillo, y corta otra de esas tres partes de pelo alrededor de la ciudad, y la parte restante lánzala al viento. Yo iré detrás de la gente de la ciudad, con una espada en la mano. 3Toma unos cuantos de aquellos pelos, y átalos en el borde de tu vestido. *b* 4Toma luego unos pocos de ellos, y échalos al fuego para que se quemen. De allí saldrá fuego contra todo el pueblo de Israel.

5"Yo, el Señor, lo digo: Ahí está Jerusalén. Yo fui quien la puso en medio de los pueblos y naciones. 6Pero ella se rebeló contra mis leyes

---

b **3.22–27** Este relato alude probablemente a una grave enfermedad de Ezequiel, que lo redujo por un tiempo al silencio y a la inmovilidad. *a* **4.1—5.17** La predicación de Ezequiel comienza con una serie de acciones simbólicas bastante extrañas, que anuncian proféticamente el asedio y la destrucción de Jerusalén. En 5.7–17 el Señor explica el simbolismo de los gestos realizados por el profeta. *a* **5.1** Entre los antiguos hebreos, el hecho de raparse los cabellos y la barba era señal de duelo y de gran aflicción (cf. Jer 16.6). *b* **5.3** *Átalos en el borde de tu vestido:* Este gesto simbólico anticipa la idea del *resto,* tema que aparecerá repetidamente en los caps. siguientes. Cf. Ez 6.8–10; 12.16; 14.22–23; cf. 11.13.

y mandatos, y ha resultado peor que los pueblos y naciones a su alrededor, pues no obedece mis leyes ni sigue mis mandatos.

7 "Por eso yo, el Señor, lo digo: Ustedes han sido más rebeldes que los pueblos que los rodean, y no han seguido mis mandatos; ni siquiera han cumplido las leyes de los pueblos que los rodean. **8** Por eso yo, el Señor, lo digo: Yo también me voy a poner contra ti, Jerusalén; voy a ejecutar la sentencia contra ti a la vista de las naciones, **9** como nunca lo había hecho ni volveré a hacerlo. Tan detestables son todas tus acciones. **10** Dentro de ti habrá padres que se coman a sus hijos, e hijos que se coman a sus padres. Ejecutaré la sentencia contra ti, y a los que sobrevivan los dispersaré a los cuatro vientos. **11** Yo, el Señor, lo juro por mi vida: como ustedes han profanado mi santo templo con sus ídolos inmundos y sus acciones detestables, también yo los voy a destrozar sin misericordia; no tendré compasión de ustedes. **12** Una tercera parte de tus habitantes morirá de peste y de hambre dentro de ti, otra tercera parte caerá asesinada por los enemigos en los alrededores, y a la tercera parte restante la dispersaré a los cuatro vientos. Yo iré detrás de ellos con una espada en la mano. **13** Entonces descargaré mi furor; haré que mi ira contra ellos quede satisfecha, y me calmaré. Y cuando haya descargado mi ira contra ellos, sabrán que yo, el Señor, fui quien lo dijo en el ardor de mis celos. **14** Yo te convertiré en un montón de ruinas, Jerusalén; te humillaré en medio de los pueblos que te rodean, para que lo vean todos los que pasen. **15** Cuando yo ejecute con ira y furor la sentencia contra ti, y te castigue duramente, todos te insultarán y te ofenderán, y servirás de escarmiento terrible para los pueblos que te rodean. Yo, el Señor, lo he dicho. **16** Yo haré que venga el hambre sobre ustedes, como terribles flechas destructoras. Sí, haré que vengan sobre ustedes la destrucción y el hambre y la escasez de alimentos. **17** Sí, haré venir sobre ustedes hambre, enfermedad y muerte, y animales feroces que los dejarán sin hijos; y haré que muchos de ustedes mueran en la guerra. Yo, el Señor, lo he dicho."

Ezequiel denuncia la idolatría

6 **1** El Señor se dirigió a mí, y me dijo: **2** "Mira hacia los montes de Israel, y háblales en mi nombre[a] **3** de la siguiente manera: 'Escuchen, montes de Israel, lo que dice el Señor a los montes, las colinas, los ríos y los valles: Voy a hacer venir sobre ustedes la guerra, y a destruir sus lugares altos de culto pagano. **4** Haré pedazos los altares donde ustedes ofrecen sacrificios y queman incienso, y haré que sus hombres caigan muertos delante de los ídolos. **5** Arrojaré los cadáveres de los israelitas delante de sus ídolos, y esparciré sus huesos alrededor de sus altares.[b] **6** En todos los lugares donde ustedes vivan, las ciudades serán destruidas y sus altares de culto pagano quedarán en ruinas. Sus altares quedarán completamente destruidos, sus ídolos, hechos pedazos; sus altares para quemar incienso, derrumbados; todo lo que ustedes han hecho desaparecerá. **7** Y cuando vean caer muerta entre ustedes a tanta gente, reconocerán que yo soy el Señor. **8** Pero yo haré que algunos de ustedes se salven de la muerte y queden con vida, esparcidos entre las naciones. **9** Los sobrevivientes se acordarán de mí en esas naciones; se acordarán de cómo los hice sufrir por haberme sido infieles y por haberse apartado de mí para adorar ídolos. Ellos sentirán asco de sí mismos por todas las maldades que han hecho, por todas sus acciones detestables. **10** Entonces reconocerán que yo soy el Señor y que, cuando prometí enviarles estos males, no hice vanas amenazas.' "

11 El Señor me dijo: "Laméntate dando golpes con las manos y los pies; lanza gritos de dolor por las maldades detestables del pueblo de Israel, pues va a morir por causa de la guerra, el hambre y las enfermedades. **12** Los que estén lejos morirán por las enfermedades, los que estén cerca morirán en la guerra, y los que queden con vida morirán de hambre. Así acabaré de descargar mi ira contra ellos. **13** Y cuando vean los cadáveres de esa gente entre sus ídolos y alrededor de los altares, en todas las colinas elevadas, en las cumbres de los montes, debajo de todo árbol verde, debajo de toda encina frondosa, y en los lugares en que ofrecieron a

---

[a] **6.2** El profeta dirige su mensaje a *los montes de Israel,* donde los israelitas solían erigir altares y *lugares altos* para rendir culto a los falsos dioses (cf. vv. 3–4). [b] **6.5** El hecho de arrojar *cadáveres* y *huesos* alrededor de los *ídolos* y de los *altares* podría ser una forma de profanarlos (cf. 2 R 23.16). O bien, como sugieren otros intérpretes, podría tratarse de una acción destinada a mostrar la impotencia de esos falsos dioses para preservar de la muerte a sus adoradores.

sus ídolos perfumes agradables, entonces reconocerán que yo soy el Señor. **14**Levantaré mi mano para castigarlos y, desde el desierto del sur hasta Riblá en el norte, convertiré su país y todos sus lugares habitados en un desierto espantoso. Entonces reconocerán que yo soy el Señor."

El fin está cerca

7 **1**El Señor se dirigió a mí, y me dijo: **2**"Yo, el Señor, digo al país de Israel: Ya llega el fin, ya llega el fin de la tierra entera. **3**Ya llega tu fin, Israel. Voy a descargar mi ira contra ti; voy a pedirte cuentas de tu conducta y a castigarte por todas tus acciones detestables. **4**No te voy a tratar con misericordia; voy a castigarte por tu conducta y a hacerte pagar las consecuencias de tus acciones detestables. Y reconocerán ustedes que yo soy el Señor.

5-6"Yo, el Señor, digo: Mira, ya se acerca el fin, y va a venir desgracia tras desgracia; ya está cerca el fin para ti. **7**Llega la destrucción, habitantes del país. El momento ha llegado; se acerca el día*ᵃ* en que solo habrá confusión. Se acabará la alegría en las montañas. **8**Ahora mismo, en seguida, descargaré mi ira contra ti hasta quedar satisfecho, te pediré cuentas de tu conducta y te castigaré por todas tus acciones detestables. **9**No te voy a tratar con misericordia; voy a castigarte por tu conducta y a hacerte pagar las consecuencias de tus acciones detestables. Y reconocerán ustedes que yo, el Señor, soy quien los castiga.

10"¡Aquí está el día! ¡Ya llegó! ¡Vino la destrucción! La maldad triunfa por todas partes y es mucha la insolencia. **11**La violencia aparece y produce maldad. Pero ellos no lograrán nada con sus riquezas y su griterío. No hay en ellos nada de valor. **12**Llegó el momento, vino el día. Ni el vendedor tiene de qué alegrarse, ni el comprador por qué ponerse triste. Voy a castigar con ira el orgullo de Israel. **13**El que haya vendido algo no lo recuperará en toda su vida, ni podrá deshacer el negocio que hizo. Los malvados no podrán conservar su vida.

14"Suena la trompeta llamando a la batalla; todos se preparan, pero nadie sale a luchar. Voy a castigar con ira el orgullo de Israel. **15**Afuera hay guerra, y adentro enfermedades y hambre. Los que estén en los campos morirán en la guerra, y los que estén en la ciudad morirán de hambre y enfermedad. **16**Aunque algunos logren escapar a las montañas, como palomas asustadas, todos morirán por sus pecados. **17**Todos dejarán caer los brazos, y les temblarán de miedo las rodillas. **18**Se vestirán con ropas ásperas en señal de dolor; todo el cuerpo les temblará, e irán con la cara roja de vergüenza y la cabeza rapada. **19**Tirarán su plata a la calle; tirarán su oro como si fuera basura. Ni su oro ni su plata podrá salvarlos en el día de la ira del Señor. No podrán calmar el hambre ni llenar el estómago, porque el oro fue la causa de que cayeran en la maldad. **20**Por la belleza de sus joyas se llenaron de vanidad, y con ellas hicieron las detestables imágenes de sus ídolos. Por eso yo convertiré esas joyas suyas en basura. **21**Haré que vengan extranjeros y se las roben, que venga la gente más despreciable de la tierra y se las quite, y las trate como cosa impura. **22**Yo me apartaré de este país y dejaré que profanen mi templo, que era mi tesoro. Vendrán bandidos y lo profanarán.

23"Prepara una cadena, porque en el país se condena a muchos por asesinato y la ciudad está llena de violencia. **24**Yo voy a hacer que venga gente malvada y se apodere de las casas de la ciudad. Pondré fin al orgullo de los poderosos; haré que sus lugares sagrados sean profanados. **25**El terror se apoderará de ellos; buscarán la paz, y no la encontrarán. **26**Vendrá desgracia tras desgracia; malas noticias, una tras otra. En vano buscarán algún profeta que les haga una revelación; no habrá sacerdotes que los instruyan ni ancianos que les den consejos. **27**El rey se pondrá de luto, el gobernante caerá en la tristeza y el pueblo se pondrá a temblar. Los trataré según su conducta y los juzgaré según su manera de juzgar. Así reconocerán que yo soy el Señor."

Visión de las cosas detestables que se cometían en Jerusalén

8 **1**El día cinco del mes sexto del año sexto, estaba yo sentado en mi casa en compañía de los ancianos de Judá. De repente el Señor puso su mano sobre mí, **2**y vi algo que parecía un hombre. De lo que parecía ser su cintura para abajo, vi algo semejante al fuego, y de allí para arriba brillaba como metal bruñido.

ᵃ **7.7** *El día:* Se trata, evidentemente, de una referencia al *día del Señor.* Cf. Am 5.18.

3 El hombre extendió lo que parecía ser una mano y me agarró por el pelo. Entonces el poder de Dios me levantó por los aires y, en visiones producidas por Dios, me llevó a Jerusalén[a] y me colocó a la entrada de la puerta interior de la ciudad, que da hacia el norte, donde se encuentra el ídolo que provoca la ira del Señor. **4** Allí estaba la gloria del Dios de Israel, como yo la había visto en la visión que tuve en la llanura.[b] **5** Entonces me dijo: "Dirige tu vista hacia el norte."

Dirigí mi vista hacia el norte y, en la entrada, junto a la puerta del altar, vi el ídolo que provoca la ira del Señor.[c]

6 Luego me dijo: "¿Ves las cosas tan detestables que hacen los israelitas, con las cuales me alejan de mi santo templo? Pues todavía verás otras peores."

7 Luego me llevó a la entrada del atrio. En el muro se veía un boquete. **8** Entonces me dijo: "Agranda el boquete del muro."

Yo agrandé el boquete y encontré una entrada. **9** Entonces me dijo: "Entra y verás las cosas tan horribles que hacen allí." **10** Entré y, a todo lo largo del muro, vi pintadas toda clase de figuras de reptiles y de otros animales impuros, y toda clase de ídolos del pueblo de Israel. **11** Setenta ancianos[d] israelitas, entre los que se encontraba Jaazanías, hijo de Safán, rendían culto a esos ídolos. Cada uno tenía un incensario en la mano, del cual subía una espesa nube de incienso.

12 Y me dijo: "¿Ves lo que hacen en secreto los ancianos israelitas, cada uno en el nicho de su ídolo? Piensan que yo no los veo, que he abandonado el país." **13** Y añadió: "Todavía los verás hacer cosas peores."

14 Y me llevó a la puerta de entrada del templo del Señor, que da hacia el norte. Allí estaban sentadas unas mujeres, llorando por el dios Tamuz.[e] **15** Entonces me dijo: "¿Ves esto? Pues todavía verás cosas peores."

16 Entonces me llevó al atrio interior del templo del Señor y, a la entrada del santuario, entre el vestíbulo y el altar, unos veinticinco hombres estaban de espaldas al santuario; inclinados hacia el oriente, y con la frente en el suelo, adoraban al sol. **17** Entonces el Señor me dijo: "¿Lo ves? ¡No le ha bastado al pueblo de Judá con hacer aquí estas cosas tan detestables, que además ha llenado el país de actos de violencia! Una y otra vez provocan mi ira, y hacen que su pestilencia me llegue a la nariz. **18** Pero yo voy a actuar con ira. No tendré ninguna compasión de ellos. Aunque me llamen a gritos, no los escucharé."

Visión del castigo de Jerusalén

9 **1** Después oí una voz muy fuerte, que me gritó al oído: "¡Ya llegan los que van a castigar la ciudad, cada uno con su arma de destrucción en la mano!"

2 Vi entonces que seis hombres entraban por la puerta superior que da al norte, cada uno con un mazo en la mano. En medio de ellos venía un hombre vestido de lino, que llevaba a la cintura instrumentos de escribir.[a] Entraron y se detuvieron junto al altar de bronce. **3** Entonces la gloria del Dios de Israel se elevó de encima de los seres alados, donde había estado, y se dirigió a la entrada del templo. El Señor llamó al hombre vestido de lino que llevaba a la cintura instrumentos de escribir, **4** y le dijo: "Recorre la ciudad de Jerusalén, y pon una señal[b] en la frente de los que sientan tristeza y pesar por todas las cosas detestables que se hacen en ella."

5-6 Luego oí que les decía a los otros hombres: "Vayan tras él a recorrer la ciudad y, comenzando por mi templo, maten sin ninguna compasión

---

[a] **8.3** *El espíritu del Señor . . . me llevó a Jerusalén:* Esta expresión alude claramente a un estado de trance, es decir, a una experiencia de tipo extático. [b] **8.4** Ez 1.28. [c] **8.5** En el antiguo Oriente solían ponerse estatuas de divinidades protectoras a la entrada de los templos, de los palacios y de las ciudades. Este *ídolo* se parecía probablemente a una de esas estatuas. [d] **8.11** *Setenta* es una cifra que sugiere la idea de algo completo. Cf. Gn 46.27; Ex 24.1; Nm 11.16; Jue 1.7. [e] **8.14** *Tamuz* era un dios de la vegetación, venerado en la antigua Mesopotamia. Según la mitología asirio–babilónica, cuando el fuerte sol del verano secaba las plantas, ese dios bajaba al mundo subterráneo y se celebraba su "muerte" con ritos especiales, como el llanto de las *mujeres,* que aquí se menciona. [a] **9.2** Los *instrumentos de escribir* caracterizan la misión asignada a este *hombre.* A diferencia de los exterminadores, él debía trazar una señal salvadora en todos aquellos que no habían caído en la idolatría ni se habían contaminado con las cosas detestables que se cometían en Jerusalén (cf. v. 4). [b] **9.4** *Una señal:* lit. *una taw,* la última letra del alfabeto hebreo, que en la antigua escritura hebrea tenía forma de + o de x.

a ancianos, jóvenes, muchachas, niños y mujeres. Pero no toquen a nadie que tenga la señal." Ellos, entonces, comenzaron por los ancianos que estaban delante del templo.

7 Después les dijo: "Vayan al templo, y profánenlo; y llenen de cadáveres sus atrios."

Ellos salieron y comenzaron a matar gente en la ciudad. 8 Y mientras lo hacían, yo me quedé solo. Entonces me incliné hasta tocar el suelo con la frente, y lleno de dolor grité: "Señor, ¿vas a descargar tu ira sobre Jerusalén hasta destruir lo poco que queda de Israel?"

9 El Señor me respondió: "El pecado del pueblo de Israel y de Judá es muy grande. El país está lleno de crímenes; la ciudad está llena de injusticia. Piensan que yo he abandonado al país y que no veo lo que hacen. 10 Pues no voy a tener ninguna compasión de ellos, sino que les voy a pedir cuentas de su conducta."

11 Entonces el hombre vestido de lino que llevaba a la cintura instrumentos de escribir, volvió y dijo: "Ya he cumplido la orden que me diste."

La gloria del Señor abandona el templo

10 1 Luego vi que, encima de la bóveda que estaba sobre las cabezas de los seres alados,[a] apareció algo así como un trono que parecía de zafiro. 2 Y el Señor dijo al hombre vestido de lino: "Métete entre las ruedas del carro, debajo de los seres alados, y toma un puñado de brasas encendidas, de esas que están en medio de los seres alados, y espárcelas sobre la ciudad."

Y vi cómo el hombre se metió. 3 En ese momento los seres alados estaban al sur del templo, y una nube llenaba el atrio interior. 4 Entonces la gloria del Señor se elevó de encima de los seres alados y se dirigió a la entrada del templo; y la nube llenó el templo, y el atrio se iluminó con el resplandor de la gloria del Señor. 5 El ruido que hacían las alas de los seres alados se oía hasta en el atrio exterior. Era como si el Dios todopoderoso estuviera hablando. 6 Entonces el Señor ordenó al hombre vestido de lino que tomara fuego de entre las ruedas del carro, de en medio de los seres alados. El hombre fue y se puso junto a una de las ruedas. 7-8 Debajo de las alas de los seres alados se veía algo así como una mano de

hombre. Uno de ellos extendió la mano hacia el fuego que estaba en medio y, tomando un poco, se lo puso en las manos al hombre vestido de lino, el cual lo tomó y se fue. 9 Junto a los seres alados vi cuatro ruedas, una junto a cada uno de ellos. Las ruedas brillaban como si fueran de topacio. 10 Las cuatro ruedas eran iguales y parecían estar una dentro de la otra. 11 Cuando los seres alados avanzaban en una de las cuatro direcciones, no tenían que volverse, sino que avanzaban en la dirección en que iba el de adelante. 12 Su cuerpo, sus espaldas, sus manos y sus alas estaban llenos de reflejos por todos lados, lo mismo que las cuatro ruedas. 13 Yo mismo oí que a las ruedas también les daban el nombre de "carro".[b] 14 Cada ser alado tenía cuatro caras: la primera cara era la de un toro; la segunda, la de un hombre; la tercera, la de un león; y la cuarta, la de un águila.[c] 15 Estos seres son los mismos que yo había visto junto al río Quebar.

Los seres alados se levantaron, 16 y cuando ellos avanzaban, también avanzaban las ruedas; y cuando alzaban las alas para levantarse del suelo, las ruedas no se apartaban de su lado; 17 cuando se detenían, se detenían también las ruedas; y cuando se levantaban, se levantaban también las ruedas, porque las ruedas formaban parte viva de ellos.

18 Entonces la gloria del Señor se elevó de encima del templo y se colocó sobre los seres alados. 19 Estos alzaron las alas y se levantaron del suelo. Yo vi cómo se levantaron, con las ruedas a su lado, y cómo se detuvieron en la puerta oriental del templo del Señor. La gloria del Dios de Israel estaba encima de ellos. 20 Eran los mismos seres alados que yo había visto debajo del Dios de Israel, junto al río Quebar. Entonces me di cuenta de lo que eran. 21 Cada uno de ellos tenía cuatro caras y cuatro alas, y debajo de las alas se veía algo que parecía manos de hombre. 22 Las caras tenían la misma apariencia que las de los seres alados que yo había visto junto al río Quebar. Cada uno avanzaba de frente.

Castigo de Jerusalén

11 1 El poder de Dios me levantó y me llevó hasta la entrada oriental del templo del Señor. En la puerta había

---

a 10.1 *Seres alados:* lit. *querubines.* Véase 1 R 6.23 n.   b 10.9–13 Ez 1.15–21.   c 10.14 Cf. Ez 1.10; Ap 4.7.

veinticinco hombres. Entre ellos distinguí a Jaazanías, hijo de Azur, y a Pelatías, hijo de Benaías, que eran jefes del pueblo. 2 El Señor me dijo: "Estos son los que están tramando crímenes y haciendo planes malvados en esta ciudad. 3 Dicen: 'No hace mucho que reconstruimos las casas. Aquí estaremos a salvo, como la carne en la olla.'*a* 4 Por eso, háblales en mi nombre."

5 El espíritu del Señor se posesionó de mí, y me ordenó que dijera: "Esto dice el Señor: 'Eso es lo que ustedes piensan, israelitas. Yo conozco sus pensamientos. 6 Ustedes han cometido muchos asesinatos en esta ciudad, y han llenado de cadáveres las calles. 7 Por eso yo, el Señor, les aseguro: Jerusalén será como una olla, pero la carne no serán ustedes, sino los cadáveres de los que ustedes mataron, pues a ustedes los voy a sacar de la olla. 8 ¿Tienen miedo a la guerra? Pues haré venir guerra sobre ustedes. Yo, el Señor, doy mi palabra. 9 Ejecutaré la sentencia contra ustedes: los sacaré de aquí y los entregaré a gente extranjera. 10 Morirán a filo de espada. Yo los juzgaré a ustedes en los límites de Israel, y entonces reconocerán que yo soy el Señor. 11 La ciudad no les servirá a ustedes de olla, ni ustedes serán la carne. Yo los juzgaré a ustedes en los límites de Israel, 12 y entonces reconocerán que yo soy el Señor. Ustedes no han vivido de acuerdo con mis órdenes ni han practicado mis leyes, sino que han seguido las prácticas de las naciones que los rodean.' "

13 Mientras yo les hablaba en nombre del Señor, cayó muerto Pelatías, hijo de Benaías. Yo me incliné hasta tocar el suelo con la frente, lancé un fuerte grito y dije: "¡Ay, Señor! ¿Vas a terminar con lo poco que queda de Israel?"

Dios anuncia una nueva alianza

14 El Señor se dirigió a mí, y me dijo: 15 "La gente que vive en Jerusalén habla de los israelitas, tus compatriotas, y dice: '¡Ellos están lejos del Señor! A nosotros, en cambio, nos dio el país para que seamos dueños de él.' 16 Por eso diles: 'Esto dice el Señor: Yo los desterré y los dispersé entre las naciones, entre países extraños, pero solo por un corto tiempo. Ahora yo mismo seré un santuario para ellos en los países adonde han ido.' 17 Diles también: 'Esto dice el Señor: Yo los haré volver de esos países y naciones adonde los he dispersado, y los reuniré

y les daré el país de Israel. 18 Ellos volverán a su país y acabarán con todas las prácticas odiosas y detestables que hay en él. 19 Yo les quitaré ese corazón duro como la piedra, y les daré un nuevo corazón y un nuevo espíritu. 20 Entonces vivirán de acuerdo con mis leyes y decretos, y los pondrán en práctica. Ellos serán mi pueblo y yo seré su Dios.*b* 21 Pero a los que viven apegados a esas prácticas odiosas y detestables, les pediré cuentas de su conducta. Yo, el Señor, doy mi palabra.' "

La gloria del Señor se aleja de Jerusalén

22 Los seres alados levantaron el vuelo, y las ruedas los siguieron. Entonces la gloria del Dios de Israel, que estaba encima de ellos, 23 se levantó y se alejó de la ciudad, yendo a colocarse sobre el monte que está al oriente de la ciudad.*c* 24 Luego el poder de Dios me levantó y me hizo volver a Babilonia, donde estaban los otros desterrados. Esto sucedió en una visión que el espíritu de Dios me hizo ver. Después la visión desapareció, 25 y yo les conté a los desterrados todo lo que el Señor me había revelado.

Ezequiel anuncia el destierro

12 1 El Señor se dirigió a mí, y me dijo: 2 "Tú, hombre, vives en medio de un pueblo rebelde. Tienen ojos para ver, pero no ven; y oídos para oír, pero no oyen, porque son un pueblo rebelde. 3 Por eso, prepara lo necesario para salir al destierro y, a pleno día y a la vista de todos, sal de tu casa y vete a otro lugar; tal vez se den cuenta de que son un pueblo rebelde. 4 A pleno día y a la vista de todos, saca tus cosas como para ir al destierro; y por la tarde, también a la vista de todos, sal como si fueras al destierro. 5 Después, haz un boquete en el muro, a la vista de todos, y sal por él con tus cosas. 6 Y cuando oscurezca, échate al hombro tus cosas y sal con ellas a la vista de todos. Tápate la cara, de modo que no puedas ver el país. Quiero que seas una señal de alarma para el pueblo de Israel."

7 Yo preparé mis cosas tal como el Señor me lo había ordenado, y a pleno día salí con ellas, como quien va al destierro. Por la tarde hice con mis manos un boquete en el muro y, cuando oscureció, a la vista de todos me eché las cosas al hombro y salí con ellas.

---

a **11.3** Ez 24.1–14. *b* **11.19–20** Ez 36.26–28. *c* **11.22–23** Ez 10.1–22; 43.2–5.

8A la mañana siguiente, el Señor se dirigió a mí, y me dijo: **9**"Seguramente los israelitas, ese pueblo rebelde, te habrán preguntado qué estabas haciendo. **10**Pues diles de mi parte que esto es un anuncio para el rey de Jerusalén y para todos los israelitas que allí viven. **11**Diles que tú eres una señal de alarma para ellos, y que tendrán que hacer lo mismo que tú hiciste, porque serán llevados al destierro. **12**El jefe que tienen habrá de echarse sus cosas al hombro, y cuando oscurezca saldrá con ellas por un boquete que harán en el muro. Irá con la cara tapada, para que nadie pueda verlo a él ni él pueda ver el país. **13**Yo le echaré encima mi red y lo atraparé con ella. Lo llevaré a Babilonia, tierra de los caldeos, tierra que no podrá ver,*ª* y allí morirá. **14**Y dispersaré a los cuatro vientos la guardia que lo rodea para defenderlo, lo mismo que sus otras tropas, y los perseguiré con la espada en la mano. **15**Y cuando ya los haya dispersado por otros países y naciones, reconocerán que yo soy el Señor. **16**Pero haré que unos cuantos escapen de la guerra, el hambre y las enfermedades, para que en las naciones adonde vayan cuenten todas las cosas detestables que cometieron y reconozcan que yo soy el Señor."

Nuevo anuncio de castigo

17El Señor se dirigió a mí una vez más, y me dijo: **18**"Tú, hombre, tiembla de miedo al comer, y muéstrate angustiado al beber. **19**Y diles a los habitantes del país y de Jerusalén, y a todos los israelitas: 'Esto dice el Señor: Comerán su comida llenos de angustia, y tomarán sus bebidas llenos de miedo; el país quedará destruido y vacío, por causa de la violencia de sus habitantes. **20**Toda ciudad habitada será destruida; el país quedará convertido en desierto. Entonces reconocerán ustedes que yo soy el Señor.' "

21El Señor se dirigió a mí, y me dijo: **22**"¿Qué quieren decir los israelitas con eso de 'Pasan los días, y las visiones del profeta no se cumplen'? **23**Pues diles: 'Esto dice el Señor: Yo voy a hacer que no se repitan más esas palabras en Israel.' Y diles también que ya está cerca el día en que se cumplirá todo lo anunciado en las visiones. **24**No volverá a haber entre los israelitas visiones falsas ni profecías que sean mentira,

25porque yo, el Señor, voy a hablar, y lo que diga se cumplirá sin tardanza. Ustedes mismos lo verán, pueblo rebelde; yo hablaré y haré que se cumpla lo que diga. Yo, el Señor, doy mi palabra."

26El Señor se dirigió a mí, y me dijo: **27**"Los israelitas andan diciendo que tus visiones proféticas son de cumplimiento a largo plazo. **28**Por lo tanto, diles: 'Esto dice el Señor: Mis palabras no tardarán en cumplirse; lo que he dicho se cumplirá. Yo, el Señor, doy mi palabra.' "

El Señor condena a los falsos profetas

13 **1**El Señor se dirigió a mí, y me dijo: **2**"Habla en mi nombre contra los profetas de Israel, esos profetas que hablan por su propia cuenta, y diles: 'Oigan la palabra del Señor: **3**¡Ay de los profetas estúpidos que siguen su propia inspiración y no tienen verdaderas visiones! **4**Tus profetas, Israel, son como zorras que viven entre ruinas. **5**No han hecho nada para defender a Israel, para que pueda resistir en la batalla cuando venga el día del Señor. **6**Sus visiones son falsas y sus profecías son mentira. Dicen que hablan de mi parte, pero yo no los he enviado. ¡Y esperan que sus palabras se cumplan! **7**¡Las visiones que ustedes tienen son falsas! ¡Sus profecías son mentira! Dicen que hablan de mi parte, pero yo no he dicho nada. **8**Por eso yo, el Señor, digo: Como ustedes dicen cosas falsas y sus visiones son mentira, yo estoy contra ustedes. Yo, el Señor, lo afirmo. **9**Voy a levantar la mano para castigar a los profetas que tienen visiones falsas y cuyas profecías son mentira. No podrán tomar parte en las reuniones de mi pueblo Israel; sus nombres no serán anotados en las listas de los israelitas, ni entrarán en la tierra de Israel. Entonces reconocerán ustedes que yo soy el Señor.'

10"Sí, ellos engañaron a mi pueblo diciéndole que todo iba bien, cuando en realidad no era así. Son como quien levanta una pared insegura y luego la recubre con cal. **11**Pues diles a esos que blanquean la pared, que la pared se vendrá abajo. Vendrá la lluvia a torrentes, y caerán granizos como piedras, y soplará un viento huracanado, **12**y la pared se vendrá abajo. Entonces les preguntarán: '¿Qué pasó con la cal que le pusieron?' **13**Por eso yo, el Señor, digo:

ª **12.13** Cf. 2 R 25.7; Jer 52.4–11; Ez 17.18–20.

En mi ira voy a hacer que sople un viento huracanado; en mi furor voy a hacer que llueva a torrentes y que caigan granizos como piedras, para destruirlo todo con furia. **14** Y derribaré esa pared que ustedes blanquearon; la echaré por tierra, y sus cimientos quedarán al descubierto. Sí, la pared se vendrá abajo, y ustedes morirán entre sus escombros. Entonces reconocerán que yo soy el Señor. **15** Descargaré toda mi ira contra esa pared y contra los que la blanquearon, y la gente dirá: 'No quedó nada de la pared ni de los que la blanquearon, **16** esos profetas de Israel que tenían visiones falsas y anunciaban a Jerusalén que todo iba bien, cuando en realidad no era así.' Yo, el Señor, lo afirmo.

El Señor condena a las profetisas

17 "Ahora, hombre, dirígete a las mujeres de tu pueblo que se ponen a hablar en mi nombre por su propia cuenta, **18** y diles: 'Esto dice el Señor: ¡Ay de ustedes, que andan a caza de la gente; que cosen vendas mágicas para que todo el mundo se las ponga como pulseras, y hacen velos para que todos se los pongan en la cabeza! ¿Creen que pueden disponer de la vida y de la muerte de mi pueblo, según les convenga? **19** Ustedes, por unos puñados de cebada y unos bocados de pan, me deshonran delante de mi pueblo; dan muerte a gente que no debía morir, y dejan con vida a gente que no debía vivir. Así engañan a mi pueblo, que hace caso a las mentiras. **20** Por eso yo, el Señor, digo: Yo me declaro enemigo de esas vendas mágicas que ustedes hacen, con las que atrapan a la gente como a pájaros. Yo libraré del poder de ustedes a esas personas, y las dejaré volar libremente; **21** libraré a mi pueblo del poder de ustedes y de los velos que le han puesto, y no lo volverán a atrapar. Entonces reconocerán ustedes que yo soy el Señor. **22** Ustedes, con sus mentiras, han acobardado a los buenos, cosa que yo no quería hacer, y en cambio han animado a los malvados a seguir en su mala conducta, para que yo no les dé vida. **23** Por eso no volverán ustedes a tener sus falsas visiones ni a proclamar sus profecías de mentira. Yo salvaré a mi pueblo del poder de ustedes, y reconocerán ustedes que yo soy el Señor.' "

Contra el culto a los ídolos

14 **1** Varios ancianos de Israel vinieron a verme para consultar al Señor. **2** Entonces el Señor se dirigió a mí, y me dijo: **3** "Estos hombres se han entregado por completo al culto de sus ídolos y han puesto sus ojos en lo que les hace pecar. ¿Y acaso voy a permitir que me consulten? **4** Habla con ellos y diles: 'Esto dice el Señor: Todo israelita que se entregue al culto de los ídolos y ponga sus ojos en lo que les hace pecar, y que venga luego a consultar al profeta, tendrá de mi parte la respuesta que se merece por tener tantos ídolos.'

5 "Yo le tocaré el corazón a todos los israelitas que se apartaron de mí por causa de sus ídolos. **6** Por eso, diles a los israelitas: 'Esto dice el Señor: Vuélvanse a mí, apártense de sus ídolos y dejen todas esas cosas detestables.' **7** Si un israelita o un extranjero que viva en Israel se aparta de mí y se entrega por completo al culto de sus ídolos, y pone sus ojos en lo que le hace pecar, y luego recurre a un profeta para consultarme, yo mismo le daré la respuesta: **8** Me enfrentaré con ese hombre y le daré un castigo ejemplar, algo de lo que todos hablen, y lo eliminaré de entre mi pueblo. Entonces reconocerán ustedes que yo soy el Señor.

9 "Y si un profeta da un mensaje falso, es porque yo, el Señor, engañé a ese profeta; y yo levantaré mi mano para castigarlo y lo eliminaré de mi pueblo Israel. **10** Tanto el hombre que hace la consulta como el profeta serán castigados por su pecado, **11** para que el pueblo de Israel no vuelva jamás a apartarse de mí ni a mancharse con esos crímenes. Ellos serán mi pueblo, y yo seré su Dios. Yo, el Señor, lo afirmo."

Jerusalén merece ser castigada

12 El Señor se dirigió a mí, y me dijo: **13** "Si un país peca contra mí y me es infiel, yo levantaré la mano para castigarlo y le quitaré sus provisiones de alimento; enviaré hambre sobre él, y haré que mueran hombres y animales. **14** Y si en ese país vivieran Noé, Danel[a] y Job, solo ellos tres se salvarían por ser justos. Yo, el Señor, lo afirmo.

15 "Y si envío animales feroces a un país, para que maten a sus habitantes y lo conviertan en un desierto donde nadie se atreva a pasar por miedo

---

[a] **14.14** *Danel,* héroe de la antigüedad, famoso por su justicia y sabiduría; también se menciona en un documento extrabíblico anterior al año 1200 a.C. (cf. Ez 28.3).

a las fieras, 16 si vivieran allí esos tres hombres, no podrían salvar ni a sus hijos ni a sus hijas; solo ellos se salvarían, y el país quedaría convertido en un desierto. Yo, el Señor, lo juro por mi vida.

17 "Y si hago venir la guerra sobre todo ese país y ordeno la muerte de hombres y animales, 18 si vivieran allí esos tres hombres, no podrían salvar ni a sus hijos ni a sus hijas; solo ellos se salvarían. Yo, el Señor, lo juro por mi vida.

19 "Y si envío enfermedades a ese país, y en mi ira siembro allí la muerte y hago que mueran hombres y animales, 20 si vivieran allí Noé, Daniel y Job, no podrían salvar ni a sus hijos ni a sus hijas; solo ellos se salvarían por ser justos. Yo, el Señor, lo juro por mi vida.

21 "Yo, el Señor, digo: Peor todavía será cuando yo mande contra Jerusalén mis cuatro castigos terribles: la guerra, el hambre, los animales salvajes y las enfermedades, y mate a hombres y animales. 22 Solo unos cuantos quedarán con vida y podrán salir de allí con sus hijos e hijas. Cuando ellos vayan a ustedes, ustedes verán cómo se han portado y las cosas que han hecho, y se consolarán del castigo que hice venir sobre Jerusalén. 23 Se consolarán al ver cómo se han portado ellos y las cosas que han hecho. Entonces reconocerán ustedes que no me faltaba motivo para hacer todo lo que hice con Jerusalén. Yo, el Señor, lo afirmo."

Israel comparado a una vid inútil

15 1 El Señor se dirigió a mí, y me dijo: 2 "¿En qué es mejor el tronco
de la vid
que la madera de los árboles?
3 Su tronco no sirve para nada,
¡ni siquiera para hacer una percha!
4 No sirve más que para leña.
Y cuando el fuego ha quemado las puntas
y el centro está hecho carbón,
¿para qué puede servir?
5 Si cuando estaba entero
no servía para nada,
¡menos ahora que está quemado
podrá servir para algo!

6 "Por eso yo, el Señor, digo:
Así como al tronco de la vid

se le echa en el fuego para que arda,
así también echaré en el fuego
a los habitantes de Jerusalén.
7 Yo me declararé enemigo de ellos.
Escaparán de un fuego,
pero otro fuego los devorará.
Y cuando yo me declare su enemigo,
ustedes reconocerán que yo soy el Señor.
8 Convertiré su país en un desierto,
por haberme sido infieles.
Yo, el Señor, lo afirmo."

Infidelidad de Jerusalén

16 1 El Señor se dirigió a mí, y me dijo: 2 "Tú, hombre, hazle ver a Jerusalén las cosas tan detestables que ha hecho. 3 Dile: 'Esto dice el Señor: Por lo que toca a tu origen, tú, Jerusalén, eres cananea de nacimiento; tu padre fue amorreo y tu madre hitita. [a] 4 El día en que naciste no te cortaron el ombligo, ni te bañaron, ni te frotaron con sal, ni te fajaron. 5 Nadie tuvo compasión de ti ni se preocupó de hacerte esas cosas. El día en que naciste, te dejaron tirada en el campo porque sentían asco de ti. 6 Yo pasé junto a ti, y al verte pataleando en tu sangre, decidí que debías vivir. 7 Te hice crecer como una planta del campo. Te desarrollaste, llegaste a ser grande y te hiciste mujer. Tus pechos se hicieron firmes, y el vello te brotó. Pero estabas completamente desnuda.

8 'Volví a pasar junto a ti, y te miré; estabas ya en la edad del amor. Extendí mi manto sobre ti, y cubrí tu cuerpo desnudo, y me comprometí contigo; hice una alianza contigo, y fuiste mía. Yo, el Señor, lo afirmo. 9 Y te bañé, te limpié la sangre y te perfumé. 10 te puse un vestido de bellos colores y sandalias de cuero fino; te di un cinturón de lino y un vestido de finos tejidos; 11 te adorné con joyas, te puse brazaletes en los brazos y un collar en el cuello; 12 te puse un anillo en la nariz, aretes en las orejas y una hermosa corona en la cabeza. 13 Quedaste cubierta de oro y plata; tus vestidos eran de lino, de finos tejidos y de telas de bellos colores. Te alimentabas con el mejor pan, y con miel y aceite de oliva. Llegaste a ser muy hermosa: te convertiste en una reina. 14 Te hiciste famosa entre las naciones por tu belleza, que era perfecta por

---

[a] **16.3** Este v. evoca los orígenes paganos de la ciudad de Jerusalén, que antes de ser conquistada por David había sido una ciudad cananea, habitada por los jebuseos (cf. 2 S 5.6–9). En este origen pagano el profeta percibe un anticipo de las futuras infidelidades de Jerusalén.

el encanto con que te adorné. Yo, el Señor, lo afirmo.

15 'Pero confiaste en tu belleza y te aprovechaste de tu fama para convertirte en una prostituta, entregando tu cuerpo a todo el que pasaba. 16 Con tus vestidos hiciste tiendas de culto pagano en las colinas, y te prostituiste en ellas. 17 Tomaste las joyas de oro y de plata que yo te había regalado, e hiciste figuras de hombres para prostituirte con ellos; 18 les pusiste tus vestidos de bellos colores y les ofreciste mi aceite y mi incienso. 19 El pan que yo te había dado, que era de la mejor harina, y el aceite y la miel con que yo te había alimentado, se los ofreciste a ellos como ofrenda de olor agradable. Yo, el Señor, lo afirmo.

20 'Tomaste también a los hijos e hijas que tuve contigo, y los sacrificaste a esos ídolos como alimento para ellos. ¿Te parecía poco haberte convertido en prostituta, 21 que además sacrificaste a mis hijos entregándolos a morir quemados en honor de esos ídolos? 22 Con tu detestable vida de prostituta ya no te acuerdas de cuando eras niña y estabas completamente desnuda, pataleando en tu propia sangre.

23 'Esto afirmo yo, el Señor: ¡Ay de ti! Además de todos los males que hiciste, 24 te construiste en todo sitio despejado un lugar donde dar culto a los ídolos y entregarte a la prostitución. 25 Al término de todo camino construiste tales lugares, y convertiste tu belleza en algo detestable ofreciendo tu cuerpo a todo el que pasaba, en continuos actos de prostitución. 26 Practicaste la prostitución con tus vecinos, esos egipcios de gran potencia sexual, y provocaste mi ira con tus continuos actos de prostitución.

27 'Entonces levanté la mano para castigarte: te hice pasar privaciones y te entregué a las ciudades filisteas, que te odian y que estaban disgustadas por tu conducta vergonzosa. 28 Pero no contenta con eso, te entregaste a la prostitución con los asirios; y ni aun así quedaste satisfecha. 29 Y seguiste entregándote a la prostitución en Babilonia, tierra de comerciantes; y ni aun así quedaste satisfecha. 30 Yo, el Señor, afirmo: ¡Qué enfermo tenías el corazón para cometer todos esos actos propios de una prostituta desvergonzada! 31 Al término de todo camino y en todo sitio despejado, te construiste un altar donde dar culto a los ídolos y entregarte

a la prostitución. Pero tú no te portabas como las prostitutas: ¡tú no cobrabas!

32 'La mujer que es infiel a su marido, recibe a extraños. 33 A toda prostituta se le da una paga; pero tú eras más bien la que dabas regalos a todos tus amantes y les pagabas para que vinieran de todas partes a pecar contigo. 34 En tu prostitución has hecho lo contrario de lo que hacen otras mujeres: nadie te busca para pecar, ni ellos te pagan a ti, sino que tú les pagas a ellos. ¡Solo en eso eres diferente!

35 'Por eso, escucha, prostituta, mi palabra: 36 Yo, el Señor, te digo: Tú has descubierto desvergonzadamente tu cuerpo para entregarte a la prostitución con tus amantes y con todos tus detestables ídolos, y has derramado la sangre de tus hijos que ofreciste en sacrificio. 37 Por eso, yo voy a reunir a todos los amantes que has complacido, a todos los que amaste y a todos los que odiaste; los reuniré alrededor de ti, y delante de ellos descubriré tu cuerpo para que te vean completamente desnuda. 38 Te juzgaré por adulterio y asesinato, y con ira y celo te entregaré a la muerte. 39 Te dejaré en manos de ellos, para que destruyan tus lugares de prostitución y de culto a los ídolos. Te arrancarán tus vestidos y tus magníficos adornos, y te dejarán completamente desnuda. 40 Levantarán al pueblo contra ti, te apedrearán y te matarán con sus espadas. 41 Prenderán fuego a tus casas y ejecutarán la sentencia contra ti delante de muchas mujeres. Pondré fin a tu prostitución, y no volverás a pagar más a tus amantes. 42 Entonces mi ira contra ti quedará satisfecha y mis celos se calmarán; me tranquilizaré y ya no estaré enojado. 43 Tú te olvidaste de cuando eras joven, y me irritaste con todas tus acciones infames y detestables; por lo tanto, yo te castigaré por esa conducta tuya. Yo, el Señor, lo afirmo.

De tal madre, tal hija

44 'Todos los amigos de decir refranes, dirán refiriéndose a ti: De tal madre, tal hija. 45 Tú eres hija de una madre que odiaba a su marido y a sus hijos, y también tus hermanas odiaban a sus maridos y a sus hijos. La madre de todas ustedes era hitita, y su padre, amorreo. 46 Al norte estaba tu hermana mayor, la ciudad de Samaria,*b* con sus aldeas; al sur, tu hermana

---

b **16.46** La ciudad de *Samaria* había sido la capital de Israel, el reino del norte (cf. 1 R 16.24), hasta que fue destruida por los asirios (2 R 17.5–6).

omó otro de sus cachorros
  lo ayudó a desarrollarse.
Hecho ya todo un león,
ba y venía entre los leones.
Aprendió a desgarrar la presa,
y devoraba hombres.
Hacía destrozos en los palacios
y arruinaba las ciudades;
con sus rugidos
hacía temblar a todo el mundo.
Entonces levantaron contra él
a los pueblos de las provincias vecinas;
le tendieron sus redes
y lo hicieron caer en la trampa.
Con ganchos lo encerraron en una jaula
y se lo llevaron al rey de Babilonia;
allí lo metieron preso,
para que nadie volviera a oir sus rugidos
en las montañas de Israel.*c*

'Tu madre parecía una vid*d*
plantada junto al agua,
fecunda y frondosa
gracias a la abundancia de riego.
Sus ramas se hicieron tan fuertes
que llegaron a ser cetros de reyes,
y tanto creció
que llegó hasta las nubes.
Se destacaba por su altura
y por sus ramas frondosas.
2 Pero la arrancaron con furia
y la echaron al suelo.
El viento del oriente la secó
y se le cayeron las uvas;
se secaron sus fuertes ramas
y las echaron al fuego.
13 Ahora está plantada en el desierto,
en tierra seca y sedienta.
14 De sus ramas sale un fuego
que devora sus retoños y sus frutos.
Ya no le quedan ramas fuertes
que lleguen a ser cetros de reyes.' "

(Este es un canto fúnebre, y como canto fúnebre será usado.)

Fidelidad de Dios y rebeldía de Israel*a*

20 1 El día décimo del mes quinto del año séptimo, unos ancianos de Israel fueron a consultar al Señor, y se sentaron delante de mí. 2 El Señor se dirigió a mí, y me dijo: 3 "Tú, hombre, habla a los ancianos de Israel y diles: 'Esto dice el Señor: ¿Vienen ustedes a consultarme? Pues yo, el Señor, juro por mi vida que no me dejaré consultar por ustedes.' 4 Júzgalos más bien tú, hombre; júzgalos y hazles reconocer las cosas detestables que sus padres cometieron. 5 Diles: 'Esto dice el Señor: Cuando elegí a Israel, hice un juramento a sus descendientes y me manifesté a ellos en Egipto. Solemnemente les juré: Yo soy el Señor su Dios. 6 En ese día me comprometí a sacarlos de Egipto y a llevarlos al país que yo les había buscado, un país donde la leche y la miel corren como el agua, ¡el país más hermoso de todos! 7 Y a todos sin excepción les ordené que se deshicieran de sus detestables dioses y que no se mancharan con los ídolos de Egipto, porque yo, el Señor, soy su Dios.

8 'Pero ellos se rebelaron contra mí, y no quisieron escucharme; no se deshicieron de sus detestables dioses ni abandonaron los ídolos de Egipto. Yo pensé en descargar mi ira contra ellos, y en castigarlos en Egipto hasta que mi furor quedara satisfecho. 9 Pero actué por honor a mi nombre, para no quedar mal a los ojos de las naciones en medio de las cuales vivían, pues delante de esas naciones me había manifestado a ellos y les había prometido sacarlos de Egipto. 10 Yo los saqué de Egipto y los llevé al desierto; 11 allí les di a conocer mis leyes y mandamientos, que dan vida a quien los practica. 12 También les di a conocer mis sábados, que debían ser una señal entre ellos y yo, y un recuerdo de que yo, el Señor, los había consagrado para mí. 13 Pero se rebelaron contra mí en el desierto, y no obedecieron mis leyes; rechazaron los mandamientos que les había dado para que, cumpliéndolos, tuvieran vida, y profanaron completamente mis sábados. Pensé entonces en descargar mi ira contra ellos y en

---

c **19.5–9** Acerca del destierro del rey Joaquín a *Babilonia,* cf. 2 R 24.10–15; cf. también Jer 22.24–30, donde Joaquín recibe el nombre de Jeconías. *d* **19.10** Ez 15; 17.7–9. Cf. Is 5.1–4; Jer 2.21. *a* **20.1–44** Este cap. presenta otra de las grandes visiones históricas que son uno de los aportes originales de Ezequiel. La historia de Israel es para este profeta una historia de constantes infidelidades (cf. Ez 16; 23). Estos pecados han provocado un terrible castigo (vv. 30–38); pero, al fin, Israel se convertirá y el Señor lo reunirá y lo hará volver del exilio a la Tierra prometida (vv. 39–44). Cf. Sal 106.

---

menor, la ciudad de Sodoma, también con sus aldeas. 47 Y tú seguiste su ejemplo y cometiste sus mismas acciones detestables. Y no satisfecha con esto, tu conducta fue peor que la de ellas. 48 Yo, el Señor, lo juro por mi vida: ni tu hermana Sodoma ni sus aldeas hicieron lo que tú y tus aldeas han hecho. 49 Este fue el pecado de tu hermana Sodoma: ella y sus aldeas se sentían orgullosas de tener abundancia de alimentos y de gozar de comodidad, pero nunca ayudaron al pobre y al necesitado. 50 Se volvieron orgullosas y cometieron cosas que yo detesto; por eso las destruí, como has visto. 51 En cuanto a Samaria, no cometió ni la mitad de tus pecados. Tú has hecho más cosas detestables que ellas; tantas que, a tu lado, ellas parecen inocentes. 52 Tú tendrás que soportar tu humillación, pues al cometer pecados más detestables que tus hermanas, las hiciste parecer inocentes. Tú tendrás que sufrir esa vergüenza y soportar tu humillación, pues hiciste parecer inocentes a tus hermanas.

53 'Yo devolveré la prosperidad a Sodoma y Samaria, y a sus aldeas; y también a ti volveré a darte prosperidad, 54 pero tendrás que soportar tu humillación y avergonzarte de lo que hiciste, con lo cual tú serás para ellas motivo de consuelo. 55 Y cuando Sodoma y Samaria y sus aldeas vuelvan a ser lo que antes fueron, también tú y tus aldeas volverán a serlo. 56 Tú te burlabas del castigo de tu hermana Sodoma, cuando te sentías tan orgullosa 57 y todavía no se había puesto al descubierto tu maldad; pero ahora las ciudades edomitas y filisteas, todas tus vecinas, te insultan; ¡todo el mundo te desprecia! 58 Ahora tienes que soportar el castigo de tus acciones malas y detestables. Yo, el Señor, lo afirmo.

59 'Yo, el Señor, digo: Te voy a dar tu merecido, pues faltaste a tu juramento y no cumpliste la alianza. 60 Pero yo sí me acordaré de la alianza que hice contigo cuando eras joven, y haré contigo una alianza eterna. 61 Cuando yo te dé como hijas a tu hermana mayor y a tu hermana menor, a pesar de que la alianza no me obliga a ello, tú te acordarás de tu conducta pasada y sentirás vergüenza. 62 Yo renovaré mi alianza contigo, y reconocerás que yo soy el Señor. 63 Tú te acordarás,

y sentirás tanta vergüenza y humillación que no volverás a abrir la boca cuando yo te perdone todo lo que has hecho. Yo, el Señor, lo afirmo.' "

La vid y el águila*a*

17 1 El Señor se dirigió a mí, y me dijo: 2 "Tú, hombre, propón al pueblo de Israel una comparación. 3 Diles:

'Esto dice el Señor:
Un águila enorme llegó al Líbano;
sus alas eran grandes y de mucho alcance,
cubiertas de plumas de muchos colores.
Agarró la punta de un cedro,
4 cortó la rama más alta
y fue a plantarla
en un país de comerciantes,
en una ciudad de mucho comercio.
5 Luego tomó de la tierra una semilla
y la sembró en un terreno cultivado,
a la orilla de un arroyo,
con agua abundante.
6 La semilla nació
y se convirtió en una vid frondosa;
y aunque era poca su altura,
dirigió sus ramas hacia el águila,
mientras hundía sus raíces en la tierra.
Se convirtió en una vid;
produjo retoños y echó ramas.
7 Pero había otra águila enorme,
de grandes alas y abundante plumaje.
Entonces la vid dirigió sus raíces
y tendió sus ramas hacia esta águila,
para que le diera más agua,
lejos del lugar donde estaba plantada.
8 Sin embargo,
estaba plantada en buena tierra,
junto a agua abundante,
donde podía echar ramas y dar fruto
y convertirse en una vid hermosa.'

9 "Diles, pues, de mi parte:
'Esto dice el Señor:
Esta vid no prosperará.
El águila primera le arrancará las raíces,
y le hará caer los frutos;

---

a **17.1–10** El profeta emplea la imagen del *cedro* (v. 3) y de la *vid* (v. 6) para referirse alegóricamente a un episodio de importancia decisiva en la historia de Israel. Nabucodonosor, el *águila enorme* (v. 3), deportó a Babilonia al rey Joaquín y puso en su lugar al rey Sedequías (cf. 2 R 24.12–17), imponiéndole un juramento de fidelidad. Pero este, violando el juramento, buscó la amistad del faraón, la *otra águila enorme* (v. 7). En represalia contra esta traición, Nabucodonosor lanzó su último ataque contra Jerusalén (2 R 25.1–20).

con poco esfuerzo y sin mucha gente
    la arrancará de raíz,
    y se secarán todos sus nuevos retoños.
10 Aunque la trasplanten, no retoñará;
    se secará al soplar sobre ella
       el viento del este;
    se secará en el lugar donde debía retoñar.' "

11 El Señor se dirigió a mí, y me dijo: 12 "Pregunta a este pueblo rebelde si saben lo que significa esta comparación. Diles: 'El rey de Babilonia vino a Jerusalén e hizo prisioneros al rey de Judá y a sus funcionarios, y se los llevó con él a Babilonia. 13 Luego tomó a un príncipe de la familia real e hizo un pacto con él, obligándolo a jurarle fidelidad, y se llevó a la gente importante del país 14 para que Judá fuera un reino débil, incapaz de levantarse, aunque dispuesto a cumplir ese pacto y a mantenerlo en vigor. 15 Pero este príncipe se rebeló contra el rey de Babilonia[b] y envió embajadores a Egipto para pedir caballos y hombres en gran cantidad. ¿Creen ustedes que después de eso podrá tener éxito y escapar con vida? ¿Puede escapar con vida quien no cumple un pacto? 16 Yo, el Señor, juro por mi vida que morirá en Babilonia el que se burló del juramento y no cumplió el pacto que hizo con el rey que lo puso en el trono. 17 Cuando el rey de Babilonia lo ataque, y construya rampas y muros alrededor de la ciudad, y mate a mucha gente, el faraón no enviará en su ayuda un poderoso ejército ni gran cantidad de gente, 18 pues él se burló del juramento y no cumplió el pacto; se había comprometido y, sin embargo, ha hecho todo esto. Por eso no podrá escapar con vida.

19 'Yo, el Señor, lo juro por mi vida: él se burló del juramento que me hizo, y no cumplió la alianza que había hecho conmigo; por eso yo le voy a pedir cuentas. 20 Voy a echar sobre él mis redes, y lo atraparé en ellas; lo llevaré a Babilonia, y allá lo someteré a juicio por haberme sido infiel.[c] 21 Sus mejores soldados morirán en batalla, y los que queden con vida serán esparcidos a los cuatro vientos. Entonces reconocerán ustedes que yo, el Señor, he hablado.

22 'Yo, el Señor, digo: También yo voy a tomar la punta más alta del cedro; arrancaré un retoño tierno de la rama más alta, y yo mismo lo plantaré en un monte muy elevado, 23 en el monte más alto de Israel. Echará ramas, dará fruto y se convertirá en un cedro magnífico. Animales de toda clase vivirán debajo de él, y aves de toda especie anidarán a la sombra de sus ramas. 24 Y todos los árboles del campo sabrán que yo soy el Señor. Yo derribo el árbol orgulloso y hago crecer el árbol pequeño. Yo seco el árbol verde y hago reverdecer el árbol seco. Yo, el Señor, lo digo y lo cumplo.' "

Responsabilidad personal

18 1 El Señor se dirigió a mí, y me dijo: 2 "¿Por qué en Israel no deja de repetirse aquel refrán[a] que dice: 'Los padres comen uvas agrias y a los hijos se les destemplan los dientes'? 3 Yo, el Señor, juro por mi vida que nunca volverán ustedes a repetir este refrán en Israel. 4 A mí me pertenece todo ser humano, lo mismo el padre que el hijo. Aquel que peque, morirá.

5 "El hombre recto es el que hace lo que es justo y recto: 6 no participa en los banquetes que se celebran en las colinas para honrar a los ídolos, ni pone su confianza en los falsos dioses de Israel; no le quita la mujer a su prójimo, ni se une con su propia mujer cuando ella está en su periodo de menstruación; 7 no oprime a nadie, sino que devuelve a su deudor lo que había recibido de él en prenda; no roba a nadie; comparte su pan con el hambriento y da ropa al desnudo; 8 no presta dinero con usura ni exige intereses; no causa daño a nadie; es justo cuando juzga un pleito entre dos personas; 9 actúa de acuerdo con mis leyes y cumple fielmente mis mandamientos. Ese hombre es verdaderamente recto, y por lo tanto vivirá. Yo, el Señor, lo afirmo.

10 "Pero si este hombre tiene un hijo violento y asesino, que hace cualquiera de esas cosas 11 que su padre no hacía, es decir, que participa en los banquetes que se celebran en las colinas para honrar a los ídolos, que le quita la mujer a su prójimo, 12 que oprime al pobre y al necesitado, que roba a los demás, que no devuelve a sus deudores lo que había recibido de ellos en prenda, que pone su confianza en los falsos

dioses y hace cosas que yo detesto, 13 que presta dinero con usura y exige intereses: ese hombre no podrá vivir. Después de haber hecho todas esas cosas que yo detesto, morirá sin remedio, y él mismo será responsable de su muerte.

14 "Puede ser que este hombre, a su vez, tenga un hijo que vea todos los pecados cometidos por su padre, pero que no siga su ejemplo; 15 es decir, que no participe en los banquetes que se celebran en las colinas para honrar a los ídolos, ni ponga su confianza en los falsos dioses de Israel; que no le quite la mujer a su prójimo 16 ni oprima a nadie; que no exija nada en prenda cuando le pidan prestado; que no robe a nadie, sino que comparta su pan con el hambriento y dé ropa al desnudo; 17 que no haga daño a nadie ni preste dinero con usura o intereses; y que cumpla mis leyes y actúe según mis mandatos: ese hombre no morirá por los pecados de su padre. Ciertamente vivirá.

18 "Su padre, que fue opresor, y cometió robos, e hizo lo malo en medio de su pueblo, morirá en castigo de sus propios pecados. 19 Ustedes preguntarán: '¿Por qué no paga el hijo también por los pecados del padre?' Pues porque el hijo hizo lo que es recto y justo, y cumplió y puso en práctica todas mis leyes: por eso ciertamente vivirá. 20 Solo aquel que peque morirá. Ni el hijo ha de pagar por los pecados del padre, ni el padre por los pecados del hijo. El justo recibirá el premio a su justicia; y el malvado, el castigo a su maldad.

El Señor actúa con justicia
(Ez 33.10–20)

21 "Y si el malvado se aparta de todos los pecados que cometía, y cumple todas mis leyes y hace lo que es recto y justo, ciertamente vivirá y no morirá. 22 Yo no volveré a acordarme de todo lo malo que hizo, y él vivirá por hacer lo que es recto. 23 Yo no quiero que el malvado muera, sino que cambie de conducta y viva. Yo, el Señor, lo afirmo.

24 "Pero si el justo deja de actuar rectamente, y hace todo lo malo y detestable que hace el malvado, ¿piensan ustedes que habrá de seguir viviendo? Yo no volveré...
lo bueno que haya hecho...
su infidelidad y de sus...
dirán que yo no estoy a...
pero escucha, pueblo de...
des que yo no estoy actua...
más bien lo contrario, que...
están actuando mal? 26 Si el...
lo bueno y hace lo malo, m...
sus malas acciones. 27 Por...
malvado se aparta de su mal...
es recto y justo, salvará su v...
ojos y se aparta de todas las m...
hecho, ciertamente vivirá y n...

29 "Pero el pueblo de Israel di...
con justicia. ¿Que yo no actúo...
será más bien el pueblo de Israe...
con justicia? 30 Yo los juzgo a cad...
israelitas, de acuerdo con sus...
Señor, lo afirmo. Abandonen de u...
sus maldades, para que no se hag...
su propia ruina. 31 Apártense de...
des que han cometido contra mí, y...
corazón y un espíritu nuevos.[b] ¿...
de morir, pueblo de Israel, 32 si yo...
nadie muera? Apártense del mal y...
Señor, lo afirmo.

Lamento por los reyes de Israe

19 1 "Y tú, hombre, dedic...
fúnebre a los reyes de...

2 'Tu madre era una leona
    que vivía entre leones.
    Hizo su guarida entre ellos,
    y allí crió a sus cachorros.
3 A uno especialmente lo hizo cr...
    hasta su pleno desarrollo.
    Aprendió a desgarrar la presa,
    y devoraba hombres.
4 Las naciones oyeron hablar de é...
    lo apresaron en una trampa,
    y con ganchos lo arrastraron
    hasta el país de Egipto.[b]
5 Al ver la leona que su esperanza
    quedaba frustrada por completo,

---

[b] 17.12–15 Cf. 2 R 24.15–20; 2 Cr 36.10–13. [c] 17.18–20 Cf. Jer 37.1–2; 52.4–11; Ez 12.13. [a] 18.2 Con motivo del asedio y la caída de Jerusalén, los deportados a Babilonia comenzaron a repetir este *refrán,* que también estaba en labios de los judíos de Palestina (Jer 31.29–30).

[b] 18.31 *Háganse de un corazón y un espíritu nuevos:* Ez 36.22; 36.25–27. [a] 19.1–14 El siguiente *cant...* se refiere a dos reyes de Judá, Joacaz y Joaquín, tomados prisioneros y llevados al exilio por los egipcios (v. ... los babilonios (v. 9), respectivamente. La figura de la *madre* (vv. 2,10) es la personificación de todo el reino... y quizá también de Jerusalén. [b] 19.3–4 Estos vv. aluden al faraón Necao y a la deportación de Joacaz ... (2 R 23.33–35; Jer 22.10–12).

aniquilarlos allí, en el desierto, **14**pero por honor a mi nombre no lo hice, para no quedar mal a los ojos de las naciones que habían visto cómo los había sacado de Egipto.

15'También en el desierto les juré que no los haría entrar en el país que les había dado, el más hermoso de todos, donde la leche y la miel corren como el agua, **16**porque rechazaron mis mandamientos, no obedecieron mis leyes y profanaron mis sábados, porque el corazón se les iba tras sus ídolos. **17**Sin embargo, me dio lástima destruirlos y no los aniquilé en el desierto. **18**Entonces les pedí a sus hijos que no hicieran lo que sus padres les mandaban, que no cumplieran lo que les ordenaban, que no se contaminaran con los ídolos. **19**Les dije: Yo soy el Señor su Dios. Cumplan al pie de la letra mis leyes y decretos, **20**y respeten como sagrados mis sábados, de manera que sean una señal entre ustedes y yo; así reconocerán que yo soy el Señor su Dios.

21'Pero también los hijos de ellos se rebelaron contra mí. No obedecieron mis leyes, ni cumplieron ni practicaron mis mandamientos, que dan vida a quien los practica, y profanaron mis sábados. Pensé en descargar mi ira contra ellos y aniquilarlos allí, en el desierto, para calmar mi furor, **22**pero me contuve por honor a mi nombre, para no quedar mal a los ojos de las naciones que habían visto cómo los había sacado de Egipto. **23**En el desierto les juré que los iba a dispersar por todas las naciones del mundo, **24**porque no cumplieron mis mandamientos, rechazaron mis leyes, profanaron mis sábados y solo tuvieron ojos para los ídolos de sus padres. **25**Y hasta llegué a imponerles leyes que no eran buenas y mandamientos con los que no podían encontrar la vida. **26**Dejé que se contaminaran llevando ofrendas a los ídolos y sacrificándoles en el fuego a sus hijos mayores. Esto lo hice para que se llenaran de miedo y reconocieran que yo soy el Señor.'

27"Y tú, hombre, diles a los israelitas: 'Esto dice el Señor: También los padres de ustedes me han ofendido; me han sido infieles. **28**Cuando yo los hice entrar en la tierra que había jurado darles, apenas veían una colina elevada o un árbol frondoso, allí ofrecían sus sacrificios y hacían las ofrendas que tanto me ofenden,

ponían sus sustancias perfumadas y derramaban sus ofrendas de vino. **29**Yo les pregunté: ¿Qué santuario pagano*b* es ese a donde van ustedes? Y se le quedó el nombre de Santuario Pagano hasta el día de hoy.'

30"Dile al pueblo de Israel: 'Esto dice el Señor: ¿Por qué quieren ustedes mancharse lo mismo que sus antepasados? ¿Por qué me son infieles adorando esos ídolos detestables? **31**Al presentar esas ofrendas y sacrificar en el fuego a sus hijos, ustedes siguen todavía manchándose con sus ídolos. ¿Y así quieren ustedes, israelitas, venir a consultarme? Yo, el Señor, juro por mi vida que no me dejaré consultar por ustedes. **32**Se les ha metido en la cabeza ser como las demás naciones de la tierra, que adoran al palo y a la piedra, pero no será así. **33**Yo, el Señor, juro por mi vida que, con gran despliegue de poder y castigando con ira, reinaré sobre ustedes. **34**Yo los reuniré de entre los pueblos y naciones donde se encuentren dispersos, desplegando mi gran poder y castigando con ira. **35-36**Los llevaré al desierto de los pueblos, y cara a cara los llamaré a juicio, de la misma manera que llamé a juicio a sus padres en el desierto de Egipto. Yo, el Señor, lo afirmo. **37**Yo los examinaré a ustedes como un pastor que cuenta sus ovejas, y haré que se sometan a la alianza. **38**Separaré de ustedes a los rebeldes y revoltosos, y los sacaré de la tierra extranjera en que ahora están viviendo; pero ellos no entrarán en la tierra de Israel. Entonces reconocerán ustedes que yo soy el Señor.

39'Pueblo de Israel, esto dice el Señor: ¡Vayan a adorar a sus ídolos . . .! Pero después ustedes me obedecerán, y no volverán a profanar mi santo nombre haciendo esas ofrendas y adorando a sus ídolos. **40**Todo Israel me adorará en mi santo monte, en el monte elevado de Israel, situado en mi país. Yo, el Señor, lo afirmo. Allí los recibiré con gusto; allí les pediré que me hagan sus ofrendas, y que me traigan los primeros frutos de sus cosechas y todo lo que hayan de consagrarme. **41**Cuando yo los reúna de los países y naciones donde ahora están dispersos, y muestre mi santidad entre ustedes a la vista de todos los pueblos, entonces aceptaré sus ofrendas de olor agradable.

---

b **20.29** *Santuario pagano:* El término hebreo significa lit. *lugar alto* (véase 1 R 3.2 n.). El profeta juega con las palabras *qué* y *lugar alto,* que en hebreo tienen un sonido semejante.

42 'Y cuando yo los haga entrar en Israel, en el país que había jurado dar a los antepasados de ustedes, entonces reconocerán que yo soy el Señor. **43** Allí se acordarán de todas las malas acciones con que se han profanado, y sentirán asco de ustedes mismos por la mucha maldad que han cometido. **44** Pueblo de Israel, cuando yo los trate a ustedes, no de acuerdo con su mala conducta y peores acciones, sino haciendo honor a mi nombre, entonces reconocerán que yo soy el Señor. Yo, el Señor, lo afirmo.' "

Castigo de la región del sur

45 El Señor se dirigió a mí, y me dijo: **46** "Tú, hombre, vuélvete hacia el sur, y dirige hacia allá tus palabras; habla en mi nombre contra el bosque de la región del sur, **47** y dile: 'Esto dice el Señor: Yo voy a prender en ti un fuego que devorará todos tus árboles, verdes y secos; este fuego arderá sin apagarse y le quemará la cara a toda la gente que hay en ti, de norte a sur. **48** Y todo el mundo verá que yo, el Señor, fui quien lo encendió. Y el fuego no se apagará.' "

49 Yo le contesté: "¡Ay, Señor, la gente anda diciendo que yo solo digo cosas que nadie entiende!"

La espada del Señor

21 **1** Entonces el Señor se dirigió a mí, y me dijo: **2** "Tú, hombre, vuélvete hacia Jerusalén y dirige tu palabra contra su templo. Habla en mi nombre contra el país de Israel, **3** y dile: 'Esto dice el Señor: Yo me declaro tu enemigo. Voy a sacar mi espada, y mataré lo mismo a justos que a pecadores. **4** Sí, voy a sacar mi espada para matar a todos por igual, a justos y a pecadores, desde el norte hasta el sur. **5** Y todo el mundo sabrá que yo, el Señor, he sacado la espada y no la voy a guardar.'

6 "Y tú, hombre, llora amargamente y con el corazón hecho pedazos; llora delante del pueblo. **7** Y si acaso te preguntan por qué lloras, diles que es por la noticia de algo que está a punto de suceder, y que todo el mundo se quedará sin ánimo y dejará caer los brazos; nadie tendrá valor, a todos les temblarán las rodillas de miedo. Ya llega el momento, ya va a suceder. Yo, el Señor, lo afirmo."

8 El Señor se dirigió a mí, y me dijo: **9** "Tú, hombre, habla en nombre mío y di que yo, el Señor, te he ordenado decir:

'¡La espada, la espada!
Ya está afilada y pulida.
10 Afilada para hacer una matanza,
pulida para lanzar rayos;
11 la hicieron pulir para que uno la empuñe.
La espada está afilada y pulida,
para ponerla en la mano del asesino.
12 Y tú, hombre, ¡grita, chilla,
porque está destinada
    a matar a mi pueblo,
a todos los gobernantes de Israel!
Están condenados a morir con mi pueblo,
así que date golpes de dolor.
13 Yo, el Señor, lo afirmo.'

14 "Tú, hombre, habla en nombre mío;
incita a la espada a que hiera
con el doble y el triple de furor.
Es una espada para matar,
la terrible espada de la matanza
que amenaza al pueblo por todas partes.
15 Ella los va a llenar de miedo,
va a hacer muchas víctimas.
En todas sus casas
he puesto la espada asesina.
Es la espada pulida para lanzar rayos,
afilada para la matanza.
16 ¡Afilada te quiero,
a la derecha, a la izquierda,
cortando a uno y otro lado!
17 Yo también la voy a incitar
hasta que mi ira se calme.
Yo, el Señor, lo he dicho."

18 El Señor se dirigió a mí, y me dijo: **19** "Traza dos caminos, para que el rey de Babilonia pase con su espada. Los dos caminos deben salir del mismo país, y al comienzo de cada camino deberás poner una señal que diga a qué ciudad lleva. **20** Debes trazar un camino por donde pase el rey con la espada. Las ciudades son Rabá de los Amonitas y Jerusalén, la ciudad fortificada de Judá. **21** El rey de Babilonia se ha colocado donde comienzan los dos caminos, y consulta a la suerte: revuelve las flechas, consulta a sus dioses, examina hígados de animales. **22** En la mano derecha le salió la flecha que señala a Jerusalén, y ello significa que debe atacarla con instrumentos de asalto y dar órdenes de matanza, lanzar gritos de guerra, atacar sus puertas, construir una rampa y rodearla por completo. **23** Pero a la gente de Jerusalén le parece que esta es una falsa profecía, por las alianzas que han hecho. Pero en realidad es una acusación contra el pecado de ellos, y un anuncio de su captura. 24 Por eso yo, el Señor, digo: Las maldades y los crímenes de ustedes saltan a la vista; los pecados que cometen en todas sus acciones están al descubierto. Por eso van a ser capturados. 25 Y a ti, rey de Israel, criminal malvado, se te acerca el momento de recibir el castigo final. 26 Yo, el Señor, digo: Te quitarán el turbante, te arrebatarán la corona, y todo será diferente. ¡Llegue a la cumbre lo que está en el llano, y caiga por tierra lo que está en la cumbre! 27 Todo lo dejaré convertido en ruinas, ruinas y más ruinas. Pero esto solo sucederá cuando venga aquel a quien, por encargo mío, le corresponde hacer justicia.*a*

Castigo de los amonitas*b*

28 "Tú, hombre, habla en mi nombre y diles de mi parte a los amonitas que insultan a Israel, que la espada ya está desenfundada: lista para matar y pulida para lanzar rayos y destruir. 29 Sus visiones son falsas, y sus predicciones son mentira. La espada caerá sobre el cuello de esos malvados criminales. Ya se acerca el momento de su castigo final.

30 "¡Espada, vuelve a tu funda! Yo te voy a juzgar allí donde te forjé, en la tierra en que naciste, 31 y descargaré sobre ti mi ira como un incendio terrible; te entregaré en poder de gente brutal y destructora. 32 Serás quemada, destruida; tu sangre correrá por todo el país y nadie volverá a acordarse de ti. Yo, el Señor, lo he dicho."

Crímenes de Jerusalén

22 1 El Señor se dirigió a mí, y me dijo: 2 "Tú, hombre, vas a dictar la sentencia contra la ciudad criminal.*a* La acusarás de todas las cosas detestables que ha hecho, 3 y le dirás: 'Esto dice el Señor: Ciudad que matas a tus habitantes y fabricas ídolos para contaminarte, ¡ya te va a llegar tu hora! 4 Con los asesinatos que has cometido te has hecho culpable, y con los ídolos que has fabricado te has contaminado; has hecho que tu hora se acerque y que haya llegado el fin de tus días. Así pues, yo voy a hacer que los pueblos te insulten, que todas las naciones se burlen de ti.

5 Los de cerca y los de lejos se burlarán de ti, ciudad famosa por tu idolatría y tu gran desorden. 6 Allí están los gobernantes de Israel, que viven en medio de ti y cometen todos los crímenes que pueden. 7 Tus habitantes no honran a su padre ni a su madre, maltratan a los extranjeros, explotan a los huérfanos y a las viudas. 8 No respetan mis lugares sagrados ni mis sábados. 9 Por causa de sus mentiras, algunos de tus habitantes son los culpables de que otros mueran; asisten a los banquetes que se celebran en los montes en honor de los ídolos, y hacen cosas detestables. 10 Algunos tienen relaciones sexuales con la esposa de su padre, o abusan de la mujer que está en su periodo de menstruación. 11 Hay quienes cometen adulterio con la mujer de su prójimo, o tienen relaciones vergonzosas con su nuera, o hacen violencia a una media hermana. 12 Algunos de tus habitantes se dejan comprar para matar a otros. Prestan dinero a usura e interés, explotan y hacen violencia a su prójimo, y se olvidan de mí. Yo, el Señor, lo afirmo.

13 'Yo estoy muy enojado por tus explotaciones y asesinatos. 14 No pienses que vas a poder hacerme frente cuando yo tome medidas contra ti. Yo, el Señor, lo he dicho y lo voy a cumplir: 15 te esparciré por todas las naciones, te dispersaré por todos los países y te limpiaré totalmente de tu impureza; 16 me harás quedar mal a los ojos de las demás naciones, pero reconocerás que yo soy el Señor.' "

17 El Señor se dirigió a mí, y me dijo: 18 "El pueblo de Israel es para mí como el resto inservible que queda cuando se echa cobre, estaño, hierro, plomo o plata en el horno. 19 Por eso yo, el Señor, digo: Como todos ustedes han convertido en un resto inservible, los voy a reunir en medio de Jerusalén. 20 Así como la plata, el cobre, el hierro, el plomo y el estaño se echan juntos en un horno, y se atiza el fuego para fundirlos, así yo, en mi ira terrible, los voy a reunir a ustedes y los pondré a fundir. 21 Sí, voy a atizar el fuego de mi ira, y los reuniré a ustedes para fundirlos en medio de la ciudad. 22 Así como se funde la plata en el horno, así serán fundidos ustedes en medio de la ciudad, y así reconocerán que yo, el Señor, he descargado mi ira contra ustedes."

---

a **21.27** *Por encargo mío, le corresponde hacer justicia:* Jer 27.6; cf. Is 10.5–6. *b* **21.28–32** Cf. Jer 49.1–6; Ez 25.1–7; Am 1.3–15; Sof 2.8–11. *a* **22.2** *La ciudad criminal:* es decir, la ciudad de Jerusalén.

23 El Señor se dirigió a mí, y me dijo: 24 "Tú, hombre, dile a Israel: 'Eres un país castigado con falta de lluvias y de agua, 25 un país con gobernantes como leones, que rugen y despedazan su presa; que en su territorio devoran a la gente, le roban sus tesoros y riquezas y dejan viudas a muchas mujeres. 26 Los sacerdotes de este país tuercen el sentido de mis enseñanzas y profanan las cosas que yo considero sagradas; no hacen ninguna distinción entre lo sagrado y lo profano, ni enseñan a otros a distinguir entre lo puro y lo impuro. No ponen atención a mis sábados, ni me honran. 27 Los jefes de este país son como lobos que despedazan su presa, listos a derramar sangre y a matar gente con tal de enriquecerse. 28 Los profetas ocultan la verdad, como quien blanquea una pared; dicen tener visiones, y anuncian cosas que resultan falsas. Aseguran que hablan en mi nombre, cuando en realidad yo no he hablado. 29 La gente del pueblo se dedica a la violencia y al robo; explotan al pobre y al necesitado, y cometen violencias e injusticias con los extranjeros. 30 Yo he buscado entre esa gente a alguien que haga algo en favor del país y que interceda ante mí para que yo no los destruya, pero no lo he encontrado. 31 Por eso he descargado mi castigo sobre ellos y los he destruido con el fuego de mi ira, para hacerlos responder por su conducta. Yo, el Señor, lo afirmo.' "

Samaria y Jerusalén, dos hermanas pecadoras

23 1 El Señor se dirigió a mí, y me dijo: 2 "Había una vez dos mujeres, hijas de la misma madre. 3 Desde jóvenes, estas dos mujeres se entregaron a la prostitución; en Egipto dejaron que les manosearan los pechos, y perdieron su virginidad. 4 La mayor se llamaba Oholá (que representa a Samaria), y su hermana Oholibá[a] (que representa a Jerusalén). Yo las tomé por esposas, y me dieron hijos e hijas. 5 Oholá me fue infiel y se apasionó por sus amantes, los guerreros asirios, 6 con sus uniformes de púrpura, todos ellos jefes y gobernadores, jóvenes apuestos, jinetes montados en sus caballos, 7 ¡lo más selecto de los asirios! Oholá se entregó a la prostitución con ellos, y

hasta se apasionó por todos sus ídolos y se rebajó adorándolos. 8 Desde que estuvo en Egipto se volvió una prostituta, y jamás dejó de serlo. Desde que era joven, muchos se acostaron con ella y le quitaron su virginidad, convirtiéndola en una prostituta. 9 Por eso la entregué en manos de sus amantes, los asirios, por quienes ella se había apasionado, 10 y ellos la deshonraron; luego le quitaron a sus hijos e hijas, y a ella la mataron a filo de espada, ejecutando así la sentencia contra ella. Y su caso se hizo famoso entre las mujeres.

11 "Su hermana Oholibá vio esto, y sin embargo se entregó, más aún que su hermana, a la pasión y la prostitución. 12 También ella se apasionó por los asirios, todos ellos jefes y gobernadores, guerreros espléndidamente vestidos, jinetes montados a caballo, jóvenes apuestos. 13 Me di cuenta de que también ella se había manchado, y que había seguido el ejemplo de su hermana. 14-15 Pero ella fue aún más lejos en sus prostituciones: vio en las paredes imágenes de babilonios, grabadas y pintadas de rojo; todos ellos tenían aspecto de oficiales, a juzgar por sus cinturones y turbantes. 16 Al ver a estos babilonios, se apasionó por ellos y envió mensajeros a Babilonia; 17 y los babilonios vinieron y se acostaron con ella, y le hicieron el amor, manchándola con sus prostituciones. Tanto la mancharon que al fin sintió asco de ellos. 18 Entonces se entregó públicamente a la prostitución, mostrando su cuerpo desnudo, hasta que yo sentí asco de ella como antes lo había sentido de su hermana. 19 Pero se entregó más y más a la prostitución, recordando el tiempo de su juventud, cuando se prostituyó en Egipto 20 y se apasionó por sus amantes egipcios, que en sus impulsos sexuales se parecen a los asnos y los caballos.

21 "Tú, Oholibá, sentías nostalgia del libertinaje de tu juventud, cuando los egipcios te manoseaban los pechos. 22 Por eso yo, el Señor, digo: Voy a hacer que esos amantes tuyos, de los que ahora sientes asco, se vuelvan tus enemigos. De todas partes voy a lanzar contra ti 23 a los babilonios y a los caldeos, a los de Pecod, Soa y Coa, y a todos los asirios; todos ellos jóvenes apuestos, jefes y gobernadores,

---

[a] 23.4 El nombre simbólico de *Samaria,* la antigua capital del reino del norte, es *Oholá,* que en hebreo significa *Su tienda de campaña;* el de *Jerusalén* es *Oholibá,* que quiere decir *Mi tienda de campaña (está) en ella.* Ambas hermanas se prostituyeron con Egipto, Asiria y Babilonia, y han debido pagar las consecuencias de su infidelidad.

oficiales y guerreros; todos ellos gente de a caballo. 24 Vendrán contra ti, con gran número de carros y de ejércitos; te rodearán por todas partes, armados y con cascos y escudos, y yo les daré el derecho de juzgarte, y ellos te juzgarán según sus leyes. 25 Yo descargaré sobre ti el furor de mi ira, y ellos te tratarán con crueldad; te cortarán la nariz y las orejas, y a los que aún queden vivos los matarán a filo de espada. Te arrebatarán a tus hijos y a tus hijas, y al fin caerás devorada por el fuego. 26 Te quitarán tus vestidos y se apoderarán de tus joyas. 27 Así pondré fin a tu libertinaje y a la prostitución a que te entregaste en Egipto, y no volverás a ver a los egipcios ni a acordarte de ellos.

28 "Esto digo yo, el Señor: Voy a dejar que caigas en poder de las naciones que odias, y por las que sientes asco. 29 Ellas te tratarán con odio, se adueñarán de lo que has ganado con tu trabajo y te dejarán completamente desnuda; quedará al descubierto tu cuerpo, el cual entregaste a la prostitución. Tu libertinaje y tu prostitución 30 son la causa de lo que hoy te pasa, pues te entregaste a la prostitución con esas naciones y te rebajaste adorando sus ídolos. 31 Seguiste los pasos de tu hermana; por eso te daré a beber la misma copa que le di a ella.

32   "Esto digo yo, el Señor:
Beberás de la misma copa que tu hermana,
una copa grande, ancha y profunda,
llena de burla y desprecio,
33   llena de ruina y destrucción.
Es la copa de tu hermana Samaria,
con la que quedarás borracha y dolorida.
34   La beberás hasta el fondo,
y luego la harás pedazos
y te desgarrarás los pechos.
Yo, el Señor, he hablado;
yo he dado mi palabra.

35 "Por eso yo, el Señor, digo: Puesto que te has olvidado de mí y me has vuelto la espalda, tendrás que sufrir el castigo de tu libertinaje y de tus prostituciones."

36 El Señor me dijo: "Y tú, hombre, ¿quieres pronunciar la sentencia contra Oholá y Oholibá? Entonces échales en cara sus acciones detestables. 37 Ellas me han sido infieles y tienen las manos manchadas de sangre. Me han sido infieles adorando a sus ídolos, y en honor de ellos han sacrificado en el fuego a sus propios hijos, los hijos que yo tuve con ellas.

38 Además, han hecho esto contra mí: en un mismo día profanaron mi santo templo y deshonraron mis sábados. 39 Y el mismo día que sacrificaron a sus hijos para honrar a sus ídolos, vinieron a mi santo templo y lo profanaron. ¡Esto es lo que han hecho, en mi propia casa!

40 "Enviaron mensajeros para hacer venir hombres de lejos, y ellos vinieron. Ellas dos se bañaron, se pintaron los ojos y se pusieron joyas para recibirlos; 41 se sentaron en una cama lujosa, con la mesa ya servida, y en ella pusieron el incienso y el aceite consagrados a mi servicio. 42 Se escuchaban los gritos de una multitud haciendo fiesta; eran hombres venidos del desierto, que adornaban a las mujeres poniéndoles brazaletes en los brazos y hermosas coronas en la cabeza. 43 Yo me decía: 'Ahora van a servirse de estas prostitutas gastadas por los adulterios. ¡Nada menos que con ellas! 44 Vienen a Oholá y a Oholibá, mujeres libertinas, como quien va a las prostitutas.' 45 Pero los hombres justos dictarán contra ellas la sentencia que merecen las adúlteras y las asesinas. Porque adúlteras son, y tienen las manos manchadas de sangre."

46 Esto dice el Señor: "Que se reúna el pueblo contra ellas, que las haga sentir pánico y las robe; 47 que el pueblo entero las mate a pedradas y las atraviese con sus espadas; que mate a sus hijos e hijas y queme sus casas. 48 Yo haré que desaparezca del país esta conducta infame. Así todas las mujeres aprenderán la lección y no seguirán su ejemplo inmoral. 49 En cuanto a esas dos, recibirán el castigo de su conducta inmoral y de sus pecados de idolatría. Y ustedes reconocerán que yo soy el Señor."

Imagen de la olla

24 1 El día diez del mes décimo del año noveno, el Señor se dirigió a mí, y me dijo: 2 "Anota esta fecha, la fecha de hoy, porque hoy el rey de Babilonia ha atacado Jerusalén. 3 Y recítale a este pueblo rebelde un poema que le sirva de ejemplo. Dile de mi parte:

'Pon una olla al fuego y échale agua;
4   pon en ella pedazos de carne,
buenos pedazos de pierna y de lomo,
y también lo mejor de los huesos.
5   Toma luego una de las mejores ovejas,
y amontona leña debajo
para que hierva bien,
hasta que queden cocidos los huesos.

6 'Porque el Señor dice:
¡Ay de la ciudad asesina!
Es como una olla enmohecida,
a la que el moho no se le quita.
Saca tú, uno a uno, los pedazos de carne,
hasta dejar la olla vacía.

7 La ciudad está llena
de la sangre derramada;
y derramada, no sobre la tierra
para que el polvo la cubriera,
sino sobre la roca desnuda.

8 Pues yo voy a dejar la sangre allí,
sobre la roca desnuda,
de manera que no se pueda cubrir,
para que mi ira se encienda
y se haga justicia.

9 'Porque el Señor dice:
¡Ay de la ciudad asesina!
Yo mismo voy a hacer una hoguera.

10 Y tú trae mucha leña, enciende el fuego
y cuece bien la carne,
hasta que se acabe el caldo
y se quemen los huesos;

11 pon luego la olla vacía sobre el fuego,
hasta que el cobre se ponga al rojo vivo
y quede limpio de sus impurezas;
¡hasta que el moho desaparezca!

12 Sin embargo, tan enmohecido está
que no se limpia ni con fuego.

13 'Jerusalén, yo he querido limpiarte de la
impureza de tu libertinaje, pero no has quedado
limpia. Solo quedarás limpia cuando descargue
mi ira sobre ti. 14 Yo, el Señor, lo he dicho, y
así será. Yo mismo voy a hacerlo, y no dejaré
de cumplirlo; no tendré compasión ni me arrepentiré. Te castigaré por tu conducta y tus
acciones. Yo, el Señor, lo afirmo.' "

Muerte de la esposa de Ezequiel[a]

15 El Señor se dirigió a mí, y me dijo: 16 "Voy
a quitarte de un solo golpe a la persona que tú
más quieres. Pero no te lamentes ni llores; no
derrames lágrimas. 17 Sufre en silencio y no

guardes luto como se hace por los muertos. No
andes con la cabeza descubierta ni vayas descalzo; no te cubras la cara en señal de dolor ni
comas el pan que se come en tales casos."

18 Por la mañana estuve hablando con la
gente, y por la tarde murió mi esposa; a la
mañana siguiente hice lo que el Señor me había
ordenado. 19 Entonces la gente del pueblo me
dijo: "Explícanos qué quiere decir para nosotros eso que estás haciendo."

20 Yo les dije: "El Señor se dirigió a mí, y me
dijo: 21 'Dile al pueblo de Israel: Esto dice el
Señor: Voy a profanar mi templo, que a ustedes
tanto les gusta mirar y tanto quieren, y que es
su orgullo y su fuerza; los hijos e hijas que
ustedes dejaron en Jerusalén morirán asesinados. 22 Y diles: Ustedes harán lo mismo que yo
he hecho: no podrán cubrirse la cara en señal
de dolor, ni comer el pan que se come en tales
casos. 23 No podrán llevar la cabeza descubierta
ni los pies descalzos. No se lamentarán ni
llorarán. Quedarán sin fuerzas por culpa de sus
maldades, y se pondrán a lamentarse unos con
otros. 24 Ezequiel será para ustedes un ejemplo,
y todo lo que él hizo lo harán ustedes. Cuando
esto suceda, reconocerán que yo soy el Señor.

25 'Y ahora voy a quitarles a los israelitas su
fortaleza, que es el templo, con cuya belleza se
alegran tanto, y que tanto les gusta mirar y tanto
quieren. También les quitaré a sus hijos e hijas.
26 Y en ese día, el que pueda escapar vendrá a
darte la noticia. 27 Ese día dejarás de estar
mudo, y podrás hablar con el que haya escapado. Servirás así de ejemplo al pueblo, y ellos
reconocerán que yo soy el Señor.' "

Contra los amonitas

25 1 [a] El Señor se dirigió a mí, y me dijo:
2 "Tú, hombre, vuélvete hacia los amonitas [b] y habla en mi nombre contra
ellos. 3 Diles que escuchen la palabra que el
Señor les dirige: 'Ustedes dieron gritos de alegría al ver que mi templo era profanado, el país
de Israel destruido y los habitantes de Judá
llevados al destierro. 4 Pues bien, por eso los voy

[a] 24.15–27 La muerte repentina de la esposa del profeta pasa a ser una nueva profecía en acción. Así como Ezequiel
había sido privado de lo que él más quería (v. 16), así también los deportados a Babilonia se verían despojados de
lo que era *su orgullo y su fuerza:* el templo y la ciudad de Jerusalén, cuya caída es inminente (v. 21).
[a] 25.1—32.32 Como en otros libros proféticos (Is 13—21; Jer 46—51; Am 1—2; Sof 2.4–15), también en el
libro de *Ezequiel* hay varios caps. que contienen mensajes contra las naciones. [b] 25.1–7 Cf. Jer 49.1–6; Ez
21.28–32; Am 1.13–15; Sof 2.8–11.

a entregar a ustedes al poder de los pueblos del oriente, para que ellos se apoderen de su tierra, y levanten campamentos, y establezcan ahí su habitación. Ellos se comerán las cosechas de ustedes y se beberán su leche. 5 Convertiré a Rabá en pastizal de camellos, y a Amón en campo de ovejas. Entonces reconocerán ustedes que yo soy el Señor.

6 'Yo, el Señor, digo: Ustedes los amonitas han aplaudido y saltado de alegría, y han despreciado a Israel. 7 Por eso voy a levantar mi mano para castigarlos y entregarlos a las naciones, para que les quiten todo lo que tengan. Los voy a arrancar de entre los pueblos, los voy a hacer desaparecer de entre las naciones, los voy a destruir por completo. Entonces reconocerán que yo soy el Señor.'

Contra Moab c

8 "Yo, el Señor, digo: Moab y Seír dicen que Judá es igual a todas las naciones. 9 Por eso voy a abrir una brecha en el costado de Moab, y voy a dejarlo de un extremo al otro sin ciudades, esas ciudades que son las joyas del país: Bet–jesimot, Baal–meón y Quiriataim. 10 Haré que los pueblos del oriente tomen posesión de su territorio, además del de los amonitas, de manera que entre las naciones nadie se acuerde más de los amonitas. 11 Ejecutaré la sentencia contra Moab, y entonces reconocerán que yo soy el Señor.

Contra Edom d

12 "Yo, el Señor, digo: Edom se ha vengado de Judá, y con ello se ha hecho gravemente culpable. 13 Por eso yo, el Señor, digo: Voy a levantar mi mano para castigar a Edom y destruir a sus hombres y sus animales. Lo voy a dejar en ruinas. Desde Temán hasta Dedán, la gente morirá a filo de espada. 14 Me vengaré de Edom por medio de mi pueblo Israel; él tratará a Edom de acuerdo con mi ira y mi furor. Así sabrán lo que es mi venganza. Yo, el Señor, lo afirmo.

Contra los filisteos e

15 "Yo, el Señor, digo: Los filisteos han tomado venganza, se han desquitado con corazón lleno de desprecio; como eternos enemigos de Israel, se han entregado a la destrucción. 16 Por eso yo, el Señor, digo: Voy a levantar la mano para castigar a los filisteos; voy a exterminar a los quereteos y voy a destruir a los que aún quedan en la costa. 17 Me vengaré de ellos terriblemente; los castigaré con ira. Y cuando haga esto, reconocerán que yo soy el Señor."

Profecía contra la ciudad de Tiro a

26 1 El día primero del mes, en el año once, el Señor se dirigió a mí, y me dijo: 2 "Tiro ha dicho, a propósito de Jerusalén:

'¡Ah, la puerta del comercio
    entre las naciones
está hecha pedazos!
¡Ahora ha llegado mi turno!
Yo me lleno de riquezas
mientras ella queda en ruinas.'

3 "Por eso yo, el Señor, digo:
Tiro, yo me declaro tu enemigo.
Haré que muchas naciones
    se levanten contra ti,
como levanta el mar sus olas,
4 y que destruyan tus murallas
y echen abajo tus torres.
Hasta el polvo barreré de su lugar,
y solo dejaré una roca pelada.
5 En medio del mar quedará,
como un lugar para poner
    las redes a secar.
Yo, el Señor, lo afirmo.
Tiro será saqueada por las naciones,
6 y sus colonias en tierra firme
caerán a filo de espada.
Entonces reconocerán que yo soy el Señor.

7 "Yo, el Señor, digo:
Voy a hacer venir del norte
a Nabucodonosor, rey de Babilonia,
el rey más poderoso,
para que ataque a Tiro.
Vendrá con caballos, y carros, y jinetes,
y con muchas tropas reunidas.
8 A filo de espada destruirá
tus colonias en tierra firme;

---

c 25.8–11 Cf. Is 15.1—16.14; 25.10–12; Jer 48; Am 2.1–3; Sof 8.11. d 25.12–14 Cf. Is 34.5–17; 63.1–6; Jer 49.7–22; Ez 35; Am 1.11–12; Abd 1–14; Mal 1.2–5. e 25.15–17 Cf. Is 14.29–31; Jer 47.1–7; Jl 3.4–8; Am 1.6–8; Sof 2.4–7; Zac 9.5–7. a 26.1—28.19 Cf. Is 23; Jl 3.4–8; Am 1.9–10; Zac 9.1–4; Mt 11.21–22; Lc 10.13–14.

construirá un muro alrededor de ti,
levantará rampas para atacarte
y lanzará contra ti soldados armados
    con escudos.
9 Atacará con arietes tus murallas
   y a golpe de barra destrozará tus torres.
10 Cuando el rey de Babilonia
       entre por tus puertas
   como se entra en una ciudad
       tomada por asalto,
   serán tantos los caballos,
   que te cubrirán con el polvo
       que levanten;
   tus murallas temblarán
   al estruendo de sus carros y caballería;
11 los cascos de sus caballos
   pisotearán todas tus calles.
   Matará a tu pueblo a filo de espada,
   y echará por tierra tus fuertes columnas.
12 Te dejarán sin riquezas,
   te robarán tus mercancías,
   derribarán tus murallas
   y echarán abajo tus lujosos palacios;
   arrojarán al mar las piedras,
   las vigas y hasta los escombros.
13 Así pondré fin al ruido de tus canciones,
   y no se volverá a oir el sonido de tus arpas.
14 Te convertiré en una roca pelada,
   en un lugar para poner las redes a secar,
   y nunca más serás reconstruida.
   Yo, el Señor, he hablado;
   yo, el Señor, lo afirmo.

15 "Yo, el Señor, digo a Tiro: Los países del
mar temblarán al oir el ruido de tu caída, entre
los gemidos de los heridos y la matanza de tus
habitantes. 16 Todos los reyes del mar bajarán
de sus tronos, y se quitarán sus capas y sus
vestidos bordados; llenos de terror se sentarán
en el suelo, temblando a todas horas y espantados al verte. 17 Entonces te dedicarán este canto
fúnebre:

    '¡Cómo fuiste destruida,
    cómo desapareciste del mar,
        ciudad famosa!
    ¡Tú, con tu gente, fuiste poderosa en el mar
    y sembraste el terror
        en todo el continente!
18 Ahora que has caído,
   los países del mar tiemblan de miedo.
   Ahora que has desaparecido,
   las islas del mar se llenan de espanto.'

19 "Porque esto digo yo, el Señor: Te voy a
dejar en ruinas, como las ciudades donde no
vive nadie. Voy a hacer que te cubran las aguas
profundas del mar, 20 y que te hundas hasta
donde están los muertos, la gente que vivió en
el pasado. Te arrojaré a lo más profundo de la
tierra, al país de eternas ruinas, y vivirás entre
los que ya han muerto. No volverás a tener
habitantes, ni serás reconstruida en esta tierra
de los que viven. 21 Te convertiré en algo terrible, y dejarás de existir. Te buscarán, y jamás
volverán a encontrarte. Yo, el Señor, lo afirmo."

Canto fúnebre por la ciudad de Tiro

27 1 El Señor se dirigió a mí, y me dijo:
2 "Tú, hombre, entona este canto
fúnebre 3 acerca de Tiro, la ciudad
que está a la salida del mar y que comercia con
las naciones, con muchos países del mar. Dile
que así dice el Señor:

    'Tú, Tiro, presumes de ser
    una nave bella y perfecta;
4 tu dominio se extiende
       hasta el corazón del mar,
   tus constructores te hicieron
       la más hermosa.
5 Todos tus entablados los hicieron
   con pinos traídos del monte Senir;
   tu mástil lo hicieron
       de un cedro del Líbano;
6 tus remos los hicieron
       con robles de Basán;
   tu cubierta la hicieron de cipreses
   traídos de las costas de Chipre
   e incrustados de marfil.
7 Tu vela, de lino bordado de Egipto,
   te servía de bandera;
   tu toldo era de telas moradas y rojas
   traídas de las costas de Elisá.
8 Tus remeros eran hombres de Sidón
       y de Arvad,
   tus pilotos eran expertos hombres tuyos.
9 Hombres veteranos de Guebal
   reparaban tus daños hábilmente.
   Marineros de todas las naves del mar
   comerciaban con tus mercancías.
10 Hombres de Persia, Lidia y Libia
   servían de guerreros en tu ejército;
   te adornaban con sus escudos
       y sus cascos,
   y te daban esplendor.

11 'Gente de Arvad, junto con tu ejército, ocupaba tus murallas en derredor, y en tus torres había hombres de Gamad. Sus escudos colgaban a todo lo largo de tus muros, haciéndote aparecer más bella. 12 Era tanta tu riqueza, que Tarsis comerciaba contigo, y a cambio de tus mercancías te daba plata, hierro, estaño y plomo. 13 También Grecia, Tubal y Mésec comerciaban contigo, ofreciéndote en pago esclavos y objetos de bronce. 14 Los de Bet–togarmá te pagaban con caballos de trabajo y de montar, y con mulas. 15 Gente de Rodas comerciaba contigo. Hacías negocios con numerosos países del mar, que te pagaban con marfil y ébano. 16 Edom hacía comercio contigo, gracias a tus muchos productos: a cambio de tus mercancías te traían piedras de granate, telas teñidas de púrpura, bordados, telas de lino, corales y rubíes. 17 Igualmente comerciaban contigo Judá e Israel, y te pagaban con trigo de Minit, y con pasteles, miel, aceite y bálsamo. 18 Damasco te compraba gran cantidad de productos y de riquezas; te pagaba con vino de Helbón y lana de Sahar. 19 Desde Uzal te traían vino, hierro forjado, canela y caña aromática, a cambio de tus mercancías. 20 Dedán hacía contigo comercio de aparejos para montar. 21 Arabia y todos los jefes de Quedar eran clientes tuyos: te pagaban con corderos, carneros y chivos. 22 Comerciantes de Sabá y Raamá eran clientes tuyos, y te pagaban con los mejores perfumes, con piedras preciosas y oro. 23 Contigo hacían negocios Harán, Cané, Edén y los comerciantes de Sabá, de Asiria y de toda Media; 24 te vendían telas finas, mantos de color púrpura, bordados, tapices de varios colores y fuertes cuerdas trenzadas. 25 Las naves de Tarsis venían, una tras otra, trayéndote productos.

'Eras como una nave en alta mar,
toda cargada de riquezas.
26 Tus remeros te llevaron
    por aguas profundas,
pero el viento del este
    te destrozó en alta mar.
27 Tu riqueza, tus mercancías
    y tus productos,
tus marineros y tus pilotos,
tus calafateadores, tus comerciantes,
tus guerreros y toda tu tripulación,

se irán al fondo del mar
el día en que te hundas.
28 A los gritos de tus marineros
temblarán las olas.
29 Los remeros bajarán de sus barcos;
los marineros y todos los pilotos
saltarán a tierra.
30 Levantarán la voz
y llorarán por ti amargamente.
Se echarán polvo en la cabeza
y se revolcarán en la ceniza.
31 Por ti se raparán la cabeza,
se vestirán de luto
y llorarán llenos de amargura.
32 Por ti entonarán un canto fúnebre,
en el que dirán con tristeza:
¿Quién podía compararse a Tiro,
la ciudad que estaba en el mar?
33 Cuando llegaban del mar tus mercancías,
satisfacías a muchas naciones.
Con la abundancia de tus riquezas
    y productos
enriquecías a los reyes de la tierra.
34 Ahora estás deshecha por el mar,
hundida en el fondo del agua.
Tus productos y toda tu tripulación
se fueron contigo al fondo.
35 Todos los habitantes
    de los países del mar
están aterrados por ti;
sus reyes están espantados,
se les ve el miedo en la cara.
36 Los comerciantes de los otros países
se quedan asustados al verte.
Te has convertido en algo terrible;
para siempre has dejado de existir.' "

Profecía contra el rey de Tiro

28 1 El Señor se dirigió a mí, y me dijo: 2 "Tú, hombre, dile al rey de Tiro:

'Esto dice el Señor:
Tu corazón se llenó de orgullo,
y te creíste un dios
sentado en el trono de los dioses
y rodeado por el mar.
Pero tú no eres un dios, sino un hombre
que cree tener la inteligencia de un dios.
3 ¿Acaso eres más sabio que Danel?[a]
¿Acaso ningún secreto te es desconocido?

---

[a] **28.3** *Danel:* Véase 14.14 n.

4 Con tu sabiduría y tu habilidad
   has conseguido muchas riquezas,
   has llenado tus cofres de oro y plata.
5 Con tu gran habilidad para el comercio
   has aumentado tus riquezas,
   y las riquezas te han vuelto orgulloso.
6 Por eso, el Señor dice:
   Ya que crees tener la inteligencia
   de un dios,
7 voy a hacer que vengan extranjeros
   contra ti,
   gente de lo más cruel,
   que sacará la espada para atacarte,
   a ti, tan hermoso y tan sabio,
   y que dejará tu esplendor por el suelo.
8 Te hundirán en el abismo,
   y tendrás una muerte violenta
   en alta mar.
9 ¿Y seguirás creyendo que eres un dios,
   cuando estés ante tus verdugos?
   ¡En manos de los que te maten
   no serás más que un simple hombre!
10 Morirás a manos de extranjeros,
   como mueren los paganos.
   Yo, el Señor, he hablado;
   yo he dado mi palabra.' "

Canto fúnebre por el rey de Tiro

11 El Señor se dirigió a mí, y me dijo: 12 "Tú,
hombre, entona un canto fúnebre al rey de
Tiro, y dile:

   'Esto dice el Señor:
   Tú eras modelo de perfección,
   lleno de sabiduría y de perfecta belleza.
13 Estabas en Edén, el jardín de Dios,
   adornado de toda clase
   de piedras preciosas:
   rubí, crisólito, jade,
   topacio, cornalina, jaspe,
   zafiro, granate y esmeralda;
   tus joyas y aretes eran de oro,
   preparados desde el día
   en que fuiste creado.
14 Te dejé al cuidado de un ser alado,
   estabas en el monte santo de Dios
   y caminabas entre las estrellas.
15 Tu conducta fue perfecta
   desde el día en que fuiste creado
   hasta que apareció en ti la maldad.

16 Con la abundancia de tu comercio
   te llenaste de violencia y de pecado.
   Entonces te eché de mi presencia;
   te expulsé del monte de Dios,
   y el ser alado que te protegía
   te sacó de entre las estrellas.
17 Tu belleza te llenó de orgullo;
   tu esplendor echó a perder
   tu sabiduría.
   Yo te arrojé al suelo,
   te expuse al ridículo
   en presencia de los reyes.
18 Tantos pecados cometiste
   y tanto te corrompiste
   con tu comercio,
   que llegaste a profanar tus templos.
   Entonces hice brotar en medio de ti
   un fuego que te devorara.
   Todos pueden verte ahora en el suelo,
   convertido en cenizas.
19 Todas las naciones que te conocen
   se espantan al verte.
   Te has convertido en algo terrible;
   ¡para siempre has dejado de existir!' "

Profecía contra Sidón[b]

20 El Señor se dirigió a mí, y me dijo: 21 "Tú,
hombre, vuélvete hacia Sidón y habla en mi
nombre contra ella. 22 Dile:

   'Esto dice el Señor:
   Yo me declaro tu enemigo, Sidón;
   en medio de ti voy a ser glorificado.
   Y cuando ejecute la sentencia contra ti
   y demuestre así mi santidad,
   se reconocerá que yo soy el Señor.
23 'Enviaré contra ti enfermedades,
   y la sangre correrá por tus calles;
   tus habitantes caerán muertos,
   atacados a espada por todos lados.
   Entonces se reconocerá
   que yo soy el Señor.
24 'Israel no volverá a sufrir
   las espinas punzantes y dolorosas
   del desprecio de los pueblos
   que lo rodean.
   Entonces se reconocerá
   que yo soy el Señor.'

---

b **28.20–26** Cf. Jl 3.4–8; Zac 9.1–2; Mt 11.21–22; Lc 10.13–14.

25 "Yo, el Señor, digo: Reuniré al pueblo de Israel de entre las naciones donde está disperso, y mostraré mi santidad a la vista de las naciones. Israel se establecerá en su propio país, el país que di a Jacob, mi siervo. 26 Allí vivirán seguros y tranquilos, y construirán casas y plantarán viñedos. Yo ejecutaré la sentencia contra todos los vecinos que desprecian al pueblo de Israel. Entonces se reconocerá que yo soy el Señor, el Dios de Israel."

Profecía contra Egipto[a]

29 1 El día doce del mes décimo del año décimo, el Señor se dirigió a mí, y me dijo: 2 "Tú, hombre, dirígete ahora al faraón, rey de Egipto, y habla en mi nombre contra él y contra todo Egipto. 3 Dile:

'Esto dice el Señor:
Yo me declaro tu enemigo,
    faraón, rey de Egipto,
monstruo gigantesco que estás echado
    en tu río
y dices: El Nilo es mío, yo lo hice.
4 Voy a ponerte ganchos en el hocico,
    y haré que los peces de tu río
    se peguen a tus escamas.
¡De tu río te sacaré
    con todos los peces pegados
        a tus escamas!
5 Te arrojaré al desierto,
    junto con todos los peces de tu río;
caerás en campo abierto,
    y nadie te recogerá para enterrarte.
Haré que te devoren las fieras salvajes
    y las aves del cielo.
6 Todos los habitantes de Egipto
        reconocerán
    que yo soy el Señor.
El pueblo de Israel buscó tu apoyo,
    pero fuiste como una caña:[b]
7 cuando te tomaron entre sus manos,
    tú te quebraste y les heriste el costado;
cuando quisieron apoyarse en ti,
    tú te rompiste y los hiciste caer.

8 'Por eso yo, el Señor, digo: Egipto, voy a hacer que te ataquen con espadas, y que maten a tus hombres y tus animales. 9 Quedarás convertido en un desierto, y la gente reconocerá

que yo soy el Señor. Tú dijiste: El Nilo es mío, yo lo hice. 10 Pues bien, yo me declaro enemigo tuyo y de tu río. Voy a convertirte en un desierto espantoso y desolado, desde Migdol hasta Asuán, hasta la frontera con Etiopía. 11 Ni hombres ni animales pasarán por allí. Durante cuarenta años nadie vivirá allí. 12 Yo te convertiré, Egipto, en el país más desolado; durante cuarenta años tus ciudades quedarán en ruinas, en peor estado que otras ciudades en ruinas, y desterraré a tus habitantes y los dispersaré entre los demás países y naciones.

13 'Yo, el Señor, digo: Después de los cuarenta años, reuniré a los egipcios de los países adonde los había dispersado. 14 Haré que los prisioneros egipcios vuelvan y se instalen en el sur de Egipto, en su lugar de origen, donde formarán un reino sin importancia. 15 Será el reino menos importante de todos, y no volverá a levantarse por encima de las demás naciones. Lo haré tan pequeño que no podrá dominar a otros países; 16 y el pueblo de Israel no volverá a confiar en Egipto, pues esto les hará ver lo equivocados que estaban cuando fueron allá a buscar ayuda. Entonces reconocerán que yo soy el Señor.' "

17 El día primero del mes primero del año veintisiete, el Señor se dirigió a mí, y me dijo: 18 "Nabucodonosor, el rey de Babilonia, ha lanzado su ejército a una gran campaña contra Tiro; tanto que a todos se les ha pelado la cabeza y se les han llagado los hombros; pero ni él ni su ejército han sacado ningún provecho de esa campaña contra Tiro. 19 Por eso yo, el Señor, digo: Voy a hacer que Nabucodonosor se apodere de Egipto, y que le quite sus riquezas y todo lo que tenga; con lo que le robe tendrá para pagar a su ejército. 20 Voy a hacer que Nabucodonosor se apodere de Egipto en pago de la campaña que lanzó contra Tiro, porque ha trabajado para mí. Yo, el Señor, lo afirmo.

21 "En ese tiempo haré que aumente la fuerza del pueblo de Israel, y que tú, Ezequiel, puedas hablarles abiertamente. Entonces reconocerán que yo soy el Señor."

Castigo de Egipto

30 1 El Señor se dirigió a mí, y me dijo: 2 "Tú, hombre, habla en nombre mío y di:

---

a **29.1—32.32** Cf. Is 19.1–25; Jer 46.2–26.   *b* **29.6–7** Cf. 2 R 18.21; Is 36.6.

'Esto dice el Señor:
Griten por el día

3 que ya se acerca;
¡se acerca el día del Señor!
¡Será un día nublado,
un día terrible para las naciones!

4 Vendrá la guerra contra Egipto.
Y cuando allí maten a muchos,
y les roben sus riquezas,
y destruyan Egipto
hasta sus cimientos,
Etiopía se pondrá a temblar.

5 Caerán también en la guerra
los soldados de Etiopía y de Libia,
de Lidia, de toda Arabia,
de Cub y de otros pueblos,
y de los demás países aliados.

6 'Esto dice el Señor:
Los que apoyen a Egipto
morirán en la guerra,
desde Migdol hasta Asuán.
El orgulloso poder de Egipto
quedará humillado.
Yo, el Señor, doy mi palabra.'

7 "Egipto será el país más desolado de todos, y sus ciudades las más arruinadas. 8 Cuando yo haga que el país se incendie y queden destruidos todos los que le ayudan, entonces reconocerán que yo soy el Señor.

9 "Cuando llegue el día del castigo de Egipto, enviaré mensajeros por mar para que alarmen a la gente despreocupada de Etiopía, la cual se llenará de terror. Ese día está a punto de llegar.

10 "Yo, el Señor, digo: Me voy a valer de Nabucodonosor, rey de Babilonia, para destruir la riqueza de Egipto. 11 Él irá con su ejército, que es gente de lo más cruel, a destruir el país. Atacarán a Egipto con sus espadas, y dejarán el país lleno de muertos. 12 Haré que el Nilo se seque, y pondré el país en manos de gente malvada; por medio de esos extranjeros dejaré en ruinas el país y todo lo que hay en él. Yo, el Señor, he hablado.

13 "Yo, el Señor, digo:
Voy a destruir los ídolos
y a terminar con los falsos dioses
de Menfis.
Egipto no volverá a tener
quien lo gobierne,
y llenaré de terror el país.

14 Convertiré en ruinas el sur de Egipto,
pondré fuego a Soan
y ejecutaré la sentencia contra Tebas.

15 "Descargaré mi ira sobre Sin, la fortaleza de Egipto, y destruiré la riqueza de Tebas. 16 Pondré fuego a Egipto, y Sin se retorcerá de dolor; se abrirán boquetes en las murallas de Tebas, y Menfis será atacada en pleno día. 17 Los jóvenes de On y de Bubastis morirán en la guerra, y a los demás habitantes se los llevarán presos. 18 Cuando yo destruya el poder de Egipto y acabe con la fuerza de la cual estaba tan orgulloso, el sol se oscurecerá en Tafnes, una nube cubrirá a Egipto, y a los habitantes de sus ciudades se los llevarán presos. 19 Yo ejecutaré la sentencia contra Egipto, y entonces reconocerán que yo soy el Señor."

20 El día siete del mes primero del año once, el Señor se dirigió a mí, y me dijo: 21 "Yo le he roto el brazo al faraón, rey de Egipto, y nadie se lo ha curado ni vendado para que recobre su fuerza y pueda volver a empuñar la espada. 22 Por eso yo, el Señor, digo: Yo me declaro enemigo del faraón, el rey de Egipto. Voy a romperle los dos brazos, el bueno y el que ya tenía roto, y haré que se le caiga la espada de la mano. 23 Voy a dispersar a los egipcios entre las demás naciones, a esparcirlos por los diversos países. 24 Y voy a dar fuerza a los brazos del rey de Babilonia, y a ponerle mi espada en la mano. Voy a romperle al faraón los brazos, y él se quejará al sentirse herido delante de su enemigo. 25 Daré fuerzas a los brazos del rey de Babilonia y se las quitaré a los brazos del faraón. Cuando yo ponga mi espada en la mano del rey de Babilonia y él la levante contra Egipto, reconocerán que yo soy el Señor. 26 Dispersaré a los egipcios entre los demás pueblos y naciones, y entonces reconocerán que yo soy el Señor."

El faraón comparado a un cedro

31 1 El día primero del mes tercero del año once, el Señor se dirigió a mí, y me dijo: 2 "Di al faraón, rey de Egipto, y a toda su gente:

'¿Con qué se puede comparar
tu grandeza?

3 Pareces un ciprés o un cedro del Líbano,
con hermosas ramas que dan sombra
al bosque,
tan alto que su punta llega a las nubes.

4 La lluvia y el agua del suelo
le ayudaron a crecer;
se formaron ríos alrededor
de donde estaba plantado;
sus corrientes regaron
todos los árboles de la región.

5 Como tenía tanta agua,
creció más que los otros árboles
del bosque;
sus ramas aumentaron
y se extendieron mucho.

6 Aves de todas clases
hacían nidos en sus ramas;
animales salvajes de toda especie
daban a luz debajo de ellas.
A su sombra podían vivir
naciones numerosas.

7 Era un árbol magnífico, inmenso,
con ramas muy largas,
pues sus raíces estaban
junto a aguas abundantes.

8 Ningún cedro del jardín de Dios[a]
se podía comparar a él;
ningún pino tenía ramas como las suyas,
ningún castaño tenía tantas hojas,
ningún árbol del jardín de Dios
se le igualaba en belleza.

9 Yo lo hice bello y con mucho ramaje;
los demás árboles del Edén, jardín de Dios,
le tenían envidia.

10 'Pues bien, esto dice el Señor: El árbol llegó a ser tan alto que su punta llegaba a las nubes; tanto creció que se llenó de orgullo. 11 Por eso yo lo he desechado; voy a dejarlo caer en poder de un jefe extranjero, que lo tratará como merece su maldad. 12 Los más crueles extranjeros van a cortarlo y dejarlo abandonado; sus ramas caerán rotas por todas las montañas, valles y cañadas del país, y todos los pueblos que vivían bajo su sombra huirán y lo abandonarán. 13 Aves de todas clases vendrán a vivir en el árbol caído, y animales salvajes de toda especie se echarán en sus ramas. 14 Y ya ningún árbol, aunque esté junto al agua, volverá a crecer tanto, ni aunque esté bien regado volverá a alcanzar las nubes con su punta ni subirá a tanta altura. Todos están condenados a morir, a bajar a ese mundo bajo tierra y reunirse con los que ya están en el sepulcro.

15 'Yo, el Señor, digo: Cuando el árbol baje al reino de la muerte, haré que de tristeza se seque el mar profundo; detendré los ríos y las corrientes de agua; por él haré que el monte Líbano se cubra de tristeza y que todos los árboles del campo se marchiten. 16 Cuando yo lo haga bajar al reino de la muerte para reunirlo con los que ya han muerto, el ruido de su caída hará temblar a las naciones. Y en ese mundo bajo tierra sentirán consuelo los árboles del Edén, los más hermosos y mejor regados del monte Líbano. 17 También ellos bajarán, como él, al reino de la muerte, a juntarse con los que murieron en batalla. Los que vivían a su sombra, se dispersarán entre las naciones. 18 Ninguno de los árboles del Edén podía compararse a él en esplendor y altura; y, sin embargo, bajará con los demás árboles del Edén a ese mundo bajo tierra, para vivir entre paganos, entre gente que murió en batalla.

'El árbol es el faraón y toda su gente. Yo, el Señor, lo afirmo.' "

El faraón comparado a un monstruo

32 1 El día primero del mes duodécimo del año doce, el Señor se dirigió a mí, y me dijo: 2 "Dedica este canto fúnebre al faraón, rey de Egipto:

'Pareces un león de las naciones;
eres como un monstruo marino:
chapoteas en tu río,
con las patas enturbias el agua
y revuelves la corriente.

3 'Esto dice el Señor: Aunque estés entre pueblos numerosos, echaré mi red sobre ti y con ella te atraparé. 4 Te arrastraré a tierra y te dejaré tendido en el suelo. Haré que todas las aves del cielo se paren sobre ti, y que se harten de tu carne todos los animales salvajes. 5 Con la carne podrida de tu cadáver llenaré los montes y los valles. 6 Empaparé el suelo con tu sangre, la cual llegará hasta las montañas, y con ella se llenarán los cauces de los ríos. 7 Cuando yo te destruya, haré que el cielo se oscurezca y se apaguen las estrellas; cubriré con nubes el sol, y la luna no brillará más. 8 Por causa tuya apagaré todas las luces que brillan en el cielo, y llenaré de oscuridad tu país. Yo, el Señor, lo afirmo.

---

a 31.8–9 Cf. Gn 2.8–9.

9 'Cuando las noticias de tu destrucción lleguen a países que no conocías, haré que se inquieten muchos pueblos. 10 Por causa tuya sembraré el terror en muchos pueblos; sus reyes se llenarán de pánico cuando yo esgrima mi espada delante de ellos. Cuando caigas, ellos temblarán de miedo por sus propias vidas.

11 'El Señor dice: La espada del rey de Babilonia caerá sobre ti. 12 Voy a hacer que tu pueblo numeroso caiga herido por la espada de los más crueles guerreros. Pondrán fin a la grandeza de Egipto y acabarán con su pueblo numeroso. 13 Destruiré todo el ganado que bebe de tus aguas, y nunca más los hombres ni los animales las enturbiarán con sus pisadas. 14 Entonces haré que el agua se aclare y que los ríos corran tranquilos como aceite. Yo, el Señor, lo afirmo. 15 Cuando convierta a Egipto en un desierto y el país quede vacío, sin habitantes, entonces reconocerán que yo soy el Señor.'

16 "Este es un canto fúnebre, y así deberán cantarlo las mujeres de las diversas naciones cuando lloren por Egipto y por su gente numerosa. Yo, el Señor, lo afirmo."

Egipto en el reino de la muerte

17 El día quince del mes duodécimo del año doce, el Señor se dirigió a mí, y me dijo: 18 "Tú, hombre, entona en compañía de las mujeres de las diversas naciones un canto fúnebre por el numeroso pueblo de Egipto y por sus jefes:

'Los poderosos caen al mundo bajo tierra, con los que han bajado ya al sepulcro.
19 ¿Eres tú acaso más hermoso que los otros? Baja y tiéndete también junto a los paganos.'

20 "Ellos caerán con los que mueren en la guerra. La espada está lista. Con ellos se irán sus grandes multitudes. 21 Los jefes más poderosos recibirán en el reino de la muerte a los egipcios y a sus aliados, diciendo: '¡Ya bajaron! ¡Quedaron tendidos esos paganos, muertos en la guerra!'

22 "Ahí está Asiria, con todos sus soldados rodeando su tumba. Todos ellos murieron en la guerra. 23 Están enterrados en lo más hondo de la fosa. Sus soldados sembraron el pánico entre los que aún estaban vivos, pero cayeron muertos en la guerra y ahora rodean la tumba de Asiria.

24 "Ahí está Elam, con todos sus soldados rodeando su tumba. Todos ellos murieron en la guerra, paganos que cayeron al mundo bajo tierra. Sembraron el pánico entre los vivos, pero ahora están sin honor entre los que bajaron al sepulcro. 25 Elam está tendido en medio de todos sus soldados muertos, todos ellos paganos muertos en la guerra, que ahora rodean su tumba. Sembraron el pánico entre los vivos, pero ahora están sin honor entre los que bajaron al sepulcro. Quedaron entre gente asesinada.

26 "Ahí están Mésec y Tubal, con todos sus soldados rodeando su tumba, todos ellos paganos muertos en la guerra, que sembraron el pánico entre los vivos. 27 No están sepultados con los héroes del pasado, que bajaron con sus armas al reino de la muerte y que tienen sus espadas bajo la cabeza y sus escudos sobre el cuerpo, después de haber sembrado el pánico entre los que estaban vivos.

28 "Ahí estarás tú, Egipto, en medio de paganos, destrozado y sepultado con los muertos en la guerra.

29 "Ahí está Edom, con sus reyes y gobernantes. A pesar de haber sido tan poderosos, están entre los muertos en la guerra, sepultados entre los paganos, entre los que bajaron al sepulcro.

30 "Ahí están todos los jefes del norte, igual que todos los de Sidón. Fueron muy poderosos y sembraron el pánico, pero ahora han bajado con los muertos en la guerra, cubiertos de deshonra. Son paganos, y están sepultados sin honor entre los muertos en la guerra, entre los que bajaron al sepulcro.

31 "Cuando el faraón los vea, se consolará de la muerte de toda su gente, pues él y todo su ejército murieron en la guerra. Yo, el Señor, lo afirmo. 32 El faraón sembró el pánico entre los vivos; por eso está sepultado entre los paganos, entre los muertos en la guerra, lo mismo que su numeroso ejército. Yo, el Señor, lo afirmo."

Responsabilidad del centinela
(Ez 3.16–21)

33 1 El Señor se dirigió a mí, y me dijo: 2 "Tú, hombre, habla a tus compatriotas, y diles: 'Cuando yo envío la guerra a un país, la gente de ese país escoge a uno de ellos para ponerlo de centinela. 3 Y cuando el centinela ve que los ejércitos enemigos se acercan al país, toca la trompeta y previene a la gente. 4 Si alguien escucha el toque

de trompeta y no le hace caso, y los enemigos llegan y lo matan, el culpable de su muerte es él mismo, 5 porque oyó el toque de trompeta pero no hizo caso; es culpable de su muerte, porque, si hubiera hecho caso, habría salvado su vida. 6 Pero si el centinela ve llegar los ejércitos enemigos y no toca la trompeta para prevenir a la gente, y los enemigos llegan y matan a alguien, este morirá por su pecado, pero yo le pediré al centinela cuentas de esa muerte.'

7 "Pues a ti, hombre, yo te he puesto como centinela del pueblo de Israel. Tú deberás recibir mis mensajes y comunicarles mis advertencias. 8 Puede darse el caso de que yo pronuncie sentencia de muerte contra un malvado; pues bien, si tú no hablas con él para advertirle que cambie de vida, y él no lo hace, ese malvado morirá por su pecado, pero yo te pediré a ti cuentas de su muerte. 9 Si tú, en cambio, adviertes al malvado que cambie de vida, y él no lo hace, él morirá por su pecado, pero tú salvarás tu vida.

Responsabilidad personal
(Ez 18.21–32)

10 "Tú, hombre, di al pueblo de Israel: 'Ustedes dicen: Estamos cargados de faltas y pecados. Por eso nos estamos pudriendo en vida. ¿Cómo podremos vivir? 11 Pero yo, el Señor, juro por mi vida que no quiero la muerte del malvado, sino que cambie de conducta y viva. Israel, deja esa mala vida que llevas. ¿Por qué habrás de morir?'[a]

12 "Tú, hombre, di a tus compatriotas: 'Si un hombre bueno peca, su bondad anterior no lo salvará, y si un malvado deja de hacer el mal, su maldad anterior no será causa de su muerte. Si el hombre bueno peca, su bondad anterior no le valdrá para seguir viviendo. 13 Si yo le prometo vida a un hombre bueno, y este, ateniéndose a su bondad, hace el mal, no tomaré en cuenta ninguna buena acción suya, sino que morirá por el mal que haya cometido. 14 Y si condeno a morir a un malvado, y este deja el pecado y actúa bien y con justicia, 15 y devuelve lo que había recibido en prenda o lo que había robado, y cumple las leyes que dan la vida y deja de hacer lo malo, ciertamente vivirá y no

morirá. 16 Puesto que ahora actúa bien y con justicia, vivirá, y no me acordaré de ninguno de los pecados que había cometido.' 17 Tus compatriotas dirán que yo no actúo con justicia; pero en realidad son ellos los que no actúan con justicia. 18 Si el hombre bueno deja de hacer lo bueno y hace lo malo, morirá a causa de ello. 19 Y si el malvado deja de hacer lo malo y hace lo bueno y lo justo, a causa de ello vivirá. 20 Ustedes repiten: 'El Señor no está actuando con justicia.' Pero yo juzgaré a cada uno de ustedes, israelitas, de acuerdo con sus acciones."

La caída de Jerusalén

21 El quinto día del mes décimo del año doce de nuestro destierro, un hombre que había huido de Jerusalén vino y me contó que la ciudad había caído en poder del enemigo. 22 La noche antes de que llegara el escapado, el Señor había puesto su mano sobre mí; y por la mañana, cuando vino el hombre, el Señor me devolvió el habla y dejé de estar mudo.[b]

Los pecados del pueblo

23 El Señor se dirigió a mí, y me dijo: 24 "La gente que vive en esas ciudades de Israel que están en ruinas, anda diciendo: 'Abraham era uno solo y, sin embargo, llegó a ser dueño del país; con mayor razón nosotros, que somos muchos, llegaremos a ser dueños del país.' 25 Por lo tanto, diles: 'Así dice el Señor: Ustedes comen carne con sangre, adoran ídolos, cometen asesinatos, ¿y creen que van a ser dueños del país? 26 Recurren a la violencia de las armas, hacen cosas que yo deteste, todos cometen adulterio, ¿y creen que van a ser dueños del país?'

27 "Diles también: 'Así dice el Señor: Juro por mi vida que los que viven en las ciudades en ruinas también serán asesinados, y a los que viven en el campo haré que se los coman las fieras, y los que viven en rocas y cuevas morirán de enfermedades. 28 Dejaré el país desierto y en ruinas, y destruiré la fuerza de la cual está tan orgulloso. Los montes de Israel quedarán desiertos; nadie pasará por ellos. 29 Cuando yo deje desierto y en ruinas el país a causa de los pecados detestables que ellos cometieron, entonces reconocerán que yo soy el Señor.'

---

[a] **33.11** Cf. Ez 18.23,32. [b] **33.21–22** Cf. 2 R 25.3–10; Jer 39.2–8; 52.4–14. La recepción de esta noticia va a marcar un cambio decisivo en la actividad profética de Ezequiel. Véase la *Introducción* a este libro.

30 "Tus compatriotas hablan de ti junto a las murallas, y en las puertas de las casas, y se dicen unos a otros: 'Vengan, vamos a oir el mensaje que ha venido de parte del Señor.' 31 Y así mi pueblo viene y se sienta delante de ti, como acostumbra hacerlo, para oir tus palabras. Pero no las ponen en práctica. Las repiten como si fueran canciones amorosas, pero su corazón va tras el dinero. 32 Ellos te consideran como uno que canta canciones amorosas, que tiene hermosa voz y toca bien el arpa. Escuchan tus palabras, pero no las ponen en práctica. 33 Sin embargo, todo ello va a cumplirse; y cuando se cumpla, reconocerán que sí había un profeta entre ellos."

Profecía contra los pastores de Israel[a]

34 1 El Señor se dirigió a mí, y me dijo: 2 "Tú, hombre, habla en mi nombre contra los pastores de Israel, y diles: 'Esto dice el Señor: ¡Ay de los pastores de Israel, que se cuidan a sí mismos! Lo que deben cuidar los pastores es el rebaño. 3 Ustedes se beben la leche, se hacen vestidos con la lana y matan las ovejas más gordas, pero no cuidan el rebaño. 4 Ustedes no ayudan a las ovejas débiles, ni curan a las enfermas, ni vendan a las que tienen alguna pata rota, ni hacen volver a las que se extravían, ni buscan a las que se pierden, sino que las tratan con dureza y crueldad. 5 Mis ovejas se quedaron sin pastor y se dispersaron, y las fieras salvajes se las comieron. 6 Se dispersaron por todos los montes y cerros altos, se extraviaron por toda la tierra, y no hubo nadie que se preocupara por ellas y fuera a buscarlas.

7 'Así que, pastores, escuchen bien mis palabras. 8 Yo, el Señor, lo juro por mi vida: Fieras salvajes de todas clases han robado y devorado a mis ovejas, porque no tienen pastor. Mis pastores no van a buscar a las ovejas. Los pastores cuidan de sí mismos, pero no de mi rebaño. 9 Por eso, pastores, escuchen las palabras 10 que yo, el Señor, les dirijo: Pastores, yo me declaro su enemigo y les voy a reclamar mi rebaño; les voy a quitar el encargo de cuidarlo, para que no se sigan cuidando ustedes mismos; rescataré a mis ovejas, para que ustedes no se las sigan comiendo.'

El buen pastor

11 "Yo, el Señor, digo: Yo mismo voy a encargarme del cuidado de mi rebaño. 12 Como el pastor que se preocupa por sus ovejas cuando están dispersas, así me preocuparé yo de mis ovejas; las rescataré de los lugares por donde se dispersaron en un día oscuro y de tormenta. 13 Las sacaré de los países extranjeros, las reuniré y las llevaré a su propia tierra. Las llevaré a comer a los montes de Israel, y por los arroyos, y por todos los lugares habitados del país. 14 Las llevaré a comer los mejores pastos, en los pastizales de las altas montañas de Israel. Allí podrán descansar y comer los pastos más ricos. 15 Yo mismo seré el pastor de mis ovejas, yo mismo las llevaré a descansar. Yo, el Señor, lo afirmo. 16 Buscaré a las ovejas perdidas, traeré a las extraviadas, vendaré a las que tengan alguna pata rota, ayudaré a las débiles, y cuidaré a las gordas y fuertes. Yo las cuidaré como es debido.

17 "Yo, el Señor, digo: Escuchen, ovejas mías: Voy a hacer justicia entre los corderos y los cabritos. 18 ¿No les basta con comerse el mejor pasto, sino que tienen que pisotear el que queda? Beben el agua clara, y la demás la enturbian con las patas. 19 Y mis ovejas tienen que comer el pasto que ustedes han pisoteado y beber el agua que ustedes han enturbiado. 20 Por eso yo, el Señor, les digo: Voy a hacer justicia entre las ovejas gordas y las flacas. 21 Ustedes han alejado a empujones a las débiles, las han atacado a cornadas y las han hecho huir. 22 Pero yo voy a salvar a mis ovejas. No dejaré que las sigan robando. Voy a hacer justicia entre las ovejas. 23 Voy a hacer que vuelva mi siervo David, y lo pondré como único pastor, y él las cuidará. Él será su pastor. 24 Yo, el Señor, seré su Dios, y mi siervo David será su jefe. Yo, el Señor, he hablado. 25 Voy a hacer una alianza con ellas, para asegurarles una vida tranquila. Haré desaparecer las fieras del país, para que mis ovejas puedan vivir tranquilas en campo abierto y dormir en los bosques.

26 "Yo pondré a mis ovejas alrededor de mi monte santo, y las bendeciré; les enviaré lluvias de bendición en el tiempo oportuno. 27 Los árboles del campo darán su fruto, la tierra dará sus cosechas, y ellas vivirán tranquilas en su propia tierra. Cuando yo libere a mi pueblo de

---

[a] **34.1-31** Cf. Jer 23.1-6.

quienes lo han esclavizado, entonces reconocerán que yo soy el Señor. **28**Los pueblos extranjeros no volverán a apoderarse de ellos, ni las fieras volverán a devorarlos. Vivirán tranquilos, sin que nadie los asuste. **29**Les daré sembrados fértiles, y ellos no volverán a sufrir hambre ni las demás naciones volverán a burlarse de ellos. **30**Entonces reconocerán que yo, el Señor su Dios, estoy con ellos, y que Israel es mi pueblo. Yo, el Señor, lo afirmo. **31**Ustedes son mis ovejas, las ovejas de mi prado. Yo soy su Dios. Yo, el Señor, lo afirmo."

Profecía contra el monte Seír[a]

35 **1**El Señor se dirigió a mí, y me dijo: **2**"Vuélvete hacia el monte de Seír y habla en mi nombre contra él. **3**Dile:

'Esto dice el Señor:
Yo me declaro tu enemigo,
monte de Seír,
y te voy a castigar
dejándote desierto y en ruinas.
4 Voy a dejar destruidas tus ciudades,
y tú quedarás convertido en un desierto.
Entonces reconocerás
que yo soy el Señor.

5'Tú has sido eterno enemigo de los israelitas, y les hiciste la guerra cuando ellos recibían el castigo final por sus pecados. **6**Pero yo, el Señor, juro por mi vida que te entregaré a la muerte, y la muerte te perseguirá. Eres culpable de muerte, y la muerte te perseguirá. **7**Te voy a dejar desierto y en ruinas, monte de Seír, y no permitiré que nadie vuelva a pasar por ti. **8**Haré que tus cerros y tus colinas, tus valles y tus ríos, queden llenos de los cadáveres de los que mueran en la guerra. **9**Te dejaré convertido para siempre en un desierto, y nadie vivirá en tus ciudades. Entonces reconocerán ustedes que yo soy el Señor.

10'Tú dijiste: El país de Israel, con sus dos reinos, será mío; yo seré su dueño, a pesar de que el Señor viva allí. **11**Pero yo, el Señor, juro por mi vida que voy a tratarte a ti con la misma ira, envidia y odio con que tú trataste a Israel. Cuando yo te castigue, ellos me reconocerán. **12**Entonces verás que yo, el Señor, había escuchado todos los insultos que lanzaste contra los montes de Israel. Tú dijiste: ¡Son un desierto; ahora los podemos devorar! **13**Abriste la boca desafiándome, y se te soltó la lengua contra mí. Yo lo escuché.

14'Pues esto digo yo, el Señor: Toda la tierra se va a alegrar cuando yo te destruya. **15**Tú te alegraste cuando fue destruido el país que Israel recibió en propiedad, pero lo mismo pasará contigo: quedarás hecho un desierto, monte de Seír, país de Edom. Entonces reconocerán que yo soy el Señor.'

Futura prosperidad de Israel

36 **1**"Y tú, hombre, habla en nombre mío a las montañas de Israel, y diles que escuchen mi palabra. **2**Yo, el Señor, digo: Los enemigos de Israel se creen dueños ya de las montañas eternas. **3**Pues bien, habla en mi nombre y diles: 'Esto dice el Señor: De todas partes las atacan a ustedes y las destruyen; todos los pueblos extranjeros se han apoderado de ustedes, y la gente las trata con burla y desprecio. **4**Por lo tanto, montañas de Israel, escuchen el mensaje del Señor a las montañas, colinas, ríos y valles; a las ruinas despobladas y a las ciudades desiertas de Israel, que han sido saqueadas por los pueblos vecinos y que han sido objeto de burla por parte de ellos. **5**Esto dice el Señor: Mis palabras van encendidas de enojo contra los otros pueblos, y en especial contra todo Edom, porque con gran alegría se apoderaron de mi tierra y con profundo desprecio saquearon sus campos.'

6"Habla en mi nombre acerca de la tierra de Israel, y di: 'Esto dice el Señor a las montañas, colinas, ríos y valles: Yo tengo palabras de ira y furor, por los insultos que han sufrido ustedes de parte de las naciones extranjeras. **7**Por lo tanto yo, el Señor, juro que los pueblos vecinos de ustedes se verán cubiertos de vergüenza. **8**Ustedes, en cambio, montañas de Israel, estarán cubiertas de árboles grandes y con mucho fruto para mi pueblo Israel, que ya está a punto de regresar. **9**Yo las voy a proteger, y haré que sean cultivadas y sembradas. **10**Haré que aumente mucho el pueblo de Israel que vive allí. Las ciudades se llenarán de habitantes, y las ruinas serán reconstruidas. **11**Haré que aumenten en ustedes los hombres y los animales, y que se hagan muy numerosos. Habrá tantos

---

[a] **35.1–15** Is 34.5–17; 63.1–6; Jer 49.7–22; Ez 25.12–14; Am 1.11–12; Abd 1–14; Mal 1.2–5.

habitantes como antes, y ustedes estarán mejor que en el pasado. Entonces reconocerán que yo soy el Señor. 12 Haré que mi pueblo camine sobre ustedes, montañas de Israel, y que tomen ellos posesión de ustedes como dueños, y ustedes no volverán a dejarlos sin hijos.

13 'Yo, el Señor, digo: A ustedes, montañas, las acusan de comerse a la gente y de dejar sin hijos a su pueblo. 14 Pues bien, ustedes no volverán a comerse a la gente ni a dejar sin hijos a su pueblo. Yo, el Señor, lo afirmo. 15 No permitiré que oigan de nuevo los insultos de las naciones extranjeras; no recibirán más ofensas de esos pueblos, porque ustedes no volverán a dejar sin hijos a su pueblo. Yo, el Señor, lo afirmo.' "

16 El Señor se dirigió a mí, y me dijo: 17 "Cuando los israelitas vivían en su tierra, la profanaron con sus malas acciones. Su manera de vivir era para mí algo sucio y repugnante. 18 Entonces descargué mi ira sobre ellos por los asesinatos que cometieron en el país y por la manera en que lo profanaron adorando a los ídolos, 19 y en castigo de sus malas acciones los dispersé entre los demás países y naciones. 20 Pero en todos los pueblos a donde ellos llegaban, ofendían mi santo nombre, pues la gente decía: 'Estos son el pueblo del Señor, pero tuvieron que salir de su país.' 21 Entonces me dolió ver que, por culpa de Israel, mi santo nombre era profanado en cada nación adonde ellos llegaban.

22 "Por eso, dile al pueblo de Israel: 'Esto dice el Señor: Lo que voy a realizar no es por causa de ustedes, israelitas, sino por mi santo nombre, que ustedes han ofendido entre las naciones a donde han ido. 23 Yo voy a mostrar ante las naciones la santidad de mi gran nombre, que ustedes han ofendido entre ellas; cuando yo lo haga, ellas reconocerán que yo soy el Señor. Yo, el Señor, lo afirmo. 24 Yo los sacaré a ustedes de todas esas naciones y países; los reuniré y los haré volver a su tierra. 25 Los lavaré con agua pura, los limpiaré de todas sus impurezas, los purificaré del contacto con sus ídolos;*a* 26 pondré en ustedes un corazón nuevo y un espíritu nuevo. Quitaré de ustedes ese corazón duro como la piedra y les pondré un corazón dócil. 27 Pondré en ustedes mi espíritu, y haré que cumplan mis leyes y decretos; 28 vivirán en el país que di a sus padres, y serán mi pueblo y yo seré su Dios. 29 Los libraré de todo lo que les manche. Haré que el trigo abunde, y no volveré a enviarles hambre. 30 Haré también que los árboles y los campos den más fruto, para que ustedes no vuelvan a pasar vergüenza delante de las otras naciones por causa del hambre. 31 Y cuando se acuerden de su mala conducta y de sus malas acciones, sentirán vergüenza de ustedes mismos por sus pecados y malas acciones. 32 Yo, el Señor, lo afirmo: Sepan, israelitas, que no hago esto porque ustedes lo merezcan; sientan vergüenza y confusión por su conducta.

33 'Yo, el Señor, digo: Cuando yo los purifique de todos sus pecados, haré que vivan en sus ciudades y que reconstruyan las ruinas. 34 La tierra que había quedado desierta, en vez de quedar desierta será cultivada a la vista de todos los que pasan. 35 Y se dirá: Esta tierra, que había quedado desierta, ahora se parece al jardín de Edén; las ciudades que habían sido destruidas, arrasadas y dejadas en ruinas, ahora son unas fortalezas y están habitadas. 36 Entonces los pueblos vecinos que queden con vida reconocerán que yo, el Señor, reconstruyo lo destruido y vuelvo a sembrar lo arrasado. Yo, el Señor, lo he dicho, y lo realizaré.

37 "Yo, el Señor, digo: Aún haré algo más. Concederé al pueblo de Israel lo que me pida que haga por ellos; multiplicaré su gente como un rebaño. 38 Las ciudades en ruinas se llenarán de tanta gente, que se parecerán a las ovejas que en las fiestas se llevan a Jerusalén para ofrecerlas en sacrificio. Entonces reconocerán que yo soy el Señor.' "

Los huesos secos*a*

37 1 El Señor puso su mano sobre mí, y me hizo salir lleno de su poder, y me colocó en un valle que estaba lleno de huesos. 2 El Señor me hizo recorrerlo en todas direcciones; los huesos cubrían el valle, eran muchísimos y estaban completamente secos. 3 Entonces me dijo: "¿Crees tú que estos huesos pueden volver a tener vida?" Yo le respondí: "Señor, solo tú lo sabes."

---

a **36.25-27** Jer 31.31-33; Ro 8.5-6; Gl 5.22-25; 1 Jn 3.24. *a* **37.1-14** Esta gran visión, sin duda la más célebre de Ezequiel, es la respuesta del Señor al desaliento y a la desesperanza de los israelitas en el exilio (cf. Ez 33.10). Fuera de la Tierra prometida, los exiliados son como un montón de huesos resecos (cf. v. 11). Pero el Señor hará revivir a su pueblo con la eficacia de la palabra profética (v. 4) y con la fuerza vivificante de su espíritu (v. 5).

4Entonces el Señor me dijo: "Habla en mi nombre a estos huesos. Diles: 'Huesos secos, escuchen este mensaje del Señor. 5El Señor les dice: Voy a hacer entrar en ustedes aliento de vida, para que revivan. 6Les pondré tendones, los rellenaré de carne, los cubriré de piel y les daré aliento de vida para que revivan. Entonces reconocerán ustedes que yo soy el Señor.' " 7Yo les hablé como él me lo había ordenado. Y mientras les hablaba, oí un ruido: era un terremoto, y los huesos comenzaron a juntarse unos con otros. 8Y vi que sobre ellos aparecían tendones y carne, y que se cubrían de piel. Pero no tenían aliento de vida.

9Entonces el Señor me dijo: "Habla en mi nombre al aliento de vida, y dile: 'Así dice el Señor: Aliento de vida, ven de los cuatro puntos cardinales y da vida a estos cuerpos muertos.' " 10Yo hablé en nombre del Señor, como él me lo ordenó, y el aliento de vida vino y entró en ellos, y ellos revivieron y se pusieron de pie. Eran tantos que formaban un ejército inmenso.

11Entonces el Señor me dijo: "El pueblo de Israel es como estos huesos. Andan diciendo: 'Nuestros huesos están secos; no tenemos ninguna esperanza, estamos perdidos.' 12Pues bien, háblales en mi nombre, y diles: 'Esto dice el Señor: Pueblo mío, voy a abrir las tumbas de ustedes; voy a sacarlos de ellas y a hacerlos volver a la tierra de Israel. 13Y cuando yo abra sus tumbas y los saque de ellas, reconocerán ustedes, pueblo mío, que yo soy el Señor. 14Yo pondré en ustedes mi aliento de vida, y ustedes revivirán; y los instalaré en su propia tierra. Entonces sabrán que yo, el Señor, lo he dicho y lo he hecho. Yo, el Señor, lo afirmo.' "

Reunificación de Judá e Israel

15El Señor se dirigió a mí, y me dijo: 16"Toma un palo, y escribe en él: 'Judá y sus aliados israelitas'. Toma luego otro palo, y escribe: 'José, representado por Efraín,*b* y todos sus aliados del resto de Israel'. 17En seguida, júntalos en tu mano el uno con el otro, de manera que formen uno solo. 18Cuando tus compatriotas te digan: 'Explícanos lo que esto significa',

19diles: 'Esto dice el Señor: Voy a tomar el palo de José, que está en manos de Efraín y de las demás tribus aliadas de Israel, y lo voy a juntar con el palo de Judá para convertirlos en un solo palo en mi mano.' 20Ten en tu mano, a la vista de ellos, los dos palos sobre los cuales escribiste. 21Luego diles: 'Esto dice el Señor: Voy a sacar a los israelitas de entre las naciones a donde han ido a parar; los reuniré de todas partes y los haré volver a su tierra. 22Haré de ellos una sola nación en este país, en los montes de Israel, y tendrán un solo rey. No volverán a estar divididos en dos naciones, ni separados en dos reinos. 23Tampoco volverán a mancharse adorando ídolos repugnantes ni cometiendo toda clase de pecados. Yo los libraré de todas las infidelidades que han cometido, y los limpiaré de sus pecados. Ellos serán mi pueblo y yo seré su Dios. 24Mi siervo David será el rey y único pastor de todos ellos, y ellos me obedecerán y cumplirán mis leyes y decretos. 25Vivirán en el país que di a mi siervo Jacob, donde también vivieron sus antepasados. Allí vivirán siempre ellos y sus hijos y todos sus descendientes; y mi siervo David será siempre su jefe. 26Haré con ellos una alianza para asegurarles una vida tranquila. Será una alianza eterna. Haré que aumenten en número, y para siempre pondré mi santo templo en medio de ellos. 27Viviré entre ellos, y yo seré su Dios y ellos serán mi pueblo. 28Cuando mi santo templo*c* esté para siempre en medio de ellos, las demás naciones reconocerán que yo he escogido a Israel como mi posesión sagrada.' "

Gog, instrumento de Dios

38 1El Señor se dirigió a mí, y me dijo: 2"Tú, hombre, vuélvete ahora hacia el país de Magog, y habla en mi nombre contra Gog,*a* jefe supremo de Mésec y Tubal. 3Dile: 'Esto dice el Señor: Gog, jefe supremo de Mésec y Tubal, yo me declaro tu enemigo. 4Te voy a hacer volver, te voy a poner ganchos en la boca, te voy a sacar a ti y a toda tu caballería, con sus jinetes de elegantes uniformes, ese enorme ejército armado de espadas y

---

b **37.16** *José,* el padre de *Efraín* (cf. Gn 41.50–52; 48.13–14), era el antepasado de la principal entre las tribus que formaban el reino del norte (cf. Sal 80.1–2). *c* **37.26–28** *Mi santo templo:* Ezequiel se refiere al nuevo *templo* que estará en el centro mismo del país (cf. caps. 40—44). *a* **38.2** *Gog:* Con este nombre se designa a un personaje misterioso, que personifica y conduce a todas las fuerzas hostiles a Dios y a su pueblo. En la lista de naciones de Gn 10, *Magog, Mésec* y *Tubal* se mencionan entre los hijos de Jafet (Gn 10.2; cf. 1 Cr 1.5 y también Ap 20.8).

escudos de diversas clases. 5 Irán acompañados de gente de Persia, Etiopía y Libia, todos ellos con escudos y cascos, 6 y también de todos los soldados de Gómer y de Bet–togarmá, de lo más lejano del norte, los numerosos pueblos aliados tuyos. 7 Prepárate y ármate, tú y todos los ejércitos que están contigo; tómalos bajo tu mando. 8 Al cabo de muchos años vas a recibir la orden de invadir un país que estuvo en guerra, pero que ya se habrá restablecido; un pueblo que estuvo disperso entre muchas naciones y que había sido arrasado para siempre, pero que ya se habrá vuelto a reunir en los montes de Israel. Para entonces, ellos habrán regresado ya de muchos países, y estarán todos viviendo tranquilos. 9 Llegarás tú, como un nubarrón, para cubrir el país, y lo invadirás como una tormenta con todos tus ejércitos y pueblos numerosos.

10 'Yo, el Señor, digo: En ese tiempo se te ocurrirán planes malvados. 11 Vas a decir: Voy a invadir un país indefenso, de gente que vive tranquila y confiada, toda en ciudades sin murallas, sin puertas ni trancas. 12 Lo voy a saquear y robar; voy a atacar ciudades ya reconstruidas de un pueblo que se ha reunido de varias naciones, que tiene ganado y otras propiedades y que vive en el centro del mundo.*b* 13 La gente de Sabá y Dedán, y los comerciantes de Tarsis y demás ciudades, te preguntarán: ¿Viniste a robar? ¿Reuniste tus ejércitos para saquear y apoderarte de la plata y del oro, del ganado y otras propiedades, y llevarte una enorme riqueza?'

14 "Pues, bien, habla en mi nombre a Gog, y dile: 'Esto dice el Señor: Cuando mi pueblo Israel viva tranquilo, tú te pondrás en marcha 15 desde tu tierra, en lo más lejano del norte, acompañado de ejércitos fuertes y numerosos, y tropas de caballería, 16 y atacarás a mi pueblo Israel. Tú, Gog, cubrirás la tierra como un nubarrón. En esos últimos días te haré venir contra mi tierra, para que por medio de ti las demás naciones me reconozcan cuando yo demuestre mi santidad delante de ellos.

17 'Yo, el Señor, digo: Era a ti a quien yo me refería en tiempos pasados, cuando hablaba por medio de mis siervos los profetas de Israel; ellos anunciaron en aquel tiempo que yo te haría venir para que atacaras a Israel.'

Castigo de Gog

18 "Yo, el Señor, afirmo: Cuando Gog invada a Israel, mi ira se encenderá terriblemente. 19 En el ardor de mi ira juro que, en ese tiempo, habrá un fuerte terremoto en Israel. 20 Los peces del mar, las aves del cielo, las fieras salvajes y los reptiles temblarán delante de mí, lo mismo que todos los hombres de la tierra. Las montañas se derrumbarán, las rocas caerán y todas las murallas se vendrán abajo. 21-22 Yo haré venir sobre Gog toda clase de males que lo llenen de miedo. Lo castigaré con enfermedades y muerte violenta. Haré que caigan sobre él, sobre su ejército y sobre los numerosos pueblos que lo acompañan, lluvia a torrentes, granizo, fuego y azufre, y sus hombres se atacarán unos a otros con la espada. Yo, el Señor, lo afirmo. 23 Así demostraré a muchos pueblos mi grandeza y mi santidad. Yo me daré a conocer a ellos, y reconocerán que yo soy el Señor.

Derrota de Gog

39 1 "Y tú, hombre, habla en mi nombre contra Gog, y dile: 'Esto dice el Señor: Gog, jefe supremo de Mésec y Tubal, yo me declaro tu enemigo. 2 Te voy a hacer volver; paso a paso te voy a sacar de lo más lejano del norte y te voy a traer a las montañas de Israel. 3 Luego romperé el arco que llevas en la mano izquierda y haré caer las flechas que llevas en la derecha. 4 Y tú, con tus ejércitos y pueblos que te acompañan, caerás muerto en las montañas de Israel. Allí los entregaré a toda clase de aves de rapiña y de fieras salvajes, para que se los coman. 5 Quedarán tendidos en campo abierto. Yo, el Señor, he hablado. Yo he dado mi palabra. 6 Enviaré fuego sobre Magog y sobre los que viven tranquilos en los países del mar. Entonces reconocerán que yo soy el Señor. 7 Yo haré que mi santo nombre sea conocido de mi pueblo Israel, y no permitiré que siga siendo profanado. Y las naciones extranjeras sabrán que yo, el Señor, muestro mi santidad en Israel. 8 El día de que hablo va a llegar sin falta. Yo, el Señor, lo afirmo.'

9 "Los habitantes de las ciudades de Israel saldrán y quemarán sus armas, sus diversas clases de escudos, arcos, flechas, jabalinas y lanzas, y tendrán leña suficiente para hacer fuego durante

---

b **38.12** Para Ezequiel (cf. 5.5) y para los israelitas en general, Jerusalén y Palestina se encontraban *en el centro del mundo* (cf. Is 2.2–4; Miq 4.1–3).

siete años. 10 No tendrán necesidad de salir al campo a recoger leña, ni de cortarla en los bosques, porque todas esas armas les servirán de leña. Así ellos saquearán a quienes antes los habían saqueado, y despojarán a quienes antes los habían despojado. Yo, el Señor, lo afirmo.

Sepultura de Gog

11 "Por aquel tiempo daré a Gog un lugar en Israel, en el Valle de los Viajeros, frente al mar, para que lo sepulten. Ese lugar impedirá el paso, y allí enterrarán a Gog y a todo su ejército, y le pondrán el nombre de Valle del ejército de Gog. 12 Los israelitas necesitarán siete meses para enterrarlos y dejar limpio el país.ª 13 Toda la gente estará ocupada enterrándolos, y será un honor para ellos. En ese día yo me mostraré glorioso. Yo, el Señor, lo afirmo. 14 Además, después de esos siete meses, se encargará a un grupo de personas que recorran y exploren el país, y que entierren a los que hayan quedado en el suelo, para dejarlo limpio. 15 Cuando alguna de estas personas, al recorrer el país, vea algún hueso humano, pondrá a su lado una señal hasta que los enterradores lo entierren en el Valle del ejército de Gog. 16 (También hay una ciudad llamada El Ejército.) Así dejarán limpio el país."

17 El Señor me dijo: "Di a todas las aves y a todas las fieras que se reúnan de los alrededores y vengan a las montañas de Israel, al sacrificio que allí voy a hacer para ellas. Podrán comer carne y beber sangre; 18 se comerán la carne de los soldados y beberán la sangre de los gobernantes de la tierra, como si fuera de carneros, corderos, chivos o gordos becerros de Basán. 19 De ese sacrificio que voy a hacer para ellas, comerán grasa hasta enfermar y beberán sangre hasta emborracharse. 20 Les preparé un banquete con la carne de los caballos y de los jinetes, de los soldados y de toda clase de guerreros, para que coman hasta llenarse. Yo, el Señor, lo afirmo.

Restauración de Israel

21 "Así mostraré mi gloria a las naciones extranjeras. Todas las naciones verán cómo las he juzgado y castigado. 22 De ese día en adelante, Israel reconocerá que yo soy el Señor su Dios.

23 Y las naciones extranjeras sabrán que los israelitas fueron al destierro por causa de sus pecados, porque me fueron infieles; y que yo les volví la espalda y dejé que los enemigos los vencieran y los mataran a todos en la guerra. 24 Yo los traté como merecían su impureza y rebeldía, y les volví la espalda.

25 "Por eso yo, el Señor, digo: Ahora voy a tener misericordia de todo el pueblo de Israel, de los descendientes de Jacob. Voy a hacer que cambie su suerte, para exigir que se dé honor a mi santo nombre. 26-27 Yo los reuniré otra vez de las naciones extranjeras y de los países enemigos; entonces vivirán tranquilos en su propia tierra, sin que nadie los asuste. Así mostraré mi santidad, y muchas naciones podrán verla. Los israelitas soportarán su deshonra por haberme sido infieles. 28 Yo los envié al destierro entre naciones extranjeras, y yo los reuniré de nuevo en su tierra. No dejaré desterrado a ninguno. Entonces reconocerán que yo soy el Señor su Dios. 29 No volveré a darles la espalda, pues he derramado mi poder sobre el pueblo de Israel. Yo, el Señor, lo afirmo."

Visión del templo futuro

40 1-2 ª El día diez del mes, que es el día de año nuevo, el Señor puso su mano sobre mí, y en una visión me trasladó a la tierra de Israel. Ya iban a cumplirse veinticinco años desde que habíamos sido llevados a Babilonia, y catorce años desde la toma de Jerusalén.

En tierra de Israel, el Señor me puso sobre un monte muy alto; y desde allí, vi hacia el sur, una serie de edificios que parecían una ciudad. 3 El Señor me llevó allá, y vi un hombre que parecía de bronce. Estaba de pie a la puerta, y tenía en la mano una cinta de lino y una regla para medir. 4 Y aquel hombre me dijo: "Mira bien y escucha con cuidado; pon mucha atención a todo lo que te voy a mostrar, pues Dios te ha traído aquí para que yo te lo muestre. Luego, comunica al pueblo de Israel todo lo que veas."

La puerta oriental

5 Por fuera del templo había una muralla que lo rodeaba. La regla que el hombre tenía en la

---

ª **39.12** La inhumación de las víctimas está destinada a purificar el país de la impureza contraída por el contacto con los cadáveres. Cf. Lv 21.1; Nm 9.6. ª **40—48** El Señor ha decidido conceder un nuevo comienzo a su pueblo elegido (cf. Ez 37.1-14). Ezequiel no se contenta con anunciar este mensaje, sino que dicta un conjunto de normas destinadas a organizar la vida y el culto de Israel a la vuelta del exilio.

mano medía tres metros. Entonces midió el muro, y este tenía tres metros de ancho y tres de alto. 6 Luego se fue a la entrada que daba al oriente, subió los escalones y midió el umbral de la puerta, el cual tenía tres metros de ancho. 7 Las celdas que había a cada lado de la entrada medían cada una tres metros de largo por tres de ancho, y entre celda y celda había una distancia de dos metros y medio. Luego estaba la puerta que daba al vestíbulo, el cual miraba hacia el templo. El umbral de esta puerta tenía tres metros de ancho. 8-9 El hombre midió el vestíbulo que daba entrada al templo, y el vestíbulo medía cuatro metros. Había dos pilastras de un metro de grueso. 10 (En cada lado de la entrada oriental había tres celdas, todas del mismo tamaño, y las pilastras que había a cada lado eran también del mismo tamaño.)

11 Luego el hombre midió la puerta de entrada: tenía cinco metros de ancho, y la entrada seis metros y medio. 12 Delante de cada celda había un pequeño muro que tenía medio metro de ancho por cada lado. Cada celda medía tres metros de ancho por tres de largo. 13 Luego midió el ancho total de la entrada, desde el fondo de una celda hasta el fondo de la celda de enfrente, pasando de una puerta a la puerta de enfrente, y medía doce metros y medio. 14 Luego midió el vestíbulo: diez metros. El edificio de entrada daba por todos lados al atrio. 15 El largo total, desde la parte exterior de la puerta hasta la parte interior del vestíbulo, era de veinticinco metros. 16 Las celdas, lo mismo que sus pilastras, tenían ventanas con rejas por dentro y alrededor del edificio de entrada. Igualmente, el vestíbulo tenía ventanas alrededor, por la parte de adentro. En las pilastras había grabados de palmeras.

El atrio exterior

17 El hombre me llevó después al atrio exterior. El atrio tenía un empedrado a su alrededor, y treinta cuartos daban a él. 18 Este empedrado, que era el más bajo, se extendía por los costados de los edificios de entrada, y su ancho era igual al largo de estos. 19 El hombre midió la distancia que había desde el frente de la puerta de abajo hasta la parte de afuera de la puerta interior, y era de cincuenta metros.

La puerta norte

20 También había una entrada que daba al norte del atrio exterior. El hombre la midió a lo largo y a lo ancho. 21 Tenía también tres celdas a cada lado, y pilastras y vestíbulo de medidas iguales a las de la entrada oriental, es decir, de veinticinco metros de largo por doce y medio metros de ancho. 22 El vestíbulo, las ventanas y las palmeras eran del mismo tamaño que los de la entrada oriental. Aquí también se subía por una escalinata de siete escalones, y el vestíbulo quedaba por la parte de adentro. 23 Tanto al oriente como al norte, frente a la entrada exterior, había otra entrada que conducía al atrio interior. El hombre midió la distancia entre las dos entradas, y era de cincuenta metros.

La puerta sur

24 Luego el hombre me llevó al sur, donde había una entrada, y midió las pilastras y el vestíbulo, que medían lo mismo que las otras. 25 El edificio de entrada, con su vestíbulo, tenía ventanas alrededor, como los otros. Medía en total veinticinco metros de largo por doce y medio de ancho. 26 Tenía también una escalinata de siete escalones, y el vestíbulo quedaba también en la parte interior. Las pilastras tenían también grabados de palmeras, una de cada lado. 27 El atrio interior tenía también una puerta que daba hacia el sur. El hombre midió la distancia entre las dos puertas del lado sur, y era de cincuenta metros.

El atrio interior: la puerta sur

28 Luego me llevó por la entrada sur hacia el atrio interior. Midió la puerta del sur, y tenía las mismas medidas de las puertas anteriores. 29-30 Sus celdas, vestíbulo y pilastras eran del mismo tamaño que los otros. El edificio de entrada, con su vestíbulo también, tenía ventanas alrededor, y medía en total veinticinco metros de largo por doce y medio de ancho. 31 El vestíbulo daba hacia el atrio exterior. Las pilastras tenían grabados de palmeras. A esta puerta se subía por una escalinata de ocho escalones.

El atrio interior: la puerta oriental

32 En seguida me llevó al atrio interior, por el lado de oriente, y midió la entrada, la cual medía lo mismo que las otras. 33 Sus celdas, pilastras y vestíbulo, eran también de iguales medidas que los otros. El edificio de entrada, con su vestíbulo, tenía ventanas alrededor, y medía veinticinco metros de largo por doce y

medio de ancho. **34**El vestíbulo daba hacia el atrio exterior. Las pilastras tenían grabados de palmeras a cada lado. A esta puerta se subía por una escalinata de ocho escalones.

El atrio interior: la puerta norte

35Luego aquel hombre me llevó a la entrada que daba al norte, y midió la entrada, la cual medía lo mismo que las otras **36**y tenía también celdas, pilastras, vestíbulo y ventanas alrededor. El edificio de entrada medía veinticinco metros de largo por doce y medio de ancho. **37**El vestíbulo daba hacia el atrio exterior. Las pilastras tenían grabados de palmeras a cada lado. A esta puerta se subía por una escalinata de ocho escalones.

Edificios junto a la puerta norte

38Había también un cuarto que se comunicaba con el vestíbulo de la entrada. Allí era donde se lavaba a los animales para el holocausto. **39**En el vestíbulo de la entrada había cuatro mesas, dos a cada lado, sobre las que mataban a los animales para el holocausto y para los sacrificios por el pecado o por la culpa. **40**Fuera del vestíbulo de la entrada norte había también dos mesas a cada lado, **41**de manera que había cuatro mesas dentro y cuatro mesas fuera del edificio de entrada: ocho mesas en total. Sobre ellas se mataba a los animales. **42-43**Las cuatro mesas para los animales que se quemaban eran de piedra de cantera; medían setenta y cinco centímetros de largo por setenta y cinco centímetros de ancho, y cincuenta centímetros de alto, y sobre ellas se colocaba la carne de las ofrendas. Por la parte interior del cuarto, a todo su alrededor, había un borde de seis centímetros de ancho, sobre el que se colocaban la ofrenda de harina y los utensilios necesarios para matar los animales del holocausto.

44En el atrio interior, fuera de las puertas interiores, había dos cuartos, uno junto a la puerta interior norte, mirando hacia el sur, y otro junto a la puerta interior sur, mirando hacia el norte. **45**El hombre me dijo: "El cuarto que mira hacia el sur es para los sacerdotes que prestan servicio en el templo, **46**y el cuarto que mira hacia el norte es para los sacerdotes que prestan servicio en el altar. Son descendientes de Sadoc,[b] y son los únicos levitas que pueden acercarse al Señor para servirle."

El atrio interior y el templo

47El hombre midió después el atrio interior, que era un cuadrado de cincuenta metros por lado. El altar estaba delante del templo. **48**El hombre me llevó al vestíbulo del templo y midió las pilastras del vestíbulo: cada una tenía dos metros y medio de grueso. La puerta tenía siete metros de ancho, y los soportes de la puerta del vestíbulo medían un metro y medio de ancho cada uno. **49**El vestíbulo medía diez metros de ancho por seis de profundidad, y se subía a él por una escalinata de diez escalones. Junto a cada pilastra había una columna.

41 **1**En seguida el hombre me llevó al interior mismo del templo, y midió las pilastras: ambas tenían tres metros de grueso. **2**La puerta tenía cinco metros de ancho; sus soportes medían dos metros y medio de ancho cada uno. Luego midió la sala central, y tenía veinte metros de largo por diez de ancho. **3**Después fue a la sala del fondo y midió las pilastras de la entrada, y cada una tenía un metro de grueso. La entrada tenía tres metros de ancho, y las pilastras de cada lado medían tres metros y medio de grueso. **4**Luego midió la sala del fondo, y medía diez metros por lado. Entonces me dijo: "Este es el Lugar Santísimo."

Las celdas construidas junto al muro

5Luego el hombre midió la pared exterior del templo, y tenía tres metros de grueso. Alrededor del templo, y unidas al mismo, había celdas de dos metros de profundidad. **6**Estas celdas estaban una sobre otra, formando tres pisos, y en cada piso había treinta celdas. El muro del templo era más estrecho en cada piso, y sobre estos entrantes se apoyaban las vigas de las celdas, de modo que no quedaban empotradas en el muro. **7**Por fuera de las celdas que rodeaban el templo había una rampa que llegaba hasta la parte de arriba, y así se podía subir

---

b **40.46** Durante el reinado de David, *Sadoc* ejerció las funciones sacerdotales junto con el sacerdote Abiatar (cf. 1 S 22.20-23); pero cuando este fue desterrado por Salomón (1 R 2.26-27), el ejercicio del sacerdocio en el templo de Jerusalén quedó a cargo de *Sadoc* y de sus *descendientes*. Ezequiel les reconoce este privilegio y en 44.15 explica el motivo de tal distinción.

desde la planta baja al piso intermedio y al de arriba. **8** Yo vi que por todos lados el templo estaba sobre una base elevada, sobre la cual también estaban construidas las celdas. Esta base tenía una altura de tres metros, **9-10** La pared exterior de las celdas tenía dos metros y medio de grueso, y alrededor de todo el templo, entre las celdas que rodeaban el templo y los cuartos de los sacerdotes, había un espacio libre de diez metros de ancho. **11** Las celdas se comunicaban con el espacio libre por medio de una puerta hacia el norte y otra hacia el sur. El espacio libre tenía a todo lo largo un muro de dos metros y medio de grueso.

El edificio del oeste

12 Por el oeste, mirando hacia el patio cerrado, había un edificio que medía treinta y cinco metros de ancho por cuarenta y cinco de largo, con un muro de dos metros y medio de grueso.

Medidas totales del templo

13 El hombre midió el templo, y tenía en total cincuenta metros de largo. El ancho del patio cerrado, más el edificio y sus muros, también era de cincuenta metros. **14** La fachada del templo, más la parte del patio cerrado que daba al oriente, medía cincuenta metros. **15** Luego midió el largo del edificio que quedaba detrás del templo, frente al patio cerrado, más los muros de cada lado, y era de cincuenta metros.

Detalles del templo

Las salas interiores del templo y el vestíbulo **16-17** estaban recubiertos de madera. Las ventanas enrejadas y los marcos que había alrededor estaban recubiertos de madera por los tres lados. El espacio comprendido entre el piso y las ventanas, y la parte superior de la puerta, también estaban recubiertos. Las paredes del templo, por dentro y por fuera, **18** estaban cubiertas de grabados alternados de seres alados y palmeras. Cada ser alado tenía dos caras; **19** de un lado, una cara de hombre miraba a una palmera, y del otro, una cara de león miraba a otra palmera. Así, alrededor de todo el templo **20** había grabados de seres alados y palmeras, desde el piso hasta la parte superior de las puertas. En la pared de la sala central, **21** el marco de la puerta tenía los postes cuadrados.

El altar de madera

Frente a la entrada del Lugar Santísimo había algo que parecía **22** un altar de madera, que medía un metro por lado, y un metro y medio de alto. Tenía esquinas, y la base y sus lados eran de madera. El hombre me dijo: "Esta es la mesa que está delante del Señor."

Las puertas

23-24 Tanto la sala central como el Lugar Santísimo tenían puertas dobles. Cada puerta tenía dos hojas que se abrían hacia la pared. **25** Las puertas de la sala central tenían grabados de seres alados y palmeras, iguales a los que había en los muros. En la fachada del vestíbulo, por la parte de afuera, había una verja de madera. **26** A cada lado del vestíbulo había ventanas enrejadas y grabados de palmeras. Las celdas unidas al templo también tenían verjas.

Los edificios junto al templo

42 **1** El hombre me sacó después al atrio exterior, hacia el norte, y me hizo entrar en el conjunto de cuartos que quedaba al norte, frente al patio cerrado y al edificio detrás del templo. **2** Este conjunto medía cincuenta metros de largo por el lado norte, y veinticinco metros de ancho. **3** Por un lado daba al patio interior, que tenía diez metros de ancho, y por el otro lado daba al empedrado del atrio exterior. Tenía tres pisos, cada uno de ellos más entrado que el de abajo. **4** Frente a los cuartos había un pasillo de cinco metros de ancho y cincuenta de largo, que conducía al interior. Las puertas de los cuartos daban al norte. **5** Los cuartos del piso superior eran más cortos que los del piso intermedio y los de la planta baja, pues cada piso era más entrado que el de abajo. **6** Estos cuartos estaban dispuestos en tres pisos, pero no tenían columnas como los cuartos del atrio, sino que los cuartos del piso superior quedaban más entrados que los del medio y los del inferior.

7-8 La serie de cuartos del atrio exterior tenía una extensión de veinticinco metros. Por todo el frente de los cuartos corría un muro de veinticinco metros de largo, que daba al atrio exterior. En total, el pasillo medía cincuenta metros. **9** Al piso inferior de estas habitaciones se entraba por el atrio exterior, es decir, por el oriente, **10** por el lugar a donde llegaba el muro del atrio exterior.

Hacia el sur, frente al patio cerrado y al edificio del occidente del templo, había también cuartos **11** de igual forma e iguales medidas, y dispuestos de la misma manera, con entradas y salidas como las de los cuartos del lado norte, y con un pasillo frente a ellos. 12 Para llegar hasta los cuartos del lado sur había una puerta en donde comenzaba el pasillo que estaba frente al muro de protección, entrando por el oriente.

13 El hombre me dijo: "Tanto los cuartos del norte como los del sur, que están frente al patio cerrado, son cuartos sagrados. Los sacerdotes que se acercan al Señor comen allí las ofrendas más sagradas. Allí también colocan ellos ofrendas tan sagradas como son la ofrenda de cereales, la ofrenda por el pecado y la ofrenda por la culpa, pues es un lugar sagrado. 14 Una vez que los sacerdotes han entrado en el templo, no deben ya salir al atrio exterior sin antes dejar allí la ropa con que estaban haciendo los servicios, porque esa ropa es sagrada. Para salir a donde está el pueblo, deben ponerse otra ropa."

Medidas del área del templo

15 Cuando el hombre terminó de medir el terreno interior del templo, me llevó afuera por la puerta oriental y se puso a medir el terreno exterior del mismo. 16 Tomó la regla de medir y midió el lado este: doscientos cincuenta metros. 17 Luego midió el lado norte, y también medía doscientos cincuenta metros; 18 luego el lado sur: doscientos cincuenta metros; 19 y finalmente el lado oeste, otros doscientos cincuenta metros. 20 Por los cuatro lados tomó las medidas. El terreno del templo tenía a su alrededor un muro de doscientos cincuenta metros por lado, que separaba lo sagrado de lo profano.

La gloria del Señor vuelve al templo

43 1 El hombre me llevó a la puerta oriental, 2 y vi que la gloria del Dios de Israel venía del oriente.[a] Se oía un ruido muy fuerte, como el de un río caudaloso, y la tierra se llenó de luz. 3 La visión era como la que yo tuve cuando el Señor vino a destruir Jerusalén, y como la que tuve junto al río Quebar.[b] Me incliné hasta tocar el suelo con la frente, 4 y la gloria del Señor entró hasta el templo por la puerta oriental.

5 Entonces el poder de Dios me levantó y me llevó al atrio interior, y vi que la gloria del Señor había llenado el templo. 6 El hombre se puso junto a mí, y oí que el Señor me hablaba desde el templo 7 y me decía: "Este es el lugar de mi trono, el lugar donde pongo mis pies; aquí viviré en medio de los israelitas para siempre. Ni ellos ni sus reyes volverán a deshonrar con sus infidelidades mi santo nombre: no volverán a construir monumentos a sus reyes después de su muerte, 8 o a construir sus palacios de manera que sus puertas queden junto a las puertas de mi templo, con solo una pared de por medio. Ellos deshonraron mi santo nombre con acciones que yo detesto; por eso me enojé con ellos y los hice morir. 9 Que alejen ahora de mí sus infidelidades y los monumentos a sus reyes, y yo viviré en medio de ellos para siempre. 10 Y tú, hombre, cuéntales a los israelitas lo que viste del templo, y de sus planos y medidas, para que se avergüencen de sus pecados. 11 Y si se avergüenzan de todo lo que han hecho, explícales la forma del templo y lo que hay en él, las salidas y entradas, en fin, todo el plano, lo mismo que las leyes que deben cumplir. Dibújales todo esto para que tengan una idea clara del diseño y lo lleven a cabo. Escríbeles también todas las leyes para que puedan cumplirlas. 12 Esta es la ley del templo: todo el terreno que rodea al templo sobre el monte será un lugar sumamente sagrado."

El altar

13 Estas eran las medidas del altar, usando las medidas de antes. Alrededor del altar había una zanja de medio metro de hondo y medio de ancho, la cual tenía por fuera, alrededor, un borde que se levantaba veinticinco centímetros. La base del altar era así: 14 desde el fondo de la zanja hasta el borde del cuerpo inferior, había un metro de alto. El cuerpo inferior sobresalía medio metro. El cuerpo central medía dos metros de altura, y sobresalía también medio metro. 15 El cuerpo superior, que es donde se queman los sacrificios, medía dos metros de altura. Tenía cuatro cuernos, que salían hacia arriba. 16 El cuerpo superior del altar era cuadrado, de seis metros por lado. 17 El cuerpo central también era cuadrado, de siete metros por lado. La zanja que había alrededor tenía medio metro de ancho, y el borde levantado tenía veinticinco centímetros de ancho. Los escalones para subir al altar daban hacia el oriente.

---

[a] 43.2–3 Cf. Ez 10.3–4,18–19; 11.22–23.   [b] 43.3 Ez 1.

18 Luego el Señor me dijo: "Cuando llegue el momento de construir el altar, deberán cumplirse estas normas: Quemarán sobre el altar un animal, en holocausto, y rociarán el altar con la sangre. 19 A los sacerdotes levitas descendientes de Sadoc, que son los que deben acercarse a mí para servirme, les darás un becerro para que lo ofrezcan como sacrificio por el pecado. Yo, el Señor, lo ordeno. 20 Luego tomarás un poco de su sangre y rociarás con ella los cuatro cuernos, las cuatro esquinas del cuerpo central y todo el borde levantado. Así lo purificarás por completo del pecado. 21 Luego tomarás el becerro ofrecido por el pecado, y lo quemarás fuera del templo, en el lugar destinado para ello. 22 Al día siguiente ofrecerás, en sacrificio por el pecado, un cabrito que no tenga ningún defecto, y los sacerdotes purificarán el altar de la misma manera que lo hicieron con el becerro. 23 Cuando termines estos ritos de purificación, tomarás un becerro y un carnero, ambos sin ningún defecto, 24 y me los ofrecerás. Que los sacerdotes los rocíen con sal y los quemen, como holocausto en mi honor. 25 Diariamente, durante siete días, deberás ofrecer un cabrito como sacrificio por el pecado, y también un becerro y un carnero, todos sin ningún defecto. 26 Diariamente, durante siete días, los sacerdotes deberán purificar por completo el altar, para dedicarlo al uso sagrado. 27 Así lo harán durante siete días, y del octavo en adelante empezarán a ofrecer los holocaustos y los sacrificios de reconciliación. Entonces yo los recibiré a ustedes con agrado. Yo, el Señor, doy mi palabra."

Uso de la puerta oriental

44 1 El hombre me volvió a llevar a la entrada exterior del templo que daba al oriente, la cual estaba cerrada. 2 Allí el Señor me dijo: "Esta entrada quedará cerrada; no deberá abrirse. Nadie podrá entrar por ella, porque por ella ha entrado el Señor, el Dios de Israel. Así pues, quedará cerrada. 3 Solo podrá entrar el gobernante, para sentarse a comer la comida sagrada en presencia del Señor. Deberá entrar por el vestíbulo de la puerta y salir por el mismo sitio."

Quiénes pueden entrar en el templo

4 El hombre me llevó después por la entrada del norte, frente al templo. Vi que la gloria del Señor había llenado el templo, y me incliné hasta tocar el suelo con la frente. 5 Entonces el Señor me dijo: "Tú, hombre, abre bien los ojos y escucha atentamente todo lo que te voy a decir acerca de las leyes y normas del templo. Fíjate bien en quiénes son los que pueden entrar en el templo y salir de él.

6 "Dile a ese pueblo rebelde de Israel: 'Esto dice el Señor: Basta ya de acciones detestables, pueblo de Israel. 7 Ustedes profanan mi templo dejando entrar en él a extranjeros, a gente que no lleva la marca de mi alianza ni en su mente ni en su cuerpo; lo profanan ofreciéndome como alimento la grasa y la sangre de los sacrificios y violando mi alianza con todas esas acciones detestables. 8 Y no han cumplido mis ritos sagrados, sino que los han puesto en manos de extranjeros.'

9 "Por eso yo, el Señor, digo: No entrará en mi templo ningún extranjero que no lleve en su mente y en su cuerpo la marca de mi alianza; ni siquiera un extranjero que viva entre los israelitas. 10 Los levitas, que se alejaron de mí cuando Israel se apartó de mis caminos y me abandonó para adorar a los ídolos, deberán pagar por su pecado. 11 Podrán servir en mi templo como guardianes de las puertas, y en otros servicios del templo; ellos serán quienes maten los animales que se queman en holocausto y los que el pueblo presenta como ofrenda; además, deberán estar listos para servir al pueblo. 12 Ellos estuvieron al servicio de los israelitas para dirigir el culto a los ídolos, y así los hicieron pecar. Por eso, pagarán por su pecado. Yo, el Señor, lo afirmo. 13 No podrán estar a mi servicio como sacerdotes ni acercarse a mis cosas sagradas, ni menos aún a las más sagradas. Tendrán que cargar con su deshonra por las cosas detestables que han cometido. 14 Los pondré a cargo del servicio ordinario del templo, para que hagan todo lo que se deba hacer en él.

Los sacerdotes

15 "Los sacerdotes levitas descendientes de Sadoc,[a] que continuaron prestando servicio en mi templo cuando los israelitas se apartaron de

---

[a] **44.15** Cf. 2 S 15.24–29; 1 R 1.5–8,32–45; 2.27,35.

mis caminos, sí podrán acercarse a mí para servirme. Ellos podrán presentarse ante mí para ofrecerme la grasa y la sangre de los sacrificios. Yo, el Señor, lo ordeno. 16 Podrán también entrar en mi templo y acercarse a mi altar para servirme, y se encargarán de mi servicio. 17 Cuando entren por la puerta del atrio interior, deberán llevar puesta ropa de lino. Cuando estén de servicio en el atrio interior o en el templo, no llevarán ropa de lana. 18 Llevarán un turbante de lino en la cabeza, y calzones también de lino, y no se pondrán en la cintura nada que los haga sudar. 19 Y antes de salir al atrio exterior, donde está el pueblo, deberán quitarse la ropa que usaron para los servicios en el templo y dejarla en los cuartos del templo, y ponerse otra ropa, para que la santidad de la ropa no se trasmita al pueblo.

20 "No se raparán la cabeza, ni tampoco se dejarán el pelo largo; tan solo se lo recortarán. 21 Ningún sacerdote debe beber vino cuando entre en el atrio interior. 22 No debe casarse con una viuda o divorciada, sino solo con una israelita virgen o con la viuda de un sacerdote.

23 "Los sacerdotes deben enseñar a mi pueblo a distinguir entre lo santo y lo profano, y entre lo puro y lo impuro. 24 En los pleitos, ellos actuarán como jueces, y juzgarán según mis leyes. Cumplirán todas mis leyes y enseñanzas acerca de todas mis fiestas, y respetarán como días sagrados mis sábados.

25 "Nunca deberán tocar un cadáver, para no contaminarse, a menos que se trate del propio padre, la madre, un hijo, una hija, un hermano o una hermana no casada. 26 Si lo hacen, deberán purificarse, y después esperar aún siete días. 27 Cuando vuelvan a entrar en el atrio interior del templo para cumplir su servicio, ofrecerán un sacrificio por el pecado. Yo, el Señor, lo ordeno.

28 "Yo seré la única posesión que reciban los sacerdotes como herencia. No se les dará ninguna propiedad en Israel. Yo soy su propiedad.[b] 29 Podrán comer los cereales que los israelitas me ofrecen, y los animales de los sacrificios por

el pecado y por la culpa. Igualmente, todo lo que los israelitas me consagren será para ellos. 30 Los sacerdotes recibirán también lo mejor de las primeras cosechas y de todas las ofrendas. Y cuando ustedes preparen la masa para el pan, lo mejor se lo darán a ellos. Así mi bendición descansará sobre las casas de ustedes. 31 Los sacerdotes no deberán comer ningún ave o animal que haya muerto por sí mismo, o que haya sido despedazado por una fiera.

La porción de territorio consagrada al Señor
(Ez 48.9–20)

45 1 "Cuando hagan el sorteo del territorio para dar a cada tribu su parte, deberán reservar una porción de terreno de doce kilómetros y medio de largo por diez de ancho, la cual estará consagrada al Señor. Todo ese terreno será terreno sagrado.[a] 2 De allí se reservará para el templo un cuadrado de doscientos cincuenta metros por lado, rodeado por una franja de pastos de veinticinco metros de ancho. 3 En la parte reservada al Señor se señalará un terreno de doce kilómetros y medio de largo por cinco de ancho, que será la parte más sagrada: ahí estará el templo. 4 Esa parte del terreno estará destinada a los sacerdotes que sirven en el templo del Señor y que se acercan a él para servirle. Ahí tendrán lugar para sus casas. Será un lugar sagrado, reservado al templo. 5 Además, habrá otro terreno de doce kilómetros y medio de largo por cinco de ancho, reservado como propiedad de los levitas que sirven en el templo, para que tengan ciudades donde vivir. 6 Por último, para la ciudad deberá reservarse un terreno de doce kilómetros y medio de largo por dos y medio de ancho, junto a la porción sagrada. Este terreno pertenecerá a todo el pueblo de Israel.

Parte reservada al gobernante[b]
(Ez 48.21–22)

7 "También habrá un terreno reservado para el gobernante.[c] Una parte estará al oriente y

---

[b] **44.28** Cf. Nm 18.20–24.   [a] **45.1** *Terreno sagrado:* Cf. Ex 3.5. La ubicación geográfica del templo presupone una distinción bien marcada entre lo santo y lo profano (cf. Ez 44.23).   [b] **45.7–8** El territorio reservado al *gobernante* político está ahora estrictamente delimitado, para evitar las confiscaciones (cf. 1 R 21) y cualquier otro abuso en detrimento del pueblo (Ez 43.7–9; 45.9–12).   [c] **45.7** En esta legislación ya no se habla del "rey" sino de un *gobernante.* Los malos recuerdos que traía el comportamiento de los antiguos reyes explican este cambio en el vocabulario. Cf. Ez 46.18.

otra al occidente, es decir, a uno y otro lado de la parte sagrada y del terreno reservado para la ciudad. De oriente a occidente, tendrá el mismo largo que uno de los terrenos asignados a una de las tribus. 8 Este terreno será propiedad del gobernante de Israel; así no volverán los gobernantes a oprimir a mi pueblo, sino que dejarán su territorio a los israelitas según sus tribus.

Normas para el gobernante

9 "Yo, el Señor, digo: ¡Basta ya, gobernantes de Israel! ¡No más violencia ni explotación! ¡Actúen con justicia y rectitud! ¡Dejen de robarle tierras a mi pueblo! Yo, el Señor, lo ordeno.

10 "Usen todos pesas y medidas exactas. 11 La medida para granos debe ser igual a la medida para líquidos. El *homer* de doscientos veinte litros servirá de patrón. Un *bato* de líquidos debe medir un décimo de *homer,* y un *efa* de granos igualmente un décimo de *homer.*

12 "Igualmente en cuanto a las medidas de peso: veinte *geras* hacen un *siclo* de once gramos; sesenta *siclos* hacen una *mina.*

13 "Estas son las ofrendas que deben hacer: Dividirán sus cosechas de trigo y de cebada en sesenta partes iguales, y ofrendarán una de ellas. 14 Igualmente, el aceite que obtengan lo dividirán en cien partes iguales, y ofrendarán una de ellas. *d* 15 En cuanto a las ovejas, tomarán una por cada doscientas, de los mejores pastos de Israel. Esto será para las ofrendas de cereales, para el holocausto y para el sacrificio de reconciliación, que se ofrecen para el perdón de los pecados. Yo, el Señor, lo ordeno.

16 "Todos en el país están obligados a entregar esta ofrenda al gobernante de Israel, 17 el cual se encargará de dar los animales para los holocaustos, y lo necesario para las ofrendas de cereales y de vino en las lunas nuevas, en los sábados y en todas las fiestas de Israel. Deberá también presentar los sacrificios por el pecado, las ofrendas de cereales, los holocaustos y los sacrificios de reconciliación, para que se le perdonen los pecados a Israel.

Fiesta de la Pascua

18 "Yo, el Señor, digo: El día primero del mes primero ofrecerán ustedes como sacrificio un becerro que no tenga ningún defecto, para purificar de pecado el templo. 19 El sacerdote tomará un poco de sangre del animal ofrecido como sacrificio por el pecado, y la untará en los postes de las puertas del templo, en las cuatro esquinas del altar y en los postes de las puertas del atrio interior. 20 Lo mismo se hará el día siete del mes en favor de cualquiera que haya cometido un pecado involuntariamente o sin darse cuenta. Así se purificará el templo. 21 El día catorce del mes primero comenzarán ustedes a celebrar la fiesta de la Pascua, y durante siete días comerán pan sin levadura. *e* 22 Ese día el gobernante ofrecerá un becerro como sacrificio por sus propios pecados y por los de todo el pueblo, 23 y en cada uno de los siete días que dura la fiesta presentará siete becerros y siete carneros, todos sin defecto, en holocausto al Señor. Además, cada día ofrecerá un chivo como sacrificio por en pecado. 24 Por cada becerro y por cada carnero se añadirá una ofrenda de veinte litros de cereales y tres litros y medio de aceite.

Fiesta de las Enramadas

25 "También en la fiesta de las Enramadas, *f* que se celebra el día quince del séptimo mes, el gobernante deberá ofrecer, durante siete días, iguales sacrificios por el pecado, quemar igual número de animales y hacer las mismas ofrendas de cereales y de aceite.

Deberes del gobernante y del pueblo en las fiestas

46 1 "Yo, el Señor, digo: La puerta oriental del atrio interior deberá estar cerrada durante los seis días de trabajo, y se abrirá el sábado y el día de luna nueva. 2 El gobernante entrará en el vestíbulo desde el atrio exterior, y se colocará junto a uno de los postes de la puerta. Entre tanto, los sacerdotes quemarán los animales del sacrificio y harán los sacrificios de reconciliación presentados por el gobernante, el cual se inclinará junto al umbral de la puerta, tocando el suelo con la frente, y luego saldrá. La puerta no volverá a cerrarse hasta el atardecer. 3 Los sábados y de luna nueva, el pueblo adorará delante del Señor,

---

d **45.13-14** La traducción de los vv. 13-14 se ha simplificado para hacerla más inteligible. El texto hebreo hace las cuentas en detalle basándose en las medidas que se usaban entonces. *e* **45.21** Cf. Ex 12.1-20; Nm 28.16-25. *f* **45.25** *La fiesta de las Enramadas:* Cf. Lv 23.33-36; Nm 29.12-38.

frente a la misma puerta. 4 Los animales que el gobernante debe presentar en el sábado para quemarlos como ofrenda al Señor son seis corderos y un carnero, todos sin ningún defecto. 5 Por cada carnero ofrecerá veinte litros de cereales, y por los corderos lo que quiera. Por cada veinte litros de cereales ofrecerá tres litros y medio de aceite. 6 El día de la luna nueva ofrecerá un becerro, seis corderos y un carnero, todos sin defecto. 7 Por cada becerro ofrecerá veinte litros de cereales, y otro tanto por cada carnero, y por los corderos lo que quiera. Y por cada veinte litros de cereales, tres litros y medio de aceite.

8 "Cuando el gobernante entre, deberá hacerlo por el vestíbulo de la puerta, y saldrá por allí mismo. 9 Y cuando en las fiestas el pueblo entre a adorar al Señor, deberá hacerlo así: los que entren por la puerta norte saldrán por la puerta sur, y los que entren por la puerta sur saldrán por la puerta norte. No volverán por la misma puerta por la que entraron, sino por la de enfrente. 10 El gobernante deberá entrar con el pueblo y salir también con él. 11 En las diversas fiestas se ofrecerán veinte litros de cereales por cada becerro, y otro tanto por cada carnero; por los corderos, lo que se quiera. Por cada veinte litros de cereales se ofrecerán, además, tres litros y medio de aceite.

12 "Cuando el gobernante haga una ofrenda voluntaria al Señor, como un animal para el holocausto o un sacrificio de reconciliación, se le abrirá la puerta oriental y ofrecerá su sacrificio de la misma manera que lo hace en los sábados. Una vez que haya salido, se cerrará la puerta.

La ofrenda diaria

13 "Todos los días por la mañana se ofrecerá un cordero de un año, sin defecto, para ser quemado como sacrificio al Señor. 14 Igualmente, cada mañana se le hará al Señor una ofrenda de siete litros de cereales y un litro de aceite, que se derramará sobre la harina. Este rito será obligatorio siempre. 15 El sacrificio en que se quema el cordero, y la ofrenda de cereal y de aceite, se deberán presentar siempre por la mañana.

Obligaciones del gobernante respecto de la tierra

16 "Yo, el Señor, digo: Si el gobernante regala a uno de sus hijos parte del terreno que le pertenece, pasará a ser propiedad hereditaria de sus descendientes. 17 Pero si el gobernante regala parte de su terreno a uno de sus servidores, solo será suya hasta el año de liberación,[a] en el que volverá a ser propiedad del gobernante y quedará como herencia de sus hijos. 18 El gobernante no tiene derecho de despojar a nadie de su propiedad. Lo que dé a sus hijos como herencia, deberá dárselo de sus propiedades; así nadie se quedará sin su propiedad ni se dispersará mi pueblo."

Las cocinas del templo

19 Luego el hombre me llevó, por la entrada que había al lado de la puerta, a los cuartos que daban hacia el norte y que estaban consagrados exclusivamente para los sacerdotes. Señalándome un lugar hacia el occidente, por la parte de atrás, 20 me dijo: "Aquí es donde los sacerdotes deberán hervir la carne de los animales ofrecidos como sacrificio por la culpa o por el pecado, y cocer la ofrenda de cereales. Así no tendrán que sacar esas cosas al atrio exterior, ni el pueblo entrará en contacto con las cosas sagradas."

21-22 Luego me llevó al atrio exterior y me hizo recorrer sus cuatro ángulos. Vi que en cada uno de los cuatro ángulos del atrio había un patio pequeño. Todos tenían las mismas medidas de veinte metros por quince; 23 alrededor de ellos había un muro de piedra, y al pie de todo el muro había fogones. 24 Entonces me dijo: "Estas son las cocinas donde los que sirven en el templo hervirán los animales que el pueblo ofrezca en sacrificio."

El agua que brota del templo

47 1 El hombre me hizo volver después a la entrada del templo. Entonces vi que por debajo de la puerta brotaba agua, y que corría hacia el oriente, hacia donde estaba orientado el templo. El agua bajaba por el lado derecho del templo,[a] al lado sur del altar. 2 Luego me hizo salir del terreno del templo

---

[a] **46.17** *Año de liberación:* Cf. Lv 25.10–16. [a] **47.1** *El agua bajaba . . . del templo:* La presencia del Señor en el santuario renovado (cf. Ez 43.5–7) es fuente de fecundidad y de vida para todo el país. Cf. Sal 46.4; Is 44.3; Ap 22.1–2; cf. también Jn 7.38; Ap 21.6.

por la puerta norte, y me hizo dar la vuelta por fuera hasta la entrada exterior que miraba al oriente. Un pequeño chorro de agua brotaba por el lado sur de la entrada. 3 El hombre salió hacia el oriente con una cuerda en la mano, midió quinientos metros y me hizo cruzar la corriente; el agua me llegaba a los tobillos. 4 Luego midió otros quinientos metros y me hizo cruzar la corriente; el agua me llegaba entonces hasta las rodillas. Midió otros quinientos metros y me hizo cruzar la corriente; el agua me llegaba ya a la cintura. 5 Midió otros quinientos metros y la corriente era ya un río que no pude atravesar; se había convertido en un río tan hondo que solo se podía cruzar a nado. 6 Entonces me dijo: "Fíjate bien en lo que has visto."

Después me hizo volver por la orilla del río, 7 y vi que en las dos orillas había muchos árboles. 8 Entonces me dijo: "Esta agua corre hacia la región oriental y llega hasta la cuenca del Jordán, de donde desembocará en el Mar Muerto. Cuando llegue allá, el agua del mar se volverá dulce. 9 En cualquier parte a donde llegue esta corriente, podrán vivir animales de todas clases y muchísimos peces. Porque el agua de este río convertirá el agua amarga en agua dulce, y habrá todo género de vida. 10 Desde En–gadi hasta En–eglaim habrá pescadores, y ahí pondrán a secar sus redes. Y habrá allí tanta abundancia y variedad de peces como en el mar Mediterráneo. 11 Pero en las ciénagas y pantanos no habrá agua dulce; allí quedará agua salada, que servirá para sacar sal. 12 En las dos orillas del río crecerá toda clase de árboles frutales. Sus hojas no se caerán nunca, ni dejarán de dar fruto jamás. Cada mes tendrán fruto, porque estarán regados con el agua que sale del templo. Los frutos servirán de alimento y las hojas de medicina.

Los límites del país

13 "Yo, el Señor, digo: Estos son los límites[b] del país que recibirán como herencia las doce tribus de Israel (a José le corresponde una porción doble). 14 Yo juré dar este país a los antepasados de ustedes. Repártanselo por partes iguales. Este país será su herencia.

15 "Los límites por el norte, partiendo del mar Mediterráneo, pasarán por la ciudad de Hetlón y las ciudades de Sedad, 16 Berotá y Sibraim (las cuales se encuentran entre el territorio de Damasco y el de Hamat), y Hasar–haticón (que limita con Haurán). 17 Así pues, el límite norte irá desde el Mediterráneo hasta Hasar–enán, quedando al norte los territorios de Damasco y de Hamat.

18 "Los límites orientales irán desde el punto situado entre Haurán y Damasco hasta la ciudad de Tamar, junto al Mar Muerto, a lo largo del río Jordán, que servirá de frontera entre el territorio de Galaad y el de Israel.

19 "Los límites por el sur partirán de Tamar, pasando por el oasis de Meribá–cadés y por el arroyo de Egipto, hasta llegar al Mediterráneo.

20 "El límite occidental lo formará el mar Mediterráneo, desde la frontera con Egipto hasta el lugar de la costa que está frente a la entrada de Hamat.

21 "Este es el país que deben repartir entre las doce tribus de Israel. 22 Será la herencia que les toque a ustedes, y también a los extranjeros que vivan con ustedes y que tengan hijos entre ustedes. Deberán considerarlos como si hubieran nacido en Israel. Cuando repartan la tierra entre las tribus de Israel, a ellos también les tocará su parte. 23 Los extranjeros recibirán su parte en el territorio de la tribu en que estén viviendo. Yo, el Señor, lo ordeno.

División del país entre las tribus[a]

48 1-7 "Esta es la lista de las tribus:
"Partiendo de la frontera norte, que va desde el Mediterráneo y pasa por Hetlón, la entrada de Hamat y Hasar–enán, al sur de los territorios de Damasco y Hamat, cada tribu recibirá una porción de territorio desde la frontera oriental hasta la occidental, en este orden:

Dan
Aser
Neftalí
Manasés
Efraín
Rubén
Judá

8 "En seguida vendrá el territorio que deberán reservar, y que se extiende también de oriente a occidente. De ancho medirá doce kilómetros y medio, y de largo medirá lo mismo que miden los otros territorios de oriente a occidente. En medio de él estará el templo.

El territorio consagrado al Señor
(Ez 45.1–6)
9 "La porción consagrada al Señor dentro de este territorio tendrá doce kilómetros y medio de largo por diez de ancho. 10 Dentro de esta porción habrá un terreno consagrado exclusivamente a los sacerdotes; por el norte y por el sur medirá doce kilómetros y medio, y por el este y el oeste, cinco kilómetros. En medio estará el templo del Señor. 11 Este terreno estará reservado a los sacerdotes consagrados al Señor, descendientes de Sadoc, que se encargaron de mi servicio y no siguieron a los demás israelitas cuando estos se apartaron de mis caminos, como lo hicieron los levitas. 12 Por eso, dentro de la porción consagrada al Señor, junto al terreno de los levitas, los sacerdotes tendrán un terreno, que será la porción más sagrada. 13 Junto al terreno de los sacerdotes, los levitas tendrán el suyo, el cual medirá doce kilómetros y medio de largo por cinco de ancho. La parte consagrada al Señor tendrá, pues, en total doce kilómetros y medio de largo por diez de ancho. 14 Esta será la mejor porción del país. Ninguna parte de ella se podrá vender o cambiar o pasar a otra persona, pues está consagrada al Señor.

15 "La porción restante, de doce kilómetros y medio de largo por dos y medio de ancho, no es sagrada. Allí podrá vivir la gente y allí estarán los pastizales para el ganado. En medio estará la ciudad, 16 que ocupará un cuadrado de dos mil doscientos cincuenta metros por lado. 17 Alrededor de la ciudad estarán los pastizales, los cuales tendrán ciento veinticinco metros de ancho en las cuatro direcciones. 18 A los lados de la ciudad queda un terreno junto a la porción consagrada al Señor, que tiene cinco kilómetros de largo por el oriente y otro tanto por el occidente. Este terreno se cultivará, y sus productos servirán para alimentar a la gente que trabaja en la ciudad. 19 Los que trabajen en la ciudad, cualquiera que sea la tribu israelita a que pertenezcan, cultivarán ese terreno.

20 Todo el terreno así reservado, formado por la porción consagrada al Señor más lo que pertenece a la ciudad, formará un cuadrado de doce kilómetros y medio por lado.

El territorio para el gobernante
(Ez 45.7–8)
21-22 "Al gobernante le tocará el resto de la franja de territorio que queda entre los territorios de Judá y de Benjamín; es decir, los terrenos situados a uno y otro lado de la porción reservada al Señor y del terreno de la ciudad. Medirá doce kilómetros y medio de ancho, y se extenderá por el oriente hasta la frontera oriental, y por el occidente hasta el mar. En el centro quedarán la porción reservada al Señor, con el templo, más la porción de los levitas y el terreno de la ciudad.

El territorio de las otras tribus
23-27 "El territorio de las otras tribus sigue hacia el sur. Cada tribu recibirá una porción de territorio desde la frontera oriental hasta la occidental, en este orden:

Benjamín
Simeón
Isacar
Zabulón
Gad

28 "Al sur del territorio de Gad, la frontera irá desde Tamar, pasando por el oasis de Meribá–cadés y el arroyo de Egipto, hasta el mar Mediterráneo.

29 "Este es el país que recibirán como herencia las tribus de Israel, y de esa manera deberán ustedes repartirlo. Yo, el Señor, lo ordeno.

Las puertas de Jerusalén
30-34 "La ciudad estará rodeada de una muralla, que medirá dos mil doscientos cincuenta metros por cada uno de sus cuatro lados. En cada lado de la muralla habrá tres puertas, cada una dedicada a una de las tribus de Israel, en este orden: Las puertas del norte: a Rubén, Judá y Leví; las del oriente: a José, Benjamín y Dan; las del sur: a Simeón, Isacar y Zabulón; las de occidente: a Gad, Aser y Neftalí. 35 La muralla medirá en total nueve mil metros de largo, y el nombre de la ciudad será en adelante: 'El Señor está aquí'." [b]

---

[b] **48.30–35** En este nuevo nombre de Jerusalén se resume la gran visión descrita en los caps. 40—48.

DANIEL

La Biblia griega (LXX) ha puesto el libro de *Daniel* (=Dn) después de *Ezequiel*, es decir, entre los libros proféticos. La Biblia hebrea, en cambio, lo sitúa en la tercera parte del canon, en la sección correspondiente a los *Escritos*. Esta última ubicación es muy significativa, porque el libro presenta numerosas características que lo distinguen de los demás escritos proféticos y que permiten definirlo como una obra perteneciente a la literatura apocalíptica.

El libro de *Daniel* consta de dos partes bien diferenciadas. La primera (caps. 1—6) es de carácter narrativo y tiene como protagonista a un joven judío llamado Daniel. A este joven lo llevan de Jerusalén a Babilonia, y allí, con tres de sus amigos, recibe una educación especial para prestar servicios en la corte del rey Nabucodonosor. Él y sus compañeros israelitas cumplen con toda fidelidad las prescripciones rituales del judaísmo, en particular las relativas al consumo de alimentos, y el Señor los recompensa dándoles una salud y un aspecto mejores que el de los jóvenes alimentados *con la misma comida que se sirve al rey* (1.8–16). La estricta fidelidad a la religión de sus padres hace que en repetidas ocasiones se vean sometidos a gravísimos peligros, pero el Señor los libera milagrosamente de todos los males.

La segunda sección (caps. 7—12) contiene varias visiones simbólicas. La primera de ellas presenta a cuatro animales monstruosos, que salen de lo profundo del mar. Los animales representan los imperios que se van sucediendo en el dominio del mundo, de manera que el simbolismo de la visión enlaza con el de la estatua en el sueño de Nabucodonosor (cap. 2). Estos imperios devoran la tierra y la destrozan (cf. 7.23), pero al final el Señor les *arrebatará el poder*, dejándolos completamente destruidos (7.26). Como consecuencia de esta intervención divina, la situación del mundo presente y de la condición humana cambiará radicalmente, porque ya nada podrá oponerse a la soberanía de Dios sobre la creación.

El libro de *Daniel* es portador de un gran mensaje de esperanza. Muchas veces el mal y la injusticia parecen triunfar en el mundo, pero Dios es el soberano de la historia. En el momento indicado, él establecerá su reino eterno: su voluntad soberana será reconocida, la corrupción dará paso a la incorruptibilidad, y *los que guiaron a muchos por el camino recto brillarán como la bóveda celeste* (12.3).

Las partes de que consta el libro son las siguientes:

1. Primera parte (1—6)
2. Segunda parte (7—12)

Introducción

1 ¹ Durante el tercer año del reinado de Joaquim, rey de Judá,[a] el rey Nabucodonosor de Babilonia llegó a Jerusalén y rodeó la ciudad con su ejército. ² El Señor dejó que Nabucodonosor capturara a Joaquim, y que también cayeran en su poder gran parte de los utensilios del templo de Dios. Nabucodonosor se llevó los prisioneros a Babilonia,[b] y puso los utensilios sagrados en el tesoro del templo de sus dioses;[c] ³ además, ordenó a Aspenaz, jefe del servicio de palacio, que de entre los israelitas

---

[a] **1.1** Esta fecha corresponde al año 606 a.C., ya que *Joaquim* comenzó a reinar en el año 609 (cf. 2 R 23.36—24.6).
[b] **1.2** El texto hebreo se refiere a *Babilonia* con el nombre de *Sinar,* lo mismo que en el relato de la torre de Babel. Véase Gn 11.2. [c] **1.1–2** 2 R 24.1; 2 Cr 36.6–7.

de familia real y de familias distinguidas trajera [4] jóvenes bien parecidos, sin ningún defecto físico, cultos e inteligentes, entendidos en todos los campos del saber y aptos para servir en el palacio real. A ellos se les enseñaría el lenguaje y la literatura de los caldeos.[d] [5] Nabucodonosor ordenó también que a esos jóvenes se les diera todos los días de los mismos alimentos y vinos que a él le servían, y que los educaran durante tres años, al cabo de los cuales quedarían a su servicio.

Daniel y sus compañeros en el palacio del rey

[6] Entre estos jóvenes estaban Daniel, Ananías, Misael y Azarías, de la tribu de Judá, [7] a quienes el jefe del servicio de palacio les cambió de nombre: a Daniel le puso Beltsasar; a Ananías, Sadrac; a Misael, Mesac; y a Azarías, Abed-negó. [8] Pero Daniel se propuso no contaminarse con la comida y el vino del rey, y pidió al jefe del servicio de palacio que no le obligara a contaminarse con tales alimentos. [9] Por obra de Dios, el jefe del servicio de palacio vio con buenos ojos a Daniel, [10] pero le dijo:

—Tengo miedo de mi señor, el rey. Él me ha dicho lo que ustedes deben comer y beber, y si los ve con peor aspecto que los otros jóvenes, serán ustedes la causa de que el rey me condene a muerte.

[11] Daniel habló entonces con el mayordomo a quien el jefe del servicio de palacio había encargado el cuidado de Daniel, Ananías, Misael y Azarías, y le dijo:

[12] —Ruego a usted que haga una prueba con estos servidores suyos: ordene usted que durante diez días nos den de comer solamente legumbres, y de beber solamente agua. [13] Pasado ese tiempo, compare usted nuestro aspecto con el de los jóvenes alimentados con la misma comida que se sirve al rey, y haga entonces con nosotros según lo que vea.

[14] El mayordomo estuvo de acuerdo, y durante diez días hizo la prueba con ellos. [15] Pasados los diez días, el aspecto de ellos era más sano y más fuerte que el de todos los jóvenes que comían de la comida del rey. [16] Así pues, el mayordomo se llevaba la comida y el vino que ellos tenían que comer y beber, y les servía legumbres.

[17] A estos cuatro jóvenes, Dios les dio inteligencia y entendimiento para comprender toda clase de libros y toda ciencia. Daniel entendía además el significado de toda clase de visiones y sueños. [18] Al cumplirse el plazo que el rey había señalado para que le fueran presentados los jóvenes, el jefe del servicio de palacio los llevó a su presencia. [19] El rey habló con ellos y, entre todos los jóvenes, no encontró ni uno solo que pudiera compararse con Daniel, Ananías, Misael y Azarías, quienes, por lo tanto, quedaron al servicio del rey. [20] En todos los asuntos que requerían sabiduría e inteligencia, y sobre los cuales les preguntó el rey, los encontró diez veces más sabios que todos los magos y adivinos que había en su reino. [21] Y Daniel se quedó allí hasta el primer año del reinado de Ciro.

El sueño del rey Nabucodonosor[a]

[2] [1] Durante el segundo año de su reinado, Nabucodonosor tuvo varios sueños, y por causa de ellos llegó a estar tan preocupado que no podía dormir. [2] Entonces mandó llamar a magos, adivinos, hechiceros y sabios, para que le explicaran aquellos sueños. Ellos fueron y se presentaron ante el rey, [3] el cual les dijo:

—He tenido un sueño y estoy muy preocupado tratando de comprenderlo.

[4] Y los sabios dijeron al rey,[b] en arameo:

—¡Que viva Su Majestad para siempre! Cuente Su Majestad a estos servidores suyos lo que ha soñado, y nosotros le explicaremos lo que significa.

---

[d] **1.4** *Los caldeos:* Este vocablo designaba originariamente una tribu del sur de Babilonia que al fin llegó a dominar todo el país, y de la que procedía la dinastía de Nabucodonosor. Pero más tarde, cuando los astrólogos y adivinos de Babilonia se hicieron famosos por todas partes, el término se utilizó frecuentemente para designar también a los magos y a las personas iniciadas en las ciencias ocultas. Cf. Dn 2.4,10; 4.7; 5.7,11, donde la palabra aramea equivalente a *caldeos* se traduce por *sabios.* [a] **2.1–49** La estatua gigantesca hecha de elementos diversos –oro, plata, bronce, hierro y barro– representa simbólicamente la historia humana vista como un todo, pero dividida, al mismo tiempo, en distintos periodos. Cuando llegue el fin del tiempo presente (cf. Dn 12.4,9), Dios establecerá su reino eterno y universal, que tomará el lugar de los imperios de este mundo (Dn 2.45) y colmará todas las esperanzas de su pueblo (cf. Dn 2.34–35; 7.14,27). [b] **2.4** A partir de este v., y hasta 7.28, el texto está escrito en arameo y no en hebreo.

5 —Esta es mi decisión —contestó el rey—: Si no me dicen ustedes qué es lo que soñé y lo que significa, serán hechos pedazos y sus casas serán convertidas en un montón de escombros. **6** Pero si me dicen lo que soñé y lo que mi sueño significa, recibirán regalos de mi parte, y favores y grandes honores. Así pues, díganme qué fue lo que soñé, y explíquenme su significado.

7 Los sabios respondieron por segunda vez:

—Cuéntenos Su Majestad lo que soñó, y nosotros le explicaremos el significado.

8 —Sé muy bien —contestó el rey— que ustedes quieren ganar tiempo, porque han oído mi decisión. **9** Por lo tanto, si no me dicen lo que soñé, todos ustedes sufrirán la misma sentencia, pues se han puesto de acuerdo para darme como respuesta mentiras y falsedades, en espera de que cambie la situación. Díganme, pues, el sueño, y así sabré que también pueden explicarme su significado.

10 —No hay nadie en el mundo —respondieron los sabios— que pueda decir lo que Su Majestad desea saber. Por otra parte, jamás ningún rey, por grande y poderoso que haya sido, ha pedido semejante cosa a ningún mago, adivino o sabio. **11** Lo que Su Majestad pide es tan difícil que no hay nadie que se lo pueda decir, a no ser los dioses; ¡pero ellos no viven entre los hombres!

12 Al oír esto, el rey se puso furioso y ordenó matar a todos los sabios de Babilonia. **13** Una vez publicada la orden, buscaron también a Daniel y a sus compañeros para quitarles la vida.

Daniel interpreta el sueño del rey

14 Entonces Daniel habló de manera discreta y sensata con Arioc, el jefe de la guardia real, que ya se disponía a matar a los sabios. **15** Y le preguntó:

—¿Por qué ha dado el rey esta orden tan terminante?

Arioc le explicó el motivo. **16** Entonces Daniel fue a ver al rey y le suplicó que le concediera algún tiempo para poder explicarle el sueño y su significado. **17** Luego se fue a su casa e informó de todo a sus compañeros Ananías, Misael y Azarías, **18** para que pidieran ayuda del Dios del cielo sobre aquel misterio, a fin de que no los mataran junto con los otros sabios de Babilonia. **19** Aquella noche el misterio le fue revelado a Daniel en una visión, por lo cual Daniel bendijo al Dios del cielo **20** con estas palabras:

"Bendito sea por siempre el nombre
    de Dios,
porque suyos son la sabiduría y el poder.
21 Él cambia los tiempos y las épocas;
    quita y pone reyes,
da sabiduría a los sabios
e inteligencia a los inteligentes.
22 Él revela las cosas profundas y secretas;
    conoce lo que está en la oscuridad,
pues la luz está con él.
23 A ti, Dios de mis padres,
    te doy gracias y te alabo,
porque me has hecho sabio y fuerte;
y ahora me has hecho saber
    lo que te pedimos:
nos has dado a conocer
    lo que preocupaba al rey."

24 Después de esto, Daniel fue a ver a Arioc, a quien el rey había ordenado matar a los sabios de Babilonia, y le dijo:

—No mates a los sabios. Llévame ante el rey, y yo le explicaré todo su sueño.

25 En seguida Arioc llevó a Daniel ante el rey Nabucodonosor, y le dijo al rey:

—Entre los judíos desterrados he hallado un hombre que explicará a Su Majestad el significado de su sueño.

26 Entonces el rey le dijo a Daniel, a quien llamaban Beltsasar:

—¿Puedes tú decirme lo que soñé, y lo que mi sueño significa?

27 Daniel respondió:

—No hay ningún sabio ni adivino, ni mago ni astrólogo, que pueda explicar a Su Majestad el misterio que desea conocer. **28** Pero hay un Dios en el cielo que revela los misterios, y él ha hecho saber a Su Majestad lo que va a pasar en el futuro. Voy a explicarle a Su Majestad el sueño y las visiones que ha tenido mientras dormía: **29** Su Majestad se hallaba en su cama; se puso a pensar en lo que va a pasar en el futuro, y el que revela los misterios se lo ha dado a conocer. **30** También a mí me ha sido revelado este misterio, pero no porque yo sea más sabio que todos los hombres, sino para que yo explique a Su Majestad lo que el sueño significa, y que así Su Majestad pueda comprender los pensamientos que han venido a su mente.

31 "En el sueño, Su Majestad veía que en su presencia se levantaba una estatua muy grande y brillante, y de aspecto terrible. **32** La cabeza de la estatua era de oro puro; el pecho y los brazos, de plata; el vientre y los muslos, de bronce; 33 las piernas, de hierro; y una parte de los pies era de hierro, y la otra de barro. 34 Mientras Su Majestad la estaba mirando, de un monte se desprendió una piedra, sin que nadie la empujara, y vino a dar contra los pies de la estatua y los destrozó. 35 En un momento, el hierro, el barro, el bronce, la plata y el oro quedaron todos convertidos en polvo, como el que se ve en verano cuando se trilla el trigo, y el viento se lo llevó sin dejar el menor rastro. Pero la piedra que dio contra la estatua se convirtió en una gran montaña que ocupó toda la tierra.

36 "Este es el sueño. Y ahora voy a explicar a Su Majestad lo que el sueño significa. 37 Su Majestad es el más grande de todos los reyes, porque el Dios del cielo le ha dado el reino, el poder, la fuerza, el honor 38 y el dominio sobre todos los lugares habitados por hombres, animales y aves; él lo ha puesto todo bajo el poder de Su Majestad, que es la cabeza de oro. 39 Después del reino de Su Majestad habrá otro reino inferior al suyo, y luego un tercer reino de bronce, que dominará sobre toda la tierra. 40 Vendrá después un cuarto reino, fuerte como el hierro; y así como el hierro lo destroza todo y lo destruye, así ese reino destrozará y destruirá a todos los otros reinos.

41 "Su Majestad vio también que una parte de los pies y de los dedos era de barro, y la otra, de hierro; esto quiere decir que será un reino dividido, aunque con algo de la fortaleza del hierro, pues Su Majestad vio que el hierro estaba mezclado con el barro. 42 Los dedos de los pies eran en parte de hierro y en parte de barro, y eso significa que el reino será fuerte y débil al mismo tiempo. 43 Y así como Su Majestad vio el hierro mezclado con el barro, así los gobernantes de este reino se unirán por medio de alianzas matrimoniales; pero no podrán formar un solo cuerpo entre sí, como tampoco puede el hierro mezclarse con el barro. 44 Durante el gobierno de estos reyes, el Dios del cielo establecerá un reino que jamás será destruido ni dominado por ninguna otra nación, sino que acabará por completo con todos los demás reinos, y durará para siempre. 45 Eso es lo que significa la piedra que Su Majestad vio desprenderse del monte, sin que nadie la hubiera empujado; piedra que convirtió en polvo el hierro, el bronce, el barro, la plata y el oro. El gran Dios ha revelado a Su Majestad lo que

va a pasar en el futuro. El sueño es verdadero, y su interpretación, cierta."

46 Entonces el rey Nabucodonosor se puso de rodillas delante de Daniel, inclinó la cabeza hasta el suelo y mandó que le ofrecieran sacrificios e incienso. 47 Después le dijo a Daniel:

—Verdaderamente el Dios de ustedes es el más grande de todos los dioses; es el Señor de los reyes y el que revela los misterios, pues tú has podido descubrir este misterio.

48 Luego el rey puso a Daniel en un alto puesto y le hizo muchos y espléndidos regalos; además lo nombró gobernador de la provincia de Babilonia y jefe supremo de todos los sabios de aquella nación.

49 A petición de Daniel, el rey puso a Sadrac, Mesac y Abed-negó en importantes cargos de la administración de la provincia de Babilonia. Daniel mismo se quedó en la corte del rey.

La adoración de la estatua de oro

3 1 El rey Nabucodonosor mandó hacer una estatua de oro, que tenía treinta metros de alto por tres de ancho, y ordenó que la pusieran en la llanura de Dura, en la provincia de Babilonia. 2 Después mandó llamar a todos los gobernadores regionales, jefes del ejército, gobernadores provinciales, consejeros, tesoreros, jueces, magistrados y demás autoridades de las provincias, para que asistieran a la dedicación de la estatua que él había mandado hacer. 3 Todas estas grandes personalidades de la nación se reunieron ante la estatua, para celebrar su dedicación. 4 El encargado de anunciar el comienzo de la ceremonia ordenó en voz alta: "Atención, hombres de todos los pueblos, naciones y lenguas: 5 En cuanto oigan ustedes tocar la trompeta, la flauta, la cítara, la lira, el salterio, la gaita y todos los instrumentos musicales, se pondrán de rodillas y adorarán a la estatua de oro que hizo construir el rey Nabucodonosor. 6 Todo aquel que no se arrodille y adore a la estatua, será arrojado inmediatamente a un horno encendido."

7 Así pues, en cuanto la multitud allí reunida oyó el sonido de todos aquellos instrumentos de música, se puso de rodillas y adoró a la estatua de oro.

8 Unos caldeos aprovecharon esta oportunidad para acusar a los judíos ante el rey Nabucodonosor, 9 diciendo:

—¡Viva Su Majestad para siempre, y sea su nombre siempre recordado! 10 Su Majestad ha ordenado que todo el mundo se arrodille y adore a la estatua de oro tan pronto como se oiga el sonido de los instrumentos musicales, 11 y que aquel que no lo haga sea arrojado a un horno encendido. 12 Pues bien, hay unos judíos, a quienes Su Majestad puso al frente de la administración de la provincia de Babilonia, que no guardan el menor respeto por Su Majestad, ni adoran a los dioses ni a la estatua de oro que Su Majestad ha mandado levantar. Ellos son Sadrac, Mesac y Abed–negó.

13 Nabucodonosor se puso muy furioso, y mandó que llevaran ante él a Sadrac, Mesac y Abed–negó. Y cuando ya estaban en su presencia, 14 les preguntó:

—¿Es verdad que ustedes no adoran a mis dioses ni a la estatua de oro que yo he mandado hacer? 15 ¿Están ustedes dispuestos, tan pronto como oigan la música, a inclinarse ante la estatua que yo he mandado hacer, y adorarla? Porque si no la adoran, ahora mismo serán arrojados a un horno encendido; y entonces, ¿qué dios podrá salvarlos?

16 —No tenemos por qué discutir este asunto —contestaron los tres jóvenes—. 17 Nuestro Dios, a quien adoramos, puede librarnos de las llamas del horno y de todo el mal que Su Majestad quiere hacernos, y nos librará. 18 Pero, aun si no lo hiciera, sepa bien Su Majestad que no adoraremos a sus dioses ni nos arrodillaremos ante la estatua de oro.

Los tres jóvenes son librados del horno de fuego

19 Al oir Nabucodonosor estas palabras, la cara se le puso roja de rabia contra los tres jóvenes. Entonces ordenó que se calentara el horno siete veces más de lo acostumbrado; 20 luego mandó que algunos de los soldados más fuertes de su ejército ataran a Sadrac, Mesac y Abed–negó, y que los arrojaran a las llamas del horno. 21 Los tres jóvenes, vestidos todavía con la misma ropa de los altos cargos que ocupaban, fueron atados y arrojados al horno ardiente. 22 Y como el rey había mandado que su orden se cumpliera al instante, y el horno estaba muy encendido, las llamas alcanzaron y mataron a los soldados que habían arrojado en él a los tres jóvenes, 23 los cuales cayeron atados dentro del horno.

24 Entonces Nabucodonosor se levantó rápidamente, y muy asombrado dijo a los consejeros de su gobierno:

—¿No arrojamos al fuego a tres hombres atados?

—Así es —le respondieron.

25 —Pues yo veo cuatro hombres desatados, que caminan en medio del fuego sin que les pase nada, y el cuarto hombre tiene el aspecto de un ángel.

26 Y diciendo esto, Nabucodonosor se acercó a la boca del horno y gritó:

—¡Sadrac, Mesac y Abed–negó, siervos del Dios altísimo, salgan y vengan aquí!

Los tres salieron de entre las llamas, 27 y todas las autoridades de la nación allí presentes se acercaron a aquellos hombres, cuyos cuerpos no habían sido tocados por el fuego, y comprobaron que ni un pelo de la cabeza se les había chamuscado ni sus vestidos se habían estropeado, y que ni siquiera olían a quemado.

28 En ese momento Nabucodonosor exclamó: "¡Alabado sea el Dios de Sadrac, Mesac y Abed–negó, que envió a su ángel para salvar a sus siervos fieles, que no cumplieron la orden del rey, prefiriendo morir antes que arrodillarse y adorar a otro dios que no fuera su Dios! 29 Ahora pues, yo ordeno que cualquier hombre que hable mal del Dios de estos jóvenes, sea descuartizado, y su casa convertida en un montón de escombros, sea cual sea su pueblo, nación o lengua, pues no hay otro dios que pueda salvar así."

30 Luego el rey dio a estos tres jóvenes cargos más importantes en la provincia de Babilonia.

La locura del rey Nabucodonosor

4 1 "Yo, el rey Nabucodonosor, deseo paz y prosperidad a los hombres de todos los pueblos, naciones y lenguas que habitan la tierra. 2 Quiero que sepan ustedes las cosas tan maravillosas que el Dios altísimo ha hecho conmigo. 3 ¡Qué grandes son sus prodigios y milagros! Su reino durará por siempre, y su poder continuará de generación en generación.

4 "Yo, Nabucodonosor, vivía tranquilo en mi palacio y disfrutaba de una gran prosperidad. 5 Pero una noche, estando ya acostado, tuve un sueño que me espantó, y pensamientos y visiones que me llenaron de terror. 6 Entonces ordené que vinieran a verme todos los sabios de Babilonia, para que me explicaran el significado del sueño. 7 Vinieron todos los magos, adivinos, sabios y astrólogos de Babilonia, y yo les conté el sueño, pero no pudieron decirme lo que significaba. 8 Por último se presentó Daniel,

llamado también Beltsasar en honor a mi dios, y cuya vida está guiada por el espíritu del Dios santo, y le conté mi sueño de la siguiente manera: 9 'Beltsasar, jefe de los adivinos, yo sé que el espíritu del Dios santo te guía, y que conoces todos los misterios. Escucha, pues, lo que he visto en mi sueño, y dime lo que significa. 10 Estas son las visiones que tuve mientras estaba acostado:

"En medio de la tierra había un árbol
    muy alto.
11 El árbol creció y se hizo muy grueso;
    su copa tocaba el cielo, y se le podía ver
    desde los puntos más lejanos de la tierra.
12 Eran tan hermosas sus hojas
    y tan abundante su fruto,
    que bastaba para alimentar a todos.
    Las bestias del campo
      se ponían a su sombra,
    en sus ramas hacían nidos las aves
    y la vida de todo el mundo dependía de él.

13 "De repente vi en mis visiones un ángel centinela que bajaba del cielo, 14 y que en voz alta decía:

'Echen abajo el árbol, córtenle las ramas,
    quítenle las hojas, esparzan sus frutos.
    Que huyan las bestias
      que están bajo su sombra
    y las aves que están en sus ramas.
15 Pero dejen en la tierra el tronco y sus raíces;
    sujétenlo con cadenas
      de hierro y de bronce,
    y déjenlo entre la hierba del campo.
    Que caiga el rocío sobre él,
    y que comparta con las bestias
      la hierba del campo.
16 Que su mente se trastorne
    y se vuelva como la de un animal,
    y que ese mal le dure siete años.ª
17 Esta es la sentencia que han dictado
    los santos ángeles centinelas,
    para que todos los hombres sepan
    que el Dios altísimo tiene poder
    sobre los reinos humanos,
    que él da el gobierno a quien quiere dárselo
    y hace jefe de una nación
    al más humilde de los hombres.'

18 "Este es el sueño que yo, el rey Nabucodonosor, tuve. Ahora, Beltsasar, dime su significado, pues ninguno de los sabios de mi reino lo ha entendido; pero tú podrás interpretarlo, porque en ti está el espíritu del Dios santo.

19 "Entonces Daniel, al que llamaban Beltsasar, se quedó un momento pensativo, horrorizado por los pensamientos que le venían a la mente. Pero yo, el rey, le dije: 'Beltsasar, no te preocupes por el sueño que he tenido, ni por su explicación.' Y Beltsasar contestó: '¡Ay, que todo lo que el sueño significa recaiga sobre los enemigos de Su Majestad! 20 El árbol alto y grueso que vio Su Majestad, el cual llegaba hasta el cielo y se podía ver desde los puntos más lejanos de la tierra, 21 que tenía hojas hermosas y fruto abundante que alcanzaba para alimentar a todos, a cuya sombra se arrimaban las bestias del campo y en cuyas ramas hacían su nido las aves, 22 ese árbol es Su Majestad, que ha crecido y se ha hecho poderoso. La grandeza de Su Majestad ha aumentado hasta alcanzar la altura del cielo, y su dominio se ha extendido sobre toda la tierra. 23 Su Majestad vio también que un santo ángel centinela bajaba del cielo y decía: Echen abajo el árbol y destrúyanlo, pero dejen en la tierra el tronco y sus raíces; sujétenlo con cadenas de hierro y de bronce, y déjenlo entre la hierba del campo. Que caiga el rocío sobre él, y que comparta con las bestias la hierba del campo durante siete años. 24 Esto significa la sentencia que el Dios altísimo ha dictado contra Su Majestad. 25 Y Su Majestad será separado de la gente y vivirá con los animales; comerá hierba, como los bueyes, y el rocío empapará su cuerpo. Así vivirá Su Majestad durante siete años, hasta que reconozca que el Dios altísimo tiene poder sobre todos los reinos humanos, y que es él quien pone como gobernante a quien él quiere. 26 La orden de que se dejara en la tierra el tronco y sus raíces, significa que se devolverá a Su Majestad el reino cuando Su Majestad haya reconocido que Dios es quien tiene el poder. 27 Por tanto, siga Su Majestad este consejo mío: actúe con rectitud y no peque más; ponga fin a sus maldades y ocúpese de ayudar a los pobres. Tal vez así pueda Su Majestad seguir viviendo en paz y prosperidad.' "

ª **4.16** *Siete años:* sentido probable de una expresión aramea que significa lit. *siete tiempos* o *periodos.*

28 Todas estas cosas anunciadas al rey Nabucodonosor, se cumplieron: 29 Un año después, mientras el rey se paseaba por la terraza de su palacio de Babilonia, 30 dijo: "¡Miren qué grande es Babilonia! Yo, con mi gran poder, la edifiqué como capital de mi reino, para dejar muestras de mi grandeza."

31 Todavía estaba hablando el rey cuando se oyó una voz del cielo, que decía: "Oye esto, rey Nabucodonosor. Tu reino ya no te pertenece; 32 serás separado de la gente y vivirás con los animales; comerás hierba como los bueyes durante siete años, hasta que reconozcas que el Dios altísimo tiene poder sobre todas las naciones de la tierra, y que es él quien pone como gobernante a quien él quiere."

33 En ese mismo instante se cumplió la sentencia anunciada, y Nabucodonosor fue separado de la gente; comió hierba, como los bueyes, y el rocío empapó su cuerpo, hasta que el pelo y las uñas le crecieron como si fueran plumas y garras de águila.

Curación de Nabucodonosor

34 "Cuando el tiempo de la sentencia se cumplió, yo, Nabucodonosor, miré al cielo y me sentí curado de mi locura; entonces bendije al Dios altísimo y alabé con estas palabras al que vive para siempre:

'Su poder durará siempre;
su reino permanecerá
   de generación en generación.
35 Ante él nada son
   los habitantes de la tierra.
Él actúa según su voluntad,
   tanto en el cielo como en la tierra.
No hay nadie que pueda oponerse
   a su poder
   ni preguntarle por qué actúa como actúa.'

36 "En aquel mismo momento recobré el juicio, el esplendor de mi reino, mi honor y mi grandeza. Mis consejeros y las altas personalidades de mi gobierno vinieron a buscarme, y me puse nuevamente al frente del gobierno de mi nación, llegando a tener un poder todavía mayor del que había tenido antes.

37 "Ahora pues, yo, Nabucodonosor, alabo, honro y glorifico al Rey del cielo, porque todo lo que hace es verdadero y justo, y puede humillar a los que se creen importantes."

La escritura en la pared

5 1 Belsasar,[a] rey de Babilonia, invitó a un gran banquete a mil de las altas personalidades de la nación; y, durante la comida, el rey y sus invitados bebieron mucho vino. 2-3 Excitado por el vino, el rey Belsasar mandó traer las copas y tazones de oro y plata que su padre Nabucodonosor se había llevado del templo de Jerusalén. Las copas y tazones fueron traídos, y bebieron en ellos el rey, sus mujeres, sus concubinas y todos los demás asistentes al banquete. 4 Todos bebían vino y alababan a sus ídolos, hechos de oro, plata, bronce, hierro, madera y piedra.

5 En aquel momento apareció una mano de hombre que, a la luz de los candiles, comenzó a escribir con el dedo sobre la pared blanca de la sala. Al ver el rey la mano que escribía, 6 se puso pálido y, del miedo que le entró, comenzó a temblar de pies a cabeza. 7 Luego se puso a gritar y llamar a los adivinos, sabios y astrólogos de Babilonia, y les dijo:

—El que lea lo que ahí está escrito, y me explique lo que quiere decir, será vestido con ropas de púrpura, llevará una cadena de oro en el cuello y ocupará el tercer lugar en el gobierno de mi reino.

8 Todos los sabios que estaban al servicio del rey entraron en la sala, pero nadie pudo entender el significado de lo escrito ni explicárselo al rey. 9 Entonces le entró tanto miedo al rey Belsasar, que su cara se puso completamente pálida. Las personalidades del gobierno no sabían qué hacer, 10 pero la reina madre, atraída por los gritos de su hijo el rey y de los grandes personajes invitados, entró en la sala del banquete y dijo:

—¡Que viva Su Majestad para siempre! Y no se preocupe ni se ponga pálido, 11 que en su reino hay un hombre guiado por el espíritu del Dios santo. Cuando el padre de Su Majestad era rey, ese hombre demostró tener una mente clara, e inteligencia y sabiduría como la de los

---

a 5.1 *Belsasar* es la transcripción de un nombre babilónico que significa (*el dios*) *Bel protege al rey*. En las traducciones griega y latina el nombre aparece como *Baltasar*. No debe confundirse con *Beltsasar*, que era el sobrenombre dado a Daniel en la corte de Nabucodonosor. Cf. Dn 1.7.

dioses. Por eso el rey Nabucodonosor, padre de Su Majestad, nombró a ese hombre jefe de todos los magos, adivinos, sabios y astrólogos de la nación, 12 ya que en Daniel, a quien el rey puso el nombre de Beltsasar, había un espíritu extraordinario e inteligencia y ciencia para entender el significado de los sueños, explicar el sentido de las palabras misteriosas y resolver los asuntos complicados. Llame Su Majestad a Daniel, y él le dará a conocer el significado de lo que está escrito en la pared.

13 Daniel fue llevado ante el rey, y el rey le preguntó:

—¿Eres tú Daniel, uno de aquellos prisioneros judíos que mi padre, el rey Nabucodonosor, trajo de Judea? 14 Me han dicho que el espíritu de Dios está en ti, que tienes una mente clara, y que eres muy inteligente y sabio. 15 Pues bien, los hombres más sabios de la nación han estado aquí para leer esas palabras y explicarme su significado, pero ni siquiera las entienden. 16 Sin embargo, he oído decir que tú puedes aclarar dudas y resolver cuestiones difíciles. Si tú puedes leer esas palabras y decirme lo que significan, haré que seas vestido con ropas de púrpura, que te pongan una cadena de oro en el cuello y que ocupes el tercer lugar en el gobierno de mi reino.

17 Entonces Daniel le contestó:

—Quédese Su Majestad con sus regalos, y ofrézcale a otro el honor de estar en su palacio. Yo le explicaré de todos modos a Su Majestad lo que quieren decir las palabras escritas en la pared.

18 "El Dios altísimo dio el reino, y también grandeza, gloria y honor, a Nabucodonosor, padre de Su Majestad. 19 Por el poder que le dio, gente de todos los pueblos, naciones y lenguas lo respetaban y temblaban ante él. Y él mataba o dejaba vivir a quien él quería; a unos los ponía en alto y a otros los humillaba. 20 Pero cuando se llenó de soberbia, y actuó terca y orgullosamente, se le quitó el poder y la gloria que tenía como rey. 21 Fue apartado de la gente y se convirtió en una especie de animal; vivió con los asnos salvajes, comió hierba como los bueyes y el rocío empapó su cuerpo, hasta que

reconoció que el Dios altísimo tiene poder sobre todos los reinos humanos, y que él da la dirección del gobierno a quien él quiere. 22 Y ahora Su Majestad, Belsasar, que es hijo de aquel y que sabe lo que le pasó, tampoco ha vivido con humildad. 23 Al contrario, Su Majestad se ha burlado del Señor del cielo mandando traerse a la mesa las copas y tazones del templo, y, junto con sus invitados, ha bebido vino en ellos y ha dado alabanza a dioses hechos de oro, plata, bronce, hierro, madera y piedra; dioses que no ven, ni oyen, ni saben nada. En cambio, no ha alabado al Dios en cuyas manos está la vida de Su Majestad y de quien depende todo lo que haga. 24 Por eso, él envió la mano que escribió esas palabras, 25 MENÉ, MENÉ, TEKEL y PARSÍN,*b* 26 las cuales significan lo siguiente: MENÉ: Dios ha medido los días del reinado de Su Majestad, y le ha señalado su fin; 27 TEKEL: Su Majestad ha sido pesado en la balanza, y pesa menos de lo debido; 28 PARSÍN: el reino de Su Majestad ha sido dividido, y será entregado a medos y persas."

29 En seguida el rey Belsasar ordenó que vistieran a Daniel con ropas de púrpura y que le pusieran una cadena de oro en el cuello, y comunicó a todos que, desde ese mismo instante, Daniel ocuparía el tercer lugar en el gobierno del reino.

30 Aquella misma noche mataron a Belsasar, rey de los caldeos, 31 y Darío de Media se apoderó del reino. Darío tenía entonces sesenta y dos años de edad.

Daniel en el foso de los leones

6 1 El rey Darío decidió nombrar ciento veinte gobernadores regionales para que se encargaran de las distintas partes del reino. 2 Al frente de ellos puso tres supervisores, para que vigilaran la administración de los gobernadores, con el fin de que el rey no saliera perjudicado en nada. Uno de los supervisores era Daniel, 3 quien pronto se distinguió de los otros supervisores y jefes regionales por su gran capacidad; por eso el rey pensó en ponerlo al frente del gobierno de la nación. 4 Los supervisores y gobernadores buscaron entonces un

---

b **5.25** Estas palabras, en su sentido propio, son los nombres de pesas y monedas antiguas: *mené* (=mina), *tekel* (=siclo), *parsín,* plural de *peres* (media mina). El texto bíblico relaciona las dos primeras palabras con los verbos *maná* y *takal,* que significan, respectivamente, *medir* y *pesar;* en cuanto a la tercera, se relaciona a un mismo tiempo con el verbo *parás,* que significa *dividir,* y con el nombre de los *persas.* De este modo, la misteriosa inscripción resulta ser una profecía acerca de la suerte futura del imperio babilónico.

motivo para acusarlo de mala administración del reino, pero como Daniel era un hombre honrado, no le encontraron ninguna falta; por lo tanto no pudieron presentar ningún cargo contra él. 5 Sin embargo, siguieron pensando en el asunto, y dijeron: "No encontraremos ningún motivo para acusar a Daniel, a no ser algo que tenga que ver con su religión."

6 Así pues, los supervisores y gobernadores se pusieron de acuerdo para ir a hablar con el rey Darío, y cuando estuvieron en su presencia le dijeron:

—¡Que viva Su Majestad para siempre! 7 Todas las autoridades que gobiernan la nación han tenido una junta, en la que acordaron la publicación de un decreto real ordenando que, durante treinta días, nadie dirija una súplica a ningún dios ni hombre, sino solo a Su Majestad. El que no obedezca, deberá ser arrojado al foso de los leones. 8 Por lo tanto, confirme Su Majestad el decreto, y fírmelo para que no pueda ser modificado, conforme a la ley de los medos y los persas, que no puede ser anulada. *a*

9 Ante esto, el rey Darío firmó el decreto. 10 Y cuando Daniel supo que el decreto había sido firmado, se fue a su casa, abrió las ventanas de su dormitorio, el cual estaba orientado hacia Jerusalén, y se arrodilló para orar y alabar a Dios. Esto lo hacía tres veces al día, tal como siempre lo había hecho. 11 Entonces aquellos hombres entraron juntos en la casa de Daniel, y lo encontraron orando y alabando a su Dios. 12 En seguida fueron a ver al rey para hablarle del decreto, y le dijeron:

—Su Majestad ha publicado un decreto, según el cual, aquel que durante estos treinta días dirija una súplica a cualquier dios o a cualquier hombre que no sea Su Majestad, será arrojado al foso de los leones, ¿no es verdad?

—Así es —respondió el rey—. Y el decreto debe cumplirse conforme a la ley de los medos y los persas, que no puede ser anulada.

13 Entonces ellos siguieron diciendo:

—Pues Daniel, uno de esos judíos desterrados, no muestra ningún respeto por Su Majestad ni por el decreto publicado, ya que lo hemos visto hacer su oración tres veces al día.

14 Al oir esto, el rey quedó muy triste, y buscó la manera de salvar a Daniel. Hasta la hora de ponerse el sol hizo todo lo posible para salvarlo,

15 pero aquellos hombres se presentaron otra vez al rey y le dijeron:

—Su Majestad sabe bien que, según la ley de los medos y los persas, ninguna prohibición o decreto firmado por el rey puede ser anulado.

16 Entonces el rey ordenó que trajeran a Daniel y lo echaran al foso de los leones. Pero antes que se cumpliera la sentencia, el rey le dijo a Daniel:

—¡Que tu Dios, a quien sirves con tanta fidelidad, te salve!

17 En cuanto Daniel estuvo en el foso, trajeron una piedra y la pusieron sobre la boca del foso, y el rey la selló con su sello real y con el sello de las altas personalidades de su gobierno, para que también en el caso de Daniel se cumpliera estrictamente lo establecido por la ley. 18 Después el rey se fue a su palacio y se acostó sin cenar y sin entregarse a sus distracciones habituales; además, no pudo dormir en toda la noche. 19 Tan pronto como amaneció, se levantó y fue a toda prisa al foso de los leones. 20 Cuando el rey estuvo cerca, llamó con voz triste a Daniel, diciendo:

—Daniel, siervo del Dios viviente, ¿pudo tu Dios, a quien sirves con tanta fidelidad, librarte de los leones?

21 Y Daniel le respondió:

—¡Que viva Su Majestad para siempre! 22 Mi Dios envió su ángel, el cual cerró la boca de los leones para que no me hicieran ningún daño, pues Dios sabe que soy inocente y que no he hecho nada malo contra Su Majestad.

23 Entonces el rey se alegró mucho y ordenó que sacaran del foso a Daniel. Cuando lo sacaron, no le encontraron ninguna herida, porque tuvo confianza en su Dios. 24 Después, por orden del rey, fueron traídos los hombres que habían acusado a Daniel, y junto con sus mujeres y sus hijos fueron echados al foso de los leones; y aún no habían llegado al fondo cuando ya los leones se habían lanzado sobre ellos y los habían despedazado.

25 Entonces el rey Darío escribió a la gente de todas las naciones y lenguas de la tierra, diciéndoles: "Deseo a ustedes paz y prosperidad, 26 y ordeno y mando que en todo mi imperio se respete y reverencie al Dios de Daniel.

---

a **6.8** *Ley . . . que no puede ser anulada:* Cf. Est 1.19; 8.8.

"Porque él es el Dios viviente,
y permanece para siempre.
Su reino no será jamás destruido
ni su poder tendrá fin.
27 Él es el salvador y el libertador;
el que hace señales maravillosas
en el cielo y en la tierra.
Él ha salvado a Daniel
de las garras de los leones."

28 Y Daniel siguió siendo una alta personalidad del gobierno en el reinado de Darío, y también en el reinado de Ciro, rey de Persia.

La visión de los cuatro monstruos

7 1 Una noche, durante el primer año del reinado de Belsasar en Babilonia, Daniel tuvo un sueño y visiones. En cuanto se despertó, puso por escrito las cosas principales que había soñado. Esto es lo que escribió:

2 "Yo veía en mi sueño que los cuatro vientos soplaban y agitaban las aguas del gran mar.[a] 3 De repente, cuatro enormes monstruos,[b] diferentes uno del otro, salieron del mar. 4 El primero se parecía a un león, pero tenía alas de águila. Mientras yo lo estaba mirando, le arrancaron las alas, lo levantaron del suelo y lo apoyaron sobre sus patas traseras, poniéndolo de pie como un hombre, y su cerebro se convirtió en el de un ser humano.

5 "El segundo se parecía a un oso, alzado más de un lado que de otro, el cual tenía tres costillas entre los dientes; y oí que le decían: '¡Anda, come toda la carne que puedas!'

6 "El tercero se parecía a un leopardo, pero con cuatro alas en la espalda; también vi que tenía cuatro cabezas y que se le entregaba el poder.

7 "El cuarto monstruo que vi en mis visiones era terrible, espantoso, y de una fuerza extraordinaria. Tenía grandes dientes de hierro; todo lo devoraba y destrozaba, y pisoteaba las sobras. Era un monstruo diferente de todos los que yo había visto en mi sueño, y tenía diez cuernos en la cabeza.[c]

8 "Mientras yo estaba mirando los cuernos, vi que de entre ellos salía otro cuerno más pequeño, y entonces le arrancaron tres cuernos para dejar lugar al último que le había salido, el cual tenía ojos como los de un ser humano y una boca que hablaba con mucha arrogancia.

El juicio de Dios

9 "Seguí mirando,
hasta que fueron puestos unos tronos
y un Anciano[d] se sentó.
Su vestido era blanco como la nieve,
y su cabello como lana limpia.
El trono y sus ruedas
eran llamas de fuego,
10 y un río de fuego salía de delante de él.
Miles y miles le servían,
y millones y millones
estaban de pie en su presencia.
El tribunal dio principio a la sesión,
y los libros fueron abiertos.[e]

11 "Yo estaba mirando, atraído por las cosas tan arrogantes que el cuerno pequeño decía; y mientras estaba mirando, mataron al monstruo y lo despedazaron, y luego lo echaron al fuego para que se quemara. 12 También a los otros monstruos se les quitó el poder, pero los dejaron seguir viviendo hasta que les llegara su hora.

13 "Yo seguía viendo estas visiones en la noche. De pronto:

"Vi que venía entre las nubes
alguien parecido a un hijo de hombre,[f]

---

a 7.2 El gran mar alborotado por los vientos es el caos primitivo de los antiguos relatos de creación (Gn 1.2). De este modo, la visión se remonta hasta el comienzo de la historia humana, a fin de abarcarla desde el principio hasta el fin (cf. v. 22). b 7.3 Cuatro enormes monstruos: La representación simbólica de reinos o naciones con figuras de animales (cf. v. 17) es bastante frecuente y aparece en distintas culturas. Estos cuatro animales de aspecto monstruoso corresponden a los cuatro metales de la estatua descrita en Dn 2.31–35. c 7.7 En el antiguo Oriente, los cuernos simbolizaban la fuerza. De ahí la aptitud de este símbolo para representar a los reyes (v. 24). Cf. Ap 12.3; 13.1. d 7.9 Un Anciano: Se refiere a Dios, el Juez universal que va a juzgar a los reinos de este mundo. e 7.10 En estos libros están anotadas las acusaciones y en ellos van a quedar registradas las sentencias. f 7.13 Alguien parecido a un hijo de hombre: Nótese la dimensión colectiva que tiene esta misteriosa figura, ya que el reino que le es conferido lo reciben también los santos del Altísimo (vv. 18,27). En el NT el Hijo del hombre se usará como título mesiánico. Cf. Mt 24.30; 26.64; Mc 13.26; 14.62; Lc 21.27; Ap 1.7,13; 14.14.

el cual fue a donde estaba el Anciano;
y le hicieron acercarse a él.

14 Y le fue dado el poder,
la gloria y el reino,
y gente de todas las naciones
y lenguas le servían.
Su poder será siempre el mismo,
y su reino jamás será destruido.

15 "Yo, Daniel, sentí que el terror se apoderaba de mí; y muy preocupado por todo lo que había visto, 16 me acerqué a uno de los que estaban allí de pie, y le pedí que me explicara todo aquello. Él aceptó explicármelo, y me dijo: 17 'Estos cuatro monstruos son cuatro reyes que dominarán el mundo.*g* 18 Pero después el reino será entregado al pueblo del Dios altísimo,*h* y será suyo por toda la eternidad.'

19 "Yo quería saber más acerca del cuarto monstruo, que era tan diferente de los otros, pues su aspecto era horrible: tenía dientes de hierro y garras de bronce; todo lo devoraba y destrozaba, y pisoteaba las sobras. 20 También quería yo saber más acerca de sus diez cuernos, y del cuerno pequeño que tenía ojos y una boca que hablaba con mucha arrogancia, pues hasta parecía más grande que los otros cuernos, y tres cuernos habían caído para dejarle lugar. 21 Entonces vi que este cuerno luchaba contra el pueblo de Dios, y lo vencía, 22 hasta que llegó el Anciano e hizo justicia al pueblo del Dios altísimo, pues se había cumplido el tiempo para que el pueblo de Dios tomara posesión del reino. 23 Y dijo:

'El cuarto monstruo será un cuarto reino
que habrá sobre la tierra,
diferente de todos los demás.
Devorará toda la tierra,
la pisoteará y la destrozará.
24 Los diez cuernos son diez reyes
que reinarán en ese reino.
Después de ellos subirá otro al poder,
que será muy diferente de los primeros
y que derribará a tres de estos reyes.
25 Insultará al Dios altísimo
e irá acabando con su pueblo;

tratará de cambiar la ley de Dios
y las fiestas religiosas,
y el pueblo de Dios estará bajo su poder
durante tres años y medio.
26 Pero el tribunal celebrará un juicio,
y se le arrebatará el poder,
dejándolo completamente destruido.
27 Y el reino, el poder y la gloria
de todos los reinos de la tierra,
serán dados al pueblo del Dios altísimo.
Su reino permanecerá para siempre,
y todos los pueblos de la tierra
le servirán y le obedecerán.'

28 "Este es el final del relato. Y yo, Daniel, me quedé muy preocupado y me puse pálido; pero no dije nada a nadie sobre este asunto."

Visión del carnero y del chivo

8 1 "Durante el tercer año del reinado de Belsasar, yo, Daniel, tuve otra visión, además de la que antes había tenido. 2 Durante la visión, me parecía estar en la ciudadela de Susa, en la provincia de Elam, a orillas del río Ulai. 3 Miré a lo lejos, y vi un carnero que estaba a la orilla del río. Tenía dos cuernos altos, pero uno de ellos le había salido más tarde y era más alto que el otro. 4 Vi que el carnero embestía con sus cuernos hacia el oeste, el norte y el sur, y que ningún otro animal podía hacerle frente ni librarse de sus golpes. Hacía lo que mejor le parecía, y cada vez era más fuerte.

5 "Todavía estaba yo pensando en lo que había visto, cuando me di cuenta de que un chivo venía del oeste, corriendo tan deprisa que ni siquiera tocaba el suelo. Este chivo tenía un gran cuerno entre los ojos, 6 y cuando llegó cerca del carnero de dos cuernos, que yo había visto junto al río, lo embistió con todas sus fuerzas 7 y le rompió sus dos cuernos, sin que el carnero tuviera fuerzas para enfrentarse con él. Después el chivo derribó por tierra al carnero y lo pisoteó, sin que nadie pudiera salvarlo.

8 "El chivo se hacía cada vez más fuerte, pero en el momento en que más poder tenía, su gran cuerno se rompió, y en su lugar le salieron cuatro cuernos que apuntaban hacia los cuatro

---

g **7.17** *Dominarán el mundo:* otra posible traducción: *se levantarán de la tierra.* Cf. Ap 7.1   *h* **7.18** *Pueblo del Dios altísimo:* lit. *los santos del Altísimo.* Algunos intérpretes han visto en esta expresión una referencia a los ángeles; pero en realidad se trata de seres humanos, ya que han sido perseguidos y muchos de ellos han padecido incluso el martirio (cf. v. 25).

vientos. 9De uno de ellos salió otro cuerno pequeño, que creció mucho hacia el sur, hacia el este y hacia la Tierra de la Hermosura.[a] 10Tanto creció que llegó hasta el ejército del cielo,[b] derribó parte de las estrellas y las pisoteó, 11y aun llegó a desafiar al jefe mismo de ese ejército;[c] suprimió el sacrificio diario y profanó el lugar de adoración. 12Perversamente hizo que su ejército acampara donde antes se ofrecía el sacrificio, y echó por los suelos la verdad. Hizo, en fin, todo cuanto quiso, y en todo tuvo éxito.

13"Después oí que un ángel le preguntaba a otro ángel: '¿Cuándo va a terminar esto que se ve en el altar del sacrificio diario? ¿Cuánto va a durar el horrible pecado de entregar el santuario del Señor y los creyentes en él, para ser pisoteados?' 14Y la respuesta fue: 'Hasta dos mil trescientas tardes y mañanas. Después de eso, el santuario será purificado.'

15"Mientras yo, Daniel, contemplaba esta visión y trataba de comprender su significado, apareció de repente delante de mí una figura parecida a un hombre, 16y oí una voz humana que venía del río Ulai, la cual decía: 'Gabriel,[d] explícale a este hombre la visión.'

17"Entonces él se me acercó. Yo me asusté, y me incliné hasta tocar el suelo con la frente, pero él me dijo: 'Hijo de hombre, ten en cuenta que esta visión se refiere al final de los tiempos.'

18"Mientras él me estaba hablando, yo me desmayé y quedé tendido en el suelo; pero él me tocó, hizo que me pusiera de pie, 19y me dijo: 'Voy a explicarte lo que va a pasar cuando termine el tiempo de la ira de Dios, pues la visión se refiere al tiempo del fin.

20'El carnero con dos cuernos representa a los reyes de Media y de Persia. 21El chivo es el rey de Grecia, y el gran cuerno que tiene entre los ojos es el primer rey. 22Los cuatro cuernos que salieron cuando el primer cuerno se rompió, significan que de esta nación saldrán cuatro reinos más, pero no con el poder del primero.

23 'Cuando el dominio de estos reinos
llegue a su fin

y las maldades hayan llegado al colmo,
un rey insolente y astuto
    ocupará el poder.
24 Llegará a ser poderoso,
pero no con su propio poder;
destruirá de manera increíble
y triunfará en todo lo que haga.
Destruirá a hombres poderosos
y también a muchos del pueblo de Dios.
25 Por su astucia,
sus engaños triunfarán.
Se llenará de orgullo,
y a mucha gente que vivía confiada
le quitará la vida a traición.
Hará frente al príncipe de príncipes,
pero será destruido por él.

26'La visión de las tardes y las mañanas te ha sido revelada, y es verdadera; pero tú manténla en secreto, pues se cumplirá cuando haya pasado mucho tiempo.'

27"Yo, Daniel, sentí que me faltaban las fuerzas, y estuve enfermo varios días. Después me levanté y seguí atendiendo los asuntos del gobierno de la nación. Pero estaba yo muy preocupado por la visión que había tenido, pues no podía comprenderla.

Daniel ora por su pueblo

9 1"Darío, hijo de Asuero, de la raza de los medos, gobernaba el reino de los caldeos. 2En el primer año de su reinado, yo, Daniel, estaba estudiando en el libro del profeta Jeremías acerca de los setenta años que debían pasar para que se cumpliera la ruina de Jerusalén, según el Señor se lo había dicho al profeta. 3Y dirigí mis oraciones y súplicas a Dios el Señor, ayunando y vistiéndome con ropas ásperas, y sentándome en ceniza. 4Oré al Señor mi Dios, y le hice esta confesión:[a]

'Señor, Dios grande y poderoso, que siempre cumples tus promesas y das pruebas de tu amor a los que te aman y cumplen tus mandamientos: 5hemos pecado y cometido maldad; hemos hecho lo malo; hemos vivido sin tomarte en cuenta; hemos abandonado tus mandamientos

---

[a] **8.9** *Tierra de la Hermosura:* el territorio de Israel. Cf. Jer 3.19; Ez 20.6. [b] **8.10** El *ejército del cielo* son los astros y estrellas, que los antiguos adoraban como dioses (Dt 4.19; Jer 8.2; 19.13; Sof 1.5). [c] **8.11** El *jefe* del *ejército* celestial es el mismo Dios, que en el v. 25 recibe el título de *príncipe de príncipes.* [d] **8.16** Aquí el ángel intérprete no es una figura anónima sino que se llama *Gabriel,* nombre que en hebreo podría significar *hombre de Dios,* o bien *Dios es fuerte.* Cf. Dn 9.21; Lc 1.19,26. [a] **9.4–19** Neh 1.5–11; 9.6–37; Bar 1.15—2.19.

y decretos. 6 No hemos hecho caso a tus siervos los profetas,[b] los cuales hablaron en tu nombre a nuestros reyes, jefes y antepasados, y a todo el pueblo de Israel. 7 Tú, Señor, eres justo, pero nosotros los judíos nos sentimos hoy avergonzados; tanto los que viven en Jerusalén como los otros israelitas, los de cerca y los de lejos, que viven en los países adonde tú los arrojaste por haberse rebelado contra ti. 8 Nosotros, Señor, lo mismo que nuestros reyes, jefes y antepasados, nos sentimos avergonzados porque hemos pecado contra ti. 9 Pero de ti, Dios nuestro, es propio el ser compasivo y perdonar. Nosotros nos hemos rebelado contra ti 10 y no te hemos escuchado, Señor y Dios nuestro, ni hemos obedecido las enseñanzas que nos diste por medio de tus siervos los profetas. 11 Todo Israel desobedeció tus enseñanzas y se negó a obedecer tus órdenes; por eso han caído sobre nosotros la maldición y el juramento que están escritos en la ley de Moisés, tu siervo, porque hemos pecado contra ti.[c] 12 Tú, al enviarnos una calamidad tan grande, has cumplido la amenaza que nos hiciste a nosotros y a los que nos gobernaron; pues jamás ha habido en el mundo nada comparable al castigo que ha caído sobre Jerusalén. 13 Todo este mal ha venido sobre nosotros, tal como está escrito en la ley de Moisés; pero nosotros no te hemos buscado, Señor y Dios nuestro, ni hemos abandonado nuestras maldades, ni hemos seguido tu verdad. 14 Por eso, Señor, has preparado este mal y lo has enviado sobre nosotros; porque tú, Señor y Dios nuestro, eres justo en todo lo que haces; pero nosotros no quisimos escucharte.

15 'Señor y Dios nuestro, tú mostraste tu gran poder al sacar de Egipto a tu pueblo, haciendo así famoso tu nombre desde aquellos días hasta hoy; pero nosotros hemos pecado y hemos hecho lo malo. 16 Señor, sabemos que eres bondadoso. Por favor, aparta de Jerusalén tu ira y furor, porque ella es tu ciudad, tu monte santo. Toda la gente de las naciones vecinas se burla de Jerusalén y de tu pueblo, por culpa de nuestros pecados y de los de nuestros antepasados. 17 Dios nuestro, escucha la oración y las súplicas de este siervo tuyo; por tu nombre, Señor, mira con amor la triste situación en que ha quedado tu templo. 18 Atiende, Dios mío, y escucha; mira con atención nuestra ruina y la de la ciudad donde se invoca tu nombre. No te hacemos nuestras súplicas confiados en la rectitud de nuestra vida, sino en tu gran compasión. 19 ¡Señor, Señor! ¡Escúchanos, perdónanos! ¡Atiéndenos, Señor, y ven a ayudarnos! ¡Por ti mismo, Dios mío, y por tu ciudad y tu pueblo, que invocan tu nombre, no tardes!'

Profecía de las setenta semanas

20 "Yo seguí orando y confesando mis pecados y los de mi pueblo Israel, y presentando mis súplicas al Señor mi Dios por su monte santo. 21 Mientras yo oraba, Gabriel,[d] que se me había aparecido antes en la visión, vino volando a donde yo estaba. Era casi la hora de ofrecer a Dios el sacrificio de la tarde. 22 Y me dijo:

'Daniel, he venido ahora para hacerte entender estas cosas. 23 En cuanto comenzaste a orar, Dios te respondió. Yo he venido para darte su respuesta, porque Dios te quiere mucho. Ahora, pues, pon mucha atención a lo siguiente, para que entiendas la visión:

24 'Setenta semanas[e] han de pasar
sobre tu pueblo y tu ciudad santa
para poner fin a la rebelión y al pecado,
para obtener el perdón por la maldad
y establecer la justicia para siempre,
para que se cumplan la visión
y la profecía
y se consagre el Santísimo.

25 Debes saber y entender esto:
Desde el momento en que se ordene
restaurar y reconstruir Jerusalén,
hasta la llegada del jefe consagrado,
han de pasar siete semanas,
y las calles y murallas reconstruidas
de Jerusalén
durarán sesenta y dos semanas,
pero serán tiempos de mucha angustia.

26 Después de las sesenta y dos semanas
le quitarán la vida al jefe consagrado.

---

[b] 9.6 *No hemos hecho caso . . . profetas:* Jer 7.25–26; 25.4; 26.5. [c] 9.11 Lv 26.14–39; Dt 28.15–68. [d] 9.21 *Gabriel:* Véase Dn 8.16 n. [e] 9.24 Los 70 años de Jer 25.11–12; 29.10 pasan a ser aquí *setenta semanas* de años, es decir, 70 x 7. La base para esta interpretación de la profecía parece encontrarse en Lv 25.1–4, donde se hace referencia a los *años sabáticos,* que son los que caen cada siete años, y en Lv 26.18, donde Dios amenaza con multiplicar por *siete* el castigo de los que se obstinan en no apartarse del pecado.

Jerusalén y el templo serán destruidos
por la gente de un rey que vendrá.
El fin llegará de pronto,
    como una inundación,
y hasta el fin seguirán la guerra
    y las destrucciones
que han sido determinadas.

27 Durante una semana más,*f*
él hará un pacto con mucha gente,
pero a mitad de la semana
pondrá fin a los sacrificios
    y las ofrendas.
Y un horrible sacrilegio*g* se cometerá
ante el altar de los sacrificios,
hasta que la destrucción determinada
caiga sobre el autor de estos
    horrores.' "

Visión de Daniel junto al río Tigris

10 1 Durante el tercer año del reinado de Ciro de Persia,*a* Daniel, llamado también Beltsasar, tuvo una revelación verdadera, pero de significado muy difícil de entender. Sin embargo, Daniel puso toda su atención en ello y pudo comprender el sentido de la revelación.

2 "En aquellos días, yo, Daniel, estuve muy triste durante tres semanas. 3 No comí alimentos exquisitos, ni probé carne ni vino, ni me puse ningún perfume hasta que pasaron esas tres semanas. 4 El día veinticuatro del primer mes del año, estaba yo a la orilla del gran río Tigris. 5 De pronto, me fijé y vi un hombre vestido con ropas de lino y un cinturón de oro puro.*b* 6 Su cuerpo brillaba como el topacio, su cara resplandecía como un relámpago, sus ojos

eran como antorchas encendidas, sus brazos y sus pies brillaban como el bronce, su voz parecía la de una multitud.

7 "Solo yo pude ver la visión, pues los hombres que estaban conmigo no se dieron cuenta de nada, porque el miedo se apoderó de ellos y corrieron a esconderse. 8 Yo estaba solo cuando tuve esta gran visión. Me puse completamente pálido y sentí que me faltaban las fuerzas. 9 Cuando le oí hablar, caí desmayado y quedé tendido en el suelo. 10 En seguida, una mano me agarró y me levantó, hasta dejarme apoyado sobre mis manos y rodillas. 11 Luego me dijo: 'Daniel, a quien Dios ama, escucha bien lo que te voy a decir: levántate; porque yo he sido enviado a ti.'

"Tan pronto como terminó de decir estas palabras, yo, tembloroso, me puse de pie. 12 Entonces me dijo: 'No tengas miedo, Daniel, porque desde el primer día en que trataste de comprender las cosas difíciles y decidiste humillarte ante tu Dios, él escuchó tus oraciones.*c* Por eso he venido yo. 13 El ángel príncipe del reino de Persia*d* se me ha opuesto durante veintiún días; pero Miguel,*e* uno de los ángeles príncipes más altos, vino en mi ayuda, pues yo me había quedado solo junto a los reyes de Persia. 14 Así que he venido a explicarte lo que va a pasarle a tu pueblo en el futuro, porque la visión que has tenido se refiere a ese tiempo.'

15 "Mientras me decía esto, yo estaba con la mirada fija en el suelo y sin decir una sola palabra. 16 De pronto, alguien parecido a un hijo de hombre*f* me tocó los labios. Entonces le dije al que estaba ante mí: 'Señor, esta visión me ha llenado de angustia y me ha dejado sin fuerzas.

---

f **9.27** Las 70 semanas de años aparecen divididas en tres partes: un periodo de *siete semanas* (49 años, v. 25), un segundo periodo de *sesenta y dos semanas* (434 años, vv. 25–26), y *una* última *semana,* la más terrible de todas, que culmina con la ruina del perseguidor y con la liberación final del pueblo de Dios. Al término de estos últimos siete años se vislumbra la nueva era de justicia y de paz descrita en el v. 24. *g* **9.27** *Un horrible sacrilegio:* o bien, según la traducción más corriente, *la abominación de la desolación* (cf. Dn 11.31; 12.11). Esta expresión enigmática se refiere probablemente a la profanación del santuario por el rey Antíoco en el año 168 a.C. (cf. Dn 7.25), pero no se sabe con exactitud en qué consistió dicha profanación. Podría tratarse de una estatua de Zeus olímpico, el principal entre los dioses de la mitología griega, colocada en el lugar santo, o también, más probablemente, de un pequeño altar erigido sobre el altar de los holocaustos (cf. 1 R 8.64) y destinado a ofrecer sacrificios a ese dios. Cf. 1 Mac 1.54; 2 Mac 6.2; Mt 24.15; Mc 13.14. *a* **10.1** *Ciro de Persia:* Véase Is 41.2 n. *b* **10.5** El personaje que se manifiesta con aspecto humano es el ángel Gabriel, mediador de la revelación divina. Cf. Dn 8.16. *c* **10.12** *Tus oraciones:* Dn 9.3. *d* **10.13** *El ángel . . . de Persia:* En los escritos apocalípticos, cada nación aparece presidida por un *ángel* que la protege y la representa. De ahí que algunas veces los conflictos entre naciones se describan como una lucha entre ángeles. *e* **10.13** *Miguel* es el ángel protector del pueblo de Dios. El NT lo llama *arcángel* (Jud 9) y lo presenta como enemigo y vencedor de Satanás (Ap 12.7–8). *f* **10.16** En este contexto, la expresión *hijo de hombre* equivale simplemente a *hombre* o *ser humano.* Cf. Ez 2.1.

17 ¿Cómo va a poder hablar contigo este siervo tuyo, si estoy completamente sin fuerzas y hasta me falta el aliento?'

18 "Aquel que parecía un hijo de hombre me volvió a tocar, me dio nuevas fuerzas 19 y me dijo: 'No tengas miedo ni te preocupes. Dios te ama; ¡anímate y ten valor!'

"Mientras me hablaba, sentí que me iba reanimando, y dije: 'Señor, háblame, pues me has devuelto las fuerzas.' 20 Entonces me dijo: '¿Sabes por qué he venido a verte? Pues porque ahora tengo que volver a luchar con el ángel príncipe de Persia. Y cuando haya terminado de luchar con él, vendrá el ángel príncipe de Grecia. 21 Ahora voy a decirte lo que está escrito en el libro de la verdad: En mi lucha contra ellos solo tengo la ayuda de Miguel, el ángel príncipe de Israel.

11 1 "Yo también le animé y ayudé cuando Darío, el rey de Media, estaba en el primer año de su reinado. 2 Y ahora te voy a dar a conocer la verdad:

Los reyes del norte y del sur

'Todavía gobernarán en Persia tres reyes, después de los cuales ocupará el poder un cuarto rey que será más rico que los otros tres. Y cuando por medio de sus riquezas haya alcanzado gran poder, pondrá todo en movimiento contra el reino de Grecia. 3 Pero después gobernará un rey muy guerrero, que extenderá su dominio sobre un gran imperio y hará lo que se le antoje. 4 Sin embargo, una vez establecido, su imperio será deshecho y repartido en cuatro partes. El poder de este rey no pasará a sus descendientes, ni tampoco el imperio será tan poderoso como antes lo fue, ya que quedará dividido y otros gobernarán en su lugar.ª

5 'El rey del sur será muy poderoso, pero uno de sus generales llegará a ser más fuerte que él y extenderá su dominio sobre un gran imperio. 6 Al cabo de algunos años, los dos harán una alianza: el rey del sur dará a su hija en matrimonio al rey del norte, con el fin de asegurar la paz entre las dos naciones. Pero el plan fracasará, pues tanto ella como su hijo, su marido y sus criados, serán asesinados. 7 Sin embargo, un miembro de su familia atacará al ejército del norte y ocupará la fortaleza real, y sus tropas dominarán la situación. 8 Además, se

llevará a Egipto a sus dioses, a sus imágenes hechas de metal fundido, junto con otros valiosos objetos de oro y plata. Después de algunos años sin guerra entre las dos naciones, 9 el rey del norte tratará de invadir el sur, pero se verá obligado a retirarse.

10 'Pero los hijos del rey del norte se prepararán para la guerra y organizarán un gran ejército. Uno de ellos se lanzará con sus tropas a la conquista del sur, destruyéndolo todo como si fuera un río desbordado; después volverá a atacar, llegando hasta la fortaleza del rey del sur. 11 La invasión del ejército del norte enojará tanto al rey del sur, que este saldrá a luchar contra el gran ejército enemigo y lo derrotará por completo. 12 El triunfo obtenido y el gran número de enemigos muertos lo llenará de orgullo, pero su poder no durará mucho tiempo. 13 El rey del norte volverá a organizar un ejército, más grande que el anterior, y después de algunos años volverá a atacar al sur con un ejército numeroso y perfectamente armado.

14 'Cuando esto suceda, muchos se rebelarán contra el rey del sur. Entre ellos habrá algunos hombres malvados de Israel, tal como fue mostrado en la visión, pero fracasarán. 15 El rey del norte vendrá y construirá una rampa alrededor de una ciudad fortificada, y la conquistará. Ni los mejores soldados del sur podrán detener el avance de las tropas enemigas. 16 El invasor hará lo que se le antoje con los vencidos, sin que nadie pueda hacerle frente, y se quedará en la Tierra de la Hermosura destruyendo todo lo que encuentre a su paso. 17 Además, se preparará para apoderarse de todo el territorio del sur; para ello, hará una alianza con ese rey y le dará a su hija como esposa, con el fin de destruir su reino, pero sus planes fracasarán. 18 Después atacará a las ciudades de las costas, y muchas de ellas caerán en su poder; pero un general pondrá fin a esta vergüenza, poniendo a su vez en vergüenza al rey del norte. 19 Desde allí, el rey se retirará a las fortalezas de su país; pero tropezará con una dificultad que le costará la vida, y nunca más se volverá a saber de él.

20 'Su lugar será ocupado por otro rey, que enviará un cobrador de tributos para enriquecer su reino; pero al cabo de pocos días lo matarán, aunque no en el campo de batalla.

ª **11.3–4** 1 Mac 1.1–9. Cf. Dn 7.7–8,23–24.

21 'Después de él reinará un hombre despreciable, a quien no le correspondería ser rey, el cual ocultará sus malas intenciones y tomará el poder por medio de engaños. 22 Destruirá por completo a las fuerzas que se le opongan, y además matará al jefe de la alianza. 23 Engañará también a los que hayan hecho una alianza de amistad con él y, a pesar de disponer de poca gente, vencerá. 24 Cuando nadie se lo espere, entrará en las tierras más ricas de la provincia y hará lo que no hizo ninguno de sus antepasados: repartirá entre sus soldados los bienes y riquezas obtenidas en la guerra. Planeará sus ataques contra las ciudades fortificadas, aunque solo por algún tiempo.

25 'Animado por su poder y su valor, atacará al rey del sur con el apoyo de un gran ejército. El rey del sur responderá con valor, y entrará en la guerra con un ejército grande y poderoso; pero será traicionado, y no podrá resistir los ataques del ejército enemigo.[b] 26 Los mismos que él invitaba a comer en su propia mesa, le prepararán la ruina, pues su ejército será derrotado y muchísimos de sus soldados morirán. 27 Entonces los dos reyes, pensando solo en hacerse daño, se sentarán a comer en la misma mesa y se dirán mentiras el uno al otro, pero ninguno de los dos logrará su propósito porque todavía no será el momento. 28 El rey del norte regresará a su país con todas las riquezas capturadas en la guerra, y entonces se pondrá en contra de la santa alianza; llevará a cabo sus planes, y después volverá a su tierra. 29 Cuando llegue el momento señalado, lanzará de nuevo sus tropas contra el sur; pero en esta invasión no triunfará como la primera vez. 30 Su ejército será atacado por tropas del oeste[c] traídas en barcos, y dominado por el pánico emprenderá la retirada. Entonces el rey del norte descargará su odio sobre la santa alianza, valiéndose de los que renegaron de la alianza para servirle a él.

31 'Sus soldados profanarán el templo y las fortificaciones, suspenderán el sacrificio diario y pondrán allí el horrible sacrilegio.[d] 32 El rey tratará de comprar con halagos a los que renieguen de la alianza, pero el pueblo que ama a su Dios se mantendrá firme y hará frente a la situación. 33 Los sabios del pueblo instruirán a mucha gente, pero luego los matarán a ellos, y los quemarán, y les robarán todo lo que tengan, y los harán esclavos en tierras extranjeras. Esto durará algún tiempo. 34 Cuando llegue el momento de las persecuciones, recibirán un poco de ayuda, aunque muchos se unirán a ellos solo por conveniencia propia. 35 También serán perseguidos algunos de los que instruían al pueblo, para que, puestos a prueba, sean purificados y perfeccionados, hasta que llegue el momento final que ya ha sido señalado.

36 'El rey del norte hará todo lo que se le antoje. Será tal su orgullo que se creerá superior a todos los dioses, y dirá terribles ofensas contra el verdadero Dios; y todo le saldrá bien, hasta que Dios le envíe su castigo; porque lo que Dios ha de hacer, lo hará. 37 Este rey no tomará en cuenta a los dioses de sus antepasados, ni a los dioses adorados por las mujeres, ni a ningún otro dios, porque se creerá superior a todos ellos. 38 Sin embargo, adorará al dios de las fortalezas; honrará a este dios que sus antepasados no adoraron, y le ofrecerá oro, plata, piedras preciosas y objetos de gran valor. 39 Para defender las fortificaciones usará gente que adora a un dios extranjero; y a todos los que adoren a este rey, él les hará grandes honores, los pondrá en puestos importantes y les dará tierras como recompensa.

40 'Cuando llegue el momento final, el rey del sur atacará al rey del norte; pero este saldrá a su encuentro y, como una tormenta, se lanzará contra el sur, inundando todo el país con carros de guerra, tropas de caballería y muchos barcos. 41 También entrará en la Tierra de la Hermosura y matará a muchísima gente; pero se salvarán los habitantes de Edom y Moab, y la mayor parte del territorio de Amón. 42 Su ejército ocupará otros países, y ni siquiera Egipto se librará. 43 Se llevará los tesoros de oro y plata, y todos los objetos preciosos de Egipto; luego les llegará su turno a Libia y Etiopía. 44 Pero recibirá noticias del este y del norte, que le dejarán alarmado; entonces saldrá furioso, con la idea de hacer una gran matanza, 45 y establecerá su campamento real entre el mar y el santo monte de la Hermosura. Pero allí mismo llegará la hora de su muerte, y no habrá nadie que lo ayude.

[b] 11.25 Dn 11.5; cf. 1 Mac 1.17-19. [c] 11.30 *Del oeste:* lit. *de Quitim.* [d] 11.31 *Horrible sacrilegio:* Dn 9.27; cf. 12.11.

La hora final[a]

12 1 'En ese momento[b] aparecerá Miguel, el gran ángel protector que defiende a tu pueblo.

'Será un momento angustioso,
un momento como no ha habido otro
desde que existen las naciones.
Cuando ese momento llegue,
se salvarán todos los de tu pueblo
que tienen su nombre escrito en el libro.[c]
2 Muchos de los que duermen
en la tumba, despertarán:[d]
unos para vivir eternamente,
y otros para la vergüenza
y el horror eternos.
3 Los hombres sabios,
los que guiaron a muchos
por el camino recto,
brillarán como la bóveda celeste;
¡brillarán por siempre, como las estrellas!

4 'Pero tú, Daniel, guarda estas cosas en secreto y sella el libro hasta el tiempo del fin. Mucha gente andará de acá para allá, buscando aumentar sus conocimientos.'

5 "Yo, Daniel, vi que otros dos hombres estaban de pie, uno a cada lado del río. 6 Y uno de ellos le preguntó al hombre vestido con ropas de lino, que estaba sobre las aguas del río: '¿Cuándo van a terminar estas cosas tan extraordinarias?' 7 El hombre vestido de lino levantó sus manos al cielo y, jurando en el nombre del Dios viviente, dijo: 'Dentro de tres tiempos y medio,[e] cuando deje de ser destrozado el poder del pueblo de Dios, entonces terminarán todas estas cosas.'

8 "Yo escuché lo que decía, pero no entendí nada. Entonces le pregunté: 'Señor, ¿qué va a pasar después de todo esto?' 9 Y él me contestó: 'Sigue tu camino, Daniel, pues estas cosas deben ser mantenidas en secreto hasta que llegue el momento final. 10 Muchos pasarán por los sufrimientos anunciados, y saldrán de ellos purificados y perfeccionados. Los malvados seguirán cometiendo maldades, sin entender lo que pasa, pero los hombres sabios lo comprenderán todo. 11 Mil doscientos noventa días pasarán desde el momento en que se suspenda el sacrificio diario y se ponga el horrible sacrilegio[f] en el templo del Señor. 12 Feliz aquel que espere confiado hasta que hayan pasado mil trescientos treinta y cinco días.[g] 13 Pero tú, Daniel, camina hacia tu fin y reposa, que en los últimos días te levantarás para recibir tu recompensa.' "

---

[a] **12.1-13** El anuncio de la futura resurrección constituye el punto culminante de la revelación contenida en este libro. Dios concede la victoria final a su pueblo y hace que participen de ella no solo los vivos sino también los muertos. De este modo, la justicia de Dios triunfa más allá de la muerte y resuelve el enigma planteado por el sufrimiento de los justos y la prosperidad de los impíos. [b] **12.1** *En ese momento:* es decir, en el tiempo final (cf. Dn 11.40). [c] **12.1** *El libro* o *el libro de la vida* (Sal 69.28; Ap 3.5) es el registro donde están escritos los nombres de las personas vivas. *Estar anotado en el libro* significa *vivir*, y *ser borrado de él* es lo mismo que *morir*. cf. Ex 32.31-32. [d] **12.2** El empleo de la palabra *muchos*, en oposición a *todos* (v. 1), puede indicar que este pasaje no se refiere aún a la resurrección universal, sino que encierra una promesa de *salvación* para los israelitas fieles que habían muerto víctimas de la persecución religiosa (cf. Dn 11.40-41), y también de *condenación* para los que habían renegado de la alianza (cf. Dn 11.30,32). [e] **12.7** *Tres tiempos y medio:* Ap 12.14. [f] **12.11** *Horrible sacrilegio:* Dn 9.27; 11.31. [g] **12.11-12** Es muy difícil determinar con precisión a qué acontecimientos se refieren estas dos cifras. Según algunos intérpretes, la primera (1290 días a partir de la profanación del templo) estaría relacionada con la fecha en que se compuso la gran profecía de Dn 10—12; la segunda, en cambio, podría indicar el momento en que el libro mantenido en secreto (Dn 12.9) debía ser publicado para que los *sabios* lo comprendieran todo (Dn 12.10).

OSEAS

Oseas fue contemporáneo de Amós (siglo VIII a.C.), pero comenzó su actividad profética poco después de él y actuó públicamente como profeta durante un tiempo bastante más prolongado (cf. Os 1.1; Am 1.1). También, como Amós, predicó en el reino del Norte (cf. Am 7.12), pero es casi seguro que no procedía de Judá, sino del reino de Israel.

El libro de *Oseas* (=Os) comprende dos grandes partes. La primera (caps. 1—3) narra algunos episodios de la vida matrimonial de Oseas y contiene, además, una denuncia profética en forma de proceso judicial y varios anuncios de salvación.

La segunda parte (caps. 4—14) no tiene un plan tan bien definido como la primera. Los mensajes proféticos incluidos en esta sección son generalmente breves y se refieren a temas diversos. Los temas predominantes son los relacionados con la perversión religiosa de Israel y con los tumultuosos hechos políticos de aquella época.

Los profetas de Israel realizaban con frecuencia acciones simbólicas para dar mayor fuerza y expresividad a su mensaje (Jer 13.1–11 n.). Sin embargo, ningún profeta como Oseas encarnó en su propia vida la palabra del Señor que él debía anunciar a Israel, ya que fue su vida matrimonial la que se convirtió en un símbolo vivo de su predicación. El drama vivido con Gómer, la esposa adúltera, hizo que Oseas comprendiera en toda su profundidad lo que es el pecado y, sobre todo, le permitió proclamar, como nadie lo había hecho antes, la profundidad del amor de Dios: un amor que no se deja vencer por la infidelidad, sino que siempre hace prevalecer la misericordia sobre la ira (cf. Os 11.8–9). No es de extrañar, por lo tanto, que el rasgo más notable del lenguaje profético de Oseas consista en expresar las relaciones entre Dios e Israel con el lenguaje del amor humano.

El siguiente esquema nos ofrece una visión sinóptica del contenido de este libro:

1. Título (1.1)
2. Matrimonio de Oseas (1.2—3.5)
3. Pecados y castigos de Israel (4—13)
4. Conversión al Señor y promesas de salvación (14.1–8)
5. Conclusión (14.9)

1 ¹ Este es el mensaje que el Señor dirigió a Oseas, hijo de Beerí, en tiempos de Ozías, Jotam, Ahaz y Ezequías, reyes de Judá, y de Jeroboam,ª hijo de Joás, rey de Israel.

La esposa y los hijos de Oseas

² El Señor comenzó así el mensaje que quería comunicar por medio de Oseas: "La tierra de Israel se ha prostituido apartándose de mí.ᵇ De la misma manera, ve tú y toma por mujer a una prostituta,ᶜ y ten hijos con ella; así ellos serán hijos de una prostituta."

³ Oseas tomó entonces por mujer a Gómer, hija de Diblaim, la cual quedó embarazada y le dio un hijo. ⁴ Entonces el Señor le dijo a Oseas: "Llama Jezreelᵈ al niño, porque dentro de poco voy a castigar a los descendientes del rey Jehú por los crímenes que él cometió en Jezreel, y voy a poner fin al reino de Israel.ᵉ ⁵ Ese día destruiré en el valle de Jezreel el poderío militar de Israel."

⁶ Gómer volvió a quedar embarazada y tuvo una hija. El Señor le dijo a Oseas: "Llama Lo–ruhamaᶠ a la niña, porque ya no volveré a tener compasión del reino de Israel. No los perdonaré. ⁷ En cambio, tendré compasión del reino de Judá: yo mismo, el Señor su Dios, los salvaré. Pero no los salvaré por medio de la guerra, sino que lo haré sin arco ni espada ni caballos ni jinetes."

⁸ Después de haber destetado a Lo–ruhama, Gómer volvió a quedar embarazada y tuvo un hijo. ⁹ Entonces el Señor le dijo a Oseas: "Llama Lo–amíᵍ al niño, porque ustedes ya no son mi pueblo ni yo soy ya su Dios."

La restauración del pueblo de Israel

¹⁰ Un día los israelitas
serán como la arena del mar,
que nadie la puede medir ni contar.
Y en vez de decirles:
"Ustedes ya no son mi pueblo",
Dios les dirá:
"Ustedes son hijos del Dios viviente."
¹¹ Entonces se juntará
la gente de Judá y de Israel,ʰ
y nombrarán un jefe único,
y de todas partes volverán a Jerusalén.
¡Grande será el día de Jezreel!ⁱ

2 ¹ Entonces dirán ustedes
a sus hermanos:
"Pueblo de Dios",
y a sus hermanas:
"Compadecidas".ª

La infidelidad del pueblo de Israel

² El Señor dice:
"¡Acusen ustedes a su madre, acúsenla,
porque ella no es ya mi esposa
ni yo soy su marido!
¡Que deje de mostrarse como prostituta!
¡Que aparte de sus pechos a sus amantes!ᵇ
³ Si no lo hace,
la dejaré desnuda por completo:
la pondré como el día en que nació,
la convertiré en un desierto,
en pura tierra seca,
y la haré morir de sed.
⁴ No me compadeceré de sus hijos,
pues son fruto de su prostitución.

ª **1.1** A este rey se le designa habitualmente como Jeroboam II (2 R 14.23–29), para distinguirlo del que se menciona en 1 R 11.26–40; 12.1—14.20. Su reinado sobre Israel (783–743 a.C.) coincidió aproximadamente con el de Uzías en Judá (781–740 a.C.). cf. Am 1.1. ᵇ **1.2** *La tierra de Israel se ha prostituido apartándose de mí:* La palabra *prostitución,* en el libro de *Oseas,* se refiere unas veces a la inmoralidad sexual, y otras, en sentido figurado, a la infidelidad del pueblo israelita a su Dios (cf. Os 5.3; 6.10; 9.1). ᶜ **1.2** *Toma por mujer a una prostituta:* Como Oseas identifica la idolatría con la prostitución (4.11–19), algunos intérpretes han sugerido que *Gómer,* la mujer del profeta, no fue una ramera, ni una mujer dedicada a la prostitución sagrada en algún santuario cananeo, sino simplemente una joven israelita devota de Baal. Cf. 1 R 18.20–40; 19.1–18. ᵈ **1.4** *Jezreel* era el nombre de una ciudad situada en la llanura que se extiende al sur de Galilea, donde los reyes de Israel tenían una residencia (1 R 21.1). En esta ciudad Jehú dio muerte a Jezabel, al rey Joram y a toda la familia de Acab (2 R 9.22–37; 10.11). Cf. 1 R 18.45–46; 21.23; 2 R 8.29. ᵉ **1.4** *Voy a poner fin al reino de Israel:* Cf. 2 R 18.9–12. ᶠ **1.6** *Lo–ruhama,* en hebreo, significa *no compadecida.* Este nombre anunciaba al pueblo de Israel que aun la compasión paternal de Dios le sería retirada por un tiempo. ᵍ **1.9** *Lo–amí,* en hebreo, significa *no es mi pueblo.* ʰ **1.11** *Se juntará la gente de Judá e Israel:* referencia a la división del reino luego de la muerte de Salomón (cf. 1 R 12.1–20: 2 Cr 10.1—11.4) y a su futura reunificación. Ez 37.15–28. ⁱ **1.11** *El día de Jezreel:* Jezreel dejará de ser un signo de derrota (cf. Os 1.4) para convertirse en afirmación y grito de victoria. ª **2.1** *"Pueblo de Dios" . . . "Compadecidas":* Estos dos nombres se contraponen a *Lo–amí* y *Lo–ruhama,* respectivamente (Os 1.6,9). ᵇ **2.2—3.5** Cf. Ez 16.8–63.

5 Su madre se prostituyó;
   perdió el honor, cuando dijo:
   'Iré en busca de mis amantes,c
   los que me dan mi pan y mi agua,
   mi lana y mi lino,
   mi aceite y mis bebidas.'

6 "Por eso cerraré con espinos su camino
   y pondré una cerca a su alrededor,
   para que no encuentre sus senderos.

7 Seguirá a sus amantes,
   pero no los alcanzará;
   los buscará, pero no los encontrará.
   Dirá entonces:
   'Volveré a mi primer marido,
   pues con él me iba mejor que ahora.'

8 "Pero ella no reconoció
   que yo era quien le daba
   el trigo, el vino y el aceite;
   que yo era quien le aumentaba
   la plata y el oro con que fabricó
      sus ídolos.

9 Por lo tanto, volveré
   y tomaré mi trigo y mi vino
   en el tiempo de su cosecha,
   y recogeré mi lana y mi lino,
   que le había dado para cubrirse.

10 A la vista de sus amantes
   pondré su desnudez al descubierto.
   ¡Nadie la librará de mi mano!

11 Pondré fin a su alegría,
   a sus fiestas y lunas nuevas,
   a sus sábados
   y a todas sus festividades.

12 Destruiré sus viñas y sus higueras,
   de las que ella decía:
   'Esta es la paga
   que me dieron mis amantes.'
   Las convertiré en un matorral,
   y se las comerán los animales salvajes.

13 Voy a castigarla por el tiempo que pasó
   ofreciendo incienso a los ídolos,
   cuando se adornaba con anillos y collares
   para seguir a sus amantes
   olvidándose de mí.
   Yo, el Señor, lo afirmo.

Dios ama a su pueblo Israel

14 "Yo la voy a enamorar:
   la llevaré al desierto
   y le hablaré al corazón.d

15 Luego le devolveré sus viñas,
   y convertiré el valle de Acore
   en puerta de esperanza para ella.
   Allí me responderá como en su juventud,
   como en el día en que salió de Egipto.

16 Entonces me llamará 'Marido mío',
   en vez de llamarme 'Baal mío'.
   Yo, el Señor, lo afirmo.

17 Y quitaré de sus labios
   los nombres de los baales,
   y jamás volverán a mencionarse.f

18 "En aquel tiempo haré en favor de Israel
   una alianza con los animales salvajes,
   y con las aves y las serpientes;
   romperé y quitaré de este país
   el arco, la espada y la guerra,
   para que mi pueblo descanse tranquilo.

19 Israel, yo te haré mi esposa para siempre,
   mi esposa legítima, conforme a la ley,
   porque te amo entrañablemente.

20 Yo te haré mi esposa y te seré fiel,
   y tú entonces me conocerás
      como el Señor.

21 Yo, el Señor, lo afirmo:
   En aquel tiempo yo responderé al cielo,
   y el cielo responderá a la tierra;

22 la tierra responderá al trigo,
   al vino y al aceite,
   y ellos responderán a Jezreel.g

---

c **2.5** Jer 2.23–25; 3.1–2; Os 4.12–14; 9.1. Los israelitas, sin dejar de adorar al Señor, también rendían culto a Baal, porque pensaban que de él provenían las lluvias, la fertilidad del suelo y la fecundidad del ganado (cf. v. 12). Cf. vv. 7,10,13. Contra esta falsa creencia, Oseas insiste en señalar que el Señor es el único dispensador de todos esos bienes. d **2.14** *La llevaré al desierto:* Oseas evoca la marcha por el desierto, después de la salida de Egipto, como un tiempo de amorosa intimidad (2.2). e **2.15** El *valle de Acor,* situado al sudoeste de Jericó, a la entrada de Canaán, fue escenario del pecado y muerte de Acán (Jos 7.24–26). Su nombre significa *desastre* o *desgracia,* pero aquí se presenta como un símbolo de esperanza, porque por allí se producirá el retorno de los israelitas a las tierras fértiles de Palestina central. f **2.16–17** En hebreo, el término *baal* significa *señor, dueño* o *marido,* pero utilizado como nombre propio designa al dios cananeo de la fertilidad (Jue 2.13). g **2.22** El nombre *Jezreel* se emplea aquí para designar a Israel, debido a la semejanza entre los dos nombres (véase Os 1.4 n.).

23 Plantaré a mi pueblo en la tierra
exclusivamente para mí;
tendré compasión de Lo–ruhama,
y a Lo–amí[h] le diré: 'Tú eres mi pueblo',
y él me dirá: '¡Tú eres mi Dios!' "

Oseas y la mujer adúltera[a]

3 **1** El Señor volvió a decirme:
"Ve y ama a una mujer
amada de su amigo y adúltera.
Así ama el Señor a los israelitas,
aunque ellos se vuelven a dioses extraños
y comen de las tortas de pasas[b]
que les ofrecen."

2 Entonces adquirí una mujer para mí
por quince monedas de plata
y trescientos treinta litros de cebada.
3 Le dije: "Por mucho tiempo serás mía;
no te prostituyas
ni te entregues a otro hombre,
y yo también te seré fiel."

4 Pues por mucho tiempo los israelitas
estarán sin rey ni jefe,
sin sacrificio ni piedras sagradas,
sin ropas sacerdotales ni ídolos familiares.
5 Después de esto se volverán los israelitas
y buscarán al Señor su Dios
y a David su rey.
En los últimos tiempos
acudirán con reverencia al Señor
y a los bienes que él concede.

El pleito del Señor contra Israel

4 **1** Israelitas, escuchen
lo que dice el Señor.
Él ha entablado un pleito
contra los que viven en este país,
porque aquí ya no hay lealtad
entre la gente,
ni fidelidad ni conocimiento de Dios.
2 Abundan en cambio el juramento falso
y la mentira,
el asesinato y el robo,
el adulterio y la violencia,
y se comete homicidio tras homicidio.

3 Por eso, el país está de luto;
se quedan sin fuerzas los que viven en él;
y con los animales salvajes y las aves
mueren también los peces del mar.

El Señor acusa a los sacerdotes

4 Dice el Señor:
"¡Que nadie acuse ni reprenda a otro!
Mi pleito es solo contra ti, sacerdote.
5 Tú caerás en pleno día,
y por la noche
caerá también contigo el profeta,
y a tu madre la destruiré.
6 Mi pueblo no tiene conocimiento,
por eso ha sido destruido.
Y a ti, sacerdote, que rechazaste
el conocimiento,
yo te rechazo de mi sacerdocio.
Puesto que tú olvidas las enseñanzas
de tu Dios,
yo me olvidaré de tus descendientes.

7 "Cuantos más eran los sacerdotes,
más pecaban contra mí;
por lo tanto,
cambiaré su honra en afrenta.
8 Viven del pecado de mi pueblo;
por eso anhelan que mi gente peque.
9 Lo mismo al pueblo que a los sacerdotes,
los castigaré por su conducta.
10 Puesto que han dejado de servir al Señor,
comerán, pero no quedarán satisfechos;
se prostituirán, pero no tendrán hijos.

La idolatría de Israel

11 "La prostitución y el vino
hacen perder el juicio.
12 Mi pueblo consulta a sus ídolos de madera;[a]
por medio de varas
practica la adivinación.
Dominado por la prostitución,
mi pueblo sigue caminos equivocados:
se prostituye apartándose de su Dios.
13 En lo alto de los montes y sobre las colinas
queman incienso y ofrecen sacrificios,
y también bajo la buena sombra

---

h 2.23 *Lo–ruhama . . . Lo–amí:* Véase 1.6 n.; 1.9 n. **a 3.1–5** Algunos intérpretes han visto en este relato autobiográfico un segundo matrimonio del profeta, pero es más probable que se trate de la reconciliación del profeta con Gómer, que había incurrido en adulterio y se había hecho indigna de ser su esposa. **b 3.1** Las *tortas de pasas* o de *uvas secas* se ofrecían en el culto a los dioses de la fertilidad (cf. Jer 7.18). **a 4.12** *Ídolos de madera:* probablemente los postes o árboles plantados en representación de la diosa Aserá. Cf. Dt 16.21; Jue 2.13.

de los robles, los álamos y las encinas.
Por eso se han prostituido
  las hijas de ustedes,
y sus nueras cometen adulterio.
14 Pero yo no castigaré a sus hijas
    por su prostitución
ni a sus nueras por sus adulterios,
porque ustedes mismos
    se van con prostitutas;
para ofrecer sacrificios, se juntan
con mujeres que practican la prostitución
  como un culto.
¡Y así se hunde un pueblo
  falto de inteligencia!

15 "Si tú, Israel, te prostituyes,
que al menos Judá no peque.
¡No vayan ustedes a Guilgal
ni suban a Bet–avén[b]
ni juren por la vida del Señor!
16 Israel es rebelde
  como una novilla arisca;
y así, ¿los cuidará el Señor
  en hermosos pastizales,
igual que si fueran corderitos?
17-18 Efraín[c] se ha entregado a la idolatría.
¡Todos han caído como pandilla
    de borrachos!
Una y otra vez se prostituyen,
y prefieren la vergüenza a la honra.
19 ¡Un viento se los llevará en sus alas,
y se avergonzarán de su idolatría!

5 1 "Sacerdotes, oigan esto;
presta atención, pueblo de Israel;
escuchen ustedes, los de la casa real:
Contra ustedes va a ser el juicio,
porque han sido una trampa puesta
    en Mispá,
una red tendida sobre el monte Tabor,
2 un pozo ahondado en el valle de Sitim.[a]
Por eso voy a castigarlos.
3 Yo conozco a Efraín;
Israel no me es desconocido.

Efraín se ha prostituido;
Israel se ha manchado."

4 Las malas acciones del pueblo
no lo dejan volverse a su Dios.
Dominado por la prostitución,
no reconoce al Señor.
5 El orgullo de Israel
    clama en contra suya;
Efraín tropieza en su propia maldad,
¡y, junto con ellos, hasta Judá tropezará!
6 Con sus ovejas y sus vacas
irán en busca del Señor,
pero no lo encontrarán
porque se apartó de ellos.
7 Han sido infieles al Señor,
pues tienen hijos de otro padre.
Por su infidelidad, en un solo mes
sus tierras serán devoradas.

El castigo de Israel y de Judá

8 ¡Toquen el cuerno de guerra en Guibeá
y la trompeta en Ramá!
¡Den la alarma en Bet–avén!
¡Siembren el desconcierto en Benjamín!
9 Yo anuncio entre las tribus de Israel
lo que ha de suceder con toda seguridad:
Efraín será asolado en el día del castigo.

10 Dice el Señor:
"Los jefes de Judá son como esa gente
que altera los límites de los campos.[b]
¡Pero los voy a inundar con mi furor!
11 Efraín está oprimido,
quebrantados sus derechos,
porque se ha empeñado en seguir
a los falsos dioses.
12 Pues yo seré como la polilla para Efraín,
como la carcoma para el pueblo de Judá.

13 "Cuando Efraín vea lo enfermo que está,
y Judá se vea sus heridas,
Efraín irá a Asiria
a pedirle ayuda al gran rey,[c]

---

[b] **4.15** *Bet–avén*, en hebreo, significa *casa de iniquidad*. Oseas aplica este calificativo, en forma despectiva, a *Betel*, cuyo nombre significa *casa de Dios* y era, a su vez, un santuario importante de Israel (1 R 12.28–30; Os 5.8; 10.5; Am 4.4; 5.5. [c] **4.17–18** El profeta da frecuentemente el nombre de *Efraín* a todo el reino del Norte, Israel (5.3,5; 11.8). [a] **5.2** El *valle de Sitim*, al este del río Jordán, estaba relacionado con el pecado de los israelitas en Baal–peor (Nm 25.1–5; cf. Jos 2.1). [b] **5.10** *Altera los límites de los campos:* Cf. Dt 19.14; 27.17; Pr 22.28; 23.10. [c] **5.13** *Al gran rey:* Esta puede ser una referencia al rey de Asiria, a quien los reyes Menahem (2 R 15.19–20) y Ahaz (2 R 16.7–9) pidieron ayuda, y a quien Oseas, el último de los reyes de Israel, pagó tributo (2 R 17.3–4).

pero él no podrá sanarlos
ni curarles las heridas.

14 Como un león cuando ataca,
así atacaré yo a Efraín y a Judá;
yo mismo los despedazaré,
    y luego me iré;
los arrebataré, y nadie podrá librarlos.

15 "Volveré luego a mi lugar,
hasta que ellos reconozcan su pecado
y vengan a buscarme.
¡En medio de su angustia, me buscarán!"

Israel habla de volverse al Señor

6 1 Vengan todos y volvámonos al Señor.
Él nos destrozó,
    pero también nos sanará;
nos hirió, pero también nos curará.
2 En un momento nos devolverá la salud,
nos levantará para vivir delante de él.
3 ¡Esforcémonos por conocer al Señor!
El Señor vendrá a nosotros,
tan cierto como que sale el sol,
tan cierto como que la lluvia riega
    la tierra
en otoño y primavera.

La respuesta del Señor

4 Dice el Señor:
"¿Qué haré contigo, Efraín?
¿Qué haré contigo, Judá?
El amor que ustedes me tienen
es como la niebla de la mañana,
como el rocío de madrugada,
    que temprano desaparece.
5 Por eso los he despedazado
    mediante los profetas;
por medio de mi mensaje los he matado.
Mi justicia brota como la luz.
6 Lo que quiero de ustedes
    es que me amen,
y no que me hagan sacrificios;
que me reconozcan como Dios,
y no que me ofrezcan holocaustos.

7 "Pero mi pueblo, lo mismo que Adán,[a]
ha faltado a mi alianza
    y me ha sido infiel.

8 Galaad es una ciudad de malhechores,
toda llena de huellas de sangre.
9 Los sacerdotes son una pandilla
    de ladrones
puestos al acecho de la gente;
asesinan y cometen infamias
en el camino de Siquem.
10 En Israel he visto cosas horribles:
Efraín se ha prostituido,
Israel se ha contaminado.
11 Y aun para ti, Judá,
ya he señalado el día de tu castigo.

"Cuando quiero cambiar
    la suerte de mi pueblo Israel,

7 1 cuando quiero curar a mi pueblo,
    a Efraín y a Samaria,
salta a la vista su pecado y su maldad.
Porque todos practican la mentira;
como ladrones, entran en las casas
y asaltan a la gente en plena calle.
2 No toman en cuenta
que yo recuerdo todas sus maldades.
Ahora los acorralan sus propias acciones,
que están siempre delante de mis ojos.

La corrupción de los gobernantes

3 "Con su maldad y sus mentiras
mi pueblo divierte al rey y a los jefes.
4 Todos ellos son adúlteros;
son como el horno,
    que una vez encendido
deja el hornero de atizarlo
mientras fermenta la masa.
5 En el día de la coronación de nuestro rey,
los jefes le hicieron enfermar
    con el calor del vino.
¡Y él tendió la mano
    a los que se burlaban!
6 Disponen su corazón para la intriga,
como si dispusieran un horno;
duerme el hornero toda la noche,
pero a la mañana el horno
    sigue bien encendido.
7 Sí, todos ellos arden como un horno
que devoró a sus gobernantes.
Todos sus reyes han caído,
y no hay ni uno solo que me invoque.

---

[a] **6.7** *Lo mismo que Adán:* otra posible traducción: *lo mismo que en Adán:* posible referencia al pecado del primer hombre (Gn 3) o, en sentido más universal, al pecado de la humanidad; pero también podría tratarse de la ciudad de *Adán* (Jos 3.4—16), situada cerca del lugar por el que los israelitas entraron a Canaán.

El pueblo que se apartó de su Dios

8 "Efraín se ha mezclado con otros pueblos.
Efraín es como una torta
cocida solamente por un lado.
9 Gente extraña ha acabado con sus fuerzas
sin que él se diera cuenta.
¡Hasta el pelo se le puso blanco
sin que él se diera cuenta!
10 El orgullo de Israel es testigo en contra suya.
Con todo, ellos no se volvieron
ni buscaron al Señor su Dios.
11 Efraín es como una paloma
atolondrada, sin inteligencia:
pide ayuda a Egipto,
acude luego a Asiria . . .
12 Pero cuando vayan allá,
lanzaré mi red sobre ellos;
los haré caer como aves del cielo,
los atraparé a causa de su maldad.*ª*

13 "¡Ay de ellos por haberse apartado de mí!
La destrucción los alcanzará
porque contra mí se han rebelado.
Yo quiero salvarlos,
pero ellos mienten en contra mía.
14 Aunque gritan cuando están en la cama,*b*
no me invocan de corazón.
Para pedir trigo y vino se hacen heridas;*c*
¡se han rebelado contra mí!
15 Yo los había enseñado
y había dado fuerzas a sus brazos,
pero ellos planearon maldades contra mí.
16 Se volvieron a los ídolos;
son como un arco torcido,
cuya flecha no da en el blanco.
Por hablar con insolencia
caerán sus jefes a filo de espada,
y en Egipto se burlarán de ellos.

Israel condenado a causa de la idolatría

8 1 "Toca tu trompeta,
como centinela que vigila
sobre el pueblo del Señor.
Porque han faltado a mi alianza
y se han rebelado contra mi enseñanza.

2 Mientras tanto, vienen a mí gritando:
'¡Te reconocemos como el Dios de Israel!'
3 Pero Israel ha rechazado lo bueno,
y por eso lo perseguirán sus enemigos.

4 "Sin contar conmigo han establecido reyes,
y han nombrado jefes sin saberlo yo.
Han tomado su plata y su oro
para fabricarse ídolos
y destruirse a sí mismos.
5 ¡Me repugna el becerro que tú,
Samaria, adoras!*ª*
Mi enojo se ha encendido en contra de él.
¿Cuánto tardarán en quedar limpios
6 los israelitas?
¡Ese becerro de Samaria no es Dios!
Salió de manos de un artesano,
y será hecho pedazos.
7 Ellos sembraron vientos
y cosecharán tempestades;
no tendrán campos que segar,
ni sacarán harina de sus espigas;
y si acaso llegan a sacarla,
los extranjeros se la comerán.
8 ¡Israel ha sido tragado!
Las otras naciones lo miran
como a un objeto sin valor,
9 por haber acudido a Asiria
como un terco asno salvaje.
¡Efraín dio regalos para comprarse
amantes!
10 Pero aunque dé regalos
entre las naciones,
yo voy ahora a dispersarlos,
y durante un tiempo dejarán de surgir
reyes y jefes.

11 "Porque Efraín construye
multitud de altares,
que solo le sirven para pecar.
12 Aunque yo escribí para él
mis muchas enseñanzas,
él las tuvo por cosa extraña.
13 A ellos les gustan los sacrificios,
y sacrifican,

ª **7.12** *A causa de su maldad:* según el texto griego (LXX); heb. *según el informe de su asamblea.* *b* **7.14** *Cuando están en cama:* Quizá se hace referencia a la costumbre de dormir en los lugares altos, donde se celebraban actos de culto en honor a los dioses paganos. Cf. Is 57.7. *c* **7.14** *Se hacen heridas:* texto probable; heb. *viven como forasteros.* La práctica de herirse con cuchillos y otros objetos punzantes, común en los ritos cananeos (1 R 18.28), estaba prohibida en Israel (Lv 19.28; Dt 14.1). *ª* **8.5** *El becerro que . . . adoras:* alusión al becerro de oro instalado en Betel, al comienzo del reinado de Jeroboam I sobre el reino de Israel (1 R 12.28–30; cf. Os 10.5).

y comen la carne de los sacrificios;
pero yo, el Señor,
  no estoy contento con ellos:
recordaré las maldades
  que cometieron,
y los castigaré por su pecado
haciéndolos regresar a Egipto.
14 Israel construye palacios,
  pero se olvida de su creador.
Judá levanta muchas ciudades
  fortificadas,
pero yo las haré arder en un fuego
que consumirá sus palacios."

El castigo de Israel anunciado por Oseas

9 1 No te alegres, Israel;
  no saltes de contento
    como otros pueblos,
pues te has prostituido
al abandonar a tu Dios.
En las eras donde se trilla el grano,
te gusta recibir el pago
  de tus prostituciones.ª
2 El pueblo de Israel
  no tendrá trigo ni vino;
su vino nuevo no será suficiente.
3 Efraín regresará a Egipto,
y en Asiria comerá alimentos impuros.
No vivirán más en el país del Señor:
4 no beberán vino en honor del Señor,
ni le ofrecerán allí sus sacrificios.
El pan que coman
  será como pan de duelo,
y quienes lo coman quedarán impuros.
Ellos se comerán ese pan,
pero no podrán llevarlo al templo
  del Señor.
5 ¿Qué harán ustedes en el día de la fiesta,
de la solemne fiesta del Señor?
6 Ellos han huido de la destrucción;
Egipto los recogerá,
y en Menfis serán enterrados.
Sus tesoros de plata se llenarán de ortigas,
y en su campamento crecerán los espinos.

7 ¡Ya han llegado los días del castigo!
¡Ya han llegado
  los días del pago merecido!
¡Israel va a saber que ya han llegado!
Ustedes dicen: "El profeta[b] es un necio.
El hombre inspirado es un loco."
Pero lo dicen porque están llenos
  de maldad,
porque su odio es grande.
8 Dios ha puesto a su profeta
  por centinela[c] de Efraín,
pero ustedes tienden trampas
  a su paso;
¡hasta en el templo de Dios le odian!
9 Se corrompieron completamente,
como en los tiempos de Guibeá.[d]
Pero el Señor se acordará de su maldad
y castigará sus pecados.

Israel sufrirá las consecuencias de su pecado

10 Dice el Señor:
"Cuando encontré a Israel, me alegré
como el que encuentra uvas
  en el desierto.
Los antepasados de ustedes
  fueron a mis ojos
como los higos tempranos.
Pero cuando llegaron a Baal–peor[e]
se consagraron a los dioses falsos,
y se hicieron tan despreciables
como los ídolos que ellos amaban.
11 La grandeza de Efraín
  volará como un ave.
No nacerán más niños,
no habrá más mujeres embarazadas,
no se concebirán más hijos.
12 Y aun si lograran criar a sus hijos,
yo se los quitaría sin dejarles ninguno.
¡Ay de esta gente
  cuando me aparte de ella!
13 Veo que Efraín trata a sus hijos
como si fueran presa de cazadores:
los saca para entregarlos a la matanza."

ª **9.1** *En las eras . . . el grano:* alusión a ciertos actos de culto en honor de los dioses de la fertilidad, llevados a cabo durante la trilla del *grano* recién cosechado. *El pago de tus prostituciones:* Tal vez se refiere a los frutos de la cosecha, en los que el pueblo veía un don de Baal (véase Os 2.5 n.). b **9.7** El *profeta* es probablemente el mismo Oseas, que alude a los ataques y burlas de que ha sido objeto. c **9.8** *Su profeta por centinela:* Is 21.6; Jer 6.17; Ez 3.16–21; 33.1–9. Cf. también Os 8.1. d **9.9** *Guibeá* era la ciudad en la que algunos israelitas de la tribu de Benjamín violaron a la concubina de un levita (Jue 19—21). Cf. Os 5.8; 10.9. e **9.10** *Llegaron a Baal–peor:* alusión al pecado de idolatría del que se habla en Nm 25.1–3.

14 ¡Dales, Señor, lo que hayas de darles!
   ¡Dales vientres estériles
      y pechos sin leche!

Enojo del Señor contra Efraín
15 Dice el Señor:
   "En Guilgal hicieron todo lo malo,*f*
   y allí comencé a odiarlos.
   Por la maldad de sus acciones
   los voy a echar de mi casa;
   no voy a seguir amándolos,
   pues todos sus jefes son rebeldes.
16 Efraín está herido;
   es como un árbol de raíces secas
   que ha dejado de dar fruto.
   Aunque tenga hijos,
   yo los haré morir."
17 Este pueblo no ha querido
   hacerle caso a mi Dios;
   por eso mi Dios va a rechazarlo,
   y andarán errantes entre las naciones.

Destrucción de los altares de Israel

10 ¹ Israel es como una vid llena
         de uvas;
      pero cuanto más abundante era
         su fruto,
   más altares se construía;
   cuanto más hermosa era su tierra,
   más hermosas eran sus piedras
      sagradas.*a*
2 Israel tiene el corazón dividido,
   y ahora va a pagar por su pecado.
   El Señor destruirá sus altares
   y derribará sus piedras sagradas.

3 Ahora este pueblo dirá:
   "No tenemos rey
   porque no tenemos reverencia al Señor.
   Pero ¿qué podría hacer un rey
      por nosotros?
4 Tan solo hablar y hablar,
   prometer en falso y firmar pactos;

su justicia sería
   como una planta venenosa
   que crece entre los surcos del campo."

5 La gente de Samaria tiembla;
   llora la pérdida del becerro de Bet–avén.*b*
   Por él se están lamentando
   el pueblo y los sacerdotes,
   porque su gloria ha desaparecido.
6 Aun el propio becerro
      será llevado a Asiria
   para ofrecérselo al gran rey.*c*
   Así Efraín quedará avergonzado:
   Israel se avergonzará de su ídolo.
7 Desaparecerá el rey de Samaria
   como una astilla que flota sobre el agua.
8 Serán destruidos los santuarios paganos*d*
   donde el pueblo de Israel pecaba.
   Sobre sus altares crecerán cardos
      y espinos,
   y la gente les dirá a los montes:
   "¡Cúbrannos!",
   y a los cerros: "¡Caigan sobre nosotros!"

Sentencia del Señor contra Israel
9 Dice el Señor:
   "Israel no ha dejado de pecar
   desde que comenzó a hacerlo en Guibeá.*e*
   ¡En su pecado persisten!
   Por eso, la guerra
   alcanzará a estos malvados en Guibeá.
10 Castigaré a este pueblo cuando yo quiera.
   Contra él se juntarán naciones
   cuando yo lo castigue
      por su gran maldad.

11 "Efraín era como una novilla domada
   que gustaba de trillar el grano.
   Yo he puesto yugo ahora
   sobre su hermoso cuello,
   para que tire del carro;
   y Judá tirará del arado,
   y Jacob tirará del rastrillo.

---

f **9.15** *En Guilgal hicieron todo lo malo:* El santuario de Guilgal, además de ser un centro de culto a Baal (Os 4.15; 12.11; Am 5.5), estaba asociado con el rey Saúl y su desobediencia. Cf. 1 S 11.14–15; 13.7–14; 15.10–23.
a **10.1** Estas *piedras sagradas* eran pilares o monumentos de piedras que se levantaban para recordar algún suceso importante (cf. Gn 31.43–45; Jos 4.8–9). Su uso religioso estaba prohibido en Israel, porque en la religión cananea tales piedras estaban frecuentemente relacionadas con el culto a Baal. Cf. Ex 23.24; Lv 26.1; Dt 16.22. Cf. también Os 12.11. *b* **10.5** *Bet–avén:* Véase 4.15 n. *c* **10.6** *Al gran rey:* Véase 5.13 n. *d* **10.8** Estos *santuarios paganos* estaban situados en las colinas. *Avén,* que significa *maldad* o *iniquidad,* es una referencia a Betel (véase 4.15 n). *e* **10.9** *Comenzó a hacerlo en Guibeá:* Véase 9.9 n.

12 Les dije: Siembren ustedes justicia
y recojan cosecha de amor.
Preparen la tierra para un nuevo cultivo,
porque es tiempo de buscar al Señor,
hasta que él venga y traiga
lluvia de salvación sobre ustedes.

13 Pero ustedes han cultivado la maldad,
han cosechado la injusticia
y han comido los frutos de la mentira.

"Por haber confiado en tus carros de guerra
y en tus muchos guerreros,

14 habrá alboroto entre tu gente
y todas tus fortalezas serán asoladas,
como asoló a Bet–arbel el rey Salmán
el día de la batalla,
cuando aplastaron a la madre con los hijos.*f*

15 Esto mismo les pasará a ustedes,
habitantes de Betel,
por causa de su gran maldad.
¡El rey de Israel
morirá al nacer el día!

Dios ama a su pueblo rebelde

11 1 "Cuando el pueblo de Israel
era niño, yo lo amaba;
a él, que era mi hijo,
lo llamé de Egipto.*a*

2 Pero cuanto más lo llamaba,
más se apartaba de mí.
Mi pueblo ofrecía sacrificios
a los dioses falsos
y quemaba incienso a los ídolos.

3 Con todo, yo guié al pueblo de Efraín
y lo enseñé a caminar;
pero ellos no comprendieron
que era yo quien los cuidaba.

4 Con lazos de ternura,
con cuerdas de amor,
los atraje hacia mí;
los acerqué a mis mejillas
como si fueran niños de pecho;
me incliné a ellos para darles de comer,

5 pero ellos no quisieron volverse a mí.
Por eso tendrán que regresar a Egipto,
y Asiria reinará sobre ellos.

6 La espada caerá sobre sus ciudades
y acabará con sus fortalezas,
destruyéndolos a causa de los planes
que hacen.

7 Mi pueblo persiste en estar alejado de mí;
gritan hacia lo alto, pero nadie los ayuda.

8 "¿Cómo podré dejarte, Efraín?
¿Cómo podré abandonarte, Israel?
¿Podré destruirte como destruí la ciudad
de Admá,
o hacer contigo
lo mismo que hice con Seboím?*b*
¡Mi corazón está conmovido,
lleno de compasión por ti!

9 No actuaré según el ardor de mi ira:
no volveré a destruir a Efraín,
porque yo soy Dios, no hombre.
Yo soy el Santo, que estoy en medio de ti,
y no he venido a destruirte."

10 Ellos seguirán al Señor,
y él rugirá como un león.
Rugirá, y los suyos
vendrán temblando de occidente.

11 "Como aves, vendrán temblando de Egipto;
vendrán de Asiria, como palomas;
y haré que habiten de nuevo en sus casas.
Yo, el Señor, lo afirmo.

La maldad del pueblo de Dios

12 "Efraín me ha rodeado de mentiras;
me ha rodeado de engaños
el pueblo de Israel.
Judá se ha separado de Dios,
y ahora es fiel a los ídolos.

12 1 Efraín se alimenta de aire:
todo el día va tras el viento
del este.*a*

---

f **10.14** *Salmán* era, probablemente, rey de Moab, y *Bet–arbel* podía ser un pueblo en la región de Galaad, conquistado por él. El texto parece indicar que el ejército invasor hizo una matanza masiva de niños, para exterminar la población. Cf. 2 R 8.12; Sal 137.9; Is 13.16; Os 13.16; Nah 3.10. *a* **11.1** *A él, que era mi hijo, lo llamé de Egipto:* otra posible traducción: *desde que salió de Egipto lo he llamado mi hijo* (Mt 2.15; cf. Os 2.14–15; 12.9,13; 13.4–5; Am 3.1–2). *b* **11.8** *Admá . . . Seboím:* Estas ciudades siempre se mencionan junto con Sodoma y Gomorra (Gn 10.19; 14.2,8) y fueron destruidas junto con ellas (Dt 29.23; cf. Gn 19.23–29). *a* **12.1** *Efraín se alimenta . . . el viento del este:* referencia a lo inútil de las alianzas con Asiria y Egipto (2 R 17.3–6; Os 7.11). El *viento del este* procede del desierto; con su calor quema los cultivos y seca los manantiales (Os 13.15). Cf. Jer 18.17; Ez 17.10.

Aumenta sus mentiras y violencias,
hace pactos con Asiria
y manda regalos de aceite a Egipto."

2 El Señor le ha puesto pleito a Israel.[b]
Va a castigar al pueblo de Jacob
    por su conducta;
le va a pagar como merecen sus acciones.
3 Aun antes de nacer,
    Jacob suplantó a su hermano,
y cuando ya fue hombre luchó con Dios.
4 Luchó con un ángel,[c] y lo venció;
lloró y pidió que le tuviera compasión.
Dios lo encontró en Betel
y habló con él allí.
5 El Señor, el Dios todopoderoso:
¡el Señor es su nombre!
6 Así pues, Israel, vuélvete a tu Dios;
actúa con lealtad y rectitud,
y confía siempre en tu Dios.

7 Dice el Señor:
"Canaán[d] tiene en su mano pesas falsas,
porque le gusta estafar.
8 Efraín dice: '¡Sí, me he hecho rico,
me he encontrado una fortuna;
pero nadie podrá acusarme
de haber obtenido mis ganancias
por medios deshonestos!'
9 Yo, el Señor, que soy tu Dios
desde que estabas en Egipto,
haré que vivas de nuevo
    en tiendas de campaña,
como en los días de nuestro encuentro
    en el desierto.[e]

10 "Yo hablé a los profetas
y aumenté el número de sus visiones,
y por medio de ellos hablé en parábolas.
11 En Galaad hay dioses paganos,
pero solo son falsos dioses.
En Guilgal se ofrecen sacrificios de toros;
sus altares son
    como montones de piedras
entre los surcos del campo."

12 Jacob huyó a los campos de Aram,[f] y allí,
para conseguir esposa, trabajó cuidando ovejas.
13 Por medio de un profeta, el Señor sacó de
Egipto al pueblo de Israel; ¡por medio de un
profeta,[g] cuidó de él!

14 La gente de Efraín ha irritado al Señor,
le ha causado un amargo disgusto.
Por eso el Señor les hará pagar
    los crímenes cometidos,
y hará caer sobre ellos
    sus propias maldades.

La ruina total de Israel

13 1 Cuando la gente de Efraín
        hablaba,
las otras tribus de Israel
    mostraban respeto;
pero Efraín murió
    cuando se hizo culpable
por haber adorado a Baal.
2 ¡Y todavía siguen pecando!
Funden su plata y se hacen ídolos
según se les ocurre
    y a gusto de los artesanos.
Luego dicen: "¡Ofrézcanles sacrificios!",
y la gente besa ídolos que tienen forma
    de becerro.
3 Por eso serán como la niebla de la mañana,
como el rocío de madrugada,
    que temprano desaparece,
como la paja que se lleva el viento,
como el humo que sale por la chimenea.

4 Dice el Señor:
"Yo, el Señor, soy tu Dios
desde que estabas en Egipto:
No reconozcas como Dios
    a nadie sino a mí,
pues solo yo soy tu salvador.
5 Yo te cuidé en las tierras ardientes
    del desierto.

6 "Pero cuando ustedes tuvieron comida
    de sobra,

---

[b] **12.2** *Israel:* texto probable; heb. *Judá.* [c] **12.3–4** *Y cuando ya fue hombre . . . luchó con un ángel:* cf. Gn 32.24–30.
[d] **12.7** El *Señor* se refiere a Israel como *Canaán.* Los cananeos alcanzaron tal fama en el comercio, que su nombre
llegó a usarse como sinónimo de comerciante. Cf. Is 23.8; Ez 16.29; 17.4; Sof 1.11. [e] **12.9** *Haré que vivas . . . en
el desierto:* Véase 2.14 n. [f] **12.12** *Los campos de Aram:* región de Mesopotamia conocida también como
Padán-aram (Gn 25.20); hasta allí llegó Jacob *para conseguir esposa.* Cf. Gn 29. [g] **12.13** *Por medio de un profeta:*
Alusión a Moisés y a su obra.

su corazón se llenó de orgullo
y se olvidaron de mí.

7 Por lo tanto, voy a ser para ellos
   como un león,
   como un leopardo que los aceche
   en el camino.

8 Voy a salir a su encuentro como una osa
   que ha perdido sus cachorros,
   y les despedazaré el corazón.
   Como un león, los devoraré allí mismo;
   como una fiera, los destrozaré.

9 Voy a destruirte, Israel,
   y nadie podrá evitarlo.

10 Pues ¿dónde está ahora tu rey,
   que te salve en todas tus ciudades?
   ¿Dónde están tus caudillos,
   a quienes pediste rey y jefes?

11 Enojado contigo, te di reyes,
   y enojado contigo, te los quité.

12 "La maldad de Efraín está anotada;
   su pecado ha quedado registrado.

13 A Israel le ha llegado el momento de nacer,
   pero es un hijo tan torpe
   que ni siquiera es capaz de colocarse
   en la debida posición para el parto.

14 ¿Y habré de librarlos del poder
      del sepulcro?
   ¿Habré de rescatarlos de la muerte? . . .
   ¿Dónde está, muerte,
      tu poder destructor?
   ¿Dónde están, sepulcro, tus males?[a]
   ¡Ya no tendré compasión de esta gente!"

15 Aunque Israel florezca como la hierba,
   vendrá el viento del este,
   el fuerte viento que sopla del desierto,
   y secará y agotará sus fuentes
      y manantiales.
   El enemigo le arrebatará el tesoro
   de sus ricas joyas.

16 El pueblo de Samaria llevará su castigo
   por haberse rebelado contra su Dios.
   Morirán a filo de espada,
   sus niños serán estrellados contra el suelo
   y las mujeres embarazadas
      serán abiertas en canal.

Oseas suplica a Israel que vuelva al Señor

14 1 ¡Vuélvete, Israel, al Señor tu Dios,
   tú que caíste a causa de tu pecado!
   2 Vuélvanse al Señor
   llevando con ustedes esta oración:
   "Perdona toda nuestra maldad
   y recibe con benevolencia
   las alabanzas que te ofrecemos.

3 Asiria no puede salvarnos,
   ni tampoco escaparemos a caballo.
   Ya no llamaremos 'Dios nuestro'
   a nada fabricado por nosotros mismos,
   porque solamente en ti, Señor,
   el huérfano encuentra compasión."

El Señor promete nueva vida a Israel

4 Dice el Señor:
   "Voy a curarlos de su rebeldía;
   voy a amarlos aunque no lo merezcan,
   pues ya se ha apartado de ellos mi ira.

5 Voy a ser para Israel como el rocío,
   y él dará flores, como los lirios.
   Sus raíces serán tan firmes
   como el monte Líbano;

6 sus ramas se extenderán
   hermosas como las ramas del olivo,
   y será su aroma
      como el de los cedros del Líbano.

7 Israel vivirá de nuevo bajo mi protección;
   entonces crecerán como el trigo,
   florecerán como la vid
   y serán famosos como el vino del Líbano.

8 Efraín dirá:
      '¿Qué me importan ya los ídolos?'
   ¡Yo soy quien atiendo y cuido
      a mi pueblo!
   Yo soy como un pino siempre verde,
   y en mí encontrará mi pueblo su fruto."

Conclusión

9 Que los sabios y prudentes
   entiendan este mensaje:
   Los caminos del Señor son rectos,
   y los justos los siguen;
   pero los malvados tropiezan en ellos.

---

[a] 13.14 *¿Dónde está . . . tus males?*: Cf. 1 Co 15.55.

JOEL

El libro de *Joel* (=Jl) comienza con la descripción de una terrible plaga de langostas (cf. 1.4) que han invadido el país como un ejército y han devorado toda la vegetación. Como consecuencia de esta invasión y de una grave sequía, hombres y animales se han quedado sin alimentos, y el culto del templo ha debido interrumpirse parcialmente por falta de cereales y de vino para los sacrificios y ofrendas (1.9,13,16). Por eso, el profeta invita a todo el pueblo de Judá a congregarse en el templo para celebrar un día de ayuno y de duelo, sin dejar de señalar, al mismo tiempo, que la verdadera conversión no consiste en ritos externos, sino en volverse *de todo corazón* al Señor (2.12–13).

Pero la mirada de Joel no se detiene únicamente en la consideración de las calamidades presentes. Estas son solo el preanuncio del *día del Señor*, es decir, del momento en que Dios, como Señor y Juez universal, juzgará a pueblos y naciones (1.15; 2.1–2; 4.14). Ese momento final será un *día grande y terrible* (2.31), pero también será un día de gracia y de salvación para el pueblo de Dios, ya que *todos los que invoquen el nombre del Señor lograrán salvarse de la muerte* (2.32).

A los que escuchen su urgente llamado al arrepentimiento y la conversión, el profeta les anuncia que *el Señor va a hacer grandes cosas* (2.21) para salvarlos (2.18–27; 3.18–21). Entre estas promesas relativas al futuro sobresale el anuncio del derramamiento del "espíritu", que el Señor dará sin medida a su pueblo fiel (2.28–32). Cada uno en Israel, sin distinción de edad, de sexo o de condición social, recibirá en plenitud el don del espíritu.

El esquema siguiente ofrece una visión global del mensaje de *Joel*:

1. Lamentación del profeta, llamado al arrepentimiento y anuncio del día del Señor (1.1—2.2a)
2. Nuevo anuncio del Día del Señor (2.2b–11)
3. Invitación a la alegría y a la acción de gracias, y promesa de salvación (2.12–27)
4. El derramamiento del espíritu (2.28—3.3)
5. El juicio de las naciones (3.4–16)
6. El futuro glorioso de Judá (3.17–21)

Las langostas arruinan las cosechas

1 ¹ Este es el mensaje que el Señor dirigió a Joel, hijo de Petuel.

² Oigan bien esto, ancianos,
y todos ustedes, habitantes del país.
¿Han visto ustedes nunca cosa semejante?
¿Se vio nunca cosa igual
en tiempos de sus padres?
³ Cuéntenlo a sus hijos,
y que ellos lo cuenten a los suyos,
y estos a los que nazcan después.
⁴ Todo se lo comieron las langostas:ᵃ
lo que unas dejaron,
otras vinieron y lo devoraron.

⁵ ¡Ustedes, borrachos, despierten!
¡Échense a llorar, bebedores de vino,
porque aun el jugo de la uva
les van a quitar!
⁶ Pues la langosta,
como un ejército fuerte y numeroso,
de dientes de león y colmillos de leona,
ha invadido mi país.
⁷ Ha destruido nuestros viñedos,
ha destrozado nuestras higueras;
las ha pelado por completo,
hasta dejar blancas sus ramas.
⁸ Como novia que llora y se viste de luto
por la muerte de su prometido,
⁹ así lloran los sacerdotes
porque en el templo ya no hay cereales
ni vino
para las ofrendas del Señor.
¹⁰ Los campos están desolados;
las tierras están de luto.
El trigo se ha perdido,
los viñedos se han secado
y los olivos están marchitos.
¹¹ Ustedes, los que trabajan en campos
y viñedos,
lloren entristecidos,
pues se echaron a perder las siembras
y las cosechas de trigo y de cebada.
¹² Se han secado los viñedos
y se han perdido las higueras.

Secos quedaron también
los granados, las palmeras, los manzanos
y todos los árboles del campo.
¡Así se ha perdido
la alegría de toda la gente!

¹³ Ustedes, sacerdotes, ministros del altar,
vístanse de ropas ásperas
y lloren de dolor,
porque en el templo de su Dios
ya no hay cereales
ni vino para las ofrendas.

¹⁴ Convoquen al pueblo y proclamen ayuno;
junten en el templo del Señor su Dios
a los ancianos y a todos los habitantes
del país,
e invoquen al Señor.
¹⁵ ¡Ay, se acerca el día del Señor!ᵇ
¡Día terrible, que nos trae destrucción
de parte del Todopoderoso!
¹⁶ Ante nuestros ojos
nos quitaron la comida,
y se acabó la alegría
en el templo de nuestro Dios.
¹⁷ La semilla murió en el surco,
el trigo se ha perdido
y los graneros están en ruinas.
¹⁸ ¡Cómo muge el ganado!
En vano buscan pasto las vacas;
los rebaños de ovejas se están muriendo.

¹⁹ ¡A ti clamo, Señor,
pues el fuego ha quemado
la hierba del desierto y los árboles
del campo!
²⁰ ¡Aun los animales salvajes claman a ti,
porque se han secado los arroyos
y el fuego quema los pastizales!

2 ¹ Toquen la trompeta en el monte Sión;
den el toque de alarma
en el santo monte del Señor.
Tiemblen todos los que viven en Judá,
porque ya está cerca el día del Señor:
² día de oscuridad y tinieblas,
día de nubes y sombras.

ᵃ **1.4** El texto hebreo se refiere a las *langostas* con cuatro términos diferentes, cuyo significado exacto es objeto de discusión. Según algunos intérpretes, se trataría de cuatro variedades o especies distintas; según otros, esos términos designan cuatro etapas en el desarrollo biológico de tales insectos. También se ha sugerido que la mención de cuatro clases de langostas significa la destrucción total. ᵇ **1.15** La catástrofe natural es una señal que preanuncia la llegada del *día del Señor,* tema central de este libro (Jl 2.1–2; 2.31; 3.14). Cf. Am 5.18–20; Sof 1.14–18.

El ataque de las langostas

Un ejército fuerte y numeroso
se ha desplegado sobre los montes
como la luz del amanecer.
Nunca antes se vio, ni se verá jamás,
nada que se le parezca.

3 Son como el fuego, que todo lo devora;
que ya quema antes de pasar,
y aun después que ha pasado.
La tierra, que antes de su llegada
era un paraíso,
cuando se van parece un desierto.
¡No hay nada que se les escape!

4 Su aspecto es como de caballos,
corren como jinetes

5 y su estruendo al saltar sobre los montes
es como el estruendo
de los carros de guerra,
como el crujir de las hojas secas
que arden en el fuego.
Son como un ejército poderoso
en formación de batalla.

6 La gente tiembla al verlas,
y todas las caras palidecen.

7 Como valientes hombres de guerra,
corren, trepan por los muros
y avanzan de frente,
sin torcer ninguna su camino.

8 No se atropellan unas a otras;
cada una sigue su camino,
y se lanzan entre las flechas
sin romper la formación.

9 Asaltan la ciudad,
corren sobre los muros,
trepan por las casas
y como ladrones se cuelan por las ventanas.

10 La tierra tiembla ante ellas,
el cielo se estremece,
el sol y la luna se oscurecen
y las estrellas pierden su brillo.

11 El Señor, al frente de su ejército,
hace oir su voz de trueno.
Muy numeroso es su ejército;
incontables los que cumplen sus órdenes.
¡Qué grande y terrible es el día del Señor!
No hay quien pueda resistirlo.

La misericordia del Señor

12 "Pero ahora —lo afirma el Señor—,
vuélvanse a mí de todo corazón.
¡Ayunen, griten y lloren!"

13 ¡Vuélvanse ustedes al Señor su Dios,
y desgárrense el corazón
en vez de desgarrarse la ropa!
Porque el Señor es tierno y compasivo,
paciente y todo amor,
dispuesto siempre a levantar el castigo.

14 Tal vez decida no castigarlos a ustedes,
y les envíe bendición:
cereales y vino
para las ofrendas del Señor su Dios.

15 ¡Toquen la trompeta en el monte Sión!
Convoquen al pueblo
y proclamen ayuno;

16 reúnan al pueblo de Dios,
y purifíquenlo;
reúnan a los ancianos, a los niños
y aun a los niños de pecho.
¡Que hasta los recién casados
salgan de la habitación nupcial!

17 Lloren los sacerdotes,
los ministros del Señor,
y digan entre el vestíbulo y el altar:[a]
"Perdona, Señor, a tu pueblo;
no dejes que nadie se burle de los tuyos;
no dejes que otras naciones los dominen
y que los paganos digan:
'¿Dónde está su Dios?' "

18 Entonces el Señor mostró su amor por su país; compadecido de su pueblo, 19 dijo:

"Voy a enviarles trigo, vino y aceite,
hasta que queden satisfechos;
y no volveré a permitir
que los paganos se burlen de ustedes.

20 Alejaré de ustedes las langostas
que vienen del norte,[b]
y las echaré al desierto.
Ahogaré su vanguardia en el Mar Muerto
y su retaguardia en el Mediterráneo,
y sus cuerpos se pudrirán y apestarán.
¡Voy a hacer grandes cosas!"

---

[a] **2.17** *Entre el vestíbulo y el altar:* es decir, entre la parte delantera del edificio mismo del templo (cf. 1 R 6.3) y el altar de bronce ubicado en el atrio, donde se ofrecían los sacrificios (2 Cr 4.1,9). Cf. Ez 8.16; 1 Mac 7.36–37; Mt 23.35; Lc 11.51. [b] **2.20** *Que vienen del norte:* Muchas invasiones llegaron a Palestina desde el norte. Por eso, esta expresión sugería la idea de calamidad y destrucción (cf. Jer 1.14–15; 4.6; 6.1; Ez 38.6; 39.2).

21 Alégrate mucho, tierra,
    y no tengas miedo,
    porque el Señor va a hacer grandes cosas.
22 No tengan miedo, animales salvajes,
    pues los pastizales reverdecerán,
    los árboles darán su fruto,
    y habrá higos y uvas en abundancia.
23 ¡Alégrense ustedes, habitantes de Sión,
    alégrense en el Señor su Dios!
    Él les ha dado las lluvias
        en el momento oportuno,
    las lluvias de invierno y de primavera,*c*
    tal como antes lo hacía.
24 Habrá una buena cosecha de trigo
    y gran abundancia de vino y aceite.

25 "Yo les compensaré a ustedes
    los años que perdieron
    a causa de la plaga de langostas,
    de ese ejército destructor
    que envié contra ustedes.
26 Ustedes comerán
        hasta quedar satisfechos,
    y alabarán al Señor su Dios,
    pues yo hice por ustedes grandes maravillas.
    Nunca más quedará mi pueblo
        cubierto de vergüenza,
27 y ustedes, israelitas, habrán de reconocer
    que yo, el Señor, estoy con ustedes,
    que yo soy su Dios, y nadie más.
    ¡Nunca más quedará mi pueblo
        cubierto de vergüenza!

Viene el espíritu de Dios

28 "Después de estas cosas
    derramaré mi espíritu
        sobre toda la humanidad:
    los hijos e hijas de ustedes
        profetizarán,
    los viejos tendrán sueños
    y los jóvenes visiones.
29 También sobre siervos y siervas
    derramaré mi espíritu en aquellos días;

30 mostraré en el cielo grandes maravillas,
    y sangre, fuego y nubes de humo
        en la tierra.
31 El sol se volverá oscuridad,
    y la luna como sangre,
    antes que llegue el día del Señor,
    día grande y terrible."
32 Pero todos los que invoquen
        el nombre del Señor
    lograrán salvarse*d* de la muerte,
    pues en el monte Sión, en Jerusalén,
    estará la salvación,
    tal como el Señor lo ha prometido.
    Los que él ha escogido
        quedarán con vida.*e*

3 1 "Cuando llegue ese momento
        —dice el Señor—,
    haré que cambie la suerte de Judá
        y Jerusalén.
2 Reuniré a todas las naciones,
    las llevaré al valle de Josafat*a*
    y allí las juzgaré por lo que hicieron
        con mi pueblo Israel.
    Pues dispersaron a los israelitas
        por todo el mundo,
    y se repartieron mi país.*b*

3 Se repartieron mi pueblo
        echándolo a suertes,
    vendieron a los niños y a las niñas,
    y luego se gastaron el dinero
        en vino y prostitutas.

Juicio del Señor contra las naciones

4 "¿Qué quieren ustedes de mí, Tiro, Sidón y Filistea? ¿Quieren vengarse de mí? ¿Quieren cobrarse algo? ¡Pues muy pronto les daré su merecido! 5 Ustedes robaron mi plata y mi oro, y se llevaron mis tesoros a sus templos. 6 Se llevaron lejos a la gente de Judá, a los habitantes de Jerusalén, y los vendieron como esclavos a los griegos. 7 Pero yo voy a sacarlos del lugar donde los vendieron, y voy a hacer que ustedes

---

c **2.23** Las *lluvias de invierno* comenzaban en octubre–noviembre, poco antes de la siembra; las *lluvias de primavera,* en marzo–abril, cuando ya estaban madurando las cosechas. *d* **2.28–32a** Hch 2.17–21. *e* **2.32** Este anuncio de salvación se refiere probablemente a los habitantes de Judá y quizá también a los israelitas de la diáspora; las naciones, en cambio, estarán sometidas al juicio de Dios (cf. Jl 3.2,9–13). En Ro 10.12–13, Pablo cita este v. dándole un alcance universal: la salvación llega por igual a judíos y a no judíos. *a* **3.2** En hebreo, *Josafat* significa *El Señor juzga.* En el v. 14, este valle recibe el nombre de *valle de la Decisión.* Se ha identificado tradicionalmente con el valle de Cedrón aunque es más probable que el profeta haya querido usar un nombre simbólico, sin referirse a un lugar determinado. *b* **3.2** Acerca del juicio general a las naciones, cf. Is 66.16; Jer 25.31; Sof 3.8; Mt 25.31–46.

sufran la misma suerte. **8**Venderé sus hijos e hijas a los judíos, para que ellos los vendan a los sabeos, gente de tierras lejanas. Yo, el Señor, lo he dicho."

9 Anuncien esto a las naciones:*c*
¡Declaren la guerra santa!
¡Llamen a los valientes!
¡Que vengan y avancen los guerreros!
10 Que hagan espadas de sus azadones
y lanzas de sus hoces,
y que el débil diga: "¡Yo soy fuerte!"
11 Todas ustedes, naciones vecinas,
¡dense prisa, vengan a reunirse!
¡Que aun el pacífico
se convierta en un guerrero!
12 Prepárense las naciones
y acudan al valle de Josafat,
pues allí juzgará el Señor
a todas las naciones vecinas.
13 Porque ellos son tan malvados,
córtenlos como a trigo maduro,
pues ya es el tiempo de la cosecha;
aplástenlos como a uvas,
pues ya está todo listo para hacer el vino.
14 Hay grandes multitudes
en el valle de la Decisión,
porque ya está cerca el día del Señor.
15 El sol y la luna se oscurecen
y las estrellas pierden su brillo.

16 Cuando el Señor hace oir
su voz de trueno
desde el monte Sión, en Jerusalén,
el cielo y la tierra se ponen a temblar.
Pero el Señor es un refugio protector
para los israelitas, que son su pueblo.

Futuro glorioso de Judá

17 "Ustedes reconocerán que yo,
el Señor su Dios,
vivo en Sión, mi santo monte.
Jerusalén será una ciudad santa:
jamás volverán a conquistarla
los extranjeros.
18 En aquel día, el vino y la leche
correrán como agua
por montes y colinas,
y los arroyos de Judá
llevarán agua en abundancia.
De mi templo brotará un manantial
que regará el valle de Sitim. *d*
19 Egipto quedará en ruinas,
y Edom será convertido en un desierto,
porque atacaron a los habitantes de Judá
y en su país derramaron sangre inocente.
20-21 Yo vengaré su muerte;
no perdonaré al culpable.
Pero Judá y Jerusalén
estarán siempre habitadas,
y yo, el Señor, viviré en el monte Sión."

---

c **3.9** El fin de los tiempos se describe a veces como una gran batalla, en la que el Señor triunfará sobre las fuerzas del mal y hará prevalecer la justicia (cf. Ez 39.1–10). *d* **3.18** *El valle de Sitim:* según algunos intérpretes, es la continuación del valle de Cedrón, regado abundantemente por el *manantial* que brotará del templo; otros lo sitúan en el país de Moab (cf. Nm 25.1; Jos 2.1). También podría tratarse de un símbolo de prosperidad y felicidad, ya que *Sitim,* en hebreo, puede significar *acacias.* El día del Señor no culminará con destrucción, sino con el triunfo de la justicia.

AMÓS

El libro de *Amós* (=Am) es el mensaje que el profeta de ese nombre anunció al reino de Israel, aunque él mismo era originario de Judá (7.12–13). El lugar de residencia habitual del profeta era Tecoa, pequeña población situada al sudeste de Belén, en el borde del desierto. En aquella región él se dedicó a la cría de ganado y a otras tareas agrícolas (1.1; 7.14), hasta que el Señor lo llamó a desempeñar la misión profética: *Ve y habla en mi nombre a mi pueblo Israel* (7.15).

En tiempos de Amós (siglo VIII a.C.) el reino de Israel atravesaba por una época de notable prosperidad. El rey Jeroboam I (783–743 a.C.) había recuperado los territorios al este del Jordán (cf. 2 R 14.25), y estas victorias habían hecho revivir antiguos sueños de grandeza (cf. Am 6.13). En tales circunstancias históricas desempeñó Amós su misión profética. En el centro de su predicación hay una implacable crítica de la sociedad israelita, especialmente por los pecados que atentan contra la justicia social. Sus denuncias se dirigen sobre todo contra los que se enriquecen mediante la violencia y la explotación de los más débiles (cf. 3.10; 5.11; 8.4), contra los que practican el soborno en los tribunales (5.12,15) y contra los que hunden sin compasión en la esclavitud a los que no pueden pagar sus deudas (2.6; 8.6). Frente a todos estos crímenes e injusticias, el Señor no puede permanecer indiferente, por lo que no dejará sin castigo a los culpables (2.13–16; 4.2–3; 5.18–20; 8.3). De ahí el apremiante llamado que el profeta dirige a todo el pueblo de Israel: *¡Prepárate para encontrarte con tu Dios!* (4.12).

El libro de *Amós* comprende las siguientes partes:

1. Prólogo (1.1–2)
2. Oráculos contra las naciones y contra el pueblo de Israel (1.3—2.16)
3. Denuncias y amenazas sobre Israel (3—6)
4. Cinco visiones proféticas (7.1—9.10)
5. Epílogo (9.11–15)

1 ¹ Este es el mensaje que Amós, pastor de ovejas*ᵃ* del poblado de Tecoa, recibió de parte de Dios acerca de Israel,*ᵇ* dos años antes del terremoto,*ᶜ* en tiempos de Ozías,*ᵈ* rey de Judá, y de Jeroboam,*ᵉ* hijo de Joás, rey de Israel.

2 Cuando el Señor hace oir su voz
      de trueno
   desde el monte Sión, en Jerusalén,
   las tierras de pastos se marchitan
   y se reseca la cumbre del Carmelo.

Juicios sobre las naciones vecinas

3 Así dice el Señor:
   "Los de Damasco han cometido
      tantas maldades
   que no dejaré de castigarlos;
   pues trillaron a los de Galaad
      con trillos de hierro.
4 Por eso pondré fuego
      a la casa real de Hazael,
   y ese fuego destruirá los palacios
      de Ben-hadad.
5 Abriré a la fuerza las puertas de Damasco;
   destruiré al que reina en Bicat-avén*ᶠ*
   y al que gobierna en Bet-edén,
   y los sirios serán llevados cautivos
      a Quir."
   Lo dice el Señor.

6 Así dice el Señor:
   "Los de Gaza han cometido
      tantas maldades
   que no dejaré de castigarlos;
   pues se llevaron cautivo a todo un pueblo
   y lo vendieron en Edom como esclavo.
7 Por eso pondré fuego
      a los muros de Gaza,
   y ese fuego destruirá sus palacios.

8 Destruiré al que reina en Asdod
   y al que gobierna en Ascalón.
   ¡Con todo mi poder
      me lanzaré contra Ecrón,
   y hasta el último filisteo morirá!"
   Lo dice el Señor.

9 Así dice el Señor:
   "Los de Tiro han cometido tantas maldades
   que no dejaré de castigarlos;
   pues entregaron cautivo
      al poder de Edom
   a todo un pueblo con el que tenían
      un pacto de hermanos.*ᵍ*
10 Por eso pondré fuego a los muros de Tiro,
   y ese fuego destruirá sus palacios."

11 Así dice el Señor:
   "Los de Edom han cometido
      tantas maldades
   que no dejaré de castigarlos;
   pues, espada en mano y sin compasión,
   persiguieron a sus hermanos israelitas.
   Dieron rienda suelta a su enojo,
   y su odio fue implacable.
12 Por eso pondré fuego a Temán,
   y ese fuego destruirá los palacios de Bosrá."

13 Así dice el Señor:
   "Los de Amón han cometido
      tantas maldades
   que no dejaré de castigarlos;
   pues, en su afán de agrandar su territorio,
   abrieron en canal a las mujeres
      embarazadas de la región de Galaad.
14 Por eso pondré fuego
      a los muros de Rabá,
   y ese fuego destruirá sus palacios
   entre clamores de batalla
   y estruendo de día tempestuoso.

ᵃ **1.1** La palabra hebrea traducida por *pastor de ovejas* no designa a un simple pastor, sino a un propietario y criador de rebaños. Cf. Am 7.14. *ᵇ* **1.1** El nombre *Israel* se refiere aquí al conjunto de tribus israelitas que, después de la muerte de Salomón, se rebelaron contra Judá y formaron el reino del norte (1 R 12.1–24). Aunque Amós procedía de Judá, debió anunciar su mensaje en el reino de Israel. Cf. Am 7.12,15. *ᶜ* **1.1** Este *terremoto* se produjo hacia el año 750 a.C., en una fecha que es imposible determinar con exactitud. Debió de producir la más viva impresión, ya que vuelve a mencionarse mucho tiempo más tarde (Zac 14.5). *ᵈ* **1.1** *Ozías*, llamado también *Azarías* (2 R 15.1–7), reinó sobre Judá entre los años 781 y 740 a.C. Cf. 2 Cr 26.1–23. *ᵉ* **1.1** *Jeroboam:* Se trata de Jeroboam II, rey de Israel (783–743). Cf. 2 R 14.23–29. *ᶠ* **1.5** *Bicat-avén*, en hebreo, significa *valle de maldad y Bet-edén, casa de placer.* Se trata probablemente de dos nombres simbólicos de Damasco, destinados a resaltar la culpabilidad de los que habitaban en aquel lugar. *ᵍ* **1.9** *Pacto de hermanos:* es decir, un tratado que unía a Tiro con Israel (cf. 1 R 5.12) o con otra nación vecina.

15 Y su rey marchará al destierro,
   junto con todos sus hombres
      importantes."
   Lo dice el Señor.

2 1 Así dice el Señor:
   "Los de Moab han cometido
      tantas maldades
   que no dejaré de castigarlos;
   pues quemaron los huesos del rey de Edom
   hasta convertirlos en ceniza.

2 Por eso pondré fuego
   a la región de Moab,
   y ese fuego destruirá los palacios
      de Queriot;
   y entre clamores de batalla
   y toques de trompeta,
   los moabitas morirán.

3 ¡Quitaré al rey de en medio de su pueblo;
   lo mataré, y con él a sus hombres
      importantes!"
   Lo dice el Señor.

4 Así dice el Señor:
   "Los de Judá han cometido
      tantas maldades
   que no dejaré de castigarlos;
   pues rechazaron las enseñanzas del Señor
   y no obedecieron sus leyes,
   sino que adoraron a los mismos ídolos
   que sus padres habían adorado.

5 Por eso pondré fuego a Judá,
   y ese fuego destruirá los palacios
      de Jerusalén."

Juicio sobre Israel

6 Así dice el Señor:
   "Los de Israel han cometido
      tantas maldades
   que no dejaré de castigarlos;
   pues venden al inocente por dinero
   y al pobre por un par de sandalias.

7 Oprimen y humillan a los pobres,
   y se niegan a hacer justicia
      a los humildes.
   El padre y el hijo
      se acuestan con la misma mujer,
   profanando así mi santo nombre.

8 Tendidos sobre ropas
      que recibieron en prenda,

participan en comidas
   en honor de los ídolos;
con dinero de multas injustas
   compran vino,
que beben en el templo de su dios. [a]

9 Yo, sin embargo,
   para abrirles paso a ustedes,
destruí a los amorreos;
los destruí por completo,
aunque eran altos como cedros
   y fuertes como robles.

10 Pero a ustedes los saqué de Egipto,
   y los conduje cuarenta años
      por el desierto
   para darles la tierra de ellos.

11 Y no pueden negar, israelitas,
      que de entre ustedes
   a algunos los hice profetas
      y a otros nazareos." [b]
   El Señor lo afirma.

12 "Pero ustedes obligaron a los nazareos
      a beber vino,
   y prohibieron a los profetas que hablaran
      en mi nombre.

13 Pues bien, yo haré crujir la tierra
   bajo los pies de ustedes,
   como cruje una carreta
      cargada de trigo.

14 Por mucho que corran, no escaparán;
   al más fuerte le faltarán las fuerzas,
   y no se salvará ni el más valiente.

15 El arquero no resistirá, y no se salvarán
   ni el que corra con pies ligeros
   ni el que huya a caballo.

16 Ese día, hasta el más valiente
      de los guerreros
   se despojará de sus armas
      para poder huir."
   El Señor lo afirma.

La tarea del profeta

3 1 Israelitas, oigan lo que dice el Señor al
   pueblo que sacó de Egipto:

2 "Solo a ustedes he escogido
   de entre todos los pueblos de la tierra.
   Por eso habré de pedirles cuentas
   de todas las maldades
      que han cometido."

---

[a] **2.8** Cf. Ex 22.26–27; Dt 24.10–13. [b] **2.11** *Nazareos:* Cf. Nm 6.1–8.

3 Si dos caminan juntos,
es porque están de acuerdo;
4 si el león ruge en la selva,
es porque ha hecho una presa;
si el cachorro gruñe en la cueva,
es porque ha capturado algo;
5 si un pájaro cae al suelo,
es porque había una trampa;
si la trampa salta del suelo,
es porque algo ha atrapado;
6 si la trompeta suena en la ciudad,
la gente se alarma;
si algo malo pasa en la ciudad,
es porque el Señor lo ha mandado.
7 Nunca hace nada el Señor
sin revelarlo a sus siervos los profetas.
8 ¿Quién no tiembla de miedo,
si el león ruge?
¿Quién no habla en nombre del Señor,
si él lo ordena?

Destrucción de Samaria

9 Proclamen ustedes en los palacios
de Asdod
y en los palacios de Egipto:
"Vengan a los montes de Samaria;
vean los desórdenes que hay en ella
y la violencia que allí se sufre."

10 El Señor afirma:
"Ellos no saben actuar con rectitud;
guardan en sus palacios
lo que robaron con violencia."

11 Por tanto, así dice Dios el Señor:
"Un enemigo[a] rodeará el país,
derribará tu fortaleza
y saqueará tus palacios."

12 Así dice el Señor:
"Así como el pastor salva
de la boca del león
dos patas o la punta de una oreja,[b]
así escaparán los israelitas
que viven en Samaria,
esos que se recuestan
en lujosos divanes de Damasco."

13 El Señor, el Dios todopoderoso, afirma:
"Oigan ustedes y den testimonio
contra el pueblo de Jacob,
14 pues el día en que yo pida cuentas
a Israel por sus pecados,
destruiré los altares de Betel;
los cuernos del altar[c] serán cortados
y caerán a tierra.
15 Destruiré las casas de invierno y de verano,
pondré fin a las casas de marfil
y arruinaré los grandes palacios."
El Señor lo afirma.

4 1 Escuchen esto, vacas de Basán,
damas de Samaria,
que oprimen a los pobres
y maltratan a los necesitados,
que ordenan a sus maridos
traerles vino para beber.
2 Dios el Señor juró por su santidad:
"Vienen días en que a ustedes
se las llevarán con ganchos,
y sus hijos serán enganchados
con anzuelos.
3 Tendrán que salir por las brechas, en fila,
y las echarán al monte Hermón."
El Señor lo afirma.

Una exhortación irónica

4 "Vayan a Betel, y a Guilgal;
¡pequen, aumenten sus rebeliones!
Lleven sus sacrificios por la mañana
y sus diezmos cada tercer día.
5 Quemen panes sin levadura
en ofrenda de gratitud,
y anuncien por todas partes
sus ofrendas voluntarias,
ya que eso es lo que a ustedes les encanta."
El Señor lo afirma.

A pesar del castigo, Israel no aprende

6 "Yo hice que ustedes pasaran hambre
en todas sus ciudades;
yo hice que les faltara comida
en todos sus poblados,
¡pero ustedes no se volvieron a mí!"
El Señor lo afirma.

---

[a] 3.11 *Un enemigo:* Amós se refiere a Asiria, aunque nunca la cita por su nombre. [b] 3.12 Aquí se alude probablemente al caso señalado en Ex 22.13: si una oveja era despedazada por un animal salvaje, el *pastor* debía presentar como prueba algunos restos de la víctima. [c] 3.14 Los *cuernos del altar* eran un lugar de refugio (cf. 1 R 1.50). Aquí se da a entender que ni siquiera el santuario de Betel podrá salvar a Israel del ataque de sus enemigos.

7 "También hice que les faltara la lluvia
durante tres meses antes de la cosecha.
En una ciudad hice llover y en otra no;
en un campo llovió
    y otro se secó por falta de agua;
8 de ciudad en ciudad iba la gente
    en busca de agua,
y no encontraban bastante para calmar
    su sed,
¡pero ustedes no se volvieron a mí!"
El Señor lo afirma.

9 "Los azoté con vientos calurosos
    y con plagas,
hice que se marchitaran sus huertos
    y sus viñedos,
la langosta se comió sus higueras y sus olivos,
¡pero ustedes no se volvieron a mí!"
El Señor lo afirma.

10 "Les mandé una plaga
    como las que mandé sobre Egipto;
hice que sus jóvenes
    murieran en los campos de batalla
y dejé que el enemigo
    se adueñara de sus caballos;
les hice oler la peste de los muertos
    en los campamentos,
¡pero ustedes no se volvieron a mí!"
El Señor lo afirma.

11 "Los destruí con una catástrofe
    como la que mandé sobre Sodoma
    y Gomorra;
parecían una brasa sacada del fuego,
¡pero ustedes no se volvieron a mí!"
El Señor lo afirma.

12 "Por eso, Israel,
    voy a hacer lo mismo contigo;
y porque voy a hacerlo,
    ¡prepárate para encontrarte con tu Dios!"

13 El Señor, el que forma las montañas
    y crea el viento,
el que da a conocer sus planes al hombre,
el que convierte la luz en oscuridad,
el que recorre las regiones más altas
    de la tierra,
el Señor, el Dios todopoderoso:
    ese es su nombre.

Llamado a volverse a Dios

5 **1** Oigan mis palabras, israelitas;
    escuchen el lamento que entono
        contra ustedes:
2 La bella y pura Israel ha caído;
    cayó para no levantarse más.
    Quedó tendida sobre su propio suelo,
    y no hay quien la levante.

3 Así dice Dios el Señor a los israelitas:
"Si una ciudad manda mil hombres
    a la guerra,
solo cien volverán con vida;
y si una ciudad manda cien,
solo diez regresarán."

4 Así dice el Señor a los israelitas:
"Acudan a mí, y vivirán.
5 No acudan a Betel,
no vayan a Guilgal
ni pasen por Beerseba,^a
porque Guilgal irá sin remedio al destierro
y Betel quedará convertida en ruinas."

6 Acudan al Señor, y vivirán;
    de otro modo él enviará fuego
        sobre el reino de Israel,^b
y no habrá en Betel quien lo apague.
7 ¡Ay de ustedes, que convierten la justicia
    en amargura
y arrojan por los suelos el derecho!

8-9 El Señor, que hizo las Pléyades
    y el Orión,^c
es quien convierte la noche en día
y el día en noche oscura;
quien llama a las aguas del mar
y las derrama sobre la tierra;
quien desencadena la ruina
    sobre la fortaleza

---

^a **5.5** Los lugares que aquí se mencionan eran santuarios muy antiguos, donde el culto al Señor se había contaminado con numerosas prácticas idolátricas. Cf. Am 3.14; 4.4. ^b **5.6** *Israel:* lit. *la casa de José,* expresión que el AT emplea a veces para designar al reino del norte, ya que una parte de su población descendía de Efraín y Manasés, hijos de José (Gn 41.50–52). Cf. Sal 80.1–2; 81.5. ^c **5.8–9** *Las Pléyades y el Orión:* constelaciones o grupos de estrellas en la bóveda celeste (Job 9.9; 38.31).

y la hace llegar sobre la fortificación.
El Señor, ese es su nombre.

10 ¡Ay de ustedes,
que odian al defensor de la justicia
y detestan al testigo honrado!
11 Puesto que pisotean al pobre
y le cobran impuestos de trigo,
no podrán vivir en las casas de piedra
que han construido,
ni beberán el vino
de los viñedos que han plantado.

12 Yo conozco sus muchas maldades
y sus pecados sin fin:
oprimen al justo, reciben soborno
y en los tribunales hacen que el pobre
pierda su causa.
13 Por eso el que es sabio se calla,
porque el tiempo es malo.

14 Busquen el bien y no el mal, y vivirán;
así será verdad lo que ustedes dicen:
que el Señor, el Dios todopoderoso,
está con ustedes.
15 ¡Odien el mal! ¡Amen el bien!
Asegúrense de que en los tribunales
se hace justicia;
quizá entonces el Señor,
el Dios todopoderoso,
tendrá piedad de los sobrevivientes
de Israel.

16 Así dice el Señor, el Dios todopoderoso:
"En todas las plazas habrá llanto,
en todas las calles habrá gritos de dolor.
Llamarán al duelo a los campesinos,
y a los llorones profesionales[d] al llanto.
17 En todos los viñedos llorarán
cuando yo venga a castigarlos."
Lo dice el Señor.

18 ¡Ay de los que ansían que llegue
el día del Señor!
¿Saben cómo va a ser para ustedes ese día?
Será día de oscuridad, y no de luz.
19 Será como cuando uno huye de un león
y se topa con un oso,

o como cuando uno entra en su casa,
se apoya en la pared,
y lo muerde una culebra.
20 Sí, el día del Señor será de oscuridad,
y no de luz;
de densa oscuridad, sin claridad ninguna.

21 "Odio y desprecio las fiestas religiosas
que ustedes celebran;
me disgustan sus reuniones solemnes.
22 No quiero los holocaustos que ofrecen
en mi honor,
ni sus ofrendas de cereales;
no aceptaré los gordos becerros
de sus sacrificios de reconciliación.
23 ¡Alejen de mí el ruido de sus cantos!
¡No quiero oír el sonido de sus arpas!
24 Pero que fluya como agua la justicia,
y la honradez como un manantial
inagotable.

25 "Israelitas, ¿acaso en los cuarenta años del
desierto me ofrecieron ustedes sacrificios y ofrendas? 26 Ahora, sin embargo, tendrán que cargar
con su rey Sicut y su estrella Quiiún,[e] imágenes
de dioses que ustedes mismos se han hecho.
27 Los lanzaré a ustedes al destierro, más allá
de Damasco."[f] Lo dice el Señor, el Dios todopoderoso. Ese es su nombre.

Destrucción de Israel

6 1 ¡Ay de los que llevan una vida fácil
en Sión!
¡Ay de los que viven confiados
en Samaria,
los jefes de la nación más importante,
a quienes recurren los israelitas!
2 Vayan a Calné, y vean;
de allí pasen a Hamat la grande,
y bajen a Gat de los filisteos.
¿Son acaso ustedes mejores
que esos países?
¿Es el país de ustedes mejor que el de ellos?
3 Ustedes no quieren pensar en el día malo,
pero están atrayendo el imperio
de la violencia.
4 Recostados en lujosos divanes de marfil,
se tienden a sus anchas en sus fiestas;

---

[d] **5.16** *Llorones profesionales:* Cf. Jer 9.17–22; Mt 9.23. [e] **5.26** *Sicut* y *Quiiún* son la forma hebrea de los dioses
asirios o babilonios *Sacut* y *Keiwan.* [f] **5.27** *Más allá de Damasco:* alusión al destierro de Israel en el año 721 a.C.
(2 R 17.3–6,18). Cf. Am 5.5; 6.7; 7.11,17; Hch 7.42–43.

banquetean con corderitos
y gordos becerros;
5 tocan la flauta sin ton ni son;
imitan a David,
inventando instrumentos musicales;
6 beben vino en grandes copas,
usan los más finos perfumes,
¡y nada les importa la ruina del país!
7 Ustedes serán los primeros en ir al destierro,
y se acabará el alboroto de sus banquetes.

8 El Señor ha jurado por sí mismo; el Señor,
el Dios todopoderoso, lo afirma:

"Odio el orgullo del pueblo de Jacob;
aborrezco sus palacios;
entregaré la ciudad al enemigo,
junto con todo lo que hay en ella."

9 Entonces, si quedan diez hombres en una casa, los diez morirán. 10 Tan grande será el terror que, cuando alguien levante el cadáver de un pariente para sacarlo de la casa, le dirá a otro pariente que ande adentro: "¿Hay alguien más contigo?" "No", responderá el otro. Y dirá el primero: "¡Cállate, no sea que pronuncies el nombre del Señor!" 11 Porque el Señor va a ordenar su castigo sobre las casas grandes y sobre las pequeñas, y todas quedarán completamente en ruinas.

12 ¿Pueden los caballos trepar por las peñas?
¿Acaso se puede arar en el mar?
¡Pues ustedes han convertido
la justicia en veneno
y el fruto de la justicia en amargura!
13 Ustedes se alegran falsamente, y dicen:
"Con nuestra propia fuerza
hemos adquirido poder."[a]
14 Pues fíjense bien, israelitas;
el Señor, el Dios todopoderoso, afirma:
"Yo levantaré contra ustedes una nación
que los oprimirá por completo,
desde el extremo norte
hasta el extremo sur."[b]

Visión de las langostas

7 1 Esto me mostró el Señor: Cuando apenas comenzaba a brotar la siembra tardía, la que se hace después de la cosecha del rey, vi al Señor creando langostas. 2 Y cuando las langostas ya estaban comiéndose hasta la última hierba, dije:

—¡Señor, perdónanos! ¿Cómo va a resistir tu pueblo Jacob,[a] si es tan pequeño?

3 Entonces el Señor desistió de su propósito, y dijo:

—¡Eso no va a suceder!

Visión del fuego

4 Esto me mostró el Señor: Le vi enviar como castigo un fuego abrasador, que secó por completo el gran mar profundo[b] y que estaba acabando también con los campos. 5 Yo dije:

—¡Detente, Señor, por favor! ¿Cómo va a resistir tu pueblo Jacob, si es tan pequeño?

6 Entonces el Señor desistió de su propósito, y dijo:

—¡Tampoco esto va a suceder!

Visión de la plomada

7 El Señor me mostró también esto: Estaba él junto a un muro, y tenía en la mano una plomada de albañil. 8 Y me preguntó:

—¿Qué ves, Amós?

—Una plomada de albañil —respondí.

Entonces me dijo:

—Pues con esta plomada de albañil voy a ver cómo es de recta la conducta de mi pueblo Israel. No le voy a perdonar ni una vez más. 9 Los santuarios de Isaac serán destruidos, y los templos de Israel quedarán en ruinas. ¡Alzaré la espada contra la familia de Jeroboam!

Amós se enfrenta a Amasías

10 Amasías, sacerdote de Betel, mandó a decir a Jeroboam, rey de Israel: "Amós anda entre la gente de Israel, conspirando contra Su Majestad. El país ya no puede soportar que siga hablando. 11 Porque anda por ahí diciendo:

---

[a] **6.13** Las palabras hebreas traducidas por *falsamente* y *poder* podrían traducirse también, respectivamente, por *Lo-debar* y *Carnáin*. En tal caso se trataría de dos poblaciones de Galaad, que el rey Jeroboam II había logrado reconquistar (cf. 2 R 14.25). [b] **6.14** *Desde el extremo norte hasta el extremo sur:* lit. *desde el paso de Hamat hasta el arroyo del Arabá.* Estos dos lugares señalaban, respectivamente, las fronteras norte y sur de Israel. Cf. 2 R 14.25. [a] **7.2** El nombre de *Jacob* se emplea aquí para designar a las diez tribus que formaban el pueblo de Israel. [b] **7.4** *El gran mar profundo:* Según un concepto antiguo, la tierra estaba asentada sobre un enorme mar subterráneo, cuyas aguas brotaban a veces a la superficie. Cf. Sal 18.15.

'Jeroboam morirá a filo de espada, y todo el pueblo de Israel será llevado al destierro.' "

12Luego, Amasías le ordenó a Amós:

—¡Largo de aquí, profeta! Si quieres ganarte la vida profetizando, vete a Judá; **13**pero no profetices más en Betel, porque es santuario del rey y templo principal del reino.

14Pero Amós le contestó:

—Yo no soy profeta, ni pretendo serlo.*c* Me gano la vida cuidando ovejas y recogiendo*d* higos silvestres, **15**pero el Señor me quitó de andar cuidando ovejas, y me dijo: 'Ve y habla en mi nombre a mi pueblo Israel.' **16**Por lo tanto, oye la palabra del Señor. Esto es lo que tú dices: 'No hables nada en nombre de Dios contra Israel, ni digas nada contra los descendientes de Isaac.' **17**Pero esto es lo que dice el Señor: 'Tu mujer se prostituirá en plena ciudad, y tus hijos e hijas morirán a filo de espada; tus tierras serán repartidas en sorteo; tú mismo morirás en tierra de paganos, y los israelitas serán llevados cautivos, lejos de su tierra.'

La cesta de fruta madura

8 **1**Esto me mostró Dios el Señor: Había una cesta de fruta madura, **2**y él me preguntó:

—¿Qué ves, Amós?

—Una cesta de fruta madura —respondí.

Y me dijo el Señor:

—Ya Israel está maduro; no le voy a perdonar ni una vez más. **3**Ese día los cantos del palacio se volverán lamentos. Mucha gente morirá, y en silencio serán arrojados fuera sus cadáveres. El Señor lo afirma.

Se acerca el juicio de Israel

4Oigan esto, ustedes que oprimen a los humildes y arruinan a los pobres del país; **5**ustedes que dicen: "¿Cuándo pasará la fiesta de la luna nueva,*a* para que podamos vender el trigo? ¿Cuándo pasará el sábado, para que vendamos el grano a precios altos y usando medidas con trampa y pesas falsas?*b* **6**¡Arruinaremos a los pobres hasta que ellos mismos se nos vendan como esclavos para pagar sus deudas, aunque solo deban un par de sandalias! ¡Venderemos hasta el desecho del trigo!" **7**El Señor ha jurado por la gloria de Jacob:*c* "Nunca olvidaré lo que han hecho."

8 ¿Y no habrá de temblar la tierra
　　por todo esto?
¿No habrán de llorar todos sus habitantes?
¡La tierra subirá y bajará,
como suben y bajan las aguas del Nilo!

9 "Ese día —afirma el Señor—,
haré que se oculte el sol al mediodía,*d*
y en pleno día cubriré de oscuridad
　　la tierra.

10 Cambiaré las fiestas en llanto
　　por los muertos,
y los cantos en lamentos fúnebres;
haré que ustedes se vistan de luto,
y que se rapen la cabeza en señal de dolor.
Llorarán como el que ha perdido
　　a su único hijo,
y todo acabará en amargura.

11 Vienen días —afirma el Señor—
en los cuales mandaré hambre a la tierra;
no hambre de pan, ni sed de agua,
sino hambre de oír la palabra del Señor.

12 La gente andará errante,
buscando la palabra del Señor;
irán de un mar al otro mar,
y desde el norte y hasta el oriente,
pero no podrán encontrarla.

13 Hermosas muchachas
　　y valientes muchachos
se desmayarán de sed ese día.

14 Los que juran por los ídolos de Samaria;*e*
los que dicen: 'Por vida de tu dios, oh Dan',
'Por vida de los dioses de Beerseba',
caerán para no levantarse más."

---

c **7.14** *Ni pretendo serlo:* lit. *ni hijo de profeta,* es decir, miembro de un grupo o corporación de profetas (cf. 1 S 10.5,10; 19.20; 2 R 2.3). *d* **7.14** *Recogiendo:* lit. *picando.* A los frutos verdes del sicómoro, que tienen el aspecto de higos silvestres, les hacían un pequeño corte –es decir, los picaban– cuando todavía estaban en el árbol, porque de lo contrario no serían comestibles. *a* **8.5** *Luna nueva:* El primer día del mes lunar era una *fiesta* religiosa, en la que se suspendían las actividades comerciales. Cf. Nm 28.11–15; 1 S 20.5; 2 R 4.23; Sal 81.3. *b* **8.5** *Pesas falsas:* Lv 19.35–36; Dt 25.13–16; Pr 11.1; Miq 6.10–11. *c* **8.7** La *gloria de Jacob* es el mismo Señor, de manera que esta expresión tiene aquí el valor de un nombre divino. *d* **8.9** Por las crónicas asirias se sabe que en tiempos de Amós, en junio del año 763 a.C., hubo un eclipse de sol visible en todo el Oriente próximo. Para los antiguos, los eclipses eran señal del juicio de Dios. Cf. Jl 2.10. *e* **8.14** *Los ídolos de Samaria:* Algunos intérpretes ven aquí una alusión al becerro de oro instalado en el santuario de Betel por iniciativa de Jeroboam I, rey de Israel (cf. 1 R 12.28–29; Os 8.5–6).

Nadie escapa al juicio del Señor

9 ¹Vi al Señor, que estaba junto al altar y me decía:

"Golpea los capiteles
hasta que tiemblen los umbrales;
¡que caigan hechos pedazos
sobre la gente!
A quienes queden vivos,
los mataré a filo de espada:
aunque traten de huir,
ni uno solo se salvará;
2 aunque se escondan
en las profundidades de la tierra,
de allí los sacaré;
aunque suban a las alturas de los cielos,
de allí los haré bajar.
3 Si se esconden en la cumbre
del monte Carmelo,
aun allá los iré a buscar;
si se esconden de mí en el fondo del mar,
mandaré al monstruo marino[a]
que vaya y los destroce;
4 y si van al destierro,
llevados por sus enemigos,
mandaré a la espada
que vaya y los mate.
¡Para mal, y no para bien,
los tendré siempre a la vista!"

5 El Señor, el Dios todopoderoso,
toca la tierra, y la tierra se derrite
y lloran todos sus habitantes.
La tierra sube y baja,
como suben y bajan las aguas del Nilo.
6 El Señor ha puesto su habitación
en el cielo
y la bóveda celeste sobre la tierra;
él llama a las aguas del mar
y las derrama sobre la tierra.
El Señor, ese es su nombre.

7 Esto afirma el Señor:
"Israelitas, para mí no hay diferencia
entre ustedes y los etiopes.
Así como los traje a ustedes de Egipto,
así traje también de Creta a los filisteos
y de Quir a los arameos."

8 El Señor mira este reino pecador, y dice:
"Lo voy a borrar de la tierra,
pero no destruiré por completo
la casa de Jacob.
Yo, el Señor, lo afirmo.
9 Voy a ordenar que la casa de Israel
sea zarandeada
como se zarandea el trigo en una criba,
sin que un solo grano caiga a tierra.
10 Todos los pecadores de mi pueblo
morirán a filo de espada;
todos los que dicen: 'Nada de eso nos pasará;
el mal no va a alcanzarnos.'

Restauración futura de Israel

11 "El día viene en que levantaré la caída choza de David. Taparé sus brechas, levantaré sus ruinas y la reconstruiré tal como fue en los tiempos pasados, 12 para que lo que quede de Edom y de toda nación que me ha pertenecido vuelva a ser posesión de Israel." El Señor ha dado su palabra, y la cumplirá.

13 "Vienen días en que todavía se estará cosechando el trigo cuando ya será tiempo de arar el campo, y en que aún no se habrá acabado de pisar las uvas cuando ya será tiempo de sembrar el trigo. Por montes y colinas correrá el vino como agua. 14 Entonces traeré del destierro a mi pueblo Israel. Reconstruirán las ciudades destruidas, y vivirán en ellas; plantarán viñedos, y beberán su vino; sembrarán huertos, y comerán sus frutos. 15 Pues los plantaré en su propia tierra, y nunca más volverán a ser arrancados de la tierra que les di." Dios el Señor lo afirma.

---

[a] **9.3** *Monstruo marino:* Los antiguos israelitas creían que en medio del océano había un monstruo enorme (cf. Is 27.1), que estaba al servicio del Señor como todas sus demás criaturas (cf. Gn 1.21; Sal 104.26).

ABDÍAS

El libro de *Abdías* (=Abd) proclama el juicio del Señor contra Edom por los actos de violencia cometidos contra su *hermano Israel* (v. 10). Los edomitas, en efecto, habían participado de una coalición contra Babilonia (cf. Jer 27.3); pero cuando el ejército del rey Nabucodonosor atacó y saqueó la ciudad de Jerusalén (598–587 a.C.), ellos se pusieron de parte de los vencedores y ocuparon una parte del territorio israelita (Abd 11–14). Estos episodios agravaron la antigua enemistad entre el pueblo de Edom y el de Judá (cf. Gn 25.23), hecho que aparece reflejado especialmente en una serie de textos provenientes de los periodos exílico y postexílico (Sal 137.7; Is 34; Lam 4.21; Ez 25.12–14; 35).

En la segunda parte del mensaje profético, el horizonte se amplía, y se anuncia la llegada del día del Señor y el juicio divino sobre las naciones (Abd 15b). Finalmente, los últimos versículos (19–21) describen la restauración y las futuras posesiones de Israel, y proclaman el triunfo de la soberanía del Señor.

Los elementos esenciales de este escrito profético, el más breve entre los libros del AT, pueden resumirse de la forma siguiente:

1. Amenazas contra Edom a causa de su arrogancia y su violencia (1–15a)
2. El día del Señor y el juicio de las naciones (15b–21)

La humillación de Edom

¹Profecía que Abdías recibió del Señor por revelación.

Hemos oído un mensaje del Señor;
un mensajero ha ido a las naciones,
a decirles:
"¡En marcha!
¡Vamos a la guerra contra Edom!"

Dios el Señor le dice a Edom:[a]
² "Voy a hacerte pequeño entre las naciones
y a humillarte en gran manera.
³ Tu orgullo te ha engañado.
Vives en las grietas de las peñas
y habitas en las alturas,
y por eso has llegado a creer
que nadie puede derribarte.
⁴ Pero aunque te eleves como el águila
y pongas tu nido en las estrellas,
de allí te haré caer."[b]

El Señor afirma:
⁵ "Si los ladrones vinieran de noche
a robarte,
no se lo llevarían todo;
si vinieran a ti los vendimiadores,
algunos racimos dejarían.
En cambio, tus enemigos
te han destrozado por completo.
⁶ ¡Cómo te han saqueado, Esaú![c]
¡Han robado hasta el último de tus tesoros![d]
⁷ Todos tus aliados te engañaron;
te echaron de tu propia tierra.
Aun tus propios amigos
se han puesto en contra tuya,
y tus amigos de confianza
te han tendido trampas.
¡Edom no tiene inteligencia!"

⁸ El Señor afirma:
"El día en que yo castigue a Edom,
destruiré a todos sus sabios

---

[a] 1 *El Señor le dice a Edom:* Cf. Is 34.5–17; 63.1–6; Ez 25.12–14; Am 1.11–12; Mal 1.2–5. [b] 1–4 Jer 49.14–16.
[c] 6 *Esaú* es sinónimo de *Edom.* Cf. Gn 25.30; 36.1. [d] 5–6 Jer 49.9–10.

y quitaré la inteligencia
a los de la región montañosa de Esaú.

9 Los guerreros de Temán
    temblarán de miedo,
y en la región montañosa de Esaú
no quedará nadie con vida.

Las culpas de Edom

10 "Quedarás cubierto de vergüenza
    y destruido para siempre,
por haber maltratado y matado
a tu hermano Jacob.[e]

11 Cuando el enemigo saqueó
    las riquezas de la ciudad,
cuando los soldados extranjeros
rompieron las puertas de Jerusalén,[f]
¡tú te hiciste a un lado!
Cuando se rifaron sus despojos
y se llevaron sus riquezas,
¡tú te portaste como uno de ellos!

12 No debiste alegrarte
    de ver a tu hermano
en el día de su desgracia,
ni debiste alegrarte de ver a Judá
en el día de su ruina,
ni debiste burlarte de ellos
en el día de su angustia.

13 No debiste entrar en mi ciudad
el día de su sufrimiento,
ni debiste alegrarte de su desgracia
el día de su infortunio,
ni debiste robar sus riquezas
el día de su calamidad.

14 No te debiste parar en las encrucijadas
para matar a los que escapaban,
ni debiste entregar a los que huían
en el día de la angustia.

15 Lo mismo que hiciste con otros,
    se hará contigo:
¡recibirás tu merecido!

La exaltación de Israel

"Ya está cerca el día del Señor
para todas las naciones.

16 Como fue de amarga la copa que ustedes
bebieron en mi santo monte,
así de amarga será la copa
    que las demás naciones
beberán sorbo a sorbo;
y desaparecerán por completo.

17 Pero el monte Sión será un lugar santo
adonde algunos lograrán escapar.
Los descendientes de Jacob
recobrarán sus tierras;

18 los descendientes de Jacob y de José[g]
serán fuego y serán llama,
y los de Esaú serán estopa
que aquel fuego devorará completamente.
¡Ninguno de los de Esaú se salvará!
Yo, el Señor, lo he dicho."

19-20 Los israelitas del Négueb tomarán posesión de la región montañosa de Esaú, y los de la llanura se apoderarán del territorio de los filisteos. También tomarán posesión de las tierras de Efraín y del territorio de Samaria, y los de Benjamín se apoderarán de Galaad. Esta multitud de israelitas desterrados tomará posesión del territorio de los cananeos hasta Sarepta, y los cautivos de Jerusalén que están en Sefarad tomarán posesión de las ciudades del Négueb. 21 Subirán victoriosos al monte Sión para dictar sentencia contra los de la región montañosa de Esaú, y el Señor será quien reine.[h]

---

[e] **10** *Tu hermano Jacob:* Cf. Gn 25.21–34; 27.1–46; 32.1—33.17; Jl 3.19. [f] **11** Se alude probablemente a la conquista y destrucción de Jerusalén en el año 587 a.C. Cf. 2 R 25.1–17; Jer 39.1–10; 52.3–23. [g] **17–18** *Los descendientes de Jacob* y *los de José* son, respectivamente, los habitantes de los dos antiguos reinos, el de Judá y el de Israel. [h] **21** *El Señor será quien reine:* Sal 22.27–29; Miq 4.6–7; Zac 14.9; Ap 11.15.

JONÁS

Jonás no fue enviado, como los otros profetas de Israel, a predicar a su propio pueblo. Su destino era Nínive, la orgullosa capital del imperio asirio, cuya maldad no conocía límites (1.2). Tantos pecados, en efecto, no podían quedar impunes, y el profeta debía anunciar a la ciudad pecadora que sus días estaban contados: *¡Dentro de cuarenta días Nínive será destruida!* (3.3–4).

Sin embargo, Jonás sabía muy bien que el Señor es *un Dios tierno y compasivo* (4.2), y que si los ninivitas se arrepentían de su *mala conducta* y de su *violencia* (3.8), obtendrían el perdón divino. De ser así, su anuncio profético no se cumpliría y él mismo quedaría convertido en falso profeta. De ahí su decisión de huir lejos de la presencia del Señor, y en vez de dirigirse prontamente hacia el sitio indicado, tomó *un barco que estaba a punto de salir para Tarsis*, es decir, que se dirigía precisamente hacia el extremo opuesto (1.3).

A lo largo de todo el relato, Jonás personifica al israelita de espíritu estrecho, que pretende excluir a los paganos de la salvación. Como él pertenecía al único pueblo que conocía y rendía culto al verdadero Dios (cf. 1.9,16), pensaba que todos los paganos estaban condenados irremediablemente y sin la menor posibilidad de arrepentimiento. Pero el Señor le hace ver que él no quiere la muerte del pecador, sino que se convierta y viva (Ez 18.23,31–32), y que si una nación se aparta del mal, ya no le envía el castigo que le tenía preparado (Jer 18.8; Jon 3.10).

El libro de *Jonás* (=Jon) anticipa así el mensaje contenido en la parábola del hijo pródigo (Lc 15.11–32) y en la de los trabajadores de la viña (Mt 20.1–16). El perdón de Dios supera los deseos y los cálculos de los hombres: Dios mantiene siempre su libertad de ser bueno con todos. Por eso el Señor, con palabras llenas de humor e ironía, le reprocha a Jonás su egoísmo, su estrechez de miras y su falta de sensibilidad frente al amor, la compasión y la misericordia de Dios (cf. Jon 4.11).

El siguiente esquema presenta, en forma resumida, los principales episodios de la historia de *Jonás*:

1. Jonás rebelde a su misión y arrojado al mar (1)
2. La oración de Jonás (2)
3. La predicación de Jonás y la conversión de los ninivitas (3)
4. El enojo del profeta y la respuesta de Dios (4)

Jonás huye de Dios

1 ¹ El Señor se dirigió a Jonás, hijo de Amitai,[a] y le dijo: ²"Anda, vete a la gran ciudad de Nínive[b] y anuncia que voy a destruirla, porque hasta mí ha llegado la noticia de su maldad."

³ Pero Jonás, en lugar de obedecer, trató de huir del Señor, y se fue al puerto de Jope, donde encontró un barco que estaba a punto de salir para Tarsis; entonces compró pasaje y se embarcó para ir allá. ⁴ Pero el Señor hizo que soplara un viento muy fuerte, y se levantó en alta mar una tempestad tan violenta que parecía que el barco iba a hacerse pedazos. ⁵ Los marineros estaban llenos de miedo, y cada uno invocaba a su dios. Por fin, para aligerar el barco, echaron toda la carga al mar. Jonás, mientras tanto, había bajado a la bodega del barco, y allí se había quedado profundamente dormido. ⁶ Entonces el capitán fue a donde estaba Jonás, y le dijo:

—¿Qué haces tú ahí, dormilón? ¡Levántate y clama a tu Dios! Tal vez quiera ocuparse de nosotros y nos ponga a salvo.

⁷ Entre tanto, los marineros se decían unos a otros:

—Vamos a echar suertes, para ver quién tiene la culpa de esta desgracia.

Echaron, pues, suertes, y Jonás resultó ser el culpable. ⁸ Entonces le dijeron:

—Dinos por qué nos ha venido esta desgracia. ¿Qué negocio te ha traído aquí? ¿De dónde vienes? ¿Cuál es tu país? ¿De qué raza eres?

⁹ Jonás les contestó:

—Soy hebreo, y rindo culto al Señor, el Dios del cielo, creador del mar y de la tierra.[c]

10-11 Jonás contó a los marineros que él estaba huyendo del Señor, y ellos, al oírlo y al ver que el mar se agitaba más y más, sintieron mucho miedo y le preguntaron:

—¿Por qué has hecho esto? ¿Qué podemos hacer contigo para que el mar se calme?

¹² —Pues échenme al mar, y el mar se calmará —contestó Jonás—. Yo sé bien que soy el culpable de que esta tremenda tempestad se les haya venido encima.

¹³ Los marineros se pusieron a remar con todas sus fuerzas para acercarse a tierra, pero no lo lograron, porque el mar se embravecía cada vez más. ¹⁴ Entonces clamaron al Señor y dijeron: "Señor, no nos dejes morir por culpa de este hombre. Y si es inocente, no nos hagas responsables de su muerte, porque tú, Señor, actúas según tu voluntad."

¹⁵ Dicho esto, echaron a Jonás al mar, y el mar se calmó. ¹⁶ Al verlo, los marineros sintieron una profunda reverencia por el Señor, y le ofrecieron un sacrificio y le hicieron promesas. ¹⁷ Entre tanto, el Señor había dispuesto un enorme pez para que se tragara a Jonás. Y Jonás pasó tres días y tres noches dentro del pez.[d]

La oración de Jonás

2 ¹ Entonces Jonás oró al Señor su Dios desde dentro del pez, ² diciendo:

"En mi angustia clamé a ti, Señor,
y tú me respondiste.
Desde las profundidades de la muerte
clamé a ti, y tú me oíste.
3 Me arrojaste a lo más hondo del mar,
y las corrientes me envolvieron.
Las grandes olas que tú mandas
pasaban sobre mí.
4 Llegué a sentirme echado de tu presencia;
pensé que no volvería a ver
tu santo templo.
5 Las aguas me rodeaban por completo;
me cubría el mar profundo;
las algas se enredaban en mi cabeza.
6 Me hundí hasta el fondo de la tierra;
¡ya me sentía su eterno prisionero!
Pero tú, Señor, mi Dios,
me salvaste de la muerte.
7 Al sentir que la vida se me iba,
me acordé de ti, Señor;
mi oración llegó a ti en tu santo templo.
8 Los que siguen a los ídolos
dejan de serte leales;
9 pero yo, con voz de gratitud,
te ofreceré sacrificios;

---

[a] **1.1** *Jonás, hijo de Amitai:* Cf. 2 R 14.25. [b] **1.2** *La gran ciudad de Nínive:* Era la capital de Asiria, el imperio que en el 721 a.C. destruyó el reino del norte (Israel) y envió al exilio a muchos israelitas (cf. 2 R 14.1—23). Los profetas Nahúm (1.14—3.19) y Sofonías (2.13—15) anunciaron su destrucción, hecho que tuvo lugar en el año 612 a.C. Cuando se redactó el libro de Jonás, esa ciudad era símbolo de crueldad, de violencia y de hostilidad hacia el pueblo de Dios. Cf. Nah 1.1; 2.13—3.19. [c] **1.9** *Dios del cielo:* 2 Cr 36.23; Esd 1.2; 5.11; 7.12; Neh 1.4—5; 2.4; Dn 2.18–19. [d] **1.17** Cf. Mt 12.38–40; 16.1–4; Lc 11.29–32.

cumpliré las promesas que te hice.
¡Solo tú, Señor, puedes salvar!"

10 Entonces el Señor dispuso que el pez vomitara a Jonás en tierra firme.

Nínive se arrepiente

3 1 El Señor se dirigió por segunda vez a Jonás, y le dijo: 2 "Anda, vete a la gran ciudad de Nínive y anuncia lo que te voy a decir."

3-4 Jonás se puso en marcha y fue a Nínive, como el Señor se lo había ordenado. Nínive era una ciudad tan grande que para recorrerla toda había que caminar tres días. Jonás entró en la ciudad y caminó todo un día, diciendo a grandes voces: "¡Dentro de cuarenta días Nínive será destruida!"

5 Los habitantes de la ciudad, grandes y pequeños, creyeron en Dios, proclamaron ayuno y se pusieron ropas ásperas en señal de dolor.ª 6 Cuando la noticia llegó al rey de Nínive, también él se levantó de su trono, se quitó sus vestiduras reales, se puso ropas ásperas y se sentó en el suelo. 7 Luego, el rey y sus ministros dieron a conocer por toda la ciudad el siguiente decreto: "Que nadie tome ningún alimento. Que tampoco se dé de comer ni de beber al ganado y a los rebaños. 8 Al contrario, vístanse todos con ropas ásperas en señal de dolor, y clamen a Dios con todas sus fuerzas. Deje cada uno su mala conducta y la violencia que ha estado cometiendo hasta ahora; 9 tal vez Dios cambie de parecer y se calme su ira, y así no moriremos."

10 Dios vio lo que hacía la gente de Nínive y cómo dejaba su mala conducta, y decidió no hacerles el daño que les había anunciado.

El enojo de Jonás

4 1 A Jonás le cayó muy mal lo que Dios había hecho, y se disgustó mucho. 2 Así que oró al Señor, y le dijo:

—Mira, Señor, esto es lo que yo decía que iba a pasar cuando aún me encontraba en mi tierra. Por eso quise huir de prisa a Tarsis, pues yo sé que tú eres un Dios tierno y compasivo, que no te enojas fácilmente, y que es tanto tu amor que anuncias un castigo y luego te arrepientes.ª 3 Por eso, Señor, te ruego que me quites la vida. Más me vale morir que seguir viviendo.

4 Pero el Señor le contestó:

—¿Te parece bien enojarte así?

5 Jonás salió de la ciudad y acampó al oriente de ella; allí hizo una enramada y se sentó a su sombra, esperando a ver lo que le iba a pasar a la ciudad. 6 Dios el Señor dispuso entonces que una mata de ricino creciera por encima de Jonás, y que su sombra le cubriera la cabeza para que se sintiera mejor. Jonás estaba muy contento con aquella mata de ricino. 7 Pero, al amanecer del día siguiente, Dios dispuso que un gusano picara el ricino, y este se secó. 8 Cuando el sol salió, Dios dispuso que soplara un viento caliente del este, y como el sol le daba a Jonás directamente en la cabeza, él sintió que se desmayaba, y quería morirse.

—Más me vale morir que seguir viviendo —decía.

9 Pero Dios le contestó:

—¿Te parece bien enojarte así porque se haya secado la mata de ricino?

—¡Claro que me parece bien! —respondió Jonás—. ¡Estoy que me muero de rabia!

10 Entonces el Señor le dijo:

—Tú no sembraste la mata de ricino, ni la hiciste crecer; en una noche nació, y a la otra se murió. Sin embargo le tienes compasión. 11 Pues con mayor razón debo yo tener compasión de Nínive, esa gran ciudad donde hay más de ciento veinte mil niños inocentes y muchos animales.b

---

ª **3.5** Cf. Mt 12.41; Lc 11.32.   ª **4.2** Cf. Ex 34.6; Jer 3.12; 31.20; 32.18; Jl 2.13.   b **4.11** El relato concluye afirmando una vez más la misericordia de Dios, que es el tema presente en todo el libro. Dios tiene misericordia del profeta rebelde, de los marineros, de los ninivitas y aun de los animales; o sea, que su misericordia alcanza no solo a Israel, sino también a las naciones paganas, e incluso a una ciudad como Nínive, símbolo de violencia y crueldad (cf. Nah 3.1-4).

MIQUEAS

Miqueas, como su contemporáneo Isaías, ejerció la actividad profética en el reino de Judá, y en la segunda mitad del siglo VIII a.C. Pero, a diferencia de Isaías, que vivía en Jerusalén, Miqueas estaba afincado en una zona rural. Su patria era Moréset, población situada a unos 40 km. al sudoeste de Jerusalén. En esa región de fértiles colinas, aptas para los trabajos agrícolas, conoció y compartió los sufrimientos de los pequeños campesinos, siempre expuestos a las arbitrariedades de los que *porque tienen el poder en sus manos, codician terrenos, y se apoderan de ellos* (2.1–2).

Los siete capítulos que forman el libro de *Miqueas* (=Miq) pueden dividirse en tres secciones. En la primera parte (caps. 1—3), predominan los temas de crítica social, que relacionan estrechamente la predicación de Miqueas con la de Amós e Isaías. También polemiza con los falsos profetas (3.5–7) y denuncia la falsa seguridad de los que dicen: *"El Señor está con nosotros; nada malo nos puede suceder"* (3.11). En este contexto se destaca el anuncio de la destrucción de Jerusalén y del templo (3.12). Ese anuncio causó tanta impresión, que un siglo más tarde todavía estaba vivo en la memoria de la gente de Jerusalén (cf. Jer 26.18).

En la segunda parte del libro (caps. 4—5), vuelven a encontrarse los temas fundamentales de la primera sección (cf. 5.10–12), pero a las denuncias y amenazas se contraponen varios mensajes de salvación. De Belén, el humilde pueblo natal de David, saldrá un rey que gobernará con el poder de Dios y traerá personalmente la paz (5.2–5).

En la tercera parte (caps. 6—7), el Señor dirige a Israel un reproche que figura entre los pasajes más conmovedores de toda la Biblia (6.3–5). Hay también una breve instrucción sobre lo que el Señor más espera de sus fieles (6.8), y una nueva referencia al *pequeño resto* del pueblo de Dios (7.18; cf. 2.12; 4.6–7; 5.7–8).

El libro de *Miqueas* consta de las partes siguientes:

---

1. Juicio de Dios sobre Samaria, denuncias y amenazas contra Jerusalén y las ciudades de Judá, y acusaciones contra las clases dirigentes (1—3)
2. Afluencia de las naciones hacia el Monte Sión, victoria sobre los enemigos de Israel y anuncio del futuro rey mesiánico, procedente de Belén (4—5)
3. Reproches del Señor a su pueblo y promesas de salvación (6—7)

Juicio de Dios sobre Samaria

1 Este es el mensaje que el Señor dirigió a Miqueas de Moréset y lo que por revelación le comunicó acerca de Samaria y Jerusalén, en el tiempo en que Jotam, Ahaz y Ezequías reinaban en Judá. [a]

2 Pueblos todos, escuchen esto;
habitantes de todo el país, pongan atención:
El Señor, desde su santo templo,
va a ser testigo contra ustedes.

3 El Señor saldrá del lugar donde habita
y vendrá caminando sobre las cumbres
de los montes.

4 Debajo de sus pies se fundirán los montes
como cera puesta al fuego,
y los valles se abrirán en dos
como cortados por las aguas de un torrente.

5 Todo esto por la rebeldía del pueblo
de Jacob,
por los pecados del reino de Israel.
¿Dónde está la rebeldía de Jacob?
¡En el pueblo de Samaria!
¿Y dónde los santuarios paganos de Judá?
¡En la misma Jerusalén!

6 Por eso dice el Señor:
"Haré de la ciudad de Samaria
un montón de ruinas, [b]
un campo abierto donde plantar viñedos.
Esparciré por el valle
las piedras de la ciudad
y pondré al descubierto sus cimientos.

7 Todos sus ídolos
quedarán hechos pedazos,
y quemados todos sus troncos sagrados.
Puesto que fueron hechos con dinero
de prostitutas,
en dinero de prostitutas
los convertiré otra vez." [c]

Lamento de Miqueas

8 Por eso lloraré con profunda tristeza;
por eso andaré descalzo y desnudo,
aullando como un chacal
y gritando como un pollo de avestruz.

9 Porque la herida de Samaria es incurable:
ha alcanzado a Judá
y ha llegado hasta Jerusalén,
la ciudad donde vive mi pueblo.

10 No digan esto a los habitantes de Gat;
no se echen a llorar.
Revuélquense de dolor
entre el polvo de Bet–le–afrá.

11 ¡Habitantes de Safir, vayan al destierro,
desnudos y llenos de vergüenza!
¡No saldrán los que viven en Zaanán!
¡Hay llanto en Bet–ésel,
y ustedes van a quedar sin su apoyo!

12 Los que viven en Marot se retuercen
de dolor ansiando sentirse bien,
porque el Señor ha hecho que el mal llegue
a las puertas mismas de Jerusalén.

13 Ustedes, habitantes de Laquis,
que fueron rebeldes como Israel,
que fueron la causa del pecado de Sión,
enganchen caballos a sus carros.

14 Despídanse para siempre de Moréset–gat.
La ciudad de Aczib servirá de trampa
a los reyes de Israel.

15 El Señor dice:
"Contra ustedes, los que viven en Maresá,
enviaré de nuevo un conquistador,
y lo más escogido de Israel
irá a meterse en la cueva de Adulam.

16 Y tú, ciudad de Sión,
rápate la cabeza en señal de dolor, [d]
a causa de los hijos que tanto amas.
Rápate hasta quedar calva como un buitre,
porque tus hijos van a ser llevados
al destierro." [e]

El poder de los opresores

2 1 ¡Ay de aquellos que aun en sus sueños
siguen planeando maldades,
y que al llegar el día las llevan a cabo
porque tienen el poder en sus manos!

---

[a] **1.1** *Jotán* (2 R 15.32–38; 2 Cr 27.1–7); *Ahaz* (2 R 16.1–20; 2 Cr 28.1–27); *Ezequías* (2 R 18.1—20.21; 2 Cr 29.1—32.33). Cf. Is 1.1; Os 1.1. [b] **1.6** Miq 3.12. [c] **1.7** El profeta emplea un lenguaje semejante al de Oseas, al presentar la infidelidad al Señor y, sobre todo, el pecado de idolatría, con las imágenes de la prostitución y el adulterio (Os 1.2). En los lugares de culto idolátrico se practicaba la prostitución sagrada. [d] **1.16** Cf. Is 3.24; Am 8.10. [e] **1.8–16** Los verbos hebreos empleados en esta lamentación suelen tener un sonido semejante a los nombres de las ciudades. Así el texto adquiere una sonoridad muy característica, que no puede reproducirse en otras lenguas. Este procedimiento poético se encuentra también en Is 10.28–30.

2 Codician terrenos,
    y se apoderan de ellos;
    codician casas, y las roban.
    Oprimen al hombre y a su familia,
    al propietario y a su herencia.
3 Por eso dice el Señor:
    "Yo también tengo planes contra ustedes.
    Voy a enviarles una desgracia
    de la que no podrán librar su cuello,
    y ya no podrán caminar orgullosamente
    porque serán tiempos de desastre.
4 En aquel día les cantarán a ustedes
    canciones en son de lamento. Les dirán:
    'Hemos sido completamente destruidos;
    nuestro pueblo, propiedad del Señor,
    ha cambiado de dueño
        sin que nadie lo impida;
    nuestros campos han sido repartidos
    entre nuestros conquistadores.' "
5 Por eso ustedes no tendrán parte
    en el pueblo del Señor.

Los malos profetas

6 "¡Que no nos vengan con profecías!
        —dicen ellos—.
    ¡La desgracia no podrá alcanzarnos!"
7 ¿Acaso está maldito el pueblo de Jacob?
    ¿Es que Dios ha perdido la paciencia?
    ¿Es así como Dios actúa?
    ¿Acaso no beneficia su palabra
    al que se porta rectamente?
8 Ustedes se han alzado
        en contra de mi pueblo.
    Les arrebatan las ropas de valor
    a los que vuelven de la guerra
    pensando que ya están a salvo.
9 De sus amados hogares
    arrojan a las mujeres,
    y a sus niños los privan para siempre
    del honor que les he dado.
10 ¡Levántense! ¡Caminen!
    Este no es lugar de descanso;
    a causa de la corrupción que hay en él,
    será destruido completamente.
11 Si alguien inventa mentiras, y dice:
    "Yo anuncio vino y licor",
    ese es el profeta ideal para este pueblo.

Dios promete liberar a su pueblo

12 Voy a reunir a todo el pueblo de Jacob;
    voy a recoger al pequeño resto de Israel.[a]
    Los juntaré como ovejas en el redil,
    como rebaño en el pastizal,
    y harán el ruido de una multitud.
13 Dios irá abriéndoles camino,
    y ellos le seguirán
    y saldrán por la puerta de la ciudad.
    Su rey, el Señor,
    marchará al frente de todos.

Mensaje contra los malos gobernantes

3 1 Escuchen ahora,
        gobernantes y jefes de Israel,
    ¿acaso no corresponde a ustedes
    saber lo que es la justicia?
2 En cambio, odian el bien y aman el mal;
    despellejan a mi pueblo
    y le dejan los huesos pelados.
3 Se comen vivo a mi pueblo;
    le arrancan la piel y le rompen los huesos;
    lo tratan como si fuera carne para la olla.
4 Un día llamarán ustedes al Señor,
    pero él no les contestará.
    En aquel tiempo se esconderá de ustedes
    por las maldades que han cometido.

Mensaje contra los profetas engañadores

5 Mi pueblo sigue caminos equivocados
    por culpa de los profetas que lo engañan,
    que anuncian paz
        a quienes les dan de comer
    pero declaran la guerra
    a quienes no les llenan la boca.
    El Señor dice a esos profetas:
6 "No volverán ustedes a tener
    visiones proféticas en la noche
    ni a predecir el futuro en la oscuridad."
    El sol se pondrá para esos profetas,
    y el día se les oscurecerá.
7 Esos videntes y adivinos
    quedarán en completo ridículo.
    Todos ellos se quedarán callados
    al no recibir respuesta de Dios.
8 En cambio, a mí, el espíritu del Señor
    me llena de fuerza, justicia y valor,

---

a **2.12** *Pequeño resto de Israel:* La idea del *resto* es muy importante, tanto en el libro de Miqueas (cf. 4.6–7; 5.7; 7.18) como, en general, en la literatura profética (véase Is 4.2–6; 10.20; 11.11,16; 28.5; 46.3; Jer 6.9; 31.7; Ez 6.8; Zac 14.2). La expresión se refiere al pueblo que se salvó de una gran catástrofe y es como el germen de una futura renovación.

para echarle en cara a Israel
su rebeldía y su pecado.

Ruina de Jerusalén

9 Escuchen esto ahora,
    gobernantes y jefes de Israel,
ustedes que odian la justicia
y tuercen todo lo que está derecho,
10 que construyen Jerusalén,
    la ciudad del monte Sión,
sobre la base del crimen y la injusticia.
11 Los jueces de la ciudad se dejan sobornar,
los sacerdotes enseñan solo por dinero
y los profetas venden sus predicciones
alegando que el Señor los apoya, y diciendo:
"El Señor está con nosotros;
nada malo nos puede suceder."
12 Por lo tanto, por culpa de ustedes,
Jerusalén, la ciudad del monte Sión,
va a quedar convertida en barbecho,
en un montón de ruinas,
y el monte del templo se cubrirá de maleza.[a]

El reinado de paz del Señor
(Is 2.2–4)

4 1 En los últimos tiempos[a]
        quedará afirmado
    el monte donde se halla
        el templo del Señor.
Será el monte más alto;
más alto que cualquier otro monte.
Todas las naciones vendrán a él;
2 pueblos numerosos llegarán, diciendo:
"Vengan, subamos al monte del Señor,
al templo del Dios de Jacob,
para que él nos enseñe sus caminos
y podamos andar por sus senderos."
Porque de Sión saldrá la enseñanza
    del Señor,
de Jerusalén vendrá su palabra.
3 El Señor juzgará entre las naciones
y decidirá los pleitos de pueblos
    numerosos,
aun de los más lejanos.

Ellos convertirán sus espadas en arados
y sus lanzas en hoces.
Ningún pueblo volverá a tomar las armas
    contra otro
ni a recibir instrucción para la guerra.
4 Todos vivirán entonces sin temor,
y cada cual podrá descansar
a la sombra de su vid y de su higuera.
¡Son las propias palabras del Señor
    todopoderoso!
5 Los otros pueblos obedecen
    a sus propios dioses,
pero nosotros siempre obedeceremos
al Señor nuestro Dios.

El Señor salvará a su pueblo

6-7 Esto afirma el Señor:
"En aquel día[b] reuniré a mis ovejas,
a las que había castigado:
a las impedidas, cansadas y dispersas.
Con ellas, con las que hayan quedado,
haré una nación poderosa.
Yo, el Señor, gobernaré a mi pueblo
desde el monte Sión, ahora y siempre.
8 Y tú, Jerusalén,[c]
    torre y fortaleza de Sión,
tú volverás a ser la capital del reino,
la gran señora que antes fuiste."

9 Ahora pues, ¿por qué gritas así,
como una mujer con dolores de parto?
¿Acaso porque en ti no hay rey?
¿O porque han muerto tus consejeros?
10 Retuércete y grita, ciudad de Sión,
como una mujer con dolores de parto,
porque tu gente va a salir de ti
    y tendrá que vivir a campo abierto,
y aun llegará hasta Babilonia.[d]
Pero allí librará el Señor a su pueblo;
lo salvará de sus enemigos.

11 Ahora muchas naciones
se han juntado en contra tuya,

---

[a] **3.12** Aquí se predice por primera vez la destrucción de la ciudad de Jerusalén que, por ser la ciudad de Dios y lugar de su morada, era considerada inviolable e indestructible (Sal 46.4–5; 48.1–3; Jer 7.4). Cf. Jer 26.18.
[a] **4.1–5** Esta profecía, que anuncia la gloria futura de Jerusalén, contrasta sensiblemente con las amenazas del cap. anterior (véase Miq 3.12 n.). Cf. también Is 2.2–4. [b] **4.6–7** *Aquel día:* Is 13.6; Ez 3.5; Jl 1.15; 2.1,11; Am 5.18; Abd 15; Sof 1.7,14; Mal 4.1–6. [c] **4.8** *Jerusalén:* lit. *Torre del rebaño.* [d] **4.10** *Babilonia:* posible referencia a la deportación que sufrieron muchos sobrevivientes de Judá, después que el ejército del rey Nabucodonosor destruyó la ciudad de Jerusalén en el año 587 a.C. (2 R 24—25; 2 Cr 36.5–21; Jer 52.3–11).

diciendo: "¡Vamos a darnos el gusto
de ver a Jerusalén profanada!"

12 Pero esas naciones no conocen
los pensamientos y los planes de Dios;
no saben que él las va a juntar
como manojos de espigas en la era.

13 ¡Levántate y trilla, ciudad de Sión!
Porque el Señor dice:
"Yo te daré la fuerza de un toro
de cuernos de hierro y pezuñas de bronce,
para que destroces a muchos pueblos.
Tú les quitarás sus riquezas mal habidas
y me las consagrarás a mí,
al Señor de toda la tierra."

Restauración de la dinastía de David

5 1 "Pero ahora, Jerusalén,
prepara tu defensa,
porque has sido sitiada
y van a castigar duramente
al jefe de Israel.

2 En cuanto a ti, Belén Efrata,[a]
pequeña entre los clanes de Judá,
de ti saldrá un gobernante de Israel
que desciende de una antigua familia."[b]

3 Ahora el Señor deja a los suyos,
pero solo hasta que dé a luz
la mujer que está esperando un hijo.[c]
Entonces se reunirán
con sus compatriotas
los israelitas que están en el destierro.

4 El rey se levantará para pastorear
a su pueblo
con el poder y la majestad del Señor
su Dios,
y ellos podrán vivir en paz,
porque el Señor será engrandecido
hasta el último rincón de la tierra.

5 Él traerá la paz.[d]
Cuando los asirios invadan nuestro país
y entren en nuestros palacios,
enviaremos contra ellos
siete jefes y ocho[e] hombres importantes.

6 Ellos gobernarán Asiria,
el país de Nimrod,[f] a filo de espada,
y nos librarán de los asirios[g]
que hayan cruzado nuestras fronteras
e invadido nuestra tierra.

Destrucción de los enemigos

7 Entonces, en medio de muchos pueblos,
los que queden[h] del pueblo de Jacob
serán como el rocío que envía el Señor,
como las lluvias que caen sobre la hierba,
que no dependen
de la voluntad del hombre.

8 Entonces, en medio de muchas naciones,
lo que quede del pueblo de Jacob
será como un león
entre los animales salvajes,
como un león en un rebaño de ovejas,
que al pasar las desgarra y destroza,
y no deja que ninguna escape con vida.

9 Así atacarás tú, Señor, y destruirás
a todos tus enemigos.

Fin de la guerra y la idolatría

10 Esto afirma el Señor:
"En aquel día mataré tus caballos
y destruiré tus carros de guerra;

11 convertiré en ruinas tus ciudades
y derribaré todas tus fortalezas;

12 acabaré con tus hechicerías
y te dejaré sin adivinos;

13 destruiré tus ídolos y piedras sagradas,
para que no vuelvas a adorar jamás
a los dioses que tú mismo hiciste.

---

[a] *5.2 Efrata:* Esta palabra, derivada de una raíz que significa *producir,* designaba originalmente a un clan relacionado con Caleb (cf. 1 Cr 2.19,24,50), que se estableció en la región de Belén (cf. Rt 1.2; 1 S 17.12; 1 Cr 4.4); pero más tarde pasó a designar la ciudad de Belén (cf. Gen 35.19; 48.7; Rt 4.11). Cf. Mt 2.6; Jn 7.42. [b] *5.2 Que desciende de una antigua familia:* Probablemente se alude al rey David y a su dinastía. David, que procedía de Belén (1 S 16.1,13), recibió un mensaje de Dios por medio del profeta Natán, en el que se le anunciaba que su dinastía y su trono quedarían establecidos para siempre (2 S 7.4–16). Cf. Sal 89.3–4; 132.11–12; Is 9.2–7; 11.1–10. [c] *5.3 La mujer que está esperando un hijo:* Algunos estudiosos han entendido este v. como una alusión a Is 7.14 y 9.6; otros lo relacionan con Miq 4.9–10, donde se afirma que el pueblo de Israel, simbolizado como una mujer con dolores de parto, tendrá un rey justo que lo librará del exilio. [d] *5.5 Él traerá la paz:* otra posible traducción *Él será la paz.* [e] *5.5 Siete . . . y ocho:* Esta progresión numérica es un recurso literario que indica un número indeterminado, pero considerable. [f] *5.6 Nimrod:* cf. Gen 10.8–12. [g] *5.6 Los asirios* fueron poderosos enemigos de Israel, que destruyeron Samaria en el año 721 a.C. y luego hicieron estragos en varias poblaciones de Judá (cf. 2 R 17—19; 2 Cr 32.1–23; Is 36). [h] *5.7 Los que queden:* Miq 2.12 n.

14 Arrancaré tus árboles sagrados[i]
y destruiré por completo tus ciudades.
15 En mi furor, tomaré venganza
de las naciones que no quisieron
obedecerme."

Pleito de Dios contra Israel

6 1 Oigan ustedes ahora
lo que dice el Señor:
"¡Levántate y expón tu caso
ante los montes,
y que los cerros oigan tu voz!"
2 Escuchen ustedes, montes
y firmes cimientos de la tierra:
el Señor va a entablar un juicio
contra su pueblo,
va a entablar un pleito contra Israel.

3 Esto dice el Señor:
"Respóndeme, pueblo mío,
¿qué te he hecho o en qué te he molestado?
4 Yo te saqué de Egipto,
librándote de la esclavitud;
yo envié a Moisés, Aarón y María,
para que te dirigieran.
5 Pueblo mío, recuerda ahora
los planes de Balac, rey de Moab,
y la respuesta que le dio Balaam,
hijo de Beor.
Recuerda cuando pasaste de Sitim
a Guilgal,[a]
y reconoce las victorias del Señor."

Lo que el Señor espera del hombre

6 ¿Con qué me presentaré a adorar
al Señor, Dios de las alturas?
¿Me presentaré ante él con becerros
de un año,
para ofrecérselos en holocausto?
7 ¿Se alegrará el Señor,
si le ofrezco mil carneros
o diez mil ríos de aceite?

¿O si le ofrezco a mi hijo mayor[b]
en pago de mi rebelión y mi pecado?

8 El Señor ya te ha dicho, oh hombre,
en qué consiste lo bueno
y qué es lo que él espera de ti:
que hagas justicia, que seas fiel y leal
y que obedezcas humildemente a tu Dios.[c]

Mensaje contra el fraude y la mentira

9 El Señor está llamando a la ciudad,
y es sabio oírle con reverencia:
"Escuchen, pueblo y consejeros
de la ciudad:
10 En la casa del malvado
hay riquezas mal habidas
y esas medidas falsas que aborrezco.
11 ¿Cómo podré perdonar al que emplea
balanzas alteradas y pesas falsas?
12 Los ricos de esta ciudad
son todos opresores;
mentirosos y engañadores
todos sus habitantes.
13 Por eso he comenzado a castigarte,
a destruirte por causa de tus pecados.
14 Comerás, pero no quedarás satisfecho,
sino que seguirás sufriendo hambre;
recogerás provisiones,
pero no podrás salvar nada,
y aun si algo salvas,
haré que la guerra lo destruya.
15 Sembrarás, pero no cosecharás;
molerás aceitunas,
pero no aprovecharás el aceite;
pisarás uvas, pero no beberás el vino.
16 Porque has seguido los mandatos
y las prácticas
de Omrí y de la familia de Ahab,[d]
y te has portado como ellos lo hicieron.
Por eso yo haré de ti y de tus habitantes
un motivo de horror y de burla,
y la vergüenza de mi pueblo caerá sobre ti."

---

[i] **5.14** *Árboles sagrados:* lit. *imágenes de Aserá,* diosa cananea de la fertilidad, cuyos símbolos eran el poste liso o tallado y también el árbol. [a] **6.5** *De Sitim a Guilgal: Sitim* fue el último lugar donde Israel acampó antes de cruzar el Jordán; *Guilgal,* el lugar de su primer campamento al oeste de ese río. [b] **6.7** *Si le ofrezco mi hijo mayor:* El sacrificio del hijo primogénito, practicado a veces por los cananeos, estaba terminantemente prohibido en Israel (Lv 18.21; 20.2–5; Dt 12.31; 18.10; cf. 2 R 16.3; 21.6). [c] **6.6–8** Estos vv. resumen la predicación moral de los profetas. Miqueas retoma así el concepto de justicia que se encuentra en Amós (Am 5.21–25), los conceptos de fidelidad y amor, en Oseas (Os 1—3) y los de fe y humildad, en Isaías (cf. Is 2.6–17; 7.8–9). Dios rechaza aquellos sacrificios que son prácticas puramente exteriores (cf. 1 S 15.22–23; Pr 21.3; Is 1.11–14; Os 6.6; Zac 7.9–10). [d] **6.16** Cf. 1 R 16.23–34; 21.25–26.

La corrupción de Israel

7 1 ¡Ay de mí! Soy como el que rebusca
después de la cosecha,
y ya no encuentra uvas ni higos,
esos frutos que querría comer.

2 Ya no quedan en el mundo
hombres rectos ni fieles a Dios;
todos esperan el momento
de actuar con violencia;
los unos a los otros se ponen trampas.

3 Son maestros en hacer lo malo;
los funcionarios exigen recompensas,
los jueces se dejan sobornar,
los poderosos hacen lo que se les antoja
y pervierten la ciudad.

4 El mejor de ellos es como un espino;
el más honrado, como una zarza.
Pero viene el día de ajustar las cuentas,
el día que te anunció el centinela.
Entonces reinará la confusión entre ellos.

5 No creas en la palabra de tu prójimo
ni confíes en ningún amigo;
cuídate aun de lo que hables con tu esposa.

6 Porque los hijos tratan con desprecio
a los padres,
las hijas se rebelan contra las madres,
las nueras contra las suegras
y los enemigos de cada cual son
sus propios parientes.

7 Pero yo esperaré en el Señor;
pondré mi esperanza en Dios mi salvador,
porque él me escuchará.

La victoria definitiva de Israel

8 Nación enemiga mía,
no te alegres de mi desgracia,
pues, aunque caí, voy a levantarme;
aunque me rodee la oscuridad,
el Señor es mi luz.

9 He pecado contra el Señor,
y por eso soportaré su enojo;
mientras tanto, él juzgará mi causa
y me hará justicia.
El Señor me llevará a la luz,
me hará ver su victoria.

10 También la verá mi enemiga,
y eso la cubrirá de vergüenza.
Ella me decía:
"¿Dónde está el Señor tu Dios?",
pero ahora tendré el gusto de verla
pisoteada como el barro de las calles.

La restauración de Jerusalén

11 Jerusalén, ya viene el día
en que tus muros serán reconstruidos[a]
y tus límites ensanchados.

12 Ya viene el día
en que acudirán a ti de todas partes:
desde Asiria hasta Egipto,
desde el río Nilo hasta el Éufrates,
de mar a mar y de monte a monte.

13 La tierra será convertida en desierto
por culpa de sus habitantes,
como resultado de su maldad.

Oración por la prosperidad del pueblo

14 ¡Cuida, Señor, de tu pueblo,
de las ovejas de tu propiedad,
que están solas en el bosque,
rodeadas de fértiles tierras!
Llévalas, como en tiempos pasados,
a los pastos de Basán y Galaad.

15 Hazles ver maravillas,
como en los días en que los sacaste de Egipto.

16 ¡Que las otras naciones también las vean,
y se cubran de vergüenza
a pesar de todo su poder!
¡Que se queden como mudas y sordas!

17 ¡Que muerdan el polvo como las serpientes
y como los otros reptiles!
¡Que salgan temblando de sus nidos,
y que llenas de miedo recurran
a ti, Señor nuestro Dios!

Dios perdona a su pueblo

18 No hay otro Dios como tú,
porque tú perdonas la maldad
y olvidas las rebeliones
de este pequeño resto[b] de tu pueblo.
Tú nos muestras tu amor
y no mantienes tu enojo para siempre.

19 Ten otra vez compasión de nosotros
y sepulta nuestras maldades.
Arroja nuestros pecados
a las profundidades del mar.

20 ¡Mantén, Señor, la fidelidad y el amor
que en tiempos antiguos prometiste
a nuestros antepasados Abraham y Jacob!

---

a **7.11** *Jerusalén . . . tus muros serán reconstruidos:* Cf. Neh 2.17; 6.15.   *b* **7.18** *Pequeño resto:* Véase Miq 2.12 n.

NAHÚM

Como lo indica el título del libro (1.1), el mensaje de *Nahúm* (=Nah) gira alrededor de un único tema: la caída de Nínive, capital del imperio asirio, bajo el ataque conjunto de caldeos y medos. Este acontecimiento ocurrió en el año 612 a.C., y no solo Judá sino también los demás pueblos del Oriente próximo lo celebraron con extraordinarias manifestaciones de júbilo, porque la desaparición de aquel gran imperio significaba para ellos el fin de una terrible amenaza. Asiria, en efecto, fue la nación imperialista más brutal del mundo antiguo, y todos sus vecinos habían experimentado el rigor de sus invasiones y deportaciones (cf. 2 R 17.3-6). Entre los pueblos oprimidos estaba también el reino de Judá, que había vivido durante cien años bajo el terror provocado por la dominación asiria (cf. 2 R 18.13-37).

En el libro de *Nahúm*, los sentimientos se expresan con un vigoroso estilo poético. El dramatismo de la acción revive a través de una serie de frases concisas y resonantes, y las palabras del texto hebreo han sido escogidas para imitar el estruendo de los carros, el galope de los caballos y la confusión del combate. En esta combinación de sentimientos apasionados y de vibrante poesía se percibe el eco del júbilo que produjo entre los habitantes de Judá la derrota de un enemigo tan temible.

El contenido del libro puede resumirse en el esquema siguiente:

1. La ira vengadora de Dios (1.1–14)
2. Anuncio de la caída de Nínive (1.15—2.12)
3. Destrucción total de Nínive (2.13—3.19)

La ira vengadora de Dios

1 ¹ Libro de la profecía que Nahúm de Elcós recibió por revelación. Este es el mensaje dirigido a la ciudad de Nínive.ª

² El Señor es Dios celoso y vengador: ᵇ
se venga de los que se le oponen,
y se enoja con sus enemigos.

³ El Señor es paciente pero poderoso,
y no dejará de castigar al culpable.
El Señor camina sobre la tormenta,
y las nubes son el polvo de sus pies.

⁴ Amenaza al mar, y lo seca.ᶜ
Hace que se sequen todos los ríos.
Los campos de Basán
y el monte Carmelo se marchitan,
y se marchitan también las flores
del Líbano.ᵈ

⁵ Ante él tiemblan las montañas;
los cerros se derriten en su presencia.
Toda la tierra se estremece al verlo;
todo el mundo y los que en él viven.

⁶ ¿Quién podrá mantenerse de pie
ante su ira?
¿Quién podrá resistir su enojo?
Su furia se derrama como fuego,
y ante él se parten en dos las peñas.

⁷ El Señor es bueno;
es un refugio en horas de angustia:
protege a los que en él confían.

⁸ Pero, como inundación que todo lo arrasa,
destruye a los que se le oponen;
la oscuridad alcanzará a sus enemigos.

⁹ ¿Qué están tramando ustedes
en contra del Señor?

ª **1.1** *Nínive:* capital del imperio asirio, célebre por sus riquezas y su poderío militar (Jon 1.2). Cf. Is 10.5-34; 14.24-27; Sof 2.13-15. ᵇ **1.2** El Señor es un *Dios celoso* porque exige reconocimiento exclusivo (Ex 20.5); y recibe el calificativo de *vengador* porque él reivindica la justicia, derrotando a los que no la practican. Cf. Ex 20.5-6; Dt 4.24; Ro 12.19; Heb 10.30. ᶜ **1.4** *Amenaza al mar y lo seca:* Cf. Ex 14.16-25; 15.1-19; Sal 106.9. ᵈ **1.4** *Basán, el Carmelo* y *el Líbano* eran famosos por la abundancia de su vegetación. Cf. Dt 3.1; 1 R 18.19; Jer 22.6.

¡Él los destruirá por completo!
¡Nadie puede oponérsele dos veces!

10 Pues como espinos enmarañados,
   como paja seca,
      serán quemados por completo.

11 De ti, Nínive, salió el que trama
   lo malo en contra del Señor:
   un malvado consejero.[e]

12 Por eso dice el Señor a su pueblo:
   "Aunque los asirios sean fuertes
      y numerosos,
   serán destruidos y pasarán.
   Yo te he hecho sufrir,
   pero no te haré sufrir más.

13 Haré pedazos el yugo que tienesencima
   y romperé tus cadenas."

14 El Señor ordenó respecto a ti,
      rey de Nínive:
   "No tendrás descendientes
      que continúen tu nombre;
   del templo de tu dios destruiré
   los ídolos y las estatuas,
   y allí te voy a enterrar
      porque eres despreciable."

Anuncio de la caída de Nínive

15 ¡Miren! ¡Ya viene sobre los montes
   el mensajero que trae noticias de paz![f]
   Celebra tus fiestas, Judá;
   cumple tus promesas.
   Nunca más te invadirán los malvados;
   han sido destruidos por completo.

2 1 Nínive, el destructor marcha contra ti.
   ¡Monta tu guardia en la fortaleza!
   ¡Vigila el camino!
   ¡Cíñete la espada!
   ¡Reúne tus fuerzas!

2 Porque el Señor va a restaurar
      el orgullo de Jacob,
   el orgullo de Israel,[a]

como era antes de que lo saquearan
y lo dejaran como vid sin ramas.

3 Rojo es el escudo de sus guerreros
y rojo el uniforme de su ejército.
¡Están listos para el ataque!
Sus carros parecen de fuego;
sus caballos se impacientan.

4 Los carros corren con furia
      por las calles,
van de un lado a otro de las plazas,
son como antorchas encendidas,
pasan como relámpagos.

5 Llama el rey a sus oficiales,
y ellos se atropellan
al correr a la muralla,
al parapeto[b] ya preparado.

6 Se abren las compuertas del río,
y el palacio se viene abajo.

7 Al destierro llevan a la reina;[c]
la acompañan sus criadas,
que gimen como palomas
y lloran golpeándose el pecho.

8 Como el agua
      a través de un dique roto,
así huyen los habitantes de Nínive.
"¡Deténganse! ¡Vuelvan!" les gritan,
pero nadie vuelve.

9 ¡Roben la plata! ¡Roben el oro!
¡Las riquezas de Nínive no tienen fin!

10 Destruida, desierta, desolada,
así está Nínive.
Los corazones se deshacen de miedo,
tiemblan las rodillas,
a todos les faltan las fuerzas
y los rostros pierden el color.

11 ¿Qué queda de la cueva
      de los leones,
de la guarida de los cachorros de león?
Allí los leones y sus cachorros
se sentían seguros;
no había nadie que los espantara.[d]

---

[e] **1.11** *Un malvado consejero:* Probablemente se alude a Senaquerib, rey de Asiria, que en el año 701 a.C. sitió la ciudad de Jerusalén y desafió con arrogancia al Dios de Israel (2 R 18.28–35; 19.4,16; cf. Is 10.5–34). [f] **1.15** *El mensajero . . . de paz:* Is 52.7. [a] **2.2** El nombre de *Jacob* designa aquí al antiguo reino de Judá (cf. Is 43.1; 44.1; Abd 18). La mención conjunta de *Jacob* e *Israel* significa que todo el pueblo de Dios va a ser liberado y restaurado. [b] **2.5** El *parapeto* era probablemente una especie de techo portátil, con el que se escudaban los soldados que combatían al pie de las murallas de la ciudad asediada, tratando de escalarlas o de abrir una brecha. [c] **2.7** *La reina:* Puede referirse a la esposa del rey o, más probablemente, a la estatua de la diosa Istar, protectora de Nínive. [d] **2.11–12** El león representa al rey de Asiria. Su *guarida* es Nínive, la capital del imperio, despojada de la supremacía que había ejercido durante más de cien años.

12 Mataba el león a su presa,
    la repartía entre la leona
        y sus cachorros,
    y llenaba de rapiña sus cuevas.

Destrucción total de Nínive

13 El Señor todopoderoso afirma:
    "Aquí estoy contra ti:
    voy a quemar tus carros de guerra
    y a convertirlos en humo;
    voy a matar tus cachorros;
    acabaré con el robo que hay en tu tierra,
    y no se oirá más
        la voz de tus mensajeros."

3
    1 ¡Ay de ti, ciudad sanguinaria,
    llena de mentira y violencia;
    tu rapiña no tiene fin!
2   ¡Chasquido de látigo,
    estruendo de ruedas!
    ¡Galopar de caballos,
    carros que saltan!
3   ¡Carga de caballería!
    ¡Brillo de espada,
    resplandor de lanza!
    ¡Miles de heridos,
    montones de muertos!
    ¡Cadáveres sin fin!
    ¡La gente tropieza con ellos!
4   Y todo por culpa de las prostituciones
    de esa ramera llena de gracia
        y hermosura,
    maestra en brujerías,
    que con sus prostituciones y hechizos
    embaucaba a pueblos y naciones.

5   El Señor todopoderoso afirma:
    "Aquí estoy contra ti:
    te voy a levantar el vestido hasta la cara,
    para que las naciones te vean desnuda
    y los reinos vean tu vergüenza.
6   Y echaré suciedad sobre ti;
    te cubriré de deshonra
        y haré de ti un espectáculo.
7   Todos los que te vean
    huirán de ti diciendo:
    '¡Nínive está destruida!
    ¿Quién le tendrá compasión?
    ¿Dónde hallar quien la consuele?'
8   ¿Acaso eres tú mejor que Tebas,
    la ciudad junto al río Nilo,
    rodeada de muchas aguas,

    con el río por barrera
    y el agua por muralla?
9   Etiopía y Egipto eran su fortaleza
        sin límite;
    los de Fut, los libios, eran sus aliados.
10 Sin embargo, Tebas fue llevada al destierro;
    sus niños fueron estrellados
    en las esquinas de las calles;
    sobre sus nobles echaron suertes
    y sus caudillos fueron encadenados.
11 También a ti te van a emborrachar;
    aturdida, te esconderás
    buscando refugio de tu enemigo.
12 Todas tus fortalezas son como higueras
    cargadas de higos tiernos,
    que caen, si se sacuden,
    en la boca de quien los come.
13 Tu ejército parece formado de mujeres;
    las puertas del país
    están abiertas para el enemigo;
    el fuego ha destruido tus cerrojos.
14 Prepara agua,
        para que puedas resistir el sitio;
    refuerza tus defensas.
    Métete en el lodo,
    pisa el barro,
    toma el molde de tus ladrillos.
15 Allí te consumirá el fuego,
    y la espada, como langosta,
    te exterminará por completo.
    ¡Multiplícate como las langostas!
    ¡Multiplícate como los saltamontes!
16 Tus comerciantes se hicieron
    más numerosos que las estrellas del cielo.
    (La langosta cambia de piel y vuela.)
17 Tus guardianes son como langostas;
    y los encargados de reclutar tus tropas
    son como nubes de insectos:
    cuando hace frío, se posan en las paredes;
    cuando sale el sol, se van;
        nadie sabe dónde.

18 "¡Cómo duermen tus pastores,
    oh rey de Asiria!
    Tus oficiales descansan,
    tus tropas andan dispersas por los montes
    y no hay quien las reúna.
19 ¡No hay remedio para tu herida;
    tu llaga es incurable!
    Todos los que oyen de tu desgracia
    aplauden de alegría,
    pues, ¿quién no sufrió tu maldad sin fin?"

HABACUC

El libro de *Habacuc* (=Hab) se divide en tres partes bien definidas. La primera es un diálogo en el que se alternan las quejas del profeta y las respuestas del Señor (1.2—2.4). Luego se anuncia el castigo de los caldeos a causa de su crueldad y de su insaciable codicia (2.5–20). Por último, un salmo describe la resplandeciente manifestación del Señor, que viene del Sinaí para juzgar a los culpables y socorrer a su pueblo (cap. 3).

La mención de los *caldeos* en Hab 1.6 es el único punto de apoyo para determinar la época y las circunstancias en que ejerció su actividad el profeta Habacuc. Esta indicación sugiere una fecha cercana al año 605 a.C., ya que entonces Nabucodonosor, el más célebre de los reyes de la dinastía caldea, ascendió al trono de Babilonia (Jer 25.1) y comenzó a sembrar la inquietud y la anarquía en las regiones de Siria y de Palestina (cf. Jer 27.1–18). Por otra parte, como los textos no aluden al asedio y al sometimiento de Jerusalén en el año 598 a.C. (cf. 2 R 24.10–12), podría pensarse que el libro fue escrito en una fecha anterior al año 600 a.C. Hay que notar, sin embargo, que en una época posterior Babilonia pasó a ser el símbolo de la opresión, la crueldad y la violencia (cf. Ap 18), y que la posible utilización simbólica de ese nombre relativiza en parte el intento de asignar a la composición del libro una fecha demasiado precisa.

El siguiente esquema ofrece una visión sintética de este breve mensaje profético:

1. Diálogo entre el profeta y el Señor (1.2—2.4)
2. El destino de los opresores (2.5–20)
3. Oración de Habacuc (3)

Diálogo entre el profeta y el Señor

1 **1** Este es el mensaje que el Señor reveló al profeta Habacuc.

2 Señor, ¿hasta cuándo gritaré
    pidiendo ayuda
sin que tú me escuches?
¿Hasta cuándo clamaré
    a causa de la violencia
sin que vengas a librarnos?
3 ¿Por qué me haces ver
tanta angustia y maldad?
Estoy rodeado de violencia y destrucción;
por todas partes hay pleitos y luchas.
4 No se aplica la ley,
se pisotea el derecho,
el malo persigue al bueno
y se tuerce la justicia.

5 "Miren ustedes a las naciones
    que los rodean;
mírenlas y llénense de espanto.
Estoy a punto de hacer cosas tales
que ustedes no las creerían,
    si alguien se las contara.[a]
6 Voy a poner en pie de guerra a los caldeos,[b]
que son gente cruel,
    que siempre están dispuestos
a recorrer el mundo de lado a lado
para adueñarse de tierras
    que no les pertenecen.
7 Son espantosos y terribles,
y no reconocen más ley que la suya.
8 Sus caballos son más veloces
    que los leopardos,
más salvajes que los lobos del desierto.

---

[a] **1.5** Citado en Hch 13.41 según el texto griego (LXX), que difiere un poco del hebreo. [b] **1.6** 2 R 24.2; Jer 6.22–23; 10.22.

Sus jinetes galopan en gran número
y se lanzan al ataque desde lejos,
como el águila se lanza sobre su presa.
9 Todo lo destruyen a su paso;
en su avance van sembrando el terror,
y son más los prisioneros que hacen
que las arenas que hay en el mar.
10 Se burlan de los reyes
y de la gente importante.
Se ríen de las fortalezas,
pues levantan rampas ante ellas
y las toman por asalto.
11 Pasan como un huracán;
no reconocen más dios
que su propia fuerza."

12 Señor, ¿acaso no existes tú eternamente,
mi Dios santo e inmortal?
Señor y protector mío,
tú has dado fuerza a los caldeos
para que ellos ejecuten tu justicia.
13 Tú eres demasiado puro
para consentir el mal,
para contemplar con agrado la iniquidad;
¿cómo, pues, contemplas callado
a los criminales,
y guardas silencio mientras el malvado
destruye a los que son mejores que él?
14 ¿Por qué tratas a los hombres
como a peces del mar,
como a animales sin gobierno?
15 Los caldeos se apoderan de otras naciones
como el pescador se apodera del pescado:
lo atrapa con anzuelos y con redes,
y luego, al verlo todo junto,
se llena de alegría.
16 Por eso el pescador adora sus redes
y anzuelos,
y ofrece sacrificios y quema incienso
en su honor,
pues gracias a ellos tiene comida
buena y abundante.
17 Así, ¿seguirán los caldeos pescándonos
con sus redes?
¿Seguirán matando sin compasión a la gente?

2 ¹ Estaré atento y vigilante,
como lo está el centinela
en su puesto,
para ver qué me dice el Señor
y qué respuesta da a mis quejas.

2 El Señor me contestó:
"Escribe en tablas de barro
lo que te voy a mostrar,
de modo que pueda leerse de corrido.ᵃ
3 Aún no ha llegado el momento
de que esta visión se cumpla;
pero no dejará de cumplirse.
Tú espera, aunque parezca tardar,
pues llegará en el momento preciso.

El destino de los opresores
4 Escribe que los malvados
son orgullosos,
pero los justos vivirán
por su fidelidad a Dios."ᵇ
5ᶜ Los hombres orgullosos desean el poder;
lo buscan sin descanso
y siempre quieren más,
aun cuando el poder es traicionero.ᵈ
Abren su boca, como el sepulcro;
son insaciables, como la muerte,
y por eso se lanzan a conquistar
nación tras nación.
6 Pero todas las naciones conquistadas
se burlarán del que las conquistó,
cantándole:
"¡Ay de ti, que te haces rico
con lo que no te pertenece!
¿Hasta cuándo seguirás amontonando
las riquezas que tomaste prestadas?"

7 Cuando menos lo esperes,
llegarán tus acreedores,
despertarán los que te atormentan
y te dejarán desnudo.
8 Las naciones se unirán en contra tuya
y te saquearán como tú las saqueaste
a ellas.

ᵃ 2.2 *Que pueda leerse de corrido:* otra posible traducción: *que el que lea corra a obedecer.* ᵇ 2.4 *Los justos vivirán por su fidelidad a Dios:* La palabra hebrea traducida por *fidelidad* incluye al mismo tiempo las ideas de lealtad y firme confianza. A los justos se les promete la vida por su inquebrantable fidelidad a la palabra y a la voluntad de Dios; los *orgullosos,* en cambio, son objeto de una condenación expresa por parte del Señor (cf. vv. 12–13; Ro 1.17; Gl 3.11; Heb 10.37–38). ᶜ 2.5–20 Con la expresión *¡Ay . . . !* (vv. 6,9,12,15,19) se introducen cinco profecías de juicio y condenación, que tienen una estructura similar. ᵈ 2.5 *El poder es traicionero:* según un manuscrito antiguo; heb. *el vino es traicionero.*

Te harán pagar todos tus crímenes,
las violencias que cometiste en el país
contra las ciudades y sus habitantes.

9 ¡Ay de ti, que has llenado tu casa
con el producto de tus robos,
para ponerte a salvo de todo peligro!

10 De ese modo has cubierto tu casa
de vergüenza,
y has causado tu propia destrucción
al destruir a numerosas naciones.

11 Aun las piedras de los muros
y la madera de las vigas
gritarán en contra tuya.

12 ¡Ay de ti, que construyes tus ciudades
sobre la base del crimen y la injusticia!

13 El Señor todopoderoso
va a hacer inútil tu trabajo y tu fatiga,
pues todas tus obras
serán destruidas por el fuego.

14 Y el conocimiento de la gloria del Señor
llenará entonces toda la tierra,
como las aguas llenan el mar.

15 ¡Ay de ti, que emborrachas
a tus vecinos
dándoles vino mezclado con drogas,
para humillarlos contemplando
su desnudez!

16 En lugar de honor,
te cubrirás de vergüenza,
porque el Señor va a darte a beber
una copa
que te hará mostrar tu incircuncisión
y convertirá en humillación tu gloria.

17 Las violencias que le hiciste
al monte Líbano
se volverán en contra tuya,
y te espantarás por la matanza
de sus animales.
Esto te vendrá a causa de tus crímenes
y de las violencias que cometiste
en el país
contra las ciudades y sus habitantes.

18 ¿De qué sirve una escultura
en cuanto ha sido terminada?
¿De qué sirve una imagen
que solo lleva a la mentira?
Los ídolos no pueden hablar;
¿cómo, pues, podrá confiar en ellos
el hombre que los fabrica?

19 ¡Ay de ti, que a un ídolo de madera
le dices que despierte,
y a una piedra muda,
que se ponga de pie!
¿Podrán ellos comunicar mensaje alguno?
¡No, porque no tienen vida propia,
aunque estén recubiertos de oro y plata!

20 Pero el Señor está en su santo templo:
¡guarde silencio delante de él
toda la tierra!

Oración de Habacuc

3 1 Esta es una oración del profeta
Habacuc.

2 Lo que oigo acerca de ti, Señor,
y de todo lo que has hecho,
me llena de profunda reverencia.
Realiza ahora, en nuestra vida,
tus grandes acciones de otros tiempos,
para que nosotros también
las conozcamos.
Muéstranos así tu compasión
aun en medio de tu enojo.

3 Dios viene de la región de Temán;
del monte Parán viene el Dios Santo.
Su gloria se extiende por todo el cielo,
y el mundo entero
se llena de su alabanza.

4 Viene envuelto en brillante resplandor,
y de sus manos brotan rayos de luz
que muestran el poder
que en él se esconde.

5 Delante de él llegan plagas terribles,
y detrás la fiebre abrasadora.

6 La tierra tiembla cuando él se detiene;
se estremecen las naciones
cuando las mira;
las viejas montañas se derrumban
y se deshacen los montes antiguos;
pero los caminos de Dios son eternos.

7 Yo he visto a la gente de Cusán
hundida en la desgracia,
a los habitantes de Madián
encogidos por el miedo.

8 ¿Te has enojado, Señor,
contra los ríos?
¿Se ha encendido tu furor
contra los mares?
¿Cabalgas por eso en tus caballos
y montas así en tu carro victorioso?

9 Tienes el arco preparado
   y dispuestas todas tus flechas.
   Con los ríos has abierto surcos
      en la tierra.

10 Las montañas tiemblan al verte;
   cae del cielo la lluvia torrencial,
   y el mar profundo da su rugido
   mientras se alzan sus olas inmensas.

11 El sol y la luna no salen de su escondite
   ante el vivo resplandor de tus flechas
   y la luz relampagueante de tu lanza.

12 En tu enojo recorres toda la tierra;
   en tu furor pisoteas las naciones.

13 Tú has salido en ayuda de tu pueblo
   y del rey que tú mismo escogiste.
   Has destruido el techo de la casa
      del malvado,
   y has descubierto hasta la roca
      sus cimientos.

14 Mataste a su jefe con sus propias flechas,
   cuando sus jinetes, como una tempestad,
   se lanzaron arrogantes
   a dispersar a los indefensos,
   para destruirlos en secreto.

15 Con tus caballos recorres el mar,
   la gran extensión de las aguas
      profundas. [a]

16 Al oír todo esto tuve miedo.
   Mis labios se pusieron a temblar,
   mis piernas dejaron de sostenerme
   y todo mi cuerpo perdió sus fuerzas.
   Aun así, esperaré tranquilo
   el día en que Dios ponga en angustia
   al ejército de nuestros opresores.

17-18 Entonces me llenaré de alegría
   a causa del Señor mi salvador.
   Le alabaré aunque no florezcan
      las higueras
   ni den fruto los viñedos y los olivares;
   aunque los campos no den su cosecha;
   aunque se acaben los rebaños de ovejas
   y no haya reses en los establos.

19 Porque el Señor me da fuerzas;
   da a mis piernas la ligereza del ciervo
   y me lleva a alturas
      donde estaré a salvo.

---

[a] **3.7-15** Los fenómenos que acompañan la manifestación y victoria del Señor son semejantes a los que ocurrieron en tiempos del éxodo (cf. Jue 5.4-5; Sal 77.16-20; 114.3-8).

SOFONÍAS

El primer v. del libro de *Sofonías* (=Sof) sitúa la actividad de este profeta en tiempos de Josías, rey de Judá (640–609 a.C.). Pero la predicación de Sofonías no solo no alude para nada a la gran reforma religiosa llevada a cabo por aquel rey (2 R 22.1—23.25), sino que las costumbres y prácticas que él denuncia (Sof 1.4–6) corresponden más bien a una época fuertemente impregnada de paganismo. Por tanto, lo más probable es que Sofonías haya proclamado su mensaje profético antes de la reforma de Josías, quizá entre los años 630 y 625 a.C.

El libro se divide en tres partes. La primera anuncia la catástrofe que se abatirá sobre los seres humanos y la naturaleza a causa de los pecados de Judá (1.2—2.3). En la segunda sección, el profeta declara que el juicio divino alcanzará no solo a Jerusalén y a Judá, sino también a las naciones paganas (2.4—3.8). Por último, la parte final del libro introduce una nota de esperanza, ya que anuncia la futura purificación y liberación del "resto" que haya sobrevivido después de la catástrofe (3.9–20).

El tema central en la predicación de Sofonías es el "día del Señor" (cf. Sof 1.7,10,14; Am 5.18–20). Ese día es descrito con rasgos sombríos, como *un día de ira, de angustia y aflicción* (Sof 1.15), que pondrá fin a la maldad imperante en la tierra. Pero junto a estas amenazas y anuncios de castigo, hay también una promesa llena de esperanza: Dios purificará a su pueblo de *los altaneros y orgullosos*, para dejar en él a *gente humilde y sencilla, que pondrá su confianza* en el *nombre* del Señor (3.11–12).

El cuadro siguiente ofrece una visión de conjunto de este breve escrito profético:

1. El día de la ira del Señor (1.2—2.3)
2. El castigo que recibirán las naciones (2.4–15)
3. Pecado y redención de Jerusalén (3.1–13)
4. Canto de alegría por Jerusalén (3.14–20)

El día de la ira del Señor

1 1 Este es el mensaje que el Señor dirigió a Sofonías en el tiempo en que Josías,[a] hijo de Amón, era rey de Judá. Sofonías era hijo de Cusí, este de Guedalías, este de Amarías y este de Ezequías.

2 Esto afirma el Señor:
"Voy a destruir completamente
todo lo que hay sobre la tierra.
3 Destruiré a los hombres
y los animales,
destruiré las aves y los peces,
pondré tropiezo a los malvados
y eliminaré de la tierra al hombre."

Esto afirma el Señor:
4 "Extenderé mi mano contra el pueblo
de Judá
y contra todos los que viven en Jerusalén.
Borraré de este lugar todo rastro
del falso dios Baal,
y hasta el nombre de sus sacerdotes.
5 Destruiré a los que suben a las azoteas
para adorar a los astros,
y a los que se arrodillan
jurando al mismo tiempo
por mi nombre
y por el nombre del dios Milcom.[b]

---

[a] **1.1** *Josías* fue rey de Judá entre los años 640 y 609 a.C. Cf. 2 R 22.1—23.30; 2 Cr 34.1—35.27. [b] **1.5** *Milcom* era el dios nacional del reino de Amón (2 R 23.13; Jer 49.1,3).

6 También destruiré
a los que se apartan de mí,
a los que no me buscan
ni acuden a consultarme."

7 ¡Guarden silencio en presencia del Señor,
porque el día del Señor está cerca!
¡El Señor ha dispuesto un sacrificio
y ha consagrado a sus invitados!*c*

8 "En el día del sacrificio
castigaré a los jefes —dice el Señor—,
a los hijos del rey
y a todos los que visten ropa extraña.
9 También castigaré en aquel día
a los que saltan sobre los umbrales,*d*
y a los que llenan de violencia y engaños
la casa de sus amos."

10 Esto afirma el Señor:
"En aquel día se oirán gritos de socorro
desde la Puerta de los Pescados.*e*
Gritará la gente en el Segundo Barrio
y habrá gran ruido de derrumbes
desde las colinas.
11 ¡Aúllen ustedes,
habitantes del Barrio del Mortero,
porque todos los comerciantes van a morir,
todos los que trafican con dinero
van a ser destruidos!
12 "En aquel tiempo tomaré una lámpara
y registraré Jerusalén.
Castigaré entonces a la gente
que se siente tranquila
como el vino reposado,
y que se dice a sí misma:
'¡El Señor no hará nada,
ni bueno ni malo!'
13 Por eso, sus tesoros serán saqueados
y sus casas destruidas.
Construirán casas,
pero no vivirán en ellas;

plantarán viñas,
pero no beberán de su vino."

14 ¡Ya está cerca el gran día del Señor!*f*
¡Ya está cerca, viene de prisa!
El estruendo del día del Señor
será amargo:
¡hasta los más valientes
gritarán entonces!
15 Será un día de ira,
de angustia y aflicción,
de ruina y desolación,
de oscuridad y tinieblas,
de nublado y sombras profundas;
16 será un día de trompeta y de clamor
contra las ciudades fortificadas
y sus altas torres.

17 Dice el Señor:
"Pondré en apuros a la gente.
Caminarán como ciegos,
porque pecaron contra mí.
Su sangre será derramada como polvo,
y su carne amontonada como estiércol."

18 En el día de la ira del Señor,
no salvará a la gente ni su plata
ni su oro,
porque el fuego del enojo del Señor
consumirá todo el país.
¡Todos los habitantes de la tierra
quedarán destruidos en un solo instante!

2 ¹ Reúnanse, júntense ustedes,
gente falta de vergüenza,
² antes de ser aventados
como paja, que en un día desaparece;
antes que caiga sobre ustedes
la ira ardiente del Señor;
antes que caiga sobre ustedes
el día de la ira del Señor.
³ Busquen al Señor todos ustedes,
los humildes de este mundo,*a*

---

c **1.7** Estos *invitados* son probablemente los pecadores mencionados en los vv. 4–6, que van a ser inmolados como víctimas del sacrificio. *d* **1.9** *Saltan sobre los umbrales:* alusión a una práctica supersticiosa como la descrita en 1 S 5.5 o a un rito idolátrico practicado en las gradas de la plataforma que servía de pedestal a los ídolos. *e* **1.10** *Puerta de los Pescados:* una de las entradas al norte de Jerusalén (cf. Neh 3.3; 12.39), así llamada porque allí se vendía pescado (cf. Neh 13.16). *f* **1.14–18** *El gran día del Señor:* Is 13.6; Ez 30.2–3; Jl 1.15. *a* **2.3** Los *humildes de este mundo* son los pobres y oprimidos que ponen toda su confianza en el Señor, porque saben que nadie, fuera de él, está realmente dispuesto a prestarles ayuda. Según Sof 3.12–13, de esta *gente humilde y sencilla* saldrá en el futuro el resto de Israel, es decir, el verdadero pueblo de Dios.

los que obedecen sus mandatos.
Actúen con rectitud y humildad,
y quizás así encontrarán refugio
en el día de la ira del Señor.

El castigo que recibirán las naciones

4 La ciudad de Gaza quedará desierta,
y Ascalón, desolada;
en pleno día serán expulsados
los que viven en Asdod,
y los de Ecrón serán arrancados de raíz.

5 ¡Ay de ustedes, gente de Creta,[b]
que viven a orillas del mar!
Dios ha pronunciado esta sentencia
contra ustedes:
"¡Canaán, país de los filisteos,
te voy a destruir y a dejar sin habitantes!

6 El país que está a orillas del mar
quedará convertido en pastizales
donde se junten los pastores,
y en corrales para los rebaños."

7 Los sobrevivientes del pueblo de Judá
tomarán posesión de ese país
cuando el Señor su Dios
venga en su ayuda
y cambie la suerte de ellos.
Allí cuidarán de sus rebaños,
y por las noches descansarán
en las casas de Ascalón.

8-9 Esto afirma el Señor todopoderoso, el Dios
de Israel:
"He oído los insultos de los moabitas
y las ofensas de los amonitas.
Porque ellos han insultado a mi gente
y se han engrandecido
a costa de su territorio.
Por eso, juro por mi vida
que a Moab le pasará como a Sodoma
y que los de Amón
quedarán como Gomorra,
convertidos en campo de espinos,
en mina de sal,
en un lugar de permanente soledad.
Los sobrevivientes de mi pueblo
los saquearán
y se quedarán con sus tierras."

10 Este es el pago que recibirán
Moab y Amón
por haber insultado
al pueblo del Señor,
por haberse engrandecido a costa
del pueblo del Señor todopoderoso.

11 El Señor será terrible con ellos.
Destruirá todos los dioses del país,
y él será adorado en todo lugar,
aun por la gente de las islas.[c]

12 ¡También ustedes, los de Etiopía,[d]
caerán heridos por la espada del Señor!

13 Extenderá él su mano contra el norte
para destruir Asiria,
y dejará desolada la ciudad de Nínive,
convirtiéndola en un seco desierto.

14 La madera de sus casas será arrancada,
y en ellas se echarán
los rebaños de ovejas
y toda clase de animales salvajes.
El búho y el erizo
dormirán en lo alto de sus postes,
y los cuervos graznarán
en las ventanas y en los umbrales.

15 Esa es la ciudad llena de orgullo
que vivía confiada,
de la que decían sus habitantes
que no tenía igual en el mundo.
¡Cómo ha quedado desolada
y convertida en guarida de fieras!
Cuantos pasen cerca de ella,
silbarán y harán gestos de desprecio.

Pecado y redención de Jerusalén

3 1 ¡Ay de Jerusalén, la ciudad rebelde,
manchada y opresora!
2 No escuchó la voz del Señor
ni aceptó ser corregida;
no confió en él;
no recurrió a su Dios.

3 Sus jefes son como leones que rugen;
sus jueces, como lobos del desierto
que no dejan ni un hueso
para la mañana.

4 Sus profetas son insolentes, traidores;
sus sacerdotes profanan el santuario
y violan la ley del Señor.

---

[b] **2.5** *Gente de Creta:* es decir, los filisteos, que según la tradición hebrea procedían de esa isla del Mediterráneo. Cf. Dt 2.23; Am 9.7. [c] **2.11** *Gentes de las islas:* Cf. Is 41.1,5; 42.4,10,12; 49.1; 51.5. [d] **2.12** *Los de Etiopía:* Esta expresión podría referirse a Egipto, que por los años 715-663 a.C. fue gobernado por una dinastía etiope. Cf. Is 18—20; Jer 46; Ez 29—32.

5 Pero el Señor está en la ciudad;
él hace lo bueno, no lo malo.
Cada mañana, sin falta,
establece su juicio.
En cambio, el malo
ni siquiera conoce la vergüenza.

6 Dice el Señor:
"He destruido naciones,
he arrasado las torres de sus murallas
y he dejado desiertas sus calles,
sin gente que pase por ellas.
¡En sus solitarias ciudades
no queda un solo habitante!

7 Pensé: 'Así Jerusalén me temerá
y aceptará que la corrija;
así no quedará destruido su hogar
por haberla yo castigado.'
Pero ellos se apresuraron a cometer
toda clase de maldades.

8 Por eso, espérenme ustedes el día
en que me levante a hablar
en su contra.
Yo, el Señor, lo afirmo:
He decidido reunir las naciones
y los reinos
para descargar sobre ellos mi enojo,
mi ardiente ira.
¡Toda la tierra va a quedar destruida
por el fuego de mi furor!

9 "Cuando eso llegue, purificaré
el lenguaje de los pueblos,
para que todos me invoquen,
para que todos a una me sirvan.

10 Del otro lado de los ríos de Etiopía,[a]
mi pueblo disperso vendrá suplicante
a traerme ofrendas.

11 En aquel tiempo, pueblo mío,
ya no te avergonzarás
de ninguna de las acciones
con que te rebelaste contra mí,
pues entonces quitaré de ti
a los altaneros y orgullosos,
y nunca volverás a mostrar orgullo
en mi santo monte.

12 Yo dejaré en ti gente humilde y sencilla,
que pondrá su confianza en mi nombre.

13 Los sobrevivientes del pueblo de Israel
no cometerán injusticias,
ni dirán mentiras,
ni llenarán de embustes su boca.
Podrán alimentarse
y descansar sin miedo alguno."

Canto de alegría por Jerusalén

14 ¡Canta, ciudad de Sión!
¡Da voces de alegría, pueblo de Israel!
¡Alégrate, Jerusalén,
alégrate de todo corazón!

15 El Señor ha retirado la sentencia
contra ti
y ha rechazado a tus enemigos.
El Señor, el Rey de Israel,
está en medio de ti:
ya no tendrás que temer mal alguno.

16 En aquel tiempo se dirá a Jerusalén:
"¡No tengas miedo, Sión,
ni dejes que tus manos
queden sin fuerzas!"

17 El Señor tu Dios está en medio de ti;
¡él es poderoso, y te salvará!
El Señor estará contento de ti.
Con su amor te dará nueva vida;
en su alegría cantará

18 como en día de fiesta.

El regreso de los desterrados[b]
Dice el Señor:
"Yo te libraré entonces
del mal que te amenace,
de la vergüenza que pese sobre ti.

19 En aquel tiempo actuaré
en contra de todos los que te oprimen.
Ayudaré a la oveja que cojea
y recogeré a la extraviada;
convertiré en honor y fama,
en toda la tierra,
los desprecios que les hicieron.

20 En aquel tiempo
los traeré a ustedes, los reuniré;
haré que cambie su suerte,
y les daré fama y honor
entre todos los pueblos de la tierra.
Yo, el Señor, lo he dicho."

---

[a] **3.10** *Los ríos de Etiopía:* referencia al extremo sur del mundo entonces conocido. [b] **3.18b–20** Estos vv. aluden probablemente al retorno de los israelitas del destierro en Babilonia. Cf. Miq 4.6–7.

HAGEO

El libro de *Hageo* (=Hag) menciona expresamente cinco fechas (1.1,14–15; 2.1,10,18), que sitúan la predicación del profeta en un marco histórico bien preciso. Estas fechas abarcan el periodo comprendido entre agosto y diciembre del año 520 a.C., es decir, la época en que la ciudad de Jerusalén empezaba a levantarse lentamente de sus ruinas, después de la catástrofe del año 587 a.C. (cf. 2 R 25.1–12).

Para esta fecha, hacía ya bastante tiempo que Ciro, rey de Persia, había dado la orden de reconstruir el templo de Jerusalén (cf. Esd 1.1–11). Pero las malas condiciones económicas (cf. Hag 1.6) y la hostilidad de los samaritanos (cf. Esd 4) habían impedido que la obra de reconstrucción se llevara a buen término. En tales circunstancias, el profeta Hageo proclama la orden divina de no demorar más la reconstrucción del santuario. El templo es el signo visible de la presencia del Señor en medio de su pueblo, y por eso no puede quedar en ruinas.

A diferencia de muchos de sus predecesores en el ministerio profético, Hageo encontró un auditorio dispuesto a escucharlo: los trabajos se reanudaron de inmediato (Hag 1.12–15), y al poco tiempo todo el pueblo celebró jubilosamente la dedicación del nuevo templo (cf. Esd 6.15–18).

Este breve escrito profético puede esquematizarse de la manera siguiente:

1. Exhortación a construir el templo (1)
2. La gloria del nuevo templo (2.1–9)
3. Dios reprende al pueblo infiel (2.10–19)
4. Promesa del Señor a Zorobabel (2.20–23)

Exhortación a construir el templo

1 ¹En el año segundo del gobierno del rey Darío, el día primero del sexto mes,[a] el Señor, por medio del profeta Hageo, se dirigió al gobernador de Judá, Zorobabel,[b] hijo de Salatiel, y al jefe de los sacerdotes, Josué,[c] hijo de Josadac.

2-3 Y esto es lo que dijo el Señor todopoderoso por medio del profeta: "Esta gente dice que todavía no es tiempo de reconstruir mi templo.[d] ⁴¿Y acaso para ustedes sí es tiempo de vivir en casas lujosas, mientras que mi templo está en ruinas? ⁵Yo, el Señor todopoderoso, les digo que piensen bien en su conducta. ⁶Ustedes siembran mucho, pero cosechan poco; comen, pero no se sienten satisfechos; beben, pero se quedan con sed; se abrigan, pero no entran en calor; y el que trabaja a jornal, echa su salario en saco roto. ⁷Yo, el Señor todopoderoso, les digo que piensen bien en su conducta. ⁸Vayan a las montañas, traigan madera y construyan de nuevo el templo. Yo estaré allí contento, y mostraré mi gloria. ⁹Ustedes buscan mucho, pero encuentran poco; y lo que guardan en su casa, yo me lo llevo de un soplo. ¿Por qué? Pues porque mi casa está en ruinas, mientras que ustedes solo se preocupan de sus propias casas. Yo, el Señor, lo afirmo. ¹⁰Por eso no cae para ustedes la lluvia, ni la tierra les da sus productos. ¹¹Yo fui quien trajo la sequía sobre los campos y sobre los montes, sobre el trigo, los viñedos y los olivares, sobre las cosechas del campo, sobre los hombres y los animales, y sobre todas sus labores."

---

[a] **1.1** La fecha corresponde a fines de agosto del 520 a.C. (véase *Introducción*). *El sexto mes,* o mes de Elul en el calendario hebreo. En *el día primero* se celebraba la fiesta de la luna nueva (1 S 20.5; Is 1.13–14; 66.23; Ez 46.1; Am 8.5); el profeta aprovechó la reunión del pueblo para proclamar su mensaje. [b] **1.1** *Zorobabel:* Cf. Esd 2.1–2. [c] **1.1** *Josué:* Cf. Esd 3.2; 4.24—5.2; 6.14; Zac 3.1–10. [d] **1.2–3** Esd 4.1–24.

12 Zorobabel, Josué y el resto de la gente[e] sintieron miedo cuando oyeron lo que el Señor les decía por medio del profeta Hageo, esto es, lo que Dios el Señor le había encargado que dijera. 13 Entonces Hageo, el mensajero del Señor, les habló en nombre de Dios, diciéndoles: "El Señor dice: 'Yo, el Señor, lo afirmo: Yo estoy con ustedes.' "

14-15 De esta manera animó el Señor a Zorobabel, gobernador de Judá, a Josué, jefe de los sacerdotes, y al resto de la gente, y el día veinticuatro del sexto mes del año segundo del reinado de Darío empezaron a reconstruir el templo de su Dios, el Señor todopoderoso.[f]

La gloria del nuevo templo

2 1 El día veintiuno del séptimo mes,[a] el Señor volvió a dirigirse al profeta Hageo, 2 y le ordenó que dijera a Zorobabel, a Josué y al resto de la gente:[b] 3 "Los que vieron el otro templo en todo su esplendor, digan qué les parece este que ahora tenemos. ¿No les parece que no vale nada comparado con aquel otro?[c] 4 ¡Pero ánimo, Zorobabel! ¡Ánimo, Josué, jefe de los sacerdotes! Y anímense todos ustedes, gente del país. Trabajen, que yo estoy con ustedes. Yo, el Señor todopoderoso, lo afirmo.[d] 5 Tal como se lo prometí cuando salieron de Egipto, mi espíritu les acompaña. No tengan miedo. 6 Dentro de poco haré temblar el cielo y la tierra, el mar y la tierra firme. 7 Haré temblar a todas las naciones, y traerán sus riquezas, y mi templo se llenará de gloria." El Señor todopoderoso lo afirma: 8 "Míos son la plata y el oro. 9 Este segundo templo será más hermoso que el primero. Entonces haré que haya paz en este lugar. Yo, el Señor todopoderoso, lo afirmo."

Dios reprende al pueblo infiel

10 El día veinticuatro del noveno mes[e] del mismo año del gobierno del rey Darío, el Señor se dirigió al profeta Hageo 11 y le ordenó que, en el nombre del Señor todopoderoso, hiciera a los sacerdotes las siguientes preguntas en relación con la ley: 12 "Supongamos que un hombre lleva carne consagrada envuelta en su capa, y que el borde de la capa toca pan, guiso, vino, aceite o cualquier otra comida: ¿quedará por eso consagrada la comida?" Los sacerdotes contestaron que no. 13 Entonces Hageo continuó: "Pero supongamos que alguien, que ha quedado impuro por haber tocado un cadáver,[f] va y toca también cualquiera de estas cosas: ¿acaso ellas no quedarán impuras?" Los sacerdotes contestaron que sí.

14 Entonces dijo Hageo: "El Señor afirma: 'Lo mismo pasa con esta gente: todo lo que hacen y todo lo que me ofrecen es impuro.[g] 15 De ahora en adelante piensen ustedes en esto. Antes de empezar a construir el templo, 16 ¿qué les pasaba? Pues que cuando alguien iba a un montón de veinte medidas de grano, encontraba solamente diez; y cuando uno iba al lugar donde se hace el vino, a sacar cincuenta cántaros, encontraba solamente veinte. 17 Yo destruí con plagas y granizo el fruto de todos sus esfuerzos, pero ustedes no se volvieron a mí. Yo, el Señor, lo afirmo. 18 Hoy, día veinticuatro del noveno mes, han sido puestos los cimientos de mi templo. 19 Pues bien, fíjense ustedes en que a partir de hoy no faltará el grano en el granero. Aún no ha dado fruto la vid, ni la higuera, ni el granado, ni el olivo; pero a partir de hoy, yo los bendeciré.' "

Promesa del Señor a Zorobabel

20 Ese mismo día, el Señor volvió a dirigirse a Hageo, 21 y le ordenó que dijera a Zorobabel, el gobernador de Judá: "Yo haré temblar el cielo y la tierra; 22 destruiré el poder de los reinos del mundo y echaré abajo sus tronos; volcaré los carros de guerra y a los que montan en ellos, y morirán los caballos y sus jinetes; cada uno morirá atravesado por la espada de su hermano. 23 Y aquel día, Zorobabel, siervo mío, te cuidaré como a mi anillo de sellar, porque yo te he escogido. Yo, el Señor todopoderoso, lo afirmo."

---

[e] 1.12 Resto de la gente: Esta expresión puede referirse a los israelitas que regresaron del destierro o al pueblo que se mantuvo fiel al Señor durante el exilio (Hag 1.14; 2.2). Cf. también Is 4.3; 10.20–21; Miq 4.7. [f] 1.14–15 Cf. Esd 5.2. [a] 2.1 El séptimo mes, conocido como el mes de Etanim (1 R 8.2) o Tisrí, corresponde a septiembre–octubre. Durante ese mes se celebra la fiesta de las Enramadas (Lv 23.34; Dt 16.13). [b] 2.1–2 Cf. Esd 3.1–2. [c] 2.3 Cf. Esd 3.12–13. [d] 2.4 Cf. Zac 8.9. [e] 2.10 El noveno mes, conocido también como Quislev (Zac 7.1), corresponde a noviembre–diciembre de nuestro calendario. [f] 2.13 Cf. Lv 21.11; Nm 9.6–7; 19.11–22. [g] 2.12–14 El templo en ruinas era como un cadáver que profanaba y volvía impura toda la vida del pueblo, incluidos sus sacrificios.

ZACARÍAS

El libro de *Zacarías* (= Zac) consta de dos partes claramente diferenciadas. La primera comienza con una exhortación profética al arrepentimiento y a la conversión (1.2–6), continúa con una serie de visiones simbólicas (1.7—6.8) y concluye con una instrucción sobre el ayuno (caps. 7—8). Por su forma literaria, estas visiones se asemejan a las de Amós (7.1—9.4) y a las de Jeremías (1.11–14). Pero las de Zacarías son en general más complejas y detalladas, y en ellas el Señor está representado por un *ángel intérprete*, que da explicaciones, hace preguntas o responde a los interrogantes que le plantea el profeta.

Los temas que más se destacan en esta primera parte son el amor y la compasión del Señor hacia Jerusalén (1.14,16), la humillación de *las naciones* opresoras *que dispersaron a Judá* (1.21), la eliminación de toda maldad y de todo pecado en el pueblo de Dios (5.4,8) y la esperanza mesiánica (cf. particularmente 4.1–14). El profeta dedica atención especial a la reconstrucción del templo (1.16; 4.8–10; 6.15) y describe con entusiasmo el futuro esplendor de la ciudad santa: Jerusalén será una ciudad abierta, que no necesitará la protección de una muralla, porque la gloria del Señor habitará en medio de ella (2.5).

Esta primera parte del libro señala también tres fechas, que sitúan la actividad de Zacarías en un marco cronológico bastante preciso. Las visiones proféticas están fechadas en enero–febrero del año 519 a.C. (1.7); la instrucción sobre el ayuno, en noviembre–diciembre del año 518 (7.1), y la indicación que figura al comienzo del libro (1.1) corresponde a octubre–noviembre del año 520 a.C. Esto quiere decir que Zacarías ejerció el ministerio profético al menos durante dos años, y que inició su actividad poco después de Hageo, quizá solo dos meses más tarde (cf. Hag 1.1).

La segunda parte del libro comienza abruptamente, sin ninguna transición, pero el lector advierte de inmediato que se trata de algo nuevo. Ya no se habla de los problemas que inquietaban a la comunidad judía después del exilio, sino de los combates que habrán de asegurar el triunfo definitivo del Señor al fin de los tiempos. Ese triunfo se manifestará, sobre todo, en la liberación de Jerusalén, sometida a un doble ataque por parte de las naciones (caps. 12 y 14). En esta sección se destaca el oráculo mesiánico que preanuncia la llegada a Jerusalén de un rey humilde: él no montará a caballo como los guerreros, sino que vendrá montado sobre un asno y con su palabra traerá la paz a todo el mundo (9.9–10; cf. Mt 21.5; Jn 12.15).

La siguiente tabla analítica ofrece una visión panorámica de este libro profético:

1. Llamado a la conversión (1.1–6)
2. Las visiones simbólicas (1.7—6.8)
3. La coronación de Josué (6.9–15)
4. La cuestión del ayuno y anuncio de la salvación mesiánica (7—8)
5. El castigo de las naciones vecinas (9.1–8)
6. El futuro rey de Israel (9.9–10)
7. La restauración de Israel (9.11–17)
8. La promesa de liberación (10.1—11.3)
9. Los dos pastores (11.4–17)
10. La liberación de Jerusalén (12—13)
11. La victoria final de Jerusalén (14)

Llamamiento del Señor a su pueblo

1 En el mes octavo del año segundo del gobierno del rey Darío,*ᵃ* el Señor dirigió este mensaje al profeta Zacarías, hijo de Berequías y nieto de Idó.*ᵇ* Le dijo:

2-3 "Yo, el Señor todopoderoso, me enojé mucho con los antepasados de ustedes. Por eso, dile ahora de mi parte al pueblo: 'Vuélvanse a mí, y yo me volveré a ustedes. Yo, el Señor, lo afirmo. **4** No hagan como sus antepasados, a quienes los antiguos profetas les dijeron de parte mía que abandonaran su mala conducta y sus malas acciones, pero ellos no quisieron escucharme ni hacerme caso. Yo, el Señor, lo afirmo. **5** Pero ahora, ¿dónde están aquellos antepasados de ustedes? ¿Acaso vivirán siempre los profetas? **6** Sin embargo, mis palabras y mandatos, que yo había encomendado a mis siervos los profetas, llegaron a los antepasados de ustedes. Y ellos se volvieron a mí, reconociendo que yo, el Señor todopoderoso, los había tratado como su conducta y sus acciones merecían.' "

Visión de los jinetes*ᶜ*

7 Este es el mensaje que yo, el profeta Zacarías, hijo de Berequías y nieto de Idó, recibí del Señor el día veinticuatro del mes once (el llamado mes de Sebat)*ᵈ* del año segundo del gobierno del rey Darío. **8** Una noche tuve esta visión: Vi un jinete*ᵉ* montado en un caballo rojo. Estaba parado en un valle, entre unos arrayanes, y detrás de él había un grupo de caballos, unos rojos, otros castaños y otros blancos. **9** Yo pregunté: "Señor, ¿quiénes son esos jinetes?" Y el ángel que hablaba conmigo me contestó: "Yo te mostraré quiénes son." **10** Entonces el que estaba entre los arrayanes dijo: "Estos son los que el Señor ha enviado a recorrer toda la tierra."

11 Los jinetes le dijeron entonces al ángel del Señor que estaba entre los arrayanes: "Hemos recorrido toda la tierra, y la hemos encontrado tranquila y en paz." **12** El ángel del Señor dijo: "Señor todopoderoso, hace ya setenta años*ᶠ* que estás enojado con Jerusalén y con las ciudades de Judá. ¿Cuánto tiempo habrá de pasar aún antes de que vuelvas a tenerles compasión?"

13 El Señor respondió con bondadosas palabras de consuelo al ángel que hablaba conmigo, **14** y luego el ángel me ordenó que anunciara: "Esto dice el Señor todopoderoso: 'Yo amo profundamente a Jerusalén y al monte Sión. **15** Por eso mi furor se ha encendido contra esas naciones despreocupadas*ᵍ* que, cuando yo estaba poco enojado, ayudaron a agravar la maldad. **16** Por lo tanto, yo, el Señor, digo: Ahora me he vuelto con compasión a Jerusalén, y voy a hacer que el templo y toda la ciudad sean reconstruidos.' **17** El ángel me dijo además: "Anuncia también esto: 'El Señor todopoderoso dice: Voy a hacer que mis ciudades prosperen mucho otra vez; voy a dar nuevo aliento a Sión, y voy a proclamar de nuevo a Jerusalén como mi ciudad elegida.' "

Visión de los cuernos y los herreros

18 Tuve otra visión, en la cual vi aparecer cuatro cuernos. **19** Le pregunté al ángel que estaba hablando conmigo qué significaban aquellos cuernos, y él me contestó: "Estos cuernos representan el poder de los que han dispersado por todas partes a los habitantes de Judá, Israel y Jerusalén."

20 Después el Señor me hizo ver a cuatro herreros. **21** Yo pregunté: "¿A qué han venido estos herreros?" Y él me contestó: "Así como

---

ᵃ **1.1** Darío I fue rey de Persia durante los años 522–486 a.C. *El mes octavo del año segundo* corresponde a octubre–noviembre del 520 a.C., dos meses después de la primera profecía de Hageo (Hag 1.1). *ᵇ* **1.1** *Zacarías* provenía de una familia sacerdotal que había regresado a Jerusalén al finalizar el exilio (Neh 12.4). En Esd 5.1; 6.14, se menciona a Zacarías como *hijo de Idó,* pero no hay duda de que en ambos casos se trata del mismo profeta, contemporáneo de Hageo. No debe ser confundido con el mencionado en Mt 23.35. *ᶜ* **1.7–17** Con el relato de esta visión, el profeta anuncia a sus oyentes que una nueva era está por comenzar, aunque momentáneamente no se perciba ninguna señal. El signo anunciador de esta nueva era será la reconstrucción de Jerusalén y del templo (cf. Zac 1.16–17). *ᵈ* **1.7** *El mes once* o *de Sebat* corresponde a enero–febrero del 519 a.C. Cf. Hag 1.1. *ᵉ* **1.8** El *jinete* es posiblemente *el ángel del Señor* al que se hace referencia en el v. 11. *ᶠ* **1.12** Los *setenta años* corresponden aproximadamente a la duración del exilio en Babilonia (cf. Jer 25.11; 29.10, y véase también Zac 7.5 n.). *ᵍ* **1.15** *Esas naciones despreocupadas* son los enemigos de Judá, particularmente Asiria (Is 10.5) y Babilonia (Is 47.6; Jer 25.9), que fueron instrumentos de la ira del Señor y causaron graves padecimientos al pueblo de Israel.

esos cuernos representan a los que dispersaron a Judá, de tal modo que nadie podía levantar cabeza, estos herreros han venido a hacer temblar de espanto y a cortarles los cuernos a las naciones que, dando cornadas a Judá, dispersaron a sus habitantes."

Visión de la cinta de medir

2 1 Aún tuve otra visión. Se me apareció un hombre que llevaba en la mano una cinta de medir. 2 Le pregunté: "¿A dónde vas?" Y él me contestó: "Voy a medir la ciudad de Jerusalén, para saber su largo y su ancho." 3 Entonces vi que se iba el ángel que había hablado conmigo, y que otro ángel le salía al encuentro 4 y le decía: "Corre a decirle al joven que lleva la cinta de medir: 'Jerusalén va a ser de nuevo habitada, y serán tantos sus habitantes y ganados que no podrá tener murallas. 5 Pero el Señor afirma: Yo seré como una muralla de fuego alrededor de Jerusalén, y en medio de la ciudad mostraré mi gloria.' "

El Señor salvará a su pueblo

6-7 El Señor afirma: "Yo hice que ustedes fueran dispersados en todas direcciones. Pero ahora les digo: ¡Huyan pronto del país del norte! ¡Escapen de Babilonia, donde viven desterrados ustedes, los que vivían en Sión! Yo, el Señor, lo afirmo."

8-9 El Señor todopoderoso me ha enviado con este mensaje contra las naciones que los saquearon a ustedes: "Cualquiera que toca a mi pueblo, toca a la niña de mis ojos. Por eso, yo mismo lucharé contra esas naciones, y haré que sus propios esclavos las saqueen." Así mostrará su gloria el Señor todopoderoso, y así comprenderán ustedes que él fue quien me envió.

10 El Señor afirma: "¡Canten de alegría, habitantes de Jerusalén, porque yo vengo a vivir entre ustedes!" *a* 11 Cuando esto suceda, muchas naciones se unirán al Señor. Y él dirá: "También estas naciones serán pueblo mío. Y yo viviré entonces entre ustedes." Así comprenderán ustedes que el Señor todopoderoso me ha enviado. 12 El Señor tomará nuevamente a Judá como su posesión especial en la tierra

santa, y proclamará de nuevo a Jerusalén como su ciudad elegida.

13 ¡Que todo el mundo guarde silencio ante el Señor, pues él viene a nosotros desde el santo lugar donde habita!

Visión del cambio de ropas de Josué

3 1 Luego el Señor me mostró en una visión a Josué,*a* el sumo sacerdote, que estaba de pie en presencia del ángel del Señor. Al lado derecho de Josué estaba el ángel acusador,*b* que se disponía a acusarlo. 2 Entonces el ángel del Señor*c* le dijo al ángel acusador: "¡Que el Señor te reprenda! ¡Que el Señor, que ama a Jerusalén, te reprenda! Pues este hombre es como un carbón encendido sacado de entre las brasas." 3 Josué, vestido con ropas muy sucias, permanecía de pie en presencia del ángel del Señor. 4 Entonces el ángel ordenó a sus ayudantes que le quitaran a Josué aquellas ropas sucias. Luego le dijo: "Mira, esto significa que te he quitado tus pecados. ¡Ahora voy a hacer que te vistan de fiesta!" 5 En seguida ordenó a sus ayudantes que pusieran a Josué un turbante limpio en la cabeza. Ellos se lo pusieron, y después le vistieron con ropas de fiesta. Mientras tanto, el ángel permanecía de pie.

6 Luego el ángel del Señor le dijo a Josué: 7 "Esto dice el Señor todopoderoso: 'Anda por mis caminos y cumple todos los deberes que te he encomendado. Si lo haces así, quedarás encargado de mi templo. Cuidarás de él y de sus atrios, y yo te daré un puesto entre estos ángeles que están a mi servicio. 8 Escucha bien, Josué, tú que eres el sumo sacerdote, y que escuchen también tus compañeros de la junta sacerdotal, pues todos ustedes son como una señal profética: Voy a traer a mi siervo, el Retoño.*d* 9 Yo he puesto delante de Josué una piedra de siete lados, y yo mismo grabaré en ella una inscripción. Luego, en un solo día, quitaré el pecado de este país. 10 Cuando llegue ese día, podrán ustedes convidarse unos a otros a disfrutar de paz a la sombra de sus vides y sus higueras. Yo, el Señor todopoderoso, lo afirmo.' "

---

a **2.10** Cf. Zac 9.9; cf. también Is 52.9; 54.1; 65.18–19; Ez 43.7; Sof 3.14. *a* **3.1** Cf. Esd 5.2; Hag 1.1. *b* **3.1** *El ángel acusador:* es el antagonista del *ángel del Señor.* (cf. 1 Cr 21.1; Job 1.6–12; Ap 12.10). *c* **3.2** *El ángel del Señor:* según una versión antigua. Heb. *El Señor.* *d* **3.8** *El Retoño:* título mesiánico (Is 11.1) que al comienzo se aplicó a Zorobabel, el legítimo representante de la dinastía davídica (cf. Zac 6.12–13).

Visión del candelabro y los olivos

4 1 Volvió entonces el ángel que hablaba conmigo, y me despertó como se despierta a uno que está dormido. Me preguntó: 2 "¿Qué ves?" Y yo le contesté: "Veo un candelabro de oro, con un depósito de aceite encima. En lo alto tiene siete lámparas, a las que llega el aceite por siete tubos. 3 Junto al candelabro hay dos olivos,*a* uno a su derecha y otro a su izquierda."

4 Pregunté al ángel que hablaba conmigo: "Mi señor, ¿qué significa esto?" 5 El ángel me contestó: "¿No sabes lo que significa?" Yo le dije: "No, señor."

6 Y él continuó: "Este es el mensaje del Señor para Zorobabel:*b* 'No depende del ejército, ni de la fuerza, sino de mi Espíritu, dice el Señor todopoderoso. 7 ¿Quién eres tú, gran montaña? ¡Quedarás convertida en llanura delante de Zorobabel! Él sacará la piedra principal, mientras grita la gente: ¡Qué hermosa es! ¡Qué hermosa!' "

8 Después me dio el Señor otro mensaje: 9 "Zorobabel ha puesto los cimientos de este templo, y él mismo será quien lo termine." Así reconocerán ustedes que fue el Señor todopoderoso quien me envió. 10 "Aquellos que no tomaron en serio los pequeños comienzos, ahora se alegrarán viendo a Zorobabel terminar las obras."

Después de esto, el ángel añadió: "Estas siete lámparas son los ojos del Señor, que están recorriendo toda la tierra."

11 Yo le pregunté: "¿Qué son esos dos olivos, uno a cada lado del candelabro?" 12 También le pregunté: "¿Y qué significan esas dos ramas de olivo que están junto a los tubos de oro por donde llega el aceite a las lámparas?" 13 El ángel me respondió: "¿No sabes lo que significan?" Le dije: "No, señor."

14 Y él me contestó: "Estos son los dos que han sido consagrados para el servicio del Señor de toda la tierra."

Visión del rollo escrito

5 1 Tuve otra visión. Vi un rollo escrito, que volaba. 2 El ángel me preguntó: "¿Qué ves?" Le contesté: "Veo un rollo escrito, que vuela; mide nueve metros de largo por cuatro metros y medio de ancho."

3 Me dijo entonces: "Ahí está escrita la maldición que alcanza a todo el país. Según lo escrito por ambos lados, nadie que robe o que jure en falso puede quedar sin castigo.*a* 4 El Señor todopoderoso afirma: 'Yo envío esta maldición para que entre en casa del que roba y en casa del que jura en falso por mi nombre. Y la maldición permanecerá allí hasta que no queden ni vigas ni piedras.' "

Visión de la medida y la mujer

5 Luego salió el ángel que hablaba conmigo, y me dijo: "¡Fíjate en eso que aparece ahora!" 6 Le pregunté: "¿Qué es eso?" Él me contestó: "Es una medida. Es la medida del pecado de los que viven en el país."

7 La medida estaba cubierta con una tapa de plomo. Y fue levantada la tapa, y había una mujer sentada dentro de la medida. 8 Me dijo el ángel: "Esa mujer es la maldad." Y la empujó adentro de la medida, y la cerró con la tapa de plomo.

9 Miré otra vez, y vi aparecer dos mujeres. Tenían alas, y el viento las impulsaba. Eran alas como de cigüeña, y llevaban la medida por los aires.

10 Pregunté entonces al ángel que hablaba conmigo: "¿A dónde llevan esa medida?" 11 Y él me contestó: "Van a construirle un templo en Babilonia. Cuando ya esté terminado el templo, la instalarán allí, sobre un pedestal."

Visión de los cuatro carros de guerra

6 1 Tuve otra visión. Vi aparecer cuatro carros de guerra por entre dos montañas de bronce. 2 El primer carro iba tirado por caballos rojos; el segundo, por caballos negros; 3 el tercero, por caballos blancos; y el cuarto, por caballos tordillos.

4 Pregunté al ángel que hablaba conmigo: "Mi señor, ¿qué significa esto?" 5 El ángel me contestó: "Estos son los cuatro vientos, que salen de delante del Señor de toda la tierra. 6 El

---

a **4.3** Los *dos olivos,* según el v. 14, son los *consagrados* (o *ungidos*) *para el servicio del Señor:* Josué representa al sacerdocio y ha sido consagrado para el culto (Lv 4.3,5,16); a Zorobabel, el príncipe de la dinastía davídica, le corresponde el poder real (Zac 4.6). *b* **4.6** *Zorobabel,* descendiente de David, fue gobernador de Jerusalén al finalizar el exilio en Babilonia y estuvo a cargo de la reconstrucción del templo (v. 9). Los judíos repatriados esperaban verlo coronado rey. Cf. Esd 3.8; 5.2; Hag 1.1; 2.20–23. *a* **5.3** La *maldición* que se incluye en el *rollo* puede referirse a las que se enumeran en Dt 27.14–26; 28.15–19. Esa maldición alcanzará a todo el que *robe* o *jure en falso* (Ex 20.7,15).

carro tirado por caballos negros va al país del norte; el tirado por caballos blancos, al país del poniente; y el tirado por caballos tordillos, al país del sur."

7 Y salieron los caballos tordillos, ansiosos de recorrer toda la tierra. El ángel les dijo: "Recorran toda la tierra." Y ellos lo hicieron así.

8 Después de esto, el ángel me gritó: "¡Mira, los que fueron al país del norte van a calmar el enojo del Señor en ese país!"

9 El Señor me dio este mensaje: 10 "Recoge una colecta entre los desterrados que ya han regresado de Babilonia: Heldai, Tobías y Jedaías. Luego, en el mismo día, vete a casa de Josías, hijo de Sofonías. 11 Con la plata y el oro que hayas recogido, haz coronas,[a] y ponle una en la cabeza al sumo sacerdote Josué, hijo de Josadac. 12 Y dile: 'El Señor todopoderoso afirma que el varón llamado Retoño[b] brotará de sus propias raíces y reconstruirá el templo del Señor. 13 Reconstruirá el templo del Señor y recibirá los honores propios de un rey. Se sentará en su trono a gobernar, y al lado de su trono se sentará el sacerdote, y habrá paz entre los dos. 14 Y las coronas serán un recuerdo que quedará en el templo del Señor en honor de Heldai, Tobías, Jedaías y Josías, hijo de Sofonías.' "[c]

15 Vendrá gente de lejos, para ayudar a reconstruir el templo del Señor; y entonces reconocerán ustedes que el Señor todopoderoso fue quien me envió. Esto sucederá cuando ustedes escuchen la voz del Señor su Dios y le obedezcan.

El falso ayuno

7 1 El día cuatro del mes noveno (llamado Quisleu), del cuarto año del gobierno del rey Darío,[a] el Señor dirigió un mensaje al profeta Zacarías. 2 En aquel tiempo, el pueblo de Betel había enviado a Sarézer y a Réguemmélec, con sus hombres, a pedir la ayuda del Señor 3 y a preguntar a los profetas y a los sacerdotes del templo del Señor todopoderoso: "¿Habremos de seguir guardando luto y ayuno el quinto mes[b] de cada año, tal como lo hemos hecho hasta ahora?"

4 Entonces el Señor todopoderoso se dirigió a mí, y me dijo: 5 "Di a todo el pueblo del país, y a los sacerdotes: 'Ustedes hacen ayuno y guardan luto el quinto y el séptimo mes desde hace setenta años.[c] Pero no lo hacen para honrarme a mí, 6 sino que cuando ustedes comen y beben, lo hacen para su propio provecho.' " 7 ¿Acaso no son estas las mismas palabras que el Señor pronunció por medio de los antiguos profetas, cuando Jerusalén estaba en paz y llena de gente, y lo estaban también las ciudades de alrededor, y las regiones del Néguev y la llanura?

La desobediencia, causa del destierro

8 El Señor se dirigió al profeta Zacarías, y le dijo: 9 "Esto es lo que yo ordeno: Sean ustedes rectos en sus juicios, y bondadosos y compasivos unos con otros. 10 No opriman a las viudas, ni a los huérfanos, ni a los extranjeros, ni a los pobres. No piensen en cómo hacerse daño unos a otros." 11 Pero el pueblo se negó a obedecer. Todos volvieron la espalda y se hicieron los sordos. 12 Endurecieron su corazón como el diamante, para no escuchar la enseñanza y los mandatos que el Señor todopoderoso comunicó por su espíritu, por medio de los antiguos profetas.

Por eso el Señor se enojó mucho, 13 y dijo: "Así como ellos no quisieron escucharme cuando yo los llamaba, tampoco yo los escucharé cuando ellos me invoquen. 14 Por eso los dispersé como por un torbellino entre todas esas naciones que ellos no conocían, y tras ellos quedó el país convertido en un desierto donde nadie podía vivir. ¡Un país tan hermoso, y ellos lo convirtieron en desolación!"

---

[a] 6.11 La *corona*, símbolo de realeza, debía estar destinada a Zorobabel, el legítimo representante de la dinastía de David (3.8). Aquí la recibe el *sumo sacerdote*, porque este pasaje recibió su redacción final cuando Zorobabel ya había desaparecido de la escena y el gobierno del pueblo judío estaba en manos de los sacerdotes. [b] 6.12 Zorobabel, llamado aquí *Retoño* (cf. 3.8) *reconstruirá el templo* y junto al *sacerdote* gobernará en *paz* la ciudad restaurada (v. 13). [c] 6.14 *Heldai* y *Josías*: según el v. 10 y una versión antigua. Heb. *Helom* y *Hen* respectivamente. [a] 7.1 La fecha corresponde a noviembre–diciembre del 518 a.C., cuando ya había comenzado la reconstrucción del templo. [b] 7.3 En el *quinto mes*, junio–julio, se recordaba el aniversario de la destrucción del templo y de la ciudad de Jerusalén por los babilonios en el 587 a.C. (2 R 25.8-9). [c] 7.5 Los ayunos y lutos del *séptimo mes* (agosto–septiembre) rememoraban el aniversario del asesinato de Guedalías, que fue gobernador de Judá en el año 587 a.C. (2 R 25.25; Jer 41.1-3). Los judíos habían recordado los acontecimientos trágicos del 587 a.C. por unos *setenta años*.

Promesa del Señor

8 [1] El Señor todopoderoso me dio este mensaje: [2] "Esto es lo que yo, el Señor todopoderoso, digo: Siento por Sión grandes celos, celos furiosos. [3] Y he de volver a Jerusalén, para vivir allí. Entonces Jerusalén será llamada Ciudad Fiel, y el monte del Señor todopoderoso será llamado Monte Santo. [4] Ancianos y ancianas se sentarán de nuevo en las plazas de Jerusalén, apoyado cada cual en su bastón a causa de su mucha edad. [5] Niños y niñas llenarán las plazas de la ciudad y jugarán en ellas. [6] En aquel tiempo todo esto parecerá imposible a los ojos de los que queden de mi pueblo; pero a mí no me lo parecerá. Yo, el Señor todopoderoso, lo afirmo: [7] Yo libertaré a mi pueblo del poder del país de oriente y del país de occidente, [8] y lo traeré a Jerusalén para que viva allí. Ellos serán entonces mi pueblo, y yo seré su Dios, con fidelidad y justicia."

[9] Esto dice el Señor todopoderoso: "Esfuércense, ustedes que en estos días han oído las palabras dichas por los profetas, desde el día en que se pusieron los cimientos para la reconstrucción del templo del Señor todopoderoso.[a] [10] Porque hasta estos días no había paga para los hombres ni para las bestias. Y a causa del enemigo, tampoco había paz para los habitantes; y yo había puesto a los unos en contra de los otros. [11] Pero ahora, para los que queden de este pueblo, ya no voy a ser como en los primeros días. Yo, el Señor todopoderoso, lo afirmo. [12] Porque la paz estará sembrada entre ellos. Los viñedos darán su fruto; la tierra, sus productos; y el cielo, su rocío. Y yo les daré todo eso en posesión a los que queden de este pueblo. [13] Y así como ustedes, los de Judá y los de Israel, fueron maldición entre las demás naciones, así yo ahora los salvaré y haré que sean bendición. ¡No tengan miedo! ¡Esfuércense!"

[14] Esto dice el Señor todopoderoso: "Yo había decidido castigar a los antepasados de ustedes cuando me hicieron enojar, y mantuve mi decisión. [15] Ahora, en cambio, he decidido hacerles bien a Jerusalén y a Judá. Por lo tanto, no tengan miedo. [16] Esto es lo que siempre deben hacer ustedes: Díganse siempre la verdad unos a otros, juzguen con justicia y procuren la paz en los tribunales; [17] no se hagan daño unos a otros ni juren en falso. Porque yo odio todo eso. Yo, el Señor, lo afirmo."

[18] El Señor todopoderoso se dirigió a mí, y me dijo: [19] "Los ayunos[b] de los meses cuarto, quinto, séptimo y décimo se convertirán en motivo de alegría, en fiestas felices para los descendientes de Judá. ¡Amen ustedes, pues, la verdad y la paz!"

[20] Esto dice el Señor todopoderoso: "Todavía han de venir gentes y habitantes de muchas ciudades. [21] Entonces los de una ciudad se dirigirán a los de otra, y les dirán: '¡Vamos a buscar al Señor todopoderoso y a pedirle que nos bendiga!' Y los otros les contestarán: '¡Nosotros también iremos!' [22] Y vendrán a Jerusalén muchos pueblos y naciones numerosas, a buscar al Señor todopoderoso y a pedirle que los bendiga. [23] En aquel tiempo, diez extranjeros de las demás naciones agarrarán por la ropa a un judío, y le dirán: '¡Queremos ir con ustedes, porque hemos oído que Dios está con ustedes!' "[c]

El castigo de las naciones vecinas

9 [1] Este es el mensaje que el Señor comunicó contra el país de Hadrac y la ciudad de Damasco: "Las ciudades de Siria[a] pertenecen al Señor, lo mismo que todas las tribus de Israel. [2] También le pertenecen Hamat, vecina de aquellas ciudades, y Tiro y Sidón con toda su cultura. [3] Tiro construyó fortificaciones, y amontonó oro y plata como quien amontona barro. [4] Pero el Señor se lo quitará todo, y echará al mar su riqueza, y quemará por completo la ciudad.

[5] "Cuando la ciudad de Ascalón vea esto, se llenará de espanto. Gaza también sufrirá mucho, y las esperanzas de Ecrón quedarán por los suelos. ¡Gaza quedará sin rey, y Ascalón quedará sin habitantes! [6] En Asdod vivirá una raza mezclada, y así humillaré el orgullo de los filisteos. [7] Les quitaré de la boca la carne con sangre que comen, y de entre los dientes, los

---

[a] **8.9** Cf. Hag 1.6–11; 2.4–9. [b] **8.19** En estos *ayunos*, el pueblo se lamentaba por la conquista de Jerusalén y la destrucción del templo (Zac 7.3,5). En el mes *cuarto* se recordaba la entrada de Nabucodonosor a la ciudad; en el *décimo*, el comienzo del asedio. Cf. 2 R 24.1–4; Jer 39.1–2; 52.4–7. [c] **8.20–23** Cf. Zac 14.16; Is 2.2–4; Miq 4.1–3. [a] **9.1** *Las ciudades de Siria:* texto probable. Heb. *el ojo del hombre.*

alimentos prohibidos.[b] Pero de esa gente habrá algunos que quedarán para mí; llegarán a ser parte de Judá, y Ecrón será como los jebuseos.[c] 8 Y yo estaré atento para defender a los míos frente a cualquiera que pase por aquí. El opresor no volverá a oprimirlos, porque ahora yo vigilo con mis propios ojos."

El futuro rey de Israel

9 ¡Alégrate mucho, ciudad de Sión!
¡Canta de alegría, ciudad de Jerusalén!
Tu rey viene a ti, justo y victorioso,
pero humilde, montado en un burro,
en un burrito, cría de una burra.[d]

10 Él destruirá los carros de Efraín,
los caballos de Jerusalén
y los arcos de guerra.
Anunciará paz a las naciones
y gobernará de mar a mar,
del Éufrates al último rincón del mundo.[e]

La restauración de Israel

11 Esto dice el Señor:
"Jerusalén, por la sangre de tu alianza,[f]
yo sacaré del pozo sin agua[g]
a tus presos que están en él.

12 ¡Ustedes, cautivos que mantienen
la esperanza,
regresen a su fortaleza!
Les digo que voy a darles en bendición
el doble de cuanto tuvieron que sufrir.

13 Pues he tendido mi arco de guerra,
que es Judá,
y le he puesto una flecha, que es Efraín.
De ti, Sión, haré una espada,
y levantaré a tus hijos
contra los hijos de Grecia."

14 El Señor se mostrará sobre su pueblo;
disparará sus flechas como rayos.
Dios, el Señor, tocará la trompeta
y avanzará entre las tempestades del sur.

15 El Señor todopoderoso
protegerá a los suyos,
y ellos pisotearán las piedras
de los honderos
y devorarán a sus enemigos;
beberán su sangre como vino,
se llenarán de ella como un tazón,
como los cuernos del altar.

16 En aquel día, el Señor su Dios
salvará a su pueblo como a un rebaño,
y brillarán los suyos en su propio país
como las piedras preciosas
de una corona.

17 ¡Qué bueno, qué hermoso será el país!
Con la abundancia de su trigo y su vino,
nuestros muchachos y muchachas
crecerán hermosos.

La promesa de liberación

10 1 Pídanle al Señor
lluvias de primavera,
y el Señor, que produce
los relámpagos,
las enviará en abundancia,
y a todos les dará hierba en el campo.

2 La palabra de los ídolos es mentira,
y es falso lo que ven los adivinos.
Sus predicciones son sueños sin sentido,
y sus palabras de consuelo están vacías.
Por eso el pueblo vaga como un rebaño,
y sufre por falta de un pastor.

3 Por eso dice el Señor:
"Mi furor se ha encendido
contra los pastores,
y castigaré a los guías de mi pueblo."
El Señor todopoderoso,
que cuida de su rebaño,
de los descendientes de Judá,
hará de ellos su fuerte caballo
en la batalla.

---

[b] **9.7** El texto se refiere a la práctica filistea de comer *carne con sangre,* es decir, *carne* que no había sido desangrada adecuadamente, según lo establecido por la ley de Moisés; cf. Gn 9.4; Lv 17.10–12; Dt 12.23–24. [c] **9.7** *Los jebuseos:* antiguos habitantes de Jerusalén, integrados al pueblo de Dios cuando David conquistó la ciudad (2 S 5.6–9). [d] **9.9** Este pasaje, citado en Mt 21.5 y Jn 12.15, destaca el carácter *humilde* del Mesías, a pesar de estar investido de dignidad real. Su entrada *montado en un burro,* y no en un caballo o en un carro de guerra, pone de relieve el carácter pacífico del monarca (cf. Is 9.6), ya que el caballo era la montura del guerrero (cf. Ex 14.9; Zac 1.7–11). [e] **9.10** Ese reinado será universal (cf. Sal 46.8–10; 72.7–8; Is 2.1–5; 11.6–9; Os 2.18; Miq 4.1–4; cf. Ef 2.14–18). [f] **9.11** *La sangre de tu alianza:* Ex 24.5–8; cf. Mt 26.28; Mc 14.24; Heb 9.20. [g] **9.11** *Pozo sin agua:* fosa usada como calabozo; aquí alude a Babilonia, donde habían estado los judíos durante el exilio.

4 De ellos saldrán la Piedra Angular,
la Estaca de Tienda y el Arco de Guerra.
De ellos saldrán todos los caudillos.[a]

5 Serán como soldados
que en la batalla pisan el barro
de las calles;
lucharán, porque el Señor está con ellos,
y pondrán en vergüenza a los jinetes.

6 Dice el Señor:

"Yo daré fuerzas a los descendientes
de Judá
y salvaré a los descendientes de José.
Los guiaré de vuelta a su patria,
porque tengo compasión de ellos.
Volverán a ser como si yo nunca
los hubiera rechazado,
pues yo soy el Señor su Dios,
que atiendo sus oraciones.

7 Efraín será como un soldado.
Su corazón se alegrará como con vino,
y al verlo
se alegrarán también sus hijos.
¡Su corazón se alegrará
a causa del Señor!

8 "Yo los llamaré y los reuniré,
porque los he salvado.
Volverán a ser tan numerosos
como lo fueron en otros tiempos.

9 Yo los dispersé entre las naciones
pero, aun estando lejos,
se acordarán de mí,
y un día volverán con sus hijos.

10 Los haré regresar de Egipto,
los traeré de Asiria,
los llevaré a Galaad y al Líbano,
y serán tantos que faltará
lugar para ellos.

11 Atravesarán el mar de Egipto,[b]
cuyas olas heriré.
Secaré el Nilo hasta el fondo,
destruiré el orgullo de Asiria
y acabaré con el poder de Egipto.

12 Yo les daré fuerzas,
y avanzarán en mi nombre.
Yo, el Señor, doy mi palabra."

11 1 ¡Abre, Líbano, tus puertas,
y que el fuego consuma
tus cedros!

2 ¡Llora, oh pino,
porque cayó el cedro,
porque aquellos árboles hermosos
han quedado destruidos!
¡Giman ustedes, encinas de Basán,
porque el bosque espeso
ha sido derribado!

3 Lloran a gritos los pastores,
porque la hermosura de los pastos
ha quedado destruida.
Se oye el rugido del león,
porque la espesura del Jordán
ha quedado destruida.

Los dos pastores

4 [a] Esto me dijo el Señor mi Dios: "Cuida las ovejas destinadas al matadero. 5 Los compradores las matan sin sentirse culpables, y los vendedores dicen: '¡Gracias al Señor, ya soy rico!' Ni siquiera sus propios pastores tienen compasión de ellas.[b] 6 Pues, del mismo modo, tampoco yo volveré a tener compasión de la gente que vive en este país, sino que voy a entregar a cada uno en manos de su prójimo y en manos de su rey. Estos destruirán el país, y no salvaré de sus manos a nadie. Yo, el Señor, lo afirmo."

7 Entonces me puse a cuidar las ovejas destinadas al matadero. Lo hice por cuenta de los tratantes.[c] Y me conseguí dos bastones: al uno lo llamé "Bienestar" y al otro "Unión". 8 Y en un solo mes despedí a tres pastores que habían agotado mi paciencia y que me odiaban.

9 Y a las ovejas les dije: "¡No volveré a ser el pastor de ustedes! ¡Si alguna ha de morir, que muera! ¡Si a alguna la matan, que la maten! ¡Y las que queden, que se coman unas a otras!"

---

[a] *10.4 La Piedra Angular, la Estaca de Tienda y el Arco de Guerra* son figuras retóricas que representan a los gobernantes y guerreros que iban a surgir *de los descendientes de Judá* (v. 3). Simbolizan la futura estabilidad del pueblo de Dios. [b] *10.11 Egipto:* texto probable. Heb. *angustia.* [a] *11.4–17* Las *ovejas* representan al pueblo de Israel, víctima de la codicia y opresión por parte de sus malos *pastores,* es decir, de sus reyes o gobernantes. [b] *11.5* Los *compradores* podrían representar a los gobernantes extranjeros después de la conquista de Alejandro Magno (9.1–8); los *vendedores* o *tratantes* (v. 7), a los funcionarios judíos puestos al servicio de los poderes extranjeros. [c] *11.7 Por cuenta de los tratantes:* según la versión griega. Heb. *por tanto los humildes del rebaño.*

10Tomé entonces mi bastón llamado "Bienestar" y lo rompí en señal de que quedaba anulada la alianza que Dios había hecho con todas las naciones.*d* 11Aquel día quedó anulada la alianza, y los tratantes de ovejas, que me estaban observando, comprendieron que era el Señor quien hablaba por medio de lo que yo hacía. 12Les dije entonces: "Si les parece bien, páguenme mi salario; y si no, déjenlo." Y me pagaron treinta monedas de plata.

13El Señor me dijo: "Toma esas monedas, el espléndido precio que me han puesto, y échalas en el tesoro del templo."*e* Yo tomé las treinta monedas y las eché en el tesoro del templo.*f* 14Rompí después el segundo bastón, el llamado "Unión", y así quedó destruida la hermandad entre Judá e Israel.*g*

15El Señor me dijo: "Y ahora hazte pasar por un pastor irresponsable. 16Porque voy a poner sobre este país un pastor que no se preocupará por la oveja descarriada, ni buscará a la perdida, ni curará a la herida, ni dará de comer a la debilitada, sino que se comerá la carne de las más gordas y no dejará de ellas ni las pezuñas. 17¡Ay del pastor inútil que abandona el rebaño! ¡Que caiga la espada sobre su brazo y su ojo derecho! ¡Que se le quede seco el brazo y completamente ciego el ojo!"

La liberación de Jerusalén

12 1Este es un mensaje del Señor acerca de Israel. El Señor, que ha extendido el cielo, y ha puesto base a la tierra, y ha dado vida al hombre, afirma: 2"Yo hago de Jerusalén una copa de vino*a* que emborrachará a todas las naciones vecinas. Cuando ellas pongan sitio a Jerusalén, también las otras ciudades de Judá serán atacadas.

3"En aquel día convertiré a Jerusalén en una piedra muy pesada para todas las naciones.

Herirá a cualquiera de ellas que intente levantarla. Todas las naciones se juntarán en contra de Jerusalén, 4pero entonces yo espantaré a todos los caballos y volveré locos a sus jinetes. Cuidaré de los descendientes de Judá, y dejaré ciegos a todos los caballos de las naciones. 5Al ver esto, los jefes de Judá dirán para sí: 'El Señor todopoderoso es el Dios de los que viven en Jerusalén, y el que les da fuerzas.'

6"En aquel día haré que los jefes de Judá sean como un brasero encendido entre la leña, como un fuego entre manojos de espigas. Devorarán a derecha e izquierda a todas las naciones vecinas, mientras que los habitantes de Jerusalén vivirán otra vez en su ciudad. 7Pero primero yo, el Señor, salvaré a las familias de Judá, para que no crezca el prestigio de los descendientes de David y de los habitantes de Jerusalén por encima de los demás descendientes de Judá. 8Yo, el Señor, protegeré a los que viven en Jerusalén. Los más débiles de ellos serán tan fuertes como el rey David, y los descendientes de David serán como Dios, como el ángel del Señor, que va al frente de ellos.

9"En aquel día destruiré a cualquier nación que ataque a Jerusalén. 10Llenaré de espíritu de bondad y oración a los descendientes de David y a los habitantes de Jerusalén. Entonces mirarán al que traspasaron,*b* y harán duelo y llorarán por él como por la muerte del hijo único o del hijo mayor.*c* 11Se hará en Jerusalén un duelo tan grande como el duelo que se hace por el dios Hadad–rimón*d* en la llanura de Meguido. 12Familia por familia, cada una por su lado, hará duelo en el país: los descendientes de David, y también sus mujeres; los descendientes de Natán, y también sus mujeres; 13los descendientes de Leví, y también sus mujeres; los descendientes de Simí, y también sus mujeres; 14y así todas las otras familias, cada una por su lado, y también sus mujeres.

---

d **11.10** El hecho de romper el *bastón llamado "Bienestar"* y de anular *la alianza,* equivale a afirmar que Dios ha retirado la protección a su pueblo. Cf. Os 1.9. *e* **11.13** *Échalas en el tesoro del templo:* según algunas versiones antiguas; heb. *dáselas al alfarero.* *f* **11.12–13** Como *treinta monedas de plata* era el precio de un esclavo (Ex 21.32), el pastor se consideraba mal pagado. La expresión *el espléndido precio* tiene, por lo tanto, un sentido irónico. Cf. Mt 26.15; 27.9–10. *g* **11.14** Algunos intérpretes han visto aquí una referencia muy antigua al cisma entre judíos y samaritanos. Hacia el 328 a.C., los samaritanos construyeron un templo en Guerizim, para rivalizar con el templo de Jerusalén. *a* **12.2** *Copa de vino:* imagen común para designar la ira de Dios (Sal 75.8; Is 51.17–23; Jer 25.15–29; Ez 23.31–34). *b* **12.10** *Entonces mirarán al que traspasaron:* otra posible traducción *Entonces mirarán hacia mí* –es decir, hacia el Señor–, *a quienes ellos traspasaron* (o *profanaron*). *c* **12.10** *Al que traspasaron:* alusión a algún rey o profeta asesinado por el pueblo, aunque no hay información suficiente para identificarlo con precisión. Algunos lo relacionan con el *pastor* de 11.7–14; otros, con el *siervo del Señor* de Is 52.13—53.12; cf. Zac 13.3. Cf. Jn 19.37; Ap 1.7. *d* **12.11** *Hadad–rimón:* dios fenicio de la vegetación (2 R 5.18). En su honor se celebraba una lamentación ritual en *la llanura de Meguido.*

13 [1] "En aquel día se abrirá un manantial, para que en él puedan lavar sus pecados y su impureza los descendientes de David y los habitantes de Jerusalén.[a] [2] Y en todo este país destruiré hasta los nombres de los ídolos, para que no sigan siendo invocados. Y también quitaré del país a los profetas y a todo espíritu impuro. Yo, el Señor, doy mi palabra. [3] Entonces, cuando alguno quiera profetizar, sus propios padres le dirán: '¡Tú has de morir, porque pretendes hacer pasar tus mentiras por mensajes del Señor!' ¡Sus propios padres lo apuñalarán cuando se esté haciendo pasar por profeta!

[4] "En aquel día, los profetas tendrán vergüenza de sus visiones cuando profeticen. Ninguno engañará poniéndose el manto de pieles de los profetas,[b] [5] sino que cada cual dirá: 'Yo no soy profeta, sino labrador. Desde niño me he dedicado a trabajar en el campo.' [6] Y si alguien le pregunta: '¿Pues qué heridas son esas que traes en el cuerpo?', él contestará: 'Me las hicieron en casa de mis amigos.' "[c]

"El Señor es mi Dios"[d]

[7] El Señor todopoderoso afirma:
"¡Levántate, espada, contra mi pastor
y contra mi ayudante!
¡Mata al pastor, y el rebaño se dispersará,[e]
y yo me volveré contra los corderos!
[8-9] Morirán dos terceras partes

de los que habitan en este país:
solo quedará con vida la tercera parte.
Y a esa parte que quede
la haré pasar por el fuego;
la purificaré como se purifica la plata,
la afinaré como se afina el oro.
Entonces ellos me invocarán,
y yo les contestaré.
Los llamaré 'Pueblo mío',
y ellos responderán: 'El Señor es nuestro Dios.'
Yo, el Señor, doy mi palabra."

La victoria final de Jerusalén

14 [1] Ya viene el día del Señor, cuando tus despojos, Jerusalén, habrán de ser repartidos en medio de ti. [2] Ese día reunirá el Señor a todas las naciones, para que peleen contra Jerusalén. Y conquistarán la ciudad, saquearán sus casas, violarán a sus mujeres y se llevarán cautiva a la mitad de sus habitantes. Solo el resto permanecerá en ella. [3] Pero luego saldrá el Señor a luchar contra esas naciones, como cuando lucha en el día de la batalla. [4] Ese día el Señor apoyará sus pies sobre el monte de los Olivos, que está frente a Jerusalén, hacia el lado oriental. Y un gran valle, que correrá de oriente a occidente, dividirá en dos el monte de los Olivos. Medio monte se moverá hacia el norte y el otro medio hacia el sur, [5] y ustedes huirán por ese valle que quedará entre los montes, el cual llegará hasta Asal, del otro lado. Huirán ustedes como antes huyeron sus antepasados a causa del terremoto[a] que se produjo cuando el rey Ozías gobernaba en Judá. Y vendrá el Señor mi Dios acompañado de todos sus fieles.

[6] Ese día no hará frío ni habrá heladas.[b] [7] Será un día único, conocido solamente por Dios. En él no se distinguirá el día de la noche, pues aun por la noche seguirá habiendo luz. [8] Entonces saldrán de Jerusalén aguas frescas, que correrán en invierno y en verano, la mitad de ellas hacia el Mar Muerto y la otra mitad hacia el Mediterráneo. [9] Ese día reinará el Señor en toda la tierra. El Señor será el único, y único será también su nombre. [10] Todo el país quedará convertido en una llanura, desde Gueba hasta Rimón, al sur de Jerusalén. Jerusalén estará en alto, y será habitada en ese lugar, desde la Puerta de Benjamín hasta la Puerta del Ángulo (donde antes estuvo la Puerta Antigua) y desde la torre de Hananel hasta las prensas de aceite del rey. [11] Sí, Jerusalén será habitada, y no volverá a ser destruida. Sus habitantes vivirán seguros.

---

[a] **13.1** Sal 46.4; Ez 47.1–12; Jl 3.18. Cf. Jn 4.10–14; 7.37–38; Ap 21.6; 22.1–2. [b] **13.4** El *manto de pieles* era un especie de capa rústica que solían usar los profetas (2 R 1.8; Mt 3.4; Mc 1.6). [c] **13.6** Los antiguos profetas de Canaán se hacían incisiones o *heridas en el cuerpo* (lit. *entre tus manos o brazos*) en medio del frenesí o trance profético (1 R 18.28–29; Os 7.14). En este v., el hombre que lleva tales heridas es acusado de ser profeta, pero él, para defenderse, alega un altercado con *amigos*. [d] **13.7–9** El *pastor* representa aquí al lugarteniente o *ayudante* del Señor. Con su *espada* ejecutará la prueba final, que precederá a la purificación o salvación definitiva del pueblo. [e] **13.7** *Mata al pastor . . . dispersará:* Mt 26.31; Mc 14.27; Jn 16.32. [a] **14.5** También en Am 1.1 se hace referencia a este *terremoto*, que acaeció hacia el año 750 a.C. [b] **14.6** *No había frío ni heladas:* texto probable; heb. *no habrá luz; las cosas preciosas se congelarán.*

12 Pero a las naciones que hayan luchado contra Jerusalén, el Señor las castigará duramente: a su gente se le pudrirá la carne en vida, y se le pudrirán los ojos en sus cuencas y la lengua en la boca. 13 Ese día el Señor los llenará de espanto. Cada cual agarrará de la mano a su compañero, y levantarán la mano unos contra otros. 14 Entonces luchará también Judá en Jerusalén, y arrebatarán a las naciones vecinas abundantes riquezas de plata, oro y ropas. 15 El mismo castigo que ha de caer sobre la gente, caerá también sobre los caballos, los mulos, los camellos, los asnos y todas las bestias que los enemigos tengan en sus campamentos.

16 Después de esto, los sobrevivientes de los mismos pueblos que lucharon contra Jerusalén irán año tras año a adorar al Rey, al Señor todopoderoso, y a celebrar la fiesta de las Enramadas.*c* 17 Y si alguna de las naciones de la tierra no va a Jerusalén a adorar al Rey, al Señor todopoderoso, la lluvia no caerá en sus tierras. 18 Y si los egipcios no van, el Señor los castigará, del mismo modo que a cualquier otra nación que no vaya a celebrar la fiesta de las Enramadas. 19 Ese será el castigo de Egipto y de todas las naciones que no vayan a celebrar la fiesta de las Enramadas.

20 Ese día, hasta los cascabeles de los caballos llevarán la inscripción "Consagrado al Señor".*d* Y los calderos del templo serán entonces tan sagrados como los tazones que están delante del altar. 21 Todos los calderos, en Jerusalén y en Judá, estarán consagrados al Señor todopoderoso. Quienes vayan a hacer un sacrificio, los usarán, y cocerán en ellos la carne de los animales ofrecidos. Ese día ya no habrá más comerciantes*e* en el templo del Señor todopoderoso.

---

c **14.16** La *fiesta de las Enramadas* se celebraba poco antes de las lluvias de otoño (v. 17). Cf. Lv 23.39–43. *d* **14.20** La inscripción *"Consagrado al Señor"* es la misma que llevaba el Sumo sacerdote en la frente (Ex 28.36–38). Cf. Ro 14.6–8; 1 Co 10.31. *e* **14.21** Cf. Mt 21.12–13.

MALAQUÍAS

Con el mensaje profético de *Malaquías* (=Mal) se cierra el libro de los Doce Profetas. Este mensaje se caracteriza por su marcado tono polémico. El profeta condena así los abusos que se cometen en el culto del templo y en las relaciones familiares y sociales (cf. 3.5). Tales acusaciones están dirigidas especialmente contra los sacerdotes que no ofrecen los sacrificios en la forma debida (1.6—2.9), contra los que se divorcian de sus esposas para casarse con mujeres extranjeras (2.10–16) y contra los que defraudan al Señor dejando de pagar los diezmos (3.6–11).

La predicación de Malaquías deja entrever el estado de ánimo que se había apoderado de muchos israelitas varias décadas después del retorno del exilio. Las brillantes promesas de los profetas Hageo y Zacarías tardaban en cumplirse, y este retraso, agravado por muchas otras dificultades y penurias (cf. 3.11), había hecho que se pusiera en duda el amor y la justicia del Señor (cf. 2.17). Frente a esta corriente de escepticismo, el profeta reafirma el amor del Señor a su pueblo (1.2) y asegura que él hará honor a su palabra y a sus promesas: el Día del Señor llegará a su debido tiempo, y entonces la *justicia brillará como la luz del sol* (4.1–6).

El nombre *Malaquías* es la transcripción del vocablo hebreo *malakí*, que significa *mi mensajero*. Por eso no se sabe bien si ese es un nombre personal o si es, más bien, el título de un profeta anónimo. De todas maneras, el libro contiene una serie de alusiones que permiten fijar con relativa seguridad la fecha en que fue redactado. El templo ya ha sido reconstruido (cf. 3.10) y el culto se celebra regularmente (cf. 1.6—2.9). Por otra parte, el pueblo de Judá está sometido a la autoridad de un gobernador persa, y el profeta percibe la urgente necesidad de corregir los abusos que se cometen en las cuestiones matrimoniales (2.14). Esto permite suponer que la predicación de Malaquías preparó la gran reforma de Nehemías (cf. Neh 13.23–27) y que, por lo tanto, él desarrolló su actividad profética en la segunda mitad del siglo V a.C.

El esquema siguiente ofrece una visión de conjunto de este breve escrito profético:

1. El amor de Dios a Israel (1.1–5)
2. El Señor reprende a los sacerdotes (1.6—2.9)
3. La infidelidad de Israel (2.10–16)
4. El día del juicio (2.17—3.12)
5. Compasión de Dios hacia su pueblo (3.13–18)
6. La venida del día del Señor (4)

El amor de Dios a Israel

1 1 Este es el mensaje que el Señor comunicó al pueblo de Israel por medio del profeta Malaquías. 2 El Señor dice: "Yo los amo a ustedes." Pero ustedes responden: "¿Cómo sabemos que nos amas?" El Señor contesta: "Yo los amo por la misma razón que, siendo hermanos Esaú y Jacob, amé a Jacob 3 y aborrecí a Esaú.*a* Y el país de Esaú, que era montañoso, lo convertí en un desierto, y sus propiedades en tierra solo buena para los animales salvajes."

4 Si los edomitas, descendientes de Esaú, dijeran: "Hemos sido destruidos, pero reconstruiremos nuestra nación", el Señor todopoderoso respondería: "Ellos reconstruirán, pero yo los destruiré otra vez. Su país será llamado 'País de maldad' y 'Nación del eterno enojo del Señor'." 5 Ustedes lo verán con sus propios ojos, y dirán: "¡El Señor es tan grande que sobrepasa las fronteras de Israel!"

El Señor reprende a los sacerdotes

6 El Señor todopoderoso dice a los sacerdotes: "Los hijos honran a sus padres, y los criados respetan a sus amos. Pues si yo soy el Padre de ustedes, ¿por qué ustedes no me honran? Si soy su Amo, ¿por qué no me respetan? Ustedes me desprecian, y dicen todavía: '¿En qué te hemos despreciado?' 7 Ustedes traen a mi altar pan indigno, y preguntan todavía: '¿En qué te ofendemos?' Ustedes me ofenden cuando piensan que mi altar puede ser despreciado 8 y que no hay nada malo en ofrecerme animales ciegos, cojos o enfermos."*b* ¡Vayan, pues, y llévenselos a sus gobernantes! ¡Vean si ellos les aceptan con gusto el regalo! 9 Pídanle ustedes a Dios que nos tenga compasión. Pero si le hacen esa clase de ofrendas, no esperen que Dios los acepte a ustedes con gusto. El Señor todopoderoso dice: 10 "¡Ojalá alguno de ustedes cerrara las puertas del templo, para que no volvieran a encender en vano el fuego de mi altar! Porque no estoy contento con ustedes ni voy a seguir aceptando sus ofrendas. 11 En todas las naciones del mundo se me honra; en todas partes queman incienso en mi honor y me hacen ofrendas dignas.*c* 12 En cambio, ustedes me ofenden, pues piensan que mi altar, que es mi mesa, puede ser despreciado, y que es despreciable la comida que hay en él. 13 Ustedes dicen: '¡Ya estamos cansados de todo esto!' Y me desprecian. Y todavía suponen que voy a alegrarme cuando vienen a ofrecerme un animal robado, o una res coja o enferma. 14 ¡Maldito sea el tramposo que me promete un animal sano de su rebaño y luego me sacrifica uno que tiene defecto! Yo soy el gran Rey, y soy temido entre las naciones." Esto dice el Señor todopoderoso.

2 1 "Ahora, sacerdotes, esto es para ustedes: 2 Ustedes han de obedecerme y deben tomar en serio el honrarme. Si no lo hacen, yo los maldeciré. Y como no han tomado en serio el honrarme, yo convertiré en maldición incluso los beneficios que obtienen de su sacerdocio." Lo dice el Señor todopoderoso. 3 "Voy a privarlos de su poder y a arrojarles a la cara el estiércol de los animales que traen a sacrificar. ¡Y junto con el estiércol, también ustedes serán barridos! 4 Así sabrán que yo les he dado este mandato para que mi alianza con Leví*a* permanezca firme." Lo dice el Señor todopoderoso.

5 "Mi alianza era vida y paz para Leví. Se las di para que me respetara y me temiera, y él me mostró temor y reverencia. 6 Leví enseñaba la verdad y no había maldad en sus labios. Vivía en perfecta relación de paz conmigo y apartó a muchos de hacer lo malo. 7 Es el deber de los sacerdotes enseñar a la gente a conocerme, y todos deben acudir a ellos para recibir instrucción, porque ellos son los mensajeros del Señor todopoderoso.

8 "Pero ustedes, sacerdotes, se han apartado del buen camino; con sus enseñanzas han hecho caer a muchos. Así, ustedes han pervertido mi alianza con Leví. 9 Por eso, porque no me han obedecido y porque, además, cuando enseñan a la gente no tratan a todos por igual, yo haré que todo el pueblo los tenga por viles y los desprecie." Lo dice el Señor todopoderoso.

---

a **1.3** *Esaú,* llamado también *Edom,* era el antepasado de los edomitas (Gn 25.29–30), proverbiales enemigos de Israel. *b* **1.8** Lv 22.18–25; Dt 15.21. *c* **1.11** Posiblemente el profeta vislumbraba la era mesiánica, en la que también los extranjeros iban a participar en el culto al Señor (cf. Is 56.6–7). *a* **2.4** *Mi alianza con Leví:* Cf. Neh 13.29; Jer 33.20–22. Según esta *alianza* (vv. 5,8) los sacerdotes y los levitas comparten las mismas funciones (cf. Dt 18.1–8; 33.8–11). Cf. Nm 3.1–10.

La infidelidad de Israel

10 [b]¿Acaso no tenemos todos un mismo Padre, que es el Dios que a todos nos ha creado? ¿Por qué, pues, nos engañamos los unos a los otros, violando así la alianza que hizo Dios con nuestros antepasados? 11 Judá es infiel a Dios, y se cometen acciones horribles en Jerusalén y en Israel. Judá ha violado la santidad del templo que el Señor ama, y los hombres de Judá han tomado por esposas mujeres que adoran a dioses falsos. 12 ¡Ojalá el Señor borre de nuestra nación a quienes hacen tales cosas, sean quienes sean y aunque traigan ofrendas al Señor todopoderoso!

13 Pero ustedes aún hacen más: inundan de lágrimas el altar del Señor, y lloran con grandes lamentos porque el Señor ya no acepta con gusto sus ofrendas. 14 ¿Y aún preguntan ustedes por qué? Pues porque el Señor es testigo de que tú has faltado a la promesa que le hiciste a la mujer con quien te casaste cuando eras joven. ¡Era tu compañera, y tú le prometiste fidelidad! 15 ¿Acaso no es un mismo Dios el que ha hecho el cuerpo y el espíritu? ¿Y qué requiere ese Dios sino descendientes que le sean consagrados? ¡Cuiden ustedes, pues, de su propio espíritu, y no falten a la promesa que le hicieron a la esposa de su juventud! 16 El Señor Dios de Israel, el todopoderoso, dice: "¡Cuiden, pues, de su propio espíritu, y no sean infieles; pues yo aborrezco al que se divorcia de su esposa y se mancha cometiendo esa maldad!" [c]

El día del juicio

17 El Señor ya está cansado de escucharles; y todavía ustedes preguntan: "¿Qué hemos dicho para que se haya cansado de escucharnos?" Pues ustedes han dicho que al Señor le agradan los que hacen lo malo, y que está contento con ellos. ¡Ustedes no creen que Dios sea justo!

3 1 El Señor todopoderoso dice: "Voy a enviar mi mensajero para que me prepare el camino. [a] El Señor, a quien ustedes están buscando, va a entrar de pronto en su templo. ¡Ya llega el mensajero de la alianza [b] que ustedes desean!"

2 Pero ¿quién podrá resistir el día de su venida? ¿Quién podrá entonces permanecer en pie? Pues llegará como un fuego, para purificarnos; será como un jabón que quitará nuestras manchas. 3 El Señor se sentará a purificar a los sacerdotes, los descendientes de Leví, como quien purifica la plata y el oro en el fuego. Después ellos podrán presentar su ofrenda al Señor, tal como deben hacerlo. 4 El Señor se alegrará entonces de la ofrenda de Judá y Jerusalén, igual que se alegraba de ella en otros tiempos.

5 El Señor todopoderoso dice: "Yo vendré a juzgarlos a ustedes. Y al mismo tiempo seré testigo contra los que practican la magia, los que cometen adulterio, los que juran en falso, los que oprimen a los trabajadores, a las viudas y a los huérfanos, los que tratan mal a los extranjeros y los que me faltan al respeto.

6 "Yo soy el Señor. No he cambiado. Y por eso ustedes, descendientes de Jacob, no han sido aniquilados. 7 Ustedes se han apartado de mis preceptos, como se apartaron sus antepasados, y no han querido obedecerlos. Yo, el Señor todopoderoso, les digo: ¡Vuélvanse a mí, y yo me volveré a ustedes! Pero ustedes dicen: '¿Por qué hemos de volvernos a ti?' 8 Y yo pregunto: ¿Acaso un hombre puede defraudar a Dios? ¡Pues ustedes me han defraudado! Y todavía preguntan: '¿En qué te hemos defraudado?' ¡En los diezmos y en las ofrendas me han defraudado! 9 Sí, toda la nación, todos ustedes, me están defraudando, y por eso voy a maldecirlos. Yo, el Señor todopoderoso, les digo: 10 Traigan su diezmo al tesoro del templo, y así habrá alimentos en mi casa. Pónganme a prueba en eso, a ver si no les abro las ventanas del cielo para vaciar sobre ustedes la más rica bendición. [c] 11 No dejaré que las plagas destruyan sus cosechas y sus viñedos. 12 Todas las naciones los llamarán dichosos, porque ustedes tendrán un país encantador." Yo, el Señor todopoderoso, lo he dicho.

Compasión de Dios hacia su pueblo

13 El Señor dice: "Ustedes han dicho cosas muy duras contra mí. Y todavía preguntan: '¿Qué es lo que hemos dicho en contra tuya?'

---

[b] **2.10–16** Esd 9.1–15. [c] **2.16** Cf. Gn 2.24; Pr 5.18; Mc 10.2–9; Ef 5.21–33. [a] **3.1** *Voy a enviar mi mensajero para que me prepare el camino:* este mensajero que prepara el camino del Señor (Is 40.3) será identificado con Elías (véase 4.5 n.) y con Juan el Bautista (Mt 11.3–14; Mc 1.2; Lc 1.76; 7.27). [b] **3.1** *El mensajero de la alianza:* otra posible traducción: *el ángel de la alianza.* Quizás es una referencia indirecta al Señor (Gn 16.7–16; 18.1–2,17,22). [c] **3.8–10** Acerca de *los diezmos* y *las ofrendas,* cf. Lv 27.30; Nm 18.21–24; Dt 12.6; 14.22–29; Neh 13.12.

14 Esto es lo que han dicho: 'Servir a Dios es cosa inútil. ¿Qué provecho sacaremos de hacer lo que él manda, de andar vestidos de luto delante del Señor todopoderoso? **15** Nosotros hemos visto que los orgullosos son felices, que a los malvados les salen las cosas bien, que ponen a prueba a Dios y no reciben ningún castigo.'

16 (Los que honran a Dios hablaron entonces entre sí, y el Señor escuchó con atención lo que decían. Y en presencia del Señor se escribió un libro, en el cual se recordaba a los que honran al Señor y lo toman en cuenta.)

17 El Señor todopoderoso dice: "Estoy preparando un día en el que ellos volverán a ser mi pueblo. Como un padre se compadece del hijo que le sirve, así tendré yo compasión de ellos. **18** Entonces ustedes se darán cuenta otra vez de la diferencia que hay entre el bueno y el malo, entre el que adora a Dios y el que no lo adora."

La venida del día del Señor

4 **1** El Señor todopoderoso dice: "Se acerca el día, ardiente como un horno, en que todos los orgullosos y malvados arderán como paja en una hoguera. Ese día que ha de venir los quemará, y nada quedará de ellos.[a] **2** Pero para ustedes que me honran, mi justicia brillará como la luz del sol, que en sus rayos trae salud. Y ustedes saltarán de alegría como becerros que salen del establo. **3** En ese día que estoy preparando, ustedes pisotearán a los malvados como si fueran polvo.

4 "Acuérdense de la ley que le di a mi siervo Moisés en el monte Horeb.[b] ¡Eran preceptos y mandatos que todo Israel debía obedecer!

5 "Miren ustedes: Voy a enviarles al profeta Elías,[c] antes que llegue el día del Señor, que será un día grande y terrible. **6** Y él hará que padres e hijos se reconcilien.[d] De lo contrario vendré y castigaré su país, destruyéndolo por completo."

---

a **4.1** Jl 2.11; Am 5.18; Sof 1.14–18; Mal 3.2. *b* **4.4** Ex 19.16—20.20; 24.1–17; Dt 5.1–3. *c* **4.5** La desaparición repentina del *profeta Elías* dio origen a distintas creencias en torno a su reaparición en la tierra (cf. Eclo 48.10–12). El pueblo judío esperaba la llegada de Elías antes del día del Señor, como precursor del Mesías (cf. Mt 11.14; 17.10–13). *d* **4.6** Eclo 48.10; Lc 1.17.

NUEVO TESTAMENTO

NUEVO TESTAMENTO

INTRODUCCIÓN

(1) El *Nuevo Testamento* (NT) está compuesto por veintisiete escritos redactados en griego durante los primeros tiempos de la iglesia cristiana, es decir, durante el periodo correspondiente, en líneas generales, a la segunda mitad del siglo I d.C.

(2) La palabra "Testamento", en este caso, hace referencia a la "alianza" o "pacto" sellado entre Dios y su pueblo, y tiene su origen en la convicción, expresada ya en textos como Lc 22.20; 2 Co 3.6 y Heb 9.15, de que por medio de Jesús, y especialmente con su muerte, se había sellado la alianza que Dios había anunciado antiguamente (cf. Jer 31.31; 2 Co 3.14; Heb 8.13). A partir del siglo II d.C. se hizo común aplicar los términos *Antiguo* y *Nuevo Testamento* a los libros de la Biblia.

El medio histórico y cultural

(3) Los escritos del NT fueron redactados en un medio histórico y cultural distinto del nuestro. La indicación que se lee en Jn 19.19–20, según la cual el letrero colocado sobre la cruz de Jesús "estaba escrito en hebreo, latín y griego", refleja de manera sintética los tres grandes componentes del mundo histórico y cultural en que nació el NT.

(4) A. *El elemento judío.* Jesús perteneció al pueblo judío. Él y sus discípulos hablaban arameo. Su historia se desarrolló principalmente en Galilea y en Judea. Su muerte tuvo lugar en Jerusalén. Los apóstoles pertenecieron a ese mismo pueblo, al igual que una buena parte de los personajes que aparecen en los evangelios y otros libros del NT. Ha de tenerse en cuenta, de manera especial, que gran parte de los autores de los escritos del NT fueron judíos.

(5) B. *El elemento griego.* Con las conquistas militares de Alejandro Magno en Asia (año 332 a.C.), se inició una gran difusión de la cultura griega por toda la región occidental de Asia, el norte de África y el sur de Europa, sin excluir a la misma Roma. En el siglo I d.C. la lengua griega se había convertido en el medio de comunicación entre todas las personas cultas del área del mar Mediterráneo y aun llegó a ser la lengua popular en muchas de estas regiones.

(6) Uno de los fenómenos más importantes en la historia del pueblo judío en esa época fue la existencia de numerosos grupos que vivían fuera de Palestina, a los que se daba el nombre de judíos de la "diáspora" o dispersión. Ellos, aunque seguían fieles a sus tradiciones religiosas, habían adoptado el griego como lengua propia. En la diáspora judía de Alejandría (Egipto) se tradujeron al griego las Escrituras del pueblo de Israel. La principal de estas traducciones lleva el nombre de "traducción de los Setenta" (o Septuaginta [=LXX]), y se convirtió en el texto común de los cristianos de habla griega. Se desarrolló, además, una importante literatura judeo–helenística.

(7) C. *El elemento romano.* Ya a principios del siglo II a.C. el poder militar de Roma se había impuesto en toda el área del Mediterráneo, y a partir del año 63

a.C. Palestina quedó bajo el influjo militar y político de Roma. Los detalles de este periodo pueden verse en la Tabla Cronológica II.

(8) Fuera de Palestina, la iglesia cristiana encontró en el imperio romano elementos que favorecieron su rápida propagación por el mundo pagano. La unidad política y cultural ofreció a los evangelizadores cristianos la posibilidad de predicar la buena noticia en la mayoría de las provincias y ciudades del imperio (cf. Ro 15.19,28; 1 P 1.1). Además, en un primer periodo, la religión cristiana gozaba de la misma tolerancia que se concedía a la religión judía. Así, no es de extrañar que en Ro 13.1–7; Tit 3.1 se refleje una valoración positiva de la autoridad del Estado.

(9) No obstante esto, la fe y la conducta característica de los cristianos no tardaron en llevar a conflictos muy agudos.

(10) Las medidas que las autoridades romanas tomaron en algunas ocasiones contra los judíos tuvieron sus repercusiones también sobre los cristianos (cf. Hch 18.2). La obligatoriedad del culto oficial de Roma, que incluía un culto especial al emperador, inevitablemente llevó al enfrentamiento entre los cristianos y las autoridades romanas. La persecución de los cristianos por sus creencias y actitudes fue, en un principio, de carácter local y limitado. Después, sobre todo a partir del siglo II, se hizo más general y sistemática. Esta situación ya se refleja en textos como 1 P 4.12–16 y, sobre todo, en el Apocalipsis, donde el imperio romano aparece como el enemigo por excelencia de Cristo y de sus seguidores (cf. Ap 13.7).

Evangelio según

SAN MATEO

El *Evangelio según San Mateo* (=Mt) se distingue de los otros, ante todo, por la manera sistemática como organiza las palabras de Jesús. Las reúne principalmente en cinco grandes sermones o discursos, que se encuentran intercalados con secciones narrativas. Todo aparece introducido por los relatos de la infancia de Jesús (caps. 1—2) y culmina con su pasión, muerte y resurrección.

A lo largo del evangelio, el autor insiste en que en la historia de Jesús se cumplen las Escrituras, para mostrar que Jesús es el Mesías esperado por el pueblo de Israel.

Este evangelio da mucho realce a la labor docente de Jesús. Su enseñanza está centrada en el tema del reino de Dios, o, como prefiere llamarlo este evangelio, reino de los cielos. Jesús lo proclama con su palabra (véanse sobre todo los cinco grandes sermones); y con sus hechos muestra que ese reino empieza a ser realidad desde el presente.

El *Evangelio según San Mateo* da también particular relieve a la misión que Jesús confía a los apóstoles (véase principalmente el cap. 10). A ellos les encarga anunciar la cercanía del reino de los cielos (10.7). También se preocupa este evangelio por recoger las enseñanzas de Jesús sobre la vida de la comunidad (de manera particular en el cap. 18).

Una buena parte del contenido del libro (cerca de la mitad) es común con el *Evangelio según San Marcos*. En general, se observa que la narración de Mt tiene una forma más breve y estilísticamente más cuidada que Mc. Otras secciones de Mt (menos de una cuarta parte) tienen paralelos en Lc pero no en Mc, y contienen, sobre todo, palabras de Jesús. Finalmente, hay una buena cantidad de materia (más de una cuarta parte) que es propia de este evangelio, sin paralelo exacto en Mc o Lc.

Una antigua tradición afirma que este evangelio fue escrito originalmente en hebreo (lo que puede referirse también al arameo). Pero el único texto primitivo que se ha conocido siempre es el texto griego. Lo que sí aparece claro es que este evangelio, en muchas de sus expresiones y temas preferidos, muestra una especial cercanía al pensamiento hebreo. Tanto el autor como sus primeros lectores fueron, sin duda, personas familiarizadas con el Antiguo Testamento y con las tradiciones judías. El evangelio muestra, sin embargo, con toda claridad, que el mensaje de salvación va dirigido a todos los pueblos (véase 28.19).

Aunque es posible señalar diversos esquemas del evangelio, se pueden destacar las siguientes grandes secciones:

1. Infancia de Jesús (1—2)
2. Comienzo de la actividad de Jesús (3—4)
3. Sermón del monte (5—7)
4. Diversos hechos de Jesús (8—9)
5. Sermón de instrucción a los apóstoles (10.1—11.1)
6. Diversos hechos de Jesús (11.2—12.50)
7. Un sermón en siete parábolas (13.1–52)
8. Diversos hechos de Jesús (13.53—17.27)
9. Sermón sobre la vida de la comunidad (18)
10. Diversos hechos de Jesús (19—23)
11. Sermón sobre el fin de los tiempos (24—25)
12. Pasión, muerte y resurrección (26—28)

Los antepasados de Jesucristo
(Lc 3.23–38)

1 **1** Esta es una lista de los antepasados de Jesucristo, que fue descendiente de David y de Abraham:

2 Abraham fue padre de Isaac, este lo fue de Jacob y este de Judá y sus hermanos. **3** Judá fue padre de Fares y de Zérah, y su madre fue Tamar. Fares fue padre de Hesrón y este de Aram. **4** Aram fue padre de Aminadab, este lo fue de Nahasón y este de Salmón. **5** Salmón fue padre de Booz, cuya madre fue Rahab. Booz fue padre de Obed, cuya madre fue Rut. Obed fue padre de Jesé, **6** y Jesé fue padre del rey David.

El rey David fue padre de Salomón, cuya madre fue la que había sido esposa de Urías.[a] **7** Salomón fue padre de Roboam, este lo fue de Abías y este de Asá. **8** Asá fue padre de Josafat, este lo fue de Joram y este de Ozías. **9** Ozías fue padre de Jotam, este lo fue de Acaz y este de Ezequías. **10** Ezequías fue padre de Manasés, este lo fue de Amón y este de Josías. **11** Josías fue padre de Jeconías y de sus hermanos, en el tiempo en que los israelitas fueron llevados cautivos a Babilonia.

12 Después de la cautividad, Jeconías fue padre de Salatiel y este de Zorobabel.[b] **13** Zorobabel fue padre de Abihud, este lo fue de Eliaquim y este de Azor. **14** Azor fue padre de Sadoc, este lo fue de Aquim y este de Eliud. **15** Eliud fue padre de Eleazar, este lo fue de Matán y este de Jacob. **16** Jacob fue padre de José, el marido de María, y ella fue madre de Jesús, al que llamamos el Mesías.

17 De modo que hubo catorce generaciones desde Abraham hasta David, catorce desde David hasta la cautividad de los israelitas en Babilonia, y otras catorce desde la cautividad hasta el Mesías.

Origen de Jesucristo
(Lc 2.1–7)

18 El origen de Jesucristo fue este: María, su madre, estaba comprometida para casarse con José;[c] pero antes que vivieran juntos, se encontró encinta por el poder del Espíritu Santo.[d] **19** José, su marido, que era un hombre justo y no quería

denunciar públicamente a María, decidió separarse de ella en secreto. **20** Ya había pensado hacerlo así, cuando un ángel del Señor se le apareció en sueños y le dijo: "José, descendiente de David, no tengas miedo de tomar a María por esposa, porque su hijo lo ha concebido por el poder del Espíritu Santo. **21** María tendrá un hijo, y le pondrás por nombre Jesús. Se llamará así porque salvará a su pueblo de sus pecados."

22 Todo esto sucedió para que se cumpliera lo que el Señor había dicho por medio del profeta:

23 "La virgen quedará encinta
   y tendrá un hijo,
   al que pondrán por nombre Emanuel"[e]

(que significa: "Dios con nosotros").[f]

24 Cuando José despertó del sueño, hizo lo que el ángel del Señor le había mandado, y tomó a María por esposa. **25** Y sin haber tenido relaciones conyugales, ella dio a luz a su hijo, al que José puso por nombre Jesús.[g]

La visita de los sabios del Oriente

2 **1** Jesús nació en Belén, un pueblo de la región de Judea, en el tiempo en que Herodes era rey del país. Llegaron por entonces a Jerusalén unos sabios[a] del Oriente que se dedicaban al estudio de las estrellas, **2** y preguntaron:

—¿Dónde está el rey de los judíos que ha nacido? Pues vimos salir su estrella[b] y hemos venido a adorarlo.

3 El rey Herodes se inquietó mucho al oír esto, y lo mismo les pasó a todos los habitantes de Jerusalén. **4** Mandó el rey llamar a todos los jefes de los sacerdotes y a los maestros de la ley, y les preguntó dónde había de nacer el Mesías. **5** Ellos le dijeron:

—En Belén de Judea; porque así lo escribió el profeta:

6 'En cuanto a ti, Belén,
   de la tierra de Judá,
   no eres la más pequeña
   entre las principales ciudades de esa tierra;
   porque de ti saldrá un gobernante
   que guiará a mi pueblo Israel.'[c]

---

[a] **1.3–6** 1 Cr 1.34; 2.1–15; cf. también Rt 4.18–22. [b] **1.7–12** 1 Cr 3.10–19. [c] **1.18** Lc 1.26–27. [d] **1.18** Lc 1.35. [e] **1.23** Is 7.14. [f] **1.23** El texto hebreo de Is 7.14 habla de *la joven,* palabra que fue traducida al griego como *la virgen.* [g] **1.25** Lc 2.21. [a] **2.1** *Sabios:* lit. *magos,* personajes de un país oriental no especificado, que estudiaban los astros y veían en ellos signos del curso de la historia humana. [b] **2.2** *Su estrella:* Cf. Nm 24.17. [c] **2.6** Miq 5.2.

7 Entonces Herodes llamó en secreto a los sabios, y se informó por ellos del tiempo exacto en que había aparecido la estrella. 8 Luego los mandó a Belén, y les dijo:

—Vayan allá, y averigüen todo lo que puedan acerca de ese niño; y cuando lo encuentren, avísenme, para que yo también vaya a rendirle homenaje.

9 Con estas indicaciones del rey, los sabios se fueron. Y la estrella que habían visto salir iba delante de ellos, hasta que por fin se detuvo sobre el lugar donde estaba el niño. 10 Cuando los sabios vieron la estrella, se alegraron mucho. 11 Luego entraron en la casa, y vieron al niño con María, su madre; y arrodillándose le rindieron homenaje. Abrieron sus cofres y le ofrecieron oro, incienso y mirra. 12 Después, advertidos en sueños de que no debían volver a donde estaba Herodes, regresaron a su tierra por otro camino.

La huida a Egipto

13 Cuando ya los sabios se habían ido, un ángel del Señor se le apareció en sueños a José, y le dijo: "Levántate, toma al niño y a su madre, y huye a Egipto. Quédate allí hasta que yo te avise, porque Herodes va a buscar al niño para matarlo."

14 José se levantó, tomó al niño y a su madre, y salió con ellos de noche camino de Egipto, 15 donde estuvieron hasta que murió Herodes. Esto sucedió para que se cumpliera lo que el Señor había dicho por medio del profeta: "De Egipto llamé a mi Hijo."*d*

Herodes manda matar a los niños

16 Al darse cuenta Herodes de que aquellos sabios lo habían engañado, se llenó de ira y mandó matar a todos los niños de dos años para abajo que vivían en Belén y sus alrededores, de acuerdo con el tiempo que le habían dicho los sabios. 17 Así se cumplió lo escrito por el profeta Jeremías:

18 "Se oyó una voz en Ramá,
llantos y grandes lamentos.
Era Raquel, que lloraba por sus hijos
y no quería ser consolada
porque ya estaban muertos."*e*

La familia se establece en Nazaret

19 Pero después que murió Herodes, un ángel del Señor se le apareció en sueños a José, en Egipto, y le dijo: 20 "Levántate, toma contigo al niño y a su madre, y regresa a Israel, porque ya han muerto los que querían matar al niño."*f*

21 Entonces José se levantó y llevó al niño y a su madre a Israel. 22 Pero cuando supo que Arquelao estaba gobernando en Judea en lugar de su padre Herodes, tuvo miedo de ir allá; y habiendo sido advertido en sueños por Dios, se dirigió a la región de Galilea. 23 Al llegar, se fue a vivir al pueblo de Nazaret. Esto sucedió para que se cumpliera lo que dijeron los profetas: que Jesús sería llamado nazareno.*g*

Juan el Bautista en el desierto
(Mc 1.1-8; Lc 3.1-9,15-17; Jn 1.19-28)

3 1 Por aquel tiempo se presentó Juan el Bautista en el desierto de Judea. 2 En su proclamación decía: "¡Vuélvanse a Dios, porque el reino de los cielos está cerca!"*a*

3 Juan era aquel de quien Dios había dicho por medio del profeta Isaías:

"Una voz grita en el desierto:
'Preparen el camino del Señor;
ábranle un camino recto.' "*b*

4 La ropa de Juan estaba hecha de pelo de camello, y se la sujetaba al cuerpo con un cinturón de cuero; su comida era langostas y miel del monte.*c* 5 La gente de Jerusalén y todos los de la región de Judea y de la región cercana al Jordán salían a oírle. 6 Confesaban sus pecados y Juan los bautizaba en el río Jordán.

7 Pero cuando Juan vio que muchos fariseos y saduceos iban a que los bautizara, les dijo: "¡Raza de víboras! ¿Quién les ha dicho a ustedes que van a librarse del terrible castigo que se acerca? 8 Pórtense de tal modo que se vea claramente que se han vuelto al Señor, 9 y no presuman diciéndose a sí mismos: 'Nosotros somos descendientes de Abraham'; porque les aseguro que incluso a estas piedras Dios puede convertirlas en descendientes de Abraham. 10 El hacha ya está lista para cortar los árboles de raíz. Todo árbol que no da buen fruto, se corta y se echa al fuego.*d* 11 Yo, en verdad, los bautizo con agua para invitarlos a

---

d **2.15** Os 11.1. *e* **2.18** Jer 31.15. *f* **2.20** Cf. Ex 4.19–20. *g* **2.23** Quizás hace alusión a Jue 13.5,7, que habla del nazareo (o nazireo), o posiblemente a Is 11.1, que habla del retoño (heb. neser). *a* **3.2** Mt 4.17; Mc 1.15. *b* **3.3** Is 40.3. *c* **3.4** Cf. 2 R 1.8. *d* **3.10** Mt 7.19.

que se vuelvan a Dios; pero el que viene después de mí los bautizará con el Espíritu Santo y con fuego. Él es más poderoso que yo, que ni siquiera merezco llevarle sus sandalias.[e] 12 Trae su pala en la mano y limpiará el trigo y lo separará de la paja. Guardará su trigo en el granero, pero quemará la paja en un fuego que nunca se apagará."[f]

Jesús es bautizado
(Mc 1.9–11; Lc 3.21–22)

13 Jesús fue de Galilea al río Jordán, donde estaba Juan, para que este lo bautizara. 14 Al principio Juan quería impedírselo, y le dijo:

—Yo debería ser bautizado por ti, ¿y tú vienes a mí?

15 Jesús le contestó:

—Déjalo así por ahora, pues es conveniente que cumplamos todo lo que es justo ante Dios. Entonces Juan consintió. 16 En cuanto Jesús fue bautizado y salió del agua, el cielo se le abrió y vio que el Espíritu de Dios bajaba sobre él como una paloma. 17 Se oyó entonces una voz del cielo, que decía: "Este es mi Hijo amado, a quien he elegido."[g]

El diablo pone a prueba a Jesús
(Mc 1.12–13; Lc 4.1–13)

4 1 Luego el Espíritu llevó a Jesús al desierto, para que el diablo lo pusiera a prueba. 2 Estuvo cuarenta días y cuarenta noches sin comer, y después sintió hambre.[a] 3 El diablo se acercó entonces a Jesús para ponerlo a prueba, y le dijo:

—Si de veras eres Hijo de Dios, ordena que estas piedras se conviertan en panes.

4 Pero Jesús le contestó:

—La Escritura dice: 'No solo de pan vivirá el hombre, sino también de toda palabra que salga de los labios de Dios.'[b]

5 Luego el diablo lo llevó a la santa ciudad de Jerusalén, lo subió a la parte más alta del templo 6 y le dijo:

—Si de veras eres Hijo de Dios, tírate abajo; porque la Escritura dice:

'Dios mandará
    que sus ángeles te cuiden.
Te levantarán con sus manos,

para que no tropieces con piedra
    alguna.'[c]

7 Jesús le contestó:

—También dice la Escritura: 'No pongas a prueba al Señor tu Dios.'[d]

8 Finalmente el diablo lo llevó a un cerro muy alto, y mostrándole todos los países del mundo y la grandeza de ellos, 9 le dijo:

—Yo te daré todo esto, si te arrodillas y me adoras.

10 Jesús le contestó:

—Vete, Satanás, porque la Escritura dice: 'Adora al Señor tu Dios, y sírvele solo a él.'[e]

11 Entonces el diablo se apartó de Jesús, y unos ángeles acudieron a servirle.

Jesús comienza su actividad en Galilea
(Mc 1.14–15; Lc 4.14–15)

12 Cuando Jesús oyó que habían metido a Juan en la cárcel,[f] se dirigió a Galilea. 13 Pero no se quedó en Nazaret, sino que se fue a vivir a Cafarnaúm, a orillas del lago, en la región de las tribus de Zabulón y Neftalí. 14 Esto sucedió para que se cumpliera lo que había escrito el profeta Isaías:

15 "Tierra de Zabulón y de Neftalí,
    al otro lado del Jordán,
    a la orilla del mar:
    Galilea, donde viven los paganos.
16 El pueblo que andaba en la oscuridad
    vio una gran luz;
    una luz ha brillado
    para los que vivían en sombras
        de muerte."[g]

17 Desde entonces Jesús comenzó a proclamar: "Vuélvanse a Dios, porque el reino de los cielos está cerca."[h]

Jesús llama a cuatro pescadores
(Mc 1.16–20; Lc 5.1–11)

18 Jesús iba caminando por la orilla del Lago de Galilea, cuando vio a dos hermanos: uno era Simón, también llamado Pedro, y el otro Andrés. Eran pescadores, y estaban echando la red al agua. 19 Jesús les dijo:—Síganme, y yo los haré pescadores de hombres.

20 Al momento dejaron sus redes y se fueron con él.

---

[e] **3.11** Jn 1.15,26,31–33; Hch 1.5; 2.1–4; 13.24. [f] **3.13–17** Cf. también Jn 1.31–34. [g] **3.17** Cf. Sal 2.7; Is 42.1. [a] **4.2** Cf. Dt 8.2–4. [b] **4.4** Dt 8.3 (gr). [c] **4.6** Sal 91.11–12. [d] **4.7** Dt 6.16. [e] **4.10** Dt 6.13. [f] **4.12** Cf. 14.3–4 y también Mc 6.17–18; Lc 3.19–20. [g] **4.15–16** Is 9.1–2. [h] **4.17** Mt 3.2; 10.7.

21 Un poco más adelante, Jesús vio a otros dos hermanos: Santiago y Juan, hijos de Zebedeo, que estaban con su padre en una barca arreglando las redes. Jesús los llamó, **22** y en seguida ellos dejaron la barca y a su padre, y lo siguieron.

Jesús enseña a mucha gente
(Lc 6.17–19)

23 Jesús recorría toda Galilea, enseñando en la sinagoga de cada lugar. Anunciaba la buena noticia del reino y curaba a la gente de todas sus enfermedades y dolencias.[i] **24** Se hablaba de Jesús en toda la región de Siria, y le traían a cuantos sufrían de diferentes males, enfermedades y dolores, y a los endemoniados, a los epilépticos y a los paralíticos. Y Jesús los sanaba.

25 Mucha gente de Galilea, de los pueblos de Decápolis, de Jerusalén, de Judea y de la región al oriente del Jordán seguía a Jesús.[j]

Sermón del monte[a]

5 **1** Al ver la multitud, Jesús subió al monte[b] y se sentó. Sus discípulos se le acercaron, **2** y él tomó la palabra y comenzó a enseñarles, diciendo:

Lo que realmente cuenta ante Dios
(Lc 6.20–23)

3 "Dichosos los que tienen espíritu
      de pobres,[c]
porque de ellos es el reino de los cielos.
4 "Dichosos los que sufren,[d]
porque serán consolados.
5 "Dichosos los humildes,
porque heredarán la tierra prometida.[e]
6 "Dichosos los que tienen hambre
      y sed de la justicia,
porque serán satisfechos.
7 "Dichosos los compasivos,
porque Dios tendrá compasión de ellos.
8 "Dichosos los de corazón limpio,[f]
porque verán a Dios.
9 "Dichosos los que trabajan por la paz,[g]
porque Dios los llamará hijos suyos.

10 "Dichosos los perseguidos por hacer
      lo que es justo,
porque de ellos es el reino de los cielos.
11 "Dichosos ustedes, cuando la gente los insulte y los maltrate, y cuando por causa mía los ataquen con toda clase de mentiras. **12** Alégrense, estén contentos, porque van a recibir un gran premio en el cielo; pues así también persiguieron a los profetas que vivieron antes que ustedes.[h]

Sal y luz del mundo
(Mc 9.50; Lc 14.34–35)

13 "Ustedes son la sal de este mundo. Pero si la sal deja de estar salada, ¿cómo podrá recobrar su sabor? Ya no sirve para nada, así que se la tira a la calle y la gente la pisotea.[i]

14 "Ustedes son la luz de este mundo.[j] Una ciudad en lo alto de un cerro no puede esconderse. **15** Ni se enciende una lámpara para ponerla bajo un cajón; antes bien, se la pone en alto para que alumbre a todos los que están en la casa.[k] **16** Del mismo modo, procuren ustedes que su luz brille delante de la gente, para que, viendo el bien que ustedes hacen, todos alaben a su Padre que está en el cielo.

Jesús enseña sobre la ley

17 "No crean ustedes que yo he venido a suprimir la ley o los profetas;[l] no he venido a ponerles fin, sino a darles su pleno valor. **18** Pues les aseguro que mientras existan el cielo y la tierra, no se le quitará a la ley ni un punto ni una letra, hasta que todo llegue a su cumplimiento. **19** Por eso, el que no obedece[m] uno de los mandatos de la ley, aunque sea el más pequeño, ni enseña a la gente a obedecerlo, será considerado el más pequeño en el reino de los cielos. Pero el que los obedece y enseña a otros a hacer lo mismo, será considerado grande en el reino de los cielos.

Jesús enseña una justicia superior

20 "Porque les digo a ustedes que, si no superan a los maestros de la ley y a los fariseos en hacer lo que es justo ante Dios, nunca entrarán en el reino de los cielos.

---

[i] **4.23** Mt 9.35; Mc 1.39. [j] **4.25** Mc 3.7–8. [a] **5.1—7.29** Lc 6.20–49. [b] **5.1** Monte: Cf. Ex 19.10—20.20. [c] **5.3** Los que tienen espíritu de pobres: Cf. Sal 22.24; 69.32–33; Is 29.19; 61.1–2; Mt 11.5; Lc 4.18; Stg 2.5. [d] **5.4** Los que sufren: o los que lloran; cf. Sal 126.5–6; Is 57.18; 61.2–3. [e] **5.5** Sal 37.11. [f] **5.8** Los de corazón limpio: Cf. Sal 24.3–4. [g] **5.9** Sal 34.14; Pr 12.20. [h] **5.12** 2 Cr 36.16; Hch 7.52. [i] **5.13** Mc 9.50; Lc 14.34–35. [j] **5.14** Flp 2.15. Cf. Is 49.6. [k] **5.15** Mc 4.21; Lc 8.16; 11.33. [l] **5.17** La ley o los profetas: Equivale a lo que llamamos el AT. [m] **5.19** El que no obedece: También puede entenderse como el que declara no obligatorio.

Jesús enseña sobre el enojo
(Lc 12.57–59)

21 "Ustedes han oído que a sus antepasados se les dijo: 'No mates, pues el que mate será condenado.' [n] 22 Pero yo les digo que cualquiera que se enoje con su hermano, será condenado. Al que insulte a su hermano, lo juzgará la Junta Suprema; y el que injurie gravemente a su hermano, se hará merecedor del fuego del infierno. [ñ]

23 "Así que, si al llevar tu ofrenda al altar te acuerdas de que tu hermano tiene algo contra ti, 24 deja tu ofrenda allí mismo delante del altar y ve primero a ponerte en paz con tu hermano. Entonces podrás volver al altar y presentar tu ofrenda.

25 "Si alguien te lleva a juicio, ponte de acuerdo con él mientras todavía estés a tiempo, para que no te entregue al juez; porque si no, el juez te entregará a los guardias y te meterán en la cárcel. 26 Te aseguro que no saldrás de allí hasta que pagues el último centavo. [o]

Jesús enseña sobre el adulterio

27 "Ustedes han oído que se dijo: 'No cometas adulterio.' [p] 28 Pero yo les digo que cualquiera que mira con deseo a una mujer, ya cometió adulterio con ella en su corazón.

29 "Así pues, si tu ojo derecho te hace caer en pecado, sácatelo y échalo lejos de ti; es mejor que pierdas una sola parte de tu cuerpo, y no que todo tu cuerpo sea arrojado al infierno. 30 Y si tu mano derecha te hace caer en pecado, córtatela y échala lejos de ti; es mejor que pierdas una sola parte de tu cuerpo, y no que todo tu cuerpo vaya a parar al infierno. [q]

Jesús enseña sobre el divorcio
(Mt 19.9; Mc 10.11–12; Lc 16.18) [r]

31 "También se dijo: 'Cualquiera que se divorcia de su esposa, debe darle un certificado de divorcio.' [s] 32 Pero yo les digo que si un hombre se divorcia de su esposa, a no ser en el caso de una unión ilegal, [t] la pone en peligro de cometer adulterio. Y el que se casa con una divorciada, comete adulterio.

Jesús enseña sobre el los juramentos

33 "También han oído ustedes que se dijo a los antepasados: 'No dejes de cumplir lo que hayas ofrecido al Señor bajo juramento.' [u] 34 Pero yo les digo: simplemente, no juren. No juren por el cielo, porque es el trono de Dios; 35 ni por la tierra, porque es el estrado de sus pies; [v] ni por Jerusalén, porque es la ciudad del gran Rey. [w] 36 Ni juren ustedes tampoco por su propia cabeza, porque no pueden hacer blanco o negro ni un solo cabello. 37 Baste con decir claramente 'sí' o 'no'. Pues lo que se aparta de esto, es malo. [x,y]

Jesús enseña sobre la venganza
(Lc 6.29–30)

38 "Ustedes han oído que se dijo: 'Ojo por ojo y diente por diente.' [z] 39 Pero yo les digo: No resistas al que te haga algún mal; al contrario, si alguien te pega en la mejilla derecha, ofrécele también la otra. 40 Si alguien te demanda y te quiere quitar la camisa, déjale que se lleve también tu capa. 41 Si te obligan a llevar carga una milla, llévala dos. 42 A cualquiera que te pida algo, dáselo; y no le vuelvas la espalda al que te pida prestado. [a]

El amor a los enemigos
(Lc 6.27–28,32–36)

43 "También han oído que se dijo: 'Ama a tu prójimo y odia a tu enemigo.' [b] 44 Pero yo les digo: Amen a sus enemigos, y oren por quienes los persiguen. [c] 45 Así ustedes serán hijos de su Padre que está en el cielo; pues él hace que su sol salga sobre malos y buenos, y manda la lluvia sobre justos e injustos. 46 Porque si ustedes aman solamente a quienes los aman, ¿qué

---

n **5.21** Ex 20.13; Dt 5.17. ñ **5.22** *Infierno:* Véase Mc 9.43 nota j. o **5.25–26** Lc 12.58–59. p **5.27** Ex 20.14; Dt 5.18. q **5.29–30** Mt 18.8–9; Mc 9.43–47. r **5.31–32** Cf. también 1 Co 7.10–11. s **5.31** Dt 24.1–4; cf. Mt 19.7; Mc 10.4. t **5.32** *Unión ilegal:* lit. *prostitución*. Probablemente esta palabra designa, tanto aquí como en Mt 19.9 y en Hch 15.20,29; 21.25, el caso de los matrimonios prohibidos por la ley (cf. Lv 18.6–18; Nm 25.1). También ha sido interpretada como equivalente a *adulterio*. Véase Hch 15.20 n. u **5.33** Cf. Lv 19.12; Nm 30.2; Dt 23.21. v **5.34–35** Mt 23.16–22; cf. Is 66.1; Eclo 23.9; Stg 5.12. w **5.35** Sal 48.2. x **5.37** *Es malo:* otra posible traducción: *es del maligno*, esto es, del diablo. y **5.37** Cf. Stg 5.12. z **5.38** Ex 21.24; Lv 24.20; Dt 19.21. a **5.42** Cf. Lc 6.34–35; cf. también Eclo 4.4; 29.1–2. b **5.43** Cf. Lv 19.18. El *odiar al enemigo* no lo ordenaba la ley, pero podía verse recomendado en textos como Sal 139.21–22 y otros. c **5.44** Ex 23.4–5; Pr 25.21; Ro 12.14–20; 13.8–10.

premio recibirán? Hasta los que cobran impuestos para Roma se portan así. **47**Y si saludan solamente a sus hermanos, ¿qué hacen de extraordinario? Hasta los paganos se portan así. **48**Sean ustedes perfectos, como su Padre que está en el cielo es perfecto. *d*

Jesús enseña sobre tres prácticas de piedad

6 **1** "No hagan sus buenas obras delante de la gente solo para que los demás los vean. Si lo hacen así, su Padre que está en el cielo no les dará ningún premio.

2 "Por eso, cuando ayudes a los necesitados, no lo publiques a los cuatro vientos, como hacen los hipócritas en las sinagogas y en las calles para que la gente hable bien de ellos. Les aseguro que con eso ya tienen su premio. **3**Cuando tú ayudes a los necesitados, no se lo cuentes ni siquiera a tu amigo más íntimo;*a* **4**hazlo en secreto. Y tu Padre, que ve lo que haces en secreto, te dará tu premio.

Jesús enseña a orar
(Lc 11.2–4)

5 "Cuando ustedes oren, no sean como los hipócritas, a quienes les gusta orar de pie en las sinagogas y en las esquinas de las plazas para que la gente los vea. Les aseguro que con eso ya tienen su premio.*b* **6**Pero tú, cuando ores, entra en tu cuarto, cierra la puerta y ora a tu Padre en secreto. Y tu Padre, que ve lo que haces en secreto, te dará tu premio.

7 "Y al orar no repitan ustedes palabras inútiles, como hacen los paganos, que se imaginan que cuanto más hablen más caso les hará Dios. **8**No sean como ellos, porque su Padre ya sabe lo que ustedes necesitan, antes que se lo pidan. **9**Ustedes deben orar así:*c*

'Padre nuestro*d* que estás en el cielo,
santificado sea tu nombre.
10 Venga tu reino.
Hágase tu voluntad en la tierra,
así como se hace en el cielo.

11 Danos hoy el pan que necesitamos.*e*
12 Perdónanos el mal
que hemos hecho,*f*
así como nosotros hemos perdonado
a los que nos han hecho mal.
13 No nos expongas a la tentación,*g*
sino líbranos del maligno.'*h*

14 "Porque si ustedes perdonan a otros el mal que les han hecho, su Padre que está en el cielo los perdonará también a ustedes; **15**pero si no perdonan a otros, tampoco su Padre les perdonará a ustedes sus pecados.*i*

Jesús enseña sobre el ayuno

16 "Cuando ustedes ayunen,*j* no pongan cara triste, como los hipócritas, que aparentan tristeza para que la gente vea que están ayunando. Les aseguro que con eso ya tienen su premio. **17**Tú, cuando ayunes, lávate la cara y arréglate bien, **18**para que la gente no note que estás ayunando. Solamente lo notará tu Padre, que está en lo oculto, y tu Padre que ve en lo oculto te dará tu recompensa.

Riquezas en el cielo
(Lc 12.33–34)

19 "No amontonen riquezas aquí en la tierra, donde la polilla destruye y las cosas se echan a perder, y donde los ladrones entran a robar. **20**Más bien amontonen riquezas en el cielo, donde la polilla no destruye ni las cosas se echan a perder ni los ladrones entran a robar. **21**Pues donde esté tu riqueza, allí estará también tu corazón.

La lámpara del cuerpo
(Lc 11.34–36)

22 "Los ojos son la lámpara del cuerpo; así que, si tus ojos son buenos, todo tu cuerpo tendrá luz; **23**pero si tus ojos son malos, todo tu cuerpo estará en oscuridad. Y si la luz que hay en ti resulta ser oscuridad, ¡qué negra será la oscuridad misma!

---

d **5.48** Lv 11.44–45; 19.2; Dt 18.13. *a* **6.3** *No se lo cuentes ni siquiera a tu amigo más íntimo:* lit. *que tu mano izquierda no sepa lo que hace la derecha.* *b* **6.5** Mt 23.5; Lc 18.10–14. *c* **6.9–13** Cf. Lc 11.2–4. *d* **6.9** *Padre nuestro:* Cf. Is 63.16; 64.8. *e* **6.11** *Que necesitamos:* traducción de una palabra poco común que puede significar *de cada día,* o *para el día de hoy,* o *para el día de mañana.* Cf. Ex 16.4. *f* **6.12** *El mal que hemos hecho:* lit. *nuestras deudas.* Cf. Mt 18.23–25. *g* **6.13** Cf. Mt 26.41; 1 Co 10.13; Stg 1.12–14. *h* **6.13** *Del maligno:* esto es, del diablo; otra posible traducción: *del mal* (cf. Mt 5.37). Algunos mss. añaden *Porque tuyo es el reino y el poder y la gloria para siempre. Amén.* *i* **6.14–15** Mt 18.35; Mc 11.25; Ef 4.32; cf. Eclo 28.2–5. *j* **6.16** Cf. 2 Cr 20.3; Jl 2.12–15.

Dios y las riquezas
(Lc 16.13)

24 "Nadie puede servir a dos amos, porque odiará a uno y querrá al otro, o será fiel a uno y despreciará al otro. No se puede servir a Dios y a las riquezas.[k]

Dios cuida de sus hijos
(Lc 12.22–31)

25 "Por lo tanto, yo les digo: No se preocupen por lo que han de comer o beber para vivir, ni por la ropa que necesitan para el cuerpo. ¿No vale la vida más que la comida y el cuerpo más que la ropa? 26 Miren las aves que vuelan por el aire: no siembran ni cosechan ni guardan la cosecha en graneros; sin embargo, el Padre de ustedes que está en el cielo les da de comer. ¡Y ustedes valen más que las aves! 27 En todo caso, por mucho que uno se preocupe, ¿cómo podrá prolongar su vida ni siquiera una hora?[l]
28 "¿Y por qué se preocupan ustedes por la ropa? Fíjense cómo crecen los lirios del campo: no trabajan ni hilan. 29 Sin embargo, les digo que ni siquiera el rey Salomón, con todo su lujo,[m] se vestía como uno de ellos. 30 Pues si Dios viste así a la hierba, que hoy está en el campo y mañana se quema en el horno, ¡con mayor razón los vestirá a ustedes, gente falta de fe! 31 Así que no se preocupen, preguntándose: '¿Qué vamos a comer?' o '¿Qué vamos a beber?' o '¿Con qué vamos a vestirnos?' 32 Todas estas cosas son las que preocupan a los paganos, pero ustedes tienen un Padre celestial que ya sabe que las necesitan. 33 Por lo tanto, pongan toda su atención en el reino de los cielos y en hacer lo que es justo ante Dios, y recibirán también todas estas cosas. 34 No se preocupen por el día de mañana, porque mañana habrá tiempo para preocuparse. Cada día tiene bastante con sus propios problemas.

No juzgar a otros
(Lc 6.37–38,41–42)

7 1 "No juzguen a otros, para que Dios no los juzgue a ustedes. 2 Pues Dios los juzgará a ustedes de la misma manera que ustedes juzguen a otros; y con la misma medida con que ustedes den a otros, Dios les dará a ustedes.[a] 3 ¿Por qué te pones a mirar la astilla que tiene tu hermano en el ojo, y no te fijas en el tronco que tú tienes en el tuyo? 4 Y si tú tienes un tronco en tu propio ojo, ¿cómo puedes decirle a tu hermano: 'Déjame sacarte la astilla que tienes en el ojo'? 5 ¡Hipócrita!, saca primero el tronco de tu propio ojo, y así podrás ver bien para sacar la astilla que tiene tu hermano en el suyo.
6 "No den las cosas sagradas a los perros, no sea que se vuelvan contra ustedes y los hagan pedazos. Y no echen sus perlas a los cerdos, no sea que las pisoteen.

Pedir, buscar y llamar a la puerta
(Lc 11.9–13; 6.31)

7 "Pidan, y Dios les dará; busquen, y encontrarán; llamen a la puerta, y se les abrirá. 8 Porque el que pide, recibe; y el que busca, encuentra; y al que llama a la puerta, se le abre. 9 "¿Acaso alguno de ustedes sería capaz de darle a su hijo una piedra cuando le pide pan? 10 ¿O de darle una culebra cuando le pide un pescado? 11 Pues si ustedes, que son malos, saben dar cosas buenas a sus hijos, ¡cuánto más su Padre que está en el cielo dará cosas buenas a quienes se las pidan!
12 "Así pues, hagan ustedes con los demás como quieran que los demás hagan con ustedes; porque en eso se resumen la ley y los profetas.[b]

La puerta angosta
(Lc 13.24)

13 "Entren por la puerta angosta. Porque la puerta y el camino que llevan a la perdición son anchos y espaciosos, y muchos entran por ellos; 14 pero la puerta y el camino que llevan a la vida son angostos y difíciles, y pocos los encuentran.

Los reconocerán por sus acciones
(Lc 6.43–44)

15 "Cuídense de esos mentirosos que pretenden hablar de parte de Dios. Vienen a ustedes disfrazados de ovejas, pero por dentro son lobos feroces. 16 Ustedes los pueden reconocer por sus acciones, pues no se cosechan uvas de los espinos ni higos de los cardos. 17 Así, todo árbol bueno da fruto bueno, pero el árbol malo da fruto malo. 18 El árbol bueno no puede dar fruto

---

k 6.24 *Riquezas:* gr. *mamonas,* palabra tomada del arameo. l 6.27 ¿Cómo . . . hora?: otra posible traducción: ¿cómo *puede añadir medio metro a su estatura?* m 6.29 1 R 10.4–7,23. a 7.2 Mc 4.24. b 7.12 Lc 6.31; cf. Tb 4.15.

malo, ni el árbol malo dar fruto bueno. 19Todo árbol que no da buen fruto, se corta y se echa al fuego. 20De modo que ustedes los reconocerán por sus acciones.[c]

Para entrar en el reino de los cielos
(Lc 13.25–27)

21"No todos los que me dicen: 'Señor, Señor', entrarán en el reino de los cielos, sino solamente los que hacen la voluntad de mi Padre celestial.[d] 22Aquel día muchos me dirán: 'Señor, Señor, nosotros comunicamos mensajes en tu nombre, y en tu nombre expulsamos demonios, y en tu nombre hicimos muchos milagros.' 23Pero entonces les contestaré: 'Nunca los conocí; ¡aléjense de mí, malhechores!'

La casa bien o mal fundada
(Mc 1.22; Lc 6.47–49)

24"Por tanto, el que me oye y hace lo que yo digo, es como un hombre prudente que construyó su casa sobre la roca. 25Vino la lluvia, crecieron los ríos y soplaron los vientos contra la casa; pero no cayó, porque tenía su base sobre la roca. 26Pero el que me oye y no hace lo que yo digo, es como un tonto que construyó su casa sobre la arena. 27Vino la lluvia, crecieron los ríos, soplaron los vientos y la casa se vino abajo. ¡Fue un gran desastre!"

28Cuando Jesús terminó de hablar, toda la gente estaba admirada de cómo les enseñaba, 29porque lo hacía con plena autoridad, y no como sus maestros de la ley.[e]

Jesús sana a un leproso
(Mc 1.40–45; Lc 5.12–16)

8 1Cuando Jesús bajó del monte, mucha gente lo siguió. 2En esto se le acercó un hombre enfermo de lepra, el cual se puso de rodillas delante de él y le dijo:

—Señor, si quieres, puedes limpiarme de mi enfermedad.

3Jesús lo tocó con la mano, y dijo:

—Quiero. ¡Queda limpio!

Al momento, el leproso quedó limpio de su enfermedad. 4Jesús añadió:

—Mira, no se lo digas a nadie;[a] solamente ve y preséntate al sacerdote, y lleva la ofrenda que ordenó Moisés,[b] para que conste ante los sacerdotes.

Jesús sana al criado de un capitán romano[c]
(Lc 7.1–10; Jn 4.43–54)

5Al entrar Jesús en Cafarnaúm, un capitán romano se le acercó para hacerle un ruego. 6Le dijo:

—Señor, mi criado está en casa enfermo, paralizado y sufriendo terribles dolores.

7Jesús le respondió:

—Iré a sanarlo.

8El capitán contestó:

—Señor, yo no merezco que entres en mi casa; solamente da la orden, y mi criado quedará sano. 9Porque yo mismo estoy bajo órdenes superiores, y a la vez tengo soldados bajo mi mando. Cuando le digo a uno de ellos que vaya, va; cuando le digo a otro que venga, viene; y cuando mando a mi criado que haga algo, lo hace.

10Jesús se quedó admirado al oir esto, y dijo a los que le seguían:

—Les aseguro que no he encontrado a nadie en Israel con tanta fe como este hombre. 11Y les digo que muchos vendrán de oriente y de occidente, y se sentarán a comer con Abraham, Isaac y Jacob en el reino de los cielos,[d] 12pero los que deberían estar en el reino, serán echados a la oscuridad de afuera. Entonces vendrán el llanto y la desesperación.

13Luego Jesús dijo al capitán:

—Vete a tu casa, y que se haga tal como has creído.

En ese mismo momento el criado quedó sano.

Jesús sana a la suegra de Pedro
(Mc 1.29–31; Lc 4.38–39)

14Jesús fue a casa de Pedro, donde encontró a la suegra de este en cama y con fiebre. 15Jesús tocó entonces la mano de ella, y la fiebre se le quitó, así que ella se levantó y comenzó a atenderlo.

Jesús sana a muchos enfermos
(Mc 1.32–34; Lc 4.40–41)

16Al anochecer llevaron a Jesús muchas personas endemoniadas; y con una orden expulsó

---

c **7.20** Mt 12.33,35; cf. Eclo 27.6. d **7.21** Lc 6.46. e **7.28–29** Lc 4.32. Cf. Mt 28.18. a **8.4** Cf. Mt 9.30; 12.16. b **8.4** *La ofrenda que ordenó Moisés:* para la purificación ritual (Lv 14.1–32). c **8.5–13** El relato presenta muchas semejanzas con Jn 4.46–53. d **8.11** Lc 13.29. Cf. Is 25.6; Lc 14.15; Ap 19.9.

a los espíritus malos, y también sanó a todos los enfermos. **17**Esto sucedió para que se cumpliera lo que anunció el profeta Isaías, cuando dijo: "Él tomó nuestras debilidades y cargó con nuestras enfermedades."*e*

Para seguir a Jesús
(Lc 9.57–62)

18Jesús, al verse rodeado por la multitud, dio orden de pasar al otro lado del lago. **19**Entonces se le acercó un maestro de la ley, y le dijo:

—Maestro, deseo seguirte a dondequiera que vayas.

20Jesús le contestó:

—Las zorras tienen cuevas y las aves tienen nidos, pero el Hijo del hombre no tiene donde recostar la cabeza.

21Otro, que era uno de sus discípulos, le dijo:

—Señor, déjame ir primero a enterrar a mi padre.

22Jesús le contestó:

—Sígueme, y deja que los muertos entierren a sus muertos.

Jesús calma la tormenta
(Mc 4.35–41; Lc 8.22–25)

23Jesús subió a la barca, y sus discípulos lo acompañaron. **24**En esto se desató sobre el lago una tormenta tan fuerte que las olas cubrían la barca. Pero Jesús se había dormido. **25**Entonces sus discípulos fueron a despertarlo, diciéndole:

—¡Señor, sálvanos! ¡Nos estamos hundiendo!

26Él les contestó:

—¿Por qué tanto miedo? ¡Qué poca fe tienen ustedes!

Dicho esto, se levantó y dio una orden al viento y al mar, y todo quedó completamente tranquilo. **27**Ellos, admirados, se preguntaban:

—¿Pues quién será este, que hasta los vientos y el mar lo obedecen?

Los endemoniados de Gadara
(Mc 5.1–20; Lc 8.26–39)

28Cuando Jesús llegó al otro lado del lago, a la tierra de Gadara, dos endemoniados salieron de entre las tumbas y se acercaron a él. Eran tan feroces que nadie podía pasar por aquel camino; **29**y se pusieron a gritar:

—¡No te metas con nosotros, Hijo de Dios! ¿Viniste acá para atormentarnos antes de tiempo?

30A cierta distancia de allí había muchos cerdos comiendo, **31**y los demonios le rogaron a Jesús:

—Si nos expulsas, déjanos entrar en esos cerdos.

32Jesús les dijo:

—Vayan.

Los demonios salieron de los hombres y entraron en los cerdos; y al momento todos los cerdos echaron a correr pendiente abajo hasta el lago, y allí se ahogaron.

33Los que cuidaban de los cerdos salieron huyendo, y al llegar al pueblo comenzaron a contar lo sucedido, todo lo que había pasado con los endemoniados. **34**Entonces todos los del pueblo salieron a donde estaba Jesús, y al verlo le rogaron que se fuera de aquellos lugares.

Jesús perdona y sana a un paralítico
(Mc 2.1–12; Lc 5.17–26)

9 **1**Después de esto, Jesús subió a una barca, pasó al otro lado del lago y llegó a su propio pueblo.*a* **2**Allí le llevaron un paralítico, acostado en una camilla; y cuando Jesús vio la fe que tenían, le dijo al enfermo:

—Ánimo, hijo; tus pecados quedan perdonados.

3Algunos maestros de la ley pensaron: "Lo que este ha dicho es una ofensa contra Dios." **4**Pero como Jesús se dio cuenta de lo que estaban pensando, les preguntó:

—¿Por qué tienen ustedes tan malos pensamientos? **5**¿Qué es más fácil, decir: 'Tus pecados quedan perdonados', o decir: 'Levántate y anda'? **6**Pues voy a demostrarles que el Hijo del hombre tiene autoridad en la tierra para perdonar pecados.

Entonces le dijo al paralítico:

—Levántate, toma tu camilla y vete a tu casa.

7El paralítico se levantó y se fue a su casa. **8**Al ver esto, la gente tuvo miedo y alabó a Dios por haber dado tal poder a los hombres.

Jesús llama a Mateo
(Mc 2.13–17; Lc 5.27–32)

9Jesús se fue de allí y vio a un hombre llamado Mateo, que estaba sentado en el lugar donde cobraba los impuestos para Roma. Jesús le dijo:

---

e **8.17** Is 53.4. *a* **9.1** *Su propio pueblo:* Cafarnaúm (Mc 2.1).

—Sígueme.

Entonces Mateo se levantó y lo siguió.

10 Sucedió que Jesús estaba comiendo en la casa, y muchos de los que cobraban impuestos para Roma, y otra gente de mala fama, llegaron y se sentaron también a la mesa junto con Jesús y sus discípulos. 11 Al ver esto, los fariseos preguntaron a los discípulos:

—¿Cómo es que su maestro come con cobradores de impuestos y pecadores?

12 Jesús lo oyó y les dijo:

—Los que están buenos y sanos no necesitan médico, sino los enfermos. 13 Vayan y aprendan el significado de estas palabras: 'Lo que quiero es que sean compasivos, y no que ofrezcan sacrificios.' b Pues yo no he venido a llamar a los justos, sino a los pecadores.

La pregunta sobre el ayuno
(Mc 2.18–22; Lc 5.33–39)

14 Los seguidores de Juan el Bautista se acercaron a Jesús y le preguntaron:

—Nosotros y los fariseos ayunamos mucho, ¿por qué tus discípulos no ayunan?

15 Jesús les contestó:

—¿Acaso pueden estar tristes los invitados a una boda, mientras el novio está con ellos? Pero llegará el momento en que se lleven al novio; entonces sí ayunarán.

16 "Nadie arregla un vestido viejo con un remiendo de tela nueva, porque el remiendo nuevo se encoge y rompe el vestido viejo, y el desgarrón se hace mayor. 17 Ni tampoco se echa vino nuevo en cueros viejos, porque los cueros se revientan, y tanto el vino como los cueros se pierden. Por eso hay que echar el vino nuevo en cueros nuevos, para que así se conserven las dos cosas."

La mujer enferma y la hija de Jairo
(Mc 5.21–43; Lc 8.40–56)

18 Mientras Jesús les estaba hablando, un jefe de los judíos llegó, se arrodilló ante él y le dijo:

—Mi hija acaba de morir; pero si tú vienes y pones tu mano sobre ella, volverá a la vida.

19 Jesús se levantó, y acompañado de sus discípulos se fue con él. 20 Entonces una mujer que desde hacía doce años estaba enferma, con derrames de sangre, se acercó a Jesús por detrás

y le tocó el borde de la capa. 21 Porque pensaba: "Tan solo con que llegue a tocar su capa, quedaré sana." 22 Pero Jesús se dio la vuelta, vio a la mujer y le dijo:

—Ánimo, hija, por tu fe has sido sanada.

Y desde aquel mismo momento quedó sana.

23 Cuando Jesús llegó a casa del jefe de los judíos, y vio que los músicos estaban preparados ya para el entierro y que la gente lloraba a gritos, 24 les dijo:

—Sálganse de aquí, pues la muchacha no está muerta, sino dormida.

La gente se rió de Jesús, 25 pero él los hizo salir; luego entró y tomó de la mano a la muchacha, y ella se levantó. 26 Y por toda aquella región corrió la noticia de lo que había pasado.

Jesús sana a dos ciegos

27 Al salir Jesús de allí, dos ciegos lo siguieron, gritando:

—¡Ten compasión de nosotros, Hijo de David!

28 Cuando Jesús entró en la casa, los ciegos se le acercaron, y él les preguntó:

—¿Creen ustedes que puedo hacer esto?

—Sí, Señor —le contestaron.

29 Entonces Jesús les tocó los ojos, y les dijo:

—Que se haga conforme a la fe que ustedes tienen.

30 Y recobraron la vista. Jesús les advirtió mucho:

—Procuren que no lo sepa nadie.

31 Pero, apenas salieron, contaron por toda aquella región lo que Jesús había hecho.

Jesús sana a un mudo

32 Mientras los ciegos salían, algunas personas trajeron a Jesús un mudo que estaba endemoniado. 33 En cuanto Jesús expulsó al demonio, el mudo comenzó a hablar. La gente, admirada, decía:

—¡Nunca se ha visto en Israel una cosa igual!

34 Pero los fariseos decían:

—Es el propio jefe de los demonios quien le ha dado a este el poder de expulsarlos. c

La cosecha es mucha

35 Jesús recorría todos los pueblos y aldeas, enseñando en las sinagogas de cada lugar. Anunciaba la buena noticia del reino, y curaba toda

---

b 9.13 Os 6.6, citado también en Mt 12.7. Cf. también Mt 5.23–24. c 9.34 Mt 12.24; Mc 3.22; Lc 11.15. Jefe de los demonios: Véase 12.24 n.

clase de enfermedades y dolencias. 36 Al ver a la gente, sintió compasión de ellos, porque estaban cansados y abatidos, como ovejas que no tienen pastor.*d* 37 Dijo entonces a sus discípulos:

—Ciertamente la cosecha es mucha, pero los trabajadores son pocos. 38 Por eso, pidan ustedes al Dueño de la cosecha que mande trabajadores a recogerla.*e*

Jesús escoge a los doce apóstoles
(Mc 3.13–19; Lc 6.12–16)

10 1 Jesús llamó a sus doce discípulos, y les dio autoridad para expulsar a los espíritus impuros y para curar toda clase de enfermedades y dolencias.

2 Estos son los nombres de los doce apóstoles: primero Simón, llamado también Pedro, y su hermano Andrés; Santiago y su hermano Juan, hijos de Zebedeo; 3 Felipe y Bartolomé; Tomás y Mateo, el que cobraba impuestos para Roma; Santiago, hijo de Alfeo, y Tadeo; 4 Simón el cananeo,*a* y Judas Iscariote, que después traicionó a Jesús.

Jesús instruye y envía a los apóstoles
(Mc 6.7–13; Lc 9.1–6)

5 Jesús envió a estos doce con las siguientes instrucciones:*b* "No vayan a las regiones de los paganos ni entren en los pueblos de Samaria; 6 vayan más bien a las ovejas perdidas del pueblo de Israel.*c* 7 Vayan y anuncien que el reino de los cielos se ha acercado.*d* 8 Sanen a los enfermos, resuciten a los muertos, limpien de su enfermedad a los leprosos y expulsen a los demonios. Ustedes recibieron gratis este poder; no cobren tampoco por emplearlo.

9 "No lleven oro ni plata ni cobre 10 ni provisiones para el camino. No lleven ropa de repuesto ni sandalias ni bastón, pues el trabajador tiene derecho a su alimento.*e* 11 "Cuando lleguen ustedes a un pueblo o aldea, busquen alguna persona de confianza y quédense en su casa hasta que se vayan de allí. 12 Al entrar en la casa, saluden a los que viven en ella. 13 Si la gente de la casa lo merece, su

deseo de paz se cumplirá; pero si no lo merece, ustedes nada perderán. 14 Y si no los reciben ni los quieren oir, salgan de la casa o del pueblo y sacúdanse el polvo de los pies.*f* 15 Les aseguro que en el día del juicio el castigo para ese pueblo será peor que para la gente de la región de Sodoma y Gomorra.

Persecuciones

16 "¡Miren! Yo los envío a ustedes como ovejas en medio de lobos. Sean, pues, astutos como serpientes, aunque también sencillos como palomas. 17 Tengan cuidado, porque los entregarán a las autoridades, los golpearán en las sinagogas 18 y hasta los presentarán ante gobernadores y reyes por causa mía; así podrán dar testimonio de mí delante de ellos y de los paganos. 19 Pero cuando los entreguen a las autoridades, no se preocupen ustedes por lo que han de decir o cómo han de decirlo, porque cuando les llegue el momento de hablar, Dios les dará las palabras. 20 Pues no serán ustedes quienes hablen, sino que el Espíritu de su Padre hablará por ustedes.*g*

21 "Los hermanos entregarán a la muerte a sus hermanos, y los padres a sus hijos; y los hijos se volverán contra sus padres y los matarán.*h* 22 Todo el mundo los odiará a ustedes por causa mía; pero el que se mantenga firme hasta el fin, se salvará.*i* 23 Cuando los persigan en una ciudad, huyan a otra; pues les aseguro que el Hijo del hombre vendrá antes que ustedes hayan recorrido todas las ciudades de Israel.

24 "Ningún discípulo es más que su maestro, y ningún criado es más que su amo.*j* 25 El discípulo debe conformarse con llegar a ser como su maestro, y el criado como su amo. Si al jefe de la casa lo llaman Beelzebú,*k* ¿qué dirán de los de su familia?

Hablar sin temor
(Lc 12.2–7)

26 "No tengan, pues, miedo de la gente. Porque no hay nada secreto que no llegue a descubrirse, ni nada escondido que no llegue a

---

d 9.36 Cf. Jer 50.6–7; Ez 34.5; Mc 6.34. *e* 9.37–38 Lc 10.2; Jn 4.35. *a* 10.4 *Cananeo:* nombre derivado de una palabra aramea que significa *celoso* o *ferviente,* y que no debe confundirse con el nombre dado a los habitantes de Canaán. Véase también Lc 6.15 n. *b* 10.5–14 Cf. Lc 10.4–11. *c* 10.6 Cf. Jer 50.6; Mt 15.24. *d* 10.7 Mt 3.2. *e* 10.10 1 Co 9.14; 1 Ti 5.18. *f* 10.14 *Sacúdanse el polvo de los pies:* en señal de rechazo. Cf. Hch 13.51. *g* 10.17–20 Lc 12.11–12; cf. Hch 4.1–8. *h* 10.21 Mc 13.12; Lc 21.16. *i* 10.22 Mt 24.9,13. *j* 10.24 Lc 6.40; Jn 13.16; 15.20. *k* 10.25 *Beelzebú:* jefe de los demonios; véase Mt 12.24 n.

saberse. **27**Lo que les digo en la oscuridad, díganlo ustedes a la luz del día; y lo que les digo en secreto, grítenlo desde las azoteas de las casas. **28**No tengan miedo de los que matan el cuerpo pero no pueden matar el alma; teman más bien al que puede hacer perecer*l* alma y cuerpo en el infierno.

29"¿No se venden dos pajarillos por una monedita? Sin embargo, ni uno de ellos cae a tierra sin que el Padre de ustedes lo permita. **30**En cuanto a ustedes mismos, hasta los cabellos de la cabeza él los tiene contados uno por uno. **31**Así que no tengan miedo: ustedes valen más que muchos pajarillos.

Reconocer a Jesucristo delante de los hombres
(Lc 12.8–9)

32"Si alguien se declara a mi favor delante de los hombres, yo también me declararé a favor de él delante de mi Padre que está en el cielo; **33**pero al que me niegue delante de los hombres, yo también lo negaré delante de mi Padre que está en el cielo.*m*

Jesús, causa de división
(Lc 12.51–53; 14.26–27)

34"No crean que yo he venido a traer paz al mundo; no he venido a traer paz, sino guerra. **35**He venido a poner al hombre contra su padre, a la hija contra su madre y a la nuera contra su suegra; **36**de modo que los enemigos de cada cual serán sus propios parientes.*n*

37"El que quiere a su padre o a su madre más que a mí, no merece ser mío; el que quiere a su hijo o a su hija más que a mí, no merece ser mío; **38**y el que no toma su cruz y me sigue, no merece ser mío. **39**El que trate de salvar su vida,*ñ* la perderá, pero el que pierda su vida por causa mía, la salvará.*o*

Premios
(Mc 9.41)

40"El que los recibe a ustedes, me recibe a mí; y el que me recibe a mí, recibe al que me envió.*p* **41**El que recibe a un profeta por ser profeta, recibirá igual premio que el profeta; y el que recibe a un justo por ser justo, recibirá el mismo premio que el justo. **42**Y cualquiera que le da siquiera un vaso de agua fresca a uno de estos pequeños por ser seguidor mío, les aseguro que tendrá su premio."

11 **1**Cuando Jesús terminó de dar instrucciones a sus doce discípulos, se fue de allí a enseñar y anunciar el mensaje en los pueblos de aquella región.

Los enviados de Juan el Bautista
(Lc 7.18–35)

2Juan, que estaba en la cárcel,*a* tuvo noticias de lo que Cristo estaba haciendo. Entonces envió algunos de sus seguidores **3**a que le preguntaran si él era de veras el que había de venir, o si debían esperar a otro.

4Jesús les contestó: "Vayan y díganle a Juan lo que están viendo y oyendo. **5**Cuéntenle que los ciegos ven, los cojos andan, los leprosos quedan limpios de su enfermedad, los sordos oyen,*b* los muertos vuelven a la vida y a los pobres se les anuncia la buena noticia.*c* **6**¡Y dichoso aquel que no encuentre en mí motivo de tropiezo!"

7Cuando ellos se fueron, Jesús comenzó a hablar a la gente acerca de Juan, diciendo: "¿Qué salieron ustedes a ver al desierto? ¿Una caña sacudida por el viento? **8**Y si no, ¿qué salieron a ver? ¿Un hombre vestido lujosamente? Ustedes saben que los que se visten lujosamente están en las casas de los reyes. **9**En fin, ¿a qué salieron? ¿A ver a un profeta? Sí, de veras, y a uno que es mucho más que profeta. **10**Juan es aquel de quien dice la Escritura:

'Yo envío mi mensajero delante de ti,
para que te prepare el camino.'*d*

11Les aseguro que, entre todos los hombres, ninguno ha sido más grande que Juan el Bautista; y, sin embargo, el más pequeño en el reino de los cielos es más grande que él. **12**"Desde que vino Juan el Bautista hasta ahora, el reino de los cielos sufre violencia,*e* y los que usan la fuerza pretenden acabar con él. **13**Todos los profetas y la ley fueron solo un

---

l **10.28** *Al que puede hacer perecer:* Dios; cf. Heb 10.31; Stg 4.12. *m* **10.33** Mc 8.38; 2 Ti 2.12. *n* **10.35–36** Miq 7.6.
ñ **10.39** *Vida:* Véase 16.25–26 n. *o* **10.38–39** Mt 16.24–25; Mc 8.34–35; Lc 9.23–24; Jn 12.24–25. *p* **10.40** Mc 9.37; Lc 10.16; Jn 13.20; cf. Jn 14.9. *a* **11.2** *Juan . . . la cárcel:* Mt 4.12; 14.3–4. *b* **11.5** Cf. Is 29.18–19; 35.5–6.
c **11.5** Cf. Is 61.1; cf. también Lc 4.18–21. *d* **11.10** Mal 3.1; cf. Ex 23.20. *e* **11.12–13** *Sufre violencia:* otra posible traducción: *se abre paso con fuerza.*

anuncio del reino, hasta que vino Juan; 14y, si ustedes quieren aceptar esto, Juan es el profeta Elías que había de venir.*f* 15Los que tienen oídos, oigan.

16 "¿A qué compararé la gente de este tiempo? Se parece a los niños que se sientan a jugar en las plazas y gritan a sus compañeros: 17'Tocamos la flauta, pero ustedes no bailaron; cantamos canciones tristes, pero ustedes no lloraron.' 18Porque vino Juan, que ni come ni bebe, y dicen que tiene un demonio. 19Luego ha venido el Hijo del hombre, que come y bebe, y dicen que es glotón y bebedor, amigo de gente de mala fama y de los que cobran impuestos para Roma. Pero la sabiduría de Dios se demuestra por sus resultados."

Reproches contra las ciudades incrédulas
(Lc 10.13–15)

20Entonces Jesús comenzó a reprender a los pueblos donde había hecho la mayor parte de sus milagros, porque no se habían vuelto a Dios. Decía Jesús: 21"¡Ay de ti, Corazín! ¡Ay de ti, Betsaida! Porque si en Tiro y Sidón se hubieran hecho los milagros que se han hecho entre ustedes, ya hace tiempo que se habrían vuelto a Dios, cubiertos de ropas ásperas y ceniza. 22Pero les digo que en el día del juicio el castigo para ustedes será peor que para la gente de Tiro y Sidón. 23Y tú, Cafarnaúm, ¿crees que serás levantado hasta el cielo? ¡Bajarás hasta lo más hondo del abismo!*g* Porque si en Sodoma se hubieran hecho los milagros que se han hecho en ti, esa ciudad habría permanecido hasta el día de hoy. 24Pero les digo que en el día del juicio el castigo para ti será peor que para la región de Sodoma."

Solo el Hijo sabe quién es el Padre
(Lc 10.21–22)

25En aquel tiempo, Jesús dijo: "Te alabo, Padre, Señor del cielo y de la tierra, porque has mostrado a los sencillos las cosas que escondiste de los sabios y entendidos. 26Sí, Padre, porque así lo has querido."

27"Mi Padre me ha entregado todas las cosas. Nadie conoce realmente al Hijo, sino el Padre; y nadie conoce realmente al Padre, sino el Hijo

y aquellos a quienes el Hijo quiera darlo a conocer. 28Vengan a mí todos ustedes que están cansados de sus trabajos y cargas, y yo los haré descansar. 29Acepten el yugo que les pongo, y aprendan de mí, que soy paciente y de corazón humilde; así encontrarán descanso. 30Porque el yugo que les pongo y la carga que les doy a llevar son ligeros."

Los discípulos arrancan espigas en sábado
(Mc 2.23–28; Lc 6.1–5)

12 1Por aquel tiempo, Jesús caminaba un sábado entre los sembrados. Sus discípulos sintieron hambre, y comenzaron a arrancar espigas de trigo y a comer los granos. 2Los fariseos lo vieron, y dijeron a Jesús:

—Mira, tus discípulos están haciendo algo que no está permitido hacer en sábado.

3Él les contestó:

—¿No han leído ustedes lo que hizo David en una ocasión en que él y sus compañeros tuvieron hambre? 4Pues entró en la casa de Dios y comieron los panes consagrados a Dios, los cuales no les estaba permitido comer ni a él ni a sus compañeros, sino solamente a los sacerdotes.*a* 5¿O no han leído en la ley de Moisés que los sacerdotes en el templo no cometen pecado aunque no descansen el sábado?*b* 6Pues les digo que aquí hay algo más importante que el templo.*c* 7Ustedes no han entendido el significado de estas palabras: 'Lo que quiero es que sean compasivos, y no que ofrezcan sacrificios.'*d* Si lo hubieran entendido, no condenarían a quienes no han cometido ninguna falta. 8Pues bien, el Hijo del hombre tiene autoridad sobre el sábado.

Jesús sana a un enfermo en sábado
(Mc 3.1–6; Lc 6.6–11)

9Jesús se fue de allí y entró en la sinagoga del lugar. 10Había en ella un hombre que tenía una mano tullida; y como buscaban algún pretexto para acusar a Jesús, le preguntaron:

—¿Está permitido sanar a un enfermo en sábado?

11Jesús les contestó:

—¿Quién de ustedes, si tiene una oveja y se le cae a un pozo en sábado, no va y la saca?*e*

---

f **11.14** Mal 4.5; Mt 17.10–13; Mc 9.11–13. *g* **11.23** Is 14.13–15. *Lo más hondo del abismo:* lit. *Hades,* nombre griego que se refiere al lugar de los muertos. *a* **12.3–4** 1 S 21.1–6; cf. Ex 35.13; Lv 24.5–9. *b* **12.5** Nm 28.9–10. *c* **12.6** Cf. vv. 41–42. *d* **12.7** Os 6.6; cf. Mt 9.13. *e* **12.11** Lc 14.5.

12 Pues ¡cuánto más vale un hombre que una oveja! Por lo tanto, sí está permitido hacer el bien los sábados.

13 Entonces le dijo a aquel hombre:

—Extiende la mano.

El hombre la extendió, y le quedó tan sana como la otra. 14 Pero cuando los fariseos salieron, comenzaron a hacer planes para matar a Jesús.

Cumplimiento de la profecía

15 Jesús, al saberlo, se fue de allí, y mucha gente lo siguió. Jesús sanaba a todos los enfermos, 16 y les ordenaba que no hablaran de él en público. 17 Esto fue para que se cumpliera lo que anunció el profeta Isaías, cuando dijo:

18 "Aquí está mi siervo, a quien he escogido,
mi amado, en quien me deleito.
Pondré sobre él mi Espíritu,
y proclamará justicia a las naciones.
19 No protestará ni gritará;
nadie oirá su voz en las calles.
20 No romperá la caña quebrada
ni apagará la mecha que apenas humea,
hasta que haga triunfar la justicia.
21 Y las naciones pondrán su esperanza
en él." f

Acusación contra Jesús
(Mc 3.20–30; Lc 11.14–23; 12.10)

22 Llevaron a Jesús un hombre ciego y mudo, que estaba endemoniado, y Jesús le devolvió la vista y el habla. g 23 Todos se preguntaban admirados: "¿Será este el Hijo de David?"

24 Al oír esto, los fariseos dijeron: "Beelzebú, el jefe de los demonios, es quien le ha dado a este hombre el poder de expulsarlos." h

25 Jesús, que sabía lo que estaban pensando, les dijo: "Todo país dividido en bandos enemigos, se destruye a sí mismo; y una ciudad o una familia dividida en bandos, no puede mantenerse. 26 Así también, si Satanás expulsa al propio Satanás, contra sí mismo está dividido; ¿cómo, pues, mantendrá su poder? 27 Ustedes dicen que yo expulso a los demonios por el poder de Beelzebú; pero si es así, ¿quién da a los seguidores de ustedes el poder para expulsarlos? Por eso, ellos mismos demuestran que ustedes

están equivocados. 28 Porque si yo expulso a los demonios por medio del Espíritu de Dios, eso significa que el reino de los cielos ya ha llegado a ustedes.

29 "¿Cómo podrá entrar alguien en la casa de un hombre fuerte y robarle sus cosas, si primero no lo ata? Solamente así podrá robárselas.

30 "El que no está a mi favor, está en contra mía; i y el que conmigo no recoge, desparrama.

31 "Por eso les digo que Dios perdonará a los hombres todos los pecados y todo lo malo que digan, pero no les perdonará que con sus palabras ofendan al Espíritu Santo. 32 Dios perdonará incluso a aquel que diga algo contra el Hijo del hombre; pero al que hable contra el Espíritu Santo, no lo perdonará ni en el mundo presente ni en el venidero. j

El árbol se conoce por su fruto
(Lc 6.43–45)

33 "Si el árbol es bueno, dará buen fruto; si el árbol es malo, dará mal fruto; pues el árbol se conoce por su fruto. k 34 ¡Raza de víboras! ¿Cómo pueden decir cosas buenas, si ustedes mismos son malos? De lo que abunda en el corazón, habla la boca. 35 El hombre bueno dice cosas buenas porque el bien está en él, y el hombre malo dice cosas malas porque el mal está en él. 36 Y yo les digo que en el día del juicio todos tendrán que dar cuenta de cualquier palabra inútil que hayan pronunciado. 37 Pues por tus propias palabras serás juzgado, y declarado inocente o culpable."

Algunos piden una señal milagrosa
(Mc 8.12; Lc 11.29–32)

38 Algunos de los fariseos y maestros de la ley dijeron entonces a Jesús:

—Maestro, queremos verte hacer alguna señal milagrosa. l

39 Jesús les contestó:

—Esta gente malvada e infiel pide una señal milagrosa; pero no va a dársele más señal que la del profeta Jonás. 40 Pues así como Jonás estuvo tres días y tres noches dentro del gran pez, m así también el Hijo del hombre estará tres días y tres noches dentro de la tierra. 41 Los de Nínive se levantarán en el día del juicio, cuando

---

f 12.17–21 Is 42.1–4. g 12.22 Mt 9.32–33. h 12.24 Mt 9.34; 10.25. *Beelzebú:* nombre dado al diablo como jefe de los espíritus malos. i 12.30 Mc 9.40; Lc 9.50. j 12.31–32 Mc 3.28–29; Lc 12.10. k 12.33 Mt 7.20; Lc 6.44; cf. Eclo 27.6. l 12.38 Mt 16.1; Lc 11.16. m 12.40 Jon 1.17.

se juzgue a la gente de este tiempo, y la condenarán; porque los de Nínive se volvieron a Dios cuando oyeron el mensaje de Jonás, y lo que hay aquí es mayor que Jonás.[n] 42También la reina del Sur se levantará en el día del juicio, cuando se juzgue a la gente de este tiempo, y la condenará; porque ella vino de lo más lejano de la tierra para escuchar la sabiduría de Salomón,[ñ] y lo que hay aquí es mayor que Salomón.

El espíritu impuro que regresa
(Lc 11.24–26)

43"Cuando un espíritu impuro sale de un hombre, anda por lugares secos buscando descanso; y si no lo encuentra, piensa: 44'Regresaré a mi casa, de donde salí.' Cuando regresa, encuentra a ese hombre como una casa desocupada, barrida y arreglada. 45Entonces va y reúne otros siete espíritus peores que él, y todos juntos se meten a vivir en aquel hombre, que al final queda peor que al principio. Eso mismo le va a suceder a esta gente malvada."

La madre y los hermanos de Jesús
(Mc 3.31–35; Lc 8.19–21)

46Todavía estaba Jesús hablando a la gente, cuando acudieron su madre y sus hermanos, que deseaban hablar con él. Como se quedaron fuera, 47alguien avisó a Jesús:

—Tu madre y tus hermanos están ahí fuera, y quieren hablar contigo.[o]

48Pero él contestó al que le llevó el aviso:

—¿Quién es mi madre, y quiénes son mis hermanos?

49Entonces, señalando a sus discípulos, dijo:

—Estos son mi madre y mis hermanos. 50Porque cualquiera que hace la voluntad de mi Padre que está en el cielo, ese es mi hermano, mi hermana y mi madre.

La parábola del sembrador
(Mc 4.1–9; Lc 8.4–8)

13 1Aquel mismo día salió Jesús de casa y se sentó a la orilla del lago. 2Como se reunió mucha gente, Jesús subió a una barca y se sentó, mientras la gente se quedaba en la playa. 3Entonces se puso a hablarles de muchas cosas por medio de parábolas.

Les dijo: "Un sembrador salió a sembrar. 4Y al sembrar, una parte de la semilla cayó en el camino, y llegaron las aves y se la comieron. 5Otra parte cayó entre las piedras, donde no había mucha tierra; esa semilla brotó pronto, porque la tierra no era muy honda; 6pero el sol, al salir, la quemó, y como no tenía raíz, se secó. 7Otra parte de la semilla cayó entre espinos, y los espinos crecieron y la ahogaron. 8Pero otra parte cayó en buena tierra, y dio buena cosecha; algunas espigas dieron cien granos por semilla, otras sesenta granos, y otras treinta. 9Los que tienen oídos, oigan."

El porqué de las parábolas
(Mc 4.10–12; Lc 8.9–10)

10Los discípulos se acercaron a Jesús y le preguntaron por qué hablaba a la gente por medio de parábolas. 11Jesús les contestó: "A ustedes, Dios les da a conocer los secretos del reino de los cielos; pero a ellos no. 12Pues al que tiene, se le dará más, y tendrá bastante; pero al que no tiene, hasta lo poco que tiene se le quitará.[a] 13Por eso les hablo por medio de parábolas; porque ellos miran, pero no ven; escuchan, pero no oyen ni entienden. 14Así, en el caso de ellos se cumple lo que dijo el profeta Isaías:

'Por más que escuchen, no entenderán,
    por más que miren, no verán.
15 Pues la mente de este pueblo
        está entorpecida,
    tienen tapados los oídos
    y han cerrado sus ojos,
    para no ver ni oir,
    para no entender ni volverse a mí,
    para que yo no los sane.'[b]

16"Pero dichosos ustedes, porque tienen ojos que ven y oídos que oyen. 17Les aseguro que muchos profetas y personas justas quisieron ver esto que ustedes ven, y no lo vieron; quisieron oir esto que ustedes oyen, y no lo oyeron.[c]

Jesús explica la parábola del sembrador
(Mc 4.13–20; Lc 8.11–15)

18"Escuchen, pues, lo que quiere decir la parábola del sembrador: 19Los que oyen el mensaje del reino y no lo entienden, son como la semilla que cayó en el camino; viene el maligno y les quita el mensaje sembrado en su

---

[n] **12.41** Jon 3.5. [ñ] **12.42** 1 R 10.1–10; 2 Cr 9.1–12. [o] **12.47** Algunos mss. omiten el v. 47. [a] **13.12** Mt 25.29; Mc 4.25; Lc 8.18; 19.26. [b] **13.14–15** Is 6.9–10. [c] **13.16–17** Lc 10.23–24; Heb 11.13; 1 P 1.10–12.

corazón. **20**La semilla que cayó entre las piedras representa a los que oyen el mensaje y lo reciben con gusto, **21**pero como no tienen suficiente raíz, no se mantienen firmes; cuando por causa del mensaje sufren pruebas o persecución, fallan. **22**La semilla sembrada entre espinos representa a los que oyen el mensaje, pero los negocios de esta vida les preocupan demasiado y el amor por las riquezas los engaña. Todo esto ahoga el mensaje y no lo deja dar fruto en ellos. **23**Pero la semilla sembrada en buena tierra representa a los que oyen el mensaje y lo entienden y dan una buena cosecha, como las espigas que dieron cien, sesenta o treinta granos por semilla."

La parábola de la mala hierba entre el trigo

24Jesús les contó esta otra parábola: "Sucede con el reino de los cielos como con un hombre que sembró buena semilla en su campo; **25**pero cuando todos estaban durmiendo, llegó un enemigo, sembró mala hierba entre el trigo y se fue. **26**Cuando el trigo creció y se formó la espiga, apareció también la mala hierba. **27**Entonces los trabajadores fueron a decirle al dueño: 'Señor, si la semilla que sembró usted en el campo era buena, ¿de dónde ha salido la mala hierba?' **28**El dueño les dijo: 'Algún enemigo ha hecho esto.' Los trabajadores le preguntaron: '¿Quiere usted que vayamos a arrancar la mala hierba?' **29**Pero él les dijo: 'No, porque al arrancar la mala hierba pueden arrancar también el trigo. **30**Lo mejor es dejarlos crecer juntos hasta la cosecha; entonces mandaré a los que han de recogerla que recojan primero la mala hierba y la aten en manojos, para quemarla, y que después guarden el trigo en mi granero.' "

La parábola de la semilla de mostaza
(Mc 4.30–32; Lc 13.18–19)

31Jesús también les contó esta parábola: "El reino de los cielos es como una semilla de mostaza que un hombre siembra en su campo. **32**Es, por cierto, la más pequeña de todas las semillas; pero cuando crece, se hace más grande que las otras plantas del huerto, y llega a ser como un árbol, tan grande que las aves van y se posan en sus ramas."

La parábola de la levadura
(Lc 13.20–21)

33También les contó esta parábola: "El reino de los cielos es como la levadura que una mujer mezcla con tres medidas de harina para hacer fermentar toda la masa."

Cumplimiento de la Escritura
(Mc 4.33–34)

34Jesús habló de todo esto a la gente por medio de parábolas, y sin parábolas no les hablaba. **35**Esto fue para que se cumpliera lo que había dicho el profeta:

"Hablaré por medio de parábolas;
diré cosas que han estado en secreto
desde que Dios hizo el mundo."

Jesús explica la parábola de la mala hierba

36Jesús despidió entonces a la gente y entró en la casa, donde sus discípulos se le acercaron y le pidieron que les explicara la parábola de la mala hierba en el campo. **37**Jesús les respondió: "El que siembra la buena semilla es el Hijo del hombre, **38**y el campo es el mundo. La buena semilla representa a los que son del reino, y la mala hierba representa a los que son del maligno, **39**y el enemigo que sembró la mala hierba es el diablo. La cosecha representa el fin del mundo, y los que recogen la cosecha son los ángeles. **40**Así como la mala hierba se recoge y se echa al fuego para quemarla, así sucederá también al fin del mundo. **41**El Hijo del hombre mandará a sus ángeles a recoger de su reino a todos los que hacen pecar a otros, y a los que practican el mal. **42**Los echarán en el horno encendido, y vendrán el llanto y la desesperación. **43**Entonces los justos brillarán como el sol en el reino de su Padre. Los que tienen oídos, oigan.

La parábola del tesoro escondido

44"El reino de los cielos es como un tesoro escondido en un terreno. Un hombre encuentra el tesoro, y lo vuelve a esconder allí mismo; lleno de alegría, va y vende todo lo que tiene, y compra ese terreno.

La parábola de la perla de mucho valor

45"Sucede también con el reino de los cielos como con un comerciante que andaba buscando perlas finas; **46**cuando encontró una de mucho valor, fue y vendió todo lo que tenía, y compró esa perla.

La parábola de la red

47"Sucede también con el reino de los cielos como con la red que se echa al mar y recoge toda clase de pescado. 48 Cuando la red se llena, los pescadores la sacan a la playa, donde se sientan a escoger el pescado; guardan el bueno en canastas y tiran el malo. 49 Así también sucederá al fin del mundo: saldrán los ángeles para separar a los malos de los buenos, 50 y echarán a los malos en el horno de fuego. Entonces vendrán el llanto y la desesperación."

Lo nuevo y lo viejo

51 Jesús preguntó:

—¿Entienden ustedes todo esto?

—Sí —contestaron ellos.

52 Entonces Jesús les dijo:

—Cuando un maestro de la ley se instruye acerca del reino de los cielos, se parece al dueño de una casa, que de lo que tiene guardado sabe sacar cosas nuevas y cosas viejas.

Jesús en Nazaret

(Mc 6.1–6; Lc 4.16–30)

53 Cuando Jesús terminó de contar estas parábolas, se fue de allí 54 y llegó a su propia tierra,[d] donde comenzó a enseñar en la sinagoga del lugar. La gente, admirada, decía:

—¿Dónde aprendió este todo lo que sabe? ¿Cómo puede hacer esos milagros? 55 ¿No es este el hijo del carpintero, y no es María su madre? ¿No es el hermano de Santiago, José, Simón y Judas, 56 y no viven sus hermanas también aquí entre nosotros? ¿De dónde le viene todo esto?

57 Y se resistían a creer en él. Pero Jesús les dijo:

—En todas partes se honra a un profeta, menos en su propia tierra y en su propia casa.

58 Y no hizo allí muchos milagros porque aquella gente no tenía fe en él.

La muerte de Juan el Bautista

(Mc 6.14–29; Lc 9.7–9)

14 1 Por aquel mismo tiempo, Herodes, el que gobernaba en Galilea, oyó hablar de Jesús, 2 y dijo a los que estaban a su servicio: "Ese es Juan el Bautista, que ha resucitado. Por eso tiene este poder milagroso."

3 Es que Herodes había hecho arrestar y encarcelar a Juan. Lo hizo por causa de Herodías, esposa de su hermano Filipo,[a] 4 pues Juan había dicho a Herodes: "No debes tenerla como tu mujer."[b]

5 Herodes, que quería matar a Juan, tenía miedo de la gente, porque todos creían que Juan era un profeta. 6 Pero en el cumpleaños de Herodes, la hija de Herodías[c] salió a bailar delante de los invitados, y le gustó tanto a Herodes 7 que le prometió bajo juramento darle cualquier cosa que pidiera. 8 Ella entonces, aconsejada por su madre, dijo a Herodes:

—Dame en un plato la cabeza de Juan el Bautista.

9 Esto entristeció al rey Herodes; pero como había hecho un juramento en presencia de sus invitados, mandó que se la dieran. 10 Ordenó, pues, cortarle la cabeza a Juan en la cárcel; 11 luego la llevaron en un plato y se la dieron a la muchacha, y ella se la entregó a su madre. 12 Llegaron los seguidores de Juan, se llevaron el cuerpo y lo enterraron; después fueron y avisaron a Jesús.

Jesús da de comer a una multitud[d]

(Mc 6.30–44; Lc 9.10–17; Jn 6.1–14)

13 Cuando Jesús recibió la noticia, se fue de allí él solo, en una barca, a un lugar apartado. Pero la gente lo supo y salió de los pueblos para seguirlo por tierra. 14 Al bajar Jesús de la barca, vio la multitud; sintió compasión de ellos y sanó a los enfermos que llevaban. 15 Como ya se hacía de noche, los discípulos se le acercaron y le dijeron:

—Ya es tarde, y este es un lugar solitario. Despide a la gente, para que vayan a las aldeas y se compren comida.

16 Jesús les contestó:

—No es necesario que se vayan; denles ustedes de comer.

17 Ellos respondieron:

—No tenemos aquí más que cinco panes y dos pescados.

18 Jesús les dijo:

—Tráiganmelos aquí.

---

[d] **13.54** *Su propia tierra:* Nazaret (Lc 4.16,23). [a] **14.3** *Filipo* era medio hermano de Herodes (distinto de su otro hermano Filipo, gobernador de Iturea y Traconítide, de Lc 3.1). Herodes se había divorciado de su esposa, hija del rey de Nabatea, y se había casado con *Herodías* (v. 6), que era su propia sobrina y esposa de Filipo, a pesar de que este aún vivía. [b] **14.3–4** Lc 3.19–20. Cf. Lv 18.16; 20.21. [c] **14.6** Según el historiador Josefo, *la hija de Herodías* se llamaba Salomé. [d] **14.13–21** Cf. el relato similar en Mt 15.32–39; Mc 8.1–10.

19Entonces mandó a la multitud que se sentara sobre la hierba. Luego tomó en sus manos los cinco panes y los dos pescados y, mirando al cielo, pronunció la bendición y partió los panes, los dio a los discípulos y ellos los repartieron entre la gente. **20**Todos comieron hasta quedar satisfechos; recogieron los pedazos sobrantes, y con ellos llenaron doce canastas.*e* **21**Los que comieron fueron unos cinco mil hombres, sin contar las mujeres y los niños.

Jesús camina sobre el agua
(Mc 6.45–52; Jn 6.16–21)

22Después de esto, Jesús hizo que sus discípulos subieran a la barca, para que cruzaran el lago antes que él y llegaran al otro lado mientras él despedía a la gente. **23**Cuando la hubo despedido, Jesús subió a un cerro, para orar a solas. Al llegar la noche, estaba allí él solo, **24**mientras la barca ya iba bastante lejos de tierra firme. Las olas azotaban la barca, porque tenían el viento en contra. **25**A la madrugada, Jesús fue hacia ellos caminando sobre el agua. **26**Cuando los discípulos lo vieron andar sobre el agua, se asustaron, y gritaron llenos de miedo:

—¡Es un fantasma!

27Pero Jesús les habló, diciéndoles:

—¡Calma! ¡Soy yo: no tengan miedo!

28Entonces Pedro le respondió:

—Señor, si eres tú, ordena que yo vaya hasta ti sobre el agua.

29—Ven —dijo Jesús.

Pedro entonces bajó de la barca y comenzó a caminar sobre el agua en dirección a Jesús. **30**Pero al notar la fuerza del viento, tuvo miedo; y como comenzaba a hundirse, gritó:

—¡Sálvame, Señor!

31Al momento, Jesús lo tomó de la mano y le dijo:

—¡Qué poca fe tienes! ¿Por qué dudaste?

32En cuanto subieron a la barca, se calmó el viento. **33**Entonces los que estaban en la barca se pusieron de rodillas delante de Jesús, y le dijeron:

—¡En verdad tú eres el Hijo de Dios!

Jesús sana a los enfermos en Genesaret
(Mc 6.53–56)

34Cruzaron el lago y llegaron a tierra en Genesaret. **35**La gente del lugar reconoció a Jesús, y la noticia se extendió por toda la región. Le llevaban los enfermos, **36**y le rogaban que les dejara tocar siquiera el borde de su capa; y todos los que la tocaban, quedaban sanos.

Lo que hace impuro al hombre
(Mc 7.1–23)

15 **1**Se acercaron a Jesús algunos fariseos y maestros de la ley que habían llegado de Jerusalén, y le preguntaron:

2—¿Por qué tus discípulos desobedecen la tradición de nuestros antepasados? ¿Por qué no cumplen con la ceremonia de lavarse las manos antes de comer?*a*

3Jesús les preguntó:

—¿Y por qué también ustedes desobedecen el mandato de Dios para seguir sus propias tradiciones? **4**Porque Dios dijo: 'Honra a tu padre y a tu madre',*b* y 'El que maldiga a su padre o a su madre será condenado a muerte.'*c* **5**Pero ustedes afirman que un hombre puede decirle a su padre o a su madre: 'No puedo ayudarte, porque todo lo que tengo lo he ofrecido a Dios'; **6**y que cualquiera que diga esto, ya no está obligado a ayudar a su padre o a su madre. Así pues, ustedes han anulado la palabra de Dios para seguir sus propias tradiciones. **7**¡Hipócritas! Bien habló el profeta Isaías acerca de ustedes, cuando dijo:

8   'Este pueblo me honra con la boca,
    pero su corazón está lejos de mí.
9   De nada sirve que me rinda culto;
    sus enseñanzas son mandatos
        de hombres.'*d*

10Luego Jesús llamó a la gente y dijo:

—Escuchen y entiendan: **11**Lo que entra por la boca del hombre no es lo que lo hace impuro. Al contrario, lo que hace impuro al hombre es lo que sale de su boca.

12Entonces los discípulos se acercaron a Jesús y le preguntaron:

—¿Sabes que los fariseos se ofendieron al oir lo que dijiste?

13Él les contestó:

—Cualquier planta que mi Padre celestial no haya plantado, será arrancada de raíz. **14**Déjenlos, pues son ciegos que guían a otros ciegos. Y si un ciego guía a otro, los dos caerán en algún hoyo.

---

e **14.20** Cf. 2 R 4.43–44.   *a* **15.2** Lc 11.38.   *b* **15.4** Ex 20.12; Dt 5.16.   *c* **15.4** Ex 21.17; Lv 20.9   *d* **15.8–9** Is 29.13 (gr.).

15 Pedro entonces le dijo a Jesús:

—Explícanos lo que dijiste.

16 Jesús respondió:

—¿Ni siquiera ustedes son todavía capaces de comprender? 17 ¿No entienden que todo lo que entra por la boca va al vientre, para después salir del cuerpo? 18 Pero lo que sale de la boca viene del interior del hombre; y eso es lo que lo hace impuro. 19 Porque del interior del hombre salen los malos pensamientos, los asesinatos, el adulterio, la inmoralidad sexual, los robos, las mentiras y los insultos. 20 Estas cosas son las que hacen impuro al hombre; pero el comer sin cumplir con la ceremonia de lavarse las manos, no lo hace impuro.

La fe de una mujer no judía
(Mc 7.24–30)

21 Jesús se dirigió de allí a la región de Tiro y Sidón. 22 Y una mujer cananea,*e* de aquella región, se le acercó, gritando:

—¡Señor, Hijo de David, ten compasión de mí! ¡Mi hija tiene un demonio que la hace sufrir mucho!

23 Jesús no le contestó nada. Entonces sus discípulos se acercaron a él y le rogaron:

—Dile a esa mujer que se vaya, porque viene gritando detrás de nosotros.

24 Jesús dijo:

—Dios me ha enviado solamente a las ovejas perdidas del pueblo de Israel.*f*

25 Pero la mujer fue a arrodillarse delante de él, diciendo:

—¡Señor, ayúdame!

26 Jesús le contestó:

—No está bien quitarles el pan a los hijos y dárselo a los perros.

27 Ella le dijo:

—Sí, Señor; pero hasta los perros comen las migajas que caen de la mesa de sus amos.

28 Entonces le dijo Jesús:

—¡Mujer, qué grande es tu fe! Hágase como quieres.

Y desde ese mismo momento su hija quedó sana.

Jesús sana a muchos enfermos

29 Jesús salió de allí y llegó a la orilla del Lago de Galilea; luego subió a un cerro y se sentó.

30 Mucha gente se reunió donde él estaba. Llevaban cojos, ciegos, mancos, mudos y otros muchos enfermos, que pusieron a los pies de Jesús, y él los sanó. 31 De modo que la gente estaba admirada al ver que los mudos hablaban, los mancos quedaban sanos, los cojos andaban y los ciegos podían ver. Y comenzaron a alabar al Dios de Israel.*g*

Jesús da de comer a una multitud
(Mc 8.1–10)

32 Jesús llamó a sus discípulos, y les dijo:

—Siento compasión de esta gente, porque ya hace tres días que están aquí conmigo y no tienen nada que comer. No quiero mandarlos sin comer a sus casas, porque pueden desmayarse por el camino.

33 Sus discípulos le dijeron:

—Pero ¿cómo podremos encontrar comida para tanta gente, en un lugar como este, donde no vive nadie?

34 Jesús les preguntó:

—¿Cuántos panes tienen ustedes?

—Siete, y unos pocos pescaditos —contestaron ellos.

35 Entonces mandó que la gente se sentara en el suelo, 36 tomó en sus manos los siete panes y los pescados y, habiendo dado gracias a Dios, los partió y los dio a sus discípulos, y ellos los repartieron entre la gente. 37 Todos comieron hasta quedar satisfechos, y aun llenaron siete canastas con los pedazos sobrantes. 38 Los que comieron eran cuatro mil hombres, sin contar las mujeres y los niños. 39 Después Jesús despidió a la gente, subió a la barca y se fue a la región de Magadán.

La señal de Jonás
(Mc 8.11–13; Lc 12.54–56)

16 1 Los fariseos y los saduceos fueron a ver a Jesús y, para tenderle una trampa, le pidieron que hiciera alguna señal milagrosa que probara que él venía de parte de Dios.*a*

2 Pero Jesús les contestó: "Por la tarde dicen ustedes: 'Va a hacer buen tiempo, porque el cielo está rojo'; 3 y por la mañana dicen: 'Hoy va a hacer mal tiempo, porque el cielo está rojo y nublado.' Pues si ustedes saben interpretar

---

e 15.22 *Cananea:* originaria de la provincia romana de Siria, llamada antiguamente Canaán. *f* 15.24 Cf. Mt 10.5–6.
g 15.31 Cf. Is 35.5–6; Mt 11.5. *a* 16.1 Mt 12.38; Lc 11.16.

tan bien el aspecto del cielo, ¿cómo es que no saben interpretar las señales de estos tiempos? 4Esta gente malvada e infiel pide una señal milagrosa; pero no va a dárrsele más señal que la de Jonás."

Y los dejó, y se fue.

La levadura de los fariseos
(Mc 8.14–21)

5Cuando los discípulos pasaron al otro lado del lago, se olvidaron de llevar pan. 6Entonces Jesús les dijo:

—Miren, cuídense de la levadura de los fariseos y de los saduceos.

7Los discípulos comentaban unos con otros:

—¡No trajimos pan!

8Jesús se dio cuenta, y les dijo:

—¿Por qué dicen que no tienen pan? ¡Qué poca fe tienen ustedes! 9¿Todavía no entienden, ni se acuerdan de los cinco panes que repartí entre cinco mil hombres, y cuántas canastas recogieron?b 10¿Ni se acuerdan tampoco de los siete panes que repartí entre cuatro mil, y cuántas canastas recogieron?c 11¿Cómo no se dan cuenta ustedes de que yo no estaba hablando del pan? Cuídense de la levadura de los fariseos y de los saduceos.

12Entonces comprendieron que Jesús no les había dicho que se cuidaran de la levadura del pan, sino de la enseñanza de los fariseos y de los saduceos.

Pedro declara que Jesús es el Mesías
(Mc 8.27–30; Lc 9.18–21)

13Cuando Jesús llegó a la región de Cesarea de Filipo, preguntó a sus discípulos:

—¿Quién dice la gente que es el Hijo del hombre?

14Ellos contestaron:

—Algunos dicen que Juan el Bautista; otros dicen que Elías,d y otros dicen que Jeremías o algún otro profeta.

15—Y ustedes, ¿quién dicen que soy? —les preguntó.

16Simón Pedro le respondió:

—Tú eres el Mesías, el Hijo del Dios viviente.e

17Entonces Jesús le dijo:

—Dichoso tú, Simón, hijo de Jonás, porque esto no lo conociste por medios humanos, sino porque te lo reveló mi Padre que está en el cielo. 18Y yo te digo que tú eres Pedro, y sobre esta piedra voy a construir mi iglesia; y ni siquiera el poder de la muertef podrá vencerla. 19Te daré las llaves del reino de los cielos; lo que tú ates aquí en la tierra, también quedará atado en el cielo, y lo que tú desates aquí en la tierra, también quedará desatado en el cielo.g

20Luego Jesús ordenó a sus discípulos que no dijeran a nadie que él era el Mesías.

Jesús anuncia su muerte
(Mc 8.31—9.1; Lc 9.22–27)

21A partir de entonces Jesús comenzó a explicar a sus discípulos que él tendría que ir a Jerusalén, y que los ancianos, los jefes de los sacerdotes y los maestros de la ley lo harían sufrir mucho. Les dijo que lo iban a matar, pero que al tercer día resucitaría.h 22Entonces Pedro lo llevó aparte y comenzó a reprenderlo, diciendo:

—¡Dios no lo quiera, Señor! ¡Esto no te puede pasar!

23Pero Jesús se volvió y le dijo a Pedro:

—¡Apártate de mí, Satanás, pues eres un tropiezo para mí! Tú no ves las cosas como las ve Dios, sino como las ven los hombres.

24Luego Jesús dijo a sus discípulos:

—Si alguno quiere ser discípulo mío, olvídese de sí mismo, cargue con su cruzi y sígame. 25Porque el que quiera salvar su vida,j la perderá; pero el que pierda la vida por causa mía, la encontrará. 26¿De qué le sirve al hombre ganar el mundo entero, si pierde la vida? ¿O cuánto podrá pagar el hombre por su vida? 27Porque el Hijo del hombre va a venir con la gloria de su Padre y con sus ángeles,k y entonces recompensará a cada uno conforme a lo que haya hecho.l 28Les aseguro que algunos de los que están aquí presentes no morirán hasta que vean al Hijo del hombre venir a reinar.

---

b 16.9 Mt 14.17–21. c 16.10 Mt 15.34–38. d 16.14 Cf. Mal 4.5–6; Eclo 48.4,10. e 16.16 Cf. Jn 6.68–69. f 16.18 *El poder de la muerte:* lit. *las puertas del Hades.* g 16.19 Mt 18.18; cf. Jn 20.23. h 16.21 *Que lo iban a matar . . . resucitaría:* Mt 17.22–23; 20.17–19. i 16.24–25 *Cargue con su cruz:* Cf. Mt 10.38; Lc 14.27. j 16.25–26 *Vida:* la palabra griega significa *vida, alma,* o *uno mismo.* La expresión *pierde la vida* en el v. 26 equivale a *arruina su vida* (o *se pierde a sí mismo,* cf. Lc 9.25). k 16.27 Mt 25.31. l 16.27 Jer 17.10; Ez 18.30; Ro 2.6.

La transfiguración de Jesús
(Mc 9.2–13; Lc 9.28–36)[a]

17 [1] Seis días después, Jesús tomó a Pedro, a Santiago y a Juan, el hermano de Santiago, y se fue aparte con ellos a un cerro muy alto. [2] Allí, delante de ellos, cambió la apariencia de Jesús. Su cara brillaba como el sol, y su ropa se volvió blanca como la luz.[b] [3] En esto vieron a Moisés y a Elías conversando con Jesús. [4] Pedro le dijo a Jesús:

—Señor, ¡qué bien que estemos aquí! Si quieres, haré tres chozas: una para ti, otra para Moisés y otra para Elías.

[5] Mientras Pedro estaba hablando, una nube[c] luminosa se posó sobre ellos, y de la nube salió una voz, que dijo: "Este es mi Hijo amado, a quien he elegido:[d] escúchenlo."

[6] Al oír esto, los discípulos se postraron con la cara en tierra, llenos de miedo. [7] Jesús se acercó a ellos, los tocó y les dijo:

—Levántense; no tengan miedo.

[8] Y cuando miraron, ya no vieron a nadie, sino a Jesús solo.

[9] Mientras bajaban del cerro, Jesús les ordenó:

—No cuenten a nadie esta visión, hasta que el Hijo del hombre haya resucitado.

[10] Los discípulos preguntaron entonces a Jesús:

—¿Por qué dicen los maestros de la ley que Elías ha de venir primero?[e]

[11] Y Jesús contestó:

—Es cierto que Elías viene primero, y que él lo arreglará todo. [12] Pero yo les digo que Elías ya vino, y que ellos no lo reconocieron, sino que hicieron con él todo lo que quisieron. Del mismo modo, el Hijo del hombre va a sufrir a manos de ellos.

[13] Entonces los discípulos se dieron cuenta de que Jesús les estaba hablando de Juan el Bautista.

Jesús sana a un muchacho que tenía un demonio
(Mc 9.14–29; Lc 9.37–43)

[14] Cuando llegaron a donde estaba la gente, se acercó un hombre a Jesús, y arrodillándose delante de él le dijo:

[15] —Señor, ten compasión de mi hijo, porque le dan ataques y sufre terriblemente; muchas veces cae en el fuego o en el agua. [16] Aquí se lo traje a tus discípulos, pero no han podido sanarlo.

[17] Jesús contestó:

—¡Oh gente sin fe y perversa! ¿Hasta cuándo tendré que estar con ustedes? ¿Hasta cuándo tendré que soportarlos? Traigan acá al muchacho.

[18] Entonces Jesús reprendió al demonio y lo hizo salir del muchacho, que quedó sano desde aquel momento.

[19] Después los discípulos hablaron aparte con Jesús, y le preguntaron:

—¿Por qué no pudimos nosotros expulsar el demonio?

[20] Jesús les dijo:

—Porque ustedes tienen muy poca fe. Les aseguro que si tuvieran fe, aunque solo fuera del tamaño de una semilla de mostaza, le dirían a este cerro: 'Quítate de aquí y vete a otro lugar', y el cerro se quitaría. Nada les sería imposible.[f]

Jesús anuncia por segunda vez su muerte
(Mc 9.30–32; Lc 9.43–45)

[22] Mientras andaban juntos por la región de Galilea, Jesús les dijo:

—El Hijo del hombre va a ser entregado en manos de los hombres, [23] y lo matarán; pero al tercer día resucitará.[g]

Esta noticia los llenó de tristeza.

El pago del impuesto para el templo

[24] Cuando Jesús y sus discípulos llegaron a Cafarnaúm, los que cobraban el impuesto para el templo[h] fueron a ver a Pedro, y le preguntaron:

—¿Tu maestro no paga el impuesto para el templo?

[25] —Sí, lo paga —contestó Pedro.

Luego, al entrar Pedro en la casa, Jesús le habló primero, diciendo:

—¿Tú qué opinas, Simón? ¿A quiénes cobran impuestos y contribuciones los reyes de este mundo: a sus propios súbditos o a los extranjeros?

---

[a] **17.1–13** Cf. también 2 P 1.16–18. [b] **17.2** Cf. Ex 34.29–35. [c] **17.5** *Nube:* cf. Ex 16.10; 33.9–10; 40.34–38; 1 R 8.10–11. [d] **17.5** Sal 2.7; Is 42.1; Mt 3.17. [e] **17.10** Mal 4.5. [f] **17.20** Mt 21.21; Mc 11.23; Lc 17.6. [g] **17.22–23** Mt 16.21; 20.17–19. [h] **17.24** Cf. Ex 30.13; 38.26.

26 Pedro le contestó:

—A los extranjeros.

Jesús añadió:

—Así pues, los propios súbditos no tienen que pagar nada. **27** Pero, para no servir de tropiezo a nadie, vete al lago, echa el anzuelo y saca el primer pez que pique. En su boca encontrarás una moneda, que será suficiente para pagar mi impuesto y el tuyo; llévala y págalos.

¿Quién es el más importante?
(Mc 9.33–37; Lc 9.46–48)

18 **1** En aquella misma ocasión los discípulos se acercaron a Jesús y le preguntaron:

—¿Quién es el más importante en el reino de los cielos?[a]

2 Jesús llamó entonces a un niño, lo puso en medio de ellos **3** y dijo:

—Les aseguro que si ustedes no cambian y se vuelven como niños, no entrarán en el reino de los cielos.[b] **4** El más importante en el reino de los cielos es el que se humilla y se vuelve como este niño. **5** Y el que recibe en mi nombre a un niño como este, me recibe a mí.

El peligro de caer en pecado
(Mc 9.42–48; Lc 17.1–2)

6 "A cualquiera que haga caer en pecado a uno de estos pequeños que creen en mí, más le valdría que lo hundieran en lo profundo del mar con una gran piedra de molino[c] atada al cuello. **7** ¡Qué malo es para el mundo que haya tantas incitaciones al pecado! Tiene que haberlas, pero ¡ay del hombre que haga pecar a los demás!

8 "Por eso, si tu mano o tu pie te hacen caer en pecado, córtatelos y échalos lejos de ti; es mejor que entres en la vida manco o cojo, y no que con tus dos manos y tus dos pies seas arrojado al fuego eterno. **9** Y si tu ojo te hace caer en pecado, sácatelo y échalo lejos de ti; es mejor que entres en la vida con un solo ojo, y no que con tus dos ojos seas arrojado al fuego del infierno.[d]

La parábola de la oveja perdida
(Lc 15.3–7)

10 "No desprecien a ninguno de estos pequeños. Pues les digo que en el cielo los ángeles de ellos están mirando siempre el rostro de mi Padre celestial.[e]

12 "¿Qué les parece? Si un hombre tiene cien ovejas y se le extravía una de ellas, ¿acaso no dejará las otras noventa y nueve en el monte, para ir a buscar la oveja extraviada? **13** Y si logra encontrarla, de seguro se alegrará más por esa oveja que por las noventa y nueve que no se extraviaron. **14** Así también, el Padre de ustedes que está en el cielo no quiere que se pierda ninguno de estos pequeños.

Cómo se debe perdonar al hermano
(Lc 17.3)

15 "Si tu hermano te hace algo malo, habla con él a solas y hazle reconocer su falta. Si te hace caso, ya has ganado a tu hermano.[f] **16** Si no te hace caso, llama a una o dos personas más, para que toda acusación se base en el testimonio de dos o tres testigos.[g] **17** Si tampoco les hace caso a ellos, díselo a la comunidad; y si tampoco hace caso a la comunidad, entonces habrás de considerarlo como un pagano o como uno de esos que cobran impuestos para Roma.

18 "Les aseguro que lo que ustedes aten aquí en la tierra, también quedará atado en el cielo, y lo que ustedes desaten aquí en la tierra, también quedará desatado en el cielo.[h]

19 "Esto les digo: Si dos de ustedes se ponen de acuerdo aquí en la tierra para pedir algo en oración, mi Padre que está en el cielo se lo dará. **20** Porque donde dos o tres se reúnen en mi nombre, allí estoy yo en medio de ellos."

21 Entonces Pedro fue y preguntó a Jesús:

—Señor, ¿cuántas veces deberé perdonar a mi hermano, si me hace algo malo? ¿Hasta siete?

22 Jesús le contestó:

—No te digo hasta siete veces, sino hasta setenta veces siete.[i]

---

[a] **18.1** Lc 22.24. [b] **18.3** Mt 19.13–14; Mc 10.15; Lc 18.17. [c] **18.6** *Piedra de molino:* piedra superior de los molinos antiguos, que, movida por un burro, se hacía rodar sobre la piedra inferior. [d] **18.8–9** *Infierno:* Véase Mc 9.43 nota *j.*
[e] **18.10** Algunos mss. añaden el v. 11: *Porque el Hijo del hombre vino a salvar lo que se había perdido* (cf. Lc 19.10).
[f] **18.15** Lv 19.17; Eclo 19.13–14. [g] **18.16** Dt 19.15; 1 Ti 5.19. [h] **18.18** Mt 16.19; Jn 20.23. [i] **18.22** *Setenta veces siete:* otra posible traducción: *setenta y siete veces.* El uso de un múltiplo de siete, número que simbolizaba la perfección, es una manera de decir que para el perdón no debe haber límites. Cf. Lc 17.3–4.

La parábola del funcionario que no quiso perdonar

23 "Por esto, sucede con el reino de los cielos como con un rey que quiso hacer cuentas con sus funcionarios. 24 Estaba comenzando a hacerlas cuando le presentaron a uno que le debía muchos millones.*j* 25 Como aquel funcionario no tenía con qué pagar, el rey ordenó que lo vendieran como esclavo, junto con su esposa, sus hijos y todo lo que tenía, para que quedara pagada la deuda. 26 El funcionario se arrodilló delante del rey, y le rogó: 'Tenga usted paciencia conmigo y se lo pagaré todo.' 27 Y el rey tuvo compasión de él; así que le perdonó la deuda y lo puso en libertad.

28 "Pero al salir, aquel funcionario se encontró con un compañero suyo que le debía una pequeña cantidad.*k* Lo agarró del cuello y comenzó a estrangularlo, diciéndole: '¡Págame lo que me debes!' 29 El compañero, arrodillándose delante de él, le rogó: 'Ten paciencia conmigo y te lo pagaré todo.' 30 Pero el otro no quiso, sino que lo hizo meter en la cárcel hasta que le pagara la deuda. 31 Esto dolió mucho a los otros funcionarios, que fueron a contarle al rey todo lo sucedido. 32 Entonces el rey lo mandó llamar, y le dijo: '¡Malvado! Yo te perdoné toda aquella deuda porque me lo rogaste. 33 Pues tú también debiste tener compasión de tu compañero, del mismo modo que yo tuve compasión de ti.' 34 Y tanto se enojó el rey, que ordenó castigarlo hasta que pagara todo lo que debía."

35 Jesús añadió:

—Así hará también con ustedes mi Padre celestial, si cada uno de ustedes no perdona de corazón a su hermano.*l*

Jesús enseña sobre el divorcio
(Mc 10.1–12; Lc 16.18)

19

1 Después de decir estas cosas, Jesús se fue de Galilea y llegó a la región de Judea que está al oriente del Jordán. 2 Mucha gente lo siguió, y allí sanó a los enfermos.

3 Algunos fariseos se acercaron a Jesús y, para tenderle una trampa, le preguntaron:

—¿Le está permitido a uno divorciarse de su esposa por un motivo cualquiera?*a*

4 Jesús les contestó:

—¿No han leído ustedes en la Escritura que el que los creó en el principio, 'hombre y mujer los creó'?*b* 5 Y dijo: 'Por eso, el hombre dejará a su padre y a su madre para unirse a su esposa, y los dos serán como una sola persona.'*c* 6 Así que ya no son dos, sino uno solo. De modo que el hombre no debe separar lo que Dios ha unido.

7 Ellos le preguntaron:

—¿Por qué, pues, mandó Moisés darle a la esposa un certificado de divorcio, y despedirla así?*d*

8 Jesús les dijo:

—Precisamente por lo tercos que son ustedes, Moisés les permitió divorciarse de su esposa; pero al principio no fue de esa manera. 9 Yo les digo que el que se divorcia de su esposa, a no ser en el caso de una unión ilegal,*e* y se casa con otra, comete adulterio.*f*

10 Le dijeron sus discípulos:

—Si este es el caso del hombre en relación con su esposa, no conviene casarse.

11 Jesús les contestó:

—No todos pueden comprender esto, sino únicamente aquellos a quienes Dios les ha dado que lo comprendan. 12 Hay diferentes razones que impiden a los hombres casarse: unos ya nacen incapacitados para el matrimonio, a otros los incapacitan los hombres, y otros viven como incapacitados por causa del reino de los cielos.*g* El que pueda entender esto, que lo entienda.

Jesús bendice a los niños
(Mc 10.13–16; Lc 18.15–17)

13 Llevaron unos niños a Jesús, para que pusiera sobre ellos las manos y orara por ellos; pero los discípulos comenzaron a reprender a quienes los llevaban. 14 Entonces Jesús dijo:

---

j **18.24** *Muchos millones:* lit. *diez mil talentos.* Un talento equivalía a seis mil denarios (o el salario por seis mil días de trabajo). *Diez mil talentos* equivaldrían a sesenta millones de denarios. *k* **18.28** *Una pequeña cantidad:* lit. *cien denarios,* equivalente a unos tres meses de trabajo de un jornalero. *l* **18.35** Mt 6.14–15. *a* **19.3** Entre los rabinos judíos se discutía sobre la interpretación de la ley de Dt 24.1: los seguidores del rabino Shammai eran muy estrictos, y permitían el divorcio únicamente en caso de adulterio; los seguidores de Hillel lo permitían por varios motivos, incluso por algunos bastante leves. *b* **19.4** Gn 1.27; 5.2. *c* **19.5** Gn 2.24. *d* **19.7** Dt 24.1–4; Mt 5.31. *e* **19.9** *Una unión ilegal:* Véase 5.32 n. *f* **19.9** Mt 5.32; 1 Co 7.10–11. *g* **19.12** Cf. 1 Co 7.1–9.

—Dejen que los niños vengan a mí, y no se lo impidan, porque el reino de los cielos es de quienes son como ellos.[h]

15 Puso las manos sobre los niños, y se fue de aquel lugar.

Un joven rico habla con Jesús
(Mc 10.17–31; Lc 18.18–30)

16 Un joven fue a ver a Jesús, y le preguntó:

—Maestro, ¿qué cosa buena debo hacer para tener vida eterna?[i]

17 Jesús le contestó:

—¿Por qué me preguntas acerca de lo que es bueno? Bueno solamente hay uno. Pero si quieres entrar en la vida, obedece los mandamientos.[j]

18 —¿Cuáles? —preguntó el joven.

Y Jesús le dijo:

—'No mates, no cometas adulterio, no robes, no digas mentiras en perjuicio de nadie, 19 honra a tu padre y a tu madre,[k] y ama a tu prójimo como a ti mismo.'[l]

20 —Todo eso ya lo he cumplido —dijo el joven—. ¿Qué más me falta?

21 Jesús le contestó:

—Si quieres ser perfecto, anda, vende lo que tienes y dáselo a los pobres. Así tendrás riqueza en el cielo. Luego ven y sígueme.

22 Cuando el joven oyó esto, se fue triste, porque era muy rico.

23 Jesús dijo entonces a sus discípulos:

—Les aseguro que difícilmente entrará un rico en el reino de los cielos. 24 Les repito que es más fácil para un camello pasar por el ojo de una aguja, que para un rico entrar en el reino de Dios.

25 Al oírlo, sus discípulos se asombraron más aún, y decían:

—Entonces, ¿quién podrá salvarse?

26 Jesús los miró y les contestó:

—Para los hombres esto es imposible, pero para Dios todo es posible.

27 Pedro le dijo entonces:

—Nosotros hemos dejado todo lo que teníamos y te hemos seguido. ¿Qué vamos a recibir?

28 Jesús les respondió:

—Les aseguro que cuando llegue el tiempo en que todo sea renovado,[m] cuando el Hijo del hombre se siente en su trono glorioso, ustedes que me han seguido se sentarán también en doce tronos para juzgar a las doce tribus de Israel.[n] 29 Y todos los que por causa mía hayan dejado casa, o hermanos, o hermanas, o padre, o madre, o hijos, o terrenos, recibirán cien veces más, y también recibirán la vida eterna. 30 Pero muchos que ahora son los primeros, serán los últimos; y muchos que ahora son los últimos, serán los primeros.[ñ]

La parábola de los trabajadores del viñedo

20 1 "Sucede con el reino de los cielos como con el dueño de una finca, que salió muy de mañana a contratar trabajadores para su viñedo. 2 Se arregló con ellos para pagarles el salario de un día, y los mandó a trabajar a su viñedo. 3 Volvió a salir como a las nueve de la mañana, y vio a otros que estaban en la plaza desocupados. 4 Les dijo: 'Vayan también ustedes a trabajar a mi viñedo, y les daré lo que sea justo.' Y ellos fueron. 5 El dueño salió de nuevo a eso del mediodía, y otra vez a las tres de la tarde, e hizo lo mismo. 6 Alrededor de las cinco de la tarde volvió a la plaza, y encontró en ella a otros que estaban desocupados. Les preguntó: '¿Por qué están ustedes aquí todo el día sin trabajar?' 7 Le contestaron: 'Porque nadie nos ha contratado.' Entonces les dijo: 'Vayan también ustedes a trabajar a mi viñedo.'

8 "Cuando llegó la noche, el dueño dijo al encargado del trabajo: 'Llama a los trabajadores, y págales comenzando por los últimos que entraron y terminando por los que entraron primero.' 9 Se presentaron, pues, los que habían entrado a trabajar alrededor de las cinco de la tarde, y cada uno recibió el salario completo de un día. 10 Después, cuando les tocó el turno a los que habían entrado primero, pensaron que iban a recibir más; pero cada uno de ellos recibió también el salario de un día. 11 Al cobrarlo, comenzaron a murmurar contra el dueño, 12 diciendo: 'Estos, que llegaron al final, trabajaron solamente una hora, y usted les ha pagado igual que a nosotros, que hemos aguantado el trabajo y el calor de todo el día.' 13 Pero el dueño contestó a uno de ellos: 'Amigo, no te

estoy haciendo ninguna injusticia. ¿Acaso no te arreglaste conmigo por el salario de un día? 14 Pues toma tu paga y vete. Si yo quiero darle a este que entró a trabajar al final lo mismo que te doy a ti, 15 es porque tengo el derecho de hacer lo que quiera con mi dinero. ¿O es que te da envidia que yo sea bondadoso?'

16 "De modo que los que ahora son los últimos, serán los primeros; y los que ahora son los primeros, serán los últimos."

Jesús anuncia por tercera vez su muerte
(Mc 10.32–34; Lc 18.31–34)

17 Jesús, yendo ya de camino a Jerusalén, llamó aparte a sus doce discípulos y les dijo: 18 —Como ustedes ven, ahora vamos a Jerusalén, donde el Hijo del hombre va a ser entregado a los jefes de los sacerdotes y a los maestros de la ley, que lo condenarán a muerte 19 y lo entregarán a los extranjeros para que se burlen de él, lo golpeen y lo crucifiquen; pero al tercer día resucitará.ª

Jesús responde a la madre de Santiago y Juan
(Mc 10.35–45)

20 La madre de los hijos de Zebedeo, junto con sus hijos,ᵇ se acercó a Jesús y se arrodilló delante de él para pedirle un favor. 21 Jesús le preguntó:

—¿Qué quieres?

Ella le dijo:

—Manda que en tu reino uno de mis hijos se siente a tu derecha y el otro a tu izquierda.

22 Jesús contestó:

—Ustedes no saben lo que piden. ¿Pueden beber el trago amargoᶜ que voy a beber yo?

Ellos dijeron:

—Podemos.

23 Jesús les respondió:

—Ustedes beberán este trago amargo,ᵈ pero el sentarse a mi derecha o a mi izquierda no me corresponde a mí darlo, sino que se les dará a aquellos para quienes mi Padre lo ha preparado.

24 Cuando los otros diez discípulos oyeron esto, se enojaron con los dos hermanos. 25 Pero Jesús los llamó, y les dijo:

—Como ustedes saben, entre los paganos los jefes gobiernan con tiranía a sus súbditos, y los grandes hacen sentir su autoridad sobre ellos. 26 Pero entre ustedes no debe ser así. Al contrario, el que entre ustedes quiera ser grande, deberá servir a los demás; 27 y el que entre ustedes quiera ser el primero, deberá ser su esclavo.ᵉ 28 Porque, del mismo modo, el Hijo del hombre no vino para que le sirvan, sino para servirᶠ y para dar su vida en rescate por una multitud.ᵍ

Jesús sana a dos ciegos
(Mc 10.46–52; Lc 18.35–43)

29 Al salir ellos de Jericó, mucha gente siguió a Jesús. 30 Dos ciegos que estaban sentados junto al camino, al oír que Jesús pasaba, gritaron:

—¡Señor, Hijo de David, ten compasión de nosotros!

31 La gente los reprendía para que se callaran, pero ellos gritaban más todavía:

—¡Señor, Hijo de David, ten compasión de nosotros!

32 Entonces Jesús se detuvo, llamó a los ciegos y les preguntó:

—¿Qué quieren que haga por ustedes?

33 Ellos le contestaron:

—Señor, que recobremos la vista.

34 Jesús tuvo compasión de ellos, y les tocó los ojos. En el mismo momento los ciegos recobraron la vista, y siguieron a Jesús.

Jesús entra en Jerusalén
(Mc 11.1–11; Lc 19.28–40; Jn 12.12–19)

21 1 Cuando ya estaban cerca de Jerusalén y habían llegado a Betfagé, al Monte de los Olivos, Jesús envió a dos de sus discípulos, 2 diciéndoles:

—Vayan a la aldea que está enfrente. Allí encontrarán una burra atada, y un burrito con ella. Desátenla y tráiganmelos. 3 Y si alguien les dice algo, díganle que el Señor los necesita y que en seguida los devolverá.ª

4 Esto sucedió para que se cumpliera lo que dijo el profeta, cuando escribió:

ª 20.17–19 Mt 16.21; 17.22–23. ᵇ 20.20 *Sus hijos:* Santiago y Juan (cf. Mt 4.21). ᶜ 20.22 *El trago amargo:* lit. *la copa;* cf. Mt 26.39. ᵈ 20.23 Santiago murió después como mártir (Hch 12.1–3). ᵉ 20.25–27 Mc 9.35; Lc 22.25–27; cf. Eclo 3.18. ᶠ 20.28 *Servir:* Lc 22.27; Jn 13.12–15; Flp 2.5–7. ᵍ 20.28 Is 53.11–12. Cf. Mc 10.45; Col 1.13–14; 1 Ti 2.5–6; Heb 2.9; 1 P 1.18–19. ª 21.3 *El Señor:* o *su amo* (véase Mc 11.3 n.). *Los necesita . . . devolverá:* otra posible traducción: *los necesita, y entonces él* (es decir, el que objete) *los dejará ir en seguida.*

5 "Digan a la ciudad de Sión:
   'Mira, tu Rey viene a ti,
   humilde, montado en un burro,
   en un burrito,
      cría de una bestia de carga.' "[b]
6 Los discípulos fueron e hicieron lo que Jesús
les había mandado. 7 Llevaron la burra y su cría,
echaron sus capas encima de ellos, y Jesús
montó. 8 Había mucha gente. Unos tendían sus
capas por el camino, y otros tendían ramas que
cortaban de los árboles. 9 Y tanto los que iban
delante como los que iban detrás, gritaban:

—¡Hosana al Hijo del rey David! ¡Bendito el
que viene en el nombre del Señor! ¡Hosana en
las alturas![c]

10 Cuando Jesús entró en Jerusalén, toda la
ciudad se alborotó, y muchos preguntaban:

—¿Quién es este?

11 Y la gente contestaba:

—Es el profeta Jesús, el de Nazaret de Galilea.

Jesús purifica el templo
(Mc 11.15–19; Lc 19.45–48; Jn 2.13–22)

12 Jesús entró en el templo y echó de allí a
todos los que estaban vendiendo y comprando.
Volcó las mesas de los que cambiaban dinero a
la gente, y los puestos de los que vendían
palomas; 13 y les dijo:

—En las Escrituras se dice: 'Mi casa será
declarada casa de oración',[d] pero ustedes están
haciendo de ella una cueva de ladrones.[e]

14 Se acercaron a Jesús en el templo los
ciegos y los cojos, y él los sanó. 15 Pero cuando
los jefes de los sacerdotes y los maestros de
la ley vieron los milagros que hacía, y oyeron
que los niños gritaban en el templo: "¡Hosana al Hijo del rey David!", se enojaron 16 y
dijeron a Jesús:

—¿Oyes lo que esos están diciendo?

Jesús les contestó:

—Sí, lo oigo. Pero ¿no han leído ustedes la
Escritura que habla de esto? Dice:

   'Con los cantos de los pequeños,
   de los niñitos de pecho,
   has dispuesto tu alabanza.'[f]

17 Entonces los dejó, y se fue de la ciudad a
Betania, donde pasó la noche.

Jesús maldice la higuera sin fruto
(Mc 11.12–14,20–26)

18 Por la mañana, cuando volvía a la ciudad,
Jesús sintió hambre. 19 Vio una higuera junto al
camino y se acercó a ella, pero no encontró más
que hojas. Entonces le dijo a la higuera:

—¡Nunca más vuelvas a dar fruto!

Y al instante la higuera se secó. 20 Al ver lo
ocurrido, los discípulos se maravillaron y preguntaron a Jesús:

—¿Cómo es que la higuera se secó al instante?

21 Jesús les contestó:

—Les aseguro que si tienen fe y no dudan,
no solamente podrán hacer esto que le hice a
la higuera, sino que aun si a este cerro le dicen:
'Quítate de ahí y arrójate al mar', así sucederá.
22 Y todo lo que ustedes, al orar, pidan con fe,
lo recibirán.[g]

La autoridad de Jesús
(Mc 11.27–33; Lc 20.1–8)

23 Después de esto, Jesús entró en el templo.
Mientras estaba allí, enseñando, se le acercaron
los jefes de los sacerdotes y los ancianos de los
judíos, y le preguntaron:

—¿Con qué autoridad haces esto? ¿Quién te
dio esta autoridad?

24-25 Jesús les contestó:

—Yo también les voy a hacer una pregunta:
¿Quién envió a Juan a bautizar, Dios o los
hombres? Si ustedes me responden, yo les diré
con qué autoridad hago esto.

Comenzaron a discutir unos con otros: "Si
respondemos que Dios lo envió, nos dirá: 'Entonces, ¿por qué no le creyeron?' 26 Y no podemos decir que fueron los hombres, porque
tenemos miedo de la gente, ya que todos creen
que Juan era un profeta." 27 Así que respondieron a Jesús:

—No lo sabemos.

Entonces él les contestó:

—Pues yo tampoco les digo con qué autoridad hago esto.

La parábola de los dos hijos

28 Jesús les preguntó:

—¿Qué opinan ustedes de esto? Un hombre
tenía dos hijos, y le dijo a uno de ellos: 'Hijo,

---

[b] **21.5** Zac 9.9. En Mc y Lc se habla de un solo animal. [c] **21.9** *¡Hosana!:* expresión hebrea que originalmente
significaba *¡salva!* y que llegó a usarse como grito de aclamación o alabanza. Cf. Sal 118.25–26. [d] **21.13** Is 56.7.
[e] **21.13** Jer 7.11. [f] **21.16** Sal 8.2 (gr.). [g] **21.22** Mt 7.7–11; 18.19; Jn 14.13–14; 15.7.

ve hoy a trabajar a mi viñedo.' 29 El hijo le contestó: '¡No quiero ir!' Pero después cambió de parecer, y fue. 30 Luego el padre se dirigió al otro, y le dijo lo mismo. Este contestó: 'Sí, señor, yo iré.' Pero no fue. 31 ¿Cuál de los dos hizo lo que su padre quería?

—El primero —contestaron ellos.

Y Jesús les dijo:

—Les aseguro que los que cobran impuestos para Roma, y las prostitutas, entrarán antes que ustedes en el reino de los cielos. 32 Porque Juan el Bautista vino a enseñarles el camino de la justicia, y ustedes no le creyeron; en cambio, esos cobradores de impuestos y esas prostitutas sí le creyeron.*h* Pero ustedes, aunque vieron todo esto, no cambiaron de actitud para creerle.

La parábola de los labradores malvados
(Mc 12.1–12; Lc 20.9–19)

33 "Escuchen otra parábola: El dueño de una finca plantó un viñedo*i* y le puso un cerco; preparó un lugar donde hacer el vino y levantó una torre para vigilarlo todo. Luego alquiló el terreno a unos labradores y se fue de viaje. 34 Cuando llegó el tiempo de la cosecha, mandó unos criados a pedir a los labradores la parte que le correspondía. 35 Pero los labradores echaron mano a los criados: golpearon a uno, mataron a otro y apedrearon a otro. 36 El dueño volvió a mandar más criados que al principio; pero los labradores los trataron a todos de la misma manera.

37 "Por fin mandó a su propio hijo, pensando: 'Sin duda, respetarán a mi hijo.' 38 Pero cuando vieron al hijo, los labradores se dijeron unos a otros: 'Este es el que ha de recibir la herencia; matémoslo y nos quedaremos con su propiedad.' 39 Así que lo agarraron, lo sacaron del viñedo y lo mataron.

40 "Y ahora, cuando venga el dueño del viñedo, ¿qué creen ustedes que hará con esos labradores?"

41 Le contestaron:

—Matará sin compasión a esos malvados, y alquilará el viñedo a otros labradores que le entreguen a su debido tiempo la parte de la cosecha que le corresponde.

42 Jesús entonces les dijo:

—¿Nunca han leído ustedes las Escrituras? Dicen:

'La piedra que los constructores despreciaron
se ha convertido
en la piedra principal.
Esto lo hizo el Señor,
y estamos maravillados.'*j*

43 Por eso les digo que a ustedes se les quitará el reino, y que se le dará a un pueblo que produzca la debida cosecha. 44 En cuanto a la piedra, cualquiera que caiga sobre ella quedará hecho pedazos; y si la piedra cae sobre alguien, lo hará polvo. 45 Los jefes de los sacerdotes y los fariseos, al oír las parábolas que Jesús contaba, se dieron cuenta de que hablaba de ellos. 46 Quisieron entonces arrestarlo, pero tenían miedo, porque la gente creía que Jesús era un profeta.

La parábola del banquete de bodas
(Lc 14.15–24)

22 1 Jesús comenzó a hablarles otra vez por medio de parábolas. Les dijo: 2 "Sucede con el reino de los cielos como con un rey que hizo un banquete para la boda de su hijo. 3 Mandó a sus criados que fueran a llamar a los invitados, pero estos no quisieron asistir. 4 Volvió a mandar otros criados, encargándoles: 'Digan a los invitados que ya tengo preparada la comida. Mandé matar mis reses y animales engordados, y todo está listo; que vengan al banquete.' 5 Pero los invitados no hicieron caso. Uno de ellos se fue a sus terrenos, otro se fue a sus negocios, 6 y los otros agarraron a los criados del rey y los maltrataron hasta matarlos. 7 Entonces el rey se enojó mucho, y ordenó a sus soldados que mataran a aquellos asesinos y quemaran su pueblo. 8 Luego dijo a sus criados: 'El banquete está listo, pero aquellos invitados no merecían venir. 9 Vayan, pues, ustedes a las calles principales, e inviten al banquete a todos los que encuentren.' 10 Los criados salieron a las calles y reunieron a todos los que encontraron, malos y buenos; y así la sala se llenó de gente.

11 "Cuando el rey entró a ver a los invitados, se fijó en un hombre que no iba vestido con traje de boda. 12 Le dijo: 'Amigo, ¿cómo has entrado aquí, si no traes traje de boda?' Pero el otro se quedó callado. 13 Entonces el rey dijo a los que atendían las mesas: 'Átenlo de pies y

---

h **21.32** Lc 3.12; 7.29–30. *i* **21.33** Cf. Is 5.1–7. *j* **21.42** Sal 118.22–23.

manos y échenlo a la oscuridad de afuera. Entonces vendrán el llanto y la desesperación.' 14Porque muchos son llamados, pero pocos escogidos."

La pregunta sobre los impuestos
(Mc 12.13–17; Lc 20.20–26)

15Después de esto, los fariseos fueron y se pusieron de acuerdo para hacerle decir a Jesús algo que les diera motivo para acusarlo. 16Así que mandaron a algunos de sus partidarios, junto con otros del partido de Herodes,ᵃ a decirle:

—Maestro, sabemos que tú dices la verdad, y que enseñas de veras el camino de Dios, sin dejarte llevar por lo que diga la gente, porque no hablas para darles gusto. 17Danos, pues, tu opinión: ¿Está bien que paguemos impuestos al emperador romano, o no?

18Jesús, dándose cuenta de la mala intención que llevaban, les dijo:

—Hipócritas, ¿por qué me tienden trampas? 19Enséñenme la moneda con que se paga el impuesto.

Le trajeron un denario,ᵇ 20y Jesús les preguntó:

—¿De quién es esta cara y el nombre que aquí está escrito?

21Le contestaron:

—Del emperador.

Jesús les dijo entonces:

—Pues den al emperador lo que es del emperador, y a Dios lo que es de Dios.

22Cuando oyeron esto, se quedaron admirados; y dejándolo, se fueron.

La pregunta sobre la resurrección
(Mc 12.18–27; Lc 20.27–40)

23Aquel mismo día, algunos saduceos fueron a ver a Jesús. Alegaban que no hay resurrección de los muertos,ᶜ así que le presentaron este caso:

24—Maestro, Moisés dijo que si alguien muere sin dejar hijos, su hermano deberá tomar por esposa a la viuda, para darle hijos al hermano que murió.ᵈ 25Pues bien, aquí, entre nosotros, había una vez siete hermanos. El primero se

casó, y murió. Como no tuvo hijos, dejó su viuda al segundo hermano. 26Lo mismo le pasó al segundo, y después al tercero, y así hasta el séptimo hermano. 27Después de todos murió también la mujer. 28Pues bien, en la resurrección, ¿de cuál de los siete hermanos será esposa esta mujer, si todos estuvieron casados con ella?

29Jesús les contestó:

—¡Qué equivocados están, por no conocer las Escrituras ni el poder de Dios! 30Cuando los muertos resuciten, los hombres y las mujeres no se casarán, pues serán como los ángeles que están en el cielo. 31Y en cuanto a que los muertos resucitan, ¿no han leído ustedes que Dios mismo dijo: 32'Yo soy el Dios de Abraham, de Isaac y de Jacob'?ᵉ ¡Y él no es Dios de muertos, sino de vivos!

33Al oír esto, la gente se quedó admirada de las enseñanzas de Jesús.

El mandamiento más importante
(Mc 12.28–34)

34Los fariseos se reunieron al saber que Jesús había hecho callar a los saduceos, 35y uno, que era maestro de la ley, para tenderle una trampa, le preguntó:

36—Maestro, ¿cuál es el mandamiento más importante de la ley?

37Jesús le dijo:

—'Ama al Señor tu Dios con todo tu corazón, con toda tu alma y con toda tu mente.'ᶠ 38Este es el más importante y el primero de los mandamientos. 39Pero hay un segundo, parecido a este; dice: 'Ama a tu prójimo como a ti mismo.'ᵍ 40En estos dos mandamientos se basan toda la ley y los profetas.ʰ

¿De quién desciende el Mesías?
(Mc 12.35–37; Lc 20.41–44)

41Mientras los fariseos todavía estaban reunidos, 42Jesús les preguntó:

—¿Qué piensan ustedes del Mesías? ¿De quién desciende?

Le contestaron:

—Desciende de David.

43Entonces les dijo Jesús:

ᵃ **22.16** Los *del partido de Herodes* apoyaban a Herodes Antipas y a la dinastía fundada por Herodes el Grande.
ᵇ **22.19–21** *Denario:* moneda romana de plata, que llevaba en aquel tiempo la imagen del emperador Tiberio.
ᶜ **22.23** Cf. Hch 4.1–2; 23.8. ᵈ **22.24** Cf. Dt 25.5–10. ᵉ **22.31–32** Ex 3.6. ᶠ **22.37** Dt 6.5. ᵍ **22.39** Lv 19.18.
ʰ **22.35–40** Lc 10.25–28; Ro 13.9–10.

—¿Pues cómo es que David, inspirado por el Espíritu, lo llama Señor? Porque David dijo: **44** 'El Señor dijo a mi Señor:

Siéntate a mi derecha,

hasta que yo ponga a tus enemigos

debajo de tus pies.'[i]

45 ¿Cómo puede el Mesías descender de David, si David mismo lo llama Señor?

46 Nadie pudo responderle ni una sola palabra, y desde ese día ninguno se atrevió a hacerle más preguntas.

Jesús denuncia a los fariseos y a los maestros de la ley
(Mc 12.38–40; Lc 11.37–54; 20.45–47)

23 **1** Después de esto, Jesús dijo a la gente y a sus discípulos: **2** "Los maestros de la ley y los fariseos enseñan con la autoridad que viene de Moisés. **3** Por lo tanto, obedézcanlos ustedes y hagan todo lo que les digan; pero no sigan su ejemplo, porque ellos dicen una cosa y hacen otra. **4** Atan cargas tan pesadas que es imposible soportarlas, y las echan sobre los hombros de los demás, mientras que ellos mismos no quieren tocarlas ni siquiera con un dedo. **5** Todo lo hacen para que la gente los vea.[a] Les gusta llevar en la frente y en los brazos porciones de las Escrituras escritas en anchas tiras,[b] y ponerse ropas con grandes borlas.[c] **6** Quieren tener los mejores lugares en las comidas y los asientos de honor en las sinagogas,[d] **7** y desean que la gente los salude con todo respeto en la calle y que los llame maestros.

8 "Pero ustedes no deben pretender que la gente los llame maestros, porque todos ustedes son hermanos y tienen solamente un Maestro. **9** Y no llamen ustedes padre a nadie en la tierra, porque tienen solamente un Padre: el que está en el cielo. **10** Ni deben pretender que los llamen guías, porque Cristo es su único Guía. **11** El más grande entre ustedes debe servir a los demás.[e] **12** Porque el que a sí mismo se engrandece, será humillado; y el que se humilla, será engrandecido.[f]

13 "¡Ay de ustedes, maestros de la ley y fariseos, hipócritas!, que cierran la puerta del reino de los cielos para que otros no entren. Y ni ustedes mismos entran, ni dejan entrar a los que quieren hacerlo.[g]

15 "¡Ay de ustedes, maestros de la ley y fariseos, hipócritas!, que recorren tierra y mar para ganar un adepto, y cuando lo han logrado, hacen de él una persona dos veces más merecedora del infierno que ustedes mismos.

16 "¡Ay de ustedes, guías ciegos!,[h] que dicen: 'Quien hace una promesa jurando por el templo, no se compromete a nada; pero si jura por el oro del templo, entonces sí queda comprometido.' **17** ¡Tontos y ciegos! ¿Qué es más importante: el oro, o el templo por cuya causa el oro queda consagrado?[i] **18** También dicen ustedes: 'Quien hace una promesa jurando por el altar, no se compromete a nada; pero si jura por la ofrenda que está sobre el altar, entonces sí queda comprometido.' **19** ¡Ciegos! ¿Qué es más importante: la ofrenda, o el altar por cuya causa la ofrenda queda consagrada? **20** El que jura por el altar, no está jurando solamente por el altar, sino también por todo lo que hay encima; **21** y el que jura por el templo, no está jurando solamente por el templo, sino también por Dios, que vive allí. **22** Y el que jura por el cielo, está jurando por el trono de Dios,[j] y a la vez por Dios, que se sienta en él.[k]

23 "¡Ay de ustedes, maestros de la ley y fariseos, hipócritas!, que separan para Dios la décima parte de la menta, del anís y del comino,[l] pero no hacen caso de las enseñanzas más importantes de la ley, que son la justicia, la misericordia y la fidelidad. Esto es lo que deben hacer, sin dejar de hacer lo otro.[m] **24** ¡Ustedes, guías ciegos, cuelan el mosquito, pero se tragan el camello!

---

i **22.44** Sal 110.1. *a* **23.5** Mt 6.1,5. *b* **23.5** *Tiras:* gr. *filacterias,* cajitas de piel que los judíos se ataban en la frente y en el brazo izquierdo a la hora de la oración, y que contenían pasajes especiales de las Escrituras del AT. Cf. Ex 13.9,16; Dt 6.8; 11.18. *c* **23.5** Los judíos piadosos llevaban *borlas* o flecos cosidos en las cuatro puntas del manto, en señal de devoción (Nm 15.38; Dt 22.12). *d* **23.6** Lc 14.7. *e* **23.11** Mt 20.26–27; Mc 9.35; 10.43–44; Lc 9.48; 22.26; cf. Eclo 3.18. *f* **23.12** Cf. Job 22.29; Pr 29.23; Eclo 1.27; Lc 14.11; 18.14. *g* **23.13** Algunos mss. añaden el v. 14 (cf. Mc 12.40; Lc 20.47): *¡Ay de ustedes, maestros de la ley y fariseos, hipócritas!, porque les quitan sus casas a las viudas, y para disimularlo hacen largas oraciones. Por esto ustedes recibirán mayor castigo.* *h* **23.16** Mt 15.14. *i* **23.17** Ex 30.29. *j* **23.22** Is 66.1; Mt 5.34. *k* **23.16–22** Cf. Mt 5.33–37. *l* **23.23** Cf. Lv 27.30; Dt 14.22–23. *m* **23.23** Am 5.21–24; Miq 6.8.

25 "¡Ay de ustedes, maestros de la ley y fariseos, hipócritas!, que limpian por fuera el vaso y el plato,ⁿ pero no les importa llenarlos con el robo y la avaricia. **26** ¡Fariseo ciego: primero limpia por dentro el vaso, y así quedará limpio también por fuera!

27 "¡Ay de ustedes, maestros de la ley y fariseos, hipócritas!, que son como sepulcros blanqueados, bien arreglados por fuera, pero llenos por dentro de huesos de muertos y de toda clase de impureza. **28** Así son ustedes: por fuera aparentan ser gente honrada, pero por dentro están llenos de hipocresía y de maldad.

29 "¡Ay de ustedes, maestros de la ley y fariseos, hipócritas!, que construyen los sepulcros de los profetas y adornan los monumentos de los justos, **30** y luego dicen: 'Si nosotros hubiéramos vivido en tiempos de nuestros antepasados, no habríamos tomado parte en la muerte de los profetas.' **31** Ya con esto, ustedes mismos reconocen que son descendientes de los que mataron a los profetas. **32** ¡Terminen de hacer, pues, lo que sus antepasados comenzaron!

33 "¡Serpientes! ¡Raza de víboras! ¿Cómo van a escapar del castigo del infierno? **34** Por esto yo les voy a enviar profetas, sabios y maestros. Pero ustedes matarán y crucificarán a algunos de ellos, y a otros los golpearán en las sinagogas y los perseguirán de pueblo en pueblo. **35** Así que sobre ustedes caerá el castigo por toda la sangre inocente que ha sido derramada desde Abel el justo hasta Zacarías, hijo de Berequías,ᶠ a quien ustedes mataron entre el santuario y el altar. **36** Les aseguro que el castigo por todo esto caerá sobre la gente de hoy.

Jesús llora por Jerusalén
(Lc 13.34–35)

37 "¡Jerusalén, Jerusalén, que matas a los profetasº y apedreas a los mensajeros que Dios te envía! ¡Cuántas veces quise juntar a tus hijos, como la gallina junta sus pollitos bajo las alas, pero no quisiste! **38** Pues miren, el hogarᵖ de ustedes va a quedar abandonado; **39** y les digo que, a partir de este momento, no volverán a verme hasta que digan: '¡Bendito el que viene en el nombre del Señor!' "�q

Jesús anuncia que el templo será destruido
(Mc 13.1–2; Lc 21.5–6)

24 **1** Jesús salió del templo, y ya se iba, cuando sus discípulos se acercaron y comenzaron a atraer su atención a los edificios del templo. **2** Jesús les dijo:

—¿Ven ustedes todo esto? Pues les aseguro que aquí no va a quedar ni una piedra sobre otra. Todo será destruido.ª

Señales antes del fin
(Mc 13.3–23; Lc 21.7–24; 17.22–24)

3 Luego se fueron al Monte de los Olivos. Jesús se sentó, y los discípulos se le acercaron para preguntarle aparte:

—Queremos que nos digas cuándo va a ocurrir esto. ¿Cuál será la señal de tu regreso y del fin del mundo?

4 Jesús les contestó:

—Tengan cuidado de que nadie los engañe. **5** Porque vendrán muchos haciéndose pasar por mí. Dirán: 'Yo soy el Mesías', y engañarán a mucha gente. **6** Ustedes tendrán noticias de que hay guerras aquí y allá; pero no se asusten, pues así tiene que ocurrir; sin embargo, aún no será el fin. **7** Porque una nación peleará contra otra y un país hará guerra contra otro; y habrá hambres y terremotos en muchos lugares. **8** Pero todo eso apenas será el comienzo de los dolores.

9 "Entonces los entregarán a ustedes para que los maltraten; y los matarán, y todo el mundo los odiará por causa mía.ᵇ **10** En aquel tiempo muchos renegarán de su fe,ᶜ y se odiarán y se traicionarán unos a otros. **11** Aparecerán muchos falsos profetas, y engañarán a mucha gente. **12** Habrá tanta maldad, que la mayoría dejará de tener amor hacia los demás. **13** Pero el que siga firme hasta el fin, se salvará.ᵈ **14** Y esta buena noticia del reino será anunciada en todo el mundo, para que todas las naciones la conozcan; entonces vendrá el fin.

ⁿ **23.25** Cf. Mc 7.3–4. ᶠ **23.35** *Zacarías, hijo de Berequías:* pareciera referirse al último de los asesinados que se mencionan en el A.T. hebreo (2 Cr 24.20–21), sin embargo ese Zacarías aparece allí como *hijo de Joyadá. Hijo de Berequías* corresponde al profeta Zacarías (cf. Zac 1.1). º **23.37** 1 R 19.10; Jer 2.30; 26.20–23. ᵖ **23.38** *Hogar:* lit. *casa*, que también puede aludir al templo. Cf. Jer 22.5. q **23.39** Sal 118.26; Mt 21.9. ª **24.2** Jerusalén fue destruida por el ejército romano. (Cf. Lc 19.44). ᵇ **24.9** Mt 10.17–18,22; Jn 16.2. ᶜ **24.10** Cf. 2 Ts 2.3. ᵈ **24.13** Mt 10.22; Ap 2.10,26.

15 "El profeta Daniel escribió acerca del horrible sacrilegio.[e] Cuando ustedes lo vean en el Lugar Santo —el que lee, entienda,— 16 entonces los que estén en Judea, que huyan a las montañas; 17 y el que esté en la azotea de su casa, que no baje a sacar nada; 18 y el que esté en el campo, que no regrese ni aun a recoger su ropa.[f] 19 ¡Pobres mujeres aquellas que en tales días estén embarazadas o tengan niños de pecho! 20 Pidan ustedes a Dios que no hayan de huir en el invierno ni en sábado; 21 porque habrá entonces un sufrimiento tan grande como nunca lo ha habido desde el comienzo del mundo ni lo habrá después. 22 Y si Dios no acortara ese tiempo, no se salvaría nadie; pero lo acortará por amor a los que ha escogido.

23 "Si entonces alguien les dice a ustedes: 'Miren, aquí está el Mesías', o 'Miren, allí está', no lo crean. 24 Porque vendrán falsos mesías y falsos profetas; y harán grandes señales y milagros, para engañar, a ser posible, hasta a los que Dios mismo ha escogido. 25 Ya se lo he advertido a ustedes de antemano. 26 Por eso, si les dicen: 'Miren, allí está, en el desierto', no vayan; o si les dicen: 'Miren, aquí está escondido', no lo crean. 27 Porque como un relámpago que se ve brillar de oriente a occidente, así será cuando regrese el Hijo del hombre.[g] 28 Donde esté el cadáver, allí se juntarán los buitres.

El regreso del Hijo del hombre
(Mc 13.24–37; Lc 17.26–30,34–36; 21.25–33)

29 "Tan pronto como pasen aquellos días de sufrimiento, el sol se oscurecerá, la luna dejará de dar su luz, las estrellas caerán del cielo y las fuerzas celestiales temblarán.[h] 30 Entonces se verá en el cielo la señal del Hijo del hombre, y llenos de terror todos los pueblos del mundo llorarán, y verán al Hijo del hombre que viene en las nubes del cielo con gran poder y gloria.[i] 31 Y él mandará a sus ángeles con una gran trompeta, para que reúnan a sus escogidos de los cuatro puntos cardinales, desde un extremo del cielo hasta el otro.[j]

32 "Aprendan esta enseñanza de la higuera: Cuando sus ramas se ponen tiernas, y brotan sus hojas, se dan cuenta ustedes de que ya el verano está cerca. 33 De la misma manera, cuando vean todo esto, sepan que el Hijo del hombre ya está a la puerta.[k] 34 Les aseguro que todo esto sucederá antes que muera la gente de este tiempo. 35 El cielo y la tierra dejarán de existir, pero mis palabras no dejarán de cumplirse.

36 "En cuanto al día y la hora, nadie lo sabe, ni aun los ángeles del cielo, ni el Hijo. Solamente lo sabe el Padre.[l]

37 "Como sucedió en tiempos de Noé,[m] así sucederá también cuando regrese el Hijo del hombre. 38 En aquellos tiempos antes del diluvio, y hasta el día en que Noé entró en el arca, la gente comía y bebía y se casaba. 39 Pero cuando menos lo esperaban, vino el diluvio y se los llevó a todos. Así sucederá también cuando regrese el Hijo del hombre. 40 En aquel momento, de dos hombres que estén en el campo, uno será llevado y el otro será dejado. 41 De dos mujeres que estén moliendo, una será llevada y la otra será dejada.

42 "Manténganse ustedes despiertos, porque no saben qué día va a venir su Señor. 43 Pero sepan esto, que si el dueño de una casa supiera a qué hora de la noche va a llegar el ladrón, se mantendría despierto y no dejaría que nadie se metiera en su casa a robar. 44 Por eso, ustedes también estén preparados; porque el Hijo del hombre vendrá cuando menos lo esperen.[n]

El criado fiel y el criado infiel
(Lc 12.41–48)

45 "¿Quién es el criado fiel y atento, a quien su amo deja encargado de los de su casa, para darles de comer a su debido tiempo? 46 Dichoso el criado a quien su amo, cuando llega, lo encuentra cumpliendo con su deber. 47 Les aseguro que el amo lo pondrá como encargado de todos sus bienes. 48 Pero si ese criado es un malvado, y pensando que su amo va a tardar

---

[e] **24.15** *El horrible sacrilegio:* cf. Dn 9.27; 11.31; 12.11. Nótese también 1 Mac 1.54; 6.7. Aquí se aplica especialmente a la destrucción de Jerusalén y la profanación del templo por el ejército romano, lo cual tuvo lugar en el año 70 d.C. Cf. Lc 21.20. [f] **24.17–18** Lc 17.31. [g] **24.26–27** Lc 17.23–24. [h] **24.29** Cf. Is 13.9–10; 34.4; Ap 6.12–13; 8.12. [i] **24.30** Dn 7.13; Ap 1.7. [j] **24.31** Is 27.13; Mt 13.41–42,49–50; 1 Co 15.52; 1 Ts 4.16. [k] **24.33** *El Hijo del hombre ya está a la puerta:* lit. *ya está a la puerta.* Esta frase también puede entenderse: *el momento decisivo ya está a punto de llegar.* [l] **24.36** Hch 1.6–7. [m] **24.37–39** Gn 6.5–12; 7.6–24. [n] **24.42–44** Lc 12.39–40; 1 Ts 5.2; 2 P 3.10; Ap 3.3; 16.15.

49comienza a maltratar a los otros criados, y se junta con borrachos a comer y beber, 50el día que menos lo espere y a una hora que no sabe, llegará su amo 51y lo castigará, condenándolo a correr la misma suerte que los hipócritas. Entonces vendrán el llanto y la desesperación.

La parábola de las diez muchachas

25 1"Sucederá entonces con el reino de los cielos como lo que sucedió en una boda: diez muchachas tomaron sus lámparas de aceite y salieron a recibir al novio. 2Cinco de ellas eran despreocupadas y cinco previsoras. 3Las despreocupadas llevaron sus lámparas, pero no llevaron aceite para llenarlas de nuevo; 4en cambio, las previsoras llevaron sus botellas de aceite, además de sus lámparas. 5Como el novio tardaba en llegar, les dio sueño a todas, y por fin se durmieron. 6Cerca de la medianoche, se oyó gritar: '¡Ya viene el novio! ¡Salgan a recibirlo!' 7Todas las muchachas se levantaron y comenzaron a preparar sus lámparas. 8Entonces las cinco despreocupadas dijeron a las cinco previsoras: 'Dennos un poco de su aceite, porque nuestras lámparas se están apagando.' 9Pero las muchachas previsoras contestaron: 'No, porque así no alcanzará ni para nosotras ni para ustedes. Más vale que vayan a donde lo venden, y compren para ustedes mismas.' 10Pero mientras aquellas cinco muchachas fueron a comprar aceite, llegó el novio, y las que habían sido previsoras entraron con él en la boda, y se cerró la puerta. 11Después llegaron las otras muchachas, diciendo: '¡Señor, señor, ábrenos!' 12Pero él les contestó: 'Les aseguro que no las conozco.'

13"Manténganse ustedes despiertos —añadió Jesús—, porque no saben ni el día ni la hora.[a]

La parábola del dinero
(Lc 19.11–27)

14"Sucederá también con el reino de los cielos como con un hombre que, estando a punto de irse a otro país, llamó a sus empleados y les encargó que le cuidaran su dinero. 15A uno de ellos le entregó cinco mil monedas,[b] a otro dos mil y a otro mil: a cada uno según su capacidad. Entonces se fue de viaje. 16El empleado que recibió las cinco mil monedas hizo negocio con el dinero y ganó otras cinco mil monedas. 17Del mismo modo, el que recibió dos mil ganó otras dos mil. 18Pero el que recibió mil fue y escondió el dinero de su jefe en un hoyo que hizo en la tierra.

19"Mucho tiempo después volvió el jefe de aquellos empleados, y se puso a hacer cuentas con ellos. 20Primero llegó el que había recibido las cinco mil monedas, y entregó a su jefe otras cinco mil, diciéndole: 'Señor, usted me dio cinco mil, y aquí tiene otras cinco mil que gané.' 21El jefe le dijo: 'Muy bien, eres un empleado bueno y fiel; ya que fuiste fiel en lo poco, te pondré a cargo de mucho más. Entra y alégrate conmigo.' 22Después llegó el empleado que había recibido las dos mil monedas, y dijo: 'Señor, usted me dio dos mil, y aquí tiene otras dos mil que gané.' 23El jefe le dijo: 'Muy bien, eres un empleado bueno y fiel; ya que fuiste fiel en lo poco, te pondré a cargo de mucho más. Entra y alégrate conmigo.'

24"Pero cuando llegó el empleado que había recibido las mil monedas, le dijo a su jefe: 'Señor, yo sabía que usted es un hombre duro, que cosecha donde no sembró y recoge donde no esparció. 25Por eso tuve miedo, y fui y escondí su dinero en la tierra. Pero aquí tiene lo que es suyo.' 26El jefe le contestó: 'Tú eres un empleado malo y perezoso, pues si sabías que yo cosecho donde no sembré y que recojo donde no esparcí, 27deberías haber llevado mi dinero al banco, y yo, al volver, habría recibido mi dinero más los intereses.' 28Y dijo a los que estaban allí: 'Quítenle las mil monedas, y dénselas al que tiene diez mil. 29Porque al que tiene, se le dará más, y tendrá de sobra; pero al que no tiene, hasta lo poco que tiene se le quitará.[c] 30Y a este empleado inútil, échenlo fuera, a la oscuridad. Entonces vendrán el llanto y la desesperación.'

El juicio de las naciones

31"Cuando el Hijo del hombre venga, rodeado de esplendor y de todos sus ángeles,[d] se sentará en su trono glorioso.[e] 32La gente de todas las naciones se reunirá delante de él, y él

---

a 25.13 Mt 24.42; Mc 13.33,35; Lc 12.40.   b 25.15 *Cinco mil monedas:* lit. *cinco talentos.* Esta suma equivaldría al salario de casi cien años de trabajo de un obrero.   c 25.29 Mt 13.12; Mc 4.25; Lc 8.18.   d 25.31 Mt 16.27.   e 25.31 Mt 19.28.

separará unos de otros, como el pastor separa las ovejas de las cabras. 33 Pondrá las ovejas a su derecha y las cabras a su izquierda. 34 Y dirá el Rey a los que estén a su derecha: 'Vengan ustedes, los que han sido bendecidos por mi Padre; reciban el reino que está preparado para ustedes desde que Dios hizo el mundo. 35 Pues tuve hambre, y ustedes me dieron de comer; tuve sed, y me dieron de beber; anduve como forastero, y me dieron alojamiento. 36 Estuve sin ropa, y ustedes me la dieron; estuve enfermo, y me visitaron; estuve en la cárcel, y vinieron a verme.' 37 Entonces los justos preguntarán: 'Señor, ¿cuándo te vimos con hambre, y te dimos de comer? ¿O cuándo te vimos con sed, y te dimos de beber? 38 ¿O cuándo te vimos como forastero, y te dimos alojamiento, o sin ropa, y te la dimos? 39 ¿O cuándo te vimos enfermo o en la cárcel, y fuimos a verte?' 40 El Rey les contestará: 'Les aseguro que todo lo que hicieron por uno de estos hermanos míos más humildes, por mí mismo lo hicieron.'

41 "Luego el Rey dirá a los que estén a su izquierda: 'Apártense de mí, los que merecieron la condenación; váyanse al fuego eterno preparado para el diablo y sus ángeles./ 42 Pues tuve hambre, y ustedes no me dieron de comer; tuve sed, y no me dieron de beber; 43 anduve como forastero, y no me dieron alojamiento; sin ropa, y no me la dieron; estuve enfermo, y en la cárcel, y no vinieron a visitarme.' 44 Entonces ellos le preguntarán: 'Señor, ¿cuándo te vimos con hambre o con sed, o como forastero, o falto de ropa, o enfermo, o en la cárcel, y no te ayudamos?' 45 El Rey les contestará: 'Les aseguro que todo lo que no hicieron por una de estas personas más humildes, tampoco por mí lo hicieron.' 46 Esos irán al castigo eterno, y los justos a la vida eterna."g

Conspiración para arrestar a Jesús
(Mc 14.1–2; Lc 22.1–2; Jn 11.45–53)

26 1 Cuando Jesús terminó toda su enseñanza, dijo a sus discípulos: 2 —Como ustedes saben, dentro de dos días es la fiesta de la Pascua, y el Hijo del hombre será entregado para que lo crucifiquen.

3 Por aquel tiempo, los jefes de los sacerdotes y los ancianos de los judíos se reunieron en el palacio de Caifás, el sumo sacerdote, 4 e hicieron planes para arrestar a Jesús mediante algún engaño, y matarlo. 5 Pero decían:

—No durante la fiesta, para que no se alborote la gente.

Una mujer derrama perfume sobre Jesús a
(Mc 14.3–9; Jn 12.1–8)

6 Jesús estaba en Betania, en casa de Simón, al que llamaban el leproso; 7 en esto se le acercó una mujer que llevaba un frasco de alabastro lleno de un perfume muy caro. Mientras Jesús estaba a la mesa, ella le derramó el perfume sobre la cabeza. 8 Los discípulos, al verlo, se enojaron y comenzaron a decir:

—¿Por qué se desperdicia esto? 9 Pudo haberse vendido por mucho dinero, para ayudar a los pobres.

10 Jesús lo oyó, y les dijo:

—¿Por qué molestan a esta mujer? Ha hecho una obra buena conmigo. 11 Pues a los pobres los tendrán siempre entre ustedes, pero a mí no siempre me van a tener. 12 Lo que ha hecho esta mujer, al derramar el perfume sobre mi cuerpo, es prepararme para mi entierro. 13 Les aseguro que en cualquier lugar del mundo donde se anuncie esta buena noticia, se hablará también de lo que hizo esta mujer, y así será recordada.

Judas traiciona a Jesús
(Mc 14.10–11; Lc 22.3–6)

14 Uno de los doce discípulos, el que se llamaba Judas Iscariote, fue a ver a los jefes de los sacerdotes 15 y les dijo:

—¿Cuánto me quieren dar, y yo les entrego a Jesús?

Ellos le pagaron treinta monedas de plata.b 16 Y desde entonces Judas anduvo buscando el momento más oportuno para entregarles a Jesús.

La Cena del Señor
(Mc 14.12–25; Lc 22.7–23; Jn 13.21–30; 1 Co 11.23–26)

17 El primer día de la fiesta en que se comía el pan sin levadura, los discípulos se acercaron a Jesús y le preguntaron:

—¿Dónde quieres que te preparemos la cena de Pascua?

---

f 25.41 Ap 20.10,15. g 25.46 Dn 12.2; Jn 5.29. a 26.6–13 Cf. Lc 7.37–38. b 26.15 Precio tradicional de un esclavo (Ex 21.32; cf. también Zac 11.12).

18Él les contestó:

—Vayan a la ciudad, a casa de Fulano, y díganle: 'El Maestro dice: Mi hora está cerca, y voy a tu casa a celebrar la Pascua con mis discípulos.'

19Los discípulos hicieron como Jesús les había mandado, y prepararon la cena de Pascua.^c

20Cuando llegó la noche, Jesús estaba a la mesa con los doce discípulos; **21**y mientras comían, les dijo:

—Les aseguro que uno de ustedes me va a traicionar.

22Ellos se pusieron muy tristes, y comenzaron a preguntarle uno tras otro:

—Señor, ¿acaso seré yo?

23Jesús les contestó:

—Uno que moja el pan en el mismo plato que yo, va a traicionarme.^d **24**El Hijo del hombre ha de recorrer el camino que dicen las Escrituras; pero ¡ay de aquel que lo traiciona! Hubiera sido mejor para él no haber nacido.

25Entonces Judas, el que lo estaba traicionando, le preguntó:

—Maestro, ¿acaso seré yo?

—Tú lo has dicho —contestó Jesús.

26Mientras comían, Jesús tomó en sus manos el pan y, habiendo dado gracias a Dios, lo partió y se lo dio a los discípulos, diciendo:

—Tomen y coman, esto es mi cuerpo.^e

27Luego tomó en sus manos una copa y, habiendo dado gracias a Dios, se la pasó a ellos, diciendo:

—Beban todos ustedes de esta copa, **28**porque esto es mi sangre, con la que se confirma la alianza,^f sangre que es derramada en favor de muchos para perdón de sus pecados.^g **29**Pero les digo que no volveré a beber de este producto de la vid, hasta el día en que beba con ustedes el vino nuevo en el reino de mi Padre.

Jesús anuncia que Pedro lo negará
(Mc 14.26–31; Lc 22.31–34; Jn 13.36–38)

30Después de cantar los salmos,^h se fueron al Monte de los Olivos. **31**Y Jesús les dijo:

—Todos ustedes van a perder su fe en mí esta noche. Así lo dicen las Escrituras: 'Mataré al pastor, y las ovejas se dispersarán.'^i **32**Pero cuando yo resucite, los volveré a reunir en Galilea.^j

33Pedro le contestó:

—Aunque todos pierdan su fe en ti, yo no la perderé.

34Jesús le dijo:

—Te aseguro que esta misma noche, antes que cante el gallo, me negarás tres veces.

35Pedro afirmó:

—Aunque tenga que morir contigo, no te negaré.

Y todos los discípulos decían lo mismo.

Jesús ora en Getsemaní
(Mc 14.32–42; Lc 22.39–46)

36Luego fue Jesús con sus discípulos a un lugar llamado Getsemaní, y les dijo:

—Siéntense aquí, mientras yo voy allí a orar.

37Y se llevó a Pedro y a los dos hijos de Zebedeo,^k y comenzó a sentirse muy triste y angustiado. **38**Les dijo:

—Siento en mi alma una tristeza de muerte. Quédense ustedes aquí, y permanezcan despiertos conmigo.

39En seguida Jesús se fue un poco más adelante, se inclinó hasta tocar el suelo con la frente, y oró diciendo: "Padre mío, si es posible, líbrame de este trago amargo; pero que no se haga lo que yo quiero, sino lo que quieres tú."^l

40Luego volvió a donde estaban los discípulos, y los encontró dormidos. Le dijo a Pedro:

—¿Ni siquiera una hora pudieron ustedes mantenerse despiertos conmigo? **41**Manténganse despiertos y oren, para que no caigan en tentación. Ustedes tienen buena voluntad, pero son débiles.

42Por segunda vez se fue, y oró así: "Padre mío, si no es posible evitar que yo sufra esta prueba, hágase tu voluntad."

43Cuando volvió, encontró otra vez dormidos a los discípulos, porque sus ojos se les cerraban de sueño. **44**Los dejó y se fue a orar por tercera vez, repitiendo las mismas palabras. **45**Entonces regresó a donde estaban los discípulos, y les dijo:

---

^c **26.19** Dt 16.5–8. ^d **26.23** Jn 13.18; cf. Sal 41.9. ^e **26.26–28** Cf. también Jn 6.51–58. ^f **26.28** *Mi sangre, con la que se confirma la alianza:* Cf. Ex 24.6–8; Jer 31.31–34; Heb 10.29; 13.20. ^g **26.28** Cf. Ro 3.25; Ef 2.13; 1 Jn 1.7. ^h **26.30** De ordinario, la cena de la Pascua comenzaba con el canto de los Salmos 113—114, y terminaba con los Salmos 115—118. ^i **26.31** Zac 13.7. ^j **26.32** Mt 28.7,10,16; cf. Jn 21.1. ^k **26.37** *Los dos hijos de Zebedeo:* Santiago y Juan. ^l **26.39** *Trago amargo:* lit. *copa.* Cf. Heb 5.7–8.

—¿Siguen ustedes durmiendo y descansando? Ha llegado la hora en que el Hijo del hombre va a ser entregado en manos de los pecadores. **46**Levántense, vámonos; ya se acerca el que me traiciona.

Arrestan a Jesús
(Mc 14.43–50; Lc 22.47–53; Jn 18.2–11)

47Todavía estaba hablando Jesús, cuando Judas, uno de los doce discípulos, llegó acompañado de mucha gente armada con espadas y con palos. Iban de parte de los jefes de los sacerdotes y de los ancianos del pueblo. **48**Judas, el traidor, les había dado una contraseña, diciéndoles: "Al que yo bese, ese es; arréstenlo." **49**Así que, acercándose a Jesús, dijo:

—¡Buenas noches, Maestro!

Y lo besó. **50**Jesús le contestó:

—Amigo, adelante con tus planes.*m*

Entonces los otros se acercaron, echaron mano a Jesús y lo arrestaron.

51En eso, uno de los que estaban con Jesús sacó su espada y le cortó una oreja al criado del sumo sacerdote. **52**Jesús le dijo:

—Guarda tu espada en su lugar. Porque todos los que pelean con la espada, también a espada morirán. **53**¿No sabes que yo podría rogarle a mi Padre, y él me mandaría ahora mismo más de doce ejércitos de ángeles? **54**Pero en ese caso, ¿cómo se cumplirían las Escrituras, que dicen que debe suceder así?

55En seguida Jesús preguntó a la gente:

—¿Por qué han venido ustedes con espadas y con palos a arrestarme, como si yo fuera un bandido? Todos los días he estado enseñando en el templo,*n* y nunca me arrestaron. **56**Pero todo esto sucede para que se cumpla lo que dijeron los profetas en las Escrituras.

En aquel momento, todos los discípulos dejaron solo a Jesús y huyeron.

Jesús ante la Junta Suprema
(Mc 14.53–65; Lc 22.54–55,63–71; Jn 18.12–14,19–24)

57Los que habían arrestado a Jesús lo llevaron a la casa de Caifás, el sumo sacerdote, donde los maestros de la ley y los ancianos estaban reunidos. **58**Pedro lo siguió de lejos hasta el patio de la casa del sumo sacerdote. Entró, y se quedó sentado con los guardianes del templo, para ver en qué terminaría todo aquello.

59Los jefes de los sacerdotes y toda la Junta Suprema buscaban alguna prueba falsa para condenar a muerte a Jesús, **60**pero no la encontraron, a pesar de que muchas personas se presentaron y lo acusaron falsamente. Por fin se presentaron dos más, **61**que afirmaron:

—Este hombre dijo: 'Yo puedo destruir el templo de Dios y volver a levantarlo en tres días.'*ñ*

62Entonces el sumo sacerdote se levantó y preguntó a Jesús:

—¿No contestas nada? ¿Qué es esto que están diciendo contra ti?

63Pero Jesús se quedó callado.*o* El sumo sacerdote le dijo:

—En el nombre del Dios viviente te ordeno que digas la verdad. Dinos si tú eres el Mesías, el Hijo de Dios.

64Jesús le contestó:

—Tú lo has dicho.*p* Y yo les digo también que ustedes van a ver al Hijo del hombre sentado a la derecha del Todopoderoso, y viniendo en las nubes del cielo.*q*

65Entonces el sumo sacerdote se rasgó las ropas en señal de indignación, y dijo:

—¡Las palabras de este hombre son una ofensa contra Dios! ¿Qué necesidad tenemos de más testigos? Ustedes han oído sus palabras ofensivas; **66**¿qué les parece?

Ellos contestaron:

—Es culpable, y debe morir.*r*

67Entonces le escupieron en la cara y lo golpearon. Otros le pegaron en la cara,*s* **68**diciéndole:

—Tú que eres el Mesías, ¡adivina quién te pegó!

Pedro niega conocer a Jesús
(Mc 14.66–72; Lc 22.56–62; Jn 18.15–18, 25–27)

69Pedro, entre tanto, estaba sentado afuera, en el patio. En esto, una sirvienta se le acercó y le dijo:

---

m **26.50** *Adelante con tus planes:* otra posible traducción: *Amigo, ¿a qué vienes?* *n* **26.55** Lc 19.47; 21.37; Jn 18.19–21. *ñ* **26.61** Cf. Mt 24.1–2; Jn 2.19–22. *o* **26.63** Cf. Is 53.7. *p* **26.64** *Tú lo has dicho:* respuesta enigmática, que puede entenderse como *Eres tú quien lo dices,* o bien como *Así es, como tú lo has dicho.* *q* **26.64** Sal 110.1; Dn 7.13. *r* **26.65–66** Jn 19.7; cf. Lv 24.15–16. *s* **26.67** Is 50.6; 53.5.

—Tú también andabas con Jesús, el de Galilea.

70 Pero Pedro lo negó delante de todos, diciendo:

—No sé de qué estás hablando.

71 Luego se fue a la puerta, donde otra lo vio y dijo a los demás:

—Ese andaba con Jesús, el de Nazaret.

72 De nuevo Pedro lo negó, jurando:

—¡No conozco a ese hombre!

73 Poco después, los que estaban allí se acercaron a Pedro y le dijeron:

—Seguro que tú también eres uno de ellos. Hasta en tu manera de hablar se te nota.

74 Entonces él comenzó a jurar y perjurar, diciendo:

—¡No conozco a ese hombre!

En aquel mismo momento cantó un gallo, **75** y Pedro se acordó de que Jesús le había dicho: 'Antes que cante el gallo, me negarás tres veces.' Y salió Pedro de allí, y lloró amargamente.

Jesús es entregado a Pilato
(Mc 15.1; Lc 23.1–2; Jn 18.28–32)

27 **1** Cuando amaneció, todos los jefes de los sacerdotes y los ancianos de los judíos se pusieron de acuerdo en un plan para matar a Jesús. **2** Lo llevaron atado y se lo entregaron a Pilato, el gobernador romano.

La muerte de Judas

3 Judas, el que había traicionado a Jesús, al ver que lo habían condenado, tuvo remordimientos y devolvió las treinta monedas de plata a los jefes de los sacerdotes y a los ancianos, **4** diciéndoles:

—He pecado entregando a la muerte a un hombre inocente.

Pero ellos le contestaron:

—¿Y eso qué nos importa a nosotros? ¡Eso es cosa tuya!

5 Entonces Judas arrojó las monedas en el templo, y fue y se ahorcó.

6 Los jefes de los sacerdotes recogieron aquel dinero, y dijeron:

—Este dinero está manchado de sangre; no podemos ponerlo en el cofre de las ofrendas.

7 Así que tomaron el acuerdo de comprar con él un terreno llamado el Campo del Alfarero, para tener un lugar donde enterrar a los extranjeros. **8** Por eso, aquel terreno se llama hasta el día de hoy Campo de Sangre.*a* **9** Así se cumplió lo que había dicho el profeta Jeremías: "Tomaron las treinta monedas de plata, el precio que los israelitas le habían puesto, **10** y con ellas compraron el campo del alfarero, tal como me lo ordenó el Señor."*b*

Jesús ante Pilato
(Mc 15.2–5; Lc 23.3–5; Jn 18.33–38)

11 Jesús fue llevado ante el gobernador, que le preguntó:

—¿Eres tú el Rey de los judíos?

—Tú lo has dicho —contestó Jesús.

12 Mientras los jefes de los sacerdotes y los ancianos lo acusaban, Jesús no respondía nada. **13** Por eso Pilato le preguntó:

—¿No oyes todo lo que están diciendo contra ti?

14 Pero Jesús no le contestó ni una sola palabra;*c* de manera que el gobernador se quedó muy extrañado.

Jesús es sentenciado a muerte
(Mc 15.6–20; Lc 23.13–25; Jn 18.38—19.16)

15 Durante la fiesta, el gobernador acostumbraba dejar libre un preso, el que la gente escogiera. **16** Había entonces un preso famoso llamado Jesús Barrabás;*d* **17** y estando ellos reunidos, Pilato les preguntó:

—¿A quién quieren ustedes que les ponga en libertad: a Jesús Barrabás, o a Jesús, el que llaman el Mesías?

18 Porque se había dado cuenta de que lo habían entregado por envidia. **19** Mientras Pilato estaba sentado en el tribunal, su esposa mandó a decirle: "No te metas con ese hombre justo, porque anoche tuve un sueño horrible por causa suya."

20 Pero los jefes de los sacerdotes y los ancianos convencieron a la multitud de que pidiera la libertad de Barrabás y la muerte de Jesús. **21** El gobernador les preguntó otra vez:

—¿A cuál de los dos quieren ustedes que les ponga en libertad?

---

a **27.3–8** Hch 1.18–19. *b* **27.9–10** Zac 11.12–13; cf. Jer 18.1–7; Jer 32.6–15. *c* **27.12–14** Is 53.7; Mt 26.63; Lc 23.9; Jn 19.9. *d* **27.16–17** *Jesús Barrabás:* En ambos vv., algunos mss. dicen solo *Barrabás.*

Ellos dijeron:

—¡A Barrabás!

22 Pilato les preguntó:

—¿Y qué voy a hacer con Jesús, el que llaman el Mesías?

Todos contestaron:

—¡Crucifícalo!

23 Pilato les dijo:

—Pues ¿qué mal ha hecho?

Pero ellos volvieron a gritar:

—¡Crucifícalo!

24 Cuando Pilato vio que no conseguía nada, sino que el alboroto era cada vez mayor, mandó traer agua y se lavó las manos delante de todos, diciendo:

—Yo no soy responsable de la muerte de este hombre; es cosa de ustedes.

25 Toda la gente contestó:

—¡Nosotros y nuestros hijos nos hacemos responsables de su muerte!

26 Entonces Pilato dejó libre a Barrabás; luego mandó azotar a Jesús y lo entregó para que lo crucificaran.

27 Los soldados del gobernador llevaron a Jesús al palacio y reunieron toda la tropa alrededor de él. **28** Le quitaron su ropa, lo vistieron con una capa roja **29** y le pusieron en la cabeza una corona tejida de espinas y una vara en la mano derecha. Luego se arrodillaron delante de él, y burlándose le decían:

—¡Viva el Rey de los judíos!

30 También lo escupían, y con la misma vara le golpeaban la cabeza.*e* **31** Después de burlarse así de él, le quitaron la capa roja, le pusieron su propia ropa y se lo llevaron para crucificarlo.

Jesús es crucificado
(Mc 15.21–32; Lc 23.26–43;
Jn 19.17–27)

32 Al salir de allí, encontraron a un hombre llamado Simón, natural de Cirene, a quien obligaron a cargar con la cruz de Jesús.

33 Cuando llegaron a un sitio llamado Gólgota, (es decir, "Lugar de la Calavera"), **34** le dieron a beber vino mezclado con hiel;*f* pero Jesús, después de probarlo, no lo quiso beber.

35 Cuando ya lo habían crucificado, los soldados echaron suertes para repartirse entre sí la ropa de Jesús.*g* **36** Luego se sentaron allí para vigilarlo. **37** Y por encima de su cabeza pusieron un letrero, donde estaba escrita la causa de su condena. El letrero decía: "Este es Jesús, el Rey de los judíos."

38 También fueron crucificados con él dos bandidos, uno a su derecha y otro a su izquierda. **39** Los que pasaban lo insultaban, meneando la cabeza*h* **40** y diciendo:

—¡Tú ibas a derribar el templo y a reconstruirlo en tres días!*i* ¡Si eres Hijo de Dios, sálvate a ti mismo y bájate de la cruz!

41 De la misma manera se burlaban de él los jefes de los sacerdotes y los maestros de la ley, junto con los ancianos. Decían:

42 —Salvó a otros, pero a sí mismo no puede salvarse. Es el Rey de Israel: ¡pues que baje de la cruz, y creeremos en él! **43** Ha puesto su confianza en Dios: ¡pues que Dios lo salve ahora, si de veras lo quiere!*j* ¿No nos ha dicho que es Hijo de Dios?*k*

44 Y hasta los bandidos que estaban crucificados con él, lo insultaban.

Muerte de Jesús
(Mc 15.33–41; Lc 23.44–49; Jn 19.28–30)

45 Desde el mediodía y hasta las tres de la tarde, toda la tierra quedó en oscuridad.*l* **46** A esa misma hora, Jesús gritó con fuerza: "Elí, Elí, ¿lemá sabactani?" (es decir: "Dios mío, Dios mío, ¿por qué me has abandonado?")*m*

47 Algunos de los que estaban allí, lo oyeron y dijeron:

—Este está llamando al profeta Elías.*n*

48 Al momento, uno de ellos fue corriendo en busca de una esponja, la empapó en vino agrio, la ató a una caña y se la acercó para que bebiera.*ñ* **49** Pero los otros dijeron:

—Déjalo, a ver si Elías viene a salvarlo.

50 Jesús dio otra vez un fuerte grito, y murió. **51** En aquel momento el velo*o* del templo se rasgó en dos, de arriba abajo. La tierra tembló, las rocas se partieron **52** y los sepulcros se abrieron; y hasta muchas personas santas, que habían muerto, volvieron a la vida. **53** Entonces

---

e **27.30** Cf. Is 50.6. *f* **27.34** Sal 69.21. *g* **27.35** Cf. Sal 22.18. *h* **27.39** Cf. Sal 22.7; Sal 109.25. *i* **27.40** Mt 26.61; Jn 2.19; Hch 6.14. *j* **27.43** Sal 22.8; cf. Sab 2.18–20. *k* **27.43** Mt 26.63. *l* **27.45** Cf. Jl 2.31; Am 8.9. *m* **27.46** Sal 22.1. *n* **27.47** Mal 4.5–6; Eclo 48.4,10. *ñ* **27.48** Sal 69.21. *o* **27.51** *Velo:* Ex 26.31–33; 2 Cr 3.14. Cf. Heb 6.19; 9.3–12; 10.19–20.

salieron de sus tumbas, después de la resurrección de Jesús, y entraron en la santa ciudad de Jerusalén, donde mucha gente los vio.

54 Cuando el capitán y los que estaban con él vigilando a Jesús vieron el terremoto y todo lo que estaba pasando, se llenaron de miedo y dijeron:

—¡De veras este hombre era Hijo de Dios!

55 Estaban allí, mirando de lejos, muchas mujeres que habían seguido a Jesús desde Galilea y que lo habían ayudado.*p* 56 Entre ellas se encontraban María Magdalena, María la madre de Santiago y de José, y la madre de los hijos de Zebedeo.*q*

Jesús es sepultado
(Mc 15.42–47; Lc 23.50–56; Jn 19.38–42)

57 Cuando ya anochecía,*r* llegó un hombre rico llamado José, natural de Arimatea, que también se había hecho seguidor de Jesús. 58 José fue a ver a Pilato y le pidió el cuerpo de Jesús. Pilato ordenó que se lo dieran, 59 y José tomó el cuerpo, lo envolvió en una sábana de lino limpia 60 y lo puso en un sepulcro nuevo, de su propiedad, que había hecho cavar en la roca. Después de tapar la entrada del sepulcro con una gran piedra, se fue. 61 Pero María Magdalena y la otra María*s* se quedaron sentadas frente al sepulcro.

La guardia ante el sepulcro de Jesús

62 Al día siguiente, es decir, el sábado,*t* los jefes de los sacerdotes y los fariseos fueron juntos a ver a Pilato, 63 y le dijeron:

—Señor, recordamos que aquel mentiroso, cuando aún vivía, dijo que después de tres días iba a resucitar.*u* 64 Por eso, mande usted asegurar el sepulcro hasta el tercer día, no sea que vengan sus discípulos y roben el cuerpo, y después digan a la gente que ha resucitado. En tal caso, la última mentira sería peor que la primera.

65 Pilato les dijo:

—Ahí tienen ustedes soldados de guardia. Vayan y aseguren el sepulcro lo mejor que puedan.

66 Fueron, pues, y aseguraron el sepulcro poniendo un sello sobre la piedra que lo tapaba; y dejaron allí los soldados de guardia.

Anuncio de la resurrección de Jesús
(Mc 16.1–8; Lc 24.1–12; Jn 20.1–10)

28 1 Pasado el sábado, cuando al anochecer comenzaba el primer día de la semana, María Magdalena y la otra María fueron a ver el sepulcro.*a* 2 De pronto hubo un fuerte temblor de tierra, porque un ángel del Señor bajó del cielo, acercándose al sepulcro, quitó la piedra que lo tapaba y se sentó sobre ella. 3 El ángel brillaba como un relámpago, y su ropa era blanca como la nieve. 4 Al verlo, los soldados temblaron de miedo y quedaron como muertos. 5 El ángel dijo a las mujeres:

—No tengan miedo. Yo sé que están buscando a Jesús, el que fue crucificado. 6 No está aquí, sino que ha resucitado, como dijo.*b* Vengan a ver el lugar donde lo pusieron. 7 Vayan pronto y digan a los discípulos: 'Ha resucitado, y va a Galilea para reunirlos de nuevo;*c* allí lo verán.' Esto es lo que yo tenía que decirles.

Jesús se aparece a las mujeres

8 Las mujeres se fueron rápidamente del sepulcro, con miedo y mucha alegría a la vez, y corrieron a llevar la noticia a los discípulos. 9 En eso, Jesús se presentó ante ellas y las saludó. Ellas se acercaron a Jesús y lo adoraron, abrazándole los pies, 10 y él les dijo:

—No tengan miedo. Vayan a decir a mis hermanos*d* que se dirijan a Galilea, y que allá me verán.

Los soldados son sobornados

11 Mientras iban las mujeres, algunos soldados de la guardia llegaron a la ciudad y contaron

---

p **27.55–56** Lc 8.2–3. *q* **27.56** *La madre de los hijos de Zebedeo:* Cf. Mt 4.21, 20.20. *r* **27.57** *Cuando ya anochecía:* es decir, antes de la puesta del sol, hora en que empezaba el sábado. *s* **27.61** Cf. v. 56. *t* **27.62** *El sábado:* lit. *después de la preparación.* El viernes recibía el nombre de día de *la preparación* porque en él se hacían los preparativos para la celebración del sábado. *u* **27.63** Mt 16.21; 17.23; 20.19. *a* **28.1** Mt 27.56,61. *Cuando al anochecer comenzaba:* otra posible traducción: *cuando ya amanecía.* El *primer día de la semana:* Mc 16.9; Jn 20.19. Equivale prácticamente a nuestro domingo. *b* **28.6** *Como dijo:* Mt 16.21; 17.23; 20.19. *c* **28.7** Mt 26.32; Mc 14.28; cf. Jn 21.1–22. *d* **28.10** *Mis hermanos:* Jesús se refiere a sus discípulos (cf. v. 7, y Mt 12.48–50).

a los jefes de los sacerdotes todo lo que había pasado. 12Estos jefes fueron a hablar con los ancianos, para ponerse de acuerdo con ellos. Y dieron mucho dinero a los soldados, 13a quienes advirtieron:

—Ustedes digan que durante la noche, mientras ustedes dormían, los discípulos de Jesús vinieron y robaron el cuerpo. 14Y si el gobernador se entera de esto, nosotros lo convenceremos, y a ustedes les evitaremos dificultades.

15Los soldados recibieron el dinero e hicieron lo que se les había dicho. Y esta es la explicación que hasta el día de hoy circula entre los judíos.

El encargo de Jesús a sus discípulos
(Mc 16.14–18; Lc 24.36–49; Jn 20.19–23)

16Así pues, los once discípulos se fueron a Galilea,e al cerro que Jesús les había indicado. 17Y cuando vieron a Jesús, lo adoraron, aunque algunos dudaban. 18Jesús se acercó a ellos y les dijo:

—Dios me ha dado toda autoridad en el cielo y en la tierra.f 19Vayan, pues, a las gentes de todas las naciones, y háganlas mis discípulos; bautícenlas en el nombre del Padre, del Hijo y del Espíritu Santo, 20y enséñenles a obedecer todo lo que les he mandado a ustedes. Por mi parte, yo estaré con ustedes todos los días, hasta el fin del mundo.

e **28.16–17** Mt 26.32; 28.7,10; Mc 14.28; cf. Jn 21.1–22. f **28.18** Mt 11.27; Jn 3.35; 13.2–4; 17.2; cf. Dn 7.13–14.

Evangelio según

SAN MARCOS

El *Evangelio según San Marcos* (=Mc), como parece lo más probable, es el más antiguo de los cuatro. Mucho de lo que antes se había transmitido de viva voz o en escritos parciales quedó recogido y organizado en este libro.

El evangelio quiere mostrar claramente al lector quién es Jesús, y así lo destaca en los momentos más cruciales del libro. Pero sobre todo lo manifiesta al hablarnos de lo que él hacía y enseñaba. Los títulos de Mesías, Hijo de Dios, Hijo del hombre y otros, se entendían en esa época de diversas maneras. Jesús no comparte todas las expectativas comunes en esos días, sino que las corrige y las supera. Y esto lo va dejando claro con sus hechos y sus enseñanzas, y sobre todo con su muerte y resurrección. Todo el evangelio es una revelación del verdadero ser y de la misión de Jesús.

El estilo de Mc se distingue por su carácter popular, con descripciones bastante pormenorizadas, incluso con repetición de detalles.

Por otra parte, casi todo el material de este evangelio se halla también en los otros dos sinópticos (Mt y Lc) o, por lo menos, en alguno de ellos.

Hoy es opinión generalmente aceptada que los evangelios de Mt y Lc de alguna manera se basan en el de Mc.

Debemos a los autores cristianos del siglo II la atribución de este evangelio a Marcos (identificado con el personaje del mismo nombre que se menciona en Hch 12.12,25; 15.37,39; Col 4.10; 2 Ti 4.11; Flm 24; 1 P 5.13). De esa misma época es la noticia de que el evangelio fue escrito en Roma, después de la muerte de Pedro y de Pablo. Se puede colegir de diversos textos (cf., por ejemplo, Mc 7.3–4; 10.11–12) que los lectores a quienes se destinó en primer lugar este evangelio eran cristianos no judíos, posiblemente romanos.

Se ofrece a continuación una posible manera de entender las principales secciones del evangelio:

Introducción (1.1–15)

1. Jesús revela quién es (1.16—8.30)
   a. Enseña con plena autoridad (1.16—3.12)
   b. Los secretos del reino de Dios (3.13—6.6a)
   c. "Tú eres el Mesías" (6.6b—8.30)

2. Jesús revela y cumple su misión (8.31—16.20)
   a. Jesús anuncia su muerte (8.31—11.11)
   b. En Jerusalén (11.12—13.37)
   c. Pasión, muerte y resurrección (14—16)

Juan el Bautista en el desierto
(Mt 3.1–12; Lc 3.1–9,15–17; Jn 1.19–28)

1 **1** Principio de la buena noticia de Jesús el Mesías, el Hijo de Dios.[a]

2 Está escrito en el libro del profeta Isaías:

"Envío mi mensajero delante de ti,
para que te prepare el camino.[b]

3 Una voz grita en el desierto:
'Preparen el camino del Señor;
ábranle un camino recto.' "[c]

4 Y así se presentó Juan el Bautista en el desierto; decía a todos que debían volverse a Dios y ser bautizados, para que Dios les perdonara sus pecados. **5** Todos los de la región de Judea y de la ciudad de Jerusalén salían a oírlo. Confesaban sus pecados, y Juan los bautizaba en el río Jordán.

6 La ropa de Juan estaba hecha de pelo de camello, y se la sujetaba al cuerpo con un cinturón de cuero;[d] y comía langostas y miel del monte. **7** En su proclamación decía: "Después de mí viene uno más poderoso que yo, que ni siquiera merezco agacharme para desatarle la correa de sus sandalias.[e] **8** Yo los he bautizado a ustedes con agua; pero él los bautizará con el Espíritu Santo."[f]

Jesús es bautizado
(Mt 3.13–17; Lc 3.21–22)[g]

9 Por aquellos días, Jesús salió de Nazaret, que está en la región de Galilea, y Juan lo bautizó en el Jordán. **10** En el momento de salir del agua, Jesús vio que el cielo se abría y que el Espíritu bajaba sobre él como una paloma. **11** Y se oyó una voz del cielo, que decía: "Tú eres mi Hijo amado,[h] a quien he elegido."

Jesús en el desierto
(Mt 4.1–11; Lc 4.1–13)

12 Después de esto, el Espíritu llevó a Jesús al desierto. **13** Allí estuvo cuarenta días,[i] viviendo entre las fieras y siendo puesto a prueba por Satanás; y los ángeles le servían.

Jesús comienza su actividad en Galilea
(Mt 4.12–17; Lc 4.14–15)

14 Después que metieron a Juan en la cárcel,[j] Jesús fue a Galilea a anunciar las buenas noticias de parte de Dios. **15** Decía: "Ya se cumplió el plazo señalado, y el reino de Dios está cerca. Vuélvanse a Dios y acepten con fe sus buenas noticias."

Jesús llama a cuatro pescadores
(Mt 4.18–22; Lc 5.1–11)

16 Jesús pasaba por la orilla del Lago de Galilea, cuando vio a Simón y a su hermano Andrés. Eran pescadores, y estaban echando la red al agua. **17** Les dijo Jesús:

—Síganme, y yo haré que ustedes sean pescadores de hombres.

18 Al momento dejaron sus redes y se fueron con él.

19 Un poco más adelante, Jesús vio a Santiago y a su hermano Juan, hijos de Zebedeo, que estaban en una barca arreglando las redes. **20** En seguida los llamó, y ellos dejaron a su padre Zebedeo en la barca con sus ayudantes, y se fueron con Jesús.

Un hombre que tenía un espíritu impuro
(Lc 4.31–37)

21 Llegaron a Cafarnaúm, y en el sábado Jesús entró en la sinagoga y comenzó a enseñar. **22** La gente se admiraba de cómo les enseñaba, porque lo hacía con plena autoridad y no como los maestros de la ley.[k] **23** En la sinagoga del pueblo había un hombre que tenía un espíritu impuro, el cual gritó:

24 —¿Por qué te metes con nosotros, Jesús de Nazaret? ¿Has venido a destruirnos? Yo te conozco, y sé que eres el Santo de Dios.[l]

25 Jesús reprendió a aquel espíritu, diciéndole:

—¡Cállate y deja a este hombre!

26 El espíritu impuro hizo que al hombre le diera un ataque, y gritando con gran fuerza salió de él. **27** Todos se asustaron, y se preguntaban unos a otros:

—¿Qué es esto? ¡Enseña de una manera nueva, y con plena autoridad! ¡Incluso a los espíritus impuros da órdenes, y lo obedecen!

28 Y muy pronto la fama de Jesús se extendió por toda la región de Galilea.

Jesús sana a la suegra de Simón
(Mt 8.14–15; Lc 4.38–39)

29 Cuando salieron de la sinagoga, Jesús fue con Santiago y Juan a casa de Simón y Andrés.

---

[a] **1.1** *El Hijo de Dios:* Esta frase falta en algunos mss. griegos. [b] **1.2** Mal 3.1. [c] **1.3** Is 40.3. [d] **1.6** Cf. 2 R 1.8. [e] **1.7** Jn 1.15,27,30. [f] **1.8** Jn 1.33; Hch 1.5; 2.1–4. [g] **1.9–11** Cf. también Jn 1.31–34. [h] **1.11** *Mi Hijo amado:* Cf. Sal 2.7; Is 42.1. [i] **1.13** *Cuarenta días:* Cf. Dt 8.2–4. [j] **1.14** Véase 6.17–18. [k] **1.22** Mt 7.28–29. [l] **1.24** Jn 6.69.

30 La suegra de Simón estaba en cama, con fiebre. Se lo dijeron a Jesús, 31 y él se acercó, y tomándola de la mano la levantó; al momento se le quitó la fiebre y comenzó a atenderlos.

Jesús sana a muchos enfermos
(Mt 8.16–17; Lc 4.40–41)

32 Al anochecer, cuando ya se había puesto el sol, llevaron todos los enfermos y endemoniados a Jesús, 33 y el pueblo entero se reunió a la puerta. 34 Jesús sanó de toda clase de enfermedades a mucha gente, y expulsó a muchos demonios; pero no dejaba que los demonios hablaran, porque ellos lo conocían.

Jesús anuncia el mensaje en las sinagogas
(Lc 4.42–44)

35 De madrugada, cuando todavía estaba oscuro, Jesús se levantó y salió de la ciudad para ir a orar a un lugar solitario. 36 Simón y sus compañeros fueron en busca de Jesús, 37 y cuando lo encontraron le dijeron:

—Todos te están buscando.

38 Pero él les contestó:

—Vamos a los otros lugares cercanos; también allí debo anunciar el mensaje, porque para esto he salido.

39 Así que Jesús andaba por toda Galilea, anunciando el mensaje en las sinagogas de cada lugar y expulsando a los demonios.

Jesús sana a un leproso
(Mt 8.1–4; Lc 5.12–16)

40 Un hombre enfermo de lepra se acercó a Jesús, y poniéndose de rodillas le dijo:

—Si quieres, puedes limpiarme de mi enfermedad.

41 Jesús tuvo compasión de él;[m] lo tocó con la mano y dijo:

—Quiero. ¡Queda limpio!

42 Al momento se le quitó la lepra al enfermo, y quedó limpio. 43 Jesús lo despidió en seguida, y le recomendó mucho:

44 —Mira, no se lo digas a nadie; solamente ve y preséntate al sacerdote, y lleva, por tu purificación, la ofrenda que ordenó Moisés,[n] para que conste ante los sacerdotes.

45 Pero el hombre se fue y comenzó a contar a todos lo que había pasado. Por eso Jesús ya

no podía entrar abiertamente en ningún pueblo, sino que se quedaba fuera, en lugares donde no había gente; pero de todas partes acudían a verlo.

Jesús perdona y sana a un paralítico
(Mt 9.1–8; Lc 5.17–26)

2 1 Algunos días después, Jesús volvió a entrar en Cafarnaúm. En cuanto se supo que estaba en casa, 2 se juntó tanta gente que ni siquiera cabían frente a la puerta; y él les anunciaba el mensaje. 3 Entonces, entre cuatro, le llevaron un paralítico. 4 Pero como había mucha gente y no podían acercarlo hasta Jesús, quitaron parte del techo de la casa donde él estaba, y por la abertura bajaron al enfermo en la camilla en que estaba acostado. 5 Cuando Jesús vio la fe que tenían, le dijo al enfermo:

—Hijo mío, tus pecados quedan perdonados.[a]

6 Algunos maestros de la ley que estaban allí sentados, pensaron: 7 "¿Cómo se atreve este a hablar así? Sus palabras son una ofensa contra Dios. Solo Dios puede perdonar pecados." 8 Pero Jesús en seguida se dio cuenta de lo que estaban pensando, y les preguntó:

—¿Por qué piensan ustedes así? 9 ¿Qué es más fácil, decirle al paralítico: 'Tus pecados quedan perdonados', o decirle: 'Levántate, toma tu camilla y anda'? 10 Pues voy a demostrarles que el Hijo del hombre tiene autoridad en la tierra para perdonar pecados.

Entonces le dijo al paralítico:

11 —A ti te digo, levántate, toma tu camilla y vete a tu casa.

12 El enfermo se levantó en el acto, y tomando su camilla salió de allí, a la vista de todos. Por esto, todos se admiraron y alabaron a Dios, diciendo:

—Nunca hemos visto una cosa así.

Jesús llama a Leví
(Mt 9.9–13; Lc 5.27–32)

13 Después fue Jesús otra vez a la orilla del lago; la gente se acercaba a él, y él les enseñaba. 14 Al pasar vio a Leví, hijo de Alfeo, sentado en el lugar donde cobraba los impuestos para Roma. Jesús le dijo:

—Sígueme.

Leví se levantó y lo siguió.

---

[m] **1.41** *Tuvo compasión de él:* Algunos mss. dicen *se indignó.* [n] **1.44** *La ofrenda que ordenó Moisés:* para la purificación ritual (Lv 14.1–32). [a] **2.5–7** Cf. Lc 7.48–49.

15 Sucedió que Jesús estaba comiendo en casa de Leví, y muchos de los que cobraban impuestos para Roma, y otra gente de mala fama, estaban también sentados a la mesa, junto con Jesús y sus discípulos, pues eran muchos los que lo seguían. **16** Algunos maestros de la ley, que eran fariseos, al ver que Jesús comía con todos aquellos, preguntaron a los discípulos:

—¿Cómo es que su maestro come con cobradores de impuestos y pecadores?

17 Jesús lo oyó, y les dijo:

—Los que están sanos no necesitan médico, sino los enfermos. Yo no he venido a llamar a los justos, sino a los pecadores.

La pregunta sobre el ayuno
(Mt 9.14–17; Lc 5.33–39)

18 Una vez estaban ayunando[b] los seguidores de Juan el Bautista y los fariseos, y algunas personas fueron a Jesús y le preguntaron:

—Los seguidores de Juan y los de los fariseos ayunan: ¿por qué no ayunan tus discípulos?

19 Jesús les contestó:

—¿Acaso pueden ayunar los invitados a una boda, mientras el novio está con ellos? Mientras está presente el novio, no pueden ayunar. **20** Pero llegará el momento en que se lleven al novio; cuando llegue ese día, entonces sí ayunarán.

21 "Nadie arregla un vestido viejo con un remiendo de tela nueva, porque el remiendo nuevo encoge y rompe el vestido viejo, y el desgarrón se hace mayor. **22** Ni tampoco se echa vino nuevo en cueros viejos, porque el vino nuevo hace que se revienten los cueros, y se pierden tanto el vino como los cueros. Por eso hay que echar el vino nuevo en cueros nuevos."

Los discípulos arrancan espigas en sábado
(Mt 12.1–8; Lc 6.1–5)

23 Un sábado, Jesús caminaba entre los sembrados, y sus discípulos, al pasar, comenzaron a arrancar espigas de trigo. **24** Los fariseos le preguntaron:

—Oye, ¿por qué hacen tus discípulos algo que no está permitido hacer en sábado?

25 Pero él les dijo:

—¿Nunca han leído ustedes lo que hizo David en una ocasión en que él y sus compañeros tuvieron necesidad y sintieron hambre? **26** Pues siendo Abiatar sumo sacerdote, David entró en la casa de Dios y comió los panes consagrados a Dios, que solamente a los sacerdotes se les permitía comer;[c] y dio también a la gente que iba con él.[d]

27 Jesús añadió:

—El sábado se hizo para el hombre, y no el hombre para el sábado. **28** Por esto, el Hijo del hombre tiene autoridad también sobre el sábado.

Jesús sana a un enfermo en sábado
(Mt 12.9–14; Lc 6.6–11)

3 **1** Jesús entró otra vez en la sinagoga; y había en ella un hombre que tenía una mano tullida. **2** Y espiaban a Jesús para ver si lo sanaría en sábado, y así tener de qué acusarlo. **3** Jesús le dijo entonces al hombre que tenía la mano tullida:

—Levántate y ponte ahí en medio.

4 Luego preguntó a los otros:

—¿Qué está permitido hacer en sábado: el bien o el mal? ¿Salvar una vida o destruirla?

Pero ellos se quedaron callados. **5** Jesús miró entonces con enojo a los que le rodeaban, y entristecido por la dureza de su corazón le dijo a aquel hombre:

—Extiende la mano.

El hombre la extendió, y su mano quedó sana. **6** Pero en cuanto los fariseos salieron, comenzaron a hacer planes con los del partido de Herodes[a] para matar a Jesús.

Mucha gente a la orilla del lago

7 Jesús, seguido por mucha gente de Galilea, se fue con sus discípulos a la orilla del lago. **8** Cuando supieron las grandes cosas que hacía, también acudieron a verlo muchos de Judea, de Jerusalén, de Idumea, del oriente del Jordán y de la región de Tiro y Sidón. **9** Por esto, Jesús encargó a sus discípulos que le tuvieran lista una barca, para evitar que la multitud lo apretujara. **10** Porque había sanado a tantos, que todos los enfermos se echaban sobre él para tocarlo.

---

b 2.18 Cf. 2 Cr 20.3; Jl 2.12–15. **c 2.26** Lv 24.9. **d 2.25–26** 1 S 21.1–6. *Abiatar* fue *sumo sacerdote* durante el reinado de David (2 S 15.35); según 1 S 21.1 y 22.20, Ahimélec, padre de Abiatar, era sacerdote en la ocasión mencionada. **a 3.6** *Los del partido de Herodes:* Véase Mt 22.16 n.

11Y cuando los espíritus impuros lo veían, se ponían de rodillas delante de él y gritaban:

—¡Tú eres el Hijo de Dios!

12Pero Jesús les ordenaba severamente que no hablaran de él en público.

Jesús escoge a los doce apóstoles
(Mt 10.1–4; Lc 6.12–16)

13Después Jesús subió a un cerro, y llamó a los que le pareció bien. Una vez reunidos, **14**eligió de entre ellos a doce, para que lo acompañaran y para mandarlos a anunciar el mensaje. A estos les dio el nombre de apóstoles, **15**y les dio autoridad para expulsar a los demonios. **16**Estos son los doce que escogió: Simón, a quien puso el nombre de Pedro; **17**Santiago y su hermano Juan, hijos de Zebedeo, a quienes llamó Boanerges (es decir, "Hijos del Trueno"); **18**Andrés, Felipe, Bartolomé, Mateo, Tomás y Santiago, hijo de Alfeo; Tadeo, Simón el cananeo,[b] **19**y Judas Iscariote, que después traicionó a Jesús.

Acusación contra Jesús
(Mt 12.22–32; Lc 11.14–23; 12.10)

20Después entró Jesús en una casa, y otra vez se juntó tanta gente, que ni siquiera podían comer él y sus discípulos. **21**Cuando lo supieron los parientes de Jesús, fueron a llevárselo, pues decían que se había vuelto loco.

22También los maestros de la ley que habían llegado de Jerusalén decían: "Beelzebú, el propio jefe de los demonios, es quien le ha dado a este hombre el poder de expulsarlos."[c]

23Jesús los llamó, y les puso un ejemplo, diciendo: "¿Cómo puede Satanás expulsar al propio Satanás? **24**Un país dividido en bandos enemigos, no puede mantenerse; **25**y una familia dividida, no puede mantenerse. **26**Así también, si Satanás se divide y se levanta contra sí mismo, no podrá mantenerse; habrá llegado su fin.

27"Nadie puede entrar en la casa de un hombre fuerte y robarle sus cosas, si no lo ata primero; solamente así podrá robárselas.

28"Les aseguro que Dios dará su perdón a los hombres por todos los pecados y todo lo malo que digan: **29**pero el que ofenda con sus palabras al Espíritu Santo, nunca tendrá perdón, sino que será culpable para siempre."

30Esto lo dijo Jesús porque ellos afirmaban que tenía un espíritu impuro.

La madre y los hermanos de Jesús
(Mt 12.46–50; Lc 8.19–21)

31Entre tanto llegaron la madre y los hermanos de Jesús, pero se quedaron afuera y mandaron llamarlo. **32**La gente que estaba sentada alrededor de Jesús le dijo:

—Tu madre, tus hermanos y tus hermanas están afuera, y te buscan.

33Él les contestó:

—¿Quiénes son mi madre y mis hermanos?

34Luego, mirando a los que estaban sentados a su alrededor, añadió:

—Estos son mi madre y mis hermanos. **35**Pues cualquiera que hace la voluntad de Dios, ese es mi hermano, mi hermana y mi madre.

La parábola del sembrador
(Mt 13.1–9; Lc 8.4–8)

4 **1**Otra vez comenzó Jesús a enseñar a la orilla del lago. Como se reunió una gran multitud, Jesús subió a una barca que había en el lago, y se sentó, mientras la gente se quedaba en la orilla. **2**Entonces se puso a enseñarles muchas cosas por medio de parábolas.

En su enseñanza les decía: **3**"Oigan esto: Un sembrador salió a sembrar. **4**Y al sembrar, una parte de la semilla cayó en el camino, y llegaron las aves y se la comieron. **5**Otra parte cayó entre las piedras, donde no había mucha tierra; esa semilla brotó pronto, porque la tierra no era muy honda; **6**pero el sol, al salir, la quemó, y como no tenía raíz, se secó. **7**Otra parte de la semilla cayó entre espinos, y los espinos crecieron y la ahogaron, de modo que la semilla no dio grano. **8**Pero otra parte cayó en buena tierra, y creció, dando una buena cosecha; algunas espigas dieron treinta granos por semilla, otras sesenta granos, y otras cien."

9Y añadió Jesús: "Los que tienen oídos, oigan."

El porqué de las parábolas
(Mt 13.10–17; Lc 8.9–10)

10Después, cuando Jesús se quedó solo, los que estaban cerca de él junto con los doce

---

[b] **3.18** *Cananeo:* Véase Lc 6.15 n.   [c] **3.22** Mt 9.34; 10.25. *Beelzebú:* Véase Mt 12.24 n.

discípulos le preguntaron qué quería decir aquella parábola. 11 Les contestó: "A ustedes, Dios les da a conocer el secreto de su reino; pero a los que están afuera se les dice todo por medio de parábolas, 12 para que por más que miren, no vean, y por más que oigan, no entiendan, para que no se vuelvan a Dios, y él no los perdone."[a]

Jesús explica la parábola del sembrador
(Mt 13.18–23; Lc 8.11–15)

13 Les dijo: "¿No entienden ustedes esta parábola? ¿Cómo, pues, entenderán todas las demás? 14 El que siembra la semilla representa al que anuncia el mensaje. 15 Hay quienes son como la semilla que cayó en el camino: oyen el mensaje, pero después de oírlo viene Satanás y les quita el mensaje sembrado en su corazón. 16 Otros son como la semilla sembrada entre las piedras: oyen el mensaje y lo reciben con gusto, 17 pero como no tienen suficiente raíz, no se mantienen firmes; por eso, cuando por causa del mensaje sufren pruebas o persecución, pierden la fe. 18 Otros son como la semilla sembrada entre espinos: oyen el mensaje, 19 pero los negocios de la vida presente les preocupan demasiado, el amor por las riquezas los engaña, y quisieran poseer todas las cosas. Todo esto entra en ellos, y ahoga el mensaje y no lo deja dar fruto. 20 Pero hay otros que oyen el mensaje y lo aceptan, y dan una buena cosecha, como la semilla sembrada en buena tierra. De esos, algunos rinden treinta, otros sesenta, y otros ciento por uno."

La parábola de la lámpara
(Lc 8.16–18)

21 También les dijo: "¿Acaso se trae una lámpara para ponerla bajo un cajón o debajo de la cama? No, una lámpara se pone en alto, para que alumbre. 22 De la misma manera, no hay nada escondido que no llegue a descubrirse, ni nada secreto que no llegue a ponerse en claro.[b] 23 Los que tienen oídos, oigan."

24 También les dijo: "Fíjense en lo que oyen. Con la misma medida con que ustedes den a otros, Dios les dará a ustedes;[c] y les dará todavía más. 25 Pues al que tiene, se le dará más; pero al que no tiene, hasta lo poco que tiene se le quitará."[d]

La parábola del crecimiento de la semilla

26 Jesús dijo también: "Con el reino de Dios sucede como con el hombre que siembra semilla en la tierra: 27 que lo mismo da que esté dormido o despierto, que sea de noche o de día, la semilla nace y crece, sin que él sepa cómo. 28 Y es que la tierra produce por sí misma: primero el tallo, luego la espiga y más tarde los granos que llenan la espiga. 29 Y cuando ya el grano está maduro, lo recoge, porque ha llegado el tiempo de la cosecha."

La parábola de la semilla de mostaza
(Mt 13.31–32; Lc 13.18–19)

30 También dijo Jesús: "¿A qué se parece el reino de Dios, o con qué podremos compararlo? 31 Es como una semilla de mostaza que se siembra en la tierra. Es la más pequeña de todas las semillas del mundo, 32 pero una vez sembrada, crece y se hace mayor que todas las otras plantas del huerto, con ramas tan grandes que hasta las aves pueden posarse bajo su sombra."

El uso que Jesús hacía de las parábolas
(Mt 13.34–35)

33 De esta manera les enseñaba Jesús el mensaje, por medio de muchas parábolas como estas, según podían entender. 34 Pero no les decía nada sin parábolas, aunque a sus discípulos se lo explicaba todo aparte.

Jesús calma la tormenta
(Mt 8.23–27; Lc 8.22–25)

35 Al anochecer de aquel mismo día, Jesús dijo a sus discípulos:

—Vamos al otro lado del lago.

36 Entonces dejaron a la gente y llevaron a Jesús en la barca en que ya estaba; y también otras barcas lo acompañaban. 37 En esto se desató una tormenta, con un viento tan fuerte que las olas caían sobre la barca, de modo que se llenaba de agua. 38 Pero Jesús se había dormido en la parte de atrás, apoyado sobre una almohada. Lo despertaron y le dijeron:

—¡Maestro! ¿No te importa que nos estemos hundiendo?

39 Jesús se levantó y dio una orden al viento, y dijo al mar:

—¡Silencio! ¡Quédate quieto!

---

[a] **4.12** Is 6.9–10; Jn 12.40; Hch 28.26–27.   [b] **4.22** Mt 10.26; Lc 12.2–3.   [c] **4.24** Mt 7.2; Lc 6.38.   [d] **4.25** Mt 13.12; 25.29; Lc 19.26.

El viento se calmó, y todo quedó completamente tranquilo. **40**Después dijo Jesús a los discípulos:

—¿Por qué están asustados? ¿Todavía no tienen fe?

41Ellos se llenaron de miedo, y se preguntaban unos a otros:

—¿Quién será este, que hasta el viento y el mar lo obedecen?*e*

El endemoniado de Gerasa
(Mt 8.28–34; Lc 8.26–39)

5 **1**Llegaron al otro lado del lago, a la tierra de Gerasa. **2**En cuanto Jesús bajó de la barca, se le acercó un hombre que tenía un espíritu impuro. Este hombre había salido de entre las tumbas, **3**porque vivía en ellas. Nadie podía sujetarlo, ni siquiera con cadenas. **4**Pues aunque muchas veces lo habían atado de pies y manos con cadenas, siempre las había hecho pedazos, sin que nadie lo pudiera dominar. **5**Andaba de día y de noche por los cerros y las tumbas, gritando y golpeándose con piedras. **6**Pero cuando vio de lejos a Jesús, echó a correr, y poniéndose de rodillas delante de él **7**le dijo a gritos:

—¡No te metas conmigo, Jesús, Hijo del Dios altísimo! ¡Te ruego por Dios que no me atormentes!

8Hablaba así porque Jesús le había dicho:

—¡Espíritu impuro, deja a ese hombre!

9Jesús le preguntó:

—¿Cómo te llamas?

Él contestó:

—Me llamo Legión, porque somos muchos.

10Y rogaba mucho a Jesús que no enviara los espíritus fuera de aquella región. **11**Y como cerca de allí, junto al cerro, había gran número de cerdos comiendo, **12**los espíritus le rogaron:

—Mándanos a los cerdos y déjanos entrar en ellos.

13Jesús les dio permiso, y los espíritus impuros salieron del hombre y entraron en los cerdos. Estos, que eran unos dos mil, echaron a correr pendiente abajo hasta el lago, y allí se ahogaron.

14Los que cuidaban de los cerdos salieron huyendo, y fueron a contar en el pueblo y por los campos lo sucedido. La gente acudió a ver lo que había pasado. **15**Y cuando llegaron a donde estaba Jesús, vieron sentado, vestido y en su cabal juicio al endemoniado que había tenido la legión de espíritus. La gente estaba asustada, **16**y los que habían visto lo sucedido con el endemoniado y con los cerdos, se lo contaron a los demás. **17**Entonces comenzaron a rogarle a Jesús que se fuera de aquellos lugares.

18Al volver Jesús a la barca, el hombre que había estado endemoniado le rogó que lo dejara ir con él. **19**Pero Jesús no se lo permitió, sino que le dijo:

—Vete a tu casa, con tus parientes, y cuéntales todo lo que el Señor te ha hecho, y cómo ha tenido compasión de ti.

20El hombre se fue, y comenzó a contar por los pueblos de Decápolis lo que Jesús había hecho por él; y todos se quedaron admirados.

La mujer enferma y la hija de Jairo
(Mt 9.18–26; Lc 8.40–56)

21Cuando Jesús regresó en la barca al otro lado del lago, se le reunió mucha gente, y él se quedó en la orilla. **22**En esto llegó uno de los jefes de la sinagoga, llamado Jairo, que al ver a Jesús se echó a sus pies **23**y le rogó mucho, diciéndole:

—Mi hija se está muriendo; ven a poner tus manos sobre ella, para que sane y viva.

24Jesús fue con él, y mucha gente lo acompañaba apretujándose a su alrededor. **25**Entre la multitud había una mujer que desde hacía doce años estaba enferma, con derrames de sangre. **26**Había sufrido mucho a manos de muchos médicos, y había gastado todo lo que tenía, sin que le hubiera servido de nada. Al contrario, iba de mal en peor. **27**Cuando oyó hablar de Jesús, esta mujer se le acercó por detrás, entre la gente, y le tocó la capa. **28**Porque pensaba: "Tan solo con que llegue a tocar su capa, quedaré sana." **29**Al momento, el derrame de sangre se detuvo, y sintió en el cuerpo que ya estaba curada de su enfermedad. **30**Jesús, dándose cuenta de que había salido poder de él, se volvió a mirar a la gente, y preguntó:

—¿Quién me ha tocado la ropa?

31Sus discípulos le dijeron:

—Ves que la gente te oprime por todos lados, y preguntas '¿Quién me ha tocado?'

---

e **4.39–41** Cf. Sal 107.28–29.

32 Pero Jesús seguía mirando a su alrededor, para ver quién lo había tocado. 33 Entonces la mujer, temblando de miedo y sabiendo lo que le había pasado, fue y se arrodilló delante de él, y le contó toda la verdad. 34 Jesús le dijo:

—Hija, por tu fe has sido sanada. Vete tranquila y curada ya de tu enfermedad.

35 Todavía estaba hablando Jesús, cuando llegaron unos de casa del jefe de la sinagoga a decirle al padre de la niña:

—Tu hija ha muerto. ¿Para qué molestar más al Maestro?

36 Pero Jesús, sin hacer caso de ellos,[a] le dijo al jefe de la sinagoga:

—No tengas miedo; cree solamente.

37 Y no dejó que lo acompañaran más que Pedro, Santiago y Juan, el hermano de Santiago. 38 Al llegar a la casa del jefe de la sinagoga y ver el alboroto y la gente que lloraba y gritaba, 39 entró y les dijo:

—¿Por qué hacen tanto ruido y lloran de esa manera? La niña no está muerta, sino dormida.

40 La gente se rió de Jesús, pero él los hizo salir a todos, y tomando al padre, a la madre y a los que lo acompañaban, entró a donde estaba la niña. 41 La tomó de la mano y le dijo:

—Talitá, cum[b] (que significa: "Muchacha, a ti te digo, levántate.")

42 Al momento, la muchacha, que tenía doce años, se levantó y echó a andar. Y la gente se quedó muy admirada. 43 Pero Jesús ordenó severamente que no se lo contaran a nadie, y luego mandó que dieran de comer a la niña.

Jesús en Nazaret
(Mt 13.53–58; Lc 4.16–30)

6 1 Jesús se fue de allí a su propia tierra, y sus discípulos fueron con él. 2 Cuando llegó el sábado, comenzó a enseñar en la sinagoga. Y muchos oyeron a Jesús, y se preguntaron admirados:

—¿Dónde aprendió este tantas cosas? ¿De dónde ha sacado esa sabiduría y los milagros que hace? 3 ¿No es este el carpintero, el hijo de María y hermano de Santiago, José, Judas y Simón? ¿Y no viven sus hermanas también aquí, entre nosotros?

Y no tenían fe en él. 4 Pero Jesús les dijo:

—En todas partes se honra a un profeta, menos en su propia tierra, entre sus parientes y en su propia casa.

5 No pudo hacer allí ningún milagro, aparte de poner las manos sobre unos pocos enfermos y sanarlos. 6 Y estaba asombrado porque aquella gente no creía en él.

Jesús envía a los discípulos a anunciar el reino de Dios
(Mt 10.5–15; Lc 9.1–6)

Jesús recorría las aldeas cercanas, enseñando. 7 Llamó a los doce discípulos, y comenzó a enviarlos de dos en dos, dándoles autoridad sobre los espíritus impuros.[a] 8 Les ordenó que no llevaran nada para el camino, sino solamente un bastón. No debían llevar pan ni provisiones ni dinero. 9 Podían ponerse sandalias, pero no llevar ropa de repuesto. 10 Les dijo:

—Cuando entren ustedes en una casa, quédense allí hasta que se vayan del lugar. 11 Y si en algún lugar no los reciben ni los quieren oir, salgan de allí y sacúdanse el polvo de los pies,[b] para que les sirva a ellos de advertencia.[c]

12 Entonces salieron los discípulos a decirle a la gente que se volviera a Dios. 13 También expulsaron muchos demonios, y curaron a muchos enfermos ungiéndolos con aceite.[d]

La muerte de Juan el Bautista
(Mt 14.1–12; Lc 9.7–9)

14 El rey Herodes oyó hablar de Jesús, cuya fama había corrido por todas partes. Pues unos decían: "Juan el Bautista ha resucitado, y por eso tiene este poder milagroso."

15 Otros decían: "Es el profeta Elías."

Y otros: "Es un profeta, como los antiguos profetas."[e]

16 Al oir estas cosas, Herodes decía:

—Ese es Juan. Yo mandé cortarle la cabeza y ahora ha resucitado.

17 Es que, por causa de Herodías, Herodes había mandado arrestar a Juan, y lo había hecho encadenar en la cárcel. Herodías era esposa de Filipo, hermano de Herodes, pero Herodes se había casado con ella.[f] 18 Y Juan había dicho a

---

[a] **5.36** *Sin hacer caso de ellos:* otra posible traducción: *que alcanzó a oírlos.* [b] **5.41** *Talitá, cum:* frase en arameo, lengua hablada en Palestina en tiempos de Jesús. [a] **6.7** Mc 3.14–15. [b] **6.11** *Sacúdanse el polvo de los pies:* en señal de rechazo; cf. Hch 13.51. [c] **6.8–11** Lc 10.4–11. [d] **6.13** Cf. Stg 5.14. [e] **6.14–15** Mt 16.14; Mc 8.28; Lc 9.19. Cf. Mal 4.5–6; Eclo 48.4,10. [f] **6.17** Véase Mt 14.3 n.

Herodes: "No debes tener como tuya a la mujer de tu hermano."[g]

19 Herodías odiaba por eso a Juan, y quería matarlo; pero no podía, 20 porque Herodes le tenía miedo, sabiendo que era un hombre justo y santo, y lo protegía. Y aunque al oírlo se quedaba sin saber qué hacer, Herodes escuchaba a Juan de buena gana. 21 Pero Herodías vio llegar su oportunidad cuando Herodes, en su cumpleaños, dio un banquete a sus jefes y comandantes y a las personas importantes de Galilea. 22 La hija de Herodías entró en el lugar del banquete y bailó, y el baile gustó tanto a Herodes y a los que estaban cenando con él, que el rey dijo a la muchacha:

—Pídeme lo que quieras, y te lo daré.

23 Y le juró una y otra vez que le daría cualquier cosa que pidiera, aunque fuera la mitad del país que él gobernaba. 24 Ella salió, y le preguntó a su madre:

—¿Qué pediré?

Le contestó:

—Pídele la cabeza de Juan el Bautista.

25 La muchacha entró de prisa donde estaba el rey, y le dijo:

—Quiero que ahora mismo me des en un plato la cabeza de Juan el Bautista.

26 El rey se puso muy triste; pero como había hecho un juramento en presencia de sus invitados, no quiso negarle lo que le pedía. 27 Así que mandó en seguida a un soldado con la orden de llevarle la cabeza de Juan. Fue el soldado a la cárcel, le cortó la cabeza a Juan 28 y se la llevó en un plato. Se la dio a la muchacha, y ella se la entregó a su madre.

29 Cuando los seguidores de Juan lo supieron, recogieron el cuerpo y se lo llevaron a enterrar.

Jesús da de comer a una multitud[h]
(Mt 14.13–21; Lc 9.10–17; Jn 6.1–14)

30 Después de esto, los apóstoles se reunieron con Jesús y le contaron todo lo que habían hecho y enseñado. 31 Jesús les dijo:

—Vengan, vamos nosotros solos a descansar un poco en un lugar tranquilo.

Porque iba y venía tanta gente, que ellos ni siquiera tenían tiempo para comer. 32 Así que Jesús y sus apóstoles se fueron en una barca a un lugar apartado. 33 Pero muchos los vieron ir, y los reconocieron; entonces de todos los pueblos corrieron allá, y llegaron antes que ellos. 34 Al bajar Jesús de la barca, vio la multitud, y sintió compasión de ellos, porque estaban como ovejas que no tienen pastor; y comenzó a enseñarles muchas cosas. [i] 35 Por la tarde, sus discípulos se le acercaron y le dijeron:

—Ya es tarde, y este es un lugar solitario. 36 Despide a la gente, para que vayan por los campos y las aldeas de alrededor y se compren algo de comer.

37 Pero Jesús les contestó:

—Denles ustedes de comer.

Ellos respondieron:

—¿Quieres que vayamos a comprar pan por el equivalente al salario de doscientos días, para darles de comer?

38 Jesús les dijo:

—¿Cuántos panes tienen ustedes? Vayan a verlo.

Cuando lo averiguaron, le dijeron:

—Cinco panes y dos pescados.

39 Entonces les mandó que hicieran sentar a la gente en grupos sobre la hierba verde; 40 y se sentaron en grupos de cien y de cincuenta. 41 Luego Jesús tomó en sus manos los cinco panes y los dos pescados y, mirando al cielo, pronunció la bendición, partió los panes y se los fue dando a sus discípulos para que los repartieran entre la gente. Repartió también los dos pescados entre todos. 42 Todos comieron hasta quedar satisfechos; 43 recogieron los pedazos sobrantes de pan y de pescado, y con ellos llenaron doce canastas.[j] 44 Los que comieron de aquellos panes fueron cinco mil hombres.

Jesús camina sobre el agua
(Mt 14.22–27; Jn 6.16–21)

45 Después de esto, Jesús hizo que sus discípulos subieran a la barca para que cruzaran el lago antes que él, en dirección a Betsaida, mientras él despedía a la gente. 46 Y cuando la hubo despedido, se fue al cerro a orar. 47 Al llegar la noche, la barca ya estaba en medio del lago. Jesús, que se había quedado solo en tierra, 48 vio que remaban con dificultad, porque tenían el viento en contra. A la madrugada, fue Jesús hacia ellos caminando sobre el agua, y ya iba a pasar junto a ellos. 49 Cuando lo vieron

---

[g] **6.17–18** Lc 3.19–20; cf. Lv 18.16; 20.21. [h] **6.30–44** Cf. el relato similar en Mc 8.1–10 y Mt 15.32–39. [i] **6.34** Cf. 1 R 22.17; Ez 34.5; Mt 9.36. [j] **6.42–43** Cf. 2 R 4.43–44.

andar sobre el agua, pensaron que era un fantasma, y gritaron; 50porque todos lo vieron y se asustaron. Pero en seguida él les habló, diciéndoles:

—¡Calma! ¡Soy yo: no tengan miedo!

51Subió a la barca, y se calmó el viento; y ellos se quedaron muy asombrados, 52porque no habían entendido el milagro de los panes, pues tenían el entendimiento oscurecido.

Jesús sana a los enfermos de Genesaret
(Mt 14.34–36)

53Cruzaron el lago y llegaron a la tierra de Genesaret, donde amarraron la barca a la orilla. 54Tan pronto como bajaron de la barca, la gente reconoció a Jesús. 55Corrieron por toda aquella región, y comenzaron a llevar en camillas a los enfermos a donde oían decir que estaba Jesús. 56Y dondequiera que él entraba, ya fuera en las aldeas, en los pueblos o en los campos, ponían a los enfermos en las calles y le rogaban que los dejara tocar siquiera el borde de su capa; y todos los que la tocaban, quedaban sanos.

Lo que hace impuro al hombre
(Mt 15.1–20)

7 1Se acercaron los fariseos a Jesús, con unos maestros de la ley que habían llegado de Jerusalén. 2Estos, al ver que algunos discípulos de Jesús comían con las manos impuras, es decir, sin haber cumplido con la ceremonia de lavárselas, los criticaron. 3(Porque los fariseos y todos los judíos siguen la tradición de sus antepasados, de no comer sin antes lavarse las manos debidamente.ª 4Y cuando regresan del mercado, no comen sin antes cumplir con la ceremonia de lavarse. Y aun tienen otras muchas costumbres, como lavar los vasos, los jarros, las vasijas de metal y las camas.)ᵇ 5Por eso, los fariseos y los maestros de la ley le preguntaron:

—¿Por qué tus discípulos no siguen la tradición de nuestros antepasados, sino que comen con las manos impuras?

6Jesús les contestó:

—Bien habló el profeta Isaías acerca de lo hipócritas que son ustedes, cuando escribió:

'Este pueblo me honra con la boca,
pero su corazón está lejos de mí.
7 De nada sirve que me rinda culto:
sus enseñanzas son mandatos de hombres.'ᶜ

8Porque ustedes dejan el mandato de Dios para seguir las tradiciones de los hombres.

9También les dijo:

—Para mantener sus propias tradiciones, ustedes pasan por alto el mandato de Dios. 10Pues Moisés dijo: 'Honra a tu padre y a tu madre',ᵈ y 'El que maldiga a su padre o a su madre, será condenado a muerte.'ᵉ 11Pero ustedes afirman que un hombre puede decirle a su padre o a su madre: 'No puedo ayudarte, porque todo lo que tengo es corbán'ᶠ (es decir: "ofrecido a Dios"); 12y también afirman que quien dice esto ya no está obligado a ayudar a su padre o a su madre. 13De esta manera ustedes anulan la palabra de Dios con esas tradiciones que se trasmiten unos a otros. Y hacen otras muchas cosas parecidas.

14Luego Jesús llamó a la gente, y dijo:

—Escúchenme todos, y entiendan: 15Nada de lo que entra de afuera puede hacer impuro al hombre. Lo que sale del corazón del hombre es lo que lo hace impuro.ᵍ

17Cuando Jesús dejó a la gente y entró en la casa, sus discípulos le preguntaron sobre esta enseñanza. 18Él les dijo:

—¿Así que ustedes tampoco lo comprenden? ¿No entienden que nada de lo que entra de afuera puede hacer impuro al hombre, 19porque no entra en el corazón, sino en el vientre, para después salir del cuerpo?

Con esto quiso decir que todos los alimentos son limpios. 20Dijo también:

—Lo que sale del hombre, eso sí lo hace impuro. 21Porque de adentro, es decir, del corazón de los hombres, salen los malos pensamientos, la inmoralidad sexual, los robos, los asesinatos, 22los adulterios, la codicia, las maldades, el engaño, los vicios, la envidia, los chismes, el orgullo y la falta de juicio. 23Todas estas cosas malas salen de adentro y hacen impuro al hombre.

ª **7.3** *Debidamente:* lit. *con el puño;* la palabra griega es de significado dudoso, y puede entenderse también como *hasta la muñeca* o *hasta el codo.* ᵇ **7.4** Mt 23.25; Lc 11.39. ᶜ **7.6–7** Is 29.13 (gr.). ᵈ **7.10** Ex 20.12; Dt 5.16. ᵉ **7.10** Ex 21.17; Lv 20.9. ᶠ **7.11** *Corbán:* palabra hebrea que significa *ofrenda.* De acuerdo con Nm 30.3, los bienes ofrecidos a Dios no se podían usar para otro fin; según la interpretación rabínica, ni siquiera para ayudar a los padres. ᵍ **7.15** Algunos mss. añaden el v. 16: *Ustedes que tienen oídos, oigan.*

La fe de una mujer no judía
(Mt 15.21–28)

24 De allí se dirigió Jesús a la región de Tiro. Entró en una casa, sin querer que nadie lo supiera; pero no pudo esconderse. **25** Pronto supo de él la madre de una muchacha que tenía un espíritu impuro, la cual fue y se arrodilló a los pies de Jesús. **26** La mujer no era judía, sino originaria de Sirofenicia. Fue, pues, y rogó a Jesús que expulsara de su hija al demonio. **27** Pero Jesús le dijo:

—Deja que los hijos coman primero, porque no está bien quitarles el pan a los hijos y dárselo a los perros.

28 Ella le respondió:

—Pero, Señor, hasta los perros comen debajo de la mesa las migajas que dejan caer los hijos.

29 Jesús le dijo:

—Por haber hablado así, vete tranquila. El demonio ya ha salido de tu hija.

30 Cuando la mujer llegó a su casa, encontró a la niña en la cama; el demonio ya había salido de ella.

Jesús sana a un sordo y tartamudo

31 Jesús volvió a salir de la región de Tiro y, pasando por Sidón, llegó al Lago de Galilea, en pleno territorio de la Decápolis. **32** Allí le llevaron un sordo y tartamudo, y le pidieron que pusiera su mano sobre él. **33** Jesús se lo llevó a un lado, aparte de la gente, le metió los dedos en los oídos y con saliva le tocó la lengua. **34** Luego, mirando al cielo, suspiró y dijo al hombre: "¡Efatá!"[h] (es decir: "¡Ábrete!")

35 Al momento, los oídos del sordo se abrieron, y se le desató la lengua y pudo hablar bien. **36** Jesús les mandó que no se lo dijeran a nadie; pero cuanto más se lo mandaba, tanto más lo contaban. **37** Llenos de admiración, decían: "Todo lo hace bien. ¡Hasta puede hacer que los sordos oigan y que los mudos hablen!"[i]

Jesús da de comer a una multitud[a]
(Mt 15.32–39)

8 **1** Un día en que de nuevo se había juntado mucha gente y no tenían nada que comer, Jesús llamó a sus discípulos y les dijo:

2 —Siento compasión de esta gente, porque ya hace tres días que están aquí conmigo y no tienen nada que comer. **3** Y si los mando sin comer a sus casas, pueden desmayarse por el camino, porque algunos han venido de lejos.

4 Sus discípulos le contestaron:

—¿Pero cómo se les puede dar de comer en un lugar como este, donde no vive nadie?

5 Jesús les preguntó:

—¿Cuántos panes tienen ustedes?

—Siete —contestaron ellos.

6 Entonces mandó que la gente se sentara en el suelo, tomó en sus manos los siete panes y, habiendo dado gracias a Dios, los partió y se los iba dando a sus discípulos, para que ellos los repartieran entre la gente, y así lo hicieron. **7** Tenían también unos cuantos pescaditos; Jesús pronunció sobre ellos la bendición, y también mandó repartirlos. **8** Todos comieron hasta quedar satisfechos, y recogieron los pedazos sobrantes en siete canastas. **9** Los que comieron eran cerca de cuatro mil. Luego Jesús los despidió, **10** subió a la barca con sus discípulos y se fue a la región de Dalmanuta.

Los fariseos piden una señal milagrosa
(Mt 16.1–4; Lc 12.54–56)

11 Llegaron los fariseos y comenzaron a discutir con Jesús. Y para tenderle una trampa, le pidieron que hiciera alguna señal milagrosa que probara que él venía de parte de Dios.[b] **12** Jesús suspiró profundamente y dijo:

—¿Por qué pide esta gente una señal milagrosa?[c] Les aseguro que no se les dará ninguna señal.

13 Entonces los dejó, y volviendo a entrar en la barca se fue al otro lado del lago.

La levadura de los fariseos
(Mt 16.5–12)

14 Se habían olvidado de llevar algo de comer, y solamente tenían un pan en la barca. **15** Jesús les advirtió:

—Miren, cuídense de la levadura de los fariseos y de la levadura de Herodes.[d]

16 Los discípulos comentaban entre sí que no tenían pan. **17** Jesús se dio cuenta, y les dijo:

---

h **7.34** *Efatá:* palabra aramea. i **7.37** Is 35.5–6. a **8.1–10** Cf. Mc 6.30–44 y paralelos. b **8.11** Mt 12.38; Lc 11.16; Jn 6.30. c **8.12** Mt 12.39; 16.4; Lc 11.29. d **8.15** Lc 12.1.

—¿Por qué dicen que no tienen pan? ¿Todavía no entienden ni se dan cuenta? ¿Tienen tan cerrado el entendimiento? 18 ¿Tienen ojos y no ven, y oídos y no oyen? ¿No se acuerdan? 19 Cuando repartí los cinco panes entre cinco mil hombres, ¿cuántas canastas llenas de pedazos recogieron?

Ellos contestaron:

—Doce.*e*

20 —Y cuando repartí los siete panes entre cuatro mil, ¿cuántas canastas llenas recogieron?

Contestaron:

—Siete.*f*

21 Entonces les dijo:

—¿Todavía no entienden?

Jesús sana a un ciego en Betsaida

22 Después llegaron a Betsaida, y llevaron un ciego a Jesús, y le rogaron que lo tocara. 23 Jesús tomó de la mano al ciego y lo sacó fuera del pueblo. Le mojó los ojos con saliva, puso las manos sobre él y le preguntó si podía ver algo. 24 El ciego comenzó a ver, y dijo:

—Veo a los hombres. Me parecen como árboles que andan.

25 Jesús le puso otra vez las manos sobre los ojos, y el hombre miró con atención y quedó sano. Ya todo lo veía claramente. 26 Entonces Jesús lo mandó a su casa, y le dijo:

—No vuelvas al pueblo.

Pedro declara que Jesús es el Mesías
(Mt 16.13–20; Lc 9.18–21)

27 Después de esto, Jesús y sus discípulos fueron a las aldeas de la región de Cesarea de Filipo. En el camino, Jesús preguntó a sus discípulos:

—¿Quién dice la gente que soy yo?

28 Ellos contestaron:

—Algunos dicen que eres Juan el Bautista, otros dicen que eres Elías,*g* y otros dicen que eres uno de los profetas.

29 —Y ustedes, ¿quién dicen que soy? —les preguntó.

Pedro le respondió:

—Tú eres el Mesías.*h*

30 Pero Jesús les ordenó que no hablaran de él a nadie.

Jesús anuncia su muerte
(Mt 16.21–28; Lc 9.22–27)

31 Jesús comenzó a enseñarles que el Hijo del hombre tendría que sufrir mucho, y que sería rechazado por los ancianos, por los jefes de los sacerdotes y por los maestros de la ley. Les dijo que lo iban a matar, pero que resucitaría a los tres días. 32 Esto se lo advirtió claramente. Entonces Pedro lo llevó aparte y comenzó a reprenderlo. 33 Pero Jesús se volvió, miró a los discípulos y reprendió a Pedro, diciéndole:

—¡Apártate de mí, Satanás! Tú no ves las cosas como las ve Dios, sino como las ven los hombres.

34 Luego Jesús llamó a sus discípulos y a la gente, y dijo:

—Si alguno quiere ser discípulo mío, olvídese de sí mismo, cargue con su cruz y sígame. 35 Porque el que quiera salvar su vida, la perderá; pero el que pierda la vida por causa mía y por aceptar el evangelio, la salvará.*i* 36 ¿De qué le sirve al hombre ganar el mundo entero, si pierde la vida? 37 O también, ¿cuánto podrá pagar el hombre por su vida?*j* 38 Pues si alguno se avergüenza de mí y de mi mensaje delante de esta gente infiel y pecadora, también el Hijo del hombre se avergonzará de él cuando venga con la gloria de su Padre y con los santos ángeles.*k*

9 1 Jesús también les dijo:

—Les aseguro que algunos de los que están aquí presentes no morirán hasta que vean el reino de Dios llegar con poder.*a*

La transfiguración de Jesús*b*
(Mt 17.1–13; Lc 9.28–36)

2 Seis días después, Jesús se fue a un cerro alto llevándose solamente a Pedro, a Santiago y a Juan. Allí, delante de ellos, cambió la apariencia de Jesús. 3 Su ropa se volvió brillante y más blanca de lo que nadie podría dejarla por mucho que la lavara. 4 Y vieron a Elías y a Moisés, que estaban conversando con Jesús. 5 Pedro le dijo a Jesús:

—Maestro, ¡qué bien que estemos aquí! Vamos a hacer tres chozas: una para ti, otra para Moisés y otra para Elías.

6 Es que los discípulos estaban asustados, y Pedro no sabía qué decir. 7 En esto, apareció

---

e 8.19 Mc 6.43. *f* 8.20 Cf. v. 8. *g* 8.28 Cf. Mal 4.5–6; Eclo 48.4,10. *h* 8.29 Cf. Jn 6.68–69. *i* 8.34–35 Mt 10.38–39; Lc 14.27; 17.33. *j* 8.35–37 *Vida:* Véase Mt 16.25–26 n. *k* 8.38 Mt 10.33; Lc 12.9. *a* 9.1 Mc 13.30. *b* 9.2–13 Cf. 2 P 1.16–18.

una nube y se posó sobre ellos.[c] Y de la nube salió una voz, que dijo: "Este es mi Hijo amado:[d] escúchenlo." [8]Al momento, cuando miraron alrededor, ya no vieron a nadie con ellos, sino a Jesús solo.

[9]Mientras bajaban del cerro, Jesús les encargó que no contaran a nadie lo que habían visto, hasta que el Hijo del hombre hubiera resucitado. [10]Por esto guardaron el secreto entre ellos, aunque se preguntaban qué sería eso de resucitar. [11]Le preguntaron a Jesús:

—¿Por qué dicen los maestros de la ley que Elías ha de venir primero?

[12]Él les contestó:

—Es cierto que Elías viene primero, y que él lo arreglará todo. ¿Y por qué dicen las Escrituras que el Hijo del hombre ha de sufrir y ser despreciado? [13]Pero yo les digo que Elías ya vino, y que ellos hicieron con él todo lo que quisieron, como dicen las Escrituras que le había de suceder.[e]

Jesús sana a un muchacho que tenía un espíritu impuro
(Mt 17.14–21; Lc 9.37–43)

[14]Cuando regresaron a donde estaban los discípulos, los encontraron rodeados de una gran multitud, y algunos maestros de la ley discutían con ellos. [15]Al ver a Jesús, todos corrieron a saludarlo llenos de admiración. [16]Él les preguntó:

—¿Qué están ustedes discutiendo con ellos?

[17]Uno de los presentes contestó:

—Maestro, aquí te he traído a mi hijo, pues tiene un espíritu que lo ha dejado mudo. [18]Dondequiera que se encuentra, el espíritu lo agarra y lo tira al suelo; y echa espuma por la boca, le rechinan los dientes y se queda tieso. He pedido a tus discípulos que le saquen ese espíritu, pero no han podido.

[19]Jesús contestó:

—¡Gente sin fe! ¿Hasta cuándo tendré que estar con ustedes? ¿Hasta cuándo tendré que soportarlos? Traigan acá al muchacho.

[20]Entonces llevaron al muchacho ante Jesús. Pero cuando el espíritu vio a Jesús, hizo que le diera un ataque al muchacho, el cual cayó al suelo revolcándose y echando espuma por la boca. [21]Jesús le preguntó al padre:

—¿Desde cuándo le sucede esto?

El padre contestó:

—Desde que era niño. [22]Y muchas veces ese espíritu lo ha arrojado al fuego y al agua, para matarlo. Así que, si puedes hacer algo, ten compasión de nosotros y ayúdanos.

[23]Jesús le dijo:

—¿Cómo que 'si puedes'? ¡Todo es posible para el que cree![f]

[24]Entonces el padre del muchacho gritó:

—Yo creo. ¡Ayúdame a creer más!

[25]Al ver Jesús que se estaba reuniendo mucha gente, reprendió al espíritu impuro, diciendo:

—Espíritu mudo y sordo, yo te ordeno que salgas de este muchacho y que no vuelvas a entrar en él.

[26]El espíritu gritó, e hizo que le diera otro ataque al muchacho. Luego salió de él, dejándolo como muerto, de modo que muchos decían que, en efecto, estaba muerto. [27]Pero Jesús, tomándolo de la mano, lo levantó; y el muchacho se puso de pie.

[28]Luego Jesús entró en una casa, y sus discípulos le preguntaron a solas:

—¿Por qué nosotros no pudimos expulsar ese espíritu?

[29]Y Jesús les contestó:

—A esta clase de demonios solamente se la puede expulsar por medio de la oración.

Jesús anuncia por segunda vez su muerte
(Mt 17.22–23; Lc 9.43–45)

[30]Cuando se fueron de allí, pasaron por Galilea. Pero Jesús no quiso que nadie lo supiera, [31]porque estaba enseñando a sus discípulos. Les decía:

—El Hijo del hombre va a ser entregado en manos de los hombres, y lo matarán; pero tres días después resucitará.[g]

[32]Ellos no entendían lo que les decía, y tenían miedo de preguntarle.

¿Quién es el más importante?
(Mt 18.1–5; Lc 9.46–48)

[33]Llegaron a la ciudad de Cafarnaúm. Cuando ya estaban en casa, Jesús les preguntó:

—¿Qué venían discutiendo ustedes por el camino?

---

[c] **9.7** Cf. Ex 16.10; 33.9–10; 40.34–38; 1 R 8.10–11. [d] **9.7** Cf. Sal 2.7; Is 42.1. [e] **9.12–13** Mt 17.12–13. Cf. Mal 4.5; Eclo 48.4,10. *Como dicen las Escrituras:* Puede referirse a 1 R 19.1–2,10. [f] **9.23** Mt 21.21; Mc 11.23–24; Lc 17.6. [g] **9.31** *Lo matarán . . . resucitará:* Cf. Mc 8.31—9.1; 10.32–34.

34Pero se quedaron callados, porque en el camino habían discutido quién de ellos era el más importante. **35**Entonces Jesús se sentó, llamó a los doce y les dijo:

—Si alguien quiere ser el primero, deberá ser el último de todos, y servirlos a todos.[h]

36Luego puso un niño en medio de ellos, y tomándolo en brazos les dijo:

37—El que recibe en mi nombre a un niño como este, me recibe a mí; y el que me recibe a mí, no solamente a mí me recibe, sino también a aquel que me envió.

El que no está contra nosotros, está a nuestro favor
(Mt 10.42; Lc 9.49–50)

38Juan le dijo:

—Maestro, hemos visto a uno que expulsaba demonios en tu nombre, y tratamos de impedírselo, porque no es de los nuestros.

39Jesús contestó:

—No se lo prohíban, porque nadie que haga un milagro en mi nombre podrá luego hablar mal de mí. **40**El que no está contra nosotros, está a nuestro favor.[i] **41**Cualquiera que les dé a ustedes aunque solo sea un vaso de agua por ser ustedes de Cristo, les aseguro que tendrá su premio.

El peligro de caer en pecado
(Mt 18.6–9; Lc 17.1–2)

42"A cualquiera que haga caer en pecado a uno de estos pequeños que creen en mí, mejor le sería que lo echaran al mar con una gran piedra de molino atada al cuello. **43**Si tu mano te hace caer en pecado, córtatela; es mejor que entres manco en la vida, y no que con las dos manos vayas a parar al infierno,[j] donde el fuego no se puede apagar.[k] **45**Y si tu pie te hace caer en pecado, córtatelo; es mejor que entres cojo en la vida, y no que con los dos pies seas arrojado al infierno.[l] **47**Y si tu ojo te hace caer en pecado, sácatelo; es mejor que entres con un solo ojo en el reino de Dios, y no que con los dos ojos seas arrojado al infierno,[m] **48**donde los gusanos no mueren y el fuego no se apaga.[n]

49"Porque todos serán salados con fuego. **50**La sal es buena; pero si deja de estar salada, ¿cómo podrán ustedes hacerla útil otra vez? Tengan sal en ustedes y vivan en paz unos con otros."

Jesús enseña sobre el divorcio
(Mt 19.1–12; Lc 16.18)

10 **1**Jesús salió de Cafarnaúm y fue a la región de Judea y a la tierra que está al oriente del Jordán. Allí volvió a reunírsele la gente, y él comenzó de nuevo a enseñar, como tenía por costumbre. **2**Algunos fariseos se acercaron a Jesús y, para tenderle una trampa, le preguntaron si al esposo le está permitido divorciarse de su esposa. **3**Él les contestó:

—¿Qué les mandó a ustedes Moisés?

4Dijeron:

—Moisés permitió divorciarse de la esposa dándole un certificado de divorcio.[a]

5Entonces Jesús les dijo:

—Moisés les dio ese mandato por lo tercos que son ustedes. **6**Pero en el principio de la creación, 'Dios los creó hombre y mujer.[b] **7**Por esto el hombre dejará a su padre y a su madre para unirse a su esposa, **8**y los dos serán como una sola persona.' Así que ya no son dos, sino uno solo.[c] **9**De modo que el hombre no debe separar lo que Dios ha unido.

10Cuando ya estaban en casa, los discípulos volvieron a preguntarle sobre este asunto. **11**Jesús les dijo:

—El que se divorcia de su esposa y se casa con otra, comete adulterio contra la primera; **12**y si la mujer deja a su esposo y se casa con otro, también comete adulterio.[d]

Jesús bendice a los niños
(Mt 19.13–15; Lc 18.15–17)

13Llevaron unos niños a Jesús, para que los tocara; pero los discípulos comenzaron a reprender a quienes los llevaban. **14**Jesús, viendo esto, se enojó y les dijo:

---

h **9.35** Mt 20.26–27 y paralelos; 23.11; cf. Eclo 3.18. i **9.40** Mt 12.30; Lc 11.23. j **9.43** *Infierno:* gr. *geenna,* derivación del nombre hebreo *Ge–hinom,* que se daba al quemadero de basura en el valle de Hinom, cerca de Jerusalén (2 R 23.10). En el primer siglo a.C., este nombre llegó a aplicarse al lugar de castigo reservado para los malos. k **9.43** Algunos mss. añaden el v. 44: *Donde los gusanos no mueren y el fuego no se apaga.* Cf. v. 48. l **9.45** Algunos mss. añaden el v. 46: *Donde los gusanos no mueren y el fuego no se apaga.* Cf. v. 48. m **9.47** Mt 5.29. n **9.48** Is 66.24. a **10.4** Dt 24.1–4; Mt 5.31. b **10.6** Gn 1.27; 5.2. c **10.7–8** Gn 2.24. d **10.11–12** Mt 5.32; 1 Co 7.10–11.

—Dejen que los niños vengan a mí, y no se lo impidan, porque el reino de Dios es de quienes son como ellos. 15 Les aseguro que el que no acepta el reino de Dios como un niño, no entrará en él.

16 Y tomó en sus brazos a los niños, y los bendijo poniendo las manos sobre ellos.

Un hombre rico habla con Jesús
(Mt 19.16–30; Lc 18.18–30)

17 Cuando Jesús iba a seguir su viaje, llegó un hombre corriendo, se puso de rodillas delante de él y le preguntó:

—Maestro bueno, ¿qué debo hacer para alcanzar la vida eterna?*e*

18 Jesús le contestó:

—¿Por qué me llamas bueno? Bueno solamente hay uno: Dios. 19 Ya sabes los mandamientos: 'No mates, no cometas adulterio, no robes, no digas mentiras en perjuicio de nadie ni engañes; honra a tu padre y a tu madre.'*f*

20 El hombre le dijo:

—Maestro, todo eso lo he cumplido desde joven.

21 Jesús lo miró con cariño, y le contestó:

—Una cosa te falta: anda, vende todo lo que tienes y dáselo a los pobres. Así tendrás riqueza en el cielo. Luego ven y sígueme.

22 El hombre se afligió al oir esto; y se fue triste, porque era muy rico.

23 Jesús miró entonces alrededor, y dijo a sus discípulos:

—¡Qué difícil va a ser para los ricos entrar en el reino de Dios!

24 Estas palabras dejaron asombrados a los discípulos, pero Jesús les volvió a decir:

—Hijos, ¡qué difícil es entrar en el reino de Dios! 25 Es más fácil para un camello pasar por el ojo de una aguja, que para un rico entrar en el reino de Dios.

26 Al oírlo, se asombraron más aún, y se preguntaban unos a otros:

—¿Y quién podrá salvarse?

27 Jesús los miró y les contestó:

—Para los hombres es imposible, pero no para Dios, porque para él todo es posible.*g*

28 Pedro comenzó a decirle:

—Nosotros hemos dejado todo lo que teníamos, y te hemos seguido.

29 Jesús respondió:

—Les aseguro que cualquiera que por mi causa y por aceptar el evangelio haya dejado casa, o hermanos, o hermanas, o madre, o padre, o hijos, o terrenos, 30 recibirá ahora en la vida presente cien veces más en casas, hermanos, hermanas, madres, hijos y terrenos, aunque con persecuciones; y en la vida venidera recibirá la vida eterna. 31 Pero muchos que ahora son los primeros, serán los últimos; y muchos que ahora son los últimos, serán los primeros.*h*

Jesús anuncia por tercera vez su muerte
(Mt 20.17–19; Lc 18.31–34)

32 Se dirigían a Jerusalén, y Jesús caminaba delante de los discípulos. Ellos estaban asombrados, y los que iban detrás tenían miedo. Jesús volvió a llamar aparte a los doce discípulos, y comenzó a decirles lo que le iba a pasar: 33 "Como ustedes ven, ahora vamos a Jerusalén, donde el Hijo del hombre va a ser entregado a los jefes de los sacerdotes y a los maestros de la ley, que lo condenarán a muerte y lo entregarán a los extranjeros. 34 Se burlarán de él, lo escupirán, lo golpearán y lo matarán; pero tres días después resucitará."*i*

Jesús responde a Santiago y Juan
(Mt 20.20–28)

35 Santiago y Juan, hijos de Zebedeo, se acercaron a Jesús y le dijeron:

—Maestro, queremos que nos hagas el favor que vamos a pedirte.

36 Él les preguntó:

—¿Qué quieren que haga por ustedes?

37 Le dijeron:

—Concédenos que en tu reino glorioso nos sentemos uno a tu derecha y otro a tu izquierda.

38 Jesús les contestó:

—Ustedes no saben lo que piden. ¿Pueden beber este trago amargo que voy a beber yo, y recibir el bautismo que yo voy a recibir?

39 Ellos contestaron:

—Podemos.

Jesús les dijo:

—Ustedes beberán este trago amargo, y recibirán el bautismo que yo voy a recibir;*j* 40 pero el sentarse a mi derecha o a mi izquierda no me

---

e **10.17** Lc 10.25. *f* **10.19** Ex 20.12–16; Dt 5.16–20; 24.14. *g* **10.27** Gn 18.14; Job 42.1–2; Zac 8.6.
h **10.31** Mt 20.16; Lc 13.30. *i* **10.32–34** *Lo condenarán a muerte . . . resucitará:* cf. Mc 8.31—9.1; 9.31.
j **10.39** Véase Mt 20.23 n.

corresponde a mí darlo, sino que les será dado a aquellos para quienes está preparado.

41 Cuando los otros diez discípulos oyeron esto, se enojaron con Santiago y Juan. 42 Pero Jesús los llamó, y les dijo:

—Como ustedes saben, entre los paganos hay jefes que se creen con derecho a gobernar con tiranía a sus súbditos, y los grandes hacen sentir su autoridad sobre ellos. 43 Pero entre ustedes no debe ser así. Al contrario, el que quiera ser grande entre ustedes, deberá servir a los demás, 44 y el que entre ustedes quiera ser el primero, deberá ser el esclavo de los demás.k 45 Porque ni aun el Hijo del hombre vino para que le sirvan, sino para servir y dar su vida en rescate por una multitud.l

Jesús sana a Bartimeo el ciego
(Mt 20.29–34; Lc 18.35–43)

46 Llegaron a Jericó. Y cuando Jesús ya salía de la ciudad, seguido de sus discípulos y de mucha gente, un mendigo ciego llamado Bartimeo, hijo de Timeo, estaba sentado junto al camino. 47 Al oir que era Jesús de Nazaret, el ciego comenzó a gritar:

—¡Jesús, Hijo de David, ten compasión de mí!

48 Muchos lo reprendían para que se callara, pero él gritaba más todavía:

—¡Hijo de David, ten compasión de mí!

49 Entonces Jesús se detuvo, y dijo:

—Llámenlo.

Llamaron al ciego, diciéndole:

—Ánimo, levántate; te está llamando.

50 El ciego arrojó su capa, y dando un salto se acercó a Jesús, 51 que le preguntó:

—¿Qué quieres que haga por ti?

El ciego le contestó:

—Maestro, quiero recobrar la vista.

52 Jesús le dijo:

—Puedes irte; por tu fe has sido sanado.m

En aquel mismo instante el ciego recobró la vista, y siguió a Jesús por el camino.

Jesús entra en Jerusalén
(Mt 21.1–11; Lc 19.28–40; Jn 12.12–19)

11 1 Cuando ya estaban cerca de Jerusalén, al aproximarse a los pueblos de Betfagé y Betania, en el Monte de los Olivos, Jesús envió a dos de sus discípulos, 2 diciéndoles:

—Vayan a la aldea que está enfrente, y al entrar en ella encontrarán un burro atado, que nadie ha montado todavía. Desátenlo y tráiganlo. 3 Y si alguien les pregunta por qué lo hacen, díganle que el Señora lo necesita y que en seguida lo devolverá.

4 Fueron, pues, y encontraron el burro atado en la calle, junto a una puerta, y lo desataron. 5 Algunos que estaban allí les preguntaron:

—¿Qué hacen ustedes? ¿Por qué desatan el burro?

6 Ellos contestaron lo que Jesús les había dicho; y los dejaron ir. 7 Pusieron entonces sus capas sobre el burro, y se lo llevaron a Jesús. Jesús montó. 8 Muchos tendían sus capas por el camino, y otros tendían ramas que habían cortado en el campo. 9 Y tanto los que iban delante como los que iban detrás, gritaban:

—¡Hosana!b ¡Bendito el que viene en el nombre del Señor!c 10 ¡Bendito el reino que viene, el reino de nuestro padre David! ¡Hosana en las alturas!

11 Entró Jesús en Jerusalén y se dirigió al templo. Miró por todas partes y luego se fue a Betania con los doce discípulos, porque ya era tarde.

Jesús maldice la higuera sin fruto
(Mt 21.18–19)

12 Al día siguiente, cuando salían de Betania, Jesús sintió hambre. 13 De lejos vio una higuera que tenía hojas, y se acercó a ver si también tendría fruto, pero no encontró más que las hojas, porque no era tiempo de higos. 14 Entonces le dijo a la higuera:

—¡Nunca más vuelva nadie a comer de tu fruto!

Sus discípulos lo oyeron.

Jesús purifica el templo
(Mt 21.12–17; Lc 19.45–48; Jn 2.13–22)

15 Después que llegaron a Jerusalén, Jesús entró en el templo y comenzó a echar de allí a los que estaban vendiendo y comprando. Volcó las mesas de los que cambiaban dinero a la gente, y los puestos de los que vendían

---

k **10.42–44** Mt 23.11; Mc 9.35; Lc 22.25–27; cf. Eclo 3.18. l **10.45** Cf. Is 53.5–6,11–12; 1 Ti 2.5–6. m **10.52** Mt 9.22; Mc 5.34. a **11.3** *El Señor:* otra posible traducción: *su amo.* b **11.9** *¡Hosana!:* Véase Mt 21.9 n. c **11.9** *¡Bendito . . . del Señor!:* Sal 118.25–26.

palomas; 16y no permitía que nadie pasara por el templo llevando cosas. 17Y se puso a enseñar, diciendo:

—En las Escrituras dice: 'Mi casa será declarada casa de oración para todas las naciones',*d* pero ustedes han hecho de ella una cueva de ladrones.*e*

18Al oír esto, los jefes de los sacerdotes y los maestros de la ley comenzaron a buscar la manera de matar a Jesús, porque le tenían miedo, pues toda la gente estaba admirada de su enseñanza. 19Pero al llegar la noche, Jesús y sus discípulos salieron de la ciudad.

Instrucción sobre la fe
(Mt 21.20–22)

20A la mañana siguiente pasaron junto a la higuera, y vieron que se había secado de raíz. 21Entonces Pedro, acordándose de lo sucedido, le dijo a Jesús:

—Maestro, mira, la higuera que maldijiste se ha secado.*f*

22Jesús contestó:

—Tengan fe en Dios. 23Pues les aseguro que si alguien le dice a este cerro: '¡Quítate de ahí y arrójate al mar', y no lo hace con dudas, sino creyendo que ha de suceder lo que dice, entonces sucederá. 24Por eso les digo que todo lo que ustedes pidan en oración, crean que ya lo han conseguido, y lo recibirán.*g* 25Y cuando estén orando, perdonen lo que tengan contra otro, para que también su Padre que está en el cielo les perdone a ustedes sus pecados.*h*

La autoridad de Jesús
(Mt 21.23–27; Lc 20.1–8)

27Después de esto regresaron a Jerusalén. Mientras Jesús andaba por el templo, se acercaron a él los jefes de los sacerdotes, los maestros de la ley y los ancianos, 28y le preguntaron:

—¿Con qué autoridad haces esto? ¿Quién te dio la autoridad para hacerlo?

29-30Jesús les contestó:

—Yo también les voy a hacer una pregunta: ¿Quién envió a Juan a bautizar, Dios o los hombres? Contéstenme, y yo les diré con qué autoridad hago esto.

31Ellos se pusieron a discutir unos con otros: "Si respondemos que Dios lo envió, va a decir: 'Entonces, ¿por qué no le creyeron?' 32¿Y cómo vamos a decir que lo enviaron los hombres? . . ." Tenían miedo de la gente, pues todos creían que Juan era un profeta. 33Así que respondieron a Jesús:

—No lo sabemos.

Entonces Jesús les contestó:

—Pues yo tampoco les digo con qué autoridad hago esto.

La parábola de los labradores malvados
(Mt 21.33–46; Lc 20.9–19)

12 1Jesús comenzó a hablarles por medio de parábolas. Les dijo: "Un hombre plantó un viñedo*a* y le puso un cerco; preparó un lugar donde hacer el vino y levantó una torre para vigilarlo todo. Luego alquiló el terreno a unos labradores y se fue de viaje. 2A su debido tiempo, mandó un criado a pedir a los labradores la parte de la cosecha que le correspondía. 3Pero ellos le echaron mano, lo golpearon y lo enviaron con las manos vacías. 4Entonces el dueño mandó otro criado, pero a este lo hirieron en la cabeza y lo insultaron. 5Mandó a otro, y a este lo mataron. Después mandó a otros muchos; y a unos los golpearon y a otros los mataron.

6"Todavía le quedaba uno: su propio hijo, a quien quería mucho. Por último lo mandó a él, pensando: 'Sin duda, respetarán a mi hijo.' 7Pero los labradores se dijeron unos a otros: 'Este es el que ha de recibir la herencia; matémoslo, y será nuestra la propiedad.' 8Así que lo agarraron, lo mataron y arrojaron el cuerpo fuera del viñedo.

9"Y qué creen ustedes que hará el dueño del viñedo? Pues irá y matará a esos labradores, y dará el viñedo a otros.

10"¿No han leído ustedes la Escritura? Dice:

'La piedra que los constructores
    despreciaron
  se ha convertido en la piedra principal.
11 Esto lo hizo el Señor,
  y estamos maravillados.' "*b*

12Quisieron entonces arrestar a Jesús, porque sabían que había usado esta parábola contra

---

d **11.17** Is 56.7. *e* **11.17** Jer 7.11. *f* **11.21** Cf. vv. 12–14. *g* **11.24** Jn 14.13–14; 15.7. *h* **11.25** Mt 6.14–15; cf. Eclo 28.2–5. Algunos mss. añaden el v. 26: *Pero si ustedes no perdonan, tampoco su Padre que está en el cielo les perdonará a ustedes sus pecados* (cf. Mt 6.15). *a* **12.1–2** Cf. Is 5.1–7. *b* **12.10–11** Sal 118.22–23. Cf. Hch 4.11; Ro 9.31–33; 1 P 2.6–8.

ellos. Pero como tenían miedo de la gente, lo dejaron y se fueron.

La pregunta sobre los impuestos
(Mt 22.15–22; Lc 20.20–26)

13 Mandaron a Jesús algunos de los fariseos y del partido de Herodes,[c] para hacerle decir algo de que pudieran acusarlo. 14 Estos fueron y le dijeron:

—Maestro, sabemos que tú dices la verdad, sin dejarte llevar por lo que diga la gente, porque no hablas para darles gusto. Tú enseñas de veras el camino de Dios. ¿Está bien que paguemos impuestos al emperador romano, o no? ¿Debemos o no debemos pagarlos?

15 Pero Jesús, que conocía su hipocresía, les dijo:

—¿Por qué me tienden trampas? Tráiganme una moneda de denario,[d] para que la vea.

16 Se la llevaron, y Jesús les dijo:

—¿De quién es esta cara y el nombre que aquí está escrito?

Le contestaron:

—Del emperador.

17 Entonces Jesús les dijo:

—Pues den al emperador lo que es del emperador, y a Dios lo que es de Dios.

Y su respuesta los dejó admirados.

La pregunta sobre la resurrección
(Mt 22.23–33; Lc 20.27–40)

18 Entonces fueron a ver a Jesús algunos saduceos.[e] Estos dicen que los muertos no resucitan;[f] por eso le presentaron este caso:

19 —Maestro, Moisés nos dejó escrito que si un hombre casado muere sin haber tenido hijos con su mujer, el hermano del difunto deberá tomar por esposa a la viuda, para darle hijos al hermano que murió.[g] 20 Pues bien, había una vez siete hermanos, el primero de los cuales se casó, pero murió sin dejar hijos. 21 Entonces el segundo se casó con la viuda, pero él también murió sin dejar hijos. Lo mismo pasó con el tercero, 22 y con los siete; pero ninguno dejó hijos. Finalmente murió también la mujer. 23 Pues bien, en la resurrección, cuando vuelvan a vivir,

¿de cuál de ellos será esposa esta mujer, si los siete estuvieron casados con ella?

24 Jesús les contestó:

—Ustedes están equivocados, porque no conocen las Escrituras ni el poder de Dios. 25 Cuando los muertos resuciten, los hombres y las mujeres no se casarán, pues serán como los ángeles que están en el cielo. 26 Y en cuanto a que los muertos resucitan, ¿no han leído ustedes en el libro de Moisés[h] el pasaje de la zarza que ardía?[i] Dios le dijo a Moisés: 'Yo soy el Dios de Abraham, de Isaac y de Jacob.' 27 ¡Y él no es Dios de muertos, sino de vivos! Ustedes están muy equivocados.

El mandamiento más importante[j]
(Mt 22.34–40)

28 Al ver que Jesús les había contestado bien, uno de los maestros de la ley, que los había oído discutir, se acercó a él y le preguntó:

—¿Cuál es el primero de todos los mandamientos?

29 Jesús le contestó:

—El primer mandamiento de todos es: 'Oye, Israel: el Señor nuestro Dios es el único Señor. 30 Ama al Señor tu Dios con todo tu corazón, con toda tu alma, con toda tu mente y con todas tus fuerzas.'[k] 31 Pero hay un segundo: 'Ama a tu prójimo como a ti mismo.'[l] Ningún mandamiento es más importante que estos.

32 El maestro de la ley le dijo:

—Muy bien, Maestro. Es verdad lo que dices: hay un solo Dios, y no hay otro fuera de él. 33 Y amar a Dios con todo el corazón, con todo el entendimiento y con todas las fuerzas, y amar al prójimo como a uno mismo, vale más que todos los holocaustos y todos los sacrificios que se queman en el altar.[m]

34 Al ver Jesús que el maestro de la ley había contestado con buen sentido, le dijo:

—No estás lejos del reino de Dios.

Y ya nadie se atrevía a hacerle más preguntas.

¿De quién desciende el Mesías?
(Mt 22.41–46; Lc 20.41–44)

35 Jesús estaba enseñando en el templo, y preguntó:

---

[c] **12.13** *Del partido de Herodes:* Véase Mt 22.16 n.   [d] **12.15–16** *Una moneda de denario:* Véase Mt 22.19–21 n.
[e] **12.18** *Saduceos:* miembros de un partido religioso judío.   [f] **12.18** Hch 4.1–2; 23.8.   [g] **12.19** Dt 25.5–10.
[h] **12.26** *Libro de Moisés:* los cinco primeros libros del AT (Gn a Dt).   [i] **12.26** *La zarza que ardía:* Cf. Ex 3.2–6.
[j] **12.28–34** Cf. Lc 10.25–28.   [k] **12.29–30** Dt 6.4–5, texto que forma parte de la oración diaria de todo judío piadoso.
[l] **12.31** Lv 19.18.   [m] **12.33** Os 6.6.

—¿Por qué dicen los maestros de la ley que el Mesías desciende de David?[n] 36Pues David mismo, inspirado por el Espíritu Santo, dijo:

'El Señor dijo a mi Señor:

Siéntate a mi derecha,

hasta que yo ponga a tus enemigos debajo de tus pies.'[ñ]

37¿Pero cómo puede el Mesías descender de David, si David mismo lo llama Señor?

La gente, que era mucha, escuchaba con gusto a Jesús.

Jesús denuncia a los maestros de la ley
(Mt 23.1–36; Lc 11.37–54; 20.45–47)

38Jesús decía en su enseñanza: "Cuídense de los maestros de la ley, pues les gusta andar con ropas largas y que los saluden con todo respeto en las plazas. 39Buscan los asientos de honor en las sinagogas y los mejores lugares en las comidas; 40y despojan de sus bienes a las viudas, y para disimularlo hacen largas oraciones. Ellos recibirán mayor castigo."

La ofrenda de la viuda pobre
(Lc 21.1–4)

41Jesús estaba una vez sentado frente a los cofres de las ofrendas, mirando cómo la gente echaba dinero en ellos. Muchos ricos echaban mucho dinero. 42En esto llegó una viuda pobre, y echó en uno de los cofres dos moneditas de cobre, de muy poco valor. 43Entonces Jesús llamó a sus discípulos, y les dijo:

—Les aseguro que esta viuda pobre ha dado más que todos los otros que echan dinero en los cofres; 44pues todos dan de lo que les sobra, pero ella, en su pobreza, ha dado todo lo que tenía para vivir.

Jesús anuncia que el templo será destruido
(Mt 24.1–2; Lc 21.5–6)

13
1Al salir Jesús del templo, uno de sus discípulos le dijo:

—¡Maestro, mira qué piedras y qué edificios!

2Jesús le contestó:

—¿Ves estos grandes edificios? Pues no va a quedar de ellos ni una piedra sobre otra. Todo será destruido.[a]

Señales antes del fin
(Mt 24.3–28; Lc 21.7–24; 17.22–24)

3Luego se fueron al Monte de los Olivos, que está frente al templo. Jesús se sentó, y Pedro, Santiago, Juan y Andrés le preguntaron aparte 4cuándo iba a ocurrir esto y cuál sería la señal de que todo esto estaría para llegar a su término. 5Jesús les contestó: "Tengan cuidado de que nadie los engañe. 6Porque vendrán muchos haciéndose pasar por mí. Dirán: 'Yo soy', y engañarán a mucha gente.

7"Cuando ustedes tengan noticias de que hay guerras aquí y allá, no se asusten. Así tiene que ocurrir; sin embargo, aún no será el fin. 8Porque una nación peleará contra otra y un país hará guerra contra otro; y habrá terremotos en muchos lugares, y habrá hambres. Eso apenas será el comienzo de los dolores.

9"Cuídense ustedes mismos; porque los entregarán a las autoridades y los golpearán en las sinagogas. Los harán comparecer ante gobernadores y reyes por causa mía; así podrán dar testimonio de mí delante de ellos.[b] 10Pues antes del fin, el evangelio tiene que anunciarse a todas las naciones. 11Y no se preocupen ustedes por lo que hayan de decir cuando los entreguen a las autoridades. En esos momentos digan lo que Dios les dé a decir, porque no serán ustedes los que hablen, sino el Espíritu Santo. 12Los hermanos entregarán a la muerte a sus hermanos, y los padres a los hijos; y los hijos se volverán contra sus padres y los matarán. 13Todo el mundo los odiará a ustedes por causa mía; pero el que siga firme hasta el fin, se salvará.[c]

14"Cuando ustedes vean el horrible sacrilegio[d] en el lugar donde no debe estar —el que lee, entienda—, entonces los que estén en Judea, que huyan a las montañas; 15y el que esté en la azotea de su casa, que no baje ni entre a sacar nada; 16y el que esté en el campo, que no regrese ni aun a recoger su capa.[e] 17¡Pobres mujeres aquellas que en tales días estén embarazadas o tengan niños de pecho! 18Pidan ustedes a Dios que esto no suceda en el invierno, 19porque serán días de un sufrimiento como nunca lo ha habido desde que Dios, en el principio, hizo el mundo hasta ahora, ni lo habrá después. 20Y si el Señor no acortara ese

---

[n] 12.35 Cf. Is 11.1–10; Jer 23.5–8. [ñ] 12.36 Sal 110.1. [a] 13.2 Lc 19.43–44. Profecía acerca de la destrucción de Jerusalén. [b] 13.9–11 Mt 10.17–20; Lc 12.11–12; cf. Hch 4.1–8. [c] 13.12–13 Mt 10.21–22. [d] 13.14 Dn 9.27; 11.31; 12.11; Véase Mt 24.15 n. [e] 13.15–16 Lc 17.31.

tiempo, no se salvaría nadie; pero lo ha acortado por amor a los suyos, a los que él ha escogido.

21 "Si entonces alguien les dice a ustedes: 'Miren, aquí está el Mesías', o 'Miren, allí está', no lo crean. **22** Pues vendrán falsos mesías y falsos profetas; y harán señales y milagros, para engañar, de ser posible, hasta a los que Dios mismo ha escogido. **23** ¡Tengan cuidado! Todo esto ya se lo he advertido a ustedes de antemano.

El regreso del Hijo del hombre
(Mt 24.29–35,42,44; Lc 21.25–36)

24 "Pero en aquellos días, pasado el tiempo de sufrimiento, el sol se oscurecerá, la luna dejará de dar su luz, **25** las estrellas caerán del cielo y las fuerzas celestiales temblarán. **26** Entonces se verá al Hijo del hombre venir en las nubes con gran poder y gloria.*f* **27** Él mandará a los ángeles, y reunirá a sus escogidos de los cuatro puntos cardinales, desde el último rincón de la tierra hasta el último rincón del cielo.

28 "Aprendan esta enseñanza de la higuera: Cuando sus ramas se ponen tiernas, y brotan sus hojas, se dan cuenta ustedes de que ya el verano está cerca. **29** De la misma manera, cuando vean que suceden estas cosas, sepan que el Hijo del hombre ya está a la puerta.*g* **30** Les aseguro que todo esto sucederá antes que muera la gente de este tiempo. **31** El cielo y la tierra dejarán de existir, pero mis palabras no dejarán de cumplirse.

32 "Pero en cuanto al día y la hora, nadie lo sabe, ni aun los ángeles del cielo, ni el Hijo. Solamente lo sabe el Padre.*h*

33 "Por lo tanto, manténganse ustedes despiertos y vigilantes, porque no saben cuándo llegará el momento.*i* **34** Deben hacer como en el caso de un hombre que, estando a punto de irse a otro país, encargó a sus criados que le cuidaran la casa. A cada cual le dejó un trabajo, y ordenó al portero que vigilara. **35** Manténganse ustedes despiertos, porque no saben cuándo va a llegar el señor de la casa, si al anochecer, a la medianoche, al canto del gallo o a la mañana; **36** no sea que venga de repente y los encuentre durmiendo. **37** Lo que les digo a ustedes se lo digo a todos: ¡Manténganse despiertos!"

Conspiración para arrestar a Jesús
(Mt 26.1–5; Lc 22.1–2; Jn 11.45–53)

14 **1** Faltaban dos días para la fiesta de la Pascua, cuando se come el pan sin levadura.*a* Los jefes de los sacerdotes y los maestros de la ley buscaban la manera de arrestar a Jesús por medio de algún engaño, y matarlo. **2** Pues algunos decían:

—No durante la fiesta, para que la gente no se alborote.

Una mujer derrama perfume sobre Jesús
(Mt 26.6–13; Jn 12.1–8)

3 Jesús había ido a Betania, a casa de Simón, al que llamaban el leproso. Mientras estaba sentado a la mesa, llegó una mujer que llevaba un frasco de alabastro lleno de perfume de nardo puro, de mucho valor. Rompió el frasco y derramó el perfume sobre la cabeza de Jesús. **4** Algunos de los presentes se enojaron, y se dijeron unos a otros:

—¿Por qué se ha desperdiciado este perfume? **5** Podía haberse vendido por el equivalente al salario de trescientos días, para ayudar a los pobres.

Y criticaban a aquella mujer.

6 Pero Jesús dijo:

—Déjenla; ¿por qué la molestan? Ha hecho una buena obra conmigo. **7** Pues a los pobres siempre los tendrán entre ustedes, y pueden hacerles bien cuando quieran; pero a mí no siempre me van a tener. **8** Esta mujer ha hecho lo que ha podido: ha perfumado mi cuerpo de antemano para mi entierro. **9** Les aseguro que en cualquier lugar del mundo donde se anuncie la buena noticia, se hablará también de lo que hizo esta mujer, y así será recordada.

Judas traiciona a Jesús
(Mt 26.14–16; Lc 22.3–6)

10 Judas Iscariote, uno de los doce discípulos, fue a ver a los jefes de los sacerdotes para entregarles a Jesús. **11** Al oírlo, se alegraron y prometieron darle dinero a Judas, que comenzó a buscar el momento más oportuno de entregar a Jesús.

---

f **13.26** Dn 7.13; Ap 1.7. *g* **13.29** *El Hijo del hombre ya está a la puerta:* otra posible traducción: *el tiempo ya está cerca.* *h* **13.32** Mt 24.36; Hch 1.6–7. *i* **13.33** Mt 25.13; Lc 12.40. *a* **14.1** *Pascua:* fiesta judía que conmemora la liberación de la esclavitud en Egipto.

La Cena del Señor
(Mt 26.17–29; Lc 22.7–23; Jn 13.21–30;
1 Co 11.23–26)

12El primer día de la fiesta en que se comía el pan sin levadura, cuando se sacrificaba el cordero de Pascua, los discípulos de Jesús le preguntaron:

—¿Dónde quieres que vayamos a prepararte la cena de Pascua?

13Entonces envió a dos de sus discípulos, diciéndoles:

—Vayan a la ciudad. Allí encontrarán a un hombre que lleva un cántaro de agua; síganlo, **14**y donde entre, digan al dueño de la casa: 'El Maestro pregunta: ¿Cuál es el cuarto donde voy a comer con mis discípulos la cena de Pascua?' **15**Él les mostrará en el piso alto un cuarto grande, arreglado y ya listo para la cena. Prepárennos allí lo necesario.

16Los discípulos salieron y fueron a la ciudad. Lo encontraron todo como Jesús les había dicho, y prepararon la cena de Pascua.[b]

17Al anochecer llegó Jesús con los doce discípulos. **18**Mientras estaban a la mesa, comiendo, Jesús les dijo:

—Les aseguro que uno de ustedes, que está comiendo conmigo, me va a traicionar.[c]

19Ellos se pusieron tristes, y comenzaron a preguntarle uno por uno:

—¿Acaso seré yo?

20Jesús les contestó:

—Es uno de los doce, que está mojando el pan en el mismo plato que yo.[d] **21**El Hijo del hombre ha de recorrer el camino que dicen las Escrituras; pero ¡ay de aquel que lo traiciona! Hubiera sido mejor para él no haber nacido.

22Mientras comían, Jesús tomó en sus manos el pan y, habiendo pronunciado la bendición, lo partió y se lo dio a ellos, diciendo:

—Tomen, esto es mi cuerpo.[e]

23Luego tomó en sus manos una copa y, habiendo dado gracias a Dios, se la pasó a ellos, y todos bebieron. **24**Les dijo:

—Esto es mi sangre, con la que se confirma la alianza, sangre que es derramada en favor de muchos.[f] **25**Les aseguro que no volveré a beber del producto de la vid, hasta el día en que beba el vino nuevo en el reino de Dios.

Jesús anuncia que Pedro lo negará
(Mt 26.30–35; Lc 22.31–34; Jn 13.36–38)

26Después de cantar los salmos,[g] se fueron al Monte de los Olivos. **27**Jesús les dijo:

—Todos ustedes van a perder su fe en mí. Así lo dicen las Escrituras: 'Mataré al pastor, y las ovejas se dispersarán.'[h] **28**Pero cuando yo resucite, los volveré a reunir en Galilea.[i]

29Pedro le dijo:

—Aunque todos pierdan su fe, yo no.

30Jesús le contestó:

—Te aseguro que esta misma noche, antes que cante el gallo por segunda vez, me negarás tres veces.

31Pero él insistía:

—Aunque tenga que morir contigo, no te negaré.

Y todos decían lo mismo.

Jesús ora en Getsemaní
(Mt 26.36–46; Lc 22.39-46)

32Luego fueron a un lugar llamado Getsemaní. Jesús dijo a sus discípulos:

—Siéntense aquí, mientras yo voy a orar.

33Y se llevó a Pedro, a Santiago y a Juan, y comenzó a sentirse muy afligido y angustiado. **34**Les dijo:

—Siento en mi alma una tristeza de muerte.[j] Quédense ustedes aquí, y permanezcan despiertos.

35En seguida Jesús se fue un poco más adelante, se inclinó hasta tocar el suelo con la frente, y pidió a Dios que, de ser posible, no le llegara ese momento. **36**En su oración decía: "Abbá,[k] Padre, para ti todo es posible: líbrame de este trago amargo; pero que no se haga lo que yo quiero, sino lo que quieres tú."

37Luego volvió a donde ellos estaban, y los encontró dormidos. Le dijo a Pedro:

—Simón, ¿estás durmiendo? ¿Ni siquiera una hora pudiste mantenerte despierto? **38**Manténganse despiertos y oren, para que no caigan en tentación. Ustedes tienen buena voluntad, pero son débiles.

39Se fue otra vez, y oró repitiendo las mismas palabras. **40**Cuando volvió, encontró otra vez dormidos a los discípulos, porque sus ojos se les cerraban de sueño. Y no sabían qué contestarle. **41**Volvió por tercera vez, y les dijo:

---

[b] **14.16** Dt 16.5–8. [c] **14.18** Sal 41.10. [d] **14.20** Jn 13.18; cf. Sal 41.9. [e] **14.22** Cf. Jn 6.51–58. [f] **14.24** Cf. Ex 24.6–8; Jer 31.31–34; Zac 9.11; Lc 22.20. [g] **14.26** *Salmos:* Véase Mt 26.30 n. [h] **14.27** Zac 13.7. [i] **14.28** Mt 28.7,10,16; Mc 16.7; cf. Jn 21.1. [j] **14.34** Jn 12.27. [k] **14.36** *Abbá:* palabra aramea que equivale a "papá".

—¿Siguen ustedes durmiendo y descansando? Ya basta, ha llegado la hora en que el Hijo del hombre va a ser entregado en manos de los pecadores. **42** Levántense, vámonos; ya se acerca el que me traiciona.

Arrestan a Jesús
(Mt 26.47–56; Lc 22.47–53; Jn 18.2–11)

43 Todavía estaba hablando Jesús cuando Judas, uno de los doce discípulos, llegó acompañado de mucha gente armada con espadas y con palos. Iban de parte de los jefes de los sacerdotes, de los maestros de la ley y de los ancianos. **44** Judas, el traidor, les había dado una contraseña, diciéndoles: "Al que yo bese, ese es; arréstenlo y llévenselo bien sujeto." **45** Así que se acercó a Jesús y le dijo:

—¡Maestro!

Y lo besó. **46** Entonces le echaron mano a Jesús y lo arrestaron.

47 Pero uno de los que estaban allí sacó su espada y le cortó una oreja al criado del sumo sacerdote. **48** Y Jesús preguntó a la gente:

—¿Por qué han venido ustedes con espadas y con palos a arrestarme, como si yo fuera un bandido? **49** Todos los días he estado entre ustedes enseñando en el templo, y nunca me arrestaron. Pero esto sucede para que se cumplan las Escrituras.

50 Todos los discípulos dejaron solo a Jesús, y huyeron. **51** Pero un joven lo seguía, cubierto solo con una sábana. A este lo agarraron, **52** pero él soltó la sábana y escapó desnudo.

Jesús ante la Junta Suprema
(Mt 26.57–68; Lc 22.54–55,63–71; Jn 18.12–14,19–24)

53 Llevaron entonces a Jesús ante el sumo sacerdote, y se juntaron todos los jefes de los sacerdotes, los ancianos y los maestros de la ley.*l* **54** Pedro lo siguió de lejos hasta dentro del patio de la casa del sumo sacerdote, y se quedó sentado con los guardianes del templo, calentándose junto al fuego.

55 Los jefes de los sacerdotes y toda la Junta Suprema buscaban alguna prueba para condenar a muerte a Jesús; pero no la encontraban. **56** Porque aunque muchos presentaban falsos testimonios contra él, se contradecían unos a otros. **57** Algunos se levantaron y lo acusaron falsamente, diciendo:

58 —Nosotros lo hemos oído decir: 'Yo voy a destruir este templo que hicieron los hombres, y en tres días levantaré otro no hecho por los hombres.'

59 Pero ni aun así estaban de acuerdo en lo que decían.

60 Entonces el sumo sacerdote se levantó en medio de todos, y preguntó a Jesús:

—¿No contestas nada?*m* ¿Qué es esto que están diciendo contra ti?

61 Pero Jesús se quedó callado, sin contestar nada. El sumo sacerdote volvió a preguntarle:

—¿Eres tú el Mesías, el Hijo del Dios bendito?

62 Jesús le dijo:

—Sí, yo soy. Y ustedes verán al Hijo del hombre sentado a la derecha del Todopoderoso, y viniendo en las nubes del cielo.*n*

63 Entonces el sumo sacerdote se rasgó las ropas en señal de indignación, y dijo:

—¿Qué necesidad tenemos de más testigos? **64** Ustedes lo han oído decir palabras ofensivas contra Dios. ¿Qué les parece?

Todos estuvieron de acuerdo en que era culpable y debía morir.*ñ*

65 Algunos comenzaron a escupirlo, y a taparle los ojos y golpearlo, diciéndole:

—¡Adivina quién te pegó!

Y los guardianes del templo le pegaron en la cara.*o*

Pedro niega conocer a Jesús
(Mt 26.69–75; Lc 22.56–62; Jn 18.15–18,25–29)

66 Pedro estaba abajo, en el patio. En esto llegó una de las sirvientas del sumo sacerdote; **67** y al ver a Pedro, que se estaba calentando junto al fuego, se quedó mirándolo y le dijo:

—Tú también andabas con Jesús, el de Nazaret.

68 Pedro lo negó, diciendo:

—No lo conozco, ni sé de qué estás hablando.

Y salió fuera, a la entrada. Entonces cantó un gallo. **69** La sirvienta vio otra vez a Pedro y comenzó a decir a los demás:

—Este es uno de ellos.

---

l **14.53** Era una reunión del Sanedrín, o sea la Junta Suprema de los judíos (v. 55). *m* **14.60–61** Is 53.7. *n* **14.62** Sal 110.1; Dn 7.13. *ñ* **14.64** Lv 24.15–16; Jn 19.7. *o* **14.65** Is 50.6; 53.5.

70Pero él volvió a negarlo. Poco después, los que estaban allí dijeron de nuevo a Pedro:

—Seguro que tú eres uno de ellos, pues también eres de Galilea.

71Entonces Pedro comenzó a jurar y perjurar, diciendo:

—¡No conozco a ese hombre de quien ustedes están hablando!

72En aquel mismo momento cantó el gallo por segunda vez, y Pedro se acordó de que Jesús le había dicho: 'Antes que cante el gallo por segunda vez, me negarás tres veces.' Y se echó a llorar.

Jesús ante Pilato
(Mt 27.1–2,11–14; Lc 23.1–5; Jn 18.28–38)

15 **1**Al amanecer, se reunieron los jefes de los sacerdotes con los ancianos y los maestros de la ley: toda la Junta Suprema. Y llevaron a Jesús atado, y se lo entregaron a Pilato. **2**Pilato le preguntó:

—¿Eres tú el Rey de los judíos?

—Tú lo has dicho —contestó Jesús.

3Como los jefes de los sacerdotes lo acusaban de muchas cosas, **4**Pilato volvió a preguntarle:

—¿No respondes nada? Mira de cuántas cosas te están acusando.

5Pero Jesús no le contestó;*a* de manera que Pilato se quedó muy extrañado.

Jesús es sentenciado a muerte
(Mt 27.15–31; Lc 23.13–25; Jn 18.38—19.16)

6Durante la fiesta, Pilato dejaba libre un preso, el que la gente pidiera. **7**Un hombre llamado Barrabás estaba entonces en la cárcel, junto con otros que habían cometido un asesinato en una rebelión. **8**La gente llegó, pues, y empezó a pedirle a Pilato que hiciera como tenía por costumbre. **9**Pilato les contestó:

—¿Quieren ustedes que les ponga en libertad al Rey de los judíos?

10Porque se daba cuenta de que los jefes de los sacerdotes lo habían entregado por envidia. **11**Pero los jefes de los sacerdotes alborotaron a la gente, para que pidieran que les dejara libre a Barrabás. **12**Pilato les preguntó:

—¿Y qué quieren que haga con el que ustedes llaman el Rey de los judíos?

13Ellos contestaron a gritos:

—¡Crucifícalo!

14Pilato les dijo:

—Pues ¿qué mal ha hecho?

Pero ellos volvieron a gritar:

—¡Crucifícalo!

15Entonces Pilato, como quería quedar bien con la gente, dejó libre a Barrabás; y después de mandar que azotaran a Jesús, lo entregó para que lo crucificaran.

16Los soldados llevaron a Jesús al patio del palacio, llamado pretorio, y reunieron a toda la tropa. **17**Le pusieron una capa de color rojo oscuro, trenzaron una corona de espinas y se la pusieron. **18**Luego comenzaron a gritar:

—¡Viva el Rey de los judíos!

19Y le golpeaban la cabeza con una vara, lo escupían y, doblando la rodilla, le hacían reverencias. **20**Después de burlarse así de él, le quitaron la capa de color rojo oscuro, le pusieron su propia ropa y lo sacaron para crucificarlo.

Jesús es crucificado
(Mt 27.32–44; Lc 23.26–43; Jn 19.17–27)

21Un hombre de Cirene, llamado Simón, padre de Alejandro y de Rufo, llegaba entonces del campo. Al pasar por allí, lo obligaron a cargar con la cruz de Jesús.

22Llevaron a Jesús a un sitio llamado Gólgota (que significa: "Lugar de la Calavera"); **23**y le dieron vino mezclado con mirra, pero Jesús no lo aceptó. **24**Entonces lo crucificaron. Y los soldados echaron suertes para repartirse entre sí la ropa de Jesús y ver qué se llevaría cada uno.*b*

25Eran las nueve de la mañana cuando lo crucificaron. **26**Y pusieron un letrero en el que estaba escrita la causa de su condena: "El Rey de los judíos." **27**Con él crucificaron también a dos bandidos, uno a su derecha y otro a su izquierda.*c*

29Los que pasaban lo insultaban, meneando la cabeza*d* y diciendo:

—¡Eh, tú, que derribas el templo y en tres días lo vuelves a levantar,*e* **30**sálvate a ti mismo y bájate de la cruz!

---

a **15.5** Is 53.7; Mc 14.60–61; Lc 23.9.   *b* **15.24** Cf. Sal 22.18.   *c* **15.27** Algunos mss. añaden el v. 28: *Así se cumplió la Escritura que dice: 'Fue contado entre los malvados'* (cf. Lc 22.37).   *d* **15.29** Cf. Sal 22.7; Sal 109.25.
e **15.29** Mc 14.58; Jn 2.19; Hch 6.14.

31 De la misma manera se burlaban de él los jefes de los sacerdotes y los maestros de la ley. Decían:

—Salvó a otros, pero a sí mismo no puede salvarse. **32** ¡Que baje de la cruz ese Mesías, Rey de Israel, para que veamos y creamos!

Y hasta los que estaban crucificados con él lo insultaban.

Muerte de Jesús
(Mt 27.45–56; Lc 23.44–49; Jn 19.28–30)

33 Al llegar el mediodía, toda la tierra quedó en oscuridad hasta las tres de la tarde. **34** A esa misma hora, Jesús gritó con fuerza: "Eloí, Eloí, ¿lemá sabactani?" (que significa: "Dios mío, Dios mío, ¿por qué me has abandonado?")*f*

35 Algunos de los que estaban allí, lo oyeron y dijeron:

—Oigan, está llamando al profeta Elías.

36 Entonces uno de ellos corrió, empapó una esponja en vino agrio, la ató a una caña y se la acercó a Jesús para que bebiera,*g* diciendo:

—Déjenlo, a ver si Elías viene a bajarlo de la cruz.

37 Pero Jesús dio un fuerte grito, y murió. **38** Y el velo*h* del templo se rasgó en dos, de arriba abajo. **39** El capitán romano, que estaba frente a Jesús, al ver que este había muerto, dijo:

—Verdaderamente este hombre era Hijo de Dios.

40 También había algunas mujeres mirando de lejos; entre ellas estaban María Magdalena, María la madre de Santiago el menor y de José, y Salomé. **41** Estas mujeres habían seguido a Jesús y lo habían ayudado cuando él estaba en Galilea.*i* Además había allí muchas otras que habían ido con él a Jerusalén.

Jesús es sepultado
(Mt 27.57–61; Lc 23.50–56; Jn 19.38–42)

42 Como ese era día de preparación, es decir, víspera del sábado, y ya era tarde, **43** José,

natural de Arimatea y miembro importante de la Junta Suprema, el cual también esperaba el reino de Dios, se dirigió con decisión a Pilato y le pidió el cuerpo de Jesús. **44** Pilato, sorprendido de que ya hubiera muerto, llamó al capitán para preguntarle cuánto tiempo hacía de ello. **45** Cuando el capitán lo hubo informado, Pilato entregó el cuerpo a José. **46** Entonces José compró una sábana de lino, bajó el cuerpo y lo envolvió en ella. Luego lo puso en un sepulcro excavado en la roca, y tapó la entrada del sepulcro con una piedra. **47** María Magdalena y María la madre de José, miraban dónde lo ponían.

Anuncio de la resurrección de Jesús
(Mt 28.1–10; Lc 24.1–12; Jn 20.1–10)

16 **1** Pasado el sábado, María Magdalena, María la madre de Santiago, y Salomé, compraron perfumes para perfumar el cuerpo de Jesús. **2** Y el primer día de la semana*a* fueron al sepulcro muy temprano, apenas salido el sol, **3** diciéndose unas a otras:

—¿Quién nos quitará la piedra de la entrada del sepulcro?

4 Pero, al mirar, vieron que la piedra ya no estaba en su lugar. Esta piedra era muy grande. **5** Cuando entraron en el sepulcro vieron, sentado al lado derecho, a un joven vestido con una larga ropa blanca. Las mujeres se asustaron, **6** pero él les dijo:

—No se asusten. Ustedes buscan a Jesús de Nazaret, el que fue crucificado. Ha resucitado; no está aquí. Miren el lugar donde lo pusieron. **7** Vayan y digan a sus discípulos, y a Pedro: 'Él va a Galilea para reunirlos de nuevo; allí lo verán, tal como les dijo.'*b*

8 Entonces las mujeres salieron huyendo del sepulcro, pues estaban temblando, asustadas. Y no dijeron nada a nadie, porque tenían miedo.*c*

---

f **15.34** Sal 22.1 citado en arameo. *g* **15.36** Sal 69.21. *h* **15.38** *Velo:* Ex 26.31–33; 2 Cr 3.14. Cf. Heb 6.19; 9.3–12; 10.19–20. *i* **15.41** Lc 8.2–3. *a* **16.2** *El primer día de la semana:* equivale prácticamente a nuestro domingo. Cf. Jn 20.19. *b* **16.7** Mt 26.32; Mc 14.28; cf. Jn 21.1–22. *c* **16.8** Los mejores mss. griegos terminan el texto de Mc con el v. 8. Es casi seguro que los vv. 9–20, aunque se encuentran en buen número de mss., fueron añadidos en fecha posterior. Con todo, estos vv. han formado parte del texto tradicional de Mc desde los primeros siglos de nuestra era. En algunos mss., en lugar de los vv. 9–20, aparece el siguiente final: *Las mujeres contaron brevemente a Pedro y a sus compañeros todo lo que se les había dicho. Después de esto, Jesús mismo, por medio de sus discípulos, envió de oriente a occidente el mensaje santo e incorruptible de la salvación eterna. Amén.*

Jesús se aparece a María Magdalena
(Jn 20.11–18)

[9 Después que Jesús hubo resucitado al amanecer del primer día de la semana, se apareció primero a María Magdalena, de la que había expulsado siete demonios. *d* 10 Ella fue y avisó a los que habían andado con Jesús, que estaban tristes y llorando. 11 Estos, al oir que Jesús vivía y que ella lo había visto, no lo creyeron. *e*

Jesús se aparece a dos de sus discípulos
(Lc 24.13–35)

12 Después de esto, Jesús se apareció en otra forma a dos de ellos que iban caminando hacia el campo. 13 Estos fueron y avisaron a los demás; pero tampoco a ellos les creyeron.

El encargo de Jesús a sus discípulos
(Mt 28.16–20; Lc 24.36–49; Jn 20.19–23)

14 Más tarde, Jesús se apareció a los once discípulos, mientras ellos estaban sentados a la mesa. Los reprendió por su falta de fe y su terquedad, ya que no creyeron a los que lo habían visto resucitado. 15 Y les dijo: "Vayan por todo el mundo y anuncien a todos la buena noticia.*f* 16 El que crea y sea bautizado, obtendrá la salvación; pero el que no crea, será condenado.*g* 17 Y estas señales acompañarán a los que creen: en mi nombre expulsarán demonios; hablarán nuevas lenguas;*h* 18 tomarán en las manos serpientes; y si beben algo venenoso, no les hará daño; además pondrán las manos sobre los enfermos, y estos sanarán."*i*

Jesús sube al cielo
(Lc 24.50–53)

19 Después de hablarles, el Señor Jesús fue levantado al cielo*j* y se sentó a la derecha de Dios.*k* 20 Ellos salieron a anunciar el mensaje por todas partes; y el Señor los ayudaba, y confirmaba el mensaje acompañándolo con señales milagrosas.]

---

d 16.9 Lc 8.2. *e* 16.11 Mt 28.17; Lc 24.11. *f* 16.15 Mt 28.19; Hch 1.8. *g* 16.16 Cf. Jn 3.18; Hch 2.38; 16.31–33. *h* 16.17 *Señales:* Hch 5.12. *Demonios:* Mc 3.15; Hch 8.7; 16.16–18. *Nuevas lenguas:* Hch 2.4–11; 10.46; 19.6; 1 Co 12.28. *i* 16.18 *Serpientes:* Lc 10.19; Hch 28.3–5. *Sanarán:* Mc 6.13; Hch 3.1–10; 5.16; 9.33–34; Stg 5.14–15. *j* 16.19 Hch 1.9–11. *k* 16.19 Sal 110.1; Mt 22.44 y paralelos; 26.64 y paralelos; Hch 2.33–34; Ef 1.20; Heb 1.3; 10.12; 12.2.

Evangelio según

SAN LUCAS

El *Evangelio según San Lucas* (=Lc) muestra evidentes semejanzas con los otros dos evangelios sinópticos (Mt y Mc), pero a la vez presenta de manera peculiar la persona y la obra de Jesucristo. Por otra parte, este evangelio forma una unidad literaria y teológica con los *Hechos de los Apóstoles* (cf. Hch 1.1–2).

Lo mismo que Mt, aunque, sin duda, de manera independiente, el *Evangelio según San Lucas* comienza con los relatos sobre la concepción y el nacimiento de Jesús (caps. 1—2).

A partir del cap. 3, este evangelio se refiere a la actividad pública de Jesús, y entonces se manifiesta más claramente la semejanza con Mt y Mc, a la vez que se revelan sus rasgos propios. Como los otros evangelios, culmina con el relato de la pasión, muerte y resurrección de Jesús.

De manera global, puede decirse que cerca de la mitad de este evangelio es materia que se encuentra también en los otros dos sinópticos o al menos en alguno de ellos. La otra mitad es propia de Lc.

Este evangelio, además de presentar a Jesús como el Mesías, el Hijo de Dios y Salvador de todos los hombres, hace resaltar especialmente la acción del Espíritu Santo en la historia de la salvación. Este último aspecto lo presentará el autor con especial relieve en los *Hechos de los Apóstoles*.

El tercer evangelio destaca de manera particular la parte que tuvieron las mujeres en los acontecimientos que relata, y muestra un interés muy especial en señalar el amor de Dios por los pobres y los pecadores, lo mismo que el carácter universal de la salvación traída por Jesús.

El *Evangelio según San Lucas* fue escrito, sin duda, por un autor cuya lengua materna era el griego. El evangelio parece estar destinado sobre todo a lectores cristianos de origen no judío.

Los autores cristianos del siglo II atribuyen la composición de este evangelio y de *Hechos* a Lucas, compañero de Pablo, mencionado en Col 4.14; 2 Ti 4.11 y Flm 24. En Col 4.14 se le llama "el médico amado".

Las principales secciones en que puede dividirse el evangelio son estas:

Prólogo

1 ¹Muchos han emprendido la tarea de escribir la historia de los hechos que Dios ha llevado a cabo entre nosotros, ²según nos los transmitieron quienes desde el comienzo fueron testigos presenciales y después recibieron el encargo de anunciar el mensaje. ³Yo también, excelentísimo Teófilo, lo he investigado todo con cuidado desde el principio, y me ha parecido conveniente escribirte estas cosas ordenadamente, ⁴para que conozcas bien la verdad de lo que te han enseñado.

Un ángel anuncia el nacimiento de Juan el Bautista

⁵En el tiempo en que Herodes*ᵃ* era rey del país de los judíos, vivía un sacerdote llamado Zacarías, perteneciente al turno de Abías.*ᵇ* Su esposa, llamada Isabel, descendía de Aarón. ⁶Los dos eran justos delante de Dios y obedecían los mandatos y leyes del Señor de manera intachable. ⁷Pero no tenían hijos, porque Isabel era estéril; además, los dos eran ya muy ancianos.

⁸Un día en que al grupo sacerdotal de Zacarías le tocó el turno de oficiar delante de Dios, ⁹según era costumbre entre los sacerdotes, le tocó en suerte a Zacarías entrar en el santuario del templo del Señor para quemar incienso.ᶜ ¹⁰Mientras se quemaba el incienso, todo el pueblo estaba orando afuera. ¹¹En esto se le apareció a Zacarías un ángel del Señor, de pie al lado derecho del altar del incienso. ¹²Al ver al ángel, Zacarías se quedó sorprendido y lleno de miedo. ¹³Pero el ángel le dijo:

—Zacarías, no tengas miedo, porque Dios ha oído tu oración, y tu esposa Isabel te va a dar un hijo, al que pondrás por nombre Juan. ¹⁴Tú te llenarás de gozo, y muchos se alegrarán de su nacimiento, ¹⁵porque tu hijo va a ser grande delante del Señor. No tomará vino ni licor,ᵈ y estará lleno del Espíritu Santo desde antes de nacer. ¹⁶Hará que muchos de la nación de Israel se vuelvan al Señor su Dios. ¹⁷Este Juan irá delante del Señor, con el espíritu y el poder del profeta Elías,ᵉ para reconciliar a los padres con los hijos y para que los rebeldes aprendan a obedecer. De este modo preparará al pueblo para recibir al Señor.

¹⁸Zacarías preguntó al ángel:

—¿Cómo puedo estar seguro de esto? Porque yo soy muy anciano y mi esposa también.

¹⁹El ángel le contestó:

—Yo soy Gabriel,ᶠ y estoy al servicio de Dios; él me mandó a hablar contigo y darte estas buenas noticias. ²⁰Pero ahora, como no has creído lo que te he dicho, vas a quedarte mudo; no podrás hablar hasta que, a su debido tiempo, suceda todo esto.

²¹Mientras tanto, la gente estaba afuera esperando a Zacarías y preguntándose por qué tardaba tanto en salir del santuario. ²²Cuando al fin salió, no les podía hablar; entonces dieron cuenta de que había tenido una visión en el santuario, pues les hablaba por señas; y siguió así, sin poder hablar.

²³Cumplido su servicio, Zacarías se fue a su casa. ²⁴Después de esto, su esposa Isabel quedó encinta, y durante cinco meses no salió de su casa, pensando: ²⁵"El Señor me ha hecho esto ahora, para que la gente ya no me desprecie."ᵍ

Un ángel anuncia el nacimiento de Jesús

²⁶A los seis meses, Dios mandó al ángel Gabriel a un pueblo de Galilea llamado Nazaret, ²⁷donde vivía una joven llamada María; era virgen, pero estaba comprometida para casarse con un hombre llamado José, descendiente del rey David. ²⁸El ángel entró en el lugar donde ella estaba, y le dijo:

—¡Salve, llena de gracia! El Señor está contigo.

²⁹María se sorprendió de estas palabras, y se preguntaba qué significaría aquel saludo. ³⁰El ángel le dijo:

—María, no tengas miedo, pues tú gozas del favor de Dios. ³¹Ahora vas a quedar encinta: tendrás un hijo, y le pondrás por nombre Jesús.ʰ ³²Será un gran hombre, al que llamarán Hijo del Dios altísimo, y Dios el Señor lo hará Rey, como a su antepasado David, ³³para que reine por siempre sobre el pueblo de Jacob. Su reinado no tendrá fin.ⁱ

ᵃ **1.5** *Herodes:* El Grande, rey de todo el territorio de Israel (Mt 2.1). ᵇ **1.5** *Abías:* Cf. 1 Cr 24.7–18. Cada turno oficiaba en el templo de Jerusalén, dos veces al año, durante una semana. ᶜ **1.9** Cf. Ex 30.1–8; 1 R 7.48–50. ᵈ **1.15** Lc 7.33. Cf. Nm 6.1–5; Jue 13.4,7–14. ᵉ **1.17** Mal 4.5–6; Eclo 48.4,10. ᶠ **1.19** *Gabriel:* Cf. Dn 8.16; 9.21. ᵍ **1.25** Cf. Gn 30.23; 1 S 1.1–18. ʰ **1.31** Cf. Is 7.14; Mt 1.21–23. ⁱ **1.32–33** Cf. 2 S 7.9,12–14,16; Is 9.7; Miq 4.6–7.

34 María preguntó al ángel:

—¿Cómo podrá suceder esto, si no vivo con ningún hombre?

35 El ángel le contestó:

—El Espíritu Santo vendrá sobre ti,[l] y el poder del Dios altísimo se posará sobre ti. Por eso, el niño que va a nacer será llamado Santo e Hijo de Dios.[k] 36 También tu parienta Isabel va a tener un hijo, a pesar de que es anciana; la que decían que no podía tener hijos, está encinta desde hace seis meses. 37 Para Dios no hay nada imposible.

38 Entonces María dijo:

—Yo soy esclava del Señor; que Dios haga conmigo como me has dicho.

Con esto, el ángel se fue.

María visita a Isabel

39 Por aquellos días, María se fue de prisa a un pueblo de la región montañosa de Judea, 40 y entró en la casa de Zacarías y saludó a Isabel. 41 Cuando Isabel oyó el saludo de María, la criatura se le estremeció en el vientre, y ella quedó llena del Espíritu Santo. 42 Entonces, con voz muy fuerte, dijo:

—¡Dios te ha bendecido más que a todas las mujeres, y ha bendecido a tu hijo! 43 ¿Quién soy yo, para que venga a visitarme la madre de mi Señor? 44 Pues tan pronto como oí tu saludo, mi hijo se estremeció de alegría en mi vientre. 45 ¡Dichosa tú por haber creído que han de cumplirse las cosas que el Señor te ha dicho!

46 María dijo:

"Mi alma alaba la grandeza del Señor;[l]
47 mi espíritu se alegra
    en Dios mi Salvador.[m]
48 Porque Dios ha puesto sus ojos en mí,
    su humilde esclava,
    y desde ahora siempre me llamarán
        dichosa;
49 porque el Todopoderoso
    ha hecho en mí grandes cosas.
    ¡Santo es su nombre!
50 Dios tiene siempre misericordia
    de quienes lo reverencian.
51 Actuó con todo su poder:
    deshizo los planes de los orgullosos,

52 derribó a los reyes de sus tronos
    y puso en alto a los humildes.
53 Llenó de bienes a los hambrientos
    y despidió a los ricos
        con las manos vacías.[n]
54 Ayudó al pueblo de Israel, su siervo,
    y no se olvidó de tratarlo
        con misericordia.[ñ]
55 Así lo había prometido
    a nuestros antepasados,
    a Abraham[o] y a sus futuros descendientes."

56 María se quedó con Isabel unos tres meses, y después regresó a su casa.

Nacimiento de Juan el Bautista

57 Al cumplirse el tiempo en que Isabel debía dar a luz, tuvo un hijo. 58 Sus vecinos y parientes fueron a felicitarla cuando supieron que el Señor había sido tan bueno con ella. 59 A los ocho días, llevaron a circuncidar al niño, y querían ponerle el nombre de su padre, Zacarías. 60 Pero su madre dijo:

—No. Tiene que llamarse Juan.

61 Le contestaron:

—No hay nadie en tu familia con ese nombre.

62 Entonces preguntaron por señas al padre del niño, para saber qué nombre quería ponerle. 63 El padre pidió una tabla para escribir, y escribió: 'Su nombre es Juan.' Y todos se quedaron admirados. 64 En aquel mismo momento Zacarías volvió a hablar, y comenzó a alabar a Dios. 65 Todos los vecinos estaban asombrados, y en toda la región montañosa de Judea se contaba lo sucedido. 66 Todos los que lo oían se preguntaban a sí mismos: "¿Qué llegará a ser este niño?" Porque ciertamente el Señor mostraba su poder en favor de él.

El himno de Zacarías

67 Zacarías, el padre del niño, lleno del Espíritu Santo y hablando proféticamente, dijo:

68 "¡Bendito sea el Señor, Dios de Israel,
    porque ha venido a rescatar a su pueblo!
69 Nos ha enviado un poderoso salvador,
    un descendiente de David, su siervo.[p]

---

l 1.35 Cf. Ex 24.15–18; 40.35. Cf. también Lc 9.34–35 y paralelos. k 1.35 Mt 1.18–21. l 1.46–55 Cf. 1 S 2.1–10; Sal 113.5–9. m 1.46–47 Is 61.10; Hab 3.17–18. n 1.53 Sal 107.9. ñ 1.54 Sal 98.3. o 1.55 Gn 17.7; 26.3; Sal 105.8–9; Miq 7.20. p 1.69 Cf. Sal 132.17.

70 Esto es lo que había prometido
en el pasado
por medio de sus santos profetas:
71 que nos salvaría de nuestros enemigos
y de todos los que nos odian,
72 que tendría compasión
de nuestros antepasados
y que no se olvidaría de su santa alianza.*q*
73 Y este es el juramento que había hecho
a nuestro padre Abraham:*r*
que nos permitiría
74 vivir sin temor alguno,
libres de nuestros enemigos,
para servirle
75 con santidad y justicia,
y estar en su presencia toda nuestra vida.
76 En cuanto a ti, hijito mío,
serás llamado profeta del Dios altísimo,
porque irás delante del Señor
preparando sus caminos,*s*
77 para hacer saber a su pueblo
que Dios les perdona sus pecados
y les da la salvación.
78 Porque nuestro Dios,
en su gran misericordia,
nos trae de lo alto el sol de un nuevo día,
79 para dar luz a los que viven
en la más profunda oscuridad,*t*
y dirigir nuestros pasos
por el camino de la paz."

80 El niño crecía y se hacía fuerte espiritualmente, y vivió en los desiertos hasta el día en que se dio a conocer a los israelitas.

Nacimiento de Jesús
(Mt 1.18–25)

2 1 Por aquel tiempo, el emperador Augusto ordenó que se hiciera un censo de todo el mundo. 2 Este primer censo fue hecho siendo Quirinio gobernador de Siria. 3 Todos tenían que ir a inscribirse a su propio pueblo.

4 Por esto, José salió del pueblo de Nazaret, de la región de Galilea, y se fue a Belén, en Judea, donde había nacido el rey David, porque José era descendiente de David. 5 Fue allá a inscribirse, junto con María, su esposa, que se encontraba encinta. 6 Y sucedió que mientras estaban en Belén, le llegó a María el tiempo de dar a luz. 7 Y allí nació su hijo primogénito, y lo envolvió en pañales y lo acostó en el establo, porque no había alojamiento para ellos en el mesón.

Los ángeles y los pastores

8 Cerca de Belén había unos pastores que pasaban la noche en el campo cuidando sus ovejas. 9 De pronto se les apareció un ángel del Señor, y la gloria del Señor brilló alrededor de ellos; y tuvieron mucho miedo. 10 Pero el ángel les dijo: "No tengan miedo, porque les traigo una buena noticia, que será motivo de gran alegría para todos: 11 Hoy les ha nacido en el pueblo de David un salvador, que es el Mesías, el Señor. 12 Como señal, encontrarán ustedes al niño envuelto en pañales y acostado en un establo."

13 En aquel momento aparecieron, junto al ángel, muchos otros ángeles del cielo, que alababan a Dios y decían:

14 "¡Gloria a Dios en las alturas!
¡Paz en la tierra entre los hombres
que gozan de su favor!"

15 Cuando los ángeles se volvieron al cielo, los pastores comenzaron a decirse unos a otros:
—Vamos, pues, a Belén, a ver esto que ha sucedido y que el Señor nos ha anunciado.

16 Fueron de prisa y encontraron a María y a José, y al niño acostado en el establo. 17 Cuando lo vieron, se pusieron a contar lo que el ángel les había dicho acerca del niño, 18 y todos los que lo oyeron se admiraban de lo que decían los pastores. 19 María guardaba todo esto en su corazón, y lo tenía muy presente. 20 Los pastores, por su parte, regresaron dando gloria y alabanza a Dios por todo lo que habían visto y oído, pues todo sucedió como se les había dicho.

El niño Jesús es presentado en el templo

21 A los ocho días circuncidaron al niño, y le pusieron por nombre Jesús, el mismo nombre que el ángel le había dicho a María antes que ella estuviera encinta.

22 Cuando se cumplieron los días en que ellos debían purificarse según la ley de Moisés,*a* llevaron al niño a Jerusalén para presentárselo al Señor. 23 Lo hicieron así porque en la ley del

---

q 1.72 Ex 2.24. *r* 1.73 Gn 17.7. *s* 1.76 Mal 3.1. *t* 1.79 Is 9.2. *a* 2.22 Cf. Lv 12.2–4.

Señor está escrito: "Todo primer hijo varón será consagrado al Señor."[b] 24 Fueron, pues, a ofrecer en sacrificio lo que manda la ley del Señor: un par de tórtolas o dos pichones de paloma.[c]

25 En aquel tiempo vivía en Jerusalén un hombre que se llamaba Simeón. Era un hombre justo y piadoso, que esperaba la restauración de Israel. El Espíritu Santo estaba con Simeón, 26 y le había hecho saber que no moriría sin ver antes al Mesías, a quien el Señor enviaría. 27 Guiado por el Espíritu Santo, Simeón fue al templo; y cuando los padres del niño Jesús lo llevaron también a él, para cumplir con lo que la ley ordenaba, 28 Simeón lo tomó en brazos y alabó a Dios, diciendo:

29 "Ahora, Señor,
    tu promesa está cumplida:
    puedes dejar que tu siervo muera en paz.
30 Porque ya he visto la salvación
31 que has comenzado a realizar
    a la vista de todos los pueblos,
32 la luz que alumbrará a las naciones
    y que será la gloria de tu pueblo Israel."

33 El padre y la madre de Jesús se quedaron admirados al oír lo que Simeón decía del niño. 34 Entonces Simeón les dio su bendición, y dijo a María, la madre de Jesús:

—Mira, este niño está destinado a hacer que muchos en Israel caigan o se levanten. Él será una señal que muchos rechazarán, 35 a fin de que las intenciones de muchos corazones queden al descubierto. Pero todo esto va a ser para ti como una espada que atraviese tu propia alma.

36 También estaba allí una profetisa llamada Ana, hija de Penuel, de la tribu de Aser. Era ya muy anciana. Se casó siendo muy joven, y había vivido con su marido siete años; 37 hacía ya ochenta y cuatro años que se había quedado viuda. Nunca salía del templo, sino que servía día y noche al Señor, con ayunos y oraciones. 38 Ana se presentó en aquel mismo momento, y comenzó a dar gracias a Dios y a hablar del niño Jesús a todos los que esperaban la liberación de Jerusalén.

El regreso a Nazaret

39 Después de haber cumplido con todo lo que manda la ley del Señor, volvieron a Galilea, a su propio pueblo de Nazaret. 40 Y el niño crecía y se hacía más fuerte, estaba lleno de sabiduría y gozaba del favor de Dios.

El niño Jesús es hallado en el templo

41 Los padres de Jesús iban todos los años a Jerusalén para la fiesta de la Pascua. 42 Y así, cuando Jesús cumplió doce años, fueron allá todos ellos, como era costumbre en esa fiesta.[d] 43 Pero pasados aquellos días, cuando volvían a casa, el niño Jesús se quedó en Jerusalén, sin que sus padres se dieran cuenta. 44 Pensando que Jesús iba entre la gente, hicieron un día de camino; pero luego, al buscarlo entre los parientes y conocidos, 45 no lo encontraron. Así que regresaron a Jerusalén para buscarlo allí.

46 Al cabo de tres días lo encontraron en el templo, sentado entre los maestros de la ley, escuchándolos y haciéndoles preguntas. 47 Y todos los que lo oían se admiraban de su inteligencia y de sus respuestas. 48 Cuando sus padres lo vieron, se sorprendieron; y su madre le dijo:

—Hijo mío, ¿por qué nos has hecho esto? Tu padre y yo te hemos estado buscando llenos de angustia.

49 Jesús les contestó:

—¿Por qué me buscaban? ¿No sabían que tengo que estar en la casa de mi Padre?[e]

50 Pero ellos no entendieron lo que les decía. 51 Entonces volvió con ellos a Nazaret, donde vivió obedeciéndolos en todo. Su madre guardaba todo esto en su corazón. 52 Y Jesús seguía creciendo en sabiduría y estatura, y gozaba del favor de Dios y de los hombres.

Juan el Bautista en el desierto
(Mt 3.1–12; Mc 1.1–8; Jn 1.19–28)

3 1 Era el año quince[a] del gobierno del emperador Tiberio, y Poncio Pilato era gobernador de Judea. Herodes gobernaba en Galilea, su hermano Filipo gobernaba en Iturea y Traconítide, y Lisanias gobernaba en Abilene.[b] 2 Anás y Caifás eran los sumos sacerdotes. Por aquel tiempo, Dios habló en el desierto a

---

[b] 2.23 Ex 13.2,12. [c] 2.24 Cf. Lv 12.6–8. [d] 2.42 Dt 16.16. [e] 2.49 ¿. . . tengo que estar en la casa de mi Padre?: otra posible traducción: ¿. . . tengo que ocuparme en las cosas de mi Padre? [a] 3.1 El año quince: 28 ó 29 d.C. [b] 3.1 Flp 3.5–6; y cf. Mt 22.23–33; Hch 23.6–8.

Juan, el hijo de Zacarías, **3** y Juan pasó por todos los lugares junto al río Jordán, diciendo a la gente que ellos debían volverse a Dios y ser bautizados, para que Dios les perdonara sus pecados. **4** Esto sucedió como está escrito en el libro del profeta Isaías:

"Una voz grita en el desierto:
'Preparen el camino del Señor;
ábranle un camino recto.

5 Todo valle será rellenado,
todo cerro y colina será nivelado,
los caminos torcidos serán enderezados,
y allanados los caminos disparejos.ᶜ

6 Todo el mundo verá la salvación
que Dios envía.' "

7 Cuando la gente salía para que Juan los bautizara, él les decía: "¡Raza de víboras! ¿Quién les ha dicho a ustedes que van a librarse del terrible castigo que se acerca? **8** Pórtense de tal modo que se vea claramente que se han vuelto al Señor, y no vayan a decir entre ustedes: '¡Nosotros somos descendientes de Abraham!'; porque les aseguro que incluso a estas piedras Dios puede convertirlas en descendientes de Abraham. **9** Además, el hacha ya está lista para cortar los árboles de raíz. Todo árbol que no da buen fruto, se corta y se echa al fuego."

10 Entonces la gente le preguntó:

—¿Qué debemos hacer?

11 Juan les contestó:

—El que tenga dos trajes, dele uno al que no tiene ninguno; y el que tenga comida, compártala con el que no la tiene.

12 Se acercaron también para ser bautizados algunos de los que cobraban impuestos para Roma,ᵈ y le preguntaron a Juan:

—Maestro, ¿qué debemos hacer nosotros?

13 Juan les dijo:

—No cobren más de lo que deben cobrar.

14 También algunos soldados le preguntaron:

—Y nosotros, ¿qué debemos hacer?

Les contestó:

—No le quiten nada a nadie, ni con amenazas ni acusándolo de algo que no haya hecho; y confórmense con su sueldo.

15 La gente estaba en gran expectativa, y se preguntaba si tal vez Juan sería el Mesías; **16** pero Juan les dijo a todos: "Yo, en verdad, los bautizo con agua; pero viene uno que los bautizará con el Espíritu Santo y con fuego. Él es más poderoso que yo, que ni siquiera merezco desatarle la correa de sus sandalias. **17** Trae su aventador en la mano, para limpiar el trigo y separarlo de la paja. Guardará el trigo en su granero, pero quemará la paja en un fuego que nunca se apagará."

18 De este modo, y con otros muchos consejos, Juan anunciaba la buena noticia a la gente. **19** Además reprendió a Herodes, el gobernante, porque tenía por mujer a Herodías, la esposa de su hermano, y también por todo lo malo que había hecho; **20** pero Herodes, a todas sus malas acciones añadió otra: metió a Juan en la cárcel.ᵉ

Jesús es bautizado
(Mt 3.13–17; Mc 1.9–11)ᶠ

21 Sucedió que cuando Juan los estaba bautizando a todos, también Jesús fue bautizado; y mientras oraba, el cielo se abrió **22** y el Espíritu Santo bajó sobre él en forma visible, como una paloma, y se oyó una voz del cielo, que decía:

—Tú eres mi Hijo amado, a quien he elegido.ᵍ

Los antepasados de Jesús
(Mt 1.1–17)

23 Jesús tenía unos treinta años cuando comenzó su actividad. Fue hijo, según se creía, de José. José fue hijo de Elí, **24** que a su vez fue hijo de Matat, que fue hijo de Leví, que fue hijo de Melquí, que fue hijo de Janai, que fue hijo de José, **25** que fue hijo de Matatías, que fue hijo de Amós, que fue hijo de Nahúm, que fue hijo de Eslí, que fue hijo de Nagai, **26** que fue hijo de Máhat, que fue hijo de Matatías, que fue hijo de Semeí, que fue hijo de Josec, que fue hijo de Joiadá, **27** que fue hijo de Johanán, que fue hijo de Resá, que fue hijo de Zorobabel, que fue hijo de Salatiel, que fue hijo de Nerí, **28** que fue hijo de Melquí, que fue hijo de Adí, que fue hijo de Cosam, que fue hijo de Elmadam, que fue hijo de Er, **29** que fue hijo de Jesús, que fue hijo de Eliézer, que fue hijo de Jorim, que fue hijo de Matat, **30** que fue hijo de Leví, que fue hijo de Simeón, que fue hijo de Judá, que fue hijo de José, que fue hijo de Jonam, que fue hijo de Eliaquim, **31** que fue hijo de Meleá, que fue hijo de Mená, que fue hijo de Matatá, que fue hijo de Natán, **32** que fue hijo de David, que fue hijo

---

ᶜ **3.4–6** Is 40.3–5; Bar 5.7. ᵈ **3.12** Lc 7.29. ᵉ **3.19–20** Véase Mc 6.17–18. ᶠ **3.21–22** Cf. también Jn 1.31–34. ᵍ **3.22** Cf. Sal 2.7; Is 42.1.

de Jesé, que fue hijo de Obed, que fue hijo de Booz, que fue hijo de Sélah, que fue hijo de Nahasón, 33que fue hijo de Aminadab, que fue hijo de Admín, que fue hijo de Arní, que fue hijo de Hesrón, que fue hijo de Fares, que fue hijo de Judá, 34que fue hijo de Jacob, que fue hijo de Isaac, que fue hijo de Abraham, que fue hijo de Térah, que fue hijo de Nahor, 35que fue hijo de Serug, que fue hijo de Ragau, que fue hijo de Péleg, que fue hijo de Éber, que fue hijo de Sélah, 36que fue hijo de Cainán, que fue hijo de Arfaxad, que fue hijo de Sem, que fue hijo de Noé, que fue hijo de Lámec, 37que fue hijo de Matusalén, que fue hijo de Henoc, que fue hijo de Jéred, que fue hijo de Mahalaleel, que fue hijo de Cainán, 38que fue hijo de Enós, que fue hijo de Set, que fue hijo de Adán, que fue hijo de Dios.

El diablo pone a prueba a Jesús
(Mt 4.1–11; Mc 1.12–13)

4 1Jesús, lleno del Espíritu Santo, volvió del río Jordán, y el Espíritu lo llevó al desierto. 2Allí estuvo cuarenta días,ª y el diablo lo puso a prueba. No comió nada durante esos días, así que después sintió hambre. 3El diablo entonces le dijo:

—Si de veras eres Hijo de Dios, ordena a esta piedra que se convierta en pan.

4Jesús le contestó:

—La Escritura dice: 'No solo de pan vivirá el hombre.'*b*

5Luego el diablo lo levantó y, mostrándole en un momento todos los países del mundo, 6le dijo:

—Yo te daré todo este poder y la grandeza de estos países. Porque yo lo he recibido, y se lo daré al que quiera dárselo. 7Si te arrodillas y me adoras, todo será tuyo.

8Jesús le contestó:

—La Escritura dice: 'Adora al Señor tu Dios, y sírvele solo a él.'*c*

9Después el diablo lo llevó a la ciudad de Jerusalén, lo subió a la parte más alta del templo y le dijo:

—Si de veras eres Hijo de Dios, tírate abajo desde aquí; 10porque la Escritura dice:

'Dios mandará que sus ángeles
te cuiden y te protejan.

11 Te levantarán con sus manos,
para que no tropieces
con piedra alguna.'*d*

12Jesús le contestó:

—También dice la Escritura: 'No pongas a prueba al Señor tu Dios.'*e*

13Cuando ya el diablo no encontró otra forma de poner a prueba a Jesús, se alejó de él por algún tiempo.

Jesús comienza su actividad en Galilea
(Mt 4.12–17; Mc 1.14–15)

14Jesús volvió a Galilea lleno del poder del Espíritu Santo, y se hablaba de él por toda la tierra de alrededor. 15Enseñaba en la sinagoga de cada lugar, y todos le alababan.

Jesús en Nazaret
(Mt 13.53–58; Mc 6.1–6)

16Jesús fue a Nazaret, el pueblo donde se había criado. El sábado entró en la sinagoga, como era su costumbre, y se puso de pie para leer las Escrituras. 17Le dieron a leer el libro del profeta Isaías, y al abrirlo encontró el lugar donde estaba escrito:

18 "El Espíritu del Señor está sobre mí,
porque me ha consagrado
para llevar la buena noticia a los pobres;
me ha enviado a anunciar libertad
a los presos
y dar vista a los ciegos;
a poner en libertad a los oprimidos;
19 a anunciar el año favorable del Señor."*f*

20Luego Jesús cerró el libro, lo dio al ayudante de la sinagoga y se sentó. Todos los que estaban allí tenían la vista fija en él. 21Él comenzó a hablar, diciendo:

—Hoy mismo se ha cumplido la Escritura que ustedes acaban de oir.

22Todos hablaban bien de Jesús y estaban admirados de las cosas tan bellas que decía. Se preguntaban:

—¿No es este el hijo de José?

23Jesús les respondió:

—Seguramente ustedes me dirán este refrán: 'Médico, cúrate a ti mismo.' Y además me dirán: 'Lo que oímos que hiciste en Cafarnaúm, hazlo también aquí en tu propia tierra.'

24Y siguió diciendo:

ª**4.2** *Cuarenta días:* Cf. Dt 8.2–4. *b* **4.4** Dt 8.3. *c* **4.8** Dt 6.13. *d* **4.10–11** Sal 91.11–12. *e* **4.12** Dt 6.16. *f* **4.18–19** Is 61.1–2 (gr.).

—Les aseguro que ningún profeta es bien recibido en su propia tierra. 25Verdaderamente, había muchas viudas en Israel en tiempos del profeta Elías, cuando no llovió durante tres años y medio y hubo mucha hambre en todo el país; 26pero Elías no fue enviado a ninguna de las viudas israelitas, sino a una de Sarepta, cerca de la ciudad de Sidón.g 27También había en Israel muchos enfermos de lepra en tiempos del profeta Eliseo, pero no fue sanado ninguno de ellos, sino Naamán, que era de Siria.h

28Al oir esto, todos los que estaban en la sinagoga se enojaron mucho. 29Se levantaron y echaron del pueblo a Jesús, llevándolo a lo alto del monte sobre el cual el pueblo estaba construido, para arrojarlo abajo desde allí. 30Pero Jesús pasó por en medio de ellos y se fue.

Un hombre que tenía un espíritu impuro
(Mc 1.21–28)

31Jesús fue a Cafarnaúm, un pueblo de Galilea, y los sábados enseñaba a la gente. 32Y la gente se admiraba de cómo les enseñaba, porque hablaba con plena autoridad.i

33En la sinagoga había un hombre que tenía un demonio o espíritu impuro, el cual gritó con fuerza:

34—¡Déjanos! ¿Por qué te metes con nosotros, Jesús de Nazaret? ¿Has venido a destruirnos? Yo te conozco, y sé que eres el Santo de Dios.

35Jesús reprendió a aquel demonio, diciéndole:

—¡Cállate y deja a este hombre!

Entonces el demonio arrojó al hombre al suelo delante de todos, y salió de él sin hacerle ningún daño. 36Todos se asustaron, y se decían unos a otros:

—¿Qué palabras son estas? Con toda autoridad y poder este hombre ordena a los espíritus impuros que salgan, ¡y ellos salen!

37Y se hablaba de Jesús por todos los lugares de la región.

Jesús sana a la suegra de Simón
(Mt 8.14–15; Mc 1.29–31)

38Jesús salió de la sinagoga y entró en casa de Simón. La suegra de Simón estaba enferma, con mucha fiebre, y rogaron por ella a Jesús.

39Jesús se inclinó sobre ella y reprendió a la fiebre, y la fiebre se le quitó. Al momento, ella se levantó y comenzó a atenderlos.

Jesús sana a muchos enfermos
(Mt 8.16–17; Mc 1.32–34)

40Al ponerse el sol, todos los que tenían enfermos de diferentes enfermedades los llevaron a Jesús; y él puso las manos sobre cada uno de ellos, y los sanó. 41De muchos enfermos también salieron demonios, que gritaban:

—¡Tú eres el Hijo de Dios!

Pero Jesús reprendía a los demonios y no los dejaba hablar, porque sabían que él era el Mesías.

Jesús anuncia el mensaje en las sinagogas
(Mc 1.35–39)

42Al amanecer, Jesús salió fuera de la ciudad, a un lugar solitario. Pero la gente lo buscó, y llegaron a donde él estaba. Querían detenerlo, para que no se fuera, 43pero Jesús les dijo:

—También tengo que anunciar la buena noticia del reino de Dios a los otros pueblos, porque para esto fui enviado.

44Así iba Jesús anunciando el mensaje en las sinagogas del país de los judíos.

La pesca abundante
(Mt 4.18–22; Mc 1.16–20)

5 1En una ocasión, estando Jesús a orillas del Lago de Genesaret, se sentía apretujado por la multitud que quería oir el mensaje de Dios. 2Jesús vio dos barcas en la playa. Los pescadores habían bajado de ellas a lavar sus redes. 3Jesús subió a una de las barcas, que era de Simón, y le pidió que la alejara un poco de la orilla. Luego se sentó en la barca, y desde allí comenzó a enseñar a la gente. 4Cuando terminó de hablar, le dijo a Simón:

—Lleva la barca a la parte honda del lago, y echen allí sus redes, para pescar.

5Simón le contestó:

—Maestro, hemos estado trabajando toda la noche sin pescar nada; pero, ya que tú lo mandas, voy a echar las redes.

6Cuando lo hicieron, recogieron tanto pescado que las redes se rompían.a 7Entonces hicieron señas a sus compañeros de la otra barca, para que fueran a ayudarlos. Ellos fueron, y

---

g **4.25–26** 1 R 17.1,8–16; Stg 5.17. h **4.27** 2 R 5.1–14. i **4.32** Cf. Mt 7.28–29. a **5.5–6** Cf. Jn 21.3–6.

llenaron tanto las dos barcas que les faltaba poco para hundirse. **8** Al ver esto, Simón Pedro se puso de rodillas delante de Jesús y le dijo:

—¡Apártate de mí, Señor, porque soy un pecador!

9 Es que Simón y todos los demás estaban asustados por aquella gran pesca que habían hecho. **10** También lo estaban Santiago y Juan, hijos de Zebedeo, que eran compañeros de Simón. Pero Jesús le dijo a Simón:

—No tengas miedo; desde ahora vas a pescar hombres.

11 Entonces llevaron las barcas a tierra, lo dejaron todo y se fueron con Jesús.

Jesús sana a un leproso
(Mt 8.1–4; Mc 1.40–45)

12 Un día, estando Jesús en un pueblo, llegó un hombre enfermo de lepra; al ver a Jesús, se inclinó hasta el suelo y le rogó:

—Señor, si quieres, puedes limpiarme de mi enfermedad.

13 Jesús lo tocó con la mano, diciendo:

—Quiero. ¡Queda limpio!

Al momento se le quitó la lepra al enfermo, **14** y Jesús le ordenó:

—No se lo digas a nadie; solamente ve y preséntate al sacerdote, y lleva por tu purificación la ofrenda que ordenó Moisés,[b] para que conste ante los sacerdotes.

15 Sin embargo, la fama de Jesús aumentaba cada vez más, y mucha gente se juntaba para oírlo y para que curara sus enfermedades. **16** Pero Jesús se retiraba a orar a lugares donde no había nadie.

Jesús perdona y sana a un paralítico
(Mt 9.1–8; Mc 2.1–12)

17 Un día en que Jesús estaba enseñando, se habían sentado por allí algunos fariseos y maestros de la ley venidos de todas las aldeas de Galilea, y de Judea y Jerusalén. Y el poder del Señor se mostraba en Jesús sanando a los enfermos. **18** Entonces llegaron unos hombres que llevaban en una camilla a uno que estaba paralítico. Querían llevarlo adentro de la casa y ponerlo delante de Jesús, **19** pero no encontraban por dónde meterlo, porque había mucha gente; así que subieron al techo y, abriendo un hueco entre las tejas, bajaron al enfermo en la camilla, allí en medio de todos, delante de Jesús. **20** Cuando Jesús vio la fe que tenían, le dijo al enfermo:

—Amigo, tus pecados quedan perdonados.

21 Entonces los maestros de la ley[c] y los fariseos comenzaron a pensar: "¿Quién es este que se atreve a decir palabras ofensivas contra Dios? Solo Dios puede perdonar pecados."

22 Pero Jesús se dio cuenta de lo que estaban pensando, y les preguntó:

—¿Por qué piensan ustedes así? **23** ¿Qué es más fácil, decir: 'Tus pecados quedan perdonados', o decir: 'Levántate y anda'? **24** Pues voy a demostrarles que el Hijo del hombre tiene autoridad en la tierra para perdonar pecados.

Entonces le dijo al paralítico:

—A ti te digo, levántate, toma tu camilla y vete a tu casa.

25 Al momento, el paralítico se levantó delante de todos, tomó la camilla en que estaba acostado y se fue a su casa alabando a Dios. **26** Todos se quedaron admirados y alabaron a Dios, y llenos de miedo dijeron:

—Hoy hemos visto cosas maravillosas.

Jesús llama a Leví
(Mt 9.9–13; Mc 2.13–17)

27 Después de esto, Jesús salió y se fijó en uno de los que cobraban impuestos para Roma. Se llamaba Leví, y estaba sentado en el lugar donde cobraba los impuestos. Jesús le dijo:

—Sígueme.

28 Entonces Leví se levantó, y dejándolo todo siguió a Jesús.

29 Más tarde, Leví hizo en su casa una gran fiesta en honor de Jesús; y muchos de los que cobraban impuestos para Roma, junto con otras personas, estaban sentados con ellos a la mesa. **30** Pero los fariseos y los maestros de la ley del mismo partido comenzaron a criticar a los discípulos de Jesús. Les dijeron:

—¿Por qué comen y beben ustedes con cobradores de impuestos y pecadores?[d]

31 Jesús les contestó:

—Los que están buenos y sanos no necesitan médico, sino los enfermos. **32** Yo no he venido a llamar a los justos, sino a los pecadores, para que se vuelvan a Dios.

---

[b] **5.14** *La ofrenda que ordenó Moisés:* Lv 14.1–32. [c] **5.21** *Maestros de la ley:* llamados también escribas, letrados o rabinos. [d] **5.30** Lc 15.1–2; 19.7.

La pregunta sobre el ayuno
(Mt 9.14–17; Mc 2.18–22)

33 Le dijeron a Jesús:

—Los seguidores de Juan y de los fariseos ayunan[e] mucho y hacen muchas oraciones, pero tus discípulos siempre comen y beben.

34 Jesús les contestó:

—¿Acaso pueden ustedes hacer ayunar a los invitados a una boda, mientras el novio está con ellos? **35** Pero llegará el momento en que se lleven al novio; cuando llegue ese día, entonces sí ayunarán.

36 También les puso esta comparación:

—Nadie corta un pedazo de un vestido nuevo para remendar un vestido viejo. Si lo hace así, echa a perder el vestido nuevo; además, el pedazo nuevo no quedará bien con el vestido viejo. **37** Ni tampoco se echa vino nuevo en cueros viejos, porque el vino nuevo hace que se revienten los cueros, y tanto el vino como los cueros se pierden. **38** Por eso hay que echar el vino nuevo en cueros nuevos. **39** Y nadie que toma el vino añejo quiere después el nuevo, porque dice: 'El añejo es más sabroso.'

Los discípulos arrancan espigas en sábado
(Mt 12.1–8; Mc 2.23–28)

6 **1** Un sábado, Jesús caminaba entre los sembrados. Sus discípulos arrancaban espigas de trigo, las desgranaban entre las manos y se comían los granos.[a] **2** Entonces algunos fariseos les preguntaron:

—¿Por qué hacen ustedes algo que no está permitido hacer en sábado?

3 Jesús les contestó:

—¿No han leído ustedes lo que hizo David en una ocasión en que él y sus compañeros tuvieron hambre? **4** Entró en la casa de Dios y tomó los panes consagrados a Dios, comió de ellos y dio también a sus compañeros, a pesar de que solamente a los sacerdotes se les permitía comer de ese pan.[b]

5 Y añadió:

—El Hijo del hombre tiene autoridad sobre el sábado.

Jesús sana a un enfermo en sábado
(Mt 12.9–14; Mc 3.1–6)

6 Otro sábado, Jesús entró en la sinagoga y comenzó a enseñar. Había en ella un hombre que tenía la mano derecha tullida; **7** y los maestros de la ley y los fariseos espiaban a Jesús para ver si lo sanaría en sábado, y así tener algún pretexto para acusarlo. **8** Pero él, que sabía lo que estaban pensando, le dijo al hombre que tenía la mano tullida:

—Levántate y ponte ahí en medio.

El hombre se levantó y se puso de pie, **9** y Jesús dijo a los otros:

—Les voy a hacer una pregunta: ¿Qué está permitido hacer en sábado: el bien o el mal? ¿Salvar una vida o destruirla?

10 Luego miró a todos los que lo rodeaban, y le dijo a aquel hombre:

—Extiende la mano.

El hombre lo hizo así, y su mano quedó sana. **11** Pero los otros se enojaron mucho y comenzaron a discutir qué podrían hacer contra Jesús.

Jesús escoge a los doce apóstoles
(Mt 10.1–4; Mc 3.13–19)

12 Por aquellos días, Jesús se fue a un cerro a orar, y pasó toda la noche orando a Dios. **13** Cuando se hizo de día, llamó a sus discípulos, y escogió a doce de ellos, a quienes llamó apóstoles. **14** Estos fueron: Simón, a quien puso también el nombre de Pedro; Andrés, hermano de Simón; Santiago, Juan, Felipe, Bartolomé, **15** Mateo, Tomás, Santiago, hijo de Alfeo; Simón, al que llamaban el celote,[c] **16** Judas, hijo de Santiago, y Judas Iscariote, que fue quien traicionó a Jesús.

Jesús enseña a mucha gente
(Mt 4.23–25)

17 Jesús bajó del cerro con ellos y se detuvo en un llano. Se habían juntado allí muchos de sus seguidores y mucha gente de toda la región de Judea, de Jerusalén y de la costa de Tiro y Sidón. **18** Habían llegado para oír a Jesús y para que los curara de sus enfermedades. Los que sufrían a causa de espíritus impuros, también quedaban sanos. **19** Así que toda la gente quería tocar a Jesús, porque los sanaba a todos con el poder que de él salía.

Lo que realmente cuenta ante Dios
(Mt 5.1–12)

20 Jesús miró a sus discípulos, y les dijo:

---

e **5.33** Cf. 2 Cr 20.3; Jl 2.12–15. *a* **6.1** Dt 23.25. *b* **6.3–4** 1 S 21.1–6; cf. Lv 24.9. *c* **6.15** *Celote:* forma griega de la palabra *cananeo;* ambas palabras pueden traducirse por *celoso, fanático.*

"Dichosos ustedes los pobres, pues de ustedes es el reino de Dios.

21 "Dichosos ustedes los que ahora tienen hambre, pues quedarán satisfechos.

"Dichosos ustedes los que ahora lloran, pues después reirán. *d*

22 "Dichosos ustedes cuando la gente los odie, cuando los expulsen, cuando los insulten y cuando desprecien su nombre como cosa mala, por causa del Hijo del hombre. 23 Alégrense mucho, llénense de gozo en ese día, porque ustedes recibirán un gran premio en el cielo; pues también así maltrataron los antepasados de esa gente a los profetas. *e*

24 "Pero ¡ay de ustedes los ricos, pues ya han tenido su alegría! *f*

25 "¡Ay de ustedes los que ahora están satisfechos, pues tendrán hambre!

"¡Ay de ustedes los que ahora ríen, pues van a llorar de tristeza!

26 "¡Ay de ustedes cuando todo el mundo los alabe, pues así hacían los antepasados de esa gente con los falsos profetas!

El amor a los enemigos
(Mt 5.38–48; 7.12)

27 "Pero a ustedes que me escuchan les digo: Amen a sus enemigos, hagan bien a quienes los odian, 28 bendigan a quienes los maldicen, oren por quienes los insultan. 29 Si alguien te pega en una mejilla, ofrécele también la otra; y si alguien te quita la capa, déjale que se lleve también tu camisa. 30 A cualquiera que te pida algo, dáselo, y al que te quite lo que es tuyo, no se lo reclames. *g* 31 Hagan ustedes con los demás como quieren que los demás hagan con ustedes. *h*

32 "Si ustedes aman solamente a quienes los aman a ustedes, ¿qué hacen de extraordinario? Hasta los pecadores se portan así. 33 Y si hacen bien solamente a quienes les hacen bien a ustedes, ¿qué tiene eso de extraordinario? También los pecadores se portan así. 34 Y si dan prestado solo a aquellos de quienes piensan recibir algo, ¿qué hacen de extraordinario? También los pecadores se prestan unos a otros, esperando recibir unos de otros. 35 Ustedes deben amar a sus enemigos, y hacer bien, y dar

prestado sin esperar nada a cambio. Así será grande su recompensa, y ustedes serán hijos del Dios altísimo, que es también bondadoso con los desagradecidos y los malos. 36 Sean ustedes compasivos, como también su Padre es compasivo.

No juzgar a otros
(Mt 7.1–5)

37 "No juzguen a otros, y Dios no los juzgará a ustedes. No condenen a otros, y Dios no los condenará a ustedes. Perdonen, y Dios los perdonará. 38 Den a otros, y Dios les dará a ustedes. Les dará en su bolsa una medida buena, apretada, sacudida y repleta. Con la misma medida con que ustedes den a otros, Dios les devolverá a ustedes." *i*

39 Jesús les puso esta comparación: "¿Acaso puede un ciego servir de guía a otro ciego? ¿No caerán los dos en algún hoyo? 40 Ningún discípulo es más que su maestro; *j* cuando termine sus estudios llegará a ser como su maestro.

41 "¿Por qué te pones a mirar la astilla que tiene tu hermano en el ojo, y no te fijas en el tronco que tienes en el tuyo? 42 Y si no te das cuenta del tronco que tienes en tu propio ojo, ¿cómo te atreves a decir a tu hermano: 'Hermano, déjame sacarte la astilla que tienes en el ojo'? ¡Hipócrita!, saca primero el tronco de tu propio ojo, y así podrás ver bien para sacar la astilla que tiene tu hermano en el suyo.

El árbol se conoce por su fruto
(Mt 7.17–20; 12.34–35) *k*

43 "No hay árbol bueno que pueda dar fruto malo, ni árbol malo que pueda dar fruto bueno. 44 Cada árbol se conoce por su fruto: *l* no se cosechan higos de los espinos, ni se recogen uvas de las zarzas. 45 El hombre bueno dice cosas buenas porque el bien está en su corazón, y el hombre malo dice cosas malas porque el mal está en su corazón. Pues de lo que abunda en su corazón habla su boca.

La casa bien o mal fundada
(Mt 7.24–27)

46 "¿Por qué me llaman ustedes, 'Señor, Señor', y no hacen lo que les digo? *m* 47 Voy a

---

d **6.21** Is 57.18; 61.2–3; Ap 7.16–17. *e* **6.23** 2 Cr 36.16; Hch 7.52. *f* **6.24** Lc 16.25; Stg 5.1–5. *g* **6.27–30** Pr 25.21; Ro 12.17,20; 13.8–10. *h* **6.31** Mt 7.12; cf. Tb 4.15. *i* **6.38** Mc 4.24. *j* **6.40** Mt 10.24–25; Jn 13.16; 15.20. *k* **6.43–45** Cf. también Stg 3.11–12. *l* **6.44** Mt 12.33. *m* **6.46** Mt 7.21.

decirles a quién se parece el que viene a mí y me oye y hace lo que digo: **48**se parece a un hombre que para construir una casa cavó primero bien hondo, y puso la base sobre la roca. Cuando creció el río, el agua dio con fuerza contra la casa, pero ni moverla pudo, porque estaba bien construida. **49**Pero el que me oye y no hace lo que digo, se parece a un hombre que construyó su casa sobre la tierra y sin cimientos; y cuando el río creció y dio con fuerza contra ella, se derrumbó y quedó completamente destruida."

Jesús sana al criado de un oficial romano[a]
(Mt 8.5–13; Jn 4.43–54)

7 **1**Cuando Jesús terminó de hablar a la gente, se fue a Cafarnaúm. **2**Vivía allí un capitán romano que tenía un criado al que estimaba mucho, el cual estaba enfermo y a punto de morir. **3**Cuando el capitán oyó hablar de Jesús, mandó a unos ancianos de los judíos a rogarle que fuera a sanar a su criado. **4**Ellos se presentaron a Jesús y le rogaron mucho, diciendo:

—Este capitán merece que lo ayudes, **5**porque ama a nuestra nación y él mismo hizo construir nuestra sinagoga.

6Jesús fue con ellos, pero cuando ya estaban cerca de la casa, el capitán mandó unos amigos a decirle: "Señor, no te molestes, porque yo no merezco que entres en mi casa; **7**por eso, ni siquiera me atreví a ir en persona a buscarte. Solamente da la orden, para que sane mi criado. **8**Porque yo mismo estoy bajo órdenes superiores, y a la vez tengo soldados bajo mi mando. Cuando le digo a uno de ellos que vaya, va; cuando le digo a otro que venga, viene; y cuando mando a mi criado que haga algo, lo hace."

9Jesús se quedó admirado al oir esto, y mirando a la gente que lo seguía dijo:

—Les aseguro que ni siquiera en Israel he encontrado tanta fe como en este hombre.

10Al regresar a la casa, los enviados encontraron que el criado ya estaba sano.

Jesús resucita al hijo de una viuda

11Después de esto, Jesús se dirigió a un pueblo llamado Naín. Iba acompañado de sus discípulos y de mucha gente. **12**Al llegar cerca del pueblo, vio que llevaban a enterrar a un muerto, hijo único de su madre, que era viuda. Mucha gente del pueblo la acompañaba. **13**Al verla, el Señor tuvo compasión de ella y le dijo:

—No llores.

14En seguida se acercó y tocó la camilla, y los que la llevaban se detuvieron. Jesús le dijo al muerto:

—Joven, a ti te digo: ¡Levántate!

15Entonces el que había estado muerto se sentó y comenzó a hablar, y Jesús se lo entregó a la madre. **16**Al ver esto, todos tuvieron miedo y comenzaron a alabar a Dios, diciendo:

—Un gran profeta ha aparecido entre nosotros.

También decían:

—Dios ha venido a ayudar a su pueblo.

17Y por toda Judea y sus alrededores se supo lo que había hecho Jesús.

Los enviados de Juan el Bautista
(Mt 11.2–19)

18Juan tuvo noticias de todas estas cosas, pues sus seguidores se las contaron. Llamó a dos de ellos **19**y los envió al Señor, a preguntarle si él era de veras el que había de venir o si debían esperar a otro. **20**Los enviados de Juan se acercaron, pues, a Jesús y le dijeron:

—Juan el Bautista nos ha mandado a preguntarte si tú eres el que ha de venir, o si debemos esperar a otro.

21En aquel mismo momento Jesús curó a muchas personas de sus enfermedades y sufrimientos, y de los espíritus malignos, y dio la vista a muchos ciegos. **22**Luego les contestó:

—Vayan y díganle a Juan lo que han visto y oído. Cuéntenle que los ciegos ven, los cojos andan, los leprosos quedan limpios de su enfermedad, los sordos oyen,[b] los muertos vuelven a la vida y a los pobres se les anuncia la buena noticia.[c] **23**¡Y dichoso aquel que no pierda su fe en mí!

24Cuando los enviados de Juan se fueron, Jesús comenzó a hablar a la gente acerca de Juan, diciendo: "¿Qué salieron ustedes a ver al desierto? ¿Una caña sacudida por el viento? **25**Y si no, ¿qué salieron a ver? ¿Un hombre vestido con ropas lujosas? Ustedes saben que

---

a **7.1–10** El relato presenta muchas semejanzas con Jn 4.46–53. *b* **7.22** Cf. Is 29.18–19; 35.5–6. *c* **7.22** Cf. Is 26.19; 61.1; cf. también Lc 4.16–21.

los que se visten lujosamente y viven en placeres, están en las casas de los reyes. **26**En fin, ¿qué salieron a ver? ¿Un profeta? Sí, de veras, y uno que es mucho más que profeta. **27**Juan es aquel de quien dice la Escritura:

'Yo envío mi mensajero delante de ti,
para que te prepare el camino.'[d]

28Les digo que, entre todos los hombres, ninguno ha sido más grande que Juan; y, sin embargo, el más pequeño en el reino de Dios es más grande que él."

29Todos los que oyeron a Juan, incluso los que cobraban impuestos para Roma, se hicieron bautizar por él, cumpliendo así las justas exigencias de Dios; **30**pero los fariseos y los maestros de la ley no se hicieron bautizar por Juan, despreciando de este modo lo que Dios había querido hacer en favor de ellos.[e]

31"¿A qué compararé la gente de este tiempo? ¿A qué se parece? **32**Se parece a los niños que se sientan a jugar en la plaza y gritan a sus compañeros: 'Tocamos la flauta, pero ustedes no bailaron; cantamos canciones tristes, pero ustedes no lloraron.' **33**Porque vino Juan el Bautista, que ni come pan ni bebe vino, y ustedes dicen que tiene un demonio. **34**Luego ha venido el Hijo del hombre, que come y bebe, y ustedes dicen que es glotón y bebedor, amigo de gente de mala fama y de los que cobran impuestos para Roma.[f] **35**Pero la sabiduría de Dios se demuestra por todos sus resultados."

Jesús en casa de Simón el fariseo[g]

36Un fariseo invitó a Jesús a comer, y Jesús fue a su casa. Estaba sentado a la mesa, **37**cuando una mujer de mala vida, que vivía en el mismo pueblo y que supo que Jesús había ido a comer a casa del fariseo, llegó con un frasco de alabastro lleno de perfume. **38**Llorando, se puso junto a los pies de Jesús y comenzó a bañarlos con lágrimas. Luego los secó con sus cabellos, los besó y derramó sobre ellos el perfume. **39**El fariseo que había invitado a Jesús, al ver esto, pensó: "Si este hombre fuera de veras un profeta, se daría cuenta de qué clase de persona es esta que lo está tocando: una mujer de mala vida." **40**Entonces Jesús le dijo al fariseo:

—Simón, tengo algo que decirte.

El fariseo contestó:

—Dímelo, Maestro.

41Jesús siguió:

—Dos hombres le debían dinero a un prestamista. Uno le debía quinientos denarios, y el otro cincuenta; **42**y como no le podían pagar, el prestamista les perdonó la deuda a los dos. Ahora dime, ¿cuál de ellos le amará más?[h]

43Simón le contestó:

—Me parece que el hombre a quien más le perdonó.

Jesús le dijo:

—Tienes razón.

44Entonces, mirando a la mujer, Jesús dijo a Simón:

—¿Ves esta mujer? Entré en tu casa, y no me diste agua para mis pies; en cambio, esta mujer me ha bañado los pies con sus lágrimas y los ha secado con sus cabellos. **45**No me saludaste con un beso, pero ella, desde que entré, no ha dejado de besarme los pies. **46**No me pusiste ungüento en la cabeza, pero ella ha derramado perfume sobre mis pies. **47**Por esto te digo que sus muchos pecados son perdonados, porque amó mucho; pero la persona a quien poco se le perdona, poco amor muestra.

48Luego dijo a la mujer:

—Tus pecados te son perdonados.

49Los otros invitados que estaban allí, comenzaron a preguntarse:

—¿Quién es este, que hasta perdona pecados?[i]

50Pero Jesús añadió, dirigiéndose a la mujer:

—Por tu fe has sido salvada; vete tranquila.[j]

Mujeres que ayudaban a Jesús

8 **1**Después de esto, Jesús anduvo por muchos pueblos y aldeas, anunciando la buena noticia del reino de Dios. Los doce apóstoles lo acompañaban, **2**como también algunas mujeres que él había curado de espíritus malignos y enfermedades.[a] Entre ellas iba María, la llamada Magdalena, de la que habían salido siete demonios; **3**también Juana, esposa de Cuza, el que era administrador de Herodes; y Susana; y muchas otras que los ayudaban con lo que tenían.

d **7.27** Mal 3.1; cf. Ex 23.20. *e* **7.29–30** Mt 21.32; Lc 3.7,12. *f* **7.34** Lc 15.2. *g* **7.36–50** Cf. Mt 26.6–13; Mc 14.3–9; Jn 12.1–8. Cf. también Lc 11.37. *h* **7.42** Aquí y en el v. 47 el verbo *amar* tiene un matiz de agradecimiento. *i* **7.48–49** Lc 5.20–21 y paralelos. *j* **7.50** Lc 8.48; 17.19; 18.42. *a* **8.2–3** Mt 27.55–56; Mc 15.40–41; Lc 23.49.

La parábola del sembrador
(Mt 13.1–9; Mc 4.1–9)

4 Muchos salieron de los pueblos para ver a Jesús, de manera que se reunió mucha gente. Entonces les contó esta parábola: **5** "Un sembrador salió a sembrar su semilla. Y al sembrar, una parte de la semilla cayó en el camino, y fue pisoteada, y las aves se la comieron. **6** Otra parte cayó entre las piedras; y cuando esa semilla brotó, se secó por falta de humedad. **7** Otra parte de la semilla cayó entre espinos; y al nacer juntamente, los espinos la ahogaron. **8** Pero otra parte cayó en buena tierra; y creció, y dio una buena cosecha, hasta de cien granos por semilla."

Esto dijo Jesús, y añadió con voz muy fuerte: "¡Los que tienen oídos, oigan!"

El porqué de las parábolas
(Mt 13.10–17; Mc 4.10–12)

9 Los discípulos le preguntaron a Jesús qué quería decir aquella parábola. **10** Les dijo: "A ustedes Dios les da a conocer los secretos de su reino; pero a los otros les hablo por medio de parábolas, para que por más que miren no vean, y por más que oigan no entiendan. [b]

Jesús explica la parábola del sembrador
(Mt 13.18–23; Mc 4.13–20)

11 "Esto es lo que quiere decir la parábola: La semilla representa el mensaje de Dios; **12** y la parte que cayó por el camino representa a los que oyen el mensaje, pero viene el diablo y se lo quita del corazón, para que no crean y se salven. **13** La semilla que cayó entre las piedras representa a los que oyen el mensaje y lo reciben con gusto, pero no tienen suficiente raíz; creen por algún tiempo, pero a la hora de la prueba fallan. **14** La semilla que cayó entre espinos representa a los que escuchan, pero poco a poco se dejan ahogar por las preocupaciones, las riquezas y los placeres de la vida, de modo que no llegan a dar fruto. **15** Pero la semilla que cayó en buena tierra, son las personas que con corazón bueno y dispuesto escuchan y hacen caso del mensaje y, permaneciendo firmes, dan una buena cosecha.

La parábola de la lámpara
(Mc 4.21–25)

16 "Nadie enciende una lámpara para después taparla con algo o ponerla debajo de la cama, sino que la pone en alto, para que tengan luz los que entran. [c] **17** De la misma manera, no hay nada escondido que no llegue a descubrirse, ni nada secreto que no llegue a conocerse y ponerse en claro.

18 "Así pues, oigan bien, pues al que tiene se le dará más; pero al que no tiene, hasta lo que cree tener se le quitará." [d]

La madre y los hermanos de Jesús
(Mt 12.46–50; Mc 3.31–35)

19 La madre y los hermanos de Jesús se presentaron donde él estaba, pero no pudieron acercarse a él porque había mucha gente. **20** Alguien avisó a Jesús:

—Tu madre y tus hermanos están ahí fuera, y quieren verte.

21 Él contestó:

—Los que oyen el mensaje de Dios y lo ponen en práctica, esos son mi madre y mis hermanos.

Jesús calma la tormenta
(Mt 8.23–27; Mc 4.35–41)

22 Un día, Jesús entró en una barca con sus discípulos, y les dijo:

—Vamos al otro lado del lago.

Partieron, pues, **23** y mientras cruzaban el lago, Jesús se durmió. En esto se desató una fuerte tormenta sobre el lago, y la barca empezó a llenarse de agua y corrían peligro de hundirse. **24** Entonces fueron a despertar a Jesús, diciéndole:

—¡Maestro! ¡Maestro! ¡Nos estamos hundiendo!

Jesús se levantó y dio una orden al viento y a las olas, y todo se calmó y quedó tranquilo. **25** Después dijo a los discípulos:

—¿Qué pasó con su fe?

Pero ellos, asustados y admirados, se preguntaban unos a otros:

—¿Quién será este, que da órdenes al viento y al agua, y lo obedecen?

El endemoniado de Gerasa
(Mt 8.28–34; Mc 5.1–20)

26 Por fin llegaron a la tierra de Gerasa, que está al otro lado del lago, frente a Galilea. **27** Al bajar Jesús a tierra, salió del pueblo un hombre que estaba endemoniado, y se le acercó. Hacía

---

[b] **8.10** Is 6.9–10.   [c] **8.16** Mt 5.15; Lc 11.33.   [d] **8.18** Mt 13.12; 25.29; Lc 19.26.

mucho tiempo que no se ponía ropa ni vivía en una casa, sino entre las tumbas. **28**Cuando vio a Jesús, cayó de rodillas delante de él, gritando:

—¡No te metas conmigo, Jesús, Hijo del Dios altísimo! ¡Te ruego que no me atormentes!

29Dijo esto porque Jesús había ordenado al espíritu impuro que saliera de él. Muchas veces el demonio se había apoderado de él; y aunque la gente le sujetaba las manos y los pies con cadenas para tenerlo seguro, él las rompía y el demonio lo hacía huir a lugares desiertos. **30**Jesús le preguntó:

—¿Cómo te llamas?

Y él contestó:

—Me llamo Legión.

Dijo esto porque eran muchos los demonios que habían entrado en él, **31**los cuales pidieron a Jesús que no los mandara al abismo. **32**Como había muchos cerdos comiendo en el cerro, los espíritus le rogaron que los dejara entrar en ellos; y Jesús les dio permiso. **33**Los demonios salieron entonces del hombre y entraron en los cerdos, y estos echaron a correr pendiente abajo hasta el lago, y allí se ahogaron.

34Los que cuidaban de los cerdos, cuando vieron lo sucedido, salieron huyendo y fueron a contarlo en el pueblo y por el campo. **35**La gente salió a ver lo que había pasado. Y cuando llegaron a donde estaba Jesús, encontraron sentado a sus pies al hombre de quien habían salido los demonios, vestido y en su cabal juicio; y tuvieron miedo. **36**Y los que habían visto lo sucedido, les contaron cómo había sido sanado aquel endemoniado. **37**Toda la gente de la región de Gerasa comenzó entonces a rogar a Jesús que se fuera de allí, porque tenían mucho miedo. Así que Jesús entró en la barca y se fue. **38**El hombre de quien habían salido los demonios le rogó que le permitiera ir con él, pero Jesús le ordenó que se quedara, y le dijo:

39—Vuelve a tu casa y cuenta todo lo que Dios ha hecho por ti.

El hombre se fue y contó por todo el pueblo lo que Jesús había hecho por él.

La mujer enferma y la hija de Jairo
(Mt 9.18–26; Mc 5.21–43)

40Cuando Jesús regresó al otro lado del lago, la gente lo recibió con alegría, porque todos lo estaban esperando. **41**En esto llegó uno llamado Jairo, que era jefe de la sinagoga. Este hombre se postró a los pies de Jesús y le rogó que fuera a su casa, **42**porque tenía una sola hija, de unos doce años, que estaba a punto de morir.

Mientras Jesús iba, se sentía apretujado por la multitud que lo seguía. **43**Entre la gente había una mujer que desde hacía doce años estaba enferma, con derrames de sangre, y que había gastado en médicos todo lo que tenía, sin que ninguno la hubiera podido sanar. **44**Esta mujer se acercó a Jesús por detrás y tocó el borde de su capa, y en el mismo momento el derrame de sangre se detuvo. **45**Entonces Jesús preguntó:

—¿Quién me ha tocado?

Como todos negaban haberlo tocado, Pedro dijo:

—Maestro, la gente te oprime y empuja por todos lados.

46Pero Jesús insistió:

—Alguien me ha tocado, porque me he dado cuenta de que de mí ha salido poder.

47La mujer, al ver que no podía esconderse, fue temblando a arrodillarse a los pies de Jesús. Le confesó delante de todos por qué razón lo había tocado, y cómo había sido sanada en el acto. **48**Jesús le dijo:

—Hija, por tu fe has sido sanada. Vete tranquila. *e*

49Todavía estaba hablando Jesús, cuando llegó un mensajero y le dijo al jefe de la sinagoga:

—Tu hija ha muerto; no molestes más al Maestro.

50Pero Jesús lo oyó y le dijo:

—No tengas miedo; solamente cree, y tu hija se salvará.

51Al llegar a la casa, no dejó entrar con él a nadie más que a Pedro, a Santiago y a Juan, junto con el padre y la madre de la niña. **52**Todos estaban llorando y lamentándose por ella, pero Jesús les dijo:

—No lloren; la niña no está muerta, sino dormida.

53Todos se rieron de él, porque sabían que estaba muerta. **54**Entonces Jesús la tomó de la mano y dijo con voz fuerte:

—¡Niña, levántate!

55Y ella volvió a la vida; al momento se levantó, y Jesús mandó que le dieran de comer.

---

e **8.48** Cf. Lc 7.50; 17.19; 18.42.

56 Sus padres estaban muy admirados; pero Jesús les ordenó que no contaran a nadie lo que había pasado.

Jesús envía a los discípulos a anunciar el reino de Dios
(Mt 10.5–15; Mc 6.7–13)

9 ¹ Jesús reunió a sus doce discípulos, y les dio poder y autoridad para expulsar toda clase de demonios y para curar enfermedades. ² Los envió a anunciar el reino de Dios y a sanar a los enfermos.ᵃ ³ Les dijo:

—No lleven nada para el camino: ni bastón, ni bolsa, ni pan, ni dinero, ni ropa de repuesto. ⁴ En cualquier casa donde lleguen, quédense hasta que se vayan del lugar. ⁵ Y si en algún pueblo no los quieren recibir, salgan de él y sacúdanse el polvo de los pies, para que les sirva a ellos de advertencia.ᵇ

⁶ Salieron ellos, pues, y fueron por todas las aldeas, anunciando la buena noticia y sanando enfermos.

Incertidumbre de Herodes
(Mt 14.1–12; Mc 6.14–29)

⁷ El rey Herodes oyó hablar de todo lo que sucedía; y no sabía qué pensar, porque unos decían que Juan había resucitado, ⁸ otros decían que había aparecido el profeta Elías, y otros decían que era alguno de los antiguos profetas, que había resucitado.ᶜ ⁹ Pero Herodes dijo:

—Yo mismo mandé que le cortaran la cabeza a Juan. ¿Quién será entonces este, de quien oigo contar tantas cosas?

Por eso Herodes procuraba ver a Jesús.

Jesús da de comer a una multitudᵈ
(Mt 14.13–21; Mc 6.30–44; Jn 6.1–14)

¹⁰ Cuando los apóstoles regresaron, contaron a Jesús lo que habían hecho. Él, tomándolos aparte, los llevó a un pueblo llamado Betsaida. ¹¹ Pero cuando la gente lo supo, lo siguieron; y Jesús los recibió, les habló del reino de Dios y sanó a los enfermos.

¹² Cuando ya comenzaba a hacerse tarde, se acercaron a Jesús los doce discípulos y le dijeron:

—Despide a la gente, para que vayan a descansar y a buscar comida por las aldeas y los campos cercanos, porque en este lugar no hay nada.

¹³ Jesús les dijo:

—Denles ustedes de comer.

Ellos contestaron:

—No tenemos más que cinco panes y dos pescados, a menos que vayamos a comprar comida para toda esta gente.

¹⁴ Pues eran unos cinco mil hombres. Pero Jesús dijo a sus discípulos:

—Háganlos sentarse en grupos como de cincuenta.

¹⁵ Ellos obedecieron e hicieron sentar a todos. ¹⁶ Luego Jesús tomó en sus manos los cinco panes y los dos pescados y, mirando al cielo, pronunció sobre ellos la bendición, los partió y se los dio a sus discípulos para que los repartieran entre la gente. ¹⁷ La gente comió hasta quedar satisfecha, y recogieron en doce canastos los pedazos sobrantes.ᵉ

Pedro declara que Jesús es el Mesías
(Mt 16.13–19; Mc 8.27–29)

¹⁸ Un día en que Jesús estaba orando solo, y sus discípulos estaban con él, les preguntó:

—¿Quién dice la gente que soy yo?

¹⁹ Ellos contestaron:

—Algunos dicen que eres Juan el Bautista, otros dicen que eres Elías, y otros dicen que eres uno de los antiguos profetas, que ha resucitado.

²⁰ —Y ustedes, ¿quién dicen que soy? —les preguntó.

Y Pedro le respondió:

—Eres el Mesías de Dios.ᶠ

Jesús anuncia su muerte
(Mt 16.20–28; Mc 8.30—9.1)

²¹ Pero Jesús les encargó mucho que no dijeran esto a nadie. ²² Y les dijo:

—El Hijo del hombre tendrá que sufrir mucho, y será rechazado por los ancianos, por los jefes de los sacerdotes y por los maestros de la ley. Lo van a matar, pero al tercer día resucitará.ᵍ

²³ Después les dijo a todos:

—Si alguno quiere ser discípulo mío, olvídese de sí mismo, cargue con su cruz cada día y sígame. ²⁴ Porque el que quiera salvar su vida,

---

ᵃ **9.1–2** Cf. Mc 3.14–15. ᵇ **9.3–5** Cf. Lc 10.4–11. ᶜ **9.7–8** Cf. Mal 4.5–6; Eclo 48.4,10. ᵈ **9.10–17** Cf. también Mt 15.32–39 y Mc 8.1–10. ᵉ **9.17** Cf. 2 R 4.43–44. ᶠ **9.20** Jn 6.68–69. ᵍ **9.22** Lc 9.44; 18.31–33.

la perderá; pero el que pierda la vida por causa mía, la salvará.[h] 25 ¿De qué le sirve al hombre ganar el mundo entero, si se pierde o se destruye a sí mismo? 26 Pues si alguno se avergüenza de mí y de mi mensaje, también el Hijo del hombre se avergonzará de él cuando venga con su gloria y con la gloria de su Padre y de los santos ángeles.[i] 27 Les aseguro que algunos de los que están aquí presentes no morirán sin antes haber visto el reino de Dios.

La transfiguración de Jesús[j]
(Mt 17.1–8; Mc 9.2–8)

28 Unos ocho días después de esta conversación, Jesús subió a un cerro a orar, acompañado de Pedro, Santiago y Juan. 29 Mientras oraba, el aspecto de su cara cambió,[k] y su ropa se volvió muy blanca y brillante; 30 y aparecieron dos hombres conversando con él. Eran Moisés y Elías, 31 que estaban rodeados de un resplandor glorioso y hablaban de la partida de Jesús de este mundo, que iba a tener lugar en Jerusalén. 32 Aunque Pedro y sus compañeros tenían mucho sueño, permanecieron despiertos, y vieron la gloria de Jesús y a los dos hombres que estaban con él. 33 Cuando aquellos hombres se separaban ya de Jesús, Pedro le dijo:

—Maestro, ¡qué bien que estemos aquí! Vamos a hacer tres chozas: una para ti, otra para Moisés y otra para Elías.

Pero Pedro no sabía lo que decía. 34 Mientras hablaba, una nube se posó sobre ellos,[l] y al verse dentro de la nube tuvieron miedo. 35 Entonces de la nube salió una voz, que dijo: "Este es mi Hijo, mi elegido: escúchenlo."[m]

36 Cuando se escuchó esa voz, Jesús quedó solo. Pero ellos mantuvieron esto en secreto y en aquel tiempo a nadie dijeron nada de lo que habían visto.

Jesús sana a un muchacho
que tenía un espíritu impuro
(Mt 17.14–21; Mc 9.14–29)

37 Al día siguiente, cuando bajaron del cerro, una gran multitud salió al encuentro de Jesús. 38 Y un hombre de entre la gente le dijo con voz fuerte:

—Maestro, por favor, mira a mi hijo, que es el único que tengo; 39 un espíritu lo agarra, y hace que grite y que le den ataques y que eche espuma por la boca. Lo maltrata y no lo quiere soltar. 40 He rogado a tus discípulos que le saquen ese espíritu, pero no han podido.

41 Jesús contestó:

—¡Oh gente sin fe y perversa! ¿Hasta cuándo tendré que estar con ustedes y soportarlos? Trae acá a tu hijo.

42 Cuando el muchacho se acercaba, el demonio lo tiró al suelo e hizo que le diera otro ataque; pero Jesús reprendió al espíritu impuro, sanó al muchacho y se lo devolvió a su padre. 43 Y todos se quedaron admirados de la grandeza de Dios.

Jesús anuncia por segunda vez su muerte
(Mt 17.22–23; Mc 9.30–32)

Mientras todos se maravillaban de lo que Jesús hacía, él dijo a sus discípulos:

44 —Oigan bien esto y no lo olviden: el Hijo del hombre va a ser entregado en manos de los hombres.[n]

45 Pero ellos no entendían lo que les decía, pues todavía no se les había abierto el entendimiento para comprenderlo; además tenían miedo de pedirle a Jesús que se lo explicara.

¿Quién es el más importante?
(Mt 18.1–5; Mc 9.33–37)

46 Por entonces los discípulos comenzaron a discutir quién de ellos sería el más importante.[ñ] 47 Jesús, al darse cuenta de lo que estaban pensando, tomó a un niño, lo puso junto a él 48 y les dijo:

—El que recibe a este niño en mi nombre, me recibe a mí; y el que me recibe a mí, recibe también al que me envió.[o] Por eso, el más insignificante entre todos ustedes, ese es el más importante.

El que no está contra nosotros,
está a nuestro favor
(Mc 9.38–40)

49 Juan le dijo:

—Maestro, hemos visto a uno que expulsaba demonios en tu nombre; y tratamos de impedírselo, porque no es de los nuestros.

50 Jesús le contestó:

---

[h] 9.23–24 Mt 10.38–39; Lc 14.27; 17.33; Jn 12.24–25. [i] 9.26 Mt 10.33; Lc 12.9; 2 Ti 2.12. [j] 9.28–36 Cf. 2 P 1.16–18. [k] 9.29 *El aspecto de su cara cambió:* Cf. Ex 34.29–35. [l] 9.34 *Nube:* cf. Ex 16.10; 33.9–10; 40.34–38; 1 R 8.10–11. [m] 9.35 Gn 22.2; Sal 2.7; Is 42.1; Mt 3.17; 12.18. [n] 9.44 Lc 9.22; 18.31–33. [ñ] 9.46 Lc 22.24. [o] 9.48 Mt 10.40; Lc 10.16; Jn 13.20.

—No se lo prohíban, porque el que no está contra nosotros, está a nuestro favor. *p*

Jesús reprende a Santiago y a Juan

51 Cuando ya se acercaba el tiempo en que Jesús había de subir al cielo, emprendió con valor su viaje a Jerusalén. 52 Envió por delante mensajeros, que fueron a una aldea de Samaria para conseguirle alojamiento; 53 pero los samaritanos no quisieron recibirlo, porque se daban cuenta de que se dirigía a Jerusalén. 54 Cuando sus discípulos Santiago y Juan vieron esto, le dijeron:

—Señor, ¿quieres que ordenemos que baje fuego del cielo, y que acabe con ellos?

55 Pero Jesús se volvió y los reprendió. *q* 56 Luego se fueron a otra aldea.

Para seguir a Jesús
(Mt 8.19–22)

57 Mientras iban de camino, un hombre le dijo a Jesús:

—Señor, deseo seguirte a dondequiera que vayas. 58 Jesús le contestó:

—Las zorras tienen cuevas y las aves tienen nidos; pero el Hijo del hombre no tiene donde recostar la cabeza.

59 Jesús le dijo a otro:

—Sígueme.

Pero él respondió:

—Señor, déjame ir primero a enterrar a mi padre.

60 Jesús le contestó:

—Deja que los muertos entierren a sus muertos; tú ve y anuncia el reino de Dios.

61 Otro le dijo:

—Señor, quiero seguirte, pero primero déjame ir a despedirme de los de mi casa.

62 Jesús le contestó:

—El que pone la mano en el arado y sigue mirando atrás, no sirve para el reino de Dios.

Jesús envía a los setenta y dos

10 1 Después de esto, el Señor escogió también a otros setenta y dos, *a* y los mandó de dos en dos delante de él, a todos los pueblos y lugares a donde tenía que ir.

2 Les dijo: "Ciertamente la cosecha es mucha, pero los trabajadores son pocos. Por eso, pidan ustedes al Dueño de la cosecha que mande trabajadores a recogerla. *b* 3 Vayan ustedes; miren que los envío como corderos en medio de lobos. *c* 4 No lleven dinero ni provisiones ni sandalias; y no se detengan a saludar a nadie en el camino. 5 Cuando entren en una casa, saluden primero, diciendo: 'Paz a esta casa.' 6 Y si allí hay gente de paz, su deseo de paz se cumplirá; pero si no, ustedes nada perderán. 7 Quédense en la misma casa, y coman y beban de lo que ellos tengan, pues el trabajador tiene derecho a su paga. *d* No anden de casa en casa. 8 Al llegar a un pueblo donde los reciban, coman lo que les sirvan; 9 sanen a los enfermos que haya allí, y díganles: 'El reino de Dios ya está cerca de ustedes.' 10 Pero si llegan a un pueblo y no los reciben, salgan a las calles diciendo: 11 '¡Hasta el polvo de su pueblo, que se ha pegado a nuestros pies, lo sacudimos como protesta contra ustedes!*e* Pero sepan esto, que el reino de Dios ya está cerca de ustedes.' 12 Les digo que en aquel día el castigo para ese pueblo será peor que para la gente de Sodoma.

Reproches contra las ciudades incrédulas
(Mt 11.20–24)

13 "¡Ay de ti, Corazín! ¡Ay de ti, Betsaida! Porque si en Tiro y Sidón se hubieran hecho los milagros que se han hecho entre ustedes, ya hace tiempo que se habrían vuelto a Dios, cubiertos de ropas ásperas y sentados en ceniza. 14 Pero en el día del juicio el castigo para ustedes será peor que para la gente de Tiro y Sidón. 15 Y tú, Cafarnaúm, ¿crees que serás levantado hasta el cielo? ¡Bajarás hasta lo más hondo del abismo!*f*

16 "El que los escucha a ustedes, me escucha a mí;*g* y el que los rechaza a ustedes, me rechaza a mí; y el que me rechaza a mí, rechaza al que me envió."

---

p **9.50** Mt 12.30; Lc 11.23.   *q* **9.55** Algunos mss. añaden *Y les dijo: "Ustedes no saben a qué espíritu pertenecen.*
56 Pues el Hijo del hombre no ha venido a destruir la vida de los hombres, sino a salvarla." (Cf. Lc 19.10.)
a **10.1** *Setenta y dos:* Algunos mss. dicen *setenta,* aquí y en el v. 17.   *b* **10.2** Mt 9.37–38; Jn 4.35.   *c* **10.3** Mt 10.16.
d **10.7** Mt 10.10; cf. 1 Co 9.14; 1 Ti 5.18.   *e* **10.4–11** Cf. Mt 10.7–14; Mc 6.8–11; Lc 9.3–5.   *f* **10.15** Is 14.13–15.
g **10.16** Mt 10.40; Mc 9.37; Lc 9.48; Jn 5.23; 13.20.

Regreso de los setenta y dos

17 Los setenta y dos regresaron muy contentos, diciendo:

—¡Señor, hasta los demonios nos obedecen en tu nombre!

18 Jesús les dijo:

—Sí, pues yo vi que Satanás caía del cielo como un rayo. **19** Yo les he dado poder a ustedes para caminar sobre serpientes y alacranes,[h] y para vencer toda la fuerza del enemigo, sin sufrir ningún daño. **20** Pero no se alegren de que los espíritus los obedezcan, sino de que sus nombres ya están escritos en el cielo.[i]

Solo el Hijo sabe quién es el Padre
(Mt 11.25–27; 13.16–17)

21 En aquel momento, Jesús, lleno de alegría por el Espíritu Santo, dijo: "Te alabo, Padre, Señor del cielo y de la tierra, porque has mostrado a los sencillos las cosas que escondiste de los sabios y entendidos. Sí, Padre, porque así lo has querido. **22** "Mi Padre me ha entregado todas las cosas.[j] Nadie sabe quién es el Hijo, sino el Padre; y nadie sabe quién es el Padre, sino el Hijo y aquellos a quienes el Hijo quiera darlo a conocer."[k]

23 Volviéndose a los discípulos, les dijo a ellos solos: "Dichosos quienes vean lo que ustedes están viendo; **24** porque les digo que muchos profetas y reyes quisieron ver esto que ustedes ven, y no lo vieron; quisieron oír esto que ustedes oyen, y no lo oyeron."

Parábola del buen samaritano

25 Un maestro de la ley fue a hablar con Jesús, y para ponerlo a prueba le preguntó:

—Maestro, ¿qué debo hacer para alcanzar la vida eterna?[l]

26 Jesús le contestó:

—¿Qué está escrito en la ley? ¿Qué es lo que lees?

27 El maestro de la ley contestó:

—'Ama al Señor tu Dios con todo tu corazón, con toda tu alma, con todas tus fuerzas y con toda tu mente';[m] y, 'ama a tu prójimo como a ti mismo.'[n]

28 Jesús le dijo:

—Has contestado bien. Si haces eso, tendrás la vida.[ñ]

29 Pero el maestro de la ley, queriendo justificar su pregunta, dijo a Jesús:

—¿Y quién es mi prójimo?[o]

30 Jesús entonces le contestó:

—Un hombre iba por el camino de Jerusalén a Jericó, y unos bandidos lo asaltaron y le quitaron hasta la ropa; lo golpearon y se fueron, dejándolo medio muerto. **31** Por casualidad, un sacerdote pasaba por el mismo camino; pero al verlo, dio un rodeo y siguió adelante. **32** También un levita llegó a aquel lugar, y cuando lo vio, dio un rodeo y siguió adelante. **33** Pero un hombre de Samaria que viajaba por el mismo camino, al verlo, sintió compasión. **34** Se acercó a él, le curó las heridas con aceite y vino, y le puso vendas. Luego lo subió en su propia cabalgadura, lo llevó a un alojamiento y lo cuidó. **35** Al día siguiente, el samaritano sacó el equivalente al salario de dos días, se lo dio al dueño del alojamiento y le dijo: 'Cuide a este hombre, y si gasta usted algo más, yo se lo pagaré cuando vuelva.' **36** Pues bien, ¿cuál de esos tres te parece que se hizo prójimo del hombre asaltado por los bandidos?

37 El maestro de la ley contestó:

—El que tuvo compasión de él.

Jesús le dijo:

—Pues ve y haz tú lo mismo.

Jesús en casa de Marta y María

38 Jesús siguió su camino y llegó a una aldea, donde una mujer llamada Marta lo hospedó. **39** Marta tenía una hermana llamada María,[p] la cual se sentó a los pies de Jesús para escuchar lo que él decía. **40** Pero Marta, que estaba atareada con sus muchos quehaceres, se acercó a Jesús y le dijo:

—Señor, ¿no te preocupa nada que mi hermana me deje sola con todo el trabajo? Dile que me ayude.

41 Pero Jesús le contestó:

—Marta, Marta, estás preocupada y te inquietas por demasiadas cosas, **42** pero solo una cosa es necesaria.[q] María ha escogido la mejor parte, y nadie se la va a quitar.

---

[h] **10.19** Sal 91.13; Mc 16.18; Hch 28.3–6. [i] **10.20** Cf. Dn 12.1; Flp 4.3; Ap 3.5. [j] **10.22** Jn 3.35. [k] **10.22** Jn 1.18; 10.14–15. [l] **10.25–28** Cf. Mt 19.16,19 y paralelo. [m] **10.27** Dt 6.5. [n] **10.27** Lv 19.18. [ñ] **10.28** Lv 18.5. [o] **10.29** Según Lv 19.18,33–34, el deber de amar al prójimo se limitaba a los israelitas y a los extranjeros establecidos en Israel. [p] **10.38–39** Jn 11.1; 12.2–3. [q] **10.42** *Solo una cosa es necesaria:* Algunos mss. dicen *pocas cosas son necesarias, o más bien, una sola.*

Jesús y la oración
(Mt 6.9–15; 7.7–11)

11 [1] Una vez, Jesús estaba orando en un lugar; cuando terminó, uno de sus discípulos le dijo:

—Señor, enséñanos a orar, lo mismo que Juan enseñó a sus discípulos.

[2] Jesús les dijo:

—Cuando oren, digan:

'Padre,[a] santificado sea tu nombre.
Venga tu reino.
[3] Danos cada día el pan
    que necesitamos.[b]
[4] Perdónanos nuestros pecados,
    porque también nosotros perdonamos
    a todos los que nos han hecho mal.[c]
No nos expongas a la tentación.'

[5] También les dijo Jesús:

—Supongamos que uno de ustedes tiene un amigo, y que a medianoche va a su casa y le dice: 'Amigo, préstame tres panes, [6] porque un amigo mío acaba de llegar de viaje a mi casa, y no tengo nada que darle.' [7] Sin duda el otro no le contestará desde adentro: 'No me molestes; la puerta está cerrada, y mis hijos y yo ya estamos acostados; no puedo levantarme a darte nada.' [8] Les digo que, aunque no se levante a darle algo por ser su amigo, lo hará por su impertinencia, y le dará todo lo que necesita. [9] Así que yo les digo: Pidan, y Dios les dará; busquen, y encontrarán; llamen a la puerta, y se les abrirá. [10] Porque el que pide, recibe; y el que busca, encuentra; y al que llama a la puerta, se le abre. [11] "¿Acaso alguno de ustedes, que sea padre, sería capaz de darle a su hijo una culebra cuando le pide pescado, [12] o de darle un alacrán cuando le pide un huevo? [13] Pues si ustedes, que son malos, saben dar cosas buenas a sus hijos, ¡cuánto más el Padre celestial dará el Espíritu Santo a quienes se lo pidan!"[d]

Acusación contra Jesús
(Mt 12.22–30; Mc 3.20–27)

[14] Jesús estaba expulsando un demonio que había dejado mudo a un hombre; y cuando el demonio salió, el mudo comenzó a hablar.[e] La gente se admiró de esto, [15] pero algunos dijeron: "Beelzebú, el jefe de los demonios, es quien ha dado a este hombre el poder de expulsarlos."[f]

[16] Otros, para tenderle una trampa, le pidieron una señal milagrosa del cielo.[g] [17] Pero él, que sabía lo que estaban pensando, les dijo:

"Todo país dividido en bandos enemigos, se destruye a sí mismo y todas sus casas se derrumban una sobre otra. [18] Así también, si Satanás se divide contra sí mismo, ¿cómo mantendrá su poder? Esto lo digo porque ustedes afirman que yo expulso los demonios por el poder de Beelzebú; [19] pero si es así, ¿quién da a los seguidores de ustedes el poder para expulsarlos? Por eso, ellos mismos los condenarán a ustedes. [20] Porque si yo expulso los demonios por la mano de Dios,[h] eso significa que el reino de Dios ya ha llegado a ustedes.

[21] "Cuando un hombre fuerte está bien armado y cuida su casa, lo que en ella guarda está seguro. [22] Pero si otro más fuerte que él viene y lo vence, le quita las armas en que confía, y sus pertenencias, y dispone de ellas.

[23] "El que no está a mi favor, está en contra mía, y el que conmigo no recoge, desparrama.

El espíritu impuro que regresa
(Mt 12.43–45)

[24] "Cuando un espíritu impuro sale de un hombre, anda por lugares secos buscando descanso; pero, al no encontrarlo, piensa: 'Volveré a mi casa, de donde salí.' [25] Cuando regresa, encuentra a ese hombre como una casa barrida y arreglada. [26] Entonces va y reúne otros siete espíritus peores que él, y todos juntos se meten a vivir en aquel hombre, que al final queda peor que al principio."

Lo que realmente cuenta

[27] Mientras Jesús decía estas cosas, una mujer entre la gente gritó:

—¡Dichosa la mujer que te dio a luz y te crió!

[28] Él contestó:

—¡Dichosos más bien quienes escuchan lo que Dios dice, y lo obedecen!

---

[a] **11.2** *Padre* o *Abbá:* palabra aramea que equivale a "papá". [b] **11.3** Pr 30.8–9. *Que necesitamos:* Véase Mt 6.11 n. [c] **11.4** *Los que nos han hecho mal:* lit. *los que nos deben.* [d] **11.9–13** Jn 14.13–14; 1 Jn 3.21–22. [e] **11.14** Mt 9.32–33. [f] **11.15** Mt 9.34; 10.25. *Beelzebú:* Véase Mt 12.24 n. [g] **11.16** Mt 12.38; 16.1; Mc 8.11; Jn 6.30. [h] **11.20** *La mano de Dios:* lit. *el dedo de Dios.* Cf. Ex 8.19.

Algunos piden una señal milagrosa
(Mt 12.38–42; Mc 8.12)

29 La multitud seguía juntándose alrededor de Jesús, y él comenzó a decirles: "La gente de este tiempo es malvada; pide una señal milagrosa, pero no va a dársele más señal que la de Jonás. 30 Pues así como Jonás fue una señal para la gente de Nínive,*l* también el Hijo del hombre será una señal para la gente de este tiempo. 31 En el día del juicio, cuando se juzgue a la gente de este tiempo, la reina del Sur se levantará y la condenará; porque ella vino de lo más lejano de la tierra para escuchar la sabiduría de Salomón,*J* y lo que hay aquí es mayor que Salomón. 32 También los de Nínive se levantarán en el día del juicio, cuando se juzgue a la gente de este tiempo, y la condenarán; porque los de Nínive se volvieron a Dios cuando oyeron el mensaje de Jonás,*k* y lo que hay aquí es mayor que Jonás.

La lámpara del cuerpo
(Mt 5.15; 6.22–23)

33 "Nadie enciende una lámpara y la pone en un lugar escondido, ni bajo un cajón, sino en alto, para que los que entran tengan luz.*l* 34 Tus ojos son la lámpara del cuerpo; si tus ojos son buenos, todo tu cuerpo tendrá luz; pero si son malos, tu cuerpo estará en la oscuridad. 35 Ten cuidado de que la luz que hay en ti no resulte oscuridad. 36 Pues si todo tu cuerpo tiene luz y no hay en él ninguna oscuridad, lo verás todo claramente, como cuando una lámpara te alumbra con su luz."

Jesús denuncia a los fariseos y a los maestros de la ley
(Mt 23.1–36; Mc 12.38–40; Lc 20.45–47)

37 Cuando Jesús dejó de hablar, un fariseo lo invitó a comer en su casa, y Jesús entró y se sentó a la mesa. 38 El fariseo se extrañó al ver que no había cumplido con la ceremonia de lavarse antes de comer.*m* 39 Pero el Señor le dijo:

—Ustedes los fariseos limpian por fuera el vaso y el plato, pero por dentro ustedes están llenos de lo que han conseguido por medio del robo y la maldad. 40 ¡Necios! ¿No saben que el que hizo lo de fuera, hizo también lo de dentro?

41 Den ustedes sus limosnas de lo que está dentro, y así todo quedará limpio.

42 "¡Ay de ustedes, fariseos!, que separan para Dios la décima parte de la menta, de la ruda y de toda clase de legumbres, pero no hacen caso de la justicia y el amor a Dios.*n* Esto es lo que deben hacer, sin dejar de hacer lo otro.

43 "¡Ay de ustedes, fariseos!, que quieren tener los asientos de honor en las sinagogas, y que desean que la gente los salude con todo respeto en las calles.

44 "¡Ay de ustedes, que son como sepulcros ocultos a la vista, los cuales la gente pisa sin saberlo!"

45 Le contestó entonces uno de los maestros de la ley:

—Maestro, al decir esto nos ofendes también a nosotros.

46 Pero Jesús dijo:

—¡Ay de ustedes también, maestros de la ley!, que cargan sobre los demás cargas que nadie puede soportar, y ustedes ni siquiera con un dedo quieren tocarlas.

47 "¡Ay de ustedes!, que construyen los sepulcros de los profetas a quienes los antepasados de ustedes mataron. 48 Con eso dan a entender que están de acuerdo con lo que sus antepasados hicieron, pues ellos los mataron y ustedes construyen sus sepulcros.

49 "Por eso, Dios en su sabiduría dijo: 'Les mandaré profetas y apóstoles, y matarán a algunos de ellos y perseguirán a otros.' 50 Pues a la gente de hoy Dios le va a pedir cuentas de la sangre de todos los profetas, que ha sido derramada desde que se hizo el mundo, 51 desde la sangre de Abel hasta la de Zacarías, a quien mataron entre el altar y el santuario.*ñ* Por lo tanto, les digo que Dios pedirá cuentas de la muerte de ellos a la gente de hoy.

52 "¡Ay de ustedes, maestros de la ley!, que se han apoderado de la llave del conocimiento; pero ni ustedes mismos entran ni dejan entrar a los que quieren hacerlo."

53 Cuando Jesús salió de allí, los maestros de la ley y los fariseos se enojaron mucho, y comenzaron a molestarlo con muchas preguntas, 54 tendiéndole trampas para atraparlo en sus propias palabras.

---

l 11.30 *Jonás . . . Nínive:* Jon 3.3–4. *J* 11.31 1 R 10.1–10; 2 Cr 9.1–12. *k* 11.32 *El mensaje de Jonás:* Jon 3.5. *l* 11.33 Mc 4.21; Lc 8.16. *m* 11.38 Mt 15.1–2; Mc 7.1–2. *n* 11.42 Lv 27.30; Am 5.21–24. *ñ* 11.50–51 Cf. Gn 4.8; 2 Cr 24.20–22.

Jesús enseña contra la hipocresía
(Mt 10.26–27)

12 ¹Entre tanto se juntaron miles y miles de personas, tantas que unas a otras se atropellaban. Jesús comenzó a hablar, dirigiéndose primero a sus discípulos: "Cuídense de la levadura de los fariseos, es decir, de su hipocresía.ᵃ ²Porque no hay ningún secreto que no llegue a descubrirse, ni nada escondido que no llegue a saberse. ³Por tanto, todo lo que ustedes han dicho en la oscuridad, se oirá a la luz del día; y lo que han dicho en secreto y a puerta cerrada, será gritado desde las azoteas de las casas.

A quién se debe tener miedo
(Mt 10.28–31)

⁴"A ustedes, amigos míos, les digo que no deben tener miedo de los que matan el cuerpo, pero después no pueden hacer más. ⁵Yo les voy a decir a quién deben tenerle miedo: ténganle miedo al que, después de quitar la vida, tiene autoridad para echar en el infierno. Sí, ténganle miedo a él.

⁶"¿No se venden cinco pajarillos por dos monedipas? Sin embargo, Dios no se olvida de ninguno de ellos. ⁷En cuanto a ustedes mismos, hasta los cabellos de la cabeza él los tiene contados uno por uno. Así que no tengan miedo: ustedes valen más que muchos pajarillos.

Reconocer a Jesucristo delante de los hombres
(Mt 10.32–33; 12.32; 10.19–20)

⁸"Les digo que si alguien se declara a mi favor delante de los hombres, también el Hijo del hombre se declarará a favor de él delante de los ángeles de Dios; ⁹pero el que me niegue delante de los hombres, será negado delante de los ángeles de Dios.ᵇ

¹⁰"Dios perdonará incluso a aquel que diga algo contra el Hijo del hombre; pero no perdonará a aquel que con sus palabras ofenda al Espíritu Santo.ᶜ

¹¹"Cuando los lleven a ustedes a las sinagogas, o ante los jueces y las autoridades, no se preocupen por cómo van a defenderse o qué van a decir, ¹²porque cuando les llegue el momento de hablar, el Espíritu Santo les enseñará lo que deben decir."ᵈ

El peligro de las riquezas

¹³Uno de entre la gente le dijo a Jesús:

—Maestro, dile a mi hermano que me dé mi parte de la herencia.

¹⁴Y Jesús le contestó:

—Amigo, ¿quién me ha puesto sobre ustedes como juez o partidor?

¹⁵También dijo:

—Cuídense ustedes de toda avaricia; porque la vida no depende del poseer muchas cosas.

¹⁶Entonces les contó esta parábola: "Había un hombre rico, cuyas tierras dieron una gran cosecha. ¹⁷El rico se puso a pensar: '¿Qué haré? No tengo dónde guardar mi cosecha.' ¹⁸Y se dijo: 'Ya sé lo que voy a hacer. Derribaré mis graneros y levantaré otros más grandes, para guardar en ellos toda mi cosecha y todo lo que tengo. ¹⁹Luego me diré: Amigo, tienes muchas cosas guardadas para muchos años; descansa, come, bebe, goza de la vida.' ²⁰Pero Dios le dijo: 'Necio, esta misma noche perderás la vida, y lo que tienes guardado, ¿para quién será?' ²¹Así le pasa al hombre que amontona riquezas para sí mismo, pero es pobre delante de Dios."

Dios cuida de sus hijos
(Mt 6.25–34)

²²Después dijo Jesús a sus discípulos: "Esto les digo: No se preocupen por lo que han de comer para vivir, ni por la ropa que necesitan para el cuerpo. ²³La vida vale más que la comida, y el cuerpo más que la ropa. ²⁴Fíjense en los cuervos: no siembran ni cosechan, ni tienen granero ni troje; sin embargo, Dios les da de comer. ¡Cuánto más valen ustedes que las aves! ²⁵Y en todo caso, por mucho que uno se preocupe, ¿cómo podrá prolongar su vida ni siquiera una hora?ᵉ ²⁶Pues si no pueden hacer ni aun lo más pequeño, ¿por qué se preocupan por las demás cosas?

²⁷"Fíjense cómo crecen los lirios: no trabajan ni hilan. Sin embargo, les digo que ni siquiera el rey Salomón, con todo su lujo, se vestía como uno de ellos.ᶠ ²⁸Pues si Dios viste así a la hierba, que hoy está en el campo y mañana se quema

---

ᵃ **12.1** Mt 16.6,12; Mc 8.15. ᵇ **12.9** Mc 8.38; Lc 9.26; 2 Ti 2.12. ᶜ **12.10** Mt 12.32; Mc 3.28–29. ᵈ **12.11–12** Mc 13.9–11; Lc 21.12–15. ᵉ **12.25** *¿Cómo podrá prolongar su vida ni siquiera una hora?:* otra posible traducción: *¿cómo podrá añadir medio metro a su estatura? ᶠ* **12.27** 1 R 10.4–7,23.

en el horno, ¡cuánto más habrá de vestirlos a ustedes, gente falta de fe! 29Por tanto, no anden afligidos, buscando qué comer y qué beber. 30Porque todas estas cosas son las que preocupan a la gente del mundo, pero ustedes tienen un Padre que ya sabe que las necesitan. 31Ustedes pongan su atención en el reino de Dios, y recibirán también estas cosas.

Riqueza en el cielo
(Mt 6.19–21)

32"No tengan miedo, ovejas mías; ustedes son pocos, pero el Padre, en su bondad, ha decidido darles el reino. 33Vendan lo que tienen, y den a los necesitados; procúrense bolsas que no se hagan viejas, riqueza sin fin en el cielo, donde el ladrón no puede entrar ni la polilla destruir. 34Pues donde esté la riqueza de ustedes, allí estará también su corazón.

Hay que estar preparados

35-36"Sean como criados que están esperando a que su amo regrese de un banquete de bodas, preparados y con las lámparas encendidas, listos a abrirle la puerta tan pronto como llegue y toque. 37Dichosos los criados a quienes su amo, al llegar, encuentre despiertos. Les aseguro que el amo mismo los hará sentarse a la mesa y se dispondrá a servirles la comida. 38Dichosos ellos, si los encuentra despiertos aunque llegue a la medianoche o de madrugada. 39Y sepan ustedes esto: que si el dueño de una casa supiera a qué hora va a llegar el ladrón, no dejaría que nadie se metiera en su casa a robar. 40Ustedes también estén preparados; porque el Hijo del hombre vendrá cuando menos lo esperen."[g]

El criado fiel y el criado infiel
(Mt 24.45–51)

41Pedro le preguntó:

—Señor, ¿dijiste esta parábola solamente para nosotros, o para todos?

42Dijo el Señor: "¿Quién es el mayordomo fiel y atento, a quien su amo deja encargado de los de su casa, para darles de comer a su debido tiempo? 43Dichoso el criado a quien su amo, cuando llega, lo encuentra cumpliendo con su deber. 44De veras les digo que el amo lo pondrá como encargado de todos sus bienes. 45Pero si ese criado, pensando que su amo va a tardar en

llegar, comienza a maltratar a los otros criados y a las criadas, y se pone a comer, a beber y a emborracharse, 46el día que menos lo espere y a una hora que no sabe, llegará su amo y lo castigará, condenándolo a correr la misma suerte que los infieles.

47"El criado que sabe lo que quiere su amo, pero no está preparado ni lo obedece, será castigado con muchos golpes. 48Pero el criado que sin saberlo hace cosas que merecen castigo, será castigado con menos golpes.[h] A quien mucho se le da, también se le pedirá mucho; a quien mucho se le confía, se le exigirá mucho más.

Jesús, causa de división
(Mt 10.34–36)

49"Yo he venido a prender fuego en el mundo; y ¡cómo quisiera que ya estuviera ardiendo! 50Tengo que pasar por una terrible prueba, y ¡cómo sufro hasta que se lleve a cabo! 51¿Creen ustedes que he venido a traer paz a la tierra? Les digo que no, sino división. 52Porque de hoy en adelante, cinco en una familia estarán divididos, tres contra dos y dos contra tres. 53El padre estará contra su hijo y el hijo contra su padre; la madre contra su hija y la hija contra su madre; la suegra contra su nuera y la nuera contra su suegra."[i]

Las señales de los tiempos
(Mt 16.1–4; Mc 8.11–13)

54Jesús también dijo a la gente: "Cuando ustedes ven que las nubes se levantan por occidente, dicen que va a llover, y así sucede. 55Y cuando el viento sopla del sur, dicen que va a hacer calor, y lo hace. 56¡Hipócritas! Si saben interpretar tan bien el aspecto del cielo y de la tierra, ¿cómo es que no saben interpretar el tiempo en que viven?

Ponerse en paz con el enemigo
(Mt 5.25–26)

57"¿Por qué no juzgas por ti mismo lo que es justo? 58Si alguien te demanda y vas con él a presentarte a la autoridad, procura llegar a un acuerdo mientras aún estés a tiempo, para que no te lleve ante el juez; porque si no, el juez te entregará a los guardias, y los guardias te meterán en la cárcel. 59Te digo que no saldrás de allí hasta que pagues el último centavo."

---

g **12.39–40** Mt 24.43–44; cf. 1 Ts 5.2; 2 P 3.10; Ap 3.3; 16.15.   *h* **12.47–48** Dt 25.2–3.   *i* **12.53** Miq 7.6.

Importancia de la conversión

13 **1** Por aquel mismo tiempo fueron unos a ver a Jesús, y le contaron que Pilato había mezclado la sangre de unos hombres de Galilea con la sangre de los animales que ellos habían ofrecido en sacrificio. **2** Jesús les dijo: "¿Piensan ustedes que esto les pasó a esos hombres de Galilea por ser ellos más pecadores que los otros de su país? **3** Les digo que no; y si ustedes mismos no se vuelven a Dios, también morirán. **4** ¿O creen que aquellos dieciocho que murieron cuando la torre de Siloé les cayó encima eran más culpables que los otros que vivían en Jerusalén? **5** Les digo que no; y si ustedes mismos no se vuelven a Dios, también morirán."

La parábola de la higuera sin fruto[a]

6 Jesús les contó esta parábola: "Un hombre tenía una higuera plantada en su viñedo, y fue a ver si daba higos, pero no encontró ninguno. **7** Así que le dijo al hombre que cuidaba el viñedo: 'Mira, por tres años seguidos he venido a esta higuera en busca de fruto, pero nunca lo encuentro. Córtala, pues; ¿para qué ha de ocupar terreno inútilmente?' **8** Pero el que cuidaba el terreno le contestó: 'Señor, déjala todavía este año; voy a aflojarle la tierra y a echarle abono. **9** Con eso tal vez dará fruto; y si no, ya la cortarás.' "

Jesús sana en sábado a una mujer enferma

10 Un sábado Jesús se había puesto a enseñar en una sinagoga; **11** y había allí una mujer que estaba enferma desde hacía dieciocho años. Un espíritu maligno la había dejado jorobada, y no podía enderezarse para nada. **12** Cuando Jesús la vio, la llamó y le dijo:

—Mujer, ya estás libre de tu enfermedad.

13 Entonces puso las manos sobre ella, y al momento la mujer se enderezó y comenzó a alabar a Dios. **14** Pero el jefe de la sinagoga se enojó, porque Jesús la había sanado en sábado, y dijo a la gente:

—Hay seis días para trabajar; vengan en esos días a ser sanados, y no en sábado.[b]

15 El Señor le contestó:

—Hipócritas, ¿no desata cualquiera de ustedes su buey o su burro en sábado, para llevarlo a tomar agua? **16** Pues a esta mujer, que es

descendiente de Abraham y que Satanás tenía atada con esta enfermedad desde hace dieciocho años, ¿acaso no se la debía desatar aunque fuera sábado?

17 Cuando Jesús dijo esto, sus enemigos quedaron avergonzados; pero toda la gente se alegraba al ver las grandes cosas que él hacía.

La parábola de la semilla de mostaza
(Mt 13.31–32; Mc 4.30–32)

18 Jesús dijo también: "¿A qué se parece el reino de Dios y con qué puedo compararlo? **19** Es como una semilla de mostaza que un hombre siembra en su campo, y que crece hasta llegar a ser como un árbol, tan grande que las aves se posan en sus ramas."

La parábola de la levadura
(Mt 13.33)

20 También dijo Jesús: "¿Con qué puedo comparar el reino de Dios? **21** Es como la levadura que una mujer mezcla con tres medidas de harina para hacer fermentar toda la masa."

La puerta angosta
(Mt 7.13–14,21–23)

22 En su camino a Jerusalén, Jesús enseñaba en los pueblos y aldeas por donde pasaba. **23** Uno le preguntó:

—Señor, ¿son pocos los que se salvan?

Y él contestó:

24 —Procuren entrar por la puerta angosta; porque les digo que muchos querrán entrar, y no podrán. **25** Después que el dueño de la casa se levante y cierre la puerta, ustedes, los que están afuera, llamarán y dirán: 'Señor, ábrenos.' Pero él les contestará: 'No sé de dónde son ustedes.' **26** Entonces comenzarán ustedes a decir: 'Hemos comido y bebido contigo, y tú enseñaste en nuestras calles.' **27** Pero él les contestará: 'No sé de dónde son ustedes. ¡Apártense de mí, malhechores!' **28** Entonces vendrán el llanto y la desesperación, al ver que Abraham, Isaac, Jacob y todos los profetas están en el reino de Dios, y que ustedes son echados fuera. **29** Porque va a venir gente del norte y del sur, del este y del oeste, para sentarse a comer en el reino de Dios. **30** Entonces algunos de los que ahora son los últimos serán los primeros, y algunos que ahora son los primeros serán los últimos.[c]

---

[a] **13.6–9** Cf. Is 5.1–7; Jer 2.21; 8.13.   [b] **13.14** Ex 20.9–10; Dt 5.13–14.   [c] **13.30** Mt 19.30; 20.16; Mc 10.31.

Jesús llora por Jerusalén
(Mt 23.37–39)

31 También entonces llegaron algunos fariseos, y le dijeron a Jesús:

—Vete de aquí, porque Herodes te quiere matar.

32 Él les contestó:

—Vayan y díganle a ese zorro: 'Mira, hoy y mañana expulso a los demonios y sano a los enfermos, y pasado mañana termino.' **33** Pero tengo que seguir mi camino hoy, mañana y el día siguiente, porque no es posible que un profeta muera fuera de Jerusalén.

34 "¡Jerusalén, Jerusalén, que matas a los profetas*d* y apedreas a los mensajeros que Dios te envía! ¡Cuántas veces quise juntar a tus hijos, como la gallina junta sus pollitos bajo las alas, pero ustedes no quisieron! **35** Pues miren, el hogar de ustedes va a quedar abandonado;*e* y les digo que no volverán a verme hasta que llegue el tiempo en que ustedes digan: '¡Bendito el que viene en el nombre del Señor!' "*f*

Jesús sana a un enfermo de hidropesía

14 **1** Sucedió que un sábado Jesús fue a comer a casa de un jefe fariseo, y otros fariseos lo estaban espiando. **2** También estaba allí, delante de él, un hombre enfermo de hidropesía. **3** Jesús les preguntó a los maestros de la ley y a los fariseos:

—¿Se permite sanar en sábado a un enfermo, o no?

4 Pero ellos se quedaron callados. Entonces él tomó al enfermo, lo sanó y le dijo que se fuera. **5** Y a los fariseos les dijo:

—¿Quién de ustedes, si su hijo o su buey se cae a un pozo, no lo saca en seguida, aunque sea sábado?*a*

6 Y no pudieron contestarle nada.

Los invitados a un banquete

7 Al ver Jesús cómo los invitados escogían los asientos de honor en la mesa, les dio este consejo:

8 —Cuando alguien te invite a un banquete de bodas, no te sientes en el lugar principal, pues puede llegar otro invitado más importante que tú; **9** y el que los invitó a los dos puede venir a decirte: 'Dale tu lugar a este otro.' Entonces tendrás que ir con vergüenza a ocupar el último asiento. **10** Al contrario, cuando te inviten, siéntate en el último lugar, para que cuando venga el que te invitó, te diga: 'Amigo, pásate a un lugar de más honor.' Así recibirás honores delante de los que están sentados contigo a la mesa.*b* **11** Porque el que a sí mismo se engrandece, será humillado; y el que se humilla, será engrandecido.*c*

12 Dijo también al hombre que lo había invitado:

—Cuando des una comida o una cena, no invites a tus amigos, ni a tus hermanos, ni a tus parientes, ni a tus vecinos ricos; porque ellos, a su vez, te invitarán, y así quedarás ya recompensado. **13** Al contrario, cuando tú des un banquete, invita a los pobres, los inválidos, los cojos y los ciegos; **14** y serás feliz. Pues ellos no te pueden pagar, pero tú tendrás tu recompensa el día en que los justos resuciten.

La parábola de la gran cena
(Mt 22.1–10)

15 Al oír esto, uno de los que estaban sentados a la mesa le dijo a Jesús:

—¡Dichoso el que participe del banquete del reino de Dios!

16 Jesús le dijo:

—Un hombre dio una gran cena, y mandó invitar a muchas personas. **17** A la hora de la cena mandó a su criado a decir a los invitados: 'Vengan, porque ya la cena está lista.' **18** Pero todos comenzaron a disculparse. El primero dijo: 'Acabo de comprar un terreno, y tengo que ir a verlo. Te ruego que me disculpes.' **19** Otro dijo: 'He comprado cinco yuntas de bueyes, y voy a probarlas. Te ruego que me disculpes.' **20** Y otro dijo: 'Acabo de casarme, y no puedo ir.' **21** El criado regresó y se lo contó todo a su amo. Entonces el amo se enojó, y le dijo al criado: 'Ve pronto por las calles y los callejones de la ciudad, y trae acá a los pobres, los inválidos, los ciegos y los cojos.' **22** Más tarde, el criado dijo: 'Señor, ya hice lo que usted me mandó, y todavía hay lugar.' **23** Entonces el amo le dijo al criado: 'Ve por los caminos y los cercados, y obliga a otros a entrar, para que se

d **13.34** 1 R 19.10; Jer 2.30; 26.20–23. *e* **13.35** Jer 22.5. *Hogar:* puede ser también alusión al templo. *f* **13.35** Sal 118.26; Mt 21.9. *a* **14.5** Mt 12.11; Lc 13.15. *b* **14.8–10** Cf. Pr 25.6–7. *c* **14.11** Pr 29.23; cf. Mt 23.12; Lc 18.14.

llene mi casa. **24**Porque les digo que ninguno de aquellos primeros invitados comerá de mi cena.'

Lo que cuesta seguir a Cristo
(Mt 10.37–38)

25Mucha gente seguía a Jesús; y él se volvió y dijo: **26**"Si alguno viene a mí y no me ama más que a su padre, a su madre, a su esposa, a sus hijos, a sus hermanos y a sus hermanas, y aun más que a sí mismo, no puede ser mi discípulo. **27**Y el que no toma su propia cruz y me sigue, no puede ser mi discípulo.*d* **28**Si alguno de ustedes quiere construir una torre, ¿acaso no se sienta primero a calcular los gastos, para ver si tiene con qué terminarla? **29**De otra manera, si pone los cimientos y después no puede terminarla, todos los que lo vean comenzarán a burlarse de él, **30**diciendo: 'Este hombre empezó a construir, pero no pudo terminar.' **31**O si algún rey tiene que ir a la guerra contra otro rey, ¿acaso no se sienta primero a calcular si con diez mil soldados puede hacer frente a quien va a atacarlo con veinte mil? **32**Y si no puede hacerle frente, cuando el otro rey esté todavía lejos, le mandará mensajeros a pedir la paz. **33**Así pues, cualquiera de ustedes que no deje todo lo que tiene, no puede ser mi discípulo.

Cuando la sal deja de estar salada
(Mt 5.13; Mc 9.50)

34"La sal es buena; pero si deja de estar salada, ¿cómo volverá a ser útil? **35**No sirve ni para la tierra ni para el montón de abono. Simplemente, se la ·tira. Los que tienen oídos, oigan."

La parábola del pastor que encuentra su oveja
(Mt 18.10–14)

15 **1**Todos los que cobraban impuestos para Roma y otra gente de mala fama se acercaban a Jesús, para oírlo. **2**Los fariseos y los maestros de la ley lo criticaban por esto, diciendo:

—Este recibe a los pecadores y come con ellos.*a*

3Entonces Jesús les dijo esta parábola: **4**"¿Quién de ustedes, si tiene cien ovejas y pierde una de ellas, no deja las otras noventa y nueve en el campo y va en busca de la oveja perdida, hasta encontrarla? **5**Y cuando la encuentra, contento la pone sobre sus hombros, **6**y al llegar a casa junta a sus amigos y vecinos, y les dice: 'Alégrense conmigo, porque ya encontré la oveja que se me había perdido.' **7**Les digo que así también hay más alegría en el cielo por un pecador que se convierte que por noventa y nueve justos que no necesitan convertirse.

La parábola de la mujer que encuentra su moneda

8"O bien, ¿qué mujer que tiene diez monedas y pierde una de ellas, no enciende una lámpara y barre la casa buscando con cuidado hasta encontrarla? **9**Y cuando la encuentra, reúne a sus amigas y vecinas, y les dice: 'Alégrense conmigo, porque ya encontré la moneda que había perdido.' **10**Les digo que así también hay alegría entre los ángeles de Dios por un pecador que se convierte."

La parábola del padre que recobra a su hijo

11Jesús contó esto también: "Un hombre tenía dos hijos, **12**y el más joven le dijo a su padre: 'Padre, dame la parte de la herencia que me toca.' Entonces el padre repartió los bienes entre ellos. **13**Pocos días después el hijo menor vendió su parte de la propiedad, y con ese dinero se fue lejos, a otro país, donde todo lo derrochó llevando una vida desenfrenada. **14**Pero cuando ya se lo había gastado todo, hubo una gran escasez de comida en aquel país, y él comenzó a pasar hambre. **15**Fue a pedir trabajo a un hombre del lugar, que lo mandó a sus campos a cuidar cerdos. **16**Y tenía ganas de llenarse con las algarrobas que comían los cerdos, pero nadie se las daba. **17**Al fin se puso a pensar: '¡Cuántos trabajadores en la casa de mi padre tienen comida de sobra, mientras yo aquí me muero de hambre! **18**Regresaré a casa de mi padre, y le diré: Padre mío, he pecado contra Dios y contra ti; **19**ya no merezco llamarme tu hijo; trátame como a uno de tus trabajadores.' **20**Así que se puso en camino y regresó a la casa de su padre.

"Cuando todavía estaba lejos, su padre lo vio y sintió compasión de él. Corrió a su encuentro, y lo recibió con abrazos y besos. **21**El hijo le dijo: 'Padre mío, he pecado contra Dios y contra ti; ya no merezco llamarme tu hijo.' **22**Pero el padre ordenó a sus criados: 'Saquen pronto la

---

d **14.26–27** Mt 16.24–25; Mc 8.34–35; Lc 9.23–24; Jn 12.24–25.   *a* **15.1–2** Lc 5.29–30; 19.7.

mejor ropa y vístanlo; pónganle también un anillo en el dedo y sandalias en los pies. 23 Traigan el becerro más gordo y mátenlo. ¡Vamos a celebrar esto con un banquete! 24 Porque este hijo mío estaba muerto y ha vuelto a vivir; se había perdido y lo hemos encontrado.' Comenzaron la fiesta.

25 "Entre tanto, el hijo mayor estaba en el campo. Cuando regresó y llegó cerca de la casa, oyó la música y el baile. 26 Entonces llamó a uno de los criados y le preguntó qué pasaba. 27 El criado le dijo: 'Es que su hermano ha vuelto; y su padre ha mandado matar el becerro más gordo, porque lo recobró sano y salvo.' 28 Pero tanto se enojó el hermano mayor, que no quería entrar, así que su padre tuvo que salir a rogarle que lo hiciera. 29 Le dijo a su padre: 'Tú sabes cuántos años te he servido, sin desobedecerte nunca, y jamás me has dado ni siquiera un cabrito para tener una comida con mis amigos. 30 En cambio, ahora llega este hijo tuyo, que ha malgastado tu dinero con prostitutas, y matas para él el becerro más gordo.'

31 "El padre le contestó: 'Hijo mío, tú siempre estás conmigo, y todo lo que tengo es tuyo. 32 Pero había que celebrar esto con un banquete y alegrarnos, porque tu hermano, que estaba muerto, ha vuelto a vivir; se había perdido y lo hemos encontrado.' "

La parábola del mayordomo astuto

16 1 Jesús contó también esto a sus discípulos: "Había un hombre rico que tenía un mayordomo; y fueron a decirle que este le estaba malgastando sus bienes. 2 El amo lo llamó y le dijo: '¿Qué es esto que me dicen de ti? Dame cuenta de tu trabajo, porque ya no puedes seguir siendo mi mayordomo.' 3 El mayordomo se puso a pensar: '¿Qué voy a hacer ahora que mi amo me deja sin trabajo? No tengo fuerzas para trabajar la tierra, y me da vergüenza pedir limosna. 4 Ya sé lo que voy a hacer, para tener quienes me reciban en sus casas cuando me quede sin trabajo.' 5 Llamó entonces uno por uno a los que le debían algo a su amo. Al primero le preguntó: '¿Cuánto le debes a mi amo?' 6 Le contestó: 'Le debo cien barriles de aceite.' El mayordomo le dijo: 'Aquí

está tu vale; siéntate en seguida y haz otro por cincuenta solamente.' 7 Después preguntó a otro: 'Y tú, ¿cuánto le debes?' Este le contestó: 'Cien medidas de trigo.' Le dijo: 'Aquí está tu vale; haz otro por ochenta solamente.' 8 El amo reconoció que el mal mayordomo había sido listo en su manera de hacer las cosas. Y es que cuando se trata de sus propios negocios, los que pertenecen al mundo son más listos que los que pertenecen a la luz.

9 "Les aconsejo que usen las falsas riquezas de este mundo para ganarse amigos, para que cuando las riquezas se acaben, haya quien los reciba a ustedes en las viviendas eternas.

10 "El que se porta honradamente en lo poco, también se porta honradamente en lo mucho; y el que no tiene honradez en lo poco, tampoco la tiene en lo mucho. [a] 11 De manera que, si con las falsas riquezas de este mundo ustedes no se portan honradamente, ¿quién les confiará las verdaderas riquezas? 12 Y si no se portan honradamente con lo ajeno, ¿quién les dará lo que les pertenece?

13 "Ningún sirviente puede servir a dos amos; porque odiará a uno y querrá al otro, o será fiel a uno y despreciará al otro. No se puede servir a Dios y a las riquezas." [b]

14 Los fariseos, que eran amigos del dinero, oyeron todo y se burlaron de Jesús. 15 Jesús les dijo: "Ustedes son los que se hacen pasar por justos delante de la gente, pero Dios conoce sus corazones; pues lo que los hombres tienen por más elevado, Dios lo aborrece.

La ley y el reino de Dios

16 "La ley y los profetas llegan hasta Juan. [c] Desde entonces se anuncia la buena noticia acerca del reino de Dios, y a todos se les hace fuerza para que entren. [d]

17 "Es más fácil que el cielo y la tierra dejen de existir, que deje de cumplirse una sola letra de la ley. [e]

Jesús enseña sobre el divorcio
(Mt 19.1–12; Mc 10.1–12) [f]

18 "Si un hombre se divorcia de su esposa y se casa con otra, comete adulterio; y el que se casa con una divorciada, también comete adulterio.

---

[a] **16.10** Mt 25.21; Lc 19.17.   [b] **16.13** Mt 6.24. *Riquezas:* gr. *mamonas,* palabra tomada del arameo.   [c] **16.16** *Juan:* el Bautista.   [d] **16.16** Mt 11.12–13. *A todos se les hace fuerza para que entren:* otra posible traducción: *todos se esfuerzan por entrar.*   [e] **16.17** Mt 5.18; Lc 21.33.   [f] **16.18** Cf. también Mt 5.32; 1 Co 7.10–11.

La parábola del rico y el pobre Lázaro

19 "Había un hombre rico, que se vestía con ropa fina y elegante y que todos los días ofrecía espléndidos banquetes. 20 Había también un pobre llamado Lázaro, que estaba lleno de llagas y se sentaba en el suelo a la puerta del rico. 21 Este pobre quería llenarse con lo que caía de la mesa del rico; y hasta los perros se acercaban a lamerle las llagas. 22 Un día el pobre murió, y los ángeles lo llevaron a sentarse a comer al lado de Abraham. El rico también murió, y fue enterrado.

23 "Y mientras el rico sufría en el lugar adonde van los muertos, levantó los ojos y vio de lejos a Abraham, y a Lázaro sentado a su lado. 24 Entonces gritó: '¡Padre Abraham, ten lástima de mí! Manda a Lázaro que moje la punta de su dedo en agua y venga a refrescar mi lengua, porque estoy sufriendo mucho en este fuego.' 25 Pero Abraham le contestó: 'Hijo, acuérdate que en vida tú recibiste tu parte de bienes, y Lázaro su parte de males. Ahora él recibe consuelo aquí, y tú sufres. 26 Aparte de esto, hay un gran abismo entre nosotros y ustedes; de modo que los que quieren pasar de aquí allá, no pueden, ni de allá tampoco pueden pasar aquí.'

27 "El rico dijo: 'Te suplico entonces, padre Abraham, que mandes a Lázaro a la casa de mi padre, 28 donde tengo cinco hermanos, para que les llame la atención, y así no vengan ellos también a este lugar de tormento.' 29 Abraham dijo: 'Ellos ya tienen lo escrito por Moisés y los profetas: ¡que les hagan caso!' 30 El rico contestó: 'Padre Abraham, eso no basta; pero si un muerto resucita y se les aparece, ellos se convertirán.' 31 Pero Abraham le dijo: 'Si no quieren hacer caso a Moisés y a los profetas, tampoco creerán aunque algún muerto resucite.' "

El peligro de caer en pecado
(Mt 18.6–7,21–22; Mc 9.42)

17 1 Jesús dijo a sus discípulos: "No se puede evitar que haya incitaciones al pecado; pero ¡ay del hombre que haga pecar a los demás! 2 Mejor le sería que lo echaran al mar con una piedra de molino atada al cuello, que hacer caer en pecado a uno de estos pequeñitos. 3 ¡Tengan cuidado!

"Si tu hermano peca, repréndelo; pero si cambia de actitud, perdónalo.ª 4 Aunque peque contra ti siete*b* veces en un día, si siete veces viene a decirte: 'No lo volveré a hacer', debes perdonarlo."

El poder de la fe

5 Los apóstoles pidieron al Señor:

—Danos más fe.

6 El Señor les contestó:

—Si ustedes tuvieran fe, aunque solo fuera del tamaño de una semilla de mostaza, podrían decirle a este árbol: 'Arráncate de aquí y plántate en el mar', y les haría caso.*c*

El deber del que sirve

7 "Si uno de ustedes tiene un criado que regresa del campo después de haber estado arando o cuidando el ganado, ¿acaso le dice: 'Pasa y siéntate a comer'? 8 No, sino que le dice: 'Prepárame la cena, y dispónte a atenderme mientras yo como y bebo. Después podrás tú comer y beber.' 9 Y tampoco le da las gracias al criado por haber hecho lo que le mandó. 10 Así también ustedes, cuando ya hayan cumplido todo lo que Dios les manda, deberán decir: 'Somos servidores inútiles, porque no hemos hecho más que cumplir con nuestra obligación.' "

Jesús sana a diez leprosos

11 En su camino a Jerusalén, pasó Jesús entre las regiones de Samaria y Galilea. 12 Y llegó a una aldea, donde le salieron al encuentro diez hombres enfermos de lepra, los cuales se quedaron lejos de él 13 gritando:

—¡Jesús, Maestro, ten compasión de nosotros!

14 Cuando Jesús los vio, les dijo:

—Vayan a presentarse a los sacerdotes.*d*

Y mientras iban, quedaron limpios de su enfermedad. 15 Uno de ellos, al verse limpio, regresó alabando a Dios a grandes voces, 16 y se arrodilló delante de Jesús, inclinándose hasta el suelo para darle las gracias. Este hombre era de Samaria. 17 Jesús dijo:

—¿Acaso no eran diez los que quedaron limpios de su enfermedad? ¿Dónde están los

---

ª **17.3** Lv 19.17; Mt 18.15. *b* **17.4** *Siete*, número que simboliza la perfección, indica aquí un número sin límite; cf. Mt 18.21–22. *c* **17.6** Mt 17.20; 21.21; Mc 11.23. *d* **17.14** *Vayan a presentarse a los sacerdotes:* Cf. Lv 14.1–32.

otros nueve? 18 ¿Únicamente este extranjero ha vuelto para alabar a Dios?

19 Y le dijo al hombre:

—Levántate y vete; por tu fe has sido sanado.

Cómo llegará el reino de Dios
(Mt 24.23—28,36—41)

20 Los fariseos le preguntaron a Jesús cuándo había de llegar el reino de Dios, y él les contestó:

—La venida del reino de Dios no es algo que todo el mundo pueda ver. 21 No se va a decir: 'Aquí está', o 'Allí está'; porque el reino de Dios ya está entre ustedes.*e*

22 Y dijo a sus discípulos:

—Llegará el tiempo en que ustedes querrán ver siquiera uno de los días del Hijo del hombre, y no lo verán. 23 Algunos dirán: 'Aquí está', o 'Allí está'; pero no vayan ni los sigan. 24 Porque así como el relámpago, al brillar, ilumina el cielo de uno a otro lado, así será el Hijo del hombre en el día de su regreso. 25 Pero primero tiene que sufrir mucho y ser rechazado por la gente de este tiempo. 26 Como pasó en los tiempos de Noé,*f* así pasará también en los días en que regrese el Hijo del hombre. 27 La gente comía y bebía y se casaba, hasta el día en que Noé entró en el arca, y llegó el diluvio y todos murieron. 28 Lo mismo sucedió en los tiempos de Lot:*g* la gente comía y bebía, compraba y vendía, sembraba y construía casas; 29 pero cuando Lot salió de la ciudad de Sodoma, llovió del cielo fuego y azufre, y todos murieron. 30 Así será el día en que el Hijo del hombre aparezca.

31 "En aquel día, el que se encuentre en la azotea y tenga sus cosas dentro de la casa, que no baje a sacarlas; y el que esté en el campo, que no regrese a su casa.*h* 32 Acuérdense de la mujer de Lot.*i* 33 El que trate de conservar su vida, la perderá; pero el que la pierda, la conservará.*j*

34 "Les digo que en aquella noche, de dos que estén en una misma cama, uno será llevado y el otro será dejado. 35 De dos mujeres que estén moliendo juntas, una será llevada y la otra será dejada."*k*

37 Le preguntaron entonces:

—¿Dónde ocurrirá eso, Señor?

Y él les contestó:

—Donde esté el cadáver, allí se juntarán los buitres.

La parábola de la viuda y el juez

18 1 Jesús les contó una parábola para enseñarles que debían orar siempre, sin desanimarse. 2 Les dijo: "Había en un pueblo un juez que ni temía a Dios ni respetaba a los hombres. 3 En el mismo pueblo había también una viuda que tenía un pleito y que fue al juez a pedirle justicia contra su adversario. 4 Durante mucho tiempo el juez no quiso atenderla, pero después pensó: 'Aunque ni temo a Dios ni respeto a los hombres, 5 sin embargo, como esta viuda no deja de molestarme, la voy a defender, para que no siga viniendo y acabe con mi paciencia.' "

6 Y el Señor añadió: "Esto es lo que dijo el juez malo. 7 Pues bien, ¿acaso Dios no defenderá también a sus escogidos, que claman a él día y noche? ¿Los hará esperar?*a* 8 Les digo que los defenderá sin demora. Pero cuando el Hijo del hombre venga, ¿encontrará todavía fe en la tierra?"

La parábola del fariseo y el cobrador de impuestos

9 Jesús contó esta otra parábola para algunos que, seguros de sí mismos por considerarse justos, despreciaban a los demás: 10 "Dos hombres fueron al templo a orar: el uno era fariseo, y el otro era uno de esos que cobran impuestos para Roma. 11 El fariseo, de pie, oraba así: 'Oh Dios, te doy gracias porque no soy como los demás, que son ladrones, malvados y adúlteros, ni como ese cobrador de impuestos. 12 Yo ayuno dos veces a la semana y te doy la décima parte de todo lo que gano.'*b* 13 Pero el cobrador de impuestos se quedó a cierta distancia, y ni

---

e **17.20—21** Mc 13.21. *Entre ustedes:* otras traducciones propuestas: *dentro de ustedes,* o *al alcance de ustedes.* *f* **17.26—27** Gn 6.5—12; 7.6—24. *g* **17.28—29** Gn 18.20—19.25. *h* **17.31** Mt 24.17—18; Mc 13.15—16. *i* **17.32** *La mujer de Lot:* Gn 19.26. *j* **17.33** Mt 10.39; 16.25; Mc 8.35; Jn 12.25. *k* **17.35** Algunos mss. añaden el v. 36: *De dos hombres que estén en el campo, uno será llevado y el otro será dejado* (cf. Mt 24.40). *a* **18.7** Cf. Eclo 35.17—19. . . . *Día y noche? ¿Los hará esperar?:* otra posible traducción: *día y noche, mientras tenga paciencia con ellos? b* **18.12** *La décima parte:* Nm 18.21; Dt 14.22.

siquiera se atrevía a levantar los ojos al cielo, sino que se golpeaba el pecho y decía: '¡Oh Dios, ten compasión de mí, que soy pecador!' 14 Les digo que este cobrador de impuestos volvió a su casa ya justo,*c* pero el fariseo no. Porque el que a sí mismo se engrandece, será humillado; y el que se humilla, será engrandecido."*d*

Jesús bendice a los niños
(Mt 19.13–15; Mc 10.13–16)

15 También le llevaban niñitos a Jesús, para que los tocara; pero cuando los discípulos lo vieron, comenzaron a reprender a quienes los llevaban. 16 Entonces Jesús los llamó y dijo:

—Dejen que los niños vengan a mí, y no se lo impidan, porque el reino de Dios es de quienes son como ellos. 17 Les aseguro que el que no acepte el reino de Dios como un niño, no entrará en él.*e*

Un hombre rico habla con Jesús
(Mt 19.16–30; Mc 10.17–31)

18 Uno de los jefes le preguntó a Jesús:

—Maestro bueno, ¿qué debo hacer para alcanzar la vida eterna?*f*

19 Jesús le contestó:

—¿Por qué me llamas bueno? Bueno solamente hay uno: Dios. 20 Ya sabes los mandamientos: 'No cometas adulterio, no mates, no robes, no digas mentiras en perjuicio de nadie, y honra a tu padre y a tu madre.'*g*

21 El hombre le dijo:

—Todo eso lo he cumplido desde joven.

22 Al oir esto, Jesús le contestó:

—Todavía te falta una cosa: vende todo lo que tienes y dáselo a los pobres. Así tendrás riqueza en el cielo. Luego ven y sígueme.

23 Pero cuando el hombre oyó esto, se puso muy triste, porque era muy rico. 24 Al verlo así, Jesús dijo:

—¡Qué difícil es para los ricos entrar en el reino de Dios! 25 Es más fácil para un camello pasar por el ojo de una aguja, que para un rico entrar en el reino de Dios.

26 Los que lo oyeron preguntaron:

—¿Y quién podrá salvarse?

27 Jesús les contestó:

—Lo que es imposible para los hombres es posible para Dios.

28 Pedro le dijo:

—Señor, nosotros hemos dejado todas nuestras cosas y te hemos seguido.

29 Él les respondió:

—Les aseguro que cualquiera que por causa del reino de Dios haya dejado casa, o esposa, o hermanos, o padres, o hijos, 30 recibirá mucho más en la vida presente, y en la vida venidera recibirá la vida eterna.

Jesús anuncia por tercera vez su muerte
(Mt 20.17–19; Mc 10.32–34)

31 Jesús llamó aparte a los doce discípulos, y les dijo: "Ahora vamos a Jerusalén, donde se cumplirá todo lo que los profetas escribieron acerca del Hijo del hombre. 32 Pues lo van a entregar a los extranjeros, y se burlarán de él, lo insultarán y lo escupirán. 33 Lo golpearán y lo matarán; pero al tercer día resucitará."*h*

34 Ellos no entendieron nada de esto, ni sabían de qué les hablaba, pues eran cosas que no podían comprender.

Jesús sana a un ciego en Jericó
(Mt 20.29–34; Mc 10.46–52)

35 Cuando ya se encontraba Jesús cerca de Jericó, un ciego que estaba sentado junto al camino pidiendo limosna, 36 al oir que pasaba mucha gente, preguntó qué sucedía. 37 Le dijeron que Jesús de Nazaret pasaba por allí, 38 y él gritó:

—¡Jesús, Hijo de David, ten compasión de mí!

39 Los que iban delante lo reprendían para que se callara, pero él gritaba más todavía:

—¡Hijo de David, ten compasión de mí!

40 Jesús se detuvo y mandó que se lo trajeran. Cuando lo tuvo cerca, le preguntó:

41 —¿Qué quieres que haga por ti?

El ciego contestó:

—Señor, quiero recobrar la vista.

42 Jesús le dijo:

—¡Recóbrala! Por tu fe has sido sanado.

43 En aquel mismo momento el ciego recobró la vista, y siguió a Jesús alabando a Dios. Y toda la gente que vio esto, también alababa a Dios.

---

c 18.14 *Ya justo* o *justificado,* es decir, perdonado por Dios, reconciliado con él. Véase Ro 1.17 nota *c.*
d 18.14 Pr 29.23; Mt 23.12; Lc 14.11. *e* 18.15–17 Cf. Mt 18.2–4; Lc 9.47–48. *f* 18.18 Cf. Lc 10.25.
g 18.20 Ex 20.12–16; Dt 5.16–20. *h* 18.31–33 Lc 9.22,44.

Jesús y Zaqueo

19 ¹Jesús entró en Jericó y comenzó a atravesar la ciudad. ²Vivía allí un hombre rico llamado Zaqueo, jefe de los que cobraban impuestos para Roma. ³Este quería conocer a Jesús, pero no conseguía verlo porque había mucha gente y Zaqueo era pequeño de estatura. ⁴Por eso corrió adelante y, para alcanzar a verlo, se subió a un árbol*ᵃ* cerca de donde Jesús tenía que pasar. ⁵Cuando Jesús pasaba por allí, miró hacia arriba y le dijo:

—Zaqueo, baja en seguida, porque hoy tengo que quedarme en tu casa.

⁶Zaqueo bajó aprisa, y con gusto recibió a Jesús. ⁷Al ver esto, todos comenzaron a criticar a Jesús, diciendo que había ido a quedarse en la casa de un pecador.*ᵇ* ⁸Zaqueo se levantó entonces y le dijo al Señor:

—Mira, Señor, voy a dar a los pobres la mitad de todo lo que tengo; y si le he robado algo a alguien, le devolveré cuatro veces más.

⁹Jesús le dijo:

—Hoy ha llegado la salvación a esta casa, porque este hombre también es descendiente de Abraham. ¹⁰Pues el Hijo del hombre ha venido a buscar y salvar lo que se había perdido.

La parábola del dinero

¹¹La gente estaba oyendo a Jesús decir estas cosas, y él les contó una parábola, porque ya estaba cerca de Jerusalén y ellos pensaban que el reino de Dios iba a llegar en seguida. ¹²Les dijo: "Había un hombre de la nobleza, que se fue lejos, a otro país, para ser nombrado rey y regresar. ¹³Antes de salir, llamó a diez de sus empleados, entregó a cada uno de ellos una gran cantidad de dinero*ᶜ* y les dijo: 'Hagan negocio con este dinero hasta que yo vuelva.' ¹⁴Pero la gente de su país lo odiaba, y mandaron tras él una comisión encargada de decir: 'No queremos que este hombre sea nuestro rey.'

¹⁵"Pero él fue nombrado rey, y regresó a su país. Cuando llegó, mandó llamar a los empleados a quienes había entregado el dinero, para saber cuánto había ganado cada uno. ¹⁶El primero se presentó y dijo: 'Señor, su dinero ha producido diez veces más.' ¹⁷El rey le contestó:

'Muy bien; eres un buen empleado; ya que fuiste fiel en lo poco, te hago gobernador de diez pueblos.' ¹⁸Se presentó otro y dijo: 'Señor, su dinero ha producido cinco veces más.' ¹⁹También a este le contestó: 'Tú serás gobernador de cinco pueblos.'

²⁰"Pero otro se presentó diciendo: 'Señor, aquí está su dinero. Lo guardé en un pañuelo; ²¹pues tuve miedo de usted, porque usted es un hombre duro, que recoge donde no entregó y cosecha donde no sembró.' ²²Entonces le dijo el rey: 'Empleado malo, con tus propias palabras te juzgo. Si sabías que soy un hombre duro, que recojo donde no entregué y cosecho donde no sembré, ²³¿por qué no llevaste mi dinero al banco, para devolvérmelo con los intereses a mi regreso a casa?' ²⁴Y dijo a los que estaban allí: 'Quítenle el dinero y dénselo al que ganó diez veces más.' ²⁵Ellos le dijeron: 'Señor, ¡pero si él ya tiene diez veces más!' ²⁶El rey contestó: 'Pues les digo que al que tiene, se le dará más; pero al que no tiene, hasta lo poco que tiene se le quitará.*ᵈ* ²⁷Y en cuanto a mis enemigos que no querían tenerme por rey, tráiganlos acá y mátenlos en mi presencia.' "

Jesús entra en Jerusalén
(Mt 21.1–11; Mc 11.1–11; Jn 12.12–19)

²⁸Después de decir esto, Jesús siguió su viaje a Jerusalén. ²⁹Cuando ya había llegado cerca de Betfagé y Betania, junto al monte que se llama de los Olivos, envió a dos de sus discípulos, ³⁰diciéndoles:

—Vayan a la aldea que está enfrente, y al llegar encontrarán un burro atado, que nadie ha montado todavía. Desátenlo y tráiganlo. ³¹Y si alguien les pregunta por qué lo desatan, díganle que el Señor lo necesita.

³²Los discípulos fueron y lo encontraron todo como Jesús se lo había dicho. ³³Mientras estaban desatando el burro, los dueños les preguntaron:

—¿Por qué lo desatan?

³⁴Ellos contestaron:

—Porque el Señor lo necesita.

³⁵Y poniendo sus capas sobre el burro, se lo llevaron a Jesús y lo hicieron montar. ³⁶Conforme Jesús avanzaba, la gente tendía sus capas por el camino. ³⁷Y al acercarse a la bajada del

---

ᵃ **19.4** *Un árbol:* lit. *un sicómoro.* *ᵇ* **19.7** Lc 5.30; 15.2. *ᶜ* **19.13** *Una gran cantidad de dinero:* lit. *una mina,* moneda que equivalía aprox. a 100 denarios, o sea al salario correspondiente a cien días de trabajo. *ᵈ* **19.26** Mt 13.12; Mc 4.25; Lc 8.18.

Monte de los Olivos, todos sus seguidores comenzaron a gritar de alegría y a alabar a Dios por todos los milagros que habían visto. **38**Decían:

—¡Bendito el Rey que viene en el nombre del Señor!*e* ¡Paz en el cielo y gloria en las alturas!*f*

39Entonces algunos fariseos que había entre la gente le dijeron:

—Maestro, reprende a tus seguidores.

40Pero Jesús les contestó:

—Les digo que si estos se callan, las piedras gritarán.

41Cuando llegó cerca de Jerusalén, al ver la ciudad, Jesús lloró por ella,*g* **42**diciendo: "¡Si en este día tú también entendieras lo que puede darte paz! Pero ahora eso te está escondido y no puedes verlo. **43**Pues van a venir para ti días malos, en que tus enemigos harán un muro a tu alrededor, y te rodearán y atacarán por todos lados, **44**y te destruirán por completo. Matarán a tus habitantes, y no dejarán en ti ni una piedra sobre otra, porque no reconociste el momento en que Dios vino a visitarte."*h*

Jesús purifica el templo
(Mt 21.12–17; Mc 11.15–19; Jn 2.13–22)

45Después de esto, Jesús entró en el templo y comenzó a echar de allí a los que estaban vendiendo, **46**y les dijo:

—En las Escrituras se dice: 'Mi casa será casa de oración',*i* pero ustedes han hecho de ella una cueva de ladrones.*j*

47Todos los días Jesús enseñaba en el templo,*k* y los jefes de los sacerdotes, los maestros de la ley y también los jefes del pueblo andaban buscando cómo matarlo. **48**Pero no encontraban la manera de hacerlo, porque toda la gente estaba pendiente de lo que él decía.

La autoridad de Jesús
(Mt 21.23–27; Mc 11.27–33)

20 **1**Un día, mientras Jesús estaba en el templo enseñando a la gente y anunciando la buena noticia, llegaron los jefes de los sacerdotes y los maestros de la ley, junto con los ancianos, **2**y le dijeron:

—¿Con qué autoridad haces esto? ¿Quién te dio esta autoridad?

3Jesús les contestó:

—Yo también les voy a hacer una pregunta. Respóndanme: **4**¿Quién envió a Juan*a* a bautizar, Dios o los hombres?

5Comenzaron a discutir unos con otros: "Si respondemos que Dios lo envió, va a decir: '¿Por qué no le creyeron?' **6**Y no podemos decir que fueron los hombres, porque la gente nos matará a pedradas, ya que todos están seguros de que Juan era un profeta." **7**Así que respondieron que no sabían quién había enviado a Juan a bautizar. **8**Entonces Jesús les contestó:

—Pues yo tampoco les digo con qué autoridad hago esto.

La parábola de los labradores malvados
(Mt 21.33–44; Mc 12.1–11)

9Luego empezó Jesús a hablar a la gente, y contó esta parábola: "Un hombre plantó un viñedo,*b* lo alquiló a unos labradores y emprendió un largo viaje. **10**A su debido tiempo, mandó un criado a pedir a los labradores la parte de la cosecha que le correspondía; pero ellos lo golpearon y lo enviaron con las manos vacías. **11**Entonces el dueño mandó otro criado; pero también a este lo insultaron, lo golpearon y enviaron con las manos vacías. **12**Volvió a mandar otro, pero los labradores también lo hirieron y lo echaron fuera.

13"Por fin el dueño del terreno dijo: '¿Qué haré? Mandaré a mi hijo querido; tal vez lo respetarán.' **14**Pero cuando los labradores lo vieron, se dijeron unos a otros: 'Este es el que ha de recibir la herencia; matémoslo, para que la propiedad pase a poder nuestro.' **15**Así que lo sacaron del viñedo y lo mataron.

"¿Y qué creen ustedes que hará con ellos el dueño del viñedo? **16**Pues irá y matará a esos labradores, y dará el viñedo a otros."

Al oir esto, dijeron:

—¡Eso jamás!

17Pero Jesús los miró, y dijo:

—Entonces ¿qué significa esto que dicen las Escrituras?:

'La piedra que los constructores despreciaron
se ha convertido en la piedra principal.'*c*

---

e **19.38** *¡Bendito el Rey que viene en el nombre del Señor!:* Sal 118.26. *f* **19.38** Lc 2.14. *g* **19.41** *Jesús lloró por ella:* Cf. Lc 13.34–35. *h* **19.43–44** Véase Lc 1.68; cf. Ex 20.5; 32—34. *i* **19.46** Is 56.7. *j* **19.46** Jer 7.11. *k* **19.47** Lc 21.37; 22.53; Jn 18.20. *a* **20.4** *Juan:* el Bautista (Lc 3.1–18; Jn 1.6–28). *b* **20.9** *Viñedo:* cf. Is 5.1–7. *c* **20.17** Sal 118.22.

18 Cualquiera que caiga sobre esa piedra, quedará hecho pedazos; y si la piedra cae sobre alguien, lo hará polvo.*d*

19 Los jefes de los sacerdotes y los maestros de la ley quisieron arrestar a Jesús en aquel mismo momento, porque comprendieron que al decir esta parábola se refería a ellos. Pero tenían miedo de la gente.

La pregunta sobre los impuestos
(Mt 22.15–22; Mc 12.13–17)

20 Mandaron a unos espías que, aparentando ser hombres honrados, hicieran decir a Jesús algo que les diera pretexto para ponerlo bajo el poder y la jurisdicción del gobernador romano. **21** Estos le preguntaron:

—Maestro, sabemos que lo que tú dices y enseñas es correcto, y que no buscas dar gusto a los hombres. Tú enseñas de veras el camino de Dios. **22** ¿Está bien que paguemos impuestos al emperador romano, o no?

23 Jesús, dándose cuenta de la mala intención que llevaban, les dijo:

24 —Enséñenme una moneda de denario.*e* ¿De quién es la cara y el nombre que aquí está escrito?

Le contestaron:

—Del emperador.

25 Jesús les dijo:

—Pues den al emperador lo que es del emperador, y a Dios lo que es de Dios.

26 Y en nada de lo que él decía delante de la gente encontraron pretexto para arrestarlo, así que admirados de su respuesta se callaron.

La pregunta sobre la resurrección
(Mt 22.23–33; Mc 12.18–27)

27 Después algunos saduceos fueron a ver a Jesús. Los saduceos niegan que los muertos resuciten;*f* por eso le presentaron este caso:

28 —Maestro, Moisés nos dejó escrito que si un hombre casado muere sin haber tenido hijos con su mujer, el hermano del difunto deberá tomar por esposa a la viuda para darle hijos al hermano que murió.*g* **29** Pues bien, había una vez siete hermanos, el primero de los cuales se casó, pero murió sin dejar hijos. **30** El segundo **31** y el tercero se casaron con ella, y lo mismo

hicieron los demás, pero los siete murieron sin dejar hijos. **32** Finalmente murió también la mujer. **33** Pues bien, en la resurrección, ¿de cuál de ellos será esposa esta mujer, si los siete estuvieron casados con ella?

34 Jesús les contestó:

—En la vida presente, los hombres y las mujeres se casan; **35** pero aquellos que Dios juzgue que merecen gozar de la vida venidera y resucitar, sean hombres o mujeres, ya no se casarán, **36** porque ya no pueden morir. Pues serán como los ángeles, y serán hijos de Dios por haber resucitado. **37** Hasta el mismo Moisés, en el pasaje de la zarza que ardía, nos hace saber que los muertos resucitan. Allí dice que el Señor es el Dios de Abraham, de Isaac y de Jacob. **38** Y él no es Dios de muertos, sino de vivos, pues para él todos están vivos!*h*

39 Algunos maestros de la ley le dijeron entonces:

—Bien dicho, Maestro.

40 Y ya no se atrevieron a hacerle más preguntas.

¿De quién desciende el Mesías?
(Mt 22.41–46; Mc 12.35–37)

41 Jesús les preguntó:

—¿Por qué dicen que el Mesías desciende de David? **42** Pues David mismo, en el libro de los Salmos, dice:

'El Señor dijo a mi Señor:
Siéntate a mi derecha,
43 hasta que yo haga de tus enemigos
el estrado de tus pies.'*i*

44 ¿Cómo puede entonces el Mesías descender de David, si David mismo lo llama Señor?

Jesús denuncia a los maestros de la ley
(Mt 23.1–36; Mc 12.38–40; Lc 11.37–54)

45 Toda la gente estaba escuchando, y Jesús dijo a sus discípulos: **46** "Cuídense de los maestros de la ley, pues les gusta andar con ropas largas, y quieren que los saluden con todo respeto en las plazas. Buscan los asientos de honor en las sinagogas y los mejores lugares en las comidas; **47** y les quitan sus casas a las viudas, y para disimularlo hacen largas oraciones. Ellos recibirán mayor castigo."

---

d **20.18** Cf. Is 8.14–15; Dn 2.34,44. *e* **20.24–25** *Una moneda de denario:* Véase Mt 22.19–21 n. *f* **20.27** Cf. Hch 4.1–2; 23.8. *Saduceos:* miembros de un partido religioso judío. *g* **20.28** Dt 25.5–10. *h* **20.37–38** Ex 3.2–6. *i* **20.42–43** Sal 110.1.

La ofrenda de la viuda pobre
(Mc 12.41–44)

21 ¹ Jesús estaba viendo a los ricos echar dinero en los cofres de las ofrendas, ² y vio también a una viuda pobre que echaba dos monediticas de cobre. ³ Entonces dijo:

—De veras les digo que esta viuda pobre ha dado más que todos; ⁴ pues todos dan ofrendas de lo que les sobra, pero ella, en su pobreza, ha dado todo lo que tenía para vivir.

Jesús anuncia que el templo será destruido
(Mt 24.1–2; Mc 13.1–2)

⁵ Algunos estaban hablando del templo, de la belleza de sus piedras y de las ofrendas votivas que lo adornaban. Jesús dijo:

⁶ —Vendrán días en que de todo esto que ustedes están viendo no quedará ni una piedra sobre otra. Todo será destruido. *ᵃ*

Señales antes del fin
(Mt 24.3–28; Mc 13.3–23)

⁷ Entonces le preguntaron:

—Maestro, ¿cuándo va a ocurrir esto? ¿Cuál será la señal de que estas cosas ya están a punto de suceder?

⁸ Jesús contestó: "Tengan cuidado para no dejarse engañar. Porque vendrán muchos haciéndose pasar por mí. Dirán: 'Yo soy', y 'Ahora es el tiempo.' Pero ustedes no los sigan. *ᵇ* ⁹ Y cuando tengan noticias de guerras y revoluciones, no se asusten, pues esto tiene que ocurrir primero; sin embargo, aún no habrá llegado el fin."

¹⁰ Siguió diciéndoles: "Una nación peleará contra otra y un país hará guerra contra otro. ¹¹ Habrá grandes terremotos, y hambres y enfermedades en diferentes lugares, y en el cielo se verán cosas espantosas y grandes señales.

¹² "Pero antes de esto, a ustedes les echarán mano y los perseguirán. Los llevarán a juzgar en las sinagogas, los meterán en la cárcel y los presentarán ante reyes y gobernadores por causa mía. *ᶜ* ¹³ Así tendrán oportunidad de dar testimonio de mí. ¹⁴ Háganse el propósito de no preparar de antemano su defensa, ¹⁵ porque yo les daré palabras tan llenas de sabiduría que ninguno de sus enemigos podrá resistirlos ni contradecirlos en nada. *ᵈ* ¹⁶ Pero ustedes serán traicionados incluso por sus padres, sus hermanos, sus parientes y sus amigos. A algunos de ustedes los matarán, *ᵉ* ¹⁷ y todo el mundo los odiará por causa mía; *ᶠ* ¹⁸ pero no se perderá ni un cabello de su cabeza. ¹⁹ ¡Manténganse firmes, para poder salvarse!

²⁰ "Cuando vean a Jerusalén rodeada de ejércitos, sepan que pronto será destruida. ²¹ Entonces, los que estén en Judea, que huyan a las montañas; los que estén en Jerusalén, que salgan de la ciudad, y los que estén en el campo, que no regresen a ella. ²² Porque serán días de castigo, en que se cumplirá todo lo que dicen las Escrituras. *ᵍ* ²³ ¡Pobres mujeres aquellas que en tales días estén embarazadas o tengan niños de pecho! Porque habrá mucho dolor en el país, y un castigo terrible contra este pueblo. ²⁴ Unos morirán a filo de espada y a otros los llevarán prisioneros por todas las naciones; y los paganos pisotearán a Jerusalén hasta que se cumpla el tiempo que les ha sido señalado. *ʰ*

El regreso del Hijo del hombre
(Mt 24.29–35,42–44; Mc 13.24–37)

²⁵ "Habrá señales en el sol, en la luna y en las estrellas; *ⁱ* y en la tierra las naciones estarán confusas y se asustarán por el terrible ruido del mar y de las olas. ²⁶ La gente se desmayará de miedo al pensar en lo que va a sucederle al mundo; pues hasta las fuerzas celestiales serán sacudidas. ²⁷ Entonces se verá al Hijo del hombre venir en una nube con gran poder y gloria. *ʲ* ²⁸ Cuando comiencen a suceder estas cosas, anímense y levanten la cabeza, porque muy pronto serán libertados."

²⁹ También les puso esta comparación: "Fíjense en la higuera, o en cualquier otro árbol. ³⁰ Cuando ven que brotan las hojas, se dan cuenta ustedes de que ya está cerca el verano. ³¹ De la misma manera, cuando vean que suceden estas cosas, sepan que el reino de Dios ya está cerca.

³² "Les aseguro que todo esto sucederá antes que muera la gente de este tiempo. ³³ El cielo y la tierra dejarán de existir, pero mis palabras no dejarán de cumplirse.

ᵃ **21.6** Jerusalén fue destruida en el año 70 d.C. *ᵇ* **21.8** Mc 13.21; Lc 17.23. *ᶜ* **21.12** Mt 10.17–18. *ᵈ* **21.14–15** Mt 10.19–20; Lc 12.11–12. *ᵉ* **21.16** Mt 10.21; Lc 12.52–53. *ᶠ* **21.17** Mt 10.22; Jn 15.18–25. *ᵍ* **21.22** Os 9.7. *ʰ* **21.24** Is 63.18; Dn 8.13; Ap 11.2. *ⁱ* **21.25** Is 13.10; Ez 32.7; Jl 2.10; 2.31; Ap 6.12–13. *ʲ* **21.27** Dn 7.13; Mt 16.27; 26.64; Ap 1.7; cf. 1 Ts 4.13–18.

34 "Tengan cuidado y no dejen que sus corazones se hagan insensibles por los vicios, las borracheras y las preocupaciones de esta vida, para que aquel día no caiga de pronto sobre ustedes **35** como una trampa. Porque vendrá sobre todos los habitantes de la.tierra. **36** Estén ustedes preparados, orando en todo tiempo, para que puedan escapar de todas estas cosas que van a suceder y para que puedan presentarse delante del Hijo del hombre."

37 Jesús enseñaba de día en el templo, y de noche se quedaba en el monte que se llama de los Olivos. **38** Y toda la gente iba temprano al templo a oírlo.

Conspiración para arrestar a Jesús
(Mt 26.1–5,14–16; Mc 14.1–2,10–11; Jn 11.45–53)

22 **1** Estaba ya cerca la fiesta en que se come el pan sin levadura, o sea la fiesta de la Pascua.*a* **2** Los jefes de los sacerdotes y los maestros de la ley, que tenían miedo de la gente, buscaban la manera de matar a Jesús.

3 Entonces Satanás entró en Judas,*b* uno de los doce discípulos, al que llamaban Iscariote. **4** Este fue a ver a los jefes de los sacerdotes y a los oficiales del templo, y habló con ellos sobre cómo entregarles a Jesús. **5** Ellos se alegraron y prometieron darle dinero a Judas. **6** Y él aceptó y comenzó a buscar un momento oportuno, en que no hubiera gente, para entregarles a Jesús.

La Cena del Señor
(Mt 26.17–29; Mc 14.12–25; Jn 13.21–30; 1 Co 11.23–26)

7 Llegó el día de la fiesta en que se comía el pan sin levadura, cuando se sacrificaba el cordero de Pascua. **8** Jesús envió a Pedro y a Juan, diciendo:

—Vayan a prepararnos la cena de Pascua.

9 Ellos le preguntaron:

—¿Dónde quieres que la preparemos?

10 Jesús les contestó:

—Cuando entren ustedes en la ciudad, encontrarán a un hombre que lleva un cántaro de agua. Síganlo hasta la casa donde entre, **11** y digan al dueño de la casa: 'El Maestro pregunta: ¿Cuál es el cuarto donde voy a comer con mis discípulos la cena de Pascua?' **12** Él les mostrará en el piso alto un cuarto grande y arreglado para la cena. Preparen allí lo necesario.

13 Ellos fueron y lo encontraron todo como Jesús se lo había dicho, y prepararon la cena de Pascua.*c*

14 Cuando llegó la hora, Jesús y los apóstoles se sentaron a la mesa. **15** Jesús les dijo:

—¡Cuánto he querido celebrar con ustedes esta cena de Pascua antes de mi muerte! **16** Porque les digo que no la celebraré de nuevo hasta que se cumpla en el reino de Dios.

17 Entonces tomó en sus manos una copa y, habiendo dado gracias a Dios, dijo:

—Tomen esto y repártanlo entre ustedes; **18** porque les digo que no he de beber del producto de la vid, hasta que venga el reino de Dios.

19 Después tomó el pan en sus manos y, habiendo dado gracias a Dios, lo partió y se lo dio a ellos, diciendo:

—Esto es mi cuerpo,*d* entregado a muerte en favor de ustedes. Hagan esto en memoria de mí. **20** Lo mismo hizo con la copa después de la cena, diciendo:

—Esta copa es la nueva alianza confirmada con mi sangre,*e* la cual es derramada en favor de ustedes. **21** Pero ahora la mano del que me va a traicionar está aquí, con la mía, sobre la mesa. **22** Pues el Hijo del hombre ha de recorrer el camino que se le ha señalado, pero ¡ay de aquel que lo traiciona! **23** Entonces comenzaron a preguntarse unos a otros quién sería el traidor.

¿Quién es el más importante?

24 Los discípulos tuvieron una discusión sobre cuál de ellos debía ser considerado el más importante.*f* **25** Jesús les dijo: "Entre los paganos, los reyes gobiernan con tiranía a sus súbditos, y a los jefes se les da el título de benefactores. **26** Pero ustedes no deben ser así. Al contrario, el más importante entre ustedes tiene que hacerse como el más joven, y el que manda tiene que hacerse como el que sirve.*g*

---

a **22.1** Respecto a la fiesta de la *Pascua.* Cf. Jn 11.55. *b* **22.3** Jn 13.2–4,27. *c* **22.13** Cf. Dt 16.5–8. *d* **22.19–20** Cf. Jn 6.51–58. Algunos mss. omiten el resto del v. 19 (a partir de *entregado a muerte*) y todo el v. 20. *e* **22.20** *La nueva alianza:* Jer 31.31–34. *Confirmada con mi sangre:* Cf. Ex 24.6–8; Heb 9.18–22; 10.29; 13.20. *f* **22.24** Mt 18.1; Mc 9.34; Lc 9.46. *g* **22.25–26** Mt 20.25–27; 23.11; Mc 9.35; 10.42–44; cf. Eclo 3.18.

27 Pues ¿quién es más importante, el que se sienta a la mesa a comer o el que sirve? ¿Acaso no lo es el que se sienta a la mesa? En cambio yo estoy entre ustedes como el que sirve.*h*

28 "Ustedes han estado siempre conmigo en mis pruebas. 29 Por eso, yo les doy un reino, como mi Padre me lo dio a mí, 30 y ustedes comerán y beberán a mi mesa en mi reino, y se sentarán en tronos para juzgar a las doce tribus de Israel."*i*

Jesús anuncia que Pedro lo negará
(Mt 26.31–35; Mc 14.27–31;
Jn 13.36–38)

31 Dijo también el Señor:

—Simón, Simón, mira que Satanás los ha pedido a ustedes para sacudirlos como si fueran trigo; 32 pero yo he rogado por ti, para que no te falte la fe. Y tú, cuando te hayas vuelto a mí, ayuda a tus hermanos a permanecer firmes.

33 Simón le dijo:

—Señor, estoy dispuesto a ir contigo a la cárcel, y hasta a morir contigo.

34 Jesús le contestó:

—Pedro, te digo que hoy mismo, antes que cante el gallo, tres veces negarás que me conoces.

Se acerca la hora de la prueba
35 Luego Jesús les preguntó:

—Cuando los mandé sin dinero ni provisiones ni sandalias,*j* ¿acaso les faltó algo?

Ellos contestaron:

—Nada.

36 Entonces les dijo:

—Ahora, en cambio, el que tenga dinero, que lo traiga, y también provisiones; y el que no tenga espada, que venda su abrigo y se compre una. 37 Porque les digo que tiene que cumplirse en mí esto que dicen las Escrituras: 'Y fue contado entre los malvados.'*k* Pues todo lo que está escrito de mí, tiene que cumplirse.

38 Ellos dijeron:

—Señor, aquí hay dos espadas.

Y él contestó:

—Basta ya de hablar.

Jesús ora en Getsemaní
(Mt 26.36–46; Mc 14.32–42)

39 Luego Jesús salió y, según su costumbre, se fue al Monte de los Olivos; y los discípulos lo siguieron. 40 Al llegar al lugar, les dijo:

—Oren, para que no caigan en tentación.

41 Se alejó de ellos como a la distancia de un tiro de piedra, y se puso de rodillas para orar. 42 Dijo: "Padre, si quieres, líbrame de este trago amargo; pero que no se haga mi voluntad, sino la tuya."

[43 En esto se le apareció un ángel del cielo, para darle fuerzas. 44 En medio de su gran sufrimiento, Jesús oraba aún más intensamente, y el sudor le caía a tierra como grandes gotas de sangre.]*l*

45 Cuando se levantó de la oración, fue a donde estaban los discípulos, y los encontró dormidos, vencidos por la tristeza. 46 Les dijo:

—¿Por qué están durmiendo? Levántense y oren, para que no caigan en tentación.

Arrestan a Jesús
(Mt 26.47–56; Mc 14.43–50; Jn 18.2–11)

47 Todavía estaba hablando Jesús, cuando llegó mucha gente. El que se llamaba Judas, que era uno de los doce discípulos, iba a la cabeza. Este se acercó a besar a Jesús, 48 pero Jesús le dijo:

—Judas, ¿con un beso traicionas al Hijo del hombre?

49 Los que estaban con Jesús, al ver lo que pasaba, le preguntaron:

—Señor, ¿atacamos con espada?

50 Y uno de ellos hirió al criado del sumo sacerdote, cortándole la oreja derecha. 51 Jesús dijo:

—Déjenlos; ya basta.

Y le tocó la oreja al criado, y lo sanó. 52 Luego dijo a los jefes de los sacerdotes, a los oficiales del templo y a los ancianos, que habían venido a llevárselo:

—¿Por qué han venido ustedes con espadas y con palos, como si yo fuera un bandido? 53 Todos los días he estado con ustedes en el templo,*m* y no trataron de arrestarme. Pero esta es la hora de ustedes, la hora del poder de las tinieblas.*n*

---

h **22.27** Mt 20.28; Mc 10.45; Jn 13.12–15. *i* **22.30** Mt 19.28; Ap 3.21; 20.4. *j* **22.35** Lc 9.3; 10.4. *k* **22.37** Is 53.12. *l* **22.43–44** Varios mss. importantes omiten los vv. 43–44, impresos aquí entre corchetes. *m* **22.53** Lc 19.47; 21.37; Jn 18.19–21. *n* **22.53** *La hora del poder de las tinieblas:* alusión a Satanás y a las fuerzas del mal; cf. Col 1.13.

Pedro niega conocer a Jesús
(Mt 26.57-58,69-75; Mc 14.53-54,66-72;
Jn 18.12-18,25-27)

54 Arrestaron entonces a Jesús y lo llevaron a
la casa del sumo sacerdote. Pedro lo seguía de
lejos. **55** Allí, en medio del patio, habían hecho
fuego, y se sentaron alrededor; y Pedro se sentó
también entre ellos. **56** En esto, una sirvienta,
al verlo sentado junto al fuego, se quedó mirándolo y dijo:

—También este estaba con él.

57 Pero Pedro lo negó, diciendo:

—Mujer, yo no lo conozco.

58 Poco después, otro lo vio y dijo:

—Tú también eres de ellos.

Pedro contestó:

—No, hombre, no lo soy.

59 Como una hora después, otro insistió:

—Seguro que este estaba con él. Además es
de Galilea.

60 Pedro dijo:

—Hombre, no sé de qué hablas.

En ese mismo momento, mientras Pedro aún
estaba hablando, cantó un gallo. **61** Entonces el
Señor se volvió y miró a Pedro, y Pedro se acordó
de que el Señor le había dicho: "Hoy, antes que
el gallo cante, me negarás tres veces."*ñ* **62** Y salió
Pedro de allí y lloró amargamente.

Se burlan de Jesús
(Mt 26.67-68; Mc 14.65)

63 Los hombres que estaban vigilando a Jesús
se burlaban de él y lo golpeaban.*o* **64** Le taparon
los ojos, y le preguntaban:

—¡Adivina quién te pegó!

65 Y lo insultaban diciéndole otras muchas cosas.

Jesús ante la Junta Suprema
(Mt 26.59-66; Mc 14.55-64; Jn 18.19-24)

66 Cuando se hizo de día, se reunieron los
ancianos de los judíos, los jefes de los sacerdotes
y los maestros de la ley, y llevaron a Jesús ante
la Junta Suprema. Allí le preguntaron:

67 —Dinos, ¿eres tú el Mesías?

Él les contestó:

—Si les digo que sí, no me van a creer. **68** Y
si les hago preguntas, no me van a contestar.
69 Pero desde ahora el Hijo del hombre estará
sentado a la derecha del Dios todopoderoso.*p*

70 Luego todos le preguntaron:

—¿Así que tú eres el Hijo de Dios?

Jesús les contestó:

—Ustedes mismos han dicho que lo soy.

71 Entonces ellos dijeron:

—¿Qué necesidad tenemos de más testigos?
Nosotros mismos lo hemos oído de sus propios
labios.

Jesús ante Pilato
(Mt 27.1-2,11-14; Mc 15.1-5;
Jn 18.28-38)

23 **1** Todos se levantaron, y llevaron a
Jesús ante Pilato. **2** En su presencia
comenzaron a acusarlo, diciendo:

—Hemos encontrado a este hombre alborotando a nuestra nación. Dice que no debemos
pagar impuestos al emperador,*a* y además afirma que él es el Mesías, el Rey.

3 Pilato le preguntó:

—¿Eres tú el Rey de los judíos?

—Tú lo has dicho —contestó Jesús.

4 Entonces Pilato dijo a los jefes de los sacerdotes y a la gente:

—No encuentro en este hombre razón para
condenarlo.

5 Pero ellos insistieron con más fuerza:

—Con sus enseñanzas está alborotando a
todo el pueblo. Comenzó en Galilea, y ahora
sigue haciéndolo aquí, en Judea.

Jesús ante Herodes

6 Al oír esto, Pilato preguntó si el hombre era
de Galilea. **7** Y al saber que Jesús era de la
jurisdicción de Herodes, se lo envió, pues él
también se encontraba aquellos días en Jerusalén. **8** Al ver a Jesús, Herodes se puso muy
contento, porque durante mucho tiempo había
querido verlo, pues había oído hablar de él y
esperaba verlo hacer algún milagro.*b* **9** Le hizo
muchas preguntas, pero Jesús no le contestó
nada.*c* **10** También estaban allí los jefes de los
sacerdotes y los maestros de la ley, que lo
acusaban con gran insistencia. **11** Entonces Herodes y sus soldados lo trataron con desprecio,
y para burlarse de él lo vistieron con ropas lujosas,
como de rey. Luego Herodes lo envió nuevamente a Pilato. **12** Aquel día se hicieron amigos
Pilato y Herodes, que antes eran enemigos.

ñ **22.61** Cf. v. 34. *o* **22.63-65** Jn 18.22-23. *p* **22.69** Sal 110.1; Hch 7.56. *a* **23.2** Lc 20.20-26. *b* **23.8** Lc 9.9;
Hch 4.26-28. *c* **23.8-9** Mt 26.63; 27.12,14; Jn 19.8-9; cf. Is 53.7.

Jesús es sentenciado a muerte
(Mt 27.15–26; Mc 15.6–15;
Jn 18.39—19.16)

13 Pilato reunió a los jefes de los sacerdotes, a las autoridades y al pueblo, **14** y les dijo:

—Ustedes me trajeron a este hombre, diciendo que alborota al pueblo; pero yo lo he interrogado delante de ustedes y no lo he encontrado culpable de ninguna de las faltas de que lo acusan. **15** Ni tampoco Herodes, puesto que nos lo ha devuelto. Ya ven, no ha hecho nada que merezca la pena de muerte. **16** Lo voy a castigar y después lo dejaré libre. *d*

18 Pero todos juntos comenzaron a gritar:

—¡Fuera con ese! ¡Déjanos libre a Barrabás!

19 A este Barrabás lo habían metido en la cárcel por una rebelión ocurrida en la ciudad, y por un asesinato. **20** Pilato, que quería dejar libre a Jesús, les habló otra vez; **21** pero ellos gritaron más alto:

—¡Crucifícalo! ¡Crucifícalo!

22 Por tercera vez Pilato les dijo:

—Pues ¿qué mal ha hecho? Yo no encuentro en él nada que merezca la pena de muerte. Lo voy a castigar y después lo dejaré libre.

23 Pero ellos insistían a gritos, pidiendo que lo crucificara; y tanto gritaron que consiguieron lo que querían. **24** Pilato decidió hacer lo que le estaban pidiendo; **25** así que dejó libre al hombre que habían escogido, el que estaba en la cárcel por rebelión y asesinato, y entregó a Jesús a la voluntad de ellos.

Jesús es crucificado
(Mt 27.32–44; Mc 15.21–32; Jn 19.17–27)

26 Cuando llevaron a Jesús a crucificarlo, echaron mano de un hombre de Cirene llamado Simón, que venía del campo, y lo hicieron cargar con la cruz y llevarla detrás de Jesús.

27 Mucha gente y muchas mujeres que lloraban y gritaban de tristeza por él, lo seguían. **28** Pero Jesús las miró y les dijo:

—Mujeres de Jerusalén, no lloren por mí, sino por ustedes mismas y por sus hijos. **29** Porque vendrán días en que se dirá: 'Dichosas las que no pueden tener hijos, las mujeres que no dieron a luz ni tuvieron hijos que criar.' *e* **30** Entonces comenzará la gente a decir a los montes: '¡Caigan sobre nosotros!', y a las colinas: '¡Escóndannos!' **31** Porque si con el árbol verde hacen todo esto, ¿qué no harán con el seco?

32 También llevaban a dos criminales, para crucificarlos junto con Jesús. **33** Cuando llegaron al sitio llamado La Calavera, *f* crucificaron a Jesús y a los dos criminales, uno a su derecha y otro a su izquierda. [**34** Jesús dijo: "Padre, perdónalos, porque no saben lo que hacen."] *g*

Y los soldados echaron suertes para repartirse entre sí la ropa de Jesús. *h* **35** La gente estaba allí mirando; y hasta las autoridades se burlaban de él, diciendo:

—Salvó a otros; que se salve a sí mismo ahora, si de veras es el Mesías de Dios y su escogido.

36 Los soldados también se burlaban de Jesús. Se acercaban y le daban a beber vino agrio, *i* **37** diciéndole:

—¡Si tú eres el Rey de los judíos, sálvate a ti mismo!

38 Y había un letrero sobre su cabeza, que decía: "Este es el Rey de los judíos."

39 Uno de los criminales que estaban colgados, lo insultaba:

—¡Si tú eres el Mesías, sálvate a ti mismo y sálvanos también a nosotros!

40 Pero el otro reprendió a su compañero, diciéndole:

—¿No tienes temor de Dios, tú que estás bajo el mismo castigo? **41** Nosotros estamos sufriendo con toda razón, porque estamos pagando el justo castigo de lo que hemos hecho; pero este hombre no hizo nada malo.

42 Luego añadió:

—Jesús, acuérdate de mí cuando comiences a reinar.

43 Jesús le contestó:

—Te aseguro que hoy estarás conmigo en el paraíso.

Muerte de Jesús
(Mt 27.45–56; Mc 15.33–41; Jn 19.28–30)

44 Desde el mediodía y hasta las tres de la tarde, toda la tierra quedó en oscuridad. **45** El sol dejó de brillar, y el velo *j* del templo se rasgó por la mitad. **46** Jesús gritó con fuerza y dijo:

---

d **23.16** Algunos mss. añaden el v. 17: *Durante la fiesta, Pilato tenía que dar gusto a la gente dejando libre a un preso* (cf. Mt 27.15 y Mc 15.6). *e* **23.29** Cf. Lc 21.23. *f* **23.33** *La Calavera:* Mt 27.33. *g* **23.34** Cf. Is 53.12; Hch 7.60. El texto entre corchetes falta en algunos mss. de reconocida autoridad. *h* **23.34** Alusión al Sal 22.18. *i* **23.36** Cf. Sal 22.7–8; 69.21. *j* **23.45** *El velo:* Cf. Ex 26.31–33.

—¡Padre, en tus manos encomiendo mi espíritu!*k*

Y al decir esto, murió.

47Cuando el capitán romano vio lo que había pasado, alabó a Dios, diciendo:

—De veras, este hombre era inocente.

48Toda la multitud que estaba presente y que vio lo que había pasado, se fue de allí golpeándose el pecho. **49**Todos los conocidos de Jesús se mantenían a distancia;*l* también las mujeres que lo habían seguido desde Galilea*m* estaban allí mirando.

Jesús es sepultado
(Mt 27.57–61; Mc 15.42–47; Jn 19.38–42)

50-51 Había un hombre bueno y justo llamado José, natural de Arimatea, un pueblo de Judea. Pertenecía a la Junta Suprema de los judíos. Este José, que esperaba el reino de Dios y que no estuvo de acuerdo con lo que la Junta había hecho, **52**fue a ver a Pilato y le pidió el cuerpo de Jesús. **53**Después de bajarlo de la cruz, lo envolvió en una sábana de lino y lo puso en un sepulcro excavado en una peña, donde todavía no habían sepultado a nadie. **54**Era el día de la preparación*n* para el sábado, que ya estaba a punto de comenzar.

55Las mujeres que habían acompañado a Jesús desde Galilea, fueron y vieron el sepulcro, y se fijaron en cómo habían puesto el cuerpo. **56**Cuando volvieron a casa, prepararon perfumes y ungüentos.*ñ*

Anuncio de la resurrección de Jesús
(Mt 28.1–10; Mc 16.1–8; Jn 20.1–10)

24 Las mujeres descansaron el sábado, conforme al mandamiento, **1**pero el primer día de la semana regresaron al sepulcro muy temprano, llevando los perfumes que habían preparado. **2**Al llegar, se encontraron con que la piedra que tapaba el sepulcro no estaba en su lugar; **3**y entraron, pero no encontraron el cuerpo del Señor Jesús. **4**No sabían qué pensar de esto, cuando de pronto vieron a dos hombres de pie junto a ellas, vestidos con ropas brillantes. **5**Llenas de miedo, se inclinaron hasta el suelo; pero aquellos hombres les dijeron:

—¿Por qué buscan ustedes entre los muertos al que está vivo? **6**No está aquí, sino que ha resucitado. Acuérdense de lo que les dijo cuando todavía estaba en Galilea: **7**que el Hijo del hombre tenía que ser entregado en manos de pecadores, que lo crucificarían y que al tercer día resucitaría.*a*

8Entonces ellas se acordaron de las palabras de Jesús, **9**y al regresar del sepulcro contaron todo esto a los once apóstoles y a todos los demás. **10**Las que llevaron la noticia a los apóstoles fueron María Magdalena, Juana, María madre de Santiago, y las otras mujeres.*b* **11**Pero a los apóstoles les pareció una locura lo que ellas decían, y no querían creerles.

12Sin embargo, Pedro se fue corriendo al sepulcro; y cuando miró dentro, no vio más que las sábanas. Entonces volvió a casa, admirado de lo que había sucedido.

En el camino a Emaús
(Mc 16.12–13)

13Aquel mismo día, dos de los discípulos se dirigían a un pueblo llamado Emaús, a unos once kilómetros de Jerusalén. **14**Iban hablando de todo lo que había pasado. **15**Mientras conversaban y discutían, Jesús mismo se acercó y comenzó a caminar con ellos. **16**Pero aunque lo veían, algo les impedía darse cuenta de quién era. **17**Jesús les preguntó:

—¿De qué van hablando ustedes por el camino?

Se detuvieron tristes, **18**y uno de ellos, que se llamaba Cleofás, contestó:

—¿Eres tú el único que ha estado alojado en Jerusalén y que no sabe lo que ha pasado allí en estos días?

19Él les preguntó:

—¿Qué ha pasado?

Le dijeron:

—Lo de Jesús de Nazaret, que era un profeta*c* poderoso en hechos y en palabras delante de Dios y de todo el pueblo; **20**y cómo los jefes de los sacerdotes y nuestras autoridades lo entregaron para que lo condenaran a muerte y lo crucificaran. **21**Nosotros teníamos la esperanza de que él sería el que había de libertar a la nación de Israel. Pero ya hace tres días que

---

k **23.46** Sal 31.5; Hch 7.59. *l* **23.49** Sal 38.11. *m* **23.49** *Las mujeres:* Lc 8.1-3. *n* **23.54** *Día de la preparación:* Véase Mt 27.62 n. *ñ* **23.56** Cf. Ex 20.10; Dt 5.14. *a* **24.6–7** Lc 9.22; 18.31–33. *b* **24.10** Lc 8.2-3. *c* **24.19** *Profeta:* Lc 7.16; 13.33; Hch 3.22.

pasó todo eso. **22** Aunque algunas de las mujeres que están con nosotros nos han asustado, pues fueron de madrugada al sepulcro, **23** y como no encontraron el cuerpo, volvieron a casa. Y cuentan que unos ángeles se les han aparecido y les han dicho que Jesús vive. **24** Algunos de nuestros compañeros fueron después al sepulcro y lo encontraron tal como las mujeres habían dicho, pero a Jesús no lo vieron.

25 Entonces Jesús les dijo:

—¡Qué faltos de comprensión son ustedes y qué lentos para creer todo lo que dijeron los profetas!*d* **26** ¿Acaso no tenía que sufrir el Mesías estas cosas antes de ser glorificado?*e*

27 Luego se puso a explicarles todos los pasajes de las Escrituras que hablaban de él, comenzando por los libros de Moisés y siguiendo por todos los libros de los profetas.

28 Al llegar al pueblo adonde se dirigían, Jesús hizo como que iba a seguir adelante. **29** Pero ellos lo obligaron a quedarse, diciendo:

—Quédate con nosotros, porque ya es tarde. Se está haciendo de noche.

Jesús entró, pues, para quedarse con ellos. **30** Cuando ya estaban sentados a la mesa, tomó en sus manos el pan, y habiendo dado gracias a Dios, lo partió y se lo dio. **31** En ese momento se les abrieron los ojos y reconocieron a Jesús; pero él desapareció.*f* **32** Y se dijeron el uno al otro:

—¿No es verdad que el corazón nos ardía en el pecho cuando nos venía hablando por el camino y nos explicaba las Escrituras?

33 Sin esperar más, se pusieron en camino y volvieron a Jerusalén, donde encontraron reunidos a los once apóstoles y a sus compañeros, **34** que les dijeron:

—De veras ha resucitado el Señor, y se le ha aparecido a Simón.*g*

35 Entonces ellos dos les contaron lo que les había pasado en el camino, y cómo reconocieron a Jesús cuando partió el pan.

Jesús se aparece a los discípulos
(Mt 28.16–20; Mc 16.14–18; Jn 20.19–23)

36 Estaban todavía hablando de estas cosas, cuando Jesús se puso en medio de ellos y los saludó diciendo:

—Paz a ustedes.

37 Ellos se asustaron mucho, pensando que estaban viendo un espíritu. **38** Pero Jesús les dijo:

—¿Por qué están asustados? ¿Por qué tienen esas dudas en su corazón? **39** Miren mis manos y mis pies. Soy yo mismo. Tóquenme y vean: un espíritu no tiene carne ni huesos, como ustedes ven que tengo yo.

40 Al decirles esto, les enseñó las manos y los pies. **41** Pero como ellos no acababan de creerlo, a causa de la alegría y el asombro que sentían, Jesús les preguntó:

—¿Tienen aquí algo que comer?

42 Le dieron un pedazo de pescado asado,*h* **43** y él lo aceptó y lo comió en su presencia.*i* **44** Luego les dijo:

—Lo que me ha pasado es aquello que les anuncié cuando estaba todavía con ustedes: que había de cumplirse todo lo que está escrito de mí en la ley de Moisés, en los libros de los profetas y en los salmos.

45 Entonces hizo que entendieran las Escrituras, **46** y les dijo:

—Está escrito que el Mesías tenía que morir, y resucitar al tercer día,*j* **47** y que en su nombre se anunciará a todas las naciones que se vuelvan a Dios, para que él les perdone sus pecados. Comenzando desde Jerusalén, **48** ustedes deben dar testimonio de estas cosas.*k* **49** Y yo enviaré sobre ustedes lo que mi Padre prometió.*l* Pero ustedes quédense aquí, en la ciudad de Jerusalén, hasta que reciban el poder que viene del cielo.*m*

Jesús sube al cielo*n*
(Mc 16.19–20)

50 Luego Jesús los llevó fuera de la ciudad, hasta Betania, y alzando las manos los bendijo. **51** Y mientras los bendecía, se apartó de ellos y fue llevado al cielo. **52** Ellos, después de adorarlo, volvieron a Jerusalén muy contentos. **53** Y estaban siempre en el templo, alabando a Dios.

---

d **24.25** Cf. Mc 16.14. *e* **24.26** Cf. Lc 9.22; 17.25. *f* **24.30–31** Cf. Hch 2.42; 20.7; 1 Co 10.16. *g* **24.34** Cf. 1 Co 15.5. *h* **24.42** Algunos mss. añaden *y un panal de miel.* *i* **24.43** Hch 10.41. *j* **24.46** Cf. Is 53.1–12; Os 6.2. *k* **24.47–48** Hch 1.8. *l* **24.49** *Lo que mi Padre prometió:* es decir, el Espíritu Santo (Hch 1.4; 2.33). *m* **24.47–49** Cf. Hch 1.1–11; 2.1–4. *n* **24.50–53** Cf. Hch 1.3–11.

Evangelio según

SAN JUAN

El *Evangelio según San Juan* (=Jn), comparado con los otros tres evangelios, aparece con rasgos literarios y teológicos muy definidos. Desde el principio nos presenta a Jesús como el Hijo único de Dios enviado por el Padre para dar a los hombres la vida eterna, si lo aceptan con fe. Esta revelación se va realizando paso a paso y se va perfeccionando en el encuentro personal con Jesús, en sus actos poderosos (que este evangelio llama "señales milagrosas") realizados por encargo del Padre, y en sus palabras, pronunciadas ante diversos públicos, en las cuales él revela claramente su origen, su verdadero ser y su misión salvadora.

Confrontados los hombres con esta revelación, van acentuándose cada vez más dos actitudes opuestas: la de los que lo aceptan y creen en él, que incluye a personas no judías (cf. cap. 4), y la de los que lo rechazan. A los que creen en él, Jesús les ofrece la vida eterna, dada por Dios no solo al final de los tiempos sino aquí y ahora. Los que lo rechazan atraen sobre sí mismos, también aquí y ahora, la pérdida de la vida eterna.

La muerte de Jesús es el regreso al Padre. En la cena de despedida instruye especialmente a sus discípulos y les promete el envío del Espíritu Santo. Su muerte en la cruz es su exaltación suprema y su resurrección es el triunfo de la vida sobre la muerte. Jesús resucitado comunica el Espíritu a sus discípulos.

Uno de los medios que este evangelio utiliza, para lograr el fin que se propone, es el del simbolismo. Se percibe mucho más claramente que en los sinópticos un lenguaje que, partiendo de las cosas de este mundo, lleva al lector a las realidades de la esfera divina.

El cuarto evangelio menciona en varios lugares a un discípulo "a quien Jesús quería mucho" (13.23; 19.26–27,35; 20.2–10; 21.20–24). En ninguna parte se dice su nombre. Desde el siglo II este discípulo ha sido identificado con el apóstol Juan, hijo de Zebedeo.

Es opinión generalmente aceptada que el cuarto evangelio fue redactado después de los evangelios sinópticos, a fines del siglo I. Puede pensarse que este evangelio representa el resultado de una larga reflexión y transmisión del mensaje de salvación en comunidades que tuvieron que sostener duros enfrentamientos con grupos judíos.

El desarrollo del contenido de este evangelio ha sido percibido de diversas maneras. El siguiente esquema puede ayudar al lector a descubrir las principales secciones del libro.

1. El hijo de Dios viene al mundo. Revelación y respuesta (1—12)

    Prólogo (1.1–18)

    a. Revelación de Jesús con hechos y palabras: respuesta de fe (1.19—3.36)
    b. Diversas actitudes frente a Jesús (4—6)
    c. Jesús es rechazado por su propio pueblo (7—12)

2. Jesús regresa al Padre. Pasión de Jesús (13—21)
    a. Cena de despedida con los discípulos (13—17)
    b. Pasión y muerte (18—19)
    c. Apariciones de Jesús resucitado (20—21)

Prólogo

1 ¹ En el principio ya existía la Palabra;*a* y aquel que es la Palabra estaba con Dios y era Dios. ² Él estaba en el principio con Dios. ³ Por medio de él, Dios hizo todas las cosas; nada de lo que existe fue hecho sin él.*b* ⁴ En él estaba la vida,*c* y la vida*d* era la luz de la humanidad. ⁵ Esta luz brilla en las tinieblas, y las tinieblas no han podido apagarla.

⁶ Hubo un hombre llamado Juan, a quien Dios envió ⁷ como testigo, para que diera testimonio de la luz y para que todos creyeran por lo que él decía. ⁸ Juan no era la luz, sino uno enviado a dar testimonio de la luz. ⁹ La luz verdadera que alumbra a toda la humanidad venía a este mundo.*e*

¹⁰ Aquel que es la Palabra estaba en el mundo; y, aunque Dios hizo el mundo por medio de él, los que son del mundo no lo reconocieron. ¹¹ Vino a su propio mundo, pero los suyos no lo recibieron. ¹² Pero a quienes lo recibieron y creyeron en él, les concedió el privilegio de llegar a ser hijos de Dios. ¹³ Y son hijos de Dios, no por la naturaleza ni los deseos humanos, sino porque Dios los ha engendrado.*f*

¹⁴ Aquel que es la Palabra se hizo hombre y vivió*g* entre nosotros. Y hemos visto su gloria,*h* la gloria que recibió del Padre, por ser su Hijo único, abundante en amor y verdad. ¹⁵ Juan dio testimonio de él, diciendo: "Este es aquel a quien yo me refería cuando dije que el que viene después de mí es más importante que yo, porque existía antes que yo."

¹⁶ De su abundancia todos hemos recibido un don en vez de otro;*i* ¹⁷ porque la ley fue dada por medio de Moisés, pero el amor y la verdad se han hecho realidad por medio de Jesucristo. ¹⁸ Nadie ha visto jamás a Dios;*j* el Hijo único, que es Dios y que vive en íntima comunión con el Padre, es quien nos lo ha dado a conocer.*k*

Juan el Bautista da testimonio de Jesucristo
(Mt 3.11–12; Mc 1.7–8; Lc 3.15–17)

¹⁹ Este es el testimonio de Juan, cuando las autoridades judías*l* enviaron desde Jerusalén sacerdotes y levitas a preguntarle a Juan quién era él. ²⁰ Y él confesó claramente:

—Yo no soy el Mesías.

²¹ Le volvieron a preguntar:

—¿Quién eres, pues? ¿El profeta Elías?*m*

Juan dijo:

—No lo soy.

Ellos insistieron:

—Entonces, ¿eres el profeta que ha de venir?*n*

Contestó:

—No.

²² Le dijeron:

—¿Quién eres, pues? Tenemos que llevar una respuesta a los que nos enviaron. ¿Qué nos puedes decir de ti mismo?

²³ Juan les contestó:

—Yo soy una voz que grita en el desierto: 'Abran un camino derecho para el Señor', tal como dijo el profeta Isaías.*ñ*

²⁴ Los que fueron enviados por los fariseos a hablar con Juan, ²⁵ le preguntaron:

—Pues si no eres el Mesías, ni Elías ni el profeta, ¿por qué bautizas?

²⁶ Juan les contestó:

—Yo bautizo con agua; pero entre ustedes hay uno que no conocen ²⁷ y que viene después de mí. Yo ni siquiera merezco desatarle la correa de sus sandalias.*o*

²⁸ Todo esto sucedió en el lugar llamado Betania,*p* al otro lado del río Jordán, donde Juan estaba bautizando.

---

a **1.1** Jesucristo es llamado *Palabra* (vv. 1,14; cf. también 1 Jn 1.1; Ap 19.13) en alusión a la palabra creadora de Dios (Gn 1.1–26; Sal 33.6), a su palabra reveladora (Sal 33.4; 119.89), a su palabra salvadora (Sal 107.20) y a la sabiduría divina (Pr 8.22–31; Sab 8.6; 9.9). *b* **1.3** Col 1.15–17; Heb 1.2. *c* **1.3–4** Otra puntuación de los vv. 3–4 permite la siguiente traducción: *nada de lo que existe fue hecho sin él,* ⁴ y lo que fue hecho tenía vida en él. *d* **1.4** *Vida:* Véase 3.15 n. *e* **1.9** Cf. Jn 8.12; 9.5; 12.46. Cf. Is 49.6. *f* **1.13** Algunas interpretaciones antiguas han comprendido este v. así: *Él es el Hijo de Dios, no por la naturaleza o por los deseos humanos, sino porque Dios lo ha engendrado,* refiriendo esta frase a Cristo. *g* **1.14** *Vivió:* lit. *puso su tienda de campaña.* Cf. Ex 40.34–38; Ap 21.3. *h* **1.14** *Gloria:* Cf. 1 R 8.10–11; Is 6.3; 58.8; 60.1; Jn 2.11; 17.5. *i* **1.16** *Un don en vez de otro:* Cf. el v. siguiente. Otros traducen *bendición tras bendición.* *j* **1.18** Ex 33.18–20. *k* **1.14–18** Mt 11.27; Lc 10.22; 1 Jn 1.2. *l* **1.19** *Las autoridades judías:* lit. *los judíos.* Aquí y en otros lugares de Jn, esta expresión designa a las autoridades religiosas de Jerusalén (cf. Jn 2.18; 5.10; 7.1). *m* **1.21** *Elías:* Mal 4.5–6 (véase Mal 4.5 n.); Eclo 48.4–10; Mt 17.10–12. *n* **1.21** *El profeta que ha de venir:* Cf. Dt 18.15–18 y también Jn 6.14; 7.40. *ñ* **1.23** Is 40.3. Cf. Mt 3.3 y paralelos. *o* **1.27** Mc 1.7. *p* **1.28** *Betania:* un lugar al oriente del río Jordán, no la aldea cercana a Jerusalén que se menciona en Jn 11.18. Algunos mss. dicen *Betábara.*

Jesús, el Cordero de Dios

29 Al día siguiente, Juan vio a Jesús, que se acercaba a él, y dijo: "¡Miren, ese es el Cordero de Dios,*q* que quita el pecado del mundo! **30** A él me refería yo cuando dije: 'Después de mí viene uno que es más importante que yo, porque existía antes que yo.'*r* **31** Yo mismo no sabía quién era; pero he venido bautizando con agua precisamente para que el pueblo de Israel lo conozca."

32 Juan también declaró: "He visto al Espíritu Santo bajar del cielo como una paloma, y reposar sobre él. **33** Yo todavía no sabía quién era; pero el que me envió a bautizar con agua, me dijo: 'Aquel sobre quien veas que el Espíritu baja y reposa, es el que bautiza con Espíritu Santo.' **34** Yo ya lo he visto, y soy testigo de que es el Hijo de Dios."*s*

Los primeros discípulos de Jesús

35 Al día siguiente, Juan estaba allí otra vez con dos de sus seguidores. **36** Cuando vio pasar a Jesús, Juan dijo:

—¡Miren, ese es el Cordero de Dios!

37 Los dos seguidores de Juan lo oyeron decir esto, y siguieron a Jesús. **38** Jesús se volvió, y al ver que lo seguían les preguntó:

—¿Qué están buscando?

Ellos dijeron:

—Maestro, ¿dónde vives?

39 Jesús les contestó:

—Vengan a verlo.

Fueron, pues, y vieron dónde vivía, y pasaron con él el resto del día, porque ya eran como las cuatro de la tarde.

40 Uno de los dos que oyeron a Juan y siguieron a Jesús, era Andrés, hermano de Simón Pedro. **41** Al primero que Andrés se encontró fue a su hermano Simón, y le dijo:

—Hemos encontrado al Mesías (que significa: Cristo).

42 Luego Andrés llevó a Simón a donde estaba Jesús; cuando Jesús lo vio, le dijo:

—Tú eres Simón, hijo de Juan, pero tu nombre será Cefas (que significa: Pedro).*t*

Jesús llama a Felipe y a Natanael

43 Al día siguiente, Jesús decidió ir a la región de Galilea. Encontró a Felipe, y le dijo:

—Sígueme.

44 Este Felipe era del pueblo de Betsaida, de donde eran también Andrés y Pedro. **45** Felipe fue a buscar a Natanael, y le dijo:

—Hemos encontrado a aquel de quien escribió Moisés en los libros de la ley, y de quien también escribieron los profetas. Es Jesús, el hijo de José,*u* el de Nazaret.

46 Dijo Natanael:

—¿Acaso de Nazaret puede salir algo bueno?

Felipe le contestó:

—Ven y compruébalo.

47 Cuando Jesús vio acercarse a Natanael, dijo:

—Aquí viene un verdadero israelita, en quien no hay engaño.

48 Natanael le preguntó:

—¿Cómo es que me conoces?

Jesús le respondió:

—Te vi antes que Felipe te llamara, cuando estabas debajo de la higuera.

49 Natanael le dijo:

—Maestro, ¡tú eres el Hijo de Dios, tú eres el Rey de Israel!

50 Jesús le contestó:

—¿Me crees solamente porque te he dicho que te vi debajo de la higuera? Pues vas a ver cosas más grandes que estas.

51 También dijo Jesús:

—Les aseguro que ustedes verán el cielo abierto, y a los ángeles de Dios subir y bajar sobre el Hijo del hombre.*v*

Una boda en Caná de Galilea

2 **1** Al tercer día hubo una boda en Caná, un pueblo de Galilea. La madre de Jesús estaba allí, **2** y Jesús y sus discípulos fueron también invitados a la boda. **3** Se acabó el vino, y la madre de Jesús le dijo:

—Ya no tienen vino.

4 Jesús le contestó:

—Mujer, ¿por qué me dices esto? Mi hora*a* no ha llegado todavía.

---

q **1.29** *Cordero de Dios:* Puede haber alusiones: 1. Al cordero pascual (Cf. Ex 12.1–24; 1 Co 5.7; 1 P 1.18–19; véase Jn 19.36 n.); 2. Al cordero del sacrificio diario (Ex 29.38–42); 3. Al siervo sufriente del Señor (Is 53.4–7; cf. Hch 8.32); 4. Al cordero vencedor del mal (cf. Ap 17.14). *r* **1.30** Jn 1.15,27. *s* **1.32–34** Mt 3.11,16–17 y paralelos; Hch 1.5; 2.1–4 (cf. Is 11.1–2; 42.1; 61.1). *t* **1.42** *Cefas* y *Pedro* son dos formas del mismo nombre, aramea y griega respectivamente (cf. Mt 16.18; Mc 3.16). *u* **1.45** *El hijo de José:* Cf. Mt 1.18–25; Lc 1.26–38; 3.23. *v* **1.51** Alusión a Gn 28.10–17. *a* **2.4** *Mi hora:* cf. Jn 7.6,8,30; 8.20; 12.23; 13.1; 17.1.

5 Ella dijo a los que estaban sirviendo:

—Hagan todo lo que él les diga.[b]

6 Había allí seis tinajas de piedra, para el agua que usan los judíos en sus ceremonias de purificación.[c] En cada tinaja cabían de cincuenta a setenta litros de agua. 7 Jesús dijo a los sirvientes:

—Llenen de agua estas tinajas.

Las llenaron hasta arriba, 8 y Jesús les dijo:

—Ahora saquen un poco y llévenselo al encargado de la fiesta.

Así lo hicieron. 9 El encargado de la fiesta probó el agua convertida en vino, sin saber de dónde había salido; solo los sirvientes lo sabían, pues ellos habían sacado el agua. Así que el encargado llamó al novio 10 y le dijo:

—Todo el mundo sirve primero el mejor vino, y cuando los invitados ya han bebido bastante, entonces se sirve el vino corriente. Pero tú has guardado el mejor vino hasta ahora.

11 Esto que hizo Jesús en Caná de Galilea fue la primera señal milagrosa con la cual mostró su gloria; y sus discípulos creyeron en él.

12 Después de esto se fue a Cafarnaúm, acompañado de su madre, sus hermanos y sus discípulos; y allí estuvieron unos cuantos días.

Jesús purifica el templo
(Mt 21.12–13; Mc 11.15–18; Lc 19.45–46)

13 Como ya se acercaba la fiesta de la Pascua[d] de los judíos, Jesús fue a Jerusalén. 14 Y encontró en el templo a los vendedores de novillos, ovejas y palomas, y a los que estaban sentados en los puestos donde se le cambiaba el dinero a la gente. 15 Al verlo, Jesús tomó unas cuerdas, se hizo un látigo y los echó a todos del templo, junto con sus ovejas y sus novillos. A los que cambiaban dinero les arrojó las monedas al suelo y les volcó las mesas. 16 A los vendedores de palomas les dijo:

—¡Saquen esto de aquí! ¡No hagan un mercado de la casa de mi Padre!

17 Entonces sus discípulos se acordaron de la Escritura que dice: "Me consumirá el celo por tu casa."[e]

18 Los judíos le preguntaron:

—¿Qué prueba nos das de tu autoridad para hacer esto?

19 Jesús les contestó:

—Destruyan este templo, y en tres días volveré a levantarlo.[f]

20 Los judíos le dijeron:

—Cuarenta y seis años se ha trabajado en la construcción de este templo,[g] ¿y tú en tres días lo vas a levantar?

21 Pero el templo al que Jesús se refería era su propio cuerpo. 22 Por eso, cuando resucitó, sus discípulos se acordaron de esto que había dicho, y creyeron en la Escritura y en las palabras de Jesús.

Jesús conoce a todos

23 Mientras Jesús estaba en Jerusalén, en la fiesta de la Pascua, muchos creyeron en él al ver las señales milagrosas que hacía. 24 Pero Jesús no confiaba en ellos, porque los conocía a todos. 25 No necesitaba que nadie le dijera nada acerca de la gente, pues él mismo conocía el corazón del hombre.

Jesús y Nicodemo

3 1 Había un fariseo llamado Nicodemo, que era un hombre importante entre los judíos. 2 Este fue de noche a visitar a Jesús, y le dijo:

—Maestro, sabemos que Dios te ha enviado a enseñarnos, porque nadie podría hacer los milagros que tú haces, si Dios no estuviera con él.

3 Jesús le dijo:

—Te aseguro que el que no nace de nuevo,[a] no puede ver el reino de Dios.

4 Nicodemo le preguntó:

—¿Y cómo puede uno nacer de nuevo cuando ya es viejo? ¿Acaso podrá entrar otra vez dentro de su madre, para volver a nacer?

5 Jesús le contestó:

—Te aseguro que el que no nace de agua y del Espíritu, no puede entrar en el reino de Dios. 6 Lo que nace de padres humanos, es humano; lo que nace del Espíritu, es espíritu. 7 No te extrañes de que te diga: 'Todos tienen que nacer de nuevo.' 8 El viento[b] sopla por

---

b **2.5** Cf. Gn 41.55. *c* **2.6** Cf. Mc 7.2–3. *d* **2.13** *Pascua:* cf. también 2.23; 6.4; 11.55. *e* **2.17** Sal 69.9. *f* **2.19** Cf. Mt 26.61; 27.40; Mc 14.58; 15.29; cf. también Mt 24.2 y paralelos. *g* **2.20** Herodes había comenzado la restauración del templo en el año 20–19 a.C. Los *cuarenta y seis* años desde entonces sitúan este suceso en el año 28 d.C. *a* **3.3** *De nuevo* (aquí y en el v. 7): La palabra griega significa también *de lo alto.* Gl 6.15; Tit 3.5; 1 P 1.3,23. *b* **3.6–8** *Espíritu . . . viento:* En griego, la misma palabra significa *viento* y *Espíritu.*

donde quiere, y aunque oyes su ruido, no sabes de dónde viene ni a dónde va. Así son también todos los que nacen del Espíritu.

9 Nicodemo volvió a preguntarle:

—¿Cómo puede ser esto?

10 Jesús le contestó:

—¿Tú, que eres el maestro de Israel, no sabes estas cosas? 11 Te aseguro que nosotros hablamos de lo que sabemos, y somos testigos de lo que hemos visto; pero ustedes no creen lo que les decimos. 12 Si no me creen cuando les hablo de las cosas de este mundo, ¿cómo me van a creer si les hablo de las cosas del cielo? 13 "Nadie ha subido al cielo sino el que bajó del cielo; es decir, el Hijo del hombre.c 14 Y así como Moisés levantó la serpiente en el desierto,d así también el Hijo del hombre tiene que ser levantado, 15 para que todo el que cree en él tenga vida eterna.e

El amor de Dios para el mundo

16 "Pues Dios amó tanto al mundo, que dio a su Hijo único, para que todo aquel que cree en él no muera, sino que tenga vida eterna. 17 Porque Dios no envió a su Hijo al mundo para condenar al mundo, sino para salvarlo por medio de él.

18 "El que cree en el Hijo de Dios, no está condenado; pero el que no cree, ya ha sido condenado por no creer en el Hijo único de Dios. 19 Los que no creen, ya han sido condenados, pues, como hacían cosas malas, cuando la luz vino al mundo prefirieron la oscuridad a la luz. 20 Todos los que hacen lo malo odian la luz, y no se acercan a ella para que no se descubra lo que están haciendo. 21 Pero los que viven de acuerdo con la verdad, se acercan a la luz para que se vea que todo lo hacen de acuerdo con la voluntad de Dios."

Juan el Bautista vuelve a hablar de Jesús

22 Después de esto, Jesús fue con sus discípulos a la región de Judea, donde pasó algún tiempo con ellos bautizando. 23 También Juan estaba bautizando en Enón, cerca de Salim, porque allí había mucha agua; y la gente iba y era bautizada. 24 Esto sucedió antes que metieran a Juan a la cárcel.f

25 Pero algunos de los seguidores de Juan comenzaron a discutir con un judío sobre el asunto de la purificación, 26 y fueron a decirle a Juan:

—Maestro, el que estaba contigo al otro lado del Jordán, de quien diste testimonio, ahora está bautizando y todos lo siguen.

27 Juan les dijo:

—Nadie puede tener nada, si Dios no se lo da. 28 Ustedes mismos me oyeron decir claramente que yo no soy el Mesías,g sino uno que ha sido enviado delante de él. 29 En una boda, el que tiene a la novia es el novio; y el amigo del novio, que está allí y lo escucha, se llena de alegría al oírlo hablar. Así también mi alegría es ahora completa. 30 Él ha de ir aumentando en importancia, y yo disminuyendo.

El que viene de arriba

31 "El que viene de arriba está sobre todos. El que es de la tierra es terrenal, y habla de las cosas de la tierra. Pero el que viene del cielo está sobre todos, 32 y da testimonio de lo que ha visto y oído; pero nadie acepta su testimonio. 33 Pero si alguien lo acepta, confirma con ello que Dios dice la verdad; 34 pues el que ha sido enviado por Dios, habla las palabras de Dios, porque Dios da abundantemente su Espíritu. 35 El Padre ama al Hijo, y le ha dado poder sobre todas las cosas.h 36 El que cree en el Hijo, tiene vida eterna; pero el que no quiere creer en el Hijo, no tendrá esa vida, sino que recibirá el terrible castigo de Dios."

Jesús y la mujer de Samaria

4 1 Los fariseos se enteraron de que Jesús hacía más discípulos y bautizaba más que Juan 2 (aunque en realidad no era Jesús el que bautizaba, sino sus discípulos). 3 Cuando Jesús lo supo, salió de Judea para volver a Galilea.

4 En su viaje, tenía que pasar por la región de Samaria. 5 De modo que llegó a un pueblo de Samaria que se llamaba Sicar, cerca del terreno que Jacob había dado en herencia a su hijo José.a 6 Allí estaba el pozo de Jacob. Jesús, cansado del camino, se sentó junto al pozo. Era

---

c 3.13 Jn 1.18; 6.46; Ef 4.9. d 3.14 Nm 21.4–9. Cf. Is 52.13; Sab 16.5–8. e 3.15 Vida eterna: La importancia de este concepto en Jn es comparable al de Reino de Dios en los evangelios sinópticos (cf. Jn 5.24; 6.33–54; 20.31). f 3.24 Mt 14.3–4; Mc 6.17–18; Lc 3.19–20. g 3.28 Jn 1.20. h 3.35 Mt 11.27; Lc 10.22. a 4.5 Gn 33.18–19; 48.22; Jos 24.32.

cerca del mediodía. **7-8**Los discípulos habían ido al pueblo a comprar algo de comer. En eso, una mujer de Samaria llegó al pozo a sacar agua, y Jesús le dijo:

—Dame un poco de agua.

9Pero como los judíos no tienen trato con los samaritanos, la mujer le respondió:

—¿Cómo es que tú, siendo judío, me pides agua a mí, que soy samaritana?

10Jesús le contestó:

—Si supieras lo que Dios da y quién es el que te está pidiendo agua, tú le pedirías a él, y él te daría agua viva.*b*

11La mujer le dijo:

—Señor, ni siquiera tienes con qué sacar agua, y el pozo es muy hondo: ¿de dónde vas a darme agua viva? **12**Nuestro antepasado Jacob nos dejó este pozo, del que él mismo bebía y del que bebían también sus hijos y sus animales. ¿Acaso eres tú más que él?

13Jesús le contestó:

—Todos los que beben de esta agua, volverán a tener sed; **14**pero el que beba del agua que yo le daré, nunca volverá a tener sed. Porque el agua que yo le daré se convertirá en él en manantial de agua que brotará dándole vida eterna.

15La mujer le dijo:

—Señor, dame de esa agua, para que no vuelva yo a tener sed ni tenga que venir aquí a sacar agua.

16Jesús le dijo:

—Ve a llamar a tu marido y vuelve acá.

17La mujer le contestó:

—No tengo marido.

Jesús le dijo:

—Bien dices que no tienes marido; **18**porque has tenido cinco maridos, y el que ahora tienes no es tu marido. Es cierto lo que has dicho.

19Al oír esto, la mujer le dijo:

—Señor, ya veo que eres un profeta. **20**Nuestros antepasados, los samaritanos, adoraron a Dios aquí, en este monte;*c* pero ustedes los judíos dicen que Jerusalén es el lugar donde debemos adorarlo.

21Jesús le contestó:

—Créeme, mujer, que llega la hora en que ustedes adorarán al Padre sin tener que venir a este monte ni ir a Jerusalén. **22**Ustedes no saben a quién adoran; pero nosotros sabemos a quién adoramos, pues la salvación viene de los judíos.*d* **23**Pero llega la hora, y es ahora mismo, cuando los que de veras adoran al Padre lo harán de un modo verdadero, conforme al Espíritu de Dios. Pues el Padre quiere que así lo hagan los que lo adoran. **24**Dios es Espíritu, y los que lo adoran deben hacerlo de un modo verdadero, conforme al Espíritu de Dios.

25La mujer le dijo:

—Yo sé que va a venir el Mesías (es decir, el Cristo); y cuando él venga, nos lo explicará todo.

26Jesús le dijo:

—Ese soy yo, el mismo que habla contigo.

27En esto llegaron sus discípulos, y se quedaron extrañados de que Jesús estuviera hablando con una mujer. Pero ninguno se atrevió a preguntarle qué quería, o de qué estaba conversando con ella. **28**La mujer dejó su cántaro y se fue al pueblo, donde dijo a la gente:

29—Vengan a ver a un hombre que me ha dicho todo lo que he hecho. ¿No será este el Mesías?

30Entonces salieron del pueblo y fueron a donde estaba Jesús. **31**Mientras tanto, los discípulos le rogaban:

—Maestro, come algo.

32Pero él les dijo:

—Yo tengo una comida, que ustedes no conocen.

33Los discípulos comenzaron a preguntarse unos a otros:

—¿Será que le habrán traído algo de comer?

34Pero Jesús les dijo:

—Mi comida es hacer la voluntad del que me envió y terminar su trabajo. **35**Ustedes dicen: 'Todavía faltan cuatro meses para la cosecha'; pero yo les digo que se fijen en los sembrados, pues ya están maduros para la cosecha.*e* **36**El que trabaja en la cosecha recibe su paga, y la cosecha que recoge es para vida eterna, para que tanto el que siembra como el que cosecha se alegren juntamente. **37**Pues bien dice el dicho, que 'Unos siembran y otros cosechan.' **38**Y yo los envié a ustedes a cosechar lo que no les costó ningún trabajo; otros fueron los que trabajaron, y ustedes son los que se han beneficiado del trabajo de ellos.

---

b **4.10** Cf. Is 55.1; Jer 2.13; Jn 6.35; 7.37–38; Ap 7.17; 21.6; 22.17. *c* **4.20** *Este monte:* Guerizim. Cf. Dt 11.29; Jos 8.33. *d* **4.22** Ro 9.4–5. *e* **4.35** Cf. Mt 9.37–38; Lc 10.2.

39 Muchos de los habitantes de aquel pueblo de Samaria creyeron en Jesús por lo que les había asegurado la mujer: "Me ha dicho todo lo que he hecho." **40** Así que, cuando los samaritanos llegaron, rogaron a Jesús que se quedara con ellos. Él se quedó allí dos días, **41** y muchos más creyeron al oír lo que él mismo decía. **42** Y dijeron a la mujer:

—Ahora creemos, no solamente por lo que tú nos dijiste, sino también porque nosotros mismos le hemos oído y sabemos que de veras es el Salvador del mundo.

Jesús sana al hijo de un oficial del rey
(Mt 8.5–13; Lc 7.1–10)

43 Pasados esos dos días, Jesús salió de Samaria y siguió su viaje a Galilea. **44** Porque, como él mismo dijo, a un profeta no lo honran en su propia tierra.*ᶠ* **45** Cuando llegó a Galilea, los de aquella región lo recibieron bien, porque también habían ido a la fiesta de la Pascua a Jerusalén y habían visto todo lo que él hizo entonces.*ᵍ*

46 Jesús regresó a Caná de Galilea, donde había convertido el agua en vino. Y había un alto oficial del rey, que tenía un hijo enfermo en Cafarnaúm.*ʰ* **47** Cuando el oficial supo que Jesús había llegado de Judea a Galilea, fue a verlo y le rogó que fuera a su casa y sanara a su hijo, que estaba a punto de morir. **48** Jesús le contestó:

—Ustedes no creen, si no ven señales y milagros.

49 Pero el oficial le dijo:

—Señor, ven pronto, antes que mi hijo se muera.

50 Jesús le dijo entonces:

—Vuelve a casa; tu hijo vive.

El hombre creyó lo que Jesús le dijo, y se fue. **51** Mientras regresaba a su casa, sus criados salieron a su encuentro y le dijeron:

—¡Su hijo vive!

52 Él les preguntó a qué hora había comenzado a sentirse mejor su hijo, y le contestaron:

—Ayer a la una de la tarde se le quitó la fiebre.

53 El padre cayó entonces en la cuenta de que era la misma hora en que Jesús le dijo: "Tu hijo vive"; y él y toda su familia creyeron en Jesús.

54 Esta fue la segunda señal milagrosa que hizo Jesús, cuando volvió de Judea a Galilea.

Jesús sana al paralítico de Betzatá

5 **1** Algún tiempo después, los judíos celebraban una fiesta, y Jesús volvió a Jerusalén. **2** En Jerusalén, cerca de la puerta llamada de las Ovejas, hay un estanque que en hebreo se llama Betzatá.*ᵃ* Tiene cinco pórticos, **3** en los cuales se encontraban muchos enfermos, ciegos, cojos y tullidos echados en el suelo.*ᵇ* **5** Había entre ellos un hombre que estaba enfermo desde hacía treinta y ocho años. **6** Cuando Jesús lo vio allí acostado y se enteró del mucho tiempo que llevaba así, le preguntó:

—¿Quieres recobrar la salud?

7 El enfermo le contestó:

—Señor, no tengo a nadie que me meta en el estanque cuando se remueve el agua. Cada vez que quiero meterme, otro lo hace primero.

8 Jesús le dijo:

—Levántate, alza tu camilla y anda.

9 En aquel momento el hombre recobró la salud, alzó su camilla y comenzó a andar. Pero como era sábado, **10** los judíos*ᶜ* dijeron al que había sido sanado:

—Hoy es sábado; no te está permitido llevar tu camilla.

11 Aquel hombre les contestó:

—El que me devolvió la salud, me dijo: 'Alza tu camilla y anda.'

12 Ellos le preguntaron:

—¿Quién es el que te dijo: 'Alza tu camilla y anda'?

13 Pero el hombre no sabía quién lo había sanado, porque Jesús había desaparecido entre la mucha gente que había allí. **14** Después Jesús lo encontró en el templo, y le dijo:

—Mira, ahora que ya estás sano, no vuelvas a pecar, para que no te pase algo peor.

15 El hombre se fue y comunicó a los judíos que Jesús era quien le había devuelto la salud. **16** Por eso los judíos perseguían a

---

ᶠ **4.44** Mt 13.57; Mc 6.4; Lc 4.24. *ᵍ* **4.45** Jn 2.23. *ʰ* **4.46** Jn 2.1–11. *ᵃ* **5.2** *Betzatá:* Se trata del área al nordeste del templo. Algunos mss. dicen *Betesda* o *Betsaida.* El estanque era doble. En los cuatro lados y en la división central tenía pórticos (galerías con columnas). *ᵇ* **5.3** Algunos mss. añaden *que esperaban el movimiento del agua. ⁴ Porque de cuando en cuando un ángel bajaba al estanque y removía el agua, y el primero que se metía en ella, después de haber sido removida, quedaba sano de cualquier enfermedad que tuviera.* *ᶜ* **5.10** *Judíos:* Véase 1.19 n.

Jesús, pues hacía estas cosas en sábado. **17** Pero Jesús les dijo:

—Mi Padre siempre ha trabajado, y yo también trabajo.

18 Por esto, los judíos tenían aún más deseos de matarlo, porque no solamente no observaba el mandato sobre el sábado, sino que además se hacía igual a Dios al decir que Dios era su propio Padre.

La autoridad del Hijo de Dios

19 Jesús les dijo: "Les aseguro que el Hijo de Dios no puede hacer nada por su propia cuenta; solamente hace lo que ve hacer al Padre. Todo lo que hace el Padre, también lo hace el Hijo. **20** Pues el Padre ama al Hijo y le muestra todo lo que hace; y le mostrará cosas todavía más grandes, que los dejarán a ustedes asombrados. **21** Porque así como el Padre resucita a los muertos y les da vida, también el Hijo da vida a quienes quiere dársela. **22** Y el Padre no juzga a nadie, sino que le ha dado a su Hijo todo el poder de juzgar, **23** para que todos den al Hijo la misma honra que dan al Padre. El que no honra al Hijo, tampoco honra al Padre, que lo ha enviado.

24 "Les aseguro que quien presta atención a lo que yo digo y cree en el que me envió, tiene vida eterna; y no será condenado, pues ya ha pasado de la muerte a la vida. **25** Les aseguro que viene la hora, y es ahora mismo, cuando los muertos oirán la voz del Hijo de Dios; y los que la oigan, vivirán. **26** Porque así como el Padre tiene vida en sí mismo, así también ha hecho que el Hijo tenga vida en sí mismo, **27** y le ha dado autoridad para juzgar, por cuanto que es el Hijo del hombre. **28** No se admiren de esto, porque va a llegar la hora en que todos los muertos oirán su voz **29** y saldrán de las tumbas. Los que hicieron el bien, resucitarán para tener vida; pero los que hicieron el mal, resucitarán para ser condenados. *d*

Pruebas de la autoridad de Jesús

30 "Yo no puedo hacer nada por mi propia cuenta. Juzgo según el Padre me ordena, y mi juicio es justo, pues no trato de hacer mi voluntad sino la voluntad del Padre, que me ha

enviado. **31** Si yo diera testimonio en favor mío, mi testimonio no valdría como prueba. **32** Pero hay otro *e* que da testimonio en favor mío, y me consta que su testimonio sí vale como prueba. **33** Ustedes enviaron a preguntarle a Juan, y él dio testimonio a favor de la verdad. *f* **34** Pero yo no dependo del testimonio de ningún hombre. Solo digo esto para que ustedes alcancen la salvación. **35** Juan era como una lámpara que ardía y alumbraba, y ustedes quisieron gozar de su luz por un corto tiempo. **36** Pero tengo a mi favor un testimonio más valioso que el de Juan. Lo que yo hago, que es lo que el Padre me encargó que hiciera, comprueba que de veras el Padre me ha enviado. **37** Y también el Padre, que me ha enviado, da testimonio a mi favor, a pesar de que ustedes nunca han oído su voz ni lo han visto, **38** ni dejan que su palabra permanezca en ustedes, porque no creen en aquel que el Padre envió. **39** Ustedes estudian las Escrituras con mucho cuidado, porque esperan encontrar en ellas la vida eterna; *g* sin embargo, aunque las Escrituras dan testimonio de mí, **40** ustedes no quieren venir a mí para tener esa vida.

41 "Yo no acepto gloria que venga de los hombres. **42** Además, los conozco a ustedes y sé que no tienen el amor de Dios. **43** Yo he venido en nombre de mi Padre, y ustedes no me aceptan; en cambio, si viniera otro en nombre propio, a ese lo aceptarían. **44** ¿Cómo pueden creer ustedes, si reciben gloria los unos de los otros y no buscan la gloria que viene del Dios único? **45** No crean que yo los voy a acusar delante de mi Padre; el que los acusa es Moisés mismo, en quien ustedes han puesto su confianza. *h* **46** Porque si ustedes le creyeran a Moisés, también me creerían a mí, porque Moisés escribió acerca de mí. *i* **47** Pero si no creen lo que él escribió, ¿cómo van a creer lo que yo les digo?"

Jesús da de comer a una multitud
(Mt 14.13–21; Mc 6.30–44; Lc 9.10–17)

6 **1** Después de esto, Jesús se fue al otro lado del Lago de Galilea, que es el mismo Lago de Tiberias. **2** Mucha gente lo seguía, porque habían visto las señales milagrosas que

---

d **5.29** Cf. Dn 12.2; 2 Mac 7.9–14,23.   *e* **5.32** *Otro:* esto es, el Padre (5.37–38; 8.18).   *f* **5.33** Jn 1.19–34; 3.27–30.
g **5.39** Dt 4.1; 8.1; 30.15–20; Bar 4.1.   *h* **5.45** Dt 31.26–27.   *i* **5.46** Posible alusión a Dt 18.15,18 o a los cinco primeros libros del AT en general. Cf. Lc 24.27; Hch 3.22; 7.37.

hacía sanando a los enfermos. ³Entonces Jesús subió a un monte, y se sentó con sus discípulos. ⁴Ya estaba cerca la Pascua, la fiesta de los judíos. ⁵Cuando Jesús miró y vio la mucha gente que lo seguía, le dijo a Felipe:

—¿Dónde vamos a comprar pan para toda esta gente?

⁶Pero lo dijo por ver qué contestaría Felipe, porque Jesús mismo sabía bien lo que había de hacer. ⁷Felipe le respondió:

—Ni siquiera el salario de doscientos días bastaría para comprar el pan suficiente para que cada uno recibiera un poco.

⁸Entonces Andrés, que era otro de sus discípulos y hermano de Simón Pedro, le dijo:

⁹—Aquí hay un niño que tiene cinco panes de cebada ª y dos pescados; pero, ¿qué es esto para tanta gente?

¹⁰Jesús respondió:

—Díganles a todos que se sienten.

Había mucha hierba en aquel lugar, y se sentaron. Eran unos cinco mil hombres. ¹¹Jesús tomó en sus manos los panes y, después de dar gracias a Dios, los repartió entre los que estaban sentados. Hizo lo mismo con los pescados, dándoles todo lo que querían. ¹²Cuando ya estuvieron satisfechos, Jesús dijo a sus discípulos:

—Recojan los pedazos sobrantes, para que no se desperdicie nada.

¹³Ellos los recogieron, y llenaron doce canastas con los pedazos que sobraron de los cinco panes de cebada. ¹⁴La gente, al ver esta señal milagrosa hecha por Jesús, decía:

—De veras este es el profeta que había de venir al mundo.ᵇ

¹⁵Pero como Jesús se dio cuenta de que querían llevárselo a la fuerza para hacerlo rey, se retiró otra vez a lo alto del cerro, para estar solo.

Jesús camina sobre el agua
(Mt 14.22-27; Mc 6.45-52)

¹⁶Al llegar la noche, los discípulos de Jesús bajaron al lago, ¹⁷subieron a una barca y comenzaron a cruzar el lago para llegar a Cafarnaúm. Ya estaba completamente oscuro, y Jesús no había regresado todavía. ¹⁸En esto, el lago se alborotó a causa de un fuerte viento que se había levantado. ¹⁹Cuando ya habían avanzado unos cinco o seis kilómetros, vieron a Jesús, que se acercaba a la barca caminando sobre el agua, y tuvieron miedo. ²⁰Él les dijo:

—¡Soy yo, no tengan miedo!

²¹Con gusto lo recibieron en la barca, y en un momento llegaron a la tierra adonde iban.

La gente busca a Jesús

²²Al día siguiente, la gente que estaba al otro lado del lago se dio cuenta de que los discípulos se habían ido en la única barca que allí había, y que Jesús no iba con ellos. ²³Mientras tanto, otras barcas llegaron de la ciudad de Tiberias a un lugar cerca de donde habían comido el pan después que el Señor dio gracias. ²⁴Así que, al ver que ni Jesús ni sus discípulos estaban allí, la gente subió también a las barcas y se dirigió a Cafarnaúm, a buscarlo.

Jesús, el pan de la vida

²⁵Al llegar ellos al otro lado del lago, encontraron a Jesús y le preguntaron:

—Maestro, ¿cuándo viniste acá?

²⁶Jesús les dijo:

—Les aseguro que ustedes me buscan porque comieron hasta llenarse, y no porque hayan entendido las señales milagrosas. ²⁷No trabajen por la comida que se acaba, sino por la comida que permanece y que les da vida eterna. Esta es la comida que les dará el Hijo del hombre, porque Dios, el Padre, ha puesto su sello en él.

²⁸Le preguntaron:

—¿Qué debemos hacer para realizar las obras que Dios quiere que hagamos?

²⁹Jesús les contestó:

—La única obra que Dios quiere es que crean en aquel que él ha enviado.

³⁰Le preguntaron entonces:

—¿Qué señal puedes darnos, para que al verla te creamos? ¿Cuáles son tus obras? ³¹Nuestros antepasados comieron el maná en el desierto, como dice la Escritura: 'Les dio a comer pan del cielo.'ᶜ

³²Jesús les contestó:

—Les aseguro que no fue Moisés quien les dio a ustedes el pan del cielo, sino que mi Padre es quien les da el verdadero pan del cielo. ³³Porque el pan que Dios da es el que ha bajado del cielo y da vida al mundo.

ª**6.9** *Panes de cebada:* cf. 2 R 4.42-44. ᵇ**6.14** Cf. Dt 18.15-18. ᶜ**6.31** Sal 78.24; cf. también Ex 16.4,15; Neh 9.15; Sab 16.20.

34 Ellos le pidieron:

—Señor, danos siempre ese pan.

35 Y Jesús les dijo:

—Yo soy el pan que da vida. El que viene a mí, nunca tendrá hambre; y el que cree en mí, nunca tendrá sed. 36 Pero como ya les dije, ustedes no creen aunque me han visto. 37 Todos los que el Padre me da, vienen a mí; y a los que vienen a mí, no los echaré fuera. 38 Porque yo no he bajado del cielo para hacer mi propia voluntad, sino para hacer la voluntad de mi Padre, que me ha enviado. 39 Y la voluntad del que me ha enviado es que yo no pierda a ninguno de los que me ha dado, sino que los resucite en el día último. 40 Porque la voluntad de mi Padre es que todos los que miran al Hijo de Dios y creen en él, tengan vida eterna; y yo los resucitaré en el día último.

41 Por esto los judíos comenzaron a murmurar de Jesús, porque afirmó: "Yo soy el pan que ha bajado del cielo." 42 Y dijeron:

—¿No es este Jesús, el hijo de José? Nosotros conocemos a su padre y a su madre. ¿Cómo dice ahora que ha bajado del cielo?

43 Jesús les dijo entonces:

—Dejen de murmurar. 44 Nadie puede venir a mí, si no lo trae el Padre, que me ha enviado; y yo lo resucitaré en el día último. 45 En los libros de los profetas se dice: 'Dios instruirá a todos.'*d* Así que todos los que escuchan al Padre y aprenden de él, vienen a mí. 46 "No es que alguno haya visto al Padre; el único que lo ha visto es el que procede de Dios.*e* 47 Les aseguro que quien cree, tiene vida eterna. 48 Yo soy el pan que da vida. 49 Los antepasados de ustedes comieron el maná en el desierto, y a pesar de ello murieron; 50 pero yo hablo del pan que baja del cielo; quien come de él, no muere. 51 Yo soy ese pan vivo que ha bajado del cielo; el que come de este pan, vivirá para siempre. El pan que yo daré es mi propia carne. Lo daré por la vida del mundo."*f*

52 Los judíos se pusieron a discutir unos con otros:

—¿Cómo puede este darnos a comer su propia carne?

53 Jesús les dijo:

—Les aseguro que si ustedes no comen la carne del Hijo del hombre y beben su sangre, no tendrán vida. 54 El que come mi carne y bebe mi sangre, tiene vida eterna; y yo lo resucitaré en el día último. 55 Porque mi carne es verdadera comida, y mi sangre es verdadera bebida. 56 El que come mi carne y bebe mi sangre, vive unido a mí, y yo vivo unido a él. 57 El Padre, que me ha enviado, tiene vida, y yo vivo por él; de la misma manera, el que se alimenta de mí, vivirá por mí. 58 Hablo del pan que ha bajado del cielo. Este pan no es como el maná que comieron los antepasados de ustedes, que a pesar de haberlo comido murieron; el que come de este pan, vivirá para siempre.

59 Jesús enseñó estas cosas en la sinagoga en Cafarnaúm.

Palabras de vida eterna

60 Al oir estas enseñanzas, muchos de los que seguían a Jesús dijeron:

—Esto que dice es muy difícil de aceptar; ¿quién puede hacerle caso?

61 Jesús, dándose cuenta de lo que estaban murmurando, les preguntó:

—¿Esto les ofende? 62 ¿Qué pasaría entonces, si vieran al Hijo del hombre subir a donde antes estaba? 63 El espíritu es el que da vida; lo carnal no sirve para nada. Y las cosas que yo les he dicho son espíritu y vida. 64 Pero todavía hay algunos de ustedes que no creen.

Es que Jesús sabía desde el principio quiénes eran los que no creían, y quién era el que lo iba a traicionar. 65 Y añadió:

—Por esto les he dicho que nadie puede venir a mí, si el Padre no se lo concede.

66 Desde entonces, muchos de los que habían seguido a Jesús lo dejaron, y ya no andaban con él. 67 Jesús les preguntó a los doce discípulos:

—¿También ustedes quieren irse?

68 Simón Pedro le contestó:

—Señor, ¿a quién podemos ir? Tus palabras son palabras de vida eterna. 69 Nosotros ya hemos creído, y sabemos que tú eres el Santo de Dios.*g*

70 Jesús les contestó:

—¿No los he escogido yo a ustedes doce?*h* Sin embargo, uno de ustedes es un diablo.

71 Al decir esto, Jesús hablaba de Judas, hijo de Simón Iscariote, porque Judas iba a traicionarlo, aunque era uno de los doce discípulos.*i*

---

d **6.45** Is 54.13; cf. Jer 31.33–34. *e* **6.46** Jn 1.18. *f* **6.51** Cf. Mt 26.26–29; Mc 14.22–25; Lc 22.14–22; 1 Co 11.23–26. *g* **6.68–69** Mt 16.16; Mc 8.29; Lc 9.20. *h* **6.70** *Doce:* Cf. Mt 10.1–4 y paralelos. *i* **6.71** Jn 13.2–4, 21–30; 18.2–3.

Los hermanos de Jesús no creían en él

7 ¹Después de esto, Jesús andaba por la región de Galilea. No quería estar en Judea, porque allí los judíos[a] lo buscaban para matarlo. ²Pero como se acercaba la fiesta de las Enramadas,[b] una de las fiestas de los judíos, ³sus hermanos le dijeron:

—No te quedes aquí; vete a Judea, para que los seguidores que tienes allá también vean lo que haces. ⁴Pues cuando uno quiere ser conocido, no hace las cosas en secreto. Ya que haces cosas como estas, hazlas delante de todo el mundo.

⁵Y es que ni siquiera sus hermanos creían en él. ⁶Jesús les dijo:

—Todavía no ha llegado mi hora, pero para ustedes cualquier hora es buena. ⁷Los que son del mundo no pueden odiarlos a ustedes; pero a mí me odian, porque yo hago ver claramente que lo que hacen es malo. ⁸Vayan ustedes a la fiesta; yo no voy, porque todavía no se ha cumplido mi hora.

⁹Les dijo esto, y se quedó en Galilea.

Jesús en la fiesta de las Enramadas

¹⁰Pero después que se fueron sus hermanos, también Jesús fue a la fiesta, aunque no públicamente, sino casi en secreto. ¹¹Los judíos lo buscaban en la fiesta, y decían:

—¿Dónde estará ese hombre?

¹²Entre la gente se hablaba mucho de él. Unos decían: "Es un hombre de bien"; pero otros decían: "No es bueno; engaña a la gente." ¹³Sin embargo, nadie hablaba abiertamente de él, por miedo a los judíos.

¹⁴Hacia la mitad de la fiesta, Jesús entró en el templo y comenzó a enseñar. ¹⁵Los judíos decían admirados:

—¿Cómo sabe este tantas cosas, sin haber estudiado?

¹⁶Jesús les contestó:

—Mi enseñanza no es mía, sino de aquel que me envió. ¹⁷Si alguien está dispuesto a hacer la voluntad de Dios, podrá reconocer si mi enseñanza viene de Dios o si hablo por mi propia cuenta. ¹⁸El que habla por su cuenta, busca su propia gloria; pero quien busca la gloria del que lo envió, ese dice la verdad y en él no hay nada reprochable.

¹⁹"¿No es verdad que Moisés les dio a ustedes la ley? Sin embargo, ninguno de ustedes la obedece. ¿Por qué quieren matarme?"

²⁰La gente le contestó:

—¡Estás endemoniado! ¿Quién quiere matarte?

²¹Jesús les dijo:

—Todos ustedes se admiran por una sola cosa que hice en sábado. ²²Sin embargo, Moisés les mandó practicar el rito de la circuncisión (aunque no procede de Moisés, sino de los patriarcas),[c] y ustedes circuncidan a un hombre aunque sea en sábado. ²³Ahora bien, si por no faltar a la ley de Moisés ustedes circuncidan al niño aunque sea en sábado, ¿por qué se enojan conmigo por haber sanado en sábado al hombre entero? ²⁴No juzguen ustedes por las apariencias. Cuando juzguen, háganlo con rectitud.

Jesús habla de su origen

²⁵Algunos de los que vivían en Jerusalén comenzaron entonces a preguntar:

—¿No es a este al que andan buscando para matarlo? ²⁶Pues ahí está, hablando en público, y nadie le dice nada. ¿Será que las autoridades creen de veras que este hombre es el Mesías? ²⁷Pero nosotros sabemos de dónde viene este; en cambio, cuando venga el Mesías, nadie sabrá de dónde viene.

²⁸Al oir esto, Jesús, que estaba enseñando en el templo, dijo con voz fuerte:

—¡Así que ustedes me conocen y saben de dónde vengo! Pero no he venido por mi propia cuenta, sino que vengo enviado por uno que es digno de confianza y a quien ustedes no conocen. ²⁹Yo lo conozco porque procedo de él, y él me ha enviado.

³⁰Entonces quisieron arrestarlo, pero ninguno le echó mano porque todavía no había llegado su hora. ³¹Muchos creyeron en él, y decían:

—Cuando venga el Mesías, ¿acaso hará más señales milagrosas que este hombre?

Los fariseos intentan arrestar a Jesús

³²Los fariseos oyeron lo que la gente decía de Jesús; y ellos y los jefes de los sacerdotes

---

si el Hijo los hace libres, ustedes serán verdaderamente libres.[g] 37 Ya sé que ustedes son descendientes de Abraham; pero quieren matarme porque no aceptan mi palabra. 38 Yo hablo de lo que el Padre me ha mostrado; así también ustedes, hagan lo que del Padre han escuchado.

39 Ellos le dijeron:

—¡Nuestro padre es Abraham!

Pero Jesús les contestó:

—Si ustedes fueran de veras hijos de Abraham, harían lo que él hizo. 40 Sin embargo, aunque les he dicho la verdad que Dios me ha enseñado, ustedes quieren matarme. ¡Abraham nunca hizo nada así! 41 Ustedes hacen lo mismo que hace su padre.

Ellos le dijeron:

—¡Nosotros no somos hijos bastardos; tenemos un solo Padre, que es Dios![h]

42 Jesús les contestó:

—Si de veras Dios fuera su padre, ustedes me amarían, porque yo vengo de Dios y aquí estoy. No he venido por mi propia cuenta, sino que Dios me ha enviado. 43 ¿Por qué no pueden entender ustedes mi mensaje? Pues simplemente porque no pueden escuchar mi palabra. 44 El padre de ustedes es el diablo; ustedes le pertenecen, y tratan de hacer lo que él quiere. El diablo ha sido un asesino desde el principio. No se mantiene en la verdad, y nunca dice la verdad. Cuando dice mentiras, habla como lo que es; porque es mentiroso y es el padre de la mentira. 45 Pero como yo digo la verdad, ustedes no me creen. 46 ¿Quién de ustedes puede demostrar que yo tengo algún pecado? Y si digo la verdad, ¿por qué no me creen?[i] 47 El que es de Dios, escucha las palabras de Dios; pero como ustedes no son de Dios, no quieren escuchar.

Cristo existe desde antes de Abraham

48 Los judíos le dijeron entonces:

—Tenemos razón cuando decimos que eres un samaritano y que tienes un demonio.

49 Jesús les contestó:

—No tengo ningún demonio. Lo que hago es honrar a mi Padre; en cambio, ustedes me deshonran. 50 Yo no busco mi gloria; hay alguien que la busca, y él es el que juzga. 51 Les

aseguro que quien hace caso de mi palabra, no morirá.

52 Los judíos le contestaron:

—Ahora estamos seguros de que tienes un demonio. Abraham y todos los profetas murieron, y tú dices: 'El que hace caso de mi palabra, no morirá.' 53 ¿Acaso eres tú más que nuestro padre Abraham? Él murió, y los profetas también murieron. ¿Quién te has creído que eres?

54 Jesús les contestó:

—Si yo me glorifico a mí mismo, mi gloria no vale nada. Pero el que me glorifica es mi Padre, el mismo que ustedes dicen que es su Dios. 55 Pero ustedes no lo conocen. Yo sí lo conozco; y si dijera que no lo conozco, sería yo tan mentiroso como ustedes. Pero ciertamente lo conozco, y hago caso de su palabra. 56 Abraham, el antepasado de ustedes, se alegró porque iba a ver mi día; y lo vio, y se llenó de gozo.

57 Los judíos dijeron a Jesús:

—Todavía no tienes cincuenta años, ¿y dices que has visto a Abraham?

58 Jesús les contestó:

—Les aseguro que yo existo desde antes que existiera Abraham.[j]

59 Entonces ellos tomaron piedras para arrojárselas; pero Jesús se escondió y salió del templo.

Jesús da la vista a un hombre que nació ciego

9 1 Al salir, Jesús vio a su paso a un hombre que había nacido ciego. 2 Sus discípulos le preguntaron:

—Maestro, ¿por qué nació ciego este hombre? ¿Por el pecado de sus padres, o por su propio pecado?

3 Jesús les contestó:

—Ni por su propio pecado ni por el de sus padres; fue más bien para que en él se demuestre lo que Dios puede hacer. 4 Mientras es de día, tenemos que hacer el trabajo del que me envió; pues viene la noche, cuando nadie puede trabajar. 5 Mientras estoy en este mundo, soy la luz del mundo.[a]

6 Después de haber dicho esto, Jesús escupió en el suelo, hizo con la saliva un poco de lodo y se lo untó al ciego en los ojos. 7 Luego le dijo:

—Ve a lavarte al estanque de Siloé (que significa: "Enviado").

---

g **8.36** Cf. Ro 6.16–18; Gl 5.1,13. *h* **8.41** Cf. Is 63.16; 64.8. *i* **8.46** Cf. 2 Co 5.21; Heb 4.15; 1 Jn 3.5. *j* **8.58** Cf. Jn 1.1,15; 10.30–33; Flp 2.6; Col 1.15. *a* **9.5** Jn 1.5–9; 8.12; cf. Is 49.6.

El ciego fue y se lavó, y cuando regresó ya podía ver. **8**Los vecinos y los que antes lo habían visto pedir limosna se preguntaban:

—¿No es este el que se sentaba a pedir limosna?

9Unos decían:

—Sí, es él.

Otros decían:

—No, no es él, aunque se le parece.

Pero él mismo decía:

—Sí, yo soy.

10Entonces le preguntaron:

—¿Y cómo es que ahora puedes ver?

11Él les contestó:

—Ese hombre que se llama Jesús hizo lodo, me lo untó en los ojos, y me dijo: 'Ve al estanque de Siloé, y lávate.' Yo fui, y en cuanto me lavé, pude ver.

12Entonces le preguntaron:

—¿Dónde está ese hombre?

Y él les dijo:

—No lo sé.

Los fariseos interrogan al ciego que fue sanado

13-14 El día en que Jesús hizo el lodo y devolvió la vista al ciego era sábado. Por eso llevaron ante los fariseos al que había sido ciego, **15**y ellos le preguntaron cómo era que ya podía ver. Y él les contestó:

—Me puso lodo en los ojos, me lavé, y ahora veo.

16Algunos fariseos dijeron:

—El que hizo esto no puede ser de Dios, porque no respeta el sábado.

Pero otros decían:

—¿Cómo puede hacer estas señales milagrosas, si es pecador?

De manera que hubo división entre ellos, **17**y volvieron a preguntarle al que antes era ciego:

—Puesto que te ha dado la vista, ¿qué dices de él?

Él contestó:

—Yo digo que es un profeta.

18Pero los judíos no quisieron creer que había sido ciego y que ahora podía ver, hasta que llamaron a sus padres **19**y les preguntaron:

—¿Es este su hijo? ¿Declaran ustedes que nació ciego? ¿Cómo es que ahora puede ver?

20Sus padres contestaron:

—Sabemos que este es nuestro hijo, y que nació ciego; **21**pero no sabemos cómo es que ahora puede ver, ni tampoco sabemos quién le dio la vista. Pregúntenselo a él; ya es mayor de edad, y él mismo puede darles razón.

22Sus padres dijeron esto por miedo, pues los judíos se habían puesto de acuerdo para expulsar de la sinagoga a cualquiera que reconociera que Jesús era el Mesías. **23**Por eso dijeron sus padres: "Pregúntenselo a él, que ya es mayor de edad."

24Los judíos volvieron a llamar al que había sido ciego, y le dijeron:

—Dinos la verdad delante de Dios. Nosotros sabemos que ese hombre es pecador.

25Él les contestó:

—Si es pecador, no lo sé. Lo que sí sé es que yo era ciego y ahora veo.

26Volvieron a preguntarle:

—¿Qué te hizo? ¿Qué hizo para darte la vista?

27Les contestó:

—Ya se lo he dicho, pero no me hacen caso. ¿Por qué quieren que se lo repita? ¿Es que también ustedes quieren seguirlo?

28Entonces lo insultaron, y le dijeron:

—Tú serás discípulo de ese hombre; nosotros somos discípulos de Moisés. **29**Y sabemos que Dios le habló a Moisés,[b] pero de ese no sabemos ni siquiera de dónde ha salido.

30El hombre les contestó:

—¡Qué cosa tan rara! Ustedes no saben de dónde ha salido, y en cambio a mí me ha dado la vista. **31**Bien sabemos que Dios no escucha a los pecadores; solamente escucha a los que lo adoran y hacen su voluntad.[c] **32**Nunca se ha oído decir de nadie que diera la vista a una persona que nació ciega. **33**Si este hombre no viniera de Dios, no podría hacer nada.

34Le dijeron entonces:

—Tú, que naciste lleno de pecado, ¿quieres darnos lecciones a nosotros?

Y lo expulsaron de la sinagoga.

Ciegos espirituales

35Jesús oyó decir que habían expulsado al ciego; y cuando se encontró con él, le preguntó:

—¿Crees tú en el Hijo del hombre?

36Él le dijo:

—Señor, dime quién es, para que yo crea en él.

---

b **9.29** Ex 33.11.   *c* **9.31** Sal 66.18; Pr 15.29.

37 Jesús le contestó:

—Ya lo has visto: soy yo, con quien estás hablando.

38 Entonces el hombre se puso de rodillas delante de Jesús, y le dijo:

—Creo, Señor.

39 Luego dijo Jesús:

—Yo he venido a este mundo para hacer juicio, para que los ciegos vean y para que los que ven se vuelvan ciegos.

40 Algunos fariseos que estaban con él, al oir esto, le preguntaron:

—¿Acaso nosotros también somos ciegos?

41 Jesús les contestó:

—Si ustedes fueran ciegos, no tendrían culpa de sus pecados. Pero como dicen que ven, son culpables.

El pastor y sus ovejas

10 **1** Entonces Jesús dijo: "Les aseguro que el que no entra en el redil de las ovejas por la puerta es un ladrón y un bandido. **2** Pero el que entra por la puerta es el pastor que cuida las ovejas. **3** El portero le abre la puerta, y el pastor llama a cada oveja por su nombre, y las ovejas reconocen su voz; las saca del redil, **4** y cuando ya han salido todas, camina delante de ellas, y las ovejas lo siguen porque reconocen su voz. **5** En cambio, a un desconocido no lo siguen, sino que huyen de él, porque desconocen su voz."

6 Jesús les puso esta comparación, pero ellos no entendieron lo que les quería decir.

Jesús, el buen pastor

7 Jesús volvió a decirles: "Esto les aseguro: Yo soy la puerta por donde pasan las ovejas. **8** Todos los que vinieron antes de mí, fueron unos ladrones y unos bandidos; pero las ovejas no les hicieron caso. **9** Yo soy la puerta: el que por mí entre, se salvará. Será como una oveja que entra y sale y encuentra pastos.

10 "El ladrón viene solamente para robar, matar y destruir; pero yo he venido para que tengan vida, y para que la tengan en abundancia. **11** Yo soy el buen pastor. El buen pastor da

su vida por las ovejas; **12** pero el que trabaja solamente por la paga, cuando ve venir al lobo deja las ovejas y huye, porque no es el pastor y porque las ovejas no son suyas. Y el lobo ataca a las ovejas y las dispersa en todas direcciones. **13** Ese hombre huye porque lo único que le importa es la paga, y no las ovejas.

14-15 "Yo soy el buen pastor. Así como mi Padre me conoce a mí y yo conozco a mi Padre,*a* así también yo conozco a mis ovejas y ellas me conocen a mí. Yo doy mi vida por las ovejas. **16** También tengo otras ovejas que no son de este redil;*b* y también a ellas debo traerlas. Ellas me obedecerán, y formarán un solo rebaño, con un solo pastor.

17 "El Padre me ama porque yo doy mi vida para volverla a recibir. **18** Nadie me quita la vida, sino que yo la doy por mi propia voluntad. Tengo el derecho de darla y de volver a recibirla. Esto es lo que me ordenó mi Padre."

19 Cuando los judíos oyeron estas palabras, volvieron a dividirse. **20** Muchos de ellos decían:

—¿Por qué le hacen caso, si tiene un demonio y está loco?

21 Pero otros decían:

—Nadie que tenga un demonio puede hablar así. ¿Acaso un demonio puede dar la vista a los ciegos?

Los judíos rechazan a Jesús

22 Era invierno, y en Jerusalén estaban celebrando la fiesta en que se conmemoraba la dedicación del templo.*c* **23** Jesús estaba en el templo, y andaba por el Pórtico de Salomón.*d* **24** Entonces los judíos lo rodearon y le preguntaron:

—¿Hasta cuándo nos vas a tener en dudas? Si tú eres el Mesías, dínoslo de una vez.

25 Jesús les contestó:

—Ya se lo dije a ustedes, y no me creyeron. Las cosas que yo hago con la autoridad de mi Padre, lo demuestran claramente; **26** pero ustedes no creen, porque no son de mis ovejas. **27** Mis ovejas reconocen mi voz, y yo las conozco y ellas me siguen. **28** Yo les doy vida eterna,

---

a **10.14–15** Mt 11.27; Lc 10.22.   *b* **10.16** Jn 11.52; 17.20.   *c* **10.22** La *fiesta* de la *Dedicación* (heb. *hanuká*), celebrada durante ocho días en diciembre, conmemora la restauración y consagración del templo de Jerusalén por Judas Macabeo en 164 a.C., después que lo había profanado Antíoco Epífanes (cf. Dn 9.27; 11.31; 1 Mac 4.36,52–59; 2 Mac 1.18; 10.5). *d* **10.23** *Pórtico de Salomón:* un pórtico o galería al oriente del templo, en el lado interior del muro que lo rodeaba (cf. Hch 3.11; 5.12).

y jamás perecerán ni nadie me las quitará. **29** Lo que el Padre me ha dado es más grande que todo, y nadie se lo puede quitar. **30** El Padre y yo somos uno solo.

31 Los judíos volvieron a tomar piedras para tirárselas, **32** pero Jesús les dijo:

—Por el poder de mi Padre he hecho muchas cosas buenas delante de ustedes; ¿por cuál de ellas me van a apedrear?

33 Los judíos le contestaron:

—No te vamos a apedrear por ninguna cosa buena que hayas hecho, sino porque tus palabras son una ofensa contra Dios.*e* Tú no eres más que un hombre, pero te estás haciendo Dios a ti mismo.

34 Jesús les dijo:

—En la ley de ustedes está escrito: 'Yo dije que ustedes son dioses.'*f* **35** Sabemos que lo que la Escritura dice, no se puede negar; y Dios llamó dioses a aquellas personas a quienes dirigió su mensaje. **36** Y si Dios me consagró a mí y me envió al mundo, ¿cómo pueden ustedes decir que lo he ofendido porque dije que soy Hijo de Dios? **37** Si yo no hago las obras que hace mi Padre, no me crean. **38** Pero si las hago, aunque no me crean a mí, crean en las obras que hago, para que sepan de una vez por todas que el Padre está en mí y que yo estoy en el Padre.

39 Otra vez quisieron arrestarlo, pero Jesús se les escapó.

40 Regresó Jesús al otro lado del Jordán, y se quedó allí, en el lugar donde Juan había estado antes bautizando. **41** Mucha gente fue a verlo, y decían:

—De veras, aunque Juan no hizo ninguna señal milagrosa, todo lo que dijo de este hombre era verdad.*g*

42 Y muchos en aquel lugar creyeron en Jesús.

Muerte de Lázaro

11 **1** Había un hombre enfermo que se llamaba Lázaro, natural de Betania, el pueblo de María y de su hermana Marta.*a* **2** Esta María, que era hermana de Lázaro, fue la que derramó perfume sobre los pies del Señor y los secó con sus cabellos.*b* **3** Así pues, las dos hermanas mandaron a decir a Jesús:

—Señor, tu amigo querido está enfermo.

4 Jesús, al oírlo, dijo:

—Esta enfermedad no va a terminar en muerte, sino que ha de servir para mostrar la gloria de Dios, y también la gloria del Hijo de Dios.

5 Aunque Jesús quería mucho a Marta, a su hermana y a Lázaro, **6** cuando le dijeron que Lázaro estaba enfermo se quedó dos días más en el lugar donde se encontraba. **7** Después dijo a sus discípulos:

—Vamos otra vez a Judea.

8 Los discípulos le dijeron:

—Maestro, hace poco los judíos de esa región trataron de matarte a pedradas,*c* ¿y otra vez quieres ir allá?

9 Jesús les dijo:

—¿No es cierto que el día tiene doce horas? Pues si uno anda de día, no tropieza, porque ve la luz que hay en este mundo; **10** pero si uno anda de noche, tropieza, porque le falta la luz.

11 Después añadió:

—Nuestro amigo Lázaro se ha dormido, pero voy a despertarlo.

12 Los discípulos le dijeron:

—Señor, si se ha dormido, es señal de que va a sanar.

13 Pero lo que Jesús les decía es que Lázaro había muerto, mientras que los discípulos pensaban que se había referido al sueño natural. **14** Entonces Jesús les dijo claramente:

—Lázaro ha muerto. **15** Y me alegro de no haber estado allí, porque así es mejor para ustedes, para que crean. Pero vamos a verlo.

16 Entonces Tomás, al que llamaban el Gemelo, dijo a los otros discípulos:

—Vamos también nosotros, para morir con él.

Jesús, la resurrección y la vida

17 Al llegar, Jesús se encontró con que ya hacía cuatro días que Lázaro había sido sepultado. **18** Betania se hallaba cerca de Jerusalén, a unos tres kilómetros; **19** y muchos de los judíos habían ido a visitar a Marta y a María, para consolarlas por la muerte de su hermano. **20** Cuando Marta supo que Jesús estaba llegando, salió a recibirlo; pero María se quedó en la casa. **21** Marta le dijo a Jesús:

—Señor, si hubieras estado aquí, mi hermano no habría muerto. **22** Pero yo sé que aun ahora Dios te dará todo lo que le pidas.

---

e **10.33** Cf. Lv 24.15–16. *f* **10.34** Sal 82.6. *g* **10.41** Jn 1.26–36. *a* **11.1** Lc 10.38–39. *b* **11.2** Cf. Jn 12.3. *c* **11.8** Jn 8.59; 10.31.

23 Jesús le contestó:

—Tu hermano volverá a vivir.

24 Marta le dijo:

—Sí, ya sé que volverá a vivir cuando los muertos resuciten, en el día último. *d*

25 Jesús le dijo entonces:

—Yo soy la resurrección y la vida. El que cree en mí, aunque muera, vivirá; **26** y todo el que todavía está vivo y cree en mí, no morirá jamás. ¿Crees esto?

27 Ella le dijo:

—Sí, Señor, yo creo que tú eres el Mesías, el Hijo de Dios, el que tenía que venir al mundo.

Jesús llora junto al sepulcro de Lázaro

28 Después de decir esto, Marta fue a llamar a su hermana María, y le dijo en secreto:

—El Maestro está aquí y te llama.

29 Tan pronto como lo oyó, María se levantó y fue a ver a Jesús. **30** Jesús no había entrado todavía en el pueblo; estaba en el lugar donde Marta se había encontrado con él. **31** Al ver que María se levantaba y salía rápidamente, los judíos que estaban con ella en la casa, consolándola, la siguieron pensando que iba al sepulcro a llorar.

32 Cuando María llegó a donde estaba Jesús, se puso de rodillas a sus pies, diciendo:

—Señor, si hubieras estado aquí, mi hermano no habría muerto.

33 Jesús, al ver llorar a María y a los judíos que habían llegado con ella, se conmovió profundamente y se estremeció, **34** y les preguntó:

—¿Dónde lo sepultaron?

Le dijeron:

—Ven a verlo, Señor.

35 Y Jesús lloró. **36** Los judíos dijeron entonces:

—¡Miren cuánto lo quería!

37 Pero algunos de ellos decían:

—Este, que dio la vista al ciego, ¿no podría haber hecho algo para que Lázaro no muriera?

Resurrección de Lázaro

38 Jesús, otra vez muy conmovido, se acercó a la tumba. Era una cueva, cuya entrada estaba tapada con una piedra. **39** Jesús dijo:

—Quiten la piedra.

Marta, la hermana del muerto, le dijo:

—Señor, ya huele mal, porque hace cuatro días que murió.

40 Jesús le contestó:

—¿No te dije que, si crees, verás la gloria de Dios?

41 Quitaron la piedra, y Jesús, mirando al cielo, dijo:

—Padre, te doy gracias porque me has escuchado. **42** Yo sé que siempre me escuchas, pero lo digo por el bien de esta gente que está aquí, para que crean que tú me has enviado.

43 Después de decir esto, gritó:

—¡Lázaro, sal de ahí!

44 Y el que había estado muerto salió, con las manos y los pies atados con vendas y la cara envuelta en un lienzo. Jesús les dijo:

—Desátenlo y déjenlo ir.

Conspiración para arrestar a Jesús
(Mt 26.1–5; Mc 14.1–2; Lc 22.1–2)

45 Por esto creyeron en Jesús muchos de los judíos que habían ido a acompañar a María y que vieron lo que él había hecho. **46** Pero algunos fueron a ver a los fariseos, y les contaron lo que había hecho Jesús. **47** Entonces los fariseos y los jefes de los sacerdotes reunieron a la Junta Suprema, y dijeron:

—¿Qué haremos? Este hombre está haciendo muchas señales milagrosas. **48** Si lo dejamos, todos van a creer en él, y las autoridades romanas vendrán y destruirán nuestro templo y nuestra nación.

49 Pero uno de ellos, llamado Caifás, que era el sumo sacerdote aquel año, les dijo:

—Ustedes no saben nada, **50** ni se dan cuenta de que es mejor para ustedes que muera un solo hombre por el pueblo, y no que toda la nación sea destruida.

51 Pero Caifás no dijo esto por su propia cuenta, sino que, como era sumo sacerdote aquel año, dijo proféticamente que Jesús iba a morir por la nación judía; **52** y no solamente por esta nación, sino también para reunir a todos los hijos de Dios que estaban dispersos. **53** Así que desde aquel día las autoridades judías tomaron la decisión de matar a Jesús.

54 Por eso Jesús ya no andaba públicamente entre los judíos, sino que salió de la región de Judea y se fue a un lugar cerca del desierto, a un pueblo llamado Efraín. Allí se quedó con sus discípulos.

55 Faltaba poco para la fiesta de la Pascua de los judíos, y mucha gente de los pueblos se

---

d **11.24** Cf. Is 26.19; Dn 12.1–3; 2 Mac 7.14,23; 12.43–45.

dirigía a Jerusalén a celebrar los ritos de purificación antes de la Pascua. **56** Andaban buscando a Jesús, y se preguntaban unos a otros en el templo:

—¿Qué les parece? ¿Vendrá a la fiesta o no?

57 Los fariseos y los jefes de los sacerdotes habían dado orden de que, si alguien sabía dónde estaba Jesús, lo dijera, para poder arrestarlo.

Una mujer derrama perfume sobre Jesús [a]

12 **1** Seis días antes de la Pascua, Jesús fue a Betania, donde vivía Lázaro, a quien él había resucitado. **2** Allí hicieron una cena en honor de Jesús; Marta servía, y Lázaro era uno de los que estaban a la mesa comiendo con él. **3** María trajo unos trescientos gramos de perfume de nardo puro, muy caro, y perfumó los pies de Jesús; luego se los secó con sus cabellos. Y toda la casa se llenó del aroma del perfume. **4** Entonces Judas Iscariote, que era aquel de los discípulos que iba a traicionar a Jesús, dijo:

5 —¿Por qué no se ha vendido este perfume por el equivalente al salario de trescientos días, para ayudar a los pobres?

6 Pero Judas no dijo esto porque le importaran los pobres, sino porque era ladrón, y como tenía a su cargo la bolsa del dinero, [b] robaba de lo que echaban en ella. **7** Jesús le dijo:

—Déjala, pues lo estaba guardando para el día de mi entierro. **8** A los pobres siempre los tendrán entre ustedes, pero a mí no siempre me tendrán.

Conspiración contra Lázaro

9 Muchos de los judíos se enteraron de que Jesús estaba en Betania, y fueron allá, no solo para ver a Jesús sino también a Lázaro, a quien Jesús había resucitado. **10** Entonces los jefes de los sacerdotes decidieron matar también a Lázaro, **11** porque por causa suya muchos judíos se estaban separando de ellos para creer en Jesús.

Jesús entra en Jerusalén
(Mt 21.1–11; Mc 11.1–11; Lc 19.28–40)

12 Mucha gente había ido a Jerusalén para la fiesta de la Pascua. Al día siguiente, supieron que Jesús iba a llegar a la ciudad. **13** Entonces cortaron hojas de palmera y salieron a recibirlo, gritando:

—¡Hosana! [c] ¡Bendito el que viene en el nombre del Señor, el Rey de Israel! [d]

14 Jesús encontró un burro y montó en él, como se dice en la Escritura:

15 "No tengas miedo, ciudad de Sión; [e]
mira, tu Rey viene
montado en un burrito." [f]

16 Al principio, sus discípulos no entendieron estas cosas; pero después, cuando Jesús fue glorificado, se acordaron de que todo esto que le habían hecho estaba en la Escritura y se refería a él.

17 La gente que estaba con Jesús cuando él llamó a Lázaro de la tumba y lo resucitó, contaba lo que había visto. **18** Por eso, la gente salió al encuentro de Jesús, porque supieron de la señal milagrosa que había hecho. **19** Pero los fariseos se decían unos a otros:

—Ya ven ustedes que así no vamos a conseguir nada. Miren, ¡todo el mundo se va con él!

Unos griegos buscan a Jesús

20 Entre la gente que había ido a Jerusalén a adorar durante la fiesta, había algunos griegos. **21** Estos se acercaron a Felipe, que era de Betsaida, un pueblo de Galilea, y le rogaron:

—Señor, queremos ver a Jesús.

22 Felipe fue y se lo dijo a Andrés, y los dos fueron a contárselo a Jesús. **23** Jesús les dijo entonces:

—Ha llegado la hora en que el Hijo del hombre va a ser glorificado. **24** Les aseguro que si el grano de trigo al caer en tierra no muere, queda él solo; pero si muere, da abundante cosecha. **25** El que ama su vida, la perderá; pero el que desprecia su vida en este mundo, la conservará para la vida eterna. [g] **26** Si alguno quiere servirme, que me siga; y donde yo esté, allí estará también el que me sirva. Si alguno me sirve, mi Padre lo honrará.

Jesús anuncia su muerte

27 "¡Siento en este momento una angustia terrible! ¿Y qué voy a decir? ¿Diré: 'Padre, líbrame de esta angustia'? ¡Pero precisamente para esto he venido! **28** Padre, glorifica tu nombre."

---

a **12.1–8** Cf. también Lc 7.36–50. *b* **12.6** Cf. Jn 13.29. *c* **12.13** *¡Hosana!:* Véase Mt 21.9 n. *d* **12.13** Sal 118.25–26; 1 Mac 13.51. *e* **12.15** Is 40.9; Sof 3.16. *f* **12.15** Zac 9.9. *g* **12.24–25** Mt 10.38–39; 16.24–25; Lc 17.33.

Entonces se oyó una voz del cielo, que decía: "Ya lo he glorificado, y lo voy a glorificar otra vez."

29 La gente que estaba allí escuchando, decía que había sido un trueno; pero algunos afirmaban:

—Un ángel le ha hablado.

30 Jesús les dijo:

—No fue por mí por quien se oyó esta voz, sino por ustedes. 31 Este es el momento en que el mundo va a ser juzgado, y ahora será expulsado el que manda en este mundo.[h] 32 Pero cuando yo sea levantado de la tierra, atraeré a todos a mí mismo.

33 Con esto daba a entender de qué forma había de morir.[i] 34 La gente le contestó:

—Por la ley sabemos que el Mesías vivirá para siempre.[j] ¿Cómo, pues, dices tú que el Hijo del hombre tiene que ser levantado? ¿Quién es ese Hijo del hombre?

35 Jesús les dijo:

—Todavía estará entre ustedes la luz, pero solamente por un poco de tiempo. Anden, pues, mientras tienen esta luz, para que no les sorprenda la oscuridad; porque el que anda en oscuridad, no sabe por dónde va. 36 Crean en la luz mientras todavía la tienen, para que pertenezcan a la luz.

Después de decir estas cosas, Jesús se fue y se escondió de ellos.

Por qué los judíos no creían en Jesús

37 A pesar de que Jesús había hecho tan grandes señales milagrosas delante de ellos, no creían en él; 38 pues tenía que cumplirse lo que escribió el profeta Isaías:

"Señor, ¿quién ha creído nuestro mensaje?
¿A quién ha revelado el Señor su poder?"[k]

39 Así que no podían creer, pues también escribió Isaías:

40 "Dios les ha cerrado los ojos
y ha entorpecido su mente,
para que no puedan ver
ni puedan entender;
para que no se vuelvan a mí,
y yo no los sane."[l]

41 Isaías dijo esto porque había visto la gloria[m] de Jesús, y hablaba de él.

42 Sin embargo, muchos de los judíos creyeron en Jesús, incluso algunos de los más importantes. Pero no lo decían en público por miedo a los fariseos. para que no los expulsaran de las sinagogas. 43 Preferían la gloria que dan los hombres a la gloria que da Dios.

Las palabras de Jesús juzgarán a la gente

44 Jesús dijo con voz fuerte: "El que cree en mí, no cree solamente en mí, sino también en el Padre, que me ha enviado. 45 Y el que me ve a mí, ve también al que me ha enviado. 46 Yo, que soy la luz, he venido al mundo para que los que creen en mí no se queden en la oscuridad. 47 Pero a aquel que oye mis palabras y no las obedece, no soy yo quien lo condena; porque yo no vine para condenar al mundo, sino para salvarlo. 48 El que me desprecia y no hace caso de mis palabras, ya tiene quien lo condene: las palabras que yo he dicho lo condenarán en el día último. 49 Porque yo no hablo por mi cuenta; el Padre, que me ha enviado, me ha ordenado lo que debo decir y enseñar. 50 Y sé que el mandato de mi Padre es para vida eterna. Así pues, lo que yo digo, lo digo como el Padre me ha ordenado."

Jesús lava los pies de sus discípulos

13 1 Era antes de la fiesta de la Pascua, y Jesús sabía que había llegado la hora de que él dejara este mundo para ir a reunirse con el Padre. Él siempre había amado a los suyos que estaban en el mundo, y así los amó hasta el fin.

2-4 El diablo ya había metido en el corazón de Judas, hijo de Simón Iscariote, la idea de traicionar a Jesús. Jesús sabía que había venido de Dios, que iba a volver a Dios y que el Padre le había dado toda autoridad; así que, mientras estaban cenando,[a] se levantó de la mesa, se quitó la capa y se ató una toalla a la cintura. 5 Luego echó agua en una palangana y se puso a lavar los pies de los discípulos y a secárselos con la toalla que llevaba a la cintura.

6 Cuando iba a lavarle los pies a Simón Pedro, este le dijo:

---

[h] **12.31** *El que manda en este mundo:* alusión al diablo (Jn 14.30; 16.11; 2 Co 4.4; Ef 2.1–2; 1 Jn 5.19).
[i] **12.33** Jn 18.32. [j] **12.34** Is 9.6; Ez 37.25; Dn 7.14. [k] **12.38** Is 53.1. [l] **12.40** Is 6.10. [m] **12.41** Is 6.1–5.
[a] **13.2–4** Aunque esta cena coincide en varios aspectos con la cena de Pascua narrada en los sinópticos (Mt 26.17–29 y paralelos), en Jn no tiene el carácter de cena de Pascua.

—Señor, ¿tú me vas a lavar los pies a mí?

7 Jesús le contestó:

—Ahora no entiendes lo que estoy haciendo, pero después lo entenderás.

8 Pedro le dijo:

—¡Jamás permitiré que me laves los pies!

Respondió Jesús:

—Si no te los lavo, no podrás ser de los míos.

9 Simón Pedro le dijo:

—¡Entonces, Señor, no me laves solamente los pies, sino también las manos y la cabeza!

10 Pero Jesús le contestó:

—El que está recién bañado no necesita lavarse más que los pies, porque está todo limpio. Y ustedes están limpios,[b] aunque no todos.

11 Dijo: "No están limpios todos", porque sabía quién lo iba a traicionar.

12 Después de lavarles los pies, Jesús volvió a ponerse la capa, se sentó otra vez a la mesa y les dijo:

—¿Entienden ustedes lo que les he hecho? 13 Ustedes me llaman Maestro y Señor, y tienen razón, porque lo soy. 14 Pues si yo, el Maestro y Señor, les he lavado a ustedes los pies, también ustedes deben lavarse los pies unos a otros. 15 Yo les he dado un ejemplo, para que ustedes hagan lo mismo que yo les he hecho.[c] 16 Les aseguro que ningún servidor es más que su señor,[d] y que ningún enviado es más que el que lo envía. 17 Si entienden estas cosas y las ponen en práctica, serán dichosos.

18 "No estoy hablando de todos ustedes; yo sé quiénes son los que he escogido. Pero tiene que cumplirse lo que dice la Escritura: 'El que come conmigo, se ha vuelto contra mí.'[e] 19 Les digo esto de antemano para que, cuando suceda, ustedes crean que Yo Soy.[f] 20 Les aseguro que el que recibe al que yo envío, me recibe a mí; y el que me recibe a mí, recibe al que me ha enviado."[g]

Jesús anuncia que Judas lo traicionará
(Mt 26.20–25; Mc 14.17–21; Lc 22.21–23)

21 Después de decir esto, Jesús se sintió profundamente conmovido, y añadió con toda claridad:

—Les aseguro que uno de ustedes me va a traicionar.

22 Los discípulos comenzaron entonces a mirarse unos a otros, sin saber de quién estaba hablando. 23 Uno de ellos, a quién Jesús quería mucho,[h] estaba junto a él, mientras cenaban, 24 y Simón Pedro le dijo por señas que le preguntara de quién estaba hablando. 25 Él, acercándose más a Jesús, le preguntó:

—Señor, ¿quién es?

26 Jesús le contestó:

—Voy a mojar un pedazo de pan, y a quien se lo dé, ese es.

En seguida mojó un pedazo de pan y se lo dio a Judas, hijo de Simón Iscariote. 27 Y tan pronto como Judas recibió el pan, Satanás entró en su corazón. Jesús le dijo:

—Lo que vas a hacer, hazlo pronto.

28 Pero ninguno de los que estaban cenando a la mesa entendió por qué le decía eso. 29 Como Judas era el encargado de la bolsa del dinero, algunos pensaron que Jesús le quería decir que comprara algo para la fiesta, o que diera algo a los pobres.

30 Una vez que Judas hubo recibido el pan, salió. Ya era de noche.

El nuevo mandamiento

31 Después que Judas hubo salido, Jesús dijo:

—Ahora se muestra la gloria del Hijo del hombre, y la gloria de Dios se muestra en él. 32 Y si el Hijo del hombre muestra la gloria de Dios, también Dios mostrará la gloria de él; y lo hará pronto. 33 Hijitos míos, ya no estaré con ustedes mucho tiempo. Ustedes me buscarán, pero lo mismo que les dije a los judíos les digo ahora a ustedes: No podrán ir a donde yo voy. 34 Les doy este mandamiento nuevo: Que se amen los unos a los otros. Así como yo los amo a ustedes, así deben amarse ustedes los unos a los otros.[i] 35 Si se aman los unos a los otros, todo el mundo se dará cuenta de que son discípulos míos.[j]

Jesús anuncia que Pedro lo negará
(Mt 26.31–35; Mc 14.27–31; Lc 22.31–34)

36 Simón Pedro le preguntó a Jesús:

—Señor, ¿a dónde vas?

---

b **13.10** Jn 15.3. c **13.12–15** Mt 20.26–28; Lc 22.26–27; Flp 2.5–8. d **13.16** Mt 10.24; Lc 6.40; Jn 15.20. e **13.18** Sal 41.9. f **13.19** Yo Soy: Véanse citas en Jn 8.24 n. g **13.20** Mt 10.40; Mc 9.37; Lc 9.48; 10.16; Jn 12.44–45. h **13.23** A quien Jesús quería mucho: Cf. también 19.26; 20.2; 21.7,20. Véase Introducción. i **13.34** Jn 15.12,17; cf. 1 Jn 2.8; 3.23; 2 Jn 5. j **13.35** 1 Jn 3.14.

—A donde yo voy —le contestó Jesús—, no puedes seguirme ahora; pero me seguirás después.[k]

37Pedro le dijo:

—Señor, ¿por qué no puedo seguirte ahora? ¡Estoy dispuesto a dar mi vida por ti!

38Jesús le respondió:

—¿De veras estás dispuesto a dar tu vida por mí? Pues te aseguro que antes que cante el gallo, me negarás tres veces.[l]

Jesús, el camino al Padre

14 **1**"No se angustien ustedes. Crean en Dios y crean también en mí. **2**En la casa de mi Padre hay muchos lugares donde vivir; si no fuera así, yo no les hubiera dicho que voy a prepararles un lugar. **3**Y después de irme y de prepararles un lugar, vendré otra vez para llevarlos conmigo, para que ustedes estén en el mismo lugar en donde yo voy a estar. **4**Ustedes saben el camino que lleva a donde yo voy."

5Tomás le dijo a Jesús:

—Señor, no sabemos a dónde vas, ¿cómo vamos a saber el camino?

6Jesús le contestó:

—Yo soy el camino, la verdad y la vida.[a] Solamente por mí se puede llegar al Padre. **7**Si ustedes me conocen a mí, también conocerán a mi Padre; y ya lo conocen desde ahora, pues lo han estado viendo.

8Felipe le dijo entonces:

—Señor, déjanos ver al Padre, y con eso nos basta.

9Jesús le contestó:

—Felipe, hace tanto tiempo que estoy con ustedes, ¿y todavía no me conoces? El que me ha visto a mí, ha visto al Padre; ¿por qué me pides que les deje ver al Padre? **10**¿No crees que yo estoy en el Padre y el Padre está en mí? Las cosas que les digo, no las digo por mi propia cuenta. El Padre, que vive en mí, es el que hace sus propias obras. **11**Créanme que yo estoy en el Padre y el Padre está en mí; si no, crean al menos por las obras mismas. **12**Les aseguro que el que cree en mí hará también las obras que

yo hago; y hará otras todavía más grandes, porque yo voy a donde está el Padre. **13**Y todo lo que ustedes pidan en mi nombre, yo lo haré, para que por el Hijo se muestre la gloria del Padre. **14**Yo haré cualquier cosa que en mi nombre ustedes me pidan.[b]

Jesús promete enviar el Espíritu Santo

15"Si ustedes me aman, obedecerán mis mandamientos.[c] **16-17**Y yo le pediré al Padre que les mande otro Defensor,[d] el Espíritu de la verdad, para que esté siempre con ustedes. Los que son del mundo no lo pueden recibir, porque no lo ven ni lo conocen; pero ustedes lo conocen, porque él permanece con ustedes y estará en ustedes.

18"No los voy a dejar huérfanos; volveré para estar con ustedes. **19**Dentro de poco, los que son del mundo ya no me verán; pero ustedes me verán, y vivirán porque yo vivo. **20**En aquel día, ustedes se darán cuenta de que yo estoy en mi Padre, y ustedes están en mí, y yo en ustedes. **21**El que recibe mis mandamientos y los obedece, demuestra que de veras me ama. Y mi Padre amará al que me ama, y yo también lo amaré y me mostraré a él."

22Judas (no el Iscariote)[e] le preguntó:

—Señor, ¿por qué vas a mostrarte a nosotros y no a la gente del mundo?

23Jesús le contestó:

—El que me ama, hace caso de mi palabra; y mi Padre lo amará, y mi Padre y yo vendremos a vivir con él. **24**El que no me ama, no hace caso de mis palabras. Las palabras que ustedes están escuchando no son mías, sino del Padre, que me ha enviado.

25"Les estoy diciendo todo esto mientras estoy con ustedes; **26**pero el Defensor, el Espíritu Santo que el Padre va a enviar en mi nombre, les enseñará todas las cosas y les recordará todo lo que yo les he dicho.

27"Les dejo la paz. Les doy mi paz, pero no se la doy como la dan los que son del mundo. No se angustien ni tengan miedo. **28**Ya me oyeron decir que me voy y que vendré para estar otra vez con ustedes. Si de veras me

---

k 13.36 Jn 21.18–19. **l 13.38** Jn 18.17–18,25–27. **a 14.6** *Verdad* y *vida:* Cf. Jn 1.4; 3.16; 11.25; 17.3. **b 14.13–14** Jn 15.7; 16.23–24; cf. Mt 7.7–11; 21.22; Lc 11.9–13; 1 Jn 3.21–22; 5.14–15. **c 14.15** Cf. Jn 14.21; cf. también Dt 11.1; Eclo 2.15–16; 1 Jn 5.3. **d 14.16–17** *Defensor:* Aquí y en 14.26; 15.26; 16.7, se da al Espíritu Santo el título de *Defensor* (en griego *parakletos*), propio también de Jesús (nótese *otro Defensor* y 1 Jn 2.1). El título tiene matices jurídicos (abogado defensor; cf. 16.8–11). **e 14.22** Cf. Lc 6.16; Hch 1.13.

amaran, se habrían alegrado al saber que voy al Padre, porque él es más que yo. 29 Les digo esto de antemano para que, cuando suceda, entonces crean.

30 "Ya no hablaré mucho con ustedes, porque viene el que manda en este mundo.*f* Aunque no tiene ningún poder sobre mí, 31 así tiene que ser, para que el mundo sepa que yo amo al Padre y que hago lo que él me ha mandado.

"Levántense. Vámonos de aquí.

La vid verdadera

15 1 "Yo soy la vid*a* verdadera, y mi Padre es el que la cultiva. 2 Si una de mis ramas no da uvas, la corta; pero si da uvas, la poda y la limpia, para que dé más. 3 Ustedes ya están limpios por las palabras que les he dicho. 4 Sigan unidos a mí, como yo sigo unido a ustedes. Una rama no puede dar uvas de sí misma, si no está unida a la vid; de igual manera, ustedes no pueden dar fruto, si no permanecen unidos a mí.

5 "Yo soy la vid, y ustedes son las ramas. El que permanece unido a mí, y yo unido a él, da mucho fruto; pues sin mí no pueden ustedes hacer nada. 6 El que no permanece unido a mí, será echado fuera y se secará como las ramas que se recogen y se queman en el fuego.

7 "Si ustedes permanecen unidos a mí, y si permanecen fieles a mis enseñanzas, pidan lo que quieran y se les dará. 8 En esto se muestra la gloria de mi Padre, en que den mucho fruto y lleguen así a ser verdaderos discípulos míos. 9 Yo los amo a ustedes como el Padre me ama a mí; permanezcan, pues, en el amor que les tengo. 10 Si obedecen mis mandamientos, permanecerán en mi amor, así como yo obedezco los mandamientos de mi Padre y permanezco en su amor.

11 "Les hablo así para que se alegren conmigo y su alegría sea completa. 12 Mi mandamiento es este: Que se amen unos a otros como yo los he amado a ustedes. 13 El amor más grande que uno puede tener es dar su vida por sus amigos. 14 Ustedes son mis amigos, si hacen lo que yo les mando. 15 Ya no los llamo siervos, porque el siervo no sabe lo que hace su amo. Los llamo mis amigos, porque les he dado a conocer todo

lo que mi Padre me ha dicho. 16 Ustedes no me escogieron a mí, sino que yo los he escogido a ustedes*b* y les he encargado que vayan y den mucho fruto, y que ese fruto permanezca. Así el Padre les dará todo lo que le pidan en mi nombre. 17 Esto, pues, es lo que les mando: Que se amen unos a otros.

El mundo odia a Jesús y a los suyos

18 "Si el mundo los odia a ustedes, sepan que a mí me odió primero. 19 Si ustedes fueran del mundo, la gente del mundo los amaría, como ama a los suyos. Pero yo los escogí a ustedes entre los que son del mundo, y por eso el mundo los odia, porque ya no son del mundo. 20 Acuérdense de esto que les dije: 'Ningún servidor es más que su señor.'*c* Si a mí me han perseguido, también a ustedes los perseguirán; y si han hecho caso de mi palabra, también harán caso de la de ustedes. 21 Todo esto van a hacerles por mi causa, porque no conocen al que me envió.

22 "Ellos no tendrían ninguna culpa, si yo no hubiera venido a hablarles. Pero ahora no tienen disculpa por su pecado; 23 pues los que me odian a mí, odian también a mi Padre. 24 No tendrían ninguna culpa, si yo no hubiera hecho entre ellos cosas que ningún otro ha hecho; pero ya han visto estas cosas y, a pesar de ello, me odian a mí y odian también a mi Padre. 25 Pero esto sucede porque tienen que cumplirse las palabras que están escritas en la ley de ellos: 'Me odiaron sin motivo.'*d*

26 "Pero cuando venga el Defensor*e* que yo voy a enviar de parte del Padre, el Espíritu de la verdad que procede del Padre, él será mi testigo. 27 Y ustedes también serán mis testigos, porque han estado conmigo desde el principio.

16 1 "Les digo estas cosas para que no pierdan su fe en mí.*a* 2 Los expulsarán de las sinagogas, y aun llegará el momento en que cualquiera que los mate creerá que así presta un servicio a Dios.*b* 3 Esto lo harán porque no nos han conocido, ni al Padre ni a mí. 4 Les digo esto para que, cuando llegue el momento, se acuerden de que yo se lo había dicho ya.

---

f **14.30** *El que manda en este mundo:* Véase 12.31 n. *a* **15.1** Is 5.1–7; Ez 19.10–14. *b* **15.16** Cf. Mt 10.1 y paralelos; Jn 6.70. *c* **15.20** Jn 13.16. *d* **15.25** Sal 35.19; 69.4. *e* **15.26** *Defensor:* Véase 14.16–17 n. *a* **16.1** Cf. Mt 26.31. *b* **16.2** Cf. Hch 7.57–58.

Lo que hace el Espíritu Santo

"No les dije esto desde un principio porque yo estaba con ustedes. 5 Pero ahora me voy para estar con el que me ha enviado, y ninguno de ustedes me pregunta a dónde voy; 6 al contrario, se han puesto muy tristes porque les he dicho estas cosas. 7 Pero les digo la verdad: es mejor para ustedes que yo me vaya. Porque si no me voy, el Defensor[c] no vendrá para estar con ustedes; pero si me voy, yo se lo enviaré. 8 Cuando él venga, mostrará claramente a la gente del mundo quién es pecador, quién es inocente, y quién recibe el juicio de Dios. 9 Quién es pecador: el que no cree en mí; 10 quién es inocente: yo, que voy al Padre, y ustedes ya no me verán; 11 quién recibe el juicio de Dios: el que gobierna este mundo,[d] que ya ha sido condenado.

12 "Tengo mucho más que decirles, pero en este momento sería demasiado para ustedes. 13 Cuando venga el Espíritu de la verdad, él los guiará a toda verdad; porque no hablará por su propia cuenta, sino que dirá todo lo que oiga, y les hará saber las cosas que van a suceder. 14 Él mostrará mi gloria, porque recibirá de lo que es mío y se lo dará a conocer a ustedes. 15 Todo lo que el Padre tiene, es mío también; por eso dije que el Espíritu recibirá de lo que es mío y se lo dará a conocer a ustedes.

16 "Dentro de poco, ustedes ya no me verán, pero un poco más tarde me volverán a ver."

La tristeza se cambiará en alegría

17 Entonces algunos de sus discípulos se preguntaron unos a otros:

—¿Qué quiere decir con esto? Nos dice que dentro de poco ya no lo veremos, y que un poco más tarde lo volveremos a ver, y que es porque se va a donde está el Padre. 18 ¿Qué quiere decir con eso de 'dentro de poco'? No entendemos de qué está hablando.

19 Jesús se dio cuenta de que querían hacerle preguntas, y les dijo:

—Yo les he dicho que dentro de poco ya no me verán, y que un poco más tarde me volverán a ver. ¿Es esto lo que se están preguntando ustedes? 20 Les aseguro que ustedes llorarán y estarán tristes, mientras que la gente del mundo se alegrará. Sin embargo, aunque ustedes estén tristes, su tristeza se convertirá en alegría. 21 Cuando una mujer va a dar a luz, se aflige porque le ha llegado la hora; pero después que nace la criatura, se olvida del dolor a causa de la alegría de que haya nacido un hombre en el mundo. 22 Así también, ustedes se afligen ahora; pero yo volveré a verlos, y entonces su corazón se llenará de alegría, una alegría que nadie les podrá quitar.

23 "En aquel día ya no me preguntarán nada. Les aseguro que el Padre les dará todo lo que le pidan en mi nombre. 24 Hasta ahora, ustedes no han pedido nada en mi nombre; pidan y recibirán, para que su alegría sea completa.

Jesucristo, vencedor del mundo

25 "Les he dicho estas cosas poniéndoles comparaciones; pero viene la hora en que ya no les pondré más comparaciones, sino que les hablaré claramente acerca del Padre. 26 Aquel día, ustedes le pedirán en mi nombre; y no digo que yo voy a rogar por ustedes al Padre, 27 porque el Padre mismo los ama. Los ama porque ustedes me aman a mí, y porque han creído que yo he venido de Dios. 28 Salí de la presencia del Padre para venir a este mundo, y ahora dejo el mundo para volver al Padre."[e]

29 Entonces dijeron sus discípulos:

—Ahora sí estás hablando claramente, sin usar comparaciones. 30 Ahora vemos que sabes todas las cosas y que no hay necesidad de que nadie te haga preguntas. Por esto creemos que has venido de Dios.

31 Jesús les contestó:

—¿Así que ahora creen? 32 Pues ya llega la hora, y es ahora mismo, cuando ustedes se dispersarán cada uno por su lado, y me dejarán solo. Pero no estoy solo, porque el Padre está conmigo. 33 Les digo todo esto para que encuentren paz en su unión conmigo. En el mundo, ustedes habrán de sufrir; pero tengan valor: yo he vencido al mundo.[f]

Jesús ora por sus discípulos

17 1 Después de decir estas cosas, Jesús miró al cielo y dijo: "Padre, la hora ha llegado: glorifica[a] a tu Hijo, para que también él te glorifique a ti. 2 Pues tú has dado a tu Hijo autoridad sobre todo hombre,

---

c **16.7** *Defensor:* Véase 14.16–17 n. Cf. Jn 20.22; Hch 1.8. d **16.11** *El que gobierna este mundo:* Véase 12.31 n.
e **16.28** Jn 13.2–4. f **16.33** Cf. 1 Jn 5.4–5; Ap 3.21; 5.5; 17.14. a **17.1** Cf. Jn 12.23,28; 13.31–32.

para dar vida eterna a todos los que le diste. 3 Y la vida eterna consiste en que te conozcan a ti, el único Dios verdadero, y a Jesucristo, a quien tú enviaste.[b]

4 "Yo te he glorificado aquí en el mundo, pues he terminado la obra que tú me confiaste. 5 Ahora, pues, Padre, dame en tu presencia la misma gloria que yo tenía contigo desde antes que existiera el mundo.[c]

6 "A los que escogiste del mundo para dármelos, les he hecho saber quién eres. Eran tuyos, y tú me los diste, y han hecho caso de tu palabra. 7 Ahora saben que todo lo que me diste viene de ti; 8 pues les he dado el mensaje que me diste, y ellos lo han aceptado. Se han dado cuenta de que en verdad he venido de ti, y han creído que tú me enviaste.

9 "Yo te ruego por ellos; no ruego por los que son del mundo,[d] sino por los que me diste, porque son tuyos. 10 Todo lo que es mío es tuyo, y lo que es tuyo es mío; y mi gloria se hace visible en ellos.

11 "Yo no voy a seguir en el mundo, pero ellos sí van a seguir en el mundo, mientras que yo me voy para estar contigo. Padre santo, cuídalos con el poder de tu nombre, el nombre que me has dado, para que estén completamente unidos, como tú y yo. 12 Cuando yo estaba con ellos en este mundo, los cuidaba y los protegía con el poder de tu nombre, el nombre que me has dado. Y ninguno de ellos se perdió, sino aquel que ya estaba perdido, para que se cumpliera lo que dice la Escritura.[e]

13 "Ahora voy a donde tú estás; pero digo estas cosas mientras estoy en el mundo, para que ellos se llenen de la misma perfecta alegría que yo tengo. 14 Yo les he comunicado tu palabra, pero el mundo los odia porque ellos no son del mundo, como tampoco yo soy del mundo. 15 No te pido que los saques del mundo, sino que los protejas del mal.[f] 16 Así como yo no soy del mundo, ellos tampoco son del mundo. 17 Conságralos a ti mismo por medio de la verdad; tu palabra es la verdad. 18 Como me enviaste a mí entre los que son del mundo, también yo los envío a ellos entre los que son del mundo. 19 Y por causa de ellos me consagro a mí mismo, para que también ellos sean consagrados por medio de la verdad.

20 "No te ruego solamente por estos, sino también por los que han de creer en mí al oir el mensaje de ellos. 21 Te pido que todos ellos estén unidos; que como tú, Padre, estás en mí y yo en ti, también ellos estén en nosotros, para que el mundo crea que tú me enviaste. 22 Les he dado la misma gloria que tú me diste, para que sean una sola cosa, así como tú y yo somos una sola cosa: 23 yo en ellos y tú en mí, para que lleguen a ser perfectamente uno, y que así el mundo pueda darse cuenta de que tú me enviaste, y que los amas como me amas a mí.

24 "Padre, tú me los diste, y quiero que estén conmigo donde yo voy a estar, para que vean mi gloria, la gloria que me has dado; porque me has amado desde antes que el mundo fuera hecho. 25 Oh Padre justo, los que son del mundo no te conocen; pero yo te conozco, y estos también saben que tú me enviaste. 26 Les he dado a conocer quién eres, y aún seguiré haciéndolo, para que el amor que me tienes esté en ellos, y para que yo mismo esté en ellos."

Arrestan a Jesús
(Mt 26.47–56; Mc 14.43–50; Lc 22.47–53)

18 1 Después de decir esto, Jesús salió con sus discípulos para ir al otro lado del arroyo de Cedrón. Allí había un huerto, donde Jesús entró con sus discípulos.[a] 2 También Judas, el que lo estaba traicionando, conocía el lugar, porque muchas veces Jesús se había reunido allí con sus discípulos. 3 Así que Judas llegó con una tropa de soldados y con algunos guardianes del templo enviados por los jefes de los sacerdotes y por los fariseos. Estaban armados, y llevaban lámparas y antorchas. 4 Pero como Jesús ya sabía todo lo que le iba a pasar, salió y les preguntó:

—¿A quién buscan?

5 Ellos le contestaron:

—A Jesús de Nazaret.

Jesús dijo:

—Yo soy.

Judas, el que lo estaba traicionando, se encontraba allí con ellos. 6 Cuando Jesús les dijo:

---

[b] 17.3 Cf. Jn 14.7,9; 16.3; 17.25; 1 Jn 2.3–6,13–14; 3.1,6; 4.7–8; 5.20.   [c] 17.5 Cf. Jn 1.1–3,15,30; 8.58.
[d] 17.9 La oración sólo por los discípulos es expresión de especial solidaridad con ellos.   [e] 17.12 Sal 41.9. Cf. Jn 13.18.   [f] 17.15 Del mal: otra posible traducción: del maligno (esto es, del diablo). Cf. Mt 5.37; 6.13; 1 Jn 5.18.
[a] 18.1 Mt 26.36; Mc 14.32.

"Yo soy", se echaron hacia atrás y cayeron al suelo. 7 Jesús volvió a preguntarles:

—¿A quién buscan?

Y ellos repitieron:

—A Jesús de Nazaret.

8 Jesús les dijo otra vez:

—Ya les he dicho que soy yo. Si me buscan a mí, dejen que estos otros se vayan.

9 Esto sucedió para que se cumpliera lo que Jesús mismo había dicho: "Padre, de los que me diste, no se perdió ninguno."[b] 10 Entonces Simón Pedro, que tenía una espada, la sacó y le cortó la oreja derecha a uno llamado Malco, que era criado del sumo sacerdote. 11 Jesús le dijo a Pedro:

—Vuelve a poner la espada en su lugar. Si el Padre me da a beber este trago amargo, ¿acaso no habré de beberlo?

Jesús ante Anás
(Mt 26.57–58; Mc 14.53–54; Lc 22.54)

12 Los soldados de la tropa, con su comandante y los guardianes judíos del templo, arrestaron a Jesús y lo ataron. 13 Lo llevaron primero a la casa de Anás, porque era suegro de Caifás, sumo sacerdote aquel año. 14 Este Caifás era el mismo que había dicho a los judíos que era mejor para ellos que un solo hombre muriera por el pueblo.[c]

Pedro niega conocer a Jesús
(Mt 26.69–70; Mc 14.66–68; Lc 22.55–57)

15 Simón Pedro y otro discípulo seguían a Jesús. El otro discípulo era conocido del sumo sacerdote, de modo que entró con Jesús en la casa; 16 pero Pedro se quedó fuera, a la puerta. Por esto, el discípulo conocido del sumo sacerdote salió y habló con la portera, e hizo entrar a Pedro.[d] 17 La portera le preguntó a Pedro:

—¿No eres tú uno de los discípulos de ese hombre?

Pedro contestó:

—No, no lo soy.

18 Como hacía frío, los criados y los guardianes del templo habían hecho fuego, y estaban allí calentándose. Pedro también estaba con ellos, calentándose junto al fuego.

El sumo sacerdote interroga a Jesús
(Mt 26.59–66; Mc 14.55–64; Lc 22.66–71)

19 El sumo sacerdote[e] comenzó a preguntarle a Jesús acerca de sus discípulos y de lo que él enseñaba. 20 Jesús le dijo:

—Yo he hablado públicamente delante de todo el mundo; siempre he enseñado en las sinagogas y en el templo,[f] donde se reúnen todos los judíos; así que no he dicho nada en secreto. 21 ¿Por qué me preguntas a mí? Pregúntales a los que me han escuchado, y que ellos digan de qué les he hablado. Ellos saben lo que he dicho.

22 Cuando Jesús dijo esto, uno de los guardianes del templo le dio una bofetada, diciéndole:

—¿Así contestas al sumo sacerdote?

23 Jesús le respondió:

—Si he dicho algo malo, dime en qué ha consistido; y si lo que he dicho está bien, ¿por qué me pegas?

24 Entonces Anás lo envió, atado, a Caifás, el sumo sacerdote.

Pedro niega otra vez a Jesús
(Mt 26.71–75; Mc 14.69–72; Lc 22.58–62)

25 Entre tanto, Pedro seguía allí, calentándose junto al fuego. Le preguntaron:

—¿No eres tú uno de los discípulos de ese hombre?

Pedro lo negó, diciendo:

—No, no lo soy.

26 Luego le preguntó uno de los criados del sumo sacerdote, pariente del hombre a quien Pedro le había cortado la oreja:

—¿No te vi con él en el huerto?

27 Pedro lo negó otra vez, y en ese mismo instante cantó el gallo.[g]

Jesús ante Pilato
(Mt 27.1–2,11–14; Mc 15.1–5; Lc 23.1–5)

28 Llevaron a Jesús de la casa de Caifás al palacio del gobernador romano. Como ya comenzaba a amanecer, los judíos no entraron en el palacio, pues de lo contrario faltarían a las leyes sobre la pureza ritual y entonces no podrían comer la cena de Pascua. 29 Por eso Pilato salió a hablarles. Les dijo:

—¿De qué acusan a este hombre?

---

b **18.9** Jn 6.39; 10.28–29; 17.12. *c* **18.14** Jn 11.49–51. *d* **18.15–16** Mt 26.58 y paralelos. *e* **18.19** *El sumo sacerdote:* es decir, Anás. *f* **18.20** Jn 6.59; 7.14; 10.23; cf. también Mc 14.49; Lc 19.47; 21.37. *g* **18.27** Jn 13.38.

30—Si no fuera un criminal —le contestaron—, no te lo habríamos entregado.

31 Pilato les dijo:

—Llévenselo ustedes, y júzguenlo conforme a su propia ley.

Pero las autoridades judías contestaron:

—Los judíos no tenemos el derecho de dar muerte a nadie.

32 Así se cumplió lo que Jesús había dicho sobre la manera en que tendría que morir.[h]

33 Pilato volvió a entrar en el palacio, llamó a Jesús y le preguntó:

—¿Eres tú el Rey de los judíos?

34 Jesús le dijo:

—¿Eso lo preguntas tú por tu cuenta, o porque otros te lo han dicho de mí?

35 Le contestó Pilato:

—¿Acaso yo soy judío? Los de tu nación y los jefes de los sacerdotes son los que te han entregado a mí. ¿Qué has hecho?

36 Jesús le contestó:

—Mi reino no es de este mundo. Si lo fuera, tendría gente a mi servicio que pelearía para que yo no fuera entregado a los judíos. Pero mi reino no es de aquí.

37 Le preguntó entonces Pilato:

—¿Así que tú eres rey?

Jesús le contestó:

—Tú lo has dicho: soy rey. Yo nací y vine al mundo para decir lo que es la verdad. Y todos los que pertenecen a la verdad, me escuchan.

38 Pilato le dijo:

—¿Y qué es la verdad?

Jesús es sentenciado a muerte

(Mt 27.15–31; Mc 15.6–20; Lc 23.13–25)

Después de hacer esta pregunta, Pilato salió otra vez a hablar con los judíos, y les dijo:

—Yo no encuentro ningún delito en este hombre. **39** Pero ustedes tienen la costumbre de que yo les suelte un preso durante la fiesta de la Pascua: ¿quieren que les deje libre al Rey de los judíos?

40 Todos volvieron a gritar:

—¡A ese no! ¡Suelta a Barrabás!

Y Barrabás era un bandido.

19 **1** Pilato tomó entonces a Jesús y mandó azotarlo. **2** Los soldados trenzaron una corona de espinas, la pusieron en la cabeza de Jesús y lo vistieron con una capa de color rojo oscuro. **3** Luego se acercaron a él, diciendo:

—¡Viva el Rey de los judíos!

Y le pegaban en la cara.

4 Pilato volvió a salir, y les dijo:

—Miren, aquí lo traigo, para que se den cuenta de que no encuentro en él ningún delito.

5 Salió, pues, Jesús, con la corona de espinas en la cabeza y vestido con aquella capa de color rojo oscuro. Pilato dijo:

—¡Ahí tienen a este hombre!

6 Cuando lo vieron los jefes de los sacerdotes y los guardianes del templo, comenzaron a gritar:

—¡Crucifícalo! ¡Crucifícalo!

Pilato les dijo:

—Pues llévenselo y crucifíquenlo ustedes, porque yo no encuentro ningún delito en él.

7 Las autoridades judías le contestaron:

—Nosotros tenemos una ley, y según nuestra ley debe morir, porque se ha hecho pasar por Hijo de Dios.[a]

8 Al oír esto, Pilato tuvo más miedo todavía. **9** Entró de nuevo en el palacio y le preguntó a Jesús:

—¿De dónde eres tú?

Pero Jesús no le contestó nada. **10** Pilato le dijo:

—¿Es que no me vas a contestar? ¿No sabes que tengo autoridad para crucificarte, lo mismo que para ponerte en libertad?

11 Entonces Jesús le contestó:

—No tendrías ninguna autoridad sobre mí, si Dios no te lo hubiera permitido; por eso, el que me entregó a ti es más culpable de pecado que tú.

12 Desde aquel momento, Pilato buscaba la manera de dejar libre a Jesús; pero los judíos le gritaron:

—¡Si lo dejas libre, no eres amigo del emperador! ¡Cualquiera que se hace rey, es enemigo del emperador!

13 Pilato, al oír esto, sacó a Jesús, y luego se sentó en el tribunal, en el lugar que en hebreo se llamaba Gabatá, que quiere decir El Empedrado. **14** Era el día antes de la Pascua, como al mediodía.[b] Pilato dijo a los judíos:

---

[h] **18.32** Esto es, por crucifixión (cf. Jn 3.14; 8.28; 12.32). [a] **19.7** Cf. Lv 24.15–16 (también Jn 5.18; 8.53–54; 10.30–33). [b] **19.14** *Al mediodía:* Era la hora en que los israelitas, en el templo y en presencia de los sacerdotes, sacrificaban los corderos para la cena de Pascua (cf. Jn 18.28).

—¡Ahí tienen a su rey!

15 Pero ellos gritaron:

—¡Fuera! ¡Fuera! ¡Crucifícalo!

Pilato les preguntó:

—¿Acaso voy a crucificar a su rey?

Y los jefes de los sacerdotes le contestaron:

—¡Nosotros no tenemos más rey que el emperador!

16 Entonces Pilato les entregó a Jesús para que lo crucificaran, y ellos se lo llevaron.

Jesús es crucificado
(Mt 27.32–44; Mc 15.21–32; Lc 23.26–43)

17 Jesús salió llevando su cruz, para ir al llamado "Lugar de la Calavera" (que en hebreo se llama Gólgota). 18 Allí lo crucificaron, y con él a otros dos, uno a cada lado, quedando Jesús en el medio. 19 Pilato escribió un letrero que decía: "Jesús de Nazaret, Rey de los judíos", y lo mandó poner sobre la cruz. 20 Muchos judíos leyeron aquel letrero, porque el lugar donde crucificaron a Jesús estaba cerca de la ciudad, y el letrero estaba escrito en hebreo, latín y griego. 21 Por eso, los jefes de los sacerdotes judíos dijeron a Pilato:

—No escribas: 'Rey de los judíos', sino escribe: 'El que dice ser Rey de los judíos'.

22 Pero Pilato les contestó:

—Lo que he escrito, escrito lo dejo.

23 Después que los soldados crucificaron a Jesús, recogieron su ropa y la repartieron en cuatro partes, una para cada soldado. Tomaron también la túnica, pero como era sin costura, tejida de arriba abajo de una sola pieza, 24 los soldados se dijeron unos a otros:

—No la rompamos, sino echémosla a suertes, a ver a quién le toca.

Así se cumplió la Escritura que dice: "Se repartieron entre sí mi ropa, y echaron a suertes mi túnica."*c* Esto fue lo que hicieron los soldados.

25 Junto a la cruz de Jesús estaban su madre, y la hermana de su madre, María, esposa de Cleofás, y María Magdalena.*d* 26 Cuando Jesús vio a su madre, y junto a ella al discípulo a quien él quería mucho,*e* dijo a su madre:

—Mujer, ahí tienes a tu hijo.

27 Luego le dijo al discípulo:

—Ahí tienes a tu madre.

Desde entonces, ese discípulo la recibió en su casa.

Muerte de Jesús
(Mt 27.45–56; Mc 15.33–41; Lc 23.44–49)

28 Después de esto, como Jesús sabía que ya todo se había cumplido, y para que se cumpliera la Escritura,*f* dijo:

—Tengo sed.

29 Había allí un jarro lleno de vino agrio.*g* Empaparon una esponja en el vino, la ataron a una rama de hisopo y se la acercaron a la boca. 30 Jesús bebió el vino agrio, y dijo:

—Todo está cumplido.

Luego inclinó la cabeza y entregó el espíritu.

La lanzada en el costado de Jesús

31 Era el día antes de la Pascua, y los judíos no querían que los cuerpos quedaran en las cruces durante el sábado, pues precisamente aquel sábado era muy solemne.*h* Por eso le pidieron a Pilato que ordenara quebrar las piernas a los crucificados y que quitaran de allí los cuerpos. 32 Los soldados fueron entonces y le quebraron las piernas al primero, y también al otro que estaba crucificado junto a Jesús. 33 Pero al acercarse a Jesús, vieron que ya estaba muerto. Por eso no le quebraron las piernas.

34 Sin embargo, uno de los soldados le atravesó el costado con una lanza, y al momento salió sangre y agua. 35 El que cuenta esto es uno que lo vio, y dice la verdad; él sabe que dice la verdad, para que ustedes también crean. 36 Porque estas cosas sucedieron para que se cumpliera la Escritura que dice: "No le quebrarán ningún hueso."*i* 37 Y en otra parte, la Escritura dice: "Mirarán al que traspasaron."*j*

Jesús es sepultado
(Mt 27.57–61; Mc 15.42–47; Lc 23.50–56)

38 Después de esto, José, el de Arimatea, pidió permiso a Pilato para llevarse el cuerpo de Jesús. José era discípulo de Jesús, aunque en secreto por miedo a las autoridades judías.

---

c **19.24** Sal 22.18. *d* **19.25** Mt 27.55–56; Mc 15.40; Lc 23.49. *e* **19.26** Véase 13.23 n. *f* **19.28** Sal 69.21; cf. Sal 22.15. *g* **19.29** *Vino agrio:* Sal 69.21. *h* **19.31** Según la cronología seguida por Jn, la Pascua de aquel año coincidía con el sábado. *i* **19.36** Sal 34.20; cf. Ex 12.46; Nm 9.12. Con esta referencia se presenta a Jesús como el cordero de la Pascua (véase Jn 1.29 n., y cf. 1 Co 5.7). *j* **19.37** Zac 12.10; cf. Ap 1.7.

Pilato le dio permiso, y José fue y se llevó el cuerpo. 39También Nicodemo, el que una noche fue a hablar con Jesús,*k* llegó con unos treinta kilos de un perfume, mezcla de mirra y áloe. 40Así pues, José y Nicodemo tomaron el cuerpo de Jesús y lo envolvieron con vendas empapadas en aquel perfume, según la costumbre que siguen los judíos para enterrar a los muertos. 41En el lugar donde crucificaron a Jesús había un huerto, y en el huerto un sepulcro nuevo*l* donde todavía no habían puesto a nadie. 42Allí pusieron el cuerpo de Jesús, porque el sepulcro estaba cerca y porque ya iba a empezar el sábado de los judíos.

El sepulcro vacío
(Mt 28.1–10; Mc 16.1–8; Lc 24.1–12)

20 1El primer día de la semana,*a* María Magdalena fue al sepulcro muy temprano, cuando todavía estaba oscuro; y vio quitada la piedra que tapaba la entrada. 2Entonces se fue corriendo a donde estaban Simón Pedro y el otro discípulo, aquel a quien Jesús quería mucho,*b* y les dijo:

—¡Se han llevado del sepulcro al Señor, y no sabemos dónde lo han puesto!

3Pedro y el otro discípulo salieron y fueron al sepulcro. 4Los dos iban corriendo juntos; pero el otro corrió más que Pedro y llegó primero al sepulcro. 5Se agachó a mirar, y vio allí las vendas, pero no entró. 6Detrás de él llegó Simón Pedro, y entró en el sepulcro. Él también vio allí las vendas; 7y además vio que la tela que había servido para envolver la cabeza de Jesús no estaba junto a las vendas, sino enrollada y puesta aparte. 8Entonces entró también el otro discípulo, el que había llegado primero al sepulcro, y vio lo que había pasado, y creyó. 9Pues todavía no habían entendido lo que dice la Escritura, que él tenía que resucitar.*c* 10Luego, aquellos discípulos regresaron a su casa.

Jesús se aparece a María Magdalena
(Mc 16.9–11)

11María se quedó afuera, junto al sepulcro, llorando. Y llorando como estaba, se agachó para mirar dentro, 12y vio dos ángeles vestidos de blanco, sentados donde había estado el cuerpo de Jesús; uno a la cabecera y otro a los pies. 13Los ángeles le preguntaron:

—Mujer, ¿por qué lloras?

Ella les dijo:

—Porque se han llevado a mi Señor, y no sé dónde lo han puesto.

14Apenas dijo esto, volvió la cara y vio allí a Jesús, pero no sabía que era él. 15Jesús le preguntó:

—Mujer, ¿por qué lloras? ¿A quién buscas?

Ella, pensando que era el que cuidaba el huerto, le dijo:

—Señor, si usted se lo ha llevado, dígame dónde lo ha puesto, para que yo vaya a buscarlo.

16Jesús entonces le dijo:

—¡María!

Ella se volvió y le dijo en hebreo:

—¡Rabuni! (que quiere decir: "Maestro").

17Jesús le dijo:

—No me retengas, porque todavía no he ido a reunirme con mi Padre. Pero ve y di a mis hermanos*d* que voy a reunirme con el que es mi Padre y Padre de ustedes, mi Dios y Dios de ustedes.

18Entonces María Magdalena fue y contó a los discípulos que había visto al Señor, y también les contó lo que él le había dicho.*e*

Jesús se aparece a los discípulos
(Mt 28.16–20; Mc 16.14–18; Lc 24.36–49)

19Al llegar la noche de aquel mismo día, el primero de la semana, los discípulos se habían reunido con las puertas cerradas por miedo a las autoridades judías.*f* Jesús entró y, poniéndose en medio de los discípulos, los saludó diciendo:

—¡Paz a ustedes!

20Dicho esto, les mostró las manos y el costado. Y ellos se alegraron de ver al Señor. 21Luego Jesús les dijo otra vez:

—¡Paz a ustedes! Como el Padre me envió a mí, así yo los envío a ustedes.

22Y sopló sobre ellos, y les dijo:

—Reciban el Espíritu Santo. 23A quienes ustedes perdonen los pecados, les quedarán perdonados; y a quienes no se los perdonen, les quedarán sin perdonar.*g*

---

k **19.39** Jn 3.1–2. *l* **19.41** Mt 27.60. *a* **20.1** *El primer día de la semana:* equivale a nuestro domingo. *b* **20.2** Véase 13.23 n. *c* **20.9** Cf. Jn 2.22; 12.16. Posible alusión a textos como Sal 16.8–11; Os 6.1–2; Jon 1.17; 2.1 (cf. Mt 12.40; Hch 2.25–28; y también Lc 24.25–27,44–46; 1 Co 15.4). *d* **20.17** *Mis hermanos:* Véase Mt 28.10 n., y cf. Ro 8.29; Heb 2.11–12. *e* **20.18** Lc 24.9. *f* **20.19** *Las autoridades judías:* Véase 1.19 n. *g* **20.23** Cf. Mt 16.19; 18.18.

Tomás ve al Señor resucitado

24Tomás, uno de los doce discípulos, al que llamaban el Gemelo, no estaba con ellos cuando llegó Jesús. **25**Después los otros discípulos le dijeron:

—Hemos visto al Señor.

Pero Tomás les contestó:

—Si no veo en sus manos las heridas de los clavos, y si no meto mi dedo en ellas y mi mano en su costado, no lo podré creer.

26Ocho días después, los discípulos se habían reunido de nuevo en una casa, y esta vez Tomás estaba también. Tenían las puertas cerradas, pero Jesús entró, se puso en medio de ellos y los saludó, diciendo:

—¡Paz a ustedes!

27Luego dijo a Tomás:

—Mete aquí tu dedo, y mira mis manos; y trae tu mano y métela en mi costado. No seas incrédulo; ¡cree!

28Tomás entonces exclamó:

—¡Mi Señor y mi Dios![h]

29Jesús le dijo:

—¿Crees porque me has visto? ¡Dichosos los que creen sin haber visto![i]

El porqué de este libro

30Jesús hizo muchas otras señales milagrosas delante de sus discípulos, las cuales no están escritas en este libro. **31**Pero estas se han escrito para que ustedes crean que Jesús es el Mesías, el Hijo de Dios, y para que creyendo tengan vida por medio de él.

Jesús se aparece a siete de sus discípulos[a]

21 **1**Después de esto, Jesús se apareció otra vez a sus discípulos, a orillas del Lago de Tiberias. Sucedió de esta manera: **2**Estaban juntos Simón Pedro, Tomás, al que llamaban el Gemelo, Natanael, que era de Caná de Galilea, los hijos de Zebedeo[b] y otros dos discípulos de Jesús. **3**Simón Pedro les dijo:

—Voy a pescar.

Ellos contestaron:

—Nosotros también vamos contigo.

Fueron, pues, y subieron a una barca; pero aquella noche no pescaron nada. **4**Cuando comenzaba a amanecer, Jesús se apareció en la orilla, pero los discípulos no sabían que era él. **5**Jesús les preguntó:

—Muchachos, ¿no tienen pescado?

Ellos le contestaron:

—No.

6Jesús les dijo:

—Echen la red a la derecha de la barca, y pescarán.

Así lo hicieron, y después no podían sacar la red por los muchos pescados que tenía. **7**Entonces el discípulo a quien Jesús quería mucho,[c] le dijo a Pedro:

—¡Es el Señor!

Apenas oyó Simón Pedro que era el Señor, se vistió, porque estaba sin ropa,[d] y se tiró al agua. **8**Los otros discípulos llegaron a la playa con la barca, arrastrando la red llena de pescados, pues estaban a cien metros escasos de la orilla. **9**Al bajar a tierra, encontraron un fuego encendido, con un pescado encima, y pan. **10**Jesús les dijo:

—Traigan algunos pescados de los que acaban de sacar.

11Simón Pedro subió a la barca y arrastró hasta la playa la red llena de grandes pescados, ciento cincuenta y tres; y aunque eran tantos, la red no se rompió.[e] **12**Jesús les dijo:

—Vengan a desayunarse.

Ninguno de los discípulos se atrevía a preguntarle quién era, porque sabían que era el Señor. **13**Luego Jesús se acercó, tomó en sus manos el pan y se lo dio a ellos; y lo mismo hizo con el pescado.

14Esta fue la tercera vez que Jesús se apareció a sus discípulos después de haber resucitado.

Palabras de Jesús a Simón Pedro

15Terminado el desayuno, Jesús le preguntó a Simón Pedro:

—Simón, hijo de Juan, ¿me amas más que estos?

Pedro le contestó:

—Sí, Señor, tú sabes que te quiero.

Jesús le dijo:

—Cuida de mis corderos.[f]

---

[h] **20.28** Cf. Sal 35.23; 88.1; cf. también Jn 1.1; 5.18; 10.33–36; Ro 9.7; Flp 2.5–11; Col 1.19. [i] **20.29** Cf. Jn 17.20; 1 P 1.8,12; 1 Jn 1.2–3. [a] **21.1–25** El cap. 21 parece haber sido redactado en fecha posterior, pero es parte integrante del evangelio. [b] **21.2** *Los hijos de Zebedeo:* es decir, Santiago y Juan (cf. Mt 4.21). [c] **21.7** Véase 13.23 n. [d] **21.7** *Se vistió, porque estaba sin ropa:* otra posible traducción: *se ciñó la túnica, porque era lo único que llevaba puesto.* [e] **21.1–11** Nótese la semejanza de este relato con Lc 5.1–11. [f] **21.15** Cf. Hch 20.28; Ef 4.11; 1 P 5.2.

16 Volvió a preguntarle:

—Simón, hijo de Juan, ¿me amas?

Pedro le contestó:

—Sí, Señor, tú sabes que te quiero.

Jesús le dijo:

—Cuida de mis ovejas.

17 Por tercera vez le preguntó:

—Simón, hijo de Juan, ¿me quieres?

Pedro, triste porque le había preguntado por tercera vez si lo quería, le contestó:

—Señor, tú lo sabes todo: tú sabes que te quiero.

Jesús le dijo:

—Cuida de mis ovejas. 18 Te aseguro que cuando eras más joven, te vestías para ir a donde querías; pero cuando ya seas viejo, extenderás los brazos y otro te vestirá, y te llevará a donde no quieras ir.

19 Al decir esto, Jesús estaba dando a entender de qué manera Pedro iba a morir y a glorificar con su muerte a Dios.g Después le dijo:

—¡Sígueme!

El discípulo a quien Jesús quería mucho

20 Al volverse, Pedro vio que detrás venía el discípulo a quien Jesús quería mucho, el mismo que en la cena había estado a su lado y le había preguntado: "Señor, ¿quién es el que te va a traicionar?"h 21 Cuando Pedro lo vio, preguntó a Jesús:

—Señor, y a este, ¿qué le va a pasar?

22 Jesús le contestó:

—Si quiero que él permanezca hasta que yo vuelva,i ¿qué te importa a ti? Tú sígueme.

23 Por esto corrió entre los hermanos el rumor de que aquel discípulo no moriría. Pero Jesús no dijo que no moriría. Lo que dijo fue: "Si quiero que él permanezca hasta que yo vuelva, ¿qué te importa a ti?"

24 Este es el mismo discípulo que da testimonio de estas cosas, y que las ha escrito. Y sabemos que dice la verdad.

25 Jesús hizo muchas otras cosas; tantas que, si se escribieran una por una, creo que en todo el mundo no cabrían los libros que podrían escribirse.

---

g **21.19** Cf. Jn 13.36–38. h **21.20** Cf. Jn 13.25. i **21.22** Cf. Mt 16.28; 1 Ts 4.15.

HECHOS
de los Apóstoles

El libro de los *Hechos de los Apóstoles* (= Hch) es la continuación del *Evangelio de Lucas*. En este su segundo libro, el autor quiere mostrar que la historia de Jesús no terminó con su muerte, resurrección y ascensión al cielo, porque él sigue actuando entre los hombres. Los apóstoles y otras personas escogidas por Dios, entre las que descuellan Pedro y Pablo, dan testimonio de esa presencia activa y permanente de Jesús. Dios, en cumplimiento de las promesas que había hecho a Israel, envía su Espíritu y, a pesar de las contradicciones de parte de muchos enemigos, va constituyendo el nuevo pueblo de Dios, compuesto por hombres y mujeres de todas las naciones.

El libro de los *Hechos* narra la trayectoria de la difusión del evangelio, dando especial relieve a la predicación en Jerusalén, el punto de partida (2.1—8.3), y mostrando a Roma, la capital del imperio, como punto de llegada (27.1—28.31). Entre estos dos polos de interés se sitúa la predicación del evangelio en muchos otros lugares, como Judea y Samaria (8.4—9.43) y otras numerosas ciudades y provincias (10.1—20.38).

Aunque la finalidad de los *Hechos de los Apóstoles* no es relatar completa y detalladamente todo lo sucedido en los primeros decenios después de la resurrección de Jesús, este libro nos proporciona abundante información sobre la historia de la iglesia primitiva.

La estructura del libro aparece insinuada en 1.8. Así obtenemos el siguiente esquema:

Introducción (1)

1. Predicación del evangelio en Jerusalén (2.1—8.3)

2. Predicación en Samaria y Judea (8.4—9.43)

3. Predicación a los paganos (10—28)
   a. Sucesos preliminares (10—12)
   b. Primer viaje misionero de Pablo (13—14)
   c. La reunión en Jerusalén (15.1–35)
   d. Segundo viaje misionero de Pablo (15.36—18.22)
   e. Tercer viaje misionero de Pablo (18.23—20.38)
   f. Prisión de Pablo y viaje a Roma (21—28)

Como se afirma en 1.1 y se confirma por las semejanzas de lenguaje y de doctrina, el tercer evangelio y *Hechos* son obra de un mismo autor. La tradición lo ha identificado con Lucas (a quien Pablo menciona en Col 4.14; 2 Ti 4.11; Flm 24). A partir de Hch 16.10, con frecuencia la narración está en primera persona de plural ("nosotros"), con lo que se insinúa que el autor del libro (o al menos de esas secciones) ha estado presente en los acontecimientos que narra. Algunos, sin embargo, interpretan esto como una forma literaria particular. De todos modos, el autor de *Hechos* debió de utilizar tradiciones orales y escritas que se conservaban en las diversas comunidades cristianas.

La promesa del Espíritu Santo

1 1 En mi primer libro, excelentísimo Teófilo, escribí acerca de todo lo que Jesús había hecho y enseñado desde el principio 2 y hasta el día en que subió al cielo. Antes de irse, por medio del Espíritu Santo dio instrucciones a los apóstoles que había escogido respecto a lo que debían hacer. 3 Y después de muerto se les presentó en persona, dándoles así claras pruebas de que estaba vivo. Durante cuarenta días se dejó ver de ellos y les estuvo hablando del reino de Dios.

4 Cuando todavía estaba con los apóstoles, Jesús les advirtió que no debían irse de Jerusalén. Les dijo:

—Esperen a que se cumpla la promesa que mi Padre les hizo, de la cual yo les hablé. 5 Es cierto que Juan bautizó con agua, pero dentro de pocos días ustedes serán bautizados con el Espíritu Santo.

Jesús sube al cielo

6 Los que estaban reunidos con Jesús, le preguntaron:

—Señor, ¿vas a restablecer en este momento el reino de Israel?

7 Jesús les contestó:

—No les corresponde a ustedes conocer el día o el momento que el Padre ha fijado con su propia autoridad; 8 pero cuando el Espíritu Santo venga sobre ustedes, recibirán poder y saldrán a dar testimonio de mí, en Jerusalén, en toda la región de Judea y de Samaria, y hasta en las partes más lejanas de la tierra.

9 Dicho esto, mientras ellos lo estaban mirando, Jesús fue levantado, y una nube lo envolvió y no lo volvieron a ver. 10 Y mientras miraban fijamente al cielo, viendo cómo Jesús se alejaba, dos hombres vestidos de blanco se aparecieron junto a ellos 11 y les dijeron:

—Galileos, ¿por qué se han quedado mirando al cielo? Este mismo Jesús que estuvo entre ustedes y que ha sido llevado al cielo, vendrá otra vez de la misma manera que lo han visto irse allá.

Elección de Matías

12 Desde el monte llamado de los Olivos, regresaron los apóstoles a Jerusalén: un trecho corto, precisamente lo que la ley permitía caminar en sábado. 13 Cuando llegaron a la ciudad, subieron al piso alto de la casa donde estaban alojados. Eran Pedro, Juan, Santiago, Andrés, Felipe, Tomás, Bartolomé, Mateo, Santiago hijo de Alfeo, Simón el Celote, y Judas, el hijo de Santiago.[a] 14 Todos ellos se reunían siempre para orar con algunas mujeres, con María, la madre de Jesús, y con sus hermanos.

15 Por aquellos días Pedro se dirigió a los hermanos reunidos, que eran como ciento veinte personas, y les dijo: 16 "Hermanos, tenía que cumplirse lo que el Espíritu Santo, por medio de David, ya había dicho en la Escritura acerca de Judas, el que sirvió de guía a los que arrestaron a Jesús. 17 Pues Judas era uno de los nuestros, y tenía parte en nuestro trabajo. 18 (Pero fue y compró un terreno con el dinero que le pagaron por su maldad; luego cayó de cabeza y se reventó, y se le salieron todos los intestinos. 19 Cuando los que vivían en Jerusalén lo supieron, llamaron a aquel terreno Hacéldama, que en su lengua quiere decir: 'Campo de Sangre.') 20 En efecto, el libro de los Salmos dice:

'Que su casa se vuelva un desierto,
y que nadie viva en ella.'[b]

Y también:

'Que otro ocupe su cargo.'[c]

21 "Tenemos aquí hombres que nos han acompañado todo el tiempo que el Señor Jesús estuvo entre nosotros, 22 desde que fue bautizado por Juan hasta que subió al cielo. Es necesario, pues, que uno de ellos sea agregado a nosotros, para que junto con nosotros dé testimonio de que Jesús resucitó."

23 Entonces propusieron a dos: a José, llamado Barsabás, y llamado también Justo, y a Matías. 24 Y oraron así: "Señor, tú que conoces los corazones de todos, muéstranos cuál de estos dos has escogido 25 para que tome a su cargo el servicio de apóstol que Judas perdió por su pecado, cuando se fue al lugar que le correspondía."

26 Lo echaron a la suerte, y esta favoreció a Matías, quien desde aquel momento quedó agregado a los once apóstoles.

La venida del Espíritu Santo

2 1 Cuando llegó la fiesta de Pentecostés,[a] todos los creyentes se encontraban reunidos en un mismo lugar. 2 De repente, un

---

a **1.13** Cf. Lc 6.14–16 y paralelos. *b* **1.20** Sal 69.25. *c* **1.20** Sal 109.8. *a* **2.1** Dt 16.9–11.

gran ruido que venía del cielo, como de un viento fuerte, resonó en toda la casa donde ellos estaban. 3 Y se les aparecieron lenguas como de fuego que se repartieron, y sobre cada uno de ellos se asentó una. 4 Y todos quedaron llenos del Espíritu Santo, y comenzaron a hablar en otras lenguas, según el Espíritu hacía que hablaran.

5 Vivían en Jerusalén judíos cumplidores de sus deberes religiosos, que habían venido de todas partes del mundo. 6 La gente se reunió al oir aquel ruido, y no sabía qué pensar, porque cada uno oía a los creyentes hablar en su propia lengua.[b] 7 Eran tales su sorpresa y su asombro, que decían:

—¿Acaso no son galileos todos estos que están hablando? 8 ¿Cómo es que los oímos hablar en nuestras propias lenguas? 9 Aquí hay gente de Partia, de Media, de Elam, de Mesopotamia, de Judea, de Capadocia, del Ponto y de la provincia de Asia, 10 de Frigia y de Panfilia, de Egipto y de las regiones de Libia cercanas a Cirene. Hay también gente de Roma que vive aquí; 11 unos son judíos de nacimiento y otros se han convertido al judaísmo. También los hay venidos de Creta y de Arabia. ¡Y los oímos hablar en nuestras propias lenguas de las maravillas de Dios!

12 Todos estaban asombrados y sin saber qué pensar; y se preguntaban:

—¿Qué significa todo esto?

13 Pero algunos, burlándose, decían:

—¡Es que están borrachos!

Discurso de Pedro

14 Entonces Pedro se puso de pie junto con los otros once apóstoles, y con voz fuerte dijo: "Judíos y todos los que viven en Jerusalén, sepan ustedes esto y oigan bien lo que les voy a decir. 15 Estos no están borrachos como ustedes creen, ya que apenas son las nueve de la mañana. 16 Al contrario, aquí está sucediendo lo que anunció el profeta Joel, cuando dijo:
17 'Sucederá que en los últimos días,
      dice Dios,
   derramaré mi Espíritu
      sobre toda la humanidad;

los hijos e hijas de ustedes
      comunicarán mensajes proféticos,
   los jóvenes tendrán visiones,
   y los viejos tendrán sueños.
18 También sobre mis siervos y siervas
   derramaré mi Espíritu en aquellos días,
   y comunicarán mensajes proféticos.
19 En el cielo mostraré grandes maravillas,
   y sangre, fuego y nubes de humo
      en la tierra.
20 El sol se volverá oscuridad,
   y la luna como sangre,
   antes que llegue el día del Señor,
   día grande y glorioso.
21 Pero todos los que invoquen
      el nombre del Señor,
   alcanzarán la salvación.'[c]

22 "Escuchen, pues, israelitas, lo que voy a decir: Como ustedes saben muy bien, Dios demostró ante ustedes la autoridad de Jesús de Nazaret, haciendo por medio de él grandes maravillas, milagros y señales. 23 Y a ese hombre, que conforme a los planes y propósitos de Dios fue entregado, ustedes lo mataron, crucificándolo por medio de hombres malvados. 24 Pero Dios lo resucitó, liberándolo de los dolores de la muerte, porque la muerte no podía tenerlo dominado. 25 El rey David, refiriéndose a Jesús, dijo:
'Yo veía siempre al Señor delante de mí;
   con él a mi derecha, nada me hará caer.
26 Por eso se alegra mi corazón,
   y mi lengua canta llena de gozo.
   Todo mi ser vivirá confiadamente,
27 porque no me dejarás en el sepulcro
   ni permitirás que se descomponga
   el cuerpo de tu santo siervo.
28 Me mostraste el camino de la vida,
   y me llenarás de alegría
      con tu presencia.'[d]

29 "Hermanos, permítanme decirles con franqueza que el patriarca David murió y fue enterrado, y que su sepulcro está todavía entre nosotros. 30 Pero David era profeta, y sabía que Dios le había prometido con juramento que pondría por rey a uno de sus descendientes.[e] 31 Así que, viendo anticipadamente la resurrección

---

[b] **2.5–6** Se trata de judíos procedentes de diversas regiones del mundo, que se habían establecido en Jerusalén; muchos de ellos hablaban o conocían otras lenguas, además del arameo, que era la lengua comúnmente hablada en Jerusalén. [c] **2.17–21** Jl 2.28–32 (gr.), citado con algunas modificaciones. [d] **2.25–28** Sal 16.8–11 (gr.). [e] **2.30** 2 S 7.12–13; Sal 89.3–4; 132.11–12.

del Mesías, David habló de ella y dijo que el Mesías no se quedaría en el sepulcro ni su cuerpo se descompondría. **32**Pues bien, Dios ha resucitado a ese mismo Jesús, y de ello todos nosotros somos testigos. **33**Después de haber sido enaltecido y colocado por Dios a su derecha y de haber recibido del Padre el Espíritu Santo que nos había prometido, él a su vez lo derramó sobre nosotros. Eso es lo que ustedes han visto y oído. **34**Porque no fue David quien subió al cielo; pues él mismo dijo:

'El Señor dijo a mi Señor:
Siéntate a mi derecha,
35 hasta que yo haga de tus enemigos
el estrado de tus pies.'*f*

36"Sepa todo el pueblo de Israel, con toda seguridad, que a este mismo Jesús a quien ustedes crucificaron, Dios lo ha hecho Señor y Mesías."

37Cuando los allí reunidos oyeron esto, se afligieron profundamente, y preguntaron a Pedro y a los otros apóstoles:

—Hermanos, ¿qué debemos hacer?

38Pedro les contestó:

—Vuélvanse a Dios y bautícese cada uno en el nombre de Jesucristo, para que Dios les perdone sus pecados, y así él les dará el Espíritu Santo. **39**Porque esta promesa es para ustedes y para sus hijos, y también para todos los que están lejos; es decir, para todos aquellos a quienes el Señor nuestro Dios quiera llamar.

40Con estas y otras palabras, Pedro les habló y les aconsejó, diciéndoles:

—¡Apártense de esta gente perversa!

41Así pues, los que hicieron caso de su mensaje fueron bautizados; y aquel día se agregaron a los creyentes unas tres mil personas. **42**Y eran fieles en conservar la enseñanza de los apóstoles, en compartir lo que tenían, en reunirse para partir el pan*g* y en la oración.

La vida de los primeros cristianos

43Todos estaban asombrados a causa de los muchos milagros y señales que Dios hacía por medio de los apóstoles. **44**Todos los creyentes estaban muy unidos y compartían sus bienes entre sí; **45**vendían sus propiedades y todo lo que tenían, y repartían el dinero según las necesidades de cada uno. **46**Todos los días se reunían en el templo, y en las casas partían el pan y comían juntos con alegría y sencillez de corazón. **47**Alababan a Dios y eran estimados por todos; y cada día el Señor hacía crecer la comunidad con el número de los que él iba llamando a la salvación.

Pedro sana a un paralítico

3 **1**Un día, Pedro y Juan fueron al templo para la oración de las tres de la tarde. **2**Allí, en el templo, estaba un hombre paralítico de nacimiento, al cual llevaban todos los días y lo ponían junto a la puerta llamada la Hermosa, para que pidiera limosna a los que entraban. **3**Cuando el paralítico vio a Pedro y a Juan, que estaban a punto de entrar en el templo, les pidió una limosna. **4**Ellos lo miraron fijamente, y Pedro le dijo:

—Míranos.

5El hombre puso atención, creyendo que le iban a dar algo. **6**Pero Pedro le dijo:

—No tengo plata ni oro, pero lo que tengo te doy: en el nombre de Jesucristo de Nazaret, levántate y anda.

7Dicho esto, Pedro lo tomó por la mano derecha y lo levantó, y en el acto cobraron fuerzas sus pies y sus tobillos. **8**El paralítico se puso en pie de un salto y comenzó a andar; luego entró con ellos en el templo, por su propio pie, brincando y alabando a Dios. **9**Todos los que lo vieron andar y alabar a Dios, **10**se llenaron de asombro y de temor por lo que le había pasado, ya que conocían al hombre y sabían que era el mismo que se sentaba a pedir limosna en el templo, en la puerta llamada la Hermosa.

Discurso de Pedro en el Pórtico de Salomón

11El paralítico que había sido sanado no soltaba a Pedro y a Juan. Toda la gente, admirada, corrió a la parte del templo que se llama Pórtico de Salomón,*a* donde ellos estaban. **12**Pedro, al ver esto, les dijo: "¿Por qué se asombran ustedes, israelitas? ¿Por qué nos miran como si nosotros mismos hubiéramos sanado a este hombre y lo hubiéramos hecho andar por medio de algún poder nuestro o por nuestra piedad? **13**El Dios

---

f **2.34–35** Sal 110.1. *g* **2.42** *Partir el pan:* expresión derivada de la costumbre judía de empezar la comida con una bendición, después de la cual se parte ceremonialmente el pan. La frase llegó a aplicarse de manera particular a la celebración de la Cena del Señor o Eucaristía (Hch 2.42; 20.7,11; 27.35; 1 Co 10.16). *a* **3.11** *Pórtico de Salomón:* Véase Jn 10.23.

de Abraham, de Isaac y de Jacob, el Dios de nuestros antepasados, ha dado el más alto honor a su siervo[b] Jesús, a quien ustedes entregaron a las autoridades y a quien ustedes rechazaron, después que Pilato había decidido soltarlo. 14 En vez de pedir la libertad de aquel que era santo y justo, ustedes pidieron que se soltara a un criminal. 15 Y así mataron ustedes al que nos lleva a la vida. Pero Dios lo resucitó, y de esto nosotros somos testigos. 16 Lo que ha hecho cobrar fuerzas a este hombre que ustedes ven y conocen, es la fe en el nombre de Jesús. Esa fe en Jesús es la que lo ha hecho sanar completamente, como todos ustedes pueden ver.

17 "Ya sé, hermanos, que cuando ustedes y sus jefes mataron a Jesús, lo hicieron sin saber en realidad lo que estaban haciendo. 18 Pero Dios cumplió de este modo lo que antes había anunciado por medio de todos sus profetas: que su Mesías tenía que morir. 19 Por eso, vuélvanse ustedes a Dios y conviértanse, para que él les borre sus pecados 20 y el Señor les mande tiempos de alivio, enviándoles a Jesús, a quien desde el principio había escogido como Mesías para ustedes. 21 Aunque por ahora Jesucristo debe permanecer en el cielo hasta que Dios ponga en orden todas las cosas, como dijo por medio de sus santos profetas que vivieron en los tiempos antiguos. 22 Moisés anunció a nuestros antepasados: 'El Señor su Dios hará que salga de entre ustedes un profeta como yo. Obedézcanlo en todo lo que les diga, 23 porque todo aquel que no haga caso a ese profeta, será eliminado del pueblo.'[c]

24 "Y todos los profetas, desde Samuel en adelante, hablaron también de estos días. 25 Ustedes son herederos de las promesas que Dios hizo por medio de los profetas, y son también herederos de la alianza hecha por Dios con los antepasados de ustedes. Pues Dios le dijo a Abraham: 'Todas las naciones del mundo serán bendecidas por medio de tus descendientes.'[d] 26 Cuando Dios resucitó a su Hijo, lo envió primero a ustedes, para bendecirlos, haciendo que cada uno de ustedes se convierta de su maldad."

Pedro y Juan ante las autoridades

4 1 Todavía Pedro y Juan estaban hablándole a la gente, cuando llegaron los sacerdotes, con el jefe de la guardia del templo y con los saduceos. 2 Estaban enojados porque Pedro y Juan enseñaban a la gente y decían que la resurrección de los muertos había quedado demostrada en el caso de Jesús. 3 Los arrestaron y, como ya era tarde, los metieron en la cárcel hasta el día siguiente. 4 Pero muchos de los que habían escuchado el mensaje, creyeron; y el número de creyentes, contando solamente los hombres, llegó a cerca de cinco mil.

5 Al día siguiente se reunieron en Jerusalén los jefes de los judíos, los ancianos y los maestros de la ley.[a] 6 Allí estaban también el sumo sacerdote Anás, Caifás, Juan, Alejandro y todos los que pertenecían a la familia de los sumos sacerdotes. 7 Ordenaron que les llevaran a Pedro y a Juan, y poniéndolos en medio de ellos les preguntaron:

—¿Con qué autoridad, o en nombre de quién han hecho ustedes estas cosas?

8 Pedro, lleno del Espíritu Santo, les contestó:

—Jefes del pueblo y ancianos: 9 ustedes nos preguntan acerca del bien hecho a un enfermo, para saber de qué manera ha sido sanado. 10 Pues bien, declaramos ante ustedes y ante todo el pueblo de Israel que este hombre que está aquí, delante de todos, ha sido sanado en el nombre de Jesucristo de Nazaret, el mismo a quien ustedes crucificaron y a quien Dios resucitó. 11 Este Jesús es la piedra que ustedes los constructores despreciaron, pero que se ha convertido en la piedra principal.[b] 12 En ningún otro hay salvación, porque en todo el mundo Dios no nos ha dado otra persona por la cual podamos salvarnos.

13 Cuando las autoridades vieron la valentía con que hablaban Pedro y Juan, y se dieron cuenta de que eran hombres sin estudios ni cultura, se quedaron sorprendidos, y reconocieron que eran discípulos de Jesús. 14 Además, el que había sido sanado estaba allí con ellos, y por eso no podían decir nada en contra. 15 Entonces los mandaron salir de la reunión, y se quedaron discutiendo unos con otros. 16 Decían:

—¿Qué vamos a hacer con estos hombres? Todos los habitantes de Jerusalén saben que han hecho esta señal milagrosa, y no lo podemos negar. 17 Pero a fin de que este asunto no siga corriendo de boca en boca, vamos a amenazarlos, para que de aquí en adelante no hablen del nombre de Jesús a nadie.

---

[b] **3.13** *Siervo:* Cf. Is 52.13.   [c] **3.22–23** Adaptación de Dt 18.15–19; Lv 23.29; cf. también Hch 7.37.   [d] **3.25** Gn 12.3; 22.18.   [a] **4.5** Mt 5.22; 26.59; Mc 15.1; Jn 11.47; Hch 5.21; 22.30—23.10.   [b] **4.11** Cf. Sal 118.22; Lc 20.17.

18 Así que los llamaron y les ordenaron que no hablaran ni enseñaran nada acerca del nombre de Jesús. 19 Pero Pedro y Juan les contestaron:

—Juzguen ustedes mismos si es justo delante de Dios obedecerlos a ustedes en lugar de obedecerlo a él. 20 Nosotros no podemos dejar de decir lo que hemos visto y oído.

21 Las autoridades los amenazaron, pero los dejaron libres. No encontraron cómo castigarlos, porque toda la gente alababa a Dios por lo que había pasado. 22 El hombre que fue sanado de esta manera milagrosa, tenía más de cuarenta años.

Los creyentes piden confianza y valor

23 Pedro y Juan, ya puestos en libertad, fueron a reunirse con sus compañeros y les contaron todo lo que los jefes de los sacerdotes y los ancianos les habían dicho. 24 Después de haberlos oído, todos juntos oraron a Dios, diciendo: "Señor, tú que hiciste el cielo, la tierra, el mar y todo lo que hay en ellos, 25 dijiste por medio del Espíritu Santo y por boca de nuestro patriarca David, tu siervo:

'¿Por qué se alborotan los pueblos?
¿Por qué hacen planes sin sentido?
26 Los reyes y gobernantes de la tierra
se rebelan, y juntos conspiran
contra el Señor y contra su escogido,
el Mesías.'c

27 "Es un hecho que Herodes y Poncio Pilato se juntaron aquí, en esta ciudad, con los extranjeros y los israelitas, contra tu santo siervo Jesús, a quien escogiste como Mesías. 28 De esta manera, ellos hicieron todo lo que tú en tus planes ya habías dispuesto que tenía que suceder. 29 Ahora, Señor, fíjate en sus amenazas y concede a tus siervos que anuncien tu mensaje sin miedo. 30 Muestra tu poder sanando a los enfermos y haciendo señales y milagros en el nombre de tu santo siervo Jesús."

31 Cuando acabaron de orar, el lugar donde estaban reunidos tembló; y todos fueron llenos del Espíritu Santo, y anunciaban abiertamente el mensaje de Dios.

Todas las cosas eran de todos

32 Todos los creyentes, que eran muchos, pensaban y sentían de la misma manera. Ninguno decía que sus cosas fueran solamente suyas, sino que eran de todos. 33 Los apóstoles seguían dando un poderoso testimonio de la resurrección del Señor Jesús, y Dios los bendecía mucho a todos. 34 No había entre ellos ningún necesitado, porque quienes tenían terrenos o casas, los vendían, y el dinero 35 lo ponían a disposición de los apóstoles, para repartirlo entre todos según las necesidades de cada uno. 36 Tal fue el caso de un levita llamado José, natural de la isla de Chipre, a quien los apóstoles pusieron por sobrenombre Bernabé, (que significa: "Hijo de consolación"). 37 Este hombre tenía un terreno, y lo vendió y puso el dinero a disposición de los apóstoles.

El pecado de Ananías y Safira

5 1 Pero hubo uno, llamado Ananías, que junto con Safira, su esposa, vendió un terreno. 2 Este hombre, de común acuerdo con su esposa, se quedó con una parte del dinero y puso la otra parte a disposición de los apóstoles. 3 Pedro le dijo:

—Ananías, ¿por qué dejaste que Satanás te dominara y te hiciera mentir al Espíritu Santo quedándote con parte del dinero que te pagaron por el terreno? 4 ¿Acaso no era tuyo el terreno? Y puesto que lo vendiste, ¿no era tuyo el dinero? ¿Por qué se te ocurrió hacer esto? No has mentido a los hombres, sino a Dios.

5 Al oír esto, Ananías cayó muerto. Y todos los que lo supieron se llenaron de miedo. 6 Entonces vinieron unos jóvenes, envolvieron el cuerpo y se lo llevaron a enterrar.

7 Unas tres horas después entró la esposa de Ananías, sin saber lo que había pasado. 8 Pedro le preguntó:

—Dime, ¿vendieron ustedes el terreno en el precio que han dicho?

Ella contestó:

—Sí, en ese precio.

9 Pedro le dijo:

—¿Por qué se pusieron ustedes de acuerdo para poner a prueba al Espíritu del Señor? Ahí vienen los que se llevaron a enterrar a tu esposo, y ahora te van a llevar también a ti.

10 En ese mismo instante Safira cayó muerta a los pies de Pedro. Cuando entraron los jóvenes, la encontraron muerta, y se la llevaron a enterrar al lado de su esposo. 11 Y todos los de la iglesia, y todos los que supieron estas cosas, se llenaron de miedo.

---

c **4.25–26** Sal 2.1–2.

Muchos milagros y señales

12 Por medio de los apóstoles se hacían muchas señales y milagros entre la gente; y todos se reunían en el Pórtico de Salomón.*ª* **13** Ninguno de los otros se atrevía a juntarse con ellos, pero la gente los tenía en alta estima. **14** Y aumentó el número de personas, tanto hombres como mujeres, que creyeron en el Señor. **15** Y sacaban los enfermos a las calles, poniéndolos en camas y camillas para que, al pasar Pedro, por lo menos su sombra cayera sobre alguno de ellos. **16** También de los pueblos vecinos a Jerusalén acudía mucha gente trayendo enfermos y personas atormentadas por espíritus impuros; y todos eran sanados.

Persecución de los apóstoles

17 El sumo sacerdote y los del partido de los saduceos que estaban con él, se llenaron de envidia, **18** y arrestaron a los apóstoles y los metieron en la cárcel pública. **19** Pero un ángel del Señor abrió de noche las puertas de la cárcel y los sacó, diciéndoles: **20** "Vayan y, de pie en el templo, cuenten al pueblo todo este mensaje de vida." **21** Conforme a esto que habían oído, al día siguiente entraron temprano en el templo y comenzaron a enseñar.

Entonces, el sumo sacerdote y los que estaban con él llamaron a todos los ancianos israelitas a una reunión de la Junta Suprema, y mandaron traer de la cárcel a los apóstoles. **22** Pero cuando los guardias llegaron a la cárcel, no los encontraron. Así que volvieron con la noticia, **23** diciendo:

—Encontramos la cárcel perfectamente cerrada, y a los soldados vigilando delante de las puertas; pero cuando abrimos, no encontramos a nadie dentro.

24 Al oírlo, el jefe de la guardia del templo y los principales sacerdotes se preguntaban en qué iría a parar todo aquello. **25** En aquel momento llegó uno, que les dijo:

—Los que ustedes metieron en la cárcel, están en el templo enseñando al pueblo.

26 El jefe de la guardia, junto con los guardias, fue a buscarlos; pero no los maltrataron, porque tenían miedo de ser apedreados por la gente. **27** Al llegar, los llevaron ante la Junta Suprema, y el sumo sacerdote les dijo:

28 —Nosotros les habíamos prohibido terminantemente que enseñaran nada relacionado con ese hombre. ¿Y qué han hecho ustedes? Han llenado toda Jerusalén con esas enseñanzas, y encima quieren echarnos la culpa de la muerte de ese hombre.

29 Pedro y los demás apóstoles contestaron:

—Es nuestro deber obedecer a Dios antes que a los hombres. **30** El Dios de nuestros antepasados resucitó a Jesús, el mismo a quien ustedes mataron colgándolo en una cruz. **31** Dios lo ha levantado y lo ha puesto a su derecha, y lo ha hecho Guía y Salvador, para que la nación de Israel se vuelva a Dios y reciba el perdón de sus pecados. **32** De esto somos testigos nosotros, y también lo es el Espíritu Santo, que Dios ha dado a los que le obedecen.

33 Cuando oyeron esto, se enfurecieron y quisieron matarlos. **34** Pero entre aquellas autoridades había un fariseo llamado Gamaliel, que era un maestro de la ley muy respetado por el pueblo. Este se puso de pie y mandó que por un momento sacaran de allí a los apóstoles. **35** Luego dijo a las demás autoridades:

—Israelitas, tengan cuidado con lo que van a hacer con estos hombres. **36** Recuerden que hace algún tiempo se levantó Teudas, alegando ser un hombre importante, y unos cuatrocientos hombres lo siguieron. Pero a este lo mataron, y sus seguidores se dispersaron, y allí se acabó todo. **37** Más tarde, en los días del censo, se levantó Judas, el de Galilea, y logró que algunos lo siguieran; pero también lo mataron, y todos sus seguidores se dispersaron. **38** En este caso, yo les aconsejo que dejen a estos hombres y que no se metan con ellos. Porque si este asunto es cosa de los hombres, pasará; **39** pero si es cosa de Dios, no podrán ustedes vencerlos. Tengan cuidado, no se vayan a encontrar luchando contra Dios.

Ellos le hicieron caso. **40** Así que llamaron a los apóstoles, los azotaron y les prohibieron seguir hablando en el nombre de Jesús; después los soltaron. **41** Los apóstoles salieron de la presencia de las autoridades muy contentos, porque Dios les había concedido el honor de sufrir injurias por causa del nombre de Jesús. **42** Todos los días enseñaban y anunciaban la buena noticia de Jesús el Mesías, tanto en el templo como por las casas.

ª **5.12** *Pórtico de Salomón:* Véase Jn 10.23.

Nombramiento de siete ayudantes[a]

6 [1] En aquel tiempo, como el número de los creyentes iba aumentando, los de habla griega comenzaron a quejarse de los de habla hebrea, diciendo que las viudas griegas no eran bien atendidas en la distribución diaria de ayuda. [2] Los doce apóstoles reunieron a todos los creyentes, y les dijeron:

—No está bien que nosotros dejemos de anunciar el mensaje de Dios para dedicarnos a la administración. [3] Así que, hermanos, busquen entre ustedes siete hombres de confianza, entendidos y llenos del Espíritu Santo, para que les encarguemos estos trabajos. [4] Nosotros seguiremos orando y proclamando el mensaje de Dios.

[5] Todos estuvieron de acuerdo, y escogieron a Esteban, hombre lleno de fe y del Espíritu Santo, y a Felipe,[b] a Prócoro, a Nicanor, a Timón, a Pármenas y a Nicolás, uno de Antioquía[c] que antes se había convertido al judaísmo. [6] Luego los llevaron a donde estaban los apóstoles, los cuales oraron y les impusieron las manos.[d]

[7] El mensaje de Dios iba extendiéndose, y el número de los creyentes aumentaba mucho en Jerusalén. Incluso muchos sacerdotes judíos aceptaban la fe.

Arresto de Esteban

[8] Esteban, lleno del poder y la bendición de Dios, hacía milagros y señales entre el pueblo. [9] Algunos de la sinagoga llamada de los Esclavos Libertados,[e] junto con algunos de Cirene, de Alejandría, de Cilicia y de la provincia de Asia, comenzaron a discutir con Esteban; [10] pero no podían hacerle frente, porque hablaba con la sabiduría que le daba el Espíritu Santo. [11] Pagaron entonces a unos para que afirmaran que lo habían oído decir palabras ofensivas contra Moisés y contra Dios. [12] De este modo alborotaron al pueblo, a los ancianos y a los maestros de la ley; por lo cual atacaron a Esteban, lo apresaron y lo llevaron ante la Junta Suprema. [13] Además buscaron testigos falsos, que dijeron:

—Ese hombre no deja de hablar contra este santo templo y contra la ley. [14] Le hemos oído decir que ese Jesús de Nazaret va a destruir el templo y que va a cambiar las costumbres que nos dejó Moisés.

[15] Las autoridades y todos los que estaban allí sentados, al mirar a Esteban, vieron que su cara era como la de un ángel.

Defensa de Esteban

7 [1] El sumo sacerdote le preguntó a Esteban si lo que decían de él era cierto, [2] y él contestó: "Hermanos y padres, escúchenme: Nuestro glorioso Dios se mostró a nuestro antepasado Abraham cuando estaba en Mesopotamia, antes que se fuera a vivir a Harán, [3] y le dijo: 'Deja tu tierra y a tus parientes, y vete a la tierra que yo te mostraré.' [4] Entonces Abraham salió de Caldea y se fue a vivir a Harán. Después murió su padre, y Dios trajo a Abraham a esta tierra, donde ustedes viven ahora.[a] [5] Pero no le dio ninguna herencia en ella; ni siquiera un lugar donde poner el pie. Pero sí le prometió que se la daría, para que después de su muerte fuera de sus descendientes[b] (aunque en aquel tiempo Abraham todavía no tenía hijos). [6] Además, Dios le dijo que sus descendientes vivirían como extranjeros en una tierra extraña, y que serían esclavos, y que los maltratarían durante cuatrocientos años.[c] [7] Pero también le dijo Dios: 'Yo castigaré a la nación que los haga esclavos, y después ellos saldrán de allí[d] y me servirán en este lugar.' [8] En su alianza, Dios ordenó a Abraham la práctica de la circuncisión.[e] Por eso, a los ocho días de haber nacido su hijo Isaac, Abraham lo circuncidó.[f] Lo mismo hizo Isaac con su hijo Jacob, y este hizo lo mismo con sus hijos, que fueron los padres de las doce tribus de Israel.

[9] "Estos hijos de Jacob, que fueron nuestros antepasados, tuvieron envidia de su hermano José, y lo vendieron para que se lo llevaran a Egipto.[g] Pero Dios, que estaba con José,[h] [10] lo libró de todas sus aflicciones. Le dio sabiduría y lo hizo ganarse el favor del faraón, rey de

---

[a] **6.1–7** Tradicionalmente, estos siete han sido llamados *diáconos*. Sin embargo, las actividades de Esteban y de Felipe sobrepasaron las funciones asociadas con este oficio. [b] **6.5** *Esteban:* cf. Hch 6.8—7.60. *Felipe:* Cf. Hch 8.4–13, 26–40; 21.8–9. [c] **6.5** *Antioquía:* de Siria; véase Hch 11.19 n. [d] **6.6** *Impusieron las manos:* Cf. Nm 27.23; 1 Ti 4.14. [e] **6.9** *Esclavos Libertados:* esclavos judíos a quienes se había concedido la libertad. [a] **7.2–4** Gn 11.31—12.5. [b] **7.5** Gn 12.7; 13.15; 15.18; 17.8. [c] **7.6** *Cuatrocientos años:* según Gn 15.13; Ex 12.40 habla de 430 años. [d] **7.6–7** Gn 15.13–14. [e] **7.8** Gn 17.10–14. [f] **7.8** Gn 21.3–4. [g] **7.9** Gn 37.11,28. [h] **7.9** Gn 39.2–3,21.

Egipto, el cual nombró a José gobernador de Egipto y del palacio real.[i]

11 "Hubo entonces hambre y mucha aflicción en todo Egipto y en Canaán, y nuestros antepasados no tenían qué comer.[j] 12 Pero cuando Jacob supo que en Egipto había de comer, mandó allá a sus hijos, es decir, a nuestros antepasados. Este fue el primer viaje que hicieron.[k] 13 Cuando fueron por segunda vez, José se dio a conocer a sus hermanos,[l] y así el faraón supo de qué raza era José. 14 Más tarde, José ordenó que su padre Jacob y toda su familia, que eran setenta y cinco[m] personas, fueran llevados a Egipto.[n] 15 De ese modo Jacob se fue a vivir a Egipto; y allí murió,[ñ] y allí murieron también nuestros antepasados. 16 Los restos de Jacob fueron llevados a Siquem, y fueron enterrados en el sepulcro que Abraham había comprado por cierta cantidad de dinero a los hijos de Hamor, en Siquem.[o]

17 "Cuando ya se acercaba el tiempo en que había de cumplirse la promesa hecha por Dios a Abraham, el pueblo de Israel había crecido en Egipto y se había hecho numeroso; 18 y por entonces comenzó a gobernar en Egipto un rey que no había conocido a José.[p] 19 Este rey engañó a nuestro pueblo y maltrató a nuestros antepasados; los obligó a abandonar y dejar morir a sus hijos recién nacidos.[q] 20 En aquel tiempo nació Moisés. Fue un niño extraordinariamente hermoso, y sus padres lo criaron en su casa durante tres meses. 21 Cuando tuvieron que abandonarlo, la hija del faraón lo recogió y lo crió como si fuera su propio hijo.[r] 22 De esa manera Moisés fue instruido en la sabiduría de los egipcios, y fue un hombre poderoso en palabras y en hechos.

23 "A la edad de cuarenta años, Moisés decidió visitar a los israelitas, que eran su propio pueblo. 24 Pero al ver que un egipcio maltrataba a uno de ellos, Moisés salió en su defensa, y lo vengó matando al egipcio. 25 Y es que Moisés pensaba que sus hermanos los israelitas se darían cuenta de que por medio de él Dios iba a libertarlos; pero ellos no se dieron cuenta. 26 Al día siguiente, Moisés encontró a dos israelitas que se estaban peleando y, queriendo ponerlos

en paz, les dijo: 'Ustedes son hermanos; ¿por qué se maltratan el uno al otro?' 27 Entonces el que maltrataba a su compañero empujó a Moisés, y le dijo: '¿Quién te ha puesto a ti como jefe y juez entre nosotros? 28 ¿Acaso quieres matarme, como mataste ayer al egipcio?' 29 Al oir esto, Moisés huyó y se fue a la tierra de Madián. Allí vivió como extranjero, y tuvo dos hijos.[s]

30 "Cuarenta años después, en el desierto, cerca del monte Sinaí, un ángel se le apareció en el fuego de una zarza que estaba ardiendo. 31 Moisés se asombró de aquella visión, y cuando se acercó para ver mejor, oyó la voz del Señor, que decía: 32 'Yo soy el Dios de tus antepasados. Soy el Dios de Abraham, de Isaac y de Jacob.' Moisés comenzó a temblar de miedo, y no se atrevía a mirar. 33 Entonces el Señor le dijo: 'Descálzate, porque el lugar donde estás es sagrado. 34 Claramente he visto cómo sufre mi pueblo, que está en Egipto. Los he oído quejarse y he bajado para librarlos. Por lo tanto, ven, que te voy a enviar a Egipto.'[t]

35 "Aunque ellos habían rechazado a Moisés y le habían dicho: '¿Quién te nombró jefe y juez?', Dios lo envió como jefe y libertador, por medio del ángel que se le apareció en la zarza. 36 Y fue Moisés quien sacó de Egipto a nuestros antepasados, después de hacer milagros en aquella tierra,[u] en el Mar Rojo,[v] y en el desierto durante cuarenta años.[w] 37 Este mismo Moisés fue quien dijo a los israelitas: 'Dios hará que salga de entre ustedes un profeta como yo.' 38 Y cuando Israel estaba reunido en el desierto, fue también Moisés quien sirvió de intermediario entre el ángel que le hablaba en el monte Sinaí[x] y nuestros antepasados; él fue quien recibió palabras de vida para pasárnoslas a nosotros.

39 "Pero nuestros antepasados no quisieron obedecerlo, sino que lo rechazaron y quisieron volverse a Egipto.[y] 40 Le dijeron a Aarón: 'Haznos dioses que nos guíen, porque no sabemos qué le ha pasado a este Moisés que nos sacó de Egipto.' 41 Entonces hicieron un ídolo que tenía forma de becerro, mataron animales para ofrecérselos y celebraron una fiesta en honor del ídolo que ellos mismos habían hecho.[z]

7.10 Gn 41.37–41. *7.11* Gn 41.54–57. *k7.12* Gn 42.1–3. *7.13* Gn 45.1–16. *m7.14* *Setenta y cinco:* Así, según la versión griega (LXX) de Gn 46.27 y Ex 1.5; el texto hebreo de estos pasajes dice *setenta*. *n7.14* Gn 45.9—47.12. *ñ7.15* Gn 49.33. *o7.16* Gn 49.29–32; 50.7–13. *p7.17–18* Ex 1.7–9. *q7.19* Ex 1.10–11,22. *r7.20–21* Ex 2.1–10. *s7.23–29* Ex 2.11–15; 18.3–4. *t7.30–34* Ex 3.1–10. *u7.36* Ex 7.3. *v7.36* Ex 14.21. *w7.36* Nm 14.32–33. *x7.38* Ex 19.1—20.17; Dt 5.1–21. *y7.39* Nm 14.3–4. *z7.40–41* Ex 32.1–6.

42 Por esto, Dios se apartó de ellos y los dejó adorar a las estrellas del cielo.[a] Pues así está escrito en el libro de los profetas:[b]

'Israelitas,
¿acaso en los cuarenta años del desierto me ofrecieron ustedes sacrificios
y ofrendas?
43 Por el contrario,
cargaron con el santuario del dios Moloc[c] y con la estrella del dios Refán,[d]
imágenes de dioses que ustedes mismos se hicieron para adorarlas.
Por eso los lanzaré a ustedes al destierro más allá de Babilonia.'

44 "Nuestros antepasados tenían en el desierto la tienda de la alianza,[e] que fue hecha tal como Dios se lo ordenó a Moisés cuando le dijo que la hiciera según el modelo que había visto. 45 Nuestros antepasados recibieron esta tienda en herencia, y los que vinieron con Josué la trajeron consigo cuando conquistaron la tierra de los otros pueblos, a los que Dios arrojó de delante de ellos. Allí estuvo hasta los días de David.[f] 46 Él encontró favor delante de Dios, y le pidió un lugar donde viviera la descendencia de Jacob;[g] 47 pero fue Salomón quien construyó el templo de Dios.[h] 48 Aunque el Dios altísimo no vive en templos hechos por la mano de los hombres. Como dijo el profeta:
49 'El cielo es mi trono,
y la tierra es el estrado de mis pies.
¿Qué clase de casa me construirán?,
dice el Señor;
¿cuál será mi lugar de descanso,
50 si yo mismo hice todas estas cosas?'[i]

51 "Pero ustedes —siguió diciendo Esteban— siempre han sido tercos, y tienen oídos y corazón paganos. Siempre están en contra del Espíritu Santo. Son iguales que sus antepasados. 52 ¿A cuál de los profetas no maltrataron los antepasados de ustedes? Ellos mataron a quienes habían hablado de la venida de aquel que es justo, y ahora que este justo ya ha venido, ustedes lo traicionaron y lo mataron. 53 Ustedes, que recibieron la ley por medio de ángeles,[j] no la obedecen."

Muerte de Esteban

54 Cuando oyeron estas cosas, se enfurecieron y rechinaron los dientes contra Esteban. 55 Pero él, lleno del Espíritu Santo, miró al cielo y vio la gloria de Dios, y a Jesús de pie a la derecha de Dios. 56 Entonces dijo:

—¡Miren! Veo los cielos abiertos, y al Hijo del hombre a la derecha de Dios.

57 Pero ellos se taparon los oídos, y dando fuertes gritos se lanzaron todos contra él. 58 Lo sacaron de la ciudad y lo apedrearon; los que hacían de testigos contra él dejaron sus ropas al cuidado de un joven llamado Saulo.[k] 59 Mientras lo apedreaban, Esteban oró, diciendo: "Señor Jesús, recibe mi espíritu." 60 Luego se puso de rodillas y gritó con voz fuerte: "¡Señor, no les tomes en cuenta este pecado!"

Habiendo dicho esto, murió.[l]

8 1 Y Saulo estaba allí, dando su aprobación a la muerte de Esteban.

Saulo persigue a la iglesia

Aquel mismo día comenzó una gran persecución contra la iglesia de Jerusalén. Todos, menos los apóstoles, se dispersaron por las regiones de Judea y de Samaria. 2 Algunos hombres piadosos enterraron a Esteban y lloraron mucho por él. 3 Mientras tanto, Saulo perseguía a la iglesia, y entraba de casa en casa para sacar a rastras a hombres y mujeres y mandarlos a la cárcel.[a]

Anuncio del evangelio en Samaria

4 Pero los que tuvieron que salir de Jerusalén anunciaban la buena noticia por dondequiera que iban. 5 Felipe,[b] uno de ellos, se dirigió a la principal ciudad de Samaria y comenzó a hablarles de Cristo. 6 La gente se reunía, y todos escuchaban con atención lo que decía Felipe, pues veían las señales milagrosas hechas por él. 7 Muchas personas que tenían espíritus impuros eran sanadas, y los espíritus salían de ellas gritando; y también muchos paralíticos y tullidos eran sanados. 8 Por esta causa hubo gran alegría en aquel pueblo.

---

[a] **7.42** Cf. Jer 8.2; 19.13. [b] **7.42–43** *El libro de los profetas:* es decir, los doce profetas llamados Menores. Cf. Am 5.25–27 (gr.). [c] **7.43** *Moloc:* dios de los amonitas. [d] **7.43** *Refán:* dios egipcio correspondiente al planeta Saturno. [e] **7.44** Ex 25.9,40. [f] **7.45** Jos 3.14–17. [g] **7.46** 2 S 7.1–16; 1 Cr 17.1–14. [h] **7.47** 1 R 6.1–38; 2 Cr 3.1–14. [i] **7.49–50** Is 66.1–2. [j] **7.53** Gl 3.19; Heb 2.2. [k] **7.58** *Saulo:* Véase 13.9 n. [l] **7.60** Cf. Lc 23.34. [a] **8.3** Hch 22.4–5; 26.9–11; Gl 1.13. [b] **8.5** *Felipe:* Hch 6.5.

9 Pero había allí un hombre llamado Simón, que antes había practicado la brujería y que había engañado a la gente de Samaria haciéndose pasar por una persona importante. **10** Todos, desde el más pequeño hasta el más grande, lo escuchaban atentamente y decían: "Este es a quien llaman 'el gran poder de Dios'."

11 Y le hacían caso, porque con su brujería los había engañado durante mucho tiempo. **12** Pero cuando creyeron en la buena noticia que Felipe les anunciaba acerca del reino de Dios y de Jesucristo, tanto hombres como mujeres se bautizaron. **13** Y el mismo Simón creyó y se bautizó, y comenzó a acompañar a Felipe, admirado de los grandes milagros y señales que veía.

14 Cuando los apóstoles que estaban en Jerusalén supieron que los de Samaria habían aceptado el mensaje de Dios, mandaron allá a Pedro y a Juan. **15** Al llegar, oraron por los creyentes de Samaria, para que recibieran el Espíritu Santo. **16** Porque todavía no había venido el Espíritu Santo sobre ninguno de ellos; solamente se habían bautizado en el nombre del Señor Jesús. **17** Entonces Pedro y Juan les impusieron las manos, y así recibieron el Espíritu Santo.

18 Simón, al ver que el Espíritu Santo venía cuando los apóstoles imponían las manos a la gente, les ofreció dinero, **19** y les dijo:

—Denme también a mí ese poder, para que aquel a quien yo le imponga las manos reciba igualmente el Espíritu Santo.

20 Entonces Pedro le contestó:

—¡Que tu dinero se condene contigo, porque has pensado comprar con dinero lo que es un don de Dios! **21** Tú no tienes ningún derecho a recibirlo, porque delante de Dios tu corazón no es recto. **22** Abandona esta maldad tuya, y ruega a Dios, para ver si te perdona el haber pensado así. **23** Porque veo que estás lleno de amargura y que la maldad te tiene preso.

24 Simón contestó:

—Oren ustedes al Señor por mí, para que no me pase nada de esto que me han dicho.

25 Después de dar testimonio y de comunicar la palabra del Señor, los apóstoles anunciaron la buena noticia en muchas de las aldeas de Samaria, y regresaron a Jerusalén.

Felipe y el funcionario etiope

26 Después de esto, un ángel del Señor le dijo a Felipe: "Levántate y vete al sur, por el camino de Jerusalén a Gaza." Este camino pasa por el desierto. **27** Felipe se levantó y se fue; y en el camino se encontró con un hombre de Etiopía. Era un alto funcionario, tesorero de la reina de Etiopía, el cual había ido a Jerusalén a adorar a Dios. **28** Iba de regreso a su país, sentado en su carro y leyendo el libro del profeta Isaías.

29 El Espíritu le dijo a Felipe: "Ve y acércate a ese carro." **30** Cuando Felipe se acercó, oyó que el etiope leía el libro de Isaías; entonces le preguntó:

—¿Entiende usted lo que está leyendo?

31 El etiope le contestó:

—¿Cómo lo voy a entender, si no hay quien me lo explique?

Y le pidió a Felipe que subiera y se sentara junto a él. **32** La parte de la Escritura que estaba leyendo era esta:

"Fue llevado como una oveja al matadero;
como un cordero que se queda callado
delante de los que lo trasquilan,
así tampoco abrió él la boca.
33 Fue humillado, y no se le hizo justicia;
¿quién podrá hablar de su descendencia?
Porque su vida fue arrancada
de la tierra."

34 El funcionario etiope le preguntó a Felipe:

—Dime, por favor, ¿de quién dice esto el profeta: de sí mismo o de algún otro?

35 Entonces Felipe, tomando como punto de partida el lugar de la Escritura que el etiope leía, le anunció la buena noticia acerca de Jesús. **36** Más tarde, al pasar por un sitio donde había agua, el funcionario dijo:

—Aquí hay agua; ¿hay algún inconveniente[c] para que yo sea bautizado?[d]

38 Entonces mandó parar el carro; y los dos bajaron al agua, y Felipe lo bautizó. **39** Cuando subieron del agua, el Espíritu del Señor se llevó a Felipe, y el funcionario no lo volvió a ver; pero siguió su camino lleno de alegría. **40** Felipe se encontró en Azoto,[e] y pasó de pueblo en pueblo anunciando la buena noticia, hasta llegar a Cesarea.

---

c **8.36** Cf. Dt 23.1 y también Is 56.3–5; Sab 3.14. d **8.36** Algunos mss. añaden el v. 37: *Felipe le dijo: —Si cree usted de todo corazón, puede. Y el hombre contestó: —Creo que Jesucristo es el Hijo de Dios.* e **8.40** *Azoto:* pueblo situado al norte de Gaza, en la costa del Mediterráneo, llamado *Asdod* en el AT.

Conversión de Saulo
(Hch 22.6–16; 26.12–18)

9 **1** Mientras tanto, Saulo no dejaba de amenazar de muerte a los creyentes en el Señor. Por eso, se presentó al sumo sacerdote, **2** y le pidió cartas de autorización para ir a las sinagogas de Damasco, a buscar a los que seguían el Nuevo Camino,[a] tanto hombres como mujeres, y llevarlos presos a Jerusalén. **3** Pero cuando ya se encontraba cerca de la ciudad de Damasco, una luz que venía del cielo brilló de repente a su alrededor. **4** Saulo cayó al suelo, y oyó una voz que le decía: "Saulo, Saulo, ¿por qué me persigues?"

5 Saulo preguntó: "¿Quién eres, Señor?" La voz le contestó: "Yo soy Jesús, el mismo a quien estás persiguiendo.[b] **6** Levántate y entra en la ciudad; allí te dirán lo que debes hacer."

7 Los que viajaban con Saulo estaban muy asustados, porque habían oído la voz pero no habían visto a nadie. **8** Luego, Saulo se levantó del suelo; pero cuando abrió los ojos, no podía ver. Así que lo tomaron de la mano y lo llevaron a Damasco. **9** Allí estuvo tres días sin ver, y sin comer ni beber nada.

10 En Damasco vivía un creyente que se llamaba Ananías, a quien el Señor se le presentó en una visión y le dijo: "¡Ananías!" Él contestó: "Aquí estoy, Señor."

11 El Señor le dijo: "Levántate y vete a la calle llamada Derecha, y en la casa de Judas pregunta por un hombre de Tarso que se llama Saulo. Está orando, **12** y en una visión ha visto a uno llamado Ananías que entra y pone sus manos sobre él para que pueda ver de nuevo."

13 Al oír esto, Ananías dijo: "Señor, muchos me han hablado de ese hombre y de todos los males que ha causado en Jerusalén a tu pueblo santo. **14** Y ahora ha venido aquí, con autorización de los jefes de los sacerdotes, a llevarse presos a todos los que invocan tu nombre."

15 Pero el Señor le dijo: "Ve, porque he escogido a ese hombre para que hable de mí a la gente de otras naciones, y a sus reyes, y también a los israelitas. **16** Yo le mostraré lo mucho que tiene que sufrir por mi causa."

17 Ananías fue a la casa donde estaba Saulo. Al entrar, puso sus manos sobre él, y le dijo:

—Hermano Saulo, el Señor Jesús, el que se te apareció en el camino por donde venías, me ha mandado para que recobres la vista y quedes lleno del Espíritu Santo.

18 Al momento cayeron de los ojos de Saulo una especie de escamas, y recobró la vista. Entonces se levantó y fue bautizado. **19** Después comió y recobró las fuerzas, y se quedó algunos días con los creyentes que vivían en Damasco.

Saulo predica en Damasco

20 Luego Saulo comenzó a proclamar en las sinagogas que Jesús es el Hijo de Dios. **21** Todos los que lo oían se quedaban asombrados, y decían:

—¿No es este el que andaba persiguiendo en Jerusalén a los que invocan el nombre de Jesús? ¿No es el mismo que también vino aquí para arrestarlos y entregarlos a los jefes de los sacerdotes?

22 Pero Saulo hablaba cada vez con más valor, y dejaba confundidos a los judíos que vivían en Damasco, demostrándoles que Jesús es el Mesías.

Saulo escapa de los judíos

23 Al cabo de muchos días, los judíos se pusieron de acuerdo para matar a Saulo, **24** pero él llegó a saberlo. Día y noche lo esperaban en las puertas de salida de la ciudad, para matarlo, **25** pero sus discípulos lo pusieron en un gran canasto y lo bajaron de noche por la muralla que rodeaba la ciudad.[c]

Saulo en Jerusalén

26 Cuando Saulo llegó a Jerusalén, quiso reunirse con los creyentes; pero todos le tenían miedo, porque no creían que él también fuera creyente. **27** Sin embargo, Bernabé lo llevó y lo presentó a los apóstoles. Les contó que Saulo había visto al Señor en el camino, y que el Señor le había hablado, y que, en Damasco, Saulo había anunciado a Jesús con toda valentía. **28** Así Saulo se quedó en Jerusalén, y andaba con ellos. Hablaba del Señor con toda valentía,

---

[a] **9.2** *El Nuevo Camino:* lit. *el Camino*, nombre dado al movimiento cristiano, con el significado de *manera de proceder y de vivir.* [b] **9.5** Algunos mss. latinos y otras dos versiones antiguas añaden aquí: *Te estás haciendo daño a ti mismo, como si dieras coces contra el aguijón.* 6 *Saulo entonces, temblando de miedo, dijo: "Señor, ¿qué quieres que yo haga?" Y el Señor le dijo.* [c] **9.23–25** 2 Co 11.32–33.

29 conversando y discutiendo con los judíos que hablaban griego; pero estos procuraban matarlo. 30 Cuando los hermanos se dieron cuenta de ello, llevaron a Saulo a Cesarea, y de allí lo mandaron a Tarso.*d*

31 Entonces la iglesia, en todas las regiones de Judea, Galilea y Samaria, tenía paz y crecía espiritualmente. Vivía en el temor del Señor y, con la ayuda del Espíritu Santo, iba aumentando en número.

Pedro sana a Eneas

32 Pedro, que andaba visitando a los hermanos, fue también a ver a los del pueblo santo que vivían en Lida. 33 Allí encontró a un hombre llamado Eneas, que desde hacía ocho años estaba en cama, paralítico. 34 Pedro le dijo:

—Eneas, Jesucristo te sana. Levántate y arregla tu cama.

Eneas se levantó al momento. 35 Y todos los que vivían en Lida y en Sarón lo vieron levantarse, y se convirtieron al Señor.

Pedro resucita a Dorcas

36 Por aquel tiempo había en la ciudad de Jope una creyente llamada Tabitá, que en griego significa Dorcas. Esta mujer pasaba su vida haciendo el bien y ayudando a los necesitados.*e* 37 Por aquellos días, Dorcas enfermó y murió. Su cuerpo, después de haber sido lavado, fue puesto en un cuarto del piso alto. 38 Jope estaba cerca de Lida, donde Pedro se encontraba; y como los creyentes supieron que estaba allí, mandaron dos hombres a decirle: "Venga usted a Jope sin demora."

39 Y Pedro se fue con ellos. Cuando llegó, lo llevaron al cuarto donde estaba el cuerpo; y todas las viudas, llorando, rodearon a Pedro y le mostraron los vestidos y túnicas que Dorcas había hecho cuando aún vivía. 40 Pedro los hizo salir a todos, y se arrodilló y oró; luego, mirando a la muerta, dijo:

—¡Tabitá, levántate!

Ella abrió los ojos y, al ver a Pedro, se sentó. 41 Él la tomó de la mano y la levantó; luego llamó a los creyentes y a las viudas, y la presentó viva. 42 Esto se supo en toda la ciudad de Jope, y muchos creyeron en el Señor. 43 Pedro se quedó varios días en la ciudad, en casa de un curtidor que se llamaba Simón.

Pedro y Cornelio

10 1 Había en la ciudad de Cesarea un hombre que se llamaba Cornelio, capitán del batallón llamado el Italiano. 2 Era un hombre piadoso que, junto con toda su familia, adoraba a Dios. También daba mucho dinero para ayudar a los judíos, y oraba siempre a Dios.*a* 3 Un día, a eso de las tres de la tarde, tuvo una visión:

Vio claramente a un ángel de Dios que entraba donde él estaba y le decía: "¡Cornelio!" 4 Cornelio se quedó mirando al ángel, y con mucho miedo le preguntó: "¿Qué se le ofrece, señor?" El ángel le dijo: "Dios tiene presentes tus oraciones y lo que has hecho para ayudar a los necesitados. 5 Manda a alguien a la ciudad de Jope para que haga venir a un hombre llamado Simón, que también es conocido como Pedro. 6 Está alojado en casa de otro Simón, un curtidor que vive junto al mar."

7 Cuando se fue el ángel que le había hablado, Cornelio llamó a dos de sus sirvientes y a un soldado que era muy religioso y de su confianza, 8 y después de contárselo todo, los envió a Jope.

9 Al día siguiente, a eso del mediodía, mientras iban de camino cerca de Jope, Pedro subió a orar a la azotea de la casa. 10 Tenía hambre y quería comer, pero mientras le estaban preparando la comida, tuvo una visión: 11 vio que el cielo se abría y que descendía a la tierra algo parecido a una gran sábana, bajada por las cuatro puntas. 12 En la sábana había toda clase de cuadrúpedos, y también reptiles y aves. 13 Y oyó una voz, que le dijo: "Levántate, Pedro; mata y come."

14 Pedro contestó: "No, Señor; yo nunca he comido nada profano ni impuro." 15 La voz le habló de nuevo, y le dijo: "Lo que Dios ha purificado, no lo llames tú profano."

16 Esto sucedió tres veces, y luego la sábana volvió a subir al cielo. 17 Pedro estaba preocupado pensando qué querría decir aquella visión, cuando llegaron a la puerta los hombres de Cornelio, que habían averiguado dónde estaba la casa de Simón. 18 Al llegar, preguntaron en

---

d **9.26–30** Cf. Gl 1.17–19. *e* **9.36** El nombre arameo *Tabitá* significa *gacela* (en griego *Dorcas*). *a* **10.2** *Piadoso . . . adoraba a Dios:* uno de los llamados "prosélitos", personas no judías que simpatizaban con el judaísmo y a quienes les estaba permitido participar en el culto de la sinagoga.

voz alta si allí se alojaba un tal Simón, a quien también llamaban Pedro.

19 Y mientras Pedro todavía estaba pensando en la visión, el Espíritu Santo le dijo: "Mira, tres hombres te buscan. **20** Levántate, baja y ve con ellos sin dudarlo, porque yo los he enviado."

21 Pedro bajó y dijo a los hombres:

—Yo soy el que ustedes buscan; ¿a qué han venido?

22 Ellos contestaron:

—Venimos de parte del capitán Cornelio, un hombre justo, que adora a Dios y a quien todos los judíos estiman y quieren. Un ángel de Dios le dijo que lo llamara a usted, para que usted vaya a su casa y él escuche lo que tenga que decirle.

23 Entonces Pedro los hizo entrar, y se quedaron con él aquella noche. Al día siguiente, Pedro se fue con ellos, y lo acompañaron algunos de los hermanos que vivían en Jope.

24 Y al otro día llegaron a Cesarea, donde Cornelio los estaba esperando junto con un grupo de sus parientes y amigos íntimos, a quienes había invitado. **25** Cuando Pedro llegó a la casa, Cornelio salió a recibirlo, y se puso de rodillas delante de él, para adorarlo. **26** Pero Pedro lo levantó, diciéndole:

—Ponte de pie, pues yo también soy un hombre, como tú.

27 Mientras hablaba con él, entró y encontró a muchas personas reunidas. **28** Pedro les dijo:

—Ustedes saben que a un judío le prohíbe su religión tener tratos con extranjeros o entrar en sus casas. Pero Dios me ha enseñado que no debo llamar profano o impuro a nadie. **29** Por eso, tan pronto como me avisaron, vine sin poner ninguna objeción. Quisiera saber, pues, por qué me han llamado.

30 Cornelio contestó:

—Hace cuatro días, como a esta misma hora, yo estaba aquí en mi casa, haciendo la oración de las tres de la tarde, cuando se me apareció un hombre vestido con ropa brillante. **31** Me dijo: 'Cornelio, Dios ha oído tu oración y se ha acordado de lo que has hecho para ayudar a los necesitados. **32** Manda a alguien a la ciudad de Jope para que haga venir a Simón, que también se llama Pedro. Está alojado en casa de otro Simón, un curtidor que vive junto al mar.' **33** Así que envié inmediatamente a buscarte, y

tú has tenido la bondad de venir. Ahora estamos todos aquí delante de Dios, y queremos escuchar todo lo que el Señor te ha mandado decirnos.

Discurso de Pedro en casa de Cornelio

34 Pedro entonces comenzó a hablar, y dijo:

—Ahora entiendo que de veras Dios no hace diferencia entre una persona y otra, **35** sino que en cualquier nación acepta a los que lo reverencian y hacen lo bueno. **36** Dios habló a los descendientes de Israel, anunciando el mensaje de paz por medio de Jesucristo, que es el Señor de todos. **37** Ustedes bien saben lo que pasó en toda la tierra de los judíos, comenzando en Galilea, después que Juan proclamó que era necesario bautizarse. **38** Saben que Dios llenó de poder y del Espíritu Santo a Jesús de Nazaret, y que Jesús anduvo haciendo bien y sanando a todos los que sufrían bajo el poder del diablo. Esto pudo hacerlo porque Dios estaba con él, **39** y nosotros somos testigos de todo lo que hizo Jesús en la región de Judea y en Jerusalén. Después lo mataron, colgándolo en una cruz. **40** Pero Dios lo resucitó al tercer día, e hizo que se nos apareciera a nosotros. **41** No se apareció a todo el pueblo, sino a nosotros, a quienes Dios había escogido de antemano como testigos. Nosotros comimos y bebimos con él después que resucitó. **42** Y él nos envió a anunciarle al pueblo que Dios lo ha puesto como Juez de los vivos y de los muertos. **43** Todos los profetas habían hablado ya de Jesús, y habían dicho que quienes creen en él reciben por medio de él el perdón de los pecados.[b]

Los no judíos reciben el Espíritu Santo

44 Todavía estaba hablando Pedro, cuando el Espíritu Santo vino sobre todos los que escuchaban su mensaje. **45** Y los creyentes procedentes del judaísmo que habían llegado con Pedro, se quedaron admirados de que el Espíritu Santo fuera dado también a los que no eran judíos, **46** pues los oían hablar en lenguas extrañas y alabar a Dios. **47** Entonces Pedro dijo:

—¿Acaso puede impedirse que sean bautizadas estas personas, que han recibido el Espíritu Santo igual que nosotros?

48 Y mandó que fueran bautizados en el nombre de Jesucristo. Después rogaron a Pedro que se quedara con ellos algunos días.

---

b **10.43** Is 33.24; 53.5–6; Jl 2.32.

Informe de Pedro a la iglesia de Jerusalén

11 ¹Los apóstoles y los hermanos que estaban en Judea recibieron noticias de que también los no judíos habían aceptado el mensaje de Dios. ²Pero cuando Pedro volvió a Jerusalén, lo criticaron algunos de los creyentes procedentes del judaísmo. ³Le preguntaron:

—¿Por qué fuiste a visitar a los que no son judíos, y comiste con ellos?

⁴Pedro les contó desde el principio todo lo que había pasado. Les dijo:

⁵—Yo estaba en la ciudad de Jope, y mientras oraba tuve una visión: Vi algo parecido a una gran sábana que, atada por las cuatro puntas, bajaba del cielo hasta donde yo estaba. ⁶Me fijé bien para ver lo que había dentro, y vi cuadrúpedos y fieras, reptiles y aves. ⁷Y oí una voz, que me dijo: 'Levántate, Pedro; mata y come.' ⁸Yo contesté: 'No, Señor, porque nunca ha entrado en mi boca nada profano ni impuro.' ⁹Entonces la voz del cielo me habló de nuevo, diciéndome: 'Lo que Dios ha purificado, no lo llames tú profano.' ¹⁰Esto sucedió tres veces, y luego todo volvió a subir al cielo. ¹¹En aquel momento, tres hombres enviados desde Cesarea a buscarme llegaron a la casa donde estábamos. ¹²El Espíritu me mandó que, sin dudarlo, fuera con ellos. Y también fueron conmigo estos seis hermanos. Todos entramos en casa de cierto hombre, ¹³que nos contó cómo en su casa había visto a un ángel, que puesto de pie le había dicho: 'Manda a alguien a la ciudad de Jope para que haga venir a Simón, que también es conocido como Pedro; ¹⁴él te dirá cómo puedes salvarte, tú y toda tu familia.' ¹⁵Cuando comencé a hablarles, el Espíritu Santo vino sobre ellos de igual manera que al principio vino sobre nosotros. ¹⁶Entonces me acordé de lo que había dicho el Señor: 'Es cierto que Juan bautizó con agua, pero ustedes serán bautizados con el Espíritu Santo.' ¹⁷Pues bien, si Dios les da también a ellos lo mismo que nos ha dado a nosotros que hemos creído en el Señor Jesucristo, ¿quién soy yo para oponerme a Dios?

¹⁸Cuando los hermanos de Jerusalén oyeron estas cosas, se callaron y alabaron a Dios, diciendo:

—¡De manera que también a los que no son judíos les ha dado Dios la oportunidad de volverse a él y alcanzar la vida eterna!

La iglesia de Antioquía

¹⁹Después de la muerte de Esteban, comenzaron a perseguir a los creyentes, por lo que algunos tuvieron que huir a Fenicia, Chipre y Antioquía.ᵃ Allí anunciaron a los judíos el mensaje del evangelio, pero no a los demás. ²⁰Sin embargo, algunos creyentes de Chipre y de Cirene llegaron a la ciudad de Antioquía y hablaron también a los no judíos, anunciándoles la buena noticia acerca de Jesús, el Señor. ²¹El poder del Señor estaba con ellos, y así fueron muchos los que dejaron sus antiguas creencias y creyeron en el Señor.

²²Los de la iglesia de Jerusalén, al conocer esta noticia, mandaron a Bernabé a Antioquía. ²³Al llegar, Bernabé vio cómo Dios los había bendecido, y se alegró mucho. Les aconsejó a todos que con corazón firme siguieran fieles al Señor. ²⁴Porque Bernabé era un hombre bueno, lleno del Espíritu Santo y de fe. Y así mucha gente se unió al Señor.

²⁵Después de esto, Bernabé fue a Tarso a buscar a Saulo, ²⁶y cuando lo encontró, lo llevó a Antioquía. Allí estuvieron con la iglesia un año entero, enseñando a mucha gente. Fue en Antioquía donde por primera vez se les dio a los discípulos el nombre de cristianos.ᵇ

²⁷Por aquel tiempo, unos profetasᶜ fueron de Jerusalén a Antioquía. ²⁸Y uno de ellos, llamado Agabo,ᵈ puesto de pie y por inspiración del Espíritu, anunció que iba a haber una gran hambre en todo el mundo, lo cual sucedió, en efecto, en tiempos del emperador Claudio.ᵉ ²⁹Entonces los creyentes de Antioquía decidieron enviar ayuda a los hermanos que vivían en Judea, según lo que cada uno pudiera dar. ³⁰Así lo hicieron, y por medio de Bernabé y Saulo mandaron una ofrenda a los ancianosᶠ de Judea.

ᵃ **11.19** *Antioquía:* capital de la provincia romana de Siria (no debe confundirse con Antioquía de Pisidia, de Hch 13.14–52). ᵇ **11.26** *Cristianos:* Cf. también Hch 26.28; 1 P 4.16. ᶜ **11.27** *Profetas* cristianos: véase 1 Co 14.1 n. Cf. también Hch 13.1; 15.32. ᵈ **11.28** Hch 21.10. ᵉ **11.28** *Claudio* (cf. Hch 18.2) fue emperador romano del 41 al 54 d.C. Durante este periodo hubo varias épocas de *hambre,* una de las cuales, alrededor del año 46 d.C., afectó seriamente a Judea. ᶠ **11.30** *Ancianos:* En Hch se aplica por primera vez este término (en griego *presbyteroi*) a los que tenían puestos de autoridad en la iglesia. Algunos ven aquí la misma ocasión narrada por Pablo en Gl 2.1–10.

Muerte de Santiago y encarcelamiento de Pedro

12 ¹Por aquel tiempo, el rey Herodes[a] comenzó a perseguir a algunos de la iglesia. ²Ordenó matar a filo de espada a Santiago,[b] el hermano de Juan; ³y como vio que esto había agradado a los judíos, hizo arrestar también a Pedro. Esto sucedió en los días de la fiesta en que se come el pan sin levadura. ⁴Después de arrestarlo, Herodes metió a Pedro en la cárcel, donde estaba vigilado por cuatro grupos de soldados, de cuatro soldados por grupo. Pensaba presentarlo ante el pueblo después de la Pascua. ⁵Así que Pedro estaba en la cárcel, bien vigilado, pero los de la iglesia seguían orando a Dios por él con mucho fervor.

Un ángel libra de la cárcel a Pedro

⁶La misma noche anterior al día en que Herodes lo iba a presentar ante el pueblo, Pedro estaba durmiendo entre dos soldados, sujeto con dos cadenas, mientras otros soldados estaban en la puerta vigilando la cárcel. ⁷De pronto se presentó un ángel del Señor, y la cárcel se llenó de luz. El ángel tocó a Pedro en el costado, lo despertó, y le dijo: "¡Levántate en seguida!" Al instante, las cadenas cayeron de las manos de Pedro, ⁸y el ángel le dijo: "Vístete y ponte las sandalias." Así lo hizo Pedro, y el ángel añadió: "Ponte tu capa y sígueme."

⁹Pedro salió tras el ángel, sin saber si era realidad o no lo que el ángel hacía. Más bien le parecía que estaba viendo una visión. ¹⁰Pero pasaron la primera guardia, luego la segunda, y cuando llegaron a la puerta de hierro que daba a la calle, la puerta se abrió por sí sola. Salieron, y después de haber caminado una calle, el ángel lo dejó solo.

¹¹Pedro comprendió entonces, y dijo: "Ahora veo que verdaderamente el Señor ha enviado a su ángel para librarme de Herodes y de todo lo que los judíos querían hacerme."

¹²Al darse cuenta de esto, Pedro se fue a casa de María, la madre de Juan, llamado también Marcos,[c] donde muchas personas estaban reunidas en oración. ¹³Llamó a la puerta de la calle, y una muchacha llamada Rode salió a ver quién era. ¹⁴Al reconocer la voz de Pedro, fue tanta su alegría que, en vez de abrir, corrió adentro a avisar que Pedro estaba a la puerta. ¹⁵Le dijeron:

—¡Estás loca!

Pero ella aseguraba que era cierto. Ellos decían:

—No es él; es su ángel.

¹⁶Mientras tanto, Pedro seguía llamando a la puerta. Y cuando abrieron y lo vieron, se asustaron. ¹⁷Pero él, con la mano, les hizo señas de que se callaran, y les contó cómo el Señor lo había sacado de la cárcel. Y añadió:

—Cuenten esto a Santiago[d] y a los hermanos.

Luego salió y se fue a otro lugar.

¹⁸Cuando amaneció, se produjo una gran confusión entre los soldados, porque no sabían qué había pasado con Pedro. ¹⁹Herodes ordenó buscarlo, pero como no lo pudo encontrar, hizo responsables a los guardias y los mandó matar. Después de esto, Herodes salió de Judea y se fue a vivir a Cesarea.

La muerte de Herodes

²⁰Herodes estaba enojado con los habitantes de Tiro y de Sidón, los cuales se pusieron de acuerdo para presentarse ante él. Lograron ganarse la buena voluntad de Blasto, un alto funcionario del rey Herodes, y por medio de él le pidieron paz, porque Tiro y Sidón obtenían sus provisiones en el país del rey. ²¹Herodes los citó para un cierto día, en el que, vestido con ropa de ceremonia, ocupó su asiento en el tribunal y les dirigió un discurso. ²²La gente comenzó entonces a gritar: "¡Este que habla no es un hombre, sino un dios!" ²³En el mismo momento, un ángel del Señor hizo que Herodes cayera enfermo, por no haber dado honor a Dios, y murió comido de gusanos.

²⁴Entre tanto, el mensaje de Dios iba extendiéndose y era anunciado en todas partes.

²⁵Cuando Bernabé y Saulo terminaron su trabajo en Jerusalén, volvieron llevándose con ellos a Juan, que también se llamaba Marcos.

---

[a] **12.1** *Herodes* Nieto de Herodes el Grande (Mt 2.1) y padre de Agripa (Hch 25.13). [b] **12.2** *Santiago:* hijo de Zebedeo (Lc 5.10) y uno de los doce apóstoles; cf. Mc 10.39. [c] **12.12** *Marcos:* Cf. Hch 12.25; 13.5–13; 15.37–39; Col 4.10; 2 Ti 4.11; Flm 24; 1 P 5.13. Según la tradición, fue el autor del evangelio que lleva su nombre. [d] **12.17** *Santiago:* no el apóstol, que ya había muerto (v. 2), sino el "hermano de Jesús" (Mt 13.55; Jn 7.3–5; Hch 1.14). Cf. también Hch 15.13,19; Gl 1.19; 2.9.

Bernabé y Saulo
comienzan su trabajo misionero

13 ¹En la iglesia que estaba en Antioquía[a] había profetas[b] y maestros. Eran Bernabé, Simón (al que también llamaban el Negro), Lucio de Cirene, Menahem (que se había criado junto con Herodes,[c] el que gobernó en Galilea) y Saulo. ²Un día, mientras estaban celebrando el culto al Señor y ayunando, el Espíritu Santo dijo: "Sepárenme a Bernabé y a Saulo para el trabajo al cual los he llamado."

³Entonces, después de orar y ayunar, les impusieron las manos y los despidieron.

Predicación en Chipre

⁴Enviados por el Espíritu Santo, Bernabé y Saulo se dirigieron a Seleucia,[d] y allí se embarcaron para la isla de Chipre. ⁵Al llegar al puerto de Salamina, comenzaron a anunciar el mensaje de Dios en las sinagogas de los judíos. Juan[e] iba también con ellos, como ayudante.

⁶Recorrieron toda la isla y llegaron a Pafos, donde encontraron a un brujo judío llamado Barjesús, que era un falso profeta. ⁷Este brujo estaba con el gobernador Sergio Paulo, que era un hombre inteligente. El gobernador mandó llamar a Bernabé y a Saulo, porque quería oír el mensaje de Dios. ⁸Pero el brujo, cuyo nombre griego era Elimas, se les opuso, tratando de impedir que el gobernador creyera. ⁹Entonces Saulo, también llamado Pablo,[f] lleno del Espíritu Santo, lo miró fijamente ¹⁰y le dijo:

—¡Mentiroso, malvado, hijo del diablo y enemigo de todo lo bueno! ¿Por qué no dejas de torcer los caminos rectos del Señor? ¹¹Ahora el Señor te va a castigar: vas a quedarte ciego, y por algún tiempo no podrás ver la luz del sol.

Inmediatamente Elimas quedó en total oscuridad, y buscaba que alguien lo llevara de la mano porque estaba ciego. ¹²Al ver esto, el gobernador creyó, admirado de la enseñanza acerca del Señor.

Predicación en Antioquía de Pisidia

¹³Pablo y sus compañeros se embarcaron en Pafos y viajaron a Perge, en la región de Panfilia; pero Juan los dejó y volvió a Jerusalén. ¹⁴De Perge pasaron a Antioquía de Pisidia. Allí, el sábado, entraron en la sinagoga y se sentaron. ¹⁵Después de la lectura de la ley y de los profetas, los jefes de la sinagoga los invitaron:

—Hermanos, si tienen algo que decir para dar ánimo a la gente, díganlo ahora.

¹⁶Entonces Pablo se levantó y, pidiéndoles con la mano que guardaran silencio, dijo:

—Escuchen ustedes, israelitas, y también ustedes, los extranjeros que tienen temor de Dios. ¹⁷El Dios del pueblo de Israel escogió a nuestros antepasados; hizo de ellos una nación grande cuando todavía estaban viviendo como extranjeros en Egipto, y después, con su poder, los sacó de aquella tierra.[g] ¹⁸Dios soportó su conducta en el desierto unos cuarenta años,[h] ¹⁹y destruyó siete naciones[i] en el país de Canaán, para dar sus tierras a nuestros antepasados.[j] ²⁰Todo esto duró unos cuatrocientos cincuenta años.[k]

"Después les dio caudillos, hasta los días del profeta Samuel.[l] ²¹Entonces ellos pidieron un rey[m] que los gobernara, y Dios, durante cuarenta años, les dio como rey a Saúl, hijo de Quis, que era de la tribu de Benjamín.[n] ²²Más tarde, Dios quitó de su puesto a Saúl, y les dio por rey a David, de quien dijo: 'He encontrado que David, hijo de Jesé, es un hombre que me agrada y que está dispuesto a hacer todo lo que yo quiero.'[ñ] ²³Uno de los descendientes de este mismo David fue Jesús, a quien Dios envió para salvar a Israel, como había prometido.[o] ²⁴Antes que Jesús viniera, Juan anunciaba el mensaje a todo el pueblo de Israel, diciéndoles que debían volverse a Dios y ser bautizados. ²⁵Y cuando Juan se iba acercando al fin de su vida, dijo: 'Yo no soy lo que ustedes piensan; pero después de mí viene uno a quien yo ni siquiera merezco desatarle las sandalias de los pies.'[p]

---

[a] **13.1** *Antioquía:* Véase 11.19 n. [b] **13.1** *Profetas:* Hch 11.27 n. [c] **13.1** *Herodes:* Herodes Antipas. [d] **13.4** *Seleucia:* puerto que servía a la ciudad de Antioquía. [e] **13.5** *Juan:* Juan Marcos: Véase 12.12 n. [f] **13.9** *Saulo, también llamado Pablo:* Según la costumbre de su época, el apóstol tenía un nombre hebreo, *Saulo,* y otro romano, *Pablo.* [g] **13.17** Ex 1.7; 12.51. [h] **13.18** Nm 14.34; Dt 1.31. [i] **13.19** *Siete naciones:* Cf. Dt 7.1. [j] **13.19** Jos 14.1. [k] **13.20** *Unos 450 años:* Cf. Gn 15.13 y Dt 2.7. [l] **13.20** Jue 2.16; 1 S 3.20. [m] **13.21** 1 S 8.4–5,19. [n] **13.21** 1 S 10.20–21,24. [ñ] **13.22** 1 S 13.13–14; 16.12; Sal 89.20. [o] **13.23** 2 S 7.12–16; 22.51; Sal 132.11–13,17; cf. Hch 2.30. [p] **13.25** Lc 3.16.

26 "Hermanos descendientes de Abraham, y ustedes, los extranjeros que tienen temor de Dios: este mensaje de salvación es para nosotros. 27 Pues los que vivían en Jerusalén, y sus jefes, no reconocieron a Jesús ni entendieron las palabras de los profetas que se leen en la sinagoga cada sábado; así ellos mismos, cuando condenaron a Jesús, cumplieron esas profecías. 28 Y aunque no encontraron en él ningún motivo para darle muerte, pidieron a Pilato que mandara matarlo. 29 Luego, cuando ya habían hecho todo lo que se decía de él en las Escrituras, lo bajaron de la cruz y lo enterraron. 30 Pero Dios lo resucitó. 31 Y, durante muchos días, Jesús se apareció a los que lo habían acompañado en su viaje de Galilea a Jerusalén; y ahora ellos son testigos de Jesús ante el pueblo.

32 "Así que nosotros les estamos anunciando a ustedes esta buena noticia: La promesa que Dios hizo a nuestros antepasados, 33 nos la ha cumplido a nosotros, que somos los descendientes. Esto lo ha hecho al resucitar a Jesús, como está escrito en el salmo segundo: 'Tú eres mi Hijo; yo te he engendrado hoy.'*q* 34 Dios ya había anunciado que lo resucitaría para que su cuerpo no se descompusiera, al decir en las Escrituras: 'Cumpliré las santas y verdaderas promesas que hice a David.'*r* 35 Por eso dice también en otro lugar: 'No permitirás que se descomponga el cuerpo de tu santo siervo.'*s* 36 Ahora bien, lo cierto es que David sirvió a los de su tiempo, según Dios se lo había ordenado, y que después murió y se reunió con sus padres, y que su cuerpo se descompuso. 37 Pero el cuerpo de aquel que Dios resucitó, no se descompuso. 38-39 Así pues, hermanos, ustedes deben saber que el perdón de los pecados se les anuncia por medio de Jesús. Por medio de él, todos los que creen quedan perdonados de todo aquello para lo que no pudieron alcanzar perdón bajo la ley de Moisés. 40 Tengan, pues, cuidado, para que no caiga sobre ustedes lo que escribieron los profetas:

41 'Miren, ustedes que desprecian,
asómbrense y desaparezcan;
porque en sus días haré cosas tales
que ustedes no las creerían,
si alguien se las contara.' "*t*

42 Cuando Pablo y sus compañeros salieron de la sinagoga, les pidieron que al siguiente sábado les hablaran también de estas cosas. 43 Una vez terminada la reunión en la sinagoga, muchos de los judíos y de los que se habían convertido al judaísmo siguieron a Pablo y Bernabé. Y ellos les aconsejaron que permanecieran firmes en el llamamiento que habían recibido por amor de Dios.

44 El sábado de la semana siguiente, casi toda la ciudad se reunió para oir el mensaje del Señor. 45 Pero cuando los judíos vieron tanta gente, se llenaron de celos y comenzaron a contradecir a Pablo y a insultarlo. 46 Entonces Pablo y Bernabé, hablando con valentía, les contestaron:

—Teníamos la obligación de anunciar el mensaje de Dios en primer lugar a ustedes, que son judíos; pero ya que ustedes lo rechazan y no se consideran dignos de la vida eterna, nos iremos a los que no son judíos. 47 Porque así nos mandó el Señor, diciendo:

'Te he puesto como luz de las naciones,
para que lleves mi salvación
hasta las partes más lejanas de la tierra.'*u*

48 Al oir esto, los que no eran judíos se alegraron y comenzaron a decir que el mensaje del Señor era bueno; y creyeron todos los que estaban destinados a tener vida eterna. 49 Así se predicó el mensaje del Señor por toda aquella región. 50 Pero los judíos hablaron con algunas mujeres piadosas y honorables, y con los hombres importantes de la ciudad, y los incitaron a comenzar una persecución contra Pablo y Bernabé, para echarlos de la región. 51 Entonces estos sacudieron el polvo de sus pies en señal de protesta contra aquella gente, y se fueron a Iconio. 52 Pero los creyentes estaban llenos de alegría y del Espíritu Santo.

Predicación en Iconio

14 1 En Iconio, Pablo y Bernabé entraron juntos en la sinagoga de los judíos, y hablaron de tal modo que muchos creyeron, tanto judíos como no judíos. 2 Pero los judíos que no creían suscitaron la mala voluntad de los no judíos contra los hermanos. 3 Sin embargo, los apóstoles se quedaron allí mucho tiempo, y confiados en el Señor hablaron con toda franqueza; y el Señor confirmaba lo que ellos decían del amor de Dios, dándoles poder para hacer señales y milagros.

---

q **13.33** Sal 2.7. *r* **13.34** Is 55.3. *s* **13.35** Sal 16.10. *t* **13.41** Hab 1.5 (gr.). *u* **13.47** Cf. Is 42.6; 49.6.

4 Pero la gente de la ciudad estaba dividida, unos a favor de los judíos y otros a favor de los apóstoles. 5 Entonces, tanto los judíos como los no judíos se pusieron de acuerdo con las autoridades para maltratarlos y apedrearlos. 6 Pero Pablo y Bernabé, al saberlo, se escaparon a Listra y Derbe, pueblos de Licaonia, y a la región de alrededor, 7 donde también anunciaron la buena noticia.

Apedrean a Pablo en Listra

8 En Listra había un hombre que no podía andar. Nunca había andado, porque era cojo de nacimiento. Este hombre estaba sentado, 9 oyendo lo que Pablo decía, y Pablo se fijó en él y vio que tenía suficiente fe para ser sanado. 10 Entonces le dijo con voz fuerte:

—¡Levántate y ponte derecho sobre tus pies!

El hombre se puso en pie de un salto, y comenzó a andar. 11 Al ver lo que Pablo había hecho, la gente empezó a gritar en la lengua de Licaonia:

—¡Dioses en forma de hombre han bajado a nosotros!

12 Y tomaron a Bernabé por el dios Zeus, y a Pablo por el dios Hermes, porque era el que hablaba. 13 El sacerdote de Zeus, que tenía su templo a la entrada del pueblo, trajo toros y adornos florales; y él y la gente querían ofrecerles un sacrificio. 14 Pero cuando Bernabé y Pablo se dieron cuenta, se rasgaron la ropa y se metieron entre la gente, gritando:

15 —Pero señores, ¿por qué hacen esto? Nosotros somos hombres, como ustedes. Precisamente hemos venido para anunciarles la buena noticia, para que dejen ya estas cosas que no sirven para nada, y que se vuelvan al Dios viviente, que hizo el cielo, la tierra, el mar y todo lo que hay en ellos. 16 Aunque en otros tiempos Dios permitió que cada cual siguiera su propio camino, 17 nunca dejó de mostrar, por medio del bien que hacía, quién era él; pues él es quien les manda a ustedes la lluvia y las buenas cosechas, y quien les da lo suficiente para que coman y estén contentos.

18 Pero aunque les dijeron todo esto, les fue difícil impedir que la gente les ofreciera el sacrificio.

19 En esto llegaron unos judíos de Antioquía[a] y de Iconio, que hicieron cambiar de parecer a la gente; entonces apedrearon a Pablo y, creyendo que lo habían matado, lo arrastraron fuera del pueblo. 20 Pero cuando los creyentes se juntaron alrededor de Pablo, él se levantó y entró otra vez en el pueblo; y al día siguiente salió con Bernabé para Derbe.

21 Después de anunciar la buena noticia en Derbe, donde ganaron muchos creyentes, volvieron a Listra, a Iconio y a Antioquía. 22 En estos lugares animaron a los creyentes, y recomendándoles que siguieran firmes en la fe, les dijeron que para entrar en el reino de Dios hay que sufrir muchas aflicciones. 23 También nombraron ancianos[b] en cada iglesia, y después de orar y ayunar los encomendaron al Señor, en quien habían creído.

Pablo y Bernabé vuelven a Antioquía de Siria

24 Pasando por la región de Pisidia, llegaron a la de Panfilia. 25 Anunciaron el mensaje en Perge, y luego fueron a Atalía; 26 allí se embarcaron para Antioquía,[c] la ciudad donde los habían encomendado al amor de Dios para el trabajo que ahora habían terminado. 27 Cuando llegaron a Antioquía, reunieron a los de la iglesia y les contaron todas las cosas que Dios había hecho con ellos, y cómo el Señor había abierto la puerta a los no judíos, para que también ellos pudieran creer. 28 Y Pablo y Bernabé se quedaron allí mucho tiempo con los creyentes.

Decisión de los apóstoles y los ancianos

15 1 Por aquel tiempo, algunos que habían ido de Judea a Antioquía comenzaron a enseñar a los hermanos que no podían salvarse si no se sometían al rito de la circuncisión, conforme a la práctica establecida por Moisés.[a] 2 Pablo y Bernabé tuvieron una fuerte discusión con ellos, y por fin Pablo, Bernabé y algunos otros fueron nombrados para ir a Jerusalén a tratar este asunto con los apóstoles y ancianos de la iglesia de aquella ciudad.

3 Enviados, pues, por los de la iglesia de Antioquía, al pasar por las regiones de Fenicia y Samaria contaron cómo los no judíos habían dejado sus antiguas creencias para seguir a Dios.

Y todos los hermanos se alegraron mucho con estas noticias.

4 Cuando Pablo y Bernabé llegaron a Jerusalén, fueron recibidos por la iglesia y por los apóstoles y ancianos, y contaron todo lo que Dios había hecho con ellos. 5 Pero algunos fariseos que habían creído, se levantaron y dijeron:

—Es necesario circuncidar a los creyentes que no son judíos, y mandarles que cumplan la ley de Moisés.

6 Se reunieron entonces los apóstoles y los ancianos para estudiar este asunto. 7 Después de mucho discutir, Pedro se levantó y les dijo:

—Hermanos, ustedes saben que hace tiempo Dios me escogió de entre ustedes para anunciar la buena noticia a los no judíos, para que ellos crean. 8 Y Dios, que conoce los corazones, mostró que los aceptaba, pues les dio el Espíritu Santo a ellos lo mismo que a nosotros.[b] 9 Dios no ha hecho ninguna diferencia entre ellos y nosotros, pues también ha purificado sus corazones por medio de la fe. 10 Ahora pues, ¿por qué desafían ustedes a Dios imponiendo sobre estos creyentes una carga que ni nosotros ni nuestros antepasados hemos podido llevar? 11 Al contrario, nosotros creemos que somos salvados gratuitamente por la bondad del Señor Jesús, lo mismo que ellos.

12 Todos se callaron y escucharon mientras Bernabé y Pablo hablaban de las señales y milagros que Dios había hecho por medio de ellos entre los no judíos. 13 Cuando terminaron de hablar, Santiago[c] dijo:

—Hermanos, óiganme: 14 Simón[d] nos ha contado cómo Dios favoreció por primera vez a los no judíos, escogiendo también de entre ellos un pueblo para sí mismo. 15 Esto está de acuerdo con lo que escribieron los profetas, como dice en la Escritura:

16 'Después de esto volveré
y reconstruiré la caída choza de David;
reconstruiré sus ruinas
y la volveré a levantar,

17 para que los demás busquen al Señor
junto con todas las naciones
que han sido consagradas a mi nombre.

18 El Señor, que dio a conocer estas cosas
desde tiempos antiguos,
ha dado su palabra.'[e]

19 "Considero, por lo tanto, que no se les debe imponer cargas innecesarias a aquellos que, no siendo judíos, dejan sus antiguas creencias para seguir a Dios. 20 Basta con escribirles que se aparten de todo lo que haya sido contaminado por los ídolos, que eviten los matrimonios prohibidos y que no coman carne de animales estrangulados o ahogados, ni tampoco sangre.[f] 21 Porque desde los tiempos antiguos hay en cada pueblo quienes predican la ley de Moisés, la cual se lee en las sinagogas cada sábado."

La carta a los no judíos

22 Los apóstoles y los ancianos, con toda la iglesia, decidieron escoger algunos de entre ellos y enviarlos a Antioquía junto con Pablo y Bernabé. Nombraron a Judas, que también se llamaba Barsabás, y a Silas,[g] hombres de importancia entre los hermanos, 23 y con ellos mandaron la siguiente carta:

"Nosotros los apóstoles y los ancianos hermanos de ustedes saludamos a nuestros hermanos que no son judíos y que viven en Antioquía, Siria y Cilicia. 24 Hemos sabido que algunas personas se han ido de aquí sin nuestra autorización, y que los han molestado a ustedes con sus palabras, y los han confundido. 25 Por eso, de común acuerdo, nos ha parecido bien nombrar a algunos de entre nosotros para que vayan a verlos a ustedes junto con nuestros muy queridos hermanos Bernabé y Pablo, 26 quienes han puesto sus vidas en peligro por la causa de nuestro Señor Jesucristo. 27 Así que les enviamos a Judas y a Silas: ellos hablarán personalmente con ustedes para explicarles todo esto. 28 Pues ha

---

b 15.8 Hch 10.44–47; cf. Hch 2.4. c 15.13 Santiago: Hch 12.17 n. d 15.14 Simón: esto es, Pedro (v. 7).
e 15.16–18 Am 9.11–12 (gr.); Is 45.21. f 15.20 Lo más probable es que estas cuatro prohibiciones se refieran a cuestiones rituales: comer la carne sacrificada a los ídolos (cf. 1 Co 8.10), los matrimonios prohibidos por la ley (cf. Lv 18.6–18; Nm 25.1; también 2 Co 6.14), comer carne de animales estrangulados o ahogados, que podían contener sangre, y comer la sangre misma (cf. Gn 9.4; Lv 17.10–16). De esta manera se facilitaba la convivencia con los cristianos procedentes del judaísmo, que continuaban practicando sus costumbres tradicionales. g 15.22 Silas: compañero de Pablo en su segundo viaje misionero (Hch 15.40; 16.19; 17.14, etc.); es, probablemente, el mismo que se menciona en las cartas con el nombre latino Silvano (2 Co 1.19; 1 Ts 1.1; 2 Ts 1.1; 1 P 5.12).

parecido bien al Espíritu Santo y a nosotros no imponer sobre ustedes ninguna carga aparte de estas cosas necesarias: **29**que no coman carne de animales ofrecidos en sacrificio a los ídolos, que no coman sangre ni carne de animales estrangulados y que eviten los matrimonios prohibidos. Si se guardan de estas cosas, actuarán correctamente. Saludos."

30Así que ellos, después de despedirse, se dirigieron a Antioquía, y reuniendo a la congregación le entregaron la carta. **31**Cuando los hermanos la leyeron, se alegraron mucho por el consuelo que les daba. **32**Y como Judas y Silas también eran profetas, consolaron y animaron mucho con sus palabras a los hermanos. **33**Al cabo de algún tiempo, los hermanos los despidieron con saludos de paz, para que regresaran a quienes los habían enviado.*h* **35**Pero Pablo y Bernabé se quedaron en Antioquía y, junto con otros muchos, siguieron enseñando y anunciando el mensaje de la buena noticia del Señor.

Pablo se separa de Bernabé

36Algún tiempo después, Pablo dijo a Bernabé:

—Vamos a visitar otra vez a los hermanos en todas las ciudades donde hemos anunciado el mensaje del Señor, para ver cómo están.

37Bernabé quería llevar con ellos a Juan, al que también llamaban Marcos; **38**pero a Pablo no le pareció conveniente llevarlo, porque Marcos los había abandonado en Panfilia*i* y no había seguido con ellos en el trabajo. **39**Fue tan serio el desacuerdo, que terminaron separándose: Bernabé se llevó a Marcos y se embarcó para Chipre, **40**mientras Pablo, por su parte, escogió a Silas y, encomendado por los hermanos al amor del Señor, salió de allí **41**y pasó por Siria y Cilicia animando a los hermanos en las iglesias.

Timoteo acompaña a Pablo y a Silas

16 **1**Pablo llegó a Derbe y Listra, donde encontró a un creyente llamado Timoteo,*a* hijo de una mujer judía creyente y de padre griego. **2**Los hermanos de Listra y de Iconio hablaban bien de él. **3**Pablo quiso que Timoteo lo acompañara, pero antes lo hizo circuncidar para que no se ofendieran los judíos que vivían en aquellos lugares, ya que todos sabían que el padre de Timoteo era griego. **4**En todos los pueblos por donde pasaban, comunicaron a los hermanos las instrucciones dadas por los apóstoles y los ancianos de la iglesia de Jerusalén.*b* **5**Así que las iglesias se afirmaban en la fe, y el número de creyentes aumentaba cada día.

Visión de Pablo

6Como el Espíritu Santo no les permitió anunciar el mensaje en la provincia de Asia, atravesaron la región de Frigia y Galacia, **7**y llegaron a la frontera de Misia. De allí pensaban entrar en la región de Bitinia, pero el Espíritu de Jesús no se lo permitió. **8**Así que, pasando de largo por Misia, bajaron al puerto de Tróade. **9**Allí Pablo tuvo de noche una visión; vio a un hombre de la región de Macedonia, que puesto de pie le rogaba: "Pasa a Macedonia y ayúdanos." **10**En cuanto Pablo tuvo esa visión, preparamos el viaje a Macedonia, seguros de que Dios nos estaba llamando para anunciar allí la buena noticia.

Predicación en Filipos

11Nos embarcamos, pues, en Tróade, y fuimos directamente a la isla de Samotracia, y al día siguiente llegamos a Neápolis. **12**De allí fuimos a Filipos, que es una colonia romana y una ciudad muy importante de esa parte de Macedonia. Allí estuvimos algunos días. **13**El sábado salimos a las afueras de la ciudad, junto al río, donde pensamos que había un lugar de oración de los judíos. Nos sentamos y hablamos del evangelio a las mujeres que se habían reunido. **14**Una de ellas se llamaba Lidia; era de la ciudad de Tiatira y vendía telas finas de púrpura. A esta mujer, que adoraba a Dios*c* y que estaba escuchando, el Señor la movió a poner toda su atención en lo que Pablo decía. **15**Fue bautizada, junto con toda su familia, y después nos rogó:

—Si ustedes juzgan que de veras soy creyente en el Señor, vengan a alojarse en mi casa.

Y nos obligó a quedarnos.

---

h **15.33** Algunos mss. incluyen el v. 34: *Pero Silas decidió quedarse.* *i* **15.38** Hch 13.13. *a* **16.1** *Timoteo:* Cf. Ro 16.21; 1 Co 4.17; 16.10–11; Flp 2.19–24; 1 Ts 3.2–6; 1 Ts 1.1. Véase *Introducción* a 1 Tim. *b* **16.4** Cf. Hch 15.23–29. *c* **16.14** *Adoraba a Dios:* Véase 10.2 n.

16 Sucedió una vez, cuando íbamos al lugar de oración, que encontramos a una muchacha poseída por un espíritu de adivinación. Era una esclava que, adivinando, daba a ganar mucho dinero a sus amos. 17 Esta muchacha comenzó a seguirnos a Pablo y a nosotros, gritando:

—¡Estos hombres son servidores del Dios altísimo, y les anuncian a ustedes el camino de salvación!

18 Esto hizo durante muchos días, hasta que Pablo, ya molesto, terminó por volverse y decirle al espíritu que la poseía:

—En el nombre de Jesucristo, te ordeno que salgas de ella.

En aquel mismo momento el espíritu la dejó.

19 Pero cuando los amos de la muchacha vieron que ya no tenían más esperanza de ganar dinero por medio de ella, agarraron a Pablo y a Silas y los llevaron ante las autoridades, a la plaza principal. 20 Los presentaron a los jueces, diciendo:

—Estos judíos están alborotando nuestra ciudad, 21 y enseñan costumbres que nosotros no podemos admitir ni practicar, porque somos romanos.

22 Entonces la gente se levantó contra ellos, y los jueces ordenaron que les quitaran la ropa y los azotaran con varas. 23 Después de haberlos azotado mucho, los metieron en la cárcel, y ordenaron al carcelero que los vigilara con el mayor cuidado. 24 Al recibir esta orden, el carcelero los metió en el lugar más profundo de la cárcel y los dejó con los pies sujetos en el cepo.

25 Pero a eso de la medianoche, mientras Pablo y Silas oraban y cantaban himnos a Dios, y los otros presos estaban escuchando, 26 vino de repente un temblor tan fuerte que sacudió los cimientos de la cárcel. En el mismo momento se abrieron todas las puertas, y a todos los presos se les soltaron las cadenas. 27 Cuando el carcelero despertó y vio que las puertas de la cárcel estaban abiertas, sacó su espada para matarse, pues pensaba que los presos se habían escapado. 28 Pero Pablo le gritó:

—¡No te hagas ningún daño, que todos estamos aquí!

29 Entonces el carcelero pidió una luz, entró corriendo y, temblando de miedo, se echó a los pies de Pablo y de Silas. 30 Luego los sacó y les preguntó:

—Señores, ¿qué debo hacer para salvarme? 31 Ellos contestaron:

—Cree en el Señor Jesús, y obtendrás la salvación tú y tu familia.

32 Y les hablaron del mensaje del Señor a él y a todos los que estaban en su casa. 33 A esa misma hora de la noche, el carcelero les lavó las heridas, y luego él y toda su familia fueron bautizados. 34 Los llevó después a su casa y les dio de comer, y él y su familia estaban muy contentos por haber creído en Dios.

35 Por la mañana, los jueces mandaron unos guardias al carcelero con orden de soltar a Pablo y a Silas. 36 El carcelero le dijo a Pablo:

—Los jueces me han ordenado que los suelte a ustedes; así que ya pueden irse tranquilos.

37 Pero Pablo dijo a los guardias:

—A nosotros, que somos ciudadanos romanos, nos azotaron públicamente sin antes habernos juzgado, y nos metieron en la cárcel; ¿y ahora quieren soltarnos a escondidas? ¡Pues no! Que vengan ellos mismos a sacarnos.

38 Los guardias hicieron saber esto a los jueces, los cuales se asustaron al oir que se trataba de ciudadanos romanos. 39 Fueron, pues, los jueces a disculparse ante Pablo y Silas, y los sacaron y les rogaron que salieran de la ciudad. 40 Al salir de la cárcel, Pablo y Silas se dirigieron a casa de Lidia, y después de ver a los hermanos y animarlos, se fueron de allí.[d]

Alboroto en Tesalónica

17 1 En su viaje, Pablo y Silas pasaron por Anfípolis y Apolonia, y luego llegaron a Tesalónica, donde los judíos tenían una sinagoga. 2 Pablo, según su costumbre, fue a la sinagoga, y cada sábado, durante tres semanas seguidas, discutió con ellos, basándose en las Escrituras. 3 Les explicaba que el Mesías tenía que morir, y que después de muerto tenía que resucitar. Les decía:

—Este mismo Jesús que yo les anuncio a ustedes, es el Mesías.

4 Algunos de los judíos creyeron, y se unieron a Pablo y Silas. También creyeron muchos griegos que adoraban a Dios,[a] y muchas mujeres distinguidas. 5 Pero esto hizo que los judíos que no creían se llenaran de celos, y que reunieran a unos malvados que andaban ociosos por la calle para que alborotaran y perturbaran

---

d **16.40** Cf. 1 Ts 2.2. a **17.4** *Adoraban a Dios:* Véase 10.2 n.

la ciudad. Atacaron además la casa de Jasón, buscando a Pablo y a Silas para sacarlos y entregarlos a la gente; 6pero como no los encontraron allí, llevaron a rastras a Jasón y a algunos otros hermanos ante las autoridades de la ciudad, gritando:

—¡Estos hombres, que han trastornado el mundo entero, también han venido acá, 7y Jasón los ha recibido en su casa! ¡Todos ellos están violando las leyes del emperador, pues dicen que hay otro rey, que es Jesús!

8Al oír estas cosas, la gente y las autoridades se inquietaron. 9Pero Jasón y los otros dieron una fianza, y los soltaron.

Predicación en Berea

10Ya de noche, los hermanos hicieron que Pablo y Silas partieran inmediatamente hacia Berea. En cuanto llegaron, se dirigieron a la sinagoga de los judíos. 11Estos judíos, que eran de mejores sentimientos que los de Tesalónica, de buena gana recibieron el mensaje, y día tras día estudiaban las Escrituras para ver si era cierto lo que se les decía. 12De modo que muchos de ellos creyeron, y también creyeron muchos de los griegos, tanto mujeres distinguidas como hombres. 13Pero cuando los judíos de Tesalónica supieron que Pablo estaba anunciando el mensaje de Dios también en Berea, se fueron allá, y empezaron a alborotar y perturbar a la gente. 14Pero los hermanos hicieron que Pablo saliera sin demora hacia la costa, mientras Silas y Timoteo se quedaban en Berea. 15Los que acompañaban a Pablo fueron con él hasta la ciudad de Atenas. Luego volvieron con instrucciones para que Silas y Timoteo se le reunieran lo más pronto posible.

Pablo en Atenas

16Mientras Pablo esperaba en Atenas a Silas y Timoteo, se indignó mucho al ver que la ciudad estaba llena de ídolos. 17Por eso discutía en la sinagoga con los judíos y con otros que adoraban a Dios, y cada día discutía igualmente en la plaza con los que allí se reunían. 18También algunos filósofos epicúreos y estoicos comenzaron a discutir con él. Unos decían:

—¿De qué habla este charlatán?

Y otros:

—Parece que es propagandista de dioses extranjeros.

Esto lo decían porque Pablo les anunciaba la buena noticia acerca de Jesús y de la resurrección. 19Entonces lo llevaron al Areópago,*b* y le preguntaron:

—¿Se puede saber qué nueva enseñanza es esta que tú nos traes? 20Pues nos hablas de cosas extrañas, y queremos saber qué significan.

21Y es que todos los atenienses, como también los extranjeros que vivían allí, solo se ocupaban de oír y comentar las últimas novedades.

22Pablo se levantó en medio de ellos en el Areópago, y dijo:

"Atenienses, por todo lo que veo, ustedes son gente muy religiosa. 23Pues al mirar los lugares donde ustedes celebran sus cultos, he encontrado un altar que tiene escritas estas palabras: 'A un Dios no conocido'. Pues bien, lo que ustedes adoran sin conocer, es lo que yo vengo a anunciarles.

24"El Dios que hizo el mundo y todas las cosas que hay en él, es Señor del cielo y de la tierra. No vive en templos hechos por los hombres, 25ni necesita que nadie haga nada por él, pues él es quien nos da a todos la vida, el aire y las demás cosas.

26"De un solo hombre hizo él todas las naciones, para que vivan en toda la tierra; y les ha señalado el tiempo y el lugar en que deben vivir, 27para que busquen a Dios, y quizá, como a tientas, puedan encontrarlo, aunque en verdad Dios no está lejos de cada uno de nosotros. 28Porque en Dios vivimos, nos movemos y existimos; como también algunos de los poetas de ustedes dijeron: 'Somos descendientes de Dios.'*c* 29Siendo, pues, descendientes de Dios, no debemos pensar que Dios sea como las imágenes de oro, plata o piedra que los hombres hacen según su propia imaginación. 30Dios pasó por alto en otros tiempos la ignorancia de la gente, pero ahora ordena a todos, en todas partes, que se vuelvan a él. 31Porque Dios ha fijado un día en el cual juzgará al mundo con justicia, por medio de un hombre que él ha escogido; y de ello dio pruebas a todos cuando lo resucitó."

---

b **17.19** *Areópago:* En la colina de este nombre se reunía, en sus inicios, el consejo de Atenas; después, el nombre se aplicó al consejo mismo. *c* **17.28** Cita tomada del poema *Fenómenos,* del poeta Arato (siglo III a.C.).

32 Al oir eso de la resurrección de los muertos, unos se burlaron y otros dijeron:

—Ya te oiremos hablar de esto en otra ocasión.

33 Entonces Pablo los dejó. **34** Pero algunos lo siguieron y creyeron. Entre ellos estaba Dionisio, que era uno de los miembros del Areópago, y también una mujer llamada Dámaris, y otros más.

Pablo en Corinto

18 **1** Después de esto, Pablo salió de Atenas y se fue a Corinto. **2** Allí se encontró con un judío llamado Áquila, que era de la región del Ponto. Poco antes, Áquila y su esposa Priscila[a] habían llegado de Italia, de donde tuvieron que salir porque el emperador Claudio había ordenado que todos los judíos salieran de Roma.[b] Pablo fue a visitarlos **3** y, como tenía el mismo oficio que ellos, que era hacer tiendas de campaña, se quedó con ellos para trabajar juntos. **4** Y cada sábado Pablo iba a la sinagoga, donde hablaba y trataba de convencer tanto a los judíos como a los no judíos.

5 Cuando Silas y Timoteo llegaron de Macedonia, Pablo se dedicó por completo a anunciar el mensaje y a probar a los judíos que Jesús era el Mesías. **6** Pero ellos comenzaron a ponerse en contra suya y a insultarlo; así que Pablo sacudió su ropa en señal de protesta, y les dijo:

—De ustedes será la culpa de su propia perdición; yo no me hago responsable. De hoy en adelante me iré a los que no son judíos.

7 Salió de la sinagoga y se fue a casa de un hombre llamado Ticio Justo, que adoraba a Dios y que vivía al lado de la sinagoga. **8** Y Crispo,[c] el jefe de la sinagoga, con toda su familia, creyó en el Señor. Y también muchos de los de Corinto, al oir el mensaje, creyeron y fueron bautizados. **9** Una noche, el Señor le dijo a Pablo en una visión: "No tengas miedo; sigue anunciando el mensaje y no calles. **10** Porque yo estoy contigo y nadie te puede tocar para hacerte daño, pues mi pueblo es muy grande en esta ciudad." **11** Así que Pablo se quedó un año y medio en Corinto, enseñando entre ellos el mensaje de Dios.

12 Pero en los días en que Galión era gobernador de Acaya,[d] los judíos se juntaron contra Pablo; lo llevaron al tribunal **13** y dijeron al gobernador:

—Este hombre anda convenciendo a la gente de que deben adorar a Dios en una forma que va contra la ley.

14 Pablo ya iba a hablar, cuando Galión dijo a los judíos:

—Si se tratara de algún delito o algún crimen grave, yo, naturalmente, me tomaría la molestia de oírlos a ustedes los judíos; **15** pero como se trata de palabras, de nombres y de la ley de ustedes, arréglenlo ustedes mismos, porque yo no quiero meterme en esos asuntos.

16 Y los echó del tribunal. **17** Entonces agarraron todos a Sóstenes, el jefe de la sinagoga, y lo golpearon allí mismo, delante del tribunal. Pero a Galión no le importaba nada de esto.

Pablo regresa a Antioquía

18 Pablo se quedó todavía muchos días en Corinto. Después se despidió de los hermanos y, junto con Priscila y Áquila, se embarcó para la región de Siria. En Cencreas, antes de embarcarse, se rapó la cabeza, para cumplir una promesa que había hecho.[e] **19** Cuando llegaron a Éfeso, Pablo dejó a Priscila y Áquila y se fue a la sinagoga, donde habló con los judíos que allí se reunían. **20** Ellos le rogaron que se quedara más tiempo, pero no quiso, **21** sino que se despidió de ellos diciendo: "Si Dios quiere, volveré a visitarlos otra vez."

Después Pablo se embarcó y se fue de Éfeso. **22** Cuando llegó a Cesarea, fue a Jerusalén a saludar a los de la iglesia, y luego se dirigió a Antioquía.

Pablo recorre Galacia y Frigia

23 Al cabo de algún tiempo, salió de nuevo a recorrer uno por uno los lugares de Galacia y Frigia, animando a todos los creyentes.

Apolo predica en Éfeso

24 Por aquel tiempo llegó a Éfeso un judío llamado Apolo,[f] que era de la ciudad de Alejandría. Era muy elocuente y conocía muy bien las

---

a **18.2** *Priscila:* forma diminutiva de *Prisca* (Ro 16.3; 1 Co 16.19; 2 Ti 4.19). b **18.2** El decreto del emperador *Claudio,* por el que expulsaba de Roma a los judíos, fue promulgado alrededor del año 49 d.C. c **18.8** *Crispo:* cf. 1 Co 1.14. d **18.12** Lucio Junio *Galión* era *gobernador* o procónsul romano de *Acaya* alrededor de los años 51–52 d.C. e **18.18** *Promesa:* Cf. Nm 6.2–18. f **18.24** *Apolo:* Cf. 1 Co 1.12; 3.3–10; 16.12.

Escrituras. **25** Estaba instruido en el camino del Señor, y hablaba con mucho entusiasmo enseñando con claridad acerca de Jesús, aunque solo conocía el bautismo de Juan. **26** Apolo se puso a hablar abiertamente en la sinagoga; pero cuando lo oyeron Priscila y Áquila, lo llevaron aparte y le explicaron más exactamente el camino de Dios. **27** Cuando Apolo quiso pasar a la región de Acaya,[g] los hermanos le dieron su apoyo, y escribieron una carta a los creyentes de allá para que su lo recibieran bien. Cuando llegó a Acaya, ayudó mucho a los que, por la bondad de Dios, habían creído, **28** pues delante de todos contradecía a los judíos con razones que ellos no podían negar, y basándose en las Escrituras demostraba que Jesús era el Mesías.

Pablo en Éfeso

19 **1** Mientras Apolo estaba en Corinto, Pablo cruzó la región montañosa y llegó a Éfeso, donde encontró a varios creyentes. **2** Les preguntó:

—¿Recibieron ustedes el Espíritu Santo cuando se hicieron creyentes?

Ellos le contestaron:

—Ni siquiera habíamos oído hablar del Espíritu Santo.

3 Pablo les preguntó:

—Pues ¿qué bautismo recibieron ustedes?

Y ellos respondieron:

—El bautismo de Juan.

4 Pablo les dijo:

—Sí, Juan bautizaba a los que se volvían a Dios, pero les decía que creyeran en el que vendría después de él, es decir, en Jesús.[a]

5 Al oír esto, fueron bautizados en el nombre del Señor Jesús; **6** y cuando Pablo les impuso las manos, también vino sobre ellos el Espíritu Santo, y hablaban en lenguas extrañas, y comunicaban mensajes proféticos. **7** Eran entre todos unos doce hombres.

8 Durante tres meses, Pablo estuvo yendo a la sinagoga, donde anunciaba el mensaje sin ningún temor, y hablaba y trataba de convencer a la gente acerca del reino de Dios. **9** Pero algunos, tercamente, no quisieron creer, sino que delante de la gente hablaban mal del Nuevo Camino.[b] Entonces Pablo se apartó de ellos y llevó a los creyentes a la escuela de un tal

Tirano. Allí hablaba todos los días, **10** y así lo hizo durante dos años, de modo que todos los que vivían en la provincia de Asia, tanto los judíos como los que no lo eran, oyeron el mensaje del Señor. **11** Y Dios hacía grandes milagros por medio de Pablo, **12** tanto que hasta los pañuelos o las ropas que habían sido tocados por su cuerpo eran llevados a los enfermos, y estos se curaban de sus enfermedades, y los espíritus malignos salían de ellos.

13 Pero algunos judíos que andaban por las calles expulsando de la gente espíritus malignos, quisieron usar para ello el nombre del Señor Jesús; así que decían a los espíritus: "¡En el nombre de Jesús, a quien Pablo anuncia, les ordeno que salgan!"

14 Esto es lo que hacían los siete hijos de un judío llamado Esceva, que era un jefe de los sacerdotes. **15** Pero en cierta ocasión el espíritu maligno les contestó: "Conozco a Jesús, y sé quién es Pablo; pero ustedes, ¿quiénes son?"

16 Al mismo tiempo, el hombre que tenía el espíritu maligno se lanzó sobre ellos, y con gran fuerza los dominó a todos, maltratándolos con tanta violencia que huyeron de la casa desnudos y heridos. **17** Todos los que vivían en Éfeso, judíos y no judíos, lo supieron, y se llenaron de temor. De esta manera crecía la fama del nombre del Señor Jesús.

18 También muchos de los que creyeron llegaban confesando públicamente todo lo malo que antes habían hecho, **19** y muchos que habían practicado la brujería trajeron sus libros y los quemaron en presencia de todos. Cuando se calculó el precio de aquellos libros, resultó que valían como cincuenta mil monedas de plata. **20** Así el mensaje del Señor iba extendiéndose y demostrando su poder.

21 Después de estas cosas, Pablo decidió visitar Macedonia y Acaya, y seguir su viaje hasta Jerusalén. Además decía que después de ir a Jerusalén tendría que ir también a Roma. **22** Entonces mandó a Macedonia a dos de sus ayudantes, Timoteo y Erasto, mientras él se quedaba algún tiempo más en Asia.

Alboroto en Éfeso

23 Por aquel tiempo hubo en Éfeso un gran alboroto acerca del Nuevo Camino, **24** causado

---

[g] **18.27** *La región de Acaya:* específicamente, Corinto, capital de la provincia.   [a] **19.4** Lc 3.3.   [b] **19.9** *El Nuevo Camino:* Véase 9.2 n.

por uno llamado Demetrio, que era platero. Este hombre hacía figuritas de plata que representaban el templo de la diosa Artemisa,[c] y daba mucha ganancia a los que trabajaban con él. **25**Reunió, pues, a estos, junto con otros que trabajaban en oficios semejantes, y les dijo: "Señores, ustedes saben que nuestro bienestar depende de este oficio. **26**Pero como ustedes ven y oyen, ese tal Pablo anda diciendo que los dioses hechos por los hombres no son dioses; y así ha convencido a mucha gente, no solamente aquí en Éfeso sino en casi toda la provincia de Asia. **27**Esto es muy peligroso, porque nuestro negocio puede echarse a perder, y el templo mismo de la gran diosa Artemisa puede también perder la fama que tiene, y así será despreciada la grandeza de esta diosa que es adorada en toda la provincia de Asia y en el mundo entero."

28Cuando oyeron esto, se enojaron mucho y gritaron: "¡Viva Artemisa de los efesios!"

29Hubo, pues, confusión en toda la ciudad. Se lanzaron sobre Gayo y Aristarco, dos hombres de Macedonia que acompañaban a Pablo, y los arrastraron hasta el teatro. **30**Pablo quiso entrar allí para hablar a la gente, pero los creyentes no lo dejaron. **31**También entre las autoridades de Asia había algunos amigos de Pablo, que mandaron a decirle que no debía meterse allí. **32**Entre tanto, en la reunión, unos gritaban una cosa y otros otra, porque la gente estaba alborotada y la mayor parte ni sabía para qué se habían reunido. **33**Pero algunos de ellos explicaron el asunto a Alejandro, a quien los judíos habían empujado al frente de todos. Alejandro hizo señas con la mano para pedir silencio y hablar en defensa de los judíos delante del pueblo. **34**Pero cuando se dieron cuenta de que él mismo era judío, gritaron todos durante un par de horas: "¡Viva Artemisa de los efesios!"

35El secretario de la ciudad, cuando pudo calmar a la gente, dijo: "Ciudadanos de Éfeso, todo el mundo sabe que esta ciudad está encargada de cuidar el templo de la gran diosa Artemisa y de la imagen de ella que cayó del cielo. **36**Como nadie puede negar esto, cálmense ustedes y no hagan nada sin pensarlo bien.

37Porque estos hombres que ustedes han traído no han profanado el templo ni han hablado mal de nuestra diosa. **38**Si Demetrio y los que trabajan con él tienen alguna queja contra alguien, ahí están los jueces y los juzgados; que reclamen ante las autoridades y que cada uno defienda su derecho. **39**Y si ustedes piden alguna otra cosa, deberá tratarse en una reunión legal. **40**Con lo que hoy ha pasado corremos peligro de que nos acusen de agitadores, pues no hay ninguna razón que podamos dar, si nos preguntan por la causa de este alboroto." Dicho esto, despidió a la gente.

Viaje de Pablo a Macedonia y Grecia

20 **1**Una vez terminado el alboroto, Pablo llamó a los creyentes para darles algunos consejos. Luego se despidió de ellos y se fue a Macedonia. **2**Visitó todos aquellos lugares animando mucho con sus palabras a los hermanos; y después llegó a Grecia, **3**donde se quedó tres meses. Estaba ya a punto de tomar el barco para ir a Siria, cuando supo que los judíos habían hecho planes contra él. Así que decidió regresar por tierra, pasando otra vez por Macedonia. **4**Lo acompañaron Sópatro de Berea, hijo de Pirro; y Aristarco y Segundo de Tesalónica, Gayo de Derbe, Timoteo, y también Tíquico y Trófimo, que eran de la provincia de Asia. **5**Estos hermanos se adelantaron y nos esperaron en Tróade. **6**Nosotros, pasados los días en que se come el pan sin levadura, salimos de Filipos en barco, y a los cinco días los alcanzamos en Tróade, donde nos quedamos siete días.

Visita de Pablo a Tróade

7El primer día de la semana[a] nos reunimos para partir el pan,[b] y Pablo estuvo hablando a los creyentes. Como tenía que salir al día siguiente, prolongó su discurso hasta la medianoche. **8**Nos hallábamos reunidos en un cuarto del piso alto, donde había muchas lámparas encendidas; **9**y un joven que se llamaba Eutico estaba sentado en la ventana. Como Pablo habló por largo tiempo, le entró sueño al muchacho, que al fin, profundamente dormido, cayó desde el tercer piso; y lo levantaron muerto.

---

[c] **19.24-28** *Artemisa:* llamada *Diana* entre los romanos, era la diosa de la fertilidad en Asia Menor; su templo en Éfeso era una de las Siete Maravillas del mundo antiguo. [a] **20.7** *El primer día de la semana:* recordado por ser el de la resurrección de Jesús (Lc 24.1). [b] **20.7** *Partir el pan:* Véase 2.43 n.

10Entonces Pablo bajó, se tendió sobre el muchacho y lo abrazó. Y dijo a los hermanos:

—No se asusten; está vivo.*c*

11Luego Pablo volvió a subir, partió el pan, comió y siguió hablando hasta el amanecer. Entonces se fue. **12**En cuanto al muchacho, se lo llevaron vivo, y eso los animó mucho.

Viaje desde Tróade a Mileto

13Nosotros nos adelantamos y fuimos en barco hasta Aso para recoger a Pablo, según se había convenido, porque él quiso ir por tierra. **14**Cuando nos encontramos con él en Aso, se embarcó con nosotros y fuimos a Mitilene. **15**Salimos de allí, y al día siguiente pasamos frente a Quío, llegando un día después al puerto de Samos. Al cabo de otro día de viaje, llegamos a Mileto. **16**Se hizo así porque Pablo, para no retrasarse mucho en Asia, no quiso ir a Éfeso; pues quería llegar pronto a Jerusalén y, de ser posible, estar allí para el día de Pentecostés.

Discurso de Pablo a los ancianos de Éfeso

17Estando en Mileto, Pablo mandó llamar a los ancianos de la iglesia de Éfeso. **18**Cuando llegaron les dijo: "Ustedes saben cómo me he portado desde el primer día que vine a la provincia de Asia. **19**Todo el tiempo he estado entre ustedes sirviendo al Señor con toda humildad, con muchas lágrimas y en medio de muchas pruebas que me vinieron por lo que me querían hacer los judíos. **20**Pero no dejé de anunciarles a ustedes nada de lo que era para su bien, enseñándoles públicamente y en sus casas. **21**A judíos y a no judíos les he dicho que se vuelvan a Dios y crean en nuestro Señor Jesús. **22**Y ahora voy a Jerusalén, obligado por el Espíritu, sin saber lo que allí me espera. **23**Lo único que sé es que, en todas las ciudades a donde voy, el Espíritu Santo me dice que me esperan la cárcel y muchos sufrimientos. **24**Para mí, sin embargo, mi propia vida no cuenta, con tal de que yo pueda correr con gozo hasta el fin de la carrera y cumplir el encargo que el Señor Jesús me dio de anunciar la buena noticia del amor de Dios.

25"Y ahora estoy seguro de que ninguno de ustedes, entre quienes he anunciado el reino de Dios, me volverá a ver. **26**Por esto quiero decirles hoy que no me siento culpable respecto de ninguno, **27**porque les he anunciado todo el plan de Dios, sin ocultarles nada. **28**Por lo tanto, estén atentos y cuiden de toda la congregación, en la cual el Espíritu Santo los ha puesto como pastores*d* para que cuiden de la iglesia de Dios, que él compró con su propia sangre.*e* **29**Sé que cuando yo me vaya vendrán otros que, como lobos feroces, querrán acabar con la iglesia. **30**Aun entre ustedes mismos se levantarán algunos que enseñarán mentiras para que los creyentes los sigan. **31**Estén alerta; acuérdense de que durante tres años, de día y de noche, no dejé de aconsejar con lágrimas a cada uno de ustedes.

32"Ahora, hermanos, los encomiendo a Dios y al mensaje de su amor. Él tiene poder para hacerlos crecer espiritualmente y darles todo lo que ha prometido a su pueblo santo. **33**No he querido para mí mismo ni el dinero ni la ropa de nadie; **34**al contrario, bien saben ustedes que trabajé con mis propias manos para conseguir lo necesario para mí y para los que estaban conmigo.*f* **35**Siempre les he enseñado que así se debe trabajar y ayudar a los que están en necesidad,*g* recordando aquellas palabras del Señor Jesús: 'Hay más dicha en dar que en recibir.' "

36Después de decir esto, Pablo se puso de rodillas y oró con todos ellos. **37**Todos lloraron, y abrazaron y besaron a Pablo. **38**Y estaban muy tristes, porque les había dicho que no volverían a verlo. Luego lo acompañaron hasta el barco.

Viaje de Pablo a Jerusalén

21 **1**Cuando dejamos a los hermanos, nos embarcamos y fuimos directamente a Cos, y al día siguiente a Rodas, y de allí a Pátara. **2**En Pátara encontramos un barco que iba a Fenicia, y en él nos embarcamos. **3**Al pasar, vimos la isla de Chipre, y dejándola a mano izquierda seguimos hasta Siria. Y como el barco tenía que dejar carga en el puerto de Tiro, entramos allí. **4**Encontramos a los creyentes, y nos quedamos con ellos siete días. Ellos, advertidos por el Espíritu, dijeron a

---

c **20.10** Cf. 1 R 17.17–22; 2 R 4.32–35. *d* **20.28** *Pastores:* esto es, *dirigentes* o *supervisores;* la palabra griega (*episkopos*) dio origen a nuestra palabra *obispo.* Para referirse a estas mismas personas se usa el término *ancianos* (gr. *presbyteroi*) en el v. 17. Cf. también Flp 1.1, y véase Tit 1.6–7 n. *e* **20.28** *Con su propia sangre:* otra posible traducción: *Con la sangre de su propio (Hijo). f* **20.34** Hch 18.3. *g* **20.35** Ef 4.28.

Pablo que no debía ir a Jerusalén. 5 Pero pasados los siete días, salimos. Todos, con sus mujeres y niños, nos acompañaron hasta fuera de la ciudad, y allí en la playa nos arrodillamos y oramos. 6 Luego nos despedimos y subimos al barco, y ellos regresaron a sus casas.

7 Terminamos nuestro viaje por mar yendo de Tiro a Tolemaida, donde saludamos a los hermanos y nos quedamos con ellos un día. 8 Al día siguiente salimos y llegamos a Cesarea. Fuimos a casa de Felipe *a* el evangelista, que era uno de los siete ayudantes de los apóstoles, y nos quedamos con él. 9 Felipe tenía cuatro hijas solteras, que eran profetisas. 10 Ya hacía varios días que estábamos allí, cuando llegó de Judea un profeta llamado Agabo. *b* 11 Al llegar ante nosotros tomó el cinturón de Pablo, se sujetó con él las manos y los pies, y dijo:

—El Espíritu Santo dice que en Jerusalén los judíos atarán así al dueño de este cinturón, y lo entregarán en manos de los extranjeros.

12 Al oir esto, nosotros y los de Cesarea rogamos a Pablo que no fuera a Jerusalén. 13 Pero Pablo contestó:

—¿Por qué lloran y me ponen triste? Yo estoy dispuesto, no solamente a ser atado sino también a morir en Jerusalén por causa del Señor Jesús.

14 Como no pudimos convencerlo, lo dejamos, diciendo:

—Que se haga la voluntad del Señor.

15 Después de esto, nos preparamos y nos fuimos a Jerusalén. 16 Nos acompañaron algunos creyentes de Cesarea, quienes nos llevaron a casa de un hombre de Chipre llamado Mnasón, que era creyente desde hacía mucho tiempo y que iba a darnos alojamiento.

Pablo visita a Santiago

17 Cuando llegamos a Jerusalén, los hermanos nos recibieron con alegría. 18 Al día siguiente, Pablo fue con nosotros a visitar a Santiago, *c* y allí estaban también todos los ancianos. 19 Pablo los saludó, y luego les contó detalladamente las cosas que Dios había hecho por medio de él entre los no judíos. 20 Cuando lo oyeron, alabaron a Dios. Dijeron a Pablo:

—Bueno, hermano, ya ves que entre los judíos hay muchos miles que han creído, y todos ellos insisten en que es necesario seguir la ley de Moisés. 21 Y les han informado que a todos los judíos que viven en el extranjero tú les enseñas que deben renegar de la ley de Moisés, y les dices que no deben circuncidar a sus hijos ni seguir nuestras costumbres. 22 ¿Qué hay de esto? Pues sin duda la gente va a saber que has venido. 23 Lo mejor es que hagas lo siguiente: Hay aquí, entre nosotros, cuatro hombres que tienen que cumplir una promesa. 24 Llévalos contigo, purifícate junto con ellos y paga sus gastos, para que ellos puedan hacerse cortar el cabello. *d* Así todos verán que no es cierto lo que les han dicho de ti, sino que, al contrario, tú también obedeces la ley. 25 En cuanto a los que no son judíos y han creído, ya les hemos escrito nuestra decisión: no deben comer carne que haya sido ofrecida a los ídolos, ni sangre, ni carne de animales estrangulados, y deben evitar los matrimonios prohibidos. *e*

Arresto de Pablo en el templo

26 Entonces Pablo se llevó a los cuatro hombres, y al día siguiente se purificó junto con ellos; luego entró en el templo para avisar cuándo terminarían los días del cumplimiento de la promesa, es decir, cuándo cada uno de ellos tendría que presentar su ofrenda.

27 Estando ya por terminar los siete días, unos judíos de la provincia de Asia vieron a Pablo en el templo y alborotaron a la gente. Se lanzaron contra Pablo, 28 gritando: "¡Israelitas, ayúdennos! Este es el hombre que anda por todas partes enseñando a la gente cosas que van contra nuestro pueblo, contra la ley de Moisés y contra este templo. Además, ahora ha metido en el templo a unos griegos, profanando este Lugar Santo."

29 Decían esto porque antes lo habían visto en la ciudad con Trófimo de Éfeso, y pensaban que Pablo lo había llevado al templo.

30 Toda la ciudad se alborotó, y la gente llegó corriendo. Agarraron a Pablo y lo arrastraron fuera del templo, cerrando inmediatamente las puertas. 31 Estaban a punto de matarlo, cuando al comandante del batallón romano le llegó la noticia de que toda la ciudad de Jerusalén se había alborotado. 32 El comandante reunió a sus soldados y oficiales, y fue corriendo a donde

---

a 21.8 *Felipe:* Hch 6.5. *b* 21.9–10 *Agabo:* Hch 11.28. *c* 21.18 *Santiago:* Hch 12.17 n. *d* 21.23–24 Hch 18.3. *e* 21.25 Hch 15.28–29; véase 15.20 n.

estaba la gente. Cuando vieron al comandante y a los soldados, dejaron de golpear a Pablo. 33 Entonces el comandante se acercó, arrestó a Pablo y mandó que lo sujetaran con dos cadenas. Después preguntó quién era y qué había hecho. 34 Pero unos gritaban una cosa y otros otra, de modo que el comandante no podía aclarar nada a causa del ruido que hacían; así que mandó llevarlo al cuartel. 35 Al llegar a las gradas del cuartel, los soldados tuvieron que llevar a Pablo a cuestas, debido a la violencia de la gente; 36 porque todos iban detrás, gritando: "¡Muera!"

Discurso de Pablo ante el pueblo

37 Cuando ya iban a meterlo en el cuartel, Pablo le preguntó al comandante del batallón:

—¿Puedo hablar con usted un momento?

El comandante le contestó:

—¿Sabes hablar griego? 38 Entonces, ¿tú no eres aquel egipcio que hace algún tiempo comenzó una rebelión y salió al desierto con cuatro mil guerrilleros?

39 Pablo le dijo:

—Yo soy judío, natural de Tarso de Cilicia, ciudadano de una población importante; pero, por favor, permítame usted hablar a la gente.

40 El comandante le dio permiso, y Pablo se puso de pie en las gradas y con la mano hizo callar a la gente. Cuando se hizo silencio, les habló en hebreo, diciendo:

22 1 "Hermanos y padres, escuchen lo que les digo en mi defensa." 2 Al oir que les hablaba en hebreo, guardaron aún más silencio. Pablo continuó:

3 "Yo soy judío. Nací en Tarso de Cilicia, pero me crié aquí en Jerusalén y estudié bajo la dirección de Gamaliel, muy de acuerdo con la ley de nuestros antepasados. Siempre he procurado servir a Dios con todo mi corazón, tal como todos ustedes lo hacen hoy día. 4 Antes perseguí a muerte a quienes seguían este Nuevo Camino,[a] y los arresté y metí en la cárcel, ya fueran hombres o mujeres. 5 El jefe de los sacerdotes y todos los ancianos son testigos de esto. Ellos me dieron cartas para nuestros hermanos judíos en Damasco, y fui allá en busca de creyentes, para traerlos aquí a Jerusalén y castigarlos.

6 "Pero mientras iba yo de camino, y estando ya cerca de Damasco, a eso del mediodía, una fuerte luz del cielo brilló de repente a mi alrededor, 7 y caí al suelo. Y oí una voz, que me decía: 'Saulo, Saulo, ¿por qué me persigues?' 8 Pregunté: '¿Quién eres, Señor?' Y la voz me contestó: 'Yo soy Jesús de Nazaret, el mismo a quien tú estás persiguiendo.' 9 Los que iban conmigo vieron la luz, pero no oyeron la voz del que me hablaba. 10 Yo pregunté: '¿Qué debo hacer, Señor?' Y el Señor me dijo: 'Levántate y sigue tu viaje a Damasco. Allí se te dirá todo lo que debes hacer.' 11 Como el brillo de la luz me dejó ciego, mis compañeros me llevaron de la mano a Damasco.

12 "Allí había un hombre llamado Ananías, que era muy piadoso y obediente a la ley de Moisés; todos los judíos que vivían en Damasco hablaban muy bien de él. 13 Ananías vino a verme, y al llegar me dijo: 'Hermano Saulo, recibe de nuevo la vista.' En aquel mismo momento recobré la vista, y pude verlo. 14 Luego añadió: 'El Dios de nuestros padres te ha escogido para que conozcas su voluntad, y para que veas al que es justo y oigas su voz de sus propios labios. 15 Pues tú vas a ser testigo suyo ante todo el mundo, y vas a contar lo que has visto y oído. 16 Y ahora, no esperes más. Levántate, bautízate y lávate de tus pecados, invocando el nombre del Señor.'[b]

17 "Cuando regresé a Jerusalén, fui al templo a orar, y tuve una visión. 18 Vi al Señor, que me dijo: 'Date prisa, sal rápidamente de Jerusalén, porque no van a hacer caso de lo que dices de mí.' 19 Yo le dije: 'Señor, ellos saben que yo iba por todas las sinagogas y llevaba a la cárcel a los que creían en ti, y que los golpeaba, 20 y que cuando mataron a tu siervo Esteban, que daba testimonio de ti, yo mismo estaba allí, aprobando que lo mataran, e incluso cuidé la ropa de quienes lo mataron.'[c] 21 Pero el Señor me dijo: 'Ponte en camino, que voy a enviarte a naciones lejanas.' "

Pablo en manos del comandante

22 Hasta este punto lo escucharon; pero entonces comenzaron a gritar: "¡Ese hombre no debe vivir! ¡Bórralo de este mundo!" 23 Y como seguían gritando y sacudiendo sus ropas y tirando polvo al aire, 24 el comandante ordenó que metieran a Pablo en el cuartel, y mandó que lo azotaran, para que confesara por qué la gente

---

[a] **22.4** *Nuevo Camino:* Véase 9.2 n.   [b] **22.4–16** Hch 9.1–19; 26.9–18.   [c] **22.20** Hch 7.58; 8.1.

gritaba en contra suya. **25**Pero cuando ya lo tenían atado para azotarlo, Pablo le preguntó al capitán que estaba presente:

—¿Tienen ustedes autoridad para azotar a un ciudadano romano, y además sin haberlo juzgado?

26Al oir esto, el capitán fue y avisó al comandante, diciendo:

—¿Qué va a hacer usted? Este hombre es ciudadano romano.

27Entonces el comandante se acercó a Pablo, y le preguntó:

—¿Es cierto que tú eres ciudadano romano? Pablo le contestó:

—Sí.

28El comandante le dijo:

—A mí me costó mucho dinero hacerme ciudadano romano.

Y Pablo respondió:

—Pues yo lo soy por nacimiento.

29Con esto, los que iban a azotar a Pablo se apartaron de él; y hasta el mismo comandante, al darse cuenta de que era ciudadano romano, tuvo miedo por haberlo encadenado.

Pablo ante la Junta Suprema de los judíos

30Al día siguiente, el comandante, queriendo saber con exactitud de qué acusaban los judíos a Pablo, le quitó las cadenas y mandó reunir a los jefes de los sacerdotes y a toda la Junta Suprema. Luego sacó a Pablo y lo puso delante de ellos.

23 **1**Pablo miró a los de la Junta Suprema y les dijo:

—Hermanos, yo he vivido hasta hoy con la conciencia tranquila delante de Dios.

2Entonces Ananías,[a] que era sumo sacerdote, mandó a los que estaban cerca de Pablo que le pegaran en la boca. **3**Pero Pablo le contestó:

—¡Dios le va a pegar a usted, hipócrita! Si usted está sentado ahí para juzgarme según la ley, ¿por qué contra la ley manda que me peguen?

4Los que estaban presentes le dijeron:

—¿Así insultas al sumo sacerdote de Dios?

5Pablo dijo:

—Hermanos, yo no sabía que fuera el sumo sacerdote; pues en la Escritura dice: 'No maldigas al que gobierna a tu pueblo.'[b]

6Luego, dándose cuenta de que algunos de la Junta eran del partido saduceo y otros del partido fariseo, dijo Pablo en voz alta:

—Hermanos, yo soy fariseo, de familia de fariseos; y se me está juzgando porque espero la resurrección de los muertos.

7En cuanto Pablo dijo esto, los fariseos y los saduceos comenzaron a discutir entre sí, y se dividió la reunión. **8**Porque los saduceos dicen que los muertos no resucitan, y que no hay ángeles ni espíritus; en cambio, los fariseos creen en todas estas cosas. **9**Todos gritaban; y algunos maestros de la ley, que eran del partido fariseo, se levantaron y dijeron:

—Este hombre no ha hecho nada malo; tal vez le ha hablado un espíritu o un ángel.

10Como el alboroto era cada vez mayor, el comandante tuvo miedo de que hicieran pedazos a Pablo, por lo cual mandó llamar a unos soldados para sacarlo de allí y llevarlo otra vez al cuartel.

11A la noche siguiente, el Señor se le apareció a Pablo y le dijo: "Ánimo, Pablo, porque así como has dado testimonio de mí aquí en Jerusalén, así tendrás que darlo también en Roma."

Planes para matar a Pablo

12Al día siguiente, algunos de los judíos se pusieron de acuerdo para matar a Pablo, y juraron bajo maldición que no comerían ni beberían hasta que lograran matarlo. **13**Eran más de cuarenta hombres los que así se habían comprometido. **14**Fueron, pues, a los jefes de los sacerdotes y a los ancianos de los judíos, y les dijeron:

—Nosotros hemos jurado bajo maldición que no comeremos nada mientras no matemos a Pablo. **15**Ahora, ustedes y los demás miembros de la Junta Suprema pidan al comandante que lo traiga mañana ante ustedes, con el pretexto de investigar su caso con más cuidado; y nosotros estaremos listos para matarlo antes que llegue.

16Pero el hijo de la hermana de Pablo se enteró del asunto, y fue al cuartel a avisarle. **17**Pablo llamó a uno de los capitanes, y le dijo:

—Lleve a este muchacho al comandante, porque tiene algo que comunicarle.

18El capitán lo llevó al comandante, y le dijo:

---

[a] **23.2** *Ananías: sumo sacerdote* alrededor de los años 48–58 d.C. [b] **23.5** Ex 22.28.

—El preso Pablo me llamó y me pidió que trajera aquí a este muchacho, que tiene algo que comunicarle a usted.

19 El comandante tomó de la mano al muchacho, y llevándolo aparte le preguntó:

—¿Qué quieres decirme?

20 El muchacho le dijo:

—Los judíos se han puesto de acuerdo para pedirle a usted que mañana lleve a Pablo ante la Junta Suprema, con el pretexto de que quieren investigar su caso con más cuidado. 21 Pero no les crea, porque más de cuarenta de sus hombres lo esperan escondidos, y han jurado bajo maldición que no comerán ni beberán hasta que maten a Pablo; y ahora están listos, esperando solamente que usted les dé una respuesta.

22 Entonces el comandante despidió al muchacho, mandándole que no dijera a nadie que le había contado eso.

Pablo es enviado ante Félix

23 El comandante llamó a dos de sus capitanes, y les dio orden de preparar doscientos soldados de a pie, setenta de a caballo y doscientos con lanzas, para ir a Cesarea a las nueve de la noche. 24 Además mandó preparar caballos para que Pablo montara, y dio orden de llevarlo sano y salvo al gobernador Félix. 25 Con ellos envió una carta que decía lo siguiente:

26 "De Claudio Lisias al excelentísimo gobernador Félix: saludos. 27 Los judíos habían arrestado a este hombre y lo iban a matar, pero cuando yo supe que se trataba de un ciudadano romano, fui con mis soldados y lo libré. 28 Como quise saber de qué lo acusaban, lo llevé ante la Junta de los judíos, 29 y resultó que lo acusaban de asuntos de la ley de ellos; pero no había razón para matarlo, y ni siquiera para tenerlo en la cárcel. 30 Pero como me he enterado de que los judíos tienen planes para matarlo, ahí se lo envío a usted; y he pedido también a los que lo acusan que traten delante de usted lo que tengan contra él."

31 Los soldados, conforme a las órdenes que tenían, tomaron a Pablo y lo llevaron de noche a Antípatris. 32 Al día siguiente, los soldados de a pie volvieron al cuartel, y los de a caballo siguieron el viaje con Pablo. 33 Al llegar a Cesarea, dieron la carta al gobernador y le entregaron también a Pablo. 34 Después de leer la carta, el gobernador preguntó de dónde era Pablo; y al saber que era de Cilicia, 35 le dijo:

—Te oiré cuando vengan los que te acusan.

Luego dio orden de ponerlo bajo vigilancia en el palacio de Herodes.

Defensa de Pablo ante Félix

24 1 Cinco días después, Ananías, el sumo sacerdote, llegó a Cesarea con algunos de los ancianos y con un abogado que se llamaba Tértulo. Estos se presentaron ante el gobernador, para acusar a Pablo. 2 Cuando trajeron a Pablo, Tértulo comenzó su acusación, diciendo a Félix:

—Gracias a usted, señor gobernador, tenemos paz, y gracias a sus sabias disposiciones se han hecho muchas mejoras en nuestra nación. 3 Todo esto lo recibimos siempre y en todas partes, oh excelentísimo Félix, con mucho agradecimiento. 4 Pero para no quitarle mucho tiempo, le ruego que tenga la bondad de oírnos un momento. 5 Hemos encontrado que este hombre es una calamidad, y que por todo el mundo anda provocando divisiones entre los judíos, y que es cabecilla de la secta de los nazarenos.[a] 6 Incluso trató de profanar el templo, por lo cual nosotros lo arrestamos.[b] 8 Usted mismo puede interrogarlo para saber la verdad de todo esto de que lo acusamos.

9 Los judíos allí presentes también afirmaban lo mismo. 10 El gobernador le hizo entonces a Pablo señas de que hablara, y Pablo dijo:

—Con mucho gusto presento mi defensa ante usted, porque sé que usted es juez de esta nación desde hace muchos años. 11 Como usted mismo puede averiguar, hace apenas doce días que llegué a Jerusalén, a adorar a Dios. 12 Y no me encontraron discutiendo con nadie, ni alborotando a la gente en el templo, ni en las sinagogas, ni en otras partes de la ciudad. 13 Estas personas no pueden probar ninguna de las cosas de que me acusan. 14 Pero lo que sí confieso es que sirvo al Dios de mis padres de acuerdo con el Nuevo Camino[c] que ellos llaman una

---

[a] **24.5** *Nazarenos:* nombre dado a los cristianos, por ser seguidores de Jesús de Nazaret. [b] **24.6** Algunos mss. añaden *y quisimos juzgarlo de acuerdo con nuestra ley;* [7] *pero el comandante Lisias se metió, y con mucha fuerza nos lo quitó* [8] *y dijo que los que lo acusaban debían presentarse ante usted.* [c] **24.14** *El Nuevo Camino:* Véase 9.2 n.

secta, porque creo todo lo que está escrito en los libros de la ley y de los profetas. 15 Y tengo, lo mismo que ellos, la esperanza en Dios de que los muertos han de resucitar, tanto los buenos como los malos. *d* 16 Por eso procuro siempre tener limpia mi conciencia delante de Dios y de los hombres.

17 "Después de algunos años de andar por otras partes, volví a mi país para dar limosnas y presentar ofrendas. 18-19 Y estaba haciendo esto, después de haberme purificado según el rito establecido, aunque sin mucha gente y sin ningún alboroto, cuando unos judíos de la provincia de Asia me encontraron en el templo. *e* Esos son los que deben venir y presentarse aquí para acusarme, si es que tienen algo contra mí. 20 Y si no, que estos que están aquí digan si me hallaron culpable de algún delito cuando estuve ante la Junta Suprema de los judíos. 21 A no ser que cuando estuve entre ellos dije en voz alta: 'Hoy me están juzgando ustedes porque creo en la resurrección de los muertos.' " *f*

22 Al oír esto, Félix, como estaba bien informado del Nuevo Camino, dejó el asunto pendiente y les dijo:

—Cuando venga el comandante Lisias, me informaré mejor de este asunto de ustedes.

23 Y mandó Félix al capitán que Pablo siguiera detenido, pero que le diera alguna libertad y dejara que sus amigos lo atendieran.

24 Unos días más tarde llegó otra vez Félix, junto con Drusila, *g* su esposa, que era judía. Y mandó Félix llamar a Pablo, y escuchó lo que este decía acerca de la fe en Jesucristo. 25 Pero cuando Pablo le habló de una vida de rectitud, del dominio propio y del juicio futuro, Félix se asustó y le dijo:

—Vete ahora. Te volveré a llamar cuando tenga tiempo.

26 Por otra parte, Félix esperaba que Pablo le diera dinero; por eso lo llamaba muchas veces para hablar con él. 27 Dos años pasaron así; luego Félix dejó de ser gobernador, *h* y en su lugar entró Porcio Festo. Y como Félix quería quedar bien con los judíos, dejó preso a Pablo.

Pablo ante Festo

25 1 Festo *a* llegó para tomar su puesto de gobernador, y tres días después se dirigió de Cesarea a Jerusalén. 2 Allí los jefes de los sacerdotes y los judíos más importantes le presentaron una demanda contra Pablo. 3 Le pidieron, como favor especial, que ordenara que Pablo fuera llevado a Jerusalén. El plan de ellos era hacer que lo mataran en el camino; 4 pero Festo contestó que Pablo seguiría preso en Cesarea, y que él mismo pensaba ir allá dentro de poco. 5 Les dijo:

—Por eso, las autoridades de ustedes deben ir conmigo a Cesarea, y si ese hombre ha cometido algún delito, allí podrán acusarlo.

6 Festo estuvo en Jerusalén unos ocho o diez días más, y luego regresó a Cesarea. Al día siguiente ocupó su asiento en el tribunal y ordenó que le llevaran a Pablo. 7 Cuando Pablo entró, los judíos que habían llegado de Jerusalén se acercaron y lo acusaron de muchas cosas graves, aunque no pudieron probar ninguna de ellas. 8 Pablo, por su parte, decía en su defensa:

—Yo no he cometido ningún delito, ni contra la ley de los judíos ni contra el templo ni contra el emperador romano.

9 Pero como Festo quería quedar bien con los judíos, le preguntó a Pablo:

—¿Quieres ir a Jerusalén, para que yo juzgue allá tu caso?

10 Pablo contestó:

—Estoy ante el tribunal del emperador romano, que es donde debo ser juzgado. Como bien sabe usted, no he hecho nada malo contra los judíos. 11 Si he cometido algún delito que merezca la pena de muerte, no me niego a morir; pero si no hay nada de cierto en las cosas de que me acusan, nadie tiene el derecho de entregarme a ellos. Pido que el emperador mismo me juzgue.

12 Festo entonces consultó con sus consejeros, y luego dijo:

—Ya que has pedido que te juzgue el emperador, al emperador irás.

---

d **24.15** Cf. Dn 12.2; 2 Mac 7.9–14,23; cf. también Jn 5.28–29; Hch 23.6; 26.6–8.   *e* **24.18–19** Cf. Hch 21.17–28.
f **24.21** Hch 23.6.   *g* **24.24** *Drusila* era la hija menor de Herodes Agripa I (véase Hch 12.1 n.) y hermana de Herodes Agripa II y Berenice (véase Hch 25.13 nota *b* y nota *c*); había dejado a su primer marido, el rey de Emesa, para casarse con *Félix*.   *h* **24.27** *Félix* fue destituido y llamado a Roma por el emperador Nerón.   *a* **25.1** *Porcio Festo* sucedió a Félix y fue procurador de Judea, probablemente del año 60 d.C. hasta su muerte en el 62 d.C.

Pablo ante el rey Agripa

13Al cabo de algunos días, el rey Agripa[b] y Berenice[c] fueron a Cesarea a saludar a Festo. **14**Como estuvieron allí varios días, Festo contó al rey el caso de Pablo. Le dijo:

—Hay aquí un hombre que Félix dejó preso. **15**Cuando estuve en Jerusalén, los jefes de los sacerdotes y los ancianos de los judíos me presentaron una demanda contra él, pidiéndome que lo condenara. **16**Yo les contesté que la autoridad romana no acostumbra condenar a muerte a nadie sin que antes el acusado pueda verse cara a cara con los que lo acusan, para defenderse de la acusación. **17**Por eso, cuando ellos vinieron acá, no perdí tiempo, sino que al día siguiente ocupé mi asiento en el tribunal y mandé traer al hombre. **18**Pero los que se presentaron para acusarlo no alegaron en contra suya ninguno de los delitos que yo había pensado. **19**Lo único que decían contra él eran cosas de su religión, y de un tal Jesús que murió y que Pablo dice que está vivo. **20**Como yo no sabía qué hacer en este asunto, le pregunté a Pablo si quería ir a Jerusalén para ser juzgado de esas cosas. **21**Pero él ha pedido que lo juzgue Su Majestad el emperador,[d] así que he ordenado que siga preso hasta que yo pueda mandárselo.

22Entonces Agripa le dijo a Festo:

—Yo también quisiera oir a ese hombre.

Y Festo le contestó:

—Mañana mismo lo oirás.

23Al día siguiente, Agripa y Berenice llegaron y entraron con gran solemnidad en la sala, junto con los jefes militares y los principales señores de la ciudad. Festo mandó que le llevaran a Pablo, **24**y dijo:

—Rey Agripa y señores que están aquí reunidos con nosotros: ahí tienen a ese hombre. Todos los judíos me han traído acusaciones contra él, tanto en Jerusalén como aquí en Cesarea, y no dejan de pedirme a gritos su muerte; **25**pero a mí me parece que no ha hecho nada que la merezca. Sin embargo, como él mismo ha pedido ser juzgado por Su Majestad el emperador, he decidido enviárselo.

26Pero como no tengo nada concreto que escribirle a mi señor el emperador acerca de él, lo traigo ante ustedes, y sobre todo ante ti, oh rey Agripa, para que después de interrogarlo tenga yo algo que escribir. **27**Pues me parece absurdo enviar un preso y no decir de qué está acusado.

Pablo presenta su caso ante el rey Agripa

26 **1**Entonces Agripa le dijo a Pablo:

—Puedes hablar en tu defensa.

Pablo alzó la mano y comenzó a hablar así: **2**"Me siento feliz de poder hablar hoy delante de Su Majestad, oh rey Agripa, para defenderme de todas las acusaciones que los judíos han presentado contra mí, **3**sobre todo porque Su Majestad conoce todas las costumbres de los judíos y las cosas que discutimos. Por eso le pido que me oiga con paciencia.

4"Todos los judíos saben cómo viví entre ellos, en mi tierra y en Jerusalén, desde mi juventud. **5**También saben, y lo pueden declarar si quieren, que siempre he sido fariseo, que es la secta más estricta de nuestra religión. **6**Y ahora me han traído a juicio precisamente por esta esperanza que tengo en la promesa que Dios hizo a nuestros antepasados. **7**Nuestras doce tribus de Israel esperan ver el cumplimiento de esta promesa, y por eso adoran a Dios y le sirven día y noche. Por esta misma esperanza, oh rey Agripa, los judíos me acusan ahora. **8**¿Por qué no creen ustedes que Dios resucita a los muertos?

9"Yo mismo pensaba antes que debía hacer muchas cosas en contra del nombre de Jesús de Nazaret, **10**y así lo hice en Jerusalén. Con la autorización de los jefes de los sacerdotes, metí en la cárcel a muchos de los creyentes; y cuando los mataban, yo estaba de acuerdo. **11**Muchas veces los castigaba para obligarlos a negar su fe. Y esto lo hacía en todas las sinagogas, y estaba tan furioso contra ellos que los perseguía hasta en ciudades extranjeras.

12"Con ese propósito me dirigía a la ciudad de Damasco, autorizado y comisionado por los jefes de los sacerdotes. **13**Pero en el camino, oh

---

[b] **25.13** *Agripa:* Herodes Agripa II, o Marco Julio Agripa, hijo de Herodes Agripa I (véase Hch 12.1 n.); había recibido del emperador el título de *rey* sobre algunos territorios al norte de Palestina, y autoridad para nombrar al sumo sacerdote judío. [c] **25.13** *Berenice,* hermana de Agripa y de Drusila (Hch 24.24), había tenido diferentes maridos y amantes de alto rango, y ahora vivía con su propio hermano. [d] **25.21** *El emperador:* Nerón, emperador entre los años 54 y 68 d.C.

rey, vi a mediodía una luz del cielo, más fuerte que la luz del sol, que brilló alrededor de mí y de los que iban conmigo. 14Todos caímos al suelo, y oí una voz que me decía en hebreo: 'Saulo, Saulo, ¿por qué me persigues? Te estás haciendo daño a ti mismo, como si dieras coces contra el aguijón.' 15Entonces dije: '¿Quién eres, Señor?' El Señor me contestó: 'Yo soy Jesús, el mismo a quien estás persiguiendo. 16Pero levántate, ponte de pie, porque me he aparecido a ti para designarte como mi servidor y testigo de lo que ahora has visto y de lo que todavía has de ver de mí. 17Te voy a librar de los judíos y también de los no judíos, a los cuales ahora te envío. 18Te mando a ellos para que les abras los ojos y no caminen más en la oscuridad, sino en la luz; para que no sigan bajo el poder de Satanás, sino que sigan a Dios; y para que crean en mí y reciban así el perdón de los pecados y una herencia en el pueblo santo de Dios.'ᵃ

19"Así que, oh rey Agripa, no desobedecí a la visión del cielo, 20sino que primero anuncié el mensaje a los que estaban en Damasco, luego a los de Jerusalén y de toda la región de Judea, y también a los no judíos, invitándolos a convertirse, y a volverse a Dios, y a hacer obras que demuestren esa conversión. 21Por este motivo, los judíos me arrestaron en el templo y quisieron matarme. 22Pero con la ayuda de Dios sigo firme hasta ahora, hablando de Dios a todos, pequeños y grandes. Nunca les digo nada aparte de lo que los profetas y Moisés dijeron que había de suceder: 23que el Mesías tenía que morir, pero que después de morir sería el primero en resucitar, y que anunciaría la luz de la salvación tanto a nuestro pueblo como a las otras naciones."

Respuesta de Agripa

24Al decir Pablo estas cosas en su defensa, Festo gritó:

—¡Estás loco, Pablo! De tanto estudiar te has vuelto loco.

25Pero Pablo contestó:

—No estoy loco, excelentísimo Festo; al contrario, lo que digo es razonable y es la verdad. 26Ahí está el rey Agripa, que conoce bien estas cosas, y por eso hablo con tanta libertad delante de él; porque estoy seguro de que él también

sabe todo esto, ya que no se trata de cosas sucedidas en algún rincón escondido. 27¿Cree Su Majestad lo que dijeron los profetas? Yo sé que lo cree.

28Agripa le contestó:

—¿Piensas hacerme cristiano en tan poco tiempo?

29Pablo dijo:

—Que sea en poco tiempo o en mucho, quiera Dios que no solamente Su Majestad, sino también todos los que me están escuchando hoy, lleguen a ser como yo, aunque sin estas cadenas.

30Entonces se levantó el rey, y también el gobernador, junto con Berenice y todos los que estaban allí sentados, 31y se fueron aparte a hablar del asunto. Decían entre sí:

—Este hombre no ha hecho nada que merezca la muerte; ni siquiera debe estar en la cárcel.

32Y Agripa dijo a Festo:

—Se podría haber soltado a este hombre, si él mismo no hubiera pedido ser juzgado por el emperador.ᵇ

Pablo enviado a Roma

27 1Cuando decidieron mandarnos a Italia, Pablo y los otros presos fueron entregados a un capitán que se llamaba Julio, del batallón llamado del Emperador. 2Nos embarcamos, pues, en un barco del puerto de Adramitio que estaba a punto de salir para los puertos de Asia. Estaba también con nosotros Aristarco,ᵃ que era de Tesalónica, ciudad de Macedonia. 3Al día siguiente llegamos al puerto de Sidón, donde Julio trató a Pablo con mucha consideración, pues lo dejó visitar a sus amigos y ser atendido por ellos. 4Saliendo de Sidón, navegamos protegidos del viento por la isla de Chipre, porque teníamos el viento en contra. 5Bordeamos la costa de Cilicia y Panfilia, y llegamos a Mira, una ciudad de Licia.

6El capitán de los soldados encontró allí un barco de Alejandría que iba a Italia, y nos hizo embarcar para seguir el viaje. 7Durante varios días viajamos despacio, y con mucho trabajo llegamos frente a Cnido. Como todavía teníamos el viento en contra, pasamos frente a Salmona dando la vuelta a la isla de Creta; 8y

---

ᵃ **26.12–18** Hch 9.1–19; 22.6–16. ᵇ **26.32** Hch 25.11–12. ᵃ **27.2** *Aristarco:* Hch 19.29; 20.4; Col 4.10; Flm 24.

navegando con dificultad a lo largo de la costa, llegamos a un lugar llamado Buenos Puertos, cerca del pueblo de Lasea.

9 Se había perdido mucho tiempo, y ya era peligroso viajar por mar porque se acercaba el invierno. Por eso, Pablo les aconsejó:

10 —Señores, veo que este viaje va a ser muy peligroso, y que vamos a perder tanto el barco como su carga, y que hasta podemos perder la vida.

11 Pero el capitán de los soldados hizo más caso al dueño del barco y al capitán del mismo que a Pablo. 12 Y como aquel puerto no era bueno para pasar el invierno, casi todos pensaron que sería mejor salir de allí e intentar llegar a Fenice, un puerto de Creta que mira al noroeste y al sudoeste, y pasar allí el invierno.

La tempestad en el mar

13 Pensando que podrían seguir el viaje porque comenzaba a soplar un viento suave del sur, salieron y navegaron junto a la costa de Creta. 14 Pero poco después un viento huracanado del nordeste azotó el barco, 15 y comenzó a arrastrarlo. Como no podíamos mantener el barco de cara al viento, tuvimos que dejarnos llevar por él. 16 Pasamos por detrás de una pequeña isla llamada Cauda, donde el viento no soplaba tan fuerte, y con mucho trabajo pudimos recoger el bote salvavidas. 17 Después de subirlo a bordo, usaron sogas para reforzar el barco. Luego, como tenían miedo de encallar en los bancos de arena llamados la Sirte, echaron el ancla flotante y se dejaron llevar por el viento. 18 Al día siguiente, la tempestad era todavía fuerte, así que comenzaron a arrojar al mar la carga del barco; 19 y al tercer día, con sus propias manos, arrojaron también los aparejos del barco. 20 Por muchos días no se dejaron ver ni el sol ni las estrellas, y con la gran tempestad que nos azotaba habíamos perdido ya toda esperanza de salvarnos.

21 Como habíamos pasado mucho tiempo sin comer, Pablo se levantó en medio de todos y dijo:

—Señores, hubiera sido mejor hacerme caso y no salir de Creta; así habríamos evitado estos daños y perjuicios. 22 Ahora, sin embargo, no se desanimen, porque ninguno de ustedes morirá, aunque el barco sí va a perderse. 23 Pues anoche se me apareció un ángel, enviado por el Dios a quien pertenezco y sirvo, 24 y me dijo: 'No tengas miedo, Pablo, porque tienes que presentarte ante el emperador romano, y por tu causa Dios va a librar de la muerte a todos los que están contigo en el barco.' 25 Por tanto, señores, anímense, porque tengo confianza en Dios y estoy seguro de que las cosas sucederán como el ángel me dijo. 26 Pero vamos a encallar en una isla.

27 Una noche, cuando al cabo de dos semanas de viaje nos encontrábamos en el mar Adriático llevados de un lado a otro por el viento, a eso de la medianoche los marineros se dieron cuenta de que estábamos llegando a tierra. 28 Midieron la profundidad del agua, y era de treinta y seis metros; un poco más adelante la midieron otra vez, y era de veintisiete metros. 29 Por miedo de chocar contra las rocas, echaron cuatro anclas por la parte de atrás del barco, mientras pedían a Dios que amaneciera. 30 Pero los marineros pensaron en escapar del barco, así que comenzaron a bajar el bote salvavidas, haciendo como que iban a echar las anclas de la parte delantera del barco. 31 Pero Pablo avisó al capitán y a sus soldados, diciendo:

—Si estos no se quedan en el barco, ustedes no podrán salvarse.

32 Entonces los soldados cortaron las amarras del bote salvavidas y lo dejaron caer al agua.

33 De madrugada, Pablo les recomendó a todos que comieran algo. Les dijo:

—Ya hace dos semanas que, por esperar a ver qué pasa, ustedes no han comido nada. 34 Les ruego que coman algo. Esto es necesario, si quieren sobrevivir, pues nadie va a perder ni un cabello de la cabeza.

35 Al decir esto, Pablo tomó en sus manos un pan y dio gracias a Dios delante de todos. Lo partió y comenzó a comer. 36 Luego todos se animaron y comieron también. 37 Éramos en el barco doscientas setenta y seis personas en total. 38 Después de haber comido lo que quisieron, echaron el trigo al mar para aligerar el barco.

El naufragio

39 Cuando amaneció, los marineros no reconocieron la tierra, pero vieron una bahía que tenía playa; y decidieron tratar de arrimar el barco hacia allá. 40 Cortaron las amarras de las anclas, abandonándolas en el mar, y aflojaron los remos que servían para guiar el barco. Luego alzaron al viento la vela delantera, y el barco comenzó a acercarse a la playa. 41 Pero fue a dar en un banco de arena, donde el barco

encalló. La parte delantera quedó atascada en la arena, sin poder moverse, mientras la parte de atrás comenzó a hacerse pedazos por la fuerza de las olas.

42 Los soldados quisieron matar a los presos, para no dejarlos escapar nadando. 43 Pero el capitán de los soldados, que quería salvar a Pablo, no dejó que lo hicieran, sino que ordenó que quienes supieran nadar se echaran al agua primero para llegar a tierra, 44 y que los demás siguieran sobre tablas o en pedazos del barco. Así llegamos todos salvos a tierra.

Pablo en la isla de Malta

28 1 Cuando ya estuvimos todos a salvo, supimos que la isla se llamaba Malta. 2 Los nativos nos trataron muy bien a todos; y como estaba lloviendo y hacía frío, encendieron una gran fogata y nos invitaron a acercarnos. 3 Pablo, que había recogido un poco de leña seca, la estaba echando al fuego cuando una víbora salió huyendo del calor y se le enredó en la mano. 4 Al ver los nativos la víbora colgada de la mano de Pablo, se dijeron unos a otros: "Este hombre debe de ser un asesino, pues aunque se salvó del mar, la justicia divina no lo deja vivir."

5 Pero Pablo se sacudió la víbora en el fuego, y no le pasó nada. 6 Todos estaban esperando que se hinchara o que de un momento a otro cayera muerto; pero después de mucho esperar, cuando vieron que nada le pasaba, cambiaron de idea y comenzaron a decir que Pablo era un dios.

7 Cerca de aquel lugar había unos terrenos que pertenecían al personaje principal de la isla, llamado Publio, que nos recibió y nos atendió muy bien durante tres días. 8 Y sucedió que el padre de Publio estaba en cama, enfermo de fiebre y disentería. Pablo fue entonces a visitarlo y, después de orar, puso las manos sobre él y lo sanó. 9 Con esto, vinieron también los otros enfermos que había en la isla, y fueron sanados. 10 Nos llenaron de atenciones, y después, al embarcarnos de nuevo, nos dieron todo lo necesario para el viaje.

Pablo llega a Roma

11 Al cabo de tres meses de estar en la isla, nos embarcamos en un barco que había pasado allí el invierno; era una embarcación de Alejandría, que llevaba por insignia la figura de los dioses Cástor y Pólux. 12 Llegamos al puerto de Siracusa, donde nos quedamos tres días, 13 y de allí seguimos el viaje hasta arribar a Regio. El día siguiente tuvimos viento sur, y un día más tarde llegamos a Pozzuoli, 14 donde encontramos a algunos hermanos que nos invitaron a quedarnos con ellos una semana; y así, finalmente, llegamos a Roma. 15 Los hermanos de Roma ya tenían noticias acerca de nosotros; de manera que salieron a nuestro encuentro hasta el Foro de Apio y el lugar llamado las Tres Tabernas. Al verlos, Pablo dio gracias a Dios y se sintió animado. 16 Cuando llegamos a Roma, permitieron que Pablo viviera aparte, vigilado solamente por un soldado.

Pablo en Roma

17 Tres días después de su llegada, Pablo mandó llamar a los principales judíos de Roma. Cuando estuvieron reunidos, les dijo:

—Hermanos, yo no he hecho nada contra los judíos ni contra las costumbres de nuestros antepasados. Sin embargo, en Jerusalén fui entregado a los romanos, 18 quienes después de interrogarme querían soltarme, porque no encontraron ninguna razón para condenarme a muerte. 19 Pero los judíos se opusieron, y tuve que pedir que el emperador me juzgara, aunque no tengo nada de qué acusar a los de mi nación. 20 Por esto, pues, los he llamado a ustedes, para verlos y hablarles; porque es precisamente por la esperanza que tenemos nosotros los israelitas, por lo que me encuentro aquí encadenado.

21 Ellos le dijeron:

—Nosotros no hemos recibido ninguna carta de Judea acerca de ti, ni ninguno de los hermanos judíos que han llegado de allá nos ha dicho nada malo en contra tuya. 22 Quisiéramos oir lo que tú piensas, porque sabemos que en todas partes se habla en contra de esta nueva secta.

23 Así que le señalaron un día, en el que acudieron muchas personas a donde Pablo estaba alojado. Desde la mañana hasta la tarde, Pablo les habló del reino de Dios. Trataba de convencerlos acerca de Jesús, por medio de la ley de Moisés y los escritos de los profetas. 24 Unos aceptaron lo que Pablo decía, pero otros no creyeron. 25 Y como no se ponían de acuerdo entre sí, comenzaron a irse. Pablo les dijo solamente:

—Bien habló el Espíritu Santo a los antepasados de ustedes por medio del profeta Isaías, diciendo:

26 'Anda y dile a este pueblo:
Por más que escuchen,
   no entenderán;
por más que miren, no verán.

27 Pues la mente de este pueblo
   está entorpecida,
tienen tapados los oídos
y sus ojos están cerrados,
para que no puedan ver ni oir,
ni puedan entender;

para que no se vuelvan a mí,
y yo no los sane.'[a]

28 Sepan ustedes, pues, que de ahora en adelante esta salvación de Dios se ofrece a los no judíos, y ellos sí escucharán.

30 Pablo se quedó dos años completos en la casa que tenía alquilada, donde recibía a todos los que iban a verlo. 31 Con toda libertad anunciaba el reino de Dios, y enseñaba acerca del Señor Jesucristo sin que nadie se lo estorbara.

---

a **28.25–27** Is 6.9–10 (gr.).

Carta de San Pablo a los

ROMANOS

La Carta a los Romanos (=Ro) es la exposición más amplia del mensaje cristiano que tenemos en los escritos del apóstol Pablo.

Después de haber predicado el evangelio en buena parte de las provincias orientales del Imperio Romano, Pablo tenía intenciones de llegar también hasta las regiones occidentales del mismo (cf. 15.22–24,28). Este proyectado viaje incluía su paso por Roma, la capital del Imperio, para continuar después a España. En la perspectiva de este viaje y para presentarse a una comunidad que él no había fundado, les escribe una carta, en la que expone algunos de los temas centrales de la fe y la vida cristiana, tal como él los expone a las diversas comunidades, y les da instrucciones sobre diversos temas de actualidad.

Muchos de los temas expuestos en esta carta son una repetición más amplia y reposada de los que ya había expuesto en su carta a los Gálatas, escrita con anterioridad en un tono más polémico.

La *Carta a los Romanos* fue redactada entre los años 55–60, probablemente desde Corinto.

El siguiente esquema muestra las partes en que puede dividirse la carta:

Saludo

1 [1] Los saluda Pablo, siervo de Cristo Jesús llamado por él para ser apóstol y apartado para anunciar el evangelio de Dios. [2] Por medio de sus profetas, Dios ya lo había prometido en las santas Escrituras. [3-4] Es el mensaje que trata de su Hijo Jesucristo, nuestro Señor, quien nació, como hombre, de la descendencia de David, pero a partir de su resurrección fue constituido Hijo de Dios con plenos poderes, como espíritu santificador.[a]

[5] Por medio de Jesucristo recibí el privilegio de ser apóstol, puesto a su servicio, para que en todas las naciones haya quienes crean en él y le obedezcan. [6-7] Entre ellos están también ustedes, que viven en Roma. Dios los ama, y los ha llamado a ser de Jesucristo y a formar parte del pueblo santo. Que Dios nuestro Padre y el Señor Jesucristo derramen su gracia y su paz sobre ustedes.

Acción de gracias

[8] En primer lugar, por medio de Jesucristo doy gracias a mi Dios por cada uno de ustedes, porque en todas partes se habla de su fe. [9] Dios, a quien yo sirvo con todo mi corazón anunciando el evangelio de su Hijo, es testigo de que continuamente los recuerdo, [10] y en mis oraciones pido siempre a Dios que, si es su voluntad, me conceda que vaya por fin a visitarlos. [11] Porque deseo verlos y prestarles alguna ayuda espiritual, para que estén más firmes; [12] es decir, para que nos animemos unos a otros con esta fe que ustedes y yo tenemos.

[13] Quiero que sepan, hermanos, que muchas veces me he propuesto ir a verlos, pero hasta ahora siempre se me han presentado obstáculos. Mi deseo es recoger alguna cosecha espiritual entre ustedes, como la he recogido entre las otras naciones. [14] Me siento en deuda con todos, sean cultos o incultos, sabios o ignorantes; [15] por eso estoy tan ansioso de anunciarles el evangelio también a ustedes que viven en Roma.

El evangelio, poder de Dios

[16] No me avergüenzo del evangelio, porque es poder de Dios para que todos los que creen[b] alcancen la salvación, los judíos en primer lugar, pero también los que no lo son. [17] Pues el evangelio nos muestra de qué manera Dios nos hace justos:[c] es por fe, de principio a fin. Así lo dicen las Escrituras: "El justo por la fe vivirá."[d]

La culpa de la humanidad

[18] Pues Dios muestra su ira castigando desde el cielo a toda la gente mala e injusta, que con su injusticia mantiene prisionera la verdad. [19] Lo que de Dios se puede conocer, ellos lo conocen muy bien, porque él mismo se lo ha mostrado; [20] pues lo invisible de Dios se puede llegar a conocer, si se reflexiona en lo que él ha hecho. En efecto, desde que el mundo fue creado, claramente se ha podido ver que él es Dios y que su poder nunca tendrá fin. Por eso los malvados no tienen disculpa.[e] [21] Pues aunque han conocido a Dios, no lo han honrado como a Dios ni le han dado gracias. Al contrario, han terminado pensando puras tonterías, y su necia mente se ha quedado a oscuras. [22] Decían que eran sabios, pero se hicieron tontos; [23] porque han cambiado la gloria del Dios inmortal por imágenes del hombre mortal, y hasta por imágenes de aves, cuadrúpedos y reptiles.

[24] Por eso, Dios los ha abandonado a los impuros deseos que hay en ellos, y han cometido unos con otros acciones vergonzosas. [25] En lugar de la verdad de Dios, han buscado la mentira, y han honrado y adorado las cosas

---

[a] **1.3–4** *Como espíritu santificador:* También puede traducirse *según el Espíritu santificador.* [b] **1.16** *Creer* incluye el hecho de que el hombre acepte, con todo su ser, la iniciativa salvadora de Dios, realizada por medio de Jesucristo. Esta fe incluye la obediencia (v. 5), se muestra especialmente en las tribulaciones (2 Ts 1.4) y es activa por medio del amor (Gl 5.6). Pablo opone con frecuencia esta fe a los *hechos* (u *obras*) del hombre (cf. Ro 9.32) o a *la ley* (cf. Ro 3.28), para indicar que el hombre no puede alcanzar la salvación por sus propios méritos sino como un don de Dios, ofrecido a todos. Cf. Jn 3.15–16; Ro 10.9–13. [c] **1.17** *De qué manera Dios nos hace justos:* Pablo se refiere a la acción de Dios por la que libra al pecador de los poderes del mal colocándolo en una relación de amistad con él mismo y llamándolo a vivir una vida nueva, ya en el presente (cf. especialmente Ro 3.21–27; 5.1–2; 8.1–4). Sin embargo, solo en el juicio final hace Dios la declaración definitiva (Ro 2.5–11). [d] **1.17** Hab 2.4. La cita puede traducirse como *El que por la fe es justo, vivirá,* o *El que es justo, vivirá por la fe;* Pablo la aplica en el primer sentido. [e] **1.19–20** Sab 13.1–9. Ro 2.14–15.

creadas por Dios y no a Dios mismo, que las creó y que merece alabanza por siempre. Amén. 26 Por eso, Dios los ha abandonado a pasiones vergonzosas. Hasta sus mujeres han cambiado las relaciones naturales por las que van contra la naturaleza; 27 de la misma manera, los hombres han dejado sus relaciones naturales con la mujer y arden en malos deseos los unos por los otros. Hombres con hombres cometen acciones vergonzosas, y sufren en su propio cuerpo el castigo merecido por su perversión.

28 Como no quisieron reconocer a Dios, él los ha abandonado a sus perversos pensamientos, para que hagan lo que no deben. 29 Están llenos de toda clase de injusticia, perversidad, avaricia y maldad. Son envidiosos, asesinos, pendencieros, engañadores, perversos y chismosos. 30 Hablan mal de los demás, son enemigos de Dios, insolentes, vanidosos y orgullosos; inventan maldades, desobedecen a sus padres, 31 no quieren entender, no cumplen su palabra, no sienten cariño por nadie, no sienten compasión. 32 Saben muy bien que Dios ha decretado que quienes hacen estas cosas merecen la muerte; y, sin embargo, las siguen haciendo, y hasta ven con gusto que otros las hagan.

Dios juzga conforme a la verdad

2 ¹ Por eso no tienes disculpa, tú que juzgas a otros, no importa quién seas. Al juzgar a otros te condenas a ti mismo, pues haces precisamente lo mismo que hacen ellos. 2 Pero sabemos que Dios juzga conforme a la verdad cuando condena a los que así se portan. 3 En cuanto a ti, que juzgas a otros y haces lo mismo que ellos, no creas que vas a escapar de la condenación de Dios. 4 Tú desprecias la inagotable bondad, tolerancia y paciencia de Dios, sin darte cuenta de que es precisamente su bondad la que te está llevando a convertirte a él. 5 Pero tú, como eres terco y no has querido volverte a Dios, estás amontonando castigo sobre ti mismo para el día del castigo, cuando Dios se manifestará para dictar su justa sentencia 6 y pagar a cada uno conforme a lo que haya hecho. 7 Dará vida eterna a quienes, buscando gloria, honor e inmortalidad, perseveraron en hacer lo bueno; 8 pero castigará con enojo a los rebeldes, es decir, a los que están en contra de la verdad y a favor de la maldad. 9 Habrá

sufrimiento y angustia para todos los que hacen lo malo, para los judíos en primer lugar, pero también para los que no lo son. 10 En cambio, Dios dará gloria, honor y paz a todos los que hacen lo bueno, a los judíos en primer lugar, pero también a los que no lo son. 11 Porque Dios juzga imparcialmente.

La ley de Moisés

12 Todos los que pecan sin haber tenido la ley de Moisés, perecerán sin esa ley; y los que pecan a pesar de tener la ley de Moisés, por medio de esa misma ley serán juzgados. 13 Pues no son justos ante Dios los que solamente oyen la ley, sino los que la obedecen. 14 Porque cuando los que no son judíos ni tienen la ley hacen por naturaleza lo que la ley manda, ellos mismos son su propia ley, 15 pues muestran por su conducta que llevan la ley escrita en el corazón. Su propia conciencia lo comprueba, y sus propios pensamientos los acusarán o los defenderán 16 el día en que Dios juzgará los secretos de todos por medio de Cristo Jesús, conforme al evangelio que yo anuncio.

17 Tú te llamas judío, confías en la ley de Moisés, y estás orgulloso de tu Dios. 18 Conoces su voluntad, y la ley te enseña a escoger lo mejor. 19 Estás convencido de que puedes guiar a los ciegos y alumbrar a los que andan en la oscuridad; 20 de que puedes instruir a los ignorantes y orientar a los sencillos, ya que en la ley tienes la regla del conocimiento y de la verdad. 21 Pues bien, si enseñas a otros, ¿por qué no te enseñas a ti mismo? Si predicas que no se debe robar, ¿por qué robas? 22 Si dices que no se debe cometer adulterio, ¿por qué lo cometes? Si odias a los ídolos, ¿por qué robas las riquezas de sus templos? 23 Te glorías de la ley, pero deshonras a Dios porque la desobedeces. 24 Con razón dice la Escritura: "Los paganos ofenden a Dios por culpa de ustedes." *a*

25 Es cierto que, a quien obedece a la ley de Moisés, la circuncisión le sirve de algo; pero si no la obedece, es como si no estuviera circuncidado. 26 En cambio, si el que no está circuncidado se porta según lo que la ley ordena, se le considerará circuncidado aun cuando no lo esté. 27 El que obedece a la ley, aunque no esté circuncidado en su cuerpo, juzgará a aquel que, a pesar de tener la ley y de estar circuncidado,

---

a **2.24** Is 52.5 (gr.); cf. Ez 36.20–23.

no la obedece. **28**Porque ser judío no es serlo solamente por fuera, y estar circuncidado no es estarlo solamente por fuera, en el cuerpo. **29**El verdadero judío lo es interiormente, y el estar circuncidado es cosa del corazón:*b* no depende de reglas escritas, sino del Espíritu. El que es así, resulta aprobado, no por los hombres, sino por Dios.

3 **1**Entonces, ¿qué ventajas tiene el ser judío o el estar circuncidado? **2**Muchas y por muchas razones. En primer lugar, Dios confió su mensaje a los judíos. **3**¿Qué pasa entonces? ¿Acaso Dios dejará de ser fiel, por el hecho de que algunos de ellos hayan sido infieles? **4**¡Claro que no! Al contrario, Dios actúa siempre conforme a la verdad, aunque todo hombre sea mentiroso; pues la Escritura dice:

"Serás tenido por justo en lo que dices,
y saldrás vencedor cuando te juzguen."*a*

5Pero si nuestra maldad sirve para poner de relieve que Dios es justo, ¿qué diremos? ¿Que Dios es injusto cuando nos castiga? (Hablo según criterios humanos.) **6**¡Claro que no! Porque si Dios fuera injusto, ¿cómo podría juzgar al mundo?

7Pero si mi mentira sirve para que la verdad de Dios resulte todavía más gloriosa, ¿por qué se me juzga a mí como pecador? **8**En tal caso, ¿por qué no hacer lo malo para que venga lo bueno? Esto es precisamente lo que algunos, para desacreditarme, dicen que yo enseño; pero tales personas merecen la condenación.*b*

Todos han pecado

9¿Qué pues? ¿Tenemos nosotros, los judíos, alguna ventaja sobre los demás? ¡Claro que no!*c* Porque ya hemos demostrado que todos, tanto los judíos como los que no lo son, están bajo el poder del pecado, **10**pues las Escrituras dicen:

"¡No hay ni uno solo que sea justo!
11 No hay quien tenga entendimiento;
no hay quien busque a Dios.
12 Todos se han ido por mal camino;
todos por igual se han pervertido.
¡No hay quien haga lo bueno!
¡No hay ni siquiera uno!*d*
13 Su garganta es un sepulcro abierto,
su lengua es mentirosa,*e*
sus labios esconden veneno de víbora*f*
14 y su boca está llena
de maldición y amargura.*g*
15 Sus pies corren ágiles a derramar sangre;
16 destrucción y miseria hay en sus caminos,
17 y no conocen el camino de la paz.*h*
18 Jamás tienen presente
que hay que temer a Dios."*i*

19Sabemos que todo lo que dice el libro de la ley, lo dice a quienes están sometidos a ella, para que todos callen y el mundo entero caiga bajo el juicio de Dios; **20**porque nadie podrá decir que ha cumplido la ley y que Dios debe reconocerlo como justo,*j* ya que la ley solamente sirve para hacernos saber que somos pecadores.

La salvación es por medio de la fe

21Pero ahora, sin la ley, Dios ha mostrado de qué manera nos hace justos, y esto lo confirman la misma ley y los profetas: **22**por medio de la fe en Jesucristo, Dios hace justos a todos los que creen. Pues no hay diferencia: **23**todos han pecado y están lejos de la presencia gloriosa de Dios.*k* **24**Pero Dios, en su bondad y gratuitamente, los hace justos,*l* mediante la liberación*m* que realizó Cristo Jesús. **25**Dios hizo que Cristo, al derramar su sangre, fuera el instrumento del perdón.*n* Este perdón se alcanza por la fe. Así quería Dios mostrar cómo nos hace justos: perdonando los pecados que habíamos cometido antes, **26**porque él es paciente. Él

---

b **2.29** Cf. Dt 10.16; Jer 4.4. *a* **3.4** Sal 51.4 (gr.). *b* **3.8** Cf. Ro 6.1–2,15. *c* **3.9** *¡Claro que no!:* otra posible traducción: *no del todo.* *d* **3.10–12** Sal 14.1–3; 53.1–3. *e* **3.13** Sal 5.9. *f* **3.13** Sal 140.3. *g* **3.14** Sal 10.7. *h* **3.15–17** Is 59.7–8. *i* **3.18** Sal 36.1. *j* **3.20** Sal 143.2; cf. Gl 2.16. *k* **3.23** *La presencia gloriosa de Dios:* Cf. Ex 40.34–35; 1 R 8.11. *l* **3.24** *Dios . . . los hace justos:* Véase 1.17 nota c. *m* **3.24** *Liberación* (o *redención*): Pablo alude aquí a la liberación de Israel de la esclavitud de Egipto, que Dios realizó con su poder (cf. Ex 6.6; 15.13), y a la liberación del pueblo después del destierro (cf. Is 43.1,14). Dios, por la muerte y resurrección de Jesucristo, realiza una liberación universal. Cf. Ro 8.23; 1 Co 1.30; Ef 1.7; Col 1.14. *n* **3.25** Ef 1.7; 1 Jn 2.2. *El instrumento del perdón:* o *el sacrificio para obtener el perdón* (cf. 1 Jn 2.2). El término griego se usaba para designar la tapa del arca de la alianza, donde el sacerdote rociaba la sangre del animal sacrificado en el Día del Perdón (Lv 16). Se refiere aquí al valor de la muerte de Cristo. Véase Jn 1.29 n.; cf. Ef 1.7; Heb 9.12–15,24–26; 10.1–14; 1 P 1.18–19, y los pasajes sobre la Cena del Señor (Mt 26.28 y paralelos).

quería mostrar en el tiempo presente cómo nos hace justos; pues así como él es justo, hace justos a los que creen en Jesús.

27 ¿Dónde, pues, queda el orgullo del hombre ante Dios? ¡Queda eliminado! ¿Por qué razón? No por haber cumplido la ley, sino por haber creído. 28 Así llegamos a esta conclusión: que Dios hace justo al hombre por la fe, independientemente del cumplimiento de la ley.

29 ¿Acaso Dios es solamente Dios de los judíos? ¿No lo es también de todas las naciones? ¡Claro está que lo es también de todas las naciones, 30 pues no hay más que un Dios: el Dios que hace justos a los que tienen fe, sin tomar en cuenta si están o no están circuncidados! 31 Entonces, ¿con la fe le quitamos el valor a la ley? ¡Claro que no! Más bien afirmamos el valor de la ley.

La fe de Abraham

4 1 Pero entonces, ¿qué diremos que ganó Abraham, nuestro antepasado? 2 En realidad, si Abraham hubiera sido reconocido como justo a causa de sus propios hechos, tendría razón para gloriarse, aunque no delante de Dios. 3 Pues la Escritura dice: "Abraham creyó a Dios, y por eso Dios le tuvo esto en cuenta y lo reconoció como justo."ª 4 Ahora bien, si alguno trabaja, el pago no se le da como un regalo sino como algo merecido. 5 En cambio, si alguno cree en Dios, que hace justo al pecador, Dios le tiene en cuenta su fe para reconocerlo como justo, aunque no haya hecho nada que merezca su favor. 6 David mismo habló de la dicha de aquel a quien Dios reconoce como justo sin tomarle en cuenta sus hechos. 7 Dijo David:

"¡Dichosos aquellos a quienes Dios
    perdona sus maldades
    y pasa por alto sus pecados!
8 ¡Dichoso el hombre a quien el Señor
    no toma en cuenta su pecado!"ᵇ

9 ¿Será que esta dicha corresponde solamente a los que están circuncidados, o corresponderá también a los que no lo están? Hemos dicho que Dios tuvo en cuenta la fe de Abraham para reconocerlo como justo. 10 Pero ¿cuándo se la tuvo en cuenta? ¿Después de que Abraham fue circuncidado, o antes? No después, sino antes.

11 Y después Abraham fue circuncidado,ᶜ como señal o sello de que Dios ya lo había reconocido como justo por causa de su fe. De este modo, Abraham ha venido a ser también el padre de todos los que tienen fe, aunque no hayan sido circuncidados; y así Dios los reconoce igualmente a ellos como justos. 12 Y Abraham es también el padre de quienes, además de estar circuncidados, siguen el ejemplo de aquella fe que nuestro antepasado ya tenía cuando aún no estaba circuncidado.

La promesa para sus descendientes

13 Pues Dios prometió a Abraham y a sus descendientes que recibirían el mundo como herencia;ᵈ pero esta promesa no estaba condicionada al cumplimiento de la ley, sino a la justicia que se basa en la fe. 14 Pues si los que han de recibir la herencia son los que se basan en la ley, entonces la fe resultaría cosa inútil y la promesa de Dios perdería su valor. 15 Porque la ley trae castigo; pero donde no hay ley, tampoco hay faltas contra la ley.

16 Por eso, para que la promesa hecha a Abraham conservara su valor para todos sus descendientes, fue un don gratuito, basado en la fe. Es decir, la promesa no es solamente para los que se basan en la ley, sino también para todos los que se basan en la fe, como Abraham. De esa manera, él viene a ser padre de todos nosotros, 17 como dice la Escritura: "Te he hecho padre de muchas naciones."ᵉ Este es el Dios en quien Abraham creyó, el Dios que da vida a los muertos y crea las cosas que aún no existen.

18 Cuando ya no había esperanza, Abraham creyó y tuvo esperanza, y así vino a ser "padre de muchas naciones", conforme a lo que Dios le había dicho: "Así será el número de tus descendientes."ᶠ 19 La fe de Abraham no se debilitó, aunque ya tenía casi cien años de edad y se daba cuenta de que tanto él como Sara ya estaban casi muertos, y que eran demasiado viejos para tener hijos.ᵍ 20 No dudó ni desconfió de la promesa de Dios, sino que tuvo una fe más fuerte. Alabó a Dios, 21 plenamente convencido de que Dios tiene poder para cumplir lo que promete. 22 Por eso, Dios le tuvo esto en cuenta y lo reconoció como justo.ʰ

ª 4.3 Gn 15.6. ᵇ 4.7–8 Sal 32.1–2. ᶜ 4.11 Gn 17.10,23–27. ᵈ 4.13 *Herencia:* Gn 17.4–6; 22.17–18. ᵉ 4.17 Gn 17.5. ᶠ 4.18 Gn 15.5. ᵍ 4.19 Gn 17.17; 18.11. ʰ 4.22 Gn 15.6.

23 Y esto de que Dios se lo tuvo en cuenta, no se escribió solamente de Abraham; **24** se escribió también de nosotros. Pues Dios también nos tiene en cuenta la fe, si creemos en aquel que resucitó a Jesús, nuestro Señor, **25** que fue entregado a la muerte por nuestros pecados[l] y resucitado para hacernos justos.

La prueba de que Dios nos ama

5 **1** Puesto que Dios ya nos ha hecho justos gracias a la fe, tenemos paz con Dios por medio de nuestro Señor Jesucristo. **2** Pues por Cristo hemos podido acercarnos a Dios por medio de la fe, para gozar de su favor, y estamos firmes, y nos gloriamos con la esperanza de tener parte en la gloria de Dios. **3** Y no solo esto, sino que también nos gloriamos de los sufrimientos; porque sabemos que el sufrimiento nos da firmeza para soportar, **4** y esta firmeza nos permite salir aprobados, y el salir aprobados nos llena de esperanza. **5** Y esta esperanza no nos defrauda, porque Dios ha llenado con su amor nuestro corazón por medio del Espíritu Santo que nos ha dado.

6 Pues cuando nosotros éramos incapaces de salvarnos, Cristo, a su debido tiempo, murió por los pecadores. **7** No es fácil que alguien se deje matar en lugar de otra persona. Ni siquiera en lugar de una persona justa; aunque quizás alguien estaría dispuesto a morir por la persona que le haya hecho un gran bien. **8** Pero Dios prueba que nos ama, en que, cuando todavía éramos pecadores, Cristo murió por nosotros. **9** Y ahora, después que Dios nos ha hecho justos mediante la muerte de Cristo, con mayor razón seremos salvados del castigo final por medio de él. **10** Porque si Dios, cuando todavía éramos sus enemigos, nos reconcilió consigo mismo mediante la muerte de su Hijo, con mayor razón seremos salvados por su vida, ahora que ya estamos reconciliados con él. **11** Y no solo esto, sino que también nos gloriamos en Dios mediante nuestro Señor Jesucristo, pues por Cristo hemos recibido ahora la reconciliación.

Adán y Jesucristo

12 Así pues, por medio de un solo hombre entró el pecado en el mundo y por el pecado entró la muerte, y así la muerte pasó a todos porque todos pecaron.[a] **13** Antes que hubiera ley, ya había pecado en el mundo; aunque el pecado no se toma en cuenta cuando no hay ley. **14** Sin embargo, desde el tiempo de Adán hasta el de Moisés, la muerte reinó sobre los que pecaron, aunque el pecado de estos no consistió en desobedecer un mandato,[b] como hizo Adán, el cual fue figura de aquel que había de venir.

15 Pero el delito de Adán no puede compararse con el don que Dios nos ha dado. Pues por el delito de un solo hombre, muchos murieron; pero el don que Dios nos ha dado gratuitamente por medio de un solo hombre, Jesucristo, es mucho mayor y en bien de muchos. **16** El pecado de un solo hombre no puede compararse con el don de Dios, pues por un solo pecado vino la condenación; pero el don de Dios, a partir de muchos pecados, hace justos a los hombres. **17** Pues si la muerte reinó como resultado del delito de un solo hombre, con mayor razón aquellos a quienes Dios, en su gran bondad y gratuitamente, hace justos, reinarán en la nueva vida mediante un solo hombre, Jesucristo.

18 Y así como el delito de Adán puso bajo condenación a todos los hombres, así también el acto justo de Jesucristo hace justos a todos los hombres para que tengan vida. **19** Es decir, que por la desobediencia de un solo hombre, muchos fueron hechos pecadores; pero, de la misma manera, por la obediencia de un solo hombre, muchos serán hechos justos.

20 La ley se añadió para que aumentara el pecado; pero cuando el pecado aumentó, Dios se mostró aún más bondadoso. **21** Y así como el pecado reinó trayendo la muerte, así también la bondad de Dios reinó haciéndonos justos y dándonos vida eterna mediante nuestro Señor Jesucristo.

En el bautismo nos unimos a Cristo

6 **1** ¿Qué diremos entonces? ¿Vamos a seguir pecando para que Dios se muestre aún más bondadoso? **2** ¡Claro que no! Nosotros ya hemos muerto respecto al pecado; ¿cómo, pues, podremos seguir viviendo en pecado? **3** ¿No saben ustedes que, al quedar unidos a Cristo Jesús en el bautismo, quedamos

---

[l] **4.25** Cf. Is 53.4–5,12. [a] **5.12** Gn 2.15–17; 3.6–19; Sab 2.24; cf. 1 Co 15.22, 45–49. [b] **5.14** Cf. Gn 2.16–17; 3.11–12.

unidos a su muerte? 4 Pues por el bautismo fuimos sepultados con Cristo, y morimos para ser resucitados y vivir una vida nueva, así como Cristo fue resucitado por el glorioso poder del Padre.

5 Si nos hemos unido a Cristo en una muerte como la suya, también nos uniremos a él en su resurrección. 6 Sabemos que lo que antes éramos fue crucificado con Cristo, para que el poder de nuestra naturaleza pecadora quedara destruido y ya no siguiéramos siendo esclavos del pecado. 7 Porque, cuando uno muere, queda libre del pecado. 8 Si nosotros hemos muerto con Cristo, confiamos en que también viviremos con él. 9 Sabemos que Cristo, habiendo resucitado, no volverá a morir. La muerte ya no tiene poder sobre él. 10 Pues Cristo, al morir, murió de una vez para siempre respecto al pecado; pero al vivir, vive para Dios. 11 Así también, ustedes considérense muertos respecto al pecado, pero vivos para Dios en unión con Cristo Jesús.*a*

12 Por lo tanto, no dejen ustedes que el pecado siga dominando en su cuerpo mortal y que los siga obligando a obedecer los deseos del cuerpo. 13 No entreguen su cuerpo al pecado, como instrumento para hacer lo malo. Al contrario, entréguense a Dios, como personas que han muerto y han vuelto a vivir, y entréguenle su cuerpo como instrumento para hacer lo que es justo ante él. 14 Así el pecado ya no tendrá poder sobre ustedes, pues no están sujetos a la ley sino a la bondad de Dios.

Comparación con la esclavitud

15 ¿Entonces qué? ¿Vamos a pecar porque no estamos sujetos a la ley sino a la bondad de Dios? ¡Claro que no! 16 Ustedes saben muy bien que si se entregan como esclavos a un amo para obedecerlo, entonces son esclavos de ese amo a quien obedecen. Y esto es así, tanto si obedecen al pecado, lo cual lleva a la muerte, como si obedecen a Dios para vivir en la justicia. 17 Pero gracias a Dios que ustedes, que antes eran esclavos del pecado, ya han obedecido de corazón a la forma de enseñanza que han recibido. 18 Una vez libres de la esclavitud del pecado, ustedes han entrado al servicio de la justicia. 19 (Hablo en términos humanos, porque ustedes, por su debilidad, no pueden entender bien estas cosas.) De modo que, así como antes entregaron su cuerpo al servicio de la impureza y la maldad para hacer lo malo, entreguen también ahora su cuerpo al servicio de la justicia, con el fin de llevar una vida santa.

20 Cuando ustedes todavía eran esclavos del pecado, no estaban al servicio de la justicia; 21 pero ¿qué provecho sacaron entonces? Ahora ustedes se avergüenzan de esas cosas, pues solo llevan a la muerte. 22 Pero ahora, libres de la esclavitud del pecado, han entrado al servicio de Dios. Esto sí les es provechoso, pues el resultado es la vida santa y, finalmente, la vida eterna. 23 El pago que da el pecado es la muerte, pero el don de Dios es vida eterna en unión con Cristo Jesús, nuestro Señor.

Comparación con el matrimonio

7 1 Hermanos, ustedes conocen la ley, y saben que la ley solamente tiene poder sobre una persona mientras esa persona vive. 2 Por ejemplo, una mujer casada está ligada por ley a su esposo mientras este vive; pero si el esposo muere, la mujer queda libre de la ley que la ligaba a él. 3 De modo que si ella se une a otro hombre mientras el esposo vive, comete adulterio, pero si el esposo muere, ella queda libre de esa ley, y puede unirse a otro hombre sin cometer adulterio.

4 Así también, ustedes, hermanos míos, al incorporarse a Cristo han muerto con él a la ley, para quedar unidos a otro, es decir, a aquel que después de morir resucitó. De este modo, podremos dar una cosecha agradable a Dios. 5 Porque cuando vivíamos como pecadores, la ley sirvió para despertar en nuestro cuerpo los malos deseos, y lo único que cosechamos fue la muerte. 6 Pero ahora hemos muerto a la ley que nos tenía bajo su poder, quedando así libres para servir a Dios en la nueva vida del Espíritu y no bajo una ley ya anticuada.

---

a **6.11** *En unión con Cristo Jesús:* lit. *en Cristo Jesús.* Pablo usa con frecuencia la expresión *en Cristo Jesús.* Con ella se refiere a la obra de salvación que Dios ha realizado por medio de Cristo, especialmente en su muerte y resurrección (véase 3.24 nota *m;* cf. 1 Co 1.30). Además, con esta expresión caracteriza toda la vida del creyente, quien en el bautismo se ha unido a la persona de Cristo, a su muerte y resurrección, y debe seguir viviendo unido a él (cf. Ro 6.3–11; 1 Co 1.9; Gl 3.27; Flp 1.1; Col 1.4). Esa unión con Cristo crea también la unión entre los creyentes (Ro 12.5; Gl 3.28). La vida eterna es asimismo una vida en unión con él (Ro 6.23).

El pecado se aprovechó de la ley

7 ¿Vamos a decir por esto que la ley es pecado? ¡Claro que no! Sin embargo, de no ser por la ley, yo no hubiera sabido lo que es el pecado.[a] Jamás habría sabido lo que es codiciar, si la ley no hubiera dicho: "No codicies."[b] **8** Pero el pecado se aprovechó de esto, y valiéndose del propio mandamiento despertó en mí toda clase de malos deseos. Pues mientras no hay ley, el pecado es cosa muerta. **9** Hubo un tiempo en que, sin la ley, yo tenía vida; pero cuando vino el mandamiento, cobró vida el pecado, **10** y yo morí. Así resultó que aquel mandamiento que debía darme la vida, me llevó a la muerte, **11** porque el pecado se aprovechó del mandamiento y me engañó,[c] y con el mismo mandamiento me dio muerte.

12 En resumen, la ley en sí misma es santa, y el mandamiento es santo, justo y bueno. **13** Pero entonces, ¿esto que es bueno me llevó a la muerte? ¡Claro que no! Lo que pasa es que el pecado, para demostrar que verdaderamente es pecado, me causó la muerte valiéndose de lo bueno. Y así, por medio del mandamiento, quedó demostrado lo terriblemente malo que es el pecado.

14 Sabemos que la ley es espiritual, pero yo soy débil,[d] vendido como esclavo al pecado. **15** No entiendo el resultado de mis acciones, pues no hago lo que quiero, y en cambio aquello que odio es precisamente lo que hago. **16** Pero si lo que hago es lo que no quiero hacer, reconozco con ello que la ley es buena. **17** Así que ya no soy yo quien lo hace, sino el pecado que está en mí. **18** Porque yo sé que en mí, es decir, en mi naturaleza débil, no reside el bien; pues aunque tengo el deseo de hacer lo bueno, no soy capaz de hacerlo. **19** No hago lo bueno que quiero hacer, sino lo malo que no quiero hacer. **20** Ahora bien, si hago lo que no quiero hacer, ya no soy yo quien lo hace, sino el pecado que está en mí.

21 Me doy cuenta de que, aun queriendo hacer el bien, solamente encuentro el mal a mi alcance. **22** En mi interior me gusta la ley de Dios, **23** pero veo en mí algo que se opone a mi capacidad de razonar: es la ley del pecado, que está en mí y que me tiene preso.

24 ¡Desdichado de mí! ¿Quién me librará del poder de la muerte que está en mi cuerpo? **25** Solamente Dios, a quien doy gracias por medio de nuestro Señor Jesucristo. En conclusión: yo entiendo que debo someterme a la ley de Dios, pero en mi debilidad estoy sometido a la ley del pecado.

La vida conforme al Espíritu de Dios

8 **1** Así pues, ahora ya no hay ninguna condenación para los que están unidos a Cristo Jesús,[a] **2** porque la ley del Espíritu que da vida en Cristo Jesús, te liberó de la ley del pecado y de la muerte. **3** Porque Dios ha hecho lo que la ley de Moisés no pudo hacer, pues no era capaz de hacerlo debido a la debilidad humana: Dios envió a su propio Hijo en condición débil como la del hombre pecador y como sacrificio por el pecado,[b] para de esta manera condenar al pecado en esa misma condición débil. **4** Lo hizo para que nosotros podamos cumplir con las justas exigencias de la ley, pues ya no vivimos según las inclinaciones de la naturaleza débil sino según el Espíritu.

5 Los que viven según las inclinaciones de la naturaleza débil, solo se preocupan por seguirlas; pero los que viven conforme al Espíritu, se preocupan por las cosas del Espíritu. **6** Y preocuparse por seguir las inclinaciones de la naturaleza débil lleva a la muerte; pero preocuparse por las cosas del Espíritu lleva a la vida y a la paz. **7** Los que se preocupan por seguir las inclinaciones de la naturaleza débil son enemigos de Dios, porque ni quieren ni pueden someterse a su ley. **8** Por eso, los que viven según las inclinaciones de la naturaleza débil no pueden agradar a Dios.

---

[a] **7.7** Cf. Gn 3.21–22. Hablando en primera persona, Pablo describe en 7.7–25 la situación de la humanidad antes que Jesucristo realizara su obra salvadora. Hay diversas alusiones a la situación de Adán en el jardín de Edén (Gn 3). Esta situación está descrita desde la perspectiva de la fe cristiana. [b] **7.7** Ex 20.17; Dt 5.21; cf. Gn 2.16–1. [c] **7.11** *Engañó:* Gn 3.13; 2 Co 11.3. [d] **7.14** *Débil:* lit. *carnal.* Pablo usa con frecuencia los términos *carne, carnal,* en oposición a *espíritu, espiritual.* Con ellos puede designar diversas realidades. En general, el término *carne,* aplicado al hombre, no designa una parte de él, sino a toda la persona desde el punto de vista de su debilidad física o moral. En Ro 7.5—8.13 predomina el uso de esta palabra para designar al hombre en su debilidad moral, sujeto al pecado y a la muerte. Cf. Gl 5.16–21. [a] **8.1** *Unidos a Cristo Jesús:* Véase 6.11 n. [b] **8.3** *Como sacrificio por el pecado:* También puede traducirse *por causa del pecado,* o *para poner fin al pecado.*

9 Pero ustedes ya no viven según esas inclinaciones, sino según el Espíritu, puesto que el Espíritu de Dios vive en ustedes. El que no tiene el Espíritu de Cristo, no es de Cristo. 10 Pero si Cristo vive en ustedes, el espíritu vive porque Dios los ha hecho justos, aun cuando el cuerpo esté destinado a la muerte por causa del pecado. 11 Y si el Espíritu de aquel que resucitó a Jesús vive en ustedes, el mismo que resucitó a Cristo dará nueva vida a sus cuerpos mortales por medio del Espíritu de Dios que vive en ustedes.

12 Así pues, hermanos, tenemos una obligación, pero no es la de vivir según las inclinaciones de la naturaleza débil. 13 Porque si viven ustedes conforme a tales inclinaciones, morirán; pero si por medio del Espíritu hacen ustedes morir esas inclinaciones, vivirán.

14 Todos los que son guiados por el Espíritu de Dios, son hijos de Dios. 15 Pues ustedes no han recibido un espíritu de esclavitud que los lleve otra vez a tener miedo, sino el Espíritu que los hace hijos de Dios. Por este Espíritu nos dirigimos a Dios, diciendo: "¡Abbá! ¡Padre!"[c] 16 Y este mismo Espíritu se une a nuestro espíritu para dar testimonio de que ya somos hijos de Dios. 17 Y puesto que somos sus hijos, también tendremos parte en la herencia que Dios nos ha prometido, la cual compartiremos con Cristo, puesto que sufrimos con él para estar también con él en su gloria.

La esperanza de la gloria

18 Considero que los sufrimientos del tiempo presente no son nada si los comparamos con la gloria que habremos de ver después. 19 La creación espera con gran impaciencia el momento en que se manifieste claramente que somos hijos de Dios. 20 Porque la creación perdió su verdadera finalidad,[d] no por su propia voluntad, sino porque Dios así lo había dispuesto; pero le quedaba siempre la esperanza 21 de ser liberada de la esclavitud y la destrucción, para alcanzar la gloriosa libertad de los hijos de Dios. 22 Sabemos que hasta ahora la creación entera se queja y sufre como una mujer con dolores de parto. 23 Y no solo ella sufre, sino también nosotros, que ya tenemos el Espíritu como anticipo[e] de lo que vamos a recibir. Sufrimos profundamente, esperando el momento de ser adoptados como hijos de Dios, con lo cual serán liberados[f] nuestros cuerpos. 24 Con esa esperanza hemos sido salvados. Solo que esperar lo que ya se está viendo no es esperanza, pues, ¿quién espera lo que ya está viendo? 25 Pero si lo que esperamos es algo que todavía no vemos, tenemos que esperarlo sufriendo con firmeza.

26 De igual manera, el Espíritu nos ayuda en nuestra debilidad. Porque no sabemos orar como es debido, pero el Espíritu mismo ruega a Dios por nosotros, con gemidos que no pueden expresarse con palabras. 27 Y Dios, que examina los corazones, sabe qué es lo que el Espíritu quiere decir, porque el Espíritu ruega, conforme a la voluntad de Dios, por los del pueblo santo.

La obra salvadora de Dios

28 Sabemos que Dios dispone todas las cosas para el bien de quienes lo aman, a los cuales él ha llamado de acuerdo con su propósito. 29 A los que de antemano Dios había conocido, los destinó desde un principio a ser como su Hijo, para que su Hijo fuera el primero entre muchos hermanos. 30 Y a los que Dios destinó desde un principio, también los llamó; y a los que llamó, los hizo justos; y a los que hizo justos, les dio parte en su gloria.

31 ¿Qué más podremos decir? ¡Que si Dios está a nuestro favor, nadie podrá estar contra nosotros! 32 Si Dios no nos negó ni a su propio Hijo, sino que lo entregó a la muerte por todos nosotros, ¿cómo no habrá de darnos también, junto con su Hijo, todas las cosas? 33 ¿Quién podrá acusar a los que Dios ha escogido? Dios es quien los hace justos. 34 ¿Quién podrá condenarlos? Cristo Jesús es quien murió; todavía más, quien resucitó y está a la derecha de Dios, rogando por nosotros. 35 ¿Quién nos podrá separar del amor de Cristo? ¿El sufrimiento, o las dificultades, o la persecución, o el hambre, o la falta de ropa, o el peligro, o la muerte violenta? 36 Como dice la Escritura:

"Por causa tuya estamos siempre
    expuestos a la muerte;
nos tratan como a ovejas
    llevadas al matadero."[g]

37 Pero en todo esto salimos más que vencedores por medio de aquel que nos amó. 38 Estoy

---

c **8.15** Lc 11.2. *d* **8.20** Cf. Gn 3.17–19. *e* **8.23** *Anticipo:* Cf. Nm 15.18–20; 2 Co 1.22; Ef 1.14. *f* **8.23** *Liberados:* Véase 3.24 nota *m.* *g* **8.36** Sal 44.22; cf. 2 Co 4.11.

convencido de que nada podrá separarnos del amor de Dios: ni la muerte, ni la vida, ni los ángeles, ni los poderes y fuerzas espirituales, ni lo presente, ni lo futuro, 39ni lo más alto, ni lo más profundo, ni ninguna otra de las cosas creadas por Dios. ¡Nada podrá separarnos del amor que Dios nos ha mostrado en Cristo Jesús nuestro Señor!

Los privilegios de Israel

9 1Como creyente que soy en Cristo, estoy diciendo la verdad, no miento. Además, mi conciencia, guiada por el Espíritu Santo, me asegura que esto es verdad: 2tengo una gran tristeza y en mi corazón hay un dolor continuo, 3pues hasta quisiera estar yo mismo bajo maldición, separado de Cristo, si así pudiera favorecer a mis hermanos, los de mi propia raza. 4Son descendientes de Israel, y Dios los adoptó como hijos. Dios estuvo entre ellos con su presencia gloriosa,*a* y les dio las alianzas, la ley de Moisés, el culto y las promesas. 5Son descendientes de nuestros antepasados; y de su raza, en cuanto a lo humano, vino el Mesías, el cual es Dios sobre todas las cosas, alabado por siempre.*b* Amén.

6Pero no es que las promesas de Dios a Israel hayan perdido su validez; más bien es que no todos los descendientes de Israel son verdadero pueblo de Israel.*c* 7No todos los descendientes de Abraham son verdaderamente sus hijos, sino que Dios le había dicho: "Tu descendencia vendrá por medio de Isaac."*d* 8Esto nos da a entender que nadie es hijo de Dios solamente por pertenecer a cierta raza; al contrario, solo a quienes son hijos en cumplimiento de la promesa de Dios, se les considera verdaderos descendientes. 9Porque esta es la promesa que Dios hizo a Abraham: "Por este tiempo volveré, y Sara tendrá un hijo."*e*

10Pero eso no es todo. Los dos hijos de Rebeca eran de un mismo padre, nuestro antepasado Isaac,*f* 11-13y antes que ellos nacieran, cuando aún no habían hecho nada, ni bueno ni malo, Dios anunció a Rebeca: "El mayor será siervo del menor."*g* Lo cual también está de acuerdo con la Escritura que dice: "Amé a Jacob y aborrecí a Esaú."*h* Así quedó confirmado el derecho que Dios tiene de escoger, de acuerdo con su propósito, a los que quiere llamar, sin tomar en cuenta lo que hayan hecho.

Autonomía de Dios

14¿Diremos por eso que Dios es injusto? ¡Claro que no! 15Porque Dios dijo a Moisés: "Tendré misericordia de quien yo quiera, y tendré compasión también de quien yo quiera."*i* 16Así pues, no depende de que el hombre quiera o se esfuerce, sino de que Dios tenga compasión. 17Pues en la Escritura Dios le dice al rey de Egipto: "Te hice rey precisamente para mostrar en ti mi poder y para darme a conocer en toda la tierra."*j* 18De manera que Dios tiene compasión de quien él quiere tenerla, y también le endurece el corazón a quien él quiere endurecérselo.

19Pero me dirás: "Siendo así, ¿de qué puede Dios culpar al hombre, si nadie puede oponerse a su voluntad?" 20Y tú, hombre, ¿quién eres para pedirle cuentas a Dios? ¿Acaso la olla de barro le dirá al que la hizo: "Por qué me hiciste así?" 21El alfarero tiene el derecho de hacer lo que quiera con el barro, y del mismo barro puede hacer una olla para uso especial y otra para uso común.

22Dios, queriendo dar un ejemplo de castigo y mostrar su poder, soportó con mucha paciencia a aquellos que merecían el castigo e iban a la perdición. 23Al mismo tiempo quiso dar a conocer en nosotros la grandeza de su gloria, pues nos tuvo compasión y nos preparó de antemano para tener parte en ella. 24Así que Dios nos llamó, a unos de entre los judíos y a otros de entre los no judíos. 25Como se dice en el libro de Oseas:

"A los que no eran mi pueblo,
los llamaré mi pueblo;
a la que no era amada,
la llamaré mi amada.*k*

26 Y en el mismo lugar donde se les dijo:
'Ustedes no son mi pueblo',
serán llamados
hijos del Dios viviente."*l*

---

a **9.4** *Su presencia gloriosa:* Ex 24.16-17; 40.34-38. *b* **9.5** *Vino el Mesías, el cual es Dios sobre todas las cosas, alabado por siempre:* otra posible traducción: *vino el Mesías. ¡Alabado por siempre sea Dios, que está sobre todas las cosas!* *c* **9.6** Ro 2.28-29. *d* **9.7** Gn 21.12. *e* **9.9** Gn 18.10,14. *f* **9.10** Cf. Gn 25.21-26. *g* **9.11-13** Gn 25.23. *h* **9.11-13** Mal 1.2-3. *i* **9.15** Ex 33.19. *j* **9.17** Ex 9.16. *k* **9.25** Os 2.23. *l* **9.26** Os 1.10.

27En cuanto a los israelitas, Isaías dijo: "Aunque los descendientes de Israel sean tan numerosos como la arena del mar, solamente un resto de ellos alcanzará la salvación, **28**porque muy pronto el Señor cumplirá plenamente su palabra en todo el mundo."*m* **29**Como el mismo Isaías había dicho antes:

"Si el Señor todopoderoso
no nos hubiera dejado descendencia,
ahora mismo estaríamos
como Sodoma y Gomorra."*n*

30¿Qué diremos a esto? Que, por medio de la fe, Dios ha hecho justos a los paganos, que no buscaban la justicia. **31**En cambio, los israelitas, que querían basar su justicia en la ley, no lo lograron. **32**¿Por qué? Porque no se basaban en la fe, sino en sus propios hechos. Por eso tropezaron con la "piedra de tropiezo" **33**que se menciona en la Escritura:

"Yo pongo en Sión una roca,
una piedra con la cual tropezarán;
el que confíe en ella,
no quedará defraudado."*ñ*

Israel y el evangelio

10 **1**Hermanos, el deseo de mi corazón y mi oración a Dios por los israelitas es que alcancen la salvación. **2**En su favor puedo decir que tienen un gran deseo de servir a Dios; solo que ese deseo no está basado en el verdadero conocimiento. **3**Pues no reconocen que es Dios quien hace justos a los hombres, y pretenden ser justos por sí mismos; y así no se han sometido a lo que Dios estableció para hacernos justos. **4**Porque la ley llega a su término con Cristo, y así todos por la fe pueden llegar a ser justos.*a*

5De la justicia basada en la ley, Moisés escribió esto: "La persona que cumpla la ley, vivirá por ella."*b* **6**Pero de la justicia basada en la fe, se dice: "No pienses: '¿Quién subirá al cielo?' —esto es, para hacer que Cristo baje—; **7**o '¿Quién bajará al abismo?' " —esto es, para hacer que Cristo suba de entre los muertos. **8**¿Qué es, pues, lo que dice?: "La palabra está cerca de ti, en tu boca y en tu corazón." Esta palabra es el mensaje de fe que predicamos.*c*

9Si con tu boca reconoces a Jesús como Señor, y con tu corazón crees que Dios lo resucitó, alcanzarás la salvación. **10**Pues con el corazón se cree para alcanzar la justicia, y con la boca se reconoce a Jesucristo para alcanzar la salvación. **11**La Escritura dice: "El que confíe en él, no quedará defraudado."*d* **12**No hay diferencia entre los judíos y los no judíos; pues el mismo Señor es Señor de todos, y da con abundancia a todos los que lo invocan. **13**Porque esto es lo que dice: "Todos los que invoquen el nombre del Señor, alcanzarán la salvación."*e* **14**Pero ¿cómo van a invocarlo, si no han creído en él? ¿Y cómo van a creer en él, si no han oído hablar de él? ¿Y cómo van a oír, si no hay quien les anuncie el mensaje? **15**¿Y cómo van a anunciar el mensaje, si no son enviados? Como dice la Escritura: "¡Qué hermosa es la llegada de los que traen buenas noticias!"*f*

16Pero no todos han aceptado el evangelio. Es como dice Isaías: "Señor, ¿quién ha creído al oír nuestro mensaje?"*g* **17**Así pues, la fe nace al oír el mensaje, y el mensaje viene de la palabra de Cristo.

18Pero yo pregunto: ¿Será tal vez que no oyeron el mensaje? ¡Claro que lo oyeron! Porque la Escritura dice:

"La voz de ellos salió
por toda la tierra,
y hasta los últimos rincones del mundo
llegaron sus palabras."*h*

19Y vuelvo a preguntar: ¿Será que los de Israel no se han dado cuenta? En primer lugar, Moisés dice:

"Yo los pondré a ustedes celosos
de un pueblo que no es pueblo;
los haré enojar contra un pueblo
que no quiere entender."*i*

20Luego, Isaías se atreve a decir:

"Los que no me buscaban,
me encontraron;
y me mostré
a los que no preguntaban por mí."*j*

21Y al hablar de los israelitas, Isaías dice: "Todo el día extendí mis manos a un pueblo desobediente y rebelde."*k*

---

m **9.27–28** Is 10.22–23. *n* **9.29** Is 1.9. *ñ* **9.33** Is 28.16, combinado con Is 8.14. *a* **10.4** *La ley llega a su término con Cristo:* Cf. Ro 7.4–6; Gl 3.24. *b* **10.5** Lv 18.5. *c* **10.6–8** Dt 30.12–14. *d* **10.11** Is 28.16. *e* **10.13** Jl 2.32. *f* **10.15** Is 52.7; Nah 1.15. *g* **10.16** Is 53.1. *h* **10.18** Sal 19.4. *i* **10.19** Dt 32.21. *j* **10.20** Is 65.1; cf. Ro 9.30. *k* **10.21** Is 65.2.

Los planes de Dios

11 [1] Ahora pregunto: ¿Será que Dios ha rechazado a su pueblo? ¡Claro que no! Yo mismo soy israelita, descendiente de Abraham y de la tribu de Benjamín.[a] [2] Desde el principio, Dios había reconocido a los israelitas como su pueblo;[b] y ahora no los ha rechazado. ¿No saben ustedes que la Escritura dice en la historia del profeta Elías que este, en su oración a Dios, acusó al pueblo de Israel? Dijo: [3] "Señor, han matado a tus profetas y han destruido tus altares; solo yo he quedado con vida, y a mí también me quieren matar."[c] [4] Pero Dios le contestó: "He apartado para mí siete mil hombres que no se han arrodillado ante el dios Baal."[d] [5] Pues de la misma manera, ha quedado ahora un pequeño resto, que Dios, en su bondad, ha escogido.[e] [6] Y si es por la bondad de Dios, ya no es por los hechos; porque si así fuera, la bondad de Dios ya no sería bondad.

[7] ¿Entonces qué? Los israelitas no consiguieron lo que buscaban, pero los que Dios escogió sí lo consiguieron. Los otros fueron endurecidos, [8] como dice la Escritura: "Dios los hizo espiritualmente insensibles, y así son hasta el día de hoy; les dio ojos que no ven y oídos que no oyen."[f] [9] También dice David:

"Que sus banquetes
 se les vuelvan trampas y redes,
para que tropiecen y sean castigados.
[10] Que sus ojos se queden ciegos y no vean;
 que su espalda se les doble para siempre."[g]

La salvación de los no judíos

[11] Ahora pregunto: ¿Será que los judíos, al tropezar, cayeron por completo? ¡De ninguna manera! Al contrario, al desobedecer los judíos, los otros han podido alcanzar la salvación, para que los israelitas se pongan celosos. [12] Así que, si el tropiezo y el fracaso de los judíos han servido para enriquecer al mundo, a los que no son judíos, ¡ya podemos imaginarnos lo que será su plena restauración!

[13] Pero tengo algo que decirles a ustedes, que no son judíos. Puesto que Dios me ha enviado a los no judíos, yo tengo en gran estima este servicio. [14] Quiero que algunos de mi propia raza sientan celos de ustedes, y así llevarlos a la salvación. [15] Pues si el rechazo de los judíos ha traído al mundo la reconciliación con Dios, ¿qué no traerá el que sean aceptados? ¡Nada menos que vida para los que estaban muertos! [16] Pues si el primer pan que se hace de la masa está consagrado a Dios, también lo está la masa entera. Y si la raíz del árbol está consagrada a Dios, también lo están las ramas.[h]

[17] Al olivo, que son los judíos, se le cortaron algunas de las ramas, y en su lugar se le injertó el olivo silvestre, que eres tú. Así llegaste a tener parte en la misma raíz y en la misma vida del olivo. [18] Pero no te glories, despreciando las ramas naturales. Si lo haces, recuerda que no eres tú quien sostiene a la raíz, sino que la raíz te sostiene a ti. [19] Tal vez dirás: "Sí, pero se cortaron unas ramas para injertarme a mí en el olivo." [20] Bien, pero fueron cortadas porque no tenían fe, y tú estás ahí únicamente porque tienes fe. Así que no te jactes, sino más bien siente temor. [21] Porque si Dios no perdonó a las ramas naturales, tampoco a ti te perdonará. [22] Mira, pues, qué bueno es Dios, aunque también qué estricto. Ha sido estricto con los que cayeron, y ha sido bueno contigo. Pero tienes que vivir siempre de acuerdo con su bondad; pues de lo contrario también tú serás cortado. [23] Por otra parte, si los judíos abandonan su incredulidad, serán injertados de nuevo; pues Dios tiene poder para volver a injertarlos. [24] Porque si tú, que por naturaleza eras un olivo silvestre, fuiste cortado e injertado contra lo natural en el olivo bueno, ¡cuánto más los judíos, que son ramas naturales del olivo bueno, serán injertados nuevamente en su propio olivo!

La salvación final de Israel

[25] Hermanos, quiero que sepan este designio secreto de Dios, para que no presuman de sabios: los israelitas se han endurecido en parte, pero solo hasta que hayan entrado todos los que no son de Israel. [26] Cuando esto suceda, todo Israel alcanzará la salvación, pues la Escritura dice:

"El libertador vendrá de Sión
 y apartará de Jacob la maldad.
[27] Y esta será mi alianza con ellos
 cuando yo quite sus pecados."[i]

---

[a] **11.1** Flp 3.5. [b] **11.2** Ex 19.5–6; Dt 4.20. [c] **11.3** 1 R 19.10,14. [d] **11.4** 1 R 19.18. [e] **11.5** Cf. Is 1.9; 4.2–6; Miq 5.7–8. [f] **11.8** Dt 29.4; Is 29.10. [g] **11.9–10** Sal 69.22–23. [h] **11.16** Cf. Nm 15.17–21. [i] **11.26–27** Is 59.20–21; cf. Is 27.9; Jer 31.33–34.

28 En cuanto al evangelio, los judíos son tenidos por enemigos de Dios a fin de darles oportunidad a ustedes; pero Dios todavía los ama a ellos, porque escogió a sus antepasados. **29** Pues lo que Dios da, no lo quita, ni retira tampoco su llamamiento. **30** En tiempos pasados, ustedes desobedecieron a Dios, pero ahora que los judíos han desobedecido, Dios tiene compasión de ustedes. **31** De la misma manera, ellos han desobedecido ahora, pero solamente para que Dios tenga compasión de ustedes y para que, también ahora, tenga compasión de ellos. **32** Porque Dios sujetó a todos por igual a la desobediencia, con el fin de tener compasión de todos por igual.

33 ¡Qué profundas son las riquezas de Dios, y su sabiduría y entendimiento! Nadie puede explicar sus decisiones, ni llegar a comprender sus caminos. *j* **34** Pues "¿quién conoce la mente del Señor? ¿Quién podrá darle consejos? *k* **35** ¿Quién le ha dado algo antes, para que él tenga que devolvérselo?" **36** Porque todas las cosas vienen de Dios, y existen por él y para él. *l* ¡Gloria para siempre a Dios! Amén.

La vida nueva

12 **1** Por tanto, hermanos míos, les ruego por la misericordia de Dios que se presenten ustedes mismos como ofrenda viva, santa y agradable a Dios. Este es el verdadero *a* culto que deben ofrecer. **2** No vivan ya según los criterios del tiempo presente; al contrario, cambien su manera de pensar para que así cambie su manera de vivir y lleguen a conocer la voluntad de Dios, es decir, lo que es bueno, lo que le es grato, lo que es perfecto.

3 Por el encargo que Dios en su bondad me ha dado, digo a todos ustedes que ninguno piense de sí mismo más de lo que debe pensar. Antes bien, cada uno piense de sí con moderación, según los dones que Dios le haya dado junto con la fe. **4** Porque así como en un solo cuerpo tenemos muchos miembros, y no todos los miembros sirven para lo mismo, **5** así también nosotros, aunque somos muchos, formamos un solo cuerpo en Cristo y estamos unidos unos a otros como miembros de un mismo cuerpo. *b*

6 Dios nos ha dado diferentes dones, según lo que él quiso dar a cada uno. Por lo tanto, si Dios nos ha dado el don de profecía, hablemos según la fe que tenemos; *c* **7** si nos ha dado el don de servir a otros, sirvámoslos bien. El que haya recibido el don de enseñar, que se dedique a la enseñanza; **8** el que haya recibido el don de animar a otros, que se dedique a animarlos. El que da, hágalo con sencillez; el que ocupa un puesto de responsabilidad, desempeñe su cargo con todo cuidado; el que ayuda a los necesitados, hágalo con alegría. *d*

Deberes de la vida cristiana

9 Ámense sinceramente unos a otros. Aborrezcan lo malo y apéguense a lo bueno. **10** Ámense como hermanos los unos a los otros, dándose preferencia y respetándose mutuamente.

11 Esfuércense, no sean perezosos y sirvan al Señor con corazón ferviente.

12 Vivan alegres por la esperanza que tienen; soporten con valor los sufrimientos; no dejen nunca de orar.

13 Hagan suyas las necesidades del pueblo santo; reciban bien a quienes los visitan.

14 Bendigan a quienes los persiguen. Bendíganlos y no los maldigan.

15 Alégrense con los que están alegres y lloren con los que lloran.

16 Vivan en armonía unos con otros. No sean orgullosos, sino pónganse al nivel de los humildes. No presuman de sabios.

17 No paguen a nadie mal por mal. Procuren hacer lo bueno delante de todos. **18** Hasta donde dependa de ustedes, hagan cuanto puedan por vivir en paz con todos. **19** Queridos hermanos, no tomen venganza ustedes mismos, sino dejen que Dios sea quien castigue; porque la Escritura dice: "A mí me corresponde hacer justicia; yo pagaré, dice el Señor." *e* **20** Y también: "Si tu enemigo tiene hambre, dale de comer; y si tiene sed, dale de beber; así harás que le arda la cara de vergüenza." *f* **21** No te dejes vencer por el mal. Al contrario, vence con el bien el mal.

---

j **11.33** Is 55.8–9; cf. Job 5.9; Jdt 8.14. *k* **11.34** Is 40.13; cf. Jer 23.18; Sab 9.13. *l* **11.36** 1 Co 8.6; Ef 4.6; Col 1.16; Heb 2.10. *a* **12.1** *Verdadero:* También puede traducirse como *racional* o *espiritual.* *b* **12.4–5** 1 Co 12.12–31. *c* **12.6** *El don de profecía:* Véase 1 Co 14.1 n. *d* **12.6–8** 1 Co 12.4–11. *e* **12.19** Dt 32.35. *f* **12.20** Pr 25.21–22. *Harás que le arda la cara de vergüenza:* lit. *amontonarás carbones encendidos sobre su cabeza.*

13

¹Todos deben someterse a las personas que ejercen la autoridad. Porque no hay autoridad que no venga de Dios, y las que existen, fueron puestas por él. ²Así que quien se opone a la autoridad, va en contra de lo que Dios ha ordenado. Y los que se oponen serán castigados; ³porque los gobernantes no están para causar miedo a los que hacen lo bueno, sino a los que hacen lo malo. ¿Quieres vivir sin miedo a la autoridad? Pues pórtate bien, y la autoridad te aprobará, ⁴porque está al servicio de Dios para tu bien. Pero si te portas mal, entonces sí debes tener miedo; porque no en vano la autoridad lleva la espada, ya que está al servicio de Dios para dar su merecido al que hace lo malo. ⁵Por lo tanto, es preciso someterse a las autoridades, no solo para evitar el castigo, sino como un deber de conciencia. ⁶También por esta razón ustedes pagan impuestos; porque las autoridades están al servicio de Dios, y a eso se dedican.

⁷Denle a cada uno lo que le corresponde. Al que deban pagar contribuciones, páguenle las contribuciones; al que deban pagar impuestos, páguenle los impuestos; al que deban respeto, respétenlo; al que deban estimación, estímenlo.

⁸No tengan deudas con nadie, aparte de la deuda de amor que tienen unos con otros; pues el que ama a su prójimo ya ha cumplido todo lo que la ley ordena.ᵃ ⁹Los mandamientos dicen: "No cometas adulterio, no mates, no robes, no codicies";ᵇ pero estos y los demás mandamientos quedan comprendidos en estas palabras: "Ama a tu prójimo como a ti mismo."ᶜ ¹⁰El que tiene amor no hace mal al prójimo; así que en el amor se cumple perfectamente la ley.

¹¹En todo esto tengan en cuenta el tiempo en que vivimos, y sepan que ya es hora de despertarnos del sueño. Porque nuestra salvación está más cerca ahora que al principio, cuando creímos en el mensaje. ¹²La noche está muy avanzada, y se acerca el día; por eso dejemos de hacer las cosas propias de la oscuridad y revistámonos de luz, como un soldado se reviste de su armadura.ᵈ ¹³Actuemos con decencia, como en pleno día. No andemos en banquetes y borracheras, ni en inmoralidades

y vicios, ni en discordias y envidias. ¹⁴Al contrario, revístanse ustedes del Señor Jesucristo, y no busquen satisfacer los malos deseos de la naturaleza humana.

Normas para el caso de opiniones diversasᵃ

14

¹Reciban bien al que es débil en la fe, y no entren en discusiones con él. ²Por ejemplo, hay quienes piensan que pueden comer de todo, mientras otros, que son débiles en la fe, comen solamente verduras. ³Pues bien, el que come de todo no debe menospreciar al que no come ciertas cosas; y el que no come ciertas cosas no debe criticar al que come de todo, pues Dios lo ha aceptado. ⁴¿Quién eres tú para criticar al servidor de otro? Si queda bien o queda mal, es asunto de su propio amo. Pero quedará bien, porque el Señor tiene poder para hacerlo quedar bien.

⁵Otro caso: Hay quienes dan más importancia a un día que a otro, y hay quienes creen que todos los días son iguales.ᵇ Cada uno debe estar convencido de lo que cree. ⁶El que guarda cierto día, para honrar al Señor lo guarda. Y el que come de todo, para honrar al Señor lo come, y da gracias a Dios; y el que no come ciertas cosas, para honrar al Señor deja de comerlas, y también da gracias a Dios.

⁷Ninguno de nosotros vive para sí mismo ni muere para sí mismo. ⁸Si vivimos, para el Señor vivimos; y si morimos, para el Señor morimos. De manera que, tanto en la vida como en la muerte, del Señor somos. ⁹Para eso murió Cristo y volvió a la vida: para ser Señor tanto de los muertos como de los vivos.

¹⁰¿Por qué, entonces, criticas a tu hermano? ¿O tú, por qué lo desprecias? Todos tendremos que presentarnos delante de Dios, para que él nos juzgue. ¹¹Porque la Escritura dice:

"Juro por mi vida, dice el Señor,
que ante mí todos doblarán la rodilla
y todos alabarán a Dios."ᶜ

¹²Así pues, cada uno de nosotros tendrá que dar cuenta de sí mismo a Dios.

¹³Por eso, ya no debemos criticarnos unos a otros. Al contrario, propónganse ustedes no

---

ᵃ **13.8** Gl 5.14; Stg 2.8. ᵇ **13.9** Ex 20.13–17; Dt 5.17–21; cf. Mt 19.18 y paralelos. ᶜ **13.9** Lv 19.18; Mt 22.37–40 y paralelos; Gl 5.14. ᵈ **13.12** Ef 6.10–17. ᵃ **14.1–23** En este cap. se tratan problemas que surgían entre los varios grupos de la comunidad cristiana, causados por la diversidad de su origen y de su cultura. Los problemas tenían que ver con ciertos alimentos y con días de especial valor religioso. ᵇ **14.5–6** Col 2.16. ᶜ **14.11** Is 45.23; cf. Flp 2.10–11.

hacer nada que sea causa de que su hermano tropiece, o que ponga en peligro su fe. [14]Yo sé que no hay nada impuro en sí mismo;[d] como creyente en el Señor Jesús, estoy seguro de ello. Pero si alguno piensa que una cosa es impura, será impura para él.[e] [15]Ahora bien, si por lo que tú comes tu hermano se siente ofendido, tu conducta ya no es de amor. ¡Que tu comida no sea causa de que se pierda aquel por quien Cristo murió! [16]No den, pues, lugar a que se hable mal de ese bien que ustedes tienen. [17]Porque el reino de Dios no es cuestión de comer o beber determinadas cosas, sino de vivir en justicia, paz y alegría por medio del Espíritu Santo. [18]El que de esta manera sirve a Cristo, agrada a Dios y es aprobado por los hombres.

[19]Por lo tanto, busquemos todo lo que conduce a la paz y a la edificación mutua. [20]No eches a perder la obra de Dios por causa de la comida. En realidad, todos los alimentos son limpios; lo malo es comer algo que haga perder la fe a otros. [21]Es mejor no comer carne, ni beber vino, ni hacer nada que sea causa de que tu hermano tropiece.[f] [22]La fe que tienes, debes tenerla tú mismo delante de Dios. ¡Dichoso aquel que usa de su libertad sin cargos de conciencia! [23]Pero el que no está seguro de si debe o no comer algo, al comerlo se hace culpable, porque no lo come con la convicción que da la fe; y todo lo que no se hace con la convicción que da la fe, es pecado.

Seguir el ejemplo de Cristo

15 [1]Los que somos fuertes en la fe debemos aceptar como nuestras las debilidades de los que son menos fuertes, y no buscar lo que a nosotros mismos nos agrada. [2]Todos nosotros debemos agradar a nuestro prójimo y hacer las cosas para su bien y para la edificación mutua. [3]Porque tampoco Cristo buscó agradarse a sí mismo; al contrario, en él se cumplió lo que dice la Escritura: "Las ofensas de los que te insultaban cayeron sobre mí."[a] [4]Todo lo que antes se dijo en las Escrituras, se escribió para nuestra instrucción, para que con constancia y con el consuelo que de ellas recibimos, tengamos esperanza. [5]Y Dios, que es quien da constancia y consuelo, los ayude a ustedes a vivir en armonía unos con

otros, conforme al ejemplo de Cristo Jesús, [6]para que todos juntos, a una sola voz, alaben al Dios y Padre de nuestro Señor Jesucristo.

[7]Así pues, acéptense los unos a los otros, como también Cristo los aceptó a ustedes, para gloria de Dios. [8]Puedo decirles que Cristo vino a servir a los judíos para cumplir las promesas hechas a nuestros antepasados y demostrar así que Dios es fiel a lo que promete. [9]Vino también para que los no judíos alaben a Dios por su misericordia, según dice la Escritura:

"Por eso te alabaré entre las naciones
y cantaré himnos a tu nombre."[b]

[10]En otra parte, la Escritura dice:

"¡Alégrense, naciones,
con el pueblo de Dios!"[c]

[11]Y en otro lugar dice:

"Naciones y pueblos todos,
¡alaben al Señor!"[d]

[12]Isaías también escribió:

"Brotará la raíz de Jesé,
que se levantará para gobernar
a las naciones,
las cuales pondrán en él su esperanza."[e]

[13]Que Dios, que da esperanza, los llene de alegría y paz a ustedes que tienen fe en él, y les dé abundante esperanza por el poder del Espíritu Santo.

El trabajo apostólico de Pablo

[14]Hermanos míos, estoy convencido de que ustedes están llenos de bondad y de todo conocimiento, y que saben aconsejarse unos a otros; [15]pero en esta carta me he atrevido a escribirles francamente sobre algunas cosas, para que no las olviden. Lo hago por el encargo que Dios en su bondad me ha dado, [16]de servir a Cristo Jesús para bien de los que no son judíos. El servicio sacerdotal que presto consiste en anunciar el evangelio de Dios, con el fin de presentar ante él a los no judíos, como ofrenda que le sea grata, santificada por el Espíritu Santo.

[17]Tengo razón para gloriarme en Cristo Jesús de mi servicio a Dios, [18]porque no me atrevo a hablar de nada, aparte de lo que Cristo mismo ha hecho por medio de mí para llevar a los no judíos a obedecer a Dios. Esto se ha realizado con palabras y hechos, [19]por el poder de señales y milagros y por el poder del Espíritu de

---

d **14.14** Mc 7.14–19; Hch 10.15. *e* **14.14** Tit 1.15. *f* **14.21** Véase 1 Co 8.8–13. *a* **15.3** Sal 69.9. *b* **15.9** 2 S 22.50; Sal 18.49. *c* **15.10** Dt 32.43. *d* **15.11** Sal 117.1. *e* **15.12** Is 11.10.

Dios. De esta manera he llevado a buen término el anuncio del evangelio de Cristo, desde Jerusalén y por todas partes hasta la región de Iliria. 20 Pero siempre he procurado anunciar el evangelio donde nunca antes se había oído hablar de Cristo, para no construir sobre bases puestas por otros, 21 sino más bien, como dice la Escritura:

"Verán los que nunca habían tenido
noticias de él;
entenderán los que nunca
habían oído de él."*f*

Planes de viaje

22 Precisamente por esto no he podido ir a verlos, aunque muchas veces me lo había propuesto.*g* 23 Pero ahora que ya he terminado mi trabajo en estas regiones, y como desde hace muchos años estoy queriendo visitarlos, 24 espero que podré hacerlo durante mi viaje a España. Y una vez que haya tenido el gusto de verlos, aunque sea por poco tiempo, espero que ustedes me ayuden a continuar el viaje. 25 Pero ahora voy a Jerusalén, a llevar ayuda a los hermanos de allí.*h* 26 Porque los de Macedonia y Acaya decidieron voluntariamente hacer una colecta y mandarla a los hermanos pobres de Jerusalén.*i* 27 Lo decidieron voluntariamente, aunque, en realidad, estaban en la obligación de hacerlo, porque así como los creyentes judíos compartieron sus bienes espirituales con los no judíos, estos, a su vez, deben ayudar con sus bienes materiales a los creyentes judíos. 28 Así que, cuando yo haya terminado este asunto y les haya entregado a ellos la colecta, saldré para España, y de paso los visitaré a ustedes. 29 Estoy seguro de que cuando yo vaya, nos enriqueceremos todos con las bendiciones de Cristo.

30 Hermanos, por nuestro Señor Jesucristo y por el amor que el Espíritu nos da, les ruego que se unan conmigo en la lucha, orando a Dios por mí. 31 Pidan a Dios que me libre de los incrédulos que hay en Judea, y que la ayuda que llevo a los hermanos de Jerusalén sea bien recibida, 32 para que, si Dios quiere, llegue yo con alegría a verlos a ustedes y tenga descanso al visitarlos. 33 Que el Dios de paz esté con todos ustedes. Amén.

Saludos personales

16 1 Les recomiendo a nuestra hermana Febe, diaconisa*a* en la iglesia de Cencreas. 2 Recíbanla bien en el nombre del Señor, como se debe hacer entre los hermanos en la fe, y ayúdenla en todo lo que necesite, porque ha ayudado a muchos, y también a mí mismo.

3 Saluden a Prisca y Áquila,*b* mis compañeros de trabajo en el servicio de Cristo Jesús. 4 A ellos, que pusieron en peligro su propia vida por salvar la mía, no solo yo les doy las gracias, sino también todos los hermanos de las iglesias no judías. 5 Saluden igualmente a la iglesia que se reúne en casa de Prisca y Áquila. Saluden a mi querido amigo Epéneto, que en la provincia de Asia fue el primer creyente en Cristo. 6 Saluden a María, que tanto ha trabajado por ustedes. 7 Saluden a mis paisanos Andrónico y Junias, que fueron mis compañeros de cárcel; se han distinguido entre los apóstoles, y se hicieron creyentes en Cristo antes que yo.

8 Saluden a Ampliato, mi querido amigo en el Señor. 9 Saluden a Urbano, nuestro compañero de trabajo en Cristo, y a mi querido Estaquis. 10 Saluden a Apeles, que ha dado tantas pruebas de su fe en Cristo; y también a los de la familia de Aristóbulo. 11 Saluden a mi paisano Herodión, y a los de la familia de Narciso que creen en el Señor. 12 Saluden a Trifena y a Trifosa, que trabajan en la obra del Señor; y también a nuestra querida hermana Pérside, que tanto ha trabajado en la obra del Señor. 13 Saluden a Rufo, distinguido creyente en el Señor, y a su madre, que ha sido también como una madre para mí. 14 Saluden a Asíncrito, a Flegonte, a Hermes, a Patrobas, a Hermas y a los hermanos que están con ellos. 15 Saluden también a Filólogo y a Julia, a Nereo y a su hermana, a Olimpas y a todos los hermanos en la fe que están con ellos.

16 Salúdense los unos a los otros con un beso santo. Todas las iglesias de Cristo les mandan saludos.

17 Hermanos, les ruego que se fijen en los que causan divisiones y ponen tropiezos, en contra de la enseñanza que ustedes recibieron. Apártense de ellos, 18 porque no sirven a Cristo nuestro Señor, sino a sus propios apetitos, y con sus palabras suaves y agradables engañan el corazón de la gente sencilla. 19 Todos saben que ustedes

---

f **15.21** Is 52.15. *g* **15.22** Ro 1.13. *h* **15.25** Cf. Hch 21.1–16. *i* **15.25–26** 1 Co 16.1–4; 2 Co 8—9.
a **16.1** *Diaconisa:* o *servidora.* *b* **16.3** *Prisca* (o *Priscila*) *y Áquila:* Hch 18.2.18–19,26; 1 Co 16.19.

han sido obedientes. Me alegro de su actitud, y quiero que muestren sabiduría para hacer lo bueno, pero no para hacer lo malo; **20** así el Dios de paz aplastará pronto a Satanás bajo los pies de ustedes. Que nuestro Señor Jesús les dé su gracia.*c*

21 Les manda saludos Timoteo, mi compañero de trabajo; y también Lucio, Jasón y Sosípatro, mis paisanos.

22 Yo, Tercio, que estoy escribiendo esta carta, también les mando saludos en el Señor.

23 Los saluda Gayo. Estoy alojado en su casa, que él pone a disposición de toda la iglesia. También los saluda Erasto, tesorero de la ciudad, y el hermano Cuarto.*d*

Alabanza final a Dios*e*

25 Alabemos a Dios, que puede hacerlos a ustedes firmes conforme al evangelio que yo anuncio y la enseñanza acerca de Jesucristo. Esto está de acuerdo con lo que Dios ha revelado de su designio secreto, el cual estuvo oculto desde antes que el mundo existiera, **26** pero ahora se ha dado a conocer por los escritos de los profetas, de acuerdo con el mandato del Dios eterno. Este secreto del plan de Dios se ha dado a conocer a todas las naciones, para que crean y obedezcan.

27 ¡A Dios, el único y sabio, sea la gloria para siempre por medio de Jesucristo! Amén.

---

c **16.20** Algunos mss. omiten la última frase del v. 20, pero conservan el v. 24 (véase 16.23 n.).   *d* **16.23** Algunos mss. que omiten la última frase del v. 20, añaden aquí el v. 24: *Que nuestro Señor Jesucristo les dé su gracia a todos ustedes. Amén.* Algunos otros colocan el v. 24 después del v. 27.   *e* **16.25-27** Algunos mss. incluyen estos vv. tanto aquí como después de Ro 14.23; otros los tienen solamente después de 14.23, y hay algunos que los omiten del todo. En un ms. aparecen después de 15.33.

Primera carta de San Pablo a los

CORINTIOS

Corinto es una antigua ciudad griega, situada en el estrecho que une la parte continental de Grecia con la península del Peloponeso. En el siglo I d.C. estaba habitada principalmente por excombatientes romanos y por antiguos esclavos libertados, procedentes de Italia, o por sus descendientes. Era capital de la provincia de Acaya, y por su posición tanto geográfica como política, tenía una activa vida comercial, cultural y religiosa.

La comunidad cristiana de Corinto fue fundada por Pablo en su segundo viaje misionero (cf. Hch 18.1–18), a principios de la década de los 50. Algunos de estos cristianos procedían del judaísmo, pero la mayoría eran de origen pagano (cf. 1 Co 12.2). Aunque Pablo permaneció allí año y medio (Hch 18.11), solo pudo poner los fundamentos de la fe cristiana (cf. 3.6,10). Más tarde llegaron otros maestros, entre los cuales Pablo menciona en particular a Apolo.

La actividad de algunos de los maestros venidos posteriormente fue ocasión de que se crearan divisiones y grupos en la comunidad. Por otra parte, la intensa vida carismática que se desarrolló en la iglesia de Corinto llevó a algunos a creerse demasiado sabios. Además de todo esto, el pasado pagano de la mayoría de los cristianos y el contacto inevitable con una sociedad pagana de costumbres libertinas, así como las diferencias sociales entre los propios miembros de la comunidad cristiana, dieron lugar a una serie de situaciones y abusos, que Pablo se vio obligado a corregir.

La ocasión principal que motivó el envío de *1 Corintios* (= 1 Co) es doble: por una parte, Pablo había recibido noticias de la situación de la comunidad y, en especial, de ciertos abusos (cf. 1.11). Por otra, los corintios habían escrito una carta a Pablo para pedirle explicación sobre algunos aspectos que les creaban problemas (cf. 7.1). Toda la carta es, pues, una instrucción orientada a corregir las deficiencias que había y a profundizar más en el mensaje del evangelio que los corintios ya habían recibido. Teniendo esto en cuenta, se entienden mejor los principales temas tratados en esta carta.

Esta carta fue escrita desde Éfeso (cf. 16.19), entre los años 54–57.

Esquema de la carta:

Introducción (1.1–9)

1. Divisiones en la comunidad (1.10—4.21)
2. Corrección de ciertas actitudes (5—6)
3. Sobre el matrimonio (7)
4. Los alimentos consagrados a los ídolos (8.1—11.1)
5. Problemas de la vida de la comunidad (11.2–34)
6. Los dones espirituales (12—14)
7. La resurrección de los muertos (15)

Conclusión (16)

Saludo

1 1-2 Pablo, llamado por la voluntad de Dios a ser apóstol de Cristo Jesús, saluda, junto con el hermano Sóstenes, a los que forman la iglesia de Dios que está en Corinto, que en Cristo Jesús fueron santificados y llamados a formar su pueblo santo, junto con todos los que en todas partes invocan el nombre de nuestro Señor Jesucristo, Señor nuestro y del pueblo santo. 3 Que Dios nuestro Padre y el Señor Jesucristo derramen sobre ustedes su gracia y su paz.

Acción de gracias

4 Siempre doy gracias a mi Dios por ustedes, por la gracia que Dios ha derramado sobre ustedes por medio de Cristo Jesús.ª 5 Pues por medio de él Dios les ha dado toda riqueza espiritual, así de palabra como de conocimiento, 6 ya que el mensaje acerca de Cristo se estableció firmemente entre ustedes. 7 De este modo no les falta ningún don de Dios mientras esperan el día en que aparezca nuestro Señor Jesucristo. 8 Dios los mantendrá firmes hasta el fin, para que nadie pueda reprocharles nada cuando nuestro Señor Jesucristo regrese. 9 Dios siempre cumple sus promesas, y él es quien los llamó a vivir en unión con su Hijo Jesucristo,ᵇ nuestro Señor.

Divisiones en la iglesia

10 Hermanos, en el nombre de nuestro Señor Jesucristo les ruego que todos estén siempre de acuerdo y que no haya divisiones entre ustedes. Vivan en armonía, pensando y sintiendo de la misma manera. 11 Digo esto, hermanos míos, porque he sabido por los de la familia de Cloe que hay discordias entre ustedes. 12 Quiero decir, que algunos de ustedes afirman: "Yo soy de Pablo"; otros: "Yo soy de Apolo";ᶜ otros: "Yo soy de Cefas";ᵈ y otros: "Yo soy de Cristo." 13 ¿Acaso Cristo está dividido? ¿Fue crucificado Pablo en favor de ustedes? ¿O fueron ustedes bautizados en el nombre de Pablo? 14 ¡Gracias a Dios que yo no bauticé a ninguno de ustedes, aparte de Crispo y de Gayo! 15 Así nadie puede decir que fue bautizado en mi nombre. 16 También bauticé a la familia de Estéfanas,ᵉ pero no recuerdo haber bautizado a ningún otro, 17 pues Cristo no me mandó a bautizar, sino a anunciar el evangelio, y no con alardes de sabiduría y retórica, para no quitarle valor a la muerte de Cristo en la cruz.

Cristo, poder y sabiduría de Dios

18 El mensaje de la muerte de Cristo en la cruz parece una tontería a los que van a la perdición; pero este mensaje es poder de Dios para los que vamos a la salvación. 19 Como dice la Escritura:

"Haré que los sabios pierdan su sabiduría
y que desaparezca la inteligencia
de los inteligentes."ᶠ

20 ¿En qué pararon el sabio, y el maestro, y el que sabe discutir sobre cosas de este mundo? ¡Dios ha convertido en tontería la sabiduría de este mundo! 21 Puesto que el mundo no usó su sabiduría para reconocer a Dios donde él ha mostrado su sabiduría, dispuso Dios en su bondad salvar por medio de su mensaje a los que tienen fe, aunque este mensaje parezca una tontería.

22 Los judíos quieren ver señales milagrosas, y los griegos buscan sabiduría; 23 pero nosotros anunciamos a un Mesías crucificado. Esto les resulta ofensivo a los judíos, y a los no judíos les parece una tontería; 24 pero para los que Dios ha llamado, sean judíos o griegos, este Mesías es el poder y la sabiduría de Dios. 25 Pues lo que en Dios puede parecer una tontería, es mucho más sabio que toda sabiduría humana; y lo que en Dios puede parecer debilidad, es más fuerte que toda fuerza humana.

Realidad de la comunidad de Corinto

26 Hermanos, deben darse cuenta de que Dios los ha llamado a pesar de que pocos de ustedes son sabios según los criterios humanos, y pocos de ustedes son gente con autoridad o pertenecientes a familias importantes. 27 Y es que, para avergonzar a los sabios, Dios ha escogido a los que el mundo tiene por tontos; y para avergonzar a los fuertes, ha escogido a los que el mundo tiene por débiles. 28 Dios ha escogido a la gente despreciada y sin importancia de este mundo, es decir, a los que no son nada, para anular a los que son algo. 29 Así

ª **1.4** *Por medio de Cristo Jesús:* lit. *en Cristo Jesús.* Véase Ro 6.11 n. ᵇ **1.9** *En unión con . . . Jesucristo:* Véase Ro 6.11 n. ᶜ **1.12** *Apolo:* Cf. Hch 18.24—19.1. ᵈ **1.12** *Cefas:* forma aramea del nombre Pedro. ᵉ **1.16** 1 Co 16.15. ᶠ **1.19** Is 29.14.

nadie podrá presumir delante de Dios. **30** Pero Dios mismo los ha unido a ustedes con Cristo Jesús, y ha hecho también que Cristo sea nuestra sabiduría, nuestra justicia, nuestra santificación y nuestra liberación. **31** De esta manera, como dice la Escritura: "Si alguno quiere enorgullecerse, que se enorgullezca del Señor." *g*

El mensaje acerca de Cristo crucificado

2 **1** Pero hermanos, cuando yo fui a hablarles del designio secreto de Dios, lo hice sin hacer alardes de retórica o de sabiduría. **2** Y, estando entre ustedes, no quise saber de otra cosa sino de Jesucristo y, más estrictamente, de Jesucristo crucificado. **3** Me presenté ante ustedes débil y temblando de miedo, **4** y cuando les hablé y les prediqué el mensaje, no usé palabras sabias para convencerlos. Al contrario, los convencí haciendo demostración del Espíritu y del poder de Dios, **5** para que la fe de ustedes dependiera del poder de Dios y no de la sabiduría de los hombres.

Dios da a conocer sus secretos por medio del Espíritu

6 Sin embargo, entre los que ya han alcanzado la madurez en su fe sí usamos palabras de sabiduría. Pero no se trata de una sabiduría propia de este mundo ni de quienes lo gobiernan, *a* los cuales ya están perdiendo su poder. **7** Se trata más bien de la sabiduría oculta de Dios, del designio secreto que él, desde la eternidad, *b* ha tenido para nuestra gloria. **8** Esto es algo que no han entendido los gobernantes del mundo presente, pues si lo hubieran entendido no habrían crucificado al Señor de la gloria. **9** Pero, como se dice en la Escritura:

"Dios ha preparado para los que lo aman
cosas que nadie ha visto ni oído,
y ni siquiera pensado." *c*

10 Estas son las cosas que Dios nos ha hecho conocer por medio del Espíritu, pues el Espíritu lo examina todo, hasta las cosas más profundas de Dios.

11 ¿Quién entre los hombres puede saber lo que hay en el corazón del hombre, sino solo el espíritu que está dentro del hombre? De la misma manera, solamente el Espíritu de Dios sabe lo que hay en Dios. **12** Y nosotros no hemos recibido el espíritu del mundo, sino el Espíritu que viene de Dios, para que entendamos las cosas que Dios en su bondad nos ha dado. **13** Hablamos de estas cosas con palabras que el Espíritu de Dios nos ha enseñado, y no con palabras que hayamos aprendido por nuestra propia sabiduría. Así explicamos las cosas espirituales con términos espirituales.

14 El que no es espiritual no acepta las cosas que son del Espíritu de Dios, porque para él son tonterías. Y tampoco las puede entender, porque son cosas que tienen que juzgarse espiritualmente. **15** Pero aquel que tiene el Espíritu puede juzgar todas las cosas, y nadie lo puede juzgar a él. **16** Pues la Escritura dice: "¿Quién conoce la mente del Señor? ¿Quién podrá instruirle?" *d* Sin embargo, nosotros tenemos la mente de Cristo.

Deficiencias de la comunidad de Corinto

3 **1** Yo, hermanos, no pude hablarles entonces como a gente madura espiritualmente, sino como a personas débiles, como a niños en cuanto a las cosas de Cristo. **2** Les di una enseñanza sencilla, igual que a un niño de pecho se le da leche en vez de alimento sólido, porque ustedes todavía no podían digerir la comida fuerte. ¡Y ni siquiera pueden digerirla ahora, **3** porque todavía son débiles! Mientras haya entre ustedes envidias y discordias, es que todavía son débiles y actúan con criterios puramente humanos. **4** Porque cuando uno afirma: "Yo soy de Pablo", y otro: "Yo soy de Apolo", están manteniendo criterios puramente humanos.

5 A fin de cuentas, ¿quién es Apolo?, ¿quién es Pablo? Simplemente servidores, por medio de los cuales ustedes han llegado a la fe. Cada uno de nosotros hizo el trabajo que el Señor le señaló: **6** yo sembré y Apolo regó, *a* pero Dios es quien hizo crecer lo sembrado. **7** De manera que ni el que siembra ni el que riega son nada, sino que Dios lo es todo, pues él es quien hace crecer lo sembrado. **8** Los que siembran y los que riegan son iguales, aunque Dios pagará a

---

g **1.31** Jer 9.23–24. *a* **2.6** Parece referirse a potencias espirituales malignas (cf. Ef 6.12; 1 Jn 5.19). Otros lo refieren a los gobernantes humanos que, como instrumentos de aquellas, habían condenado y crucificado a Jesús (v. 8). *b* **2.7** Ro 16.25; Col 1.26. *c* **2.9** Cita de Is 64.4 combinado con Jer 3.16. Cf. Eclo 1.10. *d* **2.16** Is 40.13. *a* **3.6** *Yo sembré y Apolo regó:* Hch 18.

cada uno según su trabajo. 9 Somos compañeros de trabajo al servicio de Dios, y ustedes son un sembrado y una construcción que pertenecen a Dios. 10 Yo fui el maestro albañil al cual Dios en su bondad encargó poner los fundamentos, y otro está construyendo sobre ellos. Pero cada uno debe tener cuidado de cómo construye, 11 pues nadie puede poner otro fundamento que el que ya está puesto, que es Jesucristo.*b* 12 Sobre este fundamento, uno puede construir con oro, plata y piedras preciosas, o con madera, paja y cañas; 13 pero el trabajo de cada cual se verá claramente en el día del juicio; porque ese día vendrá con fuego, y el fuego probará la clase de trabajo que cada uno haya hecho.*c* 14 Si lo que uno construyó es resistente, recibirá su pago; 15 pero si lo que construyó llega a quemarse, perderá su trabajo, aunque él mismo logrará salvarse como quien escapa del fuego.

16 ¿Acaso no saben ustedes que son templo de Dios, y que el Espíritu de Dios vive en ustedes? 17 Si alguno destruye el templo de Dios, Dios lo destruirá a él, porque el templo de Dios es santo, y ese templo son ustedes mismos.

18 Que nadie se engañe: si alguno de ustedes se cree sabio según la sabiduría de este mundo, vuélvase como un ignorante, para así llegar a ser verdaderamente sabio. 19 Pues la sabiduría de este mundo es pura tontería para Dios. En efecto, la Escritura dice: "Dios atrapa a los sabios en la propia astucia de ellos."*d* 20 Y dice también: "El Señor sabe que los pensamientos de los sabios son tonterías."*e* 21 Por eso, nadie debe sentirse orgulloso de lo que es propio de los hombres; pues todas las cosas son de ustedes: 22 Pablo, Apolo, Cefas, el mundo, la vida, la muerte, el presente y el futuro; todo es de ustedes, y 23 ustedes son de Cristo, y Cristo es de Dios.

El trabajo de los apóstoles

4 1 Ustedes deben considerarnos simplemente como ayudantes de Cristo, encargados de enseñar los designios secretos de Dios. 2 Ahora bien, el que recibe un encargo debe demostrar que es digno de confianza. 3 En cuanto a mí respecta, muy poco me preocupa

ser juzgado por ustedes o por algún tribunal humano. Ni siquiera yo mismo me juzgo. 4 Sin embargo, el que mi conciencia no me acuse de nada no significa que yo por esto sea inocente. Pues el que me juzga es el Señor. 5 Por lo tanto, no juzguen ustedes nada antes de tiempo; esperen a que el Señor venga y saque a la luz lo que ahora está en la oscuridad y dé a conocer las intenciones del corazón. Entonces Dios dará a cada uno la alabanza que merezca.

6 Hermanos, les hablo de estas cosas por su propio bien y poniendo como ejemplo a Apolo y a mí mismo. Lo digo para que por nuestro ejemplo aprendan ustedes a no ir más allá de lo que está escrito, y para que nadie se hinche de orgullo, favoreciendo a uno en perjuicio de otro. 7 Pues, ¿quién te da privilegios sobre los demás? ¿Y qué tienes que Dios no te haya dado? Y si él te lo ha dado, ¿por qué presumes, como si lo hubieras conseguido por ti mismo?

8 Al parecer, ustedes ya son ricos, y tienen todo lo que pueden desear, y se sienten como reyes que nada necesitan de nosotros. ¡Ojalá fueran reyes de verdad, para que nosotros tuviéramos parte en su reino! 9 Pues me parece que a nosotros, los apóstoles, Dios nos ha puesto en el último lugar, como si fuéramos condenados a muerte. Hemos llegado a ser un espectáculo para el mundo, para los ángeles y para los hombres. 10 Nosotros, por causa de Cristo, pasamos por tontos; mientras que ustedes, gracias a Cristo, pasan por inteligentes. Nosotros somos débiles, mientras que ustedes son fuertes. A nosotros se nos desprecia, y a ustedes se les respeta. 11 Hasta hoy mismo no hemos dejado de sufrir hambre, sed y falta de ropa; la gente nos maltrata, no tenemos hogar propio 12 y nos cansamos trabajando con nuestras propias manos.*a* A las maldiciones respondemos con bendiciones; somos perseguidos, y lo soportamos. 13 Nos injurian, y contestamos con bondad. Nos tratan como a basura del mundo, como a desperdicio de la humanidad. Y así hasta el día de hoy.

14 No les escribo esto para avergonzarlos, sino para darles un consejo, como a mis propios hijos, pues los amo. 15 Pues aunque ustedes, como cristianos, tengan diez mil instructores, padres no tienen muchos. Padre de ustedes soy

---

b **3.11** Cf. Is 28.16; 1 P 2.4-6. *c* **3.13** Mal 4.1. *d* **3.19** Job 5.13. *e* **3.20** Sal 94.11. *a* **4.12** Hch 18.2-3; 20.34; 2 Co 11.7.

yo, pues les anuncié el evangelio por el cual quedaron incorporados a Cristo Jesús. **16** Así pues, les ruego que sigan mi ejemplo.

17 Por esto les envié a Timoteo, mi querido y fiel hijo en el Señor. Él los hará recordar mi conducta como creyente en Cristo Jesús, conforme a lo que enseño en todas las iglesias por donde paso. **18** Algunos de ustedes ya se sienten muy confiados pensando que no iré a verlos; **19** pero, si el Señor quiere, espero visitarlos pronto. Entonces veré lo que son capaces de hacer esos que se hinchan de orgullo, y no solamente lo que son capaces de decir. **20** Porque el reino de Dios no es cuestión de palabras, sino de poder. **21** ¿Qué prefieren ustedes: que vaya dispuesto a castigarlos, o que vaya a verlos con amor y ternura?

Un caso de inmoralidad

5 **1** Se ha sabido que uno de ustedes tiene como mujer a su propia madrastra.*ª* Este caso de inmoralidad es tan grave, que ni siquiera se da entre los paganos. **2** ¡Y aún se hinchan ustedes de orgullo! ¡Deberían llenarse de tristeza! El hombre que vive en semejante situación debe ser expulsado de entre ustedes. **3** En cuanto a mí, aunque en el cuerpo no estoy presente entre ustedes, lo estoy en el espíritu; y, como si estuviera presente, he dado ya mi sentencia sobre aquel que así actúa. **4** Cuando ustedes se reúnan, yo estaré con ustedes en espíritu, y también el poder de nuestro Señor Jesús estará con ustedes. Entonces, en el nombre de nuestro Señor Jesús, **5** ese hombre deberá ser entregado a Satanás, para que su cuerpo sea destruido y su espíritu se salve cuando el Señor venga.

6 Ustedes no tienen razón para sentirse orgullosos. Ya conocen el dicho: "Un poco de levadura hace fermentar toda la masa." **7** Así que echen fuera esa vieja levadura que los corrompe, para que sean como el pan hecho de masa nueva. Ustedes son, en realidad, como el pan sin levadura que se come en los días de la Pascua.*ᵇ* Porque Cristo, que es el Cordero de nuestra Pascua, fue muerto en sacrificio por nosotros.*ᶜ* **8** Así que debemos celebrar nuestra Pascua con el pan sin levadura que es la sinceridad y la verdad, y no con la vieja levadura ni con la corrupción de la maldad y la perversidad.

9 En mi otra carta*ᵈ* les dije que no deben tener trato alguno con quienes se entregan a la prostitución. **10** Y con esto no quise decirles que se aparten por completo de todos los que en este mundo se entregan a la prostitución, o son avaros, o ladrones, o idólatras, pues para lograrlo tendrían ustedes que salirse del mundo. **11** Lo que quise decir es que no deben tener trato con ninguno que, llamándose hermano, se entregue a la prostitución, o sea avaro, o idólatra, o maldiciente, o borracho, o ladrón. Con gente así, ni siquiera comer juntos. **12-13** No me toca a mí juzgar a los de fuera; Dios será quien los juzgue. Pero ustedes ya están juzgando a los de dentro. Por eso, quiten a ese pecador de en medio de ustedes.

Pleitos ante jueces paganos

6 **1** Cuando alguno de ustedes tiene un pleito con otro, ¿por qué va a pedir justicia a los jueces paganos, en vez de pedírsela a los del pueblo santo? **2** ¿Acaso no saben ustedes que el pueblo santo ha de juzgar al mundo?*ª* Y si ustedes han de juzgar al mundo, ¿cómo no son capaces de juzgar estos asuntos tan pequeños? **3** ¿No saben que incluso a los ángeles habremos de juzgarlos nosotros? ¡Pues con mayor razón los asuntos de esta vida! **4** Así que, si ustedes tienen pleitos por asuntos de la vida diaria, ¿por qué ponen por jueces a los que nada significan para la iglesia? **5** Digo esto para que les dé vergüenza: ¿Acaso no hay entre ustedes ninguno con capacidad suficiente para juzgar un asunto entre sus hermanos? **6** ¡No solo se pelean unos hermanos con otros, sino que llevan sus pleitos ante jueces paganos!

7 Ya el simple hecho de tener pleitos entre ustedes mismos es un grave defecto. ¿Por qué no, mejor, soportar la injusticia? ¿Por qué no, mejor, dejar que les roben? **8** ¡Pero ustedes, al contrario, cometen injusticias y roban hasta a sus propios hermanos!

9-10 ¿No saben ustedes que los que cometen injusticias no tendrán parte en el reino de Dios?

ª **5.1** Esto estaba prohibido tanto por la ley de Moisés (Lv 18.8) como por la ley romana. *ᵇ* **5.6–8** En preparación para la Pascua los judíos limpian ceremonialmente sus casas quitando todo resto de levadura, e incluso la más pequeña migaja de pan hecho con levadura. *ᶜ* **5.7** Cf. Ex 12.5,21; Jn 1.29; 1 P 1.19. *ᵈ* **5.9** *Otra carta:* Véase *Introducción.* *ª* **6.2–3** Sab 3.7–8; Cf. Mt 19.28.

No se dejen engañar, pues en el reino de Dios no tendrán parte los que se entregan a la prostitución, ni los idólatras, ni los que cometen adulterio, ni los afeminados, ni los homosexuales, ni los que roban, ni los avaros, ni los borrachos, ni los maldicientes, ni los ladrones.[b] 11 Y esto eran antes algunos de ustedes; pero ahora ya recibieron el baño de la purificación,[c] fueron santificados y hechos justos[d] en el nombre del Señor Jesucristo y por el Espíritu de nuestro Dios.

La libertad no es para que pequemos

12 Se dice: "Yo soy libre de hacer lo que quiera." Es cierto, pero no todo conviene. Sí, yo soy libre de hacer lo que quiera, pero no debo dejar que nada me domine. 13 También se dice: "La comida es para el estómago, y el estómago para la comida." Es cierto, pero Dios va a terminar con las dos cosas. En cambio, el cuerpo no es para la prostitución sino para el Señor, y el Señor es para el cuerpo. 14 Y así como Dios resucitó al Señor, también nos va a resucitar a nosotros por su poder.

15 ¿Acaso no saben ustedes que su cuerpo es parte del cuerpo de Cristo? ¿Y habré de tomar yo esa parte del cuerpo de Cristo y hacerla parte del cuerpo de una prostituta? ¡Claro que no! 16 ¿No saben ustedes que cuando un hombre se une con una prostituta, se hacen los dos un solo cuerpo? Pues la Escritura dice: "Los dos serán como una sola persona."[e] 17 Pero cuando alguien se une al Señor, se hace espiritualmente uno con él.

18 Huyan, pues, de la prostitución. Cualquier otro pecado que una persona comete, no afecta a su cuerpo; pero el que se entrega a la prostitución, peca contra su propio cuerpo. 19 ¿No saben ustedes que su cuerpo es templo del Espíritu Santo que Dios les ha dado, y que el Espíritu Santo vive en ustedes? Ustedes no son sus propios dueños, 20 porque Dios los ha comprado.[f] Por eso deben honrar a Dios en el cuerpo.

Consejos generales a los casados

7 1 Ahora paso a contestar las preguntas que ustedes me hicieron en su carta. Sería preferible no casarse; 2 pero, por el peligro de la prostitución, cada uno debe tener su propia esposa, y cada mujer su propio esposo. 3 Y tanto el esposo como la esposa deben cumplir con los deberes propios del matrimonio. 4 Ni la esposa es dueña de su propio cuerpo, puesto que pertenece a su esposo, ni el esposo es dueño de su propio cuerpo, puesto que pertenece a su esposa. 5 Por lo tanto, no se nieguen el uno al otro, a no ser que se pongan de acuerdo en no juntarse por algún tiempo para dedicarse a la oración. Después deberán volver a juntarse; no sea que, por no poder dominarse, Satanás los haga pecar.

6 Todo esto lo digo más como concesión que como mandamiento. 7 Personalmente, quisiera que todos fueran como yo; pero Dios ha dado a cada uno diferentes dones, a unos de una clase y a otros de otra.

Casos especiales

8 A los solteros y a las viudas les digo que es preferible quedarse sin casar, como yo. 9 Pero si no pueden controlar su naturaleza, que se casen, pues más vale casarse que consumirse de pasión.

10 Pero a los que ya están casados, les doy este mandato, que no es mío, sino del Señor:[a] que la esposa no se separe de su esposo. 11 Ahora bien, en caso de que la esposa se separe de su esposo, deberá quedarse sin casar o reconciliarse con él. De la misma manera, el esposo no debe divorciarse de su esposa.

12 En cuanto a los demás, les digo, como cosa mía y no del Señor, que si la mujer de algún hermano no es creyente pero está de acuerdo en seguir viviendo con él, el hermano no debe divorciarse de ella. 13 Y si una mujer creyente está casada con un hombre no creyente que está de acuerdo en seguir viviendo con ella, no deberá divorciarse de él. 14 Pues el esposo no creyente queda santificado por su unión con una mujer creyente; y la mujer no creyente queda santificada por su unión con un esposo creyente. De otra manera, los hijos de ustedes serían impuros; pero, de hecho, pertenecen al pueblo santo. 15 Ahora bien, si el esposo o la esposa no creyentes insisten en separarse, que lo hagan. En

---

b **6.9–10** Ef 5.5. *c* **6.11** *El baño de purificación:* alusión al bautismo. Cf. Tit 3.5. *d* **6.11** *Hechos justos:* Véase Ro 1.17 nota *c.* *e* **6.16** Gn 2.24. *f* **6.20** *Dios los ha comprado:* 1 Co 7.23; Ap 5.9; véase Ro 3.24 nota *m.* *a* **7.10–11** *Del Señor:* Cf. Mt 5.32; 19.9; Mc 10.11–12; Lc 16.18.

estos casos, el hermano o la hermana quedan en libertad, porque Dios los ha llamado a ustedes a vivir en paz. **16** Pues ¿cómo sabes tú, esposa, si acaso puedes salvar a tu esposo? ¿O cómo sabes tú, esposo, si acaso puedes salvar a tu esposa?

17 Como quiera que sea, cada uno debe vivir según los dones que el Señor le ha dado, y tal como era cuando Dios lo llamó. Esta es la norma que doy a todas las iglesias. **18** Si Dios llama a alguno que ha sido circuncidado, no trate de disimular su circuncisión; y si llama a uno que no ha sido circuncidado, no debe circuncidarse. **19** Porque lo que importa no es estar o no estar circuncidado, sino obedecer los mandatos de Dios. *b* **20** Cada uno debe quedarse en la condición en que estaba cuando Dios lo llamó. **21** Si cuando fuiste llamado eras esclavo, no te preocupes; aunque si tienes oportunidad de conseguir tu libertad, debes aprovecharla. *c* **22** Pues el que era esclavo cuando fue llamado a la fe, ahora es un hombre libre al servicio del Señor; y, de la misma manera, el que era hombre libre cuando fue llamado, ahora es esclavo de Cristo. *d* **23** Dios los ha comprado*e* a ustedes; no permitan que otros hombres los hagan esclavos. **24** Así pues, hermanos, que cada cual permanezca delante de Dios en la condición en que estaba cuando fue llamado.

25 En cuanto a las mujeres no casadas, no tengo ningún mandato especial del Señor; pero doy mi opinión, como uno que es digno de confianza por la misericordia del Señor. **26** A mí me parece que es preferible que cada uno se quede tal como está, por causa de los tiempos difíciles en que vivimos. **27** Si tienes mujer, no la abandones; y si no tienes, no la busques. **28** Si te casas, no cometes pecado; y si una mujer soltera se casa, tampoco comete pecado. Pero los que se casan van a tener los sufrimientos propios de la naturaleza humana, que yo quisiera evitarles.

La actitud cristiana

29 Hermanos, lo que quiero decir es esto: Nos queda poco tiempo. Por lo tanto, los casados deben vivir como si no lo estuvieran; **30** los que están de luto deben portarse como si estuvieran de fiesta, y los que están de fiesta deben portarse como si estuvieran de luto; los que compran deben vivir como si nada fuera suyo; **31** y los que están usando de este mundo deben vivir como si no estuvieran sacando provecho de él, porque este mundo que vemos ha de terminar.

32 Yo quisiera librarlos a ustedes de preocupaciones. El que está soltero se preocupa por las cosas del Señor, y por agradarle; **33** pero el que está casado se preocupa por las cosas del mundo y por agradar a su esposa, **34** y así está dividido. Igualmente, la mujer que ya no tiene esposo y la joven soltera se preocupan por las cosas del Señor, por ser santas tanto en el cuerpo como en el espíritu; pero la casada se preocupa por las cosas del mundo y por agradar a su esposo.

35 Les digo esto, no para ponerles restricciones, sino en bien de ustedes y para que vivan de una manera digna, sirviendo al Señor sin distracciones.

36 Si alguno cree que debe casarse con su prometida,*f* porque ya está en edad de casarse, y si piensa que eso es lo más indicado, que haga lo que crea conveniente; cásese, pues no es pecado. **37** Y si otro, sin sentirse obligado, y con toda libertad para actuar como quiera, se hace en su corazón el propósito firme de no casarse, hará bien. **38** Así que, si se casa con su prometida, hace bien; pero si no se casa, hace mejor.

39 La mujer casada está ligada a su esposo mientras este vive; pero si el esposo muere, ella queda libre para casarse con quien quiera, con tal de que sea un creyente. **40** Aunque creo que será más feliz si no vuelve a casarse. Esta es mi opinión, y creo que yo también tengo el Espíritu de Dios.

---

b **7.19** Ro 2.25–26; Gl 5.6; 6.15. *c* **7.21** *Aunque si tienes oportunidad de conseguir tu libertad, debes aprovecharla:* otra posible traducción: *y aunque tengas oportunidad de conseguir tu libertad, saca provecho de tu condición de esclavo. d* **7.22** Cf. Ef 6.6; 1 P 2.16. *e* **7.23** 1 Co 6.20. *f* **7.36–38** *Su prometida:* lit. *su virgen* (en los vv. 36 y 38); expresión ambigua, que puede significar *su prometida* o *su hija.* Otra posible traducción: *36 Si alguno piensa que es mejor que su hija se case, porque va pasando ya su juventud, y si piensa que eso es lo más indicado, que haga lo que crea conveniente; puede casarla, pues eso no es pecado. 37 Y si otro, sin sentirse obligado, y con toda libertad para actuar como quiera, se hace en su corazón el propósito firme de que su hija se quede sin casar, hará bien. 38 Así que, el que la da en matrimonio, hace bien; y el que no la da, hace mejor.*

Los alimentos consagrados a los ídolos

8 ¹Ahora paso al asunto de los alimentos ofrecidos en sacrificio a los ídolos. Es verdad lo que se dice: que todos tenemos el conocimiento de la verdad; pero el conocimiento hincha de orgullo, en tanto que el amor edifica la comunidad.*ᵃ* ²Si alguien cree que conoce algo, todavía no lo conoce como lo debe conocer. ³Pero si alguien ama a Dios, Dios lo conoce a él.

⁴En cuanto a esto de comer alimentos ofrecidos en sacrificio a los ídolos, bien sabemos que un ídolo no tiene valor alguno en el mundo, y que solamente hay un Dios. ⁵Pues aunque en el cielo y en la tierra existan esos llamados dioses (y en este sentido hay muchos dioses y muchos señores), ⁶para nosotros no hay más que un solo Dios, el Padre, en quien todo tiene su origen y para quien nosotros existimos. Y hay también un solo Señor, Jesucristo, por quien todas las cosas existen, incluso nosotros mismos.

El criterio del amor fraterno

⁷Pero no todos conocen la verdad. Algunos que estaban acostumbrados a adorar ídolos, todavía comen de esos alimentos pensando que fueron ofrecidos a los dioses; y su conciencia, que es débil, los hace sentirse contaminados por el ídolo. ⁸Claro que el que Dios nos acepte no depende de lo que comamos; pues no vamos a ser mejores por comer, ni peores por no comer. ⁹Pero eviten que esa libertad que ustedes tienen haga caer en pecado a los que son débiles en su fe. ¹⁰Porque si tú, que sabes estas cosas, te sientas a comer en un lugar dedicado a los ídolos, y algún hermano débil te ve, puede suceder que él se anime a comer de esa ofrenda hecha a un ídolo. ¹¹Y así tú, por tu conocimiento, haces que se pierda tu hermano débil, por quien Cristo también murió. ¹²Al ofender la conciencia de los hermanos débiles en la fe, ofenden ustedes a Cristo mismo. ¹³Por eso, si por causa de mi comida hago caer en pecado a mi hermano, no debo comer carne nunca, para no ponerlo en peligro de pecar.*ᵇ*

El criterio de la libertad. Ejemplo de Pablo

9 ¹No me negarán ustedes que yo tengo la libertad y los derechos de un apóstol, pues he visto a Jesús nuestro Señor, y ustedes mismos son el resultado de mi trabajo en la obra del Señor. ²Puede ser que para otros yo no sea apóstol; pero para ustedes sí lo soy, porque el hecho de que ustedes estén incorporados al Señor prueba que en verdad lo soy.

³Esta es mi respuesta a los que me critican: ⁴Tenemos todo el derecho de recibir comida y bebida, ⁵y también de llevar con nosotros una esposa cristiana, como hacen los otros apóstoles, y los hermanos del Señor,*ᵃ* y Cefas. ⁶¿O acaso Bernabé y yo somos los únicos que no tenemos derecho a que la comunidad nos mantenga? ⁷¿Quién sirve como soldado pagándose sus propios gastos? ¿Quién cultiva un viñedo y no come de sus uvas? ¿Quién cuida las ovejas y no toma de la leche que ordeña? ⁸Y no vayan a creer que esta es solo una opinión humana, porque la ley de Moisés también lo dice. ⁹Pues está escrito en el libro de la ley: "No le pongas bozal al buey que trilla."*ᵇ* Y esto no significa que Dios se preocupe de los bueyes, ¹⁰sino que se preocupa de nosotros. Porque la ley se escribió por causa nuestra, pues tanto el que ara la tierra como el que trilla el grano deben hacerlo con la esperanza de recibir su parte de la cosecha. ¹¹Así que, si nosotros hemos sembrado en ustedes una semilla espiritual, no es mucho pedir que cosechemos de ustedes algo de lo material. ¹²Si otros tienen este derecho sobre ustedes, con mayor razón nosotros.

Pero no hemos hecho uso de tal derecho, y hemos venido soportándolo todo por no estorbar el anuncio del evangelio de Cristo. ¹³Ustedes saben que quienes trabajan al servicio del templo, viven del templo. Es decir, que quienes atienden el altar donde se ofrecen los sacrificios, comen de la carne de los animales que allí se sacrifican.*ᶜ* ¹⁴De igual manera, el Señor ha dispuesto que quienes anuncian el evangelio vivan de ello mismo.*ᵈ* ¹⁵Pero yo nunca he utilizado ninguno de estos derechos, ni tampoco les escribo esto para que ustedes me den algo. Prefiero morir a hacerlo. ¡Nadie me quitará esta satisfacción que tengo!

¹⁶Para mí no es motivo de orgullo anunciar el evangelio, porque lo considero una obligación ineludible. ¡Y ay de mí si no lo anuncio! ¹⁷Por eso, si lo hiciera por propia iniciativa,

---

ᵃ **8.1** Gran parte de la carne vendida en el mercado era de animales sacrificados a dioses paganos, lo cual suscitaba problemas de conciencia para algunos cristianos. *ᵇ* **8.8–13** Ro 14.13–15; Gl 5.13. *ᵃ* **9.5** *Los hermanos del Señor:* Mt 13.55. *ᵇ* **9.9** Dt 25.4. *ᶜ* **9.13** Lv 6.16,26; Dt 18.1–3. *ᵈ* **9.14** Mt 10.10; Lc 10.7.

tendría derecho a una recompensa; pero si lo hago por obligación, es porque estoy cumpliendo un encargo que Dios me ha dado. 18En este caso, mi recompensa es la satisfacción de anunciar el evangelio sin cobrar nada; es decir, sin hacer valer mi derecho a vivir del anuncio del evangelio.

19Aunque no soy esclavo de nadie, me he hecho esclavo de todos, a fin de ganar para Cristo el mayor número posible de personas. 20Cuando he estado entre los judíos me he vuelto como un judío, para ganarlos a ellos; es decir, que para ganar a los que viven bajo la ley de Moisés, yo mismo me he puesto bajo esa ley, aunque en realidad no estoy sujeto a ella. 21Por otra parte, para ganar a los que no viven bajo la ley de Moisés, me he vuelto como uno de ellos, aunque realmente estoy sujeto a la ley de Dios, ya que estoy bajo la ley de Cristo. 22Cuando he estado con los que son débiles en la fe, me he vuelto débil como uno de ellos, para ganarlos también. Es decir, me he hecho igual a todos, para de alguna manera poder salvar a algunos. 23Todo lo hago por el evangelio, para tener parte en el mismo.

24Ustedes saben que en una carrera todos corren, pero solamente uno recibe el premio. Pues bien, corran ustedes de tal modo que reciban el premio. 25Los que se preparan para competir en un deporte, evitan todo lo que pueda hacerles daño. Y esto lo hacen por alcanzar como premio una corona que en seguida se marchita; en cambio, nosotros luchamos por recibir un premio que no se marchita. 26Yo, por mi parte, no corro a ciegas ni peleo como si estuviera dando golpes al aire. 27Al contrario, castigo mi cuerpo y lo obligo a obedecerme, para no quedar yo mismo descalificado después de haber enseñado a otros.

El criterio de la prudencia. Ejemplo de Israel

10 1No quiero, hermanos, que olviden que nuestros antepasados estuvieron todos bajo aquella nube, y que todos atravesaron el Mar Rojo. 2De ese modo, todos ellos quedaron unidos a Moisés al ser bautizados en la nube y en el mar.ª 3Igualmente,

todos ellos comieron el mismo alimento espiritualᵇ 4y tomaron la misma bebida espiritual.ᶜ Porque bebían agua de la roca espiritual que los acompañaba en su viaje, la cual era Cristo.ᵈ 5Sin embargo, la mayoría de ellos no agradó a Dios, y por eso sus cuerpos quedaron tendidos en el desierto.ᵉ

6Todo esto sucedió como un ejemplo para nosotros, para que no deseemos lo malo, como ellos lo desearon.ᶠ 7Por eso, no adoren ustedes ídolos, como algunos de ellos lo hicieron, según dice la Escritura: "La gente se sentó a comer y beber, y luego se levantó a divertirse."ᵍ 8No nos entreguemos a la prostitución, como lo hicieron algunos de ellos, por lo que en un solo día murieron veintitrés mil.ʰ 9Tampoco pongamos a prueba a Cristo, como algunos de ellos lo hicieron, por lo que murieron mordidos por las serpientes.ⁱ 10Ni murmuren contra Dios, como algunos de ellos murmuraron, por lo que el ángel de la muerte los mató.ʲ

11Todo esto les sucedió a nuestros antepasados como un ejemplo para nosotros, y fue puesto en las Escrituras como una advertencia para los que vivimos en estos tiempos últimos. 12Así pues, el que cree estar firme, tenga cuidado de no caer. 13Ustedes no han pasado por ninguna prueba que no sea humanamente soportable. Y pueden ustedes confiar en Dios, que no los dejará sufrir pruebas más duras de lo que pueden soportar. Por el contrario, cuando llegue la prueba, Dios les dará también la manera de salir de ella, para que puedan soportarla.

La solidaridad que se establece en la comida ritual

14Por eso, mis queridos hermanos, huyan de la idolatría. 15Les hablo como a personas entendidas: juzguen ustedes mismos lo que les digo. 16Cuando bebemos de la copa bendita por la cual bendecimos a Dios,ᵏ participamos en común de la sangre de Cristo; cuando comemos del pan que partimos, participamos en común del cuerpo de Cristo. 17Aunque somos muchos, todos comemos de un mismo pan, y por esto somos un solo cuerpo.ˡ

ª **10.1–2** Cf. Ex 13.21–22; Ex 14.22–29. ᵇ **10.3** *Alimento espiritual:* el maná: Ex 16.4,35; Sal 78.24–25; Sab 16.20. ᶜ **10.4** *Bebida espiritual:* el agua de la roca: Ex 17.6; Nm 20.8–11. ᵈ **10.4** Una tradición judía de los tiempos del NT indicaba que la roca de Ex 17.6 y la de Nm 20.8 eran la misma, y sostenía que esta roca seguía a los israelitas en sus viajes por el desierto. ᵉ **10.5** Nm 14.16,29–30. ᶠ **10.6** Nm 11.4,34. ᵍ **10.7** Ex 32.6. ʰ **10.8** Nm 25.1–18. ⁱ **10.9** Nm 21.5–6. ʲ **10.10** Nm 16.41–49. ᵏ **10.16** Mt 26.26–28 y paralelos. ˡ **10.17** Ro 12.5; 1 Co 12.12; Ef 4.16; Col 3.15.

18 Fíjense en el pueblo de Israel: los que comen de los animales ofrecidos en sacrificio, participan en común del servicio en el altar.*m* 19 Con esto no quiero decir que el ídolo tenga valor alguno, ni que la carne ofrecida al ídolo sea algo más que otra carne cualquiera. 20 Lo que digo es que cuando los paganos ofrecen algo en sacrificio, se lo ofrecen a los demonios, y no a Dios,*n* y yo no quiero que ustedes tengan nada en común con los demonios. 21 No pueden beber de la copa del Señor y, a la vez, de la copa de los demonios; ni pueden participar de la mesa del Señor y, a la vez, de la mesa de los demonios.

22 ¿O acaso queremos poner celoso al Señor?*ñ* ¿Somos acaso más fuertes que él?

El respeto a la conciencia del prójimo

23 Se dice: "Uno es libre de hacer lo que quiera." Es cierto, pero no todo conviene.*o* Sí, uno es libre de hacer lo que quiera, pero no todo edifica la comunidad. 24 No hay que buscar el bien de uno mismo, sino el bien de los demás. 25 Coman ustedes de todo lo que se vende en la carnicería, sin preguntar nada por motivos de conciencia; 26 porque el mundo entero, con todo lo que hay en él, es del Señor.

27 Si uno que no es creyente los invita a comer, y ustedes quieren ir, coman de todo lo que les sirvan, sin preguntar nada por motivos de conciencia. 28 Ahora bien, si alguien les dice: "Esta carne fue ofrecida en sacrificio", entonces no la coman, en atención al que lo dijo y por motivos de conciencia. 29 Estoy hablando de la conciencia del otro, no de la de ustedes.*p*

Yo no debo hacer que mi libertad sea mal juzgada por la conciencia de otra persona. 30 Si doy gracias a Dios por lo que como, no debo hacer que se hable mal de lo que para mí es motivo de dar gracias a Dios. 31 En todo caso, lo mismo si comen, que si beben, que si hacen cualquier otra cosa, háganlo todo para la gloria de Dios. 32 No den mal ejemplo a nadie; ni a los judíos, ni a los no judíos, ni a los que pertenecen a la iglesia de Dios. 33 Yo, por mi parte, procuro agradar a todos en todo, sin buscar mi propio bien sino el de los demás, para

11 que alcancen la salvación. 1 Sigan ustedes mi ejemplo, como yo sigo el ejemplo de Cristo.

Las mujeres en el culto

2 Los felicito porque siempre se acuerdan de mí y mantienen las tradiciones que les trasmití.*a* 3 Pero quiero que entiendan que Cristo es cabeza de cada hombre, y que el esposo es cabeza de su esposa, así como Dios es cabeza de Cristo. 4 Si un hombre se cubre la cabeza cuando ora o cuando comunica mensajes proféticos, deshonra su cabeza. 5 En cambio, si una mujer no se cubre la cabeza cuando ora o cuando comunica mensajes proféticos, deshonra su cabeza. Es igual que si se hubiera rapado. 6 Porque si una mujer no se cubre la cabeza, más vale que se la rape de una vez. Pero si la mujer considera vergonzoso cortarse el cabello o raparse la cabeza, entonces que se la cubra. 7 El hombre no debe cubrirse la cabeza, porque él es imagen de Dios y refleja la gloria de Dios.*b* Pero la mujer refleja la gloria del hombre, 8 pues el hombre no fue sacado de la mujer, sino la mujer del hombre. 9 Y el hombre no fue creado por causa de la mujer, sino la mujer por causa del hombre.*c* 10 Precisamente por esto, y por causa de los ángeles, la mujer debe llevar sobre la cabeza una señal de autoridad. 11 Sin embargo, en la vida cristiana, ni el hombre existe sin la mujer, ni la mujer sin el hombre. 12 Pues aunque es verdad que la mujer fue formada del hombre, también es cierto que el hombre nace de la mujer; y todo tiene su origen en Dios.

13 Ustedes mismos juzguen si está bien que la mujer ore a Dios sin cubrirse la cabeza. 14 La naturaleza misma nos enseña que es una vergüenza que el hombre se deje crecer el cabello; 15 en cambio, es una honra para la mujer dejárselo crecer; porque a ella se le ha dado el cabello largo para que le cubra la cabeza. 16 En todo caso, si alguno quiere discutir este asunto, debe saber que ni nosotros ni las iglesias de Dios conocemos otra costumbre.

Abusos

17 Al escribirles lo que sigue, no puedo felicitarlos, pues parece que sus reuniones les hacen

---

m **10.18** Lv 7.6,15. *n* **10.20** Dt 32.17; Sal 106.37; Bar 4.7. *ñ* **10.22** Cf. Ex 20.5; Dt 32.21. *o* **10.23** Cf. 1 Co 6.12. *p* **10.28-29** 1 Co 8.7-13. *a* **11.2** Cf. 1 Co 11.23; 15.1-3; 2 Ts 2.15; 3.6. *b* **11.7** Cf. Gn 1.26-27. *c* **11.8-9** Gn 2.18-23.

daño en vez de hacerles bien. **18**En primer lugar, se me ha dicho que cuando la comunidad se reúne, hay divisiones entre ustedes; y en parte creo que esto es verdad. **19**¡No cabe duda de que ustedes tienen que dividirse en partidos, para que se conozca el valor de cada uno! **20**El resultado de esas divisiones es que la cena que ustedes toman en sus reuniones ya no es realmente la Cena del Señor.*d* **21**Porque a la hora de comer, cada uno se adelanta a tomar su propia cena; y mientras unos se quedan con hambre, otros hasta se emborrachan. **22**¿No tienen ustedes casas donde comer y beber? ¿Por qué menosprecian la iglesia de Dios y ponen en vergüenza a los que no tienen nada? ¿Qué les voy a decir? ¿Que los felicito? ¡No en cuanto a esto!

La Cena del Señor
(Mt 26.26–29; Mc 14.22–25; Lc 22.14–20)

23Porque yo recibí esta tradición dejada por el Señor, y que yo a mi vez les transmití: Que la misma noche que el Señor Jesús fue traicionado, tomó en sus manos pan **24**y, después de dar gracias a Dios, lo partió y dijo: "Esto es mi cuerpo, que muere en favor de ustedes. Hagan esto en memoria de mí." **25**Así también, después de la cena, tomó en sus manos la copa y dijo: "Esta copa es la nueva alianza confirmada con mi sangre. Cada vez que beban, háganlo en memoria de mí."*e* **26**De manera que, hasta que venga el Señor, ustedes proclaman su muerte cada vez que comen de este pan y beben de esta copa.

Modo de celebrar la Cena del Señor
27Así pues, cualquiera que come del pan o bebe de la copa del Señor de manera indigna, comete un pecado contra el cuerpo y la sangre del Señor. **28**Por tanto, cada uno debe examinar su propia conciencia antes de comer del pan y beber de la copa. **29**Porque si come y bebe sin fijarse en que se trata del cuerpo del Señor, para su propio castigo come y bebe. **30**Por eso, muchos de ustedes están enfermos y débiles, y también algunos han muerto. **31**Si nos examináramos bien a nosotros mismos, el Señor no tendría que castigarnos, **32**aunque si el Señor nos castiga es para que aprendamos y no seamos condenados con los que son del mundo.

33Así que, hermanos míos, cuando se reúnan para comer, espérense unos a otros. **34**Y si alguno tiene hambre, que coma en su propia casa, para que Dios no tenga que castigarlos por esa clase de reuniones. Los otros asuntos los arreglaré cuando vaya a verlos.

Los dones espirituales

12 **1**Hermanos, quiero que ustedes sepan algo respecto a los dones espirituales.

2Ustedes saben que cuando todavía no eran creyentes se dejaban arrastrar ciegamente tras los ídolos mudos. **3**Por eso, ahora quiero que sepan que nadie puede decir: "¡Maldito sea Jesús!", si está hablando por el poder del Espíritu de Dios. Y tampoco puede decir nadie: "¡Jesús es Señor!", si no está hablando por el poder del Espíritu Santo.

Diversidad y unidad de los dones
4Hay en la iglesia diferentes dones, pero el que los concede es un mismo Espíritu. **5**Hay diferentes maneras de servir, pero todas por encargo de un mismo Señor.*a* **6**Y hay diferentes manifestaciones de poder, pero es un mismo Dios, que, con su poder, lo hace todo en todos. **7**Dios da a cada uno alguna prueba de la presencia del Espíritu, para provecho de todos. **8**Por medio del Espíritu, a unos les concede que hablen con sabiduría; y a otros, por el mismo Espíritu, les concede que hablen con profundo conocimiento. **9**Unos reciben fe por medio del mismo Espíritu, y otros reciben el don de curar enfermos. **10**Unos reciben poder para hacer milagros, y otros tienen el don de profecía.*b* A unos, Dios les da la capacidad de distinguir entre los espíritus falsos y el Espíritu verdadero, y a otros la capacidad de hablar en lenguas; y todavía a otros les da la capacidad de interpretar lo que se ha dicho en esas lenguas. **11**Pero todas estas cosas las hace con su poder el único y mismo Espíritu, dando a cada persona lo que a él mejor le parece.

12El cuerpo humano, aunque está formado por muchos miembros, es un solo cuerpo. Así también Cristo.*c* **13**Y de la misma manera, todos nosotros, judíos o no judíos, esclavos o

---

d **11.20–22** Los cristianos se reunían en un "ágape" o cena común, y como parte de ella celebraban la *Cena del Señor* o Eucaristía. *e* **11.25** Ex 24.6–8; Jer 31.31–34. *a* **12.5** Ef 4.11. *b* **12.10** *Don de profecía:* Véase 14.1 n. *c* **12.12** Cf. Ro 12.4–5; Ef 4.25.

libres, fuimos bautizados para formar un solo cuerpo por medio de un solo Espíritu; y a todos se nos dio a beber de ese mismo Espíritu.

14Un cuerpo no se compone de un solo miembro, sino de muchos. **15**Si el pie dijera: "Como no soy mano, no soy del cuerpo", no por eso dejaría de ser del cuerpo. **16**Y si la oreja dijera: "Como no soy ojo, no soy del cuerpo", no por eso dejaría de ser del cuerpo. **17**Si todo el cuerpo fuera ojo, no podríamos oír. Y si todo el cuerpo fuera oído, no podríamos oler. **18**Pero Dios ha puesto cada miembro del cuerpo en el sitio que mejor le pareció. **19**Si todo fuera un solo miembro, no habría cuerpo. **20**Lo cierto es que, aunque son muchos los miembros, el cuerpo solo es uno.

21El ojo no puede decirle a la mano: "No te necesito"; ni la cabeza puede decirles a los pies: "No los necesito." **22**Al contrario, los miembros del cuerpo que parecen más débiles, son los que más se necesitan; **23**y los miembros del cuerpo que menos estimamos, son los que vestimos con más cuidado. Y los miembros que consideramos menos presentables, son los que tratamos hacer con más modestia, **24**lo cual no es necesario hacer con los miembros más presentables. Dios arregló el cuerpo de tal manera que los miembros menos estimados reciban más honor, **25**para que no haya desunión en el cuerpo, sino que cada miembro del cuerpo se preocupe por los otros. **26**Si un miembro del cuerpo sufre, todos los demás sufren también; y si un miembro recibe atención especial, todos los demás comparten su alegría.

27Pues bien, ustedes son el cuerpo de Cristo, y cada uno de ustedes es un miembro con su función particular. **28**Dios ha querido que en la iglesia haya, en primer lugar, apóstoles; en segundo lugar, profetas; en tercer lugar, maestros;[d] luego personas que hacen milagros, y otras que curan enfermos, o que ayudan, o que dirigen, o que hablan en lenguas. **29**No todos son apóstoles, ni todos son profetas. No todos son maestros, ni todos hacen milagros, **30**ni todos tienen poder para curar enfermos. Tampoco todos hablan en lenguas, ni todos saben interpretarlas. **31**Ustedes deben ambicionar los mejores dones.

Supremacía del amor

Yo voy a enseñarles un camino mucho mejor. **13** **1**Si hablo las lenguas de los hombres y aun de los ángeles, pero no tengo amor, no soy más que un metal que resuena o un platillo que hace ruido. **2**Y si tengo el don de profecía, y entiendo todos los designios secretos de Dios, y sé todas las cosas, y si tengo la fe necesaria para mover montañas, pero no tengo amor, no soy nada. **3**Y si reparto entre los pobres todo lo que poseo, y aun si entrego mi propio cuerpo para tener de qué enorgullecerme,[a] pero no tengo amor, de nada me sirve.

4Tener amor es saber soportar; es ser bondadoso; es no tener envidia, ni ser presumido, ni orgulloso, **5**ni grosero, ni egoísta; es no enojarse ni guardar rencor; **6**es no alegrarse de las injusticias, sino de la verdad. **7**Tener amor es sufrirlo todo, creerlo todo, esperarlo todo, soportarlo todo.

8El amor jamás dejará de existir. Un día el don de profecía terminará, y ya no se hablará en lenguas, ni serán necesarios los conocimientos. **9**Porque los conocimientos y la profecía son cosas imperfectas, **10**que llegarán a su fin cuando venga lo que es perfecto.

11Cuando yo era niño, hablaba, pensaba y razonaba como un niño; pero al hacerme hombre, dejé atrás lo que era propio de un niño. **12**Ahora vemos de manera indirecta, como en un espejo, y borrosamente; pero un día veremos cara a cara. Mi conocimiento es ahora imperfecto, pero un día conoceré a Dios como él me ha conocido siempre a mí.[b]

13Tres cosas hay que son permanentes: la fe, la esperanza y el amor; pero la más importante de las tres es el amor.

Criterio de la utilidad común

14 **1**Procuren, pues, tener amor, y al mismo tiempo aspiren a que Dios les dé dones espirituales, especialmente el de profecía.[a] **2**Aquel que habla en lenguas extrañas, habla a Dios y no a seres humanos, pues nadie lo entiende. En su espíritu dice cosas

---

d **12.28** Ef 4.11–12. *a* **13.3** *Para tener de qué enorgullecerme:* Algunos mss. dicen *para ser quemado.*
b **13.12** 1 Jn 3.2. *a* **14.1** El don de profecía, semejante al que tuvieron muchas personas del AT, lleva a la persona a comunicar, por inspiración de Dios, mensajes dirigidos a otros. De ordinario, el mensaje se refiere a la situación presente, aunque algunas veces, como en Hch 11.28; 21.22, se trata de anunciar acontecimientos futuros. El NT también habla de *falsos profetas* que se atribuyen abusivamente el privilegio de hablar en nombre de Dios (cf. 1 Jn 4.1).

secretas, pero nadie las entiende. **3**En cambio, el que comunica mensajes proféticos, lo hace para edificación de la comunidad, y la anima y consuela. **4**El que habla en una lengua extraña, lo hace para su propio bien; pero el que comunica mensajes proféticos, edifica a la iglesia.

5Yo quisiera que todos ustedes hablaran en lenguas extrañas; pero preferiría que comunicaran mensajes proféticos; esto es mejor que hablar en lenguas, a menos que se interprete su significado de tal manera que sirva para edificación de la iglesia. **6**Por ejemplo, hermanos, no les servirá de nada que yo los visite y les hable en lenguas extrañas, en vez de hablarles de lo que Dios nos manifiesta, o del conocimiento de la verdad, o en vez de comunicarles algún mensaje profético o alguna enseñanza.

7Si los instrumentos musicales, como la flauta o el arpa, no tuvieran diferente sonido, no podría distinguirse qué música produce cada uno. **8**Y si, en la guerra, la trompeta no diera sus toques con claridad, nadie se prepararía para la batalla. **9**Lo mismo sucede con ustedes: si no usan su lengua para pronunciar palabras que se puedan entender, ¿cómo va a saberse lo que están diciendo? ¡Le estarán hablando al aire! **10**Sin duda hay muchos idiomas en el mundo, y todos se valen del sonido. **11**Pero si yo no conozco el significado de los sonidos, seré un extranjero para el que me habla, y él será un extranjero para mí. **12**Por eso, ya que ustedes ambicionan poseer dones espirituales, procuren tener en abundancia aquellos que ayudan a la edificación de la iglesia.

13Por lo tanto, el que habla en lengua extraña, pídale a Dios que le conceda el poder de interpretarla. **14**Pues si yo oro en una lengua extraña, es verdad que estoy orando con mi espíritu, pero mi entendimiento permanece estéril. **15**¿Qué debo hacer entonces? Pues debo orar con el espíritu, pero también con el entendimiento. Debo cantar con el espíritu, pero también con el entendimiento. **16**Porque si tú alabas a Dios solamente con el espíritu, y una persona común y corriente te escucha, no podrá unirse a ti en tu acción de gracias, pues no entenderá lo que dices. **17**Tu acción de gracias podrá ser muy buena, pero no será útil para el otro. **18**Doy gracias a Dios porque hablo en

lenguas extrañas más que todos ustedes; **19**pero en la iglesia prefiero decir cinco palabras que se entiendan, para enseñar así a otros, que decir diez mil palabras en lengua extraña.

20Hermanos, no piensen ustedes como niños. Sean como niños para lo malo; pero sean adultos en su modo de pensar. **21**En la Escritura se dice: "Hablaré a esta nación en lenguas extrañas y por boca de extranjeros, pero ni aun así me harán caso, dice el Señor."*b* **22**Así que el hablar en lenguas es una señal para los que no son creyentes, no para los que tienen fe. Pero el comunicar mensajes proféticos es una señal para los que tienen fe, no para los que no son creyentes. **23**Porque cuando la iglesia se encuentra reunida, si todos están hablando en lenguas, y entra una persona común y corriente o un no creyente, creerá que ustedes se han vuelto locos. **24**En cambio, si todos comunican mensajes proféticos, y entra un no creyente o una persona común y corriente, él mismo quedará convencido y se examinará al oír lo que todos están diciendo. **25**Así quedará al descubierto lo más profundo de su corazón, y adorará de rodillas a Dios, y reconocerá que Dios está verdaderamente entre ustedes.

Necesidad de orden

26En resumen, hermanos, cuando ustedes se reúnan, unos pueden cantar salmos, otros pueden enseñar, o comunicar lo que Dios les haya revelado, o hablar en lenguas extrañas, o interpretarlas. Pero que todo sea para edificación mutua. **27**Y cuando se hable en lenguas extrañas, que lo hagan dos personas, o tres cuando más, y por turno; además, alguien debe interpretar esas lenguas. **28**Pero si no hay nadie que pueda interpretarlas, que estos no hablen en lenguas delante de toda la comunidad, sino en privado y para Dios. **29**Igualmente, si hay profetas, que hablen dos o tres, y que los otros examinen lo que se haya dicho. **30**Pero si Dios le revela algo a otra persona que está allí sentada, entonces el primero debe dejar de hablar. **31**De esta manera todos, cada uno en su turno correspondiente, podrán comunicar mensajes proféticos, para que todos aprendan y se animen. **32**El don de profecía debe estar bajo el control del profeta, **33**porque Dios es Dios de paz y no de confusión.

---

b **14.21** Is 28.11–12.

Siguiendo la práctica general de las comunidades cristianas, **34**las mujeres deben guardar silencio en las reuniones de la iglesia, porque no les está permitido hablar. Deben estar sometidas a sus esposos, como manda la ley.*c* **35**Si quieren saber algo, pregúntenlo a sus esposos en casa; porque no está bien que una mujer hable en las reuniones de la iglesia. **36**Tengan presente que la palabra de Dios no comenzó en ustedes, ni ustedes son los únicos que la han recibido.

37Si alguien se cree profeta, o cree estar inspirado por el Espíritu, reconocerá que esto que les estoy escribiendo es un mandato del Señor. **38**Y si no lo reconoce, el Señor tampoco lo reconoce a él.

39Así pues, hermanos míos, aspiren al don de profecía, y no prohíban que se hable en lenguas; **40**pero háganlo todo decentemente y con orden.

La resurrección de Cristo

15 **1**Ahora, hermanos, quiero que se acuerden del evangelio que les he predicado. Este es el evangelio que ustedes aceptaron, y en el cual están firmes. **2**También por medio de este evangelio se salvarán, si se mantienen firmes en él, tal como yo se lo anuncié; de lo contrario, habrán creído en vano.

3En primer lugar les he enseñado la misma tradición que yo recibí, a saber, que Cristo murió por nuestros pecados, según las Escrituras;*a* **4**que lo sepultaron y que resucitó al tercer día, también según las Escrituras;*b* **5**y que se apareció a Cefas,*c* y luego a los doce.*d* **6**Después se apareció a más de quinientos hermanos a la vez, la mayoría de los cuales vive todavía, aunque algunos ya han muerto. **7**Después se apareció a Santiago,*e* y luego a todos los apóstoles.

8Por último se me apareció también a mí,*f* que soy como un niño nacido anormalmente. **9**Pues yo soy el menos importante de los apóstoles, y ni siquiera merezco llamarme apóstol,

porque perseguí a la iglesia de Dios. **10**Pero soy lo que soy porque Dios fue bueno conmigo; y su bondad para conmigo no ha resultado en vano. Al contrario, he trabajado más que todos ellos; aunque no he sido yo, sino Dios, que en su bondad me ha ayudado. **11**Lo que importa es que, tanto yo como ellos, esto es lo que hemos predicado, y esto es lo que ustedes han creído.

La resurrección de los demás

12Pero si nuestro mensaje es que Cristo resucitó, ¿por qué dicen algunos de ustedes que los muertos no resucitan? **13**Porque si los muertos no resucitan, entonces tampoco Cristo resucitó; **14**y si Cristo no resucitó, el mensaje que predicamos no vale para nada, ni tampoco vale para nada la fe que ustedes tienen. **15**Si esto fuera así, nosotros resultaríamos ser testigos falsos de Dios, puesto que estaríamos afirmando en contra de Dios que él resucitó a Cristo, cuando en realidad no lo habría resucitado si fuera verdad que los muertos no resucitan. **16**Porque si los muertos no resucitan, entonces tampoco Cristo resucitó; **17**y si Cristo no resucitó, la fe de ustedes no vale para nada: todavía siguen en sus pecados. **18**En este caso, también están perdidos los que murieron creyendo en Cristo. **19**Si nuestra esperanza en Cristo solamente vale para esta vida, somos los más desdichados de todos.

20Pero lo cierto es que Cristo ha resucitado. Él es el primer fruto de la cosecha: ha sido el primero en resucitar. **21**Así como por causa de un hombre vino la muerte, también por causa de un hombre viene la resurrección de los muertos. **22**Y así como en Adán todos mueren, así también en Cristo todos tendrán vida.*g* **23**Pero cada uno en el orden que le corresponda: Cristo en primer lugar; después, cuando Cristo vuelva, los que son suyos.*h* **24**Entonces vendrá el fin, cuando Cristo derrote a todos los señoríos, autoridades y poderes,*i* y entregue el reino al Dios y Padre. **25**Porque Cristo tiene que reinar hasta que todos sus enemigos estén

---

c **14.34** *Como manda la ley:* posible alusión a Gn 3.16. *a* **15.3** Cf. Is 53.5–12; Lc 24.25–27,44–46, y véase Jn 20.9 n. *b* **15.4** Cf. Sal 16.10; Mt 12.40; Hch 2.24–32. *c* **15.5** Lc 24.34. *d* **15.5** Mt 28.16–17; Mc 16.14; Lc 24.36; Jn 20.19. *e* **15.7** *Santiago:* probablemente, el llamado *hermano del Señor* (Gl 1.19; véase Hch 12.17 n.). *f* **15.8** *Por último . . . también a mí:* Hch 9.3–6; 1 Co 9.1. *g* **15.21–22** Ro 5.12–21; cf. Gn 3.17–19. *h* **15.23** 1 Ts 4.13–17. *i* **15.24** *Señoríos, autoridades y poderes:* tres términos que designan las fuerzas enemigas de Dios, especialmente las angélicas (Col 2.15).

puestos debajo de sus pies;*j* **26**y el último enemigo que será derrotado es la muerte.*k* **27**Porque Dios lo ha sometido todo bajo los pies de Cristo.*l* Pero cuando dice que todo le ha quedado sometido, es claro que esto no incluye a Dios mismo, ya que es él quien le sometió todas las cosas. **28**Y cuando todo haya quedado sometido a Cristo, entonces Cristo mismo, que es el Hijo, se someterá a Dios, que es quien sometió a él todas las cosas. Así, Dios será todo en todo.

29De otra manera, los que se bautizan por los muertos, ¿para qué lo harían? Si los muertos no resucitan, ¿para qué bautizarse por ellos? **30**¿Y por qué estamos nosotros en peligro a todas horas? **31**Porque, hermanos, todos los días estoy en peligro de muerte. Esto es tan cierto como la satisfacción que siento por ustedes en Cristo Jesús nuestro Señor. **32**Si yo, al luchar con las fieras*m* en Éfeso, lo hubiera hecho por razones humanas, ¿qué habría ganado con eso? Si es verdad que los muertos no resucitan, entonces, como algunos dicen: "¡Comamos y bebamos, que mañana moriremos!"*n*

33No se dejen engañar. Como alguien dijo: "Los malos compañeros echan a perder las buenas costumbres."*ñ* **34**Vuelvan verdaderamente al buen juicio, y no pequen, pues algunos de ustedes no conocen a Dios. Digo esto para que se avergüencen.

Cómo resucitarán los muertos

35Tal vez alguno preguntará: "¿Cómo resucitarán los muertos? ¿Qué clase de cuerpo tendrán?" **36**¡Vaya pregunta tonta! Cuando se siembra, la semilla tiene que morir para que tome vida la planta. **37**Lo que se siembra no es la planta que ha de brotar, sino el simple grano, sea de trigo o de otra cosa. **38**Después Dios le da la forma que él quiere, y a cada semilla le da el cuerpo que le corresponde. **39**No todos los cuerpos son iguales; uno es el cuerpo del hombre, otro el de los animales, otro el de las aves y otro el de los peces. **40**Del mismo modo, hay cuerpos celestes y cuerpos terrestres; pero una es la hermosura de los cuerpos celestes y otra la hermosura de los cuerpos terrestres. **41**El brillo del sol es diferente del brillo de la luna y del brillo de las estrellas; y aun entre las estrellas, el brillo de una es diferente del de otra.

42Lo mismo pasa con la resurrección de los muertos. Lo que se entierra es corruptible; lo que resucita es incorruptible. **43**Lo que se entierra es despreciable; lo que resucita es glorioso. Lo que se entierra es débil; lo que resucita es fuerte. **44**Lo que se entierra es un cuerpo material; lo que resucita es un cuerpo espiritual. Si hay cuerpo material, también hay cuerpo espiritual.

45Así dice la Escritura: "El primer hombre, Adán, se convirtió en un ser viviente";*o* pero el último Adán se convirtió en espíritu que da vida. **46**Sin embargo, lo espiritual no es primero, sino lo material; después lo espiritual. **47**El primer hombre, hecho de tierra, era de la tierra; el segundo hombre es del cielo. **48**Los cuerpos de la tierra son como aquel hombre hecho de tierra; y los del cielo son como aquel que es del cielo. **49**Así como nos parecemos al hombre hecho de tierra, así también nos pareceremos a aquel que es del cielo. **50**Quiero decirles, hermanos, que lo puramente material no puede tener parte en el reino de Dios, y que lo corruptible no puede tener parte en lo incorruptible.

51Pero quiero que conozcan el designio secreto de Dios: No todos moriremos, pero todos seremos transformados **52**en un momento, en un abrir y cerrar de ojos, cuando suene el último toque de trompeta. Porque sonará la trompeta, y los muertos serán resucitados para no volver a morir. Y nosotros seremos transformados.*p* **53**Pues nuestra naturaleza corruptible se revestirá de lo incorruptible, y nuestro cuerpo mortal se revestirá de inmortalidad. **54**Y cuando nuestra naturaleza corruptible se haya revestido de lo incorruptible, y cuando nuestro cuerpo mortal se haya revestido de inmortalidad, se cumplirá lo que dice la Escritura: "La muerte ha sido devorada por la victoria.*q* **55**¿Dónde está, oh muerte, tu victoria? ¿Dónde está, oh muerte, tu aguijón?"*r* **56**El aguijón de la muerte es el pecado, y el pecado ejerce su poder por la ley. **57**¡Pero gracias a Dios, que nos da la victoria por medio de nuestro Señor Jesucristo!

j **15.25** Sal 110.1. *k* **15.26** Ap 20.14; 21.4. *l* **15.27** Sal 8.6. *m* **15.32** Alusión a la práctica romana de la lucha con las fieras como espectáculo. Pablo la usa probablemente en sentido figurado para referirse a algún peligro que había sufrido (cf. Hch 19.23–41; 2 Co 1.8). *n* **15.32** Cf. Is 22.13. *ñ* **15.33** Dicho del poeta griego Menandro (siglo IV a.C.). *o* **15.45** Gn 2.7. *p* **15.51–52** 1 Ts 4.13–17. *q* **15.54** Alusión a Is 25.8. *r* **15.55** Cita libre de Os 13.14.

58 Por lo tanto, mis queridos hermanos, sigan firmes y constantes, trabajando siempre más y más en la obra del Señor; porque ustedes saben que no es en vano el trabajo que hacen en unión con el Señor.

La colecta

16 **1** En cuanto a la colecta para los del pueblo santo,[a] háganla según las instrucciones que di a las iglesias en la provincia de Galacia. **2** Los domingos, cada uno de ustedes debe apartar algo, según lo que haya ganado, y guardarlo para que cuando yo llegue no se tengan que hacer colectas. **3** Y cuando yo llegue, mandaré a Jerusalén a las personas que ustedes escojan, dándoles cartas para llevar la colecta hecha por ustedes.[b] **4** Y si es conveniente que yo también vaya, ellos irán conmigo.

Planes de viaje

5 En mi viaje tengo que pasar por la región de Macedonia;[c] y después de Macedonia llegaré a Corinto. **6** Puede ser que me quede con ustedes algún tiempo, o que tal vez pase allí todo el invierno; entonces ustedes podrán ayudarme en mi viaje a donde tenga que ir después. **7** No quiero verlos ahora solamente de paso, sino que espero estar algún tiempo con ustedes, si el Señor lo permite; **8** pero me quedaré en Éfeso hasta el día de Pentecostés,[d] **9** porque las puertas se me han abierto de par en par para el trabajo, a pesar de que muchos están en contra mía.

10 Si llega Timoteo,[e] procuren que se sienta a gusto entre ustedes, pues trabaja en la obra del Señor lo mismo que yo. **11** Así que ninguno de ustedes lo desprecie; sino, al contrario, ayúdenlo a seguir su viaje en paz, para que venga a verme, porque lo estoy esperando junto con los otros hermanos.

12 En cuanto al hermano Apolo,[f] le rogué mucho que fuera con los hermanos a visitarlos a ustedes, pero por ahora no quiso ir. Lo hará cuando tenga oportunidad.

Recomendaciones

13 Manténganse despiertos y firmes en la fe. Tengan mucho valor y firmeza. **14** Y todo lo que hagan, háganlo con amor.

15 Hermanos, ustedes saben que la familia de Estéfanas[g] fue la primera que en la región de Acaya se convirtió al evangelio, y que ellos se han dedicado a servir a los hermanos en la fe. **16** Quiero que ustedes, a su vez, se sometan a personas como ellos y a todos los que ayudan y trabajan en esta labor.

17 Me alegro de que hayan venido Estéfanas, Fortunato y Acaico, pues en ausencia de ustedes **18** ellos me han dado tranquilidad, lo mismo que a ustedes. Tengan en cuenta a personas como ellos.

Saludos y despedida

19 Las iglesias de la provincia de Asia les mandan saludos. Áquila y Prisca, y la congregación que se reúne en su casa, les mandan muchos saludos en el Señor. **20** Reciban saludos de todos los hermanos. Salúdense unos a otros con un beso santo.

21 Yo, Pablo, les escribo a ustedes este saludo de mi puño y letra.

22 Si alguien no ama al Señor, ¡que caiga sobre él la maldición de Dios! ¡Señor nuestro, ven![h]

23 Que el Señor Jesús derrame su gracia sobre ustedes. **24** Mi amor está siempre con ustedes en Cristo Jesús.

---

a **16.1** *Para los del pueblo santo:* para los cristianos pobres de Jerusalén; cf. Hch 24.17; Ro 15.25–29; 2 Co 8—9.
b **16.3–4** Hch 20.4. *c* **16.5–6** Cf. Hch 19.21; 20.1-6. *d* **16.8** Hch 19.8-41. *e* **16.10** *Timoteo:* 1 Co 4.17.
f **16.12** *Apolo:* 1 Co 1.12. *g* **16.15** *Estéfanas:* 1 Co 1.16. *h* **16.22** *¡Señor nuestro, ven!:* Pablo usa aquí la expresión aramea *marana–ta.*

Segunda carta de San Pablo a los

CORINTIOS

Después de la carta enviada por Pablo a la iglesia de Corinto, que conocemos como *1 Corintios*, las relaciones entre Pablo y esta comunidad se vieron afectadas por diversos acontecimientos, que solo podemos entrever por las alusiones hechas en *2 Corintios* (=2 Co).

De *2 Corintios* se deduce que, después de haber escrito *1 Corintios*, Pablo hizo una segunda visita a esa ciudad, preocupado sin duda por la situación de la iglesia. Esta visita debió de ser muy breve y, al parecer, no tuvo el efecto deseado. Más aún, durante ella y en forma directa o más tarde indirectamente, alguien lanzó un serio ataque contra la autoridad de Pablo, sin que la comunidad se pusiera de parte del apóstol.

Él les envió desde Éfeso una carta muy severa, escrita en medio de gran aflicción (cf. 2.3–4), para hacerlos recapacitar sobre su actitud y hacer castigar al culpable (cf. 7.11–12). Esa carta fue encomendada a Tito, con el encargo de restablecer el orden en la comunidad. El viaje de Tito tuvo pleno éxito.

Pablo salió de Éfeso para Tróade, donde esperaba verse con Tito. Al no encontrarlo allí, se dirigió a Macedonia. Tito llegó a Macedonia y lo informó de la situación. Los corintios habían reconocido su error y habían castigado al ofensor (2.12–13; 7.5–16). Sin embargo, todavía quedaban algunas suspicacias, que era necesario eliminar. Algunos acusaban a Pablo de no cumplir su palabra, ya que no había realizado la larga visita que les había anunciado en 1 Co 16.5–7. Por otra parte, parece que habían llegado algunos misioneros, judíos de Palestina, que negaban los títulos y la autoridad de Pablo en Corinto y le atribuían intenciones no muy rectas (2 Co 11.22; 12.11).

En estas circunstancias, les escribe Pablo esta carta, que hoy conocemos como *2 Corintios*. En ella hace una larga defensa de sus títulos como apóstol y de su autoridad, y renueva su reconciliación con la comunidad, después de la ofensa recibida.

Además, les anuncia una tercera visita (12.14; 13.1) y los anima a continuar organizando la colecta en favor de los cristianos pobres de Jerusalén (8—9).

La redacción de la carta (al menos en su parte principal) puede situarse entre los años 54 y 57, ciertamente después de 1 Corintios.

El esquema de la carta es el siguiente:

Saludo

1 ¹Pablo, apóstol de Cristo Jesús por la voluntad de Dios, saluda, junto con el hermano Timoteo, a la iglesia de Dios que está en la ciudad de Corinto y a los demás hermanos de toda la región de Acaya. ²Que Dios nuestro Padre y el Señor Jesucristo derramen su gracia y su paz sobre ustedes.

Acción de gracias

³Alabado sea el Dios y Padre de nuestro Señor Jesucristo, pues él es el Padre que nos tiene compasión y el Dios que siempre nos consuela. ⁴Él nos consuela en todos nuestros sufrimientos, para que nosotros podamos consolar también a los que sufren, dándoles el mismo consuelo que él nos ha dado a nosotros. ⁵Porque así como los sufrimientos de Cristo se desbordan sobre nosotros y nosotros sufrimos con él,[a] así también por medio de Cristo se desborda nuestro consuelo. ⁶Pues si nosotros sufrimos, es para que ustedes tengan consuelo y salvación; y si Dios nos consuela, también es para que ustedes tengan consuelo y puedan soportar con fortaleza los mismos sufrimientos que nosotros padecemos. ⁷Tenemos una esperanza firme en cuanto a ustedes, porque nos consta que, así como tienen parte en los sufrimientos, también tienen parte en el consuelo.

⁸Hermanos, queremos que sepan cuántas dificultades tuvimos en la provincia de Asia. Fue una prueba tan dura que ya no podíamos resistir más, y hasta perdimos la esperanza de salir con vida. ⁹Nos sentíamos como condenados a muerte. Pero esto sirvió para enseñarnos a no confiar en nosotros mismos, sino en Dios, que resucita a los muertos. ¹⁰Y Dios nos libró y nos librará de tan gran peligro de muerte. Confiamos en que seguirá librándonos, ¹¹si ustedes nos ayudan orando por nosotros. Si muchos oran por nosotros, muchos también darán gracias a Dios por las bendiciones que de él recibimos.

Por qué no fue Pablo a Corinto

¹²Tenemos un motivo de orgullo, y es que nuestra conciencia nos dice que nos hemos portado limpia y sinceramente en este mundo, y especialmente en mi relación con ustedes. Nosotros no nos guiamos por la sabiduría humana, sino que confiamos en la gracia de Dios. ¹³En nuestras cartas, no escribimos nada distinto de lo que ustedes pueden leer y entender. Y espero que lleguen a entender perfectamente, ¹⁴como ya en parte han entendido lo que somos, que cuando regrese nuestro Señor Jesús ustedes se sentirán orgullosos de nosotros, como también nosotros nos sentiremos orgullosos de ustedes.

¹⁵Confiando en esto, yo había pensado en ir primero a verlos a ustedes, y así hacerles el favor de visitarlos dos veces; ¹⁶pensaba visitarlos primero al pasar camino de Macedonia, y después, al regresar, visitarlos otra vez. Así ustedes podrían ayudarme luego a seguir mi viaje a Judea. ¹⁷¿Será que cuando decidí hacer esto no lo pensé seriamente? ¿Creen ustedes que yo hago mis planes con doblez, diciendo "sí" y "no" al mismo tiempo? ¹⁸Dios es testigo de que nosotros no les decimos a ustedes "sí" y "no" al mismo tiempo. ¹⁹Porque Jesucristo, el Hijo de Dios, a quien Silvano, Timoteo y yo predicamos entre ustedes, no fue "sí" y "no" al mismo tiempo. Dios ha dado en Cristo para siempre su "sí", ²⁰pues en él se cumplen todas las promesas de Dios. Por esto, cuando alabamos a Dios, decimos "Amén" por medio de Cristo Jesús. ²¹Y Dios es el que a nosotros y a ustedes nos ha afirmado al unirnos a Cristo, y nos ha consagrado. ²²Nos ha marcado con su sello, y ha puesto en nuestro corazón el Espíritu Santo como garantía de lo que vamos a recibir.[b]

²³Pero si todavía no he ido a Corinto, como pensaba, pongo a Dios por testigo y lo aseguro por mi propia vida, ha sido por consideración a ustedes. ²⁴Nosotros no somos los dueños de su fe; lo que queremos es colaborar con ustedes, para que tengan alegría, pues ustedes ya están firmes en la fe.

2 ¹Por esto decidí no hacerles otra visita que les causara tristeza. ²Porque si yo los entristezco, ¿quién hará que me sienta alegre, de no ser ustedes, a quienes he entristecido? ³Por eso les escribí como lo hice,[a] porque no quería ir para que me entristecieran ustedes, que más bien deberían alegrarme. Estaba

[a] **1.5** Col 1.24. [b] **1.22** *Garantía:* Cf. Ro 8.23; 2 Co 5.5; Ef 1.14. [a] **2.3-4** Cf. 2 Co 7.8-12. Se trata de una carta intermedia entre 1 Co y 2 Co, escrita después de la segunda visita. (Algunos piensan que parte de ella se conserva en 2 Co 10—13; véase 2 Co 10.1—13.10 n.)

seguro de que todos ustedes harían suya mi alegría, 4pero cuando les escribí esa carta, me sentía tan preocupado y afligido que hasta lloraba. Sin embargo, no la escribí para causarles tristeza, sino para que vieran el amor tan grande que les tengo.

Perdón para el que había ofendido a Pablo

5Si alguno ha causado tristeza, no me la ha causado solo a mí, sino hasta cierto punto también a todos ustedes. Digo "hasta cierto punto" para no exagerar. 6El castigo que la mayoría de ustedes le impuso a esa persona, ya es suficiente. 7Lo que ahora deben hacer es perdonarlo y ayudarlo, no sea que tanta tristeza lo lleve a la desesperación. 8Por eso les ruego que nuevamente le demuestren el amor que le tienen. 9Ya antes les escribí sobre este asunto, precisamente para probarlos y saber si están dispuestos a seguir mis instrucciones. 10Así que aquel a quien ustedes perdonen algo, también yo se lo perdono. Y si lo perdono, si es que había algo que perdonar, por consideración a ustedes y en presencia de Cristo. 11Así Satanás no se aprovechará de nosotros, pues conocemos muy bien sus malas intenciones.

Intranquilidad de Pablo en Tróade

12Cuando llegué a la ciudad de Tróade para anunciar el evangelio de Cristo, se me abrieron las puertas para trabajar por el Señor. 13Pero mi ánimo no estaba tranquilo, porque no encontré a mi hermano Tito. Por eso me despedí de ellos y me fui a Macedonia.*b*

Acción de gracias

14Gracias a Dios que siempre nos lleva en el desfile victorioso de Cristo y que por medio de nosotros da a conocer su mensaje, el cual se esparce por todas partes como un aroma agradable. 15Porque nosotros somos como el olor del incienso que Cristo ofrece a Dios, y que se esparce tanto entre los que se salvan como entre los que se pierden. 16Para los que se pierden, este incienso resulta un aroma mortal, pero para los que se salvan, es una fragancia que les da vida. ¿Y quién está capacitado para esto? 17Nosotros no andamos negociando con el mensaje de Dios, como hacen muchos; al contrario, hablamos con sinceridad delante de Dios, como enviados suyos que somos y por nuestra unión con Cristo.

Servidores de una nueva alianza

3 1Cuando decimos esto, ¿les parece que estamos comenzando otra vez a alabarnos a nosotros mismos? ¿O acaso tendremos que presentarles o pedirles a ustedes cartas de recomendación, como hacen algunos? 2Ustedes mismos son la única carta de recomendación que necesitamos: una carta escrita en nuestro corazón, la cual todos conocen y pueden leer. 3Y se ve claramente que ustedes son una carta escrita por Cristo mismo y entregada por nosotros; una carta que no ha sido escrita con tinta, sino con el Espíritu del Dios viviente; una carta que no ha sido grabada en tablas de piedra, sino en corazones humanos.

4Confiados en Dios por medio de Cristo, estamos seguros de esto. 5No es que nosotros mismos estemos capacitados para considerar algo como nuestro; al contrario, todo lo que podemos hacer viene de Dios, 6pues él nos ha capacitado para ser servidores de una nueva alianza,*a* basada no en una ley, sino en la acción del Espíritu. La ley condena a muerte, pero el Espíritu de Dios da vida.

7Si la promulgación de una ley que llevaba a la muerte y que estaba grabada sobre tablas de piedra*b* se hizo con tanta gloria que los israelitas ni siquiera podían mirar la cara de Moisés,*c* debido a que ese resplandor destinado a desaparecer era tan grande, 8¡cuánta más será la gloria del anuncio de una nueva alianza fundada en el Espíritu! 9Es decir, que si fue tan gloriosa la promulgación de una ley que sirvió para condenarnos, ¡cuánto más glorioso será el anuncio de que Dios nos hace justos! 10Porque la gloria anterior ya no es nada en comparación con esto, que es mucho más glorioso. 11Y si fue glorioso lo que había de terminar por desaparecer, mucho más glorioso será lo que permanece para siempre.

12Precisamente porque tenemos esta esperanza, hablamos con toda libertad. 13No hacemos como Moisés, que se tapaba la cara con un velo para que los israelitas no vieran el fin de aquello que estaba destinado a desaparecer.

---

b **2.12–13** Hch 20.1. La narración se suspende aquí, para continuar nuevamente en 2 Co 7.5 con la llegada de Pablo a *Macedonia.* *a* **3.6** Jer 31.31–34; 1 Co 11.25. *b* **3.7** Ex 24.12; 31.18; Ro 7.5; Gl 3.21. *c* **3.7** Ex 34.29–35.

14 Pero ellos se negaron a entender esto, y todavía ahora, cuando leen la antigua alianza, ese mismo velo les impide entender, pues no les ha sido quitado, porque solamente se quita por medio de Cristo. 15 Hasta el día de hoy, cuando leen los libros de Moisés, un velo cubre su entendimiento. 16 Pero cuando una persona se vuelve al Señor, el velo se le quita.*d* 17 Porque el Señor es el Espíritu;*e* y donde está el Espíritu del Señor, allí hay libertad. 18 Por eso, todos nosotros, ya sin el velo que nos cubría la cara, somos como un espejo que refleja la gloria del Señor, y vamos transformándonos en su imagen misma, porque cada vez tenemos más de su gloria, y esto por la acción del Señor, que es el Espíritu.

Anunciadores de Jesucristo

4 1 Por eso no nos desanimamos, porque Dios, en su misericordia, nos ha encargado este trabajo. 2 Hemos rechazado proceder a escondidas, como si sintiéramos vergüenza; y no actuamos con astucia ni falseamos el mensaje de Dios. Al contrario, decimos solamente la verdad, y de esta manera nos recomendamos a la conciencia de todos delante de Dios. 3 Y si el evangelio que anunciamos está como cubierto por un velo, lo está solamente para los que se pierden. 4 Pues como ellos no creen, el dios de este mundo*a* los ha hecho ciegos de entendimiento, para que no vean la brillante luz del evangelio del Cristo glorioso, imagen viva de Dios. 5 No nos predicamos a nosotros mismos, sino a Jesucristo como Señor; nosotros nos declaramos simplemente servidores de ustedes por amor a Jesús. 6 Porque el mismo Dios que mandó que la luz brotara de la oscuridad,*b* es el que ha hecho brotar su luz en nuestro corazón, para que podamos iluminar a otros, dándoles a conocer la gloria de Dios que brilla en la cara de Jesucristo.

Confianza en medio de los sufrimientos

7 Pero esta riqueza la tenemos en nuestro cuerpo, que es como una olla de barro, para mostrar que ese poder tan grande viene de Dios

y no de nosotros. 8 Así, aunque llenos de problemas, no estamos sin salida; tenemos preocupaciones, pero no nos desesperamos. 9 Nos persiguen, pero no estamos abandonados; nos derriban, pero no nos destruyen. 10 Dondequiera que vamos, llevamos siempre en nuestro cuerpo la muerte de Jesús, para que también su vida se muestre en nosotros. 11 Pues nosotros, mientras vivimos, nos vemos expuestos a la muerte por causa de Jesús, para que también su vida se muestre en nuestro cuerpo mortal. 12 De ese modo, la muerte actúa en nosotros, y en ustedes actúa la vida.

13 La Escritura dice: "Tuve fe, y por eso hablé."*c* De igual manera, nosotros, con esa misma actitud de fe, creemos y también hablamos. 14 Porque sabemos que Dios, que resucitó de la muerte al Señor Jesús, también nos resucitará a nosotros con él, y junto con ustedes nos llevará a su presencia. 15 Todo esto ha sucedido para bien de ustedes, para que, recibiendo muchos la gracia de Dios, muchos sean también los que le den gracias, para la gloria de Dios.

16 Por eso no nos desanimamos. Pues aunque por fuera nos vamos deteriorando, por dentro nos renovamos día a día. 17 Lo que sufrimos en esta vida es cosa ligera, que pronto pasa; pero nos trae como resultado una gloria eterna mucho más grande y abundante. 18 Porque no nos fijamos en lo que se ve, sino en lo que no se ve, ya que las cosas que se ven son pasajeras, pero las que no se ven son eternas.

5 1 Nosotros somos como una casa terrenal, como una tienda de campaña no permanente; pero sabemos que si esta tienda se destruye, Dios nos tiene preparada en el cielo una casa eterna, que no ha sido hecha por manos humanas. 2 Por eso suspiramos mientras vivimos en esta casa actual, pues quisiéramos mudarnos ya a nuestra casa celestial; 3 así, aunque seamos despojados de este vestido, no quedaremos desnudos. 4 Mientras vivimos en esta tienda suspiramos afligidos, pues no quisiéramos ser despojados, sino más bien ser revestidos de tal modo que lo mortal quede

---

d **3.16** Otra posible traducción del v.: *Pero cuando él* (Moisés) *se volvía hacia el Señor, se quitaba el velo* (Ex 34.34). Cf. Ro 11.23–26. *e* **3.17** *El Señor es el Espíritu:* puede interpretarse de diversas maneras: como afirmación de la unidad profunda entre el Espíritu Santo y el Señor (que puede referirse a Dios o a Jesucristo), o también como explicación de que ese Señor de que habla Ex 34.34 es el Espíritu Santo. *a* **4.4** *El dios de este mundo:* Satanás. Cf. Jn 12.31; Ef 2.2. *b* **4.6** Gn 1.3. *c* **4.13** Sal 116.10 (gr.).

absorbido por la nueva vida. **5**Y Dios es quien nos ha impulsado a esto, pues nos ha dado el Espíritu Santo como garantía de lo que hemos de recibir.[a]

6Por eso tenemos siempre confianza. Sabemos que mientras vivamos en este cuerpo estaremos como en el destierro, lejos del Señor. **7**Ahora no podemos verlo, sino que vivimos sostenidos por la fe; **8**pero tenemos confianza, y quisiéramos más bien desterrarnos de este cuerpo para ir a vivir con el Señor.[b] **9**Por eso procuramos agradar siempre al Señor, ya sea que sigamos viviendo aquí o que tengamos que irnos. **10**Porque todos tenemos que presentarnos ante el tribunal de Cristo, para que cada uno reciba lo que le corresponda, según lo bueno o lo malo que haya hecho mientras estaba en el cuerpo.

El mensaje de la paz con Dios

11Por eso, sabiendo que al Señor hay que tenerle reverencia, procuramos convencer a los hombres. Dios nos conoce muy bien, y espero que también ustedes nos conozcan. **12**No es que nos hayamos puesto otra vez a alabarnos a nosotros mismos, sino que les estamos dando a ustedes una oportunidad de sentirse orgullosos de nosotros, para que puedan contestar a quienes presumen de las apariencias y no de lo que hay en el corazón. **13**Pues si estamos locos, es para Dios; y si no lo estamos, es para ustedes. **14**El amor de Cristo se ha apoderado de nosotros desde que comprendimos que uno murió por todos y que, por consiguiente, todos han muerto. **15**Y Cristo murió por todos, para que los que viven ya no vivan para sí mismos, sino para él, que murió y resucitó por ellos.[c]

16Por eso, nosotros ya no pensamos de nadie según los criterios de este mundo; y aunque antes pensábamos de Cristo según tales criterios, ahora ya no pensamos así de él. **17**Por lo tanto, el que está unido a Cristo es una nueva persona.[d] Las cosas viejas pasaron; se convirtieron en algo nuevo. **18**Todo esto es la obra de Dios, quien por medio de Cristo nos reconcilió consigo mismo[e] y nos dio el encargo de anunciar la reconciliación. **19**Es decir que, en Cristo, Dios estaba reconciliando consigo mismo al mundo, sin tomar en cuenta los pecados de los hombres; y a nosotros nos encargó que diéramos a conocer este mensaje. **20**Así que somos embajadores de Cristo, lo cual es como si Dios mismo les rogara a ustedes por medio de nosotros. Así pues, en el nombre de Cristo les rogamos que acepten el reconciliarse con Dios. **21**Cristo no cometió pecado alguno; pero por causa nuestra, Dios lo hizo pecado,[f] para hacernos a nosotros justicia de Dios en Cristo.

6 **1**Ahora pues, como colaboradores en la obra de Dios, les rogamos a ustedes que no desaprovechen la bondad que Dios les ha mostrado. **2**Porque él dice en las Escrituras:

"En el momento oportuno te escuché;
en el día de la salvación te ayudé."[a]

Y ahora es el momento oportuno. ¡Ahora es el día de la salvación!

Pruebas de la misión apostólica de Pablo

3En nada damos mal ejemplo a nadie, para que nuestro trabajo no caiga en descrédito. **4**Al contrario, en todo damos muestras de que somos siervos de Dios, soportando con mucha paciencia los sufrimientos, las necesidades, las dificultades, **5**los azotes, las prisiones, los alborotos, el trabajo duro, los desvelos y el hambre. **6**También lo demostramos por nuestra pureza de vida, por nuestro conocimiento de la verdad, por nuestra tolerancia y bondad, por la presencia del Espíritu Santo en nosotros, por nuestro amor sincero, **7**por nuestro mensaje de verdad y por el poder de Dios en nosotros. Usamos las armas de la rectitud, tanto para el ataque como para la defensa. **8**Unas veces se nos honra, y otras veces se nos ofende; unas veces se habla bien de nosotros, y otras veces se habla mal. Nos tratan como a mentirosos, a pesar de que decimos la verdad. **9**Nos tratan como a desconocidos, a pesar de que somos bien conocidos. Estamos medio muertos, pero seguimos viviendo; nos castigan, pero no nos matan. **10**Parecemos tristes, pero siempre estamos contentos; parecemos pobres, pero enriquecemos a muchos; parece que no tenemos nada, pero lo tenemos todo.

---

[a] **5.5** Ro 8.23; Ef 1.13. [b] **5.8** A diferencia de muchos textos del AT que expresan la idea de que todos los que mueren van al *reino de la muerte* (cf. Job 7.7–10; Sal 6.5; Ec 9.10), aquí se expresa la confianza de ir, después de la muerte, a presentarse ante el Señor. Cf. también Flp 1.23. [c] **5.14–15** Ro 14.7–8; 1 Ti 2.6. [d] **5.17** Gl 6.15; Tit 3.5; 1 P 1.3,23. [e] **5.18–20** Ro 5.10; Ef 2.12–16; Col 1.20–22. [f] **5.21** Cf. Is 53.6,9; Ro 8.3; Gl 3.13. [a] **6.2** Is 49.8.

11 Hermanos corintios, les hemos hablado con toda franqueza; les hemos abierto por completo nuestro corazón. **12** No tenemos con ustedes ninguna clase de reserva; son ustedes quienes tienen reservas. **13** Les ruego por lo tanto, como un padre ruega a sus hijos, que me abran su corazón, como yo lo he hecho con ustedes.

Apartarse del mal[b]

14 No se unan ustedes en un mismo yugo con los que no creen. Porque ¿qué tienen en común la justicia y la injusticia? ¿O cómo puede la luz ser compañera de la oscuridad? **15** No puede haber armonía entre Cristo y Belial,[c] ni entre un creyente y un incrédulo. **16** No puede haber nada en común entre el templo de Dios y los ídolos. Porque nosotros somos templo del Dios viviente, como él mismo dijo:

"Viviré y andaré entre ellos;
yo seré su Dios
y ellos serán mi pueblo."[d]

17 Por eso también dice el Señor:
"Salgan de en medio de ellos,
y apártense;
no toquen nada impuro.[e]
Entonces yo los recibiré
18 y seré un Padre para ustedes,
y ustedes serán mis hijos y mis hijas,
dice el Señor todopoderoso."[f]

7 **1** Así pues, queridos hermanos, estas son las promesas que tenemos. Por eso debemos mantenernos limpios de todo lo que pueda mancharnos, tanto en el cuerpo como en el espíritu; y en el temor de Dios procuremos alcanzar una completa santidad.

Alegría de Pablo por la actitud de los corintios

2 ¡Dennos cabida en su corazón! Con nadie hemos sido injustos; a nadie hemos hecho daño; a nadie hemos explotado. **3** No les digo esto para criticarlos, pues, como ya les dije antes, ustedes están en mi corazón, para vivir juntos y morir juntos. **4** Tengo mucha franqueza para hablarles y estoy muy orgulloso de ustedes. En medio de todo lo que sufrimos, me siento muy animado y lleno de gozo.

5 Desde que llegamos a Macedonia,[a] no hemos tenido ningún descanso, sino que en todas partes hemos encontrado dificultades: luchas a nuestro alrededor y temores en nuestro interior. **6** Pero Dios, que anima a los desanimados, nos animó con la llegada de Tito; **7** y no solamente con su llegada, sino también por el hecho de que él se sentía muy animado a causa de ustedes. Él nos habló de lo mucho que ustedes desean vernos, y nos contó de la tristeza que sienten y de su preocupación por mí; y con todo esto me alegré más todavía.

8 Aunque la carta que les escribí[b] los entristeció, no lo lamento ahora. Y si antes lo lamenté viendo que esa carta los había entristecido por un poco de tiempo, **9** ahora me alegro; no por la tristeza que les causó, sino porque esa tristeza los hizo volverse a Dios. Fue una tristeza según la voluntad de Dios, así que nosotros no les causamos ningún daño; **10** pues la tristeza según la voluntad de Dios conduce a una conversión que da por resultado la salvación, y no hay nada que lamentar. Pero la tristeza del mundo produce la muerte. **11** Su tristeza, que fue según la voluntad de Dios, ¡miren qué resultados ha dado! Los hizo tomar en serio el asunto y defenderme; los hizo enojar, y también sentir miedo. Después tuvieron deseos de verme, sintieron celos por mí y castigaron al culpable. Con todo lo cual han demostrado ustedes que no tuvieron nada que ver en este asunto. **12** Así pues, cuando les escribí aquella carta, no lo hice pensando en el ofensor ni en la persona ofendida, sino más bien para que se viera delante de Dios la preocupación que ustedes tienen por nosotros. **13** Esto ha sido para nosotros un consuelo.

Pero mucho más que este consuelo que hemos recibido, nos ha alegrado el ver que Tito está muy contento; pues todos ustedes le han dado nuevos ánimos. **14** Yo ya le había dicho a Tito que me sentía orgulloso de ustedes, y no he quedado mal. Al contrario, así como es verdad todo lo que les hemos dicho a ustedes, también resultó cierto lo que le habíamos dicho a Tito: que estamos orgullosos de ustedes. **15** Y él les tiene aún más cariño cuando recuerda

---

[b] **6.14—7.1** Esta sección interrumpe el argumento, que continúa en 2 Co 7.2. Véase *Introducción.* [c] **6.15** *Belial* (o *Beliar*): nombre derivado de un vocablo hebreo que significa *inútil, ruin,* y que en aquel tiempo se aplicaba al diablo. [d] **6.16** Lv 26.12; Jer 32.38; Ez 37.27. [e] **6.17** Is 52.11. [f] **6.18** Alusión a 2 S 7.14; Is 43.6. [a] **7.5–7** El autor continúa su narración interrumpida (véase 2 Co 2.12–13 n.). [b] **7.8–9** *La carta que les escribí:* Véase 2.3–4 n.

que todos ustedes lo obedecieron y lo recibieron con tan profundo respeto. 16¡Me alegro de poder confiar plenamente en ustedes!

Razones para dar esta ofrenda[a]

8 1Ahora, hermanos, queremos contarles cómo se ha mostrado la bondad de Dios en las iglesias de Macedonia. 2A pesar de las pruebas por las que han tenido que pasar, son muy felices; y a pesar de ser muy pobres, sus ofrendas han sido tan generosas como si fueran ricos. 3Yo soy testigo de que han ofrendado espontáneamente según sus posibilidades, y aun más allá de ellas. Por su propia iniciativa 4nos rogaron mucho que les permitiéramos tomar parte en esta ayuda para el pueblo de Dios. 5Y hasta hicieron más de lo que esperábamos, pues se ofrendaron a sí mismos, primero al Señor y luego a nosotros, conforme a la voluntad de Dios. 6Por eso hemos rogado a Tito que recoja entre ustedes esta bondadosa colecta que él comenzó antes a recoger. 7Pues ustedes, que sobresalen en todo: en fe, en facilidad de palabra, en conocimientos, en buena disposición para servir y en amor que aprendieron de nosotros, igualmente deben sobresalir en esta obra de caridad.

8No les digo esto como un mandato; solamente quiero que conozcan la buena disposición de otros, para darles a ustedes la oportunidad de demostrar que su amor es verdadero. 9Porque ya saben ustedes que nuestro Señor Jesucristo, en su bondad, siendo rico se hizo pobre por causa de ustedes, para que por su pobreza ustedes se hicieran ricos.

10Por el bien de ustedes les doy mi opinión sobre este asunto. Desde el año pasado, no solo comenzaron ustedes a hacer algo al respecto, sino a hacerlo con entusiasmo. 11Ahora pues, dentro de sus posibilidades, terminen lo que han comenzado con la misma buena disposición que mostraron al principio, cuando decidieron hacerlo. 12Porque si alguien de veras quiere dar, Dios le acepta la ofrenda que él dé conforme a sus posibilidades. Dios no pide lo que uno no tiene.

13No se trata de que por ayudar a otros ustedes pasen necesidad; se trata más bien de que haya igualdad. 14Ahora ustedes tienen lo que a ellos les falta; en otra ocasión ellos tendrán lo que les falte a ustedes, y de esta manera habrá igualdad. 15Como dice la Escritura: "Ni le sobró al que había recogido mucho, ni le faltó al que había recogido poco."[b]

Recomendación a favor de Tito y sus compañeros

16Gracias a Dios que puso en el corazón de Tito la misma preocupación que yo tengo por ustedes. 17Pues aceptó mi encargo y, como él mismo está muy interesado en ustedes, ahora va a verlos por su propia voluntad.

18Junto con Tito, les envío un hermano de quien se habla muy bien en todas las iglesias, por lo bien que ha trabajado en favor del evangelio. 19Además, las iglesias lo escogieron para que viajara con nosotros y ayudara en esta obra de caridad que estamos haciendo para honrar al Señor y para demostrar nuestros deseos de ayudar. 20Queremos evitar así que se nos critique a causa de esta gran colecta que estamos recogiendo, 21y por eso procuramos hacer lo bueno, no solo delante del Señor sino también delante de los hombres.

22Juntamente con aquellos, les envío otro de nuestros hermanos, que nos ha demostrado de muchas maneras su buena disposición, y mucho más ahora, por la gran confianza que tiene en ustedes. 23De Tito puedo decir que es mi compañero y que trabaja conmigo para bien de ustedes. Y acerca de los otros dos hermanos, que son enviados de las iglesias y que honran a Cristo. 24Y para que las iglesias lo sepan, muéstrenles ustedes que verdaderamente los aman y que tenemos razón al estar orgullosos de ustedes.

9 1En cuanto a la colecta para los hermanos en la fe, realmente no es necesario que siga escribiéndoles a ustedes, 2porque ya conozco su buena voluntad. Siempre digo con orgullo a los de Macedonia, que desde el año pasado ustedes los de Acaya han estado dispuestos a ayudar, y la mayoría de los de Macedonia se han animado por la buena disposición de ustedes. 3Sin embargo, les envío a estos hermanos para no quedar mal al sentirme tan orgulloso de ustedes cuando hablo de este asunto. Es decir, para que de veras estén preparados, 4no sea que algunos de Macedonia vayan conmigo y encuentren que ustedes no lo

---

[a] **8.1—9.15** Cf. Ro 15.25–28; 1 Co 16.1–4.   [b] **8.15** Ex 16.18.

están. Eso sería una vergüenza para nosotros, que hemos tenido tanta confianza en ustedes; por no hablar de la vergüenza que sería para ustedes mismos. 5 Precisamente por ello me ha parecido necesario pedir a estos hermanos que vayan a visitarlos primero, y que los ayuden a completar la colecta que ustedes habían prometido. Así, la colecta de ustedes estará dispuesta como una muestra de generosidad, y no como una muestra de tacañería.

Exhortación a la generosidad

6 Acuérdense de esto: El que siembra poco, poco cosecha; el que siembra mucho, mucho cosecha. 7 Cada uno debe dar según lo que haya decidido en su corazón, y no de mala gana o a la fuerza, porque Dios ama al que da con alegría.*a* 8 Dios puede darles a ustedes con abundancia toda clase de bendiciones, para que tengan siempre todo lo necesario y además les sobre para ayudar en toda clase de buenas obras. 9 La Escritura dice:

"Ha dado abundantemente
    a los pobres,
y su generosidad permanece
    para siempre."*b*

10 Dios, que da la semilla que se siembra y el alimento que se come, les dará a ustedes todo lo necesario para su siembra, y la hará crecer, y hará que la generosidad de ustedes produzca una gran cosecha. 11 Así tendrán ustedes toda clase de riquezas y podrán dar generosamente. Y la colecta que ustedes envíen por medio de nosotros, será motivo de que los hermanos den gracias a Dios. 12 Porque al llevar esta ayuda a los hermanos, no solamente les llevamos lo que les haga falta, sino que también los movemos a dar muchas gracias a Dios. 13 Y ellos alabarán a Dios, pues esta ayuda les demostrará que ustedes obedecen al evangelio que profesan, al evangelio de Cristo. También ellos honrarán a Dios por la generosa contribución de ustedes para ellos y para todos. 14 Y además orarán por ustedes con mucho cariño, por la gran bondad que Dios les ha mostrado a ustedes. 15 ¡Gracias a Dios, porque nos ha hecho un regalo tan grande que no tenemos palabras para expresarlo!

Respuesta a la acusación de tener una actitud doble*a*

10 1 Yo, Pablo, les ruego a ustedes, por la ternura y la bondad de Cristo, aunque digan que cuando estoy entre ustedes soy muy tímido, y muy atrevido cuando estoy lejos. 2 Pues bien, les ruego que, cuando vaya a verlos, no me obliguen a ser atrevido con quienes nos acusan de hacer las cosas por motivos puramente humanos, pues estoy dispuesto a enfrentarme con ellos. 3 Es cierto que somos humanos, pero no luchamos como los hombres de este mundo. 4 Las armas que usamos no son las del mundo, sino que son poder de Dios capaz de destruir fortalezas. Y así destruimos las acusaciones 5 y toda altanería que pretenda impedir que se conozca a Dios. Todo pensamiento humano lo sometemos a Cristo, para que lo obedezca a él, 6 y estamos dispuestos a castigar toda desobediencia, una vez que ustedes obedezcan perfectamente.

7 Fíjense en lo que es evidente. Si alguno está seguro de ser de Cristo, debe tener en cuenta que también nosotros somos de Cristo. 8 Y aunque yo insista un poco más de la cuenta en nuestra autoridad, no tengo por qué avergonzarme; pues el Señor nos dio la autoridad para edificación de la comunidad y no para destruirla. 9 No quiero que parezca que trato de asustarlos con mis cartas. 10 Hay quien dice que mis cartas son duras y fuertes, pero que en persona no impresiono a nadie, ni impongo respeto al hablar. 11 Pero el que esto dice debe saber también que, así como somos con palabras y por carta estando lejos de ustedes, así seremos con hechos cuando estemos entre ustedes.

Respuesta a la acusación de ser orgulloso

12 Ciertamente, no nos atrevemos a igualarnos o a compararnos con esos que se alaban a sí mismos. Pero ellos cometen una tontería al medirse con su propia medida y al compararse unos con otros. 13 Nosotros no vamos a gloriarnos más allá de ciertos límites. Dios es quien señala los límites de nuestro campo de trabajo, y él nos permitió llegar hasta ustedes en Corinto. 14 Por eso, no estamos saliéndonos de nuestros límites, como sería el caso si no hubiéramos

---

a **9.7** Cf. Pr 22.8a (gr.) Cf. Eclo 35.9. *b* **9.9** Sal 112.9. *a* **10.1–13.10** Esta sección se diferencia de las anteriores por su tono polémico y mucho más severo. Algunos piensan que puede pertenecer a una carta diferente. Véanse *Introducción* y 2 Co 2.3–4 n.

estado antes entre ustedes. Nosotros fuimos los primeros en llevarles a ustedes el evangelio de Cristo. 15Y no nos gloriamos de los trabajos que otros han hecho, saliéndonos de nuestros límites. Al contrario, esperamos poder trabajar más entre ustedes, conforme ustedes vayan teniendo más fe, aunque siempre dentro de nuestros límites. 16También esperamos extendernos y anunciar el evangelio en lugares más allá de donde están ustedes, pero sin meternos en campos ajenos, para no gloriarnos de los trabajos que otros han hecho.

17Si alguno quiere gloriarse, que se gloríe del Señor.[b] 18Porque el hombre digno de aprobación no es el que se alaba a sí mismo, sino aquel a quien el Señor alaba.

El desinterés de Pablo

11 1¡Ojalá me soportaran ustedes un poco de locura! Como quiera que sea, sopórtenme. 2Porque el celo que siento por ustedes es un celo que viene de Dios. Yo los he comprometido en casamiento con un solo esposo, Cristo, y quiero presentarlos ante él puros como una virgen. 3Pero temo que, así como la serpiente engañó con su astucia a Eva,[a] también ustedes se dejen engañar, y que sus pensamientos se aparten de la actitud sincera y pura hacia Cristo. 4Ustedes soportan con gusto a cualquiera que llega hablándoles de un Jesús diferente del que nosotros les hemos predicado; y aceptan de buena gana un espíritu diferente del Espíritu que ya recibieron y un evangelio diferente del que ya han aceptado. 5Pues bien, yo no me siento inferior en nada a esos superapóstoles que vinieron después. 6Aunque yo sea torpe en mi modo de hablar, no lo soy en cuanto a conocimientos; y esto se lo hemos demostrado a ustedes siempre y en todos nuestros hechos.

7¿Será que hice mal en anunciarles el evangelio de Dios sin cobrarles nada, humillándome yo para enaltecerlos a ustedes? 8Les he quitado su dinero a otras iglesias, al aceptar que ellos me pagaran para poder servirles a ustedes. 9Y cuando estando entre ustedes necesité algo, nunca fui una carga para ninguno; pues los hermanos que llegaron de Macedonia me dieron lo que necesitaba. Procuré no ser una carga para ustedes, y así seguiré haciéndolo. 10Tan

seguro estoy de que conozco la verdad de Cristo, como de que nadie me va a quitar este motivo de orgullo en toda la región de Acaya. 11¿Por qué hablo así? ¿Será porque no los quiero a ustedes? ¡Dios sabe que sí los quiero!

12Pero voy a seguir haciendo lo que hago, para no dar oportunidad a esos que andan buscando pretexto para tener un orgullo como el nuestro; 13pues no son más que falsos apóstoles y engañadores que se disfrazan de apóstoles de Cristo. 14Y esto no es nada raro, ya que Satanás mismo se disfraza de ángel de luz; 15por eso resulta muy natural que sus servidores pretendan aparecer como defensores de la justicia. ¡Pero habrán de terminar como sus hechos merecen!

Pablo tiene motivos para gloriarse

16Vuelvo a decirles que nadie piense que estoy loco; pero si así lo piensan, déjenme que les hable como un loco, para que también yo pueda gloriarme un poco, 17aunque esta manera de gloriarme sea más bien una locura y no palabras que el Señor apruebe. 18¡Ya que hay tantos que se glorían de sus propios méritos, también yo me gloriaré! 19Ustedes son muy sabios, pero soportan de buena gana a los locos, 20y soportan también a aquellos que los obligan a servir, que los explotan, que los engañan, que los tratan con desprecio o que los golpean en la cara. 21Aunque me da vergüenza decirlo, ¡nosotros fuimos demasiado débiles para portarnos así!

Pero si los otros se atreven a jactarse, también yo me atreveré, aunque esto sea una locura. 22¿Son ellos hebreos? Yo también. ¿Son israelitas? Yo también. ¿Son descendientes de Abraham? Yo también.[b] 23¿Son siervos de Cristo? Yo lo soy más que ellos, aunque al decir esto hablo como un loco. Yo he trabajado más que ellos, me han encarcelado más veces que a ellos, he sido azotado más que ellos, y muchas veces he estado en peligro de muerte. 24En cinco ocasiones los judíos me castigaron con los treinta y nueve azotes. 25Tres veces me apalearon, y una me apedrearon. En tres ocasiones se hundió el barco en que yo viajaba, y, a punto de ahogarme, pasé una noche y un día en alta mar. 26He viajado mucho, y me he visto en peligros de ríos, en peligros de ladrones, y en

---

b 10.17 Jer 9.24. a 11.3 Gn 3.1–13. b 11.22 Flp 3.4–6.

peligros entre mis paisanos y entre los extranjeros. También me he visto en peligros en la ciudad, en el campo y en el mar, y en peligros entre falsos hermanos. 27 He pasado trabajos y dificultades; muchas veces me he quedado sin dormir; he sufrido hambre y sed; muchas veces no he comido; he sufrido por el frío y por la falta de ropa.

28 Además de estas y otras cosas, cada día pesa sobre mí la preocupación por todas las iglesias. 29 Si alguien enferma, también yo enfermo; y si hacen caer a alguno, yo me indigno. 30 Si de algo hay que gloriarse, me gloriaré de las cosas que demuestran mi debilidad. 31 El Dios y Padre del Señor Jesús, que es digno de alabanza por siempre, sabe que digo la verdad. 32 Cuando estuve en Damasco, el gobernador que servía al rey Aretas puso guardias a las puertas de la ciudad, para que me arrestaran; 33 pero hubo quienes me bajaron en un canasto por una ventana de la muralla de la ciudad, y así escapé de sus manos.*c*

Visiones y revelaciones de Pablo

12 1 Nada gana uno con gloriarse de sí mismo. Sin embargo, tengo que hablar de las visiones y revelaciones que he recibido del Señor. 2 Conozco a un seguidor*a* de Cristo, que hace catorce años fue llevado al tercer cielo. No sé si fue llevado en cuerpo o en espíritu; Dios lo sabe. 3 Pero sé que ese hombre (si en cuerpo o en espíritu, no lo sé, solo Dios lo sabe) 4 fue llevado al paraíso, donde oyó palabras tan secretas que a ningún hombre se le permite pronunciarlas. 5 Yo podría gloriarme de alguien así, pero no de mí mismo, a no ser de mis debilidades. 6 Aunque si quisiera yo gloriarme, eso no sería ninguna locura, porque estaría diciendo la verdad; pero no lo hago, para que nadie piense que soy más de lo que aparento o de lo que digo, 7 juzgándome por lo extraordinario de esas revelaciones. Por eso, para que yo no me crea más de lo que soy, he tenido un sufrimiento, una especie de espina clavada en el cuerpo, que como un instrumento de Satanás vino a maltratarme. 8 Tres veces le he pedido al Señor que me quite ese sufrimiento; 9 pero el Señor me ha dicho: "Mi amor es todo lo que necesitas; pues mi poder se muestra

plenamente en la debilidad." Así que prefiero gloriarme de ser débil, para que repose sobre mí el poder de Cristo. 10 Y me alegro también de las debilidades, los insultos, las necesidades, las persecuciones y las dificultades que sufro por Cristo, porque cuando más débil me siento es cuando más fuerte soy.

11 Me he portado como un loco, pero ustedes me obligaron a hacerlo. Porque ustedes son quienes debían hablar bien de mí, pues en nada valgo menos que esos superapóstoles. ¡Y eso que yo no valgo nada! 12 Los sufrimientos que soporté con paciencia, los milagros, maravillas y prodigios de que ustedes fueron testigos, son la prueba de que soy un verdadero apóstol. 13 Perdónenme si los ofendí, pero solo en una cosa han sido ustedes menos que las otras iglesias: ¡en que yo no fui una carga para ustedes!

Pablo habla de su próxima visita

14 Ya estoy preparado para hacerles mi tercera visita,*b* y tampoco ahora les seré una carga. Yo no busco lo que ustedes tienen, sino a ustedes mismos; porque son los padres quienes deben juntar dinero para los hijos, y no los hijos para los padres. 15 Y yo de buena gana gastaré todo lo que tengo, y aun a mí mismo me gastaré en bien de ustedes. Si yo los quiero más y más, ¿me amarán ustedes cada vez menos?

16 Sin duda estarán de acuerdo en que yo no fui una carga para ustedes. Sin embargo, algunos dicen que los hice caer astutamente en una trampa. 17 ¿Acaso los exploté por medio de alguna de las personas que les he enviado? 18 A Tito le pedí que fuera a visitarlos, y con él mandé al otro hermano.*c* ¿Acaso los explotó Tito? ¿No es verdad que los dos nos hemos portado de la misma manera y con el mismo espíritu?

19 Tal vez ustedes piensen que nos estamos disculpando ante ustedes, pero no es así. Al contrario, estamos hablando en presencia de Dios y como quienes pertenecen a Cristo. Y todo esto, queridos hermanos, es para edificación de la comunidad. 20 Porque temo que cuando vaya a verlos, quizá no los encuentre como quisiera, y que tampoco ustedes me encuentren a mí como ustedes quisieran. Temo

---

c **11.32-33** Hch 9.23-25. *a* **12.2-5** *Un seguidor:* Pablo, hablando en tercera persona, se refiere a sí mismo.
b **12.14** *Mi tercera visita:* 2 Co 13.1. *c* **12.18** 2 Co 8.6,16-18.

que haya discordias, envidias, enojos, egoísmos, chismes, críticas, orgullos y desórdenes. **21** Temo también que, en mi próxima visita, mi Dios me haga sentir vergüenza de ustedes, y que me haga llorar por muchos de ustedes que desde hace tiempo vienen pecando y no han dejado la impureza, la inmoralidad sexual y los vicios que practicaban.

13

1 Esta es la tercera vez que voy a visitarlos. Todo tendrá que decidirse por el testimonio de dos o tres testigos. **2** A los que antes pecaron, y a todos, ahora que estoy lejos les repito la advertencia que les hice personalmente en mi segunda visita:*a* que si voy otra vez a visitarlos, no voy a tenerles consideración, **3** ya que ustedes están buscando una prueba de que Cristo habla por mí. Y Cristo no es débil en su trato con ustedes, sino que muestra su fuerza entre ustedes. **4** Es cierto que fue crucificado como débil, pero vive por el poder de Dios. De la misma manera, nosotros participamos de su debilidad, pero unidos a él viviremos por el poder de Dios para servirles a ustedes.

5 Examínense ustedes mismos, para ver si están firmes en la fe; pónganse a prueba. ¿No se dan cuenta de que Jesucristo está en ustedes?

¡A menos que hayan fracasado en la prueba! **6** Confío, sin embargo, en que reconocerán que nosotros no hemos fracasado. **7** Y oramos a Dios para que ustedes no hagan nada malo; no para demostrar que nosotros hemos pasado la prueba, sino simplemente para que ustedes hagan lo bueno, aunque parezca que nosotros hemos fracasado. **8** Porque no podemos hacer nada contra la verdad, sino solamente a favor de la verdad. **9** Por eso nos alegramos cuando somos débiles, con tal de que ustedes sean fuertes; y seguiremos orando para que lleguen a ser perfectos. **10** Les escribo esta carta antes de ir a verlos, para que cuando vaya no tenga que ser tan duro en el uso de mi autoridad, la cual el Señor me dio, no para destruirlos, sino para edificación de la comunidad.

11 Para terminar, hermanos, deseo que vivan felices y que busquen la perfección en su vida. Anímense y vivan en armonía y paz; y el Dios de amor y de paz estará con ustedes. **12** Salúdense los unos a los otros con un beso santo. Todos los hermanos en la fe les mandan saludos.

13 Que la gracia del Señor Jesucristo, el amor de Dios y la participación del Espíritu Santo estén con todos ustedes.

---

a **13.2** *Mi segunda visita:* Véase 2.1 n.

Carta de San Pablo a los

GÁLATAS

Galacia era, a mediados del siglo I d.C., una provincia romana situada en la región central de Asia Menor, parte de la actual Turquía. En la *Carta a los Gálatas* (=Gl) se habla de "las iglesias de Galacia", sin especificar el nombre de ninguna ciudad. No hay certeza acerca de la situación geográfica exacta de estas comunidades.

Pablo dice que él fue quien predicó el evangelio a los gálatas por primera vez, y que su permanencia allá se debió a una enfermedad (4.13). Esto coincide con el paso por "la región de Frigia y Galacia", mencionado en Hch 16.6, como parte del segundo viaje misionero de Pablo. Según Hch 18.23, Pablo volvió a pasar por esta región en su tercer viaje.

De la carta se desprende que los cristianos eran de origen pagano, no judíos (Gl 4.8).

La buena situación inicial se vio perturbada por algunos que fueron después a enseñar nuevas doctrinas, tratando de crear al mismo tiempo desconfianza respecto de Pablo.

Las alusiones que se leen en la carta indican que estas personas querían obligar a los gálatas a someterse a la ley de Moisés (4.21), y especialmente a aceptar la circuncisión (6.12-13). También los inducían a observar con veneración especial ciertos días o tiempos del calendario (4.10). Probablemente afirmaban que solo así podrían participar de las bendiciones prometidas por Dios a los descendientes de Abraham (3.14).

Por otra parte, parece que estos maestros advenedizos atacaban la autoridad de Pablo como apóstol y sus motivos al predicar el evangelio (1.10,12).

El apóstol escribe esta carta en medio de gran emoción, no tanto por los ataques a su autoridad, cuanto por el peligro que veía para la verdad del evangelio. Advierte a los gálatas sobre las consecuencias de su actitud y previene posibles malentendidos de su enseñanza sobre la libertad cristiana.

Muchos de los temas tratados en esta carta se encuentran desarrollados más ampliamente y en un tono más sereno en la carta a los Romanos, redactada más tarde.

La carta a los *Gálatas* fue escrita probablemente desde Macedonia, entre los años 54 y 57.

El siguiente es el esquema de la carta:

Introducción (1.1–9)

1. El evangelio anunciado por Pablo (1.10—2.21)

2. Dios nos hace libres por la fe (3.1—5.12)

3. El uso de la libertad (5.13—6.10)

Conclusión (6.11–18)

Saludo

1 ¹ Pablo, apóstol no enviado ni nombrado por los hombres, sino por Jesucristo mismo y por Dios Padre que resucitó a Jesús, ² saluda, junto con todos los hermanos, a las iglesias de Galacia. ³ Que Dios nuestro Padre y el Señor Jesucristo derramen su gracia y su paz sobre ustedes. ⁴ Jesucristo se entregó a la muerte por nuestros pecados, para librarnos del estado perverso actual del mundo, según la voluntad de nuestro Dios y Padre. ⁵ ¡Gloria a Dios para siempre! Amén.

Extrañeza de Pablo

⁶ Estoy muy sorprendido de que ustedes se hayan alejado tan pronto de Dios, que los llamó mostrando en Cristo su bondad, y se hayan pasado a otro evangelio. ⁷ En realidad no es que haya otro evangelio. Lo que pasa es que hay algunos que los perturban a ustedes, y que quieren trastornar el evangelio de Cristo. ⁸ Pero si alguien les anuncia un evangelio distinto del que ya les hemos anunciado, que caiga sobre él la maldición de Dios, no importa si se trata de mí mismo o de un ángel venido del cielo. ⁹ Lo he dicho antes y ahora lo repito: Si alguien les anuncia un evangelio diferente del que ya recibieron, que caiga sobre él la maldición de Dios.

¹⁰ Yo no busco la aprobación de los hombres, sino la aprobación de Dios. No busco quedar bien con los hombres. ¡Si yo quisiera quedar bien con los hombres, ya no sería un siervo de Cristo!

Como llegó Pablo a ser apóstol

¹¹ Sepan ustedes esto, hermanos: el evangelio que yo anuncio no es invención humana. ¹² No lo recibí ni lo aprendí de hombre alguno, sino que Jesucristo mismo me lo hizo conocer.

¹³ Ustedes habrán oído decir cuál era mi conducta anterior en el judaísmo, y cómo perseguí con violencia a la iglesia de Dios y procuré destruirla.*ᵃ* ¹⁴ En el judaísmo, yo dejaba atrás a muchos de mis paisanos de mi misma edad, porque era mucho más estricto en mantener las tradiciones de mis antepasados.*ᵇ* ¹⁵⁻¹⁶ Pero Dios, que me escogió antes de nacer*ᶜ* y por su gran bondad me llamó, tuvo a bien hacerme conocer a su Hijo, para que anunciara su evangelio entre los no judíos.*ᵈ* Y no fui entonces a consultar con ningún ser humano; ¹⁷ ni fui tampoco a Jerusalén a ver a los que eran apóstoles antes que yo. Por el contrario, me dirigí sin tardar a la región de Arabia, y luego volví a Damasco.

Relaciones de Pablo con los otros apóstoles

¹⁸ Tres años después fui a Jerusalén*ᵉ* para conocer a Cefas, con quien estuve quince días. ¹⁹ Pero no vi a ningún otro de los apóstoles, aunque sí a Santiago*ᶠ* el hermano del Señor.*ᵍ* ²⁰ Les aseguro delante de Dios que lo que les estoy escribiendo es la verdad.

²¹ Después me dirigí a las regiones de Siria y Cilicia. ²² En cambio, los hermanos de las iglesias de Cristo que están en Judea no me conocían personalmente. ²³ Solamente oían decir: "El que antes nos perseguía, anda ahora predicando el evangelio que en otro tiempo quería destruir." ²⁴ Y alababan a Dios por causa mía.

2 ¹ Catorce años después fui otra vez a Jerusalén con Bernabé, y llevé a Tito conmigo. ² Fui porque Dios me había mostrado que tenía que ir. Y allí expuse ante la comunidad el evangelio que anuncio a los no judíos. Y lo expliqué también en privado ante aquellos que eran reconocidos como de mayor autoridad, para dejar en claro que lo que yo estaba haciendo o había hecho no era trabajo inútil. ³ Pero ni siquiera Tito, que estaba conmigo y que era griego, fue obligado a someterse al rito de la circuncisión. ⁴ Algunos falsos hermanos se habían metido entre nosotros a escondidas, para espiar la libertad que tenemos en Cristo Jesús y hacernos otra vez esclavos de la ley. ⁵ Pero ni por un momento nos dejamos llevar por ellos, porque queríamos que la verdad del evangelio permaneciera en ustedes.

⁶ Pero no me añadieron nada nuevo los que eran reconocidos como de mayor autoridad (aunque a mí no me interesa lo que hayan sido ellos, porque Dios no juzga por las apariencias). ⁷ Al contrario, reconocieron que Dios me había encargado el trabajo de anunciar el evangelio a los no judíos, así como a Pedro le había encargado el trabajo de anunciarlo a los judíos. ⁸ Pues el mismo Dios que envió a Pedro como apóstol a los judíos, me envió también a mí como

---

ᵃ **1.13** Hch 8.3; 22.4–5; 26.9–11. *ᵇ* **1.14** Hch 22.3; Flp 3.6. *ᶜ* **1.15–16** *Me escogió antes de nacer:* Cf. Is 49.1; Jer 1.5. *ᵈ* **1.15–16** Hch 9.1–18; Hch 22.6–16; 26.12–18. *ᵉ* **1.18** Cf. Hch 9.26–30. *ᶠ* **1.19** *Aunque sí a Santiago:* otra posible traducción: *fuera de Santiago.* Cf. Hch 12.17 n. *ᵍ* **1.19** *Hermano del Señor:* Cf. Mt 13.55.

apóstol a los no judíos. 9 Santiago, Cefas y Juan, que eran tenidos por columnas de la iglesia, reconocieron que Dios me había concedido este privilegio, y para confirmar que nos aceptaban como compañeros, nos dieron la mano a mí y a Bernabé, y estuvieron de acuerdo en que nosotros fuéramos a trabajar entre los no judíos, mientras que ellos trabajarían entre los judíos. 10 Solamente nos pidieron que nos acordáramos de los pobres, cosa que he procurado hacer con todo cuidado.[a]

11 Pero cuando Cefas fue a la ciudad de Antioquía,[b] lo reprendí en su propia cara, porque lo que estaba haciendo era condenable. 12 Pues primero comía con los no judíos, hasta que llegaron algunas personas de parte de Santiago; entonces comenzó a separarse, y dejó de comer con ellos, porque tenía miedo de los fanáticos de la circuncisión. 13 Y los otros creyentes judíos consintieron también con Pedro en su hipocresía, tanto que hasta Bernabé se dejó llevar por ellos. 14 Por eso, cuando vi que no se portaban conforme a la verdad del evangelio, le dije a Cefas delante de toda la comunidad: "Tú, que eres judío, has estado viviendo como si no lo fueras; ¿por qué, pues, quieres obligar a los no judíos a vivir como si lo fueran?"

Dios nos hace justos por la fe en Jesucristo

15 Nosotros somos judíos de nacimiento, y no pecadores paganos. 16 Sin embargo, sabemos que nadie es reconocido como justo por cumplir la ley sino gracias a la fe en Jesucristo. Por esto, también nosotros hemos creído en Jesucristo, para que Dios nos reconozca como justos, gracias a esa fe y no por cumplir la ley. Porque nadie será reconocido como justo[c] por cumplir la ley.[d]

17 Ahora bien, si buscando ser reconocidos como justos por medio de Cristo, resulta que también nosotros somos pecadores, ¿acaso esto querrá decir que Cristo nos hace pecadores? ¡Claro que no! 18 Pues si destruyo algo y luego lo vuelvo a construir, yo mismo soy el culpable. 19 Porque por medio de la ley yo he muerto a la ley, a fin de vivir para Dios. Con Cristo he sido crucificado, 20 y ya no soy yo quien vive,

sino que es Cristo quien vive en mí. Y la vida que ahora vivo en el cuerpo, la vivo por mi fe en el Hijo de Dios, que me amó y se entregó a la muerte por mí. 21 No quiero rechazar la bondad de Dios; pues si se obtuviera la justicia por medio de la ley, Cristo habría muerto inútilmente.

La experiencia cristiana del Espíritu

3 1 ¡Gálatas, duros para entender! ¿Quién los embrujó? En nuestra predicación hemos mostrado ante sus propios ojos a Jesucristo crucificado. 2 Solo quiero que me contesten a esta pregunta: ¿Recibieron ustedes el Espíritu de Dios por el cumplimiento de la ley o por aceptar el mensaje de la fe? 3 ¿Son tan duros para entender, que habiendo comenzado con el Espíritu quieren ahora terminar con algo puramente humano? 4 ¿Tantas buenas experiencias para nada? . . . ¡Imposible que hayan sido para nada! 5 Cuando Dios les da su Espíritu y hace milagros entre ustedes, ¿por qué lo hace? No en virtud del cumplimiento de la ley, sino por aceptar el mensaje de la fe.

Dios reconoció a Abraham como justo por su fe

6 Así también, Abraham creyó a Dios, y Dios le tuvo esto en cuenta y lo reconoció como justo.[a] 7 Por lo tanto, ustedes deben saber que los verdaderos descendientes de Abraham son los que tienen fe. 8 La Escritura, viendo de antemano que también entre los no judíos iba Dios a reconocer como justos a los que tuvieran fe, había anunciado a Abraham esta buena noticia: "Todas las naciones serán bendecidas por medio de ti."[b] 9 De manera que los que creen son bendecidos junto con Abraham, que también creyó.

10 Quienes ponen su confianza en la ley están bajo maldición, porque la Escritura dice: "Maldito sea el que no cumple fielmente todo lo que está escrito en el libro de la ley."[c] 11 Por tanto, está claro que nadie es reconocido como justo en virtud de la ley; pues la Escritura dice: "El justo por la fe vivirá."[d] 12 Pero la ley no se basa en la fe, sino que dice: "El que cumpla la ley, vivirá por ella."[e]

---

a 2.10 Cf. Hch 11.29–30; Ro 15.25–26; 1 Co 16.1–4; 2 Co 8.1–4. b 2.11 Antioquía: de Siria (Hch 11.19–26). c 2.16 Reconocido como justo: Véase Ro 1.17 nota c. d 2.16 Porque nadie . . . cumplir la ley: Sal 143.2. a 3.6 Gn 15.6; Ro 4.3. b 3.8 Gn 12.3. c 3.10 Dt 27.26. d 3.11 El justo por la fe vivirá: Hab 2.4; véase Ro 1.17 nota d. e 3.12 Lv 18.5.

13 Cristo nos rescató[f] de la maldición de la ley haciéndose maldición por causa nuestra, porque la Escritura dice: "Maldito todo el que muere colgado de un madero."[g] 14 Esto sucedió para que la bendición que Dios prometió a Abraham alcance también, por medio de Cristo Jesús, a los no judíos; y para que por medio de la fe recibamos todos el Espíritu que Dios ha prometido.

La ley no anula la promesa

15 Hermanos, voy a hablarles en términos humanos: Cuando un hombre hace un pacto y lo respalda con su firma, nadie puede anularlo ni agregarle nada. 16 Ahora bien, Dios hizo sus promesas a Abraham y a su descendencia.[h] La Escritura no habla de "descendencias", en plural, sino en singular; dice: "y a tu descendencia", la cual es Cristo. 17 Lo que digo es esto: Dios hizo una alianza con Abraham, y la confirmó. Por eso, la ley de Moisés, que vino cuatrocientos treinta años después,[i] no puede anular aquella alianza y dejar sin valor la promesa de Dios. 18 Pues si lo que Dios prometió darnos dependiera de la ley de Moisés, ya no sería una promesa; pero el hecho es que Dios prometió a Abraham dárselo gratuitamente.

19 Entonces, ¿para qué sirve la ley? Fue dada después, para poner de manifiesto la desobediencia de los hombres, hasta que viniera esa "descendencia" a quien se le había hecho la promesa. La ley fue proclamada por medio de ángeles,[j] y Moisés sirvió de intermediario. 20 Pero no hay necesidad de intermediario cuando se trata de una sola persona, y Dios es uno solo.

Cristo pone término a la ley

21 ¿Acaso esto quiere decir que la ley está en contra de las promesas de Dios? ¡Claro que no! Porque si la ley pudiera dar vida, entonces la justicia realmente se obtendría en virtud de la ley. 22 Pero, según lo que dice la Escritura,

todos son prisioneros del pecado, para que quienes creen en Jesucristo puedan recibir lo que Dios ha prometido.[k]

23 Antes de venir la fe, la ley nos tenía presos, esperando a que la fe fuera dada a conocer. 24 La ley era para nosotros como el esclavo que vigila a los niños, hasta que viniera Cristo, para que por la fe obtuviéramos la justicia. 25 Pero ahora que ha llegado la fe, ya no estamos a cargo de ese esclavo que era la ley, 26 pues por la fe en Cristo Jesús todos ustedes son hijos de Dios, 27 ya que al unirse a Cristo en el bautismo, han quedado revestidos de Cristo.[l] 28 Ya no importa el ser judío o griego, esclavo o libre, hombre o mujer; porque unidos a Cristo Jesús, todos ustedes son uno solo.[m] 29 Y si son de Cristo, entonces son descendientes de Abraham y herederos de las promesas que Dios le hizo.

Ya no somos esclavos sino hijos

4 ¹ Lo que quiero decir es esto: Mientras el heredero es menor de edad, en nada se diferencia de un esclavo de la familia, aunque sea en realidad el dueño de todo. 2 Hay personas que lo cuidan y que se encargan de sus asuntos, hasta el tiempo que su padre haya señalado. 3 Lo mismo pasa con nosotros: cuando éramos menores de edad, estábamos sometidos a los poderes que dominan este mundo.[a] 4 Pero cuando se cumplió el tiempo, Dios envió a su Hijo, que nació de una mujer, sometido a la ley de Moisés, 5 para rescatarnos a los que estábamos bajo esa ley y concedernos gozar de los derechos de hijos de Dios. 6 Y porque ya somos sus hijos, Dios mandó el Espíritu de su Hijo a nuestros corazones; y el Espíritu clama: "¡Abbá! ¡Padre!"[b] 7 Así pues, tú ya no eres esclavo, sino hijo de Dios; y por ser hijo suyo, es voluntad de Dios que seas también su heredero.

8 Antes, cuando ustedes no conocían a Dios, eran esclavos de seres que en realidad no son

---

[f] 3.13 *Nos rescató:* Véase Ro 3.24 nota *m.* [g] 3.13 Dt 21.23. [h] 3.16 Gn 12.7. [i] 3.17 *Cuatrocientos treinta años después:* alusión a Ex 12.40, según la versión griega (LXX), donde esta cifra incluye el tiempo que los israelitas estuvieron en Canaán y Egipto, o sea desde Abraham hasta Moisés. [j] 3.19 *Por medio de ángeles:* Cf. Hch 7.53; Heb 2.2. [k] 3.22 Cf. Sal 14.3, y también Ro 3.10–19; 11.32. [l] 3.27 Cf. Ro 6.3–5. [m] 3.28 Ro 10.12; 1 Co 12.13; Col 3.11. [a] 4.3 *Los poderes que dominan este mundo:* lit. *los elementos del mundo.* Pablo se refiere (aquí y en el v. 9) a la situación de la humanidad antes de Cristo, y la caracteriza como sometida a *los poderes que dominan el mundo.* Esto incluye la sujeción a la ley y a ciertas normas sobre el calendario, que dependen de fenómenos astronómicos (cf. v. 10). Probablemente, se consideraba que estos fenómenos estaban relacionados con poderes celestiales (cf. Gl 3.19; Ef 2.2). Cf. también Col 2.8,20. [b] 4.6 Lc 11.2.

dioses. 9 Pero ahora que ustedes han conocido a Dios, o mejor dicho, ahora que Dios los ha conocido a ustedes, ¿cómo es posible que vuelvan a someterse a esos débiles y pobres poderes, y a hacerse sus esclavos? 10 Ustedes celebran ciertos días, meses, fechas y años . . . *c* 11 ¡Mucho me temo que mi trabajo entre ustedes no haya servido de nada!

Recuerdos personales

12 Hermanos, les ruego: sean como yo, porque yo me he vuelto como ustedes. *d* No es que me hayan causado ustedes ningún daño. 13 Como ya saben, cuando primero les prediqué el evangelio lo hice debido a una enfermedad que sufría. 14 Y esa enfermedad fue una prueba para ustedes, que no me despreciaron ni me rechazaron a causa de ella, sino que, al contrario, me recibieron como a un ángel de Dios, ¡como si se tratara del mismo Cristo Jesús! 15 ¿Qué pasó con aquella alegría que sentían? Puedo decir en favor de ustedes que, de haberles sido posible, hasta se habrían sacado los ojos para dármelos a mí. 16 Y ahora, ¿acaso me he vuelto enemigo de ustedes, solamente porque les he dicho la verdad?

17 Esa gente tiene mucho interés en ustedes, pero no son buenas sus intenciones. Lo que quieren es apartarlos de nosotros, para que luego ustedes se interesen por ellos. 18 Claro que es bueno interesarse por los demás, pero con buenas intenciones; y que sea siempre, y no solamente cuando estoy entre ustedes. 19 Hijos míos, otra vez sufro dolores de parto, hasta que Cristo se forme en ustedes. *e* 20 ¡Ojalá estuviera yo ahí ahora mismo para hablarles de otra manera, pues no sé qué pensar de ustedes!

Lo que simbolizan Agar y Sara

21 Díganme una cosa, ustedes, los que quieren someterse a la ley: ¿Acaso no han escuchado lo que la ley dice? 22 Pues dice que Abraham tuvo dos hijos: uno de una esclava, *f* y el otro de su propia esposa, que era libre. *g* 23 El hijo de la esclava nació de modo puramente humano; pero el hijo de la libre nació para que se

cumpliera lo que Dios había prometido. *h* 24 Esto tiene un sentido simbólico; las dos mujeres representan dos alianzas: una es la del monte Sinaí, y está representada por Agar, que fue la madre del que habría de ser esclavo. 25 Pues Agar representa el monte Sinaí, en Arabia, que corresponde a la actual Jerusalén, ya que esta ciudad está sometida a esclavitud junto con sus hijos. 26 Pero la Jerusalén celestial *i* es libre, y nosotros somos hijos suyos. 27 Porque la Escritura dice:

"Alégrate, mujer estéril,
    tú que no tienes hijos;
grita de alegría, tú que no conoces
    los dolores de parto.
Porque la mujer que fue abandonada
    tendrá más hijos
que la mujer que tiene esposo." *j*

28 Hermanos, ustedes son como Isaac: son los hijos que Dios había prometido. 29 Pero así como en aquel tiempo el hijo que nació de modo puramente humano *k* perseguía al hijo que nació por obra del Espíritu, *l* así sucede también ahora. 30 Pero ¿qué dice la Escritura? Pues dice: "Echa fuera a la esclava y a su hijo, porque el hijo de la esclava no puede compartir la herencia con el hijo de la libre." *m* 31 De manera, hermanos, que no somos hijos de la esclava, sino de la libre.

La libertad cristiana

5 1 Cristo nos dio libertad para que seamos libres. Por lo tanto, manténganse ustedes firmes en esa libertad y no se sometan otra vez al yugo de la esclavitud.

2 Escúchenme. Yo, Pablo, les digo que si ustedes se someten al rito de la circuncisión, Cristo no les servirá de nada. 3 Quiero repetirle a cualquier hombre que se circuncida, que está obligado a cumplir toda la ley. 4 Ustedes, los que quieren ser reconocidos como justos por cumplir la ley, se han apartado de Cristo; han rechazado la generosidad de Dios. 5 Pero nosotros, por medio del Espíritu tenemos la esperanza de alcanzar la justicia basados en la fe. 6 Porque gracias a Cristo Jesús, ya no cuenta

---

c **4.10** Cf. Col 2.16.   *d* **4.12** *Ustedes:* los no judíos, que no habían estado sometidos a ley de Moisés. Cf. 1 Co 9.21–22.   *e* **4.19** Cf. Ro 8.29; 2 Co 3.18; Flp 3.10.   *f* **4.22** *Una esclava:* Cf. Gn 16.15.   *g* **4.22** Gn 21.2.   *h* **4.23** Cf. Gn 17.15–21; 18.10–15.   *i* **4.26** *La Jerusalén celestial:* Flp 3.20; Heb 12.22–23; Ap 21.2–4.   *j* **4.27** Is 54.1.   *k* **4.29** *El hijo que nació de modo puramente humano:* Ismael, hijo de Agar.   *l* **4.29** *Que nació por obra del Espíritu:* Isaac, hijo de Sara. Cf. Gn 21.9.   *m* **4.30** Gn 21.10.

para nada estar o no circuncidados. Lo que cuenta es la fe, una fe activa por medio del amor.

7 Ustedes iban por buen camino. ¿Quién les impidió obedecer a la verdad? **8** No fue cosa de Dios, que los ha llamado. **9** Se dice que "un poco de levadura hace que fermente toda la masa", **10** y yo tengo confianza en el Señor de que ustedes no van a pensar de otro modo; pero Dios castigará a ese que los anda perturbando, no importa quién sea.

11 En cuanto a mí, hermanos, si todavía estuviera yo insistiendo en el valor de la circuncisión, los judíos no me perseguirían, ya que en ese caso el mensaje de la cruz de Cristo no los ofendería. **12** Pero esos que los andan perturbando a ustedes, ¡ojalá se castraran a sí mismos de una vez!

El amor, resumen de la ley

13 Ustedes, hermanos, han sido llamados a la libertad. Pero no usen esta libertad para dar rienda suelta a sus instintos. Más bien sírvanse los unos a los otros por amor. **14** Porque toda la ley se resume en este solo mandato: "Ama a tu prójimo como a ti mismo." *a* **15** Tengan cuidado, porque si ustedes se muerden y se comen unos a otros, llegarán a destruirse entre ustedes mismos.

La vida conforme al Espíritu de Dios

16 Por lo tanto, digo: Vivan según el Espíritu, y no busquen satisfacer sus propios malos deseos. **17** Porque los malos deseos están en contra del Espíritu, y el Espíritu está en contra de los malos deseos. El uno está en contra de los otros, y por eso ustedes no pueden hacer lo que quisieran. **18** Pero si el Espíritu los guía, entonces ya no estarán sometidos a la ley.

19 Es fácil ver lo que hacen quienes siguen los malos deseos: cometen inmoralidades sexuales, hacen cosas impuras y viciosas, **20** adoran ídolos y practican la brujería. Mantienen odios, discordias y celos. Se enojan fácilmente, causan rivalidades, divisiones y partidismos. **21** Son envidiosos, borrachos, glotones y otras cosas parecidas. Les advierto a ustedes, como ya antes lo he hecho, que los que así se portan no tendrán parte en el reino de Dios.

22 En cambio, lo que el Espíritu produce es amor, alegría, paz, paciencia, amabilidad, bondad, fidelidad, **23** humildad y dominio propio. Contra tales cosas no hay ley. *b* **24** Y los que son de Cristo Jesús, ya han crucificado la naturaleza del hombre pecador junto con sus pasiones y malos deseos. **25** Si ahora vivimos por el Espíritu, dejemos también que el Espíritu nos guíe.

26 No seamos orgullosos, ni sembremos rivalidades y envidias entre nosotros.

Aplicaciones particulares

6 **1** Hermanos, si ven que alguien ha caído en algún pecado, ustedes que son espirituales deben ayudarlo a corregirse. Pero háganlo amablemente; y que cada cual tenga mucho cuidado, no suceda que él también sea puesto a prueba. **2** Ayúdense entre sí a soportar las cargas, y de esa manera cumplirán la ley de Cristo. *a*

3 Si alguien se cree ser algo, cuando no es nada, a sí mismo se engaña. **4** Cada uno debe juzgar su propia conducta, y si ha de sentirse orgulloso, que lo sea respecto de sí mismo y no respecto de los demás. **5** Pues cada uno tiene que llevar su propia carga.

6 El que recibe instrucción en el mensaje del evangelio, debe compartir con su maestro toda clase de bienes.

7 No se engañen ustedes: nadie puede burlarse de Dios. Lo que se siembra, se cosecha. **8** El que siembra en los malos deseos, de sus malos deseos recogerá una cosecha de muerte. El que siembra en el Espíritu, del Espíritu recogerá una cosecha de vida eterna. **9** Así que no debemos cansarnos de hacer el bien; porque si no nos desanimamos, a su debido tiempo cosecharemos. **10** Por eso, siempre que podamos, hagamos bien a todos, y especialmente a nuestros hermanos en la fe.

Advertencias y despedida

11 ¡Miren ustedes con qué letras tan grandes les estoy escribiendo ahora con mi propia mano! *b* **12** Esos que quieren obligarlos a circuncidarse, lo hacen solamente para quedar bien con la gente y no ser perseguidos por causa de la cruz de Cristo. **13** Pero ni siquiera los que se

---

a **5.14** Lv 19.18. *b* **5.22–23** Cf. Ef 5.9; Col 3.12–15. *a* **6.2** *La ley de Cristo:* es decir, la ley del amor. Cf. Jn 13.34; 15.12,17; 1 Jn 3.23. *b* **6.11** Cf. 1 Co 16.21.

circuncidan cumplen todo lo que la ley dice. En cambio quieren que ustedes se circunciden, para gloriarse de haberlos obligado a ustedes a llevar esa marca en el cuerpo. 14 En cuanto a mí, de nada quiero gloriarme sino de la cruz de nuestro Señor Jesucristo. Pues por medio de la cruz de Cristo, el mundo ha muerto para mí y yo he muerto para el mundo. 15 De nada vale estar o no estar circuncidados; lo que sí vale es el haber sido creados de nuevo. [c] 16 Reciban paz y misericordia todos los que viven según esta regla, y todos los del Israel de Dios. [d]

17 De ahora en adelante no quiero que nadie me cause más dificultades; pues llevo marcadas en mi cuerpo las señales de lo que he sufrido en unión con Jesús. [e]

18 Hermanos, que nuestro Señor Jesucristo derrame su gracia sobre todos ustedes. Amén.

---

[c] **6.15** *Creados de nuevo:* Cf. 2 Co 5.17. [d] **6.16** *Los del Israel de Dios:* alusión a la iglesia en su totalidad, o, posiblemente, a aquellos israelitas que por la fe en Cristo forman parte de ella (Gl 3.7–9,14,29; cf. Ro 2.29; 9.6–8). [e] **6.17** La señales que Pablo *lleva marcadas en su cuerpo* son probablemente las consecuencias de los sufrimientos que ha padecido en su trabajo apostólico (cf. 2 Co 11.23–27), como participación en los sufrimientos mismos de Cristo (cf. 2 Co 1.5; Col 1.24). Algunos piensan que estas señales se comparan aquí a las marcas que se ponían a los esclavos para indicar quién era su dueño.

Carta de San Pablo a los
EFESIOS

Éfeso era una antigua ciudad situada en la costa occidental de la península de Asia Menor (actual Turquía). En el siglo I d.C. era una de las ciudades más importantes del imperio romano y llegó a ser, durante un tiempo, la capital de la provincia de Asia. Pablo ejerció allí su actividad misionera en varias ocasiones. En Hch 18.19–21 se narra la primera visita del apóstol a esta ciudad. Fue una visita breve, pero luego regresó y permaneció allí por más de dos años (Hch 19.1—20.1).

La carta insiste en la unidad de la iglesia, el único pueblo de Dios, formado por los creyentes tanto de origen judío como de origen pagano, y da instrucciones a los diversos grupos que forman la comunidad.

La mención de Éfeso en el saludo (Ef 1.1) falta en las copias más antiguas que se conservan de la carta. Por otra parte, no hay alusiones especialmente personales a la comunidad de Éfeso, que Pablo conocía muy bien. Por eso, es probable que esta carta estuviera dirigida originalmente a un grupo de comunidades, entre las que se contaría también Éfeso.

La *Carta a los Efesios* (=Ef), junto con las cartas a los *Filipenses*, a los *Colosenses*, y a *Filemón*, forman un grupo que se ha llamado "las cartas de la cautividad", porque en ellas se dice que Pablo está prisionero cuando las escribe (véase, por ejemplo, 3.1).

Al mencionar la prisión de Pablo (3.1; 4.1), no se especifica el lugar. No hay datos que permitan precisar la fecha exacta de composición de la carta.

El siguiente esquema muestra los principales temas:

Saludo (1.1–2)

1. Exposición: la obra salvadora de Dios (1.3—3.21)
   Alabanza a Dios por su obra salvadora (1.3–14)
   Oración por los creyentes (1.15–23)
   Dios nos libró de la muerte por medio de Cristo (2.1–10)
   Todos formamos un solo pueblo (2.11–22)
   La misión de Pablo en la iglesia (3.1–13)
   Oración y alabanza a Dios (3.14–21)

2. Exhortación: la vida cristiana (4.1—6.20)
   Conservar la unidad (4.1–16)
   La nueva vida en Cristo (4.17–24)
   Aplicaciones concretas (4.25—5.5)
   Vivir iluminados por la luz de Cristo (5.6–20)
   Los deberes familiares del cristiano (5.21—6.9)
   El combate espiritual del cristiano (6.10–20)

Saludos finales (6.21–24)

Saludo

1 ¹ Pablo, apóstol de Jesucristo por la voluntad de Dios, saluda a quienes en la ciudad de Éfeso[a] pertenecen al pueblo santo y como creyentes están unidos a Cristo Jesús. ²Que Dios nuestro Padre y el Señor Jesucristo derramen su gracia y su paz sobre ustedes.

Alabanza a Dios por su obra salvadora

³Alabado sea el Dios y Padre de nuestro Señor Jesucristo, pues en Cristo nos ha bendecido en los cielos con toda clase de bendiciones espirituales. ⁴Dios nos escogió en Cristo desde antes de la creación del mundo, para que fuéramos santos y sin defecto en su presencia. Por su amor, ⁵nos había destinado a ser adoptados como hijos suyos por medio de Jesucristo, hacia el cual nos ordenó, según la determinación bondadosa de su voluntad. ⁶Esto lo hizo para que alabemos siempre a Dios por su gloriosa bondad, con la cual nos bendijo mediante su amado Hijo. ⁷⁻⁸En Cristo, gracias a la sangre que derramó, tenemos la liberación[b] y el perdón de los pecados. Pues Dios ha hecho desbordar sobre nosotros las riquezas de su generosidad, dándonos toda sabiduría y entendimiento, ⁹y nos ha hecho conocer el designio secreto de su voluntad. Él en su bondad se había propuesto realizar en Cristo este designio, ¹⁰e hizo que se cumpliera el término que había señalado.[c] Y este designio consiste en que Dios ha querido unir bajo el mando de Cristo todas las cosas, tanto en el cielo como en la tierra.

¹¹En Cristo, Dios nos había escogido de antemano para que tuviéramos parte en su herencia,[d] de acuerdo con el propósito de Dios mismo, que todo lo hace según la determinación de su voluntad. ¹²Y él ha querido que nosotros seamos los primeros en poner nuestra esperanza en Cristo, para que todos alabemos su glorioso poder. ¹³Gracias a Cristo, también ustedes que oyeron el mensaje de la verdad, la buena noticia de su salvación, y abrazaron la fe, fueron sellados como propiedad de Dios con el Espíritu Santo que él había prometido.[e] ¹⁴Este Espíritu es el anticipo que nos garantiza la herencia que Dios nos ha de dar, cuando haya completado nuestra liberación y haya hecho de nosotros el pueblo de su posesión, para que todos alabemos su glorioso poder.

Oración por los creyentes

¹⁵Por esto, como sé que ustedes tienen fe en el Señor Jesús y amor para con todo el pueblo santo, ¹⁶no dejo de dar gracias a Dios por ustedes, recordándolos en mis oraciones. ¹⁷Pido al Dios de nuestro Señor Jesucristo, al glorioso Padre, que les conceda el don espiritual de la sabiduría y se manifieste a ustedes, para que puedan conocerlo verdaderamente. ¹⁸Pido que Dios les ilumine la mente, para que sepan cuál es la esperanza a la que han sido llamados, cuán gloriosa y rica es la herencia que Dios da al pueblo santo, ¹⁹y cuán grande y sin límites es su poder, el cual actúa en nosotros los creyentes. Este poder es el mismo que Dios mostró con tanta fuerza y potencia ²⁰cuando resucitó a Cristo y lo hizo sentar a su derecha en el cielo, ²¹poniéndolo por encima de todo poder, autoridad, dominio y señorío,[f] y por encima de todo lo que existe, tanto en este tiempo como en el venidero. ²²Sometió todas las cosas bajo los pies de Cristo, y a Cristo mismo lo dio a la iglesia como cabeza de todo. ²³Pues la iglesia es el cuerpo de Cristo, de quien ella recibe su plenitud, ya que Cristo es quien lleva todas las cosas a su plenitud.[g]

Dios nos libró de la muerte por medio de Cristo

2 ¹Antes ustedes estaban muertos a causa de las maldades y pecados ²en que vivían, pues seguían los criterios de este mundo y hacían la voluntad de aquel espíritu que domina en el aire[a] y que anima a los que

---

[a] **1.1** *Éfeso:* Algunos mss. omiten *en la ciudad de Éfeso.* [b] **1.7–8** *Liberación:* Véase Ro 3.24 nota *m.* [c] **1.10** *El término que había señalado:* Gl 4.4; Tit 1.3. [d] **1.11** *Tuviéramos parte en su herencia:* Cf. Dt 7.6; 32.9; Ro 8.17; Gl 3.29; Ef 1.14,18. [e] **1.13** *Sellados:* Cf. 2 Co 1.22; Ef 4.30. *Que él había prometido:* Cf. Lc 24.49; Jn 14.26; Hch 1.4; 2.33. [f] **1.21** *Poder, autoridad, dominio y señorío:* Se refiere a los poderes espirituales que dominan el universo, que están ahora sometidos a Cristo. Cf. Ef 6.12. [g] **1.23** *De quien ella recibe su plenitud:* Es decir, la iglesia recibe de Cristo todo lo que tiene. Por medio de ella él ejerce toda su acción salvadora. Otras posibles traducciones: *donde está Cristo con toda su plenitud* (en el sentido de que Cristo, con la plenitud de sus dones, se hace presente en la iglesia), o *de quien ella es complemento* (es decir, con Cristo como cabeza, forma un cuerpo completo). [a] **2.2** *Aquel espíritu que domina en el aire:* Satanás, llamado *el diablo* en Ef 4.27; 6.11 y *el maligno* en Ef 6.16.

desobedecen a Dios. **3**De esa manera vivíamos también todos nosotros en otro tiempo, siguiendo nuestros malos deseos y cumpliendo los caprichos de nuestra naturaleza pecadora y de nuestros pensamientos. A causa de eso, merecíamos con toda razón el terrible castigo de Dios, igual que los demás. **4**Pero Dios es tan misericordioso y nos amó con un amor tan grande, **5**que nos dio vida juntamente con Cristo cuando todavía estábamos muertos a causa de nuestros pecados. Por la bondad de Dios han recibido ustedes la salvación. **6**Y en unión con Cristo Jesús nos resucitó, y nos hizo sentar con él en el cielo. **7**Hizo esto para demostrar en los tiempos futuros su generosidad y su bondad para con nosotros en Cristo Jesús. **8**Pues por la bondad de Dios han recibido ustedes la salvación por medio de la fe. No es esto algo que ustedes mismos hayan conseguido, sino que es un don de Dios. **9**No es el resultado de las propias acciones, de modo que nadie puede gloriarse de nada; **10**pues es Dios quien nos ha hecho; él nos ha creado en Cristo Jesús para que hagamos buenas obras, siguiendo el camino que él nos había preparado de antemano.

Todos formamos un solo pueblo

11Así pues, ustedes, que no son judíos, y a quienes llaman "no circuncidados" los judíos (que circuncidan al hombre en el cuerpo, y a sí mismos se llaman "circuncidados"), **12**recuerden que en otro tiempo estaban sin Cristo, separados de la nación de Israel, y no tenían parte en las alianzas*b* ni en la promesa de Dios. Vivían en este mundo, sin Dios y sin esperanza. **13**Pero ahora, unidos a Cristo Jesús por la sangre que él derramó, ustedes que antes estaban lejos están cerca.

14Cristo es nuestra paz. Él hizo de judíos y de no judíos un solo pueblo, destruyó el muro*c* que los separaba y anuló en su propio cuerpo la enemistad que existía. **15**Puso fin a la ley que consistía en mandatos y reglamentos, y en sí mismo creó de las dos partes un solo hombre

nuevo. Así hizo la paz. **16**Él puso fin, en sí mismo, a la enemistad que existía entre los dos pueblos, y con su muerte en la cruz los reconcilió con Dios, haciendo de ellos un solo cuerpo.*d*

17Cristo vino a traer buenas noticias de paz a todos, tanto a ustedes que estaban lejos de Dios como a los que estaban cerca.*e* **18**Pues por medio de Cristo, los unos y los otros podemos acercarnos al Padre por un mismo Espíritu. **19**Por eso, ustedes ya no son extranjeros, ya no están fuera de su tierra, sino que ahora comparten con el pueblo santo los mismos derechos, y son miembros de la familia de Dios. **20**Ustedes son como un edificio levantado sobre los fundamentos que son los apóstoles y los profetas,*f* y Jesucristo mismo es la piedra principal.*g* **21**En Cristo, todo el edificio va levantándose en todas y cada una de sus partes, hasta llegar a ser, en el Señor, un templo santo. **22**En él también ustedes se unen todos entre sí para llegar a ser un templo en el cual Dios vive por medio de su Espíritu.

La misión de Pablo en la iglesia

3 **1**Por esta razón yo, Pablo, estoy preso por causa de Cristo Jesús para bien de ustedes, los que no son judíos. **2**Pues ya sin duda sabrán que Dios me ha encargado anunciar a ustedes lo que él, en su bondad, ha dispuesto. **3**Por revelación he conocido el designio secreto de Dios, como ya les escribí brevemente. **4**Al leerlo, pueden darse cuenta de que conozco este designio secreto realizado en Cristo, **5**que no se dio a conocer a nadie en otros tiempos, pero que ahora Dios ha revelado a sus santos apóstoles y profetas*a* por medio de su Espíritu. **6**El designio secreto es este: que por el evangelio Dios llama a todas las naciones a participar, en Cristo Jesús, de la misma herencia, del mismo cuerpo y de la misma promesa que el pueblo de Israel. **7**Y yo he sido puesto al servicio de este mensaje por la bondad y la misericordia que Dios ha tenido conmigo, quien ha mostrado así su gran poder.

---

b **2.12** *Las alianzas:* por ej., con Noé (Gn 6.18; 9.9), con Abraham (Gn 15.18; 17.2,7–9), con el pueblo de Israel (Ex 19.1–8), y con David (2 S 7.11–16,26). *c* **2.14** *El muro* (o cercado) parece referirse a la ley mosaica (v. 15), que *separaba* a Israel de las otras naciones. *d* **2.16** *Un solo cuerpo:* Cf. Ef 1.22–23. *e* **2.17** Alusión a Is 57.19, texto aplicado aquí a los paganos (*los que están lejos*) y a los judíos (*los que están cerca*); cf. también v. 13. *f* **2.20** *Profetas:* Véase 1 Co 14.1 n.; cf. 1 Co 12.28; Ef 4.11. *Los fundamentos que son los apóstoles y los profetas:* Ap 21.14; cf. Mt 16.18. *g* **2.20** *La piedra principal:* cf. Is 28.16. *a* **3.5** *Apóstoles y profetas:* Véase 2.20 nota *f*.

8 Yo soy menos que el más pequeño de todos los que pertenecen al pueblo santo; pero él me ha concedido este privilegio de anunciar a los no judíos la buena noticia de las incontables riquezas de Cristo. **9** Y me ha encargado hacerles ver a todos cuál es la realización de ese designio que Dios, creador de todas las cosas, había mantenido secreto desde la eternidad. **10** De esta manera ahora, por medio de la iglesia, todos los poderes y autoridades[b] en el cielo podrán conocer la sabiduría de Dios, que se muestra en tan variadas formas. **11** Dios hizo esto de acuerdo con el plan eterno que llevó a cabo en Cristo Jesús nuestro Señor. **12** Y en Cristo tenemos libertad para acercarnos a Dios, con la confianza que nos da nuestra fe en él. **13** Por eso les ruego que no se desanimen a causa de lo que por ustedes estoy sufriendo, porque esto es más bien un honor para ustedes.

Oración y alabanza a Dios

14 Por esta razón me pongo de rodillas delante del Padre, **15** de quien recibe su nombre toda familia, tanto en el cielo como en la tierra. **16** Pido al Padre que de su gloriosa riqueza les dé a ustedes, interiormente, poder y fuerza por medio del Espíritu de Dios, **17** que Cristo viva en sus corazones por la fe, y que el amor sea la raíz y el fundamento de sus vidas. **18** Y que así puedan comprender con todo el pueblo santo cuán ancho, largo, alto y profundo es el amor de Cristo. **19** Pido, pues, que conozcan ese amor, que es mucho más grande que todo cuanto podemos conocer, para que lleguen a colmarse de la plenitud total de Dios.

20 Y ahora, gloria sea a Dios, que puede hacer muchísimo más de lo que nosotros pedimos o pensamos, gracias a su poder que actúa en nosotros. **21** ¡Gloria a Dios en la iglesia y en Cristo Jesús, por todos los siglos y para siempre! Amén.

Conservar la unidad

4 **1** Por esto yo, que estoy preso por la causa del Señor,[a] les ruego que se porten como deben hacerlo los que han sido llamados por Dios, como lo fueron ustedes. **2** Sean humildes y amables; tengan paciencia y sopórtense unos a otros con amor; **3** procuren mantener la unidad que proviene del Espíritu Santo, por medio de la paz que une a todos. **4** Hay un solo cuerpo[b] y un solo Espíritu, así como Dios los ha llamado a una sola esperanza. **5** Hay un solo Señor, una sola fe, un solo bautismo; **6** hay un solo Dios y Padre de todos, que está sobre todos, actúa por medio de todos y está en todos.

7 Pero cada uno de nosotros ha recibido los dones que Cristo le ha querido dar.[c] **8** Por eso, la Escritura dice:

"Subió al cielo llevando consigo
    a los cautivos,
    y dio dones a los hombres."[d]

9 ¿Y qué quiere decir eso de que "subió"? Pues quiere decir que primero bajó a esta tierra. **10** Y el que bajó es el mismo que también subió a lo más alto del cielo, para llenarlo todo. **11** Y él mismo concedió a unos ser apóstoles y a otros profetas,[e] a otros anunciar el evangelio y a otros ser pastores y maestros. **12** Así preparó a los del pueblo santo para un trabajo de servicio, para la edificación del cuerpo de Cristo **13** hasta que todos lleguemos a estar unidos por la fe y el conocimiento del Hijo de Dios, y alcancemos la edad adulta, que corresponde a la plena madurez de Cristo. **14** Ya no seremos como niños, que cambian fácilmente de parecer y que son arrastrados por el viento de cualquier nueva enseñanza hasta dejarse engañar por gente astuta que anda por caminos equivocados. **15** Más bien, profesando la verdad en el amor, debemos crecer en todo hacia Cristo, que es la cabeza del cuerpo. **16** Y por Cristo el cuerpo entero se ajusta y se liga bien mediante la unión entre sí de todas sus partes; y cuando cada parte funciona bien, todo va creciendo y edificándose en amor.

La nueva vida en Cristo

17 Esto, pues, es lo que les digo y les encargo en el nombre del Señor: que ya no vivan más como los paganos, los cuales viven de acuerdo con sus equivocados criterios **18** y tienen oscurecido el entendimiento. Ellos no gozan de la

---

[b] **3.10** *Poderes y autoridades:* Véase 1.21 n. [a] **4.1** *Preso por la causa del Señor:* Véase *Introducción.* [b] **4.4** *Un solo cuerpo:* Ef 1.23; 2.16. [c] **4.7** Ro 12.6; 1 Co 12.11. [d] **4.8** Sal 68.18; la segunda línea parece inspirada en un comentario que se encuentra en la literatura judía, que decía: "Diste dones a los hombres" y aplicaba el pasaje a Moisés cuando subió al monte Sinaí y bajó con las tablas de la ley (cf. Ex 19.1–25; 24.12–18; 34.27–35). Al citar el salmo, Pablo ve en los *cautivos* a los enemigos de Cristo (cf. Col 2.15). [e] **4.11** *Apóstoles, profetas:* Ef 2.20.

vida que viene de Dios, porque son ignorantes a causa de lo insensible de su corazón. **19** Se han endurecido y se han entregado al vicio, cometiendo sin freno toda clase de cosas impuras. **20** Pero ustedes no conocieron a Cristo para vivir así, **21** pues ciertamente oyeron el mensaje acerca de él y aprendieron a vivir como él lo quiere, según la verdad que está en Jesús. **22** Por eso, deben ustedes renunciar a su antigua manera de vivir y despojarse de lo que antes eran, ya que todo eso se ha corrompido, a causa de los deseos engañosos. **23** Deben renovarse espiritualmente en su manera de juzgar, **24** y revestirse de la nueva naturaleza, creada a imagen de Dios y que se distingue por una vida recta y pura, basada en la verdad.

Aplicaciones concretas

25 Por lo tanto, ya no mientan más, sino diga cada uno la verdad a su prójimo, porque todos somos miembros de un mismo cuerpo.

26 Si se enojan, no pequen;*f* que el enojo no les dure todo el día. **27** No le den oportunidad al diablo.

28 El que robaba, deje de robar y póngase a trabajar, realizando un buen trabajo con sus manos para que tenga algo que dar a los necesitados.

29 No digan malas palabras, sino solo palabras buenas y oportunas que edifiquen la comunidad y traigan beneficios a quienes las escuchen. **30** No hagan que se entristezca el Espíritu Santo de Dios, con el que ustedes han sido sellados para distinguirlos como propiedad de Dios el día en que él les dé la liberación definitiva.*g*

31 Alejen de ustedes la amargura, las pasiones, los enojos, los gritos, los insultos y toda clase de maldad. **32** Sean buenos y compasivos unos con otros, y perdónense mutuamente, como Dios los perdonó a ustedes en Cristo.

5 **1** Ustedes, como hijos amados de Dios, procuren imitarlo. **2** Traten a todos con amor, de la misma manera que Cristo nos amó y se entregó por nosotros, como ofrenda y sacrificio de olor agradable*a* a Dios.

3 Ustedes deben portarse como corresponde al pueblo santo: ni siquiera hablen de la inmoralidad sexual ni de ninguna otra clase de impureza o de avaricia. **4** No digan indecencias ni tonterías ni vulgaridades, porque estas cosas no convienen; más bien alaben a Dios. **5** Pues tengan por cierto que quien comete inmoralidades sexuales, o hace cosas impuras, o se deja llevar por la avaricia (que es una especie de idolatría), no puede tener parte en el reino de Cristo y de Dios.

Vivir iluminados por la luz de Cristo

6 Que nadie los engañe con palabras huecas, porque precisamente por estas cosas viene el terrible castigo de Dios sobre aquellos que no lo obedecen. **7** No tengan ustedes, pues, ninguna parte con ellos. **8** Ustedes antes vivían en la oscuridad, pero ahora, por estar unidos al Señor, viven en la luz. Pórtense como quienes pertenecen a la luz, **9** pues la luz produce toda una cosecha de bondad, rectitud y verdad. **10** Examinen siempre qué es lo que agrada al Señor. **11** No compartan la conducta estéril de los que son de la oscuridad; más bien sáquenla a la luz. **12** Pues hasta vergüenza da hablar de lo que ellos hacen en secreto; **13** pero cuando todas las cosas son puestas al descubierto por la luz, quedan en claro, **14** porque todo lo que se deja poner en claro, participa de la luz. Por eso se dice:

"Despierta, tú que duermes;
　 levántate de entre los muertos,
　 y Cristo te alumbrará."

15 Por lo tanto, cuiden mucho su comportamiento. No vivan neciamente, sino con sabiduría. **16** Aprovechen bien este momento decisivo, porque los días son malos. **17** No actúen tontamente; procuren entender cuál es la voluntad del Señor. **18** No se emborrachen, pues eso lleva al desenfreno; al contrario, llénense del Espíritu Santo. **19** Háblense unos a otros con salmos, himnos y cantos espirituales, y canten y alaben de todo corazón al Señor. **20** Den siempre gracias a Dios el Padre por todas las cosas, en el nombre de nuestro Señor Jesucristo.

Los deberes familiares del cristiano

21 Estén sujetos los unos a los otros, por reverencia a Cristo.

22 Las esposas deben estar sujetas a sus esposos como al Señor. **23** Porque el esposo es cabeza de la esposa, como Cristo es cabeza de la iglesia, la cual es su cuerpo; y él es también su

---

f **4.26** Sal 4.4 (gr.). *g* **4.30** *Liberación definitiva:* Cf. Lc 21.28, y véase Ro 3.24 nota *m.* *a* **5.2** *Olor agradable:* Cf. Ez 20.41.

Salvador. **24**Pero así como la iglesia está sujeta a Cristo, también las esposas deben estar en todo sujetas a sus esposos.

25Esposos, amen a sus esposas como Cristo amó a la iglesia y dio su vida por ella. **26**Esto lo hizo para santificarla, purificándola con el baño del agua acompañado de la palabra[b] **27**para presentársela a sí mismo como una iglesia gloriosa, sin mancha ni arruga ni nada parecido, sino santa y perfecta. **28**De la misma manera deben los esposos amar a sus esposas como a su propio cuerpo. El que ama a su esposa, se ama a sí mismo. **29**Porque nadie odia su propio cuerpo, sino que lo alimenta y lo cuida, como Cristo hace con la iglesia, **30**porque ella es su cuerpo. Y nosotros somos miembros de ese cuerpo. **31**"Por eso, el hombre dejará a su padre y a su madre para unirse a su esposa, y los dos serán como una sola persona."[c] **32**Aquí se muestra cuán grande es el designio secreto de Dios. Y yo lo refiero a Cristo y a la iglesia. **33**En todo caso, que cada uno de ustedes ame a su esposa como a sí mismo, y que la esposa respete al esposo.

6 **1**Hijos, obedezcan a sus padres como agrada al Señor, porque esto es justo. **2**El primer mandamiento que contiene una promesa es este: "Honra a tu padre y a tu madre, **3**para que seas feliz y vivas una larga vida en la tierra."[a]

4Y ustedes, padres, no hagan enojar a sus hijos, sino más bien edúquenlos con la disciplina y la instrucción que quiere el Señor.

5Esclavos, obedezcan ustedes a los que aquí en la tierra son sus amos. Háganlo con respeto, temor y sinceridad de corazón, como si estuvieran sirviendo a Cristo. **6**Sírvanles, no solamente cuando ellos los están mirando, para quedar bien con ellos, sino como siervos de Cristo, haciendo sinceramente la voluntad de Dios. **7**Realicen su trabajo de buena gana, como un servicio al Señor y no a los hombres. **8**Pues deben saber que cada uno, sea esclavo o libre, recibirá del Señor según lo que haya hecho de bueno.

9Y ustedes, amos, pórtense del mismo modo con sus siervos, sin amenazas. Recuerden que tanto ustedes como ellos están sujetos al Señor que está en el cielo, y que él no hace discriminaciones.[b]

El combate espiritual del cristiano

10Y ahora, hermanos, busquen su fuerza en el Señor, en su poder irresistible. **11**Protéjanse con toda la armadura que Dios les ha dado, para que puedan estar firmes contra los engaños del diablo. **12**Porque no estamos luchando contra poderes humanos, sino contra malignas fuerzas espirituales del cielo,[c] las cuales tienen mando, autoridad y dominio sobre el mundo de tinieblas que nos rodea. **13**Por eso, tomen toda la armadura que Dios les ha dado, para que puedan resistir en el día malo y, después de haberse preparado bien, mantenerse firmes.

14Así que manténganse firmes, revestidos de la verdad y protegidos por la rectitud. **15**Estén siempre listos para salir a anunciar el mensaje de la paz. **16**Sobre todo, que su fe sea el escudo que los libre de las flechas encendidas del maligno. **17**Que la salvación sea el casco que proteja su cabeza, y que la palabra de Dios sea la espada que les da el Espíritu Santo.[d] **18**No dejen ustedes de orar: rueguen y pidan a Dios siempre, guiados por el Espíritu. Manténganse alerta, sin desanimarse, y oren por todo el pueblo santo. **19**Oren también por mí, para que Dios me dé las palabras que debo decir, y para que pueda hablar con valor y dar así a conocer el designio secreto de Dios, contenido en el evangelio. **20**Dios me ha enviado como embajador de este mensaje, por el cual estoy preso ahora.[e] Oren para que yo hable de él sin temor alguno.

Saludos finales

21Tíquico, nuestro querido hermano y fiel ayudante en la obra del Señor, les llevará todas las noticias acerca de mí y de cómo me encuentro. **22**Por eso se lo envío a ustedes, para que les diga cómo estamos y de esta manera los anime.

23Que Dios el Padre, y el Señor Jesucristo, les dé a los hermanos paz y amor, con fe; **24**que él dé su gracia a todos los que aman a nuestro Señor Jesucristo con amor inalterable.

---

[b] **5.26** Alusión a las costumbres nupciales del Oriente antiguo. Se bañaba y arreglaba cuidadosamente a la novia, antes de presentarla a su esposo. Cf. también Tit 3.5; 1 P 3.21. [c] **5.31** Gn 2.24. [a] **6.2–3** Ex 20.12; Dt 5.16. [b] **6.9** Cf. Dt 10.17; Hch 10.34; Ro 2.11; Col 3.25. [c] **6.12** Véase 1.21 n. [d] **6.17** Heb 4.12. [e] **6.20** *Preso:* Véase *Introducción.*

Carta de San Pablo a los

FILIPENSES

La iglesia de Filipos fue fundada por Pablo en su segundo viaje misionero, como se narra en Hch 16.12–40. Filipos era en tiempo del apóstol una ciudad importante de la provincia romana de Macedonia. Estaba situada en lo que es hoy la parte norte de Grecia. Fue, por consiguiente, la primera comunidad cristiana formada por Pablo en Europa.

Las relaciones de Pablo con los cristianos de Filipos fueron especialmente cordiales (cf. Flp 1.3–8; 4.1). En diversas ocasiones, ellos ofrecieron a Pablo ayuda económica; y aunque Pablo tenía como principio anunciar el evangelio gratuitamente (cf. 1 Co 9.12–18), aceptó con gratitud la ayuda de los filipenses (cf. Flp 4.10–18).

Uno de los motivos de la *Carta a los Filipenses* (= Flp) fue agradecer el donativo que los filipenses le habían enviado por medio de un cristiano llamado Epafrodito (4.18). Y aprovecha la oportunidad para dar algunas instrucciones a esta comunidad que tanto estimaba.

Pablo escribió esta carta estando en prisión (1.7,13,17). Pero no se da ninguna indicación precisa sobre el sitio en que se encontraba, fuera de insinuar que estaba preso por la autoridad romana (1.13). Se ha pensado en Roma (cf. Hch 28.16–31), en Cesarea (cf. Hch 24.27) o en Éfeso. Estas no son las únicas posibilidades, ya que Pablo estuvo preso en varias ocasiones y en diversos lugares (cf. 2 Co 11.23, escrito antes de las prisiones de Cesarea y Roma).

Por otra parte, los cambios bruscos que hay en algunas secciones (especialmente Flp 3.1b–21, comparado con lo anterior) han llevado a algunos a pensar que aquí se han reunido dos o más cartas distintas de Pablo a los filipenses. El lenguaje y la doctrina son típicamente paulinos en todas las partes.

La carta fue escrita en la década del 50 al 60, sin que sea posible precisar más la fecha.

El siguiente esquema indica las principales secciones de la carta:

Introducción (1.1–11)

1. El progreso del evangelio (1.12–26)

2. Deberes de los cristianos (1.27—2.18)

3. Los colaboradores de Pablo (2.19–30)

4. Advertencias a la comunidad (3.1—4.1)

5. Exhortaciones (4.2–9)

6. Agradecimientos (4.10–20)

Conclusión (4.21–23)

Saludo

1 1 Pablo y Timoteo, siervos de Cristo Jesús, saludan a los que en la ciudad de Filipos pertenecen al pueblo santo por estar unidos a Cristo Jesús, es decir, a toda la comunidad con los que la presiden[a] y los diáconos.[b] 2 Que Dios nuestro Padre y el Señor Jesucristo derramen su gracia y su paz sobre ustedes.

Acción de gracias

3 Cada vez que me acuerdo de ustedes doy gracias a mi Dios; 4 y cuando oro, siempre pido con alegría por todos ustedes; 5 pues ustedes se han hecho solidarios con la causa del evangelio, desde el primer día hasta hoy. 6 Estoy seguro de que Dios, que comenzó a hacer su buena obra en ustedes, la irá llevando a buen fin hasta el día en que Jesucristo regrese. 7 Es muy justo que yo piense así de todos ustedes, porque los llevo dentro de mi corazón y porque todos ustedes son solidarios conmigo de la bondad que Dios me ha mostrado, ya sea que esté yo en la cárcel[c] o que me presente delante de las autoridades para defender y confirmar el anuncio del evangelio. 8 Pues Dios sabe cuánta nostalgia siento de todos ustedes, con el tierno amor que me infunde Cristo Jesús. 9 Pido en mi oración que su amor siga creciendo más y más todavía, y que Dios les dé sabiduría y entendimiento, 10 para que sepan escoger siempre lo mejor. Así podrán vivir una vida limpia, y avanzar sin tropiezos hasta el día en que Cristo vuelva; 11 pues ustedes presentarán una abundante cosecha de buenas acciones gracias a Jesucristo, para honra y gloria de Dios.

El progreso del evangelio

12 Hermanos, quiero que sepan que las cosas que a mí me han pasado han venido en realidad a ayudar al anuncio del evangelio. 13 Pues mi prisión ha servido para dar testimonio público de Cristo a la gente del palacio[d] y a todos los demás. 14 Y al ver que estoy preso, la mayoría de los hermanos se han animado a anunciar el mensaje, sin miedo y con más confianza en el Señor. 15 Es verdad que algunos anuncian a Cristo por envidia y rivalidad, pero otros lo hacen con buena intención. 16 Algunos anuncian a Cristo por amor, sabiendo que Dios me ha puesto aquí para defender el evangelio; 17 pero otros lo hacen por interés personal, y no son sinceros, sino que quieren causarme más dificultades ahora que estoy preso. 18 Pero ¿qué importa? De cualquier manera, con sinceridad o sin ella, anuncian a Cristo; y esto me causa alegría.

Y todavía me alegraré más, 19 pues yo sé que todo esto será para mi salvación, gracias a las oraciones de ustedes y a la ayuda que me da el Espíritu de Jesucristo. 20 Pues espero firmemente que Dios no me dejará quedar mal, sino que, ahora como siempre, se mostrará públicamente en mí la grandeza de Cristo, tanto si sigo vivo como si muero. 21 Porque para mí, seguir viviendo es Cristo, y morir, una ganancia. 22 Y si al seguir viviendo en este cuerpo, mi trabajo puede producir tanto fruto, entonces no sé qué escoger. 23 Me es difícil decidirme por una de las dos cosas: por un lado, quisiera morir para ir a estar con Cristo, pues eso sería mucho mejor para mí;[e] 24 pero, por otro lado, a causa de ustedes es más necesario que siga viviendo. 25 Y como estoy convencido de esto, sé que me quedaré todavía con ustedes, para ayudarlos a seguir adelante y a tener más gozo en su fe. 26 Así me tendrán otra vez entre ustedes, y haré que aumente su orgullo en Cristo Jesús.

Vivir de acuerdo con el evangelio

27 Solamente esto: procuren que su manera de vivir esté de acuerdo con el evangelio de Cristo. Así, lo mismo si voy a verlos que si no voy, quiero recibir noticias de que ustedes siguen firmes y muy unidos, luchando todos juntos por la fe del evangelio, 28 sin dejarse asustar en nada por sus enemigos. Esto es una clara señal de que ellos van a la destrucción, y al mismo tiempo es señal de la salvación de ustedes. Y esto procede de Dios. 29 Pues por causa de Cristo, ustedes no solo tienen el privilegio de creer en él, sino también de sufrir por él. 30 Ustedes y yo estamos en la misma lucha. Ya vieron antes cómo luché,[f] y ahora tienen noticias de cómo sigo luchando.

---

[a] **1.1** *Los que la presiden:* En griego se usa la palabra *epískopos* (persona que preside o vigila), de donde se derivó la palabra castellana "obispo". [b] **1.1** Hch 6.1-7. [c] **1.7** *En la cárcel:* Véase *Introducción.* [d] **1.13** *Palacio* (o *pretorio*): residencia de la autoridad romana y de su personal de servicio. Cf. Flp 4.22. [e] **1.23** Cf. 2 Co 5.8. [f] **1.30** *Cómo luché:* Cf. Hch 16.11-40; 1 Ts 2.2.

Armonía y humildad

2 [1] Así que, si Cristo les ha dado el poder de animar, si el amor los impulsa a consolar a otros, si todos participan del mismo Espíritu, si tienen un corazón compasivo, [2] llénenme de alegría viviendo todos en armonía, unidos por un mismo amor, por un mismo espíritu y por un mismo propósito. [3] No hagan nada por rivalidad o por orgullo, sino con humildad, y que cada uno considere a los demás como mejores que él mismo. [4] Ninguno busque únicamente su propio bien, sino también el bien de los otros.

La humillación y la exaltación de Cristo[a]

[5] Tengan unos con otros la manera de pensar propia de quien está unido a Cristo Jesús, [6] el cual:

Aunque existía con el mismo ser
de Dios,[b]
no se aferró a su igualdad con él,
[7] sino que renunció a lo que era suyo[c]
y tomó naturaleza de siervo.
Haciéndose como todos los hombres
y presentándose como un hombre
cualquiera,
[8] se humilló a sí mismo,
haciéndose obediente[d] hasta la muerte,
hasta la muerte en la cruz.

[9] Por eso Dios le dio el más alto honor
y el más excelente
de todos los nombres,[e]
[10] para que, ante ese nombre concedido
a Jesús,
doblen todas las rodillas
en el cielo, en la tierra
y debajo de la tierra,
[11] y todos reconozcan[f] que Jesucristo
es Señor,[g]
para gloria de Dios Padre.

Hacer efectiva la salvación

[12] Por tanto, mis queridos hermanos, así como ustedes me han obedecido siempre, y no solo cuando he estado entre ustedes, obedézcanme más ahora que estoy lejos. Hagan efectiva su propia salvación con profunda reverencia; [13] pues Dios, según su bondadosa determinación, es quien hace nacer en ustedes los buenos deseos y quien los ayuda a llevarlos a cabo.

[14] Háganlo todo sin murmuraciones ni discusiones, [15] para que nadie encuentre en ustedes culpa ni falta alguna, y sean hijos de Dios sin mancha en medio de esta gente mala y perversa. Entre ellos brillan ustedes como estrellas en el mundo, [16] manteniendo firme el mensaje de vida. Así, cuando venga Cristo, yo podré sentirme orgulloso de ustedes, sabiendo que no he corrido ni trabajado en vano. [17] Y aunque mi propia vida sea sacrificada para completar la ofrenda que ustedes hacen a Dios por su fe, yo me alegro y comparto esa alegría con todos ustedes. [18] Alégrense ustedes también, y tomen parte en mi alegría.

Timoteo

[19] Confiado en el Señor Jesús, espero mandarles pronto a Timoteo, para alegrarme al recibir noticias de ustedes. [20] Porque no tengo a ningún otro que comparta tanto mis propios sentimientos y que de veras se preocupe por el bien de ustedes; [21] todos buscan su propio interés, y no el interés de Jesucristo. [22] Pero ustedes ya saben del buen comportamiento de Timoteo y de cómo ha servido conmigo en el anuncio del evangelio, ayudándome como si fuera mi hijo. [23] Así que espero enviárselo en cuanto yo sepa qué va a pasar conmigo; [24] aunque confío en el Señor que también yo mismo iré pronto.

Epafrodito

[25] Igualmente me parece necesario mandarles al hermano Epafrodito, mi compañero de trabajo y de armas, al que ustedes mismos me enviaron para atender mis necesidades. [26] Él siente mucha nostalgia de todos ustedes, y está muy preocupado porque ustedes supieron que se encontraba enfermo. [27] Y es verdad que lo estuvo, y hasta a punto de morir; pero Dios tuvo compasión de él, y no solo de él sino

---

[a] **2.5–11** Véanse otros himnos semejantes en Jn 1.1–18; Col 1.15–20; 1 Ti 3.16; Heb 1.1–4. [b] **2.6** *Con el mismo ser de Dios:* Cf. Jn 1.1–2; 17.5. [c] **2.7** Cf. 2 Co 8.9. [d] **2.8** *Obediente:* Cf. Mt 26.39; Ro 5.19; Heb 5.8. [e] **2.9** *El más excelente de todos los nombres:* el título de *Señor* (véase 2.11 n.). [f] **2.10–11** Is 45.23; Ro 14.11. [g] **2.11** *Señor:* Término que, además de aplicarse a los seres humanos que tienen autoridad, traduce el nombre de Yahvé en el AT, y fue aplicado a Jesús por la iglesia primitiva en su profesión de fe. Cf. 1 Co 8.6; Ef 4.5.

también de mí, para que no tuviera yo más tristezas de las que ya tengo. 28Por eso se lo envío a toda prisa, para que ustedes se alegren de verlo otra vez y para que yo no esté tan triste. 29Recíbanlo con toda alegría, como hermano en el Señor, y estimen siempre a los que son como él, 30ya que estuvo a punto de morir por servir a Cristo. Puso en peligro su vida, y estuvo cerca de la muerte, por prestarme los servicios que ustedes no me podían prestar personalmente.

Sobre la circuncisión y la ley

3 1Por lo demás, hermanos míos, alégrense en el Señor. Para mí no es ninguna molestia repetir lo que ya les he escrito, y para ustedes es útil. 2Cuídense de esa gente despreciable, de los malos trabajadores, de esos que mutilan el cuerpo; 3porque los verdaderos circuncidados[a] somos nosotros, los que adoramos a Dios movidos por su Espíritu, y nos gloriamos de ser de Cristo Jesús, y no ponemos nuestra confianza en las cosas externas. 4Aunque también yo tengo razones para confiar en tales cosas. Nadie tendría más razones que yo para confiar en ellas: 5me circuncidaron a los ocho días de nacer,[b] soy de raza israelita, pertenezco a la tribu de Benjamín, soy hebreo e hijo de hebreos. En cuanto a la interpretación de la ley judía, fui del partido fariseo;[c] 6era tan fanático, que perseguía a los de la iglesia;[d] y en cuanto a la justicia que se basa en el cumplimiento de la ley, era irreprochable.[e] 7Pero todo esto, que antes valía mucho para mí, ahora, a causa de Cristo, lo tengo por algo sin valor. 8Aún más, a nada le concedo valor si lo comparo con el bien supremo de conocer a Cristo Jesús, mi Señor. Por causa de Cristo lo he perdido todo, y todo lo considero basura a cambio de ganarlo a él 9y encontrarme unido a él; no con una justicia propia, adquirida por medio de la ley, sino con la justicia que se adquiere por la fe en Cristo, la que da Dios con base en la fe.[f] 10Lo que quiero es conocer a Cristo, sentir en mí el poder de su resurrección y la solidaridad en sus sufrimientos; haciéndome semejante a él en su muerte,[g] 11espero llegar a la resurrección de los muertos.

Todavía no hemos llegado a la meta

12No quiero decir que ya lo haya conseguido todo, ni que ya sea perfecto; pero sigo adelante con la esperanza de alcanzarlo, puesto que Cristo Jesús me alcanzó primero. 13Hermanos, no digo que yo mismo ya lo haya alcanzado; lo que sí hago es olvidarme de lo que queda atrás y esforzarme por alcanzar lo que está delante, 14para llegar a la meta y ganar el premio celestial que Dios nos llama a recibir por medio de Cristo Jesús.

15Todos los que ya poseemos una fe madura, debemos pensar de esta manera. Si en alguna cosa ustedes piensan de otro modo, Dios les hará ver esto también. 16Pero, eso sí, debemos vivir de acuerdo con lo que ya hemos alcanzado.

Somos ciudadanos del cielo

17Hermanos, sigan mi ejemplo y fíjense también en los que viven según el ejemplo que nosotros les hemos dado a ustedes. 18Ya les he dicho muchas veces, y ahora se lo repito con lágrimas, que hay muchos que están viviendo como enemigos de la cruz de Cristo, 19y su fin es la perdición. Su dios son sus propios apetitos, y sienten orgullo de lo que debería darles vergüenza. Solo piensan en las cosas de este mundo. 20En cambio, nosotros somos ciudadanos del cielo,[h] y estamos esperando que del cielo venga el Salvador, el Señor Jesucristo, 21que cambiará nuestro cuerpo miserable para que sea como su propio cuerpo glorioso. Y lo hará por medio del poder que tiene para dominar todas las cosas.[i] 1Por eso, mis queridos hermanos, a quienes tanto deseo ver; ustedes, amados míos, que son mi alegría y mi premio, sigan así, firmes en el Señor.

Recomendaciones particulares

2Ruego a Evodia, y también a Síntique, que se pongan de acuerdo como hermanas en el Señor. 3Y a ti, mi fiel compañero de trabajo, te pido que ayudes a estas hermanas, pues ellas lucharon a mi lado en el anuncio del evangelio, junto con Clemente y los otros que trabajaron conmigo. Sus nombres ya están escritos en el libro de la vida.[a]

---

[a] **3.3** Jer 4.4; Ro 2.25–29; Col 2.11.   [b] **3.5** Gn 17.12; Lv 12.3.   [c] **3.5** Hch 23.6; 26.5.   [d] **3.6** Hch 8.3; 22.4; 26.9–11.   [e] **3.6** Gl 1.14.   [f] **3.9** Cf. Ro 1.17; Ro 3.20–24; Gl 2.21; 3.21.   [g] **3.10** Cf. Flp 1.29; 2 Co 1.4–7; Col 1.24; 1 P 4.13.   [h] **3.20** Cf. Ef 2.19.   [i] **3.21** 1 Co 15.35–37.   [a] **4.3** *Libro de la vida:* Cf. Ex 32.32; Sal 69.28; Ap 3.5.

Recomendaciones generales

4 Alégrense siempre en el Señor. Repito: ¡Alégrense! 5 Que todos los conozcan a ustedes como personas bondadosas. El Señor está cerca.

6 No se aflijan por nada, sino preséntenselo todo a Dios en oración; pídanle, y denle gracias también. 7 Así Dios les dará su paz, que es más grande de lo que el hombre puede entender; y esta paz cuidará sus corazones y sus pensamientos por medio de Cristo Jesús.

8 Por último, hermanos, piensen en todo lo verdadero, en todo lo que es digno de respeto, en todo lo recto, en todo lo puro, en todo lo agradable, en todo lo que tiene buena fama. Piensen en toda clase de virtudes, en todo lo que merece alabanza.

9 Sigan practicando lo que les enseñé y las instrucciones que les di, lo que me oyeron decir y lo que me vieron hacer: háganlo así y el Dios de paz estará con ustedes.

Agradecimientos

10 Me alegro mucho en el Señor de que ustedes hayan vuelto a pensar en mí. No quiero decir que me hubieran olvidado, sino que no tenían la oportunidad de ayudarme. 11 No lo digo porque yo esté necesitado, pues he aprendido a contentarme con lo que tengo. 12 Sé lo que es vivir en la pobreza, y también lo que es vivir en la abundancia. He aprendido a hacer frente a cualquier situación, lo mismo a estar satisfecho que a tener hambre, a tener de sobra que a no tener nada. 13 A todo puedo hacerle frente, gracias a Cristo que me fortalece. 14 Sin embargo, ustedes hicieron bien compartiendo mis dificultades.

15 Cuando partí de Macedonia, al comenzar a anunciar el evangelio, fueron ustedes, los de la iglesia de Filipos, los únicos con quienes tuve este intercambio de bienes. 16 Pues incluso estando yo en Tesalónica, más de una vez ustedes me enviaron ofrendas para mis necesidades.[b] 17 No es que yo esté cobrándoles nada; lo que quiero es que ustedes lleguen a tener más en su cuenta delante de Dios. 18 Acuso recibo de todo, y hasta tengo de sobra. Con lo que me enviaron por medio de Epafrodito, tengo más que suficiente. Lo que me enviaron fue como una ofrenda de incienso perfumado, un sacrificio que Dios recibe con agrado.[c] 19 Por lo tanto, mi Dios les dará a ustedes todo lo que les falte, conforme a las gloriosas riquezas que tiene en Cristo Jesús. 20 ¡Gloria para siempre a nuestro Dios y Padre! Amén.

Despedida

21 Saluden de mi parte a todos los que pertenecen al pueblo santo por Jesucristo. Los hermanos que están conmigo les mandan saludos. 22 También les mandan saludos todos los que pertenecen al pueblo santo, y especialmente los del servicio del emperador romano.[d] 23 Que el Señor Jesucristo derrame su gracia sobre ustedes.

---

b **4.16** Hch 17.1; 2 Co 11.9. c **4.18** *Un sacrificio que Dios recibe con agrado:* Cf. Ex 29.18; 30.7–8. d **4.22** Véase 1.13 n.

Carta de San Pablo a los

COLOSENSES

La ciudad de Colosas estaba situada en Asia Menor, actual Turquía, a unos 175 km. al oriente de Éfeso. El evangelio no fue anunciado allá por Pablo sino por Epafras, su compañero (cf. 1.7). La comunidad cristiana de Colosas se componía principalmente de personas procedentes del paganismo (cf. 1.21; 2.13).

La *Carta a los Colosenses* (= Col) deja ver que, después de la conversión a la fe cristiana, se presentaron en la comunidad algunas desviaciones doctrinales respecto de las enseñanzas recibidas. Se debió, posiblemente, al influjo de ideas corrientes en las religiones paganas y, en parte, también del judaísmo. Se empezó a dar importancia exagerada y aun a rendir cierto culto a los poderes angélicos, y a observar algunas prescripciones sobre los alimentos y sobre el calendario. Todo esto se basaba, con mucha probabilidad, en el conocimiento especial que algunos decían poseer. De esta manera, la posición de Jesucristo y de su obra salvadora venía a perder la primacía, y la comunidad se separaba de la iglesia universal y de su enseñanza autorizada.

Esta carta fue escrita para corregir esas desviaciones. En ella se insiste en la verdadera posición de Cristo frente a las demás criaturas, y se sacan las consecuencias para la vida de la comunidad.

Esta carta se asemeja en varios puntos a la carta a los *Efesios*; también en *Colosenses* se habla de la prisión de Pablo (4.3), pero no se menciona un lugar concreto.

Esquema de la carta:

Introducción (1.1–8)

1. La obra salvadora de Dios (1.9–23)

2. La misión de Pablo (1.24—2.5)

3. La nueva vida (2.6—4.6)

Despedida (4.7–18)

Saludo

1 ¹Pablo, apóstol de Jesucristo por la voluntad de Dios, junto con el hermano Timoteo, ²saluda a los del pueblo santo que están en Colosas, fieles hermanos en Cristo. Que Dios nuestro Padre derrame su gracia y su paz sobre ustedes.

Acción de gracias

³Siempre que oramos por ustedes damos gracias a Dios, el Padre de nuestro Señor Jesucristo. ⁴Pues hemos recibido noticias de su fe en Cristo Jesús y del amor que tienen a todo el pueblo santo, ⁵animados por la esperanza de lo que a ustedes se les ha reservado en el cielo.

De esto ya oyeron hablar al escuchar el mensaje de la verdad contenido en el evangelio ⁶que llegó hasta ustedes. Este mensaje está creciendo y dando fruto en todas partes del mundo, igual que ha sucedido entre ustedes desde que oyeron hablar de la bondad de Dios y reconocieron su verdad. ⁷Esto les enseñó nuestro querido Epafras, quien ha trabajado con nosotros y en quien ustedes tienen un fiel servidor de Cristo. ⁸Él nos ha traído noticias de ustedes y del amor que el Espíritu les inspira.

La obra salvadora de Dios

⁹Por esto nosotros, desde el día que lo supimos, no hemos dejado de orar por ustedes y de

pedir a Dios que los haga conocer plenamente su voluntad y les dé toda clase de sabiduría y entendimiento espiritual. 10Así podrán portarse como deben hacerlo los que son del Señor, haciendo siempre lo que a él le agrada, dando frutos de toda clase de buenas obras y creciendo en el conocimiento de Dios. 11Pedimos que él, con su glorioso poder, los haga fuertes; así podrán ustedes soportarlo todo con mucha fortaleza y paciencia, y con alegría 12darán gracias al Padre, que los ha capacitado a ustedes para recibir en la luz la parte de la herencia que él dará al pueblo santo. 13Dios nos libró del poder de las tinieblas*a* y nos llevó al reino de su amado Hijo, 14por quien tenemos la liberación*b* y el perdón de los pecados.

15Cristo es la imagen visible de Dios, que es invisible; es su Hijo primogénito, anterior a todo lo creado.*c* 16En él Dios creó todo lo que hay en el cielo y en la tierra, tanto lo visible como lo invisible, así como los seres espirituales que tienen dominio, autoridad y poder.*d* Todo fue creado por medio de él y para él.*e* 17Cristo existe antes que todas las cosas, y por él se mantiene todo en orden.*f* 18Además, Cristo es la cabeza de la iglesia, que es su cuerpo.*g* Él, que es el principio, fue el primero en resucitar, para tener así el primer puesto en todo.*h* 19Pues en Cristo quiso residir todo el poder divino, 20y por medio de él Dios reconcilió a todo el universo ordenándolo hacia él, tanto lo que está en la tierra como lo que está en el cielo, haciendo la paz mediante la sangre que Cristo derramó en la cruz.

Consecuencias de la obra salvadora

21Ustedes antes eran extranjeros y enemigos de Dios en sus corazones, por las cosas malas que hacían, 22pero ahora Cristo los ha reconciliado mediante la muerte que sufrió en su existencia terrena. Y lo hizo para tenerlos a ustedes en su presencia, santos, sin mancha y sin culpa. 23Pero para esto deben permanecer firmemente basados en la fe, sin apartarse de la esperanza que tienen por el mensaje del evangelio que oyeron. Este es el mensaje que se ha anunciado en todas partes del mundo, y que yo, Pablo, ayudo a predicar.

La misión de Pablo

24Ahora me alegro de lo que sufro por ustedes, porque de esta manera voy completando, en mi propio cuerpo, lo que falta de los sufrimientos de Cristo*i* por la iglesia, que es su cuerpo. 25Dios ha hecho de mí un servidor de la iglesia, por el encargo que él me dio, para bien de ustedes, de anunciar en todas partes su mensaje, 26es decir, el designio secreto que desde hace siglos y generaciones Dios tenía escondido, pero que ahora ha manifestado al pueblo santo. 27A ellos Dios les quiso dar a conocer la gloriosa riqueza que ese designio encierra para todas las naciones. Y ese designio secreto es Cristo, que está entre ustedes y que es la esperanza de la gloria que han de tener.

28Nosotros anunciamos a Cristo, aconsejando y enseñando a todos en toda sabiduría, para presentarlos perfectos en Cristo. 29Para esto trabajo y lucho con toda la fuerza y el poder que Cristo me da.

2 1Pues quiero que sepan que estoy luchando duramente por ustedes, por los de Laodicea y por todos los que no me han visto personalmente. 2Lucho para que ellos reciban ánimo en su corazón, para que permanezcan unidos en amor y enriquecidos con un perfecto entendimiento que les permita comprender el designio secreto de Dios, que es Cristo mismo; 3pues en él están encerradas todas las riquezas de la sabiduría y del conocimiento.*a* 4Esto se lo digo a ustedes para que nadie los engañe con palabras seductoras. 5Pues aunque no estoy presente entre ustedes en persona, lo estoy en espíritu, y me alegra ver que tienen orden y que se mantienen firmes en su fe en Cristo.

La nueva vida en Cristo

6Por eso, habiendo recibido a Jesucristo como su Señor, deben comportarse como quienes pertenecen a Cristo, 7con profundas raíces en él, firmemente basados en él por la fe, como se les enseñó, y dando siempre gracias a Dios.

8Tengan cuidado: no se dejen llevar por quienes los quieren engañar con teorías y argumentos falsos, pues ellos no se apoyan en Cristo,

---

a **1.13** *Poder de las tinieblas:* es decir, del poder de Satanás; cf. Lc 22.53; Ef 6.12. *b* **1.14** *Liberación:* Véase Ro 3.24 nota *m.* *c* **1.15** Cf. Jn 1.1–2; 2 Co 4.4; Heb 1.2–4. *d* **1.16** *Seres espirituales que tienen dominio, autoridad y poder:* Véase Ef 1.21 n. *e* **1.16** Jn 1.3; 1 Co 8.6, y cf. Pr 8.22–31. *f* **1.17** Heb 1.2–3. *g* **1.18** Ef 1.22–23; 5.23. *h* **1.18** 1 Co 15.20–23; Ap 1.5. *i* **1.24** Cf. 2 Co 1.5; 4.10; Flp 3.8–10. *a* **2.3** Ef 3.19.

sino en las tradiciones de los hombres y en los poderes que dominan este mundo.

9 Porque toda la plenitud de Dios se encuentra visiblemente en Cristo, 10 y en él Dios los hace experimentar todo su poder, pues Cristo es cabeza de todos los seres espirituales que tienen poder y autoridad.*b* 11 En él también, ustedes han sido circuncidados, no con una circuncisión hecha por los hombres, sino con la circuncisión hecha por Dios al unirlos a Cristo y despojarlos de su naturaleza pecadora.*c* 12 Al ser bautizados, ustedes fueron sepultados con Cristo, y fueron también resucitados con él,*d* porque creyeron en el poder de Dios, que lo resucitó. 13 Ustedes, en otro tiempo, estaban muertos espiritualmente a causa de sus pecados y por no haberse despojado de su naturaleza pecadora; pero ahora Dios les ha dado vida juntamente con Cristo, en quien nos ha perdonado todos los pecados. 14 Dios anuló el documento de deuda que había contra nosotros y que nos obligaba; lo eliminó clavándolo en la cruz.*e* 15 Dios despojó de su poder a los seres espirituales que tienen potencia y autoridad,*f* y por medio de Cristo los humilló públicamente llevándolos como prisioneros en su desfile victorioso.

16 Por tanto, que nadie los critique a ustedes por lo que comen o beben, o por cuestiones tales como días de fiesta, lunas nuevas o sábados.*g* 17 Todo esto no es más que la sombra de lo que ha de venir, pero la verdadera realidad es Cristo. 18 No dejen que los condenen esos que se hacen pasar por muy humildes y que dan culto a los ángeles, que pretenden tener visiones y que se hinchan de orgullo a causa de sus pensamientos humanos. 19 Ellos no están unidos a la cabeza, la cual hace crecer todo el cuerpo al alimentarlo y unir cada una de sus partes conforme al plan de Dios.*h*

La solidaridad con Cristo

20 Ustedes han muerto con Cristo*i* y ya no están sujetos a los poderes que dominan este mundo.*j* ¿Por qué, pues, viven como si todavía fueran del mundo, sometidos a reglas tales 21 como: "No toques eso, no comas aquello, no lo tomes en tus manos"? 22 Todas estas reglas tienen que ver con cosas que se acaban con el uso, y solo son mandatos y enseñanzas de hombres.*k* 23 Es verdad que tales cosas pueden parecer sabias, porque exigen cierta religiosidad y humildad y duro trato del cuerpo, pero son cosas que no honran a nadie, pues solo sirven para satisfacer los deseos puramente humanos.

3 1 Por lo tanto, ya que ustedes han sido resucitados con Cristo, busquen las cosas del cielo, donde Cristo está sentado a la derecha de Dios.*a* 2 Piensen en las cosas del cielo, no en las de la tierra. 3 Pues ustedes murieron, y Dios les tiene reservado el vivir con Cristo. 4 Cristo mismo es la vida de ustedes.*b* Cuando él aparezca, ustedes también aparecerán con él llenos de gloria.

Consecuencias de la unión con Cristo

5 Hagan, pues, morir todo lo que hay de terrenal en ustedes: que nadie cometa inmoralidades sexuales, ni haga cosas impuras, ni siga sus pasiones y malos deseos, ni se deje llevar por la avaricia (que es una forma de idolatría). 6 Por estas cosas viene el terrible castigo de Dios sobre aquellos que no lo obedecen; 7 y en su vida pasada ustedes las hacían. 8 Pero ahora dejen todo eso: el enojo, la pasión, la maldad, los insultos y las palabras indecentes. 9 No se mientan los unos a los otros, puesto que ya se han despojado de lo que antes eran y de las cosas que antes hacían, 10 y se han revestido de la nueva naturaleza: la del nuevo hombre, que se va renovando a imagen de Dios, su Creador,*c* para llegar a conocerlo plenamente. 11 Ya no tiene importancia el ser griego o judío, el estar circuncidado o no estarlo, el ser extranjero, inculto, esclavo o libre,*d* sino que Cristo es todo y está en todos.

12 Dios los ama a ustedes y los ha escogido para que pertenezcan al pueblo santo. Revístanse de sentimientos de compasión, bondad, humildad, mansedumbre y paciencia.*e* 13 Sopórtense

---

b **2.10** Ef 1.21. *c* **2.11** Cf. Dt 10.16; 30.6; Jer 4.4; Ro 2.28-29. *d* **2.12** Col 3.1; cf. Ro 6.3-4. *e* **2.14** *Clavándolo en la cruz:* Ef 2.15-16; 1 P 2.24. *f* **2.15** *Seres espirituales que tienen potencia y autoridad:* Véase Ef 1.21 n. *g* **2.16** Véase *Introducción.* *h* **2.19** Ef 4.16. *i* **2.20** *Han muerto con Cristo:* Cf. v. 12, y Ro 6.6-11; Gl 2.19. *j* **2.20** *Poderes que dominan este mundo:* Véase Ef 1.21 n. *k* **2.22** *Mandatos . . . de hombres:* Cf. Is 29.13; Mt 15.9; Mc 7.8. *a* **3.1** Sal 110.1. *b* **3.4** Gl 2.20. *c* **3.10** Gn 1.26; cf. 2 Co 5.17; Gl 6.15; Ef 2.10. *d* **3.11** Ro 10.12; 1 Co 12.13; Gl 3.28. *e* **3.12-15** Cf. Gl 5.22-23.

unos a otros, y perdónense si alguno tiene una queja contra otro. Así como el Señor los perdonó, perdonen también ustedes. 14Sobre todo revístanse de amor, que es el lazo de la perfecta unión. 15Y que la paz de Cristo reine en sus corazones, porque con este propósito los llamó Dios a formar un solo cuerpo. Y sean agradecidos.

16Que el mensaje de Cristo permanezca siempre en ustedes con todas sus riquezas. Instrúyanse y amonéstense unos a otros con toda sabiduría. Con corazón agradecido canten a Dios salmos, himnos y cantos espirituales. 17Y todo lo que hagan o digan, háganlo en el nombre del Señor Jesús, dando gracias a Dios el Padre por medio de él.

Deberes de la familia cristiana*f*

18Esposas, sométanse a sus esposos, pues este es su deber como creyentes en el Señor. 19Esposos, amen a sus esposas y no las traten con aspereza.

20Hijos, obedezcan en todo a sus padres, porque esto agrada al Señor. 21Padres, no hagan enojar a sus hijos, para que no se desanimen.

22Esclavos, obedezcan en todo a quienes aquí en la tierra son sus amos, no solamente cuando ellos los estén mirando, para quedar bien con ellos, sino de corazón sincero, por temor al Señor. 23Todo lo que hagan, háganlo de buena gana, como si estuvieran sirviendo al Señor y no a los hombres. 24Pues ya saben que, en recompensa, el Señor les dará parte en la herencia. Porque ustedes sirven a Cristo, que es su verdadero Señor. 25Pero el que hace lo malo, recibirá el pago del mal que ha hecho, porque Dios juzga imparcialmente.*g*

4 1Ustedes, amos, sean justos y razonables con sus esclavos. Acuérdense de que también ustedes tienen un Señor en el cielo.

Recomendaciones generales

2Manténganse constantes en la oración, siempre alerta y dando gracias a Dios. 3Oren también por nosotros, a fin de que el Señor nos abra las puertas para predicar el mensaje y anunciar el designio secreto de Cristo, pues por eso estoy preso.*a* 4Oren para que yo lo dé a conocer tan claramente como debo hacerlo.

5Compórtense sabiamente con los no creyentes, y aprovechen bien el tiempo. 6Su conversación debe ser siempre agradable y de buen gusto, y deben saber también cómo contestar a cada uno.

Despedida

7Nuestro querido hermano Tíquico, que ha sido un fiel ayudante y que ha servido al Señor conmigo, les llevará noticias mías. 8Por esto lo envío a ustedes, para que les diga cómo estamos y los anime. 9Con él va también Onésimo, nuestro querido y fiel hermano, que es uno de ustedes. Ellos les contarán todo lo que pasa por aquí.

10Aristarco, mi compañero de cárcel, les manda saludos; y también Marcos, el primo de Bernabé. Ustedes ya tienen instrucciones respecto a Marcos; si va a visitarlos, recíbanlo bien. 11También los saluda Jesús, al que llaman el Justo. Estos son los únicos entre los creyentes judíos que han trabajado conmigo por el reino de Dios, y han sido un gran consuelo para mí. 12Les manda saludos Epafras, un siervo de Cristo Jesús; él es uno de ustedes, y siempre está rogando por ustedes en sus oraciones, para que se mantengan perfectamente firmes, entregados del todo a hacer la voluntad de Dios. 13Yo soy testigo de lo mucho que Epafras se preocupa por ustedes y por los que están en Laodicea y en Hierápolis. 14Lucas, el médico amado, los saluda, y también Demas.

15Saluden a los hermanos que están en Laodicea. Saluden también a Ninfa y a la congregación que se reúne en su casa. 16Después de haber leído ustedes esta carta, mándenla a la iglesia de Laodicea, para que también allí sea leída; y ustedes, a su vez, lean la carta que les llegue de allá. 17Díganle esto a Arquipo: "Procura cumplir bien el servicio que te han encomendado en nombre del Señor."

18Yo, Pablo, les escribo este saludo de mi puño y letra. Recuerden que estoy preso. Que Dios derrame su gracia sobre ustedes.

---

f **3.18—4.1** Ef 5.21—6.9; 1 P 2.18—3.7. *g* **3.25** Dt 10.17; Hch 10.34; Ef 6.9. *a* **4.3** *Preso:* Véase *Introducción.*

Primera carta de San Pablo a los

TESALONICENSES

La *Primera carta a los Tesalonicenses* (= 1 Ts) es la más antigua que se ha conservado de Pablo y es, al mismo tiempo, con toda probabilidad el escrito más antiguo del Nuevo Testamento.

La ciudad de Tesalónica, situada en la parte norte de la actual Grecia, era la capital de la provincia de Macedonia.

Pablo fundó la iglesia de Tesalónica en su segundo viaje misionero, después de fundar la de Filipos (cf. Hch 17.1–8). Visitó luego otras ciudades hasta llegar a Corinto (cf. Hch 17.10—18.18). Había tenido el deseo de regresar a Tesalónica, para continuar su trabajo apostólico, pero por algún inconveniente no pudo hacerlo. Desde Atenas envió entonces a Timoteo, su colaborador, para que animara a los cristianos de Tesalónica. Cuando Pablo ya estaba en Corinto, regresó Timoteo y le llevó buenas noticias acerca de la situación de la iglesia. El apóstol decidió entonces escribirles esta carta, ya que por el momento no podía visitarlos personalmente.

Esquema de la carta:

Saludo

1 ¹Pablo, Silvano y Timoteo saludan a la comunidad de los creyentes de la ciudad de Tesalónica, que están unidos a Dios el Padre y al Señor Jesucristo. Que Dios derrame su gracia y su paz sobre ustedes.

Acción de gracias a Dios

²Siempre damos gracias a Dios por todos ustedes, y los recordamos en nuestras oraciones. ³Continuamente recordamos qué activa ha sido su fe, qué servicial su amor, y qué fuerte en los sufrimientos su esperanza en nuestro Señor Jesucristo, delante de nuestro Dios y Padre. ⁴Hermanos amados por Dios, sabemos que él los ha escogido. ⁵Pues cuando nosotros les anunciamos el evangelio, no fue solamente con palabras, sino que lo hicimos también con demostraciones del poder de Dios y de la actividad del Espíritu Santo, y con una gran abundancia de gracias. Bien saben cómo nos portamos entre ustedes, buscando su propio bien.

⁶Ustedes, por su parte, siguieron nuestro ejemplo y el ejemplo del Señor, y recibieron el mensaje con la alegría que el Espíritu Santo les daba en medio de grandes sufrimientos.[a] ⁷De esta manera llegaron a ser un ejemplo para todos los creyentes en las regiones de Macedonia y Acaya. ⁸Partiendo de ustedes, el mensaje del Señor se ha extendido, no solo por Macedonia y Acaya, sino por todas partes, y se sabe de la fe que ustedes tienen en Dios, de manera que ya no es necesario que nosotros digamos nada. ⁹Al contrario, ellos mismos hablan de nuestra llegada a ustedes y de cómo ustedes abandonaron los ídolos y se volvieron al Dios vivo y verdadero para servirle ¹⁰y esperar que vuelva del cielo Jesús, el Hijo de Dios, al cual Dios resucitó. Jesús es quien nos salva del terrible castigo que viene.

Recuerdos

2 ¹Ustedes mismos, hermanos, saben que nuestra visita a ustedes no fue en vano. ²Más bien, aunque, como ya saben, antes habíamos sido insultados y maltratados en Filipos,[a] Dios nos ayudó a anunciarles a ustedes su evangelio, con todo valor y en medio de una fuerte lucha.[b] ³Porque no estábamos equivocados en lo que predicábamos, ni tampoco hablábamos con malas intenciones ni con el propósito de engañar a nadie. ⁴Al contrario, Dios nos aprobó y nos encargó el evangelio, y así es como hablamos. No tratamos de agradar a la gente, sino a Dios, que examina nuestros corazones. ⁵Como ustedes saben, nunca los hemos halagado con palabras bonitas, ni hemos usado pretextos para ganar dinero. Dios es testigo de esto. ⁶Nunca hemos buscado honores de nadie: ni de ustedes ni de otros. ⁷Aunque muy bien hubiéramos podido hacerles sentir el peso de nuestra autoridad como apóstoles de Cristo, nos hicimos como niños entre ustedes. Como una madre que cría y cuida a sus propios hijos, ⁸así también les tenemos a ustedes tanto cariño que hubiéramos deseado darles, no solo el evangelio de Dios, sino hasta nuestras propias vidas. ¡Tanto hemos llegado a quererlos! ⁹Hermanos, ustedes se acuerdan de cómo trabajábamos y luchábamos para ganarnos la vida. Trabajábamos día y noche, a fin de no ser una carga para ninguno de ustedes mientras les anunciábamos el evangelio de Dios.[c]

¹⁰Ustedes son testigos, y Dios también, de que nos hemos portado de una manera santa, recta e irreprochable con ustedes los creyentes. ¹¹⁻¹²También saben que los hemos animado y consolado a cada uno de ustedes, como hace un padre con sus hijos. Les hemos encargado que se porten como deben hacerlo los que son de Dios, que los llama a tener parte en su propio reino y gloria.

¹³Por esto, de nuestra parte, damos siempre gracias a Dios, pues cuando ustedes escucharon el mensaje de Dios que nosotros les predicamos, lo recibieron como mensaje de Dios y no como mensaje de hombres. Y en verdad es el mensaje de Dios, el cual produce sus resultados en ustedes los que creen. ¹⁴Cuando ustedes, hermanos, sufrieron persecución a manos de sus paisanos, les pasó lo mismo que a las iglesias de Dios de los que pertenecen a Cristo Jesús en Judea, pues ellos también fueron perseguidos por sus paisanos los judíos.[d] ¹⁵Estos judíos mataron al Señor Jesús, como antes habían matado a los profetas, y nos echaron fuera a nosotros. No agradan a Dios, y están en contra

---

[a] **1.6** Hch 17.5–9. [a] **2.2** Hch 16.19–40. [b] **2.1–2** Hch 17.1–9. [c] **2.9** 2 Ts 3.8; cf. también Hch 18.3; 20.34; 1 Co 4.12; 2 Co 11.7. [d] **2.14** Hch 17.5.

de todos, 16pues cuando queremos hablar a los que no son judíos, para que también se salven, no nos dejan hacerlo. De esta manera llenan siempre la medida de sus pecados. Pero para poner fin a eso, el terrible castigo de Dios ha venido sobre ellos.

Deseos de una nueva visita

17Hermanos, cuando nos separamos de ustedes por algún tiempo, aunque no los veíamos, siempre los teníamos presentes en nuestro corazón y deseábamos mucho ir a verlos. 18Intentamos ir; por lo menos yo, Pablo, quise hacerlo varias veces, pero Satanás nos lo impidió. 19Pues, ¿quién es nuestra esperanza, nuestra alegría y nuestro motivo de orgullo delante de nuestro Señor Jesús, cuando él regrese? Si no lo son ustedes, ningún otro lo será. 20Sí, ustedes son nuestra gloria y nuestra alegría.

Envío de Timoteo

3 1Entonces, no pudiendo resistir más, decidimos quedarnos solos en Atenas*a* 2y enviar a nuestro hermano Timoteo, que es colaborador de Dios en el anuncio del evangelio de Cristo. Lo enviamos para que fuera a afirmarlos y animarlos en su fe, 3y para que ninguno se dejara confundir por estas dificultades. Pues ustedes mismos saben que tenemos que sufrir estas cosas. 4Además, cuando todavía estábamos con ustedes, les advertimos que íbamos a tener aflicciones; y así sucedió, como ya saben. 5Por eso, yo en particular, no pudiendo resistir más, mandé preguntar cómo andaban ustedes en cuanto a su fe, pues tenía miedo de que el tentador les hubiera puesto una tentación y que nuestro trabajo hubiera resultado en vano. 6Pero ahora Timoteo ha vuelto de Tesalónica, y nos ha traído buenas noticias de la fe y el amor que ustedes tienen. Nos dice que siempre se acuerdan de nosotros con cariño, y que tienen tantos deseos de vernos como nosotros los tenemos de verlos a ustedes. 7Por esto, hermanos, en medio de todas nuestras dificultades y aflicciones, hemos recibido mucho consuelo al saber que ustedes siguen firmes en su fe. 8El saber que ustedes están firmes en el Señor, nos reaviva. 9¿Cómo podremos dar suficientes gracias a nuestro Dios por ustedes y por el mucho gozo que a causa de ustedes tenemos delante de él? 10Día y noche suplicamos a Dios que nos permita verlos personalmente y completar lo que todavía falte en su fe.

Oración

11Deseamos que Dios mismo nuestro Padre, y nuestro Señor Jesús, nos ayuden para que podamos ir a visitarlos. 12Y que el Señor los haga crecer y tener todavía más amor los unos para con los otros y para con todos, como nosotros los amamos a ustedes. 13Que los haga firmes en sus corazones, santos e irreprochables delante de Dios nuestro Padre cuando regrese nuestro Señor Jesús con todo su pueblo santo.*b* Amén.

La vida que agrada a Dios

4 1Ahora, hermanos, les rogamos y encargamos esto en el nombre del Señor Jesús: que sigan ustedes progresando cada día más en la manera de comportarse que aprendieron de nosotros para agradar a Dios, como ya lo están haciendo. 2Ustedes conocen las instrucciones que les dimos por la autoridad del Señor Jesús. 3Lo que Dios quiere es que ustedes lleven una vida santa, que nadie cometa inmoralidades sexuales 4y que cada uno sepa dominar su propio cuerpo en forma santa y respetuosa, 5no con pasión y malos deseos como las gentes que no conocen a Dios. 6Que nadie abuse ni engañe en este asunto a su prójimo, porque el Señor castiga duramente todo esto, como ya les hemos advertido. 7Pues Dios no nos ha llamado a vivir en impureza, sino en santidad. 8Así pues, el que desprecia estas enseñanzas no desprecia a ningún hombre, sino a Dios, que les ha dado a ustedes su Espíritu Santo.

9En cuanto al amor entre hermanos, no tienen necesidad de que les escribamos, porque Dios mismo les ha enseñado a amarse unos a otros. 10Pues así hacen ustedes con todos los hermanos que viven en toda Macedonia. Pero les rogamos, hermanos, que su amor aumente todavía más. 11Procuren vivir tranquilos y ocupados en sus propios asuntos, trabajando con sus manos como les hemos encargado, 12para que los respeten los de fuera y ustedes no tengan que depender de nadie.

---

a **3.1–2** Hch 17.14—18.1. *b* **3.13** *Su pueblo santo:* otra posible traducción: *sus ángeles,* según el uso del término en Dn 4.13; 8.13 (cf. Mt 25.31; Mc 8.38).

El regreso del Señor

13 Hermanos, no queremos que se queden sin saber lo que pasa con los muertos, para que ustedes no se entristezcan como los otros, los que no tienen esperanza. **14** Así como creemos que Jesús murió y resucitó, así también creemos que Dios va a resucitar con Jesús a los que murieron creyendo en él.

15 Por esto les decimos a ustedes, como enseñanza del Señor, que nosotros, los que quedemos vivos hasta la venida del Señor, no nos adelantaremos a los que murieron. **16** Porque se oirá una voz de mando, la voz de un arcángel y el sonido de la trompeta de Dios, y el Señor mismo bajará del cielo. Y los que murieron creyendo en Cristo, resucitarán primero; **17** después, los que hayamos quedado vivos seremos llevados, juntamente con ellos, en las nubes, para encontrarnos con el Señor en el aire; y así estaremos con el Señor para siempre. **18** Anímense, pues, unos a otros con estas palabras.

5 **1** En cuanto a las fechas y los tiempos, hermanos, no necesitan que les escribamos. **2** Ustedes saben muy bien que el día del regreso del Señor llegará cuando menos se lo espere, como un ladrón que llega de noche. **3** Cuando la gente diga: "Todo está en paz y tranquilo", entonces vendrá de repente sobre ellos la destrucción, como le vienen los dolores de parto a una mujer que está encinta; y no podrán escapar. **4** Pero ustedes, hermanos, no están en la oscuridad, para que el día del regreso del Señor los sorprenda como un ladrón. **5** Todos ustedes son de la luz y del día. No somos de la noche ni de la oscuridad;[a] **6** por eso no debemos dormir como los otros, sino mantenernos despiertos y en nuestro sano juicio. **7** Los que duermen, duermen de noche, y los que se emborrachan, se emborrachan de noche; **8** pero nosotros, que somos del día, debemos estar siempre en nuestro sano juicio. Debemos protegernos, como con una coraza, con la fe y el amor, y cubrirnos, como con un casco, con la esperanza de la salvación.[b] **9** Porque Dios no nos destinó a recibir el castigo, sino a alcanzar la salvación por medio de nuestro Señor Jesucristo. **10** Jesucristo murió por nosotros, para que, ya sea que sigamos despiertos o que nos durmamos con el sueño de la muerte, vivamos juntamente con él. **11** Por eso, anímense y fortalézcanse unos a otros, tal como ya lo están haciendo.

Actitudes propias de los cristianos

12 Hermanos, les rogamos que tengan respeto a los que trabajan entre ustedes, los dirigen en las cosas del Señor y los amonestan. **13** Deben estimarlos y amarlos mucho, por el trabajo que hacen. Vivan en paz unos con otros.

14 También les encargamos, hermanos, que reprendan a los indisciplinados, que animen a los que están desanimados, que ayuden a los débiles y que tengan paciencia con todos.

15 Tengan cuidado de que ninguno pague a otro mal por mal. Al contrario, procuren hacer siempre el bien, tanto entre ustedes mismos como a todo el mundo.

16 Estén siempre contentos. **17** Oren en todo momento. **18** Den gracias a Dios por todo, porque esto es lo que él quiere de ustedes como creyentes en Cristo Jesús.

19 No apaguen el fuego del Espíritu. **20** No desprecien el don de profecía.[c] **21** Sométanlo todo a prueba y retengan lo bueno. **22** Apártense de toda clase de mal.

23 Que Dios mismo, el Dios de paz, los haga a ustedes perfectamente santos, y les conserve todo su ser, espíritu, alma y cuerpo, sin defecto alguno, para la venida de nuestro Señor Jesucristo. **24** El que los llama es fiel, y cumplirá todo esto.

Despedida

25 Hermanos, oren también por nosotros.

26 Saluden a todos los hermanos con un beso santo.

27 Les encargo, por la autoridad del Señor, que lean esta carta a todos los hermanos.

28 Que nuestro Señor Jesucristo derrame su gracia sobre ustedes.

---

[a] **5.5** Cf. Ro 13.12; Ef 5.8–9. [b] **5.8** Ef 6.11–17. [c] **5.20** *Don de profecía:* Véase 1 Co 14.1 n.

Segunda carta de San Pablo a los

TESALONICENSES

Acerca de la ciudad de Tesalónica y de la comunidad cristiana fundada allí por Pablo, véase la *Introducción a 1 Tesalonicenses*.

La *Segunda carta a los Tesalonicenses* (=2 Ts) presenta un paralelismo bastante grande con *1 Tesalonicenses*, pero desarrolla más ampliamente el tema del regreso del Señor, sobre todo para corregir algunos errores surgidos en la comunidad, pues al parecer algunos decían, basándose en una supuesta enseñanza de Pablo, que el regreso del Señor ya había tenido lugar. Igualmente se dan instrucciones sobre el recto comportamiento de los miembros de la comunidad.

Esquema de la carta:

Saludo

1 ¹Pablo, Silvano y Timoteo saludan a la comunidad de los creyentes de la ciudad de Tesalónica, que están unidos a Dios nuestro Padre y al Señor Jesucristo. ²Que Dios nuestro Padre y el Señor Jesucristo derramen su gracia y su paz sobre ustedes.

Acción de gracias y petición

³Hermanos, siempre tenemos que dar gracias a Dios por ustedes, como es justo que hagamos, porque la fe de ustedes está creciendo y el amor que cada uno tiene por los otros es cada vez mayor. ⁴De modo que nosotros mismos hablamos de ustedes con satisfacción en las iglesias de Dios, por la fortaleza y la fe que ustedes muestran en medio de todas las persecuciones y aflicciones que sufren. ⁵Esto es una señal del justo juicio de Dios y muestra que él

los ha juzgado dignos de entrar en su reino, por el cual están sufriendo.

⁶Pues es justo que Dios haga sufrir a quienes los hacen sufrir a ustedes, ⁷y que a ustedes, los que sufren, les dé descanso lo mismo que a nosotros. Esto será en el día en que el Señor Jesús aparezca con sus ángeles poderosos, viniendo del cielo entre llamas de fuego. ⁸Vendrá para castigar a los que no reconocen a Dios ni obedecen al evangelio de nuestro Señor Jesús. ⁹Estos serán castigados con destrucción eterna, y serán arrojados lejos de la presencia del Señor y de su gloria y poder, ¹⁰cuando el Señor venga en aquel día para ser honrado entre su pueblo santo y admirado por todos los creyentes; pues ustedes han creído en el testimonio que les dimos.

¹¹Con este fin oramos siempre por ustedes, pidiendo a nuestro Dios que los haga dignos del

llamamiento que les hizo, y que cumpla por su poder todos los buenos deseos de ustedes y los trabajos que realizan movidos por su fe. **12**De esta manera, el nombre de nuestro Señor Jesús será honrado por causa de ustedes, y él los honrará conforme a la bondad de nuestro Dios y del Señor Jesucristo.

Aclaraciones sobre el regreso del Señor[a]

2 **1**Ahora, hermanos, en cuanto al regreso de nuestro Señor Jesucristo y a nuestra reunión con él, les rogamos **2**que no cambien fácilmente de manera de pensar ni se dejen asustar por nadie que diga haber tenido una revelación del Espíritu, o haber recibido una enseñanza dada de palabra o por carta, según la cual nosotros habríamos afirmado que el día del regreso del Señor ya llegó. **3**No se dejen engañar de ninguna manera. Pues antes de aquel día tiene ·que venir la rebelión contra Dios,[b] cuando aparecerá el hombre malvado,[c] el que está condenado a la perdición.[d] **4**Este es el enemigo que se levanta contra todo lo que lleva el nombre de Dios o merece ser adorado, y llega incluso a instalar su trono en el templo de Dios, haciéndose pasar por Dios.

5¿No recuerdan que yo les hablaba de esto cuando aún estaba con ustedes? **6**Y ahora ustedes saben qué es lo que lo detiene, para que no aparezca antes de su debido tiempo. **7**Pues el plan secreto de la maldad ya está en marcha; solo falta que sea quitado de en medio el que ahora lo está deteniendo.[e] **8**Entonces aparecerá aquel malvado, a quien el Señor Jesús destruirá con el soplo de su boca y reducirá a la impotencia cuando regrese en todo su esplendor. **9**En cuanto a ese malvado, vendrá con la ayuda de Satanás; llegará con mucho poder, y con señales y milagros falsos. **10**Y usará toda clase de maldad para engañar a los que van a la condenación, porque no quisieron aceptar y amar la verdad para recibir la salvación. **11**Por eso, Dios deja que el error los engañe y que crean en la mentira, **12**a fin de que sean condenados todos los que no han querido creer en la verdad, sino que se complacen en la maldad.

La actitud de los cristianos

13Pero nosotros siempre tenemos que dar gracias a Dios por ustedes, hermanos amados por el Señor, porque Dios los escogió para que fueran los primeros en alcanzar la salvación por medio del Espíritu que los hace santos y de la verdad en que han creído. **14**Para esto los llamó Dios por medio del evangelio que nosotros anunciamos: para que lleguen a tener parte en la gloria de nuestro Señor Jesucristo.

15Así que, hermanos, sigan firmes y no se olviden de las tradiciones que les hemos enseñado personalmente y por carta. **16**Que nuestro Señor Jesucristo mismo, y Dios nuestro Padre, que nos ha amado y nos ha dado consuelo eterno y esperanza gracias a su bondad, **17**anime sus corazones y los mantenga a ustedes constantes en hacer y decir siempre lo bueno.

Se piden oraciones

3 **1**Por último, hermanos, oren por nosotros, para que el mensaje del Señor llegue pronto a todas partes y sea recibido con estimación, como sucedió entre ustedes. **2**Oren también para que seamos librados de los hombres malos y perversos, porque no todos tienen fe. **3**Pero el Señor es fiel, y él los mantendrá a ustedes firmes y los protegerá del mal.[a] **4**Y en el Señor tenemos confianza en que ustedes hacen y seguirán haciendo lo que les hemos ordenado. **5**Que el Señor los ayude a amar como Dios ama y a tener en el sufrimiento la fortaleza de Cristo.

El deber de trabajar

6Hermanos, les ordenamos en el nombre de nuestro Señor Jesucristo, que se aparten de cualquier hermano que lleve una conducta indisciplinada y que no siga las tradiciones que recibieron de nosotros. **7**Pues ustedes saben cómo deben vivir para seguir nuestro ejemplo: nosotros no llevamos entre ustedes una conducta indisciplinada, **8**ni hemos comido el pan de nadie sin pagarlo. Al contrario, trabajamos y luchamos día y noche para no serle una carga

---

[a] **2.1–12** Cf. 1 Ts 4.15–17.   [b] **2.3** *La rebelión contra Dios:* Cf. Mt 24.10–12,23–24; 1 Ti 4.1–2.   [c] **2.3** *El hombre malvado:* Cf. 1 Jn 2.18; Ap 13.1–2.   [d] **2.3** Dn 9.27; 11.31.36–37; 12.11.   [e] **2.6–7** Las expresiones *lo que lo detiene* y *el que ahora lo está deteniendo* han sido interpretadas de diversas maneras. Algunos las entienden como referencias al gobierno romano de aquel tiempo, que mantenía un régimen de paz y orden; otros piensan que se trata del poder de Dios, o las refieren al mismo Satanás.   [a] **3.3** *Del mal:* o *del maligno,* esto es, del diablo.

a ninguno de ustedes.[b] [9]Y ciertamente teníamos el derecho de pedirles a ustedes que nos ayudaran, pero trabajamos para darles el ejemplo que ustedes deben seguir. [10]Cuando estuvimos con ustedes, les dimos esta regla: El que no quiera trabajar, que tampoco coma. [11]Pero hemos sabido que algunos de ustedes llevan una conducta indisciplinada, muy ocupados en no hacer nada.[c] [12]A tales personas les mandamos y encargamos, por la autoridad del Señor Jesucristo, que trabajen tranquilamente para ganarse la vida.

[13]Pero ustedes, hermanos, no se cansen de hacer el bien. [14]Si alguno no hace caso a lo que decimos en esta carta, fíjense en quién es y no se junten con él, para que le dé vergüenza. [15]Pero no lo tengan por enemigo, sino amonéstenlo como a hermano.

Despedida

[16]Y que el mismo Señor de la paz les dé la paz a ustedes en todo tiempo y en todas formas. Que el Señor esté con todos ustedes.

[17]Yo, Pablo, les escribo este saludo de mi puño y letra. Así firmo todas mis cartas; así escribo. [18]Que nuestro Señor Jesucristo derrame su gracia sobre todos ustedes.

---

[b] **3.8** Hch 18.3; 2 Co 11.9; 1 Ts 2.9. [c] **3.11** 1 Ti 5.13.

Primera carta de San Pablo a

TIMOTEO

Las dos cartas a *Timoteo* (=1 y 2 Ti) y la carta a *Tito* han recibido el nombre de "cartas pastorales", por estar dirigidas a personas encargadas de la labor pastoral al frente de algunas comunidades y por tratar de temas relacionados con ese cargo.

Timoteo fue uno de los colaboradores más fieles de Pablo, y su nombre aparece mencionado en varias de las otras cartas paulinas (cf., por ejemplo, Ro 16.21; 2 Co 1.1; Flp 1.1). En Hch 16.1–3 se dice que era de madre judía creyente, es decir, que se había hecho cristiana, y de padre griego, o sea pagano.

La primera carta da a entender que Timoteo se encontraba en Éfeso, donde Pablo lo había dejado con la misión de velar por la sana enseñanza, frente a ciertas doctrinas que se estaban difundiendo, y por el buen orden en la comunidad.

Las cartas pastorales, comparadas con las otras cartas paulinas, presentan varias peculiaridades que las distinguen claramente. El lenguaje de estas cartas se diferencia bastante del lenguaje de las otras.

Además, en estas cartas se observa una insistencia en la necesidad de preservar el "depósito", es decir, la sana doctrina que se ha recibido y se debe transmitir (1 Ti 6.20; 2 Ti 1.14). Los grandes temas doctrinales de las cartas antiguas aparecen aquí mencionados más que nada en resúmenes que utilizan fórmulas tradicionales (1 Ti 3.16; 2 Ti 2.11–13).

Por otra parte, estas cartas reflejan una organización más desarrollada y fija en las comunidades. La actividad carismática, tan prominente en algunas cartas anteriores, ha sido sustituida por una vida más organizada.

Por otra parte, no es fácil coordinar las referencias que hay en estas cartas acerca de la vida de Pablo con los datos que hay en los otros escritos.

Algunos creen que estas particularidades pueden explicarse por el hecho de que Pablo escribió estas cartas ya al fin de su vida y quizá valiéndose de un secretario. Otros piensan que las cartas pastorales corresponden a una situación posterior al tiempo en que Pablo vivió, y que fueron escritas por un discípulo de Pablo, según un procedimiento literario usado en esa época.

Esquema de la carta:

Saludo

1 **1** Pablo, apóstol de Cristo Jesús, enviado por mandato de Dios nuestro Salvador y de Cristo Jesús, nuestra esperanza, **2** saluda a Timoteo, verdadero hijo en la fe. Que Dios nuestro Padre y Cristo Jesús nuestro Señor derramen su gracia, su misericordia y su paz sobre ti.

Advertencia contra las falsas enseñanzas

3 Como ya te rogué al irme a la región de Macedonia, quédate en Éfeso, para ordenar a ciertas personas que no enseñen ideas falsas **4** ni presten atención a cuentos y cuestiones interminables acerca de los antepasados. Estas cosas llevan solamente a la discusión y no ayudan a conocer el designio de Dios, que se vive en la fe. **5** El propósito de esa orden es que nos amemos unos a otros con el amor que proviene de un corazón limpio, de una buena conciencia y de una fe sincera. **6** Algunos se han desviado de esto y se han perdido en inútiles discusiones. **7** Quieren ser maestros de la ley de Dios, cuando no entienden lo que ellos mismos dicen ni lo que enseñan con tanta seguridad.

8 Sabemos que la ley es buena, si se usa de ella conforme al propósito que tiene. **9** Hay que recordar que ninguna ley se da para quienes hacen lo bueno. La ley tiene en cuenta a los rebeldes y desobedientes, a los malvados y pecadores, a los que no respetan a Dios ni a la religión, a los que matan a su padre o a su madre, a todos los asesinos, **10** a los que cometen inmoralidades sexuales, a los homosexuales, a los traficantes de esclavos, a los mentirosos y a los que juran en falso; es decir, a los que hacen cosas que van en contra de la sana enseñanza.[a] **11** Y esto es lo que enseña el glorioso evangelio que el Dios bienaventurado me ha encargado.

La misericordia de Dios con Pablo

12 Doy gracias a aquel que me ha dado fuerzas, a Cristo Jesús nuestro Señor, porque me ha considerado fiel y me ha puesto a su servicio, **13** a pesar de que yo antes decía cosas ofensivas contra él, lo perseguía[b] y lo insultaba. Pero Dios tuvo misericordia de mí, porque yo todavía no era creyente y no sabía lo que hacía.

14 Y nuestro Señor derramó abundantemente su gracia sobre mí, y me dio la fe y el amor que podemos tener gracias a Cristo Jesús. **15** Esto es muy cierto, y todos deben creerlo: que Cristo Jesús vino al mundo para salvar a los pecadores, de los cuales yo soy el primero. **16** Pero Dios tuvo misericordia de mí, para que Jesucristo mostrara en mí toda su paciencia. Así yo vine a ser ejemplo de los que habían de creer en él para obtener la vida eterna. **17** ¡Honor y gloria para siempre al Rey eterno, al inmortal, invisible y único Dios! Amén.

18-19 Timoteo, hijo mío, te doy este encargo para que pelees la buena batalla con fe y buena conciencia, conforme a las palabras proféticas pronunciadas anteriormente sobre ti. Algunos, por no haber hecho caso a su conciencia, han fracasado en su fe. **20** Esto les ha pasado a Himeneo y Alejandro, a quienes he entregado a Satanás[c] para que aprendan a no decir cosas ofensivas contra Dios.

La oración por toda la humanidad

2 **1** Ante todo recomiendo que se hagan peticiones, oraciones, súplicas y acciones de gracias a Dios por toda la humanidad. **2** Se debe orar por los que gobiernan y por todas las autoridades, para que podamos gozar de una vida tranquila y pacífica, con toda piedad y dignidad. **3** Esto es bueno y agrada a Dios nuestro Salvador, **4** pues él quiere que todos se salven y lleguen a conocer la verdad.[a] **5** Porque no hay más que un Dios, y un solo hombre que sea el mediador entre Dios y los hombres: Cristo Jesús. **6** Porque él se entregó a la muerte como rescate[b] por la salvación de todos y como testimonio dado por él a su debido tiempo. **7** Para anunciar esto, yo he sido nombrado mensajero y apóstol, y se me ha encargado que enseñe acerca de la fe y de la verdad a los que no son judíos. Lo que digo es cierto; no miento.

La conducta de los hombres y las mujeres

8 Así pues, quiero que los hombres oren en todas partes, y que eleven sus manos a Dios con pureza de corazón y sin enojos ni discusiones. **9** Y quiero que las mujeres se vistan decentemente, que se adornen con modestia y sencillez, no con peinados exagerados, ni con oro,

---

[a] **1.10** *Sana enseñanza:* 1 Ti 6.3; 2 Ti 1.13; 4.3; Tit 1.9; 2.1. [b] **1.13** Hch 8.3; 9.1–2,4–5; 1 Co 15.9; Gl 1.13.
[c] **1.20** *Entregado a Satanás:* Cf. 1 Co 5.3–5. [a] **2.4** Cf. Jon 4.11; Jn 3.17; 2 P 3.9. [b] **2.6** *Rescate:* Véase Ro 3.24 nota *m*.

perlas o vestidos costosos. 10Que su adorno sean las buenas obras, como corresponde a las mujeres que quieren honrar a Dios. 11La mujer debe escuchar la instrucción en silencio, con toda sumisión; 12y no permito que la mujer enseñe en público ni domine al hombre. Quiero que permanezca callada,[c] 13porque Dios hizo primero a Adán y después a Eva;[d] 14y Adán no fue el engañado, sino la mujer; y al ser engañada, cayó en pecado.[e] 15Pero la mujer se salvará si cumple sus deberes como madre, y si con buen juicio se mantiene en la fe, el amor y la santidad.

3 1Esto es muy cierto.

Cómo deben ser los que presiden

Si alguien aspira al cargo de presidir la comunidad,[a] a un buen trabajo aspira. 2Por eso, el que tiene este cargo ha de ser irreprensible. Debe ser esposo de una sola mujer[b] y llevar una vida seria, juiciosa y respetable. Debe estar siempre dispuesto a hospedar gente en su casa; debe ser apto para enseñar; 3no debe ser borracho ni amigo de peleas, sino bondadoso, pacífico y desinteresado en cuanto al dinero. 4Debe saber gobernar bien su casa y hacer que sus hijos sean obedientes y de conducta digna; 5porque si uno no sabe gobernar su propia casa, ¿cómo podrá cuidar de la iglesia de Dios? 6Por lo tanto, el dirigente no debe ser un recién convertido, no sea que se llene de orgullo y caiga bajo la misma condenación en que cayó el diablo. 7También debe ser respetado entre los no creyentes, para que no caiga en deshonra y en alguna trampa del diablo.

Cómo deben ser los diáconos

8Asimismo, los diáconos[c] deben ser hombres respetables, que nunca falten a su palabra ni sean dados a emborracharse ni a desear ganancias mal habidas. 9Deben apegarse a la verdad revelada en la cual creemos, y vivir con conciencia limpia. 10Primero deben pasar un periodo de prueba, y después, si no hay nada en contra de ellos, podrán servir como diáconos.

11Igualmente, las mujeres deben ser respetables, no chismosas, serias y fieles en todo. 12Un diácono debe ser esposo de una sola mujer,[d] y saber gobernar bien a sus hijos y su propia casa. 13Porque los diáconos que realizan bien su trabajo, se hacen dignos de un lugar de honor, y podrán gozar de gran tranquilidad gracias a su fe en Cristo Jesús.

La verdad revelada de nuestra religión

14Espero ir pronto a verte; pero te escribo esto 15para que, si me retraso, sepas cómo debe portarse uno en la familia de Dios, que es la iglesia del Dios viviente, la cual sostiene y defiende la verdad. 16No hay duda de que la verdad revelada de nuestra religión es algo muy grande:

Cristo se manifestó en su condición
    de hombre,
triunfó en su condición de espíritu
y fue visto por los ángeles.
Fue anunciado a las naciones,
creído en el mundo
y recibido en la gloria.

Las falsas enseñanzas

4 1Pero el Espíritu dice claramente que en los últimos tiempos algunos renegarán de la fe, siguiendo a espíritus engañadores y enseñanzas que vienen de los demonios. 2Harán caso a gente hipócrita y mentirosa, cuya conciencia está marcada con el hierro de sus malas acciones. 3Esta gente prohíbe casarse y comer ciertos alimentos que Dios ha creado para que los creyentes y los que conocen la verdad los coman, dándole gracias. 4Pues todo lo que Dios ha creado es bueno; y nada debe ser rechazado si lo aceptamos dando gracias a Dios, 5porque la palabra de Dios y la oración lo hacen puro.[a]

6Enseña estas cosas a los hermanos, y serás un buen servidor de Cristo Jesús, un servidor alimentado con las palabras de la fe y de la buena enseñanza que has seguido.

---

[c]2.11-12 1 Co 11.2-16; 14.34-35. [d]2.13 Gn 2.7,21-22; 1 Co 11.8-12. [e]2.14 Gn 3.1-6; cf. 2 Co 11.3.
[a]3.1 *Cargo de presidir la comunidad:* Véase Flp 1.1 nota a. [b]3.2 *Ser esposo de una sola mujer:* Esta expresión, como también la aplicada a las viudas en 1 Ti 5.9, probablemente debe entenderse en el sentido de no haberse casado por segunda vez. Otras interpretaciones menos probables son: *no tener más que una esposa* (no tener simultáneamente varias esposas, o no tener, además de la esposa, una o más concubinas), o *ser fiel a su esposa* (prohibición del adulterio). [c]3.8-13 *Diáconos:* Eran ayudantes de los que presidían la comunidad. [d]3.12 *Esposo de una sola mujer:* Véase 3.2 n. [a]4.4-5 Cf. Mc 7.15-19; Ro 14.6,14.

7 Pero no hagas caso de cuentos mundanos y tontos. Ejercítate en la piedad; 8 pues aunque el ejercicio físico sirve para algo, la piedad es útil para todo, porque tiene promesas de vida para el presente y para el futuro. 9 Esto es muy cierto, y todos deben creerlo. 10 Por eso mismo trabajamos y luchamos, porque hemos puesto nuestra esperanza en el Dios viviente, que es el Salvador de todos, especialmente de los que creen.

11 Estas cosas tienes que mandar y enseñar. 12 Evita que te desprecien por ser joven; más bien debes ser un ejemplo para los creyentes en tu modo de hablar y de portarte, y en amor, fe y pureza de vida. 13 Mientras llego, dedícate a leer en público las Escrituras, a animar a los hermanos y a instruirlos. 14 No descuides los dones que tienes y que Dios te concedió cuando, por inspiración profética, los ancianos de la iglesia te impusieron las manos.[b]

15 Pon tu cuidado y tu atención en estas cosas, para que todos puedan ver cómo adelantas. 16 Ten cuidado de ti mismo y de lo que enseñas a otros, y sigue firme en todo. Si lo haces así, te salvarás a ti mismo y salvarás también a los que te escuchan.

Cómo comportarse con los diversos miembros de la comunidad

5 1 No trates con dureza al anciano; al contrario, aconséjalo como si fuera tu padre; y trata a los jóvenes como si fueran tus hermanos. 2 A las ancianas trátalas como a tu propia madre; y a las jóvenes, como si fueran tus hermanas, con toda pureza.

3 Ayuda a las viudas que no tengan a quien recurrir. 4 Pero si una viuda tiene hijos o nietos, ellos son quienes primero deben aprender a cumplir sus obligaciones con los de su propia familia y a corresponder al amor de sus padres, porque esto agrada a Dios. 5 La verdadera viuda, la que se ha quedado sola, pone su esperanza en Dios y no deja de rogar, orando día y noche. 6 Pero la viuda que se entrega al placer, está muerta en vida. 7 Mándales también estas cosas, para que sean irreprensibles. 8 Pues quien no se preocupa de los suyos, y sobre todo de los de su propia familia, ha negado la fe y es peor que los que no creen.

9 En la lista de las viudas deben estar únicamente las que tengan más de sesenta años y no hayan tenido sino un solo esposo.[a] 10 Deben ser conocidas por sus buenas acciones, por haber criado bien a sus hijos, por haber recibido bien a los que llegan a su casa, por haber lavado los pies a los del pueblo santo[b] y haber ayudado a los que sufren. En fin, por haberse dedicado a hacer toda clase de obras buenas.

11 Pero no pongas en la lista a viudas de menos edad; porque cuando sus propios deseos las apartan de Cristo, quieren casarse de nuevo 12 y resultan culpables de haber faltado a su compromiso. 13 Además andan de casa en casa, y se vuelven perezosas; y no solo perezosas, sino también chismosas, metiéndose en todo y diciendo cosas que no convienen. 14 Por eso quiero que las viudas jóvenes se casen,[c] que tengan hijos, que sean amas de casa y que no den lugar a las críticas del enemigo. 15 Pues algunas viudas ya se han apartado y han seguido a Satanás.

16 Si alguna mujer creyente tiene viudas en su familia, debe ayudarlas, para que no sean una carga para la iglesia; así la iglesia podrá ayudar a las viudas que de veras no tengan a quien recurrir.

17 Los ancianos que gobiernan bien la iglesia deben ser doblemente apreciados, especialmente los que se dedican a predicar y enseñar. 18 Pues la Escritura dice: "No le pongas bozal al buey que trilla."[d] Y también: "El trabajador tiene derecho a su paga."[e]

19 No hagas caso de acusaciones contra un anciano, si no están apoyadas por dos o tres testigos.

20 A los que siguen pecando, debes reprenderlos delante de todos, para que los demás tengan temor.

21 Te encargo delante de Dios, de Jesucristo y de los ángeles escogidos, que sigas estas reglas sin hacer discriminaciones ni tener preferencias. 22 No impongas las manos[f] a nadie sin haberlo pensado bien, para no hacerte cómplice de los pecados de otros. Consérvate limpio de todo mal.

---

[b] **4.14** *Impusieron las manos:* acto simbólico de consagración o nombramiento (cf. Hch 6.6; 1 Ti 5.22).
[a] **5.9** *Que no haya tenido sino un solo esposo:* Véase 3.2 n. [b] **5.10** Cf. Jn 13.1–17. [c] **5.14** 1 Co 7.8–9.
[d] **5.18** Dt 25.4. [e] **5.18** Lc 10.7. [f] **5.22** *Imponer las manos:* probablemente en la consagración para el ministerio cristiano (véase 1 Ti 4.14 n.; cf. 2 Ti 1.6). Algunos lo refieren a la reconciliación, con la comunidad, de un creyente que después de haber sido sancionado por la iglesia ha cambiado de actitud.

23 Puesto que a menudo estás enfermo del estómago, no bebas agua sola, sino bebe también un poco de vino.

24 Los pecados de algunos se ven claramente antes del juicio, pero en otros casos solo se ven después. **25** Del mismo modo, las obras buenas se ven claramente; y las que no son buenas no podrán quedar siempre escondidas.

6 **1** Los que están sometidos a esclavitud, deben considerar a sus amos como dignos de todo respeto,[a] para que no se hable mal del nombre de Dios ni de nuestra enseñanza. **2** Y si algunos tienen amos creyentes, que no dejen de respetarlos por ser sus hermanos en la fe. Al contrario, deben servirlos mejor todavía, porque los que reciben sus buenos servicios son creyentes y hermanos amados.[b]

La verdadera riqueza

Enseña y predica esto: **3** Si alguien enseña ideas extrañas y no está de acuerdo con la sana enseñanza de nuestro Señor Jesucristo ni con lo que enseña nuestra religión, **4** es un orgulloso que no sabe nada. Discutir es en él como una enfermedad; y de ahí vienen envidias, discordias, insultos, desconfianzas **5** y peleas sin fin entre gente que tiene la mente pervertida y no conoce la verdad, y que toma la religión por una fuente de riqueza. **6** Y claro está que la religión es una fuente de gran riqueza, pero solo para el que se contenta con lo que tiene. **7** Porque nada trajimos a este mundo, y nada podremos llevarnos; **8** si tenemos qué comer y con qué vestirnos, ya nos podemos dar por satisfechos. **9** En cambio, los que quieren hacerse ricos caen en la tentación como en una trampa, y se ven asaltados por muchos deseos insensatos y perjudiciales, que hunden a los hombres en la ruina y la condenación. **10** Porque el amor al dinero es raíz de toda clase de males; y hay quienes, por codicia, se han desviado de la fe y se han causado terribles sufrimientos.

Exhortación a Timoteo

11 Pero tú, hombre de Dios, huye de todo esto. Lleva una vida de rectitud, de piedad, de fe, de amor, de fortaleza en el sufrimiento y de humildad de corazón. **12** Pelea la buena batalla de la fe; no dejes escapar la vida eterna, pues para eso te llamó Dios y por eso hiciste una buena declaración de tu fe[c] delante de muchos testigos. **13** Ahora, delante de Dios, que da vida a todo lo que existe, y delante de Jesucristo, que también hizo una buena declaración y dio testimonio ante Poncio Pilato, te mando **14** que obedezcas lo que te ordeno, manteniendo una conducta pura e irreprensible hasta la venida gloriosa de nuestro Señor Jesucristo. **15** A su debido tiempo, Dios llevará esto a cabo, porque él es el único y bienaventurado Soberano, Rey de reyes y Señor de señores. **16** Es el único inmortal, que vive en una luz a la que nadie puede acercarse. Ningún hombre lo ha visto ni lo puede ver. ¡A él pertenecen para siempre el honor y el poder! Amén.

17 A los que tienen riquezas de esta vida, mándales que no sean orgullosos ni pongan su esperanza en sus riquezas, porque las riquezas no son seguras. Antes bien, que pongan su esperanza en Dios, el cual nos da todas las cosas con abundancia y para nuestro provecho. **18** Mándales que hagan el bien, que se hagan ricos en buenas obras y que estén dispuestos a dar y compartir lo que tienen. **19** Así tendrán riquezas que les proporcionarán una base firme para el futuro, y alcanzarán la vida verdadera.

Recomendación final y despedida

20 Timoteo, cuida bien lo que se te ha confiado.[d] No escuches palabrerías mundanas y vacías, ni los argumentos que opone el falsamente llamado conocimiento de la verdad; **21** pues algunos que profesan esa clase de conocimiento, se han desviado de la fe.

Que el Señor derrame su gracia sobre ustedes.

---

[a] **6.1–2** Tit 2.9–10; 1 P 2.18; cf. Ef 6.5–9; Col 3.22—4.1. [b] **6.2** Cf. Flm 16. [c] **6.12** Cf. 1 Ti 1.18–19; 4.14.
[d] **6.20** *Lo que se te ha confiado:* es decir, la verdad del evangelio y de la fe cristiana; cf. 2 Ti 1.14 y Col 4.17.

Segunda carta de San Pablo a

TIMOTEO

La *Segunda carta a Timoteo* (= 2 Ti) se presenta casi como el testamento del apóstol, ya próximo a su muerte (4.6). En ella se repiten algunas de las instrucciones dadas en la primera carta y se añaden algunas nuevas.

En la perspectiva en que está escrita la carta (cf. 4.6), este sería el último de los escritos de Pablo.

Sobre su carácter literario y los problemas relacionados con su origen, véase *Introducción a 1 Timoteo.*

Esquema de la carta:

Saludo (1.1–2)
Acción de gracias (1.3–5)
No avergonzarse del evangelio (1.6–18)

Sufrir con valentía (2.1–13)
Cuál debe ser la actitud de Timoteo (2.14–26)

Anuncio sobre los últimos días (3.1–9)
Recomendación a Timoteo (3.10—4.8)

Instrucciones y noticias personales (4.9–18)
Despedida (4.19–22)

Saludo

1 ¹ Pablo, apóstol de Cristo Jesús, enviado por voluntad de Dios de acuerdo con la promesa de vida que se obtiene por medio de Cristo Jesús, ² saluda al querido hijo Timoteo. Que Dios Padre y Cristo Jesús nuestro Señor derramen su gracia, su misericordia y su paz sobre ti.

Acción de gracias

³ Al recordarte siempre en mis oraciones de día y de noche, doy gracias a Dios, a quien sirvo con una conciencia limpia, como sirvieron también mis antepasados. ⁴ Me acuerdo siempre de tus lágrimas, y quisiera verte para llenarme de alegría. ⁵ Porque me acuerdo de la fe sincera que tienes. Primero la tuvieron tu abuela Loida y tu madre Eunice,ᵃ y estoy seguro de que también tú la tienes.

No avergonzarse del evangelio

⁶ Por eso te recomiendo que avives el fuego del don que Dios te dio cuando te impuse las manos.ᵇ ⁷ Pues Dios no nos ha dado un espíritu de temor, sino un espíritu de poder, de amor y de buen juicio. ⁸ No te avergüences, pues, de dar testimonio a favor de nuestro Señor; ni tampoco te avergüences de mí, preso por causa suya. Antes bien, con las fuerzas que Dios te da, acepta tu parte en los sufrimientos que vienen por causa del evangelio. ⁹ Dios nos salvó y nos ha llamado a formar un pueblo santo, no por lo que nosotros hayamos hecho,ᶜ sino porque ese fue su propósito y por la bondad que ha tenido con nosotros desde la eternidad, por Cristo Jesús. ¹⁰ Esa bondad se ha mostrado gloriosamente ahora en Cristo Jesús nuestro Salvador, que destruyó el poder de la muerte y que, por el evangelio, sacó a la luz la vida inmortal.

ᵃ **1.5** Hch 16.1. ᵇ **1.6** Véase 1 Ti 4.14 n. ᶜ **1.9** Tit 3.5; cf. Ro 3.27–28; 4.2,5; Gl 2.16; Ef 2.8–9.

11 Dios me ha encargado de anunciar este mensaje, y me ha enviado como apóstol y maestro. 12 Precisamente por eso sufro todas estas cosas. Pero no me avergüenzo de ello, porque yo sé en quién he puesto mi confianza; y estoy seguro de que él tiene poder para guardar hasta aquel día[d] lo que me ha encomendado.[e]

13 Sigue el modelo de la sana enseñanza que de mí has recibido, y vive en la fe y el amor que tenemos gracias a Cristo Jesús. 14 Con la ayuda del Espíritu Santo que vive en nosotros, cuida de la buena doctrina que se te ha encomendado.

15 Como ya sabes, todos los de la provincia de Asia me abandonaron; entre ellos, Figelo y Hermógenes. 16 Que el Señor tenga misericordia de la familia de Onesíforo, porque él muchas veces me trajo alivio y no se avergonzó de que yo estuviera preso. 17 Al contrario, apenas llegó a Roma se puso a buscarme sin descanso, hasta que me encontró. 18 Que el Señor le permita encontrar su misericordia en aquel día. Tú ya sabes muy bien cuánto nos ayudó en Éfeso.

Sufrir con valentía

2 1 Y tú, hijo mío, saca fuerzas de la bondad que Dios te ha mostrado por medio de Cristo Jesús. 2 Lo que me has oído decir delante de muchos testigos, encárgaselo a hombres de confianza que sean capaces de enseñárselo a otros.

3 Toma tu parte en los sufrimientos como un buen soldado de Cristo Jesús. 4 Ningún soldado en servicio activo se enreda en los asuntos de la vida civil, porque tiene que agradar a su superior. 5 De la misma manera, el deportista no puede recibir el premio, si no lucha de acuerdo con las reglas. 6 El que trabaja en el campo tiene derecho a ser el primero en recibir su parte de la cosecha. 7 Piensa en esto que digo, porque el Señor te lo hará comprender todo.

8 Acuérdate de Jesucristo, que resucitó y que era descendiente del rey David, según el evangelio que yo anuncio. 9 Y por causa del evangelio soporto sufrimientos, incluso el estar encadenado como un criminal; pero la palabra de Dios no está encadenada. 10 Por eso lo soporto todo en bien de los que Dios ha escogido, para que también ellos alcancen la salvación y la gloria eterna en Cristo Jesús.

11 Esto es muy cierto:

Si hemos muerto con él,
     también viviremos con él;[a]
12   si sufrimos con valor,
     tendremos parte en su reino;[b]
si le negamos, también él nos negará;[c]
13   si no somos fieles, él sigue siendo fiel,[d]
     porque no puede negarse a sí mismo.

Cuál debe ser la actitud de Timoteo

14 Recuerda a los otros y recomiéndales delante de Dios que hay que evitar las discusiones. No sirven para nada. Lo que hacen es perjudicar a quienes las escuchan. 15 Haz todo lo posible por presentarte delante de Dios como un hombre de valor comprobado, como un trabajador que no tiene de qué avergonzarse, que enseña debidamente el mensaje de la verdad. 16 Evita palabrerías mundanas y vacías, porque los que hablan así, se hunden cada vez más en la maldad 17 y su enseñanza se extiende como un cáncer. Esto es lo que sucede con Himeneo y Fileto, 18 que se han desviado de la verdad diciendo que nuestra resurrección ya ha tenido lugar, y andan trastornando de esa manera la fe de algunos. 19 Pero Dios ha puesto una base que permanece firme, en la cual está escrito: "El Señor conoce a los que le pertenecen", y "Todos los que invocan el nombre del Señor han de apartarse de la maldad."[e]

20 En una casa grande, no solamente hay objetos de oro y de plata, sino también de madera y de barro; unos son para usos especiales y otros para uso común. 21 Si uno se mantiene limpio de esas faltas, será como un objeto precioso, consagrado y útil al Señor, apropiado para cualquier cosa buena.

22 Huye de las pasiones de la juventud, y busca la justicia, la fe, el amor y la paz, junto con todos los que con un corazón limpio invocan al Señor. 23 No hagas caso de discusiones que no tienen ton ni son; ya sabes que terminan

---

[d] **1.12** *Aquel día:* el del juicio final.   [e] **1.12** *Lo que me ha encomendado:* Véase 1 Ti 6.20.   [a] **2.11** Ro 6.4–8; Gl 2.19–20; Col 2.12.   [b] **2.12** Ro 8.17.   [c] **2.12** Cf. Mt 10.32–33; Mc 8.38; Lc 12.9.   [d] **2.13** Ro 3.3–4; 1 Co 1.9.
[e] **2.19** Cf. Nm 16.5 (gr.); Is 52.11 (gr.).

en peleas. 24Y un siervo del Señor no debe andar en peleas; al contrario, debe ser bueno con todos. Debe ser apto para enseñar; debe tener paciencia 25y corregir con corazón humilde a los rebeldes, esperando que Dios haga que se vuelvan a él y conozcan la verdad, 26a fin de que se despierten y escapen de la trampa en que el diablo los tiene presos para hacer de ellos lo que quiera.

Anuncio sobre los últimos días

3 1También debes saber que en los tiempos últimos vendrán días difíciles.*ª* 2Los hombres serán egoístas, amantes del dinero, orgullosos y vanidosos. Hablarán en contra de Dios, desobedecerán a sus padres, serán ingratos y no respetarán la religión. 3No tendrán cariño ni compasión, serán chismosos, no podrán dominar sus pasiones, serán crueles y enemigos de todo lo bueno. 4Serán traidores y atrevidos, estarán llenos de vanidad y buscarán sus propios placeres en vez de buscar a Dios. 5Aparentarán ser muy religiosos, pero con sus hechos negarán el verdadero poder de la religión.

No tengas nada que ver con esa clase de gente. 6Porque a ellos pertenecen esos que se meten en las casas y engañan a débiles mujeres cargadas de pecado que, arrastradas por toda clase de deseos, 7están siempre aprendiendo pero jamás llegan a comprender la verdad. 8Y así como Janes y Jambrés*ᵇ* se opusieron a Moisés, también esa gente se opone a la verdad. Son hombres de mente pervertida, fracasados en la fe. 9Pero no avanzarán mucho, porque todo el mundo se dará cuenta de que son unos tontos, igual que les pasó a aquellos dos que se opusieron a Moisés.

Recomendación a Timoteo

10Pero tú has seguido bien mis enseñanzas, mi manera de vivir, mi propósito, mi fe, mi paciencia, mi amor y mi fortaleza para soportar, 11y has compartido mis persecuciones y mis sufrimientos, como los que tuve que soportar en Antioquía, Iconio y Listra.*ᶜ* ¡Qué persecuciones sufrí! Pero el Señor me libró de todo ello. 12Es cierto que todos los que quieren llevar una vida piadosa en unión con Cristo Jesús sufrirán persecución; 13pero los malos y los engañadores irán de mal en peor, engañando y siendo engañados.

14Tú, sigue firme en todo aquello que aprendiste, de lo cual estás convencido. Ya sabes quiénes te lo enseñaron. 15Recuerda que desde niño conoces las sagradas Escrituras, que pueden instruirte y llevarte a la salvación por medio de la fe en Cristo Jesús. 16Toda Escritura está inspirada por Dios y es útil para enseñar y reprender, para corregir y educar en una vida de rectitud,*ᵈ* 17para que el hombre de Dios esté capacitado y completamente preparado para hacer toda clase de bien.

4 1Delante de Dios y de Cristo Jesús, que vendrá glorioso como Rey a juzgar a los vivos y a los muertos, te encargo mucho 2que prediques el mensaje, y que insistas cuando sea oportuno y aun cuando no lo sea. Convence, reprende y anima, enseñando con toda paciencia. 3Porque va a llegar el tiempo en que la gente no soportará la sana enseñanza; más bien, según sus propios caprichos, se buscarán un montón de maestros que solo les enseñen lo que ellos quieran oir. 4Darán la espalda a la verdad y harán caso a toda clase de cuentos. 5Pero tú conserva siempre el buen juicio, soporta los sufrimientos, dedícate a anunciar el evangelio, cumple bien con tu trabajo.

6Yo ya estoy para ser ofrecido en sacrificio; ya se acerca la hora de mi muerte. 7He peleado la buena batalla, he llegado al término de la carrera, me he mantenido fiel. 8Ahora me espera la corona merecida que el Señor, el Juez justo, me dará en aquel día. Y no me la dará solamente a mí, sino también a todos los que con amor esperan su venida gloriosa.

Instrucciones y noticias personales

9Haz lo posible por venir pronto a verme; 10pues Demas, que amaba más las cosas de esta vida, me ha abandonado y se ha ido a Tesalónica. Crescente se ha ido a la región de Galacia, y Tito a la de Dalmacia. 11Solamente Lucas está conmigo. Busca a Marcos y tráelo contigo, porque puede ser una ayuda para mí en el trabajo. 12A Tíquico lo mandé a Éfeso.

ª **3.1** Mt 24; Mc 13; 2 Ts 2.3–12. *ᵇ* **3.8** *Janes y Jambrés:* nombres que la tradición judía daba a los magos de Egipto mencionados en Ex 7.11–12,22; 9.11, etc. *ᶜ* **3.11** *En Antioquía* (de Pisidia): Hch 13.14–52. En *Iconio:* Hch 14.1–7. En *Listra:* Hch 14.8–20. *ᵈ* **3.16** Cf. Heb 4.12; 2 P 1.21

13Cuando vengas, tráeme la capa que dejé en Tróade, en casa de Carpo; también los libros, y especialmente los pergaminos.

14Alejandro el herrero se ha portado muy mal conmigo; el Señor le pagará conforme a lo que ha hecho. 15Cuídate tú también de él, porque se ha puesto muy en contra de nuestro mensaje.

16En mi primera defensa ante las autoridades, nadie me ayudó; todos me abandonaron. Espero que Dios no se lo tome en cuenta. 17Pero el Señor sí me ayudó y me dio fuerzas, de modo que pude llevar a cabo la predicación del mensaje de salvación y hacer que lo oyeran todos los paganos. Así el Señor me libró de la boca del león, 18y me librará de todo mal, y me salvará llevándome a su reino celestial. ¡Gloria a él para siempre! Amén.

Despedida

19Saludos a Prisca y a Áquila, y a la familia de Onesíforo. 20Erasto se quedó en Corinto, y a Trófimo lo dejé enfermo en Mileto. 21Procura venir antes del invierno. Te mandan saludos Eubulo, Pudente, Lino, Claudia y todos los hermanos.

22Que el Señor Jesucristo esté contigo, y que Dios derrame su gracia sobre todos ustedes.

Carta de San Pablo a
TITO

Tito, como Timoteo, fue un estrecho colaborador de Pablo, según se desprende de la mención de su nombre en varias de las cartas (cf., por ejemplo, 2 Co 2.13; 7.6–16; 8.23). En Gl 2.1–3 dice Pablo que Tito no era judío sino griego. En *Hechos* no se hace mención de él.

La carta a Tito (=Tit) da a entender que Pablo había dejado a Tito en la isla de Creta para continuar su labor de consolidar y organizar esa iglesia. Para eso se le dan diversas instrucciones relativas a la organización de la comunidad.

En la perspectiva en que está escrita la carta, esta se situaría entre *1 Timoteo* y *2 Timoteo*. Esta carta, por sus características literarias y su contenido, plantea problemas similares a los que ya se han expuesto en la *Introducción* a *1 Timoteo*.

Esquema de la carta:

Saludo (1.1–4)

Responsabilidades de Tito en Creta (1.5—3.14)

 Con los que presiden la comunidad (1.5–9)
 Frente a los falsos maestros (1.10–16)
 Frente a los miembros de la comunidad (2)
 Deberes de todos los creyentes (3.1–11)
 Recomendaciones personales (3.12–14)

Despedida (3.15)

Saludo

1 ¹Carta de Pablo, siervo de Dios y apóstol de Jesucristo, enviado por él para que los elegidos de Dios lleguen a la fe y al conocimiento de la verdad que se encuentra en nuestra religión, ²sostenidos por la esperanza de la vida eterna. Dios, que no miente, prometió esta vida desde la eternidad, ³y ahora, a su debido tiempo, ha dado a conocer su mensaje por medio de la predicación que me ha sido confiada por mandato de Dios nuestro Salvador. ⁴A Tito, verdadero hijo en la fe común a los dos. Que Dios nuestro Padre y Jesucristo nuestro Salvador derramen su gracia y su paz sobre ti.

Responsabilidades de Tito en Creta

⁵Cuando te dejé en la isla de Creta, lo hice para que arreglaras lo que quedaba por arreglar y para que, en cada pueblo, nombraras ancianos de la iglesia, de acuerdo con lo que yo te encargué. ⁶Un anciano[a] debe llevar una vida irreprochable. Debe ser esposo de una sola mujer,[b] y sus hijos deben ser creyentes y no estar acusados de mala conducta o de ser rebeldes. ⁷Pues el que preside la comunidad está encargado de las cosas de Dios, y por eso es necesario que lleve una vida irreprochable. No debe ser terco, ni de mal genio; no debe ser borracho, ni amigo de peleas, ni desear ganancias mal habidas. ⁸Al contrario, siempre debe

---

[a] *1.6 Anciano:* un dirigente de la iglesia.   [b] *1.6 Esposo de una sola mujer:* Véase 1 Ti 3.2 n.

estar dispuesto a hospedar gente en su casa, y debe ser un hombre de bien, de buen juicio, justo, santo y disciplinado. 9Debe apegarse al verdadero mensaje que se le enseñó, para que también pueda animar a otros con la sana enseñanza y convencer a los que contradicen.

Frente a los falsos maestros

10Porque hay muchos rebeldes, sobre todo entre los que vienen del judaísmo, que dicen cosas sin sentido y engañan a la gente. 11A esos hay que taparles la boca, pues trastornan familias enteras, enseñando lo que no deben para obtener ganancias mal habidas.

12Fue un profeta de la misma isla de Creta quien dijo de sus paisanos: "Los cretenses, siempre mentirosos, salvajes, glotones y perezosos."c 13Y dijo la verdad; por eso, repréndelos duramente, para que sean sanos en su fe 14y para que no hagan caso de cuentos inventados por los judíos, ni de lo que ordenan los que dan la espalda a la verdad. 15Para los puros todas las cosas son puras;d pero para los que son impuros y no aceptan la fe, nada hay puro, pues tienen impuras la mente y la conciencia. 16Dicen conocer a Dios, pero con sus hechos lo niegan; son odiosos y rebeldes, incapaces de ninguna obra buena.

Frente a los miembros de la comunidad

2 1Lo que digas debe estar siempre de acuerdo con la sana enseñanza. 2Los ancianosa deben ser serios, respetables y de buen juicio; sanos en su fe, en su amor y en su fortaleza para soportar el sufrimiento. 3Igualmente, las ancianas deben portarse con reverencia, y no ser chismosas, ni emborracharse. Deben dar buen ejemplo 4y enseñar a las jóvenes a amar a sus esposos y a sus hijos, 5a ser juiciosas, puras, cuidadosas del hogar, bondadosas y sujetas a sus esposos,b para que nadie pueda hablar mal del mensaje de Dios.

6Anima igualmente a los jóvenes a ser juiciosos 7en todo, y dales tú mismo ejemplo de cómo hacer el bien. Al enseñarles, hazlo con toda

pureza y dignidad, 8hablando de una manera sana, que nadie pueda condenar. Así sentirá vergüenza cualquiera que se ponga en contra, pues no podrá decir nada malo de nosotros.

9Aconseja a los siervos que obedezcan en todo a sus amos;c que sean amables y no respondones. 10Que no roben, sino que sean completamente honrados, para mostrar en todo qué hermosa es la enseñanza de Dios nuestro Salvador.

11Pues Dios ha mostrado su bondad, al ofrecer la salvación a toda la humanidad. 12Esa bondad de Dios nos enseña a renunciar a la maldad y a los deseos mundanos, y a llevar en el tiempo presente una vida de buen juicio, rectitud y piedad, 13mientras llega el feliz cumplimiento de nuestra esperanza: el regreso glorioso de nuestro gran Dios y Salvador Jesucristo.d 14Él se entregó a la muerte por nosotros, para rescatarnos de toda maldad y limpiarnos completamente, haciendo de nosotros el pueblo de su propiedad,e empeñados en hacer el bien.

15Esto es lo que tienes que enseñar, animando y reprendiendo con toda autoridad. Que nadie te desprecie.

Deberes de todos los creyentes

3 1Recuerda a los otros que se sometan al gobierno y a las autoridades,a que sean obedientes y que siempre estén dispuestos a hacer lo bueno. 2Que no hablen mal de nadie, que sean pacíficos y bondadosos, y que se muestren humildes de corazón en su trato con todos.

3Porque antes también nosotros éramos insensatos y rebeldes; andábamos perdidos y éramos esclavos de toda clase de deseos y placeres. Vivíamos en maldad y envidia, odiados y odiándonos unos a otros. 4Pero Dios nuestro Salvador mostró su bondad y su amor por la humanidad, 5y, sin que nosotros hubiéramos hecho nada bueno, por pura misericordia nos salvób lavándonos y regenerándonos,c y dándonos nueva vida por el Espíritu Santo.d 6Pues por medio de Jesucristo nuestro Salvador nos dio en abundancia

---

c **1.12** Cita de Epiménides, poeta cretense del siglo VI a.C. d **1.15** Mc 7.18–19; Ro 14.14,20. a **2.2** *Ancianos:* Aquí, usado junto a *ancianas* (v. 3), se refiere a los de edad avanzada. (cf. 1 Ti 5.1). b **2.5** *Sujetas a sus esposos:* Cf. 1 Co 14.34; Col 3.18; Ef 5.22–24; 1 Ti 2.11–12; 1 P 3.1. c **2.9–10** Cf. Ef 6.5–9; Col 3.22—4.1; 1 Ti 6.1–2; 1 P 2.18. d **2.13** 2 P 1.1. *Nuestro gran Dios y Salvador Jesucristo:* Algunos traducen: *el gran Dios y nuestro Salvador Jesucristo.* e **2.14** Ex 19.5; Dt 4.20; 1 P 2.9. a **3.1** Cf. Ro 13.1–7; 1 Ti 2.1–4; 1 P 2.13–17. b **3.5** Cf. Ro 3.27–28; 4.2,5; Gl 2.16; Ef 2.8–9; 2 Ti 1.9. c **3.5** Cf. Jn 3.3–7; 1 Co 6.11; Ef 5.25–27; 1 P 1.3,21; 3.2. d **3.5** Cf. Ro 6.3–4; 2 Co 5.17.

el Espíritu Santo, **7**para que, después de hacernos justos*e* por su bondad, tengamos la esperanza de recibir en herencia la vida eterna.

8Esto es muy cierto, y quiero que insistas mucho en ello, para que los que creen en Dios se ocupen en hacer el bien. Estas cosas son buenas y útiles para todos. **9**Pero evita las discusiones tontas, las leyendas acerca de los antepasados, las discordias y las peleas por cuestiones de la ley de Moisés. Son cosas inútiles y sin sentido.

10Si alguien causa divisiones en la iglesia, llámale la atención una y dos veces; pero si no te hace caso, expúlsalo de ella,*f* **11**pues debes saber que esa persona se ha pervertido y que su mismo pecado la está condenando.

Recomendaciones personales

12Cuando yo te mande a Artemas o a Tíquico, haz lo posible por ir a Nicópolis a verme, porque he decidido pasar allí el invierno. **13**Ayuda en todo lo que puedas al abogado Zenas y a Apolo, dándoles lo necesario para que sigan su viaje y no les falte nada. **14**Y que los nuestros aprendan también a hacer el bien y a ayudar en casos de necesidad, para que sus vidas sean útiles.

Despedida

15Todos los que están conmigo te mandan saludos. Saluda a nuestros queridos amigos en la fe. Que Dios derrame su gracia sobre todos ustedes.

---

e **3.7** *Hacernos justos:* Véase Ro 1.17 nota *c.* *f* **3.10** Cf. Mt 18.15–17; 2 Ts 3.14.

Carta de San Pablo a

FILEMÓN

La *Carta a Filemón* (=Flm) es la más breve de las cartas de Pablo.

El motivo de la carta es el siguiente: Onésimo, esclavo de Filemón, había cometido, al parecer, un hurto (cf. v. 18) y había huido de su casa. De alguna manera se encuentra con Pablo, que está preso, y le presta sus servicios. Entre tanto, por la predicación del apóstol, Onésimo se hace cristiano. Si bien a Pablo le serían muy útiles sus servicios, prefiere devolvérselo a su amo Filemón, como ordenaba la ley romana.

Al llevar esta carta a su amo, Onésimo podía esperar ser bien recibido, ya que Filemón también se había hecho cristiano por la predicación de Pablo.

En esta carta, Pablo nos deja ver lo que para él significaba ser cristiano. Él está seguro de poder pedirle a Filemón que ahora reciba a Onésimo ya no como esclavo, sino como a un hermano querido (v. 16). Pablo se hace responsable por los perjuicios que Onésimo pudiera haberle causado.

Esta carta no habla de suprimir la esclavitud; sin embargo, expresa los principios que poco a poco deberían crear esa conciencia en la humanidad: Cristo hace hermanos a todos los hombres, por encima de las diferencias sociales. El amor puede superar todas las barreras.

No hay certeza sobre el lugar en que Pablo estaba preso cuando escribió esta carta. Se ha pensado en Roma, Cesarea y Éfeso. Tampoco hay certeza sobre la fecha de su composición.

Esquema de la carta:

Saludo (1–3)
Acción de gracias y petición (4–7)
Intervención a favor de Onésimo (8–22)
Despedida (23–25)

Saludo

1 Pablo, preso por causa de Cristo Jesús, y el hermano Timoteo saludan a Filemón, querido compañero de trabajo, 2 y a la iglesia que se reúne en su casa, así como a la hermana Apia y a Arquipo,[a] nuestro compañero en la lucha. 3 Que Dios nuestro Padre y el Señor Jesucristo derramen su gracia y su paz sobre ustedes.

Acción de gracias y petición

4 Siempre doy gracias a mi Dios al acordarme de ti en mis oraciones, 5 porque he tenido noticias del amor y la fe que tienes para con el Señor Jesús y para con todos los que pertenecen al pueblo santo. 6 Y pido a Dios que tu participación en la misma fe te lleve a conocer todo el bien que podemos realizar por amor a Cristo. 7 Estoy muy contento y animado por tu amor, ya que tú, hermano, has llenado de consuelo el corazón de los que pertenecen al pueblo santo.

Intervención a favor de Onésimo

8 Por eso, aunque en nombre de Cristo tengo derecho a ordenarte lo que debes hacer, 9 prefiero rogártelo en nombre del amor. Yo, Pablo, ya anciano, y ahora preso por causa de Cristo

a 2 *Apia:* probablemente, la esposa de *Filemón. Arquipo:* posiblemente, hijo de Filemón y Apia; cf. Col 4.17.

Jesús, 10te pido un favor para mi hijo Onésimo,*b* de quien he llegado a ser padre según la fe aquí en la cárcel.

11En otro tiempo, Onésimo fue para ti un esclavo inútil, pero ahora nos es útil*c* tanto a ti como a mí. 12Te lo envío de nuevo: es el hijo de mis entrañas. 13Yo hubiera querido que se quedara aquí conmigo, para que me sirviera en tu lugar mientras estoy preso por causa del evangelio. 14Pero no quiero hacer nada que tú antes no hayas aprobado, para que el favor que me haces no sea por obligación sino por tu propia voluntad. 15Tal vez Onésimo se apartó de ti por algún tiempo para que ahora lo tengas para siempre, 16ya no como un esclavo, sino como algo mejor que un esclavo: como un hermano querido. Yo lo quiero mucho, pero tú debes quererlo todavía más, no solo humanamente sino también como hermano en el Señor.

17Así pues, si me tienes por hermano en la fe, recíbelo como si se tratara de mí mismo. 18Si te ha hecho algún daño, o si te debe algo, cóbramelo a mí. 19Yo, Pablo, escribo esto con mi puño y letra: Yo lo pagaré. Por no decir que lo pongas a tu cuenta, ya que tú me debes tu propia persona. 20Sí, hermano, te pido este favor por amor al Señor; consuela mi corazón como hermano en Cristo.

21Te escribo porque estoy seguro de tu obediencia, y sé que harás más de lo que te pido. 22Además de esto, prepárame alojamiento; porque espero que, en respuesta a las oraciones de ustedes, Dios les concederá que yo vaya a verlos.

Despedida

23Saludos de Epafras, mi compañero de cárcel por causa de Cristo Jesús, 24y también de Marcos, Aristarco, Demas y Lucas, que me ayudan en el trabajo.*d*

25Que el Señor Jesucristo derrame su gracia sobre ustedes.

---

b 10 *Onésimo:* Véase *Introducción.* *c* 11 *Nos es útil:* posible juego de palabras con el significado del nombre *Onésimo,* que quiere decir *útil* (o *provechoso*). *d* **23-24** Cf. Col 4.10-14.

Carta a los

HEBREOS

La *Carta a los Hebreos* (=Heb), aunque tradicionalmente ha sido llamado "carta", no presenta las fórmulas introductorias típicas de ese género. Solo al final (13.23–25) se encuentran noticias y saludos de carácter personal. Es, más bien, un tratado doctrinal y exhortatorio dirigido por escrito a alguna comunidad cristiana.

Se distingue entre los escritos del Nuevo Testamento por la manera tan amplia como se desarrolla un solo tema: la eminencia de la persona de Jesucristo y de su obra salvadora, a la luz de las instituciones del Antiguo Testamento, especialmente del sacerdocio y del culto. El título preferido de Jesucristo en esta carta es el de Sumo Sacerdote.

Entre las exposiciones doctrinales el autor va intercalando amonestaciones y exhortaciones a perseverar en la fe y en la práctica de la vida cristiana.

En el texto del escrito no se precisa la comunidad a la cual se dirige. Sin embargo, diversas exhortaciones (2.1–4; 5.11—6.12; 10.32–35; 12.1–3) permiten suponer que se trata de una comunidad cristiana en estado de debilitamiento espiritual; probablemente las persecuciones y otras dificultades internas han puesto en peligro la fidelidad al evangelio. El autor quiere iluminar y fortalecer la fe de estos cristianos y animarlos a superar tales dificultades.

El título tradicional "a los Hebreos" se justifica, más que todo, por el ambiente espiritual en el que se lleva a cabo la reflexión del autor sobre Jesús y su obra redentora: las personas e instituciones del Antiguo Testamento.

Este escrito refleja, además de un profundo conocimiento del Antiguo Testamento, que siempre se cita según la versión griega, un gran dominio de la lengua griega y de muchas ideas que se habían hecho comunes en el judaísmo helenístico, principalmente en Alejandría. El autor debió de proceder de este medio cultural, pero su nombre no se menciona.

La carta puede verse organizada de la siguiente manera:

Introducción: Dios ha hablado por medio de su Hijo (1.1–3)
1. El Hijo, superior a los ángeles (1.4—2.18)
2. Jesús, sacerdote fiel y compasivo (3.1—5.10)
3. Características del sacerdocio de Cristo (5.11—10.39)
4. La fe y la fortaleza (11.1—12.13)
5. La vida cristiana (12.14—13.19)
Conclusión: Bendición y saludos finales (13.20–25)

Dios ha hablado por medio de su Hijo

1 1 En tiempos antiguos Dios habló a nuestros antepasados muchas veces y de muchas maneras por medio de los profetas. 2 Ahora, en estos tiempos últimos, nos ha hablado por su Hijo, mediante el cual creó los mundos y al cual ha hecho heredero de todas las cosas. 3 Él es el resplandor glorioso de Dios, la imagen misma de lo que Dios es y el que sostiene todas las cosas con su palabra poderosa.*a* Después de limpiarnos de nuestros pecados, se ha sentado en el cielo, a la derecha del trono de Dios,*b* 4 y ha llegado a ser superior a los ángeles, pues ha recibido en herencia un título mucho más importante que el de ellos.

El Hijo de Dios, superior a los ángeles

5 Porque Dios nunca dijo a ningún ángel:
"Tú eres mi Hijo;
    yo te he engendrado hoy."*c*

Ni dijo tampoco de ningún ángel:
"Yo seré un padre para él,
    y él será un hijo para mí."*d*
6 Pero en otro lugar, al presentar a su Hijo primogénito al mundo, dice:
"Que todos los ángeles de Dios
    lo adoren."*e*
7 Respecto a los ángeles, Dios dice:
"Hace que sus ángeles sean como
    vientos,
y como llamas de fuego sus servidores."*f*
8 Pero respecto al Hijo, dice:
"Tu reinado, oh Dios, es eterno,
    y es un reinado de justicia.
9 Has amado lo bueno y odiado lo malo;
por eso te ha escogido Dios, tu Dios,*g*
y te ha colmado de alegría
más que a tus compañeros."*h*
10 También dice:
"Tú, oh Señor, afirmaste la tierra
    desde el principio;
tú mismo hiciste el cielo.
11 Todo ello dejará de existir,
pero tú permaneces para siempre.
Todo ello se gastará como la ropa;

12 ¡lo doblarás como se dobla un vestido,
lo cambiarás
    como quien se cambia de ropa!
Pero tú eres el mismo;
    tu vida no terminará."*i*
13 Dios nunca dijo a ninguno de los ángeles:
"Siéntate a mi derecha,
hasta que yo haga de tus enemigos
    el estrado de tus pies."*j*
14 Porque todos los ángeles son espíritus al servicio de Dios, enviados en ayuda de quienes han de recibir en herencia la salvación.

Importancia de la salvación anunciada

2 1 Por esta causa debemos prestar mucha más atención al mensaje que hemos oído, para que no nos apartemos del camino. 2 Los mandamientos que Dios dio en otros tiempos por medio de los ángeles,*a* tenían fuerza de ley, y quienes pecaron y los desobedecieron fueron castigados justamente. 3 ¿Cómo, pues, escaparemos nosotros, si descuidamos una salvación tan grande? Pues el mismo Señor fue quien anunció primero esta salvación, la cual después confirmaron entre nosotros los que oyeron ese mensaje. 4 Además, Dios la ha confirmado con señales, maravillas y muchos milagros, y por medio del Espíritu Santo, que nos ha dado de diferentes maneras, conforme a su voluntad.

Jesús, semejante a sus hermanos

5 Dios no ha puesto bajo la autoridad de los ángeles ese mundo futuro del cual estamos hablando. 6 Al contrario, en un lugar de la Escritura alguien declara:
"¿Qué es el hombre?
    ¿Qué es el ser humano?
¿Por qué lo recuerdas y te preocupas por él?
7 Por un poco de tiempo lo hiciste
    algo menor que los ángeles,
pero lo coronaste de gloria y honor;
8 todo lo sujetaste debajo de sus pies."*b*

Así que, al sujetarlo todo debajo de sus pies, Dios no dejó nada sin sujetarlo a él. Sin embargo,

---

a **1.3** Cf. Sab 7.25–26; Jn 1.1–9,14–18; 1 Co 8.6; Col 1.15–17. *b* **1.3** *A la derecha del trono de Dios:* Cf. Sal 110.1; Mc 14.62; Hch 2.33. *c* **1.5** Sal 2.7. *d* **1.5** 2 S 7.14. *e* **1.6** Dt 32.43 y Sal 97.7 (gr.). *f* **1.7** Sal 104.4 (gr.).
g **1.9** *Por eso te ha escogido Dios, tu Dios:* otra posible traducción: *por eso, oh Dios, tu Dios te ha escogido.*
h **1.8–9** Sal 45.6–7. *i* **1.10–12** Sal 102.25–27 (gr.). *j* **1.13** Sal 110.1.Cf. también Mt 22.44; Hch 2.33–35; 1 Co 15.25; Ef 1.20. *a* **2.2** *Por medio de los ángeles:* Hch 7.53; Gl 3.19. *b* **2.8** Sal 8.4–6.

todavía no vemos que todo le esté sujeto. 9 Pero vemos que Jesús, a quien Dios hizo algo menor que los ángeles por un poco de tiempo, está coronado de gloria y honor, a causa de la muerte que sufrió. Dios, en su amor, quiso que experimentara la muerte para bien de todos.

10 Todas las cosas existen para Dios y por la acción de Dios, que quiere que todos sus hijos tengan parte en su gloria. Por eso, Dios, por medio del sufrimiento, tenía que hacer perfecto a Jesucristo, el Salvador de ellos. 11 Porque todos son del mismo Padre: tanto los consagrados como el que los consagra. Por esta razón, el Hijo de Dios no se avergüenza de llamarlos hermanos, 12 al decir en la Escritura:

"Hablaré de ti a mis hermanos,
    y te cantaré himnos en medio
        de la congregación."c

13 También dice:

"En él pondré mi esperanza."

Y otra vez dice:

"Aquí estoy,
    con los hijos que Dios me dio."d

14 Así como los hijos de una familia son de la misma carne y sangre, así también Jesús fue de carne y sangre humanas, para derrotar con su muerte al que tenía poder para matar, es decir, al diablo. 15 De esta manera ha dado libertad a todos los que por miedo a la muerte viven como esclavos durante toda la vida. 16 Pues ciertamente no vino para ayudar a los ángeles, sino a los descendientes de Abraham. 17 Y para eso tenía que hacerse igual en todo a sus hermanos, para llegar a ser un Sumo Sacerdote fiel y compasivo en su servicio a Dios, y para obtener el perdón de los pecados de los hombres por medio del sacrificio. 18 Y como él mismo sufrió y fue puesto a prueba, ahora puede ayudar a los que también son puestos a prueba.

Jesús es superior a Moisés

3 1 Por lo tanto, hermanos, ustedes los del pueblo santo, que han sido llamados por Dios a ser suyos, consideren atentamente a Cristo Jesús, el Apóstol y Sumo Sacerdote, gracias al cual profesamos nuestra fe. 2 Pues Jesús ha sido fiel a Dios, que lo nombró para este servicio, como también Moisés fue fiel en su servicioa en toda la casa de Dios. 3 Pero a Jesús se le ha concedido más honor que a Moisés, del mismo modo que el que hace una casa recibe más honor que la casa misma. 4 Toda casa tiene que estar hecha por alguien; pero Dios es el que hizo todo lo que existe. 5 Así pues, Moisés, como siervo, fue fiel en toda la casa de Dios, y su servicio consistió en ser testigo de las cosas que Dios había de decir. 6 Pero Cristo, como Hijo, es fiel sobre esta casa de Dios que somos nosotros mismos, si mantenemos la seguridad y la alegría en la esperanza que tenemos.

Exhortación a la fidelidad

7 Por eso, como dice el Espíritu Santo en la Escritura:

"Si hoy escuchan ustedes
    lo que Dios dice,
8   no endurezcan su corazón
        como aquellos que se rebelaron
    y pusieron a Dios a prueba en el desierto.
9   Allí me pusieron a prueba
        los antepasados de ustedes,
    aun cuando habían visto mis obras
        durante cuarenta años.b
10 Por eso me enojé con aquella generación,
    y dije: 'Andan siempre extraviados
        en su corazón,
    y no han querido conocer mis caminos.'
11 Por eso juré en mi furor
    que no entrarían en mi reposo."c

12 Hermanos, cuídense de que ninguno de ustedes tenga un corazón tan malo e incrédulo que se aparte del Dios viviente. 13 Al contrario, anímense unos a otros cada día, mientras dura ese "hoy" de que habla la Escritura, para que ninguno de ustedes sea engañado por el pecado y su corazón se vuelva rebelde. 14 Porque nosotros tenemos parte con Cristo, con tal de que nos mantengamos firmes hasta el fin en la confianza que teníamos al principio.

15 Por lo cual dice:

"Si hoy escuchan ustedes
    lo que Dios dice,
    no endurezcan su corazón
        como aquellos que se rebelaron."d

16 ¿Y quiénes fueron los que se rebelaron después de haber oído la voz de Dios? Pues todos

---

c 2.12 Sal 22.22. d 2.13 Is 8.17–18 (gr.). a 3.2 Nm 12.7. b 3.9 *Cuarenta años:* Nm 14.20–35. c 3.7–11 Sal 95.7–11 (gr.). d 3.15 Sal 95.7–8.

los que Moisés había sacado de la tierra de Egipto. 17 ¿Y con quiénes estuvo Dios enojado durante cuarenta años? Con los que pecaron, los cuales cayeron muertos en el desierto. 18 ¿Y a quiénes juró Dios que no entrarían en su reposo? A los que desobedecieron.[e] 19 Y, en efecto, vemos que no pudieron entrar porque no creyeron.[f]

4 1 Por eso, mientras todavía contamos con la promesa de entrar en ese reposo de Dios, debemos tener cuidado, no sea que alguno de ustedes no lo logre. 2 Porque nosotros recibimos el anuncio de la buena noticia, lo mismo que ellos; pero a ellos no les sirvió de nada el oírlo, porque no se unieron por la fe con los que habían obedecido al mensaje. 3 Pero nosotros, que hemos creído, entraremos en ese reposo, del cual Dios ha dicho:

"Por eso juré en mi furor
que no entrarían en el lugar
de mi reposo."[a]

Sin embargo, Dios había terminado su trabajo desde que creó el mundo; 4 pues en alguna parte de las Escrituras se dice del séptimo día:

"Dios reposó de todo su trabajo
el séptimo día."[b]

5 Y otra vez se dice en las Escrituras:

"No entrarán en mi reposo."[c]

6 Pero todavía falta que algunos entren en ese lugar de reposo, ya que, por haber desobedecido, no entraron los que primero recibieron el anuncio. 7 Por eso, Dios ha vuelto a señalar un día, un nuevo "hoy", y lo ha hecho hablándonos por medio de lo que, mucho tiempo después, David dijo en la Escritura ya mencionada:

"Si hoy escuchan ustedes
lo que Dios dice,
no endurezcan su corazón."[d]

8 Porque si Josué les hubiera dado reposo a los israelitas, Dios no habría hablado de otro día. 9 De manera que todavía queda un reposo sagrado para el pueblo de Dios; 10 porque el que entra en ese reposo de Dios, reposa de su trabajo, así como Dios reposó del suyo. 11 Debemos, pues, esforzarnos por entrar en ese reposo, para que nadie siga el ejemplo de aquellos que no creyeron.

12 Porque la palabra de Dios tiene vida y poder. Es más cortante que cualquier espada de dos filos, y penetra hasta lo más profundo del alma y del espíritu, hasta lo más íntimo de la persona; y somete a juicio los pensamientos y las intenciones del corazón. 13 Nada de lo que Dios ha creado puede esconderse de él; todo está claramente expuesto ante aquel a quien tenemos que rendir cuentas.

Jesús, sacerdote compasivo

14 Jesús, el Hijo de Dios, es nuestro gran Sumo Sacerdote que ha entrado en el cielo. Por eso debemos seguir firmes en la fe que profesamos. 15 Pues nuestro Sumo Sacerdote puede compadecerse de nuestra debilidad, porque él también estuvo sometido a las mismas pruebas que nosotros; solo que él jamás pecó. 16 Acerquémonos, pues, con confianza al trono de nuestro Dios amoroso, para que él tenga misericordia de nosotros y en su bondad nos ayude en la hora de necesidad.

5 1 Todo sumo sacerdote es escogido de entre los hombres, nombrado para representarlos delante de Dios y para hacer ofrendas y sacrificios por los pecados. 2 Y como el sacerdote está sujeto a las debilidades humanas, puede tener compasión de los ignorantes y los extraviados; 3 y a causa de su propia debilidad, tiene que ofrecer sacrificios por sus pecados tanto como por los pecados del pueblo.[a] 4 Nadie puede tomar este honor para sí mismo, sino que es Dios quien lo llama y le da el honor, como en el caso de Aarón.[b] 5 De la misma manera, Cristo no se nombró Sumo Sacerdote a sí mismo, sino que Dios le dio ese honor, pues él fue quien le dijo:

"Tú eres mi hijo;
yo te he engendrado hoy."[c]

6 Y también le dijo en otra parte de las Escrituras:

"Tú eres sacerdote para siempre,
de la misma clase que Melquisedec."[d]

7 Mientras Cristo estuvo viviendo aquí en el mundo, con voz fuerte y muchas lágrimas oró y suplicó a Dios, que tenía poder para librarlo de la muerte;[e] y por su obediencia, Dios lo escuchó. 8 Así que Cristo, a pesar de ser Hijo,

---

[e] 3.16–18 Cf. Nm 14.1–35; Dt 1.26. [f] 3.19 Cf. Nm 14.39–45; Dt 1.41–45. [a] 4.3 Sal 95.11. [b] 4.4 Gn 2.2. [c] 4.5 Sal 95.11. [d] 4.7 Sal 95.7–8. [a] 5.3 Lv 9.7; 16.6; cf. Heb 7.27. [b] 5.4 Ex 28.1. [c] 5.5 Sal 2.7. [d] 5.6 Sal 110.4. *Melquisedec:* Gn 14.17–20; cf. Heb 7.1–2. [e] 5.7 Mt 26.36–46.

sufriendo aprendió lo que es la obediencia; 9y al perfeccionarse de esa manera, llegó a ser fuente de salvación eterna para todos los que lo obedecen, 10y Dios lo nombró Sumo Sacerdote de la misma clase que Melquisedec.

Exhortación a progresar en la fe

11Tenemos mucho que decir sobre este asunto, pero es difícil explicarlo, porque ustedes son lentos para entender. 12Al cabo de tanto tiempo, ustedes ya deberían ser maestros; en cambio, necesitan que se les expliquen de nuevo las cosas más sencillas de las enseñanzas de Dios. Han vuelto a ser tan débiles que, en vez de comida sólida, tienen que tomar leche. 13Y los que se alimentan de leche son como niños de pecho, incapaces de juzgar rectamente. 14La comida sólida es para los adultos, para los que ya saben juzgar, porque están acostumbrados a distinguir entre lo bueno y lo malo.

6 1Así que sigamos adelante hasta llegar a ser adultos, dejando a un lado las primeras enseñanzas acerca de Cristo. No volvamos otra vez a las cosas básicas, como la conversión y el abandono de las obras que llevan a la muerte, o como la fe en Dios, 2las enseñanzas sobre el bautismo, el imponer las manos a los creyentes, la resurrección de los muertos y el juicio eterno. 3Es lo que haremos, si Dios lo permite.

4Porque a los que una vez recibieron la luz, y saborearon el don de Dios, y tuvieron parte en el Espíritu Santo, 5y saborearon el buen mensaje de Dios y el poder del mundo venidero, 6si caen de nuevo, ya no se les puede hacer volver a Dios, porque ellos mismos están crucificando otra vez al Hijo de Dios y exponiéndolo a la burla de todos. 7Son como la tierra que bebe la lluvia que cae en abundancia sobre ella: si da una cosecha útil a los que la trabajan, recibe la bendición de Dios; 8pero si da espinos y cardos, no vale nada; cae bajo la maldición de Dios, y finalmente será quemada.

9Pero aunque hablamos así, queridos hermanos, estamos seguros de que ustedes se encuentran en el primer caso, es decir, en camino de salvación. 10Porque Dios es justo, y no olvidará lo que ustedes han hecho y el amor que le han mostrado al ayudar a los del pueblo santo, como aún lo están haciendo. 11Pero deseamos que cada uno de ustedes siga mostrando hasta el fin ese mismo entusiasmo, para que se realice completamente su esperanza. 12No queremos que se vuelvan perezosos, sino que sigan el ejemplo de quienes por medio de la fe y la constancia están recibiendo la herencia que Dios les ha prometido.

Promesa y juramento

13Cuando Dios hizo la promesa a Abraham, juró por sí mismo, porque no había otro superior a él por quien jurar; 14y dijo: "Sí, yo te bendeciré mucho y haré que tu descendencia sea numerosa."[a] 15Abraham esperó con paciencia, y recibió lo que Dios le había prometido. 16Cuando los hombres juran, lo hacen por alguien superior a ellos mismos; y cuando garantizan algo mediante un juramento, ya no hay más que discutir. 17Pues bien, Dios quiso mostrar claramente a quienes habían de recibir la herencia que él les prometía, que estaba dispuesto a cumplir la promesa sin cambiar nada de ella. Por eso garantizó su promesa mediante el juramento. 18De estas dos cosas que no pueden cambiarse y en las que Dios no puede mentir, recibimos un firme consuelo los que hemos buscado la protección de Dios y hemos confiado en la esperanza que él nos ha dado. 19Esta esperanza mantiene firme y segura nuestra alma, igual que el ancla mantiene firme al barco. Es una esperanza que ha penetrado hasta detrás del velo[b] en el templo celestial, 20donde antes entró Jesús para abrirnos camino, llegando él a ser así Sumo Sacerdote para siempre, de la misma clase que Melquisedec.[c]

Jesús, sacerdote como Melquisedec

7 1Este Melquisedec fue rey de Salem y sacerdote del Dios altísimo. Cuando Abraham regresaba de la batalla en la que había derrotado a los reyes, Melquisedec salió a su encuentro y lo bendijo; 2entonces Abraham le dio la décima parte de todo lo que había ganado en la batalla. Ante todo, hay que notar que el nombre Melquisedec significa "rey de justicia", pero aparece también como rey de Salem, que quiere decir "rey de paz". 3Nada se

---

a 6.13–14 Gn 22.16–17. b 6.19 Detrás del velo: en el Lugar Santísimo de la Tienda del Encuentro (Lv 16.2).
c 6.20 Sal 110.4.

sabe de su padre ni de su madre ni de sus antepasados; ni tampoco se habla de su nacimiento ni de su muerte; y así, a semejanza del Hijo de Dios, es sacerdote para siempre.

4 Ahora bien, fíjense qué importante era Melquisedec, que nuestro propio antepasado Abraham le dio la décima parte de lo que les había ganado a los reyes en la batalla.[a] 5 Según la ley de Moisés, los sacerdotes que son descendientes de Leví tienen el derecho de cobrarle al pueblo la décima parte de todo, a pesar de que son sus parientes y descienden de Abraham lo mismo que ellos. 6 Pero Melquisedec, aunque no era descendiente de Leví, le cobró la décima parte a Abraham, que había recibido las promesas de Dios. Así Melquisedec bendijo a Abraham; 7 y nadie puede negar que el que bendice es superior al bendecido. 8 Aquí, en esta vida, los que cobran la décima parte son hombres mortales; pero la Escritura habla de Melquisedec como de uno que todavía vive. 9 Y se puede decir que los sacerdotes que descienden de Leví, y que ahora cobran la décima parte, pagaron también la décima parte a Melquisedec al pagársela a él Abraham; 10 porque, en cierto sentido, cuando Melquisedec salió al encuentro de Abraham, este llevaba ya en su cuerpo a sus descendientes que aún no habían nacido.

Los dos sacerdocios

11 El pueblo de Israel recibió la ley basada en el sacerdocio levítico. Ahora bien, si estos sacerdotes hubieran podido hacer perfectos a los hombres, no habría sido necesario que apareciera otro sacerdote, ya no de la clase de Aarón sino de la clase de Melquisedec. 12 Porque al cambiar el sacerdocio, también se tiene que cambiar la ley; 13 y nuestro Señor, de quien la Escritura dice esto, pertenece a otra tribu de Israel, de la cual no ha salido ningún sacerdote. 14 Porque es bien sabido que nuestro Señor vino de la tribu de Judá, y Moisés no dijo nada de esa tribu cuando habló del sacerdocio.

15 Y esto es aún más claro si el nuevo sacerdote que aparece es uno como Melquisedec, 16 que no fue sacerdote según una ley que toma en cuenta elementos puramente humanos, sino según el poder de una vida indestructible. 17 Porque esto es lo que Dios dice de él:

"Tú eres sacerdote para siempre,
de la misma clase
que Melquisedec."[b]

18 Así que el mandato anterior quedó cancelado porque era débil e inútil, 19 pues la ley de Moisés no perfeccionó nada, y en su lugar tenemos una esperanza mejor, por la cual nos acercamos a Dios.

Superioridad del sacerdocio de Jesús

20 Y Dios garantizó esto con un juramento. Los otros sacerdotes fueron nombrados sin juramento alguno, 21 pero en el caso del Señor sí hubo un juramento, pues en la Escritura se le dice:

"El Señor hizo un juramento
y no va a desdecirse:
'Tú eres sacerdote para siempre.' "[c]

22 De este modo, Jesús es quien garantiza una alianza mejor que la primera. 23 Los otros sacerdotes fueron muchos porque la muerte les impedía seguir viviendo; 24 pero como Jesús no muere, su oficio sacerdotal no pasa a ningún otro. 25 Por eso puede salvar para siempre a los que se acercan a Dios por medio de él, pues vive para siempre, para rogar a Dios por ellos.

26 Así pues, Jesús es precisamente el Sumo Sacerdote que necesitábamos. Él es santo, sin maldad y sin mancha, apartado de los pecadores y puesto más alto que el cielo. 27 No es como los otros sumos sacerdotes, que tienen que matar animales y ofrecerlos cada día en sacrificio, primero por sus propios pecados y luego por los pecados del pueblo.[d] Por el contrario, Jesús ofreció el sacrificio una sola vez y para siempre, cuando se ofreció a sí mismo.[e] 28 La ley de Moisés nombra como sumos sacerdotes a hombres imperfectos; pero el juramento de Dios, que fue hecho después de la ley, nombra sumo sacerdote a su Hijo, quien ha sido hecho perfecto para siempre.

Imperfección del culto antiguo

8 1 Lo más importante de lo que estamos diciendo es que nuestro Sumo Sacerdote es de tal naturaleza que se ha sentado en el cielo, a la derecha del trono de Dios, 2 y oficia como sacerdote en el verdadero santuario, el que fue hecho por el Señor y no por los hombres.

---

a 7.4 Gn 14.20. b 7.17 Sal 110.4. c 7.21 Sal 110.4. d 7.27 Lv 9.7; 16.6. e 7.27 Mc 10.45; 14.24; cf. Is 53.10.

3 Todo sumo sacerdote es nombrado para presentar ofrendas y sacrificios, y por eso es necesario que Jesucristo también tenga algo que ofrecer. 4 Si él estuviera en la tierra, ni siquiera sería sacerdote, pues aquí ya hay sacerdotes que presentan las ofrendas mandadas por la ley de Moisés. 5 Pero estos sacerdotes prestan su servicio por medio de cosas que no son más que copias y sombras[a] de lo que hay en el cielo. Y sabemos que son copias porque, cuando Moisés iba a construir el santuario, Dios le dijo: "Pon atención y hazlo todo según el modelo que te mostré en el monte."[b] 6 Pero nuestro Sumo Sacerdote, que ha recibido un ministerio sacerdotal mucho mejor, es mediador de una alianza mejor,[c] basada en mejores promesas.

Imperfección de la primera alianza

7 Si la primera alianza hubiera sido perfecta, no habría sido necesaria una segunda alianza. 8 Pero Dios encontró imperfecta a aquella gente, y dijo:

"El Señor dice: Vendrán días
en que haré una nueva alianza con Israel
y con Judá.
9 Esta alianza no será como la que hice
con sus antepasados,
cuando los tomé de la mano
para sacarlos de la tierra de Egipto;
y como ellos no cumplieron
mi alianza,
yo los abandoné, dice el Señor.
10 La alianza que haré con Israel
después de aquellos días,
será esta, dice el Señor:
Pondré mis leyes en su mente
y las escribiré en su corazón.
Yo seré su Dios
y ellos serán mi pueblo.
11 Ya no será necesario que unos a otros,
compatriotas o parientes,
tengan que instruirse
para que conozcan al Señor,
porque todos me conocerán,
desde el más pequeño
hasta el más grande.
12 Yo les perdonaré sus maldades
y no me acordaré más
de sus pecados."[d]

13 Cuando Dios habla de una nueva alianza es porque ha declarado vieja a la primera; y a lo que está viejo y anticuado, poco le falta para desaparecer.

Ineficacia de los sacrificios antiguos

9 1 Ahora bien, la primera alianza tenía sus reglas para el culto, pero en un santuario terrenal. 2 La tienda[a] se levantó de tal forma que en su primera parte, llamada el Lugar Santo, estaban el candelabro[b] y la mesa con los panes consagrados a Dios.[c] 3 Detrás del segundo velo estaba el llamado Lugar Santísimo;[d] 4 allí había un altar de oro para quemar el incienso,[e] y el arca de la alianza cubierta de oro por todos lados.[f] En el arca había una jarra de oro que contenía el maná,[g] y también estaban el bastón de Aarón, que había retoñado,[h] y las tablas de la alianza.[i] 5 Encima del arca estaban los seres alados[j] que representaban la presencia de Dios, los cuales cubrían con sus alas la tapa del arca.[k] Pero por ahora no es necesario dar más detalles sobre estas cosas.

6 Preparadas así las cosas, los sacerdotes entran continuamente en la primera parte de la tienda para celebrar los oficios del culto.[l] 7 Pero en la segunda parte entra únicamente el sumo sacerdote, y solo una vez al año; y cuando entra, tiene que llevar sangre de animales para ofrecerla por sí mismo y por los pecados que el pueblo comete sin darse cuenta.[m] 8 Con esto el Espíritu Santo nos da a entender que, mientras la primera parte de la tienda seguía existiendo, el camino al santuario todavía no estaba abierto. 9 Todo esto es un símbolo para el tiempo presente; pues las ofrendas y sacrificios que allí se ofrecen a Dios no pueden hacer perfecta la conciencia de los que así lo adoran. 10 Se trata únicamente de alimentos, bebidas y ciertas ceremonias de purificación,[n] que son reglas externas y que tienen valor solamente hasta que Dios cambie las cosas.

---

[a] **8.5** *Copias y sombras:* Cf. Heb 9.11,23–24; 10.1. Cf. también Ex 25.40. [b] **8.5** Ex 25.40. [c] **8.6** *Es mediador de una alianza mejor:* Heb 9.15; 12.24; 1 Ti 2.5. [d] **8.8–12** Jer 31.31–34 (cf. Heb 10.16–17). [a] **9.2** Ex 26.1–37. [b] **9.2** Ex 25.31–40. [c] **9.2** Ex 25.23–30. [d] **9.3** Ex 26.31–33. [e] **9.4** Ex 30.1–6; 40.26–27. [f] **9.4** Ex 25.10–16. [g] **9.4** Ex 16.33. [h] **9.4** Nm 17.8–10. [i] **9.4** Ex 25.16; Dt 10.3–5. [j] **9.5** Ex 25.18. [k] **9.5** Ex 25.18–22. [l] **9.6** Nm 18.2–6. [m] **9.7** Lv 16. [n] **9.10** Cf. Lv 11; 15; Nm 19.

1188

Eficacia del sacrificio de Cristo

11 Pero Cristo ya vino, y ahora él es el Sumo Sacerdote de los bienes definitivos. El santuario donde él actúa como sacerdote es mejor y más perfecto, y no ha sido hecho por los hombres; es decir, no es de esta creación. **12** Cristo ha entrado en el santuario, ya no para ofrecer la sangre de chivos y becerros, sino su propia sangre; ha entrado una sola vez y para siempre, y ha obtenido para nosotros la liberación eterna. **13** Es verdad que la sangre de los toros y chivos,ñ y las cenizas de la becerra que se quema en el altar, las cuales son rociadas sobre los que están impuros, tienen poder para consagrarlos y purificarlos por fuera.º **14** Pero si esto es así, ¡cuánto más poder tendrá la sangre de Cristo! Pues por medio del Espíritu eterno, Cristo se ofreció a sí mismo a Dios como sacrificio sin mancha, y su sangre limpia nuestra conciencia de las obras que llevan a la muerte, para que podamos servir al Dios viviente.

La nueva alianza

15 Por eso, Jesucristo es mediador de una nueva alianza y un nuevo testamento,p pues con su muerte libra a los hombres de los pecados cometidos bajo la primera alianza, y hace posible que los que Dios ha llamado reciban la herencia eterna que él les ha prometido. **16** Para que un testamento entre en vigor, tiene que comprobarse primero la muerte de la persona que lo hizo. **17** Pues un testamento no tiene valor mientras vive el que lo hizo, sino solo cuando ya ha muerto. **18** Por eso, la primera alianza también se estableció con derramamiento de sangre. **19** Moisés anunció todos los mandamientos de la ley a todo el pueblo; después tomó lana roja y una rama de hisopo, las mojó en la sangre de los becerros y los chivos mezclada con agua, y roció el libro de la ley y también a todo el pueblo.q **20** Entonces les dijo: "Esta es la sangre que confirma la alianza que Dios ha ordenado para ustedes."r **21** Moisés roció también con sangre el santuario y todos los objetos que se usaban en el culto.s **22** Según la ley, casi todo tiene que ser purificado con

sangre; y no hay perdón de pecados si no hay derramamiento de sangre.t **23** De manera que se necesitaban tales sacrificios para purificar aquellas cosas que son copias de lo celestial; pero las cosas celestiales necesitan mejores sacrificios que esos.

El acceso a Dios

24 Porque Cristo no entró en aquel santuario hecho por los hombres, que era solamente una figura del santuario verdadero, sino que entró en el cielo mismo, donde ahora se presenta delante de Dios para rogar en nuestro favor. **25** Y no entró para ofrecerse en sacrificio muchas veces, como hace cada año todo sumo sacerdote, que entra en el santuario para ofrecer sangre ajena. **26** Si ese fuera el caso, Cristo habría tenido que morir muchas veces desde la creación del mundo. Pero el hecho es que ahora, en el final de los tiempos, Cristo ha aparecido una sola vez y para siempre, ofreciéndose a sí mismo en sacrificio para quitar el pecado. **27** Y así como todos han de morir una sola vez y después vendrá el juicio, **28** así también Cristo ha sido ofrecido en sacrificio una sola vez para quitar los pecados de muchos. Después aparecerá por segunda vez, ya no en relación con el pecado, sino para salvar a los que lo esperan.u

Ineficacia de la ley antigua

10 **1** Porque la ley de Moisés era solamente una sombra de los bienes que habían de venir, y no su presencia verdadera. Por eso la ley nunca puede hacer perfectos a quienes cada año se acercan a Dios para ofrecerle los mismos sacrificios. **2** Pues si la ley realmente pudiera purificarlos del pecado, ya no se sentirían culpables, y dejarían de ofrecer sacrificios. **3** Pero estos sacrificios sirven más bien para hacerles recordar sus pecados cada año. **4** Porque la sangre de los toros y de los chivos no puede quitar los pecados.

El sacrificio de Cristo

5 Por eso Cristo, al entrar en el mundo, dijo a Dios:

ñ **9.13** Lv 16.15–16. º **9.13** Nm 19.9,17–19. p **9.15** *Alianza* y *testamento* traducen una sola palabra griega, la cual significa ambas cosas. q **9.19–20** Ex 12.22; Lv 14.4–6; Nm 19.6,18. r **9.20** *La sangre que confirma la alianza:* Ex 24.6–8; Heb 10.29; 13.20; cf. Mt 26.28 y paralelos. s **9.21** Ex 29.12; Lv 8.15,19. t **9.22** Cf. Lv 17.11. u **9.28** Is 53.12; 1 P 2.24.

"No quieres sacrificio ni ofrendas,
sino que me has dado un cuerpo.
6 No te agradan los holocaustos
ni las ofrendas para quitar el pecado.
7 Entonces dije: 'Aquí estoy,
tal como está escrito de mí en el libro,
para hacer tu voluntad, oh Dios.' "ª

8 En primer lugar, dice que Dios no quiere ni le agradan sacrificios ni ofrendas de animales, ni holocaustos para quitar el pecado, a pesar de que son cosas que la ley manda ofrecer. 9 Y después añade: "Aquí vengo para hacer tu voluntad."ᵇ Es decir, que quita aquellos sacrificios antiguos y pone en su lugar uno nuevo. 10 Dios nos ha consagrado porque Jesucristo hizo la voluntad de Dios al ofrecer su propio cuerpo en sacrificio una sola vez y para siempre.

11 Todo sacerdote judío oficia cada día y sigue ofreciendo muchas veces los mismos sacrificios, aunque estos nunca pueden quitar los pecados. 12 Pero Jesucristo ofreció por los pecados un solo sacrificio para siempre, y luego se sentó a la derecha de Dios. 13 Allí está esperando hasta que Dios haga de sus enemigos el estrado de sus pies, 14 porque por medio de una sola ofrenda hizo perfectos para siempre a los que han sido consagrados a Dios. 15 Y el Espíritu Santo nos lo confirma, al decir:

16 "La alianza que haré con ellos
después de aquellos días,
será esta, dice el Señor:
Pondré mis leyes en su corazón
y las escribiré en su mente.
17 Y no me acordaré más de sus pecados
y maldades."ᶜ

18 Así pues, cuando los pecados han sido perdonados, ya no hay necesidad de más ofrendas por el pecado.

Exhortación a la fidelidad

19 Hermanos, ahora podemos entrar con toda libertad en el santuario gracias a la sangre de Jesús, 20 siguiendo el nuevo camino de vida que él nos abrió a través del velo, es decir, a través de su propio cuerpo. 21 Tenemos un gran sacerdote al frente de la casa de Dios. 22 Por eso, acerquémonos a Dios con corazón sincero y con una fe completamente segura, limpios

nuestros corazones de mala conciencia y lavados nuestros cuerpos con agua pura. 23 Mantengámonos firmes, sin dudar, en la esperanza de la fe que profesamos, porque Dios cumplirá la promesa que nos ha hecho. 24 Busquemos la manera de ayudarnos unos a otros a tener más amor y a hacer el bien. 25 No dejemos de asistir a nuestras reuniones, como hacen algunos, sino démonos ánimos unos a otros; y tanto más cuanto que vemos que el día del Señorᵈ se acerca.

26 Porque si seguimos pecando intencionalmente después de haber conocido la verdad, ya no queda más sacrificio por los pecados; 27 solamente nos queda la terrible amenaza del juicio y del fuego ardiente que destruirá a los enemigos de Dios. 28 Cuando alguien desobedece la ley de Moisés, si hay dos o tres testigos que declaren contra él, se le condena a muerte sin compasión.ᵉ 29 Pues ¿no creen ustedes que mucho mayor castigo merecen los que pisotean al Hijo de Dios y desprecian su sangre, los que insultan al Espíritu del Dios que los ama? Esa sangre es la que confirma la alianza, y con ella han sido ellos consagrados. 30 Sabemos que el Señor ha dicho: "A mí me corresponde hacer justicia; yo pagaré." Y ha dicho también: "El Señor juzgará a su pueblo."ᶠ 31 ¡Terrible cosa es caer en las manos del Dios viviente!

32 Pero recuerden ustedes los tiempos pasados, cuando acababan ustedes de recibir la luz y soportaron con fortaleza los sufrimientos de una gran lucha. 33 Algunos de ustedes fueron insultados y maltratados públicamente, y otros se unieron en el sufrimiento con los que fueron tratados así. 34 Ustedes tuvieron compasión de los que estaban en la cárcel, y hasta con alegría se dejaron quitar lo que poseían, sabiendo que en el cielo tienen algo que es mucho mejor y que permanece para siempre. 35 No pierdan, pues, su confianza, porque ella les traerá una gran recompensa. 36 Ustedes necesitan tener fortaleza en el sufrimiento, para hacer la voluntad de Dios y recibir así lo que él ha prometido. 37 Pues la Escritura dice:

"Pronto, muy pronto,
vendrá el que tiene que venir.
No tardará.

ª 10.5–7 Sal 40.6–8 (gr.). ᵇ 10.9 Cf. Mt 26.39,42; Jn 4.34; 5.30; 6.38–40. ᶜ 10.16–17 Jer 31.33–34 (cf. Heb 8.8–12). ᵈ 10.25 Día del Señor: Cf. Ez 30.3; Am 5.18; Hch 2.20; 1 Ts 5.2. ᵉ 10.28 Dt 17.2–6; 19.15. ᶠ 10.30 Dt 32.35–36.

38 Mi justo por la fe vivirá;
    pero si se vuelve atrás,
    no estaré contento de él."*g*
39Y nosotros no somos de los que se vuelven atrás y van a su condenación, sino de los que alcanzan la salvación porque tienen fe.

La fe de los antiguos

11 **1**Tener fe es tener la plena seguridad de recibir lo que se espera; es estar convencidos de la realidad de cosas que no vemos. **2**Nuestros antepasados fueron aprobados porque tuvieron fe.

3Por fe sabemos que Dios formó los mundos mediante su palabra,*a* de modo que lo que ahora vemos fue hecho de cosas que no podían verse.

4Por fe, Abel ofreció a Dios un sacrificio mejor que el que ofreció Caín, y por eso Dios lo declaró justo y le aceptó sus ofrendas.*b* Así que, aunque Abel está muerto, sigue hablando por medio de su fe.

5Por su fe, Henoc fue llevado en vida para que no muriera, y ya no lo encontraron, porque Dios se lo había llevado. Y la Escritura dice que, antes de ser llevado, Henoc había agradado a Dios.*c* **6**Pero no es posible agradar a Dios sin tener fe, porque para acercarse a Dios, uno tiene que creer que existe y que recompensa a los que lo buscan.

7Por fe, Noé, cuando Dios le advirtió que habían de pasar cosas que todavía no podían verse, obedeció y construyó el arca para salvar a su familia.*d* Y por esa misma fe, Noé condenó a la gente del mundo y fue heredero de la justicia que se obtiene por la fe.

8Por fe, Abraham, cuando Dios lo llamó, obedeció y salió para ir al lugar que él le iba a dar como herencia. Salió de su tierra sin saber a dónde iba,*e* **9**y por la fe que tenía vivió como extranjero en la tierra que Dios le había prometido.*f* Vivió en tiendas de campaña, lo mismo que Isaac y Jacob, que también recibieron esa promesa.*g* **10**Porque Abraham esperaba aquella ciudad que tiene bases firmes, de la cual Dios es arquitecto y constructor.

11Por fe también, aunque Sara no podía tener hijos y Abraham era demasiado viejo, este recibió fuerzas para ser padre,*h* porque creyó que Dios cumpliría sin falta su promesa. **12**Así que Abraham, aunque ya próximo al fin de sus días, llegó a tener descendientes tan numerosos como las estrellas del cielo y como la arena de la orilla del mar, que no se puede contar.*i*

13Todas esas personas murieron sin haber recibido las cosas que Dios había prometido; pero como tenían fe, las vieron de lejos, y las saludaron reconociéndose a sí mismos como extranjeros de paso por este mundo.*j* **14**Y los que dicen tal cosa, claramente dan a entender que todavía andan en busca de una patria. **15**Si hubieran estado pensando en la tierra de donde salieron, bien podrían haber regresado allá; **16**pero ellos deseaban una patria mejor, es decir, la patria celestial. Por eso, Dios no se avergüenza de ser llamado el Dios de ellos,*k* pues les tiene preparada una ciudad.

17Por fe, Abraham, cuando Dios lo puso a prueba, tomó a Isaac para ofrecerlo en sacrificio. Estaba dispuesto a ofrecer a su único hijo,*l* a pesar de que Dios le había prometido: **18**"Por medio de Isaac tendrás descendientes."*m* **19**Es que Abraham reconocía que Dios tiene poder hasta para resucitar a los muertos; y por eso Abraham recobró a su hijo,*n* y así vino a ser un símbolo.

20Por fe, Isaac prometió bendiciones futuras a Jacob y a Esaú.*ñ*

21Por fe, Jacob, cuando ya iba a morir, prometió bendiciones a cada uno de los hijos de José, y adoró a Dios apoyándose sobre la punta de su bastón.*o*

22Por fe, José, al morir, dijo que los israelitas saldrían más tarde de la tierra de Egipto, y dejó órdenes acerca de lo que deberían hacer con sus restos.*p*

23Por fe, al nacer Moisés, sus padres lo escondieron durante tres meses; porque vieron que era un niño hermoso, y no tuvieron miedo de la orden que el rey había dado de matar a los niños.*q*

---

g **10.37–38** Hab 2.3–4 (gr.). *a* **11.3** Gn 1.1; Sal 33.6,9; 2 Mac 7.28; Jn 1.3. *b* **11.4** Gn 4.3–7. *c* **11.5** Gn 5.21–24; Eclo 44.16; Sab 4.10. *d* **11.7** Gn 6.13–22; 7.1; Eclo 44.17–18; 1 P 3.20. *e* **11.8** Gn 12.1–5. *f* **11.9** Cf. Heb 6.13–15. *g* **11.9** Gn 23.4; 26.3; 35.12,27. *h* **11.11** Gn 15.6; 17.19; 18.11–14; 21.2. *i* **11.12** Gn 15.5; 22.17; 32.13; Eclo 44.21. *j* **11.13** Gn 23.4. *k* **11.16** Ex 3.6,15. *l* **11.17** Gn 22.1–14. *m* **11.18** Gn 21.12. *n* **11.19** Gn 22.5,13. *ñ* **11.20** Gn 27.27–29,39–40. *o* **11.21** Gn 47.31—48.20 (gr). *p* **11.22** Gn 50.24–25; Ex 13.19; Jos 24.32. *q* **11.23** Ex 1.22—2.2.

24Y por fe, Moisés, cuando ya fue hombre, no quiso llamarse hijo de la hija del faraón;[r] **25**prefirió ser maltratado junto con el pueblo de Dios, a gozar por un tiempo los placeres del pecado. **26**Consideró de más valor sufrir la deshonra del Mesías[s] que gozar de la riqueza de Egipto; porque tenía la vista puesta en la recompensa que Dios le había de dar.

27Por fe, Moisés se fue de la tierra de Egipto,[t] sin miedo al enojo del rey; y se mantuvo firme en su propósito, como si viera al Dios invisible. **28**Por fe, Moisés celebró la Pascua y mandó rociar las puertas con sangre, para que el ángel de la muerte no tocara al hijo mayor de ningún israelita.[u]

29Por fe, los israelitas pasaron el Mar Rojo como si fuera tierra seca; luego, cuando los egipcios quisieron hacer lo mismo, se ahogaron.[v]

30Por fe cayeron los muros de la ciudad de Jericó, después que los israelitas marcharon alrededor de ellos durante siete días.[w] **31**Y por fe, Rahab, la prostituta, no murió junto con los desobedientes, porque ella había recibido amistosamente a los espías de Israel.[x]

32¿Qué más voy a decir? Me faltaría tiempo para hablar de Gedeón,[y] de Barac,[z] de Sansón,[a] de Jefté,[b] de David,[c] de Samuel[d] y de los profetas. **33**Por la fe conquistaron países, impartieron justicia, recibieron lo que Dios había prometido, cerraron la boca de los leones,[e] **34**apagaron fuegos violentos,[f] escaparon de ser muertos a filo de espada, sacaron fuerzas de flaqueza y llegaron a ser poderosos en la guerra, venciendo a los ejércitos enemigos. **35**Hubo mujeres que recibieron otra vez con vida a sus familiares muertos.[g]

Otros murieron en el tormento, sin aceptar ser liberados, a fin de resucitar a una vida mejor.[h] **36**Otros sufrieron burlas y azotes,[i] y hasta cadenas y cárceles.[j] **37**Y otros fueron muertos a pedradas,[k] aserrados por la mitad[l] o muertos a filo de espada;[m] anduvieron de un lado a otro vestidos solo de piel de oveja y de cabra; pobres, afligidos y maltratados. **38**Estos hombres, que el mundo ni siquiera merecía, anduvieron sin rumbo fijo por los desiertos, y por los montes, y por las cuevas y las cavernas de la tierra.[n]

39Sin embargo, ninguno de ellos recibió lo que Dios había prometido, aunque fueron aprobados por la fe que tenían; **40**porque Dios, teniéndonos en cuenta a nosotros, había dispuesto algo mejor, para que solamente en unión con nosotros fueran ellos hechos perfectos.

Fortaleza en el sufrimiento

12 **1**Por eso, nosotros, teniendo a nuestro alrededor tantas personas que han demostrado su fe, dejemos a un lado todo lo que nos estorba y el pecado que nos enreda, y corramos con fortaleza la carrera que tenemos por delante. **2**Fijemos nuestra mirada en Jesús, pues de él procede nuestra fe y él es quien la perfecciona. Jesús soportó la cruz, sin hacer caso de lo vergonzoso de esa muerte, porque sabía que después del sufrimiento tendría gozo y alegría; y se sentó a la derecha del trono de Dios.[a]

3Por lo tanto, mediten en el ejemplo de Jesús, que sufrió tanta contradicción de parte de los pecadores; por eso, no se cansen ni se desanimen. **4**Pues ustedes aún no han tenido que llegar hasta la muerte en su lucha contra el pecado, **5**y han olvidado ya lo que Dios les aconseja como a hijos suyos. Dice en la Escritura:

"No desprecies, hijo mío,
la corrección del Señor,
ni te desanimes cuando te reprenda.

---

r **11.24** Ex 2.10–12. *s* **11.26** *La deshonra del Mesías:* Puede entenderse en el sentido de que Moisés se hizo solidario con su pueblo en su sufrimiento (Ex 2.10–15), del mismo modo que el Mesías se haría solidario con su pueblo (Sal 69.9; Is 63.9; cf. Ro 15.3). *t* **11.27** Cf. Ex 2.11–15, o bien Ex 13.17—14.30. *u* **11.28** Ex 12.21–30. *v* **11.29** Ex 14.21—15.21. *w* **11.30** Jos 6.12–21. *x* **11.31** Jos 2.1–21; 6.22–25. *y* **11.32** *Gedeón:* Jue 6—8. *z* **11.32** *Barac:* Jue 4—5. *a* **11.32** *Sansón:* Jue 13—16. *b* **11.32** *Jefté:* Jue 11—12. *c* **11.32** *David:* 1 S 16.1— 1 R 2.11. *d* **11.32** *Samuel:* 1 S 1.1—25.1. *e* **11.33** Jue 14.5–6; 1 S 17.34–37; Dn 6. *f* **11.34** Dn 3. *g* **11.35** 1 R 17.17–24; 2 R 4.25–37. *h* **11.35** El autor hace referencia a acontecimientos de la historia judía, como los sucedidos en la persecución del tiempo de los Macabeos. Cf. 2 Mac 6.18—7.42. *i* **11.36** Jer 20.2; 37.15. *j* **11.36** 1 R 22.26–27; 2 Cr 18.25–26; Jer 20.2; 37.15; 38.6. *k* **11.37** Cf. 2 Cr 24.20–21. *l* **11.37** Según la tradición, Isaías murió de esta manera durante el reinado de Manasés (cf. 2 R 21.16). *m* **11.37** Jer 26.23; 2 Mac 5.24–27. *n* **11.38** 1 R 18.4; 19.9; 2 Mac 6.11; 10.6. *a* **12.2** Sal 110.1; Ef 1.20; Flp 2.6–11; Heb 1.3; 2.9; 8.1; 10.12.

6 Porque el Señor corrige a quien él ama,
 y castiga a aquel a quien recibe
   como hijo."[b]

7 Ustedes están sufriendo para su corrección: Dios los trata como a hijos. ¿Acaso hay algún hijo a quien su padre no corrija? 8 Pero si Dios no los corrige a ustedes como corrige a todos sus hijos, entonces ustedes no son hijos legítimos. 9 Además, cuando éramos niños, nuestros padres aquí en la tierra nos corregían, y los respetábamos. ¿Por qué no hemos de someternos, con mayor razón, a nuestro Padre celestial, para obtener la vida? 10 Nuestros padres aquí en la tierra nos corregían durante esta corta vida, según lo que les parecía más conveniente; pero Dios nos corrige para nuestro verdadero provecho, para hacernos santos como él. 11 Ciertamente, ningún castigo es agradable en el momento de recibirlo, sino que duele; pero si uno aprende la lección, el resultado es una vida de paz y rectitud.

12 Así pues, renueven las fuerzas de sus manos cansadas y de sus rodillas debilitadas, 13 y busquen el camino derecho, para que sane el pie que está cojo y no se tuerza más.

Exhortación a la vigilancia

14 Procuren estar en paz con todos y llevar una vida santa; pues sin la santidad, nadie podrá ver al Señor. 15 Procuren que a nadie le falte la gracia de Dios, a fin de que ninguno sea como una planta de raíz amarga que hace daño y envenena a la gente. 16 Que ninguno de ustedes se entregue a la prostitución ni desprecie lo sagrado; pues esto hizo Esaú, que por una sola comida vendió sus derechos de hijo mayor.[c] 17 Y ustedes saben que después, cuando quiso recibir la bendición de su padre, fue rechazado; y aunque lloró mucho, ya no hubo remedio para lo sucedido.[d]

18 Ustedes no se acercaron, como los israelitas, a algo que se podía tocar y que ardía en llamas, donde había oscuridad, tinieblas y tempestad; 19 ni oyeron el sonido de la trompeta ni la voz de Dios. Los que oyeron esa voz rogaron que no les siguiera hablando, 20 porque no podían soportar el mandato que decía: "Al que ponga el pie en el monte, hay que matarlo

a pedradas o con lanza, aunque sea un animal."[e] 21 Tan espantoso era lo que se veía, que el mismo Moisés dijo: "Estoy temblando de miedo."[f]

22 Ustedes, por el contrario, se han acercado al monte Sión, y a la ciudad del Dios viviente, la Jerusalén celestial, y a muchos miles de ángeles reunidos para alabar a Dios, 23 y a la comunidad de los primeros hijos de Dios inscritos en el cielo. Se han acercado a Dios, el Juez de todos, a los espíritus de los hombres buenos que Dios ha hecho perfectos, 24 a Jesús, mediador de una nueva alianza, y a la sangre con que hemos sido purificados, la cual nos habla mejor que la sangre de Abel.[g]

25 Por eso tengan cuidado de no rechazar al que nos habla. Pues los que rechazaron a Dios cuando él les llamó la atención aquí en la tierra, no escaparon. Y mucho menos podremos escapar nosotros, si le damos la espalda al que nos llama la atención desde el cielo.[h] 26 En aquel tiempo, la voz de Dios hizo temblar la tierra, pero ahora dice: "Una vez más haré temblar no solo la tierra, sino también el cielo."[i] 27 Al decir "una vez más", se entiende que se quitarán las cosas creadas, lo que puede ser movido, para que permanezca lo que no puede moverse. 28 El reino que Dios nos da, no puede ser movido. Demos gracias por esto, y adoremos a Dios con la devoción y reverencia que le agradan. 29 Porque nuestro Dios es como un fuego que todo lo consume.[j]

Actitudes cristianas

13 1 No dejen de amarse unos a otros como hermanos. 2 No se olviden de ser amables con los que lleguen a su casa, pues de esa manera, sin saberlo, algunos hospedaron ángeles.[a]

3 Acuérdense de los presos, como si también ustedes estuvieran presos con ellos. Piensen en los que han sido maltratados, ya que ustedes también pueden pasar por lo mismo.

4 Que todos respeten el matrimonio y mantengan la pureza de sus relaciones matrimoniales; porque Dios juzgará a los que cometen inmoralidades sexuales y a los que cometen adulterio.

b **12.5–6** Pr 3.11–12 (gr.). *c* **12.16** Gn 25.29–34. *d* **12.17** Gn 27.30–40. *e* **12.20** Ex 19.12–13. *f* **12.21** Cf. Dt 9.19. *g* **12.24** Cf. Gn 4.10. *h* **12.25** Ex 20.22. *i* **12.26** Hag 2.6. *j* **12.29** Dt 4.24; 9.3. *a* **13.2** Gn 18.1–8; 19.1–3; Tb 5.4.

5No amen el dinero; conténtense con lo que tienen, porque Dios ha dicho: "Nunca te dejaré ni te abandonaré."[b] 6Así que podemos decir con confianza:

"El Señor es mi ayuda; no temeré.

¿Que me puede hacer el hombre?"[c]

7Acuérdense de quienes los han dirigido y les han anunciado el mensaje de Dios; mediten en cómo han terminado sus vidas, y sigan el ejemplo de su fe.

8Jesucristo es el mismo ayer, hoy y siempre. 9No se dejen ustedes llevar por enseñanzas diferentes y extrañas. Es mejor que nuestros corazones se fortalezcan en el amor de Dios que en seguir reglas sobre los alimentos; pues esas reglas nunca han sido de provecho.

10Nosotros tenemos un altar, del cual no tienen derecho a comer los sacerdotes del antiguo santuario. 11Pues el sumo sacerdote lleva la sangre de los animales al santuario, como ofrenda para quitar el pecado, pero los cuerpos de esos animales se queman fuera del campamento.[d] 12Así también, Jesús sufrió la muerte fuera de la ciudad, para consagrar al pueblo por medio de su propia sangre. 13Vayamos, pues, con Jesús, fuera del campamento, y suframos la misma deshonra que él sufrió. 14Pues en este mundo no tenemos una ciudad que permanezca para siempre, sino que vamos en busca de la ciudad futura. 15Por eso debemos alabar siempre a Dios por medio de Jesucristo. Esta alabanza es el sacrificio que debemos ofrecer. ¡Alabémoslo, pues, con nuestros labios! 16No se olviden ustedes de hacer el bien y de compartir con otros lo que tienen; porque estos son los sacrificios que agradan a Dios.

17Obedezcan a sus dirigentes y sométanse a ellos, porque ellos cuidan sin descanso de ustedes, sabiendo que tienen que rendir cuentas a Dios. Procuren hacerles el trabajo agradable y no penoso, pues lo contrario no sería de ningún provecho para ustedes.

18Oren por nosotros, que estamos seguros de tener la conciencia tranquila, ya que queremos portarnos bien en todo. 19Pido especialmente sus oraciones para que Dios me permita volver a estar pronto con ustedes.

Bendición y despedida

20Que el Dios de paz, que resucitó de la muerte a nuestro Señor Jesús, el gran Pastor de las ovejas, quien por su sangre confirmó su alianza eterna, 21los haga a ustedes perfectos y buenos en todo, para que cumplan su voluntad; y que haga de nosotros lo que él quiera, por medio de Jesucristo. ¡Gloria para siempre a Cristo! Amén.

22Hermanos, les ruego que reciban con paciencia estas pocas palabras de aliento que les he escrito. 23Sepan ustedes que nuestro hermano Timoteo está ya en libertad; si llega pronto, lo llevaré conmigo cuando vaya a verlos.

24Saluden a todos sus dirigentes y a todos los del pueblo santo. Los de Italia les mandan saludos. 25Que Dios derrame su gracia sobre todos ustedes.

---

b **13.5** Dt 31.6–8; Jos 1.5; Eclo 29.23.　*c* **13.6** Sal 56.3–4,9–11; 118.6.　*d* **13.11** Cf. Lv 16.

Carta de

SANTIAGO

La *Carta de Santiago* (=Stg) es una colección de enseñanzas sobre diversos aspectos prácticos de la vida cristiana.

Es el escrito del Nuevo Testamento que muestra, por su contenido, mayor semejanza con las enseñanzas de los sabios del Antiguo Testamento, la así llamada literatura sapiencial.

La carta aparece dirigida "a las doce tribus de Israel esparcidas por todo el mundo." Con esta expresión, tomada del judaísmo de la época, se designa la totalidad de las iglesias cristianas. Tal característica dio origen a que esta carta, junto con las dos de *Pedro*, las tres de *Juan* y la de *Judas*, fueran llamadas cartas "católicas", generales o universales.

La carta está escrita en un griego muy correcto. El uso de diversos recursos literarios, como el diálogo imaginario (cf. 2.18–20) y las comparaciones y metáforas (cf. 3.3–6) muestra un buen conocimiento de las tradiciones literarias griegas. Por otra parte, las frecuentes alusiones al Antiguo Testamento y el trasfondo del pensamiento, típicamente judío, revelan que el autor pertenece a una comunidad cristiana judeo–helenística.

El autor se llama a sí mismo "Santiago, siervo de Dios y del Señor Jesucristo" (1.1), sin más especificación. Es poco probable que se trate del llamado hermano del Señor (cf. Mt 13.55), que era el principal representante de los cristianos de origen judío palestinense, fieles a las tradiciones hebreas (cf. Hch 12.17; 15.13; 21.18; Gl 1.19; 2.9,12). No tenemos más datos sobre el autor.

Los principales temas tratados en esta carta son:

Saludo (1.1)
Fortaleza en las pruebas (1.2–18)
Poner en práctica el mensaje (1.19–27)

Advertencia contra la discriminación (2.1–13)
La fe se muestra con los hechos (2.14–26)

La lengua (3.1–12)
La verdadera sabiduría (3.13–18)

La amistad con el mundo (4.1–12)
No hacer planes con orgullo (4.13–17)

Advertencias a los ricos (5.1–6)
Esperar con paciencia (5.7–12)
La oración (5.13–18)
La conversión del pecador (5.19–20)

Saludo

1 **1** Santiago, siervo de Dios y del Señor Jesucristo, saluda a las doce tribus de Israel esparcidas por todo el mundo.

Fortaleza en las pruebas

2 Hermanos míos, ustedes deben tenerse por muy dichosos cuando se vean sometidos a pruebas de toda clase. **3** Pues ya saben que cuando su fe es puesta a prueba, ustedes aprenden a soportar con fortaleza el sufrimiento. **4** Pero procuren que esa fortaleza los lleve a la perfección, a la madurez plena, sin que les falte nada.

5 Si a alguno de ustedes le falta sabiduría, pídasela a Dios, y él se la dará; pues Dios da a todos sin limitación y sin hacer reproche alguno. **6** Pero tiene que pedir con fe, sin dudar nada; porque el que duda es como una ola del mar, que el viento lleva de un lado a otro. **7** Quien es así, no crea que va a recibir nada del Señor, **8** porque hoy piensa una cosa y mañana otra, y no es constante en su conducta.

9 El hermano de condición humilde debe sentirse orgulloso de ser enaltecido por Dios; **10** y el rico de ser humillado. Porque el rico es como la flor de la hierba, que no permanece. **11** Cuando el sol sale y calienta con fuerza, la hierba se seca, su flor se cae y su belleza se pierde. Así también, el rico desaparecerá en medio de sus negocios.

12 Dichoso el hombre que soporta la prueba con fortaleza, porque al salir aprobado recibirá como premio la vida, que es la corona que Dios ha prometido a los que lo aman. **13** Cuando alguno se sienta tentado a hacer lo malo, no piense que es tentado por Dios, porque Dios ni siente la tentación de hacer lo malo, ni tienta a nadie para que lo haga. **14** Al contrario, uno es tentado por sus propios malos deseos, que lo atraen y lo seducen. **15** De estos malos deseos nace el pecado; y del pecado, cuando llega a su completo desarrollo, nace la muerte.

16 Queridos hermanos míos, no se engañen: **17** todo lo bueno y perfecto que se nos da, viene de arriba, de Dios, que creó los astros del cielo. Dios es siempre el mismo: en él no hay variaciones ni oscurecimientos. **18** Él, porque así lo quiso, nos dio vida mediante el mensaje de la verdad,[a] para que seamos los primeros frutos de su creación.

Necesidad de poner en práctica el mensaje

19 Recuerden esto, queridos hermanos: todos ustedes deben estar listos para escuchar; en cambio deben ser lentos para hablar y para enojarse. **20** Porque el hombre enojado no hace lo que es justo ante Dios. **21** Así pues, despójense ustedes de toda impureza y de la maldad que tanto abunda, y acepten humildemente el mensaje que ha sido sembrado; pues ese mensaje tiene poder para salvarlos.

22 Pero no basta con oír el mensaje; hay que ponerlo en práctica, pues de lo contrario se estarían engañando ustedes mismos. **23** El que solamente oye el mensaje, y no lo practica, es como el hombre que se mira la cara en un espejo: **24** se ve a sí mismo, pero en cuanto da la vuelta se olvida de cómo es. **25** Pero el que no olvida lo que oye, sino que se fija atentamente en la ley perfecta de la libertad,[b] y permanece firme cumpliendo lo que ella manda, será feliz en lo que hace.

26 Si alguno cree ser religioso, pero no sabe poner freno a su lengua, se engaña a sí mismo y su religión no sirve de nada. **27** La religión pura y sin mancha delante de Dios el Padre es esta: ayudar a los huérfanos y a las viudas en sus aflicciones, y no mancharse con la maldad del mundo.

Advertencia contra la discriminación

2 **1** Ustedes, hermanos míos, que creen en nuestro glorioso Señor Jesucristo, no deben hacer discriminaciones entre una persona y otra. **2-3** Supongamos que ustedes están reunidos, y llega un rico[a] con anillos de oro y ropa lujosa, y lo atienden bien y le dicen: "Siéntate aquí, en un buen lugar", y al mismo tiempo llega un pobre vestido con ropa vieja, y a este le dicen: "Tú quédate allá de pie, o siéntate en el suelo"; **4** entonces están haciendo discriminaciones y juzgando con mala intención.

5 Queridos hermanos míos, oigan esto: Dios ha escogido a los que en este mundo son pobres, para que sean ricos en fe y para que reciban como herencia el reino que él ha prometido a

---

a **1.18** *Mensaje de la verdad:* Ef 1.13; Col 1.5; 1 P 1.23–25. *b* **1.25** Esta ley es el evangelio en cuanto que lleva a la perfección la ley del AT. *a* **2.2–3** Los *ricos* mencionados en 2.2–3,6; 5.1 son, probablemente, paganos (cf. 2.7).

los que lo aman; 6ustedes, en cambio, los humillan. ¿Acaso no son los ricos quienes los explotan a ustedes, y quienes a rastras los llevan ante las autoridades? 7¿No son ellos quienes hablan mal del precioso nombre que fue invocado sobre ustedes?

8Ustedes hacen bien si de veras cumplen la ley suprema, tal como dice la Escritura: "Ama a tu prójimo como a ti mismo."*b* 9Pero si hacen discriminaciones entre una persona y otra, cometen pecado y son culpables ante la ley de Dios.*c* 10Porque si una persona obedece toda la ley, pero falla en un solo mandato, resulta culpable frente a todos los mandatos de la ley.*d* 11Pues el mismo Dios que dijo: "No cometas adulterio", dijo también: "No mates."*e* Así que, si uno no comete adulterio, pero mata, ya ha violado la ley. 12Ustedes deben hablar y portarse como quienes van a ser juzgados por la ley que nos trae libertad.*f* 13Pues los que no han tenido compasión de otros, sin compasión serán también juzgados, pero los que han tenido compasión, saldrán victoriosos en la hora del juicio.

La fe se muestra con los hechos

14Hermanos míos, ¿de qué le sirve a uno decir que tiene fe, si sus hechos no lo demuestran? ¿Podrá acaso salvarlo esa fe?*g* 15Supongamos que a un hermano o a una hermana les falta la ropa y la comida necesarias para el día; 16si uno de ustedes les dice: "Que les vaya bien; abríguense y coman todo lo que quieran", pero no les da lo que su cuerpo necesita, ¿de qué les sirve? 17Así pasa con la fe: por sí sola, es decir, si no se demuestra con hechos, es una cosa muerta.

18Uno podrá decir: "Tú tienes fe, y yo tengo hechos. Muéstrame tu fe sin hechos; yo, en cambio, te mostraré mi fe con mis hechos." 19Tú crees que hay un solo Dios, y en esto haces bien; pero los demonios también lo creen, y tiemblan de miedo. 20No seas tonto, y reconoce que si la fe que uno tiene no va acompañada de hechos, es una fe inútil. 21Dios

aceptó como justo a Abraham, nuestro antepasado, por lo que él hizo cuando ofreció en sacrificio a su hijo Isaac.*h* 22Y puedes ver que, en el caso de Abraham, su fe se demostró con hechos, y que por sus hechos llegó a ser perfecta su fe. 23Así se cumplió la Escritura que dice: "Abraham creyó a Dios, y por eso Dios lo aceptó como justo."*i* Y Abraham fue llamado amigo de Dios.*j*

24Ya ven ustedes, pues, que Dios declara justo al hombre también por sus hechos, y no solamente por su fe. 25Lo mismo pasó con Rahab, la prostituta; Dios la aceptó como justa por sus hechos, porque dio alojamiento a los mensajeros y los ayudó a salir por otro camino.*k* 26En resumen: así como el cuerpo sin espíritu está muerto, así también la fe está muerta si no va acompañada de hechos.

La lengua

3 1Hermanos míos, no haya entre ustedes tantos maestros, pues ya saben que quienes enseñamos seremos juzgados con más severidad. 2Todos cometemos muchos errores; ahora bien, si alguien no comete ningún error en lo que dice, es un hombre perfecto, capaz también de controlar todo su cuerpo. 3Cuando ponemos freno en la boca a los caballos para que nos obedezcan, controlamos todo su cuerpo. 4Y fíjense también en los barcos: aunque son tan grandes y los vientos que los empujan son fuertes, los pilotos, con un pequeño timón, los guían por donde quieren. 5Lo mismo pasa con la lengua; es una parte muy pequeña del cuerpo, pero es capaz de grandes cosas. ¡Qué bosque tan grande puede quemarse por causa de un pequeño fuego! 6Y la lengua es un fuego. Es un mundo de maldad puesto en nuestro cuerpo, que contamina a toda la persona. Está encendida por el infierno mismo, y a su vez hace arder todo el curso de la vida. 7El hombre es capaz de dominar toda clase de fieras, de aves, de serpientes y de animales del mar, y los ha dominado; 8pero nadie ha podido dominar la lengua. Es un mal que no se deja dominar y

---

b **2.8** Lv 19.18. *c* **2.9** Cf. Dt 1.17. *d* **2.10** Cf. Mt 5.19. *e* **2.11** Ex 20.13–14; Dt 5.17–18. *f* **2.12** Véase 1.25 n. *g* **2.14** Aquí se refiere a una fe que consiste en la mera aceptación intelectual, teórica, de las verdades religiosas, sin llegar a ser obediencia práctica a Dios. A esta fe solo teórica Santiago contrapone no unos hechos sin fe, sino una fe viva, que se muestra con los hechos. Cf. Mt 7.21; Gl 5.6; 1.22. *h* **2.21** Gn 22.1–14; Heb 11.17. *i* **2.23** Gn 15.6. Cf. Gn 22; cf. 1 Mac 2.52; Heb 11.8–11,17–19. *j* **2.23** *Amigo de Dios:* Cf. 2 Cr 20.7; Is 41.8; Dn (dc) 3.35. *k* **2.25** Jos 2.1–21; 6.17; Heb 11.31.

que está lleno de veneno mortal. 9 Con la lengua, lo mismo bendecimos a nuestro Señor y Padre, que maldecimos a los hombres creados por Dios a su propia imagen.*ª* 10 De la misma boca salen bendiciones y maldiciones. Hermanos míos, esto no debe ser así. 11 De un mismo manantial no puede brotar a la vez agua dulce y agua amarga. 12 Así como una higuera no puede dar aceitunas ni una vid puede dar higos, tampoco, hermanos míos, puede dar agua dulce un manantial de agua salada.

La verdadera sabiduría*ᵇ*

13 Si entre ustedes hay alguno sabio y entendido, que lo demuestre con su buena conducta, con la humildad que su sabiduría le da. 14 Pero si ustedes dejan que la envidia les amargue el corazón, y hacen las cosas por rivalidad, entonces no tienen de qué enorgullecerse y están faltando a la verdad. 15 Porque esta sabiduría no es la que viene de Dios, sino que es sabiduría de este mundo, de la mente humana y del diablo mismo. 16 Donde hay envidias y rivalidades, hay también desorden y toda clase de maldad; 17 pero los que tienen la sabiduría que viene de Dios, llevan ante todo una vida pura; y además son pacíficos, bondadosos y dóciles. Son también compasivos, imparciales y sinceros, y hacen el bien. 18 Y los que procuran la paz, siembran en paz para recoger como fruto la justicia.

La amistad con el mundo

4 1 ¿De dónde vienen las guerras y las peleas entre ustedes? Pues de los malos deseos que siempre están luchando en su interior. 2 Ustedes quieren algo, y no lo obtienen; matan, sienten envidia de alguna cosa, y como no la pueden conseguir, luchan y se hacen la guerra. No consiguen lo que quieren porque no se lo piden a Dios; 3 y si se lo piden, no lo reciben porque lo piden mal, pues lo quieren para gastarlo en sus placeres. 4 ¡Oh gente infiel! ¿No saben ustedes que ser amigos del mundo es ser enemigos de Dios? Cualquiera que decide ser amigo del mundo, se vuelve enemigo de Dios. 5 Por algo dice la Escritura: "Dios ama celosamente el espíritu que ha puesto dentro de nosotros."*ª* 6 Pero Dios nos ayuda más

con su bondad, pues la Escritura dice: "Dios se opone a los orgullosos, pero trata con bondad a los humildes."*ᵇ* 7 Sométanse, pues, a Dios. Resistan al diablo, y este huirá de ustedes. 8 Acérquense a Dios, y él se acercará a ustedes. ¡Límpiense las manos, pecadores! ¡Purifiquen sus corazones, ustedes que quieren amar a Dios y al mundo a la vez! 9 ¡Aflíjanse, lloren y laméntense! ¡Que su risa se cambie en lágrimas y su alegría en tristeza! 10 Humíllense delante del Señor, y él los enaltecerá.

11 Hermanos, no hablen mal unos de otros. El que habla mal de su hermano, o lo juzga, habla mal de la ley y la juzga. Y si juzgas a la ley, te haces juez de ella en vez de obedecerla.*ᶜ* 12 Solamente hay uno que ha dado la ley y al mismo tiempo es Juez, y es aquel que puede salvar o condenar; tú, en cambio, ¿quién eres para juzgar a tu prójimo?

No hacer planes con orgullo

13 Ahora oigan esto, ustedes, los que dicen: "Hoy o mañana iremos a tal o cual ciudad, y allí pasaremos un año haciendo negocios y ganando dinero", 14 ¡y ni siquiera saben lo que mañana será de su vida! Ustedes son como una neblina que aparece por un momento y en seguida desaparece. 15 Lo que deben decir es: "Si el Señor quiere, viviremos y haremos esto o aquello." 16 En cambio, ustedes insisten en hablar orgullosamente; y todo orgullo de esa clase es malo. 17 El que sabe hacer el bien y no lo hace, comete pecado.

Advertencias a los ricos

5 1 ¡Oigan esto, ustedes los ricos! ¡Lloren y griten por las desgracias que van a sufrir! 2 Sus riquezas están podridas; sus ropas, comidas por la polilla. 3 Su oro y su plata se han enmohecido, y ese moho será una prueba contra ustedes y los destruirá como fuego. Han amontonado riquezas en estos días, que son los últimos. 4 El pago que no les dieron a los hombres que trabajaron en su cosecha, está clamando contra ustedes; y el Señor todopoderoso ha oído la reclamación de esos trabajadores.*ª* 5 Aquí en la tierra se han dado ustedes una vida de lujo y placeres, engordando como ganado,

---

ª **3.9** Gn 1.26–27. *ᵇ* **3.13–18** *La verdadera sabiduría:* Cf. Job 28; Pr 1—9; Eclo 14.20—15.10; Sab 6.22—11.14; Bar 3.9—4.4. *ª* **4.5** Referencia a un texto desconocido. Cf. Ex 20.5; Dt 4.24; Zac 8.2. *ᵇ* **4.6** Pr 3.34 (gr.). *ᶜ* **4.11–12** Cf. Mt 7.1–2; Lc 6.37–38; Ro 14.4. *ª* **5.4** Cf. Lv 19.13.

¡y ya llega el día de la matanza! 6Ustedes han condenado y matado a los inocentes sin que ellos opusieran resistencia.

Esperar con paciencia

7Pero ustedes, hermanos, tengan paciencia hasta que el Señor venga. El campesino que espera recoger la preciosa cosecha, tiene que aguardar con paciencia las temporadas de lluvia. 8Ustedes también tengan paciencia y manténganse firmes, porque muy pronto volverá el Señor.

9Hermanos, no se quejen unos de otros, para que no sean juzgados; pues el Juez está ya a la puerta.*b* 10Hermanos míos, tomen como ejemplo de sufrimiento y paciencia a los profetas que hablaron en nombre del Señor. 11Pues nosotros consideramos felices a los que soportan con fortaleza el sufrimiento. Ustedes han oído cómo soportó Job sus sufrimientos, y saben de qué modo lo trató al fin el Señor,*c* porque el Señor es muy misericordioso y compasivo.

12Sobre todo, hermanos míos, no juren: ni por el cielo, ni por la tierra, ni por ninguna otra cosa. Cuando digan "sí", que sea sí; y cuando digan "no", que sea no, para que Dios no los condene.*d*

La oración

13Si alguno de ustedes está afligido, que ore. Si alguno está contento, que cante alabanzas. 14Si alguno está enfermo, que llame a los ancianos*e* de la iglesia, para que oren por él y en el nombre del Señor lo unjan con aceite. 15Y cuando oren con fe, el enfermo sanará, y el Señor lo levantará; y si ha cometido pecados, le serán perdonados. 16Por eso, confiésense unos a otros sus pecados, y oren unos por otros para ser sanados. La oración fervorosa del justo tiene mucho poder. 17El profeta Elías era un hombre como nosotros, y cuando oró con fervor pidiendo que no lloviera, dejó de llover sobre la tierra durante tres años y medio.*f* 18Después, cuando oró otra vez, volvió a llover, y la tierra dio su cosecha.*g*

La conversión del pecador

19Hermanos míos, si alguno de ustedes se desvía de la verdad y otro lo hace volver, 20sepan ustedes que cualquiera que hace volver al pecador de su mal camino, lo salva de la muerte y hace que muchos pecados sean perdonados.

---

b **5.9** El *Juez* puede ser Cristo (v. 8; cf. Mt 25.31; Hch 10.42) o Dios mismo (4.12; cf. Ro 2.16; Heb 12.23). *c* **5.11** Job 1.21–22; 2.10; 42.10–17. *d* **5.12** Cf. Eclo 23.9; Mt 5.34–37. *e* **5.14** *Ancianos:* es decir, los que presiden la comunidad. *f* **5.17** 1 R 17.1; 18.1; Eclo 48.2–3; Lc 4.25. *g* **5.18** 1 R 18.42–45.

Primera carta de

SAN PEDRO

La *Primera carta de San Pedro* (=1 P) está dirigida a los cristianos de Ponto, Galacia, Capadocia, Asia y Bitinia, provincias romanas situadas en las regiones del norte y el oriente de la península de Asia Menor (actualmente Turquía).

Diversos pasajes de la carta muestran que estos cristianos se habían convertido del paganismo (1.14,18; 2.9–10; 4.3). Este cambio completo en su manera de vivir les había traído la enemistad de sus conciudadanos (4.4). Más aún, estaban sufriendo persecución por su fe, de parte de las autoridades civiles (1.6; 2.12; 3.17; 4.1–4,12–19).

La carta tiene como finalidad principal animar a estos cristianos a mantenerse firmes en su esperanza, a pesar de su situación difícil.

La carta está escrita en un griego muy correcto y aun elegante.

Aparece como autor el apóstol Pedro (1.1). Pero al final (5.12) se dice que fue escrita "por medio de Silvano". Probablemente se trata del mismo personaje llamado Silas, compañero de Pablo, mencionado en Hch 15.22—18.5 (cf. 2 Co 1.19; 1 Ts 1.1; 2 Ts 1.1).

Esta mención y las observaciones ya señaladas sobre el carácter literario y teológico de la carta sugieren que la participación de Silvano en la composición de la carta pudo haber sido significativa. En cuanto a la fecha de composición no hay en el texto indicaciones precisas.

La carta puede verse organizada de la siguiente manera:

Saludo

1 Pedro, apóstol de Jesucristo, saluda a los que viven esparcidos fuera de su patria, en las provincias de Ponto, Galacia, Capadocia, Asia y Bitinia,[a] **2** a quienes Dios el Padre había escogido anteriormente conforme a su propósito. Por medio del Espíritu los ha santificado a ustedes para que lo obedezcan y sean purificados[b] con la sangre de Jesucristo. Reciban abundancia de gracia y de paz.

Alabanza a Dios

3 Alabemos al Dios y Padre de nuestro Señor Jesucristo, que por su gran misericordia nos ha hecho nacer de nuevo por la resurrección de Jesucristo. Esto nos da una esperanza viva, **4** y hará que ustedes reciban la herencia que Dios les tiene guardada en el cielo, la cual no puede destruirse, ni mancharse, ni marchitarse. **5** Por la fe que ustedes tienen en Dios, él los protege con su poder para que alcancen la salvación que tiene preparada, la cual dará a conocer en los tiempos últimos.

6 Por esta razón están ustedes llenos de alegría, aun cuando sea necesario que durante un poco de tiempo pasen por muchas pruebas. **7** Porque la fe de ustedes es como el oro: su calidad debe ser probada por medio del fuego. La fe que resiste la prueba vale mucho más que el oro, el cual se puede destruir. De manera que la fe de ustedes, al ser así probada, merecerá aprobación, gloria y honor cuando Jesucristo aparezca.[c]

8 Ustedes aman a Jesucristo, aunque no lo han visto; y ahora, creyendo en él sin haberlo visto, se alegran con una alegría tan grande y gloriosa que no pueden expresarla con palabras, **9** porque están alcanzando la meta de su fe, que es la salvación.

10 Los profetas estudiaron e investigaron acerca de esta salvación, y hablaron de lo que Dios en su bondad iba a darles a ustedes. **11** El Espíritu de Cristo hacía saber de antemano a los profetas lo que Cristo había de sufrir y la gloria que vendría después; y ellos trataban de descubrir el tiempo y las circunstancias que señalaba ese Espíritu que estaba en ellos.[d] **12** Pero Dios les hizo saber que lo que ellos anunciaban no era para ellos mismos, sino para bien de ustedes. Ahora pues, esto es lo que les ha sido anunciado por los mismos que les predicaron el evangelio con el poder del Espíritu Santo que ha sido enviado del cielo. ¡Estas son cosas que los ángeles mismos quisieran contemplar! **13** Por eso, estén preparados y usen de su buen juicio. Pongan toda su esperanza en lo que Dios en su bondad les va a dar cuando Jesucristo aparezca.

Dios nos llama a una vida santa

14 Como hijos obedientes, no vivan conforme a los deseos que tenían antes de conocer a Dios. **15** Al contrario, vivan de una manera completamente santa, porque Dios, que los llamó, es santo; **16** pues la Escritura dice: "Sean ustedes santos, porque yo soy santo."[e]

17 Si ustedes llaman "Padre" a Dios, que juzga a cada uno según sus hechos y sin parcialidad, deben mostrarle reverencia durante todo el tiempo que vivan en este mundo. **18** Pues Dios los ha rescatado a ustedes de la vida sin sentido que heredaron de sus antepasados; y ustedes saben muy bien que el costo de este rescate no se pagó con cosas corruptibles, como el oro o la plata, **19** sino con la sangre preciosa de Cristo, que fue ofrecido en sacrificio como un cordero sin defecto ni mancha.[f] **20** Cristo había sido destinado para esto desde antes que el mundo fuera creado, pero en estos tiempos últimos ha aparecido para bien de ustedes. **21** Por medio de Cristo, ustedes creen en Dios, el cual lo resucitó y lo glorificó; así que ustedes han puesto su fe y su esperanza en Dios.

22 Ahora ustedes, al obedecer al mensaje de la verdad, se han purificado para amar sinceramente a los hermanos. Así que deben amarse unos a otros con corazón puro y con todas sus fuerzas. **23** Pues ustedes han vuelto a nacer, y esta vez no de padres humanos y mortales, sino de la palabra de Dios, que es viva y permanente. **24** Porque la Escritura dice:

"Todo hombre es como hierba,
y su grandeza es como la flor de la hierba.
La hierba se seca y la flor se cae,
25 pero la palabra del Señor
permanece para siempre."[g]

Y esta palabra es el evangelio que se les ha anunciado a ustedes.

---

[a] **1.1** Provincias romanas de Asia Menor (parte de la actual Turquía). [b] **1.2** *Purificados:* Cf. Ex 24.6–8; Heb 9.12–14; 12.24. [c] **1.6–7** Cf. Ro 5.3–5; Stg 1.2–3; 1 P 4.12. [d] **1.11** Cf. Is 53; Lc 24.26–27. [e] **1.16** Lv 11.45; 19.2. [f] **1.19** *Cordero:* Véase Jn 1.29 n. [g] **1.24–25** Is 40.6–8.

El nuevo pueblo de Dios

2 ¹ Por lo tanto, despójense de toda clase de maldad, todo engaño, hipocresía y envidia, y toda clase de chismes. ² Como niños recién nacidos, busquen con ansia la leche espiritual pura, para que por medio de ella crezcan y tengan salvación, ³ ya que han gustado la bondad del Señor.ᵃ

⁴ Acérquense, pues, al Señor, la piedra viva que los hombres desecharon, pero que para Dios es una piedra escogida y de mucho valor. ⁵ De esta manera, Dios hará de ustedes, como de piedras vivas, un templo espiritual, un sacerdocio santo, que por medio de Jesucristo ofrezca sacrificios espirituales, agradables a Dios. ⁶ Por eso también dice la Escritura:

"Yo pongo en Sión una piedra
que es la piedra principal,
escogida y muy valiosa;
el que confíe en ella
no quedará defraudado."ᵇ

⁷ Para ustedes, que creen, esa piedra es de mucho valor; pero para los que no creen se cumple lo que dice la Escritura:

"La piedra que los constructores
despreciaron,
se ha convertido en la piedra
principal."ᶜ

⁸ Y también esto otro:

"Una roca, una piedra
con la cual tropezarán."ᵈ

Pues ellos tropiezan al no hacer caso del mensaje: ese es su merecido.

⁹ Pero ustedes son una familia escogida, un sacerdocio al servicio del rey, una nación santa,ᵉ un pueblo adquirido por Dios.ᶠ Y esto es así para que anuncien las obras maravillosas de Dios,ᵍ el cual los llamó a salir de la oscuridad para entrar en su luz maravillosa. ¹⁰ Ustedes antes ni siquiera eran pueblo, pero ahora son pueblo de Dios; antes Dios no les tenía compasión, pero ahora les tiene compasión.ʰ

El buen ejemplo

¹¹ Queridos hermanos, les ruego, como a extranjeros de paso por este mundo, que no den lugar a los deseos humanos que luchan contra el alma. ¹² Condúzcanse bien entre los paganos. Así ellos, aunque ahora hablen contra ustedes como si ustedes fueran malhechores, verán el bien que ustedes hacen y alabarán a Dios el día en que él pida cuentas a todos.

Sumisión a las autoridades

¹³ Por causa del Señor, sométanse a toda autoridad humana: tanto al emperador, porque ocupa el cargo más alto, ¹⁴ como a los gobernantes que él envía para castigar a los malhechores y honrar a los que hacen el bien. ¹⁵ Porque Dios quiere que ustedes hagan el bien, para que los ignorantes y los tontos no tengan nada que decir en contra de ustedes.

¹⁶ Pórtense como personas libres, aunque sin usar su libertad como un pretexto para hacer lo malo. Pórtense más bien como siervos de Dios. ¹⁷ Den a todos el debido respeto. Amen a los hermanos, reverencien a Dios, respeten al emperador.

Deberes de los sirvientes

¹⁸ Sirvientes, sométanse con todo respeto a sus amos, no solamente a los buenos y comprensivos sino también a los malos. ¹⁹ Porque es cosa agradable a Dios que uno soporte sufrimientos injustamente, por sentido de responsabilidad delante de él. ²⁰ Pues si a ustedes los castigan por haber hecho algo malo, ¿qué mérito tendrá que lo soporten con paciencia? Pero si sufren por haber hecho el bien, y soportan con paciencia el sufrimiento, eso es agradable a Dios.ⁱ ²¹ Pues para esto los llamó Dios, ya que Cristo sufrió por ustedes, dándoles un ejemplo para que sigan sus pasos. ²² Cristo no cometió ningún pecado ni engañó jamás a nadie. ²³ Cuando lo insultaban, no contestaba con insultos; cuando lo hacían sufrir, no amenazaba, sino que se encomendaba a Dios, que juzga con rectitud. ²⁴ Cristo mismo llevó nuestros pecados en su cuerpo sobre la cruz, para que nosotros muramos al pecado y vivamos una vida de rectitud. Cristo fue herido para que ustedes fueran sanados. ²⁵ Pues ustedes andaban antes como ovejas extraviadas, pero ahora han vuelto a Cristo, que los cuida como un pastor y vela por ustedes.ʲ

ᵃ **2.3** Cf. Sal 34.8. ᵇ **2.6** Is 28.16 (gr.). ᶜ **2.7** Sal 118.22. ᵈ **2.8** Is 8.14. ᵉ **2.9** Ex 19.5–6; 2 Mac 2.17; Ap 1.6; 5.10. ᶠ **2.9** Dt 4.20; 7.6; 14.2; cf. Tit 2.14. ᵍ **2.9** Is 43.21; Hch 2.11. ʰ **2.10** Os 1.6,9; 2.23; cf. Ro 9.25–26. ⁱ **2.18–20** Ef 6.5–8; Col 3.22–25; 1 Ti 6.1–2. ʲ **2.21–25** Cf. Is 52.13—53.12.

Deberes de los esposos

3 1 Así también ustedes, las esposas, sométanse a sus esposos,[a] para que, si algunos de ellos no creen en el mensaje, puedan ser convencidos, sin necesidad de palabras, por el comportamiento de ustedes, 2 al ver ellos su conducta pura y reverente para con Dios. 3 Que el adorno de ustedes no consista en cosas externas, como peinados exagerados, joyas de oro o vestidos lujosos, 4 sino en lo íntimo del corazón, en la belleza incorruptible de un espíritu suave y tranquilo. Esta belleza vale mucho delante de Dios.[b] 5 Pues este era también, en tiempos antiguos, el adorno de las mujeres santas; ellas confiaban en Dios y se sometían a sus esposos. 6 Así fue Sara, que obedeció a Abraham y lo llamó "mi señor".[c] Y ustedes son hijas de ella, si hacen el bien y no tienen miedo de nada.

7 En cuanto a ustedes, los esposos, sean comprensivos con sus esposas.[d] Denles el honor que les corresponde, teniendo en cuenta que ellas son más delicadas y están llamadas a compartir con ustedes la vida que Dios les dará como herencia. Háganlo así para no poner estorbo a sus propias oraciones.

Deberes de todos los cristianos

8 En fin, vivan todos ustedes en armonía, unidos en un mismo sentir y amándose como hermanos. Sean bondadosos y humildes. 9 No devuelvan mal por mal ni insulto por insulto. Al contrario, devuelvan bendición, pues Dios los ha llamado a recibir bendición. 10 Porque:

"Quien quiera amar la vida
   y pasar días felices,
cuide su lengua de hablar mal
   y sus labios de decir mentiras;
11 aléjese del mal y haga el bien,
   busque la paz y sígala.
12 Porque el Señor cuida a los justos
   y presta oídos a sus oraciones,
pero está en contra de los malhechores."[e]

13 ¿Quién podrá hacerles mal, si ustedes se empeñan siempre en hacer el bien? 14 Pero aun si por actuar con rectitud han de sufrir, ¡dichosos ustedes! No tengan miedo a nadie, ni se asusten, 15 sino honren a Cristo como Señor en sus corazones. Estén siempre preparados a responder a todo el que les pida razón de la esperanza que ustedes tienen, 16 pero háganlo con humildad y respeto. Pórtense de tal modo que tengan tranquila su conciencia, para que los que hablan mal de su buena conducta como creyentes en Cristo, se avergüencen de sus propias palabras.

17 Es mejor sufrir por hacer el bien, si así lo quiere Dios, que por hacer el mal. 18 Porque Cristo mismo sufrió la muerte por nuestros pecados, una vez para siempre. Él era inocente, pero sufrió por los malos, para llevarlos a ustedes a Dios. En su fragilidad humana, murió; pero resucitó con una vida espiritual, 19 y de esta manera fue a proclamar su victoria a los espíritus que estaban presos.[f] 20 Estos habían sido desobedientes en tiempos antiguos,[g] en los días de Noé, cuando Dios esperaba con paciencia mientras se construía el arca, en la que algunas personas, ocho en total, fueron salvadas por medio del agua.[h] 21 Y aquella agua representaba el agua del bautismo, por medio del cual somos ahora salvados.[i] El bautismo no consiste en limpiar el cuerpo, sino en pedirle a Dios una conciencia limpia; y nos salva por la resurrección de Jesucristo,[j] 22 que subió al cielo y está a la derecha de Dios, y al que han quedado sujetos los ángeles y demás seres espirituales[k] que tienen autoridad y poder.

4 1 Por eso, así como Cristo sufrió en su cuerpo, adopten también ustedes igual disposición. Pues el que ha sufrido en el cuerpo ha roto con el pecado, 2 para vivir el resto de su vida conforme a la voluntad de Dios y no conforme a los deseos humanos. 3 Por mucho tiempo hicieron ustedes las mismas cosas que hacen los paganos, pues vivían entonces en vicios, malos deseos, banquetes y borracheras, bebiendo con exceso y adorando ídolos abominables. 4 Ahora, como ustedes ya no los acompañan en los excesos de su mala vida, ellos se extrañan y hablan mal de ustedes. 5 Pero ellos tendrán que rendir cuentas ante aquel que está preparado para juzgar a los vivos y a los muertos.[a] 6 Pues aun a personas muertas se les anunció la buena noticia, para

---

[a] **3.1** 1 Co 11.3; Ef 5.22; Col 3.18; Tit 2.5. [b] **3.3–4** 1 Ti 2.9–10. [c] **3.6** Gn 18.12. [d] **3.7** Ef 5.25; Col 3.19. [e] **3.10–12** Sal 34.12–16(13–17). [f] **3.19** El sentido más probable de este v. es que Jesús resucitado proclamó a los ángeles rebeldes su victoria sobre el mal y sobre la muerte. [g] **3.20** Una tradición judía refería el texto de Gn 6.1–4 a los ángeles que se pervirtieron desobedeciendo a Dios. [h] **3.20** Gn 6.1—7.24. [i] **3.21** Cf. Mc 16.16; Hch 2.38; Ef 5.26; Tit 3.5. [j] **3.21** Ro 6.3–4. [k] **3.22** *Seres espirituales:* Véase Ef 1.21 n. [a] **4.5** Hch 10.42; 2 Ti 4.1.

que pudieran vivir en el espíritu, según Dios, aunque en este mundo hubieran sido juzgados en el cuerpo, según los hombres.

El servicio a los demás

7Ya se acerca el fin de todas las cosas. Por eso, sean ustedes juiciosos y dedíquense seriamente a la oración. **8**Haya sobre todo mucho amor entre ustedes, porque el amor perdona muchos pecados.[b] **9**Recíbanse unos a otros en sus casas, sin murmurar de nadie.[c] **10**Como buenos administradores de los diferentes dones de Dios, cada uno de ustedes sirva a los demás según lo que haya recibido. **11**Cuando alguien hable, sean sus palabras como palabras de Dios. Cuando alguien preste algún servicio, préstelo con las fuerzas que Dios le da. Todo lo que hagan, háganlo para que Dios sea alabado por medio de Jesucristo, a quien pertenece la gloria y el poder para siempre. Amén.[d]

Alegría en el sufrimiento

12Queridos hermanos, no se extrañen de verse sometidos al fuego de la prueba, como si fuera algo extraordinario. **13**Al contrario, alégrense de tener parte en los sufrimientos de Cristo, para que también se llenen de alegría cuando su gloria se manifieste. **14**Dichosos ustedes, si alguien los insulta por causa de Cristo, porque el glorioso Espíritu de Dios está continuamente sobre ustedes. **15**Si alguno de ustedes sufre, que no sea por asesino, ladrón o criminal, ni por meterse en asuntos ajenos. **16**Pero si sufre por ser cristiano, no debe avergonzarse, sino alabar a Dios por llevar ese nombre.

17Ya ha llegado el tiempo en que el juicio comience por la propia familia de Dios. Y si el juicio está comenzando así por nosotros, ¿cómo será el fin de los que no obedecen al evangelio de Dios? **18**Y si el justo con dificultad se salva, ¿qué pasará con el malvado y el pecador? **19**De manera que los que sufren según la voluntad de Dios, deben seguir haciendo el bien y poner sus almas en manos del Dios que los creó, pues él es fiel.

Consejos para los dirigentes

5 **1**Quiero aconsejar ahora a los ancianos[a] de las congregaciones de ustedes, yo que soy anciano como ellos y testigo de los sufrimientos de Cristo, y que también voy a tener parte en la gloria que ha de manifestarse. **2**Cuiden de las ovejas de Dios que han sido puestas a su cargo; háganlo de buena voluntad, como Dios quiere, y no forzadamente ni por ambición de dinero, sino de buena gana. **3**Compórtense no como si ustedes fueran los dueños de los que están a su cuidado, sino procurando ser un ejemplo para ellos. **4**Así, cuando aparezca el Pastor principal,[b] ustedes recibirán la corona de la gloria, una corona que jamás se marchitará.

Consejos para toda la comunidad

5De la misma manera, ustedes los jóvenes sométanse a la autoridad de los ancianos. Todos deben someterse unos a otros con humildad, porque:

"Dios se opone a los orgullosos,
  pero ayuda con su bondad a los humildes."[c]

6Humíllense, pues, bajo la poderosa mano de Dios, para que él los enaltezca a su debido tiempo. **7**Dejen todas sus preocupaciones a Dios, porque él se interesa por ustedes.

8Sean prudentes y manténganse despiertos, porque su enemigo el diablo, como un león rugiente, anda buscando a quién devorar. **9**Resístanle, firmes en la fe, sabiendo que en todas partes del mundo los hermanos de ustedes están sufriendo las mismas cosas. **10**Pero después que ustedes hayan sufrido por un poco de tiempo, Dios los hará perfectos, firmes, fuertes y seguros. Es el mismo Dios que en su gran amor nos ha llamado a tener parte en su gloria eterna en unión con Jesucristo. **11**A él sea el poder para siempre. Amén.

Despedida

12Por medio de Silvano, a quien considero un hermano fiel, les he escrito esta breve carta, para aconsejarlos y asegurarlos que las bendiciones que han recibido son prueba verdadera del amor de Dios. ¡Permanezcan fieles a ese amor!

13La iglesia que está en Babilonia,[d] la cual Dios ha escogido lo mismo que a ustedes, les manda saludos, y también mi hijo Marcos. **14**Salúdense unos a otros con un beso de amor fraternal.

Tengan paz todos ustedes, los que pertenecen a Cristo.

[b] **4.8** Cf. Pr 10.12; 1 Co 13.7; Stg 5.20. [c] **4.9** 1 Ti 3.2; Heb 13.2. [d] **4.11** Ro 12.6–7; Col 3.17. [a] **5.1** *Ancianos:* los que presiden la comunidad. [b] **5.4** Jn 10.11–16; Heb 13.20. [c] **5.5** Pr 3.34 (gr.). [d] **5.13** *Babilonia:* Roma. Cf. Ap 14.8; 17.5; 18.2.

Segunda carta de

SAN PEDRO

La *Segunda carta de San Pedro* (=2 P) es una advertencia bastante severa a los cristianos para ponerlos en guardia contra ciertas doctrinas extrañas y prácticas reprobables que se habían introducido en algunas iglesias. La carta no menciona, sin embargo, ninguna comunidad cristiana en particular.

El capítulo 2 de esta carta presenta un paralelismo muy grande de ideas y expresiones con la *Carta de Judas*, que probablemente es anterior a *2 Pedro*. En cambio, no se encuentra una semejanza notable en lenguaje y doctrina con la *Primera carta de Pedro*.

El esquema de la carta es sencillo:

Saludo (1.1–2)

El llamamiento de Dios y sus exigencias (1.3–11)

Autoridad de las enseñanzas (1.12–21)

Los falsos maestros (2)

La segunda venida del Señor (3.1–16)

Conclusión (3.17–18)

Saludo

1 ¹Simón Pedro, siervo y apóstol de Jesucristo, saluda a los que han llegado a tener una fe tan preciosa como la nuestra, porque nuestro Dios y Salvador Jesucristo es justo. ²Reciban abundancia de gracia y de paz mediante el conocimiento que tienen de Dios y de Jesús, nuestro Señor.

El llamamiento de Dios y sus exigencias

³Dios, por su poder, nos ha concedido todo lo que necesitamos para la vida y la devoción, al hacernos conocer a aquel que nos llamó por su propia grandeza y sus obras maravillosas. ⁴Por medio de estas cosas nos ha dado sus promesas, que son muy grandes y de mucho valor, para que por ellas lleguen ustedes a tener parte en la naturaleza de Dios y escapen de la corrupción que los malos deseos han traído al mundo. ⁵Y por esto deben esforzarse en añadir a su fe la buena conducta; a la buena conducta, el entendimiento; ⁶al entendimiento, el dominio propio; al dominio propio, la paciencia; a la paciencia, la devoción; ⁷a la devoción, el afecto fraternal; y al afecto fraternal, el amor.

⁸Si ustedes poseen estas cosas y las desarrollan, ni su vida será inútil ni habrán conocido en vano a nuestro Señor Jesucristo. ⁹Pero el que no las posee es como un ciego o corto de vista; ha olvidado que fue limpiado de sus pecados pasados. ¹⁰Por eso, hermanos, ya que Dios los ha llamado y escogido, procuren que esto arraigue en ustedes, pues haciéndolo así nunca caerán. ¹¹De ese modo se les abrirán de par en par las puertas del reino eterno de nuestro Señor y Salvador Jesucristo.

Autoridad de las enseñanzas

¹²Por eso les seguiré recordando siempre todo esto, aun cuando ya lo saben y permanecen firmes en la verdad que les han enseñado. ¹³Mientras yo viva, creo que estoy en el deber de llamarles la atención con estos consejos. ¹⁴Nuestro Señor Jesucristo me ha hecho saber que pronto habré de dejar esta vida; ¹⁵pero haré todo lo posible para que también después de mi muerte se acuerden ustedes de estas cosas.

¹⁶La enseñanza que les dimos sobre el poder y el regreso de nuestro Señor Jesucristo, no consistía en cuentos inventados ingeniosamente,

pues con nuestros propios ojos vimos al Señor en su grandeza. 17 Lo vimos cuando Dios el Padre le dio honor y gloria, cuando la voz de Dios le habló de aquella gloriosa manera: "Este es mi Hijo amado, a quien he elegido."[a] 18 Nosotros mismos oímos aquella voz que venía del cielo, pues estábamos con el Señor en el monte sagrado.[b]

19 Esto hace más seguro el mensaje de los profetas, el cual con toda razón toman ustedes en cuenta. Pues ese mensaje es como una lámpara que brilla en un lugar oscuro, hasta que el día amanezca y la estrella de la mañana salga para alumbrarles el corazón. 20 Pero ante todo tengan esto presente: que ninguna profecía de la Escritura es algo que uno pueda interpretar según el propio parecer, 21 porque los profetas nunca hablaron por iniciativa humana; al contrario, eran hombres que hablaban de parte de Dios, dirigidos por el Espíritu Santo.[c]

Los falsos maestros

2 1 Hubo también falsos profetas entre el pueblo de Israel; y así habrá falsos maestros entre ustedes. Ellos enseñarán con disimulo sus dañinas ideas, negando de ese modo al propio Señor que los redimió; esto les atraerá una rápida condenación. 2 Muchos los seguirán en su vida viciosa, y por causa de ellos se hablará mal del camino de la verdad.[a] 3 En su ambición de dinero, los explotarán a ustedes con falsas enseñanzas; pero la condenación los espera a ellos sin remedio, pues desde hace mucho tiempo están sentenciados.

4 Dios no perdonó a los ángeles que pecaron, sino que los arrojó al infierno y los dejó en tinieblas, encadenados y guardados para el juicio.[b] 5 Ni tampoco perdonó Dios al mundo antiguo, sino que mandó el diluvio sobre aquellos hombres malos, y salvó solamente a Noé, que predicó una vida de rectitud, y a otras siete personas.[c] 6 Dios también condenó a la destrucción a las ciudades de Sodoma y Gomorra, quemándolas hasta dejarlas hechas cenizas, para que sirvieran de ejemplo de lo que habría de suceder a los malvados.[d] 7 Pero libró a Lot, un hombre justo a quien afligía la vida viciosa de aquellos malvados.[e] 8 Este hombre justo que vivía entre ellos, sufría en su buen corazón a causa de las maldades que día tras día tenía que ver y oír.

9 El Señor sabe librar de la prueba a los que viven entregados a él, y sabe tener a los malos bajo castigo para el día del juicio. 10 El Señor castigará sobre todo a los que siguen deseos impuros y desprecian su autoridad. Son tercos y atrevidos, y no tienen miedo de insultar a los poderes superiores;[f] 11 en cambio, los ángeles, aunque tienen más fuerza y autoridad, no se atreven, de parte del Señor, a condenar con insultos a esos poderes.[g]

12 Esos hombres son como los animales: no tienen entendimiento, viven solo por instinto y nacen para que los atrapen y los maten. Hablan mal de cosas que no entienden; pero morirán de la misma manera que los animales,[h] 13 sufriendo por lo que han hecho sufrir a otros. Se creen felices entregándose al libertinaje en pleno día. ¡Son una vergüenza y un escándalo cuando los acompañan a ustedes en sus fiestas, divirtiéndose con sus placeres engañosos!

14 No pueden ver a una mujer sin desearla; no se cansan de pecar. Seducen a las almas débiles; son expertos en la avaricia; son gente maldita. 15 Andan perdidos, porque se han desviado del camino recto. Siguen el ejemplo del profeta Balaam, hijo de Bosor, que quiso ganar dinero haciendo el mal 16 y fue reprendido por su pecado: una asna muda le habló con voz humana y no lo dejó seguir con su locura.[i]

17 Esos maestros son como pozos sin agua, como nubes llevadas por el viento; están condenados a pasar la eternidad en la más negra oscuridad.[j] 18 Dicen cosas altisonantes y vacías, y con vicios y deseos humanos seducen a quienes a duras penas logran escapar de los que viven en el error. 19 Les prometen libertad, siendo ellos mismos esclavos de la corrupción; porque todo hombre es esclavo de aquello que lo ha dominado. 20 Pues los que han conocido a nuestro Señor y Salvador Jesucristo, y han escapado así de las impurezas del mundo, si se dejan enredar otra vez en esas cosas y son dominados por ellas, quedan peor que antes.

---

[a] **1.17** *Mi Hijo amado, a quien he elegido:* Mc 1.11. [b] **1.17–18** Mc 9.2–13 y paralelos. [c] **1.21** Cf. 2 Ti 3.16; 1 P 1.11. [a] **2.1–2** Jud 4. [b] **2.4** Véase Jud 6 n. y también 1 P 3.20 n. [c] **2.5** Gn 6.5—7.24; 8.18; Sab 10.4. Cf. 1 P 3.20. [d] **2.6** Jud 7. [e] **2.7** Gn 19.1–16,29; Sab 10.6. [f] **2.10** Jud 8. [g] **2.11** Jud 9. [h] **2.12** Jud 10. [i] **2.15–16** Nm 22.4–35. Cf. Jud 11. [j] **2.17** Jud 12–13. Probable alusión al libro de Henoc; véase Jud 12–13 n.

21 Hubiera sido mejor para ellos no haber conocido el camino recto que, después de haberlo conocido, apartarse del santo mandamiento que les fue dado. **22** Pero en ellos se ha cumplido la verdad de aquel dicho: "El perro vuelve a su vómito",*k* y también lo de "La puerca recién bañada vuelve a revolcarse en el lodo."

La segunda venida del Señor

3 **1** Esta es, queridos hermanos, la segunda carta que les escribo. En las dos he querido, con mis consejos, hacerlos pensar rectamente. **2** Acuérdense de lo que en otro tiempo dijeron los santos profetas; y del mandamiento del Señor y Salvador, que los apóstoles les enseñaron a ustedes.

3 Sobre todo tengan esto en cuenta: que en los días últimos vendrá gente que vivirá de acuerdo con sus propios malos deseos, y que en son de burla **4** preguntará: "¿Qué pasó con la promesa de que Cristo iba a volver? Ya murieron nuestros padres, y todo sigue igual desde que el mundo fue creado." **5** Esa gente no quiere darse cuenta de que desde tiempos antiguos ya existía el cielo, y también la tierra, que Dios con su palabra hizo salir del agua y la mantiene en medio del agua.*a* **6** También por medio del agua del diluvio fue destruido el mundo de entonces.*b* **7** Pero los cielos y la tierra que ahora existen, están reservados para el fuego por el mismo mandato de Dios. Ese fuego los quemará en el día del juicio y de la perdición de los malos.*c*

8 Además, queridos hermanos, no olviden que para el Señor un día es como mil años, y mil años como un día.*d* **9** No es que el Señor se tarde en cumplir su promesa, como algunos suponen, sino que tiene paciencia con ustedes, pues no quiere que nadie muera, sino que todos se vuelvan a Dios.*e*

10 Pero el día del Señor vendrá como un ladrón. Entonces los cielos se desharán con un ruido espantoso, los elementos serán destruidos por el fuego, y la tierra, con todo lo que hay en ella, quedará sometida al juicio de Dios.*f*

11 Puesto que todo va a ser destruido de esa manera, ¡con cuánta santidad y devoción deben vivir ustedes! **12** Esperen la llegada del día de Dios, y hagan lo posible por apresurarla. Ese día los cielos serán destruidos por el fuego, y los elementos se derretirán entre las llamas; **13** pero nosotros esperamos el cielo nuevo y la tierra nueva que Dios ha prometido, en los cuales todo será justo y bueno.*g*

14 Por eso, queridos hermanos, mientras esperan estas cosas, hagan todo lo posible para que Dios los encuentre en paz, sin mancha ni culpa. **15** Tengan en cuenta que la paciencia con que nuestro Señor nos trata es para nuestra salvación. Acerca de esto también les ha escrito a ustedes nuestro querido hermano Pablo, según la sabiduría que Dios le ha dado.*h* **16** En cada una de sus cartas él les ha hablado de esto, aunque hay en ellas puntos difíciles de entender que los ignorantes y los débiles en la fe tuercen, como tuercen las demás Escrituras, para su propia condenación.

Conclusión

17 Por eso, queridos hermanos, ya que ustedes saben de antemano estas cosas, cuídense, para que no sean arrastrados por los engaños de los malvados ni caigan de su firme posición. **18** Pero conozcan mejor a nuestro Señor y Salvador Jesucristo y crezcan en su amor. ¡Gloria a él ahora y para siempre! Amén.

---

k **2.22** Pr 26.11. *a* **3.5** Cf. Gn 1.6–9; Sal 24.2. *b* **3.6** Gn 7.11–22; 2 P 2.5. *c* **3.7** Cf. Is 66.15–16; Sof 1.18; 3.8; Ap 18.8. *d* **3.8** Sal 90.4. *e* **3.9** Ez 18.23; 33.11; Sab 1.13; 11.23; 12.8–10; 1 Ti 2.4. *f* **3.10** Is 34.4; Ap 6.13–14. *g* **3.13** Is 65.17; 66.22; Ap 21.1,27. *h* **3.15** Cf. Ro 2.4; 3.25–26; 9.22; 1 Ts 4.13—5.11; 2 Ts 1.7–10; 2.1–12.

Primera carta de

SAN JUAN

La *Primera carta de San Juan* (=1 Jn) no tiene la forma literaria común de las cartas. Puede decirse que este escrito se asemeja más a un sermón, en donde las exposiciones doctrinales van alternándose con las exhortaciones y amonestaciones. Sin embargo, tampoco es un tratado teológico impersonal. El autor se dirige a sus lectores de manera directa y personal, y afectivamente los llama "hijitos míos". El título de "carta" se justifica, sobre todo, por cuanto se repite que esta enseñanza se da por escrito (cf. 1.4; 2.7-26; 5.13).

Los tres temas principales, que el autor desarrolla de diversas maneras y volviendo repetidas veces sobre ellos, son: la liberación del pecado, el amor fraterno y la verdadera fe.

El autor se interesa por defender la verdadera fe en Jesucristo, señalando las desviaciones de algunos que, habiendo sido de la comunidad, se separaron de ella (2.19). Estos negaban algunas de las verdades fundamentales acerca de Jesús (no admitían que él es el Mesías, el Hijo de Dios, que vino como hombre verdadero, que su muerte fue el sacrificio por el cual obtenemos el perdón de los pecados).

La carta no menciona el nombre del autor. Se puede suponer que es la misma persona que en la *Segunda* y la *Tercera carta de San Juan* se presenta como "el anciano". Se percibe, además, una clara semejanza de vocabulario, estilo y temas teológicos entre esta carta y el *Evangelio según San Juan*.

El esquema de la carta es como sigue:

Introducción: La palabra de vida (1.1–4)

1. Primer desarrollo (1.5—2.28)
   a. Liberación del pecado (1.5—2.2)
   b. El mandamiento del amor (2.3–11)
   c. La verdadera fe (2.12–28)

2. Segundo desarrollo (2.29—4.6)
   a. Liberación del pecado (2.29—3.10)
   b. El mandamiento del amor (3.11–24)
   c. La verdadera fe (4.1–6)

3. Tercer desarrollo (4.7—5.21)
   a. El amor, señal de nuestra comunión con Dios (4.7–21)
   b. La fe, raíz del amor (5.1–12)

Despedida (5.13–21)

La palabra de vida[a]

1 ¹Les escribimos a ustedes acerca de aquello que ya existía desde el principio, de lo que hemos oído y de lo que hemos visto con nuestros propios ojos. Porque lo hemos visto y lo hemos tocado con nuestras manos. Se trata de la Palabra de vida. ²Esta vida se manifestó: nosotros la vimos y damos testimonio de ella, y les anunciamos a ustedes esta vida eterna, la cual estaba con el Padre y se nos ha manifestado. ³Les anunciamos, pues, lo que hemos visto y oído, para que ustedes estén unidos con nosotros, como nosotros estamos unidos con Dios el Padre y con su Hijo Jesucristo. ⁴Escribimos estas cosas para que nuestra alegría sea completa.

Liberación del pecado

⁵Este es el mensaje que Jesucristo nos enseñó y que les anunciamos a ustedes: que Dios es luz y que en él no hay ninguna oscuridad. ⁶Si decimos que estamos unidos a él, y al mismo tiempo vivimos en la oscuridad, mentimos y no practicamos la verdad.[b] ⁷Pero si vivimos en la luz, así como Dios está en la luz, entonces hay unión entre nosotros, y la sangre de su Hijo Jesús nos limpia de todo pecado.

⁸Si decimos que no tenemos pecado, nos engañamos a nosotros mismos y no hay verdad en nosotros; ⁹pero si confesamos nuestros pecados, podemos confiar en que Dios, que es justo, nos perdonará nuestros pecados y nos limpiará de toda maldad. ¹⁰Si decimos que no hemos cometido pecado, hacemos que Dios parezca mentiroso y no hemos aceptado verdaderamente su palabra.

2 ¹Hijitos míos, les escribo estas cosas para que no cometan pecado. Aunque si alguno comete pecado, tenemos ante el Padre un defensor,[a] que es Jesucristo, y él es justo. ²Jesucristo se ofreció en sacrificio para que nuestros pecados sean perdonados;[b] y no solo los nuestros, sino los de todo el mundo.

El mandamiento del amor

³Si obedecemos los mandamientos de Dios, podemos estar seguros de que hemos llegado a conocerlo. ⁴Pero si alguno dice: "Yo lo conozco", y no obedece sus mandamientos, es un mentiroso y no hay verdad en él. ⁵En cambio, si uno obedece su palabra, en él se ha perfeccionado verdaderamente el amor de Dios, y de ese modo sabemos que estamos unidos a él. ⁶El que dice que está unido a Dios, debe vivir como vivió Jesucristo.

⁷Queridos hermanos, este mandamiento que les escribo no es nuevo: es el mismo que ustedes recibieron desde el principio. Este mandamiento antiguo es el mensaje que ya oyeron. ⁸Y, sin embargo, esto que les escribo es un mandamiento nuevo,[c] que es verdad tanto en Cristo como en ustedes, porque la oscuridad va pasando y ya brilla la luz verdadera.

⁹Si alguno dice que está en la luz, pero odia a su hermano, todavía está en la oscuridad. ¹⁰El que ama a su hermano vive en la luz, y no hay nada que lo haga caer. ¹¹Pero el que odia a su hermano vive y anda en la oscuridad, y no sabe a dónde va, porque la oscuridad lo ha dejado ciego.[d]

La verdadera fe

¹²Hijitos, les escribo a ustedes porque Dios, gracias a Jesucristo, les ha perdonado sus pecados. ¹³Padres, les escribo a ustedes porque han conocido al que ya existía desde el principio.[e] Jóvenes, les escribo a ustedes porque han vencido al maligno.[f]

¹⁴Les he escrito a ustedes, hijitos, porque han conocido al Padre. Les he escrito a ustedes, padres, porque han conocido al que ya existía desde el principio. Les he escrito también a ustedes, jóvenes, porque son fuertes y han aceptado la palabra de Dios en su corazón, y porque han vencido al maligno.

¹⁵No amen al mundo, ni lo que hay en el mundo. Si alguno ama al mundo, no ama al Padre;[g] ¹⁶porque nada de lo que el mundo

---

[a] **1.1–4** Cf. Jn 1.1–18. [b] **1.6** Cf. Jn 1.14,17; 3.21; 14.6; 1 Jn 1.6. [a] **2.1** *Defensor:* Véase Jn 14.16–17 n.
[b] **2.2** Ro 3.25; Heb 9.11–14; 1 Jn 4.10. [c] **2.8** *Mandamiento nuevo:* Jn 13.34. [d] **2.10–11** Cf. Jn 11.9–10; 12.35–36. [e] **2.13** *Al que ya existía desde el principio* (aquí y en el v. 14): referencia a Jesucristo (cf. Jn 1.1).
[f] **2.13** *Al maligno* (aquí y en el v. 14): es decir, al diablo (1 Jn 3.8). [g] **2.15** En Jn y en las cartas de Juan, el término *mundo* puede designar a los hombres en general (cf. Jn 3.16; 1 Jn 2.2); pero también designa con frecuencia especialmente a los que no aceptan a Jesucristo y se oponen a la voluntad de Dios; incluye todas las realidades que pueden hacer que el hombre se aleje de Dios (cf. Jn 1.10; 17.14–16; Stg 1.27; 1 Jn 5.19).

ofrece viene del Padre, sino del mundo mismo. Y esto es lo que el mundo ofrece: los malos deseos de la naturaleza humana, el deseo de poseer lo que agrada a los ojos y el orgullo de las riquezas. **17** Pero el mundo se va acabando, con todos sus malos deseos; en cambio, el que hace la voluntad de Dios vive para siempre.

18 Hijitos, esta es la hora última. Ustedes han oído que viene el Anticristo;*h* pues bien, ahora han aparecido muchos anticristos. Por eso sabemos que es la hora última. **19** Ellos salieron de entre nosotros; pero en realidad no eran de los nuestros, porque si lo hubieran sido se habrían quedado con nosotros. Pero sucedió así para que se viera claramente que no todos son de los nuestros.

20 Cristo, el Santo, los ha consagrado a ustedes con el Espíritu,*i* y todos ustedes tienen conocimiento. **21** Les escribo, pues, no porque no conozcan la verdad, sino porque la conocen; y ustedes saben que ninguna mentira puede venir de la verdad. **22** ¿Quién es el mentiroso? Precisamente el que dice que Jesús no es el Mesías. Ese es el Anticristo, pues niega tanto al Padre como al Hijo. **23** Cualquiera que niega al Hijo, tampoco tiene al Padre; pero el que se declara a favor del Hijo, tiene también al Padre.

24 Por eso, guarden ustedes en su corazón el mensaje que oyeron desde el principio; y si lo que oyeron desde el principio queda en su corazón, también ustedes permanecerán unidos con el Hijo y con el Padre. **25** Esto es precisamente lo que nos ha prometido Jesucristo: la vida eterna.*j*

26 Les estoy escribiendo acerca de quienes tratan de engañarlos. **27** Pero ustedes tienen el Espíritu Santo con el que Jesucristo los ha consagrado, y no necesitan que nadie les enseñe, porque el Espíritu que él les ha dado los instruye acerca de todas las cosas,*k* y sus enseñanzas son verdad y no mentira. Permanezcan unidos a Cristo, conforme a lo que el Espíritu les ha enseñado.

28 Ahora, hijitos, permanezcan unidos a Cristo, para que tengamos confianza cuando él aparezca y no sintamos vergüenza delante de él cuando venga.

Liberación del pecado

29 Ya que ustedes saben que Jesucristo es justo, deben saber también que todos los que hacen lo que es justo son hijos de Dios.

3 **1** Miren cuánto nos ama Dios el Padre, que se nos puede llamar hijos de Dios,*a* y lo somos. Por eso, los que son del mundo no nos conocen, pues no han conocido a Dios. **2** Queridos hermanos, ya somos hijos de Dios. Y aunque no se ve todavía lo que seremos después, sabemos que cuando Jesucristo aparezca seremos como él, porque lo veremos tal como es. **3** Y todo el que tiene esta esperanza en él, se purifica a sí mismo, de la misma manera que Jesucristo es puro.

4 Pero todo el que peca, hace maldad;*b* porque el pecado es la maldad. **5** Ustedes ya saben que Jesucristo vino al mundo para quitar los pecados,*c* y que él no tiene pecado alguno.*d* **6** Así pues, todo el que permanece unido a él, no sigue pecando; pero todo el que peca, no lo ha visto ni lo ha conocido. **7** Hijitos míos, que nadie los engañe: el que practica la justicia es justo, como él es justo; **8** pero el que practica el pecado es del diablo, porque el diablo peca desde el principio.*e* Precisamente para esto ha venido el Hijo de Dios: para deshacer lo hecho por el diablo.

9 Ninguno que sea hijo de Dios practica el pecado, porque tiene en sí mismo el germen de la vida de Dios; y no puede seguir pecando porque es hijo de Dios. **10** Se sabe quiénes son hijos de Dios y quiénes son hijos del diablo, porque cualquiera que no hace el bien o no ama a su hermano, no es de Dios.

El mandamiento del amor

11 Este es el mensaje que han oído ustedes desde el principio: que nos amemos unos a otros.*f* **12** No seamos como Caín, que era del maligno y mató a su hermano. ¿Y por qué lo mató? Pues porque los hechos de Caín eran malos, y los de su hermano, buenos.*g* **13** Hermanos míos, no se extrañen si los que son del mundo los odian. **14** Nosotros hemos pasado de la muerte a la vida, y lo sabemos porque amamos a nuestros hermanos. El que

---

h **2.18** *El Anticristo:* palabra derivada del griego que significa *alguien que se opone a Cristo* o *que usurpa su lugar.* *i* **2.20** Cf. Jl 2.28; 1 Jn 2.27. *j* **2.25** *Vida eterna:* Véase Jn 3.15 n. *k* **2.27** *El Espíritu . . . cosas:* Jn 14.26; 16.13. *a* **3.1** Jn 1.12–13; cf. Gl 4.5–7. *b* **3.4** *Maldad:* Cf. 2 Ts 2.3–8. *c* **3.5** Jn 1.29; cf. 1 P 2.24. *d* **3.5** Jn 8.46; 1 P 2.22; cf. 2 Co 5.21; Heb 4.15; 7.26. *e* **3.8** Jn 8.44. *f* **3.11** Jn 13.34; 15.12; cf. 1 Jn 2.7–11. *g* **3.12** Gn 4.8.

no ama, aún está muerto. **15**Todo el que odia a su hermano es un asesino,*h* y ustedes saben que ningún asesino puede tener vida eterna en sí mismo. **16**Conocemos lo que es el amor porque Jesucristo dio su vida por nosotros;*i* así también, nosotros debemos dar la vida por nuestros hermanos. **17**Pues si uno es rico y ve que su hermano necesita ayuda, pero no se la da, ¿cómo puede tener amor de Dios en su corazón? **18**Hijitos míos, que nuestro amor no sea solamente de palabra, sino que se demuestre con hechos.

19De esta manera sabremos que somos de la verdad, y podremos sentirnos seguros delante de Dios; **20**pues si nuestro corazón nos acusa de algo, Dios es más grande que nuestro corazón, y lo sabe todo. **21**Queridos hermanos, si nuestro corazón no nos acusa, tenemos confianza delante de Dios; **22**y él nos dará todo lo que le pidamos, porque obedecemos sus mandamientos y hacemos lo que le agrada. **23**Y su mandamiento es que creamos en su Hijo Jesucristo, y que nos amemos unos a otros como él nos mandó.*j* **24**Los que obedecen sus mandamientos viven en él, y él vive en ellos. Y en esto sabemos que él vive en nosotros: por el Espíritu que nos ha dado.*k*

La verdadera fe

4 **1**Queridos hermanos, no crean ustedes a todos los que dicen estar inspirados por Dios, sino pónganlos a prueba, a ver si el espíritu que hay en ellos es de Dios o no. Porque el mundo está lleno de falsos profetas. **2**De esta manera pueden ustedes saber quién tiene el Espíritu de Dios: todo el que reconoce que Jesucristo vino como hombre verdadero, tiene el Espíritu de Dios. **3**El que no reconoce así a Jesús, no tiene el Espíritu de Dios; al contrario, tiene el espíritu del Anticristo.*a* Ustedes han oído que ese espíritu ha de venir; pues bien, ya está en el mundo.

4Hijitos, ustedes son de Dios y han vencido a esos mentirosos, porque el que está en ustedes es más poderoso que el que está en el mundo.*b* **5**Ellos son del mundo; por eso hablan de las cosas del mundo, y los que son del mundo los escuchan. **6**En cambio, nosotros somos de Dios. El que conoce a Dios nos escucha, pero el que no es de Dios no nos escucha. En esto, pues, podemos conocer quién tiene el espíritu de la verdad*c* y quién tiene el espíritu del engaño.

El amor,
señal de nuestra comunión con Dios

7Queridos hermanos, debemos amarnos unos a otros, porque el amor viene de Dios. Todo el que ama es hijo de Dios y conoce a Dios. **8**El que no ama no ha conocido a Dios, porque Dios es amor. **9**Dios mostró su amor hacia nosotros al enviar a su Hijo único al mundo para que tengamos vida por él. **10**El amor consiste en esto: no en que nosotros hayamos amado a Dios, sino en que él nos amó a nosotros y envió a su Hijo, para que, ofreciéndose en sacrificio, nuestros pecados quedaran perdonados.*d*

11Queridos hermanos, si Dios nos ha amado así, nosotros también debemos amarnos unos a otros. **12**A Dios nunca lo ha visto nadie;*e* pero si nos amamos unos a otros, Dios vive en nosotros y su amor se hace realidad en nosotros. **13**La prueba de que nosotros vivimos en Dios y de que él vive en nosotros, es que nos ha dado su Espíritu.*f* **14**Y nosotros mismos hemos visto y declaramos que el Padre envió a su Hijo para salvar al mundo. **15**Cualquiera que reconoce que Jesús es el Hijo de Dios, vive en Dios y Dios en él.

16Así hemos llegado a saber y creer que Dios nos ama. Dios es amor, y el que vive en el amor, vive en Dios y Dios en él. **17**De esta manera se hace realidad el amor en nosotros, para que en el día del juicio tengamos confianza; porque nosotros somos en este mundo tal como es Jesucristo. **18**Donde hay amor no hay miedo.*g* Al contrario, el amor perfecto echa fuera el miedo, pues el miedo supone el castigo. Por eso, si alguien tiene miedo, es que no ha llegado a amar perfectamente.

19Nosotros amamos porque él nos amó primero. **20**Si alguno dice: "Yo amo a Dios", y al mismo tiempo odia a su hermano, es un mentiroso.

---

h **3.15** *Es un asesino:* Cf. Mt 5.21–22. *i* **3.16** *Dio su vida por nosotros:* Jn 10.11; 15.13; cf. Gl 2.20. *j* **3.23** *Como él nos mandó:* Jn 13.34; 15.12,17. *k* **3.24** Cf. Jn 17.21–23,26; Ro 8.14–16; 1 Co 2.10–12. *a* **4.3** *Anticristo:* Véase 2.18 n. *b* **4.4** *El que está en el mundo:* es decir, el diablo. *c* **4.6** *El espíritu de la verdad:* Cf. Jn 14.16–17. *d* **4.9–10** Cf. Jn 3.16–17; Ro 8.32; Gl 1.4; 2.20. *e* **4.12** Jn 1.18. *f* **4.13** Ro 8.9; 1 Jn 3.24. *g* **4.18** Ro 8.15; 2 Ti 1.7.

Pues si uno no ama a su hermano, a quien ve, tampoco puede amar a Dios, a quien no ve.[h] [21] Jesucristo nos ha dado este mandamiento: que el que ama a Dios, ame también a su hermano.[i]

La fe, raíz del amor

5 [1] Todo el que tiene fe en que Jesús es el Mesías, es hijo de Dios; y el que ama a un padre, ama también a los hijos de ese padre. [2] Cuando amamos a Dios y hacemos lo que él manda, sabemos que amamos también a los hijos de Dios. [3] El amar a Dios consiste en obedecer sus mandamientos;[a] y sus mandamientos no son una carga, [4] porque todo el que es hijo de Dios vence al mundo. Y nuestra fe nos ha dado la victoria sobre el mundo. [5] El que cree que Jesús es el Hijo de Dios, vence al mundo.

[6] La venida de Jesucristo quedó señalada con agua y sangre;[b] no solo con agua, sino con agua y sangre. El Espíritu mismo es testigo de esto, y el Espíritu es la verdad. [7] Tres son los testigos:[c] [8] el Espíritu, el agua y la sangre;[d] y los tres están de acuerdo. [9] Aceptamos el testimonio de los hombres, pero el testimonio de Dios es de mucho más valor, porque consiste en el testimonio que Dios ha dado acerca de su Hijo. [10] El que cree en el Hijo de Dios, lleva este testimonio en su propio corazón; el que no cree en Dios, lo hace aparecer como mentiroso, porque no cree en el testimonio que Dios ha dado acerca de su Hijo. [11] Este testimonio es que Dios nos ha dado vida eterna, y que esta vida está en su Hijo.[e] [12] El que tiene al Hijo de Dios, tiene también esta vida; pero el que no tiene al Hijo de Dios, no la tiene.

Despedida

[13] Les escribo esto a ustedes que creen en el Hijo de Dios, para que sepan que tienen vida eterna.

[14] Tenemos confianza en Dios, porque sabemos que si le pedimos algo conforme a su voluntad, él nos oye. [15] Y así como sabemos que Dios oye nuestras oraciones, también sabemos que ya tenemos lo que le hemos pedido.[f]

[16] Si alguno ve que su hermano está cometiendo un pecado que no lleva a la muerte, debe orar, y Dios dará vida al hermano, si se trata de un pecado que no lleva a la muerte. Hay un pecado que lleva a la muerte,[g] y por ese pecado no digo que se deba orar. [17] Toda maldad es pecado; pero hay pecado que no lleva a la muerte.

[18] Sabemos que el que tiene a Dios como Padre, no sigue pecando, porque el Hijo de Dios lo cuida, y el maligno no lo toca. [19] Sabemos que somos de Dios y que el mundo entero está bajo el poder del maligno. [20] Sabemos también que el Hijo de Dios ha venido y nos ha dado entendimiento para conocer al Dios verdadero. Vivimos unidos al que es verdadero, es decir, a su Hijo Jesucristo. Este es el Dios verdadero y la vida eterna. [21] Hijitos, cuídense de los dioses falsos.

---

[h] **4.20** 1 Jn 2.9–11.   [i] **4.21** Cf. Mt 22.37–39.   [a] **5.3** Jn 14.15; 2 Jn 6.   [b] **5.6** *Con agua y sangre:* probable alusión al bautismo de Jesús y a su muerte en la cruz.   [c] **5.7** *Tres son los testigos:* Algunos mss. latinos añaden *en el cielo: el Padre, la Palabra y el Espíritu Santo, y estos tres son uno.* [8] *Y tres son los testigos en la tierra.*   [d] **5.8** Continuando con la alusión hecha en el v. 6, el autor ve probablemente en *el agua y la sangre* un símbolo de la vida eterna que Cristo, por su muerte redentora, comunica por medio del Espíritu Santo. Cf. Jn 7.39; 15.26; 16.13–15; 19.34.   [e] **5.11** Jn 1.4; 14.6. *Vida:* Véase Jn 3.15 n.   [f] **5.14–15** Cf. Mt 7.7–11; Jn 14.13; 15.7,16; 16.23–24; 1 Jn 3.21–22.   [g] **5.16** El *pecado que lleva a la muerte* es, probablemente, el pecado de los que rechazan totalmente a Cristo y su obra redentora. La oración es aquí la expresión de la comunión (véase Jn 17.9 n.).

Segunda carta de
SAN JUAN

La *Segunda carta de San Juan* (= 2 Jn), a diferencia de la primera, presenta las fórmulas características de las cartas de la antigüedad (introducción y conclusión).

El autor se llama a sí mismo "el anciano", sin mayor especificación. La carta está dirigida a una comunidad designada con un título simbólico (v. 1), pero no se indica en qué lugar se encuentra esta comunidad.

El escrito es breve y hace referencia al amor fraterno y a la verdadera fe en Jesucristo, frente a los falsos maestros, temas tratados con mayor amplitud en la *Primera carta de Juan*.

La carta anuncia una visita personal del autor a la comunidad. No parece probable que la *Segunda carta de Juan* haya sido dirigida a la misma comunidad a la que fue dirigida la primera carta.

Esquema de la carta:

Saludo (1–3)
El mandamiento del amor (4–6)
La verdadera fe en Jesucristo (7–11)
Despedida (12–13)

Saludo

1 El anciano[a] saluda a la comunidad escogida por Dios y a los que pertenecen a ella. Los amo de veras, y no solo yo, sino también todos los que han conocido la verdad. 2 Los amo a ustedes por causa de la verdad que tenemos en nuestro corazón y que estará con nosotros para siempre. 3 Que Dios el Padre, y Jesucristo, Hijo del Padre, derramen su gracia sobre ustedes y les den misericordia y paz, en verdad y en amor.

El mandamiento del amor

4 Me he alegrado mucho de encontrar a algunos de los tuyos viviendo conforme a la verdad, como Dios el Padre nos ha mandado. 5 Ahora, queridos hermanos, les ruego que nos amemos los unos a los otros.[b] Esto que les escribo no es un mandamiento nuevo, sino el mismo que recibimos desde el principio.[c] 6 El amor consiste en vivir según los mandamientos de Dios, y el mandamiento, como ya lo han oído ustedes desde el principio, es que vivan en el amor.[d]

La verdadera fe en Jesucristo

7 Pues andan por el mundo muchos engañadores que no reconocen que Jesucristo vino como hombre verdadero. El que es así, es el engañador y el Anticristo.[e] 8 Tengan ustedes cuidado, para no perder el resultado de nuestro trabajo, sino recibir su recompensa completa.

9 Cualquiera que pretenda avanzar más allá de lo que Cristo enseñó, no tiene a Dios; pero el que permanece en esa enseñanza, tiene al Padre y también al Hijo. 10 Si alguno va a visitarlos a ustedes y no lleva esta enseñanza, no lo reciban en casa ni lo saluden; 11 porque quien lo salude se hará cómplice de sus malas acciones.

Despedida

12 Tengo mucho que decirles a ustedes, pero no quiero hacerlo por carta. Espero ir a verlos y hablar con ustedes personalmente, para que así nuestra alegría sea completa.

13 Los que pertenecen a la comunidad hermana de ustedes, a la cual Dios también ha escogido, les mandan saludos.

---

[a] 1 *Anciano:* persona que ejercía un cargo de autoridad en la iglesia (véase Hch 11.30 n.). [b] 5 Jn 13.34; 15.12,17; 1 Jn 3.11,23; 4.7,11. [c] 5 1 Jn 2.7; 3.11. [d] 6 Jn 14.15,23–24; 1 Jn 5.3. [e] 7 *Anticristo:* Véase 1 Jn 2.18 n.

Tercera carta de

SAN JUAN

La *Tercera carta de San Juan* (=3 Jn) se asemeja a la segunda, pero está dirigida a una persona de nombre Gayo.

La carta menciona a varias personas (Gayo, Diótrefes y Demetrio), de las que no tenemos más información. Gayo y Demetrio pertenecen a aquellos que se han mantenido fieles a las enseñanzas recibidas. Diótrefes, por el contrario, ha estado oponiéndose al anciano (el autor de la carta) y a los otros hermanos de la comunidad.

Esquema de la carta:

Saludo (1)
Alabanzas a Gayo (2–8)
Conductas opuestas de Diótrefes y Demetrio (9–12)
Despedida (13–15)

Saludo

1 El anciano[a] saluda al querido Gayo,[b] a quien ama en verdad.

Alabanzas a Gayo

2 Querido hermano, pido a Dios que, así como te va bien espiritualmente, te vaya bien en todo y tengas buena salud. **3** Me alegré mucho cuando algunos hermanos vinieron y me contaron que te mantienes fiel a la verdad. **4** No hay para mí mayor alegría que saber que mis hijos viven de acuerdo con la verdad.

5 Querido hermano, te estás portando fielmente en el servicio que prestas a los demás hermanos, especialmente a los que llegan de otros lugares. **6** Delante de la comunidad han hablado ellos de cuánto los amas. Por favor, ayúdalos en lo que necesiten para seguir su viaje, de manera agradable a Dios. **7** Pues ellos han emprendido su viaje en el servicio de Jesucristo, y no han aceptado ninguna ayuda de gente pagana. **8** Por eso nosotros debemos hacernos cargo de ellos, para ayudarlos en la predicación de la verdad.

Conductas opuestas de Diótrefes y Demetrio

9 Yo escribí una carta a la comunidad, pero Diótrefes[c] no acepta nuestra autoridad porque le gusta mandar. **10** Por eso, cuando yo vaya le llamaré la atención, pues anda contando chismes y mentiras contra nosotros. Y, no contento con esto, no recibe a los hermanos que llegan, y a quienes quieren recibirlos les prohíbe hacerlo y los expulsa de la comunidad.

11 Querido hermano, no sigas los malos ejemplos, sino los buenos. El que hace lo bueno es de Dios, pero el que hace lo malo no ha visto a Dios.

12 Todos, incluso la verdad misma, hablan bien de Demetrio.[d] También nosotros hablamos en favor suyo, y tú sabes que decimos la verdad.

Despedida

13 Yo tenía mucho que decirte, pero no quiero hacerlo por escrito, **14** porque espero verte pronto y hablar contigo personalmente.

15 Que tengas paz. Los amigos te mandan saludos. Por favor, saluda a cada uno de nuestros amigos.

Carta de

SAN JUDAS

Tercera carta de

SAN JUAN

La *Carta de San Judas* (=Jud) es una advertencia sobre la conducta de algunos que, perteneciendo a la iglesia, llevan una vida desenfrenada. El autor anuncia a estos el castigo divino y exhorta a los otros a mantenerse fieles en la fe y en una conducta santa.

El autor se identifica como Judas, hermano de Santiago. Probablemente alude al autor de la *Carta de Santiago*. La *Carta de San Judas* está escrita en griego correcto y elegante y revela el ambiente del judaísmo helenístico. No se cuenta con mayores detalles acerca del autor ni de la comunidad a la cual dirige la carta.

Esquema de la carta:

Saludo (1–2)
Denuncia de la conducta de algunos (3–4)
Anuncio del castigo divino (5–16)
Exhortación a la fidelidad (17–23)
Alabanza final a Dios (24–25)

Saludo

1 Judas, siervo de Jesucristo y hermano de Santiago, saluda a los que Dios el Padre ama y ha llamado, los cuales son protegidos por Jesucristo. **2** Reciban ustedes abundancia de misericordia, paz y amor.

Denuncia de la conducta de algunos

3 Queridos hermanos, he sentido grandes deseos de escribirles acerca de la salvación que tanto ustedes como yo tenemos; pero ahora me veo en la necesidad de hacerlo para rogarles que luchen por la fe que una vez fue entregada al pueblo santo. **4** Porque por medio de engaños se han infiltrado ciertas personas a quienes las Escrituras ya habían señalado desde hace mucho tiempo para la condenación. Son hombres malvados, que toman la bondad de nuestro Dios como pretexto para una vida desenfrenada, y niegan a nuestro único Dueño y Señor, Jesucristo.[a]

Anuncio del castigo divino

5 Aunque ustedes ya lo saben, quiero recordarles que el Señor, después que sacó de Egipto al pueblo de Israel,[b] destruyó a los que no creyeron.[c] **6** Y a los ángeles que no conservaron su debido puesto, sino que dejaron su propio hogar, Dios los retiene en prisiones oscuras y eternas para el gran día del juicio.[d] **7** Lo mismo que esos ángeles, también Sodoma y Gomorra y las ciudades vecinas se entregaron a la prostitución, y se dejaron llevar por vicios contra la naturaleza. Por eso sufrieron el castigo del fuego eterno y quedaron como advertencia para todos.[e]

8 A pesar de ello, también esos hombres, viviendo en sueños, contaminan su cuerpo, rechazan la autoridad del Señor e insultan a los poderes superiores.[f] **9** El mismo arcángel Miguel,[g] cuando luchaba contra el diablo disputándole el cuerpo de Moisés,[h] no se atrevió a condenarlo con insultos, sino que solamente le

---

[a] **4** 2 P 2.1–2. [b] **5** Ex 12.51. [c] **5** Nm 14.29–30,35; 1 Co 10.1,5. [d] **6** 2 P 2.4. Probable alusión a Gn 6.1–4. En el libro de Henoc (cf. Jud 14–15) se escribe detalladamente sobre el castigo de los ángeles a los cuales parece referirse el citado pasaje (cf. Gn 6.2). [e] **7** 2 P 2.6. Cf. Gn 19.1–24. [f] **8** 2 P 2.10. [g] **9** *Miguel:* Dn 10.13,21; 12.1; Ap 12.7. [h] **9** *El cuerpo de Moisés:* Dt 34.5–6.

dijo: "¡Que el Señor te reprenda!"[*i*] 10Pero esos hombres hablan mal de las cosas que no conocen; y en cuanto a las que conocen por instinto, como las conocen ios animales sin entendimiento, las usan para su propia condenación.[*j*]

11¡Ay de ellos!, porque han seguido el ejemplo de Caín. Por ganar dinero se han desviado, como Balaam, y como Coré, mueren por su rebeldía. 12Son una vergüenza en las fiestas de amor fraternal[*k*] que ustedes celebran, en las que ellos comen y beben alegremente, sin mostrar ningún respeto.[*l*] Son pastores que cuidan solamente de sí mismos. Son nubes sin agua, llevadas por el viento. Son árboles que no dan fruto a su tiempo, dos veces muertos y arrancados de raíz. 13Son violentas olas del mar, que arrojan como espuma sus acciones vergonzosas. Son estrellas que han perdido su rumbo y están condenadas a pasar la eternidad en la más negra oscuridad.[*m*]

14También Henoc, que fue el séptimo después de Adán, habló proféticamente cuando dijo acerca de esa gente: "Vi al Señor, que venía con miles y miles de sus ángeles 15a juzgar a todos los hombres y a condenarlos por todo el mal que cometieron en su maldad y por todas las palabras insolentes que como malvados pecadores dijeron contra él."[*n*] 16De todo se quejan, todo lo critican y solo buscan satisfacer sus propios deseos. Hablan con jactancia, y adulan a los demás para aprovecharse de ellos.

Exhortación a la fidelidad

17Pero ustedes, queridos hermanos, acuérdense de que los apóstoles de nuestro Señor Jesucristo 18les habían dicho: "En los últimos tiempos habrá gente burlona, que vivirá de acuerdo con sus malos deseos."[*ñ*] 19Esos son los que causan divisiones; siguen sus deseos naturales y no tienen el Espíritu de Dios.

20Pero ustedes, queridos hermanos, manténganse firmes en su santísima fe. Oren guiados por el Espíritu Santo. 21Consérvense en el amor de Dios y esperen el día en que nuestro Señor Jesucristo, en su misericordia, nos dará la vida eterna.

22Tengan compasión de los que dudan. 23A unos sálvenlos sacándolos del fuego, y tengan compasión de otros, aunque cuídense de ellos y aborrezcan hasta la ropa que llevan contaminada por su mala vida.

Alabanza final a Dios

24-25El Dios único, Salvador nuestro, tiene poder para cuidar de que ustedes no caigan, y para presentarlos sin mancha y llenos de alegría ante su gloriosa presencia. A él sea la gloria, la grandeza, el poder y la autoridad, por nuestro Señor Jesucristo, antes, ahora y siempre. Amén.

[*i*] 9 *Le dijo: "¡Que el Señor te reprenda!"*: Cf. Zac 3.2; 2 P 2.11. Según una tradición judía, cuando Moisés murió, el arcángel Miguel vino a llevarse su cuerpo, y el diablo trató de reclamarlo para sí mismo, con el pretexto de que Moisés había sido un asesino (Ex 2.11–12). [*j*] 10 Cf. 2 P 2.12. [*k*] 12 *Fiestas de amor fraternal:* Cf. 1 Co 11.20–22. [*l*] 12 2 P 2.13. [*m*] 12–13 Imágenes tomadas del libro de Henoc, citado en los vv. 14–15. [*n*] 14–15 Cita del libro de Henoc. [*ñ*] 17–18 2 P 3.2–3. Cf. 2 Ti 3.1–5.

APOCALIPSIS

Apocalipsis (=Ap), título dado por el autor mismo a su libro (1.1), significa "revelación". El libro se presenta, casi en su totalidad, como visiones que el autor declara haber recibido de parte de Dios o de Jesucristo (1.1-2; 22.6,16).

El *Apocalipsis* pertenece a un tipo de literatura usada ya en algunos libros tardíos del AT y del judaísmo extrabíblico. En esta literatura, nacida y desarrollada en tiempos de persecución, predomina el lenguaje simbólico.

Muchas de las alusiones que hay en el *Apocalipsis* solo se entienden si se tiene en cuenta el rechazo total, e incluso el horror, que causaba entre judíos y cristianos la creciente divinización del emperador romano, más extendida en las provincias del oriente que en la misma Roma. Al emperador se le daban títulos divinos, se le levantaban templos, se le ofrecían sacrificios.

Esta situación había de llevar inevitablemente a un agudo conflicto con la fe cristiana. Esta aparecía como enemiga de la religión imperial, y los cristianos empezaron a sufrir, en forma cada vez más dura y generalizada, la persecución a causa de su fe. El mismo Juan, autor del libro, debió de sufrir por este motivo (Ap 1.9-10).

El *Apocalipsis* está dirigido a siete iglesias de Asia, pero en ellas aparece simbolizada toda la iglesia. El autor quiere reavivar en esas comunidades la fe, amenazada en algunos casos por doctrinas y actitudes extrañas, e infundirles ánimo en las dificultades y persecuciones que están sufriendo o que él prevé que se van a desatar muy pronto.

El autor se llama a sí mismo Juan, pero no se da ningún otro título particular (Ap 1.1,4,9; 22.8). Todo parece indicar que el libro fue escrito en la última década del siglo I.

Dado que en el libro aparece una clara predilección por el número siete, se propone aquí, sin querer darle un valor absoluto, un esquema del libro basado en este principio de organización.

Introducción (1.1–8)

1. Los mensajes a las siete iglesias (1.9—3.22)

2. Los siete sellos (4.1—8.1)

3. Las siete trompetas (8.2—11.18)

4. Las señales simbólicas (11.19—15.1)

5. Las siete copas (15.2—16.21)

6. Las visiones del juicio (17.1—21.1)

7. La nueva Jerusalén (21.2—22.5)

Epílogo (22.6–21)

Saludo

1 ¹Esta es la revelación que Dios hizo a Jesucristo, para que él mostrara a sus siervos lo que pronto ha de suceder. Jesucristo lo ha dado a conocer enviando su ángel a su siervo Juan, ²el cual ha dicho la verdad de todo lo que vio, y es testigo del mensaje de Dios confirmado por Jesucristo.

³Dichoso el que lee y dichosos los que escuchan la lectura de este mensaje profético, y hacen caso de lo que aquí está escrito, porque ya se acerca el tiempo.

⁴Juan saluda a las siete*ᵃ* iglesias de la provincia de Asia. Reciban ustedes gracia y paz de parte del que es y era y ha de venir,*ᵇ* y de parte de los siete espíritus*ᶜ* que están delante de su trono, ⁵y también de parte de Jesucristo, testigo fiel, que fue el primero en resucitar y tiene autoridad sobre los reyes de la tierra. Cristo nos ama, y nos ha librado de nuestros pecados derramando su sangre, ⁶y ha hecho de nosotros un reino; nos ha hecho sacerdotes al servicio de su Dios y Padre. ¡Que la gloria y el poder sean suyos para siempre! Amén.

> **7** ¡Cristo viene en las nubes!
> Todos lo verán,
> incluso los que lo traspasaron;
> y todos los pueblos del mundo
> harán duelo por él.*ᵈ*
> Sí, amén.

⁸"Yo soy el alfa y la omega,"*ᵉ* dice el Señor, el Dios todopoderoso, el que es y era y ha de venir.

Una visión del Cristo glorioso

⁹Yo, Juan, soy hermano de ustedes, y por mi unión con Jesús tengo parte con ustedes en el reino de Dios, en los sufrimientos y en la fortaleza para soportarlos. Por haber anunciado el mensaje de Dios confirmado por Jesús, me encontraba yo en la isla llamada Patmos. ¹⁰Y sucedió que en el día del Señor*ᶠ* quedé bajo el poder del Espíritu, y oí detrás de mí una fuerte voz, como un toque de trompeta, ¹¹que me decía: "Escribe en un libro lo que ves, y mándalo a las siete iglesias de la provincia de Asia: a Éfeso, Esmirna, Pérgamo, Tiatira, Sardes, Filadelfia y Laodicea."

¹²Me volví para ver de quién era la voz que me hablaba; y al hacerlo vi siete candelabros de oro, ¹³y en medio de los siete candelabros vi a alguien que parecía ser un hijo de hombre,*ᵍ* vestido con una ropa que le llegaba hasta los pies y con un cinturón de oro a la altura del pecho. ¹⁴Sus cabellos eran blancos como la lana,*ʰ* o como la nieve, y sus ojos parecían llamas de fuego. ¹⁵Sus pies brillaban como bronce pulido, fundido en un horno; y su voz era tan fuerte como el ruido de una cascada.*ᶦ* ¹⁶En su mano derecha tenía siete estrellas, y de su boca salía una aguda espada de dos filos. Su cara era como el sol cuando brilla en todo su esplendor.

¹⁷Al verlo, caí a sus pies como muerto. Pero él, poniendo su mano derecha sobre mí, me dijo: "No tengas miedo; yo soy el primero y el último,*ʲ* ¹⁸y el que vive. Estuve muerto, pero ahora vivo para siempre. Yo tengo las llaves del reino de la muerte. ¹⁹Escribe lo que has visto: lo que ahora hay y lo que va a haber después. ²⁰Este es el secreto de las siete estrellas que has visto en mi mano derecha, y de los siete candelabros de oro: las siete estrellas representan a los ángeles de las siete iglesias, y los siete candelabros representan a las siete iglesias.

El mensaje a Éfeso

2 ¹"Escribe al ángel de la iglesia de Éfeso: 'Esto dice el que tiene las siete estrellas en su mano derecha y anda en medio de los siete candelabros de oro: ²Yo sé todo lo que haces; conozco tu duro trabajo y tu constancia, y sé que no puedes soportar a los malos. También sé que has puesto a prueba a los que dicen

---

ᵃ **1.4** *Siete:* El número siete es símbolo de totalidad y perfección; las *siete iglesias* representan a todas las iglesias. *ᵇ* **1.4** *El que es y era y ha de venir:* alusión al nombre divino revelado en Ex 3.14–15. *ᶜ* **1.4** *Los siete espíritus:* Cf. Ap 3.1; 4.5; 5.6. La mención de los siete espíritus junto con el Padre y con Jesucristo sugiere que estos espíritus simbolizan al Espíritu de Dios en sus múltiples manifestaciones (cf. Is 11.2). *ᵈ* **1.7** Cf. Dn 7.13; Zac 12.10. *ᵉ* **1.8** *Alfa* y *omega* son, respectivamente, la primera y la última letra del alfabeto griego, y la frase equivale a decir *el principio y el fin* (cf. Ap 21.6; 22.13). *ᶠ* **1.10** *Día del Señor:* el primer día de la semana, es decir, el domingo; cf. Jn 20.19; Hch 20.7 . *ᵍ* **1.13** *Un hijo de hombre:* Ap 14.14; cf. Dn 7.13. *ʰ* **1.14** *Sus cabellos eran blancos como la lana:* Cf. Dn 7.9. *ᶦ* **1.13–15** Cf. Dn 10.5–6. *ʲ* **1.17** Cf. Is 41.4; 44.6,8; 48.12.

ser apóstoles y no lo son, y has descubierto que son mentirosos. 3 Has sido constante, y has sufrido mucho por mi causa, sin cansarte. 4 Pero tengo una cosa contra ti: que ya no tienes el mismo amor que al principio. 5 Por eso, recuerda de dónde has caído, vuélvete a Dios y haz otra vez lo que hacías al principio. Si no, iré a ti y quitaré tu candelabro de su lugar, a menos que te vuelvas a Dios. 6 Sin embargo, tienes a tu favor que odias los hechos de los nicolaítas, los cuales yo también odio. 7 ¡El que tiene oídos, oiga lo que el Espíritu dice a las iglesias! A los que salgan vencedores les daré a comer del árbol de la vida,[a] que está en el paraíso de Dios.[b]

El mensaje a Esmirna

8 "Escribe también al ángel de la iglesia de Esmirna: 'Esto dice el primero y el último, el que murió y ha vuelto a vivir: 9 Yo conozco tus sufrimientos y tu pobreza, aunque en realidad eres rico. Y sé lo mal que hablan de ti los que se dicen judíos pero no son otra cosa que una congregación de Satanás. 10 No tengas miedo de lo que vas a sufrir, pues el diablo meterá en la cárcel a algunos de ustedes, para que todos ustedes sean puestos a prueba; y tendrán que sufrir durante diez días. Manténte fiel hasta la muerte, y yo te daré la vida como premio. 11 ¡El que tiene oídos, oiga lo que el Espíritu dice a las iglesias! Los que salgan vencedores no sufrirán ningún daño de la segunda muerte.'[c]

El mensaje a Pérgamo

12 "Escribe también al ángel de la iglesia de Pérgamo: 'Esto dice el que tiene la aguda espada de dos filos: 13 Yo sé que vives donde Satanás tiene su trono; sin embargo sigues fiel a mi causa. No renegaste de tu fe en mí, ni siquiera en los días en que a Antipas, mi testigo fiel, lo mataron en esa ciudad donde vive Satanás. 14 Pero tengo unas cuantas cosas contra ti: que ahí tienes algunos que no quieren apartarse de la enseñanza de Balaam,[d] el cual aconsejó a Balac que hiciera pecar a los israelitas incitándolos a

comer alimentos ofrecidos en sacrificio a los ídolos[e] y a la prostitución.[f] 15 También tienes ahí algunos que no quieren apartarse de la enseñanza de los nicolaítas. 16 Por eso, vuélvete a Dios; de lo contrario, iré pronto a ti, y con la espada que sale de mi boca pelearé contra ellos. 17 ¡El que tiene oídos, oiga lo que el Espíritu dice a las iglesias! A los que salgan vencedores les daré a comer del maná[g] que está escondido; y les daré también una piedra blanca,[h] en la que está escrito un nombre nuevo que nadie conoce sino quien lo recibe.'

El mensaje a Tiatira

18 "Escribe también al ángel de la iglesia de Tiatira: 'Esto dice el Hijo de Dios, el que tiene los ojos como llamas de fuego y los pies como bronce pulido: 19 Yo sé todo lo que haces; conozco tu amor, tu fe, tu servicio y tu constancia, y sé que ahora estás haciendo más que al principio. 20 Pero tengo una cosa contra ti: que toleras a esa mujer, Jezabel,[i] que se llama a sí misma profetisa pero engaña con su enseñanza a mis siervos, incitándolos a la prostitución y a comer alimentos ofrecidos en sacrificio a los ídolos. 21 Yo le he dado tiempo para que se convierta a Dios; pero ella no ha querido hacerlo ni ha abandonado su prostitución. 22-23 Por eso, voy a hacerla caer en cama, y mataré a sus hijos; y a los que cometen adulterio con ella, si no dejan de portarse como ella lo hace, les enviaré grandes sufrimientos. Así todas las iglesias se darán cuenta de que yo conozco hasta el fondo la mente y el corazón; y a cada uno de ustedes le daré según lo que haya hecho. 24 En cuanto a ustedes, los que están en Tiatira pero no siguen esa enseñanza ni han llegado a conocer lo que ellos llaman los secretos profundos de Satanás, les digo que no les impongo otra carga. 25 Pero conserven lo que tienen, hasta que yo venga. 26 A los que salgan vencedores y sigan hasta el fin haciendo lo que yo quiero que se haga, les daré autoridad sobre las naciones, 27-28 así como mi Padre me ha dado autoridad a mí; y gobernarán a las naciones con cetro de hierro,

---

a **2.7** *Árbol de la vida:* Cf. Gn 2.9; 3.22–24; Ap 22.2,14. *b* **2.7** *Paraíso:* Cf. Ap 21.9—22.5. *c* **2.11** *La segunda muerte:* Ap 20.6,14; 21.8. *d* **2.14** *Balaam:* Cf. Nm 22—24. *e* **2.14** *Alimentos ofrecidos . . . a los ídolos:* Cf. 1 Co 8.7–13; 10.20–21. *f* **2.14** *Prostitución:* Con este término se refiere el Apocalipsis a la infidelidad respecto del verdadero Dios; cf. Ex 34.15–16; Is 1.21; Ez 16; 23; Os 1.2; Ap 17. *g* **2.17** *Maná:* Ex 16.14–35; Sal 78.25; Sab 16.20. *h* **2.17** *Una piedra blanca:* El color blanco es símbolo de pertenencia a Dios. La piedra es como una credencial de esta pertenencia. *i* **2.20** *Jezabel:* cf. 1 R 16.31–33.

y las harán pedazos como a ollas de barro.ʲ Y les daré también la estrella de la mañana. 29¡El que tiene oídos, oiga lo que el Espíritu dice a las iglesias!'

El mensaje a Sardes

3 1 "Escribe también al ángel de la iglesia de Sardes: 'Esto dice el que tiene los siete espíritus de Dios y las siete estrellas: Yo sé todo lo que haces, y sé que estás muerto aunque tienes fama de estar vivo. 2Despiértate y refuerza las cosas que todavía quedan, pero que ya están a punto de morir, pues he visto que lo que haces no es perfecto delante de mi Dios. 3Recuerda, pues, la enseñanza que has recibido; síguela y vuélvete a Dios. Si no te mantienes despierto, iré a ti como el ladrón, cuando menos lo esperes. 4Sin embargo, ahí en Sardes tienes unas cuantas personas que no han manchado sus ropas; ellas andarán conmigo vestidas de blanco,ᵃ porque se lo merecen. 5Los que salgan vencedores serán así vestidos de blanco, y no borraré sus nombres del libro de la vida,ᵇ sino que los reconoceré delante de mi Padre y delante de sus ángeles. 6¡El que tiene oídos, oiga lo que el Espíritu dice a las iglesias!'

El mensaje a Filadelfia

7"Escribe también al ángel de la iglesia de Filadelfia: 'Esto dice el que es santo y verdadero, el que tiene la llave del rey David,ᶜ el que cuando abre nadie puede cerrar y cuando cierra nadie puede abrir: 8Yo sé todo lo que haces; mira, delante de ti he puesto una puerta abierta que nadie puede cerrar, y aunque tienes poca fuerza, has hecho caso de mi palabra y no me has negado. 9Yo haré que los de la congregación de Satanás, los mentirosos que dicen ser judíos y no lo son, vayan a arrodillarse a tus pies, para que sepan que yo te he amado. 10Has cumplido mi mandamiento de ser constante, y por eso yo te protegeré de la hora de prueba que va a venir sobre el mundo entero para poner a prueba a todos los que viven en la tierra. 11Vengo pronto. Conserva lo que tienes, para que nadie te arrebate tu premio. 12A los que

salgan vencedores les daré que sean columnas en el templo de mi Dios, y nunca más saldrán de allí; y en ellos escribiré el nombre de mi Dios y el nombre de la ciudad de mi Dios,ᵈ la nueva Jerusalén que viene del cielo, de mi Dios;ᵉ y también escribiré en ellos mi nombre nuevo. 13¡El que tiene oídos, oiga lo que el Espíritu dice a las iglesias!'

El mensaje a Laodicea

14"Escribe también al ángel de la iglesia de Laodicea: 'Esto dice el Amén,ᶠ el testigo fiel y verdadero, el origen de todo lo que Dios creó: 15Yo sé todo lo que haces. Sé que no eres frío ni caliente. ¡Ojalá fueras frío o caliente! 16Pero como eres tibio, y no frío ni caliente, te vomitaré de mi boca. 17Pues tú dices que eres rico, que te ha ido muy bien y que no te hace falta nada; y no te das cuenta de que eres un desdichado, miserable, pobre, ciego y desnudo. 18Por eso te aconsejo que de mí compres oro refinado en el fuego, para que seas realmente rico; y que de mí compres ropa blanca para vestirte y cubrir tu vergonzosa desnudez, y una medicina para que te la pongas en los ojos y veas. 19Yo reprendo y corrijo a todos los que amo.ᵍ Por lo tanto, sé fervoroso y vuélvete a Dios. 20Mira, yo estoy llamando a la puerta; si alguien oye mi voz y abre la puerta, entraré en su casa y cenaremos juntos. 21A los que salgan vencedores les daré un lugar conmigo en mi trono, así como yo he vencido y me he sentado con mi Padre en su trono. 22¡El que tiene oídos, oiga lo que el Espíritu dice a las iglesias!' "

La adoración en el cielo

4 1 Después de esto, miré y vi una puerta abierta en el cielo; y la voz que yo había escuchado primero, y que parecía un toque de trompeta, me dijo: "Sube acá y te mostraré las cosas que tienen que suceder después de estas."

2En ese momento quedé bajo el poder del Espíritu, y vi un trono puesto en el cielo, y alguien estaba sentado en el trono. 3El que estaba sentado en el trono tenía el aspecto de

---

ʲ**2.26–28** Cf. Sal 2.8–9. ᵃ**3.4** *Vestidas de blanco:* símbolo de santidad y de victoria (cf. Ap 3.18; 4.4; 6.11; 7.9,13–14; 19.14). ᵇ**3.5** *Del libro de la vida:* cf. Ex 32.32–33; Sal 69.28; Dn 12.1; Lc 10.20; Flp 4.3. ᶜ**3.7** *Llave del rey David:* símbolo de autoridad del Mesías, descendiente de David (cf. Is 22.22; Job 12.14). ᵈ**3.12** Ap 14.1; 22.4; cf. Is 56.5. ᵉ**3.12** Cf. Ap 21.2—22.5. ᶠ**3.14** Cristo es llamado *el Amén* porque en él se cumplen las promesas de Dios a su pueblo (cf. 2 Co 1.20). ᵍ**3.19** Pr 3.12; Heb 12.6.

un diamante o de un rubí, y alrededor del trono había un arco iris que brillaba como una esmeralda; 4 también alrededor del trono vi otros veinticuatro tronos, en los cuales estaban sentados veinticuatro ancianos: iban vestidos de blanco y llevaban una corona de oro en la cabeza. 5 Del trono salían relámpagos, voces y truenos; y delante del trono ardían siete antorchas de fuego, que son los siete espíritus de Dios. 6 Delante del trono había también algo que parecía un mar, transparente como el cristal.

En el centro, donde estaba el trono, y a su alrededor, había cuatro seres vivientes llenos de ojos por delante y por detrás.[a] 7 El primero de aquellos seres parecía un león, el segundo parecía un toro, el tercero tenía aspecto humano, y el cuarto parecía un águila volando. 8 Cada uno de los cuatro seres vivientes tenía seis alas, y estaba cubierto de ojos por fuera y por dentro. Y ni de día ni de noche dejaban de decir:

"¡Santo, santo, santo es el Señor,
  Dios todopoderoso,
  el que era y es y ha de venir!"

9-10 Cada vez que esos seres vivientes dan gloria y honor y gracias al que está sentado en el trono, al que vive por todos los siglos, los veinticuatro ancianos se arrodillan ante él y lo adoran y, arrojando sus coronas delante del trono, dicen:

11 "Tú eres digno, Señor y Dios nuestro,
  de recibir la gloria,
    el honor y el poder,
  porque tú has creado todas las cosas;
    por tu voluntad existen
    y han sido creadas."

El rollo escrito y el Cordero

5 1 En la mano derecha del que estaba sentado en el trono vi un rollo escrito por dentro y por fuera, y sellado con siete sellos. 2 Y vi un ángel poderoso que preguntaba a gran voz: "¿Quién es digno de abrir el rollo y romper sus sellos?" 3 Pero ni en el cielo ni en la tierra ni debajo de la tierra había nadie que pudiera abrir el rollo, ni mirarlo. 4 Y yo lloraba mucho, porque no se había encontrado a nadie digno de abrir el rollo, ni de mirarlo. 5 Pero uno de los ancianos me dijo: "No llores más, pues el León de la tribu de Judá,[a] el retoño de David,[b] ha vencido y puede abrir el rollo y romper sus siete sellos."

6 Entonces, en medio del trono y de los cuatro seres vivientes, y en medio de los ancianos, vi un Cordero.[c] Estaba de pie, pero se veía que había sido sacrificado. Tenía siete cuernos[d] y siete ojos, que son los siete espíritus de Dios enviados por toda la tierra. 7 Aquel Cordero fue y tomó el rollo de la mano derecha del que estaba sentado en el trono; 8 y en cuanto tomó el rollo, los cuatro seres vivientes y los veinticuatro ancianos se pusieron de rodillas delante del Cordero. Todos ellos tenían arpas, y llevaban copas de oro llenas de incienso, que son las oraciones del pueblo santo. 9 Y cantaban este canto nuevo:

"Tú eres digno de tomar el rollo
  y de romper sus sellos,
porque fuiste sacrificado;
  y derramando tu sangre redimiste
    para Dios
  gentes de toda raza, lengua,
    pueblo y nación.
10 De ellos hiciste un reino,
  hiciste sacerdotes para nuestro Dios,[e]
  y reinarán sobre la tierra."

11 Luego miré, y oí la voz de muchos ángeles que estaban alrededor del trono, de los seres vivientes y de los ancianos. Había millones y millones de ellos, 12 y decían con fuerte voz:

"¡El Cordero que fue sacrificado
  es digno de recibir
    el poder y la riqueza,
    la sabiduría y la fuerza,
    el honor, la gloria y la alabanza!"

13 Y oí también que todas las cosas creadas por Dios en el cielo, en la tierra, debajo de la tierra y en el mar, decían:

---

[a] **4.6-8** *Seres vivientes:* Cf. Ez 1.4-21; 10.1-14, y también Is 6.1-7. [a] **5.5** *El León de la tribu de Judá:* Cf. Gn 49.9-10. [b] **5.5** *El retoño de David:* Cf. Is 11.1,10. [c] **5.6** *Cordero:* Cf. Is 53.7,10-12, y véase Jn 1.29 n. [d] **5.6** Los *siete cuernos* representan la plenitud del poder de Cristo, el Cordero. [e] **5.10** Cf. Ex 19.6; Is 61.6.

"¡Al que está sentado en el trono
    y al Cordero,
sean dados la alabanza, el honor,
    la gloria y el poder
    por todos los siglos!"

14 Los cuatro seres vivientes respondían: "¡Amén!" Y los veinticuatro ancianos se pusieron de rodillas y adoraron.

Los cuatro primeros sellos

6 1 Luego vi cuando el Cordero rompía el primero de los siete sellos, y oí que uno de aquellos cuatro seres vivientes decía con voz que parecía un trueno: "¡Ven!" 2 Miré, y vi un caballo blanco,[a] y el que lo montaba llevaba un arco en la mano. Se le dio una corona, y salió triunfante y para triunfar.

3 Cuando el Cordero rompió el segundo sello, oí que el segundo de los seres vivientes decía: "¡Ven!" 4 Y salió otro caballo. Era de color rojo, y el que lo montaba recibió poder para quitar la paz del mundo y para hacer que los hombres se mataran unos a otros; y se le dio una gran espada.

5 Cuando el Cordero rompió el tercer sello, oí que el tercero de los seres vivientes decía: "¡Ven!" Miré, y vi un caballo negro, y el que lo montaba tenía una balanza en la mano. 6 Y en medio de los cuatro seres vivientes oí una voz que decía: "Solamente un kilo de trigo por el salario de un día, y tres kilos de cebada por el salario de un día; pero no eches a perder el aceite ni el vino."

7 Cuando el Cordero rompió el cuarto sello, oí que el cuarto de los seres vivientes decía: "¡Ven!" 8 Miré, y vi un caballo amarillento, y el que lo montaba se llamaba Muerte. Tras él venía el que representaba al reino de la muerte, y se les dio poder sobre la cuarta parte del mundo, para matar con guerras, con hambres, con enfermedades y con las fieras de la tierra.

El quinto y el sexto sellos

9 Cuando el Cordero rompió el quinto sello, vi debajo del altar a los que habían sido degollados por haber proclamado el mensaje de Dios y haber sido fieles a su testimonio. 10 Decían

con fuerte voz: "Soberano santo y fiel, ¿cuándo juzgarás a los habitantes de la tierra y vengarás nuestra muerte?" 11 Entonces se les dieron ropas blancas,[b] y se les dijo que descansaran aún por un poco de tiempo, hasta que se completara el número de sus hermanos que, en el servicio a Dios, tenían que ser muertos como ellos.

12 Cuando el Cordero rompió el sexto sello, miré, y hubo un gran terremoto. El sol se volvió negro, como ropa de luto; toda la luna se volvió roja, como la sangre, 13 y las estrellas cayeron del cielo a la tierra, como caen los higos verdes de la higuera cuando esta es sacudida por un fuerte viento. 14 El cielo desapareció como un papel que se enrolla, y todas las montañas y las islas fueron removidas de su lugar. 15 Y los reyes del mundo se escondieron en las cuevas y entre las rocas de las montañas, junto con los grandes, los jefes militares, los ricos, los poderosos y todos los esclavos y los hombres libres; 16 y decían a las montañas y a las rocas: "¡Caigan sobre nosotros y escóndannos de la presencia del que está sentado en el trono, y de la ira del Cordero! 17 Porque ha llegado ya el gran día del castigo, ¿y quién podrá resistir?"

Escenas intermedias

7 1 Después de esto, vi cuatro ángeles que estaban en pie sobre los cuatro puntos cardinales, deteniendo los cuatro vientos para que no soplaran sobre la tierra ni sobre el mar ni sobre ningún árbol. 2 También vi otro ángel que venía del oriente, y que tenía el sello del Dios viviente. Este ángel gritó con fuerte voz a los otros cuatro que habían recibido poder para hacer daño a la tierra y al mar: 3 "¡No hagan daño a la tierra ni al mar ni a los árboles, mientras no hayamos puesto un sello en la frente a los siervos de nuestro Dios!"

4 Y oí el número de los que así fueron señalados: ciento cuarenta y cuatro mil[a] de entre todas las tribus israelitas. 5 Fueron señalados doce mil de la tribu de Judá, doce mil de la tribu de Rubén, doce mil de la tribu de Gad, 6 doce mil de la tribu de Aser, doce mil de la tribu de Neftalí, doce mil de la tribu de Manasés, 7 doce

---

[a] **6.2** *Un caballo blanco:* Teniendo en cuenta el simbolismo constante del color blanco (véanse 2.17 nota *h* y 3.4 n.) y la semejanza con Ap 19.11, muchos ven en este jinete un símbolo de Cristo, a quien pertenece la victoria (Ap 5.5). Otros, observando las características de los otros caballos (vv. 3–8), lo interpretan como símbolo de ejércitos destructores. [b] **6.11** *Ropas blancas:* Véase 3.4 n. [a] **7.4** El número *144 000* (=12 x 12 x 1000) simboliza la totalidad del pueblo de Dios. Probablemente se refiere a la misma *multitud* citada en 7.9–17, representada por dos símbolos sucesivos.

mil de la tribu de Simeón, doce mil de la tribu de Leví, doce mil de la tribu de Isacar, **8**doce mil de la tribu de Zabulón, doce mil de la tribu de José y doce mil de la tribu de Benjamín.

9Después de esto, miré y vi una gran multitud de todas las naciones, razas, lenguas y pueblos. Estaban en pie delante del trono y delante del Cordero, y eran tantos que nadie podía contarlos. Iban vestidos de blanco y llevaban palmas en las manos. **10**Todos gritaban con fuerte voz:

"¡La salvación se debe a nuestro Dios
que está sentado en el trono,
y al Cordero!"

11Y todos los ángeles estaban en pie alrededor del trono y de los ancianos y de los cuatro seres vivientes; y se inclinaron delante del trono hasta tocar el suelo con la frente, y adoraron a Dios **12**diciendo:

"¡Amén!
La alabanza, la gloria,
la sabiduría, la gratitud,
el honor, el poder y la fuerza
sean dados a nuestro Dios
por todos los siglos.
¡Amén!"

13Entonces uno de los ancianos me preguntó: "¿Quiénes son estos que están vestidos de blanco, y de dónde han venido?" **14**"Tú lo sabes, señor", le contesté. Y él me dijo: "Estos son los que han pasado por la gran tribulación, los que han lavado sus ropas y las han blanqueado en la sangre del Cordero.

15 "Por eso están delante del trono de Dios,
y día y noche le sirven en su templo.
El que está sentado en el trono
los protegerá con su presencia.
16 Ya no sufrirán hambre ni sed,
ni los quemará el sol,
ni el calor los molestará;
17 porque el Cordero,
que está en medio del trono,
será su pastor
y los guiará a manantiales de aguas de vida,[b]
y Dios secará toda lágrima de sus ojos."[c]

El séptimo sello

8 **1**Cuando el Cordero rompió el séptimo sello del rollo, hubo silencio en el cielo durante una media hora.

Las siete trompetas

2Luego vi a los siete ángeles que estaban de pie delante de Dios, a los cuales se les dieron siete trompetas. **3**Después vino otro ángel, con un incensario de oro, y se puso de pie ante el altar; y se le dio mucho incienso, para ofrecerlo sobre el altar de oro[a] que estaba delante del trono, junto con las oraciones del pueblo santo. **4**El humo del incienso subió de la mano del ángel a la presencia de Dios, junto con las oraciones del pueblo santo. **5**Entonces el ángel tomó el incensario, lo llenó con brasas de fuego del altar, y lo lanzó sobre la tierra; y hubo truenos, voces, relámpagos y un terremoto.

6Los siete ángeles que tenían las siete trompetas se prepararon para tocarlas.

Las cuatro primeras trompetas

7El primer ángel tocó su trompeta, y fueron lanzados sobre la tierra granizo y fuego[b] mezclados con sangre. Se quemó la tercera parte de la tierra, junto con la tercera parte de los árboles y toda la hierba verde.

8El segundo ángel tocó su trompeta, y fue lanzado al mar algo que parecía un gran monte ardiendo en llamas; y la tercera parte del mar se volvió sangre.[c] **9**La tercera parte de todo lo que vivía en el mar, murió, y la tercera parte de los barcos fueron destruidos.

10El tercer ángel tocó su trompeta, y una gran estrella, ardiendo como una antorcha, cayó del cielo sobre la tercera parte de los ríos y sobre los manantiales. **11**La estrella se llamaba Amargura; y la tercera parte de las aguas se volvió amarga, y a causa de aquellas aguas amargas murió mucha gente.

12El cuarto ángel tocó su trompeta, y fue dañada la tercera parte del sol, la tercera parte de la luna y la tercera parte de las estrellas. De modo que una tercera parte de ellos quedó oscura, y no dieron su luz durante la tercera parte del día ni de la noche.[d]

13Luego miré, y oí un águila que volaba en medio del cielo y decía con fuerte voz: "¡Ay,

---

b **7.17** Sal 23.1–2; Is 49.10. c **7.17** Is 25.8; Ap 21.4. a **8.3** *Altar de oro:* Cf. Ex 30.1–5. b **8.7** Cf. la plaga de granizo, de Ex 9.23–25. c **8.8** Cf. la plaga de sangre, de Ex 7.17–21. d **8.12** Cf. la plaga de la oscuridad, de Ex 10.21–23.

ay, ay de los habitantes de la tierra, cuando suenen las trompetas que van a tocar los otros tres ángeles!"

La quinta trompeta

9 ¹El quinto ángel tocó su trompeta, y vi una estrella que había caído del cielo a la tierra; y se le dio la llave del pozo del abismo.ᵃ ²Abrió el pozo del abismo, y de él subió humo como de un gran horno; y el humo del pozo hizo oscurecer el sol y el aire. ³Del humo salieron langostas que se extendieron por la tierra;ᵇ y se les dio poder como el que tienen los alacranes. ⁴Se les mandó que no hicieran daño a la hierba de la tierra ni a ninguna cosa verde ni a ningún árbol, sino solamente a quienes no llevaran el sello de Dios en la frente. ⁵Pero no se les permitió matar a la gente, sino tan solo causarle dolor durante cinco meses; y el dolor que causaban era como el de una picadura de alacrán.

⁶En aquellos días la gente buscará la muerte, y no la encontrará; desearán morirse, y la muerte se alejará de ellos.

⁷Las langostas parecían caballos preparados para la guerra; en la cabeza llevaban algo semejante a una corona de oro, y su cara tenía apariencia humana. ⁸Tenían cabello como de mujer, y sus dientes parecían de león. ⁹Sus cuerpos estaban protegidos con una especie de armadura de hierro, y el ruido de sus alas era como el de muchos carros tirados por caballos cuando entran en combate. ¹⁰Sus colas, armadas de aguijones, parecían de alacrán, y en ellas tenían poder para hacer daño a la gente durante cinco meses. ¹¹El jefe de las langostas, que es el ángel del abismo, se llama en hebreo Abadón y en griego Apolión.ᶜ

¹²Pasó el primer desastre; pero todavía faltan dos.

La sexta trompeta

¹³El sexto ángel tocó su trompeta, y oí una voz que salía de entre los cuatro cuernos del altar de oro que estaba delante de Dios. ¹⁴Y la voz le dijo al sexto ángel, que tenía la trompeta: "Suelta los cuatro ángeles que están atados junto al gran río Éufrates." ¹⁵Entonces fueron soltados los cuatro ángeles, para que mataran a

la tercera parte de la gente, pues habían sido preparados precisamente para esa hora, día, mes y año. ¹⁶Y alcancé a oír el número de los soldados de a caballo: eran doscientos millones.

¹⁷Así es como vi los caballos en la visión, y quienes los montaban se cubrían el pecho con una armadura roja como el fuego, azul como el jacinto y amarilla como el azufre. Y los caballos tenían cabeza como de león, y de su boca salía fuego, humo y azufre. ¹⁸La tercera parte de la gente fue muerta por estas tres calamidades que salían de la boca de los caballos: fuego, humo y azufre. ¹⁹Porque el poder de los caballos estaba en su boca y en su cola; pues sus colas parecían serpientes, y dañaban con sus cabezas.

²⁰Pero el resto de la gente, los que no murieron por estas calamidades, tampoco ahora dejaron de hacer el mal que hacían, ni dejaron de adorar a los demonios y a los ídolos de oro, plata, bronce, piedra y madera, los cuales no pueden ver ni oír ni caminar. ²¹Y tampoco dejaron de matar, ni de hacer brujerías, ni de cometer inmoralidades sexuales, ni de robar.

Escenas intermedias

10 ¹Vi otro ángel poderoso, que bajaba del cielo envuelto en una nube; tenía un arco iris sobre la cabeza, su cara brillaba como el sol y sus piernas parecían columnas de fuego. ²Llevaba en la mano un rollito abierto, y puso el pie derecho sobre el mar y el izquierdo sobre la tierra. ³Y gritó con fuerte voz, como un león que ruge; y cuando gritó, siete truenos dejaron oír sus propias voces. ⁴Después que los siete truenos hablaron, iba yo a escribir; pero oí una voz del cielo, que me decía: "Guarda en secreto lo que dijeron los siete truenos, y no lo escribas."

⁵Entonces el ángel que vi en pie sobre el mar y sobre la tierra, levantó al cielo su mano derecha ⁶y juró por el que vive para siempre, el que hizo el cielo, la tierra, el mar y todas las cosas que hay en ellos. Dijo: "Ya no habrá más tiempo, ⁷sino que cuando llegue el momento en que el séptimo ángel comience a tocar su trompeta, quedará cumplido el designio secreto de Dios, como él anunció a sus propios siervos los profetas."

⁸La voz que yo había oído, y que salía del

ᵃ **9.1** *Abismo:* Cf. Ap 20.1–3. ᵇ **9.2–10** Cf. la plaga de las langostas, de Ex 10.12–15, y también la de Jl 1—2.
ᶜ **9.11** Tanto el nombre hebreo *Abadón* como el griego *Apolión* significan *Destructor.*

cielo, volvió a hablarme, y me dijo: "Anda y toma el rollito abierto que tiene en la mano el ángel que está de pie sobre el mar y sobre la tierra." 9 Fui al ángel y le pedí que me diera el rollito, y me contestó: "Toma y cómetelo. En tu boca será dulce como la miel, pero en tu estómago se volverá amargo."

10 Tomé el rollito de la mano del ángel, y me lo comí; y en mi boca era dulce como la miel, pero una vez que me lo comí, se me volvió amargo en el estómago. 11 Entonces me dijeron: "Tienes que comunicar nuevos mensajes proféticos acerca de muchos pueblos, naciones, lenguas y reyes."

11

1 Me dieron una vara de medir, parecida a una caña, y me dijeron: "Levántate y toma las medidas del templo de Dios y del altar, y cuenta los que adoran allí. 2 Pero no midas el atrio exterior del templo, porque ha sido entregado a los paganos, los cuales van a pisotear la ciudad santa[a] durante cuarenta y dos meses.[b] 3 Y yo enviaré dos testigos, vestidos con ropas ásperas, a comunicar mensajes proféticos durante mil doscientos sesenta días."

4 Estos dos testigos son los dos olivos y los dos candelabros que están delante del Señor de la tierra.[c] 5 Si alguien intenta hacerles daño, ellos echan fuego por la boca, que quema por completo a sus enemigos; así morirá cualquiera que quiera hacerles daño. 6 Estos testigos tienen poder para cerrar el cielo, para que no llueva[d] durante el tiempo en que estén comunicando su mensaje profético, y también tienen poder para cambiar el agua en sangre[e] y para hacer sufrir a la tierra con toda clase de calamidades, tantas veces como ellos quieran.

7 Pero cuando hayan terminado de dar su testimonio, el monstruo[f] que sube del abismo los atacará, los vencerá y los matará. 8 Sus cadáveres quedarán tendidos en las calles de la gran ciudad donde fue crucificado su Señor, la cual en lenguaje figurado se llama Sodoma, y también Egipto. 9 Y por tres días y medio, gente de distintos pueblos, razas, lenguas y naciones verá sus cadáveres y no dejará que los entierren.

10 Los que viven en la tierra se alegrarán de su muerte. Estarán tan contentos que se harán regalos unos a otros, porque aquellos dos profetas eran un tormento para ellos.

11 Pero al cabo de los tres días y medio, Dios los revivió y se levantaron otra vez, y todos los que los vieron se llenaron de miedo. 12 Entonces los dos testigos oyeron una fuerte voz del cielo, que les decía: "¡Suban acá!" Y subieron al cielo en una nube, y sus enemigos los vieron. 13 En aquel mismo momento hubo un gran terremoto, y a causa del terremoto se derrumbó la décima parte de la ciudad, y siete mil personas murieron. Los que aún quedaron con vida, llenos de miedo alabaron a Dios, que está en el cielo.

14 Pasó el segundo desastre, pero pronto viene el tercero.

La séptima trompeta

15 El séptimo ángel tocó su trompeta, y se oyeron fuertes voces en el cielo, que decían:

"El reino del mundo
es ya de nuestro Señor y de su Mesías,
y reinarán por todos los siglos."

16 Los veinticuatro ancianos que estaban sentados en sus tronos delante de Dios, se inclinaron hasta el suelo y adoraron a Dios, 17 diciendo:

"Te damos gracias, Señor,
    Dios todopoderoso,
tú que eres y que eras,
porque has tomado tu gran poder
y has comenzado a reinar.
18 Las naciones se han enfurecido;
pero ha llegado el día de tu ira,
el momento en que has de juzgar
    a los muertos;
y darás la recompensa
    a tus siervos los profetas,
a tu pueblo santo
y a los que honran tu nombre,
sean grandes o pequeños;
y destruirás a los que destruyen la tierra."

---

[a] 11.2 La ciudad santa: Jerusalén. Cf. Is 63.18; Dn 8.13; Lc 21.24.   [b] 11.2 Cuarenta y dos meses: equivale a 1260 días (v. 3; Ap 12.6) o a tres años y medio (Ap 12.14), que es la mitad de siete años. Así como el número siete simboliza lo perfecto y completo, la mitad simboliza lo contrario; véase Ap 1.4 nota a, y cf. Dn 7.25; 12.7. [c] 11.4 Cf. Zac 4.1–3,11–14.   [d] 11.6 Para que no llueva: Cf. 1 R 17.1.   [e] 11.6 Para cambiar el agua en sangre: Cf. Ex 7.17–24.   [f] 11.7 El monstruo: Cf. Ap 13.1–7; 17.8.

Las señales simbólicas

19 Entonces se abrió el templo de Dios que está en el cielo, y en el templo se veía el arca de su alianza. Y hubo relámpagos, voces, truenos, un terremoto y una gran granizada.

La mujer

12 **1** Apareció en el cielo una gran señal: una mujer envuelta en el sol como en un vestido, con la luna bajo sus pies y una corona de doce estrellas en la cabeza. **2** La mujer estaba encinta, y gritaba por los dolores del parto, por el sufrimiento de dar a luz.[a]

El dragón

3 Luego apareció en el cielo otra señal: un gran dragón[b] rojo que tenía siete cabezas, diez cuernos y una corona en cada cabeza. **4** Con la cola arrastró la tercera parte de las estrellas del cielo, y las lanzó sobre la tierra. El dragón se detuvo delante de la mujer que iba a dar a luz, para devorar a su hijo tan pronto como naciera. **5** Y la mujer dio a luz un hijo varón, el cual ha de gobernar a todas las naciones con cetro de hierro.[c] Pero su hijo le fue quitado y llevado ante Dios y ante su trono; **6** y la mujer huyó al desierto, donde Dios le había preparado un lugar para que allí le dieran de comer durante mil doscientos sesenta días.[d]

7 Después hubo una batalla en el cielo: Miguel[e] y sus ángeles lucharon contra el dragón. El dragón y sus ángeles pelearon, **8** pero no pudieron vencer, y ya no hubo lugar para ellos en el cielo. **9** Así que fue expulsado el gran dragón, aquella serpiente antigua[f] que se llama Diablo y Satanás, y que engaña a todo el mundo. Él y sus ángeles fueron lanzados a la tierra. **10** Entonces oí una fuerte voz en el cielo, que decía:

"Ya llegó la salvación,
el poder y el reino de nuestro Dios,
y la autoridad de su Mesías;

porque ha sido expulsado
el acusador de nuestros hermanos,
el que día y noche los acusaba
delante de nuestro Dios.

11 Nuestros hermanos lo han vencido
con la sangre derramada del Cordero
y con el mensaje que ellos proclamaron;
no tuvieron miedo de perder la vida,
sino que estuvieron dispuestos a morir.

12 ¡Alégrense, pues, cielos,
y ustedes que viven en ellos!
¡Pero ay de los que viven en la tierra
y en el mar,
porque el diablo,
sabiendo que le queda poco tiempo,
ha bajado contra ustedes lleno de furor!"

13 Cuando el dragón se vio lanzado a la tierra, persiguió a la mujer que había tenido el hijo. **14** Pero a la mujer se le dieron dos grandes alas de águila, para que pudiera volar a su lugar en el desierto, lejos del dragón, donde tenían que darle de comer durante tres años y medio.[g] **15** El dragón arrojó agua por la boca, para formar un río que arrastrara a la mujer; **16** pero la tierra ayudó a la mujer, pues abrió la boca y se tragó el río que el dragón había arrojado por su boca. **17** Con eso, el dragón se puso furioso contra la mujer, y fue a pelear contra el resto de los descendientes de ella, contra los que obedecen los mandamientos de Dios y siguen fieles al testimonio de Jesús. **18** Y el dragón se plantó a la orilla del mar.

El monstruo del mar

13 **1** Vi subir del mar un monstruo que tenía siete cabezas y diez cuernos. En cada cuerno tenía una corona, y en las cabezas tenía nombres ofensivos contra Dios. **2** Este monstruo que yo vi, parecía un leopardo; y tenía patas como de oso, y boca como de león.[a] El dragón le dio su poder y su trono,

---

[a] **12.1–2** Según la interpretación más generalizada, esta mujer simboliza al pueblo de Dios, identificado primero con el Israel fiel a Dios, que sufre los dolores de parto (cf. Miq 5.3) hasta dar a luz al Mesías prometido, y luego con la iglesia, el pueblo de los que creen en Jesús (v. 17; cf. Gl 4.26). [b] **12.3** *Dragón:* animal mitológico que aquí simboliza al diablo (v. 9). Cf. Dn 7.7. [c] **12.5** Ap 19.15. Cf. Sal 2.9. [d] **12.6** *1260 días:* Véase 11.2 nota *b.* [e] **12.7** *Miguel:* Dn 10.13,21; 12.1; Jud 9. [f] **12.9** Cf. Gn 3.1–5. [g] **12.14** *Tres años y medio:* Véase 11.2 nota *b.* [a] **13.1–2** Cf. Ap 11.7; 17.3,7–12. El *monstruo* que sale del mar reúne las características de los cuatro monstruos de Dn 7.1–8. Los primeros lectores del libro podían ver en este monstruo un símbolo del Imperio Romano, con su culto al emperador como si fuera dios y la persecución de los cristianos. Este monstruo puede simbolizar también cualquier potencia humana que se levante contra Dios.

y mucha autoridad. 3Una de las cabezas del monstruo parecía tener una herida mortal; pero la herida fue curada, y el mundo entero se llenó de asombro y siguió al monstruo. 4Adoraron al dragón porque había dado autoridad al monstruo, y adoraron también al monstruo, diciendo: "¿Quién hay como este monstruo, y quién podrá luchar contra él?"

5También se le permitió al monstruo decir cosas arrogantes y ofensivas contra Dios, y tener autoridad durante cuarenta y dos meses. *b* 6Y así lo hizo; habló contra Dios, y dijo cosas ofensivas contra él y su santuario y contra los que están en el cielo. 7También se le permitió hacer guerra contra el pueblo santo, hasta vencerlo; y se le dio autoridad sobre toda raza, pueblo, lengua y nación. 8A ese monstruo lo adorarán todos los habitantes de la tierra cuyos nombres no están escritos, desde la creación del mundo, en el libro de la vida*c* del Cordero que fue sacrificado.

9 Si alguno tiene oídos, oiga:
10 "A los que deban ir presos,
     se los llevarán presos;
     y a los que deban morir a filo de espada,
     a filo de espada los matarán."

Aquí se verá la fortaleza y la fe del pueblo santo.

El monstruo de la tierra

11Después vi otro monstruo, que subía de la tierra. *d* Tenía dos cuernos que parecían de cordero, pero hablaba como un dragón. 12Y tenía toda la autoridad del primer monstruo, en su presencia, y hacía que la tierra y sus habitantes adoraran al primer monstruo, el que había sido curado de su herida mortal. 13También hacía grandes señales milagrosas. Hasta hacía caer fuego del cielo a la tierra, a la vista de la gente. 14Y por medio de esas señales que se le permitía hacer en presencia del primer monstruo, engañó a los habitantes de la tierra y les mandó que hicieran una imagen de aquel

monstruo que seguía vivo a pesar de haber sido herido a filo de espada. 15Y al segundo monstruo se le dio el poder de dar vida a la imagen del primer monstruo, para que aquella imagen hablara e hiciera matar a todos los que no la adorasen. 16Además, hizo que a todos, pequeños y grandes, ricos y pobres, libres y esclavos, les pusieran una marca en la mano derecha o en la frente. 17Y nadie podía comprar ni vender, si no tenía la marca o el nombre del monstruo, o el número de su nombre.

18Aquí se verá la sabiduría; el que entienda, calcule el número del monstruo, que es un número de hombre. Ese número es el seiscientos sesenta y seis.*e*

El Cordero y los elegidos

14 1Vi al Cordero, que estaba de pie sobre el monte Sión. Con él había ciento cuarenta y cuatro mil personas*a* que tenían escrito en la frente el nombre del Cordero y de su Padre. 2Luego oí un sonido que venía del cielo; era como el sonido de una cascada, como el retumbar de un fuerte trueno; era un sonido como el de muchos arpistas tocando sus arpas. 3Y cantaban un canto nuevo delante del trono y delante de los cuatro seres vivientes y de los ancianos. Ninguno podía aprender aquel canto, sino solamente los ciento cuarenta y cuatro mil que fueron salvados de entre los de la tierra. 4Estos son vírgenes, no se contaminaron con mujeres;*b* son los que siguen al Cordero por dondequiera que va. Fueron salvados de entre los hombres como primera ofrenda para Dios y para el Cordero. 5No se encontró ninguna mentira en sus labios, pues son intachables.

El Hijo del hombre y seis ángeles

6Vi otro ángel, que volaba en medio cielo y que llevaba un mensaje eterno para anunciarlo a los que viven en la tierra, a todas las naciones, razas, lenguas y pueblos. 7Decía con fuerte voz: "Teman a Dios y denle alabanza, pues ya

---

b **13.5** *Cuarenta y dos meses:* Véase 11.2 nota *b*. *c* **13.8** *El libro de la vida:* Ap 3.5; cf. Sal 69.28. *d* **13.11–12** El *segundo monstruo,* llamado *falso profeta* en Ap 16.13; 19.20; 20.10, está al servicio del primero y tiene características semejantes. Varias de las alusiones concretas ya no son claras para el lector de hoy. *e* **13.18** *Seiscientos sesenta y seis:* Unos pocos mss. dicen *seiscientos dieciséis.* Es probable que con este número el autor hiciera referencia a un nombre concreto, conocido también de los primeros lectores. No es claro, sin embargo, el significado de este número. *a* **14.1** *Ciento cuarenta y cuatro mil personas:* Véase 7.4 n. *b* **14.4** *Estos son vírgenes . . . mujeres:* en el sentido de haberse mantenido limpios de la idolatría, simbolizada aquí por la prostitución (véase Ap 2.14 nota *f*).